Rüdiger Hachtmann

Berlin 1848

Eine
Politik- und Gesellschaftsgeschichte
der Revolution

Verlag J. H. W. Dietz Nachfolger

Meinem Vater †

Die Deutsche Bibliothek – CIP-Einheitsaufnahme

Hachtmann, Rüdiger:
Berlin 1848 : eine Politik- und Gesellschaftsgeschichte der Revolution/
Rüdiger Hachtmann. - Bonn : Dietz, 1997
(Veröffentlichungen des Instituts für Sozialgeschichte e.V., Braunschweig, Bonn)

ISBN 3-8012-4083-5

Inhalt

Einleitung 13

Fragen und Begriffe *(14)* Handlungsträger und Handlungsebenen *(22)* Quellen *(35)* Gliederung *(57)*

Teil I. Berlin im ‚Vormärz‘ – zu den Ursachen der Revolution

1. ... in eine Vielzahl von Schichten zerklüftet: Soziale und ökonomische
   Strukturen in den vierziger Jahren 68

   Bevölkerungsentwicklung, Sozial- und Erwerbsstruktur *(69)* Soziale Polarisierungsdynamik und Pauperismus *(79)*

2. Politische und ‚mentale‘ Voraussetzungen der Revolution 87

   Die Eisenbahn – Symbol eines neuen Lebensgefühls *(87)* Schulwesen und Universität *(88)* Bürgerliches und ‚proletarisches‘ Vereinswesen *(94)* Beschränkungen der Religions- und Pressefreiheit *(103)* Stadtverordnetenversammlung und Erster Vereinigter Landtag *(107)* Revolutionserwartungen und Revolutionsphobien *(111)*

Teil II. „... ein Kapitel der Weltgeschichte, das schwerer wiegen dürfte als manches Jahrzehnt!" – die Märzrevolution

1. Am Vorabend der Revolution 120

   Die Reaktionen auf die Pariser Februarrevolution *(120)* „... mit dem Embryo der Revolution in Verhandlungen getreten" – die ersten politischen Versammlungen im Tiergarten und die Aktivitäten der kommunalen Organe (bis 11. März) *(125)* Panik an der Börse, Massenentlassungen und erste Arbeitsbeschaffungsmaßnahmen *(131)* Eine „veränderte, herausfordernde, beinahe freche Haltung" – politische Einstellungen innerhalb des ‚Proletariats‘ zwischen Februar- und Märzrevolution *(134)* Erste Konflikte zwischen ‚Volk‘ und Militär: der 13. und 14. März *(137)* Die Schutz-Kommissionen *(142)* Der Konflikt eskaliert *(145)* Der 16. und 17. März *(149)* Der Vormittag des 18. März *(152)*

2. Die Barrikadenkämpfe: Verhaltensmuster und Vorurteilsstrukturen der
   Kontrahenten.. 157

   Das Drama nimmt seinen Lauf *(157)* Das Verhalten der Truppen *(159)* Barrikadenkämpfer und ‚Volk‘ *(162)* „Mißverständnis" und „Verschwörung"? *(169)*

3. Zu den Trägern der Berliner Revolution: Die Sozialstruktur der gefangenen, verletzten und gefallenen Barrikadenkämpfer 173

4. „… eine Demüthigung ohnegleichen" – die militärische Konstellation
am Vormittag des 19. März und der Rückzug des Militärs 183

Der Prinz von Preußen als Feindbild *(184)* Zur Zahl der getöteten Militärs
(187) Der Mythos vom ‚unbesiegten Militär' *(189)*

**Teil III. Illusionen und erste Dämpfer: Politische Hauptereignisse und
-kontroversen vom 19. März bis Anfang Juni**

1. Vom revolutionären Rausch zum politischen Kater: Die ersten Tage
nach der Märzrevolution 204

„… ein erschütternder Anblick": Der König und die Märzgefallenen *(204)* „…
um Zeit zu gewinnen und abzulenken" – der nationale Umritt des Königs am
21. März *(208)* Die Beerdigung der Märzgefallenen *(214)* Weitere Ereignisse
und ‚Aufregungen' in der ersten Woche nach der Märzrevolution *(222)* „… da
pfropfte man ihr das Princip auf" – Über den Sinn und Zweck der Märzrevolution aus der Sicht der Zeitgenossen Ende März/Anfang April *(228)*

2. Ordnungsfaktor oder Gegenmacht? Die Berliner Bürgerwehr von ihrer
Gründung bis Ende Mai 1848 234

Die Konstituierung *(235)* Innerstädtische Ordnungsmacht, Militärersatz und
politisches Frühwarnsystem –Funktionen und Kompetenzen der Bürgerwehr
(238) Einsatzfähigkeit, militärische Schlagkraft und Selbstverständnis der Bürgerwehrleute der ersten Stunde *(241)* Soziale Zusammensetzung *(247)* Die ‚fliegenden Corps' *(252)* „Alles ruhig in der Stadt, mit Ausnahme der Bürgerwehr"
– ‚Pöbel' und Bürgermiliz *(256)*

3. Die Rückkehr des Militärs Ende März 260

Preußischer als der König: Das Offizierskorps in den Tagen nach der Märzrevolution *(260)* Die Kontroverse um die Rückholung des Militärs *(263)* „… Arm
in Arm mit den Soldaten" – die Rückkehr des Militärs *(268)*

4. Das politische Vereinswesen von der Märzrevolution bis zum Zeughaussturm: Gründungen, innere Struktur und Selbstverständnis 272

Der ‚Politische Klub' (bis zu seiner Umbenennung in ‚Demokratischer Klub')
(272) ‚Volksverein' und ‚Volksklub' *(278)* Der Konstitutionelle Klub *(281)* Abspaltungen vom Konstitutionellen Klub *(285)*

5. Berlin im Wahlfieber 289

Die „früheren Helden des Liberalismus" als Minister: Das Märzkabinett Camphausen-Hansemann *(289)* Der Zweite Vereinigte Landtag *(291)* Die Auseinandersetzungen um die Wahlmodalitäten für die Preußische und die Deutsche
Nationalversammlung *(295)* Die Stadtverordnetenwahlen *(302)* Preußische und
Deutsche Nationalversammlung: Wahlkampf und -ergebnisse *(303)*

6. Preßvergehen und andere politische Delikte – der Prozeß gegen Gustav
   Adolf Schlöffel und die Folgen 309
   Der ‚Volksfreund' *(311)* Die Verhaftung, der Prozeß und das Urteil *(315)* Wei-
   tere Prozesse wegen Preßvergehen und die Kriminalisierung der ‚fliegenden
   Buchhändler' *(318)*

7. Die Rückkehr des Prinzen von Preußen 322
   Die Beweggründe, ihn zurückzurufen *(322)* „… eine Aufregung, wie sie sich seit
   den Märztagen nicht gezeigt hatte" – Berlin am 12., 13. und 14. Mai *(325)* Im
   Schußfeld der Kritik: Das Ministerium Camphausen-Hansemann *(331)* „… geschrieben, geschrien, geworben" – zur publizistischen Offensive der Konservativen in der zweiten Maihälfte *(335)* Die Rückkehr des Prinzen *(339)* Zu den politischen Folgen der Ereignisse Mitte Mai *(343)*

Teil IV. Wirtschaftliche Entwicklung, soziale Lagen und Konfliktverhal-
ten

1. Die wirtschaftliche Entwicklung 346

2. Reformdruck und konservative Beharrung – zur Interessenlage und
   Standespolitik des Bürgertums 355
   Wirtschaftsbürgertum und Korporation der Kaufmannschaft *(355)* Bildungs-
   bürgertum und Beamtenschaft *(360)* a. Mitbestimmungsverlangen contra Be-
   sitzstandswahrung: Der Konflikt unter den Hochschullehrern *(360)* b. Die Reformbewegung der Berliner Lehrerschaft *(365)* c. Die Reformbewegung der
   Ärzte *(372)* d. Andere *(378)* Schichtenübergreifendes bürgerliches Vereinswesen *(379)*

3. „… den Zopf ein tüchtiges Stück abschneiden, damit er um so stärker
   wachse" – zur Interessenlage und Standespolitik des Mittelstands 382
   Subalternbeamte, Eisenbahn- und Postangestellte *(382)* Einzelhandel und selbständiges Verkehrsgewerbe *(387)* Die Handwerksmeister *(389)*

4. Zwischen Handwerkertradition, bürgerlichem Sozialstaat und sozialisti-
   scher Utopie: die Arbeiter und Gesellen 397
   Soziale Binnenstruktur *(397)* Die Petitionsbewegung vom Frühjahr 1848 *(401)*
   Sonderfälle: Die Maschinenbauer, die Handlungsdiener und das Dienstpersonal

(411) Das Organisationsverhalten der einzelnen Arbeiter- und Gesellengruppen *(417)* Das ‚Central-Comité der Arbeiter' (bis zur Gründung der ‚Arbeiterverbrüderung') *(420)* Arbeitskonflikte und Arbeitskämpfe *(429)*

5. Die Rehberger: „Verzogene Kinder des Magistrats"? 437

Arbeitslosigkeit und Organisation von Arbeitsbeschaffungsmaßnahmen *(437)* Sozial- und Altersstruktur der Erdarbeiter *(441)* „Faul", „wüst" und „wild" – die Rehberger als bürgerliches Schreckensbild *(445)* „… nachdrücklichst gegen Accord" – der Konflikt um Lohn und Leistung *(449)* Zwangssparen und Maschinensturm – vom Scheitern des Versuchs, die Erdarbeiter zu tugendhaften Menschen zu erziehen *(455)*

6. „… die trüben Regionen der niedern Klassen" – Berliner Subproletariat und ‚volkstümliche' Gesetzwidrigkeiten 460

„… kaum ein Unterschied zwischen Armut und Verbrechen" – zum Problem der Grenzziehung zwischen Subproletariat und den übrigen Unterschichten *(460)* Kriminalitätsbegriff und volkstümliche Gesetzwidrigkeiten *(464)*

Teil V. Soziale ‚Kulturen', soziokulturelle Spannungsfelder und geschlechtsspezifische Rollenzuweisungen

1. ‚Kultur der Armut' 478

2. Zum Spannungsverhältnis zwischen den sozialen Milieus und Mentalitäten 487

‚Kultur der Armut' und proletarisches Klassenbewußtsein – ein (partieller) Gegensatz *(487)* ‚Kultur der Armut' versus ‚Kultur des Bürgers' *(491)* Vom Stand zur ‚Classe': Anmerkungen zum Sprachverhalten von Arbeitern und Gesellen, Unternehmern und Meistern *(499)*

3. Frauen in der Revolution 503

Räume und Grenzen politischen Tätigwerdens von Frauen *(503)* Zur Beteiligung von Frauen an revolutionären Ereignissen *(506)* Sozial-karitative und konservativ-patriotische Frauenvereine *(510)* Die demokratischen Frauenvereine *(514)* Männliche Ressentiments und Verweigerung politischer Partizipation: Der Blick des ‚starken' auf das ‚schwache Geschlecht' *(520)*

Teil VI. Jüdische Minderheit und protestantische Mehrheit – Selbstbild und der Blick der Gesellschaft

1. „… von ‚Jud' oder ‚Christ' ist gottlob nicht mehr die Rede" – Berliner Juden während der Revolution 524

Sozialökonomische Stellung, politische Präferenzen und Selbstbild *(524)* „… die Juden sehr in Verdacht" – judenfeindliche Strömungen *(530)* „… das grause Vorurtheil ist verschwunden" – nicht-jüdische Bevölkerung und Judenemanzipation *(536)*

2. Protestantismus und Revolution 541

„Wehe unserem christlichen Volke, wenn jüdische Jacobyner es unter die Füße kriegen" – zum Judenhaß in der protestantischen Kirche *(541)* „Stille Gährung herrscht …" – Kirche und Gesellschaft im Vormärz *(543)* „… Tausende ließen sich betören" – die Stellung der protestantischen Geistlichkeit zur Revolution *(547)* Die Kirche in der gesellschaftlichen Isolation *(552)*

Teil VII. Die Revolution am Wendepunkt: Der Zeughaussturm vom 14. Juni 1848

1. Vorgeschichte 556

Der Zug zum Friedrichshain am 4. Juni *(556)* Die Preußische Nationalversammlung und die „Anerkennung der Revolution" *(561)* Zum Revolutionsverständnis der Zeitgenossen Anfang Juni *(567)* Gerüchte und Tumulte um das „Kriegsgeräth" im Zeughaus *(568))*

2. Der Sturm auf das Berliner Zeughaus 574

Die Ereignisse *(574)* „Es lebe die Republik!" – der „Excess" vom 14. Juni: eine spontane Revolte der Unterschichten *(580)* Schändung des „Ehrentempels preußischen Waffenruhms" oder „erstes Wetterleuchten der zweiten Revolution" – der Zeughaussturm im Urteil der Zeitgenossen *(582)*

3. Reorganisation der Bürgerwehr und Modernisierung der Polizei 586

„… immer zu spät" – die Bürgerwehr zwischen allen Stühlen *(586)* Die Bürgerwehr auf der Suche nach einem neuen Selbstverständnis *(587)* Der Konflikt um das Bürgerwehrgesetz *(592)* Die Gründung der Konstabler *(596)* Einschränkungen der Meinungs- und Pressefreiheit *(600)* Der Riß zwischen der Hauptstadt und den Provinzen *(602)*

4. Politische Polarisierung: Das Vereinswesen nach dem Zeughaussturm 605

Die Konservativen im Aufschwung *(605)* Konservative Traditionsbildung – die Inbesitznahme der ‚Befreiungskriege 1813 bis 1815' *(614)* „Halb kalt, halb warm – das kann sich nicht halten": der Niedergang des Konstitutionellen Klubs *(617)* … beim Bürgertum in „Mißcredit" – soziale Basis, Selbstverständnis und Aktionsfelder der demokratischen Vereine nach dem Zeughaussturm *(621)* Das Phänomen ‚Held' und der Sozialverein *(628)* Der ‚Lindenklub' und andere ‚politische Ecken' *(631)* Die Bezirksvereine *(634)* Der Central-Ausschuß und der

märkische Kreis-Ausschuß der Demokraten *(642)* Überregionale Zusammen-
schlüsse der liberalen und konservativen Vereinsbewegung *(645)*

Teil VIII. Deutsche Einigung und nationale Ressentiments

1. Der „Klassenkrieg" in Frankreich und die „Despotie im Osten" – die europäische Revolutionswende und das zaristische Rußland in der Per-
   spektive der Berliner Öffentlichkeit.. 652

   „Geist der Verneinung" oder „Befreiung aus den Fesseln der Geldherrschaft" –
   die Stellungnahmen zum Pariser Juniaufstand *(652)* Die Revolution im Urteil
   der Zeitgenossen Anfang Juli *(656)* Russophobie und Russophilie *(657)*

2. Nationale Selbstbestimmung, nationale Minderheiten........................... 663

   Berliner Öffentlichkeit und polnische Nationalbewegung *(663)* Berlin, Preußen
   und der Konflikt um Schleswig-Holstein *(668)*

3. Deutsche Einheit und preußischer Partikularismus............................... 671

   Zum Konkurrenzverhältnis zwischen Deutscher und Preußischer Nationalversammlung *(671)* Die Einsetzung des Reichsverwesers und die Kontroverse um
   den Huldigungserlaß *(673)* Tumulte und Demonstrationen für und wider die
   deutsche Einheit *(677)* Die konservativen, demokratischen und liberalen Vorstellungen von der ‚deutschen Einheit' *(681)*

Teil IX. Das Ende der Berliner Revolution

1. Ruhe vor dem Sturm – der Berliner Revolutionsalltag im Hochsommer
   und Frühherbst... 688

   Das trügerische Gefühl revolutionärer ‚Normalität' *(688)* Der Kleinkrieg zwischen ‚Pöbel' und Konstablern und der „ultra-reactionäre" Überfall auf die
   Charlottenburger Demokraten *(691)*

2. Um die Seele der Soldaten... 696

   Die Potsdamer Militärrevolte *(696)* „... ein scharf geschliffenes Schwert" – der
   General Wrangel und seine Erklärungen vom 17. und 20. September *(699)* Berlins demokratische Bewegung und die ‚Militärfrage' *(702)* Zu den Gründen für
   die relative innere Stabilität des preußischen Militärs *(710)* Das Programm der
   offenen Gegenrevolution und das Kabinett v. Pfuel als Ministerium des Übergangs *(713)*

3. Der Anfang vom Ende: Berlin vom 16. bis zum 31. Oktober 1848.............. 717

„Ein Anblick, wie er vom 18. März noch in Aller Erinnerung ist" – der 16. Oktober 1848 *(717)* Der zweite Kongreß der Demokraten Deutschlands in Berlin und das demokratische Gegenparlament *(726)* „Ganz Berlin muß nach Wien …" – das Ende der Wiener Revolution und die demokratische Bewegung Berlins *(731)* Der 31. Oktober *(733)*

4. Der Konflikt zwischen Preußischer Nationalversammlung und Krone und das Ende der Berliner Revolution 739

„Es ist das Unglück der Könige, daß sie die Wahrheit nicht hören wollen" – der 2. November 1848 *(740)* „… in dumpfer Erwartung" – Berlin zwischen dem 3. und dem 9. November *(743)* Brandenburg in der Versammlung, aber die Versammlung will nicht nach Brandenburg – der 9. November *(746)* Der 10. November: Die Preußische Nationalversammlung erklärt den „passiven Widerstand", Wrangel schafft vollendete Tatsachen *(749)* „… ein niederschmetternder Donnerschlag": Die Ausrufung des Belagerungszustandes und das Ende des ‚Clubs Unruh' *(752)* Zwischen Baum und Borke – die Stellung der städtischen Organe im Konflikt zwischen Krone und Preußischer Nationalversammlung *(757)* Zu den Gründen der Niederlage *(760)*

5. „… mit dem ersten Schneefall war die Sache zu Ende" – Berlin in den ersten Tagen nach Ausrufung des Belagerungszustandes 764

„… ein Schwert ohne Klinge" – die Steuerverweigerung *(764)* Stimmungen und Gerüchte, jedoch „nirgends auch nur die geringfügigsten Störungen" *(766)* Die Entwaffnung der Bürgerwehr und der Selbstverteidigungswille des ‚Pöbels' *(770)* Die „ruhesüchtigen Bürger" im „Freudentaumel", die Unterschichten „in düsterer Stimmung" – Symptome vertiefter politisch-sozialer Spaltung der Bevölkerung Berlins in der zweiten Novemberhälfte *(776)* Frankfurter Vermittlungsversuche *(778)*

Teil X. Nachmärz – Berlin Ende der vierziger und Anfang der fünfziger Jahre

1. Vom Verfassungsoktroi zum Drei-Klassen-Wahlrecht 784

„Die Bombe ist geplatzt": der Verfassungsoktroi vom 5. Dezember 1848 und die Reaktion der Berliner *(784)* Politisches Vereinswesen, Wahlagitation und Ergebnisse der Wahlen vom Januar/Februar 1849 *(790)* „… da Berlin alsdann schon wieder mit einer vollständig organisierten Bürgerwehr versehen sein würde" – das Scheitern der Reorganisation der Kommunalmiliz im Februar 1849 *(796)* Friedrich Wilhelm IV. verweigert sich der deutschen Krone aus „Dreck und Letten" sowie der Reichsverfassung *(798)* Die Auflösung der Zweiten Kammer des Preußischen Parlaments und die blutigen Tumulte vom 27. April 1849 *(801)* Die Einführung des Drei-Klassen-Wahlrechts und die Zurücknahme weiterer Freiheiten *(804)*

2. Soziale Lagen, politische Mentalitäten und Organisationsverhalten der
wichtigsten Bevölkerungsgruppen 1849/50 815

Der erhoffte Aufschwung läßt auf sich warten: Die wirtschaftliche Entwicklung
im Jahr nach der Revolution *(815)* „... nachgiebig, damit Sie uns nicht zu viele
Demokraten schicken" – die Politik des preußischen Staates gegenüber Wirtschaftsbürgertum und gewerblichem Mittelstand *(819)* Die Obrigkeit und die
proletarischen Schichten *(821)* Die Neuformierung des politischen Konservativismus: zur Bedeutung des ‚Treubunds mit Gott für König und Vaterland' *(824)* Die liberal-demokratische Volkspartei *(833)* „Das Jahr 1848 hat es
zu schauerlicher Klarheit gebracht ...": Das kirchliche Leben in „entsetzlichem
Verfall" *(839)* Arbeiterbewegung, ‚Kultur der Armut' und proletarischer Konservativismus *(841)*

3. Revolutionäre und gegenrevolutionäre Traditionen 850

Schlußbemerkungen 857

„Unfertig" und „halb" – zum Charakter der Berliner Revolution von 1848 *(857)*
Nationale Einigung und nationale Identität – kein kleinster gemeinsamer Nenner *(871)* Zu den Gründen für das Scheitern der Revolution *(874)* „... nicht als
gescheitert zu betrachten"? – Zur Wertung der Revolution 1848 im Kontext der
deutschen Geschichte des späten 19. und frühen 20. Jahrhunderts *(887)*

Abkürzungen 893

Tabellenverzeichnis 895

Quellen und Literatur 896

Anhang

Kurzbiographien 930

Chronologie der wichtigsten Ereignisse 972

Register 981

Danksagung 1006

Der Autor 1008

Einleitung

Die „Umwälzungen" des Jahres 1848 waren nicht nur der „Anstrengung", sondern auch „dem Erfolge nach eine wirkliche Revolution".[1] Obgleich nicht alle Zeitgenossen diese Ansicht Robert Springers teilten und manche Konservative und Liberale schon frühzeitig den revolutionären Charakter der Märzereignisse leugneten, sie zum bloßen „Ministerwechsel"[2] zu degradieren suchten – daß im März 1848 Berlin nicht nur äußerlich zum revolutionären Schlachtfeld mit Hunderten von Toten und zahllosen Barrikaden wurde, sondern in ganz Preußen ein fundamentaler politischer Umbruch stattfand, läßt sich kaum bestreiten: Für acht Monate wurde dem Monarchen ein Parlament zur Seite gestellt, das mit diesem eine Verfassung ‚vereinbaren' sollte und überdies nicht unwesentlich die Politik des preußischen Staates mitbestimmte. Preußen wandelte sich 1848 vorübergehend zu einer konstitutionellen Monarchie. Die ‚modernen' bürgerlichen Freiheitsrechte wurden vom Monarchen auf Druck des ‚Volks' gewährt und ein Stück weit auch Realität. Die Märzerrungenschaften veränderten das politische Leben in Preußen und namentlich in der Hauptstadt fundamental: Es entstand eine bis dahin unbekannte demokratische Kultur. Das Versammlungs- und Vereinigungsrecht ließ eine Vielfalt von den heutigen Parteien ähnlichen politischen Organisationen entstehen. Zahllose, auch bürgerliche Berufsverbände und nicht zuletzt den späteren Gewerkschaften vergleichbare Arbeitnehmerorganisationen traten ins Leben; nicht ohne Grund gilt 1848 als das Geburtsjahr der modernen Arbeiterbewegung. Das vielschichtige, bunte Vereinswesen, das nach dem 19. März 1848 in Berlin zu blühen begann, veränderte Verhaltensmuster und Mentalitäten. Die Freiheit des gesprochenen und gedruckten Wortes schließlich ließ einen in seiner Vielfalt bis dahin gleichfalls völlig unbekannten Meinungsmarkt entstehen, auf dem die unterschiedlichsten politischen und weltanschaulichen Theorien uneingeschränkt miteinander konkurrieren konnten. Die Revolution machte Demokratie das erste Mal erfahrbar.

---

1 Robert Springer, Berlins Straßen, Kneipen und Clubs im Jahre 1848, Berlin 1850 (ND Leipzig 1985), S. 166 f. Zu R. Springer vgl. Kurzbiographie im Anhang (KBA).
2 Vgl. z.B. die Erklärung Camphausens vor der Preußischen Nationalversammlung (PrNV) am 8. Juni 1848, in: Verhandlungen PrNV, 1, S. 158; Jakob Venedey (in einem unveröffentlichten Manuskript Anfang der fünfziger Jahre), oder auch Leopold v. Gerlach, in: BA Potsdam, Rep. 90, Ve 1, Nr. 115, Bl. 36 bzw. ebd., Rep. 90 Ge 6, Nr. 13, Bl. 50. Wieder aufgenommen wurde die These, die Berliner Revolution vom März 1848 sei lediglich eine „vermeintliche" Revolution gewesen, unlängst von Manfred Hettling, 1848 – Illusion einer Revolution, in: ders., Revolution in Deutschland? 1789-1989, Göttingen 1991, S. 27-45, bes. S. 40 f.

Fragen und Begriffe

Wie die europäische Revolution des Jahres 1848 allgemein war auch die Berliner Revolution vornehmlich eine *politische* Revolution. Aber war sie *nur* eine politische Revolution? War sie nicht vielleicht in gewisser Weise auch eine *soziale* Revolution? Der Begriff ,sozial' ist unbestimmt. Wenn man ihn weit faßt und nicht nur die sozialökonomischen Konstellationen, die Produktionsverhältnisse, meint, sondern auch Verhaltensmuster, Einstellungen und Organisationsbestrebungen der verschiedenen sozialen (Groß-)Gruppen darin einschließt, dann induzierte die Revolution 1848 in Grenzen durchaus gravierende soziale bzw. sozialkulturelle Veränderungen – weil sie die Auflösung ,vorbürgerlicher' Mentalitäten und Gesellschaftsstrukturen beschleunigte und wesentliche Grundlagen für die Herausbildung moderner Klassen legte. Mit dieser Fragestellung ist eine zweite eng verknüpft: War das, was 1848 in Berlin und anderen Städten stattfand, eine *bürgerliche Revolution*, eine „Revolution der bürgerlichen Mitte", der „Bürger von Besitz und Bildung", die sich „an die Spitze" der revolutionären Bewegung gesetzt und formuliert hätten, „was auch die Masse will", wie Nipperdey noch vor wenigen Jahren apodiktisch behauptet hat?[3] Oder war es eine *antikapitalistische Revolte unterbürgerlicher Schichten*, eine „letzte große Rebellion breiter Volksschichten auf der Grundlage vorindustrieller Zielvorstellungen und antikapitalistischer Normen und Wertsetzungen", wie Gailus glaubt?[4] Abgesehen davon, daß die hier formulierten Alternativpositionen nicht neu sind[5], ist die Frage in Form eines simplen ,Entweder-Oder' sicherlich falsch gestellt. Die Umwälzungen des Jahres 1848 waren beides, sowohl „bürgerliche Revolution" als auch eine „antikapitalistische Rebellion breiter Volksmassen". Es kann inso-

---

3 Thomas Nipperdey, Deutsche Geschichte 1800-1866. Bürgerwelt und starker Staat, München 1987[4], (Zitate:) S. 602, 604, 631. Ähnlich auch andere, z.B. Michael Stürmer, 1848 in der deutschen Revolution, in: Hans-Ulrich Wehler (Hg.), Sozialgeschichte heute. Festschrift für Hans Rosenberg zum 70. Geburtstag, Göttingen 1974, S. 228 oder Günther Wollstein, Deutsche Geschichte 1848/49. Gescheiterte Revolution in Mitteleuropa, Stuttgart 1986, S. 176. Hierzu kritisch: Manfred Gailus, Straße und Brot. Sozialer Protest unter besonderer Berücksichtigung Preußens 1847-1849, Göttingen 1990, S. 42-55; vgl. außerdem Dieter Langewiesche, Die deutsche Revolution von 1848/49 und die vorrevolutionäre Gesellschaft: Forschungsstand und Forschungsperspektiven, Teil II, in: AfS Bd. XXXI/1991, S. 442 f.
4 Gailus, Straße und Brot, S. 508 bzw. 516.
5 Conze hat, in Kritik an der Position Stadelmanns, bereits vor vier Jahrzehnten darauf aufmerksam gemacht, daß „die deutsche Bewegung des ,tollen Jahres' weit mehr als nur eine bürgerliche Revolution gewesen" ist und „breite Massen des vom ,Pauperismus' gepackten und zum ,Proletariat' werdenden Volkes [...] drauf und dran [waren], die ,soziale Revolution' voranzutreiben". Vgl. Werner Conze, Vom ,Pöbel' zum ,Proletariat'. Sozialgeschichtliche Voraussetzungen für den Sozialismus, in: Hans-Ulrich Wehler (Hg.), Moderne deutsche Sozialgeschichte, Köln/Berlin 1970, S. 112-136 (Zitat: S. 112); dagegen Rudolf Stadelmann, 1848. Soziale und politische Geschichte der Revolution von 1848, München 1948, bes. S. 1-21, auch in: Wehler (Hg.), Moderne deutsche Sozialgeschichte, S. 137-155.

fern nur um das politisch-soziale Gewicht von ‚Bürgertum' und ‚Proletariat' im Jahre 1848, ihren Einfluß auf das Gesamtereignis ‚Revolution' gehen.

Erschwert wird eine Antwort auf die Frage nach dem Charakter der Revolution dadurch, daß die zentralen Kategorien unbestimmt und mit vielschichtigen, sich zum Teil widersprechenden Bedeutungsinhalten besetzt sind.[6] Mit dem deutschen Wort ‚*Bürger*' kann erstens der ‚citoyen', der *Staatsbürger*, gemeint sein; er ist dann ein moderner, rechtlich-politischer Begriff und umfaßt (mit gewissen Einschränkungen) die gesamte männliche Bevölkerung eines Staatsvolks. Als ‚Bürger', im Sinne des vormodernen ‚Stadtbürgers', konnte zweitens um die Mitte des 19. Jahrhunderts derjenige bezeichnet werden, der das *Bürgerrecht* besaß; das war 1848 nur eine Minderheit der in Berlin wohnhaften Staatsbürger. Dem Terminus ‚Bürger' kann bekanntlich außerdem ein dritter Bedeutungsinhalt unterlegt werden: Er bezeichnet dann eine *soziale Großgruppe*, die in sich wiederum recht heterogen ist und – um nur die wichtigsten Schichten zu nennen – die ‚Bildungsbürger', die mit diesen teilweise identischen akademischen ‚freien Berufe[7], die (höheren) Beamten und schließlich die ‚Wirtschaftsbürger', d.h. industrielle Unternehmer, größere Kaufleute und Bankiers, umfaßt. Letztere können viertens auch ausschließlich gemeint sein, wenn von ‚Bürger' oder ‚Bourgeois' gesprochen wird. Der ‚*Bourgeois*' in diesem sozial engen Sinne fand während der Revolutionszeit – im Gegensatz zu Frankreich – in Preußen und Berlin allerdings nur in Ausnahmefällen in die Umgangssprache Eingang. Idealtypisch lassen sich diese vier Bedeutungsebenen recht gut voneinander scheiden. Ein Problem der drei letztgenannten Ebenen des Bürger-Begriffs besteht jedoch darin, daß dabei verschiedene soziale Gruppen zusammengefaßt werden, ohne daß klar ist, was sie eigentlich einte. Ein zweites Problem besteht darin, daß der nachgeborene Historiker auf die Zeugnisse der Zeitgenossen zurückgreifen muß und die dort be-

---

6 Zum Begriff und zu den Schwierigkeiten der definitorischen Eingrenzung des ‚Bürgertums' vgl. den Überblick bei Jürgen Kocka, Bürgertum und bürgerliche Gesellschaft im 19. Jahrhundert. Europäische Entwicklungen und deutsche Eigenarten, Einleitung zu: ders. (Hg.), Bürgertum im 19. Jahrhundert. Deutschland im europäischen Vergleich, München 1988, S. 11 ff. bzw. (überarbeitet:) Göttingen 1995, S. 9 ff.; ders., Bürgertum und Bürgerlichkeit als Problem der deutschen Geschichte vom späten 18. Jahrhundert bis zum frühen 20. Jahrhundert, in: ders. (Hg.), Bürger und Bürgerlichkeit im 19. Jahrhundert, Göttingen 1987, S. 21-63, sowie die Aufsätze von Vierhaus, Lepsius und Rüschemeyer ebd.; Manfred Riedel, Bürger, in: Geschichtliche Grundbegriffe (GGr). Historisches Lexikon zur politisch-sozialen Sprache, hg. von Otto Brunner, Werner Conze, Reinhart Koselleck, Bd.1, Stuttgart 1972, S. 672 ff.

7 Zu diesem Begriff und seinen Bedeutungsinhalten vgl. die Aufsätze in: Werner Conze, Jürgen Kocka, Bildungsbürgertum im 19. Jahrhundert, Teil I: Bildungssystem und Professionalisierung in internationalen Vergleichen, Stuttgart 1985; M. Rainer Lepsius (Hg.), Bildungsbürgertum im 19. Jahrhundert, Teil III: Lebensführung und ständische Vergesellschaftung, Stuttgart 1992, bzw. ders., Demokratie in Deutschland, Göttingen 1993, S. 289-314; Ulrich Engelhardt, ‚Bildungsbürgertum'. Begriffs- und Dogmengeschichte eines Etiketts, Stuttgart 1986; außerdem (in der vorliegenden Arbeit) *S. 70 ff., 89*, sowie, zu ‚Bürgerlichkeit' als (sozial-)kultureller Kategorie, Kapitel V.2.

nutzten Begriffsinhalte von ‚Bürger‘, ‚bürgerlich‘ etc. vielfach höchst widersprüchlich sind und manchmal mehrere Definitionsebenen in ein und demselben Text nebeneinander verwendet wurden. Terminologische Unschärfen sind deshalb nicht zu vermeiden.

Kaum präziser sind die Begriffe ‚Proletariat‘ und ‚Kleinbürgertum‘, selbst wenn man sie politischer und weltanschaulicher Wertungen entkleidet und lediglich als Sozialkategorien verwendet. Die Termini *‚Proletariat‘* oder ‚Pöbel‘ – beides Begriffe mit (1848) pejorativem Beigeschmack, beide häufig synonym benutzt – greifen weit über die ‚eigentliche Arbeiterschaft‘ hinaus. ‚Proletarier‘ war nach zeitgenössischem Verständnis nicht nur der (qualifizierte) Industriearbeiter und der Handwerksgeselle, sondern auch der ‚proletaroide‘, formell selbständige Handwerker, der Arbeitslose, der 1848 im Rahmen von staatlichen oder städtischen Arbeitsbeschaffungsmaßnahmen beschäftigte Erdarbeiter, der Gelegenheitsarbeiter (‚Eckensteher‘), häufig außerdem der ‚Kriminelle‘ und sonstiges ‚Gesindel‘. Ebenso unbestimmt sind die zeitgenössischen Ausdrücke ‚Arbeiter‘, ‚arbeitende Classen‘ etc. Sie schließen nicht selten auch die kleinen Selbständigen ein, sind jedoch, im Gegensatz zu den Termini ‚Proletariat‘ und ‚Pöbel‘, positiv aufgeladen. Ähnlich vielschichtig wie der Begriff ‚Bürger‘ war auch der Terminus ‚Volk‘: Dieses Wort kann auf die Gesamtheit einer ‚Nation‘ – die deutsche oder die preußische[8] – oder zumindest die Gesamtheit der männlichen Erwachsenen ungeachtet ihrer sozialen Schichtzugehörigkeit zielen. Davon abgeleitete Begriffe wie ‚Volkssouveränität‘ implizieren diesen umfassenden Bedeutungsinhalt. ‚Volk‘ kann aber auch auf die (politisierten) sozialen Unterschichten abheben. Die Termini ‚Volk‘ oder ‚Volksmassen‘ bekommen dann freilich (von Angehörigen des konservativen Bürgertums verwendet) einen negativen Unterton und ungefähr den gleichen Bedeutungsinhalt wie ‚Pöbel‘ und ‚Proletariat‘. Innerhalb der demokratischen Bewegung wiederum war der Begriff ‚Volk‘ positiv aufgeladen. Weder (eindeutig) auf das gesamte ‚Staatsvolk‘ bezogen noch einer bestimmten Sozialschicht zugeordnet, wurde er zu einer „stereotypen Redensart“, unter der

---

8 Der heute befremdende Ausdruck „preußische Nation“ wurde von den Zeitgenossen häufig benutzt. Zum Begriff ‚Volk‘ vgl. allgemein Reinhart Koselleck, Volk, Nation, Nationalismus, in: GGr, Bd. 7, S. 141-431; zum Verhältnis der Begriffe ‚Volk‘ und ‚Nation‘ außerdem Otto Dann, Nation und Nationalismus in Deutschland 1770-1990, München 1990, bes. S. 12-15, sowie mit Blick auf die vielschichtige Verwendung während des hier interessierenden Zeitraumes (vornehmlich in den ‚fliegenden Blättern‘ etc.) Sigrid Weigel, Flugschriftenliteratur in Berlin. Geschichte und Öffentlichkeit einer volkstümlichen Gattung, Stuttgart 1979, S. 65-76. Zur Verwendung der Begriffe ‚Arbeiter‘ sowie der – 1848 gleichfalls in Gebrauch kommenden – Bezeichnungen ‚Arbeitnehmer‘ und ‚Arbeitgeber‘, ‚Fabrikant‘ usw. vgl. *S. 499 ff.*, sowie ausführlich: Rüdiger Hachtmann, Vom Stand zur „Classe“: Selbstverständnis und Sprachverhalten von Arbeitern und Gesellen, Unternehmern und Meistern in der Berliner Revolution von 1848, in: Christian Jansen, Thomas Mergel (Hg.), Die Revolution von 1848/49 im Deutschen Bund. Heterogenität und Brüche in Revolutionsablauf und Revolutionserfahrung, erscheint Göttingen 1997.

die Demokraten letztlich nur „sich selbst verstehen" (wie die Kreuzzeitung einmal lakonisch bemerkte).[9] Die Begriffe ,*Kleinbürgertum*' oder Mittelschichten sind nur scheinbar eindeutiger: Gefaßt werden darunter im allgemeinen die Selbständigen – gleich ob sie im Handwerk, im Einzelhandel, im sonstigen Dienstleistungsgewerbe oder im Verkehrsgewerbe tätig waren. Doch wie läßt sich der ,kleine Kaufmann' vom ,großen' unterscheiden, der dem Wirtschaftsbürgertum zuzurechnen ist? Wo ist die Grenze zwischen ,Fabrikant' und ,Meister' zu ziehen? Welcher Sozialschicht sind die ,Caféhaus-Literaten', das wohl zahlenmäßig kleine, aber politisch nicht bedeutungslose ,akademische Proletariat' zuzurechnen? Diese Fragen ließen sich um zahlreiche weitere vermehren.

Gleichgültig, welche soziale Großgruppe wir betrachten: Die Zeit, in welche die Revolution von 1848 fällt, war von ungeheurer Dynamik geprägt. Die sozialökonomischen Verhältnisse befanden sich in einem fundamentalen Umbruch – mit einer für die Beteiligten offenen, nicht kalkulierbaren Perspektive (eine ganz wesentliche Bedingung dafür, daß es 1848 überhaupt zu einer Revolution kam). Die ständische Gesellschaft war längst in Auflösung begriffen. Klassen begannen sich erst in schemenhaften Konturen herauszubilden. Die neuen sozialen Blöcke waren noch nicht festgefügt. Selbst scheinbar eindeutige Sozialkategorien zerfließen unter der Hand oder verlieren zumindest an Präzision. Die ausführliche Definition und Diskussion eines differenzierten, der sozialökomonischen Umbruch-Situation der vierziger Jahre angemessenen Schichtungsmodells (Kapitel I.1) ist unabdingbar, um die vielfältigen Handlungsabläufe und Prozesse während der Revolutionszeit überhaupt strukturieren zu können. Ein solches Schichtungsmodell gibt auch der politischen Geschichte der Revolution prägnantere Konturen: Politische Präferenzen und Verhaltensmuster wurden erheblich (jedoch nicht ausschließlich) durch den sozialen Standort geprägt, von der Sicht auf die eigene wirtschaftliche und soziale Situation und die der anderen Sozialgruppen. Hier in die drei sozialen *Groß*gruppen ,Bürgertum', ,Mittelschichten' und ,Proletariat' zu differenzieren, genügt nicht. Von ebenso großer Bedeutung für das Verständnis des politischen und sozialen Selbstbildes der Akteure der Revolutionszeit ist die Binnenstruktur der großen sozialen Schichten, deren Feingliederung: Ein ,Bildungsbürger' engagierte sich häufig in ganz anderer Weise als ein Wirtschaftsbürger; ein Handwerksgeselle entwickelte andere Denk- und Handlungsmuster als ein Tagelöhner. Insbesondere für die im Handwerk beobachtbaren Mentalitäten und Verhaltensformen spielte zudem die Zugehörigkeit zu den verschiedenen Gewerbezweigen eine große Rolle.

---

9 KrZ vom 29. Sept. 1848. Zu den pejorativen Konnotationen des Begriffes ,Volk' im Sprachgebrauch ,oben', im Sinne von „untere Volksclassen", „ungezügelte Masse", vgl. auch Wolfgang Kaschuba, Volkskultur zwischen feudaler und bürgerlicher Gesellschaft. Zur Geschichte eines Begriffs und seiner gesellschaftlichen Wirklichkeit, Frankfurt a.M./New York 1988, bes. S. 166.

Oben war die Bezeichnung ‚bürgerliche Revolution‘ mit dem Hinweis abgelehnt worden, daß dieser Terminus unzulässig pauschalisiert, der Vielschichtigkeit und den Ambivalenzen der revolutionären Prozesse des Jahres 1848 nicht gerecht wird – sofern man ‚bürgerlich‘ als soziale Kategorie auffaßt. Wenn von ‚bürgerlicher Revolution‘ die Rede ist, dann zielt dies allerdings nicht unbedingt auf die sozialen Trägerschichten der Revolution. Gemeint ist häufig etwas anderes. Unterstellt wird, bestimmte rechtliche und politische Zustände, bestimmte Forderungen und Interessen seien ‚eigentlich bürgerlich‘: ‚Entfeudalisierung‘, Aufhebung der Privilegien des Adels, die Herstellung individueller Rechtsgleichheit und Freiheit, politische Partizipation größerer Teile der männlichen Bevölkerung auf kommunaler, regionaler und nationaler Ebene, Parlamentarisierung der politischen Herrschaft, Verfassung, kulturelle Vielfalt, wissenschaftlicher Pluralismus u.a.m. Die ‚Mission‘ des Bürgertums sei es eigentlich gewesen, die Macht zu ergreifen und ‚bürgerliche Gesellschaft‘ nicht nur sozialökonomisch (Industrialisierung), sondern auch auf der politisch-rechtlichen Ebene zu installieren. Vor diesem Hintergrund wird dann behauptet, das deutsche Bürgertum habe ‚versagt‘.[10] Gewiß ist ohne Gültigkeit des Prinzips formeller Freiheit und Gleichheit und einer durch ständische Privilegien nicht gebundenen individuellen Konkurrenz die Entfaltung der modernen, industriekapitalistischen Gesellschaft schwer denkbar. Aber abgesehen davon, daß nicht einzusehen ist, warum nur das Bürgertum (als Sozialkategorie) und nicht auch das Proletariat Interesse an der Durchsetzung politisch-demokratischer Strukturen besessen haben soll, die Etikettierung ‚bürgerlich‘ also den Blick verengt, verstellen teleologische Geschichtskonzepte, die eine besondere historische ‚Sendung‘ des Bürgertums bei der Umsetzung der genannten Prinzipien suggerieren, das Verständnis für die empirischen revolutionären Prozesse. „Bürgerliche Revolution“ oder „liberale Revolution“ sind kategoriale Konstrukte, die mit der historischen Wirklichkeit des Jahres 1848 kaum etwas gemein haben. Die Liberalen wollten ebensowenig wie die Mehrheit der Bürger (als sozialer Schicht) die Revolution, den gewaltsamen Umsturz der politischen Verhältnisse. Sie waren nicht deren soziale Träger, obwohl sie in den Parlamenten, in denen die ‚Revolution‘ institutionalisiert und gezähmt wurde, dominierten. Bezeichnungen wie „Revolutionäre wider Willen“[11] sind im Grunde nur hilflose Eingeständnisse dieses Sachverhalts.

---

10 Das Konzept von der ‚historischen Mission‘ des Bürgertums und seinem ‚Verrat‘ wurde besonders ausgeprägt von der DDR-Historiographie vertreten (unter Verkürzung aktuell-politischer Bemerkungen und Polemiken von Marx und Engels), vgl. hierzu in einer Art abschließendem Resümee: Langewiesche, Deutsche Revolution, II, S. 338 ff. Es findet sich abgeschwächt auch in der westlichen Forschung, vor allem der älteren; vgl. z.B. Wilhelm Mommsen, Größe und Versagen des deutschen Bürgertums. Ein Beitrag zur Geschichte der Jahre 1848/49, Stuttgart 1949, und – mit Blick auf Berlin – implizit auch Ernst Kaeber, Berlin im Jahre 1848, Berlin 1948, bes. S. 200 f.
11 Nipperdey, Bürgerwelt, S. 664.

Langewiesche hat jüngst den Begriff ‚bürgerliche Revolution' implizit aus anderer Perspektive wieder salonfähig zu machen versucht, indem er behauptet, daß „die politischen und sozialen Leitvorstellungen der Revolutionsbewegung aus dem Bürgertum heraus formuliert" worden seien.[12] Wenn „Leitvorstellungen" von Angehörigen der Sozialschicht Bürgertum artikuliert wurden, waren dies dann „bürgerliche Leitvorstellungen"? Gewiß haben Intellektuelle (der Begriff selbst wird 1848 nicht benutzt) auf allen städtischen Schauplätzen der Revolution ihren Stempel aufgedrückt – auch in Berlin, wo wir allerdings darüber hinaus mit dem Phänomen des Arbeiter-Intellektuellen konfrontiert sind.[13] Aber ist das Etikett „bürgerlich" zur Charakterisierung dieses Phänomens überhaupt angemessen? Die herausragende Bedeutung bürgerlicher Intellektueller war eher Ausdruck einer begrenzten Alphabetisierung sowie eines vielfach niedrigen Bildungsniveaus, das Angehörigen der Mittel- und Unterschichten nur ausnahmsweise erlaubte, an politischen und theoretischen Debatten teilzunehmen. ‚Bürgerlich' waren (und sind) politische Ideen und theoretische Konzepte nicht schon deshalb, weil sie von Angehörigen der Sozialschicht Bürgertum formuliert wurden. Ansonsten wäre auch z.B. die Sozialdemokratie des ausgehenden 19. Jahrhunderts und des frühen 20. Jahrhunderts eine im wesentlichen bürgerliche Bewegung gewesen. Zudem waren die 1848 aus dem Bürgertum heraus formulierten „Leitvorstellungen" häufig höchst unterschiedlich; mitunter schlossen sie sich gegenseitig aus. Um den Blick auf das Jahr 1848 nicht im Vorfeld zu verengen, wird deshalb der Revolutionsbegriff in der vorliegenden Untersuchung ohne soziale oder politische Attribute benutzt – gewissermaßen ‚historisiert' – und Ereignisse und Entwicklungen nicht an im Rückblick wünschbaren Zielvorstellungen gemessen.

Welche *Zeitspanne* umfaßt die Berliner Revolution? Viele Zeitgenossen betrachteten lediglich den 18. und 19. März 1848 als ‚Revolution'. Dies wandelte sich in Einzelfällen bereits im Hochsommer, im allgemeinen allerdings erst unter dem Eindruck der ‚Gegenrevolution' vom November 1848. ‚Revolution' war nun nicht mehr ein punktuelles Ereignis, sondern eine – insgesamt recht kurze – historische Phase. (In der Perspektive mancher Zeitgenossen wiederum stellte das Jahr 1848 nur den Auftakt zu einer viel umfassenderen ‚Revolution' dar; Revolution wird hier zum Epochenbegriff.) Für mich beginnt die Berliner Revolution im engeren Sinne am 18. März und endet Mitte November 1848. Mit dem Einmarsch Wrangels und seiner Truppen sowie der Ausrufung des Belagerungs-

---

12 Dieter Langewiesche, Wege zur Revolution, in: Otto Borst (Hg.), Aufruhr und Entsagung. Vormärz 1815-1848 in Baden und Württemberg, Stuttgart 1992, S. 434.

13 Dafür stehen Namen wie die des Schriftsetzers Stephan Born, des Goldarbeiters Ludwig Bisky, des Maschinenbauers Karl Siegerist und des Schneidergesellen Christian Lüchow. Vgl. deren Kurzbiographien im Anhang (KBA), zu ihrer herausragenden theoretisch-politischen Bedeutung bes. Kapitel IV.4.

zustandes hatte die ‚Reaction' über die Revolution gesiegt; ‚Ruhe und Ordnung' wurden in Berlin auch während der Reichsverfassungskampagne nicht mehr nachhaltig gestört. Die Darstellung einer Revolution kann freilich nicht mit einem einzelnen Datum beginnen oder abbrechen. Verständlich wird das Phänomen ‚Revolution' nur, wenn die politischen und sozialen Hintergründe, ihre Ursachen und Wirkungen einbezogen werden. Nicht nur der eigentliche Revolutionszeitraum, auch ‚Vormärz' und ‚Nachmärz' erfahren deshalb eine ausführlichere Berücksichtigung.

*

Gegenstand der vorliegenden Untersuchung ist eine Stadt. Allerdings nicht irgendeine Stadt: Berlin war neben Paris und Wien Hauptschauplatz der Revolution 1848, in deren Sog die meisten europäischen Staaten gerieten. Berlin war als Residenz der Hohenzollern Sitz der zentralen Ministerien und staatlichen Verwaltungen Preußens. In Berlin trat die Preußische Nationalversammlung zusammen. Während der Revolution beriefen die wichtigsten ‚Parteien' – Demokraten, Liberale, Konservative und die frühe Arbeiterbewegung – zentrale Kongresse nach Berlin ein. Hier nahmen seit Sommer 1848 der Central-Ausschuß der Demokraten sowie überregional tätige Koordinationsgremien der Konservativen und Liberalen ihren Sitz. Berlin zog 1848 de facto immer mehr (kleindeutsche) Hauptstadtfunktionen an sich; die Preußenmetropole wurde seitdem zur informellen Hauptstadt Deutschlands – auch wenn der 1850 bis 1866 wiedererstandene Deutsche Bund weiterhin in Frankfurt zusammentrat. In der französischen, der österreichischen und der preußischen Hauptstadt entschied sich das ‚Schicksal' der europäischen Revolution von 1848. So wie die Berliner Märzrevolution in Europa – nach ihren vorausgegangenen Erfolgen vor allem in Paris und Wien – bereits im ersten Anlauf den Zusammenbruch des alten Systems herbeizuführen und den Erfolg der revolutionären Bewegung zu sichern schien, so besiegelte andererseits der Sieg der preußischen ‚Contrerevolution' in der Landeshauptstadt das Schicksal der europäischen Revolution (nachdem die ‚Ordnungspartei' bereits zuvor in der französischen und österreichischen Hauptstadt die Oberhand gewonnen hatte). Die Reichsverfassungskampagne, die Aufstände vor allem in Baden und Sachsen sowie schließlich der vergebliche Befreiungskampf der Ungarn im Sommer 1849 waren mehr ein Nachflackern der Revolution, ein letztes verzweifeltes Aufbäumen der revolutionären Bewegung, ohne Aussicht auf Erfolg. Die Ereignisse in Berlin markieren insofern wesentlich die Phasen der deutschen Revolution.

Die Entwicklungen und Konstellationen in der preußischen Hauptstadt besitzen noch aus einem anderen Grund ein besonderes Gewicht. Das, was die städtische Revolution 1848 allgemein charakterisierte, war hier besonders prägnant ausgeprägt: Nirgendwo sonst, von Paris und Wien abgesehen, standen sich demokratische Bewegung und konservative Obrigkeit, Revolution und Gegenrevolution auf so engem Raum gegenüber, waren die sozialen und politischen Konfliktlinien so scharf ausgeprägt. Was in kleineren Städten nur in rudimentären Formen vorhanden war und durch tradierte, noch der ständischen Gesellschaft entlehnte Verhaltensmuster, Mentalitäten und Produktionsstrukturen überformt wurde, lag in der preußischen Hauptstadt offen zutage. Die Verhältnisse in Berlin waren insofern zwar nicht repräsentativ, aber hier trat der (wenn man so will:) ,bürgerlich'-moderne Kern der städtischen Revolution 1848 sichtbarer hervor, obgleich sozialökonomisch handwerkliche Produktionsformen auch im Berlin der Revolutionszeit – ähnlich wie in den beiden anderen Revolutionsmetropolen Wien und Paris – dominierten und traditionelle, ,vorbürgerliche' Mentalitäten auf das politische Geschehen nicht unwesentlich Einfluß nahmen. Deutlicher als anderswo läßt sich für die preußische Hauptstadt die Vielschichtigkeit und Ambivalenz der städtischen Revolution 1848 überhaupt nachzeichnen. Ein systematischer Vergleich mit anderen großen Städten hätte den Rahmen der vorliegenden Untersuchung bei weitem gesprengt. Aber der gelegentliche Blick auf die Entwicklungen und Konstellationen in anderen Haupt- und Residenzstädten, namentlich auf die Berlin am ehesten vergleichbare österreichische Hauptstadt[14], erlaubt in mancherlei Hinsicht herauszuarbeiten, was im Jahr 1848 typisch nur für Berlin war, oder sich auf größere Städte im deutschen und europäischen Raum verallgemeinern läßt.

Innerhalb der Stadtgeschichte Berlins wiederum markiert die Revolution 1848 einen wichtigen Entwicklungsschritt zur europäischen Metropole. Berlin wurde im ,tollen Jahr' gründlich durchlüftet. Die Anfang der vierziger Jahre beginnende Industrialisierung, vor allem aber die politische Revolution vertrieben, aller Rückschritte des folgenden Jahrzehnts zum Trotz, den provinziellen Mief der Residenzstadt ein für allemal. Erst 1848, so erklärte Robert Springer, „wurde durch

---

14 Zu Wien vgl. vor allem Wolfgang Häusler, Von der Massenarmut zur Arbeiterbewegung. Demokratie und soziale Frage in der Wiener Revolution von 1848, München 1979; Gabriella Hauch, Frau Biedermeier auf den Barrikaden. Frauenleben in der Wiener Revolution 1848, Wien 1990; Maren Seliger/Karl Ucakar, Wien. Politische Geschichte 1740-1934. Entwicklung und Bestimmung großstädtischer Politik, Teil I: 1740-1895, Wien/München 1985, S. 125-271. Zu Paris vor allem: Roger Price, The French Second Republic. A Social History, London 1972, sowie die Aufsätze in: Ilja Mieck, Horst Möller, Jürgen Voss (Hg.), Paris und Berlin 1848, Sigmaringen 1995. Zu den kleineren deutschen (Regional-)Hauptstädten vgl. vor allem die Arbeiten von Hummel, Sperber, Wettengel und Seyppel; zu den Städten der Provinz Brandenburg vor allem Hans-Heinrich Müller, Harald Müller, Brandenburg als preußische Provinz. Das 19. Jahrhundert bis 1871, in: Ingo Materna, Wolfgang Ribbe (Hg.), Brandenburgische Geschichte, Berlin 1995, S. 475-497.

die ungehinderte Bewegung des Volks eine Annäherung zu wahrhaft großstädtischem Leben hervorgebracht".[15]

Handlungsträger und Handlungsebenen

Im folgenden werde ich zwar in erster Linie das Berliner Revolutionsgeschehen in mikrohistorischer Perspektive untersuchen, zugleich jedoch die Ereignisse und Entwicklungen in der preußischen Hauptstadt in den gesamten deutschen und (mit allerdings erheblichen Einschränkungen) europäischen Revolutionsprozeß einzuordnen versuchen[16], zumal die Berliner Ereignisse und Entwicklungen wesentlich durch die Geschehnisse auf den anderen europäischen Hauptschauplätzen (namentlich Wien und Paris) mitbestimmt wurden. Vergleichbar letztlich nur mit der österreichischen und französischen Hauptstadt, bestimmte eine Vielzahl von Handlungsträgern das politische und soziale Geschehen in Berlin.

Bereits die große Zahl der (im weiteren Sinne) staatlichen Funktionsträger ist bemerkenswert. An der Spitze des Hohenzollernstaates standen neben dem *Monarchen* die königliche *Familie* (hier vor allem der Prinz von Preußen) und die *Berater* des Königs. Letztere sind zu unterscheiden in ‚Reformkonservative‘ und ‚Hochkonservative‘. Die Reformkonservativen waren (begrenzten) politischen Modernisierungsschritten in Richtung auf eine eingeschränkt konstitutionelle Monarchie nicht gänzlich abgeneigt, weniger aus innerer Überzeugung als vielmehr aus taktischen Erwägungen. Überdies standen sie der deutschen Einigung nicht grundsätzlich ablehnend gegenüber; ihr Konzept sah einen deutschen Bundesstaat vor, in dem allerdings nicht das ‚Volk‘, vermittelt über die Parlamente, sondern die Fürsten den Ton angeben sollten. Wichtigster Repräsentant dieser Strömung war Josef Maria v. Radowitz, der dann 1849/50 mit seinen Plänen zu einer deutschen ‚Union‘ scheitern sollte. Den Kern der den Reformkonservativen zum Teil schroff gegenüberstehenden preußisch-partikularistischen Hochkonservativen bildete die sog. Kamarilla am Hofe Friedrich Wilhelms IV. Sie fungierte seit Ende März 1848 als eine Art geheime Parallelregierung zu den Märzministerien.[17] Die herausragenden Figuren der Kamarilla waren die Brüder

---

15 Springer, Berlins Straßen, S. 131.

16 Dies kann im folgenden freilich nur kursorisch geschehen. Einige Schlaglichter zu den Entwicklungen in den europäischen Revolutionsmetropolen und ihrer gegenseitigen Abhängigkeit finden sich in: Rüdiger Hachtmann, Die Hauptstädte in der europäischen Revolution von 1848, in: Dieter Dowe, Heinz-Gerhard Haupt, Dieter Langewiesche (Hg.), Europa in der Revolution von 1848, erscheint Bonn 1998.

17 Vgl. Günther Grünthal, Bemerkungen zur Kamarilla Friedrich Wilhelms IV. im nachmärzlichen Preußen, in: JbGMO Bd. 36/1987, S. 40 f. Tatsächlich handelte es sich hier nicht um ein förmliches Schattenkabinett, sondern um einen informellen Beraterkreis mit weit größerem Einfluß

Leopold und Ernst Ludwig v. Gerlach. Diese kleine, aber sehr einflußreiche Gruppe wollte die Monarchie in ihrer überkommenen Form möglichst unversehrt wieder herstellen. Trotz aller prinzipiellen Rückwärtsgewandtheit zeigten sich die Hochkonservativen gleichwohl ausgesprochen lernfähig, indem sie sich seit Sommer 1848 moderner Mittel der Massenbeeinflussung bedienten. Die ,*Militärpartei*'[18] verfolgte zwar die gleichen Ziele wie die Kamarilla: Restauration der absoluten Monarchie mit einer starken Armee als politischer Stütze. Politisch und personell eng mit den Hochkonservativen verbunden, muß die Militärpartei trotzdem als selbständiger politischer Faktor genannt werden, da sie seit der Märzrevolution in mancherlei Hinsicht auf Distanz zu Friedrich Wilhelm IV. und Teilen seiner unmittelbaren Umgebung ging. Personell umfaßt die Militärpartei den größten Teil der höheren Offiziere der preußischen Armee. Repräsentiert wurde sie in erster Linie durch den Prinzen von Preußen, den designierten Thronfolger und späteren König und Kaiser Wilhelm I., außerdem im Jahre 1848 namentlich durch die Generäle v. Prittwitz und v. Wrangel sowie den Oberstleutnant und Militärschriftsteller v. Griesheim, im Revolutionsjahr ,graue Eminenz' im preußischen Kriegsministerium. Der König wiederum befand sich in einem Spannungsdreieck zwischen den Hochkonservativen und der mit diesen verbündeten und personell verflochtenen Militärpartei, den Reformkonservativen und weiteren Einzelpersonen wie dem Direktor der Berliner Taubstummenanstalt Carl Wilhelm Saegert oder dem Polizeipräsidenten Karl Ludwig v. Hinckeldey.

Auch wenn die *Märzminister* aufgrund enger institutioneller Bindungen an die Krone (nicht das Landesparlament, sondern der König ernannte die Minister), zum Teil auch aufgrund eigenen Selbstverständnisses häufig lediglich ausführende Organe des Monarchen waren, blieben sie selbständige politische Handlungsträger von beträchtlichem Gewicht. Innerhalb freilich recht eng gesteckter Grenzen suchten sie zur politischen ,Modernisierung' Preußens beizutragen und eigene Reformkonzepte zu verwirklichen.[19] Über allgemein-politische

auf den Monarchen als die offizielle Regierung. Zu den Gerlachs und ihrer Politik im Revolutionsjahr vgl. außerdem vor allem Hans-Christof Kraus, Ernst Ludwig von Gerlach. Politisches Denken und Handeln eines preußischen Altkonservativen, Göttingen 1994, Bd. 1, bes. S. 395-467. Zu Radowitz und seiner Rolle 1848/49 vgl. Rüdiger Hachtmann, Ein in preußischem Boden fest verwurzelter deutscher Staatsmann. Joseph Maria v. Radowitz (1797-1853), in: Sabine Freitag (Hg.), Biographien der Achtundvierziger, München 1997, S. 250-261, und die dort genannte ältere Forschung.

18 Zum Begriff ,Militärpartei' vgl. Eckhard Trox, Militärischer Konservativismus. Kriegervereine und ,Militärpartei' in Preußen zwischen 1815 und 1848/49, Stuttgart 1990, bes. S. 99 ff. Zu Prittwitz, Wrangel, Griesheim, Saegert und Hinckeldey vgl. KBA.

19 Mit ,Märzkabinett' oder -ministerium werden hier die preußischen Regierungen des Jahres 1848 bezeichnet, deren personelle Zusammensetzung spiegelte, daß im März ein einschneidender politischer Umbruch in Richtung auf eine konstitutionelle Monarchie stattgefunden hatte. Insgesamt vier Märzkabinette nahmen im Revolutionsjahr Einfluß auf das politische Geschehen in

Entscheidungen hinaus beeinflußten sie in starkem Maße unmittelbar das Geschehen in Berlin. Die Ministerien waren Adressaten zahlloser Eingaben und des öfteren das Ziel größerer Demonstrationen. Umgekehrt suchten die Minister das Berliner ‚Volk' durch ‚Ansprachen' zu beschwichtigen oder, seit Frühsommer 1848, in seinen politischen Entfaltungsmöglichkeiten zunehmend einzuschnüren. Überhaupt wurde ihr Handeln wesentlich von den konkreten Ereignissen in der Hauptstadt bestimmt. Der Rahmen der vorliegenden Arbeit verlangt es allerdings, daß ich mich auf den städtischen Handlungsort Berlin konzentriere und Märzkabinette und ebenso die *Preußische Nationalversammlung*, die von Mai bis November 1848 ihren Sitz in der Hauptstadt hatte, nur in diesem Kontext in die Darstellung einbeziehe.[20] Ähnlich wie die Assemblée Nationale in Paris und der Österreichische Reichstag in Wien war auch die Preußische Nationalversammlung stark in das städtische Milieu Berlins eingebunden. Wie in Paris und Wien wurden auch die Debatten und Entscheidungsprozesse der Volksvertretung Preußens wesentlich von den jeweils aktuellen politischen Konstellationen in der Hauptstadt beeinflußt. Die Diskussion um die „Anerkennung der (März-) Revolution" Anfang Juni und die Ereignisse im Oktober und November machten dies besonders augenscheinlich. Wenn die Preußische im Vergleich zur Deutschen Nationalversammlung weiter ‚links' stand, dann lag dies nicht zuletzt an dem starken, manchmal handgreiflichen Druck, der von ‚der Straße' und der im Vergleich zu Frankfurt stärkeren demokratischen Bewegung Berlins ausging. Die Abgeordneten wiederum ließen sich bei ihren Entscheidungen für ganz Preußen häufig von ihrem Eindruck der konkreten Verhältnisse der Landeshauptstadt leiten.

Eine eigenständige und für den Revolutionsverlauf wichtige Rolle spielte das Berliner *Polizeipräsidium*. Am 25. März 1809 ins Leben gerufen, unterstand das

---

Preußen und Berlin: 1. das Ministerium Arnim-Boitzenburg, eigentlich ein noch stark konservativ geprägtes Ministerium des Übergangs (19. bis 29. März); 2. das Ministerium Camphausen-Hansemann, die erste ‚echte' Märzregierung (29. März bis 20. Juni); 3. das Ministerium Auerswald-Hansemann (20. Juni bis 4. Sept.); 4. das Ministerium Pfuel (21. Sept. bis 31. Okt.). Die offene Gegenrevolution wurde erst mit der Ernennung des Ministerpräsidenten v. Brandenburg am 2. Nov. ins Werk gesetzt.

20 Die Ministerien haben bisher nur teilweise ‚ihre' Historiker gefunden. Vgl. vor allem die (trotz der wenig differenzierten Verwendung des Terminus ‚Bourgeoisie') grundlegende Arbeit von Jürgen Hofmann, Das Ministerium Camphausen-Hansemann, Berlin 1981. Nichts, was über das Ministerium Pfuel nicht in den bekannten, älteren Darstellungen auch zu finden wäre, enthält dagegen die Biographie von Bernhard v. Gersdorff, Ernst v. Pfuel. Freund Heinrich von Kleists, General, preußischer Ministerpräsident 1848, Berlin 1981, S. 117-129. Die PrNV ist dagegen in einer Reihe von Arbeiten ausführlicher untersucht worden; vgl. bes. Manfred Botzenhart, Deutscher Parlamentarismus in der Revolutionszeit 1848-1850, Düsseldorf 1977, bes. S. 441-453, 493-504, 515-555.

Berliner Polizeipräsidium unmittelbar dem preußischen Innenminister.[21] Der Aufgabenbereich der mit etwa 220 Gendarmen zu Beginn der Revolution personell freilich schlecht ausgestatteten Polizei war damals weiter gesteckt als heute: Sie war zuständig nicht allein für Sicherheit und Ordnung im allgemeinen sowie die Überwachung der Vereine und der Presse. Dem Berliner Polizeipräsidenten unterstanden darüber hinaus das Gesundheits- und Sozialwesen, die Gewerbeaufsicht, die Bau- und Feuerpolizei, das Straßen- und Verkehrswesen, der Wasserbau und die Schiffahrt.[22] Dem Fremden gegenüber verkörperte das Polizeipräsidium für das Gebiet der Landeshauptstadt *die* Staatsmacht. Die weitreichenden Kompetenzen erklären die herausragende Rolle und das Selbstbewußtsein der drei Berliner Polizeipräsidenten v. Minutoli (bis zum 31. Juni 1848), v. Bardeleben (vom 1. Juli bis zum 18. November 1848) und v. Hinckeldey (seit dem 18. November 1848). Der mehrfache Wechsel der Person des Polizeipräsidenten ist freilich ein Indiz dafür, daß dieses Amt im Revolutionsjahr ein Schleudersitz war.[23]

Mit der preußischen Städteordnung von 1808 war dem *Magistrat* und den *Stadtverordneten* eine Reihe wichtiger Zuständigkeiten überwiesen worden: Armenpflege, Schulaufsicht, Stadtreinigung und -beleuchtung, Gefängniswesen, Aufsicht über die Hospitäler und das Arbeitshaus u.a.m., seit Januar 1845 außerdem die Aufsicht über die Innungen. Infolgedessen drückten die beiden kommunalen Selbstverwaltungsorgane, trotz aller Kompetenzen, die beim Polizeipräsidium, dem Oberpräsidenten der Provinz Brandenburg[24], dem Militärgouverneur u.a. blieben, dem innerstädtischen Geschehen relativ stark ihren Stempel auf. Ein demokratisches Kommunalparlament im heutigen Sinne waren die Stadtverordneten allerdings nicht. Das Wahlrecht erstreckte sich nämlich (auch

---

21 Die preußische Städteordnung vom 19. Nov. 1808 sah vor, in den größeren Städten eine staatliche Polizeiverwaltung einzurichten, die dem jeweiligen Oberpräsidenten und dessen Provinzialverwaltung verantwortlich war. In kleineren Städten war die Ausübung der Polizeiverwaltung dem Magistrat übertragen. Das Berliner Polizeipräsidium fiel hier aus dem Rahmen, da es – unmittelbar dem Innenminister unterstellt – weder dem Magistrat noch dem brandenburgischen Oberpräsidenten bzw. Potsdamer Regierungspräsidenten rechenschaftspflichtig war. Mit letzteren stand der Berliner Polizeipräsident vielmehr auf gleicher Stufe.

22 Die letztgenannten Aufgabenfelder gab die Polizei erst 1875 bzw. 1918 ab. Mit Ausnahme einer kurzen Periode (1816-1821) nahm das Polizeipräsidium bis Mai 1944 Teilfunktionen einer preußischen Regierung für Berlin wahr. (Im Mai 1944 wurde ein Regierungspräsident für Berlin eingesetzt.)

23 Eine gleichfalls eigenständige, wenn auch im Vergleich zu den vorgenannten Handlungsträgern untergeordnete Rolle spielte das *Kammergericht*, dessen Wurzeln – als kurmärkisches Obergericht – bis ins 15. Jahrhundert zurückreichen, bzw. seine Staatsanwälte und Richter.

24 Seit 1828 war das *Oberpräsidium* der *Provinz Brandenburg* mit Sitz in Potsdam die dem Berliner Magistrat unmittelbar vorgesetzte Behörde. Der tatsächliche Einfluß des Oberpräsidenten und seiner Verwaltung war jedoch im Revolutionsjahr recht beschränkt, da in den meisten wichtigen Angelegenheiten, die die Hauptstadt betrafen, das Innenministerium die politische Initiative unmittelbar an sich riß.

bei der Neuwahl Anfang Mai 1848!) nur auf die Minderheit der erwachsenen Männer Berlins, die das Bürgerrecht besaß. Von der demokratischen Bewegung und der Bürgerwehr deshalb heftig attackiert, gerieten die Stadtverordnetenversammlung und mit ihr der Magistrat im Revolutionsjahr in eine Legitimationskrise. Überhaupt wurden beide Institutionen Ende der vierziger Jahre stärker als zuvor den Blicken und der Kontrolle einer kritischen Öffentlichkeit ausgesetzt: Bereits einige Monate vor der Märzrevolution durfte das interessierte (männliche) Publikum den Debatten der Stadtverordnetenversammlung beiwohnen. Namentlich im März platzte der relativ kleine Tagungsraum der Stadtverordneten aufgrund des großen Zuhörerandrangs förmlich aus allen Nähten. Nach der Märzrevolution wurden die Debatten der kommunalen Abgeordneten sowie die Aktivitäten des Magistrats häufig zum Gegenstand heftiger öffentlicher Kontroversen. Nicht immer zogen Magistrat und Stadtverordnete an einem Strang. Politische Differenzen zwischen beiden Institutionen waren im Revolutionsjahr unübersehbar. Bereits während des Vormärz zeigten sich die Stadtverordneten dem ‚Fortschritt‘ gegenüber aufgeschlossener und protestierten häufiger gegen Einschränkungen bürgerlicher Freiheiten. Für den Magistrat war dagegen, nicht zuletzt infolge der engeren Kontakte zum Hof, eine stärker konservative Haltung charakteristisch.

Nicht eigentlich als staatliche Institutionen sind die ‚*Korporation der Kaufmannschaft*‘ und die *Innungen* anzusprechen. Gleichwohl besaßen sie förmliche Kompetenzen, waren sie fest eingebunden in das traditionelle politische Gefüge der Stadt. Die Innungen als Nachfolgeorganisationen der Zünfte hatten zwar seit 1810/11 kontinuierlich an Einfluß verloren (ein Stückweit erhielten sie ihn Anfang 1849 zurück); im Gewerbeleben spielten sie dennoch weiterhin eine gewichtige Rolle. Das Wirtschaftsbürgertum wiederum, namentlich die frühe Unternehmerschaft, besaß in der Korporation der Kaufmannschaft ein Sprachrohr, das dessen sozialökonomische und politische Interessen im Vormärz wie 1848 wirkungsvoll zu vertreten verstand. Zu einem erstrangigen politischen Faktor entwickelte sich außerdem die am 19. März 1848 gegründete *Bürgerwehr* (ganz ähnlich wie in Wien und Paris die *Nationalgarde*). Sie definierte sich relativ bald nicht lediglich als polizeiliche, sondern zunehmend auch als politische Einrichtung. Auf militärischer und polizeilicher Ebene stand sie in Konkurrenz zum Heer, zur Landwehr und zur Polizei; in politischer Hinsicht rivalisierte sie mit dem Magistrat und den Stadtverordneten. Da die Kompetenzen der Bürgerwehr bis zum Erlaß des Bürgerwehrgesetzes Mitte Oktober nicht eindeutig geklärt waren und bis dahin offen blieb, wem sie unterstand, entwickelte sie innerhalb des politischen Kräftefeldes der Stadt eine erhebliche Eigendynamik. Zugleich Ordnungsfaktor und (jedenfalls aus der Perspektive der traditionellen Institutionen) Gegenmacht, saßen Bürgerwehr-Kommando und -Mannschaften häufig freilich auch zwischen allen Stühlen. Intern zudem zerstritten, war die Bürgermiliz im politischen Kräftespiel des Jahres 1848 nicht nur Subjekt, sondern ebenso Objekt. Die verschiedenen politischen Strömungen versuchten nämlich mitunter recht massiv auf die Aktivitäten und das Selbstverständnis dieser kommunalen Freiwilligenwehr, die einschließlich der verschiedenen ‚bewaffneten Corps‘ nominell fast 30 000 Mann zählte, Einfluß zu nehmen.

Neben den bisher genannten städtischen, staatlichen und quasi staatlichen Institutionen gab es zahlreiche weitere Handlungsträger, die sich unabhängig von den alten Gewalten und vielfach in explizitem Gegensatz zu diesen konstituierten. Ins Auge springt zunächst die bunte, kaum überblickbare Vielfalt des Vereinswesens[25] der Revolutionszeit: „Unsere Hauptstadt“, so rief etwa die Spenersche Zeitung am 25. Mai 1848 aus, „wird bald so viele Clubs und Vereine bilden wie Tage im Jahre; an jedem Morgen tauchen neue auf, denn Jeder, der eine Meinung, oder nur eine Meinungsschattierung, vertritt, möchte, wo möglich, einen Verein stiften.“ Die tatsächlich Hunderte von Vereinigungen lassen sich grob gliedern in die politischen Klubs als die Frühformen des (außerparlamentarischen) Parteiwesens, in Berufsverbände und quasi gewerkschaftliche Organisationen, in sozial-reformerische bzw. sozial-karitative Organisationen, in Bildungsvereine und schließlich in unpolitische Geselligkeitsvereine.

Die zahlreichen *politischen Klubs* in Berlin – nur das mehr als doppelt so große Paris mit seinen ausgeprägt revolutionären Traditionen zählte 1848 eine größere Zahl an Klubs – waren im Revolutionsjahr „die Pulse des politischen Lebens“.[26] Als „Kernzellen der modernen Parteibildung“ (W. Siemann) mobilisierten, strukturierten und kanalisierten sie entscheidend die politische Willensbildung. Sie lassen sich in drei Hauptströmungen untergliedern: 1. Die *Demokraten* waren den gesamten Zeitraum über die mit Abstand größte politische Bewegung, freilich auch am stärksten intern fraktioniert. Im Oktober 1848 bestanden in Berlin

---

25 Zu Begriff, allgemeinen Charakteristika und Formen des Vereins in der ersten Hälfte des 19. Jahrhunderts sowie zur Genesis und zu den (sehr unterschiedlichen) Definitionen des Parteibegriffs allgemein vgl. vor allem Klaus v. Beyme, Partei, Fraktion, in: Geschichtliche Grundbegriffe, Bd. 4, Stuttgart 1978, S. 677-733; bes. S. 716-723; Thomas Nipperdey, Verein als soziale Struktur in Deutschland im späten 18. und frühen 19. Jahrhundert. Eine Fallstudie zur Modernisierung, in: ders., Gesellschaft, Kultur, Theorie. Gesammelte Aufsätze zur neueren Geschichte, Göttingen 1976, S. 174-205; Wolfgang Hardtwig, Strukturmerkmale und Entwicklungstendenzen des Vereinswesens in Deutschland 1789-1848, in: Otto Dann (Hg.), Vereinswesen und bürgerliche Gesellschaft in Deutschland, München 1984, S. 11-50; Dieter Langewiesche, Die Anfänge der deutschen Parteien. Partei, Fraktion und Verein in der Revolution von 1848/49, in: GG 4. Jg./1978, S. 324 ff.; ders., Vereins- und Parteibildung in der Revolution von 1848/49 - ein Diskussionsbeitrag, in: Dann, Vereinsbildung, S. 51 ff.; Wolfram Siemann, Die deutsche Revolution von 1848/49, Frankfurt a.M. 1985, S. 91 ff.; Gerhard A. Ritter, Die deutschen Parteien 1830-1914, Göttingen 1985, S. 10 f.; Hartwig Brandt, Ansätze einer Selbstorganisation der Gesellschaft in Deutschland im 19. Jahrhundert, in: Gesellschaftliche Strukturen als Verfassungsproblem. Intermediäre Gewalten, Assoziationen, öffentliche Körperschaften im 18. und 19. Jahrhundert, Berlin 1978, S. 51-67.

26 SZ vom 8. Sept. 1848.

acht größere demokratische Klubs. 2. Die *Liberalen* besaßen organisatorisch ihre Hauptstütze im Konstitutionellen Klub. 3. Die *Konservativen* begannen sich erst seit Mai 1848 zu einer organisatorisch fester gefügten ,Partei' zu entwickeln und gewannen seitdem kontinuierlich an Bedeutung. Die politischen Organisationen der Landeshauptstadt besaßen Vorbildcharakter für die Vereinsbildung in den Provinzen. Von ihnen gingen außerdem die entscheidenden Anstöße für die Bildung überregionaler, preußenweiter Koordinationsinstanzen der lokal organisierten Demokraten, Liberalen und Konservativen aus.[27] In Preußen mußten – ähnlich wie in der K.u.K.-Monarchie und im Unterschied zu den südwestdeutschen Staaten (wo sich parallel zum vergleichsweise schon ,moderneren' parlamentarischen System auch ein lebhaftes politisches Vereinswesen herausgebildet hatte) sowie zu Frankreich – Liberale und Demokraten mit Parteigründungen allerdings gleichsam bei ,Null' anfangen. Die verschiedenen politischen Grundhaltungen konnten sich erst während der Revolutionsmonate herausbilden und an Konturen gewinnen. Und es mußten ,Gesinnungsgenossen' gefunden werden. So wie sich in der Deutschen und Preußischen Nationalversammlung Parlamentsfraktionen allmählich in den ersten Monaten des Bestehens beider Versammlungen herauskristallisierten, machten auch die Klubs einen längeren Prozeß der Selbstfindung und inneren Differenzierung durch. Darzustellen sind darüber hinaus die innere Verfassung der Berliner Vereine, das Selbstverständnis und die Sozialstruktur ihrer Mitglieder, außerdem die Beziehungen zwischen den außerparlamentarischen Klubs und den Abgeordneten bzw. den Parlamentsfraktionen sowie der Erfolg oder Mißerfolg der überregionalen Organisationsversuche.

Die politischen Positionen einzelner Personen wie auch ganzer Organisationen konnten 1848 einer erheblichen Dynamik unterliegen. Etikette simplifizieren. Die Zuordnung der einzelnen Vereine zu den drei genannten Hauptströmungen

---

27 Vgl. vor allem Wolfgang Schwentker, Konservative Vereine und Revolution in Preußen 1848/ 49. Die Konstituierung des Konservativismus als Partei, Düsseldorf 1988; Joachim Paschen, Demokratische Vereine und preußischer Staat. Entwicklung und Unterdrückung der demokratischen Bewegung während der Revolution von 1848/49, München 1977; Hartwig Gebhardt, Revolution und liberale Bewegung. Die nationale Organisation der konstitutionellen Partei in Deutschland 1848/49, Bremen 1974; außerdem Erich Jordan, Die Entstehung der konservativen Partei und die preußischen Agrarverhältnisse von 1848, München/Leipzig 1914. Der Titel der Jubiläumsschrift von Alfred Hermann (Berliner Demokraten. Ein Buch der Erinnerung an das Jahr 1848, Berlin 1948) ist irreführend; es geht hier in erster Linie nicht um demokratische Vereine o.ä., sondern um die bekannten Ereignisse und Entwicklungen während des Revolutionsjahres auf Basis veröffentlichter Quellen. Zwar beziehen sich Schwentker in seiner herausragenden Arbeit über das konservative Vereinswesen in Preußen und auch Paschen und Gebhardt in ihren Darstellungen über die demokratischen und liberalen Vereine häufig exemplarisch auf die Berliner Verhältnisse, jedoch in der Regel nur, um Thesen zu *allgemeinen* Entwicklungen zu stützen. Die Berliner Spezifika des politischen Vereinswesens, dessen innere Dynamik im Revolutionsverlauf und die wechselseitigen Beziehungen zwischen den drei politischen Hauptströmungen werden von ihnen nicht systematisch ausgeleuchtet.

ist jedenfalls nicht immer ganz einfach. Insbesondere die im Konstitutionellen Klub organisierten Liberalen litten unter politischer Auszehrung: Kaum zwei Monate nach der Märzrevolution spaltete sich nach links der ‚Verein für Volksrechte‘, nach rechts der ‚Patriotische Verein‘ ab. Grundsätzlich bündelten sich in allen drei politischen Hauptströmungen eine Vielzahl, zum Teil höchst unterschiedlicher Tendenzen. Um angesichts der vielleicht verwirrenden Vielfalt der verschiedenen Vereinigungen die Zuordnung der einzelnen Organisationen zu den politischen Hauptströmungen zu erleichtern, seien die diesen zugrundeliegenden programmatischen Kernpunkte kurz umrissen.

– Erklärtes Ziel der *Demokraten* war die Schaffung uneingeschränkter politisch-rechtlicher Freiheit und Gleichheit für das gesamte (männliche) ‚Volk‘. Gleiche politische Rechte würden (so nahmen die meisten Demokraten an) langfristig und sozusagen automatisch, über den politisch-parlamentarisch regulierten Interessenausgleich, auch die Lösung aller ‚sozialen Fragen‘ nach sich ziehen. Eine Minderheit wollte politische und soziale Demokratie dagegen gleichzeitig verwirklichen. In der preußischen Hauptstadt lassen sich Sozialisten von den Demokraten nicht eindeutig unterscheiden, bildeten erstere eher eine Untergruppe der zweiten.

– Die *Liberalen* unterschieden sich von den Demokraten nicht dadurch, daß sie die konstitutionelle Monarchie und die Demokraten die Republik wollten. Auch die Berliner Demokraten votierten, vielfach freilich aus taktischen Gründen, mehrheitlich zumindest anfangs für die konstitutionelle Monarchie. Charakteristisch für die Liberalen ist im Unterschied zu den Demokraten der Verzicht auf eine prinzipielle Systemkritik. Sie wollten keinen grundsätzlichen Bruch mit dem bestehenden Recht. Sie beharrten darauf, nur realisieren zu wollen, was der König im März versprochen hatte. Zwar sahen sich die Liberalen des Vormärz nicht als die politischen Vertreter einer bestimmten Sozialschicht, sondern der gesamten Gesellschaft. Das für den frühen Liberalismus charakteristische „Zukunftsbild einer klassenlosen Bürgergesellschaft ‚mittlerer‘ Existenzen“ (L. Gall) war in Berlin, von wenigen Ausnahmen abgesehen, allerdings schon verblaßt.[28] Hier waren die modernen sozialökonomischen Prozesse weiter fortgeschritten und die Realitätsferne einer solchen Utopie offensichtlicher geworden als anderswo. Der ‚Liberalismus‘ war (und ist) keine konsistente Ideologie, sondern „eine Familie von Ideen und Verhaltensmustern“ (J. J. Sheehan). In Berlin wurde dies 1848 besonders deutlich. Auch nach

---

28 Lothar Gall, Liberalismus und ‚bürgerliche Gesellschaft‘. Zu Charakter und Entwicklung der liberalen Bewegung in Deutschland, in: HZ Bd. 220/1975, S. 324-356, hier: S. 353. Zum Liberalismus allgemein vgl. den Überblick von Dieter Langewiesche, Liberalismus in Deutschland, Frankfurt a.M. 1988, zu 1848 bes. S. 39-64, zur Definition des Begriffs bes. S. 7 ff. Das folgende Zitat aus: James J. Sheehan, Der deutsche Liberalismus. Von den Anfängen im 18. Jahrhundert bis zum ersten Weltkrieg 1770-1914, München 1983, S. 12.

der Separierung des ‚Vereins für Volksrechte' und des Patriotischen Vereins waren die im Konstitutionellen Klub organisierten Liberalen in zwei deutlich voneinander scheidbare Flügel gespalten. Beiden Flügeln gemeinsam war neben der Forderung nach möglichst rascher und vollständiger deutscher Einigung die politische Grundauffassung, daß der Rechtsstaat für alle, ungeachtet ihres sozialen Status, gültig sein sollte. Die politischen Staatsbürgerrechte wollten die rechten Liberalen jedoch nur nach Besitzkriterien dosiert zugestanden wissen. Die Unterschichten und mit ihnen die demokratische Bewegung sollten von den Schalthebeln der Macht ferngehalten werden. Die politischen Differenzen zwischen beiden Flügeln führten Ende 1848 zu einer erneuten Spaltung: Die rechten Liberalen wandten sich den Konservativen zu, die Linksliberalen verbündeten sich mit den gemäßigten Demokraten.[29] Die hier vorgenommenen, groben Positionsbestimmungen der beiden Haupströmungen innerhalb der liberalen Bewegung Berlins suggerieren freilich feste politische Positionen, wie sie so 1848 nicht bestanden haben. Charakteristisch für beide Flügel der Liberalen war ihr politisches Lavieren zwischen den beiden politischen Polen, ein ‚Sowohl-als-auch'. Im Revolutionsverlauf befürworteten sie vielfach die erneute Einschränkung der politischen Freiheiten; andererseits protestierten sie, wenn diese Einschränkungen ‚zu weit' gingen.

– So wenig wie von den Demokraten, waren die Liberalen säuberlich von den *Konservativen* zu scheiden. Selbst eindeutig konservative Vereine wie der Preußenverein, der ‚Verein für König und Vaterland' oder der Anfang 1849 gegründete, extremkonservative ‚Treubund mit Gott für König und Vaterland' behaupteten, auf dem Boden der „constitutionellen Monarchie" zu stehen (ein Indiz dafür, wie völlig unterschiedlich der Begriff ‚konstitutionelle Monarchie' interpretiert werden konnte). Trotz dieser begrifflichen Unschärfe wird man ‚konservativ' diejenigen Personen und Organisationen nennen dürfen, die die politischen Verhältnisse des Vormärz weitgehend wiederherstellen wollten. Zwar wurde die Errichtung eines Parlaments und die ‚Vereinbarung' einer Verfassung nicht grundsätzlich verworfen. Daß die parlaments- und verfassungslose Zeit vor 1848 schon aus taktisch-psychologischen Gründen nicht zurückgeholt werden konnte, sondern Konzessionen an den ‚Zeitgeist' gemacht werden mußten, war den meisten Repräsentanten der Rechten durchaus bewußt. Die Abgeordneten waren nach ihren Vorstellungen jedoch auf jeden Fall nach einem Zensus-Wahlrecht zu bestimmen. Neben dem ‚Unterhaus' sollte ein ‚Oberhaus' eingerichtet werden, dem König möglichst ein absolutes Veto in allen maßgeblichen Fragen gegenüber den parlamentarischen

---

29 Termini wie ‚liberaldemokratisch', ein Begriff, der bereits von den Zeitgenossen eingeführt wurde, oder ‚rechtsliberal' und ‚liberalkonservativ' sollen die zahlreichen Schattierungen der Liberalen in der vorliegenden Arbeit wenigstens grob sprachlich sichtbar machen.

Kammern und den Ministerien zustehen. Überhaupt durfte nach ihren Vorstellungen ein Parlament, wenn es schon nicht zu verhindern war, gegenüber der Krone keine substantiellen Rechte besitzen. Zugleich lernten die Konservativen, sich höchst moderner *Mittel* zu bedienen, um ihre politischen Ziele zu erreichen.[30]

Die den drei Hauptströmungen ‚Demokratie‘, ‚Liberalismus‘ und ‚Konservativismus‘ unmittelbar zugeordneten politischen Organisationen waren zwar die wichtigsten und den heutigen Parteien am nächsten stehenden, jedoch keineswegs die einzigen politischen Vereinigungen. Sie bildeten lediglich die Fixpunkte für ein äußerst vielfältiges Vereinswesen. Denn zum Teil unmittelbar von den politischen Vereinen, zum Teil aber auch unabhängig von ihnen wurden wiederum Klubs ins Leben gerufen, die die je spezifischen politischen Ideen in konkret eingrenzbaren institutionellen Feldern zu verbreiten suchten. Innerhalb der kommunalen Freiwilligenmiliz gewannen der ‚*Bürgerwehr*-Klub‘ und der ‚Demokratische Bürgerwehr-Klub‘ als Suborganisationen der liberalen und demokratischen Bewegung beträchtlichen politischen Einfluß. Der ‚Demokratische *Landwehr*verein‘ und sein konservatives Pendant sowie der demokratische ‚*Militär*-Reform-Verein‘ suchten die aktive und die Reserve-Armee in ihrem Sinne zu beeinflussen.[31] In der zweiten Hälfte des Jahres 1848 traten außerdem zwei demokratische *Frauen*vereine ins Leben. Sie gewannen allerdings nicht die Bedeutung, die etwa der demokratische Frauenklub in Wien oder gar die viel entwickeltere Frauenbewegung in Paris besaßen. Offen konservative Frauenvereine wurden in Berlin nicht während der Revolution, sondern erst im Frühjahr 1849 gegründet.[32] Zwischen den politischen Vereinen und den sozialpolitischen

---

30 Der demokratische Kampfbegriff ‚*Reaction*‘ wiederum war seit Ende des 18. Jahrhunderts ein fester Bestandteil des politischen Vokabulars. ‚Reaction‘ und ‚Gegenrevolution‘ zielten zwar beide auf die Konservativen; vgl. Koselleck, Revolution, S. 756 f. Inhaltlich waren beide Termini allerdings nicht identisch: „Reaction ist nur das Wehren derer, die eine Revolution um ihre Stellung im Leben, um ihr Ansehen, um ihre Macht zu bringen begonnen hat", ein „Aufraffen" der „Reste ihrer zertrümmerten Macht". Im Vergleich zur eher passiv-defensiven ‚Reaction‘ sei ‚Konterrevolution‘ dagegen offensiv, modern: Sie wolle den „Polizeistaat nicht etwa nur wieder in seiner alten Gestalt, sondern noch concentrirter und energischer, als er gewesen, herstellen", umriß G. Julius (KBA) am 29. Juli 1848 in der von ihm herausgegebenen BZH die zentralen Bedeutungsebenen beider Begriffe.

31 Hinzuweisen ist in diesem Kontext außerdem auf die von Trox (Militärischer Konservativismus) gut erforschten *Krieger*vereine, die in Berlin 1848 freilich nur begrenzt politische Aktivitäten entfalteten.

32 Allerdings gab es bereits während des Revolutionszeitraumes Organisationen, die, auch wenn sie sich nach außen hin unpolitisch gaben, deutlich konservativ geprägt waren, etwa den ‚Frauenverein zur Erwerbung eines Kriegsschiffes‘. Hinweise zu den bisher nicht systematisch erforschten Berliner Frauenvereinen des Jahres 1848 finden sich bes. bei: Gudrun Wittig, „Nicht nur im stillen Kreis des Hauses". Frauenbewegung in Revolution und nachrevolutionärer Zeit 1848-1876, Hamburg 1986, S. 50-55. Zu Wien vgl. Hauch, Frau Biedermann, S. 144-164; zu Paris den knappen Überblick bei Claudia Antes, Elke Schunder, Frauenrechtsbewegung und Publi-

Organisationen, unter denen der ‚Central-‘ und der ‚Lokalverein für das Wohl der arbeitenden Klassen‘ die wichtigsten waren[33], standen die von der Forschung bisher kaum beachteten, etwa hundert *Bezirksvereine*. Gedacht waren sie ursprünglich als politisch nicht festgelegte Foren, auf denen die Berliner Bevölkerung schichtenübergreifend Dinge des sozialen und politischen Alltags besprechen konnte. Indessen wurden sie relativ rasch in die politischen Auseinandersetzungen hineingezogen; das Gros der Bezirksvereine, und auch der Bezirks-Central-Verein, der seit Juli 1848 die Aktivitäten der bezirklichen Organisationen koordinierte, nahmen einen gemäßigt-demokratischen Charakter an.

Ein auch politisch wichtiger Faktor waren die zahlreichen *Arbeiter- und Gesellenorganisationen*. Viele von ihnen waren nach der Märzrevolution entstanden, andere knüpften bruchlos an noch bestehende Reste zünftiger Gesellenbruderschaften und die von diesen unterhaltenen Unterstützungskassen an. In der historischen Forschung werden die frühen, quasi gewerkschaftlichen Gesellen- und Arbeitervereine neben die Demokraten, Liberalen und Konservativen als vierte politische Strömung gestellt. In der Tat bewegten sich insbesondere die standesübergreifenden, zur Koordinierung der einzelnen Berufsverbände gegründeten Gremien, in Berlin namentlich das ‚Central-Comité der Arbeiter‘, aus dem dann Ende August die ‚Arbeiterverbrüderung‘ hervorging, an der Grenze zwischen gewerkschaftsähnlicher Organisation und politischer ‚Partei‘. In einer Reihe von Fällen suchten sie das politische Geschehen in Berlin unmittelbar zu beeinflussen. Auch in der preußischen Hauptstadt bestand zwischen den demokratischen Vereinen und der Arbeiterbewegung freilich eine Art Arbeitsteilung. Die demokratischen Vereine konzentrierten sich auf die ‚allgemeine‘, schichtenunspezifische Politik; für die (von der DDR- und westdeutschen Historiographie in Teilen recht gut erforschten) Gesellen- und Arbeitervereine[34] stan-

zistik 1848 in Frankreich, Frankfurt a.M. usw. 1992, bes. S. 59 ff., 65 ff., 75 ff. Zur Rolle der Frauen in den religiösen Dissidentenbewegungen (mit allerdings nur wenigen Hinweisen zu Berlin): Sylvia Paletschek, Frauen und Dissens. Frauen im Deutschkatholizismus und in den freien Gemeinden 1841-1852, Göttingen 1990.

33 Vgl. ausführlich Jürgen Reulecke, Sozialer Frieden durch soziale Reform. Der Centralverein für das Wohl der arbeitenden Klassen in der Frühindustrialisierung, Wuppertal 1983, S. 143-192; ferner ders., Die Anfänge der organisierten Sozialreform in Deutschland, in: Rüdiger v. Bruch, Weder Kapitalismus noch Kommunismus. Bürgerliche Sozialreform in Deutschland vom Vormärz bis zur Ära Adenauer, München 1985, S. 32-36.

34 Vgl. vor allem Franziska Rogger, „Wir helfen uns selbst!“ Die kollektive Selbsthilfe der Arbeiterverbrüderung 1848/49 und die individuelle Selbsthilfe Stephan Borns – Borns Leben, Entwicklung und seine Rezeption der zeitgenössischen Lehren, Erlangen 1986, S. 100-212; Dieter Bergmann, Die Berliner Arbeiterschaft in Vormärz und Revolution 1830-1850, in: Otto Büsch (Hg.), Untersuchungen zur Geschichte der frühen Industrialisierung vornehmlich im Wirtschaftsraum Berlin/Brandenburg, Berlin 1971, S. 456-511; Kurt Wernicke, Geschichte der revolutionären Berliner Arbeiterbewegung 1839 bis 1849, Berlin 1978; SED/Berlin, Geschichte der revolutionären Berliner Arbeiterbewegung, Bd. 1, Berlin 1987, S. 16 ff.; Eduard Bernstein, Geschichte der Berliner Arbeiterbewegung. Teil I: Vom Jahre 1848 bis zum Erlaß des Sozialisten-

den konkrete materielle und sozialpolitische Forderungen sowie Selbsthilfeaktivitäten im Vordergrund. Allerdings war diese Arbeitsteilung informell und nicht frei von Friktionen: Vielen Demokraten fehlte das Verständnis für die konkreten Sorgen und die daraus resultierenden ‚gewerkschaftlichen' Forderungen der Arbeiter. Umgekehrt zeigten sich erhebliche Teile der Arbeiter- und Gesellenschaft Berlins aufgrund ihrer spezifischen sozialökonomischen Situation deutlich aufgeschlossener für sozialistische und frühkommunistische Theorien als die ‚bürgerliche Demokratie'. Politische Reibungen oder Entfremdungen zwischen Arbeiterbewegung und demokratischen Vereinen resultierten, in einigen Fällen recht deutlich sichtbar, aus sozialer Distanz und tiefsitzendem Mißtrauen zwischen (Bildungs-)Bürgertum einerseits und proletarischen Schichten andererseits. Die enge politische Verwandtschaft zwischen Demokratie und Arbeiterbewegung war jedoch unübersehbar. Darüber hinaus rekrutierte sich die soziale Basis namentlich des großen Demokratischen Klubs in erster Linie aus den proletarischen Schichten.[35]

1848 war überdies nicht nur die Geburtsstunde der Arbeiter-, sondern auch der *Angestellten-* und gewerkschaftlichen *Beamtenbewegung*. Die Post- und die Eisenbahnbeamten gründeten eigene, berufsständische Vereine. Eine größere Zahl Berliner Handlungsdiener hatte sich bereits Anfang der vierziger Jahre zu einem Geselligkeits- und Unterstützungsverein zusammengefunden, den sie dann

---

gesetzes, Berlin 1907, S. 2-92. Wichtige Ausführungen und Hinweise zur Berliner Arbeiterbewegung enthalten außerdem die thematisch weiter gefaßten Arbeiten von: Jürgen Bergmann, Wirtschaftskrise und Revolution. Handwerker und Arbeiter 1848/49, Stuttgart 1986; ders., Das Berliner Handwerk in den Frühphasen der Industrialisierung, Berlin 1973; Elisabeth Todt u. Hans Radandt, Zur Frühgeschichte der deutschen Gewerkschaftsbewegung 1800-1849, Berlin 1950; Frolinde Balser, Sozial-Demokratie 1848/49-1863. Die erste deutsche Arbeiterorganisation ‚Allgemeine Deutsche Arbeiterverbrüderung' nach der Revolution, Stuttgart 1962; Gerhard Beier, Schwarze Kunst und Klassenkampf. Geschichte der Industriegewerkschaft Druck und Papier und ihrer Vorläufer seit dem Beginn der modernen Arbeiterbewegung, Bd. 1: Vom Geheimbund zum königlich-preußischen Gewerkverein (1830-1890), Frankfurt a.M. 1966; Karl Obermann, Die deutschen Arbeiter in der Revolution von 1848, Berlin 1953; Frederick D. Marquardt, Sozialer Aufstieg, sozialer Abstieg und die Entstehung der Berliner Arbeiterklasse, 1806-1848, in: GG Jg. 1/1975, S. 43-77; ders., A Working Class in Berlin?, in: Hans-Ulrich Wehler (Hg.), Sozialgeschichte heute. Festschrift für Hans Rosenberg, Göttingen 1974, S. 191-210.

35 Eine Sonderrolle unter den Arbeiter- und Gesellenorganisationen spielte der 1844 gegründete, mehrere tausend Mitglieder zählende Hedemannsche Handwerkerverein, ursprünglich ein ‚unpolitischer' Bildungsverein, der aber als (berufsübergreifende) Keimzelle der frühen Arbeiterbewegung sowie als Sozialisationsinstanz wichtiger Repräsentanten der Berliner Arbeiterbewegung von 1848 (namentlich Born, Bisky und Lüchow; KBA) während des Vormärz Bedeutung erlangte, und während der Revolution relativ eng mit der entstehenden Arbeiterbewegung und den demokratischen Vereinen verbunden war, ohne allerdings den Charakter eines Bildungsvereins gänzlich abzulegen. Vgl. *S. 99-102, 421 f., 847 f.,* sowie die ausführliche Darstellung des Handwerkervereins bei Rogger, „Wir helfen uns selbst", S. 27-46; außerdem vor allem Ludwig Friedeburg, Stephan Born und die Organisationsbestrebungen der Berliner Arbeiterschaft bis zum Berliner Arbeiterkongreß, Leipzig 1923 (ND Glashütten/Ts. 1973), S. 21-33.

1848 zu einem Interessenverband ausbauten. Nicht nur Gesellen, Arbeiter und ‚Privatbeamte' gründeten eigene Interessenverbände. Die Vereinigungsfreiheit ließ auch eine Vielzahl *bürgerlicher Berufsorganisationen* entstehen. Die bedeutsamsten waren die der Ärzte und Lehrer. All diese Berufsverbände, in besonderem Maße freilich die starke, frühe Arbeiterbewegung, gaben der Berliner Revolution ein eigenes Gepräge. Die neuen gewerkschaftsähnlichen Organisationen legten die Grundlage dafür, daß Konflikte zwischen Meistern und Gesellen ihres persönlichen Charakters entkleidet und als Klassengegensätze erfahren wurden. Infolge der politischen Freiräume konnte sich 1848 ein frühes Klassenbewußtsein entwickeln, obwohl sich zwischen den verschiedenen Gruppen von Lohnabhängigen eine gemeinsame soziale Klassenlage in vielerlei Hinsicht noch nicht ausgebildet hatte. Die Berliner Berufsverbände vor allem der Ärzte und Lehrer wiederum waren der Auslöser für preußisch-deutsche Bewegungen, die sich grundlegenden Reformen des Schul- und Medizinalwesens verschrieben hatten.

Mit den staatlichen, städtischen und parlamentarischen Institutionen sowie dem vielfältigen Vereinswesen ist nur ein Teil der für den Revolutionsverlauf relevanten Handlungsebenen erfaßt. Neben den sichtbaren, ‚formellen' Handlungsträgern gab es vielschichtige, organisatorisch nicht festgefügte ‚Bewegungen', eine große Spannweite an nicht-institutionellen Handlungsformen, unter denen der Protest vorrangige Bedeutung besaß. Obwohl im Vergleich zu den förmlichen Vereinigungen für den Historiker und auch die Zeitgenossen schwerer ‚zu greifen', waren sie deswegen politisch nicht weniger wirkungsmächtig. Vereine bildeten vor allem für das Bürgertum in seinen verschiedenen Schattierungen, Teile der Mittelschichten sowie die gehobenen Schichten des lohnabhängigen Proletariats (qualifizierte Arbeiter und Gesellen) den Rahmen, in dem sie ihre politischen und sozialen Interessen artikulierten und durchzusetzen versuchten. Vor allem unqualifizierte Arbeiter und sonstige randständig proletarische Schichten, aber auch nicht unerhebliche Teile des qualifizierten Proletariats sowie der ‚proletaroiden' Selbständigen entzogen sich der vereinsförmigen Politisierung. Darin drückten sich ein unterschiedliches Politikverständnis und Selbstbild aus: Der Bürger betonte (idealtypisch betrachtet) seine Individualität. Er engagierte sich in überschaubaren Rahmen und Räumen; bürgerliche *Massen*bewegungen finden sich deshalb kaum. Für die Unterschichten war dagegen kollektives und anonymes Handeln typisch; der Ort ihres politischen Handelns war im allgemeinen die Straße.[36] Beide Politikformen, Vereins- und Straßenpolitik, mußten sich allerdings nicht ausschließen. Insbesondere Gesellen und qualifizierte Arbeiter engagierten sich in eigenen Organisationen und bildeten

---

36 Vgl. vor allem Gailus, Straße und Brot, bes. S. 350 ff.; Carola Lipp, Wolfgang Kaschuba, 1848 - Provinz und Revolution. Kultureller Wandel und soziale Bewegung im Königreich Württemberg, Tübingen 1979, bes. S. 171 ff., 103 f., 207 ff.; Kaschuba, Volkskultur, bes. S. 164 f.

zugleich eine zahlenmäßig bedeutende Teilgruppe der anonymen Massen, die die öffentlichen Plätze bevölkerten und hier ‚politisierten‘. Meist spontan agierend und leicht zu entflammen, nahmen die von der konservativen und liberalen Öffentlichkeit häufig als ‚Pöbel‘ diffamierten Unterschichten direkt und indirekt einen kaum zu überschätzenden Einfluß auf das Revolutionsgeschehen: Sie stellten die überwiegende Mehrheit des Publikums auf den ‚Volks‘versammlungen und Großdemonstrationen, die viele soziale und politische Forderungen überhaupt erst auf die allgemeine Tagesordnung brachten und die alte wie neue Obrigkeit nicht selten erheblich unter Druck setzten.

Quellen

Der ‚Pöbel‘ schien unkalkulierbar – und bestimmte dadurch indirekt politische Einstellung und Verhalten sehr vieler Angehöriger des Bürgertums wie der Mittelschichten in starkem Maße. Er wurde zum Gegenstand positiver wie vor allem negativer Mystifizierung, zum Schreckensbild der konservativen, liberalen und auch nicht weniger demokratischer Bürger. Selbst führende Vertreter der frühen Arbeiterbewegung distanzierten sich von den niedersten Unterschichten, ihren Bewußtseins- und Handlungsmustern, der ‚Kultur der Armut‘. Diese Ablehnung war Ausdruck einer kulturellen und ‚mentalen‘ Spaltung der Unterschichten, die allerdings analytisch nur schwer zu fassen ist. Denn der Historiker ist auf Quellen angewiesen, die, wenn man von den allerdings aufschlußreichen Prozeßberichten absieht[37], keine authentischen Äußerungen des (häufig nur rudimentär alphabetisierten) ‚Pöbels‘ enthalten, sondern von meist voreingenommenen Bürgern produziert wurden. Um sich ein einigermaßen wirklichkeitsnahes Bild von ‚Kulturen‘ und sozialen wie politischen Grundeinstellungen der Unterschichten zu verschaffen, reichen die traditionellen Methoden der historischen Quellenkritik nicht aus. Ergänzend sind kollektive Handlungen und sonstige Ereignisse, in denen Gruppen der Unterschichten eine zentrale Rolle spielten, genauer in den Blick zu nehmen. Letztlich nur auf diese Weise lassen sich die soziokulturellen Verhaltensmuster und politischen Einstellungen namentlich der *untersten* Unterschichten‘ – also unqualifizierter Arbeiter, Erdarbeiter, subproletarischer Randexistenzen – dechiffrieren und Einblicke in die politischen Haltungen der Unter-

---

37 Auch Äußerungen der Angeklagten und Zeugenaussagen dürfen natürlich nicht unbedingt für bare Münze genommen werden. Viele von ihnen suchten sich – auch 1848 – häufig durch falsche Aussagen, Vortäuschung von Vergeßlichkeit oder diffizilere Formen der Verteidigung vor einer Verurteilung zu schützen oder milde Strafen zu erwirken. Trotzdem geben die Gerichtsprotokolle wichtige Aufschlüsse über Unterschichts-Mentalitäten. (Zahlreiche Gerichtsprotokolle sind wiedergegeben in der Gerichts-Zeitung ‚Der Publicist‘; nur vereinzelt finden sich welche in den archivalischen Akten.)

schichten gewinnen, die sonst verborgen bleiben würden.[38] Über die sozial-kulturellen Haltungen und Meinungsbildungsprozesse in den *gehobenen* proletarischen Schichten geben dagegen auch die zahlreichen Petitionen der verschiedenen Arbeiter- und Gesellengruppen sowie nicht minder zahlreiche Artikel und Broschüren einzelner ihrer Repräsentanten relativ authentisch Aufschluß. Dabei wird freilich zu diskutieren sein, inwieweit die dort präsentierten Positionen (unmittelbar) die Mentalitäten der jeweiligen Sozialgruppe spiegeln oder ob Einstellungs- und Verhaltensideale formuliert wurden, die den tatsächlichen Verhaltens- und Denkmustern (noch) nicht entsprachen.

Für die Geschichte der Frauen während der Revolution stellt sich das für die ‚untersten (männlichen) Unterschichten‘ skizzierte Quellenproblem im Grunde noch schärfer: Fast alles, was über das ‚schwache Geschlecht‘ und sein vielschichtiges Verhalten im Jahre 1848 zu Papier gebracht wurde, stammt aus der Feder des vermeintlich ‚starken Geschlechts‘. Der Blick der (bürgerlichen) Männer auf die Frauen – wenn sie sie überhaupt, was selten genug vorkam, einer solchen Aufmerksamkeit für würdig befanden – war mindestens ähnlich vorurteilsgeladen wie der auf den ‚Pöbel‘. Mal äußerte man sich freundlich-herablassend, mal ironisch und mal empört – vor allem, wenn Frauen es wagten, in die Domäne der Männer einzudringen und Rechte einzufordern, die ihnen angeblich nicht zustanden. Im Gegensatz zum ‚Pöbel‘ lassen sich Mentalitäten und politische Einstellungen der Frauen auch über Ereignisse und Protesthandlungen nur schwer dechiffrieren. Denn die geschlechtsspezifischen Rollenzuweisungen erlaubten ihnen die Teilnahme am öffentlichen Revolutionsgeschehen nicht bzw. nur eingeschränkt und mit erheblichen Auflagen. Letzteres galt zwar für Frauen aus den Unterschichten nur begrenzt. Aber hier kommt das für den ‚Pöbel‘ unter dem Stichwort ‚Blick von oben‘ skizzierte Methodenproblem dafür um so schärfer zum Tragen – weil das im Wortsinne federführende Bürgertum sich in seinen Darstellungen nicht nur von sozialen Ressentiments, sondern außerdem von geschlechtsbezogenen Vorurteilen leiten ließ. Dennoch lassen die zahlreichen, häufig winzigen Nebenbemerkungen zumindest grobe Aussagen über politische und soziale Einstellungen der Frauen und ihre Rolle im Revolutionsgeschehen zu.[39]

Mit Blick auf die Mittelschichten und das Bürgertum, die Vereine und verschiedenen Institutionen sowie die (herausragenden) politischen Ereignisse sind

---

38 Vgl. Gailus, Straße und Brot, bes. S. 67 f.; Wolfgang Kaschuba, Carola Lipp, Revolutionskultur 1848. Einige (volkskundliche) Anmerkungen zu den Erfahrungsräumen und Aktionsformen antifeudaler Volksbewegungen in Württemberg, in: Zeitschrift für Württembergische Landesgeschichte 39. Jg./1980, S. 141-164, bes. S. 143 ff.; Kaschuba, Volkskultur, S. 181.

39 Vgl. hierzu vor allem die wichtigen Untersuchungen von Carola Lipp, bes. in: dies. (Hg.), Schimpfende Weiber und patriotische Jungfrauen. Frauen im Vormärz und in der Revolution von 1848, Bühl-Moos 1986.

die Quellenprobleme nicht so groß. Aber selbst hier ist man mit einer merkwürdigen Mischung aus Quellendefiziten und einem Überreichtum an Quellen konfrontiert. Zu den Defiziten: Für das Vereinswesen beispielsweise hätte ich mir detailliertere Angaben zur Sozialstruktur etc. der Mitgliedschaft gewünscht. Aber Namenlisten, Kassenbücher o.ä., die hierüber Aufschluß hätten geben können, wurden natürlich nicht beim Magistrat, dem Innenministerium oder dem Polizeipräsidium abgeliefert, sondern privat verwahrt – und vermutlich im November 1848 vernichtet. Aus dem gleichen Grund kann auch die Sozialstruktur der Berliner Bürgerwehr nur über verstreute Hinweise und Indizien erschlossen werden. Die Mitgliederlisten der Kommunalmiliz wurden nach dem 11. November 1848 verbrannt, um die Entwaffnung der Bürgerwehr durch das unter Wrangel eingerückte Militär zu erschweren. Auf der anderen Seite hat eine Untersuchung über das revolutionäre Berlin des Jahres 1848 nicht unter einem Mangel an Quellen zu leiden. Der Grund für den – alles in allem betrachtet – Überreichtum an schriftlicher Überlieferung liegt auf der Hand: Berlin als einer der Hauptschauplätze der Revolution stand im Zentrum des Interesses der Zeitgenossen. Die wichtigsten Ereignisse und Entwicklungen wurden von (fast) allen Seiten intensiv ausgeleuchtet, nicht selten freilich mit Gerüchten und Fakten aus dubiosen Quellen verwoben. Die wichtigsten Quellengattungen sollen deshalb im folgenden auf ihre Zuverlässigkeit hin etwas ausführlicher in den Blick genommen werden.

Die *Zeitungen* stellen für den Zeitraum der Revolution die in fast jeder Hinsicht wichtigste Quelle dar. Die Aufhebung der Zensur ließ in Berlin einen in seiner Vielfalt (wenn man von Paris absieht) in Europa 1848 einmaligen Meinungsmarkt entstehen, auf dem die politisch unterschiedlichsten Blätter (weitgehend) ungehindert miteinander konkurrieren konnten.[40] Besonders die neuentstandenen Presseorgane referierten nicht bloß Ereignisse und Entwicklungen. Sie wirkten darüber hinaus aufklärend und politisierend sowie – seltener – mobilisierend und organisierend. Diese vorher nicht gekannte Qualität von Öffentlichkeit erlaubt, Grundhaltungen und Meinungsbildungsprozesse innerhalb der wichtigsten politischen Strömungen sowie die Kontroversen zwischen ihnen nachzuvollziehen. Wichtig sind hier neben den Leitartikeln und Kommentaren der Redakteure auch die zahlreichen, den heutigen Leserbriefen vergleichbaren ‚Eingesandt‘ namentlich in der Vossischen Zeitung. Sie können freilich nur als

---

40 Zur Presse der Revolutionszeit vgl. den Überblick bei Ursula E. Koch, La Presse et son public à Paris et à Berlin (1848/49). Une étude exploratoire, in: Mieck u.a. (Hg.), Berlin und Paris, S. 19-78; an älteren Arbeiten vor allem Kurt Koszyk, Deutsche Presse im 19. Jahrhundert, Berlin 1966, S. 105-119; Walther G. Oschilewski, Zeitungen in Berlin im Spiegel der Jahrhunderte, Berlin 1975, S. 56-72, als separater Aufsatz auch in: Der Bär von Berlin, 24. Folge/1975, S. 58-71; Rolf Taubert, Annotierte Bibliographie der Presse 1848/49. Ein Forschungsprojekt und seine Bedeutung für die Geschichte der deutschen Arbeiterbewegung, in: IWK 15. Jg./1975, S. 272-276.

bürgerliche Meinungsäußerungen interpretiert werden, da selbst kürzere Erklärungen und Leserbriefe um die fünf Taler kosteten, mithin von den ärmeren, proletarischen Bevölkerungsschichten nicht zu bezahlen waren. Darüber hinaus veröffentlichte die Presse nicht selten im Wortlaut Adressen und Erklärungen der politischen Vereine. Als Repräsentanten politischer Strömungen spiegeln die verschiedenen Presseorgane mit Leitartikeln und Kommentaren Grundhaltungen und Einstellungen zu aktuellen Ereignissen vielfach präziser wider als die häufig schlagwortartig verkürzten Erklärungen der Klubs. Besonders hoch ist der Stellenwert der Presse als Spiegelbild allgemeiner politischer Einstellungen bei den Liberalen. Deren Standpunkte artikulierte die National-Zeitung, die rasch eine hohe Auflage erreichte, vermutlich repräsentativer als der mitgliederarme Konstitutionelle Klub. Der Reichtum an Informationen, der sich in den Zeitungen findet, die alle ihre eigenen Korrespondenten und Berichterstatter hatten, erlaubt es außerdem, zentrale wie (scheinbar) periphere Ereignisse von den verschiedensten Seiten zu beleuchten und die jeweiligen Berichte korrigierend und ergänzend aufeinander zu beziehen. Hinzu kommt, daß die Tageszeitungen manchmal ausführlich, häufig freilich knapp über die Sitzungen der wichtigsten Vereine berichteten. Außerdem druckten sie Gesetzentwürfe, Verordnungen und Bekanntmachungen staatlicher wie städtischer Institutionen in der Regel im Wortlaut ab.[41]

Das Zeitungswesen des Jahres 1848 läßt sich in mehrere Kategorien gliedern. Zu nennen sind erstens die *Tageszeitungen*. Systematisch ausgewertet wurden die fünf wichtigsten Blätter:

a. Die alteingesessene ‚Königlich privilegierte Berlinische Zeitung von Staats- und gelehrten Sachen‘, kurz: ‚*Vossische Zeitung*‘ (VZ), mit täglich etwa 24 000 gedruckten Exemplaren die mit Abstand auflagenstärkste Berliner Tageszeitung, schwankte zwischen gemäßigtem Konservativismus und rechtem Liberalismus hin und her. Die „Tante Voß" stand (wie in einer zeitgenössischen Stellungnahme ironisch formuliert wurde) „in einem Gevatterschaftsbündnis mit der Reaktion".[42] Den Demokraten galt sie als „Mistpfütze aller reactionären Adressen und Annoncen", denen sie breiten Raum gab, während sie demokratische Inserate häufig ablehnte. „Etwas Gutes", so die radikaldemokratische ‚Locomotive‘ sarkastisch, habe die Vossische Zeitung allerdings dennoch. Man könne aus ihr „ganz genau ersehen, wie es mit der Reaktion und der Demokratie steht. Scheint die absolutistische Richtung auf einige Zeit die

---

41 Daneben wurden die obrigkeitlichen Bekanntmachungen meist auch in höherer Auflage als Plakate gedruckt. Um den Anmerkungsapparat nicht unnötig auszuufern, wird in der vorliegenden Arbeit darauf verzichtet, die zahlreichen Bekanntmachungen etc. der staatlichen und städtischen Behörden jeweils nachzuweisen.

42 Berlin in der Bewegung von 1848, in: Die Gegenwart, Leipzig 1849, S. 575. Gegründet wurde die VZ im Jahre 1775; 1934 stellte sie ihr Erscheinen ein. Die SZ existierte von 1740 bis 1874.

Oberhand zu gewinnen, so schreibt die gute Vossische reactionär und predigt Ruhe und Ordnung." Bekomme dagegen die demokratische Bewegung Oberwasser, „stimmt sie einen demokratischen Ton an und bekrittelt die politischen Fehler der Machthaber."[43] In der Tat vollzog sie den Schwenk zu den gemäßigten Konservativen sichtbar erst, nachdem auch weite Teile des Bürgertums offen von der Märzrevolution abgerückt waren. Sie verfügte über die größte Redaktion und besaß im Vergleich mit den anderen Berliner Tageszeitungen infolgedessen den umfangreichsten und, mit Blick auf den Informationsgehalt, häufig auch ergiebigsten Lokalteil.

b. Die noch älteren ‚Berlinischen Nachrichten von Staats- und gelehrten Sachen‘, kurz: ‚*Spenersche Zeitung*‘ (SZ), unterschieden sich politisch nicht grundlegend von der Vossischen Zeitung. Die Spenersche mit einer Auflage von knapp 10 000 gab jedoch liberalen Positionen auch in der zweiten Jahreshälfte mehr Raum als die Vossische Zeitung.

c. Die ‚*National-Zeitung*‘ (NZ) erschien seit Anfang April 1848 in 12 000 Exemplaren täglich und stellte sozusagen die linksliberale Alternative zu den beiden vorgenannten Blättern dar. Anfänglich auch gegenüber demokratischen Standpunkten offen, begann sie sich allerdings bald gegen ‚radikale‘ Positionen abzugrenzen.[44] Seit November 1848 schwenkte sie erneut nach ‚links‘, um die Lücke zu füllen, die nach dem Verbot der demokratischen Presse entstanden war.

d. Die im Dezember 1846 gegründete und im November 1848 in Berlin verbotene ‚*Berliner Zeitungshalle*‘ (BZH) befand sich während des ganzen Revolutionsjahres in finanziellen Nöten, obwohl sie ihre Auflage von 1200 Anfang März auf knapp 4000 im August 1848 steigern konnte.[45] Diese von Gustav Julius herausgegebene radikaldemokratische Tageszeitung bildete seit der Märzrevolution den „Gegenpol" zunächst zur „reactionären Voß" (Robert Springer) und später zur Kreuzzeitung. Wegen seiner entschieden demokratischen, häu-

---

43 Zitate: Springer, Berlins Straßen, S. 145, sowie ‚Locomotive‘ vom 19. Okt. 1848.

44 Gerade am Beispiel NZ wird deutlich, wie eigener Standort (des Zeitgenossen) und Erkenntnisinteresse (der Historikers) die politische Kategorisierung beeinflussen. Während für Schwentker in seinem Buch über das konservative Vereinswesen die NZ repräsentativ für „die demokratische Presse" ist (S. 111), erklärte der Radikaldemokrat G. A. Schlöffel die „zerfahrene Principlosigkeit" zum Charakteristikum der NZ (in: BZH vom 21. April 1848). Born urteilte in seinem bekannten Brief an Marx vom 11. Mai 1848, die NZ „kokettiert mit allen Parteien und ist ein sehr mattes Bourgeoisblatt". (In: Rolf Weber [Hg.], Revolutionsbriefe 1848/49, Frankfurt a.M. 1973, S. 143.) Auch die hochkonservative KrZ vom 10. Sept. 1848 warf der liberalen Tageszeitung „schwankende Richtung" vor.

45 Vgl. BZH vom 22. Aug. 1848. Von Nov. 1848 bis zu ihrem ‚Aus‘ im März 1849 erschien die ‚Zeitungshalle‘ in Neustadt-Eberswalde. Adolf Wolff, der Verfasser der Berliner Revolutionschronik, war stellvertretender Chefredakteur und in Zeiten der Abwesenheit von Julius für das politische Profil der Zeitung verantwortlich; u.a. Theodor Fontane und Karl Gutzkow verfaßten Artikel für die BZH.

fig bemerkenswert weitsichtigen Kommentare und seines konsequenten Engagements beispielsweise für die Rechte des polnischen Volkes wurde Julius von liberaler und konservativer Seite immer wieder heftig angefeindet.[46]

e. Die ‚Neue Preußische Zeitung', besser bekannt unter dem Namen ‚Kreuzzeitung' (KrZ), erschien seit Anfang Juli 1848. Ihre Anfangsauflage von tausend Exemplaren konnte sie im Laufe der Revolution verdreifachen. In dem neuen Blatt fanden die extremen Gegner der Revolution ein Sprachrohr. Verantwortlicher Redakteur war Hermann Wagener. Mitglieder der preußischen Kamerilla wie die Gebrüder Gerlach und adlige Hochkonservative wie der junge Otto v. Bismarck verfaßten politische Artikel für dieses Zentralorgan der Gegenrevolution. Die Kreuzzeitung kolportierte zum Teil bewußt Gerüchte und setzte mitunter gezielt Falschinformationen in die Welt, um bereits beunruhigte Bürger weiter zu verunsichern, die gespannte politische Situation anzuheizen und so dem Konservativismus Sympathisanten zuzutreiben.[47]

Die meisten Berliner Geschehnisse erfreuten sich eines regen überregionalen Interesses. Deshalb wurden über die Berliner Blätter hinaus wichtige bürgerliche süd- und westdeutsche Tageszeitungen gesichtet, nämlich die ‚Allgemeine Augsburger Zeitung' (AAZ), die ‚Trier'sche Zeitung' (TZ) und die ‚Kölnische Zeitung' (KöZ).[48] Hinzugezogen wurde schließlich die von Karl Marx herausgegebene

---

46 Der ‚Zeitungshalle' angeschlossen war – wie der Name bereits nahelegt – ein gleichfalls Ende 1846 ins Leben gerufenes größeres Lesekabinett, in dem zeitweilig über fünfhundert Zeitungen und Zeitschriften aus dem In- und Ausland auslagen; vgl. *S. 98 f.* Ausführlich zur BZH: Oliver Michalsky, Zur Geschichte der kleinbürgerlich-demokratischen Zeitung ‚Berliner Zeitungs-Halle' in Vormärz und Revolution, in: Theorie und Praxis des sozialistischen Journalismus, 16. Jg./1988, S. 273-278, 339-345.

47 Von demokratischer Seite wurde die KrZ deswegen als „erbärmliche Magd von Spionen und Denuncianten" oder kurz: „Denuncianterzeitung" bezeichnet. (BZH vom 28. Sept. 1848.) Formulierungen wie „man sagt", „aus gutinformierter Quelle", „es soll" u.ä. finden sich tatsächlich fast in jeder Ausgabe (z.T. mehrfach), desgleichen durch nichts belegte ‚Berichte' über Revolutionsvorbereitungen der Demokraten usw. Schon rein äußerlich unterschied sich die KrZ von den übrigen Tageszeitungen dadurch, daß die Informationen über Ereignisse in Berlin (ausgenommen die langen Berichte über das konservative Vereinswesen) sehr knapp gehalten waren. In starkem Kontrast dazu standen die ausufernden Kommentare zum Tagesgeschehen und zur politischen Großwetterlage.

48 Der Schwerpunkt lag dabei auf den letzten Wochen vor dem 18. März 1848, als in Berlin noch strikte Zensur herrschte, in manchen anderen deutschen Staaten das vormärzliche Presserecht jedoch schon nicht mehr so streng angewendet wurde, und auf dem ‚Nachmärz', als die Zensur in der preußischen Hauptstadt zu erneuter Blüte gelangte. Die AAZ galt damals als ‚die' bürgerliche Zeitung schlechthin; vgl. Wolfgang Kaschuba, Deutsche Bürgerlichkeit nach 1800. Kultur als symbolische Praxis, in: Kocka (Hg.), Bürgertum, Bd.3, S.9. Vom März bis zum Mai 1848 war Varnhagen von Ense einer ihrer Berliner Korrespondenten; seine Artikel sind zum Teil wiederveröffentlicht in: Varnhagen von Ense, Kommentare zum Zeitgeschehen, hg. von Werner Greiling, Leipzig 1984, S. 138-161; zum politischen Standort und zur Bedeutung der TZ und der KöZ vgl. Dieter Dowe, Aktion und Organisation. Arbeiterbewegung, sozialistische und kommunistische Bewegung in der preußischen Rheinprovinz 1820-1852, Hannover 1970, S. 59-63.

‚Neue Rheinische Zeitung' (NRhZ) als die Tageszeitung, die überregional den linken Flügel der revolutionären Bewegung repräsentierte.[49]

Neben den Tageszeitungen enthalten die zahlreichen, meist unregelmäßig erscheinenden *Publikationen der verschiedenen politischen ‚Parteien'* und sonstigen Vereinigungen mitunter gewichtige Informationen und aufschlußreiche politische Kommentare. Zum Teil nur in geringer Auflage und wenigen Nummern erschienen, waren sie überwiegend im demokratischen Lager angesiedelt und spiegelten die Schattierungen auf Seiten der Linken.[50] Vier der in diese Kategorie fallenden Zeitschriften erwiesen sich als besonders ertragreich, weil sich über sie namentlich Meinungsbildungsprozesse in bestimmten Teilen der sozialen Unterschichten erhellen ließen:

a. Die dem großen Hedemannschen Handwerkerverein verbundene ‚*Deutsche Arbeiter-Zeitung'* (DArZ), die von Anfang April bis Ende Juni 1848 zweimal in der Woche erschien. Sie war zwar in der Tat „eine Trompete, in die jeder hineinblasen" konnte, wie Stephan Born bemerkt hat.[51] Gerade das macht sie jedoch für den Historiker besonders interessant. Denn in dieser ‚Arbeiter-Zeitung' wurden die unterschiedlichsten politischen und sozialen Positionen artikuliert, und zwar von Personen, die sonst kaum zu Wort kamen: von Gesellen, kleinen Meistern und manchmal auch richtigen Arbeitern.

b. Die von Stephan Born herausgegebene, dreimal wöchentlich erscheinende Zeitschrift ‚*Das Volk'.* Sie war von Anfang Juni bis Ende August 1848 das offiziöse Organ der frühen Berliner Arbeiterbewegung. Born, zugleich auch Präsident des ‚Central-Comités der Arbeiter', verfaßte die meisten Artikel, die in dem Blatt erschienen. Seit der Gründung der neuen Zeitschrift verlor im übrigen die ‚Deutsche Arbeiter-Zeitung' rasch an Bedeutung. Der Zeitschrift ‚Das Volk' politisch verwandt, nicht jedoch wie diese auf die Gesamtheit der Gesellen und Arbeiter, sondern auf einzelne Berufsgruppen zugeschnitten, waren das ‚Vereinsblatt der Maschinenbau-Arbeiter zu Berlin' (seit Juni) sowie die

---

49 Sie fand auch unter Berliner Demokraten große Resonanz. Die BZH sowie die von Born hg. Zeitschrift ‚Das Volk' warben wiederholt für die NRhZ.

50 Hinzuweisen ist vor allem auf den von Gustav Adolf Schlöffel, nach dessen Verhaftung von Edmund Monecke herausgegebenen radikaldemokratischen ‚Volksfreund' (April bis Juni 1848; vgl. *S. 311-314, 318),* die von August Braß redigierte ‚Republik', den ‚Volkstribun', die vom ‚Volksverein' herausgegebene ‚Volksstimme' (April bis Juni 1848), die ‚Volksblätter', den von Wilhelm Weitling herausgegebenen ‚Urwähler' (Oktober bis November 1848), die ‚Konstitutionelle Club-Zeitung' (des gleichnamigen liberalen Klubs), die Zeitungen des Politischen bzw. Demokratischen Klubs ‚Club-Blatt' und ‚Der Demokrat', die ‚Bürgerwehr-Zeitung', die ‚Mitteilungen des Centralvereins für das Wohl der arbeitenden Klassen', den von Louise Aston herausgegebenen ‚Freischärler' u.a.m. Einen ausführlichen Überblick auch über die demokratischen Zeitschriften gibt Kurt Wernicke, Berliner Arbeiterpresse 1848. Periodika für Arbeiter und von Arbeitern im Berlin des Revolutionsjahres 1848, Berlin 1985.

51 Brief an Marx vom 11. Mai 1848 (Anm. 44). Bis Mitte Mai gehörte Born, bis Ende Juni Ludwig Bisky, der engste Mitstreiter Borns (KBA), zum Redaktions-Comité der DArZ.

Wochenschrift ‚Gutenberg‘ (seit Mai). Letztere firmierte zwar als ‚Organ für das Gesamtinteresse der Buchdrucker- und Schriftgießer Deutschlands‘; die Berichterstatter legten ihren Schwerpunkt jedoch auf Berlin.

c. Die vom demokratischen Populisten Friedrich Wilhelm Held herausgegebene ‚*Locomotive*‘, die seit Anfang April gleichfalls dreimal in der Woche erschien. Sie bildete im Revolutionsjahr zusammen mit der ‚Berliner Zeitungshalle‘ und Borns ‚Volk‘ gleichsam den radikaldemokratischen Flügel der Berliner Presse, war jedoch oberflächlicher und zugleich sarkastischer als die beiden letztgenannten Blätter. In gewisser Weise nimmt die ‚Locomotive‘ eine Zwischenstellung zwischen den ernsthaften und den satirischen Blättern wie dem ‚Kladderadatsch‘, dem ‚Berliner Krakehler‘ u.ä. ein. Viele der in ihrer Überspitzung häufig sehr treffenden Formulierungen verdanken ihre Entstehung dem Schriftsteller Robert Springer, der die meisten Artikel der ‚Locomotive‘ verfaßte und den Charakter des Blattes prägte. Der radikaldemokratische Populist Friedrich Wilhelm Held war offiziell der Herausgeber, kümmerte sich jedoch wenig um die Zeitung.[52] Nach Ausrufung des Belagerungszustandes erschien die ‚Locomotive‘ noch einige Zeit, nahm allerdings seit November einen deutlich gemäßigten Tonfall an.

d. Die 1845 gegründete Zeitschrift ‚Der *Publicist*‘, die bis Mitte 1848 zweimal, danach dreimal wöchentlich erschien und im Dezember 1848 kurzzeitig verboten wurde. Sie führte den Untertitel ‚Zeitschrift zur Besprechung gerichtlicher und polizeilicher Gegenstände, gesellschaftlicher und bürgerlicher Verhältnisse‘. Der darin angedeutete Themenschwerpunkt macht sie zu einer wichtigen Quelle: Die Verhandlungen der meisten wichtigen politischen Prozesse, aber auch weniger eklatante Verfahren sind in der Zeitschrift ebenso wie Urteilsbegründungen häufig wortwörtlich wiedergegeben. Berichtet wurde im ‚Publicisten‘ daneben über ‚sonstige Kriminalität‘ sowie über weitere, scheinbar banale Alltagsereignisse, die nicht selten wichtige Hinweise auf Mentalität und Bewußtseinsstrukturen der ansonsten über schriftliche Quellen nur schwer ‚faßbaren‘ sozialen Unterschichten geben. Politisch bewegte sich diese Zeitschrift zwischen gemäßigter Demokratie und entschiedenem Liberalismus.

---

52 Vgl. Springer, Berlins Straßen, S. 121 f. Die zahllosen *satirischen* Zeitungen, die 1848 das Berliner Publikum ergötzten, wurden für die vorliegende Untersuchung nur ausnahmsweise herangezogen, sofern sie ironisch-sarkastisch bestimmte Dinge besonders prägnant auf den Punkt brachten. Sie werden vorgestellt und sind auszugsweise publiziert u.a. in: Berliner Straßenecken-Literatur 1848/49. Humoristisch-satirische Flugschriften aus der Revolutionszeit, hg. und kommentiert von Gesine Albert u. a., Stuttgart 1977; Mary Lee Townsend, Humor als Hochverrat. Albert Hopf und die Revolution 1848, Berlin 1988; Ursula E. Koch, Der Teufel in Berlin. Von der Märzrevolution bis zu Bismarcks Entlassung. Illustrierte politische Witzblätter einer Metropole 1848-1890, Köln 1991.

Einen ganz anderen Charakter als die vorgenannten Periodika besaß die von Ernst Wilhelm v. Hengstenberg herausgegebene ‚*Evangelische Kirchen-Zeitung*‘ (EKZ). Sie war das Zentralorgan des unter den Geistlichen der preußischen Hauptstadt dominierenden protestantischen Hochkonservatismus und diesen nicht nur in theologischen, sondern auch in profan-politischen Angelegenheiten ideologisch-weltanschauliche Richtschnur. Bis zur Gründung der Kreuzzeitung fungierte die EKZ darüber hinaus als wichtiger Orientierungspunkt auch der nicht-klerikalen Konservativen Berlins (und Preußens).

Die erste Nummer der von Louise Otto herausgegebenen ‚*Frauenzeitung*‘ (FZ) schließlich datiert auf den 21. April 1849. Diese Zeitschrift spiegelt also nicht unmittelbar wider, was die Frauenbewegung während der Revolutionszeit an politischen Initiativen und Konzepten entwickelte. Nichtsdestoweniger gibt diese erste wichtige deutsche Frauenzeitschrift darüber Aufschluß, was eine insgesamt allerdings recht kleine Gruppe demokratisch orientierter Frauen für Emanzipationsvorstellungen entwickelte.[53]

Die regelmäßige Lektüre von Zeitungen und Zeitschriften war im Berlin des Jahres 1848 nicht jedermanns Sache. Die Berliner Unterschichten waren in den vierziger Jahren zwar im allgemeinen so weit alphabetisiert, daß sie Texte entziffern konnten. Vielen Angehörigen der unterbürgerlichen Schichten fiel aber nicht nur das Abfassen eigener Schriftstücke schwer; sie waren auch im Lesen häufig ungeübt. Überdies schieden viele Gesellen, Arbeiter und proletaroide Handwerksmeister auch deshalb als regelmäßige Leser von Tageszeitungen aus, weil ihr niedriges Einkommen ein Abonnement verbot. Selbst die ‚Deutsche Arbeiter-Zeitung‘, ‚Das Volk‘ oder die ‚Locomotive‘, die ihr Publikum in den niederen Schichten suchten, wurden immer nur von einer Minorität des Proletariats gelesen resp. vorgelesen.

Diejenigen, denen die Zeitungslektüre im Revolutionsjahr nicht ‚tägliches Brot‘ war, blieben deshalb jedoch von der öffentlichen Meinungsbildung und vom allgemeinen Informationsfluß keineswegs ausgeschlossen. Die Aufhebung der Zensur ließ nicht nur das Zeitungswesen in bisher ungekanntem Maße aufblühen, sondern brachte auch eine unüberschaubare Fülle von *Flugblättern* und *öffentlichen Anschlägen* hervor. Von den mindestens zweitausend ‚Nummern‘ dieser „Volkspresse“, d.h. im Durchschnitt etwa zehn Neuerscheinungen täglich, ist bisher nur ein Bruchteil veröffentlicht worden.[54] Zahl und immense themati-

---

53 Als Reprint unter dem Titel zugänglich: Dem Reiche der Freiheit werb' ich Bürgerinnen. Die Frauen-Zeitung von Louise Otto, hg. von Ute Gerhards u.a, Frankfurt a.M. 1980, S. 39–334. Auf eine systematische Sichtung der *Militär*presse wurde verzichtet; ich beziehe mich diesbezüglich in meiner Darstellung auf die Arbeit von Trox, der namentlich die im Juli 1848 gegründete ‚Deutsche Wehr-Zeitung‘ sowie den ‚Soldaten-Freund‘ sorgfältig ausgewertet hat.

54 Vgl. die Quelleneditionen von Karl Obermann, Flugblätter der Revolution. Eine Flugblattsammlung zur Geschichte der Revolution von 1848/49 in Deutschland, Berlin 1970 und ders.,

sche Vielfalt finden ihre Erklärung darin, daß alle politischen Richtungen während des gesamten Revolutionszeitraums unter dem Druck standen, durch Erklärungen zu den vielen aktuellen Ereignissen und zu grundsätzlichen politischen Fragen sich ihrer Sympathisanten zu versichern oder Stimmungen zur Verbreiterung der eigenen politischen Basis auszunutzen. Neben Aufrufen und Adressen der politischen Vereine und politisierender, oft anonymer Einzelpersonen plakatierten mitunter auch die Gesellen- und Arbeitervereine ihre Forderungen. Erklärungen und Bekanntmachungen der Bürgerwehr, des Polizeipräsidenten, des Magistrats, der Stadtverordneten und der Ministerien wurden in der Regel gleichfalls als großformatige Plakate an die Häuserwände angeschlagen. Zwischen den verschiedenen politische Richtungen oder einzelnen, politischen Vereinen – namentlich dem Demokratischen Klub – und den städtischen bzw. staatlichen Institutionen konnten sich in einem Frage-Antwort-Spiel über manchmal ziemlich lange Zeiträume öffentliche Dialoge entwickeln, von einer „volkstümlichen Öffentlichkeit" (S. Weigel) meist fasziniert beobachtet. Nicht die Tagespresse, sondern die öffentlichen Maueranschläge prägten das politische Denken und Handeln des ‚einfachen Volkes'.

Ein Beispiel, geschildert von einem konservativen Offizier, einem Major a. D., der sich in Zivilkleidung unter das ‚Volk' mischte, mag illustrieren, welche Wirkung von manchen der großformatigen Plakate ausging. Anfang Juli, zu einem Zeitpunkt, als die Auseinandersetzungen um die Bürgerwehr hochkochten, war dieser zum Köllnischen Rathaus gegangen, „um Placate zu lesen." Vor einem der zumeist großformatigen Anschläge standen „etwa 15 Menschen aus dem Volke, und einer erklärte den Umstehenden, daß es jetzt klar sey, man wolle sie – die Arbeiter – wieder in Knechtschaft bringen. Die Armen sollen als Mörder bestraft werden, wenn sie auf die Bürger schießen, dem Bürger [als Mitglied der Bürgerwehr, R.H.] aber ist es erlaubt, sie ohne Strafe zu tödten.[55] Den [Kommandeur der Bürgerwehr] Rimpler wollen wir bei der nächsten Gelegenheit unter den Linden an einem Laternenmast aufhängen."

Einheit und Freiheit. Die deutsche Geschichte 1815 bis 1849 in zeitgenössischen Dokumenten dargestellt, Berlin 1950. Die beiden Quelleneditionen von Obermann stellen, obgleich sie sich thematisch nicht auf Berlin beschränken, die bisher umfassendsten Quellensammlungen zur Berliner Revolution 1848 dar. Grundlegend zu diesem Themenkomplex: Sigrid Weigel, Flugschriftenliteratur in Berlin. Geschichte und Öffentlichkeit einer volkstümlichen Gattung, Stuttgart 1979. Für die vorliegende Untersuchung wurden folgende Flugblattsammlungen ausgewertet: LAB, Rep. 240, Acc. 685; ebd., Acc. 99; ‚Zentrum für Berlin-Studien' (ZBSt), 1848-Flugblattsammlungen; GStA, XII. Hauptabteilung (HA), IV. Flugblätter (Flg.), Nr. 27; ebd., Rep. 92, NL Stein, Mappe (M.) 3/1; BA Frankfurt, Zsg. 8/506; Stiftung Archiv der Parteien und Massenorganisationen der DDR im Bundesarchiv (SAPMO)/Zentrales Partei-Archiv der SED (ZPA), VDF/I/1Ü. Vgl. außerdem Magistrats-Bibliothek zu Berlin, Verzeichniß der Friedlaenderschen Sammlung zur Geschichte der Bewegung vom 1848, Berlin 1897 (NW Friedl. Samml.). Dort sind viele, aber keineswegs alle der 1848 erschienenen Berliner Flugblätter nachgewiesen.

55 Das Plakat bezog sich offenbar auf die Vorgänge am Abend des 14. Juni, die den Zeughaussturm ausgelöst hatten: Zwei Angehörige der Unterschichten waren einem unverhältnismäßigen Angriff der Bürgerwehr zum Opfer gefallen; vgl. *S. 577.*

Nachdem, so der Major weiter, „ich das Placat gelesen jetzt ebenfalls [hatte], erklärte ich den Erregten, daß dies eine Lüge seyn müsse und ein Feind von Herrn Rimpler könne es ja drucken lassen. Nein, nein, antworteten sie, es steht schwarz auf weiß, und es ist noch alles eingetroffen, was wir an den Ecken lasen. Da ich noch einiges zur Vertheidigung des Herrn Rimpler vorbrachte, stellten sich diese Menschen in eine drohende Haltung gegen mich und mein Fortgehen schien sie zu beruhigen. An der Ecke des Schlosses, der Schloßfreiheit", wo dasselbe Plakat auch angeschlagen war, „fand ich ebenfalls einige Aufregung gegen Herrn Rimpler". Besondere Resonanz fanden regelmäßig Eckenanschläge des demokratischen Populisten Friedrich Wilhelm Held. Sie wurden „von vielen Menschen auf ihre Art, in höchst aufregendem Sinne, zergliedert, wobei noch erwähnt wurde, daß nur Held über sie wache; das ist der ‚Vater der Armen‘ und alles, was er noch gesagt, sey eingetroffen". Die möglichen Folgewirkungen solcher Wandzeitungen und vor allem der sich daraus entwickelnden Diskussionen und „Aufregungen" malte der Major a.D. in den grellsten Farben: Falls der Magistrat dem „Unwesen solcher Placate" nicht Einhalt gebiete, so beendete er seinen Bericht, „müssen sonst Tage kommen, die dem viertägigen Kampfe in Paris", der Junischlacht, die auf Seiten der Aufständischen Tausend Opfer forderte und die europäische Revolutionswende einleitete, nicht nachstünden.[56]

Auch wenn der Major a.D. mit seinen letzten Bemerkungen übertrieb, so macht seine Schilderung doch exemplarisch deutlich, wie sehr die unzähligen Maueranschläge ‚die Straße‘ zum politischen Raum machten. Ihr Inhalt rief, so ein liberaler Zeitgenosse, „stets lebhafte Diskussionen innerhalb der besonders an einzelnen Punkten sich sammelnden Gruppen hervor, so daß die Geisteserzeugnisse Einzelner sich aus dem Volke sofort zum allgemeinsten Eigenthume desselben" entwickelten, und zwar „auf diese Weise wirklich im Fluge".[57] An den Straßenecken angeschlagene Erklärungen waren überdies mitunter Anlaß und Ausgangspunkt für politische Aktionen der Unterschichten. Das entsprach durchaus den Intentionen vieler Verfasser, die nicht nur kommentieren, sondern auch ‚eingreifen‘ wollten, indem sie z.B. zu Volksversammlungen einluden oder (wie im obigen Fall) gezielt einzelne Personen ‚aufs Korn nahmen‘. Die Berliner Demokraten hatten als erste erkannt, wie sehr sich über Wandzeitungen die politischen Meinungen beeinflussen ließen. Aber auch die Liberalen und stärker noch die Konservativen begannen bald, das neue Medium für sich zu nutzen. In der zweiten Jahreshälfte hielten sich demokratische und konservative Maueranschläge ungefähr die Waage. Dennoch gelang es der ‚Reaction‘ nicht, auf die politischen Stimmungen der Unterschichten nachhaltigen Einfluß zu nehmen. Die Inhalte der Anschläge mußten, um wirksam zu werden, an die Erfahrungen

---

56 Schreiben des Majors zur Disposition (v. Mack) an den Magistrat vom 4. Juli 1848, in: LAB StA, Rep. 01, Nr. 2439, Bl. 267 u. Rs. Ein Exemplar des letztgenannten Plakats findet sich in: LAB, Rep. 240, Acc. 685, Nr. 239. Zu Held und Rimpler vgl. KBA.

57 Sigismund Stern, Geschichte des deutschen Volkes in den Jahren 1848 und 1849. In zwölf Vorträgen, Berlin 1850, S. 140.

des proletarischen Lesepublikums anknüpfen. Das war der Hauptgrund (und nicht in erster Linie die Dimensionen der mitunter riesigen Plakate), der erklärt, warum es namentlich Friedrich Wilhelm Held und einigen anderen Populisten gelang, sich zeitweilig beträchtlichen Einfluß auf die unterbürgerlichen ‚Volksmassen' zu verschaffen.

Manche Maueranschläge zirkulierten zugleich als Flugschriften. Flugblätter und kleinere Broschüren wurden durch das „wie durch Zauberschlag hervorgerufene Institut der fliegenden Buchhändler" vertrieben. Diese Buchhändler, überwiegend „Knaben von zehn bis fünfzehn Jahren", boten ihre Flugschriften auf Volksversammlungen, Demonstrationen, Kundgebungen wie überhaupt „an allen Straßenecken mit lärmendem Geschrei den Vorübergehenden feil". „Viele hundert Familien", so Sigismund Stern, hätten durch diesen Flugschriftenvertrieb „ihre Existenz gefunden, und erst der Belagerungszustand machte ihm wenigstens auf den Straßen ein Ende." Bereits Ende 1850 war kaum mehr vorstellbar, „wie schnell und allgemein ein aus dem Kopfe und dem Herzen eines Einzelnen entsprungener Gedanke in die große Masse der Bevölkerung geworfen zu werden vermag."[58] Die Gesamtauflage der Flugschriften läßt sich auch nicht ansatzweise abschätzen; einzelne brachten es zu Auflagen von mehreren zehntausend Exemplaren. Adolf Wolff spricht von einer regelrechten „Industrie von Flugblattschreibern". Wenn die städtische Obrigkeit seit Sommer den „fliegenden Buchhandel" zu unterbinden trachtete, dann brachte sie damit dessen Wirksamkeit zum Ausdruck. Die ‚Straßenecken-Literatur' gab Argumente an die Hand, bot Artikulationshilfen und erlaubte, auf Kundgebungen und Volksversammlungen gehaltene Reden noch einmal in aller Ruhe nachzulesen. Die satirischen Flugblätter eines ‚Aujust Buddelmeier', eines ‚Isaac Moses Hersch' oder ‚Ullo Bohmhammel', und wie die Pseudonyme sonst noch lauten mochten, vermittelten zusätzlich ein ironisches Überlegenheitsgefühl, da sie zumeist die respektheischende Obrigkeit zum Gegenstand des Spottes machten. Plakate, Flugschriften und Witzblätter hätten, so bemerkte ein anonymer demokratischer Zeitgenosse 1849 resümierend, „viel dazu beigetragen, den politischen Verstand des Volks zu bilden und überhaupt das politische ABC unter die Leute zu bringen."[59]

---

58 Alle Zitate: Ebd., S. 140 f. Zur Kriminalisierung des fliegenden Buchhandels durch das Berliner Polizeipräsidium vgl. *S. 304*. Das folgende Zitat aus: Adolf Wolff, Berliner Revolutions-Chronik (RC). Darstellung der Berliner Bewegungen im Jahre 1848 nach politischen, socialen und literarischen Beziehungen, 3 Bde., Berlin 1851-1854 (ND Leipzig 1979), hier: III, S. 54. Die in Berlin in größerer Zahl Anfang der vierziger Jahre eingeführten Schnellpressen erlaubten hohe Auflagen.

59 Berlin in der Bewegung, S. 575. Die Berliner Flugschriften etc. haben bereits seit geraumer Zeit die Aufmerksamkeit von Historikern und Germanisten erregt; neben Weigel, Flugschriftenliteratur, und der in *Anm. 52 und 54* genannten Literatur vgl. z.B. Horst Denkler, Politik und Geschäft. Beobachtungen bei der Durchsicht populärer Flugblattreihen aus der Berliner Revolution 1848/49, in: Internationales Archiv für Sozialgeschichte der deutschen Literatur, Bd. 5/1980,

Eine wegen ihrer Materialfülle einzigartige Quelle stellen die von Adolf Wolff zusammengestellten und herausgegebenen drei Bände der ‚*Berliner Revolutions-chronik*‘ dar. In dieser Chronik finden sich neben häufig auszugsweise oder vollständig im Wortlaut abgedruckten Bekanntmachungen, Plakaten und Flugblättern die der Tages- oder Klub-Presse entnommenen Protokolle der wichtigsten politischen Vereine, Kommentare auch der überregionalen Presse, zum Teil außerdem die Debatten der Stadtverordneten- und Preußischen Nationalversammlung sowie Auszüge aus Erlebnisberichten, Denkschriften und Broschüren von Zeitgenossen.[60] In einigen Fällen wurden Wolff außerdem von einzelnen „Personen unaufgefordert, mit größter Bereitwilligkeit, verbürgte Mitteilungen über dunkel gebliebene und nicht hinlänglich aufgeklärte Thatsachen" gemacht.[61] Allerdings ist die Wolffsche Revolutions-Chronik ein Torso geblieben. Er beabsichtigte, die Chronik über einen „Zeitraum von kaum neun Monaten", also bis vermutlich zum 5. Dezember 1848 (Verfassungsoktroi), gehen zu lassen.[62] Der dritte (und letzte) Band der Revolutions-Chronik bricht jedoch mit der Darstellung der Konstituierung des Kabinetts v.Auerswald-Hansemann im Juli 1848 ab. Ursprünglich wollte Wolff die Revolutions-Chronik bis 1851 abschließen; in diesem Jahr konnte er jedoch nur den ersten Band der Öffentlichkeit vorlegen, 1852 folgte der zweite, 1854 der dritte. 1857 suchte Wolff vergeblich einen Verlag für weitere Bände zu finden. Die Verleger scheuten aber das politische und das buchhändlerische Risiko.[63]

In Aufbau und Präsentation der Wolffschen Revolutionschronik ähnlich ist das „Erinnerungswerk" des Generals v. Prittwitz.[64] Von der Wolffschen Revoluti-

---

S. 94-126; ders., Flugblätter in ‚jüdischdeutschem‘ Dialekt aus dem revolutionären Berlin 1848/49, in: TAJB Bd. 6/1977, S. 215-257; Heidrun Kämper-Jensen, Lieder von 1848. Politische Sprache einer literarischen Gattung, Frankfurt a. M. 1989.

60 Eine solch unvergleichliche Materialfülle konnte Wolff in seiner Revolutionschronik vermutlich nur präsentieren, weil er als stellvertretender Chefredakteur der BZH nach der Emigration von Gustav Julius nach England wahrscheinlich das Archiv der ‚Berliner Zeitungshalle‘, die ja nicht nur der Tageszeitung den Namen gab, sondern zugleich Berlins größtes Lesekabinett – mit mehreren hundert, auch ausländischen Periodika, zahllosen Broschüren usw. – gewesen ist, in Verwahrung genommen hat.

61 Vorwort von Wolff, RC, I, S. VI f. Daß Wolff auch die ihm persönlich zugegangenen Mitteilungen korrekt referiert, hat kurz vor Beginn des Ersten Weltkrieges der damalige Berliner Stadtarchivar durch Vergleich mit dem diesen zugrundeliegenden Briefwechsel, den Wolff mit dem Oberbürgermeister Krausnick, General v. Pfuel, General v. Prittwitz sowie dem kurzzeitigen Ministerpräsidenten Graf v. Arnim-Boitzenburg führte, nachgewiesen; vgl. Ernst Kaeber, Zur Entstehung von Wolffs Revolutionschronik, in: FBPG, Bd. 27/1914, S. 566-572 sowie Briefwechsel zwischen Wolff, seinem Verleger Hempel und Krausnick, in: LAB, Rep. 200, Acc. 2675 (NL Krausnick), Nr. 31.

62 Wolff, RC, I, Vorwort, S. V.

63 Vgl. Kaeber, Entstehung, S. 571 f.

64 Karl Ludwig v. Prittwitz, Berlin 1848. Das Erinnerungswerk des Generalleutnants Karl Ludwig v. Prittwitz und andere Quellen zur Berliner Märzrevolution und zur Geschichte Preußens um

onschronik unterscheidet es sich u.a. dadurch, daß es in den ersten Märztagen beginnt, ausführlich die Vorgänge vom 18. und 19. März dokumentiert und am 25. März endet. Indessen ist es nicht nur für den engeren Zeitraum der Berliner Märzrevolution interessant. So wie Wolff aus seiner demokratischen Grundeinstellung keinen Hehl macht, sind aus der Prittwitzschen Darstellung dessen konservative Grundpositionen herauszulesen. Insgesamt hebt sich die Prittwitzsche Chronik allerdings wohltuend von den vielfach ungenauen, häufig polemischen Erinnerungswerken anderer höherer Offiziere ab: So wie Wolff präsentiert auch Prittwitz Dokumente, Tagebuchaufzeichnungen etc. von Zeitgenossen unverfälscht.[65] Weitere, zum Teil sehr umfangreiche historiographische Arbeiten mit quasi wissenschaftlichem Anspruch wurden bereits während der Revolution publiziert. An erster Stelle sind hier die Arbeiten von Adolph Streckfuß, insbesondere sein unter dem Pseudonym Adolph Carl verfaßtes dickleibiges Werk ,Das freie Preußen' zu nennen. Für die Zeit ab Juli 1848 stellt es, mit freilich erheblichen Einschränkungen, eine Art vierten Band der Wolffschen Revolutionschronik dar. Auch Streckfuß gibt in seinem Werk die ihm wichtig erscheinenden Flugschriften, Erklärungen und Bekanntmachungen der Vereine wie der Obrigkeit in Auszügen oder im vollständigen Wortlaut wieder, die Sitzungen der Stadtverordnetenversammlung und vor allem der Berliner Nationalversammlung erfahren ausführliche Würdigung.[66] Andere Dokumentationen befassen sich mit speziellen Themen, etwa dem Barrikadenkampf am 18. März oder dem Leidensweg der am Vormittag des 19. März nach Spandau transportierten Gefangenen.[67]

Für die Analyse der Meinungsbildungsprozesse der verschiedenen obrigkeitlichen Institutionen wie für eine differenzierte Darstellung der sozialen und politischen Hintergründe der vielschichtigen revolutionären Bewegungen ist das reichhaltige *archivalische Quellenmaterial* unentbehrlich – in erster Linie die im ehemaligen Berliner Stadtarchiv (LAB StA), im Brandenburgischen Landes-

---

die Mitte des 19. Jahrhunderts, bearbeitet und eingeleitet von Gerd Heinrich, Berlin/New York 1985.

65 Das läßt sich z.B. durch einen Vergleich der Erinnerungen Krausnicks nachweisen, die als Original im LAB (Rep. 200, Acc. 2675) lagern und in Auszügen von Prittwitz (Berlin 1848, S. 319-324) veröffentlicht wurden.

66 Adolph Carl (= Adolph Streckfuß), Das freie Preußen. Geschichte des Berliner Freiheitskampfes vom 18. März 1848 und seiner Folgen, Bd. I: 18. März bis 22. Mai, Bd. II: 22. Mai bis 5. Dezember, Berlin 1848; vgl. außerdem ders., 500 Jahre Berliner Geschichte. Vom Fischerdorf zur Weltstadt, Geschichte und Sage, Berlin 1879², bes. S. 958-1188; ders., Die Demokraten, Berlin 1851²; ders., Die Organisation der Volkspartei in Berlin, Berlin 1849. Zu Streckfuß, 1848 einem der prominentesten Berliner Demokraten, vgl. KBA.

67 August Braß, Berlins Barrikaden. Ihre Entstehung, ihre Verteidigung und ihre Folge. Eine Geschichte der Märzrevolution, Berlin 1848; Albert Roerdansz, Gefangene Berliner auf dem Transport nach Spandau am Morgen des 19. März 1848. Protocollarische Aussagen und eigene Berichte von 91 Betheiligten als Beitrag zur Geschichte des Berliner Märzkampfes, Berlin o.J. (1848).

hauptarchiv (BLHA) und im Geheimen Preußischen Staatsarchiv, Preußischer Kulturbesitz (GStA), gelagerten Aktenbestände. Allerdings ist zeitlich und je nach Quellengattung zu differenzieren.

Die *Polizeiberichte*: Zwar war die Berliner Polizei mit etwa zweihundert Gendarmen bis März 1848 personell schlecht ausgestattet. Da ihr aber die Beobachtung aller ‚verdächtigen‘ Individuen oblag und sie nach der Märzrevolution systematisch für die Kontrolle der politischen Bewegungen ausgebaut wurde, kommt ihren Berichten für die Rekonstruktion der Ereignisse und Bewegungen des Jahres 1848 erhebliche Bedeutung zu. Insgesamt drei Phasen politisch-polizeilicher Tätigkeit sind zu unterscheiden: (a.) In der Zeit bis zum 18. März wurde zwar fleißig berichtet. Infolge eines nur sehr weitmaschigen Überwachungsapparates mußten die Informationen jedoch lückenhaft bleiben. Um den Mangel an präziser Information zu überspielen, wurde um so weniger mit (bei näherer Betrachtung vielfach nicht haltbaren) Verdächtigungen gespart. (b.) Nach der Märzrevolution folgte eine Phase zunächst der Lähmung und dann der allmählichen Konsolidierung. In der Zeit zwischen Ende März und Ende Juni wurden zwar kaum Polizeiberichte produziert.[68] Indessen entspann sich während dieses Zeitraumes von knapp drei Monaten ein umfangreicher, informationsträchtiger Schriftwechsel zwischen Polizeipräsidium, städtischen Behörden, Bürgerwehr und Innenministerium über Fragen der ‚inneren Sicherheit‘, der aufschlußreiche Einblicke in das sich während der Revolutionszeit herausbildende neue Machtgefüge gibt. In ihm dokumentierten sich außerdem der Wille und die Fähigkeit der staatlichen Repressivorgane, mit modernen Mitteln wirkungsvoll revolutionäre Aktivitäten einzudämmen. (c.) Eine Phase des Ausbaus des Polizeiapparates setzte im Spätsommer ein. Von diesem Zeitraum an wird offenbar die Zahl der Spitzel erhöht und beginnt sich in den Berichten eine schärfere Trennung nach politischen Richtungen durchzusetzen. Den gesamten Revolutionszeitraum über blieb freilich die Optik der Spitzel und Polizeiberichterstatter selektiv, blieben ihre Analysen oberflächlich. In ihren Berichten über die politische Opposition waren sie schnell geneigt, überall dunkle, im Geheimen wirkende Drahtzieher zu wittern. Obgleich simplifizierende Erklärungsmuster gegen Ende der Revolution differenzierteren Einschätzungen weichen, ist allgemein

---

68 Zumindest in Einzelfällen wurden polizeiliche Unterlagen aus Angst vor revolutionärer Selbstjustiz sogar vernichtet: Der Polizeirat Duncker, eine der wichtigsten Persönlichkeiten der Berliner Polizei, war am 1. April (so berichtete die VZ vom 4. April 1848) „in seiner Wohnung damit beschäftigt, Papier zu verbrennen, welches einen so starken Rauch veranlaßte, daß die Muthmaßung entstand, es sei Feuer ausgebrochen. Man eilte ins Haus die Treppen hinauf und wollte gewaltsam die verschlossene Thür öffnen. Hr. Duncker, der einen wider seine Person gerichteten Überfall vermutete, sprang aus dem Fenster und hat sich dabei, wie man hört, erheblich verletzt.“

doch die Tendenz des Staatsapparates unübersehbar, politische Bewegungen auf ‚Verschwörungen' zu reduzieren.[69]

Mit Hilfe der Bestände der Deputationen des *Magistrats*, vor allem der Gewerbedeputation, ließen sich die verschiedenen Felder kommunaler Politik im einzelnen aufschlüsseln. Die dort vorhandene Vielzahl von Petitionen einzelner Gehilfen und Meister bzw. ganzer Berufsgruppen, ergänzt für die Handwerks*meister* durch die in den Beständen des Ministeriums für Handel, Gewerbe und öffentliche Arbeiten abgelegten Eingaben auch zahlreicher Berliner Innungen etc., für die Berliner Maschinenbauer durch das Borsig-Archiv[70], ermöglichte es, ein facettenreiches Bild über soziale Lagen, Mentalitäten, soziale und politische Forderungen der Meister, Gesellen, Gehilfen und Arbeiter zu zeichnen.[71] Auf Basis der zahlreichen Eingaben wird es möglich, eine ungefähre Vorstellung von der inneren Zerklüftung des damaligen ‚Proletariats' und, nimmt man die Meister dazu, des Handwerks zu gewinnen. Die Magistrats-Akten geben außerdem Aufschluß über Grundlinien, Motive und Friktionen der städtischen Wirtschafts- und Sozialpolitik. Die Bestände der ‚Korporation der Kaufmannschaft Berlins' (KKB)[72] schließlich lassen genauere Rückschlüsse auf das Selbstbild und die politischen Aktivitäten der Berliner ‚Bourgeoisie' während des Revolutionsjahres zu.

Nachdem die traditionelle ‚Tumultkontrolle' im März 1848 versagt hatte, bestimmten Revolutionsängste das Verhalten der staatlichen und städtischen Institutionen zunächst in starkem Maße. Aufregung und Verunsicherung, durch bürokratische Routine nur schlecht verdeckt, sowie das Bemühen, neue, effektivere

---

69 Vgl. vor allem den Bestand des Berliner Polizeipräsidiums im BLHA (Rep. 30). Ein Teil der abgelegten sowie weitere Stimmungs- und Ereignisberichte, einschließlich der danach getroffenen „Sicherheitsmaßnahmen", finden sich in den Beständen des preußischen Innenministeriums als der Institution, der der Polizeipräsident unmittelbar untergeordnet war (GStA, Rep. 77).

70 Zu den Petitionen der Meister vgl. GStA, Rep. 120, B.I.1., Nr.60, Bde.1-5. Sie sind, allerdings zum Teil unter anderen Gesichtspunkten, bereits ausgewertet von Bergmann, Berliner Handwerk. Die Bestände des Borsig-Archivs sind im Berliner ‚Museum für Technik und Verkehr' einzusehen; vgl. hierzu vor allem Dieter Vorsteher, Borsig. Eisengießerei und Maschinenbauanstalt zu Berlin, Berlin 1983, der einen Teil der Quellen im Wortlaut veröffentlicht hat.

71 Die in den Akten der Gewerbedeputation, zum Teil auch in den Magistrats-‚Generalia' versammelten, zahllosen Petitionen erlauben einen ziemlich ungefilterten Aufschluß über Denkmuster, Vorurteilsstrukturen und Bewußtseinsveränderungen der verschiedenen unterbürgerlichen Gruppen. Daran ändert auch der Tatbestand wenig, daß die Petitionen überwiegend von einem Kollektiv (einem Gesellen-Komité, den Altgesellen oder der Innung) verfaßt wurden und die Verfasser, da ihre Worte an eine obrigkeitliche Institution adressiert waren, Elemente der Alltagssprache zu vermeiden suchten. Darüber hinaus ermöglichten die umfangreichen Bestände der Gewerbedeputation – zusammen mit den Aktenbeständen des preußischen Innenministeriums und des Berliner Polizeipräsidiums – eine differenzierte Darstellung der Binnenstruktur, Mentalitäten und Verhaltensmuster der auf städtische Kosten im Revolutionsjahr beschäftigten Erdarbeiter.

72 LAB StA, Rep. 200.

Methoden der Aufstandsvorbeugung zu entwickeln, ließen 1848 einen umfangreichen *Schriftwechsel* zwischen den verschiedenen staatlichen, halbstaatlichen bzw. kommunalen Instanzen entstehen, der im Geheimen Staatsarchiv, im Brandenburgischen Landeshauptarchiv, im Landesarchiv (ehem. Stadtarchiv) und einigen kleineren Archiven lagert und sich meist ziemlich lückenlos rekonstruieren läßt.[73] Briefwechsel sowie Rechenschaftsberichte der unteren an die jeweils höheren Instanzen und Quellen anderer Provenienz, etwa die Sitzungsprotokolle der Stadtverordnetenversammlung, enthalten viele wichtige Detailinformationen über einzelne Ereignisse. Vor allem aber ermöglichen sie, strukturelle Gründe und subjektive Motive für obrigkeitliches Verhalten in den einzelnen Phasen der Revolution herauszuarbeiten und die zum Verständnis des Revolutionsgeschehens häufig nicht unwichtigen institutionellen und personellen Rivalitäten nachzuzeichnen. In einzelnen Fällen läßt sich außerdem z.B. nachweisen, daß bestimmte Formen staatlicher Repressivpolitik unmittelbar von Friedrich Wilhelm IV. angestoßen wurden. Die umfangreichen Schriftwechsel erlauben außerdem Antworten auf die Frage, welche Maßnahmen ad hoc eingeleitet wurden oder inwieweit ihnen strategische Überlegungen zugrunde lagen.

Aufschlußreich sind in diesem Zusammenhang nicht zuletzt die im königlichen Hausarchiv verwahrten, großenteils veröffentlichten privaten und offiziösen Korrespondenzen sowie Denkschriften Friedrich Wilhelms IV. und der königlichen Familie, namentlich des Prinzen von Preußen.[74] Die teilweise publizierten, teilweise unveröffentlichten Nachlässe der Kamarilla und anderer Berater des Königs[75] machen es möglich, deren politische Haltungen sowie die strategischen und taktischen Überlegungen der engsten Beratergruppe des Königs in den verschiedenen Revolutionsphasen recht genau nachzuvollziehen. Ebenso enthalten die vier in den letzten Jahren publizierten Biographien über Friedrich

---

73 Die bedeutsamste Ausnahme sind die nicht mehr existenten Bestände des preußischen Kriegsministeriums.

74 Wichtig vor allem: Leopold v. Ranke (Hg.), Aus dem Briefwechsel Friedrich Wilhelms IV. mit Bunsen, Leipzig 1873; Karl Haenchen (Hg.), Revolutionsbriefe 1848. Ungedrucktes aus dem Nachlaß Friedrich Wilhelms IV. von Preußen, Leipzig 1930; Erich Brandenburg (Hg.), König Friedrich Wilhelms IV. Briefwechsel mit Ludolf Camphausen, Berlin 1906; zum Prinzen v. Preußen vgl. vor allem die von Johannes Schultze und Ernst Berner herausgegebenen Brief-Editionen. Herangezogen wurden außerdem eine Reihe unveröffentlichter Briefe aus dem Königlichen Hausarchiv (KHA), GStA, Rep. 50.

75 Vor allem: Denkwürdigkeiten aus dem Leben von Leopold v. Gerlach. Nach seinen Aufzeichnungen hg. von seiner Tochter, Bd.1, Berlin 1892; Ernst Ludwig von Gerlach, Von der Revolution zum Norddeutschen Bund. Politik und Ideengut der preußischen Hochkonservativen 1848-1866. Aus dem Nachlaß, Teil I: Tagebuch 1848-1866; Teil II: Briefe, Denkschriften, Aufzeichnungen, hg. von Hellmut Diwald, Göttingen 1970; Walter Möring (Hg.), Josef von Radowitz, Nachgelassene Briefe und Aufzeichnungen zur Geschichte der Jahre 1848-1853, 1922 (ND Osnabrück 1967); Unter Friedrich Wilhelm IV. Denkwürdigkeiten des Ministers Otto v. Manteuffel, hg. von Heinrich v. Poschinger, Bd. 1: 1848-1851, Berlin 1901.

Wilhelm IV. wichtige Bemerkungen zu hier interessierenden Fragestellungen.[76] Zur Rekonstruktion des Innenlebens der Obrigkeit waren außerdem Briefwechsel, Tagebuchaufzeichnungen, Denkschriften etc. der Märzminister[77] sowie wichtiger kommunaler Funktionsträger[78], zur Skizzierung der Positionen und der politisch-emotionalen Verfassung der ‚Militärpartei' die Erinnerungswerke höherer Offiziere von Bedeutung.[79] Veröffentlichte und unveröffentlichte Tagebuchblätter und Rechtfertigungsschriften führender Mitglieder der Bürgerwehr, namentlich die des Stadtrates Nobiling, der in den ersten Stunden und Tagen nach der Märzrevolution de facto die Gründung der kommunalen Miliz ins Werk setzte, sowie die freilich apologetischen Berichte der beiden Bürgerwehr-Kommandeure Blesson und Rimpler ermöglichen schließlich eine recht genaue Beschreibung von Selbstverständnis und innerer Verfassung der kommunalen Bürgermiliz.[80] Notizen, Briefe und sonstige schriftliche Hinterlassenschaften

---

76 Vgl. Walter Bußmann, Zwischen Preußen und Deutschland. Friedrich Wilhelm IV. Eine Biographie, Berlin 1990, S. 218-241; Frank-Lothar Kroll, Friedrich Wilhelm IV. und das Staatsdenken der deutschen Romantik, Berlin 1990. Kroll konzentriert sich, wie der Titel bereits zum Ausdruck bringt, auf die politischen, ideologischen und mentalen Einflüsse, die Friedrich Wilhelm als Kronprinzen und in den ersten Jahren seiner Regentschaft prägten; das Jahr 1848 wird nur am Rande behandelt. Am differenziertesten und aufschlußreichsten zu 1848: Dirk Blasius, Friedrich Wilhelm IV. 1795-1861. Psychopathologie und Geschichte, Göttingen 1992, S. 116-158, sowie David E. Barclay, Anarchie und guter Wille. Friedrich Wilhelm IV. und die preußische Monarchie, Berlin 1995, bes. S. 191-280. Felix Rachfahl (Deutschland, Friedrich Wilhelm IV. und die Märzrevolution, Halle a.S. 1901) nimmt auf mehreren hundert Seiten nur die Märztage des Jahres 1848 in den Blick. Zum Prinzen von Preußen vgl. vor allem die Biographie von Karl-Heinz Börner, Wilhelm I., Deutscher Kaiser und preußischer König, Köln 1984, sowie ders., Prinz Wilhelm von Preußen, in: Karl Obermann, Männer der Revolution von 1848, Bd. 2, Berlin 1987, S. 487-512.
77 An biographischen und quelleneditorischen Veröffentlichungen ist hier (neben dem Briefwechsel zwischen Friedrich Wilhelm IV. und Ludolf Camphausen [Anm. 74]) hinzuweisen vor allem auf: Joseph Hansen, Rheinische Briefe und Akten zur Geschichte der politischen Bewegung (1840-1850), bes. Bd. 2. 2: April-Dez. 1848, bearb. von Heinz Boberach, Köln/Bonn 1976; Anna Caspary, Ludolf Camphausens Leben. Nach seinem schriftlichen Nachlaß, Stuttgart/Berlin 1902, sowie Jürgen Hofmann, Ludolf Camphausen, in: Obermann, Männer der Revolution, Bd. 2, S. 425-448.
78 GStA, KHA, Rep. 50 J, Nr. 857 (Minutoli an Friedrich Wilhelm IV.); BLHA, Rep. 30 (Polizeipräsidium); sowie NL des Oberbürgermeisters Krausnick (Anm. 61).
79 Besonders aufschlußreich: Prinz Kraft zu Hohenlohe-Ingelfingen, Aus meinem Leben. Aufzeichnungen, Bd. 1: 1848-1856, Berlin 1897; Graf v. Roon, Denkwürdigkeiten aus dem Leben eines General-Feldmarschalls, Bd. 1, Breslau 1892³; Graf Eduard v. Waldersee, Aus den Berliner Märztagen. Aufzeichnungen, Berlin 1909. Vgl. außerdem die Denkwürdigkeiten des Botschafters und Generals v. Schweinitz, Berlin 1927.
80 Karl Nobiling, Die Berliner Bürgerwehr in den Tagen vom 19. März bis 7. April 1848. Ein unfreiwilliger Beitrag, Berlin 1852; (dazu) Karl Haenchen, Der Quellenwert der Nobilingschen Aufzeichnungen über die Berliner Märzrevolution, in: FBPG Bd. 52/1940, S. 321-339; ders., Aus den Briefen Nobilings an Prittwitz, in: FBPG Bd. 53/1941, S. 129-154; Otto Rimpler, Die Berliner Bürgerwehr im Jahre 1848, von ihrer Organisation im 20. März bis zur Auflösung am 11. November. Aus den hinterlassenen Papieren des Commandeurs der Bürgerwehr, bearb. von H. Schaffert, Brandenburg a. H. 1883; Ludwig Blesson, Die Bürgerwehr in den Tagen vom 2. bis

weiterer, zumeist bürgerlicher Zeitgenossen erlauben ein ziemlich differenziertes Bild der politischen Meinungsbildungsprozesse unterhalb der unmittelbar ‚staatstragenden' Ebene und werfen auf manche wichtige Begebenheit ein neues Licht. Neben den berühmten Tagebüchern und Briefen Varnhagen v. Enses, der als ehemaliger preußischer Diplomat trotz seiner bekannten kritischen Positionen auch 1848 noch über gute Kontakte zum Hof verfügte[81], und den publizierten Briefwechseln vor allem von Johann Jacoby, Rudolf Virchow und Leopold Zunz[82] ist außerdem auf die Nachlässe von Franz Duncker, Varnhagen v. Ense und Heinrich Wilhelm Krausnick sowie auf die unveröffentlichten Tagebuchaufzeichnungen Carl Wilhelm Saegerts, der im Laufe des Jahres 1848 zu einem engen Vertrauten Friedrich Wilhelms IV. aufstieg, hinzuweisen.[83] In einigen Fällen sind außerdem unter dem unmittelbaren Eindruck des Tagesgeschehens formulierte Briefe von ‚einfachen Bürgern', die weder 1848 hervortraten noch später zu größerer Berühmtheit gelangten, überliefert.[84] Auch wenn Autoren wie Varnhagen bei der Abfassung ihrer Tagesnotizen und Briefe möglicherweise eine spätere Veröffentlichung im Auge hatten, geben ihre Bemerkungen Aufschluß über die Gefühlswelt des Verfassers, die jeweils subjektive Wahrnehmung des Revolutionsgeschehens – und damit über die Wandlungen bürgerlicher Mentalitäten.

15. Juni 1848 (Beiheft zur Zeitschrift für Kunst, Wissenschaft und Geschichte des Krieges), Berlin 1848. Vgl. außerdem die handschriftlichen Aufzeichnungen Nobilings (in: GStA, Rep. 94, IV O. b., Nr. 4, pars I und II), des konservativen Bürgerwehroffiziers Saegert sowie des Polizeipräsidenten und ersten Bürgerwehr-Chefs v. Minutoli (Anm. 69 bzw. 78). Wichtig sind – neben der Wolff'schen RC, den zahllosen Zeitungsberichten, einem umfangreichen Schriftwechsel zwischen den städtischen Behörden und dem Bürgerwehrkommando sowie den zahlreichen Petitionen und Erklärungen aus der Bürgerwehr – ferner die Aufzeichnungen des Generals v. Prittwitz (vgl. Anm. 64) sowie Gneist, Berliner Zustände.

81 Karl August Varnhagen von Ense, Tagebücher, Bde. 3 bis 6, Leipzig 1862/63 (längere Passagen vor allem der Bde. 4 und 5 in: ders., Journal einer Revolution. Tagesblätter 1848/49, hg. von Hans Magnus Enzensberger, Nördlingen 1986); ders., Kommentare zum Zeitgeschehen. Publizistik, Briefe, Dokumente 1913-1858, hg. von Werner Greiling, Leipzig 1984.

82 Rudolf Virchow, Briefe an seine Eltern, hg. von Marie Rabl, Leipzig 1906; ders., Werke, Bd. 4, hg. von Christian Andree, Bern usw. 1993; Johann Jacoby, Briefwechsel 1816-1849, hg. von Edmund Silberner, Hannover 1978; Leopold Zunz, Jude – Deutscher – Europäer. Ein jüdisches Gelehrtenschicksal im 19. Jahrhundert in Briefen an Freunde, hg. von Naham M. Glatzer, Tübingen 1964. Vgl. außerdem Fontane im Revolutionsjahr. Sieben Briefe an Bernhard v. Lepel aus dem Jahre 1848, Berlin 1930.

83 GStA, Rep. 92, NL Saegert, Nr.4-6 (enthält drei Tagebuch-Versionen Saegerts); BA Potsdam, Rep. 90 Du 3 (NL Duncker); GStA, Rep. 94, IV.O.b., Nr.4; zu Krausnick vgl. Anm. 61.

84 Vgl. vor allem den Nachlaß Dalchow in: LAB Rep. 200, Acc. 2036, Nr. 199 ff.; Briefe des ehem. Staatsbeamten und (1848) Privatgelehrten August Kramer, nach: R.H. Walther Müller, Briefe eines Augenzeugen der Berliner Märztage, in: ZfG 2. Jg./1974, S. 315-320; Karl Haenchen, Neue Briefe und Berichte aus den Märztagen des Jahres 1848, in: FBPG Bd. 49/1937, S. 254-288; Ernst Benda, In Berlin ist Revolution – Erinnerungen eines Berliners an 1848, in: Der Bär von Berlin 37. Jg./1988, S. 23-36, sowie Erinnerungen von Zeitgenossen in den ‚Mitteilungen des Vereins für die Geschichte Berlins'.

In den von vornherein für die Öffentlichkeit bestimmten *Erinnerungen von Zeitgenossen* machen die Verfasser aus ihrer Parteilichkeit und apologetischen Intention gleichfalls kaum einen Hehl. „Der eine sieht durch ein rotes, der andere durch ein schwarzes Glas, und Jeder wird darin vermissen, was ihm wesentlich erscheint", auf diese Formel hat Rudolf v. Gneist schon ein Jahr nach der Revolution das Problem zugespitzt.[85] Trotz der allen autobiographischen Darstellungen gemeinsamen Subjektivität und trotz häufiger Voreingenommenheit ist ihr Quellenwert sehr unterschiedlich. Wichtig ist zunächst der Zeitpunkt, zu dem jemand seine Erinnerungen zu Papier brachte. Später geschrieben, konnten sich beim Verfasser Erinnerungslücken auftun, waren seine Ausführungen häufig schon von erschienenen historiographischen Werken zur Revolution 1848 beeinflußt. Ganz allgemein gilt die Regel: je früher, desto authentischer und weniger legendenbeladen. Wesentlich ist außerdem der Erscheinungsort: Im nichtpreußischen Deutschland, oder gar im außerdeutschen Ausland, schrieb der Zensor nicht mit. In Preußen selbst ging bis etwa 1850 noch manches durch.

Ein geringes zahlenmäßiges Übergewicht besitzen ‚Denkwürdigkeiten' und Memoiren *konservativer* Zeitgenossen. Ihre Erinnerungswerke sind wiederum in zwei Gruppen zu scheiden: in die der *Militär-* und die der *Zivil*personen. Wenn höhere Offiziere zur Feder griffen und ihre Erinnerungen und Eindrücke zu Papier brachten, dann legten sie das Schwergewicht ihrer Darstellung auf die Barrikadenkämpfe des März.[86] Für die Feststellung des tatsächlichen Ablaufs der Märzrevolution sind diese Erinnerungen im allgemeinen nur von begrenztem Wert. Aufschluß geben sie vor allem über die Vorurteilsstrukturen eines Teils der Offiziere sowie die emotionale Verfassung weiter Kreise der militärischen Elite der preußischen Armee. Nicht ganz so vorurteilsgeladen und analytisch etwas tiefschürfender sind die schriftlichen Zeugnisse konservativer *Zivil*personen.[87]

---

85 Rudolf v. Gneist, Berliner Zustände. Politische Skizzen aus der Zeit vom 18. März 1848 bis 18. März 1849, Berlin 1849, S. 84.

86 In einigen Fällen wurden untergeordnete Offiziere mit offiziösen Schilderungen „vom militärischen Standpunkt aus" beauftragt, die dann, in hoher Auflage publiziert, lange Zeit beträchtlichen Einfluß auf die Revolutionshistoriographie ausübten. Das gilt für die namentlich nicht gezeichnete Darstellung „Die Berliner Märztage. Vom militärischen Standpunkt aus betrachtet", die vom Obersten Karl Gustav Schulz im Auftrag des Generals v. Prittwitz verfaßt und 1850 publiziert wurde, sowie den Aufsatz des Generallieutenants Hubert v. Meyerinck, Die Thätigkeit der Truppen während der Berliner Märztage des Jahres 1848, in: Beiheft zum Militär-Wochenblatt, Berlin 1891, S. 99-168.

87 Vgl. vor allem Otto v. Bismarck, Erinnerung und Gedanke, in: ders., Gesammelte Werke, Bd. 15, Berlin 1932; Ludwig Ägidi, Gegen die Signatura temporis. Von einem freimüthigen Widersacher der Revolution, Berlin 1849; Louis Schneider, Aus meinem Leben, Bd. II, Berlin 1879; Julius Kuhr, Denkwürdigkeiten aus dem Revolutions-Jahre 1848, bes. Bd. II, Berlin 1876; außerdem zwei Autobiographien konservativer Geistlicher: Karl Büchsel, Erinnerungen aus dem Leben eines Landgeistlichen, Bd. IV: Erinnerungen aus meinem Berliner Amtsleben, Berlin 1886; Friedrich Wilhelm Krummacher, Eine Selbstbiographie, Berlin 1869. Zur weit größeren Zahl an Erinnerungswerken zu 1848 vgl. die Bibliographie am Schluß dieser Arbeit.

Die Zahl der von *demokratischer* Seite publizierten Erinnerungswerke ist nicht wesentlich kleiner, obwohl es spätestens seit Ende 1850 Autoren, die sich dem demokratischen Lager zurechneten, verwehrt war, in Preußen Arbeiten zu veröffentlichen, in denen ihre politischen Ansichten deutlicher zu erkennen waren. Erinnerungen von Demokraten erschienen deshalb entweder im freieren ‚Ausland‘ oder erst nach 1859. Auch während der ‚Neuen Ära‘ mußten demokratische Publizisten, so sie ihre politische Grundhaltung beibehielten, freilich Vorsicht walten lassen; Wilhelm I. war 1848/49 als Prinz von Preußen eine der wichtigen politischen Figuren. Nicht nur offene Majestätsbeleidigung wurde hart bestraft. Probleme konnten auch entstehen, wenn man es wagte, die offiziellen konservativen Mythen über die Revolution 1848 in Frage zu stellen. Die erste deutsche Revolution blieb bis ins 20. Jahrhundert ein ständiger Stein des Anstoßes und politischen Streits.[88] Manche Autobiographie, wie etwa die Paul Boerners, 1848 einer der Repräsentanten der demokratischen Studentenschaft, später Nationalliberaler und ein durch zahlreiche wissenschaftliche Schriften bekanntgewordener Arzt, war zwar schon frühzeitig zu Papier gebracht, konnte aber erst posthum veröffentlicht werden. Andere 1848er wie z.B. Stephan Born, Wilhelm Angerstein, Adolf Stahr oder Fanny Lewald suchten sich Verleger außerhalb Preußens.[89] Lediglich Zeitgenossen, die noch während bzw. in den ersten Monaten nach der Revolution ihre Eindrücke und Berichte zu Papier brachten, konnten diese noch relativ unbehindert von der Zensur veröffentlichen.[90] Andere prominente Berliner Demokraten der 48er Revolution wie z.B. Max Schasler oder Julius Fröbel[91] schließlich wollten sich mit ihren ‚Memoiren‘ offenbar ein

---

88 Vgl. Franzjörg Baumgart, Die verdrängte Revolution. Darstellung und Bewertung der Revolution in der deutschen Geschichtsschreibung vor dem Ersten Weltkrieg, Düsseldorf 1976.

89 Paul Boerner, Erinnerungen eines Revolutionärs. Skizzen aus dem Jahre 1848, hg. von E. Menke-Glückert, 2 Bde., Leipzig 1920 (abgefaßt 1851); Stephan Born, Erinnerungen eines Achtundvierzigers, Leipzig 1898², S. 23.; Wilhelm Angerstein, Die Berliner März-Ereignisse im Jahre 1848, Leipzig 1864; Fanny Lewald, Erinnerungen aus dem Jahre 1848, Braunschweig 1850; Adolf Stahr, Die preußische Revolution, Oldenburg 1851². Wohl zum Schutz der Autoren wurden außerhalb Preußens erschienene Schriften auch anonym publiziert; wichtig vor allem: Berlin in der Bewegung (Anm. 42), S. 538-597; Personen und Zustände Berlins seit dem 18. März 1848. Ein Beitrag zur künftigen Geschichte Preußens, 1. Heft, Leipzig 1849.

90 Vgl. etwa die von Streckfuß unter dem Pseudonym Adolph Carl (Anm. 66) sowie die von August Braß veröffentlichte Schrift über den 18./19. März 1848 (Anm. 67) sowie ders., Geschichte der Demokratie und Reaction in Berlin von Beendigung der März-Revolution bis zur Contre-Revolution des Ministeriums Brandenburg und Octroyirung der Verfassung, Berlin 1849.

91 Max Schasler, Über ein halbes Jahrhundert. Erinnerungsbilder aus dem Leben eines alten Burschenschafters, Jena 1895; Julius Fröbel, Ein Lebenslauf. Aufzeichnungen, Erinnerungen und Bekenntnisse, Bd. 1, Stuttgart 1890. Die scharfsinnigen Ausführungen Bruno Bauers über Vormärz und Revolution lassen dagegen noch nicht die spätere Hinwendung des führenden Linkshegelianers zum Konservativismus erahnen: Bruno Bauer, Die bürgerliche Revolution in Deutschland seit dem Anfang der deutsch-katholischen Bewegung bis zur Gegenwart, Berlin 1849; ders., Vollständige Geschichte der Parteikämpfe in Deutschland während der Jahre 1842-1846, Berlin 1847 (ND Aalen 1964). Aufschlußreich außerdem J.D.H. Temme, Augenzeugenbe-

Eintritts-Billet in das preußische Establishment verschaffen. Ihre meist Jahrzehnte nach der Revolution verfaßten Autobiographien suchten verschämt die eigenen ,Jugendsünden' zu rechtfertigen. Es überrascht deshalb nicht, daß der Informationswert dieser Schriften eher dürftig ist und einige von ihnen über das Jahr 1848 auf wenigen Seiten ,hinweghuschten' – obwohl sie die Revolution in maßgeblichen Funktionen mitgeprägt hatten und sicherlich einiges zu sagen gehabt hätten.

Vervollständigt wird die Palette an ,Denkwürdigkeiten' schließlich durch Erinnerungswerke von Zeitgenossen, die dem *liberalen* Lager zuzurechnen sind. Zu nennen sind hier vor allem die drei Schriften des letzten Präsidenten der Preußischen Nationalversammlung, Victor v. Unruh, zwölf Vorträge, die Sigismund Stern als einer der damals führenden Berliner Linksliberalen im Jahre 1850 hielt, sowie die Erinnerungen von Albert Kochhann, Rudolf v. Gneist, Karl Gutzkow und Theodor Fontane.[92]

Auf eine weitere wichtige Quellengattung ist kurz hinzuweisen: Die in Berlin akkreditierten *Gesandten* verfügten manchmal über Informationsquellen, die genaueren Aufschluß über Absichten und Pläne höchster staatlicher Repräsentanten geben. Nicht selten enthalten die Gesandtschaftsberichte freilich auch nur Gerüchte oder Hofklatsch. Wichtig sind die von ihnen verfaßten zahlreichen Berichte (mitunter brachten die Gesandten innerhalb eines Tages gleich mehrere zu Papier) noch aus einem anderen Grund: Die preußische Innen- und Außenpolitik, die ihrerseits in bestimmten Phasen maßgeblich auch das politische ,Klima' der Hauptstadt prägte, war in vielfältiger Weise abhängig von der Situation in den anderen deutschen Staaten, von der dort – und in Frankfurt – betriebenen Regierungspolitik. Anhand der Gesandtschaftsberichte und des sonstigen zwischenstaatlichen Schriftwechsels läßt sich den Fragen nachgehen, inwieweit die preußische Regierung in der (hier vor allem interessierenden) Innenpolitik auf bestimmte Maßnahmen des deutschen ,Auslands' oder der provisorischen Reichszentralgewalt reagierte, welche Konflikte bzw. ,Mißverständnisse' entstanden (z.B. in der ,deutschen Frage') und wo man gegenüber dritten (etwa Polen) an einem Strang zog. Besonders wichtig ist der Blick auf die zweite deutsche Hegemonialmacht. 1848 war zudem – das zeigen bereits die Eckdaten der Revolution – die Entwicklung in Wien und Österreich der in Berlin und Preußen

---

richte der deutschen Revolution 1848/49. Ein preußischer Richter als Vorkämpfer der Demokratie (1882), neu hg. von Michael Hettinger, Darmstadt 1996.

92 Hans Victor v. Unruh, Skizzen aus Preußens neuester Geschichte, Magdeburg 1849; ders., Erfahrungen aus den letzten drei Jahren. Ein Beitrag zur Kritik der politischen Mittelpartei, Magdeburg 1851; ders., Erinnerungen, hg. von Heinrich v. Poschinger, Stuttgart usw. 1895; Albert Kochhann, Mitteilungen, Bd. III: Aus den Jahren 1829-1848, Bd. IV: Aus den Jahren 1848-1863, Berlin 1906; Stern, Geschichte des deutschen Volkes; Gneist, Berliner Zustände; Karl Gutzkow, Unter dem schwarzen Bären. Erlebtes 1811-1848, (ND) Berlin 1971. Zu den meisten der genannten Personen vgl. KBA.

immer um einen Schritt voraus. Neben den Berichten des österreichischen Gesandten wurden außerdem, stellvertretend für das ‚dritte Deutschland‘, die des in Berlin akkreditierten bayerischen ‚Botschafters‘ gesichtet.[93]

Gliederung

Angesichts der insgesamt guten Quellenlage mutet es auf den ersten Blick erstaunlich an, daß es zwar einige Darstellungen der wichtigsten Ereignisse des Jahres 1848 in Berlin gibt[94], daß jedoch – wenn man von dem relativ knappen, mehr essayistisch gehaltenen Überblick des damaligen Berliner Stadtarchivars Ernst Kaeber anläßlich des hundertjährigen Jubiläums absieht – keine umfassendere Untersuchung der Berliner Revolution vorliegt.[95] Dies wird zum einen daran gelegen haben, daß ein großer Teil der für dieses Thema relevanten Materialien in Archiven der DDR lagerte und diese für westdeutsche Historiker kaum oder nur schwer zugänglich waren. Ein weiterer, ebenso wichtiger Grund dürfte in den Schwierigkeiten gelegen haben, das Thema einzugrenzen: Erstens ist die Geschichte der Berliner Revolution keine Lokalhistorie im engeren Sinne – dazu war die Bedeutung der Entwicklungen hier für Preußen, für alle deutschen Staaten und letztlich für Europa viel zu groß. Zweitens ist es nicht immer einfach, in der Darstellung die zahlreichen Handlungsebenen systematisch voneinander zu scheiden, ohne zugleich ihren inneren Zusammenhang zu zerreißen.[96]

---

93 Staatsarchiv (StA) Wien, Staatskanzlei (StK) Preußen, Karton (K.) 194-197; Hauptstaatsarchiv (HStA) München, Ministerium des Äußeren (MA) III (Preußen), Nr. 2626-2628 und Bayerische Gesandtschaft Berlin, Nr. 636. Vgl. außerdem Peter v. Meyendorff, Ein russischer Diplomat an den Höfen von Berlin und Wien. Politischer und privater Briefwechsel 1826-1863, hg. und eingeleitet von Otto Hoetzsch, Bd. II, Berlin/Leipzig 1923, S. 48-133.

94 Am ausführlichsten und differenziertesten nach wie vor: Veit Valentin, Geschichte der deutschen Revolution von 1848-1849, Berlin 1930/31, Bd. I, S. 411-460, 532-541; Bd. II, S. 42-74, 227-296; vgl. außerdem Günter Richter, Zwischen Revolution und Reichsgründung (1848-1870), in: Geschichte Berlins, Bd. 2: Von der Märzrevolution bis zur Gegenwart, hg. von Wolfgang Ribbe, München 1987, S. 606-644. Zu den Berliner Ereignissen und Entwicklungen, eingebettet in den allgemeinen Kontext der deutschen Revolution, vgl. die derzeit wohl beste Überblicksdarstellung zu 1848: Siemann, Deutsche Revolution, S. 66-71, 140-143, 170-175; außerdem Illustrierte Geschichte der deutschen Revolution 1848/49, von einem Autorenkollektiv unter der Leitung von Walter Schmidt, Berlin 1988[3], S. 82-95, 102-107, 141-152, 209-219, 253-270; Ernst Rudolf Huber, Deutsche Verfassungsgeschichte seit 1789, Bd. 2: Der Kampf um Einheit und Freiheit 1830 bis 1850, Stuttgart usw. 1975, S. 571-587, 737-766.

95 Ernst Kaeber, Berlin im Jahre 1848, Berlin 1948. Die insgesamt etwa 160 Seiten, die Veit Valentin in seinem berühmten Werk der Berliner Revolution widmet, geben einen besseren Überblick als die Auftragsarbeit Kaebers.

96 Eng damit zusammen hängt ein drittes Problem: das Handeln, Denken und Fühlen der Individuen angemessen auf die ‚Strukturen‘ zu beziehen, in überindividuelle Prozesse einzubinden. Wahrnehmungen und Wertorientierungen, Welt- und Gesellschaftsdeutungen, wie sie sich im Alltagshandeln ausdrückten, prägten (und prägen) soziales und politisches Handeln, besonders

Die vorliegende Arbeit ist deshalb eine Mischung aus chronologischer und systematischer Darstellung. In *Teil I* werden unter dem Oberbegriff ‚Vormärz‘[97] der soziale und ökonomische Hintergrund der Revolution skizziert und – zu ihrem Verständnis unabdingbar – die Struktur der Berliner Erwerbsbevölkerung entschlüsselt (I.1) sowie die politischen Faktoren näher bestimmt, die für den Ausbruch der Barrikadenkämpfe vom 18. März 1848 wie für den Charakter der Berliner Revolution und das Selbstverständnis ihrer Akteure von maßgeblicher Bedeutung waren (I.2). In *Teil II* geht es um die Märzrevolution. In Kapitel II.1 werden die Ereignisse und Entwicklungen geschildert, die dem 18. März unmittelbar vorausgingen. Skizziert werden dann in groben Zügen der Verlauf der Barrikadenkämpfe sowie Handlungsmuster und politisch-‚mentale‘ Einstellungen der Kontrahenten (II.2). Anschließend wird auf Basis der biographischen Angaben der gefallenen, verletzten und gefangenen Barrikadenkämpfer den Fragen nachgegangen, welche Bevölkerungsschichten die Märzrevolution aktiv trugen und welche Umstände zum Abzug der Truppen aus Berlin führten (II.3 und II.4). In *Teil III* wird die politische Geschichte der Revolution in der Phase ihres Aufschwungs behandelt. Diese erste Phase der Revolution umfaßt den Zeitraum vom 19. März bis etwa Anfang Juni. Die Darstellung wird dabei um herausragende Ereignisse gebündelt: um das Geschehen am 19. März vor und im Berliner Stadtschloß, den ‚nationalen Umritt des Königs‘ am 21. März, die Bestattung der Märzgefallenen am 22. März und weitere wichtige Vorgänge in der ersten Woche nach der Märzrevolution (III.1), die Rückkehr der ersten Truppeneinheiten (III.3), die heftigen Auseinandersetzungen um das Wahlrecht zur Preußischen und Deutschen Nationalversammlung (III.5), den ersten großen, politischen

---

in Phasen eines rapiden Wandels. Zwar waren die Revolution, die 1848 zu beobachtenden politischen Entwicklungen natürlich nicht einfach Resultat subjektiven Willens und der politischen Zielsetzungen einzelner Akteure oder Akteursgruppen. Aber ebensowenig läßt sich das Handeln der Subjekte aus überindividuellen Strukturen bloß ‚ableiten‘. Gerade in Phasen revolutionärer Umbrüche, in denen die Handlungsmöglichkeiten von Individuen im Vergleich zu ‚normalen‘ Zeiten weit größer sind, gelingt es ‚Subjekten‘ mitunter, langfristig angelegte, überindividuelle Entwicklungsprozesse erheblich zu beeinflussen und zu überformen. Dies empirisch zu fassen, ist schwierig, soll im folgenden jedoch schlaglichtartig versucht werden. Vgl. allgemein hierzu vor allem Ute Daniel, „Kultur" und „Gesellschaft". Überlegungen zum Gegenstandsbereich der Sozialgeschichte, in: GG 19. Jg./1993, bes. S. 94 ff.; zum Kultur-Begriff etc. außerdem Kapitel V.1 und V.2.

97 Wenn im folgenden von ‚Vormärz‘ gesprochen wird, sind im allgemeinen die vierziger Jahre bis zum Ausbruch der Berliner Märzrevolution gemeint. Einen guten Überblick über Berlin während dieses Zeitraums gibt: Ilja Mieck, Von der Reformzeit zur Revolution (1806-1847), in: Ribbe (Hg.), Geschichte Berlins, vor allem S. 478-602; vgl. daneben vor allem die materialreiche Arbeit von: Johann Friedrich Geist/Klaus Kürvers, Das Berliner Mietshaus, Bd. I: 1740-1862. Eine dokumentarische Geschichte der „von Wülknitzschen Familienhäuser" vor dem Hamburger Tor, der Proletarisierung des Berliner Nordens und der Stadt im Übergang von der Residenz zur Metropole, München 1980, bes. S. 170-463; ferner Dora Meyer, Das öffentliche Leben in Berlin im Jahr vor der Märzrevolution, Berlin 1912.

Prozeß nach dem 19. März 1848 (III.6) und die Kontroverse um die Rückkehr des Prinzen von Preußen (III.7). Diese Ereignisse stellen Kristallisationspunkte dar, an denen strukturelle politische Entwicklungen sichtbar an die Oberfläche traten. Zwei Kapitel dieses Teils haben stärker systematischen Charakter: In ihnen geht es um die Gründung, das Selbstverständnis und die innere Struktur der am 19. März ins Leben gerufenen Bürgerwehr (III.2) und um die verschiedenen politischen Vereine (III.4), jeweils bis etwa Mitte Juni.

Die Ereignisse, die das Gesicht der Revolution bestimmten, besaßen häufig auch soziale Wurzeln. (In der ersten Revolutionsphase bis Mitte Juni war das freilich vielfach nur schwer zu erkennen.) Nicht wenige, nur vordergründig ‚rein politische‘ Konflikte und ‚Tumulte‘ ließen soziale Gegensätze sichtbarer als zuvor aufklaffen. In besonderem Maße gilt dies für den Zeughaussturm vom 14. Juni 1848. Soziale Ängste und sozialistische Hoffnungen standen danach unmittelbarer im Raum und bestimmten stärker als vorher das Handeln der politischen Akteure wie der passiven Bevölkerungsmehrheit. Die zweite Phase der Berliner Revolution, die mit dem mißlungenen Zeughaussturm einsetzt, läßt sich deshalb angemessen nur beschreiben, wenn zuvor die sozialen Dimensionen der Revolution ausgeleuchtet werden. *Teil IV* befaßt sich – nach einem einleitenden Kapitel (IV.1), in dem die wirtschaftlichen Entwicklungen während des Revolutionsjahres skizziert werden – deshalb mit den verschiedenen sozialen Schichten, ihrer jeweiligen materiellen Lage, den für sie jeweils typischen Bewußtseinsstrukturen und Verhaltensmustern, ihrem Organisationsverhalten sowie ihren (allgemein-)politischen Präferenzen. Es wird zu zeigen sein, daß das Bürgertum (IV.2), die Mittelschichten (IV.3), die Gesellen und Arbeiter (IV.4), die Erdarbeiter als 1848 gewissermaßen künstlich geschaffene Sozialschicht (IV.5) und schließlich das Subproletariat (IV.6)[98] weder sozial noch ‚mental‘ und politisch über ‚einen Kamm zu scheren‘ sind, sondern ihrerseits wieder jeweils in eine größere Zahl von Sozialschichten zerfallen. Die einzelnen Sozialgruppen definierten sich selbst meist eher negativ, indem sie sich nach ‚unten‘ distanzierten und/oder gegenüber ‚oben‘ zusammenschlossen. In den einzelnen Kapiteln dieses Teils werden deshalb auch Abgrenzungsverhalten, Deklassierungsängste und Konfliktbereitschaft zu untersuchen sein.

Um die Lebensgewohnheiten und Verhaltensmuster der Unterschichten analytisch angemessen fassen zu können, wird im ersten Kapitel des *Teils V* das bereits erwähnte Konzept der ‚Kultur der Armut‘ ausführlicher vorgestellt. In

---

98 Zu den hier als Subproletariat bezeichneten marginalisierten Sozialschichten (Langzeiterwerbslosen, Gelegenheitsarbeitern, Obdachlosen, Bettlern, Prostituierten und ‚Kriminellen‘) ist eine eigenständige Arbeit im Entstehen; Arbeitstitel: Zwischen „Vergnügungssucht", „Sündenleben" und Askese im Namen „socialer Emancipation": Lebenswelten, Verhaltensmuster und Politikverständnis der städtischen Unterschichten im Vormärz und in der Revolution von 1848. Das Berliner Beispiel.

Kapitel V.2 wird die ‚Kultur der Armut‘ mit ihrem Antipoden, der ‚Bürgerlichkeit‘ als kultureller Kategorie sowie mit der 1848 in Konturen bereits erkennbaren ‚Kultur‘ der modernen Arbeiterbewegung, die Elemente von beidem vereinte, konfrontiert. Die schichtenspezifischen ‚Kulturen‘, das sozialkulturelle Alltagshandeln, sind nicht nur deshalb wichtig, weil sich über sie die (subjektiven) Antriebskräfte für das politische Handeln der Individuen wie ganzer Gruppen analytisch leichter fassen läßt. ‚Kultur der Armut‘ und ‚Bürgerlichkeit‘, wie sie in den beiden Kapiteln definiert werden, gewinnen außerdem besonders in einer Epoche, in der ständische Strukturen bis auf geringe Reste zerfallen waren, ‚moderne‘ Klassen sich jedoch noch nicht herausgebildet hatten, auch als *soziale* Kategorien einen zentralen Stellenwert. In historischen Umbruchphasen, in denen die üblichen sozialen Trenngrenzen im engeren Sinn unschärfer werden, Abgrenzungen zwischen den Schichten allein aufgrund von Einkommensverhältnissen, spezifischen Arbeitsbedingungen, Konstellationen auf den Arbeitsmärkten etc. lediglich schwer möglich sind, werden sozialkulturelle Verhaltensformen und Handlungsmuster zu wichtigen zusätzlichen Differenzierungslinien. Zugleich erleichtert es der sozialkulturelle Ansatz, die Ursachen bürgerlicher Distanzen und Ressentiments nach ‚unten‘ herauszuarbeiten und zu erklären, warum 1848 der bürgerliche und der ‚proletarische‘ Strang der Revolution jedenfalls in den großstädtischen Zentren der europäischen Revolution nicht oder nur begrenzt – und wenn, dann nur über einen kurzen Zeitraum – zusammenkamen.[99] Darüber hinaus werden in Kapitel V.2 Aspekte der Klassenformierung diskutiert, namentlich die Frage, inwieweit sich trotz sozialökonomisch heterogener Basis Elemente von ‚Klassenbewußtsein‘ ausbilden konnten. Dies geschieht in erster Linie mit Blick auf die proletarischen Schichten, in zweiter Linie aber auch, unter dem Stichwort ‚Arbeitgebermentalität‘, mit Blick auf bewußtseinsmäßige Gemeinsamkeiten von Wirtschaftsbürgertum und gewerblichem Mittelstand. Wenn von sozialen ‚Mentalitäten‘ und ‚Kulturen‘ gesprochen wird, geraten häufig nur die Männer in den Blick. In Kapitel V.3 untersuche ich, inwieweit die in den vorausgegangenen Kapiteln skizzierten, in den verschiedenen Sozialschichten zu beobachtenden Denk- und Verhaltensmuster im Alltag wie bei besonderen Ereignissen auch für die Berliner Frauen galten und inwieweit diese durch geschlechtsspezifische Rollenverhalten und -erwartungen überformt wurden. In diesen Kontext gehört auch eine (knappe) Darstellung des für Frauen während der Revolutionszeit typischen politischen Engagements. Zu bedenken ist dabei, daß Quellen meist von Mitgliedern des ‚starken Geschlechts‘

---

99 Was in dieser Hinsicht im folgenden für Berlin skizziert wird, gilt ganz ähnlich auch für die französische und die österreichische Revolutionsmetropole (nur sehr eingeschränkt dagegen für die meisten anderen europäischen Hauptstädte); vgl. den Überblick bei: Rüdiger Hachtmann, Die sozialen Unterschichten in der großstädtischen Revolution von 1848. Berlin, Wien und Paris im Vergleich, in: Mieck u.a. (Hg.), Paris und Berlin, S. 107-136.

produziert wurden; darüber hinaus definierten die Männer als das gesellschaftlich dominierende Geschlecht faktisch auch die sozialen und politischen Spielräume, die dem vermeintlich ‚schwachen Geschlecht‘ zugebilligt waren. Ein Kapitel über die Frauen hat deshalb zugleich auch die Männer, ihre Vorurteile und ihren Blick auf die Frauen zu thematisieren.

Religionen, kirchliche Institutionen und die mit ihnen verbundenen ‚Milieus‘ sind in Darstellungen der Revolution von 1848 meist nur am Rande oder überhaupt nicht behandelt worden. Dabei beeinflußten sie direkt oder indirekt in erheblichem Maße auch im Revolutionsjahr politische Prozesse und Mentalitäten. *Teil VI* ist deshalb Religion und Kirche gewidmet. Während katholische Kirche und politischer Katholizismus im Berlin der Revolutionszeit keine Rolle spielten, war die der Juden bedeutsam, nicht nur wirtschaftlich, sondern auch soziokulturell und politisch. Eine Reihe von Berliner Juden nahm besonders in der demokratisch-revolutionären Bewegung herausragende Positionen ein. In Kapitel VI.1 wird einmal das Selbstbild vor allem der politisch aktiven Juden – einschließlich derjenigen, die zum Christentum übertraten – im Revolutionsjahr in groben Zügen skizziert[100], darüber hinaus die Sicht der protestantischen Bevölkerungsmehrheit auf die jüdische Minderheit thematisiert. Ein besonderes Augenmerk wird dabei auf die Diskussion der ‚Judenfrage‘ in der nicht-jüdischen Berliner Öffentlichkeit, deren Funktionalisierung für aktuell-politische Auseinandersetzungen insbesondere von konservativer Seite sowie schließlich deren Stellenwert für den Revolutionsverlauf zu richten sein. In diesem Kontext gehört auch eine Darstellung judenfeindlicher Verhaltensmuster, vor allem der schichtspezifischen Formen antijüdischer Einstellungen. Zugleich ist zu umreißen, welche Stellung die nichtjüdischen Berliner gegenüber der Judenemanzipation einnahmen[101], darunter nicht zuletzt die Pfarrer (als traditionelle Stichwortgeber des christlichen Antijudaismus) und die ‚Evangelische Kirchen-Zeitung‘ als ihr politisch-theologisches Sprachrohr (Kapitel VI.2). Religion und Kirche einerseits und Politik andererseits waren in den vierziger Jahren noch keine vollständig voneinander getrennten Sphären. Erst mit der 48er Revolution emanzipierte sich die

---

100 Ausführlicher hierzu: Rüdiger Hachtmann, Berliner Juden und die Revolution von 1848, in: Reinhard Rürup (Hg.), Jüdische Geschichte in Berlin. Essays und Studien, Berlin 1995, S. 53-84.

101 Zum erst 1817 nachweisbaren, in den dreißiger und vierziger Jahren zum Schlagwort gewordenen ambivalenten Begriff der ‚Emanzipation‘ vgl. vor allem Reinhard Rürup, Emanzipation – Anmerkungen zur Begriffsgeschichte, in: ders., Emanzipation und Antisemitismus. Studien zur „Judenfrage" der bürgerlichen Gesellschaft, Frankfurt a. M. 1987 (EA 1975), S.159-166; ders., Emanzipation und Antisemitismus: Historische Verbindungslinien, in: Herbert A. Strauss, Norbert Kampe (Hg.), Antisemitismus. Von der Judenfeindschaft zum Holocaust, Bonn 1985, S. 89 ff. Andere Aspekte können nicht behandelt werden: das Innenleben der jüdischen Gemeinde Berlins sowie die in der preußischen Hauptstadt recht starke innerjüdische Reformbewegung, ebensowenig die organisierten Bekehrungsversuche von christlicher Seite.

Politik endgültig von der Religion. In Kapitel VI.2 wird außerdem der Frage nachgegangen, welche Motive der vom offiziellen *Protestantismus* beklagten Abkehr breiter Bevölkerungsschichten zugrundelagen, welches politische Selbstverständnis die evangelische Geistlichkeit entwickelte und wie sie sich in den Alltagskonflikten 1848 exponierte.[102]

In den Teilen VII. bis X. steht wieder die politische Geschichte, die zweite Phase der Revolution von Juni bis November im Vordergrund. *Teil VII* ist der Vorgeschichte und den Folgen des Zeughaussturms sowie dem Ereignis selbst gewidmet. Die „Plünderung des Ehrentempels der preußischen Nation", wie die Konservativen die Vorgänge vom 14. Juni bezeichneten, markiert die grundlegende Wende der Berliner Revolution: Bis Mitte Juni besaß die revolutionäre Bewegung in Berlin trotz einiger Rückschläge noch beträchtliche politische Offensivkraft. Der Zug zum Friedrichshain am 4. Juni markiert einen letzten Höhepunkt (VII.1). Seit dem Zeughaussturm (VII.2) geriet die demokratische Bewegung – obwohl weiterhin mit Abstand stärkste politische Kraft in Berlin – in die Defensive, suchte sie die Märzerrungenschaften gegen den ‚reactionären' Druck im wesentlichen nur noch zu halten. Dagegen erweiterte der Konservativismus seine soziale Basis. Im Bürgertum und in den Mittelschichten, die durch die vermeintlich anarchischen Bewegungen des ‚Pöbels' massiv verängstigt wurden, entwickelte er sich zur dominanten politischen Strömung. Vor allem hier begannen sich die konservativen Kräfte als Massenbewegung zu konstituieren – auf Kosten vor allem der Liberalen, die zwischen den politischen ‚Extremen' allmählich zerrieben wurden (VII.4). Zwischen alle Stühle geriet auch die Bürgerwehr, deren (in den Augen der Demokraten und der Unterschichten) unfertiger Charakter den Auslöser für den Zeughaussturm bildete: Statt organisatorischer Rahmen für die Volksbewaffnung zu sein, hatten zu ihr faktisch nur die

---

102 Was in Kapitel VI.2 knapp skizziert wird, ist an anderer Stelle ausführlicher dargestellt: Rüdiger Hachtmann, „… ein gerechtes Gericht Gottes". Der Protestantismus und die Revolution von 1848 – das Berliner Beispiel, in: AfS Bd. XXXVI/1996, S. 205-256. In jüngster Zeit hat das Verhältnis von Protestantismus und Revolution namentlich für Südwestdeutschland stärkere Beachtung gefunden; vgl. Bettina Katharina Dannenmann, Die evangelische Landeskirche in Baden im Vormärz und während der Revolution 1848/49, Frankfurt a. M. usw. 1996, bes. Abschnitt III, sowie (im Vergleich mit dem Katholizismus) Stefan J. Dietrich, Christentum und Revolution. Die christlichen Kirchen in Württemberg 1848-1852, Paderborn usw. 1996. Die *Studentenschaft* schließlich, vor allem von Max Lenz und Karl Obermann gründlich untersucht, spielte dagegen im Unterschied namentlich zu Wien als eigenständiger politischer Faktor in Berlin keine wichtige Rolle (und wird hier deshalb auch nicht gesondert dargestellt); vgl. Max Lenz, Geschichte der Universität Berlin, 2. Bd., 2. Hälfte, Berlin 1918; Karl Obermann, Die Berliner Universität am Vorabend und während der Revolution von 1848/49, in: Willi Gröber, Friedrich Herneck (Hg.), Forschen und Wirken. Festschrift zur 150-Jahr-Feier der Humboldt-Universität zu Berlin, Bd. 1, Berlin 1960, S. 167-175; ferner den Überblick bei Heide Thielbeer, Universität und Politik in der deutschen Revolution von 1848, Bonn 1983, S. 91-97, der für Berlin im wesentlichen auf den bekannten Veröffentlichungen fußt.

Berliner Zutritt, die das Bürgerrecht besaßen. Der Zeughaussturm war in erster Linie ein hilfloser Versuch nicht-organisierter proletarischer Massen, der Forderung nach Volksbewaffnung im zweiten Anlauf zur Durchsetzung zu verhelfen. Auf der anderen Seite forcierte die Obrigkeit nach dem 14. Juni ihre Anstrengungen, die Polizei zu modernisieren. Der Aufbau einer mehr als tausend Mann starken Konstablertruppe – der ‚Schutzleute‘, die bis in das 20. Jahrhundert das Bild der Polizei prägten – nach englischem Vorbild war das wichtigste Ergebnis (VII.3).

Im *Teil VIII* geht es um die Stellung der Berliner Öffentlichkeit und der in der preußischen Hauptstadt 1848 existierenden politischen Strömungen zur nationalen Einheit und gegenüber den nationalen Minderheiten sowie um das Echo, das zentrale Ereignisse und Entwicklungen außerhalb der preußischen Grenzen in der Hauptstadt Preußens fanden. Im lokalen bzw. regionalen (preußischen) Maßstab markierte der Zeughaussturm, im europäischen Maßstab der Pariser Juniaufstand die Revolutionswende. In Kapitel VIII.1 wird diskutiert, welche Resonanz dieser nur wenige Tage nach dem Zeughaussturm unternommene Versuch des Pariser ‚Pöbels‘, die Nationalwerkstätten als die zentralen sozialen Errungenschaften der Februarrevolution zu schützen, in der Berliner Bevölkerung und ‚Öffentlichkeit‘ hatte. In diesen Kontext gehört erneut die bereits in Kapitel I.2 angeschnittene Frage nach den je nach Sozialschicht und politischen Strömungen unterschiedlichen Feindbildern. Nicht nur die französische Nation wurde zum Gegenstand bestimmter Vorurteile, sondern ebenso ‚die Russen‘ (VIII.1) und ‚die Polen‘. Namentlich die ‚Polenfrage‘ nahm die Berliner von Anbeginn gefangen, über lange Strecken stärker als die ‚deutsche Frage‘. Denn Preußen umfaßte zwei Nationen, nicht nur große Teile der deutschen, sondern auch der polnischen Nation. Und die polnische Freiheitsbewegung pochte bereits unmittelbar nach der Berliner Märzrevolution darauf, das von den Deutschen z.B. in der Schleswig-Holstein-Frage selbstverständlich in Anspruch genommene Recht auf nationale Selbstbestimmung gleichfalls zu besitzen. Wie und warum die anfängliche Sympathie der Mehrheit der Hauptstadtbevölkerung gegenüber den auf Eigenstaatlichkeit bestehenden Polen in zum Teil massive Ressentiments umschlug, ist in Kapitel VIII.2 zu untersuchen. Im Zentrum des Teils VIII steht freilich die ‚deutsche Frage‘, ihr Stellenwert im Gesamtkontext der politischen Forderungen und Bewegungen sowie ihr Gewicht in den einzelnen Phasen der Revolution (VIII.3).

In *Kapitel IX.1* wird die scheinbar weitgehend ereignislose Zeit von Anfang August bis Ende September 1848 in den Blick genommen, zwei Monate „politischer Windstille", in denen sich herausstellte, daß die Hoffnung, ‚die Revolution‘ und die von ihr angestoßene ‚neue Zeit‘ würde sich auf Dauer in Berlin etablieren können, eine Illusion war.[103] Daß ein Entscheidungskampf um die

---

103 Den pogromartige Überfall „ultra-reactionärer" Charlottenburger auf den dortigen demokratischen Klub, der in diesen Zeitraum fällt, und die Reaktion der Berliner darauf habe ich an an-

Berliner Revolution bevorstand, war seit Hochsommer absehbar. Mit Herbstbeginn richteten die Liberalen und vor allem die Demokraten ihr Augenmerk zusehends auf die ‚Militärfrage‘, die sie vorher sträflich vernachlässigt hatten. Ihnen war bewußt geworden, daß einer grundlegenden Reform der Armee, einer, wenn nicht der tragenden Säule der Hohenzollernmonarchie, entscheidende Bedeutung für den Ausgang der Revolution zukam. Ihre Versuche, die einfachen Soldaten und die unteren Offiziersränge der in Berlin und Potsdam stationierten Armee-Teile auf die Seite der demokratisch-revolutionären Bewegung zu ziehen, zeitigten durchaus Erfolge. Zu diskutieren ist in Kapitel IX.2 u.a., warum die beträchtlichen politischen Einbrüche, die der demokratischen Bewegung unter den mehr als zehntausend Soldaten, die im September 1848 wieder in der preußischen Hauptstadt in Garnison lebten, nicht von Dauer waren und das ‚Schicksal‘ der Berliner Revolution nicht wenden konnten. Daran schließt sich die Darstellung der Ereignisse an, die der Krone zum unmittelbaren Vorwand für die Gegenrevolution dienten. Danach werden die verschiedenen Etappen der ‚Schließung‘ der Revolution skizziert, beginnend mit der Einsetzung des ‚Kamarilla-Ministeriums‘ Brandenburg über den Einmarsch der Truppen unter dem Befehl Wrangels und die Ausrufung des Belagerungszustandes bis hin zur formellen Auflösung des in Berlin tagenden Preußischen Rumpfparlaments. In diesen beiden Kapiteln (IX.3 und IX.4) interessieren weniger die ohnehin bekannten Ereignisse als vielmehr die Reaktion der Berliner. Warum blieb die preußische Hauptstadt in diesen schicksalsträchtigen Tagen so ruhig wie nie während der Revolutionsmonate? Warum kam es zu keiner Gegenwehr? In Kapitel IX.5 wird skizziert, daß es unter der scheinbar ruhigen Oberfläche beträchtlich rumorte und namentlich in den Unterschichten mit dem Ausbruch erneuter Kämpfe gerechnet wurde, eine Perspektive, die wiederum die Mehrheit der Abgeordneten der Preußischen Nationalversammlung, im November das Zentrum der Opposition, davon abhielt, über den proklamierten ‚passiven Widerstand‘ hinaus erfolgversprechende Schritte gegen die Politik der Krone zu unternehmen.

Eine Darstellung der Berliner Revolution des Jahres 1848 kann nicht einfach Mitte November abbrechen. Zwischen dem ‚tollen Jahr‘ 1848 und der Ära der Reaktion liegt eine Übergangszeit von gut eineinhalb Jahren *(Teil X)*. Kapitel X.1 ist dem Verfassungsoktroi vom 5. Dezember 1848 und den politischen und rechtlichen Schritten der Krone während der folgenden Monate gewidmet. Die Auflösung der preußischen Abgeordnetenkammer durch die Krone am 27. April

derer Stelle ausführlicher dargestellt; vgl. Rüdiger Hachtmann, „Rote Hauptstadt" und „schwarze Provinz": Zum spannungsgeladenen Verhältnis zwischen dem demokratischen Berlin und seinen „Vororten" Charlottenburg, Spandau und Potsdam im Revolutionsjahr, in: Walter Schmidt (Hg.), Forschungen zum Vormärz und zur Revolution von 1848, erscheint Berlin 1998.

1849, nachdem eine deutliche Mehrheit der Parlamentsmitglieder die von der Deutschen Nationalversammlung verabschiedete Reichsverfassung anerkannt hatte, und die sich daran anschließenden blutigen Tumulte in der Hauptstadt waren ein Teil der zweiten revolutionären Welle in Deutschland, die ihr Zentrum freilich nicht in den preußischen Kernprovinzen, sondern in Sachsen und dem Südwesten Deutschlands besaß und als ‚Reichsverfassungskampagne' in die Geschichte eingegangen ist. Belagerungszustand und Ausnahmerecht ließen es nicht zu, daß es zu mehr kam als zu spontanen Protesten des Berliner ‚Volkes' Ende April, die vorübergehend zu Straßenkämpfen eskalierten und endgültig am 29. April durch den massierten Einsatz von Truppen erstickt wurden. Seit Ende April 1849 legte sich über die preußische Hauptstadt dann für mehr als ein Jahrzehnt eine Art politischer Friedhofsruhe, die nur von Gedenkfeiern und Unruhen an den Jahrestagen der Märzrevolution unterbrochen wurde. Die Einführung des Drei-Klassen-Wahlrechts im Mai 1849 und die Revision der Verfassung vom Januar 1850, ergänzt um ein repressives Vereins-, Versammlungs- und Presserecht, brachten die Gegenrevolution und die Etablierung der pseudokonstitutionellen Monarchie auch formell zum Abschluß. Es wird zu skizzieren sein, daß dem eindrucksvollen Katalog an modernen Grundrechten, der allerdings bereits in der Verfassung vom Dezember 1848 durch Notstandsartikel und die überstarke Stellung des Monarchen entwertet war, eine politische Praxis entsprach, die in verschiedener Hinsicht einen Rückfall noch hinter die Vormärzverhältnisse darstellt. In Kapitel X.2 werden die in den Kapiteln IV.1 bis IV.6 gezogenen Fäden erneut aufgegriffen und für die Jahre 1849 und 1850, den ‚Nachmärz' (eine Phase, die bisher noch weniger ins Blickfeld der historischen Forschung geraten ist als die vorausgegangenen Epochen), die wirtschaftliche Entwicklung sowie die sozialen Lagen, Mentalitäten und das Organisationsverhalten der wichtigsten Sozialgruppen skizziert. Im letzten Kapitel (X.3) werden Formen und soziale Träger der je nach politischer Grundhaltung recht unterschiedlichen Revolutionstraditionen in groben Zügen umrissen.

Obgleich die Schilderung von Ereignissen in Revolutionsdarstellungen zwangsläufig einen höheren Stellenwert einnimmt als in historischen Langzeituntersuchungen, beansprucht die vorliegende Darstellung, mit allerdings gewissen Einschränkungen[104], der Versuch einer *Gesellschaftsgeschichte* der Berliner Revolution 1848 zu sein. Das heißt, sie beschränkt sich nicht auf Teilaspekte, sondern versucht allen relevanten politischen, ‚kulturellen', sozialen und ökonomischen Prozessen Raum zu geben, ohne a priori eine dieser Dimensionen

---

104 Ausgeblendet bleibt vor allem der Kulturbetrieb im engeren Sinne, die Veränderungen, die Theater, ‚schöne Literatur', Lyrik, Musik etc. während der Revolutionszeit erfuhren; vgl. dazu den Überblick bei: Langewiesche, Deutsche Revolution, II/1991, S. 429 ff. Zum Konzept ‚Gesellschaftsgeschichte' vgl. Hans-Ulrich Wehler, Was ist Gesellschaftsgeschichte? in: ders., Aus der Geschichte lernen? München 1988, S. 115-129.

zum bestimmenden Faktor zu erklären. Zwar ist immer auch die Rolle einzelner Personen – neben dem Monarchen und seiner Kamarilla die der übrigen staatlichen Funktionsträger sowie der ,Führer' der verschiedenen politischen Bewegungen – in die Darstellung einzubeziehen und der Frage nachzugehen, inwieweit sie bestimmten Ereignissen und Entwicklungen ihren Stempel aufdrücken konnten oder ,nur' allgemeine, überindividuelle Tendenzen personifizierten. (Die Kurzbiographien im Anhang sollen nicht nur die Zuordnung der mitunter vielleicht etwas verwirrenden Namensvielfalt erleichtern. Zahlreiche Einzelbiographien stehen zugleich repräsentativ für bestimmte Strömungen und soziale Schicksale ganzer Personengruppen.) Im Zentrum der vorliegenden Untersuchung stehen jedoch Denken und Verhalten der in viele Sozialschichten und politische Parteiungen gespaltenen Hauptstadtbevölkerung, ihr ,revolutionärer Alltag' und dessen Zuspitzung zu eklatanten Ereignissen sowie weitere Entwicklungen, die sich häufig im Schatten der ,großen' Ereignisse abspielten, aber nichtsdestoweniger der Revolution ihr Gepräge gaben. Es geht (um mit Friedrich Meinecke zu sprechen) vor allem um die „großen Zusammenhänge" und nicht „die Leidenschaften und Fehler der großen Persönlichkeiten", die nur „wie kleine Abirrungen" erscheinen oder „ganz verschwinden".[105]

---

105 Friedrich Meinecke, Friedrich Wilhelm IV. und Deutschland, in: HZ Bd. 89/1902, S. 21.

Teil I

Berlin im ‚Vormärz‘ –
zu den Ursachen der Revolution

Kapitel I.1

… in eine Vielzahl von Schichten zerklüftet: Soziale und ökonomische Strukturen in den vierziger Jahren

Es sei, so klagte August Boeckh, Professor für Altphilologie an der Friedrich-Wilhelm-Universität zu Berlin, seinem Bruder zu Beginn des Jahres 1847, „alles Vertrauen und alle Achtung gegen die Regierung verschwunden, und so kann es nicht lange mehr bleiben, wenn der Staat nicht in seinen Grundfesten untergraben werden soll."[1] Ein halbes Jahr zuvor hatte der wegen seiner liberalen Anschauungen frühzeitig kaltgestellte preußische Diplomat Varnhagen von Ense festgestellt: „Die Unzulänglichkeit des Bestehenden kommt an allen Ecken unwidersprechlich an den Tag." Und: „Unser ganzer Boden ist unterhöhlt, tausend Gänge sind hindurchgetrieben, endlich werden sie in ein großes Loch zusammenbrechen."[2]

Stärker noch als in den gehobenen Bevölkerungsschichten war das Vertrauen in die Obrigkeit in den niederen Sozialschichten gesunken. Eine Woche vor Beginn der Märzrevolution erreichte den Berliner Magistrat ein Schreiben voller orthographischer Fehler. Der anonyme Verfasser warnte, die Berliner Bürger könnten es „unmöglich länger tragen", daß „die Not der Menschen mit jedem Tage" steige. Ausdruck der Verelendung seien „die Diebstähle und die Betrügereien, die Noth zwingt die armen Menschen dazu, und am Ende entstehet durch die Arbeitslosigkeit eine große Revolution im ganzen Lande, was einen schrecklichen und unheilbaren Schaden verursacht." Ein gleichfalls des Schreibens kaum kundiger Angehöriger der sozialen Unterschichten klagte in einem am 18. März, also unmittelbar vor Ausbruch der Barrikadenkämpfe, abgefaßten Brief den Berliner Magistrat an: „Ihr seid es, die Land und Leute ausziehn; der König zieht seine Untertanen nicht aus; Ihr seid es, die uns betrügen; denn Ihr sammelt nur in Eure Kisten und Kasten." Von den niedrigen Löhnen könne angesichts der hohen Brotpreise niemand mehr leben. Noch schlimmer seien die zahlreichen Erwerbslosen dran. Wenn der Magistrat der großen Arbeitslosigkeit und dem allgemeinen Elend „nicht bald abhelf[e], dann gebe ich Euch mein Wort, daß wir uns des köllnischen und des Berliner Rathauses bemächtigen werden; wir wer-

---

1 Schreiben August Boeckhs an seinen Bruder vom 1. Jan. 1847, zitiert nach: Lenz, Universität, Bd. 2.2, S. 178.
2 Schreiben Varnhagens an Troxler vom 16. Juli 1846, in: AAdW, NL Varnhagen, Brief Nr. 37; Eintragung dess. vom 30. Sept. 1846, in: ders., Tagebücher, Bd. 3, S. 446.

den auch nicht säumen, dem König, unserem geliebten Landesvater, [...] vorher [zu] sagen, daß Ihr an allem diesem Unfug Schuld seid." Der städtische Magistrat und die staatlichen Behörden wurden für die soziale Not verantwortlich gemacht. Der König erschien dagegen als schlecht beratener, geradezu betrogener Landesvater. Dem „königlichen Vater", so wähnten auch die Berliner Seidenwirker, könne man sich „mit kindlichem Vertrauen" nähern. Gerade besonders verelendete Berufsgruppen wie die Seidenwirker, deren „Kunst" man während des Vormärz den „Todesstoß" gegeben habe, erwarteten von „unserm großen Könige" das „Erlösungswort". „[N]ur schnelle Hülfe kann uns vor unserem gänzlichen Erlöschen retten. [...] Nicht Menschengestalten wandeln unter uns einher, nein, leichenähnliche Menschen sind es, die, von Noth, Sorge und übertriebener Arbeitskraft angegriffen, einherwandeln." Niemand, das war als unmißverständliche Drohung an die städtische und kommunale Obrigkeit als die ‚schlechten Berater' des Königs gerichtet, habe mehr „etwas zu verlieren, wohl aber alles aufzubieten, um alles zu gewinnen."[3]

Bevölkerungsentwicklung, Sozial- und Erwerbsstruktur

Hintergrund derartiger Klagen und Beschreibungen des sozialen Elends breiter Schichten der Hauptstadt während des Vormärz war eine regelrechte *Bevölkerungsexplosion*. Der Bevölkerungszuwachs Berlins lag weit über dem der meisten anderen deutschen Städte: 1848 zählte Berlin deutlich über vierhunderttausend Einwohner. Damit hatte sich die Einwohnerzahl der preußischen Landeshauptstadt seit Beginn des Jahrhunderts mehr als verdoppelt.[4] Der Zuwachs der (zivilen) Bevölkerung resultierte nur zum geringeren Teil aus einem Geburtenüberschuß, weitaus wichtiger war der Zuzug ‚aus der Fremde'.[5] Die Mehrzahl der Neu-Berliner, so die Vossische Zeitung vom 7. Februar 1848, waren „ziemlich

---

3 Zitate: Anonymes Schreiben an den Magistrat vom 9. März bzw. 18. März 1848, in: LAB StA, Rep. 16, Nr. 67, Bd. I, Bl. 77 ff. Petition der Berliner Seidenwirker-Gesellen an das preuß. Ministerium des Innern und der Finanzen vom 2. April 1848, in: LAB StA, Rep. 16, Nr. 67, Bd. IV, Bl. 96 ff.
4 Nach den amtlichen Erhebungen zählte Berlin im Jahre 1800 172 132 und im Revolutionsjahr 410 740 Einwohner (einschließlich Militärpersonen). Nach: Richard Boeckh (Bearb.), Die Bevölkerungs-, Gewerbe- und Wohnungsaufnahme vom 1. Dez. 1875 in der Stadt Berlin, Berlin 1878, Heft I, S. 26 ff. Zur Bevölkerungsentwicklung in anderen Hauptstädten Europas vgl. Hachtmann, Europäische Hauptstädte, Tab. 1.
5 Der Bevölkerungszuwachs Berlins in der ersten Hälfte des 19. Jahrhunderts resultierte zu etwa 93% aus der Zuwanderung ‚Fremder' und nur zu 7% aus dem Geburtenüberschuß der ortsansässigen Berliner; vgl. Karin Weimann, Bevölkerungsentwicklung und Frühindustrialisierung in Berlin 1800-1850, in: Otto Büsch (Hg.), Untersuchungen zur Geschichte der frühen Industrialisierung vornehmlich im Wirtschaftsraum Berlin/Brandenburg, Berlin 1971, S. 164. 1848 verzeichnete die Statistik 52,3% ‚Auswärts-Geborene'. Neun von zehn Zugezogenen kamen aus den preußischen Provinzen, die meisten von ihnen aus Brandenburg.

unvermögende oder doch nur mit scheinbaren Mitteln versehene Individuen". Berlin galt „als ein Magnet, der die Armut anzieht."[6] Die Zahl der in Berlin stationierten *Militärs* blieb dagegen seit Beginn des Jahrhunderts bis in die vierziger Jahre mit gut 13 000 Personen (mit Familienangehörigen) relativ konstant.[7]

Das im folgenden vorgestellte soziale Schichtungsmodell bildet für die vorliegende Arbeit einen wesentlichen Orientierungsrahmen; u.a. liegt es den Angaben zur Sozialstruktur der personellen Träger der Märzrevolution, zur sozialen Zusammensetzung der in der Revolution tonangebenden politischen Vereine oder der Feinanalyse der Mentalitäten und sozialen wie politischen Verhaltensmuster der verschiedenen Bevölkerungsschichten zugrunde. Tabelle 1 zeigt, daß die sozialen Unterschichten im Berlin des Vormärz deutlich über achtzig Prozent sämtlicher Erwerbsfähiger stellten, und vermutlich auch einen mindestens ebenso großen Prozentsatz der Gesamtbevölkerung. Das eigentliche *Bürgertum* Berlins, gemeint ist im folgenden immer die soziale Großgruppe, war numerisch eine kleine Minderheit. Es gab im Berlin des Vormärz z.B. mehr Schneider (1846: 6788) als Bürger in dem hier definierten Sinne. Zahlenmäßig fast bedeutungslos war die die Industrialisierung tragende Wirtschafts-, Handels- und Finanzbourgeoisie. „Sind Millionäre überall selten, so mögen sie in Berlin (wenngleich es deren einige gibt) besonders sparsam gesäet sein."[8] Die wenigen Männer mit einem Vermögen von mehr als einer Million Taler fanden sich überwiegend unter den Berliner Bankiers, zu einem kleinen Teil auch unter Großkaufleuten. Industrielle stiegen in nennenswerter Zahl dagegen erst in der zweiten Hälfte des 19. Jahrhunderts in die auch dann noch dünne Schicht der Millionäre auf.[9] Trotz aller Ähnlichkeit der Produktionsverhältnisse in den damaligen Fabrik- und

---

6 AAZ vom 9. März 1847. Im Jahr 1851 gliederten sich nach einer Aufstellung des Berliner Polizeipräsidenten Hinckeldey die ‚Zugänge' folgendermaßen auf: Nur 5,9% derjenigen, um die sich die Berliner Bevölkerung vermehrt hatte, entstammten dem Bürgertum und den Mittelschichten. 94,1% waren den sozialen Unterschichten zuzurechnen, darunter 42,8% Gesellen, qualifizierte Arbeiter und Lehrlinge, 50,4% Tagelöhner und Dienstboten. (‚Netto-Zugänge': Zugänge minus Abgänge.) Zugrunde gelegt wurde das Schichtenmodell von Tab.1. Angaben nach: Bericht Hinckeldeys an den Minister für Handel, Gewerbe und öffentliche Arbeiten vom 24. Febr. 1852, nach: Lothar Baar, Die Berliner Industrie und die industrielle Revolution, Berlin 1966, S. 172.
7 Prozentual war ihr Anteil an der Berliner Gesamtbevölkerung im Vergleich zum 18. Jahrhundert allerdings gesunken; vgl. Boeckh, Bevölkerungsaufnahme, I, S. 24 ff. Dennoch prägten Offiziere und einfache Soldaten auch im Vormärz nicht unwesentlich das Gesicht der preußischen Landeshauptstadt.
8 Wilhelm Dieterici, Statistische Übersicht über die Stadt Berlin, in: Berliner Kalender 1840, S. 211 f.
9 Der Anteil der Besitzer ‚großer Fabriken', größerer Handelsunternehmen und Bankhäuser – keineswegs alles ‚Millionäre' – ist in Tab. 1 vermutlich eher noch zu hoch als zu niedrig angesetzt, u.a. deshalb, weil der Begriff des ‚Fabrikanten' von der zeitgenössischen Statistik nicht exakt definiert und unterschiedlich angewandt wurde. Noch gröber sind die Angaben über die ‚reichen Rentiers und Pensionäre', deren Anteil ohne konkreten Anhaltspunkt (Angaben über die Einkommenshöhe) geschätzt werden mußte. Zur sozialen Herkunft der frühen Berliner *Unternehmerschaft* vgl. Kaelble, Unternehmer, bes. S. 31, 33, 37, 42. Zur KKB vgl. *S. 355-359.*

Handwerksbetrieben waren Unternehmer vom handwerklichen Mittelstand während des Vormärz sozial schon deutlich separiert. Ihren organisatorischen Ausdruck fand diese Separierung in der 1820 gegründeten ‚Korporation der Kaufmannschaft Berlins‘, die nicht nur die Interessen von Großkaufleuten und Bankiers, sondern auch die der industriellen Unternehmer zu vertreten suchte.

Tabelle 1: *Sozialstruktur der Berliner Bevölkerung* nach der Statistik der Erwerbstätigen 1840 bis 1849

		1840	1843	1846	1849
Bürgertum	absolut	6060	6466	6680	6460
	v.H.	**5,06**	**5,02**	**4,97**	**4,92**
darunter: Wirtschaftsbürgertum(a)		0,45	0,49	0,57	0,59
Höhere Staats- und Kommunalbeamte		0,73	0,66	0,62	0,60
‚Bildungsbürgertum‘, freie Berufe(b)		1,24	1,27	1,25	1,34
Reiche Rentiers und Pensionäre		0,68	0,69	0,71	0,77
Studenten u.a.in Ausbildg.f.bürgerl.Beruf		1,12	1,07	0,96	0,71
Journalisten,Literaten,Schauspieler etc.		0,84	0,84	0,86	0,93
Mittelschichten	absolut	21332	22739	24539	21691
	v.H.	**14,01**	**13,88**	**14,23**	**12,48**
darunter: Wohlhabende Handwerksmeister(c)		6,67	6,49	6,71	4,40
Mittlere und untere Beamte(d)		1,95	1,96	2,01	2,17
Kleine Kaufleute		1,32	1,37	1,46	1,51
Verkehrsgewerbe u.Gastwirte(e)		1,34	1,29	1,20	1,31
Übrige Rentiers und Pensionäre		2,73	2,77	2,85	3,09
Unterschichten	absolut	116220	125322	131372	133582
	v.H.	**80,93**	**81,10**	**80,80**	**82,60**
– „Proletaroide" <u>Selbständige</u>	absolut	14910	15622	17516	20451
	v.H.	**10,38**	**10,11**	**10,77**	**12,65**
darunter: ‚Proletaroide‘ Handwerksmeister(f)		9,41	9,09	9,69	11,54
Victualienhändler, Hausierer usw.		0,97	1,02	1,08	1,11
– Proletariat, <u>qualifizierte</u> Arbeitskräfte	absolut	53941	58944	61460	60034
	v.H.	**37,56**	**38,14**	**37,80**	**37,12**
darunter: Qualifizierte (Fabrik-)Arbeiter		7,09	7,42	10,44	10,82
Handwerksgesellen		25,21	25,39	21,34	21,75
Handlungsdiener u.a.lohnabh.Dienstl.		5,26	5,33	6,02	4,55
– Proletariat, <u>unqualifizierte</u> Arbeitskräfte	absolut	36692	38410	43689	44473
	v.H.	**25,55**	**24,86**	**26,87**	**27,50**
darunter: Unqualifiz.weibl.u.männl.Arbeiter		9,75	9,19	8,78	10,41
Weibl.u.männl.Dienstpersonal		15,80	15,67	18,09	17,09
– ‚Subproletariat‘ (Erwerbslose, ‚Kriminelle‘,	absolut	10677	12346	8707 (g)	8624 (g)
Arbeitshaus-Insassen etc.)	v.H.	**7,44**	**7,99**	**5,36**	**5,33**
Insgesamt	absolut	143612	147133	154909 (g)	154001 (g)
	v.H.	**100,00**	**100,00**	**100,00**	**100,00**

(a) Größere (industrielle) ‚Fabrikanten‘, Inhaber von Bankhäusern, Großkaufleute.
(b) Ärzte, Lehrer, Geistliche etc.
(c) Alle die, die die Gewerbesteuer entrichten konnten.
(d) Einschließlich ‚Privatbeamte‘.
(e) Einschließlich Küster und Kirchendiener.
(f) Alle, die von der Gewerbesteuer befreit waren.
(g) 1846 um ca. 8000, 1849 um ca. 12000 Personen zu niedrig (wahrscheinlich überwiegend ‚Latitirende‘; vgl. hierzu S. 75, Anm. 19).

<u>Anmerkung:</u> Insbesondere die Angaben für die Jahre 1840 und 1843 mußten zu erheblichen Teilen geschätzt werden. Für den gesamten Zeitraum geschätzt wurden innerhalb der Kategorie ‚Bürgertum‘ 1. die größeren ‚Fabrikanten‘ (50% sämtlicher ‚Fabrikanten‘), die großen Kaufleute und Bankiers (20% aller Händler und Bankiers, ohne Hausierer, Viktualienhändler, Höker und Händler mit Kurzwaren), 2. die ‚reichen Rentiers und Pensionäre‘ (20% aller Rentiers und Pensionäre) sowie 3. die Journalisten und Literaten sowie das Personal von Oper und Schauspielhaus. Innerhalb der Kategorie ‚Mittelschichten‘ 1. die ‚kleinen Kaufleute‘ (80% aller Händler, ohne Hausierer etc.) sowie 2. die ‚übrigen Rentiers und Pensionäre‘ (80% aller Rentiers und Pensionäre).

(Quelle: Die Bevölkerungs-, Gewerbe- und Wohnungsaufnahme vom 1. Dez. 1875 in der Stadt Berlin, im Auftrage der städtischen Deputation für Statistik bearbeitet von Richard Boeckh, Berlin 1878, Heft IV, S.6-13.)

Nach ‚oben' läßt sich die Wirtschaftsbourgeoisie relativ leicht abgrenzen, weil sich Adlige in Berlin kommerziell kaum betätigten. Dies gilt für die Beamtenschaft – als Sozialschicht in der preußischen Landeshauptstadt von größerem Gewicht als anderswo – nicht. Hier finden sich viele ‚Vons' (häufig allerdings nobilitierte Bürgerliche).[10] Dennoch bildeten die *höheren* Beamten (Adlige wie Bürgerliche) mit „gewissen Abstufungen" ein „abgeschlossenes Ganzes" (Gneist), weil sie – neben der Tätigkeit für den Staat oder die Kommune – die Gemeinsamkeit gleicher Schul- und Universitätsbildung besaßen. Beruflich, sozial und politisch standen sie freilich zwischen Staat und (übrigem) Bürgertum. Zwischen den gehobenen und den niederen Beamtengruppen wiederum konnten Welten liegen, im Hinblick vor allem auf Verdienst und sozialen Status. Nicht selten standen die Staats- und Kommunalbediensteten am unteren Ende der Einkommenskala, häufig noch schlechter bezahlt als qualifizierte Fabrikarbeiter. Die *unteren* und *mittleren* Beamten werden deshalb hier nicht dem ‚Bürgertum', sondern dem ‚Mittelstand' zugerechnet. Neben den höheren Beamten und der Wirtschaftsbourgeoisie bildeten die sog. *freien Berufe*, also vor allem Ärzte, Geistliche, Advokaten u.ä., die dritte große bürgerliche Schicht. Der im folgenden überwiegend verwendete Begriff ‚Bildungsbürgertum' schließt die Mehrheit der Angehörigen dieser Schicht ein, außerdem einen Teil der Beamten, insbesondere die Lehrer und Universitäts-Professoren.[11] Zu einer eigenständigen Gruppe innerhalb des Bürgertums habe ich sozial eher am Rand stehende Berufsgruppen wie Journalisten, Literaten, Schauspieler u.ä. zusammengefaßt. Sie verfügten häufig (noch) über kein festes Einkommen. Ein Teil von ihnen bildete eine Art frühes akademisches ‚Proletariat', das in Berlin zahlenmäßig zwar nicht sehr groß war, aber 1848 ziemlich einflußreich werden sollte. Sozial aus der „offiziellen und privilegierten Gesellschaft" ausgeschlossen, näherten sich, wie Gneist bemerkt, viele Mitglieder dieser Schicht politisch „wegen einer gewissen Gemeinsamkeit des Schicksals den arbeitenden Klassen."[12] Innerhalb dieses ‚akademischen Proletariats' dominierte die jüngere Generation. In lebensgeschichtlicher Perspektive

---

10 Der Anteil der adligen Beamten in Regierungen und Oberpräsidien lag 1845 bei immerhin einem Drittel; vgl. Reinhart Koselleck, Staat und Gesellschaft in Preußen 1815-1848, in: Hans-Ulrich Wehler (Hg.), Moderne deutsche Sozialgeschichte, Köln/Berlin 1970³, S. 475, Anm. 36. Wenn Adel und ‚Aristokratie' im Rahmen der vorliegenden Untersuchung als *Sozialgruppe* nur am Rande Aufmerksamkeit geschenkt wird, dann deshalb, weil sie politisch lediglich vor allem als Teilgruppe der Mitglieder der konservativen Vereine Bedeutung erlangten.

11 Der Terminus Bildungsbürger statt ‚freie Berufe' ist für die genannten Berufsgruppen insofern angemessener, als auch ein erheblicher Teil z.B. der Ärzte in einem beamtenähnlichen Abhängigkeitsverhältnis vom Staat stand. Wichtig ist außerdem, daß im folgenden keineswegs nur Akademiker, sondern jeweils die Gesamtheit der genannten Berufsgruppen dem Bildungsbürgertum zugerechnet werden; lediglich ein Teil der in der Erwerbsstatistik zu einer Berufsgruppe zusammengefaßten Ärzte und nur eine Minderheit aller Lehrer war auf den Universitäten ausgebildet worden.

12 Gneist, Berliner Zustände, S. 92.

wird man von ‚noch nicht etablierten Bildungsbürgern‘ sprechen können. Die Übergänge zwischen dieser Schicht, den Studenten sowie dem Hochschullehrernachwuchs waren fließend.

Das Dilemma der sozialen Kategorisierung, vor dem jeder Historiker steht, der sich mit dem Vormärz und der Revolution 1848 beschäftigt, und das sich letztlich nur durch recht gewaltsame (idealtypische) Grenzziehungen ‚lösen‘ läßt, hat Kocka mit dem Titel einer seiner jüngeren Arbeiten: ‚Weder Stand noch Klasse‘ in eine markante Formel gefaßt. Diese Formel trifft nicht nur auf die sozialen Unterschichten, sondern ebenso auf Bürgertum und ‚Mittelschichten‘ zu. Bereits der Terminus ‚Mittelschicht(en)‘ drückt aus, daß es sich hier um ein kategoriales Konstrukt handelt. Die Grenze zwischen beiden Schichten ließe sich auch anders ziehen. Gleichgültig jedoch, welche der überwiegend sehr kleinen Gruppen man zum Bürgertum und welche man zu den Mittelschichten zählt: An der (quantitativ) minoritären Rolle des Bürgertums ändert sich nichts.[13] Selbst wenn man die Gesamtheit der stark durch traditionelle, vor- und frühbürgerliche Gesellschaftsideale geprägten *Mittelschichten* (oder Kleinbürgertum)[14] zum Bürgertum rechnet, bleibt es mit maximal zwanzig Prozent an der Gesamtheit der Erwerbsfähigen in einer deutlichen Minderheit.[15] Nicht gerade erleichtert wird die kategoriale Abgrenzung zwischen Bürgertum und Mittelschichten im übrigen dadurch, daß die hier zu einer sozialen Schicht zusammengefügten Gruppen der Wirtschaftsbürger, der Staats- und Kommunalbeamten und der Bildungsbürger sich während des hier behandelten Zeitraumes zumindest partiell gegeneinander

---

13 Ähnliche Zahlen hat Marquardt (Sozialer Aufstieg, S. 44) errechnet. Eine Schätzung in der VZ vom 1. Febr. 1847 kommt den Ergebnissen in Tab. 1 gleichfalls recht nahe; dort wird von „150 000 Proletariern“ gesprochen.

14 Vgl. allgemein Hans-Ulrich Wehler, Die Geburtsstunde des deutschen Kleinbürgertums, in: Hans-Jürgen Puhle, Bürger in der Neuzeit. Wirtschaft – Politik – Kultur, Göttingen 1991, S. 199-209; Berthold Franke, Die Kleinbürger. Begriff, Ideologie, Politik, Frankfurt a. M./New York 1988, bes. S. 21-52, sowie (vor allem zu den vielfältigen Bedeutungen eines politisch aufgeladenen Mittelstandsbegriffs) James J. Sheehan, Partei, Volk, and Staat. Some Reflections on the Relationship of Liberal Thought and Action in Vormärz, in: Wehler (Hg.), Sozialgeschichte heute, S. 165 ff.

15 Daß der quantitative Umfang von Bürgertum und Mittelschichten mit dem der Tab. 1 zugrundeliegenden Schichtenmodell relativ präzise erfaßt wurde, läßt sich feststellen, wenn man den Besitz des Bürgerrechtes (das erhielt, wer über Grundbesitz oder ein jährliches Nettoeinkommen von 200 Talern nachweisen konnte) als weitere Möglichkeit, die (männliche) Berliner Bevölkerung sozial zu gliedern, heranzieht: 1848 besaßen 26 063 männliche Berliner das Bürgerrecht; vgl. Manfred A. Pahlmann, Anfänge des städtischen Parlamentarismus in Deutschland. Die Wahlen zur Berliner Stadtverordnetenversammlung unter der Preußischen Städteordnung von 1808, Berlin 1997, S. 123, Tab. 1. Das entsprach knapp der absoluten Zahl der Angehörigen des Bürgertums und der Mittelschichten, so wie sie hier über die Erwerbsstatistik definiert wurden. Legt man schließlich das Drei-Klassen-Wahlrecht von 1849 zugrunde, das die Wahlberechtigten nach dem Zensusprinzip gliederte, waren in Berlin ‚Ober-‘ und ‚Mittelschicht‘ noch schmaler: Von den insgesamt 76 957 Urwählern gehörten lediglich 3,1% der I. Klasse und 9,4% der II. Klasse an. Vgl. *S. 805.*

abkapselten.[16] Andererseits blieben die Grenzen jedenfalls zwischen Wirtschafts-bourgeoisie und Mittelstand fließend. Neben gemeinsamen kulturellen Werten und (tendenziell) dem Besuch höherer Schulen einte die Angehörigen der bürgerlichen und kleinbürgerlichen Schichten außerdem die Distanzierung vor allem nach ‚unten‘. Der Betonung des sozialen Abstandes gegenüber proletarischen Schichten und der Sorge vor Statusverlust korrespondierte außerdem eine vielfach ausgeprägte bürgerliche wie kleinbürgerliche Servilität gegenüber höherstehenden Personen.

Noch weniger als ‚Bürgertum‘ und ‚Mittelschichten‘ sind die *Unterschichten* als homogene soziale Schicht oder gar Klasse anzusprechen. Sie werden hier in insgesamt vier Untergruppen differenziert, die in sich wiederum vielfältig gegliedert waren. In der ersten Gruppe sind proletaroide Handwerksmeister und Händler zusammengefaßt, d.h. Selbständige, die wegen Armut von der Gewerbesteuer befreit waren.[17] Auch hier könnte man die in erster Linie nach dem Kriterium der Armut vorgenommene Schichtzuweisung anzweifeln und – unter Hinweis auf gemeinsame Mentalitäten und gleiche Rechte – alle Handwerksmeister in die ‚Mittelschichten‘ einordnen. Zeitgenössische Berichte und Sozialreportagen zeigen indessen nur allzu deutlich, daß der Graben zwischen einem proletaroiden Massenhandwerker, der nominell Meister blieb, und einem wohlhabenden Meister, der vielleicht noch das Privileg genoß, ‚Hoflieferant‘ zu sein, größer war als der Abstand zu den Angehörigen anderer Unterschichten. Dagegen verwischten sich die Unterschiede zwischen den formell selbständigen ‚proletaroiden‘ Meistern und den lohnabhängig Beschäftigten zusehends. Nach frühkapitalistischen Kriterien handelnde Unternehmer hatten sich, wie ein betroffener Meister formulierte, als „wuchernde Mittelspersonen zwischen das Publikum und die Gewerbetreibenden" geschoben[18] und eine große Zahl formell selbständiger Weber-, Schuhmacher-, Schneider- und Tischlermeister, die weiterhin mit traditionell handwerklichen Produktionsmitteln arbeiteten, von sich abhängig gemacht. Diese Meister mußten zu niedrigsten Löhnen für Großhändler arbeiten, die ihrerseits die Beschaffung der Rohmaterialien und den Vertrieb der Fertigprodukte organisierten. Nicht nur breite Schichten der lohnabhängig Erwerbstätigen, auch das zumindest formell selbständige, proletaroide

---

16 Vgl. Kaelble, Unternehmer, S. 192.

17 Vgl. Bergmann, Handwerk, S. 203 ff.; Baar, Industrie, S. 177 f.

18 Gesuch von A. Tischler an den Magistrat vom 25. März 1848 sowie Petition dess. an die Deputation zur Beratung über das Wohl der arbeitenden Klassen (DBWaK) vom 25. März 1848, in: LAB StA, Rep. 16, Nr. 67, Bd. I, Bl. 48 bzw. Bl. 54-55 Rs. Zum Berliner Pauperismus des Vormärz vgl. vor allem Heinrich Grunholzer, Erfahrungen eines jungen Schweizers im Voigtlande (Anhang zu: Bettina v. Arnim, Dies Buch gehört dem König. Zweiter Teil), in: Bettina v. Arnim, Werke und Briefe, hg. von Gustav Konrad, Darmstadt 1963, S. 227-254, außerdem (auch zu weiteren sozialkritischen Berichten) Geist/Kürvers, Mietshaus, I, S. 9-27, 125-142, 193-231, 238-243, 265-271, sowie *S. 460-463 und 474 f.*

Massenhandwerk bestand – so die Vossische Zeitung vom 1. Februar 1847 – aus „Leuten, die von der Hand in den Mund leben und jeden Tag brodlos und dem Elende Preis gegeben seyn können." Die zahlreichen Petitionen der Meister der genannten Gewerbe aus dem Jahre 1848, in denen dieses drückende Abhängigkeitsverhältnis, die schlechten Arbeitsbedingungen, niedrigen Verdienste und langen Arbeitszeiten thematisiert werden und Abhilfe verlangt wird, sind ein beredtes Zeugnis für die Notlage dieser Kümmerexistenzen. Die Einbeziehung der proletaroiden Selbständigen und ebenso des in Tabelle 1 vermutlich zu niedrig geschätzten *Subproletariats*[19] in das ‚Proletariat' (im *weiteren* Sinne) rechtfertigt sich nicht nur mit gemeinsamer Armut, sondern auch mit der allen diesen Schichten gemeinsamen Unsicherheit materieller Existenz. Nicht nur unqualifizierte Gelegenheitsarbeiter, auch Gesellen und zu Heimarbeitern gewordene Kleinmeister konnten bei langanhaltender Arbeitslosigkeit ins Subproletariat absinken. Zudem stammte das sich nach 1848 herausbildende (in der Revolutionszeit erst in Keimformen vorhandene) Industrieproletariat zu erheblichen Teilen aus dem verarmten Massenhandwerk. Darüber hinaus gibt es, gerade auch mit Blick auf das Revolutionsgeschehen, noch weitere Gründe für die Zusammenfassung der Unterschichten zu einer sozialen Großgruppe: In den Augen des Bürgertums und der Mittelschichten verschwammen Proletariat oder (sozialer) ‚Pöbel', so der im Vormärz und 1848 häufig gebrauchte diffamierende Begriff für die Unterschichten, zu einer diffusen und bedrohlichen sozialen Einheit. In ihrer Perspektive verwischten sich ‚unten' die Binnendifferenzierungen. Dem vorurteilsgeladenen Blick von oben entsprach eine entsprechende Sicht von unten auf ‚die da oben'. Berlin unterschied sich damit nicht grundsätzlich von Wien, Paris und anderen europäischen Haupt- und Großstädten, obgleich hier wie dort die sozialen Binnenstrukturen ähnlich vielschichtig waren.

Den Kern der Unterschichten bildeten die qualifizierten und unqualifizierten lohnabhängigen Arbeitskräfte. Während der Prozentsatz der Handwerksgesellen an der Gesamtheit der Erwerbstätigen im Vormärz um etwa vier Prozent sank, stieg der Anteil der qualifizierten Fabrikarbeiter 1843 bis 1846 in etwa der glei-

---

19 Bis auf die vierte Gruppe der Unterschichten (Erwerbs- und Obdachlose, ‚Kriminelle', Arbeitshaus- und Gefängnisinsassen) basiert die Tab. 1 ausschließlich auf den Angaben über die Berliner Erwerbstätigen. Die ‚Latitirenden' waren für die zeitgenössischen Berliner Statistiker lediglich ein rechnerischer Restposten, der sich weiter nicht aufschlüsseln läßt. Erhebliche Teile dieser Schicht konnten sich erfolgreich dem polizeilichen Zugriff entziehen; ihre tatsächliche Zahl wird weit höher gelegen haben. Die VZ vom 1. Febr. 1847 schätzte die Zahl der „der Sicherheit gefährlichen Personen" für 1846 auf 34 000, d.h. fast viermal so hoch wie in Tab. 1 angegeben. Zu den Problemen der kategorialen Eingrenzung des Subproletariats vgl. *S. 460-463.* Mit Blick auf Tab. 1 bleibt außerdem anzumerken, daß der Eindruck beträchtlicher Kontinuitäten, den sie (aller quantitativen Veränderungen zum Trotz) weckt, insofern irreführend ist, als der schleichende Prozeß sozialer Deklassierung selbständiger und unselbständiger Handwerker, wie er in den Selbstzeugnissen der Betroffenen hervortritt, mit der Tab. nicht erfaßt wird.

chen Größenordnung. Verantwortlich hierfür war die sich in diesen Jahren beschleunigende Industrialisierung, insbesondere die wachsende Bedeutung von Maschinenbauunternehmen. Gleichwohl waren 1848 in Berlin mehr als doppelt so viele Gesellen wie qualifizierte ‚Arbeiter' beschäftigt. Überdies lassen sich beide Gruppen des qualifizierten Proletariats nicht exakt voneinander abgrenzen. Manches von den zeitgenössischen Statistikern als Fabrik eingestufte Unternehmen würde heute eher als Handswerksbetrieb – und die dort beschäftigten ‚Arbeiter' als Gesellen – bezeichnet. Darüber hinaus wechselten insbesondere in den Textil- und Metallgewerben viele Gesellen zwischen Handwerk und ‚Fabrik'.[20] Die temporäre Erfahrung vieler Gesellen mit industriellen Arbeitsplatzstrukturen und der soziale Kontakt mit der kleinen Gruppe dauerhafter Industriearbeiter erklären, warum sich bereits während des Vormärz bei vielen Gesellen ein Zusammengehörigkeitsgefühl mit Industriearbeitern, ein diffuses ‚Klassenbewußtsein', herausbildete, in Berlin stärker als in den meisten anderen Großstädten. Weitere Faktoren verstärkten diese Tendenz: Für Gesellen war seit Ende des 18. Jahrhunderts der Aufstieg zum Meister in vielen Handwerkszweigen immer häufiger blockiert. Die Bedeutung der Naturallöhne (Kost und Unterbringung im Haushalt des Meisters) ging zurück; die Mehrheit der Gesellen erhielt ausschließlich Geldlohn. Die Herausbildung einer Art Arbeitnehmermentalität wurde zudem dadurch begünstigt, daß zwei Drittel aller Berliner Gesellen in den vierziger Jahren in großen Handwerksbetrieben arbeiteten. Erleichtert wurde die Herausbildung eines „überkorporativen Zusammengehörigkeitsgefühls" (W. Schieder) zwischen Gesellen und Arbeitern aber auch dadurch, daß umgekehrt der Prototyp des frühen Industriearbeiters – die Maschinenbauer – noch deutliche Spuren handwerklichen Selbstverständnisses zeigte. Insofern ist es gerechtfertigt, beide Sozialgruppen hier und im folgenden unter dem Begriff ‚Proletariat' im *engeren* Sinne zusammenzufassen – wobei freilich nicht die Begriffsinhalte aus der zweiten Hälfte des 19. Jahrhunderts bzw. dem frühen 20. Jahrhundert unterschoben werden dürfen, sondern immer berücksichtigt werden muß, daß dieses Proletariat bis zur Jahrhundertmitte noch sehr stark handwerklich geprägt blieb.

Das unqualifizierte Proletariat setzte sich gleichfalls aus zwei Gruppen zusammen: erstens aus den dauerhaft mit Hilfsarbeiten in großen und kleinen Manufakturen und Fabriken beschäftigten männlichen und weiblichen Arbeitskräften sowie den Tagelöhnern, die häufig nur mit Gelegenheitsarbeiten beschäftigt wurden und in keinem dauerhaften Arbeitsverhältnis standen (die berühmten Berliner ‚Eckensteher' waren eine Teilgruppe dieser Tagelöhner);

---

20 Aufschlußreich ist diesbezüglich etwa ein Bericht des Berliner Magistrats vom 3. März 1842, auszugsweise veröffentlicht in: Bergmann, Handwerk, S. 365 f. Zum folgenden vgl. (zusammenfassend) vor allem Jürgen Kocka, Arbeitsverhältnisse und Arbeiterexistenzen. Grundlagen der Klassenbildung im 19. Jahrhundert, Bonn 1990, bes. S. 330 f. Zum handwerklich-kleinbürgerlichen Selbstverständnis der ‚Vereinigten Maschinenbauer' vgl. *S. 412 f.*

zweitens aus dem männlichen und weiblichen Dienstpersonal. Die Situation der letzteren war nicht nur durch besonders niedrige Einkommen und einen hohen Grad der Vereinzelung gekennzeichnet, sondern auch durch einen rechtlichen Minderstatus sowie die meist fehlende Trennung von Privat- und Arbeitssphäre – Aspekte, die ihnen während der Revolution ein selbständiges Auftreten erheblich erschwerten. Die meisten unqualifizierten ‚Proletarier' waren Frauen. Das Dienstpersonal gehörte zu etwa 75% dem weiblichen Geschlecht an. Daneben waren allein im Reinigungs- und Bekleidungsgewerbe in der zweiten Hälfte der vierziger Jahre zwischen fünf- und achttausend Arbeiterinnen beschäftigt (ohne die – auch von weiblichen Angehörigen des Mittelstandes betriebene, verschämte – Heimarbeit).

Tabelle 2: *Verteilung der Selbständigen und abhängig Beschäftigten auf die einzelnen Gewerbezweige 1840 bis 1849* (in v.H. sämtlicher Selbständiger bzw. abhängig Beschäftigter)

	Selbständig Gewerbetreibende(a)				Abhängig Beschäftigte(b)			
	1840	1843	1846	1849	1840	1843	1846	1849
Eisen- und Metallgewinnung	0,0	0,0	0,0	0,04	0,5	0,5	1,0	2,8
Maschinen- u.Werkzeugbau, Feinmech.u.Optik	1,4	1,6	2,0	2,0	2,5	3,5	11,3 (c)	7,3 (c)
Metallverarbeitung	5,8	5,9	6,4	6,6	8,9	9,9	8,4 (c)	7,0 (c)
Steine und Erden	0,4	0,4	0,4	0,5	3,1	2,9	2,4	1,9
Baugewerbe	3,8	4,4	3,9	3,8	10,8	12,1	9,6	6,0
Holz- und Schnitzstoffe	7,8	8,7	8,8	9,6	9,1	10,0	11,0	9,7
Papier- und Ledergewerbe	3,2	3,6	4,4	3,7	4,9	5,2	5,2	4,7
Polygraphisches Gewerbe	0,5	0,5	0,5	0,4	0,9	1,2	2,3	2,6
Textilgewerbe	30,7	26,4	23,7	10,8	35,2	29,6	20,6	31,4
Bekleidungs- und Reinigungsgewerbe(d)	40,4	42,1	43,4	53,9	16,4	16,6	17,5	15,0
Nahrungs- und Genußmittelgewerbe	3,8	4,0	3,9	4,6	6,3	7,2	8,7	9,4
Übrige(e)	2,2	2,4	2,6	4,1	1,4	1,3	2,0	2,2
Insgesamt	**100,0**	**100,0**	**100,0**	**100,0**	**100,0**	**100,0**	**100,0**	**100,0**

(a) Handwerksmeister, ‚Fabrikanten', Eigentümer von ‚Anstalten' oder ‚Werken'.
(b) Handwerksgesellen, ‚Arbeiter', Lehrlinge.
(c) Die Zahl der im Maschinenbau (schl. Eisenwerke) beschäftigten Arbeitskräfte wurde für 1846 und 1849 im Vergleich zur amtlichen Statistik um 40% nach oben korrigiert, da eine entsprechende Zahl von Gesellen, die in Maschinenbau-Unternehmen beschäftigt wurden, von der amtlichen Statistik ihren erlernten Berufen und damit der ‚Metallverarbeitung' zugeschlagen wurden.
(d) Einschließlich Friseure und Barbiere.
(e) Chemisches Gewerbe, Heiz- und Leuchtstoffe, künstlerische Betriebe für gewerbliche Zwecke, Gärtnerei und Fischerei.

(Quelle: wie Tabelle 1.)

Betrachtet man die Verteilung der Beschäftigten auf die einzelnen *Gewerbezweige* (Tab. 2), so läßt sich zwar insbesondere für den Zeitraum von 1843 bis 1846 ein deutlicher Anstieg der Bedeutung der metallverarbeitenden Wirtschaftssektoren und hier wieder vor allem des Maschinenbaus ausmachen. Metallverarbeitendes Handwerk und metallverarbeitende Industrie waren jedoch 1846/49 noch weit davon entfernt, die beherrschende Stellung einzunehmen, die sie in späteren Jahrzehnten erreichten. Die Preußenmetropole unterschied sich in dieser Hinsicht nicht von Paris, Wien und anderen großstädtischen Industriezentren. Nach wie vor dominierte in der Wirtschaft Berlins – obgleich mit fallender Tendenz – das Textil- und Bekleidungsgewerbe. Das läßt sich auch an den Beschäftigtenzahlen ablesen. In den Woll- und Baumwollmanufakturen zählte die amtliche Berliner Statistik eineinhalb Jahre vor der Märzrevolution 2353, in den Seidenzeug- und Seidenbandfabriken 2219 und in den Zeugdruckereien 1716 Arbeiter. In 33 Berliner Maschinenbauunternehmen waren der amtlichen Statistik zufolge dagegen 1846 nur 1821 Arbeiter beschäftigt. Allerdings ist diese offizielle Zahl mit Sicherheit erheblich zu niedrig gegriffen.[21] Zumindest ein Teil der qualifizierten Maschinenbauarbeiter wurde von der amtlichen Statistik den erlernten Berufsgruppen zugeordnet (Schlosser, Schmiede, Mechaniker usw.). Nach Angaben von Zeitgenossen waren Anfang 1848 drei- bis viertausend Arbeiter in den Berliner Maschinenbauunternehmen beschäftigt. Bis Mitte 1848 war ihre Zahl auf ungefähr zweitausend gesunken. Bei Jahresbeginn 1849 beschäftigten die Berliner Maschinenbauunternehmen mit knapp 4000 Arbeitskräften wieder etwa so viele Arbeitskräfte wie zwölf Monate zuvor. Mit den Unternehmen A. Borsig und C.A. Egells besaß Berlin zwei echte Großunternehmen, die zu diesem Zeitpunkt 1020 (Borsig) bzw. 793 Arbeiter (Egells) beschäftigten. Außerdem existierten in Berlin Anfang 1849 sieben mittlere Maschinenbau-Betriebe mit einer Belegschaftsgröße von 100 bis 400 Beschäftigten sowie zehn weitere, die zwischen 30 und 100 Arbeitskräften beschäftigten, also von der Betriebsgröße her als ‚Fabriken' angesprochen werden können.[22] Doch auch wenn man für den Maschinenbau von den korrigierten Zahlen ausgeht, besaß die Textilarbeiterschaft innerhalb des frühen Berliner ‚Industrieproletariats' ein deutliches Über-

21 Vgl. auch Baar, Industrie, S. 93. Baar referiert dort die Schätzungen der KKB, die im Vergleich zur amtlichen Statistik deutlich höher lagen. Danach wurden 1840 in Berlin etwa 3000 und 1853 etwa 4500 Maschinenbauer beschäftigt. Die Differenz zwischen den Angaben der amtlichen Statistik und den realistischeren Schätzungen erklärt sich außerdem wesentlich daraus, daß den größeren Maschinenbauunternehmen Gießereien etc. angeschlossen waren, die in der Berufsstatistik unter ‚Eisen- und Stahlgewinnung' separat aufgeführt wurden. In Tab. 2 wurden beide Gewerbe für 1846/49 deshalb zusammengefaßt. Zur kleingewerblichen Struktur der französischen Metropole vgl. Heidrun Homburg, Kleingewerbe in den Hauptstädten Paris – Berlin. Wirtschaftliche Rahmenbedingungen und konjunkturelle Entwicklungen im Vorfeld der Revolution von 1848 – eine Skizze, in: Mieck u.a. (Hg.), Paris und Berlin, S. 142 f.
22 Angaben für Anfang 1849, nach einer von den Berliner Maschinenbau-Fabrikanten unterzeichneten Petition vom 31. Jan. 1849, in: Rüdiger Moldenhauer, Die Petitionen der Stadt Berlin an die Deutsche Nationalversammlung 1848/49, in: Archiv für Frankfurts Geschichte und Kunst, Heft 54/1974, S. 225. Hans-Peter Helbach (Berliner Unternehmer in Vormärz und Revolution 1847-1848. Eine Trägerschicht der Frühindustrialisierung als neue politische Kraft, in: Büsch [Hg.], Untersuchungen, S. 440) beziffert die Belegschaft eines weiteren Maschinenbauunternehmers, Rüdiger, dessen Name sich unter der Adresse vom Jan. 1849 nicht findet, für Anfang 1848 auf 150 Arbeiter.

gewicht gegenüber den Maschinenbauern.[23] Mehr Arbeitskräfte als in den metallverarbeitenden Gewerben wurden außerdem im Bekleidungsgewerbe beschäftigt.[24] Eine Sonderstellung zwischen Handwerk und Fabrik nahmen die Buchdruckereien, und mit ihnen die dort beschäftigten Schriftsetzer und Buchdrucker, ein: Bücher und Druckerzeugnisse wurden im Gegensatz zu den meisten anderen Handwerken kaum auf Bestellung, sondern überwiegend für den Markt hergestellt. Hinsichtlich ihrer Größe und Arbeitsorganisation ähnelten sie häufig Manufakturen. Zudem waren sie meist mit vergleichsweise modernen Maschinen ausgestattet, im Vormärz vor allem der Schnellpresse.

Soziale Polarisierungsdynamik und Pauperismus

Im Gegensatz zu Maurer- und Zimmerermeistern sowie Buchdruckereibesitzern, in deren Betrieben im *Durchschnitt* fünfzehn bis zwanzig Gesellen tätig waren, beschäftigten Meister der Massenhandwerke, namentlich Weber-, Schneider-, Schuhmacher- oder Posamentiermeister im Durchschnitt nur einen einzigen Gehilfen; viele von ihnen mußten ganz ohne Gesellen auskommen.[25] In welchem Ausmaß das Berliner Handwerk im Vormärz von einer „Polarisierungsdynamik" (F.D. Marquardt) geprägt war, läßt sich noch besser aus den Zahlen über die Befreiung von der Gewerbesteuer, als dem maßgeblichen Kriterium für die Einstufung in das ‚proletaroide Massenhandwerk', ersehen. Von sämtlichen Berliner

---

23 Daß der Begriff ‚Industriearbeiter' auf die in den Textilunternehmen beschäftigten Arbeiter freilich nur mit erheblichen Einschränkungen verwendet werden kann, läßt sich u.a. an den durchschnittlichen *Betriebsgrößen* ablesen: Für die Seiden- und Wollmanufakturen verzeichnete die amtliche Statistik 1846 eine durchschnittliche Belegschaftsgröße von lediglich 26,1 bzw. 15,7 Arbeitern. Hinsichtlich der Belegschaftsgröße kamen unseren heutigen Vorstellungen von ‚Fabrik' die Zeugdruckereien mit 107,3 (1846), die Porzellanfabriken mit 305,0 (1846) und die, meist den großen Maschinenfabriken angeschlossenen, Eisenwerke mit 205,1 Arbeitern (1849) noch am nächsten. Die im gleichen Jahr nach der amtlichen Statistik bestehenden 33 Berliner Maschinenfabriken beschäftigten im Jahre 1846 im Durchschnitt immerhin 85,5 Arbeiter. Angaben nach: Boeckh, Bevölkerungsaufnahme, IV, S. 6 ff. Die auf Basis der von Boeckh vorgelegten Zahlen errechneten Angaben über die Betriebsgröße lassen allerdings lediglich Aufschlüsse über den quantitativen Umfang eines Betriebes als technische Einheit und nicht über die Größe eines (Gesamt-)Unternehmens zu.

24 Berlin galt als ein bedeutendes Produktionszentrum Deutschlands für Konfektionswaren, in dem freilich unter Bedingungen gearbeitet werden mußte, die alles andere als ‚modern' waren; vgl. Baar, Industrie, S. 40-87, bes. S. 73. Die Elektroindustrie, die das industrielle Gesicht Berlins später entscheidend prägen sollte, steckte noch in allerersten Anfängen: Ein knappes halbes Jahr vor der Berliner Märzrevolution – am 12. Okt. 1847 – gründete W. v. Siemens mit dem Mechaniker J. G. Halske eine erste Werkstatt in einem Hinterhause der Schöneberger Straße. Im Revolutionsjahr hatte das kleine Unternehmen eine Belegschaft von 18 Beschäftigten.

25 Vgl. die Zahlen bei Bergmann, Handwerk, S. 160; Kocka, Arbeitsverhältnisse, S. 320 f.

Handwerks*meistern* waren 1848 77,3% von der Gewerbesteuer befreit.[26] Die wiederum je nach Gewerbe unterschiedlich stark ausgeprägte Scheidung in wohlhabende und verarmte Handwerksmeister verlief tendenziell entlang der Linie ‚zünftig'/‚nicht-zünftig'. In den ‚reichen' Handwerkszweigen lag der Anteil nicht-zünftiger Meister vergleichsweise niedrig, umgekehrt in den ‚armen' Handwerken auffällig hoch.[27] Unter den nicht-zünftigen Meistern befanden sich häufig und seit 1845 in wachsender Zahl Gesellen und andere arbeitslose Unterschichtsangehörige (‚Pfuscher'), die sich auf diese Weise wenigstens ein geringes Einkommen verschaffen wollten und die ‚Übersetzung' in vielen Handwerkszweigen weiter verschärften. Die Konkurrenz durch nicht-zünftige Meister ließ auch viele der zünftigen verarmen. Die während der Revolution häufig aufgestellte Forderung, die Gewerbefreiheit einzuschränken und den ‚Pfuschern' die Ausübung des Handwerks zu verbieten, war ein vergeblicher Versuch, dieser Entwicklung Einhalt zu gebieten und wenigstens allen zünftigen Handwerksmeistern ein erträgliches Auskommen zu verschaffen.

Ähnlich breit gestreut wie Reichtum und Armut unter den Meistern waren auch die materiellen Verhältnisse unter den *Gesellen* und Arbeitern. Wie bei den Meistern standen die abhängig Beschäftigten des Textilgewerbes am unteren Ende dieser Hierarchie, während die Spitze von Berufsgruppen aus dem Metall- und Baugewerbe eingenommen wurde.[28] Deutlich unterhalb der Einkommen der niedrig entlohnten Gesellen und sonstigen männlichen Arbeitskräfte lagen die nominellen Verdienste der weiblichen Arbeitskräfte. Ein menschenwürdiges Dasein ließ sich damit nicht finanzieren: Für eine vierköpfige Familie war nach Feststellungen von Zeitgenossen Mitte der vierziger Jahre ein Einkommen von mindestens zehn Silbergroschen pro Tag notwendig.[29] Bezieht man diesen Geldbetrag auf die von Saß und Dronke für 1845 ermittelten Löhne, konnten Schnei-

---

26 Zum Vergleich: 1829 72,8%, 1841 75,5%, 1847: 75,6%. Angaben nach: Bergmann, Handwerk, S. 203; ders. Wirtschaftskrise, S. 90 bzw. Baar, Industrie, S. 178. Gewerbesteuerpflichtig war jeder Handwerker, der mehr als einen Gesellen und einen Lehrling beschäftigte oder auch außerhalb der Jahrmärkte Lager mit fertigen Waren hielt (mit Blick auf viele Handwerke hieß letzteres meist: nicht für einen ‚Verleger' arbeitete).

27 Vgl. die Angaben bei Friedrich Saß, Berlin in seiner neuesten Zeit und Entwicklung, Leipzig 1846 (ND Berlin 1983), S. 152 f.; Bergmann, Handwerk, S. 44 f. Am wohlhabendsten waren Meister aus dem Nahrungs- und Baugewerbe; am unteren Ende dieser Skala lagen die Berufsgruppen aus dem Textil-, Bekleidungs- und Holzgewerbe; vgl. ebd., S. 207 ff.

28 Stärkere Einkommensverluste während des Vormärz hatten die Schneider- und Tischlergesellen hinzunehmen, ebenso die in Textilunternehmen tätigen Arbeitskräfte; letztere litten besonders unter der Konkurrenz der heimgewerblichen und der zwangsweise in Arbeits- und Zuchthäusern mit Textilarbeiten beschäftigten Arbeitskräfte; vgl. die Angaben bei Bergmann, Handwerk, S. 237, 242 f.; Saß, Berlin, S. 162-166; Ernst Dronke, Berlin, Frankfurt a. M. 1846 (ND Berlin 1987), S. 210-213.

29 Geschätzt auf Basis von Feststellungen Grunholzers, in: v. Arnim, Königsbuch, S. 241 f.; vgl. auch Geist/Kürvers, Mietshaus, I, S. 289 f.; ferner Jürgen Kuczynski, Die Geschichte der Lage der arbeitenden Klasse, Bd. 1: 1789-1849, Berlin 1961, S. 251 bzw. 253.

der- oder Posamentiergesellen gerade eben eine vierköpfige Familie ernähren; andere Berufsgruppen wie Weber, Handschuhmacher, Korbmacher, Barbiere und Friseure lagen deutlich unter dem nackten Existenzminimum. Weibliche Arbeitskräfte erhielten bestenfalls die Hälfte dessen, was zum Überleben notwendig war.

Das vielbeklagte Bettlerunwesen, „die Entartungen und Verirrungen des weiblichen Geschlechts"[30], wie die Prostitution umschrieben wurde, sowie die steigende einfache Kriminalität finden in den sinkenden Realeinkommen und einer dadurch bedingten fortschreitenden Verelendung ihre hauptsächliche Erklärung. Neben einer wachsenden Zahl obdachloser Berliner war der während des Vormärz rasch wachsende Prozentsatz der wegen Armut nicht besteuerten Wohnungen[31] ein unübersehbares Indiz für die Not immer größerer Bevölkerungsteile. Infolgedessen stieg die Zahl der von der kommunalen Armenfürsorge abhängigen Berliner Einwohner von gut zwanzigtausend im Jahre 1840 auf etwa dreißigtausend Männer, Frauen und Kinder acht Jahre später.[32] Die städtische Armenfürsorge, und ähnlich die privaten Wohltätigkeitsvereine, konnten aufgrund begrenzter Mittel freilich nur einem immer geringeren Prozentsatz aller tatsächlich notleidenden Menschen helfen. In den letzten Jahren vor der Revolution kamen wahrscheinlich nicht einmal die Hälfte der Berliner, die unterhalb oder an der Grenze des für das nackte Überleben notwendigen Existenzminimums lebten, in den Genuß der spärlichen städtischen Almosen. 1847 und Anfang 1848 mußten vermutlich etwa hunderttausend Menschen oder ein Viertel der Berliner Bevölkerung fürchten, über kürzere oder längere Zeit sich nicht ausreichend ernähren zu können, weil die erwachsenen Familienmitglieder ohne dauerhafte Beschäftigung und ohne reguläres Einkommen waren.

Im letzten Jahr vor der Revolution spitzte sich die soziale Lage gegenüber den Vorjahren dramatisch zu. 1846 war die *Ernte* außerordentlich schlecht gewesen; in ganz Preußen lag in diesem Jahr der Ertrag an Getreide und Kartoffeln

---

30 Saß, Berlin, S. 163. Zur Entwicklung der Kriminalität 1845 bis 1847 vgl. ,Publicist' vom 19. Jan. 1848.
31 Vgl. die Angaben bei Günter Liebchen, Zu den Lebensbedingungen der unteren Schichten im Berlin des Vormärz, in: Büsch (Hg.), Untersuchungen, S. 309.
32 Ausgegangen wurde bei dieser Schätzung davon, daß der durchschnittliche Almosenempfänger einer vierköpfigen Familie vorstand. Die Zahl der Almosenempfänger lag 1840 bei 5138 und 1848 bei 6933. (Nach: Wolfgang Radtke, Armut in Berlin. Die sozialpolitischen Ansätze Christian v. Rothers und der Königlichen Seehandlung im vormärzlichen Preußen, Berlin 1993, S. 67 f.) Geringfügig höhere Angaben bei Scarpa, Gemeinwohl, S. 357. Vgl. außerdem Dieterici, Statistische Übersicht, S. 212; Meyer, Öffentliches Leben, S. 36; Karl Obermann, Zur sozialen Lage und Klassenstruktur der Bevölkerung in Preußen 1846 bis 1849. Die Einkommensverhältnisse in Gewerbe und Industrie, in: JbW 1973/Teil II, S. 153; ferner *S. 461 f.* Zu den Ausgaben für das Berliner Armenwesen vgl. Tab. 10.

dreißig bis fünfzig Prozent unter dem sonst Üblichen.[33] Im Frühjahr 1847 kam zeitweilig so wenig Getreide nach Berlin, daß die Vorräte der Bäcker an Mehl „kaum noch auf Tage für den Gebrauch" reichten.[34] Die Roggenpreise stiegen in Berlin bis Frühjahr 1847 auf das Doppelte, die Preise für Kartoffeln sogar auf das Drei- bis Vierfache des ‚gewöhnlichen Preises'.[35] Die ärmeren Bevölkerungsschichten Berlins litten infolge der Preissteigerungen und Spekulationen mit den knappen Nahrungsmitteln so große Not, daß zahlreiche „ärmere Leute, welche wegen geringfügiger Vergehungen zu Gefängnisstrafen verurtheilt sind, sich zu deren Verbüßung förmlich drängen. Sonst hatte man immer Mühe, derartig Verurtheilte zur Strafhaft zu drängen." Das war seit Anfang 1847 „ganz anders, und den Grund dazu kann man nirgend anders suchen als in der derzeitigen Nahrungslosigkeit."[36] Dauernde Unterernährung und manche Tage, an denen der blanke Hunger herrschte, sowie erhöhte Sterblichkeit charakterisierten den Alltag weiter Kreise der unterbürgerlichen Schichten.

Am 21. April 1847 reichte dann ein geringfügiger Anlaß, nämlich überteuerte „Kartoffeln, die noch dazu klein wie Nüsse waren" und von einer Bauersfrau auf dem Wochenmarkt auf dem Belle-Alliance-Platz angeboten wurden, um die angestaute Wut zum Ausbruch kommen zu lassen. „Mehrere Weiber" fielen über die Bäuerin, die zusätzlich durch „derbe Antworten" provoziert hatte, „her und prügelten sie durch". Die wütenden Frauen „zerschnitten Säcke mit Kartoffeln" und „bemächtigten sich derselben".[37] Dieser Markttumult, durch den die

---

33 Vgl. Bergmann, Voraussetzungen, S. 262; Karl Obermann, Wirtschafts- und sozialpolitische Aspekte der Krise von 1845-1847 in Deutschland, insbes. in Preußen, in: JbG 7. Jg./1972, S. 144 ff.

34 So der wohlhabende Berliner Bäckermeister Heinrich G. Kochhann in seinen Mitteilungen, III, S. 64.

35 VZ vom 27. Jan. 1847; vgl. auch Streckfuß, 500 Jahre, S. 948 sowie Kuczynski, Lage, Bd. 11, S. 73. In nicht ganz demselben Ausmaß schnellten die Preise für Fleisch, Butter etc. und ebenso für Heizkosten in die Höhe; vgl. Jahrbuch für die amtliche Statistik des preußischen Staates, hg. vom königlichen statistischen Bureau, Jg. II: Berlin 1867, S. 94 bzw. Jürgen Bergmann, Ökonomische Voraussetzungen der Revolution von 1848, in: Hans-Ulrich Wehler (Hg.), 200 Jahre amerikanische Revolution und moderne Revolutionsforschung, Göttingen 1976, S. 265, Tab. 8.

36 ‚Publicist' vom 10. Febr. 1847. (Dort auch erschütternde Schilderungen von Einzelschicksalen.) Die staatlichen Behörden sahen sich, obgleich von den Stadtverordneten wiederholt zu wirkungsvollen Interventionen aufgefordert, in den ersten Monaten des Jahres 1847 nicht genötigt, Maßnahmen zur ausreichenden Versorgung der unteren Bevölkerungsschichten mit Nahrungsmitteln zu treffen. Zu den vergeblichen Bemühungen der städtischen Behörden vgl. Petition an Friedrich Wilhelm IV. vom 8. Okt. 1846 sowie mehrere Stadtverordnetenversammlungen zu Beginn des Jahres 1847 (Protokolle der Sitzungen der Stadtverordneten-Versammlung vom 14., 21. und 27. Jan. 1847, in: LAB StA, Rep. 00, Nr. 119); ferner Meyer, Öffentliches Leben, S. 82; Obermann, Aspekte, S. 149, 152 f.

37 VZ vom 22. und 23. April 1848. Zur ‚Kartoffelrevolution' vgl. vor allem Gailus, Straße und Brot, S. 304-327 bzw. ders., Pöbelexzesse und Volkstumulte im Berliner Vormärz, in: ders. (Hg.), Pöbelexzesse und Volkstumulte in Berlin. Zur Sozialgeschichte der Straße (1830-1980), Berlin 1984, S. 23-35. Gailus hat insgesamt etwa 45 Ladenangriffe gezählt; davon richteten sich 30 gegen Bäcker- und 11 gegen Fleischerläden.

‚Kartoffelrevolution' ihren Namen erhielt, weitete sich rasch zu einer alle Berliner Stadtteile erfassenden Hungerrevolte aus. Die Hungerrevolte, die eigentlich keine ‚Kartoffel-', sondern eine ‚Brotrevolution' war, weil sie sich in erster Linie gegen Bäckerläden richtete, ging von den Vorstädten aus, in denen die Unterschichten lebten. „Jubelnd und singend" zogen „große Massen zerlumpten Gesindels" von dort in das Zentrum der Stadt. Im Verlaufe der ‚Excesse' beschränkte sich der ‚Pöbel' nicht mehr nur auf Angriffe auf Bäcker- und Fleischerläden oder Marktstände. Zunehmend gerieten Lokalitäten und Statussymbole der wohlhabenden Berliner Bürger ins Visier, „weil ihr Luxus Erbitterung erregte". Die Konditoreien Kranzler und Spargnapani sowie mehrere renommierte Hotels wurden angegriffen, die Fensterscheiben des Opernhauses sowie einiger Kirchen zerschlagen. Da außerdem einige Fenster des Palais des Prinzen von Preußen eingeworfen wurden, glaubten manche Zeitgenossen (wohl zu Unrecht), es habe sich auch um „eine Demonstration" gegen den designierten Thronfolger gehandelt, „da der Prinz [...] allgemein als Haupthindernis einer freien Verfassung gilt." Am Abend des 21. April wurden außerdem vor dem Schauspielhaus mehrere vornehme Kutschen angehalten und die darin Sitzenden „unter dem Hohngelächter der Menge" zum Aussteigen gezwungen.[38] Die geringe Achtung vor höhergestellten Personen sollte allerdings nicht mit grundsätzlicher Kritik am politischen System verwechselt werden. Indessen war bereits erkennbar, was 1848 eines der Kennzeichen der Revolution werden sollte: die Respektlosigkeit der Berliner Unterschichten vor vornehmen Leuten. 1847 blieb es freilich bei einem folgenlosen, vorpolitischen Protest. Zwar schrieen die am 22. April zum Alexanderplatz strömenden Menschenmassen ‚Arbeitern', die ihnen begegneten, zu: „Wir wollen nach der Revolution!" Der Begriff ‚Revolution' war jedoch nur ein Synonym für politisch noch diffuse Unzufriedenheit und als eine Art Kraftausdruck gedacht, mit dem man konkreten Forderungen mehr Nachdruck zu verschaffen gedachte. An einen Sturz der Hohenzollernmonarchie dachte niemand.

Die Ordnungskräfte wurden von den Ereignissen vollkommen überrascht (obwohl es in Europa im Frühjahr 1847 überall zu ähnlichen Hungerrevolten kam). Die Berliner Gendarmen waren dem Ansturm nicht gewachsen; Militär wurde erst nach eineinhalb Tagen, am 22. April abends, zur Unterdrückung der Rebellion herangezogen. Daß insbesondere die herbeigerufene Kavallerie auf die Tumultanten scharf einhieb, mag zwar der raschen Wiederherstellung von ‚Ruhe und Ordnung' in der Stadt gedient haben. Es verstärkte jedoch zugleich das

---

38 Zitate (nach ihrer Reihenfolge): Streckfuß, 500 Jahre, S. 950; Biedermann, Geschichte des Ersten Preußischen Landtags, nach: Meyer, Öffentliches Leben, S. 88; Brief Wilhelm v. Kügelgens an seinen Bruder Gerhard vom 25. April 1847, in: ders., Lebenserinnerungen eines alten Mannes in Briefen an seinen Bruder Gerhard 1847-1867, Leipzig 1925, S. 110; AAZ vom 27. April 1847. Das folgende Zitat: Adolph Streckfuß, 500 Jahre Berliner Geschichte. Vom Fischerdorf zur Weltstadt, Berlin 1989², S. 950.

Mißtrauen in den Unterschichten gegenüber dem Auftreten von Militärs sowie die gegenseitige Reizbarkeit. Erneuten ‚Mißverständnissen‘, wie sie dann am 18. März 1848 entstehen sollten, war ein fruchtbarer Boden bereitet. Zugleich entwickelten sowohl das verängstigte Berliner Bürgertum als auch die alten Gewalten erste Pläne, wie man derartiger ‚Übergriffe auf das Eigentum‘ für die Zukunft wirkungsvoller Herr werden könnte. Mit der Gründung der ‚Schutz-Kommissionen‘ am 15. März und der Bürgerwehr am 19. März 1848 nahm man bereits während der Kartoffelrevolution diskutierte Ordnungskonzepte, die ihrerseits wiederum auf älteren Vorbildern fußten, dann erneut und erfolgreicher auf.[39]

Durch eine Reihe von Maßnahmen gelang es den preußischen Behörden schließlich, der Getreidespekulation Einhalt zu gebieten und damit erneuten Rebellionen zunächst die Grundlage zu entziehen. Höhere Ernteerträge ließen seit Juni 1847 die Getreidepreise rasch sinken. Die Brot- und Kartoffelpreise wurden dagegen nur langsam und nicht in dem gleichen Umfang zurückgenommen. Zum Leidwesen des ‚Publikums‘ blieben die Semmeln so klein, daß sie (wie in einer zeitgenössischen Flugschrift ironisch formuliert wurde) „einer Mücke in die Augen fliegen können.“ Ein Berichterstatter der ‚Hamburger Korrespondenz‘ beobachtete zur gleichen Zeit, daß „an allen Straßenecken, auf allen Spaziergängen in- und außerhalb der Stadt [...] magere, zerlumpte Gestalten mit den blassen Gesichtern, die meistentheils nicht einmal den Muth des Bettelns haben“, zu sehen seien. Nach einer Untersuchung vom August 1847 lebten „5/8 der Arbeiterfamilien in so dürftigen Umständen [...], daß sie nur ihr nacktes Leben durchzubringen im Stande [sind] und nichts besitzen, was Gegenstand einer gerichtlichen Abpfändung sein könnte.“[40] Als sei dies nicht genug, brach Ende 1847 über die Berliner Wirtschaft ein „großes Mißverhältniß zwischen Produktion und Consumtion“ herein; es „mangelte an Absatz“. Die Folge war, daß „die Preise immer mehr gedrückt werden und zuletzt die unglücklichen Wesen, welche die eigentlichen ursprünglichen Producenten sind, gar nicht mehr bestehen können bei dem in der That jämmerlichen Lohne, welcher denselben für ihre Arbeit zu Theil wird.“[41] Die neue Krise traf nicht allein die Unterschichten. Auch der gewerbliche Mittelstand mußte sich langfristig verschulden.[42] Zwar war seit Herbst 1847 das Gespenst des Hungers gebannt. Die Bettelei nahm jedoch „auf eine

---

39 Vgl. *S. 142-145.*
40 Zitate nach: Meyer, Öffentliches Leben, S.98 f., bzw. Bergmann, Wirtschaftskrise, S. 60 f.
41 VZ vom 31. Jan. 1848. Zur gewerblich-industriellen Krise seit Anfang 1848 allgemein: Bergmann, Wirtschaftskrise, S. 25 ff.; Reinhard Spree, Die Wachstumszyklen der deutschen Wirtschaft von 1840 bis 1880, mit einem konjunkturstatistischen Anhang, Berlin 1977, S. 322 ff.; ders., Jürgen Bergmann, Die konjunkturelle Entwicklung der deutschen Wirtschaft 1840-1864, in: Wehler (Hg.), Sozialgeschichte heute, S. 292 ff.;
42 Ein beredtes Zeugnis für die wachsende Verschuldung der Mittelschichten ist der starke Anstieg der von den Berliner Pfandleihämtern angenommenen Pfänder in den Jahren vor der Revolution; vgl. die Angaben bei: Bergmann, Wirtschaftskrise, S. 44.

Die Borsigsche Werkstatt am Oranienburger Tor im Jahre 1837 (Stahlstich 1848).

beunruhigende Weise überhand", und durch den „empfindlich kalten" Winter sei generell die Not der „unteren Volksklassen" weiter gestiegen, klagte etwa die Vossische Zeitung in ihrer Ausgabe vom 3. Januar 1848.

In gewisser Weise handelte es sich in den Jahren 1846 bis 1848 um drei Ebenen wirtschaftlicher und sozialer Krise, die zwar deutlich voneinander unterscheidbar, jedoch vielfältig miteinander verknüpft waren und sich gegenseitig verschärften: (1.) um eine Agrarkrise, die mit der guten Ernte von 1847 überwunden war, (2.) um eine erste konjunkturelle, frühindustrielle Wirtschaftskrise, die um die Jahreswende 1847/48 einsetzte, nach der Märzrevolution an Tempo gewann und im Sommer 1848 ihren Tiefpunkt erreichte, sowie (3.) um eine strukturelle Krise, die Geburtswehen des sich herausbildenden Industriekapitalismus, die weite Teile des Handwerks in Mitleidenschaft zogen. Die Überlagerung aller drei Krisen verschärfte den Prozeß der Verelendung in den Jahren 1846 bis 1848 erheblich. Ob die Not in den Jahren vor der Revolution stärker war als zu Beginn des Jahrhunderts oder im 18. Jahrhundert, eine in der Forschung kontrovers geführte Debatte, läßt sich nicht schlüssig beantworteten. Wichtig ist, daß die Betroffenen *glaubten*, ein derartiges Elend wie im unmittelbaren Vormärz habe seit Menschengedenken nicht geherrscht. Auch die, die selbst nicht direkt von der Krise betroffen waren, fühlten sich bedroht. Vermutlich saßen die Krisen*ängste* viel tiefer, als die Krise ‚objektiv‘ tatsächlich ging.

Die wirtschaftliche und soziale Krise wurde von Zeitgenossen deshalb zur „eigentlichen Mutter der Februar- und Märzrevolution" gemacht. Von der „wachsenden Verarmung der Massen" sei der „Geist des Widerstandes gegen alle Regierungsgewalt"[43] ausgegangen. Ganz falsch war das gewiß nicht. So wichtig jedoch die sozialökonomischen Konstellationen am Vorabend der Revolution auch waren, soziales Elend allein ‚produzierte‘ noch keine revolutionäre Situation. Die Berliner ‚Kartoffelrevolution‘ hatte dies deutlich gezeigt. Die an dieser Hungerrevolte Beteiligten wollten in erster Linie billiges Brot, nicht ein anderes politisches System. Symptomatisch ist, daß der König am 23. April 1847 unter den Linden unbehelligt seinen mittäglichen Spaziergang machen konnte. Gerade bei vielen verarmten Handwerkern – das sollte dann die Revolution 1848 zeigen – blieb die Monarchie fest verwurzelt, während umgekehrt Mitglieder vergleichsweise gutbezahlter Handwerkergruppen wie der Schriftsetzer, Buchdrucker und Maschinenbauer in der frühen, republikanischen Ideen gegenüber aufgeschlossenen Arbeiterbewegung führende Positionen einnahmen. Rudolf Stadelmann hat angesichts dieses Phänomens darauf aufmerksam gemacht, daß äußerer „Druck nur dort Unzufriedenheit und Auflehnung erzeugt, wo er als Unrecht empfunden wird." Es seien „weniger die objektiven Zustände als [vielmehr] das subjektive Bewußtsein, [das] einem Wandel unterliegt". Dieser „psychologische Wandel" enthalte „offenbar stärkere Antriebe für ein geschichtliches Handeln als die realen Verhältnisse."[44]

---

43 Zitate: Friedrich Engels, Einleitung zu: Karl Marx, „Die Klassenkämpfe in Frankreich", in: Marx-Engels-Werke (MEW), Bd. 7, Berlin 1973, S. 512, sowie AAZ vom 21. Jan. 1849.
44 Stadelmann, Soziale und politische Geschichte, S. 24.

Kapitel I.2

Politische und ‚mentale' Voraussetzungen der Revolution

Die Eisenbahn – Symbol eines neuen Lebensgefühls

Die Eisenbahn stimulierte nicht nur Industrie und Handel, sie veränderte grundlegend auch Weltanschauung und Lebensgefühl der Berliner. Daneben beschleunigte sie – und die etwa zeitgleich entwickelte Telegraphie – die Nachrichtenübermittlung; außerdem machte sie mobiler, nicht zuletzt das Militär. Ende 1838 wurde die Eisenbahnlinie zwischen Berlin und Potsdam eröffnet, 1844 bis Magdeburg verlängert und damit der Weg in die westlichen Provinzen Preußens wesentlich verkürzt. Die 1841 fertiggestellte Eisenbahnlinie nach Anhalt stellte die Verbindung mit Sachsen her. Ein Jahr später konnte die Eisenbahnstrecke nach Frankfurt a.O. eröffnet werden. Sie wurde bis 1846 bis nach Breslau verlängert und erhielt ein Jahr darauf Anschluß an die österreichische Nordbahn, so daß bereits vor der Revolution Wien mit der Eisenbahn zu erreichen war. 1843 folgte die Strecke nach Stettin und 1846 die nach Hamburg. 1847 und 1848 kamen auf allen Berliner Bahnhöfen jeweils knapp eineinhalb Millionen Eisenbahnreisende an bzw. verließen mit diesem Verkehrsmittel die Stadt.

Trotz der Verteilung der Reisenden auf drei Klassen ließ die Eisenbahn die sozialen Schichten zusammenrücken. Sie versinnbildlichte in gewisser Weise, daß die sozialen Grenzen nicht mehr unüberwindbar waren.[1] Noch wichtiger war, daß die im Vergleich zu den traditionellen Transportmitteln erhebliche Geschwindigkeit in den Köpfen der Menschen ein neues Raum-Zeit-Verhältnis entstehen ließ. Die Eisenbahn erweiterte den intellektuellen Horizont der Zeitgenossen geographisch und damit auch politisch: Nicht mehr allein die Stadt, die engere Region, vielleicht die Provinz, in der man lebte, stand im Vordergrund. Einem mit den Eisenbahnreisen sich einstellenden geographischen Gefühl für ganz ‚Deutschland', in Ansätzen für Europa, entsprechend, verlor auch das Den-

---

1 Vgl. Berlin und seine Eisenbahnen 1846-1896, hg. im Auftrage des königlichen preußischen Ministers der öffentlichen Arbeiten, Bd. 2, Berlin 1896, zur Verteilung der Eisenbahnreisenden auf die verschiedenen Klassen der Eisenbahnen bes. S. 20 bzw. 27. Zur mentalitätsrevolutionierenden Wirkung des neuen Verkehrsmittels vgl. vor allem Wolfgang Schivelbusch, Geschichte der Eisenbahnreise. Zur Industrialisierung von Zeit und Raum im 19. Jahrhundert, Frankfurt a.M. usw. 1979, bes. S. 16-20, 35-42.

ken in weiten Teilen der Bevölkerung allmählich den provinziellen Charakter. Das neue Verkehrsmittel trug nicht unwesentlich dazu bei, daß die Idee der nationalen Einheit sich im Bewußtsein vieler, vor allem bürgerlicher Zeitgenossen (die von einem wahren Reisefieber gepackt wurden) verankerte.

Im übrigen war die Eisenbahn nur ein besonders hervorstechender Ausdruck einer Vielzahl ‚alltäglicher‘ technischer Neuheiten. Die überall beobachtbaren Neuerungen lösten unter vielen Zeitgenossen eine ausgeprägte Technikfaszination aus. Gleichzeitig verstärkte die große Zahl technischer Veränderungen im Alltag und im Arbeitsleben bestehende Unsicherheiten, zumal sie unübersehbar soziale Umwälzungen nach sich zogen. Vor diesem Hintergrund entstand das für den Vormärz charakteristische Gefühl, in einer Epoche des allgemeinen Umbruchs zu leben; hier fand der für die Zeit typische Fortschrittsglaube, aber auch ein krampfhafter Konservativismus seine materielle Basis. Die für die damaligen Verhältnisse atemberaubenden technischen, wirtschaftlichen und sozialen Wandlungen ließen darüber hinaus die Erstarrung des politischen Systems um so deutlicher hervortreten. Insofern bereiteten sie der Ausbreitung neuer Ideen und damit auch der Revolution 1848 nicht unwesentlich den Boden.

Schulwesen und Universität

Zur Aufnahme neuer Weltbilder bedurfte es der Bildung. Fast alle in Berlin gebürtigen Kinder besuchten während des Vormärz eine Schule. ‚Schulpflicht‘ war in der ersten Hälfte des 19. Jahrhunderts allerdings noch nicht gleichbedeutend mit einem zeitlichen Limit, bis zu dem jeder Schulpflichtige unbedingt die Schule zu besuchen hatte. Die Motivation der den sozialen Unterschichten angehörenden Schüler beiderlei Geschlechts, die kommunalen *Armenschulen* sowie die ‚unteren Privat-‘ und die ‚Kostschulen‘ zu besuchen, war überdies gering: Nicht ‚Bildung‘, sondern soziale Disziplinierung, Achtung vor Tradition und Autorität war das Ziel dieser Schulen. Religion besaß als „Gesinnungsfach“ (H.-U. Wehler) in diesen Schulen einen hohen Stellenwert. Ansonsten wurden den Kindern hier bestenfalls Elementarkenntnisse im Lesen und Schreiben vermittelt, auf eine gründlichere mathematische und naturwissenschaftliche Ausbildung dagegen verzichtet. Allein die durchschnittlichen Klassenfrequenzen von achtzig bis hundert Schülern in den Berliner Armenschulen und noch höhere Zahlen in den unteren Privatschulen ließen den Lehrern kaum andere Möglichkeiten, als die Schüler (so Ernst Dronke 1845) mit „mechanischen Lernübungen“ zu „quälen“.[2] Angesichts dieser Zustände war die große Mehrheit der Berliner im Vor-

---

2 Dronke, Berlin, S. 222. Vgl. außerdem vor allem Detlef K. Müller, Sozialstruktur und Schulsystem. Aspekte zum Strukturwandel des Schulwesens im 19. Jahrhundert, Göttingen 1977. Zur spezifi-

märz und während der Revolution zwar des Schreibens und Lesens kundig. Das Lesen von Zeitungen oder gar von Büchern war jedoch für viele Unterschichtsangehörige mit Anstrengungen verbunden, denen man sich nicht gern unterzog. Öffentlichen Anschlägen und großflächigen Plakaten mußte deshalb eine erhebliche Bedeutung zukommen.

Nur eine Minderheit aller Berliner Schüler besuchte *höhere Schulen*. Mit etwa fünfundzwanzig Prozent war ihr Anteil während des Vormärz jedoch etwa viermal so hoch wie im preußischen Landesdurchschnitt. Die ‚standesbildende‘ Wirkung des gehobenen Schulwesens ist kaum zu unterschätzen: Je nach Zeitpunkt des Abganges von einem der in Berlin sechs (neuhumanistischen) Gymnasien oder einem der fünf Realgymnasien konnten bestimmte berufliche Positionen eingenommen werden; die von den höheren Schulen ausgestellten, im gesamten Staatsgebiet uneingeschränkt gültigen Zertifikate eröffneten (stärker noch als berufliche Leistungen) Karrierechancen.[3] In gewisser Weise konstituierte das höhere Schulwesen insofern überhaupt erst das ‚Bürgertum‘. Zugleich markierte das System differenzierter Abschlüsse, die an den höheren Schulen möglich waren, aber auch die internen Differenzierungslinien des ‚Bürgertums‘. Neben den nur für männliche Schüler reservierten höheren Schulen gab es in Berlin 14 sog. *Mittelschulen für Mädchen*. Diese mittleren Schulen für Mädchen waren indessen dem höheren Schulwesen für Jungen nicht vergleichbar; sie waren in erster Linie eingerichtet worden, weil den Töchtern aus ‚gutem Hause‘ der Besuch der ‚proletarischen‘ Elementarschulen nicht zuzumuten war. Das hohe Schulgeld schloß hier wie bei den Gymnasien von vornherein aus, daß sich Mädchen aus den Unterschichten in diese Schulen ‚verirrten‘. Der Unterricht in den ‚höheren Töchterschulen‘ (wie diese Einrichtungen vielerorts deshalb auch hießen) war vor allem auf die spätere Rolle der Mädchen als Haus- und Ehefrau ausgerichtet.

Bis zum Beginn des 20. Jahrhunderts war aus diesen Gründen auch der Besuch der *Universität* mit ihren vier Fakultäten ausschließlich auf junge Männer, außerdem durchweg auf den Nachwuchs der bürgerlichen Ober- und Mittelschichten sowie des Adels beschränkt. Der Anteil der an der philosophischen

---

schen Lese- und Diskussionskultur der Revolutionszeit, die nicht zuletzt aus dem relativ niedrigen Bildungsniveau der Unterschichten resultierte, vgl. *S. 44 ff.*

3 Die Sekundareife z.B. war die Voraussetzung für die Aufnahme einer Apothekerlehre und die Ausbildung zum technischen Lehrer, die Primareife Voraussetzung für den Eintritt in die Steuerverwaltung, die Provinzialverwaltung oder den subalternen Justizdienst. Das Abitur schließlich machte den Eintritt in den gehobenen Verwaltungs- und den Offiziersdienst möglich und war außerdem (seit 1834) Voraussetzung für ein Universitätsstudium. Nur eine Minderheit aller Gymnasiasten wiederum machte Abitur, ein wesentlich höherer Prozentsatz vor allem Söhne aus Mittelschichtfamilien, das sog. Einjährige; vgl. Müller, Sozialstruktur, bes. S. 31 und 448. Der Anteil der Schülerinnen auf den Mittelschulen für Mädchen an der Gesamtheit der schulpflichtigen weiblichen Jugendlichen lag 1840 bei 16%; vgl. Dieterici, Statistische Übersicht, S. 244.

Fakultät immatrikulierten Studenten lag in den vierziger Jahren bei gut einem Viertel, der der Medizinstudenten bei knapp einem Fünftel sämtlicher Studenten. Während eine wachsende Zahl aller Studenten, in den vierziger Jahren durchschnittlich mehr als vierzig Prozent, Jura studierte, war das Gewicht der im Fach Theologie – als der vierten Fakultät – Eingeschriebenen seit den dreißiger Jahren stark rückläufig. Die Gesamtzahl der Berliner Studenten ging von durchschnittlich gut 1700 in den dreißiger Jahren auf etwa 1400 in den vierziger Jahren zurück.

Die Wirkung der Universitäten auf Weltanschauung und Bewußtsein der bürgerlichen Schichten ist kaum zu überschätzen. Neue, an den Hochschulen entwickelte Methoden und Theorien sowie wissenschaftliche Kontroversen prägten politische wie religiöse Grundanschauungen des ‚gemeinen Bürgers‘ nachhaltig. Das galt bis in die frühen vierziger Jahre für die Friedrich-Wilhelm-Universität mehr noch als für andere preußische Hochschulen. Der junge Engels rühmte 1842, daß „keine so sehr wie sie in der Gedankenbewegung der Zeit steht und sich so zur Arena der geistigen Kämpfe gemacht hat."[4] Bis in die erste Hälfte der vierziger Jahre entfalteten sich hier die „geistigen Capacitäten der Hegelschen Schüler", die mit ihrer ‚maßlosen Kritik‘ in weiten Kreisen der Bevölkerung der preußischen Hauptstadt mit „den Boden für die Einflüsse der französischen Februar-Revolution" bereiteten – allerdings erst, so merkte Robert Springer ironisch an, nachdem diese durch die Berliner aus der „verrenkten Sprache" hegelianischer Philosophie in den „Styl der Bierstuben" ‚übersetzt‘ worden war. Innerhalb des Lehrkörpers entwickelten in Berlin allerdings weniger die Professoren, sondern vor allem (linkshegelianische) Privatdozenten mit ihrem Glauben an die Wissenschaft ein für den Vormärz typisches, ausgeprägtes Sendungsbewußtsein. Zudem waren es nicht nur innerwissenschaftliche Kontroversen, die Privatdozenten wie Bruno Bauer, Karl Nauwerck, Robert Remak, Julius August Collmann, Martin Julius Hertz, Agathon Benary oder Rudolf Virchow radikalisierten. Zur Radikalisierung ihrer Anschauungen manchmal förmlich provoziert wurden Privatdozenten und viele Studenten durch mitunter massiert repressive Reaktionen des preußischen Staates auf kritische Äußerungen. Staatliches Mißtrauen und sich seit 1843 häufende Eingriffe der außeruniversitären Obrigkeit schufen in den letzten Jahren vor der Revolution schließlich eine Atmosphäre, die für fruchtbare innerwissenschaftliche Auseinandersetzungen kaum noch Raum ließ. Staat und Universitätsleitung hätten (so klagte Ernst Dronke Mitte

---

4 Friedrich Engels, Tagebuch eines Hospitanten, in: Rheinische Zeitung vom 10. Mai 1842, nach: MEW, Bd.42, S. 249. Die folgenden Zitate: Springer, Berlins Straßen, S. 228 f. Auf die Berliner Bauakademie und die Gewerbeschule wird hier nicht eingegangen, da die Zahl der in diesen beiden Fach(hoch)schulen eingeschriebenen Studenten vergleichsweise klein war und diese im Gegensatz zu den Universitätsstudenten während der Revolution nicht als gesonderte Gruppen in Erscheinung traten.

der vierziger Jahre) aus der Berliner Universität „ein Treibhaus für gehorsame Staatsprinzipien gemacht, eine Pflanzschule für schweigenden Glauben an die Autorität der Politik und Religion."[5] Trotzdem oder gerade deshalb kam es seit Anfang der vierziger Jahre wiederholt zu politisch getönten Auseinandersetzungen, die für Aufregung über die Berliner Universität hinaus sorgten.

Eine einmalige Episode blieb das Verhalten von Studenten während der Antrittsvorlesung *Friedrich Julius Stahls* am 26. Nov. 1840, die ihrem Unwillen über dessen konservative Kritik an der Philosophie Hegels durch „lautes Scharren und Zischen" zum Ausdruck brachten. Im Gegensatz zum Konflikt um den Linkshegelianer, Kirchenhistoriker und -kritiker *Bruno Bauer*, der sich weitgehend hinter verschlossenen Türen abspielte, erregte die Auseinandersetzung um den Arabisten und Philosophen *Karl Nauwerck* – wie Bauer Privatdozent – die Aufmerksamkeit weiter Kreise der Berliner Öffentlichkeit.[6] Die Disziplinierung des liberaldemokratischen Nauwerck und seine schließliche Entlassung wegen Verbreitung „subversiver Ideen" Anfang 1844 stieß auf großen Widerspruch.[7] Das Ansehen, das sich Nauwerck durch seine unbeugsame Haltung innerhalb der

---

5 Dronke, Berlin, S. 305. Ähnlich auch z.B. Varnhagen in einem Brief (Nr. 26) an Troxler vom 21. Jan. 1846, in: AAdW, NL Varnhagen. Bereits auf der institutionellen Ebene suchte der Staat durch ‚außerordentliche Regierungsbevollmächtigte' seinen Interessen an der Berliner Universität wirkungsvoll zur Geltung zu verhelfen (von April 1841 bis Sommer 1848 der spätere Minister für die geistlichen, Unterrichts- und Medizinal-Angelegenheiten A. v. Ladenberg).

6 Anlaß für eine disziplinierende Intervention höchster Staatsorgane boten mehrere Schriften Nauwercks (KBA), in denen dieser sich als – wie der Innenminister Arnim formulierte – „Verfechter subversiver Ideen" bekannte. Zudem hatte Nauwerck die ‚Unverfrorenheit' begangen, für das Wintersemester 1843/44 eine Vorlesung „Über den Begriff des Staates" anzukündigen, obgleich seine Venia legendi nur auf ‚Geschichte der Philosophie' lautete. Der Andrang zu dieser Vorlesung war so groß, daß schließlich das Auditorium Maximum gerade hinreichte, um die interessierten Studenten sowie die als Hospitanten eingeschriebenen, zahlreichen Berliner Bürger unterzubringen. Am 1. März 1844 veranlaßte der Minister für die geistlichen etc. Angelegenheiten Eichhorn die Einstellung der Vorlesung. Weitere Vorlesungen abzuhalten, wurde Nauwerck so lange untersagt, bis dieser „überzeugende Beweise seiner Sinnesänderung" gegeben habe. Das Ansinnen, sich derart der preußischen Obrigkeit zu unterwerfen, wies Nauwerck zurück; noch am gleichen Tag verzichtete er auf alle durch die Habilitation erworbenen Rechte. Vgl. Lenz, Universität, Bd. 2. 2, S. 73 ff. und 77-83; Bruno Bauer, Vollständige Geschichte der Parteikämpfe in Deutschland 1842-1846, Charlottenburg 1847 (ND 1964), S. 84-102 sowie bei Obermann, Universität, S. 173 ff. Durch die Disziplinierung Nauwercks in den Schatten gestellt, fand ein anderer Vorfall ungefähr zum gleichen Zeitpunkt geringeren Widerhall im akademischen Publikum Berlins: Eichhorn untersagte die Gründung einer gemäßigt-linkshegelianischen Zeitschrift. Initiatoren dieses Projekts waren u.a. die beiden Brüder und Privatdozenten F. und A. Benary (KBA), die auch 1848 als Demokraten im politischen Lebens Berlins aktiv wurden. Ausführlich: Lenz, Universität, Bd. 2. 2, S. 97-103. Zu den Unmutsäußerungen in der Antrittsvorlesung Stahls vgl. ebd., S. 20.

7 Noch am Abend des 1. März 1844 zog eine „unzählige Volksmasse" vor Nauwercks Wohnung, ein „schweigender dunkler Strom", der „fast schauerlich in seiner Stille und doch so mächtig [war], daß alles Wagenfahren eine Zeitlang unterbrochen war", wie Varnhagen in seinem Tagebuch notierte. Eintragung vom 4. März 1844, in: Varnhagen, Tagebücher, Bd. 2, S. 168 f.

Berliner Bürgerschaft erworben hatte, blieb von Dauer. Zwei Jahre nach seiner Entfernung von der Berliner Universität wurde er zum Stadtverordneten gewählt, eine Funktion, die er bis Ende März 1848 behielt. Im Mai des Revolutionsjahres bestimmten ihn die Berliner Bürger dann zu einem ihrer Abgeordneten in der Frankfurter Paulskirche. Ähnliches Aufsehen erregte Mitte 1846 die Disziplinierung des den Linkshegelianern nahestehenden Extraordinarius *Karl Ludwig Michelet*.[8] Daß auch gestandene Ordinarien mit der Zensur in Konflikt geraten konnten, zeigt der Fall *Friedrich v. Raumer*. Nachdem dieser am 28. Januar 1847 anläßlich des Jahrestages der Gründung der Berliner Akademie der Wissenschaften als offizieller Redner vor den Augen Friedrich Wilhelms IV., der mitsamt der königlichen Familie unter den Gästen war, die engstirnige Kirchenpolitik des „schwachen und abergläubigen" Königs kritisierte und – unter Verweis auf die Regierungspraxis Friedrichs II. – sich gegen die Unterdrückung der Gedankenfreiheit erklärte, mußte er auf königlichen Druck hin ‚freiwillig' aus der Akademie austreten.[9] Sein Mut, auch im Angesicht des Monarchen „die derbsten Ansichten gegen Glaubens- und Kirchenzwang" auszusprechen, vergrößerte nur Raumers Ansehen in der Berliner Bürgerschaft: Mitte Juni 1847 wurde er zum Stadtverordneten, 1848 dann zum Berliner Abgeordneten sowohl für die Preußische als auch für die Deutsche Nationalversammlung gewählt. Er entschied sich für Frankfurt und nahm dort auf Seiten der gemäßigten Rechten Platz – gegenüber von Nauwerck, der in Frankfurt zur gemäßigten Linken zählte. Allerdings waren die Hochschullehrer nicht als politisch homogene Gruppe anzusprechen. In aller Schärfe sollten diese Gegensätze 1848 aufbrechen, als die große Mehrheit der stark konservativ eingefärbten, etablierten Hochschullehrerschaft das Drängen des Hochschullehrernachwuchses auf inneruniversitäre Demokratisierung im Bündnis mit der staatlichen Bürokratie erfolgreich abzuwehren verstand.

---

8 Michelet wurde diszipliniert, weil er Studenten gegenüber geäußert hatte, man müsse danach streben, daß die Wissenschaft „Rüstzeug fürs Leben in den Kämpfen sei, die nahe bevorstehen." (Bericht der VZ vom 31. Juli 1846.) Vgl. ausführlich AHU, Kurator, Nr. 282, Bl. 1 f., 10 ff., 20-44, sowie VZ vom 15. Aug. 1846. Ein förmliches Disziplinarverfahren gegen den Extraordinarius leitete Eichhorn ein, als Michelet Anfang 1847 die konservative Kirchenpolitik Friedrich Wilhelms IV. öffentlich kritisierte. Die vom König selbst betriebene Amtsenthebung Michelets wurde freilich auf Drängen der Universität und der bürgerlichen Öffentlichkeit Berlins Anfang Oktober 1847 unter der Hand wieder zurückgenommen. Offiziell aufgehoben wurde der Disziplinarbeschluß gegen Michelet erst am 8. Juni 1848.

9 Rede Raumers im Wortlaut in: Adolf Harnack, Geschichte der Königlich Preußischen Akademie der Wissenschaften zu Berlin, 1900 (ND Hildesheim/New York 1970), S. 930 f. Zu den längeren Auseinandersetzungen, die dann im Austritt Raumers gipfelten, vgl. die Sitzungsprotokolle der Gesamt-Akademie und die Schriftwechsel zwischen Raumer, der Akademie und dem König in: AAdW, II-V, Bd. 184; ferner Harnack, Akademie, S. 934 f., 937 ff.; Conrad Grau, Geist und Macht, in: Unzeit des Biedermeiers, S. 280 ff., sowie ders., Die preußische Akademie der Wissenschaften zu Berlin, Heidelberg/New York/Oxford 1993, S. 168 f. Das folgende Zitat: Eintragung Varnhagens vom 29. Jan. 1847, in: ders., Tagebücher, Bd. 4, S. 10 f. Zu den inneruniversitäten Auseinandersetzungen im Revolutionsjahr vgl. *S. 360-363.*

Infolge der vom preußischen Staat ausgehenden politischen Restriktionen kam es während des Vormärz auch zu Konflikten zwischen einer politisch bewegten *Studentenschaft* und den Behörden. Da offen politische Vereine nicht gegründet werden durften, mußten die Studenten ihren Wunsch nach einem förmlichen Rahmen, in dem sie die drängenden Fragen der Zeit diskutieren konnten, hinter einem vermeintlich unpolitischen ‚Bildungsinteresse' verbergen: Mitte 1843 beantragten insgesamt mehr als vierhundert, also etwa ein Viertel aller immatrikulierten Studenten, die „Erlaubnis zur Konstituierung eines Lesevereins" an der Berliner Universität. Vergeblich: Nach anfänglichem Zögern entschied sich die Staatsgewalt für ein Verbot des Vereins.[10] Das Verbot ging freilich nicht so reibungslos vonstatten, wie sich die Universitätsleitung und der außerordentliche Regierungsbevollmächtigte dies wünschten. In und außerhalb der Universität kam es um die Jahreswende 1843/44 zu mehreren, gut besuchten Protestversammlungen der Berliner Studenten.[11] Varnhagen von Ense sprach Ende 1843 von einem „wahren Krieg" des Innen- und Kultusministers gegen die Studenten.[12] Im Frühjahr 1844 löste sich die studentische Protestbewegung dann „allmählich in kleinere Zirkel" auf. Ein Student berichtete in seiner Autobiographie später, daß derartige Lesezirkel Mitte der vierziger Jahre „wie Pilze aus der Erde" schossen; gelesen wurden „nichts als verbotene Bücher […]; je mehr sie

---

10 Ausschlaggebend war die Befürchtung, der Verein könne Ausstrahlung über die Universität hinaus bekommen und für Berlin allgemein „zum Mittelpunkte politischer Bestrebungen und Erörterungen gemacht werden", sowie die positive Resonanz, die der Verein in der überregionalen liberalen Presse gefunden hatte; vgl. zum ganzen Vorgang den umfangreichen Schriftwechsel in: GStA, Rep. 76 Va, Sekt. 2, Tit. XIV, Nr. 6, Bd. I, Bl. 15 ff., 43 ff., 133-151 sowie AHU, Universitätsrat, Nr. 3089, Bl. 11 ff., 16 ff., 24 ff., 34 ff., 48 ff.; ebd., Kurator, Nr. 102, Bl. 158 f., 162 ff., 167 ff.; ebd., Phil. Fak., Nr. 184, Bl. 1 ff.; ferner Georg Heer, Geschichte der deutschen Burschenschaft, Bd.3: Die Zeit des Progresses von 1833 bis 1859, Heidelberg 1929, S. 60 ff. Erster Präsident des Lesevereins war H. Kriege, Juni bis Okt. 1848 im ‚Central-Ausschuß der Demokraten Deutschlands'. Zu den studentischen Mitgliedern zählten u.a. F. Duncker und M. Lövinson (KBA).
11 Man hielt Vorträge über politische Zeitfragen und entwickelte Vorschläge zu einer Reform der Universitäten; vgl. Heer, Burschenschaft, 3, S. 61 f. sowie den Bericht des Polizeipräsidenten über eine Versammlung von Studenten und Literaten am 25. Nov. 1843 und das Protokoll einer Sitzung des a. o. Regierungsbevollmächtigten Ladenberg, des Polizeipräsidenten Puttkamer und des Universitätsrichters Lehnert vom 1. Dez. 1843, in: AHU, Kurator, Nr. 102, Bl. 132.
12 Eintragung Varnhagens vom 5. Dez. 1843, in: ders., Tagebücher, Bd. 2, S.234. Auch Universitätsleitung und Innenministerium mußten konstatieren, daß die Studenten ihr Vorhaben nicht aufgaben und weiterhin Versammlungen abhielten; vgl. Schreiben Arnims an Eichhorn vom 7. Nov. 1843, in: GStA, Rep. 76 Va, Sekt. 2, Tit. XIV, Nr. 6, Bd. I, Bl. 110 u. Rs., sowie: Anschlag des Rektors der Berliner Universität vom 28. Febr. 1844, in: AHU, Kurator, Nr. 102, Bl. 172. Anfang 1844 lösten dem ‚Progreß' angehörende Studenten noch einmal einen öffentlichen Skandal aus, als sie einen Fackelzug zu Ehren der Brüder Grimm durchführten; vgl. Bericht des a.o. Regierungsbevollmächtigten vom 2. März 1844, in: AHU, Kurator, Nr. 102, S. 162 ff. sowie Heer, Geschichte der deutschen Burschenschaft, Bd. 3, S. 62 f.

verboten waren, desto mehr glaubte man ihnen".[13] Politisch interessierte und engagierte Studenten mischten sich seit Mitte der vierziger Jahre außerdem zunehmend mit den übrigen Berliner Bürgern, indem sie sich in eines der Lesekabinette einschrieben oder Mitglied eines der vielen bürgerlichen Vereine wurden.

Bürgerliches und ,proletarisches' Vereinswesen

So wie der studentische Leseverein des Jahres 1843 mußten sich auch Vereinigungen von Berliner Bürgern nach außen hin unpolitisch geben. Der Staat stand der Bildung von Vereinen freilich nicht nur hinderlich im Wege. Solange die Vereine nicht in Verdacht gerieten, das ,Kompetenzmonopol' des absolutistischen Staates und der staatlichen Bürokratie in allen politischen Angelegenheiten in Frage stellen zu wollen, wurden Vereinigungen erlaubt und nicht selten auch aktiv gefördert. Der preußische Staat trug damit einem gesellschaftlichen Bedürfnis Rechnung, das überall in Deutschland zu einem Aufblühen des Vereinswesens führte: Im 18. Jahrhundert und verstärkt dann seit der Jahrhundertwende war die alte, ständisch-korporative Ordnung ins Wanken geraten. Mit ihr hatten sich traditionelle Sozialbindungen und Formen der Lebensgestaltung gelockert und während des Vormärz zunehmend aufgelöst. Die dadurch entstehenden Defizite glichen die Vereine aus, in die man freiwillig ein- und wieder austreten konnte und in denen soziale Unterschiede keine unüberwindliche Barriere darstellten.[14] Grenzen zog der Staat da, wo der Verdacht des Politischen bestand. Da in Preußen und den meisten anderen Staaten die Versammlungs- und Vereinigungsfreiheit verfassungsrechtlich nicht abgesichert war und auch sonst keine präzisen Rechtsnormen aufgestellt worden waren, besaßen die staatlichen Behörden im einzelnen einen erheblichen Ermessensspielraum. In Berlin, wo die Hohenzollern ihre Residenz hatten, die Staatsbehörden konzentriert waren und neben den Kommunalbehörden und dem Polizeipräsidenten auch der Innenminister die innerstädtischen politischen Verhältnisse mit Argusaugen überwachte, waren die Behörden mit einem Verbot schnell bei der Hand, wenn sie glaubten, daß ein Verein als ,politisch' anzusehen war.

---

13 W. Beyschlag, Aus meinem Leben, Halle 1896, Teil I, S. 129, nach: Obermann, Universität, S.172. Zum Engagement der Studenten in (allgemein-)bürgerlichen Vereinen etc. vgl. Ladenberg in einer Denkschrift an den Minister für die geistlichen etc. Angelegenheiten vom 16. Okt. 1847, in: GStA, Rep. 76 Va, Sekt. 1, Tit. XII, Nr. 7, Bd. VI, Bl. 253-264 Rs., bzw. AHU, Kurator, Nr. 565, Bl. 19-23 Rs.

14 Ausführlich hierzu und zu den vereinspolitischen Restriktionen während des Vormärz vor allem Nipperdey, Verein als soziale Struktur, bes. S. 177-184, 197 ff., Zitat: S. 177; Brandt, Ansätze einer Selbstorganisation, bes. S. 62, 65; Hardtwig, Strukturmerkmale und Entwicklungstendenzen, bes. S. 12 ff., 37 ff.

Der bedeutsamste Versuch politischer Vereinsbildung von bürgerlicher Seite wurde in Berlin eineinhalb Jahre vor der Revolution unternommen. Am 27. Oktober und 9. November 1846 trafen sich eine Reihe Berliner Bürger, um eine ‚Bürgergesellschaft' zu gründen. Sie verabschiedeten (nach dem Vorbild ähnlicher Vereinsgründungen in anderen Städten) ein Statut, in dem als Zweck des Vereins die „Förderung des geistigen und geselligen Verkehrs der Bürger Berlins" definiert wurde[15], und wählten einen Vorstand, dem mehrere, später führende Berliner Linksliberale angehörten.[16] Am 1. Dezember 1846, der ersten regulären Vereinssitzung, versammelten sich mehr als 150 Berliner Bürger und ließen sich als Mitglieder registrieren.[17] Man hörte Vorträge zu kommunalen Themen und ging ansonsten, wie ein Polizeispitzel notierte, „plaudernd und rauchend in den Zimmern umher". Beunruhigt war der Polizeipräsident u.a. darüber, daß „sich täglich über 30 Mitglieder zur Aufnahme melden". Mit der Bürgergesellschaft war in Berlin ein organisatorischer Rahmen entstanden, in dem das Bürgertum über interne Differenzierungen hinweg Gelegenheit fand, sich gemeinsamer Interessen bewußt zu werden. Genau dies, nämlich der „Trieb nach freier Assoziation", der sich hier unkontrolliert Bahn brach, außerdem der große Zuspruch, auf den der Verein stieß, und schließlich das ausgeprägte Interesse an Diskussionen über die ‚soziale Frage' waren dem Polizeipräsidenten verdächtig.[18] Vergeblich beteuerte der Vereinsvorstand, keinerlei „aufregende Zeitfragen" behandeln, sondern lediglich über „Industrielles, Gewerbliches, Kommerzielles, Kommunal- und Städtewesen" Vorträge zu Gehör bringen zu wollen. Die Ver-

---

15 § 1 der ‚Grundbestimmungen' (Statut) der Bürgergesellschaft vom 27. Okt. 1846, in: AHU, Kurator, Nr. 565, Bl. 12-14. Vorbild waren offensichtlich ähnliche Vereine in anderen Städten. Im Südwesten Deutschlands bestanden ‚Bürgergesellschaften' bereits seit Anfang der dreißiger Jahre; in Preußen wurden sie in größerer Zahl 1844/45 gegründet und zum Teil (wie in Königsberg) bereits im gleichen Jahr wieder verboten.

16 Zum Vorstand gehörten neben H. Runge außerdem K. L. Michelet, der Kaufmann F. A. Zacharias, von Mai bis Mitte Sept. 1848 Mitglied der PrNV, sowie der Buchhändler, Verleger und spätere Stadtverordnete J. Springer. Zu aktiven Mitgliedern der Gesellschaft zählten außerdem K. Nauwerck, F. Duncker, A. Diesterweg, A. Th. Woeniger, J. Berends sowie (nach Scarpa) auch F. Ch. Naunyn (KBA). Personelle Querverbindungen bestanden zum Berliner ‚Lokalverein für das Wohl der arbeitenden Klassen' und zum Hedemannschen Handwerkerverein.

17 Unter den eingetragenen Mitgliedern bezeichneten sich 44 (= 28%) als Kaufleute/Händler, 24 (= 15%) als ‚Fabrikanten' und 48 (= 31%) als Handwerksmeister; das Bildungsbürgertum war gleichfalls vertreten, wenn auch nur mit 6 Personen (= 4%). Nach: Liste der Mitglieder der Bürger-Gesellschaft, die sich am 1. Dez. 1846 eingetragen hatten, in: GStA, Rep. 77, Tit. 245, Nr. 12, Bl. 28-30 Rs.

18 Vgl. Schreiben der I. Abt. des Polizeipräsidiums an den Magistrat vom 10. Dez. 1846, in: GStA, Rep. 77, Tit. 1072, Nr. 1, Bd. 1, Bl. 16-17 Rs. Dort (Tit. 245, Nr. 1, Bl. 116-117 Rs.) finden sich weitere Berichte in ähnlichem Tenor. Vgl. ferner Kochhann, Mitteilungen, III, S. 55 f.; Reulecke, Sozialer Frieden, S. 185; Ludovica Scarpa, Gemeinwohl und lokale Macht. Honoratioren und Armenwesen in der Berliner Luisenstadt im 19. Jahrhundert, Berlin 1995, S. 87 ff. Das folgende Zitat aus: Schreiben des Vorstandes der Bürgergesellschaft an den Polizeipräsidenten vom 4. Dez. 1846, in: GStA, Rep. 77, Tit. 245, Nr. 12, Bl. 25-27 Rs.

einsgründer sahen sich nicht im Gegensatz zum Staat. Sie wollten konstruktive Vorschläge unterbreiten, um ein besseres Funktionieren des wirtschaftlichen und politischen Systems zu ermöglichen. Damit war jedoch ein empfindlicher Punkt getroffen: Die staatlichen Behörden fürchteten, daß aus einer eingehenden Beschäftigung mit konkreten politischen Problemen auch der Anspruch entstand, hier substantiell mitentscheiden zu können, so daß auf diese Weise das Kompetenzmonopol der absoluten Monarchie in allen politischen Angelegenheiten in Frage gestellt würde. Am 31. Dezember 1846 verbot der Berliner Polizeipräsident v. Puttkamer eine förmliche Organisierung als ‚Bürgergesellschaft‘.[19] Die Bürger gaben jedoch nicht auf. Versuche zur Vereinsgründung Anfang 1847 blieben zwar erneut erfolglos. Von Frühjahr 1847 bis Anfang 1848 wurden jedoch statt dessen regelmäßig offene Bürgerversammlungen abgehalten, auf denen vor 400 und mehr Zuhörern Vorträge zu aktuellen kommunalen Fragen gehalten wurden.[20] Die Erlaubnis zur Abhaltung der Bürgerversammlungen zeigt, daß die scharfen Restriktionen selbst im Zentrum des preußischen Staates im letzten Jahr vor der Revolution nicht mehr konsequent durchzuhalten waren. Obgleich als Verein nicht legalisiert, entwickelte sich die ‚Bürgergesellschaft‘, wie die Teilnehmer der regelmäßigen Bürgerversammlungen sich selbst weiterhin bezeichneten, dennoch zu einem Kristallisationspunkt liberaler Vormärzopposition.

Obgleich der Staat die eigenständige politische Artikulation Berliner Bürger nicht gänzlich unterbinden konnte, beeinträchtigte das faktische Verbot, politische Vereine zu bilden, doch erheblich das Mündigwerden der Berliner Bürgerschaft. Die Hauptstadt und überhaupt die Kernprovinzen Preußens blieben auch in dieser Hinsicht hinter den ‚moderneren‘ südwestdeutschen Staaten zurück. In der preußischen Landeshauptstadt wurden während des Vormärz zwischen Staat und Gesellschaft keine Brücken geschlagen, sondern eher die bestehenden Gräben weiter vertieft. Die wachsenden Spannungen brachen sich zwar in einer diffusen, vor der Obrigkeit versteckten Politisierung Bahn. Mit seinen

---

19 Schreiben des Polizeipräsidenten an Runge, Hamann und Genossen vom 31. Dez. 1848, in: ebd., Bl. 31-33. Zu den erneuten, vergeblichen Versuchen einer Vereinsgründung vgl. ebd., Bl. 34-40. Damit war dieser Vereinigung ein ähnliches Schicksal beschieden, wie es ein knappes Jahr vorher, am 6. März 1846, den Berliner ‚Lokalverein für das Wohl der arbeitenden Klassen‘ ereilt hatte. Im Unterschied zur Bürgergesellschaft wurden ‚Lokal-‘ und ‚Centralverein‘ allerdings nicht förmlich verboten, sondern ‚nur‘ in ihren Aktivitäten erheblich behindert; vgl. Reulecke, Sozialer Frieden, S. 185; ferner ebd., S. 99 ff. sowie Hartmut Kaelble, Kommunalverwaltung und Unternehmer in Berlin während der frühen Industrialisierung, in: Büsch (Hg.), Untersuchungen, S. 398.

20 U. a. schlug man bereits im Febr. 1847 die Einrichtung einer Arbeitsnachweisungsanstalt vor; vgl. entsprechenden Schriftwechsel zwischen Polizeipräsidium, Oberpräsidenten und Innenminister, in: GStA, Rep. 77, Tit. 245, Nr. 12, Bl. 42-58; VZ vom 14. Jan., 27. Febr., 4. März, 9. und 16. Sept. sowie 7. und 26. Okt. 1847. Die Versammlungen boten allerdings nur sehr eingeschränkt ein Forum für offen politische Diskussionen.

Restriktionen unterband der Staat jedoch erfolgreich vor allem ein Ausdifferenzieren der einzelnen Strömungen. Politische Scheidelinien konnten sich erst nach dem 19. März 1848 herausbilden.

Die Vielzahl sonstiger bürgerlicher Geselligkeits- und Bildungsvereine, wie die ‚Polytechnische Gesellschaft', der ‚Verein der Hutfreunde' oder der ‚Verein der Freimüthigen', sowie die zahlreichen Wohltätigkeitsvereine, die sich in den vierziger Jahren bildeten, konnten politische Vereine nicht wirklich ersetzen[21], obgleich sie für die Herausbildung politischer ‚Parteien' während der Revolution nicht ganz ohne Wert waren, weil sich in ihnen demokratische Verhaltensmuster einüben ließen. Ebensowenig sollte die Bedeutung berufsständischer Organisationen überschätzt werden. Bei den Ärzten jedenfalls, und vermutlich auch bei den Juristen, Apothekern u.ä. Berufsgruppen, war die „Gesellung zu kollegialen Vereinen" bis 1848 nicht sonderlich groß. Zudem handelte es sich bei diesen Organisationen meist um „exklusive Kreise" oder um „ärztliche Zwangsgesellschaften auf Wunsch des Staates".[22] Etwas anders war dies bei den Lehrern. Der 1840 gegründete ‚Gesellige Lehrerverein', der über gute Kontakte und personelle Querverbindungen zum Diesterwegschen Lehrerseminar verfügte, scheint sich großer Resonanz in der Berliner Lehrerschaft erfreut zu haben. Nicht zufällig ging von diesem Verein Ende März 1848 auch die Berliner Lehrer-Reformbewegung aus (während sich die der Ärzte und anderer akademischer Berufsgruppen erst konstituieren mußte). Es waren außerdem gerade die *Lehrer*vereine, denen der Minister Eichhorn durch einen Erlaß 1842 die Diskussion politischer Fragen verbot.[23]

Um das Bedürfnis nach politischer Information und Diskussion zu befriedigen, waren formelle Vereine indessen nicht unbedingt notwendig. Neben den Salons boten mehr als fünfzig kommerzielle Bibliotheken sowie vor allem Lesezimmer und -hallen für Angehörige des Bürgertums und der Mittelschichten

---

21 Trotz ausgewiesener Harmlosigkeit war auch z.B. der ‚Verein der Freimüthigen' am 18. Nov. 1847 Gegenstand einer mißtrauischen Anfrage der II. Abt. des Innenministeriums an den Berliner Polizeipräsidenten; vgl. die Anfrage sowie die beruhigende Antwort des Polizeipräsidenten vom 2. März 1848, in: GStA, Rep. 77, Tit. 1072, Nr. 1, Bd. 1, Bl. 25-26 Rs. Zumindest von ihrer Mitgliederzahl war die Anfang 1839 gegründete ‚Polytechnische Gesellschaft' nicht unbedeutend. Diese Vereinigung, in der Vorträge über technische und naturwissenschaftliche Entwicklungen für ein bürgerliches Publikum gehalten wurden, z.B. zählte 1844/45 immerhin 800 Mitglieder, mit danach stagnierender Tendenz; vgl. VZ vom 1. März 1847. Zu den Berliner Wohltätigkeitsvereinen des Vormärz vgl. Christoph Sachße und Florian Tennstedt, Geschichte der Armenfürsorge in Deutschland vom Spätmittelalter bis zum 1. Weltkrieg, Stuttgart 1980, S. 239 f.; Radtke, Armut, S. 70 ff.; Scarpa, Gemeinwohl, bes. S. 52 ff. (und die jeweils dort genannte ältere Literatur).

22 Kurt Finkenrath, Die Medizinalreform. Die Geschichte der ersten ärztlichen Standesbewegung von 1800-1850, Berlin 1929, S. 42.

23 Vgl. Carl Louis Albert Pretzel, Geschichte des deutschen Lehrervereins in den ersten fünfzig Jahren seines Bestehens, Leipzig 1921, S. 19. Zu Diesterweg vgl. KBA.

Gelegenheit, sich Meinungen zu Zeitfragen zu bilden. Relativ hohe Beiträge schlossen Angehörige der unterbürgerlichen Schichten von der Benutzung der den Lesekabinetten angeschlossenen Bibliotheken und der Zeitschriftensammlungen allerdings weitgehend aus. Neben den kommerziellen Leseeinrichtungen hielten die größeren der außerordentlich zahlreichen Konditoreien der preußischen Landeshauptstadt „fast alle beachtenswerthen Blätter des In- und Auslandes". Selbst in den „kleinsten Winckelbäckereien" fand man einzelne Tagesblätter oder belletristische Journale. Die Konditoreien waren deshalb für den Berliner Bürger, der – wie Robert Springer spöttelte – „die Näschereien und die Lektüre" liebte, ein bevorzugter Aufenthaltsort.[24]

Unter den Leseeinrichtungen des Vormärz ragte die ‚Zeitungshalle' aufgrund ihrer Größe und wegen ihrer politischen Bedeutung heraus. Nach dem Vorbild der Hamburger Börsenhalle und ähnlicher Institute in Wien und Paris eröffnete der Journalist und Verleger Gustav Julius Ende September 1846 die ‚Berliner Zeitungshalle', die auch der von Julius begründeten Tageszeitung den Namen gab. Gehalten wurden laufend an die fünfhundert Tages- und Wochenblätter, darunter alle wichtigen Zeitungen des außerpreußischen Deutschland. Die Zusammenfassung einer Vielzahl von ausländischen Zeitschriften in einer einzigen ‚Präsenzbibliothek' war für Berlin ein Novum und suchte auch im übrigen Preußen seinesgleichen. Wichtig waren Leseräume und Präsenzbibliothek aber auch deshalb, weil ausländische Zeitschriften durch die Pressezensur nicht (so) eingeschränkt waren wie die einheimischen. Berliner Bürger erhielten auf diese Weise die Möglichkeit, auch kritische Artikel über die verschiedenen Aspekte des politischen Systems Preußens kennenzulernen.[25] Das Publikum der ‚Zeitungshalle' bestand in erster Linie aus Studenten sowie Angehörigen des Bildungsbürgertums und des gewerblichen Mittelstandes;[26] sie galt in den Wochen vor der Märzrevolution als Kristallisationspunkt radikaldemokratischer Bestrebungen.

---

24 Springer, Berlins Straßen, S. 31. Zu den Berliner Bibliotheken vgl. Boeckh, Bevölkerungsaufnahme, III, S. 12; Alberto Martino, Die deutsche Leihbibliothek. Geschichte einer literarischen Institution (1756-1914), Wiesbaden 1990, S. 179-182. Nur auf den ersten Blick ist die Zahl von fünfzig, 1847 sogar sechzig Leihbibliotheken eindrucksvoll. Paris mit seinen knapp etwa dreimal so vielen Einwohnern besaß bereits in den dreißiger Jahren 463 ‚Cabinets de lecture'. Zu den Berliner Salons vgl. *S. 518 ff.*

25 Zitate und Angaben nach: ‚Programm' der BZH vom Sept. 1846, S. 3 f., 6 ff., in: LAB StA, Rep. 200-01, Nr. 860, Bl. 3. Zur Gründung der Tageszeitung ‚Berliner Zeitungshalle' vgl. außerdem den Überblick von Michalsky, Geschichte der ‚Berliner Zeitungs-Halle', I, S. 274 f. sowie Martino, Leihbibliothek, S. 182. Das der BZH am ehesten vergleichbare Café Stollwerk in Köln hatte insgesamt nur 38 Tageszeitungen ausgelegt; vgl. Seyppel, Demokratische Gesellschaft, S. 96.

26 Das kann jedenfalls aus den Unterschriften unter ein Protokoll zu den blutigen Ereignissen vom 16. März 1848 geschlossen werden, das von 65 Besuchern der BZH unterzeichnet worden war; vgl. *S. 150.* Die Gebühren waren zwar niedriger als in den meisten anderen Lesekabinetten,

Die recht vielfältigen Aktivitäten zur Gründung bürgerlich-freisinniger oder sozialreformerischer Vereine und Leseeinrichtungen sollten nicht den Blick dafür verstellen, daß nur Teile des Bürgertums bzw. der Mittelschichten und keineswegs *die* Bürgerschaft der Landeshauptstadt in ihrer Gesamtheit ‚freisinnig' waren. Neben liberalen und erst in Konturen erkennbaren demokratisch-bürgerlichen Strömungen existierte in Berlin auch eine breite konservative Bewegung, die u.a. in den Kriegervereinen ihren organisatorischen Ausdruck fand. Charakteristisch für die Kriegervereine war eine fast religiös anmutende Verehrung der Hohenzollern-Könige (insbesondere Friedrichs II.) und herausragender preußischer Feldherren, namentlich des ‚Vaters Blücher' als des ‚Marschalls Vorwärts' der Befreiungskriege, sowie die Betonung der (scheinbar) standesübergreifenden Dimension des Krieges und Militärdienstes.[27] Um Borussismus und Anhänglichkeit an das Königshaus zu demonstrieren, Obrigkeitsorientierung und Untertanenmentalität zu kultivieren, benötigten Bürger und Kleinbürger im allgemeinen allerdings keine formellen Organisationen. Preußerischer ‚Geist' und Traditionsbewußtsein wurden vielfach auch in den Restbeständen überkommener ständischer Korporation gepflegt. Oder man kapselte sich einfach gegenüber der Aufbruchstimmung ab, in die liberal-freisinnige Bürger des Vormärz gerieten.

In fast noch stärkerem Maße als die gehobenen Sozialschichten wurde das qualifizierte Proletariat vom ‚Zeitgeist' mitgerissen. An der Geschichte dreier Gesellen- und Handwerkervereine, die um die Jahreswende 1843/44 in Berlin fast zeitgleich ins Leben traten, läßt sich demonstrieren, wie aufgeschlossen zahlreiche Gesellen gegenüber den neuen Zeitströmungen und wie vielfältig ihre Bildungsinteressen waren. Zwei dieser Vereinigungen waren (wie der Berliner Polizeipräsident lakonisch feststellte) „religiös-pietistische Conventikel". Sie suchten mit Missionsberichten und Vorträgen, die von „Achtung gegen die

---

schlossen jedoch gleichfalls Handwerksgesellen und andere bildungsbeflissene Angehörige des Proletariats von der Nutzung faktisch aus.

27 Trotz der Überhöhung des Krieges zu einem vermeintlich die sozialen Grenzen sprengenden Fundamentalerlebnis rekrutierten sich die Mitglieder der Kriegervereine überwiegend aus den Oberschichten. Vgl. exemplarisch die soziale Zusammensetzung der Teilnehmer eines „Erinnerungsfestes", mit dem am 3. Febr. 1841 in Berlin mehr als dreihundert ehemalige ‚Freiwillige' der Kriege 1813-1815 gedachten; in: Trox, Militärischer Konservativismus; S. 44 f. Echte Kriegervereine entstanden während des Vormärz in der preußischen Hauptstadt freilich nur zwei: der ‚Trauerverein ehemaliger freiwilliger Jäger und Kampfgenossen aus den Jahren 1813, 14, 15 zum Behuf des militärischen Begräbnisses verstorbener Kameraden und zur Unterstützung hilfsbedürftiger Veteranen' (das erste Mal am 10. April 1843 erwähnt) sowie der ‚Militär-Begräbniß-Verein', der offenbar Anfang 1846 ins Leben trat. Berlin war mit Kriegervereinen im Vergleich zu anderen, viel kleineren Städten nur schlecht ‚ausgestattet'. Düsseldorf besaß allein neun, Magdeburg und Liegnitz je fünf und Koblenz sowie Frankfurt a. O. je vier derartiger Vereine. Vgl. ebd., S. 50-53.

göttliche Ordnung durchdrungen" waren, Gesellen zu gewinnen[28] – nicht sehr erfolgreich: In der Folgezeit fristeten sie ein Schattendasein. Im Unterschied zu ihnen öffnete sich eine dritte Gesellenorganisation, nach seinem Gründer, dem damaligen Stadtsyndikus und späteren Berliner Bürgermeister, auch Hedemann'scher oder einfach ‚großer Handwerkerverein' genannt, allen Konfessionen und nahm auch Juden als Mitglieder auf. Dieser Verein nahm bis 1848 einen ungeahnten Aufschwung und zählte im Herbst 1847 schließlich 3000 Mitglieder[29], und zwar fast ausschließlich Gesellen.[30] Diese Mitgliederstruktur prädestinierte den Handwerkerverein dazu, zur Keimzelle der frühen Berliner Arbeiterbewegung zu werden. Der hohe Anteil wandernder Gesellen unter den Vereinsmitgliedern[31] hatte außerdem zur Folge, daß neue und nicht zuletzt früh-

---

28 Im ‚Verein zur Beförderung christlicher Sitte und Geselligkeit unter den jungen Männern', gegründet von einem Kreis Berliner Bürger um den Prediger Otto v. Gerlach (einen Bruder Leopold und Ernst Ludwig v. Gerlachs), wurde die starke religiöse Bindung sogar formalisiert, indem evangelischen Geistlichen per Statut eine Sonderstellung im Vorstand eingeräumt wurde. Der von Gerlach und seinen Freunden gegründete Verein zählte etwa 150 Mitglieder, vorwiegend Webergesellen, ein vom Stadtrat Risch fast zeitgleich konstituierter, gleichfalls christlich getönter ‚Gesellen-Verein' etwa 250 Mitglieder, und zwar ausschließlich zünftige Bauhandwerker. Die Mitgliederzahlen beider Vereine blieben bis 1848 weitgehend konstant. Vgl. Berichte des Polizeipräsidenten v. Puttkamer an den Innenminister Arnim-Boitzenburg vom 16. Febr. 1844, 14. März und 3. Nov. 1845, in: AHU Kurator, Nr. 102, Bl. 181-182 Rs. bzw. GStA, Rep. 77, Tit. 1072, Nr. 3, Bd. 1, Bl. 4-7 bzw. 39-45 Rs., Zitat: Bl. 39 Rs.; Berichte Hedemanns an den brandenburgischen Oberpräsidenten v. Meding vom 27. Dez. 1844 und 18. Nov. 1845, in: ebd., Bl. 92 Rs. - 94, sowie den Ersten Jahresbericht des Gerlachschen Vereins 1845, in: LAB StA, Rep. 16, Nr. 7465, Bl. 147-150 Rs. bzw. 173. Einem weiteren Handwerkerverein, gut zwei Jahre später (angeblich) von Victor Aimé Huber gegründet, war noch weniger Erfolg beschieden; vgl. VZ vom 18. Aug. 1846. Die sozialreformerischen Bestrebungen des ‚Central-' und Berliner ‚Lokalvereins für das Wohl der arbeitenden Klassen' konnten in der Zeit des Vormärz aufgrund politischer Restriktionen kaum wirksam werden; vgl. vor allem Reulecke, Sozialer Frieden, bes. Kapitel I, sowie ders., Anfänge der organisierten Sozialreform, S. 25-32.
29 Im April 1845 gehörten 1300, Anfang April 1846 gut 2000 Mitglieder dem Hedemannschen Handwerkerverein an; vgl. Ersten und Zweiten Jahresbericht des Handwerkervereins 1844/45 bzw. 1845/46, in: LAB StA, Rep. 16, Nr. 7465, Bl. 187 bzw. 211; SZ vom 17. Juli 1845, 9. Jan. und 10. Nov. 1847 sowie VZ vom 31. Juli und 1. Aug. 1845.
30 Hedemann als Vorsitzender des Vereins (KBA) war zwar von Anfang an bestrebt, „den Gesellen mit dem Meister wieder in gesellige Berührung zu bringen" und die ständischen Bande, die mit der Aufhebung der Zunftverfassung 1810 gelöst waren, wieder zu knüpfen. Diese Absicht ließ sich jedoch nicht verwirklichen, da – wie Hedemann schon bald erkennen mußte – die Meister es unter ihrer „Würde fanden, mit den Gesellen in Umgang zu treten." Vgl. seinen Bericht vom 18. Nov. 1845 (Anm. 28), Bl.99 Rs.
31 Seinen mittelbaren Ausdruck findet der starke Anteil wandernder Gesellen in einer außerordentlich hohen Fluktuation der Mitglieder der Vereins: 1844/45 (jeweils 1. April bis 31. März) wurden 3777, 1845/46 9308, 1846/47 15606 und 1847/48 19566 Gesellen als „ein- und ausgetretene Mitglieder" gezählt. Nach: SZ vom 8. Juli 1848. Auf die hohe Fluktuation wird auch in dem Bericht des Polizeipräsidenten v. Hinckeldey an den Innenminister Manteuffel vom 1. Mai 1850 hingewiesen. (In: GStA, Rep. 77, Tit. 1072, Nr. 3, Bd. 1, Bl. 398.)

sozialistische Ideen in der Mitgliedschaft zirkulierten.[32] Seinerseits strahlte der Verein wiederum auf Berliner Gesellen, die selbst nicht Mitglieder waren, sowie durch den „fortgesetzten häufigen Wechsel seiner Mitglieder" auch über Stadtgrenzen hinaus auf das übrige Preußen aus.[33] Berufsständische Beschränkungen existierten im großen Berliner Handwerkerverein nicht. Gewicht erhielt der Handwerkerverein vor allem dadurch, daß er einen erstaunlich hohen Prozentsatz – bei Revolutionsbeginn knapp ein Zehntel – aller, von der amtlichen Statistik für Berlin erfaßten Gesellen und Arbeiter organisieren konnte.[34] Der rasche Mitgliederzuwachs des Handwerkervereins erklärt sich – neben dem in Abgrenzung zu den anderen Vereinen praktizierten Prinzip der religiösen Toleranz – außerdem daraus, daß dieser den Wissensdurst der Gesellen zu befriedigen verstand. In regelmäßig durchgeführten Kursen wurden mathematische und naturwissenschaftliche Elementarkenntnisse vermittelt, außerdem Zeichnen sowie verschiedene Kunsthandwerke und Gesang unterrichtet. Eine vereinseigene Bibliothek beherbergte Anfang 1846 mehr als dreihundert Bücher der verschiedensten Fachrichtungen sowie belletristischen, zum Teil auch politisch-philosophischen Inhalts.

Von nachhaltiger Wirkung für die weltanschauliche Meinungsbildung der Vereinsmitglieder waren vor allem die mehrfach wöchentlich gehaltenen Vorträge. Das thematisch weitgesteckte Spektrum dieser Vorträge, die allabendlich eine Zuhörerschaft von bis zu 800 Personen anzogen, und die von Polizeispitzeln registrierte Reaktion des Publikums zeigen, wie sehr sich die Gesellen in dem Verein – obwohl dies offiziell nicht sein durfte – politisch bilden konnten: *Geschichtliche* Themen regten das Publikum zum Nachdenken über die eigene Lage an; die eigene Situation wurde als historisch gewachsen erkannt und damit als veränderbar angesehen. Vorträge, in denen Referenten *naturwissenschaftliche* Entwicklungprozesse thematisierten, übertrugen die Zuhörer vielfach auf die

---

32 In Frankreich und der Schweiz seien auch zahlreiche Berliner Gesellen mit frühsozialistischen Ideen in Berührung gekommen. Von dort mitgebrachte „Schriften, welche Aufruhr predigen", wurden im Handwerkerverein „heimlich verbreitet". (Bericht Hinckeldeys vom 1. Mai 1850, ebd., Bl. 396.) Wie stark der frühsozialistische Einfluß innerhalb des Vereins war, ist daraus ersichtlich, daß von den 24 Vertretern der Gesellen in der ‚Generalversammlung', dem höchsten beschlußfassenden Organ des Handwerkervereins, 1846 zehn nachweislich dem ‚Bund der Kommunisten' angehörten.

33 Bericht Hinckeldeys vom 1. Mai 1850, ebd., Bl. 397 Rs.

34 1844/45 lag der ‚Organisationsgrad' bei knapp zwei, 1845/46 bei gut vier, 1846/47 bei knapp sieben und 1847/48 bei schließlich etwa achteinhalb Prozent. Überdurchschnittlich vertreten waren Schneider, Tischler und Buchdrucker, also Berufsgruppen, die revolutionären Ideen und Entwicklungen besonders aufgeschlossen waren. Hierzu und zum folgenden: Zweiter Jahresbericht des Handwerkervereins (Anm.29), sowie einen Polizeibericht vom 14. Mai 1846, in: GStA, Rep. 77, Tit. 1072, Nr. 3, Bd. 1, Bl. 160.

menschliche Geschichte und die aktuellen politischen Verhältnisse.[35] Viele Gesellen zogen aus den Vorträgen und anschließenden Diskussionen offenbar den Schluß, der politische ‚Fortschritt' sei unaufhaltsam. Bemerkenswert sind auch die Inhalte der wenigen von *Gesellen*, und nicht von den bürgerlichen Lehrern oder geladenen Referenten, im Handwerkerverein gehaltenen Vorträge. Einer der Referenten verlangte die „Bildung großer Werkstätten" auf genossenschaftlicher Basis, also das, was 1848 als ‚Nationalwerkstätten' in Paris Wirklichkeit wurde und als Forderung während der Revolution in die Adressen mehrerer Gesellenorganisationen Eingang fand, außerdem die Solidarität der „unteren Volksklassen" gegenüber der Unternehmerschaft, die nur auf „Spekulantentum" aus sei.[36] Daneben politisierten auch Konflikte, die von außen, durch die Staatsbehörden, in den Handwerkerverein hineingetragen wurden und in förmlichen Berufsverboten einiger freisinniger Lehrer des Vereins gipfelten.[37] Gefährlich erschien der Handwerkerverein der Obrigkeit außerdem wegen seiner Ausstrahlung auf das übrige Berliner Vereinswesen, insbesondere auf Vereinigungen, die in verschiedenen Berliner Gesellen-Herbergen 1846/47 entstanden. In der Herberge der Tischler- und der Weber-Gesellen fanden seit Herbst 1847 Versammlungen statt, die nach Mutmaßungen der Polizei von Mitgliedern des Handwerkervereins ausgingen und an denen bis zu zweihundert Gesellen teilnahmen.[38] Die für das Berliner Vereinswesen zuständigen Behörden – Innenmini-

---

35 Zu den Vorträgen und Publikumsreaktionen vgl. vor allem Bericht Hedemanns vom 18. Nov. 1845 (Anm. 28), Bl. 95-98; Schreiben des brandenburgischen Oberpräsidenten v. Meding an Hedemann vom 10. Nov. 1845 (Abschrift), Anlage zu einem Schreiben v. Medings an den Polizeipräsidenten v. Puttkamer vom 11. Nov. 1848, in: BLHA, Rep. 30, Tit. 94, Nr. 10424, Bl. 2-5 Rs.; Schreiben des Innenministers an Meding vom 22. Okt. 1845, in: GStA, Rep. 77, Tit. 1072, Nr. 3, Bd. 1, Bl. 66-67 Rs., sowie einen Polizeibericht vom 26. Mai 1846, in: ebd., Bl. 157 Rs. u.158.

36 Ein anderer Referent, der die (heute würde man sagen:) Sozialisationseffekte des unter wandernden Gesellen üblichen Bettelns thematisierte, forderte von seinen Mitgesellen selbstbewußtes und nicht devotes Auftreten. Gehalten wurden beide Vorträge im Herbst 1847 und Anfang 1848; im Wortlaut in: DArZ vom 12. April und 24. Mai 1848.

37 Hauptfigur des wichtigsten Konflikts war Julius Berends (KBA), 1844/45 einer der engagiertesten Lehrer des Vereins. Zwar konnte ihm die Obrigkeit keine unmittelbar ‚verwerfliche' politische Tätigkeit nachweisen. Zum Vorwurf gemacht wurde ihm jedoch seine Wahlpredigt angeblich kommunistischen Inhalts, die er als Predigtamts-Kandidat zu Beginn der vierziger Jahre gehalten und die ihm ein Berufsverbot eingebracht hatte. Dies nahmen die Behörden zum Anlaß, seinen vollständigen Ausschluß aus dem Handwerkerverein durchzusetzen. Mit ihm mußte ein weiterer, gleichfalls verdächtiger Lehrer gehen; andere entgingen nur knapp einem Ausschluß. Vgl. den Schriftwechsel zwischen dem brandenburgischen Oberpräsidenten v. Meding, dem Innenminister Arnim-Boitzenburg und seinem Nachfolger Bodelschwingh 1845/46, in: GStA, Rep. 77, Tit. 1072, Nr. 3, Bd. 1, Bl. 58, 60-71, 112-113.

38 Auf einer der Versammlungen der Tischler-Gesellen im Dez. 1847 bezog ein Referent unter dem Oberbegriff ‚Jesuitismus' deutlich nicht nur gegen die kirchlichen, sondern auch gegen die weltlichen Obrigkeiten in Deutschland Stellung. Ein anderer unterzog die historische Figur Napoleons mit aktuell-politischen Anspielungen der Kritik, weil sie die ursprünglichen Prinzipien

sterium, Provinzialregierung, Polizeipräsidium und Magistrat – diskutierten bis zur Märzrevolution zwar intern immer wieder, ob sie den Handwerkerverein verbieten sollten. Mit guten Gründen zögerte man jedoch, ein Verbot auszusprechen: Allein wegen seiner zahlenmäßigen Größe wäre der Verein ohne öffentlichen Eklat, in einer politisch ohnehin zunehmend spannungsgeladenen Atmosphäre, nicht zu verbieten gewesen. Zudem wären die (politischen) Bildungsbedürfnisse der Gesellen polizeilich nicht zu unterdrücken gewesen. Sie hätten sich, dessen waren sich alle staatlichen Stellen bewußt, bald in anderer Form erneut Bahn gebrochen.

Neben der Diskussion sozialer und politischer Zeitfragen standen religiösphilosophische Probleme und (damit) die restriktive Haltung der preußischen Landeskirche gegenüber liberaltheologischen Strömungen und Geistlichen im Zentrum des Vereinslebens.[39] Überhaupt nahmen oppositionelle Bewegungen des Vormärz häufig von theologisch-philosophischen Kontroversen ihren Ausgang und politisierten sich erst sukzessive. Zudem wurden infolge der scharfen Restriktionen des Vereins- und Versammlungsrechts politische Forderungen zwar nicht generell, aber doch in manchen Fällen „religiös vermummt", politischer „Tatendrang als Lichtfreundlichkeit verkleidet".[40] Konflikte in der und um die Kirche wurden zum Auslöser religiöser und politischer Protestbewegungen.

Beschränkungen der Religions- und Pressefreiheit

In Preußen waren Staat und Kirche traditionell auf das engste miteinander verbunden, die Kirche durch das landesherrliche Kirchenregiment in den Staat

---

der französischen Revolution ‚verraten' habe. In der Herberge der Weber-Gesellen wiederum wurde ein Gedicht Ludwig Biskys (KBA), in dem er sich über den Ende 1847 abgehaltenen Berliner Kommunisten-Prozeß lustig machte, unter Beifall und Gelächter rezitiert. Zwischen den einzelnen Gesellen-Herbergen bestanden enge Verbindungen; vgl. Polizeiberichte vom 19. April und 23. Dez. 1847, in: GStA, Rep. 77, Tit. 1072, Nr. 3, Bd. 1, Bl. 11-17 bzw. 25; zu den Webergesellen außerdem Revolutionäre Berliner Arbeiterbewegung, S. 33.

39 So sollen u.a. die Protestversammlung vom Aug. 1845 im Tiergarten und die dort verabschiedete scharfe Adresse gegen die Restriktionen, denen die protestantische Dissidentenbewegung der ‚Lichtfreunde' unterworfen waren, vom Handwerkerverein ausgegangen sein; vgl. *S. 102.* Ausführlich hierzu sowie zu Vorträgen im Handwerkerverein, in denen die Intoleranz der Obrigkeitskirche angeprangert wurde: Hachtmann, „Gerechtes Gericht Gottes", S. 213, 217 f. Zu dem Berliner Handwerkerverein vergleichbaren Strukturen und Prozessen in Gesellenvereinen anderer Städte vgl. vor allem John Breuilly, Wieland Sachse, Joachim Friedrich Mertens (1806-1877) und die deutsche Arbeiterbewegung, Göttingen 1984, sowie Wolfgang v. Hippel, Der Mannheimer Gesellenverein und seine Auflösung (1844/47). Ein Beitrag zur Vereinsgeschichte in der Zeit des Vormärz, in: Hans Fenske, Wolfgang Reinhard, Ernst Schulin (Hg.), Historia integra. Fs. für Erich Hassinger zum 70. Geburtstag, Berlin 1977, S. 219-244.

40 So (unter Geringschätzung der religiösen Dimension der protestantischen Dissidentenbewegung) Bauer, Bürgerliche Revolution, S. 175.

eingegliedert. Die Konsistorien und sonstigen Kirchenbehörden hatten darauf zu achten, daß von den Kanzeln nichts gesagt wurde, was gegen die Interessen der landesherrlichen Autorität verstieß. Zusätzlich verstärkt wurde die enge Bindung der Kirche an den preußischen Staat während des Vormärz durch eine Art konservativ-theologischer Rückbesinnung.[41] Nach dem Regierungsantritt Friedrich Wilhelms IV. im Herbst 1840, der schon als Kronprinz dieser Bewegung nahe gestanden hatte, nutzten die Anhänger der Neuorthodoxie ihre einflußreichen Stellungen aus, um dieser Strömung zum Durchbruch in allen kirchlichen, aber auch Lehr- und Bildungsinstitutionen zu verhelfen. Dieser Druck und Versuche, ‚rationalistische‘ Pfarrer aus ihren Funktionen zu entfernen, führten rasch zum offenen Konflikt. Anfang der vierziger Jahre schlossen sich opponierende Pfarrer zur Vereinigung der ‚protestantischen Freunde‘ oder (wie sie wenig später im Volksmund genannt wurde) ‚Lichtfreunde‘ zusammen. Diese Bewegung fand bald großen Widerhall unter dem städtischen Bürgertum vor allem im mittleren und östlichen Preußen. Die Forderungen der Lichtfreunde wiederum wurden zu Schlagworten der politischen Opposition, die Bewegung der ‚protestantischen Freunde‘ neben den Deutsch-Katholiken zu einem ihrer wichtigsten organisatorischen Kristallisationskerne.

Auch in Berlin stießen die Lichtfreunde und Deutsch-Katholiken auf beträchtliche Resonanz. In der preußischen Landeshauptstadt wurden ihre Aktivitäten allerdings früher als in den Provinzen erschwert. Trotzdem wurden die Konflikte um religiöse Toleranz auch hier mit großer Aufmerksamkeit verfolgt, initiierten Mitglieder des Handwerkervereins eine zahlreich, von Angehörigen verschiedenster sozialer Schichten besuchte Volksversammlung am 18. August 1845 im Tiergarten. Eine dort verabschiedete Adresse gab den Anstoß für eine Petition des Magistrats an Friedrich Wilhelm IV. In dieser, am 22. August 1845 der Öffentlichkeit vorgestellten Adresse ergriff der Magistrat „auf Drängen der Bürgerschaft“ Partei für die Lichtfreunde und beschwerte sich beim König „über den Mangel an Gewissensfreiheit, über den Rückschritt in religiöser Beziehung, über die Weigerung vieler Prediger, eine gesetzlich erlaubte Ehe einzusegnen, wenn sie geschieden sei“, und ganz allgemein über die protestantische Neoorthodoxie als „finstere kirchliche Richtung“.[42] „Heuchlerische Anmaßung und

---

41 Vom Pietismus wurden die Erlebnis- und Gefühlsfrömmigkeit, von der Orthodoxie die dogmatischen Lehren und Formeln, die den Bekenntnisschriften der Reformatoren einen ähnlichen Offenbarungscharakter einräumten wie der Bibel, übernommen. Die Lehre Luthers von der gottgewollten Unterordnung unter die weltliche Obrigkeit wurde positiv herausgehoben, der Anspruch auf Volkssouveränität und Menschenrechte als menschliche Anmaßungen zurückgewiesen. Ihre hervorragendsten ‚weltlichen‘ Vertreter besaß diese Bewegung unter den aristokratischen Repräsentanten der alten Ordnung. Zu nennen sind hier u.a. die v. Gerlachs, A. v. Thadden-Trieglaff, E. Senfft v. Pilsach und der junge O. v. Bismarck.

42 Immediatvorstellung des Magistrats vom 22. Aug. sowie harsche Erwiderung des Königs vom 2. Okt. 1845, in Auszügen in: Karl v. Hase, Kirchengeschichte auf der Grundlage akademischer

Herrschsucht", die Versuche des Staates, die Religion zum ‚instrumentum regni‘ zu machen, sowie die religiösen Auseinandersetzungen versetzten nicht nur große Teile des Bürgertums und des Mittelstandes in dauerhafte Erregung. Sie fanden auch in den unterbürgerlichen Sozialschichten erhebliche Resonanz. Zugleich verstärkte sich dort die Ablehnung der Obrigkeitskirche – ohne daß dies allerdings gradlinig zum Atheismus führte. In Teilen namentlich der Handwerkerschaft erhielten sich naive Formen von Volksfrömmigkeit, die an pietistische Traditionen anknüpften und vom dogmatischen Protestantismus der Amtskirche wie der linkshegelianischen Religionskritik gleich weit entfernt waren.

Weitere Nahrung fand die Kritik breiter Berliner Bevölkerungsschichten an den bestehenden Herrschaftsverhältnissen in der Unterdrückung der Meinungs- und Publikationsfreiheit. Nach der Thronbesteigung Friedrich Wilhelms IV. schienen sich die Hoffnungen, die die Liberalen auf den neuen König gerichtet hatten, zunächst zu erfüllen: Neben Personalentscheidungen, die eine neue, reformfreudige Politik anzukündigen schienen, und einer Amnestie für politische Gefangene wagte Ende Dezember 1841 Friedrich Wilhelm IV. auch eine Lockerung der Zensur. Dieses Zugeständnis wurde freilich kaum ein Jahr später wieder zurückgenommen, nachdem Schriftsteller und Journalisten, die sich im Besitz völliger Meinungsfreiheit geglaubt hatten, in einer Unmenge von Artikeln scharfe Kritik an den herrschenden politischen Zuständen geübt hatten. Die Junghegelianer verfaßten während dieses kurzen Zeitraumes nur wenig gezügelter Pressefreiheit wichtige Schriften. Ungeheures Aufsehen erregte vor allem eine Broschüre des Königsberger Arztes und späteren Wortführers der Linken in der Preußischen Nationalversammlung Johann Jacoby, mit dem Titel ‚Vier Fragen, beantwortet von einem Ostpreußen‘, auch in der Landeshauptstadt. In dieser programmatischen Schrift forderte Jacoby das uneingeschränkte Recht des preußischen Volkes auf die 1815 von Friedrich Wilhelm III. versprochene Verfassung; die Stände seien verpflichtet, dieses Recht in Anspruch zu nehmen. Die politisierende Wirkung, die u.a. von dieser Schrift ausging, hatte der Regierung deutlich gezeigt, wie ‚gefährlich‘ die Pressefreiheit sein konnte. Die Zügel wurden wieder straffer gezogen, Anfang 1843 auch Karikaturen der Zensur unterworfen, die preußischen Zensurbehörden organisatorisch gestrafft und die Zensoren zu einer restriktiveren Auslegung der Bestimmungen veranlaßt.

Allerdings hatte die Zensur nicht die erhoffte Wirkung. Journalisten, Schriftsteller und Verleger lernten, in versteckter Form Kritik zu üben, ihre Leser, diese

---

Vorlesungen, Bd. III. 2, Leipzig 1897, S. 572 f.; Walter Wendland, Siebenhundert Jahre Kirchengeschichte Berlins, Berlin/Leipzig 1930, S. 300 f.; Streckfuß, 500 Jahre, S. 924 f. bzw. Paul Clauswitz, Die Städteordnung von 1808 und die Stadt Berlin, Berlin 1908 (ND Berlin 1986), S. 235. Vgl. außerdem Lenz, Universität, Bd. 2. 2, S. 177. Hierzu und zum folgenden ausführlich: Hachtmann, „Gerechtes Gericht Gottes", S. 212-225. Zu den religiösen Dissidentenbewegungen allgemein vgl. vor allem die Arbeiten von Paletschek, Brederlow, Graf und Rosenberg.

Kritik zwischen den Zeilen herauszulesen. Obgleich die Zensur in der preußischen Landeshauptstadt in den Jahren sukzessiv verschärft wurde und „selbst die maßvollsten Aufsätze zurückgewiesen" wurden[43], vermochten die Zensoren immer weniger die Flut verdeckt kritischer Zeitungsartikel zu bewältigen. Am einfachsten und wirkungsvollsten umging man die Zensur, wenn man sich außerpreußische und ausländische Blätter beschaffte. In den Lesehallen konnten unzensierte Blätter vom interessierten Publikum jederzeit eingesehen werden. Es gab in Berlin sogar Lesegesellschaften, die sich (so beobachtete Streckfuß) ausschließlich von „dieser beliebten Waare nährten".[44] Wie schon die theologische Engstirnigkeit, die in der evangelischen Landeskirche dominierte, wirkte auch die Zensur auf die bürgerliche Opposition zunächst vereinheitlichend. Die politischen Differenzen traten, jedenfalls nach außen hin, gegenüber dem allgemeinen Verlangen nach Pressefreiheit weitgehend zurück. Offen konnten politische Meinungsverschiedenheiten innerhalb der oppositionellen Strömung nicht artikuliert werden; sie wurden deshalb vom ‚Publikum' kaum zur Kenntnis genommen. Nicht zuletzt daher rühren die Überraschung und die Klage über die politische Zerstrittenheit, die nach der Märzrevolution unübersehbar zutage trat. Mit der Zensur wurden von der Obrigkeit zudem *Ventile* verstopft. Politischer Mißmut staute sich auch unter der Mehrheit der weiterhin monarchisch gesinnten Bürger an. Für die politisch Verantwortlichen wiederum wurden selbst partielle Konzessionen zunehmend riskanter, da sie rasch einen allgemeinen Dammbruch, ein Weitertreiben und eine Radikalisierung der politischen Forderungen nach sich ziehen konnten.[45]

Trotzdem war die Zensur keineswegs bloß ineffektiv. Zensoren und Preßpolizei wirkten vielfach „auf den Charakter der Presse, insbesondere der Tagespresse, höchst nachtheilig ein". Der „Gedanke, daß das geschriebene Wort doch erst die Censur passieren müsse, [...] führte nur zu leicht dahin, daß der Schriftsteller mehr daran dachte, was er dem Censor, als was er seinem eigenen Gewissen

---

43 Eintrag Varnhagens vom 22. April 1847, in: ders., Tagebücher, Bd. 4, S. 71. Zur Tätigkeit der Gerichte als rechtsstaatlicher Korrektive der Zensoren vgl. jetzt Christina v. Hodenberg, Die Partei der Unparteiischen. Der Liberalismus der preußischen Beamtenschaft 1815-1848/49, Göttingen 1996, bes. S. 255-264.

44 „Verbotene Schriften [wurden] vom Publikum weit lieber als nicht verbotene gekauft." Man konnte während des Vormärz „trotz der Begierde, mit welcher offene und geheime Polizisten [nach den] Übertretern des Gesetzes fahndeten, in Berlin zu jeder Zeit jedes verbotene Buch erhalten." (Streckfuß, 500 Jahre, S. 938.) Zur ‚Sucht' der Studenten nach verbotenen Schriften vgl. Anm. 13. Selbst unter Gymnasiasten „gingen die verbotenen Bücher von Hand zu Hand", so einer von ihnen später. (Karl Frenzel, Die Berliner Märztage und andere Erinnerungen, Leipzig 1912, S. 9 f.) Zur Zensurpraxis vgl. auch Wolff, RC, I, S. 44-51, zur Wirkung der Zensur Koselleck, Preußen, S. 417-433.

45 Noch am 5. März 1848 glaubte der Prinz von Preußen (in einem Schreiben an Karl Frh. v. Vincke-Olbendorf): „Wenn wir erst Preßfreiheit und -frechheit haben, dann stehet kein Thron mehr lange!" (Nach: Johannes Schultze [Hg.], Kaiser Wilhelm I. Briefe an Politiker und Staatsmänner, Bd. 1 [1830-1853], Berlin/Leipzig 1930, S. 60.)

gegenüber verantworten könne."[46] Die jahrzehntelang eingeübte Selbstzensur erklärt auch, warum während der Revolution die Mitarbeiter traditionsreicher Blätter wie der Vossischen oder der Spenerschen Zeitung, die im Vormärz durchaus manches offene Wort gewagt hatten, jedesmal innerlich in Unterwürfigkeit zusammenzuckten, wenn die alten Gewalten an Einfluß gewonnen hatten. Nach der Revolution erleichterte die nur vorübergehend stillgelegte ,Schere im Kopf' vielen ,Gemäßigten' die Anpassung an die erneuten, presserechtlichen Restriktionen. Wenn schließlich während der Revolution Gerüchte häufig große Glaubwürdigkeit fanden, dann läßt sich auch dies zu einem erheblichen Teil auf die Pressezensur zurückführen, auf die Erfahrung aus der Zeit vor 1848, daß Informationen unterdrückt oder stark verzerrt wiedergegeben wurden.

Stadtverordnetenversammlung und Erster Vereinigter Landtag

Nicht nur die Berliner Bürgerschaft, auch ihre gewählten Vertreter, die *Stadtverordneten*, gerieten zunehmend in den Sog der allgemeinen Politisierung. Ein Teil der Minderheit männlicher Berliner Bürger, der überhaupt wahlberechtigt war[47], brachte seine oppositionelle Haltung dadurch zum Ausdruck, daß er kritische Köpfe wie v. Raumer, Nauwerck und Berends, die mit den Staatsbehörden in Konflikt geraten waren, in die Versammlung wählte. Durch die Wahl von Berends, Nauwerck u. a. erhielten linksliberale Strömungen ein gewisses Gewicht, ohne daß allerdings die Stadtverordnetenversammlung ihren Charakter eines Honoratiorenparlamentes verlor. Immerhin faßten linksliberale Minderheit und gemäßigte Mehrheit des Kommunalparlaments eine Reihe freisinniger Beschlüsse. So forderte die Stadtverordnetenversammlung Ende Dezember 1846 „Preßfreiheit", vollständige Öffentlichkeit der Gerichtsverhandlungen, religiöse Gleichstellung der ,Lichtfreunde' und Deutsch-Katholiken, die Errichtung eines Handelsministeriums sowie Anfang Januar 1847 die „völlige Emancipation der

---

46 Karl Biedermann, Mein Leben und ein Stück Zeitgeschichte, Bd. 1, Breslau 1886, nach: Werner Pöls (Hg.), Deutsche Sozialgeschichte 1815-1870. Ein historisches Lesebuch, München 1973, S. 176.
47 Wählen und gewählt werden durften nur diejenigen, die das Bürgerrecht besaßen. Das Bürgerrecht wiederum erhielt nur, wer „sich häuslich niedergelassen" hatte und unbescholten war. Wer nicht über eigenen Grundbesitz verfügte, durfte nur dann an den Stadtverordnetenwahlen teilnehmen, wenn er ein Mindesteinkommen von 200 Talern nachweisen konnte. Gewählt wurden die Stadtverordneten für drei Jahre, und zwar in einem jährlichen Rhythmus, d.h. bis 1848 wurde jedes Jahr ein Drittel der Stadtverordneten neugewählt. Ausdruck wachsender Politisierung war nicht zuletzt die in den dreißiger und vierziger Jahren allmählich steigende Wahlbeteiligung, von 61% 1830 auf 71% 1841/42/43 bzw. 70% 1844/45/46. Nach: Pahlmann, Anfänge, S. 123, Tab. 1.

Juden".[48] Wichtig war außerdem die Forderung der städtischen Versammlung nach Öffentlichkeit ihrer Sitzungen. Nach mehreren vergeblichen Anläufen und unter dem Druck des Vereinigten Landtags von 1847 gestattete Friedrich Wilhelm IV. am 23. Juli 1847 die Öffentlichkeit der Sitzungen der Stadtverordnetenversammlungen aller preußischen Städte – ein Schritt von erheblicher Bedeutung, weil bis dahin der „Wählerwille", der sich ja organisiert nicht artikulieren durfte, für das Handeln der Stadtverordneten bestenfalls nur eine untergeordnete Rolle gespielt hatte.[49]

Der Vereinigte Landtag wiederum war, wie die Bezeichnung schon ausdrückt, kein aus zuvor abgehaltenen Wahlen hervorgegangenes Parlament, sondern lediglich die Zusammenfassung der bereits bestehenden, ständischen Provinziallandtage.[50] Zusammengerufen wurde das 613 Mitglieder starke vormoderne Zwei-Kammer-Parlament, weil die Verabschiedung neuer Steuern an die Zustimmung der Stände gebunden war. Bereits der Wortlaut des Einberufungspatentes vom Februar 1847 ließ erkennen, daß an eine substantielle Mitsprache der Stände in Staatsgeschäften nicht gedacht war. In der Thronrede bei Eröffnung des Landtages am 11. April 1847 bekräftigte Friedrich Wilhelm IV., „daß es keiner Macht der Erde je gelingen soll, Mich zu bewegen, das natürliche [...] Verhältnis zwischen Fürst und Volk in ein konventionelles, konstitutionelles zu wandeln". Eine Verfassung lehnte er mit den Worten ab, er werde es „nimmermehr zugeben, daß sich zwischen Unsern Herr Gott im Himmel und dieses Land ein beschriebenes Blatt [...] eindränge, um Uns mit seinen Paragraphen zu regieren und durch sie die alte, heilige Treue zu ersetzen." Deutlicher konnte Friedrich Wilhelm IV. kaum seinen „gigantischen Trotz gegen die Zeit"[51] artikulieren. Dieselbe Einstellung bestimmte sein Verhalten im Jahre 1848, auch wenn er sich im Revolutionsjahr zeitweilig zu taktischen Zugeständnissen genötigt sah. Die Thronrede vom 11. April 1847 und die Ablehnung der Kaiserkrone am 28. April 1849 durchzieht das gleiche Argumentationsmuster, die gleiche romantisch-reaktionäre Vorstellung von einem ständisch kaum gebrochenen, ab-

---

48 Vgl. Protokoll der Stadtverordnetensitzung vom 7. Jan. 1847, in: LAB StA, Rep. 00, Nr. 119 sowie VZ vom 2. und 9. Jan. 1847.
49 Mit einem Beschluß vom 28. Nov. 1844, der am 15. Okt. 1845 sowie am 4. März 1846 erneuert wurde, drangen die Berliner Stadtverordneten höheren Orts nicht durch. Erst eine weitere Petition vom 4. Febr. 1847 fand Gehör. Den letzten Anstoß für die Kabinettsordre vom Juli 1847 gab der Vereinigte Landtag, indem er sich diese auch in anderen Stadtparlamenten erhobene Forderung zu eigen machte und einen Antrag auf Öffentlichkeit der Stadtverordnetenversammlungen fast einstimmig befürwortete. Vgl. Sitzung des Vereinigten Landtags vom 20. Mai 1847, wörtlich in: Verhandlungen des Ersten Vereinigten Landtags (Verhandlungen 1. VL), Teil III, bearb. von E. Bleich, Berlin 1847, S. 911 (Beschluß).
50 Zur Zusammensetzung der beiden Kurien vgl. Herbert Obenaus, Die Anfänge des Parlamentarismus in Preußen bis 1848, Düsseldorf 1984, S. 661 f.
51 Berlin in der Bewegung, S.539. Thronrede nach: Verhandlungen 1.VL, I, S. 20 ff.

soluten Gottesgnadentum, das durch keinerlei substantielle politische Mitsprache des Bürgertums und der Unterschichten eingeschränkt werden dürfe. Parlamente und Verfassungen konnten in dieser Gedankenwelt höchstens Ventilfunktionen besitzen, mit denen man Schlimmerem vorzubeugen suchte. Entsprechend dürftig waren auch die Befugnisse des Vereinigten Landtages im Jahre 1847: Nur die Erhebung neuer sowie die Erhöhung bestehender Steuern sollte an die Zustimmung der ‚Stände' gebunden werden. Ein regelmäßiges Zusammentreten des Landtages – Periodizität – war nicht vorgesehen. Friedrich Wilhelm IV. hatte mit diesem merkwürdigen (vor-)parlamentarischen Konstrukt ‚seinem' Volk, wie Streckfuß treffend bemerkte, „wieder einmal zu viel und zu wenig gegeben". Denn auf der einen Seite stellte selbst eine mit so wenig Befugnissen ausgestattete gesamtpreußische Vertretung das Prinzip der absoluten Monarchie in Frage. Auf der anderen Seite mußten gerade die begrenzten Kompetenzen die Unzufriedenheit und die Forderung nach stärkerer Mitsprache schüren.

So kann es nicht überraschen, daß die Vertreter der Stände insbesondere in der zweiten Kammer in ihren Debatten kaum verdeckt ihre Kritik artikulierten und dies wiederholt in ihrem Abstimmungsverhalten auch nach außen hin deutlich zum Ausdruck brachten. Im übrigen war das Spektrum der diskutierten Themen breit. Man debattierte beispielsweise ausführlich über die Frage Schutzzoll oder Freihandel und bestand darauf, daß die Unbescholtenheit der Abgeordneten nicht durch die Krone, sondern nur durch den Landtag selbst festgestellt werden dürfe. Von besonderer Bedeutung waren die Debatten über den Entwurf eines Gesetzes über die Rechtsverhältnisse der Juden. Mit dem Emanzipationsedikt von 1812 waren den Juden theoretisch zwar weitgehende Rechte gewährt. In der Folgezeit wurden diese Rechte jedoch durch zahlreiche Verordnungen partiell zurückgenommen. In den nach 1815 zu Preußen gelangten Landesteilen hatten sie erst gar nicht Gültigkeit erhalten. Der königliche Gesetzentwurf, wegen seiner antiemanzipatorischen Grundtendenz von Leopold Zunz als „mittelalterlicher Plunder" verworfen[52], stieß bei den Abgeordneten auf beträchtliche Kritik. Das Ministerium sah sich zwar zu einigen Modifikationen genötigt. Trotzdem erhielten wesentliche, restriktive Elemente des Entwurfs mit dem Gesetz vom 23. Juli 1847 Gültigkeit.[53]

Der Vereinigte Landtag war die Bühne, auf der sich die ‚Altliberalen' wie Hansemann, Camphausen, Alfred v. Auerswald u.a. profilierten. Die Separierung

---

52 So Zunz (KBA) unmittelbar nach Bekanntwerden des Entwurfs in einem Brief an Philipp Ehrenberg vom 18. April 1847, in: ders., Jude, Deutscher, Europäer, S. 244. Zu den Debatten des Vereinigten Landtags über die Judenemanzipation vgl. Verhandlungen 1. VL, IV, S. 1706-2131.

53 So breit insgesamt das im Landtag debattierte Themenspektrum war, auffällig ist, daß die *sozialen* Probleme des Vormärz, deren Brisanz durch die Berliner Hungerrevolte Ende April 1847 für mehrere Tage den Abgeordneten unübersehbar vor Augen geführt worden waren, insgesamt nur oberflächlich diskutiert wurden.

nach Provinzen wurde überwunden; es entwickelte sich eine gesamtpreußische Opposition. Auch die ständischen Schichtungen als politische Gliederungsprinzipien der „Privilegiertenvertretung" (A. Herrmann), die der Vereinigte Landtag ja war, traten zurück. Überdies begannen sich Keimformen der späteren Parteien zu bilden. Je länger die Verhandlungen dauerten, desto stärker gewann die Opposition an Konturen. Der Prozeß der Radikalisierung war indessen, so machen Bemerkungen von Abgeordneten deutlich, unfreiwillig: „Wir kamen ganz konservativ hierher, aber man hat uns notgedrungen auf ein anderes Ziel geführt."[54] Die Opposition – das darf bei aller Anerkennung der freimütigen Kritik der Abgeordneten an der Regierung und an den politischen Vorstellungen Friedrich Wilhelms IV. nicht übersehen werden – bewegte sich zudem meist „innerhalb der Grenzen der zahmsten Loyalität".[55] Wie zahm sie letztendlich blieb, zeigte sich noch einmal in der letzten Abstimmung des Landtages, in der er, dem Wunsch des Königs entsprechend, die Vereinigten Ständischen Ausschüsse, die dann am 18. Januar 1848 das erste Mal zusammentraten, und eine neugeschaffene Schuldendeputation wählte. Indem sich die große Mehrheit der Abgeordneten (439:58) der Abstimmung nicht verweigerte, hatte sie sich der Möglichkeit begeben, wenigstens eine begrenzte Kompetenzerweiterung und die Periodizität des Vereinigten Landtages durchzusetzen. Daß die Abgeordneten, die sich im Vereinigten Landtag zur ersten parlamentarischen Opposition Gesamtpreußens zusammengefunden hatten, nicht auf einen grundlegenden Systemwandel zielten, sondern die Hohenzollernmonarchie lediglich um einige konstitutionelle Elemente bereichern wollten, wurde freilich erst im Revolutionsjahr so richtig offensichtlich, als die herausragenden Vertreter der ‚altliberalen' Opposition als Märzminister oder auf dem rechten Flügel der Preußischen und Deutschen Nationalversammlung zu den ‚Bremsern' der Revolution und zeitweilig zu einer der wichtigsten Stützen des alten Systems wurden.

Mit Blick auf die Revolution 1848 war der Vereinigte Landtag eine vergebene Chance: Friedrich Wilhelm IV. mit seiner Vorliebe für ein durch parlamentarische Mitsprache nicht eingeschränktes königliches ‚Gottesgnadentum' versperrte die Möglichkeit, unter Anknüpfung an alte, ständische Mitbestimmungsrechte einen friedlichen, weniger konfliktträchtigen Übergang zu einer modernen konstitutionellen Monarchie einzuleiten. Was in anderen, vor allem süddeutschen Staaten seit Jahrzehnten eine Selbstverständlichkeit war, ein politisch starkes, wenn auch ständisch geprägtes Parlament, das weite Teile der Bevölkerung

---

54 Nach: Valentin, Geschichte, I, S. 82.
55 Streckfuß, 500 Jahre, S. 946. Ähnlich äußert sich auch Varnhagen; vgl. seine Eintragung vom 3. Mai 1847, in: ders., Tagebücher, Bd. 4, S. 81 f. Daß die „weit überwiegende Mehrheit" des Landtags „unzweideutig loyale Gesinnung" zeigte, betonte auch der preuß. Außenminister Canitz gegenüber Metternich in einem Brief vom 2. Juli 1847. (In: StA Wien, StK Preußen, K. 194, Bl. 76.)

repräsentierte, blieb in Berlin nur Ziel. Ein Jahr vor der Märzrevolution hatte Friedrich Wilhelm IV. noch einmal nachdrücklich deutlich gemacht, daß für ihn ein starker Landtag undenkbar war. Der revolutionäre Bruch und die blutigen Auseinandersetzungen des 18. März 1848 in Berlin (und Preußen) finden insofern im faktischen Scheitern des Vereinigten Landtags 1847 eine ihrer wesentlichen Wurzeln.

Dessen ungeachtet war die politisierende Wirkung des Landtages schon deshalb enorm, weil die dort gehaltenen Reden breit und unzensiert in der Presse veröffentlicht wurden. Die Zeitungen (beobachtete Streckfuß) las man „mit dem höchsten Eifer". Die Repräsentanten der Opposition des Vereinigten Landtags wurden in der Stadt bekannte und beliebte Persönlichkeiten. „In allen Bierhäusern hörte man die Reden Vinckes, Camphausens, Beckeraths und der übrigen Mitglieder der Opposition." Das „politische Gift des Liberalismus" drang „bis in die Kreise der kleinen Handwerker, welche sich früher so wenig um Politik gekümmert hatten." Umgekehrt stieß die romantizistische Vorstellung Friedrich Wilhelms IV. von einer nur durch ‚Gottes Gnade' legitimierten Monarchie auf Unverständnis und provozierte mitunter „rücksichtslose, ja erbitterte Worte".[56] Trotzdem behielt der König seine Popularität in breiten Bevölkerungskreisen der Landeshauptstadt. Die Politisierung der Berliner im letzten Jahr vor den Märzereignissen des Jahres 1848 mündete zudem keineswegs generell in ein revolutionäres Bewußtsein. Nach dem Auseinandergehen des Vereinigten Landtags, bis in den März 1848 hinein, besaß die Krone weiterhin die Chance, durch substantielle konstitutionelle ‚Gewährungen' die erhitzten Gemüter der Berliner Bürgerschaft zu beruhigen. Noch war eine Revolution nicht unvermeidbar. Wahrscheinlicher war sie nach dem Auseinandergehen der Abgeordneten im Sommer 1847 indessen geworden.

Revolutionserwartungen und Revolutionsphobien

Seit der Wende vom 18. zum 19. Jahrhundert war ‚Revolution' als politischer Kernbegriff in aller Munde. Er wurde allerdings zum Teil mit sehr unterschiedlichen Bedeutungsinhalten gefüllt. Ausgangspunkt jeglichen Verständnisses von ‚Revolution' waren die Ereignisse in Frankreich in den Jahren 1789 bis 1799. Die ‚große französische Revolution' galt als Muster einer Revolution schlechthin, an der bis zum Beginn des 20. Jahrhunderts alle späteren politischen Umwälzungen gemessen wurden. Daß die französische Revolution nicht nur nationale Bedeutung besaß, war bereits den Zeitgenossen offensichtlich. In dem Wort Revolution bündelten sich auf seiten ihrer Befürworter alle Heilserwartungen, auf

---

56 Zitate: Streckfuß, 500 Jahre, S. 944 bzw. 950.

seiten ihrer Gegner alle Ängste. Die meisten deutschen Beobachter der ersten französischen Revolution, auch die, die sie anfänglich begrüßt hatten, betonten ihre Janusköpfigkeit: auf der einen Seite den Versuch, große Menschheitsideen zu verwirklichen, auf der anderen Seite (vor allem seit 1793) die „Schreckenszeiten entfesselter revolutionärer Dämonien" (Th. Schieder).

Angst rief vor allem (wie Droysen formulierte) der „Despotismus der willenlosen Masse" hervor, der „endlich in der Gewalt jenes Einen [gipfelte], der da herrschte im Namen des souveränen Volks, jenes Kaisers ohne Ahnen".[57] Auch im Jahre 1848 speiste sich die Revolutionsfurcht der Bürger aus der Angst vor den unteren Volksmassen. Die Furcht vor dem angeblich willenlosen, ,habgierigen Pöbel' wurde auf die Staatsform ausgeweitet, die politische Partizipation auch den unterbürgerlichen Schichten versprach, auf Demokratie und Republik. Es war vor diesem Hintergrund nur logisch, daß in den Augen verängstigter Bürger die Demokraten der 1848er Revolution zu Jakobinern wurden – eine Assoziation, die nahelag, da sich manche von ihnen selbst in der jakobinischen Tradition sahen. Die Abscheu vor dem ,Pöbel' schlug in aggressive Feindschaft gegenüber den demokratischen Vereinen um. ,Pöbelherrschaft' führte in dieser Sicht außerdem zum ,Königsmord'. Der Tod Ludwigs XVI. galt als eine Art Sühneopfer.[58] Auf das politische Bewußtsein weiter Teile des Bürgertums während des Vormärz und im Revolutionsjahr 1848 hatte diese Sichtweise der französischen Revolution enorme Auswirkungen: Nicht nur Königsmord, sondern überhaupt ein Sturz der Monarchie lag außerhalb der politischen Zielvorstellungen selbst des überwiegenden Teils der politisch ,fortschrittlichen' Bürger. Die Wirren der Schreckenszeit 1792 bis 1794 schienen ja gezeigt zu haben, wohin das führte.

Was auf die einen abschreckend wirkte, konnte bei anderen ein neues positives Weltbild begründen und revolutionäre Hoffnungen entstehen lassen. Die von Konservativen als ,Pöbelherrschaft' denunzierte, zeitweilig starke Stellung namentlich der Pariser Unterschichten in der ersten Phase der französischen Revo-

---

57 Johann Gustav Droysen, Vorlesungen über die Freiheitskriege, Kiel 1846, Bd. 1, nach: Wolfgang v. Hippel (Hg.), Freiheit, Gleichheit, Brüderlichkeit? Die französische Revolution im deutschen Urteil, München 1989, S. 188. Zum Revolutionsbegriff und -verständnis vgl. vor allem Reinhart Koselleck, Revolution, Rebellion, Aufruhr, Bürgerkrieg, in: GGr, Bd. 5, S. 653-788; Theodor Schieder, Das Problem der Revolution im 19. Jahrhundert, in: HZ Bd. 170/1950, S. 233-271, bes. S. 234 ff.; Hanna Kobylinski, Französische Revolution als Problem in Deutschland 1840 bis 1848, Berlin 1933; Karl Griewank, Der neuzeitliche Revolutionsbegriff. Entstehung und Entwicklung, Frankfurt a. M. 1969², S. 187-217.

58 Ausführlich: Mosche Zuckermann, Das Trauma des ,Königsmordes'. Französische Revolution und deutsche Geschichtsschreibung im Vormärz, Frankfurt a.M. 1989, bes. S. 222 ff., 250 ff. Wie sehr den Zeitgenossen der 1848er Revolution die Hinrichtung Louis XVI. präsent war, zeigte sich an dem Eindruck, den der 19. März 1848 hinterließ, als Friedrich Wilhelm IV. seine Mütze vor den gefallenen Barrikadenkämpfern ziehen mußte – eine Handlung, die von vielen als eine Art symbolischer Königsmord empfunden wurde; vgl. *S. 205 ff.*

lution wurde im Vormärz auf demokratischer Seite als „Prinzip, den blindgläubigen, sklavischen Untertanen zum selbständigen, selbstbewußten Bürger zu machen", begrüßt.[59] Parallel dazu wurde während des Vormärz der Begriff der ‚Volkssouveränität', gleichfalls durch die Revolution von 1789 popularisiert, von radikalen Demokraten zur „neuen sittlichen Weltanschauung" hypostasiert.[60] So diffus dieser Begriff zumeist blieb – das, worauf dieser und ähnliche Termini im Kern zielten, nämlich die Forderung, selbstbewußt und eigenverantwortlich zu handeln, die ‚große' Politik nicht mehr dem Monarchen zu überlassen, faßte allmählich auch in Schichten des ‚Proletariats' Fuß, insbesondere unter Handwerksgesellen.

Die Distanz weiter Teile des Berliner Bürgertums gegenüber revolutionären Bewegungen und Ideen wiederum speiste sich nicht nur aus der abstrakten Beschäftigung mit dem Phänomen ‚Revolution'. Bereits 1793 und 1795 hatten Tumulte in der preußischen Landeshauptstadt der Furcht vor einer revolutionären ‚Emeute' konkrete Nahrung gegeben.[61] Die *Julirevolution* von 1830 vertiefte die Ängste. Die Hoffnung, mit Napoleon auch die Revolution vernichtet zu haben, hatte sich als trügerische Illusion entpuppt. Die Julirevolution machte deutlich, daß die Ereignisse zwischen 1789 und der Jahrhundertwende kein historischer ‚Betriebsunfall' waren. Bei vielen bestärkte sie den Eindruck, daß die Umwälzungen 1789-1799 erst den Anfang einer universellen und permanenten Revolution darstellten. Unter Gegnern der Revolution stellte sich eine Art Endzeitstimmung ein. Verstärkt wurde dieses Gefühl dadurch, daß auch die Pariser Julirevolution in der preußischen Landeshauptstadt mit der sog. *Schneiderrevolution* einen insgesamt harmlosen Widerhall fand.[62] Weitere ‚Pöbelexcesse'

---

59 So z.B. Edgar Bauer, Besprechung von Archibald Alison. Geschichte Europas seit der ersten französischen Revolution, 2 Bde., Leipzig 1842, zit. nach: Hippel, Freiheit, S. 163. Vgl. außerdem Kobylinski, Französische Revolution, S. 32-38. Zu Ed. Bauer vgl. KBA.

60 So Julius Fröbel (KBA) 1846 in: Königtum und Volkssouveränität, Mannheim 1846, S. 7 bzw. 4, nach: Kobylinski, Französische Revolution, S. 40. Vgl. ausführlich Rainer Koch, Demokratie und Staat bei Julius Fröbel (1805-1893). Liberales Denken zwischen Naturrecht und Sozialdarwinismus, Wiesbaden 1978, bes. S. 85 ff., 93 f.

61 Eine Demonstration jugendlicher Anhänger der Jakobiner im Jahre 1793 konnte von der Polizei noch rasch zerstreut werden. Stärker erschüttert wurde die öffentliche Ordnung in Berlin durch Straßenschlachten im Mai und Juni 1795, die zwischen mehreren tausend Gesellen und dem Militär ausgefochten wurden. Die Gefängnisse der Stadt seien infolge von Massenverhaftungen der tumultierenden Handwerker so überbelegt gewesen, daß der Flügel einer Kaserne geräumt werden mußte, um alle Verhafteten unterzubringen; vgl. Helga Schultz, Berlin 1650-1800. Sozialgeschichte einer Residenz, Berlin 1987, S. 253; ferner Pierre-Paul Sagave, Berlin und Frankreich 1685-1871, Berlin 1980, S. 101 ff., 111 f.

62 Vom 16. bis 19. Sept. 1830 kam es vor dem Berliner Stadtschloß zu wiederholten Volksaufläufen, die vom Militär blutig niedergeschlagen wurden. Anlaß der ‚Emeuten' war die Verhaftung von neun Schneidergesellen, die sich am Abend des 16. Sept. zu einer kleinen Versammlung zusammengefunden hatten und wegen ihres Verlangens nach ‚Freiheit und Gleichheit' arretiert worden waren. Vgl. vor allem Karl Obermann, Die Volksbewegung in Berlin in

in den Jahren 1835, 1845 und 1847[63] aktualisierten die Angst des Berliner Bürgertums vor einer sozialen Revolution, einer Gefährdung ihres Eigentums. Der Oberpräsident für die Provinz Brandenburg v. Meding sprach 1841 aus, was viele Bürger dachten, wenn er prognostizierte, daß die Armut dazu führen könne, „in der Seele der Proletarier einen innerlichen Krieg gegen ihre vom Glück mehr begünstigten Mitbürger anzuregen, für dessen Ausbruch die Richtung unserer Zeit, welche jeder Art von Neid so günstig und jeder Autorität so feindselig ist, wahrlich keine geringe Gefahr darbietet."[64] So sehr die Julirevolution auf der einen Seite viele Bürger und Kleinbürger erschreckte, so sehr konnte sie denjenigen, der sich genauer mit ihr befaßte, aber auch beruhigen. Der Verlauf der Julirevolution, die „Haupterscheinung", daß im Unterschied zur ersten französischen Revolution 1830 „die konsequentere Partei jederzeit die minder konsequente überwältigte", machte der Gegenrevolution 1848 Mut und veranlaßte sie zu entschiedenem Vorgehen.

Vor allem das liberale Bürgertum bewegte sich in einem Widerspruch. Auf der einen Seite fürchtete es die Schreckensherrschaft des ‚Pöbels‘, auf der anderen Seite wuchs seine Kritik an den politischen und sozialen Verhältnissen des Vormärz. Dieser Gegensatz war allerdings nur ein scheinbarer. Denn für die Mehrheit der Bürger fand sich wenigstens theoretisch ein Ausweg: statt ‚Revolution‘ – ‚Reform‘. Zugrunde lagen dem Einstellungen gegenüber der Monarchie, wie sie auch für weite Kreise der Unterschichten typisch waren: Der König müsse sich zu ‚vernünftigen‘ Lösungen durchringen und statt auf ‚schlechte‘ auf ‚gute‘ Ratgeber hören. Deshalb wandten sich immer wieder Petitionen und Deputationen des Magistrats und der Stadtverordneten mit Reformforderungen unmittelbar an Friedrich Wilhelm IV. Deshalb war auch die Enttäuschung über des Königs Rede bei Eröffnung des Vereinigten Landtags am 16. April 1847 groß, eine Enttäuschung, die im übrigen nicht zu einem Nachlassen, sondern eher noch zu verstärkten Anstrengungen führte, den Monarchen von der Notwendigkeit der Realisierung von Reformprojekten zu überzeugen. Die politische Einstellung, die dahinter durchscheint, fußte auf spezifisch preußischen Traditionen: Den (französischen) Revolutionen ‚von unten‘ wurden die Revolutionen

den Jahren 1830-1832, in: Berliner Heimat, Jg. 3/1956, S. 12-18 (Zitat: S. 13); Karl Haenchen, Zur revolutionären Unterwühlung Berlins vor den Märztagen des Jahres 1848, in: FBPG Bd. 55/1944, S. 84 ff.; Mieck, Reformzeit, S. 526 ff.; Geist/Kürvers, Berliner Mietshaus, I, S. 328-334.

63 Zur sog. Feuerwerksrevolution von 1835 und zum ‚Rauchertumult‘ von 1845 vgl. Streckfuß 500 Jahre, S. 785 ff.; Gailus, Pöbelexcesse, S. 13 f., 21 ff.; Geist/Kürvers, Mietshaus, I, S. 335 f. Zur ‚Kartoffelrevolution‘ 1847 vgl. *S 82 f.*

64 Votum Medings vom 6. Jan. 1841, zit. nach: Reulecke, Sozialer Frieden, S. 38. Varnhagen spottete: „In den oberen Kreisen hier fürchtet man entsetzlich das Gespenst des Kommunismus." (Eintragung vom 11. März 1846, in: Varnhagen, Tagebücher, Bd. 3, S. 316.) Das folgende Zitat: aus: Joseph Maria v. Radowitz, Das juste Milieu, 1830, in: ders., Gesammelte Werke, Bd. 4, Berlin 1853, S. 24 f.; vgl. auch Hachtmann, Radowitz, S. 250.

‚von oben', die staatlichen Reformbewegungen in Preußen, gegenübergestellt. Die friderizianischen Reformen konnten bereits als Vorboten der Reformen ab 1807 verstanden werden – einer ‚Revolution von oben', die viele ‚48er' noch selbst miterlebt hatten. Fatal war freilich, daß in Preußen die ‚Revolution von oben' nicht, wie etwa in einigen südwestdeutschen Staaten, durch die Mitsprache vorparlamentarischer, ständisch geprägter Landtage angeregt oder beeinflußt wurde, sondern im wesentlichen auf Initiativen zurückzuführen waren, die aus dem ‚aufgeklärt'-absolutistischen Staat selbst kamen. 1840 bis 1842 schien Friedrich Wilhelm IV. mit seinen halbherzigen Reformanstrengungen an die Tradition der Revolution ‚von oben' anknüpfen zu wollen. Wenn er kurzzeitig gewährte Freiheiten schon bald wieder zurücknahm, dann schien dies in den Augen weiter Teile der Bevölkerung dem ‚schlechten' Einfluß seiner Berater, nicht jedoch ihm selbst geschuldet zu sein. Es war vor diesem Hintergrund nur folgerichtig, daß man auf eine erneute, vom Monarchen selbst in Gang gesetzte staatliche Reformbewegung hoffte. Der positive Bezug auf die preußischen Reformen und den Befreiungskrieg gegen die Napoleonische Herrschaft findet sich auch 1848 immer wieder. Der Gegensatz Frankreich/Preußen war also politisch in hohem Maße aufgeladen. Zwar wurde dies von links kritisiert und etwa von Arnold Ruge 1844 konstatiert, daß der „Nationalhaß gegen Frankreich mit dem blinden Widerwillen gegen die politische Freiheit völlig gleichbedeutend" sei. Er stand damit jedoch ziemlich allein.[65] Der wachsende zeitliche Abstand zur Revolution von 1789 und die weiter andauernde politische Repression in Preußen ließen in den letzten Jahren vor der 1848er Revolution Frankreich als Feindbild Nr. 1 zwar allmählich verblassen. Dennoch mochte sich selbst das linke Lager (von Ausnahmen abgesehen) nicht uneingeschränkt zu ‚Frankreich' und zum Prinzip der Revolution bekennen.

Nach dem bisher Gesagten mag es vielleicht so erscheinen, als seien sowohl Bürgertum und Mittelstand als auch die Unterschichten im Vormärz relativ säuberlich in jeweils zwei politische ‚Parteien' zu trennen gewesen. Dieser Eindruck trügt. Denn erstens wurden Elemente beider hier idealtypisch gegenübergestellten Revolutionssichten auf verschiedene Art vermischt, und zweitens konnten sich die politischen Denkmuster verändern. Insbesondere die sozialökonomische Krise 1846 bis Anfang 1848, außerdem die Hungerrebellion vom April

---

65 Arnold Ruge, Plan der deutsch-französischen Jahrbücher, in: Deutsch-französische Jahrbücher, Bd. 1, Paris 1844, S. 6 f., nach: Hippel, Freiheit, Gleichheit, S. 170. Die Kampfstimmung der Befreiungskriege ließ in den ersten Jahrzehnten des 19. Jahrhunderts selbst die vom ‚System Metternich' verfolgten ‚Demagogen' und Burschenschaftler überwiegend glühende Franzosenhasser bleiben. 1840 hatte die frankreich-feindliche Stimmung, und mit ihr die deutsche Nationalbewegung, erneuten Auftrieb erhalten, nachdem von Teilen der französischen Öffentlichkeit die Forderung erhoben worden war, den Rhein als französische Grenze zurückzugewinnen, eine Forderung, die auf entschiedenen Widerspruch in allen deutschen Staaten stieß.

Zeitgenössische Karikatur auf die hohen Erwartungen, die an den Vereinigten Landtag von 1847 gestellt wurden, und dessen magere Ergebnisse.

1847, die religiösen Auseinandersetzungen sowie schließlich die Verhandlungen und Ergebnisse des Vereinigten Landtages dürften ein Umdenken in Gang gebracht haben. Obgleich es nicht möglich ist, genau zu sagen, wie stark die verschiedenen politischen Positionen in der Berliner Bevölkerung vertreten waren, so steht doch vor allem zweierlei fest: Ein erheblicher Prozentsatz der Berliner Bevölkerung stand weiterhin uneingeschränkt zur Hohenzollernmonarchie. Aber auch die meisten derjenigen, die auf fundamentale politische und soziale Reformen drängten – vermutlich eine Mehrheit der Berliner –, wollten nicht die Republik und keinen schlagartigen politischen Umbruch. Die Zahl der überzeugten Revolutionäre dürfte verschwindend gering gewesen sein.

Erneut ins Bewußtsein trat die Perspektive ‚Revolution', und mit ihr alle Hoffnungen und Ängste, vor dem Hintergrund des kurzen Bürgerkriegs in der Schweiz, der unter dem Namen *‚Sonderbundkrieg'* in die Geschichte eingegangenen ist. Dieser Krieg begann am 3. November 1847 und endete keine vier Wochen später, nachdem die ‚Bewegungspartei‘, die Mehrheit der Schweizer Kantone, die eine stärker demokratisch und zentralistisch akzentuierte Verfassung wollten (und im Juni 1848 auch erhielten), über die sieben Kantone des konservativ-katholischen ‚Sonderbundes‘ einem raschen Sieg errungen hatte. In der Perspektive der Demokraten und Liberalen hatte mit dem Sieg der ‚Bewegungspartei‘ der Fortschritt über den konservativen ‚Jesuitismus‘ einen Erfolg errungen, der weit über die Grenzen der Schweiz ausstrahlte. Aber nicht nur deshalb stieß dieser Krieg, der zur *europäischen* Revolution von 1848 mit hinzugerechnet werden muß und die einzige Auseinandersetzung war, die die ‚Revolutionäre‘ zu ihren Gunsten entscheiden konnten, in Berlin auf großes öffentliches Interesse. Preußen war außerdem insofern unmittelbar in die Vorgänge einbezogen, als Friedrich Wilhelm IV. Landesherr des Kantons Neuenburg (Neufchâtel) war.[66] Im Bürgerkrieg verhielt sich der Kanton auf Anweisung der Berliner Regierung neutral. Nach Abschluß des Krieges wurde er wegen Verweigerung des Bundeskontingents zur Zahlung einer Strafsumme verurteilt. Am 1. März 1848 sagten sich die Neuenburger formell von Preußen los und nahmen eine republikanische Verfassung an. Die wenigen preußischen Beamten mußten – mit einem der Ministerpräsidenten des Jahres 1848, dem General v. Pfuel, an der Spitze – den Kanton verlassen. Friedrich Wilhelm IV. erntete wegen dieser Vorgänge „Spott und Hohn“; der Stolz des Königs wurde „auf das tiefste verletzt“.[67] Tatsächlich war Preußen auch während des Sonderbundskrieges nur formal neutral gewesen. Die Sympathien Friedrich Wilhelms IV. lagen eindeutig auf seiten der konservativen, ‚jesuitischen‘ Kantone.[68] Der Berliner Öffentlichkeit war dies durchaus bekannt. Kritik am schweizerischen ‚Jesuitismus‘ war deshalb zugleich auch eine Kritik an den konservativ erstarrten, innenpolitischen Verhältnissen Preußens.[69]

---

66 Neuenburg gehörte seit 1707 zur preußischen Krone (mit Ausnahme der Jahre 1806 bis 1814, als Neuenburg kurzzeitig Frankreich angegliedert worden war). 1814 unterstellte es sich als 21. Schweizer Kanton erneut der preußischen Krone.

67 Unvollendet gebliebene Darstellung Varnhagens der Ereignisse des Jahres 1848, in: ders., Tagebücher, Bd. 4, S. 175.

68 Vgl. Brief Friedrich Wilhelms IV. an Bunsen vom 8. Dez. 1847, in: Ranke, Briefwechsel, S.166 ff.; Eintragung Varnhagens vom 29. Nov. 1847, in: ders., Tagebücher, Bd. 4, S. 160.

69 Vgl. z.B. den Leitartikel in der VZ vom 2. Nov. 1847. Revolutionär gesinnte Tischlergesellen verwarfen das repressive Vormärzsystem unter dem Oberbegriff ‚Jesuitismus‘ noch unverhohlener als das auflagenstarke Bürgerblatt Berlins. Vgl. vor allem die „gegen den Jesuitismus“ gehaltenen Vorträge und Gedichte auf der an anderer Stelle erwähnten, von 200 Gesellen besuchten Versammlung in einer Tischlerherberge Ende 1847. Ausführlich: Hachtmann, „Gerechtes Gericht Gottes“, S. 224 f. Zur Kritik an den in Preußen herrschenden Zuständen über den ‚Schweizer Umweg‘ und zum Spott über die Niederlage der ‚jesuitischen‘ Kantone, in den auch die Person des Königs einbezogen wurde, vgl. Eintragung vom 9. Dez. 1847 bzw. Darstellung Varnhagens der Monate vor der Märzrevolution, in: ders., Tagebücher, Bd. 4, S. 166 bzw. 175.

Während aufgrund der spezifischen Interessen der preußischen Krone an den Ereignissen in der Schweiz der Sonderbundkrieg in Berlin mit gespannter Aufmerksamkeit und Schadenfreude verfolgt wurde, blieben die italienischen „Revolutiönchen" (Paul Boerner) weitgehend unbeachtet. Die Tagespresse berichtete zwar vom Aufstand in Palermo und der Revolution in Neapel im Januar 1848, über die anschließenden Unruhen in Mittel- und Norditalien sowie den „Schweif an Konstitutionen" (Friedrich Engels), den diese nach sich zogen. Die Meldungen wurden jedoch auf die hinteren Seiten der Berliner Zeitungen verbannt. Noch waren sich Journalisten und lesende Zeitgenossen nicht bewußt, daß spätestens seit den italienischen Ereignissen erneut eine Revolution ihren Weg durch Europa angetreten hatte. Dies änderte sich schlagartig, als Frankreich, das ‚Mutterland' der Revolution, vom revolutionären Fieber erfaßt wurde. Mit dem Eintreffen der ersten Nachrichten über die Pariser Februarrevolution beginnt deshalb in Berlin die eigentliche vorrevolutionäre Phase.

Teil II:
„... ein Kapitel der Weltgeschichte, das schwerer wiegen dürfte als manches Jahrzehnt!"[1] – die Märzrevolution

---

1 Zitat: AAZ vom 25. März 1848. Der namentlich nicht gezeichnete Artikel wurde am 20. März von Varnhagen verfaßt.

Kapitel II.1

Am Vorabend der Revolution

Die Reaktionen auf die Pariser Februarrevolution

Zwar waren Meldungen über die Pariser Reformbankette und über den Konflikt zwischen Regierung und bürgerlicher Opposition schon in den Wochen zuvor in der Berliner Tagespresse veröffentlicht worden. Dennoch erschien die Februarrevolution „wie ein Blitz aus heiterem Himmel", als „ungeheure Überraschung", „keiner Steigerung fähig".[2] Aufregende Berichte aus Paris trafen seit dem 27. Februar stündlich ein und bewegten alle Schichten der Gesellschaft. Louis Schneider z.B., überzeugter Monarchist, Vorleser bei Friedrich Wilhelm IV., Schauspieler, Regisseur und nach dem 19. März 1848 als führender Konservativer aktiv, war nach dem Eintreffen der ersten Nachrichten „im höchsten Grade bestürzt und voller Sorge vor dem, was sich als Folge der unerwarteten Begebenheiten" noch entwickeln konnte. Dem frischgebackenen Jurastudenten Paul Boerner, 1848 einer der Exponenten der demokratischen Studentenschaft, wiederum ging es wie vermutlich vielen anderen freisinnigen Bürgern. Er war nicht wie Schneider „bestürzt", sondern durch die Ereignisse in Paris gewissermaßen in einen Rausch versetzt; es hielt ihn „nicht in der Stube, ich mußte hinaus in die Winterkälte und bis zur Ermüdung fort und fort gehen, um nur mein Blut zu beruhigen, mein Herz, welches von ungeahnter und unverstandener Bewegung mir die Brust zu zerschlagen drohte, langsamer schlagen zu machen." Hatte man in der preußischen Hauptstadt der Julirevolution 1830 eher „wie einem in der Ferne abgespielten Drama" zugesehen, wurde „die Pariser Februarrevolution in Berlin gleich vom ersten Augenblick an wie ein tiefer Schlag in das eigene Leben empfunden".[3]

Seit dem 28. und dem 29. Februar, als in Berlin zuverlässig bekannt wurde, daß in Paris die Republik ausgerufen worden war, entwickelte sich das öffentliche Leben in „nie dagewesener Weise". Nicht nur die Post wurde in diesen Tagen „von Neugierigen förmlich belagert". Cafés, Konditoreien und überhaupt alle Orte, wo auswärtige Zeitungen gehalten wurden, waren mit Menschen

---

2 Boerner, Erinnerungen, I, S. 67; vgl. auch Schulz, Märztage, S. 1 und 4; Wolff, RC, I, S. 6; Varnhagens Eintragungen vom 28. u. 29. Febr. 1848, in: ders., Tagebücher, Bd. 4, S. 251 ff.; Muzio, Die Physiognomie im Febr. und März 1848, in: Jb. der Gegenwart, April 1848, S. 106; Frenzel, Märztage, S. 14 f.; AAZ vom 1. und 8. März 1847 u.a.m.

3 Zitate (nach ihrer Reihenfolge): Schneider, Aus meinem Leben, II, S. 2 ff.; Boerner, Erinnerungen, I, S. 73; Berlin in der Bewegung, S. 538.

überfüllt, die die Meldungen aus Paris „begierig verschlangen und die eigenen Zustände eifrig besprachen." „Man riß sich die Blätter aus den Händen." In manchen Cafés und Lesekabinetten wurde „eine Bühne extemporiert", die dann eine Art Vorleser bestieg, um mit kräftiger Stimme die wichtigsten Zeitungsnachrichten und -kommentare zu verlesen. Das Publikum konnte sich dabei häufig „trotz aller anbefohlenen Vorsicht oft nicht enthalten [...], Erläuterungen und Glossen zu geben." Derartige öffentliche Vorlesungen wiederholten sich mehrfach am Tage, und „erst in der Nacht fand man Ruhe, um die Zeitungen noch einmal durchsehen zu können und auch die näheren Details zu erfahren."[4] Zugleich wuchs das Kommunikationsbedürfnis. Das „besuchteste Lokal aller politisch denkenden Männer", so der liberale Stadtverordnete Kochhann, war die ‚Berliner Zeitungshalle'. Dort wurde seit dem Eintreffen der Nachrichten über die Februarrevolution „mit einer Freiheit politisiert, wie sie bis dahin in Berlin unerhört gewesen" war. Man sprach „ganz unbefangen über die Pariser Barrikaden und benutzte das Thema, um daran förmliche Vorlesungen über den Barrikadenbau zu knüpfen".[5] Der Obrigkeitsstaat hatte seinen Schrecken verloren.[6]

Bei Hofe war man etwas früher als der Berliner Normalbürger von den Pariser Ereignissen informiert worden. Der König und seine nähere Umgebung waren zunächst fassungslos.[7] Vor Bekanntwerden der Pariser Ereignisse waren die preußische wie die österreichische Regierung davon ausgegangen, daß die Revolution in den beiden Sizilien und die Reformbewegungen in den übrigen italienischen Staaten begrenzt bleibe, die „italienischen Complicationen" beigelegt seien. Nunmehr war allen klar, daß man „an dem Wendepunkte der europäischen Geschichte" stand.[8] Der erste Schreck am preußischen Hofe währte frei-

---

4 Zitate: AAZ vom 3. März 1848; Kochhann, Erinnerungen, III, S. 67; Muzio, Physiognomie, S. 106; Boerner, Erinnerungen, I, S. 75. Vgl. auch Wolff RC, I, S. 3 ff.; Streckfuß, 500 Jahre, S. 953 f.; Braß, Barrikaden, S. 7.

5 Zitate: Kochhann, Erinnerungen, III, S.67; TZ vom 25. Febr. 1848. Zur BZH vgl. *S. 98.*

6 Polizeiinformanten waren zwar in vielen Versammlungen vertreten; sie wurden häufig auch erkannt. Aber „man kümmerte sich um die Spione nicht". (Streckfuß, 500 Jahre, S. 954.) Vgl. auch z.B. Genée, Zeiten, S. 50 f. Ein führender Berliner Polizeibeamter mußte eingestehen, daß durch die „Pariser und italienischen Ereignisse [...] statt einer warnenden Abschreckung [...] eine tollkühne Ermuthigung eingetreten sei." (Bericht des Berliner Polizeidirektors Duncker an den Geheimen Regierungsrat Sulzer vom 2. März 1848, in: GStA, Rep. 77, Tit. 343a, Nr. 72, Bd. 1, Bl. 36 f.)

7 Vgl. z. B. Tagebucheintragungen Ludwig v. Gerlachs und Varnhagens vom 11. März 1848, in: Gerlach, Nachlaß, I, S. 82 bzw. Varnhagen, Tagebücher, Bd. 4, S. 274, oder Otto Graf zu Stolberg-Wernigerode, Anton Graf zu Stolberg-Wernigerode. Ein Freund und Ratgeber Friedrich Wilhelms IV., München/Berlin 1926, S. 56.

8 Zitate: Bericht des österreichischen Gesandten Trauttmansdorff an Metternich vom 25. Febr. 1848, StA Wien, StK Preußen, K. 194, Bl. 257 Rs. bzw. Brief Radowitz an seine Frau vom 28. Febr. 1848, nach: Möring, Radowitz, S. 6. Resignation ist aus vielen Formulierungen auch in der Folgezeit herauszuspüren; vgl. z. B. den Brief des Prinzen von Preußen an den Generalleutnant v. Stranitz vom 13. März 1848, in: Johannes Schultze (Hg.), Kaiser Wilhelms I. Briefe an Politiker und Staatsmänner, Bd. 1: 1830-1853, Berlin 1930, S. 61.

lich nur kurz. Am 28. Februar wurde Radowitz nach Wien geschickt. Beide deutschen Hegemonialmächte wollten ihr Vorgehen gegen die revolutionäre Bewegung in Deutschland aufeinander abstimmen und Maßregeln für den Fall eines angeblich drohenden französischen Angriffes absprechen.[9] Im Hintergrund stand dabei die Furcht vor einem revolutionär-expansiven Frankreich wie 1792 bis 1797 bzw. 1806 bis 1815. Aber auch einen Präventivkrieg schloß Friedrich Wilhelm IV. nicht aus.[10] Mit dem Bekanntwerden der Februarrevolution waren beim König tiefsitzende Ängste aktualisiert worden. Geprägt durch die Erlebnisse des Sturzes der absoluten Monarchie 1789, der Hinrichtung Louis' XVI. 1793 und der militärischen Schmach von 1806 war Friedrich Wilhelm IV. von Jugend an von einem leidenschaftlichen Haß auf Frankreich und die „Revoluzion" beherrscht. Er litt unter der Zwangsvorstellung, daß das, was 1789 bis 1794 in Frankreich geschehen war, sich auch in Preußen wiederholen könne. Diesem Alptraum wollte Friedrich Wilhelm IV. durch einen Krieg mit Frankreich den Garaus machen, der revolutionären Explosion durch eine „Explosion der vaterländischen Begeisterung" (P. Sagave) zuvorkommen.[11] Daß man bei Hofe die revolutionären Veränderungen in Frankreich mit aggressivem Mißtrauen beäugte, blieb der Berliner Öffentlichkeit nicht verborgen.[12] Erneute Nahrung erhielt das Gerücht, es werde zu einem Krieg mit Frankreich kommen, als am 9. März offiziell mitgeteilt wurde, es sei beabsichtigt, den Prinzen von Preußen, der in Berlin für seine forsche militärische Haltung bekannt war, als Oberkommandierenden der preußischen Truppen an den Rhein zu entsenden. Wer weiß, was geschehen wäre, wenn es am 13. März nicht zu einer Revolution in Wien und am 18. März nicht zu den Barrikadenkämpfen in Berlin gekommen wäre![13]

---

9 Außerdem sollte Radowitz über die „organische Entwicklung und Belebung des Bundes" verhandeln; hierzu und zum folgenden vgl. ausführlich Hachtmann, Radowitz, S. 253-256.

10 So hatte der preußische Monarch in seiner Rede vom 6. März 1848, mit der er die Vereinigten Ständischen Ausschüsse verabschiedete, kaum verschlüsselt gedroht, er werde, „wenn es Ehre und Pflicht gebieten, selbst die Gefahr eines Krieges einem schmählichen Frieden vorziehen." (Nach: Streckfuß, 500 Jahre, S. 955.) Vgl. außerdem den Brief Friedrich Wilhelms IV. an Bunsen vom 9. März 1848, in: Ranke, Briefwechsel, S. 178 ff.; ferner Valentin, Revolution, I, S. 414.

11 Sagave, Berlin und Frankreich, S. 153. Bereits nach der Julirevolution hatte sich Friedrich Wilhelm IV., damals noch Kronprinz, einen Koalitionskrieg gegen Frankreich wie 1792 herbeigewünscht, um die vermeintliche Quelle aller revolutionären Unruhe ein für allemal zu verstopfen.

12 Vgl. KöZ vom 29. Febr. 1847; ferner Streckfuß, 500 Jahre, S. 953; Berlin in der Bewegung, S. 538 f.; AAZ vom 8. März 1848.

13 Ein Hemmschuh für eine aktivere Politik oder gar Intervention gegenüber dem revolutionären Frankreich war allerdings, daß Louis Philippe nicht als den übrigen europäischen Monarchen gleichwertiger Potentat galt. Besonders unmißverständlich in dieser Hinsicht: Brief des Prinzen von Preußen an Vincke-Olbendorf vom 5. März 1848, in: Schultze, Kaiser Wilhelms I. Briefe an Politiker, S. 60, sowie Brief dess. an seine Schwester Alexandrine vom 27. Febr. 1848, in: Johannes Schultze (Hg.), Kaiser Wilhelms Briefe an seine Schwester und deren Sohn Großherzog Friedrich Franz II., Berlin 1927, S. 70.

Was Honoré Daumier zu den europäischen Auswirkungen der Pariser Julirevolution von 1830 ironisch feststellte, galt stärker noch für die Pariser Februarrevolution von 1848: „Könige Europas, seid auf der Hut, der Monat Juli [Februar] tut Euch nicht gut!" (Holzschnitt, 1834)

So einig man sich war, daß revolutionäre Funken zumindest auf dem Gebiet des Deutschen Bundes möglichst rasch auszutreten seien, so unklar blieb das konkrete Vorgehen. Substantielle innenpolitische Reformen, mit denen der gerade im Entstehen begriffenen demokratischen Bewegung in Preußen die Spitze hätte abgebrochen werden können, lehnte der König mit den Worten ab, daß er nicht „der Revolution durch eine Revolution vorbeugen" wolle.[14] Aus Furcht vor drohenden ‚Unruhen' sah sich Friedrich Wilhelm IV. freilich zu einigen taktischen Rücksichtnahmen auf die liberale Oppositionsströmung gezwungen, die während des Vereinigten Landtags ja recht deutlich ihre Wünsche geäußert hatte. In einer Rede vom 6. März, mit der er die Vereinigten Ständischen Ausschüsse entließ, versprach Friedrich Wilhelm IV., daß er die den Ausschüssen gewährte Periodizität auf den Vereinigten Landtag übertragen wolle. Vor dem Hintergrund eines angeblich drohenden Krieges mit Frankreich und dadurch entstehender „eventueller Kriegskosten" sowie „als Gegengewicht gegen republikanischen Unfug und gegen das deutsche Parlament" legte er dann in einem Patent vom 14. März

---

14 Schreiben Friedrich Wilhelms IV. an den Grafen und Generaladjutanten v. Redern vom 23. Febr. 1848, in: Haenchen, Revolutionsbriefe, S. 23 f.

fest, daß der Landtag am 27. April zusammentreten solle.[15] Von (auch nur einge-schränkter) Verantwortlichkeit der Regierung gegenüber dem Vereinigten Land-tag, einem demokratischeren Wahlrecht oder gar freien und gleichen Wahlen war beide Male freilich keine Rede. Daß durch diese und andere ‚Gewährungen‘ wie das Versprechen Friedrich Wilhelms IV. vom 8. März, in absehbarer Zeit und unter bestimmten Auflagen die Zensur aufzuheben, die durch die Pariser Ereignisse und die Vorgänge in Süd- und Südwestdeutschland in politische Erregung versetzte Bevölkerung Preußens ruhiggestellt und Zeit gewonnen werden sollte, war offensichtlich. Indessen rügte selbst der österreichische Ge-sandte die „dilatorische Färbung" der Verordnung über die Presse, weil sie den weitergehenden Forderungen des ‚Publikums‘ nicht entsprach.[16] Wegen ihrer „Dürftigkeit" nahmen die Berliner die Zugeständnisse „überall mit völliger Gleichgültigkeit auf", zumal die südwestdeutschen Staaten zu diesem Zeitpunkt schon viel weiter gegangen waren. Die königlichen ‚Gewährungen‘ wurden (so faßte Adolf Wolff seine Beobachtungen zusammen) „vom Volke nicht beachtet" und gingen „im Sturme der Zeit spurlos unter". Die preußische Regierung machte einen konfusen, kopflosen Eindruck. Rudolf Virchow z.B. empfand Mitte März so etwas wie Mitleid mit Friedrich Wilhelm ob dessen Realitätsferne und bedauerte, „daß der König solchen Zeiten gegenüber sein Volk immer noch wie eine Heerde kleiner Kinder behandelt u[nd] Dinge, welche so notwendig sind wie das tägliche Brot, z.B. Pressefreiheit, noch in weite Entfernung hinausrückt." „Alle Welt" erwartete, so Victor v. Unruh, von der preußischen Regierung „ein-lenkende Schritte, erhebliche Konzessionen". Aber „es geschah nichts".[17]

Unverbindliche Versprechungen waren das eine Element der obrigkeitlichen Strategie, revolutionäre Unruhe zu vermeiden, Repression das andere. Darüber, daß insbesondere gegen die gleichfalls in Bewegung geratenen unterbürgerlichen Schichten, aber auch gegen aufbegehrende Angehörige des Bürgertums und des Mittelstandes Gewalt nötigenfalls eingesetzt werden müsse, bestand auf den verschiedenen Ebenen des Staatsapparates Einigkeit. Die Frage, wann und wie das staatliche Gewaltpotential angewendet werden sollte, war dagegen umstrit-ten. Aus dem Berliner Polizeipräsidium kam Anfang März der Vorschlag, daß es klüger sei, „wenn man das jetzt herrschende politische Fieber erst etwas austo-ben lassen könne, ehe man zu seiner Beseitigung mit energischen Mitteln ein-

---

15 So Canitz an Radowitz in einem Brief vom 12. März 1848, nach: Reinhold Koser, Friedrich Wilhelm IV. am Vorabend der Märzrevolution, in: HZ Bd. 83/1899, S. 67.

16 Bericht Trauttmansdorffs vom 13. März 1848 (Anm. 8), Bl. 380 ff. Nicht einmal ein verbindli-cher Termin für die Aufhebung der Zensur wurde genannt. Sie sei „daher vom Publikum – man könne es nicht verhehlen – nicht günstig beurtheilt. – Den Liberalen erschien [die]selbe ganz ungenügend, den Conservativen nicht deutlich genug abgefaßt." Vgl. auch KöZ und AAZ vom 15. März 1848.

17 Zitate: Wolff, RC, I, S. 12; Brief Virchows an seinen Vater vom 11. März 1848, in: ders., Briefe an die Eltern, S. 130; Unruh, Erinnerungen, S. 82.

schreiten wolle".[18] Nicht zufällig war es auch der Polizeipräsident v. Minutoli, der den Innenminister davon überzeugen konnte, daß man Versammlungen besser erlaube und Redner entgegen ursprünglichen Absichten nicht arretiere, da dies die erregte Stimmung nur weiter anheizen würde.[19] Dieses Konzept des Polizeipräsidiums war jedoch nicht mit allen staatlichen Institutionen abgestimmt und insbesondere unter führenden Militärs umstritten. Diese setzten lieber auf die zahlenmäßige und waffentechnische Überlegenheit ihrer Truppen, auch um den Preis erheblichen Blutvergießens. Es wurden in der Nähe Berlins Truppen zusammengezogen und nach außen hin demonstriert, daß man vor hartem militärischen Durchgreifen nicht zurückschrecken würde.[20] An der politisch unsinnigen Brutalität des Militärs seit dem 13. März sollte das im Sinne erfolgreicher Pazifizierung der Berliner Bevölkerung durchdachte Konzept des Berliner Polizeipräsidiums schließlich scheitern.

„... mit dem Embryo der Revolution in Verhandlung getreten" – die ersten politischen Versammlungen im Tiergarten und die Aktivitäten der kommunalen Organe (bis 11. März)

Erfolg versprach die Taktik des Polizeipräsidenten auch, weil sie der Mentalität großer Teile der Berliner Bürgerschaft Rechnung trug. Die hoffnungsfrohe Erregung, die viele Berliner nach den Pariser Ereignissen ergriffen hatte, war nur die

---

18 Schreiben Dunckers an Sulzer vom 2. März 1848 (Anm. 6).
19 Vgl. die Erinnerungen Minutolis (im Frühjahr 1850 verfaßt), als handschriftliche Auszüge in: GStA, Rep. 94, Tit. O. b., Nr. IV, pars. II, Bl. 174; außerdem Waldersee, Märztage, S. 4; Prittwitz, Berlin, S. 57; Felix Rachfahl, König Friedrich Wilhelm IV. und die Berliner Märzrevolution im Lichte neuer Quellen, in: Preußische Jahrbücher Bd. 110/1902, S. 282 ff. sowie Varnhagen, Eintragung vom 12. März 1848, in: ders., Tagebücher, Bd. 4, S. 275 f. Der Versuch, diese flexible Taktik allgemein durchzusetzen, trug Minutoli den Vorwurf ein, daß er „zu schwarz" sehe (Friedrich Wilhelm IV.) und „den hohen Personen eine Revolution vorspiegelte". (Prittwitz, nach: Rachfahl, ebd., S. 282.) Vgl. auch ders., Berlin, S. 57. Gleichzeitig ergriff die Berliner Polizei eine Reihe repressiver Präventivmaßnahmen (u.a. Beschlagnahme mehrerer hundert Gewehre, die im Berliner Schützenhaus gelagert waren, Überwachung und ggf. sofortige Ausweisung der in Berlin weilenden Ausländer). Vgl. Brief des Innenministers Bodelschwingh an Minutoli und Bericht Minutolis an Bodelschwingh, beides vom 14. März 1848, in: GStA, Rep.77, Tit. 343a, Nr. 72, Bd. 1, Bl. 219; Bd. 2, Bl. 115 u. Rs.; Bekanntmachungen Minutolis vom 1. März 1848; ferner Prittwitz, Berlin, S. 49 f.
20 Zur Verstärkung der Truppen vgl. z. B. Schreiben des Gouverneurs von Berlin an den Magistrat vom 13. März 1848, in: LAB StA, Rep. 01, Nr. 2442, Bl. 2; oder den Brief des Premierleutnants Julius von Hartmann an seine Braut vom 11. März 1848, in: Weber, Revolutionsbriefe, S. 50; ferner Prittwitz, Berlin, S. 49 ff., 53; Schulz, Märztage, S. 8. Während Offiziere wie Prittwitz, Waldersee, Hohenlohe-Ingelfingen u.a., die offenbar nur in militärischen Kategorien denken konnten, die Taktik Minutolis vehement verwarfen, handelte der am 2. März zum Gouverneur ernannte General v. Pfuel nach ähnlichen Prinzipien wie Minutoli; vgl. z. B. Schreiben Minutolis an Bodelschwingh vom 15. März 1848, in: GStA, Rep. 77, Tit. 343a, Nr. 72, Bd. 2, Bl. 31.

eine Seite. Zugleich hatte das alte „System" viele Bürger in „polizeimäßige Furchtsamkeit, in eine solche Rath- und Thatlosigkeit hineingewiegt, daß, als jedermann fühlte, es sei Zeit zur Umgestaltung der Verhältnisse, sich doch niemand zum Handeln aufgelegt und fähig fand." Die meisten warteten erst einmal ab und hofften „auf das, was die städtischen Behörden thun würden".[21] Diese begannen in der Tat relativ frühzeitig zu überlegen, wie man den Zeitströmungen Rechnung tragen könne.

Am 1. März 1848 verfaßten drei Berliner Stadträte eine Denkschrift, die sie am 5. März dem Magistrat überreichten. Sie schlugen darin vor, den König zu bitten, „schleunigst die Stände des Reichs um sich zu versammeln", das Wahlrecht zu „erweitern" und „wahre Freiheit der Presse und Kirche" zu verkünden.[22] Vergleichbare Wünsche wurden in den ersten Märztagen auch in der Stadtverordnetenversammlung laut.[23] Beide Selbstverwaltungsorgane nahmen damit Forderungen einer Petition auf, die Anfang März in der Berliner Bürgerschaft zirkulierte und am 5. März der Stadtverordnetenversammlung zur Beschlußfassung für ihre Sitzung am 9. März übergeben wurde.[24] Eine Deputation der Stadtverordnetenversammlung sollte diese dann „sofort" dem König überbringen. Dies geschah zwar nicht. Aber am 7. März bündelten die drei Stadträte ihre Denkschrift zu einem Antrag an den Berliner Magistrat. Obgleich ihre Forderungen moderat waren und sie nur eine weit verbreitete Stimmung artikulierten, wurde

---

21 BZH vom 21. März 1848. Ähnlich äußerte sich die AAZ vom 8. März 1848.

22 Ansonsten drohe eine unkalkulierbare ‚Revolution von unten', wie beim „kriegslustigsten Volk Europas", den Franzosen, und wie 1806 „eine zweite schmachvolle Zeit über Deutschland hereinzubrechen". (Denkschrift vom 5. März 1848, in: LAB StA, Rep.01, Nr.2435, Bl. 2-5.) Vgl. auch Clauswitz, Städteordnung, S. 209 f.; Angerstein, Märzereignisse, S. 15, Anm., sowie Jürgen Wetzel, Krausnick und die Berliner Kommunalpolitik von 1834 bis 1862, in: „… taub für die Stimme der Zeit". Zwischen Königstreue und Bürgerinteressen. Berlins Bürgermeister H. W. Krausnick von 1834 bis 1862, hg. von Gerd Müller und Jürgen Wetzel, Berlin 1985, S. 40.

23 Vgl. Schreiben des Berliner Polizeidirektors Duncker vom 4. März 1848, GStA, Rep. 77, Tit. 343a, Nr. 72, Bd. 1, Bl. 27. Danach hatte „ein Theil der städtischen Abgeordneten" beschlossen, an diesem Tage „eine Deputation an unseres Königs Majestät zu senden, welche eine Erweiterung der städtischen Rechte und namentlich die Periodizität der Landtagsversammlungen erbitten" wolle. Offenbar wurde diese Initiative vor dem Hintergrund der im folgenden beschriebenen Aktivitäten zurückgestellt.

24 Verlangt wurde in der (undat.) Bürger-Petition, daß es „keinen Krieg mit Frankreich" geben dürfe, es sei denn, daß „es deutschen Boden antastet", sowie „gesetzliche Freiheit im Innern, damit wir die Franzosen stolz zurückweisen können, wenn sie uns diese Freiheit bringen wollen". Finden könne man diese Freiheit aber nur „in der völligen rückhaltlosen Erfüllung der der deutschen Nation und dem preußischen Volk vor, in und nach den glorreichen Kämpfen von 1813, 14 und 15 gegebenen Versprechungen". Konkret gefordert wurden „Preßfreiheit", Periodizität des Landtags und „Aufhebung der Wahlbeschränkungen" sowie schließlich „einige Verbrüderung der gesamten deutschen Nation". (Abschrift, in: GStA, Rep. 77, Tit. 343a, Nr. 72, Bd. 1, Bl. 7-8 Rs.) Auszugsweise auch bei: Wolff, RC, I, S. 17 f.

ihr Antrag vom Magistrat mit 18 gegen 9 Stimmen abgelehnt.[25] Die Unruhe der Berliner Bürgerschaft konnte auf diese Weise freilich nicht gedämpft werden. Zwei Tage später stand der Vorschlag für eine Petition an den König erneut auf der Tagesordnung der Stadtverordnetenversammlung. Vorausgegangen war dem eine Intensivierung der ‚Adreßdebatten' in der Bürgerschaft und die Sammlung von Unterschriften für mehrere Petitionen, die im Tenor meist ähnlich waren wie die oben erwähnte. Eine Adresse fiel allerdings aus dem Rahmen. Sie war zudem folgenreich für die weitere politische Entwicklung.

In der ersten Woche des März begann eine kleine Zahl junger Männer, und zwar überwiegend Universitätsstudenten sowie Schüler der Gewerbe- und Kunstakademie, die über die Leseräume der ‚Berliner Zeitungshalle' miteinander in Kontakt gekommen waren[26], zu überlegen, wie sie ihren Wünschen nach demokratischen Freiheiten wirkungsvoll Ausdruck verleihen könnten. Da sie polizeiliche Repressionen gegenüber offen politischen Großveranstaltungen fürchteten, luden sie in aller Stille einige politische Freunde zu einer Versammlung in einem Lokal mit dem Namen ‚Die Zelte'[27] im Tiergarten ein. Diese erste Versammlung am *6. März* ‚Unter den Zelten' war noch sehr klein und zählte „nicht vielmehr Theilnehmer als Urheber des Planes überhaupt". Nach kurzer und „unbeholfener Discussion" beauftragte man drei Mitglieder des Kreises, eine Art Diskussionsvorlage für eine ‚Adresse der Jugend' an den König bis zum folgenden Tage abzufassen. Die Versammlung am *7. März*, gleichfalls ‚Unter den Zelten' abgehalten, war weit größer; Wolff schätzt die Zahl der Teilnehmer auf

---

25 Ausschlaggebend für die Zurückweisung des Antrags war die Äußerung des Bürgermeisters Krausnick, er sei am Vortage im Stadtschloß mit dem Innenminister zusammengetroffen und habe diesen über die Wünsche der Berliner Bürgerschaft unterrichtet. Krausnick beschwor die Versammlung, auf die Weisheit des Königs und seiner Minister zu vertrauen, die ohnehin schwierige Situation nicht noch durch Petitionen ‚anzuheizen', und machte in diesem Zusammenhang die Äußerung, er wolle nicht „Präsident der provisorischen Regierung" werden. Zum Ausdruck bringen wollte er wohl mit dieser eigenartigen Formulierung, daß er nicht daran dächte, von Berliner Bürgern aufgestellte, gegen die absolute Monarchie und die geltenden Gesetze gerichtete Forderungen der staatlichen Obrigkeit gegenüber zu vertreten; vgl. hierzu die Erwiderung Krausnicks auf einen Artikel in der NZ vom 26. Juni 1848, in: NL Krausnick, LAB, Rep. 200, Acc. 2675, Nr. 16, Bl. 145 u. Rs. sowie das Schreiben Krausnicks an den Verleger der Wolff'schen Revolutionschronik E. G. Hempel vom 2. Febr. 1850, in: ebd., Nr. 31/3.
26 Vgl. Braß, Barrikaden, S. 8; Rudolph Genée, Zeiten und Menschen. Erlebnisse und Meinungen, Berlin 1899[2], S. 53; Angerstein, Märzereignisse, S. 15; Wolff, RC, I, S. 14; Ägidi, Gegen die Signatura temporis, S. 96.
27 Die ‚Zelte', auf halbem Weg zwischen der Stadt und dem Schloß Bellevue (heute Sitz des Bundespräsidenten) unmittelbar an der Spree gelegen (ungefähr dort, wo das Bundeskanzleramt geplant ist), waren 1745, im Zuge der Umwandlung des Tiergartens in einen öffentlichen Park, als Gartenlokal gegründet worden. Aus den anfänglichen zwei Leinwandzelten wurden zunächst Holzhütten und später eine ganze Reihe fester Häuser; die ‚Zelte' behielten jedoch ihren Namen. An schönen Sommer-Sonntagen zogen sie Tausende von Berlinern an. Geeignet war der Platz vor dem Bierlokal ‚Zelte' für politische Großveranstaltungen auch deshalb, weil dort eine größere hölzerne Bühne stand.

etwa sechshundert, „Männer der verschiedensten Stände und Bildungsstufen". Einen Eindruck von der Diskussion, die auch eine Art erstes rhetorisches Übungsfeld verschiedener, später führender Demokraten war, und von der emotionalen Verfassung vieler Redner gibt der Bericht des Studenten Paul Boerner:

„Sehr lebhafte Debatte. Ich hörte und sah nichts! Mit klopfendem Herzen hatte ich um das Wort gebeten. Doch die Kehle war mir wie zugeschnürt, ich verzichtete. Bald faßte ich indeß neuen Mut. So stand ich denn oben, vor mir ein schwarzer Knäuel von Menschen, der mir ungeheuer erschien. Alles, was ich sagen wollte, hatte ich vergessen! Endlich gelangte ich zum Anfang, der sich, wie üblich, auf die ‚33 Jahre schmählicher Knechtschaft' bezog, die mit großem Beifall aufgenommen wurde. Ich wollte nun auseinandersetzen, daß wir uns selbst die Freiheit erobern wollten, aber kaum fing ich an: ‚Wir wollen nicht durch Frankreich frei werden', so hielt man mich für einen Gegner der Februarrevolution und durch ein allgemeines Konzert von Zischen und Lachen wurde ich gezwungen, für heute wenigstens dem rednerischen Ruhm zu entsagen."[28]

Als Ergebnis einer mehr als vierstündigen Diskussion wurde schließlich eine Adresse verabschiedet, die die Forderung nach „unbedingter Preßfreiheit", „vollständiger Redefreiheit", „sofortiger und vollständiger Amnestie aller wegen politischer und Preßvergehen Verurtheilten", „freiem Versammlungs- und Vereinigungsrecht" und „Verminderung des stehenden Heeres und Volksbewaffnung" enthielt. Verlangt wurde ferner die „schleunige Einberufung des Vereinigten Landtags", eine „Allgemeine deutsche Volksvertretung" und „gleiche politische Berechtigung Aller, ohne Rücksicht auf religiöses Bekenntnis und Besitz". Ihrem Inhalt nach war die Petition radikal, ihrer Form nach blieb sie unterwürfig. In gewisser Weise kann die Versammlung vom 7. März ‚Unter den Zelten' als erste offen demokratische Bewegung Berlins angesprochen werden, auch wenn sich, wie Wolff ironisch anmerkt, einzelne der Redner veranlaßt sahen, „in ihren Vorträgen eine polizeimäßige Besonnenheit zu beobachten und eine gleichsam durch polizeiliches Maß geregelte Begeisterung zu äußern." Beschlossen wurde schließlich, daß mehrere Deputierte am darauffolgenden Tag in der ‚Berliner Zeitungshalle' zusammenkommen sollten, um zu beraten, in welcher Form man die Adresse dem König zukommen lassen könne.

An diesem Tag, dem *8. März,* fand sich zur gleichen Zeit, zu der die Deputierten der Volksversammlung des Vortages zusammenzukommen beschlossen hatten, auch der Polizeipräsident v. Minutoli in den Privaträumen des Besitzers der ‚Zeitungshalle', Gustav Julius, ein. Minutoli warnte die Deputierten, die beschlossene Adresse unmittelbar dem König zu übergeben, wie dies die Mehrheit der Volksversammlung des 7. März gewünscht habe, vielleicht gar die Übergabe der Adresse mit einer Demonstration zu verbinden. In einem solchen Falle wür-

---

28 Boerner, Erinnerungen, I, S. 82. Vgl. außerdem (als weiteren Augenzeugen) Genée, Zeiten, S. 53 f. Die folgenden Zitate: Wolff, RC, I, S. 15 ff.

den alle polizeilichen und militärischen Mittel angewandt werden, um die Ausführung dieser Absicht zu verhindern, auch wenn dabei Blut fließen würde. Statt die schriftlich fixierten Forderungen dem König selbst zu überbringen, sollten sie – so schlug Minutoli vor – doch mit der Stadtpost an Friedrich Wilhelm IV. gesandt werden. Mit diesem ‚Vorschlag‘ verabschiedete sich der Polizeipräsident. Die zunächst ratlos zurückgelassenen Deputierten beschlossen schließlich, für den Abend des nächsten Tages erneut eine Vollversammlung ‚Unter den Zelten‘ einzuberufen. Obgleich die Bemühungen der ‚Volksdeputierten‘ also nicht von Erfolg gekrönt waren und Minutoli sie (ein letztes Mal) die vormärzliche Arroganz der Obrigkeit hatte spüren lassen, ist die politische Bedeutung dieser Zusammenkunft hoch zu veranschlagen. Sie lag darin, daß mit dem Polizeipräsidenten, der nicht dem Magistrat, sondern unmittelbar dem preußischen Innenministerium unterstellt war, das erste Mal eine wichtige staatliche Institution quasi offiziell demokratische Forderungen entgegennahm und insofern (wie Wolff und Streckfuß unisono formuliert haben) „mit dem Embryo der Revolution in Unterhandlung getreten" war.[29]

Am nächsten Tag, dem *9. März*, versammelten sich des Nachmittags gegen 16 Uhr die *Stadtverordneten* zu einer öffentlichen Sitzung. Obwohl ursprünglich gar nicht auf die Tagesordnung gesetzt, war der Punkt: „Erörterung der Anträge, die sich auf die gegenwärtigen politischen und sozialen Zeitverhältnisse beziehen", der wichtigste. Dieser Tagesordnungspunkt war es auch, der eine große Menge an Zuhörern anzog. Nicht nur der 150 Personen fassende Sitzungssaal war überfüllt. Eine noch größere Zahl von Menschen stand auf den Gängen, im Treppenhaus und auf dem Vorplatz des Rathauses. Die Unruhe dort legte sich erst, als die Türen geöffnet wurden und auch außerhalb des Sitzungssaales die Diskussion der Mitglieder der Berliner Kommunalversammlung verfolgt werden konnte. Einig waren sich die Stadtverordneten, daß dem erwähnten, aus der Bürgerschaft heraus dem Stadtparlament gestellten Antrag, eine Adresse an den König abzufassen, die die Forderungen ‚der Zeit‘ enthalten solle, gefolgt werden müsse. Nach kurzer Debatte wurde schließlich eine Kommission gewählt, die binnen 24 Stunden ein derartiges Schriftstück ausarbeiten sollte.[30]

Etwa zwei Stunden, nachdem die Stadtverordnetenversammlung beendet war, begann die *dritte Volksversammlung* ‚Unter den Zelten‘. Trotz naßkalten Wetters hatten sich diesmal drei- bis viertausend Personen eingefunden. Zur Diskussion stand, wie man die am 7. März beschlossene Adresse dem König überreichen solle. Nach langem Hin und Her einigte man sich schließlich darauf, die Forderungen der Stadtverordnetenversammlung zu übergeben und erst, wenn diese die Annahme ablehnen würde, die Adresse dem Monarchen selbst

---

29 Ebd., S. 20; Streckfuß, 500 Jahre, S. 957.
30 Vgl. vor allem BZH vom 16. März; VZ und SZ vom 11. März 1848 sowie Wolff, RC, I, S. 21-26.

zu überreichen. Die abgehaltenen Diskussionen erschöpften sich freilich nicht im Procedere der Übergabe der Adresse. Viele Redner – so notierte der Berichterstatter der ‚Augsburger Allgemeinen Zeitung' – nutzten die Versammlung auch, „sehr begreifliche Anzüglichkeiten auf unsere politischen Zustände" zu machen, was „jedesmal mit donnerndem Applaus aufgenommen" wurde.[31] Hinsichtlich ihrer politischen Wirkung sind diese drei ersten Zeltenversammlungen kaum zu überschätzen. Weit über den unmittelbaren Teilnehmerkreise rüttelten sie große Teile der Berliner Bevölkerung auf. Die dort diskutierten Themen wie überhaupt die Tatsache, daß politische Veranstaltungen abgehalten werden konnten, waren Stadtgespräch.

Am *10. März* überreichte die ‚Deputation aus den Zelten' den Stadtverordneten ihre Adresse, unter die inzwischen mehr als 6000 Berliner ihre Unterschrift gesetzt hatten. Am *11. März* fand sich das *Stadtparlament* zu einer weiteren Sitzung zusammen, um über die eigene Adresse und die der Zeltenversammlung zu beraten. Nach längerer Diskussion, die wiederum von einer großen Masse an Zuhörern verfolgt wurde, lehnten die Stadtverordneten die Überreichung der ‚Zeltenadresse' an den König ab. Sie beschlossen, statt dessen Friedrich Wilhelm IV. eine eigene Adresse zu übergeben, der sich am folgenden Tag auch der Magistrat anschloß. Wenn die Petition der kommunalen Abgeordneten deutlich moderater abgefaßt war als die ‚Zeltenadresse', dann auch deshalb, weil die Stadtverordneten glaubten, zwischen den politischen Fronten, die sich inzwischen in der Bürgerschaft herausgebildet hatten, lavieren zu müssen.[32] Insbesondere die ‚Zeltenadresse' vom 7. März hatte polarisierend gewirkt und *konservative*

---

31 Allerdings „atmeten", so wußte die VZ zu berichten, zwar alle Reden „das Prinzip des Fortschritts, aber lediglich des in den Schranken der Ordnung und des Gesetzes begründeten Fortschritts". Zitate: AAZ vom 15. März; VZ und SZ vom 11. März 1848; vgl. außerdem Angerstein, S. 18 f.; Genée, Zeiten, S. 54 ff.; Frenzel, Märztage, S. 17; Wolff, RC, I, S. 26 ff.

32 Vgl. vor allem Angerstein, Märzereignisse, S. 20; außerdem VZ und SZ vom 15. März 1848; Wolff, RC, I, S. 30-38; Streckfuß, Preußen, I, S. 12 f.; Braß, Barrikaden, S. 13 ff.; Clauswitz, Städteordnung, S. 210 f. Zur konservativen Kritik vgl. vor allem mehrere, namentlich nicht gezeichnete Eingesandts in der VZ. Am 13. März z.B. wurde die ‚Zeltenadresse' in einem Leserbrief als eine alle „biederen und treuen Männer schwer beleidigende Kränkung" bezeichnet. Ein anderer forderte in der VZ vom 11. März die „lieben Freunde und Brüder, Alle, die ihr seit zwei Abenden das Erste Thiergarten-Zelt besucht", auf, zu Hause zu bleiben; denn niemand solle „sich um Dinge kümmer[n], die nicht zu seinem Lebensberufe gehören, und die er – Hand aufs Herz – doch nur oberflächlich zu beurteilen versteht". Ein dritter wollte unter dem Ruf „mit Gott für König und Vaterland" den „Kampf gegen alle Aufregung, Zwiespalt und Zerwürfnisse, welche sich zwischen König und Vaterland zu erheben drohen, beginnen". Ungeheure „Gefahren für unser Preußenland" seien „unausbleiblich, wenn wir fortfahren, alles Bestehende zwischen König und Vaterland plötzlich über den Haufen werfen zu wollen". Den „Ehrgeizigen und Eigennützigen, die durch Unruhen und Verwirrungen ihren Vorteil suchen" und auch die Zeltenversammlungen organisiert hätten, „diesen Elementen [sei] kräftig entgegenzuwirken". Den Arbeitern, so meinte ein fünfter, müsse der „Glaube" genommen werden, sie hätten „ein Recht zum Fordern". Allein die VZ vom 14. März enthielt acht derartiger Eingesandts.

Reaktionen ausgelöst. Von der freiheitlichen Bewegung der ersten Märzwochen wurden nur Teile der Berliner Bürgerschaft ergriffen. Die in den zahlreichen Äußerungen durchscheinende Angst vor dem riesigen, unkalkulierbaren ‚Proletariat‘ erklärt sich nicht zuletzt aus der dramatischen Zuspitzung der schon vorher krisenhaften wirtschaftlichen Verhältnisse in den letzten drei Wochen vor der Berliner Märzrevolution.

Panik an der Börse, Massenentlassungen und erste Arbeitsbeschaffungsmaßnahmen

Die soziale Lage der Handwerksgesellen und (von Heimarbeitern kaum unterscheidbaren) kleinen Meister, die seit 1846 krisenhafte Züge angenommen und sich seit Sommer und Herbst 1847 trotz ertragreicher Ernten kaum gebessert hatte, verschärfte sich Anfang des Jahres 1848 weiter. Die wirtschaftliche Talfahrt wurde durch die revolutionären Ereignisse in Frankreich, und später in Wien und Berlin, beschleunigt. Die Ereignisse des Februar und März 1848 führten zu Auftragsstornierungen; eine klassische Überproduktionskrise begann. Hinzu traten Zinssteigerungen und Kreditverknappungen, die den ökonomischen Spielraum von Unternehmern und Handwerksmeistern einengten. Obgleich der konjunkturelle Höhepunkt im industriellen Bereich bereits vor dem Februar 1848 deutlich überschritten war, schien aus der Sicht vieler Bürger die gewerbliche Krise erst gleichzeitig mit den Revolutionen einzutreten. Sie schoben den revolutionären Erschütterungen vom Februar und März die Schuld an der Wirtschaftskrise zu. „Kommunismus heißt das Gespenst, das man aus dem Rauch des verbrannten Thrones [Louis Philippes] und der in Dampf aufgelösten Staatspapiere und Aktien emporsteigen sah."[33]

Wie stark die revolutionären Ereignisse im westlichen Nachbarland wirkten, läßt sich in der Tat besonders gut an der Reaktion der Berliner Börse ablesen. Für die „Börsenwelt" sei die Februarrevolution die „größte Katastrophe" der letzten vierzig Jahre gewesen; die Rückkehr Napoleons von Elba und die Julirevolution hätten sich dagegen nur wie „schwache Intermezzos" ausgenommen, kommentierten die Tageszeitungen. Die ‚Börsianer‘ hielten sich deshalb „begreiflicherweise mit allen Geschäften sehr zurück". Die meisten Aktien fanden am 29. Februar und an den ersten Märztagen „gar keine Käufer".[34] Nach Eintreffen der Nachrichten aus Paris am 28. Februar mittags sanken die an der Berliner Börse notierten Aktienkurse bis zum Abend um durchschnittlich etwa fünf Pro-

---

33 Muzio, Physiognomie Berlins (Anm. 2), S. 106.
34 Zitate: VZ vom 1. und 6. März 1848; AAZ vom 4. März 1848. Vgl. außerdem AAZ vom 8. bzw. 13. März 1848; auch Angerstein, Märzereignisse, S. 17.

zent. Manche Bankpapiere fielen noch weit stärker. Die „fieberhafte Spannung" an der Berliner Börse hielt in der Folgezeit weiter an.[35] Panik herrschte nicht nur an der Börse: Am 4. März z.B. verbreitete sich „das Gerücht wie ein Lauffeuer durch die Stadt", das ausländische Papiergeld, das in großen Mengen in Berlin zirkulierte, habe allen Wert verloren. „Alle Welt" beeilte sich nun, sich der vermeintlich wertlosen Scheine zu entledigen, und drängte in die Wechselbureaus. „Niemand wollte der letzte sein, die Hausfrauen brachten ihren Ehemännern das eben erhaltene Monatsgeld, das sie auf dem Markte nicht loswerden konnten, wieder zurück und verlangten dafür preußisches Courant."[36] Dadurch geriet wiederum die ‚Preußische (Staats-) Bank', die für die einheimische Währung geradezustehen hatte, ins Schlingern. Um wegen des „außerordentlichen Anstürmens" auf die Geldeinlagen seit Ende Februar die Bank liquide zu halten, gewährte die preußische Staatsregierung ein Darlehen über die beträchtliche Summe von drei Millionen Taler.[37]

Die Finanzkrise verschärfte die industrielle Krise. In den Berliner Maschinenbauunternehmen kam es in der letzten Woche vor dem 18. März 1848 zu Massenentlassungen. Borsig entließ von seinen 1200 Arbeitern um die 400. Der Maschinenbaubetrieb Rüdiger kündigte hundert Arbeitern, d.h. etwa zwei Dritteln der Gesamtbelegschaft. Die Porzellanmanufaktur Schumann, die 1847 etwa 600 Arbeiter beschäftigt hatte, entließ bis März 1848 gleichfalls große Teile der Belegschaft; und auch die ‚Königliche Porzellanmanufaktur' mußte wegen rapide schrumpfender Umsätze zahlreiche Arbeiter ‚freisetzen'. Andere Unternehmen werden auf die gleiche Weise versucht haben, mit den wirtschaftlichen Problemen fertig zu werden, wenn sie nicht – das galt vor allem für kleinere Betriebe – gänzlich schließen mußten.[38] Auch zahlreiche Gesellen wurden entlassen. Insgesamt werden Mitte März mindestens fünf- bis sechstausend Berliner Gesellen und Arbeiter arbeitslos gewesen sein.[39]

Mit der Frage, wie man der Arbeitslosigkeit wirkungsvoll Herr werden könne, waren die Berliner Kommunalbehörden schon früher konfrontiert worden. Seit

---

35 Die Entwertung namentlich der Aktien sei (berichtete die AAZ vom 12. März 1848) „so entsetzlich, daß schon wieder ein Theil des Privatpublikums durch den reichen Zinsgewinn gelockt, sich zum Kauf entschließt".

36 VZ vom 6. März 1848.

37 Vgl. Jb. amtliche Statistik, 1867, S. 50.

38 Vgl. Helbach, Unternehmer, S. 439 f.; Valentin, Geschichte, I, S. 418; Bergmann, Wirtschaftskrise, S. 70 f.; (zu Borsig:) Leipziger ‚Illustrierte Zeitung' vom 4. März 1848, nach: Borsig-Archiv ZA/139; (zur Porzellanmanufaktur Schumann und zur KPM:) Arnulf Siebeneicker, Die Porzellanmanufaktur Schumann in Moabit (1834-1880) [ms. Magister-Arbeit], Berlin 1992, S. 76 f.

39 Zu den bereits am ersten Tag nach Eröffnung der Arbeitsnachweisungs-Anstalt von dieser Institution registrierten etwa 700 Erwerbslosen sowie einer ähnlich hohen Anzahl Arbeitsuchender, die sich jeweils an den folgenden Tagen meldeten (was Doppelzählungen natürlich einschloß), ist eine schwer schätzbare ‚Dunkelziffer' hinzuzurechnen. Zum Umfang der registrierten Arbeitslosigkeit vgl. *S. 437 ff.*

Anfang 1847 wurde in der Stadtverordnetenversammlung überlegt, eine Arbeits-nachweisungs-Anstalt einzurichten und Arbeitsbeschaffungsmaßnahmen in Angriff zu nehmen.[40] Ende Mai 1847 wurden dann bei „Kultur- und Wegearbeiten" in der ehemaligen Köllnischen Heide die ersten zweihundert Berliner Arbeitslosen auf öffentliche Kosten beschäftigt. Einen weiteren Monat später beschloß der Magistrat im Einverständnis mit den Stadtverordneten, für ähnliche Arbeiten im Wedding zeitlich begrenzt bis zum Einbruch des Winters „höchstens 500 Personen" einzustellen.[41] Bereits während des Winters mußten neue Mittel für Arbeitsbeschaffungsmaßnahmen beantragt werden. Ende Februar 1848 waren bei den Erdarbeiten im Wedding wieder dreihundert Arbeiter beschäftigt. Der vor dem Hintergrund der gewerblichen Krise immer dramatischere Ausmaße annehmenden Arbeitslosigkeit war damit jedoch nicht einmal in Ansätzen wirkungsvoll begegnet.[42]

Am 9. März 1848 öffnete das lange geplante Arbeitsnachweisungs-Bureau endlich die Pforten. Eine unmittelbare Linderung der Arbeitslosigkeit bedeutete dies freilich noch nicht. Statt dessen wurde überhaupt erst mit der Öffnung dieser ersten Arbeitsnachweisungsanstalt der ganze Umfang der Erwerbslosigkeit in der preußischen Landeshauptstadt sichtbar. In der Stadtverordnetensitzung vom 9. März mußte ein Mitglied des ‚Curatoriums des Arbeitsnachweisungs-Bureaus' berichten, daß bereits an diesem ersten Tage sich knapp 700[43] erwerbslose Berliner bei der Anstalt gemeldet hätten, jedoch nur einem einzigen Arbeitsuchenden eine Arbeitsstelle habe vermittelt werden können. Offene Stellen seien kaum vorhanden. Es müßten staatliche und kommunale Arbeitsbeschaffungsmaßnahmen in ganz anderem Ausmaß ins Auge gefaßt werden, als dies bisher geschehen

---

40 Nämlich auf den Stadtverordneten-Sitzungen vom 28. Jan. und 13. April 1847; vgl. LAB StA, Rep. 00, Nr. 119 VZ vom 30. Jan. 1847; außerdem den Schriftwechsel zwischen Magistrat und Polizeipräsidenten von Febr. 1847 bis Febr. 1848, in: BLHA, Rep. 30, Tit. 9, Nr. 214, Bl. 1-15; ferner VZ vom 5. Juni und 12. Okt. 1847 sowie 10. Jan. 1848. Mitte April 1847 schlug eine eigens für diesen Zweck eingerichtete Deputation der Stadtverordneten Arbeitsbeschaffungsmaßnahmen vor.

41 Vgl. dazu den Schriftwechsel zwischen der Forst- und Ökonomie-Deputation, dem Magistrat und den Stadtverordneten von April bis Juni 1847, in: LAB StA, Rep. 03, Nr. 654, Bl. 1-12; ferner VZ vom 5. Juni 1847.

42 Vielmehr, so berichtete die Forst- und Ökonomie-Deputation am 28. Februar, sei „der Andrang nach dieser Arbeit trotz des geringen Tagelohnes" von 7 1/2 Sgr. „so ungemein groß, daß wir fortwährend von den Armen-Commissionen angegangen werden, noch mehr Arbeiter anzustellen, und diesem Anliegen, wenn es länger andauern sollte, auch werden nachgeben müssen". (In: LAB StA, Rep. 03, Nr. 654, Bl. 21.)

43 Wolff (RC, I, S. 21 sowie S. 54) spricht von sechs- bis sieben*tausend* Arbeitsuchenden, die sich bei diesem Büro meldeten. Diese Angabe wird z. B. übernommen von Roland Bauer, Berlin. Illustrierte Chronik bis 1970, Berlin 1988, S. 295. Dabei scheint es sich jedoch um einen Druckfehler zu handeln; denn alle anderen Quellen nennen die Zahl 600 bis 700; vgl. z. B. VZ vom 11. März; BZH vom 16. März 1848.

sei".[44] Die Stadtverordnetenversammlung konnte sich am 9. März noch zu keinem definitiven Beschluß durchringen, sondern wählte eine Kommission, die darüber in nähere Beratung treten sollte: die ‚Deputation zur Beratung über das Wohl der arbeitenden Klassen'. Eine Woche später nahmen die Stadtverordneten einen ersten Zwischenbericht und mehrere Anträge der neuen Deputation entgegen. Beschlossen wurde u.a., ‚fremde' Gesellen, die mehr als drei Tage arbeitslos seien, aus Berlin auszuweisen. Auf diese Weise suchte man die Arbeitslosigkeit ‚statistisch' zu drücken. Darüber hinaus, so wollte es die Mehrheit der Berliner Bürgervertretung, sollten die gewerblichen Arbeiten in den Zucht- und Arbeitshäusern eingestellt und schließlich die Militärbehörden aufgefordert werden, den beim Militär beschäftigten Handwerkern zu verbieten, für Zivilpersonen zu arbeiten. Die Ausweitung der Arbeitsbeschaffungsmaßnahmen konnte die Probleme gleichfalls nur lindern: Zusätzlich zu den vierhundert bereits im Wedding beschäftigten Arbeitslosen sollten, so lautete ein weiterer Beschluß der Stadtverordnetenversammlung vom 16. März, 530 Arbeitsplätze bei Erdarbeiten geschaffen werden. Die Staatsregierung erklärte sich bereit, darüber hinaus für schon in Angriff genommene Straßenbauten in der näheren Umgebung Berlins dreihundert und für den geplanten Kanal nach Spandau weitere Arbeiter aus der preußischen Hauptstadt einzustellen.[45] Trotzdem blieben die ‚soziale Frage' und die „Beteiligung der Arbeiter" in den letzten Tagen vor der Berliner Märzrevolution ein „Brennpunkt" der demokratischen Volksbewegung in Berlin.

Eine „veränderte, herausfordernde, beinahe freche Haltung" – politische Einstellungen innerhalb des ‚Proletariats' zwischen Februar- und Märzrevolution

Die bisher geschilderten politischen Aktivitäten wurden fast ausschließlich von Angehörigen des Bürgertums oder des Mittelstandes getragen. Die sozialen Unterschichten hielten in dieser Phase gegenüber der bürgerlichen Opposition weitgehend auf Distanz: „Die Stimmung im Volke", so suchte der Berichterstatter der ‚Mannheimer Abend-Zeitung' seine Eindrücke zusammenzufassen, sei

---

44 Protokoll der Stadtverordneten-Sitzung vom 9. März 1848, in: LAB StA, Rep. 00, Nr. 128; vgl. außerdem Bekanntmachung des Kuratoriums der städtischen Arbeitsnachweisungs-Anstalt vom 2. März 1848. Aufgabe der neuen Deputation war es, nicht nur Maßnahmen zur Beseitigung der Massenerwerbslosigkeit, sondern alle Aspekte der ‚sozialen Frage' zu beraten. Zur Tätigkeit der DBWaK vgl. *S. 392 ff., 430.*

45 Vgl. Stadtverordneten-Sitzung vom 16. März 1848, in: LAB StA, Rep. 00, Nr. 128 sowie Schreiben des Königlichen Wegebaumeisters an den Magistrat vom 16. März 1848, in: ebd, Rep. 03, Nr. 654, Bl. 22 u. Rs. Das folgende Zitat: Ägidi, Gegen die Signatura temporis, S. 100.

„eine dumpfe, gewitterschwüle. Viele Arbeiter haben sich der Unterzeichnung der [Zelten-]Petition verweigert, weil sie sich vom Petitioniren kein Heil erwarten."[46] Gleichwohl würde es, berichtete ein linksliberaler Stadtverordneter Anfang März, „unter den Arbeitern furchtbar gähren".[47] Das waren freilich kaum mehr als Mutmaßungen. Denn über die politischen Meinungsbildungsprozesse innerhalb der Unterschichten waren die schreibenden Zeitgenossen – und sind deshalb auch wir – viel schlechter unterrichtet als über die Wandlungen der Einstellungen im Bürgertum und im Mittelstand. Die wenigen Berichte aus der Perspektive ‚von oben' lassen jedoch den Schluß zu, daß ‚unten' gleichfalls die Ideen der französischen Februarrevolution aufgegriffen und als Ermunterung aufgefaßt wurden, eigene Forderungen zu artikulieren. Vermutlich von Mitgliedern des Handwerkervereins wurden Forderungen formuliert, die zwischen dem 10. und 13. März als ‚Adresse der Arbeiter' in mehreren lithographierten Exemplaren zirkulierten.

In dem recht kurzen Schriftstück wurde Friedrich Wilhelm IV. „um schleunige Abhilfe der jetzigen großen Noth und Arbeitslosigkeit" gebeten. „Der Staat blüht und gedeiht nur da, wo das Volk durch Arbeit seine Lebensbedürfnisse befriedigen und als fühlender Mensch [sic!] seine Ansprüche geltend machen kann. Wir werden [jedoch] von Capitalisten und Wucherern unterdrückt; die jetzigen bestehenden Gesetze sind nicht im Stande, uns vor ihnen zu schützen." Gefordert wurde deshalb „ein Ministerium für Arbeiter, das aber nur [aus] Arbeitern und Arbeitgebern zusammengesetzt werden darf und deren Mitglieder nur aus beider Mitte gewählt werden dürfen." Lediglich ein solches Ministerium sei „im Stande, den wahren Grund der drückenden Lage des Volkes kennenzulernen, das Loos der Arbeiter zu verbessern [und] den Staat vor drohenden Gefahren zu schützen".[48] Ein „Ministerium für Arbeiter", als Passepartout zur Lösung aller Aspekte der ‚sozialen Frage', das war eine Forderung, für die offensichtlich die Pariser Februarrevolution Pate stand. Daß einer ihresgleichen, der Arbeiter Albert Martin, am 26. Februar 1848 in Frankreich an die Spitze des neuen Ministeriums berufen worden war, hatte (so beobachtete der radikale Student Boerner) überhaupt in proletarischen „Kreisen am tiefsten und nachhaltigsten gewirkt".

Unter konservativen und gemäßigt liberalen Bürgern löste die Berliner Arbeiteradresse erhebliche Irritationen aus, zumal noch am 10. März die Vossische

---

46 Mannheimer Abend-Zeitung, nach: Wolff, RC, I, S. 53.
47 Schreiben Franz Dunckers an Jakob Venedey vom 8. März 1848, in: BA Potsdam 90 Ve 1, Nr. 11, Bl. 10 Rs.
48 Ein Exemplar der lithographierten, handschriftlichen Petition befindet sich in LAB, Rep. 200, Acc. 2675, Nr. 28; als Reproduktion auch in: Illustrierte Geschichte, S. 84. Daß die Adresse im Handwerkerverein entstanden sei, behauptet z.B. Bauer, Chronik, S. 296. Das folgende Zitat: Boerner, Erinnerungen, I, S. 96.

Zeitung befriedigt festgestellt hatte, daß „unsere Arbeiter bisher durchaus ruhig" gewesen seien und „die Aufregung sich meistentheils auf die gebildeten Klassen beschränkt" habe. Die „niederen und unteren Klassen" schienen doch, wie der Polizeirat Duncker in einem Bericht vom 18. März an Bodelschwingh schrieb, „eine leicht erregbare Masse [zu sein], deren Zustände und Verhältnisse nicht so leicht dahin zu bringen sind, daß sie mit ihrer Lage zufrieden sein würden".[49] Einen weiteren Hinweis, wie sehr die Unterschichten von revolutionärer Unruhe ergriffen gewesen sein müssen, gibt ein Polizeibericht vom 7. März 1848. Dort heißt es u.a., daß einem Gerichtsboten in der Nähe des Moabiter Staatsgefängnisses „ein Haufen Arbeiter" begegnet sei, welcher demselben erklärt habe: „Der ist auch einer von denen, die nicht mehr lange hier laufen werden. Wir werden nach Eurem Gefängnisse kommen und Eure Gefangenen zuerst befreien, denn das sind Leute, die wir jetzt am ersten gebrauchen, die Ihr dort sitzen habt." Der Berichterstatter schloß aus diesem Vorfall, daß die ‚Arbeiter' „auf die Idee kommen könnten, in den polnischen Gefangenen gerade Stützen und Hülfen für strafbare Unternehmungen zu finden."[50] Gemeint waren damit die Polen, die im Dezember 1847 in einem aufsehenerregenden Prozeß wegen der Vorbereitung eines Aufstandes als ‚Landesverräter' zu langjährigen Freiheitsstrafen sowie in acht Fällen zudem zum Tode verurteilt worden waren und im Gefängnis Moabit einsaßen. Sie galten ‚Arbeitern' wie Polizeibehörde als revolutionserfahren.

Wenn man im Berliner Polizeipräsidium den zitierten Bemerkungen der ‚Arbeiter' eine so große Bedeutung beimaß, daß man umgehend den Innenminister persönlich darüber informierte, dann lag dem auch die langjährige Erfahrung zugrunde, daß Gesellen und Arbeiter ihren Forderungen und ihrem Unmut nötigenfalls handgreiflich Ausdruck verliehen. Die Nachrichten über die Pariser Februarrevolution hatten zudem im ‚gemeinen Volk' den Eindruck hinterlassen, daß der Kampf gegen das Militär nicht mit einer Niederlage zu enden brauche. So berichtete Minutoli bereits am 13. März dem Militär-Gouvernement, daß zwar die Gefahr einer „ernstlichen Reibung mit den Arbeitern" unmittelbar nicht drohe, daß aber „die Haltung dieser Klasse eine entschieden freche und herausfordernde" sei.[51] Auch dem General Prittwitz fiel das gesteigerte Selbstgefühl, „die veränderte, herausfordernde, beinahe freche Haltung [der] unteren Schichten der Einwohnerschaft, namentlich [der] Gehilfen des Handwerkerstandes" auf. Prittwitz und andere Offiziere mit ihm waren außerdem empört „über den scharf sich

---

49 In: GStA, Rep. 77, Tit. 501, Nr. 3, Bd. 2, Bl. 283 Rs.
50 Schreiben Dunckers an Bodelschwingh vom 7. März 1848, in: GStA, Rep. 77, Tit. 343a, Nr. 72, Bd. 1, Bl. 71. Zum Polenprozeß und zur Amnestie vom 19. März 1848 vgl. *S. 222 f.*
51 Nach: Tim Klein (Hg.), 1848. Der Vorkampf deutscher Einheit und Freiheit. Erinnerungen, Urkunden, Berichte, Briefe, Leipzig 1914, S. 146.

aussprechenden Haß gegen das Militär".[52] Der 'Pöbel' und das Militär glichen Feuer und Wasser. Verstärktes Auftreten von Truppeneinheiten mußte die 'niederen Classen' provozieren, umgekehrt 'Zusammenballungen' des 'Pöbels' das Militär. Die Tage vom 13. bis 16. März wurden durch diese Konstellation bestimmt.

Erste Konflikte zwischen 'Volk' und Militär: der 13. und 14. März

Nachdem die Stadtverordnetenversammlung es am 11. März abgelehnt hatte, die 'Zeltenadresse' gemeinsam mit ihrer eigenen Petition zu überreichen, beschloß die Mehrheit des Komitees, die „Sache fallenzulassen", während eine Minderheit die Entscheidung darüber einer weiteren Volksversammlung überlassen wollte. Diese Volksversammlung, die für den folgenden Tag anberaumt wurde, besaß einen ganz anderen Charakter als die bisherigen.

Der *13. März*, ein Montag – überdies traditionell der Wochentag, an dem die Gesellen zu 'feiern' gewohnt waren ('blauer Montag') –, war der erste schöne Frühlingstag des Jahres 1848. Die Straßen Berlins waren belebter als sonst. Viele zog es ins Grüne vor die Stadtmauern. In den ersten Nachmittagsstunden bewegten sich eine große Zahl von Spaziergängern, darunter viele Frauen und Kinder, durch das Brandenburger Tor in den Tiergarten. Trotz des friedfertigen Rahmens war die politische Atmosphäre stärker aufgeladen als an den Vortagen. Es hatte sich rasch herumgesprochen, daß die Stadtverordneten die Übernahme der 'Zeltenadresse' abgelehnt hatten. Optisch in Szene gesetzte militärische Vorsichtsmaßregeln, insbesondere massive Verstärkungen der Wachen des Schlosses, des Zeughauses, der Preußischen Seehandlung und der Bank, sowie das demonstrative Aufstellen von Kanonen an einzelnen Punkten der Stadt und die auffällige Präsenz von Soldaten auf den Straßen trugen nicht zur Beruhigung bei.[53]

Unter der großen Menge an Besuchern, die sich, auch angelockt von der Hoffnung auf spektakuläre Ereignisse, am späten Nachmittag 'Unter den Zelten' eingefunden hatte, war eine auffallend große Zahl von Handwerksmeistern, -gesellen und Arbeitern. Anfangs hatten sich nur größere Diskussionsgruppen zusammengefunden. Aus diesen entwickelte sich dann gewissermaßen spontan die

---

52 Prittwitz, Berlin, S. 45 f.
53 Vgl. ebd., S. 33 f.; Schulz, Märztage, S. 6, sowie KöZ vom 17. März und TZ vom 19. März 1848. Darüber hinaus kursierte das Gerücht, daß es am Vortage zu Verhaftungen gekommen sei (was nicht der Wahrheit entsprach) und die für diesen Tag angesetzte Volksversammlung aufgelöst werden solle. Dieses Gerücht wurde dadurch widerlegt, daß sich auch der Polizeipräsident einfand, auf einzelne Anwesende beruhigend einwirkte und danach aus einiger Entfernung die Versammlung beobachtete; vgl. AAZ vom 17. März 1848 sowie Angerstein, Märzereignisse, S. 21 ff.

bis dahin größte Volksversammlung; Streckfuß spricht von etwa zehntausend Menschen, Wolff von zwanzigtausend und ein Militärschriftsteller sogar von knapp dreißigtausend Menschen[54], die nach dem Ende der Versammlung dann Richtung Brandenburger Tor zogen. Als die Versammlung gegen 18 Uhr begann, bestand keine förmliche Leitung. Keines der Mitglieder des Adressen-Komités war anwesend. So naturwüchsig, wie die Versammlung entstanden war, so chaotisch war ihr Verlauf. Ohne daß eine Tagesordnung o.ä. aufgestellt worden wäre, stiegen verschiedene Redner auf das Podium und ließen sich über die unterschiedlichsten politischen Fragen aus. Das erste Mal wurden längere Diskussionsbeiträge auch von Angehörigen des „Arbeiter- und Handwerkerstandes" gehalten, und zwar „nicht über Fragen der hohen Politik, sondern über Arbeit und Handwerk, über Zölle und Steuern, über die französische Bewegung" und hier insbesondere darüber, daß „ein ouvrier in der Regierung" sei. Viele Beiträge waren konfus und enthielten „mancherlei Komisches". Der „größere Teil der Menge" (berichtete der Augenzeuge Paul Boerner) hörte „entweder schweigend zu oder wogte, über die neuen Ereignisse in Süddeutschland und in Sachsen sprechend, unter den Bäumen hin und her." Die Menge (behauptete der österreichische Gesandte Trauttmansdorff in seinem Bericht über diesen Abend), zumindest der überwiegende Teil, „wußte nicht, was sie eigentlich wollte, […] man schwatzte durcheinander"; es habe sich zudem „kein eigentlicher Führer gezeigt". Stärker als in den Versammlungen zuvor, das beobachtete ein anderer Augenzeuge, ging es am 13. März in erster Linie darum, die „Kräfte zu konzentrieren". Konkrete politische Inhalte seien „Nebensache" gewesen.[55]

Für größere Unruhe unter den an diesem Abend Versammelten sorgte schließlich, daß nach 19 Uhr zahlreiches Militär am Brandenburger Tor massiert wurde. Wenig später, noch vor 20 Uhr – die Dunkelheit war längst hereingebrochen –, löste sich die Versammlung im Tiergarten auf. Unter Zischen, Pfeifen, Lärmen und Singen zog die riesige Menschenmenge an der starkbesetzten Wache vorbei durch das Brandenburger Tor, ‚Unter den Linden' entlang zum Platz vor dem Stadtschloß. Zusätzlich säumte eine Unmenge von Neugierigen die Straße. Überall waren „in auffallender Weise" Militärtrupps aufgestellt. An der Stechbahn, dem Punkt, wo die Masse auf den Schloßplatz einbog, hieben plötzlich Kürassiere mit blanker Klinge auf die zuvor umzingelten Menschen ein (ohne daß es vorher einen Aufruf zum Auseinandergehen gegeben hätte). Viele Verletzte blieben zurück. Ein junger Mann wurde erstochen. Einge-

---

54 Schulz, Märztage, S. 8 f. Die Quelle für diese Angabe ist vermutlich die AAZ vom 17. März 1848. Vgl. hierzu und zum folgenden vor allem Wolff, RC, I, S. 60 f.; Boerner, Erinnerungen, I, S. 96 ff.; Streckfuß, 500 Jahre, S. 964.

55 Zitate: Bericht Trauttmansdorffs vom 15. März 1848 (Anm.8), Bl.385 Rs., sowie Ägidi, Gegen die Signatura temporis, S. 100. Allerdings wurden die erwähnte Arbeiter-Adresse verlesen und offenbar viele Unterschriften zur Unterstützung der Petition gesammelt.

hauen wurde von berittenen Soldaten nicht nur im Zentrum, sondern ebenso in anderen Gegenden der Stadt. Die militärische Aktion war eine unnötige Provokation: Die friedlich zurückkehrende Menge hatte die Soldaten nicht herausgefordert, es wurden keine politischen Parolen u.ä. gerufen, wenn man vom üblichen „Halloh der Gassenbuben" einmal absieht.[56] Auch die Angehörigen der unterbürgerlichen Sozialschichten, denen u.a. aus den Erfahrungen der ‚Kartoffelrevolution' bekannt sein mußte, wie scharf das preußische Militär gegen den ‚Pöbel' vorgehen konnte, waren von dem brutalen Vorgehen der schwer bewaffneten Kavallerieabteilungen vollkommen überrascht.[57] Überdies war die Menge unbewaffnet. Erst nach 22 Uhr, als das „blutige Schauspiel der Metzelei" in der Gegend um das Schloß bereits vorüber war, „wurde der Gedanke an Widerstand beim niederen Volke rege". Es war mehr ein Akt ohnmächtiger Wut, daß einige Personen gegen Ende der Auseinandersetzungen erfolglos versuchten, einen Waffenladen zu plündern, und in der Grünstraße, in deutlicher Entfernung vom Zentrum, eine erste Barrikade errichtet wurde. Die Erbitterung „über die empörende Mißhandlung an friedlichen Bürgern" durch das Militär reichte weit über den Kreis der unmittelbar Betroffenen hinaus. Politische Differenzen zwischen gemäßigt liberalem Bürgertum und eher gewaltbereitem ‚Pöbel' traten vorübergehend in den Hintergrund.[58] Der Gedanke an Widerstand, vielleicht auch die Hoffnung auf eine ‚Revolution', faßte in einem erheblichen Teil der unterbürgerlichen und kleineren Teilen der bürgerlichen Schichten Fuß. Mit dem 13. März trat Berlin in eine Situation ein, die unübersehbar vorrevolutionäre Züge trug.

Noch bestand freilich die Möglichkeit zur friedlichen Beilegung der allgemeinen politischen ‚Aufregung'. Am *14. März*, des Mittags 2 Uhr, erschien eine Deputation der städtischen Behörden unter der Leitung des Oberbürgermeisters Krausnick im Schloß, um dem König die von Stadtverordnetenversammlung und Magistrat gemeinsam getragene Adresse zu überreichen. Die Antwort des Monarchen mußte alle enttäuschen, die von ihm großzügige Konzessionen erwartet hatten. Friedrich Wilhelm IV. verwies auf seine schon gemachten halbherzigen Zugeständnisse, vor allem die Einberufung des Landtags Mitte April (das Patent wurde am gleichen Tage bekanntgemacht) und das Inaussichtstellen eines Pressegesetzes. Ein weiteres Entgegenkommen etwa in der Frage des Wahlrechts

---

56 Zitate: KöZ vom 16. März 1848, sowie ‚Frankfurter Journal', nach: Wolff, RC, I, S. 62. Daraus auch die folgenden Zitate.

57 Daß „Entsetzen, Verwirrung, Flucht, verzweifeltes Geschrei" (A. Wolff) die Szene beherrschten und nicht etwa Angriffslust des ‚Pöbels', mußten selbst (gemäßigte) Konservative zugeben; vgl. etwa Nobiling, nach: Rachfahl, Neue Quellen, S. 276.

58 Nobiling konstatierte später, daß nur wenige borniere Hochkonservative das militärische Vorgehen befürworteten und „gegen die Einstellung der Feindseligkeiten" waren. (Nobiling, nach: ebd.)

lehnte er mit den Worten ab, „die Gliederung der Stände sei deutsch" und nur der „Besitz als althergebrachte Ordnung der Standschaft" komme in Betracht. An dieser „guten, alten deutschen Ordnung" dürfe nichts substantiell verändert werden.[59] Verzögerungstaktik und Ablehnung jeglicher Konzessionen, die im Ergebnis zu einer konstitutionellen Monarchie hätten führen können, das wurde hier deutlich, bestimmten das Handeln des Hofes. Dies hinderte den Magistrat freilich nicht, noch am gleichen Tage eine Erklärung zu veröffentlichen, in der er seine „Begeisterung" über die „huldreichsten Worte" des Monarchen bekundete. In einer ebenfalls am 14. März veröffentlichten Bekanntmachung forderte der Magistrat die Bürgerschaft „dringend" auf, „daß Jeder sich selbst und alle diejenigen, welche seiner Aufsicht unterstellt sind, von jeder Theilnahme aufregender Versammlungen fernhalte".

Tatsächlich wurde an diesem Tage keine größere öffentliche Versammlung abgehalten. Wohl eher aus Neugierde kam es nach Einbruch der Dunkelheit in der näheren Umgebung des Schloßplatzes zu vereinzelten Menschenansammlungen. „Die Entwicklung der Militärkräfte wirkte [...] wie ein Magnet auf Eisenspäne". Sie provozierte auch an diesem Abend wieder Pfiffe, Lärmen usw. sowie (das war anders als am Vortag) zahlreiche Steinwürfe. Die Korrespondenten auswärtiger Zeitungen waren übereinstimmend der Meinung, daß, wenn „keine Militärkräfte entwickelt worden wären, auch keine Aufläufe Statt gefunden hätten".[60] So kam es gegen 21.15 Uhr zu noch schwereren blutigen Vorfällen als an den Vortagen. Zahlreiche, zumeist unbeteiligte Berliner Bürger wurden in der Nähe des Schloßplatzes von berittenen Militärs „durch Säbelhiebe arg mißhandelt"[61] und zum Teil erheblich verletzt. Die Truppen befanden sich freilich auch in äußerst gereizter Stimmung, da sie schon über mehrere Tage hinweg in ständiger Alarmbereitschaft gehalten wurden und zum Teil schlecht verpflegt worden waren. Zudem waren unter den Soldaten Gerüchte im Umlauf, die ‚Arbeiter' würden einen revolutionären Umsturz planen, das Schloß solle gestürmt werden u.a.m.[62] Infolge ihrer hochemotionalisierten Verfassung seien

---

59 Antwort und Adressen der Stadtverordneten und des Magistrats vom 13. März 1848 im Wortlaut in: LAB StA, Rep. 01, Nr. 2435, Bl. 13-15 Rs. bzw. 20-21; Tagespresse der folgenden Tage; Wolff, RC, I, S. 65 f.; Braß, Barrikaden, S. 23 f.

60 Zitat: KöZ vom 18. März 1848. Vgl. auch Schreiben von 13 Bürgern an den Magistrat vom 14. März 1848, in: LAB StA, Rep. 01, Nr. 2439, Bl. 42 u. Rs.; ferner AAZ vom 18. März und TZ vom 20. März 1848.

61 Protokoll mehrerer Berliner Bürger, die zu dieser Stunde zufällig in einem Lokal der auf den Schloßplatz mündenden Brüderstraße saßen und durch die Fenster die Ereignisse beobachteten, nach: Die Berliner Maerz-Revolution, hg. von Mitkämpfern und Augenzeugen, Berlin 1848, S. 41 bzw. Wolff, RC, I, S. 73.

62 Unter den fast ausschließlich adligen Offizieren wurde darüber hinaus die Furcht laut, ihnen werde es, ähnlich wie in den Jahren nach 1792 in Frankreich, „an den Kragen gehen". Nicht ganz grundlos, denn am 15. März waren auch einige Offiziere vom Pöbel ‚belästigt' worden. Vgl. (Zitat:) KöZ vom 18. März 1848 (1. Ausgabe); Waldersee, Märztage, S. 9 f.; Hohenlohe-In-

die Kürassiere (gaben mehrere Bürger zu Protokoll) „unter entsetzlichem Geschrei" in Richtung Schloßplatz geritten. Nicht zuletzt gegenüber gänzlich unbeteiligten Personen entfaltete sich „die Wuth der Kürassiere auf eine unglaubliche Weise." Nichtsahnende Passanten wurden „von zuweilen zwei bis drei Kürassieren zugleich angegriffen und auf das Umbarmherzigste mit den Pallaschen [schweren Säbeln, R. H.] zusammengehauen, und sobald sich einer dieser Unglücklichen seinen Verfolgern entzogen hatte, wurde er nach und nach die ganze Linie der Kürassiere hinunter immer wieder von neuem angegriffen".[63]

Im Grunde war die Situation in der Stadt schon zu diesem Zeitpunkt politisch weitgehend außer Kontrolle geraten. Das Militär ließ seinem Haß auf den ‚Pöbel' freien Lauf. „Die Furcht vor der Revolution machte die Revolution", hat Gutzkow später treffend bemerkt. Die maßlose Brutalität der Kürassiere zeugte eher von Hilflosigkeit als von durchdachten Konzepten für eine ‚Aufstandsbekämpfung'. Es entstand ein Teufelskreis; denn die „tägliche Aufstellung des zum Kampf bereiten Militärs weckte bei dem ohnehin necksüchtigen Charakter der Berliner Bevölkerung den Kitzel des Widerstandes."[64] Da die Truppen „ohne Warnung und Aufforderung eingehauen und Unschuldige schwer verwundet" hatten, trieb, so mußte der Polizeipräsident am folgenden Tage eingestehen, „die Erbitterung gegen das Militär" ihrem „Culminationspunkt" zu. „Die Gruppen auf den Straßen werden dichter. Beschwerde-Deputationen der Bürger belagern mich."[65]

Eine dieser Deputationen, eine Gruppe von 27 Bürgern um den Schriftsteller und späteren Stadtrat Woeniger, suchte mit einer Erklärung vom 15. März die ‚Spirale' von Gewalt und Gegengewalt auf Berlins Straßen zu durchbrechen und die Situation zu entspannen. Sie forderte „in Folge der beklagenswerthen Ereignisse, welche sich gestern abend in der Brüderstraße zugetragen haben", daß erstens „das Militair gänzlich zurückgezogen bleibe, es sei denn daß Angriffe gegen Personen und Eigenthum vorkämen", und zweitens, „daß bis dahin den Bürgern die Bewahrung der Ruhe selbst überlassen bleibe". Die Gruppe um Woeniger beließ es nicht bei der bloßen Eingabe, sondern machte ihre Forderungen zusätzlich auf gedruckten Anschlägen den Berliner Bürgern bekannt.[66] Der Innenminister sagte daraufhin immerhin die Bildung einer Untersuchungskommis-

gelfingen, Aufzeichnungen, S. 21; Bericht Trauttmansdorffs vom 15. März 1848 (Anm. 8), Bl. 397 u. Rs. bzw. Bl. 400; Eintrag Varnhagens vom 15. März 1848, in: ders., Tagebücher, Bd. 4, S. 281.

63 In: GStA, Rep. 77, Tit. 501, Nr. 3, Bd. 2, Bl. 314-316; im Wortlaut außerdem in: Braß, Barrikaden, S. 28 f.; Wolff, RC, I, S. 74 f. Über eine maßlose Brutalität der Militärs berichteten auch andere Augenzeugen. Vgl. z. B. Schreiben des Bürgers Aug. Krantz an den Magistrat vom 15. März 1848, in: LAB StA, Rep. 01, Nr. 2439, Bl. 1.

64 Karl Gutzkow, Unter dem schwarzen Bären, Berlin 1971, S. 531 f.

65 Bericht Minutolis an Bodelschwingh vom 15. März 1848 (Anm. 20).

66 In: LAB StA, Rep. 01, Nr. 2439, Bl. 38; im Wortlaut außerdem in: Wolff, RC, I, S. 78; zu Woeniger vgl. KBA.

sion zu, „welche dieses zu beklagende Ereigniß auf das genaueste constatiren" sollte (und zog sich dafür den scharfen Tadel des Prinzen von Preußen zu). Pfuel, zu diesem Zeitpunkt Gouverneur von Berlin, und der Polizeipräsident brachten ihr Bedauern darüber zum Ausdruck, daß „mehrere friedliche, an jenen Orten zufällig anwesende Bürger verwundet worden sind".[67] Die Stadtverordneten und der Magistrat schließlich kamen dem Verlangen von Woeniger und anderen Bürgern nach, die Bürgerschaft selbst zur Sicherung von ‚Ruhe und Ordnung' zu mobilisieren, indem sie auf ein lange gehegtes Projekt zurückgriffen – die Bildung von sog. Schutz-Kommissionen.

Die Schutz-Kommissionen

Kommunale Bürgermilizen haben in Preußen und Berlin eine lange Vorgeschichte. In der preußischen Hauptstadt waren bereits im Juli 1810 Bürgergarden geschaffen, im Februar 1825 allerdings wieder aufgelöst worden. Nach ‚Unruhen' in Köln am 3. und 4. August 1846 wurden auf Veranlassung Friedrich Wilhelms IV. in Berlin Überlegungen angestellt, erneut aus der Bürgerschaft eine ‚Schutz-Kommission' aufzustellen, die bereits im Vorfeld größerer ‚Tumulte' etwaige ‚Ruhestörer' beschwichtigen und so die Hinzuziehung von Militär überflüssig machen sollte.[68] Die Berliner Stadtverordneten nahmen die Initiative Friedrich Wilhelms IV., „den Communal-Behörden eine Mitwirkung zur Beseitigung etwa entstehender Volksunruhen gestatten zu wollen, mit dem größten Dank" an. Vorgesehen war, „Schutz-Commissionen aus den angesehensten und gewandtesten Einwohnern jedes Bezirks zu wählen, damit sie durch ihren moralischen Einfluß auf ihre Mitbürger wirken" könnten. Es wurde auch bereits daran gedacht, die Mitglieder dieser unbewaffneten Bürgergarde mit weißen Armbinden und Stäben zu versehen.[69] Diese Pläne traten dann während der ‚Kartoffel-revolution' 1847 in eine Phase partieller Umsetzung, als sich in einzelnen Bezirken derartige Schutz-Kommissionen bildeten. Eine dauerhafte Installierung solcher Bürgerwehren scheiterte vornehmlich am Widerstand des Innenministers.[70]

---

67 Bekanntmachungen Bodelschwinghs (gemeinsam mit dem Kommandanten von Berlin, v. Ditfurth), Pfuels und Minutolis vom 15. März 1848. Zur „Mißbilligung" der Bekanntmachung durch den Prinzen von Preußen vgl. Waldersee, Märztage, S. 13.
68 Vgl. Clausewitz, Städteordnung, S. 116 ff.; Alf Lüdtke, ‚Gemeinwohl', Polizei und ‚Festungspraxis'. Staatliche Gewaltsamkeit und innere Verwaltung in Preußen 1815-1850, Göttingen 1982, S. 289 f.; Albrecht Funk, Polizei und Polizeistaat. Die Entwicklung des staatlichen Gewaltmonopols in Preußen 1848-1914, Frankfurt a.M./New York 1986, S. 44 f.
69 Protokoll der Stadtverordneten-Sitzung vom 8. März 1847, in: LAB StA, Rep. 00, Nr. 119 bzw. VZ vom 23. Febr. 1847.
70 Dagegen sprach sich der Polizeipräsident (damals noch v. Puttkamer) „sehr beifällig" über die neue Einrichtung aus; vgl. Protokoll der Stadtverordneten-Sitzung vom 23. und 29. April 1847,

Anfang März 1848 wurde die Diskussion erneut angefacht, nachdem „angesehenste Bürger der Stadt" in einer Petition das Stadtparlament aufgefordert hatten, höheren Orts unverzüglich auf die Einrichtung „bewaffneter Schutz-Commissionen" hinzuwirken. Die Petitionäre, die ihre Forderung mit den „Aprilunruhen" des Vorjahres begründeten, mahnten zur Eile; denn „Leben und Eigenthum sind bedroht, [...] der kleinste Verzug kann uns die größte Gefahr, den unwiderbringlichsten Verlust bringen". Dieser Antrag aufgeschreckter Bürger, die die Radikalität der unterbürgerlichen Schichten Berlins überschätzten, wurde von den Stadtverordneten in ihrer Sitzung vom 9. März – also noch bevor es zu gewalttätigen Auseinandersetzungen zwischen ‚Pöbel‘ und Militär kam – wohlwollend behandelt. Mit ihren Vorstellungen, die von konservativen wie freisinnigen Stadtverordneten einvernehmlich geteilt wurden, nahm die Versammlung Struktur und Funktion der nach der Märzrevolution ins Leben gerufenen Bürgerwehr vorweg: Ziel müsse die Schaffung einer bewaffneten Bürgergarde sein. Rekrutieren solle sich diese aus „den Communalbeamten und den gutgesinnten Bürgern", d.h. aus der Minderheit der erwachsenen männlichen Bevölkerung Berlins, die das Bürgerrecht besaßen. Deren Hauptaufgabe müsse darin bestehen, vor allem den „Schutz des Eigenthums" zu sichern. Wegen der „Schwierigkeiten von Oben" sei an die kurzfristige Verwirklichung dieses Ziels allerdings nicht zu denken. Als Zwischenlösung sei von der staatlichen Obrigkeit die sofortige Schaffung unbewaffneter Schutz-Kommissionen zu fordern, die auf potentielle Tumultanten beruhigend einzuwirken hätten. Erst wenn dies nichts fruchte und ein ‚Krawall‘ drohe, dürfe Militär hinzugezogen werden.[71]

Am 11. März wurde dieses Konzept auch formaliter abgesegnet. Die knappe Zweidrittel-Mehrheit, die sich unter den städtischen Abgeordneten für diesen Beschluß fand, verdeckt allerdings, daß unterschiedliche Absichten mit der geplanten Einrichtung verfolgt wurden: Eine starke Fraktion aus konservativ-liberalen Stadtverordneten wollte die Bürgerwehr als innere Ordnungsmacht gegenüber möglichen Angriffen des ‚Pöbels‘. Eine kleine, demokratisch-linksliberale Fraktion, deren prominentester Sprecher Nauwerck war, wollte mit der Schaffung einer bewaffneten Bürgerwehr „dem Bürger eine Hauptbedingung zur Freiheit, das Recht, Waffen zu tragen", verschaffen. Es müsse, wie „in den süddeutschen Staaten", eine „bewaffnete Volksmacht" aufgebaut werden. Entscheidungsfindung und Beschluß der Stadtverordnetenversammlung vom 11. März, unbewaffnete Schutz-Kommissionen gewissermaßen als innere, bürgerliche Sicherheitswehr zu schaffen, waren indessen nicht nach dem Geschmack des der Sitzung beiwohnenden Publikums. Die Zuhörer, die offenbar überwiegend den

---

in: LAB StA, Rep. 00, Nr. 119 sowie VZ vom 27. April 1847. Ausführlich hierzu: Gailus, Straße und Brot, S. 325 ff. sowie Meyer, Öffentliches Leben, S. 90 f.

71 Protokoll der Stadtverordneten-Sitzung vom 9. März 1848, in: LAB StA, Rep. 00, Nr. 128.

unterbürgerlichen Schichten angehörten und mit der weitergehenden Forderung nach allgemeiner ‚Volksbewaffnung' sympathisierten, machten einen „wahrhaft furchtbaren Lärm" und konnten erst nach längerem Zureden veranlaßt werden, die Tribüne zu verlassen. Sie riefen dann von der Straße aus auf die Stadtverordneten Nauwerck, Berends und Mertens als die Wortführer der ‚linken' Fraktion ein dreimaliges ‚Vivat' aus.[72]

Offiziell ins Leben traten die Schutz-Kommissionen, die „Angstgeburt der sogenannten Vertreter der Stadt" (wie Wolff spöttelte), am 16. März. Zu erkennen waren die Mitglieder der Schutz-Kommissionen an einer weißen Armbinde mit der Aufschrift ‚Schutz-Beamter' sowie an einem etwa vierzig bis fünfzig Zentimeter langen, weißen Stabe – vom Berliner Volksmund als „Ballkelle" bezeichnet. Widersetzlichkeiten gegen diese ‚Schutz-Beamten' (das wurde in einer Bekanntmachung des Magistrats sogleich bekannt gemacht) konnten genauso bestraft werden wie Amtsanmaßung, d.h. das Tragen der Armbinde oder des Stabes, ohne dazu befugt zu sein. Die Organisation der Schutz-Kommissionen gelang in den folgenden Tagen allerdings nur in einigen der insgesamt 102 Stadtbezirke.[73] Wichtig nicht zuletzt mit Blick auf die spätere Bürgerwehr war der Beschluß der Stadtverordneten, daß den Schutz-Kommissionen nur angehören durfte, wer das Bürgerrecht besaß. Der Antrag, auch „alle selbständigen Schutzverwandten", mithin also einen erheblichen Teil derjenigen, die das Bürgerrecht *nicht* besaßen, zur Errichtung einer „Schutzwehr" heranzuziehen, wurde mit Zweidrittel-Mehrheit abgelehnt. Die Mehrheit befürchtete anscheinend, daß dies der erste Schritt zu einer allgemeinen Volksbewaffnung sein würde.[74] Begrüßt wurde von den Stadtverordneten dagegen, daß die Studenten der Friedrich-Wilhelm-Universität als „Glieder der städtischen Schutz-Kommissionen mit weißem Stabe und weißer Binde" tätig werden wollten. Noch am 15. März wurde damit begonnen, insgesamt knapp fünfhundert Studenten in die Schutz-Kommissionen einzugliedern.

Im übrigen wurden auch die *Studenten* erst allmählich politisch aktiv. Eine studentische Veranstaltung am 10. März, während der die neuen Ereignisse und eigene Forderungen diskutiert werden sollten, war nur von kurzer Dauer, weil sie gleich zu Beginn von einer christlich-konservativen Studenten-Korporation, dem

---

72 Zitate: AAZ vom 15. März 1848. Protokoll der Sitzung vom 11. März 1848 in der VZ vom 13. März 1848 sowie in: Wolff, RC, I, S. 38-42. Der konservative Stadtverordnete Devarenne (KBA) schlug im übrigen bereits während dieser Stadtverordneten-Sitzung vor, statt einer „bewaffneten Bürgergarde" „Constabler" nach dem Vorbild Englands aufzubauen. Sein Vorschlag wurde zwar mit einem lautstarken „Bravo!" honoriert, jedoch nicht unmittelbar weiterverfolgt.

73 Vgl. Bericht Nobiling zum 16. März 1848, in: GStA, Rep. 94, IV. O. b., Nr. 4, pars I, Bl. 28; ferner KöZ vom 20. März 1848.

74 Protokoll der Stadtverordneten-Sitzung vom 16. März 1848, in: LAB StA, Rep.00, Nr.128. Zur Beteiligung der Studenten an den ‚Schutz-Kommissionen' vgl. Schreiben des Rektors und Senats der Friedrich-Wilhelm-Universität an den Gouverneur vom 16. März 1848, nach: Prittwitz, Berlin, S. 84.

Wingolf, gesprengt wurde.[75] Eine zweite Zusammenkunft am folgenden Tag, die erfolgreicher verlief, sowie weitere Versammlungen, die bis zu sechshundert Studenten als Forum dienten, neben allgemeinen Forderungen auch spezifisch studentische Wünsche vorzutragen wie etwa die nach Aufhebung bzw. Verminderung der Studien- und Promotionsgebühren, machten deutlich, daß innerhalb der Studentenschaft zwei größere politische Flügel existierten: ein eher gemäßigt liberaler und ein deutlich davon abgesetzter radikaldemokratischer. Auf gemeinsame Forderungen konnte man sich nicht einigen.[76] Ungeachtet aller politischen Differenzen namentlich im Hinblick auf eine künftige staatliche Verfassung waren sich beide Strömungen in der Forderung nach Schaffung eines deutschen Nationalstaates jedoch offenbar ebenso einig[77] wie in der Unterstützung der neuen Bürgergarden.

Der Konflikt eskaliert

Die Stadtverordnetensitzung vom 16. März hatte deutlich gemacht, daß die Schutz-Kommissionen eine bürgerliche Ordnungsmacht sein sollten, von der Angehörige der unteren Sozialschichten ausgeschlossen blieben. Eingesetzt werden sollten sie gegen den ‚Pöbel'. Es überrascht daher nicht, daß sie in dieser Hinsicht sogleich in die vorrevolutionären Auseinandersetzungen der nächsten Tage involviert waren. Tätig wurde diese unbewaffnete Bürgermiliz schon, bevor sie eigentlich richtig existierte. Mitglieder der Schutz-Kommissionen begannen nämlich offenbar auf eigene Faust bereits am 15. März tatkräftig zu wirken. Es war eine klägliche Premiere. Einige „Friedensengel", wie die Angehörigen der

---

75 Vgl. hierzu und zum folgenden vor allem Obermann, Universität, S. 178 ff., ferner Lenz, Universität, Bd. 2. 2, S. 193 ff.; Boerner, Erinnerungen, I, bes. S. 83 ff.; Ägidi, Gegen die Signatura temporis, S. 100 ff. Hinzuweisen ist allerdings darauf, daß zu den Verfassern der ‚Adresse der Jugend' z. B., die am 7. März ‚Unter den Zelten' beschlossen wurde und am Anfang der politischen ‚Basis'-Bewegungen in Berlin stand, in erster Linie Studenten zählten.

76 Die ‚gemäßigte' und die demokratische Strömung unter den Studenten scheinen sich gegenseitig paralysiert zu haben. Welche der beiden Strömungen in der Mehrheit war, darüber gingen die Meinungen auseinander. Vgl. die divergierenden Ansichten in: Bericht des Polizeidirektors Duncker an Bodelschwingh vom 18. März 1848, in: GStA, Rep. 77, Tit. 501, Nr. 3, Bd. 2, Bl. 287, sowie Ägidi, Gegen die Signatura temporis, S.104. Zum Verlauf der zweiten Studenten-Versammlung vgl. Wolff, RC, I, S. 42, sowie Boerner, Erinnerungen, I, S. 86 f.

77 Berichtet wurde jedenfalls, daß vor allem Studenten – und Gymnasiasten – seit den ersten Märztagen die deutsche Kokarde Schwarz-Rot-Gold trugen; vgl. Bericht Dunckers vom 18. März 1848 (Anm. 76); Bericht Trauttmansdorffs vom 16. März 1848 (Anm.8), Bl. 400 Rs.; KöZ vom 19. März 1848. Zur Politisierung der Gymnasiasten vgl. Frenzel, Märztage, S. 16 sowie *S. 371*. Zur studentischen Forderung nach einer bewaffneten Bürgergarde bzw. zum (vom radikalen Flügel vorgetragenen, vom Stadtkommandanten jedoch abgewiesenen) Verlangen nach allgemeiner Studentenbewaffnung, als erster Schritt zur Volksbewaffnung, vgl. ausführlich Boerner, Erinnerungen, I, S. 110 ff.

improvisierten Bürgergarde im Volksmund auch verspottet wurden, suchten beruhigend auf die Menschenmassen einzuwirken, die sich an diesem Abend erneut vor dem Schlosse eingefunden hatten und wie schon an den Vortagen auch diesmal überwiegend aus den unterbürgerlichen Schichten kamen, und forderten zum Auseinandergehen auf. Sie hatten jedoch „keine Autorität".[78] Vollends untergraben wurde die Autorität dieser übereifrigen Mitglieder der Schutz-Kommissionen, als entgegen den getroffenen Absprachen von den im Schloß befindlichen Infanterie-Bataillonen kleinere bewaffnete Piketts vor den Schloß-portalen aufgestellt wurden.[79] Nach Einbruch der Nacht umringten größere ‚Volkshaufen' die vor den Schloßtoren postierten Militärtrupps und bewarfen sie mit Steinen. Daraufhin erschien Kavallerie und ‚säuberte' den Platz. Die Massen flohen in die umliegenden Straßen, verfolgt von Kavallerie- und Infanterieabteilungen. An einzelnen Ecken suchten die Fliehenden leichte Barrikaden zu errichten. Das Militär begann zu schießen und wurde seinerseits aus einigen Häusern mit Blumentöpfen und Steinen beworfen. Resultat des ungleichen Kampfes: mehrere Tote und eine große Zahl an Verwundeten auf seiten des ‚Volkes'.

Angeheizt wurde der Konflikt dadurch, daß im Laufe des Tages erste Gerüchte vom Erfolg der Revolution in Wien eingetroffen waren. Sie verdichteten sich rasch zu gesicherten Nachrichten. Der „Eindruck der Nachrichten [vom] Sieg des Volkes in Wien" wirke auf die Berliner Bevölkerung „mächtig ein", no-

---

78 KöZ vom 18. März 1848 (2. Ausgabe); ähnlich auch die ‚Dt. Allg. Ztg.', nach: Wolff, RC, I, S. 80 sowie (aus der Perspektive des Militärs) Prittwitz, Berlin, S. 71; Schulz, Berliner Märztage, S. 14, sowie Waldersee, Berliner Märztage, S. 11.

79 Die erneute demonstrative Militärpräsenz war lediglich der Auslöser, die tiefere Ursache die offenkundige Erbitterung über die wachsende soziale Not, nicht zuletzt die während der letzten Tage vor der Märzrevolution rasch steigende Arbeitslosigkeit. Ein Augenzeuge berichtete am Abend des 15. März, von „heftigen Reden [...]. ‚Woher kommt unsere Noth?' höre ich fragen. ‚Weil die Reichen den Vortheil von unserer Arbeit ziehen! *Sie* verprassen, was *wir* in unserm Schweiß erarbeiten. Uns wirft man 6 Groschen hin, davon sollen wir mit Weib und Kind leben. Der Hunger thut weh! Es muß anders werden!' Das waren Reden derer, die noch Arbeit hatten. Arbeitslose aber riefen: ‚Für die Soldaten habt Ihr noch Geld, für uns aber, die wir arbeiten wollen, habt Ihr nichts!' Oder: ‚Im Schloßkeller liegt der Schatz für den Krieg, der muß heraus und Arbeit damit geschafft werden.'" Einzelne Mitglieder der ‚Schutz-Commissionen' versuchten zu beruhigen: „‚Geht nur nach Hause, es soll Euch alles gewährt werden', höre ich Einen. ‚Was soll uns gewährt werden?' ‚Preßfreiheit! Religionsfreiheit!' – ‚Wir wollen Arbeit!' fiel das Volk ein. Und wieder begann es zu drängen und zu wogen." (Mannheimer Abend-Ztg., nach: Wolff, RC, I, S. 81.) Vgl. auch den Bericht eines Premierleutnants, der am 15. März eine der vor dem Schloß aufgestellten Abteilungen des 2. Garde-Regiments befehligte und konstatieren mußte, daß die ‚Menge' den Mitgliedern der Schutz-Kommissionen, nachdem diese vergeblich versucht hatten, die erregten Menschen zu beschwichtigen, entgegenhielt: „Ihr fettgemästeten Hunde habt klug reden, gebt uns Arbeit und Brot." (Bericht Keyserlings vom 16. März 1848, nach: Prittwitz, Berlin, S. 73.) Vereinzelt wurde außerdem der Ruf nach Waffen laut. Ausführlich zu den Vorfällen vom 15. März aus militärischer Sicht: Prittwitz, Berlin, S. 74-79.

tierte Varnhagen am 16. März.[80] Die Revolution in Wien war am 15. März abends und am 16. den ganzen Tag über „Tagesgespräch in allen den unzähligen Gruppen, welche sich schnell um irgendeinen Erzähler bildeten, wieder auflösten und wieder bildeten". Die Meldungen über den Sieg der Revolutionäre erregten „großen Jubel". Kommentare wie: „‚Wir werden auch siegen, wenn wir es nur wagen zu kämpfen,' hörte man manchen Redner auf offener Straße unter dem Beifall der Umstehenden sprechen."[81] Glaubt man der Polizei, hätten manche Berliner es als „Schmach" empfunden, daß „rund um Preußen [...] Alles schon vorausgeeilt" sei und den Berlinern nun selbst „die Österreicher, sogar schon Wien den Rang abgelaufen" hätten.[82] Besonders begrüßt wurde der Sturz Metternichs.

Bis zur Wiener Revolution war man sich selbst in bürgerlichen Kreisen ziemlich sicher gewesen, daß Preußen nur peripher von der Revolution berührt, im Zentrum jedoch stabil bleiben werde. Erst mit der Wiener Revolution wurde klar, daß auch die Hohenzollernmonarchie unmittelbar gefährdet war. Die preußische Staatsregierung war wie vor den Kopf gestoßen: „Wien macht einen furchtbaren Eindruck. Der Hof jammert, das Volk jubelt", konstatierte Varnhagen lakonisch.[83] Daß es „eine Vermessenheit" sein würde „zu glauben, daß wir allein von dieser verheerenden Strömung verschont bleiben werden", war ein Eingeständnis, das zu diesem Zeitpunkt (am 15. bzw. 16. März) allerdings noch nicht hätte zu spät sein müssen. Politisch bestand weiterhin ein gewisser Spielraum. Am klarsten sah dies – freilich auch erst, nachdem die Revolution das System Metternich hinweggefegt hatte – Radowitz. Er schlug am 16. März Friedrich Wilhelm IV. die sofortige Entlassung unpopulärer Minister vor, außerdem die „Aufhebung der Zensur" und eine „positive Königliche Erklärung, daß Ew. Königliche Majestät mit dem in der nächsten Zeit einberufenen Landtage die Einführung einer ausgedehnten Repräsentativ-Verfassung berathen wolle".[84]

---

80 Varnhagens Eintrag vom 16. März 1848, in: ders., Tagebücher, Bd. 4, S. 286 f.; vgl. auch Minutoli, der in seinen ‚Erinnerungen' (Anm. 19), Bl. 176, von den durch die Nachrichten aus Wien „wahrhaft elektrisierten Massen" spricht, sowie Frenzel, Berliner Märztage, S. 23.

81 Streckfuß, 500 Jahre, S. 967 f.; vgl. auch ders., Freies Preußen, I, S. 15.

82 Es sei eine Schande, daß man bisher in Berlin „nichts als treue Anhänglichkeit und knechtischen Gehorsam zu rühmen weiß". (Bericht Dunckers vom 18. März [Anm. 76], Bl. 285 f.) Ähnliche Äußerungen überliefern auch: Theodor Fontane, Von Zwanzig bis Dreißig. Autobiographisches, Berlin 1898, S. 580, sowie Genée, Zeiten, S. 59; vgl. außerdem Aaron Bernstein, Revolutions- und Reaktions-Geschichte Preußens und Deutschlands von den Märztagen bis zur neuesten Zeit, Bd. 1, Berlin 1882, S. 58.

83 Varnhagens Eintrag vom 16. März 1848, in: ders., Tagebücher, Bd. 4, S. 286 f. Ähnlich auch Bericht Trauttmansdorffs vom 17. März 1848 (Anm. 8), Bl. 410; Schreiben Radowitz' an Canitz sowie Schreiben Canitz' an Radowitz, beide vom 16. März 1848, in: Möring, Radowitz, S. 32 bzw. 34; vgl. außerdem die aufschlußreichen Äußerungen des Geistlichen und Beichtvaters einiger Kabinettsmitglieder Büchsel (Erinnerungen, IV, S. 50).

84 Schreiben von Radowitz an Friedrich Wilhelm IV. vom 16. März 1848, in: GStA, KHA Rep. 50 J, Nr. 1093, Bl. 64 Rs.; vgl. außerdem Meinecke, Radowitz, S. 65 f., sowie (auch zum folgenden) Hachtmann, Radowitz, S. 253 f. Canitz dachte ähnlich; vgl. Dallinger, Canitz, S. 97. Das folgen-

Nur auf diese Weise sei es noch möglich, die „rasende Flut" in „Nebenkanäle" abzuleiten. Dieser Aufforderung zu substantiellen Konzessionen kam der König erst mit dem ‚Patent über die beschleunigte Einberufung des Vereinigten Landtags', dem Preßgesetz sowie mündlichen Versprechungen nach, die er einer Deputation der städtischen Behörden am 18. März gab. Warum ließ er – im Nachhinein und aus dem Blickwinkel der preußischen Obrigkeit betrachtet – so viel kostbare Zeit verstreichen? Radowitz, die Innen- und Außenminister Bodelschwingh und Canitz, die gleichfalls der konzessionsbereiten Strömung bei Hofe angehörten, waren nicht die einzigen, die in Berlin über Einfluß verfügten. Der sowieso nicht sehr entscheidungsfreudige König stand zwischen zwei Parteien. Neben den Reformkonservativen wie Radowitz, Bodelschwingh und Canitz gab es noch die sog. Militärpartei, die „die Zeit nicht erwarten konnte, daß alle Vorstellungen und Bitten nur mit blauen Bohnen beantwortet würden". Höhere Offiziere und auch ein „Theil der näheren Umgebung des Königs" waren der „zuversichtlichen Ansicht, daß bei dem ersten ernstlichen Einschreiten nicht nur jeder Widerstand sofort beseitigt sein, sondern auch vollständige Ruhe eintreten würde." Für „die politische Seite" hätten sie (so der liberalkonservative Stadtrat Nobiling) „gar keinen Sinn" gehabt. „Allem, was einer Änderung des Bestehenden auch nur entfernt ähnlich sah, glaubte man mit Kartätschen entgegentreten zu müssen."[85]

So wie in Österreich das politisch erstarrte System mit dem Namen eines einzelnen Mannes, mit Metternich, verknüpft war, so wurde in Preußen und insbesondere in Berlin der Name des Prinzen von Preußen genannt, wenn auf den Straßen der Hauptstadt Blut geflossen war. Dem Prinzen von Preußen, der zudem aus seiner Ablehnung jeglicher Ansätze von Konstitutionalismus in den Jahren zuvor keinen Hehl gemacht hatte, wurde „alles vergossene Bürgerblut, alle an den Abenden vorher vorgekommenen Mißhandlungen der Bürger" aufgebürdet.[86] Es war in der Stadt bekannt geworden, daß er am 13. März wegen „seines bevorstehenden Abganges nach dem Rhein" in (wie es Leopold v. Gerlach formulierte) „sehr gerührter Stimmung Abschied von den Regimentern des Garde-Corps" genommen und dabei auch ‚kräftige' Töne angeschlagen hatte. Herumgesprochen hatte sich außerdem, daß der Prinz von Preußen „lebhaft" das Garde-Kürassier-Regiment in Schutz genommen hatte, das für die ‚blutige Metzelei' vom 13. März verantwortlich war und zum Gegenstand einer Untersuchungs-Kommission gemacht werden sollte. Dabei blieb der größte Teil der

---

de Zitat aus: Schreiben Radowitz' an Canitz vom 16. März 1848 bzw. an seine Frau vom 17. März, nach: ebd., S. 32 bzw. 35. Leopold v. Gerlach (Denkwürdigkeiten, I, S. 154) bestätigte später: „[D]ie Nachrichten aus Wien […], sie allein bestimmten den König zur Unterzeichnung der unseligen Edikte über Deutschlands Konstitution und Preßfreiheit."

85 Zitate: Bericht Nobilings zum 16. bzw. 17. März 1848 (Anm. 73), Bl. 28 f. bzw. 45.
86 Wolff, RC, I, S. 168; vgl. außerdem z. B. Berlin in der Bewegung, S. 544.

Aktivitäten des Prinzen Wilhelm der Öffentlichkeit verborgen – so z. B. seine auf den 12. März datierte Forderung an den General Prittwitz, daß bei einer nochmaligen „Säuberung" des Schloßplatzes mindestens drei Bataillone eingesetzt werden müßten und diese scharf vorgehen sollten; denn „die Masse muß sehen, daß sie gar nichts ausrichten kann gegen das Militär".[87] Prittwitz mußte später zugeben, „daß der Prinz es nicht über sich gewinnen konnte, bei den Bewegungen dieser Tage eine völlig passive Rolle zu übernehmen", und „hin und wieder in der Nähe des Schlosses" auf seinem Pferd erschien.[88] Zur Personifikation des preußischen Militarismus (lange bevor seine Aktivitäten in Baden ihn in aller Munde zum ‚Kartätschenprinzen' machten) und zum wichtigsten Feindbild der meisten Berliner wurde Prinz Wilhelm aber offenbar auch deshalb, weil einerseits die blutigen Vorgänge nicht ohne Einverständnis höchster Personen stattgefunden haben konnten, andererseits das Bild vom ‚guten König' nicht beschädigt werden sollte.[89]

Der 16. und 17. März

Auch am *16. März* kam es wieder zu blutigen Zusammenstößen, die nach einem ganz ähnlichen Muster verliefen wie die Konflikte der Vortage. Anlaß war diesmal das zahlreiche Auftreten der Mitglieder von Schutz-Kommissionen. Nach 18 Uhr hatte sich eine größere Menschenmenge, wie an den vorausgegangenen

---

87 Nach: Haenchen, Neue Briefe, S. 262. Am 15. März schließlich äußerte sich der Thronfolger „sehr empört" darüber, daß der Gouverneur v. Pfuel am Abend zunächst der vor dem Schloß postierten Infanterie „jede feindliche Erwiderung" untersagt hatte; der Prinz habe „sehr heftig von Demoralisieren der Truppen und dergleichen" gesprochen. (Gerlach, Denkwürdigkeiten, I, S. 131.) Vgl. auch Prittwitz, Berlin, S. 74; Bericht des russischen Gesandten Meyendorff vom 5./17. März 1848, nach: Hoetzsch, Meyendorff, S. 47; Varnhagen, Eintrag vom 16. März 1848, in: ders., Tagebücher, Bd. 4, S. 283; Wolff, RC, I, S. 196; Karl Haenchen, Flucht und Rückkehr des Prinzen von Preußen im Jahre 1848, in: HZ Bd. 154/1936, S. 37 ff.; Valentin, Geschichte, I, S. 423 ff.; Börner, Prinz Wilhelm, S. 491 f. Nicht zufällig wurde Pfuel am Vormittag des 18. März das Oberkommando über die in und um Berlin stationierten Truppen unter fadenscheinigen Vorwänden entzogen und Prittwitz, der als militärischer ‚Hardliner' galt, übergeben.

88 Nach Prittwitz (Berlin, S. 68) nur als ‚Zuschauer', nach Angaben VZ vom 17. März 1848 „persönlich leitend und anordnend". Die VZ nahm ihre Feststellung vom 17. März am folgenden Tag allerdings teilweise wieder zurück (offenbar auf höhere Weisung); hierzu und zum Abschied des Prinzen von seinen Truppen vgl. auch Haenchen, Flucht, S. 39.

89 In einem allgemeinen Stimmungsbericht der Berliner Polizei, verfaßt unmittelbar vor Ausbruch der Märzrevolution, etwa wird betont, ‚man' bemühe sich, die Person des Königs „von gehässigen Bemerkungen frei zu halten". Zugleich aber sei „Se. Majestät wegen der Umgebungen und Rathgeber [...] ein Gegenstand des Mitleids". (Bericht des Polizeirats Duncker vom 18. März 1848 [Anm. 76], Bl. 285 Rs.) Einen Nährboden fanden diese Ansichten auch in der unmilitärischen Mentalität Friedrich Wilhelms IV. und dem gespannten Verhältnis großer Teile des Offizierskorps zum König. Vgl. z. B. Haenchen, König Friedrich Wilhelm IV., S. 461, oder Hohenlohe-Ingelfingen, Aufzeichnungen, S. 4.

Tagen „ohne Waffen [und] ohne eigentlichen Führer"[90], auf dem Opernplatz angesammelt, um die bürgerliche Schutzwehr zu ‚besichtigen‘. Die mit „Streichhölzern", so lautete ein anderer Spottname für die Stäbe, ‚bewaffnete‘ Bürgergarde suchte die neugierigen Massen erfolglos zum Auseinandergehen zu bewegen und schien sich dabei ziemlich ungeschickt anzustellen. Jedenfalls rückte „gleichsam zum Schutz der ‚Schutz-Commissarien‘" (wie Wolff ironisch bemerkte) gegen 19 Uhr Infanterie an und gab nach kurzer Warnung „inmitten der gedrängten Menge eine volle Salve ab"[91], durch die zwei zufällig des Wegs kommende Personen getötet und zahlreiche weitere verwundet wurden. Unter den Menschen brach eine Panik aus, die noch dadurch verstärkt wurde, daß aus einer Nebenstraße eine Kavallerie-Patrouille in schnellem Galopp in Richtung auf den Opernplatz geritten kam. Überall „verwirrendes Geschrei, durcheinanderlaufende Menschen".

Eine gute Stunde später „stürzte ein Menschenschwall [...] unter Angstgeschrei die Oberwallstraße entlang und der Jägerstraße zu", gaben 65 Besucher der an der Ecke Oberwall/Jägerstraße gelegenen ‚Berliner Zeitungshalle‘ als Augenzeugen zu Protokoll. „Alles schrie durcheinander. Jemand rief: Macht doch eine Barrikade! – ein sinnloser Vorschlag, da kein Material vorhanden war, um bei der Furcht vor eben eindringendem Militär die sehr breite Straße zu sperren. Dennoch trugen einige die Bohlen von den nächsten Straßen und Gassen in die Mitte des Dammes. Auch wurde, wie häufig an den letzten Abenden: Waffen! Waffen! gerufen, und Jemand [...] holte [aus einem benachbarten Haus] ein Beil, mit welchem versucht wurde, den Laden an der gegenüberliegenden Ecke der Jägerstraße, da man dort Waffen zu finden hoffte, zu erbrechen. Alle diese Handlungen schienen Eingebungen der Todesangst zu sein und geschahen in der größten Hast und Verwirrung, ohne daß einer der Beschäftigten daran dachte, von dem Begonnenen etwas zu Ende zu bringen."[92] Ungefähr gegen 22 Uhr hatte das Militär dann die ‚Ruhe‘ wiederhergestellt.

Die vorrevolutionäre Unruhe erschöpfte sich nicht in den geschilderten blutigen Auseinandersetzungen; sie fand auch in kleineren Begebenheiten ihren Ausdruck. Man begann, die Untertanenmentalität abzustreifen und eine Art alltäglicher Nonkonformität zu entwickeln. Manche Berliner suchten die Obrigkeit bewußt herauszufordern, etwa ein Buchhändler, der, obgleich dies streng verboten war und nur als Provokation gemeint sein konnte, seit Mitte März „in seinem Fenster ein Bild, das die Pariser Barrikaden darstellt, ausgehängt" hatte.[93] War

---

90 Bericht von Trauttmansdorff vom 17. März 1848 (Anm. 8), Bl. 405.
91 Angerstein, Märzereignisse, S. 26.
92 Das Protokoll ist des öfteren publiziert (u.a. bei Wolff, Braß und Streckfuß). Vgl. außerdem den Bericht der Schutz-Kommission des Breite-Straßen-Bezirks über die Vorfälle an Bodelschwingh vom 17. März 1848, in: GStA, Rep. 77, Tit. 501, Nr. 3, Bd. 2, Bl. 299-300.
93 Anzeige und Notiz vom 16. März 1848, in: ebd., Bl. 279; vgl. auch Valentin, Geschichte, I, S. 423. Auf die Anzeige eines loyalen Bürgers hin, die es natürlich weiterhin gab, entfernte ein Polizist am Nachmittag des 16. März das Bild. Zu einer Bestrafung des Besitzers des Buchladens kam es nicht; das wäre noch Anfang März undenkbar gewesen.

dies eher ein Einzelfall, so wurde auf den Straßen der Hauptstadt „die verpönte Rauchfreiheit allgemein usurpiert".[94] Daß die Polizei dem Bruch des Rauchverbots auf öffentlichen Plätzen tatenlos zusah, war ein Novum, ein Zeichen übrigens, daß ein Teil der ‚revolutionären' Errungenschaften der Märzrevolution bereits vor dem 18. März faktisch durchgesetzt war. Wie das bisher von den Gendarmen unerbittlich verfolgte Tabakrauchen war auch das Tragen von schwarz-rot-goldenen Kokarden, „in Massen gefordert und verkauft", in den letzten Tagen vor der Märzrevolution zur Gewohnheit geworden und aus dem Alltag nicht mehr wegzudenken. Klagen über ‚freches Reden', ‚ungebührliches Benehmen' usw. namentlich von Angehörigen der Unterschichten häuften sich. Kurz und gut: Berlin glich einem Pulverfaß, an das nur eine Lunte gelegt werden, auf die der zündende Funke überspringen mußte.

Der *17. März* mag manchem Zeitgenossen als eine Art Galgenfrist erschienen sein, die der Hohenzollernmonarchie geblieben war. Im Nachhinein wird man diesen Tag eher als ‚Ruhe vor dem Sturm' bezeichnen müssen. Von kleineren unbedeutenden Auseinandersetzungen abgesehen, kam es an diesem Tag nicht zu ‚Excessen'. Für die Vorgeschichte der Ereignisse des 18. März ist der Vortag dennoch wichtig: Eine Reihe von Bürgern um den erwähnten Woeniger hatte sich am 16. März zusammengefunden, um zu beraten, wie man den moderaten Forderungen großer Teile der Berliner Bürgerschaft zur Durchsetzung verhelfen und zugleich wieder Ruhe in der Stadt herstellen könne. Am 17. März traf man sich in größerem Kreise in einem Hotel und beschloß nach längerer Diskussion eine ‚Friedensmanifestation der Volkswünsche', in der die „durch die Ereignisse der letzten Tage tief erschütterten" Bürger neben der Einberufung des Landtags und der Gewährung „unbedingter" Preßfreiheit die „Zurückziehung der militairischen Macht" und die Schaffung einer „bewaffneten Bürgergarde" forderten.[95] Brisanz erhielt die Adresse dadurch, daß sie am nächsten Tag öffentlich dem König überreicht werden sollte. Ein Stadtrat und ein Stadtverordneter sowie weitere prominente Bürger suchten dies zwar mit dem ‚Argument' zu verhin-

---

94 AAZ vom 20. März 1848. (Der Bericht wurde am 16. März abgefaßt.) Zum Rauchverbot ausführlich: Manfred Gailus, Rauchen in den Straßen, in: Berlin-Forschungen 3/1988, S. 19-24. Das folgende Zitat: Bericht des Polizeirats Duncker vom 18. März 1848 (Anm. 76), Bl. 287.

95 Die insgesamt gemäßigte Tendenz der Adresse wird deutlich in dem Satz: „Ew. Majestät, unser ganzes Volk empfindet es tief und stark, daß es reif und mündig ist, mitzusitzen im Rathe seiner Fürsten; gewähren Sie uns dies und das ganze Volk wird ein einziges Schutzbeamtenthum sein – ein Schutzbeamtenthum für die Freiheit des Vaterlandes [und] die Sicherheit des Thrones". Von einem allgemeinen und gleichen Wahlrecht war nicht die Rede. Die von einer Minderheit auf der Bürgerversammlung vorgetragenen Forderungen nach Rücktritt der Minister und – vage genug – der „Berücksichtigung der arbeitenden Klassen" waren fallen gelassen worden. Im Zentrum standen die Beseitigung des „inneren Unfriedens der Stadt" und der Schutz des „Eigenthums und die Sicherheit der Bürger der Stadt". Die Adresse ist des öfteren publiziert (u.a. bei Wolff, Braß und Streckfuß).

dern, man dürfe keine neuen „Aufregungen" hervorrufen. Von Woeniger wurde das mit der plausiblen Begründung verworfen: „Meine Herren, es ist zu spät; unsere Aufforderungen durchlaufen die Stadt [...]; verwerfen sie die Demonstration, so erhalten sie die Revolution."[96] Diese Bemerkung, die Woeniger später den Ruf eintrug, ,Führer' der revolutionären Bewegung gewesen zu sein, beschrieb tatsächlich die Situation am 17. März: Mit „seltener Schnelligkeit" verbreitete sich der Aufruf zur Demonstration am nächsten Tage in der Stadt.

Der Vormittag des 18. März

Der Vormittag des folgenden Tages war von hektischen Aktivitäten geprägt. Die Stadtverordneten hatten sich am Morgen zu einer öffentlichen Sitzung zusammengefunden. Der Vorsteher der Versammlung informierte die Verordneten über das für den Mittag geplante „Vorhaben eines großen Theils der Bürgerschaft, [...] in Masse ihre Wünsche Sr. Majestät dem Könige zu überbringen", sowie über ein ihm unmittelbar zuvor zugegangenes Schreiben des Innenministers Bodelschwingh mit der Aufforderung an die Stadtverordneten, einer solchen Demonstration unbedingt vorzubeugen. Die Versammlung kam überein, „alles zu jenem Zwecke zu thun". Allerdings glaubte man die Demonstration vor dem Schloß nur verhindern zu können, wenn „zugleich aber auch sofort" eine aus Mitgliedern des Magistrats und der Stadtverordnetenversammlung zusammengesetzte Deputation vor den König trat und diesem „die Wünsche der Bürgerschaft unter offener Darlegung des gefahrvollen Zustandes" unterbreitete: „sofortige Freigebung der Presse", „sofortige Einberufung des Landtags" zwecks Beratung einer Verfassung; die Errichtung einer bewaffneten Bürgerwehr; „Entlassung der Minister und Ernennung anderer, das Vertrauen des Volkes genießender" sowie schließlich „Zurücksendung der dem Vernehmen nach gegen Berlin zusammengezogenen Truppen". Diese recht radikalen Forderungen getrauten sich die Stadtverordneten allerdings erst aufzustellen, nachdem sie einen Bericht über die Audienz gehört hatten, die der Bürgermeister Naunyn am frühen Morgen bei Bodelschwingh gehabt hatte. Danach hatte der Innenminister zugesichert, daß ein Pressegesetz sofort erscheinen und der Vereinigte Landtag bereits Anfang April des Jahres zusammentreten solle.[97] In der Tat waren sowohl das

---

96 Wolff, RC, I, S. 96.
97 Zudem dürfte der Minister dem Bürgermeister Naunyn auch seine bereits am 17. März gefaßte Absicht mitgeteilt haben, daß er auf jeden Fall zurückzutreten beabsichtige. Zitate: Protokoll der Stadtverordneten-Sitzung vom 18. März 1848, in: LAB StA, Rep. 00, Nr. 128. Aufschlußreich sind außerdem die Erinnerungen des Oberbürgermeisters Krausnick, niedergeschrieben am 15. Febr. 1850, S. 2 ff., in: LAB, NL Krausnick, Rep. 200, Acc. 2675, Nr. 28/29. Vgl. ferner den ausführlichen Bericht in der VZ vom 20. März 1848 sowie eine spätere Nieder-

Pressegesetz als auch das Patent über die sofortige Einberufung des Vereinigten Landtags schon fertig, als Naunyn und Bodelschwingh zusammentrafen. Das Pressegesetz war, für sich betrachtet, gewiß ein großer Fortschritt, weil es die Zensur abschaffte und grundsätzlich Meinungsfreiheit garantierte, obgleich es andererseits auch eine Reihe von ‚Fußangeln' enthielt.[98] Das ‚Patent wegen beschleunigter Einberufung des Vereinigten Landtags' handelte nicht nur von Terminfragen, wie sein Titel nahelegt, sondern versprach die deutsche Einigung und „eine constitutionelle Verfassung aller deutschen Länder". Der Versuch der Pazifizierung der Berliner Bürgerschaft gelang – so erschien es jedenfalls im ersten Augenblick, und so glaubte es auch die preußische Regierung. Nachdem nämlich die Deputation des Magistrats und der Stadtverordnetenversammlung zurückgekehrt war und mitgeteilt hatte, daß der König über die o.g. Konzessionen hinaus eine „Änderung" des Ministeriums, Bürgerbewaffnung und Entfernung des Militärs zugesichert habe, brach auch unter den zahlreichen Zuschauern, die der Stadtverordnetenversammlung beiwohnten, und der „harrenden Menge vor dem Hause" ein „wirklich lange anhaltender Beifallssturm" los.[99] Warum kam es dennoch zu den Barrikadenkämpfen? Das führt erneut zur Frage nach der Art und Weise, wie die Zugeständnisse gemacht wurden.

Die Konzessionen wurden nicht aus freien Stücken gemacht, sondern waren Resultat politischen Drucks der Berliner Bevölkerung während der ersten beiden Märzwochen und sollten Preußen ein ‚Schicksal' wie Österreich ersparen.[100] Sie waren nichts als ein überstürzter „Akt der Not gegen eine jäh ansteigende Springflut" (Meinecke). Das Mißtrauen vieler Berliner, daß diese ‚Geschenke' bei erstbester Gelegenheit, wenn die revolutionäre Gefahr in den Nachbarstaaten nur erst vorüber war, wieder zurückgenommen würden, konnte auf diese Weise kaum beseitigt werden. Dennoch waren die Maßnahmen nicht ganz ohne Wir-

---

schrift Naunyns, nach: Mitteilungen des Vereins für die Geschichte Berlins 1898, S. 6 sowie Kochhann, Erinnerungen, III, S. 76 ff.

98 Dazu gehörten die sehr hohen Kautionen, die bei Gründung einer Tageszeitung beim Staat zu hinterlegen waren, die Pflicht, Entgegnungen der Staatsbehörden unverzüglich und unentgeltlich abzudrucken, und das Verbot für (wegen politischer Delikte) Vorbestrafte, eine Zeitung zu gründen.

99 Wolff, RC, I, S. 120 f.; Angerstein, Märzereignisse, S. 29; Braß, Barrikaden, S. 53 ff.

100 Hinzu kam, daß am 17. März eine Deputation aus dem Rheinland mit dem Oberpräsidenten v. Eichmann an der Spitze in Berlin eingetroffen war. Bereits am 13. März hatte dieser den König in einem Bericht gewarnt, „daß er für die Ruhe der Provinz nicht länger einstehen könne, wenn nicht wenigstens die Versammlung der Stände zugesichert werde". (Nach: Wolff, RC, I, S. 68.) Sowohl das Patent über den Vereinigten Landtag als auch das Preßgesetz erklären sich aus der Befürchtung, ansonsten würde das Rheinland „von der Monarchie abfallen und sich mit Süddeutschland verbinden". Sie wurden, so Leopold von Gerlach, nicht zufällig deshalb „in Eichmanns Gegenwart überlegt und beschlossen". Zitate: Gerlach, Denkwürdigkeiten, I, S. 133 bzw. Bericht des gut informierten Trauttmansdorff vom 18. März 1848 (Anm. 8), Bl. 414 Rs. Das folgende Zitat: Meinecke, Friedrich Wilhelm IV., S. 41.

kung auf das besser situierte Bürgertum. Die Distanz großer Teile der Bürgerschaft gegenüber den Unterschichten war trotz der großen Aufregungen über die Brutalität der Truppen während der Vortage nicht geschwunden. Vielmehr war auch bei Hofe beobachtet worden, daß in erster Linie der „Pöbel erbittert" war, „während die ruhigen Bürger den Beistand des Militärs herbeiwünschen, um vor größeren Excessen gesichert zu werden."[101] Allem Anschein nach sollte mit dem Preßgesetz und dem Patent über den Vereinigten Landtag hauptsächlich das Bürgertum ruhiggestellt und gegen den ‚Pöbel' ausgespielt werden. Auf die Forderungen, die sich innerhalb der Gesellen- und Arbeiterschaft herausgebildet hatten, wie z. B. das Verlangen nach einem Arbeitsministerium, ging die preußische Krone mit keinem Wort ein.

Entgegen den Intentionen der Stadtverordneten, die mit ihrer Adresse vom 18. März die für diesen Tag geplante Demonstration überflüssig machen wollten, hatten sich schon am frühen Vormittag große Massen von Menschen vor dem Berliner Stadtschloß eingefunden. Um 11 Uhr standen etwa zweitausend, zwischen 13 und 14 Uhr bereits ungefähr zehntausend Menschen dicht an dicht gedrängt vor dem Schloß. Augenzeugen schilderten, daß sie vorne „nur die besseren Stände, [...] nur Cylinderhüte und dunkle bürgerliche Anzüge [sahen], von Plebs und Janhagel keine Spur."[102] Manche der dichtgedrängten Gruppen ließen den König hochleben, nachdem sie ein überall angeschlagenes Plakat des Magistrats gelesen hatten, wonach alle Wünsche der Bürger erfüllt seien. Die Stimmung anderer Bürger war nicht ganz so euphorisch, sondern „erregt", aber noch „keineswegs feindselig". Gegen 13.30 Uhr erschien dann der König. Er konnte sich zwar gegenüber der riesigen Menschenmenge akustisch nicht zu Gehör bringen. Da jedoch seine ‚Gewährungen' inzwischen überall bekannt geworden waren, war die Freude unter den anwesenden Bürgern und den zahlreich erschienenen Mitgliedern der Schutz-Kommissionen ziemlich einhellig. Nach übereinstimmenden Berichten lagen die Menschen im ‚Vordergrund' „einander in den Armen, sich beglückwünschend zu diesen herrlichen Errungenschaften". Viele „weinten vor Freuden". Frauen winkten mit Taschentüchern aus den Fenstern der umliegenden Häuser. Dagegen war die Stimmung „ganz im Hintergrund, an den Ecken der auf den Platz mündenden Straßen", völlig anders.

---

101 Bericht Trauttmansdorffs vom 16. März 1848 (Anm. 8), Bl. 400 Rs. Auch in einem Bericht des Berliner Polizeirats Duncker, den Bodelschwingh noch am Vormittag des 18. März erhalten haben dürfte, wurde mit Blick auf politische Strategien zur „Beschwichtigung oder Dämpfung der Bewegung" festgestellt, daß sich unversöhnliche Erbitterung „fast nur unter der niederen und arbeitslosen Klasse der Einwohnerschaft zeigte" – „bei einer im Allgemeinen und Gott sei Dank gut gesinnten Bürgerschaft". (Bericht Dunckers vom 18. März 1848 [Anm. 76], Bl. 283 f.)
102 Ernst Benda, In Berlin ist Revolution – Erinnerungen eines Berliners an 1848, in: Der Bär, 37. Jg./1988, S. 27. Ähnlich auch Angerstein, Märzereignisse, S. 30 f, Anm. Zu den Zahlenangaben vgl. Brief eines entfernten Verwandten von Johann Jacoby an H. Lichtheim vom 20. März 1848, in: Jacoby, Briefwechsel, S. 617, sowie Wolff, RC, I, S. 124.

Hier sah ein Augenzeuge, der Berliner Lehrer Wilhelm Angerstein, „Proletarier und Arbeiter stehen, [...] die, als sie die vergnügten Gesichter [der Bürger] ringsum sahen, sagten: das hilft uns armen Leuten noch alles nichts!"[103] Offensichtlich war die Hochstimmung bereits zu diesem Zeitpunkt nicht ungeteilt. Sie beschränkte sich auf die bessergestellten Sozialschichten.[104] Immerhin schien die soziale Spaltung, die die beschriebenen ‚Gewährungen' des Monarchen bezweckten, gelungen und das Bürgertum zufriedengestellt.

Allerdings nur für kurze Zeit; denn zum Auseinandergehen war die Menge bei aller Freude nicht zu bewegen. Vielmehr wurde die Zahl derjenigen, die den Platz verließen, „mehr als ersetzt durch die Schaaren der neu Hinzuströmenden". „Gewirr", „chaotisches Durcheinander" herrschte. Die Masse harrte der Dinge, die da noch kommen würden. Die Euphorie verflog allmählich. Möglicherweise veränderte sich auch die Zusammensetzung des ‚Publikums', wurde das proletarische Element stärker. Jedenfalls trat die „Erinnerung an die blutigen Abende dieser Woche" allmählich in den Vordergrund. Die dicht zusammengedrängte und weiter wachsende Menge, die dem Schloßportal immer näher kam, weil die Hinteren die Vorderen schoben, sah nun auch deutlicher zahlreiches Militär innerhalb des Schlosses, ohne jedoch „ungebührlich zu werden oder es zu beleidigen".[105] Es wurde indessen von vielen Seiten und zunehmend nachdrücklicher die Forderung nach Zurückziehung des Militärs laut, und zwar nicht nur seitens eines vermeintlich ‚schlechtgesinnten Pöbels', sondern auch seitens ‚gutgesinnter' Bürger.[106] Anlaß zu Mißtrauen bestand weiterhin; denn am Tage zuvor waren zusätzlich Truppen aus Potsdam in die Hauptstadt geholt und am Vormittage des 18. März im Schloßhof konzentriert worden.[107] Anfangs waren die Truppen nach außen hin kaum sichtbar. Statt jedoch den Aufforderungen nachzukommen, das Militär zurückzuziehen oder dieses zumindest zu versprechen, glaubte man seitens der militärischen Befehlshaber, gegenüber der von ihrer Zahl her viel-

---

103 Zitate: Angerstein, Märzereignisse, S. 31, Anm.; Wolff, RC, I, S. 129; Braß, Barrikaden, S. 55; vgl. ferner bes. Streckfuß, Freies Preußen, I, S. 16 f.

104 Auch hier fand allerdings offenbar die Parole zunehmend Resonanz: „Erst wollen wir das Bewilligte schwarz auf weiß sehen; 33 Jahre haben wir auf eine Verfassung gewartet, nun können wir noch 1/2 Stündchen länger warten." (Benda, Berlin, S. 28.)

105 So die Aussage des Redakteurs der SZ Curtius, der sich zu diesem Zeitpunkt innerhalb des Schlosses aufhielt, nach: Wolff, RC, I, S. 128.

106 Vgl. Felix Rachfahl, Zur Berliner Märzrevolution, in: FBPG, Bd. 17/1904, S. 203, der betont, daß im „Munde der eigentlichen Bürgerschaft" der Ruf ‚Militär weg!' ‚nur den Wunsch nach Aufrechterhaltung der öffentlichen Ruhe in der Stadt anstatt durch das verhaßte Militär durch Männer aus ihrer eigenen Mitte" bedeutete. Ähnlich sahen dies auch Zeitzeugen; vgl. z. B. Genée, Zeiten, S. 62; außerdem den Bericht des Polizeidirektors Duncker vom 18. März (Anm. 76), Bl. 285.

107 In den Tagen vor der Märzrevolution waren Truppen in einer numerischen Stärke von 5690 Mann nach Berlin gezogen worden, so daß am 18. März nominell schließlich insgesamt 14 990 im Stadtgebiet konzentriert waren, vgl. Meyerinck, Thätigkeit der Truppen, S. 109 f.

leicht bedrohlichen, jedoch unbewaffneten Menge erneut nach dem gleichen Schema wie an den Tagen zuvor vorgehen zu müssen: Von der Stechbahn her setzte sich eine Schwadron Dragoner in Bewegung und hieb mit blankem Säbel auf die immer noch dichtgedrängten Massen ein, um so die eine Seite des Schloßplatzes zu ‚säubern'. Kurz darauf marschierte eine Abteilung Infanterie aus dem nahe der Spree gelegenen zweiten Schloßportal heraus und stellte sich auf der anderen Seite (zwischen der Kurfürstenbrücke und der Breiten Straße) kampfbereit auf. Ungefähr zu diesem Zeitpunkt, d.h. etwas nach 14.30 Uhr, fielen dann die berühmten zwei Schüsse, die die Barrikadenkämpfe auslösten.

Kapitel II.2

Die Barrikadenkämpfe: Verhaltensmuster und Vorurteilsstrukturen der Kontrahenten

Das Drama nimmt seinen Lauf

Kaum waren die Schüsse verhallt, stob das „Volk" wie „die Möwen vor dem Sturme" auseinander und in die angrenzenden Straßen hinein, „knirschend, bleich, athemlos", „mit Entsetzen" und „zornglühenden Mienen gen Himmel Rache schreien[d]". Der Ruf „Verrat! Verrat! Man mordet das Volk! Zu den Waffen! Zu den Waffen!" und „die Losung ‚Rache' durchflog[en] im Augenblick die große Stadt". „Panischer Schrecken wechselte mit Zornausbrüchen." Das Gefühl, ‚verraten' worden zu sein, speiste sich wesentlich aus dem Verhalten der Obrigkeit in der Woche zuvor. Am 15. und 16. März hatten die Behörden in öffentlich angeschlagenen Bekanntmachungen bedauert, daß an den Vortagen Unschuldige Opfer von blutigen Ausschreitungen des Militärs geworden waren, und eine Untersuchung der Vorfälle zugesagt. Geschehen war jedoch nichts; die Truppen blieben vielmehr weiterhin im Stadtbild Berlins provozierend präsent. Angesichts dessen (so wurde z.B. in der Zeitschrift ‚Publicist' betont) kam am Mittag des 18. März „eine andere Meinung gar nicht auf, als daß die Infanterie auf Befehl gefeuert hätte, und diese Meinung, mit unglaublicher Schnelle bis in die entlegensten Stadttheile verbreitet, versetzte die ganze Bevölkerung in eine unbeschreibliche Wuth." Während im ‚Volk' die Empörung hochkochte, gepaart mit „Wuthausbrüchen über die Militärbarbarei", war der Schloßplatz, „eben noch überfüllt von Menschen, jetzt todtenstill" und wurde umgehend durch die im Schloß stationierten Truppen besetzt. Auch die übrigen großen Plätze im Stadtzentrum sahen zunächst „wie ausgefegt aus". Nur „von Zeit zu Zeit sprengte eine Ordonanz darüber hin, um den Truppen in den Kasernen Befehle zu überbringen."[1]

Unterdessen wurde in den Straßen der preußischen Hauptstadt „eine Barrikade hinter der anderen" aufgetürmt, zunächst in den dem Schloß nahegelegenen Vierteln, später im ganzen Stadtbereich. Bis zum Abend „gab es in Berlin keine

---

1 Zitate: Gutzkow, Schwarzer Bär, S. 535; Frenzel, Berliner Märztage, S. 26; Angerstein, Märzereignisse, S. 33 f.; Boerner, Erinnerungen, I, S. 131; ein anonymer Augenzeuge nach: Wolff, RC, I, S. 139; außerordentliche Beilage des ‚Publicisten' vom 18. März 1848; Berlin in der Bewegung, S. 550 f.

Straße, ja keine Gasse, die nicht doppelt und dreifach verrammelt gewesen wäre. Tausend und aber tausend Hände waren hierbei mit einer unglaublichen Thätigkeit beschäftigt." Droschken, Omnibus- und Postkutschen oder Brunnengehäuse wurden umgestürzt, Rinnsteinbrücken aufgerissen, Balken, Wollsäcke, Pflastersteine und andere Gegenstände herangeschleppt. Sie bildeten das Baumaterial der Verschanzungen. Vor allem an den Straßenecken wurden zudem ganze Häuser abgedeckt und die Ziegel oben aufgeschichtet, um den dort auf die anrückenden Truppen Wartenden als Wurfgeschosse zu dienen. „Berlin sah aus, als ob es von Grund au[f] zerstört werden sollte." Anfangs freilich wurden die Barrikaden noch vielfach planlos und überhastet errichtet. Einen „ärmlichen Anblick" bot zu Beginn der Auseinandersetzungen auch die Bewaffnung der hinter und auf den Barrikaden postierten Kämpfer. Kaum jemand besaß eine Schußwaffe. Mit losgerissenen Planken, Mistgabeln, Holzäxten und sogar „einem verrosteten Schwert" erwarteten die meisten Barrikadenkämpfer die anrückenden Soldaten.[2]

Am Nachmittag, etwa zwischen 4 und 5 Uhr, begannen die Kämpfe. Während noch das „Krachen vom Aufbau der Barrikaden" tönte, konnte man erste, zunächst nur vereinzelte Schüsse hören, „welche den Angriff gegen dieselben verkündeten". Daraus entwickelte sich „ein heftiges Tiraillierfeuer", das „mit geringen Unterbrechungen die ganze Nacht fortdauerte". Gegen 6 Uhr war namentlich in der „ganzen Königstraße der furchtbarste Barrikadenkampf entlodert". Zwischen 6 und 7 Uhr begannen die Truppen auf diesem Boulevard außerdem, Artillerie einzusetzen, um in deren Schutz dann die Infanterie vorrücken zu lassen; der „Donner der Kanonen ertönte in immer rascher folgenden Schlägen, einzelne Barrikaden begannen schon in dieser Straße zusammenzustürzen". Bald dehnten sich die Kämpfe auf die benachbarten Gassen aus; „zerrissene Leichen liegen an den Straßenecken". Bei den Soldaten wie den „Volkshaufen" waren „die Leidenschaften auf das Äußerste erregt"; beide Seiten fochten mit „erbitterter Wuth".[3] Seitens des ‚Volks' wurden die Kirchenglocken in Bewegung gesetzt; sie läuteten seit dem frühen Nachmittag ununterbrochen Sturm.

Bei Beteiligten wie Außenstehenden muß die Nacht vom 18. auf den 19. März einen nachhaltigen Eindruck hinterlassen haben. Beleuchtet wurde das Geschehen nicht nur durch den an einem wolkenlosen Himmel stehenden Vollmond, sondern überdies durch mehrere Feuersäulen vor allem der lichterloh brennenden Wagenhäuser der Artillerie an der Chaussee nach Oranienburg, der teilweise in Flammen stehenden königlichen Eisengießerei und eine von Revolutionären in Brand gesetzte Verkaufsbude auf dem Alexanderplatz. Die Nacht war

2 Zitate: Außerordentliche Beilage des ‚Publicisten' vom 18. März 1848; Berlin in der Bewegung, S. 552.
3 Zitate: Braß, Barrikaden, S. 63, 74; Berlin in der Bewegung, S. 553; anonymer Augenzeuge nach: Wolff, RC, I, S. 160.

zudem von einem ungeheuren Getöse erfüllt; Gewehrschüsse und Kanonendonner hallten, Trommeln wirbelten, Menschen schrien, und über allem lag ein fortwährendes Sturmgeläut: „eine schauerliche Musik!"[4] „Die Ungewißheit über den Verlauf und den Ausgang des Kampfes steigerte die Aufregung von Stunde zu Stunde. Die Stille, die zuweilen eintrat, und das Aufhören des Gewehrfeuers dünkte uns noch unheimlicher als der Lärm des Gewehrfeuers", so erinnerte sich später der bekannte Publizist Karl Frenzel, zum Zeitpunkt der Revolution 20 Jahre alt. Ihm und wohl allen schien es eine Ewigkeit zu dauern, ehe „endlich der Morgen dämmerte."[5] „Selbst die französischen Revolutionen", so schrieb ein anderer Augenzeuge, der damals 23jährige Handlungsdiener Johann Gustav Dalchow noch unter dem unmittelbaren Eindruck der Barrikadenkämpfe an seine Eltern, könnten im Vergleich zur Berliner Märzrevolution „nur Kinderei[en] gewesen seyn. Noch mehrere Tage hindurch summte mir das Glockengeläute und der Kanonendonner durch die Ohren und doch schien dieses schreckliche Ereigniß nur ein Traum gewesen zu seyn." „Wer Berlin früher gesehen hat, kennt es nicht wieder, die Straßen schwimmen von Blut; es ist schlimmer als in Paris, weil hier das Militair nicht übergegangen war."[6]

Die vorstehenden Ausführungen müssen genügen, eine Vorstellung davon zu geben, wie dramatisch das Geschehen am 18. März nachmittags und in der folgenden Nacht, das von Wolff, Braß, Prittwitz, Angerstein und vielen anderen detailliert beschrieben worden ist, aus der Sicht und in der Erinnerung der Zeitgenossen gewesen ist. Im folgenden sollen Verhaltensmuster und Vorurteilsstrukturen, politische wie emotionale Grundhaltung sowohl der beteiligten Soldaten als auch der Berliner Barrikadenkämpfer umrissen werden.

Das Verhalten der Truppen

Es waren in erster Linie die Truppen, die für die „Ströme von Blut" verantwortlich waren. Sie handelten – folgt man den Berichten der Zeitgenossen, die ihnen gegenüber auf den Barrikaden standen – vielfach mit einer (so formulierte einer der Betroffenen) „thierischen, kaum formell gebändigten Rohheit", die nur als „widerlich absichtliche Verhöhnung aller Menschlichkeit und Natur" aufgefaßt werden könne.[7]

---

4 Angerstein, Märzereignisse, S. 38.
5 Frenzel, Berliner Märztage, S. 28 f. Ähnlich auch z.B. Schneider, Aus meinem Leben, II, S. 14 f.
6 Gustav Dalchow an seine Eltern in Zerbst vom 27. bzw. 19. März 1848, in: LAB, NL Dalchow, Rep. 200, Acc. 2036, Nr. 201 bzw. 200.
7 Adalbert Roerdansz, Vorwort zu: ders. (Hg.), Gefangene Berliner auf dem Transport nach Spandau am Morgen des 19. März 1848. Protocollarische Aussagen und eigene Berichte von 91 Betheiligten als Beitrag zur Geschichte des Berliner Märzkampfes, Berlin o. J. (1848), S. 5. Die

Eines von zahllosen Beispielen dafür, wie die Militärs mit Barrikadenkämpfern – oder solchen, die sie dafür hielten – umsprang: In ein Zimmer eines Hauses am Spittelmarkt hatten sich „zwei junge Leute [...] vor den wüthend anstürmenden Soldaten [...] zurückgezogen, das Licht ausgelöscht und sich nebst ihren Waffen hinter dem Canapee verborgen. Die Thür wurde alsbald mit Kolben eingeschlagen und Licht herbeigebracht. Kaum waren die Verborgenen unter dem Sofa hervorgebracht [...], so rief der Herr Hauptmann: ‚Schießt sie nieder!' Sofort wurde dieser Befehl von einem Soldaten ausgeführt, indem er einen noch ganz jungen [...] Menschen, welcher mitten im Zimmer stand, ohne weiteres die Gewehrmündung fast an die Stirn legte und ihm den Kopf dermaßen zerschmetterte, daß ein seitwärts stehender Trimeau und die Wand von dem umherspritzenden Gehirn ganz bedeckt waren. Unmittelbar darauf wurde sein Leidensgefährte in demselben Zimmer erschossen. [...] Da der Wirth selbst als Gefangener abgeführt wurde, so blieben die beiden Leichen bis zum Morgen im anderen Zimmer liegen, und erst als er zurückkehrte, wurden sie, das Blutmeer und das an den Wänden klebende Gehirn entfernt."[8]

„Ähnliche Scenen ereigneten sich überall", stellte der Chronist der Barrikadenkämpfe, August Braß, fest.[9] Unterschiede zwischen Barrikadenkämpfern und Personen, die an den Kämpfen unbeteiligt waren, wurden vom Militär häufig nicht gemacht. Auch etablierte Stellung schützte nicht vor Mißhandlung.[10] Vor allem jedoch provozierte unkonventionelles Äußeres, wie etwa ein Bart oder lange Haare, leicht Übergriffe der Soldaten.[11]

---

zahllosen Berichte über das Verhalten des Militärs hier auch nur teilweise zu referieren, würde den Rahmen dieser Arbeit bei weitem sprengen; vgl. hierzu vor allem die breit angelegten Darstellungen der Zeitgenossen Braß, Streckfuß, Wolff, Angerstein und Roerdansz.

8 Ebd., S. 179 f. Etwas andere Variante des Ereignisses bei: Wolff, RC, I, S. 185.

9 Selbst ein konservativer Offizier wie Graf Waldersee mußte zugeben, daß in einigen Fällen keine Gefangenen gemacht wurden; „die Soldaten waren so erbittert, daß sie lieber kurzen Prozeß machten." (Waldersee, Märztage, S. 21.) Zu Plünderungen sowie Diebstählen durch Soldaten vgl. Braß, Barrikaden, S. 87 f., sowie Streckfuß, Freies Preußen, I, S. 27; VZ (‚Extrablatt der Freude') vom 20. März 1848; Roerdansz, Gefangene, S. 80, 97, 99, 114, 159. Zumindest in einem Fall scheinen die Truppen auch Geiseln genommen und gezielt als lebende ‚Schutzschilde' eingesetzt zu haben. Vgl. Protokoll des 32 Jahre alte Kochs Theodor Dautwitz, in: ebd., S. 68.

10 Vgl. z. B. den eindrucksvollen Bericht des Direktors des Köllnischen Gymnasiums August (KBA), in: Wolff, RC, I, S. 182 f.; außerdem Angerstein, Märzereignisse, S. 45.

11 Einen Neffen des Gymnasialdirektors August, den stud. jur. Hermann von Holtzendorff, einer der Toten des 18. März, rissen Soldaten „am Barte von der Seite meiner Frau, als ob dieser Bart besonders verdächtig sei", um ihn „mit rohem Ungestüm hinweg" zu schleppen. (Wie Anm. 10). Ein anderer Barrikadenkämpfer, der Seidenwirkergeselle A. Hintze, wurde bei seiner Gefangennahme „mit den Worten: ‚hier ist ein Langhaariger', begrüßt, „bei den Haaren ergriffen und bald hier bald dorthin geschleudert. Man warf mich die Treppe hinab, die Soldaten folgten. ‚Schlagt den Hund tot!' meinte einer, ‚Stecht ihn nieder!' riefen andere. Unter solchen Drohungen erhielt ich einen Kolbenschlag auf den Kopf, daß das Blut hervorspritzte und ich bewußtlos niedersank." Der Privatdozent der Friedrich-Wilhelm-Universität Gotthold Eisenstein berichtete, daß, nachdem ihm die Mütze vom Kopf geschlagen worden war und er „baarhäuptig" einhergehen mußte, „mein starkes Haar den Peinigern Veranlassung zu neuen Qualen [war]. Zu verschiedenen Malen packte ein Soldat mit der Faust hinein und riß gewaltsam ganze Büschel davon aus." (Roerdansz, Gefangene, S. 80 f., 132.) Zumindest in einigen Fällen wurden außer-

Zahllosen Übergriffen des Militärs waren auch die insgesamt sechshundert gefangengenommenen Barrikadenkämpfer ausgesetzt. Ihre Torturen waren mit der Festsetzung und der Einlieferung ins Schloß noch keineswegs beendet, sondern erreichten erst während des Transports auf die Spandauer Festung am 19. März ihren Höhepunkt. Da man sich seitens der verantwortlichen Militärs des Sieges keineswegs sicher war, sondern einen gewaltsamen Befreiungsversuch durch Berliner Bürger fürchtete, wurden die Gefangenen bereits vor Tagesanbruch aus dem Stadtgebiet herausgeführt.[12]

Als es „heller wurde und die Soldaten die Einzelnen genau ins Gesicht fassen konnten, gab ihnen jede Äußerlichkeit Veranlassung zu den schreiendsten Gewalttätigkeiten. Schon das bloße Gehen war eine fortgesetzte Peinigung. Bald sollten wir zu 3, bald zu 4 in einer Reihe marschiren, und wurden dabei unter dem beständigen Rufe: ‚anschließen! immer ran!‘ von allen Seiten wie die Schaafe zusammengedrängt, so daß man nicht nur seinen Vordermännern beständig auf die Fersen treten mußte, sondern auch gar nicht imstande war, Reih' und Glied zu halten, was natürlich fortwährend neuen Grund zu Mißhandlungen gab. Die Kolbenstöße nach allen Seiten des Körpers, die Schläge mit dem Bajonet und der Faust, die ich selbst erlitten und andere beständig erleiden sah, sind nicht zu zählen und dies immer unter den gemeinsten Schimpfwörtern, wie: Berliner Taugenichts, Hund und andere, die ich verschweigen muß, und den rohesten Hohnreden. Ich sah sonst kräftige Leute in meiner Nähe dermaßen maltretirt [werden], daß ich jeden Augenblick fürchtete, sie liegen bleiben zu sehen. Wenn man allzu grausam auf mich eindrang, sucht ich mir durch Anreden eines in der Nähe reitenden Offizier[s] zu helfen, habe aber nicht ein einziges Mal Gehör gefunden." Man sei – so heißt es in den Berichten immer wieder – „schlimmer als ein Stück Vieh mit Stößen und Schlägen traktirt worden".[13]

Mittelbar drückt sich in den geschilderten und weiteren Vorfällen außerdem das spannungsgeladene Verhältnis zwischen preußischer Landeshauptstadt und (ostelbischer) ‚Provinz‘ aus; denn die am 18. März im Kampf eingesetzten wie die den Zug der gefangenen Barrikadenkämpfer begleitenden Truppen waren nicht ‚Berliner Kinder‘ oder aus anderen preußischen Städten rekrutiert, sondern setzten sich „größtenteils aus ungehobelten, bäuerlichen Rekruten" (G.A. Craig) zusammen, die zudem von Offizieren befehligt wurden, die darauf brannten, der städtischen ‚Canaille‘ eine Lektion zu erteilen.[14] Gegenüber dem vermeintlichen

---

dem Behinderte bei ihrer Gefangennahme gezielt herausgegriffen und malträtiert; vgl. den Bericht des Schneiders A. Niederhoff, eines „Krüppels mit einem hölzernen Bein", in: ebd., S. 111 ff.

12 Aktionen zur Gefangenenbefreiung hielt man vor allem „im Thiergarten für so wahrscheinlich", daß man zusätzlich zu diesen Vorsichtsmaßregeln „vorher einen Theil des Waldes mit Artillerie besetzte." (Ebd., S. 129.)

13 Zitate: ebd., S. 88 f., 100.

14 In Preußen war es die Regel, daß bei der Bekämpfung von ‚Aufständen‘ in Großstädten vor allem Soldaten aus ländlichen Gebieten eingesetzt wurden; vgl. Gordon A. Craig, Die preußisch-deutsche Armee 1640-1945, Düsseldorf 1960, S. 116. Der Gefangenenzug vom 19. März wurde vom ersten und zweiten Bataillon des 2. (Königs-)Infanterie-Regiments, den sogenannten

‚Pöbel' aus der Hauptstadt glaubten diese Soldaten, wie selbst hohe, konservative Offiziere später zugeben mußten, (fast) alle Hemmungen fallen lassen zu können.[15] Unisono war schließlich die Klage der Gefangenen über die Reaktion der Bevölkerung *Charlottenburgs* und *Spandaus*, als sie der Gefangenen am Morgen des 19. März ansichtig wurden.[16] Erst am späten Nachmittag des 19. März, nachdem in Berlin längst Waffenstillstand herrschte und der Abzug der Truppen beschlossene Sache war, wurden die in der Spandauer Zitadelle festgehaltenen Gefangenen in kleinen Gruppen freigelassen.[17]

Barrikadenkämpfer und ‚Volk'

Schätzungsweise vier- bis zehntausend Menschen, d.h. etwa die fünf- bis zehnfache Zahl der namentlich bekannten Märzkämpfer, standen zumindest zeitweilig auf den Barrikaden. Weit mehr waren bereit dazu, mußten sich jedoch mit einer passiven Rolle bescheiden, weil nicht genügend Waffen vorhanden waren. Nicht nur die Unterschichten, deren Sympathien offenbar ziemlich geschlossen auf Seiten der Revolutionäre waren, auch ein nicht unerheblicher Teil des Bürgertums stand, wie der Stadtrat Nobiling, „ein Mann von gemäßigt konstitutioneller Gesinnung" (F. Rachfahl), feststellte, im Lager der Barrikadenkämpfer.[18]

‚Stettinern' begleitet, die allerdings überwiegend nicht aus der pommerschen Hauptstadt, sondern vom Land kamen.

15 Selbst Leopold v. Gerlach gestand in einem Nebensatz seiner ‚Denkwürdigkeiten' ein, daß „viele Gefangene [...] von den erbitterten Soldaten oft gemißhandelt wurden". Graf Waldersee sprach verniedlichend von „manchem Kolbenstoß", den die Gefangenen auf ihrem Transport nach Spandau einstecken mußten. (Gerlach, Denkwürdigkeiten, I, S. 136 bzw. Waldersee, Berliner Märztage, S. 26.)

16 Die „Einwohner Charlottenburgs", so heißt es in den Augenzeugenberichten, „hängten uns nicht allein alle nur erdenklichen, nichtswürdigen Schimpfnamen an, sondern bewarfen uns auch noch mit Straßenkoth". „Einige Erschöpfte baten um Wasser und Brod; der Hohn ging aber so weit, daß man das Wasser vor den Augen der Schmachtenden ausgoß, das Brod dagegen den Pferden der begleitenden Uhlanen anbot und es, wenn diese es nicht fressen wollten, fortwarf." Auch die Bewohner Spandaus hätten sich, so die Gefangenen, „durch Schimpfen, Schmeißen mit Unflath und Bespeien an uns ergötzt." (Zitate: Roerdansz, Gefangene, S. 58, 91, 98, 128.) Zum gespannten Verhältnis zwischen der Hauptstadt und den umliegenden Ortschaften vgl. ausführlich Hachtmann, „Rote Hauptstadt" und „schwarze Provinz".

17 Mit der Eisenbahn durften sie nicht zurückfahren. Statt dessen mußten die „Jammergestalten" todmüde und mit zerschlagenen Gliedern über Umwege zu Fuß den langen Weg nach Berlin zurückgehen. Ausführlich: Roerdansz, Gefangene, S. 169-177; ferner z.B. Streckfuß, Freies Preußen, I, S. 59 ff.

18 Wörtlich schreibt Nobiling zur Situation unmittelbar nach den beiden Schüssen: „Die Wuth der hier anwesenden Bürger war so groß, daß sie sich, wiewohl unbewaffnet, am liebsten sogleich auf das Militär gestürzt hätten. [...] Die Wuth der unbewaffneten Bürger war unbeschreiblich; sie waren drauf und dran, mit den Händen in die Gewehre zu greifen. [...] Alle gehörten den besten Ständen an; die Mehrzahl war eben erst als Schutzmänner thätig gewesen. Noch jetzt

Weltanschauliche Unterschiede oder die Stellung gegenüber politischen Einzelfragen traten zurück. Nach Nobilings Beobachtungen äußerten sogar Bürger ihre „unbeschreibliche Wut" gegen die Soldaten, die später maßgeblich an der Gründung des extrem konservativen ‚Treubundes mit Gott für König und Vaterland' beteiligt waren.[19] Dennoch wäre es verfehlt, in der Märzrevolution lediglich eine Art antimilitaristische Revolte zu sehen. Denn einmal war in den Stunden der Kämpfe natürlich keine Zeit, politische Proklamationen zu erlassen oder weltanschauliche Kontroversen zu diskutieren. Zum andern zeigten politische Symbole sinnfällig, welche Zielsetzungen man verfolgte: Auf den meisten Barrikaden flatterte die ‚schwarz-rot-goldene' Fahne, Symbol nicht nur für den Wunsch nach nationaler Einheit, sondern auch für die Forderung nach Einführung einer konstitutionellen Monarchie. Aber nicht nur das: In der ‚Vossischen Zeitung' und im ‚Publicisten' wurde offenbar mit einer gewissen Besorgnis registriert, daß „ein Haufen von mehr als tausend Mann vor das berliner Rathaus gezogen [kam], eine schnell improvisierte rothe Fahne vorantragend".[20] In ‚proletarischen' Stadtteilen sollen weitere „Trupps unter Vortragen rother Fahnen" durch die Straßen gelaufen und außerdem an vielen Häusern rote Fahnen aufgesteckt worden sein.[21] Obwohl die Symbolfarbe Rot auf Druck der in *Paris* starken sozialistischen Bewegung in den ersten Tagen nach der Februarrevolution zusammen mit der Trikolore zur offiziellen Nationalfarbe in der französischen Republik erhoben worden war[22], darf das demonstrative Tragen roter Fahnen in *Berlin* zu diesem

---

kenne ich viele von ihnen als ruhige friedliche Männer und ausgezeichnete Bürger, einige sind Mitstifter des Treubundes." (Nach: Rachfahl, König Friedrich Wilhelm IV., S. 293.) Vgl. außerdem z.B. die Eintragungen Varnhagens zum 18. März 1848, in: ders., Tagebuch, Bd. 4, S. 291.

19 Vgl. Rachfahl, König Friedrich Wilhelm IV., S. 293, 295; ferner internes Gutachten Nobilings über die Bürgerwehr vom 17. April 1848, in: BLHA, Rep. 37, Nr. 4029, Bl. 15 Rs., sowie die liberalen Tageszeitungen, z.B. KöZ vom 20. März, TZ vom 22. März oder NZ vom 5. April 1848. Zum Treubund vgl. *S. 825-832*.

20 Außerordentliche Beilage des ‚Publicisten' vom 18. März 1848 sowie VZ vom 20. März 1848. Vgl. außerdem Fürst Radziwill, in: Anhang zu: Prittwitz, Berlin, S. 467.

21 Vgl. z.B. Brief des Technikers und Mathematikers August Kramer an seinen Bruder vom 18. März 1848 (gegen 18 Uhr), in: ZfG 2. Jg./1954, S.316. Nach Streckfuß wurden rote Fahnen häufig „mehr aus Zufall" getragen, weil keine anderen zur Hand waren; vgl. Streckfuß, 500 Jahre, S. 986.

22 Am Abend des 24. Febr. hatte die sozialistische Bewegung in Paris, stark gemacht durch den politischen Druck des die Aufstandsbewegung tragenden ‚Volks', neben der Forderung nach Verstaatlichung wichtiger Betriebe (inkl. Selbstverwaltung der Arbeiter) und dem offiziellen Titel der „einen und unteilbaren Republik" (wie er 1792 eingeführt worden war) auch die Ersetzung der Trikolore durch die rote Fahne verlangt. (Die rote Fahne, ursprünglich das Zeichen für den Ausnahmezustand, war bereits während der von den Unterschichten getragenen Aufstände 1832 und 1834 zum politischen Symbol aufgestiegen und zum offiziellen Signet der französischen Sozialisten geworden.) Zu einer *Ersetzung* der Trikolore durch die rote Fahne kam es zwar nicht. Bürgerliche Republikaner und Sozialisten einigten sich auf einen Kompromiß: Die Trikolore als zentrales Nationalsymbol wurde beibehalten, allerdings mit einer roten Rosette versehen. Den beiden anderen Forderungen wurde vollständig nachgegeben. Zu den Pariser

Kugelgießer hinter einer Barrikade (gez. von R. Kretschmer)

Zeitpunkt nicht überbewertet, etwa als Ausdruck einer auch hier starken sozialistischen Strömung interpretiert werden: Offenbar suchten die Beteiligten auf diese Weise in erster Linie deutlich zu machen, daß sie die Wünsche, wie sie etwa in der erwähnten ‚Arbeiter-Petition' zu Papier gebracht waren, nunmehr bestimmter einfordern wollten. Fundamentaloppositionelle Bedeutung erhielt die Farbe Rot in Berlin erst seit Sommer 1848. Am 18. März waren dagegen verschiedene politische Richtungen bestenfalls schemenhaft erkennbar. Überdeckt wurden sie durch eine schichten- und strömungsübergreifende „Wuth" auf die Soldaten.

Auf Ablehnung stieß das Militär zwar in allen Berliner Bevölkerungsgruppen. Im Gegensatz zu den proletarischen Schichten blieb das Bürgertum jedoch selbst am 18./19. März 1848 gespalten. Ein nicht unbeträchtlicher Teil der gehobenen

---

Nationalwerkstätten und ihrer Ausstrahlungskraft auf Berlin vgl. *S. 408 ff.* Zur wachsenden Bedeutung der Symbolfarbe Rot in Berlin seit Sommer 1848 vgl. *S. 580 ff., 685, 720 f., 803, 807.*

Sozialschichten verharrte in abwartender Haltung.[23] Viele von ihnen waren eingeschüchtert durch die blutigen Kämpfe, die sich ja vornehmlich in ausgeprägt bürgerlichen bzw. aristokratischen Vierteln abspielten, und unmittelbar um das eigene leibliche Wohl besorgt. Hinzu kamen bei nicht wenigen überdimensionierte Ängste vor dem ,revolutionären Pöbel'. „Mein Haus war voll Weinens und Schluchzens", berichtete mit pastoralem Pathos der Geistliche Krummacher, dessen Parochie zu den „wohlhabendsten und gesegnetsten der Stadt" gehörte.[24] Zwar besaß die ,Militärpartei' in diesen Tagen eine *sichtbare* politische Verankerung in der Hauptstadtbevölkerung offenbar nicht mehr. Daß jedoch ein erheblicher Teil der gutsituierten Einwohnerschaft der Hohenzollernresidenz unbeirrt an konservativen Grundeinstellungen festhielt, bezeugt ein anderer prominenter, gleichfalls hochkonservativer Geistlicher Berlins, der spätere Generalsuperintendent Karl Büchsel: Nach seiner Predigt, die er am 19. März über Judas und – in Anspielung auf die revolutionären Ereignisse in den 24 Stunden zuvor – über die „Macht der Finsterniß" hielt, „war eine große Bewegung in der Gemeinde, viele weinten und schluchzten, mehrere kamen in die Sakristei und drückten mir schweigend die Hand."[25] In dieses Bild fügt sich, daß die Truppen in ,besseren' Gegenden während der Kämpfe auf eine Art wohlwollende Neutralität stießen. So konnten vor allem einzelne Abschnitte der Leipziger Straße am Nachmittage des 18. März deshalb von den Truppen relativ rasch eingenommen werden, „da diese Gegend bekanntlich viele Regierungsgebäude enthält und anderntheils von der Aristokratie bewohnt wird, die sich natürlich bei einem solchen Kampfe neutral hielt".[26]

Vor dem Hintergrund, daß nicht wenige Berliner Einwohner in den Tagen vor der Revolution unter blutigen militärischen Einsätzen zu leiden hatten und die Truppen diese Brutalität am 18. und 19. noch ins Maßlose steigerten, ist es um so erstaunlicher, daß es nur vereinzelt zu ,Übergriffen' der zivilen Bevöl-

---

23 Daß die „Mehrzahl" der Berliner abwartete, „wie sich die Dinge entwickeln würden", betont z.B. Kochhann (Erinnerungen, III, S. 79 f.). Die aktive und passive Beteiligung der Berliner Bevölkerung auf seiten der Revolutionäre dürfte allerdings weit höher als bei einem Prozent gelegen haben, wie Heinrich (Einleitung zu: Prittwitz, Berlin, S. XLV) behauptet. Valentin (Geschichte, I, S. 434) schätzt sie – nach meinem Eindruck zu Recht – auf „viele Zehntausend".
24 Krummacher, Selbstbiographie, S. 204 bzw. S. 180.
25 Büchsel, Erinnerungen, IV, S. 50.
26 Braß, Barrikaden, S. 69. In der gleichen Gegend wurde, als das Militär am 19. März vom Schloß in Richtung auf das Potsdamer Tor abzog, „von den Fenstern von Damen und Herren mit Taschentüchern geweht". Das Publikum ließ dort bei dieser Gelegenheit „die Linie, das Regiment, ja sogar meine Person [hoch]leben". (Lüttichau, Erinnerungen, S. 24 f.) Vgl. auch *S. 200*, außerdem einen Bericht des Premierlieutenants v. Reibnitz zum 18. März 1848, nach: Haenchen, Neue Briefe, S. 279 f., sowie Meyerinck (Thätigkeit, S. 108), der berichtet, daß die „Mitglieder des [gutsituierten] Fleischergewerks" sich am Vormittag des 18. März „im Schloßhofe mit den Offizieren" unterhalten und „durchweg eine vortreffliche patriotische Gesinnung" bekundet hätten.

kerung bzw. der Barrikadenkämpfer gegenüber dem Militär kam.[27] „An vielen Orten", so der Augenzeuge und Chronist der Barrikadenkämpfe August Braß, wurden die Soldaten unbehelligt laufen gelassen, „nachdem man ihnen Gewehre und Waffen abgenommen" hatte.[28] Der ‚Pöbel' respektierte auch das Privateigentum.[29] Zu welch im Grunde kuriosen Handlungen die Achtung vor dem Eigentum selbst kämpfende Angehörige des Proletariats trieb, aber auch, welch politisches Bewußtsein in bestimmten Kreisen der arbeitenden Bevölkerung herrschte, beschreibt Boerner:

„In einer Nebenstraße der Neuen Königstraße war eine Barrikade errichtet, von der aus man das Feuer einiger Militärs in einer nahen Barrikade lebhaft beantwortete. Hell brannte zu unserm Nachteil an der Straßenecke die Gasflamme, so daß man durch tiefes Dunkel geschützt von dort her schon zwei von uns ziemlich schwer verwundet hatte. Bei der Ausführung des Beschlusses, das Licht auszulöschen, hatte ich Gelegenheit, die eigentümliche, kaltblüthige Philosophie eines Arbeiters zu bewundern, dessen Worte wohl die Ansichten aller seiner Brüder enthielten. Die Laterne sollte nämlich zerschlagen und so auch die Gasflamme gelöscht werden, schon erhob ein anderer seine lange Pike, um diesen Plan zu verwirklichen. Jener einfache zerlumpte Proletarier widersetzte sich ganz entschieden: ‚Wenn wir nun Republik haben', erklärte er mit voller Überzeugung, ‚so gehört das alles der Gemeinschaft, wir müssen bezahlen, was zerstört ist.' Und trotz der dringenden Gefahr, trotzdem die Kugeln gar nicht anmuthig an seinem Kopf vorbei summten, stieg er mit vieler Würde auf eine Leiter, drehte ganz ruhig, als wollte er sich zum republika-

---

27 Braß (Barrikaden, S. 91) wird kaum übertrieben haben, wenn er resümiert, es müsse „zur Ehre des Volkes" festgehalten werden, „daß wir nirgends auf derartige Züge von Barbarei gestoßen sind, wie wir sie leider hier von den Truppen erwähnen mußten." Vgl. außerdem VZ vom 20. März 1848 sowie ferner Klaus Schwarz, Die Verluste der preußischen Armee in der Berliner Märzrevolution 1848, in: Der Bär von Berlin, 13. Jg./1964, S.63. Auch zwei der drei von Konservativen als Belege für eine angebliche Brutalität der Barrikadenkämpfer genannten Vorfälle entpuppten sich bei näherem Hinsehen als Unglücksfälle bzw. falsche Gerüchte: (1.) Ein als Wache bei der Preußischen Bank postierter Soldat wurde „beim Ringen um [das] Gewehr, also im Widerstand" und (entgegen konservativen Mutmaßungen) nicht hinterrücks erschossen. (2.) Der General v. Möllendorff trat selbst der Räuberpistole, er sei dem Tode nur entronnen, weil das Gewehr eines „rasenden Mordbrenners" versagte (Hohenlohe-Ingelfingen, Aufzeichnungen, S. 42), und anderen „groben Lügen" über Vorfälle bei seiner Gefangennahme entgegen (Brief Möllendorfs an Leopold v. Gerlach vom 8. Febr. 1849, in: BA Potsdam, Rep. 90, Ge 6, Nr. 16, Bl. 165 ff.) (3.) Der einzige Übergriff von Barrikadenkämpfern, der nicht unmittelbar aus dem Kampfgeschehen zu erklären ist, war der Tod eines Gendarmerie-Offiziers. Er wurde nach Angaben des konservativer Meinungsmache unverdächtigen Braß „auf der Flucht erschossen". Vgl. Braß, Barrikaden, S. 61, 63, 69, 91, 94; Wolff, RC, I, S. 221 ff.; Streckfuß, Freies Preußen, I, S. 19 ff. Zwei weitere, bei Prittwitz erwähnte ‚Übergriffe' gegenüber Soldaten ließen sich durch andere Quellen nicht verifizieren; vgl. Prittwitz, Berlin, S. 209 f.

28 Braß, Barrikaden, S. 92. Zu Braß vgl. KBA.

29 Es wurde „nichts geplündert oder zerschlagen, außer Fensterscheiben." Auch als die Barrikadenkämpfer systematisch in Offiziershaushalten nach Waffen zu suchen begannen, wurde „niemand beleidigt", „kein Schimpfwort ausgestoßen". Alles ging „mit Höflichkeit zu und die Damen rühmten, wie artig die Herren mit ihnen gesprochen" hätten. (Eintrag Varnhagens zum 18. März 1848, in: ders., Tagebücher, Bd. 4, S. 290 bzw. 292.)

nischen Beleuchtungsbeamten empfehlen, den Hahn um, und unsere Absicht war erfüllt."[30]

In manchen Fällen konnte das ‚einfache Volk' freilich nur durch Dazwischentreten von Bürgern von ‚Übergriffen' gegenüber dem verhaßten Militär abgehalten werden.[31] Daneben sind wiederum Beispiele ausgesprochen freundlichen Verhaltens der Aufständischen den Truppen gegenüber überliefert.[32] Zwar gab es zahlreiche Versuche seitens der Berliner Bevölkerung, mit den Truppen ins Gespräch zu kommen. Auch sank die Kampfbereitschaft offenbar einer ganzen Reihe von Militärabteilungen im Laufe der Nacht vom 18. auf den 19. März.[33] Trotz einer Vielzahl anderslautender Gerüchte und Behauptungen, die nach dem 18. März in Berlin umgingen, war (von einer einzigen Ausnahme abgesehen)[34] jedoch Versuchen kein Erfolg beschieden, Soldaten zum Überlaufen zu bewegen.[35]

---

30 Boerner, Erinnerungen, I, S. 151. Über einen zweiten, ähnlichen Vorfall, nämlich eine Pfefferkuchenbude, die zum Barrikadenbau verwandt werden sollte, berichtet Streckfuß: Als sie umgeworfen worden war, „sah man, daß sie mit Pfefferkuchen gefüllt war, die beim Zerbrechen der Bude auf die Straße rollten. Mehrere Jungen im Alter von 10 bis 14 Jahren zeigten sich ganz besonders thätig beim Bau der genannten Barrikade. Wohl blickten sie lüstern auf die über das Pflaster rollenden Kuchen, auf die Zuckermandeln und anderen Delikatessen; aber keiner von allen wagte auch nur eine Mandel zu nehmen und zu genießen. Sie packten alle aufs Sorgfältigste in schnell herbeigeholte Körbe und brachten diese in ein Nachbarhaus in Sicherheit." (Streckfuß, Freies Preußen, I, S. 21 f.) Die liberale Presse stellte gleichfalls fest, „das Volk" habe sich während der blutigen Auseinandersetzungen „mit der musterhaftesten Gesinnung für Gesetz, Ordnung und öffentliche Sicherheit betragen". (TZ vom 23. März 1848.) Ähnlich auch Genée, Zeiten, S. 68, sowie: Berlin in der Bewegung, S. 555.
31 Vgl. z.B. Braß, Barrikaden, S. 61.
32 Vgl. allgemein Bericht Nobilings nach: Rachfahl, König Friedrich Wilhelm IV., Teil II, S. 414; außerdem Angerstein, Märzereignisse, S. 52, Anm. 1. Einzelne Beispiele bei Braß, Barrikaden, bes. S. 67 f.
33 Varnhagen (Tagebücher, Bd. 4, S. 305) berichtet, „daß ganze Trupps von Soldaten an mehreren Stellen sich dem Kampf entzogen, ja in die Häuser gingen und nicht wieder herauskamen, ja dem Ruf ihrer Offiziere nicht folgten, wenn diese sie wieder auffanden." Ähnlich auch das Eingesandt eines Anonymus (M. v. N.) in der SZ vom 25. März 1848 (Beilage). Aus derartigen Vorfällen dürften sich die Gerüchte über angebliche Desertionen und Verbrüderungen gespeist haben.
34 In der ‚Locomotive' vom 15. und 18. April 1848 wird die Teilnahme des Gardedragoners Karl Pallas an der Märzrevolution auf Seiten der Barrikadenkämpfer behauptet; vgl. auch Schwarz, Verluste, S. 66, Anm. 87.
35 Zu entsprechenden Gerüchten sowie vergeblichen Versuchen der Barrikadenkämpfer, sich mit dem Militär zu verbrüdern, vgl. VZ vom 20. März (‚Extrablatt der Freude'); TZ vom 22. März 1848; Varnhagen zum 18. bzw. 19. März 1848, in: ders., Tagebücher, Bd. 4, S. 305, 327; Wolff, RC, I, S. 163, 180, 210 f.; Braß, Barrikaden, S. 67 f.; Schulz, Märztage, S. 65; ferner die S. *183, Anm. 1* genannte Literatur. Selbst Militärarrestanten, die von den Aufständischen befreit worden waren, weigerten sich, sich den Barrikadenkämpfern anzuschließen; vgl. Prittwitz, Berlin, S. 171 bzw. Schulz, Märztage, S. 50; Streckfuß, Freies Preußen, I, S. 31.

7.

Jott, Jevatter! schiess man nich den Langen, nimm
Dich den Andern, der is mich noch 80 Thaler schuldig!!

„Mißverständnis" und „Verschwörung"?

Die Märzrevolution bot überhaupt einen fruchtbaren Nährboden für die Entstehung von Gerüchten, Halbwahrheiten und Mythen. Es muß hier darauf verzichtet werden, dies im einzelnen auszuführen, etwa den Mythos vom ‚Mißverständnis‘, die Behauptung, der König habe *vor* Ausbruch der Barrikadenkämpfe von sich aus *ohne politischen Druck* alles zugestanden, die Märzrevolution sei eigentlich überflüssig gewesen.[36] Daß sie dies nicht war, sondern – wenn nicht von den Intentionen der staatlichen Handlungsträger, so doch vom Ergebnis her – ein Produkt systematischer Eskalation, das Resultat einer übermäßigen Militärpräsenz, der Anwendung unverhältnismäßiger Gewalt durch die Truppen während der Vortage bei gleichzeitig politischer Halsstarrigkeit der Krone war, ist skizziert worden.

Wichtig im Hinblick auf die anschließende Entwicklung ist freilich die *Funktion* des (teilweise systematisch verbreiteten) Mythos vom ‚Mißverständnis‘. Die langlebige Behauptung, die Berliner Ereignisse des 18. März wie überhaupt die ganze Revolution seien ein Mißverständnis gewesen, sollte dem Bürger suggerieren, er selbst brauche seine Interessen nicht in die eigene Hand nehmen; denn der König habe freiwillig vor dem Ausbruch der Barrikadenkämpfe eigentlich schon alles zur Lösung der politischen und sozialen Probleme tun wollen. Die Formel vom ‚Mißverständnis‘ sollte die politischen Kräfteverhältnisse zugunsten der Krone verschieben. „Stand die Umwandlung der Verfassung der alten preußischen Monarchie bereits vor dem Beginne des blutigen Aufstandes fest, so ist sie das freie Werk eines freien Regenten." *Ohne* die Behauptung, die Märzrevolution sei ein ‚Mißverständnis‘, also unnötig gewesen (so erkannte namentlich Radowitz), hätten die Konzessionen Friedrich Wilhelms IV. „den unverwischlichen Charakter abgezwungener Zugeständisse" getragen.[37] Unter dem Diktum des

---

36 Geboren wurde diese These bereits am Nachmittag des 18. März zwischen 15 und 16 Uhr, als mehrere „bürgerliche Personen" ein Transparent mit der Aufschrift: „Ein Mißverständnis! Der König will das Beste!" über den Schloßplatz trugen. Irgendeine Wirkung konnte die kleine Demonstration zu diesem Zeitpunkt natürlich nicht mehr haben. Einen Sinn erhält die These vom Mißverständnis, wenn man ihr eine andere Bedeutung unterlegt, nämlich die Feststellung (in den Worten des Berliner Linksliberalen Sigismund Stern; KBA), „daß Volk und Fürst sich überhaupt nicht mehr verstehen *konnten*, weil beide von entgegengesetzten Standpunkten aus die Entscheidung der großen Fragen des Augenblicks erwarteten und versuchten." (Stern, Geschichte des deutschen Volkes, S. 65 [H.v.m.]).

37 Nachträgliche Betrachtung von Radowitz zum 18. März, undat. (wahrscheinlich April oder Mai 1848), in: Möring, Radowitz, S. 38; vgl. auch Meinecke, Radowitz, S. 66 f. Dieses von Radowitz beschriebene Kalkül bestimmte das Handeln der staatlichen Funktionsträger bereits in den Tagen vor dem 18. März; vgl. z.B. Brief von Bodelschwingh vom 30. März 1848, nach: Friedrich Thimme, König Friedrich Wilhelm IV., General v. Prittwitz und die Berliner Märzrevolution, in: FBPG Bd. 16/1903, S. 218, Anm. 4 bzw. Rachfahl, Zur Berliner Märzrevolution, S. 200. Danach hatte Bodelschwingh das Patent für die beschleunigte Einberufung des Vereinigten Landtages

‚Mißverständnisses' erschienen die ‚Gewährungen' des 18. und 19. März dagegen als eigenständige Tat Friedrich Wilhelms IV., der sich – so suggerierte die spätere konservativ-monarchistische Propaganda ebenso wie manche gemäßigtliberalen Stellungnahmen – endlich von dem Einfluß seiner ‚schlechten' Berater freigemacht hatte. Die These vom ‚Mißverständnis' diente insofern dazu, weitergehende Partizipationsansprüche der Demokraten und des ‚Volkes' abzuweisen. Sie wurde in diesem Sinne in den folgenden Monaten auch erfolgreich eingesetzt. Das Bild des ‚guten Königs' strahlte vor diesem Hintergrund tatsächlich bald wieder in altem Glanz. Wirkungskraft konnte der Mythos vom ‚Mißverständnis' entfalten, weil der Boden dafür schon lange bereitet war: In breiten Schichten des Volks war bis 1848 die Vorstellung verwurzelt, nicht der König selbst, sondern dessen vermeintlich schlechte Ratgeber seien für politische Bedrückung und soziales Elend verantwortlich zu machen.

Auch die Behauptung, daß ausländische Drahtzieher die Märzrevolution planmäßig entfesselt hätten – und ebenso die Bereitschaft größerer Bevölkerungskreise, diese durch keinerlei handfeste Indizien belegte Behauptung zu akzeptieren –, besaß mehrere eminent wichtige Implikationen und Funktionen: Die These von der *Verschwörung* zeugt zunächst von der Weigerung, die sozial- und politisch-strukturellen Ursachen einer Revolution überhaupt in den Blick zu nehmen, geschweige denn analysieren zu wollen. Zugleich drückt sie die Sichtweise der Aristokratie und vieler Bürger aus, daß das ‚einfache Volk' nur außengeleitet handeln könne. Der ‚Pöbel' galt als unfähig, eigenständig politisch zu agieren. Darüber hinaus kann die These von der Verschwörung als verzweifelter Versuch interpretiert werden, sich das Bild von der alten (vorrevolutionären) ‚heilen Welt' nicht trüben zu lassen. Mit der Behauptung, *ausländische* ‚Emissäre' hätten die Revolution ausgelöst – genannt wurden meist Polen und Franzosen, mitunter auch Juden[38] –, ließen sich außerdem innenpolitische Konflikte vorzüglich außenpolitisch ‚ableiten'.[39] Schließlich gaben solcherart Behauptungen eine

lediglich verfaßt und vom König unterzeichnen lassen, weil er der für den Vormittag des 18. März angesagten Massenpetition zuvorkommen und verhindern wollte, daß diese Konzessionen, später zugestanden, „den Schein des Ertrotzten" gehabt und die Stellung des Monarchen in der politischen Kräftekonstellation „geschwächt" hätten. Das gleiche Kalkül leitete auch Bodelschwinghs Nachfolger, den Grafen Arnim-Boitzenburg, in seinen Handlungen am 18. März; vgl. die aufschlußreichen Bemerkungen von Hohenlohe-Ingelfingen, Aufzeichnungen, S. 31.

38 Vor allem die schriftstellernden Offiziere reicherten die Verschwörungsthese um judenfeindliche Untertöne an; vgl. Hachtmann, Berliner Juden, S. 59, sowie *S. 530 f.*

39 In späteren Jahren gewann daneben eine ideengeschichtliche Version der ‚Verschwörungsthese' an Boden – die Behauptung, das deutsche Volk sei einer „Invasion fremder Ideen", dem „durch Frankreich heraufbeschworenen Geist der Empörung", erlegen. (Leopold v. Ranke, Politische Denkschriften aus den Jahren 1848-1851, bestimmt für den König Friedrich Wilhelm IV., gerichtet an dessen Flügeladjutanten Edwin v. Manteuffel, in: ders., Sämtliche Werke, hg. von A. Dove, Bd. 49/50, Leipzig 1897, S. 591.) Diese Variante besaß den Vorteil, daß konkrete Belege nicht vorgelegt zu werden brauchten. Vgl. auch Baumgart, Verdrängte Revolution, S. 24.

ausgezeichnete Begründung dafür ab, gesetzliche Restriktionen einzuführen oder zu verschärfen sowie den Polizei- und Militärapparat auszubauen, da nur so ‚Verschwörungen‘ wirkungsvoll zu bekämpfen seien.[40] Auf die verschiedenen Verschwörungsphantasien, die im übrigen nicht nur von konservativer[41], sondern wiederholt auch von demokratischer Seite[42] vorgebracht wurden, en détail einzugehen, lohnt nicht. Daß die beiden Schüsse, die die Berliner Märzrevolution auslösten, versehentlich von Soldaten abgefeuert wurden, wurde bereits in dem offiziellen Untersuchungsbericht einige Wochen nach den Ereignissen festgestellt und auch von revolutionärer Sympathien unverdächtigen Augenzeugen wie dem Prinzen von Preußen bestätigt.[43] Die Vertreter der (konservativen) Verschwö-

---

40 So verknüpfte z.B. Leopold v. Gerlach in seinen ‚Denkwürdigkeiten‘ (S. 135) den angeblich von Emissären herbeigeführten Ausbruch der Barrikadenkämpfe mit der Notwendigkeit, „unsern Polizeistaat" auszubauen. Allgemein zur politischen Funktionalisierung der Verschwörungsthese: Johannes Rogalla v. Bieberstein, Die These von der Verschwörung 1776-1945. Philosophen, Freimaurer, Juden, Liberale und Sozialisten als Verschwörer gegen die Sozialordnung, Frankfurt a. M. usw. 1978, bes. S. 169 ff. Wichtig war die Verschwörungsthese außerdem für die weitere Aktionsfähigkeit des Militärs. Mit dem ‚Argument‘, daß die Revolution nur das Werk einer Handvoll ausländischer Verschwörer gewesen sei, ließen sich die überwiegend den sozialen Unterschichten angehörenden einfachen Soldaten zumeist recht gut gegenüber liberalen und demokratischen Einflüssen immunisieren.

41 Nicht zuletzt Friedrich Wilhelm IV. war davon überzeugt, daß die Märzrevolution von einer kleinen Verschwörergruppe inszeniert worden sei; vgl. z. B. seine Briefe an Bunsen vom 13. und 30. Mai 1848, in: Ranke, Briefwechsel, S. 184 f., 190 f. Die These von der „Verschwörung mit Dolch und Pistole" (Wilhelm Blos) fand sich in konservativen Flugschriften und schon bald nach den Ereignissen des 18. und 19. März in Eingesandt, die die VZ veröffentlichte. Sie wurde von zahllosen konservativen Zeitgenossen und Historikern auch späterhin regelmäßig kolportiert. Zusammenfassend: Baumgart, Verdrängte Revolution, S. 22 ff. Heute mögen nurmehr einzelne Außenseiter nicht von liebgewonnenen Vorurteilen ablassen; vgl. namentlich Gerd Heinrich, Einleitung zu: Prittwitz, Berlin, S. XLVI sowie S. LVIII; ders., Geschichte Preußens. Staat und Dynastie, Frankfurt a.M. usw. 1984, S. 360 f.

42 Daß die berühmten beiden Schüsse am Mittag des 18. März nicht zufällig losgegangen, sondern „auf Commando gefallen", die Barrikadenkämpfe von höchsten Militärstellen also bewußt provoziert worden seien, wurde z.B. von Bauer (Bürgerliche Revolution, S. 192) kolportiert. Der Glaube an einen „beabsichtigten Streich, eine geheimnisvolle Contremine" sei, so behauptet der Verfasser des namentlich nicht gezeichneten Artikels ‚Berlin in der Bewegung von 1848‘ (S. 551), im „Volk" am 18./19. März überhaupt sehr verbreitet gewesen. Selbst Liberalkonservative wie der Stadtrat Nobiling mutmaßten, militärische ‚Falken‘ im Schloß hätten sich gewissermaßen verschworen, durch hartes militärisches Durchgreifen einen Aufstand zu provozieren, um ihn blutig niederschlagen zu können und damit jegliche Forderungen nach politischen Veränderungen im Keim zu ersticken. Nach: Rachfahl, König Friedrich Wilhelm IV., S. 291.

43 Der Prinz Kraft zu Hohenlohe-Ingelfingen (Aufzeichnungen, S.25 f.) gestand in seinen zwischen 1881 und 1883 verfaßten und 1897 veröffentlichen Erinnerungen ein, „beim Militär wurde das *Gerücht* verbreitet, die zwei Schuß seien aus dem Volke gefallen und ein von den Aufrührern verabredetes Signal gewesen. Ich glaubte das damals [...]; aber ich bin später eines anderen belehrt worden. Der jetzige [1881] Kaiser, damals *Prinz von Preußen*, hat aus einem Fenster des Königlichen Schlosses das Vorgehen der Infanterie beobachtet und gesehen, wie zwei Gewehre, mit der Mündung in die Höhe sich entluden. Er rief noch: ‚Ach, da sind zwei Gewehre in die Höhe losgegangen, wenn nur nicht jemand drüben in den Häusern verwundet ist, da sind alle Fenster voll Menschen.‘ Er hat mir dies einst selbst erzählt." Ähnlich hatte sich der Prinz von

rungsthese konnten nicht allein keinerlei auch nur halbwegs handfeste Indizien für ihre Behauptungen anführen. Wie abwegig die These von der Märzrevolution als einer durch ausländische ‚Emissäre' organisierten ‚Pöbel-Emeute' ist, zeigt nicht zuletzt die Analyse der Sozialstruktur und der regionalen Herkunft der Träger der Märzrevolution.

Verschwörungsphobien

Preußen selbst bereits kurze Zeit nach der Märzrevolution geäußert; vgl. seinen Brief an Vincke-Olbendorf vom 20. März 1848, in: Schultze, Briefe an Politiker, S. 62, sowie die Erinnerungen des Fürsten Wilhelm Radziwill, der sich während des ‚verhängisvollen Augenblicks' im gleichen Zimmer wie der Prinz befand; als Anhang Nr. 4 in: Prittwitz, Berlin, S. 465. Die Beobachtungen decken sich zudem weitgehend mit denen der meisten anderen Augenzeugen. Vgl. vor allem die Zusammenstellung der verschiedenen Augenzeugenberichte bei Wolff, RC, I, S. 134-141; vgl. ferner Prittwitz, Berlin, S. 132 f.; Schulze, Märztage, S. 31; Adjutantenjournal (v. Schöler) vom 18. März 1848, in: Haenchen, Revolutionsbriefe, S. 51; Minutoli, Erinnerungen, GStA, Rep. 94, IV. O. b. Nr. 4, pars II, Bl. 176 f. bzw. Haenchen, Revolutionsbriefe, S.292 f.; Genée, Zeiten, S. 63. Auch ein vor einigen Jahren publiziertes Erinnerungswerk bringt (in seinen sehr vagen Formulierungen) keine neuen Erkenntnisse: Benda, Berlin, S. 29. Zum offiziellen Untersuchungsbericht vgl. Meyerinck, Thätigkeit, S. 138; vgl. ferner z.B. Brief des Hauptmanns Hermann Alexander Georg v. Natzmer an seinen Schwager vom 26. März 1848, in: GStA, Rep. 94, IV. O.b., Nr. 26, Bl. 1 Rs.

Kapitel II.3

Zu den Trägern der Berliner Revolution: Die Sozialstruktur der gefangenen, verletzten und gefallenen Barrikadenkämpfer

Knapp neunhundert Märzgefallene, -verletzte und -gefangene ließen sich namhaft machen; für den überwiegenden Teil von ihnen konnten zudem der ausgeübte Beruf, das Alter, das Geschlecht sowie der Geburtsort festgestellt werden. Die von mir unter den Begriff ‚Märzkämpfer‘[1] gefaßten, namhaft gemachten Träger der Berliner Märzrevolution gliedern sich in die beiden Großgruppen der bei den Barrikadenkämpfen Gefallenen und der Gefangenen sowie eine kleinere der Schwerverletzten.[2] Lediglich die Identität von 25 Märzgefallenen blieb unbekannt.[3] Während sich die genannten biographischen Segmente für die Märzgefallenen und Märzverletzten relativ vollständig recherchieren ließen, bestehen bei den März*gefangenen* erhebliche Lücken.[4] Allerdings scheinen diese Defizite nicht

---

1 Unter den Begriff *‚Märzgefallene‘* wurden hier ausschließlich diejenigen gefaßt, die bei den Barrikadenkämpfen am 18. und 19. März ums Leben kamen bzw. in den folgenden Wochen an den Wunden verstarben, die sie während dieser Kämpfe erhalten hatten. (83,3% aller Märzgefallenen starben am 18. oder 19. März, 6,2% bis Ende des Monats, 7,6% im April und die übrigen in den Folgemonaten.) Nicht in diese Kategorie fallen zwar die insgesamt sieben Personen, die bereits während der Kämpfe vom 13. bis 16. März ums Leben kamen. Letztere wurden indessen, da sie über die personellen Träger der Märzrevolution im weiteren Sinne Aufschluß geben (und zum Teil auch am 22. März gemeinsam mit den ‚eigentlichen‘ Märzgefallenen bestattet wurden), der Gesamtheit der ‚Märzkämpfer‘ zugerechnet.

2 Die von Kuczynski und Hoppe veröffentlichten Daten über die Märzgefallenen wurden durch eine Reihe weiterer Aktenbestände und -splitter ergänzt und verifiziert (besonders wichtig: LAB StA, Rep. 01, Nr. 2441). Vor allem die Angaben zum ausgeübten Beruf konnten vervollständigt werden. Insgesamt erhöhte sich die Zahl der namentlich bekannten Personen gegenüber der Liste von Kuczynski und Hoppe um acht. Ein vermeintlicher ‚Märzgefallener‘, der Schuhmachergeselle Anclam, mußte aus den Opferlisten herausgenommen werden; in der SZ vom 29. März 1848 ließ er nämlich dementieren, daß er während der Barrikadenkämpfe ums Leben gekommen sei.

3 Bisher wurde in der Literatur von insgesamt 33 unbekannt gebliebenen Märzgefallenen ausgegangen. Gegenüber dieser Angabe ist allerdings Skepsis angebracht. Diese Zahl besaß einen geradezu ‚magischen‘ Charakter; sie taucht nämlich in fast allen Namenslisten und Angaben über die Zahl der zivilen Toten auf – gleichgültig ob in diesen Listen nun eine Zahl von 150, 183 oder 255 insgesamt gefallenen Barrikadenkämpfern genannt wird; vgl. Katharina Rosenplenter, Eine Rotte von Bösewichtern, in: Berlin-Forschungen, 3/1988, S. 43-51, bes. S. 46 ff. Auszuschließen ist deshalb nicht, daß die den Tab. 3 und 4 zugrundeliegende Zahl sämtliche Märzgefallenen erfaßt.

4 Dies gilt einmal für die Altersangaben, aber auch für die Sozialstruktur: Da für die Angaben zur Berufszugehörigkeit der März*gefangenen* nur die Liste von Roerdansz zur Verfügung stand, ist hier

systematischer Natur zu sein, so daß auch die für diese Teilgruppe errechneten Zahlen repräsentativ für die Gesamtheit der Gefangenen sein dürften.[5] Bei den März*verletzten* schließlich handelt es sich lediglich um Schwerverletzte, und hier wiederum nur um solche, die in die Charité sowie in das ‚Neue Hospital‘ eingeliefert wurden und dort registriert worden sind. Die Zahl der Verletzten auf Seiten der Barrikadenkämpfer war weitaus größer.[6]

Oberflächlich betrachtet hatten die Demokraten recht, wenn sie später behaupteten, daß sich die Barrikadenkämpfer aus allen sozialen Schichten rekrutierten; „jeder gleichviel, weß Standes er auch sei, legte mit Hand an."[7] Alle sozialen Gruppen waren auf den Barrikaden vertreten, allerdings nicht gleichmäßig (Tab. 3). Selbst im Vergleich zu ihrem schon sehr hohen Anteil an der Gesamtbevölkerung überdurchschnittlich vertreten waren die Angehörigen der *Unterschichten* und hier wiederum das qualifizierte Proletariat. Unter den gelernten Arbeitskräften waren die Handwerksgesellen mit Abstand am deutlichsten überrepräsentiert (einschl. Lehrlinge, die bei den Berufszählungen nicht getrennt erhoben wurden). Sie waren unter den Märzkämpfern etwa zweieinhalb mal so häufig vertreten, als dies – bei einer Gleichverteilung der Märzkämpfer entsprechend ihrem Anteil an der berufstätigen Bevölkerung – zu erwarten gewesen wäre. Wenn dagegen die eigentlichen Fabrikarbeiter unter den Märzkämpfern leicht unterrepräsentiert waren, dann nicht zuletzt deshalb, weil ein Teil derjenigen, die sich als Gesellen bezeichneten, nicht in einem Handwerks-, sondern in einem Fabrikbetrieb beschäftigt war. Zumindest die Zahl der gefallenen Maschinenbau-Arbeiter war aus diesem Grund deutlich größer, als dies in den Tabellen

---

die Zahl der Berufsangaben ohne Statusbezeichnung (insbesondere: ‚Meister‘, ‚Geselle‘, ‚Lehrlinge‘) vergleichsweise recht groß (22,3% gegenüber 6,9% bei den Märzgefallenen).

5 Hinzu kommt, daß die in der Liste von Roerdansz namentlich genannten und in die Erhebung aufgenommenen Personen nur eine, wenn auch sehr große Teilgruppe sämtlicher Gefangener bilden, die das Militär machte. Insgesamt haben die Truppen zwischen 800 und 1000 Gefangene gemacht. Hundert Verhaftete sollen vorzeitig freigelassen worden sein. Nach Spandau wurden etwa siebenhundert gefangengenommene Zivilisten transportiert; damit wären gut hundertfünfzig von Roerdansz nicht erfaßt worden.

6 Vermutlich mehr als die Hälfte allein der nach Spandau abtransportierten Gefangenen wiesen am Ende ihres Leidensweges mehr oder weniger schwere Wunden auf. Nicht nur Verletzungen leichterer Natur, auch manche der schwereren Verwundungen, die Barrikadenkämpfer im Kampfe erhalten hatten, wurden zudem, nach erster ambulanter Versorgung, häufig schon wegen der Überfüllung der Berliner Krankenhäuser zu Hause auskuriert. Ludwig Bisky (KBA) z.B. kurierte seine während des Barrikadenkampfes erhaltene Wunde in seiner Pommerschen Heimat aus; vgl. Born, Erinnerungen, S. 133. Daß die Zahl der am 18. März insgesamt schwerer verwundeten Barrikadenkämpfer deutlich größer war, als dies die Angaben der Tab. 3 und 4 ausweisen, ist auch einer Bekanntmachung der städtischen ‚Deputation zur Unterstützung der in den Märztagen Verwundeten und der Hinterbliebenen der Gefallenen‘ vom 21. Juni 1848 zu entnehmen. Danach hatten bis zu diesem Zeitpunkt insgesamt 146 Verwundete aus dem von der Deputation verwalteten Fonds finanzielle Unterstützungen erhalten.

7 Braß, Barrikaden, S. 61; vgl. dagegen die in Anm. 9 zit. Literatur.

3 und 4 zum Ausdruck kommt.[8] Stärker noch als der Prozentsatz der Fabrikarbeiter ist vermutlich der Anteil der Handlungsdiener zu niedrig gegriffen. Denn
in der Gruppe der ,kleinen Kaufleute' – die hier den Mittelschichten zugeordnet
wurden – wird sich wahrscheinlich auch eine Reihe von Handlungsdienern
befunden haben, die als Gefangene oder Verletzte bei der Frage nach ihrem
Beruf ihre lohnabhängige Stellung verschwiegen und sich nur als ,Kaufmann' bezeichneten. Aber nicht nur aus diesem Grund dürfte der Anteil der Unterschichten an der Gesamtheit der Märzkämpfer – und wohl auch sämtlicher Barrikadenkämpfer[9] – noch größer gewesen sein, als dies die Zahlen der Tabelle 3 ausweisen. Wahrscheinlich waren außerdem vor allem Angehörige des ,Subproleta-
riats', also Bettler, Vagabunden und sonstige Obdachlose, unter den Personen,
deren biographische Daten und Adressen nicht überliefert sind.[10] Unwahrscheinlich ist dagegen, daß auch nur ein kleiner Teil der namentlich unbekannten
Märzgefallenen nicht-deutscher Nationalität gewesen ist. Konservative Zeitgenossen, die hinter der Märzrevolution ausländische Drahtzieher vermuteten,
mühten sich jedenfalls (von einer einzigen Ausnahme abgesehen) vergeblich,
unter den gefallenen, gefangenen oder verletzten Barrikadenkämpfern die vermuteten ,Emissäre' französischer oder polnischer Staats- bzw. Nationalzugehö-
rigkeit zu identifizieren.[11] Auch die Angaben zur *Geburtsregion* widerlegen den
Mythos einer ausländischen Verschwörung nachdrücklich.[12]

---

8 Allein von der Belegschaft der Borsig'schen Fabrik starben am 18. März fünf Maschinenbauer
   auf den Barrikaden; zwei davon erscheinen in den Totenlisten als ,Maschinenbauer', die anderen
   drei unter ihrem gelernten Beruf ,Schlosser'. Vgl. Vorsteher, Borsig, S. 204. Die Maschinenbauer,
   deren Betriebe überwiegend vor den Toren der Stadt lagen, wurden zudem vom Ausbruch der
   Märzrevolution verspätet informiert und griffen erst gegen Abend in die Barrikadenkämpfe im
   innerstädtischen Bereich ein. An den Kämpfen in der Peripherie waren sie freilich schon vorher
   beteiligt, namentlich an den blutigen Auseinandersetzungen um eine Kaserne in Moabit. Der
   Verlauf dieser Kämpfe – vor allem der Einsatz der Artillerie – erklärt auch, warum die Fabrikarbeiter unter den Toten einen höheren Prozentsatz stellten als unter den Gefangenen.
9 Bruno Bauer (Bürgerliche Revolution, S. 193) z.B. spricht davon, daß es „Arbeiter und ein paar
   Gebildete, die von der officiellen und privilegirten Gesellschaft ausgestoßen waren", gewesen
   seien, „die den eigentlichen Kampf gegen das Militär bestanden". Auch der anonyme Verfasser
   des Aufsatzes ,Berlin in der Bewegung von 1848' (S. 554) konstatiert, daß „Handwerker, Arbeiter
   und Tagelöhner den Hauptbestandtheil der Kämpfenden" bildeten.
10 Dies vermutet auch Lenz (Universität, Bd. 2.2, S. 237), wenn er von „Proletariern, Arbeitslosen,
   Herumtreibern" als den unbekannten Toten spricht. Weitere der namentlich nicht bekannten
   Gefallenen werden unter den Gesellen zu suchen sein, die sich auf Wanderschaft befanden, sich
   erst seit wenigen Tagen in Berlin aufhielten und in dieser kurzen Zeit noch keine Wohnung
   oder Schlafstelle gefunden hatten.
11 Der Oberst Schulz, der als einziger in diese Richtung konkretere Recherchen anstellte, ent-
   deckte unter den Gefangenen zwar „einige Ausländer", aber nur einen einzigen, dessen Mutter-
   sprache nicht Deutsch war, „einen Franzos". (Schulz, Märztage, S. 72; ähnlich auch z.B. Friedrich Wilhelm v. Varchmin, Mehr Licht. Beiträge zur Geschichte des Berliner Straßenkampfes am
   18. März 1848, Köttritz 1889, S. 50.) Nobiling konnte gleichfalls nur einen einzigen Franzosen,
   einen Friseur, namhaft machen, der dann wegen „erwiesener Unschuld" umgehend freigelassen

Während mehr Unterschichtenangehörige an den Barrikadenkämpfen beteiligt waren, als dies die Statistik zum Ausdruck bringt, so dürfte umgekehrt der Anteil vor allem der *Mittelschichten* niedriger gelegen haben, als die Tabelle 3 nahelegt. Neben den ‚kleinen Kaufleuten‘, von denen zumindest einige den Handlungsdienern zuzurechnen sind, war vermutlich auch die Zahl der ‚wohlhabenden Handwerksmeister‘ kleiner.[13] Dagegen war innerhalb der Mittelschichten die ‚mittlere und untere Beamtenschaft‘ recht stark auf den Barrikaden vertreten, u.a. Eisenbahn-‚Beamte‘ und Lehrer, mithin zwei Berufsgruppen, die in der Folgezeit durch starke berufsständische Reformbewegungen hervortreten sollten. Die statistische Überrepäsentanz der ‚*Studenten* usw.‘ sollte nicht zu der Behauptung verführen, „die Studenten hätten eine führende Rolle unter den einzelnen Barrikadenkämpfern" gespielt.[14] Dazu sind die Fallzahlen zu niedrig. Nach den Schätzungen eines Zeitgenossen, des Studenten Paul Boerner, beteiligten sich an den Barrikadenkämpfen nicht einmal sieben Prozent aller Studenten[15], im

---

wurde; vgl. Rachfahl, König Friedrich Wilhelm IV., S. 296. Eine weitere Behauptung, der Hedemannsche *Handwerkerverein* sei „die wohl[vor]bereitete Kerntruppe des Aufruhrs" gewesen (Karl Haenchen, Zur revolutionären Unterwühlung Berlins vor den Märztagen 1848, in: FBPG Bd. 55/1944, S. 114), besitzt zwar vor dem Hintergrund des hohen Gesellenanteils an der Gesamtheit der Märzkämpfer eine gewisse Plausibilität. Empirisch bestätigen läßt sie sich jedoch nicht.

12 Zwar war nur knapp die Hälfte (44,7%) aller Märzkämpfer in Berlin geboren. Gleiches gilt jedoch auch für die Gesamtheit der Berliner Einwohnerschaft (47,7%). Überhaupt frappiert, daß sich die Zusammensetzung der Märzkämpfer nach Geburtsregionen von der der Gesamtheit der Berliner Bevölkerung nur wenig unterschied: So kamen aus der übrigen Prov. Brandenburg 16,4%, aus Schlesien 6,8%, aus der Prov. Sachsen 6,5%, aus Pommern 4,2%, aus Westpreußen 2,4%, aus Ostpreußen 2,1%, aus Westfalen 1,5%, aus der Rheinprov. 1,0% und aus der Prov. Hessen-Nassau 0,6%. Weitere 10,5% aller Märzkämpfer entstammten den übrigen Staaten des Deutschen Bundes, lediglich 1,2% dem außerdeutschen Ausland (einschl. Schweiz). Zu den Herkunftsorten der Berliner Gesamtbevölkerung vgl. Boeckh, Bevölkerungsaufnahme, III, S. 21, 47.

13 Die ‚proletaroiden‘ Meisterberufe wie Schneider, Schuhmacher, Tischler, Weber etc., deren Angehörige sich nur noch aus berufsständischem Stolz als ‚Meister‘ bezeichnet haben mögen, de facto jedoch den Status von Heimarbeitern einnahmen, wurden von mir in den Tab.3 und 4 pauschal den Unterschichten zugerechnet, die übrigen Meister zu je fünfzig Prozent den ‚proletaroiden‘ und den ‚wohlhabenden‘. Selbst letzterer Prozentsatz wird vermutlich angesichts der Verelendung der selbständigen Gewerbetreibenden seit 1846 noch zu hoch angesetzt sein. Anzunehmen ist außerdem, daß die Neigung wohlhabender Meister, ihr Leben für ‚die Revolution‘ einzusetzen, geringer gewesen ist als bei den selbständigen Kümmerexistenzen, die kaum etwas zu verlieren hatten. Zu den Reformbewegungen der Eisenbahn-Beamten und Lehrer vgl. *S. 366 ff., 384 f.*

14 So z.B. Konrad Jarausch, Deutsche Studenten 1800-1970, Frankfurt a.M. 1984, S. 51. Zu zwei ‚Studenten‘ unter den Märzgefallenen, Hermann v. Holtzendorff (der an den Kämpfen selbst nicht beteiligt war) und Lewin Weiß (der an der Universität nicht mehr immatrikuliert war) vgl. Lenz, Universität, Bd. 2.2, S. 218 f. Der polnische Student Boganowski wurden bei den Auseinandersetzungen in der Nähe der Artilleriekaserne am Oranienburger Tor verwundet und nicht getötet (wie Lenz behauptet).

15 Von den 1540 Studenten, die im Wintersemester an der Berliner Universität eingeschrieben waren, hatten sich nach Angaben Boerners (Erinnerungen, I, S. 130) „höchstens 100 am Kampfe beteiligt".

Vergleich namentlich zu Wien, wo die Studenten während des gesamten Revolutionsgeschehens eine herausragende Rolle spielten, ein ausgesprochen geringer Prozentsatz. Das etablierte *Bürgertum* schließlich war auf den Barrikaden kaum vertreten. Angehörige des ‚Bildungsbürgertums‘ und damit die bürgerliche Schicht, die im Revolutionsjahr die stärksten Sympathien für die demokratische Bewegung zeigte, entwickelten noch am meisten Engagement. Das Wirtschaftsbürgertum und die höhere Beamtenschaft dagegen „ließen kämpfen" (wie Bruno Bauer sarkastisch bemerkt hat).[16]

Vergleicht man die einzelnen Teilgruppen unter den Märzkämpfern miteinander, insbesondere die Märzgefallenen (und -verletzten) mit den Märzgefangenen, springen weitere schichtspezifische Differenzen ins Auge. Am auffälligsten ist wohl, daß Bürgertum und Mittelschichten unter den Märzgefallenen und -verletzten mit 8,3% bzw. 8,0% weit weniger vertreten waren als unter den Gefangenen (15,8%). Entsprechend variierte bei den drei Teilgruppen der Anteil der Unterschichten. Diese Differenz erklärt sich wahrscheinlich aus dem Verhalten der Truppen während der Barrikadenkämpfe: Eine Vielzahl von Augenzeugen berichtete, daß Barrikadenkämpfer, die in umliegende Häuser geflüchtet waren, noch niedergemacht wurden, wenn sie sich bereits ergeben hatten und entwaffnet worden waren.[17] Dabei scheinen die Soldaten häufig sozial selektiv vorgegangen zu sein. Weil Proletarier in ihrer häufig abgerissenen Kleidung wie in ihrem Habitus den Vorstellungen eines Militärs vom ‚Pöbel‘ und damit dem zum Klischee geronnenen Feindbild des ‚Umstürzlers‘ eher entsprachen als der ‚anständig‘ gekleidete Bürger, wurden Angehörige der Unterschichten von ihnen offenbar deshalb auch weit häufiger als Angehörige gehobener Schichten gleich getötet. Vor einem meist besser gekleideten und kultivierten Angehörigen der bürgerlichen oder Mittelschichten empfand der gemeine Soldat, so steht zu vermuten, noch einen gewissen Respekt, der ihn am umstandslosen Niedermachen hinderte. Der hohe Anteil der Handwerker- und Arbeiterberufe insbesondere unter den Märzgefallenen kann außerdem auf eine weitere, für die Unterschichten typische Mentalitäts- und Verhaltensstruktur zurückgeführt werden: Im Vergleich zu den bürgerlichen Schichten war bei ihnen die Risikobereitschaft stärker ausgeprägt. Am 18. März wie überhaupt bei größeren ‚öffentlichen‘ Konflikten waren sie bereit, gegebenenfalls den eigenen Körper einzusetzen und in zugespitzten Situationen Verletzungen oder gar den Tod in Kauf zu nehmen. Eine ganze Reihe von Schilderungen, in denen die Tapferkeit und der Todesmut junger ‚Proletarier‘ während der Barrikadenkämpfe heroisiert wird, legen davon

---

16 Bauer, Bürgerliche Revolution, S. 192.
17 Vgl. Braß, Barrikaden, S. 90, der freilich übertreibt, wenn er behauptet, lediglich 75 Personen seien während der Barrikadenkämpfe ums Leben gekommen, die übrigen bei Gefangennahme und Abtransport „erbarmungslos gemordet worden." Vgl. außerdem ebd., S. 74, 83, 86 f.; Boerner, Erinnerungen, II, S. 34 ff.; Wolff, RC, I, S. 174 sowie *S. 160.*

Zeugnis ab. Umgekehrt dürfte der Anteil der Angehörigen der Mittel- und bürgerlichen Schichten an der mehrere Tausend umfassenden Gesamtheit aller (auch der unverletzten bzw. leicht verletzten und damit statistisch nicht erfaßten) *aktiven* Barrikadenkämpfer noch kleiner gewesen sein, als dies die an sich schon niedrigen Angaben der Tabelle 3 nahelegen: Die Barrikadenkämpfe fanden weitgehend in ,bürgerlichen Gegenden' statt; die Stadtteile, in denen in erster Linie die ärmeren Sozialschichten wohnten, blieben von den Gefechten unberührt. Eine Reihe von zumeist besser gestellten Gefangenen machte geltend, daß sie völlig grundlos von den Soldaten festgenommen und nach Spandau transportiert wurde. Auch für einzelne der Getöteten, die dem Mittelstand bzw. dem Bürgertum angehörten, läßt sich nachweisen, daß sie ,zufällig', ohne an den Kämpfen aktiv beteiligt gewesen zu sein, ums Leben kamen.[18] Die Berliner Märzrevolution wurde also zu mindestens neunzig Prozent von den unterbürgerlichen Schichten durchgefochten. Von der sozialen Trägerschaft (nicht den politischen Inhalten) her war sie also gewissermaßen eine *proletarische* Revolution.

Differenziert man die Meister, Gesellen bzw. Gehülfen und Lehrlinge unter den Märzkämpfern nach *Gewerbezweigen* und *Berufsgruppen*, lassen sich nicht so eindeutige Trends herauskristallisieren (Tab. 4). Immerhin waren z.B. die Schneider und Tischler als typische Berufsgruppen des frühen Handwerkerradikalismus auch am 18. März auf den Barrikaden überdurchschnittlich stark vertreten. Die Tischler und ebenso die Zimmerer galten außerdem als ,Spezialisten' im Barrikadenbau. Erstaunlich ist dagegen, daß Angehörige des Textilgewerbes unter den Märzkämpfern nur schwach vertreten waren. Dies kann als weiteres Indiz dafür gewertet werden, daß großes soziales Elend nicht ,automatisch' rebellisches Verhalten nach sich zog. Die Buchdrucker wiederum – überwiegend Gesellen – entwickelten sich nicht erst während der folgenden Monate zur politisch profiliertesten Berufsgruppe in der entstehenden Arbeiterbewegung; sie standen bereits im März 1848 recht zahlreich auf den Barrikaden. Angehörige eher wohlhabender und noch stark durch Zünfte geprägter Berufsgruppen wie die der Nahrungs- und Genußmittelgewerbe entwickelten dagegen auch später nur schwache ,revolutionäre Energien'.

---

18 Vgl. BZH vom 21. März 1848; Wolff, RC, I, S. 149; Ruth Hoppe, Jürgen Kuczynski, Eine Berufs- bzw. auch Schichten und Klassenanalyse der Märzgefallenen in Berlin, in: JbG Bd. 4/1964, S. 221, 230.

Tabelle 3: *Sozialstruktur der Berliner Märzkämpfer* (im März 1848 gefallene, verletzte und gefangene Barrikadenkämpfer, in v.H.)(a)

	Alle Märzkämpfer(b)	Darunter: Märzgefallene-verletzte	-gefangene	Sozialstruktur d.Berliner Bevölkerung 1846	Grad der Über- oder Unterrepräsentation(c)
ABSOLUTE ZAHLEN	872	277	58	536	
– fehlende Werte	11	–	–	11	
Bürgertum					
	3,3	3,0	4,0	3,7	4,1	70,6
darunter: Wirtschaftsbürgertum	–	–	–	–	–	–
höhere Staats- und Kommunalbeamte	–	–	–	–	–	–
‚Bildungsbürgertum'	0,7	0,7	0,7	0,6	1,3	56,0
reiche Rentiers und Pensionäre (d)	0,2	0,4	–	0,2	0,7	28,2
Studenten u.a.in Ausbildg.f.bürg.Beruf	2,1	1,5	2,0	2,5	1,0	218,8
Journalisten, Literaten etc.	0,4	0,4	1,3	0,4	0,9	46,5
Mittelschichten					
	9,4	5,3	4,0	11,7	15,1	64,9
darunter: wohlhabende Handwerksmeister (e)	1,0	0,3	2,0	1,5	6,7	14,9
mittlere und untere Beamte	4,1	3,2	–	4,4	2,0	204,0
kleine Kaufleute	3,3	0,7	2,0	4,8	1,5	226,0
Verkehrsgewerbe und Gastwirte	0,8	0,7	–	0,9	1,2	66,7
übrige Rentiers und Pensionäre	0,1	0,4	–	–	2,9	3,5
Landwirte	0,1	–	–	0,2	–	
Unterschichten					
	85,5	86,4	92,0	84,4	80,8	105,8
– ‚proletaroide' Selbständige					
	7,5	8,1	2,0	8,3	10,8	69,6
darunter: ‚proletaroide Handwerksmeister'	6,9	7,0	2,0	7,8	9,7	71,2
Victualienhändler, Hausierer usw.	0,6	1,1	-	0,5	1,1	55,6
– Proletariat, qualifizierte Arbeitskräfte					
	62,4	63,1	62,0	62,1	37,8	165,1
darunter: qualifizierte (Fabrik-)Arbeiter	8,1	13,6	4,0	7,0	10,4	77,6
Handwerksgesellen	46,4	41,6	56,0	46,6	} 21,3	243,2
Lehrlinge	4,5	4,6	2,0	4,6		
Handlungsdiener u.a.lohnabhäng.Dienstl.	3,4	3,3	–	3,5	6,0	56,5
– Proletariat, unqualifizierte Arbeitskräfte					
	15,6	15,2	28,0	14,0	26,9	58,1
darunter: unqualifizierte männliche Arbeiter	11,3	11,6	22,0	9,9	5,5	210,8
männliches Dienstpersonal	3,8	2,2	6,0	4,1 (e)	7,2	52,9
unqual.Arbeiterinnen u.weibl.Dienstpers.	0,5	1,4	–	–	14,2	3,5
– ‚Subproletariat'(f)	–	–	–	–	5,3	
Übrige					
	1,8	5,3	–	0,2	–	–
darunter: Ehefrauen	0,9	2,6	–	–	–	–
zu jung, um berufstätig sein zu können	0,5	1,4	–	–	–	–
Insgesamt	**100,0**	**100,0**	**100,0**	**100,0**	**100,0**	**100,0**

(a) Kategorisierung entsprechend Tabelle 1.
(b) Einschließlich der namentlich bekannten, am 15. und 16. März 1848 gefallenen Berliner.
(c) Alle Märzkämpfer: Prozentsatz der Märzkämpfer dividiert durch Prozentsatz/Anteil Gesamtberliner Bevölkerung multipliziert mit 100. ‚Überrepräsentiert': größer als 100,0; ‚unterrepräsentiert': kleiner als 100,0.
(d) Inklusive Gutsbesitzer.
(e) Bei der Berufszählung wurde nicht nach Geschlecht differenziert, nach allgemeinen Angaben lag der Anteil des weiblichen Dienstpersonals etwa höher als der des männlichen (Schätzung hier: 60:40).
(f) Eine Reihe der namentlich nicht bekannten Toten dürfte dieser Schicht angehört haben.

(Quelle: Adalbert Roerdansz, Gefangene Berliner auf dem Transport nach Spandau am Morgen des 19. März 1848, Berlin o.J. (1848), S. 199-227; Jürgen Kuczynski u. Ruth Hoppe, Eine Berufs- bzw. auch Klassen- und Schichtenanalyse der Märzgefallenen 1848 in Berlin, in: Jahrbuch für Geschichte 1964/IV, S. 214-272; Stadtarchiv Berlin, Rep.01, Nr.2441; Rep.03, Nr.948; verstreute Zeitungsangaben.)

Tabelle 4: *In Industrie und Handwerk tätige Berliner Märzgefallene, -verletzte und -gefangene nach ihrer Gewerbe- und Berufszugehörigkeit* (in v.H. der Gesamtheit der Selbständigen und abhängig Beschäftigten in Industrie und Handwerk)(a)

	Alle Märzkämpfer	Selbständige und abhängig Beschäftigte nach der Berufszählung 1846	Grad der Über- oder Unterrepräsentation(b)
Maschinen- u.Werkzeugbau, Feinmechanik u.Optik, Metallverarbeitung	**14,9**	**10,0**	**149,0**
darunter: Maschinenbauarbeiter	1,6	3,6	44,4
Schlosser	4,5	3,8	118,4
Schmiede	3,9	1,5	260,0
Baugewerbe	**10,0**	**7,6**	**131,5**
darunter: Maurer	2,7	2,4	112,5
Zimmerer	2,8	2,0	140,0
Maler	3,3	1,9	173,7
Holz- und Schnitzstoffgewerbe	**16,4**	**10,2**	**160,7**
darunter: Tischler, Möbelpoliere etc.	13,6	6,7	203,0
Polygraphisches Gewerbe	**2,4**	**1,7**	**141,2**
darunter: Buchdrucker	1,6	1,2	133,3
Papier- und Ledergewerbe	**5,2**	**4,9**	**106,1**
darunter: Buchbinder	2,2	1,5	146,7
Textilgewerbe	**8,5**	**21,7**	**39,2**
darunter: Weber	3,1	6,7	46,2
Kattundrucker	1,8	2,2	81,8
Seidenwirker	2,1	2,9	72,4
Bekleidungs- und Reinigungsgewerbe	**21,1**	**26,5**	**79,6**
darunter: Schneider	11,1	8,6	129,1
Schuhmacher	6,6	7,3	90,4
Nahrungs- und Genußmittelgewerbe	**2,5**	**7,0**	**35,7**
Übrige	**19,0 (c)**	**10,4**	**(c)**
Insgesamt	**100,0**	**100,0**	**100,0**

(a) Ohne Fabrikanten/Unternehmer (aber mit Meistern).
(b) Vgl. Tabelle 3, Anm. (c).
(c) Alle Märzkämpfer (einschließlich Ehefrauen, Jugendliche etc.); wegen fehlender Vergleichbarkeit Verzicht auf Errechnung der Repräsentativität.

(Quelle: wie Tabelle 3.)

Im Vergleich zur Gesamtbevölkerung waren jüngere *Altersgruppen* unter den Märzkämpfern etwas überrepräsentiert.[19] Die Erklärung liegt auf der Hand: Junge

---

19 Der Anteil Märzkämpfer unter 20 Jahre lag bei 11,3%, der im Alter von 20 bis 24 Jahren bei 25,4%. Präzise Angaben zum *Familienstand* sind zwar nicht möglich. Die relativ geringe Zahl an Hinterbliebenen – insgesamt 123, einschließlich Kinder –, die bis Ende Juni Ansprüche auf den für die Märzkämpfer bereit gestellten Unterstützungsfonds anmeldeten (NZ vom 27. Juni 1848), läßt jedoch darauf schließen, daß die Mehrheit jedenfalls der getöteten Barrikadenkämpfer unverheiratet war. Erstaunlich ist dies nicht: Gesellen stellten mit Abstand das größte Kontingent an Märzgefallenen; sie blieben, solange sie den Gesellen-Status besaßen, im allgemeinen ledig und heirateten erst, wenn sie Meister geworden waren. Daß diese traditionelle Regel in der er-

Menschen sind physisch leistungs- und kampffreudiger als Ältere; sie entwickeln eine größere Bereitschaft, sich für eine ‚Sache‘, von der sie überzeugt sind, mit allen Mitteln einzusetzen. Vor diesem Hintergrund ist es eher überraschend, daß der Anteil älterer Märzkämpfer gar nicht so klein war, sondern diese ebenfalls im Vergleich zur Gesamtheit der Berliner Einwohnerschaft etwas überrepräsentiert waren. Daraus ist zu schließen, daß die Verbitterung über das Militär alle Altersgruppen – vornehmlich der Unterschichten – erfaßte. Darüber hinaus konnten „schwächliche Alte und unreife Jungen" wohl häufiger als andere „nicht schnell genug fliehen".[20]

Daß unter den Märzkämpfern schließlich *Frauen* kaum vertreten waren, mag vielleicht nicht überraschen. Bemerkenswert ist allerdings, daß mehrere Frauennamen in der Gefallenenliste aufgeführt sind, während die nach Spandau transportierten Gefangenen ausschließlich männlichen Geschlechts waren. Auch dies wird man in erster Linie mit der Mentalität des Militärs erklären müssen: Für Soldaten war es offensichtlich undenkbar, daß sich Frauen unter den aktiven Kämpfern befinden konnten; sie ließen weibliche Barrikadenkämpfer, die ihnen in die Hände gefallen sein mögen, vermutlich ungeschoren davonkommen. Den Anteil der Frauen am Barrikadenkampf sollte man deswegen jedoch nicht gering schätzen. In offenbar mehreren Fällen waren Frauen aus der Unterschicht aktiv am Barrikadenbau und wohl auch an den Barrikadenkämpfen beteiligt. Das läßt sich u.a. aus einer beiläufigen Bemerkung Nobilings schließen, wonach in den von den Kämpfen unberührten, ‚proletarischen‘ Stadtteilen „Frauen einen sehr friedlichen Kaufmann, welcher Schiedsmann (nicht Schutzmann) des benachbarten Bezirkes war, herbeigeholt" hatten und von diesem „verlangten, er solle ihnen zeigen, wie man Barrikaden baue."[21] Eine als „Mädchen" bezeichnete junge Frau aus dem „Volke" soll, nach Angaben des ‚Demokraten‘, sogar „eine große Menge Arbeiter befehligt und zum Bau der Barrikaden angehalten" haben.[22] Einige der getöteten Frauen, die in die Listen der Märzgefallenen aufgenommen wurden, dürften gleichfalls auf den Barrikaden gestanden bzw. bei Angriffen von

---

sten Hälfte des 19. Jahrhunderts freilich schon vielfältig durchlöchert war und verheiratete ‚Altgesellen‘ keine Ausnahmeerscheinung waren, läßt sich den fragmentarischen Angaben der Toten-Listen entnehmen. Danach war mindestens knapp ein Drittel aller gefallenen Gesellen verheiratet.

20 Notiz Varnhagens, in: ders., Tagebücher, Bd. 4, S. 93. Der Anteil der 45 bis 49 Jahre alten Märzkämpfer betrug 6,8%, diejenigen, die 50 Jahre und älter waren, machten 4,9% aller Märzkämpfer aus. Weit über diesem Durchschnitt lagen beide Prozentsätze bezeichnenderweise bei den Märzgefallenen (10,9% bzw. 6,8%).

21 Nobiling, Aufzeichnungen, in: GStA, Rep. 94, IV. O. b., Nr. 4, pars I, Bl. 61. Auf die Beteiligung von Frauen am Barrikadenbau weist auch Kochhann (Erinnerungen, III, S. 79) hin.

22 Extra-Blatt des ‚Demokraten‘, undatiert (Anfang Juni 1848), nach: Obermann, Einheit, S. 435. Möglicherweise ist Lucie Lenz (KBA) gemeint, von der gleichfalls bekannt wurde, daß sie sich aktiv an den Barrikadenkämpfen beteiligt hat; vgl. Wolff, RC, III, S. 126.

Häusern aus etc. beteiligt gewesen sein. Eine größere Zahl von „Frauen der niedrigsten Volksklasse" trug „ganze Steinladungen" in großen Körben in die oberen Stockwerke der Häuser. Frauen und junge Mädchen bewegten sich „ungeachtet der dicht fallenden Kugeln" an den Barrikaden „zwischen den Schützen", um ihnen „Erfrischungen [zu] bringen, neue Munition herbei[zu]schaffen, die Verwundeten in die Häuser" zu transportieren und sie dort zu versorgen.[23] Oder sie verhalfen bedrängten Barrikadenkämpfern listenreich zur Flucht – wie folgendes Beispiel zeigt:

Zu einer Dienstmagd, die in einem umkämpften Haus an der Ecke Spittelmarkt/Spittelmarktstraße beschäftigt war, waren nach dem Fall einer Barrikade vor dem vordringenden Militär, die im gleichen Haus schon mehrere Wehrlose umgebracht hatten, „zehn Flüchtlinge in die Küche gestürzt und baten sie um einen Zufluchtsort. Es war in der Küche nur ein kleiner Holzverschlag, in welchen die mitleidige Köchin auf unbegreifliche Weise alle 10 Verfolgten hineinzustopfen wußte. Als nun wenige Augenblicke darauf die Soldaten hereinstürmten und behaupteten, es müßten sich hierher einige Halunken gerettet haben, stellte sie sich so vor den Schlupfwinkel, daß sie die kleine mit der Wand gleichfarbig getünchte Tür bedeckte. Sie versicherte nicht nur, daß sich niemand hier befinde, sondern gab der Spionirwuth der Soldaten auch eine andere Richtung, und hierbei war sie genöthigt, unausgesetzt und sehr laut zu sprechen, weil sie ihre eingezwängten Schützlinge fortwährend stöhnen und sich bewegen hörte."[24]

Verfehlt wäre es freilich, derartige Handlungen und die ihnen zugrunde liegenden Einstellungen zu verallgemeinern. Viele Frauen standen im übertragenen Sinne auf der ‚anderen Seite der Barrikade'.[25]

23 Zitate aus: Meyerinck, Thätigkeit, S. 114 f. bzw. Boerner, Erinnerungen, I, S. 138, 150. Vgl. außerdem Gerlinde Hummel-Haasis (Hg.), ‚Schwestern, zerreißt Eure Ketten'. Zeugnisse zur Geschichte der Frauen in der Revolution von 1848/49, München 1982, S. 44, 105 f.

24 Roerdanzs, Gefangene, S. 180. Vgl. auch einen anderen, vom Direktor des Köllnischen Gymnasiums beschriebenen Fall, in: Wolff, RC, I, S. 183.

25 In einem Haus am Spittelmarkt etwa, so berichtet Roedansz (Gefangene, S. 180), verriet eine andere Dienstmagd zwei weitere Flüchtlinge, die sich durch den Schornstein in ein Waschhaus hinabgelassen hatten, an die „umherspähenden Soldaten", die sie „ohne Erbarmen erschossen". Vgl. außerdem S. 513.

Kapitel II.4

„… eine Demüthigung ohnegleichen" – die militärische Konstellation am Vormittag des 19. März und der Rückzug des Militärs

Bei Hofe war man sich keineswegs sicher, daß die Truppen bei weiter anhaltenden Kämpfen die Auseinandersetzung tatsächlich für sich hätten entscheiden können. Nicht zuletzt die Möglichkeit von Verbrüderungen mit dem ,Volk' hielt man hier nicht für ausgeschlossen. Selbst Prittwitz zog in Erwägung, daß die Truppen „nicht einem fremden Eroberer […], sondern den eigenen Vätern und Brüdern gegenüberstand[en]", und fragte sich, ob „der Soldat" bei längeranhaltenden Kämpfen „nicht zu seinen Landsleuten übertreten würde, – das waren gewichtige Fragen, die von vornherein sich durchaus nicht entscheiden ließen."[1] Mit der Bemerkung, „daß er die Geschichte der französischen Garde im Jahre 1789 nur zu gut kenne", machte Prittwitz deutlich, daß für die Militärführung das Schreckgespenst der französischen Revolutionen allgegenwärtig war.[2] Bei Hofe glaubte man außerdem, daß bei einem Sieg der Revolution auch die Krone fallen würde. Am Morgen des 19. März erwiderte der König auf die Einlassung eines mit ihm über die weiteren politischen Maßnahmen disputierenden konservativ-bürgerlichen Journalisten, daß nicht allein seine Regentschaft, sondern „vielleicht die Dynastie der Hohenzollern überhaupt" gefährdet sei: Er wisse, „was auf dem Spiele steht", und habe sich „jeden Ausgang vorgestellt".[3]

Ganz offensichtlich wußten die Oberen nicht, was ,das Volk' fühlte und dachte. Denn obgleich die Erbitterung über die Brutalität des Militärs weit verbreitet war, blieb der König im allgemeinen von aller Kritik ausgenommen. Die „Volksmenge", die am Morgen des 19. März, nachdem der ,Waffenstillstand' eingetreten war, zum Schloß geströmt war und „dasselbe durchwogte", beging

---

1 Prittwitz, Berlin, S. 303 f. Auch Pfuel fürchtete, daß die Truppen bei fortgesetztem Kampf „übergehen" würden; vgl. Varnhagens Eintrag vom 18. März 1848, in: ders., Tagebücher, Bd. 4, S. 305. Zu Gerüchten über Verbrüderungen vgl. Edwin v. Manteuffel, Rittmeister und Flügeladjutant Friedrich Wilhelms IV., nach: Prittwitz, Berlin, S. 300; Roon, Denkwürdigkeiten, S. 139, und Varnhagen, Tagebücher, Bd. 4, S. 326.
2 Nach: Rachfahl, König Friedrich Wilhelm IV., Teil II, S. 427.
3 Ludwig Rellstab, Zwei Gespräche mit Sr. Majestät dem Könige Friedrich Wilhelm IV., Berlin 1849, S. 74 f. Diese Ansicht wurde in der näheren Umgebung des Königs geteilt; vgl. etwa Brief Radowitz' an seine Frau vom 17. März 1848, in: Möring, Radowitz, S. 35, oder Roon, Denkwürdigkeiten, S. 133.

nicht nur „keine Ungebührlichkeit, sondern gab vielmehr auf die entschiedenste Weise das laute Zeugniß der Anhänglichkeit an den König."[4] Ein Preußen ohne König lag zu diesem Zeitpunkt außerhalb der Vorstellungskraft der meisten Berliner. Daß zudem Friedrich Wilhelm IV. mit der ultrakonservativen Militärpartei nicht zu identifizieren war, schien für die meisten auf der Hand zu liegen. Selbst der spätere Präsident des Demokratischen Klubs Rudolph Schramm bezeichnete in einem Artikel in der ‚Berliner Zeitungshalle' vom 21. März 1848 „unsern König" als einen „hochherzigen Mann, von hohen Gaben des Geistes und Gemüths, der alle übrigen Fürsten in dieser Beziehung überragt" und „nur auf eine unwürdige Weise von Elenden getäuscht worden [sei], die sich in ihren Stellen und Gehältern um jeden Preis, selbst um den Preis, ihren königlichen Herrn zu verderben, haben behaupten wollen." Nun stünde der König, „nachdem jene schimpflich verjagt, dem Volke näher, sofern er das ohne seine Schuld mit Bürgerblut befleckte Banner der Hohenzollern weit und für immer von sich schleudert und die schwarz-roth-goldene Fahne in die Hand nimmt."

Der Prinz von Preußen als Feindbild

Nicht auf den Monarchen, sondern auf die ‚schlechten Berater' konzentrierte sich die Kritik des ‚Volkes'. Außerdem mußte – das ist politisch-psychologisch leicht erklärlich – ein Verantwortlicher für die geschilderten Übergriffe des Militärs her, jemand, der glaubhaft als eine Art politischer Blitzableiter fungieren konnte und zugleich die Armee personifizierte. Wer anders als der Prinz von Preußen, der diese Rolle ja schon vorher gespielt hatte, bot sich da an? Bereits unmittelbar nach Ausbruch der Kämpfe verbreitete sich in der Berliner Bevölkerung das Gerücht, daß „die Attaque der Militärs [in deren Folge dann die Schüsse fielen, R.H.] auf ein von dem Prinzen von Preußen mit dem Taschentuche gegebenes Signal geschehen sei".[5] Daß von ihm „oder seiner Umgebung, jedenfalls nach seinem Sinn und Willen der unerwartete Angriff auf das friedliche Volk ausging, weil man ein Gemetzel haben und Schrecken einflößen wollte", war „die entschiedene Meinung aller Zeugen, die damals den Dingen nahestanden".[6] Er galt nicht nur als der eigentliche Anstifter. Behauptet wurde außerdem,

---

4 Nach: Rachfahl, König Friedrich Wilhelm IV., Teil II, S. 439. Vgl. auch Streckfuß, 500 Jahre, S.978; ferner ders., Freies Preußen, I, S. 46; Roerdansz, Gefangene, S. 117.
5 Wolff, RC, I, S. 139; ähnlich außerdem z. B. Angerstein, Märzereignisse, S. 61. Ausführlich zum Prinzen von Preußen als Feindbild während des 18. und 19. März: Haenchen, Flucht, S. 40-43.
6 Varnhagen bezieht sich hier namentlich auf v. Pfuel und Nobiling (Tagebücher, Bd. 4, S. 298 f.). Vgl. ferner z.B. Varnhagen an Troxler vom 5. April 1848, in: AAdW, NL Varnhagen, 43. Brief bzw. ders., Kommentare, S. 151; Kochhann, Erinnerungen, III, S. 84 f.; Philipp Graf Luettichau, Erinnerungen aus dem Straßenkampf, den das Füsilierbataillon des 8. Infanterieregiments am

er habe am 18. März insgeheim (Prittwitz dagegen nur nominell) den Oberbefehl über die in Berlin tätigen Truppen übernommen, sei damit also unmittelbar verantwortlich für das ganze Blutvergießen gewesen.[7] Wohl nicht zu Unrecht galt der Prinz als der wichtigste ‚Falke' am Hof. Von ihm wurden die Worte überliefert: „Ich werde das Militair keinen Zoll breit zurückziehen; eher will ich mein Fürstenblut verspritzen!"[8] Nicht zuletzt seinem Einfluß sei es zuzuschreiben gewesen, daß der König anfangs ganz auf die Linie der Militärpartei einschwenkte und Versöhnungsversuche prominenter Berliner am frühen Nachmittag des 18. März ausschlug.[9] Obgleich der Wahrheitsgehalt dieser und anderer Gerüchte, die in der Stadt umliefen, zweifelhaft war (und ist), war der Bruder des Königs zum „Gegenstand des allgemeinen Abscheu's" und des „grimmigsten Hasses" in Berlin. Ihm gab man für alles Blutvergießen die Schuld.[10] Wie groß die Erbitterung war, zeigt beispielsweise ein Vorfall am 19. März, bei dem (nach Angaben eines Augenzeugen) „ein Haufe dicht vor dem Schlosse einer königl[ichen] Equipage nachlief mit dem Rufe: ‚Haltet ihn, schlagt ihn todt', weil man glaubte, der Prinz von Preußen sitze in dem Wagen, der zum Glücke leer war."[11]

Die symbolische Inbesitznahme des Palais des Prinzen von Preußen durch das ‚Volk', nach außen hin sichtbar gemacht durch die Aufschrift „Nationaleigentum", darf freilich nicht als „Anfang der Confiskation der Güter des königlichen Hauses Seitens des Volks" bewertet werden. Wäre dies, hieß es in einer

---

18. März in Berlin zu bestehen hatte, und die Vorgänge bis zum Abmarsch desselben am 19. vormittags 11 Uhr, Berlin 1849, S. 11 f.

7 Prittwitz bestätigt indirekt dieses Gerücht, wenn er in seiner Darstellung der Vorgänge vom 18. März unmittelbar nach den berühmten zwei Schüssen, die die Barrikadenkämpfe auslösten, den designierten Thronfolger für einen Teil der Maßnahmen, die die Militärführung in den folgenden Stunden veranlaßte, verantwortlich machte. Prittwitz (Berlin, S. 139) wörtlich: „Der Prinz von Preußen nämlich erteilte, ohne dem General v. Prittwitz davon Kenntnis zu geben und unmittelbar nach den Vorgängen auf dem Schloß-Platz dem Major v. Le Blanc, Adjutanten des Gouverneurs, den Befehl, die fremden Truppen nach Berlin zu ordern." Wilhelm I. bestritt dies allerdings; vgl. seinen Brief an Karl Freiherr v. Vincke-Olbendorf vom 20. März 1848, nach: Schultze, Briefe an Politiker S. 61 f.

8 Braß, Barrikaden, S. 59; vgl. auch Wolff, RC, I, S. 197; Haenchen, Flucht, S. 41, sowie Aufzeichnungen Pfuels nach: Varnhagen, Tagebücher, Bd. 4, hier: S. 298.

9 Eine Reihe von Vermittlungsversuchen, die vom Polizeipräsidenten Minutoli, vom Bischof Neander, vom Rektor und den Dekanen der Universität, von Mitgliedern der Stadtverordnetenversammlung und des Magistrats u.a. ausgingen und am Nachmittag des 18. März vorgetragen wurden, wies der König schroff zurück. Dem massiven Einfluß des Prinzen von Preußen sei es zuzuschreiben gewesen, daß der Monarch darauf bestand, daß das ‚Volk' erst die Waffen niederlegen müsse und Forderungen lediglich als ‚Bitten' vortragen dürfe. So jedenfalls Varnhagen, der hierzu Berichte und Gerüchte gesammelt hat, in: ebd., S. 310 f.

10 Roon, Denkwürdigkeiten, S. 136 bzw. Varnhagen an Troxler vom 5. April 1848 (Anm. 6).

11 A. Kramer an seinen Bruder vom 20. März 1848, nach: ZfG 2. Jg./1954, S. 320. Der Haß des ‚Volkes' richtete sich freilich nur gegen die Person des Prinzen. Seine Familie blieb unbehelligt; vgl. Frenzel, Berliner Märztage, S. 35 f.

1849 erschienenen anonymen Schrift, „der eigentliche Zweck gewesen, so würde allerdings die an jenem Hotel verübte Manifestation für ein entscheidenderes revolutionaires Ereignis zu erklären sein als selbst der vorausgegangene Kampf." Indessen, so der unbekannte Verfasser weiter, „lag hier ein sophistischer Doppelsinn vor, der im Grundwesen der Berliner Revolution überhaupt nicht wegzuleugnen ist." Das Palais wurde auf diese Weise „unter der Maske des Nationaleigenthums bis in die Zeit hinübergeschmuggelt, wo der Prinz mit seiner Familie wieder die verlassenen Gemächer beziehen konnte."[12] Zumindest zu politisch-symbolischen Schritten wollte man den Prinzen in den Tagen nach dem 18. März jedoch zwingen: Die einen forderten, mindestens müsse Wilhelm der Krone entsagen. Andere machten den Vorschlag, die Märzgefallenen vor dem Palais des Prinzen zu bestatten.[13]

Wie sehr man dem Prinzen Wilhelm mißtraute, zeigte sich erneut am Abend des 20. März. Nachdem die Dunkelheit hereingebrochen war, „tönte plötzlich der Ruf: ‚zu den Waffen! Verrath!' durch die Straßen und verbreitete sich rasch durch alle Stadttheile." Ausgelöst wurde die Aufregung durch die Gerüchte: „Verrat!, der Prinz von Preußen ist da!" „Der Prinz von Preußen kommt mit russischen Truppen, um die Stadt zu verheeren." In kurzer Zeit waren „unzählige Bewaffnete" auf den Beinen, errichteten Barrikaden und bereiteten die Verteidigung der Stadt vor. „Die Stadt tobte wie ein brausendes Meer." Zwar stellte sich bald heraus, daß die Gerüchte haltlos waren. „Aber dessen ungeachtet war es schwierig, die aufgestörte Menge von ihrer Sicherheit zu überzeugen." Der König, sein Flügeladjutant und weitere hohe Offiziere sowie die neuernannten Minister des Übergangskabinetts Arnim-Boitzenburg begaben sich höchstpersönlich zu den Wachen der Bürgerwehr, um diesen zu versichern, daß an dem Gerücht nichts Wahres dran sei. Mißtrauisch gegenüber solcherart Beruhigungsversuchen, verloren sich die Bewaffneten erst am frühen Morgen von den Straßen.[14]

Dieser Vorfall zeigte das erste Mal seit der Märzrevolution die Eigendynamik von Gerüchten. Vor allem aber war durch die Vorgänge in der Nacht vom 20. zum 21. März erneut deutlich geworden, daß man in Berlin dem designierten Nachfolger Friedrich Wilhelms IV. und der ihm ergebenen Militärpartei, wegen ihrer Reformfeindlichkeit und der Sympathie für das politische System des Zarismus selbst von ‚gemäßigten' Zeitgenossen manchmal auch ‚russische Partei' genannt, alles zutraute. Die Person des Prinzen von Preußen wurde zu einem politischen *Kristallisationspunkt*, über den in der Folgezeit deutlich wurde, wer

---

12 Berlin in der Bewegung, S. 568; zum Vorfall selbst ausführlich: Angerstein, Märzereignisse, S. 62; Wolff, RC, I, S. 277 f. Anfang Juli wurde der Prinz auch formell wieder in seine Rechte als Eigentümer des Palais eingesetzt.

13 R. Schramm (KBA) in der BZH vom 20. März 1848.

14 Am Vormittag des 21. März baute man dann auch die erneut errichteten Barrikaden ab. Zitate: Angerstein, Märzereignisse, S. 64.

Anhänger und wer Gegner der Berliner Revolution 1848 war. Der Prinz stand nicht nur im Kreuzfeuer der Kritik. Viel stärker als sein vermeintlich schwacher, älterer Bruder konnte er sich zugleich auf eine emotionalisierte Anhängerschaft stützen, die für ihn (bildhaft gesprochen:) durch alle Feuer zu gehen bereit war – zunächst hauptsächlich in den ostelbischen Provinzen, seit Ende April zunehmend auch in Berlin. Obwohl der Prinz für längere Zeit nach England floh, nachdem der Sieg der Revolution in der preußischen Hauptstadt feststand[15], wurde er zu einer der herausragenden Persönlichkeiten, die das ‚Schicksal‘ auch der Berliner Revolution bestimmten.

Zur Zahl der getöteten Militärs

Offiziellen Angaben zufolge wurden während der Barrikadenkämpfe auf Seiten der Truppen zwanzig Militärangehörige getötet (darunter drei Offiziere). Zu diesen zwanzig gefallenen Soldaten kommen vier weitere Soldaten, die im Laufe der folgenden Wochen an ihren Wunden verstarben.[16] In den ersten Wochen nach der Märzrevolution kursierten weit höhere Zahlen. In der Vossischen Zeitung vom 24. März war von 400 Soldaten, in der Spenerschen Zeitung vom 27. März von 1105 toten oder vermißten Soldaten die Rede. In zahllosen Gerüchten, die in den ersten Märzwochen in Berlin kursierten, war von bis zu 1800 Militärleichen die Rede.[17] Wieviele Soldaten und Offiziere genau ums Leben kamen, ist im Nachhinein unmöglich festzustellen. Die Akten des preußischen Kriegsministeriums, die hierüber Aufschluß geben könnten, sind im April 1945 vernichtet worden. Zu vermuten steht indessen, daß die von militärischer Seite der Öffentlichkeit mitgeteilten Angaben der Wahrheit am nächsten kommen. Zwar

---

15 Zu seiner Flucht nach England vgl. Haenchen, Flucht, S. 44-55; Börner, Prinz Wilhelm, II, S. 492 ff.; ders., Kaiser Wilhelm I, S. 76 ff.; Marcks, Kaiser Wilhelm I., S. 68.

16 Vgl. Schwarz, Verluste, S. 56. Schwarz hat die wichtigsten biographischen Daten dieser Gefallenen auf Basis der Militärkirchenbücher recherchiert.

17 Vgl. AAZ vom 20. und 28. März 1848; Boerner, Erinnerungen, II, S. 39 bzw. 249; Schneider, Aus meinem Leben, S. 16; A. Kramer an seinen Bruder vom 20. März 1848, in: ZfG Jg. 2/1954, S. 319; Nobiling, Berliner Bürgerwehr, S. 53, Anm.; Kügelgen, Lebenserinnerungen, S. 121; Julius Waldeck an Jacoby vom 19. März 1848, in: Jacoby, Briefwechsel, S. 405; Wolff, RC, I, S. 416 f.; Streckfuß, Freies Preußen, I, S. 114. In zwei am 18. März verfaßten Berichten (Nr. 57 bzw. 59) vom 22. März spricht selbst der bayerische Gesandte Lerchenfeld von 600 getöteten Militärs, in einem Bericht vom 27. März 1848 (Nr. 66) sogar von 1100 „Todten und Vermißten“ auf Seiten der Truppen. (In: HStA München, MA III, Nr. 2626.) Zu (übertriebenen) Angaben für einzelne Schauplätze der Barrikadenkämpfe vom 18. März vgl. Brief Virchows an seinen Vater vom 19. März, in: ders., Briefe, S. 135; Saegert, Tagebuch A, in: GStA, Rep. 192, NL Saegert, Nr. 4, Bl. 6 f.; VZ am 20. März 1848 (‚Extrablatt der Freude‘); ferner Schwarz, Verluste, S. 50 f. Von „vielen gefallenen Offizieren, die man alle beim Namen nannte“, sprach freilich auch ein Militär; vgl. Schweinitz, Denkwürdigkeiten, S. 29.

werden mit einiger Wahrscheinlichkeit mehr Soldaten ums Leben gekommen sein als die namentlich festgestellten 24 Militärtoten. Der bayerische Gesandte Graf Lerchenfeld berichtete nämlich, daß viele Verwundete und wohl auch Tote „nicht angemeldet", d.h. nicht in die Militärkirchenbücher eingetragen wurden. Andere, so erzählte man sich später in Berlin, seien fälschlicherweise als im Krieg mit Dänemark in Schleswig-Holstein gefallen ausgegeben.[18] Die Gesamtzahl der während der Barrikadenkämpfe getöteten Militärs dürfte jedoch nicht wesentlich höher gelegen haben, als dies der auch nach seiner Ablösung gut informierte ehemalige Ministerpräsident Bodelschwingh Anfang April angab. Er nannte 7 getötete Offiziere und 56 getötete einfache Soldaten.[19] Wie dem auch sei – wahrscheinlich hat die Zahl der toten Armeeangehörigen deutlich niedriger gelegen als die der zivilen Märzgefallenen. Denn die rebellierende Berliner Bevölkerung verfügte anfangs nur über wenige Gewehre, von denen viele lediglich begrenzt funktionstüchtig waren. Auch mit Munition waren die Barrikadenkämpfer zunächst nur spärlich versehen. Die häufig mangels echter Bleikugeln benutzten Spielzeugkugeln aus Marmor besaßen keine Durchschlagskraft, sondern verursachten nur blaue Flecken.[20] Infolgedessen fügten die Barrikadenkämpfer zumindest in den ersten Stunden nach Ausbruch der Kämpfe den Truppen nur geringe Verluste zu. Die Soldaten waren dagegen durch ihre Uniformen (Pickelhaube, Lederzeug, Mantelrolle) besser geschützt als das in seiner Alltagskleidung kämpfende ‚Volk'. Zudem setzten Truppen bei den Straßenkämpfen am 18. und 19. März bereits Artillerie ein, die zum Teil verheerende Wirkung zeigte.

Verfehlt wäre es allerdings, hieraus wiederum zu folgern, daß die Barrikadenkämpfer gewissermaßen von vornherein auf verlorenem Posten standen. Dem steht erstens die potentiell numerische Überlegenheit der Märzrevolutionäre entgegen, die Möglichkeit, aus der – noch – nicht unmittelbar am Kampfe beteiligten erwachsenen Bevölkerung neue Kämpfer zu rekrutieren, zweitens die bessere ‚Moral' der Barrikadenkämpfer und drittens einige konkrete militärische Vorteile.[21] Wie sah nun die militärische Konstellation bei Eintritt des ‚Waf-

---

18 Vgl. Bericht Lerchenfelds vom 27. März 1848 (Anm. 17). Die zweite Version, „daß von den hier in den Märztagen gefallenen Militairs nunmehr die Todtenscheine derselben aus Holstein, als angeblich *dort* gefallener Soldaten eingesandt werden", wurde in Berlin Anfang Juli kolportiert; vgl. BZH vom 2. Juli 1848.

19 Nach: Varchmin, Mehr Licht, S. 24 bzw. Schwarz, Verluste, S. 53; vgl. auch Manfred Messerschmidt, Die preußische Armee während der Revolution in Berlin 1848, in: ders., Militärgeschichtliche Aspekte der Entwicklung des deutschen Nationalstaates, Düsseldorf 1988, S. 50 f.

20 Vgl. Hohenlohe-Ingelfingen, Aufzeichnungen, S. 38, sowie den Brief eines Unbekannten an Heinrich Lichtheim vom 20. März 1848, in: Jacoby, Briefwechsel, S. 618; Schwarz, Verluste, S. 63. Auch Steinwürfe, mit denen sich die kämpfende Bevölkerung in Ermangelung echter Waffen zu Wehr setzte, wirkten in keinem Fall tödlich, sondern riefen im allgemeinen höchstens leichte Verletzungen hervor.

21 Dazu gehört u.a., daß Kavallerie bei Straßenkämpfen wenig nützt, Infanterie im unmittelbaren Nahkampf den Vorteil der technisch überlegenen Waffen verliert und Artillerie in Vierteln mit

fenstillstandes' am 19. März etwa um 6 Uhr morgens aus? Kann, wie dies oft geschehen ist, von einem ‚Sieg der Truppen' gesprochen werden, der nur durch einen angeblich unsinnigen oder doch zumindest übereilten Befehl zum vollständigen Rückzug der Truppen aus der Stadt in eine politische Niederlage verwandelt wurde?

Der Mythos vom ‚unbesiegten Militär'

Die Auseinandersetzungen zwischen der Bevölkerung und dem Militär waren vom Schloßplatz ausgegangen und erstreckten sich im Laufe des Nachmittags und der folgenden Nacht auf die umliegenden – vornehmlich bürgerlichen – Stadtteile. Überall wurden Barrikaden gebaut. Insgesamt sollen es 921 gewesen sein. Insbesondere in den von den Kämpfen nicht berührten Stadtbezirken boten manche der Verschanzungen „dem Auge vollkommene Meisterwerke dieser in den Hauptstädten modisch gewordenen Architektonik dar". Hier wurden die anfangs improvisierten Barrikaden zu Verschanzungen so fester Bauart und „vollkommener architektonischer Construction" ausgebaut, „daß sie unzerstörbar und undurchdringlich schienen." Andere, vor allem die meisten der eilig in der Nähe des Schloßplatzes errichteten Barrikaden waren überwiegend improvisiert, nicht selten auch dilettantisch erbaut und dann leicht vom Militär zu nehmen.[22] Rund um das Stadtschloß gelangen dem Militär nicht zuletzt deswegen nach Einbruch der Dunkelheit zwar erhebliche Geländegewinne, weite Teile Berlins blieben jedoch in den Händen der Aufständischen.[23] „Nicht einmal der zehnte Teil der Barrikaden war genommen", beobachtete ein Augenzeuge.[24]

---

engen Gassen nur schwer einzusetzen ist. Darüber hinaus bieten reguläre Truppen um so mehr Angriffsfläche, je größer das Gebiet ist, das sie besetzt halten und zu verteidigen haben; in einer dichtbesiedelten, unübersichtlichen Stadt wie Berlin und bei bürgerkriegsähnlichen Auseinandersetzungen gilt diese allgemeine Regel noch mehr.

22 Zitate: Brief eines Unbekannten und vermutlichen Verwandten von J. Jacoby an H. Lichtheim vom 20. März 1848, in: Jacoby, Briefwechsel, S. 619 bzw. Wolff, RC, I, S. 158; zur Anzahl der Barrikaden: ebd., S. 177.

23 Viele Straßen seien, berichtete ein Korrespondent des ‚Publicisten', der unmittelbar nach dem Einstellen der Kämpfe einen ausgedehnten Gang durch die Stadt unternahm, „mit zehnfachen Barrikaden versperrt, deren Festigkeit nicht selten Staunen erregt; überall ist das Pflaster aufgerissen und tiefe Gräben sind über die Dämme gezogen, welche zum Theil mit Wasser gefüllt sind. [...] Sämmtliche Straßen sind nur für Fußgänger passirbar, für die an den Seiten kleine Durchgänge geblieben sind. Alle Wagen, deren man hat habhaft werden könne, sind zum Aufbauen der Barrikaden benutzt worden; andere Wagen, als diese, sieht man sonst in dem von Fuhrwerken so belebten Berlin schon seit vierundzwanzig Stunden nicht." (Außerordentliche Beilage des ‚Publicisten' vom 18. März 1848.)

24 Berlin in der Bewegung, S. 558 f.; vgl. außerdem z. B. Angerstein, Märzereignisse, S. 46.

Theodor Hosemann: Der Schlosserlehrling Ernst Zinna und der Schlossergeselle Heinrich Glasewaldt auf der Barrikade.

Wenn dennoch von vielen konservativen Zeitgenossen und nicht wenigen Historikern an der Behauptung festgehalten wurde, die Truppen seien unaufhaltsam vorgedrungen, dann aus durchsichtigen Gründen: Der Mythos vom unbesiegten preußischen Militär blieb einschüchternd. Gelang es, die Behauptung von den überall siegreichen Truppen glaubhaft zu verankern, konnte die preußische Armee auch fortan als entscheidender Faktor in der politischen Landschaft auftreten. Das Gefühl, besiegt worden zu sein, hätte überdies, wenn es im Militär Fuß gefaßt hätte, der ‚Moral' sehr geschadet, vielleicht sogar zu Zerfallserscheinungen der Armee geführt. Freilich dachten besonders die meisten Militärschriftsteller nicht derart politisch, sondern faßten ihre Schriften eher nach dem Motto ab, daß nicht sein kann, was nicht sein darf. Die glorreiche preußische Armee, die sich während des siebenjährigen Krieges tapfer gegen eine scheinbar übermächtige Allianz gehalten und während der Befreiungskriege 1813-15 diesen Ruhm erneuert hatte, konnte natürlich nicht vom „Janhagel", von „Mordbrennern" und wie derartige Etikettierungen sonst noch lauten mochten, zum Rückzug gezwungen worden sein. Deshalb verstiegen sich manche der Offiziere, die zur Feder griffen, um ihre Erlebnisse während der Revolutionsnacht niederzuschreiben (und ihr eigenes Verhalten in günstigem Licht erscheinen zu lassen), zu unhaltbaren Formulierungen wie: „Nirgends" seien die Truppen von der „geringen Entschiedenheit des Widerstandes auch nur im Geringsten" aufgehalten worden.[25] Dies entsprach den Wunschvorstellungen der Militärführung, nicht jedoch dem tatsächlichen Verlauf der Kämpfe. Die Barrikadenkämpfer, von denen häufig nur eine Minderheit wirklich bewaffnet war[26], verteidigten sich zum Teil verbissen (‚heldenmütig'), nicht selten mit Todesverachtung, stundenlang gegen zahlenmäßig wie waffentechnisch weit überlegenes Militär.[27] Erstaunlich ist, daß die Soldaten nur langsam vorankamen und bis zum Morgen des 19. März ein insgesamt recht begrenztes Territorium eroberten[28], obgleich ‚das Volk' erst

25 Hohenlohe-Ingelfingen, Aufzeichnungen, S. 33; ähnlich auch z.B. Luettichau, Erinnerungen, S. 17, 31; Gerlach, Denkwürdigkeiten, I, S. 136; Meyerinck, Thätigkeit, S. 161 u.a.m. Seinen Ursprung hatte dieser Mythos in einer Erklärung zum 18./19. März in der ‚Allgemeinen Preußischen Zeitung' vom 20. März 1848, im Wortlaut in: Angerstein, Märzereignisse, S. 72.

26 Nach Angaben des Schneidermeisters Franz Thone waren z. B. bei der Verteidigung der Barrikade Ecke Friedrichs-/Taubenstraße bzw. dem anschließenden Häuserkampf nur zwei von insgesamt 42 Märzkämpfern mit einer Schußwaffe ausgestattet. (Nach: Roerdansz, Gefangene, S. 52.)

27 Das geht aus einer Vielzahl von Berichten hervor; vgl. bes. Braß, Barrikaden, S. 65 ff., 69, 71 ff., 74, 77 f., 83; außerdem z. B. Varnhagen an Troxler vom 5. April 1848, in: AAdW, NL Varnhagen bzw. ders., Kommentare, S. 151 oder auch Fontane, Von Zwanzig bis Dreißig, S. 596. Sogar der um Sachlichkeit bemühte Prittwitz und die von ihm zitierten militärischen Zeugen kommen nicht umhin, dies in einigen eingestreuten Nebensätzen zuzugeben; vgl. Prittwitz, Berlin, S. 198 f., 201, 206 f.

28 Von militärischer Seite ist wiederholt behauptet worden, das am 19. März morgens von den Truppen beherrschte Gebiet sei nach Plan erfolgreich erobert worden. Zwei Gründe sprechen

nach den beiden berühmten Schüssen und dem Auseinanderlaufen der Menschenmenge auf dem Schloßplatz am frühen Nachmittag des 18. März sich zu bewaffnen begann und erst am Morgen des 19. März infolge verbesserter Bewaffnung und Munitionierung allmählich zu einem gleichwertigen militärischen Widerpart heranwuchs.

Tatsächlich standen die Truppen keineswegs unmittelbar vor dem militärischen Sieg. Die Besetzung der Innenstadt, die bis zum Morgen des 19. März weitgehend gelungen war, hätte – wie auch ein Vergleich mit Wien nahelegt – bestenfalls zu einer militärischen Verschnaufpause geführt. Ähnlich wie die Truppen des Marschalls Bugeaud am 23. Februar 1848 damit scheiterten, in den engen, gewundenen Gassen von Paris das zum Aufstand entschlossene ,einfache Volk' militärisch niederzuhalten, wäre auch Prittwitz mit seinen Soldaten in den verwinkelten, proletarisch geprägten Stadtteilen Berlins nicht erfolgreich gewesen.

Bis zum Morgen des 19. März hatten die Truppen weitgehend die Gegend um das Schloß eingenommen, die „langen regelmäßigen breiten Straßen, welche mit der Friedrichstraße teils parallel laufen, teils sie durchschneiden, mit ihren Zentralpunkten im Schloßplatz und dem Gendarmenmarkt, [die] einer revolutionären Erhebung wenig oder gar keine Chancen [bieten]. Die *Artillerie* kann sie bequem bestreichen und dadurch allein schon fast jeden Widerstand unmöglich machen. Die gewundenen engen Straßen dagegen, welche vom Spittelmarkt an beginnen, sich am Wasser bis zur Stralauer Brücke fortziehen und sich so mit der alten Königstadt verbinden, ferner der Hackesche Markt, dessen Straßen zum Alexanderplatz führen, bilden das wahre Terrain der Berliner Revolution [...]. In diesen Stadtteilen lebt außerdem der Kern der Bevölkerung, es leben dort die kleinen Weber, die ärmeren Handwerker, welche noch bis heute [1851, R.H.] an der demokratischen Partei festhalten."[29]

Die Vorstädte der preußischen Hauptstadt hätten von den Revolutionären wahrscheinlich über eine Reihe von Tagen gehalten werden können. Das Militär wäre überdies bei dem Versuch, die Armenviertel Berlins (die sich wie ein Ring um die Innenstadt mit dem Schloß legten) einzunehmen, Gefahr gelaufen, im Rücken mit neuerrichteten Barrikaden konfrontiert zu werden, da „allein die Königstraße militärisch besetzt war, die Parallel- und Seitenstraßen großentheils gar nicht

---

gegen diese Behauptung: erstens das stundenlange, in mehreren Fällen vergebliche Anrennen des Militärs gegen an wichtigen Schlüsselpositionen plazierte Barrikaden (vor allem am Alexanderplatz). Zweitens wurde auch das Militär von der Revolution überrascht. Eventualpläne scheinen nicht vorgelegen zu haben. Andererseits ist die Feststellung des französischen Gesandten, die Truppen hätten „fast aus eigenem Antrieb eingegriffen, ohne festen Plan, ohne wirksamen Oberbefehl", agirt, gleichfalls übertrieben. (Paul Bailleu, Die Berliner Märztage, nach der Schilderung des damaligen französischen Gesandten, in: Beilage zu den Mitteilungen des Vereins für die Geschichte Berlins [MVGB], 15. Jg./1898, S. 4.) Die schnelle Besetzung des Brandenburger und Potsdamer Tores, durch die der Zugang nach Potsdam geöffnet und damit der Nachschub gesichert wurde, zeigt, daß das Militär nicht kopflos agierte.

29 Boerner, Erinnerungen, I, S. 136.

oder doch nur temporär okkupirt waren".[30] Dem Oberkommandierenden schwante, daß dem Militär selbst in den ‚eroberten' Gebieten beträchtliche Schwierigkeiten drohten. „In den ersten Stunden nach Anbruch" des 19. März, als die Waffenruhe noch nicht eingetreten war, habe sich auch hier „die militärische Lage der Dinge" zuungunsten der Truppen geändert. „Es erschien nämlich innerhalb des besetzten Raumes, namentlich im mittlern Teil der Stadt, eine so große Menge von allerdings unbewaffneten, aber doch Mißtrauen hervorrufenden Leuten, daß die Truppen notwendig zur Vorsicht und zur Verhinderung einer zu engen Vermischung aufgefordert wurden."[31] Hier deutete sich bereits an, daß ein Rückzug politisch und letztlich auch militärisch am 19. März fast unvermeidbar war.

Die Truppen waren „in einem Netz gefangen, dessen Maschen nicht so leicht" hätten zerrissen werden können.[32] Während die Barrikadenkämpfer im allgemeinen offenbar recht gut versorgt waren, erschienen die Soldaten „alle angegriffen und ermattet". Sie waren nur dürftig mit Nahrungsmitteln versehen und litten unter Schlaflosigkeit.[33] Das „teilweise sehr ermüdete Militär" hatte, wie Prittwitz eingestand, „in den letzten 36 bis 48 Stunden nur etwas Brot und Branntwein erhalten".[34] Ein Teil der Truppen mußte überdies in Kasernen aus-

30 Nobiling nach: Rachfahl, König Friedrich Wilhelm IV., Teil I, S. 305. Die VZ vom 20. März 1848 (reguläre Ausgabe) dagegen übertrieb, wenn sie schrieb: „Kartätschenfeuer säuberte zwar die Königsstraße; aber nur auf kurze Zeit; überall [entstanden] nach kurzer Zeit wieder Barrikaden."

31 „Das Absperren einiger Straßen hatte keinen Erfolg. Das Übel wuchs und erreichte einen so hohen Grad, daß demselben notwendig auf eine oder die andere Art ein Ende gemacht werden mußte." Erklärung v. Prittwitz vom 22. Okt. 1848 (statt Handschrift gedruckt), S. 2, in: BLHA, Rep. 37, Nr. 3978, Bl. 28-29 Rs. bzw. als Anhang Nr. 2 auch in: Prittwitz, Berlin, S. 456-461, hier S. 457. Vgl. auch Braß, Barrikaden, S. 93, sowie Craig, Preußisch-deutsche Armee, S. 122.

32 Boerner, Erinnerungen, I, S. 155; vgl. auch Braß, Barrikaden, S. 93.

33 Der Stadtverordnete Kochhann, der am Morgen des 19. März als „unparteiischer Bürger" gemeinsam mit dem Stadtbaurat Langerhans (KBA) aufs Schloß eilte, um dort eine Art Waffenstillstand auszuhandeln, hatte den Eindruck, daß selbst die im Schloßhof lagernden Truppen, die an den Kämpfen nur teilweise beteiligt gewesen waren, „sichtlich einen sehr abgespannten Eindruck machten". (Kochhann, Erinnerungen, III, S. 82 ff.) Im Tenor ähnlich: Brief Menzels an C. H. Arnold vom 23. März, in: Weber, Revolutionsbriefe, S. 79; Brief A. Kramers an seinen Bruder vom 20. März 1848, in: ZfG 2. Jg./1954, S. 318. Vgl. außerdem Wolff, RC, I, S. 203; Streckfuß, Freies Preußen, I, S. 34, 37; Valentin, Geschichte, I, S. 433. Auch der General v. Wussow konnte sich des Eindrucks nicht erwehren, „daß die Truppen zu erschöpft seien, um den Kampf, wie am vorigen Tage, fortzusetzen." (Nach: Prittwitz, Berlin, S. 258 bzw. Rachfahl, König Friedrich Wilhelm IV., S. 413 f.) Ähnlich der Sohn des Prinzen v. Preußen und spätere 99-Tage-Kaiser, der das Geschehen vom Schloß aus beobachtete: Friedrich III., Tagebuch, S. 13, sowie Rellstab, Zwei Gespräche, S. 62 f.; vgl. ferner z. B. Messerschmidt, Preußische Armee während der Revolution, S. 50.

34 Erklärung Prittwitz, vom 22. Okt. 1848 (Anm. 31), S. 4. Zudem war ein zunehmend größerer Teil der Truppen kampfunfähig: Nach einer offiziellen Verlautbarung vom 12. April betrugen die militärischen Verluste angeblich nur 254 Soldaten und Offiziere (Tote und Verletzte). Ein Vergleich dieser Angaben mit militärischerseits autorisierten Darstellungen der Geschichte *ein-*

halten, die verstreut in der Stadt lagen und für längere Defensivkämpfe nicht geeignet waren. Demgegenüber konnten die Aufständischen die Zahl der funktionstüchtigen Gewehre durch systematische Requirierung allmählich vermehren und sich ausreichend Munition beschaffen.[35] Das revoltierende Volk Berlins war am Vormittag des 19. März weit „kampffähiger als [am] verflossenen Tag" und, wie der bayerische Gesandte eingestehen mußte, „aufs neue zum hartnäckigsten Kampfe [ge]rüstet".[36] Bei längeranhaltenden Kämpfen hätten die Verluste der Truppen ganz andere Dimensionen angenommen.

Die für die Truppen ungünstigen Konstellationen blieben der Militärführung nicht verborgen. Nicht ohne Grund versuchten die Truppen des Alexanderplatzes, einer Schlüsselstellung, Herr zu werden. Mehrfache Angriffe wurden von den Kämpfern immer wieder blutig zurückgeschlagen.[37] In einer mitternächtlichen Kabinettssitzung, während der Prittwitz dem König Vortrag halten mußte, wies der General außerdem

„darauf hin, wie die Aufständischen, in ihrer Devensive durch die Oertlichkeiten und die genaue Lokalkenntniß so ungeheuer begünstigt, durch tagelange Gefechte sich an das Feuer gewöhnen, in ganz kurzer Zeit dahin gelangen könnten, die Truppen nicht mehr zu fürchten, während diese die entgegenstehenden vielfachen Hindernisse nicht ohne Schwierigkeiten und Anstrengungen zu nehmen vermöchten. Ginge diese Furcht oder dieses Ansehen einmal verloren, so würde die den Truppen allerdings noch verbleibende Ordnung und das übereinstimmende Wirken derselben doch einen schweren Stand gegen die unendliche[,] wenn auch ungeregelte Übermacht haben."[38]

---

zelner Regimenter zeigt indessen, daß fast doppelt so viele Verwundete und Verletzte gezählt wurden; vgl. Schwarz, Verluste, S. 64 f. Rechnet man diese gleichfalls ‚amtlichen' Angaben hoch, waren mindestens 450 oder fast 2,5% der eingesetzten Truppen kampfunfähig. Tatsächlich werden es wohl noch mehr gewesen sein.

35 Beispielsweise ermittelte man die Adressen der Offiziere aus dem Berliner Wohnungsanzeiger, um dann deren Frauen die Waffen abzunehmen; vgl. Berlin in der Bewegung, S. 555; Valentin, Geschichte, I, S. 433; ferner ‚Publicist' vom 18. März 1848 (außerordentliche Beilage). Außerdem war „der größte Theil" der etwa tausend „im Landwehrzeughause in der Lindenstraße erbeuteten Gewehre mit Pistons versehen" und damit überhaupt erst einsatzfähig gemacht worden. Wichtiger noch war, daß es „an Pulver und Kugeln [...] nirgends mehr [fehlte]. Die Kaufleute hatten ihre sämmtlichen Vorräthe herausgegeben, man hatte außerdem einige Pulverkasten des Militairs an der Stadtmauer und der Georgienkirche erbeutet [...]. Zinngießer hatten während der Nacht Tausende von Kugeln gegossen". (Braß, Barrikaden, S. 93.) Ähnlich auch Boerner, Erinnerungen, I, S. 149, bzw. II, S. 33.

36 Braß, Barrikaden, S. 93 bzw. Bericht Lerchenfelds vom 27. März 1848, in: HStA München, Nr. 2626.

37 Ausführliche Darstellung der Kämpfe am Alexanderplatz: Berlin in der Bewegung, S. 555 ff.; Angerstein, Märzereignisse, S. 46-49; Wolff, RC, I, S. 169 ff.

38 Nach: Rachfahl, Friedrich Wilhelm IV., Teil I, S. 307; vgl. auch z.B. Craig, Preußisch-deutsche Armee, S. 166.

Darüber hinaus konnten die Revolutionäre, die „ohne Plan, ohne Einheit, ohne die geringste Organisation" den Kampf begonnen hatten[39], ihre militärischen Aktivitäten koordinieren und effektiver gestalten. Auch die ‚Moral' der Barrikadenkämpfer scheint ‚intakt' gewesen zu sein.[40] Prittwitz als Kommandant aller in Berlin am 18. und 19. März eingesetzten Truppen kommt zu dem abschließenden Urteil: „[…] es ist nicht zu leugnen, die Erbitterung war eine allgemeine und in den unteren Klassen wohl bis zu Wut gesteigerte, so daß die Truppen bei ihrem weiteren Vordringen unfehlbar immer größere Schwierigkeiten gefunden haben würden." Während einer Beratung am 19. März gegen 10 Uhr führte der General vor diesem Hintergrund gegenüber dem König u.a. aus:

„Wirft man einen Blick auf die Verwendung der Truppen, so wird man finden, daß nirgends gehörige Reserven zu ihrer Unterstützung bereit waren, weshalb es wohl unmöglich war, sich mit den vorhandenen Truppen auf die Besetzung entfernter Stadttheile einzulassen." Prittwitz als Oberkommandierender hielt sich „nicht [für] stark genug, sollte die Aufregung länger als einige Tage ausdauern, die ganze Stadt, Straße um Straße zu nehmen, und zwar aus dem Grunde, weil die Erfahrung bereits gelehrt habe, daß ein siegreiches Vorgehen mit Angriffskolonnen nicht ausreiche, sondern diesen stets zahlreiche soutiens als Reserven gestellt werden müßten, um den Wiederaufbau der Barrikaden und die Wiederaufnahme der Feindseligkeiten zu verhindern. Dazu reiche bei der Ausdehnung von Berlin die Zahl der vorhandenen Streitkräfte nicht aus."[41]

Gewiß hätten die kämpfenden Truppen durch herbeigeholte, frische Regimenter verstärkt werden können. Damit wären jedoch neue Konflikte heraufbeschworen worden: Man hätte sie meist aus Städten abziehen müssen, in denen die Einwohnerschaft gleichfalls auf politische Reformen hoffte und unruhig zu werden begann. Vor allem aber, so gab etwa der bayerische Gesandte (der ansonsten die Kampfkraft der preußischen Armee in höchsten Tönen pries) zu bedenken, wäre auch den Aufständischen „aus benachbarten Städten und vom Lande Verstärkung zugeströmt". Angerstein hatte als Augenzeuge bereits am 18. März spätabends „Männer aus den umliegenden Dorfschaften" zur Unterstützung der Berliner Revolutionäre heranziehen sehen. Nicht nur in der näheren Umgebung war man zur Unterstützung der kämpfenden Bevölkerung in der Landeshauptstadt entschlossen. Aus Luckenwalde, so machte die Vossische Zeitung vier

---

39 Boerner, Erinnerungen, I, S. 137.
40 Selbst Prittwitz berichtet von Eindrücken seiner Offiziere über den ungebrochenen Kampfeswillen der Barrikadenkämpfer; u.a. seien Äußerungen aus dem ‚Volk' gefallen, „daß die Fortsetzung des Kampfes von der Einwohnerschaft auf das hartnäckigste fortgeführt werden sollte". Insbesondere „in den unteren Volksklassen" sei „das Gefühl der Rache noch nicht gewichen". Das folgende Zitat: Prittwitz, Berlin, S. 301. Die Ansicht Prittwitz' über die rapide wachsenden Schwierigkeiten der Truppen wurde von anderen maßgeblichen Offizieren geteilt; vgl. z.B. die Denkschrift des Generals v. Wussow, als Anhang in: ebd., S. 481. Ähnlich auch Trauttmansdorff in seinem Bericht vom 18./19. März 1848, in: StA Wien, StK Preußen, K. 195, Bl. 420 Rs.
41 Nach: Rachfahl, Friedrich Wilhelm IV., Teil I, S. 420 bzw. 306.

Tage nach der Märzrevolution bekannt, hatten sich am 19. März „mehrere hundert Bürger zu unserer Hülfe" aufgemacht. 900 Breslauer wollten etwa zur gleichen Stunde „mit nächstem Extra-Eisenbahnzug" nach Berlin fahren, um die Revolution zu unterstützen. Auch „an den Bahnhöfen von Stettin, Frankfurt [und] Magdeburg wartete man der zuverlässigen Nachrichten über den Stand der Dinge in der Hauptstadt, bewaffnete Bürger harrten des Augenblicks, um den Bewohnern Berlins zur Hülfe zu eilen."[42] Sicher: Das Militär hatte die wichtigsten Bahnhöfe in der Hand; es hätte den Zuzug für die Berliner Barrikadenkämpfer von außen auf der Bahn unterbinden und damit erheblich verzögern können. Indessen galt dies auch umgekehrt.

Am Vormittag des 19. März, bevor der ‚Waffenstillstand' vereinbart worden war, „kamen etwa 12 Bürger nach der niederschlesischen Eisenbahn, um diese unbrauchbar zu machen, da sich das Gerücht verbreitet habe, daß auf derselben neue Truppen herbeigeführt werden sollten. Die Direction begriff sehr wohl, daß, wenn sie die 12 abweise, Hunderte kommen würden, die man nicht abweisen könne, und erklärte sich sogleich bereit, Arbeiter der Eisenbahn selbst zu stellen, welche, ohne die Bahn zu beschädigen, die Schienen aufnähmen. Es geschah dies denn auch im Angesicht der Bürger, und so, daß eine Wiederherstellung der Bahn nach verschwundener Besorgniß sogleich wieder möglich war." Auch „in Breslau wurden, aus Besorgniß, das dortige Militair möchte nach Berlin gezogen werden, die Schienen aufgerissen, in Stettin versicherte sich eine Deputation der bestimmten Zusage des commandirenden Generals, Hrn. v. Wrangel, kein Militair nach Berlin marschiren zu lassen."[43]

Zweifellos waren die Truppen nicht ‚im Kampfe besiegt'.[44] Aber der Umkehrschluß, daß das Militär siegreich gewesen sei, daß am Morgen des 19. März „beim ersten Anlauf die wenigen Häuser und Barrikaden genommen worden [wären], welche sich noch in den Händen der Aufständischen befanden"[45], ist genauso wenig zutreffend. Von daher war die strategische Überlegung von Prittwitz, die Truppen aus Berlin abzuziehen und die preußische Landeshauptstadt von außen einzuschließen, erfolgversprechender. Der General, der sich hier von

---

42 Zitate (nach ihrer Reihenfolge): Bericht Lerchenfelds vom 27. März 1848 (Anm. 18); Angerstein, Märzereignisse, S. 38, Anm.; VZ vom 22. März 1848; Wolff, RC, I, S. 358.
43 Zitate: SZ vom 21. März 1848; Wolff, RC, I, S. 358.
44 Wie z. B. Braß (Barrikaden, S. 93) implizit behauptet, wenn er meint, bei einem Weiterführen des Kampfes wären „die Truppen vernichtet worden". Ähnlich auch Streckfuß, Freies Preußen, I, S. 37 f.
45 So z. B. Meyerinck, Thätigkeit, S. 161. Mancher Beobachter wie z. B. der Oberbürgermeister Krausnick mag im guten Glauben gemeint haben, die Truppen seien auf der ganzen Linie siegreich gewesen; vgl. z.B. Krausnicks Erinnerungen vom 15. Febr. 1850, in: LAB, Rep. 200, Acc. 2675, Nr. 28/29, S. 16. Dies lag an seiner gewissermaßen verzerrten Optik: Er durchquerte nur die vom Militär besetzten Teile der Innenstadt, sah die Reste der Barrikaden und andere Spuren der Kämpfe, so daß sich ihm der Eindruck vom Sieg der Militärs aufdrängte.

den französischen Erfahrungen des Jahres 1830 leiten ließ[46], fand sich dabei in Übereinstimmung mit Radowitz, der vor dem Hintergrund der Erfahrungen in Wien dem König in einem Brief, den dieser am Abend des 18. März erhielt, gleichfalls zur Räumung der Stadt geraten hatte, denn „erfahrungsgemäß führt jeder dauernde Kampf in großen Städten zur Demoralisierung der Truppen und ihrer Führer."[47] Der Prinz von Preußen sympathisierte ebenfalls mit der Vorstellung, Berlin von außen einzuschließen. Er erklärte sogar seine Bereitschaft, sich in diesem Fall an die Spitze der Truppen zu stellen – wenn der König damit einverstanden sei.[48] Genau das war die Krux des Unternehmens. Voraussetzung der von Prittwitz und anderen ins Auge gefaßten Zernierung Berlins wäre gewesen, daß der Monarch sich mit seinen Truppen aus der Hauptstadt zurückgezogen hätte. Dazu war Friedrich Wilhelm IV. jedoch nicht bereit oder in der Lage.[49] Unabhängig davon, ob der König sich dazu aufgrund einer momentanen Stimmungslage entschloß oder stärker durch politisch-taktische Überlegungen zu dieser Ansicht bestimmt wurde – im Nachhinein und aus der Perspektive eines möglichst unbeschadeten Erhalts der Monarchie betrachtet, war sein Verbleiben in der Hauptstadt sicherlich das klügere Vorgehen.

Selbst wenn sich die Truppen in Berlin im Straßenkampf nach einigen Tagen militärisch durchgesetzt hätten, wäre dieser Sieg aus *politischen* Gründen nur von kurzer Dauer gewesen und für die Hohenzollernmonarchie vielleicht zum Pyrrhus-Sieg geworden. Eine drohende Gefahr, auf die in den Tagen vor der Märzrevolution bereits der Oberpräsident der Rheinprovinz und die Kölner Deputation hingewiesen hatten, wäre dann zur unabwendbaren Tatsache geworden: Die westlichen Provinzen und möglicherweise auch Schlesien hätten sich

---

46 Vgl. Prittwitz, Berlin, S. 231 bzw. ders. nach: Rachfahl, Königs Friedrich Wilhelm IV., Teil I, S. 306; außerdem die Erinnerungen des Fürsten Radziwill, als Anhang Nr. 4 in: Prittwitz, Berlin, S. 470, sowie Heinrich v. Sybel, Aus den Berliner Märztagen, in: HZ Bd. 63/1889, S. 437 f. Nach den militärtaktischen Anschauungen damals wären für einen Erfolg Truppen mindestens in einem Zahlenverhältnis von 1:10 zwischen Militär und Bevölkerung notwendig gewesen. Das bedeutete, daß ein weiterer Angriff erst bei mindestens der doppelten Zahl vorhandener Truppen – ca. 40 000 Mann – hätte gewagt werden können.

47 Nach: Schwarz, Verluste, S. 66.

48 Vgl. Schleinitz, Papiere, S. 314; Haenchen, Flucht, S. 44, 50.

49 Zu dieser Frage vgl. die Aufzeichnungen von Prittwitz und E.v. Manteuffel, nach: Rachfahl, Friedrich Wilhelm IV., Teil I, S. 288; Teil II, S. 443 f. Zeitweilig war der König anscheinend willens, die Hauptstadt zu verlassen. Ein Fluchtversuch scheiterte jedoch; vgl. insbesondere die Denkschrift v. Wussows (Anm. 33), S. 487; die Eintragungen Varnhagens zum 18. März 1848, in: Tagebücher, Bd. 4, S. 299, 310, 314, der mehrere Versionen über die Hintergründe der bzw. des Fluchtversuche(s) referiert; Nobiling an Prittwitz vom 29. Nov. 1853, in: Haenchen, Briefe Nobilings, S. 132; ferner Rachfahl, Deutschland, S. 244; Manfred Messerschmidt, Die politische Geschichte der preußisch-deutschen Armee, in: Handbuch der Militärgeschichte, Bd. IV., hg. vom Militärgeschichtlichen Forschungsamt, Frankfurt a. M. 1975, Teil I, S. 137; ders., Die preußische Armee während der Revolution in Berlin 1848, in: ders., Militärgeschichtliche Aspekte der Geschichte des deutschen Nationalstaates, Düsseldorf 1988, S. 53.

von Preußen losgesagt und der freiheitlichen Bewegung in den südwestdeutschen Staaten angeschlossen. Ein längerfristiger Kampf hätte sich in Preußen mit einiger Wahrscheinlichkeit zum revolutionären Flächenbrand und Zerfall des Staates ausgeweitet; die Träger der Märzrevolution wären radikalisiert und die Grundfesten der Monarchie erschüttert worden.[50] Vielleicht militärisch, aber keinesfalls politisch wäre der Kampf vom 18. und 19. März für die ‚alten Gewalten‘ zu gewinnen gewesen. Vor diesem politischen Hintergrund ist es deshalb letztlich ein Scheinproblem, wer für den Befehl zum vollständigen Rückzug der Truppen aus der Stadt letztendlich verantwortlich war.[51]

Die Armeeführung und das preußische Offizierskorps bewegten freilich andere Gefühle, wenn sie die Frage, wer für den Befehl zum vollständigen Rückzug der Truppen verantwortlich gewesen sei[52], in einem internen, zum Teil auch öffentlich geführten Streit ausfochten. Sie wußten, daß durch den vollständigen Abzug der in Berlin kämpfenden und stationierten Truppen der Mythos der Unbesiegbarkeit der preußischen Armee einen schweren Schlag erhalten hatte. Das Konstrukt einer Dolchstoßlegende (die Frage der Schuldzuweisung für den

---

50 In welchem Maße eine solche Radikalisierung drohte, wird in einem Zwiegespräch zwischen einem ‚Proletarier‘ und dem Prinzen Albrecht deutlich, das am 21. März etwas abseits des nationalen Umritts des Königs geführt wurde. Es gipfelte in der Bemerkung des ‚Proletariers‘: „Is man jut, dat Ihr Bruder Friede gemacht hat, Königliche Hoheit! Ick sag Ihnen, et wäre sonst eklig geworden, äußerst eklig. Wir waren alle für die Republik, wenn det Schießen nich ufgehört hädde." (Boerner, Erinnerungen, I, S. 218.)

51 Den quasi protokollarischen Aufzeichnungen des Majors v. Königsmarck, die dieser während der Geschehnisse des 18. und 19. März im Auftrage des Prinzen von Preußen laufend anfertigte und die auch durch andere Äußerungen bestätigt werden, war es der König selbst, der hierfür verantwortlich war; vgl. Schreiben des Majors v. Königsmarck an Arnim-Boitzenburg vom 24. Okt. 1848, in: BLHA, Rep. 37, Nr. 3975, Bl. 12 ff. Zum Teil wörtlich identisch ist der Vorfall von Leopold v. Gerlach sowie Edwin v. Manteuffel berichtet worden; vgl. Gerlach, Denkwürdigkeiten, I, S. 141 sowie E. v. Manteuffel nach: Prittwitz, Berlin, S. 286 f. Ähnlich auch ders. in einem Schreiben vom 22. Okt. 1848, in: GStA, Rep. 94, IV. O. b., Nr. 4, pars. II, Bl. 145-150 bzw. als Anhang Nr. 2 in: Prittwitz, Berlin, S. 458; Schulz, Berliner Märztage, S. 100 f.; ferner Streckfuß, 500 Jahre, S. 1001 f. Etwas anders wird der Vorgang von Rachfahl (Deutschland, S. 201 ff.) auf allerdings schmaler Quellenbasis rekonstruiert; vgl. ferner Meyerinck, Thätigkeit, S. 162; Wolff, RC, I, S. 218 f.; 230 ff. sowie die Zusammenfassung eines Gesprächs Heinrich Leos mit Bodelschwingh im Nov. 1848 über die Vorgänge vom 19. März, in: BA Potsdam 90 Ge 6, Nr. 13, Bl. 177 f. Nach weiteren Berichten war der König bereits zuvor vom Theologieprofessoren und Hofprediger Strauß kaum verklausuliert zum Nachgeben gedrängt worden; vgl. Hachtmann, „Gerechtes Gericht Gottes", S. 210, Anm. 9.

52 Verantwortlich gemacht wurde nicht zuletzt Arnim-Boitzenburg; vgl. z.B. Prittwitz, Berlin, S.310. Dieser setzte sich seinerseits in einer ‚statt Handschrift‘ gedruckten, längeren Erklärung dagegen zur Wehr; vgl. Erklärung vom 1. Okt. 1848. Exemplare in: BLHA, Rep. 37, Nr. 3975, Bl. 19-20 Rs. bzw. Bl. 31-42; ebd., Nr.3978, Bl.26-27 Rs.; ebd., Nr. 3979, Bl. 6-7 Rs.; GStA, Rep. 94, IV. O. b., Nr.4, pars. II, Bl. 139-144. Vgl. des weiteren zu diesem Thema eine handschriftliche Erklärung Arnim-Boitzenburgs vom Juli 1848, einen Brief dess. an Prittwitz vom 19. Juli 1848 sowie weiteren umfangreichen Schriftwechsel, in: BLHA, Rep. 37, Nr. 3979, Nr. 3993 und Nr. 3995; ferner die Version Bismarcks, in: ders., Gedanke und Erinnerung, S.30 ff., sowie Nobiling, nach: Rachfahl, Friedrich Wilhelm IV., S. 413-426.

angeblich übereilten und ungerechtfertigten Rückzugsbefehl) war ein entscheidender Hebel, die Behauptung vom vermeintlichen Sieg der Armee mit all den geschilderten politischen Implikationen wieder aufzurichten und ihr eine Massenresonanz in der preußischen Bevölkerung zu verschaffen.

Faktisch hatten die Truppen eine Niederlage erlitten; sie zogen sich politisch besiegt aus einem Kampf zurück, den sie mit militärischen Mitteln nicht gewinnen konnten – eine Demütigung ohnegleichen. Entwürdigt fühlten sich nicht nur die „junkerschaftlichen Häuptlinge der Armee" (Varnhagen), sondern auch die einfachen Soldaten infolge der Umstände, unter denen der Abmarsch der Truppen aus der Stadt sich abspielte. Prittwitz berichtete, daß etwa die beiden Grenadier-Bataillone des Kaiser-Alexander-Grenadier-Regiments „sich den wütendsten Schmähungen und Beleidigungen durch die Volkshaufen ausgesetzt" sahen und sogar „von dem Volk nach den Offizieren gespuckt wurde". Ein Bataillon der Garde, das mit „klingendem Spiel" die Breite Straße hinuntermarschierete, mußte auf Verlangen des ‚Volkes' „statt des fröhlichen Marsches einen Choral spielen". Ähnliches mußten „mehr oder weniger alle Truppentheile, während sie durch Berlin marschirten", über sich ergehen lassen. Manche der sowieso erschöpften Truppenteile wurden darüber hinaus nicht allein durch lange Umwege zusätzlich ermüdet, sondern außerdem dadurch gedemütigt, daß – wie Prittwitz dies für das zweite Bataillon des 1. Garde-Regiments empört vermerkte – die Soldaten auf dem Marsch aus der Stadt „schon mit improvisierten Leichenzügen zusammenstieß[en], wobei das zahlreiche angebliche Trauergefolge das Halten des Bataillons und selbst das Präsentieren des Gewehrs zu verlangen sich nicht entblödete."[53] „Keinen Laut" sollen die Truppen bei all diesen Vorfällen von sich gegeben haben; „aber in der Brust der Offiziere und Soldaten kochte es vor Wuth über die schmachvolle Behandlung, die ihnen vom Berliner Pöbel angethan wurde."

Da die Truppen sich weitgehend durch gutbürgerliche Gegenden aus der Stadt zurückziehen konnten, waren sie freilich nicht nur ‚Zumutungen' eines angesichts des blutigen Kampfes höchst erbitterten ‚Pöbels' ausgesetzt. In der

---

53 Die angestaute Wut in der Bevölkerung machte sich an mehreren Stellen in Rufen wie „Bluthunde!" etc. Luft. In einer Straße stürzte ein ‚Pöbelhaufen' „auf die schlagenden Tambours los und brachte diese zum Schweigen". In einem anderen Fall kamen „wüste Volkshaufen" dem abrückenden Militär „mit Fahnen, Piken und Schußwaffen" entgegen; angeblich wurde sogar ein Schuß in die Luft abgefeuert. Aber zu erneuten bewaffneten Konflikten kam es weder hier noch anderswo, weil einerseits „das Militär in stiller, pflichtgemäßer Resignation das Gebot des Königs ehrte" und andererseits „in den Volkshaufen stets beruhigende Elemente jede Reibung zu verhindern suchten". Diese und die folgenden Zitate: Meyerinck, Thätigkeit, S. 164; Prittwitz, Berlin, S. 306 f.; Wolff, RC, I, S. 224 bzw. 226 f.; Genée, Zeiten, S. 73; Ägidi, Gegen die Signatura temporis, S. 133 f.; Braß, Barrikaden, S. 97. Vgl. außerdem VZ vom 20. März 1848; Brief Bettina v. Arnims an Sigismund v. Arnim vom 19. März 1848, in: Günter Jäckel (Hg.), Das Volk braucht Licht. Frauen zur Zeit des Aufbruchs 1790-1848 in Briefen, Darmstadt/Zürich 1970, S. 612; Frenzel, Märztage, S. 30; Angerstein, Märzereignisse, S. 54.

von Regierungsgebäuden gesäumten und von der ‚Aristokratie' bewohnten Leipziger Straße z.B. wurde das Füsilier-Bataillon des 1. Garde-Regiments „von Jubel und wehenden Tüchern begleitet". Der Kommandeur des Bataillons, Graf Luettichau, war überrascht, daß die „mich umgebende Menge stets die Barrikaden mit der größten Bereitwilligkeit" öffnete. Sie räumte die zur Abwehr der Truppen ausgestreuten „Glasscherben mit den Händen fort, damit mein Adjutant und ich mit den Pferden ungefährdet hindurch konnten; ja die Artigkeit des mich umgebenden Publikums ging selbst so weit, daß sie mein Pferd am Zügel über die schmalen Bretter führten, mit welchen sie in aller Eile die Gräben der Barrikaden überbrückt hatten." Ein junger Handlungsdiener beschrieb eine andere, ähnliche Szene: „Bürger reichten dem Militair die Hand, Alles schrie ‚Friede'; überall wehten Schnupftücher, ich selbst schwenkte dem Kommandeur die Fahne entgegen; so wechselten Traurigkeit und Freude ab."[54]

Die verschiedenen Formen der Reaktion auf den Abmarsch des Militärs machen in Konturen bereits die sich später deutlicher abzeichnende politische Spaltung der Berliner Bevölkerung entlang sozialer Scheidelinien deutlich. In den proletarischen Stadtteilen war der Haß nicht verflogen. In den bürgerlichen Gegenden wollte man sich dagegen keineswegs grundsätzlich mit dem Militär überwerfen. Vielen Angehörigen der gehobenen Bevölkerungsschichten mag (über die Erleichterung hinaus, daß die Kämpfe eingestellt wurden) die Armee zudem als Symbol des ‚alten', ‚ruhmreichen' Preußen gegolten haben, das man im Kern erhalten wissen oder wenigstens nicht gedemütigt sehen wollte. Unter dem bezeichnenden Motto: „Bürger und Soldaten sind gefallen für die Interessen des Vaterlandes" erschienen bereits am 21. März aus diesen Bevölkerungskreisen die ersten Aufrufe zur ‚Versöhnung' in den Berliner Tageszeitungen.[55]

So sehr die Einstellung von Teilen der Bürgerschaft Berlins auch Balsam für die abmarschierenden Truppenteile gewesen sein mag: Insgesamt überwog unter den Offizieren die Empörung über die erlittene Demütigung. Der General und spätere Botschafter v. Schleinitz z.B. meinte, kaum ein Staat habe ein derartiges „Beispiel von so jähem und so tiefem Fallen und so schmählichem Zusammenbrechen" erlebt wie die preußische Monarchie am 19. März 1848. Vergleichbar sei diese Schmach nur der vernichtenden Niederlage Preußens gegen Napoleon in der Doppelschlacht von Jena und Auerstedt am 14. Oktober 1806 gewesen.[56]

---

54 Zitate: Meyerinck, Thätigkeit, S. 306; Luettichau, Erinnerungen, S. 25; Gustav Dalchow an seine Eltern vom 27. März 1848, in: LAB, NL Dalchow, Rep. 200, Acc. 2036, Nr. 201; vgl. auch Hohenlohe-Ingelfingen, Aufzeichnungen, S. 51.

55 Hier: Aufruf eines J. Minding in der SZ vom 21. März 1848.

56 Schweinitz, Denkwürdigkeiten, S. 31. (Die tiefe Schmach umschloß freilich nicht nur den Abgang der Truppen am 19. März, sondern auch den „traurigen Kaiserritt" vom 21. März.) Zur Dimension der Demütigung vgl. außerdem exemplarisch das Schreiben v. Thiles an Friedrich Wilhelm IV. vom 28. März 1848, in: Haenchen, Revolutionsbriefe, S. 58.

Viele „Offiziere der Garden, die in Berlin gefochten, ganz besonders die des Regiments Kaiser Alexander, wollten aus Verstimmung, und weil sie ihre Ehre als Offiziere gekränkt glaubten, massenweise den Abschied nehmen." Lediglich dem „täglichen Zureden" des Generals v. Prittwitz „und den Bemühungen anderer Offiziere" war „es zu verdanken, daß nur einzelne das Vorhaben ausführten."[57] Nach außen hin allerdings konnte in der Folgezeit die Niederlage vom März für konservative Volksschichten glaubwürdig in einen militärischen Erfolg, der leichtfertig verschenkt worden sei, umdefiniert werden – mit fatalen Folgen für den weiteren Verlauf der Revolution. Der deutschen und besonders der Berliner Revolution sollte es zum Verhängnis werden, daß sie durch die Niederlage des französischen Bürgerkönigtums „überstürzt" (F. Mehring) wurde und den Bewohnern der Hauptstadt Preußens durch den vermeintlich vollständigen Zusammenbruch des vormärzlichen Absolutismus alle Freiheiten umstandslos in den Schoß gefallen zu sein schienen.

Stadelmann hat im Hinblick auf die Märzrevolutionen von „eigentümlichen massenpsychologischen Vorgängen, wie sie besonders in Berlin zu beobachten waren", gesprochen – von Verbrüderung und Solidarität, von einer „Steigerung der moralischen und physischen Kraft des einzelnen, sobald er in dem großen Verband handelt", von „rascher Anpassung und Nacheiferung", von „lawinenartiger Fortpflanzung einer Panik" und „jähem Umschlag der Stimmung", von der „Verflechtung von Jubel und Mißtrauen, von Huldigung und Haß, von Angst und Drohung", ja sogar von „Massenpsychose".[58] Tatsächlich scheinen sich die Berliner – und hier ist es sicher berechtigt, die gesamte Einwohnerschaft, bis auf eine relativ kleine, abseits stehende, konservativ-bürgerliche Minderheit, einzubeziehen – am 18. und 19. März in einer Art Rausch befunden zu haben. Stimmungen, nicht rationales Kalkül, lenkten die Handlungen vieler. Daß aus dem „krassen Bierphilister" mit einem Schlag ein revolutionärer Barrikadenheld geworden war, schien bereits Zeitgenossen ziemlich unwahrscheinlich und „sehr bedenklich für den Ernst" dieser „raschen Umwandlung".[59]

Die freisinnigen, demokratischen Teile der Berliner Bevölkerung hegten die Illusion, daß die *Gesamtheit* der Berliner Bevölkerung hinter ihnen stünde – und daß nun ziemlich ,alles', was man sich wünsche, erreicht sei und politische Initiativen kaum vonnöten seien, ,das Errungene' auch abzusichern. Nachdem der

---

57 Essay des Prinzen Friedrich Karl v. Preußen ,über Entstehung des preußischen Offiziersgeistes, seine Erscheinungen und Wirkungen' vom 3. Jan. 1860, nach: Karl Demeter, Das deutsche Offizierskorps in Gesellschaft und Staat 1650-1945, Frankfurt a.M. 1962, S. 234 f. Vgl. außerdem Nobiling, nach: Rachfahl, Friedrich Wilhelm IV., S. 450, 457; Prittwitz, Berlin, S. 412 f.; Brief des Leutnants Bernhard v. Kalben an seine Schwester Henriette Ende März 1848, nach: Haenchen, Neue Briefe, S. 288; Hohenlohe-Ingelfingen, Aufzeichnungen, S. 69; ferner Craig, Preußischdeutsche Armee, S. 104.
58 Stadelmann, Geschichte, S. 81 bzw. 73.
59 So die TZ vom 23. März 1848 in einem Artikel über die Berliner Barrikadenkämpfe.

Rausch des 18. und 19. März verflogen war, stellte sich der politische Kater ein: Die Gemäßigten entdeckten erneut ihre Angst vor dem ‚Pöbel‘ und der ‚Pöbelherrschaft‘. Die Demokraten und Linksliberalen rieben sich erstaunt die Augen: Sie mußten feststellen, daß sich gar nicht so viel verändert hatte, daß die Revolution noch keineswegs ‚vollendet‘ war, sondern erst an ihrem Anfang stand. So wie es bei einem starken Rausch ein Weile dauern kann, bis er verflogen ist, so brauchten auch die Berliner einige Zeit, um ihre Illusionen als solche zu erkennen. Die auf den ‚Waffenstillstand‘ und den Abzug des Militärs am Vormittag des 19. März folgenden Stunden und Tage stellen gewissermaßen die Phase des abklingenden Revolutionsrausches dar. Ihnen folgte dann seit Ende März, Anfang April die Zeit des ‚politischen Katers‘.

Teil III

Illusionen und erste Dämpfer: Politische Hauptereignisse und -kontroversen vom 19. März bis Anfang Juni

Kapitel III.1

Vom revolutionären Rausch zum politischen Kater: Die ersten Tage nach der Märzrevolution

„… ein erschütternder Anblick": Der König und die Märzgefallenen

Die Waffenruhe und die Zusage, daß die Truppen abgezogen würden, hatten die Gemüter nicht beruhigt. Die Stimmung allerdings war eine ganz andere als am Vortage. Viele schwarz-rot-goldene Fahnen prägten bereits im Laufe des Nachmittags des 19. März das Stadtbild. Überall auf den Straßen und Plätzen bildeten sich kleinere oder größere Gruppen und diskutierten die Ereignisse des vergangenen Tages. Unklar war, was nun eigentlich geschehen sollte, nachdem der blutige Konflikt ein Ende gefunden hatte. Revolutionäre Rädelsführer, die der Menge die politische Richtung wiesen, gab es nicht.

Vielerorts konnte man die Spuren der Kämpfe sehen. Insbesondere während der Vormittagsstunden muß der „Anblick noch entsetzlich", „haarsträubend" gewesen sein. Dort, wo der Kampf am härtesten gewütet hatte, lagen zahlreiche Leichen, häufig „gräßlich verstümmelt". An verschiedenen Stellen suchten „Frauen angstvoll nach ihren Söhnen, ihren Brüdern und Geliebten!"[1] Ähnlich wie in Paris am 23./24. Februar, wo man die mehr als fünfzig von den Truppen getöteten Demonstranten noch in der Nacht bei Fackelschein auf Leiterwagen durch die Straßen gefahren hatte, legte man auch in der preußischen Hauptstadt die Leichen auf Bahren und Bretter oder lud sie auf Leiterwagen (freilich mehrere Stunden nach dem Ende der Kämpfe und ohne – wie in der französischen Metropole – nach Waffen zu rufen). Die Aussicht, den König zu sehen und von ihm weitere ‚Gewährungen' und auch Rechenschaft erwarten zu können, ließ die Leichenzüge und zahllose weitere Menschen fast magnetisch ins Zentrum, auf den Schloßplatz hinströmen. Zwischen 14 und 15 Uhr, also knapp 24 Stunden nach den beiden ‚verhängnisvollen' Schüssen, begannen die Massen allmählich auch die Schloßhöfe zu füllen. Die militärische Besatzung hatte sich in die Räumlichkeiten des riesigen Gebäudes zurückgezogen, um die trauernden und erbitterten Menschen nicht unnötig zu reizen. Auf „ungestüme Weise" verlangten diese das Erscheinen des Königs. Man wollte „ihm vor Augen bringen und

---

1 Zitate: Boerner, Erinnerungen, I, S. 172 f. bzw. Angerstein, Märzereignisse, S. 55, Anm. 1.

unter die Nase halten, was er für Unglück angerichtet habe", berichtete ein Augenzeuge.

„Da endlich, als Männer bereits die Leichen erhoben und sich der großen Wendeltreppe näherten, um dieselben ,dem Könige in's Zimmer zu tragen,' erschien dieser". Friedrich Wilhelm IV. war „bleich und fast zitternd. Ich konnte ihn sehr genau sehen, denn ich war kaum 10 Schritte von ihm ab, sah ihn zusammenzucken bei den wüthend höhnenden Worten, die ihm zugerufen wurden, und bemerkte wohl, daß plötzlich das allgemeine Geschrei ,Mütze ab' (er hatte die Feldmütze auf) sich erhob, wie er erst entrüstet zögerte, aber dann wiederholt gehorchte."[2]

Drinnen herrschte „eine sehr gedrückte Stimmung". Alles war „schweigsam – von der Spannung des Moments ergriffen", berichtete der zufällig anwesende Berliner Oberbürgermeister Krausnick. Nicht nur „die auf der Gallerie befindlichen Personen", also der Hofstaat und die königliche Dienerschaft, hielten die ganze „Zeit ihr Haupt entblößt"; „auch die auf dem Schloßhofe befindlichen Militairmannschaften hatten während des Vorüberziehens der Leichenzüge die Helme abgenommen".[3] Offenbar wollten die Befehlshaber der Truppen alles vermeiden, was auf eine Provokation der erregten Menschenmenge hinauslaufen konnte. Zugleich wurde damit jedoch das Gefühl der Schmach, das der wenige Stunden zuvor ausgegebene Befehl zum bedingungslosen Rückzug bei den vermeintlich unbesiegten Truppen ausgelöst hatte, weiter vertieft. Weit nachhaltiger wirkte allerdings die vom ,Pöbel' erzwungene symbolische Handlung des Königs, das Ziehen seiner Mütze vor den Leichen der gefallenen und grausam verstümmelten Barrikadenkämpfer, mit der er vor einer vieltausendköpfigen Menge sein Mitgefühl über den Tod so vieler Berliner Einwohner zum Ausdruck zu bringen schien.

Den Repräsentanten des alten Systems drängte sich der Eindruck auf, die „Nöthigung" des Königs durch seine Berliner Untertanen sei „eine Nachahmung einer der schauderhaftesten Scenen aus der ersten französischen Revolution", der Hinrichtung Ludwigs XVI., gewesen, befand nicht nur der österreichische Gesandte Trauttmansdorff in seinem unmittelbar nach dem Ereignis verfaßten Bericht.[4] „Jetzt fehlt nur noch die Guillotine", soll die Königin ihrem gedemütigten Gemahl zugeflüstert haben. Für den Monarchen selbst wurde die symbolische Geste des 19. März zur „traumatischen Bruchstelle" seiner Regent-

---

2 Benda, Berlin, S. 33 f. bzw. Angerstein, Märzereignisse, S. 56.
3 Erinnerungen Krausnicks, niedergeschrieben am 15. Febr. 1850, in: LAB, Rep. 200, Acc. 2675, Nr. 28/29, S. 34-37; auch abgedruckt in: Prittwitz, Berlin, S. 328 ff. Krausnick befand sich zu diesem Zeitpunkt an der Spitze einer städtischen Deputation in den Gemächern des Königs.
4 Bericht Trauttmansdorffs vom 18./19. März 1848, in: StA Wien, StK Preußen, K. 195, Bl. 421. Das folgende Zitat nach: Jürgen Angelow, Friedenskirche und Grabmal Friedrich Wilhelms IV. Monarch und Armee in der Revolution von 1848, in: Bernhard R. Kroener (Hg.), Potsdam. Staat, Armee, Residenz in der preußisch-deutschen Militärgeschichte, Frankfurt a.M. 1993, S. 384.

schaft; sie blieb bis an sein Lebensende ein Realität gewordener Alptraum „von einem nie auszugleichenden Erinnerungsgewicht" (Blasius). Die hochkonservativen politischen Berater des Königs, so schockiert und gefühlsbewegt sie im ersten Augenblick waren[5], ließen sich freilich auf Dauer nicht derart aus dem Gleichgewicht bringen. Ihnen galt die Symbolhandlung fortan als „tiefste Erniedrigung"[6], die nur durch konsequentes Bekämpfen der Revolution und durch eine ebenso tiefe Demütigung der Demokraten und anderer Umstürzler wieder getilgt werden könne.

Merkwürdig ähnlich und doch ganz anders waren die Eindrücke und Reaktionen unter den vor dem Schloß versammelten Berlinern. Auch hier war man sich der großen Bedeutung der geschilderten Szene bewußt. Auch hier fühlte man sich an die französische Revolution erinnert. Ein von Wolff zitierter, namentlich nicht genannter bürgerlicher Augenzeuge sah eine „Szene, welche an tragischem Pathos alles überbietet, was jemals in Trauerspielen der antiken und romantischen Kunst an den erschütternden Gemüthern vorüber gezogen ist. – Man hat Ludwig XVI., als er das Schaffot bestieg, ‚le roi martyr' genannt; wie gering erscheint die Sühne, welche ihm das Pariser Volk […] auferlegte, im Vergleich zu der Buße, welche das Berliner Volk seinem König bereitete." Denen, die von unten das Geschehen beobachteten, war also bewußt, in welchem Maße die Hohenzollernmonarchie und insbesondere Friedrich Wilhelm IV. durch diesen Akt gedemütigt wurden. Indessen wurden von dem anonymen Augenzeugen ganz realitätsferne Schlußfolgerungen über die Dimensionen des scheinbar vollzogenen politischen Bruches gezogen.

„[D]er König verweilte mit unbedecktem Haupte […] und führte dann die, kaum sich noch aufrecht haltende Königin in ihre Gemächer zurück. – Von dieser Stunde an war die Umwandlung in dem Herzen des Königs, wie in dem des Volkes geschehen; das preußische Königthum war *unwiderruflich* von dem absoluten Throne gestiegen, die Stufen, welche zu dem constitutionellen führen, waren gelegt. Größer und würdiger als das Pariser Volk hat das Berliner Volk seine Revolution vollzogen; dort haben sie den Thron des Königs – selbst Napoleon nannte den Thron nur ein Stück Holz mit Sammet bekleidet – zerbrochen und den Flammen übergeben; hier [in Berlin] wurde ein größerer Sieg gefeiert, hier wurde das Herz eines Königs gebrochen und einem Läuterungsfeuer übergeben, aus welchem dasselbe zu seinem und des Volkes Heil wiedergeboren hervorgegangen ist."[7]

Der Vergleich mit Paris lag in der Tat nahe. Dort hatte ‚das Volk' nicht nur den Thron Louis Philippes aus dem Fenster geworfen, wie einen Sarg zur Place de la

---

5 Vgl. Friedrich III., Tagebücher 1848-1866, S. 21; außerdem die Schilderung des Majors v. Bonin im Adjutantenjournal, in: Haenchen, Revolutionsbriefe, S. 52. Zur psychischen Verfassung des Königs in diesen Tagen vgl. vor allem Blasius, Friedrich Wilhelm IV., S. 116-128 (Zitate: S. 114 bzw. 128).

6 Generalleutnant v. Rauch, nach: Prittwitz, Berlin, S. 331.

7 Nach: Wolff, RC, I, S. 249 f.

Bastille getragen, dort zertrümmert und verbrannt, sondern seinen Hohn schon vorher über das Bürgerkönigtum und damit das Prinzip Monarchie ausgeschüttet: In den Tuilerien wurden die Kleiderkammern der königlichen Familie geplündert. In einem makabren Maskenball defilierten Proletarierinnen in Salonroben, Arbeiter im Frack; ein schon etwas betagter Pariser hatte sich den Morgenrock des Königs übergezogen. Als Freiheitsfigur (Marianne) gekleidet, posierte eine Prostituierte auf einem Tisch, starr und denkmalsgleich. Andere spielten, gleichsam in Originalkostümen, Hofkonzert; das ganze entwickelte sich natürlich zu einer wüsten Katzenmusik. Kurz und gut: Man parodierte das Hofleben Louis Philippes.[8] (Den Bürgerkönig selbst ließ man – im Gegensatz zu Louis XVI. – unbeachtet und ungeschoren aus Frankreich entfliehen.)

In Berlin – und ähnlich in Wien – blieb dagegen der Respekt vor der monarchischen Würde und Autorität ungebrochen. Die zitierten Äußerungen demonstrieren, wie stark zugleich der Wunsch war, das Gefühl politisch-moralischer Unterlegenheit dem ‚Pariser Volk‘ gegenüber endlich ablegen zu können. Wohl die Mehrheit der Berliner empfand Stolz darüber, im Gegensatz zu den Parisern vor dem Thron haltgemacht zu haben. Im Grunde projizierte der anonyme Augenzeuge mit seinen Bemerkungen in die Haltung und Einstellung des Königs das, was die meisten der Untertanen Friedrich Wilhelms IV. immer schon von ihm gedacht hatten: ‚Eigentlich‘ seien König und Volk seit jeher tief verbunden gewesen. Nur hätten ‚schlechte Berater‘ Monarch und Volk voneinander entfremdet. Diese Entfremdung sei nun aufgehoben, die unmittelbare Beziehung zwischen dem König und seinen Untertanen wiederhergestellt. Die Märzrevolution habe, so konstatierte Sigismund Stern, im Revolutionsjahr einer der führenden Linksliberalen, zwei Jahre nach den Ereignissen, „so wenig die Monarchie und den königlichen Thron erschüttert, daß die Person des Königs vielmehr mächtiger und größer aus derselben hervorging, mit dem Augenblicke, in welchem er sie anerkannte." „Nachdem die doppelte Mauer der Bureaukratie und der Militärgewalt, welche trennend zwischen Volk und König stand, plötzlich gestürzt" zu sein schien, „trat für den Augenblick jenes patriarchalische Verhältnis zwischen Volk und Fürst, welches den Zeiten der ältesten Entwicklung angehört."[9] So paradox es ist: Die Stunde seiner größten Demütigung verhalf Friedrich Wilhelm IV. zu größerer Popularität als je zuvor. Darüber hinaus brachte die Szene symbolhaft den Charakter der Märzrevolution zum Ausdruck: Indem der König die Mütze vor den Märzgefallenen und den Berlinern zog, schien er seine absolute Stellung zurückzunehmen und mit den Toten auch dem Prinzip der Volkssouveränität zu huldigen. Zugleich jedoch stand er auf dem Bal-

---

8 Vgl. die schöne Schilderung der Ereignisse bei Flaubert, L'éducation sentimentale. Histoire d'un jeune homme.
9 Stern, Geschichte des deutschen Volkes, S. 79.

kon über dem trauernden Volk; er unterstrich damit (wohl unbewußt), daß er weiterhin eine herausragende, und nicht nur dekorative, Rolle beanspruchte.

Die Ereignisse vor und in dem Schloß an diesem Mittag des 19. März entschieden für lange Zeit das politische Schicksal Preußens. Gleichgültig, ob Friedrich Wilhelm IV. einem Reflex folgte oder politisch überlegter handelte, als viele Historiker ihm dies unterstellt haben, sein Verhalten hat die Monarchie gerettet. In der preußischen Hauptstadt mußte man auch nicht einem längst verstorbenen reformfreudigen Monarchen nachtrauern – wie in Wien, wo wenige Stunden nach dem revolutionären Bruch eine größere Menschenmenge bezeichnenderweise dem Standbild des Reformkaisers Joseph II. spontane Ovationen darbrachte. In Berlin glaubte man vielmehr, in Friedrich Wilhelm IV. einen leibhaftigen ,Volkskönig' zu besitzen. Bereits die ,Huldigung' der Märzgefallenen am 19. März ließen dem Romantiker auf dem Hohenzollernthron die Herzen der meisten seiner Untertanen entgegenschlagen. Noch unmittelbarer demonstrierte der Preußenkönig Volksnähe während seines Umrittes am 21. März

„... um Zeit zu gewinnen und abzulenken"[10] – der nationale Umritt des Königs am 21. März

Das neue Kabinett unter dem Staatsminister v. Arnim-Boitzenburg konnte nur ein Übergangskabinett sein. Arnim-Boitzenburg war bereits vor Ausbruch der Barrikadenkämpfe designierter Ministerpräsident, auch wenn er sein Amt erst am 19. März antrat. Ihm und seinen Ministerkollegen haftete von vornherein der Makel an, Repräsentanten des alten Systems zu sein. Am 29. März 1848 demissionierte das Ministerium Arnim-Boitzenburg. Der rheinische Liberale Ludolf Camphausen wurde zum Ministerpräsidenten ernannt. Sein Kabinett war das erste echte, bürgerliche Märzministerium in Preußen. Es trug den neuen gesellschaftspolitischen Konstellationen auch personell Rechnung und formierte zugleich das politische Bündnis zwischen ,alter' und ,neuer' Elite. Einer der konfliktträchtigsten Aspekte dieses die Revolution prägenden Bündnisses war die Frage, auf welche Weise der vielstimmigen Forderung nach Herstellung der nationalen Einheit Rechnung getragen werden sollte. Dieser Konflikt brach freilich erst sehr viel später offen auf. Zunächst schienen sich alle in der deutschen Angelegenheit einig zu sein – wie der Umritt des Königs am 21. März auf den Straßen der preußischen Hauptstadt symbolhaft zum Ausdruck brachte.

Angekündigt wurde das Ereignis durch ein Plakat, das am Morgen des 21. März an vielen Straßenecken Berlins angeschlagen wurde. Der Inhalt des Aufru-

10 Zitat: ebd., S. 73.

Triumphzug der polnischen Revolutionäre durch die Straßen Berlins, 20. März 1848

fes war sensationell: Friedrich Wilhelm IV., hieß es dort, habe sich „zur Rettung Deutschlands an die Spitze des Gesammt-Vaterlandes gestellt", Deutschland sei „fortan wieder eine *einige* große Nation, frei und mächtig im Herzen von Europa! [...] Heil und Segen dem *constitutionellen* Fürsten, dem Führer des *gesammten* deutschen Volkes, dem neuen Könige der freien, wiedergeborenen deutschen Nation!" Um diesen seinen politischen Willen zu demonstrieren, so wurde der Berliner Bevölkerung mitgeteilt, werde sie den König „mit den alten ehrwürdigen Farben Deutscher Nation heute noch zu Pferde in [ihrer] Mitte erblicken" können.[11]

Tatsächlich trug der König während des Umzuges „ein breites trikolores Band um den Arm. Um ihn drängten sich Prinzen, Generäle und Minister, alle mit den deutschen Farben geschmückt", unter ihnen Arnim-Boitzenburg, der Graf Schwerin, der das Ministerum für die geistlichen, kulturellen und Medizinal-Angelegeheiten erhielt, sowie „der alte Kriegsminister von Rohr, dem das Treiben wunderbar genug vorkommen mochte". Ihnen „folgte der Generaladjutant von Neumann, der schwarzweißeste, spezifischste aller Generäle, und Graf Oriola, der spätere Großrat" des hochkonservativen ‚Treubundes mit Gott für König und Vaterland', ferner u.a. der

---

11 Mit einer Rede gleichen Inhalts in der Aula der Berliner Universität bereitete der neue Kulturminister Schwerin die Studenten gesondert auf den bevorstehenden Umritt des Königs vor – wohl weil er (zu Recht) in ihnen besonders enthusiastische Anhänger der Einheit Deutschlands vermutete; vgl. SZ vom 24. März 1848; Boerner, Erinnerungen, I, S. 212 f.

Polizeipräsident Minutoli. „Alle diese Herren, welche sich später so glücklichen Metamorphosen unterwarfen, waren mit schwarz-roth-goldenen Binden angetan. [...] Die sonderbarste Figur bewegte sich dicht an der Seite des Königs selbst. Eine kolossale Gestalt, barhäuptig, mit langen Locken und weitherwallendem Bart – es war der ‚Barrikaden-Hauptmann‘ und spätere Urchrist Tierarzt Urban, damals eine der festesten Stützen der Monarchie. In seiner Hand trug er – risum teneatis amici[12] – eine gemalte Kaiserkrone.“[13]

Seinen Anfang nahm der Zug auf dem Schloßplatz. Dort hielt der König eine kurze Rede, in der er betonte, sein ganzes Trachten „richtet sich nur auf die Wiederherstellung der Einheit Deutschlands“. Gleichzeitig beteuerte Friedrich Wilhelm IV. allerdings, daß er „keinen Fürsten vom Throne stürzen wolle“. Danach ritten der Monarch und sein Gefolge zur Universität, wo die Studenten auf den Hohenzollern warteten. Daß die Universität erstes Ziel des Königs war, erklärt sich nicht nur aus der geographischen Nähe zum Stadtschloß. In Wien war die Aula zu einem Hauptschauplatz der demokratischen Bewegung geworden. Das wollte man in Berlin unbedingt vermeiden. Der Monarch suchte die Universitätsangehörigen an sich zu binden, indem er gerade sie zum Adressaten einer programmatischen Rede machte, in der es u.a. hieß:

„Ich trage die Farben, die nicht mein sind, aber ich will damit *nichts usurpieren*, ich will keine Krone, keine Herrschaft, ich will Deutschlands Freiheit, Deutschlands Einigkeit, *ich will Ordnung, das schwöre ich zu Gott!* Ich habe *nur getan, was in der deutschen Geschichte schon oft geschehen ist, daß mächtige Fürsten und Herzöge, wenn die Ordnung niedergetreten war,* das Banner ergriffen und sich an die Spitze des deutschen Volkes gestellt haben, und ich glaube, daß die Herzen der Fürsten mir entgegenschlagen und daß der Wille des Volkes mich unterstützen werden.“[14]

Friedrich Wilhelm IV. sprach erstaunlich unverblümt aus, daß er die deutsche Einheit nicht als modern-konstitutioneller Monarch, sondern als mittelalterlich-absoluter Fürst an der Spitze eines ihm ergebenen Volkes verwirklichen wollte. ‚Freiheit‘ war hier nicht im Sinne von ‚Volkssouveränität‘ gemeint. Der König wollte nicht die ‚französische‘ Freiheit. Er hatte die ‚deutsche‘, altständische ‚Freiheit‘ im Sinn, die jeden Untertanen entsprechend seinem Stand und Rang einstufte und an ihre Spitze einen unumschränkten, nur durch ‚überkommenes Recht‘ gebundenen Herrscher stellte. Die wiederholte Betonung, er wolle „keine Krone, keine Herrschaft“ usurpieren, und noch deutlicher die von Friedrich Wilhelm IV. „bald in bittendem Ton, bald unwillig“ abgewiesenen Zurufe aus der Menge, die ihn zum „Kaiser von Deutschland“ proklamieren wollten, machen

---

12 Kommentar Boerners: ‚Freunde, enthaltet Euch des Lachens‘ (Zitat aus Horaz).
13 Zitate: Boerner, Erinnerungen, I, S. 214 ff. Zu Urban vgl. KBA.
14 Reden nach: SZ vom 22. März 1848 (H.v.m.); vgl. auch Wolff, RC, I, S. 294 ff. bzw. Boerner, Erinnerungen, I, S. 214 bzw. 216; Streckfuß, 500 Jahre, S. 1019; ders., Freies Preußen, I, S. 76, 78. Auf die Furcht vor ‚Wiener Verhältnissen‘ weist Thielbeer (Universität, S. 93) hin.

überdies deutlich, daß er nicht daran dachte, eine preußische Hegemonie über Deutschland zu errichten. Besonders die Rede vom 21. März vor der Friedrich-Wilhelm-Universität, die als ernstgemeintes politisches Glaubensbekenntnis offenbar schon vorher konzipiert war[15], läßt bereits die deutschlandpolitische ‚Linie‘ erkennen, die Friedrich Wilhelm IV. in den Folgemonaten ziemlich gradlinig weiter verfolgte und die schließlich auch seiner Ablehnung der ihm im April 1849 angebotenen Kaiserkrone sowie dem ‚Unions‘-Konzept von 1849/50 zugrunde lag.

Unter welchen Vorzeichen Friedrich Wilhelm IV. eine deutsche Einigung befürwortete, wurde von den meisten der noch durch die Revolution berauschten Teilnehmer des Zuges und von dem die Straßen säumenden Publikum übersehen. Die Studenten brachten ‚ihrem König‘ ein „stürmisches Hoch" aus und schlugen symbolisch ihre Waffen zusammen. „Aus allen Fenstern wehten Tücher"; ein „endloser Freudenruf" sei losgebrochen.[16] „Der Jubel", so der österreichische Gesandte, „mit welchem der König vom Volke aufgenommen, gleichsam vom Pferde getragen wurde, war unbeschreiblich."[17] Obgleich sich der König bei dem Ritt durch die Stadt „in der Uniform der bitter gehaßten Garde" zeigte, sei „kein Wort des Mißfallens" zu hören gewesen. „Vor den deutschen Farben verschwand alles."[18] Zuschauer und bürgerliche Teilnehmer des Zuges wähnten sich am Ziel ihres politischen Strebens.

Über die soziale Zusammensetzung des Publikums, das den Zug – der dann weiter zum Alexanderplatz und dann wieder, über das Köllnische Rathaus, zurück zum Schloß ging – begleitete, werden zwar in keiner Quelle präzise Angaben gemacht. Indes ist auffällig, daß, wenn Personen genannt werden, diese dem Bürgertum zuzurechnen waren oder, wie die genannten politischen und militärischen Funktionsträger, der Aristokratie angehörten. Von ‚schlechtgekleideten

---

15 Die ganze Aktion, die allerdings selbst in der engeren Umgebung des Königs nicht unumstritten war, ging auf eine Anregung des am gleichen Tage zum Außenminister ernannten Freiherrn Heinrich Alexander v. Arnim-Suckow zurück; vgl. Schreiben Arnim-Boitzenburgs, der in dieser Frage (ebenso wie Radowitz, Canitz und die – übrige – Kamarilla) in scharfem Gegensatz zu seinem Namensvetter stand, an Friedrich Wilhelm IV. vom 29. März 1848, in: Haenchen, Revolutionsbriefe, S. 59; ders., Die deutsche Zentralgewalt und Preußen, Berlin (Aug.) 1848, S. 46 sowie Waldersee, Märztage, S. 40, Anm. 1. Zum deutschlandpolitischen Programm Arnim-Suckows vgl. Hans-Hennig Hahn, Polen im Horizont preußischer und deutscher Politik im neunzehnten Jahrhundert, in: JbGMO Bd. 35/1986, S. 6 f.

16 SZ vom 22. März 1848.

17 2. Bericht vom 21. März 1848 (Anm. 4), Bl. 447 Rs. Vgl. auch den 1. Bericht Trauttmansdorffs von diesem Tage, ebd., Bl. 444; außerdem die Bemerkungen des Generalleutnants v. Rauch, der sich in ein „Tollhaus" versetzt fühlte, nach: Prittwitz, Berlin, S. 392; ähnlich z. B. Schweinitz, Denkwürdigkeiten, S. 30; Kügelgen, Lebenserinnerungen, S. 123. Vgl. ferner die ironische Darstellung Fontanes, der das Ereignis als Augenzeuge miterlebte: Fontane, Von Zwanzig bis Dreißig, S. 620 f.

18 Boerner, Erinnerungen, I, S. 220.

Proletariern' oder ‚Pöbel' unter dem jubelnden Publikum ist nirgendwo die Rede. Randbemerkungen weisen vielmehr darauf hin, daß zumindest Teile der sozialen Unterschichten, obgleich sie ebenfalls in ihrer überwiegenden Mehrheit zu diesem Zeitpunkt keineswegs republikanisch gesinnt waren, gegenüber dem Auftritt des Königs Distanz hielten.[19] Zwar befürworteten auch sie die deutsche Einheit. Dringlicher war für die Armenbevölkerung Berlins jedoch die Frage, wie die Nöte des Alltags bewältigt werden konnten. Wie er sich die Lösung der ‚sozialen Frage' vorstellte – darüber schwieg der König sich am 21. März und ebenso später wohlweislich aus. Insofern steht zu vermuten, daß der Umritt des Königs auch als Teil einer sozial differenzierenden Pazifizierungsstrategie konzipiert war.[20] Ziel dieser Strategie war es, vor allem die verschiedenen Schichten des Bürgertums zufriedenzustellen und mit der ‚alten Elite' auszusöhnen. Deshalb auch das demonstrative Auftreten höchster Spitzen des Staats und der Armee. Die Resonanz des Auftritts vom 21. März zeigt, daß diese Rechnung aufging und große Teile des Berliner Bürgertums bis weit in freisinnige Kreise hinein dieses ‚Versöhnungs'angebot anzunehmen bereit waren.[21] Die Bürgerschaft Berlins, so der österreichische Gesandte Graf Trauttmansdorff in seinem Bericht vom 22. März, „will und wünscht Ruhe und Frieden." Der am 21. März verkündete Entschluß Friedrich Wilhelms IV., sich an die Spitze Deutschlands stellen zu wollen, sei von den gehobenen Bevölkerungsschichten „günstig, ja mit Begeisterung aufgenommen" worden. „Hätte man daher mit dieser Classe allein zu thun, so würde mit mehr Zuversicht der Zukunft entgegengesehen werden können. Die Gefahr liegt aber darin, daß die ruhig denkenden Bürger durch das Proletariat überwogen werden können und daß dieses Proletariat [weiterhin] fordernd" auftrete.[22] Daß der Umritt ein geschicktes innenpolitisches Ablenkungsmanöver war, haben aufmerksame zeitgenössische Beobachter schon frühzeitig erkannt.[23]

---

19 Vgl. einen von Boerner mitgeteilten Vorfall, wonach am Ende einer Ansprache des Königs (einer ähnlichen wie der zitierten) ein „altes Weib" „zum Entsetzen aller Anwesenden" ausrief: „Glaubt ihm nicht! Glaubt ihm nicht! Er lügt! Er hat immer gelogen!" Dieser Ausruf war offenbar ein Wutausbruch – darüber, daß die vielen Versprechungen der Obrigkeit am realen Elend der unterbürgerlichen Schichten (von dem alte Menschen wiederum am stärksten betroffen waren) nichts geändert hatten; vgl. ebd., S. 220 f.

20 Es war in diesem Zusammenhang auch kein Zufall, daß Friedrich Wilhelm IV. während seines Umritts vom 21. März zu allen Wachen der zwei Tage zuvor gegründeten Bürgerwehr (in die nur eintreten durfte, wer das Bürgerrecht besaß, also den ‚besseren' Schichten der Hauptstadt angehörte) ritt und diesen „für die, ihm und der Stadt geleisteten mühevollen Dienste" dankte; vgl. Braß, Barrikaden, S. 113; Streckfuß, 500 Jahre, S. 1020; Angerstein, Märzereignisse, S. 67 f.

21 Vgl. z. B. die Äußerungen eines der führenden Demokraten Berlins, A. Streckfuß (KBA), noch aus dem späten Frühjahr 1848 (Freies Preußen, I, S. 75 bzw. 82). Von der „Liebe selbst arger Demokraten zu ihrem Könige" berichtet auch der konservative Geistliche Krummacher, Selbstbiographie, S. 207.

22 Bericht Trauttmansdorffs vom 22. März 1848 (Anm. 4), Bl. 461.

23 Vgl. z.B. Brief Vichows an seinen Vater vom 24. Febr. 1848, in: ders., Briefe, S. 139, oder Brief Marianne Cauers an ihren Sohn Eduard vom 21. März 1848, in: Haenchen, Neue Briefe, S. 284.

Wie sehr dem König von Anfang an die Einigung Deutschlands unter liberal-demokratischen Vorzeichen zuwider war, ließ sich von außen allerdings erst sehr viel später durchschauen. Privatim nahm er freilich kein Blatt vor den Mund, etwa am 22. März seinem jüngeren Bruder Wilhelm, dem designierten Thronfolger, gegenüber: „Die Reichsfarben mußte ich gestern freiwillig aufstecken, um Alles zu retten. Ist der Wurf gelungen [...], so lege ich sie wieder ab."[24]

Was innenpolitisch beruhigend wirkte, löste außenpolitisch zunächst Irritationen aus. Besiegelt wurde der nationale Umzug des preußischen Monarchen vom 21. März durch seine Landeshauptstadt nämlich mit einer Proklamation Friedrich Wilhelms IV. ‚An Mein Volk und an die deutsche Nation', die am Abend des gleichen Tages erschien und in der der König „die innigste Vereinigung der deutschen Fürsten und Völker unter einer Leitung" forderte, um sodann festzustellen: *„Ich* übernehme heute diese Leitung für die *Tage der Gefahr."* Er „habe heute die alten deutschen Farben angenommen und Mich und und Mein Volk unter das ehrwürdige Banner des deutschen Reiches gestellt. Preußen geht fortan in Deutschland auf." Das waren Formulierungen, die als Vormachtanspruch Preußens gegenüber den übrigen deutschen Staaten gedeutet werden konnten und vielerorts anfangs auch so gedeutet wurden.[25] Beschwichtigt wurden die wegen des vermeintlichen Hegemonieanspruchs Preußens aufgebrachten deutschen Fürsten und Regierungen durch Audienzen, in denen der preußische Monarch den Gesandten besänftigend erläuterte, daß „Seine Majestät sich nur zur obersten Leitung erboten habe, nie und nimmer an die Usurpation irgendeiner Autorität denke und keinem der teutschen Fürsten, keinem ihrer Rechte zu nahe treten werde noch wolle."[26]

---

24 Nach: GStA, Rep. 92, NL Wilhelm I, Nr. 3.
25 Vgl. Berichte Trauttmansdorffs vom 21. März (Anm. 4), Bl. 444 u. Rs. bzw. 447 u. Rs.; ähnlich auch z. B. König Friedrich August II. von Sachsen in einem Brief an Friedrich Wilhelm IV. vom 24. März 1848, in: Haenchen, Revolutionsbriefe, S. 56. Dabei brachte der Wortlaut der Proklamation eigentlich unmißverständlich zum Ausdruck, daß der König in erster Linie aus taktischen Erwägungen die Führung in Sachen ‚deutsche Einheit' ergriffen hatte: „Deutschland ist von innerer Gährung ergriffen", hieß es in der Erklärung gleich zu Anfang. Die „Rettung aus dieser [...] dringenden Gefahr kann nur aus der innigsten Vereinigung der deutschen Fürsten und Völker" erfolgen.
26 So der bayerische Gesandte Lerchenfeld in seinem Bericht vom 25. März, in: HStA München, MA III, Nr. 2626. Endgültig beigelegt wurden die Irritationen durch eine offiziöse ‚Richtigstellung' der Proklamation des Königs vom 21. März, die das wenige Tage zuvor ernannte Ministerium Camphausen-Hansemann am 2. April 1848 vornahm. Im Wortlaut in den Tageszeitungen vom 4. April 1848; ferner in: Brandenburg, Briefwechsel, S. 20 ff.; Boerner, Erinnerungen, II, S. 121. Ein Exemplar für den internen „Umlauf" samt einer Notiz Friedrich Wilhelms IV., in der er sich mit dem Wortlaut der ‚Richtigstellung' „einverstanden" erklärte, findet sich in: GStA, Rep. 77, Tit. 509, Nr. 1, Bd. 4, Bl. 121-123. Daß er aus der Tatsache seiner vorläufigen Führerschaft keinen Anspruch auf den dauernden Besitz der Würde des deutschen Oberhauptes herleiten wolle, hatte Friedrich Wilhelm IV. bereits am 25. März 1848 in einem Rundschreiben an

Die Beerdigung der Märzgefallenen

Der Umritt des Monarchen „in den Farben Deutschlands" am 21. März war eines von zwei Ereignissen, durch die die Märzrevolution in den Augen vieler Zeitgenossen beendet wurde; das zweite war die feierliche Beerdigung der Berliner Märzgefallenen am folgenden Tag. Im Vorfeld der Bestattungsfeierlichkeiten entspann sich freilich ein größerer Konflikt, der die Berliner Einwohnerschaft das erste Mal seit der Märzrevolution sichtbar politisch entzweite. Am 20. März hatten Magistrat und Stadtverordnete ein ‚Comité für die Bestattung unserer Todten' ins Leben gerufen, dem eher konservative Mitglieder beider Institutionen sowie eine Reihe weiterer prominenter Berliner Persönlichkeiten angehörten. Am 21. März beschloß die Stadtverordnetenversammlung auf Antrag des Bestattungs-Comités, die gefallenen Barrikadenkämpfer *gemeinsam* mit den am 18. und 19. März ums Leben gekommenen Soldaten zu bestatten.[27] Soldaten und Barrikadenkämpfer sollten sich, so begründete das Bestattungs-Comité in einer öffentlichen Erklärung vom 21. März seinen Vorschlag, „als Brüder desselben Vaterlandes" umarmen und „unsern gefallenen Mitbrüdern gemeinschaftlich die letzte Ehre" erweisen; „derselbe Frieden, der die Gefallenen im Grab vereint, möge die Lebenden umschließen". Mit dem Satz: „Ein einiger Trauerzug, Bürger und Soldaten Arm in Arm sei ihr Geleite", war angedeutet, daß nach den Vorstellungen der städtischen Behörden auch Truppenabteilungen zur Trauerfeier erscheinen sollten.[28]

---

alle Regierungen des Deutschen Bundes deutlich gemacht; vgl. Brandenburg, Untersuchungen, S. 70.

27 Vgl. Protokoll der Stadtverordneten-Sitzung vom 21. März 1848, in: LAB StA, Rep. 00, Nr. 128. Einen entsprechenden Beschluß hatte der Magistrat offenbar schon am Tage zuvor nach Rücksprache mit dem Ministerpräsidenten Arnim-Boitzenburg gefaßt; vgl. Prittwitz, Berlin, S. 360. Nach einer späteren Erklärung (in der VZ vom 28. Juni 1850) hatte der Magistrat außerdem ursprünglich beabsichtigt, die gefallenen Barrikadenkämpfer nicht auf dem Friedrichshain, sondern in der Nähe der Hasenheide begraben zu lassen, „um den aufregenden Leichenzug am Schlosse vorüber zu vermeiden".

28 Text des Plakates im Wortlaut in: Wolff, RC, I, S. 304; Streckfuß, 500 Jahre, S. 1022, sowie in der SZ vom 22. März 1848. Wesentlich deutlicher formulierte der Stadtverordnete D. A. Benda (KBA) in einem ‚Eingesandt', das in der SZ vom 22. März 1848 veröffentlicht wurde, worum es ging: Die Kontrahenten des 18. und 19. März habe lediglich „ein unglückseliger Augenblick" getrennt. Niemand könne „verkennen, daß diejenigen, die gegen Euch zu fechten *gezwungen*, nichts als die Pflicht erfüllt haben, die ihre bisherige [...] Stellung ihnen auferlegt hatte, ja daß Ihr selbst nicht einmal wünschen könnt, daß das Militär, mit Ausnahme der zu vermeidenden Excesse Einzelner, *anders* hätte handeln sollen." Die Soldaten hätten „den Befehlen ihrer Obern Gehorsam leisten" müssen. „[J]e tapferer auch *sie* die *Ehre* des Soldaten aufrecht zu erhalten sich bethätigt haben, um so mehr [haben] gerade sie beigetragen, Euren Ruhm zu begründen und zu verherrlichen [...]. Also, liebe theure Mitbürger: ‚Versöhnung!'" Zu den Motiven, die den ehemaligen ‚Freigeist' Benda zu der Erklärung bewogen haben könnten, vgl. Eintragung Saegerts vom 21. März 1848, in: GStA, Rep. 192, NL Saegert, Nr. 5, Bl. 13.

Die Absicht, die am 18. und 19. März getöteten Barrikadenkämpfer und Soldaten gemeinsam zu Grabe zu tragen, stieß in den unterbürgerlichen Schichten, wo die meisten Opfer zu beklagen waren, aber auch in Teilen der Bürgerschaft auf energischen Widerspruch. Die öffentlichen Anschläge, die das Bestattungs-Comité an den Straßenecken hatte anbringen lassen, wurden überall abgerissen. Da dies allein nicht ausreichte, die Absichten der kommunalen Behörden zu durchkreuzen, riefen Teile der eben entstehenden demokratischen Bewegung Berlins zu einer Versammlung am Abend des 21. März im ‚Hotel de Russie' auf.[29] Eine Deputation, die im Auftrage der Versammlung in das Schloß geschickt wurde, ließ sich freilich vom Ministerpräsidenten Arnim-Boitzenburg mit unverbindlichen Worten abspeisen; auch der Polizeipräsident Minutoli, den man anschließend aufsuchte, wollte keine festen Zusagen machen.[30] Ausschlaggebend dafür, daß es nicht zu einer gemeinsamen Bestattung kam, war schließlich, daß die in Berlin verbliebene Armeeführung vermeiden wollte, die gefallenen Soldaten gemeinsam mit den toten Barrikadenkämpfern zu bestatten.[31] Unter den führenden Offizieren machten sich andere politische Überlegungen geltend als bei den städtischen Behörden: Sie wollten die Armee politisch intakt und militärisch aktionsfähig halten. Dies war nur möglich, wenn man jegliche, selbst eine symbolische Berührung mit der Revolution vermied. Die gemeinsame Beerdigung der am 18. und 19. März getöteten Zivilisten und Soldaten hätte den Anschein erweckt, als habe sich die Armee auf den Boden der ihr verhaßten Märzrevolution gestellt. Infolgedessen wurden am 22. März lediglich die gefallenen Barrikadenkämpfer feierlich zu Grabe getragen.

In den Vormittagsstunden dieses Tages versammelten sich alle Stände und Schichten, alle Institutionen zu einem „Staatsbegräbnis von unten" (M. Hettling).

„Auf den Fronttreppen beider Kirchen [am Gendarmenmarkt, wo die 183 Särge aufgebahrt waren] wimmelten die Menschenmassen. Dennoch eine Ordnung, eine Ruhe, ja fast eine tiefe Stille, die einen heiligenden [sic!] Eindruck machte. Man vernahm kein lautes Wort, auf jedem Antlitz prägte sich der schwere Ernst des Tages aus, immer dichter füllte sich der Platz durch die herannahenden Züge. Man sah die Schützengilde in ihren reichen Uniformen aufmarschiren; die Stadtverordneten und der Magistrat im Festornat mit der goldenen Kette zogen heran, die Zöglinge des Gewerbe-Instituts, die evangelische und katholische Geistlichkeit, auch alle

---

29 Über die Zahl der Versammlungsteilnehmer liegen zwar keine genauen Angaben vor. Sie muß jedoch beträchtlich gewesen sein: Ein anfangs benutzter kleinerer Raum genügte den zahlreich Versammelten bald nicht mehr, man zog in den großen Konzertsaal des Hotels um, geriet aber auch hier allmählich „in Gefahr zu ersticken". (Springer, Berlins Straßen, S. 46.) Vgl. auch Boerner, Erinnerungen, II, S. 48 ff.

30 Ausführlich: Wolff, RC, S. 310, 313 f. Zu gleicher Zeit und in gleicher Mission suchte auch eine Deputation des bewaffneten Studentencorps den Ministerpräsidenten auf, konnte jedoch gleichfalls keinerlei konkrete Zusagen einholen; vgl. Boerner, Erinnerungen, I, S. 224 f.

31 Vgl. im einzelnen Wolff, RC, I, S. 314, sowie Boerner, Erinnerungen, I, S. 226.

Beamte der verschiedenen Dikasterien [Richterkollegien, R. H.] hatten sich der Feier angeschlossen. [...] Im Hintergrund dieses wogenden Meeres von Menschen stieg das düstere Gerüst mit seinen Särgen empor, die im Schmuck des Grüns und der Kränze aufgestellt, mitten in der tiefen Trauer die sanfteren Empfindungen des Trostes und der Hoffnung erregten."[32]

Auch Deputationen aus einer Vielzahl von Städten waren angereist, um den Märzgefallenen die letzte Ehre zu erweisen. Selbst die Ältesten der Berliner Kaufmannschaft, die sich wenig später als entschiedene Gegner der Märzrevolution entpuppten, fehlten nicht. Neben den Mitgliedern des Handwerkervereins waren außerdem die Maschinenbauarbeiter in geschlossenen Formationen erschienen, an ihrer Spitze August Borsig. Die ganze Stadt schien in der Trauer um die toten ‚Märzhelden' vereint. Die Schätzungen darüber, wie viele Menschen dem Trauerzug folgten, gingen bis „fast hunderttausend". Einschließlich der Zuschauer säumten „wohl zweimalhundert Tausend" Menschen „jenen großartigsten Zug, den die Stadt jemals in ihren Mauern gesehen hat", wie Sigismund Stern formulierte.[33] Nachdem ein evangelischer, ein katholischer und ein jüdischer Geistlicher in der Kirche kurze Segensworte gesprochen hatten, setzte sich der Trauerzug in Bewegung:

„Den Särgen voraus gehen Jungfrauen mit schwarzen Kleidern, auf Atlaskissen tragen sie Lorbeerkränze. [...] Zwischen den Särgen wehen die Fahnen fremder, wie wir soeben befreiter Völker, die grün-rot-weiße der Italiener und die rot-weiße Polens." „Langsam feierlich bewegte sich der Zug vorwärts; unbedeckten Hauptes ließ ihn das in vielen, vielen Tausenden versammelte Volk vorüberziehen. Kein Auge blieb ohne Träne!" Ein „erschütternder Augenblick war der, als der Zug am Schloß vorbei ging. Als die Spitze desselben das zweite Portal erreichte, trat der König, umgeben von Ministern und Adjutanten, heraus auf den Balkon; zwei Trauerfahnen wurden von dort herabgesenkt, und die dreifarbige in der Mitte beider gleichfalls grüßend geneigt. Der König begrüßte die Todten, indem er den Helm abnahm und blieb entblößten Hauptes, bis die Särge vorüber waren. – Dieselben wurden in Abteilungen getragen; bei jeder Abtheilung erschien der König wieder, und brachte denselben Gruß dar."[34]

Die Rollen waren vertauscht: Üblicherweise nahm der Monarch von diesem Balkon die Huldigung der Truppen oder seiner Berliner Untertanen entgegen. An diesem Tag mußte der König den Barrikadenkämpfern und damit dem revolutionären ‚Volk' seine Reverenz erweisen.

Die Hauptrede über den Gräbern der Märzgefallenen im Friedrichshain hielt der evangelische Geistliche Sydow, innerhalb der mehrheitlich extrem konserva-

---

32 VZ vom 23. März 1848. Hierzu und zum folgenden vgl. vor allem Manfred Hettling, Das Begräbnis der Märzgefallenen 1848 in Berlin, in: ders., Paul Nolte (Hg.), Bürgerliche Feste, Göttingen 1993, S. 107 ff.
33 Stern, Geschichte des deutschen Volkes, S. 76.
34 Zitate: VZ vom 23. März 1848 bzw. Boerner, Erinnerungen, I, S. 233 f.

tiven Berliner Geistlichkeit Repräsentant einer liberalen Minderheitsströmung, der als Abgeordneter der Preußischen Nationalversammlung seit Mai 1848 jedoch auf der rechten Seite saß und später mehrfach zur Zielscheibe politischer Kritik werden sollte. In dieser Rede, die ganz erheblich zur politischen Meinungsbildung der Berliner während der ersten Revolutionswochen beitrug, forderte Sydow „Friede, Eintracht und Versöhnung", und zwar als einseitige Vorleistung der Zivilbevölkerung Berlins. Auch in Sydows Lesart hatte lediglich ein ‚Mißverständnis', eine „schwüle Wolke" sich „zwischen den König und sein Volk" gelegt, die nun durch den „erfrischenden, rollenden Donner Jehova's" vertrieben worden sei. Mit dem Umritt des Königs sei das „Wort des Einverständnisses" wieder gefunden. „Schaaren wir uns darum in treuem vaterländischem Gemeinsinn um unseren theuren König. Wie von neuem uns geschenkt, ist er ja an unsere Spitze getreten, um uns einer neuen herrlichen Zukunft entgegenzuführen." Mit der Bemerkung vom „sonst so klaren, königlichen Blick" huldigte Sydow zugleich der Ansicht weiter Teile der Berliner Bevölkerung, der König sei eigentlich ‚gut', nur von schlechten Beratern umgeben gewesen. Aber nicht nur um ‚Versöhnung' ging es Sydow. Zugleich forderte er die Ausgrenzung derjenigen, die aus angeblich „eigensüchtigen Zwecken unwürdigen Partei-Leidenschaften fröhnen", und suchte zu diesem Zweck antifranzösische Ressentiments zu mobilisieren: Preußen müsse „bewahrt bleiben vor den Zuständen eines Nachbarvolkes, welches vielleicht in diesen Augenblicken schon sich in brudermörderischem Kampfe zerfleischt." Nicht die preußische Armeeführung und die Soldaten seien der Gegner. Diese hätten am 18. März vielmehr „im Gedanken der Pflicht gestritten". „Kräftiger Widerstand" müsse vielmehr denjenigen entgegengesetzt werden, die auf eine radikale politische Veränderung der Gesellschaft zielten, „dem schleichenden und schürenden Geiste, der das Wohl aller Klassen der Gesellschaft und des besonnenen Ordnens auf das Spiel setzt". Statt auf ‚Revolution' zu setzen, müsse an die staatliche Reformbewegung von 1807 bis 1815 angeknüpft werden. „Wofür unsere Väter in den großen Kriegen unserer Freiheit gestritten, was mehr oder weniger [...] durch die Ungunst der Zeiten uns vorenthalten und verkümmert worden, es ist jetzt errungen." Zugleich überstrahlte in Sydows Predigt der Wunsch nach nationaler Einigung Deutschlands alle anderen politischen Forderungen. Auch in dieser Hinsicht müsse man dem Preußenkönig „großes Vertrauen" schenken. Mit seinem Umritt und der Proklamation vom Vortage habe dieser „einen hohen kühnen Griff gethan in die Gestaltung der Geschicke unseres schönen deutschen Vaterlandes. [...] Unsere treue Hülfe darf und soll ihm nicht fehlen."[35]

---

35 Die Grabpredigt Sydows erschien zusammen mit den Segenssprüchen des katholischen und des jüdischen Geistlichen als gesonderte Druckschrift; als Flg. in: LAB, Rep. 240, Acc. 685, Nr. 27;

Im Anschluß an Sydow sprach der spätere Vorsitzende des demokratischen Klubs Georg Jung. Mitglieder des Magistrats hatten Jung zuvor vergeblich am Reden zu hindern versucht und sollen sogar überlegt haben, ihn festnehmen zu lassen – eine Überlegung, die wegen des großen Aufsehens, das eine derartige Aktion hervorgerufen hätte, rasch fallen gelassen wurde.[36] Zwar wollte Jung wie Sydow Versöhnung, jedoch nicht um jeden Preis. Er machte deutlich, daß der Kampf am 18. März um politische Freiheit und Gleichheit geführt worden war, und erinnerte daran, daß die errungenen Rechte keineswegs selbstverständlich seien:

„Fort auf ewig in die Nacht des Vergessens mit allen Scheidemauern der Menschen […]. Es giebt keinen Pöbel, keinen rohen Haufen, kein Gesindel mehr; denn wir, so sprechen die Todten, haben mit unserm Blute euern Bürger- und Freiheitsbrief besiegelt. So vermachen wir denen, so spricht das Testament [der Märzgefallenen], auch Allen gleiche Rechte, gleiches Gesetz, gleiches Gericht, gleiche Theilnahme an der Gesetzgebung. Frei mögt ihr reden und schreiben, frei euch vereinigen. […] Wehe dem, der dem geringsten unter ihm [dem Volk] das Recht verkümmern wollte, welches wir hier mit unserm Blute vermachen. […]. Aber vertraut nicht zu sehr, es kommen Stunden der Ruhe, der Ermattung, und der Feind schleicht sich wieder unter euch und die Knechtschaft oder der Kampf beginnt von Neuem. […] Auf denn, so erwachse aus unserm Blute, statt des wilden Rachegeistes, die Rose der Freiheit und Verbrüderung! […] Noch ist sie am Keimen und man erwartet sehnsuchtsvoll ihre Blüte. – Noch sind euch die wichtigsten Rechte, wie das allgemeine Wahlrecht, Sicherheit der Person vor der Gewalt der Polizei, freie Vereinigung, freie Versammlung nicht gewährt, noch sind Leute eure gesetzlichen Vertreter, die nicht euer Wille, sondern ihr Privilegium, der zufällige Umstand ihrer Geburt, ihres Besitzes und ihrer Handtirung dazu machten. Wir konnten euch nur das Anrecht auf diese hohen Güter vermachen und den Weg dazu anbahnen."[37]

Die Unterschiede zur Predigt Sydows sind unübersehbar: Jung erinnerte daran, daß die „wichtigsten Rechte" bisher nur versprochen, aber noch nicht politische Wirklichkeit seien. Im Vergleich zu der Forderung nach politischer Demokratisierung trat bei ihm das Verlangen nach deutscher Einheit in den Hintergrund. Friedrich Wilhelm IV. erschien weder als guter ,Volkskönig' noch als Unperson; er wurde überhaupt nicht erwähnt. Im Gegensatz zu Sydow verschwieg Jung auch die „wilde Wuth" der „fanatisirten Soldaten" nicht, die „nur eine dunkle Macht [kannten], welche aus unerreichbarer Höhe unabänderliche Befehle giebt [und] statt des Rechtes [blinden] Gehorsam" verlangte. Versöhnung mit den Truppen war für ihn nur möglich, wenn Verfassung und Bürgerrechte auch in

---

SAPMO/ZPA VDF/I/1, Flg. DF, Bl. 14.; ZBSt, 1848 Flg., M. 3; im Wortlaut außerdem in: Wolff, RC, I, S. 324 f.; ausführlich zit. auch in der Berliner Tagespresse.

36 Vgl. Wolff, RC, I, S. 325.

37 In: ZBSt, 1848 Flg., M. 3. Vollständig oder auszugsweise im Wortlaut außerdem in: Wolff, RC, I, S. 325 ff.; Streckfuß, 500 Jahre, S. 1024; ders., Freies Preußen, I, S. 96 ff.; Boerner, Erinnerungen, I, S. 241 f.

die Armee Einzug hielten. Zugleich legte Jung mit seiner Rede den Grundstein für die mythische Überhöhung der Märzrevolution und die Heroisierung der Barrikadenkämpfer. Die toten Revolutionäre personifizierten den Bruch mit dem alten System.

Was die ‚Neue Zeit' bringen würde, war den meisten Zeitgenossen in den ersten Wochen nach dem 18. März keineswegs klar. Insofern stellte der Totenkult zugleich einen vorläufigen Ersatz für präzisere politische Programmatiken dar. Anfangs war die Ehrung der Toten des 18. und 19. März und die Versorgung der Hinterbliebenen deshalb auch nicht Sache nur einer bestimmten politischen Strömung. Die „gesammte Bevölkerung", so schien es jedenfalls den Zeitgenossen, zeigte „Theilnahme für die Hinterbliebenen der Gefallenen." Überall, „in den Straßen, besonders vor Ladengeschäften, waren Tische aufgestellt, mit Sammeltellern für die freiwilligen Gaben. Nicht nur Geld war darin zu sehen, vom Taler bis herab zum Kupferdreier, sondern auch bescheidene Schmucksachen, wie Broschen und Armbänder, waren hineingelegt, um verwertet zu werden."[38] Ehefrauen städtischer Honoratioren boten sich an, „jede Art weiblicher Handarbeiten und sonstige Liebesspenden" entgegenzunehmen, um durch „Verkauf zum Besten der Wittwen und Waisen unserer gefallenen Brüder und zur Unterstützung der verwundeten Mitkämpfer" beizutragen. Selbst Vorstellungen des königlichen Theaters, des Opernhauses und privater Bühnen fanden „zum Besten der Hinterbliebenen der im Kampfe gefallenen Bürger" statt. Wenn sich besonders Berliner aus den gehobenen Bevölkerungsschichten freigiebig zeigten[39], dann freilich auch deshalb, weil es vielen Bürgern opportun schien, öffentlichkeitswirksam (weil mit Namensnennung verbunden) mit einem ansehnlichen Geldbetrag wenigstens symbolisch einen ‚Beitrag' zur Revolution zu leisten. So stark die (bürgerliche) Spendenfreudigkeit in den ersten Tagen ausgeprägt war, so rasch erlahmte sie allerdings auch wieder. Bis Ende Juni summierten sich die Spenden auf die stattliche Höhe von mehr als 100 000 Taler. Danach trafen kaum noch Geldbeträge ein.[40]

---

38 Genée, Zeiten, S. 76. In einigen Fällen scheinen die Spenden allerdings nicht ganz freiwillig gewesen zu sein; vgl. AAZ vom 25. März 1848; ferner Wolff, RC, I, S. 260-264.
39 71,3% aller Spender, über die Berufsangaben vorliegen, gehörten dem Bürgertum an, 13,8% dem Kleinbürgertum und 5,8% den Unterschichten (außerdem: 3,4% Gutsbesitzer bzw. höherer Adel sowie 5,75% Militärangehörige). Angaben für die Zeit vom 20. März bis 17. April 1848, nach: Hettling, Begräbnis, S.104. (Allerdings ist zweifelhaft, ob diejenigen, die in die Spendenlisten auch ihren Beruf eintrugen, repräsentativ für die viel größere Gesamtheit der Spender waren.)
40 Nach auf der Stadtverordneten-Sitzung vom 22. Juni bekannt gemachten Angaben waren bis zu diesem Zeitpunkt genau 100 032 Taler gesammelt worden; vgl. NZ vom 25. bzw. 27. Juni 1848. Ende 1849 wurde die Spendensumme schließlich auf 110 694 Taler beziffert; vgl. Hettling, S. 103; ferner Wolff, RC, I, S. 481.

So was is noch nich da gewesen!_

Nach der Märzrevolution machten auch die Gendarmen von der neuen Freiheit, auf Straßen und öffentlichen Plätzen rauchen zu dürfen, Gebrauch – sie, die vor der Revolution für die strikte Einhaltung des Rauchverbots gesorgt hatten.

Schon in den letzten Tagen des März begann die kurz zuvor demonstrierte Eintracht zu bröseln. Spätestens seit Mai war am positiven oder negativen Bezug auf die Barrikadenkämpfe und die gefallenen Revolutionäre zu erkennen, wer dem demokratischen und wer dem konservativen Lager zuzurechnen war. Noch Mitte April freilich stießen Versuche konservativer Berliner, das Ansehen der verwundeten oder gefallenen Barrikadenkämpfer herabzusetzen, auf „allgemeine Entrüstung".[41] Auf solcherart ‚Empfindlichkeiten' hatten nicht zuletzt diejenigen Rücksicht zu nehmen, die am 24. März den am 18. März gefallenen Armeeangehörigen die letzte Ehre gaben. Zwar wurden in der Rede des Garnisonpredigers Ziehe, die dieser über den Gräbern der sechs Tage zuvor getöteten Soldaten hielt, die militärischen Tugenden „Gehorsam", „Treue und Dienstpflicht" gegenüber dem „König und Herrn" ethisch überhöht und auch der Zivilbevölkerung als positives Verhaltensmuster anempfohlen. Im Vordergrund auch der Predigt Ziehes stand wie zuvor bei Sydow die ‚Versöhnung': Die Soldaten seien „im Kampf gegen ihre Brüder, Söhne desselben Vaterlandes", gefallen.[42] Wenn der Militärpfarrer die Revolution zum „verhängnißvollen Kampf" bagatellisierte und (noch) nicht offen verdammte, dann lag dies nicht zuletzt an der starken bürgerlichen und proletarischen Beteiligung an der Trauerfeier für die toten Soldaten. Der Trauerzug für die gefallenen Militärs wies auffallende Ähnlichkeiten mit dem für die zivilen Märzgefallenen zwei Tage zuvor auf: Neben den in Berlin anwesenden hohen Offizieren sowie den auf dem Invalidenfriedhof versammelten Militärinvaliden folgten Schützengilde, Studentenschaft, Gymnasiasten, Bürgerwehr, Abteilungen der Maschinenbau-Arbeiter (erneut unter der Führung von Borsig) „und viele Frauen" den Leichen der Soldaten, alles in allem acht- bis zehntausend Menschen.[43]

‚Versöhnung' war das politische Motto, das fast alle Berliner in den ersten Tagen nach der Märzrevolution teilten. Weitere Ereignisse stützten den Eindruck, das politische ‚Einverständnis' zwischen ‚Oben' und ‚Unten' sei allgemein.

---

41 So wurde jedenfalls in der NZ vom 19. April 1848 die Reaktion auf den Bericht eines Stadtverordneten charakterisiert, wonach im französischen Krankenhaus ein schwer verwundeter Barrikadenkämpfer von dem pietistischen Prediger Barthelemy „gepeinigt" wurde. Dieser habe „sich nicht [ge]schämt, die Leiden der Verwundeten als Strafe Gottes für die revolutionären Sünden zu schildern." Vgl. auch Protokoll der Stadtverordneten-Sitzung vom 17. April, in: LAB StA, Rep. 00, Nr. 128; Wolff, RC, I, S. 187.

42 „Alle Grabhügel, die wir in diesen Tagen aufgehäuft haben", sollten zu „Altären" werden, „über denen wir uns die Hände reichen, als Brüder, als Kinder eines Vaterlandes". (Predigt Ziehes, als Druckschrift, in: LAB, Acc. 240, Acc. 685, Nr. 32, bzw. ZBSt, 1848 Flg., M. 3. Auszugsweise auch in: Wolff, RC, I, S. 415, sowie Ernst Schubert, Die evangelische Predigt im Revolutionsjahr 1848. Ein Beitrag zur Geschichte der Predigt wie zum Problem der Zeitpredigt, Gießen 1913, S. 9 f.)

43 Vgl. SZ vom 25. März 1848; Wolff, RC, I, S. 414 f. Die ‚versöhnenden' Worte des „würdigen Geistlichen" hatten die beabsichtigte Wirkung. „Brüderlich reichten sich Civilist und Militair die Hand". (VZ vom 25. März 1848.)

Zwei dieser Ereignisse, die derartige Illusionen schürten, waren die Amnestierung und der Triumphzug der zuvor in Berlin verurteilten und inhaftierten polnischen Freiheitskämpfer.

Weitere Ereignisse und ‚Aufregungen' in der ersten Woche nach der Märzrevolution

Bereits der ‚Polenprozeß', der Anfang August 1847 im neuerrichteten Staatsgefängnis Moabit begann, hatte in Berlin erhebliches Aufsehen erregt. Insgesamt waren 254 Polen angeklagt, eine Verschwörung mit dem Ziel unternommen zu haben, das zwischen Rußland, Preußen und Österreich aufgeteilte Polen wiederherzustellen.[44] Die insgesamt 71 Sitzungen des Prozesses, über die die Berliner Tagespresse regelmäßig ausführlich berichtete, erfreuten sich eines „ungemein starken Besuchs". Ende November 1847 wurde das Urteil verkündet: Acht der Angeklagten – darunter Ludwig v. Mieroslawski – wurden zum Tode verurteilt, das Urteil allerdings nicht vollstreckt, weil die Angeklagten in Berufung gingen. 24 Angeklagte sollten nach dem Willen des Gerichts lebenslang, weitere fünfzig für viele Jahre im Zuchthaus verbringen.[45] Tatsächlich blieben sie nur fünf Monate: Am 20. März 1848 öffneten sich die Gefängnistore für die polnischen Gefangenen auf Druck der Berliner Öffentlichkeit.[46] Gegen 13 Uhr empfing eine riesige Menschenmenge die Polen mit „großem Jubel". Mieroslawski und einige andere der befreiten Polen stiegen auf einen „zum Triumphwagen umgeschaffenen Fiaker", an dem eine polnische und eine deutsche Fahne befestigt war; die übrigen folgten zu Fuß. „Auf dem ganzen Wege", den der Zug nun nahm, „flatterten aus allen Fenstern Tücher und Fahnen, flogen Blumenkränze den Befreiten zu". Eine „unermeßliche Menge", nach Braß „mindestens einmal hunderttausend Menschen", folgte dem „Freudenzuge". Vor der Universität sprachen Mieroslawski und Libelt, der spätere Abgeordnete der Paulskirche, den versammelten Studenten „ihren Dank aus und betheuerten ,im Namen der frei-

---

44 Der geplante Aufstand wurde vorzeitig verraten und mißlang; in der Folge annektierte Österreich 1846 das bis dahin freie Krakau. Gegen drei der insgesamt 254 Angeklagten konnte krankheitshalber nicht verhandelt werden, gegen 193 wurde die Anklage auf Hochverrat erhoben.

45 Insbesondere die Todesurteile erregten unter den Berlinern „wahres Entsetzen – hatten doch die Unglücklichen nur die Freiheit ihres zerstückelten Vaterlandes gewollt!" Zitate: VZ vom 12. Aug. 1847; Streckfuß, 500 Jahre, S. 951.

46 Die preußische Regierung sperrte sich anfangs. Sie fürchtete, neben einem Aufflammen der polnischen Nationalbewegung in der preußischen Provinz Posen, außenpolitische ,Verwicklungen', vor allem den Konflikt mit dem zaristischen Rußland. Nachdem sich am Vormittag des 20. März mehrere tausend Menschen auf dem Schloßplatz versammelt und lautstark die Freilassung der gefangenen Polen gefordert hatten, sah sich die Obrigkeit zum Nachgeben gezwungen und erließ eine Amnestie für alle politischen Häftlinge.

gesinnten polnischen Nation Friede und Freundschaft den Deutschen und Schutz gegen die russische Macht'." Ein „stürmischer Beifallsruf" sei die Antwort gewesen. „Die Gefeierten [...] wurden von der jauchzenden Menge fast erdrückt." Überall, wo der Zug hinkam, wurden „dieselben Ovationen von den Häusern ausgebracht". Am Stadtschloß, unter den Fenstern des Königs, wurde erneut gehalten. „Nach langem Jubelruf", so die Spenersche Zeitung vom 21. März 1848, „erschien Se. Majestät der König auf dem Balkon", samt den Ministern Arnim-Boitzenburg, Schwerin und Bornemann. Der König hatte nur höchst widerwillig und lediglich unter dem ‚Druck der Straße' der Amnestieforderung nachgegeben.[47] Schwerin suchte in einer improvisierten Rede die Freilassung der inhaftierten Polen nicht als Resultat der Märzrevolution, sondern als „großherzigen Akt königlicher Verzeihung" darzustellen. Seine Worte stießen freilich bei den Polen auf entschiedenen Widerspruch. Sie wandten sich „an die sie umgebende Menge mit freundlichen Worten, umarmten die Zunächststehenden" und erklärten: „Ihr seid es [...], das heldenmüthige Berliner Volk ist es, welchem wir unsere Freiheit verdanken."[48]

In einer Dank-Adresse, die am folgenden Tag an den Berliner Straßenecken und durch die ‚Zeitungshalle' der Öffentlichkeit bekanntgemacht wurde, machten die amnestierten Polen erneut deutlich, daß sie wußten, *wem* sie ihre Freiheit zu verdanken hatten. Zugleich klangen in der Dank-Adresse der Polen Zweifel durch, ob Friedrich Wilhelm IV. seine Versprechen auch halten werde.[49] Wie angebracht dieses Mißtrauen war, zeigte sich einige Tage später – in der Antwort, die Friedrich Wilhelm IV. einer Deputation aus Posen gab. Die Delegation, der u.a. der Posener Erzbischof angehörte und die am 22. März in Berlin eingetroffen war, hatte vom preußischen König in moderatem Ton die „Wiedergeburt Polens" erbeten. Das Ersuchen nach „nationaler Reorganisation des Großherzogtums" Posens lehnte Friedrich Wilhelm IV. brüsk ab: „Es ist ganz natürlich, daß ich eine schöne blühende Provinz, die ich von meinen Vätern geerbt habe, be-

---

47 „In welchen Kampf und Zwiespalt" den König „diese Szene versetzte", hat Gutzkow (Schwarzer Bär, S. 543) „mit dem schärfsten Augenglase" beobachtet. „Die kurze und ungeduldige Art", die er in der Miene des Monarchen gesehen haben wollte, habe unzweideutig des Königs „Abneigung gegen ein so gefeiertes, mit Blumen bekränztes Polentum" ausgedrückt.

48 Im gleichen Tenor hielt Mieroslawski (KBA) anschließend in der Aula der Universität vor den „wild begeisterten" Studenten eine Rede. Zitate aus: SZ vom 21. März 1848; Boerner, Erinnerung, I, S. 203 ff.; Braß, Barrikaden, S. 107 f.; Gutzkow, Schwarzer Bär, S. 541 sowie Wolff, RC, I, S. 280. (Dort auch Wortlaut der kurzen Rede Schwerins.) Vgl. außerdem die anonyme Flugschrift „Die Öffnung des Polenkerkers in den blutigen Tagen in Berlin", die die Rede Mieroslawskis enthält, dokumentiert in: Deutsche und Polen in der Revolution 1848-1849. Dokumente aus deutschen und polnischen Archiven, hg. für das Bundesarchiv von Hans Booms und für die Generaldirektion der staatlichen Archive Polens von Marian Wojciechowski, Boppard a. Rh. 1991, S. 173 f., sowie Streckfuß, Freies Preußen, I, S. 68.

49 Im Wortlaut in: Braß, Barrikaden, S. 108 f.; Streckfuß, Freies Preußen, I, S.69 f. sowie Wolff, RC, I, S. 281.

halten will."[50] Tatsächlich steuerte die Hohenzollernmonarchie aus politischem Eigeninteresse kaum verdeckt den offenen Konflikt mit der polnischen Nationalbewegung an.[51] Ende März mußte dies freilich noch kaschiert werden.

Ein weniger aufsehendes Ereignis war die ‚Flucht' „ganzer Karawanenzüge" von aristokratischen und gutsituierten bürgerlichen „Emigranten mit Allem, was sie nur in der Eile von ihrer Habe erraffen konnten", vor allem nach Potsdam. In dieser von Truppen noch wohlbehüteten Stadt nahmen infolgedessen nicht wenige Gasthöfe „das Ansehen der Arche Noah" an.[52] Statussymbole wie überhaupt alle Zeichen, die auf adlige Vorrechte und Nähe zum Hof hindeuteten, verschwanden. „Die Aristokratie [löschte] die Wappen von den Wagenschlägen." Auch „alle die Schilder fehlten, welche vor wenig Wochen so stolz mit dem Titel ‚Hoflieferant' geprangt hatten." Vom „Glanz des Hofes und der vornehmen Welt" war nichts mehr zu sehen. „Tausende" hielten es „für gerathen, in möglichst schäbigen Kleidern und abgetragenen Hüten und Mützen" oder zumindest „saloppen Anzügen zu Fuß" einherzugehen.[53] Diejenigen, die die Furcht vor Übergriffen nach Potsdam und in andere konservativ gebliebene Städte getrieben hatte, waren zumeist freilich eher Opfer eingebildeter Ängste geworden. Grund zur ‚Emigration' und zur ‚Beunruhigung' – so stellte der Magistrat in öffentlichen Erklärungen wiederholt fest – bestehe nicht. In der Tat war in Berlin „die Sicherheit der Person und des Eigenthums" zu keinem Zeitpunkt ernsthaft gefährdet, obwohl „vielen Armen […] der Hunger auf dem Gesicht geschrieben stand".[54] Die Achtung des Eigentums ging so weit, daß „viele Volks- und Bürger-

---

50 Vgl. zum ganzen Vorgang Wolff, RC, I, S. 368-376 sowie Boerner, Erinnerungen, II, S. 94-99. Die Petitionen der Posener Delegation vom 22. und 25. März 1848 finden sich im Wortlaut in: Booms/Wojciechowski (Hg.), Deutsche und Polen, S. 191 f., 202 ff.

51 Der in Berlin akkreditierte österreichische Gesandte, der anfangs das Erscheinen und die Verhandlungen der Posener Deputation mit großer Sorge beobachtet hatte, konnte schließlich erleichtert feststellen, daß die „Posener Deputation Berlin nicht sehr zufrieden verlassen hatte", weil der König unter Hinweis auf die deutsche Minderheit im Großherzogtum Posen zu substantiellen Konzessionen nicht bereit gewesen sei. (1. Bericht Trauttmansdorffs vom 25. März 1848.) Vgl. auch 1. Bericht dess. vom 22. März, 3. Bericht dess. vom 23. März und 1. Bericht dess. vom 24. März 1848 (Anm. 4), Bl. 470, 488 u. Rs., 491 u. Rs., 499 Rs., 500. Zum polnischen Aufstand im April/Mai 1848 und den in Berlin grassierenden antipolnischen Ressentiments vgl. *S. 665 ff.*

52 Berlin in der Bewegung, S. 569 f.; vgl. auch Schneider, Aus meinem Leben, II, S. 108; Kochhann, Mitteilungen, Bd. IV, S. 13; Adolf Stahr, Preußische Zustände, II, in: Jb. der Gegenwart, Mai 1848, S. 148; einen Brief Alfred v. Schliefens (damals 15 Jahre alt) an seine Mutter vom 21. März 1848, nach: Angelow, Friedenskriche, S. 384; ferner Prittwitz, Berlin, S. 405, sowie *S. 346* einschließlich weiterer Belege. Zur Stimmung der Emigranten in Potsdam vgl. Varnhagen, Eintrag vom 24. März 1848, in: ders., Tagebücher, Bd. 4, S. 347.

53 Zitate: Krummacher, Selbstbiographie, S. 204, 208; Lewald, Erinnerungen, II, S. 4.

54 Zitate: SZ vom 21. März; Berlin in der Bewegung, S. 554; VZ vom 20. März 1848 (die sich in ihrem ‚Extrablatt der Freude' besonders emphatisch äußerte). Ähnlich auch z.B. Unruh, Erinnerungen, S. 87; Streckfuß, 500 Jahre, S. 980 f.; AAZ vom 25. März 1848; A. Kramer an seinen Bruder vom 19. März, in: ZfG Jg. 2/1954, S. 318; M. Steinschneiders an A. Auerbach vom 20. März

freunde [...] die aus den Waffenläden zur Verteidigung oft gewaltsam entführten Waffen nach schnell errungenem Volkssiege, wieder zurück" gaben.[55]

Zwei Vorfälle allerdings ließen die Furcht vor ‚Übergriffen‘ begründet erscheinen: Am 19. März, gegen Mittag, stürmte ein „Volkshaufen" die Wohnung eines Majors v. Preuß. Da man den Major selbst nicht antraf, warf man dessen ganzes Mobiliar auf die Straße und verbrannte es. Am Abend des gleichen Tages wurde der Laden des Handschuhmachers Wernicke Ziel des Volkszorns. Wernicke war – wie Preuß – zuvor geflüchtet, weil er wohl nicht ohne Grund gefürchtet hatte, zum Objekt revolutionärer ‚Volksjustiz‘ zu werden. Die im Laden Wernickes vorhandenen Waren wurden ausgeräumt und auf der Straße vernichtet. Über die Gründe für diese Vorfälle berichten Zeitgenossen, daß der Handschuhmacher beschuldigt wurde, am 18. März mehrere Polen dem Militär verraten zu haben. Dem Major wurde vorgeworfen, während der Kämpfe vom Vortage Barrikadenkämpfer, die in das Haus, in dem seine Wohnung lag, geflüchtet waren, den Truppen angegeben zu haben, die daraufhin vier der Barrikadenkämpfer getötet hätten.[56] Unter den Zeitgenossen lösten diese Übergriffe kaum Empörung aus. Sie wurden selbst in gemäßigt-bürgerlichen Zeitungen als gerechtfertigte Akte von ‚Volksjustiz‘ interpretiert, die beiden Opfer als „Volksverräther" tituliert.[57]

Ganz anderer Natur wiederum war ein weiteres Ereignis: die Absetzung des Oberbürgermeisters Krausnick. Bereits am Mittag des 19. März war Krausnick von einer größeren ‚Volksmenge‘ zum Abdanken aufgefordert worden.[58] Dieser dachte freilich nicht daran, sein Amt zur Verfügung zu stellen, und wies diese ‚Zumutung‘ auch noch von sich, als er am folgenden Vormittag von seinen Magistratskollegen dringend darum gebeten wurde. Letztere indessen waren sich

---

1848, nach: Adolf Kober, Jews in the Revolution of 1848 in Germany, in: Jewish Social Studies, Vol. X/1948, S. 164.

55 SZ vom 21. März 1848. Im Effekt lief dies auf die Selbstentwaffnung der unterbürgerlichen Schichten hinaus; vgl. die Berufsangaben des Verzeichnisses der Personen, die zwischen dem 11. April und 5. Juni 1848 ihre Waffen beim Magistrat abgaben, wiedergegeben bei: Kuczynski/ Hoppe, Berufsanalyse, S. 273 ff.

56 Zum Verhalten des Majors v. Preuß am 18. März vgl. Saegert, Tagebuch A (zum 18. März 1848), in: GStA, Rep. 192, NL Saegert, Nr. 4, Bl. 7, sowie acht schriftliche Zeugenaussagen zu Preuß in der SZ vom 20. April bzw. VZ vom 27. April 1848. Aus anderer Perspektive schildern Prittwitz und Waldersee das Verhalten des Majors am 18. März; vgl. Prittwitz, Berlin, S. 181 ff.; Waldersee, Märztage, S. 36 f. Die Vorfälle um Wernicke und vor allem um Preuß sind außerdem von Wolff (RC, I, S. 252-255) und Braß (Barrikaden, S. 72 ff., 98) ausführlich dokumentiert.

57 SZ vom 21. März 1848. Vgl. außerdem Braß, Barrikaden, S. 73 f.; A. Kramer an seinen Bruder vom 20. März 1848, in: ZfG 2. Jg./1954, S. 320; Angerstein, Märzereignisse, S. 61; Wolff, RC, I, S. 255; Kochhann, Erinnerungen, III, S. 85; Berlin in der Bewegung, S. 566; Streckfuß, Freies Preußen, I, S. 50 ff.; Genée, Zeiten, S. 74 f.; Boerner, Erinnerungen, I, S. 182 ff.

58 Ausführlich: Erinnerungen Krausnicks vom 15. Febr. 1850, S. 27 ff. (Anm. 3). Vgl. außerdem Wetzel, „Taub für die Stimme der Zeit", S. 48 f., sowie einen Augenzeugenbericht in: Wolff, RC, I, S. 235.

einig, daß „keine Stunde länger mit der Zufriedenstellung der Volksmassen gezögert werden" dürfe, ansonsten sich die „Aufregung gegen den ganzen Magistrat" wenden würde. Nach stundenlangem Widerstreben und erst, als ihm das (unzutreffende) Gerücht übermittelt wurde, daß ein Angriff des ‚Volkes' auf seine Wohnung drohe und seine Familie schon geflüchtet sei, erklärte Krausnick seinen Rücktritt.[59] So wie die Flucht des Prinzen Wilhelm letztlich dem Erhalt der Hohenzollernmonarchie diente, war die Abdankung des Oberbürgermeisters das Opfer, das die städtische Obrigkeit den erregten ‚Volksmassen' brachte, um nicht als ganze gestürzt zu werden. Man wechselte Personen aus, um die Strukturen zu erhalten. Einzelnen Magistratsmitgliedern schien allerdings die Veränderung, die die Märzrevolution für die städtischen Behörden gebracht hatte, in den ersten Tagen der ‚Neuen Zeit' größer, als sie tatsächlich war:

„Wir haben hier", so schrieb der Stadtrat Seeger am 22. März 1848 an den gewesenen Oberbürgermeister, „wie zu Sodom und Gomorra alle Viertelstunde andere Befehle, was in diesem Augenblick beschlossen wird, ist im nächsten nicht mehr wahr. – Magistrats-Sitzung existiert nicht, man kommt, debattiert, beschließt, – gleich kommt der erste beste Bürger, oder mehrere dergl. – sie treten ein, machen Vorschläge, sie werden genehmigt, es wird zum Druck gegeben, und gleich darauf muß das ganz Entgegengesetzte gedruckt werden. – Jeder handelt für sich, seine Ansicht ist die richtige – die Stadtverordnetenversammlung will das nie, was der Magistrat will […]. [E]s wird noch lange dauern, bis ein geregelter Geschäftsgang eintreten wird. […] – Furcht, Hoffnung, Muth, Zaghaftigkeit, Entschlossenheit, Mißtrauen u. Gott weiß was alles jetzt miteinander abwechselt." Und drei Tage später: „Wo ist der schöne Geschäftsgang geblieben? – Wann wird ein geordnetes Verfahren wieder eintreten?"[60]

Natürlich war der Magistrat nicht zum Spielball eines (imaginären) ‚Volkswillens' geworden. Diese Formulierungen des Stadtrats Seeger geben Auskunft vor allem über die psychische Verfassung eines Teils des Magistrats. Dem Repräsentanten der alten städtischen Obrigkeit, an selbstherrliches Handeln gewöhnt, war lästig, daß seitens der Berliner Einwohnerschaft ein bescheidenes Mitspracherecht angemeldet wurde. Zwar mußte der Magistrat seit der Märzrevolution öfter seine Handlungen in der Öffentlichkeit rechtfertigen. An der Substanz und der konservativen Grundtendenz seiner Politik sollte sich jedoch während der Revolutionszeit im Kern nicht viel ändern. Auch wenn die Mitglieder des Magistrats eingeschüchtert waren und um ihre Posten bangten: Gewandelt hatte sich

---

59 Erinnerungen Krausnicks (Anm. 3), S. 62-65; diese Passage im Wortlaut auch in: Prittwitz, Berlin, S. 362 f. Zu einer förmlichen Aufgabe seines Postens war Krausnick erst Ende Juli 1848 zu bewegen, nachdem ihm eine stattliche Pension und größere Abfindungen bewilligt worden waren; vgl. Schriftwechsel Krausnicks, in: LAB, Rep. 200, Acc. 2675, Nr. 16, Bl. 84-157 Rs. Ausführliche Darstellung des ganzen Vorgangs: Wetzel, „Taub für die Stimme der Zeit", S. 50-62.
60 Schreiben Seegers an Krausnick vom 22. bzw. 25. März 1848, in: LAB, Rep. 200, Acc. 2675, Nr. 16, Bl. 91 f. und 101.

letztlich nur der Arbeitsstil der städtischen Behörden, und auch der nur vorübergehend.[61]

Im Gegensatz zur kommunalen Obrigkeit war der Durchschnittsberliner weder verängstigt noch verunsichert. Ihm ließ die sprichwörtliche Berliner Neugier keine Ruhe. Keines der überstürzenden Ereignisse der ersten Woche des ‚tollen Jahres' wollte er verpassen. Die „Menschen der verschiedensten Stände" waren „den Tag über fast beständig auf der Straße." An allen öffentlichen Orten herrschte „ein wahres Drängen und Wogen." Die Berliner genossen die neuen Freiheiten und ließen die Zigarren nicht mehr ausgehen.[62] Auch sonst hatte sich das äußere Erscheinungsbild der preußischen Landeshauptstadt gewandelt. Nicht nur, daß an den Straßenecken von nun an bis Mitte November eine Unzahl von Bekanntmachungen und Erklärungen angeschlagen wurden, welche ohne Erlaubnis der Behörden verfaßt und gedruckt worden waren. Die Stadt war überhaupt mit „rapider Geschwindigkeit" viel farbiger geworden. Ganz Berlin hing voll deutscher Fahnen. „Es gab schwarz-rot-goldene Uhrbänder, Spazierstocktroddeln, Notizbücher, Zigarrentaschen, Tuchnadeln; vor den Bürgerwehrwachen wurden die Schilderhäuser, Trommelböcke und Gewehrständer in diesen Farben gestrichen, und jeder mußte wenigstens einen Gegenstand, und sei es auch nur eine Papierkokarde in diesen Farben tragen."[63] Öffentliche Plätze und Straßen, so empfand es Rudolf Virchow, „haben dadurch ein außerordentlich buntes und belebtes Aussehen gewonnen." Überdies hatte die Märzrevolution die Straßen Berlins zu einer Art Touristenattraktion werden lassen: „Von allen Seiten kommen die Leute in hellen Haufen angefahren, um den Schauplatz der Kämpfe zu sehen; ganze Deputationen von Städten u[nd] Corporationen erscheinen. Die Berliner sind natürlich voll Siegesstolz u[nd] jeder Straßenjunge thut, als ob er mehrere Soldaten getroffen hätte." „Die Straßen Berlins ohne Militär", das war ein ganz ungewohnter Anblick: „keine Gardeofficiere, bei Kranzler Eis essend, [die] ihre Füße über das Eisengitter des Balkons streckten."[64] Zwar hatte sich das Äußere Berlins revolutionär verjüngt. Von den geschilderten Ereignissen abgesehen, bestand Ende März jedoch wenig Grund zur Aufregung. „Im Großen und Ganzen" herrschte schon am 20. März „in der revolutionären

---

61 Symptomatisch in dieser Hinsicht war, daß die Stadtverordneten die seit dem 19. März eingeführten täglichen Sitzungen Mitte April wieder abschafften und sich fortan wie ehedem nur zweimal in der Woche trafen; vgl. Bekanntmachung des Stadtverordnetenvorstehers Fournier vom 15. April, in: VZ vom 17. April 1848.

62 Zitate: Genée, Zeiten, S. 78; Brief Marianne Cauers an ihren Sohn Eduard vom 21. März 1848, nach: Haenchen, Neue Briefe, S. 284; Streckfuß, 500 Jahre, S. 1012.

63 So der Zeitgenosse (damals Schüler) W. Krieger, in: Berliner Bär, 16. Jg./1889, S. 570, nach: Wilfried Löhken, Die Revolution 1848. Berlinerinnen und Berliner auf den Barrikaden, Berlin 1991, S. 72.

64 Zitate: Brief Virchows an den Vater vom 24. März 1848, in: ders., Briefe, S. 140, bzw. Lewald, Erinnerungen, II, S. 4.

Stadt eine so große Ruhe, [...] als wären Wochen seit dem Straßenkampfe vergangen." Während der ersten Tage der Berliner Revolution glaubte die überwiegende Mehrheit der Bevölkerung im Überschwang der Gefühle, es habe „eine Verbrüderung aller Stände stattgefunden".[65]

„... da pfropfte man ihr das Princip auf" – über den Sinn und Zweck der Märzrevolution aus der Sicht der Zeitgenossen Ende März/Anfang April

Dem äußeren Anschein nach bestand Einigkeit darüber, was Sinn und Ziel der Märzrevolution gewesen sei: „konstitutionelle Verfassung" – das war das „lösende Wort".[66] Was jedoch unter ‚Konstitution' eigentlich zu verstehen war, das blieb verschwommen – wie sehr, macht ein Kuriosum deutlich, das am 22. März ins Leben trat – die ‚Bitt- und Beschwerde-Kommission'.

An diesem Tage waren drei den Berlinern unbekannte Personen mit einer Erklärung an die Öffentlichkeit getreten, sie hätten besagte Kommission gebildet, welche „sich zur Aufgabe gestellt [habe]: den häufigen und lauten Klagen abzuhelfen, welche die bisher wegen des Instanzenzuges schwierige Beförderung von *Gnadengesuchen, Bittschriften* und *Beschwerden* betreffen". Die Kommission wolle zu bestimmten Öffnungszeiten alle Klagen und Gesuche annehmen und „die möglichste Garantie dafür bieten, daß die bezeichneten Schriften wirklich zu Sr. Majestät Hände gelangen und die Supplikanten nach der Erledigung alsbald beschieden werden". Obgleich allen politisch Verantwortlichen bekannt war, daß die Kommission von niemandem autorisiert war, wagten weder die Kommunalbehörden und das Polizeipräsidium noch das Staatsministerium, „vielfacher Aufforderungen ungeachtet", einzuschreiten oder auch nur die Öffentlichkeit aufzuklären. Auch als es zu „einem ungemeinen Andrang zum Bureau", das in den Räumen des zum ‚Nationaleigenthum' erklärten Palais des Prinzen von Preußen eingerichtet worden war, kam, blieb die Obrigkeit untätig. „Alle Nothleidenden wandten sich an die hülfreiche Kommission [...]. Es fanden sich ganze Familien ein, welche es so verstanden, als ständen in dem Palais möblirte Zimmer für sie offen; Frauen meldeten an, daß sie ihre Niederkunft hier zu halten wünschten, andere verlangten sofort baare Vorschüsse, Wäsche, Kleidung u.s.w." Die „drei Gewalthaber des Palastes" disponierten, um ihrer ‚Aufgabe' gerecht werden zu können, selbstherrlich „über Küche und Keller des Prinzen [...], Caffee und Wein stand[en] beständig neben dem Dintenfasse". Der große Andrang schreckte die Kommission nicht, „sie arbeitete täglich eine Stunde weniger und trank zehn Fla-

65 Streckfuß, 500 Jahre, S. 1012, bzw. Kochhann, Erinnerungen, III, S. 83.
66 So (ironisch) Bauer, Bürgerliche Revolution, S. 195.

schen mehr". Ausgehoben wurde die eifrige ,Bittschriften-Kommission' schließlich von den Studenten, die in einem eigenen fliegenden Corps das Schloß bewachten.[67]

Das kurze Schicksal dieses Komites macht nicht nur deutlich, wie verunsichert die alte Obrigkeit – in diesem Fall die städtischen Behörden – war, daß sie sich nicht trauten, dieser Komödie ein Ende zu bereiten. Es bringt darüber hinaus zum Ausdruck, daß sich nicht wenige Berliner die ,konstitutionelle Monarchie' als eine Art Effektivierung des überkommenen Systems vorstellten. Der Zugang des ,Volkes' zum Landesvater sollte unmittelbarer, ohne Dazwischentreten irgendwelcher ,schlechten Berater' gestaltet werden, der überkommene Absolutismus um das Element der ,Volksnähe' angereichert werden. Wie wenig häufig klar war, warum man am 18. März auf den Barrikaden gestanden hatte, brachten besonders deutlich die Redakteure der Vossischen Zeitung in ihrem ,Extrablatt der Freude' mit dem merkwürdigen Satz zum Ausdruck: „Alles focht für den Zweck der allgemeinen Begeisterung."[68]

Schon bald begannen sich freilich präzisere Vorstellungen über den Charakter der ,neuen Ordnung' herauszukristallisieren. Die ,*Gemäßigten*', von denen sich etliche nach einigen Wochen als eingefleischte Konservative entpuppten, wollten dem ,alten Gebäude' im Grunde nur eine neue Bezeichnung geben. Die *Demokraten* begannen seit Ende März, die Unbestimmtheit der Revolutionsziele zu geißeln, und suchten selbst, präzisere Vorstellungen zu entwickeln. In der ersten Nummer der von Friedrich Wilhelm Held, einem demokratischen Populisten, herausgegebenen Zeitung ,Locomotive' heißt es u.a.:

„Es hat sich eine Revolution ereignet, die man glorreich nennt. Wir gestehen, daß diese glorreiche Revolution eine principienlose war, ein bloßer Kampf gegenseitiger Erbitterung. Allein als die Revolution geschehen war, da pfropfte man ihr das Princip auf, und es ward zwischen Morgen und Abend der erste Tag der neuen Zeit. Man sagte, das alte System der Regierung sei gestürzt, weil – es gestürzt sein *sollte*. Die königlichen Proclamationen drückten dieser Aussage das Siegel auf; und so war denn die Revolution fix und fertig. Jede Revolution ist ein Umsturz des Bestehenden. Was bestand hier und was war gestürzt worden? – Zuerst ein absolutes Königthum, sodann ein reactionäres Ministerium und endlich eine beratende trübselige Ständeversammlung, die man Vereinigter Landtag genannt hatte. Diese drei Factoren mußten miteinander stürzen, weil sie miteinander standen; die Revolution hatte sie sämt-

---

67 „Die in dem Bureau aufgehäuften Bittschriften wurden dem General-Postamt zur Rücksendung an die Bittsteller übergeben." Zitate: Amtliche Berichte etc. über die Berliner Barrikadenkämpfe, S. 62; Wolff, RC, I, S. 337 ff.; Berlin in der Bewegung, S. 568.

68 Treffender konnte man kaum formulieren, daß ,man' eine Revolution scheinbar ohne Sinn und Zweck gemacht habe. Ähnlich inhaltsleere Worte finden sich auch z.B. im ,Publicist' vom 5. April 1848. Dort wurde die Märzrevolution zur „Erhebung der Volkssittlichkeit" und des „echtfrommen Volkssinnes" gegen die „patentierte Lüge", „Prinzip[ien]losigkeit" usw. gemacht.

lich beseitigt; sie hatte für einen Augenblick auf dem Gebiete der Staatsregierung reinen Tisch gemacht."[69]

Interessant ist dieses Zitat in mehrerlei Hinsicht: Wie die ‚Gemäßigten‘ sahen auch die Demokraten (nicht nur Held und seine Anhänger) die Revolution als ‚geschlossen‘ an. Im Bewußtsein der Zeitgenossen erscheint sie als punktuelles Ereignis, nicht als politischer oder gar sozialer Prozeß. Die Märzrevolution war anfänglich vor allem eine Art antimilitaristischer Revolte; politische Ziele wurden ihr in der Tat erst im Nachhinein „aufgepfropft". Solange es keine genauer artikulierten Zielvorstellungen gab, konnte man sich über sie auch nicht streiten. Die Fiktion des politischen ‚Einverständnisses‘ und der ‚Versöhnung‘, die die ersten Tage der neuen Zeit bestimmte, mußte dem ‚Parteienstreit‘ in dem Maße weichen, wie die unterschiedlichen politischen und sozialen Strömungen ihre je spezifischen Interessen und Forderungen präziser formulierten. Deutlich wird in obigem Zitat erneut die anfängliche Illusion der Demokraten, man habe politisch ‚reinen Tisch gemacht‘. Des weiteren steht die Bemerkung aus der ‚Locomotive‘ dafür, daß eine fundamentale Umwälzung der sozialen und wirtschaftlichen Verhältnisse, eine *soziale* Revolution, außerhalb des Vorstellungsvermögens der Demokraten lag, jedenfalls Anfang April. Der Sinn und Zweck sozialer Veränderungen wurde im ‚revolutionären‘ Diskurs der bürgerlichen Demokratie dieser Tage höchstens gestreift. In den Unterschichten, denen die Märzrevolution offenkundig Selbstbewußtsein verliehen hatte, stand diese Frage dagegen (wie ein bürgerlicher Beobachter notierte) im Zentrum der politischen Diskussion:

„Ich komme von einer Wanderung durch die Stadt zurück, und will erzählen, was ich gesehen. In den Vorstädten debattirten die Leute über die Vorzüge der Republik, über die Notwendigkeit der Organisation der Arbeit, über die Zukunft der Brüderlichkeit und Gleichheit. In den gewöhnlichen Kneipen höre ich einen Ton der Unterhaltung, höre ich in gewandter Sprache Doktrinen vortragen, wie ich sie kaum in Salons vernommen. Alles ist bewaffnet. Ein kriegerischer Geist weht durch die Arbeiter. [...] Ich hörte keinen Mißlaut gegen den König, aber ich gewahrte die bestimmtesten Forderungen nach socialen Umgestaltungen, die nicht mehr zurückzuhalten sind, ferner ein stolzes Bewußtsein, hervorgerufen durch den Heldentag des unsterblichen 18. März. Pöbelhaftigkeiten gewahrte ich nirgends, nirgends einen Betrunkenen. Soviel über die Vorstädte."[70]

Wie fremd dagegen den meisten politisierenden Literaten und anderen Angehörigen der gehobenen Schichten, die in den sich bildenden demokratischen Vereinigungen den Ton angaben, selbst Ideen waren, die den Anschein erweckten, sie enthielten sozialistische Theorieelemente, macht die Kontroverse um einen Aufsatz deutlich, den der Herausgeber der ‚Berliner Zeitungshalle‘ Gustav Julius am 23. März als Leitartikel seiner Zeitung veröffentlichte. Verfaßt hatte Julius den

---

69 ‚Locomotive‘ vom 1. April 1848; zu Held vgl. KBA.
70 Wolff, RC, I, S. 346.

langen Artikel am Abend zuvor, noch unter dem Eindruck des Begräbnisses der gefallenen Barrikadenkämpfer. Im Zentrum seiner Ausführungen stand die Kritik der politischen Grundhaltung jener Tage, das Prinzip der ‚Versöhnung'. Julius geißelte die voreilige, bedingungslose ‚Versöhnung' mit dem preußischen „Soldatenthum" ebenso wie die von den tatsächlichen Verhältnissen abstrahierende Forderung nach sozialer ‚Versöhnung':

Mit dem *einzelnen* Soldaten könne und müsse es ‚Versöhnung' geben; denn „sie waren Werkzeuge wie die Kanonen, die sie bedienten, wie die Bayonette, mit denen sie auf uns eindrangen". Zu kritisieren sei dagegen das dem Handeln des einzelnen Soldaten zugrundeliegende Prinzip. Eine „Aussöhnung mit dem Soldaten*stande*, dem Soldatenthum, wie es bis jetzt gewesen und noch in diesem Augenblick ist", dürfe es nicht geben. „Nimmermehr! Hinweg mit ihm [...] – bis es ausgerottet, bis es ganz vertilgt ist, bis kein Unterschied mehr zwischen Bürger und Soldaten, bis der Soldat kein Werkzeug mehr der Tyrannei gegen des Bürgers Willen, Leben und Eigenthum ist. Noch einmal, ihr Friedensbringer, höret es [...]: wer euch jetzt den Frieden empfiehlt, empfiehlt euch den Krieg! es ist nicht Zeit zum Ruhen, sondern zur Arbeit. [...] Die Wahrheit ist, daß auch bei uns – so gut wie in Frankreich, wie in England – der Bruch zwischen der Bürgerklasse und der Arbeiterklasse schon vollendet ist. Nicht zwischen dem Königthum und der Republik ist Krieg, sondern zwischen den Besitzenden und den mit ihrer Arbeitskraft sich zum Besitze Drängenden. Unsere Bürger fühlen dies gar wohl, und darum beginnen sie schon jetzt, schon nach dem ersten Tage unserer glorreichen Revolution, aus allen Kräften rückwärts zu ziehen."

Über die Reaktion auf den Artikel berichtete der österreichische Gesandte nach Wien, daß es „die Studenten übernahmen", Julius für sein „Machwerk" „durch eine tüchtige Lehre auf den Rücken den Lohn dafür auszuzahlen".[71] In seiner ‚Richtigstellung' vom folgenden Tage berichtet Julius, daß ihm „auf offener Straße laut gedroht [wurde], daß man ihm die Fenster einwerfen, daß man ihm die Pressen zerschlagen, daß man ‚Volksjustiz' an ihm üben wolle, daß man ihn ‚ausrotten', daß man ihn ‚unschädlich' machen werde".[72] Die „Fanatiker der

---

71 1. Bericht Trauttmansdorffs vom 24. März 1848 (Anm. 4), Bl. 490 Rs. u. 491. (Die Tracht Prügel, die Julius von aufgebrachten Stundenten verabreicht worden sein soll, wird von anderer Seite allerdings nicht bestätigt.) Zu Julius vgl. KBA.

72 Auch Varnhagen berichtete in einem Artikel, der am 31. März in der AAZ erschien, von „rohen Bedrohungen" gegen Julius, dessen „kräftige Sprache", „abgerechnet einiger unvorsichtiger Ausdrücke", er ansonsten lobte. Genée, der „zugegen [war], als eine vielköpfige Abordnung aus der Bürgerschaft nach der ‚Zeitungshalle' geeilt und bis zu dem Redakteur vorgedrungen war, um ihn zur Rede zu stellen", sah Julius, „wie er mit seinem bleichen Gesicht inmitten der wüthenden Bürger stand, die in leidenschaftlicher Erregtheit ihm das Verbrecherische [seines] Treibens vorhielten; Einzelne hatten nicht übel Lust, ihm die Nothwendigkeit der Ruhe auch durch Tätlichkeiten zu demonstrieren." (Genée, Zeiten, S. 84.) Vgl. außerdem z. B. Angerstein, Märzereignisse, S. 65 f. Auch A. Borsig (KBA) suchte Julius in der Redaktion der BZH in der Absicht auf, ihn zu bewegen, die in seiner Zeitung publizierten Äußerungen öffentlich zurückzunehmen, „um neue Unruhe zu verhindern". (Nach: Margot Pfannstiel, Der Lokomotivkönig. Berliner Bilder aus der Zeit August Borsigs, Berlin 1987, S. 218.)

Ruhe", wie Robert Springer die Berliner Bürger nannte, deren „Wuth" der Herausgeber der ‚Berliner Zeitungshalle' mit seinem Artikel geweckt hatte, „verhängten die Acht über dieses Blatt, und viele Konditoren und Bierwirthe sahen sich genöthigt, dasselbe abzuschaffen, wenn sie nicht ihre Gäste verlieren wollten."[73]

Die Empörung über Julius' Artikel reichte bis weit in die Reihen *demokratischer* Zeitgenossen. Kritisiert wurde neben seinen Bemerkungen zum preußischen „Soldatenthume" vor allem, daß er den „vollendeten Bruch" zwischen „Bürger- und Arbeiterklasse" konstatiert hatte.[74] Daß Julius gar nicht darauf abzielte, Bürger und ‚Arbeiter' politisch zu „entzweien", sondern vielmehr das angestrebte Bündnis zwischen beiden Seiten auf eine solide, nicht von Illusionen getragene Grundlage stellen wollte, wurde geflissentlich übersehen. Das Wort „Bruch" war es, was die heftige Reaktion hervorrief und im Bürgertum, gleich welcher politischen Richtung, tiefsitzende Ängste mobilisierte.[75] An der Reaktion auf den Artikel von Julius zeigte sich das erste Mal nach der Märzrevolution, wie stark die Furcht vor dem ‚Pöbel' war – vor einem ‚Pöbel', dem man zudem fälschlicherweise unterstellte, daß er bürgerliches Privateigentum nicht respektiere. Daß

---

73 Springer, Berlins Straßen, S. 149. Nicht nur Bierwirte, auch die Korporation der Kaufmannschaft Berlins kündigte das Abonnement der Zeitung. Der Ärger des Bürgertums, den die ‚Zeitungshalle' durch ihr auch späterhin demokratisches Engagement auf sich zog, hatte finanzielle Konsequenzen; Julius befand sich in den Revolutionsmonaten in ständigen Geldnöten.

74 Der Linkshegelianer und Demokrat Ludwig Buhl sah sich zu einer öffentlichen Erklärung genötigt, in der er feststellte, daß der von Julius „proclamirt[e] Bruch zwischen der Bürgerklasse und Arbeiterklasse […] rein aus französischen Abstractionen hervorgegangen, in Wirklichkeit aber nicht vorhanden ist. […] Das Interesse der Bürger- und der Arbeiterklasse ist *in allen Fällen* dasselbe". (Abgedruckt im Extrablatt der BZH vom 24. März 1848; H. v. m.). Massiver noch war die Erklärung eines Redakteurs des linksliberalen ‚Publicist' in der Ausgabe vom 29. März 1848. Angesichts des großen Wirbels, den Julius ausgelöst hatte, sah sich sogar der Berliner Magistrat am 24. März zu einer Bekanntmachung veranlaßt, allerdings ohne den Artikel von Julius explizit zu erwähnen. In dieser Bekanntmachung stellten die Stadtoberhäupter fest, „eine Spaltung zwischen den verschiedenen Klassen" sei nicht der Weg, die anstehenden politischen Aufgaben zu lösen, nämlich „die Größe, das Glück und die Wohlfahrt unseres Volkes in festester Ordnung auf[zu]bauen". Die „Besitzenden" würden nicht vergessen, daß die „errungene Freiheit unter der erfolgreichsten Mitwirkung unserer ärmeren Brüder erkämpft worden ist", und nicht „die Früchte des Sieges allein ausbeuten wollen"; nur müßten „die Gemüter Aller vereinigt" bleiben.

75 Wie wenig Julius zu diesem Zeitpunkt als Sozialist gelten konnte, zeigte sich etwa daran, daß er in einer ‚Richtigstellung' vom 24. März „das Eigenthum für eine Notwendigkeit" und „die Wurzel aller Zivilisation" erklärte. Welche Welten ihn Ende März etwa von Marx und Engels trennten, die einen Monat zuvor ihr ‚Manifest der Kommunistischen Partei' veröffentlicht hatten, wird noch deutlicher daran, daß er in dem kritisierten Artikel die Lösung der ‚sozialen Frage' nicht von einer ‚proletarischen Revolution' erwartete, sondern vom Staat. Die konkreten Forderungen seines Artikels vom 23. März deckten sich im übrigen mit der Hauptforderung der ‚Arbeiteradresse' vom 13. März bzw. den Wünschen, wie sie seit Ende März vielfältig in den Petitionen der Gesellenschaften und Arbeitervereinigungen gestellt wurden: „unverzügliche Einsetzung eines Ministeriums für die Untersuchung und Regelung der Arbeitsverhältnisse". Bereits „die bloße Einsetzung eines solchen Ministeriums wird auf die geduldige Arbeiterklasse beruhigend wirken und ein Schritt zum Frieden sein."

ein Aufsatz, von einem sozialreformerischen Demokraten verfaßt, nur weil dieser soziale Gegensätze ansprach, in „großen Theilen der Bürgerschaft" die Gemüter so erregte, wirft ein bezeichnendes Licht auf die Mentalität vor allem der gehobenen Bevölkerungskreise der preußischen Landeshauptstadt zu Beginn der Berliner Revolution des Jahres 1848. Daß überhaupt mit dem Etikett ,revolutionär' vorsichtig umgegangen werden muß, zeigt auch der genauere Blick auf eine der wichtigsten ,Errungenschaften', die wenige Stunden nach dem Ende der Märzrevolution ins Leben trat: der Blick auf die neue Ordnungsmacht, die nicht zufällig die Bezeichnung ,Bürgerwehr' trug.

Kapitel III.2

Ordnungsfaktor oder Gegenmacht?
Die Berliner Bürgerwehr von ihrer Gründung
bis Ende Mai 1848

Die Bürgerwehr war kein Organ der Berliner Revolution, keine Institution, die auf Druck der revolutionären Bewegung, ‚von unten' durchgesetzt wurde. Sie entstand auf Initiative und mit Billigung der (alten) staatlichen wie kommunalen Obrigkeiten, um die Revolution samt ihren Folgewirkungen eingrenzen und später zurückdrehen zu können. Ähnlich wie die Wiener Nationalgarde veränderte die am 19. März ins Leben gerufene Bürgerwehr unter dem Druck der sozialen und politischen Konflikte in der preußischen Hauptstadt allerdings schon bald ihr Gesicht. Die erste Phase der Existenz der Bürgerwehr, um die es im folgenden geht, endete in der letzten Maiwoche. Zwei signifikante Ereignisse markieren das Ende dieser ersten Phase: Erstens kündigten größere Teile der Bürgergarde während der Auseinandersetzung um die Rückkehr des Prinzen von Preußen ihre unbedingte Loyalität dem Staat gegenüber auf; die Bürgerwehrmannschaften votierten in einem Verhältnis von 7:4 gegen die Rückholung des Thronfolgers. Das zweite Ereignis war der Rücktritt des Bürgerwehrkommandanten v. Aschoff. Aschoff, dessen Loyalität gegenüber der traditionellen Obrigkeit geradezu sprichwörtlich war, legte am 1. Juni sein Amt nieder, nachdem die Mehrheit der Bürgerwehroffiziere sich gegen ihn erklärt hatte. Mit ihm nahmen auch diejenigen Offiziere den Abschied, welche „als besonders reactionär bekannt" waren.[1] Im folgenden soll näher dargestellt werden, warum sich die Berliner Bürgerwehr innerhalb von nur zwei Monaten von einem gegen die Revolution gerichteten Ordnungsfaktor zu einer Miliz mit einem gemäßigt-demokratischen Selbstverständnis entwickelte, die sich – mit allerdings erheblichen Einschränkungen – als Gegenpol zu den der alten Obrigkeit ergebenen Ordnungskräften verstand.

---

1 Personen und Zustände Berlins seit dem 18. März 1848. Ein Beitrag zur künftigen Geschichte Preußens, Leipzig 1849, S. 50 f. Zur Auseinandersetzung um die Rückkehr des Prinzen v. Preußen vgl. *Kapitel III.7.*

Die Konstituierung

Vor dem 18. März hatte die von Teilen der Bürgerschaft und Stadtverordnetenversammlung angestrebte bewaffnete Kommunalgarde nicht Wirklichkeit werden können, weil den maßgeblichen Staatsbehörden die Schaffung einer mit der preußischen Armee konkurrierenden Bürgermiliz widerstrebte – und weil die Obrigkeit fürchtete, eine bewaffnete Bürgerwehr könne der erste Schritt zu einer allgemeinen Volksbewaffnung sein. Am 19. März hatten sich die politischen Verhältnisse und damit die Einstellung der die Monarchie tragenden Kräfte dieser Institution gegenüber grundlegend gewandelt. Jetzt erschien eine Bürgergarde nicht mehr als Zugeständnis an die revolutionäre Bewegung, sondern galt umgekehrt als letzter Damm gegen die Bewaffnung auch der unteren Volksschichten wie überhaupt gegen eine weitere politische Radikalisierung.[2] Wenn die Krone am 19. März im Vergleich zu früheren Positionen eine Kehrtwendung um 180 Grad machte, dann nicht nur deshalb, weil sie politisch mit dem Rücken zur Wand stand und deshalb besonders konzessionsbereit war. Zurückzuführen ist dies auch auf die Art und Weise, wie die Berliner Bürgerwehr ins Leben trat, und die politischen Vorzeichen, unter denen ihre Gründung stand. Aufschlußreich sind hier vor allem die Aufzeichnungen des Stadtrates Karl Phillip Nobiling. Nobiling war vom Magistrat bereits vor dem 18. März für die Kontakte mit den militärischen Befehlshabern abgeordnet worden. Offiziell dann seit dem 19. März bis Mitte April ‚Chef des Stabes der Bürgerwehr‘, muß Nobiling als der eigentliche Organisator der Bürgerwehr angesehen werden[3] – während der Polizeipräsident Minutoli nur formell als deren Oberkommandierender fungierte.

Nach seinem Zeugnis hatten sich bereits am frühen „Mittage des 19ten März, als die [Militär-]Wachen auf der Friedrichsstadt eingezogen wurden", Männer aus dem Bürgertum zusammengefunden – Hauseigentümer, wie Clauswitz später ergänzt hat. Sie bewaffneten sich „so gut, als es ging", übernahmen die von den Truppen verlassenen Wacht-Lokale, „um von da aus zur Herstellung der Ordnung zu wirken". All dies, betont Nobiling, „fand statt, als von der Berufung einer Bürgerwehr noch gar nicht die Rede war." Nach diesem Vorbild wurde dann „später in den anderen Theilen der Stadt verfahren".[4] Diese Bemerkungen sind in

---

2 Durch die Gründung der Bürgerwehr sei „der Thron in diesen Tagen gerettet" worden, so Braß (Barrikaden, S. 105). Zu den Plänen für eine Bürgerwehr vor dem 18. März vgl. *S. 84* und *142*.

3 Vgl. Nobilings Gutachten vom 17. April 1848 über die Einrichtung der Bürgerwehr, in: BLHA, Rep. 37, Nr. 4029, hier: Bl. 1 u. Rs. sowie 14 Rs.; ferner ders., Bürgerwehr, S. 16; Prittwitz, Berlin, S. 368 f., sowie Marianne Cauer (Schwägerin von Nobiling), nach: Haenchen, Neue Briefe, S. 284. Nobiling (KBA) war genauestens über die Vorgänge informiert, die sich im Vorfeld und während der Konstituierung der Bürgerwehr hinter den Kulissen abspielten. Zur Aussagekraft der Nobilingschen Darstellung vgl. auch Haenchen, Quellenwert, bes. S. 328.

4 Nobiling, Bürgerwehr, S. 8. Julius Kuhr, selbst Bürgerwehrmajor der ersten Stunde, bestätigt in seinen ‚Denkwürdigkeiten‘ (II, S. 83), daß der „gesunde Kern des Volkes" die Bürgerwehr ins

mehrfacher Hinsicht aufschlußreich: (1.) Es fanden sich hier Leute zusammen, die ganz offensichtlich an den Barrikadenkämpfen selbst nicht teilgenommen hatten. Sie suchten sich erst *nach* dem Ende der Kämpfe zu bewaffnen. (2.) Die Bürger konstituierten sich als Ordnungsmacht, die die Sicherheit des privaten und öffentlichen Eigentums gegen den ‚Pöbel‘ gewährleisten sollte. (3.) Die Friedrichsstadt war während des 18. und 19. März vom Militär ‚erobert‘ worden. Nach dem Rückzug des Militärs blieb hier ein militärisches Vakuum. Dieses Vakuum suchten die erwähnten Bürger zu füllen, ehe die bewaffneten Barrikadenkämpfer – die ja überwiegend den Unterschichten entstammten – die Stadtteile (wieder) in Besitz nehmen konnten. Über die Motive, die zum Aufbau der Bürgerwehr führten, und die Gründung selbst gibt auch der damalige Oberbürgermeister Krausnick in seinen Erinnerungen vom Februar 1850 Auskunft. Etwa um 13 Uhr habe er, Krausnick, eine Audienz bei Friedrich Wilhelm IV. gehabt und diesem vorgeschlagen, dem verbreiteten Verlangen nach ‚Volksbewaffnung‘ nachzugeben, die nähere Ausführung dieser ‚Gewährung‘ jedoch offen zu lassen.

Um nicht „zu viel Unheil möglicherweise die Veranlassung zu geben“, solle man (so erklärte Krausnick nach eigenen Angaben dem König) „sie überhaupt nur auf die eigentlichen Bürger und die sonst zuverlässigen Personen, nicht aber auf die ungebundene Masse der besitzlosen, untersten Klassen ausdehnen“. Angesichts „der den ganzen Schloßplatz gedrängt anfüllenden Pöbelmenge“ gelte es, für die konkrete Ausführung mindestens „auf 24 Stunden Zeit zu gewinnen. S.M. der König waren von meiner Berichterstattung und der Lage der Dinge sichtlich ergriffen.“[5] Unterstützt vom Polizeipräsidenten Minutoli, überzeugte Krausnick den anfänglich unentschlossenen König, von der Schloßterasse aus (etwa eine halbe Stunde, bevor der König sein Haupt vor den Leichen der Märzgefallenen entblößen sollte) an die dort versammelten Menschen folgende Worte zu richten: „Meine lieben Bürger […]. – Sie haben mich durch einige Ihrer Mitbürger überzeugt, daß die Ruhe der Stadt auf Bewaffnung der Bürger beruhe – ich gewähre Ihnen gern die Bewaffnung. (Tausendfacher Jubel von dem Platze her folgte diesen Worten; nachdem er geendet hatte, fuhr der König fort:) Und nun lege ich die Aufrechterhaltung der Ruhe und Ordnung, welche durch Sie am besten bewahrt werden, in Ihre Hände!‘“[6]

Leben rief, um die Innenstadt nach dem Rückzug des Militärs nicht „schutzlos der Gnade des entfesselten Pöbels preis[zu]geben“. Vgl. ferner Clauswitz, Städteordnung, S. 215.

5 Erinnerungen Krausnicks vom 15. Febr. 1850, S. 33, in: LAB, Rep. 200, Acc. 2675, Nr. 28/29 (H. v. m.). Die Passage findet sich im Wortlaut auch in: Prittwitz, Berlin, S. 328; vgl. außerdem die etwas andere Darstellung von Nobiling nach: Haenchen, Briefe Nobilings, S. 150 bzw. Rachfahl, Friedrich Wilhelm IV., S. 445; ferner die kurze Beschreibung des Vorganges in einem Bericht von Minutoli vom 1. Juli 1848, in: GStA, Rep. 77, Tit. 440a, Nr. 1, Bd. 1, Bl. 35a f.

6 Nach: Angerstein, Märzereignisse, S. 58 ff., Anm. bzw. Wolff, RC, I, S. 242 f. Angerstein und Wolff geben auch eine ausführliche Darstellung der gleichzeitigen Vorgänge vor dem Schloß, der Aktivitäten der Minister etc. Eine etwas andere Variante des Geschehens findet sich in: Berlin in der Bewegung, S. 565; vgl. ferner VZ vom 21. und 22. März 1848. Die Organisierung der Berliner Bürgermiliz wurde offenbar zum Vorbild für die Konstituierung der Bürgerwehr in an-

Wenige Stunden später gab ein Bürgerwehr-Comité, dem der Polizeipräsident Minutoli vorstand, einen öffentlichen Anschlag heraus, in dem die Organisierung der Bürgerwehr bekanntgemacht wurde, die Bürgerlichkeit der neuen Institution jedoch noch nicht offen zu erkennen gegeben wurde. Das ‚einfache Volk' und die im Entstehen begriffene demokratische Bewegung ließen Nobiling, der dem Bürgerwehr-Comité nicht angehörte, sondern im Hintergrund blieb, und dessen konservative Vertrauenspersonen weitgehend unbehelligt gewähren. Als internes Gliederungsprinzip der Organisierung wurden der Bürgerwehr die insgesamt 112 städtischen Bezirke zugrunde gelegt, die nach Abschluß der Organisation (seit Mitte April:) 23 Bataillone also den einzelnen Stadtteilen zugeordnet. Die neue Bürgerpolizei sollte anfänglich nur spärlich bewaffnet sein, die Abteilung eines jeden Bezirks jeweils 50 Gewehre erhalten.[7] Auch die Zahl der Mitglieder der Bürgerwehr blieb in den ersten Tagen nach der Märzrevolution auf wenige Tausend begrenzt. Nach den Notizen Nobilings rechneten die Verantwortlichen nämlich mit einer raschen und vollständigen Rückkehr der Truppen, die eine ausgedehnte Organisierung der bürgerlichen Miliz überflüssig machen würde. Am 22. März sei dann klar geworden, „daß das Abrücken der Truppen Prinzip und an Rückkehr für den Augenblick nicht zu denken sei, der bürgerlichen Bewaffnung daher allein die Verantwortlichkeit für die Sicherheit des Königs und der Staatsgewalt zufiele". Erst als die neue Ordnungsmacht sich „auf sich allein" gestellt sah, wurden der Ausbau der Bürgerwehr und eine gründlichere Bewaffnung ins Auge gefaßt.[8] Ende März gehörten mehr als 15 000, eine Woche später bereits 24 000 Bürger der städtischen Miliz an. Mitte Juli waren es nominell schließlich 30 000 Wehrmänner.[9] Ihre Stärke konnte freilich „immer nur annäherungsweise" festgestellt werden, da (wie der spätere Bürgerwehrkommandeur Rimpler klagte) die Fluktuation enorm war und viele Abgänge nicht ordnungsgemäß verzeichnet wurden.[10]

Nichts kennzeichnet das politische Selbstverständnis der Bürgerwehr besser als die anfangs von größeren Teilen dieser Miliz gehegte Absicht, einen Hohen-

---

deren preußischen Städten; vgl. für den Westen Preußens: Sperber, Rhineland Radicals, S. 170 f., für die Mark Brandenburg: Müller/Müller, Brandenburg, S. 477 f.

7 Von diesen insgesamt gut 5000 ‚Dienstwaffen' wurden am 19. März 1300 verteilt. Ein wesentlicher Teil davon – die Waffen für die aus 600 Mann bestehende „Sicherheitswache" des Schlosses – wurde zudem noch unter der persönlichen Aufsicht Minutolis „in Gegenwart des Herrn Ministers v. Arnim" ausgegeben, um so sicherzustellen, daß nur der Monarchie ergebene Bürger bewaffnet wurden; vgl. Bericht Minutolis vom 1. Juli 1848 (Anm. 5), Bl. 36; ferner Schulz, Märztage, S. 108.

8 Nobiling, Bürgerwehr, S. 3, 12, 14 f., 29 f. Bezeichnend ist die Begründung, die Nobiling für diesen Schritt gibt: „Nur in größeren Massen [könne man] sich selbst und etwaigen Gegnern imponieren."

9 Ohne fliegende Corps. Angaben nach: VZ vom 9. und 19. April sowie 18. und 23. Juli; SZ vom 17. April 1848 sowie Nobiling, Bürgerwehr, S. 81.

10 Rimpler, Bürgerwehr, S. 16.

zollernprinzen als Kommandeur der Bürgerwehr einzusetzen. Erst nachdem Nobiling geltend gemacht hatte, daß der Posten „eines unmittelbar verantwortlichen Führers [...] keine Stellung für einen königlichen Prinzen wäre", nahm man von diesem Gedanken Abstand.[11] Minutoli wiederum wurde die Würde des Kommandeurs angetragen, weil er sich durch sein besonnenes Verhalten als Polizeipräsident in den beiden Wochen vor dem 18. März Anerkennung in weiten Teilen der Bevölkerung verschafft hatte. Seine Popularität sollte die neue Institution vor etwaiger Kritik von demokratischer Seite schützen. Der Berliner Polizeipräsident hatte sich allerdings ausgebeten, nur provisorisch diesen Posten wahrzunehmen.[12] Tatsächlich wurde er am 6. April durch den Landwehr-General v. Aschoff abgelöst. Dessen Wahl zum Kommandeur der Bürgerwehr war „ganz den höheren Ansichten gemäß" – eine Formulierung Nobilings, die deutlich macht, wie stark das Ministerium und der Hof auf die neue Einrichtung Einfluß nahmen.[13]

Innerstädtische Ordnungsmacht, Militärersatz und politisches Frühwarnsystem – Funktionen und Kompetenzen der Bürgerwehr

Mit der, wenn auch nur vorübergehenden, Übernahme des Amtes des Kommandeurs der Bürgerwehr durch den Berliner Polizeipräsidenten war ein Problem das erste Mal virulent geworden, das in den acht Monaten, die die Bürgermiliz der Landeshauptstadt existierte, umstritten blieb und bis zu ihrer Auflösung nicht definitiv gelöst wurde – die Frage, wie die Bürgerwehr ins Institutionengefüge eingeordnet werden sollte, wem sie konkret eigentlich unterstellt war.[14] Ur-

---

11 Nobiling, Bürgerwehr, S. 39, 84. Eine etwas andere Darstellung in der SZ vom 5. April 1848 wurde von Nobiling in seinem Gutachten vom 17. April (Anm. 3), Bl. 2, korrigiert.

12 Vgl. Erklärungen Minutolis vom 31. März und 4. April, in: VZ vom 1. und 5. April 1848; ferner Rimpler, Bürgerwehr, S. 26 f.

13 Nobiling, Bürgerwehr, S. 84; vgl. ebd., S. 39, 83 f., 87 f.; ders., Gutachten vom 17. April (Anm. 3), Bl.6 ff.; Personen und Zustände, S. 32 f.; Wolff, RC, II, S. 129 f.; Bericht Lerchenfelds vom 8. April 1848, in: HStA München III, Nr. 2626. Die Wahl Aschoffs wurde im übrigen nicht von der Gesamtheit der Bürgerwehrmänner vorgenommen, sondern nur von den Hauptleuten – ein Verfahren, gegen das der Politische Klub, die wichtigste Organisation der Berliner Demokraten, am 6. April vergeblich protestierte. Aschoff wiederum wurde am 3. Juni durch den Major v. Blesson ersetzt, der aufgrund seines vermeintlichen Versagens im Zusammenhang mit dem Zeughaussturm ‚seinen Hut' nehmen mußte. Mit Rimpler erhielt die Bürgerwehr am 15. Juni 1848 das erste Mal einen demokratisch legitimierten, nämlich in einer Urwahl von sämtlichen Bürgerwehrmännern gewählten Oberkommandierenden; vgl. *S. 587*.

14 Die am 25. März von Minutoli erlassenen ‚Provisorischen Anordnungen über die Bildung der Bürgerwehr von Berlin' (in: GStA, Rep. 94, IV. O. b., Nr. 31, Bl. 11-19 Rs.) gaben auf diese Frage keine Antwort. Das Bürgerwehrgesetz vom 13. Okt. brachte zwar eine formelle Klärung, welche Befugnisse die Kommunalmilizen besitzen sollten und welchen staatlichen Instanzen sie un-

sprünglich, am 19. März, war die Bürgerwehr (so sah es jedenfalls Nobiling) „als einfaches Communal-Institut" konzipiert worden.[15] Mit der Ernennung des Polizeipräsidenten zum Kommandeur der Bürgerwehr war den kommunalen Behörden ein ernsthafter Rivale erwachsen. Das Polizeipräsidium unterstand nämlich nicht der Kommune oder der Provinzialregierung, sondern unmittelbar dem Innenminister. Der Innenminister seinerseits richtete ein besonderes Augenmerk auf die lokalen Verhältnisse der preußischen Landeshauptstadt und suchte nicht selten direkt Einfluß auf Tätigkeit etc. der kommunalen Miliz zu nehmen. Der Kriegsminister wiederum stand der Bürgerwehr als potentieller Konkurrenz zur regulären Armee mißtrauisch gegenüber. Und schließlich suchte auch das Oberkommando der in Berlin stationierten Truppen in Sachen Bürgerwehr ein Wort mitzureden.[16] Zu Kompetenz*streitigkeiten* kam es vor allem zwischen den städtischen Behörden, in deren Augen die Bürgermiliz eine kommunale Einrichtung war[17], und dem Polizeipräsidium sowie schließlich der Führung der Bürgerwehr. Letztere war – jedenfalls nachdem sie durch eine Verordnung vom 19. April 1848 die „Befugnisse einer gesetzlichen Macht" erhalten hatte – der Ansicht, daß sie in allen Fragen, die die Bürgerwehr unmittelbar oder auch mittelbar betrafen (z.B. die Frage der Rückkehr von Truppenabteilungen nach Berlin), autonom oder in Absprache mit dem Polizeipräsidium zu entscheiden habe und der Magi-

---

tergeordnet waren. Faktisch jedoch blieb die Berliner Bürgergarde auch danach ein schwer kalkulierbarer politischer und militärisch-polizeilicher Faktor; vgl. bes. *S. 566 ff.*

15 Nobiling, Bürgerwehr, S. 3.

16 Die politische Situation ließ zwar „positive Anordnungen" des militärischen Oberkommandos für Berlin, an dessen Spitze Prittwitz stand, an die Organisatoren der neuen Miliz nicht zu; doch wurden bereits am 19. März „die Grundzüge der Organisation dem Herrn Commandeur vorgelegt und von ihm genehmigt." (Nobiling, Gutachten vom 17. April 1848 [Anm. 3], Bl. 2 Rs.) Wie sehr höchste staatliche Stellen auf die personelle Zusammensetzung und die innere Struktur der neuen Einrichtung Einfluß nahmen, wird u.a. daran deutlich, daß am späten Vormittag des 20. März die Bürgermeister Krausnick und Naunyn sowie der Stadtverordnetenvorsteher Fournier ins Schloß zum Ministerpräsidenten beordert wurden, um Bericht zu erstatten. Auf dieser von Arnim-Boitzenburg anberaumten Konferenz ging es neben technisch-organisatorischen Problemen um die „Wahl eines geeigneten Bürgerwehr-Commandeurs, zu dem man Vertrauen haben könne u. der Vertrauen genieße", um die Organisierung einer möglichst zahlreichen „Betheiligung der Beamten, Magistratsmitglieder, Stadtverordneten pp. bei der Bürgerwehr" sowie um die Eingliederung der Bürgerwehr in das System der alten Gewalten. Nach dem Ende dieser Konferenz eilte Krausnick in das Polizeipräsidium, wo unter der Leitung von Nobiling der Maschinenbauunternehmer Borsig, der Schriftsteller Woeniger (KBA), der Rechtsbeistand und spätere Polizeiagent Stieber und einige andere die Organisation der Bürgerwehr im einzelnen durchsprachen; vgl. Erinnerungen Krausnicks (Anm. 5), S. 48 f.

17 Vgl. bes. Schreiben des Magistrats an den Kommandanten der Bürgerwehr vom 5. Mai sowie an den Polizeipräsidenten vom 26. April 1848, in: LAB StA, Rep. 01, Nr. 2445, Bl. 36 bzw. 29 (Rand). Die Rechtsauffassung, daß die „oberste administrative Leitung" der Bürgerwehr den städtischen Behörden obliege, findet sich außerdem im § 2 eines undatierten, wohl Mitte April vom Magistrat verfaßten Entwurfs eines Statuts für die Berliner Bürgerwehr; der Entwurf erhielt jedoch nie Gültigkeit. (In: GStA, Rep. 94, IV. O. b., Nr. 31, Bl. 2.) Vgl. ferner Wolff, RC, II, S. 185.

strat oder die Stadtverordneten hier bestenfalls eine beratende Rolle einnehmen dürften.[18] Die ungeklärten Kompetenzen und das Selbstverständnis wachsender Teile der Bürgerwehr, daß diese als Institution ein Ergebnis der Märzrevolution und deshalb nicht an Weisungen der städtischen Behörden oder des Polizeipräsidiums gebunden sei, ließen ein politisches Vakuum entstehen. Der Bürgergarde war damit ein erheblicher Spielraum eröffnet, den sie allerdings erst seit Mitte des Jahres zu nutzen begann. Zugleich vervielfachten sich seit Sommer 1848 die politischen Konfliktlinien. Politische und persönliche Rivalitäten bestimmten nicht nur das Verhältnis zwischen kommunaler Wehr und der städtischen Obrigkeit; politische Gegensätze bestanden auch zwischen Bürgerwehrführung und Bürgerwehrmannschaften.

In der ersten Phase der Berliner Bürgermiliz zogen die Bürgerwehrführung und die alten kommunalen Organe allerdings noch weitgehend an einem Strang. Auch das Gros der Bürgerwehrmänner und ihre konservative Führung verstanden sich anfangs als hauptsächlich gegen den ‚Pöbel‘ gerichtete Ordnungsmacht. Das prädestinierte sie für eine Funktion, die bereits vor dem 18. März Gegenstand politischer Überlegungen gewesen war – für die Aufgabe, das Militär, das (wenn die schwachen Polizeikräfte dazu nicht in der Lage waren) auch innere Ordnungsfunktionen wahrzunehmen hatte, zu entlasten. Die Bürgerwehr als im Gegensatz zum namentlich in den Unterschichten verhaßten Militär politisch nicht vorbelastete Institution hatte (so formulierte Nobiling am 17. April) „der Armee den unerfreulichen Beruf abzunehmen, fortwährend und von vornherein die exekutive Polizei zu übernehmen".[19] Offensichtlich stand hier die geschickte Polizeitaktik der britischen Regierung Pate, mit der diese eine Woche zuvor erfolgreich der großen Chartistendemonstration die Spitze genommen hatte.[20] Der von Nobiling angezielte psychologische Effekt der Bürgerwehr-Präsenz relativierte sich freilich in dem Maße, wie immer mehr Truppen in die Stadt zurückkehrten, die Reibungen mit dem ‚Volk‘ zunahmen und außerdem deutlicher hervortrat, daß der Monarch und seine Kamarilla das Heer als Bürgerkriegsarmee einzusetzen gedachten, um verlorengegangenes politisches Terrain

---

18 Der Polizeipräsident seinerseits stützte die Position des Bürgerwehr-Kommandos; vgl. Schreiben Minutolis an den Magistrat vom 27. April 1848, in: LAB StA, Nr. 2445, Bl. 32.

19 Gutachten Nobilings vom 17. April, Nachschrift (Anm. 3), Bl. 15 Rs. Ähnlich später auch z.B. Ägidi, Gegen die Signatura temporis, S. 104.

20 Eine für den 10. April in London geplante Demonstration der Chartisten wurde verboten (Versammlungen außerhalb der ‚Bannmeile‘ um das Parlament dagegen erlaubt) und durch die massive Präsenz von mehrerer tausend Konstablern unterbunden – während sich die insgesamt siebentausend in Reserve gehaltenen Soldaten ‚unsichtbar‘ machten. Der britischen Regierung gelang es auf diese Weise, den Chartisten, einer frühen Wahlrechts- und (zugleich) Arbeiterbewegung, die bis zu diesem Zeitpunkt erheblichen Einfluß besessen hatte, politisch das Rückgrat zu brechen; vgl. *auch S. 596 f.* sowie den Überblick bei Hachtmann, Hauptstädte in der europäischen Revolution.

zurückzugewinnen. In letzterer Funktion begannen die Truppen in Berlin seit Jahresmitte immer sichtbarer Präsenz zu demonstrieren. Dadurch wiederum wurde die Bürgerwehr, schon aus Selbsterhaltungswillen, weiter an die Seite der demokratischen Bewegung Berlins getrieben.[21] Da sie jedoch zugleich ihre Rolle als freiwillige Polizei-Reserve (die einzugreifen hatte, wenn sich größere Unruhen zu entwickeln drohten) weiter spielen mußte, geriet sie immer wieder zwischen die Fronten und ins Schußfeld der Kritik fast aller politischen Strömungen.

Einsatzfähigkeit, militärische Schlagkraft und Selbstverständnis der Bürgerwehrleute der ersten Stunde

Eines der größten Probleme der Bürgerwehr war von Beginn an die militärische Einsatzfähigkeit. Es fehlten anfangs nicht nur qualifizierte Bürgerwehr-Offiziere.[22] Schwerer wog, daß die übergroße Mehrheit der Mannschaften (so ihr späterer Kommandeur Rimpler) weder „in den Waffen geübt [noch] mit den Grundsätzen militairscher Disziplin und Ordnung bekannt gemacht worden war". Zwar hatte das Gros der Mannschaften gedient, aber das war schon lange her. Es kam immer wieder zu Unfällen, von denen einige tödlich ausgingen. Gegenstand konservativen Ärgers war vor allem das lockere Verhältnis vieler Bürgerwehrmänner zu ihren Dienstpflichten. Allzu häufig, klagte Rimpler, kam es vor, „daß Patrouillen und Ablösungen Abends in Bierhäusern einkehrten, Schildwachen sich auf die Stühle setzten und gemüthlich die Cigarre rauchten."[23] Das vielbeklagte unmilitärische Erscheinungsbild der Bürgerwehr, das „Stoff zu hundert Komödien" bot[24], war nicht das einzige und nicht einmal das größte Problem, mit dem ihre Organisatoren zu kämpfen hatten. Schon bald stellte sich nämlich heraus, daß angesichts der Unbequemlichkeiten des Wachdienstalltags

---

21 Beschleunigt wurde dieser Prozeß dadurch, daß in die zahlreichen Prügeleien zwischen Soldaten und Zivilpersonen zumindest in Einzelfällen auch Mitglieder der Bürgergarde hineingezogen wurden; vgl. Springer, Berlins Straßen, S. 157.

22 Dieser Schwierigkeit suchte Nobiling dadurch zu begegnen, daß er sich von der Militär-Kommandantur „ein Verzeichnis inaktiver, für diesen Zweck geeigneter Offiziere" erbat. Dieser Maßnahme sei „ein besserer Erfolg" beschieden gewesen. Die Bürgerwehr habe dadurch auch in gesinnungsmäßiger Hinsicht „mehrere ausgezeichnete Führer erworben". (Nobiling, Bürgerwehr, S. 34 bzw. 37.) Vgl. auch ders. nach: Prittwitz, Berlin, S. 397, 408 f., sowie Gutachten Nobilings vom 17. April (Anm. 3), Bl. 5. Außerdem wurden mehrere Polizeioffiziere zu Bürgerwehrhauptleuten, Polizeisergenten zu Unteroffizieren der Bürgerwehr ernannt; vgl. Personen und Zustände, S. 13.

23 Rimpler, Bürgerwehr, S. 4.

24 Boerner, Erinnerungen, II, S. 13. Die Berichte über unmilitärisches oder undiszipliniertes Auftreten der Bürgerwehr bis Ende März sind in der Tat zahlreich.

nominelle und faktische personelle Stärke der Bürgerwehr immer weiter auseinanderklafften.

„Gestern morgen", berichtete der Redakteur der ‚Spenerschen‘, Julius Curtius, in einer Erklärung vom 23. März, „war ich auf der Schönhauser Thorwache. Die dort befindlichen Bürger hatten vorgestern Abend um 6 Uhr die Wache bezogen und waren um 10 Uhr folgenden Tages noch nicht abgelöst; von den 32 Mann, die daselbst ursprünglich standen, waren nur noch acht dort; die übrigen waren, weil sie ihr Geschäft, weil sie die Sorge für und von Weib und Kind nach Hause rief, nicht mehr da."[25]

Das war kein Ausnahmefall. Nach einer Stichprobe, die Saegert – Vertrauter Friedrich Wilhelms IV. und eine der ‚grauen Eminenzen‘ der Bürgerwehr – Ende März oder Anfang April durchführte, galt dies tendenziell für die Wachen sämtlicher Bürgerwehr-Bataillone: Am Tage sollten für Wachdienste insgesamt 396 Bürgerwehrmänner aufgeboten werden; tatsächlich traf Saegert nur 343 oder 86,6% der Soll-Stärke an. Bei den nächtlichen Wachtdiensten war diese Differenz nach den Mitteilungen Saegerts noch größer; statt der insgesamt 307 Mitglieder der Bürgerwehr, die des Nachts eigentlich ihrer Pflicht hätten Genüge tun müssen, fand er nur 222 oder 72,3% vor.[26] In der Folgezeit sank das Pflichtbewußtsein der bürgerlichen Wehrmänner weiter. „Da man niemals mit Sicherheit auf das Erscheinen einer bestimmten Anzahl von Wehrmännern hoffen durfte", berichtete der Stadtverordnete und Bürgerwehrmann Rudolf v. Gneist aufgrund eigener Erfahrung, mußten infolgedessen „besonders bei nächtlichem Alarm immer ganze Bataillone aufgeboten werden".[27]

Dem Problem, daß bei Generalmärschen oder Teilmobilisierungen meist nur eine Minderheit der alarmierten Bürgergardisten auf der Bildfläche erschien, kam man bis zur Auflösung der Bürgerwehr nicht bei – auch nicht durch Statuten, die eine größere Zahl der Kompanien in Eigenregie erarbeitete. Die Krux war nämlich, daß lediglich „Ehrenstrafen" verhängt werden konnten, schlimmstenfalls „die Ausschließung aus der Compagnie mit Wegnahme der Waffe" zeitweise oder für immer.[28] Der erlahmende Schwung innerhalb des „Korps bewaffneter

---

25 In: SZ vom 25. März 1848. Auch Nobiling (Gutachten vom 17. April 1848 [Anm. 3], Bl. 12 Rs.) mußte eingestehen: „Des Nachts hatte sich oft ein Theil der Wachtmannschaften entfernt, ja es fanden sich zuweilen die wichtigsten Posten unbesetzt."

26 Nach: GStA, Rep. 192, NL Saegert, Nr. 12. Die Aufstellung ist undatiert. Aus den Angaben Saegerts über die Gesamtstärke der Bürgerwehr (insgesamt 19 761 Mann, ohne Schützengilde und fliegende Corps) läßt sich schließen, daß er seine Erhebung Ende März oder in den ersten Apriltagen durchführte.

27 Gneist, Berliner Zustände, S. 12. Zu Gneist vgl. KBA.

28 Rimpler, Bürgerwehr, S. 6. Die von Rimpler zusammengetragene Liste strafwürdiger und wohl auch häufigster Vergehen – vor allem: „Versäumung der Wachen ohne Entschuldigung" und „Nachlässigkeit und Trunkenheit im Dienst, Verlassen desselben ohne Erlaubniß" – sagt gleichfalls einiges über den inneren Zustand der Bürgerwehr aus. Das Bürgerwehrkommando selbst

Spießbürger" (Paul Boerner) war im übrigen ein strukturelles Phänomen, das in der Konstruktion der Institution ‚Bürgerwehr' angelegt und schon in früheren Phasen dort zu beobachten war, wo Bürger zusätzlich zu ihrer beruflichen Tätigkeit zu polizeiähnlichen Aufgaben verpflichtet wurden. Unlust und unmilitärisches Verhalten von Bürgerwehrleuten ließen sich 1848 ebenso in anderen Städten und Regionen beobachten.[29]

Die Last mit den Wachtdiensten war es in erster Linie, die das Gros der Bürgerwehrmänner veranlaßte, in der letzten Märzwoche lautstark die Rückkehr der Militärs zu verlangen. Soldaten sollten erneut – wie schon vor dem 18. März – zumindest für die Mehrzahl der öffentlichen Gebäude die Bewachung übernehmen. Die Forderung nach Rückkehr der Truppen war zugleich aber auch ein Indiz für die konservative, königstreue Haltung fast der Gesamtheit der Bürgerwehrmänner der ersten Stunde. Die mehrfach demonstrierte, bedingungslose Ergebenheit gegenüber dem König war nicht vorgetäuscht. Sie entsprach der inneren Überzeugung der meisten anfangs in der neuen Miliz dienenden Bürger.[30] Mit Fug und Recht konnte Friedrich Wilhelm IV. die Bürgerwehr in den ersten Wochen ihres Bestehens als ein ihm bedingungslos ergebenes politisches und militärisches Instrument betrachten.[31] Damit dies auch so bliebe, würdigte der König die monarchische Gesinnung ‚seiner' Bürgerwehr wiederholt ostentativ, so während seines nationalen Umritts vom 21. März, als er den Bürgerwehrwachen seinen besonderen Dank für deren „Treue" und „mühevollen Dienste" aussprach, oder am 25. März, als er in Potsdam den anwesenden Offizieren versicherte, er habe „sich niemals freier und sicherer als unter dem Schutz meiner Bürger" gefühlt.[32] Auch sonst suchte der König anfangs des öfteren die „unmittelbare Berührung" mit den im Schloß stationierten Abteilungen der Bürgermiliz, „trat in ihre Wachtzimmer und unterhielt sich mit den Einzelnen". Die

---

rief erst am 30. Mai eine Kommission ins Leben, die für die gesamte Berliner Bürgerwehr ein einheitliches Statut ausarbeiten sollte; im einzelnen: ebd., S. 6-9.

29 Im Vergleich zur Bürgerwehr in manchen hessischen Städten scheint die Bürgergarde in der preußischen Metropole sogar noch recht schlagkräftig gewesen zu sein; vgl. Wettengel, Revolution, S. 475 ff. Zu den Problemen der Wirksamkeit freiwilliger Bürgerwachen im 18. Jahrhundert vgl. z. B. Carsten Küther, Räuber, Volk und Obrigkeit. Zur Wirkungsweise und Funktion staatlicher Strafverfolgung im 18. Jahrhundert, in: Heinz Reif (Hg.), Räuber, Volk und Obrigkeit. Studien zur Geschichte der Kriminalität in Deutschland seit dem 18. Jahrhundert, Frankfurt a. M. 1984, bes. S. 26 f.

30 Anschauliche Schilderungen solcher Demonstrationen unbedingter Loyalität den Hohenzollern gegenüber geben: Prittwitz, Berlin, S. 343 f.; Nobiling, Bürgerwehr, S. 35 bzw. ders., Gutachten vom 17. April 1848 (Anm. 3), Bl. 13 Rs.; vgl. außerdem Roon, Denkwürdigkeiten, I, S. 137, 139; Gerlach, Denkwürdigkeiten, S. 143; Rachfahl, Friedrich Wilhelm IV., S. 251.

31 Vgl. Schreiben Friedrich Wilhelms IV. an Camphausen vom 30. März bzw. an Metternich vom 18. April 1848, in: Brandenburg, Briefwechsel, S. 24 f. sowie ‚Aus Metternichs nachgelassenen Papieren', hg. von seinem Sohn Fürst Richard Metternich-Winneburg, II. Teil, Bd. 5, Wien 1883, S. 608.

32 Vgl. *S.212, Anm. 20, bzw. S. 262.*

Ausrüstung für die Nachtwache.

Umgebung des Monarchen bemühte sich gleichfalls um ein freundliches Verhältnis zur neuen Besatzung.[33] Wie wenig die Bürgerwehrmänner der ersten Stunde sich als ‚Revolutionsmänner' verstanden, zeigten sie, als sie sich zunächst dafür entschieden, die preußische und nicht die deutsche Kokarde zu tragen.[34]

Noch Mitte Mai sprach Friedrich Wilhelm IV. der kommunalen Miliz „seinen wärmsten und innigsten Dank für die große Aufopferung" aus, mit der diese, unter „den größten Opfern und Entbehrungen für den Einzelnen, für die Auf-

---

33 Die Herren über Küche und Vorratskammern des Stadtschlosses etwa zeigten sich „nicht wenig freigiebig" und bewirteten die Bürgerwehrmänner gastlich. Diese schienen ihrerseits an dieser privilegierten Stellung nichts zu finden und setzten „der Annahme der splendiden Lieferung von Wein und kalter Küche nicht allzu große Hindernisse entgegen". (Personen und Zustände, S. 13 bzw. Wolff, RC, I, S. 332.)

34 Die Mehrheit des von Minutoli geführten ‚Bürgerwehr-Comités' sprach sich am 20. März ausdrücklich für die preußische Kokarde aus. Umgestimmt wurden die Comité-Mitglieder endgültig erst durch den nationalen Umritt des Königs am 21. März; vgl. ebd., S. 331, sowie Nobiling, Bürgerwehr, S. 25 f. Kokarden (abgeleitet vom französischen coq = „Hahn") waren in Frankreich im 18. Jahrhundert zunächst schleifenartige militärische Feldabzeichen; seit den französischen Revolutionen fanden sie in den trikoloren Farben in Form einer gefalteten Rosette allgemeine Verbreitung.

rechterhaltung der Ruhe gesorgt" habe.[35] Höhe- und Schlußpunkt des innigen Verhältnisses zwischen König und Bürgerwehr war am 16. Mai eine Ansprache Friedrich Wilhelms IV. an die Majore der städtischen Miliz.[36] Nachdem während des Konflikts um die Rückkehr des Prinzen von Preußen das erste Mal sichtbar geworden war, daß weite Teile der bürgerlichen Wehr nicht mehr vorbehaltlos auf Seiten der alten Mächte standen, kühlte sich das Verhältnis des Königs zur Bürgergarde der preußischen Landeshauptstadt merklich ab. Ein Aufmarsch von 15 000 Bürgerwehrmännern am 23. Mai, gedacht als ‚Vertrauensparade' für die Krone, die am Abend zuvor den wenig später von der Nationalversammlung abgelehnten Verfassungsentwurf der Öffentlichkeit vorgelegt hatte, kaschierte dies nur oberflächlich. Der 1. Juni mit dem Rücktritt Aschoffs und mehrerer konservativer Bürgerwehroffiziere markiert dann definitiv das Ende der freundschaftlichen Beziehung zwischen dem Monarchen und der Bürgerwehr. Der Zeughaussturm und das vermeintliche Versagen der städtischen Bürgermiliz dabei sowie der Rücktritt des erst zehn Tage zuvor zum Bürgerwehrkommandeur gewählten Blesson am 15. Juni zogen den endgültigen Bruch nach sich.

Schon zuvor hatte die Heeresführung in der Bürgerwehr eine unliebsame Konkurrenz gesehen. Die Bewaffnung der Berliner Bürgerschaft paßte nicht in das militärpolitische Konzept der Hohenzollern-Monarchie, weil sie das militärische Monopol der Armee in Frage stellte. In den Augen der Armeeführung und der staatlichen Obrigkeit bestand das ganze Jahre 1848 die Gefahr, daß sich die Bürgerwehr (zusammen mit der Landwehr) zu einer volkstümlichen Alternative zur traditionellen Armee auswachsen konnte. In der ersten Phase der Existenz der Bürgerwehr, in der diese eher Retter in der Not als eine politische Bedrohung war, blieb die Kritik militärischer Stellen und staatlicher Behörden an dem neuen Konkurrenten freilich verdeckt. Im Laufe der folgenden Monate, und vor allem nachdem auch der König zu „seinen Bürgern" auf Distanz gegangen war, ließ sich dann immer weniger übersehen, daß das Kriegsministerium und die anderen staatlichen Institutionen den Ausbau der Bürgerwehr zu einem ernst zu nehmenden militärischen Faktor systematisch zu hintertreiben versuchten.[37]

---

35 So der König in einer Rede am Vormittag des 16. Mai, während einer ‚Musterung' sämtlicher Abteilungen der Bürgerwehr, nach: VZ vom 17. Mai 1848.

36 Vgl. hierzu und zur Bürgerwehrparade vom 23. Mai neben den Berichten der Tagespresse: Personen und Zustände Berlins, S. 42-45; Wolff, RC, II, S. 546 f., III, S. 25; Rimpler, Bürgerwehr, S. 28 ff.; Boerner, Erinnerungen, II, S. 223. Mit seiner Ansprache suchte der König die städtische Ordnungsmacht, vor allem deren Offiziere, in der Auseinandersetzung um die Rückkehr des Prinzen von Preußen auf seine Seite zu ziehen.

37 Aufschlußreich vor allem: Tagesjournal der Berliner Bürgerwehr, etwa die Eintragungen vom 17. Juli und 11. August 1848, in: LAB StA, HS 141, nicht pag. Bereits Anfang Juni hatte der Innenminister Auerswald der PrNV gegenüber erklärt, daß die Regierung „Bedenken" habe, „mit der ferneren Verausgabung von Waffen in Berlin vorzugehen, bevor nicht durch ein Gesetz [...]

Noch Mitte April (und möglicherweise auch späterhin) war die Bürgerwehr gezwungen, „mit einem Theile der Gewehre zu wechseln, da alle Mannschaften unmöglich mit Waffen versehen werden" konnten.[38] Erfolgreich wurde außerdem der von einem eigens zu diesem Zweck ins Leben gerufenen, rührigen ‚Bürgerwehr-Artillerie-Verein' angestrebte Aufbau einer eigenständigen *Artillerie* unterbunden.[39] Die Gründung einer separaten, im Sommer 150 bis 160 Mann starken Abteilung *berittener* Bürgerwehrleute, die vornehmlich repräsentative Aufgaben wahrnahmen, wurde dagegen seitens der Ministerien aktiv unterstützt.[40]

die Art und Weise" der Verteilung der Waffen und der Einbindung der Bürgerwehr in das staatliche Institutionengefüge festgestellt sei.

38 Nobiling, Gutachten vom 17. April 1848 (Anm. 3), Bl. 8, sowie Zirkular des ‚Bewaffnungs-Comités' an die Hauptleute der Bürgerwehr vom 25. März 1848, in: ZBSt, 1848 Flg., M. 4. Weitere Gewehre wurden der Bürgermiliz mit der Begründung vorenthalten, daß „die noch im Zeughause befindlichen für die Mobilmachung der Armee bleiben müßten". (Ebd.) Vgl. auch Blesson, Bürgerwehr, S. 16. Ebenso schlecht war die Bürgerwehr mit Patronen und Zündhütchen ausgestattet; vgl. LAB StA, HS 161.

39 Ein Grund dafür war das vom ‚Bürgerwehr-Artillerie-Verein' in einer Erklärung Mitte Juni vorgestellte Konzept, wonach die Bürgerwehr sich nicht auf „bloßen Wacht- und Polizeidienst" beschränken, sondern „einen großen und wichtigen Theil des neu zu schaffenden *Volksheeres* bilden sollte", und dafür „auch eine Artillerie ihr nicht fehlen dürfe." Anfang Mai erklärte die Obrigkeit dem Verein bedauernd, daß man sich „höheren Orts gegen eine solche erklärt" habe. Auf nochmalige Nachfrage wurde dem Verein am 18. Mai bestätigt, daß Friedrich Wilhelm IV. „die Errichtung einer Bürgerwehr-Artillerie nicht für erforderlich erachte". (Erklärung des Bürgerwehr-Artillerie-Vereins, undat., in: ZBSt, 1848 Flg., M. 13, sowie in BZH vom 23. Juni; SZ vom 20. Juni; VZ vom 22. Juni sowie DArZ vom 24. Juni 1848.) Der Verein gab seine Bemühungen zwar nicht auf; vgl. z.B. NZ vom 28. Juli; KrZ vom 6. Sept. 1848. Sie blieben jedoch angesichts der weitreichenden Konsequenzen für die Struktur des preußischen Heeres und der Verschiebung des politischen Kräfteverhältnisses seit Spätsommer 1848 ohne Erfolg. Ins Auge gefaßt wurde die Schaffung einer Bürgerwehr-Artillerie auch anderswo, u. a. in Wien, Frankfurt a. M. und Hannover. Neben Berlin hatten sich innerhalb Preußens außerdem in Breslau und Köln Bürgerwehr-Artillerie-Vereine gebildet.

40 Bereits am 24. März ritt das erste Mal „eine nicht unbeträchtliche Anzahl stattlicher Reiter mit schwarzem Frack, der deutschen Binde um den Arm und gezogenen Degen auf herrlichen Pferden zu einer kleinen Schau die Linden entlang." (SZ vom 24. März 1848.) Vgl. außerdem undat. Notiz, in: GStA, Rep. 94, IV. O. b., Nr. 31, Bl. 56; Rimpler, Bürgerwehr, S. 19. Darüber hinaus wurde der Bürgerwehr das traditionsreiche Schützenkorps, das Mitte April aus etwa 350 Mann bestand, angegliedert. Vier Wochen nach der Märzrevolution bildete sich daneben noch ein gesondertes Scharfschützenkorps der Bürgerwehr mit 170 Mann; vgl. SZ vom 14. April und VZ vom 15. April 1848; Rimpler, Bürgerwehr, S. 17. Ein ‚Jungschützen-Banner' trat lediglich mit seiner „Wehrverfassung" und seinem „Disciplinargesetz" an die Öffentlichkeit; als Flg., undat. (April 1848), in: ZBSt, 1848 Flg., M. 6.

Soziale Zusammensetzung

„Ganz absichtlich" war in einer provisorischen Instruktion vom 19. März „*nicht* gesagt worden, wie weit und auf wen sich die Bewaffnung überhaupt erstrecken sollte."[41] Theoretisch, das war in der Bekanntmachung vom 19. März ausdrücklich festgelegt worden, durften auch ,Schutzverwandte', d.h. männliche, erwachsene Einwohner Berlins, die das Bürgerrecht nicht besaßen, Mitglied der Bürgermiliz werden. Daß der neuen „Institution so weit als irgend möglich der Charakter der Bürgerlichkeit erhalten werden möge", war intern freilich schon sehr frühzeitig festgelegt worden: auf einer Versammlung der Hauptleute der neuen Miliz am 22. März.[42] Genau genommen war mit diesem Beschluß wiederum nur formal nachvollzogen, was Krausnick am 19. März dem König versprochen hatte, bevor dieser die offizielle Erlaubnis zur Konstituierung der Bürgerwehr gegeben hatte: daß „nur die eigentlichen Bürger und die sonst zuverlässigen Personen, nicht aber die ungebundene Masse der besitzlosen, untersten Klassen" in die neue Miliz aufgenommen werden dürften. Durch zwei Maßnahmen verhalf man in der Anfangsphase den Prinzipien der Bürgerlichkeit und unbedingten Loyalität gegenüber den alten Gewalten innerhalb der städtischen Miliz wirkungsvoll zur Durchsetzung:

(1.) In einem Erlaß vom 20. März 1848 hatte der Ministerpräsident „die Herren Directoren der hiesigen Königlichen Behörden ersuch[t] [...], die *Beamten ihres Ressorts anweisen zu wollen, sich, so viel es der Dienst gestattet, der Bürger-Garde anzuschließen.*"[43] Die Angesprochenen mochten sich der Aufforderung ihres Dienstherrn nicht entziehen. Beamte aller Ministerien, der Gerichte und andere Staatsbedienstete, „die das Bureau und der grüne Tisch bisher der Öffentlichkeit entzogen hatte", stellten in den ersten Wochen nach der Märzrevolution einen erheblichen Prozentsatz der Bürgerwehrmannschaften. Infolgedessen konnte man „viele Räthe und Geheime Räthe" einfache Bürgerwehrmänner „auf den Wachen und bei anderen Zusammenkünften eifrig belehren" hören; „wer aufmerksam war, dem schallte aus jeder Rede heraus ,mit Gott für König und Vaterland".[44]

---

41 Nobiling, Bürgerwehr, S. 12; ähnlich auch ders., Gutachten vom 17. April 1848 (Anm. 3), Bl. 3.
42 Nobiling, Bürgerwehr, S. 30.
43 Im Wortlaut in: Wolff, RC, I, S. 289 f.; vgl. auch Hofmann, Ministerium, S. 45; Kaeber, Berlin, S. 116.
44 Zitate: Wolff, RC, I, S. 289; VZ vom 25. März 1848; Personen und Zustände, S. 7. Vgl. außerdem z. B. Rimpler, Bürgerwehr, S. 16; Boerner, Erinnerungen, II, S. 11 f., oder Bismarck, Erinnerung und Gedanke, S. 21.

Bürgerwache und Geist aus dem Friedrichshain

(2.) In den öffentlichen Bekanntmachungen hatte man die Absicht, die unterbürgerlichen Schichten von einer Mitgliedschaft in der Bürgergarde auszuschließen, nicht auszusprechen gewagt. „Das Aufstellen eines Princips hierüber, das Erörtern desselben hätte damals in die schlimmste Richtung, ja zum Verderben führen können", begründete Nobiling diese Zurückhaltung nach außen hin. Formal blieb es „dem Ermessen und der Einsicht der Bezirke" (d.h. in erster Linie den Offizieren der nach Bezirken organisierten Bürgerwehr) überlassen, „wie weit sich die Bewaffnung erstrecken sollte".[45] Durch die Praxis der Rekrutierung der Mitglieder der Bürgerwehr und der Verteilung der Waffen wurden Barrikadenkämpfer sowie Angehörige der Unterschichten gezielt ausgeschlossen.[46] „Einzelnen Arbeitern", die sich später in Bezirksversammlungen darüber beschwerten, daß sie nicht zur Bürgerwehr zugelassen wurden, hielt man das fadenscheinige Argument entgegen, sie hätten sich ja bei den Bezirksvorstehern

---

45 Nobiling, Gutachten vom 17. April 1848 (Anm. 3), Bl. 3.
46 Vgl. exemplarisch die Eintragung Saegerts vom 20. März 1848, in: GStA, Rep. 192, NL Saegert, Nr. 5, Bl. 7.

(die von den städtischen Behörden eingesetzt wurden) melden können. Verlogen war dies deshalb, weil auch diese sorgsam darauf achteten, daß nur ‚zuverlässige' Bürger für die städtische Sicherheitswehr rekrutiert wurden. Trotz des formalen Zugeständnisses, daß auch Schutzverwandte Zugang zur Bürgerwehr haben sollten, galt jedenfalls für die Anfangsphase: „Der Bürgerbrief veschaffte die Berechtigung, Waffen zu tragen, welche dem Volk verheißen worden war."[47] De facto (so konstatierte Victor v. Unruh später bedauernd) „fanden sich Arbeiter mit Ausnahme der Maschinenbauer größtentheils ausgeschlossen, während speckbäuchige Börsenmänner mit der Muskete Schildwache standen."[48]

Ergänzt wurde das Prinzip der sozialen Abschottung der Bürgerwehr nach unten durch eine systematische Einziehung der Waffen, die die Barrikaden-kämpfer der Berliner Märzrevolution sich am 18. März verschafft hatten. Am 10. und 22. April sowie am 31. Mai erließ der Magistrat Bekanntmachungen, daß alle ‚Unbefugten' ihre Waffen, die sie sich am 18. März genommen hatten, wieder abliefern sollten. Daß diese Aufforderung einer Entwaffnung der Un-terschichten gleichkam, ist einer Liste der in der Zeit vom 11. April bis zum 5. Juni 1848 im Cöllnischen Rathaus abgegebenen Waffen (einschließlich Klei-dungs- und Armaturstücke) zu entnehmen. Von den insgesamt 152 verzeichne-ten Personen gehörte die weit überwiegende Mehrheit dem Arbeiter- bzw. Ge-sellenstand an.[49] Denjenigen, die ihre Waffen für mögliche spätere Ausein-andersetzungen verwahrten und denunziert wurden, wurde der Prozeß ge-macht.[50] Indem die versprochene Volksbewaffnung zu einer Bürgerbewaffnung „verkümmerte" (Sigismund Stern), wurde das Mißtrauen des „Arbeiterstandes" gegen die Bürgerwehr als neue Ordnungsmacht geschürt. Besonders die Ereig-nisse vom 14. Juni sowie vom 16. und 31. Oktober legen davon Zeugnis ab. Die Unterschichten beäugten die bürgerliche Kommunalgarde auch noch mißtrau-isch, nachdem die Mehrheit der Bataillone sich seit Sommerbeginn längst zu Bündnispartnern der demokratischen Bewegung gemausert hatte.

Exakte Angaben über die soziale Zusammensetzung der Berliner Bürgerwehr existieren nicht, da das Kommando der Bürgerwehr Mitte November 1848 sämt-liche Mitgliederlisten verbrannte, um die städtische Miliz auf diese Weise der

---

47 Springer, Berlins Straßen, S. 56.

48 Unruh, Erfahrungen, S. 71; vgl. auch eine entsprechende Feststellung Moritz Lövinsons (KBA) während der Sitzung des Politischen Klubs vom 29. März, nach: Wolff, RC, I, S. 460.

49 Vgl. die von Hoppe/Kuczynski (Berufsanalyse, S. 273-276) zusammengestellte Liste.

50 So wurde ein Zeugschmiedegeselle, der am 19. März zwei Infanteriegewehre an sich genommen hatte, zu einer Strafe von sechs Talern verurteilt; vgl. ‚Publicist' vom 5. Sept.; VZ vom 7. Sept. 1848. Der Gesamtbestand der Waffen, der von Angehörigen der Unterschichten seit der März-revolution verwahrt und bis Ende 1848 nicht entdeckt wurden, muß allen Strafandrohungen zum Trotz insgesamt beträchtlich gewesen sein; vgl. *S. 772 ff.* Das folgende Zitat: Stern, Ge-schichte des deutschen Volkes, S. 131.

Entwaffnung durch das Militär zu entziehen.[51] Dennoch kann darüber, daß sie in sozialer Hinsicht auch tatsächlich ‚bürgerlich' und ‚mittelständisch' war (anfänglich mit einigen aristokratischen Einsprengseln aus der höheren Beamtenschaft), kein Zweifel bestehen. Der soziale Kontrast zwischen der Trägerschicht der Märzrevolution, dem ‚revolutionären Pöbel', einerseits und der übergroßen Mehrheit der Bürgerwehrmänner andererseits konnte auffallender kaum sein. Das war nicht nur ein Charakteristikum der Berliner Revolution: In fast allen Städten Europas (mit der prominenten Ausnahme insbesondere Roms) wurden Angehörige der unterbürgerlichen Schichten nicht zur Bürgerwehr zugelassen. Zwar blieb der bürgerliche und kleinbürgerliche Charakter der Berliner Bürgerwehr zeit ihrer Existenz erhalten. Das schloß indes gravierende soziale Umschichtungen keinesweg aus. Staats- und Kommunal*beamte* bildeten nur anfänglich ein dominantes Element. Insbesondere unter ihnen sowie unter den wohlhabenden Meistern scheint der anfängliche Enthusiasmus für den bewaffneten Dienst in der Bürgergarde bald der Ernüchterung gewichen zu sein. Die bürgerliche Schutzwehr war nämlich eine Freiwilligen-Miliz, in der man einen unbezahlten ‚Ehren'-Dienst verrichtete. Da der Wachdienst zu Lasten der Arbeitszeit ging, suchten sich die Gewerbetreibenden, deren Geschäft trotz der wirtschaftlichen Flaute noch einigermaßen lief, der Bürgerwehr zu entziehen.[52] Die Beamten wiederum konnten sich guten Gewissens in dem Maße von der Bürgerwehr fernhalten, wie ihre Dienstherren zu dieser Institution auf Distanz gingen. Das war schon bald der Fall. Unter dem Vorwande, sie würden ihren Dienst nicht mehr pflichtgemäß versehen, gingen die meisten staatlichen Behörden bereits seit April dazu über, ihre Beamten und Angestellten aus der Bürgergarde herauszuziehen.[53] Wettgemacht wurde der Verlust an nomineller Stärke, der der Bürgerwehr durch den Rückzug der Beamten und der wohlhabenden Meister entstand, durch einen Zugang aus den Kreisen der verarmten Selbständigen.[54] Selbst unter den Erdarbeitern befanden sich Mitglieder der Bürgerwehr.[55] Der

---

51 Vgl. NZ vom 13. Nov. 1848; Eintrag Varnhagens vom 13. und 15. Nov. 1848, in: ders., Tagebücher, Bd. 5, S. 286, 290; Springer, Berlins Straßen, S. 246.

52 Die bürgerliche Öffentlichkeit zeigte dafür Verständnis; vgl. bereits SZ vom 24. März 1848. Seit Mitte Juni kursierende Vorschläge, eine „Aufwandsentschädigung" einzuführen, wurden nicht verwirklicht; vgl. VZ vom 29. Juni 1848.

53 Den Anfang machten die Polizeibeamten, die massenhaft die Bürgerwehr verließen, nachdem ihr Chef Minutoli das Amt des Kommandeurs der städtischen Miliz niedergelegt hatte; „ihnen folgte ein Theil des Richterstandes […] um jedem etwaigen Bedenken gegen die Unparteilichkeit der Richter vorzubeugen" (Rimpler, Bürgerwehr, S. 16 f.).

54 So berichtete z.B. ein Offizier der Bürgerwehr, der Instrumentenmacher Heinrich Benary (KBA), während der Sitzung des Politischen Klubs am 18. April, die Mitglieder der Bürgerwehr seien „meistens Leute aus dem kleinen und mittleren Handwerkerstande". (Wolff, RC, II, S. 220.) Vgl. auch Bergmann, Wirtschaftskrise, S. 218, Anm. 118.

55 Vgl. Protokoll der Sitzung der Forst- und Oeconomie-Deputation vom 7. April sowie der Stadtverordnetenversammlung vom 8. April 1848, in: LAB StA, Rep. 03, Nr. 654, Bl. 42 Rs. bzw.

bürgerlich-aristokratische Charakter der Bürgerwehr veränderte sich allmählich in Richtung auf einen kleinbürgerlich-proletaroiden hin, ohne daß allerdings das bürgerliche Element völlig verschwand.

Bedeutsam sind die inneren soziale Veränderungen der Berliner Bürgerwehr für die politischen Konstellationen in zweierlei Hinsicht: Erstens verlor mit dem Ausscheiden vieler Beamter, die sich schon aufgrund ihrer beruflichen Situation häufig zu unbedingter Loyalität gegenüber der Krone verpflichtet fühlten, die konservative Strömung innerhalb der Bürgerwehr an Gewicht. Zweitens dürfte sich durch den Zustrom von Angehörigen verarmter kleinbürgerlicher Schichten die soziale Distanz zwischen Bürgerwehr und Unterschichten, die von der Mitgliedschaft in dieser ‚revolutionären' Institution ja ausgeschlossen worden waren, verringert haben. Daß sich die Bürgerwehr insgesamt seit Sommerbeginn demokratischen Tendenzen stärker öffnete, lag drittens auch an Veränderungen der Altersstruktur: Glaubt man den ironischen Bemerkungen Gneists[56] sowie anderer und verallgemeinert man sie, stöhnten besonders Ehemänner und Familienväter über den Bürgerwehrdienst. Wenn sich vor allem diese Gruppe bei erstbester Gelegenheit der Bürgerwehr entzog, dann folgt daraus im Umkehrschluß, daß der Anteil der ledigen und (neuen Ideen im allgemeinen stärker zugeneigten) jüngeren Männer zunahm. Gleichzeitig verschärften sich die Gegensätze zwischen dem Bürgerwehrkommando auf der einen Seite und den Mannschaften auf der anderen Seite. Denn die Bürgerwehr*führung* konnte ihre Herkunft aus dem gehobenen Bürgertum nicht verleugnen. Von den insgesamt 108 Bürgerwehr-Hauptleuten gaben im Frühjahr 17 ‚Fabrikant' und 36 ‚Kaufmann' als Beruf an (von den letzteren gehörten die meisten vermutlich zur Gruppe der ‚großen Kaufleute' und damit zur Wirtschaftsbourgeoisie). Weitere 25 sind anderen bürgerlichen Schichten zuzurechnen, so daß mehr als zwei Drittel zum Bürgertum im engeren Sinne zu zählen sind. Zwanzig Hauptleute der städtischen Miliz gehörten kleinbürgerlichen Schichten an.[57] Bis Juni war die Spitze der Bürgerwehr außerdem eindeutig konservativ getönt.[58]

Rep. 00, Nr. 128, ferner Wolff, RC, II, S. 110. Stark vertreten blieben die Lehrer, und zwar vor allem der Berliner Kommunal-Schulen.

56 Gneist, Berliner Zustände, S. 12.

57 Zu letzteren gehörten zehn Meister. Weitere acht waren (ehemalige) Offiziere, einer Polizei-Kommissar. Für zwei fehlen die Berufsangaben. Angaben nach: Verzeichnis sämtlicher Hauptleute der Bürgerwehr, undat. (April 1848), in: ZBSt, 1848 Flg., M. 7. Bis Nov. scheint sich, so läßt sich aus verstreuten Angaben schließen, die soziale Zusammensetzung der Bürgerwehrführung nicht wesentlich verändert zu haben. Lediglich die Zahl der Armee- bzw. Polizei-Offiziere dürfte sich nach dem Rücktritt von Aschoff und Blesson vermindert haben. Zur sozialen Dominanz des Wirtschaftsbürgertums unter den Bürgerwehroffizieren vgl. auch Kaelble, Unternehmer, S. 179; Helbach, Unternehmer, S. 442. Daß bereits bei der Gründung der Bürgerwehr in erster Linie Bürger, die als Berufsbezeichnung ‚Fabrikant' angaben, zu Hauptmännern ernannt wurden, ist einer Eintragung Saegerts vom 20. März 1848 (Anm. 46) zu entnehmen. In anderen Städten war die soziale Zusammensetzung der Bürgerwehroffiziere ähnlich; vgl. etwa Sperber,

Die ‚fliegenden Corps'

An dem Faktum, daß die kommunale Bürgergarde nur „der traurige Ersatz für eine Volksbewaffnung"[59] blieb, änderten auch die neun, mit den bewaffneten Maschinenbauern zehn ‚fliegenden Corps' nichts, die der Bürgerwehr angegliedert waren.

(I.) Trotz des Ferienanfangs trugen sich gleich bei der ersten Zeichnung 470 Universitätsangehörige in die Listen des fliegenden Corps der *Studenten* ein. Mitte April zählte dieses bewaffnete Corps sieben- bis achthundert Mitglieder[60], in der zweiten Jahreshälfte nurmehr (nach unterschiedlichen Angaben:) drei- bis fünfhundert. Unterteilt war die studentische Freiwilligentruppe in insgesamt vier Riegen, die sich wiederum aus vier Rotten zu je 20 bis 50 Mann zusammensetzten, symbolisch ‚bewaffnet' mit Schleppsäbeln u.ä., nicht jedoch mit Gewehren. Bis Mitte Mai 1848 muß dieses fliegende Corps eigentlich als bewaffneter Verband aller Universitätsangehörigen angesprochen werden, da es bis zu diesem Zeitpunkt unter Führung von Professoren stand. Diese hätten sich, so erinnert sich Boerner, „unendlich komisch" gemacht, als sie „mit eiserner Konsequenz ebenfalls ihre Waffen trugen und die steifen Glieder durch Exerzieren geschmeidig zu machen anfingen."[61] Für längere Zeit mochten sie deshalb in der Freiwilligenmiliz nicht ‚dienen'. Seit Mai wurde das studentische Corps dann auch tatsächlich von Studenten geführt. Je nachdem, wo die politischen Sympathien lagen, schloß sich der einzelne einer bestimmten Rotte an. So gab es eine konservative Rotte, die aus Mitglieder der Wingolf-Verbindung und mit ihnen politisch übereinstimmender Studenten bestand, eine eigene Rotte der Theologiestudenten (die sich ansonsten weitgehend eines politischen Engagements enthielten) und mehrere Rotten ‚gemäßigter' Studenten. Die zahlenmäßig stärkste, radikalste und unter den friedliebenden Bürgern am meisten gefürchtete war

---

Rhineland Radicals, S. 171. Verschärft wurde der Konflikt darüber hinaus durch einen Generationskonflikt: Das durchschnittliche Alter der Bürgerwehroffiziere, von denen Altersangaben vorliegen, lag mit 44 Jahren deutlich über dem der Mannschaften.

58 Der politischen Loyalität und Konformität der Führung der Bürgerwehr versicherte sich die Obrigkeit in den ersten Tagen nach der Märzrevolution durch ein so simples wie undemokratisches Verfahren: Die Offiziere wurden nicht gewählt, sondern von einflußreichen konservativen Bürgern wie Nobiling, Saegert und Liedke (KBA) einfach ernannt. Im Protokoll der Stadtverordneten-Sitzung vom 6. April 1848 wird lakonisch von „nicht ordnungsgemäßer Wahl vieler Offiziere" gesprochen. (Nach: LAB StA, Rep. 00, Nr. 128.)

59 Springer, Berlins Straßen, S. 56.

60 BZH vom 21. April 1848. Während der Semesterferien war die Zahl der Mitglieder des bewaffneten Studenten-Corps zeitweilig sogar auf nur zweihundert gesunken; vgl. Rimpler, Bürgerwehr, S. 17. Zur Entstehung und zum Aufbau des Studenten-Corps vgl. Obermann, Universität, S. 186 ff.; Boerner, Erinnerungen, I, S. 193 ff., 331; Lenz, Universität, Bd. 2. 2., S. 222 f.; Wolff, RC, I, S. 334; II, S. 131 f., 233, 331 ff.; Griewank, Studenten, S. 26.

61 Boerner, Erinnerungen, I, S. 195.

die nach ihrem Führer benannte ‚Rotte Monecke‘. Ihr äußeres Kennzeichen war eine Variante des ‚Heckerhutes‘, ein schwarzer Calabreserhut mit langer roter Feder. Diese radikal-demokratische Fraktion blieb freilich innerhalb des bewaffneten Corps in der Minderheit.[62]

(II.) Dem fliegenden Corps des *Handwerkervereins* gehörten 450 Gesellen an, die über 200 Gewehre verfügten. Hauptaufgabe des Handwerkercorps war es bis zum 14. Juni, das große Zeughaus zu bewachen. Zwar versicherte der Handwerkerverein in einer am 20. März verfaßten und in der Spenerschen Zeitung veröffentlichten Erklärung, daß seine bewaffneten Mitglieder privates und öffentliches Eigentum schützen und überdies dafür sorgen wollten, „daß die politische Gesinnung in dem allgemeinen Taumel nicht die Grenze überschreite, welche sich die preußischen Patrioten selbst gestellt haben."[63] Trotzdem galt das Handwerker-Corps vielen als „das gefährlichste Element für die jetzigen Zustände"; denn es bilde den „Übergang" zur Volksbewaffnung.

(III.) Im fliegenden Corps der *Künstler* sah man „Bauräthe und Oberbauräthe gleichzeitig mit den Eleven der Bauschule" und anderer Ausbildungsanstalten für Künstler Dienst tun.[64] Nach Angaben Nobilings waren die Künstler bereits um den 13. März zusammengetreten und hatten sich mit Säbeln u.a. leichten Waffen versehen, um die Museen und Sammlungen der preußischen Landeshauptstadt zu sichern. Anfangs nominell knapp 600 Mann stark, verlor es rasch an Mitgliedern, um dann später, nach Aufnahme der bewaffneten „Zöglinge" des Gewerbeinstituts, mit 400 Mann erneut eine recht ansehnliche Zahl in seinen Reihen zu organisieren.[65]

(IV.) Die ‚*Polnische* Legion‘ bestand überwiegend aus polnischen Studenten, die beschlossen hatten, sich nicht dem größeren Corps aus bewaffneten Univer-

---

62 Für die Feststellung, daß sich die ‚gemäßigten‘ Studenten in der Mehrheit befanden, spricht eine Bemerkung der Prinzessin Augusta, die sich in einem Brief vom 26. März 1848 an ihren Gatten, den Prinz von Preußen, findet. Danach zeigten „sich in Berlin die Studenten als Deine eifrigsten Verteidiger". Wohl nicht zufällig war auch das Objekt, das die Studenten zu bewachen hatten, das Palais des im ‚Volk‘ verhaßten Prinzen von Preußen. Nur die Studenten, „sie allein", konstatierte die Gattin des Thronfolgers, hätten „die Erhaltung des Palais zustande gebracht". (Nach: Obermann, Universität, S. 187 bzw. Thielbeer, Universität, S. 94.) Zur politischen Spaltung des bewaffneten Studenten-Corps vgl. auch BZH vom 19. Mai 1848, sowie Boerner, Erinnerungen, II, S. 19 ff. Zu Monecke vgl. KBA.

63 SZ vom 22. März 1848; vgl. auch Wolff, RC, I, S. 334 f.; ferner Kaeber, Berlin, S. 116. Zum folgenden (inkl. Zitate:) vgl. Aufzeichnungen Nobilings über die Bürgerwehr vom 16. April bis 2. Juni bzw. über den Zeughaussturm, in: GStA, Rep. 94, IV. O. b., Nr. 4, pars I, bes. Bl. 385 f. und 423 f.

64 Rimpler, Bürgerwehr, S. 103. Zur Rolle der Schüler der Bauakademie vgl. auch P. Wallé, Die Theilnahme von Bauakademikern an den Vorgängen des Jahres 1848, in: MVGB (Beilage), 15. Jg./1898, S. 11.

65 Vgl. VZ vom 28. März, BZH vom 16. Mai und 1. Juni 1848; NZ vom 18. Mai 1848; SZ vom 1. Juni und 9. Juli 1848 sowie Eintrag Varnhagens vom 31. März 1848, in: ders., Tagebücher, Bd. 4, S. 359.

sitätsangehörigen anzuschließen. Dieses Corps, das anfangs knapp 80, später 130 Mitglieder zählte, mit Säbeln bewaffnet war und sich am 20. März konstituiert hatte, war an rot-weißen Mützen und Federn zu erkennen. Bereits am 28. März nahm das Corps geschlossen seinen Abschied und kehrte nach Polen zurück, um am dortigen nationalen Befreiungskampf teilzunehmen.[66]

Die bisher genannten vier fliegende Corps konstituierten sich am 20. März als formal von der Bürgerwehr *unabhängige* Corps. Sechs weitere Gruppen waren dagegen von Anfang an in die Bürgerwehr integriert.

(V.) Gleichfalls im Laufe der ersten Tage nach der Märzrevolution konstituierte sich ein *Primaner*-Corps. Zur Entstehung dieses bewaffneten Corps kam es, weil „die Primaner des Köllnischen Realgymnasiums durch die Zerstörung der Klassenräume" während der stundenlangen Kämpfe um das Köllnische Rathaus am 18. März „unfreiwillige Ferien erhalten" hatten. „Attachiert" wurde dieses fliegende Corps der Gymnasiasten dem 5. Bataillon der Bürgerwehr, das aus Bewohnern der Nachbarbezirke des Köllnischen Rathauses gebildet worden war. Auch nach der Wiedereröffnung des Köllnischen Gymnasiums durften die Primaner, sofern es die Eltern gestatteten, aus „pädagogischen Gründen" in der Bürgerwehr bleiben. Sekundanern und Tertianern war die Mitgliedschaft in diesem Corps nicht erlaubt. Alles in allem war das Primaner-Corps klein: Anfang Juni zählte es „90 erwachsene Primaner aus verschiedenen Gymnasien", bis Mitte Juni hatte sich ihre Zahl auf 55 vermindert – mit weiter sinkender Tendenz, da die Aufnahme neuer Mitglieder von den Schulleitungen untersagt wurde.[67]

(VI.) Den „bewaffneten *Handlungs-Comis*" wurden am 21. März von Minutoli „vorläufig 100 Säbel verabreicht", so daß sie sich an den Nachtpatrouillen der Bürgerwehr beteiligen konnten. Wegen der „angestrengtesten Dienstleistungen" in ihrem Beruf, mit Arbeitszeiten bis zu 14 Stunden, sahen sie sich drei Wochen später freilich genötigt, ihre Unterstützung der Bürgerwehr „einstweilen zu suspendieren".[68] Auch nominell schmolz dieses bewaffnete Corps relativ rasch zu-

---

66 Nach einer längeren Odyssee und ohne an den bewaffneten Auseinandersetzungen in Posen teilgenommen zu haben, geriet der größte Teil der ehemaligen Berliner ‚Polnischen Legion' Ende April in preußische Kriegsgefangenschaft; vgl. Wolff, RC, I, S. 335 f., 492 f.; ferner *S. 663 ff.*

67 Sie waren mit der Bewachung des Köllnischen Rathauses, der Post, mit Patrouillen in der Nähe des Schlosses und Ordonanzdienst im Oberkommando der Bürgerwehr betraut. „Ähnliche Dienstleistungen" wurden auch „von den Zöglingen anderer Gymnasien durchgeführt." Zitate: Gilow (ein späterer Direktor des Köllnischen Gymnasiums), Bewaffnete Gymnasiasten in Berlin im Jahre 1848, in: MVGB, 29. Jg./1912, S. 158 f.; gemeinsame Erklärung des Gymnasialdirektors August (KBA) und des Bürgerwehrmajors Neumann in: VZ vom 8. Juni 1848.

68 Anträge des fliegenden Corps der ‚jungen Kaufleute' auf Kürzung der täglichen Arbeitszeit, Gleichstellung mit den anderen, relativ autonomen Einheiten der Studenten, Künstler und Handwerker sowie auf „eine bedeutend größere Anzahl von Säbeln" für die „Bildung eines Corps von 400 bis 500 Mann" wurden abschlägig beschieden. (Schreiben des Komités der bewaffneten Handlungs-Commis an die Ältesten der KKB vom 18. April sowie Antwort der letzteren vom 19. April 1848, in: LAB StA, Rep. 200-01, Nr. 143, Bl. 9-11.) Vgl. auch Rimpler, Bür-

sammen, auf 40 Mann Anfang August, um sich zu Beginn des folgenden Monats dann sang- und klanglos aufzulösen.[69]

(VII.) Die bewaffneten *Maschinenbauer* zählten in den ersten zwei Monaten knapp zweihundert Mann. Nachdem zahlreiche weitere Maschinenbauer mit Nachdruck erklärt hatten, auch sie wollten der bewaffneten Abteilung angehören, wurde ihre Zahl auf sechs- bis siebenhundert vergrößert und ihnen fünfhundert Gewehre ausgehändigt.[70] Unter dem Kommando Borsigs bildeten die Maschinenbauer vier Kompanien des 17. Bataillons der Bürgerwehr. Indem sie dem Eigentümer des größten Berliner Maschinenbauunternehmens unterstanden, ergänzten sich für sie ökonomische Abhängigkeit und militärische Unterordnung. Dennoch galten sie – wie das Handwerker-Corps – vielen Demokraten als „Kern und Keim eines kräftigen Volksheeres" der Zukunft.[71]

(VIII.) Ein Corps der Angehörigen des *Gewerbe-Instituts* setzte sich aus drei Sektionen zu je 32 Mitgliedern zusammen und stand – wie das der Gymnasiasten – unter dem Kommando der Direktoren. Anfang Juli fusionierte dieses fliegende Corps dann mit dem der Künstler.[72]

(IX.) Ein Anfang April gegründetes bewaffnetes ‚*Turner-Corps*' bestand aus 140 jungen Leuten im Alter zwischen 17 und 20 Jahren. Wegen „Mißhelligkeiten mit seinen Führern" löste es sich Ende Mai auf.[73]

(X.) Eine eigene Abteilung innerhalb der Bürgerwehr bildete schließlich das ‚*Veteranen-Jäger-Corps*', das aus dem 1843 gegründeten ‚Trauer-Verein ehemaliger freiwilliger Jäger und Waffengenossen aus den Jahren 1813, 1814 und 1815', dem größten Berliner Kriegerverein, hervorgegangen war. Dieses Corps zählte zwischen hundert und zweihundert meist ältere Mitglieder und war mit Büchsen

---

gerwehr, S.11; Boerner, Erinnerungen, II, S. 12; ‚Publicist' vom 29. März 1848; Wolff, RC, I, S. 431 f.

69 Vgl. BZH vom 11. Aug.; KrZ vom 6. Sept. 1848.

70 Vgl. Blesson, Bürgerwehr, S. 14; Rimpler, Bürgerwehr, S. 17. Ursprünglich hatten die Maschinenbauer, bzw. Carl Siegerist (KBA) in ihrem Namen, 3000 Gewehre verlangt, die auch nicht an Borsig, sondern unmittelbar an die Maschinenbauer selbst ausgegeben werden sollten; vgl. ‚Publicist' vom 13. Juli 1848.

71 Zitate: Boerner, Erinnerungen, II, S. 12; ähnlich auch Springer, Berlins Straßen, S. 60. Eher im Recht war – jedenfalls mit Blick auf die ersten Revolutionsmonate – der österreichische Botschafter. Er berichtete nach Wien, daß „die Gesinnungen dieser Arbeiter und ihres Chefs einige Garantie [böten], daß die Waffen nicht in unrechte Hände geriethen". (Bericht Trauttmansdorffs vom 3. Juni 1848, in: StA Wien, StK Preußen, K. 196, Bl. 359.) Ähnlich der bayerische Gesandte Lerchenfeld in seinem Bericht vom 3. Juni 1848, in: HStA München, Nr. 2627. Zum politischen Selbstverständnis der Maschinenbauer, die Sommer 1848 dann allerdings einen Radikalisierungsprozeß durchmachten, vgl. bes. *S. 412 ff.*

72 Vgl. Bericht Minutolis vom 1. Juli 1848 (Anm. 8), Bl. 36 Rs.; VZ vom 11. April; SZ vom 26. Mai 1848.

73 Vgl. VZ vom 14. April; SZ vom 26. Mai und NZ vom 28. Mai 1848; Nobiling, Gutachten vom 17. April 1848 (Anm. 3), Bl. 8 Rs.; Gilow, Gymnasiasten, S. 159; Wolff, RC, I, S. 334. Die Turner als organisierte Bewegung haben 1848 in Berlin keine Rolle gespielt.

und Hirschfängern bewaffnet, die ihnen aus dem königlichen Waffenarsenal zur Verfügung gestellt worden waren.[74]

Die fliegenden Corps sind keineswegs pauschal dem ,demokratischen Lager' zuzuordnen.[75] Indessen war über die bewaffneten Corps wenigstens teilweise in den städtischen Freiwilligenmilizen das ,proletarische' Element vertreten, das der regulären Bürgerwehr weitgehend fehlte. Die drei ,proletarischen' Corps (die Handwerker, Maschinenbauer und, mit Einschränkungen, die Handlungsdiener) repräsentierten allerdings nicht die Gesamtheit der Unterschichten, sondern bestenfalls die ,Aristokratie' innerhalb der lohnabhängigen Bevölkerung Berlins.

„Alles ruhig in der Stadt, mit Ausnahme der Bürgerwehr"[76] – *,Pöbel' und Bürgermiliz*

Anfangs suchten die Bürgerwehrmänner eifrig die Gendarmen, die aus dem Stadtbild weitgehend verschwunden waren, und das Militär zu ersetzen. In den ersten Tagen des Bestehen der ,Bürgergendarmerie' (wie die Bürgerwehr von vielen Berlinern ironisch tituliert wurde) waren nicht wenige ihrer Mitglieder eifrig bestrebt, der Obrigkeit gegenüber Pflichtbewußtsein und Tüchtigkeit unter Beweis zu stellen. Sie rissen Maueranschläge demokratischen Inhalts ab und verhafteten vermeintliche Aufwiegler und Ruhestörer. „Die spießbürgerliche Anmaßung schäumte auf wie eine kühle Blonde", ironisierte Robert Springer die eifrigen Bürgermänner und ihr Tun.[77] Die zahlreichen Übergriffe und die vielfach erhebliche Aggressivität waren freilich auch Resultat der Belastungen, die die Mitglieder der Freiwilligenmiliz zu tragen hatten. Besonders ärgerlich war es, wenn die leidgeprüften Bürgerwehrmänner des Abends oder zu nachtschlafender Zeit zusätzlich zu den üblichen Wachdiensten oder regelmäßigen Patrouillen zu Sondereinsätzen gerufen oder gar ,Generalmarsch' geblasen wurde, weil durch ,Excesse' die nächtliche Ruhe gestört wurde oder falsche Gerüchte Schlimmstes befürchten ließen. Ein Beispiel:

---

74 Vgl. Trox, Militärischer Konservativismus, S. 172 f.; außerdem *S. 614, Anm. 22.*
75 So Schwentker, Konservative Vereine, S. 132; ähnlich Nipperdey, Bürgerwelt, S. 649.
76 Rapport eines patrouillierenden Zugführers vom 1. April, nach: NZ vom 3. April 1848.
77 Springer, Berlins Straßen, S. 58 f. Vgl. auch ebd., S. 50; ,Publicist' vom 15. April 1848; Wolff, RC, I, S. 283; Boerner, Erinnerungen, II, S. 16; Streckfuß, Freies Preußen, S. 251 f. Zur Kritik der Öffentlichkeit an der Bürgerwehr im einzelnen: Wolff, RC, II, S. 126 ff. Namentlich der radikale Demokratische Klub beklagte sich, daß die von ihm verfaßten Plakate fortwährend heruntergerissen würden; vgl. die Erklärung des Klubs in: BZH vom 10. Mai 1848; ferner NZ vom 6. April 1848 sowie Wolff, RC, II, S. 188, 464 f. Selbst die Stadtverordneten sahen sich Anfang April zu der Kritik veranlaßt, daß in der Bürgerwehr „bei Ausübung ihrer Tätigkeit in einer Anzahl von Bezirken Mißbräuche und Übelstände" aufgetreten seien. (Protokoll der Sitzung vom 6. April 1848, in: LAB StA, Rep. 00, Nr. 128.)

Ein Bürgergardist, der im Lauf der Nacht wieder Generalmarsch vermuthet.

„In der Nacht vom 7. zum 8. [April] ertönte plötzlich Generalmarsch, und die Bürgerwehr eilte schleunigst zu den Waffen und auf den Sammelplatz vor das Schloß. In einer halben Stunde waren bereits einige tausend Mann, wohlbewehrt, zur Stelle. Der Lärm war aber ganz unzeitig angeregt worden, und es ergab sich vorgestern früh", so berichtet die ‚Spenersche' vom 10. April, „Folgendes. In der Nacht vom Freitag zum Sonnabend meldete ein Apotheker-Gehülfe auf der Monbijou-Wache, das Schloß [Monbijou] solle von 2000 Arbeitern gestürmt werden und die [mit 400 Mann besetzte] Schloßwache überrumpelt werden [...]. [D]ieß veranlaßte die Aufbietung weiterer Mannschaften, welche in der Nacht eben nur durch Generalmarsch herangezogen werden können. Die Bürgerwehr war aber ganz unnütz bemüht und die Stadt auf unverantwortliche Weise erschreckt worden. Nicht mit Unrecht muthmaßte man daher, daß die ganze Sache nur ausgeheckt worden war, um der Bürgerwehr den Dienst zu verleiden und sie dahin zu bringen, daß sie, bei wirklich eintretender Gefahr, auf dem Platz fehle!"

Mehr noch als Gerüchte dieser Art entwickelten sich ‚Katzenmusiken' zu einem Ärgernis für brave Bürgerwehrmänner, namentlich in der zweiten Maihälfte. Allein zwischen dem 20. und 26. Mai wurden 15 solcher musikalischer Darbietungen – zumeist mißliebigen prominenten Bürgern der Hauptstadt dargebracht – registriert. Mit ohrenbetäubendem Lärm schreckten die Katzenmusikanten die ganze Nachbarschaft und mit dieser die Berliner Bürgerwehr aus dem Schlaf. „Ein Tumult, als ob 50 Nachtwächter bliesen, Generalmarsch, Bürger stürzen mit Gewehren hervor und in der Ferne ein verworrenes Lärmen, als ob die Frösche einen König ausriefen", so erlebte Friedrich Harkort eine dieser ‚Katzenmusiken'.[78] So wie sich innerhalb der Bürgergarde infolgedessen Ärger und Aggression gegenüber dem ‚Pöbel' stauten, so führte andererseits der häufig übertriebene Eifer vieler Bürgerwehrmänner, ihrer Ordnungshüterfunktion nachzukommen, dazu, daß große Teile der ärmeren Bevölkerungsschichten auf die Bürgerwehr nicht gut zu sprechen waren.[79] Betroffen von Übergriffen der Bürgerwehr waren neben Angehörigen der Unterschichten auch Studenten und andere Leute aus ‚besseren' Kreisen, die einer revolutionären Haltung verdächtig schie-

---

78 Friedrich Harkort, ‚Brief an die Berliner und die Provinzen' vom 1. Juni 1848, teilweise in: Wolff, RC, III, S. 40. Wenn es zu Übergriffen kam, dann gingen diese in der Regel auf das Konto von erzürnten Bürgerwehrleuten; vgl. ebd., S. 42. Zur Zahl der Katzenmusiken: Gailus, Straße und Brot, S. 392. Aufgrund der nächtlichen Alarme und der sich häufenden Übergriffe erreichten die Spannungen zwischen beiden Seiten Ende Mai ein Ausmaß, daß z. B. die von Mitgliedern des Handwerkervereins herausgegebene DArZ am 31. Mai 1848 befürchtete, „daß man es mit der Bürgerwehr ebenso machen wird, wie mit unseren armen Soldaten [in den] 3 Wochen vor dem 18. März geschehen; man will sie durch endlose Patrouillen, durch Generalmärsche in die Wuth gegen das Volk hineinhetzen". In ähnlichem Tenor auch z. B. die Erklärung gemäßigtdemokratischer Bürgerwehrmänner des 9. Bezirks sowie des 81. Bezirks-Clubbs, in: ZBSt, 1848 Flg., M. 11; im Wortlaut auch in: Wolff, RC, III, S. 44 f.; vgl. ferner ‚Volk' vom 1. Juni 1848.

79 Glaubt man den Worten des freilich zu Übertreibungen neigenden Hohenlohe-Ingelfingen (Aufzeichnungen, S. 75), verfuhren viele Bürgergardisten sogar weniger „milde wie die so sehr verschrieene rohe Soldateska".

nen und vielleicht auch von ihrer Kleidung, ihrer Haartracht etc. nicht in das Klischee des ‚ordentlichen Bürgers‘ paßten.[80]

Obgleich es auch in der Folgezeit immer wieder zu Übergriffen von Mitgliedern der Bürgerwehr kam, legte sich infolge der skizzierten inneren sozialen und politischen Umschichtungen der Übereifer der neuen Miliz allmählich, wich die anfänglich geradezu feindselige Haltung gegenüber den unteren Volksschichten und der demokratischen Bewegung Berlins einer gelasseneren Einstellung. Auch die personellen Veränderungen dürften besänftigend gewirkt haben: In der Person Minutolis waren die Funktionen des Polizeipräsidenten und des Bürgerwehrkommandeurs vereinigt. Die Bürgerwehr mußte aus diesem Grund in den ersten beiden Wochen stärker ‚polizeimäßigen‘ Charakter annehmen. Anfang April trat Minutoli zurück. Zwar war auch Aschoff ein hochkonservativer Mensch; aber die Posten des höchsten Polizeioffiziers und des höchsten Bürgerwehroffiziers waren nunmehr wenigstens personell geschieden. Daraus ergaben sich politische Spielräume für demokratische Tendenzen innerhalb der neuen Einrichtung. Nicht zufällig gründete sich zwei Wochen nach dem Amtsantritt Aschoffs der Bürgerwehr-Klub, dem Anspruch nach die politische Organisation der Gesamtheit der (einfachen) Bürgerwehrmänner. Zwar setzten die Angehörigen der Bürgerwehr sich auch in der zweiten Jahreshälfte bei größeren Auseinandersetzungen immer wieder zwischen alle Stühle. Nachdem der Bürgerwehr Ende Juli mit der Gründung der *Konstabler* jedoch ein Teil der eigentlichen Polizeifunktionen genommen worden war, geriet sie seltener in die ‚Schußlinie‘. Die Konstabler oder Schutzmänner wurden seitdem zum bevorzugten Haßobjekt der ärmeren Bevölkerungsteile.[81] Die mit dem Aufbau der Schutzmannschaft einsetzende Verschiebung der Tätigkeitsfelder der Bürgerwehr, ihre Entlastung von eigentlichen Polizeiaufgaben, verschaffte ihr darüber hinaus den Spielraum, der es ihr ermöglichte, sich allmählich von einer eher konservativ-bürgerlichen Ordnungskraft zu einer gemäßigt-demokratischen Miliz zu entwickeln, die sich positiv mit den ‚Märzerrungenschaften‘ identifizierte. Unterstützt wurde dieser Prozeß durch den Rückzug der systemloyalen Beamten und der konservativen, wohlhabenden Gewerbetreibenden sowie durch das Einströmen ‚proletaroider‘ Handwerker in die Bürgerwehr. Politisierend wirkten schließlich die sich seit Sommerbeginn häufenden Konflikte zwischen Zivil- und Militärpersonen.

---

80 Vgl. die zum Teil sehr ausführlich geschilderten Vorfälle um die Studenten Paul Boerner (KBA), W. Vigier v. Steinbrugg sowie weitere, zumeist demokratisch orientierte Personen, u. a. von L. Lövinson und A. Streckfuß (KBA), in: BZH vom 8. und 23. April sowie 30. Mai 1848. „Bassermannsche Gestalten“ waren freilich bevorzugtes Objekt polizeilicher Aktivität der Bürgerwehrleute; vgl. Born, Erinnerungen, S. 118.
81 Vgl. *S. 598, 633* und *S. 691 f.*

Kapitel III.3

Die Rückkehr des Militärs Ende März

*Preußischer als der König: Das Offizierskorps in den Tagen
nach der Märzrevolution*

Das Gros der Truppen hatte Berlin am 19. März deprimiert verlassen, letzte
kleine Einheiten zogen erst am 21. und 22. März ab. Ein großer Teil der zuvor in
der preußischen Hauptstadt stationierten Truppen war in Potsdam versammelt.
Insgesamt standen knapp zwanzigtausend Mann in dieser Berlin südwestlich
vorgelagerten Stadt und ihrer näheren Umgebung. Die militärische Führung war
durch die Märzrevolution „tief erschüttert", mehrere Offiziere quittierten den
Dienst.[1] Andere, und zwar nicht wenige dieser „in altpreußischer Gesinnung er-
zogenen und der Monarchie treu ergebenen Männer", schreibt Prittwitz, „hielten
den König seiner Freiheit beraubt" und wollten diesen aus der – wie sie vermuteten – Gefangenschaft der Revolutionäre befreien, „selbstredend nicht ohne
Anwendung von Gewalt". Geplant war, daß „die bei Potsdam vereinigten Truppen den Kern" bildeten. Ihnen sollten „sich die Gutsbesitzer mit ihren Dienst-
leuten, die Schulzen mit ihren Bauern, überhaupt aber der Landsturm anschließen, wie er aus den Befreiungskriegen her noch in Erinnerung lebte."[2] Prittwitz'
Ausführungen ist zu entnehmen, daß die Mehrheit der in Potsdam versammelten
Offiziere entweder unmittelbar in Pläne für eine gegenrevolutionäre Verschwörung verwickelt war[3] oder wenigstens mit ihr sympathisierte. Prittwitz selbst, der
in diesen Kreisen „einiges Vertrauen" genoß und über ihre „Pläne und Wünsche"

---

1 Vgl. Gerlach, Denkwürdigkeiten, S. 144 sowie *S. 201.*
2 Prittwitz, Berlin, S. 413. Die bekannte, gleichfalls durch Prittwitz unterbundene Initiative Bismarcks, am 20. März seine Bauern in Schönhausen und die der umliegenden Dörfer zu sammeln,
  um dem angeblich in den Händen seiner Gegner befindlichen „König nach Berlin zur Hilfe zu
  ziehen" (Bismarck, Erinnerung und Gedanke, S.18 f.), war insofern keine Einzelaktion eines besonders revolutionsfeindlichen Junkers. Auch Thadden-Trieglaff z.B. sei, so berichtete Ernst
  Ludwig v. Gerlach, „voll Angriffspläne auf Berlin" gewesen. (Eintragung vom 23. März 1848, in:
  Gerlach, Nachlaß, I, S. 87.)
3 Bei den von Messerschmidt (Politische Geschichte, S. 139 bzw. ders., Preußische Armee in der
  Revolution, S. 56) genannten „etwa achtzig Offizieren" dürfte es sich um den Kern der Verschwö-
  rer gehandelt haben. Das Komplott war im übrigen nicht auf Potsdam beschränkt; vgl. Prittwitz,
  Berlin, S. 414. Wrangel z.B. meldete aus Stettin, er werde sich jedem Schritt Prittwitz, an-
  schließen; vgl. Messerschmidt, Politische Geschichte, S. 139 bzw. ders., Preußische Armee in der
  Revolution, S. 56.

laufend informiert wurde, war zum Haupt der Verschwörung auserkoren. Einerseits „über das Gehörte freudig und wehmütig erregt", mußte der General „nicht täglich, sondern beinahe stündlich" den zahlreichen „Ehrenmännern" allerdings auseinandersetzen, daß eine „solche Gewaltmaßregel" unter den gegebenen Bedingungen nicht sinnvoll sei.[4]

Prittwitz' Bemerkungen werfen ein Schlaglicht auf die Mentalität des Offizierskorps wie überhaupt weiter Teile der alten preußischen Elite: Die inneren Feinde wurden mit den äußeren gleichgesetzt. Ein „Befreiungskrieg" sollte diesmal nicht gegen französische Besatzungstruppen, sondern gegen die einheimischen Märzrevolutionäre angezettelt werden. Die Berliner Barrikadenkämpfer galten als von französischen Emissären aufgehetzt; der Kreis schloß sich, das alte Feindbild stimmte. Darüber hinaus bringen Prittwitz' Sätze in kaum zweifelhafter Deutlichkeit zum Ausdruck, daß selbst höchste militärische Befehlshaber die bewaffnete Gegenrevolution ins Auge faßten, indessen den Zeitpunkt dafür noch nicht gekommen hielten. Ein entscheidender Faktor nämlich stand im Wege; der König sei „frei, er könne Befehle ungehindert erlassen". Nur dem Monarchen jedoch, „ihm allein müsse vorbehalten sein, den Augenblick zu bestimmen, wo ein tätiges Einschreiten nötig werden könnte." Einzig der tiefverankerte Monarchismus hinderte also die militärischen Verschwörer am Versuch einer bewaffneten Gegenrevolution. Von dieser Einstellung ließen jene sich selbst durch die unmilitärische Mentalität des Monarchen nicht abbringen, so sehr sie diese mit Spott und Verachtung bedachten und so sehr sie sich mitunter auch über die vom König nach dem 19. März getroffenen Anordnungen ärgern mochten.[5] Was geschehen wäre, wenn sich der Prinz von Preußen als legitimer Thronfolger an die Spitze der Verschwörer gestellt hätte, die monarchistische Tradition also gewahrt geblieben wäre, steht auf einem anderen Blatt. Nach eigenem Selbstverständnis standen die zur gegenrevolutionären Rebellion entschlossenen Offiziere mit ihren Absichten jedenfalls nicht im Gegensatz zur Hohenzollernmonarchie, auch nach dem 21. März nicht, als der König selbst die deutschen Farben anlegte

---

4 Diese und die folgenden Zitate: Prittwitz, Berlin, S. 413. Zu weiteren Putschplänen, zur „gereizten Stimmung" der Offiziere und zu anderen, in Potsdam wie in Berlin kursierenden Gerüchten vgl. u. a. ebd., S. 414; Waldersee, Märztage, S. 42 f.; Schweinitz, Denkwürdigkeiten, S. 29 f.; zwei an den Berliner Magistrat adressierte Schreiben Potsdamer Bürger vom 23. März 1848, in: LAB StA, Rep. 01, Nr. 2439, Bl. 71 und 83; Brief Nobilings an Prittwitz vom 29. Nov. 1853, nach: Haenchen, Briefe Nobilings, S. 133; Wolff, RC, I, S. 358; ferner (vor allem zu seinen eigenen Aktivitäten) Bismarck, Erinnerung und Gedanke, S. 22.

5 Vgl. Hohenlohe-Ingelfingen, Aufzeichnungen, S. 68; außerdem z. B. den Bericht des bayerischen Gesandten Lerchenfeld vom 31. März 1848, in: HStA München, MA III, Nr. 2626, Nr. 72. Da sich offener Widerstand verbot, griffen manche Offiziere zu unorthodoxen Methoden, um ihrem Protest Ausdruck zu verleihen. Schweinitz z.B. klebte die schwarz-rot-goldene Kokarde seinem „schwarz und weiß gefleckten Hund auf die Stirn" und gab sie so bei seinen Ausritten dem allgemeinen Spott anheim; vgl. Schweinitz, Denkwürdigkeiten, S. 30.

und die Revolution demonstrativ akzeptiert zu haben schien. Im Gegenteil. Sie handelten „preußischer" und „königlicher" als der König selbst. Der Schock der Märzrevolution und „das Erlebnis der Divergenz von monarchischem und militärischem Staatsbewußtsein" (Messerschmidt) – übrigens kein Novum in der preußischen Geschichte – veranlaßte führende Offiziere dazu, den Trennungsstrich zur zivilen Gesellschaft noch schärfer zu ziehen.[6] Wie breit die Kluft zwischen Monarch und Offizierskorps nach der Märzrevolution geworden war, zeigte sich am 25. März, als der König zu einem Kurzaufenthalt nach Potsdam fuhr und im dortigen Stadtschloß dem gesamten, dort versammelten Offizierskorps der Garde-Truppen gegenüber erklärte:

„Ich bin nach Potsdam gekommen, um Meinen lieben Potsdamern [...] zu zeigen, daß Ich in aller Beziehung ein freier König bin, den Berlinern aber auch zu beweisen, daß sie von Potsdam aus keine Reaktion zu fürchten haben, und daß alle die beunruhigenden Gerüchte darüber durchaus unbegründet sind. Ich habe den gesunden und edlen Sinn meiner Bürger kennengelernt [...]. Ich bin niemals freier und sicherer gewesen als unter dem Schutz Meiner Bürger. Was Ich gegeben und gethan habe, das habe Ich aus vollster und freier Überzeugung gethan und längst vorbereitet [...]. In Berlin herrscht ein so ausgezeichneter Geist in der Bürgerschaft, wie er in der Geschichte ohne Beispiel ist; Ich wünsche daher, daß auch das Offizierscorps den Geist der Zeit ebenso erfassen möge, wie Ich ihn erfaßt habe [...]. Sollte in Berlin das Eigenthum gefährdet oder die Ruhe und Ordnung gestört werden, so wird in dem Falle, daß die Bürgerschaft Militair-Hülfe verlangen sollte, Militair nach Berlin gezogen werden, um mit dem Bürger Hand in Hand gemeinschaftlich für Ruhe und Ordnung zu wirken".[7]

Die Worte waren sorgfältig gewählt. Sie zielten nicht allein auf das in Potsdam versammelte Offizierscorps, sondern mehr noch auf die Berliner Bürger, denen der Wortlaut ja nicht vorenthalten blieb. Adressaten seiner Rede waren vor allem die ‚wohlgesinnten' Angehörigen des Bürgertums. Die für ihn positive Stimmung in den gehobenen Sozialschichten der preußischen Hauptstadt und insbesondere in der im Entstehen begriffenen Bürgermiliz wollte der König ausnutzen[8], auch

---

6 Zitate: Messerschmidt, Politische Geschichte, S. 135 bzw. 140; ders., Preußische Armee in der Revolution, S. 57. Bereits die berühmte Konvention von Tauroggen vom Dezember 1812 war ohne Kenntnis Friedrich Wilhelms III. abgeschlossen worden, und auch die Aktivitäten und Konzepte der Militärreformer seit 1807 entsprachen nicht unbedingt dessen Vorstellungen. Im 19. Jahrhundert entfalteten in Preußen hohe Militärs immer dann ein gewisses Eigenleben, wenn sie sich in Krisensituationen mit einem ‚schwachen' Monarchen konfrontiert sahen.

7 VZ vom 27. März 1848. In seinem Bericht betont Prittwitz (Berlin, S. 442), daß „die Lobrede auf die Berliner Bürgerschaft" noch „stärker und wärmer" gewesen sei, als der Bericht der VZ dies schildere. Eine etwas andere Version des Wortlauts der Rede Friedrich Wilhelms IV. findet sich im Nachlaß Leopold v. Gerlachs, in: BA Potsdam, 90 Ge 6, Nr. 16, Bl. 180; vgl. außerdem ders., Denkwürdigkeiten, I, S. 148 f.

8 Welche weitergehenden Intentionen er mit dieser Rede verband, legte der Monarch in einem Brief an Camphausen vom 30. März offen. Ihm gehe es darum, mit Hilfe von „Bürgerwehr und Bürgersinn" „Berlin von jenen Frevlern zu reinigen", die in den im Entstehen begriffenen de-

auf die Gefahr hin, sich mit einem Teil seiner Militärs zu überwerfen und die vorhandene Entfremdung zwischen ihm und vielen Offizieren zu vertiefen.[9] Der Berliner Durchschnittsbürger mußte aus den zitierten Worten Friedrich Wilhelms IV. den Eindruck gewinnen, daß der Monarch das angeblich aus freien Stücken „Gegebene" unter keinen Umständen wieder zurücknehmen werde. Dazu gehörte auch ein Versprechen, das er am 22. März einer städtischen Deputation aus Breslau gab, nämlich daß er „das stehende Heer auf die neue Verfassung vereidigen lassen" wolle.[10] Damit schien es den Liberalen und auch manchem Demokraten nur eine Frage der Zeit, daß das Heer in den konstitutionellen Staat integriert und Pläne zur Reform der militärischen Strukturen umgesetzt werden konnten. Friedrich Wilhelm IV. und seine Ratgeber bereiteten in dieser Weise den Boden für die Rückkehr des Militärs. Es gab aber noch eine Reihe weiterer Gründe, warum nicht unerhebliche Teile der Berliner Bürgerschaft für die Rückkehr des Militärs votierten.

Die Kontroverse um die Rückholung des Militärs

Am nachhaltigsten verlangten die Bürgerwehrmänner die Rückkehr der Truppen. Am 25. März erklärten mehrere Bürgerwehrabteilungen, „daß es an der Zeit sei, einige Regimenter [wieder] nach Berlin zu ziehen". Von ihnen ging auch eine Petition aus, in der vehement die Wiederkehr von Einheiten der preußischen Armee gefordert wurde und die innerhalb kurzer Zeit gegen 18 000 Unterschriften fand.[11] Während die einfachen Bürgergardisten sich vor allem Erleichterung vom „verfluchten Berjerjardistendienst" versprachen, der „nich mehr zum Aus-

---

mokratischen Vereinen, den „republikanische Clubs", wie der König sie bezeichnete, es sich angeblich „jetzt herausnehmen, der Berliner Bürgerschaft das Gesetz zu machen". (Nach: Brandenburg, Briefwechsel, S. 24 f.)

9 Leopold v. Gerlach (Denkwürdigkeiten, I, S. 148 f.) notierte, daß die Worte des Königs unter den anwesenden Offizieren „einen sehr üblen und schwer zu löschenden Eindruck gemacht" hätten. Waldersee (Märztage, S. 46) spricht von „lautem Murren und Degenstoßen" der Offiziere als Reaktion auf die Rede, Prittwitz (Berlin, S. 442) von einem „niederbeugenden Eindruck, zunächst für die Offiziere, dann aber auf die zahlreiche, an dem Bestehenden festhaltende Partei". „Die Aussicht nur dann in ihre Garnison zurückzukehren, wenn die Bürger diesen Wunsch ausdrückten, oder nur (!), um dieselben gegen das Proletariat zu unterstützen, schien eine starke Demütigung in sich zu tragen." Die Offiziere verließen den König „mit dem Gefühl, das ein begossener Pudel haben mag." Vgl. Hohenlohe-Ingelfingen, Aufzeichnungen, S. 69; Schweinitz, Denkwürdigkeiten, S. 30; ferner Rachfahl, Deutschland, S. 290; Wolff, RC, I, S. 425.

10 Extra-Blatt der Allg. Preuß. Ztg. vom 22. März 1848, nach: Wolff, RC, I, S. 363. Zur Vorgeschichte der Breslauer Adresse vgl. *S. 291 f.*

11 Nobiling spricht von „14 000 und mehreren hundert Namen", die unter der Petition standen. Bis zum Nachmittag des folgenden Tages „gingen noch mehr als 3000 Unterschriften" ein.

halten" sei[12], machten die Hauptleute der Bürgermiliz außerdem politische Gründe geltend: „Die Truppen müßten einziehen, um dadurch zu zeigen, daß wir nicht mit unserer Armee gebrochen hätten". Außerdem müsse man „der extremen oder republikanischen Parthei [...] beweisen, daß sie machtlos sei".[13] Keineswegs zufällig wurde seitens der Bürgerwehr-Offiziere bereits am 23. März „das laute Verlangen ausgesprochen, die Truppen des Garde-Corps möchten zurückkehren"[14], also ausgerechnet eine der Truppeneinheiten, die an den Kämpfen des 18. März maßgeblich beteiligt gewesen war. Aber nicht nur aus den Reihen der neuen städtischen Miliz erscholl der Ruf nach einer Rückkehr des Militärs. Auch sonst wurde in der Berliner Bürgerschaft der Wunsch nach Truppen in den Mauern der preußischen Hauptstadt laut. Die einflußreiche Korporation der Kaufmannschaft z.B. ließ den Stadtverordneten eine Adresse in diesem Sinne zukommen.[15] Die Rückkehr einzelner Truppeneinheiten sollte nach dem Willen der Korporation, weiterer „Bürger-Vereine" und selbständiger Gewerbetreibender als politisches Signal wirken, daß ‚Ruhe und Ordnung' Einkehr hielten, die politischen und damit auch die wirtschaftlichen Verhältnisse wieder stabilisiert würden.[16] Selbst einzelne bürgerliche ‚Barrikadenhelden' mochten sich diesem Verlangen nicht entziehen.[17] Die Strömung, die eine Rückkehr der Truppen

12 So ironisch überspitzt die Worte „Knurpels", Seifensiedermeister und Bürgergardist, in: (Anonym) Der Weißbierphilister und sein Begriff von der Freiheit. Ein burleskes Lebensbild, Berlin 1848, S. 1 f. (2. Scene).

13 Nach: Nobiling, Gutachten vom 17. April 1848, in: BLHA, Rep. 37, Nr. 4029, Bl. 9 u. Rs. Vgl. auch Äußerung dess. während einer Besprechung der Hauptleute am Abend des 19. März, in: ders., Bürgerwehr, S. 64.

14 Nobiling, Gutachten vom 17. April 1848 (Anm. 13), Bl. 16. Als es am 25. März unter den Offizieren der Bürgerwehr zu einer Abstimmung über den Alternativvorschlag kam, stattdessen das weniger diskreditierte (weil nicht am Märzkampfe beteiligte) 20. und 24. Infanterie-Regiment zurückzurufen, erklärte sich „fast die ganze Versammlung dagegen" und „bestand auf der Rückkunft der alten Garnison". (Ders., Bürgerwehr, S. 50.)

15 Vgl. ‚Publicist' vom 29. März in einem Bericht über die Stadtverordneten-Sitzung vom gleichen Tage; ferner Bericht Trauttmansdorffs vom 25. März 1848, in: StA Wien, StK Preußen, K. 195, Bl. 499. Einen Überblick über die zahlreichen (bürgerlichen) Stimmen, die sich bis zum 25. März für die Rückkehr des Militärs aussprachen, gibt Wolff, RC, I, S. 418 f.

16 Die Gewerbetreibenden, die bis zum 18. März durch die in Berlin kasernierten Regimenter ihre „Existenz gefunden" hatten, machten sich für die Rückkehr der Truppen besonders stark. Vgl. z.B. Adresse von 24 „Geschäftsleuten" der Neuen Friedrich Straße an den Magistrat vom 27. April 1848, in: LAB StA, Rep. 01, Nr. 2445, Bl. 38, sowie weitere Erklärungen in den Berliner Tagesblättern.

17 Namentlich der Tierarzt Friedrich Ludwig Urban, am 18. März eine Art Kommandeur der Barrikadenkämpfer am Alexanderplatz und Begleiter des Königs während seines nationalen Umritts (KBA), suchte bei der Versöhnung zwischen Militär und ziviler Bevölkerung Berlins eine aktive Rolle zu spielen. Vgl. zu seiner Audienz am 21. März bei Friedrich Wilhelm IV.: Amtliche Mitteilungen und Berichte über die Berliner Barrikadenkämpfe, S. 35, sowie seine Erklärung vom 28. März 1848, im Wortlaut in: SZ vom 30. März 1848; Wolff, RC, I, S. 452; Personen und Zustände, S. 15-18. Auch Arnim-Boitzenburg, der Oberbürgermeister Krausnick, der Bürgermeister Naunyn und der Stadtverordneten-Vorsteher Fournier faßten bereits frühzeitig – am

wünschte, vertrat vermutlich die Mehrheit der Bürgerschaft und des Kleinbürgertums. Sie war jedenfalls noch weit größer, als die 18 000 Unterschriften unter die erwähnte Petition signalisieren.[18]

Es war paradox: Am 19. März hatten auch Teile des Bürgertums dem Militär eine bittere politische Niederlage beigebracht und die Armee aus der Hauptstadt vertrieben. Am 30. März hatte dann das Drängen weiter Teile dieses Bürgertums, Truppen zurückzurufen, Erfolg. Seine Erklärung findet dieser merkwürdige Widerspruch in folgendem: Die Größe Preußens basierte wesentlich auf der Stärke seiner Armee. Die Identifikation mit Preußen, der ‚Borussismus' vieler Berliner korrespondierte deshalb häufig mit dem Stolz auf den Ruhm der ‚glorreichen Armee' Preußens, den diese vor allem während der Schlesischen Kriege, des Siebenjährigen Kriegs und des Befreiungskriegs gegen Napoleon erworben hatte. Die Einführung der allgemeinen Wehrpflicht 1814, die nicht zu einer Demokratisierung der Armee, sondern vielfach umgekehrt zu einer Verinnerlichung ‚preußisch'-militärischer Tugenden bei den Wehrpflichtigen geführt hatte, verallgemeinerte und fundierte diesen Borussismus zusätzlich. Die Identifikation mit dem preußischen Heer saß tief und wurde selbst durch die Ereignisse vom 18. und 19. März 1848 nicht grundsätzlich getrübt. Die Erbitterung, die sich auch in weiten Teilen des Bürgertums seit dem 13. März 1848 über das Militär und dessen Vorgehen breit gemacht hatte, blieb vorübergehend und – im Gegensatz zum Haß der Unterschichten auf die Soldaten – oberflächlich. Im Grunde genommen galt das Militär in weiten bürgerlichen Kreisen selbst in diesen Tagen noch als lediglich fehlgeleitet.

Viele Bürger sahen sich überdies zwischen Skylla und Charybdis hin- und hergeworfen. Auf der einen Seite stand das bisher dem alten Obrigkeitsstaat verpflichtete Militär, auf der anderen Seite die sozialen Unterschichten. Zwar schien (noch) keine soziale Revolution zu drohen. Aber die abfällig als Pöbel bezeichneten proletarischen Schichten meldeten unüberhörbar Partizipationsansprüche an. Vor allem sie und die Demokraten, die mit ihren ‚maßlosen' Forderungen das vermeintlich Errungene (so glaubten die ‚gemäßigten' Bürger) gefährdeten, schienen in dieser Perspektive bedrohlich, kaum dagegen das Militär.

---

21. März – die Rückkehr der Truppen ins Auge bzw. wollten „das noch in den Kasernen befindliche Militär sofort, noch an demselben Vormittag zur gewöhnlichen Zeit, die Wachen wieder beziehen" lassen. (Prittwitz, Berlin, S. 360.) Aus dieser Absicht wurde jedoch nichts. Statt auf die Wachtposten vor wichtige Gebäude im Innern Berlins zogen auch diese letzten Truppen noch am gleichen und am folgenden Tage aus Berlin ab.

18 So gingen dem Magistrat eine Vielzahl von Adressen zu, die sich für die Rückkehr der Soldaten aussprachen. Lediglich eine einzige erklärt sich dagegen; vgl. LAB StA, Rep. 01, Nr. 2445, Bl. 2-14. Die letzten Märznummern der SZ und der VZ bringen die gleiche Tendenz zum Ausdruck; zu berücksichtigen ist freilich, daß sich in den Eingesandts nur die gehobenen Bevölkerungsschichten artikulierten. Vgl. ferner z. B. den Bericht Trauttmansdorffs vom 24. März und vom 27. März 1848 (Anm. 15), Bl. 490 f., 519 f.

Nicht zuletzt der vom König versprochene Eid der Armee auf die künftige Verfassung schien eine Garantie dafür zu sein, daß ein erneutes ‚Über-die-Stränge-Schlagen' der Truppen nicht zu befürchten sei.[19] Auch die Stadtverordneten mochten sich dem Wunsch nach Rückholung des Militärs nicht verschließen und befürworteten am 29. März den erneuten Einzug von Truppeneinheiten. Innerhalb des Stadtparlaments war die Rückkehr des Militärs zwar umstritten. Karl Nauwerck, Julius Berends und ihre Gesinnungsfreunde blieben jedoch in der Minderheit, als sie dieselbe an die Bedingung knüpfen wollten, daß zuvor die „Ausübung der Polizeigewalt in die Hände der Commune übergegangen" sein und „die Bürgerwehr wenigstens eine Stärke von 40 000 Mann" erreicht haben müsse. Die Mehrheit war von „versöhnlichem Geist gegen das Militär" erfüllt und vermutete, daß auch „der Geist des Militärs jetzt wohl ein anderer geworden sei". In ihrem Beschluß vom 29. März forderten die Mitglieder des Stadtparlaments lediglich den „Ausschluß der Garde und derjenigen Regimenter, welche hier am 18. und 19. März anwesend waren"[20] – eine Forderung, der sich die verantwortlichen staatlichen Stellen bereitwillig anschlossen, um die Opposition gegen die Rückholung nicht unnötig zu stärken.

Vor dem skizzierten Hintergrund ist es eher überraschend, daß ein nicht geringer Teil auch der bürgerlichen Bevölkerung sich gegen die Rückkehr des Militärs wandte. Wie schon in anderen Fragen war der Herausgeber der ‚Berliner Zeitungshalle', Gustav Julius, mit seiner Kritik am weitblickendsten.

In einem Artikel vom 30. März argumentierte er, es sei „ganz gleichgültig, ob dieses oder jenes Regiment, ob ein Regiment, das gegen das Volk gekämpft oder das von den Waffen wider uns keinen Gebrauch gemacht hat", zurückgerufen werde. „Nicht die einzelnen Soldaten haben wir, die wir Revolution machten, aus unserer Mitte ausgestoßen, nicht dieses oder jenes Regiment, das zufällig unser Blut vergossen, *sondern die militairische Institution in ihrer Beschaffenheit.* Und daher können wir kein Militair wieder aufnehmen, ehe nicht diese Beschaffenheit der militairischen Organisation von Grund auf thatsächlich geändert, ehe nicht unser Militair in aller Form eine neue Bedeutung und Stellung erhalten hat, ehe es nicht dem Volk verpflichtet ist und uns die Bürgschaft bietet, daß es nie mehr vermöge des von ihm geleisteten Eides als Werkzeug gegen die Freiheit des Volkes gebraucht werden könne. [...] *Anstatt schon jetzt, noch ehe unser Militair-System umgestaltet ist, auf Einholung des Militairs zu unserer Unterstützung zu dringen, lasset uns lieber aus allen Kräften beeilen, eine zweckmäßigere und für uns weniger drückende Organisation der Volksbewaffnung einzuführen!!!"* Andernfalls würde „unsere blutige Revolution zu einer elenden Komödie herabgesetzt."

---

19 Der spätere Kriegsminister und General-Feldmarschall v. Roon, zu diesem Zeitpunkt als Offizier in Potsdam, zog aus dieser grundsätzlichen Interessenlage sowie der Zustimmung großer Teile der Bürgerschaft zur Rückholung des Militärs den Schluß, „daß bei der nächsten Emeute die Bürger mit den Truppen gemeinsame Sache machen werden". (Roon, Denkwürdigkeiten, S. 139.)

20 Nach: ‚Publicist' vom 29. März 1848; auch in: Wolff, RC, I, S. 455 f. Zu Nauwerck und Berends vgl. KBA.

Während Julius nichts Geringeres als eine fundamentale Demokratisierung des preußischen Heeres forderte, ehe Teile desselben wieder nach Berlin zurückkehren durften, blieb die Stellungnahme des Politischen Klubs als des ersten demokratischen Berliner Vereins verschwommen. Sein Widerspruch gegen eine Rückkehr des Militärs kam außerdem zu spät und blieb infolgedessen erfolglos.[21] Ebensowenig erfolgreich war der Protest der Teilnehmer einer Versammlung, die am 30. März in der Nähe des Potsdamer Bahnhofs stattfand und aus der wenig später der ‚Volksverein unter den Zelten' hervorgehen sollte.[22] Proteste kamen ferner aus den Reihen der bewaffneten Studenten.

Wenn die staatlichen, kommunalen und militärischen Stellen mit der Rückholung des Militärs zögerten, dann lag dies weniger an den verspäteten und zudem halbherzigen Protesten der sich formierenden bürgerlich-demokratischen Öffentlichkeit. Vor allem fürchteten staatliche und kommunale Stellen die Ablehnung der Unterschichten, bei denen das Militär besonders verhaßt war.

Um über die hier herrschende Stimmung unterrichtet zu sein, hatte ein Kaufmann S. vom Generaladjutanten des Königs den Auftrag erhalten, „die Stimmung des Volks gegen das Militair zu sondieren und ihm darüber Nachricht zu erstatten." Haß und Wut der unterbürgerlichen Schichten auf die Truppen müssen weiterhin groß gewesen sein; denn als der Kaufmann S. von seiner Mission am 21. März zurückkehrte, um 15 Uhr im Schloß eintraf und dort von dem Wunsch Urbans, die Truppen zurückzuholen, und der entsprechenden Ordre des Königs hörte, „äußerte [er] erblassend, ‚dann schließe ich morgen Thor und Thür und sehe dem ärgsten Blutbade entgegen.'"[23]

Wenn die Obrigkeit nach einigem Zaudern sich trotzdem entschloß, erste Truppenabteilungen zurückzuholen, dann lag dies daran, daß wichtige Organisationen

---

21 Auf ihrer Sitzung vom 29. März beschlossen die Mitglieder dieses ersten demokratischen Vereins, bei Minutoli gegen die „vorzeitige" Rückholung des Militärs zu protestieren. Der Polizeipräsident und Bürgerwehrkommandeur sollten gebeten werden, einen „vernünftigen Grund" für die auch von ihm befürwortete politische Maßregel zu nennen. Minutoli erklärte sich, als eine Deputation des Klubs bei ihm erschien, für nicht zuständig und schob die Verantwortung für diesen Schritt an den gerade ernannten Innenminister Rudolph v. Auerswald weiter. Im übrigen, so der Polizeipräsident weiter, sei aller Protest vergeblich, da durch ihn und das Militärgouvernement diesbezüglich eine Bekanntmachung herausgegeben sei, die ebensowenig wie die konkrete Anordnung zur Rückkehr erster Truppeneinheiten wieder rückgängig zu machen sei. Der Politische Klub begnügte sich mit diesem Bescheid. Ausführlich: Wolff, RC, I, S. 457–460.

22 Vgl. die öffentliche Erklärung der Teilnehmer dieser Versammlung, in: ZBSt, 1848 Flg., M. 5; im Wortlaut außerdem in: BZH vom 4. April; Wolff, RC, I, S. 464; Obermann, Flugblättter, S. 131 f. Vgl. ferner NZ vom 2. April 1848. Zu den Protesten der Studenten vgl. Boerner, Erinnerungen, II, S. 44 ff.; Wolff, RC, I, S. 457; ferner Lenz, Universität, Bd. 2. 2, S. 235 f.

23 Personen und Zustände, S. 9. Vgl. auch Wolff, RC, I, S. 307. Auch in dem Bericht Lerchenfelds vom 22. März 1848 (Anm. 5; Nr. 59) heißt es: Die Bürger wünschten „die Rückkehr der Truppen, allein Volk und Arbeiter wollen von Versöhnung nichts wissen, und bestehen auf Entfernung." In fast wörtlicher Wiederholung findet sich eine ähnliche Bemerkung in Lerchenfelds Bericht vom 23. März (Nr. 61).

der ‚Arbeiteraristokratie', namentlich die Maschinenbauer und der Handwerker-verein, sowie ein Teil der zu diesem Zeitpunkt zahlenmäßig noch nicht sehr starken Erdarbeiter dem erneuten Einrücken von Einheiten des preußischen Heeres in die Landeshauptstadt wohlwollend gegenübergestanden und sich dem verbreiteten Wunsch nach ‚Versöhnung' nicht entziehen wollten. Eine Arbeiter-bewegung, die dem Unbehagen ‚unten' Form und politische Richtung hätte geben können, war Ende März organisatorisch noch nicht konstituiert. Immer-hin zwang die Kritik an der Zurückberufung des Militärs die staatlichen Stellen zu der Konzession, nicht eines der in die Märzereignisse involvierten Regimenter als erstes in die Hauptstadt hereinzuholen, sondern Bataillone des 20. und 24. Infanterie-Regiments. Beide waren an den Kämpfen nicht beteiligt gewesen. Ver-sprochen wurde in einer am 29. März öffentlich angeschlagenen Bekanntma-chung außerdem, daß die „Aufrechterhaltung der Ordnung" weiterhin „der Bür-gerwehr überlassen bleibe und die mögliche Hilfeleistung der Militairs nur für den äußersten Nothfall und auch dann nur auf ausdrückliche Anforderung des Bürgerwehr-Commandeurs oder der städtischen Behörden" erfolgen solle.

„... Arm in Arm mit den Soldaten" – die Rückkehr des Militärs

Am vorletzten Tag des Monats März war es dann so weit; die Rückkehr erster Truppeneinheiten stand unmittelbar bevor. Ganz geheuer war den Verantwortli-chen angesichts der Ereignisse der letzten Wochen jedoch nicht.

„Als am 30. März das 24. Regiment schon in Schöneberg versammelt sein mußte, war, durch die alarmierendsten Gerüchte veranlaßt, schon der Befehl gegeben, das Regiment zurückgehen und auf den Dörfern kantoniren zu lassen." Hintergrund des zögerlichen Verhaltens war die Tatsache, daß „sich der Widerspruch vom gestrigen Abend noch in erhöhtem Maße erneuert" und sich auch „die Partei der Besorgten und Unentschiedenen beträchtlich vermehrt" hatte. Das Gerücht ging um, daß „Tausende versammelt wären, welche den Truppen das Hereinkommen verwehren wollten." Die im Zentral-Büro der Bürgerwehr versammelten Hauptleute rieten, die ganze Aktion abzusagen. Lediglich Minutoli erklärte sich dagegen und setzte sich schließlich durch. Nachdem jedoch „neue, bedenkliche Meldungen" eingegangen waren, wurde Nobiling „beauftragt, an Ort und Stelle die Sache aufzuklären, und von seinem Berichte sollte die Entscheidung abhängen." Nobiling und der ihn begleiten-de Stadtverordnete Holbein aber „fanden durchaus kein erhebliches Hinderniß auf dem Wege." Am Potsdamer Tor „mischten wir uns unter die allerdings zahlreiche Menge". Einige agitierten gegen, „andere sprachen für den Einzug der Truppen. Es kam meiner Meinung nach hier darauf an, Entschlossenheit zu zeigen."[24]

---

24 Nobiling, Gutachten vom 17. April 1848 (Anm. 13), Bl. 9 Rs. sowie ders., Bürgerwehr, S. 65; vgl. außerdem Waldersee, Märztage, S. 50 f.

Rückkehr des Militärs.

Den Worten Nobilings läßt sich entnehmen, daß aus der Rückkehr der Truppen nichts geworden wäre, wenn die Berliner Demokraten entschiedener aufgetreten wären. So aber trat das Gegenteil ein – der Einzug des 24. Infanterie-Regiments gestaltete sich zu einem Triumphzug; die Armee wurde in den Augen weiter Teile der Bevölkerung rehabilitiert.

„Zweitausend Mann der Bürgerwehr waren in Abtheilungen von je zwanzig Mann herausgezogen vor das Thor und ein Spalier zum Empfang der Truppen aufgestellt. Unaufgefordert hatte sich eine große Menge von Arbeits-Corps mit ihren Fahnen, aus den Werkstätten der Herren Wöhlert, Borsig, Egells, Sigl, Hummel, Rüdiger u.s.w., ferner das Corps der Künstler, das Gewerbe-Institut u.s.w. dem Empfangszuge angeschlossen." Bis Schöneberg zogen den Truppen „nicht nur die genannten Arbeiter-Corps, sondern auch eine anderweitige unzählbare Volksmenge entgegen. […]. Viele Bürger gingen Arm in Arm mit den Soldaten. Es ertönten Lieder zwischen der Musik und vielfaches Lebehoch von allen Seiten. Eine solche Volksmasse umgab die Einziehenden, daß die Soldaten selbst kaum sichtbar wurden und nur an den Helmen bemerklich blieben. Die aufgestellten Bürgerwehr-Abtheilungen schlossen sich dem Zuge an, welcher sich wegen der umdrängenden Volksmassen kaum vorwärts bewegen konnte."[25]

Wie sehr freilich in den Unterschichten die Skepsis gegenüber den Truppen blieb, sollte sich bald zeigen. Zwei Wochen später, am Abend des 15. April, führte „ein unbegründetes Gerücht, daß gegen den allgemeinen Wunsch und Willen Gardemilitär einrücken werde, [...] große Volksmassen zusammen." War an diesem Tag „die Verständigung mit denen, welche die Masse beruhigen wollten, [zwar] etwas schwierig, gelang aber",[26] so eskalierte im Sommer die Ablehnung des Einzuges weiterer Truppen durch die Unterschichten dann in mindestens zwei Fällen sogar zu Handgreiflichkeiten.[27]

Bereits Mitte April war es für einen erfolgreichen Protest gegen die Rückholung der Truppen freilich zu spät: Zu diesem Zeitpunkt befanden sich mehr als sechstausend, Mitte Juli dann etwa elftausend Soldaten wieder in Berlin (die außerhalb der Stadtgrenzen, im Weichbild Berlins, einquartierten Truppen nicht mitgerechnet).[28] Vergeblich war auch die Forderung einzelner Bezirksvereine seit Juli 1848, das Militär müsse gemäß dem Versprechen des Königs auf „die zu erwartende Verfassung beschworen" werden, bevor weitere Einheiten nach Berlin zurückkehren dürften.[29] Auch das vom Kommando der Bürgerwehr seit Frühjahr 1848 häufiger eingelegte Veto änderte an der Einquartierung weiterer Truppenabteilungen nichts.[30] Friedrich Wilhelm IV. höchstselbst verstärkte den Druck auf das Ministerium Camphausen und später das Kabinett Auerswald-Hansemann, weitere Soldaten nach Berlin zurückzuholen.[31] Letztendliches Ziel

---

25 VZ vom 31. März 1848; vgl. Nobiling, Bürgerwehr, S. 66 f. Auch etwa zweihundert Erdarbeiter nahmen an der Einholung des Regiments teil.

26 SZ vom 18. April 1848.

27 Als am 7. Juli das 12. Infanterie-Regiment in eine in der Alexanderstraße gelegene Kaserne einrückte, kam es dort „den ganzen Tag über [zu] einem großen Andrang von Menschen". Obwohl „das Volk belehrt" wurde, daß das einrückende Bataillon an den Kämpfen des 18. März nicht teilgenommen habe, wurde gegen Abend „der Andrang größer und man fing an, mit Steinen" zu werfen. (Rimpler, Bürgerwehr, S. 48.) Vgl. außerdem die Berliner Tagespresse vom 8. und 9. Juli 1848. Ein Bataillon des Kaiser-Alexander-Grenadier-Regiments, das tatsächlich an den Kämpfen des 18. März beteiligt gewesen war, wurde am 23. Sept., dem Tag seiner Rückkehr, von „Arbeitern" gleichfalls mit Steinwürfen empfangen. (VZ vom 24. Sept. 1848.)

28 Vgl. BZH vom 18. April 1848 sowie Bericht Lerchenfelds vom 17. Juli 1848 (Anm. 5), Nr. 2627, Nr. 80. Proteste kamen von der linksliberalen und demokratischen Presse sowie den demokratischen Klubs; vgl. Protest des Politischen Klubs vom 15. April, in: ZBSt, 1848 Flg., M. 7; außerdem z. B. NZ vom 17. April und 11. Juli bzw. BZH vom 18. April 1848.

29 Zitat: Adresse des Vereins des 86. Stadtbezirks vom 19. Sept. 1848, vgl. auch Erklärung des Vereins des 97. Stadtbezirks, in: LAB StA, Rep. 01, Nr. 2445, Bl. 65 bzw. 83. Zu den Bezirksvereinen vgl. *S. 634-641*.

30 Mitte April beschloß die „überwiegende Majorität" der Bürgerwehr-Hauptleute, daß „man, bevor das Militair nicht auf die Verfassung vereidigt sei, keine Truppen mehr in die Stadt" lassen wolle. (Personen und Zustände, S. 32.) Vgl. auch Wolff, RC, II, S. 177 ff.

31 Vgl. vor allem die Schreiben Friedrich Wilhelms IV. an den Kriegsminister v. Reyher und an Camphausen, beide vom 6. April, in: Haenchen, Revolutionsbriefe, S. 65 bzw. Brandenburg,

dieser Aktionen, so vertraute er Radowitz am 29. Mai an, müsse natürlich der „Sieg über die bewaffnete Revoluzion" sein, den – das „ist meine entschiedene Überzeugung" – „nur allein mein sieggekröntes Heer" erwirken könne.[32] Von Versöhnung, Verfassungseid und Vertrauen in die Berliner Bürgermiliz, die der Monarch Ende März so beschworen hatte, war zwei Monate später keine Rede mehr. In dem Maße, wie die Kritik an der Rückkehr von Truppenabteilungen immer lauter wurde, häuften sich freilich die mitunter zu handgreiflichen Auseinandersetzungen eskalierenden „Reibereien" zwischen Soldaten und vor allem Angehörigen der Unterschichten.[33] Mitglieder der Bürgerwehr wurden manchmal gleichfalls in die Auseinandersetzungen mit Angehörigen der Truppen hineingezogen.[34] Das scheinbar einvernehmliche Verhältnis, das zwischen den Truppen und der Einwohnerschaft Berlins Ende März, oberflächlich betrachtet, herrschte, begann sich in den folgenden Monaten merklich einzutrüben.

Briefwechsel, S. 31; ferner seine Briefe an Camphausen vom 30. März und an R. v. Auerswald vom 29. Juli 1848, in: ebd., S. 25 bzw. GStA, Rep. 92, NL Auerswald, Nr. 5, Bl. 3.

32 In: GStA, KHA, Rep. 50, Nr. 59, Bl. 1 Rs.

33 Vgl. für den Frühsommer exemplarisch die in der BZH vom 3. Juni sowie in der NZ und VZ vom 25. Juli 1848 geschilderten Fälle. Anfang und Mitte Sept. kam es schließlich in (nachweislich) zwei Fällen zu Massenschlägereien zwischen Zivil- und Militärpersonen; vgl. *S. 692, Anm. 11.* Aufschlußreich auch die Bemerkungen von Hohenlohe-Ingelfingen, Aufzeichnungen, S. 78. Daß keineswegs die Gesamtheit der in Berlin stationierten Soldaten in feindseliger Haltung gegenüber den Unterschichten verharrte, ist *S. 702-706* ausführlicher dargestellt.

34 Namentlich Vorfälle vom 12. und 13. Juli erregten sowohl in der Öffentlichkeit als auch intern einige Aufmerksamkeit; vgl. bes. NZ vom 15. und 16. Juli 1848, sowie Schreiben des Innenministers v. Kühlwetter an den Kriegsminister v. Schreckenstein vom 14. Juli 1848, in: GStA, Rep. 77, Tit. 501, Nr. 3, Bd. 3, Bl. 54 u. Rs.

Kapitel III.4

Das politische Vereinswesen von der März-revolution bis zum Zeughaussturm: Gründungen, innere Struktur und Selbstverständnis

Was während der Beerdigungsfeierlichkeiten für die Märzgefallenen am 22. März nur zu erahnen war, einen Tag später wurde es offenkundig: Der Artikel von Gustav Julius in der ‚Berliner Zeitungshalle' vom 23. März 1848 und die heftigen Reaktionen darauf (Kapitel III.1) markierten das Ende der kurzen Phase der vermeintlichen Eintracht unter Berlins Einwohnern und ließen erste politische Bruchstellen sichtbar hervortreten. Nicht zufällig datiert auch die Gründung des ‚Politischen Klubs', aus dem zwei Monate später dann der ‚Demokratische Klub' wurde, auf den 23. März.[1] Diese erste politische Organisation der preußischen Hauptstadt, während der Revolutionszeit vermutlich der größte demokratische Verein des ganzen Landes, und die anderen politischen Vereinigungen schoben sich seitdem immer stärker in den Vordergrund des Berliner Geschehens. Sie markierten häufig die politischen Konfliktzonen, drückten den Tagesereignissen ihren Stempel auf und waren Sozialisationsinstanzen, die Denk- und Verhaltensmuster vieler Menschen weit über den engeren Kreis der Mitgliedschaft hinaus prägten. Beleuchtet werden im folgenden die Sozial- und Altersstruktur der Mitgliedschaft sowie die politischen Grundpositionen der frühen ‚Parteien' Berlins. Die Stellungnahmen der Klubs zu den verschiedenen Tagesfragen werden dagegen in anderen Kapiteln, im jeweiligen Zusammenhang, näher betrachtet werden.

Der ‚Politische Klub' (bis zu seiner Umbenennung in ‚Demokratischer Klub')

In einer von Eduard Meyen unterzeichneten Erklärung wurde Ende Mai der Öffentlichkeit Berlins gegenüber begründet, warum sich der Politische Klub am 21. Mai in Demokratischer Klub umbenannt und „seine innere Einrichtung" umgestaltet hatte. Bis dahin sei die politische Arbeit ineffektiv gewesen, das

---

1 Die förmliche Gründung des politischen Klubs datiert auf den 23. März. Tatsächlich war er faktisch schon am 21. März entstanden – auf der auf S. *215* erwähnten Versammlung im Hotel de Russie.

Selbstverständnis des Klubs sei diffus geblieben.[2] Jedem, der sich als Mitglied meldete, sei der Eintritt gestattet worden, jeder habe mitdiskutieren und mitentscheiden können und dadurch „der Klub die Gewähr seiner Abstimmungen" verloren. Meyens Analyse traf den Kern der Probleme des Vereins. Die Bezeichnung ‚politisch' beschwor die Gemeinsamkeit der politischen Opposition *vor* dem 18. März – eine Vorstellung, die sich schon in den ersten Wochen nach der Märzrevolution als Fiktion erwies.[3]

Anfangs zog der Klub alle diejenigen an, die unbestimmt mit den Märzerrungenschaften sympathisierten und die alten Gewalten hindern wollten, das ‚Rad der Geschichte' wieder zurückzudrehen. Er umschloß damit ein breitgefächertes Spektrum, das von Sozialisten über gemäßigte Demokraten bis hin zu Liberalen reichte. Überraschen kann das nicht: Während des Vormärz bestand keine Gelegenheit, differenzierte politische Positionen auszukristallisieren. Der Politische Klub selbst sollte das Forum sein, auf dem die ‚Märzprinzipien' genauer ausgebildet wurden. Die anfängliche Unbestimmtheit der Ziele führte dazu, daß der Klub zu praktischen Initiativen erst allmählich in der Lage war. In den ersten Tagen nach seiner Gründung reagierte er nur. Die Themen gaben andere vor: In der Frage der Rückkehr des Militärs waren dies vor allem die konservative Bürgerschaft und die Angehörigen der neugeschaffenen Bürgerwehr, in der Wahlfrage der König und das Staatsministerium. Klar war vor allem eins: Der Klub wollte

---

2 „Die Bezeichnung ‚politisch' [gab] eigentlich gar keine Richtung an, denn politisch ist jeder, der sich mit Politik beschäftigt, also auch der Reaktionär." (Erklärung des Demokratischen Klubs [i. A. Eduard Meyen; KBA], undat. [Ende Mai 1848], in: ZBSt, 1848 Flg., M. 11; im Wortlaut außerdem in: Obermann, Flugblätter, S. 143 f. bzw. Wolff, RC, II, S. 564 f.).

3 Wie sehr das Selbstverständnis des Klubs anfangs einem „wüsten Acker" (Berlin in der Bewegung, S. 577) glich, geht anschaulich aus dem „Plan zur Gründung eines politischen Klubs" hervor, der von den am 23. März im Hotel de Russie versammelten Gründungsmitgliedern als programmatische Grundlage für die Konstituierung des Vereins angenommen wurde. Aufgabe des Klubs müsse es sein, die ‚Prinzipien der Märzrevolution', das „Testament der Todten", „wofür sie gekämpft und gelitten haben", zu vollziehen. Der Klub müsse „mit argwöhnischer Aufmerksamkeit auf der Warte stehen" und darauf dringen, daß die vom König „in Noth und Angst" zugestandenen „Konzessionen und Versprechen auf die liberalsten Institutionen" auch gehalten würden. Es müsse vom Klub „unermüdlich ein systematischer Kampf gegen jeden Zopf und jedes Zöpfchen, gegen schwächliche Sentimentalität so wie gegen alle Abarten der Romantik geführt werden und mit politischer Belehrung Hand in Hand gehen." Der Verein müsse alle „Kämpfer der Freiheit" sammeln. Der Klub habe, so hieß es in guter liberaler Tradition, „alle Klassen der Gesellschaft in sich [aufzunehmen] und sie durch ausschließlich politische Vorträge zum Bewußtsein ihrer Staatsbürgerschaft zu bringen." (In: ZBSt, 1848, Flg., M. 2; im Wortlaut außerdem in: Obermann, Flugblätter, S. 121 ff.; Wolff, RC, I, S. 396.) Verfasser der ‚Aufforderung' war der Schriftsteller Julius Hoppe, der später politisch nicht mehr hervortrat. Wie verschwommen die politischen Ziele waren, denen sich die Versammelten verpflichtet fühlten, war den führenden Mitgliedern bewußt: „Fragt uns nicht, wohin wir wollen; die Antwort wäre eine Vermessenheit. Im Gebärungskampf der Elementarmächte", so Georg Jung im vereinseigenen ‚Club-Blatt' No. 1, könne „niemand den Sturm beschwören." Man habe nur „die Segel aufgezogen und jauchze dem Wogenkampfe entgegen".

nicht selbst Träger politischer Gewalt werden, sondern verstand sich als Institution, die darüber wachen wollte, daß die Märzerrungenschaften gewahrt blieben.

Immerhin existierte seit dem 23. März ein formaler Rahmen, der es erlaubt, überhaupt von einem ‚Klub‘ zu sprechen: Man einigte sich darauf, täglich des Abends Versammlungen abzuhalten. Zum Präsidenten gewählt wurde Georg Jung, der sich mit seiner Rede über den Gräbern der Märzgefallenen am 22. März politisch profiliert hatte. Bis zu seiner Reorganisation blieb der Klub dennoch ein weitgehend unverbindlicher Diskussionszirkel. Seine Sitzungen verliefen nicht selten ausgesprochen chaotisch.

„So viel man aus den Reden von zwanzig und mehr Sprechern entnehmen konnte, herrschte in allen Ansichten eine ungemeine Verwirrung, in welche auch der Präsident, Hr. Jung, keine Klarheit zu bringen wußte; man ließ eben alles, Revolution, Reorganisation, Prinz von Preußen, Ministerium Camphausen, Königthum, Constitution, Republik, Anklagen der einzelnen Mitglieder gegen einander, Forderung größerer Energie und Entschiedenheit, Abhaltung von Volksversammlungen und Betheiligungen dabei, und viele andere Dinge mehr, so confuse durcheinander laufen, daß ein Unbefangener leicht erkannte, es fehle dem politischen Club die erste Bedingung zur Politik“.[4]

Die Mitglieder des Politischen Klubs konnten mit diesem Zustand nicht zufrieden sein: Bestrebungen zur Effektivierung der politischen Arbeit gab es seit Anfang April. Indessen gelangten derartige Bemühungen erst einen Tag, bevor die Preußische Nationalversammlung in Berlin zusammentrat, zu einem förmlichen Abschluß: Der ‚Politische‘ wurde in ‚Demokratischer Klub‘ umbenannt, mit Rudolph Schramm anstelle von Georg Jung ein neuer Präsident gewählt, ein neues Statut sowie eine programmatische Grundsatzerklärung verabschiedet und veröffentlicht. Aus einem Debattierklub wurde seit dem 21. Mai eine Organisation, die an politischer Schlagkraft gewann und sich schärfer als zuvor gegenüber anderen Strömungen abgrenzte. Die Namensänderung und das ‚Glaubensbekenntnis‘, das an den Anfang der Statuten gesetzt wurde, brachten dies unmißverständlich zum Ausdruck: „Zweck des Klubs ist die Verbreitung und Durchführung des demokratischen Prinzips.“ „Demokratisches Prinzip“ meine, so hieß es in der erwähnten Erklärung von Eduard Meyen, die dem Statut vorangestellt wurde, „die vollständigste Garantie“ der erkämpften politischen Freiheiten „durch eine Verfassung, die dem Volke seine Souveränität und das Recht der Selbstherrschaft bis in die kleinsten Verhältnisse, in die Städteverfassung und Landgemeindeordnung hinein sichert.“ Ziel war also uneingeschränkte ‚Volkssouveränität‘, politische Demokratie auf allen gesellschaftlichen Ebenen. Auf die Republik als anzustrebende Staatsform legte man sich zunächst nicht eindeutig fest.[5]

---

4 Hamburger ‚Börsen-Halle‘ vom 16. Mai 1848, nach: Wolff, RC, II, S. 544 f. Bündiger formulierte der Berichterstatter der NZ vom 21. Mai 1848: „Gesprochen wurde viel, gesagt wenig.“

5 Im ‚Club-Blatt‘ No. 1 (Neue Folge) vom 18. April 1848 heißt es vielmehr ausdrücklich, angesichts der aktuellen Auseinandersetzung um das Wahlrecht „tritt uns die Frage nach der Staatsform

Darüber hinaus hielt der Demokratische Klub an dem Selbstverständnis fest, wie es sich bereits in seiner Gründungsphase herausgeschält hatte: Er wolle „Wächter" des „aus dem Schoße der Bourgeoisie und des Adels hervorgegangenen Ministeriums" Camphausen-Hansemann sein, „jeden Schritt, jede Maßregel des Ministeriums wie die Beschlüsse der konstituierenden Versammlung seiner Kritik unterwerfen und das Volk über deren Wert und Beschaffenheit aufklären, um ihm dadurch den Maßstab seiner Handlungen zu geben."[6] Fast noch wichtiger als die Präzisierung der politischen Zielvorstellungen war die Straffung der Organisationsstruktur.[7] Sie war die Voraussetzung dafür, daß der Demokratische Klub danach wirkungsmächtiger in das politische Geschehen eingreifen konnte.

Die Mitgliederzahlen des Politischen und späteren Demokratischen Klubs waren hoch. Schon in den ersten Wochen seines Bestehens nahmen Hunderte an seinen Sitzungen teil. Nach seiner Neuformierung am 21. Mai gewann der Klub noch an Attraktivität: Mitunter traten dem Verein während einer einzigen Sitzung „etwa hundert" neue Mitglieder bei. Ende Mai zählte der Demokratische Klub ungefähr 500 eingeschriebene Mitglieder. Zusätzlich fand sich häufig noch ein Vielfaches an Gästen ein; die ‚Berliner Zeitungshalle' zählte z.B. auf der Sitzung vom 23. Mai 3000 Zuhörer und zwei Tage später sogar 4000 Zuhörer. Um dem weiter ansteigenden Zustrom an Zuhörern überhaupt Herr werden zu können, veranstaltete der Klub in der Folgezeit eigens Volksversammlungen vor den ‚Zelten' im Tiergarten. Die Zahl der formellen Mitglieder verdoppelte sich bis Juni auf mehr als tausend[8] – Männer, da Frauen nur als Gäste zugelassen waren. Nach übereinstimmenden Berichten von Zeitgenossen fanden sich im

---

augenblicklich in den Hintergrund, wir haben keine Zeit, über die Vorzüge der Republik und der Monarchie zu streiten". Erst seit Sommerbeginn gaben die Anhänger einer Republik im Demokratischen Klub eindeutig den Ton an. Zu Jung, Schramm und Meyen vgl. KBA.

6 Programmatische Erklärung des Demokratischen Klubs (Anm. 2). Ein weiteres wichtiges Ziel war die Volksbewaffnung; vgl. ‚Club-Blatt' No. 3.

7 Das gleichfalls am 21. Mai verabschiedete Statut (wie Anm. 2) sah regelmäßige, monatliche Beiträge der Mitglieder vor. In ihrer Höhe blieben die Beiträge unbestimmt, um das zahlungsschwache Mitgliederpotential nicht auszuschließen. Die Wahl des Präsidenten, zweier Vizepräsidenten sowie eines zwölfköpfigen Direktoriums sollte laut Statut monatlich stattfinden. Vorstand und Direktorium des Klubs waren u.a. ermächtigt, mit auswärtigen demokratischen Vereinen „Verbindungen jeder Art" anzuknüpfen. Schon die Gründung des ‚Politischen Klubs' war beispielgebend für die demokratische Bewegung in anderen preußischen Städten gewesen und löste eine Gründungswelle gleichgearteter Vereine aus; vgl. Paschen, Demokratische Vereine, S. 36. Die Bedingungen für die Aufnahme neuer Mitglieder wurden seit Mai erheblich verschärft: Jeder Beitrittswillige mußte von zwei eingeschriebenen Mitgliedern des Klubs vorgeschlagen werden. Ein Antrag auf Mitgliedschaft in den Klub galt als abgelehnt, wenn zehn oder mehr Stimmen sich gegen den Kandidaten erhoben. Mit dieser Bestimmung bewegte sich der Klub, genau genommen, nicht in Richtung auf die Herausbildung einer modernen Massenpartei. Trotz dieses Passus' behielt der Demokratische Klub allerdings auch fernerhin den Charakter einer Massenorganisation.

8 Mitglieder- und Zuhörerzahlen nach: BZH vom 26. und 28. Mai, 3., 4., 24. und 28. Juni sowie NZ vom 23. und 25. Mai 1848.

Politischen Klub anfangs vor allem Publizisten sowie Mitglieder anderer bildungsbürgerlicher Berufsgruppen zusammen.[9] Im Laufe der ersten Monate verschob sich allerdings die soziale Basis des Vereins. Bereits zwei Wochen nach der Märzrevolution wohnten Hunderte von „Arbeitern" den Sitzungen des Klubs bei.[10] Der große Widerhall in den Unterschichten und das gleichzeitig sinkende Interesse der bürgerlichen Bevölkerungsgruppen war im übrigen eine Entwicklung, die auch bei demokratischen Vereinen in anderen größeren, bereits stärker industrialisierten Städten zu beobachten war.[11]

Aus der wachsenden Resonanz des Demokratischen Klubs in den sozialen Unterschichten den Schluß zu ziehen, dieser habe gewissermaßen einen proletarischen Charakter angenommen, wäre freilich verfehlt: Studenten und ‚akademisches Proletariat' besetzten die Vorstandsposten (Tab. 5) und blieben auch im Sommer und Herbst meinungsbildend. Sie waren im Vergleich zu den Führungsschichten der anderen politischen Vereine sehr jung und gebärdeten sich häufig besonders radikal. Ihren antiautoritären Protest gegen ein verknöchertes Establishment, das die ‚neuen', bürgerlichen Eliten mit einschloß, brachten sie auch äußerlich zum Ausdruck: Ein langer Kinnbart und ein schwarzer Calabreserhut mit roter Feder galten als die „Hauptzeichen der demokratischen Parteigenossen" von 1848.[12] So wie für die radikale Demokratie die etablierte gehobene Gesellschaft wurde umgekehrt der Politische Klub als der größte demokratische Verein Berlins für das ältere, alteingesessene Bürgertum und den wohlhabenden Mittelstand schon bald zum roten Tuch.[13] Darüber hinaus prädestinierte ihn seine exponierte Stellung zum Opfer wiederholter Attacken von konservativer Seite, die allerdings, obgleich sie zum Teil in Handgreiflichkeiten ausarteten, glimpflich verliefen.[14]

---

9 Vgl. Berlin in der Bewegung, S. 576; ‚Club-Blatt' No. 1 vom 18. April 1848 (NF); Springer, Berlins Straßen, S. 46 ff. Zur Sozial- und Altersstruktur der Klubs vgl. auch *S. 622 ff.*

10 So die BZH vom 9. April 1848. Ein weiteres Indiz dafür, daß die demokratische Bewegung allgemein im Bürgertum der preußischen Landeshauptstadt nur wenig Rückhalt fand, war die bleibend niedrige Auflagenstärke der radikaldemokratischen Berliner Tagesblätter BZH, ‚Locomotive' und ‚Reform'. Der Demokratische Klub zog daraus Konsequenzen und kam dem Leseverhalten der Unterschichten stärker entgegen: Seit Mai häuften sich die großflächigen Erklärungen an den Straßenecken Berlins.

11 Vgl. zu Dresden: Weber, Revolution in Sachsen, S. 80; zu Köln: Seyppel, Demokratische Gesellschaft, S. 149, 236 f.; zu Wien: Häusler, Massenarmut, bes. S. 208; ferner Siemann, Deutsche Revolution, S. 103 f.

12 Berlin in der Bewegung, S. 578.

13 Vgl. exemplarisch Tagebuch Saegerts (KBA), etwa Eintragung vom 23. März 1848, in: GStA, Rep. 192, NL Saegert, Nr. 5, Bl. 15.

14 Anfang April kam es zu mehreren Übergriffen auf Mitglieder des Politischen Klubs. Die Schläger waren von konservativen Honoratioren, namentlich dem Generalstaatsbuchhalter Liedke (KBA), gedungen. Vgl. vor allem Tagebucheintrag Saegerts vom 1. April 1848, in: ebd., Bl. 24; außerdem die Berichte in der Tagespresse vom 3., 4. und 6. April sowie (zu einem weiteren Vorfall am 29. April) vom 1./2. Mai 1848; ferner Streckfuß, Freies Preußen, I, S. 243 ff., 274 f.; Wolff, RC, II, S. 141, 311, 487 f.

Tabelle 5: *Sozialstruktur und Durchschnittsalter der Vorstands- und Gründungsmitglieder der größten politischen Vereine Berlins März bis Nov. 1848* (in v.H.)

| | Demokratische Vereine | | | Konstitutio- | Konservative Vereine | | |
	Insgesamt (a)	Demokrati- scher Klub	Volks- klub	neller Klub (Liberale)	Insgesamt (b)	Patrioti- scher Verein	Preußen- Verein
(c)	(59)	(25)	(20)	(20)	(88)	(10)	(78)
Bürgertum	**72,9%**	**88%**	**50%**	**90%**	**63,3%**	**80%**	**52,6%**
darunter:							
– Wirtschaftsbürgertum	8,5%	–	25%	5%	33,6%	30%	35,9%
– höhere Staats- und Kommunalbeamte	5,0%	–	5%	35%	26,5%	50%	11,5%
– ‚Bildungsbürgertum'	8,5%	16%	–	10%	0,8%	–	1,3%
– **alle** Rentiers und Pensionäre(d)	–	–	–	–	0,8%	–	1,3%
– Studenten etc.	10,2%	24%	–	5%	1,6%	–	2,6%
– Journalisten,Literaten,Privat-Doz.(d)	40,7%	48%	20%	35%	–	–	–
Sonstige, gehobene Sozialgruppen (e)	–	–	–	5%	10,1%	20%	3,8%
Mittelschichten	**20,3%**	**8%**	**35%**	**5%**	**25,0%**	**–**	**41,0%**
darunter:							
– **alle** Handwerksmeister(d)	5,0%	–	15%	5%	21,1%	–	34,6%
– niedere Beamte etc.	8,5%	4%	5%	–	3,1%	–	5,1%
– Buchhändler/Verleger, kleine Kaufleute	6,8%	4%	15%	–	0,8%	–	1,3%
Unterschichten	**6,8%**	**4%**	**15%**	**–**	**1,6%**	**–**	**2,6%**
darunter:							
– Gesellen u.übrige qualifiz.Arbeitnehmer	6,8%	4%	15%	–	1,6%	–	2,6%
	100,0%	100%	100%	100%	100,0%	100%	100,0%
Durchschnittsalter	**30,3**	**27,6**	**34,3**	**39,0**	**48,3**	**49,1**	**47,0**
(c)	(43)	(20)	(13)	(13)	(12)	(7)	(5)

(a) Demokratischer Klub (bis Mai 1848: Politischer Klub), Volksklub, Verein für Volksrechte, Reformklub (später: Demokratischer Klub der Königsstadt).
(b) Nur Patriotischer und Preußen-Verein. (Preußen-Verein: Sämtliche ‚Stammtglieder', nach: ‚Locomotive' vom 7. Aug. 1848; erhebliche Differenzen zu den Angaben von Schwentker. Um im Vergleich zu den tatsächlichen Mitgliederrelationen Verzerrungen zu reduzieren, wurden für die Errechnung der Gesamtheit der Führungsgruppe beider konservative Vereine die Angaben für den Patriotischen Verein mit 5 multipliziert.)
(c) Zahl der erfaßten Personen mit Angaben zum ausgeübten Beruf bzw. zum Alter.
(d) (Fett hervorgehoben:) Andere soziale Kategorisierung als in Tab.1; ansonsten identisch.
(e) Offiziere, Gutsbesitzer.

Der starken Resonanz, die er in den unterbürgerlichen Schichten fand, trug der Politische Klub schon frühzeitig Rechnung: Seit April 1848 führte er außerordentliche Sitzungen „im Interesse und mit besonderer Berücksichtigung der Arbeiter" durch, auf denen Gesellen und Arbeiter ihre Interessen artikulieren und Forderungen an das Staatsministerium, den Magistrat etc. entwerfen konnten; diese wurden dann den Behörden gegenüber wiederum von Deputationen des Vereins vorgetragen. Zwar griff der Demokratische Klub in der ganzen Zeit seines Bestehens immer wieder soziale Forderungen auf und unterstützte entsprechende Bewegungen der Unterschichten. Diese Aktivitäten standen jedoch nicht im Zentrum des politischen Lebens des Klubs – Folge einer Art Arbeitsteilung mit der frühen Arbeiterbewegung: Während die Gesellen- und Arbeiterorganisationen sich 1848 weitgehend auf ‚gewerkschaftliche' Forderungen beschränkten, waren der Politische Klub und die anderen demokratischen Vereine sozusagen für die allgemein-politischen Forderungen des ‚Proletariats' zuständig. Zwar blieb der Politische bzw. Demokratische Klub während der gesamten Revolutionszeit die mit Abstand bedeutsamste politische Organisation der preußischen Landeshauptstadt. Aber auch die anderen demokratischen Vereine spielten eine wichtige Rolle.

,Volksverein' und ,Volksklub'

Der *Volksverein*, offiziell ins Leben gerufen am 31. März, war keine politische Vereinigung im engeren Sinne. Die am letzten Tag des Monat März verabschiedete ,Gründungserklärung', das „Flugblatt Nr.1 der Volksversammlung unter den Zelten", stellt eher eine Willenserklärung dar, fortan regelmäßig, zweimal wöchentlich, in den ,Zelten' des Tiergartens zusammenzukommen. Ein förmliches Statut, d.h. Bestimmungen über Mitgliedschaft und Präsidium dieses ,Vereins' etc., wurde niemals verabschiedet, der ,Präsident', als Leiter der Versammlung, jeden Abend neu gewählt. Der neue Verein verstand sich, so brachte er in seinem ,Flugblatt Nr.1' zum Ausdruck, „im höchsten und weitesten Sinne des Wortes [als] Volksverein, in dem alle Klassen, besonders aber diejenigen vertreten sind, welche den markigen Kern des Volkes bilden: die besitzlosen Arbeiter." Die „dreierlei Forderungen", die „die Grundsätze des Volksvereins" bilden sollten, waren radikaler als die unbestimmten Formulierungen der Gründungserklärung des ,Politischen Klubs': „1. Wahrhafte Volksbewaffnung als Gegengewicht gegen die Gewaltherrschaft der Bürgerpolizei und des Militärs. 2. Wahrhafte Volksvertretung als Gegengewicht gegen den falsch verstandenen Patriotismus der Beamtenwillkür und gegen die eigensüchtige Königsliebe der sogenannten Aristokratie. 3. Wahrhafte politische und sittliche Volksbildung als Gegengewicht gegen die gesinnungslose Ver- und Überbildung der mittleren und höheren Stände."[15]

Daß es dem Verein mit diesem populistischen Programm zunächst tatsächlich gelang, im ,Volk', d.h. den unteren Sozialschichten, Fuß zu fassen, ist einmal den hohen Teilnehmerzahlen an den ,Volksversammlungen unter den Zelten' zu entnehmen: Am 31. März hatten sich etwa 3000 Menschen in dieser Lokalität im Tiergarten eingefunden. Bis Mitte Mai, im Zusammenhang mit den Protesten gegen die Rückberufung des Prinzen von Preußen, wuchs die Zahl der Versammlungsteilnehmer auf zehn- bis zwanzigtausend an. Die Veranstaltungen selbst waren eine Mischung aus Volksfest und politischer Versammlung.

---

15 In: ZBSt, 1848 Flg., M. 6; LAB, Rep. 240, Acc. 685, Nr. 43; im Wortlaut auch im Vereins-Blatt ,Die Volks-Stimme' No. 1, vom 6. April 1848, sowie in Obermann, Flugblätter, S.130 f.; Wolff, RC, I, S. 466. Wie der Politische Klub war der ,Volksverein' schon vorher de facto ins Leben gerufen worden, nämlich auf der Zeltenversammlung vom 30. März, wo der erwähnte Protest gegen die Zurückrufung des Militärs verabschiedet wurde; vgl. *S. 269.*

Volksversammlung „In den Zelten", März/April 1848.

„Unzählige Viktualienhändler hielten reiche Ernte und selbst der Teufel des Hazards fand hier seine Bankiers, die dem Armen auch die paar Pfennige Lohnes noch aus der zerrissenen Tasche zu locken wußten. Von der Tribüne aber donnerte es in wildem Pathos. Telegraphenartig bewegten sich die gestikulierenden Redner nach allen Seiten hin, Wehe herabrufend auf sämmtliche Tyrannen, Fürstenknechte, Geldsäcke, Pfaffen und wie die Schlagworte der Zelten alle heißen mochten."[16]

Bis Ende Mai waren die ‚Volksversammlungen unter den Zelten' ein wesentliches Forum, das den verschiedenen demokratischen ‚Volksführern' dazu diente, sich Popularität in der Berliner Bevölkerung zu verschaffen.[17] Auf dem Zenit seines Einflusses stand der Volksverein im April und Mai 1848. Danach nahm die Zahl der Teilnehmer an den ‚Versammlungen unter den Zelten' rasch ab. Hatten

---

16 Boerner, Erinnerungen, II, S. 71. Boerner hat die Versammlungen unter den Zelten selbst mehrfach besucht. Der ‚Präsident' des Volksvereins, Max Schaßler (KBA), hat sich dagegen in seiner Autobiographie über die Versammlungen und sein diesbezügliches Wirken nicht geäußert.

17 Auch führende Repräsentanten des Politischen/Demokratischen Klubs wie Jung, Schramm oder Wiß nutzten die Möglichkeit, über den ‚Volksverein' in breiten Bevölkerungskreisen bekannt zu werden, und traten dort des öfteren auf dessen Versammlungen auf. Neben den ‚Volksfreunden' aus den demokratischen Klubs und „Berliner Revolutionsoriginalen" (Gailus) wie Held, Karbe, Lindenmüller und Urban traten als Volksredner außerdem herausragende Persönlichkeiten aus dem Arbeiterstande wie Born, Bisky, Lüchow und Siegerist auf. Ausführlich zum ‚Volksverein' und dessen Versammlungen: Gailus, Straße und Brot, S. 400-406; vgl. außerdem *S. 295 f.* und *S. 317.* Zu allen genannten Personen vgl. KBA.

sich anfangs zumindest einige der Reden durch eine hohe politische Qualität ausgezeichnet, verflachten die Beiträge in der Folgezeit immer mehr. Das Gros der bürgerliche ‚Volksfreunde' biete, „wenn es zu handeln gilt, nur Phrasen, Wortspiele" und „sentimentale, immer nur um den heißen Brei herumtappende Schönrednerei" an, geißelte etwa der radikaldemokratische Immanuel Fernbach, Verfasser des ‚republikanischen Katechismus', in einer am 17. Mai in der ‚Berliner Zeitungshalle' veröffentlichten Erklärung den Populismus der ‚Zeltenredner'. Tatsächlich taugte der Volksverein aufgrund seines unverbindlichen Versammlungscharakters nur sehr begrenzt und lediglich in der ersten Revolutionsphase als organisatorischer Rahmen für wirkungsvolle politische Aktivitäten. Im Sommer löste sich der Volksverein dann sang- und klanglos auf. Massenversammlungen ähnlich denen des ‚Volksvereins' führte danach vor allem der Demokratische Klub durch.

Der *Volksklub* als der dritte wichtige demokratische Verein wurde am 26. April 1848 gegründet. Vom Politischen bzw. Demokratischen Klub unterschied sich der Volksklub dadurch, daß er weniger aktionistisch agierte, sondern mehr bedächtig-aufklärerisch zu wirken suchte und von vornherein ein stärkeres Gewicht auf die ‚soziale Frage' legte.[18] Gesellen und Arbeiter waren denn auch wichtigster Adressat der aufklärerischen Aktivitäten des Klubs; vor allem für sie sollten „volksthümliche, faßliche, nicht doctrinäre Vorträge" gehalten werden.[19] In gewisser Weise knüpfte man damit an das Verständnis politischer Bildungsarbeit an, das im Vormärz dem Hedemannschen Handwerkerverein zugrunde gelegen hatte. Anfangs stärker als die beiden vorgenannten demokratischen Vereine den Traditionen der liberalen Opposition des Vormärz verpflichtet[20] und eher eine Vereinigung gemäßigt-demokratischer Honoratioren, die im Vergleich zum Demokratischen Klub im Durchschnitt deutlich älter waren (Tab.

---

18 Bereits in seinem auf der Gründungsversammlung verabschiedeten Programm machte er es sich u.a. zur Aufgabe, „die gesellschaftlichen Fragen" derjenigen zu thematisieren, „deren Arbeitskraft durch die Macht des Capitals unterdrückt ist." Über S. Born und L. Bisky, die neben u.a. J. Berends, K. Nauwerck, den drei Brüdern Benary, J. Springer, H. Runge (KBA) sowie dem Bäckermeister Wilhelm Hamann (im Vormärz als Mitbegründer der ‚Bürgergesellschaft', als Lehrer des Hedemannschen Handwerkervereins sowie als führendes Mitglied des Berliner ‚Lokalvereins für das Wohl der arbeitenden Klassen' politisch hervorgetreten) zu den Gründungsmitgliedern des Volksklubs gehörten, bestanden Kontakte zum eine Woche zuvor gegründeten ‚Central-Comité der Arbeiter'. Mitte Juli wurde schließlich die von Born herausgegebene Zeitung ‚Das Volk' zum Organ auch des ‚Volksklubs' erklärt; vgl. ‚Volk' vom 15. Juli 1848.

19 Programm des Volksklubs vom 26. April 1848, nach: NZ vom 26. April 1848 bzw. Wolff, RC, II, S. 366. Nicht zufällig fanden sich unter den genannten Unterzeichnern des Gründungsprogramms des Volksklubs eine ganze Reihe von Lehrern und Vorstandsmitgliedern des großen Berliner Handwerkervereins. Vgl. außerdem Einladung zur Gründungsversammlung des Volksklubs, in: ZBSt, 1848 Flg., M. 8.

20 Dies ist etwa dem Gründungsprogramm (Anm. 19) zu entnehmen: Man wolle der „Reaction" wie dem „Umsturz" wehren, seine politischen Anschauungen nur auf „rechtliche Art verbreiten" und „gleichgesinnte Männer aus *allen* Ständen" in den Klub aufnehmen.

5), entwickelte sich der Volksklub im Sommer mit mehreren hundert Mitgliedern ähnlich wie der Demokratische Klub zu einer Massenorganisation.

Am 26. April konstituierte sich aus ehemals führenden Mitgliedern des Politischen Klubs schließlich ein vierter Verein. Der *Reformklub*, wie der neue Verein sich in offensichtlicher Abgrenzung zum radikaleren Demokratischen Klub nannte, tagte seit Anfang Mai regelmäßig, führte jedoch zunächst nur ein Schattendasein[21] und trat erst seit dem Frühsommer stärker mit eigenen Aktivitäten ins Rampenlicht der Öffentlichkeit.

Der Konstitutionelle Klub

Offiziell gegründet wurde der Konstitutionelle Klub, die einzige liberale Vereinigung Berlins während des Revolutionsjahres, am 27. März 1848. An diesem Tage hatte sich ein „provisorisches Comité" unter dem Vorsitz Ludwig Crelingers konstituiert, das die Gründung eines „Konstitutionellen Klubs" bekanntgab, als dessen vorläufiger Vorstand es fungierte. Auf den ersten Blick unterschied sich die Gründungserklärung des Konstitutionellen Klubs vom 27. März kaum von der des Politischen Klubs. Man beabsichtige, „die Bürger theils über ihre Interessen aufzuklären, theils ihnen die Fähigkeit dar[zu]bieten, sich darüber zu verständigen." Zur Teilnahme an der Versammlung wurden diejenigen aufgefordert, „welche dringend wünschen, das Errungene in seinem ganzen Umfange festzuhalten und auf diese Grundlagen sich stützend den Ausbau unserer Verfassung mit *Besonnenheit* zu vollenden." Der Klub solle „dauernder Vereinigungspunkt für alle Bürger [werden], denen es am Herzen liegt, *auf dem Wege der Ordnung* die Freiheit zu bewahren und zu befestigen." Man wollte die liberale Mitte zwischen den Extremen der „immerhin zu bekämpfenden Reaction" einerseits und „dem Übergriffe von Bewegungen" andererseits einnehmen.[22] In seiner Rede zur Eröffnung einer ersten öffentlichen Versammlung am 28. März brachte Crelinger das Selbstverständnis des Klubs deutlicher zum Ausdruck, indem er u.a. erklärte, dieser baue auf den „ruhigen, der Gesetzlichkeit zugewandten Sinn der Deutschen". So wie er sich gegen die ‚Reaction' wende, verwahre er sich „nach der andern Seite hin gegen die Übereilenden, die an einem Tage aufbauen wollen, was allein das Werk der Besonnenheit sein kann. [...] Wir sind von der Überzeugung durchdrungen, daß nichts geeigneter ist, uns in die Arme der Reaction zu werfen, als der Umsturz alles Vorhandenen, der zuletzt nur auf Anwendung

---

21 Vgl. Wolff, RC, I, S. 364; ferner NZ vom 22. Juni 1848; Springer, Berlins Straßen, S. 82 f.
22 Nach: VZ vom 28. März 1848, bzw. Wolff, RC, I, S. 447 f. Wie der Politische Klub und der Volksverein hatte auch der Konstitutionelle Klub seine Vorgeschichte, nämlich eine Versammlung, die am 21. März im Hotel Mielentz stattfand; vgl. ausführlich Springer, Berlins Straßen, S. 44 ff.

roher Gewalt beruhen kann." Der Konstitutionelle Klub bezog sich im Gegensatz zu seinen demokratischen Konkurrenten bereits in den ersten Tagen seines Bestehens nicht ausdrücklich auf die Märzrevolution, sondern beschwor, „was von dem Throne uns theils dargeboten, theils in die nächste Aussicht gestellt ist".[23] Reformen sollten nicht gegen die alten Mächte, sondern mit ihnen, durch ‚Vereinbarung' Wirklichkeit werden. Die Kritik, die der Konstitutionelle Klub in der einen oder anderen Frage an den Märzministerien übte, darf nicht darüber hinwegtäuschen, daß die ‚Basis'-Liberalen und die ‚Staats'-Liberalen in den entscheidenden Fragen lange Zeit jedenfalls in Berlin an einem Strang zogen. Der Konstitutionelle Klub war, wie der demokratische Publizist Adolf Stahr in einem auf den 2. Mai 1848 datierten Situationsbericht bemerkte, insofern „von vornherein in gewisser Weise konservativ und doktrinär."[24]

Gegründet und personell getragen (Tab. 5) wurde der Konstitutionelle Klub von „Beamten, Gelehrten und Bürgern, welche der besitzenden Klasse entweder selbst angehören oder doch die Interessen derselben vertreten." Neben dem sozial dominierenden „Geld- und Titelpatriziat" (V. Valentin) wurden seine Sitzungen außerdem von Schriftstellern, Offizieren und Angehörigen der bildungsbürgerlichen und gewerblichen Mittelschichten frequentiert.[25] Grundsätzlich unterschied sich der Berliner Verein damit nicht von Organisationen gleicher politischer Couleur in anderen deutschen Städten.[26] Die Stellung des liberalen Klubs zu den Unterschichten war ambivalent: Auf der einen Seite waren dem Gros seiner Mitglieder wie überhaupt der überwiegenden Mehrheit der Liberalen Forderungen nach weitreichender politischer Partizipation der besitzlosen Klassen suspekt. Auf der anderen Seite suchte der Konstitutionelle Klub, in dem führende Mitglieder der frühen bürgerlichen Sozialreform wie Wilhelm Adolf Lette anfangs eine wichtige Rolle spielten[27], zumindest in der Anfangsphase den Kontakt zur entstehenden Arbeiterbewegung herzustellen.[28]

---

23 Zitate nach: Wolff, RC, I, S. 448 ff. Vgl. auch die im Wortlaut etwas anderen Versionen der Rede Crelingers (KBA) in SZ vom 29. März und VZ vom 30. März 1848.

24 Adolf Stahr, Preußische Zustände, in: Jb. der Gegenwart (Mai) 1848, S. 153.

25 Zitate: NZ vom 25. April 1848; Valentin, Geschichte, I, S. 534. Vgl. außerdem Berlin in der Bewegung, S. 576; Stern, Geschichte des deutschen Volkes, S. 143; Kaelble, Unternehmer, S. 189; Gebhardt, Revolution und liberale Bewegung, S. 31.

26 Vgl. ebd., S. 169; Siemann, Deutsche Revolution, S. 107.

27 Lette (KBA) war langjähriger Präsident des ‚Centralvereins für das Wohl der arbeitenden Klassen' und nahm am 11. April 1848 an einer Versammlung teil, die die Gründung des ‚Central-Comités der Arbeiter' vorbereitete; vgl. *S. 380 f. sowie S. 423 f., bes. Anm. 69.*

28 So lud der Klub einige Male Stephan Born zu seinen Sitzungen ein – weil man (wie Born es formulierte) auch dort „schon die Ahnung von der Macht hatte, welche in der arbeitenden Klasse lag, und sich deshalb früh bemühte, diese für sich zu gewinnen." (Born, Erinnerungen, S. 131 f.) Der Konstitutionelle Klub wie die demokratischen Vereine setzten sich im übrigen unisono bei Minutoli Anfang Mai erfolgreich für Born ein, als der Polizeipräsident den prominenten Ar-

Anfänglich mit 500 bis 600 Mitgliedern[29] zahlenmäßig kaum schwächer als der Politische Klub, verlor das konstitutionelle Pendant des großen demokratischen Vereins freilich relativ rasch an Resonanz. Für den Niedergang des liberalen Berliner Klubs war eine Reihe von Faktoren verantwortlich. Erstens dürfte das Innenleben des Klubs viele potentielle Mitglieder von einem Eintritt abgeschreckt haben.

Ein Korrespondent der National-Zeitung, eines Blattes, das eigentlich mit den politischen Grundpositionen des Konstitutionellen Klubs sympathisierte, meinte Mitte Mai, es scheine „im Wesen des konstitutionellen Clubs zu liegen, wirklich substantielle Fragen als Nebensache zu betrachten und detaillierte Erörterungen wichtiger Gegenstände, praktischer Angelegeheiten weniger Aufmerksamkeit zu schenken, als Formalitäten und Klatschgeschichten." Der anfängliche Schwung sei inzwischen „einer entschiedenen Ebbe", „Schlaffheit und Apathie" gewichen „und eine Berathung über Fragen von allgemeinem Interesse veranlaßt jedes Mal einen merklichen Abzug selbst der wenigen Getreuen. [...] [R]eine Lappalien, leere Formalitäten discutirt man in einer Breite, daß ein Stein sich darüber erbarmen möchte."[30]

Während es dem Demokratischen Klub allmählich gelang, die Kinderkrankheiten des frühen politischen Vereinswesens zu bewältigen, verstand es dessen liberale Alternative während der Revolutionszeit zu keinem Zeitpunkt, diese Schwächen abzustreifen. Der Konstitutionelle Klub war zeit seines Bestehens aufgrund seines oft „saft- und kraftlosen, bis zur Faselei gehenden Debattirens"[31] zu wirkungsvollen politischen Aktivitäten nur selten in der Lage. Mit dem Konstitutionellen Klub formierte sich mehr eine altliberale Honoratiorengesellschaft mit allerdings manchmal zahlreichem Publikum als eine echte Massenpartei. Kaum einer hat das, im Rückblick, schärfer gesehen als Sigismund Stern, der zeitweilige Vorsitzende des Klubs: Die Bedeutung des liberalen Vereins „lag eben ausschließlich nur in diesen Reden und einigen [...] glänzend stylisirten Adressen, welche hierhin und dorthin entsendet wurden." Stern vermißte „Thatkraft" in dem „den Zeiten vor der Revolution angehörenden Liberalismus" des Berliner

---

beiterführer aus Berlin ausweisen wollte; vgl. ebd., S. 132 f.; VZ vom 5. Mai 1848; Rogger, „Wir helfen uns selbst", S. 183 f.

29 Vgl. Stahr, Preußische Zustände, S. 154; VZ vom 3. April 1848. Die in der ‚Constitutionellen Club-Zeitung' vom 25. April 1848 behauptete Zahl von insgesamt 2000 Mitgliedern dürfte maßlos übertrieben sein und mindestens auch Gäste einbezogen haben. Angaben über die Zahl der Vereinsmitglieder sind freilich *generell*, für alle Vereine, skeptisch zu betrachten. Sofern überhaupt genauere Zahlen vorliegen, sind zumeist diejenigen zugrunde gelegt, die sich in die Mitgliederlisten eingetragen hatten; von diesen wiederum zahlte nur eine Minderheit regelmäßig Beiträge. Das erschwert für 1848 und ebenso die folgenden Jahrzehnte präzise Angaben.

30 Bericht über die Sitzung vom 16. Mai, in: NZ vom 18. Mai 1848. Bereits zuvor war die interne Verfassung des Klubs von dem gleichen Blatt mit wenig schmeichelhaften Worten beschrieben worden; vgl. NZ vom 20. und 23. April 1848.

31 So böse formulierte die DArZ am 5. Mai 1848, nachdem sie anfänglich durchaus mit Wohlwollen über den Konstitutionellen Klub berichtet hatte.

Konstitutionellen Klubs; „eine Einwirkung auf das Volk und die Entwickelung der Gegenwart vermochte er nicht zu gewinnen."[32]

Einen zweiten Grund für den allmählichen Niedergang des Konstitutionellen Klubs benannte die National-Zeitung bereits Ende April, als sie prognostizierte, „daß dieser Club die Bedeutung, welche er jetzt hat, nicht wird behaupten können". Trotz aller Versuche der Kontaktaufnahme stehe der Konstitutionelle Klub im Gegensatz zu seinen demokratischen Konkurrenten nämlich „den Arbeitern ziemlich fern". Auch „seine langsam ausgestreckten Fühlhörner" in diese Richtung[33] änderten nichts an der Tatsache, daß Gesellen und Arbeiter auf die betuliche Unterstützung liberaler Honoratioren immer weniger angewiesen waren, um ihre sozialen Forderungen vorzutragen und durchzusetzen. Eine weitere, vielleicht die wichtigste Ursache für den Bedeutungsverlust des Konstitutionellen Klubs ist darin zu suchen, daß er, ähnlich wie der Politische Klub, eine Art politisches Sammelbecken war. Nur hatte dies für die Liberalen fatalere Auswirkungen. Robert Springer hat die Mitglieder der liberalen Organisation in drei Gruppen untergliedert und damit zugleich eine Charakterisierung der Hauptströmungen des Konstitutionellen Klubs der Anfangsphase gegeben:[34] Erstens gehörten zu ihnen „die schüchternen und versteckten Royalisten", die sich in der Anfangsphase der Revolution noch nicht zu ihren eigentlichen Ansichten bekennen mochten. Mit der Gründung des rechtsliberalen bzw. gemäßigt-konservativen Patriotischen Vereins Mitte Mai und der offen konservativen Vereine ab Juni zogen sich diese Leute vom Konstitutionellen Klub zurück. Eine zweite Strömung seien diejenigen gewesen, die „vom Absolutismus abgeschreckt worden waren, sich aber von einem zu weiten Vorschritte fürchteten, die Gemäßigten und die Furchtsamen, denen man die Bestrebungen der Demokratie in den entsetzlichsten Schreckensbildern veranschaulicht hatte." Auch diese Liberalen neigten in ihrer Mehrheit bei einer sich zuspitzenden politischen Polarisierung ab Juni eher den Konservativen zu. Den eigentlichen Kern des Klubs bildeten drittens „die Liberalen der früheren Zeit [...]. Ihr Ideal ist fast durchgehend die englische Constitution." Sie hielten im allgemeinen dem Klub die Treue, sofern sie nicht resignierten und sich aus dem politischen Leben zurückzogen.

Verantwortlich für den Niedergang des Konstitutionellen Klubs war wesentlich sein Lavieren zwischen den politischen Polen. Zunächst eher den gemäßigten Demokraten nahe, ließ die Furcht vor einem Umsturz der Eigentumsverhältnisse viele Liberale immer weiter nach rechts rücken. „Die Angst um das Privateigenthum erzeuge einen Fanatismus des Beruhigens und Besänftigens, welcher ganz wieder in das eben gestürzte System zurücklenken werde", hat

---

32 Stern, Geschichte des deutschen Volkes, S. 144. Zu Stern vgl. KBA.
33 Zitate: NZ vom 25. April 1848.
34 Springer, Berlins Straßen, S. 193.

Max Schaßler diesen das Bürgertum in seiner großen Mehrheit „beherrschenden Geist" auf einer der ersten ‚Volksversammlungen unter den Zelten‘ bereits Ende März charakterisiert.[35] In dieser Hinsicht hatten die seit Juni 1848 entstehenden konservativen Vereine freilich bessere ‚Karten‘: Sie gingen in ihren Programmatiken wie in ihren tagespolitischen Aktivitäten die demokratische Bewegung unzweideutiger und aggressiver an als der Konstitutionelle Klub, der zwischen den politischen Fronten hin und her schwankte und sich dabei häufig genug zwischen alle Stühle setzte. Dieses Dilemma der Liberalen zog nicht nur einen stetigen Mitglieder- und Sympathisantenschwund des Konstitutionellen Klubs nach sich[36], sondern hatte weitere organisatorische Folgen. Im April bzw. Mai des Revolutionsjahres spalteten sich der rechte und der linke Flügel des Klubs von der Mutterorganisation ab und gründeten eigenständige politische Vereinigungen.[37]

Abspaltungen vom Konstitutionellen Klub

Die Linke innerhalb des Konstitutionellen Klubs, die sich im Zusammenhang mit den Wahlkämpfen des April herausgebildet hatte[38], wollte anfänglich innerhalb des Konstitutionellen Klubs agieren und sich nicht organisatorisch separieren. Mit der Bildung eines provisorischen Vorstandes wurde freilich ein erster Schritt getan, aus der Fraktion, die etwa achtzig Mitglieder zählte, eine selbständige politische Organisation zu bilden. Innerhalb der linken ‚Konstitutionellen‘ trat etwa Mitte Mai wiederum eine „entschiedene Linke" auf, die dann am 19. Mai einen eigenständigen Klub bildete, der den Namen *Verein für Volksrechte* führte. Das ‚Programm‘ des neuen Klubs, das 140 Mitglieder desselben am 20. Mai verabschiedeten, war eigentlich keines, da jene Mitglieder sich in ihrer politischen Grundsatzerklärung wortreich dagegen wehrten, „ein bestimmtes, sogenanntes politisches Glaubensbekenntnis" aufzustellen. Zwar grenzten sie sich in

---

35 Bericht über die ‚Volksversammlung unter den Zelten‘ vom 31. März in: Wolff, RC, I, S. 465.
36 Bereits in der Ausgabe vom 17. Mai 1848 prophezeite die DArZ das bevorstehende „Verscheiden" des Konstitutionellen Klubs. Zu ähnlich hämischen Prognosen etwa der KrZ im Spätsommer vgl. *S. 620.*
37 Stahr (Preußische Zustände, S. 153) spricht für Mai noch von einem weiteren Verein, dem „Märzklub", der offenbar zwischen Demokratie und Liberalismus pendelte, allerdings „bisher mehr noch den Charakter einer Privatgesellschaft pflegt", angeblich von Gneist initiiert wurde und „besonders viele Professoren und hochgestellte Beamte enthält". Von diesem Klub ist sonst nichts bekannt. Gneist selbst erwähnt ihn nicht.
38 Unmittelbarer Anlaß für die Bildung einer förmlichen, ‚konstitutionellen Linken‘ war die Ablehnung einer Wahlempfehlung für den linksliberalen Mathematikprofessor Jacobi (KBA) durch den Klub, als dieser seine Kandidatur für die DtNV bekanntmachte – obgleich Jacobi namhaftes Mitglied des Konstitutionellen Vereins war; vgl. auch *S. 304.*

Anspielung auf den Konstitutionellen Klub, dem die meisten Mitglieder des Klubs entstammten, gegen einen „auf der Oberfläche schwimmenden Phrasenkonstitutionalismus" ab. Gleichzeitig wandten sie sich gegen die radikalen Demokraten und die diesen unterstellte „Ausbeutung der Leidenschaft". Aber über die positiven Ziele des neuen Klubs gab die Erklärung keine Auskunft. Auch die pathetisch-diffuse Bemerkung, in dem Verein sollten „alle Diejenigen sich zusammenschaaren, welche die Freiheit zur That zu machen den Willen haben, um mit Ernst und Entschiedenheit die Rechte [des Volkes] nach beiden Seiten hin", gegen ‚Reaction' und ‚Anarchie', zu verteidigen, verweist eher auf die politischen Ursprünge des Vereins, die Furcht der Liberal-Konstitutionellen vor den ‚Extremen', als daß er Aufschluß über eigene politische Ziele gibt.[39] Im Grunde genommen machte sich der ‚Verein für Volksrechte' damit zu einem unverbindlichen Debattierzirkel und kultivierte einen Zustand, den der Politische Klub vier Tage später mit seiner Umbenennung in ‚Demokratischer Klub' zu beenden suchte. Erst allmählich entwickelte der neue Verein politisch schärfere Konturen. In den Sommermonaten mauserte er sich dann zum, neben dem Demokratischen und dem Volksklub, drittgrößten demokratischen Verein Berlins.

War der ‚Verein für Volksrechte' die linke, so stellte der *Patriotische Verein* die rechte Abspaltung des Konstitutionellen Klubs dar. Anlaß der Gründung, an der prominente Berliner Bürger wie Lette, der zeitweilige Kommandeur der Bürgerwehr Blesson und der Maschinenbauunternehmer Egells beteiligt waren, war die Absicht, den politischen Grundsätzen der Rechtsliberalen während der bevorstehenden Wahlkämpfe Geltung zu verschaffen. Ähnlich wie der linke Flügel des Konstitutionellen Klubs, der spätere ‚Verein für Volksrechte', konstituierte sich die rechte Strömung zunächst am 26. April förmlich als rechte Fraktion innerhalb des Konstitutionellen Klubs und erst einige Zeit später, am 4. Mai, als neue politische Vereinigung. Der neuen Organisation mit dem Namen Patriotischer Verein kam im Mai und im Juni nicht zuletzt deshalb ein hoher Stellenwert zu, weil sie in diesem Zeitraum über das rechtsliberale Spektrum im engeren Sinne hinaus zunächst allein den politischen Platz besetzte, den im Sommer neben ihr dann außerdem der Preußenverein und der ‚Verein für König und Vaterland' als von Anfang an konservative Vereinsgründungen einnahmen. In einer politischen Grundsatzerklärung erklärten die Mitglieder des neuen Vereins, sie wollten u.a. dahin wirken, daß die „künftige Nationalrepräsentation" „durch *zwei* Kammern ausgeübt" werden sollte.[40] Diese Forderung intendierte eine

---

39 Nach: Wolff, RC, II, S. 568. Dem Vorstand gehörten neben Jacobi außerdem u.a. A. Streckfuß, R. Dehnicke und L. Pietsch an (KBA).

40 Diese Grundsatzerklärung, der die folgenden Zitate (H.v.m.) entnommen sind, findet sich bereits vor der offiziellen Konstituierung des Patriotischen Vereins auf einer als Flugschrift gedruckten Einladung zur Gründungsversammlung am 29. April. Wörtlich wiederholt wurden die Kernsät-

konservative Revision des in Frankfurt und Berlin gerade ins Leben tretenden, relativ ,volksnahen' parlamentarischen Ein-Kammer-Systems. Mit diesen Überlegungen korrespondierten starke Vorbehalte gegen das allgemeine und gleiche Wahlrecht; favorisiert wurde ein Zensuswahlrecht, das das vermeintlich ungebildete städtische und ländliche Proletariat ausschließen sollte.[41]

Nicht zufällig rekrutierte auch der Patriotische Verein seine Mitglieder aus den gleichen sozialen Schichten wie die konstitutionelle ,Mutter': aus der Unternehmerschaft, der gehobenen staatlichen und städtischen Beamten- und Professorenschaft sowie aus dem Offizierskorps.[42] Auf Angehörige des Handwerks übte der Patriotische Verein keine große Anziehungskraft aus; lediglich ein einziger Meister war am Ende des Revolutionsjahres als Mitglied im Patriotischen Verein Berlins eingeschrieben. Gesellen und Arbeiter finden sich überhaupt nicht unter den Mitgliedern.[43] Wie schon der Konstitutionelle Klub war auch der Patriotische Verein eher eine Honoratiorengesellschaft als eine den modernen Parteien ähnliche Organisation. Ende Juni und auch späterhin wohnten den Sitzungen des Patriotischen Vereins im allgemeinen um die fünfzig Mitglieder bei. Daß der Verein eine Organisation des *etablierten* Bürgertums war, läßt sich schließlich den Altersangaben seiner Gründungs- bzw. Vorstandsmitglieder entnehmen, soweit sie bekannt sind (Tab. 5): Die führenden Berliner ,Patrioten' waren im Durchschnitt zehn Jahre älter als die Gründungs- und Vorstandsmitglieder des Konstitutionellen Klubs und mehr als zwanzig Jahre älter als die des radikalen Demokratischen Klubs. Damit bestätigt sich auch für die Liberalen, was bereits für die

---

ze in der Präambel (§ 1) des am 16. Mai verabschiedeten Statuts. Grundsatzerklärung bzw. Präambel, nach: ZBSt, 1848 Flg., M. 10; im Wortlaut außerdem in: NZ vom 29. April; SZ und VZ vom 4. Mai 1848; Wolff, RC, II, S. 365 f.; Obermann, Flugblätter, S. 150 ff. Zur Herausbildung des konservativen Vereinswesens seit Ende Mai vgl. *S. 606-614.*

41 Vgl. Sitzung des Patriotischen Vereins vom 14. Aug., nach: VZ vom 20. Aug. 1848; ferner Erklärung dess. vom 7. Juli, in: VZ vom 11. Juli 1848.

42 Für Dezember 1848 liegen Zahlen über die soziale Zusammensetzung nicht nur der führenden Persönlichkeiten (Tab. 5), sondern auch der Gesamtmitgliedschaft des Vereins vor: Von den insgesamt 66 Mitgliedern, die der Verein in diesem Monat zählte, kamen 27 (= 41%) aus der Beamtenschaft, 12 (= 18%) waren Lehrer oder Professoren, 11 (= 17%) Militärangehörige und 7 (= 11%) Fabrikanten, Bankiers und Kaufleute. Übrige: ein Rentier, drei Ärzte, zwei Geistliche und zwei Angehörige selbständiger Berufe. Angaben nach: Schwentker, Konservative Vereine, S. 169.

43 Zwar hieß es in der Grundsatzerklärung (wie Anm. 40): Unter „wesentlicher Mitwirkung von Vertretern der Arbeitenden und Arbeitgeber" solle „der Arbeit kräftige *Fürsorge* zuteil" werden – eine Formulierung, die Initiativen bürgerlicher Sozialreformer aufnahm, wie sie seit 1844 namentlich vom ,Centralverein' und ,Lokalverein für das Wohl der arbeitenden Klassen' versucht wurden. Daß man den „Arbeitenden" jedoch aus Angst vor dem Erstarken sozialistischer Tendenzen lediglich „Fürsorge" in bürgerlich-paternalistischem Sinne zukommen lassen wollte, machte auch eine Bestimmung im Statut des Patriotischen Vereins deutlich, nach der jedes Mitglied einen im Vergleich zu den demokratischen Vereinen hohen Mindestbeitrag von fünf Sgr. zu entrichten hatte. Dieser Passus wirkte wie ein sozialer Filter und schloß die schlecht bezahlten Berliner Proletarier de facto von der Mitgliedschaft aus.

Demokraten festgestellt wurde: Je ‚gemäßigter' oder rechter ein Verein innerhalb des jeweiligen politischen Spektrums war, desto älter waren die führenden Persönlichkeiten und vermutlich auch die Gesamtheit der Mitgliedschaft. Wo jemand im Revolutionsjahr politisch stand, war also nicht nur eine Frage der sozialen Schichtzugehörigkeit, sondern auch der Generationszugehörigkeit. Ältere Bürger hatten sich im allgemeinen parallel zur beruflichen Etablierung und zum Teil wohl auch unter dem Eindruck der französischen Julirevolution ‚gemäßigt' und waren zu Konservativen geworden.

Das Vereinswesen des Revolutionsjahres entwickelte sich in Schüben. Während der Konflikt um die Rückkehr des Militärs mit der Gründungsphase der ersten größeren Vereine zusammenfiel, bildete der Streit um das Wahlrecht für die Deutsche und Preußische Nationalversammlung den ersten großen Impuls für die Herausbildung eines breiteren ‚Parteien'-Spektrums mit mehreren, deutlich voneinander unterscheidbaren und intern wiederum differenzierten politischen Lagern.

Kapitel III.5

Berlin im Wahlfieber

Die „früheren Helden des Liberalismus" als Minister: Das Märzkabinett Camphausen-Hansemann

Am 29. März trat der zehn Tage zuvor ernannte Ministerpräsident des Übergangs Arnim-Boitzenburg von der politischen Bühne ab. Das erste echte Märzministerium, das Kabinett Camphausen-Hansemann, übernahm die Regierungsgeschäfte. Mit diesem Ministerium, dem zwei der bekanntesten Vertreter der liberalen Opposition des Vereinigten Landtags von 1847 den Namen gaben, schien das Bürgertum auch tatsächlich an die zentralen Schalthebel der Macht im preußischen Staate gelangt zu sein. Übersehen wurde dabei freilich, daß das neue großbürgerlich-liberale Ministerium mit nicht unbeträchtlichen adlig-altpreußischen Einsprengseln versehen blieb. Personifiziert wurden diese alten Kräfte durch den ‚interimistischen' Kriegsminister v. Reyher; nicht zuletzt ihm war es zu verdanken, daß die überkommenen Strukturen der Armee erhalten blieben und liberale Reformideen, wie sie auch z.B. Hansemann hegte, nicht zur Verwirklichung gelangten. Wichtiger noch war, daß der staatliche Beamtenapparat kaum angetastet wurde und Repräsentanten des monarchistischen Hochkonservativismus wie Griesheim und Manteuffel ungestört wirken konnten. Die Namen der prominenten Altliberalen verdeckten, wie stark der Einfluß der alten Kräfte geblieben war.

Verfehlt wäre es freilich zu glauben, Camphausen und Hansemann hätten sich als Feigenblätter mißbrauchen lassen, die ‚Bourgeoisie' hätte ihre ‚wahre Mission' verraten.[1] Wie der preußische Altliberalismus überhaupt eine nichtrevolutionäre Bewegung war, waren auch Camphausen und Hansemann erklärte Nicht-Revolutionäre, deren Streben auf eine begrenzte Reformierung von Staat und Gesellschaft gerichtet war. Allen Temperamentsunterschieden und politischen Differenzen[2] zum Trotz waren sich die beiden und andere, in hohe Staats-

---

1 So noch Hofmann, Ministerium, S. 44.

2 Hansemann verfügte über ein größeres Selbstbewußtsein und scheute sich nicht, auch dem Monarchen gegenüber seine politischen Positionen unmißverständlich zu artikulieren; Camphausen dagegen fühlte sich dem König stärker verpflichtet. Gute Gegenüberstellung der politischen Positionen beider in: Jürgen Hofmann, Ludolf Camphausen, in: Obermann, Männer der Revolution, II, S. 431 ff.

ämter aufgestiegene Liberale in den Grundfragen einig. Wie die Berliner ‚Basis-Liberalen' des Konstitutionellen Klubs sahen sich die Staats-Liberalen grundsätzlich zwischen ‚reactionärer' Skylla und demokratischer oder gar proletarischer Charybdis hin- und hergeworfen. Eingebunden in eine Art Schicksalsgemeinschaft mit dem Monarchen, suchte das neue Staatsministerium das Bündnis mit den alten, vorbürgerlichen Eliten, nachdem diese den angestrebten begrenzten Reformen keinen Widerstand mehr entgegenzusetzen schienen. Nur so glaubten die altliberalen Märzminister der scheinbar unaufhaltsam anstürmenden radikaldemokratischen Bewegung einen festen Damm entgegenstellen zu können. Aus der parlamentarischen Opposition des Vormärz war eine entscheidende Stütze der Hohenzollernmonarchie geworden. Natürlich wurde der Öffentlichkeit gegenüber nicht ausgesprochen, daß man als „Blitzableiter der Revolution" (Karl Marx)[3] fungieren wollte, der alle Unbill von der Krone auf sich selbst lenken sollte. Die Namen der Märzminister schienen vielmehr ein Signum der neuen Zeit zu sein. Auf die erste bürgerliche Regierung Preußens setzten anfangs *alle* politischen Strömungen weitreichende Hoffnungen, jedenfalls in Berlin. Für sämtliche nach der Märzrevolution entstandenen Klubs, einschließlich des Politischen Klubs und des Volksvereins, stand bis Ende April außer Frage, daß die liberalen Minister nur das Beste wollten. Konservative Kreise wiederum spürten instinktiv, welche politische Funktion die neue Regierung wahrnahm.[4] Anfangs also konnte das Ministerium Camphausen-Hansemann sich einer breiten politischen Basis sicher sein. Zwar waren eine Reihe der Maßnahmen, die das Ministerium im April traf, und hier besonders die Entscheidungen in Sachen Wahlen, höchst umstritten. Das Vertrauen in die Regierung wurde dadurch jedoch selbst unter Demokraten zunächst kaum erschüttert.

Die hier unter dem Oberbegriff ‚Wahlkonflikte' zusammengefaßten Auseinandersetzungen berühren mehrere unterschiedliche Fragen, die zugleich Phasen des Grundkonflikts kennzeichnen: 1. Sollte der Vereinigte Landtag überhaupt einberufen werden? 2. Nachdem er zusammengetreten war: Welche Entscheidungen fielen in seine Kompetenz? 3. Wie sollte die künftige konstituierende

---

3 In: NRhZ vom 16. Dez. 1848. Welche Priorität der Schutz der Krone hatte, machte das Ministerium in seiner ‚Verantwortlichkeitserklärung' vom 30. März deutlich. Es bezeichnete dort als einen zentralen Zweck der Ministerverantwortlichkeit, „die Folgen des Rates, den wir [dem König] erteilen werden, allein auf unsere Häupter zu laden, damit Ew. Majestät, über das wogende Treiben des Augenblicks erhoben, in unantastbarer Ruhe die Entschließungen fassen können". Mit dieser Erklärung stellte das Ministerium, wie Bruno Bauer (Bürgerliche Revolution, S. 255 f.) bemerkte, „das Königthum außerhalb der revolutionären Bewegung sicher" und sperrte es „gegen den Andrang der Volkswünsche" ab. Die Ministerverantwortlichkeit wurde entgegen ihrem eigentlichen Sinn zum „Schirm" für einen unverantwortlichen Monarchen.

4 Vgl. etwa die Rede O. v. Bismarcks, eines Repräsentanten der hochkonservativen Strömung des Ver. Landtags, auf dessen erster Sitzung am 2. April 1848, in: Bismarck, Gesammelte Werke, Bd. 10, S. 16.

Versammlung für Preußen aufgebaut sein? Die zentrale Frage in diesem Zusammenhang war, ob sie aus einer oder zwei Kammern bestehen sollte. 4. Nach welchen Modalitäten sollten die Abgeordneten für die Preußische Nationalversammlung gewählt werden? 5. Wer bestimmte die Zusammensetzung der Abgeordneten, die das ‚preußische Volk' in der Frankfurter Nationalversammlung vertreten sollten?

Der Zweite Vereinigte Landtag

In seinem Patent vom 18. März hatte Friedrich Wilhelm IV. u.a. versprochen, den Vereinigten Landtag früher, als ursprünglich beabsichtigt, nämlich schon am 2. April, in Berlin einzuberufen. Was wenige Stunden *vor* Ausbruch der Barrikadenkämpfe noch als weitreichende Konzession interpretiert werden konnte, war *nach* der Berliner Märzrevolution ein Festhalten an den überkommenen Formen ständischer Partizipation und wirkte wie ein letzter, verzweifelter Versuch, die Unterschichten von der Teilnahme an den politischen Entscheidungsprozessen auszuschließen. Gegen die Einberufung des Vereinigten Landtags, der seine Legitimität aus vorrevolutionärem Recht bezog und der verbreiteten Forderung nach einem Parlament, das nach demokratischen Grundsätzen zu wählen war, diametral entgegenstand, entwickelte sich schon wenige Tage nach der Berliner Märzrevolution in den preußischen Provinzen eine breite Protestbewegung. Den entscheidenden Anstoß erhielten diese Proteste durch die politischen Entwicklungen in Schlesien, insbesondere in Breslau. Am 21. März beschlossen die dortigen städtischen Behörden auf Druck der in Breslau starken demokratischen Bewegung eine Adresse, in der u. a. in einer etwas unklaren Formulierung, auch eine „auf Urwahlen gegründete Volksvertretung verlangt wurde". Mit dieser Forderung im Gepäck reiste eine aus Breslauer Honoratioren bestehende Deputation noch am 21. März in die preußische Landeshauptstadt.[5] Wenn diesen Forderungen nicht nachgegeben werde, bestehe die Gefahr (so erklärte die Breslauer Deputation in Berlin unmißverständlich), daß sich „Schlesien vom Preußischen Staate losreißen [werde], um sich entweder Österreich anzuschließen oder eine schlesische Republik zu bilden". Angesichts dieser Drohung gaben der König und sein Ministerium nach. Noch am Abend des 22. März machten sie ihren Bescheid an die Breslauer Deputation öffentlich bekannt, der neben einer Vielzahl von Versprechungen auch die Willensbekundung enthielt, „ein

---

5 Unterwegs vereinigte sich die Breslauer Deputation mit einer Abordnung der Stadt Liegnitz, die ähnliche Forderungen in Berlin vortragen wollte. Ausführlich hierzu, zu den Vorgängen in Breslau bis zum 21. März sowie zum folgenden: Wolff, RC, I, S. 360-368 (Zitat: S. 362); vgl. außerdem Hofmann, Ministerium, S. 57 ff.; Boerner, Erinnerungen, II, S. 84-92.

volksthümliches Wahlgesetz zu erlassen, welches eine auf Urwahlen gegründete, alle Interessen des Volkes, ohne Unterschied der religiösen Bekenntnisse umfassende Vertretung herbeizuführen geeignet" sei. Die mündlich vorgetragene Forderung, auf die Einberufung der ständischen Vertretung zu verzichten, lehnte Friedrich Wilhelm IV. ab. Auch sonst kam der König den schlesischen Deputationen nur auf halbem Wege entgegen. Mit bewußt unklar gehaltenen Formulierungen suchten der Monarch und seine Minister sich und dem Vereinigten Landtag einen Ermessensspielraum zu schaffen, namentlich Wege zu finden, die Unterschichten von der Teilnahme an den Wahlen auszuschließen.[6] Die revolutionäre Grundstimmung in Preußen ließ dies jedoch nicht zu. Schon die Einberufung des Vereinigten Landtages, der das Wahlgesetz für die künftige konstituierende Versammlung beraten sollte, stieß auf erheblichen Widerstand. In Breslau und anderen Städten vor allem Schlesiens, Sachsens, Westfalens und der Rheinprovinz fanden unmittelbar nach Bekanntwerden des Bescheides, den der König der Breslauer Deputation am 22. März gegeben hatte, Kundgebungen statt, auf denen die Forderung nach einem Verzicht auf die Einberufung des Vereinigten Landtags mit Nachdruck bekräftigt wurde.

Demgegenüber kam in Berlin eine Protestbewegung gegen das Zusammentreten des Vereinigten Landtages nur schleppend in Gang. Ein Aufruf in der ,Zeitungshalle' zu einer Volksversammlung für den Abend des 23. März, auf der eine Adresse entworfen werden sollte, „mit der Bitte um 1. sofortige Erlassung eines Wahlgesetzes, wonach jeder wählen kann und wählbar ist, 2. sofortige Anordnung allgemeiner Wahlen zu einer Volksvertretung, 3. Aufhebung der zum 2. April einberufenen Ständeversammlung", fand nur geringe Resonanz.[7] Eben-

6 Arnim-Boitzenburg plante ein Zwei-Kammer-System, das neben einer der Herrenkurie des Ver. Landtags ähnlichen Ersten Kammer eine Zweite Kammer vorsah, deren Wahlrecht nach den Plänen Arnim-Boitzenburgs so restriktiv gewesen wäre, daß nach dessen eigenen Berechnungen nicht einmal zehn Prozent der männlichen Preußen über 24 Jahre wahlberechtigt gewesen wären. Nach dem Rücktritt des Ministeriums Arnim-Boitzenburg wurde diese Idee zunächst weiter verfolgt. Zwar blieben die Minister Schwerin und Auerswald, die an den Plänen Arnim-Boitzenburgs festhalten wollten, gegenüber den anderen Mitgliedern in der Minderheit. Aber auch Camphausen und Hansemann favorisierten 1848 anfangs ein durch einen hohen Zensus beschränktes direktes Wahlrecht, nach dem Muster der rheinischen Gemeindeordnung von 1845. Später befürworteten sie das Drei-Klassen-Wahlrecht als die elegantere Lösung, weil es formell auch den unteren Schichten ein Wahlrecht einräumte, faktisch jedoch den wohlhabenden bürgerlichen Schichten maßgeblichen politischen Einfluß gestattete und zugleich die alten ständischen Vorrechte des adligen Großgrundbesitzes zurückschraubte. Besonders aufschlußreich ist hier der Brief Camphausens an Friedrich Wilhelm IV. vom 7. Mai 1849, in: Brandenburg, Briefwechsel, S. 203 f.; vgl. außerdem Botzenhart, Parlamentarismus, S. 134 ff.; Hofmann, Ministerium, S. 66 ff.
7 Nicht einmal tausend Menschen fanden sich ein. Von diesen wiederum meinte ein erheblicher Teil, die Einberufung des Vereinigten Landtags als „unserm gesetzlichen Organ" befürworten zu müssen. Immerhin wurden Jung, Oppenheim (KBA) sowie der Schriftsteller Gutzkow, der danach von der politischen Bühne verschwand, durch die Mehrheit der Versammelten autorisiert, eine Adresse gegen die Einberufung der ständischen Vertretung zu verfassen. Diese Adresse, in

sowenig Erfolg war der agitatorischen Tätigkeit beschieden, die der Politische Klub in den Tagen bis zum Zusammentreten des Vereinigten Landtags entfaltete.[8] Andere Ereignisse, der ,nationale Umritt' des Königs vom 21. März, die Trauerfeierlichkeiten für die Märzgefallenen am 22. März und schließlich die Auseinandersetzung um die Rückkehr der Militärs, fesselten die Aufmerksamkeit der Berliner. In den Unterschichten stand überdies die Lösung der ,sozialen Frage' im Vordergrund. Ob und zu welchem Zweck der Vereinigte Landtag einberufen würde, schien demgegenüber von untergeordneter Bedeutung. In weiten Teilen der Berliner Bevölkerung herrschte der Eindruck, der Landtag komme gar nicht umhin, die Einführung eines allgemeinen und gleichen Wahlrechts zu beschließen. Das Ministerium Camphausen-Hansemann durfte sich also im Einklang mit der herrschenden Stimmung in Berlin fühlen, als es „die proclamierte Constitution an die aristokratischen Brüste des Vereinigten Landtags" legte.[9]

Es ist hier nicht der Ort, die Debatten des Vereinigten Landtags, die in Berlin nur auf wenig Interesse stießen, im einzelnen zu referieren. Bemerkenswert sind für den Kontext der vorliegenden Untersuchung zwei Aspekte: Die Abgeordneten des Landtags vermieden es erstens, auf die Berliner Ereignisse vom 18. und 19. März auch nur am Rande einzugehen. Wenn sich die Erwähnung der Märzrevolution nicht vermeiden ließ, wurde von „beklagenswerten Vorfällen" oder ganz unbestimmt von „den Ereignissen" gesprochen. Zweitens wurde den Abgeordneten am Tage der Eröffnung des Landtags, am 2. April, der ,Entwurf eines Wahlgesetzes für die zur Vereinbarung der preußischen Staatsverfassung zu berufenden Versammlung' vorgelegt. Ohne Aussprache wurde mit Blick auf die Aufgabe der künftigen Preußischen Nationalversammlung die von Georg v.

---

der die Berufung des Ver. Landtags als nicht mehr zeitgemäß abgelehnt und der König gebeten wurde, „aus eigener Machtvollkommenheit" ein „auf directen Wahlen begründetes Wahlgesetz" zu erlassen, wurde am folgenden Tage dem Ministerpräsidenten Arnim-Boitzenburg übergeben.

8 Auch auf einer zehn- bis zwanzigtausend Köpfe zählenden Volksversammlung am 26. März wurde die Forderung „gegen die Einberufung des alten Landtages und für die Bitte um sofortigen Erlaß eines neuen, auf allgemeinem Wahlrecht gegründeten Wahlgesetzes" nur „ganz zuletzt und sehr flüchtig behandelt". Ein entsprechender Beschluß kam erst nach langem Hin und Her und eher beiläufig zustande; vgl. SZ vom 31. März 1848; Boerner, Erinnerungen, II, S. 77, 111 (Zitat); Wolff, RC, I, S. 401 ff., 441, 446. Einzelne Stellungnahmen gegen das Zusammentreten des Vereinigten Landtags veröffentlichte die BZH. Der Konstitutionelle Klub engagierte sich in dieser Frage nicht weiter.

9 ,Locomotive' vom 1. April 1848. Der Magistrat begünstigte diese Stimmung, indem er in einer Bekanntmachung vom 24. März die Bevölkerung der Stadt aufforderte, „mit Ruhe die Äußerungen des Landtags, welcher jetzt noch das verfassungsmäßige Organ ist", und „mit Ruhe den Entwurf des Wahlgesetzes [abzu]warten, welchen der König uns als auf den breitesten Grundlagen beruhend angekündigt hat". Die Stadtverordneten schlossen sich auf ihrer Sitzung vom 28. März dieser Ansicht an. Auch aus der Bürgerschaft kamen Eingaben in diesem Sinne; eine am 29. März dem König überreichte Adresse soll nach Angaben der SZ vom 31. März 1848 von etwa zehntausend Berlinern unterzeichnet worden sein.

Vincke, einem der führenden Repräsentanten der liberalen Opposition des Ersten Vereinigten Landtags, stammende Formulierung als § 13 in das Wahlgesetz übernommen, wonach erstere „die künftige Staatsverfassung durch *Vereinbarung* mit der Krone feststellen und die seitherigen reichsständischen Befugnisse namentlich in bezug auf die Bewilligung von Steuern für die Dauer ihrer Versammlung interimistisch ausüben" solle.[10] Mit dieser Formulierung war das berühmte ‚Vereinbarungs'-Prinzip geboren. Obwohl es mit den Modalitäten des Wahlverfahrens eigentlich nichts zu tun hatte, tauchte es im Wahlgesetz weder zufällig noch unabsichtlich auf. Mit der Vereinbarungs-Klausel wurde nämlich für die künftige Preußische Nationalversammlung nur auf den Begriff gebracht, was generell Handlungsmaxime der bürgerlich-liberalen Bewegung und insbesondere des Märzministeriums war: durch Kompromisse mit der Krone Veränderungen in Staat und Gesellschaft durchzusetzen. Die der künftigen Nationalversammlung durch das Märzministerium und den Vereinigten Landtag oktroyierte Vereinbarungs-Klausel sollte sicherstellen, daß die erst noch zu wählende Vertretung des ‚preußischen Volkes' sich innerhalb der, von der bürgerlich-liberalen Bewegung im Verein mit der Krone vorgegebenen, nunmehr ‚gesetzlichen' Bahnen bewegte. Das Vereinbarungs-Prinzip entsprach nicht nur den Interessen der auf einem Kompromiß mit der Monarchie bestehenden Liberalen. Es war zudem zu diesem Zeitpunkt das Maximum dessen, was die Träger des alten Systems an politischen Zugeständnissen erhoffen konnten. Nicht ohne Grund galt anderen deutschen Fürsten das in Preußen durchgesetzte Vereinbarungs-Prinzip als Vorbild für die Deutsche Nationalversammlung.[11] Mit der ·Aufnahme der Vereinbarungs-Bestimmung in das Wahlgesetz wurden Konflikte zwischen Krone und Preußischer Nationalversammlung geradezu programmiert, die dann das ‚Schicksal' der Revolution in Preußen entscheidend bestimmten. Denn der als § 13 in das Wahlgesetz aufgenommene Passus sagte nichts darüber aus, was geschehen sollte, wenn es zu keiner gütlichen Einigung zwischen beiden Seiten kommen würde.[12] In der Berliner Öffentlichkeit wurden die politischen Dimensionen des

---

10 Vincke nahm hier ein Stichwort auf, das der König und das Ministerium Arnim-Boitzenburg in ihrer Antwort vom 22. März auf die Adressen der Breslauer und Liegnitzer Deputation verwendet hatten. In einer politisch geschickt verkürzten Interpretation der Petition beider Städte hatten sie behauptet, die städtischen Behörden in Breslau und Liegnitz hätten im Auftrag der „überwiegenden Mehrheit der Einwohner dieser Städte eine constitutionelle Verfassung beantragt, welche auf eine *Vereinbarung* zwischen der Krone und den durch Urwahlen berufenen Vertretern des Volks gegründet sey." (H. v. m.). Tatsächlich war in den Forderungen der Breslauer und Liegnitzer Deputation von „Vereinbarung" nicht die Rede gewesen. Vgl. hierzu und zum folgenden vor allem Botzenhart, Parlamentarismus, S. 137 ff.

11 So z.B. dem sächsischen König Friedrich August II. in seinem Brief vom 18. April an Friedrich Wilhelm IV., in: Haenchen, Revolutionsbriefe, S. 77.

12 Ebensowenig waren in dem Gesetz eine Vertagung oder Auflösung der PrNV und Modalitäten für Neuwahlen vorgesehen. Wenn der künftigen Volksvertretung Preußens im Wahlgesetz zudem lediglich die Kompetenzen des Ver. Landtages übertragen waren, dann hieß dies, daß der

in einen Nebensatz des Wahlgesetzes aufgenommenen Vereinbarungs-Prinzips freilich kaum diskutiert. Erst sehr viel später wurden sich die Demokraten bewußt, was sie sich mit dem Vereinbarungs-Prinzip eingehandelt hatten.[13] Dafür stießen andere Bestimmungen des Gesetzes um so mehr auf Kritik.

Die Auseinandersetzungen um die Wahlmodalitäten für die Preußische und die Deutsche Nationalversammlung

Die im Gesetzentwurf des Ministeriums Camphausen vorgesehenen Bestimmungen über das Wahlrecht im engeren Sinne wurden von der ständischen Versammlung vor allem in einer Hinsicht modifiziert: Wahlberechtigt sollten auch das Gesinde und die Dienstboten sein.[14] Anträge, darüber hinaus Empfängern von Armenunterstützung das Wahlrecht einzuräumen, wurden dagegen ebenso abgelehnt wie der Vorschlag, die Wählbarkeit auf 24 Jahre (statt auf 30 Jahre) herabzusetzen. Vor allem aber wurde das Prinzip *indirekter* Wahlen beibehalten: Die Wahlberechtigten durften die Abgeordneten nicht unmittelbar, sondern nur mittelbar über sog. Wahlmänner wählen, die ihrerseits dann in einem eigenen Wahlgang die Abgeordneten bestimmten.

Insbesondere am letzten der genannten Punkte entzündete sich in Berlin, und nicht nur dort, Kritik der Demokraten, die sich zu einer breiten Protestbewegung ausweitete. Am 2. April, also noch während der laufenden Debatte des Vereinigten Landtags über das Wahlgesetz, berief der *Volksverein* eine Versammlung ein. Begünstigt durch sonniges Wetter, fanden sich ,unter den Zelten' mehrere tausend Menschen ein. Größten Beifall erhielten die Redner, die das indirekte

---

PrNV eine Mitsprache bei der Gesetzgebung und die Möglichkeit der Kontrolle des Staatsministeriums wie der Verwaltung eigentlich nicht zustand. Kompliziert wurde die Situation zusätzlich dadurch, daß eine gleichfalls vom Ver. Landtag verabschiedete und am 6. April in Kraft gesetzte ,Verordnung über einige Grundlagen der künftigen preußischen Verfassung' der PrNV neben dem Steuerbewilligungsrecht nicht nur das Zustimmungsrecht zum Staatshaushalt, sondern zu allen Gesetzen zusprach (§ 6). Damit waren für die verschiedensten Standpunkte Rechtspositionen geschaffen worden. Wie die verfassungsgebende Versammlung Preußens die zitierten Formulierungen interpretierte, inwieweit sie die ihr gewährten Rechte ausübte oder nicht wahrnehmen konnte, mußte den jeweiligen politischen Konstellationen vorbehalten bleiben.

13 Vgl. etwa die massive Polemik gegen das Vereinbarungs-Prinzip, die Virchow in einem Adreß-Entwurf Ende Mai zu Papier gebracht hatte, in: NZ vom 27. Mai 1848. (Die Adresse selbst wurde von allen wichtigen demokratischen Vereinen Berlins unterstützt und später der PrNV zugesandt.) Vgl. ferner z.B. BZH vom 24. Okt. 1848.

14 Diese Bestimmungen, so vermuteten schon Zeitgenossen, gingen wohl auch deshalb durch, weil nicht wenige Abgeordnete hofften, daß das ländliche Gesinde aus Loyalität zu seinen Herren vor allem konservative Kandidaten unterstützen werde. Vgl. im einzelnen Botzenhart, Parlamentarismus, S. 139 f.

Wahlverfahren scharf kritisierten und „direkte Urwahlen" forderten, ferner mit Verweis auf Frankreich und die USA die Herabsetzung des aktiven und passiven Wahlrechtes auf 21 bzw. 24 Jahre und die Aufhebung des vom Ministerium zunächst ins Auge gefaßten Ausschlusses der Dienstboten und Almosenempfänger von der Wahl verlangten. Diese Forderungen wurden, zu einer Adresse zusammengefaßt und einstimmig angenommen, am folgenden Tag Camphausen überreicht.[15] Der *Politische Klub* veröffentlichte nach längerer Beratung am 5. April eine Erklärung, in der er Forderungen aufstellte, die denen des Volksvereins ungefähr entsprachen.[16]

Verdeckt wurde der Konflikt um den Wahlmodus für die Preußische Nationalversammlung zunächst allerdings durch einen anderen Aspekt der ‚Wahlfrage'. Gewissermaßen durch die Hintertür suchte nämlich der König seiner „Vorliebe für das ‚organische' alte Ständetum" (E. Brandenburg) Geltung zu verschaffen:[17] Der Monarch und das Ministerium Camphausen-Hansemann wollten unter Berufung auf einen Beschluß der Bundesversammlung vom 30. März die preußischen Abgeordneten für das Deutsche Nationalparlament in Frankfurt zunächst nicht durch Urwahlen bestimmen, sondern durch die jeweiligen Provinziallandtage wählen lassen. Am 6. April trafen sich die Mitglieder der jeweiligen provinzialständischen Körperschaften separat in verschiedenen Lokalitäten, um die Wahlen ‚ihrer' Abgeordneten vorzunehmen. Innerhalb des Vereinigten Landtags stieß dieses Verfahren nur auf geringen Widerspruch. Um so massiver war die Kritik dafür in der Öffentlichkeit und in den Klubs, in der Hauptstadt wie im gesamten Land. Auf seiner Sitzung vom 7. April verabschiedete der *Politische Klub* Berlins eine Adresse, in der dem Vereinigten Landtag erneut vorgeworfen wurde, er maße sich Rechte an, die ihm nicht zustünden; das künftige Deutsche Nationalparlament wurde aufgefordert, die durch die ständische Vertretung gewählten Abgeordneten nicht anzuerkennen, da sie nicht das preußische Volk repräsentierten. Ähnlich lautende Adressen wurden am folgen-

---

15 Hierzu und zum folgenden ausführlich: Wolff, RC, II, S. 66-69. Die Adresse des Volksvereins im Wortlaut in: ‚Volksstimme' No. 1, vom 6. April 1848 sowie Obermann, Flugblätter, S. 191. Die Forderung nach Herabsetzung des Wahlalters fand in das für die PrNV gültige Wahlrecht dann auch Eingang.

16 In zwei Punkten ging er noch darüber hinaus: Erstens protestierte er „gegen die Bestimmung, daß der Abgeordnete an Instructionen und Vorschriften seiner Wähler nicht gebunden sein solle", und forderte die Einführung einer Art *imperativen* Mandats. Zweitens protestierte „der Club gegen jeden [...] Beschluß des Landtags in Bezug auf die neue Verfassung". Er wollte verhindern, daß der „nun und nimmer competente" Ver. Landtag Vorentscheidungen traf, die die Tätigkeit der künftigen verfassunggebenden Versammlung einengen würden. Im Wortlaut in: Club-Blatt No. 3. Der *Konstitutionelle Klub* verlangte in einer Sitzung vom 5. April nur: „Kein Ausschluß der Armen vom Wahlrecht!"

17 Brandenburg, Briefwechsel, S. 27. Daß Friedrich Wilhelm IV. hier die treibende Kraft war, geht aus seinem Brief vom 30. April 1848 an Camphausen hervor. (In: ebd., S. 24.) Zum folgenden vgl. Wolff, RC, II, S. 70-79.

den Tage auch von einer kleineren, fünfhundert Teilnehmer zählenden Versammlung im Tivoli sowie am 10. April auf einer von sechs- bis siebentausend Menschen besuchten Volksversammlung des ‚Volksvereins‘ beschlossen.[18] Im gleichen Tenor äußerten sich nicht nur die Demokraten und die ihnen nahestehenden Blätter, sondern auch die Kommentatoren der liberalen Presseorgane.[19] Bereits am 5. April protestierten die Berliner Stadtverordneten, die gegen den Zusammentritt des Vereinigten Landtags ihre Stimme nicht zu erheben gewagt hatten, mit großer Mehrheit gegen die Wahl der Frankfurter Abgeordneten durch die Provinziallandtage; sie forderten gleichfalls Urwahlen. Am 7. April erneuerten sie ihren Protest.[20] Faktisch infolge des starken politischen Drucks, formell unter Hinweis auf einen entsprechenden Bundesbeschluß vom 7. April, der ohne die breite Protestbewegung wohl auch nicht zustande gekommen wäre, annullierten der König und sein Ministerium am 10. April in einer Erklärung an den Vereinigten Landtag die bereits durchgeführten Wahlen der Provinzialstände. Auch für die Wahl der insgesamt 202 preußischen Abgeordneten für die Deutsche Nationalversammlung wurden Urwahlen angesetzt. Entsprechend dem Bundesbeschluß wurde das aktive Wahlrecht an ein Mindestalter von 24 Jahren geknüpft. Wie schon zuvor für die Preußische Nationalvertretung war freilich auch für die Deutsche Nationalversammlung ein indirektes Wahlsystem vorgesehen. Das mußte den Konflikt um die Frage, direkte oder indirekte Wahlen, weiter verschärfen.

Angespornt durch den Rückzieher des Ministeriums Camphausen-Hansemann, den dieses bei der Wahl der preußischen Abgeordneten für die Frankfurter Nationalversammlung gemacht hatte, setzte die demokratische Bewegung Berlins erneut und mit größerem Nachdruck ihre Forderung nach direkten Wahlen auf die Tagesordnung. Die Teilnehmer einer Volksversammlung am 10. April vor den ‚Zelten‘, nach Zeitungsberichten zehn- bis zwölftausend Menschen, wählten ein sog. Volks-Wahl-Komité, das auf friedlichem Wege und im Einvernehmen mit dem Kabinett Camphausen eine erneute Korrektur des Wahlsystems erreichen sollte. Eine Deputation des Volks-Wahl-Komités, dem neben zahlreichen prominenten radikalen und gemäßigten Demokraten anfangs auch führende Mitglieder des Konstitutionellen Klubs angehörten, suchte am 13. April

---

18 Zu den genannten Versammlungen und Adressen vgl. Volks-Stimme No. 3, vom 11. April 1848; Club-Blatt No. 1 (undat.); ‚Club-Blatt‘ No. 1 (NF), vom 18. April 1848; Obermann, Flugblätter, S. 192 f.; die Berichte der Tagespresse sowie Wolff, RC, II, S. 84-88. Zur kritischen Resonanz in anderen preußischen Städten vgl. z. B. die Petitionen in: GStA, Rep. 90, Tit. 44, Nr. 24, Bl. 18-25, 69-82.

19 Vgl. vor allem VZ vom 8. April; SZ vom 7. April; NZ vom 10. April; BZH vom 11. und 21. April; DArZ vom 12., 15. und 16. April 1848.

20 Vgl. die Sitzungs-Protokolle der Stadtverordneten in: LAB StA, Rep. 00, Nr. 128 sowie die Tagespresse vom 8. April 1848; ferner Wolff, RC, I, S. 81 f. Nur der Magistrat mochte sich der Kritik an dem in dieser Frage vollständig isolierten Märzministerium nicht anschließen.

den Ministerpräsidenten Camphausen auf, um der Forderung nach direkten Wahlen Geltung zu verschaffen. Zu einer weiteren Revision des Wahlrechts war das Ministerium jedoch nicht bereit, da (so erklärte Camphausen) eine „aus directen Urwahlen hervorgehende Vertretung zur Republik führen werde und daß der Bestand der gegenwärtigen Regierung aufs Engste mit dem erlassenen Wahlrecht verknüpft sei".[21] Die entschiedene Haltung Camphausens spaltete und schwächte die Opposition gegen das indirekte Wahlsystem erheblich. Der Konstitutionelle Klub verzichtete auf weiteren Protest unter Hinweis darauf, daß das Wahlgesetz ja nur ein ‚provisorisches' sei und bei späteren Wahlen novelliert werden könne. Auch die gemäßigt-bürgerlichen Zeitungen, die anfangs lautstark in den Chor der Kritiker des undemokratischen Wahlsystems eingestimmt hatten, verstummten vor der Rücktrittsdrohung des Ministerpräsidenten. Das Volks-Wahl-Komité selbst spaltete sich: Eine Minderheit von 15 Mitgliedern erklärte am 16. April ihren Austritt, weil sie nach der Erklärung Camphausens keine Möglichkeit mehr sah, die Einführung eines direkten Wahlsystems kurzfristig durchzusetzen. Die Mehrheit des Komités dagegen wollte auf eine für Gründonnerstag, den 20. April, geplante Großdemonstration nicht verzichten. Für die Obrigkeit wiederum war die beabsichtigte Demonstration eine Chance, verlorengegangenes Terrain wiederzugewinnen. Der König glaubte gar, für die Demütigungen des 19. März Rache nehmen zu können.[22] Derart weitreichende Absichten verfolgten seine Anhänger in den staatlichen Schaltstellen zwar nicht. Die Staats- und Kommunalbehörden nahmen jedoch die Spaltung der Bewegung gegen das indirekte Wahlsystem zum Anlaß, die Meinungs- und Versammlungsfreiheit sukzessive einzuschränken. Zugleich suchten sie antirevolutionäre Ressentiments unter den ‚gutgesinnten' Bürgern zu mobilisieren und die demokratische Bewegung in der Hauptstadt politisch zu isolieren. Alles in allem hatten sie damit ziemlichen Erfolg.

---

21 Erklärung des Berliner Volks-Wahl-Komités vom 13. April, abgedruckt in den Berliner Tageszeitungen vom 15. April 1848.
22 In einem Gespräch am 21. April „über die mißlungene Donnerstag-Demonstration" meinte Friedrich Wilhelm IV. Leopold v. Gerlach gegenüber, er habe beabsichtigt, „die Stadt [zu] verlassen und dieselbe mit den Truppen [zu] bloquiren." (Gerlach, Denkwürdigkeiten, I, S. 153.) Vgl. auch Brief Friedrich Wilhelms IV. an Camphausen vom 24. Mai 1848, in: Brandenburg, Briefwechsel, S. 81 f. Zur Minderheit des Volks-Wahl-Komités, die am 16. April austrat, gehörten u.a. Born, Bisky, Berends, Prutz und Schaßler, zur Mehrheit u.a. Jung, Hexamer, Eichler, Held, Wiß, Oppenheim, Monecke, Salis-Sevis, G. A. Schlöffel und Siegerist (KBA).

Dabei lag den Befürwortern einer großen Demonstration gegen die Einführung des indirekten Wahlmodus nichts ferner, als darüber eine zweite Revolution in Gang zu setzen.[23] Warum trotz aller Kritik auch aus demokratischen Kreisen an der geplanten Demonstration festgehalten wurde und welche weitgehenden politischen Hoffnungen mit der Einführung des direkten Wahlrechts verbunden waren, machte der Präsident des Politischen Klubs auf der Volksversammlung vom 17. April deutlich: „Wir sehen jetzt alle Tage Züge um Lohn, um Brot, um Arbeit. Über diesen Fragen vergessen wir das Wichtigste, die Wahlen. Diese sind das wichtigste, weil wir durch sie Männer bekommen müssen, die alle Züge überflüssig machen durch gute Gesetze." Ihm und den meisten anderen Demokraten, aber auch wichtigen Teilen der Arbeiter- und Gesellenschaft[24] galt die Einführung des direkten Wahlsystems als Passepartout auch für die Lösung aller sozialen und ökonomischen Probleme.

Obgleich das Volks-Wahl-Komité in öffentlichen Erklärungen wiederholt beteuerte, nur „eine große *friedliche* Manifestation" zu beabsichtigen und „auf gesetzlichem Wege [...] die Majorität unserer Überzeugung zu beweisen"[25], untersagten das Staatsministerium und der Polizeipräsident die geplante Demonstration. Schon zuvor hatte sich die demokratische Bewegung über die in der Wahlfrage einzuschlagende Taktik zerstritten. Neben dem konservativen Bürgertum, der Bürgerwehr, den liberal-konstitutionellen Vereinigungen, der Studentenschaft, dem großen Handwerkerverein, der Stadtverordnetenversammlung einschließlich ihrer demokratischen Minderheit erklärte sich auch die Mehrheit des Politischen Klubs am 18. April nach längerer Diskussion – bei allem grundsätzlichen Festhalten am Prinzip direkter Wahlen – gegen die Absicht einer „Demonstration mit Volksmassen".[26] Das ‚Central-Comité der Arbeiter', dem es

---

23 In einer wiederum zahlreich besuchten Volksversammlung ‚unter den Zelten' wurden „Camphausen und Hansemann" mehrfach erneut als „volksthümliche und tüchtige Männer" bezeichnet, die „noch einmal auf die Stimme des Volkes hören" sollten. Die Redner betonten immer wieder die Friedlichkeit ihrer Absichten. Jung hob hervor: „Wir wollen dem Minister nichts abtrotzen, wir wollen einen friedlichen Schritt, einen gewaltigen, großen, aber besonnenen". Schlöffel war der einzige, der eine andere Stellungnahme abgab: „Nur durch den Kampf sind dem Volke seine Rechte geworden. Wir dürfen uns nicht der Illusion hingeben, daß wir auf friedlichem Wege etwas erreichen können." Ausführlich über den Verlauf der Volksversammlung vom 17. April berichten die BZH vom 20. April 1848 sowie Wolff, RC, II, S. 213-216.

24 Besonders deutlich in dieser Hinsicht: Vereinsblatt der Maschinenbau-Arbeiter No. 16, vom 16. Sept. 1848.

25 Erklärung vom 18. April 1848, nach: Wolff, RC, II, S. 216 (H. v. m.). Zum Verbot der Demonstration vgl. die als Bekanntmachung veröffentlichte Weisung des Staatsministeriums an den Polizeipräsidenten Minutoli vom 18. April sowie Bekanntmachungen des Magistrats und der Stadtverordneten gegen die Demonstration vom 19. April 1848.

26 Zum Politischen Klub vgl. Wolff, RC, II, S. 220 f. Zu den Studenten vgl. Erklärung Ägidis (KBA) namens der Mehrheit vom 19. April 1848, in: ZBSt, 1848 Flg., M. 7, sowie Bericht des Rektors der Friedrich-Wilhelm-Universität an das Staatsministerium vom 19. April 1848, in: GStA, Rep. 90, Tit.II, Nr. 26, Bd. 1, Bl. 14; ferner VZ vom 21. April 1848.

in der kurzen Zeit seines Bestehens gelungen war, erheblichen Einfluß auf größere Teile der Arbeiter- und Gesellschaft zu gewinnen, sprach sich (am 19. April) ebenfalls mit großer Mehrheit gegen die „Sache" aus.[27] Damit war die politische Basis der Befürworter der Demonstration innerhalb der Bürgerschaft Berlins so schmal geworden, daß der Schritt des Volks-Wahl-Komités, die geplante Aktion nicht durchzuführen, kaum überraschen konnte.

Am 20. April fanden sich infolgedessen lediglich ungefähr 1500 Menschen am Alexanderplatz ein. Ihnen gegenüber stand eine ungleich größere Zahl von Bürgerwehrleuten, die entgegen sonstiger Gewohnheit sogar mit scharfen Patronen versehen waren. Erst allmählich wurde eine Erklärung des Volks-Wahl-Komités bekannt, in der die Demonstration abgesagt wurde, weil aufgrund der Verbote des Ministeriums und des Polizeipräsidiums bei einem Festhalten an der ursprünglichen Absicht eine bewaffnete Konfrontation gedroht hätte, die man jedoch unbedingt habe vermeiden wollen. Was lediglich wie ein Fehlschlag für die demokratische Bewegung Berlins ausschaut, der, trotz des Wirbels, den er hervorrief, kaum näherer Betrachtung wert zu sein scheint, erweist sich bei näherem Hinsehen als gravierendes politisches Ereignis. Bereits eine improvisierte Volksversammlung am Abend des Gründonnerstag zeigte, daß die Vorgänge um die Demonstration innerhalb der demokratischen Bewegung Berlins einen Prozeß der Desillusionierung in Gang gesetzt hatten.[28] Seit dem 20. April geriet das Ministerium bei den Demokraten und ebenso der linksliberalen Presse[29] zunehmend ins Schußfeld der Kritik. Umgekehrt fanden sich Rechtsliberale und ein verängstigtes, vermeintlich unpolitisches Bürgertum in ihrem Glauben bestätigt, daß die Hauptgefahr nicht von der ‚Reaction' drohte, sondern von der radikaldemokratischen ‚Anarchie'. Auf politischer Ebene war eine Polarisierungsdynamik in Gang gesetzt, die – wie sich in den folgenden Monaten zeigen sollte – nicht mehr anzuhalten war. Verbot und Absage der Wahldemonstration beendeten außerdem den Streit um die Modalitäten der Wahlen für die Frankfurter

---

27 Vgl. Wolff, RC, II, S. 230 f. Nach Angaben der VZ vom 21. April und der BZH vom 23. April wirkten zusätzlich „Deputationen" und Einzelmitglieder der Konstitutionellen Klubs namentlich unter den Maschinenbauern und Erdarbeitern erfolgreich dahingehend, daß diese entgegen ursprünglichen Absichten von einer Teilnahme an der Demonstration Abstand nahmen. Vor der endgültigen Absage der Demonstration durch die Veranstalter spaltete sich das Volks-Wahl-Komité ein zweites Mal. Zu den hier zusammengefaßten Begebenheiten vgl. ausführlich die Berliner Tagespresse vom 20. bis 23. April 1848.

28 Jung klagte, man habe dem „friedlichen Aufzuge revolutionäre Absichten untergeschoben und gesagt, das Vaterland befinde sich in Gefahr. (Gelächter.) Wenn das Vaterland in Gefahr kommt, die durch die Revolution erkämpfte Freiheit zu verlieren," dann umgekehrt durch die Behörden, die Bürgerwehr sowie die konservative und liberale Bewegung, die gegen die geplante Demonstration intrigiert hätten. (Nach: Wolff, RC, II, S. 235.) Vgl. außerdem Erklärung des Volks-Wahl-Komités vom 20. April, in: ZBSt, 1848 Flg., M. 7, sowie Inserat Jungs in der VZ vom 21. April 1848.

29 Vgl. z. B. NZ vom 22. April; ‚Publicist' vom 26. April 1848.

und Berliner Nationalversammlung. Die Frage, welche Abgeordneten gewählt werden sollten, welche politische Richtung in den Parlamenten dominieren werde, trat in den Vordergrund. Insgesamt drei Wahlen standen Anfang Mai an, nämlich die für die Deutsche und die Preußische Nationalversammlung sowie schließlich die für die Berliner Stadtverordnetenversammlung.

Tabelle 6: *Soziale Zusammensetzung der Anfang Mai neugewählten Berliner Stadtverordneten und aller Abgeordneten der Preußischen und Deutschen Nationalversammlung sowie des preußischen Abgeordnetenhauses Januar bis April 1849*

	Stadtverordnete ab Mai 1848	Preußische Nationalversammlung	Preußisches Abgeordnetenhaus Jan.-Mai 1849	1849/50	Deutsche National-versammlung
Staatsbedienstete	**12,0**	**47,1**	**59,1**	**51,1**	**56,2**
darunter:					
Verwaltungsbeamte	3,0	18,5	26,0	33,1	19,8
Justizbeamte	3,0	22,0	24,0	12,4	18,2
Offiziere	.	.	2,0	2,5	2,4
Lehrer/Hochschullehrer	5,0	6,6	7,1	3,1	15,8
freie (bürgerliche) Berufe	**6,0**	**17,7**	**15,5**	**13,2**	**27,8**
darunter:					
Geistliche	.	12,9	7,7	4,2	4,7
Rechtsanwälte/Notare etc.	.	1,3	2,3	6,7	14,5
Ärzte (a)	5,0	3,0	2,9	0,3	2,2 (b)
Schriftsteller,Künstler	1,0	.	0,3	.	6,4
Promovierte o.Berufsang.	.	0,5	2,3	2,0	.
Wirtschaftsbürgertum	**23,0**	**2,5**	**2,6**	**5,0**	**7,2**
darunter:					
Großkaufleute/Bankiers	8,0	0,5	1,15	2,5	3,5
Fabrikanten	15,0	2,0	1,45	2,5	3,7
städtische Mittelschichten	**56,0**	**11,9**	**5,7**	**2,5**	**0,8**
darunter:					
Handwerksmeister	21,0	4,6	1,4	1,1	
Kaufleute (b)	23,0	5,3	3,7	1,1 }	0,8
Verleger u.Buchhändler	12,0	2,0	0,6	0,3	
Gutsbesitzer und Landwirte	**.**	**18,5**	**15,4**	**27,0**	**6,8**
darunter:					
adlige Gutsbesitzer	.	3,0	4,6	9,8	
bürgerliche Gutsbesitzer	.	3,8	6,6	12,1 }	6,6
Landwirte	.	11,7	4,3	5,1	0,2
Sonstige/keine Angaben	3,0 (c)	2,3	1,7	1,2	1,2
Insgesamt	**100,0**	**100,0**	**100,0**	**100,0**	**100,0**
(absolut)	(100)	(395)	(350)	(356)	(808)

(a) Einschließlich anderer Freiberufler.
(b) Einschließlich Apotheker und Gastwirte.
(c) Nur Rentiers.

Quelle: Verzeichnis der vom 15. bis 20. Mai 1848 wieder und neu gewählten (Berliner) Stadtverordneten, Berlin 1848; Manfred Botzenhart, Deutscher Parlamentarismus in der Revolutionszeit 1848-1850, Düsseldorf 1977, S. 517; Heinrich Best, Die Männer von Besitz und Bildung. Struktur und Handeln parlamentarischer Führungsgruppen in Deutschland und Frankreich 1848/49, Düsseldorf 1990, S. 59.

Die Stadtverordnetenwahlen

Im Vergleich zu den beiden anderen Wahlvorgängen spielte die Neuwahl der Stadtversammlung im Bewußtsein der Berliner Öffentlichkeit eine eher untergeordnete Rolle. Ende März hatten die bisherigen Stadtverordneten ihre Mandate niedergelegt, um so die Möglichkeit zu einer allgemeinen Neuwahl des Parlaments zu schaffen. Vorschläge zu einer Modernisierung der seit 1809 gültigen Wahlbestimmungen, namentlich zu einer Ausweitung der Zahl der Wahlberechtigten, verhallten allerdings weitgehend ungehört[30], so daß auch an den Wahlen, die vom 15. bis 20. Mai 1848 stattfanden, wieder nur diejenigen teilnehmen durften, die das Bürgerrecht besaßen; das waren weniger als ein Viertel der männlichen Gesamtbevölkerung Berlins.[31]

Während sich die *soziale* Zusammensetzung des Stadtparlaments gegenüber den Vorjahren kaum veränderte und im Unterschied zu den Nationalversammlungen Wirtschaftsbürger sowie vor allem gehobener Mittelstand weiterhin den Ton angaben (Tab. 6)[32] – obgleich nur 31 Mitglieder der alten Stadtverordnetenversammlung wiedergewählt worden waren –, muß das Ergebnis der Stadtverordnetenwahl vom Mai 1848 *politisch* als Ruck nach rechts gewertet werden. Die Wortführer der freisinnigen Minderheit des alten Kommunalparlaments waren entweder nicht wiedergewählt worden oder saßen seit Mai als Abgeordnete der Preußischen bzw. Deutschen Nationalversammlung in der Berliner Singakademie und der Frankfurter Paulskirche. Die liberale National-Zeitung wertete den Wahlausgang als „Beweis, wie sehr die Reaktion unter unserer Bürgerschaft um sich greift".[33] In der Tat glichen die Stadtverordnetenwahlen einem

---

30 Vgl. den Antrag des fortschrittlichen Stadtverordneten Mertens während der Sitzung vom 31. März 1848, die Neuwahlen „in der ausgedehntesten Weise" stattfinden zu lassen, der von der Mehrheit verworfen wurde. (VZ vom 1. April 1848.) Zur Neuwahl der Stadtverordneten vgl. deren Beschlüsse vom 30. und 31. März sowie 7. April 1848, in: LAB StA, Rep. 00, Nr. 128. Ausführlich jetzt: Pahlmann, Anfänge, S. 108-121.

31 Von den (1849) 115 268 männlichen Berlinern, die 20 Jahre und älter waren, waren 26 063 wahlberechtigt. Von diesen wiederum nahmen im Mai 1848 18 755 (oder 72,0%) auch tatsächlich an den Wahlen teil. Die Wahlbeteiligung lag damit etwas höher als in den Jahrzehnten zuvor.

32 Der Hauptgrund für die differierende soziale Zusammensetzung der beiden Nationalversammlungen einerseits und der Stadtverordnetenversammlung andererseits wird im unterschiedlichen Wahlrecht zu suchen sein. Daß in den parlamentarischen Kommunalvertretungen, wo handfeste stadtpolitische Fragen im Vordergrund standen, Wirtschaftsbürger und selbständiger Mittelstand dominierten, läßt sich nicht nur für Berlin beobachten. Eine ganz ähnliche Sozialstruktur besaß beispielsweise das 1848 gewählte Frankfurter Stadtparlament; vgl. Wettengel, Revolution, S. 103 f. Zur relativen Kontinuität der sozialen Zusammensetzung der Berliner Stadtverordneten vgl. (bei anderer sozialer Kategorisierung als in Tab. 6) Pahlmann, Anfänge, bes. S 152 f.

33 NZ vom 22. Mai 1848. Runge u.a. Freisinnige wurden nicht wiedergewählt; Berends setzte seine parlamentarische Tätigkeit in der PrNV, Nauwerck in der DtNV fort. Durch den Einzug des Linksliberalen Rudolf v. Gneist in das Kommunalparlament, der sich rasch zum Wortführer der den neuen Entwicklungen aufgeschlossenen Stadtverordneten aufschwang, wurde die kon-

politischen Barometer. Statt daß die Berliner Bürgerschaft durch die Märzrevolution beflügelt worden wäre und entschieden liberale oder demokratische Akzente gesetzt hätte, wurde sie durch die Ereignisse des 18. März und der Folgetage eher eingeschüchtert. Das Ergebnis der Kommunalwahlen wird man als eine Art Bekenntnis des Berliner Bürgertums und des (zahlenmäßig die Wählerschaft dominierenden) gehobenen Mittelstandes zum gemäßigten Konservativismus bzw. rechten Liberalismus interpretieren müssen. An der Politik der neuen Stadtverordnetenversammlung war die zwischen gemäßigtem Konservativismus und rechtem Liberalismus schwankende Grundhaltung des Berliner Bürger- und Kleinbürgertums zunächst freilich noch nicht unmittelbar abzulesen. In einer Proklamation vom 10. Juni, unmittelbar verfaßt nach Zusammentritt des neuen Kommunalparlaments, erkannten die Verordneten vielmehr ausdrücklich die „Märzrevolution als Quelle unserer politischen Wiedergeburt" an und versprachen, „die Errungenschaften derselben mit Ernst und Entschlossenheit zu bewahren". Allerdings werde man „mit aller Kraft dahin wirken, daß der Unordnung und der Anarchie gesteuert werde, weil sie unaufhaltsam zur Reaktion" führe. Damit war die vermittelnde Stellung markiert, die die neue kommunale Vertretung nach eigenem Selbstverständnis zwischen der staatlichen Obrigkeit und den demokratisch orientierten Volksmassen einnehmen wollte.

Preußische und Deutsche Nationalversammlung: Wahlkampf und -ergebnisse

Durften an der Wahl der Stadtverordneten lediglich etwa 26 000 Männer teilnehmen, waren für die Deutsche Nationalversammlung etwa 94 000, für die Preußische Nationalversammlung 115 000 Männer wahlberechtigt. Von ihnen nahmen an den Wahlen siebzig bis achtzig Prozent teil.[34] Für die politischen Vereine waren die Wahlen zu den beiden Nationalversammlungen Anlaß, die eigenen politischen Grundsatzpositionen zu präzisieren und mit Programmen an die

---

servative Wende nicht wett gemacht. Gegenüber dem noch konservativeren Magistrat fungierte die neue Stadtverordnetenversammlung freilich (weiterhin) als eine Art liberales Korrektiv. Zu allen genannten Personen vgl. KBA.

34 Exakte Zahlen über die Wahlbeteiligung liegen nicht vor; die Unterlagen darüber sind offenbar vollständig verloren gegangen; vgl. Donald J. Matthiesen, Voters and Parliament in the German Revolution of 1848, in: CEH 5. Jg./1992, S. 3 f. Nach Streckfuß (500 Jahre, S. 1061) nahmen an den Wahlen für die DtNV mehr als 60 000 Wahlberechtigte teil. Die Wahlbeteiligung für die PrNV dürfte höher ausgefallen sein (um die 80%), da am 10. Mai, dem Tag der Urwahlen für beide Parlamente, die Wahl der PrNV der der DtNV zeitlich vorgeschaltet war und offenbar viele Wähler die Wahllokale bereits nach Abschluß des ersten Wahlvorgangs verließen. Ausführlich: Karl Obermann, Die Wahlen zur Frankfurter Nationalversammlung im Frühjahr 1848, Berlin 1987, S. 43 ff.

Öffentlichkeit zu treten. Der *Politische Klub* ließ zwar die „Frage über Königthum und Republik" explizit offen, verlangte in seinem am 18. April beschlossenen Wahlprogramm jedoch ebenso ausdrücklich „directe Wahlen, Vernichtung aller staatsbürgerlichen Vorrechte, Umbildung des stehenden Heeres zu einer wahrhaften Volkswehr, Einführung eines directen Steuersystems, Garantien der persönlichen Freiheit (Habeas-Corpus-Akte), Geschworengerichte, Preßfreiheit ohne alle Beschränkungen, unbegrenztes Assoziationsrecht, die Anerkennung des Grundsatzes, daß Religion und Cultus Privatangelegenheiten sind, die Errichtung eines Arbeitsministeriums".[35] Wenn die Kandidaten bereit waren, diese Programmpunkte anzunehmen, konnten sie mit der Unterstützung des Klubs rechnen.

Im Unterschied zum Politischen Klub beschränkte sich der *Konstitutionelle Klub* im April und Anfang Mai ausschließlich auf den Wahlkampf. Im Gegensatz zu seinem demokratischen Gegenüber erstellte er eine Liste derjenigen Kandidaten, die er unterstützen wollte, *ohne* daß zuvor ein dezidiertes Programm verabschiedet worden war, auf das Kandidaten eingeschworen werden konnten.[36] Auf diese Weise vorübergehend zu einer Art Wahlverein geworden, entwickelte der Konstitutionelle Klub eine Aktivität, die weit über die des Politischen Klubs hinausging. Nicht zuletzt seinem Einfluß ist es wohl auch zuzuschreiben, daß die Programme der Kandidaten insgesamt moderat blieben. Jedermann schien auf die konstitutionelle Monarchie eingeschworen. Gleichwohl waren die politischen Unterschiede in wichtigen Grundsatzfragen zwischen den Kandidaten unübersehbar. Da sich nach dem 20. April das Interesse der Öffentlichkeit weitgehend auf die Kandidaten und ihre ‚Glaubensbekenntnisse' konzentrierte, entstand in den beiden Wochen vor den Wahlen zur Deutschen und Preußischen Nationalversammlung vor diesem Hintergrund der Eindruck politischer Dominanz des Konstitutionellen Klubs. Indessen trog dieser Eindruck. Die organisierten Liberalen erlebten nur eine Scheinblüte: Nachdem die Wahlkämpfe beendet waren, geriet der Konstitutionelle Klub prompt in eine Identitätskrise, die zu den beschriebenen ‚linken' und ‚rechten' Abspaltungen führte und seinen Niedergang einleitete.

Immerhin nahm der Konstitutionelle Klub durch den engagierten Wahlkampf seiner Mitglieder nicht ganz unwesentlichen Einfluß darauf, welche Kandidaten die Berliner Wähler als Abgeordnete nach Frankfurt und in die Preußische Nationalversammlung schickten.[37] Aber auch die Wahlempfehlung des Politi-

---

35 Nach: Wolff, RC, II, S. 221.
36 Vgl. Erklärung des Konstitutionellen Klubs zur Kandidatenaufstellung vom 18. April 1848, in: ZBSt, 1848 Flg., M. 7. Ausführlich zu den Programmen und den Kontroversen um die Kandidaten: Wolff, RC, II, S. 254-289, 430 ff.
37 Nauwerck, Veit, Jordan, Lette und v. Raumer waren von dem Klub für die DtNV, Sydow, Zacharias und Diesterweg für die PrNV vorgeschlagen worden und wurden auch gewählt. In-

schen Klubs führte zum Erfolg: Der „fast einstimmig als Candidat bestätigte" Präsident des Politischen Klubs, Georg Jung, war am 8. Mai tatsächlich erfolgreich, wenn auch knapp; in der Berliner Nationalversammlung sollte er einer der Wortführer der Linken werden. Gewählt wurden mit Berends für die Preußische und Nauwerck für die Deutsche Nationalversammlung außerdem Kandidaten, die in den ersten Wochen nach der Märzrevolution politisch noch zwischen der liberalen und der demokratischen Strömung standen und erst seit Sommerbeginn zu Radikaldemokraten wurden.[38] Überhaupt entwickelten sich die Zuordnung der Abgeordneten zu den verschiedenen ‚Parteien' und deren Ausdifferenzierung nur allmählich, vor dem Hintergrund der Debatten und Kontroversen in beiden Parlamenten. Auch das starke Engagement des Konstitutionellen Klubs war hauptsächlich Ausdruck eines Selbstverständnisses, das Wahlen, Parlament und Verfassung als solche ins Zentrum stellte; das Bemühen, Kandidaten des eigenen Lagers auf Kosten konkurrierender ‚Parteien' durchboxen zu wollen, rangierte erst an zweiter Stelle. Trotzdem trug der Wahlkampf dazu bei, daß die politischen Parteiungen sich stärker voneinander absetzten, nicht nur in Berlin, sondern in allen deutschen Staaten. Neben den Konstitutionell-Lieberalen und den Demokraten begann sich übrigens in der preußischen Hauptstadt eine borussisch-konservative Strömung zu artikulieren, die zu diesem Zeitpunkt freilich noch nicht organisatorisch eingefaßt war. Eines ihrer Schlagworte lautete: „Deutschland über alles, aber Preußen in Deutschland voran!"[39] Kaum einer unter den Kandidaten wagte es zu diesem Zeitpunkt freilich, offen als Konservativer aufzutreten. Dazu war das Vormärz-System noch zu sehr diskreditiert.

---

sofern war die Behauptung der NZ vom 12. Mai 1848, der Wahlkampf der Konstitutionellen habe mit einem Mißerfolg geendet, nicht korrekt. Jordan und Lette wurden freilich nicht in Berlin selbst, sondern im Umland, Raumer erst als Nachrücker gewählt.

38 Wie beliebt gerade Berends und Nauwerck waren und wie sehr beide von ihrem Ruf als freisinnige Stadtverordnete zehren konnten, den sie sich in den Jahren vor 1848 erworben hatten, zeigt sich daran, daß beide gleich in zwei Wahlbezirken, und zwar mit deutlichen Mehrheiten, zu Abgeordneten gewählt worden waren. Auch die meisten anderen Abgeordneten waren erfolgreich aufgrund des Ansehens, das sie sich als Vormärz-Oppositionelle erworben hatten. In die *DtNV* wurden im ersten Wahlgang Nauwerck, Camphausen, Veit und Major Teichert, aufgrund der Doppelwahlen von Nauwerck und Camphausen in Ergänzungswahlen zusätzlich Oberst v. Stavenhagen und v. Raumer gewählt. Lette wurde in Spandau und Umgebung als Abgeordneter für die DtNV gewählt. In die *PrNV* wurden im ersten Wahlgang gewählt: v. Kirchmann, Kaufmann Zacharias, Waldeck, der Bürgermeister und spätere Präsident der PrNV Grabow, der Geh. Revisionsrat Bauer, Jonas, Berends, Sydow und Jung. Aufgrund der Doppelwahl von Berends und des Faktums, daß Grabow in seinem Heimatbezirk zum Abgeordneten gewählt worden war und diese Wahl auch angenommen hatte, wurden bei den Nachwahlen Jacoby – der in seinem Heimatort knapp durchgefallen war – und H. Duncker nachgewählt. Zu allen Personen ohne Berufsbezeichnung vgl. KBA, zu Stavenhagen und Teichert vgl. Heinrich Best, Wilhelm Weege, Biographisches Handbuch der Abgeordneten der Frankfurter Nationalversammlung 1848/49, Düsseldorf 1996, S. 326 bzw. 334.

39 So die Parole eines Eingesandt in der VZ vom 4. Mai 1848.

Addressen u. Petitionen an die Nationalversammlung.

Tabelle 7: *Soziale Zusammensetzung der Berliner Wahlmänner und Berliner Abgeordneten und ihrer Stellvertreter für die Preußische und Deutsche Nationalversammlung.* (in v.H.)

| | Preußische Nationalversammlung | | Deutsche Nationalversammlung | | Zum Vergleich (a): |
	Wahlmänner	Abgeordn./Stellv.	Wahlmänner	Abgeord./Stellv.	Erwerbsfähige Bev.
Bürgertum	**45,5**	**80,0**	**50,9**	**58,3**	**4,1**
darunter:					
Wirtschaftsbürgertum	12,8	5,0	11,2	8,3	0,6
höhere Beamte (b)	11,6	55,0	15,9	33,3	0,6
‚Bildungsbürger' (c)	17,4	20,0	19,0	16,7	1,3
Übrige (d)	3,7	.	4,8	.	1,6
Mittelschichten	**35,0**	**15,0**	**30,9**	**16,7**	**24,9**
darunter:					
Handwerksmeister (e)	15,0	5,0	12,4	.	16,2
mittl.u.untere Beamte (f)	8,8	.	8,7	.	2,1
kleine u.mittl.Kaufleute	8,7	5,0	7,3	8,3	1,5
Gastwirte/übrige Rentiers	1,0	.	2,5	.	4,2
Journalisten, Literaten	1,5	5,0	.	8,3	0,9
Unterschichten	**11,6**	**5,0**	**10,3**	**.**	**71,0**
darunter (g):					
Gesellen, Gehilfen (h)	4,7	5,0	4,0	.	26,8
Handwerker o.Statusang.(i)	3,0	.	3,0	.	.
Arbeiter (j)	3,9	.	3,3	.	20,2
Übrige(k)	.	.	.	.	24,0
Ohne Berufsangabe (l)	**7,9**	**.**	**7,9**	**25,0**	**.**
Insgesamt	**100,0**	**100,0**	**100,0**	**100,0**	**100,0**
(absolut)	(594)	(20)	(605) (m)	(12)	

(a) Mitte 1848 (arithmetisches Mittel der Berufszählungen 1846 und 1849, gerundet).
(b) Staats- und Kommunalbeamte.
(c) Einschließlich der Promovierten ohne Berufsbezeichnung.
(d) Nicht ganz vergleichbar mit Tabelle 1, da hier auch Offiziere und Adlige miterfaßt sind, die in Tabelle 1 nicht aufgenommen wurden. Offiziere und Adlige stellten (mit 16 bzw. 2 Wahlmännern für die Preußische und 26 bzw. 6 Wahlmännern für die Deutsche Nationalversammlung) das Gros der ‚Übrigen'.
(e) Nach ‚Wohlstand' ließ sich hier (im Gegensatz zu Tabelle 1) nicht differenzieren; es ist jedoch davon auszugehen, daß die Mehrheit der Meister, die sich zu Wahlmännern und vor allem zu Abgeordneten wählen ließen, eher wohlhabend war. Zwecks Vergleichbarkeit wurden in die letzte Spalte (aller Erwerbsfähigen) sämtliche Handwerksmeister (und nicht nur die wohlhabenden) aufgenommen; für die ‚Mittelschicht' insgesamt ergibt sich deshalb ein höherer, für die Unterschichten ein niedrigerer Wert als in Tabelle 1.
(f) Einschließlich Privatbeamte.
(g) Aufgrund der unvollständigen bzw. unpräzisen Angaben andere Kategorisierung als in Tabelle 1.
(h) Einschließlich Handlungsdiener.
(i) Vermutlich überwiegend Gesellen.
(j) Mit und ohne Berufsangabe.
(k) Restkategorie: Viktualienhändler, Dienstpersonal, Subproletariat etc. (vgl. Tabelle 1).
(l) Zum Teil städtische Prominenz (die aus Gründen der Bekanntheit auf Berufsangabe verzichtete). Die entsprechenden Zahlen sind als am ehesten dem ‚Bürgertum' zuzuschlagen.
(m) Im Gegensatz zur Preußischen Nationalversammlung mit Wahlmännern der wahlberechtigten, in Berlin stationierten Soldaten (überwiegend höhere Offiziere).

Quelle: Berliner Tageszeitungen Anfang Mai bzw. Adolf Wolff, Berliner Revolutionschronik. Darstellung der Berliner Bewegungen im Jahre 1848 nach politischen, socialen und literarischen Beziehungen, Bd. II, Berlin 1852, S. 412-416, 430-434.

Wenn die organisierten Liberalen und auch das Märzministerium mit den Wahlergebnissen zwar nicht ganz den erwünschten Erfolg in die Scheuern fahren, aber doch insgesamt zufrieden sein konnten, dann war dies auch Ergebnis des indirekten Wahlsystems sowie bei der Preußischen Nationalversammlung außerdem der Begrenzung des Wahlalters auf 24 Jahre. Die Zwischenschaltung der Wahlmänner[40] wirkte mit Blick auf die Sozialstruktur, so die ‚Locomotive‘ am 5. April sarkastisch, wie eine „Raffinerie der Nation" (Tab. 7). Die Sozialstruktur der Berliner Erwerbsbevölkerung und abgeschwächt auch der Berliner Wahlberechtigten wurde durch das indirekte Wahlverfahren gewissermaßen auf den Kopf gestellt. Angehörige der bürgerlichen Schichten dominierten; die Mittelschichten waren gleichfalls, wenn auch in geringerem Maße, überrepräsentiert. Das ‚Proletariat‘ war unter den Wahlmännern dagegen kaum vertreten. Berlin unterschied sich in dieser Hinsicht nicht grundsätzlich von anderen deutschen Städten.[41] An der Wahlbeteiligung lag dies nicht: Gerade Gesellen und Arbeiter übten ihr Recht mit dem größten Eifer aus.[42] Gemeinhin trauten auch die Wähler aus den Unterschichten offenbar vor allem Angehörigen des Bürgertums und in geringerem Maße den Mittelschichten zu, mit den neuen parlamentarischen Gepflogenheiten am besten zurecht zu kommen und gleichzeitig ihre Interessen in den Volksvertretungen in Berlin und Frankfurt zu vertreten. Das Verzeichnis der Wahlmänner liest sich jedenfalls wie ein ‚Who is who‘ der prominenten Bürger Berlins.[43] Wie in allen deutschen Städten – und im Unterschied zu den Januarwahlen 1849 – fanden auch in Berlin im Mai 1848 eher Honoratiorenwahlen und noch keine echten Parteiwahlen statt. Das Verfahren der Ausschließung von Angehörigen der Unterschichten setzte sich bei der Wahl der Abgeordneten fort. Alle fünfzehn von den Wahlmännern bestimmten Abgeordneten, die aus Berlin in die Deutsche und die Preußische Nationalversammlung geschickt wurden, entstammten dem Bürgertum oder dem Mittelstand.

---

40 Zum Wahlverfahren: Berlin war in insgesamt 140 Wahlbezirke gegliedert, von denen keiner mehr als 3000 Einwohner enthalten durfte. Je nach Größe des Wahlbezirks bestimmten die Urwähler dann jeweils zwischen zwei und fünf Wahlmänner für die PrNV wie für die DtNV. Für die Wahl zur Paulskirche traten bei der Abgeordnetenwahl noch die Wahlmänner aus den umliegenden Ortschaften aus dem niederbarnimschen und Teltower Kreis hinzu. Charlottenburg z.B. stellte 16 Wahlmänner. Nicht zuletzt dieser Tatbestand erklärt auch, warum die aus Berlin in die DtNV entsandten Parlamentarier in der Tendenz konservativer waren als die, die in die PrNV gewählt wurden.
41 Vgl. Hummel, München, S. 129-140, 218; Wettengel, Revolution, S. 103, 111; Botzenhart, Parlamentarismus, S. 157.
42 Vgl. Wolff, RC, II, S. 411.
43 Neben einer großen Zahl an Stadtverordneten und Stadträten, Geheim-Räten, Ältesten der KKB fehlten weder der Polizeipräsident v. Minutoli noch wichtige preußische Militärs wie der spätere Reichskriegsminister Generalmajor v. Peuker, der am 29. März 1848 zum preußischen Kriegsminister ernannte Generalleutnant v. Reyher und der Kopf der militärischen Gegenrevolution, der Oberstleutnant v. Griesheim unter den Wahlmännern. Daneben fanden sich auch viele bekannte Linksliberale und Demokraten aus dem Vormärz in den Wahlmännerlisten, nur vereinzelt dagegen prominent gewordene, proletarische Barrikadenkämpfer wie Siegerist oder Bisky (KBA). Zu den Januarwahlen 1849 vgl. *S. 794 f.*

Kapitel III.6

Preßvergehen und andere politische Delikte – der Prozeß gegen Gustav Adolf Schlöffel und die Folgen

Der revolutionäre Bruch vom März 1848 blieb höchst unvollständig. Formal galt das alte, vorrevolutionäre Recht weiter. Liberale und auch die meisten Demokraten warteten ab, bis das zuständige, ‚gesetzliche' Organ, die Preußische Nationalversammlung, die Märzerrungenschaften rechtlich fixierte. Bis zum Zusammentritt der neuen Volksvertretung wurden der alten, „engherzigen Beamtenpfiffigkeit" (Varnhagen) keine deutlichen Grenzen gesetzt. Das verschaffte den alten Gewalten die Möglichkeit, ihre politischen Positionen zu rekonsolidieren.

In seinem am 18. April unterzeichneten, unmittelbar vor der für den 20. April geplanten Demonstration gegen das indirekte Wahlrecht dann der Öffentlichkeit bekanntgemachten Erlaß an das Kommando der Bürgerwehr erklärte das Ministerium Camphausen-Hansemann apodiktisch, es könne „nicht für gesetzlich zulässig halten, daß das Petitionsrecht in einer Weise ausgeübt werde, die auf die Absicht der Einschüchterung der Behörden schließen läßt und dazu geeignet ist, die öffentliche Ruhe und Ordnung zu stören." Diese Formulierung wies weit über den unmittelbaren Anlaß hinaus und stellte eine Art Generalklausel dar; denn es wurde nicht konkret definiert, was unter „Einschüch-terung der Behörden" und „öffentlicher Ruhe und Ordnung" genau zu verstehen war. Mit dem Verbot der Demonstration wurde ein Präzedenzfall geschaffen. Schon in der ‚Verordnung über einige Grundlagen der künftigen preußischen Verfassung' vom 6. April war in § 4 bestimmt worden, daß „Versammlungen unter freiem Himmel [nur], insofern sie für die öffentliche Sicherheit und Ordnung nicht gefahrbringend sind, von der Obrigkeit gestattet" werden dürften. Politische Tätigkeit sollte damit nicht grundsätzlich torpediert werden. Camphausen wollte sie jedoch in kalkulierbare Bahnen lenken, indem er den Akteuren spezifische Handlungsräume vorschrieb: Die Klubs, gleichgültig ob demokratisch, liberal oder konservativ, tagten in *geschlossenen* Räumen. Hier konnte zwar gelegentlich heftig gestritten werden, die Debatten bewegten sich jedoch im allgemeinen in einem ‚zivilen' Rahmen, die Versammlungen blieben überschaubar und relativ leicht kontrollierbar. Riesige Menschenmengen und hier besonders die vornehmlich von den Unterschichten besuchten, manchmal Zehntausende zählenden Volksversammlungen konnten dagegen eine erhebliche Eigendynamik entwickeln und der Auslöser für spontane Massenaktionen sein. Darüber hinaus wollten die Staatsbehörden mit der Einschränkung der Versammlungsfreiheit den radikalen Flügel der Berliner Demokraten des wichtigsten Forums berauben, das ihm bereits in den ersten Wochen nach der Märzrevolution nachhaltigen Einfluß auf die Berliner Unterschichten verschafft hatte.

Wenn der zitierte § 4 unmittelbar nach Veröffentlichung der ‚Verordnung über die Grundlagen der künftigen Verfassung‘ bei den demokratischen Klubs keine nennenswerte Kritik hervorrief, dann mag dies daran gelegen haben, daß ihnen die Tragweite dieser Bestimmung nicht bewußt war. Erst als der Polizeipräsident unter ausdrücklicher Berufung auf den § 4 dieser Verordnung am 28. April die Bekanntmachung erließ: „Alle Volksversammlungen, die unter freiem Himmel abgehalten werden, sind […] nur mit ausdrücklicher obrigkeitlicher Erlaubniß statthaft", stieß dies auf heftigen Protest nicht nur des Politischen, sondern auch des Konstitutionellen Klubs.[1] Minutoli sah sich daraufhin zwar veranlaßt, nach außen hin zurückzuweichen und lediglich auf vorheriger „rechtzeitiger Anzeige" zu beharren. Ein erster Schritt, das Recht auf Versammlungsfreiheit einzuschränken, war jedoch getan.

Mit dem § 1 der Verordnung des Staatsministeriums vom 6. April waren formal der Pressefreiheit die letzten Fesseln abgestreift worden, indem die noch im Patent vom 17. März 1848 vorgesehenen, recht beträchtlichen Kautionen für Zeitungsneugründungen ersatzlos aufgehoben wurden. Indes sollten nach dem Willen der neuen Obrigkeit der „Preßfrechheit" auch fernerhin Grenzen gezogen bleiben. Das fand seinen Niederschlag allerdings vorerst nicht unmittelbar in Gesetzen oder Erlassen. Das Märzministerium hielt sich im Hintergrund; statt dessen betrat die Justiz die politische Bühne. Dadurch, daß ein formal vom Staat unabhängiges Gericht Recht sprach und scheinbar individuelle Fälle verhandelte, setzte sich das Märzministerium nicht erneut harscher Kritik aus. Der Prozeß gegen Gustav Adolf Schlöffel war der erste und wichtigste in Sachen Pressefreiheit. Er beschnitt die Freiheit in Wort und Schrift mindestens ebenso nachhaltig wie Patente, Verordnungen etc. des Gesetzgebers dies hätten tun können. Der Ausgang aller weiteren Preßprozesse im Berlin des Jahres 1848 war mit dem Urteil gegen Schlöffel vorgezeichnet.

---

1 Zu den Protesten von demokratischer Seite gegen die April-Verordnung von Minutoli vgl. ausführlich Wolff, RC, II, S. 312 ff. Bardeleben bekräftigte in einer Bekanntmachung vom 8. Juli 1848 die Verfügung seines Vorgängers Minutoli.

Der ‚Volksfreund‘

Verhaftet wurde Schlöffel am Morgen des 21. Aprils. Der Zeitpunkt konnte kaum günstiger gewählt werden. Die Auseinandersetzung um das Wahlrecht hatte die demokratische Bewegung Berlins einige politische Sympathien gekostet, der Streit, wie die Forderung nach unmittelbarer Wahl der Abgeordneten durch die Wahlberechtigten zu führen sei, die Demokraten der preußischen Landeshauptstadt auch intern entzweit. Das Volks-Wahl-Komité hatte sich mehrfach gespalten und die Absage der für den Gründonnerstag geplanten Demonstration die politische Niederlage besiegelt. Schlöffel wiederum war nicht nur innerhalb der demokratischen Bewegung, sondern mit seinen radikalen Auffassungen selbst innerhalb der Mehrheit des Volks-Wahl-Komités isoliert, die an der Demonstration festhalten wollte. Hinter den konkreten Auseinandersetzungen standen grundsätzliche Differenzen: Die überwiegende Mehrheit der demokratischen Bewegung Berlins wollte keine direkte Konfrontation mit der Obrigkeit. Der junge Schlöffel dagegen geißelte den Verzicht auf ein Weitertreiben der Revolution. Er griff das Märzministerium und die hinter diesem stehenden Strömungen von Anfang an frontal an. Seine Tragik liegt darin, daß er unter Anwendung des alten Rechts, dessen Weitergelten er so vehement kritisierte, politisch kaltgestellt wurde.

Schlöffels Schwäche war sein revolutionärer Romantizismus, unübersehbar seine Orientierung an den radikalen Jakobinern der Jahre 1792 bis 1794. Schon der Titel seiner Zeitung sollte an den ‚Ami du Peuple‘ Marats erinnern. Das Jahr 1848 galt ihm als „Jahr I der Freiheit“.[2] „Der Volksfreund“, so umriß Schlöffel in der ersten Nummer des gleichnamigen Blattes am 5. April sein radikaldemokratisch-frühsozialistisches Selbstverständnis, „will schrankenlos und ohne Rückhalt in seinen Versprechungen nur ein Ziel, nur einen Zweck verfolgen, den Umschwung der bestehenden Verhältnisse durch und für das Volk, [...] durch und für die arbeitenden, gedrückten und geknechteten Klassen.“ Bis zu Schlöffels Verhaftung erschienen nur sechs Nummern des ‚Volksfreund‘. Dennoch übte das radikale Blatt „in der kurzen Zeit seines Bestehens einen großen Einfluß aus“. Insbesondere unter den ‚Rehbergern‘, dem Kern der Erdarbeiter, fand die Zeitung „bedeutendsten Absatz“ und der ‚Volksfreund‘ Schlöffel selbst mit seinen politischen Positionen ein großes Echo.[3] Kein anderer demokratischer Führer

---

2 Schlöffel war zwar in Berlin derjenige, der am ausdrücklichsten an radikale Traditionen der Großen französischen Revolution anknüpfte und die jakobinische Terminologie aufnahm. Andernorts jedoch, namentlich im Westen Deutschlands, war diese Traditionslinie innerhalb der demokratischen Bewegung weit stärker ausgeprägt; vgl. Sperber, Rhineland Radicals, bes. S. 289 ff., 490 f.

3 Boerner, Erinnerungen, I, S. 270, bzw. Springer, Berlins Straßen, S. 63. Born charakterisierte den ‚Volksfreund‘ als „gewöhnlich derb, hin und wieder pathetisch grobianisch, in ökonomischen

reichte bis zum Zeitpunkt seiner Verhaftung an die Popularität Schlöffels heran.[4] Die vier wichtigsten Gründe für seine große Resonanz:

(1.) Schlöffel setzte auf ein *anderes revolutionäres Subjekt* als das Gros der Berliner Demokraten. Letztere bauten in erster Linie auf die Bürgerschaft sowie die Gesellen und Fabrikarbeiter. In den ersten Monaten der Revolution waren sie, wohl auch aus schichtspezifischen bürgerlichen Ressentiments heraus, an unmittelbaren Kontakten zu den Erdarbeitern kaum interessiert. Dagegen suchte Schlöffel diesen Kontakt geradezu. Er bezog sich nicht nur abstrakt auf das entstehende Proletariat, sondern ließ sich in seiner ganzen Lebensweise auf die verfemten, vom Normalbürger mit einer Mischung aus Verachtung und Furcht betrachteten untersten Volksschichten ein.[5] In Berlin fand man ihn meist bei der verachtetsten Schicht der ‚Proletarier‘, den Erdarbeitern, als deren Sprecher er des öfteren auftrat.

Besonders durch einen Vorfall wurden bei der bürgerlichen Öffentlichkeit Berlins und bei Polizei und Justiz wohl letzte Zweifel darüber beseitigt, daß Schlöffels ‚Treiben‘ ein Ende gesetzt werden müsse: Am 18. April waren drei Erdarbeiter vom Plötzensee im Zusammenhang mit dem Konflikt um die Einführung von Akkordarbeit „wegen Insubordinationsvergehens gegen die Aufseher" verhaftet worden. Am Tag darauf beschlossen die Plötzensee-Arbeiter, in die Stadt zu ziehen, um die Freilassung ihrer Kameraden zu bewirken. „Während sie nun in Masse gegen das Thor rückten, verbreiteten sich in der Stadt ungeheuerliche Gerüchte von einem Überfall derselben durch die ‚Rehberger‘. Starke Abtheilungen Bürgerwehr wurden zusammengezogen, der Theil der Friedrichstraße nach dem Oranienburger Thore zu besetzt, das Thor selbst von zahlreichen Patrouillen bewacht." Die Erdarbeiter wiederum, „vielleicht in einer Zahl von mehreren Tausend", hatten sich vor dem Oranienburger Tor „in geordneten Reihen aufgestellt; jedem Trupp wehte seine Fahne voran. [Ein] noch ganz junger Mann [wurde] von vier Arbeitern über ihren Köpfen in die Luft gehoben. Von schlanker Gestalt, bleichen, intelligenten Zügen, lebendiges großes Auge, blondes, halblanges Haar, sprach er zu den Arbeitern, welche sich in Masse um diese improvisierte Rednertribüne scharten, in begeisterter aufregender

---

Fragen unwissend, sozialistisch-kommunistisch, aufregend und deshalb von Proletariern gelesen". (Brief Borns an Marx vom 11. Mai 1848, nach: Weber, Revolutionsbriefe, S. 144.) Mit einer Zahl von zweitausend Stück pro Nummer erreichte der ‚Volksfreund‘ knapp die Auflage der gleichfalls radikaldemokratischen, im Tonfall freilich seriöseren BZH.

4 Zum nachhaltigen Eindruck Schlöffels auf seine politischen Freunde vgl. Boerner, Erinnerungen, I, S. 274. Auch liberale Zeitgenossen konnten Schlöffel eine gewisse Anerkennung seiner „liebenswürdigen, edlen Begeisterung für die Freiheit, die Hingabe an die Armen und Bedrängten" nicht versagen. (So die NZ vom 12. April 1848.)

5 In geringerem Maße galt dies auch für einige andere, ihm politisch nahestehende Studenten wie Monecke, Salis-Sevis und Feenburg (KBA). Schon in Heidelberg, wo er Philosophie studierte, teilte Schlöffel „seinen Wechsel mit armen Handwerkern, er gab ihnen belehrende Worte, er gab ihnen auch Brot, solange er noch einen Pfennig hatte. Im Schwarzwalde zog er herum mit Broschüren beladen und verteilte sie unter die Bauern. Er ertrug, ein echter Apostel seines Evangeliums, der Freiheit, gern alle Strapazen, alle Müdigkeiten – konnte er nur wirken." (Boerner, Erinnerungen, I, S. 271.)

Weise, in seiner Rede von jubelnden Hochs fortwährend unterbrochen [...], ‚der Volksfreund', wie er von allen genannt wurde." Der anfangs zögerliche Polizeipräsident v. Minutoli und der Staatsanwalt v. Kirchmann, der wenige Wochen später die Anklage im Prozeß gegen Schlöffel vertreten sollte, sahen sich unter diesem Druck veranlaßt, den Erdarbeitern „endlich [zu] willfahren, und die Bürgerwehrmänner kamen, wenn auch etwas spät, so doch wohlbehalten zum Mittagessen."[6]

(2.) In seinen Flugschriften fand Schlöffel einen Ton, der die unteren Volksschichten ansprach. Dazu gehörten Anspielungen auf Passagen aus dem Alten und Neuen Testament, die an tiefverankerte volksreligiöse Einstellungen im Proletariat anknüpften.

Im ‚Volksfreund' No.5 z.B. finden sich (mit Blick auf die schließlich abgesagte Demonstration vom 20. April) die folgenden Sätze, die dem Staatsanwalt dann als Grundlage seiner Anklage dienen sollten: „Auf dem grünen Donnerstage wollen wir mit dem Ministerium Kamphausen das Abendmahl feiern, auf daß es gekreuzigt werde. Einst haben die Juden Barnabam freigegeben, um einen großen Volksaufwiegler und Revolutionär, der Jahrtausende lang als ‚Gott' verehrt werden sollte, zu hängen. Morgen wollen wir den Barnabas Kamphausen nicht frei geben, um unsere Freiheit, die wir augenblicklich in den Volkswahlen verkörpert sehen, für immer zu retten. Darum trauet nicht jenen Schriftgelehrten und Pharisäern im constitutionellen Club und jenen königlichen Kriegsknechten in den Wachtstuben der Bürgerwehr, und dem Pontius Pilatus Minutoli, die Euch alle erzählen, wie gut und vortrefflich der Barnabas ist und wie gefährlich jener politische ‚Christus', das demokratische Wahlgesetz [...]. An's Kreuz mit Barnabas und Consorten. Wir wollen ihm den Essigschwamm der bitteren Wahrheit reichen und dann kann er unsertwegen in das Paradies seines Privatlebens einkehren."

Während Schlöffel mit solchen Texten geschickt religiöse Gewohnheiten und Vorstellungswelten seiner Adressaten ansprach, benutzten die demokratischen Vereine in ihren Erklärungen ein Vokabular, das im Vergleich zur bildhaften Sprache Schlöffels spröde wirkte.

(3.) Zugleich griff Schlöffel die konkreten Interessen der Erdarbeiter und anderer Proletariergruppen früher als andere Berliner Demokraten auf und spitzte sie in politischen Forderungen zu. Mit poetisch anmutenden Formulierungen vermittelte Schlöffel dieser verachteten Schicht des ‚Proletariats' Selbstwertgefühl, meldete unüberhörbar deren Verlangen nach politischer Partizipation an und verschaffte sich bei ihnen zugleich Zugang für seine programmatischen Forderungen, die er in der zweiten Ausgabe des ‚Volksfreundes' veröffentlichte. Dieses politische Programm Schlöffels unterschied sich in weiten Passagen nicht grundsätzlich von den Vorstellungen anderer Demokraten, war jedoch stärker auf die besitzlosen Bevölkerungsschichten zugeschnitten und offen am Vorbild

---

6 Zitate: Gustav Struve und Gustav Rasch, Zwölf Streiter der Revolution, Berlin 1867, S. 185-187; BZH vom 21. April 1848; Wolff, RC, II, S. 161; Springer, Berlins Straßen, S. 63.

der französischen Sozialisten orientiert.[7] Wie vor ihm bereits Gustav Julius betonte Schlöffel in der No. 4 seines ‚Volksfreundes‘ vom 15. April, daß „im großen und ganzen die Gesellschaft unversöhnlich geteilt ist in die beiden Feldlager ‚Arbeit‘ und ‚arbeiten lassen‘. Hier hilft kein Vergleich, kein Friede, keine Bewilligung, hier hilft nur eins, daß die Arbeit siegt und das Arbeitenlassen verschwindet.“

(4.) Deutlich unterschied sich Schlöffel von den übrigen Demokraten schließlich durch die in seinen Schriften durchschimmernde *Gewaltbereitschaft*. Sie traf sich mit Grundeinstellungen in den sozialen Unterschichten, die unter dem Begriff ‚Kultur der Armut‘ an anderer Stelle (Kapitel V.1) noch ausführlicher zu diskutieren sind: der Bereitschaft zur unmittelbaren, auch gewalthaften Aktion und einer fundamentalen Feindseligkeit gegenüber den staatlichen Repressivorganen. Umgekehrt mußte die Befürwortung der Militanz, aber auch die Unversöhnlichkeit und der Haß gegen die Obrigkeit, der aus den Schriften Schlöffels sprach, das Bürgertum erschrecken. Schlöffel erschien vielen von ihnen wie das leibhaftig gewordene ‚Gespenst des Kommunismus‘. In der demokratischen Bewegung schließlich stieß seine Absicht, die Gewaltbereitschaft der Unterschichten revolutionär zu wenden, ebenfalls auf Ablehnung, weil er damit, wie der gemäßigte Demokrat Robert Springer formulierte, der „Reaction die Freude [machte], die Spaltung zwischen Bürgern und Arbeitern vergrößert zu sehen.“[8] Aus dem Blickwinkel der ‚bürgerlichen‘ Demokratie war diese Kritik zweifellos berechtigt: Die Revolution scheiterte, weil das Bündnis zwischen Bürgern und ‚Arbeitern‘ nicht zustande kam. Schlöffel tangierten solche Vorwürfe allerdings kaum: Er wollte keine ‚bürgerliche‘ Demokratie, sondern in einem Riesenschritt, und ohne daß die Bedingungen hierfür ausgereift waren, den Sozialismus, wie er ihn verstand. Taktische Überlegungen waren ihm fremd.

---

7 Sein Programm war freilich in vielen Einzelpunkten jeweils um eine Nuance radikaler als die Vorschläge der übrigen Demokraten und Sozialisten: Das von ihm geforderte „Arbeiterministerium“ beispielsweise sollte ausschließlich aus „vom Volk gewählten Tribunen mit derselben Amtsbefugnis wie die Minister“ zum „Schutze der Arbeit gegen das Kapital“ bestehen. Am französischen Vorbild war auch seine Forderung nach Einrichtung von Nationalwerkstätten orientiert. Zur Fähigkeit Schlöffels, seine politischen Forderungen populär zu formulieren, vgl. neben dem ‚Volksfreund‘ exemplarisch außerdem die Adresse der Erdarbeiter an den Magistrat, die aus der Feder des jungen Schlöffel stammte, in: Wolff, RC, II, S. 148 f. Zu Kontext: *S. 449 ff.*

8 Springer, Berlins Straßen, S. 63.

Die Verhaftung, der Prozeß und das Urteil

Schlöffel, der, nachdem die ersten Nachrichten von der Berliner Märzrevolution in Heidelberg eintrafen, umgehend in die preußische Landeshauptstadt geeilt war, um sich hier an der revolutionären Bewegung zu beteiligen, war der Polizei von Anfang an ein Dorn im Auge.[9] Eine Verhaftung oder auch nur Ausweisung ohne glaubwürdige Gründe und handfeste Beweise konnte sich die Polizeibehörde Ende März allerdings noch nicht leisten. Die Obrigkeit mußte eine politisch günstige Situation abwarten, um Schlöffel das ,Handwerk' zu legen. In der oben zitierten Passage aus dem ,Volksfreund' No.5 glaubte die Staatsanwaltschaft, stichhaltige Argumente für eine Anklage gefunden zu haben. Nachdem das Blatt am 20. April abends erschienen war, erhob der Staatsanwalt v. Kirchmann, später einer der Wortführer des linken Zentrums in der Preußischen Nationalversammlung, Anklage „wegen Verleitung zu persönlicher Mißhandlung des Staatsministers Camphausen" und ließ Schlöffel am folgenden Morgen verhaften.[10] Das Grundproblem des Prozesses kleidete Schlöffel in seiner Verteidigungsrede in rhetorische Fragen: „Das Volk hat den Polizeistaat umgeworfen; muß nicht daher die ureigentliche Frucht desselben, das allgemeine Landrecht, als faul abfallen? [O]der soll dasselbe als Organ des spießbürgerlichen Untertanenbewußtseins auf eine Zeit übertragen werden, wo dieses sich zu einem demokratischen Volksbewußtsein verjüngte und sich in einer neuen Lebensform in die Geschichte durch die selbständige revolutionäre That des Volkes eingeführt hat?" Während Schlöffel darauf die Antwort gab: „Das Landrecht existirt nicht mehr, oder höchstens wie das alte Testament nach der Geburt Christi" – waren die Richter der Ansicht, daß trotz der „Vorgänge des 18. und 19. März und ihrer Folgen [...] kein Unbefangener [...] das nicht bloß factische, sondern auch rechtliche Fortbestehen des Staates, seiner Regierungsgewalten und seines Gesetzbuches im Ernste verkennen" könne. „Die Staatsangehörigen bleiben nach wie vor ihrem rechtmäßigen Könige und den Gesetzen unterthan". Insbesondere dürften „Verbrechen, wie das hier zur Anklage gestellte des versuchten Aufruhrs nicht straflos" durchgehen. Mit dieser Begründung war ein Präzedenzfall ge-

---

9 Wegen „Verbreitung aufrührerischer Flugschriften im badischen Odenwalde" war er zu Beginn des Revolutionsjahres verhaftet und von der Universität Heidelberg relegiert worden. Nach seiner Abreise aus Südwestdeutschland meldete das in Auflösung begriffene Mainzer Informations-Büro in seinem letzten Bericht vom 31. März 1848, Schlöffel plane ein Attentat auf Friedrich Wilhelm IV., was Schlöffel – von Minutoli persönlich darauf angesprochen – natürlich dementierte; vgl. Obermann, Schlöffel, S. 203, bzw. Boerner, Erinnerungen, I, S. 272.

10 Zum Vorwurf gemacht wurde ihm außerdem, daß er im gleichen Heft des ,Volksfreundes' das Handeln der Republikaner in Baden begrüßt und zur Nachahmung in Berlin aufgefordert hatte. Vgl. Begründung der Anklage durch v. Kirchmann (KBA), nach: ,Publicist' vom 13. Mai 1848. Daraus auch die folgenden Zitate. Genau besehen, taugte der inkriminierte Artikel nicht für eine Anklage, da Schlöffel Camphausen lediglich ins „Paradies seines Privatlebens" schicken wollte.

schaffen. In gleicher Weise motivierten die Gerichte später ihre Urteile, wenn sie Literaten, Drucker oder einfache Bürger, die sich den Mund nicht verbieten lassen wollten, wegen Majestätsbeleidigung oder Hochverrats zu manchmal langjährigen Haftstrafen verurteilten. Schlöffel wurde nach dem Allgemeinen Landrecht wegen „versuchten Aufruhrs" zu sechs Monaten Freiheitsstrafe verurteilt.

Zeitgenössische Karikatur auf den Presseprozeß gegen Gustav Adolf Schlöffel.

Während die demokratische Presse nur vereinzelt Kritik am Urteil übte und auch der Politische Klub (im Unterschied zum ‚Volksverein unter den Zelten') ausgeprochen lau reagierte[11], blieb Schlöffels Popularität in den Unterschichten ungebrochen. Die Behörden rechneten mit dem Schlimmsten. Sogar der auf Sanssouci weilende Friedrich Wilhelm IV. zögerte, „wegen der angesagten Unruhen für Schlöffel bei der Gelegenheit seiner Stellung vor das öffentliche Gericht" wie geplant am 11. Mai Berlin zu besuchen.[12] Zwar fiel „nicht die geringste Ruhestörung vor." Das Publikum, das vornehmlich den Unterschichten entstammte und sich im völlig überfüllten Gerichtssaal drängte, verhielt sich jedoch keineswegs passiv; es machte keinen Hehl daraus, auf wessen Seite seine politischen Sympathien lagen.[13] Wie stark der junge Schlöffel bereits in den wenigen Wochen, die er in Berlin war, Resonanz in den unterbürgerlichen Schichten gefunden hatte, hatte sich sich bereits auf den ersten Versammlungen des Volksvereins nach Schlöffels Verhaftung gezeigt. Ende April war von einer Zeltenversammlung des Vereins eine Adresse an den Justizminister beschlossen worden, in der es hieß, man wolle zunächst mit „allen gütlichen und friedlichen Mitteln" die Freilassung des Verhafteten bewirken. Der Kammergerichts-Präsident stellte daraufhin in einer Erklärung fest, es werde allen Protesten zum Trotz auf jeden Fall zu einer förmlichen Anklage gegen Schlöffel kommen. Daraufhin fanden sich am 4., am 7. und erneut am 10. Mai „Tausende von Menschen" zu einer Volksversammlung im Tiergarten ein, um gegen die Verhaftung Schlöffels zu protestieren und darüber zu beraten, wie man ihn freibekommen könne.[14] Weni-

---

11 Trotz einer flammenden Rede, die der (zu Besuch in Berlin weilende) gleichfalls sozialrevolutionär eingestellte Vater, der Paulskirchen-Abgeordnete Friedrich Wilhelm Schlöffel hielt, konnten sich die Mitglieder des Politischen Klubs einen Tag vor Prozeßbeginn lediglich dazu durchringen, „ein Comité zu bilden, das durch die Presse die öffentliche Meinung in Bezug auf die Schlöffel'sche Verurtheilung aufzuklären habe". Der Antrag auf eine größere Demonstration für Schlöffel am 12. Mai wurde dagegen abgelehnt. Ebenso verworfen wurde ein weiterer Antrag, öffentlich „Anklage gegen den Staatsanwalt" zu erheben (gedacht war wohl an eine Art Tribunal); vgl. vor allem BZH vom 14. Mai sowie DArZ vom 13. Mai 1848.
12 Brief Friedrich Wilhelms IV. an Camphausen vom 10. Mai 1848, in: Brandenburg, Briefwechsel, S. 75.
13 Zur Reaktion des Publikums vgl. ausführlich ‚Publicist' vom 13. Mai 1848, sowie Wolff, RC, II, S. 476-490, bes. S. 477, 488.
14 Am 4. Mai wurde eine Deputation gewählt und – in Begleitung von „etwa 1500 Menschen" – zum Kammergerichtspräsidenten gesandt, ohne dort allerdings Konkretes zu bewirken; vgl. vor allem Bericht des Kammergerichts-Vizepräsidenten Worke (?) vom 4. Mai 1848, in: GStA, Rep. 2.5.1., Nr. 9911, Bl. 2; ferner VZ vom 6. Mai 1848. Drei Tage später, als erneut während einer Volksversammlung die Schlöffelsche Angelegenheit verhandelt wurde, drohten mehrere anwesende ‚Rehberger' einem Redner zu verprügeln, der es gewagt hatte, an Schlöffel Kritik zu üben. Zu diesen Vorgängen sowie zur Versammlung des ‚Volksvereins unter den Zelten' einen Tag vor Beginn des Prozesses, am 10. Mai, und der dort beschlossenen, während des Prozesses verlesenen Adresse vgl. außerdem Wolff, RC, II, S. 474 ff. Adresse, in: LAB, Rep. 240, Acc. 685, Nr. 78; ZBSt, 1848 Flg., M. 9; im Wortlaut außerdem in: Illustrierte Geschichte, S. 131; Obermann, Flugblätter, S. 260 f.; Wolff, RC, II, S. 475.

ge Stunden, nachdem das Urteil gegen Schlöffel – sechs Monate Festungshaft – gesprochen worden war, sammelte sich eine größere Volksmenge zu einer spontanen Demonstration vor der Berliner Hausvoigtei in der Absicht, Schlöffel zu befreien. Durch gutes Zureden prominenter bürgerlicher Demokraten ließ sich die offensichtlich unorganisierte Menge jedoch von ihrem Vorhaben abhalten.[15] Zwar blieben diese und eine weitere kleine Demonstration vom folgenden Tage vor dem Berliner Stadtgefängnis ohne Folgen. Die Pläne, den gefangenen Volksfreund zu befreien, waren damit allerdings nicht aufgegeben.[16] Um derartigen Absichten die Grundlage zu entziehen und nachdem die Furcht vor Befreiungsaktionen durch die ‚Rehberger‘ den Kommandanten der Festung zu Spandau veranlaßt hatte, sich zu weigern, „den Studiosus Schlöffel als einen politischen Verbrecher zur Verbüßung der gegen ihn erkannten Strafe in Spandau anzunehmen"[17], wurde Schlöffel ziemlich überstürzt bereits am 14. Mai heimlich in die Magdeburger Festung abtransportiert.[18]

Weitere Prozesse wegen Preßvergehen und die Kriminalisierung der ‚fliegenden Buchhändler‘

Der Prozeß gegen Schlöffel war der erste einer ganzen Reihe von Preßprozessen gegen Demokraten. Gegen den Studenten Edmund Monecke, der nach der Verurteilung Schlöffels die Redaktion des ‚Volksfreund‘ übernommen hatte, wurde am 30. Juni ein Prozeß wegen Majestätsbeleidigung eröffnet. Es nutzte Monecke nichts, daß er wie schon Schlöffel in seiner Verteidigungsrede erklärte, daß die Strafgesetzgebung des ALR nach dem 19. März nicht mehr gültig sein könne und Majestätsbeleidigung als verurteilenswertes Verbrechen in einem konstitutionellen Staate eigentlich undenkbar sei.[19] Seit Hochsommer 1848 kam

---

15 Vgl. ebd., S. 507.
16 So berichtete ein Mitglied auf der Sitzung des Politischen Klubs vom 16. Mai 1848, „daß die Rehberger Schritte zur Befreiung Schlöffels thun wollen"; vgl. ebd., S. 543.
17 Schreiben des Kammergerichts-Vizepräsidenten Worke an den Justizminister v. Bornemann vom 16. Mai 1848, in: GStA, Rep. 2.5.1., Nr. 9911, Bl. 4.
18 Doch selbst die festen Mauern dieser Gefängnisanlage konnten den glühenden Revolutionär nicht halten: Nachdem er von den Vorgängen in Wien während der ersten Oktoberhälfte und der Erhebung der Ungarn gegen die Habsburger-Monarchie erfahren hatte, floh er, drei Wochen, bevor seine Strafe abgebüßt war. Zu seinem weiteren Schicksal vgl. KBA sowie ausführlich Obermann, Schlöffel, S. 210 ff.
19 Das Gericht schloß sich dem Antrag des Staatsanwalts auf zweieinhalb Jahre Festungshaft und den Verlust der Nationalkokarde ohne Einschränkungen an, ein Urteil, das auch von der Berufungsinstanz bestätigt wurde. Monecke (KBA) mußte seine Strafe fast vollständig absitzen und kam erst Ende 1850 frei. Ausführlich ‚Publicist‘ vom 6. Juli 1848. Zur Revisionsverhandlung: ‚Publicist‘ vom 20. Juli 1849. Die „Selbstvertheidigung des Studenten Monecke auf die Anklage wegen Hochverrats" in der ersten Instanz und die „Rede des Studenten Edmund Monecke bei

es dann zu einer wahren Flut von Verfahren wegen Preßvergehen, die in der Öffentlichkeit lediglich geringe Aufmerksamkeit fanden. Man hatte sich an die Nachzensur, die nunmehr an die Stelle der vormärzlichen Vorzensur getreten war, offenkundig gewöhnt. In einigen Fällen endeten die Prozesse mit längeren Haftstrafen, in anderen mit Freisprüchen.[20] Die Freiheit der Meinungsäußerung war bereits in entscheidenden Punkten beschnitten, bevor der Revolution formell ein Ende gesetzt wurde. Denn (so hat Robert Springer pointiert formuliert) „eine Presse, stets von Anklagen bedroht, ist ebenso wenig frei, wie das scheue Wild, welches jeden Augenblick den Überfall eines Feindes fürchtet. Die Preßfreiheit mit dem Strafgesetze gleicht einer Sphinx mit dem Antlitz der Freiheitsgöttin und der Tatze des Henkers".[21]

Überdies sahen sich nicht nur Verfasser und Drucker von demokratischen Zeitungen und Flugblättern juristischer Verfolgung ausgesetzt. Bereits am 11. Mai 1848 hatte der Polizeipräsident v. Minutoli den „unbefugten Handel" mit „Flugblättern, Liedern und anderen Druckschriften" auf „den hiesigen Straßen und öffentlichen Plätzen" verboten. Gemeint waren damit „besonders Knaben",

---

seiner Verurtheilung in zweiter Instanz" erschienen auch als Flugschriften; als Flg. in: GStA, Rep. 92, NL Stein, M. 3/1, Nr. 78, 151, 168 bzw. 453; LAB, Rep. 240, Acc. 685, Nr. 234; als Reprint in: Obermann, Einheit, S. 486 ff. Glimpflicher ging ein anderer, gleichfalls Aufsehen erregender Preßprozeß gegen den Handlungsdiener Cohnheim, den Buchdruckereibesitzer Fähndrich, den Studenten Fernbach sowie die Buchdrucker Baader und Bartz aus. Cohnheim, der sich dem Prozeß durch Flucht entzog, und Fähndrich wurde vorgeworfen, einen „Republicanischen Katechismus" verfaßt zu haben, Cohnheim zusätzlich, daß er ihn am 25. Juni auf einer Volksversammlung öffentlich verlesen hatte. Fernbach warf man außerdem den „hochverrätherischen Inhalt" eines von ihm verfaßten Pseudo-Extra-Blatts der VZ vom 23. Mai vor. Zur Überraschung der Berliner Öffentlichkeit sprach das Gericht die Angeklagten am 4. Okt. frei. Ausführlich: ‚Publicist' vom 30. Sept. sowie 3. und 21. Okt. 1848. „Republicanischer Katechismus", in: ZBSt, 1848 Flg., M. 28; im vollständigen Wortlaut außerdem in: Obermann, Einheit, S. 378 ff. Die Freisprüche hatten in der Verhandlung vor der zweiten Instanz Mitte des folgenden Jahres keinen Bestand. Am 9. Juni 1849 wurden Cohnheim und Fernbach wegen Hochverrats zu zehnjährigen Haftstrafen verurteilt, die sie auch teilweise abbüßen mußten.

20 Zum Prozeß gegen den Literaten Thiele (Pseudonym: Leid-Brandt), wegen ‚Majestätsbeleidigung' zu sechs Monaten Festungsarrest verurteilt, vgl. ‚Publicist' vom 1. Aug. und 2. Nov. 1848. Freigesprochen wiederum wurde dagegen z.B. der bekannte satirische Schriftsteller Albert Hopf, aufgrund eines Gedichtes gleichfalls wegen ‚Majestätsbeleidigung' angeklagt (vgl. ‚Publicist' vom 26. Okt.; ferner KrZ vom 9. Sept. 1848, sowie Townsend, Humor als Hochverrat, S. 76), ebenso der bereits erwähnte Buchdruckereibesitzer Fähndrich in einem anderen Prozeß sowie der Buchhändler Schneider, der ein kritisches Flugblatt „An den König von Preußen" feilgeboten hatte. Zu diesem und weiteren Prozessen gegen Verfasser kritischer Flugschriften vgl. z. B. ‚Publicist' vom 27. Mai, 22. und 23. Juli, 19. Aug. sowie 5. Sept. 1848. Zu Anklagen kam es außerdem gegen zahlreiche Berliner Buchhändler und Buchdruckereibesitzer, weil diese die inkriminierten Schriften gedruckt und vertrieben hatten. Der ‚Publicist' berichtete seit Ende Juli in fast jeder Ausgabe ausführlich über mehrere diesbezügliche Anzeigen und Prozesse; vgl. außerdem Wolff, RC, III, S. 517-523. Zur Stellung der preußischen Richterschaft zwischen Revolution und Obrigkeit jetzt grundsätzlich Hodenberg, Partei der Unparteiischen, bes. S. 290 ff.

21 Springer, Berlins Straßen, S. 178.

die mit Flugschriften hauptsächlich demokratischen Inhalts „theils im Umhertragen, theils von Tischen und anderen festen Stellen aus" einen sog. fliegenden Buchhandel betrieben. Unter Bezug auf die Vorschriften des Gewerbe-Polizei-Gesetzes sollte die „Aufrechterhaltung [!] des gesetzlichen Verbots fortan mit Strenge gehandhabt werden." Die ‚Locomotive' bezeichnete die Bekanntmachung Minutolis als erste „Censurmaßregel" des „neuen Systems", das „noch ganz in den Filzsocken des alten steckt". Indem die ‚Locomotive' dann die rhetorische Frage stellte: „Wie kommt es, daß das Polizei-Präsidium der Uebertretung dieser Vorschriften zwei Monate lang ruhig zugesehen hat, und daß es ihm erst jetzt einfällt, dagegen einzuschreiten, jetzt, da so schönes Reactionswetter eingetreten ist?" – gab sie die Antwort auch gleich selbst. In der Tat war ein politischer Wetterumschwung eingetreten. Zunächst infolge der überstürzenden Märzereignisse gelähmt, schien seit Anfang Mai „die Reaction Siebenmeilen-Stiefel angezogen zu haben".[22] Der gescheiterte Zeughaussturm machte der Obrigkeit noch mehr Mut. Seit Juli kam es zu Massenprozessen, in denen fliegende Händler zu erheblichen Geldstrafen verurteilt wurden. Trotzdem blieben die „Maßregeln der Polizei" gegen die fliegenden Buchhändler „fruchtlos", da diese, wie Sigismund Stern formulierte, „an dem Schutz scheiterten, welcher dem fliegenden Buchhandel und seinen Organen vom Volke zu Theil wurde." Selbst nach dem Ende der Revolution „fanden die gewandten Jünger dieses Instituts noch lange nachher Gelegenheit, ihr einträgliches, aber gefährliches Geschäft auf anderem Wege fortzusetzen, und noch jetzt [1850, R.H.] sind die Ueberreste dieses so schnell emporgeblühten Gewerbszweiges nicht ganz verschwunden."[23]

In den Augen der Obrigkeit blieb die Meinungsfreiheit auch 1848 ein Rechtsgut, das nur unter bestimmten Voraussetzungen genossen werden durfte. Was sie anderen zu erschweren suchte, sollte für sie selbst freilich nicht gelten: Staats- und Kommunalbehörden durften ‚Meinungen' in Form von Bekanntmachungen uneingeschränkt publizieren. Kritiker obrigkeitlicher Erklärungen sahen sich schnell heftigen Anfeindungen ausgesetzt und mußten mit gerichtlicher Verfolgung rechnen.[24] Schon das Abreißen der an den Ecken angeschlagenen Bekanntmachungen der Kommunalbehörden oder der Staatsgewalt konnte in der zweiten Hälfte des Revolutionsjahres erhebliche strafrechtliche Konsequenzen haben.[25] Wie in den meisten anderen politischen Prozessen diente auch hier das aus

---

22 ‚Locomotive' vom 19. Mai 1848. Zum ersten der Prozesse gegen ‚fliegende Buchhändler' vgl. ausführlich ‚Publicist' vom 29. Juli und 5. Aug. 1848.

23 Stern, Geschichte des deutschen Volkes, S. 141.

24 Vgl. die Anzeigen gegen den Drucker eines Anschlags des Demokratischen Klubs und Verleger Fähndrich, denen jeweils Beleidigung und Verspottung der städtischen Behörden zum Vorwurf gemacht wurde; ausführlich: ‚Publicist' vom 15. Juli bzw. 7. Sept. 1848. Der Drucker wurde angeklagt, weil das Plakat des Demokratischen Klubs namentlich nicht gezeichnet war.

25 Vgl. exemplarisch zwei im ‚Publicist' vom 24. Juni bzw. 17. Aug. 1848 geschilderte Prozesse. Die unnachsichtige Strafverfolgung in diesen beiden und ähnlichen Fällen kontrastiert auffällig mit

dem Vormärz überkommene Strafrecht als Grundlage für Schuldsprüche und Strafbemessungen.

Seit Beginn des Sommers gingen darüber hinaus „täglich Denunziationen wegen Wort und Schrift" ein. Der ‚Publicist' sprach Mitte Juli von einer regelrechten „Denuncirsucht der Reaction".[26] Nicht nur schriftliche, auch mündliche Äußerungen wurden im Spätsommer des Jahres 1848 mitunter in einer Weise verfolgt, als habe es keine Märzrevolution gegeben. Vor allem Angehörige der ärmeren Bevölkerungsschichten fanden sich vor Gericht wieder und konnten hart bestraft werden, wenn sie eine der ‚königlichen Majestäten' beleidigt hatten. Der Monarch selbst geriet erst seit Herbstbeginn ins Kreuzfeuer verbaler Kritik. Bis zu diesem Zeitpunkt fungierte in erster Linie sein jüngerer Bruder, der spätere König und Kaiser Wilhelm I., als Objekt proletarischer Majestätsbeleidigungen. Er galt dem einfachen Volk als Haupt der hochkonservativen Militärpartei und mußte nach der Märzrevolution deswegen nach England fliehen. Als Anfang Mai öffentlich bekannt wurde, daß das Minsterium Camphausen beabsichtigte, den Thronfolger in die Preußenmetropole zurückzuholen, wallten Haß und Wut erneut auf.

---

der seit Ende März beobachtbaren, von der Obrigkeit tolerierten Praxis des Abreißens demokratischer Plakate durch konservative Berliner. Obwohl der Politische Klub hiergegen lautstarken Protest einlegte, sahen sich weder der Magistrat noch eine staatliche Institution veranlaßt, diesem Unwesen durch Strafandrohung ein Ende zu setzen.

26 ‚Publicist' vom 22. Juli 1848. Dieser Klage schlossen sich die NZ (u.a. vom 25. Juli und 19. Aug.) und selbst die VZ (vom 25. Juli 1848) an. Die meisten der erwähnten Preßprozesse wurden durch Denunziationen veranlaßt.

Kapitel III.7

Die Rückkehr des Prinzen von Preußen

Die Beweggründe, ihn zurückzurufen

Nach der Märzrevolution war der designierte Thronfolger ins Londoner Exil geflüchtet. Anfang Juni kehrte er nach Preußen zurück, am 6. Juni traf er in Potsdam ein, und am 8. Juni trat er in Berlin vor der Preußischen Nationalversammlung auf. Warum ließen der König, die Kamarilla und das Staatsministerium den Prinzen von Preußen nicht im englischen Exil? Dem Monarchen und seiner politischen Umgebung war bekannt, wie sehr der Prinz von Preußen in der Berliner Bevölkerung abgelehnt wurde und daß seine Rückkehr bzw. schon die Aufforderung dazu mithin als unverhohlene Provokation wirken mußte. Der Haß auf den Prinzen war in den Wochen nach dem 19. März nicht verraucht: Das Berliner ‚Volk‘ benötigte weiterhin jemanden, dem man die Sünden des alten Regimes und alle ‚Blutopfer‘ vorwerfen konnte. Nur so konnte der Monarch selbst von aller Schuld ‚reingewaschen‘ werden und glaubhaft seine ‚nationale Mission‘ verkörpern, zum ‚Volkskönig‘ werden. Mit der überstürzten Flucht Wilhelms nach England brachte sich das Objekt des Hasses in Sicherheit. Da man seiner nicht habhaft werden konnte, wurde der Palast des Prinzen symbolisch zum ‚Nationaleigentum‘ erklärt. Daß der Prinz von Preußen jemals die Thronfolge würde antreten können, schien wenigstens in Berlin nach diesen Vorgängen undenkbar.

Auf der anderen Seite hat Friedrich Wilhelm IV. nie akzeptieren können, daß sein Bruder auf Dauer oder nur für längere Zeit aus Berlin verjagt sein könnte. Für ihn war dessen erzwungene Abwesenheit auch emotional schwer zu ertragen: „Wilhelms Entfernung bricht mir das Herz!!!"[1] Das Verlangen des Königs, den jüngeren Bruder wieder in seiner näheren Umgebung zu haben, war freilich nur schwer zu erfüllen. Solange das schwache, nicht nur in Berlin heftig angefeindete Ministerium Arnim-Boitzenburg regierte, war eine Rückkehr ausgeschlossen. Denn eine durch dieses Übergangskabinett veranlaßte Rückrufung

---

1 Friedrich Wilhelm IV. an seine Schwester Alexandra Feodorowna, die Gattin des russischen Zaren, vom 21. April 1848, in: Haenchen, Revolutionsbriefe, S. 83. Daß dies keineswegs eine rhetorische Floskel war, sondern von Herzen kam, zeigen stärker noch die Briefe des Königs an seinen Bruder in: GStA, Rep. 92, NL Wilhelm I, Nr. 3.

des Prinzen wäre mit dem primären Ziel des Zehntage-Ministeriums nicht zu vereinbaren gewesen, Friedrich Wilhelm IV. um jeden Preis eine volkstümliche Aura zu geben und damit politisch wieder sattelfest zu machen; eine Kabinettsordre, wie sie später das Ministerium Camphausen abgab, hätte Ende März den König vielmehr „depopularisiert".[2] Mit der Installierung des ersten echten, weil bürgerlich geprägten, Märzministeriums unter Camphausen war eine grundlegende Bedingung für die Heimkehr des Thronfolgers geschaffen. Denn dieses Kabinett hatte großen Vertrauensvorschuß nicht nur seitens der Liberalen, sondern ebenso der Demokraten erhalten; es konnte deshalb daran denken, auch unpopuläre Maßnahmen ins Auge zu fassen. Für die Rückkehr des Prinzen Wilhelm mußte freilich ein plausibler Anlaß gefunden werden. Nach mehreren fehlgeschlagenen Versuchen, Vorwände für die Rückkehr des Prinzen zu finden[3], bot sich schließlich eine elegante Lösung: Anfang Mai wurde er von den deutschstämmigen männlichen Bewohnern des Kreises Wirsitz in der Provinz Posen in die Preußische Nationalversammlung gewählt.

Wenn Friedrich Wilhelm IV. und seine hochkonservativen Berater unbedingt an der Thronfolge Wilhelms festhielten und auf dessen Rückkehr drängten, dann auch aus Gründen der Staatsräson. Denn, so analysierte Rudolf Virchow hellsichtig, der „Militärstaat war in dem Prinzen von Preussen verkörpert, der Sturz des ersten bedingte den Sturz des zweiten, den zweiten zurückrufen heisst, den

---

2 So die Formulierung der Gattin des Prinzen (Augusta) in einem Brief vom 24. März 1848 an ihren Ehemann, nach: Haenchen, Flucht, S. 82.

3 Zunächst dachten der Monarch und sein geflohener Bruder daran (wie der Preußen-Prinz am 4. April formulierte), „mich durch Kriegsruhm und -ehre in Preußen wieder möglich zu machen." Der Krieg mit Dänemark um Schleswig und Holstein schien da wie gerufen zu kommen. Ein mit Ruhm bedeckter Sieger aus dem Ende März hereinbrechenden militärischen Konflikt mit dem nordischen Nachbarn hätte danach an der Spitze seiner Truppen in Berlin einmarschieren und, das stand als weitere Überlegung dahinter, der Revolution militärisch den Garaus machen können. Indessen blieb für den Thronfolger der „Ausweg jenes ungemein populären Kommandos in Holstein" (Friedrich Wilhelm IV.) verstellt. Das vorsichtige Ministerium hatte dem Plan aus taktischen Erwägungen nicht zugestimmt. Nachdem die englische Regierung sich am 11. April als Vermittler in den Konflikt zwischen Dänemark und Preußen eingeschaltet hatte, war eine Übertragung des Oberkommandos auf den in London weilenden Prinzen diplomatisch nicht mehr möglich. Der „nächste Vorschlag", einen unverfänglichen Vorwand für die Rückkehr des Prinzen von Preußen zu finden, die „Statthalterschaft von Pommern", scheiterte ebenso wie der Versuch, ihn als gewählten Abgeordneten für Frankfurt wieder deutschen Boden betreten zu lassen. Vgl. im einzelnen die Briefwechsel in: GStA, Rep. 92, NL Wilhelm I, Nr. 3; ebd., KHA Rep. 50 J, Nr. 972, Bl. 7; Brandenburg, Briefwechsel, S. 32 f.; Ranke, Briefwechsel, S. 195; Haenchen, Revolutionsbriefe, S. 65 f.; ferner Gerlach, Denkwürdigkeiten, I, S. 151 f.; Haenchen, Flucht, S. 84 ff.; Paul Hassel, Joseph Maria v. Radowitz, Bd. I, Berlin 1905, S. 584; Börner, Prinz Wilhelm, S. 497; ders., Wilhelm I., S. 83; Hofmann, Ministerium Camphausen, S. 102. Zur Kandidatur und Wahl des Prinzen in die PrNV vgl. vor allem Schleinitz, Papiere, S. 333; Gerlach, Denkwürdigkeiten, S. 161; SZ vom 24. Mai 1848 (Erklärung der Wirsitzer Bürgerversammlung); Streckfuß, Freies Preußen, I, S. 70.

ersten wieder zu Recht einsetzen."[4] Wie richtig der Radikaldemokrat Virchow mit seiner Vermutung lag, läßt sich aus dem privaten Briefwechsel der Gebrüder Gerlach ersehen.

Im Prinzen von Preußen, so Ludwig v. Gerlach am 24. April in einem Brief an seinen Bruder Leopold, „personifiziert sich nahezu alles, was wir der Revolution entgegenzusetzen haben, Ewiges, Vergangenes, Zukünftiges. Er ist sogar mit Handel, Credit, Cours der Papiere identificirt. Seine Position ist zur Geltendmachung aller dieser großen Realitäten äußerst günstig, – er steht rein da –, seine Macht, seine Popularität wachsen, der Natur der Sache nach, mit jedem Tage. In dem, was man ihm gethan, concentrirt sich andererseits alles Unrecht, alle Sünde, aller Unsinn der Revolution, und alles dies ist völlig verständlich, dem gemeinen Grenadier so klar wie dem M[inisterpräsidenten] Camphausen."[5]

‚Rein' war der Prinz von Preußen in den Augen der Hochkonservativen deshalb, weil er keinen Kotau vor der Märzrevolution gemacht hatte – im Gegensatz zu seinem königlichen Bruder, der sich durch die Ehrenbezeugungen den gefallenen Barrikadenkämpfern gegenüber und durch seinen nationalen Umritt vom 21. März in den Augen der Gerlachs desavouiert, ‚beschmutzt' hatte. ‚Populär' war der Prinz zwar nicht in Berlin, jedoch in der ‚Provinz'. In Ostelbien bestand darüber hinaus auf dem Lande vielerorts die Bereitschaft, der Revolution in Berlin gegebenenfalls auch mit gewalttätigen Mitteln den Garaus zu machen. Dieser Gegensatz zwischen der Hauptstadt und dem ‚flachen Land' durchzieht den Konflikt um die Rückkehr des Prinzen von Preußen als eine Konstante, und zwar von Beginn an: Öffentliche Forderungen, den Prinzen zurückzuholen, wurden zuerst in den Provinzen laut. Im Vergleich zu dem seit jeher unmilitärischen, nun zusätzlich noch durch die Märzrevolution erniedrigten Monarchen erschien der Prinz von Preußen als „Ehrenmann, tapferer Soldat und echter Hohenzoller". Zu fürchten sei, so versicherten royalistische Kommentatoren, von der Rückkehr des Prinzen Wilhelm auch für die Liberalen nichts. Denn die ‚Gewährungen' Friedrich Wilhelms vom 18. März seien auch von seinem geflohenen Bruder unterzeichnet worden. Es könne angesichts dessen nicht zweifelhaft sein, daß der Thronfolger sich gleichfalls „der neuen Verfassung augenblicklich anschließt". Damit waren die hauptsächlichen Argumentationsebenen benannt, mit denen die Befürworter für eine Rückkehr des Prinzen warben. Die Vossische Zeitung, die hierfür das wichtigste Forum abgab, mußte sich freilich bis in den Mai hinein darauf beschränken, entsprechende Stellungnahmen aus den ‚Provinzen' abzu-

---

4 Virchow an seinen Vater vom 18. Mai 1848, in: ders., Briefe, S. 150. Wenn der Prinz von Preußen seine Rückkehr nach Berlin möglichst rasch in die Wege zu leiten suchte, dann auch wegen Intrigen innerhalb der königlichen Familie, ihn in der Frage der Thronfolge auszubieten. Ausführlich: Haenchen, Flucht, S. 57-62, 72-81; vgl. ferner Börner, Prinz Wilhelm, S. 497.

5 In: BA Potsdam, 90 Ge 6, Nr. 16, Bl. 28; ähnlich auch E. L. v. Gerlach, Nachlaß I, S. 94 (Eintragung vom 22. April 1848).

drucken, da in Berlin selbst sich niemand bereit fand, offen und unter Namens-
nennung für den designierten Nachfolger des Königs in die Bresche zu springen.[6]
Es kam zu einem heftigen verbalen Schlagabtausch zwischen ‚Berlin‘ und ‚den
Provinzen‘.[7]

„… eine Aufregung, wie sie sich seit den Märztagen nicht gezeigt hatte" – Berlin am 12., 13. und 14. Mai

Alle Ehrenerklärungen für den Prinzen von Preußen hatten die Berliner (und
ebenso die Bewohner zahlreicher weiterer Städte[8]) nicht zu überzeugen vermocht, im Gegenteil. Nicht nur das über die in Berlin herrschenden Stimmungen
recht genau informierte Staatsministerium zögerte aus guten Gründen, dem Her-
zensbedürfnis des Monarchen nachzugeben, seinen Bruder wieder in seiner Nähe
zu haben. Auch der Berliner Polizeipräsident warnte am 1. Mai den König vor
einer Rückkehr des Prinzen.[9] Zu diesem Zeitpunkt waren indessen die Kandidatur des Thronfolgers für die preußische Volksvertretung und damit auch die
Modalitäten seiner Rückkehr intern längst beschlossen.

Die Bevölkerung der Hauptstadt ahnte hingegen nicht, daß dessen Rückkunft
bevorstand. Die am 10. Mai abgefaßte, allerdings erst am 12. in den auflagenstar-
ken Tageszeitungen veröffentlichte Kabinettsordre, mit der die Wiederkehr des
Thronfolgers durch das Ministerium offiziell angekündigt wurde, traf die Berliner
und die politischen Klubs „wie ein Blitz aus heiterem Himmel" (so eine häufiger

---

6 Von einer Ausnahme, dem Eingesandt zweier Berliner (v. Oertzen, Hering) in der VZ vom 26.
   April 1848, abgesehen.
7 Besonders deftig gebärdeten sich angebliche „Bauern aus Westpreußen"; vgl. deren wüste Polemik gegen die Berliner „Räuberhöhle" im Wortlaut in: Wolff, RC, II, S. 495 f. Weitere derbe Erklärungen aus den Provinzen finden sich zahlreich in der VZ und SZ. In einigen Fällen wurden
   sie auch als Plakate an den Berliner Straßenecken angeschlagen; vgl. z.B. LAB, Rep. 240, Acc.
   685, Nr. 88. Daneben entwickelten sich besonders die nach Schleswig abkommandierten preußischen Truppen zu einem „Herd, von dem man aus unzählige Petitionen und soldatische Wünsche in Betreff ‚ihres geliebten Führers‘ verbreitete." (Boerner, Erinnerungen, II, S. 175, 184.) Vgl.
   außerdem die ‚Proklamation‘ mehrerer Landwehr-Unteroffiziere aus Berlin und Charlottenburg
   vom 7. Mai, in: VZ vom 11. Mai 1848; ferner Wolff, RC, II, S. 496. Die Proklamation der (insgesamt 142) konservativen Landwehrmänner für den Prinzen, „den Stern des preußischen Heeres",
   blieb nicht ohne Widerspruch: vgl. die mit 1128 Unterschriften versehene Gegenerklärung von
   Berliner Mitgliedern der Landwehr vom 10. Mai 1848, in: VZ vom 12. Mai 1848. Zur Genesis
   beider Erklärungen: Schneider, Aus meinem Leben, II, S. 50 ff.
8 Vgl. Gerhard Becker, Jürgen Hofmann, Proteste gegen die Rückberufung des Prinzen von Preußen, in: ZfG 23. Jg./1975, S. 802-808, 813-820; Hofmann, Ministerium Camphausen, S. 105, 107 f.
9 „Wenn ich durchaus nicht für sein Leben besorgt bin, so glaube ich doch, daß es in diesem Augenblick angemessener [zu] sein scheint, wenn Seine Königliche Hoheit die Rückkunft hierher
   noch etwas aussetzen möchte." (Minutoli an Friedrich Wilhelm IV. vom 1. Mai 1848, in: GStA,
   KHA, Rep. 50 J, Nr. 857, Bl. 3.)

gebrauchte Metapher). Die Kandidatur des Prinzen für die Berliner Nationalversammlung war in der Hauptstadt nicht bekannt geworden; die Wahlergebnisse in den Provinzen wurden erst in den Tagen nach dem 12. Mai in der Berliner Tagespresse veröffentlicht. „Überraschung, Staunen in allen Kreisen der Bevölkerung", als die Kabinettsordre bekannt wurde. „Von einem Ende Berlins bis zum andern durchzitterte die Nachricht wie ein elektrischer Funke alle, den Konservativen sowohl, wie den rotesten Demokraten." Die Stadt bot in diesen Tagen „das Bild einer allgemeinen Aufregung", so der einhellige Tenor aller Kommentatoren. „Nirgends hörte man ein Wort der Billigung." Zahllose Adressen gegen den „dringenden Wunsch" des Ministeriums an Friedrich Wilhelm IV., die „baldige Rückkehr" des Prinzen Wilhelm zu veranlassen, wurden verfaßt, Versammlungen einberufen.[10] Den Anfang machten am Mittag des 12. Mai, unmittelbar nachdem die Erklärung des Ministeriums Camphausen-Hansemann bekanntgeworden war, die Studenten. Während einer zahlreich besuchten Versammlung in der Aula der Universität wurde die Politik des Ministeriums verurteilt und eine Demonstration ins Auge gefaßt. Gegen eine Rückkehr wandten sich die Studenten allerdings nicht etwa, weil sie in dem Prinzen das Haupt der Militärpartei sahen. Sie hatten vielmehr Angst, daß es angesichts „der noch unveränderten Stimmung in der Hauptstadt [...] zu einer wesentlichen Störung der bis jetzt aufrecht erhaltenen Ordnung und zu einem Bürgerkriege kommen" könne.[11] Als weiteres Argument führten die Studenten an, das Ministerium sei vom Pfade der ‚Gesetzlichkeit' abgewichen: Über die Rückkehr des Prinzen und die Bedingungen, unter denen dies zu geschehen habe, möge „die bevorstehende Versammlung der Landesvertreter" und damit „das Volk" entscheiden. Man war also nicht grundsätzlich gegen die Rückkehr des Thronfolgers, sondern kritisierte die Umstände, unter denen diese in die Wege geleitet wurde; nicht das Ministerium, sondern die Preußische Nationalversammlung galt den Studenten als legitime Instanz, den Prinzen zurückzurufen.

Dieses argumentative Grundmuster, daß die Rückkehr des Prinzen die Bewahrung von ‚Ruhe', ‚Ordnung' und ‚Gesetzlichkeit' gefährde, findet sich in den meisten der zahlreichen Erklärungen der folgenden Tage wieder. Auch alle Klubs votierten, mit Ausnahme des Patriotischen Vereins, gleichfalls in diesem Sinne. Selbst der *Konstitutionelle Klub* kam nicht umhin, ein Adresse zu beschließen, in der er sich „den übrigen, aus der Mitte unserer Bevölkerung bereits einge-

---

10 Zitate: Boerner, Erinnerungen, II, S. 173 f. bzw. 178; Stahr, Preußische Revolution, I, S. 252; Wolff, RC, II, S. 498; VZ vom 16. Mai 1848.
11 Zitate: Boerner, Erinnerungen, II, S. 181 sowie Wolff, RC, II, S. 500. Vgl. außerdem Erklärung und Gegenerklärung der Studenten in: ZBSt, 1848 Flg., M. 9; ferner Lenz, Universität, Bd. 2.2, S. 242 f.; Obermann, Universität, S. 198.

reichten Protesten" anschloß.[12] Der *Politische Klub*, und ähnlich der ‚Volksverein‘, erhob in einer Erklärung vom 12. Mai ebenfalls die Forderung, daß nur die preußische Volksvertretung über die Rückkehr des Thronfolgers entscheiden dürfe; er kritisierte das Ministerium, weil es sich „ein Recht [angemaßt habe], das nur der konstituierenden Versammlung zukommt".[13] Nur vereinzelt gingen Stellungnahmen über die eher formale, auf den Weg der ‚Gesetzlichkeit‘ insistierende Position hinaus.[14] Nicht zuletzt die defensiv-legalistische Grundtendenz in der Argumentation der Gegner des Prinzen von Preußen erklärt, warum der Protest nach der vermeintlich korrigierenden Erklärung des Staatsministeriums vom 15. Mai so schnell abklang. Zunächst jedoch schlugen die Wellen der Aufregung hoch.

Die offizielle Zurückberufung des Prinzen durch das Ministerium Camphausen-Hansemann rief nicht nur eine wahre Flut papierner Proteste hervor. Sie führte auch zu Demonstrationen in einer Größenordnung, wie sie die preußische Hauptstadt seit den Begräbnisfeierlichkeiten für die Märzgefallenen nicht mehr gesehen hatte. Kaum waren am 12. Mai die Tageszeitungen mit der Erklärung des Märzkabinetts erschienen, setzte eine ganze Reihe unkoordinierter, hektischer Aktivitäten ein. Die Studentenschaft machte hier nur den Anfang. Mehrere „Bürger-Versammlungen" verabschiedeten ähnliche Erklärungen und schickten, wie schon die Universitätsangehörigen, Deputationen in das Ministerium, um dort ihren Protest vorzutragen. Camphausen ließ sich durch die Abordnungen zu keinem Zugeständnis bewegen. Er erklärte, er könne die Deputationen nicht als „Ausdruck einer Majorität des Volkes" anerkennen, „zumal da sich in den Pro-

---

12 In: GStA, Rep. 92, NL Stein, M. 3/1, Nr. 222, 267, 290; ZBSt, 1848 Flg., M. 9. Der Konstitutionelle Klub entsandte darüber hinaus in dieser Sache eine Deputation an Camphausen.

13 Erklärung des Politischen Klubs im Wortlaut in: BZH vom 14. Mai 1848; Streckfuß, Freies Preußen, I, S. 287 f. bzw. Obermann, Flugblätter, S. 266 f. Zum Volksverein vgl. die politische Grundsatzerklärung der am 13. Mai „von der Volksversammlung unter den Zelten ernannten Kommission", die während des hier interessierenden Zeitraums quasi als Vorstand des ‚Volksvereins‘ fungierte, in: ZBSt, 1848 Flg. M. 9; im Wortlaut außerdem in: Obermann, Flugblätter, S. 264 f. Im gleichen Tenor argumentierte auch der Bürgerwehrklub in einer Adresse vom 12. Mai, die allein im Laufe des folgenden Tages gegen viertausend Unterschriften erhielt. (Im Wortlaut in: Wolff, RC, II, S. 501 f.) Weitere ähnliche Erklärungen von Mitgliedern der Bürgermiliz in: BZH vom 16. Mai 1848; Wolff, RC, II, S. 508; Streckfuß, Freies Preußen, I, S. 289 sowie 299 f.

14 Die NZ forderte in ihrem Leitartikel vom 13. Mai, daß erst „das Verfassungswerk vollendet, die Volkssouveränität anerkannt, Volk und Heer, König, Minister und Beamte derselben ihren Schwur geleistet haben [müßten], bevor man ohne Befürchtungen den ersten Unterthan des Königs, den Liebling des Militär-Adels, den treuesten Verfechter der ständischen Monarchie" wiedersehen wolle. Für die BZH (vom 16. Mai) war der „Wunsch" des Ministeriums nach Rückkehr des Prinzen von Preußen gleichbedeutend mit der „Verleugnung der *vom Volke* ausgegangenen Revolution". Es handele sich um den Versuch, so zu tun, „als ob der alte Gang der Staatsmaschine am 18. März nur vorübergehend durch ein unglückliches Mißverständnis und dessen bedauernswerthe Folgen und nicht durch eine glorreiche und unsterbliche Volksthat unterbrochen worden wäre". Ähnlich auch die DArZ vom 13. Mai 1848.

„Rettung" des Palais des Prinzen von Preußen am 19. März 1848
Zeichnung aus dem Jahre 1848.

vinzen eine ganz entgegengesetzte Meinung in Betreff der Rückkehr des Prinzen vielfach habe vernehmen lassen". Unmißverständlich beharrte er darauf, daß „der Prinz gleich bei Beginn der constituierenden Versammlung zugegen sei".[15] Das mußte als eine Art Kampfansage des Ministeriums aufgefaßt werden, das sich vielleicht auch nicht ganz bewußt war, wie tief die Empörung über diesen Schritt innerhalb der Berliner Bevölkerung war.

Gelegenheit festzustellen, wie die Grundstimmung der Majorität des Berliner „Volkes" aussah, hatten Camphausen und seine Minister am Abend des 12. Mai. Eine mehr als zehntausend Menschen zählende Menge strebte kurz vor Einbruch der Dunkelheit in den Tiergarten, dem Platz vor den ‚Zelten' zu. Die dort versammelten „Leute aus allen Ständen" beschlossen eine Adresse an die Minister, die diesen von einer Deputation überreicht werden sollte. Die Abordnung ließ man freilich nicht alleine gehen; „die Versammlung bestand darauf, selber in Masse" mitzukommen. „In stürmischer Eile, obwohl in ziemlicher Ordnung, ging es vor das Hotel des Ministers." Die Wilhelmstraße, in der das Gebäude stand, war von einer unübersehbaren Menschenmenge bedeckt, die „dicht gedrängt,

---

15 Zitate: VZ und NZ vom 14. Mai 1848; vgl. außerdem Boerner, Erinnerungen, II, S. 181; Wolff, RC, II, S. 500 f.; Becker/Hofmann, Proteste, S. 812 f.

aber in großer Ruhe und Ordnung" der Dinge harrte, die da kommen sollten. Camphausen vertröstete die Delegation mit den Worten, „im Ministerrat sollte die Frage noch einmal erwogen werden". Die Demonstranten indessen, über diesen Bescheid unterrichtet, wollten sich nicht zerstreuen. Sie „waren keineswegs mit diesem Ergebnis einverstanden"; „allgemeines Murren" entstand auf Helds Aufforderung, sich erneut zu den ‚Zelten‘ zu begeben. „Erst als die anderen ‚Führer‘ ihre Bitten mit den seinigen vereinten, [...] erst da verließen die Leichtgläubigen im festesten Vertrauen auf die revolutionäre Geschicklichkeit ihrer Held, Eichler usw. die Wilhelmstraße und wogten" erneut zum Brandenburger Tor hinaus. Nach chaotischer Diskussion fand unter den vor den ‚Zelten‘ Versammelten der Vorschlag allgemeines Gehör, wieder in die Stadt zurückzukehren. Die Menge, inzwischen auf dreißigtausend Menschen angewachsen, „war durch eine leicht erklärliche Ideenassoziation zum Palais des eben zurückgerufenen Prinzen getrieben worden. Obwohl die stolze Inschrift ‚National-Eigenthum‘", die dort am 19. März angebracht worden war, „schon seit vielen Wochen verschwunden war, so wurde man jetzt doch erst aufmerksam auf diesen neuen ‚Beweis der Reaktion‘." Die riesige Menschenmenge traf „unter wilden Bewegungen und wüstem Geschrei" Anstalten, das Palais zu stürmen. Die Bürgerwehr hätte einen Sturm auf den Prinzen-Palast nicht abhalten können. „Mehr und mehr wuchs im Gegenteil die Menge an wie eine Meeresflut und mehr und mehr wurden Berlins stolze Wehrmänner zusammengedrängt". Held und Eichler versuchten zunächst vergeblich, die Menge, deren „revolutionärer Haß wieder hellodernd" aufgeflammt war, zu beruhigen.

„Da fiel den beiden Volksmännern noch ein letztes Mittel ein, sie versuchten [...], die empörten Fluten zu beruhigen, indem sie [...] der Menge [...] Hoffnung machten, morgen könnte sie immer noch tun, was sie wollte, sogleich aber müßte die Inschrift ‚National-Eigentum‘ angebracht werden, damit so das Recht des Volkes an das Gebäude aufs neue gewahrt bliebe." So „prangte an den Türen mit Kreiden, oben an dem Giebel aber wieder im transparenten Lichte das alte Symbol des im März erkämpften Sieges. Das Volk war befriedigt, es glaubte hiermit der Zurückberufung des Prinzen die beste Antwort geben zu können und überließ es nun seinen Führern, die neu aufgefrischten Worte zur Wahrheit zu machen."[16]

Mit einer Erklärung vom 13. Mai, die einen Tag später in der Presse erschien, suchte das Ministerium der aufgeregten Stimmung Rechnung zu tragen. „Wir zweifeln [...] nicht", hieß es dort, „daß die Verhandlungen in der Versammlung,

---

16 Zitate: Boerner, Erinnerungen, II, S. 187-194; Wolff, RC, II, S. 503 bzw. 506, sowie Emma Lenssen, eine Nichte Camphausens, nach: Caspary, Camphausen, S. 208. Vgl. außerdem Extra-Blatt der BZH vom 13. Mai; BZH, NZ und SZ vom 14. Mai 1848; Protesterklärung des Politischen Klubs gegen die Rückholung des Prinzen von Preußen, in: ZBSt, 1848 Flg., M. 9; Streckfuß, Freies Preußen, I, S. 290-296, Kuhr, Denkwürdigkeiten, II, S. 8-24; sowie Friedrich Wilhelm IV. in einem Brief an seinen Bruder vom 13. Mai 1848, in: GStA, Rep. 92, NL Wilhelm I., Nr. 3. Zu Eichler und Held vgl. KBA.

die wir allein als die wahre Vertretung des gesammten preußischen Volkes anzuerkennen vermögen, Gelegenheit darbieten werden, den Zweck des Aufent-
haltes des Prinzen von Preußen in dem freien England und des Seine Heimkehr
verzögernden Rückweges über das durch seine [konstitutionellen] Institutionen
sich bewährende Belgien in das wahre Licht zu stellen." Der anschließende Satz:
„Das ganze Land wird dann die Überzeugung gewinnen, daß der Prinz mit freu-
diger Zuversicht die von der Regierung Sr. Majestät des Königs betretene neue
Bahn zu verfolgen fest entschlossen ist", sollte den Eindruck einer politischen
Wandlung des Thronfolgers, den dieser mit seinen vorausgegangenen Erklärungen hervorzurufen versucht hatte, unterstreichen. Mit diesen und weiteren
Formulierungen legte das Ministerium den Prinzen Wilhelm politisch freilich
nicht fest. Es beharrte außerdem explizit auf der Rückkehr des Thronfolgers *vor*
Zusammentritt der Preußischen Nationalversammlung.

Die Aufforderung, „Vertrauen zu Gesetz und Ordnung" zu behalten und fernerhin keine Versuche mehr zu unternehmen, „durch Deputationen in Begleitung großer Massen auf die Entschließung der Regierung einzuwirken", fand
deshalb auch nicht die gewünschte Resonanz. Wie schon am Nachmittag des 12.
Mai, herrschte auch während des 13. und 14. Mai „in der Stadt eine ungeheure
Aufregung; Gewehre und Schießbedarf sind wieder in Bereitschaft gesetzt".
Durch „alle Straßen Berlins" wogte „eine große Menge von Menschen, welche
kleine Gruppen an den verschiedenen Ecken bildeten", um die überall plakatierten Erklärungen für und wider die Rückkehr des Thronfolgers zu studieren.
„Unzählige Flugschriften [...] wurden feilgeboten, niemals ertönten die Stimmen
der fliegenden Buchhändler so gellend unter den grünen Linden." Tagsüber
standen „auf vielen Plätzen Tische, wo jeder Vorübergehende unterschreiben soll
für die Nichtzurückberufung des Prinzen und Absetzung des Ministeriums."[17]
Konservative glaubten „alle Furien der Revolution wieder losgebunden, das
große, wüste Babel machte einen fürchterlichen Eindruck".[18]

Am Abend des *13. Mai* kam es erneut zu einer „äußerst zahlreichen Versammlung", während der erhitzt debattiert wurde, ohne daß es zu irgendwelchen
Beschlüssen kam. Man einigte sich darauf, dem Ministerium die Chance für
einen „ehrenvollen Rückzug" zu lassen und sich am folgenden Tag erneut zu
treffen, um weitere Maßnahmen zu beraten.[19] Für Aufregung sorgte eine Be-

---

17 Zitate: Hamburger Börsenhalle, nach: Wolff, RC, II, S. 507 f.; Streckfuß, Freies Preußen, I, S.
   303; Boerner, Erinnerungen, II, S. 180; Emma Lenssen an ihre Mutter, undatiert (vermutlich 13.
   Mai 1848), nach: Caspary, Camphausen, S. 208.
18 So Ernst Curtius, konservativer Berliner Professor, Erzieher des späteren Kaisers Friedrich und
   Vertrauter des Pinzen von Preußen, in einem Brief an Sophie Wattenbach vom 14. Mai 1848, in:
   ders., Ein Lebensbild in Briefen, hg. Von Friedrich Curtius, Berlin 1903, S. 380.
19 Ausführlich zu dieser Versammlung: Wolff, RC, II, S. 513 f. Auch an diesem Tage ließ man es
   sich nicht nehmen, massenhaft zum Palais des Prinzen zu wandern, um sich zu „überzeugen,

kanntmachung der „von der Volksversammlung unter den Zelten ernannten Kommission", zu der für den Abend des *14. Mai* geplanten Versammlung „bewaffnet zu erscheinen".[20] Indessen war alle Aufregung überflüssig; denn nur ein kleiner Teil der nach unterschiedlichen Schätzungen 15 000 bis 50 000 Menschen, die am Abend dieses Tages zu den ‚Zelten' strömten, war tatsächlich bewaffnet. Der Verlauf dieses Abends unterschied sich auch sonst kaum von den Versammlungen der Vortage. Der Forderung Eichlers: „Der Prinz darf nicht eher zurückkommen, als bis die Nationalversammlung ihn ruft", wurde mit „Bravo!" und „großem Beifall" zugestimmt. Der Deputation, die diese Forderung dem Ministerpräsidenten gegenüber vertreten sollte, schloß sich erneut eine riesige Menschenmenge an. Im Unterschied zum 12. Mai hatte es Camphausen allerdings vorgezogen, diesmal in seinem Amtssitz in der Wilhelmstraße nicht anwesend zu sein. Auerswald und Schwerin, die als einzige Kabinettsmitglieder zugegen waren, beschieden die Deputation, daß sie „wegen der Abwesenheit des Ministerpräsidenten Camphausen außer Stande" seien, den Antrag der Deputation „heute zur Bescheidung zu bringen". Die Mitglieder der Deputation, unter ihnen wieder Held und Eichler, gaben sich damit zufrieden und forderten auch die vor dem Gebäude harrenden auf, sich bis zum Nachmittag des 15. Mai zu gedulden. „Einige Redner äußerten sich zwar sehr ‚mißliebig' über die Erfolge der Deputation", einer „persiflierte unter großem Beifall die Reden und Thaten Helds; das Ergebniß der Debatte aber war wiederum – die Ansagung einer neuen Volks-Versammlung auf den folgenden Nachmittag." Langsam setzte sich der erneut mehr als zehntausend Menschen zählende „Zug wieder in Bewegung, die Demonstration war zu Ende, war ohne ein Resultat vollständig verpufft."[21]

Im Schußfeld der Kritik: Das Ministerium Camphausen-Hansemann

Obgleich also erneut alles glimpflich abgelaufen war und die demokratische Volksbewegung Berlins ein weiteres Beispiel ihrer politischen Harmlosigkeit geliefert hatte, kamen den Mitgliedern des Ministeriums Camphausen Zweifel, ob der eingeschlagene Weg tatsächlich der richtige sei. Irritationen löste zunächst aus, daß keineswegs nur die Unterschichten und die bürgerlich-demokratische Bewegung über den Ruf an den Prinzen von Preußen empört waren. Der Protest

---

    daß die Inschrift noch da sei, [...] und verlief sich gegen zwölf Uhr, zufrieden über diese letztere Gewißheit." (NZ vom 15. Mai 1848.)

20 ‚Bekanntmachung der Commission vom 13. Mai 1848', im Wortlaut in: Wolff, RC, II, S. 515 f. bzw. Streckfuß, Freies Preußen, I, S. 301. Minutoli und Aschoff ließen daraufhin am folgenden Tage Bekanntmachungen anschlagen, „wonach das Mitbringen von Waffen zu den Volksversammlungen ungesetzlich" sei.

21 Zitate: Wolff, RC, II, S. 520 f.; Boerner, Erinnerungen, II, S. 206 bzw. 212.

erfaßte auch die liberalen Strrömungen der Hauptstadt. Verunsichert war das Kabinett Camphausen-Hansemann darüber hinaus, weil in dem Konflikt deutlich geworden war, daß das Märzministerium den Vertrauensvorschuß, der ihm anfangs selbst von den meisten Demokraten eingeräumt worden war, weitgehend verbraucht hatte. Bereits in dem geharnischten Protest, den der *Politische Klub* unmittelbar nach Veröffentlichung der Kabinettsordre, am 12. Mai, an allen Straßenecken Berlins anschlagen ließ, war das Märzministerium ins Zentrum der Angriffe geraten und zur Abdankung aufgefordert worden.[22] Auf den großen Volksversammlungen vom 13. und 14. Mai, auf denen gleichfalls vehement der Rücktritt des Kabinetts Camphausen-Hansemann gefordert wurde, kursierten bereits Zettel mit den Namen für ein „volksthümliches Ministerium".[23] Auch mit der Loyalität der Bürgerwehr war es vorbei. Die schon zuvor verschobene, für den 13. Mai geplante Parade vor dem König wurde erneut abgesagt, nachdem am 12. Mai „an allen Ecken" zu lesen war: „Wer den Prinzen nicht will, geht nicht zur Parade."[24] Zeitgenossen vermuteten, daß die Bürgerwehr mit deutlicher Mehrheit (etwa in einem Verhältnis von 7:4) die Abdankung des Märzkabinetts forderte. Das Kommando der Bürgerwehr sah sich vor diesem Hintergrund am 14. Mai veranlaßt, nach außen hin seine Neutralität zu erklären. Besonders schmerzte, daß auch von liberaler Seite die Märzminister nicht mehr geschont wurden.

„Das Ministerium scheint bei der Rückberufung des Thronfolgers", so lautete der Vorwurf in dem Leitartikel der linksliberalen *National-Zeitung* vom 13. Mai, „nur die Macht der alten Reaktion ins Auge gefaßt zu haben; und diese mit ihren starr absolutistischen Gelüsten [...] wird, den Umständen gemäß, verjüngt, in den früheren Liberalen entstehen. Diese sind meistens so naiv in ihrem Verständnis unserer politischen Gegenwart, daß sie sich noch immer für entschieden liberal halten, daß sie kaum ahnen, von dem liberalen Standpunkt auf die Reaktion zurückgedrängt zu sein, und hinfort nun Hand in Hand mit dieser gehen zu können."

---

22 So heißt es in der „Anklage" u.a., das Ministerium habe „die innersten Gefühle des Volkes", dessen „blutige Opfer" während der „Revolution des 18ten März", ignoriert, „eine geheime Hauspolitik [...] im Sinne der schamlosesten Reaction" betrieben und „durch die Verletzung des Volksgefühls den Bürgerkrieg provoziert." (Wie Anm. 13.)

23 Zu den verschiedenen Listen mit Namen für ein Revolutionsministerium vgl. Flg. in: ZBSt, 1848 Flg., M. 2; SZ und VZ vom 16. Mai 1848; Wolff, RC, II, S. 540; Boerner, Erinnerungen, II, S. 201 ff.; Bericht Trauttmansdorffs vom 15. Mai, in: StA Wien, StK Preußen, K. 195, Bl. 277; Eintrag Varnhagens vom 15. Mai 1848, in: ders., Tagebücher, Bd. 5, S. 22; ferner O. Camphausen an E. Camphausen vom 16. Mai 1848, in: Hansen, Rheinische Briefe, Bd. 2.2, S. 149, sowie Streckfuß, Freies Preußen, I, S. 306.

24 Nach: Personen und Zustände, S. 37. Der Bürgerwehrkommandeur v. Aschoff suchte vergeblich, unbotmäßige Bürgerwehrmänner zu disziplinieren. Hierzu und zur Stellung der Bürgerwehr in Sachen Prinz v. Preußen ausführlich: Personen und Zustände, S.39-46; vgl. ferner Wolff, RC, II, S. 547, sowie z.B. die Erklärung „mehrerer Bürgerwehrmänner verschiedener Bezirke" vom 13. Mai, in: LAB, Rep. 240, Acc. 685, Nr. 80; im Wortlaut auch in: BZH vom 16. Mai 1848; Wolff, RC, II, S. 508.

Die gemäßigte *Spenersche* und selbst die *Vossische Zeitung* nannten die ministerielle Rückrufung des Prinzen gleichfalls „ein beklagenswertes Ereigniß".[25] Der *Konstitutionelle Klub* mochte mit dem liberalen Ministerium nicht so scharf ins Gericht gehen wie die demokratischen Vereine, kam aber nicht umhin, gleichfalls „das Ministerium vor Mißgriffen zu warnen."[26] Lediglich die konservative Abspaltung des Klubs, der *Patriotische Verein*, sprach sich für das Märzkabinett aus. *Stadtverordnete*n und *Magistrat* schließlich schien es angesichts der unklaren Situation nicht geraten, sich mit eindeutigen Stellungnahmen zu exponieren.[27]

Nicht nur die Märzminister und städtischen Behörden, auch der Prinz von Preußen selbst war verunsichert.[28] Mehr Courage zeigte sein königlicher Bruder. Ihm war es geschuldet, daß das Ministerium letztlich standhaft blieb: Friedrich Wilhelm IV. beschwor Camphausen und dessen „Collegen als Ihr bester und treuester Freund, sich durch die [angekündigten Demonstrationen vom 12. und 13. Mai] in Nichts, gar Nichts stöhren und imponiren zu lassen".[29] Der König war sich freilich nicht ganz sicher, ob „die Herren den Kopf oben behalten"[30] würden und ergriff deshalb eine Reihe von Vorsichtsmaßnahmen. Unter anderem wurde, was bereits für die geplante und dann abgesagte Wahldemonstration vom 20. April ins Auge gefaßt war, für etwaige gewalttätige Auseinandersetzungen am 14. und 15. Mai erneut ins Kalkül gezogen: die Flucht des Königs samt Staatsschatz, anschließend (so wie Prittwitz dies bereits am 19. März erwogen hatte) die Einschließung, Belagerung und Beschießung der Stadt von außen.[31]

Dazu kam es jedoch nicht. Volksversammlung und Demonstration vom 14. Mai waren nicht zuletzt aufgrund der Pazifizierungsanstrengungen demokratischer Populisten wie Held und Eichler friedlich verlaufen. Zur endgültigen Beruhigung der „aufgeregten Massen" machte das Märzkabinett am folgenden Tage einen geschickten Schachzug: Anscheinend auf Initiative Hansemanns, der sich nicht ganz so eng wie Camphausen an den König gebunden hatte, wurde in

---

25 A. Zimmermann in der VZ und SZ vom 16. Mai 1848; vgl. außerdem die Leitartikel in der SZ vom 16. und 19. Mai.

26 So ein Mitglied des Klubs während der Sitzung vom 13. Mai 1848, nach: Wolff, RC, II, S. 510.

27 Vgl. Beschluß des städtischen Parlaments vom 13. Mai, in: LAB StA, Rep. 00, Nr. 128; außerdem Mitteilung dess. an den Magistrat vom 13. Mai 1848, in: ebd., Rep. 01, Nr. 2444, Bl. 19; ferner SZ vom 14. Mai 1848. Zum Patriotischen Verein vgl. dessen Erklärung vom 16. Mai 1848, in: ZBSt, 1848 Flg., M. 10; im Wortlaut außerdem in: Wolff, RC, II, S. 540.

28 Vgl. den Brief Wilhelms an seine Schwester Alexandrine vom 18. Mai 1848, unmittelbar nachdem ihn die Nachrichten über „die erbaulichen Szenen in Berlin vom 13. und 15." erreichten. (In: Schultze, Wilhelms Briefe an seine Schwester, S. 70 f.)

29 Friedrich Wilhelm IV. an Camphausen vom 12. Mai 1848, in: Brandenburg, Briefwechsel, S. 70.

30 Die Minister hätten zwar (berichtete er seinem Bruder am 13. Mai 1848 nach England) versprochen, daß sie „dem Pöbel die Stirn biethen" wollten, „aber die scheußliche Berliner Luft hat etwas unaussprechlich Muthraubendes". (In: GStA, Rep. 92, NL Wilhelm, Nr. 3.)

31 Vgl. Brief Friedrich Wilhelms IV. an Camphausen vom 14. Mai 1848, in: Brandenburg, Briefwechsel, S. 81.

einer Erklärung des Ministeriums vom 15. Mai eine Rückkehr des Prinzen nicht mehr für den 22. Mai, den Tag der Eröffnung der Preußischen Nationalversammlung, ins Auge gefaßt, sondern erst für Anfang Juni.[32] Diese Nachricht beruhigte, so Boerner, den „revolutionären Zorn des Bourgeois", der sich ja (zum Erstaunen mancher Beobachter) durchaus zahlreich an den Volksversammlungen und Demonstrationen der Vortage beteiligt hatte. „Ihm schien daraus halb und halb hervorzugehen, daß es der Nationalversammlung selbst überlassen bliebe, Seine Königliche Hoheit zu rehabilitieren. Er war froh, die Verantwortlichkeit der Bewegung auf andere Schultern zu wälzen und sich selbst seinem alten lieben Fanatismus für Ruhe und Ordnung hingeben zu können."[33] In der Tat hingen in diesen Tagen entsprechende Erklärungen an Berlins Straßenecken.[34] Und auch die etablierte Presse tat alles, um ihre Leser in Sicherheit zu wiegen, daß „bei uns der Absolutismus, selbst der hinter constitutionellen Formen, eine Unmöglichkeit geworden" sei.[35]

Aber nicht nur das Bürgertum und der Mittelstand fehlten auf der Volksversammlung am 15. Mai. Auch aus den Unterschichten fand sich an diesem Abend kaum jemand vor dem Brandenburger Tor ein.[36] So tief der Haß gegen den Prinzen in den unterbürgerlichen Schichten Berlins saß, sie waren nicht beliebig mobilisierbar.[37.] Die demokratische Bewegung der Hauptstadt hatte erneut eine

---

32 Vgl. Haenchen, Flucht, S. 90 f.
33 Boerner, Erinnerungen, II, S. 197.
34 Vgl. z.B. Erklärung „einer großen Anzahl Bürger" an die „Mitbürger", undat. (vom 14. oder 15. Mai), im Wortlaut in: Wolff, RC, II, S. 527.
35 SZ vom 16. Mai 1848.
36 Wie sehr die Konzeptionslosigkeit der demokratischen ,Führer' die konservativen Kräfte Berlins zu offenem Auftreten ermunterte, zeigte sich bereits im Verlaufe dieser weit schlechter als sonst besuchten Volksversammlung: Held und Eichler, die das Scheitern der Volksbewegung gegen den Prinzen wesentlich zu verantworten hatten, wurden am Reden gehindert. Nach Angaben der ,Allgemeinen Oder-Zeitung' vom 18. Mai sprach sich eine „Mehrheit" der Redner sogar *für* den Prinzen von Preußen aus. Zwischen Befürwortern und Gegnern der Rückkehr des Prinzen Wilhelm kam es zu einer Schlägerei. Die Versammlung löste sich schließlich „resultatlos" auf. „Die Flamme flackerte noch einmal auf, um dann gänzlich zu erlöschen." (Nach: Wolff, RC, II, S. 524.) Eine andere Variante über den Verlauf dieses Abends findet sich in: ebd., S. 547 f. bzw. in: Personen und Zustände, S. 41 f.
37 Eine letzte, am 16. Mai angeschlagene Mahnung der „von der Volksversammlung unter den Zelten erwählten Commission", in der auf „das trügerische Spiel" der ministerialen Bekanntmachung vom 15. Mai hingewiesen wurde, „daß die Minister zwar den Prinzen erst nach Eröffnung der Nationalversammlung zurückkommen lassen, aber nicht durch Beschluß der Nationalversammlung", verhallte ungehört. (In: GStA, Rep. 92, NL Stein, Mappe 3/1, Nr. 379; im Wortlaut auch in: Wolff, RC, II, S. 524.) Im Tenor ähnlich die Stellungnahme der DArZ vom 17. Mai 1848 zur Erklärung der Minister vom 15. Mai. Held (KBA) zog aus den zahlreichen Vorwürfen gegen ihn, er sei am Scheitern der Bewegung gegen den Prinzen Schuld, die Konsequenz und erklärte in einer wortreichen, breit plakatierten Bekanntmachung seinen (tatsächlich nur vorübergehenden) Rücktritt von der politischen Bühne. Helds Rücktrittserklärung als Flg. in: LAB, Rep. 240, Acc. 685, Nr. 90 bzw. Acc. 99, Nr. 41; GStA, Rep. 92, NL Stein, Mappe 3/1,

schwere politische Niederlage erlitten. In der Öffentlichkeit waren seit dem 16. Mai Stimmen gegen die Rückkehr des Prinzen nur noch selten zu hören, um so lautstärker dagegen solche für ihn.

„... geschrieben, geschrien, geworben"[38] – zur publizistischen Offensive der Konservativen in der zweiten Maihälfte

In der erregten Atmosphäre, in der die Stadt war, blieben die Befürworter einer Rückkehr des Prinzen anfangs sehr zurückhaltend.[39] Bis Mitte Mai wagten Anhänger des Ministeriums, soweit sie Berliner waren, im allgemeinen nur anonym, vor allem in Eingesandts an die gemäßigte Presse, ihren politischen Ansichten öffentlich Ausdruck zu verleihen. Erst nachdem die Zerstrittenheit und Aktionsunfähigkeit der Demokraten offenkundig geworden war, begann sich die konservative Strömung in Berlin offener zu artikulieren. In dem Maße wie Camphausen, Hansemann und ihre Kollegen unter den Liberalen der Hauptstadt wegen ihrer Politik in Sachen des Prinzen von Preußen an Unterstützung verloren, gewannen sie die der Konservativen. Den Anfang machte nicht zufällig die rechte Fraktion des Konstitutionellen Klubs, die sich in den ersten Maiwochen als Patriotischer Verein separat konstituiert hatte. Mit einer Erklärung vom 16. Mai sprach dieser gemäßigt-konservative Klub dem „hohen Staatsministerium seinen herzlichen Dank und sein unerschüttertes Vertrauen" aus, weil durch „die Festigkeit eines hohen Ministeriums [...] die Herrschaft der Gesetze behauptet" und „einem unheilbaren Zwiespalt der Hauptstadt mit den Provinzen [...] beharrliche[r] Widerstand entgegengesetzt" worden sei.[40] In den folgenden Tagen entwickelte sich dann vor allem die *Landwehr* zum Kristallisationspunkt einer konservativen Gegenbewegung. Starken demokratischen Tendenzen innerhalb der Berliner Landwehr war seit dem 21. Mai der Schauspieler Louis Schneider entgegengetreten.[41] Schneider sammelte konservative Gefolgsleute aus der Landwehr um sich, die am 24. Mai dem Ministerpräsidenten ein ‚Ständchen' brachten.

Nr. 241; BA FFM ZSg 8/506, Bl.9; im Wortlaut auch in: Wolff, RC, II, S. 540 f. Zu Helds weiterer Rolle vgl. *S. 628-631.*

38 Eintrag Varnhagens vom 26. Mai 1848, in: ders., Tagebücher, Bd. 5, S. 40 f.; vgl. Anm. 43.

39 Taten sie dies nicht, erregten sie „Tumult", wie ein „Individuum" (wie sich später herausstellte: ein Landwehroffizier), das es am 12. Mai gewagt hatte, „dem Prinzen von Preußen unter den Linden in der Nähe des Palais desselben ein Lebehoch" auszubringen. (VZ vom 13. Mai 1848.) Vgl. außerdem Brief von Curtius an S. Wattenbach vom 14. Mai 1848 (Anm. 18), S. 380.

40 Wie Anm. 27.

41 Am 21. Mai war es Louis Schneider gelungen, eine von demokratischen Landwehrmännern unter Führung von August Braß (KBA) ausgegangene Veranstaltung in konservativem Sinne ‚umzufunktionieren'; vgl. ausführlich: Schneider, Aus meinem Leben, II, S. 57-74; VZ und SZ

„Drei Bataillone Landwehr zogen in der prächtigsten Haltung", beschrieb ein konservativer Ministerialbeamter als Augenzeuge die Szene, „vor das Hotel des Ministers Camphausen. Wir saßen ruhig auf unserem Bureau [...], als der militärische Schritt an unser Ohr drang und uns aufjagte. [...] Es war eine Freude, die Kerls marschiren zu sehen und zu hören. Vor dem Hotel stellten sie sich auf, eine Deputation ging hinein; dann erschien Camphausen auf dem Balkon und brachte dem Prinzen von Preußen ein Lebehoch, welches mit dreimaligem donnerndem Jubel aufgenommen wurde; mit nicht minderem das Hoch, welches die Führer dann dem König und dem ganzen Ministerio brachten. Darauf wurde das Preußenlied gesungen, von vielfachem Hurrah unterbrochen. Endlich ein Lied, welches [...] auf den Prinzen gedichtet war und nach der Melodie des Prinz Eugen den Leuten kräftig aus der Kehle ging. Am Schluß desselben erneuerten sich die Hurrahs für den König, den Prinzen, das Ministerium und die Landwehr."[42]

Teile der Berliner Landwehr entwickelten sich in der Folgezeit zum militanten Kern der konservativen Bewegung in der Landeshauptstadt.[43] Nicht zufällig fanden sich überdies einen Tag nach dem beschriebenen Aufmarsch, am 25. Mai, einige Dutzend höhere Beamte und Offiziere sowie Hoflieferanten zusammen, um den ‚Preußen-Verein für konstitutionelles Königthum' zu gründen. Auch wenn der Zug der konservativen Landwehrmänner zum Ministerhotel vom 24. Mai die einzige größere Demonstration für die Rückkehr des Prinzen bleiben sollte – ein gewisser Stimmungsumschwung war in der letzten Maiwoche unübersehbar. Allerdings brachten die Befürworter der Rückkehr des Prinzen nur einen Bruchteil der Menschenmengen auf die Straße, die dessen Gegner in den Tagen vom 12. bis 14. Mai mobilisieren konnten. Außerdem provozierte das offene Auftreten des konservativen Teils der Landwehr wiederum eine Reihe

---

vom 23. Mai 1848. Wie stark die jeweiligen Strömungen innerhalb der Landwehr waren, läßt sich nicht mit letzter Sicherheit feststellen: Schneider und mit ihm Trox (Militärischer Konservativismus, S. 119) behaupten eine Dominanz der Konservativen gegenüber der „Braß'schen Partei" im Verhältnis von etwa zwei zu eins. Braß selbst, Repräsentant der linken Strömung und Vorsitzender des Demokratischen Landwehrvereins, erweckt den entgegengesetzten Eindruck; vgl. Braß, Geschichte der Demokratie und Reaction, S. 75 f.

42 Schreiben Heinrich Abekens an Wildenbruch vom 24. Mai 1848, in: Abeken, Schlichtes Leben, S. 160; vgl. auch Gerlach, Denkwürdigkeiten, I, S. 161 f. (der u.a. über die Freude der Potsdamer Offiziere über die Berliner Landwehr-Parade berichtet); SZ vom 26. Mai und DArZ vom 27. Mai 1848.

43 Vgl. z.B. Schilderungen in: ‚Personen und Zustände', S. 48 f., über das Innenleben der Landwehr. Nicht zufällig ließen seit Ende Mai neben zivilen Konservativen auch mehrere konservative Landwehroffiziere Plakate anschlagen, in denen sie „die Revolution für eine Pöbel-Emeute und die März-Kämpfer für schändliche, gemeine Kerle" erklärten; vgl. Anm. 45. Glaubt man Varnhagen, wurde dem Stimmungsumschwung zugunsten der Konservativen nachgeholfen. „Für den Prinzen wird geschrieben, geschrieen, geworben, Geld über Geld ausgestreut. Wer sich ein Landwehrkreuz holt zum Empfange von Prinzen, bekommt 5 Silbergroschen dazugeschenkt, viele Nichtlandwehrmänner haben dies schon benutzt, um die kleine Gabe zu erhalten, und man sieht absichtlich nicht allzu genau hin." (Eintrag Varnhagens vom 26. Mai 1848, in: ders., Tagebücher, Bd. 5, S. 40 f.) Vgl. auch Eintrag dess. vom 15. Mai 1848, in: ebd., S. 22, sowie Braß, Geschichte der Demokratie und Reaction, S. 75. Zur Gründung des Preußen-Vereins: *S. 607-610.*

Besuch im Londoner Exil.

1.Ah Mon cher, auch Sie? 2. Leider Sire. _ 1. Was bringt Ihr Portefeuille da Neustes mit aus Deutschland?
2. Constitution und Pressfreiheit in Oestreich als auch die neuen Landesfarben, schwarz-roth-goldne
Cocarden! 1. Unerhört Durchlaucht! 2. Aber wahr Sire. _ Freund, da es so steht, da können wir noch von
Glück sagen, dass wir mit der Flucht davongekommen sind. 2. Ja ich glaube, denn ich _ ich habe schon in
Effigie gehangen.

Druck u Schulter u Comp.

Infolge der Februarrevolution flieht Louis Philippe nach London; nach der Wiener Märzre-
volution geht Metternich ins Londoner Exil. Nach der Berliner Märzrevolution gesellt sich
ihnen der Prinz von Preußen zu, allerdings nur vorübergehend.

von Gegenaktionen von demokratischer Seite. Insbesondere die unterbürgerlichen Schichten ließen sich durch die stramm konservativen Landwehrmänner
nicht einschüchtern. Das vielbeklagte „Katzenmusikfieber" hatte hier eine seiner
Ursachen.[44]

---

44 Adressat von politischen Charivaris war neben Louis Schneider und anderen konservativen
Landwehrmännern auch Camphausen, der als Drahtzieher der Rückberufung des Prinzen galt.
Ihm wurden am 21., 22. und 23. Mai lautstarke Katzenmusiken geboten; vgl. Schneider, Aus
meinem Leben, S. 79-84, sowie die Tagespresse während der letzten Maiwoche.

Aber auch wenn die Gegenoffensive der Konservativen sich weitgehend in publizistischen Aktivitäten erschöpfte: Sie hatten das erste Mal erfolgreich gezeigt, daß sie der in der Hauptstadt starken demokratischen Bewegung gegenhalten konnten – und damit dazu beigetragen, daß in Berlin vorübergehend eine Phase der politischen Entspannung einsetzte.[45] Wenn „die hohe Fluth der Aufregung" nach dem 15. Mai anfing, „sich etwas zu verlaufen", und vorübergehend politische „Ebbe eintrat", dann war dies freilich in erster Linie dem Umstand geschuldet, daß man sich in Preußen am Vorabend der Zusammenkunft der Preußischen Volksvertretung befand. In den gehobenen Bevölkerungskreisen schlossen seit Ende Mai viele ihren Frieden mit dem Prinzen. Anders dagegen sah es in den Unterschichten aus. Das Proletariat im weitesten Sinne – in der damaligen Alltagssprache häufig: das „Volk" – war an den Aktivitäten gegen den Prinzen von Preußen keineswegs bloß passiv beteiligt. Georg Jung, Präsident des Politischen Klubs, setzte als Sprecher einer Deputation, die am 12. Mai im Auftrage der zahllosen Demonstranten im Ministerium vorsprach, Camphausen „auseinander, daß hier keine künstlich geschaffene Demonstration stattfinde, daß vielmehr die gegenwärtigen Führer der erschienenen Volksmenge dem mächtigen Strome nur nachgegeben hätten und seinen Lauf zu regeln beflissen wären; diesem Strome lasse sich nicht entgegenschwimmen".[46] Diese Behauptung, daß das ‚einfache Volk‘ die entscheidende Kraft war, darf nicht nur als taktisches Manöver führender Demokraten interpretiert werden, das Ministerium Camphausen zu Konzessionen zu zwingen. Das ‚Volk‘ „murrte", nachdem ihm von seinen bürgerlich-demokratischen ‚Führern‘ das Ergebnis der Unterhandlungen mit Camphausen mitgeteilt wurde. Der „volkstümlich Argwohn" (Theodor Heuss)[47] gegen die Rückkehr des Prinzen blieb und machte sich fernerhin in lautstarken individuellen Äußerungen Luft.

Ein 23jähriger Schuhmachergeselle z.B. erklärte „einem Haufen Menschen", der die Rückberufung des Prinzen zum Gegenstand seiner Unterhaltung gemacht hatte, „sehr laut […]: ‚Wenn der Prinz von Preußen herkommt, jage ich ihm eine Kugel durch den Kopf; die Kugel ist schon gegossen!‘ und [er habe] gleichsam zur Betheuerung seiner Drohung hinzugefügt: ‚So wahr ein Gott im Himmel lebt!‘ Bei diesem Ausruf soll er die rechte Hand wie zum Schwur gen Himmel erhoben haben." Ein Barbier, wie der Schumacher also ein Angehöriger einer der einkommensschwächsten Berufsgruppen, äußerte am 22. Mai in einer Gastwirtschaft „mehrere[n] Gäste[n], welche sich über die damalige Tagesfrage, die Zurückberufung des Prinzen von Preußen betref-

---

45 Zur publizistischen Gegenoffensive der Konservativen vgl. die zahlreichen Flugschriften und Plakate in: ZBSt, 1848 Flg., M. 9, 10, 11; LAB, Rep. 240, Acc. 685, Nr. 96; ebd., Rep. 240, Acc. 99, Nr. 49; zum Teil auch in der SZ und VZ wiedergegeben. Ausführlich außerdem: Wolff, RC, II, bes. S. 527-535. Die folgenden Zitate: Bericht Trauttmansdorffs vom 18. Mai 1848, in: StA Wien, StK Preußen, K. 195, Bl. 293.
46 Nach: Wolff, RC, II, S. 503.
47 Theodor Heuss, 1848. Werk und Erbe, Stuttgart 1948, S. 90.

fend, unterhielten", gegenüber: „*Der Prinz von Preußen darf nicht zurückkehren, sonst muß ich zum Mörder werden, mein Gewehr ist schon geladen.*"' Auch er hob, um die Ernsthaftigkeit seiner Äußerung zu unterstreichen, „die rechte Hand hoch und sagte, gleichsam als Betheuerung dessen, was er ausgesprochen, mit feierlichem Ernste: ‚*So wahr ich dastehe, es geschiehet!*'"[48] Ähnliche Äußerungen dürften häufiger gefallen sein.

Die politisierten Unterschichten folgten ihren Emotionen spontan und impulsiv. Genau das war freilich auch ihre Schwäche. Führungslos nämlich war das ‚einfache Volk' zu zielgerichtetem Handeln, mit dem sich politische Konstellationen dauerhaft ändern ließen, (noch) nicht in der Lage. Trotzdem konnten viele Angehörige der Unterschichten auch weiterhin ihrem Unmut gegen den Prinzen kaum Zügel anlegen. Im Hochsommer geriet neben dem Prinzen von Preußen auch der König selbst zunehmend in die Schußlinie der Kritik.[49]

Die Rückkehr des Prinzen

Wie berechtigt das Mißtrauen gegen den designierten Thronfolger war, zeigte sich einer breiten Öffentlichkeit zwar erst im Frühjahr 1849 an der Rolle überdeutlich, die der „Kartätschenprinz" bei der Niederschlagung der revolutionären Bewegung im Südwesten Deutschlands spielte. Aufmerksamen Beobachtern war jedoch schon zuvor nicht entgangen, daß der Prinz von Preußen von seiner hochkonservativen Grundhaltung nicht substantiell abgerückt war – obwohl sie über dessen Einstellung und interne Pläne natürlich nicht im einzelnen informiert sein konnten.[50] Wie wenig der Prinz seine politischen Anschauungen revidiert

---

48 Zitate (und ausführliche Berichterstattung über beide Prozesse) in: ‚Publicist' vom 22. Juli 1848 (H. i. O.). Der Schuhmachergeselle wurde wegen Majestätsbeleidigung zu fünf Wochen Gefängnis, der Barbier zu sechs Wochen Gefängnis und dem Verlust der Nationalkokarde verurteilt.

49 Vgl. exemplarisch den Prozeß gegen den 52jährigen Schuhmacher Hörschkamm, der gegenüber mehreren Bürgerwehrmännern „die Handlungsweise nicht nur des Prinzen von Preußen, sondern auch die des Königs bei der Umgestaltung unserer politischen Verhältnisse einer Kritik unter[warf]" und „sehr beleidigende Ausdrücke sowohl über den König, als auch über den Prinzen von Preußen" brauchte. Ausführlich: ‚Publicist' vom 5. Sept. 1848. Der Prozeß gegen Hörschkamm, der mangels Beweisen mit Freispruch endete, zeigt darüber hinaus, daß Denunzianten in den Unterschichten zumindest in den Revolutionsmonaten einen schweren Stand hatten und (wie in diesem Fall) „der rohen Gewalt des Volkshaufens ausgesetzt war[en]", nachdem sie den Gerichtssaal verlassen hatten. „Schon früher", ergänzt der ‚Publicist' (ebd.), habe sich Ähnliches des öfteren „bei Verhandlungen politischer Prozesse gegen Belastungszeugen außerhalb der Gerichtsstätte zugetragen." Aus Angst vor ähnlichen Bedrohungen werden potentielle Denunzianten im allgemeinen von Polizeianzeigen, Zeugenaussagen etc. Abstand genommen haben. Die hier erwähnten Beispiele von ‚Majestätsbeleidigungen' stellen insofern nur die Spitze eines Eisberges dar.

50 Bereits unmittelbar nach dem 19. März schien sich der Prinz zum Haupt der militärischen Gegenrevolution aufschwingen zu wollen. In einer Order für den ‚Kommandierenden General der um Potsdam konzentrierten Truppen' verfügte er am 20. März: „Sollte es in den Wegen der Vorsehung liegen, daß durch deren unerforschlichen Ratschluß ich in diesen bewegten Zeiten

hatte, brachte er in einem Schreiben vom 16. Mai an Leopold v. Gerlach zum Ausdruck. Er könne seine Genugtuung darüber kaum verhehlen, „daß man mich verfolgt als den Träger des alten Preußens und der alten Armee".[51] Indessen verhielt sich Wilhelm je nach Situation durchaus flexibel. In seinem konkreten Verhalten, das macht der Brief gleichfalls deutlich, legte er sich nicht fest. Verbale Konzessionen, die freilich (wie sein königlicher Bruder lobend feststellte) „ganz unverfänglich" blieben, waren der Preis, den der Thronfolger zahlen mußte, wollte er in die preußische Hauptstadt zurückkehren.[52] Daß der Thronfolger von seinen ursprünglichen Positionen nicht abrückte, geht u.a. aus undatierten, vermutlich Anfang Juni abgefaßten handschriftlichen Aufzeichnungen hervor, in denen er apodiktisch darauf bestand, daß „die Armee nicht auf die Verfassung vereidigt" werde.[53] Wie er mit dem Parlament umzuspringen gedachte, wenn dieses sich nicht willfährig zeigte, hatte er dem König gegenüber noch vor seiner Rückkehr aus England geäußert: Wenn sich die Preußische Nationalversammlung gegen ihn erklären würde, sollte Friedrich Wilhelm IV. sie als „unkonstitutionell" auflösen.[54]

Am 28. Mai verließ der Prinz England, am 6. Juni traf er in Potsdam ein. Am Vortage hatte Camphausen den Abgeordneten der Preußischen Volksvertretung die bevorstehende Ankunft des Prinzen Wilhelm angekündigt; diese nahmen es „ganz ruhig hin".[55] Am 6. Juni rechtfertigte der Ministerpräsident in einer längeren Rede vor der Berliner Nationalversammlung die von ihm und seinen Kollegen veranlaßte Rückkehr des Thronfolgers. Für Camphausen war es ein „gloriöser Tag" (so dessen Bruder). Er wurde, wie ein demokratischer Beobach-

---

ins Erbfolgerecht zur Thronbesteigung Preußens gelangen sollte, so befehle ich, daß die in und um Berlin konzentriert gewesenen Truppen, und welche sonst noch schleunig heranzuziehen sind, – konzentriert bleiben und meine Befehle abzuwarten haben, da ich sobald als möglich in deren Mitte erscheinen werde, um die Zügel der Regierung ergreifen zu können." (Nach: Börner, Prinz Wilhelm, S. 494.) Vgl. auch Waldersee, Märztage, S. 34, sowie *S. 185*. Das hier beschworene Ereignis trat freilich nicht ein. Der Prinz zog die Konsequenzen und floh nach England.

51 In: Berner, Kaiser Wilhelms Briefe, S. 181 f.

52 Zitat: Friedrich Wilhelm IV. an Camphausen vom 3. Juni 1848, nach: Brandenburg, Briefwechsel, S. 141. Vgl. außerdem vor allem Erklärung des Prinzen von Preußen an den Belgarder Landtag vom 2. Mai, veröffentlicht in den Tageszeitungen vom 24. Mai 1848 sowie in den meisten einschlägigen Dokumentationen; seinen *Brief* an Friedrich Wilhelm IV. vom 2. Mai 1848, in: Brandenburg, Briefwechsel, S. 226 ff.; ferner Hofmann, Ministerium Camphausen, S. 104, 108 f. Seine auf den 30. Mai datierte, am 4. Juni im Preußischen Staatsanzeiger veröffentlichte Erklärung an den König, die ihm endgültig den Weg nach Berlin bahnte, schien einen grundsätzlichen politischen Sinneswandel anzudeuten. Tatsächlich blieb sie gleichfalls unverbindlich.

53 Nach: Schultze, Kaiser Wilhelms I. Briefe, S. 66.

54 Nach: Schultze, Prinz Wilhelm im Sommer, S. 124.

55 So etwas überrascht der Bruder des Ministerpräsidenten, Otto Camphausen, an seine Schwägerin E. Camphausen vom 5. Juni 1848, nach: Caspary, Camphausen, S. 220, bzw. Hansen, Rheinische Briefe, Bd. 2.2, S. 212.

ter bitter anmerkte, mit „anhaltendem und rauschendem Beifall" bedacht: Die Hoffnung der Berliner demokratischen Bewegung, die Volksvertretung würde sich gegen eine Rückkehr des Prinzen stellen, hatte sich nicht erfüllt.[56] Am 8. Juni trat dann der Thronfolger selbst in die Singakademie, bereits vom äußerlichen Erscheinungsbild her provozierend: „Statt im Bürgerkleide erschien er in Soldatentracht", mit dem Degen an der Seite und dem „Federhut in der Hand".[57] „Einige Mitglieder der Rechten erhoben sich in pflichtschuldigster Devotion; aber nur für einen Augenblick; denn sogleich ertönte von der Linken und [von] dem Balcon der laute Ruf ‚Sitzen bleiben!' und schnell setzten sich die [U]nterthänigen ihres gnädigen Herren wieder nieder." In einer kurzen Rede teilte der Prinz mit, daß er loyal zum König und dessen Politik stehe, seine „übrigen Geschäfte" ihm allerdings nicht erlaubten, regelmäßig an den Sitzungen der Versammlung teilzunehmen. Mit dem Ruf: „Mit Gott für König und Vaterland!" schloß der Prinz seine Rede.[58] Obgleich er nicht den Auftritt bekam, den ihm Konservative gewünscht hatten – die alten Kräfte durften sich gestärkt fühlen. Auch der Ministerpräsident war erleichtert.[59]

Der kurze Auftritt des Prinzen in der Nationalversammlung und sein rascher Abschied deuteten es an: Zunächst sollte der Prinz aus der Schußlinie gebracht und damit verhindert werden, daß über seine Person eine Solidarisierung breiter Berliner Bevölkerungsschichten gegen die monarchische Politik zustande kam.[60] Hinter den Kulissen suchte der spätere deutsche Kaiser allerdings die gegenrevolutionäre Politik seines Bruders nach Kräften zu unterstützen.[61] Nachdem die

---

56 Streckfuß, Freies Preußen, II, S. 78. Erklärung Camphausens vom 6. Juni in: Verhandlungen PrNV, I, S. 127 f., sowie O. Camphausen an E. Camphausen vom 9. Juni 1848, in: Hansen, Rheinische Briefe, Bd. 2.2, S. 225, bzw. Caspary, Camphausen, S. 222. Zur Rückkehr des Prinzen im einzelnen: Haenchen, Flucht, S. 92 ff.; Wolff, RC, III, S. 149 f., 154 ff.

57 Stahr, Preußische Revolution, I, S. 321 bzw. 324.

58 Verhandlungen PrNV, I, S. 154; im Wortlaut auch in: Streckfuß, Freies Preußen, II, S. 81; Wolff, RC, III, S. 157. Als er darauf rasch den Saal verließ, wollten ihm konservative Abgeordnete ‚Bravo' nachrufen, aber „Zischen" und andere „Flegeleien" der Linken „dämpften es". Eintrag Varnhagens vom 8. Juni 1848, in: ders., Tagebücher, Bd. 5, S. 58 sowie Gerlach, Denkwürdigkeiten, S. 168. Vgl. außerdem die ausführlichen Berichte Trauttmansdorffs vom 8. und 9. Juni 1848, in: StA Wien, StK Preußen, K. 195, Bl. 377-381; den Bericht v. Aretins vom 8. Juni 1848 (Nr. 41), in: HStA München, MA III, Nr. 2627; ferner Valentin, Geschichte, II, S. 53.

59 „Selten ist Ludolf", so sein Bruder, „so vergnügt nach Hause gekommen als gestern mittag." (O. Camphausen an E. Camphausen vom 9. Juni; Anm. 56). Vgl. auch ders. an W. Lenssen vom 13. Juni 1848, in: Hansen, Rheinische Briefe, Bd. 2. 2, S. 241.

60 Ursprünglich hatte Friedrich Wilhelm IV. daran gedacht, seinen Bruder noch vor dessen Ankunft in Berlin mit dem Oberkommando über die Garde zu betrauen. Er nahm jedoch davon Abstand; denn, so der König in einem Brief an den Thronfolger vom 5. Juni, „Deine sofortige Wieder-Übernahme dieses Befehls würde die Rebellion provozieren u. den schönen, heiß ersehnten Tag Deiner Rückkehr gleichsam durch m[eine] Schuld vielleicht mit Blutvergießen bezeichnen." (In: GStA, Rep. 92, NL Wilhelm I, Nr. 3.)

61 Vgl. hierzu und zum folgenden die Schreiben Wilhelms an Rudolf v. Auerswald (als Nachfolger Camphausens am 20. Juni zum Ministerpräsidenten ernannt, zugleich ein Jugendfreund des

Berliner Nationalversammlung im September die Heeresfrage aufgegriffen und hier Schritte in Richtung Demokratisierung verlangt hatte, setzte der Prinz von Preußen durch, wieder an allen Beratungen des Staatsministeriums teilnehmen zu können, soweit es um militärische Belange ging. Auch gegenüber der Frankfurter Zentralgewalt und dem Reichsverweser suchte er einen schärferen Kurs durchzusetzen. Er blieb „entschieden preußisch" und enttäuschte die Hoffnungen, die die borussischen Hochkonservativen in ihn setzten, nicht. In der Öffentlichkeit trat Wilhelm (seit Anfang Juli auch wieder in seine Rechte als Eigentümer des Palais des Prinzen von Preußen eingesetzt) dagegen nur selten auf. Das hinderte ihn allerdings nicht, in den Novembertagen der Gegenrevolution politisch den Rücken zu stärken[62], ohne sich jedoch offen zu exponieren. Nach dem Staatsstreich trat er wieder stärker hervor und machte keinen Hehl daraus, daß er immer ein Vertreter harten militärischen Durchgreifens gegenüber dem revolutionären Berlin gewesen war.[63] In der demokratischen Öffentlichkeit der Residenzstädte Berlin und Potsdam deswegen bereits im Frühjahr 1848 als „Kartätschenprinz" verschrien[64], durfte er seinem Tatendrang in dieser Hinsicht bekanntlich erst im Sommer 1849 in Baden und der Pfalz nachgeben.

Prinzen) sowie an den Kriegsminister v. Schreckenstein vom 24. und 25. Juli, 23. und 28. August 1848, in: Schultze, Kaiser Wilhelms I. Briefe, S. 70-77 bzw. ders., Prinz Wilhelm im Sommer, S. 128-132. Ausführlich Börner, Prinz Wilhelm, S. 499 ff. Wo er politisch stand, machte der designierte Thronfolger auch durch seine Mitarbeit bei der von Louis Schneider Ende Juni 1848 gegründeten hochkonservativen ‚Deutschen Militär-Zeitung' deutlich; vgl. Trox, Militärischer Konservativismus, S. 123 ff.

62 Ernst Curtius, der im November „in steter persönlicher Berührung mit dem Prinzen von Preußen" stand, bemerkte in einem Brief an seine Eltern vom 26. Nov. 1848, daß dessen „starker Wille in diesen Tagen mächtig eingewirkt" habe. (In: ders., Lebensbild, S. 405.) Vgl. auch ebd., S. 391; ferner Börner, Wilhelm I., S. 87 ff. sowie ders., Prinz Wilhelm, S. 501.

63 Vgl. den ersten offiziellen Auftritt des Prinzen nach der Ausrufung des Belagerungszustandes am 15. Nov. in Potsdam einer Deputation der Berliner Stadtverordnetenversammlung gegenüber, die zwischen Krone und PrNV vermitteln wollte, nach der Darstellung von Gneist, Berliner Zustände, S. 79.

64 ‚Erfunden' wurde der Name „Kartätschenprinz" für den preußischen Thronfolger bereits am 12. Mai 1848. Der Potsdamer Demokrat (und Auskultator, also Gerichtsreferendar, am Potsdamer Stadtgericht) Max Dortu hatte die Bezeichnung „Kartätschenprinz" an diesem Tage in einer Rede während der Sitzung des dortigen Politischen Klubs benutzt – und mußte für dieses ‚Vergehen' nach einem Anfang August verkündeten Urteil mit 15 Monaten Festungshaft und Berufsverbot wegen „Majestätsbeleidigung" büßen; vgl. ‚Publicist' vom 5. Aug. und KrZ vom 8. Aug. 1848. Dortu konnte zwar bald entfliehen, wurde im Sommer 1849 jedoch gleichsam Opfer der eigenen Prophezeiung: Zum Major und Bataillonschef der badisch-republikanischen Volkswehr avanciert, wurde er am 11. Juli von preußischen Truppen gefangengenommen und am 31. Juli wegen ‚Landesverrats' zum Tode verurteilt und hingerichtet.

Zu den politischen Folgen der Ereignisse Mitte Mai

Boerner betonte 1850 im Rückblick, daß nach dem 18. und 19. März „von allen Bewegungen, das Volk zur Herrschaft zu bringen", die „Bewegung" in den Tagen nach dem 12. Mai „die bedeutendste" gewesen sei. „Der 18. März, der 20. April und der 13. Mai sind die Tage, an denen das Volk aggressiv verfuhr, ohne zum Ziele zu gelangen, aber auch ohne selbst geschlagen zu werden."[65] Mit dieser Bemerkung ordnet Boerner die Ereignisse in den Tagen vom 12. bis 15. Mai zutreffend in den Gesamtverlauf der Berliner Revolution ein. In der Tat blieb insbesondere am 13. und 14. Mai die Chance ungenutzt, das nachzuholen, was man am 19. März versäumt hatte: der Gegenrevolution die politischen und militärischen Machtmittel aus der Hand zu winden, die ihr noch geblieben waren. Allerdings stießen die *allgemeinen* radikaldemokratischen Forderungen, die an das Verlangen nach politischer Ausschaltung des Prinzen von Preußen geknüpft waren (vor allem: Demokratisierung der Armee von Grund auf; ein ausschließlich dem Parlament verantwortliches Ministerium; keine ‚Vereinbarung‘ mit dem König, sondern einseitige Verabschiedung der Verfassung durch eine souveräne Preußische Nationalversammlung), schon im Frühjahr 1848 nicht (mehr) auf ungeteilte Zustimmung. Dem Monarchen und seinem Ministerium kam zudem entgegen, daß Preußen sich, verfassungspolitisch betrachtet, zumindest bis in die zweite Maihälfte hinein in einem Übergangsstadium befand und selbst die demokratische Bewegung darauf insistierte, bei allen offenen Fragen der künftigen Volksvertretung die letztendliche Entscheidung zu überlassen.

Der Politische Klub zog aus der Niederlage der demokratischen Bewegung die Konsequenzen und entwickelte seit Ende Mai nunmehr als ‚Demokratischer Klub‘ erheblich größere Wirksamkeit. Umgekehrt verloren der Volksverein und die von ihm veranstalteten, regelmäßigen ‚Volksversammlungen‘ unter den ‚Zelten‘ rasch an Bedeutung. Bemerkenswert ist zugleich, in welchem Ausmaß große Teile der Berliner Bevölkerung über einen längeren Zeitraum politisch mobilisierbar waren. Es war sicher mehr der starken Verwurzelung demokratischer Ideen in weiten Bevölkerungskreisen der Hauptstadt zuzuschreiben als dem Geschick der zudem in sich zerstrittenen ‚revolutionären‘ Bewegung zu verdanken, daß die Demokraten in den folgenden Wochen noch einmal aus der politischen Defensive herauskamen, in die sie wegen der Auseinandersetzungen um die Wahlmodalitäten zur Berliner und Frankfurter Nationalversammlung sowie die Rückkehr des Prinzen von Preußen geraten waren. Daran änderte auch die publizistische Gegenoffensive der Konservativen seit Mitte Mai grundsätzlich wenig. Der Aufstieg der Konservativen seit dem 16. Mai signalisiert vielmehr eine wachsende *Polarisierung* innerhalb der Berliner Bevölkerung. Zwischen beiden

---

65 Boerner, Erinnerungen, II, S.173.

Polen, Demokraten auf der einen Seite, Konservativen auf der anderen, wurden die Liberalen allmählich zerrieben. Sichtbar wurde dieser Prozeß in der zweiten Maihälfte in den organisatorischen Abspaltungen vom Konstitutionellen Klub, dem Patriotischen Verein nach rechts und dem Verein für Volksrechte nach links. Die Liberalen saßen von nun an meist zwischen allen Stühlen. Ihr politischer Abstieg war (so scheint es jedenfalls im Rückblick) unaufhaltsam und wurde durch die weiteren politischen Ereignisse nur beschleunigt. Die Konservativen dagegen fanden seit Mitte Mai auch in der Hauptstadt den Mut, offen ihren politischen Standpunkt zu äußern, und erhielten beträchtlichen Zulauf. Nicht zufällig datiert die Entstehung (neben dem Patriotischen Verein) weiterer konservativer Vereine auf Anfang Juni. Auch die Militärpartei durfte sich als Sieger fühlen. „Die Armee jubelte. Sie hatte ihren Helden, ihr Idol wieder erhalten, an den Namen des Prinzen von Preußen knüpfte sich fortan unabänderlich der Gedanke an Vergeltung, an Rache für die sogenannte Märzschmach. [...] Die Armee trat von jetzt an bestimmend in die Verhältnisse der Nation ein."[66] So richtig sichtbar wurde dies freilich erst Anfang November 1848. Das Ministerium Camphausen-Hansemann dagegen hatte das Vertrauen, das es bis zu diesem Zeitpunkt in erheblichen Teilen der Berliner Bevölkerung genossen hatte, durch sein Eintreten für den Prinzen von Preußen weitgehend verspielt. Als liberales Feigenblatt konservativ-monarchischer Politik taugte es danach nicht mehr. Auch die Konservativen stützten das erste Märzkabinett nur mit halbem Herzen. Seit Mitte Mai war der Rücktritt des Ministeriums Camphausen-Hansemann daher lediglich eine Frage der Zeit.

Die Rückkehr des Prinzen von Preußen hatte die Wogen der Aufregung in Berlin hoch schlagen lassen. Noch höher schlugen sie Mitte Juni, eine knappe Woche nach der Rückkunft des Thronfolgers. Der Zeughaussturm vom 14. Juni war der unbeholfene Versuch von Teilen der Unterschichten, die ihnen am 19. März versprochene Volksbewaffnung einzufordern; viele Zeitgenossen werteten dieses Ereignis jedoch als gezielte Aktion mit dem Ziel, die Revolution hin zu einer sozialen Umwälzung weiterzutreiben. Zuvor latente Ängste im Bürgertum traten nun offen zutage. Der Zeughaussturm polarisierte nicht nur die politischen Strömungen weiter; er machte auch die sozialen Gegensätze sichtbarer als zuvor, die je nach Sozialschicht unterschiedlichen Mentalitäten, Verhaltensstrukturen, berufsständischen Handlungsmuster und politischen Präferenzen.

---

66 Ebd., S. 225.

Teil IV

Wirtschaftliche Entwicklung, soziale Lagen und Konfliktverhalten

Kapitel IV.1

Die wirtschaftliche Entwicklung

„Die Geschäfte gingen nicht nur schlecht, sondern gar nicht" – so hat Gutzkow die wirtschaftliche Lage unmittelbar nach der Märzrevolution charakterisiert.[1] In der Tat: Wie im städtischen Europa allgemein wurde auch in der preußischen Hauptstadt die Agrarkrise 1846/47 durch eine gewerbliche und Finanzkrise abgelöst, die zwar bereits um die Jahreswende 1847/48 eingesetzt hatte, sich jedoch, bedingt durch die politischen Umwälzungen in Frankreich, seit Ende Februar rasant beschleunigte. Der am 19. März errungene politische Sieg der revolutionären Bewegung in Berlin stoppte die wirtschaftliche Talfahrt nicht – im Gegenteil. Obgleich niemand ernsthaft daran dachte, Privateigentum anzutasten, versetzten die politischen Ereignisse erhebliche Teile der Aristokratie und des besitzenden Bürgertums in eine regelrechte Panikstimmung. Zahlreiche begüterte Bürger und „alle malcontenten Adligen" kehrten Berlin den Rücken, um in Potsdam, dem „allerliebsten Schmollwinkel zur Frühlingszeit", oder einem anderen benachbarten, für den Konservativismus seiner Bürger bekannten Städtchen die weitere Entwicklung abzuwarten.[2] Seit Anfang Mai begannen zwar „viele Personen der höheren Stände, welche früherhin aus Besorgniß, daß ihr Eigentum gefährdet werden könne, Berlin verlassen hatten, wieder zurückzukehren".[3] Aber immer dann, wenn sich die politische Situation zuspitzte, verließen zahlreiche „bemittelte Familien abermals" die Hauptstadt Preußens, „aus Besorgniß vor noch größeren Unruhen".[4]

Wenn man das rege gesellschaftliche Leben in den gehobenen Bevölkerungsschichten während der Zeit des Vormärz als Vergleich vor Augen habe, sei es nach dem 19. März in Berlin „sehr still" geworden, bemerkte Adolf Stahr in einem Stimmungsbericht vom 25. April 1848. „Kein fröhlicher Gang der schimmernden Garden, kein lustiges Rollen goldstrotzender Equipagen erfüllt [die] Straßen." Nicht nur die „reichen Einheimischen", auch die begüterten Fremden

---

1 Gutzkow, Schwarzer Bär, S. 540.
2 NZ vom 14. April 1848; vgl. auch *S. 224.*
3 SZ vom 4. Mai 1848.
4 Zitat: SZ vom 4. Nov. 1848. Vgl. außerdem SZ vom 9. und 14. Juni, KrZ vom 26. Aug. sowie VZ vom 27. Aug. 1848; ferner z.B. den Jahresbericht der ‚Ersten höheren Töchterschule' für 1847/48, in: GStA, Rep. 76 VI, Sekt. 14, ee, Nr. 11, Bd. 1, Bl. 77 Rs., S. 36. Noch im Frühjahr 1849 saßen viele wohlhabende Familien gewissermaßen auf gepackten Koffern, bereit, beim ersten Anzeichen neuer revolutionärer Unruhen – wie den blutigen Straßenschlachten vom 27. April 1849 – sofort Reißaus zu nehmen; vgl. *S. 815.*

hätten sich „auf und davon" gemacht. Das „alte gesellschaftliche Leben Berlins" sei „fast völlig verschwunden. Nichts von all den zahlreich besuchten, glänzenden Assembleen und Bällen der hohen Adels- und Bankiersaristokratie." Ebenso stünden „die Gasthäuser fast leer. An allen Häusern fast sieht man die Vermiethungstafeln aushängen, welche die leerstehenden Quartiere feilbieten."[5] In besonderem Maße hatten Banken und Börse unter den Ängsten des begüterten Bürgertums zu leiden: Nach dem Eintreffen der ersten Nachrichten über die Pariser Februarrevolution war fast der gesamte Geldverkehr der Banken unter dem Ansturm der Publikums zusammengebrochen. Dieser Vorgang wiederholte sich in den ersten Tagen nach der Märzrevolution in abgeschwächter Form.[6] „Bedeutende Falissemente" zunächst auswärtiger, bald aber auch „hiesiger" Handels- und bisher „solidester Banquierhäuser" machten die Verunsicherung zu einem Dauerzustand.[7]

Unsicherheit über die weitere Entwicklung, seit Sommer 1848 dann zunehmend positivere Erwartungen lassen sich besonders deutlich am Auf und Ab der Börsenkurse nachvollziehen. Sie stellten eine Art Fieberkurve dar, ein Stimmungsbarometer, das die Alpträume wie Hoffnungen nicht nur der Aktienbesitzer, sondern tendenziell des Wirtschaftsbürgertums insgesamt recht präzise abbildete. Die Börse sei, so hieß es Anfang April unisono, in einem „beklagenswerten Zustand". „Manche Effecten" fänden „selbst zu den schlechtesten Kursen keine Käufer".[8] Der Einbruch der Aktienkurse hatte in der Tat bis dahin unbekannte Ausmaße angenommen. Die der Berlin-Magdeburger-Eisenbahn AG etwa waren von Jahresbeginn bis Mitte Mai um mehr als die Hälfte gesunken.

---

5 „Der Mangel an lebendigem Verkehr zeigt sich bis zu den Droschken herab. Sonst an regn[erisch]en, und gar an Festtagen, war fast nirgends eine Droschke zu haben. Gestern [am Ostermontag, R. H.] standen trotz des schlechten Wetters dieselben überall unbenutzt." Alle Zitate: Adolf Stahr, Preußische Zustände, II, in: Jb. der Gegenwart, Mai 1848, S. 148.

6 In einer Bekanntmachung vom 28. März teilte der Magistrat mit, es habe „sich im Publikum die Meinung gebildet, daß das Interesse der Sparkassen-Gläubiger gefährdet sey und unsere Sparkasse nicht mehr hinreichend Sicherheit gewähre." Dies sei freilich falsch, da die Stadt Berlin nicht nur mit dem „gesammten Communal-Vermögen, sondern auch [mit den] Communalsteuer-Einnahmen für die bei der Sparkasse gemachten Einlagen" hafte. Mit dieser Feststellung konnte allerdings nur notdürftig kaschiert werden, daß es auch nach dem 19. März in größeren Maße zu Angstabhebungen kam. Während des gesamten Monats März waren „allein etwa 400 000 Taler abgehoben worden, was beinahe den dritten Theil aller zu Anfang des Monats vorhanden gewesenen Einlagen ausmache." Bis Mitte April waren in dem mehr als eine halbe Mio. Taler; vgl. SZ vom 20. April und 6. Mai 1848 sowie (Zitat:) Wolff, RC, I, S. 480. Vgl. außerdem *S. 131 ff.*

7 Derartige Bemerkungen finden sich in der Tagespresse vor allem in den ersten Aprilwochen häufiger. Zitate: VZ vom 4. April 1848. Nur mit erheblichen Anstrengungen gelang es der Korporation der Kaufmannschaft in Zusammenarbeit mit dem preußischen Finanzminister, weitere notleidende Banken zu stützen; vgl. *S. 357 f.*

8 Zitate: VZ vom 3. April 1848.

Das war keine Ausnahme.[9] Die Anteils-Scheine der Preußischen Bank und die Staatsschuldscheine machten in den ersten fünf Monaten des Jahres 1848 eine ähnliche Talfahrt durch. Warum der Tiefpunkt der meisten Kurse ausgerechnet in die zweite Maihälfte fällt, geht aus einem Börsen-Kommentar der National-Zeitung vom 19. Mai hervor:

Am 18. Mai „eröffnete die Börse schon in schlechter Stimmung; im Laufe derselben wurden noch Extrablätter ausgeboten, welche den Sturz des Ministeriums Lamartine, die Auflösung der National-Versammlung und die Einsetzung einer neuen Regierung bekannt machten; dies brachte einen panischen Schrecken unter den Spekulanten hervor, und [so] entstand ein Drängen zum Verkauf, wodurch die Course sämmtlicher Fonds und Eisenbahnlinien gewaltig gedrückt worden. Gegen den Schluß der Börse wurde eine telegraphische Depesche vom 16. von Paris, welche der Minister Auerswald erhielt, dem Börsenpublikum bekannt gemacht, welche lautet: Paris ist wieder ruhig, die Nationalgarde ist treu geblieben, deren Commandant und viele andere Personen, meist Communisten, sind verhaftet."

Das merkbare Aufatmen der Börsianer war freilich nur vorübergehend. Die konservativ-bürgerliche „Heerschau der 200 000 Bajonette" (Tocqueville) in Paris am 21. Mai stabilisierte zwar die Berliner Börsenkurse auf niedrigem Niveau. Die politischen Verhältnisse blieben in Paris jedoch weiterhin nicht eindeutig geklärt, so daß die Vossische Zeitung noch am 30. Mai erklären konnte:

„Das Wort *Spekulation* ist in der Kaufmannsprache bloß noch dem Namen nach bekannt." In „verschiedenen Aktiengattungen" habe „schon seit Monaten auch nicht der mindeste Verkehr Statt gefunden". Trotzdem, so fährt die Vossische in ihrem Bericht vom 30. Mai fort, sei zu Optimismus Anlaß. Denn „die Aeußerungen Lamartines in der französischen Nationalversammlung über die politischen Angelegenheiten und die friedlichen Gesinnungen, welche derselbe Deutschland und namentlich Preußen gegenüber in dieser Sache entwickelte, brachten in das Geschäft [der Berliner Börse] eine seit vielen Wochen schon nicht mehr gekannte Lebendigkeit" und beträchtliche Kurssteigerungen.

Es waren also nicht in erster Linie Informationen über politische Ereignisse in den deutschen Staaten, sondern Gerüchte über politische Entwicklungen im westlichen Nachbarland sowie Äußerungen höchster Funktionsträger des *französischen* Staates, die in den letzten Februartagen und Mitte Mai zu dramatischen Kursstürzen und Ende Mai dann zur ersten nennenswerten Belebung des Geschäfts an der Berliner Börse führten. Die Pariser Junirevolution dämpfte die

---

9 Auch die anderen Eisenbahnaktien fielen zwischen Jahresanfang und Frühsommer 1848 um 35% bis 55%. In ähnlichen Dimensionen sank der Kurs der Staatsschuldscheine (von 92 1/8 Talern im Januar auf 69 Taler im Mai) und der der Anteils-Scheine der Preußischen Bank (von 113 Talern am 15. Febr. auf 59 1/2 Taler am 20. Mai 1848; jeweils nach den Notierungen an der Berliner Börse). Vgl. Jb. amtliche Statistik, 1867, S. 227-230.

Erwartungen der Börsianer vorübergehend; als der Sieg der ‚Kräfte der Ordnung‘ dann feststand, kam es zu einer regelrechten Hausse.[10]

Wenn Ereignisse in Paris weit stärkeren Widerhall fanden als vergleichbare Entwicklungen etwa in Wien, Rom oder Mailand, dann war dies kein Zufall. Frankreich galt in den Augen des konservativen Bürgertums (und nicht nur dort) traditionell als das Mutterland der Revolution. Daß 1848 fast alle Staaten auf dem Kontinent politische Umwälzungen durchlebten, änderte an diesem Tatbestand nichts. Die Ereignisse im übrigen Europa bildeten in dieser Sicht gleichsam das Echo der Vorgänge im französischen Revolutionszentrum und fanden deshalb auch nicht dieselbe Beachtung. Nachdem Ende Juni durch den Sieg Cavaignacs in Paris dem Weitertreiben der Revolution in ganz Europa ein Riegel vorgeschoben war, scheinbar überall „die Ruhe und Ordnung wieder zurückgekehrt" waren, „entwickelt[e] sich auch das Vertrauen, belebt[e] sich das Geschäft". Es „verbreitet[e] seinen gesunden Pulsschlag durch alle Lebensadern des gewerblichen Verkehrs."[11] Eisenbahnaktien wie Wertpapiere machten zwischen dem 26. Juni und dem 8. Juli Kursgewinne von bis zu zwanzig Prozent. Danach setzte sich die Hausse gemäßigt fort und konnte auch durch zeitweilige ‚Irritationen‘ wie etwa die Verzögerung des Waffenstillstands mit Dänemark oder den Frankfurter September-Aufstand nicht gestoppt werden. Die für die vorliegende Darstellung so zentralen Ereignisse in Berlin Ende Oktober, Anfang November ließen die Börsianer unbeeindruckt.[12] „Selbst weltgeschichtliche Katastrophen", konstatierte die ‚Vossische Zeitung‘ am 22. Oktober lakonisch, „wie sie sich in diesem Augenblick unter den Mauern Wiens vorbereiten, [seien] nicht mehr im Stande, den Gleichmut der Börsianer zu erschüttern." Deutlicher konnte kaum zum Ausdruck gebracht werden, daß – jedenfalls in den Augen der Kapitalanleger – im gesamteuropäischen Maßstab die politischen Würfel bereits

---

10 Vgl. VZ am 27. Juni 1848. Am 7. Juli resümierte die gleiche Zeitung die Stimmung in der Woche nach der gescheiterten Junirevolution mit folgenden Worten: „Nachdem die Course an der Börse in den letzten drei Tagen einen fortwährenden Aufschwung behauptet hatten, war besonders gestern ein sehr lebhaftes Steigen erkennbar. […] Man erholt sich allgemein von dem panischen Schrecken der Revolutionstage, die früher alles Geld von der Börse verjagten; die Kapitalisten entbehren ungern einen längeren Zinsgenuß". Das" Gefühl wiederkehrender Sicherheit [gewinnt] immer mehr oberhand". Am 8. Juli stellte die VZ schließlich erleichtert fest, daß „nach dem Sieg der Ordnung und des Gesetzes in den Mauern von Paris" „sowohl Fonds als [auch] Aktien *an allen europäischen Börsen* einen bedeutenden Aufschwung genommen haben." (H. i. O.)
11 VZ vom 26. Juli 1848.
12 Nicht nur die Eisenbahnaktien, auch die Staatsschuldscheine und die Anteilsscheine der Preußischen Bank blieben zwischen dem 25. Okt. und dem 6. Nov. (sowie danach) im wesentlichen konstant (Staatsschuldscheine: von 74 3/8 auf 75 3/4; Bankanteile von 86 1/4 auf 86 1/2). Vgl. auch die BZH vom 5. Nov. 1848, die die Börse voller Bitterkeit ein negatives „Wetterglas der Revolution" nannte: „Mit jedem Sieg der Reaction, mit jeder neuen Erhebung des Absolutismus steigt der Cours der Papiere."

mit dem Sieg der Ordnungs-Partei in Paris Ende Juni gefallen zu sein schienen. Infolgedessen hätten „namentlich die deutschen Kapitalisten", hieß es im Börsenbericht der ‚Vossischen' vom 22. Oktober weiter, „nachgerade die Überzeugung gewonnen", daß „die angestammte Rechtlichkeit und Ehrfurcht vor Verträgen" nunmehr und in Zukunft „zur vollen Geltung gelangen werden".

Die Börse war freilich nicht nur Fieberkurve der Ängste und Hoffnungen des Bürgertums. Sie war auch damals schon ein wichtiger Krisenindikator (obwohl industrielle Unternehmen auf Aktienbasis noch nicht existierten). Von ihr gingen erhebliche Wirkungen auf das gewerblich-wirtschaftliche Geschehen allgemein aus. Wenn hier von wirtschaftlicher Entwicklung gesprochen wird, müssen insgesamt vier Ebenen unterschieden werden: die finanzielle, die industrielle, die kleingewerbliche und die agrarische. Die *finanzielle* Talfahrt war Ende Mai zum Stillstand gekommen, obgleich es auch in der Folgezeit zum Teil weiterhin Engpässe gab und für die Industrie und vor allem für das Handwerk nicht genug Kredite zu Verfügung standen, um die wirtschaftliche Krise dort zu beenden. Ablauf und Dimensionen der *industriellen* Krise lassen sich schwerer umreißen. Einzelne Meldungen lassen erahnen, wie tief die Krise ging und wann hier ein Umschwung einsetzte. Anfang März hatte eine Reihe von Maschinenbauunternehmen große Teile ihrer Belegschaften auf die Straße setzen müssen. Nach dem 19. März scheint sich dieser Trend zunächst fortgesetzt zu haben.[13] Im Hochsommer begann sich die Situation in der Maschinenbauindustrie dann allmählich zum Besseren zu wenden.[14] Mit Herbstbeginn scheint sich die im Maschinenbau beobachtbare konjunkturelle Belebung auch auf benachbarte Gewerbezweige ausgeweitet zu haben. Während für den Maschinenbau als jungen Industriezweig die Krise 1848 nur eine kurze Unterbrechung einer längerfristigen, relativ stetigen Wachstumsperiode darstellte, fielen in der Textil- und Bekleidungsindustrie

---

13 Am 6. April erklärte Borsig (KBA), er werde im Laufe der Woche noch einmal 400 Arbeiter entlassen müssen. (Mitteilung Dr. Köppe auf der Sitzung des Politischen Klubs am 7. April 1848, nach: Wolff, RC, II, S. 138) Zwar scheint Borsig seine Ankündigung nicht wahr gemacht zu haben. Im Borsig-Archiv finden sich jedenfalls zu diesem Vorgang keine Unterlagen. Aber die große Zahl der Arbeitslosen, die auch aus Berufsgruppen der metallverarbeitenden Gewerbe bei der neugeschaffenen Arbeitsnachweisungsanstalt um Arbeit nachsuchten, und die an der Berliner Börse notierten Kurse der Eisenbahngesellschaften, die wichtigsten Auftraggeber der metallverarbeitenden Industrie Berlins, sind untrügliche Indikatoren, daß die meisten Maschinenbau-Unternehmen bis mindestens zum Frühsommer 1848 wirtschaftliche Schwierigkeiten hatten und zahlreiche Arbeiter außer Lohn und Brot setzen mußten. Zu den Entlassungen vor Ausbruch der Märzrevolution vgl. *S. 132.*
14 Im Sommer des Revolutionsjahres wurde mit dem Bau der Ostbahn begonnen; dadurch wuchs die Nachfrage nach Eisenbahnzubehör, später auch Waggons, Lokomotiven etc. Ende Juni erhielt das im Besitz der Preußischen Seehandlung befindliche Eisenwerk in Moabit außerdem den Auftrag, zwei Kriegsschaluppen für die künftige deutsche Flotte zu bauen. Borsig beschäftigte Anfang Okt. 1848 wieder 1200 Arbeiter; vgl. NZ vom 5. Aug. und 5. Okt.; VZ vom 2. Juli und 12. Okt. 1848.

strukturelle und konjunkturelle Krise zusammen. In welchem Ausmaß die Arbeiter hier von den strukturellen Umbrüchen, insbesondere der Einführung von Maschinen, getroffen wurden, geht etwa aus einer Petition der Kattundrucker vom 26. März 1848 hervor. Nach ihren Angaben hatten von insgesamt „wohl 800" Berliner Kattundruckern seit acht Jahren durchschnittlich „kaum 150 abwechselnd Arbeit" gefunden; „die übrigen [mußten] sich der erniedrig[end]sten Arbeit ergeben, wodurch sie in das größte Elend gekommen sind".[15] Auch die Unternehmen der übrigen Industriezweige wurden von der Krise des Frühjahrs tief getroffen und kündigten zahlreiche Arbeitskräfte. Die Porzellanmanufaktur Schumann z.B. mußte von den etwa sechshundert Arbeitern, die 1847 dort beschäftigt waren, bis Ende März 1848 „den größten Teil entlassen". Der Umsatz der Königlichen Porzellanmanufaktur schrumpfte während des Revolutionsjahres um fünfzig Prozent. Dieses traditionsreiche Unternehmen stand Mitte 1848 kurz vor dem Konkurs und konnte nur durch staatliche Kredite gerettet werden.[16] Den Berichten in der Berliner Tagespresse ist zu entnehmen, daß in den ersten beiden Monaten nach der Märzrevolution nicht selten gleich mehrere größere Unternehmen täglich ihre Pforten schließen mußten. Allein am 1. April z.B. „wurden, neben anderen Zahlungs-Einstellungen hiesiger mittlerer Häuser, auch die eines großen Holzhändlers, eines Banquiers und eines Seidenhändlers bekannt." Seit dem Frühsommer ging es zwar wirtschaftlich allmählich wieder aufwärts; aber noch im September wußte die Presse von aufsehenerregenden Firmenzusammenbrüchen zu berichten.

Über die Faktoren hinaus, die auch anderswo für die wirtschaftliche Flaute verantwortlich waren, machte die Flucht zahlreicher in finanzieller „Unabhängigkeit lebenden Familien" der Aristokratie und des wohlhabenden Bürgertums die „große Stockung" noch „fühlbarer" (wie es in einem Bericht des Polizeipräsidenten v. Hinckeldey an den Innenminister v. Manteuffel vom 26. Februar 1849 heißt).[17] Betroffen war hiervon weniger die Industrie als vielmehr das *Handwerk*, das für wohlhabende Kundschaft fertigte. Bis zum März 1848 stand sich das Luxusgewerbe noch recht gut. Das änderte sich nach der Märzrevolution dramatisch.[18] Ähnlich erging es der Gruppe von Handwerksmeistern und Einzelhänd-

---

15 In: LAB StA, Rep. 16, Nr. 67, Bd. IV., Bl. 168; vgl. auch Baar, Industrie, S. 70, sowie *S. 434, 438, Anm. 3*, und *S. 822, Anm. 29*.

16 Vgl. (einschließlich Zitat) Siebeneicker, Porzellanmanufaktur, S. 76 f. Zur Entwicklung der Konkurse als Krisenindikatoren vgl. Bergmann, Wirtschaftskrise, bes. S. 45, 92 f. Das folgende Zitat: SZ vom 3. April 1848.

17 In: GStA, Rep.77, Tit. 501, Nr. 3, Beiheft 3, Bl. 25-58 Rs., hier: Bl. 32 Rs. u. 33.

18 Vgl. exemplarisch die Klagen des Porzellanmalers A. Salbach in einem Gesuch an die städtische ‚Deputation für das Wohl der arbeitenden Klassen' (DBWaK) vom 30. März 1848, in: LAB StA, Rep. 16, Nr. 67, Bd. I, Bl. 1; ferner Bergmann, Wirtschaftskrise, S.106 f. und die dort angeführten Belege. Zahlreiche Arbeitskräfte, die zuvor im Berliner Luxusgewerbe tätig waren, wurden im Spätsommer auf öffentliche Kosten auf städtischen oder staatlichen Arbeitsplätzen beschäftigt,

lern, die das Militär bis zum 18. März als festen Kundenstamm an sich binden konnten. Für die meisten kleinen Gewerbetreibenden allerdings war die Märzrevolution als wirtschaftlicher Schnitt nicht so spürbar. Für sie stellte sich die ökonomische Talfahrt nach dem 19. März als Fortsetzung einer schon seit Jahren über sie hereingebrochenen chronischen Krise dar: Entweder waren sie seit Ende der dreißiger Jahre durch die billigere industrielle Konkurrenz aus den ‚angestammten‘ gewerblichen Bereichen verdrängt worden, also Opfer der frühen Industrialisierung. Oder sie waren, soweit sie von dieser strukturellen Veränderung vorerst verschont geblieben waren, durch die Agrarkrise seit Herbst 1846 und die sich anschließende gewerbliche Krise in wirtschaftliche Not gestürzt worden.

Ablesbar ist der Niedergang des Handwerks an der wachsenden Zahl von Meistern, die wegen eines zu geringen Einkommens von der Gewerbesteuerpflicht befreit waren: Ihre Zahl wuchs 1848 gegenüber dem Vorjahr um 447, ihr Anteil an der Gesamtheit aller Meister von 75,6% auf 77,3%.[19] Und auch diejenigen, die noch unter die Steuerpflicht fielen, entrichteten 1848 im Durchschnitt deutlich weniger als 1847.[20] Hineingezogen in den Sog der wirtschaftlichen Krise wurde auch der Einzelhandel. Breite Kreise des Mittelstandes gewannen den Eindruck, als würden sie in einer Depression ohne Ende stehen. Vielen galt die Krise zudem als *politisch* gemacht. Die Sehnsucht nach ‚Ruhe‘ und ‚Ordnung‘, im Kleinbürgertum besonders ausgeprägt, findet hier ihre hauptsächliche Erklärung.

Infolge der durch die Märzrevolution beschleunigten wirtschaftliche Talfahrt sank auch der Wert des städtischen *Grundbesitzes*.[21] Umgekehrt erhöhte sich die Zahl der leerstehenden Wohnungen seit Beginn der Revolution beträchtlich.[22]

---

u.a. 89 Gold- und Silberarbeiter, 26 Vergolder, 8 Silberpolierer bzw. Silberpresser, 8 Kürschner und 13 Konditoren. (Nach: LAB StA, Rep. 03, Nr. 655, Bl. 292-295.) Vgl. auch Bericht Hinckeldeys vom 26. Febr. 1849 (Anm. 17). Zu den von der Nachfrage des Militärs lebenden Handwerkern und Einzelhändlern vgl. *S. 264, Anm. 16* und *S. 387, Anm. 17.*

19 Nach: Bergmann, Berliner Handwerk, S. 203; ders., Wirtschaftskrise, S. 90. Schon den Zeitgenossen war die Gewerbesteuerbefreiung ein wichtiger Krisenindikator. Hinckeldey präsentiert in seinem Bericht von Anfang 1849 noch dramatischere Zahlen. (Wie Anm. 17, Bl. 33 Rs.)

20 1847 zahlte ein steuerpflichtiger Handwerksmeister durchschnittlich einen Taler und 21 Sgr., im Revolutionsjahr dagegen nur noch einen Taler und 14 Sgr. Umrechnung nach: ebd. Wie tief die Krise im Mittelstand ging, ist auch daran abzulesen, daß sich nur noch die wenigsten den Verzehr von Fleisch leisten konnten: „Die Höhe der Fleischpreise“, so klagte das Schlächtergewerk Ende Mai, mache es „selbst dem gewöhnlichen Bürgerstand fast unmöglich, sich dieses kräftige und unentbehrliche Nahrungsmittel zu verschaffen“. (Petition des Berliner Schlächtergewerks vom 22. Mai 1848, in: GStA, Rep. 120, B. I. 1, Nr. 60, Bd. II, Bl. 427 f.) Vgl. zur sozialen Lage des Mittelstandes auch *S. 79 f., 84* und *S. 382 f.*

21 Vgl. z.B. die Berichte in ‚Publicist‘ vom 7. Sept.; VZ vom 9. und 23. Sept.; KrZ vom 10. Sept. 1848; außerdem Kochhann, Mitteilungen, IV, S. 13 f.

22 Die Zahl der leerstehenden Wohnungen betrug im 1. Quartal 1848 2219 (= 3,0% sämtlicher Berliner Wohnungen), im 2. Quartal 2943 (= 4,0), im 3. Quartal 3800 (= 5,1%) und im 4. Quartal 4529 (= 6,1%; Jahresdurchschnitt: 3373 bzw. 4,5%). 1849 sank diese Zahl nur allmählich (1.

Der aus dem Vormärz überkommene Wohnungsnotstand wurde dadurch freilich nicht gelindert. Denn obwohl die Mieten für freiwerdende Wohnungen im Durchschnitt um etwa etwa ein Drittel sanken[23], blieben die zumeist von hohen Offizieren und Beamten sowie Wirtschaftsbürgern aufgegebenen teuren Appartements selbst für Mittelschichtsangehörige im allgemeinen weiterhin unerschwinglich. Gerade der Mittelstand, aber auch Teile des weniger begüterten Bürgertums hatten fühlbare Einkommenseinbußen zu verzeichnen und wichen auf billigere Wohnungen aus.[24] Zwar suchten die städtischen Behörden die Not zu lindern, indem sie mit Wirkung vom 25. März „sämmtliche Miethsteuerrückstände bis ult[imo] Dezember 1847" erließen. Das Problem war damit jedoch nur vorübergehend gelöst, die Wohnungsnot namentlich der Unterschichten kaum gemindert. Die Zahl der Obdachlosen wuchs.[25] Viele von ihnen machten, da sie keine feste Bleibe besaßen, nicht zuletzt den Tiergarten ‚unsicher'. Die Obrigkeit reagierte mit polizeilicher Prävention: Mit Sommerbeginn, nach den politischen Klimaveränderungen im Gefolge des Zeughaussturms, begannen „starke Patrouillen der Bürgerwehr" die große Parkanlage vor dem Brandenburger Tor zu durchstreifen und wohnungslose ‚Umhertreiber' „zur Haft zu bringen".[26]

Zielte schon die Miet- und Wohnungspolitik der städtischen Behörden weniger auf das eigentliche Proletariat als vielmehr auf den Mittelstand, so galt dies stärker noch für die *Pfänder*, die nach einer Bekanntmachung Friedrich Wilhelms IV. vom 20. März unentgeltlich eingelöst werden konnten. In den Genuß dieser Maßnahme konnten nur Leute kommen, die zuvor halbwegs wertvolle Gegenstände bei einer der drei königlichen oder den privaten Pfandleihen hatten hinterlegen können, um etwas Bargeld zu erhalten. Das waren in der Regel keine

---

Quartal 1849: 4050 oder 5,3%; Jahresdurchschnitt 1849: 4002 oder 5,0%). Noch 1846 hatten lediglich 1667 (oder 2,2%) sämtlicher Berliner Wohnungen leer gestanden. Angaben nach: GStA, Rep. 77, Tit. 501, Nr. 3, Beiheft 3, Bl. 35 u. Rs., 47; VZ vom 22. April 1849; Liebchen, Lebensbedingungen, S. 309.

23 Gutachten Hinckeldeys vom 26. Febr. 1849 (Anm. 17), Bl. 33 Rs.; Berlin in der Bewegung, S. 587.

24 Welche Probleme auch viele ursprünglich wohlsituierte Familien aus den Zwischenschichten gehabt haben müssen, selbst die gesunkenen Mietpreise zu zahlen, geht aus den Angaben über die Zahl der nichtbesteuerten Wohnquartiere hervor: Sie verdoppelte sich knapp von 9 812 im Jahre 1843 auf 16 141 oder 21,3% aller registrierten Wohnungen 1849. Nach: Liebchen, Lebensbedingungen, S. 309.

25 Anfang Juni bildete sich kurzzeitig sogar eine formlose Vereinigung der „obdachlosen Arbeiter", die nach eigenem Bekunden „gegen 240 Arbeiter" in ihren Reihen versammelte; vgl. Blesson, Bürgerwehr, S. 51 f. Ein städtisches Wohnungsbauprogramm oder ähnliches, mit dem der Wohnungsnot hätte abgeholfen werden können, wurde schon aus finanziellen Gründen nicht aufgelegt. Die christlich-sozialkonservative ‚Berliner Gemeinnützige Wohnungsbaugesellschaft', die 1847 konkretere Vorstellungen für die Errichtung gesunder Arbeiterwohnungen entwickelt hatte, begann mit der Verwirklichung ihrer Pläne erst im Frühjahr 1849; ausführlich: Geist/Kürvers, Mietshaus, I, S. 451 ff.

26 Zitat: SZ vom 22. Juni 1848.

Tagelöhner, auch Gesellen und Arbeiter nur in Ausnahmefällen; das Gros der Schuldner stellte das verarmte Kleinbürgertum.[27] „Die Pfandleihen sind jetzt täglich von Personen, welche ihre Versatzstücke unentgeldlich zurückempfangen, fast belagert", berichtete die Spenersche Zeitung am 24. März. Dieselbe Zeitung schätzte in ihrer Ausgabe vom 8. April, daß bis dahin Pfänder im Wert von etwa einer halben Million Taler zurückerstattet werden mußten. Nach der Einlösung der Pfänder brauchten sich die Leihanstalten um das weitere Geschäft keine Sorgen zu machen: Infolge der anhaltenden Wirtschaftskrise und weiteren Verarmung des Mittelstandes wurden 1848 sogar noch mehr Pfandgeschäfte (bei gleichzeitig geringfügig gesunkenem Gesamtwert) getätigt als im Vorjahr.

Die sich nach der Märzrevolution zuspitzende wirtschaftliche Krise hatte also gravierende Auswirkungen auf die meisten Bevölkerungsschichten. Die ökonomischen Bedingungen bestimmten wesentlich das Verhalten aller sozialen Großgruppen. Sichtbar wurde dies, nachdem mit der Märzrevolution die Barrieren gefallen waren, die der offenen Artikulation der sozialen und politischen Interessen bisher im Wege gestanden hatten, und sich der angestaute Unmut Luft machen konnte.

---

27 Die Zahl der Pfandgeschäfte zeigt, wie stark der Pauperisierungsprozeß seit 1846 weite Teile der Mittelschichten erfaßt hatte: Sie war von 133 590 im Jahre 1843 auf schließlich 261 147 Taler im Jahr vor der Revolution, der Wert der verpfändeten Gegenstände von 728 057 1843 auf 1 014 587 Taler 1847 gestiegen. Im Revolutionsjahr schließlich wurden 271 414 Pfandgeschäfte im Wert von 1 006 429 Talern getätigt. Angaben nach: Bergmann, Wirtschaftskrise, S. 44, Tab. 12.

Kapitel IV.2

Reformdruck und konservative Beharrung – zur Interessenlage und Standespolitik des Bürgertums

Im folgenden stehen die drei wichtigsten sozialen Großgruppen des Bürgertums im Mittelpunkt: das Wirtschaftsbürgertum, die Beamtenschaft und das Bildungsbürgertum, einschließlich der freiberuflichen Intelligenz. Während sich beim Bildungsbürgertum im allgemeinen soziales und politisches Engagement nur begrenzt aus der sozialökonomischen Lage herleiten läßt, war die Politik der Berliner Unternehmerschaft und ihrer Repräsentanten unmittelbar von den eigenen wirtschaftlichen Interessen bestimmt.

Wirtschaftsbürgertum und Korporation der Kaufmannschaft

Die Berliner Unternehmerschaft während der Industrialisierung bildete keinen sozial und politisch homogenen Körper. Sie läßt sich recht deutlich in eine zahlenmäßig dünne Oberschicht und eine breitere Mittelschicht unterscheiden. Der Oberschicht gehörten vor allem vermögende Bankiers und Kaufleute sowie die Besitzer größerer Industriebetriebe an. Kleinere Fabrikanten, der Kern der Mittelschicht des Berliner Unternehmertums, waren häufig nicht nur hinsichtlich ihrer wirtschaftlichen und sozialen Stellung kaum von den Handwerksmeistern zu unterscheiden; sie traten auch politisch nicht als geschlossene Gruppe auf und besaßen kein Organ, das ihre Interessen vertreten hätte. Demgegenüber verfügte die Oberschicht der Berliner Unternehmer über eine Interessenvertretung, die auch während der Revolutionszeit wirkungsvoll ihre politischen Belange durchzusetzen verstand: die Korporation der Kaufmannschaft Berlins (KKB) und hier wiederum deren Führungszirkel, die ‚Ältesten der Kaufmannschaft‘.

Formell war die KKB[1] ein institutioneller Zwitter: einerseits dem Magistrat und der preußischen Regierung rechenschaftspflichtig, andererseits Interessen-

---

1 Hervorgegangen war die KKB aus zwei Berliner Kaufmannsgilden; formell gegründet wurde sie im März 1820. Mitglieder der Korporation waren alle Kaufleute der preußischen Hauptstadt, die sich im Besitz der im ALR fixierten kaufmännischen Rechte sowie des Bürgerrechts von Berlin oder Charlottenburg befanden. Die Aufgabenstellung war allgemein gehalten: Die KKB hatte dem „Interesse des hiesigen Handels in allen seinen Zweigen" zu dienen sowie die für diesen

vertretung der Berliner Kaufmannschaft und (damit auch) der gehobenen Unternehmerschaft. De facto entwickelte sich die Korporation zu einer standespolitischen Organisation der Oberschicht des Berliner Wirtschaftsbürgertums aus Bankiers, Großkaufleuten und -unternehmern.[2] Der Führung der KKB wiederum gelang es, sowohl den eigenen Mitgliedern als auch den Behörden gegenüber eine weitgehend unabhängige Position zu entwickeln[3] und auf diese Weise um so wirkungsvoller eine Politik im Interesse der Oberschicht der Berliner Unternehmerschaft zu verfolgen. An der starken Stellung der KKB und der Ältesten änderte sich während der Revolutionsmonate nichts. Dies hatte mehrere Gründe: *Erstens* stand eine Veränderung der Eigentumsverhältnisse nicht auf dem politischen Programm der revolutionären Bewegung Berlins. Die Berliner Korporation, überhaupt nur selten im Rampenlicht der Öffentlichkeit, geriet während des Revolutionsjahres zu keinem Zeitpunkt ins Visier oppositioneller Bewegungen. Obwohl an ihrer konservativen Grundhaltung kein Zweifel sein konnte, verstanden es die Ältesten *zweitens* geschickt, sich nach außen hin und so lange, wie die politischen Kräfteverhältnisse unentschieden waren, den Zeitverhältnissen anzupassen.[4] Mit *öffentlichen* Stellungnahmen hielt sich die KKB in den Re-

---

Zweck errichteten „öffentlichen Anstalten und Einrichtungen" zu verwalten; das bezog sich vor allem auf das „hiesige Börsenhaus", das durch vier jährlich aus den Reihen der insgesamt 21 Ältesten gewählten Börsenkommissare beaufsichtigt wurde. Die KKB und die Ältesten der Korporation, eine Art geschäftsführender Vorstand, konnten allerdings nicht gänzlich autonom handeln, da laut Statut „der hiesige Magistrat die der Korporation zunächst vorgesetzte Behörde" war. Damit unterstand die KKB, wie ausdrücklich festgelegt wurde, auch dem Ministerium für Handel und Gewerbe bzw. (1825-1848) dem Handelsamt. (Statut der KKB vom 2. März 1820, nach: Die Korporation der Kaufmannschaft von Berlin. Festschrift zum hundertjährigen Jubiläum am 2. März 1920, Berlin 1920, S. 619 ff.)

2 Deutlich wird dies etwa an der Art und Weise, wie die Ältesten der KKB ihre Berichtpflicht gegenüber den vorgesetzten Behörden wahrnahmen; vgl. Kaelble, Unternehmer, S. 198. Kaelble spricht von einer „regelrechten Verfilzung von Staatsverwaltung und Interessenverbänden". (Ebd., S. 278.)

3 Hauptgründe hierfür waren die geringe Fluktuation unter den Ältesten sowie die enge personelle Verflechtung des Ältestengremiums mit den Direktorien und Verwaltungsräten vor allem der Eisenbahngesellschaften, außerdem der Berliner Versicherungs- und Kreditgesellschaften. Die Exklusivität der Korporation, die Beschränkung der seit ihrer Gründung bis zur Jahrhundertmitte ziemlich konstant um die tausend Mitglieder zählenden KKB auf die einkommensstarken Unternehmer Berlins, war gleichfalls dem, gegenüber der einfachen Mitgliedschaft zudem mit weitreichenden Befugnissen ausgestatteten, Führungsgremium zu verdanken: Ihm gelang es weitgehend mit Erfolg, Schranken gegen die Zulassung von einkommensschwachen Kleinhändlern zu errichten. Vgl. im einzelnen ebd., bes. S. 154-157, 199 ff., 211 f.; Korporation der Kaufmannschaft, S. 87.

4 Zwei symptomatische Beispiele: Zu Beginn der Revolution, am Tag der Beerdigung der gefallenen Barrikadenkämpfer, blieb die Börse geschlossen. Außerdem hatten die Ältesten zuvor die Mitglieder der KKB aufgefordert, möglichst zahlreich zur „erhabenen Bestattungsfeierlichkeit" zu erscheinen. Gegen Ende der Revolution dann, im Konflikt zwischen Krone und Preußischer Nationalversammlung in der ersten Novemberhälfte des Jahres 1848, lavierten die Ältesten als Repräsentanten der KKB zunächst zwischen den Fronten. Sie legten sich politisch erst fest, nach-

volutionsmonaten zurück. *Drittens* konnten der Magistrat sowie die staatlichen Behörden an einer politischen Schwächung der KKB nicht interessiert sein. Beide Seiten waren gewissermaßen natürliche Verbündete; denn beiden mußte (aus unterschiedlichen Interessenlagen) an einer Stabilisierung der politischen Verhältnisse im konservativen Sinne gelegen sein.

Nach außen hin unpolitisch, machten die Ältesten intern, in ‚vertraulichen‘ Eingaben, aus ihrem Wunsch nach Ruhe und Ordnung wie überhaupt ihrer konservativen Grundhaltung keinen Hehl.

Angesichts der „Gefahr, mit welchen unter den gegenwärtigen, alle socialen Verhältnisse tief erschütternden Zeitereignissen, das Eigenthum, der Wohlstand, ja sogar die Personen der Privaten bedroht" seien, und „in Betracht der täglichen Vorgänge, die wir als notorisch bezeichnen dürfen," forderte die Führung der kaufmännischen Korporation Berlins bereits Mitte Mai vom Staatsministerium, „Ruhe im öffentlichen Leben und das gewichene Vertrauen zur öffentlichen Handhabung der Gesetze" wieder herzustellen. „Wir halten die Anwendung der energischsten Maßnahmen für gebieterisch notwendig, um die offenbar eingetretene, geschwächte Authorität der Behörden kräftig wieder herzustellen und dem Gesetz die verlorene volle Achtung wieder zu verschaffen. In der That, Auflösung aller socialen Verhältnisse, allgemeiner Nothstand, – wir nehmen keinen Anstand es zu sagen – die Schrecknisse der Anarchie nähern sich dem vaterländischen Boden und die höchste Zeit ist es, daß die Regierung solchem Unheile zureichende Abwehr entgegenstelle." Deshalb solle die Regierung „der moralischen Einwirkung ihrer Authorität die physische Kraft zugesellen und daher nicht nur Gesetze erlassen, welche die Sicherheit des Eigenthums und der Personen außer Frage stellen, sondern auch diesen Vorkehrungen durch materielle Macht denjenigen Nachdruck geben, welche die Umstände so dringend erheischen."[5]

Im übrigen waren die Aktivitäten der Ältesten der KKB darauf gerichtet, angesichts der „Zahlungs-Einstellungen hiesiger Häuser" beim Staat um „schleunige Abhülfe" der Krise des „Kaufmannstandes sowie namentlich des Fabrikstandes" nachzusuchen. Kernpunkt der Forderungen an das Staatsministerium Anfang April war, in Berlin eine „von anderen Geldinstituten abgesonderte Bank mit einem Kapital von 1 Million Thaler zu etablieren".[6] Hansemann reagierte schnell und unbürokratisch. Er bewilligte zunächst „zur Unterstützung von Kaufleuten und Fabrikanten einen Fonds von 150 000 Thalern". Über die Verwendung der

---

dem die Auseinandersetzung zugunsten der Krone und des Ministeriums Brandenburg entschieden war; vgl. *S. 765 f., Anm. 6.*

5 Beschluß der Ältesten der KKB ad No. 383 vom 12. Mai 1848, in: LAB StA, Rep. 200-01. Nr. 348, Bl. 3. In den Jahresberichten der Ältesten für 1847/48 und 1848/49 wurde auf die „inhaltsschweren Begebenheiten des Jahres 1848" nicht im einzelnen eingegangen, sondern nur in allgemeinen Formulierungen über die „störenden Einflüsse" während der „notorischen Zustände" geklagt, die die „Ansprüche" an die „Zeit und Arbeit" der Ältesten vermehrt hätten. (In: ebd., Rep. 200-01, Nr. 563, Bl. 38 bzw. 69.)

6 Zitate: SZ vom 5. April; NZ vom 3. April 1848.

Geldmittel sollte ein Komité von sechs Mitgliedern entscheiden, dessen Zusammensetzung von den Ältesten bestimmt wurde.[7] Die Geldmittel, die dem ‚Comité der Beleihungs-Kasse für die Fabrikindustrie' (wie die neue Institution offiziell hieß) und einer wenig später gegründeten Berliner Darlehens-Kasse zur Vergabe staatlicher Kredite[8] zu Verfügung standen, waren schnell erschöpft. Weitere Gelder wollte Hansemann den Berliner Unternehmern nicht zur Verfügung stellen. Private Initiativen konnten das begrenzte staatliche Engagement nicht kompensieren.[9] Dimensionen wie vergleichbare private Kredit-Vereine in Wien, dessen Gewerbe ähnlich krisengeschüttelt war wie das Berliner, haben die Berliner Vorschuß-Vereine sowie ein ‚Finanz-Club', der es bei der Formulierung weitgreifender Pläne beließ, nie angenommen.[10] Die Tätigkeit der Vorschuß-Vereine und Beleihungs- bzw. Kreditkassen konnte nur ein Tropfen auf den heißen Stein sein und die angespannte Situation einiger Berliner Unternehmen lediglich lindern.

Die KKB war zwar die mit Abstand wichtigste wirtschaftspolitische Vereinigung der Berliner Industriellen, Kaufleute und Bankiers, jedoch nicht die einzige.

---

7 Vgl. Hansemann an die Ältesten der KKB vom 5. April sowie die Personalvorschläge der Ältesten vom 6. April 1848, die von Hansemann dann ohne Einschränkung genehmigt wurden; in: LAB StA, Rep. 200-01, Nr. 1039, Bl. 7-10.

8 Derartige Darlehenskassen wurden in ganz Preußen gegründet und mit einem Gesamtkapital von 10 Mio. Talern ausgestattet. In Berlin waren die Vorstandsmitglieder dieser Bank, die nur zur Bewältigung der Krise gedacht war und im Frühjahr 1851 wieder aufgelöst wurde, gleichfalls von den Ältesten der KKB gewählt worden. In ihrem Handeln waren sie einem Regierungsbevollmächtigten verantwortlich; vgl. LAB StA, Rep. 200-01, Nr. 500.

9 Daß, wie Wilhelm Beer (KBA) in einem Eingesandt in der VZ vom 11. April prognostizierte, die „Kapitalien", welche private Kredit-Vereine „zusammenbringen, nicht sehr bedeutend sein" und zur Bewältigung der Krise nicht ausreichen würden, bestätigte sich rasch: Ein im Sommer 1847 gegründeter, privater ‚Berliner Vorschuß-Verein' mußte Mitte Mai 1848 der Öffentlichkeit mitteilen, daß wegen Kapitalmangel und zögerlicher Zurückzahlung der gewährten Kredite „neue Gesuche vorläufig ganz zurückgelegt werden müssen." (Bekanntmachung des Vorstandes des ‚Berliner Vorschuß-Vereins' vom 18. Mai 1848, in: VZ vom 20. Mai 1848.) Die Kapitalien des von Hansemann gut bestückten ‚Comités der Beleihungskasse für die Fabrik-Industrie' flossen vor allem den großen Fabrikbetrieben zu; vgl. Helbach, Unternehmer, S. 450 f., sowie Vorsteher, Borsig, S. 73. Die Darlehen des ‚(Allgemeinen) Vorschuß-Vereins', eines weiteren, gleichfalls im Jahre vor der Revolution gegründeten Vorschußvereins der ‚Marien- und Nicolaigemeinde' sowie die mehr als fünfzig, von den Bezirksvereinen seit Sommer 1848 gegründeten Vorschußkassen waren dagegen in erster Linie für kleinere Unternehmen sowie Handwerksbetriebe gedacht. Alle diese Vorschußvereine und -kassen sowie der 1848 gegründete, rührige ‚Frauenverein zur Abhülfe der Not der kleinen Gewerbetreibenden' zahlten kleinen Unternehmern und Handwerkern bis Ende 1849 insgesamt 90 000 Taler an Kleinkrediten aus; vgl. Reulecke, Sozialer Friede, S. 176 f.; Wolff, RC, III, S. 496 f. Zum ‚Frauenverein zur Abhülfe ...' vgl. *S. 510 f.;* zu den Bezirksvereinen: *S. 634-641.*

10 Wohl zu ihrem Glück; denn das Scheitern der Wiener Projekte löste Mitte Sept. tagelange Unruhen unter dem um seine Ersparnisse und seine politischen Illusionen gebrachten Kleinbürgertum aus. Ausführlich: Häusler, Massenarmut, S. 348-354. Zu dem von einem Grafen Pinto gegründeten Berliner Finanz-Club vgl. vor allem VZ vom 8. Aug. 1848; KrZ vom 12. Aug. 1848.

Bereits während des Vormärz hatten sich an der Exklusivität des Führungsgremiums der KKB und der Unmöglichkeit einfacher Korporationsmitglieder, auf die Entscheidungen der Ältesten Einfluß zu nehmen, Konflikte entzündet. Sie flammten im Revolutionsjahr erneut auf und führten im Oktober 1848 zur Gründung einer Konkurrenzorganisation, des ‚Handelsvereins Teutonia‘. Kritikpunkt waren insbesondere die oligarchischen Strukturen der KKB. Nachdem die Staatsverwaltung es Anfang 1849 abgelehnt hatte, dem ‚Handelsverein Teutonia‘ Korporationsrechte zu verleihen, verlor die neue Vereinigung die notwendige Anziehungskraft auf die Berliner Unternehmerschaft, um neben der KKB bestehen zu können.[11]

Tagespolitisch war das Berliner Wirtschaftsbürgertums 1848 keineswegs abstinent. August Borsig, Franz Anton Jacob Egells (die Besitzer der beiden größten Maschinenbaufabriken Berlins)[12] und weitere Unternehmer zeigten vielmehr erhebliches kommunalpolitisches Engagement. Im Unterschied zu rheinischen und schlesischen Industriellen und Bankiers, die an exponierter Stelle in der Preußischen Nationalversammlung standen und den ersten beiden Märzkabinetten den Namen gaben, beschränkten sich Berliner Unternehmer im Revolutionsjahr weitgehend auf Politik im überschaubaren städtischen Rahmen.[13] Mehr noch als die Wirtschaftsbourgeoisie nutzte eine Reihe von Berufsgruppen des

---

11 Die KKB ihrerseits trug zur Beilegung des Konflikt dadurch bei, daß sie drei Mitglieder des Handelsvereins im April 1849 in das Ältestengremium der Korporation kooptierte; ausführlich: Kaelble, Unternehmer, S. 207-210. Zur Gründung des Handelsvereins ‚Teutonia‘ vgl. auch VZ vom 8. und 12. Okt. 1848.

12 Zu Borsig und Egells vgl. KBA. Zu Borsigs politischen Aktivitäten, vor allem seinem Engagement als Bürgerwehrmajor, vgl. bes. *S. 216, 221 und S. 255.* Zur Disziplinierung demokratischer Belegschaftsmitglieder durch Borsig vgl. *S. 774 f.* Zu Borsigs Arbeiter- und Sozialpolitik vgl. auch *S. 412, Anm. 40 und S. 846, Anm. 103.* Zum starken kommunalpolitischen Engagement der Unternehmer vgl. auch soziale Zusammensetzung der Anfang Mai 1848 neu gewählten Stadtverordnetenversammlung: Tab. 6.

13 Wenn Berliner Unternehmer der gehobenen Schicht 1848 in der PrNV oder DtNV nicht zu finden sind, dann ist dies u.a. damit zu erklären, daß Berlin Residenz der Hohenzollern und Sitz der preußischen Staatsministerien war. Hier stellten sich weit eher als in der Rheinprovinz oder in Schlesien persönliche Beziehungen zu politischen und gesellschaftlichen Funktionsträgern her. Um Staatsaufträge zu erhalten oder Kundschaft bei Hof zu gewinnen, reichten persönliche Kontakte aus. Nicht zuletzt infolge der räumlichen Nähe zu den Ministerien partizipierte die Berliner Maschinenbauindustrie in hohem Maße an den staatlichen Aufträgen etwa im Eisenbahnbau. Viele Berliner Unternehmer hatten sich außerdem an staatliche Bevormundung, königliche Privilegien und obrigkeitliche Reglementierungen in wirtschaftlichen und fiskalischen Dingen gewöhnt. Noch 1848 konnten sie sich davon nur schwer befreien. Im Gegensatz zu den rheinisch-westfälischen Unternehmern schätzten die Berliner Industriellen die Fachkenntnis der preußischen Bürokratie bis Ende der vierziger Jahre hoch ein und akzeptierten deren dominierende Stellung in wirtschaftspolitischen Dingen. Partizipation über parlamentarische Beteiligung schien aber auch deshalb nicht notwendig, weil die Berliner Unternehmerschaft über die KKB als ihre Interessensorganisation beträchtlichen Einfluß auf Entscheidungen des Staatsministeriums ausübte. Ausführlich: Kaelble, Unternehmer, S. 192, 236-243, 252 ff.

Bildungsbürgertums der Hauptstadt die mit der Märzrevolution gewonnenen Freiheiten, um berufsbezogene und allgemein-politische Reformwünsche zur Geltung zu bringen.

Bildungsbürgertum und Beamtenschaft

a. Mitbestimmung contra Besitzstandwahrung: Der Konflikt unter den Hochschullehrern

Mindestens ebenso wie die Studentenschaft waren die Hochschullehrer im Revolutionsjahr politisch gespalten. Hier lief die Trennlinie zwischen den Ordinarien auf der einen Seite und den außerordentlichen Professoren sowie den Privatdozenten auf der anderen Seite. Mögen zum Teil auch Meinungsunterschiede allgemein-politischer Natur mitgespielt und den Tonfall der Auseinandersetzung verschärft haben, so ging es bei dem Konflikt zwischen beiden Seiten doch in erster Linie um Fragen der inneruniversitären Mitbestimmung, Karrierechancen und Entgeltregelungen. Die ordentlichen Professoren wollten den Status quo erhalten, die Extraordinarien und die Privatdozenten ihn dagegen zu ihren Gunsten verändern.

Letztere fanden sich am 28. März zu einer ersten Versammlung zusammen, auf der „Vorschläge zur Reorganisation der noch fast ganz dem mittelalterlichen Wesen angehörenden Einrichtungen der Universität" diskutiert wurden.[14] Um die noch ungeordneten Überlegungen zu einem Forderungskatalog zu bündeln, wurde ein Komité gewählt, das einer zweiten Versammlung aller Extraordinarien und Privatdozenten am 15. April dann den Entwurf einer Petition an den Akademischen Senat vorlegte. Kern des Kataloges war das Verlangen, die Mitbestimmungsrechte der Extraordinarien und Privatdozenten auszuweiten.[15] Außerdem sollte kein Universitätslehrer mehr von Staats wegen abgesetzt werden können. Die übrigen Forderungen – nach Aufhebung der Karlsbader Beschlüsse von 1819 und der Bundesbeschlüsse vor allem von 1834, Herabsetzung der Promotionsgebühren, Aufhebung der Universitätsgerichte, Beseitigung der Käuflichkeit der Doktorwürde – schienen nach der Märzrevolution eine Selbstverständlichkeit zu sein oder zielten auf eine bessere materielle Absicherung der Privatdozenten und Extraordinarien.

---

14 So die Formulierung in der SZ vom 30. März 1848. Ähnlich die VZ vom selben Tage.
15 Bei der Wahl des Rektors, der Dekane und des Senats wurde das volle Stimmrecht, ansonsten (bei den Habilitations- und Promotionsprüfungen sowie allen sonstigen Fakultätsberatungen) lediglich beratende Beteiligung gewünscht. Ausführlich hierzu sowie zum folgenden: Lenz, Universität, Bd. 2.2, S. 258-277; ferner Thielbeer, Universität, S. 224-230.

Der ewige Philister.

     Jetzt hab' ich heut 4 Adressen unterzeichnet, die erste von dene rothe Republikaner, die zweite von dene Demokraten, die dritte von dene Ultramontanen, die vierte von dene Constitutionell-Monarchischen — jetzt geh' ich und trink' meine Schale Kaffee in Ruh, da ich mir gewiß nichts vorzuwerfen habe!

Der neue Minister für die geistlichen, Unterrichts- und Medizinal-Angelegenheiten Schwerin schien die vom Hochschullehrernachwuchs in ihn gesetzten Erwartungen zu erfüllen. Mit der Verordnung des Staatsministeriums vom 6. April über das freie Assoziationsrecht setzte er die Karlsbader Beschlüsse de facto in wesentlichen Teilen außer Kraft; mit einer Verordnung vom 13. April suspendierte er auch die bis dahin an den preußischen Universitäten gültige Vorschrift über den für jeden Studenten obligatorischen Revers, daß er sich aller unerlaubten Verbindungen enthalte. Mit seinen auf die inneruniversitären Strukturen zielenden Reformvorstellungen scheiterte der Hochschullehrernachwuchs jedoch am Widerstand der Ordinarien und schließlich auch des Ministeriums. Ladenberg, der Nachfolger Schwerins und als vormaliger außerordentlicher Regierungsbeauftragter an der Friedrich-Wilhelm-Universität der etablierten Hochschullehrerschaft verbunden, nahm sich der Angelegenheit im Sinne der ordentlichen Professoren an. Seit dem Spätsommer resignierten die Privatdozenten; den Extraordinarien wurden die wenigen Rechte, die ihnen zugefallen waren, schon bald wieder genommen. Auch gegenüber der liberaldemokratischen Minorität in den eigenen Reihen zeigten sich die etablierten Berliner Hochschullehrer (das kann hier nicht ausgeführt werden) intoleranter und konservativer als ihre Kollegen an den meisten anderen deutschen Universitäten.[16]

Die Öffentlichkeit der preußischen Hauptstadt beobachtete die Auseinandersetzungen an der Friedrich-Wilhelm-Universität während der Revolutionsmonate mit Kopfschütteln und Empörung. Die Kritik an der Reformunwilligkeit, der „Verstocktheit" und „Selbstsucht" der Ordinarien, an der „Engbrüstigkeit ihrer Gesinnung" reichte während der ersten Revolutionsmonate in der Berliner Be-

---

16 Einem der Extraordinarien, dem Mathematiker Karl Gustav Jacob Jacobi (KBA), wurde von der Philosophischen Fakultät Anfang Juni 1848 die Ernennung zum ordentlichen Professor mit der Begründung verweigert, er habe als Kandidat für die Paulskirche in einer Wählerversammlung eine freisinnige Rede gehalten und sich durch „seine Beteiligung an dem Verein für Volksrechte und die öffentlichen Maueranschläge dieses von ihm präsidierten Clubs" politisch diskreditiert. (Protokoll der Fakultäts-Sitzung vom 8. Juni 1848, in: AHU, Phil. Fak., Nr. 25, Bl. 180 Rs.) Eine heftige Reaktion seitens konservativer Ordinarien provozierte ferner einer der wenigen Liberalen (Johannes Franz) unter den ordentlichen Professoren, als er in seiner Einleitung zum Lektions-Katalog (Vorlesungsverzeichnis) für das nächste Semester sich und seine Zeitgenossen glücklich schätzte, „daß wir in dieser Zeit athmen und leben, in welcher das Licht der Freiheit über Preußen und ganz Deutschland aufgegangen ist". Dem Dekan der philosophischen Fakultät, Karl Lachmann, war diese „stark politische Vorrede zum Lektions-Katalog" Anlaß, sie für den Druck abzulehnen und Franz zu beschimpfen, er würde „den Studenten sich zum Bedienten empfehlen" und sie „um einen Bissen anwedeln"; vgl. ausführlich VZ vom 5., 11. und 16. Juli; NZ vom 4. und 11. Juli; BZH vom 7. Juli 1848; ferner Johannes Irmscher, Johannes Franz, ein oppositioneller Gelehrter im Revolutionsjahr 1848, in: Forschen und Wirken, S. 203-209, bes. S. 205 ff. Zu weiteren Demonstrationen konservativ-loyalistischer Gesinnung der Hochschullehrermehrheit vgl. NZ vom 28. und 30. März 1848; Boerner, Einnerungen, II, S. 116 f.; Wolff, RC, I, S. 403 f. Es war schließlich nur das Tüpfelchen auf dem i, wenn die Ordinarien in einer Adresse Mitte Nov. 1848 die Vertagung der PrNV ausdrücklich begrüßten.

völkerung bis weit in gemäßigte Kreise. Die Spenersche Zeitung, und ebenso die meisten anderen Berliner Blätter, hofften freilich vergeblich, daß „auf den Hochschulen statt des latinisierenden und graecisierenden Kastengeistes nun die freie Wissenschaft ihr Haupt erhebe" und „ächte deutsche Universitäten [entstünden], welche im Volke stehen und nicht mehr vorzugsweise Beamte aller Klassen, sondern freie wissenschaftliche Geister bilden".[17]

Vor allem viele Privatdozenten exponierten sich über die Hochschul-Reformbewegung hinaus auf dem radikalen Flügel der Demokratie. Bereits ihre sozial und rechtlich ungesicherte Position prädestinierte den Hochschullehrernachwuchs für ein Engagement in der linksliberalen bzw. demokratischen Bewegung. Der Konflikt mit der Obrigkeit hatte bei einigen von ihnen wie Karl Nauwerck, Heinrich Bernhard Oppenheim und Bruno Bauer schon während des Vormärz dazu geführt, daß ihnen die Karriere an der Universität auf Dauer versperrt blieb. Drei der vier Begründer des radikalen Republikanischen Klubs der preußischen Hauptstadt, nämlich Rudolf Virchow, Julius August Collmann und Heinrich Bernhard Oppenheim, waren Privatdozenten. Sie alle, außerdem Max Schaßler, dessen Habilitation im Februar 1847 und erneut im Oktober 1848 abgelehnt wurde, der Privatdozent Robert Remak, die Gebrüder Benary sowie die Extraordinarien Adolph Bernhard Marx und Karl Gustav Jakob Jacobi engagierten sich in führenden Positionen innerhalb der demokratischen Bewegung – und mußten dafür nach der Revolution zum Teil bitter büßen. Politisches Engagement auf seiten der liberalen Bewegung während der Revolutionszeit wurde selbst Rudolf v. Gneist, dessen Universitätsvorlesungen von bis zu 800 Hörern besucht wurden, 1848 außerdem eine Art shooting star innerhalb der Berliner Stadtverordnetenversammlung, jedenfalls vorübergehend zum Verhängnis.[18]

Auch die *Studenten* forderten zeitgemäße Universitätsreformen. Ein größerer Teil der *Medizin*studenten hatte sich unter der Führung Julius E. F. L. Diesterwegs, eines Sohnes von Adolph Diesterweg, zu einem eigenen Verein zusammengeschlossen. Die Forderungen dieser Studentenorganisation zielten auf die Errichtung bzw. den Ausbau von Kliniken, Forschungslaboratorien und -instituten, eine Reform der Staatsprüfung und die Aufhebung des Promotionszwanges für Mediziner sowie (im Gleichklang mit den Forderungen der Reformbewegung der etablierten Ärzteschaft) auf die Aufhebung der Militär-Medicinal-

---

17 Zitate: SZ vom 30. März, 1. und 12. April; NZ vom 17. Juli 1848.
18 Vgl. KBA; außerdem Lenz, Universität, Bd. 2.2, S. 283 ff., sowie (zu Virchow, der, bevor er 1849 nach Würzburg ging, die für ihn notwendige freie Kost und Logis an der Charité verloren hatte und auch auf die Prosektur, also die Leitung der pathologischen Abteilung, verzichten sollte) Christian Andree, Rudolf Virchow, in: Berlinische Lebensbilder, hg. Von Wolfgang Ribbe, Bd. 2: Medizincr, Berlin 1987, S. 182 f.

Anstalten und die Verleihung des Offiziersranges an alle Kompagnie-Chirurgen.[19] Reformerisches und allgemein-politisches Engagement, einschließlich des Dienstes innerhalb des bewaffneten Corps der Studenten, und ebenso das Engagement innerhalb der inneruniversitären Reformbewegung blieben freilich Angelegenheit einer Minderheit. In den Jahresberichten der theologischen und der philosophischen Fakultät der Friedrich-Wilhelm-Universität an das Ministerium für die geistlichen etc. Angelegenheiten für 1847/48 wird mit Blick auf die Studenten lobend von „tüchtigen, fleißigen und talentvollen Männern" gesprochen, „die sich auch durch die den Studien höchst ungünstigen und unruhevollen Zeiten nicht haben abhalten lassen, an ihrer wissenschaftlichen Ausbildung zu arbeiten".[20]

Während die verstaubten „Zöpfe" der Ordinarien allenthalben beklagt wurden, standen die Akademie der Wissenschaften und die Akademie der Künste außerhalb des öffentlichen Rampenlichts. Nur eine einzige Sitzung, am 23. März, wurde an der *Akademie der Wissenschaften* „wegen der politischen Unruhen ausgesetzt".[21] Ansonsten lief der Betrieb ungestört weiter. Die konservative Grundhaltung der Akademiemitglieder war auch 1848 nicht zweifelhaft.[22] Die *Akademie der Künste* raffte sich immerhin auf, in einer Adresse an das Staatsministerium zu verlangen, „daß die Kunst zu einer sehr ernsten und erhabenen, das gesamte Volksleben durchdringenden Wirksamkeit bestimmt" sei; Kunst dürfe keine „Dienerin des Luxus", kein „zufälliger müßiger Schmuck" sein.[23] Forderungen

---

19 Vgl. ,Medizinische Reform' Nr. 4, S. 20, nach: Finckenrath, Medizinalreform, S. 50 sowie eine Adresse der Medizinstudenten an das Staatsministerium, im Wortlaut abgedruckt in der SZ vom 18. April 1848. Zu J. Diesterweg vgl. KBA.

20 „Die Übungen des Seminars haben im Studienjahr 1847-1848 in derselben Weise wie früher stattgehabt." (In: GStA, Rep. 76 Va, Sekt. 2, Tit. X, Nr. 1, Bd. III, Bl. 266 bzw. Nr. 2, Bd. III, Bl. 227.) Die Studenten der *philosophischen* Fakultät verlangten immerhin – freilich vergeblich – die Berufung Ludwig Feuerbachs an die Berliner Universität; vgl. VZ vom 28. Mai 1848. Zum bewaffneten Corps der Studenten vgl. *S. 252.*

21 Undatierte Aktennotiz, in: AAdW, II-V, 29, nicht pag. (Protokolle der Gesamt-Sitzungen für 1848). In einer Erklärung des Biologen und Ordinarius für innere Medizin Christian Gottfried Ehrenberg vom 28. März wurde das „Wiederaufnehmen" der regelmäßigen wöchentlichen Sitzungen mit dem Argument begründet, daß „nicht einmal in Paris lange Störungen der Thätigkeit eingetreten sind." (In: ebd.)

22 Vgl. vor allem Festrede Trendelenburgs anläßlich der Leibniztage Anfang Juli sowie die Festrede Enckes am 19. Okt. zum Geburtstag Friedrich Wilhelms IV., im Wortlaut in: Harnack, Geschichte, S. 945 f.; außerdem das devote Gratulationsschreiben an den Monarchen in: AAdW, II-VI,4, sowie *S. 776.* Seitens der Berliner Öffentlichkeit wurde lediglich der Wunsch laut, die Zahl der öffentlichen Sitzungen, die auch für das interessierte Berliner Publikum zugänglich waren, zu vermehren; vgl. Adresse der Berliner physikalischen Gesellschaft wegen Öffentlichkeit der Gesamt-Sitzungen, in: AAdW II-V, 186/1. Von den Akademiemitgliedern wurde dies erst nach längerem Zögern zugestanden; vgl. Sitzungen der Gesamt-Akademie vom 22. und 29. Juni 1848, in: AAdW II-V, 186.

23 Adresse der Akademie der Künste an das Staatsministerium vom 29. Mai 1848, in: BZH vom 9. Juni 1848.

nach einer „zeitgemäßten Reorganisation" der Kunstakademie wurden zwar vielstimmig erhoben, jedoch offenbar nicht ins Werk gesetzt.[24]

b. Die Reformbewegung der Berliner Lehrerschaft

Die Lehrerschaft war in Berlin wie in ganz Deutschland während der ersten Hälfte des 19. Jahrhunderts nicht auf Rosen gebettet. Je nach Schultypus gab es allerdings erhebliche Einkommensunterschiede. Am unteren Ende der Skala rangierten die Lehrer der Berliner Armenschulen. Lehrer dieses Schultyps (und männlichen Geschlechts) erzielten während des Vormärz ein jährliches Einkommen, das zwischen 140 und 300 Talern und mehr lag; das Gros erreichte ein durchschnittliches Jahreseinkommen von 160 bis 230 Talern – weniger, als z.B. qualifizierte Metallfacharbeiter im Durchschnitt erhielten.[25] Bereits diese Zahlen drücken aus, daß die Lehrerschaft an den Armen- und Elementarschulen intern extrem hierarchisiert war.[26] Die Mehrzahl der Lehrer konnte von den niedrigen Gehältern schon als Einzelpersonen kaum leben, geschweige denn eine ganze Familie ernähren. Viele, vielleicht sogar die meisten Elementarschullehrer waren darauf angewiesen, sich einen Nebenverdienst zu verschaffen (bei einer wöchentlichen Arbeitszeit von 42 Stunden, ohne Vorbereitungszeit, keine ganz

---

24 Mit derartigen Forderungen exponierten sich vor allem der Vorsitzende des ‚Wissenschaftlichen Kunstvereins' sowie der kurz nach der Märzrevolution gegründete ‚Jüngere Künstlerverein'; vgl. Wolff, RC, II, S. 339 f. Über die genannten Vereinigungen hinaus konstituierten sich im Frühsommer 1848 ein ‚Verein bildender Künstler' und im Spätsommer ein ‚Tonkünstlerverein'; vgl. VZ vom 22. Aug. und 3. Sept. 1848. Über die (sonstige) Tätigkeit aller vier Vereine ist nichts Näheres bekannt.

25 Vgl. Geist/Kürvers, Mietshaus, I, S. 227 f., 300 f. sowie Frank-Michael Kuhlemann, Modernisierung und Disziplinierung. Sozialgeschichte des preußischen Volksschulwesens 1794-1872, Göttingen 1992, S. 286; Anthony J. LaVopa, Prussian Schoolteachers. Profession and Office, 1763-1848, Chapel Hill 1980, S. 120. Das entsprach ungefähr dem, was ‚Volksschullehrer' im Durchschnitt auch anderswo erhielten. Nach den Berechnungen Kuhlemanns (ebd., S. 457) lag das durchschnittliche Lehrergehalt in Preußen während der dreißiger Jahren bei 175 und während der vierziger Jahre bei 182 Talern; vgl. außerdem Douglas R. Skopp, Auf der untersten Sprosse: Der Volksschullehrer als „Semi-Professional" im Deutschland des 19. Jahrhunderts, in: GG 6. Jg./1980, S. 392. Zum Schulsystem im Vormärz allgemein vor allem: Thomas Nipperdey, Volksschule und Revolution im Vormärz. Eine Fallstudie zur Modernisierung II, in: ders., Gesellschaft, Kultur, Theorie, S. 206-227, bes. S. 211-219; außerdem Folkert Meyer, Schule der Untertanen. Lehrer und Politik in Preußen 1848-1900, Hamburg 1976, S. 26 ff.

26 An der Spitze der Skala lag der Hauptlehrer, dessen Status ungefähr dem des Rektors anderswo entsprach, mit einem Jahresverdienst von bis zu 400 Talern; ihm wurde darüber hinaus unentgeltlich eine angemessene Wohnung zur Verfügung gestellt, angesichts der hohen Berliner Mieten ein nicht gering zu bewertendes Privileg. Dem Hauptlehrer folgten drei „Hülfslehrer"-Kategorien; die der ersten Kategorie zugeteilten Lehrpersonen erhielten ein mehr als doppelt so hohes Jahreseinkommen wie die der dritten. Am unteren Ende der Einkommenskala lagen, das ist symptomatisch, die Lehrerinnen für „weibliche Handarbeiten". Ihr Verdienst von jährlich durchschnittlich etwa 50 Talern kann nur als besseres Almosen bezeichnet werden.

leichte Angelegenheit). Diese Nebentätigkeiten nahmen während des Vormärz offenbar so überhand, daß andere Berufsgruppen, etwa die Buchbinder, um ihre Existenz fürchteten.[27] Lehrer, die aus gesundheitlichen Gründen nicht mehr in der Lage waren, ihre Schultätigkeit auszuüben, erhielten – selbst wenn sie jahrzehntelang im Schuldienst gestanden hatten – keine Pension, sondern waren auf Zuwendung aus der kommunalen Armenkasse angewiesen und mit ihrer Familie „Hunger, Noth und Verzweiflung" ausgeliefert.[28] Die Situation der im gehobenen Schulwesen beschäftigten Lehrer war zwar besser, verschlechterte sich seit Anfang der vierziger Jahre indessen gleichfalls zusehends.[29]

Gegenüber Reformideen in besonderem Maß aufgeschlossen waren Lehrer, die auf dem 1831 gegründeten Berliner Lehrerseminar ausgebildet worden waren. Geprägt wurde dieses Seminar durch die Person seines Direktors Adolph Diesterweg. Das Verbot der von Diesterweg für Herbst 1842 geplanten, überregionalen ‚Versammlung Brandenburgischer Lehrer' sowie die politischen Restriktionen, denen er selbst ausgesetzt war und die 1847 in seiner Suspendierung als Direktor des Berliner Seminars, 1850 dann in seiner vorzeitigen Pensionierung gipfelten, lassen die Ängste des Staates vor einer den gesellschaftlichen Modernisierungsbestrebungen aufgeschlossenen Lehrerschaft ebenso wie die Dimensionen einer gleichsam künstlich zurückgestauten Reformbereitschaft erkennen. Günstige Ausgangsbedingungen besaß die anfangs machtvolle Reformbewegung der Berliner Lehrer im Revolutionsjahr außerdem insofern, als sie auf ein berufsständisches Vereinswesen zurückgreifen konnte, dessen Wurzeln bis in die letzten Jahrzehnte des 18. Jahrhunderts zurückreichten.[30]

---

27 Die Schullehrer, so beschwerte sich das Berliner Buchbindergewerk in einer Petition an den Magistrat vom 17. April 1848 bitter, „handeln mit Schulbüchern, Schreib- und Zeichenbüchern, und überhaupt mit allen möglichen Schreib- und Zeichenmaterialien und thun uns Buchbindern einen unsäglichen Schaden." (LAB StA, Rep. 16, Nr. 67, Bd. III, Bl. 39 Rs.) Andere Lehrer verdienten sich ein Zubrot, indem sie nebenberuflich als Küster fungierten, in den Gottesdiensten die Orgel spielten etc. Angaben zur Arbeitszeit nach: Geist/Kürvers, Miethaus, I, S. 300 (1843).

28 Vgl. exemplarisch den erschütternden „Nothschrei!!!" der Ehefrau eines Elementarschullehrers, der 27 Jahre im Schuldienst gestanden hatte und mit 52 Jahren offenbar aus gesundheitlichen Gründen seine Tätigkeit quittieren mußte, in: VZ vom 28. April 1848.

29 Vor allem die jungen Gymnasiallehrer mußten zum Teil ähnlich darben wie die Armenschullehrer. Ein Zeitgenosse sprach von der „Mode, den jungen Lehrer hungern zu lassen". (Rede Dr. Gerber auf der Versammlung der Lehrer des gehobenen Schulwesens vom 8. April, im Wortlaut in: NZ vom 12. April 1848.) Schuld war der wachsende Andrang von Philologiestudenten in den Lehrerberuf.

30 Die Gründung der ersten Berliner Lehrervereinigung datiert auf das Jahr 1788. Im hier interessierenden Zeitraum war der wichtigste Berliner Verein der 1840 gegründete ‚Gesellige Lehrerverein'. Neben diesem Verein existierten im Berlin des Vormärz noch ein ‚Älterer' und ein ‚Jüngerer Lehrerverein' sowie der ‚Verein der Schulvorsteher'. Zumindest für die Jahre 1843 bis 1846 lassen sich außerdem größere Lehrerversammlungen nachweisen, auf denen auch allgemeinere schulpolitische Fragen diskutiert wurden; vgl. Pretzel, Geschichte, S. 19, 25 f. bzw. S. 49, Anm. 1; außerdem *S. 97*.

Eine Woche nach der Märzrevolution, am 26. März, versammelten sich zwei- bis dreihundert Berliner Lehrer. Noch ganz unter dem Eindruck der Ereignisse der Wochen zuvor, verabschiedeten sie unter der Federführung Eduard Hintzes, eines Seminarlehrers und Kollegen Diesterwegs, einen ‚Aufruf an den preußischen Lehrerstand'. In diesem Aufruf wurde zunächst der „heldenmüthige" Kampf des Berliner Volkes „gegen das hundertjährige Prinzip einer absoluten bürokratischen Soldatenmonarchie" gewürdigt und sodann festgestellt: „Die Revolution ist zu Ende, die Reform muß beginnen, [...] also auch die Reformation des Lehrerstandes."[31] Wie die von Hintze angestrebte „Reformation" des Schulwesens aussehen sollte, darüber entwickelte eine Versammlung der Lehrer der Gymnasial-, Real- und höheren Bürgerschulen am 8. April genauere Vorstellungen. Sie mündete wiederum in einen Mitte April von der Gesamtheit der „Lehrer Berlins" verabschiedeten Forderungskatalog, in dem u.a. die Trennung von Kirche und Schule, die Einsetzung eines separaten Unterrichts-Ministeriums, dessen Politik durch Mitbestimmungsorgane der Lehrer kontrolliert werden sollte, die „Organisation von Schulen zur Fortbildung für die, welche aus der Volksschule in's praktische Leben übertreten", die „Ascension in höhere Stellen nach der Tüchtigkeit", ein Minimalgehalt zwischen (je nach Ort) 200 und 400 Talern, eine sichere Altersversorgung sowie die „Aufhebung der geheimen Conduiten-Listen" verlangt wurde.[32] Obgleich im Programm vom 15. April ein deutlich berufsständischer Zug unübersehbar ist und weitergehende Forderungen fallengelassen wurden[33], stellt dieser Katalog einen Meilenstein in der Geschichte

---

31 Nach: Baumgart, Reform, S. 158 f. Zu den Forderungen der Versammlung vom 8. April vgl. die Eröffnungsrede des Versammlungsvorsitzenden Dr. Gerber (Anm. 29). Als Veranstalter der Versammlung trat der ‚Gesellige Lehrerverein' (Anm. 30) auf; vgl. Einladung zu dieser Versammlung in den Berliner Tageszeitungen vom 25. März 1848.
32 Nach: NZ vom 19. April 1848. (Konduitenlisten waren geheime Beurteilungslisten, als eine Art Personalakten Grundlage für Karrieren wie Disziplinierungen.) Die Quellen lassen zwar genauere Angaben über die soziale und personelle Zusammensetzung der Lehrerbewegung nicht zu. Aber daß jedenfalls für Berlin die Feststellung Franzjörg Baumgarts (Lehrer und Lehrervereine während der Revolution von 1848/49, in: Mentalitäten und Lebensverhältnisse. Beispiele aus der Sozialgeschichte der Neuzeit, Fs. für Rudolf Vierhaus, Göttingen 1982, S. 180 bzw. ders., Zwischen Reform und Restauration. Preußische Schulpolitik 1806-1859, Darmstadt 1990, S. 148 f., 160 f.) nicht zutreffend ist, die Gymnasiallehrer hätten sich der Bewegung weitgehend ferngehalten, ist erstens den Namen einiger exponierter Vertreter der Reformbewegung (neben Ed. Hintze und Dr. Gerber u.a. A. Benary und E. F. August; KBA) und zweitens dem allgemeinpolitischen Engagement zahlreicher Lehrer des gehobenen Schulwesens in der demokratischen Bewegung zu entnehmen.
33 So u. a. von Diesterweg aufgestellte Forderungen nach Übernahme der Kosten des öffentlichen Unterrichts durch den Staat, nach Verabschiedung eines Schulgesetzes durch die „Vertreter der Nation" und Öffnung des „öffentlichen allgemeinen Unterrichts für die Jugend aller Stände", ungeachtet konfessioneller Unterschiede. (Aufruf von Diesterweg: „Was fordert die Zeit?", vom 6. April 1848, in: Berthold Michael, Heinz-Hermann Schepp [Hg.], Politik und Schule von der Französischen Revolution bis zur Gegenwart. Eine Quellensammlung zum Verhältnis von Gesellschaft, Schule und Staat im 19. und 20. Jahrhundert, Bd. 1, Frankfurt a.M. 1973, S. 340-344,

der Berliner Lehrerbewegung dar. Um diesem Reformprogramm im gesamtpreußischen Rahmen mehr Durchsetzungskraft zu verleihen, rief man die Lehrer der Provinzen zu einer Versammlung für den 26. April im Berliner ‚Tivoli‘ auf. Nach sechsstündiger Beratung wurde von der Versammlung, zu der sich auch etwa dreihundert auswärtige Lehrer einfanden, eine Petition angenommen, die in den Grundzügen der erwähnten der Berliner Lehrer entsprach.[34]

Die starke Reformbewegung zwang die Obrigkeit zu reagieren. Einige Forderungen wurden durch ministerielle Erlasse aus der Welt geschafft.[35] Schwerer taten sich die Behörden, den Forderungen nach einem grundsätzlichen Umbau des Schulwesens nachzukommen. Um „eine dem gegenwärtigen Staats- und Volksleben würdig entsprechende Reorganisation zunächst des Volksschul-Wesens" in die Wege zu leiten, wolle man (so erklärte das Ministerium für die geistlichen, Unterrichts- und Medizinal-Angelegenheiten Ende Mai) zunächst die „aus der eigenen Erfahrung der Lehrer hervorgegangenen Ansichten und Wünsche" kennenlernen; zu diesem Zweck seien Konferenzen und Kommissionen geplant. Danach werde man weitere Maßnahmen treffen.[36] Widerspruch äußerten die liberaldemokratischen Lehrer nicht gegen die Schaffung der ins Auge gefaßten Gremien an sich, sondern gegen deren Struktur, dagegen, daß Landräte, Schulinspektoren und Direktoren auf den Konferenzen ihre traditionell dominierende Stellung behalten und ihnen wesentliche Entscheidungsbefugnisse eingeräumt werden sollten. Die reformorientierte Lehrerschaft verlangte statt dessen allgemeine Beteiligung aller Lehrer, freie Wahl der Delegierten und Konferenzvorsitzenden sowie eine substantielle Mitbestimmung bei den Beratungen im Ministerium. Die Berliner Lehrer scheinen den Protest preußenweit koordiniert und außerdem zur Bildung demokratischer Fraktionen auf den Konferenzen ermuntert zu haben.[37] Dem massiven Druck, die Gremien für die Reformdiskus-

hier: S. 343 f.) Ebenso fehlt eine Forderung der Versammlung vom 8. April, wonach alle „Titel", die die interne Hierarchie betonten, fortfallen sollten.

34 Sie wurde ergänzt um zusätzliche Forderungen wie die nach „Gründung von Klein-Kinder-Bewahranstalten in Verbindung mit der Volksschule", zum Teil war sie konkreter gefaßt. Vgl. Pretzel, Geschichte, S. 33 f.; Wolff, RC, II, S. 344; Kuhlemann, Modernisierung, S. 328-331; Baumgart, Lehrer, S. 178 bzw. ders., Zwischen Reform und Reaktion, S. 159. Die Petition vom 26. April gab das Muster vieler weiterer Resolutionen in Preußen und anderen deutschen Staaten während des Revolutionsjahres ab. Sie veranlaßte darüber hinaus Lehrer der verschiedenen Schultypen zur Formulierung je besonderer Wünsche. Die Hilfslehrer etwa verlangten ihre rechtliche und materielle Gleichstellung mit den übrigen Lehrern; vgl. Petition der Berliner ‚Hülfslehrer‘ von Ende Sept., im Wortlaut in: SZ vom 5. Okt. 1848. Die Gymnasiallehrer wiederum relativierten den zentralen Stellenwert des Lateins innerhalb des Lehrplans und wollten den auf Gegenwart und Zukunft orientierten Geschichtsunterricht stärker in den Vordergrund stellen; vgl. hierzu vor allem Dr. Gerber in seiner Rede vom 8. April (Anm. 29).

35 So wurden z.B. die Konduiten-Listen durch einen Erlaß vom 31. Juli 1848 aufgehoben.

36 Vgl. NZ vom 6. Juni 1848.

37 In einer Anzeige in der VZ vom 28. Juni 1848 jedenfalls wurden die „Lehrer in den Provinzen" darauf aufmerksam gemacht, daß „durch die angesetzten Kreisconferenzen das errungene freie

sion nicht von vornherein unter die obrigkeitliche Fuchtel zu stellen, gab der Minister zwar teilweise nach.[38] Indessen nahmen die Kommissionen, die ursprünglich bereits im Juli 1848 mit der Arbeit beginnen sollten, ihre Tätigkeit erst 1849 auf.[39] Damit war ein Erfolg von vornherein ausgeschlossen. Seit Mitte Dezember 1848 wurde der politische Spielraum der Lehrer auch sonst zunehmend eingeengt. Denjenigen, die die ‚gesetzlichen' Schranken ignorierten oder ihre Stellung ‚mißbraucht' hatten, wurden disziplinarische Maßnahmen angedroht.[40]

Am (relativen) Mißerfolg der Lehrerbewegung änderte auch die Unterstützung nichts, die die Forderungen der liberaldemokratischen Lehrerschaft im Revolutionsjahr namentlich durch die organisierte Arbeiterbewegung erfuhren. Schon vor Gründung des Berliner ‚Central-Comités der Arbeiter' hatten verschiedene Berufsgruppen des Handwerks den verbreiteten Unmut über den elenden Zustand des niederen Schulwesens[41] aufgegriffen und neben kostenlosem Schulunterricht die Errichtung von Fortbildungs-Anstalten „auf Kosten des Staates" verlangt.[42] Seinen markantesten Ausdruck fanden schulreformerische

---

Versammlungsrecht Euch nicht genommen ist." Vor allem der Hinweis darauf, daß die demokratischen Lehrer „dieses Euer gutes Recht" wahrnehmen und gegen „konservative Gegenwirkungen" verteidigen sollten, darf als Aufforderung zur Bildung vereinsförmiger demokratischer Fraktionen im Vorfeld der Konferenzen interpretiert werden. Zur Reaktion der Berliner Lehrer auf die Erlasse des Ministers vgl. außerdem NZ vom 26. Juni; KrZ vom 20. Sept. 1848; vgl. ferner Müller, Sozialstruktur, S. 173 ff. sowie Meyer, Schule, S. 31 ff. Über die Beschlüsse der Berliner Lehrerkonferenzen (die denen der Versammlungen vom 15. und 26. April weitgehend gleichen) geben die ausführlichen Berichte in der SZ vom 13. bis 20. Juli 1848 Auskunft.

38 Am Vorsitz der Landräte und Schulinspektoren für die Kreiskonferenzen der Volksschullehrer wurde zwar nicht gerüttelt; die Zusammensetzung der gesamtpreußischen Kommission für das höhere Schulwesen durfte dagegen in freier Wahl von den Lehrern selbst bestimmt werden.

39 Zu den Konferenzen 1849 vgl. Baumgarten, Reform, S. 172 ff.; Hans Heinrich Mandel, Geschichte der Gymnasiallehrerausbildung in Preußen-Deutschland 1787-1987, Berlin 1989, S. 35 f.

40 Zu den Repressionen ab Dez. 1848 vgl. *S. 811 f.* Bereits im Vorfeld der ‚Contrerevolution' hatte der Berliner Magistrat Lehrer zu disziplinieren versucht. Die KrZ berichtete jedenfalls am 8. Sept. 1848, der Magistrat habe „einen der Lehrer an einem städtischen Gymnasium, dessen demokratische Thätigkeit bekannt ist, vorgestern zur Verantwortung ziehen wollen." Der betreffende Lehrer habe jedoch „jede Auslassung, deren Gegenstand nicht Schulangelegenheit[en] beträfe, entschieden verweigert."

41 Auf den Armenschulen werde (so eine offenbar allgemeine Klage) „verhältnißmäßig wenig geleistet", den Schülern aus unterbürgerlichen Schichten würden kaum Elementarkenntnisse im Schreiben und Rechnen vermittelt. Die auf diesen Schulen herrschende Vernachlässigung und allgemeine Unfreiheit sowie überhaupt der für diese Schulen charakteristische „Schlendrian" würde „alles ertödten" und habe „jeden Aufschwung gehindert". Zudem sei das Schulgeld besonders für die schlechtbezahlten Arbeiter eine drückende Last. Zitate aus einem Schreiben L. Goldschmidts, eines sozialreformerischen Fabrikanten, an den Magistrat vom 10. April 1848, in: LAB StA, Rep. 16, Nr. 67, Bd. II, Bl. 140. (In diesem Schreiben listete Goldschmidt Beschwerden der von ihm beschäftigten Arbeiter auf.) Vgl. außerdem *S. 88 f.*

42 Das war nicht nur eine wichtige Forderung der Berliner Arbeiter- und Gesellenbewegung (vgl. Tab. 8), sondern wurde auch von Meistern verlangt; vgl. z. B. die gemeinsame Petition der Stellmachermeister und -gesellen an den Magistrat vom 7. April 1848, in: LAB StA, Rep. 16, Nr. 67, Bd. I, Bl. 39 Rs. Die Berliner Tischlergesellen unterbreiteten, im Rahmen ihrer Forderungen

Vorstellungen im bildungspolitischen Manifest des Berliner Arbeiterkongresses Ende August 1848. Dort wurde nicht nur die konsequente Trennung von Schule und Staat verlangt, sondern überhaupt der Fortfall jeglichen konfessionellen Unterrichts. Die Schulpflicht müsse auf mindestens sieben Jahre ausgedehnt, Bücher, Unterrichtsmaterialen usw. müßten unentgeldlich zur Verfügung gestellt werden. Lehrer seien nicht durch den Staat einzusetzen, sondern von der „ganzen Gemeinde" zu wählen und dürften auch nur durch diese ihres Amtes enthoben werden.[43] Schon wenige Tage nach der Märzrevolution hatte außerdem das Verlangen nach einer Neugestaltung der Bildungsinhalte unter dem Stichwort demokratische „Volkserziehung" in den unteren Bevölkerungsschichten breiten Anklang gefunden.[44] Daß das Schulsystem veränderungsbedürftig war, vor allem die Volksschule von der Kirche getrennt und der Unterricht unentgeltlich sein müsse, wurde in Berlin auch in den *gehobenen* Bevölkerungskreisen von kaum jemandem bestritten.[45]

Die *Schüler* als die eigentlich Betroffenen traten zwar nicht durch programmatische Erklärungen hervor. Sie nutzten jedoch gleichfalls die errungenen Freiheiten – praktisch, indem sie sich dem ungeliebten Unterricht entzogen. „Nach den Märztagen", heißt es in dem Bericht der Leitung einer Armenschule über das Revolutionsjahr, sei der Schulbesuch „ziemlich unregelmäßig" gewesen. Überhaupt hätten sich „die Unruhen zu Anfang des Jahres sehr nachtheilig auf die Gesinnung und Gesittung der Schüler ausgewirkt. Es schien, als ob für die Schule alle Ordnung aufgehört hatte."[46] Das galt für die Schüler des niederen

---

nach der Errichtung von Nationalwerkstätten, „für die Kinder der Arbeiter" Vorschläge, die auf die Schaffung polytechnischen Unterrichts hinausliefen. („Allgemeine Forderungen der Tischlergesellen Berlins" vom 28. März 1848, in: ebd., Bl. 70 Rs.)

43 Außerdem, so lautete eine weitere Forderung, solle das „durchschnittliche" Mindestgehalt eines Lehrers 300 Taler betragen. Gefordert wurden des weiteren den heutigen Berufsschulen vergleichbare Anstalten „zur geistigen und körperlichen Fortbildung der Lehrlinge". Nach: Michael/Schepp, Politik und Schule, S. 367-371, hier: S. 369 f., bzw. Karl-Heinz Günther u.a. (Hg.), Quellen zur Geschichte der Erziehung, Berlin 1971[6], S. 245 ff.

44 Vor allem auf der mehrere zehntausend Teilnehmer zählenden Volksversammlung vom 26. März 1848. Eine entsprechende Forderung Julius Brills (KBA) fand Eingang in die von den Versammelten per Akklamation verabschiedete Adresse an das Ministerium; vgl. BZH vom 28. März 1848 und Wolff, RC, I, S. 436 f., 440 f.

45 Kontrovers war allerdings, ob das von der Berliner Lehrerbewegung aufgestellte Programm in Gänze zu unterstützen sei. Die Reaktion der bürgerlichen Öffentlichkeit Berlins reichte von verhaltener Kritik an einzelnen Forderungen der Lehrer, wie sie etwa die VZ am 18. April vorbrachte, bis zu engagierter Unterstützung der Reformideen durch die SZ und die NZ.

46 Ungeliebte Lehrer, die ihre Schüler zu disziplinieren versuchten, wurden „in einem sehr unerfreulichen Maße belästigt". Zitate: Jahresbericht der 1. Kommunal-Armen-Schule für 1848 (vom 1. April 1849), in: LAB StA, Rep. 20-01, Nr. 1466, Bl. 9 Rs. u. 10, bzw. Aktennotiz vom 26. Mai 1848, in: ebd., Rep. 01, Nr. 2439, Bl. 165. Die Berichte der Schulkommissionen machen es nur in einem Fall (für die 5. Schul-Kommission) möglich, Zeitreihen über Schulversäumnisse zu konstruieren: Danach stieg die Zahl der Schulversäumnis-Anzeigen von 430 bzw. 441 in den Jahren 1846 und 1847 auf 479 im Revolutionsjahr. Insbesondere die Zahlen für 1848 stellen nur die

Schulwesens ebenso wie für die Gymnasiasten.[47] In dem Maße freilich, wie die 1844 eingeführte Strafbarkeit unentschuldigten Schulversäumnisses wieder durchgesetzt, der ‚fliegende Buchhandel‘ der Schulkinder polizeilich verfolgt wurde, überhaupt die „Ruhe zurückkehrte" und „alles so ziemlich wieder in das rechte Geleise" kam, „besserte" sich auch der Schulbesuch „bedeutend".[48] Wie stark sich einerseits die Schüler 1848 am Zeitgeist orientierten und wie wenig andererseits die Lehrerschaft als geschlossen reformorientierte oder gar demokratische Gruppe anzusprechen war, läßt sich beispielhaft den Erinnerungen eines Berliners entnehmen, der 1848 die Schulbank drückte.

„Der Lehrer unserer Klasse war ein strenger, ernster Mann, und obgleich er den Rohrstock eigentlich weniger gebrauchte als die anderen Herren, hatten wir doch einen heillosen Respekt vor ihm. Eines Tages während der Lesestunde ging er in der Klasse auf und ab. Plötzlich blieb er an der Wand, an welcher unsere Mützen und Hüte hingen, stehen, nahm eine Mütze vom Nagel und fragte: ‚Wem gehört diese Mütze?‘ Der Eigentümer stand auf. ‚Wie kommst du dazu, mit einer [schwarz-rot-goldenen] Kokarde an der Mütze zur Schule zu kommen?‘ ‚Mein Vater ist Demokrat und hat sie mir angemacht‘, war die dreiste Antwort. ‚So?‘, entgegnete der Lehrer, vor Zorn ganz rot, und im Nu lag die Kokarde in lauter kleine Stücke zerrissen auf dem Fußboden. Dann stand er einen Augenblick nachdenklich still; plötzlich rief er uns zu, wir sollten alle aus den Bänken treten und uns an der Wand aufstellen. Als dies geschehen, begann er jede Mappe genau zu durchsuchen. Himmel, was kam da zum Vorschein! Nicht bloß Kokarden, sondern Bänder, Schleifen, Schieferstifte, Federhalter, alles in neuen deutschen Farben, vor allem aber Bilderbogen aus der neuesten deutschen Geschichte, politische, humoristische Illustrationen, sogar 3 Exemplare des neuentstandenen ‚Krakehler‘. Als er alles auf den Tisch gelegt hatte, rief er den Schuldiener herein und sagte: ‚Packen Sie diesen ganzen Kram in den Papierkorb und schütten Sie alles in die Müllgrube!‘"[49]

Der progressiven Fraktion, die sich öffentlichkeitswirksam vor allem während der Versammlungen im April 1848 artikulierte, standen seit dem Frühsommer

---

Spitze des Eisberges dar, da aufgrund der Zeitumstände in diesem Jahr vermutlich weit weniger unentschuldigte Fehltage zur Anzeige kamen als in den Vorjahren. Angaben nach: LAB StA, Rep.20-01, Nr. 277, Bl. 182 und 233.

47 Die Gymnasiasten, die bereits in den Tagen vor dem 18. März durch das Tragen deutscher Kokarden aufgefallen waren, bildeten nicht nur ein eigenes, kleines ‚fliegendes Corps‘ (vgl. *S. 254)*, sondern brachten darüber hinaus in nachweisbar zwei Fällen den Direktoren ihrer Schulen ohrenbetäubende ‚Katzenmusiken‘ – „erbauliche Beweise von Schuldisciplin", wie die NZ vom 28. Mai 1848, ironisch kommentierte. Zu ähnlichen Vorfällen scheint es auch in anderen Schulen gekommen zu sein; vgl. Aktennotiz eines Magistratsmitgliedes vom 26. Mai 1848, in: LAB StA, Rep. 01, Nr. 2439, Bl. 165.

48 Jahresbericht der 1. Kommunal-Armen-Schule für 1848 (Anm. 46). Insbesondere seit den Bekanntmachungen der Schuldeputation und des Polizeipräsidenten vom 12. Mai 1848, in denen unter anderem die Verpflichtung zum Schulbesuch betont wurde, griffen Bürgerwehr und Polizei systematisch ‚schwänzende‘ Schüler auf; vgl. die Tageszeitungen vom 30. Mai 1848 sowie LAB StA, Rep. 20-01, Nr. 62.

49 W. Krieger, in: Berliner Bär, 16. Jg./1889, S.583, nach: Löhken, Revolution 1848, S. 85.

anscheinend zahlreiche Lehrer gegenüber, die sich zu den konservativen Vereinen hingezogen fühlten und mit dem traditionellen Schulsystem nicht brechen wollten.[50] Das Gros freilich blieb ,unpolitisch'. Auch die vormals aktiven Lehrer wurden, wie Diesterweg klagte, „revolutionsmüde", hielten sich vom politischen Tagesgeschehen entfernt und zogen sich aus den Konferenzen und Vereinen zurück. Schon im Revolutionssommer war dies zu beobachten. An der rasch nachlassenden Teilnahme an den Berliner Lehrerkonferenzen Mitte Juli[51] läßt sich ablesen, daß die Reformbewegung der Lehrer letztlich nur von einer Minorität getragen wurde.

c. Die Reformbewegung der Ärzte

Auch die Reformbewegung der Berliner Ärzte war lediglich die Angelegenheit einer Minderheit.[52] Im Gegensatz zu heute gab es bis 1848 allerdings keinen einheitlichen Berufsstand. Die Ärzteschaft gliederte sich vielmehr in drei Großgruppen: in die an der Universität ausgebildeten, approbierten Ärzte, in die Wundärzte 1. Klasse (bis 1825: Stadtwundärzte) sowie schließlich in die Wundärzte 2. Klasse, die überwiegend auf dem Land tätig waren.[53] Die Schaffung eines einheitlichen Berufsstandes bildete deshalb einen wichtigen Programmpunkt der Ärztebewegung von 1848/49. Noch in anderer Hinsicht war die Ärzteschaft gespalten: Ein erheblicher Teil war nicht frei praktizierend, sondern stand in staatlichen Diensten. Von den insgesamt knapp dreitausend akademischen Ärzten Preußens waren 1842 36,5% als Beamte oder Militärärzte vom Staat abhän-

---

50 Konservativ exponiert waren vor allem Lehrer in Leitungspositionen: Unter den Mitgliedern des Preußenvereins waren nachweisbar vier Schulvorsteher, ein Gymnasial-Direktor und Seminar-Lehrer sowie drei weitere, vermutlich einfache Lehrer (ohne Angabe des Schultyps). (Nach: ,Locomotive' vom 7. Aug. 1848.) Sie waren damit im Preußenverein, im Vergleich zu ihrem Anteil an der Gesamtbevölkerung, deutlich überrepräsentiert. Zur konservativ-berufsständischen Strömung namentlich unter den Gymnasiallehrern, die sich seit 1849 offen artikulierte, vgl. Müller, Sozialstruktur, S. 178.

51 Am 12. Juli blieben von 377 geladenen Lehrern bis zur Wahl der Delegierten für die Provinzialkonferenz nur 162. Am 13. Juli erschienen von 226 gewählten Delegierten nur 148; vgl. SZ vom 16. und 18. Juli 1848. An der wachsenden Resignation vieler anfangs reformeuphorischen Lehrer änderte weder die Gründung des ,Allgemeinen Deutschen Lehrervereins' Ende Sept. 1848 in Eisenach etwas noch die Zusammenfassung der bestehenden Lehrerorganisationen der preußischen Hauptstadt zu einem ,Allgemeinen Berliner Lehrerverein' am 28. März 1849; ihm war nur ein kurzes Leben beschieden; vgl. Pretzel, Geschichte, S. 48.

52 1848 waren in der preußischen Hauptstadt etwa 550 Ärzte tätig. (Nach: Boeckh, Bevölkerungsaufnahme, IV, S. 13; ohne Zahnärzte und die jeweils etwa fünfzig Tierärzte und Hebammen; arithmetisches Mittel der Zählungen 1846 und 1849.)

53 Vgl. im einzelnen Finkenrath, Medizinalreform, S. 4 ff.; Claudia Huerkamp, Der Aufstieg der Ärzte. Vom gelehrten Stand zum professionellen Experten: Das Beispiel Preußen, Göttingen 1985, bes. S. 45-50; dies., Ärzte und Professionalisierung in Deutschland, in: GG 6. Jg./1980, S.355 f.

gig, von den knapp achthundert Wundärzten 1. Klasse sogar mehr als die Hälfte.[54] In Berlin werden diese Relationen in den vierziger Jahren ähnlich gewesen sein. Insbesondere die zahlreichen Kompanie-Chirurgen mußten vor jeder „Uniformtresse zu Kreuze kriechen", die „tiefste Verwundung und Kränkung der Ehre" erleiden und die „offenbarsten Schändungen des Standes" hinnehmen.[55] Aber auch die frei praktizierenden Ärzte suchte der preußische Staat an sich zu binden. Nach der seit Juli 1840 in Kraft gesetzten, bis 1869 gültigen Eidesformel mußte jeder Arzt „vor Gott" schwören, daß er „Sr. Königl. Majestät von Preußen, Meinem Allerwürdigsten Herrn, unterthänig, getreu und gehorsam sein" wolle. Da das nicht reichte, wurde in Preußen (und ähnlich in anderen deutschen Staaten auch) ein ‚Obercollegium medicum' sowie für die Provinzen ‚Collegia medica' eingerichtet, deren Mitglieder durch den Staat ernannt wurden. Diese Collegia hatten „Denunziationen" zu bearbeiten, im Verdachtsfalle „Untersuchungen gegen Medizinalpersonen" einzuleiten, ferner „Streitigkeiten der Medizinalpersonen untereinander" zu schlichten sowie andere wichtige ärztliche Angelegenheiten zu regeln. Vergehen auch der nichtbeamteten „Medicinalpersonen" wurden, wie bei den Beamten, als Dienstvergehen ohne Einschaltung ordentlicher Gerichte intern geahndet. Disziplinarisch den Beamten gleichgestellt, besaßen die Ärztegruppen aber nicht deren Privilegien, vor allem keine gesicherte Stellung mit Aufstiegsmöglichkeiten, regelmäßigen Gehaltserhöhungen sowie Pensionsanspruch.[56] Seit Anfang der vierziger Jahre beeinträchtigte darüber hinaus die „Überfüllung ihres Standes" die materielle Situation der meisten Ärzte. Die Verarmung weiter Teile der Bevölkerung verminderte zudem die Zahlungsbereitschaft der Patienten.[57]

Ähnlich wie bei den Lehrern führten die sozial häufig schwierigen Verhältnisse und die starke politische Gängelung durch den Staat auf der einen Seite, das hohe Ausbildungsniveau, aber auch die Verbreitung aufklärerischen und fortschrittlichen Gedankenguts auf der anderen Seite zu einer unter der Oberfläche schwelenden politisch-sozialen Kritik an den allgemeinen Verhältnissen und zu

---

54 Nach: Finkenrath, Medizinalreform, S. 19.
55 Vertrauliche Briefe an einen deutschen Staatsmann über personelle und wissenschaftliche Zustände in Verwaltung, Lehrweise, Vertretung und Ausübung der Medizin, 1845, nach: ebd., S. 13 f. Intern war das Militärarztwesen vor allem über extreme Gehaltsunterschiede stark gestaffelt. Während das Gehalt der Regiments- und Oberstabsärzte bei 900 bis 1200 Talern lag, mußten Kompanieärzte mit dem zehnten Teil (120 Talern) jährlich auskommen.
56 Vgl. ebd., S. 20 f.; Huerkamp, Aufstieg, S. 242 f.
57 „Mit Nahrungssorgen belastet, ohne hinreichende Mittel zur wirklichen Pflege der armen Kranken [...], abgespannt und mißmuthig" und in Gefahr, den Forderungen seiner „Pfleglinge" „kaltes Phlegma" entgegenzusetzen – so hat Virchow die Situation der Ärzte gekennzeichnet, die sich um die ärmere Bevölkerung zu kümmern hatten. (Nach: Finkenrath, Medizinalreform, S. 34.) Ihnen gegenüber standen solche, die ihre Patienten in den ‚besseren' Bevölkerungsschichten fanden und es zu einigem Wohlstand brachten.

einem erheblichen Reformdruck. Sichtbar wurde dies, als nach dem 19. März die Berliner Ärzteschaft ihre politischen Forderungen in Adressen öffentlich vortrug, in ihren eigenen Zeitschriften – vor allem der von dem „militanten Demokraten" (W. Bußmann) Virchow und seinem Kollegen Leubuscher herausgegebenen ‚Medizinischen Reform'[58] – Reformvorschläge intensiv diskutierte und standespolitische Vereinigungen ins Leben rief. Als erste Organisation, die sich eine Reform des Medizinalwesens zum Ziel gesetzt hatte, wurde noch Ende März der ‚Medicinische Club' ins Leben gerufen – zunächst vor allem von Studenten. Ihm schlossen sich recht bald auch praktische Ärzte und akademische Lehrer an.[59] Aus diesem gingen insgesamt drei vereinsähnliche Organisationen hervor: (1.) eine ‚General-Versammlung der Berliner Ärzte', deren Gründung auf einen Beschluß der ‚Geburtshilflichen Gesellschaft' vom 2. April zurückging und die die bestehenden fachlichen Organisationen und Zirkel zusammenfassen sollte[60], (2.) der am 27. April ins Leben gerufene ‚Verein praktischer Ärzte und Wundärzte zur Förderung der Gesammtinteressen des Heilpersonals', der etwa fünfzig Mitglieder zählte und allen im medizinischen Bereich tätigen Personen offenstand[61], sowie (3.) schließlich ein ‚Verein der Medizin-Studenten', der am 31. Juni ins Leben trat.[62]

Hauptanliegen der Reformbewegung war, neben der Forderung nach Bildung eines einheitlichen Ärztestandes, die materielle Absicherung der Ärzteschaft

---

58 Die ‚Medizinische Reform' erschien vom 10. Juli 1848 bis 29. Juni 1849. Eine weitere, gemäßigtere Wochenschrift, ‚Der Mediziner', noch vor der ‚Medizinischen Reform' gegründet, ging bereits im Herbst 1848 wieder ein.

59 Zur Genesis der medizinischen Vereine 1848 vgl. SZ vom 19. Juli 1848 sowie Wolff, RC, II, S. 341 f.

60 So jedenfalls Wolff, RC, II, S. 341. Anfänglich eine Standesorganisation nur der promovierten Ärzte, öffnete sie sich relativ bald auch für die Wundärzte; vgl. VZ vom 18. Aug. 1848. Zu den aus dem Vormärz überkommenen Ärztevereinen, meist exklusiven, dem Staat verbundenen Gesellschaften ohne echten Reformwillen, vgl. *S. 97.*

61 Zum Selbstverständnis dieses Vereins heißt es in der SZ vom 7. Mai 1848: „Nicht äußere Autorität, nicht höhere oder niedere Beamtenstellung, nicht Titel oder anderweitige Würden, am wenigsten Coterien und Intriguen, sollen die Aufnahme eines Mitgliedes möglich machen." Am Verein sollten sich „praktische Ärzte und Wundärzte" gleichberechtigt „betheiligen und die schroffen, beengenden Schranken dieser sogenannten verschiedenen Classen des Heilspersonals endlich wegfallen." Die Mitglieder trafen sich einmal wöchentlich.

62 Dem ‚Verein der Medizin-Studenten' ging es in erster Linie um die Reform des Medizin-Studiums; vgl. VZ vom 28. Juni und 22. Juli 1848 sowie Wolff, RC, III, S.489; außerdem oben *S. 363.* Daneben bestanden noch ein ‚Verein promovierter Ärzte' (seit dem 9. Juni 1848) sowie ein ‚Verein der Zahnärzte', der Ende April 1848 gegründet worden war und sich als Aufgabe gestellt hatte, die spezifischen Interessen dieser Ärztegruppe zu vertreten. Auch die Tierärzte begannen sich Ende Mai eigenständig zu organisieren; vgl. Einladung zu einer Versammlung für den 29. Mai zwecks Beratung einer Petition, in: VZ vom 25. Mai 1848. Über den Inhalt der Petition wie über die weitere Organisierung der Berliner Tierärzte ist nichts bekannt. Zu den Zahnärzten vgl. VZ vom 23. April und 11. Juli 1848, zum ‚Verein promovierter Ärzte' Finckenrath, Medizinalreform, S. 44, Anm. 1.

durch rechtliche Gleichstellung mit den Staatsbeamten.[63] In einer Adresse an die Deutsche Nationalversammlung in der Paulskirche forderte der ‚Verein praktischer Ärzte und Wundärzte' darüber hinaus die „Feststellung eines allgemeinen deutschen Heimaths-, Freizügigkeits- und Niederlassungsrechtes" sowie ein „für ganz Deutschland gültiges allgemeines Ausübungsrecht des ärztlichen Berufes".[64] Unisono wandten sich die Ärzteorganisationen gegen das „bürokratische Bevormundungssystem". An dessen Stelle müsse auch in der „medicinischen Gesetzgebung" das „Princip der Autonomie" treten.[65] Angesichts der besonders schwierigen Situation der bei der Armee angestellten Mediziner vereinigten sich „sämmtliche Militair-Oberärzte und Chirurgen" Berlins zu einer Adresse an den Kriegsminister, in der sie die sofortige Gewährung des ihnen längst versprochenen Offiziersranges verlangten.[66] Vom Berliner ‚Verein praktischer Ärzte und Wundärzte' wurde „die Umgestaltung des Militair-Heilwesens" sogar „als die dringendste Aufgabe" der Medizinalreform bezeichnet.[67]

Vor allem die Gruppe um Virchow wandte ihr Augenmerk darüber hinaus dem Elend und der unzureichenden medizinischen Versorgung der unteren Bevölkerungsschichten zu. „Die Ärzte sind die natürlichen Anwälte der Armen und die sociale Frage fällt zu einem erheblichen Theil in ihre Jurisdiction", hieß es programmatisch in der ersten Nummer der ‚Medizinischen Reform'.[68] Ein Problem war, daß zwischen den Armenärzten und ihren Patienten ein häufig gespanntes Verhältnis bestand. Der Arzt war durch seine materiell „miserable Stellung" ermüdet. Die „armen Kranken" wiederum wurden dadurch verbittert, daß man sie zwang, „sich von einem von oben her bestimmten Arzt behandeln zu lassen, denn es blieb ihnen nur die Wahl, unbehandelt zu bleiben oder sich an den der Autorität genehmen Arzt zu wenden." Virchow, der dies formulierte[69], zog daraus die radikale Konsequenz nach Aufhebung des Armenarztwesens überhaupt. Nach seinen Vorstellungen sollten auch diejenigen ihren Arzt frei wählen können, die auf finanzielle Unterstützungen durch den Staat oder die Kommunen angewiesen waren. Außerdem verlangte Virchow in seiner Zeitschrift die allgemeine Beschränkung der Arbeitszeiten, Verpflegung „unmittelbar" Kranker durch den Staat sowie unentgeltliche Ausbildung der Medizinstu-

---

63 Vgl. ebd., S. 50.

64 Nach: SZ vom 21. Juli 1848.

65 Petition des Berliner ‚Vereins praktischer Ärzte und Wundärzte' an Ladenberg vom 24. Juni 1848, in: VZ vom 29. Juni 1848.

66 Nach: Wolff, RC, II, S. 342.

67 Aufruf des Berliner ‚Vereins praktischer Ärzte und Wundärzte' an die Ärzte Preußens vom 24. Juni, in: VZ vom 29. Juni 1848.

68 Nach: Andree, Virchow, S. 182 bzw. Walter Bußmann, Rudolf Virchow und der Staat, in: Helmut Berding u.a. (Hg.), Vom Staat des Ancien Regime zum modernen Parteienstaat. Fs. für Theodor Schieder, München/Wien 1978, S. 274.

69 In: ‚Medizinische Reform', nach: Finkenrath, Medizinalreform, S. 34.

denten. In mancher Hinsicht ähnelten die Forderungen der demokratischen Ärzteschaft denen der radikaleren Gesellengruppen bzw. denen des ‚Central-Comité der Arbeiter' um Stephan Born; die sich im Sommer 1848 anbahnende, enge Zusammenarbeit zwischen beiden Seiten kann deshalb nicht überraschen. Organisatorisches Ergebnis der politischen Verwandschaft zwischen den demokratischen Ärzten und der frühen Arbeiterbewegung war der im Mai 1849 gegründete, der Berliner Arbeiterverbrüderung assoziierte Gesundheitspflegeverein.[70] Die herausragende und schon 1848 einflußreiche Stellung Virchows darf freilich nicht darüber hinwegtäuschen, daß der Kreis um ihn, R. Leubuscher, S. Neumann sowie den Wundarzt J.H. Hoffert, die auf die „volksthümliche Reorganisation der öffentlichen Gesundheitspflege" zielten und hier zugleich einen Hebel zur Lösung der ‚sozialen Frage' sahen, innerhalb der gesamten Berliner Ärzteschaft minoritär blieb. In den vereinsinternen Debatten dominierten gemäßigte und vor allem standespolitische Programmpunkte.[71] Infolge zahlreicher Meinungsverschiedenheiten ging es auf den vereinsübergreifenden Versammlungen „stürmisch" her. Während der ersten Sitzungen mußte fast jedesmal ein neuer Präsident gewählt werden. Relativ bald ließen außerdem das Interesse und der Besuch der Versammlungen nach; die Reformvorhaben kamen nicht voran.[72]

Die Reaktion des Staatsministeriums auf die Forderungen der Ärztebewegung war zunächst abwartend und schließlich arrogant. Nicht einmal auf das in allen preußischen Provinzen laut gewordene Verlangen nach der Einberufung eines allgemeinen Ärztekongresses wollte der zuständige Minister eingehen.[73] Gemessen an den zum Teil sehr weitgehenden Forderungen blieb der ärztlichen Reformbewegung des Jahres 1848 ein durchgreifender Erfolg versagt.[74] Zu einer institu-

---

70 Zum Gesundheitspflegeverein vgl. *S. 845 f.* Maschinenbauer, Tischler und eine Reihe kleinerer Gesellen- und Arbeitergruppen, insgesamt ein gutes Fünftel aller Berliner Gesellen und Arbeiter, verlangten in ihren Petitionen Ende März bis Anfang Mai ein volkstümliches Gesundheitswesen, selbstverwaltete Krankenkassen, Arbeiterinvalidenhäuser u.ä.m.; vgl. Tab. 8.

71 Vgl. Huerkamp, Aufstieg, S. 243. Zwar wurde immerhin eine Reihe der Forderungen Virchows von größeren Teilen der Reformbewegung aufgegriffen und etwa die Verbeamtung der Armenärzte sowie die partielle Verstaatlichung des Gesundheitswesens verlangt. Aber selbst diese Forderungen waren keineswegs unumstritten; vgl. im einzelnen Finkenrath, Medizinalreform, bes. S. 39, 41 f., 50. Zu Virchow, Neumann und Leubuscher vgl. KBA.

72 Ein Entwurf zu einer Medizinalreform, der von einer Kommission der Berliner Ärzteschaft erarbeitet worden war und insgesamt siebzig Paragraphen umfaßte, wurde nur bis zum § 28 beraten; vgl. ebd., S. 48.

73 Durch Erklärungen vom 10. und 25. Juli ließ Ladenberg mitteilen, daß „irgend ein haltbares Argument für die Nothwendigkeit eines von der Regierung einzuberufenden medizinischen Kongresses nicht zu finden" sei. (In: SZ vom 11. Juli bzw. VZ vom 28. Juli 1848.) Der Protest der Berliner Ärztebewegung gegen diesen ablehnenden Bescheid (vgl. NZ vom 14. Juli, VZ vom 16. Juli und SZ vom 6. Aug. 1848) war vergeblich.

74 Entsprechend scharf war auch die Kritik etwa des ‚Vereins praktischer Ärzte und Wundärzte' an den halbherzigen Reformkonzepten des Staates; vgl. Erklärung des Vereins vom 4. Nov., in: BZH vom 10. Nov. 1848.

tionalisierten Mitsprache der Ärzte in allen medizinpolitischen Angelegenheiten kam es nicht, ebensowenig zu einer Verbeamtung und staatlichen Altersversorgung der Ärzte. Die weitgehenden Befugnisse des Staates gegenüber den Ärzten wurden in ihrer Substanz nicht angetastet. Um den politischen Druck zu reduzieren, wurden allerdings einige der ärztlichen Reformforderungen des Revolutionsjahres staatlicherseits aufgegriffen. Im Frühsommer 1848 setzte das Kriegsministerium eine Kommission ein, die Mitte August des Jahres einen Bericht zur Einleitung einer Reform des Militärwesens vorlegte. Positive Konsequenzen hatte der Bericht für die Militärärzte vor allem in einer Hinsicht: Laut einer Verordnung des Kriegsministers vom Dezember 1848 mußten Ärzte von gemeinen Soldaten und Unteroffizieren nunmehr so wie andere, gleichrangige Offiziere gegrüßt werden.[75] Diese geringfügig anmutende Reform war für die Betroffenen ein wichtiger symbolischer Schritt zur vollen Anerkennung ihrer fachlichen Kompetenzen. Bedeutsamer freilich war, daß in den Jahren nach der Revolution die Ärzteschaft zu einem einheitlichen Stand verschmolzen wurde. Bereits in den Jahren vor der Revolution war von seiten des Staates die Notwendigkeit anerkannt, einen einheitlichen Ärztestand zu schaffen.[76] Die Revolution beschleunigte diese Bemühungen. Zwischen 1849 und 1852 wurden die für Wundärzte 1. Kategorie reservierten medizinisch-chirurgischen Lehranstalten in Preußen geschlossen. Gesetzlich sanktioniert wurde der einheitliche Ärztestand dann am 8. Oktober 1852.[77]

Nicht nur innerhalb der Reformbewegung der Ärzte existierte eine relativ starke, für die Nöte der sozialen Unterschichten aufgeschlossene, demokratische Fraktion. Auch in der allgemein-politischen Bewegung war die Zahl der auf der gemäßigten oder radikalen Linken exponierten Mediziner groß. Virchow hat das soziale und demokratische Engagement vieler Ärzte nicht zuletzt auf die engen Kontakte mit proletarischen Patienten und die dadurch bedingte Sensibilisierung für soziale Probleme zurückgeführt. Wer könne sich, so seine rhetorische Frage, „darüber wundern, daß die Demokratie und der Socialismus nirgend mehr Anhänger fanden, als unter den Ärzten? daß überall auf der äußersten Linken, zum Teil an der Spitze der Bewegung, Ärzte stehen? Die Medicin ist eine sociale Wissenschaft, und die Politik nichts weiter, als die Medicin im Großen."[78]

---

75 Vgl. Finkenrath, Medizinalreform, S. 15.
76 Vgl. den Entwurf zu einer Medizinalreform von J. H. Schmidt aus dem Jahre 1846, nach: ebd., S. 8.
77 Zusammengefaßt und einer einheitlichen Ausbildung unterworfen wurden die akademischen Ärzte, die 1. Wundärzte und die Chirurgen. An die Stelle des Wundarztes 2. Klasse trat seit Okt. 1851 der Beruf des Heildieners, der nur an seinem Wohnort und zudem auf Widerruf zu kleineren Operationen konzessioniert war; vgl. Huerkamp, Ärzte und Professionalisierung, S. 359; dies., Aufstieg, S. 245.
78 In: Medizinische Reform, nach: Finkenrath, Medizinalreform, S. 34. Neben Virchow, Neumann und Leubuscher sind unter den Berliner Ärzten, die sich als Demokraten exponierten, vor allem A. Hexamer, M. Lövinson und A. Löwenstein, außerdem M. B. Lessing und der Sanitätsrat

d. Andere

Andere bürgerliche Berufsstände waren nicht so exponiert. Die etwa vierzig *Apotheker* Berlins, die Anfang April zu einer ‚Pharmaceutischen Gesellschaft‘ zusammengetreten waren, sandten am 13. April dem brandenburgischen Oberpräsidenten eine Adresse, in der sie die Notwendigkeit „zeitgemäßer Bestimmungen" über die Konzessionierung selbständiger Apotheken betonten und andere berufsspezifische Wünsche vortrugen.[79] Innerhalb der allgemein-politischen Bewegung trat jedoch keiner von ihnen stärker hervor. Unter den *Juristen* der preußischen Hauptstadt entwickelte nur die jüngere Generation im Rahmen einer eigenen berufsständischen Organisation Reformaktivitäten. Ende März bildete sich ein ‚Verein jüngerer Juristen‘, der es sich zur Aufgabe machte, „mit geselligen Zwecken die Erörterung juristischer, politischer und socialer Fragen zu verbinden und die gewonnenen Resultate auch practisch und nach außen hin zu bethätigen." Unter dem Vorsitz bekannter Berliner Demokraten beschäftigte man sich im besonderen „mit den verschiedenen großen und kleinen Übelständen im preuß[ischen] Justiz-Dienste, namentlich [mit der] Stellung der Referendare und Auscultatoren".[80]

Die (sonstige) *gehobene staatliche und kommunale Beamtenschaft* trat – im Gegensatz zum unteren und mittleren Beamtentum sowie zu den ‚Privatbeamten‘, auf die im nächsten Kapitel einzugehen sein wird – im Revolutionsjahr zu keinem Zeitpunkt mit Reformprojekten und berufsständischen Organisationen ins Rampenlicht der Öffentlichkeit. Überraschen kann dies nicht. Die gehobenen Beamten als der „eigentlich bevorrechtigte Adel in Preußen" (R. v. Gneist) fühlten sich dem Staat verpflichtet und mußten fürchten, daß ihnen die Formulierung eigener Reformkonzepte als Illoyalität ausgelegt wurde. Sie waren zudem häufig aus tiefster Überzeugung der preußischen Krone verbunden. Nachdem mit der Märzrevolution „der Blitz der neuen Zeit" in das „stolze Gebäude" des preußischen Beamtentums eingeschlagen war, suchten sich die meisten Staatsdiener möglichst ‚unsichtbar‘ zu machen. Als seit Mai/Juni 1848 sich dann das Blatt zu wenden begann, wagten auch höhere Beamte (wieder) das öffentliche, politische Engagement – allerdings nicht in separaten Berufsorganisationen, sondern in den allgemein-konservativen Vereinigungen. Sie stellten das perso-

---

Thümmel, die beide Mitte Mai im Berliner ‚Volks-Wahl-Comité‘ saßen, sowie Peter Riess und J. Waldeck, die an der Gründung des Berliner ‚Central-Comités der Arbeiter‘ beteiligt waren, herauszuheben. Zu den als Demokraten bekannten Medizinstudenten gehörten J. Diesterweg (Sohn Adolph Diesterwegs), R. O. Feenburg und P. Boerner; vgl. KBA.

79 Wolff, RC, II, S. 342.

80 NZ vom 21. April 1848. E. Meyen (KBA) stand seit April dem Verein vor. Über Petitionen des Vereins u.ä. ist nichts weiter bekannt. Traditionelle Berufsorganisationen wie der Berliner Juristen-Verein als Forum der etablierten Rechtsgelehrten traten demgegenüber während des Revolutionsjahres nicht weiter in Erscheinung.

nelle Korsett namentlich des Patriotischen und Preußen-Vereins sowie des 1849 gegründeten ‚Treubundes mit Gott für König und Vaterland‘.[81]

Zusammenfassend kann festgestellt werden, daß das Wirtschaftsbürgertum und die gehobene Beamtenschaft stärker konservativ, das Bildungsbürgertum dagegen eher liberal und demokratisch orientiert war. Am Beispiel der Hochschullehrer ließ sich außerdem besonders gut zeigen, daß neben der Zugehörigkeit zu den einzelnen sozialen Gruppen das Lebensalter eine maßgebliche Rolle für politische Präferenzen spielte: Angehörige der jüngeren Generation fühlten sich eher zu ‚linken‘ Bewegungen hingezogen, die der älteren dagegen stärker zur entstehenden konservativen Massenbewegung – oder sie kultivierten bewußt ihr vermeintliches ‚Unpolitisch‘-Sein. Die Differenzierung entlang den verschiedenen Generationen erklärt sich nicht nur aus unterschiedlicher Emotionalität, geringerem oder stärkerem Enthusiasmus, sondern auch aus verschiedenen politischen Vorerfahrungen (namentlich dem Erlebnis der Befreiungskriege und dem Eindruck der Julirevolution). Sie galt tendenziell ebenso für die nichtbürgerlichen Sozialgruppen. Die sich während der Revolution stärker ausprägende, auch politische Spaltung innerhalb des Handwerks, zwischen Gesellen und Meistern, war ja häufig zugleich ebenso eine des Alters.

Schichtenübergreifendes bürgerliches Vereinswesen

Neben den verschiedenen berufsständischen Reformbewegungen und dem allgemein-politischen Vereinswesens existierten weitere Vereine, die allen Bürgern, und auch Angehörigen der Mittelschichten, offenstanden. Obwohl sein Name dies nahelegt, war der am 7. April 1847 gegründete ‚Freihandelsverein‘ weder eine Konkurrenzorgansiation zur KKB noch überhaupt eine Vereinigung nur des Wirt-schaftsbürgertums. Obgleich wichtiges Forum für die Diskussion handelspolitischer Fragen, finden sich unter den Mitgliedern dieses Klubs neben Unternehmern, die dem Prinzip des Freihandels huldigten, auch höhere Staats- und Kommunalbeamte, Professoren, Ärzte, Lehrer und Publizisten. Die Zahl seiner Mitglieder blieb freilich auch im Revolutionsjahr begrenzt; er behielt den Charakter einer Honoratiorenvereinigung bei. Vom 19. März bis Ende Juni rührte er sich überhaupt nicht, danach widmete er sich erneut der Diskussion vornehmlich handelspolitischer Fragen. Wesentlichen Einfluß auf wirtschaftspolitische Ent-

---

81 Zitate: Gneist, Berliner Zustände, S. 86 f., bzw. NZ vom 23. Juli 1848. Zum Engagement der gehobenen Beamten in konservativen Vereinen vgl. *S. 287, 610 und 827.*

scheidungen des Staates nahm er auch in der zweiten Hälfte des Jahre 1848 nicht.[82]

In der gleichfalls während des Vormärz gegründeten ,Polytechnischen Gesellschaft' wurden für ein breites bürgerliches Publikum Vorträge über technische und naturwissenschaftliche Entwicklungen gehalten. Ins Leben getreten war diese Vereinigung bereits Anfang 1839. 1845 zählte sie immerhin knapp 800 Mitglieder, darunter „nicht allein Vertreter fast aller technischen Gewerbe und der verschiedenen Handelszweige, sondern auch Männer der Wissenschaft". In den folgenden Jahren fand sie weiterhin Zuspruch in breiteren Kreisen der gehobenen Berliner Bevölkerung.[83] In den ersten Wochen nach der Märzrevolution war von ihr allerdings nichts zu vernehmen. Mitte April 1848 gab der Vorstand der Polytechnischen Gesellschaft dann bekannt, daß die Vereinigung auch weiterhin die „gewerblichen Interessen" zum „Hauptgegenstand" ihrer Erörterungen machen wolle. Das Gros der Mitglieder stand zwar dem Konstitutionellen Klub nahe. Eine förmliche Verbindung zu diesem lehnten die Mitglieder der Polytechnischen Gesellschaft jedoch ab, da „sie in ihrer Eigenschaft als Förderin der Industrie bei der bevorstehenden Entwickelung der politischen Verhältnisse neutral bleiben" wollten. Maßgeblichen Einfluß auf wirtschaftspolitische Entscheidungen konnte die Gesellschaft jedoch während des Revolutionsjahres genausowenig wie der Freihandelsverein gewinnen.

Ähnliches gilt für die 1846 ins Leben getretene ,Bürgergesellschaft', deren schwierige Geburt in Kapitel I.2 beschrieben wurde. 1848 widmete sie sich einem breiten Spektrum politischer Themen, verfaßte Petitionen in Sachen Arbeits- und Wirtschaftspolitik und suchte auch auf die Wahlen zur Preußischen und Deutschen Nationalversammlung Einfluß zu nehmen. Ihre in vielen Fragen wenig eindeutige Haltung und die gleichzeitige Vielzahl an politischen Alternativen ließen die Bürgergesellschaft im Revolutionsjahr freilich rasch an Bedeutung verlieren.

Andere politische Zielsetzungen, die in seinem Namen bereits angedeutet sind, verfolgte der ,Centralverein für das Wohl der arbeitenden Klassen', dessen Mitglieder sich zu etwa gleichen Teilen aus dem Wirtschafts- und dem Bildungsbürgertum rekrutierten. Die Geschichte dieser sozialreformerischen Vereinigung, die 1844 ins Leben trat, aufgrund staatlicher Restriktionen während des Vormärz

---

82 Vgl. SZ vom 29. Juni und 15. Okt.; VZ vom 20. Okt.; KrZ vom 20 Aug. und 19. Okt. 1848; außerdem Meyer, Öffentliches Leben, S. 44 f.; Kaelble, Unternehmer, S. 189, 218 f.

83 1847 war die Zahl ihrer Mitglieder auf 760 leicht gesunken. Nach Kaelble diente sie dem „Austausch von technologischen Kenntnissen". „Streng ausgewählt" können ihre Mitglieder seit Mitte der vierziger Jahre aber nicht mehr gewesen sein. Das zeigt nicht nur die große Zahl ihrer Mitglieder, sondern auch die große öffentliche Resonanz der Gesellschaft: Zum Stiftungsfest am 26. Febr. 1847 fanden sich 1200 Mitglieder und Gäste ein; vgl. VZ vom 1. März 1847, sowie S. 97. Zur Mitgliederstruktur vgl. NZ vom 15. April 1848; Kaelble, Unternehmer, S. 238. Die folgenden Zitate aus: SZ vom 15. April und NZ vom 8. Mai 1848.

jedoch keine wirkungsvollen Aktivitäten entfalten konnte, 1848 dann wieder zu neuem Leben erwachte, ist bekannt[84] und braucht hier nicht im einzelnen nachgezeichnet werden. Außerdem darf der Einfluß des Central- und Lokalvereins auf das politische und soziale Geschehen in der Hauptstadt während des Revolutionsjahres nicht überschätzt werden. Der Centralverein und sein Berliner Ableger seien bereits im Vormärz „nicht einmal unter den Armen populair [gewesen], denen er seine Thätigkeit zuwendete", hieß es etwa im ,Vereinsblatt der Maschinenbau-Arbeiter' Mitte September 1848. „Jetzt aber" sei er vollends überflüssig; denn nun seien „durch das allgemeine Associationsrecht die Bedingungen gegeben", daß sich die Arbeiter eigenständig organisieren könnten.[85] Es war kein Zufall, daß sich das Tätigkeitsfeld des Central- und Lokalvereins ,für das Wohl der arbeitenden Classen' während des Revolutionsjahres verschob. Durch materielle Hilfe, insbesondere seine Beteiligung an den erwähnten Vorschußvereinen, suchte der Verein den verarmten selbständigen Mittelstand vor dem Absinken ins Proletariat zu bewahren, ohne allerdings seine sozialreformerischen, auf die Arbeiter und Gesellen zielenden Aktivitäten gänzlich aufzugeben.[86]

Der Verein als Rahmen für soziale, kulturelle und politische Kommunikation war zwar ein genuin bürgerliches Phänomen, jedoch keineswegs auf die bürgerlichen Sozialschichten im engeren Sinne beschränkt. Auch die Arbeiterbewegung organisierte sich von Anfang an vereinsmäßig. In ,bürgerlichen' Vereinigungen, und ebenso in den berühmten Berliner Salons, saßen Bürgerliche mit ,Aristokraten', vor allem adligen Beamten, zusammen. Prinzipiell offen waren viele dieser Vereine auch nach ,unten' – gegenüber den Handwerksmeistern und anderen kleinen, selbständigen Gewerbetreibenden sowie den niederen Beamtengruppen und ,Privatbeamten'.

84 Vgl. Reulecke, Sozialer Friede, S. 143-237, zur Mitgliederstruktur ebd., S. 171; ferner Kaelble, Unternehmer, S. 220 ff.
85 Vereinsblatt der Maschinenbauer No. 16, vom 16. Sept. 1848.
86 Vgl. Reulecke, Sozialer Friede, S. 179 f., 188 ff.

Kapitel IV.3

„… den Zopf ein tüchtiges Stück abschneiden, damit er um so stärker wachse" – zur Interessenlage und Standespolitik des Mittelstands

Subalternbeamte, Eisenbahn- und Postangestellte

Der Mittelstand setzte sich aus der vergleichsweise großen Schicht der (relativ) wohlhabenden Handwerksmeister sowie aus mehreren kleineren Gruppen zusammen – den mittleren und kleinen Kaufleuten, dem selbständigen Gast- und Verkehrsgewerbe sowie der heterogenen Gruppe der ‚Beamten'. Der Terminus Beamte war bis Ende des 19. Jahrhunderts weiter gefaßt als heute. Einbeschlossen wurden auch die ‚Privatbeamten', d.h. ein Teil der heutigen Angestellten.[1] Nicht nur terminologisch waren die Grenzen zu Teilen der Unterschichten – etwa zu den Handlungsdienern und den Justizbürogehilfen – fließend. Auch in materieller Hinsicht waren niedere Beamte nicht selten sogar schlechter gestellt als die Gesellen und qualifizierten Arbeiter mancher Berufsgruppen. So heißt es in dem Gesuch eines anonymen „armen Beamten und Familien-Vaters" an die Stadtverordnetenversammlung vom 27. März 1848 beispielsweise:

„Auf gleichem Fuße mit dem armen Arbeiter steht aber auch der schlecht besoldete Beamte, er steht in vielen Fällen sogar noch schlechter, denn er ist gezwungen, mit hungrigem Magen auch anständig zu erscheinen." Der Beamte bat deshalb „hiermit, und verlangt es im Namen der Menschheit, daß eine Wohllöbliche Verordneten-Versammlung sich sofort mit Hintansetzung einiger Stunden an die Berathung derjenigen Gehalts-Sache begebe, wo die Beamten noch in einem Gehalt von unter 300 [Talern jährlich] stehen. Eine Wohllöbliche Stadtverordnetenversammlung wird den Beamten doch nicht dem Bettler gleichstellen, zumal der städtische Beamte es oft mit Schmerz sehen muß, wie er für ein Gehalt arbeiten muß, das manche Familien als Almosen beziehen, weil eine liederliche Wirtschaft daran Schuld ist. Nochmals fleht der Schreiber dieses [Briefes] um Schnelligkeit in Erhörung seiner Bitte, damit nicht etwa noch die armen Beamten auf die Erneuerung der Stadtverordneten-Versammlung warten sollen. Eine Wohllöbliche Versammlung wird auf diese Weise manche stille Thräne der Noth trocknen. Denken Sie nicht, daß Sie etwas Nothwen-

---

1 Über die sonst vorzügliche Berliner Statistik lassen sich die verschiedenen unteren und mittleren Beamtengruppen nicht exakt aufschlüsseln. Ihr ist nur so viel zu entnehmen, daß im Jahre 1849 2616 Subaltern- und Unterbeamte in der Landesverwaltung, 549 in der Rechtspflege und 347 in der Kommunalverwaltung beschäftigt waren; vgl. Boeckh, Bevölkerungsaufnahme, IV, S. 13.

digeres zu thun haben, weil wir nicht offen Unzufriedenheit zeigen können; aber glauben Sie, Hunger thut weh. Ein armer Beamter.“[2]

In dieser Petition wird nicht nur ein anschauliches Bild der sozialen Lage des unteren Beamtentums gezeichnet. Sie ist noch in anderer Hinsicht aufschluß-reich: Selbst um den Preis des Hungers suchten die niederen Beamten in Kleidung und in ihrer sonstigen Lebenshaltung den sozialen Unterschied zum ‚Pöbel‘ sichtbar zu demonstrieren. Sie wollten auf keinen Fall ins Proletariat hinunterge-zogen werden. Das war eine Gemeinsamkeit mit anderen Teilen des Kleinbür-gertums. In politischer Hinsicht – auch hier reagierten sie ähnlich wie andere Gruppen des ‚Mittelstandes‘ – entpuppten sich viele von ihnen schon bald nach der Märzrevolution als Anhänger der Strömung, die die Aufrechterhaltung, wenn nicht sogar Vertiefung der überkommenen sozialen Unterschiede versprach.[3] Andererseits „verlangte“ der zitierte Subalternbeamte bei aller verbalen Unter-würfigkeit „sofort“ eine Aufbesserung seines Gehaltes, andernfalls „offene Unzu-friedenheit“ drohe. Selbst an ihm waren die revolutionären Umwälzungen nicht spurlos vorübergegangen.

Das galt wohl auch für manche andere seiner Kollegen. Die *kommunalen Be-amten* nutzten jedenfalls die neuen Freiheiten und schlossen sich in be-rufsständischen Vereinen zusammen. Mit ihrem Bestreben, höhere Einkommen durchzusetzen, hatten sie freilich nur begrenzten Erfolg. Zwar kamen Magistrat und Stadtverordnete den Wünschen der bei ihnen angestellten Unterbeamten nach Gehaltserhöhung Mitte April nach. Indessen fiel die Einkommenserhöhung mäßig aus.[4] Sie genügte kaum, eine erträgliche Lebenshaltung zu finanzieren. Trotz ihrer materiell gedrückten Lage hielten die unteren und mittleren Beam-tengruppen zu anderen Gruppen lohnabhängig Beschäftigter auf Distanz. Auch die jüngeren, aktiveren Beamten sahen sich als Beamtennachwuchs, der in den vollen Genuß der Privilegien dieses „bevorrechtigten Staatsadels“ Preußens (Gneist) gelangen wollte. Demonstrieren läßt sich dies am Beispiel des Statuts des Berliner *Subaltern-Beamten-Vereins*, der am 16. Mai 1848 ins Leben trat und seinem Selbstverständnis nach alle Unterbeamten und Hilfsarbeiter vertrat, die in der preußischen Hauptstadt im Kommunal- und Staatsdienst tätig waren. Ende Mai zählte er gut hundert Mitglieder. „Zweck“ des Vereins war laut Statut: „a)

2 In: LAB StA, Rep.00, Nr. 777.
3 Der starke Anteil der Beamtenschaft – Binnendifferenzierungen lassen die Statistiken nicht zu – unter den Mitgliedern der konservativen Vereine (vgl. Tab. 5 und 15) war keineswegs auf die Mitgliedschaft allein der gehobenen Staatsbediensteten zurückzuführen.
4 Der Tageslohn der Unterbeamten wurde laut Beschluß der Stadtverordneten vom 11. April von 15 auf 20 Sgr., von 16 auf 22 1/2 Sgr. bzw. von 20 auf 25 Sgr. erhöht; vgl. NZ vom 12. April 1848. Das war immer noch deutlich weniger, als Mitte der vierziger Jahre etwa Schlachter, Kupfer-schmiede, Mechaniker, Optiker und andere, bessergestellte Gesellengruppen erhielten; vgl. Saß, Berlin, S. 164 f.

moralische Hebung des Beamtenstandes nach Innen und Außen, b) Begründung einer fester[e]n politischen und gesellschaftlichen Stellung desselben, c) innigere Verschmelzung mit dem Bürgerthum und d) Erstrebung einer Gleichstellung der Beamten unter sich." Die sonstigen Forderungen dieses Beamtenvereins unterschieden sich dagegen kaum von denen anderer Berufsgruppen.[5]

Ein anderes Selbstverständnis und Organisationsverhalten legten die Eisenbahn- und Postbeamten an den Tag. Ähnlich wie sonst nur die Buchdrucker und Zigarrenarbeiter organisierten sie sich bereits frühzeitig überregional. Überraschen kann dies kaum, bestand doch die Tätigkeit der im Postwesen wie bei den Eisenbahngesellschaften beschäftigten Arbeitnehmer darin, die Kommunikation zwischen den Städten und Regionen untereinander herzustellen. Namentlich die Organisationsbereitschaft unter den Angestellten der *Eisenbahn*gesellschaften war sehr groß: Bis Anfang August hatten – nach dem Vorbild des in den ersten Apriltagen gegründeten Berliner ,Vereins der Eisenbahnbeamten' – „die Eisenbahnbeamten der deutschen Bahnen einen bereits auf mehrere tausend Mitglieder gewachsenen Verein zur Verbesserung ihrer bisher so sehr unsicheren Stellung gestiftet".[6] Den insgesamt etwa zwei- bis dreihundert Angestellten (Privatbeamten), die bei den verschiedenen *Berliner* Eisenbahngesellschaften beschäftigt waren, ging es in erster Linie darum, Schutz gegen Übergriffe von Unternehmerseite zu erlangen. Eine der Hauptforderungen des in den ersten Apriltagen gegründeten ,Vereins der Eisenbahnbeamten' lautete: „Bildung eines Disciplinar-Rathes gegen willkürliche Entlassungen". Damit wollte man der bisher geübten Praxis vorbeugen, daß „oft die geringste Mißliebigkeit oder eine freie Äußerung hin[reichte], um den Beamten aus seiner Stelle zu entfernen und ihn brodlos, oft dem Elende preisgegeben, zu machen".[7] Lohnerhöhungen sollten den „kärglichen Broterwerb bei großer Plage" erträglicher gestalten, eine Min-

---

5 So verlangten die Subalternbeamten u.a. die „vorläufige Einstellung der Annahme der Supernumerarien etc." – ein Verlangen, das mit der Forderung vieler Gesellenschaften nach Begrenzung der Zahl der zu beschäftigenden Lehrlinge korrespondierte, da die „Supernumerarien" (Beamtenanwärter) zu sehr niedrigen Gehältern beschäftigt wurden und die Einkommen der ,fertigen' Subalternbeamten drückten. Außerdem wünschten sie die Einführung von Mindestgehältern sowie (ähnlich wie vor allem die Lehrer) die Abschaffung der Konduiten-Listen, der geheimen Führungslisten, in denen politische u.a. Vergehen aufgezeichnet worden waren. (Statut, im Wortlaut in: ,Publicist' vom 21. Mai 1848.) Zu den konkreten Forderungen vgl. Einladungen des Vereins zu seinen Sitzungen, in: VZ vom 23. und 28. Mai und 2. Juli 1848, ferner Todt/Radandt, Frühgeschichte, S. 121, 123, 150. Daneben existierte noch ein ,*Verein der Kanzleibeamten*', der offenbar aus einer ,Generalversammlung der Geheimen Kanzlei-Secretaire, Kanzlisten, Diätarien und Hilfsschreiber' vom 18. April hervorgegangen war; vgl. Wolff, RC, II, S. 357 sowie die Anzeige des Vereins in der VZ vom 23. Mai 1848.

6 Untereinander waren die örtlichen Vereine offenbar gut vernetzt. Jedenfalls wählten die lokalen Vereinigungen Deputierte, die während regelmäßiger Sitzungen ihre Interessen und Forderungen überregional aufeinander abstimmten; vgl. VZ vom 6. Aug. 1848.

7 NZ vom 6. Mai 1848. Dort sind auch die Forderungen des ,Vereins der Eisenbahnbeamten' aufgelistet. Vgl. außerdem Wolff, RC, II, S. 357 f.; Todt/Radandt, Frühgeschichte, S. 124, 149.

dest-Alters- und Invaliden-Versorgung, „die Bildung einer Pensionskasse nach gleichen Grundsätzen für alle Bahnen" „Garantien für dienstunfähige Zeiten" bieten. Vor allem die zahlenmäßige Stärke der organisierten Eisenbahnangestellten trug dazu bei, daß sie (wie die Vossische Zeitung unter Hinweis auf eine nationale Delegiertenkonferenz Anfang August in Berlin etwas unbestimmt feststellte) ihre „überzeugenden und billigen Vorstellungen" gegenüber den Direktionen der Eisenbahngesellschaften weitgehend durchsetzen konnten, ohne daß es zu Streiks o.ä. Kampfmaßnahmen kam.[8]

Von der Historiographie weniger beachtet als die Eisenbahn nahm auch die in Berlin zweigliedrige *Post* – die 1827 gegründete Stadtpost und die weit ältere preußische Post – als modernes Kommunikationsmittel in den vierziger und fünfziger Jahren einen rapiden Aufschwung.[9] Die Zahl der 1848 in Berlin beschäftigten Postbeamten läßt sich nur grob schätzen: Zu den Briefträgern und den Angestellten der beiden städtischen Stadtpostämter müssen noch die Beamten des staatlichen Ober- bzw. Hof-Post-Amtes sowie die in den Büros des General-Postamtes beschäftigten Angestellten gerechnet werden, insgesamt etwa 600 bis 650 Postler.[10] Intern waren die Beamten und Angestellten der Post vielfältig nach Statusgruppen differenziert. Vor allem die Lage der Angestellten am Ende der Hierarchie war gedrückt. Sie hatten unter sehr niedrigen Löhnen und täglichen Arbeitszeiten von 13 bis 14 Stunden, meist nachts, zu leiden. Ehe außerdem z.B. ein Postschreiber in die gesicherte und besser bezahlte Stelle eines Postsekretärs aufrücken konnte, mußte er 1848 mehrere Jahrzehnte gewartet haben. Deshalb und aufgrund der Gängelung durch „eine verhaßte Bürokratie" schlossen sich die Berliner Postbeamten am 10. April zu einem ‚Verein der Berliner Postbeamten' zusammen. Obgleich höhere Statusgruppen den Ton angaben, fand ein Antrag eine große Mehrheit, alle bei der Post Beschäftigten ohne Unterschied, einschließlich der ‚Postunterbediensteten', aufzunehmen.[11]

---

8 VZ vom 6. Aug. 1848. Der Bericht ist nicht sehr konkret. Angesichts der im Revolutionsjahr angespannten wirtschaftlichen Lage vieler Eisenbahngesellschaften ist zu bezweifeln, daß *allen* Forderungen *vollständig* nachgegeben wurde.

9 Mitte der fünfziger Jahre wurden insgesamt jährlich etwa 6,8 Mio., um 1848 vermutlich etwa 4,5 Mio. Briefe in der preußischen Hauptstadt umgeschlagen. Schätzung nach: Heinrich Stephan, Geschichte der preußischen Post, von ihrem Ursprunge bis auf die Gegenwart, nach amtlichen Quellen, Berlin 1859, S. 807 ff.

10 Davon waren etwa 200 bei der Stadtpost (unter ihnen 150 als Briefträger), gut 250 beim General-Post-Amt und knapp 200 in den sonstigen Dienststellen der Stadtpost beschäftigt; vgl. ebd., S. 698 f., 808.

11 Ausführlich berichtet die NZ vom 19. April über die ersten beiden Sitzungen des Vereins; vgl. außerdem SZ vom 15. April 1848 (Zitat). Die ‚jüngeren Berliner Post-Beamten' verfaßten darüber hinaus am 12. April 1848 eine Adresse an den Generalpostmeister v. Schaper, in der sie u.a. die langen Wartezeiten bis zur Erteilung des Postmeister-Patents klagten, in: ZBSt, 1848 Flg., M. 6.

Im Unterschied etwa zu den ‚Subaltern-Beamten' legten die Postler ein eindeutiges Bekenntnis zur Märzrevolution ab. In der Gründungserklärung des ‚Vereins der Berliner Postbeamten' wird ausdrücklich begrüßt, daß „ganz Deutschland nach langem Drucke die Fesseln einer selbstsüchtigen Politik mit Entrüstung von sich abgeworfen" habe. Hierbei dürfe auch der „Stand der Postbeamten, ein Stand, der so lange unter dem Joche drückender Verhältnisse gestanden hat", nicht zurückstehen.[12] Die Statuten des während der Revolutionsmonate „sehr zahlreich besuchten" Vereins unterschieden sich kaum von denen vieler Arbeiter- und Gesellenvereine – mit einer bemerkenswerten Ausnahme: „Sämmtliche auswärtigen Postbeamten werden als Ehrenmitglieder des Vereins betrachtet und haben als solche freien Zutritt zu den Versammlungen desselben mit dem Stimmrechte". Gefordert wurde vor allen Dingen „eine zeitgemäße, gründliche und umfassende Reorganisation des Instituts, zu dessen Beamten wir gehören".[13] Infolge der Neuordnung des „Expeditions-Modus" 1849 und der inneren Organisation 1851/52 wurde in der Folgezeit tatsächlich vielen Postangestellten „ein schnelleres Einrücken in höhere Gehaltsstufen" ermöglicht sowie die täglichen Arbeitszeiten herabgesetzt. Dagegen, so mußte der Generalpostmeister des Deutschen Reiches, Staatsminister und Gründer des Weltpostvereins Heinrich Stephan später eingestehen, verschlechterte sich „die pecuniäre Situation Vieler im Vergleich zu früheren Epochen ungeachtet der höheren Gehaltssummen" infolge „der zunehmenden Preissteigerungen sämmtlicher Lebensbedürfnisse".[14]

Berufspolitische Aktivitäten entwickelten daneben auch andere Gruppen unter den Staats- und Kommunalangestellten, etwa die zweihundert Berliner *Nachtwächter*, deren Forderungen freilich den üblichen Rahmen der Forderungen nach besseren Löhnen und kürzeren Arbeitszeiten nicht überschritten.

---

12 Und weiter: „Es ist an der Zeit zu zeigen, daß der Beamte nicht willenloses Werkzeug, sondern Mensch ist. Auch wir haben dem jetzt angebrochenen Tage der Freiheit und des Rechts mit Sehnsucht entgegengeharrt." (Gründungserklärung und Statut, im Wortlaut in: DArZ vom 26. April 1848.) Vgl. außerdem Wolff, RC, II, S. 358 f.

13 Als ersten sichtbaren Schritt in diese Richtung verlangten die Berliner Postangestellten die „Entfernung des General-Post-Amts-Direktors Schmückert", der, „befördert und gealtert in dem gestürzten Systeme der vorigen Regierung, [ein] anerkannt eifriger Vertreter und Verfechter der Bureaukratie mit all ihren Consequenzen" gewesen sei. Hinter diese Forderung würden sie sogar ihre „finanziellen Interessen" zurückstellen; vgl. auch Adresse der Berliner Post-Beamten an Camphausen undat. (Anfang Mai), im Wortlaut in: in: DArZ vom 13. Mai, sowie NZ vom 19. April 1848. Diese Forderung blieb vergeblich.

14 Stephan, Preußische Post, S. 727. Zu den Nachtwächtern vgl. Petition der Deputierten und Ältesten der Berliner Nachtwächter vom 14. April 1848 an die ‚Deputation zur Beratung über das Wohl der arbeitenden Klassen' (DBWaK), in: LAB StA, Rep. 16, Nr. 67, Bd. II, Bl. 109-114; außerdem das Eingesandt eines Nachtwächters in: DArZ vom 19. April 1848; ferner Todt/Radandt, Frühgeschichte, S. 149 f.

Einzelhandel und selbständiges Verkehrsgewerbe

Während Post- und Eisenbahnbeamte ihre berufsspezifischen Wünsche ausdrücklich unter positivem Bezug auf die Märzerrungenschaften vortrugen und sich selbst als Teil der freiheitlichen Bewegungen begriffen, verkörperten die Forderungen der *Einzelhändler,* und ebenso die der meisten anderen Selbständigengruppen, eher eine ‚rückwärtsgewandte' Tendenz: Ihnen ging es ihm Kern um die Restituierung einer strengen Herrschaft durch die Korporationen bzw. durch eine ‚gute Polizey'. Die meisten Selbständigengruppen wünschten die Aufhebung oder doch zumindest weitgehende Einschränkung der Gewerbefreiheit. Fremde Händler sollten auf Berliner Märkten keine Lebensmittel mehr verkaufen dürfen.[15] Andere Händlergruppen wollten gesicherte Monopole (die Viktualienhändler z.B. auf den Verkauf des Bieres), Schutz vor unlauterer Konkurrenz, ferner die Festlegung einheitlicher Preise durch die kommunalen Organe, die Bestrafung von ‚Pfuschern' (z.B. Milchfälschern) oder die Zwangsmitgliedschaft in den Korporationen durchsetzen. Von verarmten Kleinhändler mitunter auch schriftlich geäußerte Ansichten wie die, daß „die Juden das Land verderben", weil sie die umliegenden Dörfer „billiger abhausieren"[16], und überhaupt die durchgehende Forderung nach Schutz vor auswärtiger oder nichtzünftiger Konkurrenz wurzelten in der Übersetzung auch des Einzelhandels der preußischen Hauptstadt. Die Zahl der Viktualienhändeler und Höker lag 1848 bei knapp 2300; gegenüber 1840 war sie um fast fünfzig Prozent gestiegen. Obgleich den städtischen Organen die zugespitzte Situation des Einzelhandels nicht verborgen blieb, lehnte die städtische ‚Deputation zur Beratung über das Wohl der arbeitenden Klassen', Mitte März eingesetzt, um derartige Anträge zu bearbeiten, die genannten Forderungen samt und sonders jeweils unter Verweis auf die Gewerbefreiheit ab.[17]

---

15 Vgl. Petitionen der Butter-, der Fisch-, der Obst- sowie der Milchhändler an die DBWaK vom 6., 16. und 19. April sowie 20. Mai 1848, in: LAB StA, Rep. 16, Nr. 67, Bd. III, Bl. 46-48, 85-91; Bd. IV, Bl. 125-126 Rs.; Bd. V, Bl. 38-40 Rs. Vgl. hierzu und zum folgenden außerdem die Petitionen der Milchhändler an die DBWaK vom 20. Mai 1848 und der Viktualienhändler an den Magistrat vom 2. Mai 1848 sowie Antwort der DBWaK an die Milchhändler vom 23. Mai 1848, in: ebd. Bd. III, Bl. 178 u. Rs.; Bd. IV, Bl. 123-127. Zu den Milchhändlern ferner ‚Publicist' vom 8. April 1848.

16 So die Formulierungen in einer anonymen Eingabe an den Magistrat vom 29. März 1848, in: LAB StA, Rep. 16, Nr. 67, Bd. I, Bl. 88.

17 Vgl. z.B. Antwort der DBWaK an die Butterhändler vom 28. April 1848, in: ebd., Bd. III, Bl. 49, oder den Beschluß Nr.40 der DBWaK. In anderer Hinsicht suchte sie dagegen den Wünschen der Kleinhändler entgegenzukommen. So verlangte die DBWaK in ihrem Beschluß Nr. 8 „die Abstellung des Übelstandes", daß „in den Casernen aus den Offizierküchen durch Frauen der Unteroffiziere etc. ein vollständiger Handel mit Victualien etc. betrieben" werde. „Der Soldat" müsse „außerhalb der Caserne", beim ‚normalen' Einzelhandel „seine Bedürfnisse entnehmen". Zur Zahl der Viktualienhändler 1848 vgl. Boeckh, Bevölkerungsaufnahme, IV, S. 12.

Die *Fuhrherren* der preußischen Landeshauptstadt wiederum, die am 3. Mai 1848 einen eigenen Berufsverband gebildet hatten, waren durch die Konkurrenz der schnelleren und billigeren Eisenbahn in eine prekäre Situation geraten. Wegen des neuen Verkehrsmittels forderten sie einen finanziellen Ausgleich, ferner (wie viele andere Berufsgruppen des gewerblichen Mittelstandes auch) eine gleichmäßigere Verteilung der Staatsaufträge sowie schließlich die Ausschaltung „unlauterer Konkurrenz".[18] Ein besonderer Dorn im Auge waren den Fuhrherren die „monopolartigen Special-Concessionen des Omnibusfuhrwesens".[19] Die Fuhrherren beschränkten sich nicht auf papierne Proteste, um diese Forderung durchzusetzen, sondern wurden handgreiflich und blockierten mehrfach die Pferde-Omnisbusse.[20] Suchten sich die Fuhrherren hier gegen Monopole zu wehren, wollten sie auf der anderen Seite wiederum die Freiheit des Gewerbes gegenüber anderen Berufsgruppen, die nebengewerblich „Lohn- und Vergnügungsfahrten" anboten, eingeschränkt wissen.[21] Auf diesen Abwehrkampf des ‚Rückschritts‘ gegen die ‚Moderne‘ reagierten die – gewerblicher und verkehrstechnischer Modernisierung aufgeschlossenen – städtischen Behörden mit harscher Ablehnung.[22]

In der Berliner Öffentlichkeit stießen die Versuche, „auf den Trümmern der Gewerbefreiheit Monopole für sich selbst zu erringen", wie überhaupt die Forderungen nach Einschränkung der Handels-, Verkehrs- und Gewerbefreiheit auf

---

18 Vgl. Petition der Fuhrleute an den Magistrat vom 31. März 1848, in: LAB StA, Rep. 16, Nr. 67, Bd. III, Bl. 111-114. Zur Gründung eines Berufsverbandes der Fuhrleute vgl. VZ vom 6. Mai 1848.

19 Die Konzessionen für die einzelnen Fahrtrouten der billigeren Omnibusse beruhten auf einem Reglement für das „Thor-Fuhrwerkwesen" vom 31. Juli 1843. Sie wurden von der Polizei bzw. den städtischen Behörden vergeben und seien „bis zu einem firmaartigen Erbschafts- und Verkaufshandel unerhört ausgeartet".

20 So Mitte April, als „eine Anzahl von Fuhrleuten, welche das Fuhrwerk zwischen hier und Charlottenburg bedienen, sich der Fortsetzung der Omnibusfahrten nach Charlottenburg zu widersetzen" versuchte. „Einstweilen sind aber die Omnibusfahrten doch noch in Gang geblieben." (VZ vom 18. April 1848.) Auch „am ersten [Oster-]Feiertage wollten die am Schönhauser Thore aufgestellten Fuhrleute die [...] für 1 Sgr. halbstündlich fahrenden Personen-Wagen nicht passiren lassen, was zu Streitigkeiten führte." Erst die Bürgerwehr konnte eine „ungehinderte Durchfahrt sichern." (SZ vom 26. April 1848.)

21 Sie forderten nämlich, daß nur die eigentlichen Fuhrleute und nicht die „gewinnsüchtigen" „Holz- und Torfhändler, die Maurer-, Zimmer- und Steinsetzer-Meister die Gasthofbesitzer mit ihren Luxuspferden so wie die Posthalter, die städtischen Gasanstalten, das städtische Möbelfuhrwesen etc. [...] Lohn- und Privatvergnügungsfahrten" annehmen dürften. (Adresse der Fuhrleute „gegen Gewerbe-Übergriffe" an das Polizei-Präsidium und die städtischen Behörden Mitte April, im Wortlaut in: VZ vom 26. April 1848.)

22 Vgl. Schreiben des DBWaK an die Berliner Fuhrleute vom 28. April 1848, in: LAB StA, Rep. 16, Nr. 67, Bd. III, Bl. 115-116. Wie viele andere Selbständige waren auch zahlreiche Fuhrleute überzeugte Anhänger von ‚Ruhe‘ und ‚Ordnung‘, nicht zuletzt aus eigennützigem Interesse: Am 18. März hatten ihre Droschken für den Barrikadenbau herhalten müssen. Bei jedem Tumult während der Revolutionsmonate schien ihnen gleiches Ungemach erneut zu drohen.

entschiedene Ablehnung. Der ‚Publicist' erklärte am 8. April 1848, „[e]s wäre der größte Rückschritt, den wir thun könnten, wenn wir das alte schwerfällige Zunftwesen wieder bei uns einführen würden".[23] Mehr noch als gegen den Einzelhandel und die selbständigen Fuhrleute richtete sich die Kritik des ‚Publicisten', und mit ihm weiter Teile der Berliner Bevölkerung, gegen die mit Abstand größte Mittelschicht, die Handwerksmeister.

Die Handwerksmeister

Zwar klagte der Minister für Handel, Gewerbe und öffentliche Arbeiten Anfang Juni, daß die zahlreichen Berliner Innungen „so viele und verschiedenartige Anträge" eingereicht hätten, „daß ihre sofortige Erledigung unmöglich ist".[24] Im Gegensatz zu den Forderungen der Gesellen, Gehilfen und Arbeiter (die im nächsten Kapitel näher beleuchtet werden) war die Grundtendenz der Wünsche der Meister jedoch trotz dieser Vielfalt einheitlicher. Unter den Forderungen der Berliner Handwerksmeister, die eine regelrechte Petitionswut entwickelten, ragte die Forderung nach Aufhebung oder zumindest spürbarer Einschränkung der Gewerbefreiheit heraus. In den Kontext des ziemlich allgemeinen Verlangens nach Beschneidung der Gewerbefreiheit gehören auch die gleichfalls verbreitete Forderung nach Ausschluß unqualifizierter Konkurrenz (Pfuscher) sowie nach Stärkung der Rechte der Innungen.[25] Wieweit die Begrenzung der Gewerbefreiheit gehen sollte – darüber gingen die Meinungen freilich auseinander: In einer Reihe von Fällen wurde zwar im eigenen Interesse eine stärkere Beschränkung der Gewerbefreiheit gefordert, ein Zurück zur alten Zunft sollte es jedoch nicht geben. Andere dagegen wollten nicht nur (wie z.B. die Klein-Böttcher) „die

---

23 ‚Publicist' vom 8. April 1848.
24 Schreiben des Ministers für Handel, Gewerbe und öffentliche Arbeiten an das Komité der Berliner Gewerks-Altmeister vom 6. Juni 1848, in: GStA, Rep. 120, B. I. 1, Nr. 60, Bd. II, Bl. 459.
25 In manchen Fällen sollten sich umgekehrt, im Interesse einer Wiederherstellung zunftähnlicher Verhältnisse, alle Patent-Meister der Innung anschließen können, *ohne* vorher ein Meisterstück gefertigt haben zu müssen. Einen hohen Stellenwert innerhalb der Forderungskataloge der Meister besaßen außerdem das Verlangen, auf den *Verkauf* der selbst hergestellten Produkte ein Monopol zu erhalten, die Abschirmung vor auswärtiger Konkurrenz, hohe Schutzzölle bzw. Sondersteuern für ausländische Fabrikate sowie schließlich die Zwangsmitgliedschaft in der Innung bzw. Zunft. Im folgenden handelt es sich ausschließlich um Petitionen der Berliner Meister, adressiert zumeist an das Staatsministerium und den Magistrat, in Ausnahmefällen auch an Friedrich Wilhelm IV., an die PrNV oder die DtNV, den Frankfurter Handwerker- und Gewerbekongreß sowie an das ‚Comité der Altmeister sämmtlicher Gewerke und Innungen'. Zu finden sind die hier summarisch ausgewerteten Petitionen vor allem in: LAB StA, Rep. 16, Nr. 67, Bde.I bis V; GStA, Rep. 120, B. I. 1, Nr. 60, Bde. I bis IV (bes. Bd. II), sowie Werner Conze, Wolfgang Zorn (Hg.), Rüdiger Moldenhauer (Bearb.), Die Petitionen an den deutschen Handwerker- und Gewerbekongreß in Frankfurt 1848, Boppard a. Rh. 1994, S. 26-36. Vgl. zum folgenden außerdem Bergmann, Berliner Handwerk, bes. S. 103-106 sowie ders., Wirtschaftskrise, S. 189-195.

Wohnung eines proletaroiden Schuhmachermeisters (Theodor Hosemann, 1845).

Gewerbefreiheit, wenn irgend möglich, gänzlich aufhören lassen", sondern darüber hinaus durchsetzen, daß ihr Gewerk generell „für eine zeitlang geschlossen
werde, so daß kein neues Etablissement stattfinde" (so die Lohgerber in ihrer
Petition).

Neben dieser Hauptforderung wollten zahlreiche Berufsgruppen unter den
selbständigen Handwerkern der Preußenmetropole die Einstellung gewerblicher
Produktion in den Militärwerkstätten und anderen königlichen Betrieben sowie
in den Arbeits- und Zuchthäusern, ein Mehr an staatlichen Aufträgen (die zudem
„gerechter" verteilt werden sollten) sowie die Begrenzung bzw. ein Verbot der
Frauenarbeit durchsetzen – und zwar überall dort, wo Frauen als billige weibliche Arbeitskräfte in Fabriken, Manufakturen oder Verlagen als Konkurrentinnen
proletaroider, männlicher Kleinmeister auftraten. Einer Reihe von Innungen bzw.
Altmeistern war daneben die Beschränkung der Zahl der Lehrlinge, zum Teil
auch der Gesellen, ein wichtiges Anliegen. Außerdem wachten viele Berufsgruppen eifersüchtig darüber, daß das von ihnen beanspruchte Handwerk nicht von
Angehörigen benachbarter Gewerbezweige ausgeübt wurde. Häufiger wurde
auch die „Beschränkung des Niederlassungsrechtes" für auswärtige Handwerksmeister gewünscht, „bis dahin, wo sämtliche deutsche Staaten gleiche Rechte

und Freiheiten gestatten".[26] Seltener verlangten Altmeister oder Innungen als Sprecher ihrer Berufsgruppen die Beschränkung des Maschineneinsatzes sowie die verbindliche Festsetzung von Preisen. Über die Einhaltung der Festpreise solle die Innung wachen. Diese oder ähnliche Forderungen, vor allem der fast geschlossene Protest der Meisterschaft gegen die Gewerbefreiheit als Wurzel allen Übels, wurden während des Revolutionsjahres auch in den meisten anderen deutschen Städten erhoben – wie überhaupt sich soziale Einstellung und berufsständisches Handeln der Berliner Meister kaum von den in anderen Städten und Regionen beobachteten unterschied.

Die Feststellung einer ziemlich einheitlichen Grundtendenz in den Forderungskatalogen der Meister der verschiedenen Gewerbe muß jedenfalls für Berlin allerdings in einer Hinsicht eingeschränkt werden. Eine recht deutliche Trennungslinie verlief zwischen den Meistern, die hier als ‚proletaroid' bezeichnet werden und deren berufliche Situation durch eine faktische Abhängigkeit von *Verlegern* (Textilkaufleuten, Möbelhändlern etc.) sowie durch *Fabrikkonkurrenz* gekennzeichnet war, und den Meistern, die auch tatsächlich selbständig geblieben waren und es überdies in nicht wenigen Fällen zu einem gewissen Wohlstand gebracht hatten. Die überwiegende Mehrzahl der Petitionen kam aus dem ‚*proletaroiden*' Handwerk. Hier wurde ein besonderes Gewicht auf die Forderungen nach Beschneidung der Gewerbefreiheit, der Begrenzung gewerblicher Produktion seitens der Militärhandwerker, möglichst weitgehender Ausschaltung von Frauen aus dem gewerblichen Leben, behördlichen Preisfestsetzungen u.ä.m. gelegt. Ihre in erster Linie auf obrigkeitliche Restriktionen angelegten Forderungskataloge kulminierten in dem Verlangen nach einem staatlichen Verbot des Verlagssystems, nach (wie es in einer Eingabe der zahlenmäßig großen Gruppe der Schneidermeister hieß) „sofortiger Aufhebung sämmtlicher bestehender Kleiderhandlungen [sowie] sofortiger Aufhebung der Werkstätten, deren Inhaber nicht selbst gelernte und durch Prüfung bestätigte Schneider sind." Darüber hinaus wollten sie ein Verbot des Verkaufs von Kleidungsstücken durch „Manufakturen und Modemagazine etc." durchsetzen. Die *wohlhabenden* Meister, unter denen sich nicht wenige bereits zu Quasi-Unternehmern gemausert hatten, hielten es dagegen häufig nicht für nötig, überhaupt Forderungskataloge aufzustellen – und wo sie es taten, war die Zahl ihrer Wünsche deutlich geringer als die der verarmten Handwerksmeister.

Obgleich viele Wünsche der Handwerksmeister in großen Teilen der Berliner Bevölkerung auf Ablehnung stießen, konnten die Meister im Vergleich zum

---

26 So, stellvertretend für zahlreiche andere Berufsgruppen, die Formulierung in einer Petition der *Schneider*. Es gab allerdings auch die entgegengesetzte Position: Die *Klempner*meister forderten angesichts der erwarteten Einigung Deutschlands, daß „es jedem Gesellen frei stehe, sich in jeder Stadt Deutschlands [...] etablieren zu können".

Einzelhandel auf eine stärkere Durchsetzungskraft ihrer Forderungen setzen, da sie zahlenmäßig ein ganz anderes Gewicht besaßen. Die Obrigkeit wiederum wußte, daß sie die Handwerksmeister und den übrigen Mittelstand auf ihre Seite ziehen mußte, wollte sie gegenüber der revolutionären Bewegung bestehen. Ausgeschlossen waren die grundsätzliche Aufhebung der Gewerbefreiheit und die Wiedereinführung der Zunftverfassung. Dennoch suchte der preußische Staat zwischen wirtschaftliberalem Credo und dem Wunsch der Meister nach ökonomischem Schutz zu lavieren. So wies bereits die Gewerbeordnung vom 17. Januar 1845, die auf der einen Seite dem Prinzip der Gewerbefreiheit in ganz Preußen allgemeine Geltung verschaffte, nicht zufällig auf der anderen Seite im Hinblick auf die für das Handwerk relevanten Bestimmungen eine deutlich „antiwirtschaftsliberale" Grundtendenz (M. Simon) auf.[27] Vielen Innungen ging dies aber nicht weit genug. Sie verlangten 1848 nicht selten explizit eine Revision der Gewerbeordnung im Sinne der oben skizzierten Forderungen – ein Begehren, dem die Krone mit der Gewerbeordnung vom 9. Februar 1849 schließlich nachkam.

Während des Revolutionsjahres reichte es allerdings nicht, die Meister damit zu vertrösten, daß ihre „Anträge bei der Revision der Gewerbegesetzgebung in Erwägung gezogen würden."[28] Die städtischen Behörden sahen sich in den ersten Wochen nach der Märzrevolution vor die Aufgabe gestellt, eine Reihe von wirtschaftspolitischen Sofortmaßnahmen einzuleiten, mit denen den Kleingewerbetreibenden guter Wille bewiesen und die größte materielle Not gelindert werden sollte. Die ‚Deputation zur Beratung über das Wohl der arbeitenden Klassen', ins Leben getreten durch einen Beschluß der Stadtverordnetenversammlung vom 9. März, wurde nicht nur tätig, um die Not des selbständigen Kleingewerbes zu beheben. Sie fungierte darüber hinaus auch als Schlichtungsorgan von Streitigkeiten zwischen Arbeitgebern und Arbeitnehmern.[29] Im einzelnen war es dieser

---

27 Im einzelnen: Manfred Simon, Handwerk in Krise und Umbruch. Wirtschaftliche Forderungen und sozialpolitische Vorstellungen der Handwerksmeister im Revolutionsjahr 1848/49, Köln/Wien 1983, S. 29 ff. Zu den Grundzügen der novellierten Gewerbeordnung vom Febr. 1849 vgl. *S. 820.*

28 Vgl. z.B. Antwortschreiben des Ministeriums für Handel, Gewerbe und öffentliche Arbeiten an die Meister des Berliner Tuchmachergewerks vom 21. Mai 1848, in: GStA, Rep. 120, B. I. 1, Nr. 60, Bd. I, Bl. 79.

29 Die DBWaK (bis zum 25. März 1848: ‚Deputation zur Abhülfe der Not der arbeitenden Klassen') wirkte in den ersten Wochen nach der Märzrevolution so erfolgreich, daß sie das Vorbild abgab für ‚Lokal-Ausschüsse', die der Minister v. Patow für alle preußischen Gemeinden plante; vgl. Bekanntmachung Patows vom 8. Mai 1848. Zugleich fußte Patows Konzept auf Ideen des sozialreformerischen ‚Centralvereins für das Wohl der arbeitenden Classen'; vgl. Reulecke, Sozialer Frieden, S. 169, 193; vgl. ferner undat., vermutlich Ende April verfaßte Petition des Konstitutionellen Klubs, in: GStA, Rep. 120, B. I. 1, Nr. 60, Bd. 1, Bl. 17-18 Rs. Zur nur begrenzten Funktionstüchtigkeit der preußenweiten ‚Lokal-' und ‚Bezirks-Ausschüsse' vgl. Simon, Handwerk, S. 178.

Deputation zuzuschreiben, daß die gewerblichen Arbeiten in den Arbeitshaus- und Zuchthäusern weitgehend eingestellt, die der Militärhandwerker erheblich reduziert wurden[30] und eine gleichmäßigere Verteilung öffentlicher Aufträge versprochen wurde.[31] Mit einigen ihrer Beschlüsse nahm die ,Deputation zur Beratung über das Wohl der arbeitenden Klassen' außerdem Bestimmungen der Gewerbeordnung vom Februar 1849 vorweg, insbesondere mit den Richtlinien für Innungsstatuten, die diesen „möglichst freie Selbstverwaltung" und Unabhängigkeit von den Behörden garantierten, und der Erweiterung der Kompetenzen der Innungen bei Qualifikationsprüfungen.[32] Abgelehnt wurden dagegen die „Beschwerden über die Beschäftigung weiblicher Personen".[33] Umstritten war ferner, welche Rolle die *Preußische Seehandlung*, eine Art Staatskonzern mit vielfältigen Aufgaben in Gewerbe und Handel, bei der Linderung der wirtschaftlichen Nöte des selbständigen Handwerks einnehmen sollte.[34] Ansonsten sparten die ,Deputation zur Beratung über das Wohl der arbeitenden Klassen' wie die städtischen Behörden über die skizzierten Konzessionen hinaus nicht mit weiteren Versprechungen. Seit Mitte Mai erlahmten freilich die Aktivitäten der De-

---

30 Vgl. vor allem Nr. 2, 3 sowie 30 ihrer insgesamt vierzig, auch in der Tagespresse veröffentlichten Beschlüsse; handschriftlich in: LAB StA, Rep. 16, Nr. 67, Bd. V, Bl. 174 f., 196-203; vgl. außerdem Wolff, RC, I, S. 483; II, S. 106 f., 324 f. Zur positiven Reaktion des Kriegs- und Innenministers auf die genannten Anliegen der DBWaK vgl. Schriftwechsel in: LAB StA, Rep. 16, Nr. 67, Bd. II, Bl. 147 u. Rs. sowie Wolff, RC, II, S. 105. Die Protokolle der DBWaK befinden sich in: LAB StA, Rep. 16, Nr. 67, Bd. I, Bl. 95-103; Bd. V, Bl. 163-164 Rs., 167-189, 204-235 Rs. Zur Tätigkeit der DBWaK als Schlichtungsinstanz bei Streitigkeiten zwischen Arbeitgebern und Gesellen/Arbeitern vgl. *S. 430.*
31 Hierzu und zu weiteren Konzessionen vgl. Beschlüsse Nr. 13, 17, 19, 22, 23 und 37 bis 39 der DBWaK.
32 Vgl. Schriftwechsel zwischen Magistrat und Stadtverordneten April/Mai 1848, in: LAB StA, Rep. 16, Nr. 67, Bd. IV., Bl. 40-49.
33 Mitteilung von Mitgliedern der DBWaK während einer Sitzung mit Vertretern des Stuhlmacher-Gewerks vom 3. Juni 1848, in: ebd., Bd. III, Bl. 137 Rs.
34 Die von den Meistern erhobenen Forderungen gingen in zwei Richtungen: Die einen verlangten, die Seehandlung solle ihre gewerbliche Produktion aufgeben und sich auf den Handel mit dem Ausland beschränken. Andere wollten die Seehandlung als Instrument nutzen, der Arbeitslosigkeit unter den Handwerkern Herr zu werden. Diesem Antrag wurde allerdings genausowenig stattgegeben wie einem Vorschlag des ,Lokalvereins für das Wohl der arbeitenden Klassen', Nagelschmiede, einen Gewerbezweig, der in besonders starkem Maße unter der Krise zu leiden hatte, auf Staatskosten zu Schlossern, Schmieden etc., also Metallberufen mit Zukunft, umzuschulen und sie dann „in königlichen Anstalten, wie z. B. d[er] Maschinenbau-Anstalt der Seehandlung", vorübergehend zu beschäftigen; vgl. Schreiben des Berliner ,Lokalvereins für das Wohl der arbeitenden Klassen' an das Ministerium für Handel etc. vom 2. Juli, Schreiben des General-Direktoriums der Seehandlungs-Societät an den Minister für Handel etc. vom 20. Juli und die Antwort dess. an den ,Lokalverein' vom 27. Juli 1848, in: GStA, Rep. 120, B. I. 1, Nr. 60, Bd. IV, Bl. 235-243. Zu den wirtschaftlichen Problemen und den politischen Querelen um die Seehandlung, die 1849 und 1850 im Verkauf der meisten der Seehandlung gehörenden Fabriken gipfelten (u.a. ging die Moabiter Maschinenbau-Anstalt und Eisengießerei an Borsig), vgl. im einzelnen: Wolfgang Radtke, Preußische Seehandlung zwischen Staat und Wirtschaft in der Frühphase der Industrialisierung, Berlin 1981, S. 341-355.

putation. Nach dem Austritt mehrerer Mitglieder stellte sie im Sommer ihre Tätigkeit gänzlich ein.[35] Trotzdem wurden von diesem kurzlebigen kommunalen Organ wichtige Initiativen zur Linderung der krisenhaften Lage vor allem des selbständigen Kleingewerbes eingeleitet.

Bemerkungen wie die, daß die skizzierten Konzessionen von staatlicher Seite „den revolutionären Elan der Meister bremsten" oder daß sich dieselben „bei den geringsten Anzeichen von Gefahr für die eigenen Interessen gegen die Revolution" stellten, sind allerdings irreführend.[36] Sie unterstellen nämlich, daß zumindest große Teile der Meisterschaft überhaupt jemals auf dem ‚Boden der Revolution' gestanden haben. Dies ist jedoch bei den Meistern im allgemeinen genausowenig der Fall gewesen wie bei der übergroßen Mehrheit des Wirtschaftsbürgertums. Die mit der Industrialisierung einhergehende soziale wie politische Verunsicherung verstärkte nur die traditionelle Orientierung am Ideal der alten, geschlossen-zünftigen Gesellschaft, die Status wie soziale Sicherheit zu garantieren schien. Neue Ideen und Theorien dagegen, gleichgültig ob liberaler, demokratischer oder sozialistischer Couleur, stellten in Frage, was lieb und wert schien, und wurden deshalb häufig von vornherein abgelehnt. Vor dem Hintergrund der wirtschaftlichen Dauerkrise seit 1846 suchten die Meister noch krampfhafter (weil häufig zunehmend aussichtsloser) als zuvor an ihrem höheren Status festzuhalten und eine soziale Deklassierung unter allen Umständen zu vermeiden. Bei ihnen waren politische Strömungen in der Vorhand, die die Wiederherstellung der alten Verhältnisse in sozialer wie politischer Hinsicht versprachen. Die zum Teil scharfen Konflikte mit den Gesellen während des Revolutionsjahres begünstigten diesen konservativen Schub zusätzlich. Ähnlich wie die eigentliche Wirtschaftsbourgeoisie fürchteten viele Meister darüber hinaus, daß die Revolution nicht auf die Veränderung der politischen Verhältnisse beschränkt bleiben würde, sondern der politische Umbruch des März 1848 nur der Vorbote einer viel tiefer gehenden, sozialrevolutionären Umwälzung sein könnte. Endgültig gewann die Obrigkeit dann eine Mehrheit des gewerblichen Mittelstandes mit der neuen Gewerbeordnung vom Januar 1849 zum politischen Verbündeten. Wie erfolgreich es den konservativen Massenorganisationen bereits im Revolutionsjahr gelang, die antirevolutionären Ressentiments vieler Meister für ihre Zwecke zu mobilisieren, zeigen die beachtlichen Organisationserfolge namentlich des Preußen-Vereins in der selbständigen Handwerkerschaft.[37]

Während der Revolution war es allerdings immer auch möglich, daß sich Meister, vor allem solche aus den Massenhandwerken, auf die Seite der Demo-

---

35 Vgl. Protokoll der Konferenz der DBWaK vom 26. Mai 1848 sowie Notiz Rischs vom 21. Sept. 1849, in: LAB StA, Rep. 16, Nr. 67, Bd. V, Bl. 235 u. Rs. bzw. 251.

36 Koselleck, Preußen, S. 606 bzw. Bergmann, Wirtschaftskrise, S. 226.

37 Vgl. *S. 610* und Tab. 15. Auch der Anfang 1849 gegründete ‚Treubund mit Gott für König und Vaterland' fand eine weit überproportionale Resonanz im Kleinbürgertum; vgl. *S. 827 ff.*

kraten stellten. Abhängigkeit vom Verleger-„Capitalisten" und wachsende Verelendung vieler Kleinmeister konnten eine vehemente Ablehnung der „Herrschaft
des Geldes", also antikapitalistische Einstellungen, nach sich ziehen.[38] Der auch
unter Meistern verbreiteten Idee der ‚Assoziation' war gleichfalls die Nachbarschaft zu demokratischen bzw. sozialistischen Vorstellungen von gesellschaftlich
organisierter Produktion anzumerken[39], obgleich hier immer auch romantisieren-
de Vorstellungen von den alten Zünften und dem ihnen zugrunde gelegten Ideal
einer dauerhaften statusadäquaten sozialen Absicherung Pate standen.[40] Zumindest dem Tonfall nach läßt sich außerdem so etwas wie eine politische *Mittelgruppe* unter den Handwerksmeistern ausmachen. So bekräftigten etwa die
„Vorsteher und Mitmeister der Wagenlakirer-Innung", „daß wir nur vom besten
Geiste geleitet werden und namentlich zur Erhaltung der öffentlichen Ruhe und
Ordnung alles aufzubieten bereit sind, damit uns und allen unseren Mitbürgern
die durch die Zeit und deren Geist uns zugekommene Errungenschaft uns nicht
verkümmert, sondern in voller Kraft, auch für unsere Nachkommen, erhalten und
gepflegt werde." Inhaltlich wäre es allerdings höchst problematisch, die Meister
säuberlich in ‚fortschrittlich-demokratische', ‚gemäßigt-liberale' und ‚konservativ-
reaktionäre' Strömungen trennen zu wollen. In vielen Petitionen standen neben
‚fortschrittlichen' auch ‚rückschrittliche' Forderungen. Wie sehr sich manche
Meister zwischen Fortschritt und Rückschritt, Zunft und Klasse hin- und herge-
rissen fühlten, läßt sich mitunter an der Wortwahl einzelner Petitionen ablesen.
Die Seidenwirker beispielsweise unterzeichneten ihre Eingabe an den Magistrat

---

38 Eine Petition der Berliner *Seidenwirker*meister, „Unglücklichen, die kaum mehr fähig sind, ihr
eigenes und das Leben ihrer Familie zu fristen", an den Berliner Magistrat vom 28. März ist
hierfür ein Beispiel: „Die gefährliche Krankheit unserer Zeit ist die Herrschaft des Geldes, diese
Tyrannei, durch welche der Arbeiter zum Fabrikarbeiter, zum Negersclaven einzelner Groß-
brodherren herabgedrückt wird. [...] Unser Vaterland und die gesamte civili[si]rte Welt ist in
die welthistorischen Riesenfortschritte einer neuen Zeit eingetreten. Menschlichkeit und Gerechtigkeit muß herrschen und der Arbeiter muß den ihm gebührenden Lohn erhalten." (In:
GStA, Rep. 120, B. I. 1, Nr. 60, Bd. 2, Bl. 310.)
39 So verlangten namentlich die Berliner Schneidermeister, daß „Vereinshallen errichtet werden,
um den unbeschäftigten Mitmeistern lohnende Arbeiten geben zu können." (Petition an Camphausen vom 10. April 1848, in: ebd., Bl. 9) Daß gerade unter den Schneidern der Ruf nach der
Gründung von ‚Vereinshallen' laut wurde – die Gesellen ihrerseits forderten die Errichtung von
„Nationalwerkstätten" –, kann nicht überraschen: Sie waren typische Wanderhandwerker; viele
von ihnen besuchten auf der ‚Walz' auch die Schweiz und Paris und kamen dort mit revolutio-
nären Ideen in Berührung. Zur Forderung der Schneider*gesellen* nach Nationalwerkstätten vgl.
S. 408 ff.
40 Vgl. Langewiesche, Liberalismus, S. 213; Hans-Ulrich Thamer, Emanzipation und Tradition.
Zur Ideen- und Sozialgeschichte von Liberalismus und Handwerk in der ersten Hälfte des 19.
Jahrhunderts, in: Wolfgang Schieder (Hg.), Liberalismus in der Gesellschaft des deutschen
Vormärz, Göttingen 1983, S. 60; Bergmann, Wirtschaftskrise, S. 243. Ähnliches galt auch für die
Gesellen; vgl. *S. 410 f.* Das Zitat aus der Petition der Wagenlackierer-Innung vom 19. April
1848, in: GStA, Rep. 120, B. I. 1, Nr. 60, Bd. 2, Bl. 373.

vom 28. März mit „Die Meister des Seidenwirker-Gewerks von Berlin"; in der Petition selbst bezeichneten sie sich dagegen als „Arbeiter" und „Lohnarbeiter".

Trotz solcherart vereinzelter und noch unsicherer Hinwendung zu den modernen „Lohnarbeitern" war für die große Mehrheit des gewerblichen Mittelstandes die Orientierung an einer „vergoldeten Vergangenheit" (H.-U. Wehler) charakteristisch. Sozial in hohem Maße verunsichert, wurden die meisten selbständigen Handwerker und Kleinhändler zu einer leichten Beute der gegenrevolutionären Obrigkeit und des politischen Konservativismus. Demokratische und liberale Strömungen konnten unter ihnen kaum Fuß fassen. Die selbständigen Schlosser und das Gros der anderen Meister, so kritisierte der radikale Berliner Demokrat Carl Siegerist, selbst Schlossermeister und 1848 in einem Berliner Maschinenbauunternehmen beschäftigt, würden nicht den ganzen Zopf, sondern bestenfalls „nur ein tüchtiges Stück abschneiden wollen – damit er [der Zopf] um so stärker wachsen solle".[41] Während im selbständigen Kleinbürgertum tiefsitzende Ängste vor der ‚Moderne' meist verfestigt und verstärkt wurden, prägte die ‚neue Zeit' die Denk- und Verhaltensmuster jedenfalls eines großen Teils der Gesellen und Arbeiter dagegen neu.

---

41 Erklärung Siegerists (KBA) „an die Schlossermeister" vom 22. April, in: BZH vom 26. April 1848.

Kapitel IV.4

Zwischen Handwerkertradition, bürgerlichem Sozialstaat und sozialistischer Utopie: die Arbeiter und Gesellen

Soziale Binnenstruktur

Im Gegensatz zu einigen jüngeren Arbeiten, in denen Meister und Gesellen zur Gruppe der ‚Handwerker' zusammengefaßt worden sind[1], werden im folgenden die sozialen Interessen wie das sozial- und allgemein-politische Handeln der Gesellen auch in der Darstellung bewußt von der der Meister getrennt. Nur für eine Minderheit der lohnabhängig beschäftigten Handwerker bildete das Gesellendasein noch das Durchgangsstadium auf dem Weg zur Meisterschaft. Bereits im Vormärz hatten sich die Interessen und Forderungen der Gesellen immer weiter von denen der Meister entfernt und sich denen der Fabrikarbeiter angenähert. Diese Entwicklung wurde freilich erst im Revolutionsjahr richtig sichtbar. In der preußischen Hauptstadt war dieser Trend deutlicher ausgeprägt als in den meisten anderen deutschen und europäischen Städten – nicht zuletzt deshalb, weil hier das Handwerk stärker als anderswo in den Industrialisierungsprozeß hineingezogen wurde. Er galt auch in Berlin freilich nicht generell. Obgleich die ständische Gesellschaft längst zerbrochen war, gab es weiterhin Gesellengruppen, die in traditionellen Mentalitäten verharrten. Nicht selten zeigten Gesellen ein auffallendes Verständnis für die Situation ihrer Meister. In Einzelfällen verfaßten Meister und Gesellen sogar gemeinsame Petitionen. Für die Mehrheit der Gesellen galt jedoch, daß ihre soziale Situation zunehmend der der Arbeiter ähnelte, daß sie sich selbst in starkem Maße als Teil der „arbeitenden Klassen" begriffen und sich in einer Reihe von Fällen selbst explizit als „Arbeiter" bezeichneten. Nicht zuletzt der häufige Wechsel vieler Gesellen zwischen Handwerk und Industriebetrieb sowie der Tatbestand, daß sich die frühen ‚Fabriken' in vielen Fällen kaum von größeren Handwerksbetrieben unterschieden, rechtfertigt es, alle Lohnabhängigen in einem Kapitel zu behandeln (mit Ausnahme der Sondergruppe der Erdarbeiter, auf die im nächsten Kapitel ausführlicher einzugehen sein wird).

---

1 Vgl. vor allem Bergmann, Wirtschaftskrise, bes. S. 174 ff., 248 f. Bergmann betont allerdings gleichfalls die zunehmend divergierenden Interessen der Meister und Gesellen.

Tabelle 8: *Forderungen der Berliner Gesellen- und Arbeitergruppen von März bis Nov. 1848*

Berufsgruppe	Datum(a)	(1)	(2)	(3)	(4)	(5)	(6)	(7)	(8)	(9)	(10)	(11)	(12)	(13)	(14)	(15)	(16)	(17)	(18)	(19)	abhängig Beschäftigte(b) absolut	v.H.(c)
Metallgewerbe																						
- Maschinenbauer	23. März	x	x	x					x										x		2500(f)	6,4
- Schlosser	25.März,18.April	x		x	x			x		x		x	x								2170	5,5
- Schmiede	28.März,30.April	x		x		x				x											700	1,8
- Nagelschmiede	26. März	x		x				x		x											(50)	0,1
- Stellmacher(d)	26. März	x		x			x			x			x				x				320	0,8
- Arb.d.Präge- u.Silberwarenanst.	25. März(e)															x	x	x	x		190	0,5
- Goldschmiede	18. April	x					x	x					x	x	x	x			x		420	1,1
- Gelbgießer	30. März	x																			140(g)	0,4
- Uhrmacher	15. April	x		x		x	x														190	0,5
Textil- und Bekleidungsgewerbe																						
- Schneider	19. April	x	x	x	x	x	x										x	x			3620	9,2
- Schuhmacher	28. März	x		x	x					x				x							3060	7,8
- Hutmacher	18. April									x	x						x				130	0,3
- Weber, Raschmacher u.Tuchmacher	7. April	x						x			x			x							2530	6,4
- Seidenweber	23. März	x																			1240	3,1
- Tuchbereiter	3. April	x		x					x	x											130	0,3
- Tuchscherer	(Mitte April)			x			x	x			x		x			x			x		110	0,3
- Seidenwirker	2. April			x			x				x		x	x	x	x					1240(h)	3,1
- Strumpfwirker	26. März						x	x		x		x	x								80	0,2
- Kattundrucker	26. März	x					x	x	x												1520(i)	3,9
- Färber	(Anfang Mai)	x		x																	700	1,8
- Posamentierer	26. März	x		x			x			x					x	x					290	0,7
- Weißgerber	30. März	x		x																	290(j)	0,7
- Wollsortierer	(Ende März)	x		x		x				x									x		(50)	0,1
- Bandmacher	30. März	x		x																	80	0,2
Holzverarbeitende Gewerbe																						
- Tischler	22.,27.u.30.März	x	x	x	x								x	x			x	x	x	x	3230(k)	8,2
- Drechsler	(Mitte April)	x		x			x					x								x	570	1,5
- Stuhlmacher	(Mitte April)						x	x						x							200(l)	0,5
- Großböttcher	12.u.17. April	x		x		x															290(m)	0,7
- Korbmacher	25. April	x		x													x				220(n)	0,6
Malergewerbe																						
- Maler	(April)	x		x	x		x		x												790	2,0
- Muster-Maler	(Mitte April)			x		x															180	0,5
- Vergolder	30. April	x		x			x	x		x					x	x					(100)	0,3
Papier- und Druckgewerbe																						
- Papiermacher	19.April,31.Mai	x		x			x	x	x			x									200	0,5
- Steinpapparbeiter	(Anfang April)								x					x							110	0,3
- Buchdrucker, Schriftsetzer	8. April	x		x			x	x													820(o)	2,1
- Buchbinder	30. April	x		x	x	x	x	x			x	x			x		x				600(p)	1,5
Gewerbe der Bau, Steine, Erden																						
- Maurer	26. März, Anfg.April	x		x	x		x			x											1590	4,0
- Brettschneider u. Zimmerer	25. März	x								x											1170	3,0
- Brunnenmacher	1. April	x		x			x														30	0,1
- Steinmetze	26. März	x		x			x			x											80	0,2
- Töpfer	(Ende April,Anfang Mai)	x		x						x											380	1,0
- Schornsteinfeger	24. Aug.			x			x														20	0,1
Nahrungsmittelgewerbe etc., Dienstleistungen																						
- Bäcker	(Mitte April)	x		x			x														1010	2,6
- Wasser- und Dampfmüller	Anfg.April, 18.Sept.	x	x																		100	0,3
- Zuckersiedereiarbeiter	1. April	x		x															x		430	1,1
- Tabakspinner/Zigarrenmacher	16. April			x			x		x							x			x		680(q)	1,7
- Friseure	5. April	x				x	x		x												70	0,2
- Barbiere	9. April	x	x	x									x	x							440	1,1
- Kellner	(Ende April)						x														(200)	0,5
- Handlungsdiener	28. März	x	x	x		x	x	x									x		x		3860	9,8
Übrige																						
- Werkstattarbeiter d.Bahnhöfe	16. April	x		x	x					x									x		(200)	0,5
Zahl der Berufsgruppen		38	6	35	7	9	14	21	6	11	11	8	6	7	9	8	4	4	5	10	39320	100,0
Berufsgruppen gewichtet		88,9	35,0	77,6	30,9	35,4	31,4	42,0	7,1	17,6	25,2	14,6	21,9	15,1	21,4	17,6	10,5	19,0	28,5	21,4		

398

<u>Forderungen:</u>
(1) Arbeitszeitverkürzung.
(2) Verbot- bzw. Beschränkung der Sonntagsarbeit.
(3) Lohnerhöhung; Mindestlohn.
(4) Abschaffung bzw. Begrenzung der Akkordarbeit.
(5) Kündigungsschutz (entweder Verlängerung oder Kürzung der Kündigungsfristen).
(6) Verbot bzw. Beschränkung der Frauenarbeit.
(7) Beschränkung der Zahl der Lehrlinge.
(8) Verbot bzw. Einschränkung der Maschinenarbeit.
(9) Verbot der Beschäftigung unqualifizierter (männlicher) Arbeiter.
(10) Verbot der Beschäftigung (und zum Teil: Ausweisung) fremder Arbeiter.
(11) Aufhebung der Wanderbeschränkungen.
(12) Mitsprache der Gesellen in Innungsangelegenheiten.
(13) Zunft- bzw. Innungszwang; Verbot der Gewerbetätigkeit für 'Pfuscher'.
(14) Verbot gewerblicher Produktion in Strafanstalten, Arbeitshäusern etc.
(15) Aufhebung bzw. Einschränkung der Gewerbefreiheit; Einfuhrverbot bzw. hohe Zölle für ausländische Waren.
(16) Bildung eines Arbeitsministeriums.
(17) Errichtung von Nationalwerkstätten.
(18) Schaffung von Bildungsanstalten für Gesellen; Verbesserung der Volkserziehung.
(19) Verbesserung der medizinischen Versorgung; Errichtung eines Arbeiterinvalidenhauses; Krankenkasse in Selbstverwaltung.

<u>Anmerkungen:</u>
(a) Datum der Petition etc. Bei mehreren Daten: im allgemeinen unterschiedliche Adressaten (Staatsministerium, Magistrat, Meister).
(b) Arithmetisches Mittel aus den Ergebnissen der Berufszählungen 1846 und 1849 (gerundet). Für die in Klammern gesetzten Angaben wurden bei den Berufs- zählungen keine Daten erhoben.
(c) In v.H. der Gesellen sämtlicher in der Tabelle aufgeführter Berufsgruppen.
(d) Gemeinsame Petition mit den Meistern.
(e) Petition an das Staatsministererium: Deshalb fehlen konkrete Forderungen nach Lohnverbesserung, Arbeitszeitverkürzung etc.
(f) Einschließlich der Arbeiter der Eisenwerke, dennoch zu niedrig (da Schlosser, Schmiede etc. separat aufgeführt).
(g) Einschließlich Rot- und Glockengießer.
(h) Nach Angaben der Gesellen 1848: 1300.
(i) Nach Angaben der Gesellen 1848: nur noch 800, davon 650 arbeitslos.
(j) Alle Gerber.
(k) Ohne Stuhlmacher.
(l) Nach Angaben der Gesellen 1848: nur 40 beschäftigt.
(m) Alle Böttcher.
(n) Nach Angaben der Gesellen 1848: 200.
(o) Nach Angaben der Gesellen 1848: nur 600.
(p) Nach Angaben der Gesellen 1848: nur 300, davon 270 arbeitslos.
(q) Einschließlich Tabakarbeiter.

Quelle: LAB StA, Rep. 16, Nr. 67, Bde. I bis V; Rep. 200-01, Nr.143, Bl.15-16 Rs.; GStA, Rep. 120, Nr. 60, Bd. III, Bl. 292 u. Rs.; 'Deutsche Arbeiter-Zeitung'; 'Volksstimme' und Berliner Tagespresse; Rüdiger Moldenhauer, Die Petitionen aus der Stadt Berlin an die Deutsche Nationalversammlung, in: Archiv für Frankfurts Kunst und Geschichte H. 54/1974, S. 217 f.

Ebenso wie die Meister verfaßten die Berliner Gesellen und Arbeiter zahlreiche Petitionen, in denen sie ihre sozialen Forderungen vortrugen. Auch bei ihnen datiert das Gros der Eingaben aus der Zeit zwischen Ende März und Mitte Mai. Im Unterschied zu den Meistern weisen die Petitionen der Gesellen allerdings ein breiteres Spektrum an unterschiedlichen, manchmal auch entgegengesetzten Forderungen auf (Tab. 8). Darin spiegelt sich die stärkere soziale Zerrissenheit des handarbeitenden Proletariats wider. Die Meister zerfielen in zwei Großgruppen: in die wohlhabenden Meister, die häufig mehrere Gesellen beschäftigten, einerseits sowie in proletaroide Kleinmeister andererseits; letztere waren vielfach durch die industrielle Konkurrenz bereits an den Rand der Gesellschaft gedrückt und faktisch zu Heimarbeitern geworden. Die Arbeiter- und Gesellenschaft Berlins muß dagegen in eine weit größere Zahl von Schichten gegliedert werden:

1. Gesellen, die in Großbetrieben arbeiteten, deren innere Struktur den handwerklichen Charakter schon teilweise verloren hatte. Dies gilt insbesondere für das Baugewerbe: Ein durchschnittlicher Maurermeister beschäftigte mehr als zwanzig Gesellen, ein Zimmerermeister im Durchschnitt fünfzehn Gesellen. In diesen Gewerben war der Geldlohn schon lange üblich und die Trennung von Meisterhaushalt und Gesellenunterkunft in der Regel vollzogen.

2. Gesellen, die bei wohlhabenden Meistern arbeiteten, die ihrerseits meist nur wenige Gesellen beschäftigten. Hier war das Verhältnis zwischen beiden Seiten noch eng. In diesen Zweigen überwog zudem die Zahl der zünftigen die der unzünftigen Gesellen bei weitem. Markantes Beispiel: die Bäcker. In diese Kategorie gehörten außerdem die Schlächter sowie viele der im Luxusgewerbe tätigen Arbeiter und Gesellen.

3. Gesellen in den Massenhandwerken, deren Lage – ähnlich wie die der Meister – sich durch die industrielle Konkurrenz in den Jahren vor der Revolution stetig verschlechtert hatte. Zu dieser Gesellenschicht zählte eine Reihe von Berufsgruppen des Textil-, Bekleidungs- und holzverarbeitenden Gewerbes. Eine besondere politische Rolle spielten unter ihnen wiederum die Schneider, Schuhmacher und Tischler. Sie waren der Prototyp des Wandergesellen und galten bereits im Vormärz als die „typischen Gefolgsleute des utopischen Radikalismus" (J. Breuilly). Auch nicht wenige Gesellen aus den metallverarbeitenden Berufen sind im weiteren dem Typus ‚verarmter Massenhandwerker' zuzurechnen – soweit sie dem Elend nicht durch einen Wechsel in die Fabrik ausweichen konnten.

4. Gesellen, die als qualifizierte Arbeiter die Möglichkeit besaßen, in die Fabrik zu wechseln. Das galt insbesondere für Schlosser, Schmiede u.ä. Viele von ihnen gehörten deshalb auch im Revolutionsjahr der folgenden Arbeiterkategorie an, den in der Metallindustrie tätigen Fabrikarbeitern. Innerhalb dieser Kategorie ragten die

5. Maschinenbauarbeiter besonders heraus. Obwohl die Maschinenbauer intern sozial differenziert und zeitweilig politisch uneins waren, traten sie während der Revolutionszeit stärker als andere Gesellen- und Arbeitergruppen als geschlossene Gruppe auf und firmierten nach außen als ‚Vereinigte Maschinenbauer'. Die der Bürgerwehr assoziierten fünfhundert ‚bewaffneten Maschinenbauer' waren ebenfalls Ausdruck dieser Sonderrolle.

6. Textilfabrikarbeiter. Während der Maschinenbau ein junger Industriezweig war, entwickelte sich die Fabrikindustrie im Textilbereich früher. Quantitativ blieben die Textilindustrie und die Zahl der dort Beschäftigten auch 1848 weit bedeutender als der Maschinenbau (vgl. Tab. 2). Während sich Maschinenbauarbeiter überwiegend aus dem qualifizierten Handwerk rekrutierten, bildeten die Textilfabriken traditionell ein Auffangbecken für die ländlichen Unterschichten und pauperisierte Heimarbeiter. Fabrikarbeit in Textilunter-

nehmen war darüber hinaus auch deshalb anrüchig, weil bis weit in das 19. Jahrhundert hinein viele Textilunternehmer in den Arbeits- und Zuchthäusern arbeiten ließen.

7. Heimarbeiter, d.h. ehemals selbständige Meister meist aus dem Textil- und Bekleidungsgewerbe, die vom Verleger abhängig waren und inzwischen auch formell den Status eines Lohnarbeiters angenommen hatten. Das galt 1848 nur für eine Minderheit der Heimarbeiter. Die Mehrheit beharrte auf ihrem Meisterstatus.

8. Als eine Sondergruppe: die Buchdrucker. Die in diesem Gewerbe beschäftigten Gesellen mußten weit mehr als Gesellen anderer Handwerkszweige über technische Kenntnisse verfügen und mit für die damalige Zeit modernen Druckmaschinen (Schnellpressen) umgehen können. Buchdruckereien hatten deshalb und wegen ihrer Betriebsgröße, die an die des Baugewerbes heranreichte, den Charakter kleinkapitalistischer Unternehmen. Die Berliner Buchdrucker gehörten überdies einem der wenigen Gewerbe an, die auch während der Revolutionsmonate prosperierten. Der Buchdruck gilt außerdem als die „Schwester der Pressefreiheit"; die hier beschäftigten Gesellen entwickelten auch deshalb ein besonderes Interesse an politischen Veränderungen.

9. Kaufmännische Angestellte (Handlungsdiener) und verwandte Berufsgruppen. Sie zählten zwar gleichfalls zur Kategorie der Lohnabhängigen, bildeten jedoch aufgrund ihrer spezifischen Situation und eigenständiger Traditionen einen besonderen ‚Stand' innerhalb des ‚Proletariats'.

10. Das Dienstleistungsgewerbe. Kennzeichnend für diese Berufsgruppen war, neben niedrigen Einkommen, eine starke Abhängigkeit vom Dienstherren bzw. Arbeitgeber. Innerhalb der sozialen Hierarchie waren diese Berufe am unteren Ende angesiedelt.

Diese zehn Arbeitnehmergruppen unterschieden sich nicht nur hinsichtlich ihrer sozialökonomischen Stellung, der jeweiligen betrieblichen Strukturen etc. Sie entwickelten darüber hinaus, bei allen Gemeinsamkeiten, vielfältige Handlungsmuster, zeigten ein unterschiedliches Organisations- und Protestverhalten. Ihren Ausdruck fanden die divergierenden Interessenlagen und Mentalitäten der Arbeiter- und Gesellengruppen nicht zuletzt in der Vielfalt der zahlreichen von ihnen abgefaßten Petitionen.

Die Petitionsbewegung vom Frühjahr 1848

Von fünfzig Berufsgruppen, die etwa zwei Drittel aller Berliner Gesellen und Facharbeiter umfaßten, liegen Eingaben vor. Um einen Eindruck von den unter den Arbeitern und Gesellen der preußischen Metropole dominierenden Forderungen zu erhalten, wurden die in den Eingaben geäußerten Wünsche in Tabelle

8 zusammengefaßt.[2] Die Zahl der einer Berufsgruppe angehörenden Arbeiter oder Gesellen konnte freilich sehr variieren; auf einen Brunnenmachergehilfen z. B. kamen mehr als 300 Schneider-, Schuhmacher- oder Tischlergesellen. Um einen einigermaßen zuverlässigen Eindruck zu erhalten, wie stark die wichtigsten Forderungen innerhalb der Gesamtheit des handarbeitenden Proletariats Berlins verankert waren, habe ich in der Tabelle deshalb außerdem die einzelnen Petitionen und die in ihnen vorgetragenen Forderungen nach dem Anteil der jeweiligen Arbeiter- oder Gesellengruppe an der Gesamtheit der Mitglieder aller Berufsgruppen gewichtet, die sich der Petitionsbewegung anschlossen.[3]

Zunächst fällt auf, daß bemerkenswerte Kontinuitäten zu vorindustriellen Forderungen bestanden, wie sie im ausgehenden 18. und dem ersten Drittel des 19. Jahrhunderts häufig geäußert wurden. Zünftige Traditionen sollten von polizeistaatlichen Restriktionen befreit (*Aufhebung* der *Wanderbeschränkungen*) sowie die *Mitbestimmungsrechte* der Gesellen in *Innungsangelegenheiten* erweitert werden. Andere Forderungen zielten auf menschenwürdige bzw. *standesgemäße Behandlung* der Gesellen durch die Meister.[4] Reine Statusfragen rückten allerdings in den Hintergrund und eindeutig ökonomische Forderungen in den Vordergrund. Vor allem in zweierlei Hinsicht bestand unter den Gesellen weitgehend Übereinstimmung: Sie wollten *höhere Löhne* und eine *Verkürzung* der *Arbeitszeiten* (die häufig bei täglich 16 Stunden und länger lagen) durchsetzen. Seltener wurde die *Abschaffung* der *Akkordarbeit* gefordert. In Tabelle 8 finden sich außerdem eine Reihe von Forderungen, die in ganz ähnlicher Wortwahl auch von den Meistern vorgetragen wurden. Sie zeigen an, daß es immer auch Interessenidentitäten zwischen selbständigen und unselbständigen Handwerkern geben konnte: Von der *Einstellung der gewerblichen Arbeiten in den Gefängnissen und Arbeitshäusern*, die

---

2 Aufgenommen wurden in Tab. 8 Forderungen, wenn mindestens zwei Berufsgruppen sie vorbrachten. Von den Gruppen der Berliner Lohnabhängigen, die die neuen Freiheiten *nicht* nutzten, um in Eingaben ihren Forderungen Nachdruck zu verleihen, werden zwei größere an anderer Stelle behandelt: zu den „weiblichen Handarbeitern" vgl. *S. 505*, zum männlichen und weiblichen Dienstpersonal vgl. *S. 416 f.* Einige andere, kleine Arbeitnehmergruppen waren (gleichfalls) zu atomisiert, um sich auch nur locker organisieren und Eingaben abfassen zu können. Für weitere Arbeiter- und Gesellengruppen ist anzunehmen, daß sie sich *informell* mit ihren Arbeitgebern auf eine Erhöhung der Löhne und Verbesserung der Arbeitsbedingungen einigen konnten.

3 Unterstellt wird dabei, daß die in den Eingaben formulierten Wünsche von der Gesamtheit der Berufsgruppe getragen wurde. (Unterzeichnet waren die Petitionen in der Regel von dem Altgesellen oder einem zuvor gewählten Komitee).

4 So hieß es z. B. in einer Petition der Bäcker: „Wir beanspruchen [...], daß unsre Meisterschaft uns mehr Achtung und Anerkennung beweise und uns deshalb [nicht] mit Du anrede, auch uns nicht über die Straße mit Backwaaren schicke". Diese und alle weiteren im folgenden herangezogenen Gesellen-Petitionen finden sich in den in Tab. 8 angeführten Quellenbeständen. Im folgenden werden nur die Berufsgruppen genannt; es handelt sich dabei stets um Gesellen, Gehilfen und Arbeiter. Die Antworten der Meister wie die Protokolle über die Konferenzen zwischen beiden Seiten, soweit sie unter der Leitung der DBWaK stattfinden, befinden sich gleichfalls in: LAB StA, Rep. 16, Nr. 67, Bd. I bis V.

dann seit April 1848 auch vorübergehend vollzogen wurde, profitierten Meister wie Gesellen zahlreicher Zweige vor allem des Textil- und Bekleidungsgewerbes. Die freilich nur vereinzelt explizit vorgetragene Forderung nach Aufhebung bzw. *Einschränkung der Gewerbefreiheit* durch das Verbot der Einfuhr bzw. die Errichtung hoher Zollmauern für ausländische Waren sollte ebenfalls dem eigenen Gewerbe insgesamt zugute kommen. Kritik an der „Höllenjagd der Concurrenz", am „steten Kampf" eines jeden „gegen Jeden" konnte zwar auch von links kommen und als Argument für die Schaffung einer sozialistischen ‚Organisation der Arbeit' dienen.[5] Die Forderung nach Einschränkung der Gewerbefreiheit war jedoch keineswegs unumstritten. Nicht zuletzt einige der Berliner Gesellenorganisationen, die ihre Mitglieder aus den Massenhandwerken rekrutierten, suchten nachdrücklich die Gewerbefreiheit gegen die zünftige Borniertheit der Meister zu schützen.[6]

Das recht verbreitete Verlangen nach *Begrenzung der Zahl der Lehrlinge* je Meister war dagegen weniger an traditionellen Idealen orientiert. Es sollte vielmehr den Lohndruck nehmen, der von der massenweisen Beschäftigung billiger, junger Arbeitskräfte ausgehen konnte. Gleichgerichtete Interessen verfolgten Gesellen wie Meister, wenn sie ein Verbot oder die *Beschränkung* von *Maschinenarbeit* forderten. Den Hintergrund für diese Forderung bildete die rasch fortschreitende Mechanisierung wichtiger Sektoren des Textil- und Bekleidungsgewerbes, der Papierverarbeitung, des Buchdrucks sowie einiger metallverarbeitender Gewerbe seit Beginn der vierziger Jahre.[7] Das Gros der Berliner Arbeiter und Gesellen lehnte allerdings ein Verbot der Maschinenarbeit ab.[8] Im Gegensatz vor

---

5 So für den Frühkommunisten Johann Christian Lüchow (KBA) in seiner Broschüre: Die Organisation der Arbeit und deren Ausführbarkeit, Berlin 1848 (1. und 2. Lieferung), hier S. 24. (In: LAB, Rep. 240, Acc. 685, Nr. 256 und 257.)

6 Namentlich die Schneidergesellen erklärten der Stadtverordnetenversammlung, daß sie sich „mit aller Macht" der Forderung ihrer Meister „auf sofortige Schließung sämmtlicher Kleiderhandlungen" entgegenstemmen wollten. Dieses Verlangen sei von reinem Interessenegoismus getragen. Auch der große Berliner Handwerkerverein und mit ihm ähnliche Organisationen anderer deutscher Städte erklärten sich „entschieden gegen alle Reste des Zunftzwanges". (Bericht der SZ vom 20. Juni 1848 über den Kongreß der deutschen Handwerkervereine in Berlin vom 18.-20. Juni 1848.) Häufiger allerdings war die Forderung, ‚Pfuschern' das Handwerk zu legen (Tab. 8). Hier zeigt sich u. a., daß das hohe Berufsethos, das die Meister besaßen, nach wie vor von vielen Gesellen geteilt wurde.

7 Eine einzige maschinelle Papiermühle z.B. ersetzte nach Bekunden der betroffenen Gesellen vierzig Arbeitskräfte, eine einzige Schnittmaschine gar fünfzig Nagelschmiedegesellen; vgl. Petitionen bzw. Aufrufe der Papiermacher und der Schwarz-Nagel-Schmiede; ferner Baar, Industrie, S. 58, 69.

8 Vereinzelt verlangten führende Vertreter der Gesellen umgekehrt sogar die allgemeine Verbreitung und Verbesserung von Maschinen, damit sie dem Menschen die „geistestödtenden Arbeiten [abnehme], auf daß der Mensch Mensch werde." So Lüchow in seiner Broschüre ‚Organisation der Arbeit', S. 20. Daß die meisten Gesellen den Maschinen nicht feindlich gegenüberstanden, läßt sich an der relativ geringen Zahl der Petitionen ablesen, in die das Anliegen nach einem Verbot oder einer Begrenzung von Maschinenarbeit Eingang fand. In den Eingaben wie-

allem zu Wien, wo Fälle von Maschinenstürmerei insbesondere in den ersten Tagen nach der Märzrevolution gehäuft auftraten, kam es in Berlin denn auch nur zu einem einzigen derartigen Fall: der Zerstörung der kurz zuvor auf dem Köpenicker Feld installierten Dampfmaschine am 12. Oktober 1848 durch einen Teil der Erdarbeiter.

Ebenso wie die Forderungen nach einer Begrenzung der Zahl der Lehrlinge und nach dem Ausschluß von ‚Pfuschern‘ aus dem Gewerbe war auch der Wunsch nach einem *Verbot* der *Frauenarbeit* von dem Motiv diktiert, sich lohndrückender Konkurrenz zu entledigen. Aufgestellt wurde diese Forderung vor allem im Textil- und Bekleidungsgewerbe sowie im Dienstleistungsbereich, also dort, wo billige weibliche Arbeitskräfte in größerer Zahl mit männlichen konkurrierten und die Arbeit der männlichen Gesellen im Vergleich mit den anderen Berufsgruppen am schlechtesten bezahlt wurde. Der hohe Anteil von Frauen führte im Bewußtsein vieler Arbeiter außerdem dazu, daß die entsprechenden Gewerbe gewissermaßen stigmatisiert waren. In einigen Petitionen finden sich Formulierungen, in denen die traditionelle Verachtung der Zusammenarbeit von Gesellen mit ‚Weibsleuten‘ durchscheint. Der Magistrat und die ‚Deputation zur Beratung über das Wohl der arbeitenden Klassen‘ schlossen zwar ein Verbot der lohnabhängigen Frauenarbeit als mit dem Prinzip der Gewerbefreiheit unvereinbar aus. Das war jedoch das einzige, was man dort für die weiblichen Beschäftigten zu tun gedachte.[9] Die Antwort der Meister und Unternehmer wiederum auf Forderungen nach der Entlassung von Frauen ging im allgemeinen dahin, daß jene erklärten, großes Verständnis für dieses Verlangen zu haben, daß man aber so lange, wie anderswo billiger produziert werde, auf weibliche Arbeitskräfte nicht verzichten könne.[10] Das in einigen Petitionen vorgebrachte Verlangen nach einem *Verbot der Beschäftigung auswärtiger Arbeiter* schließlich lö-

---

derum, die derartige Forderungen enthalten, wurden bestimmte Auflagen für die Einführung von Maschinen, nicht deren generelle Abschaffung verlangt. Nicht zuletzt die Diskussionen auf den Arbeiterversammlungen zeigen, daß solcherart antimoderne Tendenzen unter den Gesellen und Arbeitern der preußischen Hauptstadt nur auf geringe Resonanz trafen. Besonders scharf wurden gelegentliche Äußerungen kritisiert, die verhaßten Maschinen müßten zerstört werden; vgl. z. B. Äußerungen Stephan Borns während einer Sitzung des ‚Arbeiterklubs‘ (aus dem dann wenige Tage später das ‚Central-Comité der Arbeiter‘ hervorging) am 6. April, im Wortlaut in: Wolff, RC, II, S. 136. Zum einzigen Berliner Maschinensturm vgl. *S. 457 ff.* Zu Wien vgl. Häusler, Massenarmut, S. 147, 151 ff.; ders., Soziale Protestbewegungen, S. 338 f.

9 Obgleich in der Presse lang und breit darüber räsoniert wurde, daß die Einkommen der Arbeiterinnen zum physischen Überleben nicht ausreichten, „eine harte Probe für die Sittlichkeit" darstellten und „der redlichste Wille vieler Mädchen und Frauen nur zu oft an dem geringen Lohn für ihre Arbeiten" scheitere, zog die männliche Öffentlichkeit, von ganz wenigen Ausnahmen (dem ‚Central-Comité der Arbeiter‘) abgesehen, eine Erhöhung der Frauenlöhne nicht ernsthaft in Erwägung. Zur Haltung des Magistrats und der DBWaK vgl. *S. 393* sowie *S. 504*.

10 Vgl. z. B. die Erklärung des Posamentiermeisters Louis Friedberg vom 13. April 1848, in: LAB StA, Rep. 16, Nr. 67, Bd. II, Bl. 69-70.

ste heftige Kontroversen unter den Arbeitern und zwischen den Gesellenorganisationen aus.

Auf einer Arbeiterversammlung des Politischen Klubs vom 9. April 1848 bezeichnete ein namentlich nicht bekannter „Arbeiter" es als „eine große Beschränktheit, daß man die Fremden ausweisen will. Weist man sie [die Fremden] hier aus, so werden sie natürlich anderwärts auch ausgewiesen. Wir bekommen die auswärtigen Berliner arbeitslos zurück. [...] Man proklamierte allgemein die Freizügigkeit, und hier will man die Fremden austreiben. Außerdem soll, nach einer Verordnung des Polizeipräsidenten v. Minutoli, der Meister den [fremden] Gesellen anzeigen, der keine Arbeit hat. Was ist dies für eine Maßregel? Wenn man sich dann ein Wort gegen den Meister erlaubt, so zeigt er an, man habe keine Arbeit und man wird ausgewiesen. Es darf nicht jeder Bürger einen ihm mißliebigen Arbeiter ausweisen können."[11]

In der Tat enthielt die erwähnte Bekanntmachung Minutolis vom 6. April 1848 die Aufforderung, daß „die Herren Handwerks-Meister und andere Arbeitsgeber", die „Gewerks-Vorstände und Herbergs-Wirthe [...] alle ihnen bekannt gewordenen, länger als 3 Tage arbeitslosen, fremden Gesellen und Gewerbe-Gehülfen, unter Angabe des letzten Arbeitsverhältnisses und Aufenthalts derselben, unmittelbar dem Polizei-Präsidium zur Anzeige bringen" sollten. Dieses werde dann „die unthätigen fremden Arbeiter aus der Stadt entfernen". Das war geschickt. Indem Minutoli das Verlangen der Gesellen aufnahm, sie vor einer Überfüllung ihrer Gewerbe zu schützen, stellte er zugleich den Meistern ein wirkungsvolles Instrument zur Disziplinierung ihrer Gesellen zur Verfügung. Staatlichen und städtischen Behörden sowie den Arbeitgebern war diese Bekanntmachung ein nützliches Mittel, Streikbereitschaft und überhaupt ‚Unbotmäßigkeiten' der Berliner Arbeiter- und Gesellenschaft zu dämpfen.[12] Drei Wochen nach der Bekanntmachung mußte der Polizeipräsident allerdings einen Rückzieher machen. Den Bemühungen der im ‚Central-Comité der Arbeiter' vereinigten Berliner Gesellen- und Arbeiterschaft gelang es, der rigorosen Umsetzung dieser Bestimmungen einen gewissen Riegel vorzuschieben.[13]

---

11 Nach: BZH vom 12. April 1848 bzw. Wolff, RC, II, S. 137-140, Zitat: S. 139.

12 Für erheblichen Wirbel sorgten die (allerdings vergeblichen) Versuche, mit Stephan Born und Christian Lüchow zwei der Exponenten der radikalen Gesellen auszuweisen. Die Ausweisungsbeschlüsse gegen Born und Lüchow waren im übrigen nur die Spitze eines Eisberges: Im Einvernehmen mit den städtischen Behörden schickte Minutoli Polizeikommissare los, die systematisch und mit einigem Erfolg die Schlafstellen der Gesellen und Arbeiter inspizierten und Erwerbslose, die nicht in Berlin gebürtig waren, umgehend aus der Stadt wiesen; selbst die in der Bekanntmachung noch eingeräumte Drei-Tages-Frist wurde dabei vielfach nicht mehr eingehalten. Ergänzt wurden diese Maßnahmen durch eine weitere Bekanntmachung Minutolis vom 18. April, in der bestimmt wurde, „daß bis auf Weiteres keinem von auswärts eintreffenden Arbeitsuchenden der Aufenthalt in hiesiger Stadt erlaubt werden soll".

13 Seit Anfang Mai wurde auf die sofortige Ausweisung auswärtiger erwerbsloser Gesellen vorerst verzichtet und wenigstens die Drei-Tage-Regelung wieder in Kraft gesetzt. Auf erhebliche Kritik stieß die Politik der Ausweisung fremder Gesellen auch in liberalen Presseorganen und der demokratischen Öffentlichkeit; vgl. NZ vom 10. und 12. April; DArZ vom 22. und BZH vom 27.

Überhaupt stellt die Bildung dieses Central-Comités einen fundamentalen Einschnitt dar: Die Petitionsbewegung, deren Inhalte hier diskutiert werden, datiert aus der Frühphase der Revolution – einer Zeit also, als das ‚Central-Comité der Arbeiter' noch nicht gegründet war bzw. noch nicht allgemeine Anerkennung gefunden hatte. Nachdem dies geschehen war, ebbte die Petitionsbewegung der Gesellen und Arbeiter rasch ab. Offen zunftorientierte Forderungen wurden seitdem öffentlich nurmehr in Ausnahmefällen vorgetragen. Die soziale und politische Programmatik der Arbeiter und Gesellen Berlins erhielt nach der Gründung dieses Arbeiterparlamentes eine ganz andere Stoßrichtung. Die seit April vom Central-Comité formulierten, ‚modernen' politisch-sozialen Vorstellungen (auf die noch zurückzukommen sein wird) waren freilich nicht in jeder Hinsicht neu. Sie besaßen in einzelnen Petitionen Vorläufer und Anknüpfungspunkte.

So kursierte das Verlangen nach Bildung eines *Arbeiterministeriums* schon in den Tagen vor dem 18. März in Berlin als allgemeine „Arbeiterforderung".[14] Der Wunsch nach einem eigenen Arbeits- oder Arbeiterministerium, der mit ähnlicher Beharrlichkeit auch in anderen deutschen Städten vorgetragen wurde, war innerhalb breiter Schichten des Berliner Proletariats stärker verbreitet als die relativ wenigen Gesellen-Petitionen, in die diese Forderung explizit Eingang fand, vermuten lassen. Symptomatisch waren Verlauf und Ergebnis einer großen Volksversammlung in Berlin am 26. März 1848, die vor dem Schönhauser Tor stattfand und zu der sich nach unterschiedlichen Angaben zwischen sechs- und zwanzigtausend Menschen vorwiegend aus den Unterschichten eingefunden hatten. Fast alle Redner verlangten die Errichtung eines „Arbeiterministeriums, aus Arbeitern und Arbeitgebern zusammengesetzt". Die Versammelten schließlich machten sich diese Forderung dann am Ende dieses Abends als wichtigstes Anliegen einer insgesamt sechs Forderungen umfassenden Petition zu eigen.[15] Unklar war freilich, wie ein solches „Arbeit*er*ministerium", aus dem dann bei anderen ein „Arbeitsministerium" wurde, konkret aussehen und welche Aufgaben es wahrnehmen sollte. Siegerist z.B. meinte, das „Arbeiterministerium" müsse „das Minimum des [wöchentlichen] Lohnes auf 4 Thaler" fixieren, „die Arbeitszeit auf 10 Stunden herabsetzen und die Verwaltung der [Unterstützungs-] Kassen beaufsichtigen", außerdem dem „Despotismus" der „Werkführer" ein Ende bereiten. Nach Bisky wiederum bestand die Hauptaufgabe des zu schaffenden Ministeriums darin, die Erwerbslosigkeit zu beseitigen.

April 1848; ferner Schreiben des Innenministers an den Minister für Handel, Gewerbe und öffentliche Arbeiten vom 6. Mai 1848, in: GStA, Rep. 120, B. I. 1, Nr. 60, Bd. 1, Bl. 21 u. Rs.

14 Vgl. *S. 135 f.* Zur Resonanz dieser Forderung in anderen Städten vgl. Bergmann, Wirtschaftskrise, S. 126.

15 Diese und die folgenden Zitate aus: BZH vom 28. und 29. März 1848 bzw. Wolff, RC, II, S. 434-441. Zu Siegerist und Bisky vgl. KBA.

Das am 17. April unter der Leitung v. Patows gebildete Ministerium für Handel, Gewerbe und öffentliche Arbeiten entsprach diesen Wünschen in keiner Weise. Im Grunde genommen war das neue Ressort nur Ergebnis einer Umverteilung der ministeriellen Aufgabenbereiche; die zuvor auf mehrere Ministerien verteilten wirtschaftspolitischen Kompetenzen wurden im neuen Ministerium gebündelt. Die in die umständliche Bezeichnung aufgenommenen Worte „öffentliche Arbeiten" sollten lediglich suggerieren, der Wunsch nach einem Arbeitsministerium sei erfüllt. Zwar stand in den ersten Monaten tatsächlich die Minderung der Erwerbslosigkeit im Vordergrund der Tätigkeit der Behörde Patows. Dem lag jedoch nicht die Absicht zugrunde, dem Verlangen der Unterschichten nach einem „Recht auf Arbeit" wenigstens in Form einer begrenzten Arbeitsplatzgarantie zum Durchbruch zu verhelfen. Die öffentlichen Arbeiten bildeten vielmehr das zentrale Element einer Art sozialpolitischer Revolutionsprophylaxe. Denn von den Arbeitslosen ging die größte soziale Unruhe aus. Nicht zuletzt unter diesem Gesichtspunkt wurde das neue Ministerium von der konservativen und liberalen Presse ausdrücklich begrüßt. Die Bildung eines Arbeiter- oder Arbeitsministeriums in dem Sinne, wie dies den Arbeitern und Gesellen Berlins vorschwebte, lehnte das Staatsministerium gegenüber dem Magistrat dagegen ausdrücklich ab, mit der schlichten Begründung, „daß zum Ressort des jetzt bestehenden Ministeriums für Handel, Gewerbe und öffentliche Arbeiten die gewerblichen Angelegenheiten und *daher auch* die Arbeiterverhältnisse gehören und es nicht in der Absicht liegt, für letztere eine besondere Centralbehörde zu errichten."[16] Die Arbeiterfrage als Appendix der Gewerbepolitik – deutlicher konnte das Ministerium kaum zum Ausdruck bringen, daß es an einer ‚Lösung' der sozialen Frage, die über die tagespolitischen ‚Notwendigkeiten' und Grundsätze wirtschaftsliberaler Konzepte hinausging, kein Interesse besaß. Der Öffentlichkeit wurde dies freilich nicht so unverblümt mitgeteilt. Weite Teile der Berliner Bevölkerung, auch der Unterschichten, glaubten vielmehr, daß ihre Wünsche nach der Gründung des neuen Ministeriums Erfüllung finden würden. Erst allmählich setzte sich die Erkenntnis durch, daß das neue Ministerium mit dem geforderten Arbeitsministerium kaum etwas gemein hatte. Um so größer war dann die Enttäuschung.[17] Die Ablehnung der Errichtung eines Arbeiterministeri-

---

16 Dieser knappe Bescheid war die verspätete Antwort auf eine Anfrage des Magistrats vom 3. April bei Camphausen, ob das eine Woche zuvor versprochene neue Ministerium „auch ein Arbeiter-Ministerium in sich schließen wird, in welchem sowohl die Arbeitgeber als auch die Arbeiter durch Organe aus ihrer Mitte vertreten werden". Erst am 6. August, nachdem der Magistrat, dem die ‚Arbeiter-Frage' unter den Nägeln brannte, eine Antwort angemahnt hatte, sah sich das Staatsministerium (inzwischen: Auerswald-Hansemann) zu der zitierten Erwiderung veranlaßt. (Schreiben des Magistrats vom 3. April und 27. Juli sowie Antwort des Staatsministeriums vom 6. Aug. 1848, in: GStA, Rep. 90a, B. III. 3, Nr. 8, Bd. 1, Bl. 39, 46 u. 47; H. v. m.)

17 In der Wochenzeitung ‚Gutenberg' (Nr. 13 vom 29. Juli 1848), dem Organ der deutschen Buchdrucker und Schriftsetzer, an dem maßgeblich auch Berliner Gesellen mitwirkten, hieß es

ums oder einer der Pariser Luxembourg-Kommission vergleichbaren Zentralbehörde seitens der Obrigkeit trug erheblich zur Radikalisierung der Arbeiter und Gesellen Berlins bei. In den Augen der ‚Massen‘ und der sozial aufgeschlossenen, bürgerlich-demokratischen Öffentlichkeit bildete das ‚Arbeiterministerium‘ auch weiterhin den Schlüssel zur Lösung aller sozialen Probleme, nicht nur in Berlin, sondern beispielsweise auch in Wien.

So wie das Verlangen nach einem Arbeiterministerium war auch die Forderung nach der Errichtung von *Nationalwerkstätten* oder Produktionsgenossenschaften durch das Pariser Vorbild inspiriert. Obgleich die Nationalwerkstätten in der französischen Hauptstadt, die mehr als hunderttausend Erwerbslosen Arbeit und Brot gaben, nicht so gut funktionierten, wie ihre Initiatoren sich das gedacht hatten, galten sie den Revolutionären, und hier nicht zuletzt den radikalen Gesellengruppen des Massenhandwerks, als Symbol einer glücklicheren Zukunft – in Paris, Berlin und vielen anderen (Groß-)Städten.[18]

Es sei der „entscheidende Augenblick" gekommen, so formulierten die Berliner *Tischler*gesellen in ihrer Petition vom 30. März, wo es „nicht bloß um [die] augenblickliche Beseitigung von Übelständen [gehe], sondern auch um die Grundl[egung] von Einrichtungen, welche [...] „dauernd und allgemein den Zustand der Handwerker verbessern". Sie beantragten deshalb „die Errichtung von Nationalwerkstätten", allerdings nicht nach dem Vorbild der Pariser Nationalwerkstätten, sondern nach dem der „Harzschaftsordnung auf dem Oberharz".[19] Die Tischlergesellen gingen übrigens von der Erwartung aus, daß die von ihnen ins Auge gefaßte gesellschaftliche Organisierung der Arbeit allmählich alle wirtschaftlichen Bereiche erfassen werde und selbständige Handwerksmeister friedlich überzeugt werden könnten, daß der Anschluß an die staatlich gestützten „Assoziationen" von größerem Vorteil für sie sei. Es „steht zu erwarten, daß künftig die jungen Meister, statt sich selbständig zu etablieren, d[en] National-Werkstätten, die sie von allen Sorgen erlös[en] und

---

Ende Juli z.B.: „[D]as Arbeiter-Ministerium [...] allein verbürgt dem Arbeiter die wahre Gleichstellung mit der Bourgeoisie, welche durch ihre Verbündeten, die Bevorrechteten und Bureaukraten das Übergewicht hat. Die Arbeiter haben darum gebeten und es – nicht erhalten, und es geschieht ihnen recht, denn der Mann darf um das nicht bitten, was er selbständig auszuführen und durchzusetzen das Recht und die Macht hat." Vgl. auch ‚Volk‘ z. B. vom 8. Juli 1848. Zu Wien vgl. Häusler, Massenarmut, S. 243 ff. Zur Luxembourg-Kommission vgl. Price, Second French Republic, bes. S. 106, 109.

18 Zu den Pariser Nationalwerkstätten vgl. ebd., S. 155 ff.; Pierre-Paul Sagave, 1848: Ateliers nationaux à Paris et travaux d'utilité publique à Berlin, in: Mieck u. a. (Hg.), Berlin und Paris, bes. S. 156 ff. Die zuerst 1839 erschienene Schrift Louis Blancs ‚Organisation der Arbeit‘, auf der die meisten Konzepte für Nationalwerkstätten fußten, war in deutscher Übersetzung noch in den fünfziger Jahren in Handwerker- und Arbeiterkreisen häufiger anzutreffen.

19 Fasziniert waren sie von den in ihren Augen positiven Aspekten des im preußischen Bergbau herrschenden staatlichen Direktionsprinzips, dem beamtenähnlichen Status der Arbeitskräfte und damit dem Schutz vor Arbeitslosigkeit, dem Schutz vor Willkür seitens eines einzelnen Unternehmers, den verbilligten Nahrungsmitteln, gesunden Wohnungen, der guten medizinischen Versorgung etc. Sie sollten, unter Vermeidung der Nachteile des staatlichen Direktionsprinzips, auf das gesamte Gewerbe übertragen werden.

ihnen ein sicheres und freudenvolles Dasein biete[n], freiwillig beitreten, so daß die allein stehenden Meister ganz allein aufhören werden." Sie setzten auf die Überzeugungskraft der besseren Produktionsorganisation, nicht auf soziale Revolution. Die Berliner *Schneider*gesellen forderten in einer Petition vom 19. April gleichfalls die Errichtung von „Nationalwerkstätten auf den freiesten Grundlagen", ohne sich hierüber allerdings im einzelnen auszulassen.

Neben französischen und anderen Einflüssen wurden die Vorstellungen besonders der Schneider auch durch das Gesellschaftskonzept eines Berliner ‚Eigengewächses‘ inspiriert. Der Schneidergeselle Johann Christian Lüchow propagierte in einer auf den 2. Mai datierten Broschüre die Errichtung von selbstverwalteten „Nationalwerkstätten" oder „Arbeitsgymnasien" als wirksames Mittel, das „Recht der Arbeit" auf Dauer zu realisieren. Sie sollten möglichst sofort aufgebaut werden.[20] Lüchow, Mitglied des Bundes der Kommunisten, saß nicht nur im siebenköpfigen ‚Comité der Schneidergesellen zu Berlin‘, das für deren Petition vom 19. April verantwortlich zeichnete. Als führendes Mitglied des Handwerkervereins sowie des ‚Central-Comités der Arbeiter‘, dessen geschäftsführendem Ausschuß er angehörte, reichte sein Einfluß über den Kreis der Schneider hinaus. Die Ideen, wie sie die Berliner Tischler und Schneider (mit Lüchow als theoretischem Kopf) äußerten, speisten sich aus einer gemeinsamen Quelle: den Sozialutopien der frühen Handwerker-Kommunisten, unter denen Gesellen beider Gewerke bereits im Vormärz beträchtlichen Einfluß besessen hatten.[21] Im Unterschied zum Sozialismus-Konzept Louis Blancs sollte der Staat nach ihren Vorstellungen keine aktiv-regulierenden Funktionen einnehmen, sondern die ‚von unten‘ aufgebauten Nationalwerkstätten materiell und ideell lediglich passiv stützen.[22]

Große Resonanz fanden Lüchows Ideen, denen im übrigen der scharfe klassenkämpferische Ton, wie er etwa im Anfang 1848 erschienenen ‚Manifest der Kommunistischen Partei‘ zu finden ist, abging, im Hedemannschen Handwerkerverein. Unter dessen Mitgliedern waren nicht zufällig Schneider- und Tischlergesellen überrepräsentiert. Hier existierte zudem ein Typus von ‚Bildungsarbeit‘, der vielen Gesellen vorbildlich auch für ihr Konzept von „Nationalwerkstätten" zu sein schien.[23] Stephan Born griff die Idee in seiner Zeitschrift

---

20 Die Regierung sollte nur „eine geräumige und helle Kaserne, die doch größtentheils leerstehen, dazu anweisen". Für das Kapital, so die Hoffnung Lüchows, würde man schon selbst aufkommen können. (Lüchow, Organisation, S. 4 f.)

21 Vgl. *S. 99 f.*; zum hohen Prozentsatz von Schneider- und Tischlergesellen unter den Mitgliedern des Berliner Kommunisten-Bundes vgl. Revolutionäre Berliner Arbeiterbewegung, S. 25. Von den sieben Mitgliedern des Berliner Komitees der Schneidergesellen 1848 gehörten mindestens drei dem BdK an (Michaelis, Lüchow, Müller).

22 Vgl. Lüchow, Organisation, S. 4 f.

23 Besonders enthusiastisch warb der Herausgeber der dem Handwerkerverein nahestehenden DArZ, der Privatdozent Eduard Schmidt, in mehreren umfangreichen Artikeln (vom 12., 19., 22.

‚Das Volk' seit Juni 1848 gleichfalls auf. Im Gegensatz jedoch zum Gros der Berliner Anhänger der Idee der Nationalwerkstätten verwarf er die Illusion eines friedlichen Überganges in eine von „Assoziationen" dominierte Gesellschaft.[24] Bedenkt man die numerische Stärke des Handwerkervereins während des Vormärz sowie den großen Einfluß, den Born und Lüchow innerhalb der Berliner Arbeiterbewegung besaßen, wird man behaupten dürfen, daß – weit über die Tischler- und Schneidergesellen hinaus – die Idee der Produktionsassoziation im entstehenden Proletariat Berlins auf eine beträchtliche Anhängerschaft zählen konnte. Attraktiv war dieses Konzept freilich auch, weil es dem sozialen Konservativismus der Handwerker entgegenkam, die in der uneingeschränkten Gewerbefreiheit die Wurzel allen Übels sah. Denn die Produktionsgenossenschaften, Kernstück dieses frühen Sozialismus-Konzepts, schlossen von ihrer Idee her Gewerbefreiheit längerfristig aus.[25] Die wiederholte und grundsätzliche Ablehnung der Forderung nach einer wie auch immer gearteten ‚Organisation der Arbeit' durch die dem wirtschaftlichen Liberalismus verpflichtete Obrigkeit[26] ließ auf seiten der Gesellen und Arbeiter den Wunsch nach einer anderen Gesellschaft nur dringlicher werden, zumal sich im Revolutionsjahr die Verhältnisse in den meisten Gewerbezweigen nicht grundlegend besserten. Die eigentümliche Mischung von Orientierung an handwerklichen Traditionen und egalitär-emanzipatorischen Zielvorstellungen, die im Konzept der Nationalwerkstätten bzw. Produktionsassoziationen ihren markanten Ausdruck fand, war im übrigen nicht nur ein Charakteristikum des frühen Gesellen-Sozialismus. Wie wenig sich rückschrittliche und fortschrittliche Grundströmungen trennen ließen, läßt sich auch

---

und 26. April und 13. Mai 1848) für die Errichtung von Nationalwerkstätten, und zwar wie die Tischler ebenfalls nach dem Harzer Vorbild (Anm. 19).

24 Dies blieben „fromme Wünsche, solange nicht die herrschende Macht im Staate eine volksthümliche, eine demokratische ist". Auch in Borns Feststellung, „daß die sociale Frage nur unter der ausgedehntesten Volksherrschaft gelöst werden kann, daß da nur eine Aufhebung der Klassengegensätze möglich ist", machen sich unverkennbar Marxsche Einflüsse bemerkbar. Wie schon bei Lüchow sollten auch bei Born die in den Assoziationen tätigen Arbeiter und Kleinmeister nicht bloß „besoldete Staats-Diener wie in der National-Werkstätte" sein, sondern „Arbeiter, Unternehmer und Verkäufer zugleich, und der Staat versieht nur die Dienste des Banquiers." (‚Volk' vom 1. und 22. Juli 1848.) Vgl. auch die übrigen Juni- und Juli-Nummern des ‚Volk'; außerdem Rogger, „Wir helfen uns selbst", S. 130-135.

25 Zwar bildeten nach den Vorstellungen der frühsozialistischen Gesellen die Produktionsassoziationen den ökonomischen Unterbau der künftigen, von ihnen angestrebten, auf sozialer Gleichheit gegründeten Gesellschaft. In ihrer Grundstruktur ähnelten die Produktionsgenossenschaften jedoch zugleich traditionalen, korporativ geordneten Ökonomien. Die als bedrückend empfundenen Zwänge der alten Zunftgesellschaft sollten allerdings abgestreift werden; vgl. allgemein zu dieser nicht nur für Berlin charakteristischen Ambivalenz der frühen Arbeiterbewegung: Jürgen Kocka, Traditionsbindung und Klassenbildung, in: HZ, Bd. 243/1986, bes. S. 348, 352.

26 Vgl. exemplarisch die „Anmerkungen zum Forderungskatalog der Tischlergesellen" vom 6. April 1848, den Mitglieder der DBWaK erstellt hatten, in: LAB StA, Rep. 16, Nr. 67, Bd. I, Bl. 120.

am Beispiel der Maschinenbauer zeigen, derjenigen, die 1848 der Inbegriff der ‚modernen Industriearbeiter' waren.

Sonderfälle: die Maschinenbauer, die Handlungsdiener und das Dienstpersonal

Die *Maschinenbauer* gehörten zu den wenigen Arbeitergruppen, die einen Verein aufbauten, der seit Spätsommer 1848 recht deutliche Züge frühgewerkschaftlicher Organisation trug. Dies kommt bereits in ihren „Beschlüssen" vom 23. März zum Ausdruck. In diesem sozialen Forderungskatalog, der wenig später von fast allen Berliner Maschinenbau-Unternehmern akzeptiert wurde, verlangten sie eine Art tariflichen Grundlohn.[27] In einem weiteren Abschnitt ihrer Beschlüsse hatten sie genaue Regelungen für Überstundenarbeit festgelegt. In den Eingaben aller anderen Berufsgruppen fehlen solche Überlegungen. Einzigartig war auch, daß sie außerdem die Installierung innerbetrieblicher Ausschüsse forderten. Diese Frühform der späteren Betriebsräte war von den Belegschaften der Maschinenbauunternehmen „aus den achtbarsten und tüchtigsten Arbeitern [zu] erwählen". Der „Zweck" der Ausschüsse bestand nicht nur darin, über „Gerechtigkeit und Ordnung zu wachen und Uneinigkeiten zwischen den Fabrikherren und den Arbeitern oder zwischen den Arbeitern auszugleichen". Sie sollten außerdem „vermittelnd eintreten, wenn bei Akkordarbeiten oder Lohnerhöhungen Mißverhältnisse sich herausstellen". Auch die in den Maschinenbaubetrieben notwendige Arbeitsdisziplin war nach den Vorstellungen der Maschinenbauer künftig durch den Arbeiterausschuß sicherzustellen – und nicht mehr durch den Unternehmer und die diesem verantwortlichen Werksleiter, deren „Despotie" Anlaß lautstarker Klage war. Eine Umsetzung dieser Bestimmungen hätte in letzter Konsequenz zu Formen der Mitbestimmung der Belegschaften geführt, die den heutigen, im Betriebsrat institutionalisierten Einflußmöglichkeiten nicht unähnlich gewesen wären. Tatsächlich blieben die „Beschlüsse" weitgehend Papier. Der Wille und Druck der Maschinenbauarbeiter reichten nicht aus, die neuen Organe auf Dauer

---

27 Gefordert wurde der Grundlohn allerdings ausdrücklich nur für „Gesellen". Die sehr zahlreichen unqualifizierten Arbeitskräfte in diesem Industriezweig waren also nicht einbezogen; vgl. „Beschlüsse" der Maschinenbau-Arbeiter vom 23. März 1848, die von den meisten Berliner Maschinenbau-Unternehmern am 26. März per Unterschrift akzeptiert wurden, in: LAB StA, Rep. 16, Nr. 67, Bd. I, Bl. 153-154 Rs. sowie in: Volks-Stimme, No.1, vom 6. April 1848. Borsig verweigerte zunächst die Unterschrift; vgl. seine Erklärung vom 25. März, in: DArZ vom 4. April 1848. Anfang April lenkte auch Borsig ein; vgl. die Bekanntmachung der Berliner Maschinenbauunternehmer über die Neuregelung der Arbeitsverhältnisse in ihren Betrieben vom 14. April sowie Ergänzungen zu diesem Reglement, in: Borsig-Archiv ZA/131 bzw. ZA/169; letztere im Wortlaut auch in: Vorsteher, Borsig, S. 69.

zu unabhängigen Interessenvertretungen der Belegschaften der Maschinenbauunternehmen zu machen. Angesichts der hohen Erwerbslosigkeit und der recht starken Fluktuation unter seinen Arbeitskräften gelang es jedenfalls Borsig relativ bald, den Ausschuß zu seinem willfährigen Instrument zu machen.[28] Insbesondere die Aufrechterhaltung der Arbeitsdisziplin konnten die Fabrikanten auf Dauer schlecht aus der Hand geben, wollten sie nicht auf zentrale Unternehmerfunktionen verzichten. Borsig jedenfalls (über die Situation in den anderen Betrieben sind wir nicht unterrichtet) konnte es bereits Anfang Juli 1848 wagen, zur „Erleichterung der Kontrolle" seiner Arbeitskräfte den heutigen Stechkarten vergleichbare „Marken" für sämtliche Belegschaftsmitglieder einzuführen[29] – und damit seine langjährigen Bemühungen fortsetzen, ‚seine' Arbeiter einer rigorosen Zeitökonomie und Sozialdisziplin zu unterwerfen. Abgefedert und schmackhaft gemacht wurden die Disziplinierungsbemühungen Borsigs im übrigen durch eine für damalige Zeiten bemerkenswert großzügige, gleichwohl betriebswirtschaftlich kalkulierte Sozialpolitik.

Bei allen Anklängen ihrer „Beschlüsse" vom 23. März an moderne gewerkschaftliche Forderungen konnten die Maschinenbauer ihre Herkunft aus dem Handwerk nicht verleugnen: In einem von den ‚Vereinigten Maschinenbauern' autorisierten „Aufruf sämmtlicher Maschinenbau-Arbeiter an die Bürger Berlins!" vom 17. April 1848[30] wurde das Bündnis zwischen Arbeitern und Bürgern u.a. mit dem Argument beschworen, daß „wir ja viele, wohl die Hälfte unter uns haben, welche in einigen Jahren dasselbe sein werden, was Ihr jetzt seid – *Bürger* und *Meister*."[31] In ihrer Mehrheit schwankten die Maschinenbauer in den ersten

---

28 Vgl. Vorsteher, Borsig, S. 71. Zu Klagen über die „Despotie" der Werksleiter vgl. exemplarisch die Bemerkungen Siegerists auf der Versammlung vom 26. März, nach: Wolff, RC, I, S. 434-441, hier: S. 436.

29 Arbeiter, die ihre Marken verloren oder vergaßen, wurden mit Lohnabzügen empfindlich bestraft; vgl. die an die Einführung der Marken geknüpften Bestimmungen, in: Borsig-Archiv, Nr. 130 006, Bl. 1 bzw. ZA/131; im Wortlaut auch in: Vorsteher, Borsig, S. 60; ferner *S. 480.*

30 In: ZBSt, 1848 Flg., M. 7; im Wortlaut auch in: Obermann, Flugblätter, S. 204-207 bzw. bei Wolff, RC, II, S. 162 ff. Diese Erklärung war anschließend Gegenstand heftiger Kontroversen. Der Verfasser des Flugblattes, der Geometer und spätere Romanschriftsteller Massaloup, 1848 Herausgeber der Zeitung ‚Demokrat', war von einer Versammlung der Maschinenbauer mit der Abfassung des Flugblattes beauftragt worden. Er hatte es zwar veröffentlicht, ohne zuvor von seinen Auftraggebern dazu formal autorisiert worden zu sein. Die Mehrheit der Maschinenbauer erklärte sich auf Nachfragen jedoch mit dem Inhalt des Flugblattes einverstanden und kritisierte nur einzelne Formulierungen; vgl. die Tageszeitungen vom 21. und 22. April sowie die ausführliche Darstellung bei Wolff, RC, II, S. 164-169. Erklärung der „gutgesinnten" Maschinenbauarbeiter sowie die Bekanntmachung des Magistrats vom 19. April 1848, in: Borsig-Archiv ZA/257; ZBSt, 1848 Flg., M. 7; im Wortlaut in: bei Wolff, RC, II, S. 166, 168 f.

31 Die Bemerkung drückt außerdem aus, daß die ‚Vereinigten Maschinenbauer', die sich Anfang Juni dann in ‚Verein der Maschinenbauer' umbenannten, anfänglich nur das Sprachrohr der *qualifizierten* Arbeitskräfte waren, also lediglich eines Teils sämtlicher in Maschinenbauunternehmen beschäftigten Arbeiter. Eine größere Anzahl angelernter Arbeiter sowie unqualifizierter Hilfskräfte (genaue Angaben liegen nicht vor) war mit Transportarbeiten, dem Anrei-

Revolutionsmonaten zwischen traditional-handwerklichem Selbstverständnis auf der einen und der entstehenden Arbeiterbewegung sowie radikaldemokratischen Strömungen auf der anderen Seite.[32] Sie suchten sich (wie der sozialdemokratische Historiker Max Quarck formuliert hat) „durch die sozialen Gegensätze hindurchzuwinden".[33] Dem im April gegründeten ‚Central-Comité der Arbeiter', dem Repräsentativorgan der lohnabhängig Beschäftigten Berlins, schlossen sie sich nicht an.[34] Enttäuschung über die Politik der Märzkabinette und des Berliner Magistrats veranlaßte die Maschinenbauer dann im Sommer zu einem Schwenk nach links. Zunächst fanden sie in dem populistischen radikaldemokratischen Demagogen Held ein neues Idol.[35] Mitte August knüpften sie intensivere Kon-

chen der Werkstücke u.ä.m. beschäftigt. Wie stark die Maschinenbauer intern differenziert waren, spiegelt das extreme Lohngefälle wider: Anfang 1848 erreichte der am schlechtesten bezahlte Arbeiter einen Tagesverdienst von einem halben Taler, gutbezahlte dagegen bis drei Taler. Nach: ‚Illustrierte Zeitung', Leipzig, vom 4. März 1848, in: Borsig-Archiv ZA/139.) Vgl. außerdem Vorsteher, Borsig, S.60; ferner (allgemein) Kocka, Arbeitsverhältnisse, S. 439 ff. und die dort genannte Literatur.

32 Wie sehr sie auch politisch uneins waren, wurde sichtbar in der Auseinandersetzung um Carl Siegerist (KBA), der die radikaldemokratische Strömung unter den Maschinenbauern personifizierte. In den ersten Wochen nach der Revolution repräsentierte Siegerist der Öffentlichkeit gegenüber die Gesamtheit der Maschinenbauer; so wurde er am 23. März neben den Delegierten aus 16 Berliner Maschinenfabriken als 17. Mitglied in das provisorische Führungsgremium der Maschinenbauer gewählt – „für das Ganze", wie es ausdrücklich hieß. (Nach: ‚Volksstimme' No. 1, vom 6. April 1848 bzw. Wolff, RC, I, S. 413 f.) An Einfluß verlor Siegerist im Zusammenhang mit der Kontroverse um die Rückkehr des Prinzen von Preußen. Die Mehrheit der Maschinenbauarbeiter hielt sich aus diesem Konflikt heraus und und überwarf sich mit Siegerist, als dieser weiterhin auf seiten der radikaldemokratischen Bewegung Berlins offen gegen den Thronfolger Position bezog. Zwar hielt eine Minderheit der Maschinenbauer auch fernerhin zu Siegerist; aus dem ‚Komité der Maschinenbauer' mußte er jedoch ausscheiden. Nach dem Zeughaussturm, für dessen Ausbruch die Obrigkeit ihn zu Unrecht verantwortlich machte, wurde Siegerist dann endgültig politisch kaltgestellt; vgl. Erklärungen beider Seiten in: ZBSt, 1848 Flg., M. 10; LAB, Rep. 240, Acc. 685, Nr. 91; DArZ vom 20. Mai; NZ vom 16. Mai 1848.

33 Max Quarck, Die erste deutsche Arbeiterbewegung 1848/49, Leipzig 1924 (ND Glashütten/Taunus 1970), S. 214; vgl. dagegen Bergmann, Wirtschaftskrise, S. 141, 146 ff., 150 f.; ders., Soziallage, S. 298 ff.

34 Nach der Ausgrenzung Siegerists Mitte Mai waren die organisierten Maschinenbauer sogar kurzzeitig offen für konservative Strömungen. Dies läßt sich u.a. an der Person des zeitweiligen Vorsitzenden des Maschinenbauervereins festmachen: Der Maschinenbauer A. Krüger, der bis zum 17. Sept. den Verein führte, besaß enge Kontakte zu einem der einflußreichsten konservativen Berliner Honoratioren und Vertrauten Friedrich Wilhelms IV., Carl Wilhelm Saegert (KBA); vgl. den umfangreichen Schriftwechsel zwischen Krüger und Saegert in: GStA, Rep. 192, NL Saegert, Nr. 12; ferner VZ vom 23. Sept. 1848. Erst Anfang November trat mit Ernst Krause (KBA) ein Radikaldemokrat und Exponent der frühen Arbeiterbewegung an die Spitze der Maschinenbauer.

35 Sie wählten ihn in den Beirat des ‚Vereins der Maschinenbauer' und orientierten sich politisch vorübergehend an dem von Held (KBA) begründeten Sozialverein. Auch ein großer Teil der mehr als zweitausend Stimmen, die Held bei der Wahl des Bürgerwehr-Kommandeurs am 2. Aug. erhielt, war den bewaffneten Maschinenbauern zu verdanken; vgl. *S. 587*. Von der Beliebtheit Helds unter den Maschinenbauern zeugt auch das Gerücht, das Mitte Aug. aufkam,

takte zu Stephan Born und dem ‚Central-Comité der Arbeiter‘, beteiligten sich am Berliner Arbeiterkongreß Ende dieses Monats und begründeten die Arbeiterverbrüderung mit.[36] Hier spielten sie bald eine wichtige Rolle. Spätestens von diesem Zeitpunkt an öffneten sie sich anscheinend auch den weniger qualifizierten Gruppen der Maschinenbauarbeiter.[37] Wie sehr sie sich inzwischen der Berliner Arbeiterbewegung angenähert hatten, ließen sie Mitte August 1848 erkennen, als sie auf dem Höhepunkt des großen Druckerstreiks mit den Buchdruckern und Schriftsetzern ein „Verbrüderungsfest" feierten und bekundeten, daß sie nicht länger nur berufsbezogen „associiert" bleiben wollten.[38]

Im Vergleich zu den Maschinenbauarbeitern spielten die knapp fünftausend Berliner *Handlungsdiener* während der Revolution politisch eine eher untergeordnete Rolle, obgleich sie 1848 gut tausend Köpfe mehr zählten als jene.[39] Dies resultierte wesentlich aus der Struktur des Handelsgewerbes: Die Handlungsdiener waren über mehr als tausend Groß- und Einzelhandelsgeschäfte, Banken, Geld- und Wechselhandlungen, Spediteurunternehmen etc. verstreut, die Maschinenbauarbeiter dagegen in wenigen Großbetrieben konzentriert. Organisatorisch verfügten die Handlungsdiener allerdings über gute Voraussetzungen, öffentlichkeitswirksam ihre sozialen Interessen und politischen Vorstellungen vorzubringen. Bereits Mitte 1839 hatten fünfzig kaufmännische Angestellte einen ‚Verein zur Unterstützung hülfsbedürftiger Handlungsdiener‘ gegründet, der ein Jahr später in ‚Verein junger Kaufleute‘ umbenannt wurde. Die Zahl seiner Mitglieder stieg von 150 Anfang Mai 1840 auf 450 im April 1848.[40] Nach der Märzrevolution, der „bewegten Zeit, wo alles mit Freude die neue Freiheit begrüßt", machten die Handlungsdiener keinen Hehl daraus, daß sie sich der „arbeitenden

---

daß Held an Stelle Borsigs zum Kommandeur der bewaffneten Maschinenbauer gewählt worden sei; vgl. VZ vom 24. und 26. Aug. 1848. Zu Helds Sozialverein vgl. *S. 630 f.*

36 Vgl. das Namensverzeichnis der Deputierten zum Arbeiterkongreß, auf dem zwei Delegierte des Maschinenbauervereins als „stimmfähige Mitglieder" neben den sieben Abgeordneten des ‚Central-Comités der Arbeiter‘ auftraten, nach: Balser, Sozial-Demokratie, Bd. II, S. 524. Ende Oktober nahmen sie außerdem mit eigenen Delegierten am 2. Kongreß der Demokraten Deutschlands teil.

37 Eine Notiz vom Nov. 1848 gibt als Mitgliederzahl des Maschinenbauervereins 2800 an. Das wäre fast die Gesamtheit der 1849 von der amtlichen Statistik für Berlin gezählten Maschinenbauer; vgl. Aufstellung des ‚Central-Ausschusses der Demokraten‘, undat., in: BLHA, Rep. 30, Tit. 94, Nr. 11653, Bl. 22.

38 BZH vom 19. Aug. 1848.

39 Vgl. Tab. 2. Bei der Berufszählung 1846 wurden im Handelsgewerbe 5513 Arbeiter und Gehilfen gezählt, drei Jahre später nur noch 3219. Zur Zahl der Maschinenbauer vgl. *S. 78 f.*

40 Ähnlich wie der Handwerkerverein mußte sich allerdings auch der ‚Verein junger Kaufleute‘ während des Vormärz nach außen hin als unpolitischer Geselligkeits- und Bildungsverein gerieren; vgl. Statuten, in: LAB StA, Rep. 200-01, Nr. 791.

Klasse" und entstehenden Arbeiterbewegung zugehörig fühlten.[41] So wie der Handwerkerverein sich ein eigenes ‚fliegendes Corps' schuf, um die Märzerrungenschaften zu sichern, gründete auch der Verein der Berliner Handlungsdiener ein bewaffnetes ‚Corps der jungen Kaufleute'. Darüber hinaus suchte der ‚Verein junger Kaufleute', die materiellen Interessen der Handlungsdiener gegenüber den Arbeitgebern zu vertreten. Im Vordergrund stand das Verlangen nach einer allgemeinen Ladenschlußzeit werktags ab 20 Uhr und sonntags ab 13 Uhr.[42] Obgleich eine Reihe von Prinzipalen sowie die ‚Deputation zur Beratung über das Wohl der arbeitenden Klassen' den Wunsch nach Arbeitszeitverkürzung unterstützten[43] und die Handlungsdiener plausibel argumentierten, daß kürzere Arbeitszeiten notwendig seien, weil nur dann eine systematische Fortbildung des kaufmännischen Nachwuchses möglich sei und der Handelsstand langfristig prosperieren könne, reagierten die Ältesten der ‚Korporation der Kaufmannschaft Berlins' (KKB) barsch abweisend: Die meisten Wünsche der Handlungsgehilfen seien „mit dem Prinzip der Freiheit in derem ächten Sinn" unvereinbar. Dem Hauptanliegen der im Handel tätigen Arbeitnehmer, einer Fixierung der Arbeitszeiten, nachzugeben, hieße, „den Ursprung und die Kraft der [Arbeits-]Verträge außer Acht zu lassen". Akzeptieren könne man nur individuelle Arbeitsverträge auf „Basis der gegenseitigen freien Einwilligung". Auf dem „Grundsatz, ohne welchen kein wohlgeordneter socialer Zustand im Staate bestehen kann, daß nämlich Verträge erfüllt werden", werde man in jedem Fall bestehen.[44] Offen zurückweisen konnten die Ältesten der KKB die Forderungen, weil sie wirt-

41 Zitate: Petition von siebzig Handlungsdienern an die Ältesten der KKB vom 7. April 1848, in: LAB StA, Rep. 200-01, Nr. 143, Bl. 1, bzw. ‚Publicist' vom 8. April 1848 (Artikel des Handlungsdieners Eduard Weiße). Zum fliegenden Korps der jungen Kaufleute vgl. *S. 254 f.*

42 Ergänzt wurde das Verlangen nach einer Arbeitszeitverkürzung u. a. durch die Forderung nach Errichtung und „unentgeltlicher Benutzung" von „Abend- und Sonntagsschulen für die Handlungsgehülfen und Lehrlinge, in welchen die nöthigsten Fachkenntnisse gelehrt werden". (Petition von 600 Handlungsdienern an das Staatsministerium vom 29. April 1848.) Ähnlich lauteten Klagen und Forderungen in weiteren Petitionen, etwa der Eingabe von 70 Handlungsdiener an die Ältesten der KKB vom 7. April 1848 (Anm. 41), alles in: LAB StA, Rep. 16, Nr. 67, Bd. I, Bl. 10; Bd. II, Bl. 91 u. Rs. sowie Bl. 98; Bd. III, Bl. 194-195 Rs.; Rep. 200-01, Nr. 143, Bl. 1-2 sowie 15-17 Rs. Aus der Petition vom 29. April 1848 auch das folgende Zitat.

43 Vgl. eine entsprechende Erklärung von 26 Prinzipalen als Anlage zur Petition der 70 Handlungsdiener, das Schreiben von 17 Prinzipalen an die Ältesten der KKB, von 15 Prinzipalen an die DBWaK sowie das Schreiben der DBWaK an die Ältesten der KKB vom 7., 10. bzw. 17. April 1848, in: LAB StA, Rep. 16, Nr. 67, Bd. II, Bl. 96 und 99 bzw. Rep. 200-01, Nr. 143, Bl. 4, 6 u. Rs. und 23; ferner VZ vom 5. April 1848.

44 „Kein Prinzipal unserer Corporation kann die übrigen durch einen abzuschließenden, allgemein gültigen Vertrag verpflichten." (Beschluß der Ältesten der KKB ad No. 500 und 503, im Wortlaut identisch mit Schreiben der Ältesten der KKB an die DBWaK vom 19. Juni 1848, in: LAB StA, Rep. 200-01, Nr. 143, Bl. 39-41 bzw. ebd., Rep. 16, Nr. 67, Bd. IV, Bl. 83-84 Rs., 90-91.) Vgl. auch den Beschluß ad No.490 vom 12. Juli 1848 sowie das Schreiben der Ältesten der KKB an die DBWaK vom 12. Mai 1848, in: ebd., Bl. 45 bzw. Rep. 16, Nr. 67, Bd. II, Bl. 100. Zu Protestaktionen der Handlungsdiener vgl. auch *S. 434 f.*

schaftlich einflußreicher und damit politisch stärker waren als die übrigen Gruppen unter den Arbeitgebern. Die Handlungsdiener setzten weder allgemeine Arbeitszeitverkürzungen noch andere ihrer Anliegen durch.

Weit schlechter als die Handlungsdiener standen sich die etwa zwanzigtausend weiblichen und viertausend männlichen Berliner *Dienstboten*. Das Dienstpersonal, so berichtete der Theologiestudent Rau, der sich dieser Berufsgruppe angenommen und zu ihrem Sprecher gemacht hatte, auf einer Arbeiterversammlung am 9. April, sei „bisher von der Willkür der Polizeibeamten einerseits und der der Herrschaften andererseits abhängig gewesen" und dadurch „der raffiniertesten Sklaverei" ausgeliefert. Jede freie Stunde müßten Dienstboten und Hausangestellte „als eine Gnade betrachten, deren Gewährung von der jeweiligen Laune der betreffenden Herrschaft abhänge."[45] Sie müßten, klagte ein Berliner Hausdiener in der Deutschen Arbeiter-Zeitung vom 15. April 1848, „alle Flüche, Schmäh- und Schimpfreden" über sich ergehen lassen, „ohne etwas darauf erwidern zu dürfen"; denn „die Furcht, plötzlich entlassen zu werden, gebietet den meisten Dienstboten, sich nicht zu verteidigen und lieber zu schweigen, wenn man ihnen mit solchen Brutalitäten entgegentritt." Hinzu kam der rechtliche Minderstatus dieser Lohnabhängigengruppe. Angesichts der extremen Abhängigkeit von der Herrschaft und einer fehlenden Privatsphäre stand das Verlangen nach einem geregelten Arbeitsverhältnis und nach festen Arbeitszeiten im Zentrum der Forderungen der Dienstboten.[46] Die Revolution änderte an den Verhältnissen dieser besonders schlecht gestellten Arbeitnehmergruppe im Grundsatz jedoch nichts: Weder konnten sie ihre Forderungen durchsetzen, noch veränderte sich ihre rechtliche Situation. Es gelang ihnen nicht einmal, sich auf längere Zeit zu einer Organisation zusammenzufinden. Vereinzelung und persönliche Abhängigkeit bildeten die entscheidenden Barrieren. Aus dem gleichen Grund war auch anderen Berufsgruppen des Dienstgewerbes ein durchschlagender Erfolg nicht beschieden.[47] Während im Dienstleistungsgewerbe, von Ausnahmen abgesehen[48], Versuche zur organisatorischen Zusammenfassung der

---

45 Rede des Studenten Rau(h) auf der Volksversammlung vor dem Schönhauser Tor vom 9. April 1848, nach: Wolff, RC, II, S. 142; vgl. auch VZ vom 11. und DArZ vom 12. April 1848; ferner die Denkschrift des Stadtrates Koblanck zur Lage der Dienstboten vom 6. April 1848, in: LAB StA, Rep. 16, Nr. 67, Bd. I, Bl. 106-107 Rs.

46 Ein weiteres Hauptanliegen war es, das „fürchterliche Gesetz, daß Dienstboten, welche eine gewisse Zeitlang brodlos sind, die Residenz verlassen müssen, […] aufzuheben." (Rede Raus auf der Volksversammlung vom 9. April 1848 [Anm. 45].)

47 Berlins Kellner fanden sich Anfang April zusammen, um auf ihren „gräßlichen Zustand" aufmerksam zu machen und dafür zu wirken, „Unterdrückung abzuschaffen und ihre guten alten Rechte wieder hervorzurufen". (Eingesandt zweier Kellner in der VZ vom 8. April.) Vgl. auch ein weiteres Eingesandt in der VZ vom 15. April 1848.

48 Zu den Ausnahmen gehörten die Berliner Köche, die bereits Ende 1840 einen ‚Verein deutscher Köche' gebildet hatten, der Mitte April 1848 etwas mehr als hundert Mitglieder zählte; vgl. Pe-

Angehörigen der einzelnen Berufsgruppen vergeblich blieben, erwiesen sich die Organisationsbestrebungen der Gesellen- und Arbeitergruppen im allgemeinen als erfolgreicher.

Das Organisationsverhalten der einzelnen Arbeiter- und Gesellengruppen

Das Organisationsverhalten der Arbeiter und Gesellen läßt sich nicht auf einen gemeinsamen Nenner bringen; je nach Arbeitnehmertypus[49] sind hier erhebliche Differenzen zu beobachten. Zunächst ist festzuhalten, daß der Vormärz als Zeit des Umbruchs und der Auflösung überkommener ständischer Strukturen Organisationstraditionen nicht gänzlich verschüttete.[50] Bis März 1848 änderte sich daran kaum etwas. Zumindest anfänglich gaben Restbestände der traditionellen zünftigen Bruderschaften 1848 den Orientierungsrahmen für die Neukonstituierung vieler Gesellenorganisationen ab. Vor allem Berufsgruppen des Baugewerbes blieben während der Revolution und auch die Jahre danach traditionellem Organisationsverhalten verhaftet.[51] Indizien, die in diese Richtung weisen, sind auch die zunächst vielfach nach traditionellen Mustern durchgeführten Gesellenstreiks und die herausragende Rolle vieler Herbergen als Versammlungslokale. Die Selbstbezeichnung zahlreicher petitionierender Berufsgruppen als „Gesellenschaften" und die weiterhin herausragende Rolle der „Altgesellen", die die Eingaben oft als ‚legitime' Vertreter im Namen ihrer ‚Gewerke' unterzeichneten, verweisen gleichfalls auf weiterbestehende traditionelle Organisationsrahmen. Trotz des Weiterbestehens zünftiger Organisationstraditionen bildete die Revolutionszeit gleichsam ein riesiges Experimentierfeld. Neue Ideen konnten heranreifen und ausprobiert werden, während alte Organisationsformen ihre Beharrungskraft unter Beweis stellten. Namentlich in den ersten Monaten der Revolution läßt sich ein Nebeneinander unterschiedlichster Organisationstypen beobachten. Neben den weiterbestehenden traditionellen kristallisierten sich *neue* Organisationsformen heraus:
- In einigen Fällen bildeten sich den heutigen Gewerkschaften vergleichbare Arbeiterorganisationen, gekennzeichnet durch regelmäßige Versammlungen,

---

tition des ‚Vereins Deutscher Köche' an den Magistrat vom 15. April 1848, in: LAB StA, Rep. 16, Nr. 67, Bd. II, Bl. 159; ferner, Todt/Radandt, Frühgeschichte, S. 151 f.

49 Vgl. *S. 400 f.*

50 Der „Geist der entfesselten Gewerbefreiheit" (so Friedrich Saß; KBA) habe das „Assoziationswesen der alten [Gesellen-]Korporationen nie ganz auflösen können". 1845 existierten nach seinen Angaben noch etwa sechzig Gesellen-Kranken- und Sterbe-Kassen in Berlin. (Saß, Berlin, S. 170.) Vgl. auch Schultz, Berlin 1650-1800, S. 345 f.

51 Vgl. Bergmann, Handwerk, S. 112-122.

einen gewählten Vorstand, eine Beiträge zahlende Mitgliedschaft etc. Voraussetzung dafür waren größere Belegschaften – in den Gewerben der preußischen Hauptstadt auch 1848 die Ausnahme. Nachweisbar ist dieser moderne Typus von Arbeiterorganisation in Berlin nur für die Maschinenbauer und Buchdrucker.[52]

– Vereinzelt hatten Arbeitnehmer – vorgeblich, um Geselligkeitsbedürfnisse zu befriedigen – bereits während des Vormärz modernen Vereinen vergleichbare, berufsbezogene Organisationen gebildet, auf die sie nach der Märzrevolution zurückgreifen konnten. Die wichtigste dieser Organisationen war der erwähnte ‚Verein der jungen Kaufleute‘.

– Nicht selten scheinen sich die Angehörigen einer Berufsgruppe nur ein- oder zweimal versammelt, eine Adresse verfaßt und verabschiedet, jedoch keine festere Organisation gebildet zu haben. Das war anscheinend vor allem bei den Berufsgruppen der Fall, die in Verlagen, Manufakturen oder ‚Fabriken‘ des Textilgewerbes beschäftigt waren.

– Andere Gesellengruppen, vor allem Massenhandwerker wie Schneider und Tischler, wählten ‚Comités‘, die über einen längeren Zeitraum existierten, die Aktivitäten der jeweiligen Berufsgruppe koordinierten und nach Bedarf Versammlungen einberiefen. Voraussetzung für diese Form der Organisierung scheint das Vorhandensein von Gesellenherbergen gewesen zu sein.[53] Weitere Gesellengruppen fanden offenbar zu organisatorischen Mischformen aus Neuen und Alten.

Im Gegensatz zu den meisten Gesellengruppen gelang es ungelernten Arbeitskräften nicht, eigene Organisationen zu bilden. Auch die Erdarbeiter waren nicht in der Lage, eine den Gesellenorganisationen vergleichbare selbständige (Baustellen übergreifende) Vereinigung ins Leben zu rufen.[54] Wenn es insgesamt nur ein Teil aller lohnabhängig Beschäftigten zu förmlichen, eigenständigen Organisationen brachte, dann waren hierfür jeweils unterschiedliche Gründe verantwortlich: Tagelöhner und Erdarbeiter waren zwar häufig in großen Massen auf Baustellen zusammengeballt (eine günstige Voraussetzung für die Bildung

---

52 Möglicherweise verfügten auch die *Stuhlarbeiter* sowie die *Kattundrucker* und *Formstecher* seit Sommer 1848 über vergleichbare Organisationen. Auf dem Berliner Arbeiter-Kongreß Ende August waren sie, neben dem ‚Central-Comité der Arbeiter‘, jedenfalls mit eigenen Delegierten vertreten; vgl. Balser, Sozial-Demokratie, II, S. 524. Die hier vorgenommene, grobe Organisationstypologie basiert auf spärlichen Hinweisen in Petitionen, einzelnen Flugblättern sowie den insgesamt in dieser Hinsicht sehr ergiebigen Zeitungsberichten.

53 Das um die Jahrhundertwende ausgesprochene Verbot von Gesellenversammlungen in den Herbergen wurde spätestens seit 1847 nicht mehr eingehalten. Zu Gesellenstreiks und der Rolle der Gesellenherbergen in diesem Zusammenhang vgl. die Ausführungen *S. 433*.

54 Weder der von Gailus erwähnte ‚Tagelöhner-Verein‘ noch der Mitte April 1848 ins Leben gerufene ‚Erste Bauarbeiter-Verein‘ können als eigenständige Arbeiterorganisation angesprochen werden; vgl. *S. 448*.

eigenständiger Organisationen); hinderlich für eine Herausbildung von Vereinigungen war hier jedoch die starke Fluktuation. Im Dienstleistungsgewerbe erschwerte wiederum die Atomisierung der Beschäftigten die Bildung eines dauerhafteren förmlichen Vereins. Letzteres galt zwar auch für manche Gesellengruppen; dieses Defizit (kleine Betriebsgrößen) konnte mitunter freilich durch ausgeprägte organisatorische Traditionen wett gemacht werden. Am entwickeltsten war die Organisationsbildung dort, wo die zwei wichtigsten Voraussetzungen hierfür – große Betriebe und längere Betriebszugehörigkeiten – am stärksten ausgeprägt waren: bei den Maschinenbauern und bei den Buchdruckern.

Wenn die eigenständige Organisierung der einzelnen Gesellen- bzw. Arbeitergruppen zumeist locker blieb oder über schwache Ansätze nicht hinauskam, dann konnte dies schließlich noch auf einen anderen, revolutionsspezifischen Tatbestand zurückzuführen sein: Erste Schritte zu einer *berufsübergreifenden* Organisierung aller Gesellen und Arbeiter wurden in der preußischen Hauptstadt am 11. April mit der Gründung des ‚Central-Comités der Arbeiter' unternommen. Das Central-Comité schien separate Berufsverbände weitgehend überflüssig zu machen, da es die sozialen Anliegen der von ihm repräsentierten Arbeiter- und Gesellengruppen erfolgreich zu vertreten verstand. Mit der Gründung der neuen gewerkschaftsähnlichen Organisation waren die Berliner Gesellen und Arbeiter denen der meisten anderen Städten im deutschsprachigen Raum einen Schritt woraus. Eine Ausnahme bildete lediglich der fast zeitgleich mit dem Berliner Central-Comité, am 13. April, gegründete Kölner Arbeiterverein, dessen Komité sich aus Vertretern von insgesamt 32 Gewerben rekrutierte.[55] Relativ frühzeitig kam es außerdem in Sachsen zu ähnlichen Entwicklungen. In Leipzig entstand Mitte Juni eine dem Berliner Central-Comité vergleichbare Koordinationsinstanz, der es (im Unterschied zur Berliner Organisation) auch gelang, tatsächlich einen Regionalverband der Arbeitervereine zu schaffen. In Wien wurde dagegen erst am 24. Juni ein Arbeiterverein ins Leben gerufen, der dann enge Kontakte zum Berliner ‚Central-Comité der Arbeiter' aufnahm.[56]

---

55 Zu Köln vgl. vor allem Dowe, Aktion, S. 145-163; ferner Seyppel, Demokratische Gesellschaft, S. 157 f.
56 Zur Gründung eines ‚Arbeiterparlaments' nach dem Berliner Vorbild kam es infolge der Wiener Oktoberereignisse nicht mehr; vgl. Häusler, Massenarmut, S. 316-322. Zu Sachsen und Leipzig vor allem: Zwahr, Konstituierung, S. 273 ff. Zum (übrigen) Rhein-Main-Raum: Wettengel, Revolution, S. 123 ff., 130 ff.; Sperber, Rhineland Radicals, S. 223 ff., 231 ff., 236 ff. Zu München: Hummel, München, S. 511 ff. Zu Heidelberg: Hans-Martin Mumm, Der Heidelberger Arbeiterverein 1848/49, Heidelberg 1988, S. 28 f., 46 ff. Zu Hamburg: Breuilly/Sachse, Martens, S. 261 ff.

Das ‚Central-Comité der Arbeiter‘ (bis zur Gründung der ‚Arbeiterverbrüderung‘)

Ursprünglich dachte der Kreis um Stephan Born, die zentrale Persönlichkeit zunächst des Central-Comités und später der Arbeiterverbrüderung, offenbar daran, den 1844 gegründeten (Hedemannschen) *Handwerkerverein* mit seinen zwei- bis dreitausend Mitgliedern zu einer Interessenvertretung der „arbeitenden Classen" zu machen.[57] Sie gaben dieses Vorhaben jedoch schon nach kurzer Zeit auf und begannen mit dem Aufbau eines eigenständigen „Arbeiterparlamentes", nachdem sich herausgestellt hatte, daß den Repräsentanten des Handwerkervereins der Gedanke an eine Vertretung nur der spezifisch sozialen Interessen des Proletariats fernlag und gegen ihren Willen nicht durchzusetzen war. Nach Ansicht der Wortführer des Vereins war die Organisation sich selbst genug, eine Veränderung seines Selbstverständnisses und seiner Zielsetzungen nicht notwendig.[58] In den Erklärungen des Handwerkervereins wurde ausdrücklich betont, daß er weiterhin „unbescholtenen [männlichen] Mitgliedern *aller* Klassen des Volkes" offenstehen sollte. Die Tradition des Bildungsvereins konnte der Handwerkerverein im Revolutionsjahr gleichfalls nicht verleugnen, auch wenn er vom offiziell ‚unpolitischen‘ Selbstverständnis des Vormärz Abschied nahm. Nicht nur die Zeitung des Vereins, auch dieser selbst war „eine Trompete, in die jeder hineinblasen kann" (Stephan Born).[59] Gesellen, die schärfere politische Konturen wünschten oder eigenen sozialen Forderungen zur Durchsetzung verhelfen wollten, schlossen sich einem der neuen demokratischen Vereine an oder begannen sich autonom zu organisieren. Infolgedessen sank die Zahl seiner Mitglie-

---

57 Das läßt sich daraus schließen, daß Born und ebenso Bisky und Lüchow anfangs (seit dem 19. April) als Mitglieder des Redaktions-Komités der dem Handwerkerverein nahestehenden DArZ firmierten. Born trat zwischen dem 20. und 24. Mai von dieser Funktion zurück und rief kurze Zeit darauf eine eigene Zeitschrift, ‚Das Volk‘, ins Leben. Auch Bisky und Lüchow zogen sich später von der DArZ zurück. Zum Handwerkerverein im Vormärz vgl. *S. 100 ff.*

58 So behauptete Eduard Schmidt, einer der führenden Köpfe des Berliner Handwerkervereins (Anm. 23), auf einem Kongreß der deutschen Handwerkervereine, der vom 18. bis 20. Juni in der preußischen Hauptstadt abgehalten und von norddeutschen Handwerker- und Arbeiterbildungsvereinen mit insgesamt 35 Delegierten beschickt wurde, daß „schon lange vor dem 18. März die Früchte der Revolution ein inneres Eigenthum des Vereins gewesen" seien. Der Handwerkerverein „habe es deshalb auch nicht nöthig gehabt, in sich eine Revolution durchzumachen." Ähnlich äußerte sich der Vorsitzende des Handwerkervereins Hedemann (KBA); vgl. NZ vom 19. Juni 1848. Zum Kongreß der Handwerkervereine vgl. Toni Offermann, Einleitung zu: Deutsche Arbeiter- und Handwerkerkongresse 1848-1852. Protokolle und Materialien, hg. von Dieter Dowe und Toni Offermann, Berlin, Bonn 1983, S. XX, sowie die Dokumentation in: ebd., S. 42-45; Wolff, RC, III, S. 492 ff.

59 Brief an Marx vom 11. Mai 1848, in: Weber, Revolutionsbriefe, S. 143; vgl. auch Rogger, „Wir helfen uns selbst", S. 148 f.

der.[60] Der politische Bedeutungsverlust war gleichfalls unübersehbar.[61] Zusätzlich geschwächt wurde der Handwerkerverein außerdem durch eine organisatorische Spaltung. Mitte Juli 1848 konstituierte sich ein ‚Handwerkerbund‘, der bis Ende des Jahres etwa tausend Mitglieder zählte.[62] Während sich der Handwerkerverein der gemäßigt-demokratischen Bewegung verpflichtet fühlte, war der ‚Handwerkerbund‘ eine „Reaction gegen den Geist der Zeit" (wie die liberale National-Zeitung am 10. August 1848 kommentierte).

Da der Handwerkerverein als Rahmen für eine autonome Organisierung von Arbeitern und Gesellen ausschied, begannen Stephan Born und seine politischen Weggefährten keinen Monat nach der Märzrevolution mit dem Aufbau einer eigenen quasi gewerkschaftlichen Organisation. Begünstigt wurde ihr Vorhaben durch mehrere große Arbeiterversammlungen in den letzten Märztagen. Bereits diese Versammlungen, die von bis zu zwanzigtausend Teilnehmern besucht wurden, waren Bühnen, auf denen Gesellen und Fabrikarbeiter ihre besonderen Interessen und Forderungen artikulierten, ohne ein Blatt vor den Mund zu nehmen. Der tumultuarische Verlauf einiger dieser Versammlungen und die Zufälligkeit der Ergebnisse und Beschlüsse ließen es in den Augen vieler Beteiligter indessen sinnvoll erscheinen, einen festen organisatorischen Rahmen zu schaffen, innerhalb dessen man sich regelmäßig abstimmen, Forderungen bündeln und wirksamer nach außen vertreten konnte. Der ‚Bund der Kommunisten‘ und von ihm nach der Märzrevolution organisierte Massenversammlungen waren zwar

---

60 Trotz der Gründung einer ‚Filiale‘ in der Köpenicker Straße Mitte April 1848; vgl. die Gründungserklärung vom 18. April, im Wortlaut in: SZ und VZ vom 21. April; NZ vom 22. April; DArZ vom 29. April 1848 sowie Wolff, RC, II, S. 349. An der ersten Versammlung des Zweigvereins in der Köpenickerstraße nahmen 425 Gesellen u.a. teil; vgl. NZ vom 28. April 1848. Der Hedemannsche Handwerkerverein bezifferte die Zahl seiner Mitglieder (ohne Filiale) auf 2000; vgl. Erklärung dess. vom 22. Mai 1848, in: NZ vom 26. Mai; SZ vom 28. Mai, VZ vom 30. Mai sowie DArZ vom 27. Mai 1848.

61 Gleichwohl war der Handwerkerverein in der Perspektive der Obrigkeit ein „wildes Kind der Revolution". Ende August wurde er Adressat einer Razzia der Polizei, die in seinem Haus freilich vergeblich nach größeren Waffenlagern und Munitionsvorräten suchte; vgl. S. 601. An Bedeutung verloren auch die kleineren, im Vormärz gegründeten Gesellenvereine; vgl. z.B. das Schreiben des Vorstandes des Risch'schen Gesellenvereins an den Magistrat vom 23. Juni 1848, in: LAB StA, Rep. 16, Nr. 7465, Bl. 234 Rs.; dagegen: VZ vom 26. Juli 1848.

62 Vgl. den ausführlichen Bericht in der SZ vom 18. Juli; ferner VZ vom 5. Juli und 29. Sept. sowie die am 18. Sept. 1848 verabschiedeten Statuten des Handwerkerbundes, in: LAB StA, Rep. 7465, Bl. 240. Anlaß für diese rechte Abspaltung des Handwerkervereins war die Frage, ob auch Lehrlinge als ordentliche Mitglieder in den Verein aufgenommen werden dürften; vgl. DArZ vom 24. Mai 1848. Eine starke Minderheit lehnte dieses Ansinnen ab. Sie brachte, wenig später organisatorisch separiert als ‚Handwerkerbund‘, mit der Betonung des sozialen Abstandes zwischen Gesellen und Lehrlingen unmißverständlich zum Ausdruck, wie stark sie noch traditionellem Denken verhaftet blieb. Zur konservativen Grundtendenz des Handwerkerbundes vgl. auch S. 850 f.

Ausgangspunkt,[63] eine Reihe seiner Mitglieder – unter ihnen Born, Bisky, Lüchow und einige andere – der politische Kern des neuen ‚Central-Comités der Arbeiter'. Central-Comité und Kommunistenbund müssen jedoch sorgsam voneinander geschieden werden, nicht nur organisatorisch, auch politisch. Sie verfolgten unterschiedliche Zielsetzungen. Während das quasi gewerkschaftliche ‚Central-Comité der Arbeiter' (in der Terminologie des Kommunistischen Manifests) für „die Erreichung der unmittelbar vorliegenden Zwecke und Interessen der Arbeiterklasse" wirken wollte, verstand sich der politisch im übrigen durchaus heterogene ‚Bund der Kommunisten' als unmittelbar revolutionäre Organisation, die nicht in erster Linie die kurzfristigen sozialen „Interessen der Arbeiterklasse" verfolgte, sondern sich den „Sturz der reaktionären Klassen"[64] und die Vergesellschaftung der „Produktionsmittel" zum Ziel gesetzt hatte (und zudem auch zahlreiche Intellektuelle in ihren Reihen zählte). Die Mitglieder des Bundes wollten „bei den Arbeitern ein möglichst klares Bewußtsein über den feindlichen Gegensatz zwischen Bourgeoisie und Proletariat herausarbeiten". Als quasi Kaderorganisation wirkte er in Berlin im Frühjahr 1848 durchaus erfolgreich.

Stephan Born hat das Central-Comité, das sich dann am 11. April konstituierte und zunächst 28 größere Berufsgruppen vertrat, Marx gegenüber als „quasi *Arbeiter*parlament von Abgeordneten aus sehr vielen Gewerken und Fabriken" bezeichnet.[65] In der Tat wurde nach anfangs kontroverser Diskussion beschlossen, daß Fabrikanten und ‚große' Meister nicht Mitglieder des Central-Comités werden durften. Der Beschluß, sich als quasi Klassenorganisation zu konstituieren, schloß freilich keineswegs aus, daß das Central-Comité nicht auch bestimmte Interessen der Meister und „Fabrikanten" berücksichtigt wissen wollte. Born, am 11. April gleich zu Anfang „durch Acclamation" zum Präsidenten der neuen Organisation gewählt, begründete dies folgendermaßen:

In den deutschen Staaten würden sich „die Bourgeoisie und das Proletariat, das Capital und die Arbeit noch nicht so scharf wie in Frankreich und England gegenüberstehn; dort sehn sich kaltblütig und kampfgerüstet streng gesonderte Parteien

---

63 Das erste Mal stand die Idee, Gesellen und Arbeiter der verschiedenen Berufsgruppen in separaten Versammlungen zu vereinigen und diese wiederum Deputierte zu gemeinsamen Beratungen wählen zu lassen, auf einer Versammlung am 29. März im Raum, die von Mitgliedern des ‚Bundes der Kommunisten' ausging. Die Veranstalter dieser Versammlung luden dann, bereits in Absprache mit Born, öffentlich „sämmtliche Deputationen aller Arbeiter" zu einer „gemeinsamen Berathung" am 6. April ein. Von dieser Versammlung wiederum ging die Aufforderung an die Gewerke aus, Delegierte zu einer für den 11. April einberufenen Versammlung zu senden, auf der dann ein förmliches ‚Comité' gewählt werden sollte, das für die Gesamtheit der Berliner ‚Arbeiter' sprechen konnte; vgl. vor allem BZH vom 31. März und 8. April 1848 bzw. Wolff, RC, I, S. 486; II, S. 136 f.; ferner Rogger, „Wir helfen uns selbst", S. 114 ff.
64 Karl Marx, Friedrich Engels, Manifest der Kommunistischen Partei, in: MEW 4, S. 492 f.
65 Born an Marx vom 11. Mai 1848 (Anm. 59), S. 144.

Aug' in Auge. In Deutschland ist dieser Gegensatz *noch* nicht so vollständig vorhanden, weil uns erstlich die Fabricanten *noch* freundlich die Hand zur Vermittelung bieten, und zweitens weil die Arbeiter *noch nicht* organisiert sind; sie begreifen sich *noch nicht* als Partei. [...] Wir wollen nicht unsinnige Zerstörung des Capitals, aber wir wollen unsere Lage im allgemeinen verbessern. Dazu müssen wir uns organisieren".[66]

Die Notwendigkeit einer zunächst friedlichen Zusammenarbeit mit den „Kapitalisten" wurde von Born in dem von ihm formulierten Programm der neuen Organisation vom 23. April nicht allein damit begründet, daß es „zwar Arbeiter, Arme, Bedrückte und Belastete [gebe], aber noch keine arbeitende *Klasse*". Hinzu kam ein Weiteres: „Wir wissen sehr wohl, daß wir bei dem unklugen Versuche einer neuen Revolution in die sehr nahe Gefahr kommen würden, alles zu verlieren, was wir eben erst errungen" haben.[67] Born wollte aus *taktischen* Gründen ein politisches Bündnis mit dem Bürgertum und war sich in diesem Kontext nicht zu schade, von der Frankfurter bzw. Berliner Nationalversammlung sowie vom preußischen Staatsministerium politische Initiativen zur Öffnung der „unserem Lande bis jetzt noch verschlossen gewesenen Märkte", „Ausfuhrprämien", „freie Einfuhr aller zur Industrie gehörenden Rohprodukte", Patentschutz und Ausbau des staatlichen Kreditwesens zu verlangen, Forderungen, die das Central-Comité „fast einstimmig" annahm.[68] Von der Durchsetzung günstiger Rahmenbedingungen für eine forcierte Industrialisierung versprachen sich die Mitglieder des „Arbeiterparlaments" eine Erleichtung der sozialen wie organisatorischen Konstituierung einer modernen Industriearbeiterschaft.[69]

---

66 Zitate: BZH vom 13. April 1848 bzw. Wolff, RC, II, S. 145 (H. v. m.). Vgl. auch den ausführlichen Bericht in der NZ vom 14. April 1848. Born setzte sich mit dieser Feststellung im übrigen nicht in Widerspruch zu seinen politischen Ziehvätern Marx und Engels. Ausführlich: Rogger, „Wir helfen uns selbst", S. 117-120, 124 f., 127, 129.

67 „Hier begegnen sich unsere Interessen mit den Interessen der Capitalisten, wir wollen beide den Frieden, wir müssen ihn wollen", um zunächst in Ruhe eigenständige Organisationen aufzubauen. (Statut und Programm [H. i. O.], im Wortlaut in: DArZ vom 22. April; VZ vom 23. April 1848; ‚Volk' vom 15. Juni; NZ vom 25. April SZ vom 26. April 1848 sowie [mit Auslassungen] Wolff, RC, II, S. 147.)

68 Nach: ‚Volk' vom 10. Juni 1848.

69 Daß es sich hier nicht um „das starke Nachwirken handwerklicher Traditionen" handelt, wie Jürgen Bergmann (Wirtschaftskrise, S. 215) meint, machte Born am 11. April in seiner Ablehnung eines Vorschlages des Präsidenten Lette deutlich, in dem dieser gegen separate Arbeiterorganisationen votiert und statt dessen für die Schaffung von aus „Arbeitern, Meistern und Fabrikanten" gemeinsam gebildeten „Kammern und Innungen" plädiert hatte. Born verwarf Lettes Vorschlag unter Hinweis auf die völlig unterschiedlichen Interessen beider Seiten: „Dem Arbeiter als solchen" sei z.B. „das Verhältniß zum Auslande, der Absatz der Produkte ganz gleichgültig." Zwar sei Kooperation mit den Arbeitgebern notwendig, zunächst jedoch müßten „wir uns" eigenständig organisieren, bevor man sich „mit den Arbeitgebern verständigt, und es ist eine große Frage, ob dies überhaupt möglich" sei. Die zu Heimarbeitern herabgesunkenen „kleinen Meister, die wirklich gleiche Interessen mit uns haben", nahm er davon „natürlich" aus. Auch

Nach der Fixierung der politisch-sozialen Grundsätze wurde ein Comité gewählt, das seinerseits am 19. April einen Ausschuß zur „Leitung der Geschäfte" ins Leben rief, mit Stephan Born an der Spitze und Ludwig Bisky als seinem Stellvertreter. Bürgerliche ‚Einsprengsel‘[70] dürfen nicht darüber hinwegtäuschen, daß die neue Organisation von vornherein als Arbeitervereinigung konzipiert war.[71] Die Hauptaufgabe des Central-Comités, so sah es das am 19. April verabschiedete Statut vor, bestand in der „Vermittelung der Interessen der Arbeiter unter einander und mit dem Staate" sowie in der „Veranlassung und Durchführung aller Maaßregeln, welche die allgemeinen Arbeiterinteressen erheischen". Das Central-Comité sollte zu diesem Zweck nicht nur die Gesamtheit der „arbeitenden Klassen" der preußischen Hauptstadt, sondern des ganzen Landes repräsentieren. Vorgesehen waren dazu lokale und regionale „Arbeiter"-Comités, die Delegierte für die „Generalversammlung" bestimmen sollten, die ihrerseits dann den Vorstand, dessen Sitz in Berlin war, zu wählen hatten. Das Central-Comité wiederum war der regelmäßig einzuberufenden Generalversammlung rechenschaftspflichtig. Im Grunde wurden mit diesen Organisationsprinzipien bereits die Struktur der späteren Arbeiterverbrüderung vorweggenommen, die ja aus dem Berliner Central-Comité – sowie vor allem dem Leipziger Arbeiterverein – hervorging. Zu der im Statut geforderten Ausweitung der neuen Organisation auf das ganze Land kam es bis August freilich nicht. Bemerkenswert ist schließlich eine weitere Passage des Statuts, wonach im Central-Comité eine „Abteilung" ausdrücklich „beauftragt" sein sollte, „die Sache der Arbeiterinnen" zu vertreten. Damit stellte sich die neue Organisation in einen deutlichen Gegensatz zu den zahlreichen Gesellen- und Arbeitergruppen, die ein Verbot der gewerblichen Frauenarbeit gefordert hatten. Überhaupt wird man feststellen müssen, daß das Central-Comité innerhalb der Arbeiter- und Gesellenschaft zunächst nur eine be-

---

alle anderen Gesellen, die am 11. April das Wort ergriffen, sprachen sich „gegen Lette" und „gegen die [großen] Meister" aus.

70 Zum geschäftsführenden Ausschuß gehörten neben Born, Bisky, den beiden Schneidern und Frühkommunisten Christian Lüchow und August Michaelis auch – als Abgeordneter der Bürovorsteher – der Jurist, Journalist und spätere Stadtrat August Theodor Woeniger (KBA), ferner der Arzt und spätere Vorsitzende des großen Handwerkervereins Peter Riess sowie der Arzt und Sozialreformer Julius Waldeck (KBA), als Abgeordnete der Arbeiter in den Prägeanstalten bzw. der Polytechnischen Gesellschaft. Wenn sich einige Arbeitergruppen durch Vertreter des Bürgertums repräsentieren ließen, dann zeigt dies, wie wenig Selbstvertrauen manche Beschäftigtengruppen in ihre eigenen politischen Fähigkeiten besaßen. Die Führung des Central-Comités lag indessen eindeutig bei Stephan Born.

71 Mit dem Central-Comité, so sah es das von Born verfaßte, am 23. April veröffentlichte Programm (Anm. 67) vor, sollte ein Beitrag dazu geleistet werden, daß „sich neben jener unbewußten Capitalistenmacht allmälig eine bewußte Arbeiterklasse entwickelt [...]; wir nehmen unsere Angelegenheit selbst in unsere Hände, und Niemand soll sie uns wieder entreißen. [...] Wollen wir es dahin bringen, daß wir als Arbeiterklasse, als eine Macht im Staate dastehen, daß jeder von uns sich als ein Mitglied derselben erkläre und bethätige, so wird die Organisation der Arbeiter zur ersten Nothwendigkeit, sie ist unsere erste Aufgabe."

stimmte Strömung repräsentierte. Allerdings handelte es sich um eine Strömung, der sich relativ rasch die Mehrheit der Berliner Arbeiter und Gesellen zuordnete.

Von Anbeginn gab sich das Central-Comité, trotz des Einflusses, den Frühsozialisten wie Born, Bisky, Lüchow oder Michaelis ausübten, nach außen hin politisch weitgehend ‚neutral': Es unterhielt nicht nur enge Kontakte zum Politischen, sondern gleichfalls zum Konstitutionellen Klub. Das, was damit offenbar bezweckt war, positive Resonanz für die eigenen Anliegen in einflußreichen, gemäßigt-bürgerlichen Kreisen zu erhalten, wurde auch zunächst erreicht. Die Vossische Zeitung etwa begrüßte die Gründung des Central-Comités ausdrücklich als „wirklichen Grundstein zur weiteren Organisierung der Arbeiterbestrebungen" und lobte die Versammlung vom 11. April „ihrer geistigen Haltung wegen".[72] Welches politische Gewicht das Central-Comité schon in den ersten Wochen seines Bestehens besaß, läßt sich außerdem der Tatsache entnehmen, daß die städtischen Behörden sich veranlaßt sahen, mit ihm „in nähere Verbindung zu treten, um so viel wie möglich eine Übereinstimmung in den diesfälligen Maßnahmen", die „die Beförderung des Wohles der arbeitenden Klassen zum Zweck" hatten, zu erreichen.[73] Die Reputation, die die neue Arbeiterorganisation bei der städtischen Obrigkeit genoß, hinderte das Comité freilich nicht, wiederholt öffentliche Kritik an sozialpolitischen Maßnahmen des Staates und der Kommunalbehörden zu üben.[74] Auch die von Born herausgegebene Zeitung ‚Das Volk' bezog, trotz aller politischen Rücksichtnahmen, in Grundsatzfragen und bei weitreichenden politischen Ereignissen eindeutig Position.

An den regelmäßigen Versammlungen des Central-Comités nahmen seit Mai mehrere hundert Delegierte der Gewerke teil, außerdem zahlreiche interessierte Zuhörer aus dem ‚Arbeiterstand'.[75] Obgleich das Central-Comité auch im Sommer noch nicht die Gesamtheit der Berliner Arbeiter und Gesellen in seinen Reihen organisierte, können die von ihm Anfang Juni der Öffentlichkeit vorgestellten „Vorschläge" als die Forderungen der Mehrheit der Berliner Arbeiter und

---

72 VZ vom 13. April. Die NZ vom 14. April 1848 lobte die „Lebendigkeit" und „Frische", wie sie sonst auf keiner anderen Versammlung zu finden sei. Zu den Kontakten Borns und anderer Mitglieder des Central-Comités zum Konstitutionellen Klub vgl. Wolff, RC, II, S. 323 f.; ferner *S. 282 f., Anm. 28.*

73 Protokoll der DBWaK vom 10. Mai 1848, in: LAB StA, Rep. 16, Nr. 67, Bd. V, Bl. 231 ff.

74 Vgl. z. B. die Kritik, die das Central-Comite in seiner Sitzung vom 20. Mai am wenige Tage zuvor vom Magistrat vorgelegten „Entwurf zu einem Gesellenreglement" übte – ausführlich referiert in der Probenummer des ‚Volk' vom 25. Mai 1848. Zur allgemein-politischen Stellung Borns vgl. etwa Parteinahme für die Pariser Aufständischen Ende Juni durch ‚Das Volk' *(S. 654 f.)*, ferner die Übernahme vieler Artikel aus der NRhZ.

75 Vgl. VZ vom 23. April; NZ vom 28. April, 6. Mai; DArZ vom 27. Mai 1848 u.ö., sowie den Überblick bei Rogger, „Wir helfen uns selbst", S. 135, Anm. 83 bis 86.

Gesellen aufgefaßt werden.[76] Zum einen wurden in diesem Forderungskatalog die ‚fortschrittlichen' Forderungen gebündelt, die in die Arbeiter- und Gesellenpetitionen nach dem 18. März Eingang gefunden hatten. „Kommissionen von Arbeitern und Meistern oder Arbeitgebern" sollten einen Mindestlohn und genaue Arbeitszeiten, ferner die „Zahl der Lehrlinge, welche ein Meister halten darf", festlegen. Die Beseitigung aller „Ausnahmegesetze", die das „Reisen der Arbeiter" behinderten, wurde ebenso gefordert wie die „Beschäftigung der Arbeitslosen in Staatsanstalten". Darüber hinaus bekräftigte das Comité das Verlangen nach gesetzlicher Verankerung der Koalitionsfreiheit. Außerdem wurden Vorstellungen artikuliert, die fundamentalen Interessen der Gesamtheit der Unterschichten zur Durchsetzung verhelfen wollten. Verlangt wurde die „Aufhebung der indirekten Steuern" bei gleichzeitiger Einführung einer „progressiven Einkommensteuer mit Steuerfreiheit derjenigen, die nur das Nöthigste zum Leben haben", die Einführung „unentgeltlichen Unterrichts" und die Schaffung kostenloser „Volksbibliotheken". Daneben fanden selbstverständliche demokratische Programmpunkte wie „Allgemeine Heimathsberechtigung und Freizügigkeit" oder „Herabsetzung der Wählbarkeit für die preußische Kammer auf das 24. Jahr" Eingang in die „Vorschläge" des Central-Comités. Das Verlangen nach staatlicher Alters-, Arbeitslosen- und Invalidenversorgung hätte, wäre es verwirklicht worden, einen Sozialstaat modernen Typs zur Folge gehabt. Der Vorschlag, „Musterwerkstätten" zu errichten, intendierte zugleich erste Schritte in Richtung auf eine sozialistische Organisation der Arbeit.

Die Bedeutung des ‚Central-Comités der Arbeiter' kann kaum überschätzt werden. Es stellt den ersten erfolgreichen Versuch dar, in Deutschland eine autonome, berufsständische Grenzen überwindende Organisation der ‚arbeitenden Classen' ins Leben zu rufen – einen quasi gewerkschaftlichen Dachverband. Das „Arbeiterparlament" der preußischen Hauptstadt beschränkte sich nicht darauf, die genannten „Vorschläge" zu formulieren, sondern hatte schon vorher Forderungen der Berliner Arbeiter- und Gesellengruppen zu bündeln gesucht, um diese dann in Verhandlungen mit der Obrigkeit bzw. den Unternehmern durchzusetzen.[77] Auch sonst begann die Koordinationsinstanz der frühen Berliner Arbeiter- und Gesellenbewegung in der kurzen Zeit ihres Bestehens sozialpolitische Aktivitäten zu entfalten und beispielsweise auf eine medizinische

---

76 Nach: ‚Volk' vom 10. Juni 1848. In den Folgenummern dieser Zeitschrift erläuterte Born in ausführlichen Kommentaren die einzelnen Forderungen; vgl. hierzu und zu weiteren Forderungen ausführlich: Rogger, „Wir helfen uns selbst", S. 125 ff., 138 ff.

77 Damit begann das Comité schon frühzeitig, noch vor Verabschiedung der „Vorschläge"; vgl. z. B. das Auftreten einer Delegation des Central-Comités mit Born an der Spitze auf der Sitzung der DBWaK vom 27. April 1848, in: LAB StA, Rep. 16, Nr. 67, Bd. V, Bl. 224 u. Rs. Daß das Central-Comité seit dem 10. Mai auch förmlich an den Beratungen der DBWaK beteiligt wurde, war nur logisch; vgl. Protokoll der Sitzung der DBWaK vom 10. Mai 1848, in: ebd., Bl. 231 ff.

Grundversorgung ihrer Mitglieder wie überhaupt aller Angehöriger der Unterschichten zu dringen.[78] Zugleich finden sich in ihm Keime einer sozialistischen (oder im Wortsinne: sozial-demokratischen) Partei. Mit der Gründung des Central-Comités datiert die Geburt der modernen Arbeiterbewegung in Deutschland. Vom Kölner Arbeiterverein und der sächsischen Arbeiterbewegung abgesehen, besaßen andere, in deutschen und österreichischen Städten zwischen Ende März und Ende April entstandene Arbeitervereine dagegen zunächst den Charakter von Bildungsvereinen, waren also eher dem Hedemannschen Handwerkerverein vergleichbar. Sie entwickelten sich erst im späten Frühjahr, zum Teil, wie der Wiener Arbeiterverein, unter dem Einfluß des Berliner Vorbildes, zu selbständigen, ‚modernen' Arbeitnehmerorganisationen.

Um die im Frühjahr und Sommer 1848 in zahlreichen deutschen Städten entstandenen Ansätze berufsübergreifender, quasi gewerkschaftlicher Arbeiterorganisationen zusammenzufassen, wurde für den Spätsommer 1848 ein dem Anspruch nach nationaler, tatsächlich norddeutscher Arbeiterkongreß einberufen, der für insgesamt zwölf Tage in den Räumlichkeiten des Berliner Handwerkervereins tagte.[79] Offenbar nach dem Vorbild des Mitte Juni in Frankfurt zusammengetretenen ersten Kongresses der Demokraten Deutschlands gliederte sich die auf dem Arbeiterkongreß beschlossene Organisationsstruktur in drei Ebenen: in ein „Central-Komité für ganz Deutschland", in Bezirks-Komités, die (wie bei den Demokraten) die Arbeit der Lokal-Komités in den einzelnen deutschen Staaten bzw. in Preußen in den verschiedenen Provinzen koordinieren sollten. Im Unterschied allerdings zur Organisationsstruktur, die sich die Demokraten und (Ende Juli) die Liberal-Konstitutionellen gegeben hatten, besaßen das Central-Comité und die Bezirks-Komités der neuen Arbeiterverbrüderung mehr Kompetenzen.[80]

---

78 Vgl. ‚Volk' vom 19. Aug. 1848.

79 Zusammengekommen waren insgesamt 34 stimmberechtigte und fünf beratende Delegierte. Zum Verlauf des Kongresses vgl. vor allem Quarck, Arbeiterbewegung, S. 156-177, 341-368; Rogger, „Wir helfen uns selbst", S. 198-212; Gerhard Becker, Neues über die Gründung der Arbeiterbewegung. Weitere Protokolle von den Beratungen des Berliner Arbeiterkongresses im August/September und ergänzende Materialien, in: ZfG 36. Jg./1988, S.703-728; ders., Zum Wirken der Kommunisten auf dem Gründungskongreß der Arbeiterverbrüderung, in: Walter Schmidt (Hg.), Der Auftakt der deutschen Arbeiterbewegung. Beiträge zur ersten Periode ihrer Geschichte 1836-1852, Berlin 1987, S. 149-192; Horst Schlechte, Einleitung zu: Die allgemeine deutsche Arbeiterverbrüderung 1848-1850. Dokumente des Zentralkomités für die deutschen Arbeiter in Leipzig, Weimar, 1979, S. 16-21. Die im folgenden zitierten Beschlüsse wurden nach dem Kongreß als Broschüre veröffentlicht; als Reprint wiederabgedruckt in: Dowe/Offermann, Handwerker- und Arbeiterkongresse, S.240-249. Schon zuvor hatten mehrere Handwerker- und Gesellenkongresse stattgefunden; vgl. den Überblick bei Lenger, Sozialgeschichte, S. 74-80. Die Petitionen des Berliner Arbeiterkongresses sind dokumentiert in: Moldenhauer, Petitionen, S. 214-217, 223.

80 Die überregionalen Komités waren den mindestens einmal jährlich zusammentretenden bezirklichen und nationalen Generalversammlungen – die jeweils auch die Zusammensetzung des

Januar 1848.

Juni 1848.

Ist doch ein dummes, zum Staube gebornes Volk! Wie genügsam diese simpeln Menschen leben, und wie sie dabei arbeiten! Wo sie nur die Kraft hernehmen und den Fleiß? Ich versteh' es nicht; mein Gott! ich bin oft zu faul meine Coupons abzuschneiden!!

Mein Gott, die Papiere sind gar nichts mehr werth — und die Coupons — wenn ich sie auch noch so gerne und fleißig abschnitte, sie werden nicht bezahlt! — Am Ende muß ich Holz hacken! — Hm! die Bursche sind am Ende noch zu beneiden. Sie haben starke Hände — und können doch etwas!!

„Zeitläufte. Januar 1848/Juni 1848". Bürgertum und Arbeiter.

Die politisch-inhaltlichen Beschlüsse des Arbeiterkongresses knüpften an den Forderungskatalog des Berliner Central-Comités an. Neu war die Forderung nach örtlichen, monopolartigen „Arbeits- und Arbeiterverwaltungsbureaus", die von den Lokal-Komités der Arbeiterverbrüderung zu verwalten waren. Die von Born in seinem Anfang Juni veröffentlichten Forderungskatalog nur angedeutete Idee der Produktionsassoziationen wurde ausführlich expliziert. Ferner – auch das entsprach den Vorstellungen des Berliner Central-Comités – sollten alle Binnenzölle fallen und die (deutschen) Außenhandelszölle drastisch reduziert werden. Auf der anderen Seite wurden jedoch Bestimmungen in die „Beschlüsse" aufgenommen, die mit dem von Born postulierten Prinzip der Gewerbefreiheit kollidierten.[81] Zugleich verzichteten die Delegierten des Arbeiterkongresses auf die Aufnahme sozialstaatlicher Forderungen, wie sie Born ursprüng-

---

Central-Comités und der Bezirks-Komités bestimmten – verantwortlich, konnten jedoch sonst ziemlich selbständig agieren. Nicht zuletzt die straffere Organisationsstruktur erklärt, warum die Schlagkraft der Arbeiterverbrüderung größer war als die der Demokraten. Zum ‚Central-Ausschuß der Demokraten' vgl. *S. 642-645.*

81 Die selbständigen Handwerker sollten nicht nur zu „Prüfungen zur Erlangung des Meisterrechts" vor den Innungen, sondern auch zu einer Zwangsmitgliedschaft in diesen von den alten Zünften herkommenden Korporationen verpflichtet werden, um „die gegenseitige Konkurrenz der Meister aufzuheben und einzuschränken". Vor allem gegen diese Passagen, die in dem Forderungskatalog des Berliner Central-Comités gefehlt hatten, verwahrten sich Born, Bisky und einige andere Delegierte mit Nachdruck – ohne Erfolg. Die frühe (nord-)deutsche Arbeiterbewegung konnte weit weniger als die Berliner ihre handwerkliche Herkunft verleugnen.

lich vorgeschlagen hatte, etwa das Verlangen nach einem gesetzlich verankerten Recht auf Arbeit, nach staatlich garantierter Versorgung aller Hilflosen und Invaliden, nach unentgeltlicher Rechtspflege, nach Beschränkung des Erbrechts oder nach Abschaffung aller feudalen Lasten und Abgaben. Für die Berliner Arbeiterorganisationen bedeutete die Gründung der ‚Arbeiterverbrüderung‘ insofern einen weit geringeren Einschnitt, als man zunächst vielleicht vermuten sollte. Alles in allem änderte sich nicht viel: Das für die preußische Hauptstadt und die nähere Umgebung zuständige Bezirks-Komité setzte unter dem Vorsitz von Ludwig Bisky ohne großen Bruch die Aktivitäten fort, die bis Ende August vom ‚Central-Comité der Arbeiter‘ getragen worden waren. Ein herber Verlust war freilich der Weggang Stephan Borns nach Leipzig.

Arbeitskonflikte und Arbeitskämpfe

Daß Arbeitskonflikte zu Streiks eskalierten, war im Berlin des Revolutionsjahres eher die Ausnahme als die Regel. In der Mehrzahl der Fälle konnten Auseinandersetzungen zwischen Arbeitgebern, gleich ob Meister oder Fabrikanten, und Arbeitnehmern gütlich beigelegt werden. Dies lag vor allem daran, daß die Gesellen und Arbeiter sich im allgemeinen in ihren Forderungen maßvoll und kompromißbereit zeigten – obgleich sie die nach der Märzrevolution zu ihren Gunsten veränderte Situation weiter hätten ‚ausreizen‘ können. In einer Reihe von Fällen bekundeten sie ein auffallendes Verständnis für die Standpunkte ihrer Meister.[82] Der Prozeß der Desillusionierung, die Einsicht, ein lebenslanges Dasein als lohnabhängiger Geselle fristen zu müssen, hatte sich auch 1848 noch nicht verallgemeinert; die Vorstellung von einem durch die Zünfte regulierten, sicheren sozialen Aufstieg existierte in den Köpfen nicht weniger Gesellen fort. Wie stark viele Gesellengruppen jedenfalls im Frühjahr 1848 weiterhin zünftigen Ritualen anhingen, bringen auch die Umzüge durch die Stadt und die anschließenden Feste (gleichfalls Bestandteil traditioneller Gesellenkultur) zum Ausdruck, mit denen ein erfolgreicher Abschluß der ‚Tarifverhandlungen‘ begangen wurde. Im Rahmen dieser Aufzüge, die „einen hübschen Anblick durch die Ordnung, die Regelmäßigkeit [...] und die hübsche Haltung der Leute" gewährten, suchten die Gesellen vielfach freilich zugleich ihrem positiven Bezug auf die Märzrevolution Ausdruck zu verleihen: Neben den Fahnen der jeweiligen Gesellenschaft

---

82 Selbst die Maschinenbauer „verhehlten die großen Schwierigkeiten nicht, die sich an die Erfüllung [ihrer] Forderungen knüpften". Nachdem ihren Anliegen weitgehend nachgegeben worden war, „erklärten die Arbeiter hinterher den Herren aus eigener Bewegung, daß sie durch fleißigere Arbeit den Ausfall an Zeit ersetzen würden." (VZ vom 13. April bzw. SZ vom 14. April 1848.)

registrierten die Beobachter meist auch ein große „Menge der dreifarbigen [deutschen] Fahnen".[83]

Wenn die meisten Kontroversen zwischen Meistern oder Unternehmern auf der einen und Gesellen oder Arbeitern auf der anderen Seite um höhere Löhne, kürzere Arbeitszeiten etc. friedlich gelöst wurden, dann war dies nicht unbedingt allein der Kompromißbereitschaft beider Seiten zuzuschreiben. In einer ganzen Reihe von Fällen verdankte sich die friedliche Beilegung von Arbeitskonflikten darüber hinaus der geschickten Vermittlertätigkeit der am 9. März 1848 ins Leben gerufenen ‚Deputation zur Beratung über das Wohl der arbeitenden Klassen'.[84] Unter dem Vorsitz eines oder mehrerer Mitglieder dieser Deputation verliefen in vielen Gewerben die Gespräche zwischen den Meistern und Gesellen während des Frühjahrs 1848 ähnlich, wie man dies aus den heutigen Tarifverhandlungen kennt: Wenn die eine Seite Zugeständnisse machte, gab die andere in anderen Punkten nach. Auch nach dem Ausbruch von *Streiks* gab die ‚Deputation zur Beratung über das Wohl der arbeitenden Klassen' ihre Vermittlungsversuche nicht auf und verhinderte in einigen Fällen die Eskalation von Arbeitskämpfen. Häufig freilich konnten die Deputation sowie die städtischen und staatlichen Behörden der in den letzten Märztagen einsetzenden Streikwelle nur recht hilflose Appelle entgegensetzen, die Gesellen möchten doch an die Arbeit zurückkehren.[85] Im Gegensatz zum Vormärz, als Übertretungen des Koalitions- und Streikverbots rigoros verfolgt wurden[86], waren jedenfalls in den

---

83 Zitate: DArZ vom 19. April 1848. Zum hohen Stellenwert des Feierns innerhalb der Unterschichtenkultur vgl. *S. 479 f.*

84 Die DBWaK selbst stellte in ihrem Beschluß Nr. 22 vom 27. April (in der Tagespresse vom 3. Mai 1848) hierzu lakonisch fest: Die zahlreichen, „der Deputation zugegangenen Beschwerden vieler Gewerbetreibenden sind durch unsere Vermittlung zur Zufriedenheit beider Theile beigelegt worden." Vgl. ferner die Beschlüsse Nr. 28 und 36. Zur Genesis der Deputation vgl. *S. 392.* Eine Schlichtertätigkeit der DBWaK im hier nur sehr grob skizzierten Sinne ist nachweisbar bei den Verhandlungen zwischen den Gesellen und Meistern des Stellmacher-, Brunnenmacher-, Steinmetz-, Bäcker-, Uhrmacher- und Schuhmachergewerks. Ältere Schlichtungsgremien, wie die Fabrikendeputation beim Königlichen Stadtgericht oder schiedsrichterliche Kommissionen der Innungen, taugten für derartige Vermittlungsfunktionen nicht, da sie entweder ausschließlich aus Vertretern der Arbeitgeber zusammengesetzt waren oder von diesen dominiert wurden.

85 Vgl. z.B. Bekanntmachung des Magistrats vom 12. April 1848. Nachweislich konnte die DBWaK bei den Webern und Raschmachern eine Eskalation von Lohnstreitigkeiten zu Arbeitskämpfen verhindern. Von den Töpfergesellen wurde die Deputation zur Beilegung eines bereits ausgebrochenen Streiks angerufen.

86 Zu den Berliner Arbeitskämpfen des Vormärz sowie zur ins 18. Jahrhundert zurückreichenden Streiktradition vgl. Andreas Grießinger, Das symbolische Kapital der Ehre. Streikbewegungen und kollektives Bewußtsein deutscher Handwerksgesellen im 18. Jahrhundert, Frankfurt a. M. usw. 1981, S. 225-285; Hugo Rachel, Das Berliner Wirtschaftsleben im Zeitalter des Frühkapitalismus, Berlin 1931, S. 139-152, 168-172; Schultz, Berlin 1650-1800, S. 121 f., 202, 214 ff., 282 ff., 293 ff.; Reinhold Reith, Lohn- und Kostkonflikte im deutschen Handwerk des 18. Jahrhun-

ersten beiden Monaten nach der Märzrevolution Arbeitskämpfe für die beteiligten Gesellen und Arbeiter kaum mit Risiken verbunden. Die meisten Arbeitsniederlegungen während des Revolutionsjahres waren freilich bestenfalls ‚Warnstreiks‘. Häufig verließen die betreffenden Gesellen nur für einige Zeit die Arbeitsplätze, um sich gemeinsam darüber zu beraten, wie sie ihren Forderungen zur Durchsetzung verhelfen könnten, oder sie veranstalteten Protestdemonstrationen. Die Arbeitgeber lenkten meist rasch ein, so daß die Konflikte im allgemeinen nicht weiter eskalierten.

Arbeitskämpfe wiederum, die mehrere Tage oder gar Wochen andauerten, setzten eine stabile Organisation und damit auch das Bewußtsein über die Notwendigkeit eigenständiger, quasi-gewerkschaftlicher Organisierung voraus. Bei dem 14tägigen Teilstreik der Schneider sowie dem April- und Auguststreik der Buchdrucker spielten nicht zufällig Frühsozialisten eine herausragende Rolle. Über einen starken Berufsverband verfügten, neben den Maschinenbauern, nur die Buchdrucker. Ihre Streiks trugen bereits Züge der späteren, ‚modernen‘ Arbeitskämpfe: Dem Buchdruckerstreik ging eine ‚moderne Öffentlichkeitsarbeit‘ seitens der streikbereiten Drucker voraus; er war zudem mit dem nationalen Berufsverband überregional abgestimmt.[87] Die Maschinenbauer wiederum führten den einzigen politischen Streik durch, als sie am 1. November für kurze Zeit die Arbeit niederlegten. Die übrigen Arbeitseinstellungen der Revolutionszeit hielten sich (soweit die insgesamt spärlichen Quellen hierüber Rückschlüsse zulassen) weitgehend im Rahmen der traditionellen Handwerkerstreiks: Sie blieben ein lokales Phänomen, waren auf einzelne Berufsgruppen beschränkt und ähnelten auch in ihrem äußeren Ablauf vorindustriellen Arbeitseinstellungen.[88] Die Streikforderungen sprengten diesen Rahmen allerdings insofern, als ‚moderne‘ Forderungen (insbesondere nach Erhöhung des Geldlohnes und Kürzung der Arbeitszeit) im Vordergrund standen. Alle Streiks besaßen offensiven Charakter, keiner kann als Abwehrkampf bezeichnet werden.

---

derts, in: Manfred Gailus, Heinrich Volkmann (Hg.), Der Kampf ums tägliche Brot. Nahrungsmangel, Versorgungspolitik und Protest 1770-1990, Opladen 1994, bes. S. 94, 99-103.

87 Zu den beiden Buchdrucker-Streiks vgl. die ausführliche Berichterstattung im ‚Gutenberg‘; außerdem Quarck, Arbeiterbewegung, S. 79 ff., 154 ff.; Gerhard Beier, Schwarze Kunst und Klassenkampf. Geschichte der Industriegewerkschaft Druck und Papier und ihrer Vorläufer seit dem Beginn der modernen Arbeiterbewegung, Bd. 1: Vom Geheimbund zum königlich-preußischen Gewerkverein (1830-1890), Frankfurt a.M. 1966, S. 225-232, 261-269; Rogger, „Wir helfen uns selbst", S. 171-193; Todt/Radandt, Frühgeschichte, S. 170 ff., 181: Wolff, RC, II, S. 315-320. Zum Streik der Maschinenbauer vgl. *S. 736;* zu Formen, Begrifflichkeit und Periodisierung der Streiks vor allem Klaus Tenfelde, Heinrich Volkmann, Zur Geschichte der Streiks in Deutschland, in: dies. (Hg.), Streik. Zur Geschichte des Arbeitskampfes in Deutschland während der Industrialisierung, München 1981, S. 7-30, hier bes. S. 12-19.

88 Vgl. Grießinger, Symbolisches Kapital, S. 389-486; Gailus, Straße und Brot, S. 168 ff. Daß die Trennung in ‚moderne‘ und vormoderne Streiks allerdings nicht so stark ist, wie häufig angenommen, hat Reith, Lohn- und Kostkonflikte, S. 85-106, herausgearbeitet.

Tabelle 9: *Streiks in Berlin von März bis Nov. 1848*

Berufsgruppe	Zeitpunkt	Dauer	Erfolg? (a)
Maschinenbauer	26. März	einige Stunden	ja
Kattundrucker	6./7. April	zwei Tage	m.E.
Zigarrenarbeiter	7. April	einige Stunden (b)	nein (c)
Weber u.Raschmacher	11. April	ein, zwei Stunden	m.E.
Maurer	12. April	einige Stunden (b)	ja
Zimmerer	12. April	einige Stunden (b)	ja
Schneider	16./17. April	zwei Tage	ja
	19. April bis Anfang Mai	mehrere Wochen (d)	m.E.
Tischler	17. April	einen Tag (b)	ja
Schuhmacher	ab 17. April	einige Tage	m.E.
Zuckersieder	17. April	einige Stunden (b)	
Bäcker	18. April	einige Stunden (b)	ja
Buchdrucker	28. April bis 2. Mai	mehrere Tage	ja
Töpfer	29. April bis mind. 2. Mai	mehrere Tage	?
Schlosser	3. Mai	einen Tag	?
Erdarbeiter	1. Juli		nein
Buchdrucker	1. August bis 1. Sept.	mehrere Wochen	nein
Kattundrucker	5. August	einige Stunden (b)	?
Schmiede	ab 19. August	mindestens ein Tag	nein (c)
Kattundrucker	19. bis 26. Oktober	mehrere Tage	m.E.
Maschinenbauer	1. November	einige Stunden	(e)

(a) m.E.: Teilerfolg.
(b) Versammlung während der Arbeitszeit; Umzug in der Stadt zur Durchsetzung der Forderungen (,Warnstreik').
(c) Entlassung der Arbeiter/Gesellen.
(d) Teilstreik (nur die Meister wurden bestreikt, die die am 18. April abgeschlossene Vereinbarung nicht anerkannten).
(e) Politischer Streik: Arbeitsniederlegung wegen der Vorfälle vom 31. Okt. (Nach: Otto Rimpler, Die Berliner Bürgerwehr im Jahre 1848, von ihrer Organisation am 19. März bis zu ihrer Auflösung am 19. November, bearb. von H. Schaffert, Brandenburg a. H. 1883, S. 83.)

Quelle: Berliner Tageszeitungen und andere Periodika.

Eine eindeutige Entsprechung zwischen sozioökonomischer Position und Streikbereitschaft hat offenbar nicht bestanden (Tab. 9).[89] Zu Arbeitsniederlegungen
kam es sowohl in der Textilindustrie sowie im Bekleidungsgewerbe, also dort,
wo sehr niedrige Löhne gezahlt wurden, als auch in Wirtschaftszweigen wie
dem Baugewerbe, wo die Einkommen relativ hoch lagen. Neben den politisch
,fortschrittlichen', stärker durch frühsozialistische Strömungen beeinflußten
Schneidern, Tischlern und Buchdruckern finden sich unter den streikenden
Gesellen auch konservative Gruppen wie etwa die Bäcker. Die Betriebsgröße,
wichtig für die Organisationsfähigkeit einer Arbeiter- oder Gesellengruppe, taugt
gleichfalls nicht als Indikator für Streikbereitschaft. Zu Arbeitsniederlegungen
kam es sowohl in Gewerben, in denen große Handwerksbetriebe dominierten,

---

89 Zwischen Tab. 9 und der von Todt/Radandt vorgelegten Tabelle (Frühgeschichte, S. 200-207)
bestehen gewisse Differenzen: Einige Arbeitsniederlegungen, die dort übersehen wurden, habe
ich zusätzlich aufgenommen. Andererseits sind einzelne Aktionen von ihnen als ,Streik' bezeichnet, die beim besten Willen nicht in die Kategorie der Arbeitsniederlegungen gehören; vgl.
hierzu exemplarisch: Gailus, Straße und Brot, S. 169, Anm. 181.

als auch dort, wo jedenfalls statistisch die Kleinmeister die Szene beherrschten. In manchen Gewerben mit kleinen, handwerklichen Betriebseinheiten bildeten die Gesellenherbergen den organisatorischen Rahmen für die Herausbildung quasi-gewerkschaftlicher Organisationsnetze und infolgedessen eine wesentliche Voraussetzung für die Durchführung von Arbeitsniederlegungen und anderen Gesellenprotesten.[90]

Ein gewisser Grad an Organisation war Voraussetzung für einen erfolgreichen Arbeitskampf; umgekehrt ging es bei den Streiks des Revolutionsjahres nicht allein um materielle Forderungen, sondern ebenso um das Recht auf eigene Organisation.[91] Arbeitsniederlegungen waren, selbst wenn sie nicht zum Erfolg führten, für die Entstehung der modernen Arbeiterbewegung von entscheidender Bedeutung: Viele Gesellen und Arbeiter entwickelten in den Arbeitskämpfen ein ausgeprägtes Gefühl für ihre soziale wie politische Stärke, das auch durch die Jahre der Reaktion 1850 bis 1859 nicht mehr auszulöschen war. Arbeitskämpfe stärkten das Zusammengehörigkeitsgefühl der Gehilfen, die Einsicht in die Notwendigkeit der Bildung eigenständiger, berufsübergreifender und überlokaler Organisierung. Streiks, jedenfalls wenn sie länger andauerten und von einer größeren Gesellengruppe getragen wurden, trugen außerdem dazu bei, daß soziale Konflikte zunehmend des Moments persönlichen Streits entkleidet wurden. Es entstand ein Bewußtsein über die sozioökonomische Bedingtheit des Gegensatzes zwischen Arbeitgebern und Arbeitnehmern. Gewiß machten nicht alle Berliner Gesellen und Arbeiter derartige „Lernsprünge" (K. Tenfelde/H. Volkmann); es gab immer auch retardierende Momente. Dennoch: In den Streiks dokumentierte sich das wachsende Selbstbewußtsein des ,vierten Standes'. Bürgertum, Mittelschichten und Obrigkeit fühlten sich insofern nicht ganz zu Unrecht existentiell bedroht. Das erklärt wesentlich die unnachgiebige und schließlich offen drohende Haltung gegenüber selbstbewußten und streikenden Gesellen, die die städtischen und staatlichen Institutionen einnahmen, nachdem die revolutionäre Bewegung den ersten Schwung verloren hatte und in der Auseinandersetzung um das Wahlrecht dem Märzministerium unterlegen war. Nicht zufällig am 20. April, dem Tag, an dem die demokratische Bewegung Berlins mit der bevorstehenden Absage der großen Wahlrechtsdemonstration die erste schwere Niederlage einstecken mußte, erschien in der Tagespresse eine Bekanntmachung des Polizeipräsidenten, wonach Gesellen und Arbeiter, die „die Arbeit eingestellt [haben], ihre Gewerksgenossen, [die] in Fabriken, Werkstätten oder auf Bauplätzen beschäftigt [sind], gezwungen haben, zu feiern und in Zügen, mit Fahnen und Musik zu Versammlungen auf Plätzen oder vor den Thoren

---

90 Nachweisbar ist dies für die Schlosser, Tischler, Schneider und Kattundrucker.
91 Vgl. Borns Rechtfertigung des zweiten Berliner Buchdruckerstreiks, in: ,Volk' vom 9. Aug. bzw. BZH vom 7. Aug. 1848.

sich zu vereinigen, um sich über die Erhöhung des Lohnes oder Verminderung der Arbeitszeit und sonstige Bedingungen, unter denen die Arbeit fortgesetzt werden dürfe, zu besprechen", sich der „Auflehnung gegen Ruhe und Ordnung" schuldig machten und künftig „dem Richter zur Untersuchung und Bestrafung übergeben" würden; „nicht Ortsangehörige [würden] außerdem mit Verweisung aus der Stadt gerügt werden." Auch sonstige „öffentliche Aufzüge mit Musik, Fahnen und Waffen sind nur auf vorhergegangene Erlaubniß gestattet".[92]

Namentlich der zweite (erfolglose) Buchdruckerstreik, der im Spätsommer, eineinhalb Monate nach dem Berliner Zeughaussturm – einem Ereignis, das die politischen Kräfteverhältnisse erheblich zuungunsten der Demokraten verschoben hatte – ausbrach und mehr als vier Wochen dauerte, stand von Anbeginn unter dem Zeichen einer wiedererstarkten Obrigkeit, die ganz offensichtlich gewillt war, im Verein mit den Arbeitgebern zu zeigen, wer wieder ‚Herr im Hause' war. Die Berliner Schriftsetzer und Buchdrucker wiederum konnten ihren Arbeitskampf im Sommer 1848 überhaupt nur so lange durchstehen, weil sie eine starke Organisation im Rücken hatten. Über so günstige Voraussetzungen verfügten die meisten anderen Arbeiter- und Gesellengruppen nicht. Sie besaßen keine schlagkräftige Vereinigung, waren häufig über eine Vielzahl kleiner Betriebe verteilt und deshalb spätestens seit dem Frühsommer dem Druck von Arbeitgebern und Obrigkeit hilflos ausgeliefert. Lediglich die Kattundrucker, die Ende Oktober 1848 mit einem Streik die Beschränkung der Maschinenarbeit und die Wiedereinstellung zuvor entlassener Arbeiter erzwangen[93], hatten (wenn auch nur vorübergehend) Erfolg: Sie waren in größeren Unternehmen beschäftigt, konnten also über die Betriebsstruktur zu organisatorischer Geschlossenheit finden. Wohl angesichts des schärferen Windes, der den Arbeitern und Gesellen zwei Monate nach der Märzrevolution ins Gesicht blies, entschlossen sich die Handlungsdiener, auf das Kampfmittel des Streiks zu verzichten. Statt dessen griffen sie auf eine beliebte Form des Unterschichtenprotestes zurück, die ‚Katzenmusik', um so ihrem Wunsch nach Arbeitszeitverkürzung Nachdruck zu

---

92 Ohne polizeiliche Erlaubnis würden öffentliche Aufzüge der Gesellen und Arbeiter in Zukunft „als Störung der öffentlichen Ordnung angesehen und verhindert werden." Datiert war die Bekanntmachung auf den 18. April 1848. Auch die städtischen Behörden kündigten eine härtere Gangart an. In einer Bekanntmachung vom 23. April 1848 warnte der Magistrat in allgemeiner Form „Gehülfen, Gesellen und Arbeiter", sich „ihren Verrichtungen" zu entziehen und ihren Arbeitsplatz „eigenmächtig" zu verlassen; in solchen Fällen werde zukünftig die ganze Schärfe der vormärzlichen „gesetzlichen Bestimmungen" zur Anwendung gelangen, die „ihre volle Gültigkeit" behalten hätten. Sechs Tage später drohte der Polizeipräsident den streikenden Druckern und Schriftsetzern negative Konsequenzen an, wenn sie ihren Streik nicht abbrächen.

93 Vgl. Wernicke, Geschichte, S. 226 f. Die Wiedereinstellung war allerdings nur bis zum 1. März 1849 befristet. Die Entlassung der Kattundrucker provozierte prompt eine diesmal erfolglose Neuauflage des Arbeitskampfes; vgl. *S. 822, Anm. 29*. Beispielhaft für einen unter ungünstigen Voraussetzungen begonnen und deshalb gescheiterten Streik steht der Arbeitskampf der Berliner Schmiedegesellen im Hochsommer; vgl. vor allem VZ vom 24. Aug. 1848.

verleihen.[94] Indessen blieb auch ihnen und ihrem unkonventionellen Kampfmittel der Erfolg versagt.

In dem Maße, wie die städtischen Behörden und liberalen Märzkabinette in den Augen der Unterschichten politisch versagten und nicht nur keine Bereitschaft zeigten, die Lösung der ‚sozialen Frage' substantiell anzugehen, sondern quasi-gewerkschaftliche Anliegen mit polizeilichen Mitteln bekämpften, mußte sich die Anziehungskraft, die radikaldemokratische und sozialistische Ideale ausübten[95], erhöhen. Born wird mit seiner Feststellung von Mitte Mai, daß das Berliner „Proletariat durch und durch revolutionär" und „der Sozialismus in allen Ständen (mit Ausnahme der Berliner Weißbierphilister) in voller Blüte" sei, zwar ein wenig übertrieben, aber keineswegs gänzlich falsch gelegen haben.[96] Das von ihm geführte, in breiten Schichten der Berliner Arbeiter- und Gesellenschaft verankerte ‚Central-Comité der Arbeiter' hat diese Entwicklung kräftig befördert; zahlreiche Konflikt- und Streikerfahrungen, das Erlebnis eines scharfen Arbeitgeber-Arbeitnehmer-Gegensatzes, stützten die im Revolutionsjahr (zum Teil schon vorher) entstandenen Ansätze eines die einzelnen Berufsstände übergreifenden Klassenbewußtseins zusätzlich ab. Weitgehend resistent gegenüber demokratischen und sozialistischen Ideen blieben lediglich Gesellen des Nahrungsmittel-

---

94 Vgl. Schreiben von C. W. Schmoeckel (Firma D. W. Schmoeckel & Söhne) an die Ältesten der KKB sowie Schreiben des Kaufmanns C. G. Schucke an dies., beide vom 24. Mai 1848, in: LAB StA, Rep. 200-01, Nr. 143, Bl. 26 u.27.

95 Wie stark der Einfluß der Frühsozialisten insgesamt gewesen ist, gleich ob sie (vermutlich die Mehrheit:) unorganisiert waren oder im ‚Bund der Kommunisten' eine politische Heimat gefunden hatten, läßt sich nur schwer abschätzen. Daß zentrale Theoreme des Frühsozialismus zahlreiche Anhänger besaßen, war bereits an der während der Revolutionszeit vielstimmig vorgetragenen Forderung nach Errichtung von Produktivassoziationen abzulesen. Auch die Mitglieder des ‚Bundes der Kommunisten' blieben in der Revolutionszeit aktiv; vgl. vor allem die erwähnte Versammlung vom 29. März (Anm. 63), die unter der Leitung von Lüchow und anderen Mitgliedern des Kommunistenbundes stattfand und zu der sich etwa 150 Arbeiter einfanden. Auch die herausragende Rolle, die Born, Bisky, Lüchow und weitere Mitglieder des Kommunistenbundes bei der Entstehung der Berliner Arbeiterbewegung spielten, und die große Resonanz ihrer zahlreichen schriftlichen wie mündlichen Äußerungen, in denen sie aus ihrer politischen Einstellung und ihren langfristigen Zielen keinen Hehl machten, legen die Vermutung nahe, daß frühsozialistische Ideen unter Berlins Gesellen und Arbeitern 1848 einen günstigen Nährboden fanden. Vgl. vor allem Borns Brief am 11. Mai 1848 (Anm. 59), in dem er Marx mitteilte, daß der Bund zwar nicht mehr wie „in der früheren Weise fest organisiert" sei, er (Born) jedoch „überall die zerstreuten Kräfte zu einer starken Macht" zusammenfasse. Eine anscheinend minoritäre Strömung unter den Frühsozialisten versuchte später, den ‚Bund der Kommunisten' neu zu beleben. Zur weiteren Geschichte des nach der Niederlage der Revolution wiederbelebten Bundes, seiner Spaltung und schließlichen Zerschlagung 1852 vgl. Der Bund der Kommunisten. Dokumente und Materialien, hg. vom Institut für Marxismus-Leninismus (IML) beim ZK der SED und vom IML beim ZK der KPdSU, Bd. I-III, Berlin 1970-1984; ferner Rogger, „Wir helfen uns selbst", S. 118 f.; Manfred Kliem, Berliner Ereignisse vom März/April 1849 und die Vorgeschichte des Untergangs der ‚Neuen Rheinischen Zeitung', in: Berliner Geschichte 10. Jg./1989, S. 42.

96 Brief Borns an Marx vom 11. Mai 1848 (Anm. 59).

und des Baugewerbes sowie das schwer zu organisierende Dienstpersonal. Die übrigen Arbeiter- und Gesellengruppen zeigten sich (so läßt sich aus zahlreichen Indizien schließen) in ihrer überwiegenden Mehrheit der ‚Neuen Zeit' gegenüber aufgeschlossen und machten zum Teil rasante Einstellungswandlungen durch. Allerdings darf die zitierte Bemerkung Borns nicht dahingehend mißverstanden werden, daß das Berliner „Proletariat" aus einer Masse überzeugt-sozialistischer Revolutionäre bestanden hätte. Utopien spielten zwar eine wichtige Rolle. Aber die Orientierung auch der meisten Gesellen und qualifizierten Arbeiter auf konkrete Interessen blieb dominant. Stärker noch als bei vielen Gesellengruppen war das Handeln der Erdarbeiter als einer nach der Märzrevolution künstlich geschaffenen Sozialgruppe von unmittelbar materiellen Interessen bestimmt.

Kapitel IV.5

Die Rehberger: „Verzogene Kinder des Magistrats"?[1]

Als Resultat der von den städtischen Behörden, der preußischen Staatsregierung und auch von seiten privater Vereinigungen unternommenen *Arbeitsbeschaffungsmaßnahmen* sind die Erdarbeiter anzusehen. In der historischen Forschung wurden sie als ‚Rehberger' häufig zum Gegenstand positiver oder negativer Mystifizierung.[2] Tatsächlich lassen sich Verhaltensnormen und Handlungsmuster der Erdarbeiter viel stärker auf ihre konkreten Sozialverhältnisse und weniger auf politische Unberechenbarkeit oder dubiose ‚Verführer' zurückführen, als dies bisher wahrgenommen wurde. Völlig abwegig ist es, die Erdarbeiter zu einem revolutionären Subjekt zu hypostasieren. Als soziale Gruppe stellten sie das politische System nicht grundsätzlich in Frage.

Arbeitslosigkeit und Organisation von Arbeitsbeschaffungsmaßnahmen

In den Wochen vor der Märzrevolution war es zu Massenentlassungen selbst im bis dahin ungebremst expandierenden Berliner Maschinenbau gekommen. Vor allem in den Zweigen des von strukturellen Krisen gebeutelten Textil- und Bekleidungsgewerbes erreichte die Erwerbslosigkeit Mitte März 1848 kaum vorstellbare Dimensionen. So nimmt es denn nicht wunder, daß die Berliner Arbeitsnachweisungsanstalt am Tag ihrer Öffnung von knapp siebenhundert Er-

---

1 Verkürztes Zitat aus: Wolff, RC, II, S. 161.
2 Holzschnittartig positiv mystifizierend: Norbert Bartnik, Frieda Bordon, Die Rehberger. Subkultur der Berliner Erdarbeiter um 1830, in: Willi Bergmann u.a. (Hg.), Autonomie im Klassenkampf. Beiträge zum Kampf gegen die Fabrikgesellschaft, Hamburg/München 1978, S. 67-87, bes. S. 78 (der Titel ist irreführend: Es geht um 1848.), sowie Wolfgang Dreßen, Maschinenbauer und Erdarbeiter, in: Jochen Boberg u.a. (Hg.), Exerzierfeld der Moderne. Industriekultur in Berlin im 19. Jahrhundert, München 1984, S. 68-79, bes. S. 71 ff.; vgl. auch Gailus, Pöbelexzesse, S. 35 f.; dagegen ders., Straße und Brot, S.376-391. Jürgen Bergmann wiederum degradiert die Berliner Notstandsarbeiter zu einer „amorphen, bewußtseinsmäßig wenig reflektierten", „zumindest äußerst ungefestigten und beeinflußbaren" Masse, einer „Quelle ständiger Ärgernisse" – Formulierungen, die verraten, wie stark Bergmanns Darstellung von den Schilderungen der bürgerlichen Zeitgenossen beeinflußt wurde; vgl. Bergmann, Wirtschaftskrise, S. 141, 144, 146, 164 bzw. ders., Soziallage, S. 296 f.

werbslosen fast gestürmt wurde.[3] Den eigenen Bekanntmachungen zufolge waren die Vermittlungsbemühungen dieser neuen, am 9. März 1848 ins Leben gerufenen städtischen Behörde von ziemlichem Erfolg gekrönt. Gut zwei Dritteln aller erwerbslos Gemeldeten konnten durch die Arbeitsnachweisunganstalt erfolgreich Arbeitsplätze zugewiesen werden. Die Vermittlungsbemühungen waren freilich je nach Geschlecht höchst ungleichgewichtig. Mit Erfolg vermittelte man vor allem männliche Arbeitssuchende. Die Zahl der arbeitslosen Frauen, die durch die neue Behörde eine Arbeitsstelle erhielten, blieb dagegen außerordentlich gering.[4] Der Grund für diese geschlechtsspezifischen Unterschiede: Nur erwerbslose *Männer* kamen in Berlin, im Gegensatz zu Wien, in den Genuß von öffentlichen Arbeitsbeschaffungsmaßnahmen. Je nach Gewerbezweigen blieb die Erwerbslosigkeit im übrigen auch im Spätsommer und Herbst ungleich verteilt. In den Zweigen des *Textil- und Bekleidungsgewerbes* war sie, folgt man den offiziellen Angaben, am höchsten.[5] Im Textilgewerbe und ebenso in den meisten anderen Gewerbezweigen dürfte die Gesamtzahl der Erwerbslosen aus einer Reihe von Gründen noch deutlich höher gelegen haben, als dies die Arbeitsnachweisungsanstalt auswies.[6] Allen Arbeitsbeschaffungsmaßnahmen zum Trotz

---

3 Zur hohen Erwerbslosigkeit in einzelnen Berufsgruppen (bis zu 80%) vgl. bes. Gesuch der Kattundrucker, ohne Adressat, vom 26. März; Petition der Gesellen des Weber-, Raschmacher- und Tuchmacher-Gewerks vom 10. April sowie Verhandlungen von Buchbindergehilfen mit Mitgliedern der DBWaK vom 27. Mai 1848, in: LAB StA, Rep. 16, Nr. 67, Bd. III, Bl. 130-132; Bd. IV, Bl. 58 bzw. Bl. 168. Auch die Korbmacher, Strumpfwirker, Stuhlmacher, Goldschmiede und Mechaniker verzichteten trotz niedriger Einkommen unter Verweis auf die zahlreichen Arbeitslosen in ihren Berufsgruppen und die gedrückte Lage der Meister auf die Forderung nach Lohnerhöhung. Zur Gründung der Arbeitsnachweisungsanstalt vgl. *S. 133*.

4 Die Vermittlingsquote weiblicher Erwerbsloser lag im März bei gut zwanzig Prozent (100 von 482 registrierten Erwerbslosen), im April bei knapp fünfzehn Prozent (60 von 448 registrierten Erwerbslosen). Dagegen wurden etwa dreiviertel der ‚sichtbar' arbeitslosen Männer erfolgreich ‚vermittelt', fast ausschließlich freilich für die öffentlich finanzierten Erdarbeiten. Angaben nach: Bekanntmachungen der Berliner Arbeitsnachweisungsanstalt vom 3. April und 15. Mai; SZ vom 15. Juni; NZ vom 21. Mai; BZH vom 23. Mai 1848; LAB StA Rep. 03, Nr. 655, Bl. 291-295. Die amtlichen Zahlen zeigen den Vermittlungserfolg noch in einem zu rosigen Licht: Erfaßt wurden lediglich die Erwerbslosen, die von der Arbeitsnachweisungsanstalt registriert wurden, also statistisch ‚sichtbar' waren. Die Zahl der ‚unsichtbaren' Arbeitslosen läßt sich exakt nicht abschätzen. Aus verschiedenen Gründen (die hier nicht diskutiert werden können) war der Anteil der *Frauen* unter den ‚unsichtbar' Erwerbslosen besonders hoch.

5 Rechnet man die von der Arbeitsnachweisungsanstalt registrierten, also ‚sichtbaren' Erwerbslosen (Anm. 4) auf die von der amtlichen Berliner Statistik erfaßten lohnabhängigen Angehörigen der verschiedenen Berufsgruppen um (1848 als arithmetisches Mittel der Zählungen von 1846 und 1849), dann lag die Arbeitslosigkeit im Textil-, Bekleidungs- und Ledergewerbe bei 8,2%. Besonders betroffen waren Weber/Raschmacher mit 18,4%. Einen ähnlichen Wert erreichten die Tischler mit 15,9% (jeweils Aug. bis Nov. 1848).

6 Vor allem männlichen Gesellen und qualifizierten Arbeitern blieb in einer Reihe von Gewerben außerdem die Möglichkeit, sich selbständig zu machen und so (statistisch) der Erwerbslosigkeit zu entgehen. Zu niedrig sind die offiziellen Arbeitslosenangaben ferner deshalb, weil die Stadtverordneten bereits vor dem 18. März beschlossen hatten, ‚fremde' Gesellen aus der Stadt aus-

scheint zudem der Anteil der ‚unsichtbaren' Arbeitslosen im Laufe des Jahres noch gestiegen zu sein. Darauf deutet u.a. die wachsende Zahl von Langzeitarbeitslosen hin, die sich über vier Wochen und länger ohne Ergebnis bei der Arbeitsnachweisungsanstalt gemeldet hatten.[7]

Mit der Inangriffnahme von Arbeitsbeschaffungsmaßnahmen war in Berlin im Frühjahr 1847 begonnen worden. Die Zahl von zunächst zweihundert und bei Jahresbeginn 1848 gut dreihundert Erwerbslosen, die mit ‚Kultur- und Wegearbeiten' im Wedding beschäftigt wurden, nahm sich freilich im Vergleich zum Heer der Erdarbeiter, das dann seit März 1848 mit vergleichbaren Tätigkeiten auf Kosten der Kommune bzw. des Staates beschäftigt wurde, recht bescheiden aus. Daß die bis Anfang März getroffenen Maßnahmen nicht reichen würden, um dem „ungemein großen Andrang" nach dieser schlecht bezahlten Arbeit Herr zu werden, war den städtischen Behörden spätestens nach dem Eintreffen der Nachrichten über die Pariser Februarrevolution bewußt geworden. Am 16. März beschloß die Stadtverordnetenversammlung, zusätzlich 530 öffentlich finanzierte Arbeitsplätze bereitzustellen. Am gleichen Tag erklärte sich der Königliche Wegebaumeister bereit, bei Straßen- und Kanalbauten in der näheren Umgebung Berlins mehr als dreihundert weitere Erwerbslose aus der Landeshauptstadt einzustellen.[8] Die Erdarbeiten im Wedding, in den Rehbergen, in der Cöllnischen und Boxhagener Heide sowie mehrere Chausseearbeiten wurden von Bauaufsehern geleitet, die dem Magistrat unmittelbar unterstellt waren. Die

---

zuweisen. Tatsächlich jedoch werden viele ‚Fremde' (das konnten auch Gesellen aus benachbarten Gemeinden sein) die Stadt nicht verlassen haben, sondern das Dickicht der Großstadt und die gleichzeitig dürftige Personalausstattung der Polizei genutzt haben, um unterzutauchen.

7 Zwar gibt es in dieser Hinsicht gleichfalls keine genauen Zahlen, aber immerhin eine aussagekräfte Petition „brodloser Arbeiter" an das Ministerium für Handel etc. vom 20. Aug. 1848, die sich „alle Tage 4 Wochen lang" oder über noch größere Zeiträume „bei dem Arbeitsnachweisungsbureau eingefunden" hatten und regelmäßig vertröstet wurden, „es wäre noch nichts geregelt, wir sollten alle wieder mit anfragen" usw. Sie klagten nun, „wir haben uns auf den öffentlichen Bauplätzen selbst von der Sache über[zeugt] und gesehen, daß für uns noch gar nichts geschehen ist". (In: LAB StA, Rep. 03, Nr. 655, Bl. 96.) Zur Ende 1848 und Anfang 1849 weiterhin hohen Arbeitslosigkeit vgl. *S. 821 f.*

8 Vgl. *S. 133 ff.* Weitere Arbeitsplätze wurden auf private Initiative geschaffen, namentlich durch die ‚Gemeinnützige Baugesellschaft' (GBG), die mit Zustimmung des Magistrats wenige Tage nach der Märzrevolution mehrere, zumeist freilich kleinere Projekte (Kirchen, kleine Kanäle usw.) zur Beschäftigung brotloser Arbeiter in Angriff nahm; vgl. öffentliche Erklärung des Komités der GBG vom 23. März und Bekanntmachung des Magistrats vom 26. März 1848. Ihrem Selbstverständnis nach stand die im Herbst 1847 gegründete GBG sozialreformerischen Zielen nahe, wie sie vor allem der ‚Central-Verein' und ‚Lokalverein für das Wohl der arbeitenden Klassen' verfolgte. Eigentlicher Zweck dieser ersten Berliner ‚Baugesell-schaft' war die Errichtung gesunder Arbeiterwohnungen, gedacht zur „Verbesserung der arbeitenden Klassen" in christlich-konservativem Sinne. Zwar sah man sich bereits zu Beginn des Jahres 1848 nach geeigneten Bauplätzen um. Begonnen wurde mit dem Bau erster Häuser jedoch erst Anfang 1849; vgl. hierzu vor allem Carl Wilhelm Hoffmann, Die Wohnungen der Arbeiter und Armen, Berlin 1852, S. 4 ff., 17, 24 f.; Geist/Kürvers, Mietshaus, I, S. 414 f., 424 f., 437 f., 451-462.

am Plötzensee, auf dem Köpenicker Feld, beim Bau des Berlin-Spandauer Kanals sowie weiterer künstlicher Schiffahrtswege[9] in der Umgebung von Berlin beschäftigten Erwerbslosen unterstanden staatlicher Aufsicht.

Tabelle 10: *Einnahmen und Ausgaben der Stadt Berlin 1843 bis 1851*
(in 1000 Talern)

	1843	1844	1845	1846	1847	1848	1849	1850
Einnahmen insgesamt	**1468,6**	**1506,4**	**1923,2**	**2341,3**	**2626,4**	**3067,7**	**3739,3**	**2194,5**
darunter:								
– Steuern	925,0	974,2	995,9	1013,2	963,7	1180,1	1121,4	1333,7
– darunter: Haus- und Mietsteuern	560,3	584,4	609,1	632,4	651,6	611,6	632,3	650,1
– außerordentliche Einnahmen(a)	117,4	142,2	422,3	906,0	1235,8	1493,2	2256,1	298,9
Ausgaben insgesamt	**1375,5**	**1442,1**	**1841,7**	**2242,3**	**2551,6**	**3007,4**	**3503,3**	**1984,9**
darunter:								
– Kosten für Servis-, Militär- und Bürgerwehr	159,7	143,8	143,7	147,0	142,6	143,8	151,1	329,4
– darunter: Bürgerwehr	–	–	–	–	–	4,0	–	–
– Polizei- und Gerichtsverwaltung	132,3	142,9	131,5	142,0	201,3	225,0	282,9	263,7
– Schul- und Armenschulwesen	155,0	163,7	188,3	218,3	226,2	244,2	245,8	258,6
– Verwaltung des Armenwesens	416,0	430,1	424,4	497,9	618,4	542,2	608,5	597,4
– Bauwesen	37,0	37,8	30,5	55,3	38,7	288,7	103,4	30,5
– Erdarbeiten(c)	-	–	–	–	5,8	255,0 (d)	41,1	1,6
– Übrige (e)	358,9	376,2	468,4	414,2	304,5	391,0	539,4	399,2
– außerordentlich Ausgaben (f)	116,6	147,6	454,9	767,6	1019,9	1172,5 (b)	1572,2	106,1
Überschuß	**+93,0**	**+64,3**	**+81,5**	**+99,0**	**+74,8**	**+60,3**	**+236,0**	**+209,6**

(a) Überwiegend Aufnahme von Darlehen und Anleihen. Einschließlich ‚verschiedener' Einnahmen, die 1848 etwas mehr als zehn Prozent der ‚außerordentlichen' ausmachten und seit 1849 mit letzteren zu einem Posten zusammengefaßt wurden.

(b) 1848 fielen unter diesen Posten u.a. 7788 Taler an Kosten für die Abhaltung der Urwahlen zur Deutschen und Preußischen Nationalversammlung sowie 6853 Taler an Kosten für die Beerdigung der Märzgefallenen und die Herrichtung des Begräbnisplatzes auf dem Friedrichshain. Auch die 6000 Taler „Entschädigung" an Krausnick wurden als „Kosten in Veranlassung und im Gefolge der Ereignisse am 18. und 19. März 1848" verbucht.

(c) Angaben für 1847, 1849 und 1850 nach: Manfred Gailus, Straße und Brot. sozialer Protest in den deutschen Staaten unter besonderer Berücksichtigung Preußens 1847–1849, Göttingen 1990, S. 391.

(d) Davon: 222 278 Taler für Erdarbeiten, Wegebauten und Kulturarbeiten zwecks Beschäftigung brotloser Arbeiter; 32 755 Taler für die Anlegung einer Chaussee von der Rosenthaler Vorstadt über Gesundbrunnen nach Reinickendorf.

(e) Ausgaben für ‚kirchliche Zwecke', diverse Verwaltungen u. ä.

(f) Überwiegend Zinsen und Schuldentilgung. Einschließlich ‚verschiedener' Ausgaben, die 1848 etwas mehr als fünf Prozent der ‚außerordentlichen' ausmachten und seit 1849 mit letzteren zu einem Posten zusammengefaßt wurden.

Quelle: BLHA, Rep. 30, Bln. C, Tit. 81, Nr. 7252.

Zur Finanzierung der unter städtischer Regie in Angriff genommenen Arbeitsbeschaffungsmaßnahmen bewilligte das Finanzministerium der Kommune einen Zuschuß von 200 000 Talern. Die Kosten für die Arbeitsbeschaffungsmaßnahmen konnten damit allerdings kaum gedeckt werden. Auch die Einsparungen, die die Arbeitsbeschaffungsmaßnahmen mittelbar dem Etat der Verwaltung des Armenwesens brachten (Tab. 10), reichten hierfür nicht aus. Intern gab der

---

9 Der Berliner-Spandauer Kanal, 1848 begonnen, wurde erst 1859 vollendet. Der Landwehrkanal, 1845 bis 1850 erbaut, und der Luisenstädtische Kanal, 1852 fertiggestellt, waren Bestandteile des 1840 entwickelten städteplanerischen Konzepts von Lenné für das damals noch weitgehend unbebaute Köpenicker Feld.

Magistrat unumwunden zu, daß die Beschäftigungsmaßnahmen kurzfristig konzipiert waren und in erster Linie „zur Erhaltung und Befestigung der öffentlichen Ruhe" dienten.[10] 1849 und in den Folgejahren glaubte die Obrigkeit ihre Stellung nicht mehr akut gefährdet; substantielle soziale Konzessionen schienen nicht mehr notwendig. Ein Teil der 1848 für Arbeitsbeschaffungsmaßnahmen vorgesehenen Ausgaben wurde deshalb auf Posten umgeschichtet, die der polizeilich-repressiven Revolutionsprophylaxe dienten (Kosten für Polizei- und Gerichtsverwaltung, Unterbringung des Militärs u.ä.), ein anderer Teil für die Entschuldung aufgewendet.

Sozial- und Altersstruktur der Erdarbeiter

Bis Hochsommer 1848 wurde die Zahl der bei Erdarbeiten beschäftigten Berliner Erwerbslosen laufend erhöht. Ende März waren es noch knapp zweitausend, Ende des folgenden Monates bereits mehr als fünftausend. Von Juli bis Ende Oktober 1848 waren schließlich etwa achttausend Berliner[11], einschließlich der beim Bau der Ostbahn Beschäftigten, auf städtischen und staatlichen Baustellen tätig.[12] Angaben zur *Sozialstruktur* der bei öffentlichen Arbeitsbeschaffungsmaßnahmen beschäftigten Arbeitskräfte liegen für Mai (nur städtische Baustellen) und für die Zeit von August bis Mitte November (städtische und staatliche Baustellen) vor. Tabelle 11 bringt zum Ausdruck, daß den ganzen Revolutionszeitraum über die unqualifizierten Arbeitskräfte („Tagelöhner") die größte Gruppe unter den Erdarbeitern stellten. Die mit Abstand zweitgrößte Gruppe bildeten die verschiedenen Berufsgruppen des Textil- und Bekleidungsgewerbes, eine vor dem Hintergrund

---

10 So die Formulierung im Schreiben des Magistrats an die Forst- und Ökonomie- sowie die Bau-Deputation vom 24. März 1848, in: LAB StA, Rep. 03, Nr. 654, Bl. 26. Vgl. auch Gailus, Straße und Brot, S. 391, sowie *S. 822.*

11 Fast alle Erdarbeiter hatten ihren Wohnsitz in Berlin. Ende Aug. wurden lediglich 143 ‚fremde' Arbeitskräfte gezählt, d.h. nicht einmal zwei Prozent der auf städtischen und staatlichen Baustellen in und um Berlin beschäftigten Erdarbeiter. Auch die ‚Fremden' kamen überwiegend aus kleineren Städten und Dörfern, die damals an der Peripherie der preußischen Hauptstadt lagen, seit dem 20. Jahrhundert dann zum Kern der Reichs- und Bundeshauptstadt gehören: 59 waren in Charlottenburg, 41 in Spandau, 17 in Reinickendorf und 17 in Lichtenberg zu Hause, um nur die größten Kontingente an ‚Fremden' zu nennen. Sie alle wurden, bis auf die Charlottenburger, entlassen; vgl. Bericht eines Baubeamten an den Baustadtrat W. Langerhans (KBA) vom 4. Sept. 1848, in: LAB StA, Rep. 03, Nr. 655, Bl. 97-99. Mit dem Charlottenburger Magistrat war eine Vereinbarung getroffen worden, maximal fünfzig der dortigen Erwerbslosen auf den öffentlichen Baustellen zu beschäftigen.

12 Die meisten Erdarbeiter waren auf staatlichen Baustellen beschäftigt: Ende April mehr als dreitausend und seit Juli schließlich um die sechstausend. Die Zahl der auf den von der Kommune finanzierten Arbeitsplätzen tätigen Notstandsarbeiter lag Ende April bei knapp zweitausend und pendelte von Anfang Mai bis Anfang Okt. zwischen 2100 und 2300. Danach wurde sie ziemlich zügig abgebaut; zu 1849 vgl. *S. 822.*

der Bedeutung dieser Wirtschaftszweige wie der hier besonders hohen Arbeitslosigkeit wenig überraschende Tatsache. Das letzte Drittel war bunt zusammengewürfelt: Hier fand man Gesellen ziemlich aller Berufsgruppen, ferner eine Reihe proletaroider Meister. Unter den Erdarbeitern der zweiten Jahreshälfte 1848 waren außerdem vereinzelt ‚Bildungsbürger' zu finden, so z.B. fünf Privat-Sekretäre und drei Lehrer. Echte Bauarbeiter bildeten eine relativ kleine Minderheit.

Tabelle 11: *Soziale Zusammensetzung der Erdarbeiter in Berlin und Wien Mai bis Nov. 1848*

| | Berlin | | | | | | Wien (a) | |
| | Mai (b) | | in und um Berlin (c) 1.Aug.-18.Nov. | | bei der Ostbahn 25.Aug.-18.Nov. | | Juni | |
	absolut	v.H.	absolut	v.H.	absolut	v.H.	absolut	v.H.
unqualifizierte Arbeiter	692	39,2	2239	39,3	151	62,2	3129	30,6 (d)
Textil- und Bekleidungsgewerbe	624	35,4	1562	27,4	3	1,2	4191	41,0
darunter:								
– Weber, Raschmacher	316	17,9	602	10,6	–	–	2703	26,5
– Seidenwirker	99	5,6	507	8,9	–	–	–	–
– Kattundrucker	74	4,2	174	3,1	1	0,4	405	4,0
– Schuhmacher	66	3,7	93	1,7	–	–	240	2,4
– Schneider	22	1,2	74	1,3	1	0,4	178	1,7
Metallgewerbe	57	3,2	343	6,0	26	10,7	390	3,8
darunter:								
– Maschinenbauer	1	0,1	5	0,1	–	–	–	–
– Schlosser	18	1,0	60	1,1	11	4,5	8	0,1
Holzgewerbe	103	5,8	542	9,5	16	6,5	672	6,5
darunter:								
- Tischler	75	4,3	427	7,5	12	4,9	390	3,8
Baugewerbe	73	4,1	398	7,0	12	4,9	813	8,0
darunter:								
– Maurer	12	0,7	99	1,7	–	–	603	5,9
– Zimmerer	21	1,2	116	2,0	–	–	61	0,6
– Maler	23	1,3	147	2,6	9	3,7	149	1,5
Töpfer-, Steingut- u.Porzellangew.	30	1,7	94	1,7	2	0,8	28	0,3
darunter:								
– Töpfer	24	1,4	82	1,4	2	0,8	28	0,3
Ledergewerbe	10	0,6	56	1,0	2	0,8	76	0,7
Druckgewerbe	14	0,8	55	1,0	2	0,8	32	0,3
Nahrungs- und Genußmittelgewerbe	27	1,6	109	1,9	6	2,5	193	1,9
Dienstleistungsgewerbe	26	1,5	143	2,5	5	2,1	437	4,3
Kleinhandel (e)	11	0,6	80	1,4	3	1,2	103	1,0
Übrige	97	5,5	73	1,3	15	6,3	160	1,6
Insgesamt	1764	100,0	5694	100,0	243	100.0	10208	100,0 (f)

(a) Nur Männer. (Im Gegensatz zu Berlin wurden in Wien auch Frauen auf staatliche und städtische Kosten beschäftigt.)
(b) Nur auf städtischen Baustellen beschäftigte Arbeiter.
(c) Auf städtischen und staatlichen Baustellen beschäftigte Arbeiter.
(d) Tagelöhner, Pflasterer, ‚ohne Profession'.
(e) Einschließlich Schankwirte.
(f) Häusler nennt als ‚Summa' 10 343, die Summierung der Einzelposten ergibt jedoch 10 208.

Quelle: LAB StA, Rep. 03, Nr. 654, Anhang sowie Nr. 655, Bl. 291-295; Wolfgang Häusler, Von der Massenarmut zur Arbeiterbewegung. Demokratie und soziale Frage in der Wiener Revolution von 1848, Wien/München 1979, S. 250 f.

Entgegen dem Eindruck, den manche historische Darstellungen erwecken, können die Erdarbeiter nur sehr eingeschränkt als geschlossene Arbeitergruppe angesprochen werden. Erschwert wurde die Herausbildung stabiler sozialer oder gar politischer Strukturen unter den Erdarbeitern vor allem durch eine erhebliche Fluktuation. Die gemeinsamen Arbeitserfahrungen waren meist so kurz, daß sie die Herausbildung eines dauerhafteren, berufsübergreifenden (Klassen-)Bewußtseins nicht zuließen.[13] Schon die kontinuierliche Erfassung der bei Erdarbeiten beschäftigten Arbeitskräfte war „bei den immerwährenden Ab- und Zugängen der Arbeiter" mit einem enormen „Kosten- und Zeitaufwande" verbunden.[14] Angesichts der hohen Fluktuation sowie der durch die Behörden induzierten, gezielten Umschichtung und im Hinblick auf die Revolutionsgeschichte muß immer jeweils der genaue Zeitpunkt berücksichtigt werden, an dem die Erdarbeiter als politische Akteure, oder als Schreckgespenst, in Erscheinung traten. Daß die Erdarbeiter vom April nicht dieselben wie die im Juli oder im November waren, geht weniger aus den Statistiken zur beruflichen Herkunft hervor, die trotz starker Fluktuation auf eine hohe Kontinuität in der sozialen Zusammensetzung der Berliner Arbeitslosen im Jahr 1848 hindeuten, als vielmehr aus den Angaben und Hinweisen zur Altersstruktur und zum Familienstand.

So heterogen wie ihre soziale Struktur war auch die Zusammensetzung der Notstandsarbeiter nach Jahrgängen (Tab. 12). Der jüngste war 17, der älteste ein Greis von 76 Jahren. Vor dem Hintergrund des Negativ-Images vom rauflustigen Rehberger überrascht, daß die (städtischen) Erdarbeiter im Vergleich zur erwerbsfähigen männlichen Bevölkerung Berlins auffallend überaltert waren. Verantwortlich dafür waren die städtischen Behörden. Am 13. Mai beschloß nämlich die Stadtverordnetenversammlung, die „Fürsorge der Commune [...] auf die hier ortsansässigen und verheirateten Arbeiter möglichst zu beschränken".[15] Am gleichen Tag kündigte der Magistrat zunächst den besonders rebellischen Rehbergern in einer Bekanntmachung an, die Arbeiten dort „auf einen geringen Be-

---

13 Dies korrespondiert mit den Ergebnissen Husungs für die auch sonst in vielem den Erdarbeitern ähnliche Gruppe der frühen Eisenbahnbauarbeiter; vgl. Hans-Gerd Husung, Eisenbahnarbeiter im Vormärz: Arbeitsformen und Konfliktmuster, in: Dieter Langewiesche, Klaus Schönhoven (Hg.), Arbeiter in Deutschland. Studien zur Lebensweise der Arbeiterschaft im Zeitalter der Industrialisierung, Paderborn 1981, S. 209-220, hier: S. 220.

14 Differenzierte Statistiken über die soziale und altersmäßige Zusammensetzung machten nach Ansicht des Magistrats deshalb kaum Sinn; vgl. Notiz des Magistrats vom 28. Mai 1848, in: LAB StA, Rep. 03, Nr. 654, Bl. 274-275. Zur hohen Fluktuation unter den Erdarbeitern vgl. auch Schreiben des Ministers für Handel etc. Patow an Minutoli vom 3. Mai 1848, in: BLHA, Rep. 30, Tit. 9, Nr. 214, Bl. 28 Rs.

15 Sitzungs-Protokoll in: LAB StA, Rep. 00, Nr. 128. Bereits in einem Kriterienkatalog, den Patow am 3. Mai 1848 an Minutoli schickte, war von „vorzugsweiser Berücksichtigung der Familienväter" die Rede. (Wie Anm. 14, Bl. 28.)

stand an alten und schwachen Arbeitern allmählich zu beschränken". Danach begannen die städtischen Behörden und die von ihnen eingesetzten Bauaufseher, systematisch junge, unverheiratete Erdarbeiter zu entlassen. In der zweiten Maihälfte, also zum Zeitpunkt der Erhebung, war dieser Prozeß schon so weit gediehen, daß eine kurz zuvor gegründete, lose Vereinigung eines Teils der Erdarbeiter am 29. Mai bitter klagte: „[W]enn bloß der Verheiratete, welcher Kinder hat, nur allein berücksichtigt werden soll, was soll der Erwerb der Unverheirateten seyn? Wenn derselbe ohne Arbeit und ohne Elternhülfe dasteht?"[16] Der Magistrat ließ sich freilich nicht erweichen und setzte seine Politik fort, ledige Arbeitskräfte zu entlassen und nurmehr Familienväter einzustellen. Nachdem im Juni der Bau der Ostbahn begonnen hatte, wurden junge, unverheiratete Arbeitssuchende dorthin geschickt. Zurück blieb eine „große Anzahl alter und schwächlicher Arbeiter".[17]

Tabelle 12: *Alterstruktur der Erdarbeiter* (in v.H.; Ende Mai) (a)

| Alter (b) | insgesamt | darunter: | | zum Vergleich |
		Tagelöhner	Textilgew.	erwerbsfähige männliche Bevölkerung 1846
16 bis 19 Jahre	2,0	4,3	0,2	10,7
20 bis 24 Jahre	13,7	15,4	6,5	24,1
25 bis 32 Jahre	23,8	20,9	25,0	24,1
33 bis 39 Jahre	15,0	12,0	17,5	14,0
40 bis 45 Jahre	12,4	12,7	14,0	9,9
46 bis 60 Jahre	27,8	28,4	30,3	12,6
über 60 Jahre	5,3	6,3	6,5	4,6

(a) Nur auf städtischen Baustellen beschäftigte Arbeiter.
(b) Bildung der (‚krummen') Alterskohorten entsprechend den Vorgaben der Bevölkerungszählung von 1846.

Quelle: LAB StA, Rep. 03, Nr. 654, Anhang, sowie (gesamt männliche Erwerbsbevölkerung:) Die Bevölkerungs-, Gewerbe- und Wohnungsaufnahme vom 1. December 1875 in der Stadt Berlin, im Auftrage der städtischen Deputation für Statistik bearbeitet von Richard Boeckh, III. Abtheilung, Berlin 1878, S. 4.

Der von den städtischen Behörden in Gang gesetzte Umschichtungsprozeß blieb nicht ohne Folgen auf das Verhalten der Erdarbeiter: Besonders rebellisch, leicht emotionalisierbar und zu Abenteuern aufgelegt waren junge Arbeiter; ohne Familie war die Risikobereitschaft größer, die Angst vor einem Arbeitsplatzver-

---

16 In: LAB StA, Rep. 03, Nr. 654, Bl. 167; vgl. die ablehnende Antwort des Magistrats vom gleichen Tage, in: ebd., Bl. 168.
17 Langerhans (KBA) in seinem Bericht vom 14. Aug. 1848, in: ebd., Bl. 48 u. Rs. Anfang Okt. befanden sich unter den Erdarbeitern lediglich „einzelne unverheiratete, bei denen sich nach genauer Recherche jedoch ergeben hat, daß sie für Eltern oder kranke u. unversorgte Geschwister zu sorgen haben." (Schreiben des Magistrats an die Stadtverordnetenversammlung vom 8. Okt. 1848, in: LAB StA, Rep. 03, Nr. 655, Bl. 159.)

lust geringer. Die Behörden wußten dies; die von ihnen vorgenommene Sonderung der Erdarbeiter nach Alter und Familienstand war auch von dem Kalkül getragen, die politischen Unruheherde auf den Rehbergen und den übrigen Baustellen stillzulegen.[18] Angesichts dessen überrascht es nicht, daß die meisten der von den Erdarbeitern getragenen Aktionen auf das Frühjahr datieren. Für die unter der Aufsicht der Staatsregierung stehenden Baustellen galt dies freilich nur eingeschränkt. Hier wurde das Prinzip, vorrangig „besonnenere und gereifte Familienväter" einzustellen und die unverheirateten, „jugendlichen und heißblütigen Arbeiter" zu entlassen, nicht mit der gleichen Konsequenz praktiziert. So gingen denn auch die wenigen eklatanten Erdarbeitertumulte im Spätsommer und Herbst von den auf staatliche Kosten am Plötzensee, auf dem Köpenicker Feld oder beim Berlin-Spandauer Kanal beschäftigten Arbeitslosen aus.[19]

„Faul", „wüst" und „wild" – die Rehberger als bürgerliches Schreckensbild

Erst nach mehreren vergeblichen Anläufen konnten die Behörden die sprichwörtliche Neigung der ‚Rehberger' zum ‚Müßiggang' schließlich brechen. Die vor allem in den ersten Revolutionsmonaten vielbeklagte Faulheit der Erdarbeiter, und ihr manchmal aggressiver Aktionismus, war freilich weder angeboren noch Ausgeburt purer Böswilligkeit. Die Arbeitsunlust war in erster Linie Folge der konkreten Arbeitsbedingungen. Insbesondere die Rehberger mußten einer Tätigkeit nachgehen, wie man sie sich sinnloser kaum vorstellen kann: Sie hatten die (heute zum Stadtteil Wedding gehörenden) Rehberge von ihrem spärlichen „Fichtenschmuck zu befreien" und einzuebnen. Ihre Hauptarbeit bestand darin, mit Handkarren Sandhügel an der einen Stelle abzutragen und an einer anderen wieder aufzuschütten.[20] Es war eine „Komödie" (Stephan Born), die nur gespielt

---

18 Der verantwortliche Minister deutete dies in einer Rede vor der PrNV am 31. Mai an: Die „Bürger und Familienväter", die auf den Baustellen hätten bleiben dürfen, stünden (so Patow wörtlich) nun mal der „städtischen Behörde näher als diese jungen Leute", die entlassen oder in den Osten abgeschoben worden waren. (Nach: Verhandlungen PrNV, I, S. 66.) Unverblümter äußerte sich die Presse; z.B. die VZ vom 22. Okt. 1848 (daraus auch die folgenden Zitate).

19 Dagegen würden die „Rehberger sich jetzt im Ganzen recht gut führen" und auch auf den anderen städtischen Baustellen die Erdarbeiter weitgehend ruhig bleiben. (Bericht Langerhans vom 10. Juli 1848 (Anm. 17), hier: Bl. 184.

20 Die Behörden, so klagte z. B. die NZ vom 7. Juni 1848, hätten „nur daran gedacht, augenblicklich Arbeit zu schaffen, ohne die Nützlichkeit derselben […] zu erwägen; aber eben dadurch mußte auch die Arbeitslust herabgestimmt werden." Wenn man davon ausging, „daß viele Arbeiter einen Weg von 2-3 Stunden von ihrer Wohnung bis zur Arbeitsstelle zurückzulegen hatten, daß sie, die [als Meister, Gesellen oder Fabrikarbeiter] zum großen Theil an eine geordnete, regelmäßige Lebensweise gewöhnt waren", außerdem einen großen Teil ihres kargen Lohnes für „kraftlose Schrippen, Knoblauchwürste und saure Gurken" vor Ort ausgeben müß-

wurde, um die Erwerbslosigkeit als politisches Problem vorübergehend aus der Welt zu schaffen. Für ungeübte, berufsfremde Arbeitskräfte waren die physisch anstrengenden Arbeiten überdies auf längere Zeit kaum durchzuhalten: „Der Seidenarbeiter, dessen Hände nur gewöhnt [sind], den feinsten Faden zu schürzen, der Uhrmacher, dessen Beschäftigung die Entwicklung physischer Kräfte hindert, soll dieselbe Arbeit wie der Hammer schwingende Schmied, der balkentragende Zimmermann üben; junge Leute von 16 und Greise von 60 Jahren sollen dasselbe leisten wie der Mensch im rüstigen Mannesalter."[21] Zumindest Handwerker, gleich ob Gesellen oder Meister, verachteten die stupiden Tätigkeiten außerdem als nicht standesgemäß. Hinzu traten ein starker Andrang, vielfältige Probleme der Arbeitsorganisation und eine hohe Fluktuation.[22] Der Müßiggang der Erdarbeiter war also zu einem guten Teil strukturell bedingt. Darüber hinaus hatten viele der Erdarbeiter das bürgerlich-asketische Arbeitsethos noch nicht verinnerlicht, für das die Arbeit zum Selbstzweck geworden war. Zu regelmäßiger und hoher Arbeitsleistung waren sie nur durch ökonomischen Druck oder Drohung mit unmittelbarer Repression zu veranlassen. Dieser Druck war nach der Märzrevolution zunächst fortgefallen. Die Erdarbeiter waren der Meinung, daß am 18. März „die Arbeiter fast ausschließlich die Freiheit mit ihrem Blute erkämpft hätten, und benutzten die Arbeiter diese Gelegenheit, um darauf die allerhöchsten Ansprüche zu begründen". Infolgedessen verfiel auf den öffentlichen Baustellen „jede Ordnung".[23]

Nicht nur der städtischen Obrigkeit, den gehobeneren Bevölkerungskreisen Berlins allgemein war der Müßiggang der Rehberger ein ständiger Dorn im Auge. „Tagelohn ohne Arbeitsmaß, ohne strenge Aufsicht, ohne die Mittel, eine solche auszuüben", demoralisiere die Erdarbeiter, diese Mischung von „bestraf-

---

ten, während „ihre Familien zu Hause darben mußten, so haben wir einen [wichtigen] Grund der Demoralisation."

21 „[U]nd doch sollten diese Leute alle Arten der Erdarbeiten verrichten, Erdkarren schieben, planiren, Gräben anfertigen und ähnliche[s]". „War es unmöglich jeden seinen Kräften entsprechend zu beschäftigten, so hätte man wenigstens die Vorsicht anwenden müssen, nur Menschen von gleicher oder ähnlicher Leistungsfähigkeit nebeneinander zu beschäftigen." Das geschah jedoch nicht. Infolgedessen „hielt der Kräftigere sich nicht für verpflichtet, mehr zu leisten als der Schwache, und dieser muthete sich keine größere Anstrengung zu als jener. So demoralisierten sich beide gegenseitig, und zwar durch die Kurzsichtigkeit der Behörde." (Ebd. bzw. Bericht Langerhans vom 10. Juli 1848 [Anm. 17], Bl. 182 Rs.-183 Rs.)

22 Ausführlich zu den Problemen der Arbeitsorganisation Langerhans in seinem Bericht vom 10. Juli 1848, ebd.

23 Ebd. Abgeschwächt lassen sich ähnliche Verhaltensmuster wie bei den Rehbergern auch bei den Gesellen und Arbeitern beobachten, die noch in regulären Arbeitsverhältnissen standen. Die Berliner Stockschneidermeister z.B. sahen sich veranlaßt, dem Magistrat gegenüber die „bescheidene Bitte" vorzutragen, „daß unsere Arbeiter, die sich dem Trunke [ergeben] und den blauen Montag machen, gesetzlich bedroht werden". Petition der selbstständigen Stockschneider an das Ministerium für Handel etc., undat. (Juni 1848), in: GStA, Rep. 120, B. I. 1, Nr. 60, Bd. 3, Bl. 289.

ten Dieben und Vagabunden mit tüchtigen Arbeitern", „selbst in den ruhigsten Zeiten", empörte sich z.B. Victor v. Unruh, einer der führenden Liberalen der Preußischen Nationalversammlung. Einen „hohen Tageslohn für Nichtsthun in einer Revolution bezahlen, hieß, einen revolutionären Heerd selbst schaffen."[24] Das Verhältnis vieler Bürger zu den Rehbergern ließ sich nur mit einer gehörigen Portion Sarkasmus charakterisieren. Robert Springer machte die Rehberger ironisch zu „wilden Gestalten, halb Pferd, halb Aligator, mit den von Sonne und Schnaps gebräunten Gesichtern und wüsten Bärten, in Lumpenröcken, seltener in Blousen gekleidet, mit einem gelbem Strohhute mit Federbusch bedeckt, in der Hand einen ehrfurchterweckenden Knüppel" und als solche der „Schrecken der schwachen Gemüther". Die Deutsche Arbeiter-Zeitung feixte: „Die Rehberger kommen!' – Auf diesen Ruf läuft die Bürgerwehr zusammen, die Trommel wird geschlagen und ängstlich schauet man sich um, von welcher Seite sie einrücken. ,Die Rehberger kommen' – und augenblicklich werden die Läden und die Hausthüren geschlossen und man rennt hin und her und es dauert lange, bis man sich wieder beruhigt."[25]

Für den Verlauf und Ausgang der Revolution waren diese überdimensionierten Ängste von entscheidender Bedeutung: Das Kleinbürgertum wie das eigentliche Bürgertum machten aus dem Rehberger einen Popanz. Gewiß sahen viele Erdarbeiter wild aus. Aber das lag nicht zuletzt an ihren Lebensverhältnissen: Als Ärmste unter den Armen verfügten sie meist nicht über die finanziellen Mittel, sich anständig zu kleiden. Die oftmals schon zuvor zerschlissene Kleidung litt unter der anstrengenden und schmutzigen Arbeit weiter. Viele von ihnen waren darüber hinaus obdachlos.[26] Sicherlich liebten viele Rehberger die Provokation und versorgten sich mit Utensilien, die sie aussehen ließen wie die wüsten ,Revolutionäre' der Karikaturen und Alpträume der Bürger. Ihr Handeln rechtfertigte die Angstbilder des Bürgertums, dessen Furcht vor einer in den Rehbergern personifizierten zweiten, sozialen Revolution, jedoch nicht. Für die ,Tumulte' der Erdarbeiter waren im allgemeinen konkrete soziale Forderungen der Anlaß. „Deutsche Fahnen", Handgreiflichkeiten gegenüber Vorgesetzten und andere ,revolutionäre Untaten' sollten hier nur Nachdruck verleihen und die Obrigkeit zum schnellen Nachgeben veranlassen. Selbst in den ersten Aprilwochen, als sie sich unter dem Einfluß des jungen Schlöffel zu politisieren und zu

---

24 Unruh, Skizzen, S. 27; vgl. auch z.B. Kochhann, Erinnerungen, IV, S. 9 ff.; Boerner, Erinnerungen, I, S. 265; Hohenlohe-Ingelfingen, Aufzeichnungen, S. 80; ,Publicist' vom 11. Juli; VZ vom 13. Juli 1848. Darüber hinaus trugen satirische und ironische Darstellungen nachhaltig dazu bei, den Mythos der Rehberger zu begründen.

25 Zitate: Springer, Berlins Straßen, S. 62; DArZ vom 6. Mai 1848.

26 Ihre Kleidung beschreibt Boerner ironisch als „sehr leicht gearbeitet"; sie werde „höchstens durch mildtätige Gaben ergänzt". Wohnungen würden ebenfalls „nicht auf ihrem Budget figurieren". Viele von ihnen müßten in „selbstgebauten Hütten" hausen oder „ihr Lager auf den Bänken im Tiergarten oder unter den Linden aufschlagen". (Boerner, Erinnerungen, I, S. 265 f.)

radikalisieren begannen, wird man die Rehberger kaum als politisch homogene Gruppe ansprechen können. Sie brachten es weder zu einer selbständigen, förmlichen Organisation, die die Arbeiter mehrerer Baustellen erfaßt hätte[27], noch suchten sie, wie die Maschinenbauer, als eigenständige Bewegung mit Erklärungen und Aktivitäten das politische Geschehen zu beeinflussen. Das schloß nicht aus, daß einzelne von ihnen ein Weitertreiben der Revolution hin zur Republik wünschten. Traten sie jedoch als geschlossene Gruppe auf, ging es immer um handfeste soziale Probleme: um die Verkürzung der Arbeitszeiten, um eine Erhöhung ihrer Tagesverdienste, um die Ablehnung leistungsbezogener Entlohnung oder um erträgliche Akkordvorgaben sowie in Einzelfällen um die Befreiung verhafteter Kollegen. Alle Erdarbeiter-Tumulte entstanden spontan. Bezeichnend ist außerdem die häufige Personalisierung von Konflikten, die dem vorbürgerlichen Unterschichtenprotest entlehnt war.[28] Zu einem für die Berliner Revolution bedeutenden politischen Faktor wurde diese unterste Schicht des Berliner Proletariats nicht aus eigener Kraft, sondern weil das geordnete Verhältnisse liebende Bürgertum sie zur Personifikation revolutionärer Schreckensherrschaft aufbauschte. Wenn es die Erdarbeiter nicht gegeben hätte, hätte das konservative und liberale Bürgertum seine Revolutionsängste auf eine andere Personengruppe projiziert.

Vergeblich suchten sich die Erdarbeiter später von dem Image, das ihnen in den ersten Revolutionsmonaten aufgedrückt worden war, zu befreien.[29] Obgleich

---

27 Wenn Gailus (Straße und Brot, S. 384) von einem ‚Tagelöhner-Verein' spricht, dann ist das etwas irreführend: Die von Schlöffel (KBA) jeweils ad hoc zusammengefaßten Erdarbeiter entwickelten zu keinem Zeitpunkt förmliche Organisationsstrukturen; das geht auch aus den Ausführungen Wolffs (RC, II, S. 148 ff.) hervor, auf die sich Gailus bezieht. Nach Schlöffels Verhaftung scheinen die bestenfalls lockeren organisatorischen Zusammenhänge unter den Erdarbeitern der verschiedenen Baustellen zudem relativ rasch zerfallen zu sein. Es gibt jedenfalls kaum Anhaltspunkte, daß im Mai oder gar noch später auch nur Ansätze einer förmlichen Organisation unter ihnen bestanden hätten. (Einzige Ausnahme: Der ‚Publicist' vom 11. Juli 1848, der von den „Maurerorden" ähnlichen „Verbrüderungen" unter den Erdarbeitern spricht, ohne mit näheren Informationen aufzuwarten.) Der ‚Erste Bauarbeiter-Verein' wiederum war keine eigenständige Organisation der Erdarbeiter; vgl. dazu die Ausführungen S. 430.

28 Auch darin ähnelte das Verhalten der Berliner Erdarbeiter des Revolutionsjahres dem der Eisenbahnbauarbeiter des Vormärz; vgl. Husung, Eisenbahnarbeiter, bes. S. 214 ff., 219 f. Im Unterschied zu den Eisenbahnbauarbeitern bis 1848 war freilich das Vertrauen in eine ‚gerechte' Obrigkeit bei den Erdarbeitern nicht mehr ungebrochen.

29 „Viele" Erdarbeiter, so heißt es in einem städtischen Bericht Anfang Okt., „beklagten sich, daß jede Störung der Ordnung [...] den ‚Rehbergern' zugeschrieben werde u. ihr Name dadurch überall einen schlechten Klang erhalten habe". (Bericht von Fidecin [?] vom 5. Okt. 1848, in: LAB StA, Rep. 01, Nr. 2440, Bl. 8 Rs.) Es half ihnen nichts, daß sie bereits auf einer Versammlung vom 9. April auf dem Köpenicker Feld „Gewalttätigkeiten gegen die Ruhe im Allgemeinen" verworfen hatten. Die Plötzensee-Arbeiter hatten Ende April sogar „Ehrengerichte" installiert, vor dem jeder Erdarbeiter sich verantworten sollte, „der eines unwürdigen Betragens oder der Trägheit auf Kosten der Uebrigen schuldig macht"; vgl. NZ vom 11. April; VZ vom 26. April 1848.

die Erdarbeiter seit Hochsommer auch nach Bekunden gemäßigter Presseorgane „friedlichen, verständigen Sinn" zeigten[30], wurden sie ihren schlechten Ruf einfach nicht los. In den gehobenen Bevölkerungskreisen kultivierte man weiterhin die negative Grundeinstellung gegenüber den Rehbergern. Die Vorurteile hatten sich zu tief eingegraben, in der preußischen Hauptstadt ebenso wie in Wien und Paris, wo die Nationalwerkstätten und öffentlichen Baustellen gleichfalls als „Brutstätten des Radikalismus" galten.[31]

„… nachdrücklichst gegen Accord" – der Konflikt um Lohn und Leistung

In den ersten Monaten nach der Märzrevolution hatten Unruhen unter den Erdarbeitern freilich Anlaß gegeben, ihren Ruf als streitsüchtig und rauflustig zu begründen. Zentraler Streit- und Ausgangspunkt der Konflikte zwischen den Erdarbeitern auf der einen, Magistrat, Polizei und Bürgerwehr auf der anderen Seite war die Frage der Lohnhöhe und vor allem der Lohnform. Bis Ende März 1848 war der tägliche Verdienst der Erdarbeiter auf 12 1/2 Silbergroschen heraufgesetzt worden. Der Magistrat hatte die Lohnerhöhung freilich nur unter Druck bewilligt, „weil die dringlichste Veranlassung vorlag, die 700 auf dem Wedding beschäftigten Arbeiter dadurch von den angedrohten Excessen abzuhalten".[32] Sie sollte überdies „nur als außerordentliche Maaßregel" und so lange gelten, wie es der „gesetzlichen Luft theilweise mangelt."

Als die Erdarbeiter in einer vom jungen Schlöffel formulierten Adresse Mitte April einen Lohn forderten, „von dem wir leben können, [nämlich] im Sommer für 12 Stunden 20 Silbergroschen und im Winter für 10 Stunden 17 1/2 Silber-

---

30 VZ vom 12. Juli; vgl. auch VZ vom 16. Aug. und 15. Sept. 1848.
31 Noch am 5. Nov. klagten die „Arbeiter an den Rehbergen des Weddings und Umgebung" in einer öffentlichen Erklärung, es sei „in der ganzen Gegend um Berlin kein Unfug geschehen, an welchem man uns nicht für betheiligt gehalten hat, so daß man dann stets sagte: ,das haben die Rehberger gethan'", obwohl seit längerem „bei uns Ruhe und Ordnung stattfindet". (Im Wortlaut in: VZ vom 21. Nov. 1848.) Zur Sicht der bürgerlichen Öffentlichkeit auf Nationalwerkstätten und Erdarbeiter in Wien und Paris vgl. Hachtmann, Soziale Unterschichten in der großstädtischen Revolution, S. 125 f.
32 Dies und das folgende Zitat: Notiz Kreyers vom 30. März 1848, in: LAB StA, Rep. 03, Nr. 654, Bl. 36 u Rs. Der seit Frühjahr 1847 geltende Lohnsatz von zunächst 7 1/2 Sgr. pro Tag war durch Beschluß der Stadtverordnetenversammlung vom 16. März 1848 auf 9 Sgr. heraufgesetzt worden. Am 28. März wurde der Tageslohn erneut, um 3 1/2 Sgr., erhöht. In ihrer Sitzung vom 8. April beschloß die Stadtverordnetenversammlung, am „Lohnsatz von 12 1/2 Sgr. festzuhalten, für die Gänge zur und von der Arbeit aber 2 1/2 Sgr. zuzulegen". (Sitzungs-Protokoll in: LAB StA, Rep. 00, Nr. 128.) Fiel die Arbeit an Regentagen oder wegen „Terminwahrnehmungen" aus, sollten die Erdarbeiter dennoch den ihnen zustehenden Tageslohn erhalten.

groschen"[33], begann der Konflikt zu eskalieren. Der Magistrat, der schon vorher vermutet hatte, daß die Erdarbeiter „Einflüsterungen Gehör schenken, die nur aus unlauteren Quellen entspringen"[34], sah sich in seiner Befürchtung bestätigt. Nachdem sich seit Ende April die allgemeinen politischen Konstellationen zugunsten der Obrigkeit zu verändern begannen, faßten auch die städtischen Behörden neuen Mut. Sie suchten nicht nur die Lohnerhöhungen wieder rückgängig zu machen, sondern zugleich auch ein Lohnsystem einzuführen, das mit dem beklagten Müßiggang der Rehberger Schluß machen sollte. Der Streit um ‚Tagelohn' oder ‚Accord' hatte die Gemüter freilich von Anfang an erhitzt. Dies lag daran, daß die auf Staatskosten am Plötzensee und beim Berlin-Spandauer Kanal beschäftigten Erwerbslosen von Anfang an im Akkord gearbeitet hatten. Die bei den Rehbergen vor dem Oranienburger Tor tätigen Erdarbeiter erhielten dagegen einen festen Zeitlohn.

Am 6. April setzte sich von dort her „ein langer Arbeiterzug, wohl gegen tausend Mann, in geordneten Kolonnen in Bewegung und marschirte, einen Trommler voran, dem Lager des Feindes zu", nämlich den in Moabit arbeitenden Chaussee- und Kanalarbeitern entgegen, um diese zu bewegen, die Akkordarbeit einzustellen. Es gelang den Rehbergern, einen Teil der Arbeiter „für sich zu gewinnen", der andere „wollte die Arbeit im Accord beibehalten wissen". Die verbalen Auseinandersetzungen eskalierten zu einer „Art von Arbeiterschlacht", in welcher die Rehberger, „mit Spaten, Hacken und anderen Geräthschaften bewaffnet", und ihre Verbündeten „die Oberhand behielten und der Accordarbeit ein Ende bereiteten. Leider hat es dabei mehrere Verwundete gegeben. Die Gerüchte jedoch, welche von acht Todten und einer noch größeren Anzahl von Verwundeten sprachen, sind völlig übertrieben."[35]

Der Sieg der Rehberger war indessen nur vorübergehend. Fünf Wochen schwelte der Akkordkonflikt, ohne daß es zum offenen Ausbruch kam. Erst in der zweiten Maihälfte fühlte sich der Magistrat stark genug, nun auch seine Probleme mit den Erdarbeitern zu ‚bereinigen'. Am 13. Mai ließ er öffentlich bekannt machen, er sei „leider zu der Überzeugung gebracht [worden], daß Böswillige, welche im Verfolg ihrer unreinen Absichten zusammenhalten und jede Akkordarbeit verweigern, aber auch die wohlgesinnten Arbeiter mit Drohungen abhalten, auf eine nach billiger Leistung angemessen berechnete Akkordarbeit einzugehen." Aufseher würden „durch Drohungen, selbst Mißhandlungen, von der Ausübung ihrer Pflicht abgehalten, und der eingeschlichene Müßiggang hat manchen Arbeiter zum unordentlichen Leben verführt." Alle durch die Stadt

---

33 Nach: Wolff, RC, II, S. 149.
34 Schreiben des Magistrats an die Aufseher über die Arbeiten im Wedding vom 5. April 1848, in: LAB StA, Rep. 03, Nr. 654, Bl. 38.
35 Zitate aus: ‚Publicist' und VZ vom 8. April; vgl. auch die SZ vom 7. April sowie die Erklärung der „Bauarbeiter am Landwehrgraben vor dem Halleschen Thore", in: VZ vom 12. April 1848; ferner Wolff, RC, II, S. 114 f.

finanzierten Arbeiten, so kündigte die städtische Obrigkeit an, würden nurmehr leistungsbezogen entlohnt werden. „Diejenigen, welche die Übernahme der Accordarbeiten verweigern oder durch Einschüchterung und Gewaltthätigkeit zu verhindern suchen sollten, werden sofort entlassen und haben keine weitere Beschäftigung von der Kommune zu gewärtigen." Daß diese Maßnahme nicht reibungslos über die Bühne gehen würde, war dem Magistrat klar. In den Tagen zuvor hatte er sich deshalb mit dem Staatsministerium in Verbindung gesetzt und militärische Unterstützung angefordert.[36] Wenn, wie ein für die städtischen Erdarbeiten verantwortlicher Beamter am 24. Mai erleichtert meldete, „die Accordarbeit in der Reinickendorfer- und Wiesenstraße und selbst an den Rehbergen heute dem Anschein nach mit gutem Erfolg begonnen" habe[37], dann war dies sicherlich der demonstrativen Präsenz der Ordnungskräfte geschuldet. Dennoch trat der befürchtete Konflikt ein, und zwar dort, wo kein Militär in Bereitschaft gehalten worden war: auf den Baustellen in der Boxhagener und Cöllnischen Heide, nahe der Ortschaft Rummelsburg.

Als der Magistrat am 24. Mai den auf der Boxhagener und Cöllnischen Heide beschäftigten Arbeitskräften mitteilen ließ, alle Erdarbeiter unverzüglich entlassen zu wollen, die Akkordarbeit nicht akzeptierten, zogen „fast sämmtliche Arbeiter" beider Baustellen, insgesamt etwa fünfhundert, vor die Wohnung des Baustadtrates Langerhans, um dort friedlich ihren Protest gegen die angekündigte Maßnahme auszudrükken, ohne etwas ausrichten zu können.[38] Um die aufgebrachten Erdarbeiter zu beruhigen, fuhr der Bürgermeister Naunyn höchstpersönlich am 25. Mai mit Langerhans und einem Bürgerwehr-Major auf die Baustellen in der Cöllnischen und Boxhagener Heide, um die dort versammelten Arbeiter zu bewegen, sich „den Anforderungen der Aufseher willig zu unterwerfen". Bereits auf dem ersten Bauplatz „opponirten" die dort befindlichen, etwa 135 Erdarbeiter „jedoch gegen jede Accordarbeit mit Ungestüm, aller guten Zureden ungeachtet", und folgten den in einer Kutsche vorgefahrenen Honoratioren „zum Theil nach. Auf der 2ten Arbeitsstelle [...] waren die Gemüther noch viel aufgeregter und wurden viele unanständige Reden ausgestoßen." Weil „ein anderweitiger besserer Erfolg nicht zu erwarten war", verzichteten Naunyn, Langerhans und der Bürgerwehroffizier auf den Besuch weiterer Baustellen und suchten das gefährliche Gelände fluchtartig zu verlassen. Sie „wurden jedoch von vielen Arbeitern verfolgt und es ertönte bald der Ruf: Haltauf! Haltauf!" Eine große Gruppe von Erdarbeitern stellte sich „vor die Pferde" und zwang die drei auszusteigen. „[N]iedrigste Schimpfreden und selbst Drohungen aller Art mit dem Zusatz, daß man uns fahren lassen wolle, wenn wir das einzige Wort der Genehmigung der ferneren Tagelohns-Arbeit durch Ja zu erkennen gäben", fruchteten jedoch nicht. „Wir verblieben jedoch konsequent bei unserer früheren Erklärung und mußten", von hunderten von Erdarbeitern dicht umringt, „den größten Theil der

---

36 Zum Erfolg dieser Bemühungen vgl. Schreiben des Ministers für Handel etc. an den Magistrat vom 12. Mai 1848, in: LAB StA, Rep. 03, Nr. 654, Bl. 106-107.
37 Mitteilung Kreyers an den Magistrat vom 24. Mai 1848, in: ebd., Bl. 145; vgl. auch SZ vom 23. Mai 1848.
38 Bericht Langerhans vom 24. Mai 1848 (Anm. 17), Bl. 160.

Chaussee zu Fuß gehen". Erst nachdem Naunyn und seine Begleiter „länger als 2-3 Stunden den größten Insulten ausgesetzt waren", durften sie nach Berlin zurückkehren.[39]

Dem Magistrat waren diese Vorgänge ein willkommener Anlaß, exemplarisch hart durchzugreifen. In einer Bekanntmachung vom 27. Mai teilte er der Berliner Öffentlichkeit mit, er habe „die sofortige Entlassung dieser Personen noch heute veranlaßt", weil diese die „ihnen erzeigte Wohlthat mit dem größten Undanke gelohnt" hätten. Entlassen wurden jedoch nicht nur diese Arbeiter, sondern alle bei städtischen wie staatlichen Bauten beschäftigten Arbeiter. Um die ‚böswilligen‘ von den ‚gutgesinnten‘ Arbeitern zu scheiden, sollten „nur solche Arbeiter Berücksichtigung finden, welche von der seitens des Magistrats niedergesetzten Prüfungs-Commission als wirklich bedürftig, sowie ortsangehörig anerkannt sind, und die sich bisher als ordentliche und fleißige Arbeiter bewährt haben." Zuständig für den Abschluß der Akkorde und die Bildung von „Schachtverbänden" war ein sog. ‚Erster Arbeiter-Verein‘. Dieser ‚Bau-Arbeiter-Verein‘, wie er sich auch nannte, war nicht von den Erdarbeitern selbst ins Leben gerufen, sondern am 16. April unter der Leitung städtischer Honoratioren gegründet worden. Er zählte zum Zeitpunkt seiner Gründung 700, Mitte Mai dann etwa 900 und Anfang November schließlich 1200 Mitglieder. Als „Zweck" seines Daseins gab er der Öffentlichkeit gegenüber die „gegenseitige Unterstützung und Förderung des leiblichen und geistigen Wohls der Mitglieder" an.[40] Tatsächlich jedoch sollte er den organisatorischen Rückhalt der ‚gutgesinnten‘ Arbeiter bilden und diese vor revolutionären Einflüssen abschirmen.[41]

Der Erfolg der Reorganisationsmaßnahmen war durchschlagend: Bereits Anfang Juni wurde die Mehrheit aller auf den städtischen Baustellen beschäftigten Erdarbeiter leistungsbezogen entlohnt. Bis Mitte August war dieser Prozentsatz

---

39 Bericht Langerhans vom 18. Juni 1848 (Entwurf) über den Vorfall vom 25. Mai, in: LAB StA, Rep. 01, Nr. 1405, Bl. 6-7.

40 Eine Unterstützungs- und Sterbekasse sollte diesem Anspruch Realitätstüchtigkeit verleihen; vgl. NZ vom 13. Mai; VZ vom 25. Mai; DArZ vom 27. Mai; BZH vom 1. Juni 1848 sowie die Erklärung der ‚erwählten Deputation der Erdarbeiterverbrüderung im ersten Bauarbeiter-Verein‘ vom 3. Nov. 1848, in: GStA, XII. HA, IV. Flg., Nr. 26; vgl. ferner die Erklärungen des ‚Curatoriums‘ dieses Vereins vom 25. und 30. Okt. sowie 2. Nov. 1848, in: ebd. bzw. LAB, Rep. 240, Acc. 685, Nr. 524.

41 Der Verein trug wesentlich dazu bei, die Minderheit der Erdarbeiter, die Gegner des Akkordprinzips blieben, zu isolieren, und brachte letztere mitunter auch handgreiflich zur Räson. Besonderes Aufsehen erregte am 29. Mai eine Auseinandersetzung zwischen Akkordbefürwortern und -gegnern unter den etwa 2300 beim Bau des Berlin-Spandauer Kanals beschäftigten Erdarbeitern, wo der Bau-Arbeiter-Verein die meisten Mitglieder besaß. Ausführlich: Bericht des Handelsministers Milde vom 1. Juli, in: Verhandlungen PrNV, I, S. 330; VZ vom 30. Juni; SZ vom 1. Juli 1848. Die Akkordgegner wurden am 30. Mai wegen Renitenz entlassen. Zu zwei weiteren Fällen des Widerstandes von Notstandsarbeitern gegen die Einführung von Akkordarbeit vgl. VZ vom 28. Juni 1848, sowie Schreiben Patows an den Staatsanwalt Temme vom 14. Juli 1848, in: GStA, 2.5.1., Nr. 9911, Bl. 24.

auf 93% gestiegen.[42] Kam es zu Konflikten, wurde nunmehr die Frage der Akkordvorgaben zum Streitpunkt. Provoziert wurden Konflikte darüber meist durch die Aufseher, indem diese Leistungsvorgaben aufstellten, die von den Arbeitern auch mit größter Anstrengung nicht zu erfüllen waren.[43] Aber selbst in solchen Fällen war die Gegenwehr nur noch schwach. Alles in allem „wohlgelungen" (so der Baustadtrat Langerhans) war diese Politik, weil die Notstandsarbeiter zuvor systematisch ausgesiebt, Hunderte von ihnen entlassen und für die übrigen die Kündigungsbedingungen drastisch verschärft wurden. Den noch Beschäftigten saßen die Furcht vor der Staatsanwaltschaft, die nunmehr umgehend die Strafverfolgung aufnahm, wenn sich Erdarbeiter gegen neue Akkordvorgaben wehrten, und die Angst vor Entlassung im Nacken.

Seit Ende Mai sorgten nicht mehr die Erdarbeitertumulte, sondern Arbeitslosendemonstrationen in der preußischen Hauptstadt für größere Aufregung. Verändert hatten sich damit zwar die Schauplätze und der soziale Status der Akteure. Der Personenkreis, der seit Ende Mai für soziale ,Unruhe' sorgte, war jedoch zunächst weitgehend identisch mit dem, der maßgeblich an den Akkord-Tumulten beteiligt gewesen war. Die Aktiven unter den Erwerbslosen des Hochsommers waren zu einem guten Teil die Erdarbeiter, die seit Ende Mai entlassen und nicht wieder auf öffentlichen Baustellen angenommen worden waren, weil sie auf dem Zeitlohn beharrten. Diese in den Augen der Behörden besonders renitenten Arbeiter waren nicht gewillt, den Stoß in die Erwerbslosigkeit so einfach hinzunehmen. Von ihnen gingen Demonstrationen aus, die am 27. Mai einsetzten, sich bis zum 30. Mai hinzogen und für erhebliche öffentliche Unruhe sorgten.[44] Lautstarke Proteste vormaliger Erdarbeiter wiederholten sich in den folgenden Monaten, ohne allerdings etwas bewirken zu können.[45] Von diesen Demonstrationen abgesehen, wurden Entlassungen selbst größeren Ausmaßes seit dem Frühsommer meist widerspruchslos hingenommen. Diejenigen, die das Glück hatten, weiterhin beschäftigt zu werden, suchten (wie z.B. die Vossische

---

42 Vgl. die wöchentlichen Rapporte über die Wegearbeiten in der Cöllnischen und Boxhagener Heide, in: LAB StA, Rep. 03, Nr. 654 und 655.

43 Vgl. exemplarisch einen in Borns Zeitschrift ,Das Volk' vom 8. Juli 1848 geschilderten Vorfall.

44 Zu den Ereignissen vom 27. bis 30. Mai, unter denen besonders die Demonstration vor dem Hotel Patows breit und kontrovers dargestellt und diskutiert wurde, vgl. vor allem den ausführlichen Bericht in der NZ vom 7. Juni (längere Passagen des Berichtes sind wiedergegeben bei: Wolff, RC, III, S. 87-90); ferner DArZ vom 3. Juni 1848; Braß, Geschichte der Demokratie, S. 89 f. Zur Sicht der Obrigkeit auf die Ereignisse vgl. Bericht Minutolis an Innenminister v. Auerswald, undat. (Juni); Rapport des Polizeibeamten Rathke (?) vom 30. Mai; Schreiben Patows an Auerswald vom 10. und 13. Juni 1848, in: GStA, Rep. 77, Tit. 501, Nr. 3, Bd. 3, Bl. 27-28 bzw. Bl. 31-32, sowie BLHA, Rep. 30, Tit. 9, Nr. 214, Bl. 62 ff., 76-77 bzw. 79-81a; außerdem Patows Rede in der PrNV vom 31. Mai 1848, in: Verhandlungen PrNV, I, S. 66.

45 Nämlich Anfang Juni, in den ersten Julitagen, der dritten Augustwoche sowie Mitte September 1848; vgl. die ausführlichen Darstellungen in der Berliner Tages- und Wochenpresse, sowie spätere Prozeßberichte im ,Publicisten'.

Zeitung vom 16. August lobend hervorhob) „durch Fleiß und verständiges Betragen" ihre Arbeitsstelle zu halten.[46]

Wenn sich vereinzelten Demonstrationen der Erdarbeiter zum Trotz seit Juni die Situation auf den öffentlichen Baustellen in und um Berlin ‚entspannte', dann lag dies nicht zuletzt daran, daß Ende Juni mit dem Bau der Ostbahn nach Königsberg begonnen wurde und aus der Hauptstadt bis Ende September etwa knapp zweitausend überwiegend junge, unverheiratete Erdarbeiter[47] in den ‚fernen Osten' Preußens transportiert wurden, um an der Fertigstellung der neuen Eisenbahnstrecke mitzuwirken. Das größte Problem der Berliner Ostbahnarbeiter waren freilich weniger die wesentlich schwereren Arbeitsbedingungen und die im Vergleich zu Berlin um ein Drittel niedrigeren Löhne. Gravierender war, daß die Neuankömmlinge in den ersten Tagen keinen Lohn erhielten und dem größeren Teil von den ortsansässigen Bauern Quartiere verweigert wurden, so daß sie anfangs „die Nacht hungernd im Sande lagern" mußten.[48] Nicht viel besser erging es den Arbeitern, die in den folgenden Wochen zur Ostbahn geschickt wurden.[49] Am 28. Juli eskalierte die Unzufriedenheit sogar zu einer blutigen Auseinandersetzung zwischen örtlichen Militärs und Berliner Erdarbeitern. Dem Magistrat der preußischen Hauptstadt und dem zuständigen Ministerium waren die ‚illegale' Rückkehr von mehr als vierzig Prozent der insgesamt etwa 1700 bis Mitte September nach Ostpreußen verschickten Berliner Erdarbeiter[50] und die

---

46 Im Okt. und erneut Ende Nov. konnten den noch beschäftigten Erdarbeitern die Löhne auf 12 1/2 bzw. 11 1/2 Sgr. gekürzt, im Aug. und Sept. außerdem die Akkordsätze herabgesetzt werden, ohne daß dies auf größeren Widerspruch stieß; vgl. Bekanntmachungen des Magistrats vom 10. Okt. und 15. Nov., sowie VZ vom 15. Sept. 1848. Lediglich am 12. und 16. Okt. traten die Erdarbeiter, eher unfreiwillig, als politische Akteure noch einmal in Erscheinung; vgl. zum Maschinensturm vom 12. Okt. *S. 457 f.*, zum 16. Okt. *S. 717-721.*

47 Etwa zwei Drittel von ihnen (so läßt sich aus den Angaben einer Teilgruppe der Ostbahnarbeiter schließen) waren unqualifiziert; vgl. Tab. 11. Ein Blick auf die ersten 495, bis zum 19. Juli entlassenen und zur Ostbahn gesandten Erdarbeiter zeigt, daß die Stadtverwaltung sich zugleich der Erwerbslosen entledigen wollte, die zuvor auf besonders ‚unruhigen' Plätzen gearbeitet hatten: 272 oder 55% von ihnen kamen von den Baustellen des Wedding, und damit aus den Rehbergen; vgl. Bericht Langerhans vom 3. Aug. 1848, in: LAB StA, Rep. 03, Nr. 655, Bl. 26.

48 Erklärung des Demokratischen Klubs Anfang Juli, in der die Erlebnisse der ersten 250 Berliner Erwerbslosen geschildert wurden, die zur Ostbahn geschickt wurden; als Flg. in: GStA, XII. HA, IV. Flg., Nr. 27; LAB StA, Rep. 03, Nr. 654, Bl. 269.

49 Vgl. die Klagen einer Deputation der Berliner Ostbahnarbeiter, die am 22. Juli auf ihren neuen Bauplätzen angelangt waren, nach: Bericht des Bauführers Winterstein über die Verhältnisse bei der Ostbahn, undat. (Ende Juni), in: LAB StA, Rep. 03, Nr. 655, Bl.80 Rs.; ferner den Bericht zweier Baumeister an den Polizeipräsidenten vom 5. Juli 1848, in: BLHA, Rep. 30, Tit. 9, Nr. 214, Bl. 103 Rs., sowie einen Bericht der Commission für die Ostbahn an das Ministerium für Handel etc. vom 10. Juli 1848, in: LAB StA, Rep. 03, Nr. 655, Bl. 2-8 Rs. Zum blutigen Konflikt vom 28. Juli 1848 vgl. vor allem den ausführlichen Brief eines Augenzeugen, der in der ‚Locomotive' vom 9. Aug. im Wortlaut abgedruckt wurde; ferner VZ vom 1. Aug. 1848.

50 Vgl. Protokoll der Konferenz für die staatlichen und städtischen Bauten vom 26. Sept. 1848, in: LAB StA, Rep. 03, Nr. 655, Bl. 145; außerdem Berichte des Bauführers Winterstein (Anm. 49),

Unterstützung, die der Demokratische Klub den zurückgekehrten Arbeitern angedeihen ließ, Anlaß, ein Exempel zu statuieren: Die angeblich arbeitsunwilligen Erdarbeiter wurden fernerhin nicht nur von allen künftigen Arbeitsbeschaffungsmaßnahmen, sondern auch von der Armenunterstützung ausgeschlossen.

Die Umstände, unter denen die Arbeitsbeschaffungsmaßnahmen an der Ostbahn organisiert wurden, sowie die Behandlung der zurückgekehrten Ostbahnarbeiter durch die Obrigkeit waren nicht dazu angetan, das gespannte Verhältnis zwischen Magistrat und den proletarischen Schichten in der Hauptstadt zu verbessern. Umgekehrt verschaffte das Engagement namentlich des Demokratischen Klubs für die Ostbahnarbeiter diesem weitere Sympathien in den Unterschichten.[51] Es war – ähnlich wie bei anderen Ereignissen – ein Circulus Vitiosus: Die politische Polarisierung war verantwortlich für die Schärfe der Auseinandersetzungen. Diese wiederum bestätigte die vorhandenen Vorurteile. Vordergründig war die Verschickung hauptstädtischer Erdarbeiter in den Osten Preußens aus der Perspektive des Magistrats freilich von Erfolg gekrönt: Die Entlassung unverheirateter, jugendlicher und rebellischer Erdarbeiter in die Arbeitslosigkeit seit Mai und ihre ‚Abschiebung‘ zur Ostbahn trugen wesentlich dazu bei, daß von den Erdarbeitern im Hochsommer und Herbst weit weniger „Unordnungen" ausgingen als im Frühjahr und Frühsommer. Die weiterhin hohe Erwerbslosigkeit und die wachsende Zahl an Ordnungskräften taten ein übriges, auf den Baustellen Ruhe einkehren zu lassen.

Zwangssparen und Maschinensturm – vom Scheitern des Versuchs, die Erdarbeiter zu tugendhaften Menschen zu erziehen

Die Durchsetzung bürgerlicher Arbeitstugenden auf den öffentlichen Baustellen war freilich nur durch äußeren Druck erreicht worden. Verinnerlicht hatten die Erdarbeiter das bürgerliche Arbeitsethos nicht. Deutlich wird dies, wenn man sich genauer anschaut, aus welchen Gründen die Erdarbeiter auch weiterhin für konservative und liberale Bürger ein Ärgernis blieben. Wurden sie auf der einen Seite nach der allgemeinen Einführung der Akkordarbeit wegen erhöhter Arbeitsamkeit belobigt, stieß sich die konservative Presse auf der anderen Seite

---

Bl. 80; des Baumeister Herter vom 1. Juli 1848, in: BLHA, Rep. 30, Tit. 9, Nr. 214, Bl. 96; sowie eines weiteren Baubeamten vom 13. Sept. 1848, in: LAB StA, Rep. 03, Nr. 655, Bl. 102 u. Rs. Zum Ausschluß unbotmäßiger Erdarbeiter von der Armenunterstützung vgl. Schreiben Mildes an den Magistrat vom 20. Juli 1848, in: LAB StA, Rep. 03, Nr. 655, Bl. 1 u. Rs. sowie Beschluß der Stadtverordneten auf ihrer Sitzung vom 10. Aug. 1848, in: ebd., Rep. 00, Nr. 128.

51 Zur Resonanz der zitierten Erklärung des Demokratischen Klubs in der Berliner Arbeiterbevölkerung vgl. z.B. NZ vom 13. Juli 1848; zur wachsenden Verankerung dieses größten demokratischen Vereins in den Berliner Unterschichten S. *622 f.*

nunmehr vor allem daran, daß ihnen die Tugend der Sparsamkeit abging. „Die Erdarbeiter vom Plötzensee haben sich am Sonnabend wieder zu einem Tanz in Moabit versammelt", schimpfte die Vossische Zeitung vom 1. August. „Das Fest dauerte bis Morgens 4 Uhr." Dies zeige, „daß nur Wenige von ihrem jetzt so ansehnlichen Verdienst, der bisweilen fünf Thaler wöchentlich beträgt, etwas für die Zeit der Not zurückgelegt haben werden." Bereits Mitte Juli hatte die auf öffentlichen Bauplätzen beschäftigte „arbeitende Classe offenbar luxuriös […] ein Fest gefeiert, welches pro Kopf 2 [Taler] gekostet habe." Der hierüber verärgerte, kurz zuvor ins Amt gesetzte Polizeipräsident v. Bardeleben fragte während einer gemeinsamen Sitzung daraufhin den Magistrat, „ob nicht Zwangssparcassen auf den öffentlichen Arbeitsplätzen durchzuführen seien".[52]

Die Idee, die Erdarbeiter zum Sparen zu zwingen, wurde von den städtischen Behörden bereitwillig aufgenommen[53] und umgesetzt. Am 16. Oktober konnte der Berlin Magistrat dem Ministerium für Handel, Gewerbe und öffentliche Arbeiten schließlich die Erfolgsmeldung machen, es sei ihm gelungen durchzusetzen, daß „auf den öffentlichen Baustellen bis zum 14ten d.M[onats] 15 Silbergr., vom 16ten d.M. ab aber 10 Silbergr. wöchentlich von jedem Arbeiter als Ersparniß einbehalten werden."[54] Der Magistrat gab zwar vor, die Arbeiter auf diese Weise zu tugendhaftem Verhalten erziehen zu wollen. So ganz uneigennützig war die Einführung des Zwangssparens jedoch nicht: Anfang Dezember mußten wegen des herannahenden Wintereinbruchs die Erdarbeiten eingestellt werden. Die bescheidenen Sparsummen dienten dazu, den Erdarbeitern und ihren Familien das Überleben in der kalten Jahreszeit zu ermöglichen – ohne daß

---

52 Extract aus dem Protokoll einer aus Staats- und städtischen Vertretern ‚gemischten Kommission' vom 19. Juli 1848, in: LAB StA, Rep. 03, Nr. 655, Bl. 219.

53 Die Zustimmung städtischer Beamter war ziemlich unisono, weil „im Wege der Güte" die „Einführung eines solchen Sparvereins nicht möglich gewesen" sei; denn (so berichteten die für die Leitung der öffentlichen Arbeiten verantwortlichen städtischen Beamten) unter den Erdarbeiter bestehe „noch immer ein zu großes Mißtrauen" gegenüber den Absichten der Obrigkeit. (Schreiben von [gez.] Deutsch, Weinbeer, Schön, Donner, Kameke, Langerhans an den Magistrat vom 30. Juli 1848, in: ebd., Bl. 220.) Heinrich Hedemann, Stadtsyndikus und zu diesem Zeitpunkt noch Vorsitzender des großen Handwerkervereins (KBA), erklärte: „Wenn man der arbeitenden Klasse auf öffentliche Kosten Arbeitsgelegenheit[en] bewilligt, hat der Arbeitsgeber auch die Bedingungen zu stellen." Deshalb „könnte man, für die Dauer der Arbeitszeit auch einen Teil des Arbeitslohnes zurückstellen, wenn der Arbeiter unter solcher Bedingung Arbeit nimmt." (Randnotiz vom 8. Aug. 1848, in: ebd., Bl. 219.)

54 „Jedem Arbeiter ist ein Buch behändigt worden, worin die Ersparnisse eingetragen werden, die ersparten Gelder werden bei unserer Sparkasse deponirt und den Arbeitern mit den Zinsen zurückgewährt, wenn die Arbeit aufgehört [hat], oder sie aus der Arbeit austreten." (In: LAB StA, Rep. 03, Nr. 655, Bl. 222 u. Rs.). Vorbild war offenbar eine Sparaktion, die der ‚Erste Bau-Arbeiter-Verein' schon früher für die bei ihm organisierten Mitglieder durchgeführt hatte. Auch das Ministerium führte für die ihm unterstellten Erdarbeiter Zwangsparen ein, allerdings nur mit mäßigem Erfolg; vgl. Schreiben des Ministeriums für Handel etc. an die Königliche Ministerial-Bau-Kommission vom 14. Dez. 1848, in: ebd., Bl. 334.

das Staatssäckel und der städtische Haushalt allzu sehr strapaziert würden. Die Vossische Zeitung hatte hierfür schon frühzeitig die Ausdrücke „Winterzehrpfennig" und „Winterfürsorge" geprägt.[55] Dieselbe Zeitung berichtete dann am 15. September voller Genugtuung, daß sich die „meisten der Arbeiter" der „Bildung eines Sparfonds" „willig unterwarfen". Die Wortwahl zeigt freilich, daß anfängliche Versuche einer „Verweigerung der Theilnahme an der Sparkasse" erst durch massiven Druck der städtischen Behörden gebrochen werden konnten. In einer Bekanntmachung vom 4. Oktober drohte die Stadtverwaltung unmißverständlich, daß man gegen alle Erdarbeiter, die diese oder andere „Bedingungen der Beschäftigung" nicht akzeptierten, „mit Strenge einschreiten", d.h. sie „sofort entlassen" und „in keinem Fall wieder bei städtischen Bauten beschäftigten" wolle. Die Erdarbeiter waren also nicht freiwillig, aus besserer Einsicht heraus, sondern nur durch Pression zu ‚Volkssparern' geworden.

Wie sehr die Erdarbeiter weiterhin vorbürgerlichen Denkweisen und Verhaltensmustern anhingen, geht noch deutlicher aus einem anderen Vorfall hervor. Am 11. Oktober hatte der Berliner Magistrat auf dem Köpenicker Feld eine Dampfmaschine zum Abpumpen von Grundwasser aufstellen lassen. Zuvor war diese Tätigkeit von Arbeitern ausgeführt worden, die im Akkord beschäftigt wurden und bis zu zwei Taler pro Tag verdienten.[56] Zwar wurde die Installierung der Maschine im Nachhinein damit gerechtfertigt, daß „bei dem gegenwärtig ansteigenden Wasser und der herrschenden ungesunden Witterung es nicht mehr möglich gewesen sei, durch Menschenkräfte Herr des Elements zu werden". Auch werde damit das „fortwährende Stehen im kalten Wasser" fortfallen, das auf die Gesundheit der betreffenden Arbeiter „namentlich zur Zeit der Cholera und in der vorgerückten Jahreszeit höchst nachtheilig einwirken mußte".[57] Die Annahme jedoch, daß gleichzeitig Arbeitsstellen ‚wegrationalisiert' werden sollten, um den öffentlichen Haushalt zu entlasten, war nicht von der Hand zuweisen.

Am Vormittag des folgenden Tages ging zunächst eine Deputation der auf dem Köpenicker Feld beschäftigten Erdarbeiter den Minister für Handel, Ge-

---

55 VZ vom 23. Juli 1848.
56 VZ vom 14. Okt. 1848. (Daraus auch das folgende Zitat.) Dort wurde außerdem bedauert, daß derartige Maschinen nicht schon früher eingesetzt worden waren, da so „ungeheure Summen" hätten gespart werden können.
57 Im Vergleich zu 1849 verlief die Cholera 1848 in Berlin relativ glimpflich. Sie brach hier Anfang Aug. aus, erreichte ihren Höhepunkt bereits Ende dieses Monats und war bis Nov. 1848 wieder fast verschwunden. Insgesamt erkrankten 1848 2400 Berliner; zwei Drittel von ihnen überlebten die Krankheit nicht. Wie schon in den dreißiger Jahren, forderte die Epidemie in den proletarisch geprägten Vorstädten aufgrund der dortigen Wohndichte und unzureichender hygienischer Verhältnisse besonders viele Opfer. Ausführlich: Barbara Dettke, Die asiatische Hydra. Die Cholera von 1830/31 in Berlin und den preußischen Provinzen Posen, Preußen und Schlesien, Berlin 1995, bes. S. 212 ff., 226, 308 ff.

werbe und öffentliche Arbeiten mit der Bitte an, diese Maschine abzubauen, da durch sie nach unbestätigten Gerüchten dreihundert Arbeitsplätze gefährdet würden.[58] Noch ehe die Deputation überhaupt mit einem Bescheid zurückkehren konnte, hatten die zurückgebliebenen Erdarbeiter zur Selbsthilfe gegriffen.

Ein „Haufe" Arbeiter „warf sich auf die Maschine, die auf Holzkeile gesetzt war, um ins Wasser gelassen zu werden, zerschlug die Keile und beschädigte die Maschine so stark, daß ein Schaden von 1800 Thaler in wenigen Minuten zu Stande gebracht war. Jetzt rückten zwei Bataillone Bürgerwehr und 140 Mann Constabler an, den Commandeur Rimpler an der Spitze, der sich sofort mit den Arbeitern in Correspondenz setzte, die gestützt auf die nicht unbedeutende bewaffnete Macht Eingang bei den Arbeitern fand, so daß sie fortan ruhig zu sein und die Arbeit fortzusetzen versprachen. Hierbei beruhigte sich der Commandeur Rimpler und rückte mit seiner Mannschaft ab. Kaum war die Bürgerwehr verschwunden, als die Arbeiter ihr Versprechen vergaßen und sich von Neuem über die Maschine hermachten, die Holzkeile, auf de[nen] sie ruhte, zusammenwarfen und in Brand steckten. Von Neuem rückte die Bürgerwehr heran, forderte durch Trommelschlag und Hornsignal zum Auseinandergehen auf" und beendete nach kurzer Zeit den „groben Excess".[59]

Warum kam es überhaupt zu diesem Maschinensturm? Die Angst vor einem Arbeitsplatzverlust allein reicht als Erklärung nicht aus; denn dann wäre es nicht nur zu diesem einen Fall von Maschinensturm gekommen. Ein erneuter Blick auf die Sozialstruktur der Erdarbeiter macht deutlich, warum gerade sie es waren, die zu dieser Anfang April auf den großen Arbeiterversammlungen zum Teil vehement abgelehnten Form frühindustriellen, antimodernen Protestes griffen: Unter denjenigen, die seit Juni nicht zur Ostbahn ‚abgingen', sondern in Berlin blieben, waren erwerbslose Arbeitskräfte aus dem Textil- und Bekleidungsgewerbe zu knapp dreißig Prozent vertreten (Tab. 11). Vor allem Berufsgruppen dieses Wirtschaftssektors hatten, durch die industrielle Konkurrenz in materielles Elend gedrückt, in ihren Petitionen im März, April und Mai eine Einschränkung der Maschinenarbeit gefordert (Tab. 8). Ihrer zahlenmäßige Stärke unter den Erdarbeitern dürfte es wesentlich zuzuschreiben sein, wenn es am 12. Oktober auf dem Köpenicker Feld zu dem Maschinensturm kam. Den staatlichen Behörden wiederum gab der Vorfall erneut Gelegenheit, entschlossenes Durchgreifen zu demonstrieren. Mit einem förmlichen Erlaß beschlossen Innen- und Handelsminister, neben den „Rädelsführern und unmittelbaren Tätern" außerdem

58 Vgl. Erklärung ‚sämmtlicher Kanalarbeiter' vom 18. Okt., in: VZ vom 19. Okt., sowie KrZ vom 14. Okt. 1848.
59 Zitate aus der Anklageschrift vom 7. März 1849, nach: ‚Publicist' vom 12. März 1849. Fünf der neun wegen des Maschinensturms vom 12. Okt. 1848 Angeklagten wurden zu längeren Freiheitsstrafen verurteilt. Zum ganzen Vorfall vgl. außerdem Rimpler, Bürgerwehr, S.66 f.; Streckfuß, Freies Preußen, II, S. 473 ff.; Gailus, Straße und Brot, S. 387 f.; ders., Kanalbau, S. 62 sowie die meist knappen Berichte in den Tageszeitungen vom 14. und 15. Okt. 1848.

„vorerst 100 Arbeiter" zu entlassen.[60] Unter dem Vorwand, daß weitere Unruhen zu befürchten seien, wies Bardeleben, vom Innenminister für die polizeiliche Absicherung der drakonischen Maßnahmen verantwortlich gemacht, zudem das Kommando der Bürgerwehr und der Konstabler an, „in nächster Nähe der Arbeitsstellen 100 Schützenmänner verdeckt aufzustellen und solche bei jedem Excess der Arbeiter [...] einschreiten zu lassen".[61] Daß dies nur als Provokation wirken konnte und weitere Konflikte damit vorprogrammiert waren, die dann auch prompt eintraten, war bewußt kalkuliert. Die blutigen Tumulte vom 16. Oktober, die von den Erdarbeitern unbeabsichtigt ausgelöst und in die weitere Kreise der Berliner Unterschichten hineingezogen wurden, sind der politischen Vorgeschichte des Staatsstreichs der Krone im November zuzuordnen.

Abschließend sei die in der Kapitelüberschrift gestellte Frage aufgegriffen: Waren die Berliner Erdarbeiter (so das vollständige Bonmot Wolffs:) „verzogene Kinder aus der gemischten Ehe des Magistrats mit der Revolution"? Sie waren, um in pädagogischen Termini zu bleiben, und mit den Augen des Magistrats als des einen ‚Ehepartners' betrachtet: ungeliebt und ungezogen. Die Obrigkeit suchte den ungeliebten Kindern ein asketisches Arbeitsethos und andere bürgerliche Tugenden manchmal buchstäblich einzubläuen – seit Juni mit aus ihrer Perspektive erfreulichen Resultaten. Nur am 12. Oktober schlugen die ‚bösen Buben' noch einmal kräftig über die Stränge. Die Prägungen aus ‚früher Kindheit' wurden durch den autoritären Erziehungsstil freilich nur unterdrückt, nicht aufgehoben: Die Verhaltensmuster der Erdarbeiter blieben weiterhin vorbürgerlich, was freilich wegen des massiven äußeren Drucks nicht mehr so zum Tragen kam. „Die Revolution" als der andere, eher schüchterne ‚Ehepartner' hielt nur selten ihre schützende Hand über die ‚Kinder'. Seit Ende Mai besaß ‚Vater Staat' mehr oder weniger die alleinige ‚Erziehungsgewalt' über die Notstandsarbeiter. Erfolgreich waren Staatsregierung und Magistrat auch in ihrem Bemühen, die ‚Alimente' für die nicht gewollten ‚Kinder' zu reduzieren. Schließlich war es keine reguläre, sondern eher eine ‚wilde' Ehe, die die städtischen und staatlichen Behörden mit der Revolution gezwungenermaßen eingegangen waren, bis zur frühen Scheidung im November. Dem Berliner Bürgertum als dem unfreiwilligen ‚Trauzeugen' waren die wenige Tage nach der überstürzten Eheschließung geborenen Kinder ohnehin suspekt. Zumindest konservative Bürger und Kleinbürger unterschieden kaum zwischen Erdarbeitern einerseits und dem Subproletariat aus Obdachlosen, Langzeitarbeitslosen, Bettlern, Kriminellen und Prostituierten andererseits.

---

60 In: BLHA, Rep. 30, Tit. 89, Nr. 7413, Bl. 7-9 Rs. Mit dieser Maßnahme sollte auch den Arbeitern aller anderen Baustellen „fortdauerndes ungebührliches Betragen" ausgetrieben und unter ihnen „Zucht und gesetzliche Ordnung" wiederhergestellt werden.
61 In: Ebd., Bl. 10-14 (inkl. Vollzugsmeldung des Konstablerchefs Heitz).

Kapitel IV.6

„… die trüben Regionen der niedern Klassen"[1] – Berliner Subproletariat und „volkstümliche Gesetzwidrigkeiten"

In der Tat gab es aus der Perspektive des ordnungsliebenden Bürgertums genug Gründe, die Erdarbeiter dem ,Lumpen-' oder ,Subproletariat' gleichzustellen. Neben ihrer relativ hohen Gewaltbereitschaft, ihrem angeblichen Müßiggang und ihrem exzessiven Alkoholgenuß sprang ihre vermeintliche ,Kriminalität' ins Auge. Mitunter bettelten sie Passanten an. Außerdem schleppten sie verbotener Weise Brennholz aus der Nähe ihrer Arbeitsstellen, manchmal wohl auch regelrecht kleine Wälder nach Hause, um in den kühlen Frühlings- und Herbstwochen mitsamt ihren Familien nicht frieren zu müssen. Derbe Umgangsformen waren für sie ebenso typisch wie Respektlosigkeit gegenüber der Obrigkeit. Bei ,Katzenmusiken' und sonstigen ,Tumulten' oder ,Excessen' stellten sie häufig das Hauptkontingent der ,Übeltäter'. Es war nicht nur die Vorliebe für holzschnittartige Vereinfachungen und grobschlächtige Vorurteile, die viele bürgerliche Literaten und Journalisten veranlaßte, die Erdarbeiter und die „Welt des Unrechts" in einem Atemzug zu nennen. Die pauschalisierende Wahrnehmung hatte darüber hinaus tiefere Wurzeln.

„… kaum ein Unterschied zwischen Armut und Verbrechen" – zum Problem der Grenzziehung zwischen Subproletariat und den übrigen Unterschichten

Das während des Vormärz wuchernde kriminelle Milieu erschien aufmerksamen Zeitgenossen als „nothwendige Folge der im steten Wachsthum begriffenen Verarmung" und als Resultat „des sich immer weiter verbreitenden Pauperismus". Die „Verbrecherwelt [gehe] hauptsächlich aus dem Proletariat hervor". Unter den ,Proletariern' wiederum war nach gängigen bürgerlichen Ansichten der für kriminelle Anfechtungen besonders anfällig, der „bei einem großen Bau, bei einer Ramme u.s.w. als Arbeitsmann" tätig war.[2] 1848 waren dies die Erdar-

---

1 Zitat aus: Christian Wilhelm Zimmermann, Die Diebe von Berlin, Berlin 1847 (ND 1979), S. 2.
2 Ebd., S. 1, 3 bzw. S. 38.

beiter. Als ‚gefährdet' galten Arbeitskräfte, die mit Eisenbahn-, Kanal- und Chausseebauten beschäftigt waren, nicht zuletzt deshalb, weil bei ihnen die Neigung zu lediglich gelegentlichem Arbeiten, zur Fluktuation ausgeprägter und der Übergang zur „sozialen Vagabundage" häufiger war als unter ehrbaren Gesellen und Fabrikarbeitern.[3] Indessen wäre es verfehlt, zwischen Erdarbeitern auf der einen und Gesellen und Arbeitern auf der anderen Seite einen allzu scharfen Trennstrich zu ziehen. Immerhin eine knappe Mehrheit der 1848 auf öffentliche Kosten beschäftigten Erdarbeiter hatte eine ordentliche, handwerkliche Ausbildung genossen. Viele von ihnen waren zwar schon lange ihrem ursprünglichen Beruf entwöhnt. Indessen zeigte sich an ihnen nur zugespitzt das soziale Schicksal zahlloser Gesellen weit über den Kreis der Erdarbeiter hinaus. Die Auflösung der ständischen Verfassung und damit auch traditioneller Formen sozialer Sicherung bei gleichzeitiger Übersetzung des Handwerks lieferte immer mehr Gesellen und Kleinmeister der Gefahr aus, vorübergehend und nicht selten auch dauerhaft zu Vagabunden, Bettlern und Kleinkriminellen zu werden.

Auch wenn also die sozialen Grenzmarkierungen häufig nicht genau auszumachen sind, sollte das Subproletariat mit den übrigen proletarischen Schichten begrifflich nicht zu einem diffusen Ganzen verschwimmen. Gesellen und Arbeiter, gleichgültig ob qualifiziert oder unqualifiziert, arbeiteten regelmäßig, innerhalb rechtlich gültiger Arbeitsverhältnisse und bezogen ein reguläres Einkommen. Dies galt für die ‚Latitirenden', wie das Subproletariat in der zeitgenössischen Statistik genannt wurde, nicht: Die Mitglieder dieser Schicht standen in keinem ordnungsgemäßen, dauerhaften Arbeitsverhältnis und hielten sich vielfach – der Begriff ‚Latitirende' weist darauf hin – auch buchstäblich vor der Obrigkeit ‚versteckt'. Die Mitglieder des Subproletariats empfingen häufig Unterstützungen durch die kommunale oder private Armenfürsorge. Außerdem waren sie entweder auf kurzfristige Gelegenheitsarbeiten angewiesen, oder ihr Einkommen wurde außerhalb der Legalität, meist durch Bettelei oder Kleinkriminalität, erworben. Das Subproletariat kann insofern begrifflich in eine ‚kriminelle' und in eine nicht-kriminelle, ‚ehrbare' Großgruppe unterschieden werden.

Die quantitativen Dimensionen des ‚Lumpenproletariats', ein Begriff mit pejorativer Konnotation für die niedersten Sozialschichten, der sich Ende der vierziger Jahre allmählich einbürgerte, sind nur schwer zu ermessen. Neben den genannten grundsätzlichen Problemen einer exakten Abgrenzung von den übrigen Unterschichten stand einer genaueren statistischen Erfassung entgegen, daß die Nichtseßhaften aus den unterschiedlichsten Gründen ihren Aufenthalt vor der Polizei verbargen und sich damit auch der amtlichen Volkszählung entzogen.

---

3 Vgl. Husung, Eisenbahnarbeiter im Vormärz, bes. S. 213 f.; Michael Grüttner, Die Kultur der Armut. Mobile Arbeiter während der Industrialisierung, in: Soziale Bewegungen. Geschichte und Theorie, Jahrbuch 3/1987; Armut und Ausgrenzung, S. 18 ff.

Für 1845 wurde die Zahl dieser ‚Latitirenden' auf mehr als 12 000 Personen geschätzt.[4] Die Berufszählungen gaben außerdem über die aktuellen Tätigkeiten oder eingetretene Erwerbslosigkeit der befragten Personen nur ungenauen Aufschluß. Viele der Personen, die ins Subproletariat abgerutscht waren, werden der mit der Datenerhebung betrauten Polizei nicht aktuelle ‚Beschäftigungen', sondern ihren erlernten Beruf angegeben haben.[5] Vor diesem Hintergrund sind allenfalls grobe Schätzungen über den Umfang des Berliner Subproletariats möglich. Der Jurist und Journalist Carl Wilhelm Zimmermann, bis Mitte der dreißiger Jahre als Polizeikommissar in Berlin tätig und insofern eine Art ‚Insider', veröffentlichte 1847 eine Untersuchung über die Kriminalität in der preußischen Hauptstadt. Er schätzte, daß Mitte der vierziger Jahre etwa 34 000 Personen als ‚kriminell' einzustufen gewesen seien.[6] Nach seinen Angaben waren zu diesem Zeitpunkt außerdem etwa 41 000 bis 42 000 überwiegend alte Menschen von der kommunalen Armenfürsorge abhängig. Bis Ende 1847 stieg ihre Zahl vor dem Hintergrund von Agrar- und Gewerbekrise auf mindestens 50 000.[7] Die Zahlen für die ‚Kriminellen' im weitesten Sinne und die der Almosenempfänger sind allerdings nicht einfach zu addieren; denn der an einen Almosenempfänger im Durchschnitt gezahlte Satz von etwas mehr als einem Taler pro Monat war so gering bemessen, daß der Schritt in die Kleinkriminalität vielfach zwangsläufig war. Der „Unterschied zwischen der Armut und dem Verbrechen" war „kaum noch" kenntlich, betonte etwa Friedrich Saß in seiner 1846 erschienenen sozialkritischen Darstellung Berlins.[8]

Mitte der vierziger Jahre dürften mindestens sechzigtausend Menschen oder fünfzehn Prozent der Berliner Gesamtbevölkerung dem – noch ‚ehrbaren' *und* dem ‚kriminellen' – Subproletariat angehört haben.[9] Die Zuspitzung der wirtschaftlichen Lage ließ diese Zahl bis 1848 weiter in die Höhe schnellen. Immer mehr Menschen hatten kein Dach über dem Kopf mehr, „immer größer werden

---

4 Vgl. Boeckh, Bevölkerungsaufnahme, I, S. 13; zur Definition des Begriffes ebd., S. 15.

5 Selbst unterstellt, die Ergebnisse der Erhebungen für 1846 und 1849 (Tab. 1) wären präzise: Über die Jahre 1847 und 1848 geben sie kaum Aufschluß. Ende 1846, d.h. nach dem Stichdatum der Berufszählung diesen Jahres, brachen die Folgen von Mißernte und Agrarkrise über die Bevölkerung der Hauptstadt herein; von regulären Einkommen allein konnten immer weniger Berliner leben.

6 Zimmermann, Diebe, S. 7. Die Zahl 34 000 dürfte zu hoch angesetzt sein. Statt den von ihm angegebenen zehntausend wird man von höchstens fünftausend Prostituierten sprechen können; vgl. *S. 475*.

7 Vgl. Zimmermann, Diebe, S. 446 f., sowie *S. 80 ff.*

8 Saß, Berlin, S. 14. In den vierziger Jahren lag der durchschnittliche Unterstützungssatz bei *monatlich* einem Taler und 25 Sgr.; vgl. Bericht vom 12. Sept. 1845, in: LAB StA, Rep. 03, Bd. 454, Bl. 255 Rs.; VZ vom 1. Febr. 1847.

9 Einzelne zeitgenössische Schätzungen lagen weit höher. Die VZ sprach am 1. Febr. 1847 – also fast drei Monate *vor* der Hungerrebellion – von „150 000 Proletariern, die von der Hand in den Mund leben und jeden Tag brodlos werden und dem Elende Preis gegeben seyn können."

die Schaaren, welche die Thüren der Armencommissionen belagern und denen doch nicht von Grunde aus geholfen werden kann, immer höher steigt die Zahl [...] Derer, die endlich ganz an der Möglichkeit verzweifeln, sich durch ihre Arbeit ernähren zu können und sich dem Verbrechen in die Arme werfen."[10] Eine Schätzung, die von einer Verdoppelung der für Mitte der vierziger Jahre angenommenen Zahlen ausgeht, ist sicherlich nicht zu hoch gegriffen. 1848 wird sich das danach mehr als hunderttausend Köpfe zählende Subproletariat zunächst kaum vermindert haben: Die Anfang des Jahres einsetzende gewerbliche Krise machte die Not im Handwerk zu einer Dauererscheinung. Von dem für 1848 geschätzten Umfang des Subproletariats sind im Revolutionsjahr freilich diejenigen abzuziehen, die im Rahmen der städtischen und staatlichen Arbeitsbeschaffungsmaßnahmen Beschäftigung erhielten. Nach Abzug der Erdarbeiter und ihrer Familien erhält man für 1848 eine Zahl von mindestens *achtzigtausend* Frauen, Kindern und Männern, die Familien angehörten, deren Unterhalt durch kein regelmäßiges Einkommen gesichert war und die im allgemeinen am Rande oder unterhalb des Existenzminimums lebten.[11] Das waren etwa zwanzig Prozent der Gesamtbevölkerung der preußischen Hauptstadt. Aufgrund der vielen inhaltlichen und methodischen Unwägbarkeiten kann diese Angabe freilich nur ein grober Orientierungspunkt sein.

Ebensowenig wie sich präzise Angaben zum Gesamtumfang des Subproletariats machen lassen, läßt sich auch die genaue Zahl der einzelnen Gruppen dieser untersten Schicht des Proletariats genauer bestimmen. Bestenfalls grobe Näherungswerte sind möglich. Zimmermann spricht für 1845 von sechstausend Personen, die wegen Eigentums- oder anderer schwerer Delikte „unter strenge polizeiliche Aufsicht gestellt" waren, von sechstausend weiteren, die wegen geringerer Vergehen bestraft worden seien, ein- bis zweitausend Latitirenden sowie zehntausend Bettlern, Vagabunden, Obdachlosen usw. und schließlich zehntausend Prostituierten „aus allen Klassen und Ständen der Gesellschaft".[12] Alles in allem waren das 33 000 bis 34 000 Personen. Die Angabe über die Prostituierten dürfte allerdings erheblich zu hoch gegriffen sein, da Zimmermann und andere bürgerliche Zeitgenossen das ihnen fremde (Sexual-)Verhalten von

---

10 SZ vom 6. Febr. 1847.

11 Die meisten der (Ende März bis Okt. 1848) durchschnittlich etwa sechstausend Berliner Erdarbeiter auf staatlichen und städtischen Baustellen waren verheiratet (seit Mai mindesten 80%) und hatten vermutlich eine größere Familie zu versorgen (angenommener Durchschnitt: fünf Köpfe), so daß durch die Arbeitsbeschaffungsmaßnahmen insgesamt etwa 25 000 Menschen ein Auskommen fanden. Bei 100 000 bis 120 000 Subproletariern 1847 (als Ausgangswert) verblieben 1848 75 000 bis 95 000, deren Auskommen unterhalb des Existenzminimums gelegen haben dürfte. Der bekanntlich nicht sehr präzise Begriff des Existenzminimums zielt hier auf das zum bloßen physischen Überleben notwendige Einkommen.

12 Zimmermann, Diebe, S. 6 f. Seine Zahlen wurden von Dronke (Berlin, S. 70, 224) und Saß (Berlin, S. 163, 173) übernommen.

Unterschichtsfrauen nur vorurteilsgeladen betrachten konnten und diese selbst rasch unter Prostitutionsverdacht stellten.

Kriminalitätsbegriff und volkstümliche Gesetzwidrigkeiten

Was unter Kriminalität verstanden wurde (und wird), unterliegt, zumal in Revolutionszeiten, erheblichen Wandlungen. Von Bedeutung ist der politisch-soziale Standort des Betrachters: Aus der Sicht der Behörden und der Konservativen waren Katzenmusiken und andere Emeuten des Revolutionsjahres ebenso wie Majestätsbeleidigungen kriminelle Vergehen. Die demokratische und die Arbeiterbewegung werteten dieselben Vorgänge dagegen ganz anders. Im folgenden wird ‚Kriminalität‘ als Terminus technicus benutzt, der auf die Verletzung gültiger Rechtsnormen zielt; er schließt deshalb auch politische ‚Vergehen‘ ein, soweit diese Massenphänomene waren und von der Obrigkeit entsprechend rubriziert wurden.[13] Mit dem Begriff werden infolgedessen sehr unterschiedliche Handlungen erfaßt: politische Demonstrationen und Tumulte (soweit sie aus der Perspektive der Obrigkeit ungesetzlich waren), soziale Proteste und schließlich ‚normale‘ Kriminalität.

Tabelle 13 scheint den Eindruck vieler Zeitgenossen zu bestätigen, daß Berlin in den ersten Wochen nach der Märzrevolution so sicher gewesen sei wie niemals zuvor: Im Vergleich zur Zeit vor der Märzrevolution[14] sank die Zahl der verhafteten Personen seit dem 18. März auffällig. Indessen sagen die in Tabelle 13 zusammengefaßten Daten über den tatsächlichen Umfang der Kriminalität

---

13 Dies liegt selbstredend auch daran, daß ich mich in den Ausführungen dieses Kapitels überwiegend auf die Akten der Polizeibehörden und Gerichte – und damit auf die dort benutzten Zuordnungen – stützen muß. In weit stärkerem Maße als für die übrigen proletarischen Schichten gilt für das Subproletariat, daß schriftliche Zeugnisse, die Aufschluß über sein Denken und Handeln geben, dünn gesät sind. Milieuschilderungen aus bürgerlicher Feder waren noch vorurteilsgeladener und ungenauer als Berichte der Obrigkeit. Prozeßprotokolle sind dagegen vergleichsweise am aussagekräftigsten.

14 Die Angaben aus den Wochen vor der Märzrevolution (Tab. 13) können als Trend begrenzt verallgemeinert werden. Denn eine ähnliche Verteilung der durch die Berliner Polizei vorgenommenen Verhaftungen nach ‚Vergehen‘, wie sie für die Zeit von Anfang Januar bis zum 18. März 1848 zu konstatieren ist, ließ sich auch Mitte der vierziger Jahre beobachten: Im Nov. 1845 waren unter den insgesamt 716 von der Polizei eingebrachten Gefangenen 333 oder 46,7% wegen „Obdachlosigkeit“ und „Umhertreiberei“, 97 oder 13,6% wegen „Diebstahls“ verhaftet worden. (Nach: Dronke, Berlin, S. 70 f.) Der erste Prozentsatz entsprach ungefähr dem, der für Anfang 1848 in Tab. 13 genannt ist. Der Anteil der im Nov. 1845 wegen Diebstahls Festgenommenen an der Gesamtheit aller Verhafteten lag dagegen etwas unter den Werten der beiden ersten Monate des Jahres 1848. Diese Deliktkategorie erhielt 1846 und vor allem 1847 ein deutlich stärkeres Gewicht als 1845; vgl. ‚Publicist‘ vom 19. Jan. 1848. Angesichts der Agrarkrise 1846/47 und der dadurch bedingten Verarmung immer größerer Teile der Berliner Bevölkerung war dies eine logische Entwicklung.

nur wenig aus. Die registrierte Kriminalität spiegelt in erster Linie Fähigkeit und Willen der Polizei wieder, Vergehen zu ermitteln. Damit war es jedoch in den ersten Wochen nach der Märzrevolution schlecht bestellt, vor allem weil die Ordnungskräfte ihre ‚normalen' Straßen-Patrouillen einschränkten. „Während sonst in der Regel täglich gegen 200 Polizeigefangene in der Stadtvoigtei detinirt sind", wurden im April 1848 „durchschnittlich nicht mehr als 40" verhaftet.[15] In Tabelle 13 spiegeln sich insofern in erster Linie die veränderten politischen Verhältnisse nach der Märzrevolution, die neuen Freiräume und eine reduzierte Polizeitätigkeit, wider. Darüber hinaus deuten die Angaben auf eine Veränderung der Rechtsverhältnisse sowie auf eine Verschiebung der Polizeitätigkeit hin.

Was vor dem 18. März als ‚Vergehen' angesehen wurde, konnte nach der Märzrevolution erlaubt sein. Das Rauchverbot ist nur ein markantes Beispiel für eine Vielzahl der vom Polizeipräsidium willkürlich erlassenen und zum Teil abstrusen Bestimmungen, die nach dem 19. März keine Gültigkeit mehr besaßen. Andere Delikte blieben zwar weiterhin verboten. Aber auch in dieser Hinsicht wurde „die Thätigkeit der Polizei" vorübergehend „in den Ruhestand versetzt".[16] Neben der Zahl der durch die Amtsgewalt festgesetzten *Bettler* ging infolgedessen auch die der wegen „öffentlicher *Unzucht*" und „*Winkelhurerei*" verhafteten ‚Weibspersonen', wie überhaupt die Zahl der festgenommenen Frauen, zurück.[17] Der Rückgang der *Eigentumsdelikte* (Diebstahl, Einbruch, Betrug) wiederum erklärt sich daraus, daß die Objekte der kriminellen Begierde teilweise verschwunden waren. Viele wohlhabende Berliner hatten nach dem 19. März mit ihrer ‚Flucht' aus Berlin nicht nur ihre Person in Sicherheit gebracht, sondern auch ihr wertvollstes Hab und Gut mitgenommen oder anderweitig in Sicherheit gebracht.[18] Wenn dagegen der Anteil der wegen „*Obdachlosigkeit*" und „*Umhertreiberei*" Festgenommenen nach der Märzrevolution kurzfristig deutlich anstieg, dann war dies einem singulären Ereignis geschuldet: Am 19. März öffneten die Barrikadenkämpfer aus den Unterschichten die Tore des Arbeitshauses. Die Häuslinge, die man damit in die Freiheit ‚entlassen' hatte, besaßen damit jedoch noch keine Unterkunft. Manche von ihnen kehrten infolgedessen freiwillig in die Anstalt zurück; andere wurden von den Ordnungskräften aufgegriffen. Auch im Revolutionsjahr blieb das Arbeitshaus überbelegt und ein ‚Problemkind' der städtischen Verwaltung.[19]

---

15 ‚Publicist' vom 6. Mai 1848.
16 ‚Publicist' vom 29. Juli 1848.
17 Vgl. ‚Publicist' vom 6. Mai 1848.
18 Zur Flucht wohlhabender Berliner Bürger vgl. *S. 224* sowie *S. 346*. Die Zahl der kleinen Diebstähle (etwa von Kleidung oder Heizungsmaterial) wird auch saisonal bedingt, mit dem Einsetzen der ersten warmen Frühlingstage, zurückgegangen sein.
19 Vgl. Rüdiger Hachtmann, „… mißverstandene politische Freiheit" – das Berliner Arbeitshaus im Jahre 1848, in: Berlin in Geschichte und Gegenwart, 11. Jg./1992, bes. S. 67.

Tabelle 13: *Verhaftungen in Berlin nach Art des Vergehens von Jan. bis Sept. 1848*
(Männer und Frauen) (a)

	insgesamt	darunter: weiblich	mit Angabe der Gründe	(1)	(2)	(3)	(4)	(5)	(6)	(7)	(8)	
	(j e w e i l s a b s o l u t)			(j e w e i l s i n v. H.)								
Januar												
9.1.-22.1.	604	145	362	19,3	3,0	25,1	42,0	3,3	5,5	–	1,8	(100,0)
23.1.- 5.2.	552	120	291	18,9	2,4	22,3	48,8	2,4	2,7	–	2,5	(100,0)
Februar												
6.2.-19.2.	699	154	381	24,1	3,7	27,6	38,8	2,1	2,9	–	0,8	(100,0)
20.2.- 4.3.	648	163	321	15,3	3,7	29,3	42,7	0,9	3,7	1,2	3,2	(100,0)
März												
5.3.-11.3.	382 (b)	100 (b)	264 (b)	21,2	0,8	22,0	43,2	2,3	8,3	0,8	1,3	(100,0)
19.3.- 1.4.	353	50	343	8,2	1,7	5,2	65,6	0,6	13,4	0,9	4,4	(100,0)
April												
2.4.-15.4.	468	64	373	10,5	1,9	13,1	45,3	–	23,6	1,6	4,0	(100,0)
Juli												
1.7.-14.7.												
15.7.-28.7.												
August												
29.7.-11.8.	}?	?	197 (c)	9,2	0,6	7,9	51,0	5,2	13,3	10,3	2,5	(100,0)
12.8.-25.8.												
September												
26.8.-15.9.												

Vergehen:
(1) Diebstahl, Einbruch und Hehlerei.
(2) Betrug.
(3) Betteln und Erpressen.
(4) Obdachlosigkeit und Umhertreiberei.
(5) Öffentliche Unzucht und Winkelhurerei.
(6) Bis zum 19. März: „Unfug", seit dem 19. März „Straßenexcesse und Tumulte" einschließlich „Unfug".
(7) Widersetzlichkeit.
(8) Übrige (Brandstiftung, Trunkenheit, Straßenraub, Übertretung sonstiger polizeilicher Vergehen).

(a) Bis 15. April: Verhaftungen durch Gendarmen und (seit dem 19. März:) durch Bürgerwehr; 1. Juli bis 15. September: Verhaftungen nur durch Konstabler (Gesamtzahl der Verhaftungen also höher).
(b) Eigentlich nur: 191 insgesamt, 50 weiblich und 132 mit Angabe der Gründe. Zwecks Vergleichbarkeit verdoppelt.
(c) Eigentlich: 984. Zwecks Vergleichbarkeit durch fünf dividiert.

Quelle: 'Publicist' vom 19. und 29. Jan., 2., 12. und 26. Febr., 8., 15. und 13. März, 8. und 19. April 1848 sowie Vosssche Zeitung vom 16. Sept. 1848.

Von einer allgemeinen Lähmung der Polizeitätigkeit wird man jedoch trotz des zeitweiligen Rückganges der Gesamtzahl der von Polizeiseite registrierten Vergehen lediglich eingeschränkt sprechen können. Sie war überdies nur vorübergehend: Statt der zwar weiterhin aktiven, vielfach seit dem 19. März jedoch eingeschüchterten *Gendarmen* sorgten die Amateurpolizisten der *Bürgerwehr* für ‚Ruhe' und ‚Ordnung'. Sie allerdings traten vor allem bei Vergehen auf den Plan, die unter dem unpräzisen Oberbegriff „Straßenexcesse und Tumulte" gefaßt wurden. Mit der Schaffung der *Konstabler* Ende Juni läßt sich erneut eine Verschiebung in der amtlicherseits registrierten Deliktstruktur beobachten. Man achtete wieder mehr auf Sitte und Moral: Die Verfolgung der Prostitution erhielt stärkeres Gewicht. Vor allem aber wuchs die Bedeutung der *„Widersetzlichkeiten"* gegen Amtspersonen, in erster Linie Angehörige der Ordnungskräfte selber, und die Zahl der deswegen Verhafteten. Sie kletterte in der Rangskala der meistverfolgten Vergehen auf den dritten Platz. Darin drückt sich zunächst statistisch aus, wie unbeliebt die Konstabler vor allem in den für Mutterwitz und loses Mundwerk bekannten Berliner Unterschichten waren. Hinzu kam, daß das Selbstvertrauen des ‚Pöbels', der sich immer schon gern an den Ordnungskräften gerieben hatte, seit der Märzrevolution sichtlich gewachsen war. Abzulesen ist an der relativen Bedeutung des Vergehens „Widersetzlichkeit" aber auch, wie bemüht die Mitglieder der neuen Schutzmannschaft waren, ihrer polizeilichen Autorität wirkungsvoll Geltung zu verschaffen.

Wenn die Zahl der wegen *„Straßenexcessen"* und *„Tumulten"* Verhafteten im April ihren Höhepunkt fand, dann korrespondiert dies mit dem von Manfred Gailus zusammengestellten Protestprofil für Berlin im Jahre 1848: Von den von ihm für die Monate März bis November insgesamt registrierten 93 Protesten fielen die meisten gleichfalls in den April.[20] Was in den Termini von Gailus als „Repressionskonflikt" bezeichnet wird[21], gehörte aus der Sicht der Konstabler dagegen in die Rubrik „Widersetzlichkeit". Sie traten ‚massenhaft' erst in der Abschwungphase der Revolution ab Juli 1848 auf (bis Juli kein, von Juli bis November 15 „Repressionskonflikte"), nachdem die demokratische Bewegung in die Defensive geraten war und die Konstabler relativ ungebremst agieren konnten.[22]

Zu den „Straßenexcessen und Tumulten" zählten schließlich die *Katzenmusiken*; mitunter wurden sie auch unter „Widersetzlichkeit" rubriziert. Katzenmusiken oder Charivari waren eine besondere Art des musikalischen Ständchens, von einem größeren ‚Pöbel-Haufen' veranstaltet und einer bestimmten Person dargebracht, dessen Ohr durch laute und dissonante Töne aller Art traktiert werden sollte. „Man versammelte sich vor den Häusern, schrie, pfiff, quiekte, bellte, grunzte, heulte, miaute, schlug auf Kessel und trommelte mit den Absätzen auf die Rinnsteinbrücken."[23] Wenn man den Begriff des ‚Festes' weit faßt,

---

20 Nämlich 19; vgl. Gailus, Straße und Brot, S. 367, Tab. 13.

21 Nach den Kriterien von Gailus mußten bei einem „Repressionskonflikt" die Ordnungskräfte offensiv und initiativ in Erscheinung treten. Ob dies tatsächlich der Fall war, ist häufig jedoch schwer zu beurteilen: Denn je nach Perspektive wurde für das Auslösen von Konflikten jeweils die eine oder andere Seite verantwortlich gemacht. Die Berichte widersprachen sich hier nicht selten diametral; vgl. ebd., S. 179.

22 Kontrahenten waren auch bei diesen politischen ‚Delikten' zumeist Angehörige der sozialen Unterschichten auf der einen und Militär, Bürgerwehr, Konstabler und Gendarmen auf der anderen Seite; vgl. bes. *S. 633 f.*

23 Springer, Berlins Straßen, S. 96 f.; vgl. auch ‚Publicist' vom 27. Mai 1848. Allgemein zu Form und Funktion von Katzenmusiken: Wolfgang Kaschuba, Vom Gesellenkampf zum sozialen

lassen sich die Charivaris der Festkultur der Unterschichten subsumieren. Katzenmusiken weisen offenbar nicht zufällig bemerkenswerte Ähnlichkeiten mit ‚bürgerlichen' Festen auf – und waren zugleich ihr Antipode: Statt einen Toast auf verdienstvolle Männer auszubringen, wurden Honoratioren und andere Bürger, die ins Schußfeld der Kritik geraten waren, unüberhörbar getadelt; statt daß sich das Gemüt an harmonischen, wohlgesetzten Liedern laben konnte, wurden die bürgerlichen Ohren mit schrägen Tönen empfindlich traktiert; statt Ordnung und abgestimmtem Festverlauf waren Lärm und Unordnung ein Charakteristikum der Charivaris. Vor allem in der zweiten Maihälfte grassierte in Berlin ein regelrechtes Katzenmusikfieber: Seit dem 21. Mai wurden ein, zwei Wochen lang „jeden Abend sechs bis acht Katzenmusiken gebracht".[24] Sozial waren die Katzenmusikanten nicht immer eindeutig zuzuordnen. Selbst die Sprößlinge gehobener Bevölkerungskreise übernahmen diese Form musikalischer Darbietung, um dem Ärger über ungeliebte Personen lautstark Nachdruck zu verleihen. Trotzdem waren Katzenmusiken in Berlin 1848 ebenso wie andernorts in erster Linie eine typische Form des Unterschichtenprotests, eine „traditionelle unterständische Aktionsfigur" (W. Kaschuba), bei der Politik mit der Lust am Rabbatz verbunden werden konnte. Beteiligt waren alle proletarischen Schichten: Gesellen, Fabrik- und Erdarbeiter, ‚Eckensteher' und ‚Gassenbuben'. Bevorzugtes Opfer von Charivaris war die politische Prominenz.[25]

Katzenmusiken waren für die Akteure nicht nur eine Möglichkeit, sich politisch auszudrücken, sondern immer auch ein Jux, ein Fest. Von den bürgerlichen Schichten und dem Mittelstand, einschließlich manchem bürgerlichen Demokraten, wurden Katzenmusiken zum ‚Krawall' degradiert. Ihnen ging diese Art des Protests, der den Beteiligten offensichtlich auch noch Spaß machte, sichtlich auf die Nerven – nicht nur akustisch, sondern ebenso politisch, schien sie doch die ‚Ernsthaftigkeit' von Politik in Frage zu stellen. Namentlich Ende Mai wurde das ‚Katzenmusikfieber' auf zahlreichen Plakaten heiß diskutiert. Die Konser-

Protest. Zur Erfahrungs- und Konfliktdisposition von Gesellen-Arbeitern in den Vormärz- und Revolutionsjahren, in: Engelhardt (Hg.), Handwerker in der Industrialisierung, bes. S. 399 und 402; ders., Volkskultur. S. 166-172; ders./Lipp, Revolutionskultur, S.148 ff.; dies., Provinz und Revolution, S. 189-201. Zur Katzenmusik als Form des unterbürgerlichen Festes vgl. Charlotte Tacke, Feste der Revolution, in: Dowe u. a., Die europäischen Revolutionen.

24 Streckfuß, Freies Preußen, II, S. 29. Zum Berliner Katzenmusikfieber im Mai ausführlich: Wolff, RC, II, S. 41-47; Gailus, Straße und Brot, S. 391-397; vgl. außerdem S. 337.

25 Springer, Berlins Straßen, S. 97. Allein der Ministerpräsident wurde Mitte Mai an drei aufeinanderfolgenden Tagen zum Adressaten solcher Katzenmusiken. Aber auch weniger prominente Angehörige gehobener Bevölkerungsschichten mußten dissonante Klänge über sich ergehen lassen. Neben Kaufleuten, die sich den Zorn ihrer Angestellten zugezogen hatten, Schuldirektoren und Lehrern konnten auch Geistliche zum Adressaten eines ohrenbetäubenden Ständchens werden; vgl. S. 371, Anm. 47, S. 434 f. sowie S. 552 f., Anm. 38, außerdem Hachtmann, „Gerechtes Gericht Gottes", S. 246 f. sowie ders., „Vergnügungssucht", „Sündenleben" und Askese, Kapitel 10.

vativen vermuteten Demokraten, die Demokraten Konservative hinter den Charivaris als Drahtzieher. Verworfen wurden Katzenmusiken von allen politischen Strömungen.[26] Die Mitglieder der Bürgerwehr wurden zusätzlich dadurch verärgert, daß „fast allabendlich das Signalhorn durch die Straßen [tönte], um die ruheliebenden Bürger aus ihren süßen Träumen zu erwecken und sie aufzufordern, das Gewehr zu nehmen, um anstatt im Bette die Nacht auf der Straße zu campiren."[27] Magistrat, Polizeipräsident und Bürgerwehrkommandeur konnten sich der allgemeinen bürgerlichen Zustimmung sicher sein, wenn sie in Bekanntmachungen vom 27. Mai „alles Zusammenlaufen an ungewöhnlichen Zeiten und Orten, besonders aber nächtliche Schwärmereien und Beunruhigungen" verboten und allen „Anstiftern und Theilnehmern, welche sich nicht weisen lassen, mit Gefängniß bis zu 6 Wochen" drohten.[28] Selbst der Demokratische Klub distanzierte sich von den Katzenmusiken. Die „große Koalition aller Freunde von Ruhe und Ordnung" (M. Gailus) konnte das nächtliche Musizieren zwar eindämmen, nicht jedoch gänzlich unterbinden. Mitte August kam es erneut für kurze Zeit „alle Abende regelmäßig zu demselben Spektakel", das „hie und da durch Übergriffe der Bürgerwehr noch vergrößert" wurde.[29] Alles in allem jedoch blieb diese Protestform im Gesamtkontext der Berliner Revolution, und im Unterschied etwa zu Wien, nur von untergeordneter Bedeutung.[30]

Ähnlich wie bei den Katzenmusiken konnten auch bei den *Brotprotesten* nur in Ausnahmefällen Teilnehmer dingfest gemacht werden.[31] Während die Katzenmusikanten jedoch erst im Mai zum Höhepunkt ihrer Aktivitäten aufliefen, datierten die meisten der Brotunruhen auf den April.

---

26 Zur konservativen Sicht auf die Katzenmusiken vgl. z. B. die anonyme Schrift ‚Die Zustände Berlins seit dem 18ten März 1848, Berlin am 24. Nov. 1848', S. 6, in: LAB StA, Rep. 01, Nr. 2440, Bl. 87; zur Verschwörungstheorie der Demokraten exemplarisch: Springer, Berlins Straßen, S. 85 f. Zahlreiche Flgbl. zum ‚Katzenmusikfieber' finden sich in: ZBSt, 1848 Flg., M. 9, 11. LAB, Rep. 240, Acc. 685, Nr. 116; GStA, XII. HA, IV. Flg., Nr. 27/II; vgl. ferner NW Friedl. Samml., S. 155; BZH vom 30. Mai 1848.
27 Streckfuß, Freies Preußen, II, S. 30. Vgl. auch *S. 256, 258*.
28 Bereits am 23. Mai hatte der Magistrat Minutoli und Aschoff aufgefordert, hart gegen Katzenmusikanten durchzugreifen. (In: LAB StA, Rep. 01, Nr. 2439, Bl. 147 u. 148.) Am 27. Mai hatte Friedrich Wilhelm IV. seinen „theuersten Camphausen" aufgefordert, nach Breslauer Vorbild Katzenmusiken zu verbieten, weil „unsere guten Bürger [...] die Katzenmusiken mehr als satt haben". (In: Brandenburg, Briefwechsel, S. 125 f.)
29 VZ vom 22. Aug. 1848. Anlaß war die Entlassung zahlreicher Erdarbeiter. Zu weiteren Katzenmusiken seit Ende Mai vgl. ‚Publicist' vom 21. Juni 1848.
30 Zu Wien, von wo die Katzenmusiken nach Berlin ‚importiert' worden waren, vgl. Häusler, Protestbewegungen, S. 342 ff.
31 Von den Katzenmusikanten wurden lediglich mehrere der Handlungsdiener, die ihre Prinzipale durch Charivaris zu Konzessionen hatten veranlassen wollen, später vor Gericht gestellt und vier von ihnen zu mehrmonatigen Strafen verurteilt; vgl. Wolff, RC, III, S. 42. Auf dem Höhepunkt der Brotproteste am 16. und 17. April begnügte sich die Bürgerwehr damit, die „Aufläufe friedlich zu zerstreuen". (SZ vom 19. April 1848.) Danach allerdings scheint es häufiger zu Verhaftungen gekommen zu sein; vgl. ‚Publicist' vom 26. April 1848; VZ vom 3. Mai 1848.

Am 16. und 17. April „hatten sich bei verschiedenen Bäckern in allen Theilen der Stadt große Haufen Volks eingefunden, welche, mit der Beschaffenheit des Brotes im Allgemeinen, und namentlich mit der Kleinheit desselben insbesondere, unzufrieden, eine ganz besondere Revision bei den Herren Meistern abhielten. Zahlreich genug, um ihre Absicht nöthigenfalls mit Gewalt durchzusetzen, gingen sie in größter Regelmäßigkeit von Laden zu Laden, nahmen Brod aller Art gegen baare Zahlung, wogen es an Ort und Stelle und kündigten den zahlreichen Bäckermeistern, bei denen unbedingt zu leichtes Brod, bei gewöhnlicher Qualität gefunden worden, an, daß, wenn am nächsten Tage das Brod nicht die Größe und Schwere habe, welche man füglicher Weise in Folge der niedrigen Getreidepreise verlangen könne, man schärfere Maßregeln gegen sie ergreifen, ja vielleicht ihre resp. Geschäfte demoliren würde."[32]

Im Grunde wiederholte sich, was bereits während der ‚Kartoffelrevolution' vom April 1847, bei der es weniger um Erdäpfel als um Mehlprodukte gegangen war, in weit größerem Ausmaß praktiziert worden war. Die Brotrevolten der Jahre 1847 und 1848 wiederum waren nur der letzte Akt älterer Bewegungen: Hungerunruhen und Alltagskonflikte um Gewicht, Qualität und Preis des Brotes traten seit dem 18. Jahrhundert in ganz Europa gehäuft auf. In der preußischen Hauptstadt griffen die Unterschichten im April 1848 also nur eine längst ‚eingeübte' Protestform auf, wenn sie als „Volkspolizei" (Adolf Wolff) bestimmen wollten, in welchem Verhältnis Gewicht und Preis bei diesem grundlegenden Nahrungsmittel der unteren Volksschichten stehen sollten. Sie handelten dabei in dem Bewußtsein, daß sie nur den ihnen zustehenden, traditionellen Rechten und Gebräuchen gegen ‚Wucherer' und ‚Profiteure' zur Durchsetzung verhalfen. Das Beharren auf „moralischer Ökonomie" war – langfristig betrachtet – eine vergebliche Gegenbewegung zum sich entfaltenden Kapitalismus, der die Unterschichten an die ‚freien' Kräfte des Marktes auslieferte und sie in Hungerkrisen weitgehend ihrem Schicksal überließ. Kurzfristig war der durch die Selbsthilfeaktionen sowie außerdem durch Volksversammlungen[33] und die teilweise Sympathie der bürgerlichen Öffentlichkeit mit der Forderung nach ‚redlichen' Brotpreisen entstandene Druck immerhin so groß, daß die Stadtverordneten am 19. April 1848 beschlossen, den Bäckern vorzuschreiben, Gewicht und Preis ihrer Brote

---

32 „Diese Drohungen müssen wirklich geholfen haben, denn die Größe der Backwaaren scheint zugenommen zu haben." Zitate: ‚Publicist' vom 22. April 1848. Vgl. auch Tagespresse vom 18. und 19. April.

33 Vgl. Redebeiträge auf den Volksversammlungen vom 26. März, 9. April und 16. April, in denen die Brotfrage ausführlich thematisiert wurde. Ausführlich: Wolff, RC, I, bes. S. 437 bzw. II, S. 150 ff.; außerdem Gailus, Straße und Brot, S. 371 ff. Zur „moral economy of the poor" allgemein vgl. vor allem die Arbeiten von Edward P. Thompson, bes. Thompson, ‚Moralische Ökonomie' der englischen Unterschichten, in: ders., Plebeische Kultur und moralische Ökonomie. Aufsätze zur englischen Sozialgeschichte des 18. und 19. Jahrhunderts, ausgewählt und eingeleitet von Dieter Groh, Frankfurt a.M./Berlin/Wien 1980, S. 67-130.

sichtbar auszuhängen.[34] Zu einer gelenkten Preispolitik konnten sich die städtischen Parlamentarier jedoch nicht durchringen. Die halbherzigen Beschlüsse der Stadtversammlungen schafften weder die hohen Brotpreise aus der Welt, noch bannten sie das Gespenst des Hungers, das Teile der verarmten Unterschichten bedrohte.[35]

Seit Anfang Juni wurden die Selbsthilfeaktionen der Unterschichten in der Brotfrage durch Formen karitativer Aktivität von bürgerlicher Seite abgelöst. Neben kleineren privaten Vereinen[36] nahmen sich vor allem der Volksverein und der Demokratische Verein der Armen an. Beide Klubs organisierten Spendensammlungen und unentgeltliche Brotverteilungen.[37] Eine dem Demokratischen Klub nahestehende „Commission zur Unterstützung brodloser Arbeiter" versorgte nach eigenem Bekunden zwischen dem 7. und 17. Juni fast achttausend Menschen mit Brot und Speck. Natürlich war diese praktische Kritik[38] an der Untätigkeit der städtischen Behörden dem Magistrat ein Dorn im Auge, zumal er um die Relativierung seines Kompetenzmonopols in Sachen Armenfürsorge

---

34 Bezirksvorsteher und Armen-Kommissarien-Vorsteher sollten stichprobenartig kontrollieren, ob die angegebenen Gewichte stimmten; vgl. Protokoll in: LAB StA, Rep. 00, Nr. 128. Mit diesem Beschluß bekräftigte die Stadtverordnetenversammlung im Grunde freilich nur ähnlich lautende Bestimmungen einer Polizeiverordnung vom 5. November 1846; vgl. Albert Ballhorn, Die Polizeiverordnung für Berlin, Berlin 1850, S. 203, sowie Gailus, Straße und Brot, S. 310 f., 374 f. Ein weitergehender Antrag, „ein festes Brotgewicht bei wandelbaren Preisen einzuführen", wurde von den städtischen Abgeordneten am 19. April 1848 abgelehnt. Zur positiven Resonanz der Forderung nach einer „Brodtaxe" u.ä. in der bürgerlichen Öffentlichkeit vgl. vor allem ‚Publicist' vom 22. April; ferner VZ vom 18. April 1848.

35 Die Presse ließ sich über dieses Thema nicht weiter aus. Versteckte Sätze wie der, daß „man jetzt sehr häufig Kinder den mit Getreide beladenen Wagen nachlaufen sieht" (VZ vom 22. Juli 1848), sagen freilich genug.

36 Vgl. Streckfuß, 500 Jahre, S. 1037. Den Anfang hatte übrigens das Militär gemacht, das seit dem 20. April insgesamt 3000 Brote „in der gewöhnlichen Qualität aus der hiesigen Garnisons-Bäckerei" zum Preis von 3 Sgr., fast der Hälfte des üblichen Preises, verkaufte. Zugrunde lag dem vermutlich die Absicht, den angeschlagenen Ruf der Truppen in der Bevölkerung aufzubessern.

37 Vgl. Petition des Volksvereins unter den Zelten an den Magistrat vom 8. Juni 1848, in: LAB StA, Rep. 03, Nr. 654, Bl. 197; die öffentlichen Erklärungen der „Commission zur Unterstützung brodloser Arbeiter" vom 18. Juni sowie des Demokratischen Klubs an die „Bürger Berlins", undat., in: LAB, Rep. 240, Acc. 685, Nr. 188; im Wortlaut auch in: C. Wiß, Der Magistrat von Berlin und der demokratische Klub. Ein Kampf auf offener Straße, aber ohne Piken, Berlin 1848, S. 7 f. (Wiß stellt den ganzen Konflikt ausführlich aus der Perspektive der Demokraten dar.)

38 Sie wurde ergänzt durch massive Angriffe auf den Magistrat, der, obwohl „tausende unserer Mitbürger im eigentlichen Sinne des Wortes Hunger leiden", untätig bleibe; vgl. die in Anm. 37 genannten Erklärungen sowie die „Öffentliche Anklage des Magistrats" durch „die Commission des Demokratischen Clubs zur Unterstützung brodloser Arbeiter", in: LAB, Rep. 240, Acc. 685, Nr. 190; im Wortlaut auch bei Wiß, Magistrat, S. 11 f. In Bekanntmachungen vom 21. und 27. Juni wies der Magistrat den „frechen und unehrerbietigen Tadel" zurück. Der Demokratische Klub wiederum blieb eine öffentliche Antwort nicht schuldig; als Flg. in: LAB, Rep. 240, Acc. 685, Nr. 187 und 194 bzw. 195; GStA, Rep. 92, NL Stein, Mappe 3/1, Nr. 266; im Wortlaut auch in: Wiß, Magistrat, S. 12 f., sowie Obermann, Einheit, S. 266.

fürchtete. Allein „durch das städtische Armenwesen" und nicht durch private Initiativen politischer Vereine dürften „die erforderlichen Anordnungen getroffen werden, damit der Noth, überall, wo sie ermittelt wird u[nd] sich zeigt, Abhülfe geschieht."[39] Im Endeffekt gelang es der kommunalen Obrigkeit schließlich, das karitative Engagement der demokratischen Bewegung Berlins erfolgreich zu unterbinden.

Die Verschiebung der Konfliktebene vom Brottumult zur öffentlichen Auseinandersetzung um Strukturen und Defizite der Armenfürsorge, einer Kontroverse, der die betroffenen Kreise der Unterschichten nur als Zuschauer beiwohnten, signalisiert freilich auch, daß die Vorstellungen einer traditionellen „moral economy" innerhalb der unteren Bevölkerungsschichten 1848 nicht mehr so stark wie noch im Jahr zuvor verwurzelt waren. Das dürfte weniger an der inneren Verfassung der Staatsorgane gelegen haben. (Diese agierten im Revolutionsjahr zumindest bis zum Sommer zurückhaltender als 1847.) Ausschlaggebend für das nur kurzzeitige Aufflackern von Brottumulten im Revolutionsjahr war vielmehr, daß auch wachsende Teile der Unterschichten sich die neuen politischen Artikulations- und Organisationsformen zu eigen machten – und seit Ende April mit ihren Anliegen in Sachen Nahrungsmittelversorgung zum Demokratischen Klub, der seine Mitglieder ja vorwiegend unter den ‚Arbeitern' rekrutierte, gingen und diesen mit der Wahrnehmung ihrer Interessen ‚beauftragten'.

Katzenmusiken und Brotproteste waren Formen *kollektiven* sozialen und politischen Protestes. Sie können mit Foucault auch als gemeinsam begangene, „volkstümliche Gesetzwidrigkeiten"[40] bezeichnet werden. Der kollektiven läßt sich die *individuelle* volkstümliche Gesetzwidrigkeit gegenüberstellen: Letztere korrespondiert mit zentralen Aspekten der ‚moral economy'. Statt daß allerdings wie beim Brotprotest die Wiederherstellung der ‚alten Rechte' der ‚moralischen Ökonomie' vorbürgerlicher Gesellschaften offensiv eingefordert wird, wird mit der von Einzelpersonen ausgehenden, volkstümlichen Gesetzwidrigkeit die Aufhebung ‚alten Rechtes' und die Einführung der neuen, das Privateigentum schützenden Rechtsnormen lediglich implizit kritisiert.

Die verbreitetste Form der in den Unterschichten akzeptierten Alltagskriminalität war der *Holzdiebstahl*. Den Anfang machten im Revolutionsjahr die Erdarbeiter, namentlich die, die bei dem Bau des Berlin-Spandauer Kanals be-

---

39 Zitat aus dem Entwurf vom 9. Juni 1848 zu einem Antwortschreiben auf die Petition des Volksvereins (Anm. 37), in: LAB StA, Rep. 16, Nr. 67, Bd. V, Bl. 198. Das Antwortschreiben wurde allerdings nicht abgeschickt. Stattdessen erließ der Magistrat eine in ähnlichem Tenor gehaltene Bekanntmachung vom 13. Juni 1848, in der ein konkreter Adressat allerdings nicht genannt wurde.

40 Michel Foucault, Überwachen und Strafen. Die Geburt des Gefängnisses, Frankfurt a.M. 1977, S. 351 ff.

schäftigt waren. Sie lichteten ‚nebenbei' größere Teile des Tegeler Forstes. „[J]eder Versuch, die Arbeiter von dem Zerhauen der gefällten Bäume und dem unbefugten Wegbringen des Holzes abzuhalten, führte aber zu Ausbrüchen [seitens der Erdarbeiter], welche die Dienst-Etablissements der Forstbeamten mit Brandstiftung, deren Mobiliar mit Raub und Zerstörung und selbst das Leben derselben bedrohten, so daß sie kaum mehr wagen durften, nur in die Nähe der Arbeiter zu kommen." Die Erdarbeiter blieben nicht die einzigen. Das Abholzen (glaubt man dem vermutlich übertriebenen Bericht der Abteilung Domäne und Forsten des Finanzministeriums) ganzer Wälder entwickelte sich zu einer Volksbewegung. „Männer, Frauen und Kinder" aus Moabit und den proletarisch geprägten Vorstädten Berlins machten „den Holztransport aus dem Tegeler Revier in ihre Wohnungen zu ihrem Tagesgeschäft." Auch „andere Baumanlagen [würden] ungescheut am hellen Tage verwüstet, Alleebäume werden verstümmelt und namentlich dürfte das kleine Wäldchen beim neuen Gefangenenhause [in Moabit] bald ganz verschwinden, wenn dem Unfuge nicht schnell gesteuert wird."[41]

Die Holzdiebe aus den Unterschichten besaßen ganz offenkundig kein Unrechtsbewußtsein, sondern betrachteten ihr Tun als legitime Angelegenheit. Das war nicht verwunderlich: Erst mit dem Regulierungsedikt vom September 1811, der Gemeinheitsteilungsordnung sowie dem Holzdiebstahlsgesetz, beide vom Juni 1821, war das traditionelle Recht der agrarischen Unterschichten beseitigt worden, das Unterholz in den Gemeinde- und Privatforsten für den Eigenverbrauch zu sammeln. Die unteren Sozialschichten akzeptierten dies jedoch nicht. Sie hielten weiterhin am überkommenen Recht fest. Für den Holzdiebstahl galt dasselbe, was für die Brottumulte festgestellt worden war: Das Rechtsverständnis von Obrigkeit und Unterschichten war spiegelverkehrt. Was in den Augen der Behörden Unrecht war, galt den Unterschichten als ihr gutes, traditionelles Recht, das sie sich auch durch neue Gesetze nicht nehmen ließen. Obrigkeit und Ordnungskräfte handelten aus der Sicht des ‚einfachen Volkes' unrecht, wenn sie, entsprechend den gültigen Rechtsnormen, die Bäcker vor der „Volkspolizei" oder die königlichen Domänen vor den Holzdieben zu schützen suchten. „Gendarmerie-Patrouillen" wagten im übrigen in Berlin erst seit dem Spätsommer mit Unterstützung der Bürgerwehr, Holzfrevler, „welche in den Straßen und Wegen außerhalb der Stadt mit Holz betroffen wurden, anzuhalten und zur Anzeige zu bringen".[42]

---

41 Bericht des Finanzministeriums, Abteilung Domänen und Forsten, an Innenminister v. Auerswald vom 30. April 1848, in: GStA, Rep. 77, Tit. 501, Nr. 3, Bd. 2, Bl. 343-344. Zum Holzdiebstahl allgemein: Dirk Blasius, Kriminalität und Alltag. Zur Konfliktgeschichte des Alltagslebens im 19. Jahrhundert, Göttingen 1978, bes. S. 9-18 und 53-58.

42 Vgl. Schreiben Bardelebens an den Innenminister Kühlwetter vom 18. Juli 1848, ferner den diesbezüglichen Schriftwechsel zwischen den Ministerien, in: GStA, Rep. 77, Tit. 501, Nr. 3, Bd. 2, Bl. 79-80 Rs., 115-120. Bis Anfang Juli war nach Pressemeldungen allein in der Jungfernheide

Nicht nur beim Holzdiebstahl, auch bei einem anderen Massendelikt, „*Bettelei* und *Erpressung*", sahen sich die Polizeikräfte zunächst in den „Ruhestand" versetzt. Das Verbot des Bettelns war, wenn auch nicht formell, so doch faktisch in den ersten Wochen nach der Märzrevolution außer Kraft gesetzt. Verarmte Angehörige der Unterschichten machten von dieser ‚Märzerrungenschaft' massenhaft und selbstbewußt Gebrauch. „Die Bitte um ein Almosen klingt meist mehr wie ein Befehl als wie eine wirkliche Bitte, der, wenn sie nicht erfüllt wird, eine Fluth von gemeinen Schmähreden folgt." „Fast gewaltsames Betteln" war im Frühjahr und Sommer 1848 in vielen Gegenden zu beobachten, „in einsamen Straßen oder vor den Thoren", „sowohl in Häusern als gegen einzelne Personen". Auch war von der sonst üblichen unterwürfigen Haltung der Bettler potentiellen Spendern gegenüber häufig nichts mehr zu spüren. „Oft" werde „in einer Art gebettelt, die einen Widerstand ausschließt". Die Geschädigten, in hohem Maße eingeschüchtert, sahen in aller Regel von „Denunciationen" ab.[43]

Weder der geradezu wie ein Volkssport betriebene Holzdiebstahl noch das aggressive Betteln waren dazu angetan, die an vormärzliche Ruhe und Ordnung gewöhnten „rechtlich denkenden" Bürger für die Märzerrungenschaften einzunehmen – im Gegenteil. Wachsendes Massenelend mit allen seinen Begleiterscheinungen war zwar für Berlin während der gesamten dreißiger und vierziger Jahre charakteristisch. Nach der Märzrevolution wurde es in seinen ganzen Dimensionen vielfach jedoch überhaupt erst sichtbar, weil die Gendarmen aus dem Straßenbild verschwunden waren, die die bettelnden Armen zuvor aus den ‚besseren' Wohngegenden verscheucht hatten. In der kurzschlüssigen Perspektive des bürgerlichen Publikums, das sich in die proletarischen Stadtviertel Berlins nicht hineintraute und schon deshalb den Pauperismus in seinen verschiedenen Erscheinungsformen bis zum März 1848 vielfach verdrängt hatte, waren an dem nun auch in gutbürgerlichen Gegenden sichtbaren Elend und der daraus resultierenden Bandbreite an ‚Kriminalität' vor allem die Märzerrungenschaften schuld. Die Sehnsucht der konservativen und vieler liberaler oder ‚unpolitischer' Bürger nach gesitteten Verhältnissen fand hier reichlich Nahrung.

Noch mehr als am Holzdiebstahl und der Bettelei nahm der Berliner Durchschnittsbürger an den vielfältigen Formen tatsächlicher oder vermeintlicher

---

Holz im Wert von 60 000 Talern gestohlen worden. Zur anfänglich zögerlichen Haltung des Berliner Bürgerwehrkommandanten und der Berliner Polizei, hier einzugreifen, vgl. Schreiben der Abt. Domänen und Forsten beim Finanzministerium an den Innenminister vom 30. Juni sowie die Antwort dess. vom 11. Juli 1848, in: GStA, Rep. 77, Tit. 501, Nr. 3, Bd. 3, Bl. 47 u. Rs. bzw. 49-51. Ausführlich: Hachtmann, „Vergnügungssucht", „Sündenleben" und Askese, Kapitel 6.

43 Zitate: ‚Publicist' vom 24. Juni und 20. Juli; VZ vom 12. Mai und 8. Nov. 1848. Vgl. auch Gailus, Rauchen, S. 34 f., der feststellt, daß viele Bettler eine Art „sozialrevolutionären Beuteanspruch" artikulierten, den man am „unteren Rand' kollektiver Subsistenzaktionen" ansiedeln könne. Ausführlich: Hachtmann, „Vergnügungssucht", „Sündenleben" und Askese, Kapitel 6.

Prostitution Anstoß. Die Angaben über die Gesamtzahl der Prostituierten in Berlin im Jahre 1848 wichen beträchtlich voneinander ab: Der Berliner Polizeipräsident bezifferte in einem Schreiben vom Anfang Juli 1848 an den Berliner Magistrat die Zahl der bekannten „Lohnhuren" auf „gegenwärtig" 1250. Die „früheren Berliner Bordellbesitzer" sprachen drei Wochen nach der Märzrevolution von „jetzt mindestens 5000 Dirnen".[44] Andere sprachen von wenigstens zehntausend Frauen, die dem Gewerbe der Prostitution nachgingen.[45] Wenn die Zahlen so stark voneinander abwichen, dann nicht allein deshalb, weil statistische Erhebungen nicht durchgeführt wurden und die Dunkelziffer hoch war. Die den bürgerlichen und kleinbürgerlichen Schichten fremde, direkte Form der Sexualität in den proletarischen Schichten verführte viele bürgerliche Betrachter, gleich ob radikalsozialistischer Schriftsteller, gemäßigter Demokrat oder konservativer Polizeibeamter, außerdem dazu, als Prostitution zu bezeichnen, was in den Unterschichten als relativ ‚normal' angesehen wurde.[46] Manch schreibendem Zeitgenossen dienten übertriebene Zahlen zum Umfang der Prostitution darüber hinaus dazu, das düstere Bild vom allgemeinen Sittenverfall in den Unterschichten wirkungsvoll zu untermalen.

Die Grenzen zwischen Armut und Kriminalität verschwammen also – subjektiv und objektiv. Rechts- und Moralvorstellungen von Obrigkeit und gehobenen Bevölkerungsschichten einerseits und weiten Teilen der Unterschichten andererseits waren, wie die vielfältigen Formen (kollektiver und individueller) „volkstümlicher Gesetzwidrigkeit" unmißverständlich zum Ausdruck brachten, spiegelverkehrt: Was die eine Seite als Recht im moralischen oder juristischen Sinne ansah, war für die andere Unrecht, und umgekehrt. Zwischen den moralischen und politischen Einstellungen, den Mentalitäten, Denk- und Verhaltensstrukturen des Bürgertums und der benachbarten, von „Bürgerlichkeit" und „Civilisation" geprägten Bevölkerungsschichten einerseits und dem unterbürgerlichen ‚milieu populaire' Berlins und anderer europäischer Großstädte klafften

---

44 Vgl. Petition der „früheren Bordellbesitzer" an den Magistrat vom 7. April sowie Schreiben Bardelebens an den Magistrat vom 9. Juli 1848, in: LAB StA, Rep. 03, Nr. 1059, Bl. 202-208 Rs. bzw. Bl. 215-217, Zitate: Bl. 204 Rs. bzw. 215 f. (Die zuvor behördlich beaufsichtigten Bordelle Berlins waren Anfang 1846 geschlossen worden.)

45 Zimmermann, Diebe, S. 6 f.; Dronke, Berlin, S. 70, 224; Saß, Berlin, S. 163, 173 (jeweils 1845).

46 Allerdings war in den Unterschichten der Schritt in die Gelegenheitsprostitution häufig nicht groß. Verantwortlich für den häufig nur vorübergehenden Schritt in die „Lohnhurerei" waren die vielfach gedrückten materiellen Verhältnisse: Als der „Ursprung jener massenhaften Berliner Prostitution" galten schon kritischen Zeitgenossen des Vormärz die außerordentlich niedrigen Löhne für Frauen. Während des Revolutionsjahres kam es, auch auf Druck der männlichen Gesellen und Meister vieler Massenhandwerke, überdies zu einer Entlassungswelle unqualifizierter Arbeiterinnen. Da Arbeitsbeschaffungsmaßnahmen für Frauen nicht vorgesehen waren, standen die Arbeiterinnen, sofern sie keinen finanziellen Rückhalt in ihren Familien fanden, buchstäblich ‚auf der Straße'. Ausführlich zur Prostitution im Vormärz und 1848: Hachtmann, „Vergnügungssucht", „Sündenleben" und Askese, Kapitel 4.

Welten. Ihnen soll in den beiden folgenden Kapiteln systematischer nachgespürt, die beiden sich diametral gegenüberstehenden Sozialkulturen – samt den Grauzonen ,dazwischen' – aufgeschlüsselt, ihre Beziehungen und Bedingtheiten sowie die für beide Seiten typischen, und zum Verständnis des Revolutionsverlaufs wichtigen, Vorurteilsstrukturen aufgedeckt werden.

Teil V

Soziale ‚Kulturen‘, soziokulturelle Spannungsfelder und geschlechtsspezifische Rollenzuweisungen

In bürgerlicher Perspektive verwischten sich nicht nur die Unterschiede zwischen Erdarbeitern und Subproletariat, sondern häufig ebenso die zwischen Gesellen und qualifizierten Arbeitern einerseits und dem ‚Bodensatz der Gesellschaft‘ andererseits zusehends. Damit stellt sich über das Problem der sozialen Grenzziehung zwischen den verschiedenen Teilgruppen des Proletariats hinaus die Frage nach der kulturellen Distanz zwischen den gehobenen Bevölkerungskreisen und den niederen Sozialschichten – und in diesem Zusammenhang die Frage nach den jeweiligen ‚Kulturen‘ dieser Schichten.

Kapitel V.1

‚Kultur der Armut'

In den sechziger Jahren des 20. Jahrhunderts hat der amerikanische Anthropologe Oscar Lewis ein theoretisches Konzept formuliert, das er ‚Kultur der Armut' benannt hat.[1] Im Gegensatz zum üblichen Sprachgebrauch, der ‚Kultur' sozial unspezifisch mit nationaler, regionaler oder lokaler Kultur assoziiert, ist hier die ‚Kultur' einer bestimmten sozialen Schicht gemeint, die der ‚Armen', d.h. der „Leute, die von der Hand in den Mund leben und jeden Tag brodlos und dem Elende preisgegeben seyn können",[2] oder es schon waren. Der Kultur-Begriff wird dabei, soweit die Quellen dies zulassen, wertfrei benutzt; d.h. es geht nicht darum, ihn negativ oder positiv aufzuladen und z.B. bestimmte Werte und Lebenshaltungen der Unterschichten in dunklem oder rosigem Licht erscheinen zu lassen. Der Begriff ‚Kultur' soll hier den eigentümlichen Lebensstil, die sozial spezifischen moralischen und sittlichen Werte, Normen, Verhaltensstrukturen, Wahrnehmungsmuster, Weltanschauungen und Gesellschaftsdeutungen, Formen des Sprachverhaltens, des Feierns etc. umfassen. Nicht gleichzusetzen ist der Begriff ‚Kultur der Armut' mit ‚Volkskultur' oder ‚Arbeiterkultur'. Während letztere Begriffe den Lebensstil etc. der Unterschichten in relativ stabilen, ausgereiften Gesellschaften meinen, zielt die Bezeichnung ‚Kultur der Armut' auf die spezifisch soziale ‚Armuts-Kultur' einer Gesellschaft im *Umbruch*.[3] Sie ist ein

---

1 Zum Konzept der ‚Kultur der Armut' vgl. vor allem Oscar Lewis, Die Kinder von Sanchez. Selbstporträt einer mexikanischen Familie, Düsseldorf/Wien 1963 (bes. Einleitung, S. 9-33); ders., The Culture of Poverty, in: John J. TePaske, Sydney Nettleton Fisher (Hg.), Explosive Forces in Latin America, Columbus/Ohio 1964, S. 149-173; Grüttner, Kultur der Armut, S. 24-29 (der dieses Konzept überzeugend auf die unqualifizierte Arbeiterschaft des ausgehenden 19. und beginnenden 20. Jahrhunderts anwendet). Kritisch diskutiert (aber nicht verworfen) wird die Theorie u.a. von Günther Albrecht, Die ‚Subkultur der Armut' und die Entwicklungsproblematik, in: René König (Hg.), Aspekte der Entwicklungssoziologie, Köln/Opladen 1969, S. 430-471, bes. S. 435 ff.

2 VZ vom 1. Febr. 1847.

3 *,Volkskultur'* läßt sich durch weitgehend „abgeschottete, ‚unverfälschte' Lebenswelten" charakterisieren, eine häufig nach Jahrhunderten zu zählende zeitliche Dauerhaftigkeit, ein „vergleichsweise geringes Maß an sozialer Bewegung" und einen „relativ hohen Grad an sozialkultureller Stabilität". ‚Volkskultur' trägt darüber hinaus eher bäuerliche als städtische Züge. Zur Definition von ‚Volkskultur' vgl. vor allem Kaschuba, Lebenswelt, S. 67 f.; Hermann Bausinger, Traditionelle Welten. Kontinuität und Wandel in der Volkskultur, in: HZ Bd. 241/1985, S. 265-286, bes. S. 281 ff.; ders., Volkskultur und Sozialgeschichte, in: Wolfgang Schieder, Volker Sellin (Hg.), Sozialgeschichte in Deutschland, Bd.III: Soziales Verhalten und soziale Aktionsformen in der Geschichte, Göttingen 1987, S. 32-48, bes. S. 38 und 44. Der Begriff *,Arbeiterkultur'* meint im allgemeinen sowohl die sich seit den sechziger Jahren herausbildende Arbeiter*bewegungs*kultur wie die

Phänomen des stadtgesellschaftlichen Umbruchs, der Phase des Übergangs von der vor- zur früh- und hochindustriellen Gesellschaft, d.h. per definitionem zeitlich begrenzt. Zugleich ist sie Ausdruck eines hohen Maßes an gesellschaftlicher Instabilität und sozialer Bewegung. Lewis hat sein Konzept der ‚Kultur der Armut' zwar im Zusammenhang mit seinen Untersuchungen der untersten Sozialschichten in den Slums von Lateinamerika entwickelt. Die von ihm beobachteten Phänomene dort zeigen jedoch erstaunliche Parallelen mit der im Berlin des Vormärz und der 1848er Revolution beobachtbaren ‚Armuts-Kultur'. Zugleich bildet die Armuts-Kultur den Gegenpol zur ‚bürgerlichen Kultur'. Die im folgenden grob umrissenen Elemente des auf Lewis zurückgehenden, von mir erweiterten und mit Blick auf Berlin in der Mitte des 19. Jahrhunderts modifizierten Konzepts der ‚Kultur der Armut' lassen sich in zwei große Gruppen gliedern, nämlich I. in überwiegend nach ‚innen' gerichtete und II. nach ‚außen' gerichtete Verhaltensmuster.

I.1. Die Lebensweise der Unterschichten war *augenblicksbezogen*; sie war nicht auf die langfristige soziale und wirtschaftliche Absicherung ihrer eigenen Existenz und der ihrer Familien orientiert. Der in Kapitel IV.5 geschilderte Konflikt zwischen Magistrat und Erdarbeitern um das Zwangssparen im Spätsommer 1848 ist hier beispielhaft. Adolf Glasbrenner hat diese Mentalität in seinem 1832 erschienenen „Eckensteher", dem Prototyp des Berliner Subproletariers, folgendermaßen karikiert: „Das Nebengeschäft ist Meubelkarren und Wäsche rollen, zu ihren Hauptgeschäften gehört: Müßiggang, Schnapstrinken und – Prügeln." Haben sie für kleine Gelegenheitsarbeiten ihren Lohn erhalten, „sitzen sie des Abends in der elenden Schnapsstube und rauchen gemühtlich aus der kurzen Pfeife den vaterländischen Knaster."[4] Nicht nur Tagelöhner, die von gelegentlicher Beschäftigung lebten, auch andere Schichten des Proletariats veranstalteten gern „fröhliche Feste". Eines konkreten Anlasses bedurfte es nur in den wenigsten Fällen. Im Revolutionsjahr machten namentlich die Erdarbeiter, mehrheitlich ehemalige Handwerker,

---

für den entfalteten Industriekapitalismus typischen ‚Lebensmodelle' der *Alltags*kultur der modernen Industriearbeiterklasse; vgl. Kaschuba, Lebenswelt, S. 23, 69 ff. Die ‚*Kultur der Armut*' steht zeitlich und (eingeschränkt) auch inhaltlich zwischen beiden Kulturen. Dies korrespondiert mit dem Konzept von Lewis, nach dem ‚Kultur der Armut' vor allem dort zu finden ist, wo „ein soziales oder wirtschaftliches System zusammenbricht oder durch ein anderes System ersetzt wird". (Lewis, Kinder von Sanchez, S. 27.) Mit der ‚plebejischen Kultur', wie sie etwa Medick in Anlehnung an E. P. Thompson verwendet, weist die ‚Kultur der Armut' zwar Überschneidungen auf. Sie ist mit ihr jedoch nicht identisch; vgl. Hans Medick, Plebejische Kultur, plebejische Öffentlichkeit, plebejische Ökonomie. Über Erfahrungen und Verhaltensweisen Besitzarmer und Besitzloser in der Übergangsphase zum Kapitalismus, in: Robert M. Berdahl u. a., Klassen und Kultur. Sozialanthropologische Perspektiven in der Geschichtsschreibung, Frankfurt a. M. 1982, S. 157-196, bes. S. 162 ff. Zum Kultur-Begriff vgl. den Überblick bei Daniel, „Kultur".

4 Adolf Glasbrenner, Eckensteher (1832), in: ders., Unterrichtung der Nation. Ausgewählte Werke und Briefe, Bd. 1, hg. von Horst Denkler u.a., Frankfurt a.M. 1981, S. 57 f.

gern einmal „mit Fahnen und Musik einen Zug durch die Stadt und brachten den Abend in einem Lokal [...] zu, wo sich auch die Frauen und Töchter zu einem Tanz" einfanden.[5] Lust am exzessiven Feiern, selbst wenn sie wie bei den meisten in regulären Arbeitsverhältnissen stehenden, ‚ehrbaren' Gesellen und Arbeitern schon gedämpfter war, war den an einem asketischen Lebensprinzip orientierten Bürgern ein Dorn im Auge. „Die Neigung zu Aufzügen mit Fahnen, Landpartien usw. ist", empörte sich die Vossische Zeitung am 24. August 1848, „eine sehr kostspielige für den kleinen Bürgerstand, die ihm Zeit und Geld raubt und, was das schlimmste ist, von dem Ernst und der Anhaltsamkeit [sic!] der Arbeit entwöhnt." Solche Appelle oder behördliche Warnungen wie die des Polizeipräsidenten Minutoli, der bereits in einer Bekanntmachung vom 20. April vergeblich versucht hatte, dem Abhalten von Umzügen und Festen einen Riegel vorzuschieben, verpufften folgenlos. Wenn sich Gesellen, Fabrikarbeiter, Tagelöhner, Erdarbeiter usw. die Lust am Feiern nicht ausreden ließen, dann resultierte dies nicht zuletzt aus den zahllosen Unwägbarkeiten proletarischer Existenz (die im Revolutionsjahr allen Arbeitsbeschaffungsmaßnahmen zum Trotz ja geblieben waren) und dem Wunsch, angesichts des oftmals trostlosen Alltagsdaseins dem Leben wenigstens ab und an angenehme Seiten und Höhepunkte abzugewinnen.

I.2. Exakte *Zeitökonomie* und Streben nach hoher *Leistungsintensität* war von ihnen noch nicht verinnerlicht, sondern mußte durch äußeren Druck erzwungen werden. Die vielfältigen Klagen der Arbeitgeber und bürgerlichen Öffentlichkeit über den Müßiggang der Erdarbeiter sowie anderer Arbeiter- und Gesellengruppen und die chronische Unpünktlichkeit selbst vieler der Fabrikdisziplin unterworfenen Maschinenbauer bringen dies deutlich zum Ausdruck. Auch nachdem Borsig, der Besitzer des größten Berliner Maschinenbauunternehmens, im Juli 1848 Zeitmarken eingeführt und das Betriebsgelände systematisch abgeriegelt hatte, fehlten an manchen Tagen bis zu zehn Prozent der Belegschaft.[6]

I.3. Die Sozialbeziehungen der Unterschichten waren durch ein hohes Maß an *Gewaltsamkeit*, eine im Vergleich zu den bürgerlichen Schichten geringe Affektkontrolle, bestimmt. Auch hier drückt Glasbrenner in seinem „Eckensteher" nur aus, was für die unteren Schichten des Proletariats allgemein galt: „Haben sie das mächtige Reich der Verbal-Injurien erschöpft, so gehen sie zu den Real-Injurien über, die in sogenannten Katzenköpfen, Maulschellen, Ohrfeigen, Knuffen, Buffen oder ähnlichen Variationen über das Thema: ‚Hiebe' bestehen. [...] Es muß ein organischer Fehler im zarten Nervensy-

---

5 VZ vom 23. bzw. 25 Mai 1848. Vgl. außerdem *S. 456*.
6 Vgl. Vorsteher, Borsig, S. 63. Seit 1849 war das Borsigsche Fabrikgelände nur noch durch zwei sorgsam überwachte Haupteingänge zu betreten; vgl. auch *S. 412*.

stem der Eckensteher sein, aber ohne Prügel können sie nun einmal nicht schlafen".[7] Indessen wäre es verfehlt, die Neigung zu Gewalt lediglich mit den Augen des unbeteiligten und amüsierten Beobachters zu betrachten. Für die Beteiligten war die Gewalthaftigkeit der Sozialbeziehungen oftmals in hohem Maße bedrückend. Vor allem ist dieser Aspekt der ‚Kultur der Armut' nicht geschlechtsneutral zu denken: Unterschichtsfrauen hatten häufig unter schlimmsten Mißhandlungen der ihnen angetrauten Ehemänner, oder sonstiger Lebenspartner, zu leiden.[8]

I.4. Die *Trennung von öffentlicher und privater Sphäre* war in den proletarischen Unterschichten *kaum* ausgeprägt, die „Scham- und Peinlichkeitsschwelle" niedrig. Das lag zum einen an den beengten Wohnverhältnissen der Unterschichten, die räumlich die Schaffung einer Intimsphäre nicht zuließen. Aber auch unabhängig von diesen Rahmenbedingungen war ‚unten' die Unbefangenheit gegenüber nackten Körpern und Sexualität ausgeprägter als im Bürgertum und Kleinbürgertum.[9] Der bürgerlichen Öffentlichkeit, auch Radikaldemokraten und Sozialisten, war deshalb das Fehlen einer abgegrenzten Privatsphäre Anlaß, den ‚sittlichen Verfall' und die ‚moralische Verkommenheit' des Proletariats zu beklagen. Wenn die Frauen der städtischen Unterschichten den ihnen von der bürgerlichen Welt zugewiesenen „Geschlechtscharakter" und die damit verbundenen Verhaltensmuster nicht akzeptierten oder verinnerlicht hatten, galten sie als „unweiblich"; wegen ihrer häufigen „Verhältnisse" wurden sie leicht kurzerhand und pauschal unter Prostitutionsverdacht gestellt.[10]

I.5. Der kaum ausgeprägten Trennung von öffentlicher und privater, häufig (da viele Handwerker zu Heimarbeitern abgesunken waren) auch beruflicher Sphäre entsprach die *fehlende räumliche wie zeitliche Separierung der Kinder- von der Erwachsenenwelt* in der ‚Kultur der Armut'. Für eigene Kinderzimmer, wie sie für das Bürgertum während der vierziger Jahre bereits typisch waren, fehlten den Unterschichtsfamilien die materiellen Voraussetzungen. Die häufig genug ‚unvollständigen', d.h. meist vaterlosen Familien des Subproletariats lebten dicht gedrängt in ein, zwei kleinen Zimmern; mitunter teilten sich zwei Familien auch einen einzigen Wohnraum. Kindheit in der Armuts-Kultur war kein Schonraum, im Gegenteil: Das niedrige, häufig genug diskontinuierliche Einkommen der Eltern war der Grund, warum viele proleta-

---

7 Glasbrenner, Eckensteher, S. 58 f.
8 Zum brutalen männlichen Eheverhalten in den Unterschichten (soweit es sich auf Basis von Scheidungsprozessen entschlüsseln läßt) in den vierziger Jahren vgl. Dirk Blasius, Die Last der Ehe. Zur Sozialgeschichte der Frauen im Vormärz, in: TAJB Bd. XXI/1992, bes. S. 8 ff., 18 f.
9 Vgl. allgemein Norbert Elias, Über den Prozeß der Zivilisation, Bd. 1, Frankfurt a. M. 1976, bes. S. 224.
10 Vgl. Saß, Berlin, S. 21 f.; Dronke, Berlin, bes. S. 32 ff.

rische Kinder entweder nach der meist kurzen Schulzeit oder häufig genug noch während der Schuljahre, nach dem Unterricht, gezwungen waren, zum kärglichen Verdienst der Eltern etwas hinzuzuverdienen. Im Revolutionsjahr gelangte dieser Kinder- bzw. Jugendlichentypus in den Hunderten von ‚fliegenden Buchhändlern' zu einiger Berühmtheit. Diese 10- bis 15jährigen Berliner Jugendlichen, die druckfrische Pamphlete, Gedichte und sonstige Erklärungen „an allen Straßenecken mit lärmendem Geschrei den Vorübergehenden feilboten und aufdrängten", ernährten ihrerseits Hunderte, wenn nicht Tausende von Familien, die sonst nicht gewußt hätten, wie sie ihr Leben fristen sollten.[11] So wenig wie die Erwachsenen des proletarischen Milieus hielten sich auch die Jugendlichen in geschlossenen Räumen auf. Ihr soziales Kommunikationszentrum war die Straße. Die gleichfalls sprichwörtliche Berliner „Gassenjugend" stellte das Gros unter den Teilnehmern vieler Katzenmusiken und war auch sonst zu jeder politischen ‚Schandtat' bereit.

I.6. Die Träger der ‚Kultur der Armut' waren halbgebildet, d.h. nur ansatzweise oder, im Berlin des Jahres 1848 allerdings eine Seltenheit, überhaupt nicht alphabetisiert. Im Gegensatz zur bürgerlichen Kultur wie auch zu der des ‚gehobenen Proletariats', den in der frühen Arbeiterbewegung organisierten Gesellen und Arbeitern, basierte die ‚Kultur der Armut' wesentlich auf der *Mündlichkeit*. Selbst die politische Meinungsbildung erfolgt im wesentlichen mündlich. Die revolutionstypischen, großflächigen Plakate, um die sich regelmäßig zum Teil riesige Menschentrauben bildeten, fungierten lediglich als auslösendes Moment für Diskussionen als das eigentliche Medium ‚proletarischer' Meinungsbildung. Zeitungen wurden nur höchst selten gelesen – während demgegenüber die frühe Arbeiterbewegung 1848 sogar über eine eigene Presse verfügte.

Die bisher skizzierten Elemente der ‚Kultur der Armut' bezogen sich in erster Linie auf das Innenleben der Unterschichten, die folgenden umreißen ihr Verhältnis gegenüber fremden, obrigkeitlichen Institutionen sowie ein spezifisches Politikverständnis.

II.1. Die *Feindseligkeit gegenüber der Staatsgewalt* war ein Grundzug der Lebenshaltung der Unterschichten – zumal dann, wenn diese Gewohnheitsrechte der Unterschichten nicht respektieren wollte, sondern diesen entgegenstehende, ‚moderne' Rechtsnormen durchzusetzen versuchte. Konfliktstoff für die häufigen Reibereien bot die Obrigkeit zur Genüge. Während des Vormärz wandte die Polizei einen beträchtlichen Teil ihrer Energie dafür auf, Erscheinungsbild und Lebensweise von Unterschichtsangehörigen zu reglementieren, weil diese häufig nicht den von den höheren Sozialschichten entwickelten Vorstellungen von Anstand, Ehrbarkeit etc. entsprachen. Eine for-

---

11 Zitat: Stern, Geschichte des deutschen Volkes, S. 140. Vgl. auch *S. 46* und *S. 319 f.*

male Handhabe, die Unterschichten zu schikanieren, besaßen die Gendarmen in der Vielzahl zum Teil absurder Polizeiverordnungen des Vormärz.[12] Bevorzugte Adressaten des Ärgers und nicht selten der Aggression des ‚Pöbels' waren die im Unterschichtenalltag stets präsenten Vertreter des Staates, bis 1848 namentlich die Gendarmen, auch das Militär, im Revolutionsjahr zunächst die Bürgerwehrleute, später dann vor allem die Konstabler. Nur scheinbar stand die fast instinktive Ablehnung repressiver Staatsfunktionen im Widerspruch zu der Verehrung, die der Monarch als ‚gütiger Landesvater' noch im Vormärz und in den Anfangstagen der Revolution genoß. Der mit einem naiven, volkstümlichen Monarchismus häufig einhergehenden Verdammung der staatlichen wie städtischen Behörden lag nämlich die Vorstellung zugrunde, der ‚gute König' sei von ‚schlechten Ratgebern' umgeben und letztere für die ‚schlechte' Politik verantwortlich. Wenn der Monarch nur wüßte, was das ‚Volk' wirklich bewege, würde er schon alles zum besten richten. Diese verbreitete Grundhaltung erklärt, warum Friedrich Wilhelm IV. nach dem 19. März auch in den unteren Sozialschichten zunächst noch an Popularität gewann – und warum dann seit Sommer die Enttäuschung groß war, nachdem sich herausgestellt hatte, daß der König und seine ‚neuen Ratgeber' hinsichtlich der ‚sozialen Frage', der das Hauptinteresse der Unterschichten galt, nichts bewegt hatten und offenkundig auch nichts bewegen wollten.

II.2. Feindseligkeit gegenüber der Staatsgewalt ist nicht gleichbedeutend mit Ablehnung obrigkeitlicher Funktionen überhaupt. Die Obrigkeit wurde vor allem seitens der stark vorbürgerlich geprägten Unterschichten mit Erwartungen konfrontiert, die an idealisierten Vorstellungen einer traditionellen *moral economy*' orientiert waren (Beispiel: Brotproteste). Erwartet wurden sozialpolitische Interventionen vor allem der Kommune zugunsten der Unterschichten (etwa Preissenkung und Preisregulierung von Grundnahrungsmitteln), wie dies in älteren, ständisch geprägten Stadtgesellschaften vielfach praktiziert worden war.

II.3. Der Distanz der weltlichen Obrigkeit gegenüber entsprach – in Berlin besonders ausgeprägt – eine *Distanz gegenüber der offiziellen Kirche*. Eine rasch wachsende Zahl gerade auch ‚einfacher Leute' ging in ein Gotteshaus lediglich, wenn die Konventionen (Taufe, Konfirmation, Eheschließung, Bestattung) dies verlangten, und trug seine Ignoranz gegenüber dem, was der Obrigkeitskirche heilig war, zur Schau, indem sie auch während der Zeremo-

---

12 Verboten war u.a. das „Topf- und Scherbenwerfen bei Polterabenden", das „Ausklopfen von Fußdecken", das „Wäschetrocknen auf Straßen und Plätzen" oder das „Ausschütten der Nachteimer in die Spree und ihre Kanäle". Diese und andere Restriktionen im Wortlaut in: Ballhorn, Polizei-Verordnungen, hier bes. S. 67-85; vgl. ferner Gailus, Straße und Brot, S. 361.

nien Zigarren rauchten und geistliche Handlungen und Gegenstände mit unflätigen Worten herabwürdigten. Die protestantische Geistlichkeit ihrerseits vertiefte diesen Graben noch, da sie sich häufig keinen anderen Rat wußte, als das proletarische Kirchenvolk zur Übernahme eines bürgerlichen Leistungsethos aufzufordern: „Beschränkt die vielfachen Vergnügungen [...]; denn Vergnügungssucht erstickt die Lust zur Arbeit und bringt um den Segen der Arbeit. Vergnügungssucht stiftet unglückliche Ehen und trennt die glücklichsten."[13] Während des Vormärz resultierte aus der verbreiteten Ablehnung der preußischen Obrigkeitskirche neben wachsender religiöser Indifferenz eine Hinwendung zu volksreligiösen Strömungen (neupietistischer oder rationalistischer Couleur). Nach 1848 fanden in den Unterschichten allmählich auch atheistische Strömungen Resonanz.[14]

II.4. Um ‚Politik' zu treiben, benötigte man *keine förmliche Organisation*, keine Programme und keine theoretischen Konzepte. Man fand sich spontan auf der Straße zusammen, diskutierte ohne ‚Vorstand' und ‚Tagesordnung' und entschloß sich häufig ebenso spontan zu Aktionen gegen mißliebige Personen und Institutionen. Im ‚Lindenklub' und den anderen ‚politischen Ecken' sowie in den Katzenmusiken fanden diese Formen politischer ‚Armuts-Kultur' 1848 ihren sichtbarsten Ausdruck.[15] Einerseits die starke Resonanz, die namentlich der Demokratische Klub, das ‚Central-Comité der Arbeiter' und später die Arbeiterverbrüderung fanden, andererseits das rasche Verschwinden des ‚Lindenklubs' und ähnlicher, regelmäßiger Straßenversammlungen zeigen, daß dieses Element der ‚Kultur der Armut' durch moderne Politikformen im Revolutionsjahr zusehends in den Hintergrund gedrängt wurde.

II.5. Bestimmte *Alltagsdelikte* galten, weit über den eigentlich ‚kriminellen' Teil des Subproletariats hinaus, in den Unterschichten als legitim, vor allem dann, wenn sie sich auf ‚altes Recht' berufen konnten, das erst durch neuere Rechtsnormen von der Obrigkeit formell zu ‚Unrecht' gemacht worden war. Der auch 1848 praktizierte, massenhafte Holzdiebstahl ist hierfür ein augenfälliges Beispiel (Kapitel IV.6).

Vor allem in einem unterschied sich die Lebenshaltung der untersten Bevölkerung Berlins 1848 freilich diametral von der von Lewis beobachteten ‚Kultur der Armut': Das „Gefühl der Resignation und des Fatalismus", wie Lewis es in den Slums von Mexiko und anderswo beobachtet hat, ließ sich in der preußischen Hauptstadt während des Revolutionsjahrs nicht feststellen. Die Erklärung hierfür ist einfach: Die politische Umwälzung des März setzte gerade in den Un-

---

13 Aus einer 1837 gehaltenen Predigt Johann Friedrich Wilhelm Arndts, Pastor an der Berliner Parochialkirche, nach: Jürgen Boeckh, Predigt in Berlin. Das Beispiel der evangelischen Parochialkirche von 1830 bis 1900, in: Elm/Loock (Hg.), Seelsorge und Diakonie, S. 314.
14 Vgl. *S. 839 f.*, sowie ausführlich Hachtmann, „Gerechtes Gericht Gottes", S. 250 ff.
15 Zum ‚Lindenklub' vgl. *S 631 ff.*; zu den Katzenmusiken *S. 467 ff.*

terschichten große Erwartungen und Hoffnungen frei, die auch durch die Rückschläge des Sommers und Herbstes nur partiell zurückgedrängt wurden. Die neuen Freiräume erlaubten, ein positives, mitunter überschäumendes Lebensgefühl offen auszuleben.

Zwar waren die beschriebenen Elemente der ‚Kultur der Armut' sämtlichen Schichten des Proletariats gemein. Je nach Schicht waren sie jedoch unterschiedlich stark ausgeprägt. Wenn sich unter den *Erdarbeitern*, denen ja auch zahlreiche (ehemalige) Gesellen und qualifizierte Arbeiter angehörten, die skizzierten Elemente der ‚Kultur der Armut' besonders gut beobachten ließen, dann ist dies neben den genannten Faktoren auf drei weitere, revolutionsspezifische Aspekte zurückzuführen: Erstens waren sie von den in ihrer Wirksamkeit im Revolutionsjahr ohnehin geschwächten Instanzen sozialer Kontrolle – vor allem: Kirche, weltliche Obrigkeit, Familie, bürgerliche Öffentlichkeit – stärker räumlich getrennt als die weiterhin regulär beschäftigten Gesellen und Fabrikarbeiter, die, wie das Beispiel Borsig zeigt, selbst im Revolutionsjahr wirkungsvoller Sozialdisziplinierung ausgesetzt sein konnten. Denn die Baustellen, auf denen die Masse der Erdarbeiter beschäftigt wurde, lagen entweder im Umland Berlins oder abseits des städtischen Zentrums. Zweitens waren sie dort in großer Zahl, zu mehreren Hunderten, wenn nicht Tausenden, zusammengefaßt. Die wenigen städtischen oder staatlichen Bauinspektoren waren zu einer wirkungsvollen Aufsicht dieser Arbeitermassen nicht in der Lage. Infolgedessen konnten ihre im industriellen oder (gleichfalls zunehmend ‚bürgerlich' geprägten) handwerklichen Kleinbetrieb kontrollierten und nur vorübergehend zurückgedrängten unbürgerlichen Verhaltensmuster leichter wieder hochkommen. Drittens führte die vielfach sinnentleerte Tätigkeit, die die Erdarbeiter auszuführen hatten, das bürgerliche Arbeitsethos ad absurdum. Am schärfsten allerdings war die ‚Kultur der Armut' im *Subproletariat* ausgeprägt. Wichtig mit Blick auf die verschiedenen Elemente der Armuts-Kultur ist indessen, daß sich zwischen den einzelnen sozialen Schichten nicht säuberlich separieren läßt und die Übergänge gerade in sozialkultureller Hinsicht fließend waren. Und auch räumlich war die ‚Kultur der Armut' nicht einzugrenzen – etwa auf die Rosenthaler Vorstadt und hier wiederum auf das sog. Voigtland, „eine Stadt für sich", in der die „Gewerbe, die Sitten und die Gebräuche der Einwohner von denen der Residenz völlig verschieden" seien, wie ein anonymer Autor in dem 1844 erschienenen Kriminalroman ‚Die Geheimnisse von Berlin' erklärte – und anschließend dann die skizzierten Elemente der ‚Kultur der Armut' aufzählt.[16] Hier waren sie nur konzentrierter und sichtbarer als anderswo – und die Abscheu des Bürgers vor diesem Stadtviertel deshalb besonders groß.

---

16 Die Geheimnisse von Berlin. Aus den Papieren eines Kriminalbeamten, Berlin 1844 (ND Berlin 1987), S. 16-20.

„Eckensteher" von Burchard Dörbeck

Kapitel V.2

Zum Spannungsverhältnis zwischen den sozialen Milieus und Mentalitäten

*,Kultur der Armut' und proletarisches Klassenbewußtsein –
ein (partieller) Gegensatz*

,Proletarische Klassenlage' und ,Klassenbewußtsein' bezeichnen keineswegs dasselbe wie ,Kultur der Armut'. Die in Kapitel V.1 genannten Elemente der ,Kultur der Armut', in erster Linie: augenblicksbezogene Lebensweise, gewalthafte Sozialbeziehungen, vorbürgerliches Zeit- und Leistungsbewußtsein, nur oberflächliche Alphabetisierung, keine scharfe Trennung von privater und öffentlicher Sphäre, wenig ausgeprägte Scham- und Peinlichkeitsgefühle, Feindseligkeit gegenüber weltlicher und geistlicher Obrigkeit, Akzeptanz von Alltagsvergehen, waren am markantesten im Subproletariat ausgeprägt. In den höheren Gefilden des lohnabhängig beschäftigten Proletariats, unter den Gesellen und den qualifizierten Fabrikarbeitern, hatten sich die Elemente der ,Kultur der Armut' bis zur Mitte des 19. Jahrhunderts dagegen bereits teilweise verflüchtigt. An deren Stelle begannen 1848 Elemente eines proletarischen Klassenbewußtseins und einer Arbeiterkultur zu treten, wie sie Ende des 19. Jahrhunderts kennzeichnend für die deutsche Industriearbeiterschaft werden sollten.

Die verschiedenen Varianten und Ebenen der modernen, historischen Klassentheorie können hier nicht diskutiert werden; der Verweis auf die einschlägige Literatur muß genügen.[1] Zu bedenken ist mit Blick auf 1848, daß, wenn (im folgenden nur im Hinblick auf das Proletariat) von ,Klasse' gesprochen wird, dies aus dem historischen Rückblick geschieht, in Kenntnis der Existenz der modernen Industriearbeiterschaft, wie sie in Deutschland im letzten Drittel des 19. und der ersten Hälfte des 20. Jahrhunderts vorzufinden ist. Zum Kern dieser moder-

---

1 Vgl. vor allem Jürgen Kocka, Klassengesellschaft im Krieg. Deutsche Sozialgeschichte 1914-1918, Frankfurt a. M. 1988 (EA 1973), bes. S. 16 ff.; ders., Lohnarbeit und Klassenbildung. Arbeiter und Arbeiterbewegung in Deutschland 1800-1875, Berlin/Bonn 1983, S. 23-30; ders., Weder Stand noch Klasse. Unterschichten um 1800, Bonn 1990, S. 34 f.; ders., Arbeitsverhältnisse und Arbeiterexistenzen, S. 3 ff., 521-525; ders., Stand – Klasse – Organisation. Strukturen sozialer Ungleichheit in Deutschland vom späten 18. bis zum frühen zwanzigsten Jahrhundert im Aufriß, in: Hans-Ulrich Wehler (Hg.), Klassen in der europäischen Sozialgeschichte, Göttingen 1979, S. 137-165, bes. S. 144 ff.; Hans-Ulrich Wehler, Vorüberlegungen zur historischen Analyse sozialer Ungleichheit, in: ebd., bes. S. 12 ff.

nen Industriearbeiterklasse wie der gewerkschaftlichen und politischen Arbeiter-
bewegungen wurden die qualifizierten Arbeiter sowie die von ihnen in ihrem
Lohnarbeiterdasein immer weniger unterscheidbaren Gesellen. Das waren genau
die Schichten innerhalb des Proletariats im weiteren Sinne, die bereits 1848
Elemente der ‚Kultur der Armut‘ abzustreifen begann. Tatsächlich war die Herausbildung von proletarischem Klassenbewußtsein und ‚modernen‘ Arbeiterorganisationen geknüpft an die Überwindung zumindest einzelner, wesentlicher
Aspekte der ‚Kultur der Armut‘:

– An die Stelle augenblicksbezogener Lebensweise trat die Orientierung nicht nur
   auf die individuelle, *langfristige* soziale und wirtschaftliche Absicherung, sondern auch auf langfristige *politische* Ziele. Die führenden Vertreter der frühen
   Berliner Arbeiterbewegung waren sich dessen bewußt, daß dies ein wesentlicher
   Differenzpunkt zur ‚Kultur der Armut‘ war. So meinte Born abschätzig, der nie-
   dere ‚Pöbel‘ als „der schlechteste Theil der Bevölkerung“ sei „gemein egoi-
   stisch“ und könne sich „höchstens für einen momentanen Genuß schlagen“. Im
   Gegensatz zur „Bewegung unseres Proletariats“ würde der Pöbel nur seinen au-
   genblicklichen Zweck [verfolgen], und wenn die Welt dabei zu Grunde ginge“.[2]
– In diesen Kontext ist auch das *Genossenschaftswesen* der organisierten Berliner
   Arbeiterbewegung 1849/50 einzuordnen. Die Erdarbeiter, bei denen die
   ‚Kultur der Armut‘ im hier definierten Sinne noch stark ausgebildet war,
   konnten seit Oktober nur durch massiven Druck des Magistrats dazu gebracht
   werden, einen Notgroschen für den Winter beiseite zu legen und nicht für
   „momentanen Genuß“ auszugeben. Die Berliner Arbeiterverbrüderung dagegen schuf aus eigener Initiative einen Spar- und Kreditverein; das Guthaben
   hierfür brachten die Mitglieder der Arbeiterverbrüderung freiwillig aus Er-
   sparnissen zusammen. Diese Arbeitersparkasse, an ihrer Entfaltung nur durch
   die vereinsrechtlichen Restriktionen des preußischen Staates 1850 gehindert,
   und ebenso die von der Arbeiterverbrüderung ins Leben gerufenen Konsumgenossenschaften dienten der langfristigen Daseinsvorsorge ihrer Mitglieder.[3]
– Die (bürgerliche) Familie als soziale Existenzform wurde von der frühen Arbeiterbewegung grundsätzlich akzeptiert, „die weiteste Zügellosigkeit“ in den
   untersten Sozialschichten vehement abgelehnt. Im Gegensatz zum niederen
   ‚Pöbel‘ als dem Hauptträger der ‚Kultur der Armut‘ stellte jedenfalls Born „die
   Familie ganz und gar nicht in Frage“; er und seine politischen Freunde strebten „die hohe *Civilisation*“ an.[4]

---

2 ‚Volk‘ vom 6. Juli 1848.
3 Gleichzeitig sollten sie die Attraktivität des angezielten sozialistischen Alternativmodells im Kleinen demonstrieren. Zu den Produktions- und Konsumgenossenschaften, wie sie von der Berliner
   Arbeiterverbrüderung seit Ende 1848 gegründet wurden, vgl. *S. 845 f.;* zu den Zwangssparkassen
   für Erdarbeiter vgl. *S. 456 f.*
4 ‚Volk‘ vom 6. Juli 1848.

– Charakteristisch für die Träger der frühen Arbeiterbewegung war das Streben nach einer entwickelten *Bildung* – und nicht die für die ‚Kultur der Armut‘ typische Halbbildung. Die Bildung der frühen ‚klassenbewußten‘ Proletarier, wie gesagt: meist Handwerksgesellen, mußte nicht so weit gehen wie bei Stephan Born, der es im Schweizer Exil in den sechziger Jahren zum Literaturprofessor brachte. ‚Klassenbewußtsein‘ impliziert jedoch die Fähigkeit zum intellektuellen Nachvollzug häufig recht differenzierter politischer und ökonomischer Analysen und mitunter komplexer theoretischer Konstrukte, wie sie von den führenden Köpfen der Frühsozialisten publiziert wurden. Obwohl von Born und anderen Repräsentanten der frühen Arbeiterbewegung explizit nicht verworfen, mögen sie sich auch an der verbalen, rohen und „verletzenden Gemeinheit“ der ‚Proletarier‘ in der „geringschätzigen Bedeutung des Wortes“, an deren „zersetzenden und verwegenen Witzen“,[5] die mit der für die Arbeiterbewegung typischen Ernsthaftigkeit kollidierten, gestoßen haben.

– Eng damit verknüpft ist ein weiterer Unterschied: Die ‚Kultur der Armut‘ war durch die beherrschende Stellung des Mündlichen charakterisiert – auch in politischer Hinsicht; denn die für die Revolutionszeit typischen, großflächigen Anschläge bildeten nur den Auslöser für die mündliche und kollektive *Meinungsbildung* der untersten Sozialschichten.[6] Regelmäßige Zeitungslektüre war hier fremd. Typisch für den ‚klassenbewußten‘ Gesellen und Arbeiter war dagegen die Lektüre frühsozialistischer und sonstiger Broschüren sowie der eigenen Presse.

– Die für die ‚Kultur der Armut‘ charakteristische *Gewalt*haftigkeit in den Sozialbeziehungen fand 1848 auf der überindividuellen, politischen Ebene ihren Ausdruck in einem spontanen Aktionismus großer Teile der Unterschichten. Zumindest die führenden Persönlichkeiten des ‚Central-Comités der Arbeiter‘ bzw. später der Berliner Arbeiterverbrüderung lehnten diesen nicht in eine längerfristige politische Strategie eingebundenen Aktionismus ab. Sie zielten auf eine friedlich-evolutionäre, sofern dies nicht möglich sei, langfristig freilich durchaus auch auf eine revolutionäre Veränderung der Gesellschaft in ihrem Sinne ab.[7]

– Das Verhältnis zum *Staat* war nicht pauschal ablehnend. Die Repressivorgane des Staates sollten zurückgedrängt und rechtsstaatlich eingebunden werden,

---

5 Charakterisierungen bei Springer, Berlins Straßen, S. 23 f.; vgl. auch Dronke, Berlin, S. 16.

6 Vgl. *Einleitung* (S. 44 f.), sowie *S. 631*.

7 Vgl. hier etwa das vorsichtige Agieren Borns und des Central-Comités während des Konflikts um das Wahlrecht Mitte April: *S. 300 f.* Bei den Aktionen gegen die Rückkehr des Prinzen von Preußen *(Kapitel III.7)* hielt sich das Central-Comité ganz zurück. Daß diese Zurückhaltung nicht Ausdruck einer politisch gemäßigten Haltung, sondern eines strategischen, in langfristigen Zeiträumen kalkulierenden Handelns und Denkens war, läßt sich nicht zuletzt an den politisch eindeutigen Stellungnahmen Borns zur Pariser Junischlacht ablesen; vgl. *S. 655,* ferner *S. 425 f.*

zentrale Bildungs- und Sozialaufgaben, zum Teil auch die Absicherung neu zu schaffender, kollektiver Formen der Produktion, dagegen in die Obhut des Staates genommen werden.[8] Der Staat als ganzes sollte demokratisch strukturiert, den unteren Sozialschichten wesentliche Mit- bzw. Selbstbestimmungsrechte eingeräumt werden.

Die hier grob skizzierten Elemente ‚proletarischen Klassenbewußtseins‘[9] wurden 1848 freilich nur partiell Realität. Namentlich die Verinnerlichung eines bürgerlichen Arbeitsethos, nicht zu verwechseln mit einem vorbürgerlichen, unter Arbeitern wie Gesellen weit verbreiteten handwerklichen Berufsethos, war auch im Revolutionsjahr selbst in den gehobenen Schichten des Proletariats noch nicht weit gediehen. Der im Revolutionsjahr von zahlreichen Gesellen gepflegte ‚blaue Montag‘[10] wie die chronische Unpünktlichkeit selbst vieler Borsig-Arbeiter zeigten, daß dieser Aspekt der ‚Kultur der Armut‘ auch innerhalb der ‚Aristokratie‘ des Proletariats ausgeprägt blieb. Überhaupt war die Absonderung „unseres Proletariats", eine Formulierung mit der Born die Arbeiterbewegung meinte, vom „gemeinen Pöbel" als dem wichtigsten Träger der ‚Kultur der Armut‘ noch keineswegs so scharf, wie die Formulierungen Borns dies suggerieren. Born war zwar unumstrittener und allseits beliebter Repräsentant der frühen Berliner Arbeiterbewegung. Insofern kann man davon ausgehen, daß die von ihm postulierten Werte auch in breiten Kreisen der Gesellen- und Arbeiterschaft akzeptiert waren. Indessen dürfen die von ihm geforderten Verhaltens*normen* nicht mit einer entsprechenden Verhaltens*praxis* gleichgesetzt werden. Born formulierte – unübersehbar am Bürgertum orientierte – politisch-kulturelle *Zielvorgaben*, deren Realisierung häufig schon allein materielle Barrieren im Wege standen.[11] Er suchte die Arbeiterbewegung nach ‚unten‘ abzugrenzen und auf

---

8 In dieser Hinsicht lagen das Bornsche Konzept eines bürgerlichen Sozialstaates und bestimmte Aspekte der ‚Kultur der Armut‘ gar nicht so weit auseinander, wie man auf den ersten Blick vielleicht annehmen möchte: Den Bornschen Sozialstaat kann man auch als modern gewandte ‚moral economy‘ interpretieren.

9 Als weitere Elemente von Arbeiterkultur und proletarischem ‚Klassenbewußtsein‘ wären zu nennen: eine ausgeprägte Fortschritts- und Technikgläubigkeit sowie der Anspruch, „erzieherisch gegenüber den Massen wirken" zu wollen; vgl. Jürgen Kocka, Arbeiterbewegung in der Bürgergesellschaft. Überlegungen zum deutschen Fall, in: GG 20. Jg./1994, S. 491. Beides läßt sich auch an der Berliner Arbeiterbewegung des Jahres 1848 beobachten. Born steht geradezu beispielhaft für den Willen, „unser Proletariat" zu ‚kultivierten‘ Menschen zu erziehen.

10 Zur verbreiteten Sitte, am Montag ‚blau‘ zu machen, vgl. *S. 446, Anm. 23.* Zu den Maßnahmen Borsigs, der Unpünktlichkeit seiner Maschinenbauarbeiter einen Riegel vorzuschieben, vgl. *S. 412.*

11 „Hohe Civilisation" und ‚modernes‘ Familienleben, wie sie von Born gefordert wurden, zugleich ein Charakteristikum von ‚Bürgerlichkeit‘, ließen sich nur bei vergleichsweise hohem Lebensstandard realisieren. Selbst für größere Teile der späteren, qualifizierten Industriearbeiterschaft gilt jedoch, daß die Ehefrauen zumindest zeitweilig lohnabhängigen (Teilzeit-)Beschäftigungen nachgehen mußten und sich nicht (wie das bürgerliche Familienideal dies forderte) der Familie widmen konnten.

diese Weise ‚salonfähig‘ zu machen, ein Vorhaben, bei dem Born auch vor der Stigmatisierung des ‚Pöbels‘ nicht zurückschreckte.

Angesichts solcher polemischen Abgrenzungen, wie Born sie vornahm, kann es nicht überraschen, daß ‚klassenbewußte‘ Proletarier die Paupers denn auch keineswegs als politische Verbündete betrachteten. Deutlich wird dies u.a. daran, daß in der zweiten Hälfte des 19. Jahrhunderts der von Marx geprägte denunziatorische Begriff des ‚Lumpenproletariats‘ für die Hauptträger der ‚Kultur der Armut‘ innerhalb der modernen Industriearbeiterklasse auf fruchtbaren Boden fiel und auch von Born gebraucht wurde. Die Antwort auf die eingangs gestellte Frage nach dem Verhältnis von ‚Kultur der Armut‘ und modernem proletarischen ‚Klassenbewußtsein‘, in Berlin 1848 repräsentiert durch das ‚Central-Comité der Arbeiter‘, kann man nach den obigen Feststellungen auf folgende These hin zuspitzen: Die Entstehung der modernen Arbeiterbewegung und Industriearbeiterklasse ist ohne deutliche Distanz ihrer personellen Träger zur ‚Kultur der Armut‘ und ein gehöriges Maß an Bürgerlichkeit nicht denkbar. Die Arbeiterbewegung war „janusköpfig“ (J. Kocka), nämlich Teil der bürgerlichen Welt und zugleich ihr Widerpart. Indessen bleibt der Begriff ‚Bürgerlichkeit‘ meist ziemlich unbestimmt. Was in unserem Kontext unter ‚Bürgerlichkeit‘ zu verstehen ist, soll deshalb etwas genauer umrissen werden.

‚Kultur der Armut‘ – ‚Kultur des Bürgers‘

Einer Antwort auf diese Frage kommt man näher, wenn man ‚Bürgerlichkeit‘ der ‚Kultur der Armut‘ gegenüberstellt. Die ‚Kultur des (idealtypischen) Bürgers‘ unterschied sich in vielerlei Hinsicht diametral von der der untersten Bevölkerungskreise:[12]

1. Zwecks *langfristiger Sicherung* der eigenen Existenz oder sonstiger Ziele ist ‚der Bürger‘ bereit, auf die kurzfristige Befriedigung von Bedürfnissen zu verzichten. Die Klage etwa der Vossischen Zeitung, die ‚Rehberger‘ würden ihren kärglichen Lohn vertrinken, bei Tanz und sonstigen volkstümlichen Festen ausgeben, statt es auf die hohe Kante zu legen[13], verrät das eigene Lebensideal.

---

12 Bes. anregend: Wolfgang Kaschuba, Deutsche Bürgerlichkeit nach 1800. Kultur als symbolische Praxis, in: Kocka (Hg.), Bürgertum im 19. Jahrhundert, S. 9–44; vgl. außerdem den Überblick bei: Jürgen Kocka, Bürgertum und bürgerliche Gesellschaft im 19. Jahrhundert. Europäische Entwicklungen und deutsche Eigenarten, in: ebd., S. 26–33; ders., Obrigkeitsstaat und Bürgerlichkeit. Zur Geschichte des deutschen Bürgertums im 19. Jahrhundert, in: Wolfgang Hardtwig, Harm-Hinrich Brandt (Hg.), Deutschlands Weg in die Moderne. Politik, Gesellschaft und Kultur im 19. Jahrhundert, München 1993, bes. S. 110 ff.
13 Vgl. VZ vom 1. Aug. 1848; ferner *S. 456*.

„Nicht wahr, ihr Proletarier seid alle schlechte Subjecte und müßt immer noch geprügelt werden. Ja, ja, die Prügelstrafe muß beibehalten werden, so wahr ich Kiekebusch heiße!"

Illustration zu „Nante's politisches Wachskabinett" von Albert Hopf (1848)

2. Typisch für ‚den Bürger' (vor allem den protestantischen) ist ein *asketisches Arbeitsethos*, das Fleiß und Disziplin selbst dann als Ideale hochhält, wenn die Tätigkeit sinnentleert ist (wie dies bei den Erdarbeitern vielfach der Fall war). In diesen Kontext gehört auch die Verinnerlichung exakter Zeitökonomie. Askese, der Verzicht auf kurzfristige Bedürfnisbefriedigung zugunsten langfristiger, edler Ziele, an denen möglichst die ganze Menschheit partizipieren soll, kann genauso auch für die politische Arbeit gelten. Dies galt nicht zuletzt für zumindest einen Teil der Berliner Radikaldemokraten des Jahres 1848.

3. Bürger *verzichten* im allgemeinen auf offene, *physische Gewalt* in den internen Sozialbeziehungen. An die Stelle der Gewalt treten der psychische Druck und das schlechte Gewissen. Nicht zuletzt als Mittel der politischen Auseinandersetzung wird Gewalt verabscheut – es sei denn, sie geht von den dazu legitimierten (staatlichen) Instanzen aus.

4. Bürgerlichkeit setzt einen gewissen Wohlstand voraus, der, im Gegensatz zur ‚Kultur der Armut‘, die Schaffung einer *abgegrenzten, sorgsam gewahrten Privat- und Intimspäre* wie überhaupt die *Trennung der männlichen bzw. familialen Lebenswelt in Privat- als Reproduktionssphäre einerseits und Erwerbs- als Produktionssphäre andererseits* ermöglicht. Diesem Charakteristikum ‚bürgerlicher Kultur‘ entsprechen feste Rollenzuweisungen an die Familienmitglieder. Der Familienvorstand hatte bestimmten männlich-väterlichen, seine Gattin spezifisch weiblich-mütterlichen Rollenerwartungen zu entsprechen. Der Frau wurden die Attribute schwach, schön, gefühlvoll, einfühlsam und passiv, dem Manne die Attribute stark, durchsetzungsfähig, rational und aktiv zugeschrieben. In der Familie sollten die kontrastierenden Geschlechtscharaktere zur harmonischen Einheit gelangen. Aufgabe der Frau war es dabei, nicht nur das leibliche wie seelische Wohl der Kinder im Auge zu behalten, sondern zugleich eine Atmosphäre positiver, innerfamilialer Emotionalität zu schaffen und gegenüber äußeren Einflüssen zu sichern.[14]

5. Bürgerlichkeit implizierte bereits 1848 und im Vormärz, daß die *Kindheit relativ strikt vom Erwachsensein getrennt* war. So wie in aller Regel die Privatsphäre von der Sphäre männlicher Erwerbsarbeit räumlich getrennt war, wurden die Kinderstuben von den Räumlichkeiten der Erwachsenen separiert. Damit wurde zugleich die elterliche Sexualität den Blicken der Kinder entzogen, tabuisiert und umgekehrt die Kinderwelt entsexualisiert. Der Herausbildung einer eigenen, bürgerlichen, entsprechend den Geschlechtern wiederum bipolaren ‚Kinderkultur‘ korrespondierte die Verbreitung nicht nur pädagogisierender Literatur *über* Kinder, sondern ebenso von Büchern *für* Jungen und Mädchen.[15] In vergleichsweise behüteten Verhältnissen bewegten sich dann auch die bürgerlichen Jugendlichen; hier wurde die geschlechtsspezifische Erziehung über die Familie hinaus zusätzlich in Gymnasien bzw. Realschulen sowie höheren Mädchenschulen formalisiert und institutionalisiert. Die Unterschichtsjugend galt dagegen als „verwahrlost“, weil sie sich, aufgrund beengter Wohnverhältnisse und niedriger Familieneinkommen, meist auf der Straße aufhalten oder schon im Kindheits- und Jugendalter für einen Zuverdienst sorgen mußte.

---

14 Vgl. Karin Hausen, Die Polarisierung der „Geschlechtscharaktere“. Eine Spiegelung der Dissoziation von Erwerbs- und Familienleben, in: Heidi Rosenbaum (Hg.), Seminar: Familie und Gesellschaftsstruktur. Materialien zu den sozioökonomischen Bedingungen von Familienformen, Frankfurt a.M. 1978, S. 161-191.

15 Bes. anregend der Überblick zur bürgerlichen Familie und Jugend von Ingrid Peikert, Zur Geschichte der Kindheit im 18. und 19. Jahrhundert. Einige Entwicklungstendenzen, in: Heinz Reif (Hg.), Die Familie in der Geschichte, Göttingen 1982, bes. S. 116-123, 130 ff.; Hausen, Polarisierung der „Geschlechtscharaktere“, S. 174 f., 182.

6. Der ‚Pöbel‘ trat in Massen auf; das Bürgertum setzte auf Individualität. In revolutionär bewegten Zeiten verwirklichte sich das bürgerliche *Individualitätsideal*, neben den Parlamenten, vor allem in den Klubs (aller Schattierungen), in rhetorisch mitunter ausgefeilten Debattenbeiträgen, durch die die verschiedenen Redner zu glänzen suchten und sich für politisch höhere Aufgaben empfehlen wollten. Nur in Einzelfällen lassen sich dagegen Wortführer des ‚Pöbels‘ ausmachen. Und wenn, dann waren dies häufig bürgerliche Demokraten, die mit populistischen Forderungen und einer ‚volksnahen‘ Sprache Teile der Unterschichten hinter sich brachten.[16] Statt unter ‚freiem Himmel‘ und auf öffentlichen Plätzen, dem Forum der politisierten Unterschichten, bewegte sich ‚der Bürger‘, auch der demokratische, am liebsten in geschlossenen Räumen.

7. Der (idealtypische) Bürger wollte die Revolution institutionalisieren. Dazu gehörten zuvorderst Parlamente, gleichsam die Legalisierung der Revolution. Ihre frühzeitige Formierung wurde von breiten bürgerlichen Bevölkerungsschichten mit spürbarer Erleichterung aufgenommen. Der Begriff ‚Institutionalisierung‘ läßt sich jedoch noch weiter fassen. Er meint ganz allgemein: Regelmäßigkeit, Dauerhaftigkeit, formalisierte Kommunikationsformen. Der bürgerliche Verein, 1848 der politische Klub, mit gewähltem Vorstand, regelmäßigen Sitzungen, Mitgliedsbeiträgen usw. ist das wichtigste Resultat dieses Bedürfnisses nach Institutionalisierung. Das Binnenleben der Klubs wies nicht zufällig vielfältige Ähnlichkeiten mit parlamentarischen Umgangsformen auf. Organisationsstrukturen und Kommunkationsformen und ebenso die Inhalte der Debatten und Entschließungen der Vereine waren quasi-parlamentarisch. Das ursprünglich bürgerliche Institut ‚Verein‘ wiederum wurde von der Arbeiterbewegung von Anfang an kopiert, nicht zuletzt, weil es sich als besonders wirkungsmächtig und schlagkräftig erwies, und seit Sommer 1848 überhaupt von wachsenden Teilen der Unterschichten akzeptiert.

8. Das Bürgertum definierte sich durch *Bildung, abstrakte Sprache und das geschriebene Wort*. Salons und Teegesellschaften befriedigten das Bedürfnis nach ‚gehobener Konversation‘; der Wissenschaft wurde Respekt bezeugt. Typisch ‚bürgerlich‘ im kulturellen Sinne (das konnte auch Teile der entstehenden Berliner Arbeiterbewegung mit einbeziehen) war im hier interessierenden Zeitraum außerdem die regelmäßige Zeitungslektüre, allerdings nicht unbedingt individuell im häuslichen Lesesessel. Gut besucht waren die vornehmlich bürgerlichen Lesekabinette und Lesehallen sowie die gleichfalls meist mit mehreren Tageszeitungen ausgestatteten Cafés. Der im Sommer sichtbar

---

16 Namentlich Held, Schlöffel, Monecke, Korn, Eichler und Urban. Mit Born, Bisky, Lüchow und Siegerist traten in Berlin freilich 1848 auch das erste Mal ‚Arbeiter-Intellektuelle‘ auf (KBA).

werdende Entfremdungsprozeß zwischen Unterschichten und bürgerlicher Demokratie hat hier zum Teil seine Wurzeln. Die abgehobenen und häufig folgenlosen Diskussionen über abstrakte politische Systeme schreckten die Unterschichten ab und machten sie mißtrauisch. Möglicherweise gaben bürgerliches Politikverständnis und Diskussionsverhalten auch antiintellektuellen Ressentiments des ‚Pöbels' Nahrung, zumal auf der anderen Seite konkrete, materielle Forderungen, die den Unterschichten ein unmittelbares Anliegen waren, in den Klubs weitgehend außen vor blieben.

9. Statt Feindseligkeit gegenüber der Obrigkeit wie beim ‚Pöbel' charakterisierte den Bürger *Staatsbezogenheit* – jedenfalls solange die Tätigkeit der Organe der Obrigkeit dem Zweck diente, ‚Kriminalität' zu vermeiden oder zu verfolgen, ‚Ruhe' und ‚Ordnung' zu erhalten oder wiederherzustellen. Das galt 1848 selbst für viele *Demokraten*, die staatliche Funktionen nicht als solche, sondern nur die Formen ihrer Anwendung oder die ‚Unmäßigkeit' bei der Ausübung obrigkeitlicher Gewalt z.B. durch Militär, Gendarmen, Konstabler oder Bürgerwehr kritisierten. Bei *konservativen* Bürgern wiederum geriet die Obrigkeit in die Kritik, wenn sie ihre ‚eigentlichen' Repressiv-Aufgaben nicht kräftig genug verfolgte. Seitens *sozialreformerischer* Bürger schließlich wurde dem Staat die Aufgabe zugewiesen, soziale Nöte zu lindern etc., die eigenständige Organisierung der Objekte der Fürsorge, des Proletariats, dagegen tendenziell abgelehnt.

10. Über den sozialen Status, die Position, die die Glieder einer Gesellschaft einnehmen, sollten in der Perspektive des typischen Bürgers nurmehr individuelle Leistungen und Fähigkeiten den Ausschlag geben. Das *Leistungsprinzip*, nicht mehr ständische Vorrechte, galt als das, was hauptsächlich zählt.

Als weiteres Charakteristikum bürgerlicher Lebenseinstellung wird häufig Zukunftsgewißheit und Fortschrittsoptimismus genannt. Dies mag namentlich für das Wirtschaftsbürgertum zutreffen, das sich seiner ökonomischen Potenzen bewußt war und gerade auch 1848 mit politischem Selbstbewußtsein gegenüber den alten Eliten auftrat. In anderer Hinsicht und mit Blick auf erhebliche Teile jedenfalls des Berliner Bürgertums muß diese Feststellung jedoch relativiert werden. Weiten Kreisen des Bürgertums, stärker allerdings noch dem Kleinbürgertum, saßen soziale Angst und das ‚Gespenst des Kommunismus' im Nacken; Konservativismus bis hin zu politischer Nostalgie war 1848/49 ein verbreitetes bürgerliches Phänomen in der preußischen Hauptstadt.

Natürlich gilt alles, was hier als Element der ‚Kultur des Bürgers' – sowie der ‚Kultur der Armut' – benannt wurde, lediglich idealtypisch, als Tendenz. Beim einzelnen Bürger waren die verschiedenen Merkmale der bürgerlichen ‚Kultur' unterschiedlich stark ausgeprägt. Die unter 5. und 6. gefaßten Merkmale von Bürgerlichkeit setzen außerdem Eheschließung und Familiengründung voraus, Bedingungen, die für die meist jungen, *ledigen* Demokraten nicht galten. Bürgerlichkeit läßt sich zudem nicht auf das Bürgertum als soziale Schicht begrenzen, sondern strahlte auch auf andere Sozialschichten aus. Die Angehörigen der *Mittelschichten* als ‚Kleinbürger‘ suchten den angesprochenen, bürgerlichen Idealen nicht selten in übertriebener Weise nachzueifern. Selbst breitere Kreise der Aristokratie konnten sich ausgesprochen bürgerlich gerieren, huldigten dem bürgerlichen Familienideal, betonten das Leistungsprinzip, zollten der Wissenschaft ihren Respekt, wurden zu passionierten Zeitungslesern und hielten überhaupt geistig-kulturelle Werte hoch. Daß Bürgerlichkeit auf die unmittelbar benachbarten Sozialschichten abfärbte, kann nicht überraschen: Bürgerliches Selbstverständnis und bürgerliche Kultur erhoben Anspruch auf Allgemeingültigkeit, ein Anspruch, der freilich nicht eingelöst wurde, weil ihm ein auf Abgrenzung zumindest nach ‚ganz unten‘ bedachter Habitus und ein entsprechendes Alltagsverhalten entgegenstanden.[17] Partiell durchbrochen wiederum wurde der gemeinsame, bürgerliche Habitus 1848 von einer Art antiautoritärer Jugendbewegung. Mit langen Haare und Bärten sowie den Kalabreserhüten, denen lange rote Federn aufgesteckt waren, gaben die jungen, radikalen Demokraten ihrer Protesthaltung gegen das normal-bürgerliche ‚Spießertum‘ demonstrativen Ausdruck.

Die wesentlichen Elemente der ‚Kultur der Armut‘ wie der Bürgerlichkeit hatten sich weit vor der Revolution 1848 ausgeprägt. Was im Revolutionsjahr allerdings besonders sichtbar wurde, waren die, gleichfalls lange zuvor angelegten, gegenseitigen Vorurteile und Aversionen. Sie fanden im ‚tollen Jahr‘ über das übliche, nunmehr kaum restringierte und damit offenere Alltagsverhalten hinaus auch in revolutionsbedingten Entwicklungen und Ereignissen ihre Bestätigung. Namentlich der wilde, wüste und müßige ‚Rehberger‘ fungierte für den biederen Bürger zugleich als Inkarnation der ‚Kultur der Armut‘ und revolutionäres Schreckbild.

Während im Spannungsverhältnis von bürgerlicher und Armuts-‚Kultur‘ nur zutage trat, was zuvor längst existierte, war die Revolution für die Herausbildung von ‚Klassenbewußtsein‘ von entscheidender Bedeutung – und zwar sowohl für das proletarische ‚Klassenbewußtsein‘ als auch für dessen bürgerliches Äquivalent. So wenig wie ‚Kultur der Armut‘ mit proletarischem Klassenbewußtsein gleichzusetzen ist, darf ‚Kultur des Bürgers‘ oder Bürgerlichkeit mit ‚Arbeit-

---

17 Vgl. Kaschuba, Bürgerlichkeit, S. 16 ff.; Lepsius, Demokratie, S. 297 f. Dazu gehörten auch z.B. die „Bourgeoisie-Konditoreien, die je nach Lage ein besonderes Publikum versammeln“; vgl. bes. Saß, Berlin, S. 43, 48 ff., 56 ff; Dronke, Berlin, S. 41-46, 51 ff.; Springer, Berlins Straßen, S. 32. Die Kneipen der untersten Schichten des Proletariats, auch von den bürgerlich-demokratischen Sozialkritikern meist ängstlich gemieden, werden anschaulich beschrieben in dem zeitgenössischen anonymen Roman ‚Die Geheimnisse von Berlin‘, bes. S. 16 ff.

gebermentalität[18] ineins gesetzt werden. Oben ist konstatiert worden, daß nur ein Teil der Unterschichten ein frühes Klassenbewußtsein entwickelte. Ähnliches galt (wie noch zu zeigen sein wird) auch für das Bürgertum. Mit Klassenbewußtsein sind hier gleiche bzw. ähnliche Haltungen, Hoffnungen und Ressentiments in sozialer und politischer Hinsicht, im Idealfall: die allen Mitgliedern einer sozialen Großgruppe (Klasse) gemeinsame Identität gemeint, aus der wiederum ein gemeinsames Verhalten gegenüber der gesellschaftlichen Umwelt entspringt. Wie rasch sich 1848 ein zunächst vielfach noch auf die eigene Berufsgruppe verengtes Bewußtsein zu einem alle Gruppen der Lohnabhängigen umfassenden Denken und Handeln ausweitete, ist in Kapitel IV.4 dargestellt worden: Im April wurde das ‚Central-Comité der Arbeiter‘ als lokales ‚Parlament‘ aller Berliner Arbeiter- und Gesellengruppen, Anfang September dann die Arbeiterverbrüderung als erste nationale Arbeiterorganisation ins Leben gerufen. Die meisten Arbeiter- und Gesellengruppen, die Ende März und im April zunächst noch berufsständisch geprägte Petitionen verfaßt hatten, bezogen sich danach auf die allgemeine Programmatik der frühen Arbeiterbewegung. Ein erheblicher Teil der Berliner Arbeiter und Gesellen (allerdings nicht alle) war sich berufsübergreifender Gemeinsamkeiten, des allen gemeinen Lohnarbeiterdaseins und der daraus resultierenden gleichen Interessenlage bewußt geworden. Der Antagonismus gegenüber dem sozialen Widerpart, den Unternehmern und Meistern, wurde nicht nur intuitiv erspürt. Die frühe Berliner Arbeiterbewegung ‚bildete‘ ihre Mitglieder in starkem Maße. Die neue Arbeiterpresse, Diskussionsveranstaltungen und Volksversammlungen beförderten in weiten Teilen der Gesellen- und Arbeiterschaft ein Bewußtsein über die materiellen Hintergründe für die mit der Industrialisierung einhergehenden sozialen Umbrüche und die freilich erst in schemenhaften Konturen sichtbare Struktur der neuen industriellen Welt. Unfreiwillige Nachhilfe erteilten außerdem die Meister, wenn sie Mitbestimmungswünsche der Gesellen häufig brüsk ablehnten, jenen damit die Illusion (weiterbestehender) berufsständischer Gemeinsamkeiten raubten und sie so an die Seite der (übrigen) Arbeiter trieben. Zugleich jedoch, das darf bei allen diesbezüglichen Veränderungen nicht vergessen werden, blieben handwerkliche Traditionen 1848 und darüber hinaus wirkungsmächtig und ließen sich nicht zuletzt auch in den frühsozialistischen Konzepten nachweisen, die in der Berliner Arbeiter- und Gesellschaft auf besondere Resonanz stießen.

Im Grunde genommen ist die Ausbildung auch nur rudimentärer Formen von Klassenbewußtsein gegen Ende der ersten Hälfte des 19. Jahrhunderts ein paradoxes Phänomen. Denn ‚Klassenbewußtsein‘ unterstellt gleiche ‚Klassenlage‘.

---

18 ‚Arbeitgebermentalität‘ entwickelten einerseits lediglich ein Teil des Bürgertums, das Wirtschaftsbürgertum, die Unternehmerschaft, andererseits auch nicht-bürgerliche Schichten, namentlich Handwerksmeister und Händler; vgl. auch *S. 500 f.*

Davon kann jedoch 1848 kaum die Rede sein. Zwar war in der preußischen Hauptstadt die Auflösung ständischer Strukturen weiter als anderswo fortgeschritten und hatten sich hier die sozialen Abhängigkeiten der Gesellen und Arbeiter von ihren jeweiligen Arbeitgebern zunehmend angeglichen. Für die Formierung der ,Arbeiterklasse' reicht die gleiche Stellung auf dem Arbeitsmarkt, das den Gesellen und frühen Fabrikarbeitern gemeinsame Lohnarbeiterdasein jedoch nicht aus. Der Struktur der einzelbetrieblichen Produktion kommt eine mindestens gleichberechtigte Rolle zu. Aus diesem Blickwinkel betrachtet, hatte sich in Berlin bis 1848 noch keine Arbeiterklasse gebildet. Die Arbeitsbedingungen blieben heterogen, die große Masse der Lohnabhängigen arbeitete in kleinen Betriebseinheiten und unter vorindustriellen Produktionsbedingungen. Die meisten ,Fabriken' waren von Handwerksbetrieben nicht zu unterschieden. Manche Arbeitgeber, die sich stolz ,Maschinenbau-Fabrikanten' nannten, beschäftigten nur zwei Arbeitskräfte! Die innerbetriebliche Arbeitsteilung war selbst in größeren Betrieben kaum ausgeprägt, Maschineneinsatz die Ausnahme. Die Funktionen des Produzenten und Produktionsmittelbesitzers waren, von den relativ wenigen echten Großunternehmen abgesehen, noch nicht strikt getrennt.

Wenn dennoch unübersehbare Spuren eines proletarischen Klassenbewußtseins im revolutionären Berlin aufzufinden sind, dann erklärt sich dies nicht zuletzt durch von außen hereingebrachte theoretische Vorgaben, die wiederum vor dem Hintergrund der ,moderneren', sozialökonomischen Verhältnisse in Frankreich, Belgien und vor allem England entwickelt worden waren, auf ein duales Klassenverhältnis abhoben und zudem eine sozial gerechte und sichere Zukunft versprachen. Die Empfänglichkeit für revolutionäre Ideen erhöhte sich im Laufe des Jahres 1848 – parallel zur wachsenden Enttäuschung über den halbherzigen Charakter der Revolution und den strukturellen Konservatismus der Regierungsliberalen. Bestimmte politische Ereignisse wie die Pariser Junirevolution, die auch innerhalb der frühen Berliner Arbeiterbewegung zum politisch-militärischen Klassenkonflikt stilisiert wurde, vertieften die frühen Formen von Klassenbewußtsein. Als Multiplikatoren für sozialrevolutionäres Gedankengut, das immer auch Reste von Zunftidealen enthalten konnte, wirkten dabei den Frühsozialisten nahestehende Arbeiterführer wie die mehrfach erwähnten Born, Bisky, Lüchow, Siegerist und Schlöffel. Wirkung konnten sie nur entfalten, weil die Auflösung ständischer Lebenswelten und die mit der Industrialisierung eingehende soziale Entwurzelung den Resonanzboden dafür geschaffen hatten.

Paradox ist nicht nur, daß sich Ansätze von Klassenbewußtsein herausbildeten, bevor eine gemeinsame Klassenlage entstanden war. Paradox ist auch, daß der Prototyp des ,modernen' Industriearbeiters sich 1848 anfänglich noch wesentliche Elemente eines handwerklich-ständischen Bewußtseins bewahrte; erst seit Spätsommer fanden die Berliner Maschinenbauarbeiter zur frühen Arbeiterbewegung. Umgekehrt entpuppten sich vor allem die Gesellen als Träger eines ‚modernen' Arbeiterbewußtseins, die in Gewerben mit noch ausgeprägt handwerklichen Traditionen arbeiteten (Schneider, Tischler; mit Einschränkungen: Buchdrucker). Gemein war letzteren, daß sie ‚weit in der Welt herumgekommen' waren, in den westlichen Nachbarländern wie Frankreich, Belgien, der Schweiz und England nicht nur dort entwickelte revolutionäre Theorien, sondern auch sozialökonomische Verhältnisse kennengelernt hatten, wie sie sich in den deutschen Staaten erst in den folgenden Jahrzehnten herausbilden sollten.

Vom Stand zur ‚Classe': Anmerkungen zum Sprachverhalten von Arbeitern und Gesellen, Unternehmern und Meistern

In welchem Maße ständisches Bewußtsein zugunsten von *Klassenbewußtsein* zurücktrat, drückte sich augenfällig im Sprachverhalten der Arbeiter und Gesellen aus.[19] Begriffe wie „Arbeiter", „arbeitende Classe" und ähnliche Termini fanden in die Alltagssprache Eingang. Die zahlreichen Berichte über die Volks- und Arbeiterversammlungen in der preußischen Hauptstadt sind hier aufschlußreich. Dies zeigt außerdem der Blick in die Berliner Arbeiterpresse, in die radikaldemokratischen Periodika und in die von den verschiedenen Gesellen- und Arbeitergruppen verfaßten Petitionen. Selbst die Gesellen noch recht eindeutig traditionell-handwerklich strukturierter Gewerbe bezeichneten sich unmißverständlich als „Arbeiter". Berlin war keine Ausnahme; überall, in der Regel freilich nicht so ausgeprägt wie in der Preußenmetropole, ließ sich dieselbe Veränderung im Sprachverhalten vieler Gesellen beobachten.

Zwar wurden die Begriffe „Arbeiter" und „arbeitende Klassen" nicht immer in einem nach heutigen Maßstäben exakten Sinne verwendet. Aber Gesellen und Arbeiter suchten, wenn sie diese Begriffe als Selbstbezeichnung verwendeten, damit ihrer neuen Sicht der Dinge Ausdruck zu verleihen. Mit dem Wort „Arbeiter" wurden sprachlich die traditionellen ständischen Dimensionen gesprengt, ließ sich die Bedeutung, die der Redner oder Schreiber der Spaltung der Gesellschaft entlang der sich erst ganz allmählich herausbildenden Klassenlinien beilegte, schlagwortartig ausdrücken.[20] Auch ihren Widerpart, die Arbeitgeber,

19 Was hier zusammengefaßt skizziert wird, habe ich an anderer Stelle ausführlicher dargestellt und belegt; vgl. Hachtmann, Vom Stand zur „Classe".
20 Der Begriff „Arbeiterklasse" wird, im späteren (marxistischen) Sinne, freilich nur von Born verwendet, nämlich in dem von ihm formulierten Programm des Central-Comités vom 23. April 1848. Der Terminus „Arbeiterbewegung" schließlich läßt sich im Umkreis der Berliner Arbeiterorganisationen erst seit Ende des Jahres 1848 nachweisen, in Artikeln von Born in der ‚Arbeiterverbrüderung' vom 3. und 31. Okt. 1848. Wesentlich früher wurde er von Marx benutzt: 1844 in den ‚Kritischen Randglossen zu dem Artikel eines Preußen', in: MEW 1, S. 404.

begannen die „Arbeiter" mit verallgemeinernden Kategorien zu bezeichnen. Fabrikanten und ‚große' Meister wurden häufiger als „Capitalisten", „Capital" etc. bezeichnet. Allerdings verwandten die „Arbeitsleute" den Terminus „Capitalist" seltener als „Fabrikherr" oder „Meister" – während der „Geselle" durch den Ausdruck „Arbeiter" stärker verdrängt wurde. Von der bürgerlichen Presse schließlich konnte der Begriff „Kapitalist" durchaus auch in einem positiven Sinne verwandt werden, etwa im Sinne von Börsianer und Finanzmann.[21]

Die Herausbildung und das sprachliche Sichtbarwerden von Elementen eines Klassenbewußtseins waren kein einseitiger Prozeß nur innerhalb des ‚Proletariats'. Gleiches läßt sich, abgeschwächt, auch für das soziale Gegenüber beobachten. 1848 verzichteten namentlich die Berliner Texilunternehmer auf die vorher zur Selbstcharakterisierung übliche, spezielle Berufsbezeichnung und nannten sich statt dessen schlicht „Fabrikanten".[22] Darin spiegelte sich die wachsende Absonderung des eigentlichen Unternehmers vom Handwerksmeister wieder. Während des Vormärz waren die sozialökonomischen Trennungslinien zwischen beiden Schichten noch nicht so klar gezogen; bis zur Revolution sprach man unter Einbeziehung der kleineren Selbständigen von „Handels- und Gewerbestand", „Handels- und Fabrikantenstand" oder „Kaufleuten". Vor allem der „Arbeitgeber" wurde 1848 dann auf bürgerlicher Seite zu einem ziemlich allgemein benutzten Terminus. Sogar Meister bezeichneten sich manchmal selbst und ihresgleichen als „Arbeitgeber". Sie brachten damit zum Ausdruck, daß sich auch aus ihrer Perspektive in zunehmendem Maße die Unterschiede zwischen den Gewerbezweigen verwischten und sie sich allmählich gleichfalls als ‚Klasse' (ein Terminus, der von ihnen allerdings nicht benutzt wurde) zu verstehen begannen. Verwendung fanden außerdem abstrakte Begriffe wie „Besitz" und „Kapital", die gemeinsame Unternehmereigenschaften bezeichneten. Ihren sozialen Gegenpart bezeichneten Industrielle, und vereinzelt selbst ‚große' Meister, seit der Märzrevolution zunehmend als „Arbeiter" oder „Arbeitnehmer". Wie bei den Gesellen und Arbeitern begann also auch bei den Unternehmern ein dichotomisches Schichtungsbild an die Stelle eines vielschichtig-ständischen zu treten.[23] Zu berücksichtigen ist freilich, daß es sich um den Beginn

Im gleichen Jahr findet er sich außerdem in der ‚Mannheimer Arbeiter-Zeitung'; vgl. Werner Conze, Arbeiter, in: GGr, Bd. 1, S. 229 f.

21 Vgl. z.B. VZ vom 7. Juli und 22. Okt. 1848. Auch linke bürgerliche Sozialkritiker des Vormärz benutzten zur Charakterisierung der gleichen Sozialgruppe bereits den Ausdruck „Kapitalist"; vgl. Saß, Berlin, S.197. Häufiger waren allerdings Termini wie „Geldaristokratie", „Mammonismus"; vgl. z.B. Dronke, Berlin, bes. S. 197-208; Beta (= Heinrich Bettziech), Berlin und Potsdam. Ihre Vergangenheit, Gegenwart und Zukunft, München o. J. (ca. 1847), S. 63 f.

22 Vgl. hierzu und zum folgenden Kaelble, Berliner Unternehmer, bes. S. 127 ff., 137 ff., 140-150, 176 f., außerdem Hachtmann, Vom Stand zur „Classe".

23 Wie bedeutsam diese sich im Revolutionsjahr abzeichnenden Wandlungen hin zu einer Art Zwei-Klassen-Bewußtsein waren, läßt sich schließlich daran ablesen, daß selbst führende Reprä-

eines Prozesses handelte, der in der Revolution und auch in den folgenden Jahren zu keinem Abschluß kam.

Die Korporation der Berliner Kaufmannschaft und das ‚Central-Comité der Arbeiter' können gewiß nur mit Einschränkungen als *Klassenorganisationen* angesprochen werden. Bemerkenswert ist allerdings, daß beiden Vereinigungen ein leidenschaftsloser politischer ‚Pragmatismus' zu eigen war. Die KKB, obgleich eindeutig konservativ orientiert, exponierte sich politisch nicht öffentlich. Sie verzichtete auf Ideologismen und suchte nüchtern – und erfolgreich – die unmittelbaren wie langfristigen ökonomischen Interessen ihrer Mitglieder zu vertreten. Dem entsprach ein ähnlicher, demokratisch-sozialer Pragmatismus des ‚Central-Comités der Arbeiter' unter Stephan Born. Sozialpolitisch gerierte sich die neue proletarische Klassenorganisation nicht radikal, sondern eher gemäßigt. Das Bornsche ‚Arbeiterparlament' verlangte die Stabilisierung und den Ausbau der bürgerlichen Freiheiten, die Förderung von Industrie und Handel und wünschte die Kooperation mit Unternehmern und Behörden. Gerade ‚klassenbewußte' Arbeiter und Gesellen wollten unmittelbare und gewaltsame Konfrontationen mit unkalkulierbaren Folgen vermeiden. Aus ihrer Sicht galt es, den organisatorischen Rahmen für eine breite, soziale und politische Bewußtwerdung der erst im Entstehen begriffenen Arbeiterklasse zu schaffen und zu erhalten – und die neue Organisation nicht durch politischen Aktionismus und revolutionären Romantizismus zu gefährden.

Die *Meisterschaft* stand gewissermaßen zwischen den Fronten. Sie wurde, von einzelnen selbständigen Handwerkern mit großen Betrieben abgesehen, nur sehr begrenzt von dem Klassenbildungsprozeß erfaßt, der sich in den skizzierten Wandlungen des Sprachverhaltens ausdrückte. Sprachlich hielten sie sich eher an überkommene Konventionen. Bei einem Teil des Mittelstandes bildete sich allmählich eine Art Drei-Lager-Mentalität heraus: Breite Schichten des Kleinbürgertums, zu denen neben den Meistern insbesondere die Kleinhändler gehörten, rückten nicht nur vom ‚Proletariat', sondern zugleich auch vom eigentlichen Wirtschaftsbürgertum ab. Diese ‚kleinen' Meister und Kaufleute nannten seit 1848 die industriellen Unternehmer, die Großkaufleute und die Bankiers häufiger „Spekulanten", „Wucherer" usw. Vor allem ‚größere', wohlsituierte Meister lehnten sich dagegen, die Selbstbezeichnung „Arbeitgeber" bringt dies zum Ausdruck, an das eigentliche Wirtschaftsbürgertum an. Daneben gab es schließlich noch eine dritte Variante: Ein kleiner Teil namentlich der proletaroiden Meister nahm das ‚Bündnisangebot' an, das ihm auf Arbeiterversammlungen und vom ‚Central-

sentanten des Staates von der „Klasse der Arbeitgeber" und der „Klasse der Arbeiter" zu sprechen begannen: In der Verordnung Patows vom 8. Mai 1848 über die Bildung der ‚Lokal-Ausschüsse' etc. wurden die Mitglieder dieser Gremien „als Fabrikanten, Meister pp. der Klasse der Arbeitgeber" zugerechnet, die „Gesellen, Gehülfe, Fabrikarbeiter pp. der Klasse der Arbeiter" subsumiert; vgl. *S. 392, Anm. 29.*

Comité der Arbeiter' gemacht worden war und zählte sich gleichfalls zu den „arbeitenden Klassen".

Klassen und Klassengrenzen begannen – nimmt man das Sprachverhalten als Indikator – in den Revolutionsmonaten erheblich an Konturen zu gewinnen, auch wenn nicht nur die Mehrheit der Meister, sondern ebenso eine größere Minorität unter den Gesellen das Revolutionsjahr über weiterhin traditionellen, berufsständischen Denk- und Verhaltensmustern nachhing.[24] Von ähnlich tiefgreifender Bedeutung, jedoch quer zu den sozialen Antagonismen, war eine andere Trennungslinie: die zwischen den Geschlechtern.

---

24 Der große Zulauf, den der konservative Handwerkerbund verzeichnen konnte, und die Resonanz, die 1849 der hochkonservative ‚Treubund mit Gott für König und Vaterland' erhielt, zeigen, wie stark diese Strömung blieb; vgl. *S. 421, 827 ff.*

Kapitel V.3

Frauen in der Revolution

Frauen betraten im Revolutionsjahr einerseits als Subjekte die Bühne des politischen Geschehens; andererseits waren sie Objekte von Idealen, Wünschen und Phantasien der Männer. Deshalb und weil schriftliche Selbstzeugnisse von Frauen nur in Ausnahmefällen vorliegen, ist die Darstellung der Rolle von Frauen während der Revolution immer zugleich auch eine Darstellung der Rollenerwartungen, die die (schreibenden) Männer an die Frauen herantrugen – und nicht zuletzt der Irritationen, wenn sich Frauen anders verhielten, als das ‚starke Geschlecht' von ihnen erwartete.

Räume und Grenzen politischen Tätigwerdens von Frauen

Ziemlich genau ein Drittel sämtlicher Gesellen und Arbeiter Berlins forderte, repräsentiert durch ihre Berufsorganisationen, in Petitionen ein Verbot oder zumindest die drastische Beschränkung lohnabhängiger Frauenarbeit (Tab. 8). Ähnliche Gesuche formulierten auch zahlreiche Kleinmeister, die zwar noch auf ihre formelle Selbständigkeit pochten, de facto jedoch bereits auf den Status von Heimarbeitern abgesunken waren. Zugrunde lag dem Verlangen nach gewerblicher Ausschließung der Frauen vor allem der Wunsch nach Beseitigung der lohndrückenden Konkurrenz und die Angst vor dauerhafter Entwertung qualifizierter Handwerke durch die Beschäftigung unqualifizierter Arbeiterinnen. Das wurde jedoch häufig nicht offen gesagt. Statt dessen wurden mit Blick auf die Obrigkeit, an die die Eingaben ja gerichtet waren, schlagkräftigere ‚Argumente', wie sie auch auf Seiten bürgerlicher Männer zu hören waren, ins Feld geführt. Frauen sollten gewerblich nicht arbeiten dürfen, weil dadurch „die Frauen ihrem natürlichen Beruf, die Kinder zu erziehen, entzogen" würden; „noch selten [habe] sich ergeben, daß hieraus Vortheile für den Hausstand erwachsen."[1]

---

1 Petition der Strumpfwirker-Meister vom 25. März, der Seidenwirker-Gesellen vom 2. April; ähnlich auch z. B. die Petitionen der Schneidermeister vom 10. April, der Buchbinder-Gesellen vom 17. April 1848 sowie der Friseur-Innung, in: LAB StA, Rep. 16, Nr. 67, Bd. I, Bl. 149 Rs.; Bd. III, Bl. 39, 103-104; GStA, Rep. 120, B. I. 1, Nr. 60, Bd. 2, Bl. 420; Conze u.a., Petitionen, S. 34 (Nr. 8). Derartige Klagen ertönten auch andernorts; vgl. z.B. Lipp, „Fleißige Weibsleut" und „liederliche Dirnen". Arbeits- und Lebensperspektiven von Unterschichtsfrauen, in: dies. (Hg.), Schimpfende Weiber und patriotische Jungfrauen. Frauen im Vormärz und in der Revolution von

Den Bestrebungen, die lohnabhängige Frauenarbeit einzuschränken, war allerdings kein Erfolg beschieden. 1849 hatte sich die Zahl der weiblichen Handarbeiter im Bekleidungs- und Reinigungsgewerbe gegenüber 1846 von 5555 auf 7779 vielmehr deutlich erhöht. Das war freilich kein Erfolg organisierter Gegenwehr der Arbeiterinnen[2] oder des ‚Central-Comités der Arbeiter', sondern Resultat des Bestrebens der ‚Fabrikanten', sich billiger Arbeitskräfte zu bedienen. Frauen wiederum konnten sich in wachsender Zahl immer weniger dem Druck entziehen, zu ungünstigsten Bedingungen lohnabhängige Beschäftigungen aufzunehmen. Infolge rapide sinkender Realeinkommen in den letzten Jahren vor der Revolution reichten die Löhne der Männer häufig nicht hin, eine ganze Familie zu ernähren. Materielle Not zwang Tausende von Angehörigen des ‚schwachen Geschlechts', sich meist erbärmlich bezahlte Lohnarbeit zu suchen, in zunehmendem Maße auch Frauen aus ehemals besser gestellten Kreisen der Mittelschichten.[3]

Für Unterschichtsfrauen gab es wegen der beengten Wohnverhältnisse keine wirkliche Trennung von ‚öffentlicher' Außen- und ‚privater' Innenwelt. Sie wur-

---

1848/49, Bühl-Moos 1986, S. 27; Ute Frevert, Frauen-Geschichte. Zwischen bürgerlicher Verbesserung und neuer Weiblichkeit, Frankfurt a. M. 1986, S. 93. In Berlin revidierten breite Teile der Berliner Arbeiter- und Gesellschaft diese Position freilich bereits im Frühjahr. Das im April ins Leben gerufene Berliner ‚Central-Comité der Arbeiter' richtete ebenso wie später die Arbeiterverbrüderung eine eigene „Abteilung" ein, die sich „der Sache der Arbeiterinnen" annehmen sollte (vgl. *S. 424),* begann mithin jedenfalls programmatisch Frauen als gleichberechtigte Kolleginnen zu akzeptieren – im Unterschied etwa zur Wiener Arbeiterbewegung; vgl. Hauch, Frau Biedermeier, S.192.

2 Die Gegenwehr der Arbeiterinnen blieb 1848 schwach. Zwar hielten die Berliner ‚Schneidermamsells' im April eine Versammlung ab, „wo sie über ihr Wohl und Wehe beraten und sich gegen die [männlichen] Damenschneider gerüstet" haben. (‚Zeitung für die elegante Welt', Leipzig 1848, Neue Folge Nr. 5, nach: Todt/Radandt, Frühgeschichte, S. 118. In der Berliner Tagespresse wurde diese Versammlung nicht erwähnt.) Über weitere Versammlungen oder gar die Gründung eigener Organisationen berufstätiger Frauen ist jedoch nichts bekannt. Ungehört verhallten auch Solidaritätserklärungen bürgerlicher Frauen wie etwa von Lucie Lenz (KBA), die im September im Demokratischen Frauenklub zur Solidarität mit den „vielen armen Näherinnen" aufrief. (FZ No. 2, vom 28. April 1849 [S. 55]). Vgl. auch *S. 515.*

3 Die Berliner Damenschneidermeister klagten in gleichlautenden Petitionen an die PrNV und die Berliner Stadtverordnetenversammlung vom 2. Sept. 1848, daß selbst „königliche Beamtenfrauen" die Damenschneiderei fast „fabrikmäßig" betrieben, die Friseurmeister (Ende April), daß sich in ihr Gewerbe ebenfalls „sogar Beamtenfrauen eingeschlichen" hätten – und forderten ein Einschreiten des Staates. (In: LAB StA, Rep. 16, Nr. 67, Bd. V, Bl. 120-122 bzw. GStA, Rep. 120, B. I. 1., Nr. 60, Bd. 2, Bl. 378.) ‚Verschämte Armut' bürgerlicher und kleinbürgerlicher Frauen, die Ursache der beklagten Heimarbeit, unterschied sich freilich wesentlich von der offenen Armut der Unterschichten: „Beamtenfrauen" u.a. war infolge niedriger Einkommen der Männer oder knapper Renten ein standesgemäßer Lebensstil nicht mehr möglich. Vgl. exemplarisch den Fall der Witwe eines Generals, die ihre Töchter unter unwürdigen Bedingungen zu regelmäßiger Heimarbeit veranlaßte, um einen „gentilen" Lebenswandel aufrecht erhalten zu können und nicht in ‚verschämte Armut' abzustürzen. Geschildert bei: Fanny Lewald, Meine Lebensgeschichte, 2. Abt. Leidensjahre, 1. Teil, Berlin 1863, in: Renate Möhrmann (Hg.), Frauenemanzipation im deutschen Vormärz. Texte und Dokumente, Stuttgart 1978, S.178.

den deshalb fast zwangsläufig in das politische Geschehen, das sich ja zu erheblichen Teilen auf der Straße abspielte, hineingezogen. Viele, vielleicht die meisten von ihnen, machten darüber hinaus mit großem Enthusiasmus Politik. „Frauen der arbeitenden Stände" (so berichtet Fanny Lewald in ihren Erinnerungen über die Revolution in Berlin) „stehen an den Sraßenecken, an den Brunnen, um die angehefteten Plakate zu lesen [und] fordern Erklärungen."[4] Sie waren – wie in anderen Städten auch – „nicht von der Straße zu bringen". „Fast an allen Straßenecken [würden] politisierende Frauen stehen", erregten sich Männer aus den gehobenen Bevölkerungskreisen. „[D]en unschuldigsten Worten, die sie von Vorübergehenden hören, [würden sie] häufig eine ganz entgegengesetzte Wendung geben, als sie wirklich haben." Fordere man(n) „sie an der einen Stelle auf fortzugehen, so gehen sie an die andere [...] oder tragen ihren Männern das Essen [zur] Arbeit und erzählen dort Sachen, die das Hirngespinst ihrer Furcht sind, aber dazu beitragen, die Aufregung zu erhalten."[5]

Besonders irritierte, daß Frauen es überhaupt wagten zu ‚politisieren'. Allein dadurch brachen sie mit männlichen Rollenerwartungen. Die politischen Inhalte ihrer Unterhaltungen waren demgegenüber sekundär: *daß* sie politisierten, war besorgniserregend, nicht, *worüber* sie politisierten. Der Inhalt politischer Gespräche von Frauen wurde nicht ernstgenommen; man(n) rückte ihn in die Ecke des Klatsches und der Gerüchteküche. Verstärkt wurden die männlichen Irritationen dadurch, daß Frauen aus den Unterschichten in zugespitzten Situationen häufig spontan und direkt reagierten, in bürgerlicher Schreibweise „furchtbar grob" und „pöbelhaft".[6]

Auch Frauen aus dem Bürgertum und den Mittelschichten wurden nach der Märzrevolution von der allgemeinen Politisierung erfaßt. Nach außen hin wurde dies jedoch nur selten sichtbar. Denn statt auf den Straßen ‚politisierten' sie in geschlossenen Räumen, bei Kaffeekränzchen, auf Teegesellschaften, in den Salons oder (das galt nur für eine kleine Minderheit) in den Frauenklubs. Während öffentlicher Feiern traten sie im allgemeinen nur als jungfräulicher Dekor oder als stilisierte ‚Mütter der Nation' auf. Sonst fand man sie bei Veranstaltungen unter freiem Himmel nur selten. Das lag einmal daran, daß bürgerliche Frauenkleidung für längere Aufenthalte im Freien und bei nassem Wetter meist nicht geeignet war. Vor allem aber durfte sich eine ‚anständige' bürgerliche Frau nach Einbruch der Dunkelheit nicht mehr auf den Straßen sehen lassen, wollte sie nicht Objekt

---

4 Lewald, Erinnerungen, II, S.9.
5 So der Sekretär des Revisions- und Kassationshofes Zeller in einem ‚Eingesandt' in der SZ vom 25. März 1848.
6 Auch einige der auf *S. 469 f.* angesprochenen Brottumulte gingen von Frauen aus; vgl. exemplarisch einen in der SZ vom 18. April 1848 geschilderten Vorfall. Dies war freilich nicht revolutionstypisch: Bei subsistenzorientierten Rebellionen spielten Frauen auch zu anderen Zeiten eine wichtige Rolle; denn in erster Linie sie waren für Wohl und Wehe der Kinder zuständig.

ehrenrühriger Verdächtigungen werden. Zusammenkünfte der Frauenvereine wurden deshalb meist auf den Nachmittag gelegt. Auch ohne ein förmliches Vereinsverbot, wie es Mitte November nach der Ausrufung des Belagerungszustandes erlassen wurde, wären die politischen Aktivitäten von demokratisch orientierten Frauen deshalb im Spätherbst wohl weitgehend erlahmt.[7]

Zur Beteiligung von Frauen an revolutionären Ereignissen

An den Kämpfen des 18. März hatten sich nicht wenige Frauen aus den unteren Bevölkerungsschichten beteiligt. Einige wollten es offenbar sogar den auf den Barrikaden stehenden Männern gleichtun, als sie am Nachmittag des 18. März einen vermeintlichen Fachmann in Sachen Barrikadenbau mit der Bitte konsultierten, ihnen zu zeigen, wie man solche Verschanzungen baue. Zahlreiche „Frauen aus den niedrigsten Volksklassen" trugen überdies mit Steinen gefüllte Körbe auf die Dächer, damit die dort postierten Männer die angreifenden Soldaten attackieren konnten, brachten den auf den Barrikaden stehenden Kämpfern Nachschub an Munition oder „Erfrischungen" und transportierten Verwundete in die Häuser, um sie dort zu versorgen. Auch am *Zeughaussturm* und den Tumulten im Vorfeld dieses Ereignisses waren Unterschichtsfrauen beteiligt.[8]

Bürgerliche Frauen engagierten sich auf andere Weise öffentlich. Ein noch unmittelbar unter dem Eindruck der Ereignisse vom 18. und 19. März verfaßter Aufruf von Klara Mundt „An die Frauen Berlins" gibt Aufschluß über die Aufga-

---

7 Vgl. allgemein dazu vor allem die wegweisenden Aufsätze von: Carola Lipp, Frauen auf der Straße. Strukturen weiblicher Öffentlichkeit im Unterschichtsmilieu, in: dies. (Hg.), Schimpfende Weiber, S. 17, 21 ff.; dies., Frauen und Öffentlichkeit. Möglichkeit und Grenzen politischer Partizipation im Vormärz und in der Revolution 1848, in: ebd., S. 289 f.; dies., „Ein Hoch auf Schwabens Frauen". Württembergerinnen im Vormärz und in der Revolution von 1848/49, in: Borst (Hg.), Vormärz 1815-1848, S. 208 f.

8 Zur Beteiligung von Frauen an den Kämpfen des 18. März vgl. *S. 181 f.* Über die Ereignisse des 31. Mai, als aus den Unterschichten heraus das erste Mal der Abtransport von Waffen aus dem Zeughaus unterbunden, von „Arbeitern" eine Kanone entführt wurde und damit das zentrale Waffenarsenal im Innern Berlins sowie das Thema Volksbewaffnung auch politisch ins Zentrum der Aufmerksamkeit rückte, berichtete der ‚Demokrat' in einem undatierten Extra-Blatt (Anfang Juni, im Wortlaut in: Obermann, Einheit, S. 435) u. a. folgendes: „In der Linienstraße, wo die Bevölkerung noch nichts von der Entdeckung der Waffen erfahren hatte und die Besitzergreifung der Kanone, welche durch das einmüthige Handeln des bewaffneten und unbewaffneten Volkes stattfand, für einen Gewaltstreich der Arbeiter hielt, entstand großes Gedränge, und die Umherstehenden wollten diese Arbeiter mit Gewalt davon zurückhalten, die Kanone in den Gewahrsam des Volkes zu bringen. Da stürzte aus einem der nächsten Häuser ein Mädchen heraus, drängte sich in die Menge und rief: ‚Bürger! seid ihr ganz mit Blindheit geschlagen, wißt ihr nicht, daß diese Männer im Auftrag des ganzen Volkes handeln, und verhüten, daß das Volk wieder verraten werde, wie am 18. März?' Dasselbe Mädchen hat am 18. März eine große Menge Arbeiter befehligt und zum Bau der Barrikaden angehalten. Berlin kann ebenso stolz auf seine Frauen sein als Wien." Vgl. auch *S. 570.* Zum Zeughaussturm außerdem *S. 522.*

ben, die die Frauen nach allgemein-bürgerlichem, männlichem wie weiblichem (Selbst-)Verständnis angesichts des massenhaften, ‚tragischen Todes‘ zu erfüllen hatten:

„Die Bestimmung der Frauen ist es, die Leidenden zu trösten, den Kranken zu helfen und, wo wir können, mit Rath und That und arbeitskräftiger Hand einzuschreiten. Wo wir aber nicht mehr helfen können, da bleibt es uns, mit den Unglücklichen zu weinen. Und es giebt jetzt viele Unglückliche in Berlin! Ich meine nicht die Todten, nicht diejenigen, welche als Helden und Ehrenmänner mit ihrem Leben unsere Freiheit erkauft und mit ihrem Blut unsere Privilegien besiegelt haben, – ich meine ihre Wittwen und Waisen. Diesen müssen wir helfen, diesen müssen wir beistehen, mit diesen müssen wir trauern um ihre Todten! – Das ist unsere Pflicht [...] Ihr Frauen Berlin's! Laßt uns weinen um die Todten, und helfen wir den Hinterbliebenen."[9]

Die „Bestimmung der Frauen" fand ihren symbolischen Ausdruck in der Zusammensetzung des Trauerzuges vom 22. März. An der Spitze marschierten die Schützengilden, ein Mitglied des städtischen Beerdigungs-Comités als „Trauermarschall", ein Bezirksvorsteher – und „die Frauen und Jungfrauen des Neuenmarkt-Bezirks". Danach kamen „15 junge Mädchen" in „schwarzen Kleidern", von denen jedes auf „einem Kissen einen weißen Kranz" trug. Erst „hinter diesen Mädchen wurden die 184 Särge, jeder von sechs Männern, getragen." Ihnen wiederum folgte dann die Masse der überwiegend männlichen Teilnehmer des riesigen Trauerzuges.[10] Eine ähnliche Rolle spielten Frauen auch bei dem zweiten größeren Trauerzug, den Berlin im Revolutionsjahr sah – bei der Bestattung der am 16. Oktober während der blutigen Kämpfe mit der Bürgerwehr gefallenen neun „Arbeiter". Nach ganz ähnlichem Ritual vollzogen sich auch Aufbau und Ablauf der dem Gedenken der gefallenen Märzkämpfer gewidmeten *Demonstration vom 4. Juni 1848.* Die Spitze des Zuges bildeten eine Abteilung der berittenen Bürgerwehr und „Frauen und Töchter der Mitglieder des Demokratischen Klubs". Erst danach kamen die männlichen Mitglieder der verschiedenen demokratischen Vereine. „Die Feier schloß mit der Bekränzung der Gräber durch die Damen."[11]

---

9 VZ vom 20. März 1848; zu Klara Mundt vgl. KBA. Während des Revolutionsjahres trat Mundt ansonsten politisch nicht weiter hervor.
10 VZ vom 24. März 1848. Zu den Bestattungsfeierlichkeiten vgl. S. 215 ff.; zum Trauerzug für die am 16. Okt. 1848 Gefallenen *S. 725 f.* Zur ganz ähnlichen Struktur von Revolutionsfeierlichkeiten andernorts und zu den – in die französische Revolution 1789/99 zurückreichenden – Wurzeln der fest eingeplanten Beteiligung von Frauen dabei vgl. Lipp, Frauen und Öffentlichkeit, S. 280 ff., 294 f.; Hauch, Frau Biedermeier, bes. S. 85-89.
11 Zitate: Lewald, Erinnerungen, II, S. 44; Streckfuß, 500 Jahre, S.1086. Vgl. außerdem NZ vom 6. Juni 1848 sowie Wolff, RC, III, S. 134. Obgleich sie als Trauernde im Rahmen des ihnen zugebilligten Spielraumes aktiv wurden, befremdete die massenhafte Teilnahme des ‚schwachen Geschlechts‘ an dieser Demonstration das „Volk", behauptete jedenfalls Fanny Lewald (Erinnerungen, II, S. 44 f.). Und weiter: „Mag man die geistige Berechtigung der Frauen noch so sehr anerkennen, ihr persönliches Auftreten in der Volksmasse liegt außerhalb des deutschen Cha-

Auch der *Demonstration zum Kreuzberg vom 6. August*, mit der der deutschen Einigung unter demokratischen Vorzeichen Nachdruck verliehen werden sollte, hatten sich „mehrere Züge mit Damen angeschlossen".[12] Überhaupt scheinen bürgerliche Frauen in besonderem Maße von der ‚nationalen Frage' angesprochen worden zu sein. Eine Feier des liberalen Konstitutionellen Klubs am selben Tage, die dieser zwecks Huldigung des Reichsverwesers und des in diesem personifizierten Ziels eines einigen Deutschland veranstaltet hatte, wurde ebenfalls „sehr zahlreich von Frauen besucht". Einer der Redner, Robert Prutz, nahm deren Anwesenheit zum Anlaß, „der deutschen Frauen" zu gedenken, „welche in dem wilden Streit der Männer die Grazie bewahrten"[13], und brachte damit zum Ausdruck, was er von der weiblichen Hälfte der Bevölkerung Berlins an geschlechtsspezifischen Verhaltensmustern erwartete.

Frauen sollten nicht nur die aufgewühlten politischen Wogen glätten, sie durften sogar aktiv werden – im Rahmen frauentypischer Tätigkeiten: Auch in Berlin war es Aufgabe des ‚zarten Geschlechts', Fahnen zu besticken und feierlich zu überreichen.[14] Welche Bedeutung selbst der radikale Demokratische Klub dem Akt der Weihe seiner bald stadtbekannten ‚roten Fahne' beimaß, läßt sich einem Bericht des Kluborgans entnehmen.

Am 4. Juni, kurz vor Beginn der Demonstration zum Friedrichshain, gingen mehrere führende Mitglieder des Demokratischen Klubs „in die Wohnung des Fräulein Lenz, welche von den Damen erwählt war, dem Club die Fahne zu überreichen. Die Damen hatten dort einen Kreis gebildet; in ihrer Mitte stand Fräulein Lenz, die Fahne in der Hand haltend. Als sie dem Fahnenträger die Fahne übergab, sprach sie mit tiefbewegter Stimme: ‚Meine Herren! ich habe die Ehre, im Auftrage der hier anwesenden Damen Ihnen die begeisterte Theilnahme derselben für Ihren Club auszusprechen, verschmähen sie es nicht, durch mich die Sprache des Herzens, der Begeisterung für die ungeschminkte Wahrheit zu vernehmen. Unter dieser Fahne kämpfen Sie fort mit den Waffen des Geistes, und wenn es Noth thut, mit dem Schwerdt in

---

rakters. Es sollte deshalb nicht absichtlich hervorgerufen werden, weil damit weder für die wirkliche Erhebung der Frauen, noch für die des Volkes ein Wesentliches gewonnen, wohl aber verloren werden kann."

12 Streckfuß, 500 Jahre, S. 1122. Namentlich im Demonstrationsblock des Sozialen Vereins von Held hätten sich zahlreiche Damen befunden, meldete die NZ am 8. Aug. etwas pikiert. Held und seinem Klub wurde am 6. Aug. außerdem eine von „emancipirten Damen" gestickte Fahne überreicht; vgl. KrZ vom 8. Aug. 1848. Zu den Demonstrationen vom 4. Juni und 6. Aug. vgl. *S. 558 f.* bzw. *S. 678 ff.*

13 Nach: NZ und SZ vom 8. Aug. 1848. Zu Prutz vgl. KBA.

14 Vgl. z. B. den Bericht in der NZ vom 15. Juli 1848 über die „feierliche Einweihung" der Fahne der Bürgerwehr-Kompanie des 56. Bezirks. Ausführlich referiert in: Rüdiger Hachtmann, „... nicht die Volksherrschaft auch noch durch Weiberherrschaft trüben" – der männliche Blick auf die Frauen, erscheint in: Werkstatt Geschichte, 7. Jg./1998. Zur Funktion der Fahnenweihe und des Fahnenstickens im Revolutionsjahr allgemein vgl. Tamara Citovics, Bräute der Revolution und ihre Helden. Zur politischen Funktion des Fahnenstickens, in: Lipp (Hg.), Schimpfende Weiber, S. 339-352; zu Wien: Hauch, Frau Biedermeier, S. 102 ff.

der Hand. Unter dieser Fahne werden Sie siegen oder sterben. [...]' Der Eindruck, den diese ergreifende Stimme eines Mädchens [...] auf die Umstehenden machte, ist unbeschreiblich. Die Männer, welche als Dank für ihr redliches und entschiedenes Wirken so viel Hohn und Verläumdung ertragen hatten, fühlten in diesem feierlichen Moment, daß ein Sonnenblick aufrichtiger Anerkennung alle Bitterkeit überwindet."[15]

So wie nach bürgerlicher Vorstellung die Ehefrau dafür verantwortlich ist, daß der von beruflicher Mühsal erschöpfte Gatte in eine Sphäre der Liebe und des Friedens eintaucht, sobald er die Schwelle ,seines' Hauses überschreitet[16], so werden hier die von den revolutionären Tageskämpfen angestrengten und von „Verläumdungen" erbitterten Demokraten durch das von zarter Hand bestickte Tuch für ihre politische Mühsal entschädigt. ,Natürlich' wurden die Frauen für ihre Arbeit des Fahnenstickens nicht materiell entlohnt. Die feierliche Anerkennung der von ihnen verfertigten Fahne war Lohn genug.

Frauen bildeten nicht nur einen wichtigen Bestandteil der Demonstrationskultur und Festdramaturgie. So wie das Fahnensticken gewissermaßen die öffentlich gewordene häusliche Näharbeit war, so können die den Frauen überlassenen karitativen Tätigkeiten als öffentliche oder organisierte Mütterlichkeit[17] bezeichnet werden. Der den Frauen in den Familien zugewiesene soziale Raum wurde erweitert und auch fremde notleidende Menschen ihrer Fürsorge anheim gegeben. Im Revolutionsjahr fand öffentliche Mütterlichkeit zuerst und am sichtbarsten ihren Ausdruck in der demonstrativen Sorge bürgerlicher Frauen um die Hinterbliebenen der am 18. März gefallenen Barrikadenkämpfer.

Die „Frauen und Jungfrauen" aus den gehobenen Schichten Berlins sollten – so forderte es ein Aufruf, der am 21. März „aus dem Munde und dem Herzen einer Mitbürgerin" kam – die „Tage des schweren Sieges, den unsre gefallenen Mitbrüder erkämpft, nicht bloß durch Worte und Gefühle feiern, sondern durch Thaten, die für das Wohl der armen Hinterbliebenen kräftig sorgen. Edle Frauen und Jungfrauen! Unser heiliger Beruf ist es vor allem, für die Waisen der Gefallenen so schnell als möglich zu sorgen, sie in unsern Häusern aufzunehmen und damit sowohl die armen Kleinen als [auch] die armen Wittwen zu trösten und vor Elend zu schützen. Lasset uns die Hände so schnell als möglich zu solchem Vereine bieten, vereinte Hülfe ist die sicherste und kräftigste. [...] [D]as sei der Kranz, den wir auf das große Grab unsrer gefallenen Brüder niederlegen."[18]

---

15 ,Demokrat' No. 6; vgl. auch Wolff, RC, III, S. 125 f.

16 Vgl. Hausen, Polarisierung der „Geschlechtscharaktere", S. 171.

17 Der Begriff geht zurück auf: Irene Stöhr, ,Organisierte Mütterlichkeit'. Zur Politik der deutschen Frauenbewegung um 1900, in: Karin Hausen (Hg.), Frauen suchen ihre Geschichte. Historische Studien zum 19. und 20. Jahrhundert, München 1983, S. 221-250; vgl. auch Hauch, Frau Biedermeier, S. 55, 110; Rumpel, „Thäterinnen der Liebe", S. 218 ff.

18 Aufruf der Marianne Saaling vom 21. März 1848, in: VZ vom 22. März 1848. Im gleichen Tenor wurde auch ein namentlich nicht unterzeichneter Aufruf in der VZ vom 24. März 1848 veröffentlicht. Vgl. auch Wolff, RC, I, S. 265 f.; Hummel-Haasis, Schwestern, S. 13, 44. Zu den Spendensammlungen für die Märzgefallenen vgl. *S. 219*.

Nicht die Annahme der Spenden und die Verwaltung der Gelder war Sache der Frauen – dafür stand eine eigenes, nur aus Männern zusammengesetztes Komité zur Verfügung. Die Frauen sollten den Trauernden und Hinterbliebenen vielmehr mütterlichen Trost und fürsorgliche Zuwendung zukommen lassen. Auch in den eigenständigen Organisationen, die (bürgerliche) Frauen in der ersten Phase der Berliner Revolution ins Leben riefen, ergriffen sie nicht Partei, sondern erfüllten politisch scheinbar neutral ihre ‚weibliche Pflicht‘, in sozialer und nationaler Hinsicht.

Sozial-karitative und konservativ-patriotische Frauenvereine

Neben den bestehenden sozial engagierten Frauenvereinen, die auch während des Revolutionsjahres tätig blieben[19], gründeten sich in den ersten Monaten nach der Märzrevolution zwei bedeutendere, von Frauen getragene Vereine. Der eine machte sich die Interessen der ‚kleinen Gewerbetreibenden‘, der andere die Schaffung einer preußisch-deutschen Flotte zu eigen. Zweck des am 22. April gegründeten *Frauen-Vereins zur Abhülfe der Noth unter den kleinen Fabrikanten und Gewerbetreibenden'* war „die Erhaltung, Wiederbelebung oder Verbesserung des Nahrungsstandes oder Gewerbebetriebes bedürftiger kleiner Fabrikanten und Handwerker vermittels zinsfreier Geld-Vorschüsse." Aufgebracht wurden die entsprechenden Darlehen dadurch, daß begüterte Frauen „todtes Kapital von Schmuck, Gold und Silber, was sich durch den Luxus früherer Jahre aufgehäuft" hatte, angesichts der gewerblichen und finanziellen Krise „flüssig" machten.[20] Stimmberechtigt waren nur die „Frauen und Jungfrauen", die bei ihrem Eintritt „eine Summe von wenigstens 5 Thlr. oder einen jährlichen Beitrag von wenigstens 2 Thlr. zum Fonds", aus dem die Darlehen an die kleinen Gewerbetreibenden gezahlt wurden, gezeichnet hatten; d.h. nur Frauen relativ einkommensstarker Ehemänner konnten dem Verein angehören. Motiv für ihr Engagement, so führte die Vorsitzende auf der ersten Generalversammlung des Vereins Anfang Mai aus, sei es gewesen, „nicht mehr allein im stillen Kreise des Hauses, sondern auch außerhalb desselben helfend und fördernd eintreten zu können", nachdem infolge der „Ereignisse des März der Verkehr zu stocken" begann und „auch in

---

19 Beispielhaft für diese älteren Vereine kann hier der ‚Frauen- und Jungfrauen-Verein zum Dank für die Siege bei Großbeeren und Dennewitz‘ genannt werden. Wie in den Vorjahren speiste er auch 1848 am 23. Aug. (Schlacht von Großbeeren 1813) und am 6. Sept. (Schlacht von Dennewitz 1813) mehr als hundert Militärinvaliden auf eigene Kosten; vgl. seine Einladungen und Berichte in der VZ und SZ.

20 § 2 des Statuts des Vereins, im Wortlaut in: Mitteilungen des Centralvereins, Bd. 1, S. (64) sowie Bericht des Vereins, gegeben auf der ersten General-Versammlung am 3. Mai 1849, nach: ebd., S. (432). Der Gründungsaufruf erschien Ende April in der Berliner Tagespresse. Zu den Konditionen der Vergabe von Darlehen vgl. das Statut sowie SZ vom 1. Juni 1848.

den Frauen lebhaft der Wunsch erwachte", „dem Nächsten die rettende Hand zur helfenden That" zu reichen.[21]

Obgleich es den Mitgliedern dieses Frauenvereins fern lag, der Emanzipation der Frauen im modernen, politischen Sinne nachzustreben, ist doch bemerkenswert, in welchem Ausmaß hier Ehefrauen namhafter Mitglieder der Berliner Wirtschaftsbourgeoisie und der städtischen Prominenz aus dem Schatten ihrer Männer traten und sich öffentlich engagierten.[22] Im Gegensatz zu den Aktivitäten von Frauen in demokratischen Frauenorganisationen war die Mitarbeit im ‚Frauenverein zur Abhülfe der Noth der kleinen Gewerbetreibenden' freilich in der (bürgerlichen) Männerwelt akzeptiert.[23] Unterstützt wurde das Engagement für die kleinen Fabrikanten und Unternehmer vom ‚starken Geschlecht' nicht zuletzt deshalb, weil die hier aktiven Frauen im Gegensatz zu den Demokratinnen ihre Tätigkeit explizit als ‚unpolitisch' verstanden und damit nicht in Männerdomänen einbrachen.

So wenig wie der ‚Frauenverein zur Abhülfe der Noth ...' wollte auch eine andere Frauenvereinigung auf männlichen Beistand verzichten. Am 3. August trat in Berlin der *Frauenverein zur Erwerbung eines Kriegsfahrzeuges'* ins Leben.[24]

---

21 Bericht vom 3. Mai 1849 (Anm. 20), S. (431). Ganz eigenständig verwalteten die Frauen die von ihnen gesammelten Gelder freilich nicht. Zugeordnet waren dem Vorstand „mindestens fünf Männer", denen die Kontrolle der Einnahmen und Ausgaben oblag. Anweisungen aus dem Fonds mußten, neben drei weiblichen Vorstandsmitgliedern, von mindestens einem männlichen Beigeordneten gegengezeichnet werden. (§§ 11 und 13 des Statuts.)

22 Zu den 21 Gründungsmitgliedern, die dann zugleich den Vorstand des Vereins bildeten, gehörten u.a. die Gattinnen Borsigs, des Bankiers und Ältesten des KKB W. Beer, des Bürgermeisters Naunyn, des Stadtrates C. Duncker (KBA), des Verlagsbuchhändlers und Hoflieferanten Alexander Duncker, des Bankiers Joseph (oder Alexander?) Mendelssohn sowie des Kultusministers Graf Schwerin. Nach Angaben Reuleckes handelte es sich zugleich überwiegend um Ehefrauen und Verwandte von Mitgliedern des ‚Centralvereins' und ‚Lokalvereins für das Wohl der arbeitenden Klassen'; Reulecke, Sozialer Friede, S. 176.

23 „Das weibliche Geschlecht empfindet lebhafter die Noth und das Elend, ist auch zugänglicher für die Gedanken des Mitleids", legitimierte ein so hochkonservativer Mensch wie der Prediger Büchsel (KBA), zugleich ein scharfer Gegner politischen Engagements des weiblichen Geschlechts, karitative Aktivitäten wie die des ‚Frauen-Vereins zu Abhülfe der Noth ...'. (Büchsel, Erinnerungen, IV, S. 109 f.) Protegiert wurde der Verein auch durch höchste Kreise bei Hofe. Die Königin zeichnete mit 500 Talern den größten Einzelbeitrag; vgl. Erklärung des Frauen-Vereins vom 2. Mai, in: VZ vom 5. Mai 1848. Bis Anfang Juli hatten insgesamt 220 wohlhabende Berlinerinnen gespendet und konnten 78 Handwerkern Darlehen in einer Höhe von 2346 Talern zur Verfügung gestellt werden; vgl. VZ vom 2. Juli 1848.

24 Zum männlichen Beistand vgl. Aufruf des ‚Frauenvereins zur Erwerbung eines Kriegsfahrzeugs' vom 28. Sept., in: SZ vom 5. Okt. und VZ vom 10. Okt. 1848. Zwischen beiden Frauen-Vereinen bestanden außerdem Querverbindungen, u.a. über den männlichen Beistand: Der Bankier Alexander Mendelssohn, der als eine Art Schatzmeister des ‚Frauenvereins zur Erwerbung eines Kriegsfahrzeugs' die für den Bau einer Flotte eingehenden Spenden „in Empfang zu nehmen und zu bewahren" sich bereit erklärt hatte, war zugleich Vertrauensmann des ‚Frauen-Vereins zur Abhülfe der Noth ...'. Bis zum Hochsommer hatte sich in Berlin die Begeisterung für eine

Als Zweck seines Daseins bezeichneten die Vereinsmitglieder, durch den Bau einer Flotte dazu beizutragen, „Preußens und Deutschlands Zukunft" zu sichern. Denn diese – das hatte der Krieg mit Dänemark gezeigt – hänge „zum Theil vom Schutz unserer Küsten, von der Deckung und Erweiterung unseres Handels ab, womit sich wieder der Aufschwung so vieler Gewerbe verbindet." Die in Berlin seit August hochkochende Kontroverse zwischen eher konservativen ‚Borussen‘ und liberalen sowie demokratischen Strömungen, für die die preußische Großmachtstellung gegenüber der deutschen Einheit zurückzustehen hatte, wollte der Frauenverein – das macht die Wortwahl deutlich – offenbar bewußt umgehen. Statt dessen wurde der angeblich spezifisch weibliche „Beruf", ausgleichend und versöhnend zu wirken, in den Vordergrund gerückt:

„Mannigfaltiger Zwiespalt hat unser theures Vaterland in den letzten sechs Monaten zerrissen. Feindliche Trennung und Mißtrauen entfernte selbst die edelsten Gemüther voneinander. Den Frauen aber ward der schöne Beruf der Ausgleichung und Versöhnung, nachdem der Sturm sich beruhigt. Wo ihr Genius waltet, kehrt die Liebe und der Friede zurück und gemeinnütziges Schaffen."[25]

Oberflächlich betrachtet, waren die zitierten Worte so unverfänglich, daß sie auch gemäßigte Demokraten ansprechen konnten. Adressaten des Aufrufs waren jedoch vor allem das konservative und (rechts-)liberale Bürgertum. Das geht bereits aus der Entstehungsgeschichte des ‚Frauenvereins zur Erwerbung eines Kriegsfahrzeuges‘ hervor: Gegründet wurde er „in Folge des Aufrufs ‚an Preußens Frauen und Jungfrauen‘", welchen ein bereits am 18. Juli von Offiziers- und Beamtenfrauen gegründeter Verein gleichen Namens im konservativen Potsdam erlassen hatte.[26] Auch in Berlin waren es vor allem Frauen, deren Ehemänner dem gehobenen Beamtenstand sowie dem höheren Offizierskorps angehörten, die die Anschaffung eines Kriegsschiffes zu einer weiblichen Angelegenheit machten.[27] Überspitzt könnte man formulieren: Da die beamteten Gatten als verhaßte

---

deutsche Flotte im übrigen in engen Grenzen gehalten. Freiwillige Beträge für dieses nationale Unternehmen wurden kaum gezeichnet; vgl. SZ vom 9. Juni 1848.

25 Aufruf vom 28. Sept. 1848 (Anm. 24).

26 Der Gründungsaufruf des Potsdamer ‚Frauenvereins zur Erwerbung eines Kriegsschiffes‘ vom 19. Juli findet sich im Wortlaut in VZ und SZ vom 22. Juli 1848. Die Hälfte der Frauen, die den Gründungsaufruf dieses Vereins unterzeichneten, war adlig; entsprechend den Berufen ihrer Ehemänner zeichneten zwei als „Stadträthinnen", jeweils eine als „Kabinetts-Räthin", „Geh. Räthin", „Generalin" und „Majorin". Daß der Potsdamer Verein von höchsten staatlichen Stellen protegiert wurde, geht etwa aus der Zusammensetzung des männlichen Beirats hervor, dem u.a. der kurz zuvor in sein Amt eingesetzte Regierungspräsident v. Metternich angehörte.

27 Unter den Unterzeichnerinnen des Aufrufs vom 28. Sept. 1848 (Anm. 24) befanden sich – entsprechend den Berufen der Gatten – drei „Professorinnen", zwei „Doctorinnen", jeweils eine „Bau-", eine „Kanzlei-", eine „Rechnungs-", eine „Polizei-", eine „Post-", eine „Geh. Finanz-", eine „Geh. Medicinal-", eine „Geh. Regierungs-" sowie eine ganz normale „Stadträthin", ferner zwei „Generalinnen", eine „Majorin und „Hauptmännin", schließlich eine „Predigerin" und eine „Gräfin". Die übrigen der 43 Unterzeichnerinnen nannten den Beruf ihrer Gatten nicht.

Funktionsträger des alten Systems während der Revolutionszeit nicht öffentlich aufzutreten wagten und sich erst nach dem Einmarsch der Truppen im November wieder exponierten, durften ihre Ehefrauen vorübergehend die politische Bühne betreten. Herauszulesen war die konservativ-borussische Grundtendenz des Vereins schon aus dem Gründungsaufruf.[28]

Daß auch sonst zahlreiche, vor allem ältere Frauen aus dem Bürgertum und den Mittelschichten der ‚Neuen Zeit' skeptisch gegenüberstanden, läßt sich angesichts seltener und knapper Zeitungsnotizen über Gefühlszustände einzelner Frauen lediglich vermuten.[29] Viele erlebten die Revolution nicht als Epoche der Befreiung, sondern als Zeit wachsender Verunsicherung und Bedrohung. Selbst in den Unterschichten, vornehmlich unter dem weiblichen Dienstpersonal, gab es anscheinend nicht wenige hochkonservative Frauen, die sich mit ihrer Herrschaft überidentifizierten.[30] Konservative Frauen*organisationen* traten freilich erst 1849 ins Leben, nachdem der revolutionäre Druck, der ja auch die öffentliche Formulierung „reactionärer" Anschauungen unter Tabu gestellt hatte, verschwunden war.[31]

---

28 Im Gründungsaufruf vom 28. Sept. 1848 (Anm. 24) wurden „Berlins Frauen und Jungfrauen" nicht nur an die Jahre 1813 bis 1815 erinnert, als sie „in Aufopferung und Selbstverläugnung vorangegangen" waren, sondern außerdem an „die preußische Flotte, die Churfürst Friedrich Wilhelm baute"; dessen bescheidene Armada sei gleichfalls „zum großen Theil durch die thatkräftige Mitwirkung von Berlins Bewohnern ins Leben gerufen" worden. Folgerichtig war das zu bauende Kriegsschiff denn auch zunächst der preußischen Regierung zugedacht; VZ vom 1. Aug. 1848. Auch spätere Veranstaltungen, die von ihm durchgeführt wurden, besaßen eine kaum mißzuverstehende antidemokratische Stoßrichtung. So veranstaltete der Verein am 11. Okt. 1848 „eine Aufführung des Mozartschen Requiems [...], deren Ertrag zum besten der bedürftigen Hinterbliebenen der in Frankfurt a. M. bei der Vertheidigung des Gesetzes und der Ordnung Gefallenen bestimmt ist."

29 Vgl. kurze Meldungen in der SZ vom 31. März und im ‚Publicisten' vom 21. Juni 1848: Danach machten „sehr achtbare", „nicht unbemittelte" und „hochbetagte" Frauen während der Revolutionsmonate „ihrem Leben gewaltsam ein Ende", weil es ihnen „jetzt auf der Welt zu unruhig zuginge und sie in der gegenwärtigen Zeit zu ängstlich sey[en]" und „lieber den Tod wünsch[ten], als ein so unruhiges Leben, wie sie es in dieser Zeit führen" müßten. Vgl. außerdem SZ und VZ vom 6. Aug. 1848. Bestärkt wurden viele Frauen in ihrer Furcht vor allem Revolutionären nicht zuletzt durch die protestantische Geistlichkeit; vgl. Hachtmann, „Gerechtes Gericht Gottes", S. 221.

30 Fanny Lewald berichtete in ihren Erinnerungen, daß „das Kindermädchen meiner Freundin sich unter Thränenströmen die Gedichte auf den Prinzen von Preußen ab[schreibt], die die Vossische Zeitung bringt, weil es einst die Kinder vom Koch des Prinzen Carl gewartet und Jahre lang zum Hofe gehört hat.'" Überhaupt rechneten sich viele der „Dienstboten, welche bei Hoflakaien im Dienste gestanden, mit Selbstgefühl ‚zum Hofe'." (Lewald, Erinnerungen, II, S. 10.) Vgl. außerdem als weiteres Beispiel den im ‚Publicist' vom 9. Nov. 1848 protokollierten Streit zweier älterer Frauen vor Gericht, davon einer mit ausgeprägt konservativ-monarchistischer Einstellung.

31 Vgl. bes. den Mitte Juli 1849 als Filialorganisation des mitgliederstarken, hochkonservativen ‚Treubunds mit Gott für König und Vaterland' gegründeten ‚Treubund für Frauen und Jungfrauen', ferner eine ‚Gesellschaft patriotischer Frauen': *S. 830.*

Die demokratischen Frauenvereine

Auch zur Gründung eigenständiger demokratischer Frauenvereine kam es erst relativ spät, eine Woche vor Herbstbeginn. Das heißt freilich nicht, daß Frauen zuvor an der demokratischen Bewegung desinteressiert gewesen seien. Im Gegenteil. Die Sitzung des Demokratischen Klubs vom 23. Mai 1848 z.B. wurde von einer „beträchtlichen Anzahl Damen auf den Tribünen" eines großen Zirkus, der dem Klub damals wegen seiner großen Zahl an Mitgliedern als Versammlungsort diente, beobachtet. Nicht nur die Zahl der männlichen Mitglieder – Frauen wurden nicht aufgenommen – wuchs weiter, auch das Interesse der „Damen" nahm sichtbar zu. Am 4. August belief sich die Zahl der weiblichen Zuhörerinnen (so vermerkte die Vossische Zeitung, die in dieser Hinsicht sicher zuverlässig war) „wenigstens auf 300".[32] Besonderen Anklang sogar bei „Weibern und Töchtern ehrenfester, ordentlicher Handwerksleute" fand der Sozialverein um den demokratischen Populisten Held.[33] Auch beim Kongreß der liberal-konstitutionellen Vereine (Nord-)Deutschlands Ende Juli in Berlin „hielt ein interessierter Damenflor die [Zuhörer-]Logen besetzt und folgte der Diskussion mit Interesse".[34] Sich aktiv in den politischen Organisationen zu engagieren, war ihnen freilich verwehrt – mit einer symptomatischen Ausnahme: Im Zusammenhang mit den vom Demokratischen Klub veranstalteten Sammlungen für brotlose und hungrige Arbeiter Mitte Juni ‚durften' sie „von Haus zu Haus gehen, um Beiträge einzufordern". Die Aktion des Klubs war, bis zum Verbot dieser Aktivitäten durch den Magistrat, nicht zuletzt deshalb ein so großer Erfolg, weil „die Damen fleißig sammelten".[35]

Über die Entstehungsgeschichte des Demokratischen Frauenvereins ist Genaueres nicht bekannt. Man wird jedoch nicht fehl gehen in der Annahme, daß es in erster Linie die Unmöglichkeit war, Mitglied in einer der demokratischen Organisationen zu werden und hier – über die beschriebene, dem ‚weiblichen Beruf' entsprechende Unterstützung der Wohltätigkeitsaktionen des Demokratischen Klubs hinaus – aktiv Einfluß zu nehmen, die einige Frauen veranlaßte, eine

---

32 Zitate: NZ vom 25. Mai; VZ vom 6. Aug. 1848. Vgl. außerdem Boerner, Erinnerungen, II, S. 230; Hummel-Haasis, Schwestern, S. 40 f.

33 Im Sozialverein hatte sich, folgt man dem im Herbst 1848 sich mehrere Wochen in Berlin aufhaltenden, bekannten Radikaldemokraten Otto v. Corvin (Aus dem Leben eines Volkskämpfers, Bd. 3, Amsterdam 1861, S. 9 f.), „um die Tribüne [...] stets ein Kreis von Mädchen gebildet und nicht etwa nur fahrende Schöne oder sogenannte emanzipierte Frauen, sondern Weiber und Töchter ehrenfester, ordentlicher Handwerksleute [...]. Die Weiber saßen mit dem Strickstrumpf in der Hand da und erinnerten an die ‚Tricoteusen' [Strickerinnen, R.H.] der französischen Revolution."

34 SZ vom 23. Juli 1848.

35 Streckfuß, 500 Jahre, S. 594; zum Konflikt zwischen Demokratischem Klub und Magistrat in dieser Angelegenheit vgl. *S. 471 f.*

eigenständige politische Organisation ins Leben zu rufen. Pate stand möglicherweise außerdem das Wiener Vorbild.[36] Die Gründung des Demokratischen Frauenvereins datiert auf den 14. September.[37] Der „demokratische Damenklub", der von „mehreren emanzipierten Damen [...] angebahnt" worden sei, habe in dieser ersten Sitzung über die Frage gesprochen, wie „Kindererziehung nach demokratischen Grundsätzen auszuführen" sei, berichtete die Kreuzzeitung einen Tag später. Ein Beschluß des Frauenvereins vom 2. Oktober, eine Erziehungsanstalt für Mädchen aus den ärmeren Bevölkerungsschichten Berlins einzurichten[38], scheint allerdings nicht zur Ausführung gekommen zu sein. Neben Fragen der Erziehung bildeten Themen einen Schwerpunkt, die die Lage der weiblichen Angehörigen der Unterschichten zum Gegenstand hatten. Diskutiert wurde u.a. über die Situation und „die Ermittelung zweckmäßiger Beschäftigung für arbeitslose Frauen" sowie die niedrigen Löhne bestimmter Arbeiterinnengruppen wie der Näherinnen, die „unmöglich bei dem jetzigen Verdienste bestehen können und deshalb gezwungen sind, auf Nebenerwerb auszugehen." Resultat dieser Debatte war eine Adresse an die Fabrikanten, in der diese aufgefordert wurden, das Los der von ihnen beschäftigten Arbeiterinnen zu verbessern, sowie eine Petition an die Nationalversammlung, in der verlangt wurde, dafür zu sorgen, „das Los der armen und von ihren Prinzipalen geknechteten Arbeiterinnen zu

---

36 Der ‚Wiener Demokratische Frauenverein' war gut zwei Wochen zuvor gegründet worden; vgl. Gudrun Wittig, ‚Nicht nur im stillen Kreis des Hauses'. Frauenbewegung in Revolution und nachrevolutionärer Zeit 1848-1876, Hamburg 1986, S. 48; Hauch, Frau Biedermeier, S. 145. Bei der Darstellung der Gründung, inneren Struktur und Tätigkeit des ‚Demokratischen Frauenklubs' wie des Frauenvereins ‚Germania' ist man in erster Linie auf die spärlichen, von Männern verfaßten Notizen in den Berliner Tageszeitungen angewiesen. Regelmäßig und relativ ausführlich berichtete vor allem die hochkonservative KrZ. Sie beobachtete Entstehen und Handeln dieser Frauenvereine mit Argusaugen und zog in ihren Berichten alle Register aggressiver, sarkastischer Darstellung. VZ, SZ und selbst die NZ und BZH standen der KrZ nur wenig nach.

37 Das vergleichsweise späte Gründungsdatum des Demokratischen Frauenvereins in Berlin war kein Sonderfall. Lediglich in Mannheim entstand bereits im Juni 1848 eine demokratische Frauenorganisation; möglicherweise datiert auch die Gründung der demokratisch orientierten Dresdener und Heilbronner Frauenvereine auf den (Spät-)Sommer 1848. Die anderen (bekannten) Frauen-Vereine demokratischer Couleur wurden später ins Leben gerufen; vgl. Wittig, Stiller Kreis, S. 63 ff., 120-130; Paletschek, Frauen und Dissens, S. 332 f.; Wettengel, Revolution, S. 303 f. In vielen demokratischen Hochburgen, z.B. in Köln, scheint es überhaupt nicht zur Gründung eigenständiger, demokratischer Frauenorganisationen gekommen zu sein. Zur allgemein restriktiven Haltung der männlich-demokratischen Bewegung gegenüber einem aktiven Engagement von Frauen vgl. Langewiesche, Deutsche Revolution (II), S. 400.

38 Vgl. BZH vom 5. Okt. 1848. Möglicherweise griff der Demokratische Frauenklub damit die Initiative eines von Wittig (Stiller Kreis, S. 52) erwähnten, gleichfalls 1848 gegründeten ‚Frauenbildungsvereins' auf, dessen „politische Prinzipien" darin bestanden, „1. Erhöhung der Bildung, 2. Entwicklung des Sinnes für Menschenwohlfahrt im weiteren Kreise und 3. Erhöhung der Tätigkeit für gemeinnützige praktische Zwecke" zu befördern. In der Berliner Öffentlichkeit oder auch seitens der Obrigkeit fand dieser Frauenbildungsverein allerdings keine Beachtung.

verbessern."[39] Anfang Oktober beschloß der Demokratische Frauenklub außerdem, eine „Armen-Suppenanstalt" einzurichten.[40] Darüber hinaus bestellte der Klub „in Gemeinschaft" mit dem kurz zuvor entstandenen Berliner Bezirks-Komité der Arbeiterverbrüderung „Leinwand zu 1000 Hemden in Schlesien", um damit Arbeiterinnen, die „nicht mehr in Fabriken beschäftigt werden sollen, Erwerb zu verschaffen".[41]

Projekte, Programmatik und Debatten des Demokratischen Frauenklubs zeigen, daß sich selbst aktiv-demokratische Frauen auf geschlechtsspezifische Tätigkeitsfelder festlegten. Wie sehr sich auch dieser Frauenklub auf die dem weiblichen Geschlecht zugewiesene Rolle zu beschränken gedachte, machte eine der führenden Frauen des Vereins während der Sitzung am 2. Oktober unfreiwillig deutlich, als sie während der Debatte über die zu gründende Erziehungsanstalt für Mädchen klarstellte, man dürfe „darunter nicht etwa" verstehen, „daß die Frauen, welche diese Erziehung übernähmen, sich in politische Debatten und Streitigkeiten mit ihren Pflegebefohlenen einlassen, sondern es müsse dabei der Grundsatz festgehalten werden, daß die Frauen für den häuslichen Kreis bestimmt seien und lernten, gute Mütter und Gattinen zu werden."[42]

---

39 Zitate: KrZ vom 29. Sept. und 3. Okt.; NZ vom 30. Sept. 1848; FZ No. 2, vom 28. April 1849; vgl. außerdem BZH vom 1. und 5. Okt.; KrZ vom 11. Okt. 1848; ferner Wittig, Stiller Kreis, S. 52 ff.; Frevert, Frauen-Geschichte, S. 79. In dem Ende Okt. 1848 verfaßten Bericht des Innenministeriums über die politischen Vereine in Preußen wird der Demokratische Frauenklub als 15. genannt. Zu seiner „Tendenz" heißt es: „Armen-Unterstützung und Verbreitung demokratischer Grundsätze unter den Frauen, um diese bei der Kindererziehung zur Geltung gelangen zu lassen." (In: GStA, Rep. 77, Tit. 662, Nr. 1, Bd. 1, Bl. 93 Rs. bzw. 131 Rs.)

40 Vgl. BZH vom 5. Okt.; KrZ vom 7. Okt.; NZ vom 11. Okt. 1848. Zu diesem Zweck streckte der Verein für Volksrechte dem Frauenklub 50 Taler vor. Inwieweit die „Volksküche" tatsächlich eingerichtet und erwerbslose Arbeiterinnen mit dem Anfertigen einfacher Kleidung beschäftigt wurden, geht aus den Quellen nicht hervor.

41 NZ und KrZ vom 11. Okt. 1848. Die NZ sprach sogar von der geplanten „Gründung von Arbeitsstätten für Arbeiterinnen". Aus dieser Initiative entstand offenbar Ende Okt. 1848 dann eine von der Berliner Arbeiterverbrüderung intitiierte Produktionsgenossenschaft: Erwerbslose Näherinnen sollten in Eigenregie in Schlesien hergestelltes Leinen zu Hemden verarbeiten. Gedacht war die Genossenschaft als eine „Gesellschaft von Arbeiterinnen", die „unter Mitwirkung eines selbstgewählten Verwaltungsraths von Frauen" über Produktionsvolumen, Arbeits- und Lohnbedingungen selbständig entscheiden sollte. Die Umsetzung dieses Konzepts kam aufgrund der politischen Restriktionen seit Nov. 1848 über erste Ansätze nicht hinaus; vgl. *S. 845, Anm. 99.*

42 Nach: BZH vom 5. Okt. 1848. Das allgemeine und gleiche Wahlrecht für Frauen war kein Gegenstand von Debatten. Radikale Kritik an der Institution der Ehe, wie sie etwa Louise Aston (KBA) äußerte, ist gleichfalls nicht überliefert. Der mögliche Einwand, daß die spärlichen Quellen unzuverlässig sind, zieht m.E. hier nicht. Die männlichen Berichterstatter, denen der Zutritt jedenfalls zu den Sitzungen des Demokratischen Frauenklubs gestattet war, hätten mit Genuß ehekritische und sonstige emanzipatorische Äußerungen, ausgeschmückt und mit sarkastischen Kommentaren versehen, einer voyeuristischen männlichen Öffentlichkeit mitgeteilt. Ebensowenig – soweit die spärlichen Quellen hierzu gesicherte Aussagen zulassen – wurde die deutsche Einigung thematisiert.

Der Demokratische Frauenklub erfreute sich in der weiblichen Bürgerschaft wachsenden Zuspruchs, freilich ohne die Größe seines Wiener Pendants zu erreichen: An der Gründungssitzung vom 14. September nahmen, wie der Berichterstatter der ‚Berliner Zeitungshalle‘ „durch das Fenster" beobachtete, „etwa 30 Damen" teil. Vierzehn Tage später waren es bereits „gegen 60 bis 70", Anfang Oktober dann „100 bis 150 Anwesende".[43] Danach scheint das Interesse an dem Frauenklub nachgelassen zu haben. Die Frage, wie man es mit den offenbar zahlreichen männlichen Neugierigen halten sollte, blieb umstritten. Zunächst „beschloß der Club, die den Eintritt begehrenden [männlichen] Demokraten als Zuhörer nicht zuzulassen, und gestattete demnach nur Frauen den Zutritt."[44] Über den Verlauf dieser und der nächsten Sitzung wußten die männlichen Journalisten deshalb nichts Genaues zu berichten. Vielleicht um gehässigen und anzüglichen Anspielungen nicht unnötig Vorschub zu leisten, erlaubten die im Klub organisierten Frauen nach längerer, kontroverser Debatte vierzehn Tage später dann doch männlichen Zuhörern den Zutritt zur Sitzung.[45]

Vermutlich wurde damit der Keim zur Spaltung des Klubs Anfang Oktober gelegt. Am 12. Oktober trat unter dem Namen ‚Germania‘ ein zweiter demokratischer Frauenverein ins Leben. Herrenbesuch wurde durch „Anschlagzettel" ausdrücklich verboten.[46] Über die inhaltlichen Aktivitäten dieses zweiten Frauenvereins sind wir deshalb nur schlecht informiert. Während der Demokratische Frauenklub stärker „socialen Tendenzen" huldige, sei Hauptzweck des Vereins ‚Germania‘ „die demokratische Ausbildung der Frauen" gewesen.[47] Mitte Oktober „ermahnte" der Klub ‚Germania‘ außerdem die Frauen Berlins in einem Plakat, „in einer Zeit, wo die allgemeine Noth täglich größer wird, wo die Männer sich in einen allgemeinen Kampf stürzen, um Frieden und Brot zu erringen, nicht müßig dazusitzen."[48] Die Ausrufung des Belagerungszustandes und das

---

43 Letztere Angabe einschließlich der männlichen Zuhörerschaft. Zahlen nach: BZH vom 16. Sept. und 5. Okt.; KrZ vom 29. Sept.; NZ vom 11. Okt. 1848; FZ Nr. 2 vom 28. April 1849. Der ‚Wiener Demokratische Frauenklub‘, der Männer auch als Zuhörer ausschloß, zählte in den ersten Sitzungen 150 bis 400 Teilnehmerinnen; vgl. Hauch, Frau Biedermeier, S. 145 bzw. dies., Blumenkranz und Selbstbewaffnung. Frauenengagement in der Wiener Revolution 1848, in: Grubitzsch u.a. (Hg.), Grenzgängerinnen, S. 109. Über die Sozial- und Altersstruktur der Mitglieder des Berliner Frauenklubs sind verläßliche Angaben nicht möglich.

44 KrZ vom 17. Sept. 1848.

45 Ausführliche Berichte dieser Sitzung mit spöttischem Unterton finden sich in: KrZ vom 29. Sept. und 3. Okt.; BZH vom 1. Okt. 1848.

46 KrZ vom 14. und 15. Okt.; dagegen NZ vom 29. Okt. 1848. Dem Tenor der Berichte nach zu urteilen, war der Verein ‚Germania‘ nicht so stark besucht wie der Demokratische Frauenklub.

47 NZ vom 29. Okt. 1848; vgl. auch KrZ vom 31. Okt. 1848. Was „demokratische Ausbildung" bedeutete, wurde ebensowenig erklärt wie der Ausdruck „sociale Tendenzen".

48 Nach: KrZ vom 21. Okt. 1848. In welcher Weise sich nach den Vorstellungen des Vereins die Frauen engagieren sollten, wird dort nicht ausgeführt. Ein Exemplar dieses Plakats fand sich in den von mir gesichteten Flugblattsammlungen nicht.

Politischer Damenklub, Karikatur aus dem „Satyr".

nachfolgende Vereinsverbot bereiteten dann auch der frühen demokratischen Frauenbewegung Berlins ein Ende.

Kein Klub oder Verein in dem bisher betrachteten Sinne waren die Salons. Gleichwohl sind sie, als die „Hofhaltung einer Dame" (P. Wilhelmy), den von Frauen bestimmten Gesellschaften im weiteren zuzurechnen.[49] Auch über die in den Salons „kultivierte, anmutige Geselligkeit der biedermeierlichen Spätromantik" brach die Märzrevolution wie ein Gewitter herein. Mindestens zwei eher konservative Salons wurden in den letzten Märzwochen „dahingerafft von dem unterbittlichen Zahnen der Gegenwart."[50] Bereits in den tumultuarischen

---

49 Salons als Schauplätze zwangloser Geselligkeit und Konversation vornehmlich über Kunst, Literatur und Philosophie, manchmal auch gemeinsamer Lektüre, die sich um eine gebildete Frau „kristallisierten", waren sozial offene Einrichtungen, in denen sich hier Angehörige des Hochadels mit Bankiers, Unternehmern, Beamten, Angehörigen der freien Berufe, Schriftstellern u.a. mischten. Zu Begriff und Charakteristika des Salons: Petra Wilhelmy, Der Berliner Salon im 19. Jahrhundert (1780-1914), Berlin/New York 1989, S. 1-32, bes. S. 25 f. Die ersten Salons entstanden in der preußischen Hauptstadt um 1780. Im 19. Jahrhundert wurde Berlin nach Paris zwar zur führenden ‚Salonstadt', aber das sollte in quantitativer Hinsicht nicht überbewertet werden. Denn die Zahl der Salons blieb mit zehn bis fünfzehn während des Vormärz doch recht klein.

50 So die am 28. März 1848, an die ständigen Gäste versandte Erklärung der Salonière Mine v. Bardua, nach: ebd., S. 184. Die Besucher ihres Salons wie des Salons Maxe v. Arnims, der kon-

Tagen vor dem 18. März lag „lähmender Druck wie ein Bleigewicht auf dem sonst so fröhlichen Kreise, kein Scherz wollte aufkommen, alle hörten mehr nach dem Krawall auf der Straße als auf die Geistesprodukte, die verlesen wurden."[51] Sofern die konservativen Salons die ersten Wochen des ‚tollen Jahres‘ überdauerten, scheinen sie als Resonanzboden eines spezifischen Kulturpessimismus fungiert zu haben.[52] Gedrückte Stimmung herrschte freilich nur in den (nach Wilhelmy: vier) Salons konservativer Damen. Die (fünf) Salons, in denen liberal eingestellte Gäste dominierten und auch demokratische Ansichten geäußert werden durften, blühten infolge der revolutionären Ereignisse dagegen eher auf. Hier wurden – wie in den Lesekabinetten und Cafés – bei dem Eintreffen der ersten Nachrichten über die Pariser Februarrevolution Extrablätter verlesen und „aufgeregt" debattiert.[53]

Zwar wurde 1848 in allen Salons stärker als zuvor politisiert, allerdings auch weiterhin nur auf der üblichen Ebene unverbindlicher Konversation.[54] Mit dem

---

servativen Tochter Bettinas, trafen sich bereits in der Woche vor der Märzrevolution das letzte Mal. Hierzu und zum folgendem: ebd., S. 184 ff.

51 Maxe v. Arnim, Tochter Bettinas/Gräfin Oriola 1818-1894. Ein Lebens- und Zeitbild aus alten Quellen geschöpft, hg. und bearb. von Johannes Werner, Leipzig 1937, S. 169.

52 Deutlich wird dies z. B. an den Bemerkungen einer der konservativen Salondamen, Hedwig v. Olfers; sie meinte, „daß wenn ein Volk auf dem Punkt einer hohen Kultur angekommen ist, so überfeint es sich gewissermaßen. Sein Glaube schwindet, seine Sitten verändern sich. Es wird plötzlich aus aller Bildung und Herrlichkeit wie vom Erdboden weggefegt, und ein neues, frisches, wenn auch barbarisches Geschlecht wird berufen, wieder von vorn mit der Kultur anzufangen. Mir kommt es fast so vor, als wenn ganz Europa solch ein babylonischer Turm jetzt wäre." (Brief Hedwig v. Olfers an Lulu Gräfin Stosch vom 17. April 1848, nach: Wilhelmy, Salon, S. 190.)

53 Vgl. Eintragung Varnhagens vom 28. Febr. 1848 (über seinen Besuch in dem progressiven Salon Henriette Solmars), in: ders., Tagebücher, Bd. 4, S. 252. Weitere progressive Salons hatten sich um Klara Mundt(-Mühlbach), Bettine v. Arnim und Ludmilla Assing, die Nichte Rahel und Varnhagen v. Enses (dessen Tagebücher sie später herausgab) gebildet. Die Salons von Elisa Gräfin v. Ahlefeld, Sara Levy und Clara Kugler werden von Wilhelmy keiner der beiden ‚Parteien‘ zugeordnet.

54 Durchbrochen wurde die Ebene unverbindlicher Konversation lediglich ein einziges Mal: An einem spätsommerlichen Abend verlas J. Fröbel (KBA) im Salon Bettina v. Arnims eine Proklamation des Central-Ausschusses der Demokraten Deutschlands, in der dieser Partei nahm für die französische Republik und „die Sozialisten des Juniaufstands". Daraufhin kam es zwischen Fröbel, der übrigens durch Bakunin in den Salon Bettinas eingeführt worden war, und dem damals radikaldemokratischen H. B. Oppenheim (KBA) auf der einen Seite und dem gleichfalls anwesenden Gesandten der französischen Republik Arago, der das Vorgehen der ‚Ordnungspartei‘ während der Pariser Junirevolution rechtfertigte, zu einem heftigen Disput. Vgl. Julius Fröbel, Ein Lebenslauf. Aufzeichnungen, Erinnerungen und Bekenntnisse, Bd. 1, Stuttgart 1890, S. 181. Wichtig waren die Salons im Revolutionsjahr vor allem als eine Art Informationsbörse. Varnhagen z. B., schon seit Jahrzehnten als Diplomat wegen seiner liberalen Ansichten ausgemustert, besuchte mehrere Salons unterschiedlicher politischer Färbung. Er hätte in seinem Tagebuch nicht die vielen ‚Insider‘-Mitteilungen hinterlassen können, wenn er in den Salons nicht immer wieder Gelegenheit gehabt hätte, mit Angehörigen engster Hofkreise wie der revolutionären Demokratie Gespräche zu führen. Zum folgenden ausführlich: ebd., S. 196 ff.

Verebben der Revolution verlor die Politik auch in den progressiven Salons an Stellenwert. Das Interesse verlagerte sich zunächst auf Themen der ‚Außenpolitik', vor allem die Kaiserwahl, sodann die Unionspolitik. Nach deren Scheitern kehrte in alle Salons endgültig die traditionelle unpolitisch-kultivierte Geselligkeit zurück.

Männliche Ressentiments und Verweigerung politischer Partizipation: Der Blick des ‚starken' auf das ‚schwache Geschlecht'

Unabhängig von sozialer Schicht- und politischer Parteizugehörigkeit waren sich die Männer in einem weitgehend einig: Frauen hatten im Erwerbsleben kaum etwas und in der politischen Öffentlichkeit gar nichts zu suchen. Während im verarmten männlichen Mittelstand und Proletariat die Angst vor der weiblichen Konkurrenz der Hauptbeweggrund war, die Frauen in ‚ihre Schranken' zu weisen, wollten angesehene Bürger aus Gründen der ‚Wiederherstellung' von Sitte und Moral die Frauen auch aus den Unterschichten auf Heim und Herd beschränkt sehen.[55] In Berlin war man(n) allem Anschein noch antiquierter als in vielen anderen Städten. Auch unbedeutende, anderswo selbstverständliche Rechte wurden den Frauen in der Preußenmetropole nicht zugebilligt. Während sie auf den Tribünen des Sitzungssaales der Preußischen Nationalversammlung immerhin zugelassen waren und von diesem Recht auch ausgiebig Gebrauch machten, wurde ihnen dies für die Stadtverordnetenversammlung verwehrt. Ein am 17. April 1848 von der linksliberalen Fraktion um Karl Nauwerck „gestellter Antrag, auch den Frauen den Eintritt in den Zuhörerraum der Versammlung zur Beiwohnung [der Debatten] zu gestatten", wurde von mehr als zwei Dritteln der anwesenden Stadtverordneten abgeschmettert.[56] Wie wenig selbst die Berliner Demokraten daran dachten, den Frauen zu politischen Rechten zu verhelfen, machte Robert Springer in einem Aufsatz in der radikaldemokratischen ‚Locomotive' Anfang November 1848 deutlich:

„Ihr Weiber wollt an den Urwahlen teilhaben? Wohl, aber versichert uns erst, daß ihr nicht denjenigen bevorzugt, der Euch bei den Fensterpromenaden am süßesten zulächelt. [...] Wir haben genug [unter] den Weiberherrschaften im Hause zu leiden,

---

55 Manchmal lesen sich die diesbezüglichen bürgerlich-männlichen Äußerungen, als seien die Frauen an allem sozialen Elend und moralischen Verfall des Vormärz, an Hunger, unhygienischen Verhältnissen, an der Verwahrlosung der Kinder und nicht zuletzt am exzessiven Alkoholgenuß der Männer schuld; vgl. exemplarisch ein Memorandum, das ein Mitglied der DBWaK (Riese) am 11. Mai 1848 verfaßt hatte, in: LAB StA, Rep. 16, Nr. 67, Bd. III, Bl. 225-226 Rs.
56 Vgl. SZ vom 18. April 1848 sowie LAB StA, Rep. 00, Nr. 128 bzw. Nr. 1237. Zu Nauwerck vgl. KBA.

wir haben von denen auf den Thronen und in den Kabinetten gelitten, von einer Elisabeth, Christine, Katharina, Lady Masham und einer Lady Marlborough [...]. Wir wollen nicht die Volksherrschaft auch noch durch Weiberherrschaft trüben. [...] Ich würde sagen, Ihr seid noch nicht reif, wenn ich Euch überhaupt für fähig hielte, reif zu werden. [...] Ihr Weiber seid Kinder, liebenswürdige göttliche Kinder, Ihr greift nach allem, was glänzt. Ihr liebt den Genuß und das Vergnügen, Ihr liebt das Spiel und den Tanz. Ihr liebt mehr als Ihr denkt, und schwärmt mehr als Ihr urteilt."[57]

Springer stand nicht allein, die meisten anderen Demokraten dachten ähnlich. Auf dem Höhepunkt der Auseinandersetzungen um die Wahlfrage, am 13. April, suchte eine Deputation des Berliner Volks-Wahl-Komités den Ministerpräsidenten Camphausen auf, um dort ihren Wunsch nach direkten Wahlen – ohne Zwischenschaltung von Wahlmännern – vorzutragen. Während der Diskussion über diese Frage zwischen beiden Seiten habe der Ministerpräsident „einem Deputationsmitglied auf dessen Forderung, die zugesicherte Vorlage einer Verfassung auf breitester Grundlage auch zu erfüllen, geantwortet: ‚Breiteste Grundlage? Da müssen sie ja eigentlich die Frauen und Kinder auch mitwählen lassen!‘ Darauf der Sprecher: ‚Excellenz geruhen eine Karikatur aus dem zu machen, was ich aus tiefster Seele gesprochen habe.‘"[58] Unmißverständlicher konnten die Berliner Demokraten ihre Ignoranz gegenüber der ‚Frauenfrage‘, namentlich ihre Ablehnung der Forderung nach Wahlrecht auch für Frauen, kaum zum Ausdruck bringen. In ihrer weitgehenden Verständnislosigkeit trafen sich die demokratischen Männer Berlins mit den Konservativen der Hauptstadt. ‚Politisierende‘ bürgerliche Frauen liefen Gefahr, zu Zielscheiben von Anzüglichkeiten, aggressiven Vorurteilen, ihre vermeintlich vernachlässigten Ehemänner zum Gespött der männlichen Öffentlichkeit zu werden.[59] Sie standen im Mittelpunkt zahlrei-

---

57 ‚Locomotive‘ vom 10. Nov. 1848. Wie distanziert Springer (KBA) gegenüber einem politischen Engagement von Frauen war, läßt sich auch nachlesen in: ders., Berlins Straßen, S. 81 f. Ähnlich außerdem Saß (Berlin, S. 191; KBA). Daß der Kritik ‚politisierender Frauen‘ darüber hinaus die Absicht zugrunde lag, mit der traditionalen Geschlechterpolarität sich auch des eigenen Konzepts von Männlichkeit zu vergewissern, habe ich an anderer Stelle skizziert; vgl. Hachtmann, „... nicht die Volksherrschaft auch noch durch Weiberherrschaft trüben".

58 Wolff, RC, II, S. 210. Demgegenüber sah sich der Verfassungsausschuß des österreichischen Reichstags Mitte Februar 1849 immerhin gezwungen, die Einführung eines Wahlrechts für Frauen ernsthaft zu debattieren. Der entsprechende Antrag wurde freilich abschlägig beschieden; vgl. Hauch, Frau Biedermeier, S.141. Die Antragsgegner argumentierten zum Teil ganz ähnlich wie Camphausen am 13. April 1848.

59 Vgl. z. B. eine ‚Richtigstellung‘, die der bekannte Physiker Peter Rieß in der KrZ vom 3. Okt. 1848 drucken ließ. Um nicht zum Gegenstand für böse Gerüchte und Witze in den gehobenen Bevölkerungskreisen Berlins oder gar gesellschaftlich isoliert zu werden, ließ Rieß, Honorarprofessor an der Universität und Mitglied der Akademie der Wissenschaften, der Öffentlichkeit „zur Verhütung einer Verwechselung" mitteilen, daß die Vorsitzende des Demokratischen Frauenklubs gleichen Namens nicht seine Gattin sei.

cher satirischer Schriften demokratischer wie konservativer Couleur.[60] In Eingesandts äußerten Bürger ihre Verärgerung darüber, daß Frauen es wagten, sich selbständig zu organisieren. Fast stärker noch als über die Frauen-Klubs mokierte sich namentlich die konservative Presse über einzelne Frauen, die es wagten, die überkommenen bürgerlichen Rollenklischees zu sprengen. Louise Aston, die bereits 1846 wegen ihrer fortschrittlichen Ansichten und ihres unkonventionellen Lebenswandels einen heftigen, aufsehenerregenden Konflikt mit der Obrigkeit hatte durchstehen müssen, stand auch im Revolutionsjahr im Schußfeld der konservativen Kritik.[61] Erhebliches Aufsehen erregte außerdem Lucie Lenz, weniger weil sie während des Zeughaussturms vom 14. Juni angeblich ein Gewehr entwendet, sondern vor allem, weil sie sich an dieser mißglückten Unterschichtenrevolte in „männlicher Verkleidung" beteiligt hatte.[62] Männliche Kleidung, von Frauen getragen, war ein politisch-symbolisch sehr effektvoller Stich ins männliche Wespennest. Abgesehen davon, daß Hosen weitaus praktischer waren als die ‚gesittete' weibliche Kleidung, die bürgerliche Frauen normalerweise trugen, brachten Frauen mit „männlicher Verkleidung" unmißverständlich ihren Anspruch auf gleiche politische Rechte wie die des ‚starken Geschlechts' zum Ausdruck. Die wortreiche Reaktion der konservativen Presse zeigt, wie empfindlich die Männerwelt in dieser Hinsicht war, auch wenn der offenbar befürchtete Schneeballeffekt, daß nach dem Vorbild einzelner Frauen sich größere Teile der weiblichen (bürgerlichen) Bevölkerung Berlins dem gewohnten Rollenverhalten entziehen könnten, nicht eintrat. Die „ausgedehntere Emanzipation des weiblichen Geschlechts im Allgemeinen", so stellte ein westdeutscher Demokrat 1848 fast prophetisch fest, werde ein ähnlich langwieriger Prozeß wie die „Emanzipation der Israeliten" sein.[63] Die Revolution markiert für beide Emanzipationsbewegungen jedoch ganz unterschiedliche Phasen. Während die der Frauen in den Kinderschuhen steckenblieb, gelangte die Emanzipation der Juden in den Jahren 1848 bis 1850 zum – vorübergehenden – Abschluß.

---

60 Mehrere demokratisch-satirische Flugschriften, die sich gegen die demokratischen Frauenvereine Berlins richteten, finden sich im Wortlaut in: Hummel-Haasis, Schwestern, S. 59-82; vgl. außerdem Weigel, Flugschriftenliteratur, S. 76-89.

61 Als besonders anstößig empfanden die männlichen Kommentatoren der KrZ das „Hosentragen" und „Cigarrenrauchen" der „republikanischen Magdalena". (Kommentar der KrZ vom 18. Aug. 1848 zur Rückkehr Louise Astons aus Schleswig.) Zum Konflikt von 1846, der mit ihrer vorübergehenden Ausweisung endete, vgl. KBA sowie Renate Möhrmann, Die andere Frau. Emanzipationsansätze deutsche Schriftstellerinnen im Vorfeld der Achtundvierziger-Revolution, Stuttgart 1977, S. 141-150; Ute Gerhard, Unerhört. Die Geschichte der deutschen Frauenbewegung, Reinbek 1990, S. 43 ff.

62 Vgl. Streckfuß, 500 Jahre, S. 1103; ferner Wolff, RC, III, S. 375, Anm., sowie KBA.

63 Johann Georg Sponnagel (Mitbegründer und Präsident des Demokratischen Vereins in Westhofen, einer kleinen Stadt im Großherzogtum Hessen), nach: Wettengel, Revolution, S. 302 bzw. Hummel-Haasis, Schwestern, S. 151 f.

Teil VI
Jüdische Minderheit und protestantische Mehrheit – Selbstbild und der Blick der Gesellschaft

Kapitel VI.1

„... von ‚Jud' oder ‚Christ' ist gottlob nicht mehr die Rede"[1] – Berliner Juden während der Revolution

Sozialökonomische Stellung, politische Präferenzen und Selbstbild

Gut zwei Prozent aller Berliner bekannten sich 1848 zum jüdischen Glauben. Hinzu kommt eine recht große Zahl von Juden, die zum (evangelischen) Christentum übergetreten waren. Sie werden, obgleich das keineswegs unproblematisch ist, mitbehandelt.[2] Ihre Zahl war in der preußischen Metropole absolut wie relativ größer als anderswo, da von der Nähe zum Hof wie zu den Ministerien ein starker Assimilierungsdruck ausging.[3] Seit dem ausgehenden 18. Jahrhundert spielten Juden innerhalb des entstehenden Berliner Wirtschaftsbürgertums, vor allem als Bankiers, Kaufleute und Textilunternehmer, eine große Rolle.[4] Ein

---

1 Zitat aus: Moritz Steinschneider an seine Verlobte Auguste Auerbach vom 20. März 1848, nach: Adolf Kober, Jews in the Revolution of 1848 in Germany, in: Jewish Social Studies, Vol. 10/1948, S. 164, inzwischen auch veröffentlicht in: Julius H. Schoeps, Die Märzrevolution im Spiegel des Briefwechsels zwischen Moritz Steinschneider und Auguste Auerbach, in: TAJB, Bd. XIV/1985, S. 344. Zur Person M. Steinschneiders, der zwischen März und Nov. 1848 öffentlich nicht weiter hervortrat, vgl. ebd., S. 333 f.

2 Trotz des Übertritts zum Christentum blieben auch getaufte Juden häufig vor allem über ihre Familien dem sozialkulturellen Netz des Berliner Judentums im weiteren verbunden. Die weitgehende Zusammenfassung beider Gruppen in der folgenden Darstellung läßt sich damit rechtfertigen, daß sich praktizierende und getaufte Juden, jedenfalls soweit sie politisch aktiv wurden, in ihrem Selbstbild und politischen Handeln nur wenig voneinander unterschieden. Ein weiteres kommt hinzu: Maßgebliches Kriterium dafür, wer als ‚Jude' zu gelten hat, darf zwar nicht die Einstellung judenfeindlicher Exponenten sein. Gleichwohl ist bemerkenswert, daß prominente Demokraten u.a. auch dann noch etwa von der antijüdischen KrZ als ‚jüdisch' denunziert werden konnten, wenn sie sich lange zuvor hatten taufen lassen und eine solche ‚Diffamierung' im politischen Tageskampf funktional erschien; vgl. exemplarisch die unten geschilderten Attacken der KrZ gegen Gustav Julius.

3 Vgl. Monika Richarz, Der Eintritt der Juden in die akademischen Berufe. Jüdische Studenten und Akademiker in Deutschland 1678-1848, Tübingen 1974, S. 160 ff.; außerdem Jacob Toury, Soziale und politische Geschichte der Juden in Deutschland 1847-1871, Düsseldorf 1977, S. 55; Brigitte Scheiger, Juden in Berlin, in: Steffi Jersch-Wenzel, Barbara John (Hg.), Von Zuwanderern zu Einheimischen. Hugenotten, Juden, Böhmen, Polen in Berlin, Berlin 1990, S. 334, 341, 363; Hachtmann, Berliner Juden, S. 53.

4 Nach einer Schätzung Kaelbles (Unternehmer, S. 79 f.) gehörte 1848/49 etwa die Hälfte aller (größeren) Unternehmer der jüdischen Minderheit an.

vergleichsweise hoher Prozentsatz der Berliner Juden (1849 knapp zehn Prozent) zählte zur Gruppe der ‚Rentiers und Pensionäre‘, ein geringerer zu den ‚freien‘, bürgerlichen Berufen.[5] Eine relativ große Zahl von Juden hatte sich außerdem bis zur Jahrhundertmitte als selbständige Handwerker niedergelassen. Um die neunzig Prozent aller Berliner Juden gehörten zur Revolutionszeit dem ‚Bürgertum‘ oder dem kleinbürgerlichen Mittelstand an (gegenüber 18% der Gesamtbevölkerung der preußischen Hauptstadt).

Die soziale Isolation der Berliner Juden war bereits während des Vormärz weitgehend aufgebrochen. Von ihren nicht-jüdischen Mitbürgern wurden sie auch als politisch gleichberechtigt akzeptiert. Ablesen läßt sich dies an der vergleichsweise großen Zahl jüdischer Stadtverordneter, jüdischer Mitglieder innerhalb der Korporation der Kaufmannschaft und an der bedeutenden gesellschaftlichen Stellung jüdischer Salonieren. Die Akzeptanz der jüdischen Berliner reichte darüber hinaus in den Jahren vor 1848 weit in die nicht-jüdischen *proletarischen* Schichten hinein.[6] Insofern wußten die Berliner Stadtverordneten die Mehrheit der Berliner Bevölkerung hinter sich, als sie Anfang Januar 1847 in einer Petition an den König die „völlige Emancipation der Juden" forderten. Die Revolution beschleunigte den Prozeß der Integration der Berliner Juden. Nicht zufällig wurde in zeitgenössischen Berichten aus dem Jahre 1848 bei Erwähnung der politisch aktiven Berliner die Religionszugehörigkeit, also auch ‚Jüdisch-Sein‘ im konfessionellen Sinn, lediglich in Ausnahmefällen vermerkt.

Die Charakterisierung ‚politisch aktiv‘ kann vielerlei bedeuten. 1848 zielte sie vor allem auf zweierlei: erstens auf die Beteiligung an zentralen Ereignissen und zweitens – wichtiger noch – auf das Engagement in den Vereinen, in den Parlamenten und als Herausgeber oder Mitarbeiter von Zeitungen und Zeitschriften. Unter den Ereignissen waren zweifellos die Barrikadenkämpfe vom 18. und 19. März am bedeutsamsten. Zur Beteiligung an der Märzrevolution liegen außerdem – im Gegensatz etwa zum Zeughaussturm – massenbiographische Angaben vor. Danach standen zwar eine ganze Reihe Berliner Juden auf den Barrikaden; insgesamt dürften zehn bis sechzehn, etwa vier bis fünf Prozent, aller namentlich bekannten Märzgefallenen ‚mosaischen‘ Glaubens gewesen sein.[7] Daß die ‚Emeute‘ vom März 1848 wesentlich von ‚den Juden‘ ausgegangen und von ihnen auch personell getragen worden sei, war jedoch eine konservative Legende,

---

5 Diese und die folgenden Zahlenangaben für 1849 nach: Jacob Toury, Der Eintritt der Juden ins deutsche Bürgertum, in: Hans Liebeschütz, Arnold Paucker (Hg.), Das Judentum in der deutschen Umwelt 1800-1850. Studien zur Frühgeschichte der Emanzipation, Tübingen 1977, S. 230; vgl. auch Hachtmann, Berliner Juden, S. 75, Tab. 1.

6 Vgl. ebd., S. 56 ff., 78 ff. Viele der Berliner Juden ‚erkauften‘ sich soziale Integration und politische Akzeptanz freilich durch die weitgehende Aufgabe spezifischer jüdischer Identität. Zur Petition der Stadtverordneten Anfang 1847 vgl. *S. 107 f.*

7 Vgl. Jacob Toury, Die politischen Orientierungen der Juden in Deutschland. Von Jena bis Weimar, Tübingen 1966, S. 55; Hachtmann, Berliner Juden, S. 58.

die von den eigentlichen sozialen und politischen Ursachen der Märzrevolution ablenken sollte.

Seine Beweggründe, sich so entschieden auf Seiten der Linken zu engagieren, hat der jüdische Demokrat Johann Jacoby lange Zeit vor der Märzrevolution in folgendem Satz zusammengefaßt: „Je schwerer gerade mich die Ketten drücken, desto inniger muß ich die Freiheit für alle wünschen."[8] Diese Bemerkung erklärt, warum nicht nur Jacoby, sondern 1848 überhaupt so viele Juden in Berlin und anderen Städten auf seiten der Linken aktiv waren. Namentlich in der entstehenden *demokratischen* Bewegung der preußischen Hauptstadt spielten zahlreiche Juden eine führende Rolle (Tab. 14).[9] Unter den von mir in die Kurzbiographien im Anhang aufgenommenen führenden Demokraten Berlins war etwa ein Drittel jüdischen Glaubens oder erst lange nach der Geburt zum Christentum übergetreten. Das „Gerücht, daß der sogenannte politische Klub ganz oder zum großen Theil aus Mitgliedern der jüdischen Gemeinde bestehe", war dennoch maßlos übertrieben. Zwar würden „auch einige Juden in jenem Klub sich befinden", aber „die bei weitem größte Anzahl" der Gemeindemitglieder sei ihrer „Natur nach conservativer Gesinnung". Dieses offizielle Dementi der jüdischen

---

8 Jacoby an Gabriel Rießer vom 29. Sept. 1832 bzw. an Alexander Küntzel vom 12. Mai 1837, in: ders., Briefwechsel, S. 43 bzw. 56; vgl. auch Walter Grab, Der deutsch-jüdische Freiheitskämpfer Johann Jacoby, in: ders., Julius H. Schoeps (Hg.), Juden im Vormärz und in der Revolution von 1848, Stuttgart/Bonn 1983, S. 354.

9 G. Julius war nicht nur Verleger und Chefredakteur der radikaldemokratischen BZH, an der mit A. Wolff, dem Verfasser der RC, und L. Heilberg zwei weitere Juden mitarbeiteten. Julius gehörte auch zu den Begründern des Politischen (später: Demokratischen) Klubs. Zu den führenden Mitgliedern dieses größten demokratischen Vereins Berlins zählten weitere Juden: der Handlungsdiener R. Ottensos(s)er, der Arzt M. Lövinsohn, der Privatdozent R. Remak, der Verleger L. K. Weyl sowie der Student R. O. Feenburg. Auch die kleineren demokratischen Vereine wurden von jüdischen Berlinern geprägt: Die Gründung des ‚Volksklubs' geht auf die drei Brüder Benary zurück; A. und F. Benary gehörten auch in der Folgezeit zu den führenden Berliner Demokraten. Im linksliberalen ‚Verein für Volksrechte' spielte der freilich lange vor 1848 getaufte Mathematikprofessor K. G. J. Jacobi eine zentrale Rolle. Die am weitesten links stehende Organisation unter den politischen Vereinigungen Berlins, der Ende Juni gegründete Republikanische Klub, wurde von dem bekannten jüdischen Publizisten H. B. Oppenheim ins Leben gerufen; Oppenheim war zugleich Herausgeber der radikaldemokratischen ‚Reform'. L. Zunz wiederum gehörte seit Mitte Juli 1848 zum Vorstand des ‚Demokratischen Urwählervereins'; vor allem aber war Zunz neben Berends und Streckfuß die führende Persönlichkeit in der Anfang 1849 gegründeten demokratischen ‚Volkspartei', die mehrere tausend Mitglieder zählte und im Frühjahr 1850 dann der polizeilichen Repression zum Opfer fiel. Die junge Berliner Arbeiterbewegung wurde gleichfalls von (ehemaligen) Juden geprägt. Der an anderer Stelle beschriebene überragende Einfluß von S. Born auf Berlins Arbeiter und Gesellen sagt hier genug. Auch der einzige Arbeiter in der Preußischen Nationalversammlung, J. Brill, der – über seine Abgeordnetentätigkeit hinaus – Einfluß auf die politischen Entwicklungen in den Unterschichten der preußischen Hauptstadt nahm, war mosaischen Glaubens. Die jüdischen Abgeordneten der PrNV standen meist auf dem linken Flügel. Unter ihnen war J. Jacoby die herausragende Persönlichkeit. Zu den genannten Personen vgl. KBA. Hierzu und zum folgenden ausführlich: Hachtmann, Berliner Juden, S. 60 ff.

Gemeinde in der Vossischen und Spenerschen Zeitung vom 3. April 1848 entsprach in mehrfacher Hinsicht den tatsächlichen Gegebenheiten: Die Juden, die in der demokratischen und Arbeiterbewegung aktiv wurden, waren, auch wenn sie nicht konvertiert waren, mehrheitlich keine aktiven Mitglieder der jüdischen Gemeinde mehr. Aber selbst wenn man diejenigen, die zum traditionellen Judentum auf Distanz gegangen waren oder sich gar hatten taufen lassen, mit einschließt: Unter den aktiven Demokraten blieben Juden eine, wenngleich zahlenmäßig starke Minderheit.[10] Die Behauptung vom ‚jüdischen Charakter‘ der Demokraten war in die Welt gesetzt worden, um den politischen Gegner zu diskreditieren.

Zahlenmäßig geringer war das Engagement Berliner Juden im liberalen *Konstitutionellen Klub*.[11] Entgegen den ausgeprägten Präferenzen der jüdischen Bevölkerung insgesamt für den Liberalismus (Tab. 14)[12], blieb das aktive Engagement

---

10 Auch in den Vereinen, die auf spezifischen Tätigkeitsfeldern aktiv wurden und dem liberal-demokratischen Spektrum zuzurechnen waren, wurden Juden nicht selten in führender Stellung tätig. A. und R. Löwenstein, L. K. Weyl, S. Stern, L. Zunz und R. Remak hatten im ‚Bezirks-Central-Verein‘, M. Simion und J. Springer im ‚Bürgerwehrklub‘ leitende Positionen inne. Zum engeren Kreis der Führung der Berliner Bürgerwehr gehörten gleichfalls – neben den Genannten weitere – Juden: D. A. Benda beispielsweise war bis Juni 1848 Bürgerwehrmajor, der mit ihm verwandte S. A. Benda gleichfalls (bis Okt. 1848). Auch z.B. H. Benary war in der Bürgermiliz Offizier. Eine größere Zahl bekannter Berliner Juden engagierte sich außerdem im ‚Central-‘ und ‚Lokalverein für das Wohl der arbeitenden Klassen‘ und im ‚Berliner Vorschuß-Verein‘ (D. A. Benda, W. Beer, E. Goldschmidt, M. Magnus, J. Mendelssohn, M. Veit, J. Springer und J. Löwenberg). S. Levy war neben Bisky der wichtigste Verbindungsmann zwischen der Berliner ‚Arbeiterverbrüderung‘ und dem ‚Lokalverein‘. Im ‚Frauenverein zur Abhülfe der Noth der kleinen Gewerbetreibenden‘ waren Ehefrauen bekannter jüdischer Wirtschaftsbürger aktiv (Berta Magnus, Doris Beer, Henriette und Marianne Mendelssohn). Alexander Mendelssohn fungierte in dem Frauenverein als Vertrauensmann; vgl. *S. 511, Anm. 22*. Zu den meisten der genannten Personen vgl. KBA.

11 Zu nennen ist hier, neben M. Veit, der als Berliner Abgeordneter der DtNV sein Tätigkeitsfeld jedoch bald in die Frankfurter Paulskirche verlagerte, vor allem S. Stern (KBA). Dem Konstitutionellen Klub gehörte während außerdem der Arzt A. Löwenstein (KBA), anfangs ferner der damals 38jährige Bernhard Behr (Arzt, Buchhändler und Besitzer einer Leihbibliothek) an, schließlich – bis zur Abspaltung des ‚Vereins für Volksrechte‘ Ende April – K. G. J. Jakobi (KBA). Der liberalen Strömung waren außerdem eine Reihe von Journalisten hinzuzurechnen. Zu nennen sind vor allem Moritz Lazarus, der die ‚Berliner Bürgerwehrzeitung‘ redigierte, sowie Bernhard Wolff von der NZ. 1849 waren jüdische Journalisten, u.a. Aaron Bernstein, an der Gründung weiterer demokratischer bzw. konstitutioneller Zeitungen beteiligt.

12 Dem auf den ersten Blick merkwürdigen Widerspruch, daß einerseits in Deutschland allgemein und abgeschwächt vermutlich auch in Berlin die große Mehrheit *sämtlicher* Juden liberal bzw. konservativ, dagegen nur eine Minderheit demokratisch-sozialistisch orientiert war, andererseits unter den politisch *aktiven* Juden eine deutliche Majorität demokratischen Werten anhing, kommt man bei, wenn man mit Toury (Orientierungen, S. 89, 92, 103 f.) zwischen aktivem „echten Konservatismus" und „Loyalismus" unterscheidet. Loyalismus meint die passive Orientierung an der jeweils herrschenden politischen Elite – Ausdruck nicht zuletzt eines durch jahrhundertelange Verfolgung geprägten Überlebenswillens. Einer vollen Identifizierung mit dem politischen Konservativismus stand im Wege, daß unter Hochkonservativen judenfeindliche Strömungen besonders stark waren.

jüdischer Berliner für diese politische Strömung vergleichsweise schwach. Die organisierten Liberalen besaßen – das bleibt dabei zu bedenken – in Berlin allerdings auch nicht die Bedeutung wie anderswo und wurden durch organisatorische Abspaltungen nach links und rechts bereits im Frühjahr zusätzlich geschwächt. Unter aktiven *Konservativen* schließlich blieben Juden Ausnahmeerscheinungen. Sofern sie sich öffentlich exponierten, waren sie überdies schon frühzeitig zum Christentum übergetreten.[13]

Tabelle 14: *Politische Orientierungen der Juden Berlins und sämtlicher deutscher Staaten*

	Juden in allen dt.Staaten		Berliner Juden (a)	
	Vormärz	Revolution	Vormärz	Revolution
Gesamtheit				
Konservative/Loyalisten (b)	55-60%	50-55%		
(gemäßigte) Liberale	30-35%	30-35%		
Demokraten/Sozialisten	9%	15%		
Aktive Politiker				
Konservative/Loyalisten (c)	21%	9-10%	12-22%	12-14%
(gemäßigte) Liberale	32-35%	31-33%	40-55%	15-30%
Demokraten/Sozialisten	43-47%	58-62%	30-40%	55-70%

(a) Erfaßt wurden als ‚aktive Politiker' 1848 insgesamt 66 Personen, für den Vormärz: 37. Zu den aktiven Politikern wurden nicht nur diejenigen gerechnet, die in den politischen Klubs hervortraten, als Stadtverordnete oder als Berliner Abgeordnete der Preußischen bzw. Deutschen Nationalversammlung fungierten, sondern auch diejenigen, die bei herausragenden politischen Ereignissen der Revolutionszeit eine wichtige Rolle spielten. Nicht berücksichtigt wurden die jüdischen Wahlmänner; denn die Wahl der Abgeordneten für die beiden Nationalversammlungen war geheim; *Wie* der einzelne Wahlmann abstimmte, ist nicht bekannt.
(b) Einschließlich der von Toury als ‚Nationalisten' bezeichneten Personen. (Die von Toury vorgenommene kategoriale Differenzierung in ‚Konservative', ‚Loyalisten' und ‚Nationalisten' sowie in ‚Demokraten' und ‚Sozialisten' ließ sich jedenfalls für Berlin nicht aufrecht erhalten.)
Quellen: Jacob Toury, Die politischen Orientierungen der Juden in Deutschland. Von Jena bis Weimar, Tübingen 1966, S.27, 67, 98; eigene biographische Recherchen.

So ziemlich alle politisch aktiven Juden wurden nicht aus einem spezifisch jüdischen Selbstverständnis heraus tätig; sie sahen sich vielmehr als vollkommen gleichberechtigte Staatsbürger und nahmen nach eigenem Verständnis lediglich ihre frisch erworbenen Rechte wahr. Insbesondere für die unter den aktiven Berliner Juden zahlreichen Demokraten galt, daß sie sich uneingeschränkt den jeweiligen politischen Strömungen zuordneten. Ihnen war die Freude über den Zusammenbruch des Vormärz-Systems und die Genugtuung darüber anzumerken, daß damit auch die Repräsentanten antiemanzipatorischer Strömungen scheinbar auf der Verliererseite standen. „Der Absolutismus, von allen Seiten

---

13 Neben Friedrich Julius Stahl, der das konservativ-romantizistische Ideal vom ‚christlichen Staat' theoretisch fundierte, ist hier vor allem auf D. A. Benda hinzuweisen; vgl. Anm. 16 sowie KBA.

eingeengt, wird endlich zertreten, und hinter ihm das Priestertum", so Zunz nach dem Eintreffen der ersten Nachrichten über die italienische Revolution.[14]

Aber auch viele derjenigen, die im Judentum nicht nur eine Konfession unter anderen sahen, sondern sich weiterhin den jüdischen sozial-kulturellen Traditionen verbunden fühlten, betrachteten sich in erster Linie als ‚Deutsche'. Repräsentanten der jüdischen Gemeinde in der preußischen Hauptstadt äußerten in dieser Hinsicht ähnliche Ansichten, wie sie auch anderswo artikuliert wurden. So führte der Berliner Rabbiner Michael Sachs während einer Trauerfeier der jüdischen Gemeinde Berlins für die Märzgefallenen am 26. März aus, daß es sich „früher" für die Juden „geziemt" habe, „uns zu erheben für unser Recht, hervorzutreten, wenn es unsere entzogene Freiheit galt". „Jetzt" dagegen zieme es sich, „nachdem ein Band der gleichen Rechte, der gleichen Liebe alle Confessionen umschließt, bescheidentlich zurückzutreten, und nicht durch vorlautes, selbstsüchtiges Streben gar wieder Zwiespalt zu spinnen und die Werke der Freiheit zu hemmen."[15] ‚Jude-Sein' meine nurmehr die Konfessionszugehörigkeit; ansonsten wolle man als ‚Deutscher' fühlen, handeln und sich der nationalen Einigungsbewegung ohne Vorbehalte anschließen. Sachs sprach, indem er diesen Grundsatz formulierte, offenbar aus, was die meisten dachten. In Einzelfällen votierten politisch aktive Juden sogar dafür, die Erringung demokratischer Freiheit zugunsten des Ziels der nationalen Einigung Deutschlands hintanzustellen. Und auch die preußisch-partikularistische Gegenposition fand unter prominenten Juden in Berlin, wo die politische Strömung, für die die nationale Einigung gegenüber anderen Zielen unbedingten Vorrang besaß, im Vergleich zu den westelbischen Provinzen und den südwestdeutschen Staaten überhaupt schwächer war, Fürsprecher.[16] Der Wunsch, ein guter Deutscher oder Preuße zu sein, der starke, schon während des Vormärz sichtbare Trend, das Judentum nur noch als eine Konfession unter anderen zu begreifen, sowie der weiterhin bestehende Anpassungsdruck beschleunigten 1848 wiederum die „Auflösung des traditionellen Gemeindeverbandes als Träger der jüdischen Gruppenexistenz" (J. Toury). Das war die Kehrseite des 18. März, des „Freudentags für die Israeliten", eines „Tages [der] Befreiung der Unterdrückten, der nie vergessen werden wird", „für ganz Deutschland und selbst Europa ein Wunder", nach „so vielen Jahrhunderten, in

---

14 Brief an Ph. Ehrenberg vom 13. Febr. 1848, in: Zunz, Jude, Deutscher, Europäer, S. 258.
15 Nach: ‚Publicist' vom 29. März 1848; in längeren Auszügen auch in: Hachtmann, Berliner Juden, S. 54.
16 Kaum jemand ging in seinem Preußentum so weit wie D. A. Benda (KBA); vgl. vor allem seine Erklärungen und Denkschriften vom 26. März, 24. Juli und 11. Sept., im Wortlaut in: SZ vom 27. März und 13. Sept. 1848 bzw. Obermann, Einheit, S. 496 f., 548 ff.; außerdem Hachtmann, Berliner Juden, S. 66 f. Das folgende Zitat bei: Jacob Toury, Die Revolution von 1848 als innerjüdischer Wendepunkt, in: Liebeschütz/Paucker (Hg.), Judentum, S. 374.

welchen diese Nation in Unterdrückung lebte".[17] Mit der Märzrevolution schien die Judenemanzipation quasi automatisch und endgültig vollzogen. Die allgemeine Euphorie der ersten Tage nach der Märzrevolution ließ viele Juden übersehen, daß emanzipationsfeindliche Tendenzen unter der Oberfläche weiterschwelten.

„... die Juden sehr in Verdacht" – judenfeindliche Strömungen

Blickt man auf die verschiedenen Sozialschichten, waren antijüdische Grundhaltungen ‚oben' stärker vertreten als ‚unten'. In den wichtigsten Darstellungen von seiten der preußischen *Militär*führung wurden nicht nur polnische und französische ‚Emissäre' als angebliche Drahtzieher der Barrikadenkämpfe vom 18. März ausgemacht, sondern auch Juden. So wird in der Erinnerungsschrift des unmittelbar vor Ausbruch der Kämpfe zum Oberbefehlshaber der in Berlin stationierten Truppen ernannten Generals v. Prittwitz ebenso wie in der durch ihn inspirierten Darstellung eines Obersten Schulz und in der offiziösen Schrift Meyerincks die von anderer, nicht-militärischer Seite nirgendwo bestätigte Mär eines modernen Judas aufgetischt.[18] Prittwitz behauptete in seiner umfangreichen Erinnerungsschrift mit Blick auf die Deputationen, die am Nachmittag des 18. März dem König gegenüber „das Ansinnen stellten, die Truppen zurückzuziehen", in einer fast schon rassistisch zu nennenden Redewendung überdies wörtlich, daß deren „Sprecher fast alle den jüdischen Typus nicht zu verleugnen vermochten."[19] Der Sohn des Prinzen von Preußen und spätere 99-Tage-Kaiser Friedrich, der damals 16 Jahre alt war, glaubte gleichfalls, am Vormittag des 18. März „einige Judengesichter" gesehen zu haben, „welche von der Menge auf die Schultern gehoben waren u[nd] eifrig redeten; auch schien einer etwas zu verteilen."[20] Zwar hatte der Topos einer Mitteleuropa umspannenden ‚jüdischen

---

17 Aus einem mit „Dank Euch braven Bürgern!" überschriebenen Eingesandt eines Joseph Alexander Franklinsky in der VZ vom 27. März 1848.

18 Ein jüdischer Tabakladenbesitzer habe „größtentheils Arbeiter [...] durch die Verteilung von Geld, 20 Silbergroschen der Mann, reichlichen Lebensmitteln und Getränken, zum tätigen Widerstand verleitet". (Prittwitz, Berlin, S. 241 f.) Ganz ähnlich, in zum Teil identischem Wortlaut: Schulz, Märztage, S. 80; Meyerinck, Thätigkeit, S. 136.

19 Prittwitz, Berlin 1848, S. 149.

20 Friedrich III, Tagebücher, S. 15. Der Oberst Schulz und andere Militärschriftsteller behaupteten außerdem, auch unter den Gefangenen, die am 19. März frühmorgens in die Spandauer Festung abtransportiert wurden, hätten sich auffallend „viele Juden" befunden, eine Behauptung, die eine Sichtung der Gefangenenprotokolle und -listen nicht bestätigte; vgl. Schulz, Märztage, S. 25, 71 f., 103; Meyerinck, Thätigkeit, S. 120, 129; Waldersee, Märztage, S. 20 f. Auch Friedrich Wilhelm IV. war von judenfeindlichen Unterströmungen nicht unbeeinflußt. Ausführlich: Hachtmann, Berliner Juden, S. 59 f., 80 f.

Verschwörung' gerade auch in Preußen Tradition.[21] Dennoch ist bemerkenswert, daß solche Ansichten, die in emanzipationsbewegter Zeit eigentlich nicht mehr ‚salonfähig' waren, überhaupt schriftlich fixiert wurden. Mündlich werden derartige Äußerungen in höchsten Kreisen wohl häufiger gefallen sein. Angesichts der Haltung ihrer ‚Oberen' nimmt es im übrigen nicht wunder, daß einfache Soldaten besonders während der Kämpfe des 18. März ebenfalls eine ausgeprägt judenfeindliche Grundhaltung an den Tag legten.[22]

Mindestens ebenso verbreitet wie bei Hofe, in der Militärführung und der Ministerialbürokratie[23] waren antijüdische Vorurteile im konservativen Bürgertum. Die Witwe des Gründers der Cauerschen Lehranstalt in Charlottenburg, Marianne Cauer, behauptete in einem Brief einen Tag nach dem Ende der Märzrevolution, „die Hauptaufwiegler sind Juden, das ist allgemein bekannt".[24] Frau Cauer stand mit dieser Ansicht nicht allein. Bemerkungen des politisch einflußreichen Direktors der Berliner Taubstummenanstalt Carl Wilhelm Saegert ist zu entnehmen, daß sie mit diesen dürren Worten eine Grundströmung innerhalb des Berliner Bürgertums artikulierte. Ende März notierte Saegert nämlich in seinem Tagebuch, „die Juden waren sehr in Verdacht, viel zu dem Ganzen beigetragen zu haben, u[nd] es wurde schon öffentlich zur Judenverfolgung gesprochen".[25] Mit dem „Ganzen" war hier nicht nur die Märzrevolution gemeint,

---

21 Vgl. Rogalla v. Bieberstein, These, bes. S. 160 f., 168.
22 Symptomatisch war hier ein Vorfall, den ein Hausdiener zu Protokoll gab. Er sei gegen Mitternacht von den in der Innenstadt vorrückenden Militärs „ergriffen und geschlagen [worden]. Unter Hieben und Stößen wurde ich zuerst fortgeschleppt. Die ganze Breite Straße war voll von Soldaten, und jeder, an dem ich vorüberkam, schlug mich mit dem Kolben oder Säbel, bis auf den Schloßplatz. In der Nähe des großen Armleuchters sah ich eine Menge Offiziere stehen. An einen derselben, welcher, wie ich mich genau erinnere, starke Epaulets, mit Raupen oder Nudeln hatte, wandte ich mich mit der Bitte, mich zu befreien, da ich ganz unschuldig sei. Er aber antwortete: *„Schlagt doch diesen verfluchten Juden gleich todt!"* (obwohl ich versichern kann, ein guter Christ zu sein), worauf die Soldaten furchtbar auf mich einhieben". (Roerdansz, Gefangene, S. 47, H. v. m.).
23 Wie stark man sich hier durch die eigene, latent judenfeindliche Einstellung in seiner Wahrnehmung der politischen Verhältnisse beeinflussen ließ, zeigt ein gegen Ende der Revolution verfaßter, offizieller Bericht über das Berliner Vereinswesen. Dort heißt es, daß „namentlich solche [Bürgerwehrbataillone], in denen das jüdische Element vorherrscht, demokratisch" geworden seien. Beweise für diese Behauptung anzuführen, hielt man nicht für nötig. (Zusammenstellung der politischen Vereine im Königreich Preußen [Berlin], undat. [Ende Okt. 1848], in: GStA, Rep. 77, Tit. 662, Nr. 1, Bd. 1, Bl. 90 bzw. Bericht des Polizeipräsidenten an den Innenminister vom 27. Okt. 1848, in: BLHA, Rep. 30, Tit. 94, Nr. 14377, Bl. 36.)
24 Brief Marianne Cauers an ihren Sohn Eduard vom 20. März 1848, nach: Haenchen, Neue Briefe, S. 281.
25 In: GStA, Rep. 192, NL Saegert (Tagebuch A), Nr. 4, Bl. 9. Zu Saegert vgl. KBA. Auch Nobiling (KBA) behauptete eine maßgebliche Beteiligung von Juden am „Aufstand" des 18. März; vgl. Haenchen, Quellenwert, S. 339. Vgl. außerdem die (freilich erst Mitte der siebziger Jahre) verfaßten ‚Denkwürdigkeiten' des prominenten ‚1848er' Konservativen Julius Kuhr, die mit antisemitischen Ausfällen nur so gespickt sind. In diesem Kontext gehört auch ein Anfang Aug. abgefaßtes, (wie der ‚Publicist' vom 3. Aug. 1848 kommentierte) „bis zum Wahnsinn reactionaires

Israel in Wuth

Judenfeindliche Karikatur

sondern auch die im Entstehen begriffene demokratische Bewegung. Wie niedrig die Schwelle war, der Drohung mit „Judenverfolgung" ein Pogrom folgen zu lassen, zeigte sich besonders dort, wo konservativ-borussisches Bürgertum und Kleinbürgertum sich von der liberaldemokratischen Öffentlichkeit unbeobachtet wähnten.

Der jüdische Arzt und bekannte Berliner Demokrat Moritz Lövinson bekam dies am eigenen Leib zu spüren, als er sich am 22. Oktober 1848 zu einer Versammlung der achten Kompagnie des kleinbürgerlich geprägten zwanzigsten Landwehr-Regiments in Wilmersdorf einfand. Bei seiner Ankunft hatte sich bereits eine „Mannschaft, über 100 Köpfe stark", eingefunden. Während er darauf wartete, aufgerufen zu werden, mußte er „vielfache rohe Äußerungen [über sich ergehen lassen] wie: ,Gut, daß der Jude da ist; hat der Jude auch ein preußisch Herz?' etc. etc." Ein „verdächtiges Drängen und Stoßen entstand"; man machte ihn darauf aufmerksam, „es herrsche eine schlechte Stimmung". Nach langem Warten wurde sein Name endlich aufgerufen. „Dicht vor dem Tisch" des Feldwebels, der die Namenslisten prüfte, „stehend, umgeben von der gesammten Compagnie, in nächster Nähe der Offiziere, Ordonanzen, Gens'darmen, [mußte Lövinson dann] die gemeinsten Aeußerungen, ähnlich den schon angeführten, als: ,der Jude muß raus; schlagt den Juden todt; wenn der König

---

Flugblatt", in dem mit Blick auf die Märzrevolution die Behauptung aufgestellt wurde, „daß der von republikanischen Ausländern, Juden und erbärmlichen Literaten gedungene Pöbel Barrikaden aufrichtete". Unterzeichnet war dieses Flugblatt, das nicht öffentlich angeschlagen, sondern frankiert an eine Anzahl „hiesiger Einwohner" versandt wurde, mit „Ein Preuße". Ein anderes, scharf antijüdisches Flg. findet sich in: ZBSt, 1848 Flg., M. 29.

nicht bessere Kinder hätte als solche Juden, dann wärs schlecht' etc. etc., welche Aeußerungen mehr gebrüllt als gesprochen wurden, genießen, ohne daß auch nur *ein Mann* unter all den Anwesenden Einhalt dieser Pöbelhaftigkeit geboten hätte, während ich mich natürlich vollkommen still verhielt. Nach Aufruf meines Namens und geschehener Meldung [...], wandte ich den Rücken, um das Zimmer zu verlassen. Nun aber entstand ein allgemeines Zerren, Toben und Stoßen um mich her, mit den Worten: ‚Schlagt den Juden todt!' sperrte man mir den Weg, Faustschläge hagelten auf meinen Hut und Rücken, man stieß mich zur Thür hinaus und im Hausflur erhielt ich endlich mit irgendeinem Instrumente einen solchen Schlag an den Hinterkopf, daß sofort das Blut hervorströmte. [...] So entfernte ich mich bluttriefend."[26]

Der geschilderte Vorfall zeigt nicht allein, wie schnell konservative Bürger, die in der stark demokratisch geprägten Hauptstadt selbst nicht offen aufzutreten wagten, Mut faßten und handgreiflich antijüdische Ressentiments zeigten, wenn sie mit den überwiegend antidemokratisch eingestellten Bewohnern der umliegenden Städte und Dörfer zusammentrafen und sich nicht unter der Beobachtung der kritischen Öffentlichkeit Berlins wähnten.[27] Zum Ausdruck kommt hier auch, daß vor allem jüdische *Demokraten* gefährdet waren.

Andere demokratische Intellektuelle, deren jüdische Herkunft bekannt war, wurden gezielt diffamiert. Politisch am umstrittensten unter den Berliner Juden war wohl Gustav Julius (obwohl bereits Jahrzehnte zuvor zum Christentum übergetreten). Gegen diesen unermüdlichen Kritiker überkommener Zustände und demokratischer Inkonsequenz meinte das Sprachrohr der Hochkonservativen, die Kreuzzeitung, Stimmung machen zu können, indem sie am 12. Oktober 1848 auf sein „jüdisches Aussehen" und seine „jüdische Gesinnung" hinwies – in der Absicht, *damit* Julius' politische Positionen zu diskreditieren. In ähnlicher Weise suchte dieselbe Zeitung in ihrer Ausgabe vom 14. November[28] die bürgerliche ‚Volksmeinung' gegen Johann Jacoby zu mobilisieren, wenn sie seine berühmte Entgegnung auf Friedrich Wilhelm IV. vom 2. November, es sei das Unglück der Könige, daß sie die Wahrheit nicht hören wollten, als „Strahlenglanz jüdischer Unverschämtheit" bezeichnete. Auch sonst suchte dieses Zentralorgan der Hochkonservativen gegen die Demokraten zu Felde zu ziehen, indem es antijüdische Ressentiments seiner Leser zu mobilisieren versuchte.[29]

---

26 Zuvor hatten die „Offiziere, die natürlich nach dieser mörderischen Heldenthat nicht verfehlten, sichtbar zu werden, M. Lövinson (KBA) immerhin „ihr Bedauern über diesen unangenehmen Vorfall" ausgedrückt. Alle Zitate aus Lövinsons Bericht in: BZH vom 27. Okt. 1848 (H. i. O.).

27 Zur politischen Haltung der Bewohner Spandaus, Charlottenburgs und Potsdams vgl. Hachtmann, „Rote Hauptstadt" und „schwarze Provinz" sowie *S. 162.*

28 Auf dem Titel der Zeitung steht: 12. Nov.; Seitenzahl (S. 844) und der Inhalt der Meldungen weisen jedoch darauf hin, daß es sich um den 14. Nov. handeln muß. Zur Audienz der Deputation am 2. Nov. und dem Disput zwischen dem König und Jacoby vgl. *S. 740 ff.*

29 So bezeichnete die KrZ am 8. Aug. 1848 die Forderung nach einem Verfassungseid der Armee sowie die ‚Volkswehr'-Konzepte von demokratischer Seite als „Teig, [bereit] fertig geknetet zu werden von Juden und Judengenossen, von Franzosen und Franzosen-Jüngern". Die Ereignisse

Nicht nur in der konservativen Aristokratie und im konservativen Bürgertum, auch in den Unterschichten existierten judenfeindliche Unterströmungen. Sie traten drei Wochen nach der Märzrevolution, am 5. April, sichtbar an die Oberfläche, als eine größere Zahl Erwerbsloser tagsüber durch die Stadt zog. Einige von ihnen fielen unter der „tumultierenden Menge durch das Geschrei: *nieder mit den Juden!* und ähnliche Redensarten" auf, ohne daß es allerdings zu den zunächst befürchteten „Plünderungen und Anfälle gegen das Eigenthum Einzelner" kam.[30] Glimpflich endete auch ein anderer Tumult vom selben Tage vor dem Laden eines jüdischen Kleiderhändlers. „Rädelsführer" dieser Demonstration waren mehrere Schneider; gerufen wurde u.a.: „Die Juden müssen sofort ihre Läden zumachen, sonst werden sie geplündert!"[31] Ähnliche Tumulte wiederholten sich an den folgenden Abenden. „Große Haufen meist bartloser Knaben" durchzogen „unter Hurrahgeschrei die Straßen, wobei ab u[nd] zu Drohungen gegen einzelne, von Israeliten betriebene Geschäfte, besonders gegen Möbelmagazine und Kleiderhandlungen" laut wurden.[32] Es blieb allerdings bei Drohungen. Gewaltsame Übergriffe auf jüdische Verleger und Kleiderhändler, wie sie nicht nur in ländlichen Gemeinden, sondern vereinzelt auch in größeren Städten wie Heidelberg, Hirschberg, Ratibor und Breslau zu beobachten waren[33], fehlen in Berlin. Obgleich kein Laden und keine Werkstatt tätlich angegriffen oder gar

vom 31. Okt., die der Krone den Anlaß gaben, die Berliner Revolution zu beenden, galten dem Zentralorgan der Hochkonservativen gleichfalls als von „jüdischen Drahtziehern" gesteuert. (KrZ vom 2. Nov. 1848.) Mit ihrer meist verdeckten, manchmal offenen Judenfeindschaft stand die KrZ innerhalb der Berliner wie preußischen Presselandschaft freilich ziemlich allein da – wenn man von Hengstenbergs EKZ absieht; vgl. *S. 541 ff.* Häufiger waren solcherart Ausfälle gegen jüdische Demokraten anscheinend in der österreichischen Hauptstadt; vgl. Häusler, Massenarmut, S. 295 f., 310; ders., Konfessionelle Probleme in der Wiener Revolution von 1848, in: Studia Judaica Austriaca, Bd. I: Das Judentum im Revolutionjahr 1848, Wien 1974, S. 64 ff., 71; außerdem eine ganze Reihe antijüdischer Flugblätter aus Wien in: ZBSt, 1848 Flg., M. 32.

30 ,Publicist' vom 12. April. Vgl. auch SZ vom 14. April 1848.

31 Nach dem Prozeßbericht in: ,Publicist' vom 19. April 1848. In dem Bericht wird von „Schneidergesellen" gesprochen. Tatsächlich scheint es sich um Kleinmeister dieses Gewerks gehandelt zu haben, die in Abhängigkeit von den Kleiderhändlern geraten waren und als Heimarbeiter für sie arbeiteten. Jedenfalls behaupteten die Berliner Schneidergesellen, daß „die Meister die eigentlichen Urheber der gegen einzelne Kleiderhandlungen in den letzten Tagen unternommenen Angriffe" gewesen seien. (Petition der Schneidergesellen vom 7. April 1848, in: LAB StA, Rep. 16, Nr. 67, Bd. 2, Bl. 93 f.) Zum Vorfall selbst vgl. außerdem VZ vom 21. April; BZH vom 7. April 1848; ferner Wolff, RC, II, S. 115 f.; Streckfuß, 500 Jahre, S. 1046; Gailus, Straße und Brot, S. 132 f.

32 ,Publicist' vom 8. April 1848.

33 Vgl. Stefan Rohrbacher, Gewalt im Biedermeier. Antijüdische Ausschreitungen in Vormärz und Revolution (1815-1848/49), Frankfurt a.M./New York 1993, S. 182-244, bes. S. 187 bzw. S. 216, 222; ferner ders., Sozialer Protest und antijüdische Ausschreitungen im 19. Jahrhundert, in: SOWI 18. Jg./1989, S. 153 f.; Mumm, Heidelberger Arbeiterverein, S. 24 ff.; ders., „Die Freiheit ist das, was wir - nicht haben". Jüdinnen und Juden in der Revolution von 1848, in: Norbert Giovannini, Jo-Hannes Bauer, Hans-Martin Mumm (Hg.), Jüdisches Leben in Heidelberg. Studien zu einer unterbrochenen Geschichte, Heidelberg 1992, S. 67 ff.; Helmut Berding, Moderner Antisemitismus in Deutschland, Frankfurt a.M. 1988, S. 74 ff.

zerstört und niemand verletzt wurde, war die Furcht vor antijüdischen Ausschreitungen infolge der geschilderten Vorfälle kurzzeitig groß. Eine Reihe jüdischer Geschäftsleute schloß am 5. und 6. April ihre Läden früher als üblich. Einige private Pfandleihen namentlich in den ärmsten Stadtteilen stellten vorübergehend gänzlich den Betrieb ein.[34] Indessen kam es zu keinen weiteren Vorfällen
dieser Art.

Unbegründet war die Furcht vor weiteren judenfeindlichen Ausschreitungen
von Handwerkern, die infolge industrieller Konkurrenz verarmt waren, jedoch
nicht. Besonders die Schneider machten aus ihrer Gegnerschaft gegenüber ‚jüdischen Kapitalisten‘ auch in der Folgezeit keinen Hehl. Vor allem die vielfach de
facto zu Heimarbeitern gewordenen, formell jedoch noch selbständigen, nicht-
jüdischen Kleinmeister des Schneider-Gewerks forderten aus Angst vor (weiterer) sozialer Deklassierung und endgültigem Statusverlust eine Ausschaltung der
Konkurrenz, die ihnen im Verlagswesen erwachsen war, bzw. eine Aufhebung
der bereits entstandenen wirtschaftlichen Abhängigkeiten. Eine Versammlung
der Berliner Schneidermeister vom 7. April nahm „einen sehr stürmischen Charakter“ an, als „der Antrag zur Aufhebung der hier bestehenden Kleiderhandlungen verhandelt“ wurde. Eine Mehrheit der Versammlungsteilnehmer fixierte sich
auf die Juden unter den Verlegern. „In der Debatte über diesen [...] Punkt, die
sehr laut wurde und in der sich viele Persönlichkeiten namentlich gegen die
jüdischen Kleiderhändler einmischten, konnten die ruhigeren und vernünftigen
Meister, die sich nicht von blinder Parteiwuth fortreißen lassen wollen, gar nicht
zu Worte kommen, sondern die andere Partei suchte durch lautes Schreien ihr
Recht zu behaupten.“[35] Im liberalen ‚Publicisten‘ wurde angesichts eines anderen
Falles offener Judenfeindschaft darauf hingewiesen, daß bei den kleinen Selbständigen politischer Konservatismus häufig einherging mit „Haß gegen die Juden, von denen ein großer Theil der untern Bourgeoisie bekanntlich glaubt, daß
sie die Revolution wesentlich befördert“ habe.[36]

Die Stärke judenfeindlicher Strömungen selbst innerhalb der Mittelschichten
sollte dennoch nicht überbewertet werden. Vielleicht die Mehrheit der Schneidermeister, aber nicht die Mehrheit aller selbständigen Gewerbetreibenden
dürfte antijüdisch eingestellt gewesen sein. In diesem Fall hätten sich in den
zahlreichen Petitionen der Meister der anderen Gewerbe weitere Spuren judenfeindlicher Äußerungen finden müssen; danach sucht man jedoch vergeblich.
Auffallend ist im übrigen, daß die beiden sozialen Großgruppen, die mit der
Industrialisierung entstanden und von ihr ‚profitierten‘, vor antijüdischen Strö-

---

34 Vgl. ‚Publicist‘ vom 8. April; BZH vom 9. April 1848; Wolff, RC, II, S. 116.
35 Die Minderheit „wurde durch lautes Rufen übertäubt.“ Alle Zitate aus: Bericht des Schneidermeisters E. Streu jun., in: DArZ vom 12. April 1848.
36 ‚Publicist‘ vom 19. Aug. 1848.

mungen weitgehend gefeit gewesen zu sein scheinen. Von industriellen Unternehmern einerseits und Industriearbeitern – in Berlin vor allem: Maschinenbauer – andererseits sind gegen Juden gerichtete Äußerungen nicht überliefert. Auch angesichts dieses Tatbestandes kann der Judenhaß der Revolutionszeit als eine affektgeladene Abwehrreaktion auf die hereinbrechende bürgerliche Gesellschaft interpretiert werden, mit je nach Sozialschicht allerdings unterschiedlichen Schwerpunkten:

– Antijüdische Einstellungen bei *Hofe* und in der *Armeeführung* wie im – konservativen – Berliner *Bürgertum* zielten in erster Linie gegen die in der preußischen Hauptstadt recht zahlreichen jüdischen demokratischen Intellektuellen, die auf die bürgerlichen Freiheits- und Gleichheitsrechte pochten und damit eigene, überkommene Vorrechte in Frage stellten.

– Der Judenhaß im *Mittelstand*, namentlich unter selbständigen Handwerkern und Händlern, war dagegen an ‚die Juden‘ als identifizierbare Protagonisten der heraufkommenden bürgerlichen Ökonomie adressiert. Bei Meistern wie bei Händlern mischten sich diffuse Kritik moderner wirtschaftlicher Mechanismen mit traditionellen (christlichen) Elementen des Judenhasses. Je deklassierter ein nicht-jüdischer Kleinmeister oder Kleinhändler in sozialer Hinsicht war, desto anfälliger scheint er jedenfalls zu Beginn der Revolutionszeit für antijüdische Einflüsse gewesen zu sein.

– Judenfeindliche Ressentiments und vereinzelte Übergriffe gegen Juden in den lohnabhängigen *Unterschichten* richteten sich gleichfalls gegen ‚die Juden‘ als Träger der neuen bürgerlichen Ökonomie, als diejenigen, die exponiert in Unternehmerpositionen die Prinzipien der traditionellen ‚moral economy‘, vor allem den ‚gerechten Lohn‘, durch modernes kapitalistisches Wirtschaften, die Prinzipien der Konkurrenz, der Gewinnmaximierung etc., ersetzen wollten.

„… *das grause Vorurtheil ist verschwunden*“ – *nichtjüdische Bevölkerung und Judenemanzipation*

Nicht zu Unrecht maß Leopold Zunz den „Häkeleien mit und gegen Juden“ von Anfang April und den untergründigen judenfeindlichen Strömungen „keine Bedeutung bei“.[37] Im Vergleich zu anderen Regionen und Städten blieben antijüdische Strömungen in Berlin alles in allem relativ schwach. Die soziale und kulturelle Integration der Juden war in Berlin bis 1848 weit stärker fortgeschritten als

---

37 Zunz an S.M. Ehrenberg vom 7. April 1848, in: ders., Jude, Deutscher, Europäer, S. 273. Ähnlich reagierten die Juden auch andernorts; vgl. zusammenfassend Shulamit Volkov, Die Juden in Deutschland 1780-1918, München 1994, S. 39 f.

anderswo. In der nicht-jüdischen Bevölkerung der Preußenmetropole wurde die Gleichstellung der Juden im allgemeinen als längst überfälliger Schritt angesehen.

Mit der Märzrevolution glaubte man dieses Ziel erreicht zu haben. „Von ‚Jud‘ oder ‚Christ‘ ist gottlob nicht mehr die Rede", meinte Moritz Steinschneider erleichtert. „In vier Wochen müssen Preußens Juden emancipiert sein, denn das Volk emancipiert sie bereits."[38] Alle Schranken, die Juden und Nicht-Juden bisher getrennt hatten, schienen gefallen zu sein. Daß nach dem Ende der Barrikadenkämpfe vier jüdische Märzgefallene in der Werderschen Kirche, der fünfte in der Universität und keiner in der Synagoge, aufgebahrt wurden, wertete die Spenersche Zeitung als „besten Beweis, daß wir jetzt keinen Unterschied mehr machen wollen".[39] Insofern war es nicht zufällig, sondern augenscheinlich Ausdruck eines neuen Selbstverständnisses, wenn die Konfessionszugehörigkeit auf den Listen der Märzgefallenen, -verletzten und -gefangenen nicht gesondert vermerkt wurde. Von unmißverständlich symbolischer Bedeutung war, daß wie zuvor in Wien am 22. März auch in Berlin neben einem protestantischen und einem katholischen Geistlichen Michael Sachs als Rabbiner der jüdischen Gemeinde „im Namen jenes uralten Bekenntnisses, das als lebendiger Zeuge der Weltgeschichte und Weltgeschicke seit Jahrtausenden dasteht", vor den Särgen der Märzgefallenen eine kurze Ansprache hielt.[40] Durch die antijüdischen Tumulte am 5. April wurde dieses Bild relativer Eintracht zwischen Juden und Nicht-Juden nur vorübergehend getrübt. Die Vorfälle selbst stießen auf die ziemlich einhellige Ablehnung der demokratischen und liberalen Öffentlichkeit.[41]

Die liberale und demokratische Presse wies außerdem darauf hin, daß die gegen Juden gerichteten ‚Pöbel-Tumulte‘ keineswegs auf die Gesamtheit des Proletariats verallgemeinert werden dürften. „Glücklicherweise", so konstatierte der ‚Publicist‘ am 12. April, herrsche „in unseren Arbeiterklassen gegenwärtig ein so gesunder und kräftiger Sinn", daß sich für antijüdische Handlungen „nicht Viele finden lassen". In der Tat fielen judenfeindliche Ansichten hier auf keinen fruchtbaren Boden. Nicht nur die herausragende Stellung Stephan Borns innerhalb der Berliner Arbeiter- und Gesellenschaft bringt dies unmißverständlich zum Ausdruck. Wie sehr in Gesellenkreisen darüber hinaus die politische Funktion judenfeindlicher Einstellungen durchschaut wurde, machte z.B. ein Buchdrucker deutlich, wenn er in der ersten Ausgabe der vom Handwerkerverein herausgege-

---

38 Brief Moritz Steinschneiders vom 20. März 1848 (Anm. 1), S. 164 bzw. 344.

39 SZ vom 22. März 1848.

40 Die Worte Sachs‘ wurden in der Tagespresse, zum Teil im Wortlaut, wiedergegeben und erschienen auch als Flugschrift; in: LAB, Rep. 240, Acc. 685, Nr. 29. Zu Wien (Predigt Isak Noa Mannheimers am Grabe der dortigen Märzgefallenen vom 17. März) vgl. Häusler, Massenarmut, S. 149, bzw. ders., Konfessionelle Probleme, S. 64, 68.

41 Vgl. exemplarisch die „Ansprache" einer „Bürgerin" (T. W.) „an alle Wohlgesinnten", in: VZ vom 6. April 1848, auszugsweise auch in: Hachtmann, Berliner Juden, S. 67 f.; ferner weitere, in ähnlichem Tenor gehaltene Kommentare in der demokratischen und liberalen Presse.

benen ‚Deutschen Arbeiter-Zeitung‘ schrieb, daß die konservative „Gegenpartei" „die Juden [...] zum Opfer erkoren" habe, indem sie sie zum „Sündenbock" für die „stattgehabte Staatsumwälzung" mache und ihnen zugleich „an dem ganzen Notstande der Arbeiter" die Schuld gebe. Tatsächlich jedoch seien die Ursachen für das materielle Elend der Arbeiter „in der schlechten politischen und socialen Ordnung, in der wir bisher lebten, und in falschen und verkehrten Verwaltungsmaßregeln zu suchen". Den Juden dürfe man weder „unsern Nothstand" zuschreiben noch pauschal „unsere Revolution".[42]

Wie sehr die große Mehrheit der Berliner, gleich ob sie gesellschaftlich ‚unten‘ oder ‚oben‘ stand, allen antijüdischen Unterströmungen zum Trotz die rechtliche und politische Gleichstellung der Juden als Selbstverständlichkeit ansah, kam auch auf den zahlreichen Festen, die im Revolutionsjahr gefeiert wurden, zum Ausdruck. Am 22. August beispielsweise veranstaltete die Bürgerwehr ein Festmahl zu Ehren ihres Oberkommandierenden. Während der Feier wurde vom Sängerchor des Berliner Handwerkervereins ein Lied vorgetragen, dessen Refrain lautete: „Hoch lebe, Bruder, ob Jud‘ oder Christ/ Ein Hoch, weil Du ein Theil der Menschheit bist." Vor allem diese Zeilen stießen unter den anwesenden 1200 Bürgerwehrmännern auf große Resonanz. Nach jeder Strophe „erschallte" dieser Refrain „laut in der ganzen Gesellschaft".[43] Zu Recht begrüßte die liberale und demokratische Öffentlichkeit namentlich die Wahl zahlreicher Juden in die Deutsche und in die Preußische Nationalversammlung in der bürgerlichen Öffentlichkeit als Ausdruck der Tatsache, „wie sehr alle die seit Jahren angeregten Forderungen des politischen Fortschritts längst in Saft und Blut des Volkes eingedrungen sind".[44]

Wohl noch in der Euphorie der Märzrevolution, die alle diskriminierenden Schranken niedergerissen zu haben schien, aber auch mit Blick auf eine Verordnung vom 6. April 1848, die „die Ausübung staatsbürgerlicher Rechte fortan von dem religiösen Glaubensbekenntnis [für] unabhängig" erklärte, behauptete die Spenersche Zeitung am 12. Mai, daß dieser „Wunsch edler deutscher Männer" bereits mit „ungeahnter Beschleunigung erfüllt worden sey." Etwas ernüchtert stellte dieselbe Zeitung zwei Monate, am 18. Juli, später fest, daß „die mit den jetzigen Zeitverhältnissen in offenbarem Widerspruch stehende Vorschrift des Allg. Landrechts [...], daß zwischen Juden und Christen eine Ehe unzulässig ist", formal weiterhin gültig war, und forderte eine sofortige Aufhebung dieser Bestimmung. Derartige Mahnungen, die scheinbar mit der Märzrevolution verwirklichte Gleichberechtigung der Juden auch durch die Aufhebung diskriminieren-

---

42 Eingesandt des Buchdruckers Karger, ‚Die kleine Judenverfolgung‘, in: DArZ vom 8. April 1848, in längeren Auszügen auch in: Hachtmann, Berliner Juden, S. 68 f.
43 VZ vom 23. Aug. 1848.
44 SZ vom 12. Mai 1848. Besonders stolz dürfe man auf die Wahl Moritz Veits (KBA) in die DtNV durch die Berliner sein.

der gesetzlicher Bestimmungen abzusichern, blieben freilich selten. Die ‚Judenfrage' war während des Jahres 1848 kein zentrales Thema, weil mit der Märzrevolution die Judenemanzipation auch ohne gesetzliche Regelungen abgeschlossen zu sein schien. In dieser Einschätzung waren sich Juden und Nicht-Juden einig.

Der preußische Staat seinerseits nährte die allgemeine Erwartung, daß die ‚Judenfrage' auch formal rasch zum Abschluß kommen werde. Die Märzkabinette unternahmen von sich aus zügig Schritte, um Reste rechtlicher Diskriminierungen von Juden aus dem Weg zu räumen: In einer „erläuternden Verfügung" des Ministeriums der geistlichen etc. Angelegenheiten vom 26. Mai zu der Verordnung vom 6. April über die „amtliche Stellung der jüdischen Lehrer an öffentlichen und Privatschulen" wurde ausdrücklich festgestellt, daß jüdische Lehrer ohne Einschränkung an allen Schulen unterrichten dürften. In einer anderen Verfügung desselben Ministeriums vom 14. Juli wurden „jüdische Gelehrte als zulassungsberechtigt zu allen Lehrämtern an den Landesuniversitäten" anerkannt. Der Justizminister Bornemann wiederum erlaubte bereits Mitte April allen „Rechts-Kandidaten jüdischen Glaubens", ihre „Prüfungen behufs Eintritt in das Richteramt" abzulegen.[45] Von weitreichender Bedeutung war schließlich, daß mit Wirkung vom 28. Juli 1848 getauften Juden der Wiedereintritt ins Judentum und Nicht-Juden die Annahme der jüdischen Konfession gestattet war; bis zu diesem Zeitpunkt mußten zum Christentum übergetretene Juden für den Fall der Rückkehr zu ihrer alten Religion damit rechnen, aus Preußen ausgewiesen zu werden.[46]

Wenn hier behauptet wird, daß die überwiegende Mehrheit der Berliner Bevölkerung die Emanzipation der Juden und ihren vermeintlichen Abschluß während des Revolutionsjahres begrüßte, dann muß freilich eingeschränkt werden, daß ‚Emanzipation' überwiegend mit weitgehender oder vollständiger gesellschaftlicher Assimilierung gleichgesetzt, ‚Jüdisch-Sein' nurmehr als bloße Konfessionszugehörigkeit aufgefaßt wurde und nicht mehr als Form besonderer sozial-kultureller Identität. Diese Haltung teilten Nicht-Juden auch mit vielen Juden – in Berlin und andernorts. Angesichts der verbreiteten Grundeinstellung, daß Juden auf die Pflege ihrer sozial-kulturellen Traditionen als Preis für die Aufnahme in die bürgerliche Gesellschaft als gleichberechtigte Mitglieder verzichten sollten,

---

45 Praktische Folgen hatte dieser Erlaß Bornemanns nicht; es sollten noch Jahrzehnte vergehen, bis ein Jude das Amt eines Richters auch tatsächlich ausüben durfte. Zu den Widerständen gegen die Zulassung von Juden zum Justizdienst und zur Universitätslaufbahn vgl. vor allem Reinhard Rürup, Die Emanzipation der Juden und die verzögerte Öffnung der juristischen Berufe, in: Helmut Heinrichs u. a. (Hg.), Deutsche Juristen jüdischer Herkunft, München 1993, S. 20-25.
46 Bereits seit dem 30. März 1847 waren Juden, die ihrer Konfession den Rücken kehrten, nicht mehr verpflichtet, sich taufen zu lassen, sondern konnten konfessionslos bleiben; vgl. Annegret H. Brammer, Judenpolitik und Judengesetzgebung in Preußen 1812 bis 1847 mit einem Ausblick, Berlin 1987, bes. S. 374 f., sowie Scheiger, Juden, S. 343 ff.

kann auch nicht überraschen, daß im Spätsommer 1848 ein Antrag Leopold Zunz', ein Ordinariat für die „Wissenschaft des Judentums" einzurichten, abschlägig beschieden wurde.[47] Nach dem Sieg der Gegenrevolution im November 1848 schien diese Argumentation weiterhin schlüssig. Denn die oktroyierte Verfassung vom 5. Dezember garantierte ausdrücklich „die Freiheit des religiösen Bekenntnisses" und die Gleichheit aller „vor dem Gesetz". Und auch die modifizierte Verfassung vom 31. Januar 1850 bestätigte dieses Grundrecht, allerdings mit Einschränkungen.[48] Tatsächlich stand die Gleichberechtigung der Juden jedoch vielfach nur auf dem Papier; in der Praxis blieben wesentliche Elemente traditioneller Diskriminierung erhalten.

Die Diskrepanz zwischen papiernen Rechten und administrativer Praxis zeigt, worin die Defizite des Fortschritts, den die politischen Bewegungen des Jahres 1848 auch für den langfristigen Prozeß der Judenemanzipation unzweifelhaft auch brachten, bestanden: Die Schritte in Richtung Gleichstellung der jüdischen Bevölkerung erschienen nicht als ‚von unten' erkämpft – obwohl sich 1848 ohne revolutionären Druck in Preußen nur wenig bewegt hätte –, sondern als gnädig ‚von oben' gewährt. Dieser Eindruck begünstigte die Orientierung auf die Obrigkeit. Er nährte die Illusion, daß ohne eigenes Dazutun eine aufgeklärte Administration der Emanzipationsbewegung endgültig, d.h. auch praktisch, zum Abschluß verhelfen werde. Während in Frankreich die Judenemanzipation unter revolutionärem Bruch mit der Vergangenheit gegen das Ancien régime durchgedrückt wurde und danach aus dem gesellschaftlichen Alltag kaum mehr wegzudenken war, setzte man in Deutschland auf den Staat. Zugleich stand damit in Deutschland, und nicht zuletzt in Preußen, der erreichte Stand der Emanzipation immer unter dem Vorbehalt staatlicher Revision. Wäre die Revolution siegreich und die Vollendung der Emanzipation eines ihrer sichtbaren Resultate gewesen, hätte die Geschichte der deutschen Juden vielleicht einen ganz anderen, positiveren Verlauf genommen.

---

47 Vgl. Lenz, Universität, Bd. 2. 2, S. 303 f.
48 Vgl. §§ 12 bis 14. Die für die Stellung der Juden wichtigsten Passagen der Verordnung vom 6. April 1848 sowie der Verfassungen vom 5. Dez. 1848 und 31. Jan. 1850 sind abgedruckt bei Ismail Freund, Die Emanzipation der Juden unter besonderer Berücksichtigung des Gesetzes vom 11. März 1812, Bd. II, Leipzig 1912, S. 520 ff.

Kapitel VI.2

Protestantismus und Revolution

„Wehe unserem christlichen Volke, wenn jüdische Jacobyner es unter die Füße kriegen" – zum Judenhaß in der protestantischen Kirche

Evangelische Kirche und ‚Judenfrage' wiesen traditionell und auch im Revolutionsjahr Berührungspunkte auf, und zwar vor allem negativer Art: An der Rolle hochrangiger Repräsentanten der christlichen Kirchen als traditionelle Stichwortgeber für antijüdische Einstellungen änderte sich im Revolutionsjahr nichts – im Gegenteil. Mit der Märzrevolution wurde der überkommene christliche Haß auf ‚die Juden' als die angeblichen Mörder Jesu zusätzlich politisch aufgeladen. Von besonderer Bedeutung ist hier die vom erzkonservativen Berliner Professor für Theologie Ernst Wilhelm v. Hengstenberg herausgegebene ‚*Evangelische Kirchenzeitung*' (EKZ), die die Protektion höchster staatlicher und kirchlicher Stellen genoß und der „schweigenden Mehrheit" der Berliner und preußischen Geistlichkeit „Fixpunkte [gab], nach der sie in der kirchlichen Praxis handeln konnte."[1] Nicht nur der theologische, auch der politische Einfluß der EKZ reichte so weit, daß sie, bis zur Gründung der Kreuzzeitung, als *das* hauptsächliche Presseorgan der preußischen Konservativen angesehen wurde. Ihre Hauptleserschaft fand sie freilich unter den preußischen Pfarrern.

Zwar markierte die EKZ auch in der ‚Judenfrage' die Positionen der „schweigenden Mehrheit" konservativer Geistlicher. Indessen wagte die Berliner Geistlichkeit während der Revolutionsmonate nicht, judenfeindliche Einstellungen offen zu äußern. Hengstenberg nahm in der EKZ dagegen kein Blatt vor den Mund und machte aus seiner judenfeindlichen Einstellung keinen Hehl. Die „Radikalen", so hieß es z.B. am 21. Juni 1848 in einer der vielen überzogenen, mitunter völlig abstrusen Polemiken der Evangelischen Kirchenzeitung, hätten „ganz Deutschland entweiht, indem sie es losgerissen haben von der christlichen Kirche und geknechtet unter die Herrschaft der Juden, Deutschkatholiken, Pantheisten und Atheisten".[2] Für alles revolutionäre ‚Übel', heißt es in der EKZ fünf

---

1 Wolfgang Kramer, Ernst Wilhelm Hengstenberg, die Evangelische Kirchenzeitung und der theologische Rationalismus (Diss.), Erlangen-Nürnberg 1972, S. 254 f.

2 EKZ 42/1848, Sp. 465 f. Zum Judenhaß der Berliner Geistlichkeit ausführlich: Hachtmann, „Gerechtes Gericht Gottes", S. 234-239. Vgl. außerdem Hans Jürgen Gabriel, Im Namen des Evangeliums gegen den Fortschritt. Zur Rolle der ‚Evangelischen Kirchenzeitung' unter E. W.

Monate später, sei „der jüdische Übermuth" verantwortlich. Revolution und „Judenherrschaft" (so der Titel des Aufsatzes vom 22. November) flossen bei Hengstenberg zusammen. „Das Gelüste nach Herrschaft über die Völker", behauptete der Berliner Theologieprofessor, gehe „durch die ganze Judenschaft hindurch". Dann die ‚Warnung' an alle braven Protestanten: „Wehe dem Staate, wehe unserem christlichen Volke, wenn jüdische Jakobyner oder auch christliche, die mit ihnen fraternisieren, es unter die Füße kriegen, wohin ihr Trachten geht! Schmach und Schande über uns, wenn sie ungeahndet unseren Fürsten trotzen und sie anzutasten wagen dürfen!" In diesem und anderen Aufsätzen der EKZ identifizierten Hengstenberg und seine Mitstreiter Unterwürfigkeit und Obrigkeitshörigkeit als *christliche* Tugenden; demokratische Verhaltensmuster dagegen – „Trotz", „Übermut", „Keckheit", Respektlosigkeit selbst gegenüber Monarchen und anderen hochgestellten Personen – wurden als *„jüdisch"* diffamiert. Namentlich Johann Jacoby personifizierte seit der bekannten Audienz einer Deputation der Preußischen Nationalversammlung am 2. November „die Juden", denen es „gänzlich" an „Pietät gegen König und Vaterland mangelt". Das sei „nicht zu verwundern", denn „die Juden" allgemein würden „vornehmlich als Gegner der christlichen Fürsten und Staaten auftreten". Alle wahren Christen müßten deshalb danach trachten, den „christlichen Staat", d.h. die absolute Monarchie mit einem König ‚von Gottes Gnaden' wiederherzustellen und zu festigen; „der Leichtsinn, womit von Christen die Herrschaft des Christenthums im Staate aufgegeben wird, führt dazu, ihn der Herrschaft des Judenthums zu überliefern."[3] Diese Einstellung hatte in der EKZ zwar eine jahrzehntelange Tradition.[4] Im Revolutionsjahr häuften sich jedoch antijüdische Artikel.

Der – weiterhin traditionell-christliche – Antijudaismus in der EKZ während der Revolution 1848 mutet an wie ein trotziges und zugleich vergebliches Predigen gegen den ‚Geist der Zeit'. Vergeblich deshalb, weil sich der – jedenfalls (verfassungs)rechtliche – Abschluß der Judenemanzipation im Jahre 1848 durch Ausfälle eines Hengstenberg nicht aufhalten ließ und scheinbar unumkehrbar war. Voraussetzung der, wie die Zeitgenossen glaubten, vollständigen und dauerhaften Emanziptation der Juden waren parallel laufende und miteinander verflochtene Prozesse, die zu Beginn des Jahrhunderts einsetzten und während

Hengstenberg von 1830 bis 1849, in: Beiträge zur Berliner Kirchengeschichte, hg. von Günther Wirth, Berlin 1987, S. 171 f.

3 Zitate: EKZ 43/1848, Sp. 927 f. Auch die KrZ versuchte Jacoby unter Anspielung auf seine jüdische Konfessionszugehörigkeit politisch zu isolieren; vgl. *S. 533*. Zur Audienz vom 2. Nov. 1848 vgl. *S. 740 ff.*

4 Vgl. exemplarisch Artikel in der EKZ 20/1837, Sp. 225 f., und EKZ 33/1843, Sp. 481–486, auszugsweise zit. bei Hachtmann, „Gerechtes Gericht Gottes", S. 236 f. Zu judenfeindlichen Ausfällen im Revolutionsjahr vgl. Anm. 2 und 3, sowie EKZ 42/1848 (26. April), Sp. 313, EKZ 43/1848 (8. Nov.), Sp. 887 ff. Antijüdische Ausfälle finden sich in der EKZ auch unmittelbar vor Ausbruch der Februar- und Märzrevolution; vgl. EKZ 42/1848 (19. Jan.), Sp. 49 ff.

des Vormärz nicht mehr zu übersehen waren. Zu den gravierenden wirtschaftlichen und sozialen Veränderungen, der dadurch bedingten starken Stellung jüdischer Wirtschaftsbürger wie dem Erstarken der liberalen Bewegung allgemein kam die *Lockerung der Bindungen der Juden wie der protestantischen Christen an ihre jeweiligen Konfessionen und Kulturen.* Beide Religionen prägten immer weniger das Leben der Gläubigen und wurden zur bloßen Konfession, zur ,Privatsache'. Der Reduzierung des ,Jüdisch-Seins' auf die ,mosaische Konfession' – eine aus der Sicht des Staates wesentliche Bedingung der Judenemanzipation – lief die Entfremdung zwischen Gesellschaft und konservativ geprägter, protestantischer Amtskirche parallel. Der (vorläufige) Abschluß der Judenemanzipation und die von Demokraten und Liberalen geforderte Trennung der preußischen Landeskirche vom Staat, die Beschränkung ihres Einflusses lediglich auf rein religiöse Dinge – während der Revolutionsmonate allerdings nur in Ansätzen verwirklicht – waren insofern zwei Seiten derselben Medaille.

„Stille Gährung herrscht ..."[5] – *Kirche und Gesellschaft im Vormärz*

Nominell gehörten im Revolutionsjahr 93% aller Berliner einer der protestantischen Konfessionen an.[6] Tatsächlich war die Bindung an die protestantische Kirche im allgemeinen nur sehr locker. Knapp zehn Prozent derjenigen Berliner, die die Statistik den evangelischen Bekenntnissen zurechnete, konnten vor der Revolution, nur etwa fünf bis sechs Prozent danach noch als aktive Anhänger des offiziellen Protestantismus angesehen werden.[7] In breiten Kreisen der Unterschichten wie des Bürgertums besuchte man die Kirche lediglich, wenn die gesellschaftlichen Konventionen es verlangten – zu Taufen, zu Hochzeiten und

---

5 Eintrag Varnhagens vom 3. Sept. 1845, in: ders., Tagebücher, Bd. 3, S. 205, mit der er die „starke Eingabe des Magistrats an den König" vom 22. Aug. 1845, die das Unbehagen in der Berliner Bevölkerung über die kirchenpolitischen Restriktionen des preußischen Staats beklagte (*S. 544*), kommentierte.

6 Zur römisch-*katholischen* Kirche bekannten sich vier Prozent aller Bewohner der Hauptstadt. Ihr Anteil an der Gesamtbevölkerung lag damit knapp doppelt so hoch wie der Prozentsatz der Berliner Juden. Im Unterschied zu letzteren scheinen sie sich jedoch nicht in besonderem Maße in den politischen Organisationen oder gar in selbständigen Vereinigungen engagiert zu haben (und brauchen hier deshalb nicht gesondert thematisiert zu werden). Der Anteil der von der amtlichen Statistik (erstmals 1846) als ,*Dissidenten*' geführten Berliner lag 1846 bei 0,7% und 1849 bei 1,3%; absolut hatte sich ihre Zahl während dieser drei Jahre von 2725 auf 5200 ungefähr verdoppelt. Angaben nach: Boeckh, Bevölkerungsaufnahme, III, S. 51. Der Terminus ,Dissident', so wie er in dem statistischen Erhebungen verwandt wurde, war freilich irreführend und erfaßte nur die Deutsch-Katholiken; vgl. ausführlich Hachtmann, „Gerechtes Gericht Gottes", S. 216 f.

7 Hierzu und zum folgenden (inkl. Belege): ebd., S. 212, 219 ff.

zu Beerdigungen.[8] Berlin war, auf diese Formel brachte eine anonyme zeitgenössische Broschüre das Problem, die „kirchlich verwahrloseste Stadt" in Deutschland. Besonders schwach war der Kirchenbesuch in den Stadtvierteln, in denen die ärmere Bevölkerung Berlins wohnte. Aber auch viele der ‚ehrbaren' Gesellen und vergleichsweise gutgestellten Industriearbeiter sowie breite Schichten des gehobenen *Bürgertums* wandten sich von der Obrigkeitskirche ab. Wie sehr sich vor allem die bildungsbürgerlichen Schichten Berlins der offiziellen Kirche entfremdeten, brachte mittelbar eine Adresse des im allgemeinen der Krone gegenüber loyalen Magistrats an Friedrich Wilhelm IV. vom 22. August 1845 zum Ausdruck. Veranlaßt war diese Eingabe durch die zusehends schärferen Restriktionen, denen die protestantischen ‚Lichtfreunde' und die Deutsch-Katholiken seitens der preußischen Landeskirche und des preußischen Staates ausgesetzt waren. In der Adresse, die wiederum Forderungen einer Petition aufnahm, die von etwa vierhundert Personen am 18. August 1845 während einer Protestversammlung im Tiergarten verabschiedet wurde, verteidigten die städtischen Behörden entschieden das Recht auf Glaubensfreiheit; sie attestierten den ‚Lichtfreunden', daß ihren Vorstellungen, bei allen möglichen Irrtümern im einzelnen, „das große Prinzip geistlicher und christlicher Freiheit" zugrunde liege.

Die Gründe für die Distanz wachsender Teile sowohl der niederen als auch der gehobenen Bevölkerungsschichten vom offiziellen Protestantismus können hier nur grob umrissen werden: Die riesigen Gemeinden von meist mehreren zehntausend „Seelen" ließen ein echtes Gemeindeleben erst gar nicht aufkommen. Verschärft wurde die Entfremdung zwischen Geistlichkeit und Kirchenvolk durch die Gleichgültigkeit der meisten Pastoren ihrer eigenen Tätigkeit gegenüber, vor allem jedoch durch die enge Verzahnung von preußischer Monarchie und offizieller Kirche. In einer Gesellschaft des Umbruchs, in der staatliches Wollen und allgemeine Entwicklung immer weniger übereinstimmten und das Kirchenvolk von den religiösen Institutionen auf neue Fragen auch neue Antworten verlangte, war die Entfremdung zwischen Amtskirche und einem rasch wachsenden Teil des protestantischen Kirchenvolks fast zwangsläufig – zumal die neuorthodoxe Theologie außerdem der Konkurrenz ‚alternativer' Theologien und Philosophien ausgesetzt war. Je nach Schichtzugehörigkeit kamen spezifische Faktoren hinzu, die den Graben zwischen Geistlichkeit und Kirchenvolk vertieften. Freisinniges *Bürgertum* und liberaler Mittelstand wurden durch die innerkirchlichen Auseinandersetzungen und durch die offenbare Intoleranz der in der Landeskirche herrschenden konservativen Strömung abgeschreckt. Sie

---

8 Und selbst bei solchen Gelegenheiten demonstrierten besonders „junge Männer", wie ignorant sie der Kirche gegenüber eingestellt waren, indem sie z. B., wenn sie „zu Pathen geladen waren, mit der Cigarre im Mund in die Taufkapelle kamen". (Büchsel, Erinnerungen, IV, S. 36.) Vgl. auch Krummacher, Selbstbiographie, S. 179.

öffneten sich rationalistischen Anschauungen. Im gehobenen Bildungsbürgertum wirkte daneben die Theologie Schleiermachers nach, der Staat und Kirche entflechten und auf die theologischen Herausforderungen durch Revolution und Rationalismus nicht mit Abkapselung von der Gesellschaft antworten wollte, sondern Christentum und moderne Kultur miteinander zu vereinbaren suchte. Viele Industrielle, Bankiers und Großkaufleute wiederum waren nicht nur in hohem Maße sozialökonomisch mobil, sondern fühlten sich auch konfessionell immer weniger gebunden; für sie wurde die Religion darüber hinaus angesichts der Konzentration auf den wirtschaftlichen Erfolg zunehmend zu einer Nebensache. Sie neigten nicht selten zu einem „grenzenlosen Indifferentismus" in religiösen Dingen.[9]

Wenn die *unteren Bevölkerungsschichten* nur höchst selten Gotteshäuser aufsuchten, dann lag dies keineswegs allein daran, daß bis weit in die zweite Hälfte des 19. Jahrhunderts hinein der Sonntag für zahllose Gesellen und Arbeiter kein arbeitsfreier Tag war. Wichtiger noch war, daß vielen Pastoren das Verständnis für die sozialen und seelischen Nöte der armen Bevölkerung fehlte. Die Predigten waren im allgemeinen auf ein bürgerliches Publikum zugeschnitten. Die proletarischen Schichten waren zumeist lediglich Adressaten moralisierender Appelle, doch bitte sehr nicht den in den Armenvierteln geübten „vielfachen Vergnügungen" zu frönen. Gegeißelt wurden „insbesondere die schnöden Entweihungen des Sonntags und Sonnabends". Viele Pastoren propagierten bürgerliche Lebenshaltung und asketisches Arbeitsethos.[10] Mit Appellen, die die „Vergnügungssucht" der Unterschichten geißelten, ließ sich die bürgerlichen Wertvorstellungen konträr gegenüberstehende ‚Kultur der Armut' aus dem proletarischen Kirchenvolk freilich nicht austreiben. Hinzu kam, daß die neupietistische Orthodoxie im Gegensatz zum ursprünglichen Pietismus auf die aktive Beteiligung von Laien am Gottesdienst weitgehend verzichtete und sich damit einer weiteren Möglichkeit beraubte, intensive Beziehungen zu den unterbürgerlichen Massen herzustellen. Sie nahm sich ihre Wirkungskraft zudem durch die unmittelbare Verknüpfung mit einer nicht mehr zeitgemäßen, dogmatischen Form der Verkündung des Evangeliums.[11] Kirchliche Sozialarbeit existierte bis zum Herbst 1848 lediglich in Ansätzen.[12]

---

9 Franz Schnabel, Deutsche Geschichte im 19. Jahrhundert, Bd. 4: Die religiösen Kräfte, Freiburg 1955³, S. 570. Männlichen Bürgern stand schließlich mit den in Berlin zahlenmäßig starken Freimaurern eine Art Religionsersatz zur Verfügung, der – jedenfalls dem Anspruch nach – Freiheit und Toleranz auf seine Fahnen geschrieben hatte (zugleich freilich unter dem Protektorat des Prinzen von Preußen der preußischen Monarchie verpflichtet blieb); vgl. Rüdiger Hachtmann, Friedrich II. von Preußen und die Freimaurerei, in: HZ Bd. 264/1997, S. 48 f., 52 f.

10 Vgl. *S. 484 f.*

11 Der Bau einer Reihe neuer Kirchen seit Anfang der dreißiger Jahre gerade in solchen Stadtteilen, wo die ärmere Bevölkerung zu Hause war, nutzte da wenig – zumal der rasche Bevölkerungszu-

Allerdings entfremdete sich die protestantische Geistlichkeit nicht allen gesellschaftlichen Gruppen. Größere Resonanz fanden konservativ-pietistische Prediger erstens weiterhin innerhalb der *alten Elite*, im besonderen in der gehobenen Beamtenschaft sowie unter hochrangigen, adligen Offizieren, und zweitens in einem Teil des durch die Industrie in ihrer Existenz bedrohten *Mittelstandes*.[13] Beide Schichten sahen ihre traditionellen sozialen und politischen Vorrechte bzw. ihre ehedem gesicherte Stellung durch die wirtschaftliche Stärke und die politischen Partizipationsansprüche des modernen Wirtschaftsbürgertums sowie durch die Auflösung der Zunftverfassung und die Einführung der Gewerbefreiheit gefährdet – und waren in besonderem Maße anfällig für pietistische Strömungen, die Trost und sittlich-moralische Stabilität versprachen. Stärker noch als nach Schichtzugehörigkeit differierte die Häufigkeit des Kirchenbesuches nach *Geschlecht*. Friedrich Julius Stahl provozierte die ,Verweiblichung der Kirche' zu der ironischen Frage, „ob droben im Himmel auch wohl die Frauen um so viel zahlreicher als die Männer sind, wie hier in der Kirche auf Erden?"[14]

Die Distanz großer (männlicher) Gruppen vor allem des Bürgertums und der Unterschichten während des Vormärz gegenüber der evangelischen Landeskirche und ihren Funktionsträgern ist allerdings nicht einfach mit Areligiosität oder religiöser Indifferenz gleichzusetzen. Anklang fanden vielmehr Formen weltbezogener Religiosität, wie sie von den ,Lichtfreunden' und Deutsch-Katholiken vertreten wurden; innerhalb des Hedemannschen Handwerkervereins verband sich theologischer Rationalismus mit säkularer Philosophie und partiell auch mit sozialistischen Theoremen. Andere Schichten des Proletariats huldigten Formen naiven Volksglaubens.[15] Areligiosität in den Unterschichten war erst ein *Resultat* der Revolution. Wie sehr breite, durch die Märzrevolution enthusiasmierte Bevölkerungsgruppen im Frühjahr 1848 noch von starken religiösen Unterströmungen emotional beeinflußt waren, geht etwa aus der Tatsache hervor, daß am 19. März vor dem Stadtschloß, als der König vor den aufgebahrten Märzgefallenen seine Mütze zog, eine nach Tausenden zählende Menschenmenge spontan und voller Inbrunst den Choral ,Jesus meine Zuversicht' anstimmte. Genauso

---

wachs gerade in diesen Bezirken den anfänglichen Effekt einer numerischen Verkleinerung der Gemeinden rasch wieder aufhob.

12 Weder dem Gustav-Adolf-Verein noch seiner konservativen Abspaltung, dem Evangelischen Verein der Gustav-Adolf-Stiftung, aus dem im Aug. 1848 dann der ,Evangelische Verein für kirchliche Zwecke' hervorging, gelang es, in den unteren Sozialschichten Fuß zu fassen. Von gewisser Bedeutung war lediglich die Goßner-Mission.

13 Vgl. Marquardt, Entstehung der Berliner Arbeiterklasse, S. 77; Hachtmann, „Gerechtes Gericht Gottes", S. 221, Anm. 55 (und die dort genannten Belege).

14 Vgl. Büchsel, Erinnerungen, IV, S. 109.

15 Zum Handwerkerverein und dem dort praktizierten Prinzip der religiösen Toleranz vgl. *S. 100 f*. Zu Formen kirchlich nicht eingebundener Volksfrömmigkeit vgl. Hachtmann, „Gerechtes Gericht Gottes", S. 222 f.

selbstverständlich wurde die Bestattungsfeier für die Märzgefallenen in kirchlichem Rahmen abgehalten. Ebensowenig zufällig pflegten radikale Berliner Demokraten eine von christlichen Metaphern geprägte Rhetorik.[16] Politische und religiöse Opposition zogen noch während der Revolution vielfach an einem Strang; das demokratische Engagement führender ‚Lichtfreunde' und Deutsch-Katholiken brachte dies deutlich zum Ausdruck. Die enge Verzahnung von religiöser und politischer Kritik läßt sich daneben u.a. an der Säkularisierung von Schlagworten und Parolen, die theologischen Auseinandersetzungen entstammten, nachvollziehen. Namentlich die Kritik am ‚Jesuitismus' war im Vormärz ein Vehikel, sowohl religiöse Intoleranz, wie sie etwa Hengstenberg personifizierte, als auch darüber hinaus politische Unterdrückung generell zu geißeln, ohne daß der Kritiker im protestantischen Preußen Gefahr lief, sich der Verfolgung obrigkeitsstaatlicher Instanzen auszusetzen.

Infolge des in Preußen besonders engen Verhältnisses von Staat und Kirche politisierte sich in den letzten Jahren vor der Revolution die religiöse Opposition, während umgekehrt die Kritik von liberaler und demokratischer Seite an den herrschenden Verhältnissen meist auch eine Kritik der Kirchenpolitik unter Friedrich Wilhelm IV. einschloß. Daß sich wachsende Teile der Bevölkerung zunehmend der Obrigkeitskirche entfremdeten – ein Trend, der (bis 1848 und vielfach noch darüber hinaus) nicht mit „Christentumsfeindschaft" gleichgesetzt werden darf –, blieb aufmerksamen Zeitgenossen nicht verborgen. Die Revolution 1848 war nicht die Ursache der Distanz zum offiziellen Protestantismus. Sie machte, da nunmehr öffentlich artikuliert werden konnte, was zuvor die Zensur unterbunden hatte, lediglich sichtbar, was früher angelegt war – und zwang zugleich die Geistlichkeit stärker als vorher zu politischen Stellungnahmen gegenüber den modernen Zeitströmungen.

„... Tausende ließen sich betören" – die Stellung der protestantischen Geistlichkeit zur Revolution

„Jedermann sei untertan der Obrigkeit, die Gewalt über ihn hat. Denn es ist keine Obrigkeit ohne von Gott; wo aber Obrigkeit ist, die ist von Gott verordnet. Wer sich nun der Obrigkeit widersetzt, der widerstrebt Gottes Ordnung." Die offizielle protestantische Kirche machte vor allem diese Textstelle aus dem Neuen Testament, den Brief des Paulus an die Römer, 13, 1.2, zu einem unumstößlichen Gesetz. Sie konnte sich dabei auf die Schriften der Reformatoren berufen. So wie Luther und Melanchthon unbedingten Gehorsam der christlichen Untertanen

---

16 Hierzu und zum folgenden: ebd., S. 224 f.; vgl. außerdem *S. 218 f.* (Rede Georg Jungs am 22. März) und (zu G. A. Schlöffel und seinem ‚Volksfreund') *S. 313.*

gegen die weltlichen Herren forderten, brandmarkten sie jedwede Revolution als Aufruhr wider die Obrigkeit. In dieser Ansicht folgte ihnen die überwiegende Mehrheit der protestantischen Geistlichkeit Preußens und Berlins auch während des ‚tollen Jahres' 1848. Carl Immanuel *Nitzsch*, Prediger an der Dorotheenstädtischen Kirche, bezeichnete am 7. Mai 1848 die Revolution als „Aufruhr und Krieg", die „jede Grundlage der Wohlfahrt in Frage gestellt" habe. „Der immer tiefer gehende, immer weiter ausgebreitete Gedanke, es gäbe kein Heil, so lange nicht das Volk in allen Gliedern des Staates zur Gesetzgebung mitwirke", habe sich mit der Märzrevolution „endlich überstürzt und in Empörung, Gewalttat und Ungerechtigkeit umgesetzt." Johann Friedrich *Arndt* klagte am 21. Mai 1848, daß man „es jetzt zu thun [habe] mit den allerheftigsten Stürmen aufgeregter Leidenschaften, unwürdiger Parteiungen, aufwieglerischer Grundsätze und frevelhafter Gotteslästerungen". „Alle Grundpfeiler unseres Glücks" würden unterwühlt, unabsehbare „Abgründe" geöffnet. Friedrich *Strauß*, Hof- und Domprediger, rief am 30. Juli 1848 aus: „Aufrührer wollten auf eigenem Weg das Volk zu seinem Glück führen, und Tausende ließen sich betören, die Führung des Herrn zu verwerfen und der menschlichen Kraft zu trauen." Freiheit dürfe man nur als „Freiheit von der Sünde" verstehen. „Aber die Helden unserer Tage wollten die himmlische Gabe mit irdischer Faust an sich reißen"; eine „allgemeine Knechtschaft" drohe.[17]

Diese Zitate aus Predigten einflußreicher konservativer Geistlicher datieren nicht zufällig aus dem späten Frühjahr bzw. dem Sommer 1848. In den ersten Wochen mochten die Berliner Pastoren mit ihren Ansichten öffentlich nicht hervortreten. Erst als sich ein Stimmungsumschwung innerhalb der Berliner Bürgerschaft abzeichnete und breitere Kreise der gehobenen Bevölkerungsschichten ihre Ablehnung der Märzrevolution artikulierten, wagte sich auch die Geistlichkeit mit – theologisch kaum verbrämten – politischen Stellungnahmen an die Öffentlichkeit. Lediglich die EKZ hatte keine vierzehn Tage nach der Märzrevolution unverblümt ausgesprochen, daß mit der „schaurigen Berliner Nacht" die „Stunde und die Macht der Finsternis begonnen" habe.[18] Mitte April erklärte Hengstenberg in guter evangelischer Tradition: „Wer sich nun wider die Obrigkeit setzet, der widerstrebet Gottes Ordnung." Sodann wandte er sich gegen liberale und demokratische Anfechtungen: „Wie niedrig denken die vom Menschen, die in der politischen Freiheit das Ziel der Menschheit finden. Sie setzen den Menschen auf seine Naturseite herab." Ein besonderer Dorn im Auge

17 Schubert, Ev. Predigt, S. 74 bzw. 89; Boeckh, Predigt in Berlin, S. 317. Vgl. ferner (zu Krummacher) Wolfram Siemann, Die evangelischen Kirchen und ihre Stellung zur Revolution von 1848/49, in: Die evangelischen Kirchen und die Revolution 1848, Neustadt/Aisch 1993, S. 4. Anderswo wurden ähnliche Ansichten geäußert; vgl. z.B. Dietrich, Christentum und Revolution, S. 181 ff. Selten jedoch in dieser Massivität wie in Berlin.
18 EKZ 42/1848 (1. April), Sp. 248.

waren ihm die „gefeierten Liberalen". Sie seien „wahre Knechtsseelen."[19] Die
Revolution galt Hengstenberg und anderen konservativen Geistlichen als „gnä-
dige Heimsuchung", als „Mond- und Geisterverfinsterung des März des Jahres
1848"; für wahre Christen sei sie eine Art gottgewollter Prüfung, eine neue
„Sündfluth", ein „wohlverdientes Gericht".[20] Darüber hinaus finden sich nach
dem 19. März in der EKZ ebenso wie in späteren Autobiographien bekannter
Berliner Geistlicher alle konservativen Mythen über die Märzrevolution[21] und
Ansichten, wie sie von rechter Seite auch sonst geäußert wurden.[22] Besonders
vehement verwarfen Berliner Geistliche wie Krummacher oder Strauß die Forderung nach deutscher Einheit. Sie behaupteten, daß „die vielbesprochene Einigung unsrer vaterländischen Stämme in der bewußten oder unbewußten Absicht
[gefordert werde], das ganze Land allmählich um so ungehinderter im Sinne
eines modernen Heidenthums geistig nivellieren zu können". Krummacher war
angesichts der Konstituierung der provisorischen Reichszentralgewalt besonders
darüber bekümmert, daß Preußen „zu einer Provinz eines sogenannten einigen

---

19 „Gott bewahre uns Alle vor der Freiheit der Liberalen." Zitate: EKZ 42/1848 (19. April), Sp.
   301-304. In der Folgezeit wird dieses Thema dann wortreich variiert; vgl. EKZ 42/1848, Sp. 241
   ff., 271 ff., 465 ff., 475 ff. u. ö.
20 EKZ 42/1848 (1. April), Sp. 245 bzw. Krummacher, Selbstbiographie, S. 205; ähnlich auch
   Büchsel, Erinnerungen, S. 47. Bereits die Pariser Februarrevolution galt der EKZ als Gewaltstreich einer „kleinen Rotte Frevler, unwissende Werkzeuge der gerechten Gerichte Gottes".
   Revolutionäre Ideen und revolutionäres Handeln wurden zur Nationaleigenschaft der Franzosen, „eines elenden Landes voll von Sklavenseelen". (EKZ 42/1848 [18. März bzw. 26. April],
   Sp. 209 bzw. 313.) Diese Ansicht findet sich später immer wieder. Auch Krummacher hatte
   schon Anfang Februar in einer Predigt, als im fernen Italien die europäische Revolution ihren
   Lauf durch Europa gerade erst begann, „Grundsätze und Richtungen dämonischen Ursprungs",
   eine „Zeit ohne Pietät, Untertänigkeit und Treue, in der jeder regieren und keiner mehr gehorchen will", am „Horizont unsrer Tage" gesichtet. (Nach: Schubert, Ev. Predigt, S. 74 f.) Vgl.
   auch Gerhard Besier, Die Landeskirche und die Revolution von 1848/49. Die Reichsverfassung
   und die preußische Verfassungsfrage, in: J. F. Gerhard Goeters, Rudolf Mau (Hg.), Die Geschichte der evangelischen Kirche der Union, Bd. I: Die Anfänge der Union unter landesherrlichem Kirchenregiment (1817-1850), Leipzig 1992, S. 376.
21 Sie sei „vorher verabredet" und von einem „Schwarm fremder Emissäre", vornehmlich Franzosen, geleitet worden. Das Militär sei am 18./19. März „überall siegreich" gewesen. (Büchsel, Erinnerungen, IV, S. 48; Krummacher, Selbstbiographie, S. 204, 206.) Vgl. ferner EKZ 42/1848, Sp.
   468.
22 Die Flucht des Prinzen von Preußen etwa galt als Schande, für die „die Stadt Berlin [...] kniend
   Abbitte thun" müsse. (Büchsel Anfang Okt., nach: BZH vom 7. Okt. 1848.) Vgl. auch EKZ
   42/1848, Sp. 466. Mit der Einführung freier und gleicher Wahlen zu den beiden Nationalversammlungen würden „alle durch Gottes Ordnung [...] geheiligten Gliederungen der Nation" auf
   den Kopf gestellt werden. Die PrNV galt der EKZ als „großer, meist besitzloser Haufen"; von
   den Abgeordneten dieses Parlaments gehe „ein unverkennbares Gelüste nach fremdem Gute"
   aus usw. usf. (EKZ 42/1848, Sp. 467; 43/1848, Sp. 886.) Sogar der Anfang April 1848 zusam-
   mengetretene Vereinigte Landtag wurde kritisiert, weil er angeblich die Revolution „feiere"; vgl.
   EKZ 42/1848, Sp.316 f. Zur distanzierten Haltung Krummachers den beiden Nationalversammlungen gegenüber vgl. Schubert, Ev. Predigt, S. 26.

Deutschlands erniedrigt" werden solle.[23] Manche Pfarrer demonstrierten ihre borussische Haltung, indem sie sich weigerten, trotz behördlicher Anordnung die deutsche Fahne aufzuziehen.[24] Den Staatsstreich vom November begrüßten die konservative Geistlichkeit und namentlich die EKZ, weil dadurch endlich der „überaus traurige und unwürdige Zustand" in Berlin seit März 1848 beendet worden sei.[25]

Der prinzipiellen Gegnerschaft zur Revolution korrespondierten enge Kontakte der führenden konservativen Geistlichkeit zu den höchsten staatlichen Funktionsträgern. Friedrich Wilhelm IV. ging nach dem Ende der Barrikadenkämpfe den Hofprediger Strauß um Trost und Rat an. Er suchte darüber hinaus eine enge Verbindung zu Krummacher, der ihm als einer der „tapferen Kämpfer der Heils-Schlachten, die Rettung bringen und den rechten Frieden", als „auserlesenes Rüstzeug für diese Siege" galt.[26] Der Graf Brandenburg fand sich, unmittelbar nachdem er Anfang November zum Ministerpräsidenten ernannt worden war, bei Büchsel zum Abendmahl ein und wurde von diesem vor der Gemeinde „ermahnt, fest zu stehen und nicht zu wanken."[27] In enge persönliche Beziehung trat derselbe Prediger auch zu Wrangel, nachdem dieser Mitte November der Revolution den Todesstoß versetzt hatte. Schon in den Tagen vor dem 18. März hatte Büchsel mehrere der verunsicherten Minister als Seelsorger wieder aufgerichtet.[28]

So wie der König und seine engsten Mitstreiter sich an ihre Seelsorger wandten, nicht nur wenn sie sich in religiösen, sondern auch wenn sie sich in politischen Nöten befanden, gehörten umgekehrt für die konservative Geistlichkeit und ihre theologischen Stichwortgeber Politik und Religion untrennbar zusammen.[29] Es war kein Zufall, daß der „politische Theologe" Ernst Ludwig v. Gerlach, gleichzeitig Haupt der preußischen Kamarilla, wiederholt für die EKZ

---

23 Nach: Schubert, Ev. Predigt, S. 50 bzw. 52. Einzig der Prediger Müller bezog sich positiv auf das Bestreben nach nationaler Einigung, vgl. ebd., S. 121.

24 Sie mußten durch die Bürgerwehr dazu gezwungen werden; vgl. SZ vom 1. April 1848. Die Bürgerwehr ihrerseits wurde gleichfalls kritisiert, weil sie dem ‚revolutionären Treiben' angeblich untätig zugesehen habe; vgl. EKZ 42/1848, Sp. 466; 43/1848, Sp. 914; Büchsel, Erinnerungen, IV, S. 52 f., 54.

25 Erklärung der Redaktion vom 14. Nov. 1848, in: EKZ 43/1848, Sp. 913 ff.

26 Friedrich Wilhelm IV. an Krummacher vom 22. Aug. 1848, nach: Krummacher, Selbstbiographie, S. 211. 1849 trat Krummacher bezeichnenderweise als Kampfredner des extremkonservativen ‚Treubundes mit Gott für König und Vaterland' auf; vgl. *S. 831.*

27 Brandenburg stand daraufhin „auf und stieg die Stufen zum Altar hinauf, reichte mir die Hand und sprach: ‚Gott stehe mir bei.'" Zitate: Büchsel, Erinnerungen, IV, S. 57 f.

28 Vgl. ebd., S. 60 ff. bzw. S. 50.

29 Vgl. z.B. EKZ 42/1848 (15. April), Sp. 277 f., (26. April), Sp.316; EKZ 43/1848 (24. Juni), Sp. 477. Auszugsweise zit. in: Hachtmann, „Gerechtes Gericht Gottes", S. 232. Zum aktiv-konservativen Engagement protestantischer Geistlicher allgemein vgl. Schwentker, Konservative Vereine, S. 217; Siemann, Kirchen, S. 10, 14 f.

schrieb und umgekehrt Hengstenberg an der Gründung der Kreuzzeitung beteiligt war.[30] Manches brachte die EKZ noch unverblümter zum Ausdruck als die Kreuzzeitung. In ziemlich allen sozialen, politischen und gesellschaftlichen Fragen, gleich ob es z.B. um die Stellung der Frau, das Familienideal oder die herausragende gesellschaftliche Stellung der Armee[31] ging, läßt sich ein Gleichklang der Ansichten zwischen religiösem und weltlichem Konservativismus feststellen.

Zwar suggerierten die EKZ und konservative Geistliche, sie seien die, neben der Armee, letzte Stütze der alten Gewalten.[32] Im Unterschied zum preußischen Militär besaß die protestantische Kirche in Berlin indessen kaum Schlagkraft, da ihr die ,Bataillone', die Kirchenbesucher, davongelaufen waren. Es nimmt deshalb auch nicht wunder, daß die Aktivitäten rückwärtsgewandter Pastoren auf den Sitzungen der demokratischen Klubs oder auf Volksversammlungen keinen zentralen Diskussionspunkt bildeten.[33] Das Desinteresse an theologischen Auseinandersetzungen reichte bis weit in gemäßigte Kreise. Berichte und Kommentare zu religiösen und kirchlichen Problemen blieben im Revolutionsjahr in der demokratischen, liberalen und gemäßigt-konservativen Presse eine ausgesprochene Seltenheit.

Erleichtert wurde diese Haltung, weil zentrale Forderungen der Liberalen und Demokraten so selbstverständlich zu sein schienen, daß sie einer ausführlicheren Begründung gar nicht mehr bedurften. Dies galt insbesondere für das Verlangen, die Religion zur Privatsache zu erklären und Staat und Kirche zu trennen – Forderungen, die umgekehrt unter weltlichen wie geistlichen Hochkonservativen auf heftigsten Widerspruch stoßen mußten und stießen, ebenso wie jegliche Bestrebungen zu innerkirchlichen Reformen.[34] Auch der Einberufung einer Berliner Synode durch den Bischof Neander Ende Juli 1848 lag die Absicht zugrunde, Dämme gegen die Revolution und selbst moderate Reformforderungen zu errichten.[35] Nur in Ausnahmefällen wichen einzelne Pfarrer von dem Pfad ab, den

---

30 An dem positiven Verhältnis zwischen beiden Seiten ändert auch der Tatbestand nichts, daß Hengstenberg Anregungen Leopold v. Gerlachs Anfang März 1848, die EKZ zu einem auch weltlichen, konservativen Parteiblatt zu machen, nicht folgte und die Gründung der KrZ damit unabwendbar machte; vgl. Hachtmann, „Gerechtes Gericht Gottes", S. 232 f.

31 Vgl. EKZ 43/1848, Sp. 477. Zum Familienideal vgl. z. B. EKZ 42/1848, Sp. 281.

32 Vgl. EKZ 42/1848, Sp. 236, 264, 277, 321 f. u.ö.

33 Mir ist nur ein einziges Flugblatt bekannt, in dem ein ,Verein für Wahrheit und Recht' (der sonst nicht weiter hervortrat) unter dem Oberbegriff ,Jesuitismus' gegen Hengstenberg und seine EKZ als Sprachrohr der konservativen Geistlichkeit polemisierte; vgl. Wolff, RC, II, S. 533 f. Wie gering die demokratische Bewegung die Kirche schätzte, ist nicht zuletzt daran abzulesen, daß der große Demokratische Klub seine Sitzungen nicht nur werktags (ab 19 Uhr), sondern auch sonntags abhielt, ab 9 Uhr – also zur Zeit der sonntäglichen Gottesdienste.

34 Vgl. z.B. EKZ 42/1848, Sp. 274 f., 305, 327 f.; KrZ vom 6. Juli 1848.

35 Ziel war, die verschiedenen konservativen Anschauungen zu vereinheitlichen wie überhaupt ein Forum zur politisch-theologischen Selbstverständigung zu schaffen. Diese Synode, eher ein Pfarrkonvent, der insgesamt etwa siebzig Mitglieder zählte, tagte zwischen Aug. 1848 und Mai

Hengstenberg und die EKZ vorgezeichnet hatten. In Berlin trat während des Revolutionsjahres im Grund nur ein einziger Pastor in seinen Predigten mit gemäßigt-liberalen Äußerungen hervor, der Pfarrer Wilhelm Müller an der Jerusalems-Kirche. Er begrüßte in seiner Osterpredigt uneingeschränkt „das begeisternde Streben, in Eintracht ein freies Deutschland zu gründen", und forderte die Christen der Preußenmetropole auf, „zum Bau der wahren Freiheit unseres neu erwachten Vaterlandes" beizutragen. Aber auch er bedauerte, daß die Revolution nicht hatte vermieden werden können.[36]

Die Kirche in der gesellschaftlichen Isolation

In der Öffentlichkeit wurden die insgesamt geringfügigen Nuancen unter den Geistlichen kaum wahrgenommen. Während sich anderswo protestantische Pastoren und ‚Volk' miteinander verbanden, galt unter den Demokraten der Preußenmetropole die Geistlichkeit als Verbündeter der Konservativen. Im Bewußtsein breiter Kreise der Bevölkerung schien sie (wie Theodor Heuss einmal formuliert hat) „unter den Polizisten der halbgebrochenen Staatsmacht zu regieren".[37] Während demokratische Bürger ihr gegenüber ein gelassenes Verhältnis bewahrten und die Pastorenschaft rechts liegen ließen, war sie in den niederen Bevölkerungsgruppen infolge der engen Verflechtung von Obrigkeitsstaat und Kirche vielfach ausgesprochen verhaßt. Das gespannte Verhältnis der Unterschichten zum offiziellen Protestantismus zeigte sich im spärlichen Kirchenbesuch und einigen lautstarken Demonstrationen des ‚Pöbels' gegen einzelne Pfarrer, die sich mit ihren konservativen Ansichten exponiert hatten.[38]

1849 insgesamt 21mal. Aufschlußreich ist die Synode in erster Linie, weil sie in aller Deutlichkeit zum Ausdruck brachte, daß Hengstenberg mit seinen in der EKZ geäußerten Positionen der übergroßen Mehrheit der Geistlichkeit der preußischen Hauptstadt aus dem Herzen sprach. Zu dieser Synode vgl. Otto Lerche, Die Berliner Synode von 1848/49. Ein Kapitel preußischer Kirchengeschichte, in: JBBKG, 38. Jg./1963, S. 142-176 (Zitate: S. 161 ff., 174), sowie Hachtmann, „Gerechtes Gericht Gottes", S. 241 f.

36 Schubert, Ev. Predigt, S. 57 ff. Vgl. auch ebd., S. 121. Es charakterisiert das politische Spektrum der Berliner Geistlichkeit, daß K. Sydow und L. Jonas – als Repräsentanten einer liberalen Theologie in der Nachfolge Schleiermachers (KBA) – unter den Berliner Pfarrern zum ‚linken' Flügel gehörten, als Abgeordnete innerhalb der PrNV jedoch auf der Rechten saßen, am 8. Juni explizit gegen ‚die Revolution' Stellung bezogen und im Nov. 1848 als Mitglieder der rechten Minderheit, gegen den erklärten Willen der Mehrheit der PrNV, nach Brandenburg gingen.

37 Heuss, 1848, S. 83.

38 Ende Sept. 1848 wurde der Superintendent Kober zum Adressaten einer Katzenmusik, zuvor bereits Büchsel. Krummacher war gleichfalls mehrfach Gegenstand von Zorn und Spott des demokratischen ‚Pöbels'. Konservative Geistliche gerieten mitunter auch in das Visier von Bürgergardisten; vgl. Büchsel, Erinnerungen, IV, S. 53 ff., 102 f.; Krummacher, Selbstbiographie, S. 205; KrZ und VZ vom 1. Okt. 1848; E. L. v. Gerlach, Nachlaß, I, S. 94; Valentin, Geschichte, II, S. 254; Katharina Dang, Kirche in der Revolution – Berlin vor 140 Jahren, in: Zeichen der Zeit

Darüber hinaus entfremdeten sich auch wachsende Teile des Bildungsbürgertums der Obrigkeitskirche. Harsche Kritik am „gesamten offiziellen Kirchthum", das nur mit Unterstützung des Staates noch ein „trübes Dasein fristet", war hier offenbar recht verbreitet. „Nicht die Religion, nicht die Kirche, wohl aber das officielle Kirchenthum muß untergehen, weil es irreligiös geworden ist."[39] Die von neuorthodox-pietistischen Strömungen dominierte Landeskirche wurde als Belastung für die künftige demokratisch-konstitutionelle Monarchie angesehen, weil sie politischen Reformen grundsätzlich widerstrebe. Die Gegnerschaft der Berliner Geistlichkeit allem Neuen gegenüber ließ den Graben zwischen ihr auf der einen und Liberalen sowie Demokraten auf der anderen Seite in Berlin nach 1848 immer unüberwindlicher werden. Dies wäre nicht der Fall gewesen, wenn nach außen hin sichtbar innerkirchlich ein politisch-theologischer Pluralismus bestanden und es neben den konservativen auch stärkere liberale oder gar demokratische Strömungen gegeben hätte. Darüber hinaus verpaßte der offizielle preußische Protestantismus 1848 die Chance, neben den säkulären sozialistischen Bewegungen einen den sozialen und politischen Emanzipationsansprüchen der Unterschichten aufgeschlossenen ‚christlichen Sozialismus' zu konstituieren und auf diese Weise im proletarischen Kirchenvolk wieder Fuß zu fassen. Die partiell durchaus erfolgreichen Bemühungen insbesondere der Inneren Mission Wicherns ändern an diesem Tatbestand grundsätzlich nichts, zumal Wichern aus der gegenrevolutionären, antisozialistischen Stoßrichtung seiner Aktivitäten keinen Hehl machte.[40] Immer mehr Berliner besuchten – wenn überhaupt – nur höchst selten ein Gotteshaus.[41] Statt sich unvoreingenommen den modernen

---

43/1989 (Heft 2), S. 37; Gailus, Straße und Brot, S. 396 f.; Hachtmann, „Gerechtes Gericht Gottes", S. 246 ff.; ferner (zur prekären Situation des Berliner Arbeitshaus-Geistlichen im Revolutionsjahr) ders., „... mißverstandene Freiheit", S. 75. Tumulte um Geistliche gab es auch anderswo, z.B. in Magedeburg und Breslau; vgl. Paletschek, Frauen und Dissens, S. 71 f.; Siemann, Kirchen S. 14. In Berlin traten sie jedoch anscheinend vergleichsweise gehäuft auf. Der tätliche Angriff auf *Sydow* am 8. Juni 1848 war dagegen nicht auf ihn als Geistlichen, sondern als konservativen Abgeordneten gerichtet; vgl. *S. 564.*

39 So ein Geistlicher, der aus naheliegenden Gründen anonym bleiben wollte, in der linksliberalen NZ vom 21. Juli 1848. Sofern Kirchenpolitik überhaupt ein Thema war, unterstützten auch gemäßigte bürgerliche Zeitungen die Bemühungen namentlich Schwerins, den Einfluß der Kirche zurückzuschrauben; vgl. SZ vom 19. April 1848.

40 Es war kein Zufall, daß mit der Vorbereitung der Gründung des Zentralausschusses der Inneren Mission am 11. Nov. 1848 im Schatten der Gegenrevolution, einen Tag, nachdem Wrangel an der Spitze seiner Truppen in die preußische Hauptstadt einmarschiert war und die Bürgerwehr aufgelöst hatte, in Berlin begonnen wurde. Formell gegründet wurde der Zentralausschuß am 4. Jan. 1849.

41 Das gilt allerdings nur als grobe Tendenz. Ihr standen zum Teil auch gegenläufige Bewegungen gegenüber. Krummacher (Selbstbiographie, S. 206) z. B. beobachtete seit April 1848 einen stärkeren Besuch seiner Gottesdienste. Offenbar suchten angesichts der Verunsicherung durch revolutionäre Tumulte und der allgemeinen politischen Polarisierung größere Teile eines ängstlich-konservativen Bürgertums vorübergehend Trost bei orthodoxen Geistlichen.

weltanschaulichen und politischen Strömungen zu öffnen, entschieden sich nach 1848 die maßgeblichen Kreise der Berliner wie überhaupt der preußischen Kirche dafür, die Bande zwischen offiziellem Protestantismus und monarchischer Obrigkeit noch fester zu ziehen.

Teil VII
Die Berliner Revolution am Wendepunkt: Der Zeughaussturm vom 14. Juni 1848

Die „Plünderung des Zeughauses" markiere den „Wendepunkt in Berlin", stellte Otto Camphausen, der Bruder des Ministerpräsidenten und spätere preußische Finanzminister, bereits Ende Juli fest. Denn „seitdem hat das Gouvernement, kräftig unterstützt durch die Vorfälle in Paris", gemeint ist der Juniaufstand vom 22. bis 26. Juni, in der preußischen Hauptstadt „die Ordnung und Ruhe erfolgreich wiederherzustellen gesucht." Die Obrigkeit sei einen Monat nach dem Zeughaussturm „stark genug, jeder Gesetzwidrigkeit energisch entgegenzutreten."[1] Zwar saßen die Behörden noch nicht ganz so fest im Sattel, wie O. Camphausen glaubte, und sollte es danach noch fünf Monate dauern, ehe die revolutionäre Bewegung endgültig geschlagen war. Trotzdem umreißt diese Einschätzung präzise den Stellenwert des Zeughaussturms für den Gesamtverlauf der Berliner Revolution. Die Konservativen, obgleich weiterhin numerisch in der Minderheit, bekamen Oberwasser. Die städtische Obrigkeit zog die Zügel enger. Der Zeughaussturm wiederum kam nicht urplötzlich aus heiterem Himmel. *Daß* ein auch gewaltsamer Konflikt in der Luft lag, war spätestens seit Anfang Juni zu erahnen. Nur *wie* sich die angestauten Konfliktpotentiale entladen würden, konnte niemand voraussehen.

---

1 Otto Camphausen an Wilhelm Lenssen am 23. Juli 1848, in: Hansen, Rheinische Briefe, Bd. 2. 2, S. 323.

Kapitel VII.1

Vorgeschichte

Der Streit um das Wahlrecht, vor allem aber die Auseinandersetzungen um die Rückkehr des Prinzen von Preußen hatten die Gräben zwischen den verschiedenen politischen Lagern in der Berliner Bevölkerung tief aufgerissen. Seit Mitte Mai 1848 begannen sich, zunächst noch nicht in organisatorisch festgefügten Formen, neben den Demokraten und Liberalen auch die Konservativen öffentlich zu artikulieren. In der bürgerlichen Presse häuften sich Eingesandts, in denen der 18./19. März als „Aufruhr der Märznacht" bezeichnet wurde, der „aus den Annalen preußischer Geschichte ausgetilgt" werden müsse. Zunächst freilich kamen Anschuldigungen wie: die „republikanische Bewegung" in der preußischen Hauptstadt wolle „der Anarchie und einem blutigen Bürgerkriege Thür und Thor öffnen",[2] fast ausschließlich aus den Provinzen. Die Berliner Konservativen wagten angesichts der starken demokratischen Bewegung noch nicht, offen aufzutreten. Die publizistischen Angriffe aus der konservativen Provinz mobilisierten wiederum die Berliner Demokraten. Ihnen mußte es vor allem darum gehen, zu verhindern, daß die Märzerrungenschaften sukzessive zurückgenommen wurden. Zwei Ereignisse Anfang Juni markierten die Höhepunkte der demokratischen Gegenoffensive: die große Demonstration vom 4. Juni zum Gedenken an die gefallenen Barrikadenkämpfer des 18. März und der Antrag des demokratischen Berliner Abgeordneten in der Preußischen Nationalversammlung Julius Berends auf „Anerkennung der Revolution", der dort am 8. und 9. Juni debattiert und abgestimmt wurde.

Der Zug zum Friedrichshain am 4. Juni

Die Idee zu einer großen Demonstration für die Anerkennung der „Revolution vom 18. März in allen ihren Konsequenzen" war bereits Mitte Mai aufgekommen und im Politischen Klub zur Diskussion gestellt worden. Die Mitglieder dieses radikalsten demokratischen Vereins der Preußenmetropole waren zu diesem Zeitpunkt jedoch so sehr mit den eigenen Angelegenheiten beschäftigt, daß sie sich nicht entschließen konnten, hier initiativ zu werden. Auch die anderen

---

2 Willkürlich herausgegriffene Zitate aus mehreren Eingesandts in der VZ vom 4. Juni 1848. Sie ließen sich um zahllose weitere Beispiele vermehren, für die vor allem die VZ das Forum abgab.

demokratischen Vereine zögerten zunächst und warteten ab.[3] Daraufhin übernahm die demokratische Fraktion der Studentenschaft die Initiative. Angespornt durch das Vorbild der Wiener Aula, wählten sie Ende Mai ein Komité, das am 1. Juni in einem öffentlichen Anschlag zur Demonstration am 4. Juni aufrief. Derart unter Zugzwang geraten, stimmten nun auch die demokratischen Vereine der geplanten „Wallfahrt" zum Friedrichshain zu. Selbst der Konstitutionelle Klub mochte sich der Veranstaltung nicht entziehen. Die von den Studenten gleichfalls angesprochene städtische Obrigkeit verhielt sich dagegen zögerlich. Stadtverordnete und Magistrat überließen es nach längeren Beratungen schließlich den einzelnen Mitgliedern, ob sie sich der Demonstration anschlössen oder nicht.[4] Innerhalb der Preußischen Nationalversammlung schließlich votierten zwar führende Vertreter der Linken dafür, wenigstens mit einer offiziellen Abordnung Sympathie für die Demonstration und die dieser zugrundeliegenden Intentionen zu bekunden. Der Rechten gelang es jedoch, dies zu unterlaufen; das Parlament ging „zur Tagesordnung" über. An der Demonstration selbst nahmen dann allerdings zahlreiche, nach Schätzungen 130 bis 150, Vertreter der linken und der Zentrums-Fraktionen teil.[5] Besonders schwierig gestaltete sich die Situation für den zwei Tage zuvor neu ins Amt gesetzten Kommandeur der Bürgerwehr, den Militärschriftsteller und Mitbegründer des Patriotischen Vereins Blesson. Er erließ nach längerem Überlegen am 3. Juni schließlich einen salomonischen Tagesbefehl. Darin untersagte er zwar den Kompanien, sich geschlossen und bewaffnet am Zug zum Friedrichshain zu beteiligen; indes trage er keine Bedenken, wenn Angehörige der Bürgermiliz unbewaffnet und als „Privat-Personen" an der Demonstration teilnähmen.[6] Weiter durfte der konservative Blesson nicht gehen. Bereits am 2. Juni waren öffentliche Erklärungen erschienen, in denen die Mannschaften einzelner Bürgerwehrbezirke zur Teilnahme an der Demonstration aufgerufen wurden.[7] Derartiger Ermunterungen hätte es indessen nicht bedurft, sympathisierte doch die Mehrheit der Bürgerwehrmänner mit dem Anliegen, das die Veranstalter mit der Demonstration zur Geltung bringen wollten. Nach Angaben von zeitgenössischen Beobachtern nahmen am Zug zum Friedrichshain dann bis zu zwei Drittel sämtlicher Mitglieder der Bürgerwehr teil, darunter die meisten in „Uniformröcken" und nicht wenige mit Waffen.

---

3 Vgl. die Berichte der Tagespresse sowie Wolff, RC, II, S. 544, 564; III, S. 119. Zur Initiative der Studenten vgl. ausführlich die Tagespresse vom 3. und 4. Mai 1848; Wolff, RC, III, S. 120-125; Boerner, Erinnerungen, II, S. 250 ff.
4 Vgl. Protokoll der Sitzung vom 3. Juni 1848, in: LAB StA, Rep. 00, Nr. 128; Schreiben der Studentenschaft an die Stadtverordneten vom 3. Juni, in: ebd., Rep. 01, Nr. 2442, Bl. 3 u. Rs.; außerdem NZ vom 5. Juni 1848.
5 Vgl. VZ und NZ vom 6. Juni; DArZ vom 10. Juni 1848; Boerner, Erinnerungen, II, S. 258.
6 Im Wortlaut in: Blesson, Bürgerwehr, S. 10.
7 Vgl. Wolff, RC, III, S. 126; ferner ZBSt, 1848 Flg., M. 12; Obermann, Einheit und Freiheit, S. 417.

Gedenkfeier für die Märzgefallenen auf dem Berliner Friedrichshain, 4. Juni 1848.

Überhaupt muß diese Heerschau der Berliner Demokraten vom 4. Juni dem Betrachter ein äußerst imposantes Schauspiel geboten haben. Höchst eindrucksvoll, „größer als bei der Todtenfeier im März", war schon die Zahl der Teilnehmer an der Demonstration. Nach Angaben der Vossischen und der Deutschen Arbeiter-Zeitung waren „mindesten Zweidrittheile", nach denen der National-Zeitung „wenigstens ein Viertel der gesammten Berliner Bevölkerung auf den Beinen". Das wären zwischen 100 000 und 250 000 Menschen gewesen.

Neben der Majorität der Bürgerwehr und den Studenten beteiligten sich alle politischen Vereine (mit Ausnahme des Patriotischen und des kurz zuvor gegründeten Preußen-Vereins), „alle Gewerke und Arbeitergemeinschaften" sowie die fast zweitausend Mitglieder des Handwerkervereins. Der Korrespondent der Vossischen zählte „gegen zweihundert" Fahnen von Klubs und sonstigen Organisationen. Den Vereinen sowie den Angehörigen der Märzgefallenen, ferner etwa vier- bis fünftausend Landwehrmännern folgten u. a. Deputationen einer Reihe größerer preußischer Städte bzw. auswärtiger demokratischer Klubs. „Zwischen den einzelnen Abteilungen Musikchöre, Sängerchöre." Zahlreich beteiligten sich auch die auf öffentliche Kosten beschäftigten Erdarbeiter sowie die Erwerbslosen, letztere zwar mit „hungerbleichen Gesichtern", aber zugleich mit „fröhlichen, grünen Eichenzweigen an den Hüten". Einen ‚erhebenden' Anblick boten die mit der revolutionären Bewegung sympathisierenden Frauen, die dem Demokratischen Klub eine große, ‚rote' Fahne gestickt und diesem kurz zuvor feierlich überreicht hatten. Die „Führer und Bannerträger des größten politischen Vereins Berlins hatten sich „etwas theatralisch, und wohl mit unnötigem Pathos, mit blutroten Federn und blutroten Leibbinden geschmückt".

Gegen 16 Uhr setzte sich die riesige Menschenmenge, die berittene Bürgerwehr an der Spitze, in Bewegung. Die Route, die der unüberschaubare Demonstrationszug nahm, entsprach genau der vom 22. März. „Aus allen Fenstern wehten deutsche Fahnen. Die ganze Stadt, so wie der Zug sie berührte, war freudig aufgeregt." Erst etwa drei Stunden, nachdem die Spitze des Demonstrationszuges den Friedrichshain erreicht hatte, kamen schließlich auch die letzten an den Gräbern der Märzgefallenen an. „Auf dem ganzen Wege bildete das Volk zu beiden Seiten dicht gedrängte Spaliere, oder füllte die Häuser, deren Fenster bis in die obersten Giebel mit Köpfen erfüllt waren." Auf dem Friedrichshain lauschten „unabsehbare Schaaren unter Fahnen und Bannern" dann den Reden der Repräsentanten der verschiedenen demokratischen Vereine und der linken Fraktionen der Preußischen Nationalversammlung.[8] Diese hätten es freilich „nicht weiter als zur pathetischen Phrase zu bringen vermocht", faßte der demokratische Student Paul Boerner seine Eindrücke zusammen. In der Tat ergingen sich die meisten Redner in moralisierenden Anklagen über die „Verläumdung der Todten" und den „Schmutz der Gemeinheit", mit dem die „leuchtendste Tat unseres Jahrhunderts" besudelt würde.[9] Der Kult um die Toten und den „Geist" der Revolution kaschierte nur oberflächlich, daß der demokratischen Bewegung ein substantielles politisches Konzept weitgehend fehlte.

Die zahlenmäßig starke Beteiligung der Arbeiter und Gesellen und das gleichzeitige Fernbleiben der bürgerlichen Honoratioren von der Gedenkveranstaltung für die Märzgefallenen machten zugleich deutlich, daß die politischen Konfliktlinien sich in immer stärkerem Maße entlang den sozialen Scheidegrenzen bewegten. Im Gegensatz zu den Trauerfeierlichkeiten für die Märzgefallenen vom 22. März, wo sich alles versammelt habe, was in der Stadt Rang und Namen hatte, seien auf der Gedenkdemonstration vom 4. Juni, konstatierte die National-Zeitung am 9. Juni 1848, nicht nur die Vertreter der Obrigkeit abwesend gewesen, „die Professoren der Universität hatten das Gleiche gethan"[10], „kein Geheim-

---

8 Zitate und Angaben zur Zahl der Demonstrationsteilnehmer aus: VZ, NZ, SZ und BZH vom 6. Juni; NZ vom 9. Juni; ‚Gutenberg' vom 10. Juni 1848; Flugblatt von Beta, in: LAB Rep. 240, Acc. 685, Nr. 146; ZBSt, 1848 Flg., M. 13; vgl auch Lewald, Erinnerungen, II, S. 42-49; Boerner, Erinnerungen, II, S. 256, 261. Das folgende Zitat: ebd., S. 173.

9 Zitate aus der Rede G. Jungs. Noch am gehaltvollsten äußerten sich S. Born namens des ‚Central-Comités der Arbeiter', P. Boerner, der im Auftrag des Demokratischen Klubs sprach, und schließlich F. W. Held, der als Redner eigentlich nicht vorgesehen war, dann jedoch auf vielfache Zurufe hin die Tribüne bestieg. Neben Jung als Mitglied der PrNV, Born, Boerner und Held sprachen außerdem Salis-Sevis für die Studentenschaft, A. Benary für den ‚Volksklub', Pietsch für den ‚Verein für Volksrechte' (vgl. zu allen KBA), der Student Reich (für die Erdarbeiter) sowie fünf weitere preußische Abgeordnete. In Auszügen, zum Teil auch in abweichendem Wortlaut finden sich die Reden abgedruckt in: NZ; BZH; ‚Locomotive' sowie als Extra-Blätter des ‚Demokraten', jeweils 6. Juni 1848; zusammengefaßt auch bei Wolff, RC, III, S. 130-133; vgl. ferner Obermann, Einheit, S. 415 f., 418 f. Der ‚Gutenberg' vom 10. Juni 1848 berichtete außerdem von einer zusätzlichen Kundgebung der Schriftsetzer- und Buchdrucker-Gehilfen gegen die ‚Reaction', die diese auf dem Rückweg vom Friedrichshain vor ihrem Vereinslokal durchführten.

10 Vgl. im einzelnen Lenz, Universität, Bd. 2. 2, S. 246. Unter der hohen Beamtenschaft und im hohen Offizierskorps, soweit es in Berlin stationiert war, rief der 4. Juni ärgste Befürchtungen und panischen Schrecken hervor; vgl. Eintrag Varnhagens vom 5. Juni 1848, in: ders., Tagebü-

rath war zu erblicken", ebensowenig die Berliner Geistlichkeit oder die Ältesten der Korporation der Berliner Kaufmannschaft. Obrigkeit und bürgerliche Honoratioren hätten (hieß es in der National-Zeitung weiter) von der anfänglichen, scheinheiligen Verehrung der Märzgefallenen Abstand genommen, seien ins Lager der Gegner der Märzrevolution gewechselt, nicht jedoch das einfache „Volk, dessen Theilnahme gewachsen ist, und dessen [demokratisches] Bewußtsein zugenommen habe." Unter dem „Pöbel von Berlin" habe „die neue Zeit der Volksfreiheit tiefe Wurzeln geschlagen".

Boerner hat in seinen Anfang der fünfziger Jahre verfaßten Erinnerungen den Zug zum Friedrichshain als – nach dem 18. März, nach der Absage der geplanten Wahlrechtsdemonstration vom 20. April und nach den großen Versammlungen und Umzügen der Bewegung gegen die Rückkehr des Prinzen von Preußen in der zweiten Maiwoche – das „letzte Sich-Aufraffen der Berliner [demokratischen] Bewegung" bezeichnet. Mit dem 4. Juni habe sie den „Zenit ihrer Macht" erreicht, danach sei sie „unaufhaltsam und immer schneller dem Abgrunde" ihrer schließlichen Niederlage „zugestürzt".[11] Zwar blieb die demokratische Bewegung Berlins auch nach dem 4. Juni die stärkste politische Strömung (jedenfalls numerisch). Aber in gewisser Weise trifft die Bemerkung Boerners den Kern: Tatsächlich war der Zug zum Friedrichshain die letzte größere, politisch offensive Massenaktion in Berlin, bei der die Initiative von der gesamten demokratischen Bewegung, nicht nur von einzelnen Klubs, ausging.

Der Wallfahrt zum Friedrichshain zehn Tage vor dem Zeughaussturm hatte nicht zuletzt die Absicht zugrunde gelegen, die verfassungsgebende Versammlung Preußens zu veranlassen, Märzrevolution und Märzerrungenschaften zu legitimieren und zu legalisieren. Das war im ersten Anlauf gescheitert: Die Mehrheit der Abgeordneten hatte es am 3. Juni abgelehnt, sich überhaupt mit diesem Ansinnen zu beschäftigten, und war zur Tagesordnung übergegangen. Erfolglos sollte auch der zweite Anlauf sein, die Preußische Nationalversammlung zu einer förmlichen „Anerkennung der [März-]Revolution" zu bewegen.

---

cher, Bd. 5, S. 55. Zu Friedrich Wilhelms IV. Reaktion auf den friedlichen Verlauf der „unseeligen Grabes-Manifestation" vgl. seinen Brief an Camphausen vom 5. Juni, in: Brandenburg, Briefwechsel, S. 148; zu den Ansichten der Kamarilla: Gerlach, Nachlaß, I, S. 100.

11 Boerner, Erinnerungen, II, S. 173, 247.

Die Preußische Nationalversammlung und die „Anerkennung der Revolution"

Ähnlich wie in der französischen Hauptstadt die Tätigkeit der ‚Assemblé Nationale' mit den jeweiligen politischen Konstellationen in Paris verwoben war, blieben die Aktivitäten der in der Sing-Akademie seit dem 22. Mai 1848 versammelten Volksvertreter Preußens mit den politischen Verhältnissen der Hauptstadt verknüpft. Diese Abhängigkeit war eine wechselseitige: Aus der Perspektive der Berliner Bevölkerung „übernahm die Konstituante das Erbe der Märzbewegung, sie sollte es für das Volk verwalten."[12] In allen Tageszeitungen, gleich welcher politischen Couleur, nahmen die Berichte über die Debatten den ersten Platz ein, meist noch vor den Meldungen über andere wichtige Ereignisse des Berliner Lokalgeschehens. Die übervollen Tribünen der Sing-Akademie, die weit größere Zahl der Interessenten, die vergeblich versuchte, sich eine der begehrten Eintrittskarten zu verschaffen, und schließlich der schwunghafte Handel, der mit den Eintrittskarten getrieben wurde[13], zeigen an, wie sehr die Preußische Nationalversammlung zum politischen Fixpunkt weiter Kreise der Berliner Bevölkerung wurde. Umgekehrt sah sich das Preußische Parlament in seinen Debatten häufig auch durch das jeweilige Geschehen in der Stadt beeinflußt, glaubten die Abgeordneten auf lokale Ereignisse und Entwicklungen reagieren zu müssen.

Eine der wichtigsten dieser Debatten fand am 8. Juni statt, unmittelbar nach der Rückkehr des Prinzen von Preußen. Der Thronfolger hatte wenige Minuten zuvor den Abgeordneten eine kurze Ansprache gehalten und danach sogleich den Parlamentssaal verlassen, als der Berliner Abgeordnete Julius Berends den Antag stellte: „Die hohe Versammlung wolle in Anerkennung der Revolution zu Protokoll erklären, daß die Kämpfer des 18. und 19. März sich wohl ums Vaterland verdient gemacht haben."[14] Als Begründung für seinen Antrag nannte Berends ähnliche Argumente wie die, die von den Studenten für den Zug zum Friedrichshain vorgebracht worden waren: Die Berliner Märzrevolution sei „vielfach und von verschiedener Seite geschmäht und herabgesetzt", die „sittliche Erhebung des Volkes zu einer Straßen-Emeute" degradiert worden. Gewendet an die Zentrumsfraktionen, betonte er, daß der König zwar am 18. März und vorher eine Reihe von Versprechungen gemacht habe, aber eine „Sicherheit, daß diese wirklich zur Wahrheit werden" würden, sei nicht gegeben gewesen. Diese

---

12 Ebd., S. 246.
13 Vgl. Bekanntmachungen des Magistrats vom 20. und 28. Mai sowie Mildes vom 12. Juni 1848; ferner Springer, Berlins Straßen, S. 219 f.
14 Rede Berends' in: Verhandlungen PrNV, I, S. 156. Zur nachfolgenden Diskussion und Abstimmung vgl. ebd., S. 156-171; außerdem Botzenhart, Parlamentarismus, S. 520.

„Garantie" sei „erst nach dem Kampfe erlangt" worden. Dem Barrikadenkampf in der Hauptstadt verdanke die preußische Volksvertretung überhaupt ihre Existenz: „Die Versammlung selbst ist aus dieser Revolution hervorgegangen, ihr Dasein ist also faktisch die Anerkennung der Revolution." Sein Antrag ziele darauf ab, daß die Abgeordneten dies auch formell aussprächen und damit zugleich deutlich machten, daß ihnen „das Volk die unveräußerlichen Rechte der Selbstregierung" übertragen habe. Nach längerer Debatte beschloß die Berliner Nationalversammlung am folgenden Tag mit knapper Mehrheit (196:177) „in Erwägung, daß die hohe Bedeutung der großen März-Ereignisse, denen wir *in Verbindung mit der Königlichen Zustimmung* den gegenwärtigen staatsrechtlichen Zustand verdanken, auch das Verdienst der Kämpfer um dieselben unbestritten ist und überdies die Versammlung ihre Aufgabe nicht darin erkennt, Urtheile abzugeben, sondern die Verfassung mit der Krone zu vereinbaren, zur Tagesordnung" überzugehen. Der Antrag Berends, der mit der vorbehaltlosen Anerkennung der Märzrevolution zugleich das Primat der Preußischen Volksvertretung gegenüber der Krone durchsetzen wollte, war damit gescheitert, der Willen zum strategischen Bündnis mit der Krone seitens einer knappen Mehrheit der Versammlung dagegen bekräftigt.

Schon die Entscheidung der Mehrheit der Abgeordneten der Preußischen Nationalversammlung vom 3. Juni, sich als parlamentarische Vertretung nicht an der Demonstration vom 4. Juni zu beteiligen, war bis hin zu liberalen Blättern der preußischen Hauptstadt auf harsche Kritik gestoßen. Nachdem nicht zuletzt deshalb die Debatte und die Abstimmung vom 8. und 9. Juni mit Erwartungen überfrachtet wurden, war die Enttäuschung dann um so größer, als das Ergebnis der Abstimmung in der Berliner Öffentlichkeit bekannt wurde. Sarkastisch meinte die ‚*Locomotive*': „Die constituierende National-Versammlung schämt sich ihrer Herkunft, wie der ungerathene Sohn seines Vaters. Die Märzrevolution, ohne welche die Herren National-Vertreter dermalen [...] daheim säßen und nach wie vor geknechtet würden, ist ein zu kleinlicher Gegenstand, als daß es der Mühe verlohnte, darüber zu urtheilen."[15] Einige Vorfälle, die freilich relativ glimpflich verliefen, ließen im öffentlichen Bewußtsein diese Kritik indessen in den Hintergrund treten.

---

15 ‚Locomotive' vom 13. Juni 1848. Born ereiferte sich in seiner Zeitschrift ‚Das Volk' vom 10. Juni: „Wir haben verloren, noch einmal verloren; die Unentschiedenheit, die Halbheit, die Lüge und die Kriecherei, sie haben den Sieg gewonnen." Und ironisch gegen die Gemäßigten gewandt, die es mit dem Monarchen nicht verderben wollten: „Ach, warum können wir nicht eine Königlich Preußische Revolution machen, mit dem Willen und der Genehmigung der Regierung?" Die BZH vom 14. Juni 1848 sah „wieder das ganze zweizüngige, feige, durch und durch falsche und halbe Wesen sich hervor[drängen], welches bisher den deutschen Constitutionalismus charakterisierte. [...] Jede Macht, welche ihren Ursprung verleugnet, ist durch sich selbst gerichtet." Ähnlich reagierten auch die (links-)liberalen Blätter. Vgl. ausführlich: Wolff, RC, III, S. 168 ff.

Bereits in den Tagen vor dem 8. Juni hatten sich auf dem Platz vor der Sing-Akademie, dem sog. Kastanienwäldchen, kleinere oder größere Gruppen von Menschen gebildet, die die jeweils in der Preußischen Volksvertretung debattierten Themen oder sonstige, gerade aktuelle politische Gegenstände diskutierten. Am 9. Juni war der Platz belebter als sonst. Noch bevor die Abstimmung über den Berends'schen Antrag begonnen hatte, drängte eine große „Menge gegen den Eingang, der aber beim Kastanienwäldchen abgesperrt war, und verlangte in ungestümer Weise Einlaß." Bürgerwehr verhinderte dies. Daraufhin entsandte die demonstrierende Menge ein vierköpfige Deputation in das Parlamentsgebäude, die den Präsidenten der Nationalversammlung Karl August Milde in einen Disput verwickelte.

Die „mir unbekannten Männer" fragten, berichtete Milde am nächsten Tag dem Staatsministerium, ob tatsächlich „die National-Versammlung die Revolution nicht anerkennen wolle. Auf Befragen nach ihrer Vollmacht erklärten sie sich für Deputierte des souveränen Volks. Ich entgegnete, daß ich ein solches souveränes Volk, welches sie bevollmächtigt haben könnte, nicht kenne. Die Vertreter des Volks seien die im Saale versammelten Abgeordneten."[16]

Formell mochte der Parlamentspräsident im Recht sein. Daß seine recht harsche Antwort die zwar erregten, aber insgesamt friedlich gestimmten „Haufen" vor der Sing-Akademie nicht beruhigen, sondern weiter provozieren würde, war gleichfalls abzusehen.

Kaum hatten die vier Deputierten (berichtete die Vossische vom folgenden Tage) „draußen der Menge Bericht erstattet, als das Resultat der Abstimmung bekannt wurde [...]. Dies rief eine gewaltige Aufregung hervor; man erklärte den Beschluß dahin, daß die Versammlung die Revolution verleugne, und machte aufs Neue Miene, gewaltsam gegen die Akademie vorzudringen. [...] In diesem Moment heftigster Erregtheit trat der Minister v. Arnim, aus dem Ständehause kommend, unter die Menge. Seine erste Frage war: ‚Was will das Volk hier?' Mehrere Stimmen antworteten, sie wollten wissen, was drinnen beschlossen werde. Der Minister erwiderte: ‚das werdet Ihr morgen erfahren', und fuhr dann fort, zum Nachhausegehen zu ermahnen, da kein Sonntag sei. Dieser allerdings verletzende Ton mißfiel, und als plötzlich eine Stimme rief: ‚das ist der Minister v. Arnim', so drängte sich alles windschnell um seine Person, dergestalt, daß er sich im Augenblick in einem festzusammengepreßten Knäuel einer erhitzten, tobenden Masse befand. Einige suchten den

---

16 Zitate: VZ vom 11. Juni 1848, sowie Schreiben des Präsidenten der PrNV an das Staatsministerium vom 10. Juni bzw. (im Wortlaut identisch) Bericht Mildes über die Vorfälle vom 9. Juni 1848, in: GStA, Rep. 169, B. 4, Specialia, Nr. 9, Bl. 16-20; Rep. 77, Tit. 501, Nr. 3, Bd. 3, Bl. 4-7 bzw. (als Abschrift) in: LAB StA, Rep. 01, Nr. 2439, Bl. 194-196 Rs.

Minister zu befreien, andere schimpften und drohten, wodurch, wie gewöhnlich, der Lärm nur toller wurde, auch erhoben sich Fäuste und Stöcke in die Luft."[17]

Arnim(-Suckow) war nicht der einzige, der den Unwillen des Berliner ‚Volkes' zu spüren bekam. In besonderem Maß hatte der Prediger und Berliner Abgeordnete Sydow den Ärger vieler Wähler in der preußischen Hauptstadt auf sich gezogen, weil er sich in einem längeren Debattenbeitrag vehement gegen den Berends'schen Antrag gewandt hatte.[18] Bereits unter den Abgeordneten riefen die Ausführungen Sydows erhebliche „Aufregung" hervor. Die Reaktion ‚draußen' mußte noch heftiger sein. Gewählt worden war Sydow nämlich in erster Linie als derjenige, der am 22. März über den Gräbern der Märzgefallenen anrührende Worte der Trauer gesprochen hatte.[19] Mit seiner unmißverständlichen Stellungnahme „gegen die Anerkennung der Revolution" vom 9. Juni hatte er in den Augen vieler seine Wähler betrogen. Kaum war Sydow nach dem Ende der Sitzung „in das Kastanienwäldchen hinausgetreten, als man ihn umringte und bald auf dieselbe Weise eingeschlossen hatte [wie] den Minister v. Arnim. Es wurden wilde Drohungen ausgestoßen, und besonders hielt man ihm Doppelzüngigkeit vor." Bis auf die „angstvolle" Situation seien „eigentlich täthliche Mißhandlungen" (beruhigte die Vossische ihre Leser) weder gegen Arnim, Sydow oder gegen sonst jemanden vorgekommen.[20] Zwar waren diese Vorfälle letztlich harmlos. In der subjektiven Perspektive vieler Abgeordneter verdichteten sie sich freilich zu einer echten Bedrohung. Insofern war der ‚Druck der Straße' auf das Parlament tatsächlich stark.

Der Obrigkeit boten sie überdies einen willkommenen Anlaß, die vermeintlich chaotischen Verhältnisse in der Hauptstadt anzuprangern. Das Staatsministerium forderte umgehend den Magistrat auf, für wirksamen Schutz der

---

17 VZ vom 11. Juni 1848; vgl. auch die ausführliche Darstellung bei Streckfuß, Freies Preußen, II, S. 101 ff. sowie die Version Arnims während der Ministerratssitzung vom 10. Juni 1848, in: Hofmann, Ministerium, S. 222 f.

18 Damit würde „die Revolution als Prinzip anerkannt" und die PrNV, so sie dem zustimme, „sich selber auf den Boden der Revolution" stellen. Dies dürfe nicht sein, „weil wir gerade aus der Treue gegen das konstitutionelle Königthum uns auf diesen Boden nicht begeben dürfen." (Verhandlungen PrNV, I, S. 164.) Auch der zweite Berliner Prediger in der PrNV, der „Herr Jonas", habe (so Born) „den Antrag [Berends] mit den plattesten ausgewachsensten Moralitätsgründen vernichten wollen. Die Versammlung war heute, nach jenen Herren zu urteilen, eine Generalsynode und hatte die Aufgabe, das Christenthum vor der Revolution zu schützen". (‚Volk' vom 10. Juni 1848.) Ähnlich sarkastisch auch die NZ vom gleichen Tage. Zu Jonas' Redebeitrag vgl. Verhandlungen PrNV, I, S. 166 f.

19 Den emotionalisierten Zuhörern war entgangen, daß er bereits damals schon implizit Vorbehalte gegen die Märzrevolution vorgetragen hatte; vgl. *S. 216 f.*

20 Andere Abgeordnete der Rechten wurden „mit Zischen empfangen". Hansemann und Camphausen zogen es angesichts des Unmutes des Pöbels vor, sich heimlich aus der Sing-Akademie zu entfernen. Linken Volksvertretern wurden dagegen spontane „Vivats" und später vor ihren Wohnungen „Ständchen und Lebehochs" gebracht.

Volksvertretung durch die Bürgerwehr und zusätzliche Polizeikräfte zu sorgen, und regte die beschleunigte Bildung der tatsächlich bald ins Leben gesetzten zweitausend Mann starken Konstabler an.[21] Magistrat, Polizei-Präsidium und Bürgerwehr-Kommando wiederum schoben sich gegenseitig die Schuld für die Vorkommnisse zu.[22] Alle versicherten „ihren tiefen Schmerz über die Ereignisse" und gelobten, „ihre volle Kraft" dafür einzusetzen, daß künftig Sicherheit, Ordnung und die „Unverletzlichkeit der Hohen Versammlung" garantiert würden.[23] Am 10. Juni erließen Blesson und Minutoli eine gemeinsame Bekanntmachung, die „das Ansammeln und Verweilen größerer Menschenmassen in der Nähe des Sitzungslokales" verbot. Entschieden glaubte die Obrigkeit nicht zuletzt deshalb handeln zu müssen, weil es sich bei den „Menschenmassen" vom 9. Juni „größtentheils [um] Leute aus dem Arbeiterstande" gehandelt habe. Mit den Protesten des 9. Juni nahm also schärfere Konturen an, was sich am 4. Juni abgezeichnet hatte: Vornehmlich die sozialen Unterschichten waren es, die die „Anerkennung der Revolution" durchsetzen und die Märzerrungenschaften verteidigen wollten. Das Bürgertum mochte sich mehrheitlich dagegen kaum (mehr) mit der Märzrevolution identifizieren.

Scharf reagierten Polizeipräsidium und Bürgerwehrkommando außerdem, weil sie wußten, wie sehr sich der König über die Ereignisse in den ersten beiden Juniwochen erbittert hatte. Der Antrag Berends war nicht nur der Versuch, den durch die Märzrevolution errungenen Freiheiten offizielle Sanktion zu geben. Er zielte darüber hinaus faktisch auf die Lösung des Vereinbarungsprinzips und das Primat des Parlaments. Für Friedrich Wilhelm IV. war dies ein Anschlag der „revoluzionairen Parthey" auf das Institut der Monarchie überhaupt. Der 18. und 19. März hatten sein Leben aus der bisherigen Verankerung gerissen, ihn zutiefst geschockt, gedemütigt, verunsichert – und zugleich beträchtliche Energien im

---

21 Vgl. Schreiben des Staatsministeriums vom 10. Juni und des Innenministers Auerswald vom 11. Juni 1848, jeweils an den Magistrat, in: GStA, Rep. 77, Tit. 501, Nr. 3, Bd. 3, Bl. 2-3 Rs. sowie Bl. 12 u. Rs. bzw. LAB StA, Rep. 01, Nr. 2439, Bl. 189-190; ferner Hofmann, Ministerium, S. 162 f. Zur Bildung und Funktion der Konstabler vgl. *S. 596 ff.*

22 Offenbar war sein angebliches Versagen am 9. Juni einer der Gründe, warum Minutoli als Polizeipräsident am Ende des Monats den Hut nehmen mußte. Vgl. Anfrage des Innenministers Auerswald vom 13. Juni sowie Antwort des Magistrats vom 14. Juni 1848, in: GStA, Rep. 77, Tit. 501, Nr. 3, Bd. 3, Bl. 13 u. Rs. sowie Bl. 17-19 bzw. LAB StA, Rep. 01, Nr. 2439, Bl. 201-202 Rs.; außerdem den diesbezüglichen Schriftwechsel zwischen Magistrat und Polizeipräsidium in der zweiten Junihälfte, in: ebd., Bl. 227, 229-232 bzw. BLHA, Rep. 30, Tit. 94, Nr. 13912, Bl. 22; ferner Caspary, Camphausens Leben, S. 219, 223.

23 Vgl. Schreiben des Magistrats an die PrNV vom 10. Juni bzw. an das Staatsministerium vom 11. Juni; Schreiben Blessons an die PrNV vom 14. Juni 1848, in: GStA, Rep.169, B.4, Specialia, Nr. 9, Bl. 24 sowie Bl. 35 u.Rs.; Rep. 77, Tit. 501, Nr. 3, Bd. 3, Bl. 10-11 bzw. LAB StA, Rep. 01, Nr. 2439, Bl. 191-192 Rs. Vgl. außerdem entsprechende öffentliche Erklärungen des Magistrats und der Stadtverordneten sowie die gedruckte „Ansprache" Blessons an die Bürgerwehr vom 13. Juni 1848.

Kampf gegen die Revolution freigesetzt. Seine antirevolutionäre Grundhaltung war nicht politisch-rational, sie war elementar gefühlsmäßig motiviert. Mit der Revolution konnte und durfte es auf Dauer keine Kompromisse geben. Die für den 9. Juni angesetzte Abstimmung über die „Anerkennung der Revolution" wollte der Monarch zum Anlaß nehmen, den bestehenden, schwebenden Zustand zu seinen Gunsten zu verändern: „Geht der Antrag per majora durch, so befehle ich ‚die sofortige Auflösung (oder Verlegung) der Versammlung' – ich bin für die Auflösung", skizzierte er in einem am Morgen des 9. Juni eilig verfaßten Schreiben an Camphausen seine Pläne. Bereits Anfang Juni zog der Monarch als Handlungsmöglichkeit also ernsthaft in Erwägung, was im November als Auftakt für die gegenrevolutionäre ‚Schließung' der Revolution dann tatsächlich in Szene gesetzt wurde. Die Probe aufs Exempel brauchten der Monarch und sein Ministerpräsident Anfang Juni nicht zu machen. Friedrich Wilhelm IV. durfte am Nachmittag des 9. Juni seinem „theuersten Camphausen zum heutigen Siege im Landtage" gratulieren.[24] Im Gegensatz zu den ersten Wochen des Frühjahrs setzte der Monarch seit Anfang Juni auch nicht mehr auf ‚seine Bürger' in Waffen, sondern unzweideutig auf ‚seine' Armee, „die absolute Einheit [d]es Königs mit seinem Heere" (wie er es formulierte).[25] Friedrich Wilhelm IV. hatte zu seinen ursprünglichen Positionen aus der Zeit vor dem März 1848 zurückgefunden; er nahm Abstand von den konstitutionellen Anwandlungen der ersten Tage nach der Märzrevolution. Das demokratische „Berlin ist eine Eiterbeule, die […] aufgeschnitten werden muß über kurz oder lang", stellte er Anfang Juni gegenüber Camphausen fest.[26]

---

24 Sein Vorhaben, „allerernsteste Maßregeln gegen die ehrlosen Rotten" des Berliner ‚Pöbels' einzuleiten und die PrNV in einen ruhigen Ort in der Provinz verlegen zu lassen, gab der König freilich nicht auf. Noch besser sei es, erklärte er am folgenden Tag, wenn es gelänge, „den Landtag dahin zu bewegen, daß er militairische Hilfe als die einzige efficace begehre." (Nach: Brandenburg, Briefwechsel, S. 156 bzw. 159 f.) Indessen waren die politischen Konstellationen nicht so, wie der Monarch sich dies wünschte: Zwar faßten bereits zu diesem Zeitpunkt 16 konservative Abgeordnete einen Umzug der PrNV ernsthaft ins Auge. Sie besaßen jedoch keine Chance, sich damit durchzusetzen; vgl. ihre Erklärung vom 9. Juni 1848, in: GStA, Rep. 169, B. 4, Specialia, Nr. 9, Bl. 161; ferner Hofmann, Ministerium, S. 160.

25 Schreiben an Camphausen vom 4. Juni 1848, in: Brandenburg, Briefwechsel, S. 160. Die vorgesehene Auflösung der PrNV sollte im übrigen nur ein erster Schritt sein. Bereits Ende Mai spielte der Monarch seinem Bruder Wilhelm gegenüber mit dem Gedanken, „zum Schwert zu greifen" und mit Hilfe seines Heeres und des konservativen „Landvolks" gegen die „Berliner Ordnungs- und Zuchtlosigkeit" zu Felde zu ziehen. (Schreiben Friedrich Wilhelms IV. an den Prinzen von Preußen vom 25. Mai und 1. Juni 1848, in: GStA, Rep. 92, NL Wilhelm I, Nr. 3.) Bis Ende Sept. reiften die hier geäußerten Absichten zu konkreten Plänen; vgl. *S. 661* sowie *S. 714 f.*

26 Nach: Brandenburg, Briefwechsel, S. 138. Auch in diplomatischen Kreisen machte der Monarch aus seinem Herzen keine Mördergrube. „Hört man den König sprechen, so sollte man glauben, daß Er jeden Augenblick zu Pferde steigen und Seine Macht fechtend aufrecht erhalten werde." Traurig sei jedoch, meinte etwa der bayerische Gesandte Lerchenfeld in seinem Bericht vom 1. Juni 1848, „daß die Persönlichkeit des Königs keiner Parthei mehr Vertrauen einflößt, die Wohlgesinnten sich ohne Haupt und Leitung glauben". (In: HStA München, Nr. 2627, AS 34.) Auch

Zum Revolutionsverständnis der Zeitgenossen Anfang Juni

Welchen Konfrontationskurs der König inzwischen eingeschlagen hatte, war den Demokraten und Liberalen der Hauptstadt in der ersten Junihälfte nicht bewußt. Beide Ereignisse, der Zug zum Friedrichshain Anfang Juni wie die Debatte im verfassungsgebenden Parlament Preußens, vertieften zwar die politischen Gräben, führten auf Seiten der demokratischen Bewegung jedoch nur bedingt zu einer Klärung der eigenen politischen Positionen. Der Kundgebung vom 4. Juni wie dem Berends'schen Antrag vier Tage später lag eine gleiche Auffassung von ,Revolution' zugrunde: Sie erschien als punktuelles, mit dem Ende der Barrikadenkämpfe am frühen Morgen des 19. März abgeschlossenes Ereignis. Gegenüber den letzten 14 Tagen des März hatte sich das Revolutionsverständnis der Zeitgenossen also noch nicht grundsätzlich gewandelt. Zu welchem Zweck die Revolution eigentlich gemacht war, blieb gleichfalls weiterhin ziemlich unklar. Bruno Bauer z.B. konstatierte im Rückblick, Berends habe mit seinem Antrag vom 8. Juni im Grunde „seinen Gegnern bei[gestimmt], daß die Revolution *gemacht*, vergangen sey: – die Revolution [...] sollte der Inhalt eines religiösen Glaubensbekenntnisses, ein Credo werden; – als die Revolution zum Stürzen und Hervorbringen sich unfähig erwies, sollte wenigstens der *Glaube* an sie erzwungen werden; – die Versammlung sollte in Anerkennung ihrer politischen Unfähigkeit es geradezu aussprechen, daß sie aus modernen Kirchenvätern bestand."[27] In ähnlichem Tenor war auch ein Kommentar in der ,Neuen Rheinischen Zeitung' vom 14. Juni 1848 gehalten. In ihm wurde überdies der Antrag auf „Anerkennung der Revolution" grundsätzlich zwar befürwortet, zugleich jedoch betont, daß man es nicht dabei belassen dürfe, „die *Halbheit* der Revolution, und damit die [der] demokratische[n] Bewegung an[zu]erkennen". Man befinde sich lediglich an einem „unvermeidlichen Durchgangspunkte". Die Revolution sei „nicht vollendet."

Den führenden Berliner Demokraten war die Forderung nach einem Weitertreiben der Revolution, von Born vielleicht abgesehen, Anfang Juni noch gänzlich fremd. Allerdings begannen in dieser Zeit auf Seiten der Demokraten die Konturen dessen, was man eigentlich wollte, deutlicher hervorzutreten – die ,Versäumnisse' des Märzkabinetts und der immer stärker werdende Druck von ,unten', die seit dem 19. März nur unvollständig verwirklichte politische Partizipation der Unterschichten zu vollenden sowie nunmehr auch die ,Lösung der sozialen Frage' in Angriff zu nehmen, zwangen dazu, die eigenen Vorstellungen

---

die Gerlachs blieben skeptisch, ob der Monarch seinen starken Worten Taten folgen lassen werde; vgl. Ludwig an Leopold v. Gerlach vom 2. Juni 1848, in: BA Potsdam, Rep. 90, Ge 6, Nr. 16, Bl. 51.

27 Bauer, Bürgerliche Revolution, S. 265.

zu präzisieren. Dieser Prozeß wurde freilich überlagert und überschattet durch eine Reihe von Ereignissen, die am 14. Juni dann im Zeughaussturm kulminierten.

Gerüchte und Tumulte um das „Kriegsgeräth" im Zeughaus

Unwahre oder übertriebene Erzählungen und ‚Informationen' über alle möglichen Dinge kursierten zwar die gesamte Revolutionszeit über. Die beiden Wochen vor dem Zeughaussturm müssen jedoch als eine Art Hoch-Zeit des Gerüchts angesehen werden. In weiten Kreisen der Bevölkerung vermutete man gegenrevolutionäre Aktivitäten der Obrigkeit. In staatlichen und städtischen Institutionen schwirrten die absonderlichsten Behauptungen über Verschwörungen eines von ausländischen Emissären verführten ‚Pöbels'. Fröhliche Urständ feierte das Gerüchtewesen nicht zuletzt bei Hofe. Friedrich Wilhelm IV. und seine Umgebung behaupteten Anfang Juni so häufig und mit solch felsenfester Sicherheit, es existiere eine „Verschwörung", eine von klandestinen demokratischen Gruppen vorbereitete „Revolte" stehe ins Haus, daß man sich des Eindrucks nicht erwehren kann, daß sie sie als Anlaß förmlich herbeisehnten, um schon länger gehegte Staatsstreichpläne ins Werk zu setzen. Die lokalen Behörden wollten nicht nachstehen: Nicht weil er handfeste Indizien besaß, sondern vornehmlich um die politischen Erwartungen seines königlichen Herrn zu bedienen, witterte der Polizeipräsident seit den großen Demonstrationen gegen den Prinzen von Preußen Mitte Mai überall in der Stadt versteckte Verschwörer.[28] Namentlich hinter dem Aufruf zur Demonstration am 4. Juni vermutete man im Polizeipräsidium den perfiden Plan, ferngesteuert aus Paris eine zweite Revolution in Gang zu setzen, mit dem Ziel, die ‚Republik' auszurufen.[29] Ähnliche Befürchtungen hegten auch der Bürgerwehrkommandeur Blesson sowie die für die in Berlin stationierten Truppen verantwortliche Militärführung. Weitere Räuberpistolen kolportierte die Polizei, nachdem am 8. Juni der Prinz von Preußen nach Berlin zurückgekehrt war.[30] Nichts lag den Berliner Demokraten jedoch ferner als die Anzettelung einer ‚zweiten Revolution', gar einer mit sozialistischen Akzentsetzungen.

Auch ‚unten' schossen zahlreiche Spekulationen ins Kraut. Bereits Anfang Juni kolportierte die ‚Deutsche Arbeiter-Zeitung', daß sich „die Gerüchte über den

---

28 Vgl. Bericht Minutolis für den König vom 22. Mai 1848, in: GStA, KHA, Rep. 50 J, Nr. 857, Bl. 4 Rs. u. Bl. 5 bzw. Haenchen, Revolutionsbriefe, S. 99 f.
29 Vgl. Rapport eines Polizeiagenten vom 2. Juni 1848, in: BLHA, Rep. 30, Tit. 94, Nr. 13912, Bl. 6; ferner Bericht Trauttmansdorffs vom 2. Juni 1848, in: StA Wien, StK Preußen, K. 195, Bl. 350.
30 Vgl. Blesson, Bürgerwehr, S. 8; Polizeiberichte vom 9. und 13. Juni 1848, in: BLHA, Rep. 30, Tit. 94, Nr. 13912, Bl. 13 bzw. Bl. 15; Varnhagen am 5. Juni 1848, in: ders., Tagebücher, Bd. 5, S. 55.

Anmarsch von Truppen gegen Berlin" verdichteten.[31] Ein anderes Gerücht ging dahin, daß die zur Bewachung des Zeughauses abgestellten Soldaten zum mittäglichen Essen in einer benachbarten Kaserne mit Gewehr gingen, jedoch ohne zurückkämen, „so daß auf diese Weise die Gewehre allmählig aus dem Zeughause geschafft würden."[32] Die ‚Locomotive' wiederum behauptete Ende Mai, daß im Zeughaus zusätzlich zu den regulären 250 Mann Besatzung „36 Mann Artillerie" versteckt seien.[33] Allgemein war in den unteren Bevölkerungsschichten Berlins seit Ende Mai „die Idee vorherrschend, daß das Ministerium Camphausen aus reactionären Gelüsten dem ‚Volk' die ihm gebührenden Waffen vorenthalte, ja sogar diese Waffen fortzuschicken wage, um damit außerhalb seine Soldaten zu bewaffnen."[34] Diese Befürchtungen waren nicht aus der Luft gegriffen. Seit Anfang Juni schloß Friedrich Wilhelm IV. nicht mehr aus, seine vermeintlich unbotmäßigen Berliner mit Waffengewalt niederzuwerfen. Zuvor, so erklärte er seinem Bruder Wilhelm am 1. Juni, müßte man „den [Kriegs-]Schatz und soviel an Gewehren und Artillerie als möglich aus dem Zeughaus fortnehmen".[35]

Brisanz gewannen Gerüchte über gegenrevolutionäre Absichten der Krone dadurch, daß seit der Märzrevolution die Diskussion über die Nicht-Zulassung von Arbeitern zur Berliner Bürgerwehr weiterschwelte. Ende Mai wurde die Forderung nach allgemeiner Volksbewaffnung, die auch die männlichen Angehörigen der Unterschichten einschloß, angesichts der zirkulierenden Gerüchte über gegenrevolutionäre Verschwörungen immer lautstärker vorgetragen, „lebhaft genährt durch die Rückerinnerung an die Wehrlosigkeit des Volks am 18. März".[36] Wenn Born in der ersten regulären Nummer der von ihm herausgegebenen Zeitschrift ‚Das Volk' forderte, „das ganze Volk zu bewaffnen" und mit der diesbezüglichen „Bevorzugung gewisser Stände" Schluß zu machen[37], sprach er

---

31 DArZ vom 3. Juni 1848 (mit ‚Belegen').
32 Blesson, Bürgerwehr, S. 13.
33 „Sie schleichen sich vereinzelt, in Mäntel gehüllt [...] in das Zeughaus ein zur Bedienung von 6 Stücken Geschütz [...], welche vollständig montiert und jedes mit 20 Kartätschschuß versehen, im Zeughause stehen." (‚Locomotive' vom 30. Mai 1848.) Hierzu und zu weiteren Gerüchten vgl. Wolff, RC, III, S. 93 ff.; ferner die Dementis von Blesson (Bürgerwehr, S. 13). Gänzlich falsch waren die in der ‚Locomotive' kolportierten Behauptungen nicht: In der PrNV, die noch am 31. Mai Vorfälle vom gleichen Tage um das Zeughaus debattierte, gab ein Commissarius des Kriegsministeriums zu, daß „60 oder 70 Kanonen seit längerer Zeit" im Zeughaus untergebracht seien. Auf die Nachfrage, ob diese Kanonen geladen seien, antwortete der Commissarius lakonisch: „Wer wird denn eine Kanone laden, ehe sie gebraucht wird!" (Verhandlungen PrNV, I, S. 68.)
34 Gneist, Berliner Zustände, S. 16.
35 Schreiben Friedrich Wilhelms IV. an den Prinzen von Preußen vom 1. Juni 1848 (Anm. 25). Eine entsprechende Weisung erteilte der König Camphausen noch am selben Tage, im Wortlaut in: Brandenburg, Briefwechsel, S. 138 f.; vgl. ferner Gerlach, Denkwürdigkeiten, I, S. 163.
36 Vgl. VZ vom 4. Juni 1848; Gneist, Berliner Zustände, S. 16 (Zitat); Berichte Trauttmansdorffs vom 31. Mai und 2. Juni 1848, in: StA Wien, StK Preußen, K. 195, Bl. 345, 350 Rs.
37 ‚Volk' vom 1. Juni 1848.

lediglich aus, was im ‚einfachen Volk' schon zuvor vehement verlangt wurde.[38] In den letzten Maitagen kam es dann zu Vorfällen, die der Forderung nach Volksbewaffnung neues Gewicht verliehen und die Glaubwürdigkeit der Gerüchte über finstere Machenschaften der ‚Militärpartei' zu bestätigen schienen.

Am Nachmittag des 30. Mai brach, vom Zeughaus kommend, auf offener Straße ein mit einer Plane bedeckter Wagen zusammen. Um den Schaden zu beheben, waren die begleitenden Soldaten genötigt, den Inhalt des Wagens auf das Straßenpflaster zu legen: „hundert hübsche Gewehre! Die Umstehenden sehen's, die Menge läuft herbei; sie fürchtet, man gehe damit um, dem Volk für den Fall eines neuen Kampfes die Waffen des Zeughauses zu entziehen." „Man verbreitete, es würden Waffen nach auswärts gefahren, um dieselben gegen Berlin zu brauchen!" Die auf mehrere hundert Personen angewachsene Menge veranlaßte dann die Wagenlenker, ihr Fuhrwerk samt Inhalt zurück zum Zeughaus zu fahren. Um einen erneuten Abtransport zu unterbinden, zog wenig später „eine Schaar" mißtrauisch gewordener Berliner „vor das Zeughaus, um dasselbe zu bewachen". Abends fanden sich dann unter den Linden „große Volks-Mengen" ein, um die Tagesereignisse zu debattieren. „In allen den verschiedenen Gruppen hörte man kaum etwas Anderes, als Beschuldigungen der Regierung wegen ihrer nichterfüllten Versprechungen und Anklagen darüber, daß dieselbe das Zeughaus heimlich von Waffen entleeren lasse. Redner traten auf und benachrichtigten das Volk, daß allnächtlich Kähne mit Gewehren und Munition beladen, heimlich aus dem Zeughaus fortgefahren würden, welches noch immer voll Waffen sei, obgleich die Regierung als Entschuldigung für die nichterfüllte Volksbewaffnung den Mangel an denselben vorgebe. Schon an jenem Abende wurden manche Stimmen laut, welche zur Erstürmung des Zeughauses aufforderten", behauptet jedenfalls Streckfuß.[39]

Am Vormittag des folgenden Tages fand erneut ein „starker Zusammenlauf vor dem Zeughause statt".

Außerhalb des Zeughauses aufgestellte Bürgerwehrleute hatten bemerkt, daß längliche Kisten auf einen größeren Kahn geladen wurden, der in der nahe vorbei fließenden Spree vor Anker gegangen war. Unter den Augen der Menschenmenge, die sich rasch einfand, wurden die Kisten geöffnet. Sie enthielten „mehr als tausend", nach anderen Angaben „2000 Stück schöner, neuer, blanker Gewehre! Allgemeines Erstaunen, besonders auf den Gesichtern der Bürgerwehren." Bürgerwehrleute und Mitglieder des bewaffneten Corps der Studenten luden die Kisten sowie „100 Fäßchen mit Granatenfüllung, aus Kartätschenkugeln bestehend, und 100 Granatenkugeln", allesamt gleichfalls für den Abtransport vorgesehen, wieder aus und brachten alles zum Zeughaus zurück. „Eine sechspfündige Kanone, die sich auf dem Schiff

---

38 Auf einer Volksversammlung am 15. Mai beispielsweise sei es, berichtete der österreichische Gesandte seiner Regierung in Wien, weniger um die Rückkehr des Prinzen von Preußen, den Anlaß der Veranstaltung, gegangen: „Worüber dagegen mit Eifer diskutiert wurde, war die allgemeine Volksbewaffnung", die sich mit der Einführung der Bürgerwehr keineswegs erledigt habe. (Bericht Trauttmansdorffs vom 16. Mai 1848 [Anm. 36], Bl. 286.) Vgl. außerdem z. B. Blesson, Bürgerwehr, S. 14.

39 Zitate: VZ vom 31. Mai; BZH vom 1. Juni; DArZ vom 3. Juni 1848; Wolff, RC, III, S. 95; Streckfuß, Freies Preußen, II, S. 59 f.

befand, wurde nach dem Schützenhause gefahren" und dort zunächst der Obhut des der Bürgerwehr angegliederten Schützenbataillons anvertraut. Unterdessen bestand die vor dem Zeughaus versammelte Menschenmenge „auf der Entfernung des Militärs aus dem Zeughause und dessen Besetzung durch die Bürgerwehr." Dem Begehren wurde partiell nachgegeben: Nur im oberen Stock des Zeughauses blieb eine Truppenabteilung stationiert; der untere Stock und „alle Zugänge" wurden durch schwache Bürgerwehreinheiten bzw. fliegende Corps besetzt. „Den ganzen Tag blieben Tausende von Menschen vor dem Zeughaus versammelt, theils um sich gegenseitig die Stellen zu zeigen, wo die Kähne ausgeladen worden waren, theils um sich allerhand abenteuerliche Gerüchte von einem bevorstehenden Schlage der Reaction zu erzählen."[40]

An sich waren Waffentransporte aus dem Zeughaus als einem zentralen Waffendepot für die gesamte preußische Armee nicht des Aufsehens wert; sie waren seit jeher üblich. Nur angesichts der überhitzten Gerüchteküche und des offensichtlichen Heimlichtuns der zuständigen Stellen mußten sie Verdacht wecken. Die widersprüchlichen Erklärungen von offizieller Seite nach den Ereignissen am 30. und 31. Mai um das Zeughaus, nicht zuletzt die Behauptung Blessons in einer Bekanntmachung vom 3. Juni, eine Kanone sei am 31. Mai „geraubt" worden, obwohl sie nach Auffassung der Beteiligten im Berliner Schützenhaus nur vor dem Abtransport sichergestellt wurde[41], trugen nicht gerade zur Beruhigung der aufgebrachten Gemüter bei.[42] Camphausen fürchtete angesichts der angespannten Situation bereits für die Nacht vom 1. auf den 2. Juni, daß „das Zeughaus gestürmt und der Pöbel mit Waffen versehen würde."[43] Zusätzlich aufgeladen wurde die Atmosphäre schließlich durch zum Teil handgreifliche Konflikte zwischen Zivilpersonen und dem in Berlin stationierten Militär, die sich seit Ende Mai häuften und die gegenseitige Erbitterung vertieften. Es war ein fruchtbarer Nährboden bereitet, auf dem weitere Verdächtigungen gediehen.

---

40 Zitate: SZ und VZ vom 1. Juni; DArZ vom 3. Juni 1848; Streckfuß, Freies Preußen, II, S. 60; Wolff, RC, III, S. 95 f.; vgl. außerdem Varnhagen vom 31. Mai 1848, in: Tagebücher, Bd. 5, S. 48 f.; Bericht Trauttmansdorffs vom 31. Mai 1848, (Anm. 36), Bl. 345. Zu den offiziösen, teilweise widersprüchlichen Rechtfertigungen der Waffentransporte vgl. Wolff, ebd.
41 Bekanntmachung Blessons vom 3. Juni 1848, in der er ankündigte, die besagte Kanone aus dem Schützenhaus wieder ins Zeughaus zurückzuschaffen; vgl. auch die Blesson, Bürgerwehr, S. 22 ff.
42 Blesson setzte sich durch sein ungeschicktes Taktieren zwischen alle Stühle: Sein Verhalten verschaffte ihm weder bei den Unterschichten, und weiten Teilen der Bürgerwehr, noch beim König Sympathie. Vgl. bes. den harschen Protest der Mitglieder des Bürgerwehrklubs auf ihrer Sitzung vom 2. Juni (ausführlich: BZH und VZ vom 4. Juni 1848) sowie Brief Friedrich Wilhelms IV. an Camphausen vom 1. Juni 1848, nach: Brandenburg, Briefwechsel, S. 138.
43 Caspary, Camphausens Leben, S. 219. Zu den Konflikten zwischen Zivilpersonen und Militär vgl. *S. 270.*

Nachdem sich am 30. und 31. Mai weitere Gerüchte über gegenrevolutionäre Aktivitäten als gegenstandslos herausgestellt hatten[44], entstand am 1. Juni erneute Aufregung. Mehrere Ereignisse überkreuzten sich und bestärkten das Publikum in dem Eindruck, eine politische Entscheidungsschlacht stehe unmittelbar bevor. Die Behörden ließen an diesem Tage durch Anschlag an den Straßenecken bekanntmachen, sie hätten aus ihrer Mitte heraus einen „Sicherheits-Ausschuß" gebildet. Zweck des Ausschusses sei es, „Gesetzlichkeit und Ordnung sowie Ruhe und Sicherheit wieder herzustellen" und „nach allen Seiten hin zu schützen", vor allem aber „die Bürgerwehr in den Stand" zu setzen, den „Beschlüssen der Obrigkeit auf Erfordern den gebührenden Respekt zu verschaffen." Weil die Mitglieder des Sicherheits-Ausschusses als Repräsentanten der alten Ordnung bekannt waren, erregte diese Bekanntmachung „große Unzufriedenheit". Zeitgleich mit der Gründung des behördlichen Sicherheits-Ausschusses machte der Tierarzt Urban, der es seit dem 18. März als Barrikadenkämpfer zu einiger Prominenz gebracht hatte, durch Anschlag öffentlich, daß er und einige Mitstreiter – möglicherweise nach dem Wiener Vorbild – die Bildung eines „volkstümlichen" Sicherheits-Ausschusses ins Auge faßten.[45] Angesichts des offenbar reich mit Waffen ausgestatteten Zeughauses zog schließlich, gleichfalls am 1. Juni, eine Deputation der demokratischen Vereine Berlins zu Camphausen und verlangte „energisch, daß jetzt auch die Arbeiter bewaffnet würden" – ein Ansinnen, das der Ministerpräsident abschlägig beschied.[46]

In der anschließenden Woche beruhigten sich die Gemüter dann vorübergehend: Ein volkstümlich-revolutionärer Sicherheits-Ausschuß wurde nicht gebildet. Der behördliche Sicherheits-Ausschuß, zwar formell konstituiert, gab keine weiteren Lebenszeichen von sich. Am 9. Juni kam es dann zu dem geschilderten Tumult um den Minister v. Arnim und den Abgeordneten Sydow. Obgleich in

---

44 In der Nacht vom 31. Mai auf den 1. Juni zogen „2-300 Menschen mit Fackeln nach verschiedenen Brücken, um zu untersuchen, ob diese aufgezogen werden könnten [...], indem sich das Gerücht verbreitet hatte, es zögen von östlicher Seite Truppen gegen Berlin", mit dem Prinzen von Preußen, der heimlich zurückgekehrt sei, an der Spitze. Der Polizeipräsident sah sich daraufhin genötigt, in einem Plakat vom folgenden Tage zu erklären, daß hier ein Mißverständnis vorliege und „die hiesigen Aufziehbrücken" nicht „absichtlich vernagelt seien". Bereits am Vortage war das Gerücht aufgekommen, an der großen Kuppel des Stadtschlosses sei eine Stange angebracht, die den Zweck habe, bei größeren Demonstrationen oder Tumulten den in der Nähe Berlins liegenden Truppen das Signal zum Einmarsch zu geben. „Augenblicklich zogen große Menschenmengen nach dem Schlosse zu." Die Signalstange entpuppte sich als harmloser Blitzableiter. Vgl. DArZ, BZH und SZ vom 3. Juni 1848; Streckfuß, Freies Preußen, II, S. 60 f.; Wolff, RC, III, S. 100 f. sowie den Bericht eines Hauptmannes G. Ganheim an den Polizeipräsidenten vom 2. Juni 1848, in: BLHA, Rep. 30, Tit. 94, Nr. 13912, Bl. 7.
45 Plakat Urbans (KBA) vom 1. Juni 1848, im Wortlaut in: Wolff, RC, III, S. 102. Vgl. ferner Streckfuß, Freies Preußen, II, S. 66. In Wien hatte sich am 26. Mai ein „Sicherheits-Ausschuß" gebildet, der sich in erster Linie aus Mitgliedern des Zentral-Komités der Nationalgarde, außerdem des Studentenkomités und des Gemeinderats zusammensetzte.
46 Extrablatt zum ‚Demokraten'; ausführlich: Wolff, RC, III, S. 104 ff.

den folgenden Tagen, bis zum Zeughaussturm am 14. Juni, kein größerer ‚Excess' zu verzeichnen war[47], schwelte der Konflikt weiter. Der Polizeipräsident untersagte „das Ansammeln und Verweilen größerer Menschenmassen in der Nähe der Singakademie", des Sitzungssaals der Preußischen Nationalversammlung, und verbot mit dieser dehnbaren Formulierung spontane Versammlungen im Stadtzentrum überhaupt. Der Bürgerwehrkommandeur wiederum erging sich in dunklen Andeutungen, die gleichfalls nicht dazu angetan waren, die Gemüter zu beruhigen.[48] Über der Stadt, so hat Streckfuß die Situation einige Monate später zu charakterisieren versucht, lag eine „furchtbare, unheimliche Ruhe, welche stets dem Gewitter vorausgeht". Eine „tiefe, innere Aufregung" habe „in allen Klassen der Berliner Bevölkerung, unter allen Parteien" in jenen Tagen geherrscht; „alle sahen mit banger Sorge der nächsten Zeit entgegen, in welcher sie einen gewaltsamen Ausbruch fürchteten."[49] Am 14. Juni war es dann so weit.

---

47 Zu zwei kleineren Vorfällen am 10. Juni vgl. Schreiben des Polizeipräsidenten (i. A. Lüdemann) an das Kommando der Bürgerwehr vom 10. Juni 1848, in: BLHA, Rep. 30, Tit. 94, Bl. 39 u. Rs.; Wolff, RC, III, S. 216 f.

48 Unter Hinweis auf die Notwendigkeit, die Unverletzlichkeit der PrNV zu sichern, erklärte Blesson in einem ‚Tagesbefehl' vom 13. Juni an die Bürgerwehr, er „werde genöthigt werden, auf einige Zeit größere Anstrengungen als bisher zu fordern, um dem Zweck [der Bürgerwehr], wolle Gott ohne Anwendung von Gewalt, zu entsprechen." (Im Wortlaut in der Tagespresse vom 14. Juni 1848.) Die Bekanntmachung Minutolis datiert auf den 10. Juni 1848.

49 Streckfuß, Freies Preußen, II, S. 114.

Kapitel VII.2

Der Sturm auf das Berliner Zeughaus

Die Ereignisse

Bereits am Morgen des 14. Juni „zeigte sich die ganze Stadt Berlin in der lebhaftesten Bewegung". Ungeachtet des polizeilichen Verbots vom 10. Juni hatten sich unter den Linden und in der Nähe der Singakademie „große Menschenmassen" eingefunden.[1] Anlaß war eine anstehende Debatte in der Preußischen Nationalversammlung. Die Volksvertreter hatten sich nach der Abstimmung über den Antrag auf „Anerkennung der Revolution" wegen des bevorstehenden Pfingstfestes vertagt und traten erst am 14. Juni wieder zusammen. Diskussionsgegenstand waren die Vorgänge vom 9. Juni. Ein von konservativen Abgeordneten gewünschter Beschluß, wegen der Übergriffe gegen Arnim und Sydow schärfere Gesetze zu veranlassen, wurde nicht gefaßt.[2] Einzelne Abgeordnete der Linken wurden von den Volkshaufen mit Vivats begrüßt, nachdem die Sitzung gegen 4 Uhr nachmittags geschlossen worden war. Zu Konflikten mit der zahlreich aufgebotenen Bürgerwehr kam es nicht.

Parallel zu den Aufläufen vor der Sing-Akademie hatte sich seit den Morgenstunden auch vor dem Schloß eine größere Menschenmenge eingefunden. Seit April ging bei Hofe die Furcht um, „daß die Arbeiter die Absicht hätten, den [Staats-]Schatz zu stürmen."[3] Hofmarschall, Militärführung und Bürgerwehrkommando hatten sich daraufhin geeinigt, Eisengitter an den Schloßportalen einzuhängen, um die Höfe des Stadtschlosses wirkungsvoll nach außen hin abzusperren. Bürgerwehrabteilungen begannen am Vormittag des 14. Juni, dieses Vorhaben auszuführen. Gegen ein Uhr mittags verstärkte sich der „Zusammenlauf am Schloß, und eine große Volksmasse drang in dasselbe ein." Das „Volk" wollte die Befestigung der Gitter an den Portalen „nicht dulden, und an dem Querportal von einem Schloßhofe zum andern, wo die Gitter schon eingesetzt waren, brach es dieselben wieder los. Sie wurden nach der Aula gebracht; eins soll ins Wasser geworfen sein."[4]

---

1 Streckfuß, Freies Preußen, II, S. 117.
2 Vgl. Verhandlungen PrNV, I, S. 178 ff.; ausführlich auch Wolff, RC, III, S. 251-256.
3 Blesson, Bürgerwehr, S. 35.
4 VZ vom 15. Juni; vgl. außerdem NZ vom 15. und 16. Juni 1848; ferner Blesson, Bürgerwehr, S. 54-58; Wolff, RC, III, S. 257 ff.; Kuhr, Denkwürdigkeiten, II, S. 53 f. Ein späterer Prozeß gegen zwei Studenten und den in den Unterschichten populären Redner ‚Linden-Müller' (KBA) als

Sturm auf das Berliner Zeughaus.

Die ‚Funken', die die lange zuvor gelegte Lunte entzündeten und die „verhängnisvolle" Eskalation in Gang setzten, waren die von mehreren Rednern, aber auch aus zahlreichen, überall in der Stadtmitte, insbesondere aber vor dem Zeughaus, sich zusammenballenden ‚Volkshaufen' am späten Nachmittag des 14. vorgetragenen Forderungen nach allgemeiner Volksbewaffnung und Abzug des Militärs aus dem Zeughaus. Kurz vor 2 Uhr nachmittags hatten sich „etwa 50 bis 60 Menschen meist jugendlichen Alters" zum Zeughaus begeben und einen dort Posten stehenden Bürgerwehrmann aufgefordert, die Türen zu öffnen, weil man die dort lagernden Waffen an das ‚Volk' verteilen wolle. Der Bürgerwehrmann lehnte dies unter Hinweis auf die 250 Soldaten ab, die im Zeughaus stationiert waren. Mehrere hundert Menschen zogen daraufhin unter der Führung des Studenten Feenburg zur Kommandantur der Bürgerwehr und, nachdem sich deren Kommandeur Blesson in dieser Sache für nicht zuständig erklärt hatte, zum Kriegsministerium. Inzwischen herbeigeeilte Bürgerwehrmänner zerstreuten

angebliche Rädelsführer bei diesem Vorfall endete mit längeren Haftstrafen. Die Gittertore wurden am 19. Juli erneut und diesmal endgültig in die Schloßportale eingehängt; vgl. den diesbezüglichen Schriftwechsel zwischen dem Hofmarschall und dem Magistrat in: LAB StA, Rep. 01, Nr. 2439, Bl. 263-265.

die vor dem Sitz des Ministeriums wartenden Demonstranten; Feenburg und zwei weitere Deputierte, die zuvor in das Gebäude eingelassen worden waren, nachdem die Menge gedroht hatte, das Haus mit Gewalt zu stürmen, wurden verhaftet. Kaum hatte sich die Nachricht über die Verhaftungen verbreitet, rückten erneut „tumultierende Haufen" an. Die Bürgerwehr trieb indes auch dieses „meist junge Volk" auseinander. Noch am Nachmittag des 14. Juni wurden die drei Festgenommenen freigelassen.[5]

Während es vor dem Kriegsministerium danach zu keinen weiteren Vorfällen kam, hatte sich die Situation vor dem Zeughaus nur vorübergehend beruhigt. In den Worten mehrerer Redner, um die sich in den Nachmittagsstunden rasch große Menschentrauben sammelten, brach sich die ganze in den Wochen zuvor angestaute Enttäuschung und Wut der demokratisch orientierten Unterschichten Bahn. „Die versprochene allgemeine Volksbewaffnung [sei] bisher ausgeblieben", „wider den Willen des Volkes das Zeughaus von Militär besetzt" und „die darin aufbewahrten Waffen heimlich entfernt" worden. Wenn man durch Verhandlungen nicht zum Erfolg komme, müsse man sich „jetzt die Waffen mit Gewalt nehmen." „Die Nacht des 18. März sei von der Nationalversammlung gutwillig nicht anerkannt worden, auch vom Ministerium nicht, und diese Anerkennung [müsse] man sich jetzt mit Gewalt verschaffen."[6] Wenn man von derartigen „Schimpfreden" und anderen verbalen Attacken gegen die Obrigkeit und die am Zeughaus Posten stehende Bürgerwehr absieht, blieb die auf „wenigstens tausend" Personen angewachsene Menge vor dem Zeughaus bis etwa 19 Uhr abends jedoch ruhig. Das änderte sich, als aus einem ‚Volkshaufen' ein Schuß fiel.[7] Von wem er abgefeuert wurde, konnte trotz intensiver Nachforschungen später nicht ermittelt werden. Obgleich niemand getroffen wurde, sahen sich die trotz intensiver Mobilisierung spärlich besetzten Bürgerwehrbataillone ange-

---

5 Zitate aus der Anklageschrift gegen Feenburg (KBA) u.a., nach: ‚Publicist' vom 12. Aug. 1848. Eine darauf basierende Zusammenfassung der Vorfälle findet sich bei Wolff, RC, III, S. 262 f., 266 f.; zu den Vorgängen vgl. außerdem Blesson, Bürgerwehr, S. 61 ff.; das Schreiben Minutolis an den Innenminister Auerswald vom 15. Juni 1848, in: GStA, Rep. 77, Tit. 501, Nr. 3, Bd. 3, Bl. 39-40 Rs. bzw. in: BLHA, Rep. 30, Tit. 94, Nr. 13912, Bl. 21 u. Rs. Die drei Angeklagten wurden im Aug. 1848 zu längerer Gefängnis- bzw. Festungshaft verurteilt.

6 Zitate: Protokoll der Sitzung des Kriminalgerichtes vom 12. Juli, nach: ‚Publicist' vom 13. Juli 1848; in längeren Auszügen auch in: VZ vom 13. Juli 1848; Wolff, RC, III, S. 267 ff. Als besonders „wirksame Agitatoren" wurden von der Obrigkeit der Tierarzt F. L. Urban, die Kaufleute J. Korn und L. Lövinson sowie der Maschinenbauer C. Siegerist ausgemacht und später vor Gericht gestellt (KBA).

7 Nach anderen Aussagen fielen zwei oder drei Schüsse; vgl. den Abschlußbericht der ‚Commission der Bürgerwehr zur Ermittelung der Vorgänge vom 14. Juni', in: Wolff, RC, III, hier: S. 334, in Auszügen auch in: VZ vom 14. und 15. Juli 1848; außerdem Rimpler, Bürgerwehr, S. 41. Zum folgenden vgl. Bekanntmachung des Staatsanwaltes Neumann vom 20. Juni; ferner die Aussage Siegerists sowie des Kammergerichts-Assessors und Bürgerwehroffiziers Eltester am 12. Juli 1848 (Anm. 6).

Verlag u Eigenthum v B.J Kirsch's Kunsthandlung , Nieder-Wallstr. N° 6.
in Berlin

Heldenmüthige Vertheidigung des Zeughauses.

Zur Aussöhnung der Provinzen mit der Residenz , den Erstern ehrfurchtsvoll gewidmet vom Verleger

griffen. Einige Mitglieder der Bürgergarde gaben mehrere Schüsse ab. Zugleich ging eine Bürgerwehrabteilung mit Bajonetten gegen die herumstehende Menge vor und drängte diese zurück. Resultat dieses Angriffs der städtischen Miliz waren zwei Tote und zwei schwerverwundete Menschen auf Seiten des ‚Pöbels'.

Bis zu diesem Zeitpunkt wiesen die Ereignisse bemerkenswerte Parallelen mit denen des 18. März auf: Auch unmittelbar vor der Märzrevolution standen zahlreiche Volkshaufen im Stadtzentrum erwartungsvoll und diskutierend herum (am 18. März zunächst freudig gestimmt, später verärgert; am 14. Juni von Anbeginn latent aggressiv). Ausgelöst wurden die blutigen Ereignisse jeweils durch ominöse Schüsse. Ganz ähnlich wie am 18. März fühlte sich die Menge auch knapp drei Monate später durch das brutale Vorgehen der Ordnungskräfte ‚verraten'. Am 14. Juni war freilich die Bürgerwehr an die Stelle des Militärs getreten. Die schwankende Haltung und verängstigte Reaktion vieler Bürgergardisten ließen den Zeughaussturm dann allerdings ganz anders enden als die Märzrevolution. Zunächst bestimmte das stark emotionalisierte und unkoordiniert agierende ‚Volk' das Geschehen. Eine der beiden Leichen wurde zur Universität gebracht und dort eine Zeitlang ausgestellt. Den zweiten Leichnam – dies eine Parallele zum 19. März – trug eine größere Menschenmenge durch die Straßen. Eine Frau mit verwundetem, blutigem Kopf wurde auf einem Schubkarren, begleitet von zahlreichen aufgebrachten Menschen, gleichfalls umhergefahren. Zusätzlich wurden „die Massen" mit „in Blut getauchten, an Stangen befestigten Tüchern immer wieder aufs Neue aufgeregt."[8]

„Bei dem Anblick des vergossenen Blutes entflammte sich die aufs Höchste gesteigerte Wuth der dicht geschaarten Menge und ein tobender Racheschrei durchbebte dieselbe", berichtete die ‚Spenersche'. „In Windeseile durchlief die Nachricht von dem thätlichen Einschreiten der Bürgerwehr die Stadt. Um 8 Uhr bemerkte man an den Mittelpunkten, dem Schloßplatz und dem Neuen Markt, ein ängstliches Rennen und Zusammenlaufen; man flüchtete in die Wohnungen. Läden und Werkstätten wurden geschlossen und andererseits eilte eine große Menge Menschen nach dem Zeughause und dem Kastanienwalde. Mittlerweile zogen aber ganze Compagnien Bürgerwehr, in voller Auflösung, nach ihren Bezirken zurück, und die bedrohten Punkte, namentlich das Zeughaus, schienen von Schutz entblößt. Einzelnen Wehrmännern wurden die Gewehre abgenommen, anderen geboten, die Bayonette abzunehmen, eine Anzahl Bürgerwehren heftete weiße Tücher und Streifen an ihr Gewehr, zum Zeichen des Friedens und um anzuzeigen, daß sie nicht schießen würden."[9] „Alles stand in dem Glauben, daß sich der 18. März wiederholte." Vor dem Zeughaus fand der Redakteur der ‚Berliner Zeitungshalle' Gustav Julius, selbst einfacher Bürgerwehrmann, „den Boden mit Blut bedeckt, das Volk in heftigster Aufregung und die Bürgerwehr in heller Auflösung begriffen". „Alles" sei vollständig „überzeugt" gewesen, „daß es einen Kampf gegen die Soldaten, einen neuen 18. März gelte."[10]

„Die abenteuerlichsten Gerüchte kamen hinzu: man erzählte sich von dem Anrücken großer Militärmassen auf Berlin". Später hieß es, daß in Potsdam ein „Barrikadenkampf" ausgebrochen sei.[11] Eineinhalb Stunden vor Mitternacht trieben die Ereignisse des 14. Juni ihrem Höhepunkt zu. Gegen 22^{30} Uhr zertrümmerte die Menge mehrere Fenster und drang in das Zeughaus ein. Die Menschen „flutheten unaufhaltsam in das Innere des Gebäudes. Hier begann nun sofort eine Austheilung von Waffen und Munition jeder Art; es wurden Flinten, Säbel, Büchsen, Hirschfänger, rohes Blei und gefertigte Spitzkugeln in großen Mengen nach draußen geschleppt."[12] Zunächst allerdings geriet nur das untere Geschoß in die Hände des ‚Volkes'. „Eine in dem Zeughause befindliche Compagnie des 24. Regiments hatte sich in die obere Etage zurückgezogen und die

---

8 SZ vom 16. Juni 1848; vgl. auch Rimpler, Bürgerwehr, S. 41. Nach Angaben Rimplers wurde schon während einer dieser Demonstrationen eine rote Fahne vorangetragen und neben: „Zu den Waffen!" auch: „Es lebe die Republik!" ausgerufen.

9 SZ vom 16. Juni 1848; vgl. außerdem vor allem Abschlußbericht der ‚Bürgerwehr-Commission' (Anm. 7), S. 337.

10 BZH vom 18. Juni 1848. Vgl. auch z. B. den im Tenor ähnlichen Bericht eines Emil Brachvogel, in: DArZ vom 24. Juni 1848; Aussage Urban am 12. Juli 1848 und Urteilsbegründung gegen Siegerist u. a. (Anm. 6).

11 VZ vom 16. Juni 1848; vgl. auch die von der ‚Bürgerwehr-Commission' zusammengefaßten Augenzeugenberichte, nach: Wolff, RC, III, hier: S. 284 sowie die Urteilsbegründung gegen Siegerist u.a. (Anm. 6).

12 VZ vom 16. Juni 1848.

Treppe hinter sich abgebrochen. Das Volk verlangte stürmisch den Abzug des Militairs", beschrieb die Vossische Zeitung vom 16. Juni die weiteren Ereignisse. Um „ein entsetzliches Blutbad", das „jedenfalls mit der Vernichtung der zu schwachen Militairmacht" geendet hätte, zu vermeiden, entschloß sich der kommandierende Hauptmann „dem Drängen des Volkes nachzugeben und seine Compagnie abzuziehen."[13]

Kaum war die Truppenabteilung verschwunden, stürzte „jeder, der wollte, jung und alt, klein und groß", nun auch in das zweite Stockwerk des Zeughauses hinein und „holte heraus, was er wollte". Nach übereinstimmenden Berichten standen Bürgerwehrabteilungen, soweit sie sich nicht aufgelöst hatten, anfangs in der Nähe untätig herum und griffen erst ein, nachdem das Zeughaus großenteils schon geplündert war. Nur knapp hundert Mitglieder des bewaffneten Corps des Handwerkerverein, gegen 20 Uhr überstürzt zum Zeughaus geeilt, suchten als polizeiliche Ordnungsmacht tätig zu werden. Sie mußten ihre „Thätigkeit bei der ungeheuren Überzahl der Eingedrungenen [jedoch] darauf beschränken, den Einzelnen, die das Haus mit Waffen verlassen wollten, dieselben wieder abzunehmen." Zunächst hatten sie hierbei wenig Erfolg. Das änderte sich, als um Mitternacht gut hundert Bürgerwehrmänner zu ihnen stießen.

Einer der Offiziere der Bürgergarde kam „auf den überaus glücklichen Gedanken, die Tamboure vor dem Zeughauseingang einen Wirbel schlagen zu lassen. Es war ein infernalischer Lärm, indem der Schall in stiller Nacht vor den Zeughauswänden mächtig abprallte! [...] Dieser Act war entscheidend, und augenblicklich verwandelte sich die Scene. Sofort begannen nämlich aus den Fenstern Selbstbewaffner herauszuhüpfen, und mit bewundernswerther Geschwindigkeit an der Wand entlang davon zu laufen." „Es strömten von nun an unausgesetzt Menschen zu den Fenstern heraus. Die ersten versuchten wir", berichtet Gneist als Augenzeuge, „zu verhaften, da es aber an Leuten zum Transport fehlte, ließen wir bald gern laufen, was nur laufen wollte. Immer mehr aber wurde es die Regel, daß die Abziehenden ein Gewehr bei sich hatten und mitnehmen wollten. Die größere Hälfte gab es jedoch auf Erfordern sogleich ab; manche waren verwundert über eine solche Zumuthung, manche räsonirten und bekamen eine Ohrfeige, wogegen sie das Gewehr ablieferten; sehr wenige endlich suchten sich gewaltsam durchzudrängeln, bekamen dann Rippenstöße und gaben das Gewehr endlich auch ab." Auf diese Art und Weise wurden „in kurzer Zeit mehrere hundert Stück Waffen den unteren Räumen des Zeughauses zurückgegeben."[14]

---

13 Ausführlich: Wolff, RC, III, S. 279-287, 360-364; vgl. außerdem Gneist, Berliner Zustände, S. 18 ff.; ferner die zahlreichen „Ehrenerklärungen" der Bürgerwehr-Kompanien, demokratischer Klubs und Einzelpersonen zugunsten des kommandierenden Hauptmanns v. Natzmer (der dennoch von einem Kriegsgericht zu zehn Jahren Festungshaft verurteilt wurde), als Flg. in: LAB, Rep. 240, Acc. 685, Nr. 184; ZBSt, 1848 Flg., M.13; GStA, Rep. 92, NL Stein, Mappe 3/1, Nr. 286; BA FFM, ZSg 8/506, Bl. 15, sowie die Tagespresse.

14 Zitate: VZ vom 16. Juni; NZ vom 16. und 18. Juni 1848; Gneist, Berliner Zustände, S. 18 f.

Militär erschien erst auf der Bildfläche, nachdem mehrere Bürgerwehrabteilungen und die fliegenden Corps, praktisch in Eigeninitiative, ohne konkrete Anweisungen seitens des Bürgerwehrkommandos, dem Zeughaussturm ein Ende bereitet hatten.[15] Geplündert wurde im übrigen nicht nur das Zeughaus. „Zugleich verlangte das Volk überall nach Waffen", stürmte das Magazin des Opernhauses und des Königstädtischen Theaters sowie mehrere Waffenläden und nahm „die dort vorgefundenen Waffen, großentheils unbrauchbar, heraus".[16] Zwar sammelten Bürgerwehr und Militär viele Waffen wieder ein, nicht wenige Gewehre und Karabiner blieben jedoch verschwunden. Sie wurden von Gesellen und Arbeitern offenbar in Erwartung einer baldigen zweiten Revolution gehortet.

„Es lebe die Republik!" – der „Excess" vom 14. Juni: eine spontane Revolte der Unterschichten

Auch in der weiteren Umgebung des Zeughauses kam es am 14. Juni zu Demonstrationen und kleineren Auseinandersetzungen, waren die ‚Massen' in Erwartung eines revolutionären Konflikts auf den Beinen. Während abends die Situation am Zeughaus eskalierte, zog gleichzeitig „ein Trupp von etwa hundert Menschen unter Vorantragung einer rothen Fahne und unter dem Rufe: Es lebe die Republik! die Königstraße entlang, nach dem Alexanderplatze. Eine kleine Abtheilung Bürgerwehr stellte sich ihm in der Königstraße entgegen, zerbrach den Fahnenstock, ließ die Fahne selbst aber in den Händen der schreienden Menge."[17] Auch an anderen Orten steckte der ‚Pöbel' am 14. Juni rote Fahnen auf.

---

15 Vgl. die in Anm. 11 angeführten Quellen. In einigen der später verfaßten Erinnerungen ziviler Konservativer und hoher Militärs, die die ganzen Vorgänge nur vom Hörensagen kannten, wird fälschlicherweise suggeriert, daß erst das Militär „die überraschten Helden und Rehberger" vertrieb; vgl. Hohenlohe-Ingelfingen, Aufzeichnungen, S. 86; Delbrück, Erinnerungen, S. 217. Zurück geht die Ansicht auf die Stellungnahme, die der Oberstleutnant Griesheim am 17. Juni 1848 der PrNV gegenüber abgab. Von der radikaldemokratischen Presse wurde dessen Darstellung umgehend dementiert; vgl. BZH vom 20. Juni 1848.

16 VZ und SZ vom 16. Juni 1848; vgl. außerdem Blesson, Bürgerwehr, S. 65 f., 89 f.; Rimpler, Bürgerwehr, S. 41. Kolportiert wurde auch, daß gestohlene neuentwickelte Waffen später nach Frankreich verkauft worden seien.

17 Bei dieser „roten Fahne" handelte es sich um die Vereinsfahne des Demokratischen Klubs, der an den Vorfällen des 14. Juni ansonsten gänzlich unbeteiligt blieb. Einige Mitglieder des Klubs suchten die Fahne, offenbar durch die ‚Pöbelexcesse' verschreckt, „in Sicherheit zu bringen". Sie wurden von vorbeikommenden Jugendlichen gezwungen, dieselbe zu entrollen. (‚Publicist' vom 21. Juni 1848.) Vgl. auch den Prozeß vom 24. Febr. 1849 gegen die beiden studentischen Mitglieder des Demokratischen Klubs, die die Fahne in Sicherheit bringen wollten und aufgrund des Vorfalls wegen Hochverrats angeklagt wurden, in: ‚Publicist' vom 28. Febr. 1849; außerdem ausführlich: Wolff, RC, III, S. 273 ff.; ferner VZ vom 16. Juni; NZ vom 17. Juni 1848, sowie Beta, ‚Berlin am 14. und 15. Juni 1848, als Flg. in: LAB, Rep. 240, Acc. 685, Nr. 179; BA FFM, ZSg

Eine Barrikade am Alexanderplatz (Ecke Landsberger Straße) wurde nach dem Bericht eines Mitglieds des fliegenden Corps der Handwerker „unter dem Wehen einer roten Fahne" erbaut. „Ich ging auf diese improvisirte Festung los, um nach ihrem Zweck zu fragen. Man sagte mir, die Bürger hätten furchtbar geschossen, die Bürger wollten die Arbeiter unterdrücken, sie [die Arbeiter] aber wollten ihrer rothen Fahne folgen u.s.w."[18] Diese Begebenheiten, für den Zeughaussturm an sich ohne Belang, zeigen, wie sehr sich im Bewußtsein von Teilen der Unterschichten der soziale Zwiespalt zwischen „Bürgern" und „Arbeitern" zu einem politischen zwischen konstitutioneller Monarchie und „Republik" auszuwachsen begann. „Republik" blieb freilich häufig ein Schlagwort, mit dem keine präzisen politischen Vorstellungen verbunden wurden, sondern das zum Synonym für diffuse soziale Forderungen und mit gleichsam chiliastischen Hoffnungen überfrachtet wurde.

Seit dem Zeughaussturm avancierte die Farbe ‚Rot' zu einem zentralen politischen Symbol neben der deutschen Trikolore ‚Schwarz-Rot-Gold' und dem preußischen ‚Schwarz-Weiß'. Die rote Fahne war ursprünglich das Zeichen für den Ausnahmezustand und stieg bereits 1832 und 1834 während zweier Aufstände in Paris, die von den Unterschichten ausgingen und rasch niedergeschlagen wurden, zum zentralen Symbol der Linken auf. 1848 versinnbildlichte die Farbe Rot dann vor allem das – von der neuen republikanischen Regierung am 25. Februar für Frankreich als Grundrecht proklamierte – Recht auf Arbeit. Der Versuch der Pariser Sozialisten, die rote Fahne statt der Trikolore zum Nationalsymbol zu erklären, blieb zwar vergeblich. Aber die französische Trikolore wurde Ende Februar – als Kompromiß zwischen der gemäßigt-bürgerlichen und der sozialistischen Bewegung innerhalb der republikanischen Bewegung – offiziell mit roten Rosetten versehen, den in Paris starken sozialen Unterströmungen der Revolution damit auch sinnbildlich Rechnung getragen. Mit der Farbe Rot, die im Sommer 1848 nicht nur in Berlin Karriere machte und erneut den herausragenden Pariser Einfluß auf die gesamteuropäische Revolution zum Ausdruck brachte[19], demonstrierten die Unterschichten der preußischen Hauptstadt, wie dringlich in ihren Augen eine für sie günstige und dauerhafte Lösung der ‚sozialen Frage' war. Auch die, in zunehmendem Maße in offene Ablehnung umschlagende Kritik an der Hohenzollernmonarchie ließ sich mit roten Fahnen,

---

8/506, Bl. 16; ZBSt, 1848 Flg., M. 13; im Wortlaut außerdem in: Obermann, Flugblätter, S. 274-279.

18 Bericht Brachvogel (Anm. 10). Nach weiteren, offenbar falschen Meldungen waren außerdem „am Frankfurter Thore und an mehreren anderen Stellen Barrikaden mit rothen Fahnen" errichtet; vgl. Abschlußbericht der ‚Bürgerwehr-Commission' (Anm. 7), S. 337.

19 Vgl. allgemein Hans Hübner, Die Herausbildung einer revolutionären Symbolik in der deutschen Arbeiterbewegung, in: Walter Schmidt (Hg.), Der Auftakt der deutschen Arbeiterbewegung. Beiträge zur ersten Periode ihrer Geschichte 1836-1852, Berlin 1987, bes. S. 232 ff.

dem Symbol der zu diesem Zeitpunkt in Frankreich in die Krise geratenen demokratisch-sozialen Republik, vorzüglich demonstrieren. Mit den deutschen Farben Schwarz-Rot-Gold ging dies nicht (mehr); denn der König und sein Hof schienen sich nach außen hin, seit dem Umritt Friedrich Wilhelms IV. vom 21. März, ja mit der deutschen Trikolore zu identifizieren.

Nicht allein die Symbolfarbe Rot und das Schlagwort „Republik" brachten zum Ausdruck, daß die Monarchie ‚unten' grundsätzlich in die Kritik geraten war. Schon am Nachmittag des 14. Juni, noch vor dem eigentlichen Zeughaussturm waren Worte gefallen wie: „Das königliche Haus muß gänzlich nieder, es muß bis auf den letzten Blutstropfen ausgerottet werden." Und: „Der König und das ganze Königl. Haus müssen fortgejagt werden."[20] Das während des Vormärz noch weit verbreitete Bild vom gütigen Landesvater verblaßte. Die Aura des Volkstümlichen, die sich Friedrich Wilhelm IV. etwa durch seinen ‚nationalen Umritt' am 21. März 1848 in der Berliner Bevölkerung zu geben versucht hatte, war jedenfalls in größeren Teilen der niederen Sozialschichten tiefer Enttäuschung darüber gewichen, daß weder der Monarch noch die neue Regierung Bereitschaft zeigten, die ‚soziale Frage' energisch anzugehen und die allgemeine Volksbewaffnung zuzugestehen.

Schändung des „Ehrentempels preußischen Waffenruhms" und „erstes Wetterleuchten der zweiten Revolution" – der Zeughaussturm im Urteil der Zeitgenossen

Der Zeughaussturm war eine spontane Revolte, die von allen Schichten des Proletariats, und zwar meist jüngeren Leuten, getragen wurde.[21] Die organisierten Demokraten hatten mit dem Zeughaussturm nichts zu tun. So irritiert sie einer-

---

20 Die letzte Äußerung war Urban durch Zeugen in den Mund gelegt worden. Wenn er eine derartige Äußerung am 12. Juli vor Gericht bestritt, dann wohl mehr, weil er nicht, zusätzlich zur Anklage wegen „Erregung öffentlichen Aufruhrs", noch wegen Majestätsbeleidigung und Hochverrat verurteilt werden wollte. Den zweiten Satz, behauptete wiederum Urban, habe ein Straßenkehrer, dem er am Vormittag begegnet sei, ihm gegenüber gemacht. (Nach: ‚Publicist' vom 13. Juli.) Vgl. auch ‚Publicist' vom 18. Juli 1848. Zur Kritik an den Hohenzollern und der Monarchie in den Unterschichten seit Mai vgl. bes. *S. 338 f.*

21 Von insgesamt dreißig Personen, die am Zeughaussturm beteiligt waren, 28 Verhafteten und zwei Toten, liegen Berufsangaben vor. 27 von ihnen gehörten dem Gesellen- oder Gehilfenstand an (darunter drei Lehrlinge), darunter sechs Tischler, drei Schneider (zwei typische Berufsgruppen des Handwerkerradikalismus) und vier Schlosser. Von den übrigen waren zwei Kellner, eine besonders schlecht bezahlte Berufsgruppe innerhalb des Dienstleistungsgewerbes. Einer bezeichnete sich als Tuchmachermeister, wird also den proletaroiden Selbständigen zuzurechnen sein. Bei den 28 Verhafteten handelt es sich um diejenigen, die später wegen Waffendiebstahls bzw. wegen des Angriffs auf die Wohnung des Majors S. A. Benda (vgl. *S. 586, Anm. 1* sowie KBA) vor Gericht standen.

seits auf die Ereignisse reagierten, so wenig waren dem Demokratischen Klub oder den anderen Vereinen der Linken die Hintergründe der Ereignisse des 14. Juni eine politische Grundsatzdebatte wert.[22]

Polizei- und Bürgerwehrführung sowie konservative Publizisten behaupteten unisono, daß die Ereignisse des 14. Juni inszeniert worden seien, „um die Proklamierung der Republik zu bewirken"[23], obgleich ihnen stichhaltige Indizien fehlten. Am Hofe wurde diese Meinung geteilt. Friedrich Wilhelm IV. sah sich zudem in seiner Ansicht bestärkt, es sei das beste, das aufmüpfige Berlin mit Truppen einzuschließen und ein „Ministerium meiner Dictatur" einzusetzen.[24] Wie der König und seine engere Umgebung glaubten auch die organisierten Konservativen Berlins, der Zeughaussturm sei die Tat „einer kleinen Partei rühriger und kecker Bewegungsmänner" gewesen. „An der Spitze der von ihnen aufgeregten Volksmassen haben Männer dieser Partei", behauptete der *Preußenverein* Anfang Juli, die „schnöde Beraubung unseres Zeughauses, eine freche Verletzung des Palladiums vaterländischer Ehre und vaterländischen Waffenruhms", ins Werk gesetzt.[25] Bereits am 15. Juni hatte der *Patriotische Verein* den „die Ehre der Hauptstadt und des Landes auf das tiefste verletzenden Frevel" verurteilt und behauptet, daß „ein durch alle Künste der Lüge irre geleiteter unbewaffneter Volkshaufen [...] diesen Ehrentempel des preußischen Waffen-

---

22 Sie beschäftigten sich am darauffolgenden Tage vor allem mit dem „Vorfall mit der Fahne des Clubs"; vgl. NZ vom 17. Juni; ferner ‚Demokrat' No. 9 vom 16. Juni 1848.

23 So Blesson (Bürgerwehr, S. 100 f.) unter Berufung auf die angebliche Mitteilung eines obdachlosen Arbeiters. Dieser habe ihm außerdem berichtet, daß der Demokratische Klub „1500 rothe Fähnchen bestellt habe", die Ende Juni unter den Erdarbeitern auf dem Köpenicker Feld verteilt werden sollten – wohl um die Proklamierung der Republik farbenprächtig ins Bild zu setzen. Von der Überzeugung, die Demokraten steckten hinter dem Ganzen, ließ man sich auch dadurch nicht abbringen, daß trotz angestrengtester Suche „specielle Thatsachen", die eine Verschwörung nahegelegt hätten, nicht beizubringen waren, wie Minutoli gegenüber Friedrich Wilhelm IV. einräumen mußte. (Schreiben Minutolis an Friedrich Wilhelm IV. vom 17. Juni 1848, in: GStA, Rep. 50 J, Nr. 857, Bl. 6.) Zu weiteren haltlosen und mitunter gleichfalls kuriosen Spekulationen seitens konservativer Bürger sowie des Oberpräsidenten der Prov. Posen über Verschwörungen vgl. BLHA, Rep. 30, Tit. 94, Nr. 13912, Bl. 47, 58, 63 und 71; LAB StA, Rep.01, Nr. 2439, Bl. 264b.

24 Zitat: Brief Friedrich Wilhelms IV. an Radowitz vom 19. Juni 1848, nach: Möring, Radowitz, S. 56. Daß er „gegen die I. Rebellion von Berlin oder vom Landtag" mit „Waffen" einschreiten wolle, bekräftigte Friedrich Wilhelm IV. in einem Brief vom 22. Juni an seine Schwester, die Gattin des Zaren. „Sollten sie [die Waffen] nicht glücklich sein, so hoff' ich auf den [russischen] Kaiser." (Nach: Haenchen, Revolutionsbriefe, S. 114.) Offenbar waren das keine leeren Worte. Vgl. Bericht Trauttmansdorffs vom 15. Juni 1848, in: StA Wien, StK Preußen, K. 195/II, Bl. 408 Rs. und 410, ferner Eintragung Leopold v. Gerlachs vom 15. Juni 1848, in: Denkwürdigkeiten, I, S. 170. Anscheinend war es Leopold v. Gerlach, der Friedrich Wilhelm IV. Ende Juni endgültig davon abbrachte, bereits zu diesem Zeitpunkt eine „Diktatur" zu errichten; vgl. ebd., S. 172.

25 Erklärung des Preußen-Vereins vom 7. Juli, in: VZ vom 11. Juli 1848. Der Preußen-Verein behauptete, für die Erklärung innerhalb einer guten Woche 11 000 Unterschriften erhalten zu haben.

ruhms eines großen Theils der darin aufbewahrten mit dem Gelde und dem Blute der Nation erkauften Schätze beraubt" habe.[26] Der liberale *Konstitutionelle Klub* Berlins wiederum sprach in einer Erklärung vom 18. Juni von der „Schmach jener nächtlichen Ereignisse", die den „Ruhm der Märztage" befleckt hätten. Dieser habe nämlich vor allem in der „Mäßigung nach dem Siege" bestanden.[27] Die linksliberale *National-Zeitung* schließlich wußte zunächst nicht, „welchen Standpunkt wir bei Beurteilung der gestrigen Ereignisse einnehmen sollen", um sich sich dann wenig später auf die Seite der ordnungsliebenden Bürger zu schlagen.[28]

Demgegenüber werteten die radikaldemokratischen, freilich nicht sonderlich auflagestarken Blätter der preußischen Hauptstadt den Zeughaussturm und die dahinter aufscheinenden Forderungen positiv. Die ‚*Locomotive*' rechtfertigte die Forderung nach Volksbewaffnung und mit ihr den Zeughaussturm unmißverständlich als Notwendigkeit in einer Zeit, „wo die Freiheit täglich ernster bedroht wird, [...] wo das Zeughaus seiner Vorräthe entledigt und Berlin mit 30 000 Mann Truppen umgürtet" werde.[29] Die ‚*Zeitungshalle*' meinte in einem ersten Kommentar so lakonisch wie treffend: „Wäre die Volksbewaffnung in geregelter Weise rechtzeitig bewilligt worden, so würde dieser Unfug [d.h. der Zeughaussturm, R.H.] vermieden worden sein; man hätte an Denen, die jetzt diese Waffenniederlage plünderten, Beschützer gehabt."[30] Stephan Born wiederum behauptete in ‚*Das Volk*', man sei „gestern nahe daran [gewesen], eine neue Revolution zu erleben. Alle Anzeichen der Empörung waren vorhanden, und es fehlte nur ein thätlicher Widerstand des Militärs, um den heftigen Sturm zum Ausbruch zu bringen."[31] Nach der in Berlin vielbeachteten ‚*Neuen Rheinischen Zeitung*' schließlich gab „das ‚souveräne Volk' von Berlin" mit dem Zeug-

---

26 Die Behörden wurden aufgerufen, „der Anarchie oder einer auf Gewalt und Schrecken gegründeten Herrschaft der Minorität entgegenzutreten". (Erklärung des Patriotischen Vereins vom 15. Juni, als Flg. in: LAB, Rep. 240, Acc. 685, Nr. 183; ZBSt, 1848 Flg., M. 13; im Wortlaut außerdem in: VZ vom 17. Juni 1848.)

27 Wie sehr die organisierten Liberalen bei allem verbalen Bezug auf die Märzrevolution auch hier auf die ‚ruhmreiche', militärische Vergangenheit Preußens fixiert blieben, verrät ihre pathetische Klage darüber, „daß der kriegerische Ehrentempel unserer Nation geschändet, daß die Siegeszeichen unserer glorreichen Kriege von frevelnden Händen angetastet wurden." (Nach: NZ vom 22. Juni 1848 bzw. Wolff, RC, III, S. 366 f.)

28 Zitat: NZ vom 16. Juni 1848. Drei Tage nach den Ereignissen, am 18. Juni 1848, nannte die NZ dann den Zeughaussturm „eine Schmach für Berlin". Unverständlich sei, daß die städtischen Behörden und die Ordnungkräfte der Polizei und Bürgerwehr bereits „am Vormittage Angriffe" auf das Zeughaus, das „National-Heiligthum, das in seinen Mauern [...] viele Zeugen vaterländischen Ruhmes, Siegestrophäen und Waffendenkmäler birgt", „ungeahndet" gelassen hätten.

29 Außerdem seien alle „Petitionen, Adressen, Deputationen, Demonstrationen und Interpellationen bei den Ministern erfolg[los] geblieben". Zitate: ‚Locomotive' vom 17. Juni 1848.

30 BZH vom 16. Juni 1848.

31 ‚Volk' vom 17. Juni 1848. Die DArZ enthielt sich eigener Stellungnahmen und druckte nur Augenzeugenberichte ab.

haussturm „eine thatsächliche Erinnerung an seine erste Revolution". Der Gruppe um Marx galten die Ereignisse vom 14. Juni als „erstes Wetterleuchten einer zweiten Revolution" in ganz Deutschland.[32] Für Berlin zumindest hatte dieses „Wetterleuchten", mittelbar und unmittelbar, weitreichende Folgen.

32 NRhZ vom 17., 18. und 20. Juni 1848.

Kapitel VII.3

Reorganisation der Bürgerwehr und Modernisierung der Polizei

„… immer zu spät" – die Bürgerwehr zwischen allen Stühlen

In besonderem Maße geriet mit dem 14. Juni die Bürgerwehr ins Kreuzfeuer der Kritik. Je nach politischer Färbung fiel diese Kritik höchst unterschiedlich aus: In den Unterschichten stießen namentlich der Bajonettangriff und die Schüsse der vor dem Zeughaus postierten Bürgerwehr-Kompagnie, die den Zeughaussturm erst auslösten, auf Empörung.[1] Der Zorn auf die Bürgermiliz verrauchte nur langsam. Zwar nahmen in den Augen des „Volkes" seit Juli 1848 vor allem die neugegründeten Konstabler die Rolle der ‚Buhmänner' ein. Die ‚bewaffneten Spießbürger' wurden deswegen in den Unterschichten aber nicht beliebter, da sie, bei Alltagskonflikten nunmehr in Reserve gehalten, bei größeren Tumulten weiterhin als polizeiliche Ordnungsmacht fungierten.

Aus entgegengesetzten Motiven waren neben den Konservativen auch viele Liberale empört. In ihren Augen hatte sich die Bürgerwehr unfähig gezeigt, die ihnen übertragenen inneren Ordnungsfunktionen auszufüllen und hart gegenüber dem ‚Pöbel' durchzugreifen. Nicht zuletzt die Stadtverordneten waren „außerordentlich entrüstet". Der neugewählte Stadtverordnete Rudolf Gneist, als aktiver Bürgerwehrmann zugleich ein intimer Kenner der Freiwilligenmiliz, verstieg sich zu der Behauptung, die städtische Ordnungtruppe besitze de facto gar „keine Führer. Es ist eine Höflichkeit, wenn wir von Offizieren sprechen, wo jedermann sich selbst zum Führer erklärt, und zu jeder Maaßregel erst eine besondere Einwilligung eingeholt wissen will."[2] In der Öffentlichkeit war der Ärger über die Unfähigkeit des Bürgerwehrkommandos, namentlich ihres Chefs Blesson, die quasi polizeilichen Aufgaben der Bürgermiliz zu koordinieren und wir-

---

1 Bereits in der Nacht zum 15. Juni wurde der Kaufmann S. A. Benda (KBA), der als Bürgerwehroffizier das Kommando über die am Zeughaus postierten Mitglieder der Freiwilligenmiliz hatte, das Opfer der Wut eines kleineren „Volkshaufens". Seine Wohnung wurde demoliert, er selbst zwar beschimpft, aber sonst nicht weiter behelligt; vgl. vor allem ‚Publicist' vom 11. Juli 1848 sowie Bendas Aussage gegenüber der ‚Bürgerwehr-Commission zur Ermittlung der Vorgänge des 14. Juni', in: Wolff, RC, III, S. 313-315. Zum Prozeß gegen 17 Beteiligte Mitte 1850 vgl. BLHA, Rep. 30, Tit. 94, Nr. 14398.

2 Gneist, Berliner Zustände, S. 22.

kungsvoll zur Entfaltung zu bringen, weit verbreitet.[3] Auch innerhalb der Bürgerwehr kam es zu einem scharfen Meinungsstreit über das Versagen des Kommandos. Zahlreiche Bataillone und Kompanien protestierten gegen das Kommando.[4] Eine ‚Bürgerwehr-Comission zur Untersuchung der Vorfälle des 14. Juni' kam zu dem Ergebnis, Blesson müsse wegen der Ereignisse des 14. Juni „der härteste Vorwurf gemacht" werden. Blesson seinerseits wies alle Schuld von sich.[5] Sein Rücktritt ließ sich jedoch nicht vermeiden. An seine Stelle trat am 15. Juni Otto Rimpler, zunächst als ‚interimistischer' Kommandeur. Mit Blesson verließen mehrere konservative Bürgerwehroffiziere die städtische Freiwilligenmiliz.

Die Bürgerwehr auf der Suche nach einem neuen Selbstverständnis

Nach dem Rücktritt Blessons wurde in der Bürgerwehr unüberhörbar die Forderung nach einer demokratischen Wahl des Kommandanten durch die Gesamtheit der städtischen Miliz laut; nur dadurch sei die angeschlagene Autorität der Bürgerwehrführung wieder herzustellen. Die Wahl, Anfang August durchgeführt, machte Otto Rimpler mit 8605 Stimmen (= 74,3%) zum ersten *gewählten* Chef der städtischen Miliz.[6] Während Rimpler die Stimmen der liberal-konstitutionellen und gemäßigt-demokratischen Bürgerwehrleute auf sich zog, repräsentierte Minutoli, Ende Juni als Polizeipräsident zurückgetreten, mit 188 (oder 1,6% der insgesamt 11 588 abgegebenen gültigen) Stimmen die offen konservative Strömung innerhalb der Bürgerwehr. 2698 Bürgerwehrmänner (23,3%) votierten für den Radikaldemokraten und Populisten Friedrich Wilhelm Held, der zu diesem Zeitpunkt den äußersten Flügel der Berliner Demokratie personifizierte.

---

3 Die Kritik an Blessons „erbärmlichen Dispositionen" reichte bis weit in die demokratischen Reihen; vgl. G. Julius in: BZH vom 18. Juni 1848. Von einer gezielten Provokationsstrategie, zwecks „Reaction", sprach Born; vgl. ‚Volk' vom 17. Juni; ähnlich die BZH vom 20. Juni 1848.
4 Zu den Protesten der Mannschaften vgl. z. B. das Schreiben des Kommandeurs des Künstlercorps vom 19. Juni 1848, in: GStA, Rep. 169, B. 4, Specialia, Nr. 9, Bl. 182 sowie die öffentlichen Erklärungen des 16. und des 17. Bataillons sowie der 26. Kompanie der Bürgerwehr vom 15. bzw. 18. Juni, in: VZ vom 17. und 22. Juni 1848. Der Bürgerwehr-Klub beschloß darüber hinaus am 16. Juni 1848 „fast einstimmig", den Staatsanwalt zu veranlassen, gegen Blesson Anklage zu erheben. (BZH vom 18. Juni 1848.) Dazu kam es allerdings nicht.
5 Vgl. die Anfang Juli 1848 veröffentlichte Schrift Blessons sowie seine Vernehmung durch die o. g. ‚Bürgerwehr-Commission', im Wortlaut in: Wolff, RC, III, S. 302-312. Zum Abschlußbericht der Bürgerwehr-Commission vgl. Wolff, RC, III, S. 329-343, hier: S. 338 und 342.
6 Diese und die folgenden Angaben sind dem Bericht der Wahlkommission der Bürgerwehr entnommen, abgedruckt in: VZ vom 8. Aug. 1848. Die restlichen 97 Stimmen verteilten sich auf mehrere weitere Kandidaten. Vgl. ferner SZ vom 4. Aug., die Bekanntmachung des Kommandos der Bürgerwehr vom 4. Aug. sowie die Erklärung Rimplers zu seiner Wahl vom 5. Aug. 1848, als Flg. in: LAB, Rep. 240, Acc. 685, Nr. 332 und 333, als Reprint auch in: Obermann, Einheit, S. 515 f., im Wortlaut außerdem in der Tagespresse vom 5./6. Aug. 1848.

Die Ereignisse im Mai, Juni und Juli hatten die politischen Konstellationen, das macht das Ergebnis der Wahl deutlich, innerhalb der städtischen Freiwilligenmiliz beträchtlich verschoben und die demokratischen Strömungen gestärkt. Allerdings hatten sich an der Wahl des Kommandeurs nicht einmal zwölftausend Bürgerwehrmänner beteiligt. Das war weniger als die Hälfte derjenigen, die im Sommer und Herbst nominell der Berliner Bürgermiliz angehörten (nach unterschiedlichen Angaben zwischen 26 000 und 30 000 Männer).

Das Desinteresse vieler Bürgerwehrmänner an dieser für die städtische Ordnungsmacht zentralen Frage korrespondierte mit den großen Problemen des Bürgerwehrkommandos, für Wachen, Generalmärsche und sonstige Alarme in ausreichendem Maße Wehrmänner zu mobilisieren. Nach Angaben Rimplers betrug Ende Juni die Zahl der Bürgerwehrleute, die die ihnen zugewiesenen Wachen auch tatsächlich antraten bzw. erschienen, wenn Alarm geblasen wurde, lediglich 37,5% der in den Listen verzeichneten Wehrmänner. Die immer schon dürftige Mobilisierungsfähigkeit war nach dem Zeughaussturm also weiter stark gesunken.[7] Dies lag freilich wesentlich daran, daß sich zahlreiche Bürgerwehrmänner, vor allem solche, die sozial dem Bürgertum sowie dem gehobenen Mittelstand angehörten, aus der Miliz zurückzogen, ohne sich auch formell aus den Bürgerwehrlisten streichen zu lassen. Das Gros der Mannschaften setzte sich seit Mitte 1848 aus den kleinbürgerlichen Sozialschichten bzw. den proletaroiden Selbständigen (die überwiegende Mehrzahl der Lohnabhängigen blieb weiterhin ausgeschlossen) zusammen. Da zugleich demokratische Strömungen unter den einfachen Bürgerwehrleuten an Einfluß gewannen, vergrößerten sich infolgedessen auch die Reibungsflächen zwischen den niederen und höheren Rängen der Bürgerwehr. Denn das Offizierskorps der Bürgermiliz, in dem sozial weiterhin das eigentliche Bürgertum und die gehobenen Mittelschichten dominierten, blieb politisch stärker gemäßigten Positionen verpflichtet.

Minutoli, Aschoff und Blesson, die Vorgänger Rimplers, hatten sich der Krone gegenüber zur unbedingten Loyalität verpflichtet gefühlt. Zwar brach auch Rimpler keineswegs mit der Obrigkeit. Aber unter seiner Führung und nicht zuletzt aufgrund seiner Vitalität gewann die Bürgerwehr beträchtlich an Autonomie, insbesondere gegenüber den städtischen Behörden. Ihre Forderung nach Mitsprache bei allen Maßnahmen, die die Aufrechterhaltung von ‚Ruhe' und ‚Ordnung' sowie alle polizeilichen Angelegenheiten innerhalb der Stadt betrafen, rechtfertigte die Bürgerwehr nicht nur mit der ungeklärten Stellung der bürgerli-

---

7 Allerdings bestanden hier je nach Bezirken beträchtliche Unterschiede. Vergleichsweise hoch blieb die Mobilisierungsfähigkeit in proletarisch geprägten Stadtteilen; vgl. im einzelnen Rimpler, Bürgerwehr, S. 17, außerdem Gneist, Berliner Zustände, S. 27, der gleichfalls die „wirklich aktiven" Mannschaften auf ein Drittel der „auf dem Papier stehenden" schätzte, sowie Blesson, Bürgerwehr, S. 19. Anfang April taten immerhin etwa 80% der eingeschriebenen Bürgerwehrmänner auch tatsächlich Dienst; vgl. *S. 242.*

chen Miliz innerhalb des politischen Gesamtgefüges, sondern auch mit ihrer Aufgabenstellung. Die Bürgerwehr sei keineswegs lediglich innerstädtische Ordnungsmacht; sie fungiere außerdem als eine Art politisches Frühwarnsystem.[8] Darüber hinaus sei die Bürgerwehr, so formulierte ihr erster demokratisch gewählter Kommandant, „dasjenige Institut, in dem die gesamte Einwohnerschaft in gewisser Weise organisiert" sei. Insofern sei die Spitze der kommunalen Miliz für die gesamte Einwohnerschaft zu sprechen befugt. Rimpler sprach damit freilich nur aus, was andere Bürgerwehrmänner schon früher der Öffentlichkeit zu Gehör gebracht hatten.[9]

Im Grunde stellte die Berliner Bürgerwehr damit die Legitimität der Stadtverordnetenversammlung, als Sprachrohr der Einwohnerschaft zu fungieren, in Frage und setzte sich selbst an die Stelle des Stadtparlaments, ähnlich wie dies die Wiener Nationalgarde schon vorher getan hatte.[10] Zwar rekrutierte sich die Berliner Bürgerwehr gleichfalls vorwiegend aus demjenigen männlichen Bevölkerungsteil, der das Bürgerrecht besaß. Dennoch durfte das Bürgerwehrkommando mit einer gewissen Plausibilität für sich in Anspruch nehmen, breitere Bevölkerungskreise zu repräsentieren als die Stadtverordneten, da wenigstens theoretisch in die Wehrmannschaften auch diejenigen Aufnahme finden konnten, die als Schutzverwandte das Bürgerrecht nicht besaßen. Zudem mußten sich die Offiziere der Bürgerwehr gegenüber ihren Mannschaften rechtfertigen, während die alle drei Jahre gewählten Stadtverordneten nur ihrem ‚Gewissen' und nicht ihren Wählern verantwortlich waren. Wohl auch deswegen wurde der Standpunkt Rimplers von größeren Kreisen der Bevölkerung geteilt.

Wenn der Bürgerwehr-Chef den Anspruch der Stadtverordneten, die gesamte Bürgerschaft zu vertreten, in Frage stellte, suchte er damit zugleich der Kritik demokratischer und linksliberaler Strömungen die Spitze zu nehmen. Für diese war die Bürgerwehr von Anfang an nur das Durchgangsstadium zu einer allgemeinen Volkswehr. Nach dem Scheitern des Zeughausturms, der ja ein spon-

---

8 „Vermöge [ihr]er Stellung" erhalte die Bürgerwehr „vielfach von dem öffentlichen Geist und der Stimmung Berlins Kenntniß". Dieses und das folgende Zitat aus: Schreiben Rimplers an den Magistrat vom 14. Juli 1848, in: LAB StA, Rep. 01, Nr. 2445, Bl. 71 Rs. und 72. Vgl. auch NZ vom 15. Juli 1848; ferner NZ vom 8. Juli 1848.

9 Vgl. z. B. das ‚Eingesandt' eines Freiherrn v. Reden, der sich den Lesern als „Zugführer der Bürgerwache" vorstellte, in der VZ vom 25. März 1848.

10 In Wien hatte die Nationalgarde, am 14. März nach französischem Vorbild gegründet und zahlenmäßig etwas stärker als die Berliner Bürgerwehr, am 14. April 1848 ein Zentral-Komité gegründet, das „in Ermangelung jeder anderen Versammlung von Volksvertretern [als] ein nothwendiges Volksorgan, eine wirksame Volkskontrolle der Regierung" fungieren wollte und vor allem im Mai erheblichen politischen Einfluß gewann. (Zit. nach: Seliger/Ucakar, Wien, S. 216.) Der Wiener Gemeinderat war nach einem noch restriktiveren Wahlrecht als sein Berliner Pendant gewählt, seine Legitimität, für die Einwohner der österreichischen Hauptstadt zu sprechen, noch energischer bestritten worden. Der österreichische Reichstag wiederum trat erst am 22. Juli 1848 zusammen.

taner und chaotischer Versuch war, die Forderung nach Volksbewaffnung Realität werden zu lassen, verstummte diese Kritik nicht. Der ‚Bezirks-Central-Verein‘, der während der Sommermonate erhebliche Bedeutung gewann, erhob Mitte Juli nachdrücklich die Forderung nach allgemeiner Volksbewaffnung und erklärte in diesem Zusammenhang: Während „die Bürgerwehr ein Institut [sei], welches unmittelbar aus der Revolution emporgewachsen ist, der erste Anfang allgemeiner, gesetzmäßiger Volkswehr", sei „die Stadtverordneten-Versammlung ebensowenig wie der Magistrat der Vertreter der ganzen Stadt. Von einer natürlichen Unterordnung der Bürgerwehr unter die derzeitigen Communalbehörden könne nun und nimmermehr die Rede sein."[11] Die Legitimationskrise, in die die Stadtverordneten und mit ihnen der Magistrat durch diese Angriffe gerieten, führte indessen *nicht* zu grundlegenden Veränderungen des kommunalen Institutionengefüges. Die Stadtverordneten saßen den Konflikt aus; sie gingen auf die Substanz der Kritik, das undemokratische Stadtverordnetenwahlrecht, einfach nicht weiter ein.

Zwar blieb die Bürgerwehr bis zu ihrer Auflösung Schnittpunkt widerstreitender Interessen und Funktionen. Aber ihr Selbstbild änderte sich. Sie verstand sich nicht mehr, wie zu Anfang, als gegenrevolutionäre städtische Ordnungsmacht, sondern sah sich zunehmend als wahre Vertretung des ‚Volks‘ von Berlin. Vor allem die Klubs, die sich *innerhalb* der Bürgerwehr bildeten, wurden zu Bühnen, auf denen sich Kritik an den etablierten Institutionen artikulieren konnte. Hier wurden politische Vorgaben formuliert, über die die Bürgerwehrführung nicht ohne weiteres hinweggehen konnte; dort vorgetragene scharfe Äußerungen gegenüber den Stadtverordneten[12] wurden von Rimpler an die städtischen Organe weitergereicht. Das Bürgerwehrkommando suchte von der eigenen Legitimationskrise abzulenken, indem es die Legitimationskrise der Stadtverordneten zum Thema machte.

Bereits Mitte April 1848 war der *Bürgerwehrklub* ins Leben getreten.[13] Wichtigster Punkt der ersten Sitzung des Bürgerwehrklubs am 18. April, zu der sich etwa 350 Teilnehmer eingefunden hatten, war die Debatte über das ungeklärte Selbstverständnis der Bürgerwehr. Sie mündete in den einstimmigen Beschluß, „daß über die Organisation der Bürgerwehr keine gesetzlichen Bestimmungen irgend welcher Art erlassen werden möchten, ohne Berathung und Beschlußnahme der gesamten Bürgerwehr selbst."[14] In der Folgezeit wandten die Mitglieder des Klubs einen erheblichen Teil ihrer Sitzungen, an denen häufig mehr

---

11 Nach: BZH vom 21. Juli 1848. Zum Bezirks-Central-Verein vgl. bes. *S. 636 ff.*
12 Vgl. z.B. Berichte in der SZ vom 15. Juli oder NZ vom 27. Juli 1848.
13 Zur Gründung des Vereins vgl. ausführlich: Wolff, RC, II, S. 180 ff. Zu den Begründern und Vorstandsmitgliedern des Bürgerwehrklubs gehörten u.a. J. Springer, M. Simion (KBA) sowie Adalbert Cohnfeld, der 1848 unter dem Pseudonym Aujust Buddelmeier Berühmtheit erlangte.
14 Nach: VZ vom 23. April 1848; vgl. auch Wolff, RC, II, S. 183; Gneist, Berliner Zustände, S. 11 f.

als fünfhundert Personen teilnahmen, dafür auf, sich gegen eigenmächtiges Handeln des Bürgerwehrkommandos zu wehren und in zentralen Fragen eine Mitsprache der Mannschaften durchzusetzen. Das Mißtrauen gegen die Offiziere der städtischen Miliz war so groß, daß auf einer Sitzung vom 12. Juli, an der nach Angaben der Vossischen Zeitung etwa tausendfünfhundert Wehrmänner anwesend waren, schließlich beschlossen wurde, ein Repräsentationsorgan der Bürgerwehrmannschaften neben dem eigentlichen Kommando zu schaffen: Je hundert Bürgerwehrmänner sollten einen ,Vertrauensmann' wählen.[15] Vorbild war vermutlich das Zentral-Komité der Wiener Nationalgarde, das sich gleichfalls aus Delegierten der Mannschaften zusammensetzte und zeitweilig erheblichen Einfluß auf das Geschehen in der österreichischen Hauptstadt ausübte. Am 18. Juli 1848 konstituierten sich die in den einzelnen Kompanien der Berliner Bürgermiliz gewählten Vertrauensmänner dann als ,*permanenter Bürgerwehr-Ausschuß*'.[16]

Daß das Kommando der Bürgerwehr diesem Ausschuß und damit seiner eigenen faktischen Entmachtung nicht wohlwollend gegenüberstehen würde, war vorauszusehen. Um nicht zum „willenlosen Werkzeug" der ,Vertrauensmänner' zu werden, lehnte Rimpler es Anfang August einer Deputation des Ausschusses gegenüber grundsätzlich ab, Beschlüsse der Bürgerwehrmannschaften anders als auf „dem gewöhnlichen Dienstwege", d.h. durch die Majore der Bataillone, zur Kenntnis zu nehmen. Zwar stießen die Deputierten „die heftigsten Reden aus". Letztendlich akzeptierte der Ausschuß jedoch zähneknirschend den Widerspruch Rimplers. Durch diesen Mißerfolg und außerdem die ablehnende Haltung der bürgerlichen Öffentlichkeit unsicher geworden, deklarierte sich der Ausschuß Mitte September schließlich selbst ausdrücklich lediglich „als ein vorberathendes Organ".[17] Mit diesem Verzicht, sich zu einer Kontrollinstanz der Bürgerwehroffiziere aufzuschwingen, hatte der ,permanente Bürgerwehr-Ausschuß' sein eigenes Schicksal besiegelt. Ende September löste er sich in aller Stille auf.

Die Kontroverse um den ,permanenten Bürgerwehr-Ausschusses' wiederum war der Auslöser für die organisatorische Separierung der radikaldemokratischen Strömung vom Bürgerwehrklub. Am 1. September konstituierte sich die radikaldemokratische Fraktion als ,*Demokratischer Bürgerwehrverein*'. Während der Bürgerwehrklub in den letzten Revolutionsmonaten nur noch ein Schattendasein

---

15 Vgl. VZ und BZH vom 4. Juni; VZ und SZ vom 15. Juli 1848. Zu Wien vgl. Anm. 10.

16 Vgl. Erklärung des Bürgerwehrklubs vom 18. Juli 1848, im Wortlaut in: Rimpler, Bürgerwehr, S. 22 f.

17 Zitate: ebd., S. 24; Erklärung des permanenten Bürgerwehr-Ausschusses vom 13. Sept., in: VZ vom 16. Sept. 1848. Die Selbstbeschränkung des ,permanenten Bürgerwehr-Ausschusses' auf eine lediglich beratende Funktion war intern allerdings höchst umstritten; vgl. VZ vom 22. Sept. 1848.

führte[18], zählte der neue Verein Mitte Oktober nach eigenem Bekunden etwa siebenhundert Mitglieder. Schon mit seinem Namen brachte die neue Organisation von Bürgerwehrmitgliedern zum Ausdruck, daß sie sich als Teil der demokratischen Bewegung Berlins definierte, während der Bürgerwehrklub gegenüber den politischen Vereinen auf Neutralität bedacht war. Wichtigstes Ziel des Demokratischen Bürgerwehrvereins war, der revolutionären Forderung nach allgemeiner Volksbewaffnung über die Bürgergarde zur Durchsetzung zu verhelfen.[19] Nicht zuletzt deshalb wurde der Demokratische Bürgerwehrverein zum Kristallisationspunkt des Protestes gegen das im Oktober 1848 verabschiedete Bürgerwehrgesetz.

Der Konflikt um das Bürgerwehrgesetz

Neben dem im Frühjahr und noch im Sommer partiell herrschenden politischen Vakuum hatten auch fehlende gesetzliche Bestimmungen der Bürgerwehr und ihrer Führung ein weitgehend autonomes Handeln ermöglicht. Der Obrigkeit und den konservativen Strömungen innerhalb der Bevölkerung war zudem das Anwachsen der demokratischen Strömungen in der städtischen Miliz ein Dorn im Auge. Von dieser Seite wurde deshalb die Forderung erhoben, die Bürgerwehr Berlins – und die anderer preußischer Städte – müsse gesetzlich eingebunden und der Obrigkeit unterstellt werden.

Am 6. Juli legte die Krone der Nationalversammlung einen offensichtlich durch die Berliner Erfahrungen geprägten, „allgemeinen Landesgesetz-Entwurf über die Bürgerwehr" zur Beratung vor.[20] Dort ging er erst einmal in die „vorberathenden Abteilungen" und gelangte von dort schließlich Mitte August mit einigen unwesentlichen Änderungen vor das Plenum der Preußischen Volksvertretung. Was waren seine zentralen Inhalte? Zugrunde lag dem Gesetzentwurf die Absicht, das staatliche Monopol legitimer Gewalt wieder aufzurichten. In Frage gestellt und partiell relativiert war dieses Monopol durch die fliegenden Corps sowie durch die Forderung nach Volksbewaffnung, aber auch dadurch, daß die Bürgerwehren bisher in das bestehende Institutionengefüge nicht eingebunden waren. Konkret sah der Entwurf vor, daß die preußischen Bürgerwehren

---

18 Bereits Ende Aug., nachdem Rimpler dem ,permanenten Ausschuß' jegliche Kontrollfunktionen abgesprochen hatte, fanden sich zu den Sitzungen des Vereins nur wenig mehr als fünfzig Personen ein; vgl. BZH vom 24. Aug. 1848.

19 Vgl. Selbstbeschreibung des Demokratischen Bürgerwehrvereins, undat. (ca. 20. Okt. 1848), in: BLHA, Rep. 30, Tit. 94, Nr. 11653, Bl. 35.

20 Unmittelbar nach dem Zeughaussturm hatte die PrNV den Konflikt um die Bürgerwehr und ihr vermeintliches Versagen am 14. Juni zunächst entschärft, indem sie am 15. Juni mit großer Mehrheit den Beschluß faßte, „daß sie keines Schutzes Bewaffneter [Militärs] bedürfe, sondern sich unter den Schutz des Berliner Volkes stelle." (Verhandlungen PrNV, I, S. 193 ff.)

dem Innenministerium unterstanden und in jedem Falle „den Requisitionen der Behörden Folge zu leisten" hatten (§§ 4 und 5).[21] Sie konnten durch königliche Verordnung aufgelöst werden (§ 1). „Ohne Befehl ihrer Anführer" durften sich die Mitglieder der Bürgerwehr „weder zu dienstlichen Zwecken versammeln, noch unter die Waffen treten"; abgesehen von polizeilichen Aufgaben hatte der Kommandant der Bürgerwehr bei „Befehlen" im o. g. Sinne zuvor die „zuständigen Civilbehörden" um Erlaubnis zu fragen. In dem Fall, daß „Mitglieder der Bürgerwehr in größeren oder kleineren Abtheilungen sich ohne Befehl zu dienstlichen Zwecken versammel[te]n oder eigenmächtig unter die Waffen" traten, drohten ihnen Gefängnisstrafen bis zu drei Jahren sowie unehrenhafte Entlassung aus der kommunalen Miliz (§§ 6, 7 und 83). Außerdem wurde die volle Disziplinargewalt der Bürgerwehroffiziere hergestellt und wie in der Armee eine separate Gerichtsbarkeit für Offiziere eingeführt (§§ 86, 92 und 93).[22] Ferner waren sämtliche fliegenden Corps aufzulösen (§ 128). Erhebliches Konfliktpotential barg der § 7 in sich: Nach diesem Paragraphen hatten die Bürgerwehrmänner sowohl „dem Könige Treue zu geloben" als auch „der Verfassung und den Gesetzen des Königreichs Gehorsam" zu schwören – eine Formulierung, die für den Fall, daß der Monarch (wie dies dann im November der Fall war) mit Gesetzen brach und sich mit dem verfassungs- und gesetzgebendem Organ, der Preußischen Nationalversammlung, überwarf, die Bürgerwehr in heftige Loyalitätskonflikte bringen mußte.

Von konservativer und rechtsliberaler Seite wurde das insgesamt 132 Paragraphen umfassende Gesetzeswerk begrüßt, da es dem bisher angeblich „zu weiten Spielraum des Einzelnen" enge Grenzen setzte, der bisherigen „Machtlosigkeit der Führer" und den „sehr bedenklichen Symptomen mangelnder Disziplin" abzuhelfen versprach. In der demokratischen wie linksliberalen Presse stieß das neue Gesetz dagegen auf entschiedene Ablehnung. Durch das Gesetz werde die Bürgerwehr „unter das Joch der hohen Staatspolizei gebeugt" und „in die steifen Bande soldatischer Abhängigkeit gezwängt". Das „reactionäre Bürger-

---

21 Weigerte sich der Chef einer Bürgerwehr, konnte er mit einer Gefängnisstrafe bis zu einem Jahr belegt werden (§§ 81 und 82). Die Auflösung einer Bürgerwehr wiederum galt zwar nur für ein halbes Jahr; bereits nach drei Monaten hatte seitens des Ministerium eine neue Verordnung über die Organisation der Bürgerwehr der PrNV zur Beschlußfassung vorzulegen. 1849 setzten sich der König und das Ministerium Brandenburg indessen über die vom Monarchen selbst gegengezeichneten gesetzlichen Bestimmungen hinweg; vgl. *S. 796 ff.*

22 Vorgesehen war außerdem, daß jeder männliche Preuße ab dem 24. Lebensjahr in der Bürgerwehr zu ‚dienen' hatte (§ 8). Wie die Landwehr hatte auch die Bürgerwehr „bei Vertheidigung des Vaterlandes gegen äußere Feinde mitzuwirken" (§ 1). Überhaupt wären die preußischen Bürgerwehren, wenn sie denn nach diesem Gesetz tatsächlich umgestaltet worden wären, der 1814/15 geschaffenen Landwehr sehr ähnlich geworden. Die wichtigste Ergänzung des königlichen Gesetzentwurfes durch die PrNV war die Einfügung eines Paragraphen (§ 43), der es „der Bürgerwehr frei[stellte], Artillerie einzuführen." Alle anderen Änderungen berührten nicht die Substanz des Entwurfs; im einzelnen: VZ vom 11. und 12. Aug. 1848.

zwang-Gesetz" sei „die erste Sprosse der Leiter, auf welcher die Krone wieder zur absoluten Gewalt emporsteigen kann."[23] Größte Aufregung verursachte der Gesetzentwurf außerdem in der Bürgerwehr der Hauptstadt Preußens.

Die Proteste seitens der Berliner Bürgermiliz gegen ihre Degradierung zu einer Polizeireserve blieben ebenso wie die der Demokraten freilich überwiegend papiern.[24] Lediglich der Demokratische Bürgerwehrverein und der Bürgerwehrklub wurden aktiv. Letzterer hielt am 3. Oktober eine mehrere tausend Teilnehmer zählende Versammlung ab, die jedoch über die Ablehnung des Gesetzentwurfes hinaus ohne substantielle Ergebnisse blieb.[25] Der Demokratische Bürgerwehrklub wollte sich nicht mit Resolutionen begnügen, sondern rief am 5. Oktober in einem Plakatanschlag zu einer Demonstration für den gleichen Tag auf – und zwar zur originellsten, die Berlin im Revolutionsjahr sah.

Am Nachmittag des 5. Oktobers „wurde nämlich ein Esel durch die Straßen geführt, dem ein großes Schild von Pappe mit der Inschrift ‚Bürgerwehrgesetz vom 4ten October 1848' auf den Schwanz gebunden war; das Gesetz selbst trug er auf dem Kopfe zwischen den Ohren, um den Hals einen Trauerflor. Ihm zur Seite gingen zwei Marschälle aus dem Volke mit Stäben aus Tannenholz, um welche ebenfalls Trauerflor gewickelt war und an deren oberen Enden Bänder mit den preußischen Farben geflochten waren." Vorneweg marschierte der volkstümlich-demokratische Redner und Präsident des ‚Lindenklubs' Gustav Müller – kurz: Lindenmüller – „gleichfalls mit einem pappenen, an einer Stange befestigten Schilde mit der Inschrift: ‚Bürgerwehrgesetz vom 4ten October.' Volk in großen Massen", insgesamt mehrere tausend Personen, „folgte nach und schwärmte mit allen Zeichen der Heiterkeit, sonst aber sehr ruhig, zu beiden Seiten." Vor dem Schauspielhaus, dem Sitz der Nationalversammlung, wurde schließlich „Halt gemacht, ein großer Kreis geschlossen und in der Mitte desselben das Bürgerwehrgesetz mit großem Jubel verbrannt." Danach hielt ein führendes Mitglied des Demokratischen Bürgerwehrvereins „eine Leichenrede, worin er sagte: ‚Im Namen des Absolutismus und der Reaktion sei das Gesetz geboren, im Namen der Freiheit und des Völkerrechts sei es gestorben; wenn

---

23 Zitate: VZ vom 12. Aug.; ‚Locomotive' vom 15. Juli und 7. Okt. 1848; ‚Publicist' vom 28. Okt. 1848; Springer, Berlins Straßen, S. 93. Vgl. außerdem ‚Locomotive' vom 18. Juli (von Held auch als Flugschrift veröffentlicht); BZH vom 30. Aug.; ferner den Bericht einer von der Bürgerwehr am 15. Okt. offiziell eingesetzten „Commission", im Wortlaut in: Publicist vom 28. Okt. 1848.

24 Vgl. mehrere öffentliche Erklärungen und Flugschriften einzelner Mannschaftsteile und Einzelpersonen sowie einen Protest Rimplers vom 7. Okt. im Auftrage des Bürgerwehrkommandos an die PrNV, ferner eine Erklärung Rimplers vom 13. Okt. 1848, in der er, unmittelbar nach der Annahme durch die Volksvertretung, dem Gesetz auch positive Seiten abzugewinnen suchte, in: LAB, Rep. 240, Acc. 685, Nr. 444, 445, 453 bzw. 454; ebd., Acc. 99, Nr. 1; GStA, Rep. 92, NL Stein, M. 3/1, Nr. 7, 249, 269 und 287; ebd., XII. HA, IV. Flg., Nr. 27/II; ZBSt, 1848 Flg., M. 21, sowie Reprint in: Obermann, Einheit, S. 592 f.; außerdem Tagespresse. In einigen Fällen kam es zu Einschüchterungen einzelner Abgeordneter der Rechten und des rechten Zentrums der PrNV; vgl. Bericht von Jonas (KBA) u. a. vom 7. Okt. 1848, in: GStA, Rep. 169, B. 4, Specialia, Nr. 9, Bl. 229 u. Rs.

25 Vgl. BZH vom 11. Okt.; ‚Publicist' vom 28. Okt. 1848.

man sonst am Grabe sich mit der Hoffnung des Wiedersehens tröste, so sollte es hier heißen, auf Nimmerwiedersehen!"[26]

Alle Proteste nützten nichts. Am 13. Oktober wurde der Entwurf der Regierung mit nur unwesentlichen Modifikationen von der Preußischen Nationalversammlung mit Zweidrittel-Mehrheit angenommen.[27]

Da das Bürgerwehrgesetz lange gebraucht hatte, um auf den Weg zu kommen, und angesichts der sich seit Mitte Oktober überschlagenden politischen Ereignisse jedenfalls in der Hauptstadt nicht mehr umgesetzt werden konnte, sahen sich kommunale und staatliche Obrigkeit seit Mitte Juni nach weiteren, kurzfristig erfolgversprechenden Möglichkeiten um, der vermeintlichen Anarchie in der preußischen Hauptstadt Einhalt zu gebieten. Zunächst setzten Kriegsministerium und Armeeführung wenige Tage nach dem Zeughaussturm beschleunigt und ohne nennenswerte „Störungen" den Abtransport von Waffen aus dem Zeughaus fort. Die städtischen Behörden wiederum reaktivierten am 15. Juni den sog. *Sicherheitsausschuß*, der zwar bereits am 1. Juni 1848 ins Leben gesetzt worden war, jedoch keinerlei Wirkung entfaltet hatte.[28] Auch der neue neunköpfige, ausschließlich mit Stadtverordneten und Mitgliedern des Magistrats bestückte Sicherheitsausschuß führte in der Folgezeit ein Schattendasein. Die Öffentlichkeit nahm von ihm deshalb kaum Notiz. Mehr Aufsehen erregte die am 15. Juni verfügte Mobilisierung der drei Berliner Bataillone der *Landwehr* durch den Kriegsminister. Eine Patentlösung, die vermeintlich gefährdete Ruhe und Ordnung zu sichern, war freilich auch diese Maßnahme nicht: Sofort trat nämlich erneut die politische Spaltung der Berliner Landwehrleute zutage, die sich schon Mitte Mai, während der Auseinandersetzung um die Rückkehr des Prinzen von Preußen, gezeigt hatte.[29] Infolgedessen verzichtete die Obrigkeit darauf, die mo-

---

26 Zitate: VZ vom 6. Okt.; vgl. außerdem KrZ vom 7. Okt. 1848 sowie Streckfuß, Freies Preußen, II, S. 421 ff. Der erwähnte Redner, der Präsident des Demokratischen Bürgerwehrklubs, ein Schauspieler Meyer, wurde am 17. März 1849 wegen seiner „Leichenrede", als eines versuchten „gewaltsamen Umsturzes eines bestehenden Gesetzes", zu sechs Jahren Festungshaft verurteilt; vgl. ‚Publicist' vom 22. März 1849.

27 Vgl. Verhandlungen PrNV, II, S. 704–708.

28 Die Initiative zur Neubildung des Sicherheitsausschusses ging von den Stadtverordneten aus; vgl. Protokoll der Sitzung vom 15. Juni 1848, in: LAB StA, Rep. 00, Nr. 128; zur personellen Zusammensetzung etc. vgl. ebd., Rep. 01, Nr. 2439, Bl. 253c-253e, 261a, 290a. Ende Juni wurde er in ‚gemischte Deputation zur Berathung über die Herstellung der Ordnung in Berlin' umbenannt und am 16. Okt. 1848 auf 15 Personen erweitert. Kompliziert wurde die Situation dadurch, daß der am 1. Juni gebildete Sicherheitsausschuß formell nicht aufgelöst war. Je nach Bedarf, so wurde freilich erst vier Monate später, durch Bekanntmachung vom 28. Okt., festgestellt, sollten beide Sicherheitsausschüsse zusammentreten.

29 Die als ‚Vereinigte Landwehrmänner Berlins' firmierende starke demokratische Strömung forderte bereits am selben Tage (15. Juni), erstens müsse jeder Wehrpflichtige selbst entscheiden dürfen, ob er in der Landwehr oder Bürgerwehr diene, zweitens sei die Berliner Landwehr unter das Kommando des Bürgerwehrchefs zu stellen und drittens müßten die Landwehrmannschaften ihre Offiziere genauso frei wählen dürfen wie die Bürgerwehr. Diese Ansicht forderte kon-

bilisierten Landwehrbataillone einzusetzen. Sie wurden am 15. August 1848 in aller Stille wieder entlassen. Die ‚Modernisierung' der Polizei zeigte dagegen nachhaltigen und dauerhaften Erfolg.

Die Gründung der Konstabler

Bereits vor der Märzrevolution, während der Stadtverordnetensitzung vom 11. März, hatte der konservative Stadtverordnete Devarenne die Einführung von Konstablern nach englischem Vorbild als Alternative zu der von der Mehrheit des Stadtparlaments ins Auge gefaßten Bürgerwehr vorgeschlagen. Auch in der Presse wurden noch in den Tagen vor dem 18. März die englischen, namentlich die Londoner Schutzleute genauer unter die Lupe genommen und ihre Funktionstüchtigkeit gewürdigt.[30] Die errungenen Märzfreiheiten und die Gründung der Bürgerwehr machten in den Augen der bürgerlichen Öffentlichkeit die Einrichtung moderner, ständig präsenter Schutzmannschaften nach dem „Vorbild der englischen Polizei" keineswegs obsolet.[31] Beträchtlich erhöht wurde die Attraktivität des englischen Vorbilds durch das erfolgreiche Agieren der Londoner Konstabler am 10. April 1848: Dem Einsatz dieser 1829 eingeführten, knapp fünftausend Mann starken modernen Polizei war es wesentlich zu verdanken, daß die große Demonstration der Chartisten an diesem Tag nicht, wie befürchtet, zu einer Revolution eskalierte. Vielmehr läuteten die Vorgänge vom 10. April umgekehrt den Niedergang dieser ersten Massenorganisation der frühen englischen Arbeiterbewegung ein.[32] Am 15. April meldete die Vossische Zeitung, daß

servative Gegenerklärungen, die wiederum erneute Reaktionen demokratischer Landwehrmänner heraus, so daß sich der Magistrat angesichts dieses heftigen politischen Streits bereits zwei Tage später bemüßigt fühlte, öffentlich zu erklären, daß nur Freiwillige zur Landwehr einberufen würden, die „bürgerlichen Geschäfte" durch die Anordnung so wenig wie möglich behindert werden sollten, niemand gegen seinen Willen kaserniert würde und die Landwehr möglichst bald wieder aufgelöst werde. Vgl. Flg. in: LAB, Rep. 240, Acc. 685, Nr. 181, 185, 186; LAB StA, Rep. 01, Nr. 2439, Bl. 207a, 211a; ZBSt, 1848 Flg., M. 13; außerdem die Tagespresse vom 17. bis 20. Juni; Wolff, RC, III, S. 379 ff.; Streckfuß, Freies Preußen, II, S. 147 ff.

30 Vgl. anonymes Eingesandt in der SZ vom 16. März 1848. Zum Antrag Devarennes (KBA) vgl. *S. 144, Anm. 72.*

31 Vgl. VZ vom 28. März 1848.

32 Nach außen hin traten in London am 10. April 1848 nur die Konstabler in Erscheinung. Ihre demonstrative Präsenz veranlaßte die (nach unterschiedlichen Angaben) 20 000 bis 100 000 chartistischen Demonstranten, auf den geplanten Marsch zum Parlament zu verzichten. Zusätzlich zu den mehr als viertausend ‚vor Ort' eingesetzten Konstablern standen zwar siebentausend Soldaten in Bereitschaft, für den Fall, daß die Konstabler der Situation nicht Herr werden würden – aber sie waren (das war entscheidend für die vergleichsweise friedliche Beilegung des Konflikts) für die Demonstranten nicht sichtbar – im Gegensatz zu Berlin, Wien und anderen Städten, wo die Zahl der Gendarmen klein war und deshalb reguläres Militär frühzeitig zur Aufstandsbekämpfung eingesetzt werden mußte.

sich – angeregt offenbar durch den Londoner Erfolg – der Polizeipräsident Minutoli und mehrere hochrangige Regierungsräte „seit einigen Tagen unausgesetzt mit dem Entwurf zu einer Reorganisation der Berliner Polizei-Verwaltung"
und insbesondere mit der Schaffung einer „nach dem englischen System organi-
sirten Straßen-Polizei" beschäftigten. In seine konkrete Phase gelangte das Projekt des Aufbaus einer Truppe Berliner Schutzleute freilich erst, nachdem der
Innenminister, aufgeschreckt durch die Vorfälle vom 9. Juni vor dem Tagungslokal der Preußischen Nationalversammlung im Anschluß an die Debatte über die
Anerkennung der Revolution, dem Magistrat mitteilte, daß beabsichtigt sei,
zusätzlich zur Bürgerwehr „bei einer definitiven Reorganisation des Polizeiwe-
sens eine Mannschaft ins Leben zu rufen, welche in einer Stärke von etwa 2000
Köpfen [...] an die Stelle der bisherigen uniformierten Polizei und Gensdarmen
treten soll".[33]

Während die Bürgerwehr erhebliche Probleme hatte, von den zuständigen
staatlichen Stellen Waffen und Munition zu erhalten, wurden der neuen Berliner
Schutzmannschaft umgehend „2000 Infanterie-Perkussionsgewehre und 40 neupreußische Steinschloßpistolen nebst der erforderlichen Munition überwiesen".[34]
Der vorzüglichen Bewaffnung entsprach eine quasi-militärische Befehlsstruktur
der Konstabler.[35] Unmittelbar nachdem die Errichtung der „Executiv-Sicherheits-
Mannschaft" von Friedrich Wilhelm IV. durch Kabinettsordre vom 23. Juni
genehmigt worden war, begannen die städtischen Behörden, Kandidaten für die
Schutzmannschaft zu rekrutieren. Überwiegend „hiesige Handwerker"[36], unter-

---

33 Schreiben des Innenministers Auerswald an den Magistrat vom 11. Juni 1848, in: GStA, Rep. 77,
   Tit. 501, Nr. 3, Bd. 3, Bl.12 u.Rs. Von den Stadtverordneten und dem Magistrat wurde dies „mit
   lebhaftestem Dank" begrüßt. (Protokoll der Sitzung vom 15. Juni 1848, in: LAB StA, Rep. 00,
   Nr. 128 bzw. Bekanntmachung des Magistrats vom 17. Juni 1848.) Vgl. auch Gerlach, Denkwürdigkeiten, I, S. 169; Wolff, RC, III, S. 185 f.; Gailus, Straße und Brot, S. 421 f.

34 Paul Schmidt, Die ersten 50 Jahre der Königlichen Schutzmannschaft zu Berlin. Eine Geschichte des Korps für dessen Angehörige und Freunde, Berlin 1898, S. 29. Mitte Oktober erhielt sie außerdem mehr als tausend „neupreußische Infanterie-Seitengewehre". Zu den Problemen der Bewaffnung der Bürgerwehr vgl. *S. 237, 245 f.*

35 Dem Obersten an der Spitze waren fünf Hauptleute, die die vier Divisionen zu je fünfhundert
   Mann sowie eine Truppe von vierzig berittenen Schutzleuten befehligten, und 16 Leutnants
   untergeordnet. Uniformen und Rangabzeichen verrieten seit Frühjahr 1851 – als Bürgernähe
   nicht mehr demonstriert werden mußte, statt dessen die inneren Ordnungsfunktionen stärker
   betont werden konnten – gleichfalls, wie sehr das Militär als Vorbild gedient hatte: Die Konstabler erhielten an Stelle des Filzhutes einen Helm; die stoffüberzogenen wurden durch blanke
   Stahlknöpfe ersetzt und Achselstücke eingeführt. Die Säbel wurden offen getragen und die Offiziere mit Epauletten ausgestattet. Die Polizeihauptleute bekamen darüber hinaus, wie die Ar-
   meeoffiziere, einen Infanterie-Stichdegen; vgl. Schmidt, Schutzmannschaft, S. 47 ff.; Funk, Polizei, S. 63 f.

36 So eine Feststellung des Obersten der Schutzmannschaft Kaiser in einer Bekanntmachung vom
   4. Aug. 1848, die durch die Untersuchung einer Teilgruppe von 400 Konstablern bestätigt wird;
   vgl. Gailus, Straße und Brot, S. 423. Aufnahme fanden vor allem Personen, die lange im Militär-
   dienst gestanden hatten und nicht älter als vierzig Jahre waren. Infolge der in Berlin auch wäh-

schieden sich die neuen Polizisten in erster Linie durch eine lange militärische Dienstzeit vom ‚Pöbel', ihrer hauptsächlichen Klientel. Die ähnliche soziale Herkunft und ihre eigene untergeordnete Stellung suchten die Konstabler durch übermäßige Härte sowie einen vom Militär her gewohnten und verinnerlichten Befehlston auszugleichen. Das wiederum konnte seitens des ‚Pöbels', der sich um den Genuß der errungenen Straßenfreiheiten gebracht sah, nicht ohne Reaktion bleiben. Seit Ende Juli entwickelte sich deshalb zwischen beiden Seiten eine Art permanenter Kleinkrieg.

In der bürgerlich-liberalen Öffentlichkeit wich infolgedessen die anfängliche Sympathie, die hier für die neue Institution zunächst geäußert worden war, rasch herber Kritik. Die demokratische Presse sah sich in ihren Befürchtungen bestätigt. Mit den Konstablern, urteilte Gustav Julius, sei der „Polizeistaat nicht nur wieder in seiner alten Gestalt, sondern noch concentrirter und energischer als er gewesen, hergestellt [...]; indem man vorgiebt nur liberale, constitutionelle Muster einzuführen, überschwemmt [man] die Stadt mit Wächtern und stellt die ganze ‚freie' Bürgerschaft, insofern sie sich nur außer dem Hause blicken läßt, unter beständige polizeiliche Aufsicht." Tatsächlich habe man das liberale englische Vorbild nicht einfach nur übernommen, sondern verschärft: Das „englische Constablerwesen" unterscheide sich (so der weitgereiste Julius) „von dem neumodischen Berlinischen schon äußerlich dadurch, daß die [englischen] Constabler keine Seitengewehre tragen und die Bürger in keiner Weise belästigen, sondern sich bescheiden seitab halten".[37]

Zur strukturellen Modernisierung der Berliner Polizei – die Schutzleute prägten bis weit ins 20. Jahrhundert das Straßenbild der preußischen Hauptstadt – kam die personelle Erneuerung. Ende Juni reichte der Polizeipräsident v. Minutoli, von Friedrich Wilhelm IV. als „Verräter" gebrandmarkt und von den städtischen Behörden heftig angefeindet, seinen Rücktritt ein. Sein Nachfolger war der vormalige Landrat Moritz v. Bardeleben. Während des Revolutionsjahres blieb die Funktion des Berliner Polizeipräsidenten ein Schleudersitz: Bardeleben war

---

rend der Sommermonate umfangreichen Arbeitslosigkeit und des vergleichsweise hohen Monatsgehalts von 15 bis 25 Taler war der Andrang größer als der Bedarf. Unter den insgesamt mehr als dreitausend „Individuen", die sich binnen weniger Tage zur Verfügung gestellt hatten, wählten die Behörden im Juli dann zweitausend ihnen geeignet erscheinende Männer aus. Zum Kleinkrieg des ‚Pöbels' gegen die Konstabler vgl. S. 633 sowie S. 691 f.

37 BZH vom 29. Juli; ähnlich auch die ‚Locomotive' vom 14. und 15. Aug.; vgl. außerdem den kritischen Kommentar im ‚Publicist' vom 25. Juli 1848. Die Bemerkungen von Julius über die englischen Konstabler sind freilich dahingehend zu korrigieren, daß Mitte 1848 ein Teil der Londoner Schutzleute vorübergehend bewaffnet und ihre Gesamtzahl auf knapp 5500 erhöht wurde. Trotzdem sind seine Bemerkungen von dem moderateren englischen Vorbild nicht gänzlich von der Hand zu weisen: Denn in London kam, bei einer Gesamtbevölkerung von mehr als zweieinhalb Millionen Menschen, ‚nur' ein Konstabler auf 480 Einwohner, während in Berlin ein Schutzmann 200 Bürger ‚überwachte'.

nur gut vier Monate im Amt. An seine Stelle trat am 18. November Karl Ludwig Friedrich v. Hinckeldey, der als der Begründer der politischen Polizei Preußens gilt. Der mehrfache Wechsel an der Spitze des Berliner Polizeipräsidiums sollte allerdings nicht darüber hinwegtäuschen, daß die Kontinuität der Tätigkeit dieser Behörde dadurch wenig tangiert wurde. Spitzenbeamte sorgten mit beträchtlicher Energie dafür, daß trotz der neuen Chefs kaum Friktionen im Berliner Polizeipräsidium entstanden.[38]

Nicht nur Minutolis Tage waren nach dem Zeughaussturm gezählt. Neben dem Amt des Polizeipräsidenten war im Revolutionsjahr auch das des Ministerpräsidenten und das seiner Minister ein Schleudersitz. Bereits am 20. Juni, also noch vor dem Rücktritt Minutolis, machte das erste Märzkabinett mit Ludolf von Camphausen an der Spitze der Regierung Auerswald Platz. Das zweite Märzkabinett, in dem ebenso wie im ersten der Finanzminister Hansemann der eigentlich starke Mann war, trat offiziell am 26. Juni ins Amt.[39] Den Rücktritt des Kabinetts Camphausen-Hansemann nahm man in Berlin achselzuckend zur Kenntnis. „Das Ministerium Camphausen hatte nicht den Muth, mit der Vergangenheit zu brechen. An der Krücke des Vereinigten Landtages schleppte es sich in die neue Zeit." Sein Abtritt sei deshalb längst überfällig, meinte z.B. die radikaldemokratische ‚Berliner Zeitungshalle' am 21. Juni. Nur vereinzelt wurde der Abgang des Märzkabinetts bedauert. Der Patriotische Verein lobte Camphausen, weil er so viel, wie nach den Märztagen möglich, vom alten, politischen System bewahrt und sich als entschiedener Gegner der Demokraten entpuppt hatte.[40] Ansonsten begleiteten die Konservativen den Rücktritt des Märzkabinetts eher mit Häme. Wenn die Berliner Demokraten dem Ministerium Camphausen zwar

---

38 Ohne sie, die den Polizeipräsidenten von den Alltagsgeschäften weitgehend entlasteten, hätte später auch Hinckeldey nicht zu einer in ganz Preußen höchst einflußreichen Persönlichkeit werden können. Eine zentrale Rolle spielte namentlich Wilhelm Ernst Lüdemann (1808-1871): 1830-1843 Referendar und Assessor beim Berliner Kammergericht, 1843 bis zu seinem Tode bei der Berliner Polizei, seit 1845 Regierungsrat, seit 1851 Ober-Regierungsrat und seit 1866 Geh. Regierungsrat; vgl. BLHA, Rep. 30, Nr. 8217; außerdem (auch zu weiteren Spitzenbeamten der Berliner Polizei) Siemann, Deutschlands Ruhe, S. 340 f., 355 f.

39 Der Zeughaussturm und zwei Entscheidungen der PrNV vom 15. Juni hatten die Stellung des ersten Märzministeriums unhaltbar werden lassen: Neben der mit großer Mehrheit gefaßten Erklärung der Abgeordneten, sich weiterhin dem Schutz der bewaffneten Bürger Berlins und nicht dem Militär anzuvertrauen, war dies die Entscheidung der PrNV, eine Verfassungskommission einzusetzen. Mit dem letzten Beschluß war der am 22. Mai von Friedrich Wilhelm IV. und Camphausen namens seines Ministeriums vorgestellte Verfassungsentwurf de facto verworfen und damit nicht mehr zu vertuschen, daß das Ministerium Camphausen-Hansemann in wichtigen Fragen keine parlamentarische Mehrheit (mehr) besaß; vgl. Botzenhart, Parlamentarismus, S. 521 ff.; Hofmann, Ministerium, S. 161 ff.

40 Vgl. Dankadresse des Vereins an den „hochverehrten Herrn Staatsminister" vom 29. Juni, im Wortlaut in der VZ und SZ vom 2. Juli 1848. Vgl. auch einen weiteren öffentlichen Dank des Patriotischen Vereins an das Ministerium Camphausen-Hansemann vom 16. Mai, in: VZ vom 20. Mai 1848.

keine Träne nachweinten, so wurde ihnen doch schnell bewußt, daß sie mit dem neuen Märzkabinett, in dem die „durchaus reactionären Persönlichkeiten" den Ton angaben, einen schlechten Tausch gemacht hatten. Auch im zweiten März-kabinett dominierten (so die Klage) „Geldsäcke und Stammbäume". Man sei „aus dem Regen in die Traufe gekommen". Alles in allem jedoch sei die Umbildung des Staatsministeriums nichts weiter als ein „gewöhnlicher Beamten-Wechsel".[41]

Einschränkungen der Meinungs- und Pressefreiheit

So ganz falsch war die Behauptung nicht, die Umbildung des Märzministeriums sei nur ein gewöhnlicher Beamtenwechsel. Spürbare Veränderungen für das politische Leben der Stadt brachte der Regierungswechsel zunächst kaum. Die Beschränkung der Märzfreiheiten hatte scheibchenweise bereits unter dem alten Kabinett begonnen. Diese Praxis setzte sich unter dem Ministerium Auerswald-Hansemann und während der Amtszeit des Polizeipräsidenten v. Bardeleben bruchlos fort. Von besonderer Bedeutung war eine Anordnung, die der neue Polizeipräsident zehn Tage nach seiner Amtsübernahme der Öffentlichkeit be-kannt machte. „Jeder, welcher Volksversammlungen unter freiem Himmel ohne vorher eingeholte polizeiliche Erlaubniß zusammenberuft oder sich als Redner und Ordner derselben betheiligt, [werde] der Gerichtsbehörde zur Bestrafung angezeigt" werden und habe eine erhebliche Geldbuße oder „verhältnißmäßige Gefängnißstrafe" zu gewärtigen.[42] Bardeleben ließ es nicht bei Worten bewenden. Nachdem der Demokratische Klub aus Protest gegen diese Verschärfung des Versammlungsrechts am 24. und 31. Juli ausdrücklich nicht angemeldete Volks-versammlungen unter den Zelten abhielt, wurden Eichler, Schramm, E. Bauer und M. Lövinson als Veranstalter vom Polizeipräsidenten bei der Staatsanwalt-schaft zur Anzeige gebracht. Zwar kamen sie in dem anschließenden Prozeß mit relativ glimpflichen Strafen davon. Aber Obrigkeit und Justiz hatten deutlich gemacht, daß sie Widerstand gegen die Einschränkung der Versammlungsfrei-heit nicht ungesühnt lassen wollten.[43] Nach der Urteilsverkündung gegen Eichler

---

41 Zitate: Titel eines anonymen Flugblattes, undat. (ca. 23. Juni 1848), in: LAB, Rep. 240, Acc. 685, Nr. 247; ZBSt, 1848 Flg., M. 13, bzw. ‚Locomotive‘ vom 22. Juni 1848.

42 Bekanntmachung vom 8. Juli. An eine ähnlich lautende Anordnung Minutolis vom 28. April hatte sich niemand gehalten. In die ersten Wochen nach der Amtsübernahme Bardelebens fal-len außerdem die Erlasse, wonach dem Demokratischen Klub Sammlungen für notleidende Ar-beiter untersagt wurden und der ‚Holzfrevel‘ polizeilich schärfer verfolgt wurde; vgl. *S. 471 ff.*

43 Vgl. den Prozeßbericht in: ‚Publicist‘ vom 29. Aug. und 2. Sept.; ferner ebd. vom 15. Aug.; VZ vom 26. Juli, 2., 15., 16. und 27. Aug., 1. und 2. Sept. 1848; BZH vom 29. Juli, 17. Aug. und 1. Sept. 1848. Schramm, E. Bauer und M. Lövinson wurden zu einer Geldstrafe von 5 Talern ver-urteilt, Eichler mangels Beweis freigesprochen (KBA). Bardeleben handelte vermutlich auf An-

u.a. vom 31. August wurde „eine lange Reihe" weiterer Anklagen eröffnet, da bis zu diesem Zeitpunkt „zahllose weitere Volksversammlungen ohne polizeiliche Erlaubniß abgehalten" worden waren.[44] Das Recht auf Meinungs- und Pressefreiheit war empfindlich bereits durch das am 11. Mai verfügte Verbot des fliegenden Buchhandels getroffen worden. Zu Zeiten der Amtsführung Minutolis war dieses Verbot freilich wenig beachtet und dessen Übertretung kaum verfolgt worden. Seit Anfang Juli mußten sich fliegende Buchhändler dann in größerer Zahl vor den Gerichten für ihre ‚illegale' Berufsausübung verantworten. Seit dem Hochsommer häuften sich außerdem Anzeigen und Prozesse gegen Verfasser von ‚majestätsbeleidigenden' und ‚hochverräterischen' Broschüren, Flugblättern und Plakaten.

Nicht nur auf strafrechtlicher Ebene suchten Polizei und sonstige Behörden die in ihren Augen gefährliche demokratische Bewegung zu neutralisieren. Von Anfang an waren die der Bürgerwehr angegliederten bewaffneten Corps der Obrigkeit ein besonderer Dorn im Auge. Namentlich dem Corps des Handwerkervereins haftete der Ruf an, besonders revolutionär zu sein. In der Nacht vom 26. auf den 27. August wurde das Haus des großen Hedemannschen Handwerkervereins auf Anordnung des Polizeipräsidenten von fünf- bis sechshundert Bürgerwehrmännern und Konstablern durchsucht. Obgleich diese in allen Räumen des großen Gebäudes das Unterste zu oberst kehrten, fanden sie statt der vermuteten riesigen Munitionsvorräte lediglich „20 scharfe und etwa 600 Platz-Patronen, den Rest des vom Commando der Bürgerwehr dem Vereine gelieferten Schießbedarfs".[45] Aufgrund des Ansehens, das der Handwerkerverein genoß, erregte die Hausdurchsuchung in der liberalen und demokratischen Öffentlichkeit das „größte Aufsehen".[46] Die Obrigkeit hatte sich blamiert. Auf derart dilettantische Art und Weise konnte man den fliegenden Corps nicht beikommen. Erst mit dem Bürgerwehrgesetz, das die Eingliederung der Corps in die Bürgergarde und die Umwandlung der städtischen Miliz selber in eine polizeiähnliche Institution vorsah, wurde den bewaffneten Corps der Rechtsboden entzogen.

---

weisung des Innenministers Kühlwetter; vgl. Schreiben Kühlwetters an Bardeleben vom 7. Aug. 1848, in: BLHA, Rep. 30, Tit. 94, Nr. 14377, Bl. 21.

44 VZ vom 2. Sept. 1848. Angeklagt wurden vornehmlich führende Mitglieder des ‚Lindenklubs'; zu diesem ‚Verein' vgl. *S. 631 ff.* Zu den Preßprozessen seit Mai und zur Kriminalisierung des fliegenden Buchhandels *S. 319 f.*

45 „Unbekannt gebliebene Denuncianten" hatten behauptet, in dem Gebäude seien umfangreiche „Munitions-Vorräthe, angeblich 148 000 scharfe Patronen" gelagert. (Erklärung des Handwerkervereins 28. Aug. 1848, im Wortlaut in der Tagespresse.)

46 Zitate: ‚Publicist' vom 29. Aug. 1848. Kritik kam selbst von der VZ (am 29. Aug.). Zur Reaktion der Öffentlichkeit ausführlich: Weigel, Flugschriftenliteratur, S. 99 ff. Der Bürgerwehr-Chef sah sich zu einer unmißverständlichen Distanzierung von der Durchsuchungsaktion gezwungen; vgl. Erklärung Rimplers vom 27. Aug., im Wortlaut in: BZH vom 30. Aug. 1848.

Der Riß zwischen der Hauptstadt und den Provinzen

Der Zeughaussturm hatte nicht nur die politischen Gegensätze innerhalb Berlins verschärft und die „Reaction" gestärkt. Durch die Ereignisse vom 14. Juni sei außerdem, so konstatierte die liberale National-Zeitung in ihrem Leitartikel vom 17. Juni, „der vorhandene Riß" zwischen Berlin und „den Provinzen" „um ein Bedeutendes erweitert" worden, das „Herz" der Bevölkerung der Provinzen „für die Größe seiner Geschichte und für die mit dem Blute seiner Väter errungene welthistorische [!] Mission Preußens" auf das „Tiefste verletzt" worden. Das sei um so schwerwiegender, als sich „die Provinzen mit Berlin versöhnen" müßten, „weil wir keine Centralisation unseres Staatsorganismus im französischen Sinne besitzen" und Berlin „niemals eine politische Diktatur über Preußen [wie Paris über Frankreich] auszuüben im Stande sein" würde.

In der Tat war der Gegensatz zwischen Hauptstadt und Provinz für die Geschichte der preußischen Revolution 1848 von erheblicher Bedeutung. Zwar war dieses politische Gefälle nicht so schroff, wie gemeinhin angenommen wird.[47] Das unmittelbare Umland Berlins allerdings, namentlich der Landkreis Teltow sowie die Städte Charlottenburg, Spandau und mit Einschränkungen Potsdam, war ausgesprochen konservativ geprägt.[48] Zu dem Eindruck einer starken politischen Polarisierung zwischen der Hauptstadt und dem übrigen Preußen trug eine spezifische Form konservativer ‚Medienpolitik' bei: Seit Ende März häuften sich konservative Erklärungen, in denen die vermeintliche Anarchie und ‚republikanische Wühlereien' in der Hauptstadt beklagt wurden. Namentlich die Vossische Zeitung veröffentlichte zahllose Eingesandts, in denen behauptet wurde, daß dem Land und „seinem bisher gesegneten, zufriedenen Volk" von der Hauptstadt und „ihrer frechen, ekelerregenden Pöbelhaftigkeit" her „Verderben und Untergang" drohe.[49] Solche Polemiken verfehlten ihre Wirkung nicht. Viele

---

47 In vielen, vermutlich den meisten großen und mittleren Städten Preußens bildeten sich 1848 stärkere demokratische Bewegungen heraus, und zwar keineswegs nur in den westlichen Provinzen, sondern ebenso in den mittleren und den östlichen Provinzen, vor allem Schlesien und Sachsen; vgl. allgemein Paschen, Demokratische Vereine, bes. S. 90 ff.; außerdem (zum Rheinland) Sperber, Rhineland Radicals; Seyppel, Demokratische Gesellschaft; Klaus Goebbel, Manfred Wichelhaus, Aufstand der Bürger. Revolution 1849 im westdeutschen Industriezentrum, Wuppertal 1974; (zu Schlesien) Helmut Bleiber, Zum Anteil der Landarbeiter an den Bewegungen der Dorfbevölkerung in der deutschen Revolution von 1848/49, in: JbW 1975/Teil IV, S. 65-81; Müller/Müller, Brandenburgische Geschichte, S. 481 ff.; ferner Wolff, RC, III, S. 193, Anm.; Engelberg, Bismarck, I, S. 271.

48 Vgl. Hachtmann, „Rote Hauptstadt" und „schwarze Provinz", sowie *S. 162 und S. 693 ff.*

49 Wolff (RC, II, S. 36-40; III, S. 186-195) hat anhand einiger Beispiele nachgewiesen, daß hochkonservative Adlige eine regelrechte Adreßkampagne organisierten und zum Teil unter Vorspiegelung falscher Tatsachen Unterschriften von Bürgern erschlichen. In mehreren Fällen wiesen Landräte sogar per Dekret die ihnen unterstellten Dorfschulzen und Bürgermeister an, solche Eingaben zu unterzeichnen.

Berliner glaubten tatsächlich, sie stünden ziemlich isoliert einer geschlossen konservativen Front der Provinzen gegenüber.

Ende Mai begannen die organisierten Demokraten und Liberalen sowie die städtischen Behörden, über Gegenmaßnahmen nachzudenken. Den Anfang machte der Konstitutionelle Klub, der sich am 29. Mai auf einer Sitzung mit dem Thema befaßte. Von ihm gingen zwei Ansprachen „an unsere Brüder auf dem Lande" und „an die Städte in den Provinzen" aus, die dann seit Mitte August ebendort zirkulierten.[50] Der Magistrat erklärte in einer Bekanntmachung vom 6. Juni gleichfalls, daß „in den Provinzen theils völlig unwahre, theils übertriebene Gerüchte" kursierten.[51] Vor allem den Demokraten mußte es ein Anliegen sein, den Keil herauszuziehen, den die Konservativen zwischen Berlin und die Provinzen trieben. Indessen reagierte der große Demokratische Klub zunächst überhaupt nicht. Die kleineren demokratischen Vereine waren aufgrund interner Meinungsunterschiede nicht in der Lage, eigene Aufrufe herauszubringen.[52] Deshalb erlangte ein Aufruf Helds Bedeutung, der für den 6. Juni zu einer Versammlung in die Villa Kollonna einlud, um dort ein Komité wählen zu lassen, dem die „Verständigung mit den Provinzen" obliegen sollte.[53] Diese erste Versammlung verlief zwar ergebnislos. Auf einer zweiten Versammlung drei Tage später wurde dann jedoch ein ‚Central-Ausschuß zur Verständigung mit den Provinzen' gewählt, dem insgesamt vierzig Personen angehörten, darunter zahlreiche prominente Vertreter der demokratischen Bewegung Berlins (nicht jedoch Held selbst). Der Zeughaussturm unterbrach dann die Bemühungen um Verständigung mit den Provinzen. Auf einer dritte Versammlung am 3. Juli, zu der sich etwa fünfhundert Personen einfanden, wurde eine langatmige Adresse an die Provinzen verlesen und von der Versammlung nach einigen Modifikationen angenommen.[54] Wichtiger als diese zur Veröffentlichung in den Kreisblättern des

---

50 In: ZBSt, 1848 Flg., M. 12; in Auszügen auch in: Wolff, RC, III, S. 202 f.; vgl. außerdem die Tagespresse vom 31. Mai, 8. und 10. Juni 1848.

51 Die städtischen Behörden trieb allerdings weniger das schlechte Image der Stadt um, sondern die Furcht, den alljährlich Mitte Juni stattfindenden Berliner Wollmarkt zu verlieren. Ihnen war nämlich zu Ohren gekommen, daß mehrere Gutsbesitzer, namentlich der Altmark, ihre Wolle nicht mehr in Berlin, sondern anderswo verkaufen wollten.

52 Dagegen gaben einzelne Bezirksvereine Erklärungen an die „Mitbürger in den Provinzen" heraus; vgl. z. B. die Erklärung des Bezirksklubs 66B vom 27. Mai, im Wortlaut in: SZ vom 31. Mai 1848; einige Tage später die des Bürgervereins des 81. Bezirks, undat., im Wortlaut in: BZH vom 8. Juni; oder eine Adresse des Friedrich-Wilhelmstädtischen Bezirksvereins vom 7. Juni 1848. Ausführlich (auch zu den demokratischen Vereinen): Wolff, RC, III, S. 200-206.

53 In: LAB, Rep. 240, Acc. 685, Nr. 144, im Wortlaut auch in: VZ vom 6. Juni 1848.

54 Die Adresse scheint nicht sonderlich wirkungsvoll gewesen zu sein; sie provozierte ihrerseits konservative Reaktionen. Vgl. z. B. die „Offene Antwort der Provinzen an die Berliner", von „den Provinzen", Juli 1848, als Flg. in: LAB, Rep. 240, Acc. 685, Nr. 287; GStA, XII. HA, IV. Flg., Nr. 27/II. Zu den Versammlungen vom 6. und 9. Juni sowie vom 3. Juli vgl. die Berichte in der Tagespresse der folgenden Tage sowie Wolff, RC, III, S. 205 f., 215 f. Zu den landsmannschaftlichen Vereinen der Demokraten, die in das Zentrum ihrer Aktivitäten die ‚Verständigung mit

Landes vorgesehene Adresse war die Bildung von landsmannschaftlichen Vereinen, die ‚Verständigung mit den Provinzen' in die Wege leiten sollten. Sie berei-
cherten das sowieso schon breite Spektrum an politischen Vereinen um eine
weitere Facette.

---

den Provinzen' stellten, vgl. z. B. eine diesbezüglich schriftliche Ansprache in: LAB, Rep. 240,
Acc. 685, Nr. 174; ferner *S. 627*.

Kapitel VII.4

Politische Polarisierung: Das Vereinswesen nach dem Zeughaussturm

Die Konservativen im Aufschwung

Der Zeughaussturm und sein klägliches Scheitern machten konservativen Berliner Bürgern Mut – Mut, nunmehr offen die Märzrevolution zu verunglimpfen, und Mut, unmißverständlich die Rücknahme der Märzerrungenschaften zu fordern. In einer anonymen Adresse an den Magistrat vom 22. Juni 1848, abgefaßt „im Namen vieler geborener Berliner", heißt es beispielsweise: „Die Erstürmer und Räuber des Zeughauses haben am 14. Juni wahrlich nichts Ärgeres vollführt als die Kämpfer und Barrikaden-Helden des 18. März; im Gegentheil, am 14. Juni wurde nur ein todtes Gut in Angriff genommen, am 18. März aber das Leben der in ihrer Pflicht sich befindenden Personen."[1] Obgleich im Sommer 1848 in Berlin keineswegs mehr uneingeschränkte Pressefreiheit herrschte, gingen vielen konservativen Bürgern die Restriktionen gegen demokratische Schriftsteller und Verleger nicht weit genug. In einer anderen, gleichfalls anonymen Eingabe forderten „nachdenkliche Bürgersleute" den Magistrat Anfang Juli auf, er solle energischer auftreten gegen die „geringe Anzahl Schufte, die das Volk irre leiten und verführen. Durch die unheilvollen Zettel an den Ecken wird nicht Hunderten, sondern Tausenden der Kopf verdreht".[2] Die recht verbreitete, antirevolutionäre Stimmung innerhalb des Bürgertums und Kleinbürgertums suchten sich die Hochkonservativen auf zwei Ebenen zunutze zu machen: durch die Gründung eines konservativen, täglich erscheinenden Zentralorgans, das als

---

1 Der Magistrat solle dafür sorgen, „daß unsere Stadt, unser ganzes Land nicht durch eine Handvoll verderbter Literaten und Aufwiegler dem sichern Untergange entgegengeführt wird." Es müsse „ein Gesetz gemacht werden, daß es ferner nur den Behörden gestattet sein kann, Maueranschläge in der Stadt zu machen". (In: LAB StA, Rep. 01, Nr. 2439, Bl. 262 und Rs.)

2 Die Pressefreiheit müsse durch ein „Preßgesetz gezügelt" werden. In den Zeiten „der Censur [sei] nie wahrhaft Schlechtes durch den Druck zu Tage gefördert" worden. Den „Respect vor ‚Gedrucktem', den „das Volk" habe, nutzten Demokraten und Liberale aus. Die „Achtung, welche nun das Volk aus alter Gewohnheit beim Lesen der jetzigen zügellosen Schriften mitbringt, wirkt [jetzt] dahin, daß die Böswilligen durch ihre schlechten Schriften recht viel Unheil im Volke anzurichten vermögen". (In: ebd., Bl. 272-272a Rs.) Pamphlete wie die zitierten fanden sich seit Mitte Juni gehäuft auch als Eingesandts namentlich in der VZ, dem „Depot der tollsten reaktionären Auswüchse der Mark und Pommerns". (NRhZ vom 17. Juli 1848.)

‚Neue Preußische Zeitung‘, besser bekannt unter dem Namen ‚Kreuzzeitung‘, am 1. Juli ins Leben trat, und durch den Aufbau konservativer Vereine.

Erste Gründungen von Klubs, die dem konservativen Spektrum im weiteren Sinne zuzurechnen sind, datieren bereits aus der Zeit vor dem 14. Juni. Den Anfang machte der Patriotische Verein. Er war anläßlich des Wahlkampfes für die Deutsche und Preußische Nationalversammlung als rechte Abspaltung des Konstitutionellen Klubs am 4. Mai ins Leben getreten.[3] Die gemäßigte Haltung, die in seiner Programmatik und seinen Aufrufen während der *ersten* Wochen seiner Existenz durchklangen, waren den Zeitverhältnissen geschuldet: Bis Mai hatte der Patriotische Verein den noch starken liberalen Strömungen in der Bürgerschaft Rechnung zu tragen, wollte er Einfluß gewinnen. Nach dem Zeughaussturm und der sich seitdem rasch zuspitzenden politischen Polarisierung änderte sich dies. Die konservative Grundtendenz des Patriotischen Vereins brauchte nun nicht mehr verklausuliert formuliert werden.

In einer an den neuen Justizminister gerichteten Adresse vom 26. Juni beispielsweise klagte er, „daß seit einigen Monaten viele Vorschriften unserer [vormärzlichen] Strafgesetze, insbesondere derjenigen, welche sich auf Hochverrath, Landesverrätherei, Verbrechen gegen die innere Ruhe des Staats, Verletzung der Ehrfurcht gegen den Staat [...] so wie auf den Druck und die Veröffentlichung und Verbreitung von Schand- und Schmähschriften beziehen, vielfach auf das Gröblichste übertreten worden sind", ohne daß es zu „einer ernstlichen Bestrafung dieser zahllosen Verbrechen", die sich die Demokraten mit ihren „hunderten von Maueranschlägen und Flugschriften" hätten zuschulden kommen lassen, gekommen sei.[4] Der Verein, hieß in einer Art Grundsatzerklärung vom 13. Juli, sei der „Überzeugung", „daß keine Einrichtung im Staat gegründet werden kann, es sei denn auf den ewigen Ordnungen des Rechts". Angelpunkt dieser „deutschen Treue als des Bollwerks, welches das Eiland des Rechtsbodens schirmen wird", seien „unsere Fürsten [als] die erblichen Träger jener ewigen Grundsätze des Rechts".[5]

---

3 So wie für den ‚revolutionären Alltag‘ des Jahres 1848 die Grenzlinie zwischen linkem Liberalismus und gemäßigter Demokratie nicht genau zu ziehen ist, läßt sich auch der Unterschied zwischen rechtem Liberalismus und gemäßigtem Konservatismus kaum bestimmen. Insofern haftet der Zuordnung der Vereine zu den jeweiligen politischen Spektren eine gewisse Willkür an. Dennoch wird man den Patriotischen Verein, obzwar seiner Herkunft nach eigentlich dem liberalen Spektrum zugehörig, als erste konservative Vereinigung Berlins während des Revolutionsjahres bezeichnen müssen. Vgl. die folgenden Ausführungen; ferner *S. 29 ff.;* dagegen: Schwentker, Konservative Vereine, S. 75, 80, 96. Zur Gründung des Patriotischen Vereins: *S. 286 ff.*

4 Berlin sei „zum Heerd und Mittelpunkt einer weitverzweigten, wohlorganisirten republikanischen Verschwörung bestimmt". Die demokratischen Vereine der preußischen Hauptstadt würden die Bürgerwehr demoralisieren, die „Sicherheit der Hauptstadt" wie überhaupt die monarchische Staatsverfassung „unausgesetzt bedrohen". „Diesem heillosen Zustand der Dinge muß durch rasches und kräftiges Einschreiten" des neuen Ministeriums „ein Ende gemacht" werden. (Im Wortlaut in: VZ vom 4. Juli 1848 sowie Wolff, RC, III, S. 459.)

5 Adresse an den Abgeordneten der DtNV v. Vincke vom 13. Juli, in der Tagespresse vom 18. bzw. 19. Juli 1848. Als am 12. Okt. dann die PrNV die Streichung der Königsformel „von Gottes Gnaden" beschloß, rief dies folgerichtig vehementen Protest des Patriotischen Vereins hervor. Vgl.

Wie sehr sich der Patriotische Verein Berlins der hochkonservativen ,Partei' verbunden fühlte, machen seine frühen Bemühungen in der ersten Julihälfte deutlich, mit den gerade im Entstehen begriffenen hochkonservativen ,Vereinen für König und Vaterland' Kontakt zu knüpfen[6], während er sich andererseits an dem Ende Juli vom Konstitutionellen Klub Berlins veranstalteten preußenweiten Kongreß der liberalen Vereine nicht beteiligte. Bei den Mitgliedern des Patriotischen Vereins, so hat Robert Springer treffend festgestellt, handelte es sich um „die schüchternen und versteckten Royalisten".[7] Sie hatten nach der Märzrevolution zunächst im Konstitutionellen Klub politischen Unterschlupf gesucht und sich dann im Patriotischen Verein organisatorisch separiert, um nach dem Zeughaussturm offen royalistisch-konservative Flagge zu zeigen. Ansonsten blieb der Patriotische Verein das Revolutionsjahr über, was er zum Zeitpunkt seiner Gründung und der ersten Phase seiner Existenz gewesen war: eine relativ kleine Honoratiorenorganisation, die in ihren besten Zeiten nur wenig mehr als sechzig Mitglieder zählte.

Weder im Tonfall seiner politischen Erklärungen noch hinsichtlich seiner sozialen Zusammensetzung unterschied sich der Patriotische Verein grundsätzlich von einer konkurrierenden Organisation, dem ,Preußenverein für constitutionelles Königthum'. Dessen Gründung datiert gleichfalls aus der Zeit vor dem Zeughaussturm. Sie war ein unmittelbares Resultat der Auseinandersetzung um die Rückkehr des Prinzen von Preußen und der Formierung einer offen konservativen Strömung während dieses Konflikts.

Vortrag R. Köpkes (KBA) auf der Sitzung des Vereins vom 19. Okt. 1848, im Wortlaut unter dem Titel: ,Titular der Krone' in: ders., Kleine Schriften zur Geschichte, Politik und Literatur, hg. von F. G. Kiessling, Berlin 1872, S. 520-532. Zwar präsentierte sich der Patriotische Verein auf der anderen Seite gern als Verfechter der „konstitutionellen Monarchie". Als Widerpart der Krone war dabei jedoch ein schwaches Parlament, zudem in zwei Kammern gegliedert, ins Auge gefaßt; vgl. z.B. Erklärungen des Vereins vom 30. Mai, 7. und 17. Juli, in: LAB, Rep. 240, Acc. 685, Nr. 258; GStA, XII. HA, IV. Flg., Nr. 27/II; ZBSt, 1848 Flg., M. 15; VZ vom 1. Juni, 11. und 19. Juli 1848. In weiteren Erklärungen wurde der Bürgerwehr das Recht auf Mitsprache bei von der Obrigkeit angeordneten, „als nothwendig anerkannten Sicherheitsmaßregeln" abgesprochen, Vorschläge, das Militär zu demokratisieren, als „Schlag gegen die Armee" und damit als Versuch denunziert, „das Fundament der Selbständigkeit Preußens zu beseitigen"; vgl. Erklärungen des Patriotischen Vereins vom 8. und 28. Juli sowie vom 8., 15. und 23. Sept. 1848, als Flg. in: ZBSt, 1848, Flg., M. 16 und M. 19; LAB, Rep. 240, Acc. 685, Nr. 398; GStA, XII. HA, IV. Flg., Nr. 27/II; im Wortlaut auch in: VZ vom 13. Juli bzw. 10. und 24. Sept. 1848.

6 So beschloß der Verein auf seiner Sitzung vom 10. Juli, einen für den 14. Juli in Nauen ausgeschriebenen Kongreß aller preußischen ,Vereine für König und Vaterland' zu beschicken. Mitte Juli nahm außerdem ein „Verbrüderungs-Comité" des Patriotischen Vereins mit dem gerade ins Leben getretenen Berliner ,Verein für König und Vaterland' Verbindung auf; vgl. VZ vom 20. und 23. Juli 1848. Ende Aug. wurden die zunächst lockeren Beziehungen zwischen den beiden Vereinen intensiviert, vgl. *S. 613.*

7 Springer, Berlins Straßen, S. 193.

Zweck des Preußenvereins, hieß es in einer auf „Berlin, den 17.-21. Mai" datierten programmatischen „Einladung", sei es, den „Landesvater [...] so hoch zu stellen als möglich", außerdem „unsern alten preußischen patriotischen Sinn zu stärken und aufrecht zu erhalten, in Liebe und Kraft für das Beste des theuern Vaterlandes – für unsere seit nahe 500 Jahren geliebte Dynastie der Hohenzollern.' Wir wollen Preußen sein und bleiben, wollen stark und einig an einander halten und" – das war gegen die Forderung nach deutscher Einheit gerichtet – „uns nicht durch Trugbilder verleiten lassen, dasjenige leichtsinnig fortzuwerfen, was uns so lange ehrenwerth und heilig gewesen ist! Es ist Zeit, daß patriotische Preußen sich die kräftige Hand bieten, um Berlin mit seinen unzähligen achtbaren Bürgerfamilien von dem immer näher rückenden Untergang, den Anarchie und Verarmung herbeiführen müssen, zu retten!" Die Demokraten der verschiedenen Couleur seien „die wahren Feinde des Vaterlandes". Sie müsse man „mit ernstem Muthe bekämpfen und schnell Hand an das Werk legen."[8]

Von einem aggressiv antidemokratischen, preußisch partikular-patriotischen Geist waren auch alle späteren Erklärungen dieses Vereins getragen, verbunden mit der Aufforderung an die Behörden, dem „aufwieglerischen Beginnen der hiesigen Umsturzmänner den Boden ihrer Wirksamkeit zu entziehen".[9] Wenn der Preußenverein in seinen Namen die Worte „constitutionelles Königthum" aufnahm und damit suggerierte, er wolle sich den seit dem 18. März eingetretenen Zuständen in ihrer gemäßigten Form nicht entgegenstellen, dann zeigt dies nur, wie dehnbar der Begriff ‚konstitutionelle Monarchie' war. Tatsächlich dachte der Preußenverein nicht daran, sich auf den Boden des „neuen Systems" zu stellen. Sogar die Märzministerien, politisch zwischen Altliberalismus und Reformkonservativismus angesiedelt, attackierte der Preußenverein in aller Schärfe.[10]

---

8 „Es trete also, wer ein preußisches Herz und eine preußische Gesinnung im Busen trägt, dem in diesem Sinne von uns gestifteten Vereine bei." (Nach: Wolff, RC, II, S. 574 f.) Ähnlich auch ein Aufruf des Vereins vom 23. Juli 1848, in Auszügen in: Erich Jordan, Die Entstehung der konservativen Partei und die preußischen Agrarverhältnisse von 1848, München/Leipzig 1914, S. 245. Zur Gründung des Preußenvereins vgl. auch Kuhr, Denkwürdigkeiten, II, S. 75 ff.

9 Vgl. die Erklärungen des Preußenvereins vom 25. Mai, 7. und 12. Juli sowie einen undatierten Aufruf (Ende Juni), in: ZBSt, 1848 Flg., M. 15; VZ vom 26. Mai, 25. Juni, 11. und 14. Juli 1848; ferner Wolff, RC, II, S. 575. Um diesen Zweck zu erreichen, scheute sich der Verein nicht, dem Staatsanwalt Plakate demokratischen Inhalts zuzusenden mit der Aufforderung, deren Urheber wegen Landes- und Hochverrats vor Gericht zu ziehen; vgl. undatierte Erklärungen des Preußenvereins, in: VZ vom 31. Mai und 13. Aug. 1848. Wie der Patriotische Verein, in der Tonlage allerdings schärfer, formulierte der Preußenverein später außerdem Adressen, in denen er dem konservativen General Wrangel seine unzweideutige Unterstützung bekundete, sich vehement gegen jedwede Veränderung der Strukturen der Armee wendete oder die Bürgerwehr wegen vermeintlich demokratischer, antipreußischer Unterströmungen kritisierte; vgl. Erklärungen vom 2. und 23. Juli, 7. Okt., in: ZBSt, 1848 Flg., M. 16; VZ vom 2. Juli, 10. Okt. bzw. KrZ vom 5. Juli 1848.

10 Vgl. Erklärungen des Preußenvereins vom 15. Sept. und 20. Okt., in: VZ vom 16. Sept. und 22. Okt. 1848.

Bei allem politischen Gleichklang waren zwischen Preußen- und Patriotischem Verein doch auch Unterschiede bemerkbar. Eine Differenz zwischen beiden frühkonservativen Vereinen bestand darin, daß der Preußenverein von Beginn an aus seiner preußisch-partikularistischen Tendenz keinen Hehl machte, während der Patriotische Verein zunächst ausdrücklich seine Sympathie „für die deutsche Sache" – auf föderalistischer Grundlage unter Wahrung des monarchischen Prinzips – bekundete. Allerdings begann der Patriotische Verein schon bald von dieser Position abzurücken.[11] Mit dezidiert pro-preußischen Erklärungen sowie einer Stellungnahme gegen den Huldigungserlaß des Reichskriegsministers signalisierte der Patriotische Verein, auf welcher Seite er bei der Kontroverse über Prinzip und Form der deutschen Einigung stand. Aber auch fernerhin bestand zwischen den beiden frühkonservativen Organisationen eine Art Arbeitsteilung: Während der Patriotische Verein zu allen wichtigen politischen Fragen öffentlich Stellung bezog, beschränkte sich der Preußenverein darauf, seinem Namen Ehre zu machen und die Bestrebungen zur deutschen Einigung in scharfen Worten als antipreußisch zu denunzieren. Ein weiterer Unterschied zwischen beiden Vereinen bestand im Tonfall der öffentlichen Erklärungen. Während der Patriotische Verein zurückhaltender formulierte – wohl um seine rechtsliberale Klientel nicht gänzlich zu verprellen – , nahm der Preußenverein kein Blatt vor den Mund. Als „unversönlicher Feind des anarchischen Strebens" war er deshalb „unausgesetzt der Gegenstand des Hasses" der demokratischen Bewegung Berlins.[12]

Darüber hinaus unterschied sich der Preußenverein vom Patriotischen Verein hinsichtlich seiner Mitgliederzahl. Während der Patriotische Verein 1848 nur wenig mehr als ein halbes Hundert konservativer Personen in seinen Reihen zählte, konnte der *Preußenverein* schon bald einen beträchtlichen Mitgliederzuwachs verzeichnen (Tab. 15):[13] An seiner Gründung Ende Mai hatten sich 78

---

11 Wie nahe sich die beiden konservativen Vereine Berlins in der ‚nationalen Frage' im Hochsommer gekommen waren, machten sie in einer gemeinsamen Adresse an das preußische Staatsministerium Ende Juli deutlich. In dieser Eingabe betonten sie, bei aller „edeln Hingebung" an die „deutsche Sache" dürfe Preußen „so wenig wie Österreich dergestalt in Deutschland aufgehen, daß es aus dem europäischen Staatensystem verschwände". (Nach: VZ vom 1. Aug. 1848.)

12 Zitat: Erklärung des Preußenvereins vom 2. Sept., in: VZ vom 3. Sept. 1848. Ein weiterer Differenzpunkt zwischen beiden Vereinigungen war, daß der Patriotische Verein der „socialen Frage" und ihrer Lösung im bürgerlich-sozialreformerischen Sinne beträchtliches Gewicht beimaß. Für den Preußenverein war dies dagegen kaum ein Thema war. Ferner war der Preußenverein stärker zentralistisch organisiert; vgl. Wolff, RC, II, S. 575 f. (wo die Statuten beider Vereine einander gegenübergestellt werden); Schwentker, Konservative Vereine, S. 152 f.

13 Die – insgesamt geringfügigen – Differenzen der Tab. 15 zu den Angaben von Schwentker (Konservative Vereine, S. 170, Tab. 6) erklären sich aus der zum Teil wohl etwas anderen Kategorisierung sowie aus dem Tatbestand, daß ich die Angaben aus der ‚Locomotive' zugrundegelegt habe, die etwas später dann als fliegendes Blatt veröffentlicht wurden (auf letzteres bezieht sich Schwentker). Als ‚Mitglieder' scheinen freilich auch zahlreiche Gäste geführt worden zu

Mitglieder beteiligt. In den folgenden zwei Monaten traten 170 Personen dem Verein bei, so daß gegen Ende Juli der Preußenverein mit knapp 250 Mitgliedern zwar nicht an den Demokratischen Klub und den Volksklub herankam, aber bereits deutlich größer als die kleineren demokratischen Vereine war. Dieses Wachstum führte zu einer gewissen Verschiebung der sozialen Struktur seiner Mitglieder: Innerhalb des Bürgertums, dessen Anteil bei knapp fünfzig Prozent an der Gesamtmitgliedschaft des Preußenvereins lag, verlagerten sich die Gewichte vom anfänglich dominierenden Wirtschaftsbürgertum zur höheren Beamtenschaft und zu den ‚Bildungsbürgern'. Der prozentuale Anteil der Mittelschichten ging zurück; die zahlenmäßige Bedeutung der Handwerksmeister, darunter viele „Hoflieferanten", blieb freilich groß. Seit Ende Mai schlossen sich dem Preußenverein außerdem eine größere Zahl adliger Gutsbesitzer aus dem Umland Berlins, daneben zahlreiche, gleichfalls zumeist adlige Offiziere an. Das ‚proletarische Element' im weiteren Sinne blieb dagegen unbedeutend.

Im *Patriotischen Verein*, dessen Mitgliedschaft sich allerdings lediglich für den Dezember 1848 nach Berufs- und sozialer Schichtzugehörigkeit aufschlüsseln läßt, spielte der ‚alte Mittelstand' keine Rolle; lediglich ein Meister war dem Verein beigetreten. Gesellen und Arbeiter mochten sich dem Patriotischen Verein bis Dezember 1848 ebensowenig anschließen wie Privatbeamte (Angestellte). Auch Offiziere und Gutsbesitzer sucht man vergebens. Ein prozentual größeres Gewicht als im Preußenverein besaßen im Patriotenverein dagegen die hohen Beamten aus Verwaltung, Justiz und Polizei mit 40,9% sowie die ‚Bildungsbürger' mit 25,9%; der Anteil der Wirtschaftsbürger lag mit 10,7% etwas niedriger. Der Patriotische Verein Berlins besaß insofern einen stärker ausgeprägt bürgerlichen Charakter, während der Preußenverein eher als eine Art früher, konservativer Volkspartei anzusprechen ist. Auch mit Blick auf seine relativ große Mitgliederzahl war der Preußenverein der modernere konservative Verein: Er hatte im Gegensatz zum Patriotischen Verein den Charakter einer Honoratiorenpartei wenigstens teilweise überwunden und tendenziell den einer Massenorganisation angenommen. Nennenswerte politische Einbrüche in das Proletariat, vor allem in dessen Kern, die Gesellen und Arbeiter, gelangen freilich auch ihm nicht. Das deutlich höhere durchschnittliche Alter und die meist etablierte berufliche Stellung der Mitglieder sowohl des Preußen- als auch des Patriotischen Vereins bestätigen schließlich eine bereits an anderer Stelle getroffene Feststellung: Der Gegensatz zwischen den konservativen Vereinen und demokratischen Organisationen, namentlich dem Demokratischen Klub, war auch Ausdruck eines

---

sein, die ohne ihr Wissen der Vereinsmitgliedschaft subsumiert wurden. Nach der Veröffentlichung ihrer Namen in der ‚Locomotive' ließ eine Reihe Vereinsmitglieder in der Presse und anderswo erklären, sie sei irrtümlich dort geführt; vgl. entsprechende Erklärungen in der Tagespresse sowie allgemein Springer, Berlins Straßen, S. 83; Jordan, Entstehung, S. 244.

Generationenkonflikts.[14] Der Grund für die je nach Alter unterschiedlichen politischen Präferenzen: *Jüngere* Bürger waren vielfach durch die politischen Anstöße beeinflußt, die von den frühen Liberalen und Sozialisten, den Deutsch-Katholiken und Lichtfreunden, dem ‚Jungen Deutschland' sowie den Junghegelianern in den vierziger Jahren ausgingen; sie tendierten 1848 eher zu den Demokraten. *Ältere* Berliner Bürger waren dagegen durch die Befreiungskriege und die Julirevolution 1830 geprägt, d.h. häufig antifranzösisch und insofern konservativ vorgeprägt.

Tabelle 15: *Sozialstruktur der Mitglieder des Preußenvereins* (Mai bis Juli 1848)

	‚Stammitglieder'		Zwischen Ende Mai und Ende Juli eingetreten		Zusammen	
	v.H.	absolut	v.H.	absolut	v.H.	absolut
Bürgertum (a)	**(52,6%)**	**(41)**	**(44,3%)**	**(75)**	**(45,6%)**	**(113)**
– Wirtschaftsbürger (b)	35,9%	(28)	12,4%	(21)	16,1%	(40)
– höhere Staats- und Kommunalbeamte(zivil)	11,5%	(9)	12,4%	(21)	11,3%	(28)
– ‚Bildungsbürger'(c)	1,3%	(1)	13,0%	(22)	10,5%	(26)
– Rentiers (d)	1,3%	(1)	4,1%	(7)	5,7%	(14)
– Studenten	2,6%	(2)	2,4%	(4)	2,0%	(5)
sonstige gehobene Sozialschichten (e)	**(3,8%)**	**(3)**	**(24,3%)**	**(41)**	**(18,1%)**	**(44)**
– Gutsbesitzer	–	–	12,4%	(21)	8,5%	(21)
– Offiziere (f)	3,8%	3	11,9%	(20)	9,6%	(23)
Mittelschichten (g)	**(41,0%)**	**(32)**	**(28,4%)**	**(48)**	**(33,5%)**	**(83)**
– Meister (h)	34,6%	(27)	16,0%	(27)	22,2%	(55)
– mittl.u.untere Staats- u.Kommunalbeamte	2,6%	(2)	4,7%	(8)	4,0%	(10)
– Privatbeamte/Angestellte	2,6%	(2)	7,1%	(12)	6,5%	(16)
– Gastwirte	1,3%	(1)	0,6%	(1)	0,8%	(2)
Unterschichten	**(2,6%)**	**(2)**	**(3,0%)**	**(5)**	**(2,8%)**	**(6)**
– Gesellen, Gehilfen	1,3%	(1)	0,6%	(1)	0,8%	(2)
– Sonstige	1,3%	(1)	2,4%	(4)	2,0%	(4)
Insgesamt	**100,0%**	**(78)**	**100,0%**	**(169)**	**100,0%**	**(246)**

(a) Da Gesamtheit der Kaufleute und Rentiers unter ‚Bürgertum' subsumiert ist: nur Annäherungswert.
(b) Einschließlich der ‚kleinen' Kaufleute, die sich nicht näher eingrenzen ließen.
(c) Lehrer, Professoren, Ärzte, Zahnärzte, Geistliche, Promovierte ohne Berufsangabe.
(d) Sämtliche Rentiers etc.
(e) Nicht mit Tabelle 1 vergleichbar. Vor allem die Gutsbesitzer, ferner ein Teil der Offiziere hatten ihren Wohnsitz außerhalb Berlins. Insgesamt waren 31 Mitglieder des Preußenvereins nicht in Berlin wohnhaft.
(f) Gemeine Soldaten fanden sich nicht in der Mitgliederliste. (Insofern ist der Ausdruck ‚Militärangehörige' bei Schwentker, S.170, irreführend.)
(g) Da einerseits die Gesamtheit der Meister, nicht jedoch die (‚kleinen') Kaufleute und (‚übrigen') Rentiers unter ‚Mittelschichten' subsumiert sind: nur Annäherungswert.
(h) Gesamtheit der Meister.
(i) „Kunstarbeiter".
(j) Zumeist Dienstpersonal („Bedienter", „Mundkoch" u. ä.).

Quelle: ‚Locomotive' vom 7. Aug. 1848.

---

14 Vgl. Tab. 6, sowie *S. 276, 280 f.* Es ist davon auszugehen, daß das Durchschnittsalter der ‚gemeinen' Mitglieder nicht entscheidend von dem für die Vorstände errechneten abwich. Zu vermuten steht, daß dieser Trend deutschlandweit galt. In anderen europäischen Staaten, namentlich in Frankreich und Italien, wo revolutionäre Veteranen in den Klubs 1848 häufig den Ton angaben, war er demgegenüber nicht so ausgeprägt.

Ein neben dem Patriotischen und dem Preußenverein dritter konservativer Verein[15] wurde am 3. Juli 1848 gegründet: der *‚Verein für König und Vaterland'*. Vorausgegangen war der eigentlichen Gründung am 27. Juni eine Zusammenkunft mehrerer hochkonservativer Bürger und vor allem Adliger, u.a. O. v. Bismarck, A. v. Thadden-Trieglaff, E. v. Senfft-Pilsach, V. A. Huber, während der beschlossen wurde, unter der Federführung Leopold v. Gerlachs ein Strategiepapier auszuarbeiten. Nicht eigentlich die Gründung des ‚Vereins für König und Vaterland', wohl aber dieses Strategiepapier, das noch Ende Juni verfaßt wurde und in späteren Darstellungen als „Geheimprogramm" der ‚Vereine für König und Vaterland' bezeichnet wurde[16], stellt eine fundamentale Zäsur in der Geschichte des preußischen Konservativismus dar. Denn mit diesem Programm ließen sich maßgebliche Vertreter der alten Eliten auch politisch auf die entstehende bürgerliche Gesellschaft ein. Zum ersten Male trugen staatstragende Hochkonservative bewußt dem Tatbestand Rechnung, daß nicht mehr ständische Hierarchien und Zwangsverpflichtungen mit ihren traditionellen Formen der Über- und Unterordnung das politische Leben bestimmten. Wenn der von den alten Eliten verfochtene Hochkonservativismus Bestand haben und Resonanz finden sollte, mußten diese in Konkurrenz zu den anderen Strömungen alle Schichten der Bevölkerung für sich gewinnen. Hauptzweck der neuen „Partei", so Gerlach in dem Strategiepapier, müsse es sein, der Agitation der demokratischen Bewegung durch breite Werbung für die eigenen politischen Ziele durch Plakate, Flugschriften, Presse etc. offensiv entgegenzutreten. Um Wirkung entfalten zu können, sei es notwendig, interne Differenzen zunächst zurückzustellen, mit politisch benachbarten Vereinen Verbindung aufzunehmen und die gemeinsamen Aktivitäten zu bündeln. Die Gründung der Kreuzzeitung Anfang Juli war die eine Konsequenz aus dem Strategiepapier, die preußenweite Konstituierung der ‚Vereine für König und Vaterland' am 3. Juli in Nauen die zweite.

In Berlin machte der Verein in der Folgezeit zwar ab und zu durch Adressen und Aufrufe von sich reden, die sich in ihrer konservativen und preußisch-partikularistischen Tendenz kaum von den Erklärungen der anderen konservativen Organisationen, namentlich denen des Preußenvereins, unterschieden.[17] Zu einer förmlichen Organisation oder auch nur der Konstituierung einer Vereins-

---

15 Ab und an tauchten außerdem auf Flugblättern und öffentlichen Erklärungen Namen von konservativen ‚Klubs' auf, hinter denen tatsächlich keine echte Organisation stand. Vgl. z. B. das einzige Flugblatt eines ‚Vereins zur Wahrung der Rechte und Interessen der Provinz' vom 10. Juni 1848 oder die Erklärung eines konservativen „Menschen-Clubbs" „An das Volk und seine Vertreter" vom 21. Sept. 1848, in: LAB, Rep. 240, Acc. 685, Nr. 172; GStA, XII. HA, IV. Flg., Nr. 27/II; ZBSt, 1848 Flg., M. 12 bzw. M. 20.

16 Vgl. Jordan, Entstehung, S. 253; Schwentker, Konservative Vereine, S. 88; zur Konstituierung des ‚Vereins für König und Vaterland' sowie zum ‚Geheimprogramm' im einzelnen: ebd., S. 87-99.

17 Vgl. z. B. Adresse an das Staatsministerium vom 26. Juli, in: VZ und KrZ vom 27. Juli, oder einen ‚Aufruf' vom 7. Juli, in: NZ vom 20. Juli 1848.

führung im strengen Sinne, geschweige denn zur Bildung einer wirklichen Massenpartei, brachte es der ‚Verein für König und Vaterland' in der preußischen Hauptstadt jedoch nicht.[18] Überhaupt kam dem von Gerlach formulierten Ideal einer modernen konservativen Massenorganisation in Berlin der Preußenverein viel näher. Ende August trugen die drei Vereinigungen ihrer politischen Verwandtschaft Rechnung und bildeten ein gemeinsames Komité, das von jedem Verein mit je zwei Vertretern beschickt wurde. Zweck des Gremiums war es, die politischen Aktivitäten der konservativen Bewegung zu koordinieren und den gegenseitigen Informationsaustausch zu effektivieren.[19]

Von den bisher behandelten allgemein-politischen konservativen Organisationen zu unterscheiden sind weitere Vereine, die eher spezifische Interessen verfolgten, gleichwohl dem Spektrum konservativer Vereine im weiteren zuzurechnen sind. Die wichtigste dieser Organisationen war der *‚Verein zur Wahrung der Interessen des Grundbesitzes und zur Förderung des Wohlstandes aller Volksklassen'*, seit dem 18. August dann ‚Verein zum Schutze des Eigentums und zur Förderung des Wohlstandes aller Volksklassen'. Dieser Verein, auf einer Versammlung von etwa dreihundert Großgrundbesitzern in Stettin am 24. Juli 1848 ins Leben gerufen, war zunächst nichts weiter als die Reaktion vorwiegend adliger Grundherren auf Beschlüsse des Kabinetts Auerswald-Hansemann, die der Preußischen Volksvertretung zur Beratung vorgelegt worden waren.[20] Es gelang ihm innerhalb relativ kurzer Zeit, sich mit etwa dreihundert vielfach mittelbäuerlich dominierten landwirtschaftlichen Vereinen auf das engste zu verbünden und so eine Art machtvoller konservativer Agrarfront zu schaffen. Als auch politisches Gegengewicht zu den demokratischen und liberalen Bewegungen sowie zu den neuen parlamentarisch-konstitutionellen Institutionen präsentierte sich diese Interessenorganisation der preußischen Großgrundbesitzer am 18. August, als auf Initiative Bülow-Cummerows hin drei- bis vierhundert Gutsbesitzer in Berlin zu einer

---

18 Vgl. Schwentker, Konservative Vereine, S. 96 f., 150 f. Das ist nicht unbedingt als Mißerfolg der konservativen Bestrebungen zu interpretieren: Im ‚Geheimprogramm' Ende Juni hatte es sich der Verein zunächst zur Hauptaufgabe gemacht, seine Aktivitäten auf die ländlichen Gemeinden und die Kleinstädte zu begrenzen.

19 Vgl. KrZ vom 27. Aug. 1848; außerdem Jordan, Entstehung, S. 252; Schwentker, Konservative Vereine, S. 113 f. Neben den drei Berliner Vereinen wurde auch der Teltower ‚Bauernverein' in das gemeinsame Komité aufgenommen. Von diesem Komité zu unterscheiden ist ein ‚Zentralkomité der verbundenen monarchisch-konstitutionellen Vereine in Berlin', das am 14. Okt. ins Leben gerufen wurde, um, so jedenfalls Jordan (Entstehung, S. 252), eine dem Andenken der am 18./19. Sept. in Frankfurt ermordeten Hochkonservativen Auerswald und Lichnowsky gewidmete Stiftung zu gründen.

20 Ausführlich: Schwentker, Konservative Vereine, S. 100-113; vgl. außerdem Jordan, Entstehung, S. 254-270; Gerhard Becker, Die Beschlüsse des preußischen Junkerparlaments von 1848, in: ZfG 24. Jg./1976, S. 889-918 (einschl. der wichtigsten Adressen im Wortlaut); Erich Krauß, Ernst v. Bülow-Cummerow, ein konservativer Landwirt und Politiker des 19. Jahrhunderts, Berlin 1937, S. 162-167.

ersten „Generalversammlung des Vereins zur Wahrung der Interessen des Grundbesitzes", dem sog. Junkerparlament, zusammenkamen. Trotz ihrer offensichtlichen politischen Bedeutung nahm die demokratische Öffentlichkeit Berlins kaum und die liberale nur abfällig vom Bülow-Verein und vom Junkerparlament Notiz.[21]

Die *Kriegervereine*, nach Trox die Urform des konservativen Vereinswesens, spielten in der Preußenmetropole dagegen während der Revolutionsmonate nur eine untergeordnete Rolle. Überdies suchten sie sich eindeutiger politischer Parteinahme zu enthalten.[22] Angesichts der Stärke der demokratischen Bewegung in der preußischen Hauptstadt war es hier freilich nicht ohne Risiko, sich offen konservativ zu exponieren. Zudem wollten die Veteranenvereine vermutlich nicht in den Strudel der ,Parteikämpfe' geraten, in den insbesondere die Berliner Landwehrmänner seit den Auseinandersetzungen um die Rückkehr des Thronfolgers seit Mitte Mai gezogen wurden.

Konservative Traditionsbildung – die Inbesitznahme der ,Befreiungskriege 1813 bis 1815'

Auch wenn sich die Kriegervereine selbst nicht weiter exponierten, so spielten doch die Inhalte, die sie repräsentierten, in der zweiten Hälfte des Jahres 1848 eine nicht unwesentliche Rolle: Während des Vormärz war ein positiver Bezug

---

21 „Frankreich hat seine eidscheuen Priester, Preußen seine steuerscheuen Junker." „Die Aristokratie" würde mit dem Junkerparlament auf verlorenem Posten „gegen die demokratische Gerechtigkeit" fechten, so z. B. die NZ am 15. bzw. 22. Aug. 1848.

22 Bis zum Herbstbeginn 1848 konnte man das formell der Bürgerwehr angeschlossene Veteranen-Jäger-Corps *(S. 255 f.)*, den wichtigsten Kriegerverein, der wiederum aus dem 1843 gegründeten ,Trauer-Verein ehemaliger freiwilliger Jäger und Kampfgenossen aus den Jahren 1813, 1814, 1815 zum Behuf des militairischen Begräbnisses verstorbener Kameraden' hervorgegangen war, nicht eindeutig dem konservativen Lager zuschlagen, jedenfalls nicht, wenn man seine Selbstzeugnisse zugrunde legt. Zur politischen Haltung des Vereins 1848 vgl. vor allem seine Erklärung vom 4. Juni, in der er sich gegen „Verdächtigungen" von demokratischer Seite wehrte, das Corps bilde einen organisatorischen Stützpunkt der ,Reaction'. (In: VZ vom 6. Juni 1848.) Ähnlich wie der am 10. Juli 1848 gegründete mehr als 700 Mitglieder starke ,Verein der Civilversorgungs- und Anstellungs-Berechtigten ehemaliger und noch gegenwärtiger Militairs' ist das knapp 250 Mitglieder zählende Veteranen-Jäger-Corps eher als vorpolitischer Interessenverband militärischer Veteranen anzusprechen. Zum Veteranen-Jäger-Corps (inkl. Angaben zur ausgeprägt bürgerlichen Sozialstruktur) vgl. Trox, Militärischer Konservativismus, S. 172 f., 182 f.; zum ,Verein der Civilversorgungs- und Anstellungs-Berechtigten' vgl. VZ vom 13. und 19. Aug. 1848. Neben dem Veteranen-Jäger-Corps gab es außerdem einen 1846 gegründeten ,Militär-Begräbniß-Verein zu Berlin', der im Revolutionsjahr nicht weiter hervortrat, einen ,Verein der freiwilligen Jäger und Kampfgenossen' (nicht identisch mit dem ,Veteranen-Jäger-Corps') sowie einen ,Verein zur Einfriedung des Waldfriedhofs in der Hasenheide', der wie zuvor in jedem Jahr auch 1848 eine „jährlich-gottesdienstliche Todtenfeier zum Andenken an die gebliebenen und verstorbenen Waffengefährten aus den Jahren 1813, 1814 und 1815" beging; vgl. Trox, Militärischer Konservativismus, S. 52; VZ vom 29. Aug.; SZ vom 20. Aug. 1848.

auf die Befreiungskriege 1813 bis 1815 für sämtliche, damals freilich noch unausgebildeten politischen Strömungen charakteristisch – selbst für die meisten frühen Demokraten und Linksliberalen. Das änderte sich etwa seit Mai 1848. Von diesem Zeitpunkt an entwickelten sich die Befreiungskriege, wie die Lektüre der zahlreichen Proklamationen der drei konservativen Vereine Berlins, aber auch zahlreiche Eingesandts von Einzelpersonen namentlich an die Vossische Zeitung zeigen, zu einem politisch-historischen Bezugspunkt nurmehr der Konservativen. Die Demokraten bezogen sich seitdem lediglich in Ausnahmefällen auf die Freiheits-Traditionen von 1813/15[23], meist mit leicht durchschaubarem taktischen Kalkül und ohne den erhofften politisch-psychologischen Erfolg. Die Gründe hierfür liegen auf der Hand: Der positive Bezug auf die Befreiungskriege war immer schon mit Ressentiments gegen Frankreich als das ‚Mutterland‘ der Revolution verbunden; Napoleon galt den Konservativen als ‚Nachgeburt‘ der Revolution. Für die Gegner der Märzrevolution war der 18. März ein Werk französischer Emissäre bzw. des bösen französischen Geistes. Erst seit Mai 1848 allerdings wagten die Konservativen in der preußischen Hauptstadt dies auch offen auszusprechen. Die bewußt immer wieder vorgenommene Spaltung in ‚preußisch‘ (positiv) und ‚französisch‘ (negativ) ließ die Befreiungskriege für die Konservativen zum erfolgreichen Beispiel werden, wie man sich des ‚französischen Geistes‘ erfolgreich erwehren könne.[24] Zusätzliche Nahrung erhielt das mit Angst gepaarte bürgerlich-konservative Ressentiment gegenüber dem vermeintlich ‚französischen Geist‘ der Berliner Demokraten durch den Zeughaussturm und den Pariser Juniaufstand.[25]

---

23 Vgl. die Flugschrift ‚Die Demokraten Berlins an ihre Brüder, die Soldaten‘, zit. S. *708 f.*

24 Um überhaupt für die aktuell-politische Auseinandersetzung instrumentalisierbar zu werden, mußte die Befreiung von der napoleonischen Herrschaft auf die äußere Form des bloß militärischen Kampfes gegen die französische Besatzung reduziert werden. In einseitiger Sicht der Ereignisse 1813 bis 1815 behaupteten die Konservativen während des Revolutionsjahres, nur eine starke Armee in traditionellen Strukturen und die absolute Loyalität zur Hohenzollernmonarchie könnten den bösen französischen Geist aus dem Lande vertreiben – damals Napoleon, ‚heute‘ (1848) die Revolution. Entsprechende Erklärungen konservativer Landwehrleute (vgl. z. B. eine „mit Gott für König und Vaterland" überschriebene Erklärung von 65 Landwehrmännern und -unteroffizieren aus Treuenbrietzen und Umgebung oder die eines Danziger Landwehrbataillons, in: VZ vom 17. und 26. Mai 1848) und andere Eingesandts in der gemäßigtbürgerlichen Berliner Presse waren nur ein Widerhall: Namentlich die Ende Juni von Louis Schneider gegründete ‚Deutsche Wehr-Zeitung‘ suchte erfolgreich, loyale Stimmungen zugunsten der Hohenzollernmonarchie und ‚ihrer‘ Armee durch den Rückgriff auf die Erinnerung an die „glorreiche Zeit der Befreiungskriege" als des „leuchtenden Vorbilds unwandelbarer Treue" zu aktivieren. Ausführlich: Trox, Militärischer Konservativismus, S. 47 f., 122-134, 139-147.

25 Vgl. exemplarisch die „Rundschauen" Leopold v. Gerlachs in der KrZ vom 8. Aug. und 5. Okt. 1848.

Die 35. Wiederkehr der Schlacht bei Großbeeren (23. August 1813)[26] war ein weiterer Meilenstein, die Befreiungskriege zum historischen Erbe der Konservativen zu machen. Bereits am 13. August 1848 kündigte die Vossische Zeitung ihren Lesern an, daß die Feier an dem diesjährigen Gedächtnistag „vorzugsweise umfassend" sein werde; denn sie „habe in diesem Jahre eine größere Bedeutung als jemals, da sie zum Anschlußpunkt für alle diejenigen dienen kann, welche in der ruhmwürdigen Geschichte unseres [preußischen] Vaterlandes, zumal in seiner Thatkraft im Befreiungskampfe Deutschlands, ein begründetes Recht erkennen, seine Selbständigkeit zu bewahren". Das war eine Bemerkung, nicht nur gegen den ‚französischen Erbfeind' gerichtet, sondern – aus der Position des vornehmlich von den Konservativen getragenen preußischen Partikularismus – genauso gegen die Absichten der Paulskirche, ein einiges Deutschland auf konstitutioneller Grundlage zu errichten. Am 27. August kam es unter diesen Prämissen zu der angekündigten „ächten, lebendigen Erinnerungsfeier", die „vielleicht noch niemals so zahlreich besucht, so festlich begangen [wurde] als diesmal".[27] Spätestens seit dem Spätsommer 1848 hatten die Konservativen die antinapoleonischen Befreiungskriege als eigene Tradition, als historischen Besitz endgültig vereinnahmt – ein nicht ganz unwichtiger Gewinn, wenn man den Stolz auch vieler liberaler und ‚unpolitischer' Berliner Bürger auf ihre ‚ruhmreiche' preußische Geschichte bedenkt.[28]

Weniger erfolgreich waren die Konservativen in ihrem Bemühen, die ‚niederen Volksklassen', das „irregeleitete Volk", auf ihre Seite zu ziehen. Das Berliner Polizeipräsidium kam in einem ausführlichen Bericht vom 27. Oktober 1848, einer Art offiziellem Resümee des Einflusses der verschiedenen politischen Organisationen, zu dem Ergebnis, daß der Patriotische und der Preußenverein – ebenso wie der (liberale) Konstitutionelle Klub – einen Einfluß „auf das Volksle-

---

26 An diesem Tage wurde im Umfeld des ganz in der Nähe der preußischen Hauptstadt gelegenen Ortes Großbeeren die Nordarmee der Verbündeten Napoleons, die unter der Führung des schwedischen Kronprinzen Bernadotte stand, geschlagen. Es war die erste große Schlacht seit dem politischen Frontwechsel Preußens. Den Schlachtenlärm konnte man damals selbst in Berlin hören. Der Sieg von Großbeeren, der die Befreiung Berlins und Preußens von der französischen Besatzung einleitete, wurde seitdem alljährlich gefeiert.

27 Vor der Dorfkirche in Großbeeren „war ein Altar aufgestellt, rings mit preußischen Fahnen umgeben; auch flatterte die preußische Fahne vom Turme herab." Nach einer Predigt brachten die etwa fünftausend Teilnehmer der Gedenkfeier Toasts auf die „gefallenen Kameraden" und den „verewigten Könige Friedrich Wilhelm III. [aus]. Nicht mit Gläserklang, sondern mit kriegerischem Gruß, durch Präsentiren des Gewehrs und durch das vom Musikchor gespielte: ‚Heil Dir im Siegerkranz!' wurde dieser Toast bezeichnet. Dann folgten, mit freudigem Anklang überall aufgenommen, die Trinkgrüße: Auf den König und die Königin! Auf den Prinzen von Preußen! Auf das ganze königliche Haus." (Zitate: VZ vom 29. Aug. 1848.)

28 Demokratische Korrekturen dieses Bildes, wie sie z. B. Gustav Julius in der BZH vom 30. Juli 1848 versuchte, „das preußische *Volk*" und „nicht der preußische Staatsorganismus" hätten Preußen „und Deutschland errettet", waren zwar in ihrem sachlichen Kern richtig, aber vergebens, was ihre massenspsychologische Wirkung anbetrifft.

ben bis jetzt keineswegs in solchem Grade [hätten] geltend machen können, als es in dem Bestreben derselben gelegen haben mag." Vom „Auftreten" der liberalen und konservativen Vereine würden „sich die niedern Volksklassen, welche der Einwirkung am meisten bedürftig sind, um so weniger angezogen fühlen, als die demokratischen Clubbs sich weit energischer" für die „zum Theil übertriebenen und ungestümen Anforderungen des Volkes" erklärten, „das ganze Elend der ärmeren Bevölkerung dem egoistischen und volksfeindlichen Verhalten der Regierung zuschreiben und nichts unterlassen, um unter dem Volk die Ansicht zu vertreten, daß sie allein den Willen und die Kraft hätten, seine Leiden zu lindern."[29]

Es wäre allerdings verfehlt, die politische Bedeutung der konservativen Vereine darauf zu reduzieren, daß sie lediglich „durch Adressen, Proteste und Eingaben einen gewaltigen Lärm zu machen strebten".[30] Innerhalb des Berliner Bürgertums und Kleinbürgertums gewannen sie seit dem Frühsommer vielmehr kontinuierlich an Einfluß. Bereits die Neuwahlen zur Stadtverordnetenversammlung, an der sich nur die meist vermögenden Inhaber des Berliner Bürgerrechts beteiligen durften, hatten im Vergleich zum Vormärz einen Rechtstrend in der Berliner Bürgerschaft signalisiert. Dieser Stimmungsumschwung ging nicht in erster Linie zu Lasten der Demokraten, die im eigentlichen Bürgertum von Anfang an nur relativ geringe Resonanz gefunden hatten, sondern vor allem zu Lasten der im Konstitutionellen Klub organisierten ‚authentischen' Liberalen.

„Halb kalt, halb warm – das kann sich nicht halten": der Niedergang des Konstitutionellen Klubs

Nach dem Ausscheren des rechten und des linken Flügels – als Patriotischer Verein und ‚Verein für Volksrechte' – verblieben im Konstitutionellen Klub diejenigen, die sich weder mit dem „Absolutismus" der Hochkonservativen noch mit demokratischen Positionen im engeren Sinne identifizieren mochten. Allerdings wurde die Distanz nach links und rechts nicht gleichermaßen gewahrt.

Zwar wolle man, hieß es in einer Art Grundsatzerklärung des Konstitutionellen Klubs vom 4. Juli, weiterhin „die offenen oder heimlichen Umtriebe der Reaction bekämpfen [...]. Gegenwärtig aber erkennen wir die drohendste Gefahr für [die]

---

29 Bericht des Polizeipräsidiums (i. A. Lüdemann) an den Innenminister Eichhorn vom 27. Okt. 1848, in: BLHA, Rep. 30, Tit. 94, Nr. 14377, Bl. 27 Rs. u. 28; vgl. außerdem GStA, Rep. 77, Tit. 662, Nr. 1, Bd. 1, Bl. 84 Rs. und 118 Rs. Die erstgenannte Quelle ist die Urversion, die zweite die dem Innenministerium übersandte Reinfassung des Berichts des Polizeipräsidenten über die Berliner Vereine.

30 So Erich Jordan (Entstehung, S. 245), der erste Chronist des konservativen Vereinswesens in Preußen während des Jahres 1848. Zur Stadtverordnetenwahl vom Mai 1848 vgl. S. 303 f.

Grundpfeiler wahrhafter Volksfreiheit in den Bestrebungen der republikanischen Parthei, welche, im Namen einer angeblichen Demokratie, [...] die Zwecke einer kleinen Fraction für den Willen des Volkes ausgiebt, und diese Zwecke mit Mitteln verfolgt, die eine fortwährende, alle Interessen der Gesellschaft beeinträchtigende Agitation veranlassen und endlich eine beklagenswerthe Katastrophe herbeiführen müssen." Die demokratisch-republikanische Partei könne „eine traurige Störung in die Entwicklung unserer Freiheit bringen, wenn ihrem Treiben nicht mit derselben Energie entgegengetreten wird, die sie selbst entwickelt."[31]

Am 22. August beschloß der Klub deshalb, den Justizminister um den „schleunigen Erlaß einer Aufruhr-Akte" anzugehen. Im selben Beschluß wurde – charakteristisch für den Drahtseilakt der Liberalen nicht nur in dieser Frage – freilich zugleich „gegen jede beabsichtigte Beschränkung des Assoziations-Rechtes Verwahrung eingelegt."[32] Schwierigkeiten hatten die Konstitutionellen auch, ihr Verhältnis zur Märzrevolution zu bestimmen. Im liberalen Klub spielte sich im kleinen eine ganz ähnlich kontroverse Debatte über die „Anerkennung der Revolution" wie im Großen zwei Wochen zuvor in der Preußischen Nationalversammlung ab. Um den linken Flügel nicht zu verprellen, einigte man sich schließlich auf die salomonischen Sätze: „Die Revolution hat dem Volke das Bewußtseyn seiner Souveränität gegeben, ohne die Existenz des Königsthums anzutasten; der neue Rechtszustand, eine Errungenschaft der Revolution, ist auf verfassungsmäßigem Wege begründet worden."[33] Konnte man daraus eine, wenn auch eingeschränkte „Anerkennung" der Märzrevolution herauslesen, so fiel der Klub andererseits mit seinem Konzept von ‚konstitutioneller Monarchie' hinter die im April 1848 durchgesetzte Verfassungswirklichkeit zurück, indem er ein parlamentarisches Zwei-Kammer-System favorisierte, ein suspensives „königliches Veto" allerdings ablehnte. Auch ein Beschluß der Mehrheit der Konstitutionellen Klubs, in dem diese für die „Beibehaltung" des Adels votierte, brachte zum Ausdruck, daß die meisten organisierten Liberalen Berlins mit dem rechten

---

31 Aufruf des Berliner Konstitutionellen Klubs vom 4. Juli an die „ihm verbrüderten" Klubs in den Provinzen, sich zum 22. Juli in Berlin zu einem Kongreß einzufinden, nach: SZ vom 9. Juli 1848. Vgl. auch S. 645 ff. Die häufig recht unterschiedliche Bewertung der politischen Gegner führte freilich immer wieder zu Kontroversen zwischen den Klubmitgliedern. Während der Sitzung vom 26. Juni z. B. kritisierte ein Teil der Mitglieder, daß in dem Entwurf einer Adresse an die befreundeten Klubs in den Provinzen „zwar der Kampf gegen die Republikaner und Anarchisten, aber zu wenig gegen die Reaktion angekündigt worden sei"; vgl. VZ vom 29. Juni 1848. In der zweiten Juni- und der ersten Julihälfte standen die Vorbereitungen für den Kongreß der Konstitutionellen Vereine Preußens sowie (das gilt auch für die Zeit danach) die Diskussion der „Grundprinzipien der künftigen preußischen Verfassung" thematisch im Zentrum der Vereinssitzungen.

32 Sitzung vom 22. Aug. 1848. Berichte, zum Teil Wortprotokolle, über diese und die im folgenden erwähnten Sitzungen finden sich in der Regel jeweils zwei, drei Tage später in der VZ, NZ und SZ. Vgl. außerdem Erklärungen des Konstitutionellen Klubs vom 23. und 28. Aug., in: LAB, Rep. 240, Acc. 685, Nr. 365; SZ vom 29. Aug. 1848.

33 Zu dieser Debatte vgl. vor allem die Sitzungen vom 22. Juni und (Zitat:) 17. Juli 1848.

Zentrum der Volksvertretung Preußens, deren jeweilige Debatten meist auch den Diskussionsstoff der Sitzungen des Konstitutionellen Klubs abgaben, sympathisierten. Zugleich erklärte der Klub freilich: „Die bisherige Gesetzgebung wegen Anmaßung des Adels hört auf"; „die Krone hat nicht das Recht der Adelsverleihung".[34] Ähnlich widersprüchlich war die Haltung des Klubs zur ‚Militärfrage': Auf Ablehnung stieß der Beschluß der Preußischen Nationalversammlung Anfang August, es konservativen „Offizieren zur Ehrenpflicht zu machen, aus der Armee auszutreten", wenn sie nicht „mit Aufrichtigkeit und Hingebung an der Verwirklichung eines konstitutionellen Rechtszustandes mitarbeiten" wollten oder könnten.[35] Anfang September nahm er diesen Beschluß insofern wieder zurück, als er das Ministerium als „unconstitutionell" kritisierte, weil es sich in dieser Frage nicht an Entscheidungen des Parlaments Preußens halte. Am 21. September beschloß der Klub schließlich sogar eine „Petition in Bezug auf die Beschleunigung der Militairreformen".[36] Eindeutig dagegen war die Stellung des Konstitutionellen Klubs zur deutschen Einheit. Der liberale Verein stellte sich meist vorbehaltlos hinter die Beschlüsse der Paulskirche und rechtfertigte diese auch öffentlich.[37]

Die in vielen Fragen unklare, häufig schwankende Haltung des Konstitutionellen Klubs[38] hatte für ihn fatale Folgen: Sie ließ sich der Öffentlichkeit schwer vermitteln. Manche Sitzungen seien „wie nasses Stroh", bemerkte die den organisierten Liberalen an sich gewogene National-Zeitung am 15. August. Nachdem die liberale Organisation Ende Juli zunächst mit Erfolg einen Kongreß der konstitutionellen Vereine (Nord-)Deutschlands durchgeführt und wenig später mit

---

34 Beide Beschlüsse wurden am 7. Aug. 1848 gefaßt. Neben den aktuellen Debatten der PrNV wurden vor allem wirtschaftliche und finanzpolitische Fragen, namentlich die Forderung nach Freihandel und Steuergerechtigkeit, auf den Sitzungen des Konstitutionellen Klubs diskutiert.

35 Vgl. Sitzung vom 11. Aug. 1848.

36 Vgl. VZ vom 7. und 23. Sept. 1848; ferner *S. 708, Anm. 30.* Auch in anderer Hinsicht bezogen die organisierten Liberalen gegen restriktive Maßnahmen der Obrigkeit Stellung. So ergriffen sie für das Bürgerwehrkommando Partei, wenn z.B. Militär nach Berlin zurückbeordert wurde, ohne daß die Führung der Bürgermiliz vorher konsultiert worden war. Oder sie kritisierten, daß das Institut der Konstabler ohne „genügende Mitwirkung der Bürgerschaft" ins Leben getreten sei; vgl. die Sitzungen vom 6. Juli und 15. Aug. sowie die öffentliche Erklärung des Klubs vom 7. Juli 1848.

37 Obgleich in dieser Hinsicht an sich eindeutig exponiert, suchte er auch hier „zu beschwichtigen" und „Adressen im Sinne der Verständigung" zu verfassen – und setzte sich selbst in Sachen deutsche Einheit so immer wieder zwischen alle Stühle. (Zitate aus den Redebeiträgen von Mitgliedern während der Sitzung vom 27. Juli, in der es um die Huldigung des Reichsverwesers ging.) Ähnlich mäßigend suchte der Hauptredner des Klubs auch auf der sehr gut besuchten Volksversammlung des Konstitutionellen Klubs am 31. Juli 1848 (Anm. 39) zu wirken.

38 Die KrZ sprach am 19. Juli 1848 davon, daß der Klub sich „oft in seinen Abstimmungen des Vorwurfs der Inconsequenz schuldig gemacht" habe. Schon am 25. Juni zitierte die SZ das „schlimme Zeugniß" eines Mitglieds, die „constitutionelle Partei wisse nicht, was sie eigentlich wolle."

einer gutbesuchten Volksversammlung ihre Mobilisierungsfähigkeit ein letztes Mal unter Beweis gestellt hatte[39], wurden ihre Veranstaltungen und Sitzungen immer spärlicher besucht. Die Kreuzzeitung höhnte: „Halb kalt – halb warm – das kann sich nicht halten", und meldete Ende Oktober 1848: „Der hiesige Konstitutionelle Klub soll wegen Mangel an Theilnahme seiner Auflösung entgegensehen."[40] In der Tat war der Klub in einem unauflösbaren Dilemma befangen: Eingeklemmt zwischen den politischen Polen, verlor er in einer Zeit der Polarisierung zwangsläufig an Anhängern. Neue Mitglieder konnte er nur aus dem Bürgertum und den Mittelschichten rekrutieren. Denn den Zugang zum Proletariat hatte er sich durch sein fehlendes Verständnis für die Nöte der niederen Bevölkerungsgruppen, die Verteufelung der politisierten Unterschichten als ‚anarchischen Pöbel' und nicht zuletzt durch seine recht weitgehende Identifikation mit der Politik der Märzministerien, die der ‚sozialen Frage' und ihrer Lösung nur periphere Aufmerksamkeit schenkten, verbaut. Betrachtet man Zustand und schwindende Bedeutung des Konstitutionellen Klubs seit Sommer 1848, dann war eingetreten, was führende Konservative prognostiziert und bewußt angestrebt hatten: Die organisierten Liberalen wurden zwischen dem demokratischen und dem konservativen Block zusehends aufgerieben.[41] Demokratische und konservative Partei entfalteten allerdings in jeweils unterschiedlicher Weise politische Wirkung und besaßen verschiedene soziale Schwerpunkte: Die Konservativen gewannen in den gehobenen Bevölkerungsschichten an Einfluß, die Demokraten in den unteren.

---

39 Die VZ sprach von zehn- bis fünfzehntausend Menschen, die der Versammlung vom 31. Juli beiwohnten; vgl. VZ vom 1. Aug. 1848. Zu einer weiteren Volksversammlung am 27. Aug. kamen dann (nach Angaben der VZ vom 28. Aug. 1848) nur noch zwischen 1200 und 1500 Personen. Zum Kongreß der liberal-konstitutionellen Vereine vgl. *S. 646 f.*

40 KrZ vom 27. Okt.; vgl. auch NZ vom 26. Okt. 1848. Bereits Anfang Aug. und erneut Ende Sept./Anfang Okt. berichtete die Tagespresse über die „außerordentlich niederbeugenden", finanziellen Probleme des Klubs, verursacht durch die geringe Zahlungsmoral der Mitglieder. Der Polizeipräsident berichtete dem Innenminister gleichfalls, der Konstitutionelle Klub habe „sehr an Theilnahme verloren". (Bericht vom 27. Okt. 1848 [2. Version; Anm. 29], Bl. 85 bzw. 119.) Die Behauptung Gebhardts (Revolution und liberale Bewegung, S. 47), daß die mit der Ausrufung des Belagerungszustands am 12. Nov. verfügte Schließung aller politischen Vereine nur der anstehenden Selbstauflösung des Konstitutionellen Klubs zuvor kam, dürfte zutreffend sein.

41 Vgl. z. B. den Brief H. Leos an K. W. v. Rappord vom 27. Juli 1848, in: Schwentker, Konservative Vereine, S. 88, Anm. 5.

... beim Bürgertum in „Mißcredit" – soziale Basis, Selbstverständnis und Aktionsfelder der demokratischen Vereine nach dem Zeughaussturm

Während die Konservativen ihren Einfluß mehr indirekt, ‚stimmungsmäßig' ausübten, war der der Demokraten sichtbarer. Er ließ sich nicht zuletzt an den wachsenden Mitgliederzahlen der Klubs und ihrer nach wie vor beachtlichen Fähigkeit, große Menschenmassen für Demonstrationen und Volksversammlungen zu mobilisieren, ablesen. Zwar hatte ihre Mobilisierungsfähigkeit gelitten. Dem Zug zum Kreuzberg am 6. August anläßlich der Huldigung für den Reichsverweser schlossen sich ‚nur' knapp zwanzigtausend, der spontanen Demonstration gegen den Überfall auf die Charlottenburger Demokraten maximal zehntausend Menschen an; zu den großen Demonstrationen vom 12. bis 24. Mai und vor allem vom 4. Juni hatten sich weit mehr Teilnehmer eingefunden. Auch Volksversammlungen wurden seltener einberufen und dann nicht mehr von Zehntausenden, sondern ‚lediglich' noch von meist vier- bis fünftausend Menschen besucht.[42] Dies lag jedoch nicht zuletzt an einer Veränderung der Politikformen: Statt auf Großkundgebungen zu setzen, legte man ein verstärktes Gewicht auf kontinuierliche Vereinsarbeit.[43] Die wachsenden Mitgliederzahlen sind insofern ein aussagekräftigeres Indiz für die nach wie vor große Resonanz der demokratischen Bewegung. Allein der Demokratische Klub zählte im Hochsommer weit mehr als tausend Mitglieder.[44] Seine Sitzungen nahmen seit Sommer den Charakter regelmäßiger Großveranstaltungen an. Und auch die Sitzungen der kleineren demokratischen Vereine arteten des öfteren zu Massenversammlungen aus. Die „Theilnahme" an den Veranstaltungen der verschiedenen Organisationen der „demokratischen Partei" war mitunter (wie die Vossische Zeitung Ende August meldete) so „außerordentlich groß", daß „mehrere hundert" Besucher „zurückgewiesen werden mußten, weil das Lokal schon überfüllt war."[45]

---

42 Eine Ausnahme war die von allen demokratischen Klubs einberufene Volksversammlung vom 10. Juli 1848, die nach Angaben der BZH von 12 000 Personen besucht wurde. Zu den genannten Demonstrationen vgl. *S. 328 ff., 558 ff. und S. 678 ff.*

43 Diese Veränderung der Politikpraxis war zu einem guten Teil durch die Obrigkeit erzwungen: Seit 8. Juli wurde die polizeiliche Anmeldepflicht für Großveranstaltungen unter freiem Himmel, der sich anfangs vor allem der Demokratische Klub widersetzt hatte, auch tatsächlich durchgesetzt; vgl. *S. 600 f.* Darüber hinaus entsprang das Bestreben, ‚Politik' auf geschlossene Räume zu begrenzen, in starkem Maße einer tiefsitzenden Mentalität der in den demokratischen Vereinen tonangebenden bürgerlichen Demokraten; vgl. *S. 494.*

44 Die BZH sprach am 29. Juni 1848 von über 1200 Mitgliedern, Wolff (RC, III, S. 231) für Anfang Juni von 1100 Mitgliedern des Demokratischen Klubs.

45 VZ vom 27. Aug. 1848; vgl. auch die übrige Tagespresse vom selben Tage. Die Meldung bezog sich auf eine Veranstaltung am 25. Aug. im Versammlungssaal der ‚Villa Kolonnna', zu der mehrere demokratische Vereine aufgerufen hatten. Daß dies jedoch kein Einzelfall war und auch zu

Berliner Clubbs.

Der politische Clubb.   Der Constitutionelle Clubb.   Der patriotische Verein.

Wir haben eine **Revolution** gemacht!   Man hate eine Revolution **gemacht!**   Na, wer **hat** denn man eigentlich die Revolution gemacht?

„Vorzugsweise" die „democratischen Clubbs" würden eincn ebenso großen wie nachtheiligen Einfluß auf die niedern Schichten der Gesellschaft bis jetzt ausüb[en]", stellte das Berliner Polizeipräsidium in einem Bericht vom 27. Oktober 1848 an den preußischen Innenminister fest. „Die Arbeiter wurden mit den verkehrtesten Ideen über ihre Berechtigungen erfüllt; jeder Schritt der Behörden, welcher auf Herstellung der Sicherheit u. Ordnung bedacht war, galt für Reaction".[46] So wie die liberalen und konservativen Vereine keinen Zugang zu den Unterschichten fanden, sondern, jedenfalls in der preußischen Hauptstadt, in ihrem Wirkungsfeld auf das Bürgertum und das verängstigte Kleinbürgertum beschränkt blieben, so geriet umgekehrt namentlich der Demokratische Klub im Bürgertum „in Mißcredit". „Die besseren Locale innerhalb der Stadt", in denen der Demokratische Klub bis zu diesem Zeitpunkt regelmäßig getagt hatte, bemerkte das Polizeipräsidium in einem Bericht an den Innenminister vom 20. Juli 1848 nicht ohne Häme, „sind ihm von den Eigenthümern verwehrt worden, er hält daher seine Sitzungen gegenwärtig in dem im Voigtlande belegenen Vergnügungslocal Eldorado, wo er freilich Gelegenheit hat, die in jener Gegend

---

anderen Anlässen demokratische Veranstaltungen überfüllt waren, ist z.B. der NZ vom 29. Juni 1848 zu entnehmen.

46 Wie Anm. 29. Hier: Bl. 28-29 bzw. 120 f. und 96 u. Rs. Ähnliche Äußerungen finden sich bereits im Bericht des Polizeipräsidenten vom 20. Juli 1848 an den Innenminister (Anm. 47).

zahlreich wohnenden ärmeren Classen um sich zu sammeln."[47] Die politischen Fronten verliefen im übrigen nicht allein entlang den sozialen Scheidegrenzen, sondern außerdem zwischen der jungen und der alten Generation: Vor allem die *„jugendlichen* Redner" in den demokratischen Vereinen, so der Insider Streckfuß in seiner Schrift über das demokratische Organisationswesen im Jahre 1848/49, seien mit ihrem „feurigen Enthusiasmus" „nach dem Sinne" der „Arbeiter" gewesen, die die „Hauptbevölkerung aller [demokratischer] Vereine" ausmachten. „Schallende Bravo's belohnten jede excentrische Äußerung, während der Lohn einer ruhigen, gemäßigten Sprache gewöhnlich ein durchdringendes Zischen war." Besondere Anziehungskraft auf die junge Generationen und die politisierten Unterschichten habe die größte und radikalste Berliner Organisation, der Demokratische Klub, gehabt.[48]

Für die kleineren Vereine, vom Sozialverein und Lindenklub abgesehen, galten die skizzierten Tendenzen nur eingeschränkt. Zwar waren die Vorstände und vermutlich ebenso die einfachen Mitglieder sämtlicher demokratischen Vereine im Durchschnitt deutlich jünger als die des Konstitutionellen Klubs bzw. der konservativen Vereine. Indessen bestanden innerhalb der demokratischen Bewegung bemerkenswerte Unterschiede: Die Vorstände, und wohl auch die einfachen Mitglieder, der drei kleineren Vereine waren durchschnittlich um mehrere Jahre älter als die des besonders radikalen, großen Demokratischen Klubs. Im ‚Verein für Volksrechte', dem Volksklub und dem Reformklub war darüber hinaus innerhalb der Mitgliedschaft das bildungsbürgerliche Element auch in der zweiten Jahreshälfte stark vertreten, das ‚proletarische' dagegen kaum.[49] Aber selbst mit Blick auf den Demokratischen Klub wäre es verfehlt anzunehmen, aufgrund seiner starken sozialen Basis in den Unterschichten hätte er ein gewissermaßen proletarisches Profil besessen. In dieser demokratischen Massenorganisation gaben – wie in vergleichbar radikalen Organisationen anderer Städte auch[50]

---

47 In: BLHA, Rep. 30, Tit. 94, Nr. 14377, Bl. 4 u. Rs., sowie GStA, Rep. 77, Tit. 501, Nr. 3, Bd. 3, Bl. 85. Die Bemerkung zum „Mißcredit" ist auch wörtlich zu nehmen: Der Demokratische Klub hatte im Hochsommer beträchtliche Schwierigkeiten, seine politischen Aktivitäten zu finanzieren; vgl. ebd., Bl. 4 bzw. 84 Rs. Ähnliche Probleme wie der Demokratische Klubs hatte auch der Wiener ‚Klub der Volksfreunde'. Ihm wurde gleichfalls das bisherige, gutbürgerliche Tagungslokal versperrt, nachdem dessen Eigentümer durch „die öffentliche Meinung erschreckt" worden waren, durch die Furcht des Bürgertums vor einer neuen, demokratisch-sozialen, „revolutionären Welle"; vgl. Häusler, Massenarmut, S. 208.

48 Adolph Streckfuß, Die Organisation der Volkspartei in Berlin, Berlin 1849, S. 3 f.

49 Hier muß allerdings differenziert werden: Im ‚Verein der Volksrechte' war ein Teil der Gründungsmitglieder und des Vorstandes ‚proletarisch' (u.a. Born, Bisky und Ottensosser; KBA), ebenso im Reformklub, während umgekehrt die Basis bürgerlich geprägt war. Zur Sozial- und Altersstruktur der Vorstände der demokratischen Vereine vgl. Tab. 5 sowie *S. 276 f., 280.*

50 Zur meinungsbildenden Rolle bürgerlicher Intellektueller in demokratischen Vereinen anderswo vgl. Siemann, Deutsche Revolution, S. 104; Wettengel, Revolution, S. 197 ff., 209 f., 215; Seyp-

– weiterhin vornehmlich beruflich nicht eingebundene, jüngere Intellektuelle den Ton an. Daran änderte sich, trotz einer Verschiebung der sozialen Basis hin zu den Unterschichten, auch in der zweiten Hälfte des Jahres 1848 nichts.

Allerdings veranlaßte die starke Resonanz in den niederen Bevölkerungsschichten namentlich den Demokratischen Klub, sich seit Juni 1848 verstärkt der ,sozialen Frage' zuzuwenden.[51] Ähnlich wie bei Sozialreformern liberaler Provenienz war das sozialpolitische Wirken des Demokratischen Klubs weniger von sozialistischen Zielen inspiriert, als von karitativ ausgerichteter Fürsorge getragen. Wie große Teile der demokratischen Bewegung in Deutschland glaubte auch der radikale Demokratische Klub Berlins, mit einer vollständigen Demokratisierung der Gesellschaft werde sich die ,soziale Frage' von selbst ,erledigen'. Darüber hinaus betätigte sich der Klub auf zahlreichen weiteren Aktionsfeldern. Zugleich wurden die Aktivitäten dieses Vereins stark von den Tagesereignissen bestimmt. Beides machte den Demokratischen Klub zu einem entscheidenden Faktor im Berliner Lokalgeschehen. Allerdings lag hierin auch die Gefahr einer Verzettelung in zu vielen Aktivitäten.[52]

Die kleineren demokratischen Vereine Berlins waren gemäßigter als der große Demokratische Klub. Während im Demokratischen Klub die Strömungen, die offen für die Schaffung einer demokratischen Republik votierten, die Oberhand gewannen, konzentrierten sich im ,Verein für Volksrechte', im ,Reformklub' – der seinen Namen Ende August in ,Demokratischer Verein der Königsstadt' änderte – und im ,Volksklub' die Kräfte, die die demokratisch-konstitutionelle Monarchie

---

pel, Demokratische Gesellschaft, S. 132, 135 ff.; Sperber, Rhineland Radicals, S. 196-204; Hummel, München, S.210.

51 In der ersten Junihälfte beispielsweise organisierte der Klub Lebensmittelspenden für zahlreiche vom Hunger bedrohte Familien. Auf massiven Druck des Magistrats mußte er diese Aktion am 18. Juni einstellen. Am Ende desselben Monats machte der Demokratische Klub sich die Klagen der auf den Baustellen der Ostbahn unter erbärmlichen Bedingungen untergebrachten Erwerbslosen zu eigen. Seine Kritik an den öffentlichen Arbeitgebern führte zu Auseinandersetzungen zwischen ihm und den städtischen Behörden, die offenbar ihr Monopol auf die entsprechenden Felder der Kommunalpolitik in Frage gestellt sahen. Vgl. *S. 454 und 471 f.* Neben dem Engagement für die notleidenden Angehörigen der Unterschichten bildeten die Forderung nach Veränderung der Bürgerwehr hin zu einer allgemeinen Volkswehr, das Verlangen überhaupt nach Demokratisierung des Militärs, die Kritik an der neuen Schutzmannschaft sowie Aktionen für die deutsche Einheit unter demokratischem Vorzeichen weitere Schwerpunkte des Demokratischen Klubs und ebenso der anderen demokratischen Vereine; vgl. bes. *S. 600, 675, 677 und S. 701-709.*

52 Bereits Anfang Juni hatte ein von Wolff zitierter, namentlich nicht bekannter Berichterstatter den Eindruck gewonnen, „als vermöge der [Demokratische] Club die hohe Wichtigkeit seiner gegenwärtigen politischen Stellung nicht recht zu behaupten, da er sich zu viel mit höchst geringfügigen Gegenständen befaßt, in wahrhaft endlose Debatten sich vertieft, während er die Hauptsache außer Acht läßt. Man ergreift alles mit Hast und führt entschieden wenig durch." (Wolff, RC, III, S. 231.)

auch für eine längere Übergangsphase favorisierten.[53] Darüber hinaus wurde in den kleineren Vereinen der ‚sozialen Frage' kein so großer Stellenwert zugemessen wie im Demokratischen Klub. Abgesehen davon lassen sich zwischen den demokratischen Vereinen keine gravierenden politischen Differenzen ausmachen. Im allgemeinen gab die Preußische – und nicht die Deutsche – Nationalversammlung die Diskussionspunkte vor: Die Klubs stellten sich meist demonstrativ hinter die Positionen der linken Fraktion des Parlaments und empörten sich, wenn diese gegenüber dem Zentrum und/oder der Rechten unterlag. Häufig brachten die Klubs dann, einzeln oder gemeinsam, öffentliche Protesterklärungen heraus. In anderen Fällen nahm man in Adressen demokratische Abgeordnete gegen Anfeindungen der ‚Reaction' in Schutz. Eingaben, öffentliche Erklärungen und Aufrufe wurden zeitweilig in einem solchen Maße produziert und publiziert, daß man glauben konnte, die Berliner Demokraten seien weniger ‚Revolutionäre' als vielmehr ‚Resolutionäre' gewesen. Zwar ließ sich dadurch in der Regel auf das Abstimmungsverhalten der Abgeordneten kein unmittelbarer Einfluß ausüben. Aber die ‚moralische' Unterstützung, die die linken Abgeordneten in den demokratischen Klubs fanden, ist nicht zu unterschätzen.[54]

Die kleineren demokratischen Vereine differierten untereinander vor allem hinsichtlich ihrer Mitgliederzahl. Unter den kleineren Vereinen war der ‚Volksklub' der größte: Am 5. September fanden sich zu einer Sitzung, in der es u.a. um die Frage der Demokratisierung des Militärs ging, „etwa 1800 bis 2000 Personen" ein. Selbst wenn man bedenkt, daß ansonsten zu den Sitzungen des Volksklubs weit weniger als an diesem Tag, nämlich ‚nur' einige hundert Menschen kamen, hätte er damit eine Resonanz gefunden, die der des Demokratischen Klubs nicht viel nachstand.[55] Zahlenmäßig nicht ganz so stark, aber seit Ende Juni gleichfalls im Aufschwung begriffen, waren der ‚Verein für Volksrechte' sowie der Reformklub. Zu diesen bereits im Frühjahr gegründeten demokratischen Vereinen trat am 15. Juli 1848 der ‚Demokratische Urwähler-Verein' hinzu. Wie der Name bereits zum Ausdruck brachte, befaßten sich die Mitglieder dieses Vereins aus-

---

53 Vgl. Bericht des Polizeipräsidenten an den Innenminister vom 20. Juli 1848 (Anm. 47), Bl. 5. Unter den drei kleineren Vereinen wiederum war der ‚Verein für Volksrechte', der sich als ehemals linksliberale Fraktion im Konstitutionellen Klub von seiner liberalen Mutter erst im Mai abgespalten hatte, am moderatesten. Er votierte auch am entschiedensten für die konstitutionelle Monarchie: „Daß die Republik, theoretisch genommen, die beste Verfassung sey, wäre anerkannt, aber es handele sich um die Praxis, und diese sey für die constitutionelle Verfassung." (Sitzung vom 4. Juli, nach: SZ vom 6. Juli 1848.)

54 Nicht wenige Abgeordnete der Linken waren sich des Gewichts dieser Unterstützung bewußt und ‚bedankten' sich, indem sie ihrerseits die Klubs häufiger besuchten. Engere Verbindungen bestanden auch zwischen rechten Abgeordneten und den konservativen Vereinen sowie, jedenfalls anfangs, zwischen dem Konstitutionellen Klub und liberalen Abgeordneten.

55 Zahlenangaben und Schätzungen zu den Mitgliederzahlen nach: VZ vom 8. Sept. sowie NZ vom 24. Juni und 14. Okt. 1848.

schließlich mit den Debatten und Beschlüssen der Preußischen Nationalversammlung sowie mit Fragen der Nachwahl von Abgeordneten.[56] Eine bedeutende Rolle innerhalb des politischen Lebens der preußischen Hauptstadt hat der Urwähler-Verein, trotz der imposanten Zahl an Personen, die zu den ersten Versammlungen kamen[57], ebensowenig gespielt wie etwa ein am 9. September gegründeter ‚Anti-Reactions-Verein' und andere kurzlebige Klubs demokratischer Färbung.[58]

Besondere Erwähnung verdient ein Verein, der sich bereits durch seine Selbstbezeichnung als besonders radikal auswies. Die Größe des Demokratischen Klubs und des Volksklubs, ihr Charakter einer Massenorganisation, waren wohl der Hauptgrund, der Grundsatzbeschluß des Ersten Demokraten-Kongresses in Frankfurt, die demokratische Republik anzustreben, der Auslöser, warum Ende Juni im Berlin ein ‚Republikanischer Klub' ins Leben gerufen wurde. Am 20. Juni 1848 erging von den drei Berliner Privatdozenten H. B. Oppenheim, R. Virchow, D.A. Collmann sowie G. Siegmund, einem weiteren prominenten Demokraten, eine Einladung an einen ausgewählten Kreis von insgesamt 36 Adressaten, zumeist bekannte Persönlichkeiten aus dem radikaldemokratischen Spektrum Berlins, am 23. Juni einer „ersten privaten Besprechung" über die Gründung „einer neuen politischen Gesellschaft" beizutreten. Die neue „Gesellschaft, welche als Ziel ihrer Bestrebungen die Republik offen bekennt", wolle „durch Förderung demokratischer und socialer Einrichtungen diesem Ziele vorarbeiten." Nicht allein durch ihren offenen Republikanismus, dem in zunehmendem Maße ja auch im großen Demokratischen Klub gehuldigt wurde, sondern stärker noch durch ihr Bestreben, eine Art Kaderorganisation aufzubauen, unterschied sich der neue Republikanische Klub von den übrigen demokratischen Vereinen. Denn (so heißt es in dem Einladungsschreiben weiter) „um eine größere Garantie der

---

56 Offenbar verstanden sich die Mitglieder dieses Vereins nicht als Konkurrenzunternehmen zu den bestehenden demokratischen Organisationen, sondern als eine Art Ergänzung. In ihren Eingaben an die PrNV unterschieden sie sich nicht substantiell von den politischen Positionen der anderen demokratischen Vereine; vgl. seine Petitionen an die PrNV vom 4. und 29. Sept. sowie 2. Okt. 1848, als Flg. in: GStA, XII. HA, IV. Flg., Nr. 27/II; ebd., Rep. 92, NL Stein, M.3/1, Nr. 209; ZBSt, 1848 Flg., M. 20 und M. 21; vgl. ferner VZ vom 29. Sept. und 3. Okt.; NZ vom 2. Okt.; KrZ vom 7. Scpt. und 4. Okt. 1848; NW Friedl. Samml., S. 171, 177. Zur Gründung des Vereins vgl. VZ vom 18. und 25. Juli; BZH vom 19. Juli 1848.

57 Nach Angaben des ‚Publicist' vom 23. Juli 1848 fanden sich zu der Sitzung vom 22. Juli insgesamt 1200 Personen ein; nach Angaben der NZ war auch seine Sitzung vom 25. Aug. noch „sehr zahlreich besucht". Angaben über Teilnehmerzahlen späterer Sitzungen liegen nicht vor. Seit Ende Okt. finden sich keine Notizen mehr über ihn. Vom ‚Demokratischen Urwähler-Verein' zu unterscheiden sind Urwähler-Vereine, die sich in zumindest einigen Bezirken kurzzeitig bildeten, z. B. im 75. Stadtbezirk; vgl. NZ vom 8. Sept. 1848.

58 Manche Vereine, z. B. ein ‚Verein der deutschen Volksmänner' oder der ‚Demokratische Studentenverein', waren tatsächlich eher ‚Briefkastenfirmen' und traten nur als Herausgeber von Flugschriften und Plakaten in Erscheinung.

Persönlichkeit zu haben als solche in den bestehenden Clubs gegeben ist, wird, sobald die Gesellschaft zusammentritt, über die Mitgliedschaft jedes einzelnen durch geheimes Scrutinium abgestimmt werden."[59] In der Öffentlichkeit erregten die Einladung und das erste Treffen, über dessen Inhalt nichts nach außen drang, zunächst gewisse Aufmerksamkeit – wagten es hier doch das erste Mal vereinsmäßig organisiert eine größere Zahl von Personen, sich öffentlich zur Republik zu bekennen und diese nicht bloß als ideales Fernziel ins Auge zu fassen, sondern in den Mittelpunkt der aktuellen politischen Aktivitäten zu stellen. Rechtsliberale und Konservative sahen sich in ihren Vermutungen bestätigt, hinter allen demokratischen Aktivitäten stehe eine zentralistisch organisierte republikanische Verschwörerclique.[60] Zwar hat der Republikanische Klub, der sich anscheinend nur einige wenige Male traf, auf das politische Leben Berlins in der Folgezeit keinen nachweisbaren Einfluß nehmen können. Aber eine Reihe seiner Mitglieder waren in der zweiten Jahreshälfte 1848 in führenden Funktionen innerhalb der demokratischen Bewegung tätig und dürften deren Radikalisierung gefördert haben.

Einen eigenen Typus innerhalb des vielfältigen demokratischen Vereinswesens bildeten die landsmannschaftlichen Organisationen. Sie waren ein zentraler Teil der Bemühungen der Berliner Demokraten, die von den Ereignissen in Berlin und durch falsche Gerüchte irritierte Bevölkerung in den Regionen aufzuklären, Zentrum und Provinzen zu ‚versöhnen‘. Vor allem zwei dieser im Frühsommer entstandenen Organisationen gelangten zu einiger Bedeutung:[61] der ‚Demokratische Verein der Rheinländer und Westfalen‘ und der demokratische ‚Sachsen-Verein‘. Sie suchten nicht nur die Verständigung mit den jeweiligen ‚Provinzen‘ zu organisieren, sondern verstanden sich umgekehrt auch als eine Art Hauptstadt-Lobby derselben, insbesondere gegenüber der Preußischen National-

---

59 Und weiter: „Die spätere Aufnahme erfolgt nur auf Vorschlag dreier Mitglieder und durch die [Wahl seitens der Klub-]Majorität von zwei Dritteln. Sämmtliche Mitglieder unterwerfen sich alle zwei Monate einer geheimen Abstimmung." (In: SAPMO/ZPA VDF/I/1Ü, Bl. 34, bzw. AAdW, NL Virchow, Bd. 2744). Zur Gründungssitzung eingeladen waren u.a. J. Berends, A. Benary, L. Bisky, P. Boerner, A. Hexamer, J. Jacoby, C. Wiß und S. Neumann (KBA). R. Schramm kam nach Angaben der SZ vom 25. Juni gleichfalls zur Gründungsversammlung.
60 Vgl. z. B. SZ vom 28. Juni 1848.
61 Der Verein der Sachsen entstand Mitte Juli, der der Rheinländer und Westfalen bereits Mitte Juni. Letzterer hatte einen Vorläufer in dem Anfang April gegründeten ‚Verein der Rheinländer und Westfalen‘; vgl. Wolff, RC, II, S. 362 f. Über die numerische Größe beider Vereine existieren zwar keine genauen Angaben. Zum Sachsen-Verein wurde in der NZ vom 13. Sept. 1848 jedoch festgestellt, daß er sich „reger Theilnahme" und des „zahlreichen Anschlusses neuer Mitglieder" erfreue. Der Berichterstatter der KrZ zählte auf der Sitzung des ‚Demokratischen Vereins der Rheinländer und Westfalen‘ knapp fünfzig Personen; vgl. KrZ vom 17. Sept. 1848.

versammlung.[62] Mit den bisher vorgestellten Vereinigungen, den Bürgerwehr-Klubs und dem Militär-Reform-Verein[63] ist das Panorama des vielgestaltigen demokratischen Vereinswesens der preußischen Hauptstadt noch keineswegs erschöpfend dargestellt. Die zwei folgenden Vereine fallen in organisatorischer wie inhaltlich-politischer Hinsicht aus dem für die anderen Vereinigungen gültigen Schema heraus.

Das Phänomen ‚Held‘ und der Sozialverein

Der Anfang Juli 1848 gegründete ‚Verein für die Radikalreform der Erwerbsverhältnisse‘[64], Anfang August umbenannt in ‚Sozialverein‘, war eine Organisation, die gewissermaßen um eine Person herum aufgebaut und zeit ihrer Existenz auf sie zentriert war: auf den schon mehrfach erwähnten Friedrich Wilhelm Held.

Held ‚schaute dem Volk aufs Maul‘ und sprach in seinen Erklärungen aus, was dieses bewegte. Sein „Styl" habe Unmittelbarkeit, Naturfrische, Bestimmtheit, Gedankenschärfe und Verständlichkeit besessen, urteilte Robert Springer. „Er war immer kurz und bündig in seinen Schlüssen, traf auch fast immer den Nagel auf den Kopf". „Er schmiedet das Eisen, solange es warm ist, versteht wie ein Wunderdoctor zu imponiren, [...] er curirt, was man will, selbst die Armuth, mit Phrasen", suchte die liberale National-Zeitung sein Erfolgsrezept zu beschreiben. Das „Volk" liebte seinen „Brunnengeist an Gedanken, wie man das Wasser am liebsten an der Quelle und den Wein vom Zapfen trinkt."[65] Mit sei-

---

62 Vgl. § 3 des Programms des Sachsenvereins, nach: NZ vom 21. Juli bzw. BZH vom 29. Juli 1848. Petitonen namentlich des rheinisch-westfälischen Demokraten-Vereins an die PrNV, in: ZBSt, 1848 Flg., M. 19 und M. 20; zum Teil im Wortlaut in: BZH vom 29. Sept.; NZ vom 11. Sept.; VZ vom 1. Okt. und NZ vom 2. Okt. 1848. Im Unterschied zu den Vereinen der Rheinländer, Westfalen und Sachsen war der gleichfalls aus den Bemühungen um eine ‚Verständigung mit den Provinzen‘ heraus entstandene, agile und recht mitgliederstarke ‚Pommern-Verein für Wahrheit und Recht‘ nicht dem demokratischen Spektrum zuzurechnen. Laut Statut pluralistisch, stand er politisch eher liberalen Strömungen nahe; vgl. KrZ vom 5. Okt. 1848. Daß der Pommern-Verein nicht den Konservativen zuzurechnen war, machte er in einer öffentlichen Petition an die PrNV vom 4. Sept. 1848 deutlich, in der er u.a. vom Kriegsministerium verlangte, es solle sich unmißverständlich gegen reaktionäre Bestrebungen aussprechen. (Nach: ZBSt, 1848 Flg., M. 19; GStA, XII. HA, IV. Flg., Nr. 27/II.) Vgl. außerdem seine erste Adresse an die Pommern vom 18. Juni 1848, nach: Wolff, RC, III, S. 216. Auch er suchte als Lobby für die Heimatprovinz zu wirken. Darüber hinaus waren ihm der Aufbau einer deutschen Flotte und die Gründung deutscher Kolonien in Übersee besondere Anliegen; vgl. seinen Aufruf „Mitbürger!", undat. (Mitte Sept.), als Flg. in: ebd.; ferner SZ vom 8. Aug.; VZ vom 9. Aug.; KrZ vom 15. und 17. Aug.; NZ vom 20. und 28. Aug. 1848. Nach eigenen Angaben hatte der Pommern-Verein Mitte Aug. mehr als dreihundert Mitglieder, vgl. KrZ vom 17. Aug. 1848.
63 Vgl. S. 599 ff. sowie 704 ff.
64 Der Gründungsaufruf erschien am 26. Juni, die erste Sitzung datiert auf den 6. Juli.
65 Zitate: Springer, Berlins Straßen, S. 114-117; NZ vom 2. Okt. 1848.

nen knapp dreißig Erklärungen, als großflächige Plakate an den Straßenecken sichtbar angeschlagen, und mit seiner Zeitschrift ‚Die Locomotive' vermochte der vermeintliche „Vater der Armen" breiten Teilen vornehmlich der Unterschichten das Gefühl zu vermitteln, „daß nur Held über sie wache".[66] Held kam in seinen Reden wie mit seinen schriftlichen ‚Ansprachen' dem in proletarischen Schichten ausgeprägten Bedürfnis entgegen, politische Positionen und Konflikte zu personalisieren – während in den Klubs vielfach vergleichsweise abstrakte Debatten über Fragen der Verfassung und die ‚beste Staatsform' geführt wurden. Bekannt war er außerdem für sein wirkungsvolles Auftreten auf Volksversammlungen, seine mit „Löwenstimme" vorgetragenen Reden, die ihm ziemlich regelmäßig stürmischen Beifall einbrachten.[67] „Ein Gefolge, wo er sich zeigt, ein Zuströmen, wo er den Arm aufhebt", so charakterisierte die National-Zeitung Helds Popularität während der Sommermonate. Volkstümlich machte ihn auch, daß er an seine Wohnungstür „ein leeres Cigarrenkästchen als Briefkasten" gehängt hatte. Diese „plebejische Maschine", so Robert Springer, sei „stets mit Bittschriften der verschiedensten Art angefüllt [gewesen]; schwerlich ist ein Minister mit mehr Gesuchen bestürmt worden." Mit dem einfachen ‚Volk' verband ihn schließlich seine im Unterschied zu anderen prominenten Demokraten „lockere Lebensweise, die dem Genuß des Augenblicks frönt". Zahlreiche abendliche Ständchen, die das ‚Volk' dieser Identifikationsfigur brachte, waren der Lohn. Das Zwiespältige seines Charakters hat wohl kaum jemand besser beschreiben können als Robert Springer, 1848 einer der engsten Mitarbeiter Helds: Typisch für ihn seien „jener Ehrgeiz, der nach Lob und Auszeichnung dürstet", gepaart mit „blasiertem Sarkasmus", „äußerlichem Gepränge und Aufwand" gewesen. Seiner Eitelkeit gab er u.a. auch dadurch Ausdruck, daß er von sich Bilder und Gipsbüsten anfertigen ließ (die auch massenhaft gekauft wurden). Er gab sich den „Anstrich der Unfehlbarkeit" und trat dem „Volk" gegenüber „als politisches Orakel [auf] oder unterhielt es mit Nachrichten über seine theure Persönlichkeit." Er sei sprunghaft und letztlich „in allen Sachen oberflächlich" gewesen, ein „politischer Jongleur". In der Tat fehlte ihm ein politisch-strategisches Konzept, wie es namentlich Born besaß, oder eine missionarische Leidenschaft für die

---

66 Bericht des Majors z. D. v. Mack an den Magistrat vom 4. Juli 1848; vgl. *S. 45*. Erklärungen Helds als Flg. in: LAB, Rep. 240, Acc. 684; ZBSt, 1848 Flg., M. 10, 12, 13; GStA, Rep. 92, NL Stein, M. 3/1; ebd., XII. HA, IV. Flg., Nr. 27/II; zum Teil im Wortlaut in: Wolff, RC, II bzw. III; Streckfuß, Freies Preußen, II, sowie in der Berliner Tagespresse.

67 Zahlreiche Beispiele finden sich in: Wolff, RC. Diese und die folgenden Zitate: Springer, Berlins Straßen, S. 80, 112-118, 120; NZ vom 2. Okt. 1848. Vgl. außerdem Karl Griewank, Friedrich Wilhelm Held und der vulgäre Liberalismus und Radikalismus in Leipzig und Berlin 1842-1849 (Diss.), Rostock 1922. Ganz offensichtlich kam Held seine Ausbildung als Schauspieler zugute. Seine imposante Erscheinung, der „hohe und starke Wuchs", der „mächtige, hochblonde Bart" und die „entschiedenen" Gesichtszüge verstärkten den nachhaltigen Eindruck, den das „Pathos in Rede und Geberde" Helds auf Massenversammlungen machte.

Revolution, wie sie für den jungen Schlöffel charakteristisch war. An seiner „Charlatanerie" sei Held (so Robert Springer) politisch schließlich zugrunde gegangen.

Ins Zwielicht auch bei anfangs enthusiastischen Anhängern geriet Held, als er Anfang September angeblich mit dem Präsidenten des konservativen Preußenvereins v. Katte konspirierte, dieses an die Öffentlichkeit geriet und zu allerlei Spekulationen Anlaß gab.[68] In den letzten Wochen der Revolution betätigte sich Held offen als Provokateur, indem er die Sitzungen der demokratischen Klubs anscheinend systematisch zu stören suchte.[69] „Unerhörte Scenen der rohesten Unordnungen, wie sie durch Herrn Held und seine Anhänger jetzt täglich hervorgerufen werden", trugen von Mitte September bis Ende Oktober nicht unerheblich zur Schwächung der demokratischen Bewegung bei. Indessen brachte die Konfrontation zwischen Held und der übrigen demokratischen Prominenz nur eine allgemeinere Tendenz sichtbar zum Ausdruck: Neben den skizzierten politischen Differenzen und der jeweils unterschiedlichen sozialen Verankerung begünstigten auch persönliche Animositäten die Zersplitterung des demokratischen Vereinswesens in der preußischen Hauptstadt.

Die Anfeindungen, denen Held schon bald nach seinen ersten politischen Auftritten ausgesetzt war, ließen es ihm geraten erscheinen, Ende Juni eine eigene Organisation ins Leben zu rufen. Gründung und Tätigkeit des ‚Sozialvereins' waren darüber hinaus Ausdruck der zu diesem Zeitpunkt noch schwachen Verankerung sozialistischer Theorien in der preußischen Hauptstadt. In deutlicher Abgrenzung zur frühen Arbeiterbewegung wie zum bürgerlich-sozialreformerischen Lokal- bzw. ‚Centralverein für das Wohl der arbeitenden Klassen' und unter Bezug auf vulgärsozialistische Konzepte, sah es der Verein als seine Aufgabe an, „die Lösung der socialen Frage zu erwirken" und „die Erwerbs-Calamität wirklich radical zu heben."[70] Die erhebliche Zahl unzufriedener Arbeiter und Gesellen sowie kleiner selbständiger, durch die Krise gebeutelter Gewerbetreibender, die ihm in den ersten Wochen seines Bestehens zuströmten[71], darf als

---

68 Vgl. ausführlich zur angeblichen Konspiration Helds mit Katte: Extrablatt der ‚Reform' vom 15. Sept.; VZ vom 15. und 16. Sept.; NZ vom 2. Okt.; KrZ vom 14. Sept. 1848; außerdem einen Maueranschlag Kattes vom 14. Sept. 1848, in dem dieser alle Anschuldigungen dementierte.

69 Vgl. die zum Teil ausführlichen Schilderungen über Helds provokatives Auftreten in den verschiedenen demokratischen Vereinen in: NZ vom 14. Okt., KrZ und VZ vom 12. Okt. (Verein für Volksrechte); BZH vom 20. Sept. (Demokratischer Klub); BZH vom 12. Okt. (Volksklub); BZH vom 20. Sept. (Demokratenverein der Königstadt); KrZ vom 13. Okt. (Demokratischer Urwähler-Verein); allgemein: BZH vom 14. Okt. 1848 sowie Springer, Berlins Straßen, S. 120 f. Das folgende Zitat aus: NZ vom 14. Okt. 1848.

70 Vgl. Wolff, RC, III, S. 497 f.

71 Am 15. Juli, zum Zeitpunkt seiner zweiten Sitzung, zählte der Verein 231, Anfang Aug., zum Zeitpunkt seiner Umbenennung, 428 eingeschriebene Mitglieder. Zumindest zu Anfang wurde der Verein nicht nur von Angehörigen der Unterschichten, sondern auch von „einer großen An-

Indiz dafür genommen werden, daß die Vorstellung, nur durch grundlegende Veränderung könne die wirtschaftliche Krisensituation bewältigt werden, in Berlins Unterschichten recht verbreitet war – ohne daß diese, jedenfalls in ihrer großen Mehrheit, schon auf bestimmte politisch-theoretische Strömungen festgelegt waren. Als freilich deutlich wurde, daß die diffusen sozial- und wirtschaftspolitischen Versprechungen Helds keine Substanz besaßen, verlor der Sozialverein unter Gesellen und Arbeitern relativ rasch an Boden.[72] Politisches Gewicht erhielt der Verein im übrigen dadurch, daß Held und seine Ideen des öfteren Stadtgespräch waren und auf Kritik, Polemik und Verleumdungen von ‚rechts‘ bis ‚links‘ stießen. Ähnliches galt auch für den Lindenklub.

Der ‚Lindenklub‘ und andere ‚politische Ecken‘

War der ‚Sozialverein‘ im formellen Sinne immerhin ein Verein, so traf dies auf den sog. Lindenklub nicht zu. Die Geschichte des Lindenklubs beginnt im Prinzip am 19. März: Nach der Märzrevolution war das Versammlungsverbot faktisch aufgehoben und der Aufenthalt auf Straßen und öffentlichen Plätzen nicht mehr eingeschränkt. Auch die Boulevards in der Mitte Berlins veränderten ihr Gesicht: Aristokratische und gutbürgerliche Familien zeigten Hemmungen, wie vordem auf öffentlichen Plätze zu promenieren. Denn der ‚Pöbel‘ nutzte die neuen Freiheiten und machte auch die vornehmen Alleen im Zentrum der Stadt zu ‚seinen‘ Straßen. Namentlich die berühmten ‚Linden‘, die am Stadtschloß, dem Kronprinzenpalais, dem Lustgarten, der Universität und zahlreichen vornehmen Cafés, u.a. dem damals dort ansässigen Kranzler (Ecke Friedrichstraße) vorbei zum Brandenburger Tor führten, wurden nun von zahllosen politisierenden Angehörigen der Unterschichten bevölkert. Vor allem an schönen Frühlings- und Sommerabenden sowie bei besonderen Ereignissen wimmelten Tausende von Menschen über die ‚Linden‘. Von den „ohne Verabredung sich ansammelnden Menschen" wurden dann die „dort sehr zahlreich an den Bäumen angeschlagenen" Plakate gelesen. „War nun irgendwo ein besonders starker Menschenknäuel entstanden und hatte Jemand etwas auf dem Herzen, so be-

---

zahl Bürger aller Klassen" besucht; vgl. NZ vom 8. und 16. Juli sowie ‚Locomotive‘ vom 4. Aug. 1848.

72 Die ‚soziale Frage‘ war zwar das wichtigste, aber nicht das einzige Aktionsfeld des Vereins. Ein kritisches Augenmerk wurde außerdem auf die in den Unterschichten besonders verhaßten Konstabler gerichtet; vgl. Adresse des Sozialvereins an die PrNV vom 29. Aug. 1848, in: LAB, Rep. 240, Acc. 684, Nr. 374 bzw. GStA, Rep. 92, NL Stein, M. 3/1, Nr. 285 bzw. XII. HA, IV. Flg., Nr. 27/II. Ein weiteres Schwergewicht legten Held und sein Sozialverein schließlich auf eine „Radikal-Reform des Gefängniswesens"; vgl. ‚Locomotive‘ vom 19. Juli, ferner vom 8. und 15. Juli 1848 sowie eine öffentliche Erklärung Helds: „Ein Gesetzentwurf für die Radikal-Reform des Gefängniswesens", undat. (Aug. 1848), in: LAB, Rep. 240, Acc. 684, Nr. 359.

nutzte er die Gelegenheit, erhob seine Stimme mit der Anrede ‚Bürger‘ – und die Sitzung, in der aber alle standen, war eröffnet."[73]

Von den zahlreichen Gruppen, die sich zwanglos vor allem in den Abendstunden an den Straßenecken zusammenfanden, um die neuesten Ereignisse zu debattieren, war die ‚Ecke‘ in der Nähe des Café Kranzler am bekanntesten. Aus ihr ging der ‚Lindenklub‘ hervor. Ein förmliches Gründungsdatum dieses ‚Klubs‘ zu benennen, ist natürlich unmöglich, weil ihm – ähnlich wie den anderen Ekken-Versammlungen – jegliche vereinsförmige Organisation fehlte und er sich von den anderen ‚Aufläufen‘ im Zentrum Berlins seit Ende Juni nur durch die relative Regelmäßigkeit der Zusammenkünfte an diesem Ort und durch den ebenso regelmäßigen Auftritt einzelner volkstümlicher Redner unterschied. Der bekannteste unter ihnen war der ehemalige Kaufmann Gustav Müller, bekannter unter dem Namen Linden-Müller. Linden-Müller brachte es im Spätsommer zu ähnlicher Popularität wie Held. Auch sein Auftreten und seine Rhetorik ähnelten derjenigen Helds: Die Anknüpfungspunkte seiner Reden waren „aus dem gemeinsten Leben gegriffen"; er benutzte Begriffe, die alle „wirklich begreifen konnten". Linden-Müller reichte dem ‚Volk‘ „die Politik in verdaulichen Brocken, nachdem er sie in die kräftige Berliner Witzbrühe getaucht hatte."[74]

Der Lindenklub war freilich nicht nur eine Märzerrungenschaft. Zugleich war er – zugespitzt formuliert – auch ein Geschöpf der Konstabler. Denn erst durch deren überscharfes Eingreifen erlangte er Konturen und Berühmtheit. Anfang Juli 1848 hatte der neue Berliner Polizeipräsident bekräftigt, daß Versammlungen unter freiem Himmel genehmigungspflichtig seien, und damit Straßenversammlungen wie die ‚Unter den Linden‘ faktisch illegalisiert. Als der Aufbau der Konstabler in der zweiten Julihälfte im wesentlichen abgeschlossen war und die konservative Presse die Behörden zu den „strengsten Progressiv-Maaßregeln" gegenüber den ‚Aufläufen‘ aufforderte[75], wagte der Polizeipräsident, schärfer gegen die zwanglosen ‚politischen Ecken‘ vorzugehen. Seit dem 29. Juli kam es daraufhin allabendlich zu Tumulten, in deren Zentrum der ‚Lindenklub‘ stand.

Auslöser war der Streit um deutsche und preußische Fahnen, der sich im Vorfeld der Auseinandersetzungen um die Huldigung an den Reichsverweser am 6. August entsponnen hatte. Eingefleischte Preußen hatten am 29. Juli schwarzweiße Fahnen ausgehängt. Vor diesen Gebäuden, darunter auch einigen Kasernen, entstanden „gewaltige Zusammenläufe". Die meisten der Adressaten zogen die Preußen-Fahnen freiwillig ein, einige „[e]rst, als verschiedene Fenster eingeworfen waren und die Menge Anstalten machte, das Haus zu stürmen". Der

---

73 Genée, Zeiten, S. 110 f.
74 Springer, Berlins Straßen, S. 73 f. Wegen dieser Auftritte, die seit Ende Juni die ‚Ecke‘ am Café Kranzler gegenüber anderen immer stärker heraushob, firmierte Müller (KBA) in der Öffentlichkeit auch als ‚Präsident‘ des Lindenklubs.
75 Zitat aus: VZ vom 10. Aug. 1848.

Bürgerwehr gelang es, „in Verbindung mit den [wenigen] Constablern" die zu diesem Zeitpunkt in Amt und Würden waren, erst spät in der Nacht, „die Unruhe zu stillen."[76] Am 31. Juli, dem Tag, an dem die letzten 900 Schutzmänner vereidigt wurden, verbot der Polizeipräsident per Bekanntmachung „Versammlungen unter den Linden, namentlich an der Ecke der Linden und Friedrichstraße", also dort, wo der Lindenklub seinen Standort hatte. Mit dieser ‚Kriegserklärung' heizte er den Konflikt so richtig an. ‚Krawalle' waren vorprogrammiert, zumal Hunderte von Konstablern demonstrativ und provokativ Präsenz zeigten.

Deren Aufforderung auseinanderzugehen wurde von der gleichfalls nach Hunderten, wenn nicht Tausenden zählenden Menschenmenge mit „Verhöhnungen" beantwortet. „Darauf schritten die in Reserve gehaltenen Mannschaften in größerer Gesammtzahl ein [...] und trieben die Massen auseinander", die sich freilich an anderer Stelle wieder sammelten und das Spiel von Vorne begannen. Nach dem gleichen Schema verliefen auch die folgenden Abende ‚Unter den Linden'. „Das Volk stand in dichten Massen zusammen, schrie, tobte [...]. Die Konstabler standen in geschlossenen Reihen kompagnieweise dem Volk gegenüber und schritten immer erst dann ein, wenn sich bedeutende Volksmassen gesammelt hatten. Diese stoben bei dem ersten Angriff unter Schreien, Pfeifen, Lachen und Singen auseinander, liefen an den Reihen der Konstabler vorbei und sammelten sich hinter denselben wieder. So gab es eine fortwährende, höchst komische Jagd, bei welcher sich das Volk [...] vortrefflich amüsierte".[77]

Diese „Neckereien", die bemerkenswerte Ähnlichkeiten mit der Aktionsfigur der Katzenmusiken aufwiesen, die ja auch nicht nur politischer Protest, sondern zugleich ein Jux, ein chaotisches ‚Fest' von Angehörigen vor allem der Unterschichten waren, wiederholten sich bis in die zweite Augusthälfte hinein, mit dem Café Kranzler und dem Lindenklub im Brennpunkt.[78] Danach wurde es um den Lindenklub ruhiger. Seit Mitte September finden sich über diesen eigentümlichen ‚Verein' in den Zeitungen und sonstigen Quellen keine Bemerkungen mehr.

Nicht allein wegen der großen ‚Resonanz', die er zeitweilig bei der Obrigkeit hervorrief – die an ihm wohl exemplarisch demonstrieren wollte, daß sie mit allen Mitteln Ruhe und Ordnung wiederherzustellen gewillt war – , war der Lindenklub von beträchtlicher Bedeutung. In dieser und anderen „politischen Bör-

---

76 VZ und SZ vom 1. Aug. 1848; Streckfuß, Freies Preußen, II, S. 205.
77 Zitate: NZ und VZ vom 2. Aug. 1848; Streckfuß, Freies Preußen, II, S. 208. Provoziert hatten den Konflikt vom 1. Aug. zwei „Männer mit riesengroßen preußischen schwarz und weißen Kokarden"; ausführlich: *S. 677 f., Anm. 16.* Zu weiteren Ereignissen vom 1. Aug., die die Tumulte unter den ‚Linden' Anfang Aug. politisch zusätzlich aufluden, ausführlich: Hachtmann, „Rote Hauptstadt" und „schwarze Provinz".
78 Durch den Anklang, den sein ‚Vereinsleben' fand, stimuliert, suchte sich der Lindenklub den Anschein eines ‚echten' Vereins zu geben. Für die Demonstration am 6. August (*S. 678 f.*) verfertigten Linden-Müller und seine Freunde eine eigene Fahne und erklärten sich feierlich zum ‚souveränen Lindenklub'. Zu den Katzenmusiken vgl. *S. 467 ff.*

sen für die unteren Volksklassen und Bummler"[79] bündelte sich außerdem, was man als politische Revolutionskultur des ‚milieu populaire' außerhalb der schon stark von bürgerlichen Normen und Organisationsvorstellungen geprägten Arbeiterbewegung im engeren Sinne bezeichnen kann. Da Born und seine Mitstreiter zudem Verhaltens*postulate* formulierten, viele Arbeiter und Gesellen – trotz politischen Bezugs auf das ‚Central-Comité der Arbeiter' und die Arbeiterverbrüderung – weiterhin in vorbürgerlichen Mentalitäten und Verhaltensmustern ‚befangen' waren, kann man noch weiter zuspitzen: Die ‚politischen Ecken', als gleichsam ‚organisatorischer' Ausdruck von Unterschichten-Politik, überwölbten das sozial vielgliedrige Proletariat während der Revolutionszeit. Sie bildeten den Rahmen, in dem sich das ‚einfache Volk' Berlins schichtübergreifend zusammenfinden konnte, und waren ein Grund, warum nicht nur einzelne Gruppen, sondern das niedere ‚Volk' als ganzes zu einem für den Revolutionsverlauf bedeutsamen politischen Faktor werden konnte – nicht nur in Berlin, sondern in allen größeren Städten.[80] Das Beispiel des Lindenklubs macht zugleich die Differenz zur bürgerlichen Revolutionskultur besonders deutlich: Während die bürgerlichen Träger der Berliner Revolution geschlossene, überschaubare Räume vorzogen, liebten die Unterschichten die Straßen. Bei ihren Versammlungen konnte von „parlamentarischer Form und eigentlicher Debatte natürlich nicht die Rede sein". Meist endeten die Sitzungen des Lindenklubs oder einer anderen ‚politischen Ecke' „mit einem guten und drastischen Witz, nach dem Alles in lautem Gelächter und deshalb befriedigt auseinanderging."[81] Das wäre bei einem ‚normalen' Verein kaum denkbar gewesen.

Die Bezirksvereine

Ein in ganz anderer Weise eigentümlicher Vereinstypus waren die Bezirksvereine. Sie unterschieden sich grundsätzlich in ihrem Selbstverständnis wie in ihrer Organisationsstruktur von allen bisher genannten politischen Vereinen und Berufsverbänden, sozialrefomerischen, karitativen und sonstigen vereinsähnlichen Organisationen. Vielleicht ist die Schwierigkeit, die sehr zahlreichen Bezirksvereine in gewohnte Raster einordnen zu können, auch der Grund, warum sie in der wissenschaftlichen Literatur näherer Erwähnung nicht für wert gehalten wurden. Die politische Relevanz der Bezirksvereine jedenfalls kann es nicht gewesen sein; denn die war erheblich.

---

79 Genée, Zeiten, S. 110. Zum folgenden vgl. *S. 484* und *S. 493 f.*
80 Vgl. Hachtmann, Die Hauptstädte in der Revolution von 1848.
81 Zitate: Springer, Berlins Straßen, S. 130; Genée, Zeiten, S. 111.

Die ersten Bezirksvereine entstanden im Mai 1848. Unabhängig von den politischen Vereinen hatten sich im April in verschiedenen Stadtteilen Urwähler-versammlungen gebildet, die die Frage des Wahlrechts für das Deutsche und Preußische Parlament diskutierten und – nachdem diese Frage entschieden war – das Forum abgaben, vor dem sich die verschiedenen Kandidaten vorstellen konnten.[82] Anfangs nur Wahlversammlungen ohne weitergehende Zielsetzungen, entstand in einer Reihe von Stadtbezirken unter den Teilnehmern dieser Versammlungen das Bedürfnis, über den unmittelbaren Anlaß hinaus auch weiterhin regelmäßig zusammenzutreffen und förmliche Vereine zu konstituieren. Sie bezeichneten sich zunächst als „Wahlmänner- und Urwähler-Clubs" auf Bezirksebene. Bei der Gründung späterer Bezirksvereine scheinen die – gleichfalls nach Bezirken organisierten – Bürgerwehrmannschaften Pate gestanden zu haben.[83] In anderen Fällen schließlich war es der Wunsch sozialreformerisch orientierter Bürger, zur Lösung der drückenden materiellen Not der kleinen Gewerbetreibenden beizutragen. Im Unterschied zu den meisten anderen Vereinen war, jedenfalls anfangs, in der „Periode der Naivität", bei den Bezirksvereinen der „Ein- und Austritt frei wie in der Kirche, weßhalb denn auch keine Listen der Mitglieder gehalten werden."[84]

Am 1. Juni fanden sich Vertreter von insgesamt 17 Bezirksvereinen zusammen, um über die Bildung eines die neuen Klubs „centralisirenden" Gremiums zu beraten. Der Arzt und Demokrat Adolf Löwenstein, der der Versammlung präsidierte, bezeichnete es in einer längeren Rede als das Selbstverständnis der Bezirksvereine, daß sie *alle* Arten politischer Fraktionen in sich schließen". Mit ihnen sei „ein Mittel gefunden, die sich schroff gegenüberstehenden politischen Parteien zu versöhnen und zu vereinen." Der Anspruch, über den Parteien zu stehen und zugleich flächendeckend organisiert zu sein, habe (so Löwenstein) weitreichende Konsequenzen: „Jeder Verein übernehme gewissermaßen die *Selbstregierung* im Kleinen und bahne so das demokratische Leben an." Mit der von Löwenstein angestrebten „Centralisation" der Bezirksvereine schließlich „wären die Zustände, Bedürfnisse und Ansichten der Stadt leicht und rasch zu ermitteln und zu übersehen, gemeinsame Maßregeln bei sich ergebenden Veranlassungen schnell in Ausführung zu bringen und die Selbstregierung *im Ganzen und Großen* anzubahnen." Löwenstein scheint ein Selbstverwaltungskonzept vorgeschwebt zu haben, das Ähnlichkeiten mit den Pariser Sektionen 1790 bis 1795 – und hier wiederum den Assemblées Générales, den Aktivbürger-Vollversammlungen – aufweist. Intendiert war mit dem Konzept, das sprach Löwen-

---

82 Ausführlich: Wolff, RC, II, S. 251 ff., 279 ff.
83 Vgl. für beide Entstehungsformen exemplarisch: NZ vom 27. Mai und 20. Sept. sowie VZ vom 28. Juli 1848.
84 NZ vom 20. Sept. 1848.

stein allerdings nicht offen aus, zunächst eine Art Doppelherrschaft mit der Stadtverordnetenversammlung und langfristig, da die Stadtverordneten ja nur die Minderheit der männlichen Berliner vertraten, die das Bürgerrecht besaßen, deren Ersetzung durch die Bezirksvereine.

Nach dem von Löwenstein vorgelegten Statutentwurf über die Bildung eines Bezirks-Central-Vereins, der am Ende der Versammlung als eine Art Geschäftsgrundlage angenommen wurde, hatte „jeder Bezirksverein die Aufgabe, die Wünsche und Bedürfnisse der Bezirksbewohner in den Versammlungen zur Sprache und Erörterung zu bringen, sich insbesondere mit den Verhältnissen der Arbeiter, der Dienstboten und der Armen zu beschäftigten, das politische Bewußtsein der Mitglieder durch Austausch von Ansichten und Meinungen zu wecken, zu bilden und zu erheben, vor allem aber durch gegenseitige Annäherung der Stände und Verbrüderung der Einzelnen der Entwickelung eines echten Bürgerthums zu dienen" (§ 4). Der Generalversammlung der Bezirksvereine obliege es, sich „von den Zuständen, Wünschen und Bedürfnissen der gesammten Einwohnerschaft der Stadt eine klare Anschauung" zu machen (§ 8).[85] Offensichtlich waren die Repräsentanten der Bezirksvereine, die sich am 1. Juni zusammengefunden hatten, den politischen Idealen der frühen liberaldemokratischen Bewegung des Vormärz verpflichtet, der Utopie einer „klassenlosen Bürgergesellschaft" (L. Gall), die man in Berlin 1848 ansonsten bei den organisierten Liberalen ebenso wie bei den Demokraten vergeblich sucht. Ebensowenig wie die bürgerlichen Sozialreformer des ‚Centralvereins für das Wohl der arbeitenden Classen' wollte man allerdings die Angehörigen der Unterschichten als gleichberechtigte Partner integrieren oder gar in die ‚Comités', die Vorstände der Bezirksvereine, heben; es sollte *für* sie gesorgt werden. Gesellen und Arbeiter spielten in den Bezirksvereinen folglich keine führende Rolle.[86]

Die erste gemeinsame Versammlung der Bezirksvereine erwies sich als voller Erfolg: Einmal wurde dadurch die Gründung neuer Bezirksvereine angeregt. Zum anderen konnte nun zur Konstituierung einer koordinierenden Zentralinstanz geschritten werden. Auf der offiziellen Gründungsversammlung des Bezirks-Central-Vereins am 10. Juni schlossen sich ihm zunächst 15 Bezirksvereine an. Bis Ende Juni 1848 waren 51 Stadtbezirke im Central-Verein vertreten. Mitte August gehörten dem Central-Verein 58 Vereine an, die in einigen Fällen bis zu sieben städti-

---

85 Rede Löwensteins und Statut nach: BZH vom 7. Juni 1848 bzw. Wolff, RC, III, S. 219 f. (H. v. m.). Löwensteins Vorschlag zu § 4 wurde allerdings nicht in das am 24. Juni verabschiedete Statut des Central-Vereins übernommen.

86 „Der Bürgerstand" dagegen, so Streckfuß, habe sich zu den Bezirksvereinen „besonders hingezogen" gefühlt und deren Sitzungen „fleißig" besucht. (Adolph Streckfuß, Die Organisation der Volkspartei in Berlin, Berlin 1849, S. 4.)

sche Bezirke repräsentierten.[87] Zur besten Zeit des Central-Vereins waren die 110 Berliner Stadtbezirke also fast flächendeckend mit Bezirksklubs überzogen. Geht man davon aus, daß in einem Bezirksverein durchschnittlich mindestens hundert bis hundertfünfzig Personen – freilich nicht im üblichen Sinne vereinsförmig – organisiert waren[88], dann sprach der Bezirks-Central-Verein für knapp zehntausend Mitglieder. Numerisch war er damit, vom ‚Central-Comité der Arbeiter' vielleicht abgesehen, der mit Abstand größte Berliner Verein des Revolutionsjahres. Nach seinem am 24. Juni verabschiedeten Statut verstand sich der Bezirks-Central-Verein als eine Art Generalversammlung, die „die Selbständigkeit der Bezirksvereine in keiner Weise beschränken" wolle und mindestens einmal im Monat tagte. Ein von dieser Generalversammlung zu wählendes Komité, das aus 15 Mitgliedern bestand und einmal in der Woche zusammenkam, sollte die laufenden Geschäfte führen und „stetige Verbindung mit den Bezirksvereinen" halten.[89]

Die Tätigkeitsfelder dieser Bezirksvereine waren vielfältig: Ein Zweck war die überparteiliche *politische Bildung* der Einwohnerschaft des jeweiligen Stadtbezirks, „ohne den politischen Haß, die Unduldsamkeit, die uns zerfleischt".[90] Außerdem sollten sie „den Bezirksgenossen Gelegenheit geben, sich näher kennen zu lernen und einander mit Rath und Tath treulich zur Seite zu stehen."[91] Die Bezirksvereine, so die National-Zeitung vom 20. September 1848 überschwenglich, seien „Associationen der Liebe und gegenseitigen Befreundung". Tatsächlich veranstalteten zahlreiche Bezirksvereine sog. *Verbrüderungsfeste*, auf denen man „die verschiedenen Klassen und Stände erblicken" konnte.[92] Einen dritten

---

87 Vgl. VZ vom 28. Juni, NZ vom 21. Aug. 1848 sowie Wolff, RC, III, S. 499. Zur Gründung von Bezirksvereinen vgl. entsprechende Kurzmeldungen oder Einladungen zu Gründungsversammlungen in der Tagespresse. Auch in der zweiten Junihälfte und im Juli wurden jede Woche meist gleich mehrere Bezirksvereine ins Leben gerufen.

88 Angaben über die Zahl der Mitglieder bzw. Teilnehmer an Sitzungen oder Versammlungen liegen nur in Ausnahmefällen vor: An der Sitzung des Vereines der 34. bis 40. Stadtbezirke vom 31. Aug. nahmen „über 200" Personen Teil; vgl. NZ vom 1. Sept. 1848. Petitionen des Friedrich-Wilhelm-Städtischen Bezirksvereins und des 81. Bezirksvereins waren von 225 bzw. 48 Mitgliedern unterzeichnet. (Jeweils Anfang Juni, in: LAB StA, Rep. 01, Nr. 2439, Bl. 209-209a.)

89 Vgl. vorläufiges Statut, im Wortlaut in: Wolff, RC, III, S. 499. Nach dem seit dem 28. Juni geltenden Delegiertenschlüssel stellte jeder Bezirksverein zwei Abgeordnete; Vereine, die zwei oder mehrere Stadtbezirke vertraten, durften den Central-Verein mit zwei (maximal zehn) Abgeordneten pro Bezirk beschicken; vgl. Mitteilung der provisorischen Commission des Central-Vereins, in: VZ vom 28. Juni 1848.

90 NZ vom 29. Juli und 20. Sept. 1848.

91 So das Statut des Bezirksverein 66B, nach: VZ vom 15. Juni 1848.

92 „Der äußere Charakter dieser Feste, welche meistens im Freien stattfinden und an denen die ganze Familie Theil nimmt", sei ein „gemüthlicher". „Ein Conzert, verschiedene kleine Überraschungen, eine recht gelungene Theatervorstellung [...], später eine Abendtafel im Freien und endlich Tanz, bildeten die Unterhaltungsgegenstände" eines dieser Feste, an dem (in diesem Fall) mehr als sechshundert Personen teilnahmen. „Ein herzliches Zusammensein", so heißt es in dem Bericht über ein anderes Fest, das von Bezirksverein und Bürgerwehr gemeinsam veranstaltet wurde, „fesselte die Anwesenden bis zu den frühen Morgenstunden", „jubelnde Toaste auf

Schwerpunkt bildete die „sociale Seite" im weiteren Sinne: „Vertheilung der Arbeit, Verhinderung der Verarmung durch entsprechende Vorschüsse, Sorge für Schulbesuch und Pflege von Nothleidenden und dergl."[93] Seit Mitte Juni wurden zu diesem Zweck von einzelnen Bezirksvereinen selbständige *Vorschußkassen* gebildet, die im Unterschied zu den bereits etablierten Kassen Darlehen auch ohne Einforderung von Bürgschaften gewährten.[94] Manche Bezirksvereine schließlich konnten auch nach der Konstituierung der Preußischen Nationalversammlung ihren Ursprung aus der Wahlbewegung nicht verleugnen: Sie verstanden sich als eine Art *Kontrollorgan* namentlich *der Berliner Abgeordneten.*[95] Zahlreich waren außerdem die Appelle an die Preußische Nationalversammlung, sich der Einschränkung der mit der Märzrevolution durchgesetzten Freiheiten energisch zu widersetzen. Ähnlich wie die demokratischen, liberalen und landsmannschaftlichen Vereine versuchten zumindest einzelne Bezirksvereine schließlich über öffentliche Aufrufe, ihren Beitrag zur ‚*Verständigung* der Hauptstadt *mit den Provinzen'* zu leisten.[96]

Obgleich nach außen hin politisch pluralistisch, zeigten einige Bezirksvereine von Beginn an eine deutlich demokratische Tönung. Ein markantes Beispiel hierfür war der ‚Friedrich-Wilhelmstädtische Bezirks-Verein' (74. Bezirk), der die

---

die Zukunft der Bezirksvereinigungen" u.a., „voll Enthusiasmus und Dank, entströmten dem beredten Munde". Zitate: VZ vom 28. Juli und 10. Aug.; NZ vom 12. Sept. 1848.

93 So der Tenor der Redebeiträge während der Gründungssitzung des Vereins für den 29. bis 34. Stadtbezirk am 24. Juni 1848, nach: Wolff, RC, III, S. 498; ähnlich auch NZ vom 20. Sept. 1848.

94 Vom Bezirksklub 66B wurde sogar ein förmlicher „Verein zur Rettung der kleinen Gewerbetreibenden des Bezirks aus dem jetzigen Nothstande" gebildet; vgl. VZ vom 15. Juni 1848 sowie Wolff, RC, III, S. 221. Andere Bezirksvereine richteten zum selben Zweck „Bezirks-Vorschuß-Kassen" ein. Diese Vorschuß-Vereine litten (wie die älteren) freilich darunter, daß es ihnen an Kapital mangelte. Um einer Zersplitterung der Aktivitäten gegenzusteuern, vereinbarten die bezirklichen Vorschuß-Vereine eine enge Zusammenarbeit mit dem ‚Lokal-' und ‚Centralverein für das Wohl der arbeitenden Klassen'; vgl. Aufruf des Lokalvereins vom 25. Mai an die Bezirksvereine in: VZ vom 27. Mai 1848; ferner Wolff, RC, III, S. 494; außerdem vor allem die Bekanntmachung des ‚Lokal-Vereins für das Wohl der arbeitenden Klassen' (i. A. Runge) „an alle Bezirks-Klubs und Vereine" vom 18. Juli, in: SZ vom 21. Juli 1848. Der finanziell recht gut ausgestattete ‚Lokalverein für das Wohl der arbeitenden Klassen' gab den neuen, bezirklichen Vorschuß-Kassen Starthilfe, indem er ihnen in einigen Fällen das notwendige Anfangskapital vorstreckte; vgl. ‚Mitteilungen des Central-Vereins für das Wohl der arbeitenden Klassen', 3. Lieferung, vom 15. Aug. 1849, S. (425) ff. sowie die zum Teil ausführlichen Berichte in der Tagespresse über die Sitzungen des ‚Lokalvereins für das Wohl der arbeitenden Klassen'; ferner Reulecke, Sozialer Friede, S. 240, 243 f., der mit den Vorschuß-Kassen nur einen Teilaspekt der Tätigkeit der Bezirksvereine erwähnt; vgl. ebd., S. 177; außerdem *S. 358, 380 f.*

95 Die in der preußischen Hauptstadt gewählten Mitglieder der PrNV wurden des öfteren eingeladen, über ihre Tätigkeit zu berichten. Zumindest in Einzelfällen besuchten Angehörige der linken Parlamentsfraktionen auch tatsächlich Sitzungen der Bezirksvereine; vgl. NZ vom 1. Sept.; BZH vom 2. Sept.; SZ vom 8. Aug. 1848; außerdem Wolff, RC, III, S. 499 ff.

96 Vgl. z. B. die Erklärung des Bürgervereins des 81. Bezirks Anfang Juni: „Mitbrüder, Männer der Provinzen!" sowie eine Adresse des Friedrich-Wilhelm-Städtischen Bezirksvereins an den Magistrat vom 12. Juli 1848 (Anm. 88).

Preußische Nationalversammlung in einer Adresse vom 24. Mai aufforderte, den Verfassungsentwurf des Staatsministeriums zurückzuweisen und eine demokratischere Alternative auszuarbeiten.[97] Die meisten anderen Bezirksvereine huldigten bis in den Herbst hinein zwar dem Grundsatz, die Gegensätze zwischen den ,Parteien' ausgleichen zu wollen. Sie konnten sich jedoch der politischen Polarisierung im Laufe der Sommermonate nicht entziehen und entwickelten sich de facto allmählich zu Bündnisorganisationen der demokratischen Bewegung Berlins.[98] Nicht zufällig spielten prominente bürgerliche Demokraten und Linksliberale in den Bezirksorganisationen wie dem Central-Verein eine bedeutende Rolle.[99] An den Stellungnahmen der Dachorganisation der Stadtteilvereine läßt sich gleichfalls ablesen, daß man das anfängliche Prinzip der Überparteilichkeit allmählich aufgab und sich den demokratischen Vereinen annäherte: In einer Erklärung vom 15. Juli wies der Central-Verein die (an anderer Stelle skizzierte) Kritik der Stadtverordneten und des Magistrats an der *Bürgerwehr* in scharfen Worten zurück und umriß zugleich seine Vision eines künftigen, *demokratischen Volksheeres*.[100] Folgerichtig unterstützte der Central-Verein Anfang September den Beschluß der Mehrheit der Preußischen Nationalversammlung, alle Offiziere, die sich nicht mit dem ,neuen System' anfreunden konnten, zum Austritt aus der

---

97 Im Wortlaut in: BZH vom 26. Mai 1848. Offenbar ist dieser Bezirksverein identisch mit dem sehr aktiven ,Friedrich-Wilhelm-Städtischen Bürgerverein' gewesen, der am 23. Aug. 1848 mit einer Adresse an die PrNV an die Öffentlichkeit trat, am 19. Sept. an „unsere Brüder im Heer" wandte, Anfang Nov. erneut eine Erklärung an die Soldaten abgab und sich in einer weiteren am 8. Nov. gegen die Politik der Krone wandte; als Flg. in: GStA, XII. HA, IV. Flg., Nr. 27/II bzw. Obermann, Einheit, S. 526; vgl. auch NZ vom 26. Aug. 1848; NW Friedl. Samml., S. 175, 182.

98 Das zeigte sich bereits im Vorfeld der Debatte der PrNV über den Berends'schen Antrag auf „Anerkennung der Revolution", der in den Bezirksvereinen auf ziemlich vorbehaltlose Zustimmung stieß. Vehement protestierten die Bezirksvereine außerdem gegen Einschränkungen der Versammlungsfreiheit und andere Restriktionen der städtischen und staatlichen Behörden; vgl. exemplarisch Erklärung des 71. Bezirksvereins vom 5. Sept. 1848, in: NZ vom 7. Sept.; Sitzung des 34.-40. Bezirksvereins vom 31. Aug. (Anm. 88); Einladung zur Gründungsversammlung des Vereins für den „fünften größern Wahlbezirk" am 7. Juni, in: VZ vom 7. Juni 1848; Erklärung des 5. größeren Bezirksvereins vom 4. Juni 1848, in: ZBSt, 1848 Flg., M. 12.

99 Neben R. Virchow und A. Löwenstein zählten zu den Mitgliedern des Central-Vereins auch R. Löwenstein, E. F. August, L. K. Weyl, G. Siegmund, S. Stern, (KBA), der Kammergerichtsassessor Wollheim (der K. Siegerist im Zeughausprozeß verteidigte), der Journalist J. C. Glaser (Gründungs- und Vorstandsmitglied des Konstitutionellen Klubs), der Arzt K. A. W. Parow (1849/50 aktiv im Gesundheitspflegeverein der Berliner Arbeiterverbrüderung) sowie der Bäckermeister und liberale Stadtverordnete C. L. Krebs.

100 Die Bürgerwehr, heißt es in der Erklärung, sei nur „der *erste Anfang* allgemeiner gesetzmäßiger Volkswehr", die nicht „dem Gebote eines absoluten Fürsten unterworfen ist". „Von einer natürlichen Unterordnung der Bürgerwehr unter die derzeitigen Communalbehörden kann nun und nimmermehr die Rede sein." Im Wortlaut in: SZ vom 19. Juli; VZ vom 20. Juli; BZH vom 21. Juli 1848. Vorausgegangen waren scharfe Erklärungen einiger Bezirksvereine gegen die Stadtverordneten; vgl. ,Publicist' vom 22. Juli 1848, sowie *S. 588 ff.* Auch das Bürgerwehrgesetz stieß im Central-Verein auf heftige Kritik.

Armee zu bewegen.[101] Kritisch befaßte sich die Dachorganisation der Bezirksvereine auch mit den „berüchtigten Constablerangelegenheiten".[102]

Bei der seit Herbstbeginn eskalierenden Auseinandersetzung zwischen Preußischer Nationalversammlung und dem Ministerium nahm der Bezirks-Central-Verein Positionen ein, die der radikalen Linken des Abgeordnetenhauses zur Ehre gereicht hätten. Ein Antrag des Bezirksvereins 68B, der die Nationalversammlung Preußens aufforderte, „sich als Ausdruck des souveränen Volkswillens selbst als souverän und bis zur Beendigung des Verfassungswerks für unauflöslich, ihre Beschlüsse aber als verbindlich für Krone und Regierung zu erklären" (ein revolutionärer Schritt, der dem des ‚Dritten Standes' der französischen Generalstände vom 17. Juni 1789, sich zur Nationalversammlung zu erklären, kaum nachgestanden hätte), wurde zwar abgelehnt. Jedoch „nur deshalb", weil er bekannte Positionen des Bezirks-Central-Vereins lediglich wiederhole und „die Souveränität des Volks und der Nationalversammlung keines ausdrücklichen Beschlusses mehr bedarf".[103] Wie die demokratischen Vereine protestierte auch der Central-Verein (auf einen Antrag Virchows hin) auf seiner Sitzung vom 22. Juli gegen die ‚Unverantwortlichkeit' des Reichsverwesers. Zugleich bezog der Zusammenschluß der Bezirksvereine entschieden gegen die „ultra-preußische Aufregung" Stellung.[104] In der Kernfrage der „deutschen Angelegenheit" dagegen vertrat der Bezirks-Central-Verein eine Position, die mehr den Ansichten des Konstitutionellen Klubs entsprach. Statt, wie die Mehrheit der demokratischen Bewegung, der Einschmelzung Preußens in ein künftiges Deutschland das Wort zu reden, wollte er „die staatliche und nationale Selbständigkeit Preußens" gewahrt wissen.[105]

Die Bezirksvereine und der Central-Verein beanspruchten, alle Einwohner eines Stadtteils zu vertreten, strebten, „die Selbstregierung im Ganzen und Großen" an. Nicht zufällig bildeten Entwürfe für eine neue Gemeindeordnung einen wichtigen Gegenstand der Beratungen des Bezirks-Central-Vereins.[106] Das Selbstverständnis der Bezirksvereine und ihrer Dachorganisation, letztlich die

---

101 Beschluß des Central-Vereins auf seiner Sitzung vom 2. Sept.; ausführlich: NZ und VZ vom 7. Sept. 1848.
102 Vgl. NZ vom 20. Sept. 1848.
103 Sitzung des Central-Vereins vom 30. Sept., nach: SZ vom 10. Okt.; vgl. auch VZ vom 8. Okt. 1848. Vorausgegangen war dem Antrag der Bezirksklubs 68A, 68B und 69 eine Adresse derselben an die PrNV vom 15. Sept. 1848. Radikaler als die demokratischen Vereine verwarfen die drei Bezirksklubs das Vereinbarungsprinzip: „Wir haben eine constituierende Kammer gewählt, keine vereinbarende." Die PrNV sei „die alleinige und unumschränkte Gewalt im Staate, gegen deren Beschlüsse selbst der Krone ein Veto nicht zustehen kann." (Nach: ‚Publicist' vom 19. Sept. 1848.)
104 Vgl. BZH vom 29. Juli 1848.
105 Vgl. S. 675, Anm. 13.
106 Vgl. z. B. seine Sitzungen vom 2. Sept., 7. und 14. Okt. 1848, in: NZ und VZ vom 7. Sept. bzw. VZ vom 10. Okt.; SZ vom 11. Okt. 1848.

ganze Stadt politisch zu vertreten, stellte, ähnlich wie das der Bürgerwehr, die Legitimität der Stadtverordnetenversammlung, für die gesamte Einwohnerschaft zu sprechen, grundsätzlich in Frage.[107] Von der demokratischen und liberalen Öffentlichkeit wurden sie dabei zwar unterstützt. Magistrat und Stadtverordnete indessen ignorierten entweder die Kritik an ihrer Stellung, oder sie erklärten die Bezirksklubs zu „Privatvereinen", denen man keinerlei Rechenschaft schuldig sei.[108] Letztlich lösten sie diese politische Krise auf die gleiche Weise, wie sie dies vergleichbaren Ansprüchen des Bürgerwehrkommandos gegenüber praktiziert hatten – durch ‚Aussitzen'. Stadtparlament und städtischer Verwaltung kam dabei entgegen, daß die Bezirksvereine erst ziemlich spät ins Leben traten, im Früh- und Hochsommer, und wenige Monate später der revolutionäre ‚Spuk' bereits beendet war – und damit auch die Partizipationsansprüche der Bezirksvereine. Wäre die Berliner Revolution nicht frühzeitig beendet worden, hätten sich die vorhandenen Elemente einer bürgerlichen Doppelherrschaft wahrscheinlich weiter ausgebildet. Der Mitte November ausgerufene Belagerungszustand machte der Existenz der Bezirksvereine im übrigen kein Ende. Obgleich von der Obrigkeit mißtrauisch beäugt, durften die meisten von ihnen bestehen bleiben. Anfang 1849 bildeten sie das Korsett der ‚Volkspartei', einer mitgliederstarken gemeinsamen Organisation der gemäßigten Demokraten und linken Liberalen. Eine Reihe von Bezirksvereinen überlebten sogar die Auflösung der ‚Volkspartei' und das Verbot der Arbeitervereine Mitte 1850 – allerdings um den Preis, daß sie ihren allgemein-politischen Anspruch aufgaben und sich auf sozialreformerische bzw. karitative Tätigkeiten beschränkten.[109]

---

107 „Von der ganzen Einwohnerschaft Berlins" werde auch der „Mangel einer vollständigen Vertretung durch die städtischen Behörden schmerzlich empfunden", heißt es am Schluß einer Adresse des Friedrich-Wilhelm-Städtischen Bezirksvereins vom 12. Juli. Das „von den städtischen Behörden vertretene System [müsse] fallen." Diese sollten „sich mit dem Geiste der Zeit verjüngen, seinen Forderungen genügen, oder – wenn sie dies nicht konnten, freiwillig zurücktreten, und dann sofort durch einen *volksthümlichen* Wahlmodus ergänzt werden." (In: LAB StA, Rep. 01, Nr. 2439, Bl. 293a u. 293b, H. v. m.). Vom gleichen Personenkreis war bereits am 7. Juni eine Adresse ähnlichen Inhalts (Anm. 88) verfaßt worden. Weiter ging der Verein des 97. Stadtbezirks, als er am 8. Juli, anläßlich der von den städtischen Behörden veranlaßten Rückrufung weiterer Truppenabteilungen nach Berlin, grundsätzlich erklärte, „daß er dem Magistrat und den Stadtverordneten nicht das Recht zusteht, in Angelegenheiten, welche mit der Aufrechterhaltung der politischen Rechte in Verbindung stehen, selbständig die Bürgerschaft Berlins zu repräsentieren". (Ebd., Bl. 65, H. i. O.).

108 Vgl. Antwort des Magistrats auf die Adresse des 97. Bezirksvereins (Entwurf), in: ebd., Bl. 65, Rand; außerdem die in der Tendenz ähnliche Antwort des Magistrats vom 20. Juni auf die erwähnte Adresse der 225 Bürger des Bezirks der Friedrich-Wilhelm-Stadt vom 7. Juni (Anm. 88).

109 Vgl. *S. 835, Anm. 65.*

Der Central-Ausschuß und der märkische Kreis-Ausschuß der Demokraten

Das, neben dem grundsätzlichen Bekenntnis zur demokratischen Republik, wohl wichtigste Ergebnis des ersten Kongresses der Demokraten Deutschlands vom 14. bis 17. Juni in Frankfurt a.M. war der Beschluß, an die Spitze der demokratischen Bewegung einen fünfköpfigen Central-Ausschuß zu stellen. Zum Sitz des Central-Ausschusses wurde Berlin erkoren. Zweck dieses Gremiums sollte es sein, „die demokratisch-republikanische Partei in Deutschland zu einigen und zu verstärken". Die politisch-inhaltliche Autonomie der örtlichen Vereine wurde durch ihn nicht angetastet. Bereits auf dem Frankfurter Kongreß wurden Julius Fröbel, Gottlieb Rau und Hermann Kriege zu Mitgliedern des zentralen Koordinationsgremiums gewählt. Ihnen gesellten sich drei Wochen später Eduard Meyen und Adolph Hexamer bei, nachdem sie am 7. Juli von den Berliner Vereinen zu Mitgliedern des Central-Ausschusses bestimmt waren.[110] Zwischen den lokalen Vereinen und dem Central-Ausschuß wurden als dritte Ebene sog. Kreis-Ausschüsse institutionalisiert. Ihr geographisches Tätigkeitsfeld entsprach außerhalb Preußens den Grenzen der einzelnen deutschen Staaten, innerhalb Preußens den Provinzialgrenzen. Der ‚Kreis-Ausschuß für die Provinz Brandenburg' sollte seinen Sitz in Berlin nehmen. Ähnlich wie beim Central-Ausschuß war den Kreis-Ausschüssen die Aufgabe zugedacht, die Aktivitäten in ihren Regionen zu koordinieren, ohne die Selbständigkeit der Vereine zu beschränken. Parallel dazu hatten sie periodisch über die demokratischen Aktivitäten in ihrem Gebiet Berichte anzufertigen, die dann dem Central-Ausschuß zu übersenden waren.

In Preußen wurde die Entscheidung des Kongresses, Berlin zum Sitz des Central-Ausschusses zu machen, von höchsten Stellen mit erheblicher Besorgnis aufgenommen. Friedrich Wilhelm IV. vermutete, daß mit diesem Beschluß auf den „Umsturz der Monarchie hingewirkt" werden solle, und forderte den Innenminister auf, „dieser Bewegung mit aller Energie entgegenzutreten und die Teilnehmer an derselben auf das Strengste überwachen" zu lassen. Wenn dies „vom polizeilichen Standpunkt irgend gerechtfertigt" erscheine, sollte „zur Fest-

---

110 Vgl. Erklärung des Central-Auschusses der Demokraten vom 8. Juli, nach: NZ vom 13. Juli 1848; ferner Polizeibericht über die Sitzung des Demokratischen Klubs vom 29. Juni, in: GStA, Rep. 77, Tit. 509, Nr. 1, Bd. 4, Bl. 218-221. Zum Verlauf und zu den Beschlüssen des ersten Demokratenkongresses vgl. Paschen, S. 53-56; Wolff, RC, III, S. 448 ff. Beschlüsse und Teilnehmerliste des Kongresses sind wiedergegeben in: Gustav Lüders, Die demokratische Bewegung in Berlin im Oktober 1848, Berlin/Leipzig 1909, S. 135-140; Gerhard Becker, Das Protokoll des ersten Demokratenkongresses vom Juni 1848, in: JbG, Bd. 8/1973, S. 379-405.

nehmung der letzteren unverzüglich geschritten" werden.[111] Auch die Berliner Obrigkeit reagierte verschreckt auf die Entscheidung des demokratischen Kongresses, die preußische Hauptstadt zum „Vorort" ihrer Organisation zu machen. In völliger Überschätzung des Einflusses des Central-Ausschusses fürchteten Mitglieder des Stadtparlamentes, der Central-Ausschuß wolle in naher Zukunft „die Republik proclamiren". Deshalb müßten alle „Häupter dieser Schilderhebung verhaftet" werden. Daß „Gefahr im Verzuge" sei, sehe man daran, daß „die rothe Fahne schon zu verschiedenen Malen entfaltet" worden sei. Besondere Gefahr gehe vom „massenhaften Zuströmen" erwerbsloser Arbeiter in die preußische Hauptstadt aus; „bei uns überfluthe die Zahl der Arbeiter alles". „Berlins Zustände hätten Ähnlichkeit mit Paris", wo gerade der Juniaufstand blutig niedergeschlagen worden war. Die einen sprachen sich während der Stadtverordnetensitzung vom 26. Juni für entschiedene „Ausnahmegesetze" aus; andere wollten dagegen „keinen Dictator".[112] Schlußendlich einigte man sich auf eine Lösung, wie in vergleichbaren Situationen üblich: Die Stadtverordneten konstituierten eine Kommission zur weiteren Beratung der Angelegenheit.[113]

Staatliche wie kommunale Obrigkeit schlugen also schärfste Töne an und wollten die fünf Mitglieder des demokratischen Central-Ausschusses am liebsten hinter Schloß und Riegel wissen – doch nichts geschah.[114] Aus vier Gründen übten die alten Gewalten zähneknirschend Zurückhaltung: Erstens suchten die drei in Frankfurt gewählten Mitglieder unmittelbar nach ihrer Ankunft die oben

---

111 Friedrich Wilhelm IV. an Innenminister v. Auerswald vom 19. Juni 1848 (Abschrift), in: GStA, Rep. 77, Tit. 509, Nr. 1, Bd. 4, Bl. 188. Derart aufgescheucht, ging der neue Innenminister Kühlwetter seinerseits einige Tage später, am 7. und 8. Juli, den Justizminister Maerker mit der Forderung an, gegen das „verbrecherische Treiben" des Ausschusses „gerichtlich einzuschreiten". (In: ebd., Bl. 195-197 Rs. [Zitat: Bl. 195 Rs.])

112 Zitate aus dem ausführlichen Bericht der NZ vom 30. Juni 1848; vgl. auch Wolff, RC, III, S. 429 f. Ausgelöst wurde die Debatte der Stadtverordneten durch ein Schreiben des Magistrats vom 26. Juni 1848, in dem dieser vorschlug, „sofort allem ungesetzlichen und revolutionären Treiben, das besonders Berlin bedroht", nachdem der demokratische Central-Ausschuß hierher verlegt sei, „ein Ende zu machen" und zu diesem Zweck eine „interimistische Directorialgewalt" der kommunalen Behörden ins Auge zu fassen. (In: LAB StA, Rep. 01, Nr. 2439, Bl. 253a-253b Rs.; im Wortlaut auch in der Tagespresse sowie in Wolff, RC, III, S. 428 f.)

113 Sie bestand aus dem um vier Stadtverordnete erweiterten kommunalen Sicherheits-Ausschuß; vgl. Sitzungs-Protokoll, in: LAB StA, Rep. 00, Nr. 128; Aktennotiz der Stadtverordnetenversammlung für den Magistrat vom 26. Juni 1848, in: ebd., Rep. 01, Nr. 2439, Bl. 253b Rs. und 253c. Zur Tätigkeit der Deputation, die sich darauf beschränkte, Staatsanwalt, Polizeipräsident und Magistrat aufzufordern, den Strafgesetzen des Vormärz wieder zur Durchsetzung zu verhelfen, vgl. Protokoll und Schriftwechsel ebd., Bl. 253d-253g, 254-254a Rs., 261a, 290a. Zum Sicherheitsausschuß vgl. S. *595*.

114 Abgesehen von kontinuierlicher polizeilicher Beobachtung; vgl. entsprechende Anordnung Kühlwetters an Bardeleben vom 8. Juli, in: BLHA, Rep. 30, Tit. 94, Nr. 14377 sowie Bericht vom 22. Juli 1848, in: GStA, Rep. 77, Tit. 509, Nr. 1, Bd. 4, Bl. 246 ff.

erwähnten Bedenken zu zerstreuen.[115] Zweitens hatten Versuche in Köln und Düsseldorf, führende Demokraten durch Verhaftung und Verurteilung kaltzustellen, mit Blamagen geendet, da sich die Gerichte nicht zu bloßen Instrumenten der Exekutive machen ließen; ähnliches war auch für Berlin absehbar.[116] Drittens tagte in Berlin die Preußische Nationalversammlung; sie hätte die Verhaftung der Ausschußmitglieder zweifellos zu ihrer Angelegenheit und damit zu einem preußenweiten Eklat gemacht. Viertens, das war wohl der wichtigste Grund für die Zurückhaltung, glich die preußische Hauptstadt aus der Sicht der Obrigkeit einem Pulverfaß. Das Pariser Drama vor Augen, wollte man sich nicht auf eine politische Konfrontation mit unsicherem Ausgang einlassen. Tatsächlich waren die Befürchtungen unnötig. Der Central-Ausschuß beschränkte sich im wesentlichen „auf eine geschäftliche Vermittlung zwischen den Vereinen", indem seine Mitglieder eine intensive Reisetätigkeit entfalteten.[117] Aus dem lokalen Geschehen in der preußischen Hauptstadt selbst hielt der Central-Ausschuß sich weitgehend heraus.

Zu einer Kooperation zwischen den größeren demokratischen Vereinen Berlins war es bereits gekommen, bevor sich am 31. Juli 1848 der demokratische ‚Kreis-Ausschuß für die Mark Brandenburg' konstituierte.[118] Mit dem zunächst provisorischen Kreis-Ausschuß und dann dem am 20. und 21. August abgehaltenen, von den Berliner Demokraten dominierten[119] ersten Kongreß der Vereine

---

115 Sie wollten, so erklärten sie am 30. Juni in einem Schreiben an den Innenminister, „den Boden der Gesetzlichkeit" nicht überschreiten und sich „ins Besondere in die lokalen Verhältnisse Berlins" nicht einmischen. Ihr Bestreben sei es, „zu einem möglichst ruhigen und geordneten Gange der Volksbewegung beizutragen". (In: ebd., Bl. 214.) Vgl. außerdem Fröbel, Lebenslauf, S. 177 f.

116 Vgl. Schreiben des Staatsanwalts am Berliner Kammergericht (Sethe) an Maerker vom 11. Juli 1848 (Abschrift), in: GStA, Rep. 77, Tit. 509, Nr. 1, Bd. 4, Bl. 228. Zum gesamten Schriftwechsel vgl. auch Paschen, Demokratische Vereine, S. 86 f.

117 Fröbel, Lebenslauf, S.180. Vgl. außerdem vor allem Rainer Koch, Demokratie und Staat bei Julius Fröbel: 1805-1893. Liberales Denken zwischen Naturrecht und Sozialdarwinismus, Wiesbaden 1978, S.198 ff. Zur Tätigkeit des Central-Ausschusses vgl. den Bericht des Berliner Polizeipräsidenten vom 31. Mai 1848, in: GStA, Rep. 77, Tit. 501, Nr. 3, Beih. 3, Bl. 66 Rs.-68 Rs.; außerdem Paschen, Demokratische Vereine, S. 60-63. Aufrufe des Central-Ausschusses im Wortlaut in: Lüders, Demokratische Bewegung, S. 143-151.

118 Am 25. Mai hatten sich „Deputationen" der größeren demokratischen Klubs Berlins zu einer gemeinsamen Sitzung zusammengefunden. Die NZ vom 27. Mai 1848, die hierüber ausführlich berichtet, spricht zwar von einem „demokratischen Central-Verein". Zu weiteren, förmlichen Delegiertenversammlungen scheint es jedoch nicht gekommen zu sein.

119 Von insgesamt 14 Vereinen, die auf dem Kongreß, dem A. Benary als Präsident vorstand, vertreten waren, kamen allein neun aus der preußischen Hauptstadt. Mit L. Eichler, R. Schramm, A. Streckfuß (KBA), T. Schönemann (Landbaumeister und Gründungsmitglied des ‚Volksklubs', seit Anfang Juli außerdem stellv. Mitglied des Central-Ausschusses der Demokraten Deutschlands) und E. Herzfeld (seit Mai im Vorstand des ‚Vereins für Volksrechte' und seit Spätsommer dessen Vorsitzender) stellten führende Repräsentanten der drei wichtigsten Berliner Vereine auch den fünfköpfigen Kreis-Ausschuß.

der Mark Brandenburg erhielt diese Zusammenarbeit zwar festere Formen. In der Folgezeit litt der Kreis-Ausschuß jedoch unter ähnlichen Schwierigkeiten wie der Central-Ausschuß: Er schwebte über den auf Eigenständigkeit bedachten Vereinen und war letztlich nicht in der Lage, deren Aktivitäten wirkungsvoll zu bündeln.[120] Hinzu trat offenbar das Fehlen strategischer Konzepte. „Was er eigentlich da solle", sei dem Central-Ausschuß „keineswegs klar" gewesen, brachte Fröbel die eigene Hilflosigkeit und die seiner Mitstreiter auf den Punkt.[121]

Überregionale Zusammenschlüsse der liberalen und konservativen Vereinsbewegung

Obzwar von Konservativen und Liberalen wegen seines entschiedenen Votums für eine demokratische Republik heftig angefeindet, war der erste Kongreß der Demokraten Deutschlands in Frankfurt a.M. dem Konstitutionellen Klub Berlins, dem Preußen- und dem Patriotischen Verein gleichzeitig Ansporn, die ihnen politisch verwandten Vereine überregional zu koordinieren. So wenig allerdings wie dem *Konstitutionellen Klub* langanhaltende Resonanz in der Berliner Bevölkerung vergönnt war, so wenig war ihm auch Erfolg in seinem Bemühen beschieden, die – häufig nach seinem Vorbild gegründeten – Vereine in ganz Preußen zusammenzubinden und damit die politische Wirksamkeit des organisierten Liberalismus zu erhöhen. Am 22. Juli fanden sich in Berlin mehr als hundert Delegierte, die knapp neunzig Vereine vornehmlich aus Preußen und Sachsen vertraten[122] und ausschließlich bürgerlichen Schichten angehörten, zu einem Konstitutionellen Kongreß ein.[123]

---

120 Vgl. das resignierte Resümee von Streckfuß (Organisation der Demokraten, S. 5), des wohl aktivsten Mitglieds des Kreis-Ausschusses, 1849.

121 Seine Tätigkeit habe „vor allen Dingen" darin bestanden, „die Unfähigkeit unserer Partei geheim zu halten." (Fröbel, Lebenslauf, S. 176 f.)

122 Zwar waren Vereine aus allen preußischen Provinzen vertreten, die der Mark Brandenburg besaßen jedoch das Übergewicht. Der Vertreter des Konstitutionellen Klubs Nürnberg muß sich als einziger Süddeutscher unter sonst lauter Preußen und Sachsen sowie einzelnen Abgesandten aus den thüringischen Kleinstaaten ziemlich einsam gefühlt haben. Aus Berlin waren neben dem Konstitutionellen Klub auch die Bezirksvereine 19 und 49A mit eigenen Delegierten anwesend; vgl. VZ und SZ vom 23. Juli 1848. Zur sozialen Zusammensetzung der Delegierten vgl. Gebhardt, Liberale Bewegung, S. 165.

123 Am 22. Juni, der Frankfurter Kongreß der deutschen Demokraten war noch keine Woche geschlossen, die Mitglieder des Central-Ausschusses in Berlin noch nicht eingetroffen, stellte S. Stern (zu diesem Zeitpunkt stellvertretender Präsident der organisierten Liberalen Berlins; KBA) den Antrag, die „verbrüderten und andern konstitutionellen Vereine" zu einer Delegiertenversammlung im kommenden Monat in die preußische Hauptstadt einzuladen. Zweck der Veranstaltung sei es, so Stern mit Blick auf die kurz zuvor von den Demokraten Deutschlands gefaßten Beschlüsse, „den republikanischen Bestrebungen entgegenzuwirken" und auf diese Weise die in Sterns Augen offenbar schon existierende „demokratisch-konstitutionelle Monar-

Sie fragen mir: was iffen des?

der demokratische Congreß.

Die Reaction wird lahm zeritten, sie läßt um stillet Beileid bitten.

Die Beschlüsse zur überregionalen Organisierung nahmen sich in Teilen wie eine Kopie der von den demokratischen Vereinen Deutschlands einen guten Monat zuvor beschlossenen Strukturen aus: Wie diese bildete man Kreisausschüsse, die die Tätigkeit der konstitutionellen Vereine im regionalen Rahmen zu koordinieren hatten. Ebenso wurde Berlin, mit 64 gegen 8 Stimmen, zum „Vorort" bestimmt. Mit der Wahrnehmung der „Geschäftsführung" wurde der Konstitutionelle Klub Berlins und ein vor allem von diesem gestellter Central-Ausschuß betraut. Zog man hier weitgehend an einem Strang, offenbaren die Abstimmungsergebnisse über Grundsatzfragen – nicht zuletzt zur deutschen Einheit[124] –,

---

chie zu stützen". Der Antrag wurde „mit Majorität angenommen. Zitate: VZ vom 24. Juni und 1. Juli; vgl. auch SZ vom 24. Juni 1848 sowie Wolff, RC, III, S. 459 ff. sowie Gebhardt, Liberale Bewegung, S. 35. Der Konstitutionelle Klub Berlins hatte bereits in einem Aufruf vom 12. April 1848 politisch verwandte Vereine zur Kontaktaufnahme aufgefordert, ohne daß es jedoch zu einer engeren Zusammenarbeit kam; im Wortlaut in: Wolff, RC, II, S. 194. Zur Vorgeschichte und weiteren vorausgegangenen Zentralisierungsversuchen vgl. Gebhardt, Liberale Bewegung, S. 31-35.

124 Mit einem Stimmenverhältnis vom 67 gegen 20 fand ein Antrag unter den durch Delegierte vertretenen Vereinen positive Resonanz, wonach „die Beschlüsse der Frankfurter National-versammlung für sämmtliche deutsche Staaten als unbedingt verbindlich" anzuerkennen seien. Gespaltener präsentierten sich die liberalen Delegierten, als über einen Antrag der Breslauer Vereine, die zusammen mit den Leipzigern auf der Versammlung offenbar den linken Flügel

daß die liberal-konstitutionellen Vereine in eine rechte und eine linke Fraktion gespalten waren, die sich in zentralen Punkten nicht einig waren. Nachdrücklich unterstrichen wurde dies am 24. Juli, als sich nach dem offiziellen Abschluß des Kongresses die linke Fraktion unter der Federführung des Deutschen Vereins Leipzig zu einem vierstündigen „Nach-Kongreß" zusammenfand. Sie vereinbarte, „seitens dieses kleineren Kreises in ein ganz besonders enges Bündnis zu treten." Hintergrund war das nicht unberechtigte Mißtrauen der meisten nicht-preußischen Vereine, die preußischen Vereine und besonders der Berliner Konstitutionelle Klub würden borussisch-partikularen Interessen nachgeben und sich vom Ziel einer unbedingten deutschen Einigung entfernen. Damit stand die vom mehrheitlich eher rechten Konstitutionellen Klub der preußischen Hauptstadt ausgehende Initiative, die versammelten und darüber hinaus weitere liberale Organisationen zu einem schlagkräftigen Verband zusammenzuschmieden, von Anbeginn unter ungünstigen Vorzeichen.[125] Der Zusammenhalt zwischen den liberal-konstitutionellen Vereinen blieb höchst locker. Mit dem Niedergang des Berliner Konstitutionellen Klubs versandete seit Anfang Oktober auch dessen überregionale Tätigkeit.

Zu parallelen Bemühungen kam es auch seitens der konservativen Klubs der Landeshauptstadt. Bereits Ende Juni begann der *Patriotische Verein*, die Aktivitäten gleichgesinnter Vereine von der preußischen Hauptstadt aus zu koordinieren.[126] Auch der Berliner *Preußenverein* knüpfte im Sommer Beziehungen zu den ihm politisch verwandten Organisationen in der Provinz. Hier scheinen die Verbindungen jedoch lockerer als bei den ‚patriotischen' Klubs gewesen zu sein. Um die rechtsliberale und konservative Bewegung preußenweit zusammenzu-

---

repräsentierten, abgestimmt wurde. 52 Vereine stimmten der Formulierung zu, die liberal-konstitutionellen Vereine „erstreben eine kräftige Einigung Deutschlands unter einer gemeinsamen, auf allgemeinster, volksthümlicher Grundlage ruhenden konstitutionellen, monarchischen Regierung". 36 meist linke Vereine widersprachen diesem Antrag. Ihre Forderung, die Monarchie als Regierungsform für den angestrebten deutschen Bundesstaat zu verwerfen, kam nicht mehr zur Abstimmung. Zitate: NZ und VZ vom 23. und 25. Juli 1848. Ausführlich zum Kongreß: Gebhardt, Liberale Bewegung, S. 38-42.

125 Zwar forderte der auf dem Kongreß in Berlin konstituierte liberale Central-Ausschuß die ihm angeschlossenen Vereine Mitte August auf, Protokolle über „die Verhandlungen der einzelnen Clubbs generaliter dem Central-Comité zuzufertigen". Auf Basis dieser Berichte sollten dann Stimmungsbilder zu den wichtigen politischen Fragen zusammengestellt werden und als Adressen „der konstituierenden Versammlung und dem Staatsministerio zugehen". Ermahnungen und Aufrufe fruchteten jedoch wenig. Vgl. VZ vom 17. Aug. (Zitate), 5. und 8. Sept. 1848; ferner (zu den konkurrierenden Aktivitäten der organisierten Linksliberalen um den Deutschen Verein Leipzig) Gebhardt, Liberale Bewegung, S. 44 ff.

126 Vgl. Flugschrift des Berliner Patriotischen an die patriotischen und gemäßigt-konservativen Vereine in den Provinzen vom 24. Juni, im Wortlaut in: Köpke, Kleine Schriften, S. 481-483; vgl. außerdem Wolff, RC, III, S. 511; Schwentker, Konservative Vereine, S. 77. Tatsächlich orientierten sich in der Folgezeit offenbar zahlreiche Vereine auf dem ‚flachen Lande' programmatisch und organisatorisch am Berliner Vorbild; vgl. hierzu und zum folgenden ebd., S. 151 ff.

binden, rief der Patriotische Verein Berlins für den 3. bis 5. Oktober zu einer Generalversammlung auf, zu der sich Delegierte von insgesamt 25 Vereinen vornehmlich aus den Ostprovinzen einfanden. Wichtigstes Ergebnis dieses konservativ-rechtsliberalen „Schulterschlusses" (W. Schwentker) war die förmliche Konstituierung eines vom Patriotischen Verein Berlins vorgeschlagenen „permanenten Central-Comités", das seinen Sitz in der preußischen Hauptstadt nahm. Faktisch wurde mit diesem Beschluß nur der räumliche Aktionsradius des Ende August von den Berliner Vereinen geschaffenen Koordinationsgremiums erweitert.[127] Der Zwang zur Bündelung des konservativen Vereinsspektrums war freilich weit geringer als bei den Demokraten und Liberalen, besaßen doch die organisierten Konservativen in der Kamarilla um die Gebrüder Gerlach ein gewissermaßen natürliches Zentrum.

In ihrem Organisationsverständnis und -verhalten unterschieden sich die drei politischen Hauptströmungen bei allem grundsätzlichen Gleichklang[128] in mehrfacher Hinsicht: Während sich die politischen Aktivitäten der organisierten Konservativen überörtlich auch informell, über persönliche Querverbindungen aufeinander abstimmen ließen, waren vor allem die Demokraten auf die Ausbildung formalisierter überregionaler Verbände angewiesen, wollten sie im gesamtpreußischen und gesamtdeutschen Rahmen politische Wirkungskraft entfalten. Die Schaffung des Central-Ausschusses der Demokraten und, mit Blick auf Berlin und Brandenburg, die Konstituierung des märkischen Kreis-Ausschusses waren wichtige Schritte in diese Richtung. Indessen folgte den eindrucksvollen Anfängen keine entsprechende Fortsetzung. Beide Koordinationsinstanzen blieben Wasserköpfe. Die örtlichen Organisationen ließen sich weder an die kurze noch an die lange Leine nehmen. Die Liberalen wiederum standen unter dem Druck der starken demokratischen Bewegung. Um nicht noch mehr an Boden zu verlieren, versuchten sie unter Führung des Berliner Konstitutionellen Klubs und nach dem Vorbild der linken Konkurrenz gleichfalls einen überregionalen Verband ins Leben zu rufen. Sie scheiterten damit noch kläglicher als die Demokraten. Verantwortlich dafür sowie für die personelle Auszehrung und den, so schien es jedenfalls den Zeitgenossen, unaufhaltsamen politischen Niedergang der organisierten Liberalen der preußischen Hauptstadt war die Grundhaltung großer Teile des liberalen Bürgertums. In ihren Augen war eine Massenpartei

---

127 Wie der Ende Aug. eingerichtete Koordinationsausschuß der Berliner Vereine wurde auch das konservative Central-Comité personell vom Berliner Preußenverein, dem Patriotischen Verein, dem ‚Verein für König und Vaterland' und dem Teltower ‚Bauernverein' getragen; vgl. ebd., S. 132 f. Weitere Tagesordnungpunkte des Kongresses waren Berichte der einzelnen Vereine über ihre bisherigen politischen Aktivitäten, ferner u. a. die hochbrisante Frage, „wie der bevorstehende Geburtstag Sr. Maj. des Königs auf recht festliche Weise begangen werden könne". (VZ vom 8. Okt. 1848.)

128 Vgl. *S. 493 f.*

‚eigentlich' nicht nötig. Sie sahen mit den Konzessionen des Königs und der Politik der Märzregierungen ihre Erwartungen mehr oder weniger erfüllt. ‚Parteien' standen sie häufig skeptisch gegenüber; denn diese erlaubten aufgrund ihrer demokratischen Binnenstruktur grundsätzlich auch die Partizipation der Unterschichten – eine Möglichkeit, die im über tausend Mitglieder zählenden, radikalen Demokratischen Klubs Berlins mit seiner ausgeprägt proletarischen Basis tatsächlich zur bedrohlichen Realität zu werden schien.

Vor allem die demokratischen Vereine entwickelten sich zu Massenorganisationen, die dem modernen Parteientypus noch am ehesten vergleichbar waren. Indessen sind auch hier zwei Einschränkungen vorzunehmen: Erstens litt die Arbeitsfähigkeit namentlich des riesigen Demokratischen Klubs in Berlin darunter, daß seine Sitzungen den Charakter regelmäßiger Massenveranstaltungen annahmen. Eine Aufgliederung des Demokratischen Klubs nach Bezirken wurde zwar ins Auge gefaßt.[129] Umgesetzt wurde dieses Vorhaben jedoch erst seit Anfang 1849 mit der Gründung der liberaldemokratischen ‚Volkspartei', eines Gebildes, dem allerdings aufgrund der politisch-rechtlichen Rahmenbedingungen nur ein kurzes Leben beschieden war. Zweitens wurde die Schlagkraft aller politischen Gruppierungen, vor allem jedoch die der Demokraten, entscheidend dadurch beeinträchtigt, daß die Bindungen zu den Fraktionen in der Preußischen Nationalversammlung und ebenso zu denen der (fernen) Paulskirche sowie zur Berliner Stadtverordnetenversammlung höchst locker waren. Im Mai waren *Persönlichkeiten* und nicht Parteikandidaten gewählt worden. Das indirekte Wahlsystem, die Wahl der Abgeordneten durch Wahlmänner und nicht unmittelbar durch das ‚Wahlvolk', hatte die unabhängige Stellung der Parlamentarier gegenüber ‚ihren' Vereinen zusätzlich gestärkt.[130] Zwar versuchten die Demokraten diese Schwäche gegen Ende der Revolution zu überwinden, indem sie Ende Oktober mit D'Ester und Reichenbach zwei führende linke Abgeordnete aus der Preußischen Nationalversammlung in den Central-Ausschuß der Demokraten wählten. Aber auch danach blieben die Kontakte einzelner Abgeordneten zu den verschiedenen Vereinen unverbindlich; mehr noch galt dies für die konservativen und vor allem die liberalen Mitglieder der preußischen Volksvertretung. Zu der heute üblichen Einbindung der Parlamentarier in die jeweiligen Parteiorganisationen kam es 1848 nicht. Zu bedenken bleibt freilich, daß

---

129 Vgl. NZ und SZ vom 23. Juni 1848. R. Schramm (KBA) hatte auf der Sitzung vom 20. Juni den Antrag gestellt, daß der Demokratische Klub angesichts seiner Größe „seine Mitglieder nach Bezirken ordnet, um bei eintretender Gelegenheit vollständig organisirt auftreten zu können." Der Antrag wurde zwar angenommen, bis zum Nov. 1848 offenbar jedoch nicht umgesetzt. Zur ‚Volkspartei' vgl. *S. 833-836.*

130 Besonders deutlich wurde dies am Beispiel Georg Jungs, des ersten Präsidenten des Demokratischen Klubs (KBA). Von seiner Organisation als Kandidat aufgestellt und unterstützt, kappte Jung als Abgeordneter die Bindungen an den Klub weitgehend und wurde von diesem dann prompt des Verrats geziehen.

jedenfalls in Berlin die Vereine ‚bei Null' anfangen mußten und bereits seit dem Frühsommer 1848 insbesondere für die demokratische Bewegung die Entfaltungsräume durch vielfältige Repressalien der Behörden eingeengt wurden. Der Zeughaussturm als Berliner Revolutionswende und der Pariser Juniaufstand als europäische Revolutionswende verschafften Obrigkeit und Ordnungspartei Oberwasser.

Teil VIII
Deutsche Einigung und nationale Ressentiments

Kapitel VIII.1

Der „Klassenkrieg" in Frankreich und die „Despotie im Osten" – die europäische Revolutionswende und das zaristische Rußland in der Perspektive der Berliner Öffentlichkeit

„Geist der Verneinung" oder „Befreiung aus den Fesseln der Geldherrschaft" – die Stellungnahmen zum Pariser Juniaufstand

Eine Woche nach dem Berliner Zeughaussturm, am 21. Juni 1848, erließ die französische Regierung ein Dekret, nach dem künftig unverheiratete Erwerbslose, wenn sie nicht in die Armee eintreten wollten, zu Erdarbeiten in unwirtliche Gegenden der Provinz geschickt werden sollten, um dort Sümpfe trockenzulegen. Auf diese Weise wollten die neuen, bürgerlich-republikanischen Minister die Zahl der in den Nationalwerkstätten Beschäftigten drastisch reduzieren. Für die dort weiterhin beschäftigten Arbeitskräfte sah die Regierung die Einführung leistungsbezogener Entlohnung statt des bis dahin üblichen leistungsunabhängigen Tageslohnes vor. Die Parallelen zu Berlin, zur Reorganisation der Tiefbauarbeiten hier Ende Mai und der ‚Verschickung' der jungen, unverheirateten Erdarbeiter in den Osten Preußens, sind nicht zu übersehen. Schon die erheblichen quantitativen Unterschiede – in Paris wurden Mitte Juni gut 110 000 Arbeitskräfte beschäftigt, gegenüber maximal 8 500 in Berlin und etwa 20 000 in Wien – machten es wahrscheinlich, daß die Maßnahmen der französischen Regierung weit weniger friedlich über die politische Bühne gehen würden, als dies in Berlin Anfang Mai der Fall gewesen war. Ein weiteres kam hinzu: Zwar mußten die Pariser Erwerbslosen, die in den Nationalwerkstätten beschäftigt waren, ähnlich, sinnlose Arbeiten verrichten wie in Berlin namentlich die ‚Rehberger'. Wie den Berliner Bürgern war dies den Pariser Bourgeois Anlaß gewesen, über den vermeintlichen Müßiggang der hier beschäftigten Arbeitskräfte zu räsonieren. Im Unterschied zu den Berliner Erdarbeiten besaßen die Pariser Nationalwerkstätten allerdings einen ganz anderen politisch-symbolischen Stellenwert. Das ihnen zugrundeliegende Konzept, der Aufbau staatlich finanzierter, jedoch weitgehend selbstverwalteter Produktionsassoziationen, bildete das Kernstück der 1848 in Paris, und nicht nur dort, einflußreichen frühsozialistischen Theorien Louis Blancs. Da der Erlaß vom 21. Juni auf das Zentrum der so-

Die große Barrikade in der Rue du Faubourg St. Antoine.
Nach „The Illustrated London News", 1848

zialpolitischen Errungenschaften der Februarrevolution zielte, waren gewaltsame Auseinandersetzungen fast programmiert.

An den blutigen Barrikadenkämpfen, die in jeder Hinsicht die Dimensionen der Berliner Märzrevolution übertrafen, waren (nach zeitgenössischen Schätzungen) etwa 40 000 bis 50 000 Männer und Frauen aus den Pariser Unterschichten auf der einen und zunächst etwa 35 000 Soldaten sowie Nationalgardisten, durch Zuzug von außen kontinuierlich auf schließlich mindestens 80 000 Mann verstärkt, auf der anderen Seite beteiligt. Die bürgerkriegsähnlichen Auseinandersetzungen, die sich vom 22. bis zum 26. Juni hinzogen, begannen mit Anfangserfolgen der Aufständischen und endeten mit ihrer vollständigen Niederlage. Wenn während der Junischlacht wenigstens dreitausend Revolutionäre und etwa 1 600 Armeeangehörige sowie mit ihnen verbündete Nationalgardisten ums Leben kamen und mehr als 11 000 Aufständische verhaftet und vielfach zu langen Zwangsarbeits- oder Gefängnisstrafen verurteilt wurden, dann zeigt das, wie erbittert der Kampf auf beiden Seiten geführt wurde. Obgleich sich auf den Barrikaden Angehörige derselben Unterschichten gegenüberstanden und die Aufständischen sich keineswegs ausschließlich nur aus dem ‚Proletariat' im engeren Sinne rekrutierten, wurde der Pariser Juniaufstand in ganz Europa überwiegend als ‚Krieg der Klassen' oder auch als eine Art neuzeitlicher Sklavenaufstand wahrgenommen.

Diese Sichtweise machten sich auch die Berliner Kommentatoren dieses europäischen Großereignisses zu eigen. Bemerkenswert ist zunächst, daß die gemäßigten Konservativen und die Liberalen der preußischen Hauptstadt des eindeutigen Erfolges ihrer Gesinnungsfreunde in Paris anfangs nicht recht froh werden wollten. „Wie dieser Kampf auch ausgehen mag," meinte die Vossische Zeitung am 29. und 30. Juni, er werde weitere „furchtbare Catastrophen nach sich" ziehen. Die „socialen Krankheiten, an denen unsere Zeit leidet", „die tiefe Wunde der Civilisation", so die Vossische als das Sprachrohr des gemäßigten Berliner Bürgertums weiter, lasse sich auf Dauer „nicht durch Blut heilen". Zugleich freilich wurden die Aufständischen in der liberalen und konservativen Presse der preußischen Hauptstadt, ebenso wie andernorts, zur blutrünstigen Meute. Die Angst, Pariser Verhältnisse könnten auch in Berlin eintreten, führte den Korrespondenten die Feder. Erleichtert nahm die Berliner Ordnungspartei zur Kenntnis, daß angesichts dieser „Prüfung, der schrecklichsten von allen" bisher, wenigstens das Pariser Bürgertum und Kleinbürgertum aufgewacht sei und seine Interessen konsequent zu verteidigen wisse; „selbst die Lauesten und Gleichgültigsten haben es begriffen, daß man zu den Waffen greifen müsse", in „eine[m] Krieg, der der Gesellschaft selbst in unversöhnlichem Wahnsinn bereitet wird."[1] Während die Liberalen immerhin bedauerten, daß der Sieg der Pariser Ordnungspartei viel Blut gekostet hatte, fanden die Radikalkonservativen um die Kreuzzeitung für die rigorose Niederschlagung des Pariser Juniaufstandes nur positive Worte. Sie faßten den blutig erfochtenen Sieg Cavaignacs als Aufforderung an die „Unsrigen" auf, mit der Revolution genauso konsequent Schluß zu machen. In seiner Monatsrundschau, die Anfang August in dem Zentralorgan der Hochkonservativen erschien, spottete Ludwig v. Gerlach: „Die Revolution, obschon sie erst vier Monate zählt, veraltet. Ihr Flitterstaat, ihre Schminke fällt ab. Ihre wahre Gestalt tritt hervor. [...] Man sieht, die Franzosen verstehen nicht blos Revolution, sondern auch Reaction zu machen."[2]

Ganz anders reagierten natürlich die radikaldemokratischen Blätter Berlins auf die Pariser Ereignisse. Am 4. Juli übernahm Born in seiner Zeitschrift ‚Das Volk' einen Artikel des ‚London Telegraph', der bereits zuvor in der ‚Neuen Rheinischen Zeitung' veröffentlicht worden war. An diesen Artikel, dem der bekannte Satz entstammt, das ganze „fürchterliche Blutvergießen" Ende Juni in

---

1 Im gleichen Tenor: NZ vom 6. Juli; ‚Publicist' vom 4. Juli 1848. Die Korrespondentenberichte jener Tage wimmeln von ausgemalten Beschreibungen angeblicher Grausamkeiten der kämpfenden Pariser Unterschichten. Auf die der Armee wird nur am Rande hingewiesen. An der Berliner Börse führte der militärische Sieg der gemäßigten Republikaner Frankreichs unmittelbar zu einem kräftigen Kursanstieg; vgl. *S. 348 f.*

2 KrZ vom 8. Aug. 1848; zur Autorenschaft Ludwig v. Gerlachs vgl. ders., Nachlaß, I, S. 102. Zur Reaktion am Potsdamer Hofe, wo die Pariser Ereignisse mit großer Aufmerksamkeit beobachtet wurden, vgl. Sagave, Berlin und Frankreich, S. 170.

Paris habe sich „von Anfang [an] als eine vollständige Schlacht zwischen zwei Klassen" herausgestellt, knüpfte Born seinen eigenen Kommentar:

„Wir haben das Recht, Partei zu nehmen für unsere unterdrückten Brüder, seien es Deutsche, seien es Franzosen oder Engländer, die Arbeiter trennt kein Unterschied der Sprache, keine Landesgrenze, sie haben Alle nur ein Interesse, die Befreiung aus den Fesseln der Geldherrschaft; sie haben alle einen Unterdrücker, und das macht sie gleich und vereinigt sie, sie müssen insgesammt ihn stürzen, denn keiner von ihnen kann frei sein, wenn sie es nicht Alle sind. Auf den Straßen von Paris, da fochten die Arbeiter nicht allein für ihr französisches Interesse, für uns kämpften sie mit, für uns sind sie gefallen". Es sei, so konnte man bereits einige Tage vorher, am 29. Juni, in ‚Das Volk' lesen, „das Ungeheure an diesem Kampfe, daß er in dem einen Lande unterdrückt, in dem andern wieder empor taucht, weil es ein gesellschaftlicher Kampf ist", der national nicht eingebunden werden könne.[3]

Der politischen Rechten machte der Ausgang der Pariser Junischlacht Mut. „Besonders das Bürgertum", so konstatierte Sigismund Stern 1850, sei Ende Juni endgültig an die Seite der Konservativen getrieben worden. Der „panische Schrecken vor der Verbreitung des Socialismus und des Kommunismus über ganz Europa gewährte der Reaction wesentliche Anknüpfungspunkte für ihre Wirksamkeit auf diesen Theil der Bevölkerung."[4] Auf die Berliner Demokraten dagegen wirkte die Niederlage der Pariser Revolutionäre ernüchternd und zumindest vorübergehend demoralisierend.[5] Erstaunlich ist freilich, daß es in den Klubs, jedenfalls den größeren, über die Berichte vorliegen, nicht zu intensiveren Diskussionen über die Pariser Ereignisse kam. Erst allmählich begannen Berlins Demokraten die politische Dimension der Niederlage der Pariser Aufständischen zu erfassen.

---

3 Ebenso eindeutig in ihrer Parteinahme wie ‚Das Volk' waren die ‚Locomotive' und die BZH. Die dort erschienenen Artikel sind teilweise dokumentiert in: Helmut Neef, Vier Tage rote Fahnen in den Straßen von Paris. Die Kämpfe des Pariser Proletariats 1848 in der deutschsprachigen Presse, Berlin 1983, bes. S. 66-69, 78 f., 110-116, 125 f., 164, 170-178. Zum Verhältnis von nationaler Frage und ‚Internationalismus' in der frühen Arbeiterbewegung vgl. außerdem Walter Schmidt, Arbeiterverbrüderung, soziale Emanzipation und nationale Identität 1848/49, in: BZG 36. Jg./1994/2, bes. S. 35 f.
4 Stern, Geschichte des deutschen Volkes, S. 254 f.
5 Vgl. exemplarisch Brief Johann Jacobys an Fanny Alderson vom 20. Aug., in: Jacoby, Briefwechsel, S. 488; Brief Virchows an seinen Vater vom 1. Juli, in: Virchow, Briefe an die Eltern, S. 154, oder Brief des Premierleutnants Julius v. Hartmann an seine Braut vom 3. Juli 1848, in: Weber, Revolutionsbriefe, S. 196.

Die Revolution im Urteil der Zeitgenossen Anfang Juli

Während die organisierten Konservativen die „Schreckensscenen von Paris" nutzten, um „ein kräftiges Einschreiten" gegen „das rastlose und ungestörte Treiben der Demagogie" in der preußischen Hauptstadt zu fordern[6], fingen Berlins Demokraten an, sich des unfertigen Charakters der eigenen Revolution zusehends bewußt zu werden.

„Nichts ist umgestürzt", klagte Gustav Julius am 2. Juli in der ‚Berliner Zeitungshalle'. Das „Wesen, der Spiritus, die Quintessenz, die Summe und der Inbegriff der alten Zustände, gegen welche sich in den Märztagen das Volk erhob, [ist] geblieben; eine kleine Unterbrechung hat stattgefunden, eine Umwandlung aber nicht. Fragen wir unser Gefühl […], so haben wir eine Revolution gemacht, fragen wir die redenden, die schreienden Thatsachen, nein, so ist es keine Revolution. […] Am 19ten gab der Polizei- und Militairstaat nach, wich, verkroch sich, aber starb nicht, sondern wartete nur des Augenblicks, da er sacht seine tausende von Hydraköpfen zischend wieder hervorstrecken, allmählich dann seinen Schlangenleib wieder emporbäumen und endlich das Volk mit den unzähligen Windungen dieses schlüpfrigen und muskulösen Leibes wieder umstricken könnte."[7]

Genährt wurden bittere Bemerkungen wie diese nur zum Teil durch die Niederlage der Pariser Revolutionäre vom Juni. Ein (weiteres) nicht geringes Dilemma der Berliner Demokraten lag darin, daß aus der Sicht der Öffentlichkeit spätestens seit dem Zeughaussturm sowie dem fast zeitgleichen Beschluß der Demokraten Deutschlands auf ihrem ersten Kongreß, auf die demokratische Republik hinarbeiten zu wollen, sich die politischen Alternativen plausibel schlagwortartig auf ‚Republik' oder ‚konstitutionelle Monarchie' reduzieren ließen. Die eingängige Verkürzung der politischen Alternativen trieb die Demokraten, die in Berlin in ihrer Mehrheit zunächst nur die parlamentarisch-konstitutionelle Monarchie wollten, in die Defensive und entzog ihnen weitere Sympathien, die ihnen bis dahin noch im Bürgertum geblieben waren. Die Junirevolution verschärfte dieses Dilemma weiter: Die höchst brutale Niederschlagung des Aufstandes der Pariser Unterschichten hatte die französische Republik als „Blendwerk" entlarvt und den „Schein republikanischer Freiheit" endgültig zerstört, wie Ludwig v. Gerlach in der Kreuzzeitung vom 8. September höhnte. Von der demokratischen Republik als Staatsideal war nach dem Blutbad in der französischen Hauptstadt vordergründig betrachtet nicht mehr viel geblieben. Diesem Eindruck hatten

---

6 So der Patriotische Vereine in einer Adresse an das Staatsministerium, debattiert und angenommen in den Sitzungen vom 29. Juni und 3. Juli, nach: Neef, Vier Tage, S. 133 f.

7 Und am 29. Juli 1848 hieß es in der BZH: „Wir sind in Deutschland bereits aus einem Stadium der Reaction ganz sacht in das der Contrerevolution übergetreten. […] Die Contrerevolution greift mit dreister Hand rückwärts in die Rüstkammer der alten knechtischen Zustände und holt sich die Waffen heraus, mit denen sie das Kind der Revolution zu erschlagen gedenkt."

Presse und führende bürgerliche Repräsentanten der Berliner Demokratie kaum etwas entgegenzusetzen.

Anders sah die Situation für die Berliner Arbeiterbewegung aus. Ihr politisch-soziales Ideal war nicht gescheitert, auch wenn der erste unbeholfene Versuch, es Wirklichkeit werden zu lassen, im westlichen Nachbarland mißlungen war.

Die soziale Revolution zu vermeiden, heißt es im ‚Volk‘ vom 20. Juli, liege „einzig und allein in der Hand der Besitzenden. Wollen sie freiwillig blind sein und keinen Zoll von ihren ‚Rechten‘ abgehen: so mögen sie sich selbst, aber nur sich selbst, die fürchterlichen Folgen zuschreiben. [...] Weder mit Almosengeben noch mit verkürzter Arbeitszeit und erhöhtem Arbeitslohn allein ist das große Werk gethan, ist das Proletariat mit der Wurzel ausgerottet. Noch weniger helfen dem Proletariat die konstitutionellen Güter: unbedingte Rede- und Preßfreiheit, freies Assoziationsrecht, Schwurgerichte etc. Diese Güter sind recht gut, recht schön; allein sie haben einen Fehler: sie machen das Volk nicht satt. Wir kennen nur ein Mittel: Die Besitzenden müssen ihr Privilegium aufgeben. Wollen sie das nicht, so fallen sie ihrem Privilegium zum Opfer!‘“

Das war eine Kampfansage, an der es nichts zu deuten gab. Gelernt hatten Born und seine politischen Freunde aus dem Pariser Juniaufstand außerdem, „daß der Schrecken nicht zur Unmöglichkeit geworden, daß er leider wieder seine blutige Aernte halten kann, daß die Freiheit noch ihre Opfer verlangt, daß kein Kopf fest genug auf seinem Rumpfe sitzt, den nicht die Sense einer neuen Revolution heruntermähen könnte.“ Das sei die „fürchterliche Überzeugung“, die man mit der „Pariser Arbeiterrevolution uns gegeben“, daß „die Civilisation Gewalt nicht“ ausschließe – auch wenn Stephan Born und seine Mitstreiter weiterhin die Hoffnung nicht aufgaben, ihre Ziele mit friedlichen Mitteln erreichen zu können.

Russophobie und Russophilie

1848 richtete die Berliner Öffentlichkeit ihre Blicke nicht nur nach Westen, nach Frankreich, sondern ebenso nach Osten, nach Rußland. Der Angst vor dem ‚französischen Geist‘ als Wurzel aller Revolutionen bei den Konservativen entsprach vor allem auf demokratischer Seite die Prognose, es werde in absehbarer Zeit zu einem Krieg mit dem zaristischen Rußland kommen. Zwar schien nach der Märzrevolution das Verhältnis Preußens zu Rußland zunächst wegen der ‚polnischen Frage‘ tatsächlich so angespannt, daß auch von hohen staatlichen Funktionsträgern ein Krieg mit der Großmacht im Osten nicht ausgeschlossen wurde.[8] Bereits am 23. März machte Friedrich Wilhelm IV. einer hochkarätigen

---

8 Vgl. hierzu vor allem Hans Henning Hahn, Polen im Horizont preußischer und deutscher Politik im 19. Jahrhundert, in: JGMO, Bd. 35/1986, bes. S. 6 ff.; ferner ders., Das europäische Staatensystem in der Revolution von 1848, in: Rudolf Jaworski, Robert Luft, 1848/49. Revolu-

polnischen Delegation aus Posen jedoch unmißverständlich deutlich, daß er alles tun werde, einen „Krieg gegen Rußland" zu verhindern, und es überhaupt „gegen meine Pflicht und mein Gewissen [sei], denselben zu führen".[9]

Spätestens Mitte Mai war diese Gefahr endgültig gebannt. Obgleich wegen des Krieges mit Dänemark erneut Belastungen ausgesetzt, entspannte sich das Verhältnis zwischen Preußen und dem zaristischen Rußland seit dem späten Frühjahr zusehends. Dennoch wollten die Gerüchte über bevorstehende kriegerische Auseinandersetzungen mit der östlichen Großmacht nicht verstummen.[10] Mitte Juni steigerte sich in Berlin die Furcht vor einem Krieg mit Rußland fast zur Hysterie. Der ‚Verein für Volksrechte' und der ‚Volksklub' sandten am 23. Juni eine gemeinsame Adresse an das preußische Staatsministerium, in der sich die beiden demokratischen Vereine erkundigten, was es mit den „sehr bedeutenden russischen Streitkräften, welche an unserer Grenze [...] sich täglich schlagfertiger vermehren", auf sich habe und warum angeblich die preußischen „Truppen von der Ostgrenze [Preußens] täglich mehr ab und nach dem westlichen Ufer der Elbe gezogen werden." Offenbar vermuteten die beiden demokratischen Klubs, daß das ostelbische Preußen gezielt von eigenen Truppen entblößt werde, um auf diese Art und Weise das revolutionäre Berlin ‚den Russen' auszuliefern. Als Hansemann am 27. Juni die Adresse übergeben wurde, versicherte dieser, daß eine russische Invasion mit Sicherheit nicht zu befürchten sei. Wenn es zum Krieg käme, dann, angesichts der dortigen, instabilen politischen Lage, viel eher mit Frankreich.[11] Deutlicher ließ sich kaum zum Ausdruck bringen, wie

tionen in Ostmitteleuropa, München 1996, bes. S. 335 ff.; Uwe Liszkowski, Rußland und die Revolution von 1848/49. Prinzipien und Interessen, in: ebd., bes. S. 352 ff.; Karl Heink Streiter, Die nationalen Beziehungen im Großherzogtum Posen (1815-1848), Bern usw. 1986, S. 125 f.; Heinz Boberach, Die Posener Frage in der deutschen und preußischen Politik 1848-1849, in: Booms/Wojciechowski (Hg.), Deutsche und Polen, S. 17 f.; Lech Trzeciakowski, Preußische Polenpolitik 1830-1864, in: JGMO Bd. 30/1981, S. 106.

9 Antwort Friedrich Wilhelms IV. auf das Ansinnen der Deputation, die „Wiedergeburt Polens" zuzulassen, nach: Wolff, RC, III, S. 370 f. Vgl. außerdem Briefe Friedrich Wilhelm IV. an Camphausen vom 18. Mai und 4. Juni 1848, in: Brandenburg, Briefwechsel, S. 97 ff., 144, sowie S. 223 f.; ferner (zum positiven persönlichen Verhältnis des Preußenkönigs gegenüber dem Zaren) den Brief Friedrich Wilhelms IV. vom 21. April 1848 an seine Schwester, die russische Zarin, in: Haenchen, Revolutionsbriefe, S. 81.

10 Besonders im Juni kursierten in ganz Preußen, namentlich in den östlichen Provinzen, die abenteuerlichsten Meldungen über die „steigende Gefahr von Seiten Rußlands", fabulierte man allgemein über „das Kriegsgespenst im Osten". Natürlich blieb auch Berlin von derartigen Spekulationen nicht verschont. Ausführlich: Wolff, RC, III, S. 472-479; vgl. ferner die NRhZ vom 12. Juli und ‚Das Volk' vom 18. Juli 1848 sowie z.B. den Brief Virchows an den Vater vom 18. Mai, in: ders., Briefe an die Eltern, S. 149.

11 Das wiederum forderte den Sprecher der demokratischen Deputation zu der Replik heraus, daß Frankreich „es nie darauf absehen [würde], uns unsere politische Freiheit zu rauben". (Nach: Wolff, RC, III, S. 479 f.) Vgl. auch Zunz an S.M. Ehrenberg vom 25. Juni 1848, in: ders., Jude, Deutscher, Europäer, S. 278 f. sowie Streckfuß, Freies Preußen, II, S. 153 f.

sehr die jeweiligen nationalen Feindbilder an den politischen Standort gebunden waren.[12]

Ähnlich wie der Blick auf Frankreich war auch der auf Rußland traditionell von bestimmten, tiefsitzenden Vorurteilen bestimmt. ‚Den Russen' und dem zaristischen Staat wurden Eigenschaften unterschoben, die als „Resultat eines nicht veränderbaren russischen Volkscharakters" begriffen wurden.[13] Eine Wurzel dieser Einstellung war das besonders unter Liberalen verankerte Gefühl, die „Germanen" und hier namentlich die Deutschen seien der „slavischen Race" kulturell grundsätzlich überlegen. Wenn innerhalb der demokratisch-liberalen Bewegung des Vormärz und der Revolutionszeit das Feindbild Rußland alle anderen Negativprojektionen überstrahlte, dann resultierte dies daraus, daß zusätzlich zu den allgemein antislawischen Ressentiments spezifisch russische hinzukamen. Im Zentrum des demokratisch-liberalen Feindbildes ‚Rußland' stand das Schreckgespenst der barbarischen, asiatischen, mit ‚Rückständigkeit' gepaarten und zugleich kriegslüsternen Despotie. Im Revolutionsjahr mußte dieses Vorurteil noch an Plausibilität gewinnen: Nachdem im März 1848 das ‚System Metternich' gefallen war, blieb der Zarismus als letzter „Hort der Reaction" übrig, als die nunmehr einzige europäische Verkörperung des Staatsprinzips der absolutistischen Monarchie. Schon deshalb hatten Betrachtungen über ‚Rußland' während des Revolutionsjahres immer auch eine innenpolitische Dimension.

Hinzu kam, daß die innenpolitischen Frontlinien durch außenpolitische Projektionen aufgeladen und verzerrt wurden. Sogar Bürger, die keinerlei Sympathie für die demokratische Bewegung hegten wie der Stadtrat Karl Nobiling sichteten in der Kamarilla und Teilen des hohen Offizierskorps „eine Partei, welche schon damals eher russisch als preußisch jeder Veränderung nach ‚Vorwärts' entgegentrat" und selbst Friedrich Wilhelms IV. halbherzige, noch vor der Märzrevolution „angekündigten politischen Maßnahmen rückgängig" machen wolle.[14] Personifiziert wurden hochkonservative Militärpartei und innenpolitisches ‚Russentum'

---

12 Glauben mochten die Demokraten im übrigen weder dem Dementi Hansemanns noch dem des offiziellen Rußland; vgl. das Manifest des Zaren vom 26. (14.) März sowie ein Zirkularschreiben des Grafen und russischen Außenministers sowie Staatskanzlers Nesselrode an die russischen Gesandtschaften in Deutschland vom 6. Juli 1848; beide Schriftstücke im Wortlaut sowie weitere Ausführungen zu diesem Thema in: Wolff, RC, III, S. 483-486; ferner Varnhagen, Tagebücher, Bd. 4, S. 365; Willy Andreas, Der Briefwechsel König Friedrich Wilhelms IV. von Preußen und des Zaren Nikolaus I. von Rußland in den Jahren 1848 bis 1850, in: FBPG Bd. 43/1930, S. 131.

13 Die im folgenden skizzierten Grundzüge der demokratischen und liberalen Russophobie lehnen sich weitgehend an die Ausführungen von Peter Jahn (Russophilie und Konservativismus. Die russische Literatur in der deutschen Öffentlichkeit 1831-1852, Stuttgart 1980, S. 56-76, Zitat: S. 72) an.

14 Nobiling (KBA), nach: Rachfahl, König Friedrich Wilhelm IV., I, S. 304.

durch den Prinzen von Preußen. Diesem „Vertreter des russischen Absolutismus", so eine zeitgenössische Charakterisierung des designierten Thronfolgers[15], traute man alles zu: Bereits am 20. März versetzte das haltlose Gerücht, Prinz Wilhelm stehe mit zahllosen russischen Truppen vor den Toren Berlins, um ‚unserer Revolution' den Garaus zu machen, die Berliner Bevölkerung in höchste Aufregung. An allen Ecken sei „gedruckt zu lesen, daß eine russische Camarilla in Potsdam regiert", berichtete Leopold Zunz Ende Juni 1848.[16] Von demokratischer Seite wurden innerer und äußerer Feind gleichgesetzt und alles dann zu einer gigantischen ‚russischen' Verschwörung aufgeblasen.[17] ‚Rußland' galt als Feind gesellschaftlicher Demokratisierung und als entscheidende Barriere für die deutsche Einigung. Das antirussische Feindbild namentlich der radikalen Demokraten speiste sich aber noch aus einer weiteren Quelle. Preußen, Rußland und Österreich hatten traditionell einen außenpolitischen Berührungspunkt, an dem sie sich immer wieder zu gemeinsamem Handeln zusammenfanden: Das war das seit Ende des 18. Jahrhunderts unter den europäischen Großmächten aufgeteilte Polen. Schon im April hatten die demokratischen Vereine ihre Solidarität mit dem um seine Freiheit kämpfenden Nachbarvolk mit der Erwartung verbunden, daß die „polnischen Brüder" zugleich „eine Vormauer gegen die Barbarei des Ostens" bilden würden.[18] Den Konservativen wiederum dienten

---

15 So der Tenor einer unmittelbar nach der Märzrevolution erschienenen anonymen Broschüre „Der Prinz von Preußen und die Berliner Revolution", nach: Haenchen, Flucht, S.43; ähnlich auch Varnhagen am 22. und 24. April 1848, in: ders., Tagebücher, Bd. 4, S. 391 f., 395. Zur ‚Russenpartei' am preußischen Hofe vgl. außerdem Trox, Militärischer Konservativismus, S. 110, 117.

16 Zunz an B. Beer vom 28. Juni 1848, nach: ders., Jude, Deutscher, Europäer, S. 281. Zu den Vorfällen vom 20. März 1848 vgl. *S. 186.*

17 Besonders prägnant ist in dieser Hinsicht ein von Jahn (Russophilie, S. 66) leider ohne genaue Datierung zitiertes Berliner Flugblatt über „die Russen unter uns. Diese mit russischem Gelde, russischer Diplomatie und eigener Unfähigkeit zur Freiheit aus unseren eigenen Landeskindern geworbene russische Armee, die ist da, die ist überall mitten unter uns [...] – die flüstert aus dem großen Geldkasten der Vossischen Zeitung, die macht Polizeispione und Denunzianten zu patriotischen Vereinen, die ließ preußische Offiziere an der Grenze mit russischen Offizieren Bruderschaft trinken, die brandmarkte und tätowierte die Polen [...], die will Berlin bombardieren. Zu dieser in alle Winkel und Löcher Deutschlands verteilten deutsch-russischen Armee will die russisch-russische stoßen, sich mit ihr vereinigen, die deutsche Freiheit zu Tode knuten und unter dem Vorwande, in Deutschland Ruhe und Frieden wieder herzustellen, Deutschland in eine russische Provinz verwandeln." Ausgeprägt antirussische Klischees finden sich auch in der BZH oder NZ. Vgl. ferner (ohne neues Material) Mechthild Keller, Es teilen sich die Geister. Pressestimmen von den Karlsbader Beschlüssen bis zur Reichsgründung, in: dies. (Hg.), Russen und Rußland aus deutscher Sicht. 19. Jahrhundert: Von der Jahrhundertwende bis zur Reichsgründung (1800-1871), München 1992, S. 751 f.

18 Aufruf des Politischen (später: Demokratischen) Klubs vom 4. April 1848. Der demokratische ‚Volksverein unter den Zelten' richtete am 16. April an das Staatsministerium die Aufforderung, aus diesem Grund die preußische Armee gegen das zaristische Rußland zu führen; vgl. *S. 667, Anm. 9.* Namentlich von der BZH wurde auch nach der repressiven ‚Lösung' der ‚Posener Angelegenheiten' der Zusammenhang zwischen „Russenpolitik" und innerem „Despotismus wider das Volk" behauptet. Auch die „äußere Politik" des Zarismus gegenüber den Polen und anderen

dieselben Stereotypen, unter umgekehrten Vorzeichen, zur Begründung ihrer russophilen Einstellung.[19] Eher versteckt, mit Blick auf die revolutionäre Bewegung Berlins aber immer noch deutlich genug, drohte sogar einer der beiden Brüder Gerlach in einem Leitartikel der Kreuzzeitung vom 11. Juli bewußt mit der „Eventualität" eines Krieges mit Rußland.[20]

Konservative wie Demokraten sahen Freund und Feind, Rußland und Frankreich, gleichermaßen holzschnittartig vereinfacht – und zwar gewissermaßen spiegelverkehrt: Wer von der einen Seite enthusiastisch als Bündnispartner oder gar politischer Freund verehrt und umworben wurde, wurde von der entgegengesetzten Richtung mit ganz ähnlicher Gefühlsintensität gehaßt. So wie das Scheitern des Pariser Juniaufstandes auf der demokratischen Seite Unsicherheit und vorübergehend Resignation hervorrief, so bestärkte die erfolglose ‚Arbeiterrevolution' in der französischen Hauptstadt die Konservativen, ihre Anstrengungen zur Wiederherstellung ‚geordneter Verhältnisse' in Preußen zu intensivieren. Die Kamarilla hoffte, daß die Pariser Junischlacht den Berliner Bürgern als Lehre diene. Sie sollten sich, so Ludwig v. Gerlach in seinen Monatsrundschauen in der Kreuzzeitung seit August, an Cavaignac, seiner Armee und dem entschlossenen Pariser Bürgertum ein Beispiel nehmen, allerdings mit Bedacht. Nachdem Cavaignac (schrieb Gerlach im September) „jetzt selbst den Schein republikanischer Freiheit zerstört" habe und „nicht einmal ein Blendwerk dem armen zertretenen Volk geblieben [sei], seine Blöße vor sich selbst zu verbergen", sei auch in Berlin endgültig der „Märzrausch verklungen". Für einen „Zusammenstoß", eine „Entscheidung", um „nur herauszukommen aus dieser Tollheit, dieser Ungewißheit", sei in Preußen die Zeit allerdings noch nicht reif.[21] Noch fehlte der preußischen Kamarilla für die „Entscheidungsschlacht" der stabile Rückhalt im Bürgertum in

---

unterworfenen Nationen „ist ihrer Natur nach untrennbar von Bestrebungen, welche darauf gerichtet sein müssen, das alte System auch in Bezug auf die inneren Verhältnisse wiederherzustellen." (BZH vom 2. Juli 1848.)

19 Die KrZ (vom 12. Juli 1848, nach: Jahn, Russophilie, S. 213) verklärte die Herrschaft des Zaren zur Idylle, wenn sie schrieb: „Wie eine ruhige, friedliche und glückliche Familie leben die Millionen der russischen Bevölkerung unter dem schirmenden Szepter des Landesherrn und stehen wie ein Mann auf bei dem Rufe: ‚Zu den Waffen'."

20 Zeitweilig dachte Friedrich Wilhelm IV. tatsächlich ernsthaft daran, die Truppen des Zaren gegen den inneren Feind zu Hilfe zu holen; vgl. Brief Friedrich Wilhelms an Alexandra Feodorowna vom 22. Juni 1848, nach: Haenchen, Revolutionsbriefe, S. 114. Ähnliche Vorstellungen hegte auch die Kamarilla; vgl. Hans-Christof Kraus, Leopold v. Gerlach – ein Rußlandanwalt, in: Keller (Hg.), Russen und Rußland, S. 647. Zur Haltung des Zaren sowie vor allem zu seiner harschen Kritik an der Polenpolitik Preußens und dem angeblichen „Schlendrian der preußischen Regierung in Posen" vgl. Andreas, Briefwechsel, S. 131-135; Liszkowski, Rußland, S. 353 ff. Vermutungen mancher Demokraten, der zaristische Staat versuche durch gezielte Hilfestellungen der ‚Reaction' (nämlich Geldspritzen für die hochkonservative Presse), auf die innerpreußischen Verhältnisse Einfluß zu nehmen, waren im übrigen nicht gänzlich aus der Luft gegriffen; vgl. Trox, Militärischer Konservativismus, S. 130 f. sowie Valentin, Geschichte, II, S. 232.

21 KrZ vom 8. Aug., 8. Sept. und 5. Okt. 1848.

allen politischen Fragen. Eine dieser Fragen war die nach den Bedingungen, unter denen die deutsche Einheit Wirklichkeit werden, eine andere, wie man mit den nicht-deutschen, nationalen Minderheiten umgehen solle.

Kapitel VIII.2

Nationale Selbstbestimmung, nationale Minderheiten

Berliner Öffentlichkeit und polnische Nationalbewegung

Die Geschichte Preußens ist nicht nur ‚deutsche Geschichte'. Preußen war ein „Staat zwischen den Nationen" (K. Zernack), genauer: zwischen zwei Nationen, der deutschen und der polnischen. Sowohl die ‚polnische Frage' als auch die ‚deutsche Frage' sorgten 1848 unter den Berlinern für erhebliche Aufregung – allerdings zu unterschiedlichen Zeitpunkten. Während die deutsche Einigung zunächst eine politische Selbstverständlichkeit zu sein schien und ‚ächte Borussen' erst seit Sommerbeginn offen Widerspruch anmeldeten, entwickelten sich die nationalen Selbständigkeitsbestrebungen der Polen schon wenige Wochen nach der Märzrevolution zu einem Konfliktherd ersten Grades.

Seit Anfang der vierziger Jahre bereitete die polnische Freiheitsbewegung in allen drei von Rußland, Österreich und Preußen okkupierten Teilgebieten einen Aufstand für 1846 vor. Die Verschwörung wurde vorzeitig verraten. Unter maßgeblicher Mitwirkung des damaligen Posener und späteren Berliner Polizeipräsidenten Julius v. Minutoli gelang es, etwa 600 Personen zu verhaften. Mehr als 250 von ihnen wurde unter großer Anteilnahme der Berliner Bevölkerung in Moabit der Prozeß gemacht. Über hundert wurden zu meist langjährigen Freiheitsstrafen, acht zum Tode verurteilt, später jedoch begnadigt. Am 20. März 1848 mußten die einsitzenden Polen freigelassen werden. Die meisten der Freigelassenen verließen Berlin, um in Posen für die Befreiung des polnischen Volkes zu wirken. Die Berliner Märzrevolution gab mit gutem Grund auch polnischen Patrioten die Hoffnung, daß ihr Land wieder selbständig werde. Die Politik Friedrich Wilhelms IV. war zunächst dazu angetan, diese Hoffnungen zu nähren. Zwar hatte der preußische Monarch gegenüber einer polnischen Deputation, die sich vom 22. bis zum 26. März in Berlin aufhielt, unmißverständlich deutlich gemacht, daß er seine „schöne, blühende Provinz" Posen keinesfalls als Kern eines selbständigen polnischen Staates abzutreten gedenke und ebensowenig einen Krieg mit dem russischen Zaren riskieren wolle. Aber immerhin verfügte der Monarch in einem Erlaß vom 24. März, daß „eine nationale Reorganisation des Großherzogtums Posen" anzubahnen sei.[1] Damit wurde die Situation in dieser preußischen Pro-

---

1 Die polnische und die deutsche Sprache sollten gleichberechtigt nebeneinander gelten. Das Militär sei unter Einbeziehung der deutschen und jüdischen Bewohner Posens „polnisch zu reor-

vinz freilich eher verschärft als beruhigt. Die deutsche Minderheit sah durch die Vereinbarung ihre Interessen dramatisch verletzt. Zudem schien sich in ihren Augen Friedrich Wilhelm IV. mit seinem nationalen Umritt vom 21. März und der berühmten Formel der Deklaration vom gleichen Tage: „Preußen geht fortan in Deutschland auf", an die „Spitze des deutschen Volkes" gestellt zu haben. Viele Deutsche in Posen fürchteten, daß zumindest die Gebiete Posens mit eindeutig polnischer Mehrheit vom preußischen Staat an ein zu schaffendes eigenständiges Polen abgetreten würden. Sie sabotierten die ‚Reorganisation', überhäuften Berlin mit Adressen und Deputationen und trugen maßgeblich dazu bei, daß der mit der Durchführung der Reorganisation Posens beauftragte zivile Kommissar General v. Willisen scheiterte.

Erfolgreich konnten die Aktivitäten der in Posen und Westpreußen lebenden Deutschen allerdings nur sein, weil der preußische Monarch von Anbeginn ohnehin nicht ernsthaft daran gedacht hatte, größere Teile des von Preußen beherrschten Polen aufzugeben. Im Widerspruch zur Mission Willisens forderte Friedrich Wilhelm IV. den im April 1848 eingesetzten Militär-Kommissar General v. Colomb Anfang April mehrmals auf, mit *militärischen* Mitteln ‚Ruhe und Ordnung' in der Provinz wiederherzustellen. Das zielte darauf, die polnischen Einwohner, die sich (durch die o.g. Abmachungen durchaus legitimiert) mit Piken und Sensen versehen hatten, wieder zu entwaffnen. Vor allem sollten die von den inzwischen gegründeten polnischen Kreis- und Lokal-Komités vertriebenen deutschen Landräte und sonstigen lokalen Funktionsträger wieder eingesetzt werden. Durch Übereinkünfte, die Willisen vermittelt hatte, vorübergehend beruhigt, eskalierte die Situation erneut, als sich Teile der inzwischen geschaffenen polnischen Nationalarmee nicht demobilisieren lassen wollten. Colomb, der einschließlich mobilisierter Landwehr insgesamt 40 000 Mann befehligte, nahm dies zum Anlaß, seit dem 17. April gezielt gegen die Städte vorzugehen, in denen die polnischen Komités die Regierungsgewalt übernommen hatten. Dabei kam es zu Übergriffen auf die polnische Zivilbevölkerung. Dieses Vorgehen wiederum provozierte in der zweiten Aprilhälfte zahlreiche Gefechte mit den schlecht

---

ganisieren", die Festung der Stadt Posen solle allerdings „vorläufig" mit preußischen Truppen besetzt bleiben. Zur Durchführung dieser ‚Reorganisation' sollten dem seit dem 20. März bestehenden polnischen ‚National-Komité' ein militärischer und ein ziviler Commissarius, beide vom König eingesetzt, beigeordnet werden. (Antwort des Königs an die Posener Deputation vom 23. März, Erlaß vom 24. März 1848 sowie die Grundsätze der Reorganisation im Wortlaut in: Wolff, RC, I, S. 370-375.) Zur Befreiung der im Moabiter Gefängnis einsitzenden Polen am 20. März 1848 vgl. *S. 222 ff.* Zum folgenden vgl. Broszat, 200 Jahre, S. 81-85; Makowski, Großherzogtum Posen, bes. S. 157-160; Stanislaw Nawrocki, Die revolutionären Ereignisse im Großherzogtum Posen und Westpreußen in den Jahren 1848-1849, in: Booms/Wojciechowski (Hg.), Deutschland und Polen, S. 31-38; Streiter, Nationale Beziehungen, S. 125-135; Valentin, Geschichte, I, S. 538-542; Stefan Kieniewicz, 1848 in Polen, in: Horst Stuke, Wilfried Forstmann (Hg.), Die europäischen Revolutionen von 1848, Königstein/Ts. 1979, S. 162 ff.

bewaffneten und auch zahlenmäßig von vornherein unterlegenen polnischen Truppen. Am 30. April löste sich das polnische National-Komité auf. Am 9. Mai unterzeichnete die polnische Seite die Kapitulation.

Vor diesem Hintergrund spielten sich die Auseinandersetzungen in der Öffentlichkeit Berlins um die ‚Polenfrage' ab. Gekennzeichnet war dieser Konflikt, der im wesentlichen den Charakter eines publizistischen Meinungskampfes hatte, dadurch, daß präzise Informationen über die Zustände in Posen kaum existierten. Die deutsche und die polnische Seite verbreiteten gänzlich unterschiedliche Meldungen über die aktuellen Ereignisse und Entwicklungen. Ein deutliches Übergewicht besaßen hier die deutschstämmigen Posener. Sie versuchten mit Halbwahrheiten, Gerüchten und dem Ausmalen von Schreckensszenen die Berliner auf ihre Seite zu ziehen. Berliner Pressekommentatoren zogen darüber hinaus den Konflikt ins Grundsätzliche.

Bereits am 4. April fabulierte die *Vossische* Zeitung über die grundsätzlich verschiedenen „Volkscharaktere" der Polen und Deutschen, die ein einvernehmliches Auskommen beider Nationen kaum zulasse. Zwar habe das polnische Volk „in besseren Tagen bewiesen, daß auch edle Keime in ihm ruhen". Dies müsse jedoch vor der Tatsache zurücktreten, „daß mehrere hunderttausend Deutsche in Posen leben, die Deutsche bleiben wollen und die jedenfalls zunächst unsere Hülfe anzurufen berechtigt sind". „Wir" würden „Verrath an den Deutschen begehen, wollten wir Posen ohne weiteres den Polen übergeben." Im übrigen gehe es nicht um Posen, sondern um ganz Preußen, jedenfalls dessen östlichen Teil: „Polen einmal frei und selbständig, wird nie mit Posen sich zufrieden geben, sondern [...] auch Westpreußen mit der Weichselmündung für sich in Anspruch nehmen."

Damit war ein Ton angeschlagen, der – vielfach weit schärfer – in zahlreichen Eingesandts in der Vossischen als der bei weitem auflagenstärksten Berliner Zeitung ein nachhaltiges Echo fand. Die *Spenersche* Zeitung setzte dem, in einem Leitartikel vom 15. April, die Krone auf und machte die Deutschen zu einer Art kulturellen Herrenvolk.

„Die Thatsache ist wenigstens über alle Zweifel erhaben, daß die *deutsche* Volksthümlichkeit von jeher zu tieferer Durchbildung und reicherer Lebensentfaltung berufen gewesen ist, als die *slavische*, daß sie in sich alle Elemente trägt, welche zu einer vollendeten Darstellung der politischen und religiösen Freiheit berechtigen. Die Deutschen des Großherzogthums nöthigen, dem im polnischen Geiste reorganisierten Gebiete anzugehören, heißt also nichts anderes, *als das höhere Lebens-Element, die gereiftere, durchgebildetere Volksthümlichkeit auf eine untergeordnete Stufe zu versetzen, sie einer unreiferen Nationalität aufopfern.*"[2]

---

2 Und an anderer Stelle des Aufsatzes: „Die geistig *gereiftere*, einer höheren Stufe weltgeschichtlicher Entwicklung angehörende Volksthümlichkeit [dürfe niemals] einer *minder gereiften*, auf einer *tieferen Stufe weltgeschichtlichen Lebens* stehenden Nationalität untergeordnet" werden. (H. i. O.) Vgl. außerdem SZ vom 8., 10. und 26. April, 9. Mai und 30. Juni 1848. Gespeist wurden antipolnische Ausfälle wie die zitierten durch eine gezielte Germanisierungspolitik, die Preußen in

Abgeschwächt verfocht auch die liberale *National-Zeitung* die These von der ‚kulturellen Überlegenheit' der Deutschen bzw. der ‚Germanen' über die „Slaven".[3] Die drei gemäßigten Blätter artikulierten eine Vorurteilsstruktur, der die erst um die Jahresmitte 1848 gegründete hochkonservative *Kreuzzeitung* nicht mehr viel hinzufügen konnte.[4] Dezidiert pro-polnische Positionen vertrat dagegen die demokratische Presse, namentlich die ‚Berliner Zeitungshalle'.[5]

Ähnlich gespalten wie die Presse waren auch die Ende März und Anfang April gegründeten politischen Vereine Berlins in der Polenfrage. Der *Konstitutionelle Klub* konstatierte in einem Aufruf „an die Polen des Großherzogtums" zwar, daß das „deutsche Volk" gutzumachen habe, „was eine ungerechte Staatskunst an der Nationalität der Polen verschuldet" habe. Die von den Polen geforderte staatsrechtliche Selbständigkeit mochte er jedoch explizit nicht unterstützen. Das Hauptgewicht ihres Engagements in dieser Sache verlegten die organisierten Liberalen darauf, sich die Sorgen der „deutschen Brüder in der Provinz Posen" zu eigen zu machen.[6] Am 6. April forderte der Konstitutionelle Klub den Ministerpräsidenten Camphausen auf, eine „energische Protestation zu Gunsten der deutschen Bewohner des Großherzogtums Posen [zu veranlassen], wonach die

---

den von ihm besetzten Teilen Polens während des Vormärz betrieb; vgl. Broszat, 200 Jahre, S. 74-77.

3 Vgl. NZ vom 11. Juli 1848, in der es u.a. heißt: Die Slawen, „eine Race von mehr als 50 Millionen Menschen", besäßen zwar „reichste Anlagen", seien „bis jetzt" jedoch „auf allen Punkten in ihrer Entwickelung hinter den Germanen zurückgeblieben." Anfänglich in ihren Kommentaren dem polnischen Freiheitskampf zugeneigt, wechselte die NZ in der zweiten Aprilhälfte die Fronten. Seitdem sorgte sie sich in erster Linie um das „stark verletzte Nationalgefühl der deutschen Landesgenossen in Posen". (NZ vom 8. Mai 1848.) Ähnlich der ‚Publicist'. Vgl. außerdem eine Anfang Mai erschienene Broschüre W. Beers, eines führenden Mitgliedes der Korporation der Kaufmannschaft (KBA): „Gedanken und Besorgnisse eines preußischen Patrioten", in Auszügen auch in: VZ vom 21. Mai 1848; ferner antipolnische Flugblätter in: ZBSt, 1848, M. 11. Daß sich seit Anfang April namentlich in ‚besseren' Kreisen „eine sehr bestimmte Bemerkung gegen die Polen" gebildet habe, konstatierten auch aufmerksame Beobachter wie der aus naheliegenden Gründen in dieser Hinsicht besonders ‚sensible' österreichische Gesandte; vgl. Bericht Trauttmansdorffs vom 5. und 15. April 1848 u. ö., in: StA Wien, StK Preußen, K. 195, hier: Bl. 28 bzw. 95 Rs.

4 Ihr Beitrag zur ‚Polenfrage' bestand darin, die verbreiteten Aversionen gegenüber der polnischen Nation innenpolitisch gegen die revolutionäre Bewegung zu wenden. Die Ereignisse in Posen nutzte sie als Bestätigung des konservativen Mythos, die Berliner Märzrevolution sei von Polen und Franzosen gemacht worden; vgl. z. B. am 25. Aug. und 23. Sept. 1848 in der KrZ kolportierte Gerüchte über erneute polnische Verschwörungen gegen die preußische Krone.

5 Vgl. etwa den Artikel Karl Gutzkows in der BZH vom 5. April oder den Leitartikel von G. Julius (KBA) in der BZH vom 5. Mai 1848; ferner zahlreiche kleinere Kommentare und Berichte in der BZH und in der ‚Locomotive'.

6 So der Konstitutionelle Klub in zwei getrennten Aufrufen Anfang April an die beiden Bevölkerungsteile; im Wortlaut in: Wolff, RC, II, S. 56. Zu den diesen Aufrufen vorausgehenden Diskussionen in dem Klub vgl. ebd., S. 54 ff. Der spätere Abgeordnete Wilhelm Jordan äußerte dort Ansichten, wie er sie Ende Juli in seiner berühmt gewordenen Rede in der Paulskirche zum Besten gab. Sein Redebeitrag auf der Sitzung des Konstitutionellen Klubs vom 2. April gipfelte in der merkwürdigen Parole: „Freiheit für Polen, aber Deutschland über alles!"

hauptsächlich von Deutschen bewohnten Landestheile *niemals* von Preußen getrennt werden sollten, die übrigen dagegen erst dann einer Trennung entgegensehen könnten, sobald die Verhältnisse, Rußland gegenüber, gänzlich geordnet seien."[7] Damit wäre die staatliche Autonomie der Polen auf den St. Nimmerleinstag verschoben worden. Der *Politische* (und spätere ‚Demokratische') *Klub* verlangte zwar gleichfalls „Sicherheit und Unverletzlichkeit für die Person und das Eigenthum unserer deutschen Brüder". Anders als der Konstitutionelle Klub befürwortete er jedoch von Anfang an den Wunsch der Polen nach staatlicher Selbständigkeit.[8] Für die polnischen Emanzipationsbestrebungen setzte sich auch die anfangs dritte größere politische Organisation, der demokratischen ‚*Volksverein* unter den Zelten', ein.[9] Für die später, nach der Niederschlagung des Posener Aufstands, gegründeten demokratischen Klubs war die Freiheitsbewegung der Polen dagegen kein wichtiges Thema mehr.[10]

---

7 Hierzu sowie zur Antwort Camphausens: Wolff, RC, II, S. 57. Vgl. außerdem eine Adresse des Konstitutionellen Klubs vom 23. April 1848, im Wortlaut in: ebd., S. 296. Die Haltung der Berliner Liberalen unterschied sich in der Polen-Frage im Grundsatz nicht von der der liberalen Bewegung im übrigen Deutschland; vgl. resümierend Baumgarten, Verdrängte Revolution, S. 51 f.

8 In einem weiteren, Anfang April an die „polnischen Brüder" gerichteten Aufruf verknüpfte der Klub das Streben der Polen um staatliche Eigenständigkeit mit der angeblich historischen Aufgabe des polnischen Volkes, einen energischen Kampf gegen die ‚zaristische Despotie' zu führen. Darüber hinaus forderte der Politische Klub, im Unterschied zum Konstitutionellen Klub, der hierüber kein Wort verlor, ausdrücklich den Schutz der Posenschen Juden vor Übergriffen seitens des polnischen Bevölkerungsteils. Aufrufe im Wortlaut in: Club-Blatt No. 4, bzw. Wolff, RC, II, S. 57 f. Vgl. auch Hachtmann, Berliner Juden, S. 69. Zum weiteren Engagement des Politischen Klubs in der ‚Polenfrage' vgl. vor allem seine Sitzung vom 13. April (ausführlich: NZ vom 15. April 1848 bzw. Wolff, RC, III, S. 194 f.); außerdem ‚Club-Blatt' No. 5, vom 15. April 1848.

9 Vgl. die Versammlung vom 16. April ‚Unter den Zelten' und die dort gefaßten Beschlüsse, nach: Volks-Stimme No. 6, vom 18. April 1848 bzw. Wolff, RC, II, S. 197; ferner einen Beschluß des ‚Volksvereins' vom 26. April, in: Wolff, RC, II, S. 302 ff. Vermutlich stammt auch der Aufruf eines ‚Berliner deutschen Komités für die Wiederherstellung Polens' vom 3. Mai 1848 vom ‚Volksverein'. (In: LAB, Rep. 240, Acc. 685, Nr. 75.)

10 Lediglich der Demokratische Klub machte die ‚Polenfrage' anläßlich des Beschlusses der Paulskirche vom 27. Juli 1848, den größten Teil Posens dem Deutschen Bund zuzuschlagen (und damit ein selbständiges Polen unmöglich zu machen), noch einmal zum Gegenstand eines Aufrufes, in dem er diesen Beschluß als „neue Theilung Polens" verurteilte und den „polnischen Brüdern" versicherte: „Eure Sache ist auch die unsere!" (Adresse des Demokratischen Klubs an die Polen vom 5. Sept., im Wortlaut in: BZH vom 9. Sept. 1848.) Vgl. außerdem den ähnlich lautenden Aufruf des Central-Ausschusses der Demokraten Deutschlands vom 1. Aug., als Flg. in: LAB, Rep. 240, Acc. 684, Nr. 320; im Wortlaut auch in: BZH vom 10. Aug.; ‚Volk' vom 12. Aug. 1848, sowie Lüders, Demokratische Bewegung, S. 148 f. Zur Polen-Debatte der DtNV vgl. vor allem Günther Wollstein, Das „Großdeutschland" der Paulskirche. Nationale Ziele in der bürgerlichen Revolution 1848/49, Düsseldorf 1977, S. 135-172.

„Meine Herren! — aufgepaßt! — ich glaube er beißt!"

Berlin, Preußen und der Konflikt um Schleswig-Holstein

Ungefähr zum gleichen Zeitpunkt wie die ‚Polenfrage' eskalierte der Konflikt um Schleswig-Holstein. Hintergrund des Konfliktes war, daß Schleswig und Holstein nach Jahrhunderte altem Recht „up ewig ungedeelt" bleiben und ihren Landesherrn frei wählen können sollten. Auf die Absicht der dänischen Krone, mit diesem Recht zu brechen und sich Schleswig einzuverleiben, reagierte die dort lebende deutsche Bevölkerungsmehrheit im März 1848 mit einer nationalen Erhebung. In Kiel wurde eine ‚provisorische' deutsche Landesregierung gebildet. Die dänische Krone antwortete, indem sie am 21. März in Schleswig Truppen einmarschieren ließ. Der Deutsche Bund wiederum erklärte einen Monat später den Bundeskrieg gegen Dänemark und übertrug dem General v. Wrangel den Oberbefehl über die vorwiegend preußischen Truppen. Auf dem Lande vermochten die deutschen Truppen, die kleine dänische Armee bis tief nach Jütland zurückzudrängen. Zur See allerdings gelang es der dänischen Flotte erfolgreich, die deutschen Häfen zu blockieren und die Seefahrt hier zum Erliegen zu bringen. Die provisorische Reichszentralgewalt legitimierte in der Nachfolge des alten Deutschen Bundes diesen Krieg zwar, besaß jedoch keinerlei Einflußmöglichkeiten, den Waffenstillstand zu verhindern, den Preußen am 26. August eigenmächtig (auf Druck Rußlands und Englands) mit Dänemark abschloß.

Darüber, daß der Krieg gegen Dänemark gerechtfertigt sei, bestand Einigkeit unter allen politischen Strömungen Berlins: Nicht nur die Demokraten, auch die Liberalen und die Konservativen unterstützten uneingeschränkt den Krieg gegen Dänemark um Schleswig-Holstein.[11] Was die Konservativen und die meisten Liberalen anderen Nationen (namentlich der polnischen) nicht zugestehen wollten, forderten sie für die eigene Nation mit völliger Selbstverständlichkeit.[12] Vor allem für die Konservativen ließen sich, jedenfalls im April und Mai 1848, deutscher Nationalismus und Stolz auf Preußen und seine ‚glorreiche Armee' gut miteinander vereinbaren, waren es doch überwiegend preußische Truppen, die unter einem preußischen General für die ‚deutsche Sache' fochten.[13] Zwar unterstützten auch die Berliner Demokraten die Intervention Preußens in Schleswig. Zugleich kritisierten sie jedoch die Scheinheiligkeit, mit der von konservativer und liberaler Seite das Nationalitätsprinzip hochgehalten wurde, wenn es um das eigene Volk ging, und verworfen wurde, wenn es gegen preußische Großmachtinteressen verstieß.[14] Eine größere Zahl Berliner Demokraten ließen es nicht bei Worten der Solidarität bewenden. Etwa zweihundert Freischärler zogen in der zweiten Aprilhälfte, meist nur schlecht ausgerüstet, in Richtung Dänemark. Von den regulären Militärs wurden sie freilich nicht mit offenen Armen empfangen. Ein Teil der Freiwilligen wurde offenbar auf Betreiben der preußischen Armeeführung an den Kämpfen überhaupt nicht beteiligt, der andere diente als „Kanonenfutter". Ende Juni kehrten einige der Freischärler nach Berlin zurück – und bekamen umgehend zu spüren, daß sich inzwischen der politische Wind gedreht hatte. Als die ersten 24 Berliner Freischärler am 25. und 26. Juni auf dem

---

11 Zur Position des Konstitutionellen Klubs vgl. dessen Sitzungen vom 14. April, zu der des Politischen Klubs die vom 13. April 1848. Zum Konflikt um Schleswig-Holstein vgl. den Überblick bei Gerd Stolz, Die schleswig-holsteinische Erhebung. Die nationale Auseinandersetzung in und um Schleswig-Holstein von 1848/51, Husum 1996, S. 44-101.

12 Vgl. bes. SZ vom 19. April 1848 sowie NZ vom 23. und 26. April 1848. Unmittelbar vor Kriegsbeginn hatten die Berliner Tageszeitungen die vermeintlich untätige preußische Regierung aufgefordert, offensiv gegen Dänemark vorzugehen. Groß war dann die Begeisterung, als in der Hauptstadt Preußens bekannt wurde, daß am 12. April preußische Truppen die Grenze zu Schleswig überschritten und später auf dänisches Gebiet vorstießen.

13 Eindrucksvoll die Schilderung Louis Schneiders (KBA), der vor Beginn einer von ihm inszenierten Vorstellung der Lortzingschen Oper ‚Zar und Zimmermann' am 25. April dem Publikum die „frohe Nachricht" von „dem glorreichen Siege, den unsere braven vaterländischen Truppen unter dem Commando des Generals der Cavallerie, v. Wrangel, bei Schleswig errungen" hatten, überbrachte: „Jubel", „ein dreifaches Hoch der tapfern preußischen Armee", „ein dreimaliger Tusch", dann das vom Opernchor gesungene „kräftige Arndt'sche Volkslied: ‚Was ist des deutschen Vaterland?'", und zum Schluß der „improvisierten Feier" eine „Sieges-Fanfare". (Schneider, Leben, II, S. 35 ff.; SZ vom 27. April 1848, bzw. Wolff, RC, II, S. 295.)

14 Vgl. bes. Volksversammlung unter den Zelten vom 16. April (Bericht in der VZ vom 18. April), ferner ‚Locomotive' vom 14. April 1848.

Bahnhof Spandau eintrafen, „wimmelte es von Bayonetten". Ein Offizier forderte die Freischärler auf, ihre Waffen abzugeben; „kein Protest von uns, Widerstand wäre Unsinn gewesen, denn die Soldaten waren schußfertig, Hahn gespannt, Zündhütchen aufgesetzt."[15]

Der Abschluß des Waffenstillstands von Malmö war von preußischer Seite im übrigen nicht allein von außenpolitischen Interessen bestimmt. Durch den Frieden mit Dänemark würden nicht nur Rußland und England zufriedengestellt, teilte Friedrich Wilhelm IV. gut zwei Monate vor dem formellen Abschluß des Waffenstillstands seiner Schwester, der Gattin des russischen Zaren, mit. Den Waffenstillstand bezeichnete der preußische Monarch auch deshalb als eine „gute Sache", weil „ich einen erprobten und vortrefflichen Teil der Armee disponibel bekomme. Man kann nicht wissen, wann man der Truppen hier bedarf. Alle Truppen aber, die in Schleswig stehen, gehören zu denen, die entweder ganz nahe oder doch an den Eisenbahnen zu Berlin disloziert sind."[16] Auch ohne daß sie von diesen Absichten wußten, kritisierten die Berliner Demokraten und die Arbeiterbewegung den Abschluß des „schimpflichen Friedens" scharf.[17] In der konservativen wie der liberalen Presse[18] löste der Waffenstillstand vom 26. August, in auffälligem Kontrast zum nationalen Enthusiasmus des Frühjahrs, dagegen keine größeren Proteste aus. Vorherrschend war vielmehr das Verständnis für die preußischen (Großmacht-)Positionen. Zum Ausdruck kommt in dieser bemerkenswerten Wandlung, wie sehr sich das Verhältnis auch (rechts-) liberaler Strömungen Berlins zur deutschen Einheit und zur Frankfurter Reichszentralgewalt zwischen Frühjahr und Spätsommer verändert hatte.

---

15 Zitate aus dem Bericht eines Betroffenen in: ‚Locomotive' vom 28. Juli. Vgl. außerdem BZH vom 27. und 28. Juni; VZ vom 28. Juni; ‚Locomotive' vom 14. Juli 1848. Zu den Berliner Freischärlern gehörten u.a. R.O. Feenburg, P. Boerner, L. Aston und R. Ottensoser (KBA). Vgl. ausführlich: Boerner, Erinnerungen, II, S. 125-171; Genée, Zeiten, S. 101-104. Zur sozialen Zusammensetzung des Berliner Freikorps (überwiegend Studenten und junge Handwerker) vgl. Bergmann, Wirtschaftskrise, S. 209.

16 Friedrich Wilhelm IV. an Alexandra Feodorowna vom 22. Juni 1848, nach: Haenchen, Revolutionsbriefe, S. 113 bzw. Fenske, Quellen, S. 110.

17 Vgl. z. B. ‚Volk' vom 12. Aug. 1848. Bemerkenswert ist allerdings, daß den Berliner Demokraten das Thema ‚Schleswig' im Spätsommer und Herbst keine größere Kampagne wert war.

18 Vgl. exemplarisch SZ vom 27. Aug., NZ vom 15. Sept. und KrZ vom 4. Aug. 1848.

Kapitel VIII.3

Deutsche Einheit und preußischer Partikularismus

Zum Konkurrenzverhältnis zwischen Deutscher und Preußischer Nationalversammlung

Oberflächlich betrachtet, strebte seit der Märzrevolution in Berlin alles danach, Deutschland politisch und staatlich zu einer Einheit zusammenzuschweißen. Die zahllosen scharz-rot-goldenen Fahnen, die am 19. März und zu späteren Anlässen im Winde flatterten, schienen dies unmißverständlich zum Ausdruck zu bringen. Friedrich Wilhelm IV., so glaubte jedenfalls die Öffentlichkeit, setzte sich mit seinem Umritt vom 21. März an die Spitze der nationalen Bewegung, ein Eindruck, der durch den denkwürdigen Satz aus seiner Proklamation vom selben Tage: „Preußen geht fortan in Deutschland auf" noch unterstrichen wurde. Was allerdings mit ,deutscher Einheit' gemeint war und in welchem Verhältnis Preußen zu Deutschland stehen solle, darüber bestanden die unterschiedlichsten Ansichten.

Das von Anfang an latente Spannungsverhältnis zwischen Preußen und ,Deutschland' wurde durch den fast zeitgleichen Zusammentritt der beiden Nationalversammlungen institutionalisiert und perpetuiert. Veit Valentin hat dies zu der Behauptung zugespitzt, daß „nichts die Einheit Deutschlands in Wahrheit mehr gefährdet [habe] als die Konkurrenz der Parlamente". Vor allem das in Berlin tagende Parlament „bohrte sich, um sein Recht auf besondere Existenz zu beweisen, in das eigentlich Preußische so stark ein, daß es Deutschland fast darüber vergaß".[1] Auch die Bezeichnung ,Nationalversammlung' brachte implizit den ausgeprägten Selbstbehauptungswillen des ,Preußischen' gegenüber dem ,Deutschen' zum Ausdruck. Angesichts der offensichtlichen Rivalität zwischen der Deutschen und der Preußischen Nationalversammlung mutet es merkwürdig an, daß in Berlin das Konkurrenzverhältnis zwischen beiden Parlamenten der Öffentlichkeit (den Klubs und der Presse) keine intensive Diskussion wert war. Innerhalb des *Politischen* (später: Demokratischen) *Klubs* wurden zwar Stimmen laut, die der Frankfurter Nationalversammlung Priorität einräumen wollten und eine Verschiebung der Einberufung der Preußischen Nationalversammlung

---

1 Valentin, Geschichte, II, S. 42 f.

befürworteten. Diese Position blieb jedoch in der Minderheit.[2] Auch für den Ende April gegründeten demokratischen ‚*Volksklub*‘ war die Parallelexistenz beider Nationalversammlungen kein Problem. Die *National-Zeitung*, Sprachrohr des entschiedenen Liberalismus Berlins, verwahrte sich in einem Leitartikel vom 4. Mai „im Interesse Deutschlands sowohl als Preußens auf das entschiedenste" gegen die Ansicht, „während der Dauer der constituierenden [Deutschen] Versammlung die einzelnen Landtage wo möglich auszusetzen". Preußen habe im Vergleich zu den südwestdeutschen Staaten einen Nachholbedarf. Es müsse aus dem verfassungslosen, „provisorischen Zustande bald möglichst heraustreten".

Wie sehr die Preußische und nicht die Deutsche Nationalversammlung im Blickfeld der Öffentlichkeit stand, läßt sich daran ablesen, daß alle Berliner Presseorgane, gleich welcher Couleur, meist bereits auf den Titelseiten ausführlich über die Sitzungen des preußischen Landesparlamentes berichteten und darüber hinaus häufig seitenlange Wortprotokolle der Debatten abdruckten. Die Diskussionen und Beschlüsse der Deutschen Nationalversammlung waren den Zeitungen der Hauptstadt Preußens dagegen im allgemeinen nur relativ knappe Meldungen wert, die zudem auf hinteren Seiten plaziert wurden. Auch die Klubs beschäftigten sich ausführlich mit den Kontroversen der preußischen Volksvertretung und faßten dazu zahlreiche Adressen und öffentliche Aufrufe ab; die Arbeit der Abgeordneten der Paulskirche nahmen sie demgegenüber nur am Rande zur Kenntnis. Eine Ausnahme bildeten die organisierten Liberalen. Zwei dafür bestimmte Mitglieder berichteten auf den Sitzungen des Konstitutionellen Klubs regelmäßig und ausführlich über die Sitzungen *beider* Nationalversammlungen. Überdies war man sich einig, daß „die Wichtigkeit der Verhandlungen der Nationalversammlung in Frankfurt denen des hiesigen Reichstages an umfassender Wirksamkeit bei weitem vorangingen".[3] Dennoch wurden auch die tagespolitischen Aktivitäten der Berliner Liberal-Konstitutionellen stärker von den Debatten und Ereignissen des Berliner als des Frankfurter Parlaments bestimmt. Ins Schlaglicht der Berliner Öffentlichkeit geriet die Paulskirche vor allem dann, wenn die Interessen Preußens unmittelbar tangiert wurden. Dies war

---

2 Vgl. hierzu vor allem die Sitzung vom 14. April, ausführlich referiert in: Club-Blatt vom 18. April 1848. Zum Volksklub vgl. dessen Sitzung vom 3. Mai, nach: DArZ vom 17. Mai 1848.

3 So wörtlich die Begründung von Robert Prutz (KBA) für seinen, am 29. Juni „mit großer Majorität" angenommenen Antrag, auf den Sitzungen des Konstitutionellen Klubs regelmäßig Berichte über beide Nationalversammlungen anzuhören; vgl. SZ vom 1. Juli 1848. Wenn die PrNV für die Berliner Klubs und die Presse einen weit höheren Stellenwert besaß als die DtNV, dann war hierfür sicherlich auch eine gehörige Portion Lokalpatriotismus verantwortlich, aber eben nicht nur: In ganz Ost-, Mittel- und Norddeutschland wurde der Blick zumeist stärker nach Berlin als nach Frankfurt gerichtet. Selbst die Kölner Demokratische Gesellschaft bemühte „sich eher um die Verbindung zu den Abgeordneten in Berlin als in Frankfurt" (Seyppel, Demokratische Gesellschaft, S. 89).

der Fall, als die Frankfurter Abgeordnetenversammlung am 28. Juni die Einführung der provisorischen Reichszentralgewalt beschloß, kurze Zeit später den Erzherzog Johann als Reichsverweser an die Spitze der Zentralgewalt stellte und am 16. Juli schließlich der Reichskriegsminister einen ‚Huldigungserlaß' veröffentlichte.

Die Einsetzung des Reichsverwesers und die Kontroverse um den Huldigungserlaß

Der Beschluß der Frankfurter Nationalversammlung von Ende Juni, einen dem deutschen Parlament nicht verantwortlichen Reichsverweser einzusetzen, ließ den Streit zwischen den verschiedenen politischen Strömungen in Berlin erneut entflammen, welche Rechte die Krone und welche das Parlament besitzen solle. Kritisiert wurde von demokratischer Seite, daß dem neuen Reichsoberhaupt „die Macht verliehen [sei], den Beschlüssen der [Frankfurter] Nationalversammlung nicht Folge geben zu dürfen. Die Souveränität des Volks sei dadurch aufgegeben und die Einheit Deutschlands in Frage gestellt."[4] Liberale und Konservative konnten sich dagegen umstandslos mit der Unverantwortlichkeit des Reichsverwesers und der Person des Erzherzogs anfreunden.[5] Daß er aus dem Hause Habsburg stammte, bildete für sie, zunächst jedenfalls, keinen Stein des Anstoßes. Konservativen wie Liberalen mißfiel jedoch, daß die Paulskirche versäumt hatte, eine (wie die linksliberale National-Zeitung formulierte) „Vereinbarung zwischen den *allgemein-deutschen* und den deutschen *Sonder*-Interessen [...] auf dem Wege einer allgemeinen Verständigung mit den einzelnen deutschen *Regierungen* ins Werk" zu setzen. Die Vossische Zeitung fürchtete Anfang Juli gleichfalls, angesichts der „neuesten Gestaltung der Dinge in Frankfurt" werde „Preußen eine Provinz in Deutschland, Berlin eine große Provinzialstadt."[6] In das gleiche Horn blies auch die Kreuzzeitung. Sie brachte noch einen weiteren Einwand vor: Dadurch, daß die deutsche Nationalversammlung „ohne Vorbehalt der Genehmigung der Regierungen aus eigener Machtvollkommenheit die Form der

---

4 Äußerung A. Benarys während einer Sitzung des Volksklubs am 3. Juli. (Nach: NZ vom 6. Juli 1848.) Andere Berliner Demokraten reagierten weit schärfer. Wiß und Born erklärten auf einer von allen demokratischen Vereinen Berlins einberufenen Volksversammlung ‚unter den Zelten' am 8. Juli, die Frankfurter Abgeordneten hätten „am deutschen Volke Verrath geübt" und die vom „deutschen Volk mit Blut erkämpfte Souveränität verkauft". Ottensoser bezeichnete den Reichsverweser als „Bastard des Despotismus", v. Salis seine Wahl als „Werk der Reaktion" – Ansichten, die von vielen deutschen Demokraten anderswo geteilt wurden. (Nach: NZ vom 11. Juli 1848.) Zu allen genannten Personen vgl. KBA.
5 Vgl. z. B. Erklärung des Patriotischen Vereins vom 13. Juli, in: VZ vom 16. Juli 1848, sowie SZ vom 17. Aug.; NZ vom 9. und 13. Juli; KrZ vom 15. Juli 1848.
6 Zitate: NZ vom 8. Juli (H. i. O.); VZ vom 6. Juli. Ähnlich auch: SZ vom 6. Juli 1848.

Reichsverwesung bestimmt, den Reichsverweser wählt", habe sie „geradezu die Monarchie völlig suspendirt und Deutschland zur Republik gemacht."[7] Selbst für die liberale National-Zeitung war es ein „Mißlaut", daß die Abgeordneten der Paulskirche souverän ein provisorisches Reichsoberhaupt eingesetzt und preußische und sonstige „deutsche Sonder-Interessen" ignoriert hatten. Der Konstitutionelle Klub zeigte sich dagegen gespalten: Die eine Strömung vertrat „mit großer Wärme die Sache der deutschen Einheit". Sie „ehre die Anhänglichkeit an das alte Preußenthum; es sei ein echt tragischer Konflikt, in welchem es den neuen Ideen gegenüber untergehen müsse." Aber „die Mission, eine definitive Executivgewalt zu constituieren, schließe die Berechtigung zur Einsetzung einer provisorischen in sich; Preußen nicht vor der Vollendung Deutschlands aufgeben [zu] wollen, sei so, als wolle man auf der Stelle, wo ein altes Gebäude stehe, ein neues errichten, und wolle das alte zuvor nicht einreißen". Die opponierende Strömung warf der ersten vor, „man wolle den Club den Parteien der äußersten Linken in Berlin und Frankfurt dienstbar machen", und beharrte darauf, daß die preußischen Sonderinteressen gegenüber der Paulskirche gewahrt werden müßten. „Endlose Wirren" waren die Folge.[8]

Ließ bereits die Einsetzung des Reichsverwesers die Wellen der Erregung hochschlagen, so entfachte der Huldigungserlaß des Reichskriegsministers v. Peucker vom 16. Juli 1848 in Berlin einen politischen Orkan. In dem Erlaß wurde verlangt, daß am 6. August sämtliche deutsche Garnisonen eine Parade durchführen und mit angelegten deutschen Farben dem Reichsverweser huldigen sollten. Die preußische Krone interpretierte die Verfügung, mit der die Reichszentralgewalt in der Person des Reichskriegsministers in Deutschland die oberste Befehlsgewalt für sich beanspruchte, als gezielte Beschneidung ihrer Souveränität. „Jede Veränderung im rechtlichen Zustande Teutschlands ist in sich null und nichtig ohne *förmliche Mitwirkung* der souveränen Fürsten", etwa in Form eines „Reichsfürstentages", hieß es in einer Anweisung an das preußische Staatsministerium vom 23. Juli unmißverständlich. Deshalb würden „alle Anweisungen der Reichs-Zentral-Gewalt bis zur Konstituierung des Fürstentages keine Stätte bei uns f[i]nden, folglich und in specie Peuckers [Huldigungs-]Erlaß."[9]

---

7 KrZ vom 15. Juli 1848. Vgl. auch Adresse des ‚Vereins für König und Vaterland' an das Staatsministerium vom 26. Juli, im Wortlaut in: VZ vom 27. Juli 1848; außerdem die Rundschauen E. L. v. Gerlachs in KrZ vom 8. Aug. und 9. Sept. 1848. Das folgende Zitat aus: NZ vom 8. Juli 1848.

8 Bericht der NZ vom 13. Juli über die Sitzung des Konstitutionellen Klubs vom 11. Juli 1848.

9 Nach: Haenchen, Revolutionsbriefe, S. 131 f. bzw. Fenske, Quellen, S. 150 (H. i. O.). Ähnlich äußerte er sich in einem Schreiben an den König von Hannover vom 30. Juli 1848 (in: Haenchen, Revolutionsbriefe, S. 140 ff.) sowie Leopold v. Gerlach gegenüber; vgl. Gerlach, Denkwürdigkeiten, I, S. 175. Nach außen hin wurde die Weigerung Preußens, die Huldigung zu vollziehen, etwas diplomatischer formuliert; vgl. Armeebefehl Friedrich Wilhelms IV. vom 29. Juli (veröffentlicht in der Tagespresse vom 1. Aug. 1848).

Der Monarch und seine engere Umgebung konnten sich mit ihrer Ablehnung des Huldigungserlasses auf einen ziemlich breiten Konsens der bürgerlichen Öffentlichkeit Berlins stützen. Konservative und liberale Presse waren sich in der Ansicht einig, daß die preußische Armee auf keinen Fall dem Erzherzog Johann als provisorischem Reichsoberhaupt die Ehre erweisen dürfe.[10] Die konservativen Klubs Berlins lehnten gleichfalls eine förmliche Anerkennung des neuen Reichsoberhauptes entschieden ab.[11] Die Liberalen des Konstitutionellen Klubs versuchten einen politischen Spagat, nämlich den Wünschen borussischer Partikularisten entgegenzukommen, zugleich jedoch das Ziel einer deutschen Einigung nicht gänzlich aufzugeben. Auf Dauer verdarben sie es dadurch freilich mit allen Seiten.[12] In den nach eigenem Verständnis parteipolitisch neutralen Bezirksvereinen überwogen gleichfalls Skepsis und Kritik.[13] Lediglich der radikale Demokratische Klub und die Arbeiterbewegung wagten, sich der verbreiteten preußisch-patriotischen Haltung im Berliner Bürgertum entgegenzustellen.[14] Die Stimmung in Berlin während des Hochsommers faßte der Polizeipräsident in einem Bericht an den preußischen Innenminister vom 20. Juli 1848 zusammen.

---

10 Bei einer Huldigung, die einer Vereidigung fast gleichkomme, bestünde die Gefahr, daß der Erzherzog die „gesammte deutsche bewaffnete Macht" und auch die preußische Armee für das „Sonderinteresse Österreichs" verwende. Vgl. SZ vom 27. Juli; NZ am 30. Juli; VZ vom 3. und 6. Aug.; ‚Rundschau' E. L. v. Gerlachs vom 8. Aug. 1848.

11 Vgl. Adresse des Patriotischen Vereins an das preußische Staatsministerium vom 28. Juli 1848, in: GStA, Rep. 90, Tit. 44, Nr. 24, Bl. 339-340; ZBSt, 1848 Flg., M. 16, sowie an die PrNV, in: VZ vom 29. Juli 1848; Denkschrift des Preußenvereins vom 25. Juli 1848, als separate Broschüre, sowie auszugsweise veröffentlicht in: VZ vom 28. Juli 1848; ferner Schwentker, Konservative Vereine, S. 85. Außerdem verfaßten beide Vereine am 26. Juli 1848 in dieser Angelegenheit eine gemeinsame Adresse, als Flg. in: BA FFM ZSg 8/506, Bl. 22; im Wortlaut in: VZ vom 1. Aug. 1848. Vgl. außerdem *S. 609, Anm. 11.*

12 Vgl. vor allem die Äußerungen liberaler Redner auf einer mit 10 000 bis 15 000 Teilnehmern sehr gut besuchten Volksversammlung des Konstitionellen Klubs am 31. Juli 1848. Ein führendes Mitglied des Klubs hob „in einem längeren, durch Beifall vielfach unterbrochenen Vortrage [...] Größe und Macht und glorreiche Vergangenheit Preußens anerkennend u[nd] preisend, hervor". Ein anderer Redner tadelte „den Kriegsminister, weil er sich mit seinem Befehle an die Truppen und nicht an die Regierungen gewandt habe". Er betonte, „daß Preußen, der Kern Deutschlands, an der Spitze desselben zu stehen berufen sei und spricht die Hoffnung aus, daß es bald dahin gelangen werde; jetzt aber müsse man achten, was rechtsgültig beschlossen ist." (Nach: VZ vom 1. Aug. 1848.)

13 Vgl. Erklärungen des Bezirks-Central-Vereins undat. (Ende Juli) sowie vom 5. Aug., des einflußreichen Bezirksklubbs 66B Ende Juli sowie weiterer Bezirksvereine, in: BA FFM, ZSg 8/506, Bl. 24; GStA, Rep. 90, Tit. 44, Nr. 24, Bl. 361-362, bzw. in: VZ vom 26. und 28. Juli, 1. und 9. Aug.; NZ vom 29. Juli 1848 u. ö.

14 Zum Demokratischen Klub vgl. z. B. den Bericht über die Sitzung vom 28. Juli, nach: VZ vom 30. Juli 1848; ferner NZ vom 29. Juli 1848. Zur Ablehnung der preußischen „Eitelkeiten" und des „zopfigen Altpreußenthums" durch die Arbeiterbewegung vgl. Stephan Born in: ‚Das Volk' vom 12. August 1848.

Demonstration der Berliner Demokraten zum Kreuzberg am 6. August 1848.

Unmittelbar nach dem 18. März habe sich „der Gedanke der Regeneration eines eigenen [recte: einigen] Deutschlands der Gemüther in solchem Umfange bemächtigt, daß das Particularinteresse Preußens vollständig beseitigt schien. Seitdem aber das Frankfurter Parlament die Wahl eines Reichsverwesers aus den Mitgliedern des österreichischen Kaiserhauses getroffen hat, ist man auf die Stellung Preußens aufmerksam geworden. Es läßt sich nicht bestreiten, daß in einem großen Theile der hiesigen Bevölkerung, vielleicht nur mit Ausnahme der von der Hand der Democraten geleiteten Pöbelmassen, ein starker Sinn für das Preußenthum herrscht".[15]

In der Tat markierten die sozialen Grenzlinien auch in dieser Frage in bemerkenswerter Weise die politischen Konfliktpunkte. Mehrere Ereignisse Ende Juli und Anfang August bestätigten den Stimmungsbericht des Polizeipräsidenten.

Tumulte und Demonstrationen für und wider die deutsche Einheit

Die Kontroverse um den Huldigungserlaß hatte die preußisch-partikularistische Strömung in Berlin gestärkt. Auch optisch ging ‚Preußen' nicht mehr, wie unmittelbar nach der Märzrevolution, in ‚Deutschland' auf. Ähnlich wie in Wien, wo die Konservativen im Spätsommer das kaiserliche Schwarz-Gelb ostentativ zur Schau stellten, bekamen die Farben Schwarz-Rot-Gold auch in der preußischen Hauptstadt Konkurrenz: das preußische Schwarz-Weiß. „Urpreußische Patrioten" begannen seit Ende Juli öffentlich Farbe zu bekennen: „Die Mode, die deutsche Kokarde zu tragen, fängt an sehr abzunehmen." Man sieht „die preußische Kokarde an vielen Hüten und Mützen", teilte die Kreuzzeitung am 1. August ihren Lesern mit, um dann sogleich einzuschränken: Die preußische Kokarde sei „meist nicht [an] ins Auge fallenden" Stellen angebracht. Lediglich „einige" der öffentlich zur Schau getragenen preußischen Kokarden seien „von handgroßem Format" gewesen". Ihre Träger liefen nämlich leicht Gefahr, zum Objekt von Spott, Ärger und in einzelnen Fällen auch handgreiflichen Gegendemonstrationen zu werden.[16] Borussische Gesinnung demonstrierten nicht zuletzt

---

15 In: GStA, Rep. 77, Tit. 501, Nr. 3, Bd. 3, Bl. 83 Rs. In einem Bericht vom 27. Okt. 1848 bekräftigte der Polizeipräsident, die „particular-preußische Richtung" habe im Hochsommer „mehr und mehr" an Boden gewonnen. (In: ebd., Tit. 662, Nr. 1, Bd. 1, Bl. 88 bzw. BLHA, Rep. 30, Tit. 94, Nr. 14377, Bl. 31 u. 34.) Vgl. außerdem z.B. Gneist, Berliner Zustände, S. 45-48. Die wachsende Resonanz borussisch-partikularistischer Positionen stärkte wiederum entgegengesetzte Tendenzen. Th. Fontane z. B. schilderte Preußen als ein Gefängnis. „Seine Provinzen glichen ebenso vielen Eisenstäben, die, ohne Anziehungskraft untereinander, nur durch das Tau eines absoluten Willen zusammengehalten werden." (Artikel Fontanes in der BZH vom 31. Aug. 1848; im Wortlaut auch in: Goldammer, „1848"-Augenzeugen, S. 268.)
16 Besonderes Aufsehen erregte ein Zwischenfall, der von „zwei Männern [ausging], welche mit auffallend großen preußischen Kokarden dekorirt umhergingen und gegen die aus dem Frankfurter Verfahren für Preußen entspringenden Gefahren zu demonstriren suchten". Die beiden erregten das „Mißfallen der Menge", weil sie darüber hinaus durch „unvorsichtige, vielleicht ab-

Teile der Truppen, die seit Ende März in die Hauptstadt zurückgekehrt waren. Sie witterten zudem offenbar eine Gelegenheit, das ungeliebte Berliner ‚Volk' zu provozieren. Am 29. Juli wurden an mehreren Kasernen und anderen militärisch genutzten Gebäuden ostentativ preußische Fahnen aufgezogen. Das erregte das Mißfallen der vornehmlich von den Unterschichten frequentierten ‚politischen Ecken'. Große Mengen des ‚Pöbels' zogen unter Führung des ‚Lindenklubs' vor die entsprechenden Häuser und erzwangen das Abhängen der schwarz-weißen Tücher. Ähnliche Auseinandersetzungen um preußische Fahnen wiederholten sich Anfang August.[17] Der Polizeipräsident suchte dem ‚Fahnenstreit' ein Ende zu bereiten, indem er sehr zum Unwillen Friedrich Wilhelms IV. Anfang August verfügte, „daß auf öffentlichen Gebäuden überhaupt keine Fahnen aufgesteckt" werden dürften.[18] Damit war zwar den ‚Pöbel'-Tumulten der Anlaß genommen, der Streit um den Huldigungserlaß jedoch noch keineswegs beigelegt.

Da Krone und Armeeführung sich geweigert hatten, dem Reichsverweser zu ‚huldigen', sah sich die demokratische und die Arbeiterbewegung Berlins aufgefordert, am 6. August für die deutsche Einheit auf demokratisch-parlamentarischer Grundlage zu demonstrieren. Zu dem „Festzug" riefen „gegen 30 verschiedene Clubbs und Vereine, etwa 10 Compagnien der Bürgerwehr" sowie eine Reihe von Gesellen- und Arbeiterorganisationen auf.

Nachdem sich die Demonstrationsteilnehmer am 6. August, frühnachmittags, vor dem Opernhause versammelt hatten, hielt zunächst ein Vertreter der demokratischen Studentenschaft „eine kurze Anrede". „Alsdann stimmten die Mitglieder der

---

sichtlich beleidigende Reden im Style des Preußenvereins und Schimpfen auf die demokratischen Vereine das Volk beleidigten." Angesichts der erzürnten Menge mußten die beiden Borussen „in einen Laden flüchten". Statt mit den Objekten ihres Ärgers lieferte sich die „Masse" dann mit den herbeieilenden Konstablern eine kleinere Straßenschlacht. Zitate: VZ vom 3. Aug. 1848 sowie Streckfuß, Freies Preußen, II, S. 207. Vgl. außerdem Kuhr, Denkwürdigkeiten, II, S. 97 ff., der sich möglicherweise auf denselben Vorfall bezieht. Zu den Vorfällen vom 29. Juli vgl. auch *S. 632 f.*

17 Allgemeines Aufsehen erregte ein Vorfall vom 3. Aug.: Anläßlich des Geburtstages Friedrich Wilhelms III., des 1840 verstorbenen Vaters Friedrich Wilhelms IV., war neben der deutschen auch eine preußische Fahne vor der Universität aufgezogen. Eine größere Menschenmenge, die das Abnehmen der preußischen Fahne verlangte, blieb zunächst „durchaus friedlich". Erst „zum Abend hin erhitzten sich die Massen etwas mehr […]. Es wurden jetzt alle Fahnen eingezogen, doch erklärte sich das Volk damit nicht befriedigt und verlangte wieder die Aushängung der deutschen Fahne. Da diesem Verlangen nicht gewillfahrt wurde, so drang man gegen das Gitter der Universität und machte Miene, gewaltsam in den Universitätshof einzudringen." Bürgerwehr und Konstabler trieben daraufhin die Menge „unter großem Geschrei und Gelärme gegen die Linden zurück" und stellten „die Ruhe wieder her". (VZ vom 5. Aug. 1848) Vgl. außerdem die übrige Tagespresse sowie Lenz, Universität, Bd. 2. 2, S. 250 ff.

18 Bekanntmachung Bardelebens vom 4. Aug. 1848. Privatpersonen blieb es allerdings unbenommen, je nach politischer Couleur ihre deutsche oder preußische Gesinnung auch öffentlich zu demonstrieren. Zur höchst unwirschen Reaktion des Königs auf das Verbot „meiner Farben" vgl. Briefe Friedrich Wilhelms IV. an Rudolf v. Auerswald vom 4. und 5. Aug. 1848, in: GStA, Rep. 92, NL Auerswald, Nr. 5, Bl. 6 u. 7.

Buchdrucker-Association, welche einer riesigen deutschen Fahne mit der Inschrift ‚Freie Presse‘ folgten, das Lied an ‚Was ist des Deutschen Vaterland?‘ worauf sich der Zug unter Vortritt der Studenten in Bewegung setzte." Ihnen folgte ein „Sängerchor, dann die organisierten jungen Kaufleute sowie die Eisenarbeiter". Den nächsten Demonstrationsblock stellte der Demokratische Klub, „dessen Mitglieder mit rothen Binden à la Mirabeau geziert waren". Danach kamen die übrigen demokratischen Vereine, außerdem der ‚Clubb der politischen Ecke‘, der ‚souveraine Lindenklub‘, „zahlreiche Bürgerwehr-Bezirke", der demokratische „Landwehrverein des 18. und 19. März", das ‚Central-Comité der Arbeiter‘ sowie ziemlich alle größeren Gewerke und Arbeiterorganisationen, ferner die „fliegenden Buchhändler" und schließlich zahlreiche Erdarbeiter verschiedener Baustellen. „Ueberall von dem herbeigeströmten Volke und den dicht besetzten Fenstern herab mit Jubel begrüßt", langte der Zug schließlich am Fuß des Denkmals auf dem Kreuzberg an. Dort „hielt Hr. Held eine kurze Ansprache an die Versammelten, worin er sie zu einem dreimaligen Hoch, ‚dem freien und einigen Deutschland‘ dargebracht, aufforderte […]. Mächtigen Jubel erregte es, als nun ein Mitglied des anwesenden Maurergewerks auf das Monument des Kreuzberges stieg und nicht ohne halsbrecherische Gefahr auf der obersten Spitze desselben eine große deutsche Fahne befestigte, welche bald frei in den Lüften flatterte. […] Ein gewaltiges, mit Sturm und Regen untermischtes Unwetter" führte allerdings wenig später zu einer „ziemlich ordnungslosen Zerstreuung des ganzen Zuges."

Zwar sei der Zug zum Kreuzberg „an Bedeutsamkeit dem Zuge [vom 4. Juni] zum Friedrichshain nachzustellen". Indessen konnte selbst die Vossische Zeitung der „imponirenden Erscheinung" der Demonstration und der „heiteren Stimmung" der Teilnehmer eine gewisse Anerkennung nicht versagen:

„Die Fahnen waren viele Hundert, unter denen besonders die Gewerks-Fahnen durch den Glanz und die Schönheit ihrer Farben und Stickereien überraschend hervortraten. Neben ihnen bemerkten wir eine Anzahl deutscher Fahnen." Außerdem „erblick-te man mehrere rothe Fahnen, namentlich zwei rothseidene mit den goldenen Devisen: ‚Der Clubb der politischen Ecke‘ und ‚der souveraine Lindenklubb‘; auch der demokratische Clubb und der ‚Verein für Volksrechte‘ führten rothe Fahnen, letzterer mit dem Reichsadler im großen Felde."[19]

Nach unterschiedlichen Schätzungen beteiligten sich an dem Demonstrationszug zwischen 7 000 und gut 20 000 Menschen. Das waren im Vergleich zu früheren Demonstrationen ziemlich wenig. Zurückzuführen ist dies nicht allein auf das schlechte Wetter und die im Vergleich zum Frühjahr deutlich gesunkene Mobilisierungsfähigkeit der demokratischen Bewegung Berlins, sondern auch darauf, daß nicht zuletzt unter den Gesellen und Arbeitern die deutsche Einheit hinter anderen politischen und sozialen Forderungen rangierte. Die anwesenden Ge-

---

19 Der Konstitutionelle Klub hatte es abgelehnt, sich an der Demonstration vom 6. Aug. zu beteiligen. Er hielt mit zweihundert Teilnehmern eine eigene Feier ab, um „den großen Gedanken der Einheit Deutschlands" zu würdigen; ausführlich: NZ vom 8. Aug. 1848. Frauen beteiligten sich dagegen zahlreich an der Demonstration vom 4. Juni, namentlich „unter der Fahne des Socialen Vereins". Vgl. VZ und NZ vom 8. Aug. 1848, außerdem *S. 507.*

werke und Organisationen waren jedenfalls (so die Vossische Zeitung vom 8. August) „zum Theil nur schwach" vertreten. Daß außerdem die frühe Arbeiterbewegung und auch die unorganisierten Unterschichten weniger auf die deutsche Einheit als vielmehr auf soziale Demokratie setzten, zeigen die – auf einer Demonstration für die deutsche Einigung befremdlich anmutenden – roten Fahnen, die den Zug vom 6. August mitprägten.

Die Kontroverse um die ‚Huldigung' des Reichsverwesers war auch für die politischen Kontrahenten Anlaß, eine Art Heerschau abzuhalten. Am Morgen des 6. August hatte der den konservativen Vereinen Berlins eng verbundene ‚Teltower Bauern-Verein', dem entgegen der Selbstbezeichnung überwiegend adlige Gutsbesitzer angehörten, gleichfalls auf dem Kreuzberg eine Kundgebung veranstaltet, an der nach unterschiedlichen Angaben zwischen mehreren hundert und 2400 Menschen teilnahmen, die „alle" die preußische Kokarde sowie „daneben Stäbe mit dem Zeichen und Wahlspruch des eisernen Kreuzes" trugen.[20] Darüber hinaus kam es schließlich zu einer dritten größeren Veranstaltung im Zusammenhang mit der umstrittenen Huldigung für den Reichsverweser – zu einer Parade von gut zehntausend Bürgerwehrmännern, die zwei Tage nach dem offiziellen Huldigungstermin, am 8. August, stattfand und von zahlreichen hochrangigen Ehrengästen besucht wurde.[21] Der Bürgerwehrkommandant hielt eine kurze Rede, in der er u.a. erklärte, wie sehr es ihn und die gesamte städtische Miliz freue, daß es „Preußen, zu seinem höchsten Stolze" vergönnt sei, „unter dem Vortritt seines deutschgesinnten Königs den besten, größten Theil in diese, auf Jahrhunderte unser großes deutsches Vaterland sichernde Vereinigung zu bringen." Ein dreimaliges Hurrah und der „Vorbeimarsch" der Bürgerwehrbataillone vor dem Königlichen Schloß beendeten die Veranstaltung.[22] Die nach außen eindrucksvolle Parade verdeckte freilich nur schlecht die innere Spaltung

---

20 Die KrZ vom 8. Aug., die mit ausführlicher Berichterstattung die konservative Demonstration aufzuwerten suchte, nannte die Zahl 2400. Die NZ vom gleichen Tage meinte dagegen, es hätten kaum mehr Personen teilgenommen, als Fahnen, deren Zahl die NZ mit „vielleicht hundert" angab, getragen wurden. Vgl. außerdem Kuhr, Denkwürdigkeiten, II, S. 95 f.

21 U.a. sahen „die städtischen Behörden Berlins in ihrem schönen Amtsschmucke, den goldenen Ketten", der Militärkommandant von Berlin und der Polizeipräsident dem Schauspiel nahe dem Opernhaus und der Universität zu. Vollzählig erschienen waren außerdem „das hohe Staatsministerium" sowie Deputierte aller Fraktionen der PrNV. Die Initiative zu dieser Veranstaltung ging von den demokratisch orientierten Teilen der Berliner Bürgerwehr aus. Am 3. Aug. riefen die Vertrauensmänner des ‚permanenten Bürgerwehrausschusses' (*S. 591*) die einzelnen Kompanien der kommunalen Freiwilligenmiliz dazu auf, beim Kommando der Bürgerwehr auf eine Parade am 6. Aug. zu dringen, während der dem Reichsverweser gehuldigt werden solle (im Wortlaut in: NZ vom 4. Aug. 1848). Dieser Aufforderung schlossen sich in den folgenden Tagen mehr als 90 der insgesamt 111 Bürgerwehrkompanien an. Um es mit der Krone nicht gänzlich zu verderben, setzte Rimpler – statt für den 6. Aug. – für den 8. Aug. eine Parade an.

22 Zitate: VZ und NZ vom 9. Aug. 1848. Rede Rimplers im Wortlaut außerdem in: Rimpler, Bürgerwehr, S. 51.

der Bürgerwehr. Zahlreiche Kompanien der numerisch mehr als 25 000 Mann starken Bürgerwehr blieben der Parade fern, „weil nach ihrer Ansicht die Parade am 6ten und nicht am 8ten d.M. stattfinden mußte."[23] Parallel zu den Demonstrationen pro und contra deutsche Einheit am 6. August im Weichbild Berlins flackerte im übrigen trotz des polizeilichen Verbots der ‚Fahnenkrieg‘ im Stadtzentrum erneut auf. „Auf allen Denkmälern historischer Erinnerungen war während der Nacht die schwarze und weiße Fahne aufgepflanzt worden." Die „entgegenstehende Parthei" war freilich auch nicht faul. Sie hatte bereits „am Morgen ein Theil derselben" wieder „auf allerlei Weise über die Seite gebracht, neben andern geschwind die deutsche Fahne aufgesteckt".[24]

Die konservativen, demokratischen und liberalen Vorstellungen von der ‚deutschen Einheit‘

Die Identifikation mit den ‚glorreichen‘ Traditionen Preußens und die vehemente Ablehnung der ‚Anmaßung‘ der Paulskirche, ‚Deutschland‘ gegenüber ‚Preußen‘ den Vorrang einzuräumen, könnte zu der Annahme verführen, die Konservativen seien *grundsätzlich* gegen die deutsche Einheit gewesen. Dieser Eindruck muß jedoch korrigiert werden. Die konservativen Vereine und selbst die hochkonservative Kreuzzeitung setzten allerdings andere Prämissen als die Demokraten und Liberalen. Sie wollten keinen Zentralstaat. Deutschland solle vielmehr „*immer* ein *zusammengesetzter* Staat *bleiben*, also die Stammstaaten und ihre Bevölkerungen ihre unterschiedliche Existenz behalten, nicht in die ungetheilte Bevölkerung verschwimmen".[25] Dieser politischen Linie folgten auch die konservativen Orga-

---

23 Nicht nur an der demokratischen Demonstration vom 6. Aug. zum Kreuzberg hatten sich viele Bürgerwehrleute beteiligt. Mehrere Kompanien und Teile der fliegenden Corps hielten am frühen Morgen dieses für die ‚Huldigung‘ eigentlich vorgesehenen Tages außerdem eine eigene, vom Kommando nicht sanktionierte Bürgerwehrparade ab; vgl. VZ und SZ vom 8. Aug. 1848.
24 KrZ vom 8. Aug.; vgl. auch VZ und SZ vom 8. Aug. 1848. Wie sehr der Farben- und Fahnenstreit zum Bestandteil des politischen und sozialen Alltags wurde, zeigten die Spiele der Kinder, etwa „ein Kampf zwischen etwa 40 jugendlichen Helden auf dem Alexanderplatze", der am Abend des 10. Sept. stattfand und sogar die Aufmerksamkeit der VZ (vom 12. Sept.) erregte: „Während die eine Abtheilung ihren deutschen Fahnen mit Gewalt der Waffen alleinige Geltung verschaffen wollte, vertheidigte die andere hartnäckig das schwarze und weiße Banner. Der Sieg blieb unentschieden, da ein Schuß aus den Reihen der Kämpfer einen derselben verwundete und hierdurch allgemeiner Schrecken verbreitet" wurde.
25 Außerdem müsse die preußische Hegemonie gewahrt bleiben: „Wie es eine natürliche Nothwendigkeit ist, daß Paris die erste Stadt Frankreich ist, in derselben Weise ist es einen natürliche Nothwendigkeit, daß Preußen in Deutschland wenigstens nirgends als der zweite Staat, als einem anderen untergeordnet scheinen kann." (KrZ vom 15. Juli 1848.) Vgl. auch KrZ vom 1. Sept. 1848.

nisationen.[26] Für sie, und ebenso die meisten Berliner Liberalen, stand außer Frage, daß Preußen nicht in Deutschland aufgehen dürfe, sondern umgekehrt ‚Deutschland' ohne ein militärisch und politisch starkes Preußen nicht existieren könne und dürfe. Entsprechend ihren Grundpositionen wollten die Konservativen die Einheit Deutschlands zudem nicht auf demokratisch-parlamentarischem Wege herstellen, sondern durch Beschluß der deutschen Fürsten konstituieren lassen. Darüber hinaus bestand zwischen dem Monarchen und einem Teil der Konservativen im Hinblick auf die Rolle Österreichs als der zweiten deutschen Hegemonialmacht ein Dissens: Während Friedrich Wilhelm IV. den Habsburgern grundsätzlich die Kaiserkrone überlassen, ihnen freilich nur eine eher repräsentative Funktion zuzuweisen gedachte, wollten nicht wenige Konservative die Führungsrolle Preußens auch formal gekrönt wissen.

Die hochkonservative preußische ‚Militärpartei' wiederum rückte, mobilisiert durch den Huldigungs-Erlaß, der in ihrer Perspektive einem kalten Staatsstreich gleichkam, die besonderen Interessen der Armee in den Vordergrund. Eine von der „grauen Eminenz" (E.R. Huber) der ‚Militärpartei', dem im Mai 1848 zum Direktor des Allgemeinen Kriegsdepartements ernannten Obersten v. Griesheim verfaßte Broschüre, von der bereits im ersten Monat nach ihrem Erscheinen mehr als zehntausend Exemplare verkauft wurden[27], drückte deren Vorstellung besonders markant aus. Griesheims Ausführungen gipfelten in der Feststellung, daß „*die preußische Armee nimmermehr in der deutschen Reichsarmee aufgehen kann und wird*, daß vielmehr die deutsche Reichsarmee in der preußischen Armee [...] aufgehen muß." Preußen bringe (so Griesheims Begründung) nicht nur eine Armee ein, die „das Musterbild fast aller europäischen Heere" sei, sondern außerdem „den *kriegerischen Sinn* seines *Volks*, der durch diese Armee geweckt, genährt und großgezogen worden ist." Dieses „kriegerische Volk" werde sich ebenso wie die preußische Armee „erheben *wie ein Mann, wenn sein König ruft*, nicht aber wenn ein Reichsverweser ruft, der nicht sein König ist." Mit dem

---

26 Der ‚*Verein für König und Vaterland*' hatte bereits zuvor gewarnt, Preußen dürfe „so wenig in Deutschland aufgehen, das heißt sich auflösen, daß es aus dem europäischen Staatssystem verschwindet." Zwischen „edler Hingebung an die deutsche Sache und Landesverrath gegen Preußen" bestünde nur eine „schmale Linie". Der *Preußenverein* und der *Patriotische Verein* verlangten gleichfalls, daß auf „Preußen die nothwendige Rücksicht genommen" und in „unserm ganzen Vaterland gegen revolutionäres Nivelliren und Uniformiren der Reichthum individuellen politischen Lebens gesichert" werde. (Erklärungen des Patriotischen Vereins vom 13. Juli sowie des Preußen- und Vaterlandsvereins, beide vom 26. Juli, in: VZ vom 16. bzw. 27. Juli 1848.)

27 Bereits nach zwei Tagen waren die ersten beiden Auflagen der namentlich nicht gezeichneten Broschüre vergriffen; vgl. VZ vom 29. Juli und NZ vom 18. Sept. 1848. Bezeichnend für die Bedeutung, die der Broschüre auch in liberalen und demokratischen Kreisen beigelegt wurde, ist, daß die NZ am 18. und 19. Sept. 1848 zwei Leitartikel nur zu der Schrift Griesheims veröffentlichte. Zur Verfasserschaft Griesheims (KBA) vgl. Huber, Verfassungsgeschichte, Bd. 2, S. 654 und Trox, Militärischer Konservativismus, S. 239, Anm. 36. Zur Wirkungsgeschichte der Broschüre vgl. ebd., S. 242 ff.

Huldigungserlaß wollten die Reichszentralgewalt und die Paulskirche, das „Schattenreich in Frankfurt", den deutschen Fürsten und vor allem Preußen „den Todesstoß" versetzen. Wer „huldigt, der unterwirft sich einer unbedingten höheren Gewalt, *eine solche erkennt jedoch Preußen, erkennt das preußische Heer neben seinem Könige oder gar über ihm nicht an.*"[28] Unmißverständlicher noch als die zivilen Hochkonservativen forderte Griesheim, Preußen dürfe nicht in Deutschland, aber wenn schon, dann könne Deutschland in Preußen aufgehen. Der angeblich traditionell „kriegerische Sinn" des preußischen Volkes müsse Leitbild auch für das übrige deutsche Volk werden. Griesheim wollte ‚Preußen' als vom Militär bestimmte Gesellschaft und von einem militaristischen Geist beseelte Nation. Das große Aufsehen und der reißende Absatz, den die von liberaler und demokratischer Seite heftig kritisierte Schrift fand, zeigen, daß der Boden für die extrem-konservativen Ansichten der ‚Militärpartei' über den unmittelbaren Einflußbereich der Armee hinaus fruchtbar war.

Die *Demokraten* bildeten den Gegenpol zum militärischen und zivilen Konservativismus. Eine Hegemonie Preußens lehnten sie ab. Parallel zur Verschmelzung der Einzelstaaten zu einem Deutschland auf demokratischer Grundlage sollte nach ihren Vorstellungen der Kern dessen, was in der Sicht der Konservativen und der ‚Militärpartei' das ‚ächte Preußentum' ausmachte, die undemokratische Struktur der preußischen Armee einer Fundamentalreform unterworfen und die starke Stellung des Militärs in der Gesamtgesellschaft gebrochen werden. Ergebnis dieses Wandels sollte ein demokratisches Volksheer sein. Darüber hinaus hatte das Recht, sich staatlich selbständig zu konstituieren, für alle Nationen, und nicht nur für die deutsche, zu gelten.

Es ist schwierig, genauer zu bestimmen, welchen Stellenwert der Wunsch nach deutscher Einheit im Vergleich zu den anderen politischen Forderungen für die Demokraten der Hauptstadt besaß. Abgesehen davon, daß die Kontroverse über das Verhältnis von Preußen zu Deutschland immer auch von anderen politischen Konfliktlinien überlagert wurde, fällt aber auf, daß die demokratischen Vereine als der Kern der revolutionären Bewegung Berlins sich nur dann mit der ‚deutschen Frage' befaßten, wenn sie von außen dazu angestoßen wurden. Ob-

---

28 *„Diese Frankfurter [müßten] begreifen lernen, daß der König von Preußen, daß die 16 Millionen des preußischen Volks, die eine halbe Million Streiter in's Feld stellen, mit einem anderen Maßstabe gemessen werden müssen wie etwa der Fürst von Lichtenstein, dessen Volk von 6000 die Seelen der Reichsarmee mit 55 Mann verstärkt."* Bemerkenswert schließlich der Mut, mit dem Griesheim Friedrich Wilhelms IV. Parole vom 21. März, „Preußen soll in Deutschland aufgehen!" als „Übereilung einer hochbewegten Zeit" offen kritisierte: Das preußische Offizierskorps dachte preußischer und monarchistischer als der König selbst. Zit. nach dem Exemplar, das der österreichische Gesandte – wegen des „großen Aufsehens", das die Broschüre erregte – seinem Bericht vom 28. Juli 1848 beilegte. (In: StA Wien, StK Preußen, K. 196, Bl. 79-95; Zitate: S. 6, 9 f., 12, 30 ff.; H. i. O.). Für Trauttmansdorff war die Schrift Ausdruck des „Vollgefühls des materiellen und intellektuellen Vorzugs Preußens [und] der Suprematie seiner Militärmacht in Deutschland".

zwar in ihren politischen Positionen eindeutig, entwickelten die Demokraten in dieser Hinsicht keine Eigeninitiative. Überblickt man die politischen Aktivitäten der demokratischen Bewegung während des gesamten Revolutionsjahres, kann man sich des Eindrucks nicht erwehren, daß für sie die nationale Einigung nur eine nachrangige Bedeutung besaß. Zurückzuführen ist dies u.a. darauf, daß in ihrer Perspektive Preußen in Sachen gesellschaftlicher Liberalisierung und Demokratisierung im Vergleich zu den süd- und südwestdeutschen Staaten einen Nachholbedarf hatte. Erst müsse es aus dem verfassungslosen, „provisorischen Zustande heraustreten", müßten fundamentale Freiheiten auch gesellschaftliche Wirklichkeit geworden sein, ehe von demokratischer und linksliberaler Seite die nationale Einigung befürwortet werden könne.[29] Namentlich im Südwesten Deutschlands stellte sich die Dringlichkeit der Forderungen nach gesellschaftlicher Demokratisierung und nationaler Einheit dagegen in umgekehrter Reihenfolge: In Baden und Württemberg waren die gesellschaftlichen Freiheiten bereits vor 1848 größer, war auch die Parlamentarisierung des politischen Lebens stärker vorangeschritten. Eine noch weitergehende Demokratisierung stieß hier an nationale Grenzen: Die beiden hochkonservativen, neo-absolutistischen deutschen Hegemonialmächte Österreich und Preußen vermochten über das Instrument des Deutschen Bundes immer wieder erfolgreich, auch binnenstaatlichen Versuchen der südwestdeutschen Staaten, demokratischen Rechten größere Geltung zu verschaffen, einen Riegel vorzuschieben. Im Südwesten mußte vor weiteren gesellschaftlichen Reformen erst einmal die ‚deutsche' Blockade gebrochen werden.

Die deutschlandpolitischen Vorstellungen der demokratischen Bewegung Berlins wurden von der frühen *Arbeiterbewegung* der preußischen Hauptstadt im wesentlichen geteilt. Stand schon für die demokratischen Vereine die ‚deutsche Frage' nicht im Zentrum der politischen Diskussionen und Aktivitäten, so galt dies noch weniger für die organisierten Gesellen oder Arbeiter und die nicht organisierten Schichten des Berliner Proletariats. Ihr Hauptinteresse konzentrierte sich auf die sozialen Fragen und die Forderung nach gleichberechtigter politischer Partizipation. Die anfangs große Verbreitung ‚deutscher Fahnen' auch in den niederen Bevölkerungskreisen steht dem nur scheinbar entgegen. Für die Unterschichten brachten die Farbsymbole Schwarz-Rot-Gold nicht allein den Wunsch nach einem staatlich geeinten Deutschland zum Ausdruck. Anfangs jedenfalls erschienen sie ihnen außerdem gleichbedeutend mit dem Verlangen nach politischer und sozialer Demokratie. In dem Maße, wie die Enttäuschung über den Preußenkönig, der sich am 21. März scheinbar an die Spitze Deutschlands gestellt hatte, und die liberalen Märzkabinette, die die sozialen Forderungen der Arbeiter und Gesellen sowie überhaupt der armen Bevölkerungskreise

---

29 Aufschlußreich in dieser Hinsicht vor allem ein langer Artikel in der BZH vom 1. Nov. 1848.

ignorierten, wuchs, trat die deutsche Fahne in den Hintergrund, wurden bei Demonstrationen gehäuft rote Fahnen aufgesteckt. Nicht zufällig hatte der preußische König ausgerechnet an dem Tag, an dem der Reichskriegsminister die Huldigung auch der preußischen Truppen angeordnet hatte, in einem Brief an den Ministerpräsidenten geschimpft: „Die rothe Fahne der Republik hat sich unangefochten wieder gezeigt," und vor diesem Hintergrund erbost gedroht: Berlin „ist jetzt ein großes Narrenhaus, wird aber, durch abermalige unselige Nachsicht, in kurzem eine Schlächterbude werden."[30]

Nicht nur rote Fahnen, auch schwarz-weiße Kokarden und eine demonstrative Distanzierung von den Farbsymbolen Schwarz-Rot-Gold konnten signalisieren, daß die ‚deutsche Frage' von sozialen und wirtschaftlichen Interessen überlagert und manchmal dominiert wurde. Beträchtliches Aufsehen erregte, daß die Berliner „Börsenmänner" unmittelbar nach Bekanntwerden des Huldigungserlasses „gegen die Einheit Deutschlands Protest ein[legten], indem sie am 25. Juli auf der Börse die deutschen Kokarden von ihren Hüten abnahmen", zum Teil „in sehr demonstrativer Weise".[31] Schnöder materieller „Eigennutz" (so konstatierte die National-Zeitung am 5. August) hätten „das unwürdige Schauspiel der Kokardenbeschimpfung auf der Berliner Börse veranlaßt". Offenbar fürchteten die „Börsianer", daß bei einem Vollzug des Huldigungserlasses die preußische Armee als die wichtigste Stütze der Hohenzollernmonarchie und letzte Barriere gegen die angeblich drohende soziale ‚Anarchie' paralysiert worden wäre.

Die soziale und politische Basis für Schwarz-Rot-Gold war in Berlin seit dem Sommer 1848 schmaler geworden: ‚Rechts' wählte Schwarz-Weiß, ‚links' in zunehmendem Maße Rot – ohne daß hier allerdings die ‚deutschen Farben' gänzlich verschwunden wären. Lediglich die Berliner *Liberalen* bekannten sich weiterhin zu Schwarz-Rot-Gold. Ihnen bot die ‚deutsche Nation' politischen Halt. Inhaltlich unterschieden sich die Liberalen von Konservativen wie Demokraten vor allem in zwei Punkten: Erstens hatte in ihren Augen die deutsche Einigung Priorität vor allen anderen Fragen. Infolgedessen gebührte zweitens ihrer Ansicht nach den Beschlüssen der Deutschen Nationalversammlung der Vorrang. In anderen, mit der deutschen Einigung zusammenhängenden Fragen waren die Liberalen in der preußischen Hauptstadt indessen gespalten. Der *rechte* Flügel neigte in mehrfacher Hinsicht dem Standpunkt der Konservativen zu: (1.) Die Modalitäten, unter denen die deutsche Einheit zustande kommen sollte, seien zwischen Parlament und Krone(n) zu ‚vereinbaren' und – bei aller Hochschätzung der Paulskirche – nicht einseitig von der Deutschen Nationalversammlung zu oktroyieren. (2.) Preußen sollte nicht gänzlich in Deutschland aufgehen. Innerhalb des künftigen deutschen Bundesstaates sei Preußen eine

---

30 In: GStA, Rep. 92, NL R. v. Auerswald, Nr. 5, Bl. 8.
31 VZ vom 26. Juli und NZ vom 29. Juli 1848.

Führungsrolle einzuräumen. (3.) Das nationale Selbstbestimmungsrecht galt in den Augen der Liberalen Berlins nur für die Deutschen, nicht jedoch z.B. für die unter preußischer Herrschaft stehenden Polen. Die *links*liberale Strömung geißelte dagegen den „undeutschen", preußischen Partikularismus.[32] Legitim war in ihren Augen schließlich auch das Vorgehen der Paulskirche, einseitig die Konditionen für die deutsche Einigung festzulegen.

---

32 Vgl. z.B. die NZ (als Sprachrohr des linken Berliner Liberalismus) vom 26. Juli, 5. Aug., 4., 8. und 10. Sept. sowie 13. Okt. 1848. Zumindest im Nachhinein befürwortete Sigismund Stern, Wortführer der linksliberalen Fraktion im Konstitutionellen Klub (KBA), ferner das Streben der Polen nach nationaler Souveränität und sogar den Posenschen Aufstand vom Frühjahr 1848 als „Kampf für die Erringung der wohlbegründeten Rechte des polnischen Volkes". Die „Unterdrückung der polnischen Erhebung" sei dagegen ein ersten negativer „Wendepunkt in der Entwicklung der Revolution" gewesen. (Stern, Geschichte des deutschen Volkes, S. 226.)

Teil IX
Das Ende der Berliner Revolution

Kapitel IX.1

Ruhe vor dem Sturm – der Berliner Revolutionsalltag im Hochsommer und Frühherbst

„Seit dem 14ten Juni war unsere Stadt so ruhig, wie nur je in den Tagen der strengsten Polizeiherrschaft", konstatierte die National-Zeitung am 10. Juli eher erstaunt als besorgt. „Nach heftiger Bewegung", ergänzte die ‚Locomotive' ironisch, „scheint nun der Zeitgeist hier Siesta zu halten, während die unheimliche Stille nur vom Gesumme eines reactionären Geschmeißes, dem Zirpen eines liberalen Heimchens oder den Mückenstichen der Demokraten dann und wann unterbrochen wird." In den „letzten Tagen des Juni und im Verlauf des Juli" habe sich (so Streckfuß in seiner noch 1848 abgefaßten Darstellung der Revolution) eine allgemeine „politische Abgespanntheit und Schlaffheit" breitgemacht. Die Aufregungen um die Huldigung des Reichsverwesers bildeten nur ein Intermezzo. Danach kehrte für zwei Monate weitgehend Ruhe ein. Bei Hofe und im Staatsministerium (berichtete der österreichische Geschäftsträger Ende Juli nach Wien) „schmeichelt man sich im Allgemeinen, im Punkte der émeuten so ziemlich über die Berge gelangt zu seyn und rühmt sich dessen im Vergleich zu anderen Residenzstädten." Das „Gefühl, daß die Regierung die Sache mehr und mehr in der Hand hat, [sei] in Berlin zurückgekehrt".[1]

Das trügerische Gefühl revolutionärer ‚Normalität'

In der Tat konnten die staatlichen und kommunalen Beamten seit dem Hochsommer zunehmend in gewohnter Weise agieren. Im März 1848 waren die preußische und die Berliner Verwaltung auf den verschiedenen Ebenen aus den eingefahrenen Bahnen geworfen worden. Der Lähmungszustand, der alle Behörden befallen hatte, hielt jedoch nicht lange an. Er wich in dem Maße, wie klar wurde, daß erstens das überkommene politische System zwar erschüttert worden war, in seinen Grundstrukturen und -funktionsweisen jedoch erhalten blieb, und zweitens das bis zum 18. März geltende Recht zwar infrage gestellt, nicht jedoch aufgehoben und durch neues, ‚revolutionäres' ersetzt wurde. Da das ‚alte Recht'

---

1 Zitate: ‚Locomotive' vom 3. Juli 1848; Streckfuß, Freies Preußen, II, S. 172, 281 f.; Bericht Trauttmansdorffs vom 24. Juli 1848, in: StA Wien, StK Preußen, K. 196, Bl. 51 u. Rs.

also formal Gültigkeit behielt, konnte es weiterhin als politischer Bezugspunkt dienen. Für das Handeln der Behörden war außerdem wichtig, daß sich drittens die Offensivkraft der revolutionären Bewegung allmählich abschwächte.

Die Rückkehr zu gewohnten Formen „verwaltungsmäßiger Herrschaft"[2] war ein schrittweiser Prozeß: Er setzte ein mit der Ernennung des Ministeriums Camphausen-Hansemann Anfang April, gewann an Kraft im Zusammenhang mit der Auseinandersetzung um das Wahlrecht und die Rückkehr des Prinzen von Preußen und gelangte nach dem Zeughaussturm zum vorläufigen Abschluß. Der Zeughaussturm hatte die politischen Schwächen der demokratischen Bewegung sichtbar gemacht und – wichtiger noch – den obrigkeitlichen Institutionen Gelegenheit geboten, mit in den Augen der bürgerlichen Öffentlichkeit guten Gründen das Netz alltäglicher Kontrolle und Repression in modernisierter Form wiederherzustellen und in mancherlei Hinsicht sogar dichter zu knüpfen. Die Konstabler, deren Gründung zwar schon vorher ins Auge gefaßt, aber erst nach dem Zeughaussturm zügig in die Wege geleitet wurde, sind das sinnfälligste Beispiel. Zugleich häuften sich Prozesse gegen Verfasser, Verleger, Drucker und Verkäufer revolutionärer Flugschriften, wurden Volksversammlungen unter freiem Himmel von der Erlaubnis des Polizeipräsidenten abhängig gemacht und Übertretungen dieses Verbots gleichfalls mit zum Teil harten Strafen geahndet. Streiks suchten die Behörden mit allen Mitteln zu unterbinden. Unterschichtsangehörige wurden wegen Majestätsbeleidigung angeklagt, nachdem sie sich zu abfälligen Bemerkungen über den Prinzen von Preußen, den König und andere hochgestellte Personen hatten hinreißen lassen. Mit diesen und anderen Maßnahmen wurden die Errungenschaften der Märzrevolution zwar nicht aufgehoben – namentlich die Vereinsfreiheit blieb noch unberührt und Versuche, eine Art partielle Vorzensur einzuführen, endeten mit einem Mißerfolg[3] –, jedoch bereits in ihrem Kern bedroht. Infolgedessen häuften sich Polemiken der demokratischen und liberalen Zeitgenossen gegenüber der Beamtenschaft. Namentlich für die Demokraten wurden die Worte Bürokrat oder Beamter zu „Stichworten der Anfeindung, ja des Hasses".[4] „Sämtliche hohen Staatsbeamten",

---

2 Zur ‚verwaltungsmäßigen' Herrschaft, im Unterschied zu ‚traditionaler' und ‚charismatischer' Herrschaft, vgl. Max Weber, Wirtschaft und Gesellschaft, Tübingen 1972, S. 126. Zu den sukzessive verschärften ‚alltäglichen' Repressionen seit dem Zeughaussturm vgl. *S. 600 f. sowie S. 318-321 und S. 339.*

3 In der zweiten Julihälfte hatte der Oberst und Chef der Berliner Konstabler Kaiser eine schriftliche Aufforderung – die VZ spricht von „dem bekannten Brief" – an die „Redakteure mehrerer hiesiger Blätter gerichtet, worin er sie auffordert, ihm [vor Veröffentlichung] jedesmal ein Exemplar einzusenden". (VZ vom 28. Juli 1848.) Redakteure und Publikum wandten sich jedoch erfolgreich gegen diese „Censur".

4 Zitat: VZ vom 12. Juli 1848. Neben dem „Geldmann" und der „Soldateska", so der harsche Vorwurf in der ‚Locomotive' am 29. Aug., gehöre auch „der Beamte" zur „Reaction", die die Revolution als den „Phönix, der aus der Asche des gestürzten Zustandes zum Himmel fliegt, in ih-

klagte beispielsweise die ‚*Berliner Zeitungshalle*‘ am 14. Juli 1848, seien „in ihren einflußreichen Stellungen geblieben, und diese Herren, die echten Parasiten des ancien régimes, bestreben sich, mit allen Kräften, ‚den viel zu weit gegangenen Fortschritt, welchen ein paar unglückselige Tage herbeigeführt haben‘, und selbst die Aussprüche und Verheißungen des Königs durch amtliche Maßregeln, Beschlüsse, Clauseln und Auslegungen zu hemmen und möglichst unwirksam zu machen.“

Oberflächlich könnte man die Phase von Mitte Juni bis Mitte Oktober 1848 als eine Art zeitweilige Veralltäglichung der Revolution bezeichnen, in der diese ihre Ausstrahlungskraft verlor und sich der Eindruck ‚revolutionärer Normalität‘ breit machte. Allerdings besaß der Berliner ‚revolutionäre Alltag‘ des Hochsommers zu keinem Zeitpunkt die Chance, zum Dauerzustand zu werden. Denn kommunale wie staatliche Obrigkeit suchten während dieses Zeitraumes gezielt, die Spielräume der revolutionären Bewegung einzugrenzen und diese Grenzen ständig enger zu ziehen. Angesichts der Absichten und Aktivitäten der städtischen und staatlichen Institutionen wurde vielen Demokraten bewußt, daß die „herrschende Stille keine dauernde“ bleiben würde. Sie sei (so die radikaldemokratische ‚Locomotive‘) „ebenso wenig Folge der Abspannung, als der Gleichmüthigkeit“. Die gegenwärtige Ruhe sei vielmehr Ausdruck „stillschweigender Vorbereitung zu heftigen Stürmen“. Die Demokraten müßten „neue Kämpfe gewärtigen, schweren Tagen entgegensehen. – Keine der Parteien des Landes hat bis jetzt einen festen Standpunkt, geschweige denn einen Sieg errungen“.[5] An der richtigen Prognose fehlte es den Demokraten also nicht, jedoch an den poli-

---

ren Netzen fangen, in das enge Bauer setzen und ihn den Dessauer Marsch pfeifen lehren“ wolle. „Eines der vielen faulen Uebel“, so die gleiche Zeitung am 3. Okt. 1848, „an denen Preußen laborirt, ist die Büreaukratie oder das Beamtenthum. […] Wie ein eiserner Hemmschuh hängte sich die aufgeblasene Büreaukratie an jede freisinnige Richtung, an jedes Streben nach Wahrheit, und bewies sich unter allen Umständen als der eifrigste Helfershelfer jeglicher Unterdrückung. Wie ein bleierner Alp lagerte sie auf dem Geiste der Menschheit, und erstickte jede aufkeimende Selbständigkeit im Volke wie ein Kind in der Wiege.“ Mit ihrer, im Nachhinein betrachtet, realitätsfernen Ansicht, die Bürokratie „ringt bereits mit dem Tode“, zumindest sei ihre Macht gebrochen, stand die ‚Locomotive‘ nicht allein. Die nur zeitweilig „sanftgewordenen Blicke der Bureaukratie“ wiegten auch andere liberaldemokratische Zeitgenossen in der Illusion, daß diese durch die Märzrevolution „den verdienten Sturz erhalten“ habe, „von einem reinigenden Winde fortgeweht“ und man nun „freier, gewissermaßen mit unseren eigenen Lungen“ atmen könne. Zitate: Lewald, Erinnerungen II, S. 17 sowie Karl Ludwig Michelet, Die Selbstregierung und das Beamtenthum, in: NZ vom 21. April 1848. Vgl. auch z.B. die NZ vom 12. April, wo die Abschaffung der traditionell-devoten Titulierungen hoher Beamter unter dem Titel „Zöpfe“ gefordert wurde, oder die ‚Locomotive‘ vom 15. Aug. 1848, ferner z.B. Gneist, Berliner Zustände, S. 86 f. Das oppositionellen Bürgertum hatte zwar bereits während des Vormärz ‚Bürokratie‘ in ihren verschiedenen Erscheinungsformen angegriffen; vgl. allgemein: Bernd Wunder, Geschichte der Bürokratie in Deutschland, Frankfurt a. M. 1986, bes. S. 64 f. Diese Kritik gewann im Hochsommer des Jahres 1848 jedoch eine bis dahin nicht gekannte Schärfe. Groß war dann die Enttäuschung, als klar wurde, daß die verhaßten Beamten nur vorübergehend die Köpfe eingezogen hatten.

5 ‚Locomotive‘ vom 3. Juli 1848.

tischen Fähigkeiten, dem drohenden Damoklesschwert auszuweichen. Im übrigen herrschte in Berlin zwischen Juni und Mitte Oktober nur eine *relative* politische Windstille – nämlich im Vergleich zur Phase von Mitte März bis Mitte Juni. Tatsächlich jedoch gerieten auch im Sommer und Frühherbst immer wieder Teile der Berliner Bevölkerung aus verschiedensten Gründen in Bewegung.[6] Abgesehen jedoch von dem Sturm der Entrüstung, den der Huldigungs-Erlaß und im August und September dann das in der Preußischen Nationalversammlung schließlich erfolgreiche Steinsche Amendement, wonach sich preußische Offiziere jeglicher reaktionärer Betätigung zu enthalten hätten, auslöste, regten kleinere und größere politische wie soziale Konflikte kaum jemanden mehr auf. Die Presse nahm nur beiläufig von ihnen Notiz. Das galt nicht zuletzt für die zahllosen verbalen und handgreiflichen Konflikte zwischen dem ‚Pöbel‘ auf der einen und den Konstablern sowie dem Militär auf der anderen Seite, die seit Juli zu einer Art Dauerzustand wurden.

Der Kleinkrieg zwischen ‚Pöbel‘ und Konstablern und der „ultra-reactionäre" Überfall auf die Charlottenburger Demokraten

Ende Juli war der Aufbau der neuen, zweitausend Mann starken Polizeitruppe abgeschlossen. In den handgreiflichen Auseinandersetzungen mit dem ‚Lindenklub‘ und anderen ‚politischen Ecken‘ Ende Juli und Anfang August bestanden die Schutzmannschaften, wie die Konstabler auch genannt wurden, ihre erste Bewährungsprobe. Die neue Polizei verwandelte das Straßenbild wie überhaupt die politische Atmosphäre in der preußischen Hauptstadt schlagartig. Berlin habe „ein Fratzengesicht" bekommen; „die ganze Stadt ist eine Konstabler-Stadt geworden", klagte Varnhagen.[7]

„Der Berliner, der früher nur dann und wann einem gut gefütterten Gendarmen auszuweichen brauchte, stieß nun alle vier Schritte auf einen blauröckigen Constabler", charakterisierte Robert Springer die neue Situation in ironischem Ton. „Jeder stand nun unter beständiger polizeilicher Aufsicht […]; trat er aus seinem Hause, so erblickte er zuerst einen Constabler gegenüber, der ihn musterte; ging er auf der Straße, so mußte er an diesen lauernden Gestalten vorüber, die ihm das Trottoir vertraten, ihm wohl gar, wie dies vorgekommen ist, untersagten, zu schnell zu gehen; ein Spaziergang in Berlin unterschied sich von der Bewegung, welche den

---

6 Den ganzen August waren Berlins Drucker und Schriftsetzer im Streik. Es kam wiederholt zu größeren Arbeitslosendemonstrationen; vgl. *S. 431 und 452 f.* Außerdem war die preußische Hauptstadt in den Sommermonaten wiederholt Schauplatz überregionaler Kongresse der verschiedenen politischen Strömungen; vgl. *S. 613 f., 644-647 und S. 726-733.*

7 Eintrag Varnhagens vom 29. Juli 1848, in: ders., Tagebücher, Bd. 5, S. 138. Zur Gründung der Konstabler vgl. *S. 596 ff.*, zu den Konflikten mit dem ‚Lindenklub‘ *S. 631 ff.*

Gefangenen der Stadtvoigtei zur Freistunde unter Aufsicht des Gefängniswärters zusteht, nur durch eine weitere räumliche Ausdehnung."[8]

Ins Visier der neuen Polizeitruppe geriet jeder, der irgendwie ‚nicht normal' aussah, „abends die Leute, die durch große Bärte Verdacht erregen, [oder] die Magd, die ihre Herrschaft abholt oder in die Apotheke geht [und dann] als liederliche Dirne auf die Wache" geschleppt wurde. Das „Volk" war sich bald einig, daß die neuen Polizeidiener ihre Mitbürger im allgemeinen „viel unhöflicher, ja unmenschlicher zu behandeln pflegen, als man dies von den einst so verhaßt gewesenen Gendarmen hat sagen können."[9] Die zahllosen Übergriffe der Konstabler stießen auf Ablehnung bis weit in das liberale und gemäßigt-konservative Lager.[10] Schließlich hielt es sogar die Preußische Nationalversammlung für notwendig, die neue Institution kritisch zu beleuchten. Im Laufe der Zeit trat allerdings eine Art Gewöhnungseffekt ein; die Kritik der bürgerlichen Öffentlichkeit begann allmählich zu verstummen. Auf der anderen Seite konnte es nicht ausbleiben, daß das provokante Auftreten der Schutzmannschaft ein ebensolches Verhalten seiner Hauptklientel, des ‚Pöbels' in seinen verschiedenen Schattierungen, nach sich zog. So wie in den Tagen vor dem 18. März 1848 das Militär wurden seit Ende Juli auch die Konstabler „von der Menge verspottet, geschimpft, bedroht und mit Steinen [b]eworfen". Beide Seiten schaukelten sich gegenseitig hoch – und trugen so dazu bei, daß die politische Windstille im Hochsommer und Frühherbst wenigstens ab und zu von dem lauen Lüftchen eines ‚Konstabler-Krawalls' unterbrochen wurde.[11]

---

8 Springer, Berlins Straßen, S. 132 f. In ähnlichem Ton, nur nicht ganz so witzig, zahlreiche Artikel in der demokratischen und liberalen Presse; vgl. außerdem die gleichfalls zahlreichen satirischen Flugschriften zu den Konstablern.

9 Vergleiche seien „überall zum Vorteil der Gendarmen ausgefallen." Zitate: Varnhagen (Anm. 7), S. 139, bzw. ‚Publicist' vom 19. Sept. 1848. Daß zumeist Bagatellen, unkonventionelles Aussehen oder nonkonformes Alltagsverhalten die Konstabler zum „Einschreiten" veranlaßten, läßt sich den zahlreichen, in der Presse zum Teil ausführlich geschilderten Vorfällen entnehmen.

10 Allerdings unterschied sich die liberale von der demokratischen Kritik in ihrer Stoßrichtung: Während die Demokraten die neue Institution grundsätzlich verwarfen, zweifelten die Liberalen nicht an, daß der Aufbau einer modernisierten Polizei notwendig sei. Sie kritisierten die ‚Unverhältnismäßigkeit' des Auftretens der Konstabler und die fehlende „Sachkenntniß" beim Aufbau der neuen Polizeiorganisation; vgl. exemplarisch NZ vom 11. Aug. und VZ vom 29. Juli 1848. Zur Kritik der PrNV an der neuen Schutzmannschaft vgl. Debatte vom 9. Aug. 1848, in: Verhandlungen PrNV, I, S. 673 ff. Der Konstabler-Oberst Kaiser sah sich deshalb bereits am 4. Aug. 1848 zu einer Bekanntmachung veranlaßt, nach der es, trotz aller „Ermahnungen" an die Konstabler, „unmöglich" gewesen sei, dieselben „während der kurzen Zeit ihres Dienstes schon zu gewandten und umsichtigen Beamten auszubilden". Aus der Bekanntmachung Kaisers vom 4. Aug. auch das folgende Zitat.

11 Außerdem rieb sich das ‚Volk' mit den in Berlin einquartierten Soldaten, deren Zahl seit April schnell wuchs; vgl. ausführliche Schilderungen über Massenschlägereien zwischen beiden Seiten in: VZ vom 5. und 20. Sept. sowie Bekanntmachung des Militär-Kommandanten v. Thümen vom 19. Sept. 1848; ferner S. 270 f.

Mißhandlung der Charlottenburger Demokraten am 20. August.

Für erhebliche Aufregung sorgten Mitte August Ereignisse in Charlottenburg. Am 12. August hatten sich hier mehrere jüngere Männer getroffen, um einen Demokratischen Verein ins Leben zu rufen. Früher hatte man diesen Schritt nicht gewagt, da die konservative Haltung der Bürgerschaft dieser Berlin vorgelagerten, 1848 gut achttausend Einwohner zählenden Stadt bekannt war; die Demokraten sprachen von „Ultra-Reactionärs". Bei ihrem zweiten Treffen am 20. August wurden die Charlottenburger Demokraten zu Zielscheiben von Übergriffen hochkonservativer Parteigänger, die fast pogromartigen Charakter annahmen. Mitglieder des demokratischen Klubs wurden durch die Straßen gehetzt, zusammengeschlagen und zum Teil schwer verletzt, Häuser und Wohnungen bekannter Charlottenburger Demokraten verwüstet.[12]

In der preußischen Hauptstadt herrschte besonders unter den Demokraten und in Teilen der Unterschichten große Empörung über die Ereignisse in der Nachbargemeinde. Am 21. August protestierten „ungeheure Menschenmassen" vor dem Sitz des Justizministers und des Ministerpräsidenten gegen die Vorfälle

---

12 Hierzu und zum folgenden ausführlich: Hachtmann, „Rote Hauptstadt" und „schwarze Provinz".

in Charlottenburg. Darüber hinaus verlangten sie die Freilassung der nach dem Zeughaussturm festgesetzten politischen Gefangenen. Erzürnt durch die Erklärung des Justizministers Maercker, die dieser einer Deputation der Demonstranten gegenüber abgab, „daß er keine Ermächtigung habe, Gefangene zu entlassen, die [sich] auf richterlichen Befehl" in Haft befänden[13], und gereizt von einer Abteilung Konstabler, begann die Menge zahlreiche Fensterscheiben des Regierungsgebäudes einzuwerfen. Minister, Mitglieder ausländischer Gesandtschaften, Abgeordnete der Preußischen Nationalversammlung, die sich zu einer Abendgesellschaft zusammengefunden hatten, verließen fluchtartig das Haus. Vor dem Gebäude und die ganzen ‚Linden‘ entlang „wurden mit einer kaum begreiflichen Riesenkraft die mannesstarken, steinernen Pfeiler umgerissen" und das Straßenpflaster aufgerissen. „Die hohen eisernen Laternenpfähle wurden in einem Augenblick wie Strohhalme umgeknickt und der Gasstrom, der aus den abgebrochenen Gasröhren hervorquoll, wurde an mehreren Stellen angezündet, so daß die Flammen hoch emporloderten." Vereinzelt wurde mit dem Bau von Barrikaden begonnen. Mehrere tausend Mann zählenden Bürgerwehrmannschaften gelang es erst gegen Mitternacht, die Ruhe wiederherzustellen.[14]

Die Empörung der Berliner Demokraten über die Charlottenburger Vorfälle, die ihrerseits nur einen besonders eklatanten Fall von „plebejischer Gewalt für ‚Thron und Altar‘" (M. Gailus) darstellten[15], wich nur langsam.[16] Überhaupt

---

13 Nach: ‚Publicist‘ vom 22. Aug. 1848.

14 Zitate: ‚Publicist‘ vom 22. und 24. Aug.; NZ und VZ vom 23. Aug. 1848. 58 Personen wurden verhaftet, 46 von ihnen in das Kriminalgefängnis gebracht. Sie gehörten „sämmtlich dem Stande der Handwerker und Arbeiter an" und waren überwiegend jugendlichen Alters.

15 Gailus hat für 1848 in der näheren Umgebung Berlins insgesamt elf Fälle explizit gegenrevolutionärer Tumulte gezählt. Er spricht, auch mit Blick auf die im Umland der preußischen Hauptstadt besonders zahlreichen konservativen Vereine, von einem deutlich sichtbaren, „charakteristischen Ring" gegenrevolutionärer Organisationen und Aktionszentren um die „Revolutionsmetropole Berlin"; vgl. Gailus, Straße und Brot, S. 454 und 456. Da die in Charlottenburg, Spandau, Brandenburg, Strausberg und Teltow ansässigen konservativen Aktivisten es nicht wagten, nach Berlin zu ziehen, um mit der verhaßten dortigen revolutionären Bewegung abzurechnen, war die Neigung zu Ersatzhandlungen gegenüber den einheimischen Demokraten groß. Eine Sonderrolle spielte Potsdam. Hier waren die politischen Gräben allerdings tiefer aufgerissen als im übrigen Umland Berlins, existierte neben starken konservativen und schwächeren liberalen Strömungen seit den Märztagen ein großer demokratischer Verein, der nach Angaben aus dem Innenministerium Ende Okt. etwa tausend Mitglieder zählte. (In: GStA, Rep. 77, Tit. 662, Nr. 1, Bd. 1, Bl. 81 Rs. bis 83 Rs.)

16 Nicht wenige Demokraten Berlins vermuteten „bezahlte Subjekte" und eine preußenweite Verschwörung, ein „blutiges Gewebe" der Reaction; vgl. z. B. ‚Locomotive‘ vom 23. und 24. Aug. 1848. Sie merkten nicht, daß sie damit in den gleichen Klischees, nur unter anderem Vorzeichen, dachten wie die Konservativen. Im übrigen wurden am 21. und 22. Aug., als die Berliner am liebsten „einen förmlichen Kreuzzug" gegen die Charlottenburger veranstaltet hätten, die Animositäten zwischen den Bevölkerungen beider Städte nur aktualisiert. Nicht zuletzt „wegen ihres Benehmens gegen die am 18ten März verwundeten Gefangenen" standen die Charlottenburger 1848 bei den Berlinern „in sehr ungünstigem Andenken". (VZ vom 23. Aug. 1848.) Und

waren die Ereignisse vom 20. und 21. August nicht dazu angetan, den tiefen Graben zwischen ‚Provinz‘ und Hauptstadt einzuebnen. Für die Berliner Demokraten hatte sich vielmehr gezeigt, daß die finsterste ‚Provinz‘ unmittelbar vor den Mauern Berlins lag. In einem ähnlichen, traditionell schlechten Ruf wie Charlottenburg und das nicht minder verhaßte Spandau stand schließlich Potsdam, mit damals etwa 32 000 Einwohnern (ohne Militär) die größte der Berlin vorgelagerten Städte. Ausgerechnet in der Garnisonstadt Potsdam kam es Mitte September freilich zu Ereignissen, die die Linke in der Hauptstadt positiv überraschten und ihr neuen Mut machten.

---

selbst der Leidensweg der gefangenen Berliner Barrikadenkämpfer hatte nur ältere, tief sitzende Vorurteile bestätigt; vgl. Hachtmann, „Rote Hauptstadt" und „schwarze Provinz".

Kapitel IX.2

Um die Seele der Soldaten

Die Potsdamer Militärrevolte

Am 12. September 1848 war Potsdam der Schauplatz von Tumulten, die zu einer (so das Schlagwort der Demokraten) „Militär-Revolte" eskalierten und ein nachhaltiges Echo auch in der preußischen Hauptstadt fanden. Darüber hinaus werfen die Potsdamer Ereignisse und die vorübergehend große Resonanz, die demokratische Ideen im Frühherbst auch in dem in Berlin stationierten Militär fanden, ein Schlaglicht auf die inneren Zustände zumindest von Teilen der preußischen Armee.

Ihren Ausgang nahmen die Unruhen von einem Füsilier-Bataillon des zweiten, in Potsdam stationierten Garde-Regiments. Dieses Bataillon, so die ‚Berliner Zeitungshalle', sei „schon seit längerer Zeit nicht mehr auf die alte Weise zum blinden Gehorsam zu bewegen" gewesen.[1] Anfang September erreichte die Unzufriedenheit der Mannschaften aufgrund schikanöser Behandlung durch die Offiziere und geringer Entlohnung „einen hohen Grad". In der zweiten Septemberwoche schlug die herrschende Mißstimmung schließlich in offene Empörung um. Wichtigste Ursache für die Ereignisse vom 12. September war die Bestrafung von Soldaten, die einige Tage zuvor eine Adresse an die Preußische Nationalversammlung unterzeichnet hatten, in der sie namentlich dem „Abgeordneten Stein, wegen seines von der National-Versammlung angenommenen bekannten Antrages", der es ‚reactionären' Offizieren zur Pflicht machte, aus der Armee auszutreten, dankten.[2] Die örtliche Militärführung reagierte auf die Hun-

---

1 Die „Gemeinen" seien schon „öfter selbständig aufgetreten". (BZH vom 14. Sept. 1848.) Tatsächlich hatte die BZH schon am 27. April 1848 über eine unter den Potsdamer Militärabteilungen grassierende Mißstimmung berichtet. In der historischen Forschung hat die Potsdamer Militärrevolte vom 12. Sept. nur ein geringes Echo gefunden. Lediglich Valentin (Geschichte, II, S. 247) geht beiläufig auf das Ereignis ein. Erwähnt wird die Militärrevolte außerdem in der lokalhistorischen Forschung; vgl. (Autorenkollektiv unter der Leitung von Manfred Uhlemann und Otto Rückert) Potsdam, Berlin 1986, S. 75 f.; Detlef Kotsch, Potsdam. Die preußische Garnisonstadt, Braunschweig 1992, S. 192; Harald Müller, Max Dortu und die Revolution, in: Sigrid Grabner, Knut Kiesant (Hg.), 1000 Jahre Potsdam. Das Buch zum Stadtjubiläum, Berlin 1992, S. 113, sowie Müller/Müller, Brandenburg, S. 485.

2 Diese und die folgenden Zitate aus: BZH vom 14. und 16. Sept.; ‚Publicist' vom 14. Sept. 1848 (jeweils Augenzeugenberichte). Mit der Adresse wollten die „Unterzeichneten" „den freimüthigen und volksfreundlichen Vertretern aller Preußen unsern innigsten, wärmsten Dank" ausdrücken, weil diese „für die Annahme des Stein'schen Antrages" gestimmt hatten. Gemeinsames Ziel sei

derte von Unterschriften, die die Adresse gefunden hatte, indem sie besonders ‚unbotmäßige' Kompanien strafexerzieren und „mit vollem Gepäck bivouaquiren" ließ. Die Verhaftung einer Reihe angeblicher Rädelsführer und ihre Arretierung im Militärgefangenenhause brachten dann das Faß zum Überlaufen.

Am Abend des 12. September zogen (nach verschiedenen Angaben) zwischen sechzig und hundert Füsiliere vom zweiten Garde-Regiment ohne Waffen in die Stadt. Die Soldaten „ließen die Bürger [hoch] leben und forderten zur Befreiung ihrer Cameraden aus dem Arresthause auf." Ein Major „wollte den Versuch machen, die Soldaten zu beruhigen und zum Gehorsam zurückzuführen, fing dies aber sehr ungeschickt an, indem er des abgeschafften ‚Du' sich bediente. Das goß nur Oel ins Feuer." Er wurde von den Füsilieren „mit Koth beworfen und mußte sein Heil in der Flucht suchen." Ein weiterer Offizier, „welcher in einer Droschke gefahren kam, wurde herausgerissen und geohrfeigt." In der Zwischenzeit hatten sich zu den Soldaten Zivilisten, vor allem „Arbeiter, junge Burschen und als Demokraten bekannte Männer in großer Zahl", hinzugesellt. „Ein großer Theil der herbeigeeilten Volksmenge zog nach dem Arresthause, ein anderer nach der Commandantur. Zur Sicherung der letzteren und des [Stadt-]Schlosses erschien die 6te Compagnie des 1sten Garde-Regiments. Die Soldaten ließ die Menge [hoch] leben, aber die Offiziere wurden auf die gemeinste Weise verhöhnt." Vor dem Militärgefängnis „begann man damit, die Fenster einzuwerfen und sonstige Anstalten zum Einbruch in das Gefängnis zu treffen, als das Füsilirbataillon des ersten Garderegiments auf geschehene Alarmirung herbeikam und eine Chaine vor dem Hause zog. Die Volksmenge fing aber auch mit diesen Soldaten bald zu fraternisieren an [...]. und machte ihnen begreiflich, daß sie ja aus dem Volke hervorgegangen und daß sie Alle Brüder seien. Diese Vorstellungen fielen auf keinen unfruchtbaren Boden, denn die Soldaten erwiderten die Begrüßungen des Volks [und] versicherten, daß sie nicht auf das Volk, sondern in die Luft schießen würden. In diesem entscheidenden Momente [...] kam eine Abtheilung Garde-du-Corps aus der nahe gelegenen Kaserne herangesprengt und hieb ohne voraufgegangene Warnung und ohne daß man ein Kommando gehört hatte, mit scharfer Waffe ein." Mehrere ernste Verwundungen waren die Folge. Von der ‚Volksmenge' wurde daraufhin „dem heranrückenden Garde du Corps eine Rinnsteinbohle entgegengeschleudert." Später „fielen von Seiten des Militairs 2 Schüsse, ohne daß jemand getroffen wurde. – Um zehn Uhr wurde Generalmarsch von der [Potsdamer] Bürgerwehr geschlagen, aber nur ein Theil derselben erschien. Jetzt begann man in der Berliner Straße Barricaden zu bauen. [...] Wo die Soldaten erschienen, ließ die Menge sie hochleben, man schrie: ‚Soldaten und Bürger sind [eins], wir brauchen keinen Adel, nieder mit den Offizieren!' Das Militair verhielt sich ganz ruhig, aber die Bürgerwehr ging mit gefälltem Bajonette vor und drängte die Volksmenge zurück." Gegen Mitternacht war die ‚Ruhe' wieder hergestellt.

---

es, „unser Heer" zu einem „nach allen Seiten hin gereinigten, volksthümlichen und freisinnigen" zu machen. In einer durchgreifend demokratisierten Armee „erwächst der im Aufbau begriffenen Verfassung die sicherste Bürgschaft." (Nach: BZH vom 15. Sept. 1848.) Nach Angaben des ‚Publicist' vom 14. Sept. hatten allein vom Füsilierbataillon „150 bis 160 Mann", nach Angaben der BZH vom 15. Sept. und des Extra-Blatts der ‚Reform' vom 13. Sept. 1848 „viele hundert" Potsdamer Militärangehörigen „aus allen Truppentheilen" die Adresse unterzeichnet. Kotsch (Potsdam, S. 192) spricht von insgesamt 700 Unterschriften.

Die *öffentliche* Kontroverse um den Charakter des Potsdamer ‚Aufstandes' fand in der preußischen Hauptstadt weniger in der Presse als vielmehr in der für das Revolutionsjahr typischen Form statt, auf großen Plakaten sowie in Flugschriften ernsten und satirischen Inhalts. Mit Eckenanschlägen und fliegenden Blättern erreichte man auch die in Berlin stationierten einfachen Soldaten, bei Herbstbeginn bereits wieder weit mehr als zehntausend Mann. Den Anfang machte die radikaldemokratische ‚Reform' mit einem Extra-Blatt vom 13. September, das den ‚Aufmacher' trug: „Soldatenaufstand in Potsdam. Die letzten Stützen der Reaktion wanken. Unsere Brüder im Heere sind erwacht." In einem anderen, anonymen Flugblatt demokratischer Couleur, vom 14. oder 15. September, heißt es voller Pathos: Endlich hätten die Soldaten „zu erkennen gegeben, daß sie nicht blinde Maschinen der Gewalt und der Offiziere sind." Der „Geist der Geschichte, der Frühlings-Odem der Freiheit ist auch unter die Soldaten gefahren – und gar in Potsdam! Die Geschichte ist mächtig. Widersetzt Euch nicht länger!"[3] Die Konservativen antworteten mittels des gleichen Mediums. Ihnen ging es darum, der Öffentlichkeit zu suggerieren, das Militär sei für den demokratischen ‚Bazillus' nicht anfällig und stehe weiterhin geschlossen hinter dem König und der konservativen Militärpartei. Da sich die Teilnahme von Soldaten an dem „Bummler-Krawall in Potsdam" (so die Überschrift eines am 14. September erschienenen, anonymen Plakats) nicht leugnen ließ, wurde die Zahl auf „5 Rädelsführer" und wenige durch „Schnaps und Cigarren" verführte Soldaten, „90 Mann im Ganzen", reduziert.[4] Die konservativen Vereine wiederum thematisierten die Potsdamer Ereignisse nicht explizit, sondern riefen in allgemeiner Form die Soldaten dazu auf, „alle Versuche falscher Volksfreunde" zurückzuweisen, „Euch mit eitler Rede zum Ungehorsam gegen Eure Führer aufzureizen".[5] Wie groß die Besorgnisse waren, ‚Potsdam' könne sich in größerem Maßstab wiederholen, geht aus den internen Aufzeichnungen Leopold v. Gerlachs hervor. Für ihn, der die Auseinandersetzungen am Rande miterlebte und in seinen ‚Denkwürdigkeiten' die Darstellung der ‚Berliner Zeitungshalle' und des ‚Publicist' im wesentlichen bestätigt, war die Potsdamer Militärrevolte ein untrügliches

---

3 So wie die Potsdamer Militärführung und die Konservativen die Ereignisse bagatellisierten, suchten umgekehrt die Demokraten den Konflikt zum „Aufstand" aufzubauschen. Die zitierten und weitere zahlreiche demokratische Flugblätter (u.a. der Vereine) zu den Potsdamer Vorfällen finden sich in: ZBSt, 1848 Flg., M. 20; LAB, Rep. 240, Acc. 685, Nr. 386, 388, 399; GStA, Rep. 92, NL Stein, M. 3/1, Nr. 117, 227, 273; Reprint in: Obermann, Einheit, S. 536 f.

4 Tatsächlich waren schließlich mehr als hundert beteiligt. Das zit. und weitere Flg. zumeist anonymer konservativer Soldaten und Zivilisten in: LAB, Rep. 240, Acc. 685, Nr. 387, 389, 391, 392; GStA, XII. HA, IV.Flg., Nr. 27/II; ebd., Rep. 92, NL Stein, M. 3/1, Nr. 363, 368; ZBSt, 1848 Flg., M. 20.

5 Vgl. bes. Erklärung des Patriotischen Vereins vom 15. Sept. 1848, als Flg. in: LAB, Rep. 240, Acc. 685, Nr. 398; ZBSt, 1848 Flg., M. 20.

Indiz, daß „die immer weiter greifende Auflösung im ganzen Lande" nun auch die Armee erfaßt habe.[6]

„… ein scharf geschliffenes Schwert" – der General Wrangel und seine Erklärungen vom 17. und 20. September

Kamarilla und Armeeführung waren sich spätestens nach der Potsdamer Militärrevolte des preußischen Heeres nicht mehr hundertprozentig sicher. Besonders besorgniserregend war, daß sich Teile der Mannschaften offen gegenüber demokratischen Strömungen zeigten, in Potsdam, Berlin, Köln und einigen anderen preußischen Städten.[7] Weiteres Stillhalten mußte, so nahmen Krone und Armeeführung an, die mit den Ereignissen vom 12. September sichtbar gewordenen ‚Auflösungserscheinungen' beschleunigen und über kurz oder lang die Geschlossenheit des Heeres gefährden. Der Gegenrevolution lief in gewisser Weise die Zeit davon. In einem Schreiben vom 24. September an seinen Bruder Leopold erklärte Ludwig v. Gerlach, „ich trete nun entschieden der Potsdamer Garde-Ansicht bei, die einen baldigen Conflict wünscht." Ohne eine möglichst rasche, militärische Aktion gegen die ‚revolutionäre' Hauptstadt würden „nicht blos Aufruhr und politische Demoralisation sich immer weiter über das Land verbreiten, sondern diese auch bald Armee und König ergreifen."[8]

Auch der in Potsdam weilende Monarch war aufgeschreckt.[9] Am 15. September ernannte Friedrich Wilhelm IV. den General v. Wrangel, der mit seinen Truppen kurz zuvor ‚ruhmbedeckt' aus Schleswig-Holstein zurückgekehrt war, zum Oberbefehlshaber sämmtlicher ‚in den Marken', d.h. zwischen Oder und Elbe stationierten Truppen. Damit waren alle Einheiten, die für einen Entscheidungskampf mit der ‚revolutionären' Hauptstadt in Frage kamen, zunächst etwa 50 000, später 80 000 Mann, unter einem Oberbefehl vereinigt.

---

6 Unmittelbar vor den Ereignissen habe, so Leopold v. Gerlach, der General v. Prittwitz die Stabsoffiziere zu einer Besprechung zusammengerufen und besorgt „von den schlechten Einflüssen, welche auf die Truppen ausgeübt würden", gesprochen. Am Tag nach der Militärrevolte notierte Leopold v. Gerlach: „Die gestrigen hiesigen Vorgänge sind sehr unangenehm und werden auch übel wirken." (Gerlach, Denkwürdigkeiten, I, S. 195 bzw. 197.)

7 Zu Köln vgl. Seyppel, Demokratische Gesellschaft, S. 138, 153 ff., 237, 241, 244; Sperber, Rhineland Radicals, S. 204, 245 ff.; ferner *S. 703 f., Anm.18.*

8 In: BA Potsdam, 90 Ge 6, Nr. 16, Bl. 91.

9 Ohne explizit auf die Ereignisse fünf Tage zuvor einzugehen, führte er am 15. Sept. 1848 in einem ‚Promemoria' u.a. aus, „die Einsicht, die ich von den Dingen habe, lehrt mich unwidersprechlich, daß dies die letzte Stunde ist, um den Thron, Preußen, Teutschland, ja den Begriff der von Gott gesetzten Obrigkeit in Europa zu retten. Jetzt oder nie!" (Nach: Haenchen, Revolutionsbriefe, S. 175 f. bzw. Fenske, Quellen, S. 161) Vgl. auch *S. 711.*

Zeitgenössische Karikatur auf die Truppenschau Wrangels in Berlin
am 20. September 1848

„Meine Aufgabe ist, die öffentliche Ruhe in diesen Landen da, wo sie gestört wird, wieder herzustellen, wenn die Kräfte der *guten* Bürger hierzu nicht ausreichen", erklärte Wrangel zwei Tage später in einem Armeebefehl. Dafür, daß er dieser Aufgabe gerecht werden könne, *„bürgen mir das gegenseitige Vertrauen zwischen dem Soldaten und seinem Offizier, seinem Führer, durch welches sich die preußische Armee, so lange sie besteht, immer ausgezeichnet hat*, sowie die Liebe und die treue Hingebung für den König, von der wir Alle gleich erfüllt sind. [...] Es sind jedoch im Lande auch Elemente vorhanden, welche zur Ungesetzlichkeit verführen wollen [...]. Soldaten! *laßt Euch nicht irre leiten* von den Reden und Proclamationen, welche von Euch unbekannten Leuten an Euch gerichtet werden; hört nicht darauf, wenn sie auch noch so schmeichelhaft für Euch klingen und sie Eure Zukunft mit herrlichen Worten ausmalen, sobald Ihr die Euch gegebenen Rathschläge befolgt. Zu den Versammlungen, wo dergleichen Reden an Euch gehalten werden sollen, geht lieber gar nicht hin; hört dagegen auf meine Stimme, die Stimme Eures Generals, sie ist wohlgemeint! Haltet fest an Euren Offizieren, wie diese an Euch; *zwischen beide darf sich kein frem-*

des Element einschleichen. Habt Ihr gerechte Wünsche, so tragt sie Euren Offizieren in der gesetzlichen Weise vor.“[10]

Dieser Armeebefehl Wrangels vom 17. September ist nicht nur als Kampfansage an die zahlenmäßig nach wie vor kräftige demokratisch-revolutionäre Bewegung Berlins zu interpretieren. Angesichts der gerade vergangenen Potsdamer Militär-revolte und der großen Besorgnisse, die diese Revolte auf seiten der Kamarilla und im Offizierskorps auslöste, wird man die Worte Wrangels auch als Versuch ansehen müssen, sich selbst sowie der Armee- und Staatsführung Mut zu machen. Wieder drei Tage später, am 20. September äußerte er anläßlich einer Parade unter den Linden, zu der sich auch die Führung der Bürgerwehr einge-funden hatten, erneut,

daß „der König mir den Oberbefehl über die Truppen der Marken gegeben [habe], um die Ordnung aufrecht zu erhalten, wenn die Bürgerwehr unsre Hülfe verlangt. Ich habe die Macht dazu; meine Truppen führen ein scharf geschliffenes siegreiches Schwert an ihrer Seite und Kugeln in ihren Taschen.“ Die anwesenden Bürger-wehrleute und das sonstige ‚Volk‘ kommentierten diese Bemerkungen mit „Schwei-gen“. An die Berliner gewandt, fuhr Wrangel fort: „Mißtrauen herrscht, auf allen Gesichtern liegt der Kummer, auf Euren Straßen wächst das Gras, das Gewerbe liegt darnieder; ich hoffe, das soll von heute an anders werden. Meine Herren! (zu den Offizieren) […] Die Truppen, schien es mir, wollten eine gute Haltung haben, sie haben sie gehabt. Das wird anerkannt; sagen Sie das den Truppen, sie werden von heute ab 1 Groschen, 4 Pfennige tägliche Zulage erhalten.“[11]

Aus den letzten Passagen auch dieser Rede ist, wie schon aus den Ausführungen in seinem Armeebefehl vom 17. September, herauszuhören, daß sich der neue Oberbefehlshaber der Armee in den Kerngebieten Preußens der ‚Moral‘ seiner Soldaten nicht sicher war – und sie durch materielle Konzessionen zu festigen trachtete.[12] Wrangel war nicht der einzige hohe Militär, der sich Sorgen machte. Bereits am 16. September hatte der Militärgouverneur in einem Befehl den in Berlin stationierten Truppen fast beschwörend zugerufen:

Die Berliner demokratischen Vereine würden versuchen, „die Soldaten der hiesigen Garnison auf alle Weise von ihrer Pflicht abwendig zu machen, kein Mittel [sei] unversucht geblieben, diesen Vorsatz zur Ausführung zu bringen. Unwahre Erzäh-

---

10 VZ vom 19. Sept. 1848 (H. v. m.), bzw. Streckfuß, Freies Preußen, II, S. 350 ff.

11 Nach: NZ vom 21. Sept. Vgl. auch die etwas andere Version der Rede in SZ vom 19. Sept. und VZ vom 22. Sept. 1848; ferner Streckfuß, Freies Preußen, II, S. 352 f.

12 Valentin (Geschichte, II, S. 245 f.) und Kaeber (Berlin 1848, S. 189) suggerieren, der von preußi-schen Truppen niedergeschlagene Frankfurter Aufstand vom 17. und 18. Sept., der „das preußi-sche Selbstgefühl bestärkt“ habe, habe Wrangel zu seinen Worten veranlaßt. (Truppenparade und Rede Wrangels werden von ihnen überdies falsch, nämlich auf den 21. statt auf den 20. Sept. datiert.) Der Frankfurter Aufstand – in Berlin im übrigen kein großes Thema – kann Wrangels Erklärungen jedoch nicht beeinflußt haben: Genauere Nachrichten über den Aufstand und die Umstände des Todes von Lichnowsky und des Generals v. Auerswald trafen in Berlin erst am 20. abends und 21. Sept. ein.

lungen in öffentlichen Anschlägen über sogenannte Militair-Revolutionen, trügerische Vorspiegelungen über beabsichtigte Verbesserung der Lage, vorgebliche Verbrüderung mit ihnen und Versprechungen jeder Art, alles ist angewendet, um den Soldaten irre zu machen, Zucht und Gehorsam und die Treue zu erschüttern." Das Militärgouvernement hege jedoch „die unerschütterliche Zuversicht, daß Offiziere, Unteroffiziere und Soldaten sich auch ferner mit Liebe und Vertrauen die Hand reichen".[13]

Berlins demokratische Bewegung und die ‚Militärfrage'

Tatsächlich hatten die demokratischen Klubs der preußischen Hauptstadt die Ereignisse in Potsdam zum Anlaß genommen, verstärkt unter den Mannschaften um Sympathien zu werben – und zwar mit einigem Erfolg.

Am 17. September, also zeitgleich zum Wrangelschen Armeebefehl und zum Promemoria des Königs, veranstaltete der ‚Bürgerwehrklub' eine Volksversammlung, auf der erstens über die Beschlüsse der preußischen Nationalversammlung in Sachen Militärreform, zweitens „über die Stellung des Militairs im Volke überhaupt und sein Verhältnis zur Bürgerwehr insbesondere" sowie drittens über die Frage, „was hat das Militair von der neuen Gestaltung der Dinge zu hoffen oder zu fürchten", diskutiert wurde. Nach Angaben der Vossischen Zeitung „waren etwa 5 bis 6000 Menschen beisammen", darunter „mehrere hundert Soldaten", nach Angaben der Spenerschen Zeitung „etwa 300 Mann". Zu den Rednern auf der etwa fünfstündigen Veranstaltung gehörten neben den einheimischen, für Militärreformfragen ‚zuständigen' Demokraten wie Streckfuß, Braß, Simion, Linden-Müller u.a. auch die Abgeordneten Stein und Nees van Esenbeck. Unterbrochen wurden ihre Reden des öfteren von „jubelndem Beifall". Alle beschworen die Einheit von Soldaten und Bürgern und wandten sich gegen die ‚Reaction' in militärischem wie zivilem Gewande. „Trotz der großen Lebendigkeit der Verhandlungen war die äußere Haltung sehr befriedigend. Zum Schluß wurde der Anfang der Verbrüderung damit gemacht, daß Soldaten und Bürger je zu zweien Arm in Arm in die Stadt zurückkehrten."[14]

Ähnlich wie der Bürgerwehr-Klub hielt auch der demokratische ‚Volksklub' in der zweiten Septemberhälfte und Anfang Oktober „an den Sonntagen Nachmittags unter dem Präsidium von Streckfuß eigene Sitzungen nur für Soldaten, welche ebenfalls ihre Wirkung nicht verfehlten."[15] Berichte über die Sitzungen des Demo-

---

13 Nach: VZ vom 19. Sept. 1848.
14 VZ vom 18. und 19. Sept.; SZ vom 19. Sept. Vgl. auch BZH und NZ vom 19. Sept. 1848.
15 So Streckfuß selbst in: ders., Freies Preußen, II, S. 350. Über weitere vom Militär besuchte Versammlungen berichtet die VZ vom 26. Sept. und 10. Okt. 1848. Varnhagen übertreibt zwar ein wenig, wenn er in einer Eintragung vom 25. Sept. davon spricht, „ganze Bataillone haben ihre Volksgesinnung förmlich gezeigt". (Varnhagen, Tagebücher, Bd.5, S. 208.) Aber auch Arnold Ruge schreibt, daß es am 25. Sept. während einer Volksversammlung vor dem Schönhauser Tor zu einer „Verbrüderung mit dem Militär" gekommen sei, „eine große Anzahl Soldaten die Tribüne" bestiegen und sich für „die Demokratie" ausgesprochen hätten (Nach: Goldammer, „1848"-Augenzeugen, S. 296.) Übrigens nahmen Soldaten, mitunter zahlreich, schon im Früh-

kratischen Klubs verzeichneten Mitte September „viele anwesende Soldaten". Ferner waren auf Sitzungen des *Demokratischen Urwählervereins* im Frühherbst eine Reihe „Soldaten des in den Dörfern um Berlin einquartierten Königsregiments anwesend, [die] auch eindringliche, demokratische Ansprachen hielten". Und auch die ‚*politischen Ecken*' übten auf gemeine Soldaten zeitweilig offenbar erhebliche Anziehungskraft aus.[16] Die meist knappen und unpräzisen Berichte der Presse und die je nach politischer Couleur deutlich gefärbten Erklärungen politischer Organisationen und Einzelpersonen lassen freilich keine genauen Rückschlüsse darüber zu, wieviele Soldaten für demokratische Versammlungen und Vereinigungen Interesse zeigten und worin sich diese von den anderen, weiterhin loyalen unterschieden. Wenn (wie die demokratische und gemäßigte Presse unisono feststellte) eine ganze Reihe demokratischer Veranstaltungen von „mehreren hundert" Soldaten – sicherlich nicht immer denselben – besucht wurden, wird man den Anteil der für die demokratische Bewegung aufgeschlossenen Soldaten auf vielleicht zehn bis zwanzig Prozent aller im Spätsommer in Berlin stationierten Militärs schätzen dürfen. Allem Anschein nach waren in erster Linie *Einheimische* relativ offen für demokratische Einflüsse.[17] Sie hielten, wenn sie in Berlin stationiert waren, ihre Kontakte zu (zivilen) Freunden und Bekannten aufrecht und pflegten vermutlich auch einen regen politischen Meinungsaustausch. Zugleich scheint der Zwiespalt zwischen ‚Provinz' und ‚Hauptstadt' auch unter den Rekruten bestanden zu haben – so scharf, daß es zu „ernsten Thätlichkeiten" kommen konnte. In anderen preußischen Städten hatten sich die Konflikte zwischen Offizieren und Mannschaften zum Teil noch weiter zugespitzt als in Berlin und demokratische Strömungen gleichfalls erheblich an Einfluß unter den Soldaten gewonnen.[18] Eine allgemeine Demoralisa-

---

sommer an Volksversammlungen teil. Der Presse war dies nur dann eine Erwähnung wert, wenn es zu politischem Streit oder gar Handgreiflichkeiten kam; vgl. SZ vom 18. Juli 1848. Die folgenden Zitate aus: BZH vom 20. Sept. und 7. Okt. 1848.

16 Vgl. einen in der VZ vom 30. Aug. 1848, also knapp 14 Tage *vor* der Potsdamer Militärrevolte, geschilderten Vorfall.

17 Aufschlußreich in dieser Hinsicht ist eine kurze Meldung in NZ vom 15. Okt. 1848. Danach hatten in dem in der preußischen Hauptstadt einquartierten „24. Regiment sich seit einiger Zeit Parteiungen gebildet, die zu ernsten Thätlichkeiten geführt haben." Die befehlshabenden Offiziere hätten „sich veranlaßt gesehen, die aus Berlin gebürtigen Soldaten von den übrigen abgesondert in der Kaserne wohnen zu lassen." Offenbar zog die Regimentsführung damit nur Konsequenzen aus schon länger anhaltenden Entwicklungen. Am 16. Juli 1848 jedenfalls machte die KrZ der Öffentlichkeit einen Fall von politisch motivierter Aufsässigkeit hauptstädtischer Rekruten gegenüber ihren Vorgesetzten bekannt. Wahrscheinlich war dies nur die Spitze eines Eisberges, dessen Umfang unterhalb der Wasserlinie nicht abzuschätzen ist. Die Akten des Kriegsministeriums, die hierüber vermutlich genauer Aufschluß geben könnten, existieren leider nicht mehr.

18 Zu aufstandsähnlichen Unruhen unter den in der Stadt Brandenburg stationierten Soldaten am 6. Okt. vgl. Müller/Müller, Brandenburg, S. 485. Auch in Magdeburg und Köln hatten demokratische Strömungen unter den dort stationierten Soldaten beträchtlich an Boden gewonnen;

tion der Armee würde, so erklärte Ludwig von Gerlach seinem Bruder Leopold noch am 26. Oktober 1848 in einem vertraulichen Brief, „näher droh[en], als ihr unter Potsdam'schen u. militairischen Eindrücken annehmt."[19]

Der Armeebefehl Wrangels vom 17. und seine Rede vom 20. September zeigten in Berlin zunächst nicht die erhoffte Wirkung. Von der demokratischen Bewegung und abgeschwächt selbst vom ansonsten eher zurückhaltenden liberalen Konstitutionellen Klub wurden die Worte des neuen Oberkommandierenden der Marken vielmehr als Kampfansage aufgefaßt.[20] Vor allem aber konnten die Demokraten bis Ende Oktober ihren Einfluß unter den in der Hauptstadt stationierten Soldaten noch erheblich ausdehnen. Von besonderer Bedeutung war in dieser Hinsicht der *Militär-Reform-Verein*. Ins Leben trat dieser Verein am 23. Oktober. Nach Angaben der ‚Bürgerwehr-Zeitung' waren bereits auf der Gründungsversammlung „mehr als 200 Soldaten zugegen."[21] Man wolle, so wurde als Zweck des Vereins festgelegt, „darauf hinarbeiten, daß im Militairwesen diejenigen Reformen eingeführt werden, welche als nothwendig von der Zeit anerkannt werden."[22] Was damit gemeint war, vor allem jedoch, wie sehr sich der Verein und sein Vorstand der ‚Gesetzlichkeit' verpflichtet fühlten, bringt ein längerer Bericht der National-Zeitung über die zweite Sitzung vom 27. Oktober zum Ausdruck.

Erschienen waren „etwa 400 Personen, unter denen wenigstens 350 dem Militär angehörten; man sah Offiziere und Soldaten aller Truppentheile; die ersteren waren

---

vgl. eine Erklärung „mehrerer Soldaten des 32. Infanterie-Regiments in Magdeburg": „Die Soldaten und das Volk", in: GStA, XII. HA, IV. Flg., Nr. 27/II, sowie *S. 699*. Kleinere Vorfälle am 1. und 3. Oktober in Potsdam machten überdies deutlich, daß unter dem dort stationierten Militär die politischen Spannungen weiter schwelten. Vgl. Bericht der Potsdamer Polizei-Direktion vom 2. Okt. 1848, in: BLHA, Rep. 2, Nr. 1446, Bl. 35-37 Rs.; Erklärung des Politischen Vereins Potsdams vom 5. Okt. 1848, in: GStA, XII. HA, IV. Flg., Nr. 27/II; außerdem BZH vom 5., 6. und 8. Okt.; VZ vom 3., 5. und 6. Okt. 1848; ferner E. L. v. Gerlach, Nachlaß, I, S. 116 f. Hohenlohe-Ingelfingen, Aufzeichnungen, S. 87. Die historische Forschung hat sich der inneren Verhältnisse der preußischen Armee in der zweiten Jahreshälfte 1848 auf lokaler Ebene bisher kaum angenommen; die künftige Forschung dürfte vermutlich zahlreiche weitere Konflikte innerhalb der Armee zutage fördern.

19 In: BA Potsdam Rep. 90 Ge 6, Nr. 16, Bl. 107.

20 Vgl. die Erklärungen der größeren Demokraten-Vereine, der beiden Bürgerwehr-Klubs, des demokratischen Landwehr-Vereins, des ‚permanenten Bürgerwehr-Ausschusses' sowie einzelner Bezirksvereine, jeweils vom 21. bzw. 22. Sept. 1848, in: ZBSt, 1848, Flg., M. 20; LAB, Rep. 240, Acc. 685, Nr. 413 und 414; GStA, XII. HA, IV. Flg., Nr. 27/II; zum Teil im Wortlaut in: BZH vom 22., 23. und 26. Sept. 1848. Erklärung des Konstitutionellen Klubs vom 21. Sept. 1848 in: ZBSt, 1848 Flg., M. 20. Als positive Stellungnahme zum Armeebefehl Wrangels vgl. z. B. Erklärung des Patriotischen Vereins vom 23. Sept., in: VZ vom 24. Sept. 1848.

21 Bln. Bürgerwehr-Ztg. No.7, vom 28. Okt. 1848. Die SZ vom 25. Okt. sprach gleichfalls von einem „äußerst zahlreichen Besuch fast nur von Soldaten".

22 So die etwas unbestimmte Formulierung in der NZ vom 26. Okt.; vgl. ferner VZ vom 24. Okt. und SZ vom 25. Okt. 1848. Der folgende Bericht aus NZ vom 28. Okt. 1848. Zu Streckfuß vgl. KBA.

bis auf einen in Civilkleidung erschienen." Streckfuß als der Vorsitzende des Vereins schilderte, daß ein Unteroffizier, der in der vorausgegangenen Sitzung gesprochen hatte, dafür mit Arrest bestraft worden sei. Streckfuß „hielt es für das Passendste, vorläufig nichts dagegen zu thun, sondern die Sache erst genau zu untersuchen, um dann mit größter Entschiedenheit dafür zu sorgen, daß dem Militär" die im Gefolge der Märzrevolution zugestandenen Rechte „nicht vorenthalten werde[n]. Zum Schluß legte er es den Soldaten ans Herz, lieber vorläufig auch einem ungerechten Befehle zu gehorchen, also nicht im Klub zu sprechen, wenn es ihnen verboten worden, aber zugleich energisch dagegen zu protestiren und nöthigenfalls sich an den Minister oder die National-Versammlung zu wenden." Darauf forderte ein anwesender, offenbar von der Armeeführung mit der Beobachtung des Vereins beauftragter Hauptmann die anwesenden Soldaten auf, sich zu entfernen. Tatsächlich ging nur ein Teil der Militärpersonen. Danach begann die eigentliche Debatte. Hauptpunkt war das Verlangen nach kürzerer Dienstzeit – eine Forderung, die von der Mehrheit der Debattenredner, überwiegend Leutnants, vehement befürwortet wurde.

Aufgeschreckt durch die zahlreiche Beteiligung von einfachen Soldaten sowie einer Reihe niederer, überwiegend bürgerlicher Offiziere ließ das Militär-Gouvernement am 30. September „beim Appell sämmtlichen Soldaten" mitteilen, „daß sie, wenn es ihnen auch frei stände, den Sitzungen der Klubs beizuwohnen und zu hören, was daselbst gesprochen würde, sich jedoch von dem Besuche des Militär-Reform-Klubs vollständig, bei Gefahr strenger Strafen, fern zu halten hätten."[23] Auf viele Armeeangehörige hatte die Anordnung jedoch nicht die erhoffte Wirkung.

Am Abend des 30. September, unmittelbar vor Beginn der nächsten Sitzung des Vereins wurde dessen Vorsitzender Streckfuß „von einer Menge daselbst versammelter Soldaten mit Jubel empfangen, indem man ihm erklärte, *dem Befehl nicht gehorchen und den Klub dennoch besuchen zu wollen.* Herr Streckfuß wußte die Soldaten jedoch von diesem Vorsatze durch Zureden abzubringen, indem er ihnen versprochen hatte, daß er alles mögliche thun würde, um dem Militär das freie Vereinigungsrecht aufrecht zu erhalten, entfernten sich die meisten Soldaten, um sich in die Sitzung des demokratischen Klubs zu begeben. Im Sitzungslokale [des Militär-Reform-Klubs] selbst waren etwa 100 Personen versammelt, worunter sich trotz des Befehls etwa 30 Soldaten befanden. Nachdem der Präsident [Streckfuß] die thatsächlichen Eingriffe der Militärbehörden in eins der Grundrechte des preußischen Volks constatirt hatte, wurde das Komité [der Vorstand des Militär-Reform-Klubs, R.H.] beauftragt, dafür zu sorgen, daß der Ministerpräsident, [zugleich] auch Kriegsminister, v. Pfuel in der National-Versammlung wegen dieses Uebergriffes interpellirt und dem Militär das freie Vereinigungsrecht gesichert werde. Da bei der geringen Anzahl der anwesenden

---

23 Eines generellen Verbotes, Volksversammlungen und Sitzungen der politischen Vereine zu besuchen, mußte sich der Berliner Oberkommandierende enthalten, weil mit der Verordnung des Märzkabinetts Camphausen-Hansemann über die ,Grundlagen der künftigen preußischen Verfassung' vom 6. April die uneingeschränkte Versammlungs- und Meinungsfreiheit „für alle Preußen", also auch für Militärangehörige, eingeführt worden war.

Soldaten die Besprechung wichtiger, auf die Militärreform bezüglicher Fragen nutzlos gewesen sein würde, so schloß der Präsident die Sitzung um 7 1/2 Uhr".[24]

Ins Auge fällt zweierlei: Erstens eine Haltung der Soldaten, die bis an die Grenze der Befehlsverweigerung ging, sowie ihre unzweideutigen Sympathien für die Demokraten; zweitens der Legalismus der demokratischen Bewegung Berlins, in deren Auftrag Streckfuß ja handelte.[25] Mit seinem Beharren auf unbedingter ,Gesetzlichkeit' begab sich Streckfuß der Möglichkeit, der zum Entscheidungskampf entschlossenen Gegenrevolution gegenüber durch die demokratische ,Zersetzung' der für letztere entscheidenden Stütze ,Armee' eine entscheidende, nur schwer überwindbare Barriere zu errichten. Auch das Schicksal der Militär-Reform-Klubs hatte Streckfuß am 30. Oktober besiegelt, als er die zur ,Insubordination' bereiten Soldaten vertröstete, die Preußische Nationalversammlung und der Ministerpräsident als die hierfür legitimierten Institutionen würden die ,reactionäre' Militärführung schon in die Schranken weisen.[26]

Erfolglos blieben die Demokraten in ihrem ,Kampf um die Seele der Soldaten' außerdem, weil sie zu spät erkannten, daß die Frage der Militärreformen und die politische Haltung der gemeinen Soldaten das Schicksal der Revolution maßgeblich beeinflußten. Erst blutige Vorgänge in der schlesischen Kleinstadt Schweidnitz und die anschließenden Debatten der Preußischen Nationalversammlung, die in das bekannte ,Amendement' des Abgeordneten Stein vom 4. September mündeten, lenkten die Aufmerksamkeit der Berliner Demokraten auf die ,Militärfrage': Am 31. Juli waren in Schweidnitz bei Zusammenstößen zwischen Armeeinheiten und Bürgerwehr 14 Bürger getötet worden. Am 9. August beschloß die Preußische Nationalversammlung daraufhin, eine Kommission zur Untersuchung der Schweidnitzer Vorfälle einzusetzen und das Staatministerium aufzufordern, die beteiligten Truppenteile aus Schweidnitz abzuziehen. Folgenreicher war die Aufforderung an das Kabinett Auerswald-Hansemann, einen Erlaß an die Armee herauszugeben, „daß die Offiziere allen reaktionären Bestrebungen fern bleiben, nicht nur Konflikte jeder Art mit Zivilisten vermeiden, sondern durch Annäherung an die Bürger und Vereinigung mit denselben zei-

---

24 NZ vom 1. Nov. 1848 (H. v. m.). Vgl. auch BZH vom 2. Nov. 1848; Streckfuß, Freies Preußen, II, S. 478 f.; ders., 500 Jahre, S. 1150 f.

25 Nach eigenem Bekunden war Streckfuß vom Kreisausschuß der Mark Brandenburg, der am 21./22. Aug. konstituiert worden war, mit der Gründung des Militär-Reform-Klubs beauftragt worden; vgl. Streckfuß, Freies Preußen, II, S. 479.

26 „Noch am selben Abend begab sich Streckfuß zur Linken [der PrNV] und erhielt das Versprechen, daß dieselbe sich dieser Sache annehmen werde [und] in einer der nächsten Sitzungen eine auf diesen Gegenstand bezügliche Interpellation an den Kriegsminister richten [wolle]; dieselbe kam indessen nicht zustande, sie wurde durch die spätern, wichtigern Ereignisse, welche sich jetzt Schlag auf Schlag drängten, verhindert. So ward denn dieser Verein schon kurze Zeit nach seinem Entstehen ertödtet". (Ebd.) Zu den Debatten und Beschlüssen der PrNV in der ,Militärfrage' vgl. Botzenhart, Parlamentarismus, S. 524 ff.

gen, daß sie mit Aufrichtigkeit und Hingebung an der Verwirklichung des konstitutionellen Rechtszustandes mitarbeiten wollten". War dieser Passus relativ unumstritten, kam es über die folgende Formulierung zu einer Kampfabstimmung, die die Linke mit einer Stimme Mehrheit für sich entschied: Es sei „denjenigen Offizieren, mit deren politischen Überzeugungen dies nicht vereinbar ist, zur Ehrenpflicht zu machen, aus der Armee auszutreten." Da das Ministerium den Beschluß sowie vor allem den Zusatz zu hintertreiben versuchte, setzten Linke und Zentrum das Amendement erneut, am 4. September, auf die Tagesordnung. Nach langer Debatte wurde der Antrag drei Tage später erneut angenommen, und zwar diesmal mit einer stattlichen Mehrheit von 219:143 Stimmen.

Damit war nicht nur das Schicksal des Ministeriums Auerswald-Hansemann besiegelt und der König in seinem Entschluß zur offenen, gegebenenfalls auch blutigen Gegenrevolution bestärkt, sondern auch der Startschuß für eine breite publizistische Auseinandersetzung um die ‚Militärfrage' gefallen.[27] Die entscheidenden Anstöße hierzu gingen nicht von den demokratischen Vereinen aus, sondern von der Preußischen Nationalversammlung, namentlich ihrem linken Flügel. Bis Anfang September wurden Berliner, die Reformen des Militärs verlangten – etwa Wehrpflichtige, die den Verzicht auf die „alte Eidesformel für die unumschränkte Monarchie" forderten[28] – von den demokratischen Vereinen anscheinend im allgemeinen allein gelassen.[29] Erst die breite Resonanz, die der Beschluß des preußischen Parlamentes vom 4. September auch in Teilen der Armee fand, und die (dadurch ausgelöste) Potsdamer Militärrevolte vom 12. September veranlaßten die demokratische Bewegung Berlins, sich präzisere Gedanken darüber zu machen, mit welchen Forderungen Soldaten für die De-

---

27 Die oben und im folgenden erwähnten Flugschriften stellen nur einen kleinen Ausschnitt sämtlicher, seit Anfang Sept. 1848 zur ‚Militärfrage' veröffentlichter Flugblätter und Plakate dar. Einen Eindruck gibt das Verzeichnis der Friedländischen Sammlung. Danach wurden in der Woche vom 4. bis 10. Sept. (mindestens) vier Flugblätter zur ‚Militärfrage' im weiteren Sinne veröffentlicht, vom 11. bis 17. Sept. dann 23 Flugschriften und großformatige Erklärungen. In den folgenden Wochen ebbte die publizistische Auseinandersetzung um Militärreformen etc. wieder ab: Vom 18. bis 24. Sept. wurden noch zehn, vom 25. Sept. bis 1. Okt. 1848 nurmehr drei Flugschriften verzeichnet.

28 So z. B. vierhundert von ihnen auf einer offenbar unabhängig von den politischen Organisationen durchgeführten Versammlung am 20. Juni 1848. Statt des alten Eides verlangten sie in einer Adresse an die PrNV, „bis zum Erscheinen der neuen Verfassung die vom Könige gemachten Verheißungen den Eid zu geben". (Nach: NZ vom 23. Juni 1848.)

29 Und auch noch zwischen dem 5. und dem 12. Sept., nach dem Steinschen Amendement und vor der Potsdamer Militärrevolte, war zwar die demokratische Kritik am Staatsministerium scharf, die eigenen Vorstellungen waren jedoch noch ohne klare Konturen; vgl. die zahlreichen Flugblätter (u. a. Helds, der Bürgerwehr-Vereine, einzelner Bezirksvereine), in: ZBSt, 1848 Flg., M. 19; LAB, Rep. 240, Acc. 685, Nr. 380 bzw. 382; die Reprints in: Obermann, Einheit, S. 533 ff. Vereinzelt hatten BZH und NZ zwar bereits im Hochsommer ihren Lesern Vorschläge zur Demokratisierung des preußischen Heeres unterbreitet, damit jedoch in den politischen Klubs keine Resonanz gefunden.

mokratie gewonnen werden könnten. Erstes Resultat der Überlegungen war ein von sämtlichen demokratischen Vereinen Berlins am 16. September herausgegebenes, in einer Auflage von 10 000 Exemplaren vertriebenes Flugblatt: „Die Demokraten Berlins an ihre Brüder, die Soldaten".[30] An *konkreten* Forderungen findet sich in der Flugschrift, die knapp zwei Wochen später übrigens auch von den Wiener Demokraten sowie außerdem in Köln und Trier publiziert wurde[31], folgendes:

„Wir verlangen, daß Ihr nicht ferner Eurem heimatlichem Heerde Jahre lang entzogen werdet, sondern daß Ihr, wenn Ihr ausexercirt seid, Euren Vätern, Müttern und Geschwistern zurückgegeben werdet. [...] Wir verlangen, daß es Euch gestattet sei, Eure Unteroffiziere und Offiziere bis zum Hauptmann aufwärts Euch selbst zu wählen aus einer Liste der zu diesen Stellen Befähigten und Geprüften, die Euch das Kriegsministerium vorlegen soll. [...] Wir fordern, daß jeder Gemeine, wenn er die erforderliche Prüfung bestehen kann, zum Unteroffizier und jeder Unteroffizier zum Offizier wählbar ist. Kenntnisse sollen befördern und nicht Gunst und Vorrechte. Die Offiziersstellen dürfen nicht ferner von den Adeligen als den Bevorrechteten gepachtet sein. So ist es auch in der französischen Armee, wo zwei Drittel der Offiziersstellen durch avancirte Unteroffiziere besetzt werden. Die Kadettenhäuser müssen aufhören. Gemeinnützige militairische Bildungsschulen müssen errichtet werden, und jedem Befähigten zugänglich sein. Wir verlangen, daß das Vaterland die Invaliden der Armee versorge [...]. Wir verlangen, daß das übermäßig hohe Gehalt der [höheren] Offiziere beschränkt und die Löhnung der Gemeinen, Unteroffiziere und Offiziere niedern Ranges erhöht werde. [...] Wenn [zudem] die Dienstzeit um einige Monate verkürzt und das übermäßig hohe Gehalt der hohen Offiziere vermindert wird, dann wird die Staatskasse dem Soldaten die von uns verlangte höhere Löhnung bezahlen und eine bessere Nahrung als jetzt gewähren können [...]. Wir verlangen, daß Ihr, unsere Brüder und Söhne in der Armee, alle diejenigen Freiheiten genießt, welche wir besitzen und die wir nicht für uns allein errungen haben. Wir verlangen für Euch das Recht, Euch außer Dienst frei und ungehindert versammeln und über Eure Angelegenheiten berathen zu dürfen. Wir verlangen endlich, daß Ihr in Friedenszeiten nicht nach den grausamen Kriegsartikeln, sondern nach dem Bürgerlichen Gesetzbuch gerichtet werdet. – Denn Ihr seid freie Bürger so gut wie wir! – Der Zustand der Rechtlosigkeit und sklavischen Unterwürfigkeit, in dem Ihr Euch befindet, muß aufhören. Es muß aufhören, daß Euch jede Laune Eurer Vorgesetzten Tage lang in Arrest, und ein geringes Vergehen Monate und Jahre lang in die Fe-

---

30 In: BA FFM, ZSg 8/506, Bl. 29; ZBSt, 1848 Flg., M. 20; als Reprint in: Obermann, Einheit, S. 539 ff.; im Wortlaut außerdem in: BZH vom 17. Sept. 1848 sowie bei Streckfuß, Freies Preußen, II, S. 346-350 (dort auch die Angabe zur Auflage). Vgl. ferner NZ vom 19. Sept. 1848. Auch die organisierten Liberalen wurden kurzzeitig in der Militärfrage aktiv: Eine Mehrheit des Konstitutionellen Klubs erklärte anläßlich der Potsdamer Militärrevolte auf der Sitzung vom 14. Sept. ihren Willen, „bei der Nationalversammlung darauf an[zu]tragen, in Berücksichtigung der neuesten Vorgänge in Potsdam, eine Reform der militärischen Gesetzgebung, wie überhaupt unserer militairischen Einrichtung zu veranlassen." (Nach: VZ vom 16. Sept. 1848.)

31 Nämlich am 28. Sept. 1848 im ‚Freimüthigen' unter der Überschrift „Die Demokraten Wiens an ihre Brüder, die Soldaten"; vgl. Häusler, Massenarmut, S. 374. Für den Hinweis auf Köln und Trier danke ich Dieter Dowe.

stung bringen kann. Das alles hoffen wir durch unsere Vertreter, die Abgeordneten der [Preußischen] Nationalversammlung durchzusetzen, und werden nicht ruhen, bis es geschehen ist."

Das waren Forderungen, die in späteren Erklärungen und Flugschriften der Demokraten wiederholt aufgegriffen wurden. Sie fanden offenbar auch die erwünschte Resonanz, wie die Teilnahme zahlreicher Soldaten auf Volksversammlungen und an den Sitzungen der demokratischen Vereine der Folgezeit zum Ausdruck bringt. Wichtig sind freilich darüber hinaus die *allgemeinen* Passagen des Flugblattes. Denn sie erklären wesentlich, warum der Erfolg der Demokraten nicht von Dauer sein konnte und es dem konservativen Offizierskorps gelang, die durch die Demokraten politisierten Soldaten zu disziplinieren und erneut zu reibungslos funktionierenden Rädchen der preußischen Militärmaschinerie zu machen.

„Soldaten! ein großer Theil Eurer Offiziere hat Euch eingeflöst, wir wollten Ordnung und Gesetz stürzen, die Ihr aufrecht zu erhalten berufen seid! Soldaten! Man hat euch schmählich hintergangen. Wir wollen Ordnung und Gesetz halten; denn ohne diese kann nichts bestehen. Aber wir wollen auch die Freiheit, die uns und Euch unser König verheißen hat."

Noch deutlicher fällt die Defensivität auf der Ebene der allgemein-politischen Argumentation in einem etwa zeitgleich erschienenen, an die „Soldaten" gerichteten Eckenanschlag des Demokratischen Klubs ins Auge. U.a. heißt es dort:

„Brüder, unsere Gegner erinnern Euch oftmals an den Eid, an die Treue, die Ihr Eurem König schuldig seid. Was wir von Euch fordern, das steht nicht im Widerspruche zu Eurem Eide. Ihr seid jetzt nicht mehr Soldaten eines absoluten Königs; als Soldaten eines constitutionellen Königs habt Ihr die Pflicht, wie Euren König so auch die Rechte des Volks zu schützen. Wolltet Ihr den Befehlen der reactionären Officiere blindlings folgen und gegen die Beschützer der Volksrechte kämpfen, dann würdet Ihr Eurem König nicht treu dienen; denn er selber hat sich für einen constitutionellen König erklärt. Doch angenommen, was übrigens unglaublich ist, Euer König selber forderte von Euch, im Widerspruch mit seinen Verheißungen, daß Ihr gegen Eure Brüder kämpfen solltet, weil sie fordern, was ihnen von Rechts wegen gebührt, was er selber ihnen bewilligt hat, dann müßtet Ihr offenbar denken: ‚Man muß Gott mehr gehorchen als den Menschen.'"

Die enge Bindung der Armee an den König wurde nicht grundsätzlich in Frage gestellt. Den konservativen Ideologemen ‚Ordnung', ‚Gesetz' und ‚Treue' gegenüber Gott und dem König wurden die „Volksrechte" lediglich ergänzend an die Seite gestellt. Andeutungen, daß der (ausstehende) Eid auf die Verfassung Priorität haben müsse und nicht der auf den König, sucht man in den Aufrufen vergeblich.

Zu den Gründen für die relative innere Stabilität des preußischen Militärs

Damit ist ein entscheidender Grund benannt, warum es der Armeeführung letzten Endes gelang, die Unzufriedenheit unter den Soldaten relativ wirkungsvoll einzudämmen und zu verhindern, daß diese sich zu einer Art demokratischer Flächenbrand ausweitete.[32] Zwar versprach der König in einer Proklamation vom 22. März und erneut in seinem der Preußischen Nationalversammlung vorgelegten Verfassungsentwurf vom 20. Mai, das stehende Heer solle auf die Verfassung vereidigt werden (§ 78). Tatsächlich dachte der König jedoch weder während der Revolutionsmonate noch später daran, sich die unmittelbare Verfügungsgewalt über die Armee entwinden zu lassen.[33] Während sich der Monarch 1848 gezwungen sah, einen Verfassungseid der Armee wenigstens in Aussicht zu stellen, lehnte die ‚Militärpartei‘ diesen von Anfang an kategorisch ab.[34] Der weiterhin gültige Eid auf den König wog schwer und war ein wichtiges Element militärkonservativer Propaganda. Appelle wie: Seid „eingedenk Eures heiligen Versprechens, was Ihr Eurem Könige gabt und wollt es halten – denn Schmach dem deutschen Manne, der sein Wort zu brechen wagt!“, dürften ihre Wirkung kaum verfehlt haben.

---

32 Zum folgenden vgl. vor allem Messerschmidt, Politische Geschichte der preußisch-deutschen Armee, bes. S. 141-150; ders., Die preußische Armee. Strukturen und Organisation, in: Militärgeschichte, Bd. 2, Abschnitt IV, Teil II; ders., Preußische Armee 1848, bes. S. 54-58; Manfred Hettling, Bürger oder Soldaten? Kriegerdenkmäler 1848-1854, in: Reinhart Koselleck, Michael Jeismann (Hg.), Der politische Totenkult. Kriegerdenkmäler der Moderne, München 1994, S. 147-193; Trox, Militärischer Konservativismus, S. 249-282. Zur Proklamation vom 22. März, der offiziellen Antwort Friedrich Wilhelms IV. auf Forderungen namentlich einer Breslauer Deputation, vgl. *S. 291 f.*

33 Eine „Extension“ der von Camphausen vorgelegten monarchisch-konstitutionellen „Grundsätze“ eines „verfassungsmäßigen Gouvernements“ auf die Armee lehne er entschieden ab, erklärte er am 14. Mai 1848 seinem damaligen Ministerpräsidenten. Drei Wochen später verlangte er erneut von Camphausen „die entschiedene Trennung des [Heeres] von meinen übrigen constituzionellen Verhältnissen“. Preußen sei „ohne die absolute Einheit seines Königs mit seinem Heere gar nicht zu denken, [...] jedes Antasten dieser absoluten Einheit [würde] das Todes-Urtheil Preußens im In- und Auslande, bey Volk und Heer, bey Freund und Feind seyn [...] – Nirgend aber muß diese Linie unverletzlicher gehalten werden als gegenüber den Landtägen [sic!], und keine Zeit und keine Umstände befehlen das so gebieterisch, als diese Zeit und dieser Landtag“, d. h. die PrNV. (Nach: Brandenburg, Briefwechsel, S. 83 bzw. 145.) Vgl. außerdem Friedrich Wilhelms IV. mit Blick auf die Debatte über das Steinsche Amendement vom 4. Sept. formulierten „Entwurf einer Königlichen Botschaft“, in: Haenchen, Revolutionsbriefe, S. 167; ferner Gerlach, Denkwürdigkeiten, I, S. 215.

34 Vgl. Trox, Militärischer Konservativismus, S. 254-257; Messerschmidt, Politische Geschichte, S. 160 f.; Huber, Verfassungsgeschichte, Bd. 2, S. 734. Das folgende Zitat aus der öffentlichen Erklärung „eines Landwehrmannes“ vom 15. Sept. 1848, in: LAB, Rep. 240, Acc. 685, Nr. 392 bzw. ZBSt, 1848 Flg., M. 20. Text der Eidesformel in: Messerschmidt, Preußische Armee. Strukturen, S. 141.

Ein weiterer Grund für die relative Loyalität der überwiegenden Mehrheit auch der Mannschaften ist sicherlich, daß die Ministerien Camphausen und Auerswald-Hansemann nach der Märzrevolution auf dem Verordnungswege Reformen im Militär einleiteten, die vielfach geäußerte Klagen der Gemeinen aufnahmen. Am 6. Mai wurde per Erlaß die Strafe der körperlichen Züchtigung abgeschafft. In einer Kabinettsordre vom 26. Juni wurde angeordnet, daß in Zukunft jeder Soldat Anspruch darauf besaß, von allen Vorgesetzten mit ‚Sie' angesprochen zu werden. Außerdem wurde durch ein Zirkularschreiben des Innenministeriums vom 2. August der Heiratskonsens faktisch aufgehoben, der die Eheschließung gemeiner Soldaten und Unteroffiziere von der Erlaubnis des zuständigen Regimentskommandeurs abhängig gemacht hatte. Schließlich wurde durch eine Kabinettsordre vom 21. Oktober das bisherige ‚Gnadengehalt' für langgediente Soldaten, Unteroffiziere und Feldwebel in eine reguläre ‚Invalidenpension' umgewandelt. Zwar wurden ‚lediglich' gröbste Mißstände beseitigt, die Struktur der Armee nicht grundsätzlich angetastet. Für den einzelnen Soldaten waren die Reformen jedoch von einem nicht zu unterschätzenden Gewicht. Sie machten überdies konservative Versprechungen glaubhaft, daß „auch das Heer hinter den Fortschritten aller übrigen Theile des Volkes nicht zurückbleiben" werde; „dafür sorgt der König, [...] der Euch Soldaten, Euch Söhne seines freien Volkes und Euern Ruhm liebt!"[35] Wo Konzessionen und Versprechungen nicht ausreichten, um die Mißstimmungen zu dämpfen, blieb ein letztes Mittel: die rigorose Disziplinierung der Soldaten.[36]

Von entscheidender Bedeutung für das weitgehende ‚Stillhalten' der unteren Mannschaftsgrade war außerdem das Zivilversorgungswesen, durch das langgedienten unteren Militärchargen nach dem Ende ihrer Militärzeit Stellen in Kreis- und Lokalbehörden oder -verwaltungen sowie in Lehr-, Erziehungs- und Krankenanstalten etc. reserviert wurden - sofern diese sich gegenüber ihren militärischen Vorgesetzten dienstlich und politisch loyal gezeigt hatten. Nicht zufällig waren es, sofern die Quellen hierzu Aussagen zulassen, vor allem einfache Wehrpflichtige sowie niedere, schlecht bezahlte Offiziere (Leutnants), die demokratische Versammlungen besuchten und sich hier zum Teil auch exponierten,

---

35 Zitat: Öffentliche Erklärung „eines Landwehrmannes" vom 15. Sept. 1848 (Anm. 34).

36 Die Demokraten Berlins machten eine Reihe von Fällen der Disziplinierung gemeiner Soldaten durch „reaktionäre Offiziere" bekannt. Vgl. z. B. den öffentlichen Protest des ‚Vereins für Volksrechte', undat. (ca. Anfang Okt.), gegen die Disziplinierung mehrerer Soldaten, die die Sitzung des Vereins besucht hatten, im Wortlaut in: BZH vom 8. Okt.; ferner KrZ vom 8. Okt. 1848. Vgl. außerdem den oben zitierten Bericht über die 3. Sitzung des Militär-Reform-Klubs in der NZ vom 1. Nov. 1848. Einen eklatanten Fall der Disziplinierung eines freisinnigen Offiziers schildert Messerschmidt, Preußische Armee. Struktur, S. 59. Bereits am 30. Juni hatte G. Jung (KBA) vor der PrNV (Verhandlungen, I, S. 56) über zahlreiche Fälle von Disziplinierungen berichtet.

kaum jedoch zivilversorgungsberechtigte Unteroffiziere.[37] Ein weiteres kommt hinzu: Normalerweise mußten die Wehrpflichtigen entfernt von der Heimat ‚dienen‘; sie waren so dem militärischen Eigenleben weitgehend ausgeliefert.[38] Auch von den im Sommer und Herbst in der Hauptstadt stationierten Soldaten war nur eine Minderheit aus *Berlin* gebürtig (und damit ‚anfällig‘ für die demokratische Bewegung). Darüber hinaus waren die Mannschaften in den Kasernen von der ‚Außenwelt‘ weitgehend abgeschirmt. Statt durch die allgemeine Publizistik wurden ihre Ansichten über das Revolutionsgeschehen wesentlich durch die Informationen beeinflußt, die sie von der Armeeführung und durch die Militärpropaganda erhielten.[39]

In der konservativen Militärpropaganda wurde der Sonderstatus der Militärangehörigen, von den Demokraten vehement kritisiert, positiv umgewertet, das Soldatentum mit Attributen wie „ehrenvoll“, patriotisch etc. verknüpft. Sie knüpfte an den Stolz breiter Bevölkerungsschichten auf Preußen und seine Traditionen an und glorifizierte namentlich die Befreiungskriege 1813/15 als Großtaten der preußischen Armee, die ohne die militärischen Tugenden, die es jetzt (1848) zu verteidigen gelte, nicht zustande gekommen wären. Vielfach setzte man ‚Preußen‘ mit der Armee schlicht gleich – eine Gleichung, die angesichts der herausragenden Rolle des Militärs in der preußischen Geschichte so abwegig auch nicht war. Den eigenen ruhmreichen Traditionen gegenübergestellt wurde ‚die Revolution‘. Sie galt als politischer Fremdkörper, als ‚französisch‘ – und wurde deshalb mit allen diesem Nachbarvolk angehefteten Negativ-Attributen besetzt. Nicht zwischen Zivil- und Militärpersonen, sondern zwischen „scheußlichen und gewissenlosen“ „Verräthern am Könige“ und „braven Kameraden“, „treu dem Könige und dem Vaterlande“[40], wurde der Trennungsstrich gezogen;

---

37 Wie bedeutsam die Unteroffiziere als Korsett der preußischen Armee waren, zeigt der Vergleich mit Baden: Während in Preußen das traditionelle Fürsorgeprinzip beibehalten und dadurch die politische Willfährigkeit der Sergeanten, Feldwebel etc. gesichert blieb, wurde in Baden im Februar 1849 das Einsteherwesen abgeschafft – mit dem Ergebnis, daß auch die Unteroffiziere gegenüber der traditionellen Obrigkeit zum illoyalen Element wurden; vgl. Hettling, Kriegerdenkmäler, S. 161 f.

38 Daneben suchte die Militärführung durch häufigen und regelmäßigen Garnisonswechsel Fraternisierungen vorzubeugen.

39 Neben den hochkonservativen Zeitschriften ‚Der Soldatenfreund‘ und ‚Deutsche Wehrzeitung‘ waren hier die von konservativen Vereinen sowie vor allem von Offizieren und den von ihnen beeinflußten Soldaten verfaßten Flugschriften usw. von beträchtlicher Bedeutung, die im Gegensatz zu demokratischen Aufrufen in den Kasernen ungehindert verteilt und angeheftet werden konnten. Für die folgenden Ausführungen verzichte ich auf detaillierte Belege; vgl. neben den in Anm. 4, 27, 34 und 40 genannten Flugblättern u.a. auch die zahlreichen Eingesandts und Erklärungen in der VZ, SZ und KrZ; außerdem vor allem Hettling, Bürger oder Soldaten?, bes. S. 163 ff.

40 Zitate aus der „Anrede“ eines „Albert K-e“, Musketier im 24. Infanterie-Regiment, „an meine sämmtlichen Kameraden, die Truppen der Berliner Garnison, und Umgebung“ vom 18. Sept. 1848, in: GStA, Rep. 92, NL Stein, M. 3/1, Nr. 363. Vgl. zum folgenden auch *S. 855 f.;* ferner die

der Gegner wurde ausgegrenzt und stigmatisiert. In diesem Kontext kamen wirksam auch die konservativen, schon bald nach dem 19. März 1848 breit propagierten Mythen über die Märzrevolution zum Tragen: Sie sei Resultat einer von ausländischen Emissären ins Werk gesetzten Verschwörung und, soweit Einheimische daran beteiligt waren, Folge eines unglücklichen Mißverständnisses gewesen, hatte doch der König zuvor angeblich alle ernsthaften Forderungen aus freien Stücken gewährt. Der gemeine Soldat wurde damit der Notwendigkeit enthoben, sich über die hausgemachten sozialen und politischen Ursachen der Revolution Gedanken zu machen.

Wenn die Armee alles in allem stabil blieb, dann lag dies schließlich auch entscheidend daran, daß die innere Geschlossenheit des höheren, vorwiegend adligen Offizierskorps nicht angetastet wurde und sich das überkommene konservativ-aristokratische Milieu erhielt.[41] Die Offiziere der preußischen Armee bildeten 1848 und viele Jahrzehnte darüber hinaus ein entscheidendes Bollwerk gegen reformerische Einflüsse. Der Beschluß der Mehrheit der preußischen Volksvertreter, Offiziere, die sich nicht auf den ‚Boden der Revolution‘ stellen wollten, zum Abschied aus der Armee zu veranlassen, trug hierzu nicht unwesentlich bei: Er schweißte das Offizierskorps weiter zusammen.

Das Programm der offenen Gegenrevolution und das Kabinett v. Pfuel als Ministerium des Übergangs

Unmittelbar nach der Niederlage der Rechten in der Preußischen Nationalversammlung am 7. September reichte das Ministerium Auerswald-Hansemann seinen Rücktritt ein.[42] Vom neuen Ministerium erwartete der König, daß es den

---

S. 682 f. auszugsweise zitierte Schrift von Griesheim über „Die deutsche Centralgewalt und die preußische Armee" vom 28. Juli 1848.

41 Die von demokratischer Seite geforderte freie Wahl der Offiziere und Unteroffiziere wurde selbst von der PrNV nur für die Landwehr ernsthaft in Erwägung gezogen. Nachdem die preußische „Militärfronde" eindeutig Gegenposition bezogen hatte, ließ die PrNV auch diese Forderung stillschweigend fallen. Entgegen den Forderungen der Demokraten wurden außerdem die Kadettenhäuser nicht aufgelöst. Ausführlich: Trox, Militärischer Konservativismus, S. 249-252; allgemein zur Struktur zur preußischen Offiziersausbildung um die Jahrhundertmitte: Heinz Stübig, Das Militär als Bildungsfaktor, in: Jeismann/Lundgreen, Handbuch der dt. Bildungsgeschichte, III, S. 367 ff. Das Adelsprivileg auf höhere Offiziersstellen, obzwar formell nicht festgeschrieben, blieb ein Charakteristikum des preußischen Militärs.

42 Eigentlich war R. v. Auerswald, ein Jugendfreund des Königs, von diesem dazu ausersehen, „das Vaterland zu retten". Vgl. die Schreiben Friedrich Wilhelms IV. an R. v. Auerswald vom 5. und 7. Sept. 1848 (letzteres unmittelbar unter dem Eindruck der Annahme des Steinschen Amendements verfaßt), in: GStA, Rep. 92, NL R. v. Auerswald, Nr. 5, Bl. 28 und 30. Auerswald, mit liberalen Ministern wie Hansemann ‚belastet‘, mochte und konnte dem Wunsch des Königs jedoch nicht entsprechen.

Konflikt um Reformen der Armee in seinem Sinne löse und als „ersten Akt" den Beschluß der Preußischen Nationalversammlung vom 7. September annulliere, so Friedrich Wilhelm IV. in einem Promemoria vom 15. September.[43] Dies war bereits in einer internen „Kgl. Botschaft" vom 11. September, dem ‚Kampfprogramm', wie es oft bezeichnet wurde[44], vorgesehen. Außerdem wurde festgelegt:

„Nimmt die Versammlung die Botschaft hin, ohne Protest oder andere rebellische Handlung, so folgt als 2te Bedingung die sofortige *Verlegung* der Sitzung *nach Brandenburg* oder einen anderen passenden Orte". Dort solle die Preußische Nationalversammlung „ernste Gesetze [beschließen] a) gegen die Tumulte, b) gegen die Clubs, Individuen und Schriften aller Art, die wissentlich u. öffentlich den Umsturz der Monarchie, die Republik u. den Ungehorsam gegen die bestehenden [vormärzlichen] Gesetze u. die Handlungen der rechtmäßigen Obrigkeit [gemeint ist er selbst und die von ihm eingesetzte Regierung, R.H.] predigen, samt dem *Verbot* u. [der] Verpöhnung *der roten Fahnen*, Hutfedern, Schärpen etc., c) gegen die Emissäre u. Volksaufwiegler, d) *gegen die Soldatenverführer* zu beraten. Sobald die Beratung glücklich vollendet, wird der Landtag vertagt bis zur Vollendung des neuen Konstitutionsentwurfes [durch ihn und seine Regierung]. Protestirt hingegen die Versammlung gegen das Princip der Botschaft, so ist die 2te unerläßliche Bedingung die *sofortige Auflösung* des Landtags. Erzeugt dieser Akt eine Empörung in Berlin, so muß 3tens dieselbe *mit unnachsichtlicher Strenge unterdrückt* werden. Statt durch Gesetze werden die sub a-d erwähnten Zwecke durch vorläufig bis zu ihrer Erhebung zu Gesetzen auf dem konstitutionellen Wege gültige Verordnungen erreicht. Endlich wird ein neuer Verfassung-Entwurf [...] durch eine anderweit zu berufende Versammlung beraten *oder ein solcher oktroyiert*".[45]

Mit seinem Kampfprogramm und dem Promemoria nahm der König die Entwicklungen, wie sie dann in der zweiten Novemberwoche tatsächlich stattfan-

---

43 Nach: Haenchen, Revolutionsbriefe, S. 176 f. bzw. Fenske, Quellen, S. 162. In Auszügen auch in: Friedrich Frahm, Entstehungs- und Entwicklungsgeschichte der preußischen Verfassung (vom März 1848 bis Januar 1850), in: FBPG Bd. 41/1928, S. 267 f.

44 In seinen Grundzügen war die ‚Kgl. Botschaft' offenbar stark von einem ‚Programm' Ludwig v. Gerlachs beeinflußt, das dieser dem König am 9. Sept. vorgestellt hatte. Die Kerngedanken seines Programms faßte Gerlach wenig später in einem Artikel der KrZ (vom 16. Sept. 1848), „Die Krisis", zusammen; vgl. Eintragungen E. L. v. Gerlachs vom 9. und 15. Sept. 1848, in: ders., Nachlaß, I, S. 111 ff.

45 Nach: GStA, Rep. 92, NL R. v. Auerswald, Nr. 5, Bl. 31; im Wortlaut auch in: Frahm, Entstehungsgeschichte, S. 266 f., sowie Haenchen, Revolutionsbriefe, S. 177, Anm.; vgl. auch Huber, Dokumente, Bd. 1, S. 374. Zu internen Differenzen zwischen Monarch und Kamarilla vgl. Gerlach, Denkwürdigkeiten, I, S. 199 ff. Zur Entstehung und zum Stellenwert des Programms im einzelnen: Günther Grünthal, Zwischen König, Kabinett und Kamarilla. Der Verfassungsoktroi in Preußen vom 5. 12. 1848, in: JbGMO 32. Hg./1983, S. 135-140; ders., Bemerkungen zur Kamarilla, S. 42 f. In seiner Denkschrift vom 15. Sept. bekräftigte der König, wie er im Falle der „zwei Eventualitäten" zu reagieren gedachte, und fügte hinzu, auf den Fall der Permanenzerklärung der Nationalversammlung und größerer Proteste in der Hauptstadt sei er „vorbereitet durch das Konzentrieren von 30 000 Mann um Berlin. Dieselben schreiten ein nach einem zum Teil festgestellten Plan." (Nach: Haenchen, Revolutionsbriefe, S. 177 bzw. Fenske, Quellen, S. 162.)

den, vorweg. Sie zeigen überdies, daß die Wiener Ereignisse Ende Oktober zwar den Zeitpunkt bestimmten, an dem die preußische Gegenrevolution in ihre akute Phase trat, nicht jedoch die grundsätzlichen Züge der gegenrevolutionären Strategie des Monarchen und seiner Kamarilla.

Zwei Alternativen hatte der König in seinem Promemoria diskutiert – und übersehen, daß es noch eine dritte gab: daß nämlich das Ministerium v. Pfuel nicht in der Weise agierte, wie dies Friedrich Wilhelm IV. ihm vorbestimmt hatte. Von demokratischer Seite anfangs geschmäht als „Ministerium der bewaffneten Reaction", „der prononcirten Contrerevolution" und „der Verwüstung und der Schrecken"[46], entpuppte sich der General v. Pfuel als ein Ministerpräsident, der keineswegs die Absicht hatte, mit den Prinzipien der konstitutionellen Monarchie zu brechen und die Preußische Volksvertretung auseinanderzujagen. Mit seinem bekannten ‚Anti-Reactions-Erlaß' vom 23. September kam Pfuel, zugleich auch Kriegsminister, im Gegenteil der Berliner Nationalversammlung weit entgegen, indem er sich den Beschluß der preußischen Abgeordneten vom 7. September in abgeschwächtem Wortlaut zu eigen machte.[47]

Angesichts der höchst unterschiedlichen Erwartungen, die Monarch und Kamarilla einerseits und demokratische sowie liberale Öffentlichkeit andererseits an den neuen Ministerpräsidenten gestellt hatten, fielen auch die Reaktionen auf den Erlaß grundverschieden aus. Bis ins gemäßigt-konservative Lager hinein begrüßten die Berliner Vereine und Zeitungen die Verfügung.[48] Die Kamarilla war dagegen über die Pfuelsche Erklärung empört, der König „sehr niedergeschlagen, stiller und ernster, wie ich ihn seit den Märztagen gesehen habe."[49] Seit Ende September steuerte die Kamarilla, möglichst „ohne Zeitverlust", deshalb auf ein Ministerium Brandenburg hin, in das auch Bismarck aufgenommen werden sollte

---

46 Erklärung des Demokratischen Klubs an das „Volk von Berlin" vom 22. Sept. 1848, in: LAB, Rep. 240, Acc. 685, Nr. 429; ZBSt, 1848 Flg., M. 20; im Wortlaut auch in BZH vom 23. Sept. 1848.

47 Er sei (so erklärte Pfuel in dem Erlaß) entschlossen, in der Armee „reactionäre Tendenzen nicht zu dulden [...] und, wo sich reactionäre Bestrebungen wider Erwarten [...] zeigen sollten, denselben entschieden entgegenzutreten." Außerdem versprach Pfuel, daß Offiziere und Mannschaften, „nach dem von Sr. Majestät der National-Versammlung vorgelegten Verfassungs-Entwurfe, gleich den Civil-Beamten zur Aufrechterhaltung der Verfassung seiner Zeit eidlich werden verpflichtet werden, und daß mit der Uebernahme solcher Verpflichtung alle anticonstitutionellen Bestrebungen, wie sie überhaupt mit der Stellung eines Offiziers in der Armee unverträglich sind, in Widerspruch stehen würden."

48 Die SZ vom 29. Sept. beobachtete, daß „das bisherige Auftreten des Ministeriums Pfuel alle Parteien mehr oder weniger überrascht" habe. Das neue Kabinett sei „liberaler als das Ministerium der Ultra-Liberalen des Vereinigten Landtags". Während Hochkonservative „die neuen Minister für Verräter an den Rechten der Krone erklären, [rühmen] Demokraten dagegen ihre Klugheit und Unbefangenheit laut".

49 „Welche Mühe hat er sich gegeben, ein gutes Ministerium zu schaffen und jetzt läßt es ihn feige im Stich." (Gerlach, Denkwürdigkeiten, I, S. 205.) Vgl. außerdem Haenchen, Revolutionsbriefe, S. 188 f.

– „mit dem Programm: constitutionelle Selbständigkeit des Königs den Versammlungen gegenüber."[50] Auf die ins Auge gefaßte harte Haltung gegenüber der Preußischen Nationalversammlung mußte nach dem Pfuelschen Anti-Reaktions-Erlaß allerdings zunächst verzichtet werden. Am 12. Oktober konnten die Volksvertreter in die Beratung des Verfassungsentwurfs, etwas irreführend ‚Charte Waldeck' genannt, eintreten, den die zuständige Kommission der Nationalversammlung ausgearbeitet hatte.[51] Die Gegenrevolution war aufgeschoben, das politische Schicksal des liberalen Generals an der Spitze des neuen Ministeriums mit dem Anti-Reaktions-Erlaß allerdings besiegelt. Daß die politische Windstille des Sommers vorüber war und der Herbst stürmisch zu werden versprach, zeigten Anfang Oktober auch Ereignisse, die nur scheinbar bloß lokale Bedeutung besaßen.

---

50 Schreiben Ludwigs v. Gerlachs an Leopold vom 29. Sept. 1848, in: BA Potsdam, 90 Ge 6, Nr. 16, Bl. 96.

51 Zu den beiden Verfassungsentwürfen und den Debatten der PrNV vgl. vor allem die ausführliche Darstellung von Hermann, Demokraten, S. 216-227; Botzenhart, Parlamentarismus, S. 538-541. Inhalt wie Motivierung des Entwurfs der Verfassungskommission stammten nur teilweise aus der Feder Waldecks. Die führenden konservativen Abgeordneten Ed. Baumstark und P. Reichensperger hatten „an dem Gesamttext einen stärkeren Anteil als Waldeck", so jedenfalls Hermann, Demokraten, S. 216.

Der Anfang vom Ende: Berlin vom 16. bis zum 31. Oktober 1848

„Ein Anblick, wie er vom 18. März noch in Aller Erinnerung ist" [1] – *der 16. Oktober 1848*

Am 12. Oktober war es auf dem sog. Köpenicker Feld (einer der Stadt südlich vorgelagerten, damals noch recht wüsten Gegend) zum einzigen Maschinensturm gekommen, den Berlin in der Revolutionszeit erlebte. Erdarbeiter, und zwar in erster Linie erwerbslose Textilarbeiter, d.h. eine Arbeiterschicht, die im Gegensatz zu den Gruppen, die die 1848 entstehende Arbeiterbewegung personell trugen, für diese Form frühen Arbeiterprotestes besonders anfällig war, hatten eine Dampfmaschine zerstört, die unmittelbar zuvor zum Abpumpen von Grundwasser aufgestellt war. Dieser Vorfall zog weitere Ereignisse nach sich.

„Da in Folge der durch die Arbeiter bewirkten Zerstörung der zum Abschöpfen des Wassers im Köpenicker Felde bestimmten Maschine dort nicht mehr die bisherige Arbeiterzahl beschäftigt werden kann, so sollte" am Vormittag des 16. Oktober (wie der Polizeipräsident in einem Bericht an den Innenminister vom 17. Oktober 1848 ausführte)[2] „gemäß Befehls des Hohen Ministeriums des Innern und der Finanzen 100 Arbeitern gekündigt werden." Nach Darstellung der beteiligten Erdarbeiter war nicht die angekündigte Massenentlassung, sondern die festliche Begrüßung eines neuen Schachtmeisters der Ausgangspunkt des folgenden Konflikts.[3] Wie dem auch

---

1 So charakterisierte die NZ vom 18. Okt. 1848 die Situation vor allem im Südwesten Berlins am späten Nachmittag des 16. Okt.

2 In: GStA, Rep. 77, Tit. 501, Nr. 3, Bd. 3, Bl. 283-285 (H. i. O.). Daraus auch die folgenden Zitate. Vgl. außerdem Rimpler, Bürgerwehr, S. 67 ff.; ferner die Tagespresse vom 17. und 18. Okt. 1848 sowie Wernicke, Geschichte, S. 189-194. Zum Maschinensturm auf dem Köpenicker Feld vgl. *S. 457 f.*

3 Die in der Nähe stehenden Bürgerwehrmannschaften hätten die ausgelassene Stimmung mißverstanden, der Kommandierende habe „die Bürgerwehr schlachtmäßig aufgestellt". Daraufhin „zogen sich mehrere in der Nähe stehende Arbeiter[haufen], aber ohne Waffen, zusammen. Die Bürgerwehr, dies sehend, stach die nahe stehenden Arbeiter mit Bajonetten; darauf erhob sich ein Geschrei unter den Arbeitern, worauf der Andrang derselben stärker wurde. Jetzt fielen einzelne Schüsse auf die Arbeiter, dieselben ergriffen Steine und suchten sich zu vertheidigen" – der Konflikt eskalierte. (Öffentliche Erklärung „sämmtlicher Canalarbeiter" vom 18. Okt., in: GStA, XII. HA, IV. Flg., Nr. 26; im Wortlaut in: BZH vom 20. Okt. sowie der VZ und (auszugsweise) in der SZ vom 19. Okt. 1848.) Vgl. ferner Gneist, Berliner Zustände, S. 96. Zum offiziellen Untersuchungsbericht vgl. Gailus, Kanalbau und Revolution, S. 63

sei: Um befürchtete „Unordnungen" möglichst schon im Keim zu ersticken, wurden eine „Anzahl Schutzmänner und eine Bürgerwehr-Abtheilung" in der Nähe der Baustellen verlegt. Ungeachtet dieser polizeilichen Präventionsmaßnahme zogen am Vormittag des 16. Oktober zahlreiche „Arbeiter mit einer rothen Fahne von Schacht zu Schacht" und machten „Anstalt, sich in die Stadt zu wenden." Schutzmannschaft und Bürgerwehr hinderten sie jedoch daran. Die Arbeiter gestikulierten „mit den Fäusten, schrien und schimpften [...]. Inzwischen hatte sich der Arbeiterhaufe ungeheuer vermehrt, und als ein ferneres Bürgerwehrbataillon zur Unterstützung heranrückte, eröffneten die Arbeiter einen furchtbaren Steinhagel auf die Bürgerwehr". Als „der Steinhagel immer dichter wurde, machte [die Bürgerwehr] endlich [!] von ihren Gewehren Gebrauch und es wurde eine Zeit lang Gliederfeuer auf die Arbeiter unterhalten, in Folge dessen 5 Todte [...] und mehrere Verwundete blieben."

Auch wenn die Darstellung des Polizeipräsidiums nicht ganz unparteiisch war, so geht doch aus ihr hervor, daß ohne ein auf *beiden* Seiten schlummerndes Mißtrauen der Konflikt nicht eskaliert wäre. Die Erdarbeiter waren über die restriktive Politik des organisatorisch für die öffentlichen Arbeiten verantwortlichen Magistrats erbittert. Die Bürgerwehrmänner waren umgekehrt mit dem voreiligen Verdacht, die Erdarbeiter wollten ihnen Übles, rasch bei der Hand. Ebensowenig wie am 18. März war die schnelle Eskalation des Konflikts am 16. Oktober, namentlich die Überreaktion der Bürgerwehrleute, die überstürzt von der Schußwaffe Gebrauch machten, ein ‚Mißverständnis', wie die liberalen und konservativen Tageszeitungen unisono unterstellten.

Die bisher geschilderten Ereignisse stellten lediglich den Auftakt zu schweren Auseinandersetzungen dar, die sich von der Peripherie Berlins zunehmend in die Stadtmitte verlagerten. Die Schüsse der Bürgerwehrleute auf die unbewaffneten Arbeiter hatten „die ganze Gegend in Bewegung gebracht und überall sammelten sich Gruppen von Arbeitern und Volk, welches mit ihnen zu sympathisieren schien".[4] Für die Bürgerwehr wiederum wurde ‚Generalmarsch' geblasen.

In den nahegelegenen Straßen bauten „Arbbeiter" mehrere Barrikaden, einige wurden jedoch „später auf Zureden [mehrerer] Bürger von den Erbauern selbst wieder abgebrochen. Als die zurückgehende Bürgerwehr in der Roßstraße ankam, machte sie nochmals Front gegen die sie verfolgenden Arbeiter und erschoß 2 derselben. Gegen 3 Uhr [nachmittags] wurde eine sehr starke Barrikade an der Roß- und Jacobs-strassen-Ecke erbaut." Die Bürgerwehr griff mehrmals vergeblich an „und blieb endlich spät Abends im Besitze der Barrikade. In diesem Kampfe wurden 3 Arbeiter getödtet und viele verwundet" sowie ein Bürgerwehrmann tödlich verletzt. Mehrere Waffenläden wurden geplündert, weitere Barrikaden erbaut. „Schutzmänner, welche die Tumultanten vertreiben wollten, wurden gemißhandelt und mußten sich zurückziehen." Ähnlich wie am 18. März trugen „andere Arbeiterhaufen die Leichen der auf dem Köpenickerfelde Getödteten durch viele Strassen der Stadt und endlich nach dem Schloß." Nach Einbruch der Dunkelheit flammten „in dem verbarricadirten Stadttheile Fackeln auf, die Fenster wurden zum Theil erleuchtet; die Nachtscene

---

4 Rimpler, Bürgerwehr, S. 69.

erhöhte die leidenschaftliche Aufregung."[5] Gegen 23 Uhr gelang es der Bürgerwehr „endlich", die Arbeiter zu „zerstreuen".

Insgesamt wurden neun ‚Tumultanten', bis auf einen alle dem „Arbeiterstande" zugehörig, und drei Bürgerwehrleute getötet. Mindestens 17 weitere „Arbeiter" wurden schwer verletzt.[6] Über die Zahl der insgesamt Beteiligten sind nur ungefähre Angaben möglich: Vermutlich verließen mindestens vier- bis fünftausend der zu diesem Zeitpunkt noch ungefähr siebentausend in der näheren Umgebung Berlins auf öffentliche Kosten beschäftigten Arbeitskräfte ihre Arbeitsplätze.[7] Als sich die Auseinandersetzungen in die inneren Bezirke Berlins verlagerten, gesellten sich dieser an sich schon imposanten Zahl von Erdarbeitern dann die (weiterhin) zahlreichen und angesichts ihrer Not besonders erbitterten nach wie vor zahlreichen Erwerbslosen zu. Nach Arbeitsschluß, zum Teil wohl auch schon vorher, werden sich außerdem zahlreiche Gesellen, Gehilfen, Lehrlinge und Fabrikarbeiter (nicht allerdings die Maschinenbauer) unmittelbar an den Auseinandersetzungen beteiligt haben, indem sie an den Barrikaden mitbauten oder die Bürgerwehr mit Steinen bewarfen. Andere „sah man in den Straßen [in] Gruppen zusammenstehen, wo mit leidenschaftlichen Gebehrden diese Ereignisse besprochen wurden."[8] Auf der Gegenseite waren Teile der neugeschaffenen Schutzmannschaft[9], vor allem jedoch die gesamte Bürgerwehr beteiligt. Am Anfangskonflikt auf dem Köpenicker Feld standen drei Bataillone, also etwa 1200 bis 2000 Bürgerwehrleute, einer rasch wachsenden Menge an Erdarbeitern gegenüber. Gegen Mittag wurde dann Generalmarsch geblasen. Bürgerwehr und

---

5 Zitate: Bericht des Polizeipräsidenten vom 17. Okt. 1848 (wie Anm. 2), Bl. 285-287; NZ vom 18. Okt. 1848. Zur Plünderung von Waffenläden vgl. VZ vom 17. Okt. 1848; Streckfuß, Freies Preußen, II, S. 444 f.

6 Unter den Toten und Verletzten waren freilich auch mehrere Unbeteiligte, die der offenbar wild um sich schießenden, vor den Arbeitermassen zunächst panisch fliehenden Bürgerwehr zum Opfer fielen; vgl. Bericht des Polizeipräsidenten vom 17. Okt. 1848 (Anm. 2), Bl. 287 Rs.; ferner Teillisten der Toten und Verwundeten in ‚Publicist' vom 17. Okt. und VZ vom 18. Okt. 1848.

7 Als geschlossene Gruppe konnten lediglich die etwa sechshundert ‚Rehberger', die einige Kilometer vor den Stadtmauern Berlins Sandberge abzutragen hatten, daran gehindert werden, in die Stadt zu ziehen. Zu ihrer ‚Bewachung' aufgestellte Militärabteilungen verstellten ihnen den Weg in die Stadt; vgl. KrZ vom 19. Okt. 1848.

8 NZ vom 18. Okt. 1848.

9 Die zu diesem Zeitpunkt knapp 1500 Mann starke und von den Ereignissen überraschte Schutzmannschaft wurde nicht koordiniert eingesetzt. Sie reagierte allem Anschein nach überwiegend mit Flucht. Namentlich dem fliegenden Corps des Handwerkervereins sowie einzelnen besonnenen Bürgerwehroffizieren war es zu verdanken, daß von seiten des Magistrats nicht Militär hinzugezogen wurde und der Konflikt damit nicht zu einem noch viel größeren Blutbad eskalierte. Zu den ansonsten panischen oder wenigstens nicht sonderlich durchdachten Reaktionen des Bürgerwehrkommandos und des kommunalen Sicherheitsausschusses vgl. im einzelnen vor allem Petition der Erdarbeiter an die PrNV, undat. (vermutlich vom 17. Okt.), im Wortlaut in der BZH vom 18. Okt., sowie Bericht der NZ vom 19. Okt. 1848 über die Stadtverordnetenversammlung, außerdem das offizielle Protokoll in: LAB StA, Rep. 00, Nr. 128; eine Erklärung Hedemanns vom 17. Okt., in der Tagespresse vom 19./20. Okt. 1848 bzw. bei: Streckfuß, Freies Preußen, II, S. 450 f.

Arbeiterkrawall am 16. Oktober 1848.

fliegende Corps seien, so die Zeitungen übereinstimmend, „sehr vollzählig" erschienen. Wenn man davon ausgeht, daß im Frühherbst von den nominell knapp 30 000 Bürgerwehrleuten ‚normalerweise‘ zwischen 30% und 50% Prozent mobilisiert werden konnten, werden wahrscheinlich ungefähr 15 000 bis 20 000 Bürgergardisten am 16. Oktober ihren ‚Dienst‘ angetreten haben. Nur ein Teil von ihnen war allerdings unmittelbar in die Kämpfe involviert, da zahlreiche Bürgermilizionäre zur Bewachung des Schlosses und anderer öffentlicher Gebäude abkommandiert worden waren.

Obgleich sich „auffallender Weise gar keine Führer" gezeigt hätten[10], war die politische Haltung vieler beteiligter ‚Arbeiter‘ nicht mißzuverstehen: Schon morgens zogen die Erdarbeiter mit einer roten Fahne von Schacht zu Schacht. Am Nachmittag des 16. Oktober fand „gegen 6 Uhr ein Zug statt, bestehend aus etwa 300 Arbeitern, welche eine rothe Fahne und eine Fackel vor sich her tragen liessen. Aus diesem Zug, der sich durch mehrere Strassen nach der Rosenthalerstrasse begab, ertönte häufig der Ruf: ‚es lebe die Republik‘." Außerdem flatterte auf mindestens einer der erwähnten Barrikaden „die Fahne der rothen

---

10 So erstaunt z.B. die KrZ vom 18. Okt. 1848. Vgl. auch Bericht des Polizeipräsidenten vom 17. Okt. (wie Anm. 2), Bl. 288 Rs.

Republik, der man unzählige Vivats brachte".[11] Was seit Mitte Juni beobachtbar war, bestätigte sich hier: Die rote Fahne verdrängte in den Unterschichten die deutsche Trikolore als politisches Symbol; sie brachte zum Ausdruck, wie sehr wachsende Teile der Unterschichten von der Monarchie und der Person des Königs abgerückt waren.[12]

Die Bürgerwehr ging geschwächt aus der Auseinandersetzung hervor. Sie hatte es Mitte Oktober erneut mit allen Seiten verdorben. Der König sah sich in seiner Haltung bestätigt, daß die Berliner Bürgergarde als Ordnungsmacht kaum brauchbar sei.[13] „Die Arbeiter" wiederum hätten, so schloß der Polizeipräsident seinen Bericht vom 17. Oktober, am 16. „häufig den Ruf wiederholt: ‚Schlagt die Bürgerwehr, schlagt die Hunde todt!'"[14] Nicht nur Wut über den morgendlichen Angriff der Bürgerwehr auf die Demonstration der erwerbslosen Erdarbeiter und die vielen Toten in seinem Gefolge brach sich in solchen Parolen Bahn. Der ‚Pöbel' war außerdem nach wie vor darüber erbittert, daß die im März versprochene Volksbewaffnung ausgeblieben und mit der Verabschiedung des Bürgerwehrgesetzes durch die Preußische Nationalversammlung wenige Tage zuvor, am 13. Oktober, endgültig in weite Ferne gerückt war. Wie bereits am 14. Juni suchten auch am 16. Oktober mehrere ‚Arbeiter'-Trupps auf eigene Faust, sich die vorenthaltenen Waffen zu verschaffen, diesmal allerdings von der Bürgerwehr.[15] Neben der Bürgerwehr hatte die ‚Masse' die mindestens ebenso verhaßten Konstabler im Visier. Die in der Köpenicker Straße befindliche Konstablerwache wurde „von mit Stangen, Latten und Knüppeln bewaffneten Arbeitern angegriffen". Die Schutzmänner mußten „durch eine Hinterthür abzuziehen,

---

11 Ebd., Bl. 287, Bl. 290. Vgl. außerdem Rimpler, Bürgerwehr, S. 71 (Zitat) bzw. S. 74; ferner VZ vom 17. und KrZ vom 18. Okt. 1848. Zu einem weiteren Vorfall am 17. Okt., bei dem gleichfalls eine rote Fahne im Mittelpunkt stand, vgl. ‚Publicist' vom 21. Okt. 1848.

12 In diesem Kontext gehört auch, daß am 15. und 16. Okt. einer ganzen Reihe von Bürgern, die anläßlich des Geburtstags von Friedrich Wilhelm IV. illuminiert hatten, die Fensterscheiben eingeworfen wurden; vgl. VZ vom 17. Okt. 1848, sowie Streckfuß, Freies Preußen, II, S. 439 f.

13 Bereits am 15. Okt. hatte der König unüberhörbar die Bürgerwehr und deren Kommandanten Rimpler kritisiert, als dieser, anläßlich der Feierlichkeiten des Geburtstages des Königs, für die Märzerrungenschaften eintrat. Vgl. E. L. v. Gerlach, Nachlaß, I, S. 125; Streckfuß, Freies Preußen, II, S. 438 f.; Gerlach, Denkwürdigkeiten, I, S. 219 sowie Lüders, Demokratische Bewegung, S. 55.

14 Bericht des Polizeipräsidenten vom 17. Okt. (Anm. 2), Bl. 289 Rs. Ein weiteres Resultat der blutigen Ereignisse des 16. Okt. war, daß noch mehr Bürgergardisten die Lust an dem unbezahlten ‚Ehrendienst' verloren, während dagegen „die Reihen der Arbeiter sich vermehrten". (Rimpler, Berliner Bürgerwehr, S. 76)

15 Vgl. Bericht des Polizeipräsidenten vom 17. Okt. (Anm. 2), Bl. 290 u. Rs.; SZ vom 17. Okt. 1848; Streckfuß, Freies Preußen, II, S. 443 f.

nachdem Thüren und Fenster des Wachtlocals durch Steinwürfe und Axtschläge bereits demolirt waren."[16]

So wie die Unterschichten in den polizeilichen Ordnungskräften, gleich ob Militär, Bürgerwehr oder Konstabler, ihren Feind sahen, fühlten sich auf der anderen Seite große Teile des Bürgertums und Kleinbürgertums in ihren Ressentiments gegenüber dem ‚Pöbel' bestätigt. Die Kluft zum proletarischen ‚Pöbel' wurde durch die Ereignisse des 16. Oktober weiter aufgerissen. Im Rückblick betrachtet vergeblich, suchten die Demokraten, Teile der Arbeiterbewegung und die Liberalen unmittelbar nach den Ereignissen den tiefen Riß zwischen beiden Seiten zu kitten. Der *Demokratische Klub* erließ allein am 17. und 18. Oktober drei Aufrufe zur Verständigung und Eintracht, einen an die „Arbeiter, Brüder!", einen zweiten „an die Berliner Bürgerwehr" und einen dritten „an das Volk von Berlin".[17] Der *Maschinenbau-Arbeiter-Verein*, dessen Mitglieder sich an den Auseinandersetzungen vom 16. Oktober nicht beteiligt hatten, veröffentlichte eine „Proklamation", in der er erklärte:

„[W]ir Maschinenbauer als eherne Stützen des demokratischen Fortschritts [sind] fest entschlossen: ‚Bei dem Ausbruche eines neuen Kampfes zwischen Bürgerwehr und Arbeitern stellen wir uns sämmtlich unbewaffnet, als Schutz- und Trutzwehr der brüderlichen Einigkeit, zwischen die kämpfenden Parteien, und nur über unsere Leichen führt der unglückliche Weg zum Bruderkampf. Wagt aber die Reaktion einen offenen Kampf gegen die gute Sache – dann Bürger und Arbeiter! stehen wir bewaffnet mit Euch in einer Reihe!'"[18]

Was die Mitglieder des Maschinenbauer-Vereins hier ankündigten, nämlich sich als Konsequenz aus dem Konflikt vom 16. Oktober zwischen die Fronten stellen zu wollen, sollte sich 14 Tage später als außerordentlich folgenreich erwei-

---

16 Bericht des Polizeipräsidenten vom 17. Okt. (Anm. 2), Bl. 288 Rs. sowie Bekanntmachung Bardelebens vom 17. Okt. 1848. Andere Schutzleute mußten sich vor „wüthenden Arbeitern" in Bürgerhäuser flüchten, um dann – nunmehr als „Civilisten" verkleidet – das Weite zu suchen.
17 In ihnen wurden Arbeiter und Bürger zur Einigkeit gegen die „Herrschaft der Reaction" aufgefordert. Die Bürgerwehr selbst zerfalle in zwei Teile: einen „mordlustigen kleinen Theil", der für die Vorfälle des Vortages verantwortlich sei, und „die bei weitem größere Mehrzahl", die sich als „Schild der Freiheit" betrachte. Namentlich letztere sollten den „Arbeitern die Hand reichen" zum Kampf gegen den „unerträglichen Despotismus". Alle zusammen, als „Volk von Berlin", müßten die „Zurücknahme des Bürgerwehrgesetzes, allgemeine Volksbewaffnung, sofortige Einsetzung von Schwurgerichten, Freilassung der politischen Gefangenen, Abdankung des gegenwärtigen Ministeriums und Ernennung eines neuen, freisinnigen" verlangen. (In: LAB, Rep. 240, Acc. 685, Nr. 466, 470 und 471; ZBSt, 1848 Flg., M.21; GStA, XII. HA, IV. Flg., Nr. 27/II; als Reprint in: Obermann, Einheit, S. 594; im Wortlaut außerdem in: BZH vom 20. Okt. 1848 sowie Streckfuß, Freies Preußen, II, S. 466 f.) Bei Streckfuß ist außerdem ein viertes Flugblatt der „Demokraten Berlins" im Wortlaut abgedruckt (ebd., S.446), das diese noch am Abend des 16. Okt. herausbrachten.
18 In: LAB, Rep.240, Acc.685, Nr.464, im Wortlaut auch in: BZH vom 25. Okt. 1848.

sen. Andere der demokratischen oder liberalen Strömung zuneigende Vereine machten sich gleichfalls für die unbedingte Eintracht beider Seiten stark.[19]

Am 17. Oktober blieb „der äußere Anblick der Stadt erregt". Den ganzen Tag über sah man auf den Straßen „viele Gruppen, in denen lebhaft diskutiert ward". Starke Bürgerwehrabteilungen patrouillierten durch die Straßen und waren vor öffentlichen Gebäuden postiert. Hauptereignis des Tages war eine große Demonstration, die erneut von den auf dem Köpenicker Feld beschäftigten Erdarbeitern ausging. Sie hatten am Morgen dieses Tages „beschlossen, eine Petition an die Nationalversammlung zu richten", die sie nach einem Demonstrationszug in die Stadt überreichen wollten, und ließen sich davon auch durch mehrere „Volksmänner" nicht abbringen. In der Petition forderten sie erstens „eine genaue Untersuchung über die Ursache und Veranlassung des Kampfes [vom 16. Oktober] sowie die Bestrafung der Schuldigen". Zweitens wollten sie, „daß die Gefallenen feierlich bestattet werden auf öffentliche Kosten, [...] die Verwundeten verpflegt sowie die Hinterbliebenen der Gefallenen versorgt werden sollten. Hinzu kamen noch die mündlichen Anträge, daß den Arbeitern der Arbeitslohn für Montag und Dienstag [den 16. und 17. Oktober] ausgezahlt und die gestern Abend gemachten Gefangenen in Freiheit gesetzt würden."[20]

Die Demonstranten kamen gegen 13 Uhr auf dem Gendarmenmarkt an und sandten eine Deputation ins Schauspielhaus, in das das preußische Parlament einige Tage vorher umgezogen war, damit diese „der [Preußischen National-]Versammlung die Wünsche und Anträge der Arbeiter vortragen sollte." Der Berliner Abgeordnete Julius Berends „nahm die Petition an sich, erklärte der Deputation aber die Unmöglichkeit, daß sie in die Versammlung eingelassen würde." Wilhelm Grabow, der Präsident des Landesparlamentes, „sprach der Deputation seine Bereitwilligkeit aus, die Petition sogleich der [Petitions-]Commission zu übergeben, so daß schon am folgenden Tage Bericht erstattet und von der [National-]Versammlung Beschluß gefaßt werden könnte. Hiermit befriedigte sich die Deputation und verließ das Haus, um dem versammelten Volke diese Mittheilungen zu machen. Von der Treppe des Schauspielhauses mußte der Abg. Berends öffentlich die Mittheilungen wiederholen, und forderte dann das Volk auf, in gleicher Ordnung wie sie [sic!] gekommen, wieder fort- und auseinander zu gehen."

Die Erdarbeiter, in ihrem Verhalten wenig ‚pöbelhaft', akzeptierten dies. Die Preußische Nationalversammlung beschied freilich die in der Petition aufgestell-

---

19 Vgl. z.B. undat. Erklärungen des ‚Vereins des 3. Berliner Wahlbezirks' sowie der Redakteure der Bürgerwehr-Zeitung, außerdem eine Bekanntmachung Rimplers vom 17. Okt. in demselben Tenor, in: GStA, XII. HA, IV. Flg., Nr. 27/I bzw. Nr. 27/II; Rep. 92, NL Stein, M. 3/1, Nr. 29; LAB, Rep. 200, Acc. 685, Nr. 465; im Wortlaut in der Tagespresse vom 19. Okt. bzw. BZH vom 25. Okt. 1848 sowie bei Streckfuß, Freies Preußen, II, S. 454.
20 Diese und die folgenden Zitate: NZ vom 18. Okt. 1848. Zur abschlägigen Antwort der PrNV auf die Forderungen der Erdarbeiter vgl. Verhandlungen PrNV, III, S. 58-67; ferner Streckfuß, Freies, Preußen, II, S. 459-465 sowie Schreiben Pfuels an Friedrich Wilhelm IV. vom 18. Okt. 1848, in: Haenchen, Revolutionsbriefe, S. 205.

ten und von Waldeck zu einem Antrag zusammengefaßten Forderungen der Erdarbeiter abschlägig – allerdings erst am 18. Oktober, nachdem die unmittelbare ‚Gefahr' vorüber zu sein schien. Noch weniger Sensibilität zeigten die städtischen Behörden gegenüber den Anliegen der Arbeiter. Am 19. Oktober schloß sich die Stadtverordnetenversammlung dem Antrag des Magistrats an, die Forderung der Erdarbeiter, ihre Toten auf öffentliche Kosten beerdigen zu lassen, abzulehnen, weil diese „als unglückliche Opfer des Wahns und der Verführung" und „im Widerstreben und Auflehnung gegen Ordnung und Gesetz und das zu beider Schutz berufene Institut der Bürgerwehr muthwillig in ihr eigenes Verderben gerannt" seien.[21] Von den Übergriffen der Bürgerwehr, die das Blutbad erst ausgelöst hatten, war keine Rede. Die Obrigkeit, so hatte ein „Commissar" des Magistrats den kommunalen Parlamentariern zuvor erklärt, könne weder „ein Auflehnen gegen die geordnete Gewalt heiligen [noch] dazu die Hand bieten, daß die Revolution verewigt werde, während es doch seine Aufgabe sey, sie zu consolidiren." Die Revolution müsse überhaupt beendet werden: „So wenig man den Blitzstrahl, welcher ein Haus einäschere, obwohl er für das Allgemeine segensreich gewirkt, dankend hinnehme, so wenig könne auch das beständige Fortleben auf dem Boden der Revolution gutgeheißen werden." Weiteres Öl goß der Baustadtrat Helfft ins Feuer, als er in einer Bekanntmachung vom 21. Oktober erklärte, daß es bei den Entlassungen vom 12. Oktober bleibe, und anordnete, daß den Arbeitern, die am 16. Oktober und dem folgenden Tag ihre Arbeitsstelle verlassen hatten, kein Lohn auszuzahlen sei.[22] Zwar verursachte die Bekanntmachung „von neuem eine nicht geringe Aufregung". Wegen des „unaufhörlichen Regenwetters" und weil „die jungen und heißblüthigeren Arbeiter fast sämmtlich nach der Ostbahn geschickt sind", kam es jedoch nicht zu größeren Tumulten.[23] Auch den anderen obrigkeitlichen Institutionen waren die Ereignisse des 16. Oktober ein willkommener Anlaß, Härte zu demonstrieren. Das Polizeipräsidium beschloß in unmittelbarer Reaktion auf die Vorfälle, die Konstabler, „um sie nicht erfolglos lebensgefährlichen Angriffen auszusetzen, in

---

21 So ein Stadtverordneter, offensichtlich unter dem Beifall seiner Kollegen. Eine finanzielle Unterstützung der Bestattung der zehn getöteten Arbeiter und eine Teilnahme der städtischen Parlamentarier an ihrer Bestattung, ergänzte der Stadtverordnetenvorsteher, käme daher nur in Frage, „wenn die Arbeiter darum, unter Bezeugung der Reue, bäten". Dieses und die folgenden Zitate: SZ vom 20. und 21. sowie NZ vom 20. Okt. 1848. Zu der verlangten Unterwerfungsgeste fanden sich die ‚Arbeiter' – das stand anders kaum zu erwarten – nicht bereit. Bereits in einer Bekanntmachung vom 17. Okt. hatte der Magistrat die Arbeiter als Ruhestörer vorverurteilt, obwohl „eine klare und vollständige Beurteilung des Geschehenen [noch] nicht möglich" sei.
22 Veröffentlicht in der Tagespresse vom 24. Okt. 1848 sowie bei Streckfuß, Freies Preußen, II, S. 469 f.
23 VZ vom 24. Okt. 1848.

Zeiten ernster Unruhen mit Schießgewehren zu bewaffnen." Am 17. Oktober wurden „1000 Bajonettflinten unter die Schutzmannschaften vertheilt".[24]

Allen Aufrufen zur Versöhnung und Einigkeit zum Trotz wurden die elf Personen, die unmittelbar bei den Kämpfen des 16. Oktober ums Leben gekommen waren, in getrennten Trauerzügen zu Grabe getragen. Bereits am frühen Morgen des 20. Oktober wurde dem getöteten Bürgerwehrmann nicht nur von mehreren Bürgerwehrabteilungen, sondern auch von Deputationen der Preußischen Nationalversammlung, des Magistrats sowie der Stadtverordneten, vom Polizeipräsidenten v. Bardeleben, vom Generalmajor und Stadtkommandanten v. Thümen sowie von „einer bedeutenden Anzahl von Militairpersonen aller Rangstufen (namentlich aber General- u. Stabs-Offiziere) und aller Waffengattungen" das Trauergeleit gegeben. Wohl um die Ernsthaftigkeit des Wunsches zu demonstrieren, Bürger und Arbeiter zu ‚versöhnen', erschienen zu den Bestattungsfeierlichkeiten außerdem Delegationen des Bezirks-Komités der Arbeiterverbrüderung, einzelner Gesellenorganisationen sowie der fliegenden Corps. Am Nachmittag wurden die zehn getöteten Arbeiter, einschließlich eines tödlich verletzten Mitgliedes des fliegenden Corps des Handwerkervereins, zu Grabe getragen. Der zweite Trauerzug „währte ein und eine viertel Stunde". Die Zahl der Teilnehmer, „mit Fahnen und Musikchören in unabsehbarer Reihe", ging in die Zehntausende.[25] Auch „viele, Laubgewinde tragende Frauen" hatten sich der Trauerdemonstration angeschlossen. „Ueberall, wo er durchkam, waren die Straßen dicht besetzt." Nicht zuletzt die Bürgerwehr war „äußerst zahlreich vertreten", und zwar offenbar weit stärker als beim ersten Trauerzug. Die Reden führender Repräsentanten der Berliner Demokratie auf dem Kirchhof waren getragen von einem Geist, den Julius Berends, der für die Linke der Preußischen Nationalversammlung sprach, mit dem Satz: „Versöhnung und Eintracht sei die

---

24 Bericht des Polizeipräsidenten vom 17. Okt. (Anm. 2), Bl. 292 sowie dessen Bekanntmachung vom 17. Okt. 1848. Die konservative Presse nahm die Kämpfe vom 16. Okt. zum Anlaß, fortschrittliche Beschlüsse der PrNV wie z. B. den über die Abschaffung der Todesstrafe scharf anzugreifen; vgl. z. B. KrZ vom 18. Okt. 1848. Zur Reaktion Friedrich Wilhelms IV. und seiner Umgebung vgl. Gerlach, Denkwürdigkeiten, I, S. 219. Der König ließ sich am 16. Okt. durch zahlreiche „telegraphische Depeschen über den Fortgang des Aufruhrs" auf dem Laufenden halten.

25 Beteiligt waren mit eigenen Delegationen insgesamt 28 Gewerke bzw. Arbeiterorganisationen, daneben 14 überwiegend demokratische Vereine, die fliegenden Corps sowie ferner die Linke der PrNV, der fünfköpfige Central-Ausschuß der Demokraten Deutschlands, der demokratische Kreis-Ausschuß für die Mark Brandenburg und schließlich eine Deputation des Berliner Bezirks-Komités der Arbeiterverbrüderung; vgl. Programm des Leichenzuges am 20. Oktober sowie den Aufruf der Commission zur Teilnahme an der Demonstration. Flg. beider Plakate in: LAB, Rep. 240, Acc. 685, Nr. 477 bzw. 478; SAPMO/ZPA V DF/I/1Ü, Bl. 49. Dagegen fehlten nicht nur Mitglieder des Magistrats und des Stadtparlamentes, sondern auch Repräsentanten des Konstitutionellen Klubs. Das folgende Zitat aus: SZ vom 21. Okt. 1848.

Blume, die aus diesem Grabe sprießen müsse", wohl am prägnantesten in eine Formel goß.[26]

Der Kamarilla war „der skandalöse Leichenzug [für die gefallenen ‚Arbeiter'] mit Fahnen aller Art, 20 000 Mann, auch viele[n] rothe[n] Fahnen", ein erhebliches Ärgernis.[27] Noch allerdings war der Zeitpunkt für den offenen Staatsstreich nicht gekommen. Den Ereignissen des 16., 17. und 20. Oktober folgten zehn Tage einer „unheimlichen, gewitterschwülen Ruhe".[28]

Der zweite Kongreß der Demokraten Deutschlands in Berlin und das demokratische Gegenparlament

Der Beginn des zweiten Kongresses der Demokraten Deutschlands am 26. Oktober 1848 markiert das Ende dieser herbstlichen Schwüle.[29] Eingefunden hatten sich knapp 240 Delegierte, die etwa ebenso viele demokratische Vereine vertraten. Das waren mehr als doppelt so viele Vereinigungen wie auf dem ersten Kongreß der Demokraten Deutschlands in Frankfurt. Zugleich hatten sich die regionalen Schwerpunkte verschoben: War der Frankfurter Kongreß von der süd- und westdeutschen demokratischen Bewegung beherrscht, so dominierte auf dem Berliner Kongreß die preußische Demokratie. Allein die Hauptstadt war mit 18 zumeist größeren Vereinen und infolgedessen (nach unterschiedlichen Angaben:) 46 bzw. 54 Delegierten vertreten; darunter war fast die gesamte lokale demokratische ‚Prominenz'.[30] Die recht eindrucksvolle Zahl der Delegierten

---

26 Neben J. Berends und einem Vertreter der demokratischen Studentenschaft sprachen A. Benary für die demokratischen Vereine sowie L. Bisky als Repräsentant der Berliner Arbeiterbewegung (KBA). Teilweise im Wortlaut in: SZ und NZ vom 21. Okt. 1848.

27 Gerlach, Denkwürdigkeiten, I, S. 226.

28 Streckfuß, Freies Preußen, II, S. 477; ähnlich in der Wortwahl auch BZH vom 20. Okt. 1848.

29 Vgl. zum folgenden vor allem Verhandlungen des 2. Demokratenkongresses in Berlin, Beilage zu den ‚Volksblättern'. (In: GStA, Rep. 77, Tit. 509, Nr. 1, Bd. 4, Bl. 281-298 Rs. sowie SAPMO/ZPA, BdK I 6/9/165, Bl. 6-23 bzw. 38-65; im folgenden zit. als: Protokoll.) Vgl. außerdem die Tagesberichte des Berliner Polizeipräsidenten an den Innenminister, in: GStA, Rep. 77, Tit. 662, Nr. 17, Bl. 30-54. Die Ergebnisse des 2. Kongresses der Demokraten sind dokumentiert von Gerhard Becker, Die Beschlüsse des zweiten Demokraten-Kongresses 1848, in: ZfG 21. Jg./ 1973, S. 328-341; zum Teil auch in: Lüders, Demokratische Bewegung, S. 152-191. Ausführliche Darstellungen des Kongresses: ebd., S. 84-109; Paschen, Demokratische Vereine, S. 96-112.

30 Vgl. die als Flugschrift veröffentlichte Liste der Delegierten, in: LAB, Rep. 240, Acc. 685, Nr. 487; davon geringfügig abweichend: Becker, Beschlüsse, S. 335-342, Lüders, Demokratische Bewegung, S. 164-167. Eine Reihe auswärtiger Delegierter vertrat mehrere (kleine) Vereine. Umgekehrt waren die meisten der Berliner Vereine wegen ihrer Größe mit der Maximalzahl von drei Delegierten vertreten; auch der Kreisausschuß für die Mark Brandenburg wurde durch Berliner repräsentiert. Daß es sich bei dem 2. Demokratenkongreß mehr um einen nord- und mitteldeutschen Regionalkongreß als um einen Nationalkongreß handelte, zeigte sich nicht zuletzt daran, daß aus der demokratischen Hochburg Baden kein einziger Delegierter vertreten

konnte freilich nicht darüber hinwegtäuschen, daß die demokratische Bewegung Deutschlands politisch tief gespalten war. Vor allem am 28. und 29. Oktober kam es infolge zahlreicher Meinungsverschiedenheiten zu einer regelrechten Austrittswelle, die am vorletzten Tag so stark war, daß die Zurückgebliebenen die Austrittserklärungen „aus Zeitgründen" nicht mehr zur Kenntnis nehmen mochten. Am 30. Oktober, dem letzten Tag des Kongresses, war nurmehr ein klägliches Häuflein von wenig mehr als fünfzig Delegierten übriggeblieben, unter ihnen zahlreiche Berliner.

Unumstritten war, daß „das deutsche Volk nach Berlin als Quelle seiner Zukunft sehen" müsse. Für den Central-Ausschuß der Demokraten Deutschlands hatte Hermann Kriege außerdem bereits in seinem Eröffnungsreferat unter dem Beifall der Delegierten die Deutsche Nationalversammlung in der Frankfurter Paulskirche als „volks- und freiheitsfeindliche Macht" und die Reichszentralgewalt als „Zentralpolizei" bezeichnet. Am vorletzten Tag forderte der – nunmehr freilich dünn besetzte – Kongreß die demokratischen Vereine auf, für die Auflösung und Neuwahl des deutschen Nationalparlaments zu agitieren. Das neue Parlament sollte seinen Sitz in Berlin nehmen. Denn in der „Hauptstadt des größten deutschen Landes" werde „sich die Sache der Demokratie entscheiden".[31] Kaum kontrovers war schließlich die anzustrebende Staatsform. Die „demokratischen Republikaner" dominierten den Kongreß noch stärker als ein Vierteljahr zuvor in Frankfurt. Heftigen Streit entfachte dagegen die Frage der künftigen Organisierung der Demokraten Deutschlands: Hier standen sich die ‚Zentralisten', die ‚Föderalisten' und eine Mittelgruppe gegenüber. Weder die von schlesischen Demokraten angeführten ‚Föderalisten' noch die ‚harten Zentralisten', die den Central-Ausschuß ausschließlich mit von der Bewegung bezahlten Berufspolitikern besetzt sehen wollten, konnten sich eindeutig durchsetzen. Die zentrale Koordinationsinstanz der Demokraten blieb auch weiterhin ein über den Kreisausschüssen schwebendes, mit den einzelnen Vereinen weitgehend unverbundenes Gebilde.[32]

Obgleich nicht nur in Berlin, sondern auch in den meisten anderen Städten das (heterogene) Proletariat die soziale Hauptbasis der demokratischen Bewegung darstellte, konnten sich die Delegierten nicht zu einem engen organisatorischen Bündnis mit der Arbeiterbewegung durchringen. Ein Antrag Stephan

---

war. Wenn die südwestdeutschen Demokraten in so starkem Maße unterrepräsentiert waren, dann lag dies freilich weniger an politischen Differenzen (oder gar Boykottabsichten), als vielmehr an der profanen Tatsache, daß die Reisekosten sehr hoch waren und viele demokratische Vereine mit chronischen Finanzproblemen zu kämpfen hatten.

31 Protokoll, S. 32. Während des Kongresses selbst stieß die „angemaßte Hegemonie Berlins" nur vereinzelt auf Kritik; vgl. VZ vom 29. Okt. 1848.

32 Vgl. vor allem § 3 des Beschlusses zur Organisation, nach: Becker, Beschlüsse, S. 328. In den Central-Ausschuß gewählt wurden K. D'Ester (KBA), Eduard Graf v. Reichenbach – beides Exponenten der Linken in der PrNV – und der Berliner Demokrat A. Hexamer (KBA).

Borns, der nach Gründung der Arbeiterverbrüderung seit Anfang September von Leipzig aus politisch die Fäden der norddeutschen Arbeiterbewegung zog, die Beschlüsse des Berliner Arbeiterkongresses von Ende August zu übernehmen, wurde abgelehnt.[33] In der ‚sozialen Frage‘, die sich im Laufe der Revolution immer stärker in den Vordergrund gedrängt hatte, erwies sich die demokratische Bewegung als nicht (mehr) konsensfähig. Wie sehr die Demokraten über dieser entscheidenden Frage Ende Oktober 1848 gespalten waren und wie stark sich gegen Ende des Kongresses die politischen Kräfteverhältnisse zu Gunsten der Linken verschoben hatten, zeigte sich erneut an dem Programm, das die von sozialistischen Demokraten beherrschte ‚Kommission für die soziale Frage‘ vorlegte. Der von dieser Kommission formulierte Forderungskatalog wies starke inhaltliche Berührungspunkte mit dem Programm der ‚Arbeiterverbrüderung‘ von Ende August und den von Marx und Engels im April 1848 verfaßten „Forderungen der Kommunistischen Partei in Deutschland" auf.[34]

Die „neun Grundsätze freier Staatsverfassung", die die Delegierten des demokratischen Kongresses auf Antrag des Berliner Demokraten Hexamer dann als

---

33 Protokoll, S. 12. Ausführlich: Gerhard Becker, Die ‚soziale Frage‘ auf dem zweiten demokratischen Kongreß 1848, in: ZfG 15. Jg./1967, S. 262 ff. Allerdings wollten die Demokraten es mit der Arbeiterbewegung nicht gänzlich verderben. Gegen Ende des Kongresses wurde der demokratische Central-Ausschuß von den Delegierten aufgefordert, zur Arbeiterverbrüderung „engste Beziehungen" aufzunehmen (Protokoll, S. 15).

34 U. a. wurde in diesem vier „Grundsätze" und zwölf „praktische Maßnahmen" umfassenden Programm die Vergesellschaftung des Grundeigentums wie des „Bourgeois-Eigenthums", die Aufhebung sämtlicher „materieller und intellectueller Privilegien", die Verwirklichung des Rechts auf Arbeit wie umgekehrt auch eine allgemein gültige (gegen die bürgerlichen „Müßiggänger" gerichtete) Arbeitspflicht gefordert, ferner die Verwandlung aller „fürstlichen und anderen feudalen Landgüter, aller Bergwerke und Gruben u. s. w." in Staatseigentum, die Ersetzung der Privatbanken durch eine Staatsbank, die Verstaatlichung sämtlicher Transportmittel, die „Einführung von starken Progressivsteuern" anstelle der vor allem die Unterschichten treffenden Konsumsteuern, Nivellierung der Einkommen der Staatsbeamten, die „völlige Trennung der Kirche vom Staat", Unentgeltlichkeit der „Gerechtigkeitspflege" und der „allgemeinen Volkserziehung" sowie schließlich die Errichtung von Nationalwerkstätten und die Einführung einer staatlich garantierten Arbeitslosen- und Invalidenversicherung anvisiert. Im Wortlaut in: BZH vom 4. Nov. 1848; Protokoll, S. 28 f. Vgl. hierzu sowie zur personellen Zusammensetzung der Kommission außerdem Becker, Soziale Frage, S. 262, 264 f., 273 ff. sowie Lüders, Demokratische Bewegung, S. 160 ff. Zum Programm der ‚Arbeiterverbrüderung‘ vgl. *S. 425 ff.* Die ‚Forderungen der Kommunistischen Partei‘ finden sich in: MEW 5, S. 3-5. Um die gemäßigten bürgerlichen Demokraten nicht gänzlich zu verprellen, wurde der Forderungskatalog von den Rest-Delegierten dann am 30. Okt. allerdings nicht mehr als verbindliches Programm, sondern als „Empfehlung zur Diskussion" beschlossen. Eher kurios und gleichfalls nicht angetan, die politische Einheit der demokratischen Bewegung zu festigen, war schließlich der Vorschlag H. B. Oppenheims (KBA), die im 24. April 1793 vom Robespierre verfaßte „Erklärung der Menschenrechte", seit 1830 Programm der französischen Sozialisten, redaktionell nur wenig verändert, zur politischen Richtschnur zu machen. (Protokoll, S. 20 f.; im Wortlaut auch in: Streckfuß, Freies Preußen, II, S. 485-489; Lüders, Demokratische Bewegung, S. 168-173; Becker, Beschlüsse, S. 328 ff.) Das wurde zwar abgelehnt, die „demokratische Urkunde" jedoch an die Vereine zur Diskussion weiter gereicht.

Kriterienkatalog verabschiedeten, der an die Verfassungen der einzelnen Staaten angelegt werden sollte, trugen gleichfalls die Handschrift der radikalen Linken. Verlangt wurden neben „direkten Urwahlen" und „einer einzigen Volkskammer" u.a. „jährlich [!] erneuerte Wahlen", „durch Majorität der Urwähler entziehbare Mandate", also ein imperatives Mandat, außerdem statt ausschließlich parlamentarischer Beschlußfassung (offenbar nach Schweizer Vorbild:) „Vorlage aller Verfassungsgesetze vor die Urversammlungen des Volkes zur Annahme oder Verwerfung nach Stimmenmehrheit aller Urwähler des Landes", damit Einführung eines letztendlich entscheidenden „Volksvetos". Weitere Forderungen lauteten „Abschaffung aller Privilegien" und „allgemeine Volksbewaffnung".[35] Eine Verwirklichung dieser „Grundsätze" hätte den Rahmen der auch von gemäßigten Demokraten favorisierten parlamentarischen Repräsentation gesprengt. Zu realisieren wären sie nur in einem zweiten revolutionären Anlauf gewesen. Das war zu diesem Zeitpunkt jedoch illusionär, konnten doch die „Tiefroten" nicht einmal den gemäßigten Flügel der demokratischen Bewegung, geschweige denn die für eine erfolgreiche Umsetzung notwendige Mehrheit auch nur der städtischen Bevölkerung hinter sich bringen. Zwar waren einzelne dieser Forderungen ihrer Zeit voraus. Im Oktober 1848 vertieften sie jedoch die Spaltung der Demokraten; sie isolierten sie außerdem gegenüber den schon vorher skeptischen bürgerlichen und kleinbürgerlichen Schichten weiter. Da zugleich das von Born angezielte enge Bündnis zwischen demokratischer und Arbeiterbewegung nicht zustande kam, ging die demokratische Bewegung Deutschlands, und damit auch Berlins, geschwächt aus ihrem zweiten Kongreß hervor.[36]

Als noch größerer Mißerfolg entpuppte sich das *Gegenparlament*. Dieses Gegenparlament sollte die Mitglieder der linken Opposition der verschiedenen Parlamente zusammenfassen und eine gemeinsame politische Plattform namentlich gegen die Reichszentralgewalt und die rechte Mehrheit der Frankfurter Paulskirche erarbeiten. Indessen waren nur acht ‚auswärtige' Parlamentarier

---

35 Verlangt wurden schließlich eine demokratische Gemeindeverfassung sowie die entschädigungslose Aufhebung aller noch bestehenden Feudallasten. Nach: Protokoll, S. 25 bzw. Becker, Beschlüsse, S. 333. Vgl. außerdem Berliner Tagespresse vom 31. Okt. 1848. Eine weitgehende Verwirklichung erfuhren die „Grundsätze" des 2. Demokratenkongresses lediglich in den anhaltischen Kleinstaaten; vgl. Rüdiger Hachtmann, „… die Autoritäten haben einen Knacks erhalten" – Anhalt in der Revolution von 1848, Einleitung zu: ders./Gerhard Ziegler, Parlamentarismus in Anhalt I: Die anhaltischen Landtagsabgeordneten und die Abgeordneten zur Deutschen Nationalversammlung 1848-1851, Dessau 1996, S. 13 ff. Ein imperatives Mandat für die Abgeordneten hatte der Politische Klub Berlins bereits Anfang April gefordert; vgl. *S. 296, Anm. 16.*

36 Die preußische Regierung konnte denn auch gegenüber dem Reichsinnenminister Schmerling, der ein hartes Durchgreifen gegenüber den versammelten Demokraten verlangt hatte, zu Recht feststellen, daß gerade „die ungestörte Abhaltung jener Versammlung eine bedeutende Niederlage der sogenannten demokratischen Partei zur Folge gehabt hat." (Schreiben des preuß. Bevollmächtigten in Frankfurt, L. Camphausen, an Schmerling vom 9. Nov. 1848, in: BA FFM, DB 54/61 I, Bl. 32-33.)

erschienen; das selbstgesetzte Ziel konnte schon deshalb nicht eingelöst werden. Auch inhaltlich waren die in einen radikalen ‚Frankfurter‘ und einen gemäßigten ‚Berliner‘ Flügel gespaltenen Abgeordneten zerstritten. Die einzig substantielle Diskussion entspann sich um die Ereignisse in Wien. Einig war man sich zwar grundsätzlich in der Unterstützung der Revolutionäre der österreichischen Hauptstadt. Auf eine gemeinsame Proklamation an das „deutsche Volk“ konnte man sich allerdings nicht einigen; sie scheiterte an den Berliner Abgeordneten, die auf einem ausschließlich parlamentarischen ‚Kampf‘ bestanden. Einziges Ergebnis war eine Petition, die aufforderte, die in Wien gefährdete „Volksfreiheit“ zu schützen. Den Antrag in die Preußische Nationalversammlung einzubringen, übernahm Waldeck; er löste damit unfreiwillig die Ereignisse vom 31. Oktober aus.[37]

In der allgemeinen Einschätzung, daß der Demokratenkongreß wie das Gegenparlament die Schwäche der demokratischen Bewegung offengelegt hatten, waren sich die rechte wie die linke Presse Berlins einig. Während die ‚*Berliner Zeitungshalle*‘, die mit vier weiteren Zeitungen zum offiziellen Organ der Demokraten erklärt worden war, am 31. Oktober den „höchst tadelnswerthen Mangel [der Delegierten] an Ergebenheit für die Sache“ und die Profilierungssucht einzelner sowie die große „Lust am Parlamentspielen und am leeren Strohdreschen“ als Hauptgrund für das Scheitern des Kongresses rügte, höhnte die *Kreuzzeitung*: „Wenn sich je die deutsche Demokratie gründlich blamirt und lächerlich gemacht hat, so ist es bei Gelegenheit des gegenwärtigen ‚Central-Congresses der deutschen Demokraten‘ in Berlin geschehen“. Das Wirken des ‚Gegenparlaments‘ brachte das hochkonservative Blatt auf die bündige Formel: „Viel Lärmen um nichts.“ Die *Spenersche Zeitung* bemühte das Bild von dem „kreisenden Berge und der hervorschlüpfenden, lächerlich winzigen Maus“, um ihre Ansicht über den Demokratenkongreß auszudrücken.[38] In der Tat war es nicht die Stärke[39], sondern die Schwäche der demokratischen Bewegung, die die hochkonservativen, gegenrevolutionären Kräfte und „die militärischen Schnurrbärte“ (F. Mehring) zum Staatsstreich ermunterte. Hinzu traten die außenpolitischen Konstellationen, die sich seit Juni und September zugunsten der alten Kräfte entwickelt und seit Ende Oktober aus der Sicht der Konservativen endgültig zum ‚Positiven‘ gewendet hatten.

---

37 Ausführlich vor allem Lüders, Demokratische Bewegung, S. 69-83; vgl. außerdem Temme, Augenzeugenberichte, S. 176 f. Den Berliner Zeitungen war das Gegenparlament nur knappe Notizen wert.

38 KrZ und SZ vom 31. Okt. Im Tenor ähnlich, im Tonfall moderater: VZ vom 31. Okt. und 1. Nov.; NZ vom 31. Okt. 1848. Vgl. ferner Trauttmansdorff in seinem 3. Bericht vom 30. Okt. 1848, in: StA Wien, StK Preußen, K. 196, Bl. 138 f., sowie die Zeitgenossen Ägidi, Gegen die Signatura Temporis, S. 148 f.; Unruh, Skizzen, S. 96; Ludwig Bamberger, Erinnerungen, Berlin 1899, S. 138; Corvin, Leben eines Volkskämpfers, III, S. 196.

39 So die These von Paschen, Demokratische Vereine, S. 89, 95, 111 f.

„*Ganz Berlin muß nach Wien ...* "[40] – *das Ende der Wiener Revolution und die demokratische Bewegung Berlins*

Bereits vor Beginn des Demokraten-Kongresses hatten die Ereignisse in Wien die Berliner Öffentlichkeit bewegt:

Am 3. Oktober ernannte der österreichische Kaiser den konservativen, in heftigem Konflikt mit den Ungarn stehenden kroatischen Banus Jellacic zum Oberbefehlshaber der den Habsburgern noch loyalen ungarischen Truppen. Nachdem dieser kurz darauf von einer Armee der um die staatliche Selbständigkeit kämpfenden Ungarn geschlagen worden war, sollten ihm kaiserlich-österreichische Truppen zu Hilfe kommen. Danach überschlugen sich die Ereignisse: Ein in Wien stationiertes deutsches Grenadierbataillon weigerte sich am frühen Morgen des 6. Oktober, nach Ungarn zu den Truppen Jellacics abzugehen – und rief die Wiener Bürger und Studenten zu Hilfe. Nach kurzem Kampf schlossen sich den Grenadieren weitere Truppenteile an, die übrigen flohen aus der Stadt; Wien war in der Hand der bewaffneten Revolutionäre. Das Staatsministerium löste sich überhastet auf; der Kriegsminister Latour wurde an einer Laterne aufgehängt. Nach der blutigen Eroberung des Zeughauses erhielten auch die Wiener Proletarier Waffen; für sie wurde die rote Farbe (nach Paris, Berlin und einigen anderen Städten) gleichfalls zum politischen Symbol. Insgesamt standen etwa 100 000 Männer unter Waffen; die meisten von ihnen waren freilich nur schlecht bewaffnet. Bereits in der ersten Oktoberhälfte begann die Einschließung Wiens, da Jellacic, von den Ungarn geschlagen, mit seinen Truppen in die Nähe Wiens marschierte, ebenso die aus der österreichischen Hauptstadt zunächst vertriebenen Truppen. Aus Böhmen rückte der am 16. Oktober zum Feldmarschall und Oberbefehlshaber ernannte Fürst Windischgrätz mit seinen Truppen heran. Insgesamt verfügte er über ungefähr 70 000 gut ausgerüstete Soldaten. Der weiterhin in Wien als Rumpfparlament tagende österreichische Reichstag suchte vergeblich zu vermitteln. Am 22. Oktober wurde der Reichstag nach einer kaiserlichen Verfügung vertagt. Am 23. Oktober erging an die Wiener die Aufforderung, binnen 48 Stunden ihre Waffen niederzulegen. Am 26. Oktober ließ der zu keinerlei Konzessionen bereite Windischgrätz Wien angreifen. In den Folgetagen wurden die äußeren Stadtteile nach heftigen Kämpfen, die auf Seiten der Wiener Revolutionäre mehr als zweitausend Tote forderten, von den regulären Truppen erobert. Die ungarische Armee, die Ende Oktober vor Wien erschien, war zu schwach, um in die Kämpfe einzugreifen. Am 1. November hatte Windischgrätz gesiegt, war die österreichische Hauptstadt blutig ‚befriedet'.

Die jeweiligen Ereignisse in Wien wurden in Berlin mit etwa zwei- bis dreitägiger Zeitverschiebung bekannt. Seit dem 10. und besonders seit dem 24./25. Oktober berichtete die Berliner Presse ausführlich über die Wiener Oktoberrevolution und den Gegenschlag Windischgrätz'. Die demokratische und die liberale Bewegung der preußischen Hauptstadt begannen sich erst in der letzten

---

40 Überschrift eines satirischen Flugblattes von Ullo Bohmhammel (= Albert Hopf), undat. (Ende Okt. 1848), als Flg. in: LAB, Rep. 240, Acc. 685, Nr. 502; als Reprint in: Townsend, Humor, S. 79; im Wortlaut auch in: Denkler, Straßeneckenliteratur, S. 169-173.

Woche des Oktobers intensiver mit den Vorgängen in der K.u.K.-Monarchie zu beschäftigten. Sie machten die Sache der Wiener Revolutionäre zu einem Zeitpunkt zu ihrer eigenen Angelegenheit, als in der Metropole Österreichs die Dinge im Grunde längst entschieden waren. Der Konstitutionelle Klub forderte in seiner Sitzung vom 27. Oktober die deutsche Reichszentralgewalt „fast einstimmig" auf, „ein Bombardement Wiens durch Windischgrätz oder gar eine Aufhebung der im März und Mai von den Österreichern errungenen Rechte" nicht zu dulden.[41] Der Demokratische Kongreß appellierte zwei Tage später in einem Aufruf „an das deutsche Volk"[42], Wien als „Hauptbollwerk deutscher Freiheit" gegen die „Fesseln einer Zwingherrschaft", die man der Stadt überstülpen wolle, zu verteidigen. „Die Sache Wiens ist die Sache Deutschlands, die Sache der Freiheit." Zwar wurde auch zu direkter Unterstützung der bedrohten Hauptstadt Österreichs aufgerufen und einige Tage später ein etwa 1500 Mann zählendes Berliner Freikorps für Wien gebildet, das allerdings nicht mehr zum Einsatz kam.[43] In der Hauptsache sollte die Unterstützung des revolutionären Wien jedoch, folgt man dem Aufruf des Demokratenkongresses vom 29. Oktober, zu einem zwischenstaatlichen Problem gemacht werden, zur „heiligste[n] Pflicht der deutschen *Regierungen*, [die] mit allem ihren Einfluß der deutschen Schwesterstadt zu Hilfe zu eilen" sollten. Es war nicht zuletzt mit Blick auf Berlin, wo die Kamarilla gerade in den letzten Vorbereitungen für den Vollzug der Gegenrevolution begriffen war, ein recht seltsames Ansinnen, „die preußische Regierung" aufzufordern, „Wrangel oder Colomb", der für die brutale Unterwerfung der aufständischen Polen durch preußisches Militär Ende April verantwortlich war, „oder den Prinzen von Preußen gegen Auersperg, Jelacic und Windischgrätz [zu] senden." Die Regierungen der beiden deutschen Hegemonialmächte würden „selbstvergnügt lächeln über diese jungfräuliche Schwärmerei", kommentierte denn auch die ‚Neue Rheinische Zeitung' am 3. November das Anliegen der Berliner Kongreß-Demokraten mit beißender Ironie.

---

41 Nach: VZ vom 29. Okt. 1848. Vgl. außerdem Erklärung des Demokratischen Klubs vom 1. Nov. 1848, in: ZBSt., 1848 Flg., M. 22.
42 In: LAB, Rep. 240, Acc. 685, Nr. 494; GStA, XII. HA, IV. Flg., Nr. 27/II; im Wortlaut in: Protokoll, S.32; Streckfuß, Freies Preußen, II, S. 489 f.; Lüders, Demokratische Bewegung, S. 106 f. sowie Obermann, Einheit, S. 608 f.
43 Auf einen Aufruf des Demokratischen Bürgerwehr- und des Landwehrvereins hin hatte sich die genannte Zahl an Personen am 5. Nov. auf dem Exerzierplatz vor dem Prenzlauer Tor zusammengefunden. Obwohl die Teilnahme am Kampf um Wien inzwischen hinfällig geworden war, wollte man doch als Kern eines „todesmuthigen, kraftvollen jungen Heeres zusammentreten, um sich jedem Feinde mit offener Brust entgegenzustürzen." (Nach: VZ vom 7. Nov. 1848.) In einer Bekanntmachung vom 5. Nov. rief das ‚Comité des Freikorps' zur Meldung weiterer waffenfähiger Männer auf. Aufruf des Demokratischen Bürgerwehr- und Landwehrvereins und Bekanntmachung vom 5. Nov. 1848, in: GStA, XII. HA, IV. Flg., Nr. 27/II.

Für den Nachmittag des 29. Oktober hatte der demokratische Kongreß außerdem eine Volksversammlung anberaumt. Diese Veranstaltung war (so die Vossische) „sehr zahlreich besucht und ist wohl für eine der bedeutsamsten zu erklären, die je in Berlin abgehalten worden sind."[44] Im Zentrum der Reden stand natürlich ‚Wien'. Mehrere Redner riefen, mit Seitenblick auf Jellacic, zum „Widerstand gegen die Unterjochung Wiens durch die Slaven und [die] Aristokratie" auf.[45] Auf Vorschlag Arnold Ruges, der als letzter Redner auftrat und zu einer „sittlichen Erhebung" für die österreichische Hauptstadt aufforderte, wurde von den Versammelten dann per Akklamation beschlossen, der Preußischen Nationalversammlung am übernächsten Tage, dem 31. Oktober, eine „große Sturmpetition zu Gunsten Wiens" vorzutragen.[46] „Wochenlang hat man die Operationen der schurkischen Kamarilla in Österreich aus dem vereinigten Deutschland angeglotzt, und jetzt, wo es in Flammen steht, petitioniert man um Hilfe", geißelte die ‚Neue Rheinische Zeitung' am 5. November 1848 in einem resümierenden Bericht über den zweiten Demokratenkongreß diesen verspäteten und – da die Entscheidung in Wien bereits gefallen war – sinnlosen Aktionismus. Den Wiener Revolutionären konnte mit der Sturmpetition nicht mehr geholfen werden. Dafür wurden durch den Beschluß der Volksversammlung vom 29. Oktober in Berlin Ereignisse ausgelöst, die der preußischen Kamarilla endlich die ersehnte Gelegenheit boten, die seit langem geplante Gegenrevolution auszulösen.

Der 31. Oktober

Um die Sturmpetition der Preußischen Nationalversammlung zu überbringen, sammelten sich am letzten Oktobertag, zwischen 12 und 13 Uhr, etwa sechstausend Menschen[47] auf dem Alexanderplatz. Von da aus bewegte sich der stetig

---

44 VZ vom 31. Okt. 1848. In der ‚Reform' vom 31. Okt. 1848 wurde eine Teilnehmerzahl von 4000 bis 5000, im Protokoll des Demokratenkongresses (S. 22) sogar eine von 12000 bis 15000 angegeben. Der Polizeipräsident nannte dem Innenminister gegenüber eine Zahl von „ca. 2000 Personen"; vgl. Bericht vom 29. Okt. 1848, in: GStA, Rep. 77, Tit. 662, Nr. 17, Bl. 52; ferner SZ vom 31. Okt. 1848, sowie Corvin, Leben eines Volkskämpfers, III, S. 199.

45 Die in der Paulskirche versammelten Abgeordneten übten „Verrat am Volke"; das deutsche Parlament sei „zu einer Centralpolizei herabgesunken." Die Frankfurter Reichszentralgewalt „leide es, daß Deutsche in Wien von Barbaren gemordet würden", usw. usf. Zitate: NZ vom 31. Okt. 1848.

46 VZ vom 31. Okt. 1848. Rede Ruges im Wortlaut in: ‚Reform' vom 31. Okt. 1848, sowie Lüders, Demokratische Bewegung, S. 103 f. Schon am Vortage, am 28. Okt., war vom ‚Verein des 3. größeren Wahlbezirks' eine Veranstaltung zu den Wiener Ereignissen mit allerdings magerer Beteiligung durchgeführt worden; vgl. KrZ vom 31. Okt. 1848.

47 So die SZ vom 1. Nov. 1848. Andere Berichte sprechen unbestimmt von „mehreren tausend" Personen. Das folgende Zitat aus dem 1. Bericht Trauttmansdorffs vom 31. Okt. 1848, in: StA

wachsende Zug „unter Vortragung rother Fahnen" (wie der österreichische Gesandte vermerkte) zum Gensdarmen-Markt. Eine Deputation der Demonstranten begab sich in das Schauspielhaus und überreichte D'Ester, einem Repräsentanten der Linken im preußischen Abgeordnetenhaus, die zwei Tage zuvor beschlossene und mit zahlreichen Unterschriften versehene Petition. Nachdem D'Ester seinerseits die Eingabe an den kurz zuvor zum Präsidenten der Preußischen Nationalversammlung gewählten v. Unruh weitergereicht und letzterer versprochen hatte, den Antrag noch in der Abendsitzung des Abgeordnetenhauses behandeln zu lassen, beschlossen die vor dem Tagungsgebäude ausharrenden Versammelten, auseinanderzugehen und am späten Nachmittag gegen 17 Uhr wiederzukommen, um die Antwort der preußischen Volksverteter auf die Petition entgegenzunehmen.

Tatsächlich versammelten sich zu diesem Zeitpunkt, so der Polizeipräsident, „verabredetermaßen die Volkshaufen vor dem Schauspielhause, zumeist an dem von den Abgeordneten benutzten Eingange. Sie zündeten Fackeln an und bewegten sich auf dem Platze lärmend und Drohungen ausstoßend gegen die National-Versammlung, falls diese ihrem Antrage nicht entsprechen würde." Zwar „war die Haltung der Volksmenge, welche von mehreren Rednern angefeuert wurde, nicht von der Stelle zu weichen, bis ein ihren Wünschen entsprechender Beschluß der National-Versammlung ergangen sein würde, immer bedrohlicher geworden." Zu irgendwelchen Handgreiflichkeiten kam es jedoch nicht.[48] Dennoch war das, was sich vor dem Schauspielhause abspielte, für bürgerliche Beobachter schreckenerregend: „Eine wilde Bande", „in zerrissene Lumpen gekleidete Männer aus den untersten Volksklassen" hatten „rothe Fahnen vor der Haupteingangsthür aufgepflanzt". Auch auf dem Platz erblickte man mehrere „rothe Fahnen, um welche sich Schaaren gebildet hatten".[49]

In der Preußischen Nationalversammlung wurde zu diesem Zeitpunkt ein Antrag Waldecks debattiert, der die Forderungen der Berliner Sturmpetition aufnahm: „Die Versammlung wolle beschließen, das Staatsministerium aufzufordern, zum Schutze der in Wien gefährdeten Volksfreiheit alle dem Staate zu Gebote stehenden Mittel und Kräfte schleunigst aufzubieten." Waldecks Vorlage fiel (mit 229:113) ebenso durch wie ein Amendement Dunckers, „die Regierung

---

Wien, StK Preußen, K. 196, Bl. 143. Veranstalter der mittäglichen Demonstration war der Demokratische Bürgerwehr-Verein; vgl. dessen Aufruf vom 30. Okt., in: SZ vom 1. Nov. 1848.

48 Bericht des Polizeipräsidenten an den Innenminister vom 1. Nov. 1848, in: GStA, Rep. 77, Tit. 440a, Nr. 1, Bd. 1, Bl. 95-96 Rs.

49 Streckfuß, Freies Preußen, II, S. 503 f. bzw. VZ vom 2. Nov. 1848. Zur sozialen Zusammensetzung der „Haufen", die draußen ungeduldig der Ergebnisse der preußischen Nationalversammlung harrten, finden sich in den Quellen lediglich Pauschalangaben: Es seien (so die NZ vom 2. Nov. 1848 und der Polizeipräsident in seinem Bericht vom 1. Nov. [Anm. 48] Bl. 97 Rs.) „Arbeiter" gewesen, u. a. „Rehberger Arbeiter". Die Maschinenbauer hatten ihren Auftritt erst am späten Abend.

S.M. aufzufordern, bei der deutschen Zentralgewalt mit Entschiedenheit dahin zu wirken, daß nicht infolge der neuesten Wiener Ereignisse die Freiheit und die Nationalität eines deutschen Bruderstammes gefährdet werde" (Ablehnung mit 187:164 Stimmen). Angenommen wurde dagegen (mit 261:52) eine Formulierung von Rodbertus, „S. M. Regierung aufzufordern, bei der deutschen Zentralgewalt schleunige und energische Schritte zu tun, damit die in den deutschen Ländern Österreichs gefährdete Volksfreiheit und die bedrohte Existenz des Reichstages in Wahrheit und mit Erfolg in Schutz genommen und mit Erfolg der Friede hergestellt werde".[50] Die beiden letzten Anträge unterschieden sich nur im Tonfall. Unsinnig waren alle drei: Es war absurd zu glauben, die preußische Regierung oder der Reichsverweser, der ja aus dem Hause Habsburg kam, würde sich der „Volksfreiheit" wegen in einen Krieg mit Österreich hineinziehen lassen. Abgesehen davon wäre jede Hilfe für das revolutionäre Wien zu spät gekommen. Darum ging es der Mehrheit der Abgeordneten mit der Annahme des Rodbertus'schen Antrages auch gar nicht. „Bereits in den Nachmittagsstunden", so berichtete der gutinformierte österreichische Gesandte, „hatte es geheißen, man gehe damit um, den elektrischen Stoffen, die sich hier angesammelt, eine Ableitung nach Frankfurt zu geben. Dies ist ihnen durch Annahme des Rodbertus'schen Amendements [...] geschehen."[51]

Die Absicht, mit der Annahme des Antrags Rodbertus' das vor den Türen des Schauspielhauses wartende Berliner ‚Volk' zu beruhigen, ging jedoch nicht auf. Die schwelende Unruhe schlug in offenen Zorn um. Noch bevor die Beschlüsse der Abgeordneten bekannt wurden, waren weitere Abteilungen der Bürgerwehr angerückt, um die Eingänge des Schauspielhauses (wie der Polizeipräsident sich ausdrückte) „zu säubern". Dies gelang jedoch nicht. „Volkshaufen" drängte immer wieder nach. Fackeln wurden angezündet und „Jedem genau ins Auge geleuchtet, so daß Niemand die Schwelle des Hauses unerkannt überschreiten konnte." Bürgerliche Beobachter bemerkten außerdem „Individuen mit Stricken in den hochgehobenen Händen und man hörte die Drohung, daran die Minister und alle diejenigen Abgeordneten aufzuhängen, welche gegen die Petition stimmen würden." In das Gebäude selbst und in den Parlamentssaal drang zwar keiner der ‚Tumultuanten' ein. Das „Getöse" draußen war jedoch so groß, daß es „störend und beängstigend im Sitzungssaal selbst vernommen wurde." Als die Sitzung der Preußischen Nationalversammlung kurz nach 22 Uhr geschlossen wurde, mußten sich die Abgeordneten beim Verlassen des Gebäudes „zum Theil

---

50 Verhandlungen PrNV, III, S. 292-310.
51 Bericht Trauttmansdorffs vom 1. Nov. 1848, in: StA Wien, StK Preußen, K. 196/II, Bl. 12 f.

durch die Menge hindurch drängen". Zu ernsthaften „körperlichen Mißhandlungen" der Volksvertreter kam es aber nicht.[52]

Wenn dennoch auch dieser Abend blutig ausging, dann war dies wie schon elf Tage zuvor letztlich erneut ein ‚Verdienst' der Bürgergarde. Kurz vor dem Ende der Parlamentssitzung war „eine starke Abtheilung Maschinenbauer", dem „früher von ihnen erlassenen Plakate getreu, sich zwischen die Bürgerwehr und das Volk zu stellen, unbewaffnet mit einer weißen Fahne erschienen." Sie versuchten eine Kette zu bilden, „durch die die Abgeordneten hindurch gehen könnten. Allein das Drängen der Menge ist zu stark gewesen", ungeachtet „allen Zuredens der Maschinenbauer wie einzelner Abgeordneter". Bürgerwehr habe „anrücken müssen, um den Platz vor dem für die Abgeordneten bestimmten Ausgang zu räumen. Bei dieser Gelegenheit ist ein Schuß gefallen – wie Augenzeugen versichern, ein Schuß, wie aus einer blind geladener Pistol, also der bekannte ‚obligate' Schuß. Die Bürgerwehr hat den Platz frei gemacht; leider ist es doch aber nicht ohne einige Verwundungen abgegangen". Mehrere Maschinenbau-Arbeiter wurden verletzt, einer von ihnen so schwer, daß er kurz darauf verstarb.[53]

Die konservative wie liberale Presse und ebenso die Vereine der gleichen politischen Farben waren sich einig in der Verurteilung des „schmählichen Attentats gegen die Nationalversammlung".[54] Die Maschinenbauer legten am Vormittag des 1. November für einige Stunden aus Protest gegen die Übergriffe der Bürgerwehr die Arbeit nieder. Bemerkenswert ist schließlich, daß „unter den arbeitenden Klassen" zuvor anerkannte demokratische ‚Führer' an Autorität eingebüßt

---

52 Zitate: Bericht des Polizeipräsidenten vom 1. Nov. (Anm. 48), Bl. 97 Rs. u. 98 sowie SZ vom 2. Nov. 1848. Vgl. außerdem die VZ, BZH und KrZ vom 2. Nov. sowie die ausführlichen Darstellungen von Lüders, Demokratische Bewegung, S. 113-124; Streckfuß, Freies Preußen, II, S. 501-518.

53 Zitate: NZ und VZ vom 2. Nov. 1848. Vgl. außerdem Bericht des Polizeipräsidenten vom 1. Nov. (Anm. 48), Bl. 97 u. Rs., Rimpler, Berliner Bürgerwehr, S. 80 ff., sowie eine Erklärung des Maschinenbau-Arbeiter-Vereins vom 1. Nov. 1848, im Wortlaut in: Streckfuß, Freies Preußen, S.513. Schüsse, deren Urheber unbekannt blieben und die deshalb zu allerlei Spekulationen Anlaß gaben, hatten (darauf spielt die NZ an) vor allem am 18. März, am 14. Juni und am 16. Okt. blutige Auseinandersetzungen ausgelöst. Wohl um die Gemüter zu beruhigen, beschloß die Stadtverordnetenversammlung am 2. Nov., den am 31. Okt. getöteten Maschinenbauer auf Kosten der Stadt bestatten zu lassen. Zur Bestattung, die am 5. Nov. stattfand, vgl. VZ vom 5. Nov. und BZH vom 7. Nov. 1848.

54 NZ vom 3. Nov. 1848. Der ‚Centralausschuß der demokratisch-konstitutionellen Vereine Deutschlands' als Dachverband der organisierten Liberalen sprach in einer öffentlichen Erklärung vom 2. Nov. von einem „frevelhaften Attentat" eines „wahnsinnigen Haufens" und von „anarchischen Ausschweifungen weniger". (In: LAB, Rep. 240, Acc. 685, Nr. 525; GStA, XII. HA, IV. Flg., Nr. 27/II.) Vgl ferner VZ und KrZ vom 2. Nov., außerdem die Erklärungen des Preußen-Vereins und des ‚Vereins für König und Vaterland', jeweils vom 1. Nov., in: VZ vom 5. Nov. 1848. Zum Streik der Maschinenbauer vgl. Rimpler, Bürgerwehr, S. 83.

hatten, und zwar selbst die, deren ‚Volksnähe' sprichwörtlich war.[55] Zwar mögen, wie die Demokraten vermuteten, „reaktionäre Hintermänner" tätig gewesen sein. Ihnen, oder einem exzessiven Alkoholgenuß, kann jedoch nicht die alleinige ‚Schuld' für die Vorfälle zugeschoben werden.[56] Wahrscheinlicher ist, daß hier seinen augenscheinlichen Ausdruck fand, was sich kurz zuvor auf dem Kongreß der Demokraten Deutschlands abgezeichnet hatte: die Spaltung in bürgerliche und ‚proletarische' Demokratie. Überdies waren die ‚Volksmassen' der Konzeptionslosigkeit der demokratischen Bewegung und ihrer Führer offenbar müde geworden – ohne dem allerdings eigene substantielle Alternativen gegenüberstellen zu können.

Dem Innenminister dienten die Vorfälle als Vorwand, „zur Aufrechterhaltung der gesetzlichen Ordnung und zur Verhütung und Unterdrückung ähnlicher Excesse alle ih[m] zu Gebote stehenden Mittel in Anwendung zu bringen" und, „sobald die zunächst zur Aufrechterhaltung der gesetzlichen Ordnung berufene Bürgerwehr dieser Aufgabe nicht rechtzeitig und vollständig genügt, sofort die bewaffnete Militairmacht zu requiriren und […] in Thätigkeit treten zu lassen." Vor allem die letzte Formulierung dieser Bekanntmachung vom 1. November stieß auf „tiefe Entrüstung" (Adolph Streckfuß) bis in die Reihen der gemäßigten Berliner Öffentlichkeit.[57] Eichmann und der hinter ihm stehenden Kamarilla ging es mit der Verfügung in erster Linie darum, den Konflikt zwischen der Krone und der von dieser eingesetzten Regierung einerseits sowie der preußischen Volksvertretung andererseits zu forcieren. Die Mehrheit der Abgeordneten hatte sich bereits nach dem Zeughaussturm demonstrativ unter den Schutz der Berliner Bürgerwehr gestellt und erneuerte diesen Entschluß am 2. November.[58] Formalrechtlich kam der allseits kritisierten Bekanntmachung des Innenministers[59] erhebliche Bedeutung zu, weil sie am 11. November den Einzug des Mili-

---

55 Berends wurde von „mißgestimmten" Personen angerempelt, als er das Schauspielhaus verließ. Lindenmüller, „der vom Schauspielhause herab zu reden versuchte, wurde zugerufen: er möge sich nur wieder in seine Tonne begeben", in die er während eines Tumults im Sommer vor den Ordnungskräften geflohen war. Karbe wurde „verhöhnt". Held schließlich „stürzte an jenem Abend im Maschinenbauer-Verein von der Höhe der Volksgunst, auf der ihn in letzter Zeit nur noch dieser Verein gehalten hatte." (VZ vom 4. Nov. 1848). Vgl. KBA.

56 Lockspitzel und „Reaction" hinter dem Geschehen vermuteten z.B. Karl D'Ester, Der Kampf der Demokratie und des Absolutismus in der preußischen konstituirenden Versammlung. Rechenschaftsbericht an seine Wähler, Leipzig 1849, S. 55; Streckfuß, Freies Preußen, II, S. 505; Temme, Augenzeugenberichte, S. 177 f.; Springer, Berlins Straßen, S. 226; vgl. ferner Lüders, Demokratische Bewegung, S. 115, 124-133.

57 Vgl. z.B. VZ vom 3. Nov. 1848. Auch unter den Abgeordneten der PrNV forderte die Bekanntmachung Eichmanns scharfen Protest heraus; vgl. Verhandlungen PrNV, III, S. 374 ff.

58 Vgl. Verhandlungen PrNV, III, S. 312 ff.; ferner Schreiben des Präsidenten der PrNV an Rimpler vom 2. Nov. 1848, in: GStA, Rep. 169, B. 4, Specialia, Nr. 9, Bl. 234.

59 Neben den Abgeordneten mußte die Berliner Bürgerwehr die Bekanntmachung des Innenministers als Affront auffassen, wurde dadurch doch mit dem bis dahin üblichen und offiziell sanktionierten Verfahren gebrochen, „daß die Aufrechterhaltung der öffentlichen Ordnung lediglich

tärs legalisierte. Innerhalb der Strategie der Kamarilla, die Konflikte systematisch zu eskalieren, um endlich mit der Revolution Schluß machen zu können, besaß sie dagegen nur einen untergeordneten Stellenwert. Bedeutsamer war, daß mit den Tumulten vom 31. Oktober die Krone endlich eine, oberflächlich betrachtet, plausible Begründung gefunden hatte, aus ‚Sicherheitsgründen' die Verlegung der preußischen Volksvertretung anzuordnen und damit die letzte Phase der Gegenrevolution einzuleiten.[60]

---

der Bürgerwehr überlassen bleibt, und die mögliche Hülfsstellung des Militairs nur für den äußersten Nothfall" und lediglich „auf ausdrückliche Aufforderung des Commandeurs der Bürgerwehr oder der städtischen Behörden erfolgen wird." (Gemeinsame Bekanntmachung des Berliner Militär-Gouverneurs und des Polizeipräsidenten vom 29. März 1848, nach: VZ vom 3. Nov. 1848.) Bereits am 2. Nov. beschuldigte das Kommando der Bürgerwehr in einer öffentlichen Erklärung den Innenminister des Bruchs gegebener „Zusicherungen" und legte öffentlich „Verwahrung" gegen dessen Verfügung ein. Vgl. außerdem ein entsprechendes Schreiben Rimplers an Bardeleben vom 3. Nov. sowie die Antwort Bardelebens vom 6. Nov. 1848, in: GStA, Rep. 77, Tit. 440a, Nr. 1, Bd. 1, Bl. 169-171 Rs. Zugleich suchte das Bürgerwehrkommando in einer öffentlichen Mahnung zur „Besonnenheit" vom 2. Nov. die weitere Zuspitzung des Konflikts unter allen Umständen zu vermeiden. Bekanntmachungen Rimplers vom 2. Nov. in: LAB, Rep. 240, Acc. 685, Nr. 522 bzw. 523; GStA, XII. HA, IV. Flg., Nr. 27/II; ZBSt, 1848 Flg., M. 22; im Wortlaut in: BZH vom 4. Nov. 1848, sowie Streckfuß, Freies Preußen, II, S. 542 f.

60 Vgl. bes. die Eintragung Leopold v. Gerlachs vom 2. Nov. 1848, in: ders., Denkwürdigkeiten, I, S. 232.

Kapitel IX.4

Der Konflikt zwischen Preußischer Nationalversammlung und Krone und das Ende der Berliner Revolution

Die Ereignisse der Tage zwischen dem 31. Oktober und dem 10. November ‚überstürzten' sich nicht. Sie liefen im Gegenteil ‚nach Plan' ab, nämlich nach dem von Leopold v. Gerlach vorformulierten ‚Kampfprogramm' vom 11. September und dem Promemoria des Königs vom 15. September.[1] Beide umzusetzen hatte Friedrich Wilhelm IV. eigentlich v. Pfuel zur Aufgabe gemacht. Erst mit den Berliner Ereignissen vom 16. und 31. Oktober sowie vor allem dem blutig erkämpften Sieg von Windischgrätz und seinen Truppen über das revolutionäre Wien war jedoch aus der Perspektive des Monarchen und seiner Kamarilla der Zeitpunkt auch für Preußen gegeben, in die Phase der offenen Gegenrevolution einzutreten. Am 26. Oktober hatte der österreichische Geschäftsträger in Berlin prognostiziert, daß „der Ausgang der Wiener Ereignisse auf den Gang, den man in der nächsten Zukunft hier einzuschlagen gedenkt, den wesentlichsten Einfluß haben [werde]; durch die dortigen Erfolge sind die Entschlüsse der preußischen Regierung bedingt." Drei Tage später konnte er nach Wien berichten: Die kompromißlosen Manifeste des österreichischen Kaisers gegenüber dem revolutionären Wien „erhielten – wie ich höre – den vollen Beifall des Königs." Friedrich Wilhelm IV. habe die „energische Sprache" sehr gelobt. Österreich, so der preußische Monarch zuversichtlich, werde „aus der jetzigen Krise verjüngt hervorgehen".[2] Umgekehrt begleiteten ‚gute Wünsche' und unzweideutige Erwartungen des noch in Olmütz weilenden österreichischen Kaisers die preußische Krone bei ihren Ende Oktober, Anfang November eingeleiteten Aktionen. Ausdrücklich äußerte der Habsburger die Hoffnung, daß mit der „Besiegung der Umsturzpartei in Österreich" namentlich Preußen „und das im Entstehen begriffene Civilkabinett, gestärkt durch die in dem Nachbarstaat errungenen Erfolge, eine mit der unsrigen parallel laufende Richtung einzuhalten den Muth und die Kraft finden werde[n]." Dieser freundlichen Aufmunterung bedurfte es freilich nicht, um die Berater Friedrich Wilhelms IV. zu den entscheidenden Aktivitäten anzustoßen.

---

1 Vgl. *S. 714 f.*
2 Erster Bericht Trauttmansdorffs vom 23. sowie Bericht vom 26. Okt. 1848, in: StA Wien, StK Preußen, K. 196/I, Bl. 93 bzw. 111 f. Das folgende Zitat: Depesche an Trauttmansdorff vom 4. Nov. 1848, in: ebd., K. 197, Bl. 125 Rs. f.

Nach längerem Vorlauf war die Ernennung des Grafen Brandenburg, eines Sohnes Friedrich Wilhelms II. und der Gräfin Dönhoff, mithin also eines Großonkels des Königs, Ende Oktober schließlich perfekt.[3] Am Morgen des 2. November wurde der von Leopold v. Gerlach verächtlich „Versammlung im Comödienhause" bezeichneten preußischen Volksvertretung die Ernennung des Grafen v. Brandenburg und damit eines führenden Repräsentanten der hochkonservativen Militärpartei zum Ministerpräsidenten bekannt gemacht.[4] Der Berliner Nationalversammlung war der „Fehdehandschuh" (Johann Jacoby) hingeworfen worden. Die Frage war nun, ob und wie diese ihn aufnahm.

„Es ist das Unglück der Könige, daß sie die Wahrheit nicht hören wollen" – der 2. November 1848

Noch am gleichen Tage, gegen 16^{30} Uhr, beschloß das preußische Abgeordnetenhaus eine Adresse an den König, in der u.a. festgestellt wurde, „eine Regierung unter den Auspizien des Grafen Brandenburg" sei „ohne Aussicht, eine Majorität in der Versammlung und Vertrauen im Lande zu gewinnen".[5] Die Adresse sollte noch am Abend des gleichen Tages in Sanssouci dem König durch eine Deputation der Nationalversammlung überreicht werden.

In Potsdam angekommen, begab sich die Abordnung (so berichtete Viktor v. Unruh, Präsident des preußischen Parlamentes und Mitglied der Deputation, den Abgeordneten am folgenden Tage) „sofort nach Sanssouci, fand aber keinen Minister anwesend. Ich war daher genöthigt, mich an den dienstthuenden Flügel-Adjutanten", Edwin v. Manteuffel, den späteren Feldmarschall und Gegenspieler Bismarcks, einen Bruder des designierten Innenministers und späteren Ministerpräsidenten Otto v.

---

3 Bereits am 6. Okt. hatte Ernst Ludwig v. Gerlach dem König vorgeschlagen, an Stelle v. Pfuels den Grafen Brandenburg zum Ministerpräsidenten zu machen. Zwar war Friedrich Wilhelm IV. mit diesem Vorschlag sofort einverstanden und Brandenburg auch bereit, das Amt zu übernehmen. Da ein „in die Augen springender Vorwand" jedoch fehlte, verzichteten der Monarch und die Kamarilla zunächst darauf, das „Ministerium zu wechseln". Angesichts der Ereignisse in der österreichischen Hauptstadt Anfang Okt. schien ein Ministerwechsel dem König sogar ausgesprochen gefährlich; vgl. Eintragungen Leopold v. Gerlachs vom 10. Okt. 1848, in: Gerlach, Denkwürdigkeiten, I, S. 214 f. Da sich in Österreich die Situation erst in der zweiten Oktoberhälfte zu ändern begann, nahm der König das erste Abschiedsgesuch v. Pfuels vom 16. Okt. nicht an. Auch nach dem zweiten Rücktrittsgesuch v. Pfuels fünf Tage später, das Friedrich Wilhelm IV. grundsätzlich akzeptierte, bat der Monarch den Ministerpräsidenten, seine Entlassung geheimzuhalten – bis die Dinge in Wien definitiv entschieden waren.
4 Schreiben Brandenburgs an Unruh, datiert auf den 1. Nov. 1848, in: Verhandlungen PrNV, III, S. 311.
5 Die Einsetzung eines Ministeriums Brandenburg würde die in Preußen herrschende allgemeine „Aufregung unzweifelhaft zum Ausbruch steigern und unendlich traurige, an das Geschick des Nachbarstaates [Österreich] erinnernde Folgen für Ew. Majestät Hauptstadt und Land nach sich ziehen". (Ebd., III, S. 320.)

Dr. Jacoby.   v. Unruh.   v. Berg.   Prof. Baumstark.   Rodbertus.   v. Kirchmann.

Die Abordnung der Preußischen Nationalversammlung bei Friedrich Wilhelm IV.
in Sanssouci am 2. November 1848. Nach: „Illustrierte Zeitung", 1848

Manteuffel, „zu wenden, und ersuchte denselben, die Deputation bei Sr. Majestät anzumelden." Manteuffel behandelte die Abgesandten der preußischen Volksvertretung mit demonstrativer Geringschätzung. Er erwiderte, es sei bereits seit dem Monat März der Befehl ertheilt worden, Deputationen nur durch Vermittlung verantwortlicher Minister", im konkreten Falle also durch Mitglieder des gerade vom König eingesetzten, vom Parlament jedoch abgelehnten Kabinetts Brandenburg, „bei Sr. Majestät einzuführen", und ließ nach diesem Bescheid die Parlamentarier zunächst warten. Nach „wenigen Minuten" kam Manteuffel „wieder und sagte, er könne die angenehme Nachricht mittheilen, daß soeben eine Depesche des Ministeriums eingegangen sei, worin Se. Majestät dringend gebeten werde, die Deputation zu empfangen. Se. Majestät haben demnach die Deputation empfangen, die Adresse ist verlesen und Sr. Majestät eingehändigt worden. Se. Majestät haben aber eine Antwort darauf nicht ertheilt", weil er es, wie der König durch drei konservative Abgeordnete mitteilen ließ, die er zu einem Privatgespräch empfing, „nicht verträglich finde, der Deputation irgend eine [offizielle] Antwort zu geben, wenn kein verantwortlicher Minister zugegen" sei.[6]

Unmißverständlicher konnten Friedrich Wilhelm IV. und sein Adjutant ihre Verachtung des Parlaments kaum zum Ausdruck bringen. Was Unruh in seinem Bericht vom 3. November den Abgeordneten schamhaft verschwieg, nämlich die berühmte Reaktion Johann Jacobys auf die unwirsche Haltung des Königs,

---

6 Ebd., S. 334.

brachte erst der demokratische Abgeordnete D'Ester „unter der größten Unruhe"
den versammelten Abgeordneten und damit der Öffentlichkeit zu Gehör.[7]

„Nachdem der König die Adresse aus den Händen des Präsidenten [v. Unruh] empfangen hatte, und ohne von diesem angeredet worden zu sein, den Saal verlassen
wollte, trat Jacoby einige Schritte vor und sprach die Worte: Majestät! Wir sind nicht
bloß hierher gesandt worden, um eine Adresse zu übergeben. Wir wollen Ew. Majestät über die Lage des Landes Bericht erstatten. Wollen Ew. Majestät uns nicht
Gehör geben? – Nein! sagte der König! Darauf eilte Jacoby dem sich entfernenden
König noch einige Schritte weiter nach und rief in brüskem Tone: Das ist eben das
Unglück der Könige, daß sie die Wahrheit nicht hören wollen! – Der Adjutant begleitete den König ins Nebenzimmer. Während dessen traten fast alle Abgeordnete
an Jacoby hinan [sic!] und drückten ihm ihr Befremden über sein Benehmen aus."
Lediglich D'Ester solidarisierte sich mit Jacoby. „Der Adjutant kehrte in den Saal
zurück. Da trat Rodbertus heran und sagte: Wird uns der König nicht vielleicht noch
eine Antwort geben? – Der Adjutant antwortete: Nach den von (Hrn.) Jacoby so
eben gesprochenen Worten glaubt Se. Majestät dies um so weniger thun zu dürfen."

Jacoby sprach nur für die entschiedene Linke, eine Minderheit in der Preußischen Nationalversammlung. Die Mehrheit der Volksvertreter scheute den offenen Konflikt mit der Krone. Statt gegen die provozierend schnöde Behandlung
der Deputation durch den König und seinen Adjutanten zu protestieren,
„desavouierte" man lieber den aufmüpfigen Jacoby. Dies ist um so unverständli-
cher, als der König nach anderen Berichten dem Parlamentspräsidenten, während dieser die offizielle Adresse der Nationalversammlung verlas, demonstrativ
den Rücken zukehrte und die Schöße seines Uniformrockes auseinanderfaltete –
eine Geste, die die berühmte Aufforderung Götz von Berlichingens an den kaiserlichen Hauptmann versinnbildlichen sollte. Was er den Deputierten gegenüber nur andeutete, sprach er wenig später unverblümt aus, nachdem er sich mit
seinen Freunden zum abendlichen Tee versammelt hatte: „They pretend that I
shall write them an answer with my own hand' [und zitierte] dann [die Antwort
an den] Trompeter im ‚Goetz von Berlichingen.'"[8] Etwa zeitgleich mit der Audienz war in Potsdam die telegraphische Nachricht eingetroffen, daß „Wien völlig
unterworfen" sei. Sonst hätte Friedrich Wilhelm IV. wohl kaum so barsch zu
reagieren gewagt. Von vielen Zeitgenossen als liebenswürdiger und umgängli-
cher Mensch geschildert, suchte er mit seiner auf die offene Demütigung der
Volksvertreter abzielenden Reaktion ostentativ zum Ausdruck zu bringen, daß er

---

7 Episode und die Worte Jacobys nach dem Bericht der konservativen ‚Deutschen Reform' vom 3.
   Nov., im Wortlaut in: VZ bzw. SZ vom 5. Nov. 1848. Vgl. außerdem die inhaltlich identische
   Version in der NZ vom 7. Nov. 1848 sowie die Schilderung Jacobys nach den Angaben des Ta-
   gebuchs seiner Nichte Anna Waldeck, in: Jacoby, Briefwechsel, S. 622 f. Der Bericht D'Esters findet sich in: Verhandlungen PrNV, III, S. 335.
8 Notiz Ernst Ludwig v. Gerlachs vom 2. Nov. 1848, in: ders., Nachlaß, I, S. 132.

mit der Zumutung endgültig Schluß machen wollte, daß neben der Krone auch das Parlament in der preußischen Politik ein Wörtchen mitzureden gedachte.

Angesichts der tatsächlichen Motive, die zur Einsetzung des Grafen v. Brandenburg, eines „Altpreußen vom Scheitel bis zur Sohle" (H. v. Petersdorff), geführt hatten, und angesichts der wenig später folgenden Ereignisse mutet die offizielle Antwort Friedrich Wilhelms IV. wie eine bewußte Irreführung des Parlamentes an. In seiner auf den 3. November datierten „Botschaft an die zur Vereinbarung berufene Versammlung" ließ „Friedrich Wilhelm IV., von Gottes Gnaden", vieldeutig verlautbaren, daß er weiterhin „fest entschlossen [sei], den von Uns in Uebereinstimmung mit den Wünschen Unseres getreuen Volkes betretenen konstitutionellen Weg unverrückt zu verfolgen". Einem Ministerium, das dies nicht garantiere, „werden Wir – davon dürfen die Vertreter Unseres getreuen Volkes sich überzeugt halten – niemals die Leitung der Regierung anvertrauen." Die Preußische Nationalversammlung gab sich mit dieser Erklärung zufrieden – und ging zur Tagesordnung über.[9]

„... in dumpfer Erwartung" – Berlin zwischen dem 3. und dem 9. November

Die Berliner Bevölkerung hatte seit dem Zusammentritt der Abgeordneten am 22. Mai 1848 regen Anteil an den Beratungen der konstituierenden Versammlung Preußens genommen. In dem Maße, wie sich der Konflikt zwischen Krone und Preußischer Nationalversammlung zuspitzte, wuchs dieses Interesse noch, bis es schließlich alle anderen Themen verdrängt hatte. Seit Ende Oktober sah man täglich eine „Menschenmasse, welche vom frühen Morgen bis zum späten Abend auf dem Gensdarmenmarkt stand, um fortwährend die neuesten Nachrichten aus dem Sitzungssaal zu empfangen."[10] Die politischen Vereine verzichteten weitgehend auf eigene Aktivitäten, unabhängig von den jeweils im preußischen Abgeordnetenhaus diskutierten Fragen. Sie beschränkten sich immer mehr darauf, die Vorgänge hier zu kommentieren und für die eine oder andere parlamentarische Fraktion oder im Streit zwischen Nationalversammlung und Krone Partei zu ergreifen. Und auch die Berliner Presse, die der Preußischen Nationalversammlung immer schon weit größere Aufmerksamkeit als der Paulskirche geschenkt hatte, stellte die Debatten im Schauspielhaus zunehmend in den Mittelpunkt ihrer Berichterstattung. Schon deshalb nimmt es nicht wunder, daß vom

---

9 Ein Antrag der Linken zu Beginn der Sitzung vom 4. Nov., wenigstens eine Kommission einzusetzen, welche „die Lage des Landes in Berathung zu nehmen und darauf bezügliche Vorschläge" machen sollte, wurde als „nicht dringlich" abgelehnt. (Verhandlungen PrNV, III, S. 346 ff.)
10 Streckfuß, Freies Preußen, II, S. 547.

3. bis zum 6. November der Verlauf der Audienz der Parlamentsdeputation am 2. November und die Worte Jacobys allgemeines Stadtgespräch waren.

Als schärfster Gegner Jacobys profilierte sich die Kreuzzeitung. Sie rechtfertigte uneingeschränkt die Politik der Krone und ereiferte sich über Jacoby und seinen „Strahlenglanz der jüdischen Unverschämtheit". Auch die konservativen Vereine verteidigten selbstredend die Politik der Krone, das Ministerium nach eigenem Gutdünken zu ernennen, und wandten sich gegen die „unheilvollen Gerüchte", der König bereite die Gegenrevolution vor.[11] Der Demokratische Klub formulierte die Gegenposition. Er veröffentlichte am 3. November eine Erklärung, in der er feststellte, Jacoby habe sich „den Dank des gesammten Vaterlandes verdient". Weil er „in diesem hochwichtigen Augenblicke" die „Wahrheit" vertreten habe, „werden Alle ihm mit Gut und Blut zur Seite stehen, um endlich eine von Fürstenlaune unabhängige Grundlage der Volksfreiheit und des Volksglückes zu erlangen!"[12] Die demokratische Bewegung war es auch, die Jacoby am Abend des 5. November zum Dank für seine Worte einen Fackelzug darbrachte, an dem „mehrere tausend" Menschen teilnahmen.[13]

Abgesehen von dieser im Vergleich zu früheren Kundgebungen recht kleinen Demonstration der Berliner Demokraten verliefen die Tage zwischen dem 3. und 9. November merkwürdig ereignislos. Zeitgenössischen Beobachtern wie z.B. dem österreichischen Gesandten Trauttmansdorff fiel auf, daß die „ultrademocratische Parthei" Berlins sich „ungewöhnlich ruhig" verhielt.[14] Seit die Preußische Nationalversammlung am Abend des 3. November wieder zur Tagesordnung übergangen war, ohne den ‚Verfassungskonflikt' beigelegt zu haben, verharrten die demokratischen Klubs in der Tat gleichsam regungslos in ge-

---

11 Zitate: KrZ vom 14. Okt. 1848, sowie Erklärung des Patriotischen Vereins vom 4. Nov., in: VZ vom 5. Nov. bzw. SZ vom 8. Nov. 1848.

12 In: LAB, Rep. 240, Acc. 685, Nr. 529; ZBSt, 1848 Flg., M. 22; im Wortlaut außerdem in: Streckfuß, Freies Preußen, II, S. 565. Auch Linksliberale ergriffen Partei für Jacoby; vgl. die NZ, als deren Sprachrohr, vom 4. und 5. Nov. 1848.

13 Bericht Trauttmansdorffs vom 6. Nov. 1848, in: StA Wien, StK Preußen, K. 196/II, Bl. 39; vgl. auch Streckfuß, Freies Preußen, II, S. 565 f., VZ, BZH und NZ vom 7. Nov. sowie KrZ vom 9. Nov. 1848. Die spontane Rede, die Jacoby den Demonstranten hielt – in der er u.a. klagte: „Worte verhallen machtlos an dem Ohre der Könige" und dazu aufforderte, die „blutig errungene Volkssouveränität" gegen „die Willkür des Absolutismus" zu verteidigen –, wurde, „wortgetreu stenographiert", am folgenden Tag als Plakat an den Straßenecken angeschlagen. (In: GStA, XII. HA, IV. Flg., Nr. 27/II; ZBSt, 1848 Flg., M. 22; im Wortlaut außerdem in: Streckfuß, Freies Preußen, II, S. 566.)

14 Bericht Trauttmansdorffs vom 7. Nov. 1848 (wie Anm. 13), Bl.42 Rs. Sie war allerdings nicht gänzlich untätig: Hinzuweisen ist auf die Bildung eines Corps von Freischaren für Wien (vgl. S. 732), die Vereinigung der bewaffneten ‚fliegenden Corps' unter eine gemeinsame Führung (vgl. Tagespresse vom 8. Nov. 1848) sowie Ansätze zu Hilfsaktionen für Wiener Flüchtlinge, die offenbar in größerer Zahl in Berlin eintrafen; vgl. VZ vom 9. Nov., sowie einen Aufruf des ‚Demokratische Kreis-Ausschusses für die Mark Brandenburg' an die „Bürger Berlins" vom 7. Nov. 1848, als Flg. in: LAB, Rep. 240, Acc. 685, Nr. 536.

spannter Erwartung. Sie überließen dem preußischen Parlament die politische Führungsrolle. Für die Zurückhaltung der demokratischen Organisationen lassen sich mehrere Gründe nennen: Sie fürchteten vielleicht, größere Demonstrationen würden ihnen aus der Hand gleiten und wie am 31. Oktober zu ‚Excessen' eskalieren. Die Ernennung des Ministeriums Brandenburg und alle folgenden Schritte, vor allem die Vertagung und Verlegung des Landesparlaments nach Brandenburg, waren oberflächlich betrachtet eine ‚Kriegserklärung' lediglich an die preußischen Abgeordneten. Noch wagte die Krone nicht, die ‚Märzerrungenschaften' offen und frontal anzugreifen. Überdies mögen die Berliner Demokraten noch von den Wiener Ereignissen demoralisiert und von der Politik der Krone seit dem 2. November überrascht worden sein.

Die Preußische Nationalversammlung wurde infolgedessen, ob deren Mitglieder dies wollten oder nicht, ins Zentrum der Geschehens geschoben und zum einzigen Kontrahenten der Krone. Allerdings blieb auch die ‚Vereinbarungs'-Versammlung mehr Spielball des Geschehens denn bewußter Akteur. Sie war, wie Bruno Bauer wenig später rückblickend konstatierte, „in den Kampf hineingerannt, ohne ihn ernstlich zu wollen, ohne auf ihn vorbereitet zu seyn".[15] Nicht nur die demokratischen Vereine der Hauptstadt, auch die Volksvertreter Preußens harrten mehr oder weniger passiv der Dinge, die da kommen würden, und gaben die Chance zur politischen Initiative aus der Hand. Das ‚Schicksal' der Berliner Revolution hing infolgedessen in erster Linie vom Verhalten des Monarchen, des von ihm eingesetzten, gegenrevolutionären Ministeriums und (als dem letzthin entscheidenden Faktor) vom Militär ab. Adresse und Auftritt der Deputation der Preußischen Nationalversammlung am 2. November wie die Debatte vom 3. November mußten in Sanssouci als Zeichen der Schwäche interpretiert werden. Sie ermunterten zu weiteren Schritten – nachdem zuvor die eigenen Kräfte konsolidiert worden waren.

In Kapitel IX.2 ist ausführlicher skizziert worden, daß sich Kamarilla und Militärführung der inneren Geschlossenheit der Armee nicht mehr sicher sein konnten. In der zweiten Septemberwoche war unübersehbar geworden, daß die demokratische Bewegung unter den einfachen Soldaten, zum Teil auch in niederen Offiziersrängen Fuß fassen konnte. Die baldmögliche ‚Schließung' der Revolution war in der Perspektive der Kamarilla und des höheren Offizierskorps nicht zuletzt deshalb unabdingbar, weil auf Dauer nur dadurch einer weiteren ‚Zersetzung' der Armee vorzubeugen war. Anfang November häuften sich vor diesem Hintergrund in Berlin öffentlich angeschlagene Erklärungen konservativer Militärs, in denen die „Soldaten der ruhmvollen Preußischen Armee" aufgefordert wurden, zur „Manneszucht" als einem „nothwendigen Erforderniß aller

---

15 Bauer, Bürgerliche Revolution, S. 285; ähnlich kritisch z.B. auch Stahr, Preußische Revolution, bes. S. 353 f.

guten Heere" zurückzukehren und sich „nicht durch rebellischer Leute Reden und Versprechungen verführen" zu lassen. Zugleich suchte man antiintellektuelle Ressentiments gegen die in Berlin in der demokratischen Bewegung tonangebenden akademischen „Tollköpfe" zu mobilisieren, nannte sie „Großbärte und glasäugige Literaten", „die Herren mit den grauen Hüten und den rothen Federn", „Feiglinge, Memmen, die große Bärte und ein großes Maul zum Aufhetzen haben" und „Euch beschwatzen wollen".[16]

Wenn in der Folgezeit das Heer wieder ‚wie ein Mann' hinter dem König, der Kamarilla und der Militärführung stand, dann lag dies natürlich nicht allein an der militärischen Propaganda. Wirkungsvoller waren drastische Verschärfungen der innermilitärischen Disziplinarmaßnahmen und die Austeilung von „Geld, Schnaps, Bier".[17] Demokratische Strömungen waren seit Anfang November unter einfachen Soldaten und in den niedrigen Offiziersrängen nach außen nicht mehr zu bemerken. Die militärische ‚Contre-Revolution', die aus technischen Gründen noch vor Wintereinbruch abgeschlossen sein mußte, konnte starten. Bestens vorbereitet waren die für den reibungslosen Ablauf der Ereignisse verantwortlichen Institutionen im übrigen auch, weil sie kurz zuvor die demokratischen Vereine in ganz Preußen einer, für damalige Verhältnisse, systematischen Analyse unterzogen – und sich auf diese Weise der relativen Ungefährlichkeit der nominell starken demokratischen Bewegung Berlins versichert hatten.[18] Damit waren die entscheidenden Voraussetzungen für den erfolgreichen Ablauf der Gegenrevolution geschaffen. Sie trat am 9. November in ihre akute Phase.

Brandenburg in der Versammlung, aber die Versammlung will nicht nach Brandenburg – der 9. November

Obwohl Brandenburg seit dem 2. November als Ministerpräsident amtierte, wurde die personelle Zusammensetzung des neuen Ministeriums von Friedrich Wilhelm IV. erst mit Erlaß vom 8. November offiziell festgelegt. Veröffentlicht und damit einem größeren Publikum bekannt gemacht wurde dieser Erlaß in der Tagespresse vom 9. November. Gleichfalls auf den 8. November datiert die königliche Botschaft an die Preußische Nationalversammlung. In ihr ließ der

---

16 „Verrat und Umsturz ist ihr Sinnen, Lug ihre Rede, Mord ihr Werk!" Die zitierten und weitere Flugblätter „wahrer Soldatenfreunde" (zumeist undatiert und erschienen Anfang Nov.) in: GStA, XII. HA, IV. Flg., Nr. 27/II. Vgl. auch *S. 712 f.*

17 Eintragung Varnhagens vom 7. Nov. 1848, in: ders., Tagebücher, Bd. 5, S. 266.

18 Vgl. die in der zweiten Oktoberhälfte durchgeführte Erhebung des Innenministeriums, in: GStA, Rep. 77, Tit. 662, Nr. 1, Bd. 1, Bl. 52-132 sowie den Bericht des Polizeipräsidenten über die Berliner Vereine in: BLHA, Rep. 30, Tit. 94, Nr. 14 377, Bl. 26-40 Rs., der dann in die erstgenannte Erhebung einfloß. Vgl. auch *S. 617, 622 u.ä.*

Monarch mitteilen, er fühle sich „bewogen, den Sitz der zur Vereinbarung der Verfassung berufenen Versammlung von Berlin nach Brandenburg zu verlegen", „nachdem schon früher zu wiederholten Malen" einzelne Abgeordnete „thätlich gemißhandelt worden" seien und am 31. Oktober „aufgeregte Volkshaufen das Sitzungs-Lokal der Versammlung förmlich belagert und, unter Entfaltung der Zeichen der Republik, den Versuch gemacht [hätten], die Abgeordneten durch verbrecherische Demonstrationen einzuschüchtern." Wegen der notwendigen Vorbereitungen müsse das Parlament zudem seine Sitzungen bis zum 27. November vertagen.

Der Preußischen Nationalversammlung wurde die Verfügung am Morgen des 9. November bekanntgemacht. Erst nach längeren, lautstarken Mißfallensbekundungen konnte der im Sitzungssaal anwesende neue Ministerpräsident Brandenburg das Wort ergreifen und in knappen Sätzen mitteilen, daß aufgrund der „so eben verlesenen Allerhöchsten Botschaft" die Nationalversammlung „ihre Berathungen sofort abbrechen" müsse; „jede Fortsetzung der Verhandlungen" sei „ungesetzlich". Der einige Tage zuvor zum Parlamentspräsidenten gewählte Liberale Victor v. Unruh weigerte sich, die Vertagung zu akzeptieren und die Versammlung zu schließen. Brandenburg, drei weitere Minister sowie eine Reihe von Abgeordneten der Rechten verließen daraufhin den Saal. Die verbliebenen Mitglieder der Preußischen Nationalversammlung beschlossen wenig später mit 252 zu 30 Stimmen, die Sitzung nicht aufzuheben. Danach wurde ein Antrag der Linken und des linken Zentrums mit großer Mehrheit angenommen, daß die Abgeordnetenversammlung weiterhin in Berlin bleiben werde und die Krone kein Recht habe, das Parlament gegen seinen Willen zu vertagen oder aufzulösen.[19] Die große Mehrheit der preußischen Abgeordneten hatte mit diesem Beschluß die politische Kampfansage der Krone offensiv angenommen.

In der Presse erschien die königliche Botschaft über die Vertagung der Preußischen Nationalversammlung zwar erst am 10. November. Gerüchte und erste Informationen machten in der Bevölkerung jedoch schon am Morgen des 9.

---

19 Vgl. Protokoll PrNV vom 9. Nov. 1848, S. 2027-2038, als Auszug in: LAB StA Rep. 240, Acc. 685, Nr. 543. Die als Reprint vorliegenden Sitzungs-Protokolle enden mit dem Auszug der Minister und konservativen Abgeordneten am Morgen des 9. Nov. (Verhandlungen PrNV, III, S. 408). Sie beginnen erst wieder mit dem Wortprotokoll der Sitzung vom 27. Nov. in Brandenburg. Über den Verlauf der Sitzungen vom 10. Nov. sowie der folgenden Tage unterrichten die teilweise wortgetreuen Aufzeichnungen der Korrespondenten der Tagespresse und die in den Extra-Blättern der Parlaments-Zeitung veröffentlichten stenographischen Protokolle. (In: LAB, Rep. 240, Acc. 685, Nr. 544 und 554; ZBSt, 1848 Flg., M. 22.) Die Beschlüsse und wichtigsten Passagen der Debatten der PrNV finden sich außerdem im Wortlaut in: Streckfuß, Freies Preußen, II, S. 582-739. Sie wurden weiterhin vom „stenographischen Bureau der Nationalversammlung" verfaßt; vgl. SZ vom 12. Nov. 1848.

November die Runde. Dennoch war die Stadt zunächst „vollkommen, sogar auffallend ruhig."[20]

Zwar reagierte die Börse nervös und „notirte im Anfange die Course um mehrere Procente schlechter", verließen „viele Personen, namentlich aus den reicheren Ständen, die Stadt". Auch wurde von diskutierenden Gruppen auf den Straßen das neue Ministerium „vielfach heftig angegriffen". In den Abendstunden wurden erste Plakate angeschlagen, die gegen den Staatsstreich der Krone Stellung bezogen und „bei Laternenlicht eifrig gelesen werden." Indessen herrschte weiterhin „die größte Ruhe und Eintracht. [...] Die Bürgerwehr hat sich nach Hause begeben. Die Straßen werden allmählig leer. Man sieht überall frohe, heitere Gesichter und wünscht sich Glück, daß die Ordnung nicht gestört worden."

Die publizistische Kontroverse an den Straßenecken und in den Tageszeitungen verlief entlang der bekannten politischen Frontlinie: Die konservativen Vereine und die ihnen zuneigende Presse rechtfertigten den Verlegungsbeschluß als unbedingte Notwendigkeit angesichts der angeblich anarchischen Zustände in der Hauptstadt.[21] Demokratische und liberale Vereine und Publikationsorgane sowie die Arbeiterbewegung, außerdem politisch nicht eindeutig festgelegte Organisationen, ferner einzelne Bürgerwehrbataillone versicherten dagegen der Preußischen Volksvertretung ihre uneingeschränkte Unterstützung.[22]

---

20 VZ vom 10. Nov. 1848. (Daraus auch das folgende.) Es herrsche „tiefster Frieden". „Nicht das Mindeste [sei] zu bemerken; selbst der souveräne Lindenclub ist nicht an seiner Ecke", wunderte sich auch der Frankfurter Reichskommissar Bassermann. (In: BA FFM, DB 54/61 II, Bl. 158 ff.) Im gleichen Tenor außerdem ders. in einem Brief an seine Frau vom 9. Nov. 1848, in: BA FFM, NL Bassermann, FSg 1/57, und z. B. Streckfuß, Freies Preußen, II, S. 589.

21 Man hoffe jedoch, so die Konservativen scheinheilig, daß der Erlaß über die Vertagung der PrNV „die Freiheit der Berathungen wieder herstellen, das Verfassungswerk fördern, die Hauptstadt des Landes beruhigen, das Vertrauen heben und so den Anfang eines besseren Zustandes der Dinge bilden werde." (Erklärung des Patriotischen Vereins vom 9. Nov. 1848 an die „Mitbürger!", in: LAB, Rep. 240, Acc. 685, Nr. 540.)

22 Erklärungen verschiedener demokratischer Vereine, der Berliner ‚Arbeiterverbrüderung', der Mehrheitsströmung des Konstitutionellen Klubs, mehrerer Bezirksvereine und Bürgerwehrbataillone in: ZBSt, 1848 Flg., M. 22; GStA, Rep. 92, NL Stein, M. 3/1, Nr. 226, 283; im Wortlaut (bzw. Reprint) außerdem in der Berliner Tagespresse vom 10. bis 12. Nov. 1848; Streckfuß, Freies Preußen, II, S. 590 ff.; Obermann, Einheit, S. 629 f., 648; ders., Flugblätter, S. 321, 338, 342 ff. Gegen den Widerstand des Rektors der Berliner Universität verabschiedete am 11. Nov. eine Versammlung von dreihundert demokratischen Studenten eine Loyalitätsadresse, die sie dem Parlament „in feierlichem, paarweise geordneten Zuge" überbrachten. (NZ vom 12. Nov. 1848.) Ausführlich hierzu sowie zu den Folgeereignissen (u.a. mehrere Relegationen): AHU, Universitätsrat, Nr. 12, Bl. 1-15 (Verhandlungsprotokolle, Urteile etc.) sowie Schriftwechsel mit dem Ministerium für die geistlichen etc. Angelegenheiten in: GStA, Rep. 76, Va, Sekt. 1, Tit. 12, Nr. 19, Bl. 33-42 Rs.; ferner die Darstellung der Vorgänge in einer „Appellation an die Öffentlichkeit" durch eine Studentenversammlung vom 22. Nov., in: BZH vom 10. Dez. 1848.

Der 10. November: Die Preußische Nationalversammlung erklärt den „passiven Widerstand", Wrangel schafft vollendete Tatsachen

Am frühen Morgen des 10. November fanden sich 218 Abgeordnete im Schauspielhaus ein; die Nationalversammlung blieb also weiterhin beschlußfähig. In Erwiderung auf ein Schreiben Brandenburgs, in dem dieser erklärte, daß etwaige Beschlüsse der Volksvertretung Preußens „völlig ungesetzlich und deshalb nichtig" seien, betonte v. Unruh als Parlamentspräsident, daß es „meine feste Überzeugung ist, wir dürfen, wenn wir den Boden im Lande nicht verlieren wollen, den Gewaltschritten der Krone nur passiven Widerstand entgegensetzen." Auch „derjenige Theil der Bürgerwehr, welcher vor unserem Versammlungshause zu unserem Schutz aufgestellt ist, [dürfe] nur passiven Widerstand leisten".

Diese Festlegung Unruhs, des „Hauptvertreters der bisherigen schwankenden Centrumspolitik" (Adolph Streckfuß), auf den „passiven Widerstand" rief unter den Abgeordneten „allgemeines Bravo" hervor. Von seiten der Linken wurde Protest nicht hörbar. Offenbar war unter *allen* Fraktionen Konsens, daß die Preußische Nationalversammlung sich auf parlamentarische Mittel beschränken sollte. Die Phrase vom „passiven Widerstand" und vom „Boden des Gesetzes", der für „keinen Augenblick" verlassen werden dürfe[23], gab darüber hinaus auch der gesamten demokratisch-revolutionären Bewegung der preußischen Hauptstadt Formen und Grenzen möglichen Widerstands vor – hatte diese sich doch in den Tagen zuvor darauf festgelegt, dem preußischen Abgeordnetenhaus die Führungsrolle in der Auseinandersetzung mit der zur Gegenrevolution entschlossenen Krone zu überlassen.[24] In welcher Weise „passiver Widerstand" geübt werden sollte, darüber faßten die preußischen Parlamentarier am 10. November keinen Beschluß. Offenbar wollte man zunächst weitere Schritte der Krone abwarten, bevor man eigene Maßnahmen ins Auge faßte.[25] Die Gegenseite blieb in der Tat nicht müßig. Sie stellte am frühen Nachmittag die preußische Volksvertretung und das ‚Volk' Berlins vor vollendete Tatsachen.

---

23 So die Formulierungen in einem Aufruf der PrNV „an das preußische Volk" vom 10. Nov. 1848, in: LAB, Rep. 240, Acc. 685, Nr. 553; im Wortlaut außerdem in: Obermann, Flugblätter, S. 333; Illustrierte Geschichte, S. 261.

24 Über seine Motive, die Abgeordneten lediglich zum „passiven Widerstand" zu verpflichten, hat Unruh 1849 bemerkt, er und mit ihm die übergroße Mehrheit der PrNV hätten unter allen Umständen vermeiden wollen, daß aus „dem eingetretenen Conflict" eine „Revolution" entstünde. (Unruh, Skizzen, S. 123.) Vgl. auch die ausführliche Rechtfertigung seines Verhaltens in seinen Jahrzehnte später verfaßten ‚Erinnerungen' (S. 101 ff.) unter der Überschrift „Verhütung bewaffneten Widerstands".

25 Die nur schlecht verdeckte Hilflosigkeit erstaunte auch den Frankfurter Reichskommissar Bassermann: Die PrNV „hütet sich vor jedem irgend wichtigen Beschluß; sie vermeidet sogar, Gesetzesvorlagen zu beraten und bringt die kritische Zeit mit gleichgültigen Petitionen zu". (Bericht Bassermanns vom 10. Nov. 1848, in: BA FFM, DB 54/61 II, Bl. 160 Rs.)

Bereits am Morgen des 10. November waren Gerüchte über den unmittelbar bevorstehenden Einzug des Generals Wrangel an der Spitze einer Streitmacht von knapp 15 000 Mann laut geworden. Eine am späten Vormittag an den Straßenecken angeschlagene Bekanntmachung des Polizeipräsidenten kündigte dann offiziell an, daß „zur Verstärkung der Garnison" zahlreiche Truppen einrücken würden. Zwischen zwei und drei Uhr begann der, ursprünglich schon für den 4. November angesetzte[26], Einmarsch des Militärs.

„Es hatten sich viele Menschen aufgestellt, und durch die Reihen dieser friedlichen, im Gefühl ihres Rechts und und ihrer Freiheit dastehenden Volksmenge zogen sie hin, Kompagnie auf Kompagnie, unter Musik, die heitere Melodien spielte. Auf jeden, der für die großen Interessen, die in solchen Augenblicken auf dem Spiel stehen, für Wohl und Wehe des preußischen Volkes einen Sinn hat, machte dieser militairische Aufzug, diese über das Pflaster dumpf hinrollenden Kanonen, diese langen Züge der Grenadiere, trotzdem, daß ein Bataillon z.B. die Melodie: Komme doch, komme doch, komm' du Schöne, spielen ließ, nur den Eindruck einer Leichenparade." Unweit des Schauspielhauses, des Tagungslokals der Preußischen Nationalversammlung, ließ der oberkommandierende General v. Wrangel „einen Theil des Militärs in Parade an sich vorbeiziehen. Er wurde von einigen Seiten mit Vivats und wehenden Tüchern empfangen, von andern aber mit ernstem Schweigen, worein sich wohl ein unterdrücktes Pfeifen mischte. Diese getheilte Stimmung empfing überhaupt von Seiten des jetzt außerordentlich stark herbeigeströmten Publikums die einziehenden Truppen." In dem einen Teil des Publikums machte sich „eine große Befriedigung, eine Heiterkeit, selbst lärmende Lustigkeit bemerkbar, auf der anderen [Seite] finsteres Schweigen, unterbrochen von Geschrei, Gehöhne und Geschimpfe, womit namentlich der jugendliche Theil des Publikums die heranfahrenden Train- und Bagage-Wagen empfing."[27]

Vor dem Schauspielhaus waren stärkere Bürgerwehrabteilungen postiert. Zu einem bewaffneten Konflikt zwischen der städtischen Miliz und den Truppen kam es indessen nicht. Das Kommando und die Majore der Bürgerwehr hatten entsprechend der zitierten Weisung v. Unruhs „einstimmig beschlossen, der in unsere Stadt rückenden Militairmacht sich nicht gewaltsam entgegen zu stellen."[28] Nach längerem Disput mit Rimpler machte Wrangel dann unmißverständlich klar, daß die Truppen „unter keinen Umständen zurückgezogen" würden. Das Sitzungsgebäude der preußischen Volksvertretung werde durch Militär „verschlossen werden, sobald die Herren, welche sich darin befinden, sich aus

26 Vgl. Gerlach, Denkwürdigkeiten, S.231. Die Schwierigkeiten bei der Zusammenstellung des Kabinetts Brandenburg verzögerten dann das „Contre-Projekt".
27 Zitate: VZ und NZ vom 11. Nov. 1848.
28 Im Wortlaut in: Streckfuß, Freies Preußen, II, S. 615 f. sowie Rimpler, Bürgerwehr, S. 90 f. Während einer Konferenz am 9. Nov., an der neben Rimpler Brandenburg sowie die Minister Ladenberg, Strotha und Manteuffel teilnahmen, hatte sich der Bürgerwehrkommandeur geweigert, Anweisungen des Staatsministeriums auszuführen, und uneingeschränkt für die PrNV Position bezogen; vgl. Protokoll in: GStA, Rep. 77, Tit. 440a, Nr. 1, Bd. 1, Bl. 141-142 Rs.

demselben entfernt hätten." Die Abgeordneten verließen kurz vor 17 Uhr das Schauspielhaus. „Herr von Unruh ging Arm in Arm mit Herrn von Rimpler. Ein ungeheurer, unermeßlicher Jubel empfing die National-Versammlung von Seiten des Volkes. Der Ruf: ‚Es lebe die National-Versammlung!' wollte gar nicht enden." Die Bürgerwehrmänner steckten „weiße Tücher an die Spitzen der Bajonette, man schwenkte die Hüte, man drückte den Deputirten die Hände."[29]

Ansonsten blieb Berlin auch an diesem Tage „so ruhig, daß man staunen mußte".[30] Es sei keine Ruhe, hinter der sich ein erneuter revolutionärer Sturm vorbereite, kommentierte die Vossische Zeitung in ihrer Ausgabe vom 11. November, keine Ruhe als „Folge [von] Verabredungen und Bestimmungen, sie herrscht wirklich in den Gemüthern." Allerdings war es ein zumeist bürgerliches Publikum, dessen „ruhige Haltung" der Redakteur der Vossischen Zeitung lobte. „Die Arbeiter fehlen ganz", heißt es in derselben Nummer.[31] Das gleiche Phänomen war auch an den folgenden Tagen zu beobachten.[32] Es dränge sich „die Frage auf, wie es kommen mag, daß in diesem Augenblicke, wo es sich um so hochwichtige, auf die ganze Zukunft unseres Staates einwirkende Entscheidungen handelt, von denjenigen Volksmassen, welche früher, bei weit geringeren Anlässen viele Stunden lang das Versammlungsgebäude umlagerten, jetzt auch nicht das Mindeste zu sehen war?"

Mehrere Faktoren dürften zu dieser Zurückhaltung der Unterschichten beigetragen haben: Erstens ging die Auseinandersetzung zwischen Krone und Preußischer Nationalversammlung über die Köpfe vieler Angehöriger der unterbürgerlichen Bevölkerungskreise Berlins hinweg. Sie war zu abstrakt, um größere Teile der Unterschichten mobilisieren zu können. Für eine konstitutionelle Monarchie, wie sie den in den Parlamenten dominierenden Liberalen vorschwebte, mochten sich auch die stark politisierten Angehörigen der Unterschichten nicht mehr einsetzen. Zudem hatten sich die Abgeordneten in den vorausgegangenen Monaten nicht durch sonderlich starkes Engagement für die sozialen Belange der ärmeren Bevölkerungsschichten hervorgetan. Zwar hatten die Unterschich-

---

29 Zitate: Streckfuß, Freies Preußen, II, S. 622 ff., 626; Lewald, Erinnerungen, II, S. 322 (Eintragung vom 10. Nov. 1848).

30 So der Handlungsdiener Gustav Dalchow in einem Brief an seine Eltern vom 13. Nov. 1848, in: LAB, Rep. 200, Acc. 2036, Nr. 202.

31 „Nichts von Bummlergesichtern, keine Arbeiterrottirungen", teilte auch die AAZ ihren Lesern am 13. und 16. Nov. 1848 mit.

32 Lediglich ein zahlreiches, „den *guten* Ständen angehöriges Publikum" habe die Abgeordneten der PrNV am Morgen des 11. Nov. bei ihrem Gang vom Hotel Mylius zum Hotel de Russie begleitet und anschließend auf dem Vorplatz der Ergebnisse der Debatten der Parlamentarier geharrt. (VZ vom 12. Nov. 1848.) Das folgende Zitat: VZ vom 11. Nov. 1848. Wenn die Unterschichten oder auch nur relevante Teile derselben in den schicksalsträchtigen Tagen des Nov. 1848 nicht öffentlich auftraten, dann heißt dies allerdings nicht, daß sie gänzlich inaktiv blieben. Die Vorgänge um die Entwaffnung der Bürgerwehr zeigen deutlich, daß man ‚unten' mit künftigen revolutionären Konflikten rechnete; vgl. *S. 772 ff.*

ten zweitens den revolutionären Demonstrationen und Kundgebungen des Jahres 1848 zu eindrucksvoller Größe verholfen. Zu eigenständigen, organisierten politischen Aktivitäten, unabhängig von der bürgerlichen Demokratie – und der stark ‚gewerkschaftlich' orientierten Arbeiterbewegung –, waren sie jedoch nicht in der Lage. Während des gesamten Revolutionsjahres prägten bürgerliche Demokraten das politische Profil der revolutionären Bewegung. Die wachsenden Spannungen zwischen bürgerlicher Führung und proletarischer Basis lösten sich nicht in organisatorischer Separierung ‚proletarischer Demokraten'. Sie fanden seit dem Spätsommer ihren Ausdruck in einer deutlich gesunkenen Mobilisierungsfähigkeit der demokratischen Bewegung Berlins. Die Arbeiterverbrüderung wiederum blieb in ihrer Tagespolitik in erster Linie auf die materiellen Interessen und sozialpolitischen Forderungen ihrer zumeist qualifiziert-proletarischen Klientel ausgerichtet. Sie beschränkte sich auf verbale Unterstützung der preußischen Volksvertretung. Unabhängig von den Aktivitäten der parlamentarischen Mehrheit mochten auch die Berliner Arbeiterorganisationen – hierin den demokratischen Vereinen gleich – politische Initiativen nicht entwickeln. Verantwortlich für dieses Verhalten dürfte hier der Wunsch gewesen sein, die eigenen Organisationen, mit Mühe aufgebaut und noch nicht lange konsolidiert, unbeschädigt durch die politische Krise zu führen.

„… ein niederschmetternder Donnerschlag": Die Ausrufung des Belagerungszustandes und das Ende des ‚Clubs Unruh'

Seit dem 10. November glich Berlin einem „militärischen Lager". Das Schloß und die anderen öffentlichen Gebäude wurden „in Kasernen verwandelt" und waren „bis unter die Dächer voll Soldaten". Die im Schauspielhaus „campirten Soldaten" vergnügten sich „in Ermangelung anderer Beschäftigung" damit, „auf den Bänken der Volksvertreter die parlamentarischen Verhandlungen [zu] parodiren". Selbst das Museum wurde „in eine Kaserne verwandelt, und geht man an demselben vorüber, so hört man ein Geräusch, wie von einem donnernden Wasserfalle. Es ist das Singen und Sprechen der Soldaten in der prachtvollen Rotunde, deren Echo den Schall vertausendfacht." Die militärische Disziplin sei „sehr locker" gewesen, notierte Fanny Lewald als Zeitzeugin. „Nie, so lange ich lebe, habe ich so viel betrunkene Soldaten gesehen als jetzt." Die Offiziere sähen „den Soldaten viel nach" und schmeichelten ihnen, „weil man sie braucht".[33] Armeeführung und Kamarilla durften sich ihres unzweideutigen Erfolges freuen. Und auch der König war am Abend dieses ereignisreichen Tages in einer „heiteren,

---

33 Zitate: Berlin im der Bewegung, S. 596 f.; Lewald, Erinnerungen, II, S. 329 bzw. 331 (Eintragung vom 18. Nov. 1848).

muthvollen Stimmung" wie schon lange nicht mehr.[34] Zwar waren mit dem Einmarsch der Truppen am 10. November und dem Ausbleiben eines aktiven Widerstandes der revolutionär-demokratischen Gegenseite die Würfel zugunsten der Gegenrevolution bereits gefallen. Formell ‚geschlossen' wurde die Berliner Revolution allerdings nicht schon am 10. November, sondern erst durch mehrere Verfügungen, die Wrangel in den folgenden Tagen erließ.

Am 11. November wurde die Berliner Bürgerwehr durch eine königliche Ordre aufgelöst. Unmittelbar nach dem Dekret trat Rimpler als Kommandeur der Bürgerwehr zurück – und erschwerte damit einen koordinierten Widerstand der städtischen Miliz gegen diese Verfügung. Um das weitere Vorgehen zu beraten, versammelten sich am späten Abend des 11. November die Majore und Hauptleute der Bürgerwehr, außerdem mehrere Abgeordnete der Linken sowie Abgesandte der größeren demokratischen Klubs und der ‚Arbeiterverbrüderung'. Bisky, der Vorsitzende des Berliner Bezirks-Komités der Arbeiterverbrüderung, versprach, „daß er mit 10 000 Arbeitern zur Disposition stehe, welche bereit seien, sich mit ihren Leibern den Bajonetten der Soldaten entgegenzuwerfen." Nach längerer, offenbar ziemlich kontroverser Diskussion, in der häufig die Rede davon war, man müsse Barrikaden bauen und „bis zum letzten Blutstropfen kämpfen", beschlossen die Versammelten dann schließlich, „sich mit dem passiven Widerstand zu begnügen."[35] Auch das erwies sich als Illusion. Nur wenige Stunden später folgten der Stab der Bürgerwehr sowie die meisten Majore und Hauptleute dem Schritt Rimplers und legten ihre Ämter nieder. Die Bürgerwehr war damit buchstäblich kopflos.[36]

Bei der Auflösung der Bürgerwehr ließ es die Krone nicht bewenden. Nachdem Friedrich Wilhelm IV. in einer Proklamation vom 11. November noch versichert hatte, er werde „die in den Märztagen verheißenen Freiheiten" nicht ver-

---

34 Bericht Trauttmansdorffs vom 11. Nov. 1848 (Anm. 13), Bl. 165. Ernst Curtius, der Erzieher des späteren Kaisers Friedrich, beobachtete: „Der König ist körperlich und geistig ein anderer Mann geworden, seine Haltung ist wieder fest, sein Wille klar." (Brief an seine Eltern vom 26. Nov. 1848, in: ders., Lebensbilder, S. 406.)

35 Nach einem Polizeiprotokoll, das dem Berliner Kriminalgericht am 21. Jan. 1849 als Grundlage für die Einleitung eines Verfahrens gegen die beteiligten Personen diente. Im Wortlaut abgedruckt in: Streckfuß, Freies Preußen, II, S. 653-657. Zur Entwaffnung der Bürgerwehr vgl. auch S. 770 ff., zu Bisky KBA. Rücktrittserklärung Rimplers vom 11. Nov. 1848, in: GStA, Rep. 77, Tit. 440a, Nr. 1, Bd. 1, Bl. 153.

36 Die 247 Mitglieder der PrNV wiederum, die sich am 11. Nov. nachmittags im Schützenhaus versammelt hatten, protestierten zwar nach Bekanntwerden der Auflösungsverfügung umgehend und verlangten von der Staatsregierung, „den Befehl zur Auflösung der Bürgerwehr sofort zurückzunehmen." Aber natürlich war dieser Beschluß ebenfalls folgenlos. Zugleich forderten die gewählten Vertreter des preußischen Volkes „die Bürgerwehr und die Bevölkerungs Berlins" auf, „der Zurücknahme dieses Befehls in ruhiger Haltung entgegen zu sehen." Vereinzelt kam es außerdem zu schriftlichen Protesten gegen die Auflösung der Bürgerwehr; vgl. Erklärung des 5. und 14. Bürgerwehr-Bataillons vom 14. Nov. 1848, in: ZBSt, 1848 Flg., M. 22.

kümmern lassen, ließ er an den beiden folgenden Tagen Wrangel dieses Versprechen desavouieren. Am 12. November ließ der General für „die Stadt Berlin und deren zweimeiligen Umkreis" den Belagerungszustand verkünden. Ihm waren fortan die städtischen Organe und das Polizeipräsidium unterstellt. Im einzelnen ordnete Wrangel an, daß „alle Clubs und Vereine zu politischen Zwecken geschlossen" seien, „bei Tage keine Versammlung von mehr als 20 Personen, bei Nacht keine von mehr als 10 Personen auf Straßen und öffentlichen Plätzen stattfinden" dürften, alle Wirtshäuser um 22 Uhr zu schließen seien und „Plakate, Zeitungen und andere Schriften nur dann gedruckt, öffentlich verkauft oder durch Anschlag verbreitet werden" dürften, sofern „das hiesige Polizeipräsidium die Erlaubniß hierzu ertheilt hat". Weitere Maßregeln betrafen die Ausweisung aller Fremden „binnen 24 Stunden", sofern sie sich nicht „legitimieren" konnten, sowie die sofortige Entwaffnung aller „hierzu nicht befugten" Personen. Die Funktionen der „gesetzlich bestehenden Behörden" sollten ansonsten nicht tangiert werden. Der „Betrieb der bürgerlichen Geschäfte", namentlich „des Handels und des Gewerbes", werde durch die Ausrufung des Belagerungszustandes in keiner Weise beschränkt.

Obwohl die Verfügungen absehbar waren, trafen sie die demokratische Bewegung gänzlich unvorbereitet. Während der Sitzung des großen Demokratischen Klubs am Abend des 12. November wurde der Vorschlag gemacht, das in Bürgerquartieren dezentral untergebrachte Militär zu entwaffnen. Über Spitzel wurde dieser Vorschlag der Armeeführung umgehend mitgeteilt. Diese wiederum ließ sofort die Truppen kampffertig Aufstellung nehmen.[37] Die anderen demokratischen Vereine scheinen an diesem Tag und den folgenden Tagen gar nicht erst versucht zu haben, noch einmal zusammenzutreten oder so heimlich agiert zu haben, daß Behörden und Presse von ihren Sitzungen nichts mitbekamen. Nachweisbar trafen sich die Mitglieder des Demokratischen Klubs ein letztes Mal am 14. November. Zu einer regulären Sitzung kam es allerdings gar nicht erst; denn der Klub wurde gleich zu Beginn durch Militär, das zuvor die Straße, in der sich das Klubhaus befand, systematisch abgeriegelt hatte, und die Eingänge des Gebäudes besetzt hatte, „auseinandergesprengt".[38]

---

37 Vgl. Streckfuß, Freies Preußen, II, S. 653. Am Nachmittag des 12. Nov. hatte außerdem eine von etwa zweitausend Menschen besuchte Volksversammlung unter dem Vorsitz Karbes stattgefunden. Karbe forderte die Bürgerwehrleute unter seinen Zuhörern auf, „die Gewehre nicht abzugeben", sofern jedoch „mit militärischer Gewalt Waffen abgeholt würden, der Gewalt zu weichen." (NZ vom 13. Nov. 1848.) Vgl. auch Bericht Bardelebens an das Innenministerium vom 12. Nov. 1848, in: GStA, Rep. 77, Tit. 501, Nr. 3, Bd. 3, Bl. 268.

38 Vgl. Streckfuß, Freies Preußen, II, S. 742 f.; SZ vom 15. Nov.; KrZ vom 16. Nov. 1848. Von einer Ausnahme abgesehen, kam es an diesem Tag noch zu keiner Verhaftung. Inwieweit sich Mitglieder der demokratischen Organisationen in der Folgezeit in Privatwohnungen zusammenfanden, darüber kann man nur mutmaßen. Die Ordnungsmacht scheint jedenfalls genau darüber

Die mit der demokratischen Bewegung sympathisierenden Schichten scheinen wie gelähmt gewesen zu sein. Schon die Verkündung des Belagerungszustandes hatte auf sie „wie ein niederschmetternder Donnerschlag" gewirkt.[39] „Wuth und Angst malte sich in den Gesichtern; [...] bei Vielen stieg das Entsetzen um so höher, als sie nicht wußten, was man sich unter einem Belagerungszustande zu denken habe, und fast naiv darunter nichts anderes dachten als eine Belagerung der Stadt, Beschießung etc." „Überall Gruppen, stille, flüsternde Gruppen, Bürger, welche die Bulletins an der Mauer lesen, mit dem Kopf schütteln und nicken, und dann stumm weiter gehen." In der Folgezeit glaubten sich viele Demokraten in einer Art unsichtbarem Kerker, als hätten die Soldaten „ein eisernes Netz über uns gespannt, als wäre uns selbst der Anblick des Himmels entzogen."[40] Durchbrochen wurde der Zustand dieser künstlichen Ruhe und Lähmung nur von einem „merkwürdigen Wetteifer im Zettelabreißen".

„Das Volk riß die [...] Proklamation des Königs und die Bekanntmachungen der Minister und des Polizei-Präsidenten aller Orten ab, während Offiziere und Soldaten umherliefen und die Plakate der National-Versammlung abrissen, in welchen die Entwaffnung der Bürgerwehr und die Verhängung des Belagerungszustandes als ungesetzliche Maaßregel bezeichnet werden." Einzelne Straßen seien so stark mit Plakatfetzen Wrangelscher Bekanntmachungen „übersät" gewesen, daß „es aussah, als ob Schnee gefallen wäre."[41]

Am 13. November teilte Wrangel per Bekanntmachung dem Publikum mit, daß die ‚Berliner Zeitungshalle', die ‚Locomotive', die ‚Reform' sowie zwei weitere kleine demokratische Blätter und drei satirische Zeitschriften mit sofortiger

---

gewacht zu haben, daß das Vereinsverbot auch eingehalten wurde; vgl. Eintrag Varnhagens vom 12. Dez. 1848, in: ders., Tagebücher, Bd. 5, S. 338 f., ferner *S. 769, 791 und S. 833 ff.*

39 Bericht Lerchenfelds vom 13. Nov. 1848, in: HStA München, Nr. 2628, Bl. 195.

40 „Die Thore sind offen, die Straßen sind frei – aber man hat dennoch das Gefühl, sich in einem Gefängnisse zu befinden." So beschrieb Fanny Lewald (Erinnerungen, II, S. 323) die Gefühle, die vermutlich viele Demokraten mit ihr teilten.

41 „Endlich schritt man zu dem Mittel, daß man die Bekanntmachungen des Polizei-Präsidenten und der Minister durch aufgestellte Jungen den Leuten in die Hände stecken ließ, um solche so vor dem Zerreißen zu schützen." Zitate: VZ vom 14. Nov. 1848; AAZ vom 16. und 17. Nov. 1848. Stärker als in Berlin waren Protest und Widerstand in Potsdam. Am 11. Nov. wurden dort der Telegraph nach Berlin zerstört und die Eisenbahnschienen aufgerissen, so daß drei Züge ausfielen und die anstehenden Truppentransporte sich erheblich verzögerten. „Mehrere Pulverwagen des Militärs sind angehalten, demolirt und ins Wasser gestürzt, auch mehrere Brodwagen geplündert worden." Außerdem wurde das Potsdamer Stadtschloß mit Steinen beworfen. Erst spät abends konnte die 2145 Mann zählende Potsdamer Bürgerwehr die Ruhe wieder herstellen. Zitate: VZ vom 14. Nov. und AAZ vom 17. Nov. Vgl. außerdem Brief des Freiherrn Heinrich v. Wittgenstein an L. Camphausen vom 12. Nov. 1848; Rundschreiben des Innenministers an die Provinzial-Regierungen vom 13. Nov. 1848, in: Hansen, Rheinische Briefe, Bd. 2. 2, S. 509 bzw. Caspary, Camphausens Leben, S. 264, sowie GStA, Rep. 77, Tit. 501, Nr. 3, Bd. 3, Bl. 260 u. Rs.; ferner Streckfuß, Freies Preußen, II, S. 659; (Autorenkollektiv) Potsdam, S. 76 f.; Kotsch, Potsdam, S. 194.

Wirkung suspendiert seien.[42] Auch die National-Zeitung wurde vom Verbot bedroht.[43] Selbst die weitgehend loyalen bürgerlichen Blätter, die in den ersten Tagen nach Ausrufung des Belagerungszustandes noch relativ ungefiltert über Ereignisse und Stimmungen in Berlin berichtet hatten, blieben von massiven Einschüchterungen Wrangels nicht verschont.[44] Die Drohungen taten ihre Wirkung. Die Schere im Kopf ersetzte die äußere Zensur. Die Vossische und Spenersche Zeitung und ebenso ‚Der Publicist' hielten sich fortan an die Vorgaben des Generals.[45] In einer weiteren Bekanntmachung vom 13. November untersagte Wrangel den „Anschlag sowie jede andere Art der Veröffentlichung und Verbreitung von Plakaten und Flugschriften" politischen Inhalts. Am gleichen Tage verhängte Wrangel außerdem förmlich das Kriegsrecht.

Die letzten Tage der ‚Preußischen Nationalversammlung', wie die knapp 250 preußischen Abgeordneten, die sich trotz häufig wechselnder Tagungsorte immer wieder einfanden, formal zu Recht weiterhin firmierten, glichen einem Katz-und-Maus-Spiel. Vom 11. bis 13. November tagte sie noch relativ ungestört im Schützenhaus. Den 13. und die nächsten beiden Tage wurden die Abgeordneten von Subalternoffizieren und kleineren Truppenabteilungen von einem Sitzungslokal ins andere getrieben. Am 15. November, abends kurz vor 21 Uhr, mußten die noch verbliebenen 227 Mitglieder des „Club Unruh", wie die preußischen Abgeordneten von den Konservativen hämisch genannt wurden, dann ihre letzte Versammlung beenden – nachdem sie unmittelbar zuvor und schon in Anwe-

---

42 Die nächste Nummer der ‚Locomotive' datiert auf den 14. Dez. Die BZH konnte bereits vom 7. Dez. 1848 an wieder erscheinen, in Berlin allerdings nur bis zum 12. Dez. 1848. Fünf Tage später kam sie in Neustadt-Eberswalde heraus. Im März 1849 mußte sie dann endgültig ihr Erscheinen einstellen; vgl. Michalsky, Geschichte der BZH, S. 344. Das Ende der ‚Locomotive' datiert gleichfalls Anfang 1849.

43 Die Redaktion der NZ schien zunächst überrascht, daß ihr das Erscheinen weiterhin erlaubt wurde; vgl. Redaktionserklärung in: NZ vom 12. Nov. 1848. Vom 17. bis 30. Nov. mußte auch die NZ ihr Erscheinen vorübergehend einstellen. Sie war danach zunächst das einzige Blatt, das der liberalen und demokratischen Opposition Raum gab. 1849 gesellte sich der NZ die von Franz Duncker (KBA) gegründete ‚Urwähler-Zeitung' hinzu, die Mitte 1853 in ‚Volks-Zeitung' umbenannt wurde.

44 In einer Unterredung mit zwei Redakteuren der VZ und der SZ kurze Zeit nach dem Erscheinen der Bekanntmachung machte der General persönlich diesen unmißverständlich klar, daß ein Verbot beider Zeitungen „sofort eintreten werde, sobald in die genannten Zeitungen Artikel aufgenommen werden, in welchen ein frecher, unehrerbietiger Tadel oder Verspottung der Anordnungen im Staate enthalten, Mißvergnügen und Unzufriedenheit der Bürger gegen die Regierung oder Maßregeln des Oberhauptes des Staats Sr. Majestät, des Königs, veranlaßt werde." Beide Redakteure „unterwarfen sich" daraufhin namens ihrer Blätter „den vorstehenden Bestimmungen und gelobten mittels Handschlag Sr. Excellenz eine strenge, gewissenhafte Befolgung dieser Anordnung." (Protokoll der Übereinkunft als Anlage zum Schreiben Wrangels an das Innenministerium vom 15. Nov. 1848, in: GStA, Rep. 77, Tit. 501, Nr. 3, Bd. 3, Bl. 272 u. Rs.)

45 Die Berliner Zeitungen seien „abscheulich" geworden, befand Varnhagen; „überall feile knechtische Federn, überall Bereitwilligkeit, die Besiegten nicht nur zu verlassen, sondern auch zu schmähen". (Eintrag Varnhagens vom 14. Dez. 1848, in: ders., Tagebücher, Bd. 5, S. 343.)

senheit eines mit einer Auflösungsordre versehenen Hauptmanns den Aufruf zur Steuerverweigerung beschlossen hatten. Als die Abgeordneten „auf die Straße hinaustraten, fanden sie dort, statt der jubelnden und ihnen zujauchzenden Massen, nur wenig Umstehende, und eine lautlose Stille."[46]

Zwischen Baum und Borke – die Stellung der städtischen Organe im Konflikt zwischen Krone und Preußischer Nationalversammlung

Das Schicksal der Preußischen Nationalversammlung konnte auch von den kommunalen Selbstverwaltungsorganen nicht gewendet werden. In der Berliner Stadtverordnetenversammlung teilte eine, allerdings nicht sehr starke Mehrheit der Stadtverordneten im Konflikt zwischen Krone und Preußischer Nationalversammlung im Grundsatz die Position der letzteren. 55 von 96 anwesenden Stadtverordneten stimmten auf der Sitzung vom 9. November dem Antrag Gneists zu, „S.M. den König zu bitten, nicht gegen den entschieden ausgeprochenen Willen der gesetzlich bestehenden Nationalversammlung das jetzige Ministerium beizubehalten, sondern – der Einsicht der Nation vertrauend – ein Ministerium zu ernennen, welches die Majorität der Versammlung hat." Mit 61 Stimmen wurde beschlossen, „Se. Majestät zu bitten, die Nationalversammlung nicht zu verlegen, sondern ferner in Berlin berathen zu lassen."[47] Beide Beschlüsse wurden zu einer Petition zusammengefaßt und an den Magistrat weitergeleitet, mit der Aufforderung, ihr beizutreten. Die städtische Obrigkeit, traditionell konservativer orientiert als die Stadtverordneten, lehnte es ab, den ersten Teil des Beschlusses zu übernehmen.[48] Am 10. November veröffentlichten die Stadtverordneten daraufhin die beschlossene Adresse an den Monarchen, ohne weitere Verhandlungen mit dem Magistrat abzuwarten.[49]

---

46 Berlin in der Bewegung, S. 596. Zur Steuerverweigerung vgl. *S. 764 ff.*

47 Nach: LAB StA, Rep. 00, Nr. 128. Vgl. hierzu und zum folgenden auch Clauswitz, Städteordnung, S. 226 f. Zu Gneist vgl. KBA.

48 Der Magistrat übernahm lediglich die Bitte an den Monarchen, die Verlegungsordre aufzuheben. Begründung: Die „Stellung des Magistrats [sei] in diesem Augenblicke, in welchem von einer Gefährdung der verheißenen Freiheiten nicht geredet werden könne, die, möglichst vermittelnd aufzutreten". (Antwort des Magistrats vom 10. Nov. 1848 in: LAB StA, Rep. 01, Nr. 2435, Bl. 135 u. Rs.) Die Adreßentwürfe des Magistrats wie der Stadtverordneten finden sich in: ebd., Bl. 137 ff.

49 Vgl. Protokoll der Stadtverordnetenversammlung vom 10. Nov. 1848, in: LAB StA, Rep. 00, Nr. 128. Adresse vom 10. Nov., in: LAB, Rep. 240, Acc. 685, Nr. 548; im Wortlaut auch in der Tagespresse vom 11. Nov. 1848 sowie in Obermann, Flugblätter, S. 334. Der Magistrat seinerseits ließ in einer Bekanntmachung erklären, er wolle seine „ehrerbietigen Vorstellungen" gegen die Verlegung der PrNV durch eine eigene Deputation dem König mitteilen. Die Deputation wurde indessen nicht empfangen. Zuvor war sie beim Präsidium der PrNV gewesen, um dasselbe zu

Am 12. November beschlossen die Stadtverordneten, eine weitere Petition an Friedrich Wilhelm IV. zu senden, in der dieser „um Rücknahme oder doch Aufschiebung" der tags zuvor verfügten Ordre über die Auflösung der Berliner Bürgerwehr gebeten wurde. Zugleich wurde das Staatsministerium aufgefordert, die Entwaffnung der Bürgerwehr auszusetzen. Eine am gleichen Tage vom Kommunalparlament verabschiedete „Ansprache an die Einwohner" Berlins, in der diese zu „einer ferneren ruhigen Haltung" ermahnt und für „die Vermeidung jedes activen Widerstandes bei der Auflösung der Bürgerwehr" gewonnen werden sollten, trat wenig später auch der Magistrat bei.[50] Eine Deputation beider städtischer Organe mit dem Bürgermeister Naunyn an der Spitze, die sich am frühen Nachmittag des 12. November in Potsdam einfand, um dort die gemeinsame Adresse förmlich zu überreichen, wurde zwar zum Ministerpräsidenten Brandenburg, nicht jedoch zum König vorgelassen. Ein zweiter Versuch am folgenden Tage blieb gleichfalls vergeblich. Der daraufhin von den städtischen Parlamentariern gefaßte Beschluß, die Adresse in einer Auflage von 6000 Exemplaren in Druck zu geben, mußte (wie es in einer Randbemerkung zum offiziellen Protokoll lakonisch heißt) „in Folge des eingetretenen Belagerungszustandes unterbleiben".

Mit ihren Beschlüssen gegen die Auflösung der Bürgerwehr und den vergeblichen Versuchen, die Krone in Sachen Preußische Nationalversammlung umzustimmen, ging es den Stadtverordneten in erster Linie darum (so führte jedenfalls einer von ihnen als Mitglied der städtischen Deputation am 12. November dem Grafen Brandenburg gegenüber aus), „ein schreckliches Blutvergießen zu verhüten". Denn „es seien so eben, wir wüßten nicht wie, viele tausend Waffen der Bürgerwehr in die Hände des demokratischen Klubs und der Arbeiter gekommen".[51] In einer Erklärung, die am 14. November vom Stadtparlament beschlos-

ermahnen, „versöhnende Schritte" der Krone gegenüber zu tun; vgl. SZ vom 12. Nov. 1848; Streckfuß, Freies Preußen, II, S. 606.

50 Am 12. Nov. richtete die Majorität des Magistratskollegiums außerdem ein „ernstes Wort der Mahnung" an die „Bürger Berlins", in der sie die „ruhige, würdevolle Haltung des Volkes in den letzten Tagen" lobte und „zu ernster Besonnenheit und Mäßigung" aufforderte. (Im Wortlaut in der Tagespresse vom 14. Nov. 1848.) Daß innerhalb des Magistrats über die einzuschlagenden Schritte keine Einigkeit herrschte, brachten die unbesoldeten Stadträte Falkenberg und Runge (KBA) am 12. Nov. 1848 zum Ausdruck, indem sie wegen unüberbrückbarer Meinungsverschiedenheiten mit der Mehrheit ihrer Kollegen zurücktraten. Hierzu und zum folgenden vgl. die Protokolle der Stadtverordnetenversammlungen vom 12., 13. und 14. Nov., in: LAB StA, Rep. 00, Nr. 128, sowie die Tagespresse vom 13. bis zum 18. Nov. 1848.

51 Nach: Gneist, Berliner Zustände, S. 71. In dem offiziellen Protokoll vom 13. Nov. heißt es: „Die Versammlung ist einverstanden da[mit], daß in keinem Falle die Abgabe von Waffen an Unberechtigte statt finden darf". Mit „Unberechtigten" konnten nur zum bewaffneten Widerstand bereite Demokraten und ‚Arbeiter' gemeint gewesen sein. Zu den Versuchen von ‚Arbeitern', sich in den Tagen zwischen dem 13. und dem 20. Nov. Gewehre von Bürgerwehrleuten anzueignen (denen die kommunalen Abgeordneten vorbeugen wollten), vgl. S. 772 ff.

sen und am folgenden Tage in den Zeitungen und an den Straßenecken nachzulesen war, wurde die kommunale Miliz dann ausdrücklich aufgefordert, sich vom Militär widerspruchslos entwaffnen zu lassen. Die anfängliche Parteinahme gegen das neue Ministerium Brandenburg war einer faktischen Unterwerfung unter die von diesem verfügten Maßnahmen gewichen. Am folgenden Tag, dem 15. November, fielen die Stadtverordneten der Preußischen Nationalversammlung schließlich offen in den Rücken.[52] Noch ehe die Mitglieder des preußischen Rumpfparlaments auf ihrer letzten Sitzung die „Steuerverweigerung" förmlich beschlossen hatten, betonten die Stadtverordneten auf Antrag Gneists, daß sie „sich insgesammt gegen eine solche Maßregel erklären werde[n]".[53] Dem von Unruh propagierten „passiven Widerstand", dessen Herz der beschlossene Steuerboykott ja war, wurde auf diese Weise von vornherein das Rückgrat gebrochen – ohne die Hauptstadt konnte die Steuerverweigerung, selbst wenn sie in vielen Städten weitgehend befolgt worden wäre, schwerlich die intendierte Wirkung entfalten. Daran ändert auch die Tatsache nichts, daß die Stadtverordneten nicht beanspruchen konnten, mit dieser Erklärung für die Gesamtheit der Berliner Bürger zu sprechen. Nicht nur bei Demokraten, auch bei den Berliner Liberalen stieß der „Staatsstreich des Ministeriums Brandenburg",[54] vor allem die einseitige

---

52 Stillschweigend hatten sie dies bereits zuvor getan. Dies geht u.a. aus dem offiziellen Protokoll der Stadtverordnetenversammlung vom 14. Nov. hervor. Um eine reibungslose Entwaffnung der Bürgerwehr „ohne Blutvergießen" sicherzustellen, hatten die Stadtverordneten eine Deputation an Wrangel entsandt, mit der Bitte, den in seiner Verfügung vom 12. Nov. für den Fall der ‚Unbotmäßigkeit' angedrohten Schußwaffengebrauch vorläufig auszusetzen. „Der General hat darauf seinen lebhaften Wunsch zu erkennen gegeben, daß bei der Ausführung des ihm ertheilten Auftrags es nicht zu einem Zusammenstoße komme und daß er bereit sei, die Anordnung wegen des Gebrauchs der Schußwaffen bis morgen zu sistiren, um inzwischen die Ansprache der Versammlung wirken zu lassen, jedoch nur, insofern aus dieser [vom Kommunalparlament am 14. Nov. beschlossenen] Ansprache die Stelle, welche die National-Versammlung angeht, weggelassen wird. Die Versammlung beschließt mit Rücksicht hierauf einstimmig, diese Stelle", in der die preußischen Abgeordneten der fortdauernden Solidarität der Stadtverordneten versichert werden sollten, „zu streichen." (LAB StA, Rep. 00, Nr. 128.)

53 Eine entsprechende Petition wurde der PrNV umgehend zugeleitet; vgl. ebd., außerdem Gneist, Berliner Zustände, S. 70 f. Wortlaut der Bekanntmachung in der Tagespresse vom 16. Nov. 1848, sowie in: Streckfuß, Freies Preußen, II, S. 769 f. Noch opportunistischer verhielt sich der Magistrat. Nachdem er bis Mitte Nov. vorgegeben hatte, die Positionen der PrNV im wesentlichen zu teilen, erklärte die städtische Obrigkeit am 21. Nov., die PrNV habe, statt „die durch die Erschütterung der obersten Staats-Gewalt wankend gewordene gesetzliche Ordnung zu stärken", selbst zur Steigerung der „Unordnung" beigetragen. Sie habe „sich und die Regierung dem Einfluß und dem Terrorismus" der Demokraten und der Berliner „Massen" preisgegeben. „Wir standen am Rande des Verderbens. Da war es die Pflicht derer, in deren Hände die Geschicke unseres Landes in dieser verhängnißvollen Zeit gelegt sind, das Vaterland zu retten." (In: LAB, Rep. 240, Acc. 99, Nr. 3 bzw. SAPMO/ZPA, V DF/I, 1Ü, Bl. 69-71 Rs.; ZBSt, 1848 Flg., M. 23; im Wortlaut auch in: VZ vom 25. Nov. 1848, sowie Streckfuß, Freies Preußen, II, S. 773-776.)

54 Erklärung des Konstitutionellen Klubs vom 10. Nov., in: NZ vom 12. Nov. 1848. Eine Minorität des Klubs distanzierte sich allerdings von dieser Erklärung öffentlich, in: ZBSt, 1848 Flg., M. 22. Vgl. ferner Gneist, Berliner Zustände, S. 69 f. Während allerdings die Demokraten den König in

Vertagungs- und Verlegungsordre vom 8. November, auf heftigen und nachhaltigen Widerspruch, der Aufruf der preußischen Abgeordneten zur Steuerverweigerung dagegen zumindest anfänglich auf Zustimmung.[55]

Zu den Gründen der Niederlage

Wenn trotz der breiten Opposition gegen die Maßnahmen des Königs und sein neues Ministerium die Strategie der preußischen Gegenrevolution aufging, dann lag dies natürlich entscheidend an den militärischen Kräfteverhältnissen. Wrangel war an der Spitze von deutlich mehr als zehntausend Soldaten – die Schätzungen schwanken zwischen 13 000 bis 15 000 – einmarschiert, die 60 Geschütze mitführten.[56] Knapp die gleiche Zahl war bereits seit längerem in Berlin stationiert, so daß sich seit dem frühen Nachmittag des 10. Novembers etwa 25 000 bis 30 000 Militärangehörige innerhalb der Stadtgrenzen befanden. Rund um Berlin waren zusätzlich etwa 20 000 Militärs stationiert. Insgesamt standen also mindestens 40 000 bis 50 000 Soldaten[57] zum Kampf um die preußische Hauptstadt ‚Gewehr bei Fuß‘. Innerhalb weniger Tagesmärsche mobilisierbar waren

ihre Kritik einbezogen, sparten die Liberalen den Monarchen aus; dieser sei von ‚schlechten Ratgebern‘ getäuscht worden: „Die Scheidewand zwischen König und Volk ist nicht gefallen, es ist der Kamarilla gelungen, den König vom Volke, von seinen Verheißungen weiter zu entfernen, als man im März und April für möglich gehalten hätte." (NZ vom 12. Nov. 1848.)

55 Die Passage im ‚Wahlgesetz für die zur Vereinbarung der preußischen Staats-Verfassung zu berufende Versammlung‘ vom 8. April 1848 (§ 13), mit der die ‚Vereinbarungs‘-Formel in die Welt gesetzt worden war und die den Angelpunkt der Kontroverse bildete, ob das Handeln der Krone ‚legal‘ oder ein ‚Staatsstreich‘ war, ließ offen, was in einer Situation geschehen sollte, in der Krone und Abgeordnetenhaus sich in grundsätzlichen Fragen nicht würden einigen können; vgl. *S. 294*. Verfassungsrechtlich bestand im „Verfassungs-Vorvertrag" (E. R. Huber) vom 8. April 1848 eine ‚Lücke‘, die beide Seiten zu ihren Gunsten auslegen konnten. Mit E. R. Huber (Verfassungsgeschichte, II, S. 753) wird man die einseitige Vertagungs- und Verlegungsordre vom 8. Nov. trotzdem als einen „besonders eklatanten Fall des Staatsstreichs" der Krone bezeichnen müssen. Denn verfassungsrechtlich zulässig wäre die Verlegung der PrNV lediglich gewesen, wenn der ‚Schutz‘ der Parlamentarier nicht nur als Vorwand gedient hätte. Tatsächlich jedoch handelte es sich bei der Verfügung des Königs vom 9. Nov. um eine lange zuvor geplante Kampfmaßnahme. Für einen wirkungsvollen Schutz der Abgeordneten wäre eine Verlegung der PrNV auch gar nicht notwendig gewesen. Ein oder zwei zusätzliche Bataillone Soldaten hätten in Koordination mit der Bürgerwehr diesen Schutz problemlos gewährleisten können.

56 Trauttmansdorff sprach in seinem 2. Bericht vom 10. Nov. (wie Anm. 13; Bl. 156) von 13 000, die Presse im allgemeinen von 15 000 Mann.

57 So der Abgeordnete Kirchmann in der Sitzung des Rumpfparlaments vom 15. Nov., nach Streckfuß, Freies Preußen, II, S. 729. Bassermann nannte in seinem Bericht vom 9. Nov. 1848 sogar eine Zahl von „sechzigtausend Mann". (In: BA FFM DB 54/61 II, Bl. 158 Rs.)

außerdem etwa 30 000 Mann[58], so daß Wrangel insgesamt um die 80 000 Soldaten für einen Kampf um die Hauptstadt zur Verfügung hatte.

Zwar war auch die Zahl der bewaffneten Kräfte, die – jedenfalls verbal – die Preußische Nationalversammlung zu verteidigen bereit waren, dem äußeren Anschein nach eindrucksvoll: Die Bürgerwehr zählte nominell knapp 30 000 Mitglieder. Indessen war der ‚militärische Wert' dieser optisch imposanten Streitmacht höchst zweifelhaft. Bei ‚Generalalarmen' hatte sich im Revolutionsjahr niemals die Gesamtheit der eingeschriebenen Mitglieder eingefunden. Wenn bei dem absehbaren „Einmarsch der Truppen Alarm geschlagen" würde, stellte Rimpler Anfang November dem Parlamentspräsidenten v. Unruh gegenüber fest, „so würden schwerlich mehr als die Hälfte der Bürgerwehr auf den Sammelplätzen sich einstellen. Sollte vielleicht schon Gewehr- und Artilleriefeuer an irgend einem Punkt der Stadt zu hören sein, so würde gewiß nicht ein Viertel der Bürgerwehr erscheinen."[59] Im ‚Ernstfall' war bestenfalls auf fünf- bis zehntausend Bürgerwehrleute, einschließlich der fliegenden Corps, zu rechnen. Den Kern einer ‚revolutionären Streitmacht' hätten nicht sie, sondern die Unterschichten gestellt, namentlich die von der Berliner Arbeiterverbrüderung ‚versprochenen' zehntausend ‚Arbeiter'.[60] Insgesamt stand den gut 30 000 unmittelbar einsatzbereiten Soldaten in Berlin ein militärisches Potential der revolutionären Bewegung von bestenfalls 20 000 bis 25 000 Mann gegenüber. Die Revolutionäre hätten – wenn überhaupt – im wesentlichen nur über ältere Gewehre, überdies unterschiedlichen Kalibers verfügt. Die Munitionsvorräte der Bürgerwehr dürften kaum für einen längeren Kampf ausgereicht haben. Im Gegensatz zum 18. März 1848 waren innerhalb der Stadt auch keine kleineren oder größeren Waffenlager der Armee mehr zu erobern. Sie waren vorsorglich leergeräumt worden. Die militärischen Konstellationen dürfte der österreichische Geschäftsträger zutreffend eingeschätzt haben, wenn er die Chancen der Berliner noch schlechter

58 Von diesen wurden wenige Tage nach Ausrufung des Belagerungszustandes 9000 bis 10 000 Mann in die unmittelbare Umgebung Berlins gebracht; vgl. SZ vom 18. Nov. sowie KrZ vom 19. Nov. 1848. Hinzuzurechnen sind außerdem die etwa zweitausend leicht bewaffneten Berliner Konstabler.

59 Nach: Unruh, Erinnerungen, S.101. Auch z.B. die SZ erklärte am 12. Nov. 1848, die Bürgerwehrmannschaften seien „in ihrer großen Mehrzahl keine kampffähige Macht". Aufschlußreich sind ferner die Aufzeichnungen von Benda, Berlin, S. 35 f. Hinzu kamen die internen politischen Differenzen der kommunalen Miliz, nicht zuletzt die Spaltung zwischen den vielfach stark demokratisch getönten Mannschaften und den eher konservativ oder rechtsliberal orientierten Offizieren; vgl. Unruh, Erinnerungen, S. 102; Rimpler, Bürgerwehr, S. 76; Streckfuß, Freies Preußen, II, S. 597. Auch Bardeleben stellte in seinem Bericht vom 9. Nov. dem Innenminister gegenüber fest, daß die noch mobilisierungsfähigen Teile der Berliner Bürgerwehr „meist nur noch aus Democraten" bestünden. (In: GStA, Rep. 77, Tit. 501, Nr. 3, Bd. 3, Bl. 224a).

60 Ihnen müssen noch die etwa drei- bis fünftausend Erdarbeiter zugerechnet werden, die sich am 10. Nov. vergeblich dem Bürgerwehrkommando als zusätzliche Streitkräfte angeboten hatten; vgl. VZ vom 10. Nov. 1848. Zur Arbeiterverbrüderung vgl. Anm. 35.

einschätzte als die, welche die vierzehn Tage zuvor unterlegenen Wiener Revolutionäre besessen hätten.[61]

Eine realistische Aussicht auf Erfolg in militärischer wie politischer Hinsicht hätte die demokratisch-revolutionäre Bewegung Berlins nur gehabt, wenn sie wirkungsvolle Hilfe von außen erhalten hätte. Indessen waren die innerpreußischen und vor allem die außenpolitischen Konstellationen denkbar ungünstig. Sie waren ja gerade für die Kamarilla der Hintergrund gewesen, die Gegenrevolution Anfang November auszulösen. Es konnte angesichts dieser Situation auch kaum das eintreten, was zu anderen Zeiten Revolutionären möglich gemacht hat, trotz nomineller und waffentechnischer Unterlegenheit doch noch militärisch erfolgreich zu sein: die ‚Moral‘, der Enthusiasmus für die ‚revolutionäre Sache‘.

Überhaupt machten die demokratischen Vereine in der preußischen Hauptstadt einen müden und wenig geschlossenen Eindruck. Sie hatten, wie Unruh resümierte, die ihnen zuneigenden Massen weder organisiert noch eine solche Organisation überhaupt „mit einigem Glück begonnen". Man habe in den demokratischen Klubs „durch einzelne Redner auf- und zuweilen abgewiegelt, auch zu diesem Zweck Versammlungen berufen, aber es fehlte offenbar an festen Eintheilungen, an Führern mit bestimmten Wirkungskreisen, ebenso an Waffen- und Munitionsdepots."[62] Die Notwendigkeit, sich auch auf militärische Eventualitäten vorzubereiten, wurde in der Tat erst erkannt, als es zu spät war. Versuche, das Versäumte nachzuholen, blieben stümperhaft.[63] Ein weiteres Handicap der lokalen Opposition bestand darin, daß die Berliner ‚Märzbewegung‘ intern zerstritten war und bestenfalls Bündnischarakter besaß. Selbst unter den demokratischen Vereinen war die politische Spannbreite beträchtlich, der Willen

---

61 Die Berliner „Aufständischen" in spe hätten „weder Kanonen noch bekannte Anführer, noch Stadtwälle wie in Wien, und die zahlreichen königlichen Truppen kein ungarisches Heer in der Flanke." (Bericht Trauttmansdorffs vom 9. Nov. 1848 [Anm. 13], Bl. 63 Rs. u. 64.)

62 Die „ultra-demokratische Parthei", so Unruh in seinem Urteil über die demokratische Bewegung Berlins abschätzig, habe in Berlin letztlich „nichts als höchstens einen Straßenkrawall zu erzeugen" vermocht. Zitate: Unruh, Erinnerungen, S. 102; ders., Skizzen, S. 95.

63 In der zweiten Junihälfte hatte der Demokratische Klub die Absicht geäußert, ein eigenes bewaffnetes Corps „mit Piken" zu gründen; vgl. die ausführliche Berichterstattung in der Tagespresse während der letzten Juniwoche 1848. Auf den Druck des Polizeipräsidenten und des Magistrats hin gab man diese Absicht dann wieder auf. Am 27. Okt. findet sich in der SZ die Notiz, „der Volksclub und die anderen demokratischen Clubs wollen jetzt ihre Mitglieder allwöchentlich exerciren lassen." Viel scheint daraus nicht geworden zu sein; jedenfalls hörte man in den folgenden Wochen von derartigen paramilitärischen Übungen nichts mehr. Am 7. Nov. berichtete die SZ dann, „der demokratische Landwehr- und der demokratische Bürgerwehr-Verein haben alle waffenfähigen Männer Berlins zur Bildung eines Freischaaren-Corps für den Fall, daß die Freiheit in Deutschland bedroht wäre und eine volksthümliche Regierung desselben bedürfe, aufgefordert." Zu diesem Zweck, so die SZ am 8. Nov., habe sich ein Ausschuß gebildet, der es sich zur Aufgabe gemacht habe, „alle Kampfeslustigen" namentlich zu erfassen. Zu mehr dürfte es nicht gekommen sein, da zwei Tage später Wrangel mit seinen Truppen in Berlin einmarschierte.

zu koordiniertem Handeln dagegen begrenzt. Die Arbeiterbewegung konnte dieses Defizit nicht ausgleichen, obgleich sie in Berlin über beträchtlichen Einfluß verfügte und auch nicht mit den organisatorischen Kinderkrankheiten der Demokraten behaftet war. Sie legte das Schwergewicht ihrer Aktivitäten auf den Aufbau und die Konsolidierung ihrer sozialen Organisationen. Die Gesamtheit der Opposition, einschließlich der Bezirks-Vereine, der demokratisch geprägten Bürgerwehrmannschaften sowie der gemäßigten wie radikalen parlamentarischen Linken war im November zu einem einheitlichen und offensiven politischen Vorgehen nicht in der Lage. Erst als es zu spät war, fanden sich die gemäßigten Demokraten und die Linksliberalen der Hauptstadt zusammen und gründeten (Anfang 1849) die ,Volkspartei'.

Auch in den breiten Bevölkerungsschichten, die grundsätzlich mit der demokratischen Bewegung sympathisierten und ihr im Frühjahr und Sommer 1848 überhaupt zu politischer Kraft verholfen hatten, waren Mitte November Ermüdungserscheinungen unübersehbar. „Die revolutionaire Volkskraft [...] ist kein Pulverfaß, das man beliebig in einem Magazin verwahren und wieder hervorholen kann, sobald man es braucht".[64] Die grundsätzlich richtige Bemerkung Unruhs mutet angesichts der Ereignisse im November freilich wie eine schlechte Ausrede an. Denn die Preußische Nationalversammlung, der Unruh ja vorstand, machte keinen ernsthaften Versuch, die unterbürgerlichen, in Berlin in ihrer übergroßen Mehrheit demokratisch orientierten Massen gegen die drohende Gegenrevolution zu mobilisieren. Sie hoffte auf die Unterstützung der *einkommensstarken* Bevölkerungsschichten Preußens. Das zeigt besonders deutlich der ,passive Widerstand' der preußischen Abgeordneten gegen den Staatsstreich der Krone.

---

64 Unruh, Erfahrungen, S. 126.

Kapitel IX.5

„… mit dem ersten Schneefall war die Sache zu Ende"[1] – Berlin in den ersten Tagen nach Ausrufung des Belagerungszustandes

„… ein Schwert ohne Klinge" – die Steuerverweigerung

Die Preußische Nationalversammlung wurde in den Morgenstunden des 15. November 1848 auseinandergetrieben – ähnlich schmählich, nur nicht ganz so gewaltsam wie ein gutes halbes Jahr später das Deutsche Rumpfparlament in Stuttgart. Buchstäblich in letzter Minute beschlossen die noch anwesenden 226 Abgeordneten per Akklamation, daß „das Ministerium Brandenburg nicht berechtigt sei, über die Staatsgelder zu verfügen und die Steuern zu erheben, so lange die Nationalversammlung nicht ungestört in Berlin ihre Berathungen fortzusetzen vermag". Indessen demonstrierte hier das Berliner Rumpfparlament nur dem äußeren Anschein nach Geschlossenheit. Tatsächlich war der Steuerverweigerungsbeschluß eher eine Trotzreaktion, nur aus der emotionalisierten Atmosphäre während der letzten Sitzung der ‚Vereinbarungs-Versammlung' erklärbar. Namentlich die Abgeordneten des rechten Zentrums mochten sich in diesem ‚historischen Augenblick' dem moralischen Druck der Linken und des linken Zentrums nicht entziehen. De facto standen sie, das hatten sie während der Debatten in den Tagen zuvor unmißverständlich deutlich gemacht, einer Steuerverweigerung ablehnend gegenüber.[2] Viktor v. Unruh, Parlamentspräsident und zugleich Wortführer des rechten Zentrums, hat in einer späteren Darstellung festgestellt, daß „mehrere Abgeordnete" seiner Fraktion, unter ihnen auch der Berliner Abgeordnete und Stadtrat Hermann Duncker, „über den gefaßten Beschluß sehr außer sich waren und mir Vorwürfe machten, daß ich denselben nicht verhindert habe."[3]

---

1 Zitat aus: Gneist, Berliner Zustände, S. 103.
2 Bereits am 12. Nov. hatte die Linke der PrNV einen Antrag auf Steuerboykott eingebracht. Da die Abgeordneten der Rechten und des rechten Zentrums drohten, den Saal zu verlassen, wenn der Antrag (dem eine Mehrheit sicher war) beschlossen würde, war er vertagt worden. Andernfalls wäre die PrNV beschlußunfähig geworden. Beschluß vom 15. Nov. im Wortlaut in: Streckfuß, Freies Preußen, II, S. 738 f.
3 Unruh, Erinnerungen, S. 110. Zu H. Duncker vgl. KBA.

Obgleich die parlamentarischen Steuerverweigerer in einer Reihe von Städten insbesondere im Westen Preußens und in Schlesien nicht geringe Unterstützung erhielten[4], war diese Form des „passiven Widerstandes" von vornherein zum Scheitern verurteilt. Steuern konnte nur zahlen oder verweigern, wer über ausreichendes Einkommen oder Vermögen verfügte. Das waren neben dem Adel, der in seiner überwiegenden Mehrheit als Opponent gegen die Krone und Bündnispartner der aufgelösten Abgeordnetenversammlung ausschied, die bürgerlichen Schichten, ferner der wohlhabende Mittelstand, d.h. Bevölkerungsgruppen, die mehrheitlich der Märzrevolution und den dadurch angestoßenen politischen Prozessen eher skeptisch gegenüberstanden. Die verbliebenen Abgeordneten der Preußischen Nationalversammlung wollten sich in ihrem Konflikt mit der Krone also auf Bevölkerungskreise stützen, die tatsächlich gar nicht hinter ihnen standen. Der von der Preußischen Nationalversammlung ins Auge gefaßte ‚Widerstand' schloß die sozialen Unterschichten, d.h. die in Berlin und auch den meisten anderen Städten überwältigende Bevölkerungsmehrheit, von vornherein aus. Die Mehrheit der Abgeordneten hielt die Unterschichten nicht für ‚politikfähig'. Das preußische Parlament unternahm infolgedessen keinerlei Anstrengungen, die verfassungspolitische Kontroverse volkstümlich zu ‚übersetzen'. Beide Seiten entwickelten für die jeweils andere kein Verständnis. Umgekehrt reagierte nämlich auch das ‚Volk' der Hauptstadt auf die parlamentarischen Widerstandsversuche mit ostentativem Desinteresse und dem typischen Berliner Witz: Im Volksmund wurde aus dem „passiven Widerstand" die „aktive Feigheit".[5] Da die Unterschichten, selbst wenn sie gewollt hätten, den von der Preußischen Nationalversammlung ausgerufenen „passiven Widerstand" nicht unterstützen konnten und die einkommensstarken Bevölkerungsgruppen ihn nicht unterstützen wollten[6], blieb der Aufruf zum Steuerboykott (so der Zeitgenosse Adolf Stahr) ein

---

4 Vgl. z.B. Hansen, Rheinische Briefe, Bd. 2. 2, S. 530 ff.; Illustrierte Geschichte, S. 236-239; Wegge, Stellung der Öffentlichkeit, S. 26; Paschen, Demokratische Vereine, S. 115 ff. In mehreren Fällen wurde außerdem die Bildung von Freischarzügen versucht, um der bedrängten PrNV zur Hilfe zu eilen. In einigen Städten kam es zu regelrechten Aufstandsversuchen, die freilich meist rasch im Keim erstickt werden konnten; vgl. Gailus, Straße und Brot, S. 491; ferner neben den von ihm genannten Quellen NZ vom 14. Nov. 1848; Streckfuß, Freies Preußen, II, S. 710; Illustrierte Geschichte, S. 235 ff.; Valentin, Geschichte, II, S. 275 f; Hansen, Rheinische Briefe, Bd. 2. 2, S. 572 ff.

5 Nach: Grünthal, König, Kabinett und Kamarilla, S. 174.

6 Wie wenig namentlich die Wirtschaftsbourgeoisie gewillt war, die Politik der PrNV zu unterstützen, dokumentiert ein Briefwechsel zwischen dem Parlamentspräsidium und der Berliner Korporation der Kaufmannschaft als dem Sprachrohr der Oberschicht der Unternehmerschaft der preußischen Hauptstadt: Am 14. Nov. bat Unruh im Namen der PrNV die KKB um ein Darlehen. Denn die PrNV sei „durch die neuerlichen Bestimmungen des Staatsministerii für den Augenblick der Geldmittel beraubt, die sie zur Fortsetzung ihrer Geschäfte bedarf." Die Ältesten der KKB, die in den Revolutionsmonaten peinlich darauf bedacht waren, sich nach außen hin einen unpolitischen Anstrich zu geben, wanden sich, weil zu diesem Zeitpunkt noch nicht endgültig feststand, wer aus dem Konflikt zwischen Krone und Parlament als Sieger hervorgehen werde. Der Gewährung eines Darlehens, so der Vorsitzende des Ältesten-Gremiums in seinem Antwort-

„Schwert ohne Klinge", aus „hölzernem Eisen", dem überdies auch noch „der Griff gefehlt" habe.[7]

Stimmungen und Gerüchte, jedoch „nirgends auch nur die geringfügigsten Störungen"[8]

Im Gegensatz zur Preußischen Nationalversammlung spürten die staatlichen Behörden, daß die Hauptgefahr für die Konsolidierung der Gegenrevolution weniger von den bürgerlichen, sondern eher von den ,demokratisch verführten' proletarischen Schichten ausging. Die Obrigkeit traute dem Frieden nicht. Die beklemmende Stille in der Hauptstadt bildete den Nährboden für die wildesten Gerüchte. Am 13. November meldete der Baustadtrat Helfft, zugleich verantwortlich für die Organisation der Erdarbeiten, dem Polizeipräsidium „ganz ergebenst, daß heute nur sehr wenig Kanal-Arbeiter auf den Arbeitsstellen erschienen sind und daß fast überall die Arbeit nicht aufgenommen wird. Es verlautet: daß die Nichterschienenen sich mit Waffen versehen haben sollen." Zwar schränkte Helfft in seinem Bericht ein, daß „mir noch nicht von allen Baustellen Rapporte zugegangen sind". Das hinderte den Polizeipräsidenten, zu diesem Zeitpunkt noch Bardeleben, jedoch nicht, umgehend dem neuen Innenminister v. Manteuffel gegenüber von einem „beabsichtigten Ausbruch des Aufstandes um 6 Uhr" nachmittags zu sprechen. Das hier wie eine feststehende Tatsache vorgetragene Gerücht habe ihm, so Bardeleben weiter, „Veranlassung gegeben, das Abnehmen der Glockenspiele anzuordnen und dem unbefugten Eindringen in

---

schreiben am folgenden Tag, „tritt ein postumes, nicht zu beseitigendes Hinderniß entgegen – die Bestimmung des Statuto vom 2. März 1820, welche uns nicht gestattet, über das nicht bedeutende Vermögen der Corporation zu anderen Zwecken", als dort vorgesehen, zu verfügen. (In: LAB StA, Rep. 200-01, Nr. 348, Bl. 4 bzw. 7-8.) Solcherart Hemmungen erlegte man sich knapp einen Monat später nicht auf, als ein ,Comité zur Verabreichung von Erfrischungen an die Berliner Garnison' an die Ältesten der KKB mit der Bitte um eine Spende herantrat, als „Ausdruck unseres Dankes für [die] patriotische Haltung", den sich „unsere braven Truppen während des schweren Dienstes, dem sie sich in diesen Tagen mit so treuer Hingebung widmen", verdient hätten. Die Ältesten der KKB ließen sich nicht lumpen; sie überwiesen „einen Geldbetrag von einhundert Thaler Courant" an das besagte Comité. (Schreiben des ,Comités zur Verabreichung ...' an die Ältesten der KKB vom 9. Dez. bzw. Flugschrift dess. „An unsere Mitbürger!" vom 25. Nov., sowie Beschluß der Ältesten ad No.1064 vom 12. Dez. 1848 [zugleich Entwurf eines Antwortschreibens], in: in: ebd., Bl. 9-11, 15 f.) Zur Stellung der KKB im und zum Revolutionsprozeß vgl. *S. 356 f.*

7 Stahr, Preußische Revolution, S. 354; ähnlich auch andere Demokraten, z. B. Streckfuß, Freies Preußen, II, S. 740; Bauer, Bürgerliche Revolution, S. 290; Friedrich Wilhelm Held, Die Contre-Revolution oder die Auflösung der National-Versammlung, Berlin 1849.
8 Zitat: ,Neue Münchner Zeitung' vom 15. Nov. 1848, nach: LAB, Rep. 240, Acc. 1682, Nr. 55.

die Glockenthüren vorzubeugen."[9] Stichhaltige Indizien, die seine Befürchtungen hätten stützen können, besaß Bardeleben freilich nicht.[10] Zwei Tage später behauptete der Polizeipräsident erneut, daß „heute Mittag zwischen 12 u. 2 Uhr ein entscheidender Schlag erfolgen soll; zu dem Ende sollen sich die Erdarbeiter an der Jannowitzbrücke und die Fabrikarbeiter incl. der Borsigschen bei der Wohnung des französischen Gesandten [...] aufstellen wollen."[11] Noch am 17. November, einen Tag vor seiner Entlassung, warnte Bardeleben, die „revolutionäre Parthei hierselbst verfolgt den abentheuerlichen Plan, aus Landwehr und Landsturm eine Art von revolutionärem Militairkörper für die Durchsetzung ihrer Zwecke zu organisieren."[12] Auch an diesen Schreckensmeldungen war ernsthaft nichts dran.

Mit seiner Furcht, täglich könne ein revolutionärer Aufstand ausbrechen, scheint Bardeleben von Ängsten angesteckt worden zu sein, die in den ersten Tagen nach dem 10. November größere bürgerliche Kreise ergriffen hatten. „Viele wohlhabende Familien haben Berlin verlassen oder sind im Begriff, dies schleunigst zu thun", berichtete die ‚Neue Münchner Zeitung' in ihrer Ausgabe vom 16. November. Fanny Lewald notierte am 18. November, daß „Droschken voll Kasten und Betten, ganze Familien mit Weib und Kind den Thoren zu[fuhren]. Als es dann Nacht ward, schien die Aufregung zu wachsen. Sobald eine Thüre geworfen ward, sobald ein Balken zur Erde fiel, glaubte man einen Schuß zu hören; jedes Wagengerassel hielt man für Trommelwirbel."[13] Bis in die dritte Novemberwoche erfüllten überdies „tausende von Gerüchten, eines gewagter als das andere, die Stadt".[14] Neben demokratischen „Wühlern" versetzten

---

9 In: GStA, Rep. 77, Tit. 501, Nr. 3, Bd. 3, Bl. 259 u. 263. Am 18. März 1848 war die Berliner Bevölkerung durch allgemeines Glockenläuten vom Ausbruch der Barrikadenkämpfe informiert worden.

10 Am nächsten Tag mußte Bardeleben gegenüber Manteuffel vielmehr kleinlaut einräumen, „daß hier tatsächlich kein ernsthafter Kampf zu erwarten sei". Vielmehr stimmten nun plötzlich „alle Wahrnehmungen darin überein, daß die democratischen Organisationen [...] mehr und mehr in den Hintergrund treten". (Ebd., Bl. 274.)

11 Bardeleben bezog sich auf einen „zuverlässigen Bürger hiesiger Stadt" als Informanten. Vorsichtig geworden, schränkte er ein, er könne „in diesem Augenblick noch nicht beurtheilen, ob diese Anzeige große Beachtung verdient". (In: ebd., Bl. 282 u.Rs.) Auch die VZ meldete (am 21. Nov. 1848), „daß in diesen Tagen in Berlin eine republikanische Schilderhebung beabsichtigt" sei. Dort Hinweise auf weitere „fabelhafte Gerüchte".

12 In: GStA, Rep. 77, Tit. 501, Nr. 3, Bd. 3, Bl. 296.

13 Lewald, Erinnerungen, II, S. 324.

14 VZ vom 21. Nov. 1848. Als um den 20. Nov. herum die Panik in den gehobenen Bevölkerungskreisen zu verfliegen begann, gaben auch die Behörden Entwarnung. Bereits am 18. Nov. stellte der Innenminister in einem Rundschreiben an die Regierungspräsidenten erleichtert fest, daß „in der Hauptstadt fortwährend völlige Ruhe" herrsche. In: GStA, Rep. 77, Tit. 501, Nr. 3, Bd. 3, Bl. 298. Vgl. außerdem Rundschreiben des Regierungspräsidenten der Provinz Brandenburg an sämtliche Landräte, Polizei-Direktorien und Magistrate vom 18. Nov. 1848, in: LAB StA, Rep. 01, Nr. 2440, Bl. 84 u.Rs.

vor allem fabelhafte Geschichten über die Erdarbeiter weite Teile des Bürgertums und des Kleinbürgertums in Angst und Schrecken. Es nützte den vormals berüchtigten ‚Rehbergern‘ nichts, daß selbst gemäßigte Blätter wie die Vossische Zeitung ihnen seit Hochsommer attestierten, sie würden sich nunmehr durch „Fleiß“, „friedlichen Sinn“ und „verständiges Betragen“ auszeichnen.[15]

Im Unterschied zu Bardeleben ließ sich der neue Polizeipräsident Hinckeldey nicht durch unbestimmte Gerüchte kopfscheu machen. Zwar sei ihm das Gerücht zu Ohren gekommen, so teilte er am 18. November dem König mit, „daß heute Abend ein Arbeiterkrawall am Schlesischen Thore stattfinden werde.“ Hinckeldey hielt dieses Gerücht jedoch zu Recht für die Ausgeburt ängstlicher Phantasien; tatsächlich sei, so der Polizeipräsident weiter, „nicht anzunehmen, daß es irgendwo zu Unruhen kommen wird.“[16] Trotzdem wurde das strenge Regiment, das Wrangel seit dem 12. November in Berlin eingeführt hatte, nicht gelockert, im Gegenteil. Dem Verbot demokratischer Presseorgane und der Verbreitung ‚unbotmäßiger‘ Flugschriften folgte die Zerstörung von Pressen in den Druckereien, „welche sich erlaubten, irgend etwas Mißliebiges zu drucken“.[17] Seit dem 14. November wurden auch die ‚fliegenden Buchhändler‘, die das Straßenbild Berlins während der Revolutionsmonate geprägt hatten, konsequent arretiert. Darüber hinaus wurden „alle Fremden, welche irgend im Verdacht demokratischer Gesinnung standen, rücksichtslos ausgewiesen“.[18] Auswärtige, die die preußische Hauptstadt besuchen wollten, wurden „nur gegen besondere Legitimationskarten nach Berlin befördert“. Mithilfe solcher ‚Visa‘ sowie durch

---

15 Vgl. VZ vom 12. Juli und 15. Sept. 1848. Auch eine selbstverfaßte „Rechtfertigung der sogenannten Rehberger“ vom 5. Nov. verhallte ungehört. Darin protestierten die Erdarbeiter dagegen, für alle möglichen „Unruhen und Unordnungen“ sowie sonstige böse Taten verantwortlich gemacht zu werden. Veröffentlicht wurde diese Erklärung im Wortlaut allerdings erst am 21. Nov. in der VZ. Offenbar wollte dieses Blatt mit der verspäteten Veröffentlichung einer erneuten Panik im Bürgertum vorbeugen. Denn am 18. Nov. 1848 hatte eine kurzzeitige Demonstration von 500 Erdarbeitern stattgefunden. Sie verlief freilich ohne größere Zwischenfälle und war auch nicht politisch motiviert. Ausgelöst wurde die Demonstration dadurch, daß am 17. Nov. von einem unbekannten Täter „auf dem Köpenicker Felde ein Damm durchstochen“ worden war. Das in die Kanalbaustelle eingedrungene Wasser drohte „etwa 1500 Arbeiter während mehrerer Tage“ unbeschäftigt werden zu lassen. Da ‚lediglich‘ die Angst um den Arbeitsplatz das treibende Motiv für die Demonstranten war und um keinen unnötigen Unruheherd entstehen zu lassen, empfahl Hinckeldey, daß den betroffenen Erdarbeitern „während dieser Zeit eine Unterstützung aus öffentlichen Kassen gereicht wird“. (Bericht Hinckeldeys an Friedrich Wilhelm IV. vom 18. Nov. 1848, in: GStA, Rep. 2. 2. 1., Nr. 14 944, Bl. 22.) Zu den Erdarbeitern und dem Bild, das das Bürgertum sich von ihnen machte, vgl. *S. 445-449.*

16 Ebd., Bl. 22 Rs.

17 Streckfuß, Freies Preußen, II, S. 750. Vgl. (mit weiteren Beispielen) außerdem Berichte Hinckeldeys vom 18. Nov. 1848 und 23. Febr. 1849, in: GStA, Rep. 2. 2. 1, Nr. 14 944, Bl. 21 u. Rs. bzw. Rep. 77, Tit. 501, Nr. 3, Beih. 3, Bl. 41.

18 Die Polizei nahm „dabei den Begriff eines ‚Fremden‘ eben nicht sehr skrupulös“ und wies mitunter auch Personen aus, die sich schon über Jahre ständig in Berlin aufgehalten hatten. (Streckfuß, Freies Preußen, II, S. 750 f.)

ständige „Controllen auf den Eisenbahnhöfen" und „unausgesetzte" Überwachung der einschlägigen Hotels hielt die Polizeibehörde erfolgreich „ankommende Fremde" von Berlin fern, deren Anwesenheit, so der Polizeipräsident Hinckeldey, „den hiesigen politischen Verhältnissen zuwider" sei.[19]

Den einheimischen Demokraten konnte man auf diese Weise allerdings nicht beikommen; hier mußten andere Mittel greifen. Bei ihren Versuchen, das Vereinsverbot durchzusetzen, zerstörten Soldaten „das Lokal des demokratischen Klubs der Königstadt mit einer wahrhaft vandalischen Wuth, als sie dorthin beordert wurden, um den Klub aufzulösen, diesen aber nicht mehr versammelt fanden. Sie zertrümmerten aus Aerger über die fehlgeschlagene Expedition die Tische, die Bänke, die Rednertribüne und mißhandelten außerdem einige unschuldige Arbeiter", die sich zufällig in der Nähe des Klublokals befanden.[20] Zwar gelang es nicht, das während des ‚tollen Jahres' kräftig gewachsene politische Vereinswesen mit einem Schlag völlig stillzulegen. Die Organisationen wurden offenbar zunächst nur auf ihren personellen Kern reduziert und in die Illegalität abgedrängt. Sie schlössen sich, so wollte die Vossische Zeitung beobachtet haben, „auf Privatwegen desto enger und vertraulicher aneinander." Aber Wirkungskraft konnten namentlich die großen demokratischen Vereine seit Mitte November nicht mehr entfalten. Mit allen Mitteln suchte man außerdem, der demokratischen ‚Rädelsführer' habhaft zu werden. „Die Haussuchungen und Verhaftungen dauern fort, meistens werden aber unschuldige Personen von solchen betroffen, während diejenigen Personen, für welche diese Maßregeln eigentlich bestimmt scheinen, fast immer entkommen", bedauerte die Vossische Zeitung.[21]

Der langfristig bedeutsamste politische Einschnitt in der zweiten Novemberhälfte war wohl, daß Bardeleben, mit dem der Monarch schon länger unzufrieden war, am 18. November seinen Abschied als Chef der Berliner Polizei nehmen mußte.[22] Die Öffentlichkeit nahm den Amtsantritt Karl Ludwig Fried-

---

19 Bericht Hinckeldeys vom 26. Febr. 1849 (wie Anm. 15), Bl. 43, sowie KrZ vom 15. Nov. 1848.

20 Zitate: Streckfuß, Freies Preußen, II, S. 751 f.

21 VZ vom 21. Nov. 1848. Tatsächlich waren unter den insgesamt 108 Personen, die in den ersten eineinhalb Wochen „in Folge des Belagerungszustandes" in die Stadtvogtei gebracht und dort mehrere Tage festgehalten wurden, mit einer Ausnahme (dem Vorsitzenden der Berliner Arbeiterverbrüderung Bisky) keine prominenten Demokraten. Vgl. die am 25. Nov. 1848 vom ‚Publicist' veröffentlichte Namensliste. In erster Linie finden sich in der Liste Handwerker und Arbeitsleute, ein Indiz dafür, daß vor allem in diesen Bevölkerungskreisen der Ärger über das Militär und den Belagerungszustand groß war und auch lauthals artikuliert wurde. Ferner wurden eine Reihe von ‚Burschen' und Kolporteuren, d. h. fliegende Buchhändler, die trotz des Verbots Flugschriften verkauft hatten, sowie mehrere Weinhändler und Gastronomen verhaftet, die sich an die von Wrangel ausgesprochene Schließungszeit für öffentliche Lokale (22 Uhr) nicht gehalten hatten.

22 Bereits Anfang Aug. hatte sich der Monarch, im Zusammenhang mit dem Flaggenstreit, äußerst ungehalten über die Politik des Polizeipräsidenten gezeigt; vgl. *S. 678, Anm. 18*. Ausschlagge-

rich v. Hinckeldeys, im Jahre 1848 der dritte Polizeipräsident, zunächst freilich nur mit halbem Ohr zur Kenntnis. Erst später sollte deutlich werden, welch weitreichende Konsequenzen dieser Personenwechsel hatte.

Die Entwaffnung der Bürgerwehr und der Selbstverteidigungswille des ‚Pöbels'

Hinckeldey, Wrangel und der neue Innenminister Manteuffel zeigten sich in Sachen ‚innere Sicherheit' kompromißlos. Dies machten sie auch gegenüber der Bürgerwehr deutlich, die aufzulösen ihnen vom Monarchen als eine der wichtigsten Aufgaben anvertraut worden war. Am 11. November hatte Friedrich Wilhelm IV. die Entwaffnung und Auflösung der Berliner Bürgerwehr dekretiert – trotz der Warnung des Polizeipräsidenten v. Bardeleben, „daß die beabsichtigte Auflösung der Bürgerwehr die höchste Erbitterung hervorrufen" werde.[23] Auch der *Magistrat* bat den Innenminister anfangs „ergebenst" darum, die Entwaffnung der Bürgerwehr zu unterlassen.[24] Das Staatsministerium ließ sich von seinem Entschluß zur Entwaffnung der Berliner Bürgerwehr dadurch nicht abbringen. Die Stadtoberen sahen daraufhin davon ab, auf ihrem ursprünglichen Anliegen zu bestehen, beharrten jedoch auf einer möglichst nicht ehrenrührigen Entwaffnung.[25] Auch der Innenminister wollte grundsätzlich „jede unverdiente Kränkung" der Bürgerwehrleute vermeiden[26], um in der Hauptstadt nicht mehr Unruhe als nötig zu schaffen. Das Verhalten der Mitglieder der kommunalen Bürgermiliz zwang ihn jedoch zu einem schärferen Vorgehen. Noch am Abend des 12. November beschloß die Bürgerwehr in vielen städtischen Bezirken, ihre Waffen nicht abzugeben.[27] Infolgedessen wurden bis zum frühen Morgen des 13. Novembers nur 36 Gewehre und eine Trompete beim Polizeipräsidenten abgeliefert. Wenig mehr Erfolge hatte man auch am folgenden Tag vorzuweisen. Die Ausrufung des Belagerungszustandes am 12. und die Einführung des Kriegsrechts am

---

bend für die Entlassung Bardelebens am 18. Nov. war erstens, daß er sich nach dem Einmarsch der Truppen unter Wrangel zunächst gegen die Auflösung der Berliner Bürgerwehr sperrte, und zweitens, daß er sich weigerte, eine förmliche Zensur wie vor dem 18. März 1848 auszuüben; so jedenfalls der bayerische Gesandte Lerchenfeld in seinem Bericht vom 15. Nov. 1848, in: HStA München, MA III, Nr. 2628, Bl. 208; vgl. ferner den Brief Arnold Ruges an seine Frau vom 14. Nov. 1848, in: Weber, Revolutionsbriefe, S. 263 f.

23 Schreiben Bardelebens an den Innenminister vom 11. Nov. 1848, in: GStA, Rep. 77, Tit. 440a, Nr. 1, Bd. 1, Bl. 137.

24 Schreiben des Magistrats an den Innenminister vom 11. und 17. Nov. 1848, in: ebd., Bl. 152 und 165 Rs.

25 Ebd., Bl. 166.

26 Das betonte er in seiner Verfügung vom 15. Nov. 1848, in: ebd., Bl. 164.

27 Vgl. Streckfuß, Freies Preußen, II, S. 665 bzw. S. 711 sowie NZ vom 12. Nov. 1848.

13. November gaben Wrangel, der Berliner Militärkommandantur und den diesen unterstellten Truppen die Handhabe, die bisher zur Abgabe verweigerten Waffen gewaltsam einzuziehen. Seit dem Morgen des 15. November rückten Militärpatrouillen mit Transportwagen durch die Straßen, um „in allen Häusern sämmtliche gelieferte[n] Waffen nebst Munition" einzuziehen. Im Falle, daß Waffen und Munition nicht freiwillig abgegeben würden, hätten (so ließ der Berliner Militärkommandant v. Thümen in einer Bekanntmachung vom 14. November 1848 erklären) „die Haus-Eigenthümer und die Besitzer der Waffen sich die unvermeidlichen Folgen selbst beizumessen, welche mit der Hausdurchsuchung und gewaltsamen Waffen-Fortnahme verbunden sind." Angesichts dieser Drohung und des massiven Militäraufgebots ebbte der ‚passive Widerstand' der Bürgerwehrleute rasch ab.

Um nach außen hin schnelle Erfolge vorweisen zu können, begann die militärische Obrigkeit in den inneren, gutbürgerlichen Bezirken mit der Entwaffnung der Bürgerwehr. Trotzdem hatte das Militär Probleme.

Viele „Bürger" zögerten, „ihre Waffen abzuliefern, denn sie fürchteten, unpopulär zu werden. Dann gingen ausgesuchte Offiziere von recht ruhigem Temperament und ausgesuchte ältere Unteroffiziere von gewiegtem Charakter mit der nöthigen Begleitung von Haus zu Haus und von Quartier zu Quartier und forderten von dem guten Bürger die ihm geborgte [!] Waffe zurück [...]. Die Meisten waren froh, die Waffe los zu sein, und gaben sie unbeobachtet in ihrer Wohnung mit Freuden her."[28]

Was Hohenlohe-Ingelfingen, der spätere Generaladjutant Wilhelms I., im November 1848 als Sekondeleutnant der Artillerie an der Entwaffnung aktiv beteiligt, hier etwas umständlich als Furcht der Bürger, „unpopulär" zu werden, bezeichnet, war nichts anderes als die Angst vieler Mitglieder der Bürgermiliz vor der Rache des ‚Pöbels'. Die „Gutgesinnten werden terrorisiert" und wagten deshalb nur „heimlich und bei Nacht und Nebel" ihre Waffen abzugeben.[29] Die

---

28 „Hier und da mußte Ueberredung angewendet werden", die offenbar regelmäßig erfolgreich war; „denn in der Nähe des zu entwaffnenden Straßenviertels standen immer Infanteriemassen, Artillerie mit geladenen Kanonen, Kavallerie bereit, bei jedem Widerstande den ergangenen Aufforderungen den allergründlichsten Nachdruck zu geben." Zitate: Hohenlohe-Ingelfingen, Aufzeichnungen, S. 103 f. Zur wenig zimperlichen Art, per Hausdurchsuchung in den Besitz der gewünschten Waffen zu gelangen, vgl. außerdem Tagespresse Mitte Nov. 1848 sowie Streckfuß, Freies Preußen, II, S. 753-756.
29 So der Sekretär von Bassermann, Schütz, in einem Bericht vom 14. Nov., in: BA FFM, DB 54/61II, Bl. 71. Bereits in seiner Bekanntmachung vom 13. Nov. machte der Polizeipräsident Bardeleben derartige ‚Übergriffe' für den Mißerfolg seines Aufrufes vom Vortage, die Bürgerwehrleute möchten doch bitte ihre Gewehre etc. freiwillig abgeben, verantwortlich. Die „angeordnete Ablieferung der Waffen seitens der Bürgerwehr ist an vielen Orten erschwert und theilweise verhindert worden, indem man Vielen, welche der Aufforderung Folge leisten wollten, die Waffen auf dem Wege gewaltsam und unter Insulten abnahm." Ähnlich auch Varnhagen am 13. und 15. Nov., in: ders., Tagebücher, Bd. 5, S. 286 bzw. 290. Vgl. außerdem 1. Bericht

1. Was haben Sie hier hartes und langes stecken?
2. Nichts! _ Das ist ja mein Zahnstocher
1. Her damit! Alles was spitzig ist, muß abgeliefert werden!

Karikatur auf die Entwaffnung der Berliner Bürgerwehr.

konservative Presse gab Berichten über einzelne Fälle massiver Einschüchterung „braver" Bürgerwehrleute, die ihre Waffen bereitwillig abgeben wollten, durch „drohende Volkshaufen" ausführlich Raum.[30] Meist reichte es, Bürgerwehrleute, „sofern sie Handelsleute oder Handwerker waren, […] in Verruf [zu] erklären, so daß niemand mehr bei ihnen etwas kaufen oder bestellen wird", um sie an der Abgabe ihrer Waffen zu hindern.[31]

Viele Angehörige der unterbürgerlichen, unselbständigen Bevölkerungsschichten waren über die obrigkeitskonforme Reaktion vieler Bürgerwehrmänner erbittert, zumal sie selbst von der Bürgerbewaffnung Ende März 1848 ausgeschlossen worden waren. Sie wollten nach dem 18. März 1848 dem verhaßten Militär kein zweites Mal wehrlos ausgeliefert sein und trafen auch in anderer

---

Trauttmansdorffs vom 12. Nov., in: StA Wien, K. 196/II, Bl. 175 Rs.; KrZ vom 12. Nov. und AAZ vom 18. Nov. 1848.
30 In Einzelfällen wurden Bürgerwehrleute, die ihre Waffen bereitwillig abgaben, sogar gehörig verprügelt; vgl. vor allem zwei in der KrZ vom 18. Nov. 1848 geschilderte Fälle.
31 AAZ vom 20. Nov. 1848.

Hinsicht Vorsorge für neue Kämpfe. Eine größere Zahl von Unterschichtenangehörigen hegte vor dem Einmarsch Wrangels und seiner Truppen offenbar die Absicht, prophylaktisch an strategisch wichtigen Stellen Barrikaden zu errichten. Daraufhin habe das Bürgerwehrkommando am Morgen des 10. November den Tagesbefehl ausgegeben, „Patrouillen durch die Stadt zu veranstalten und vorzüglich darauf zu achten, daß keine Barrikaden gebaut werden." Eine Woche später, am 17. November, fand eine Militärpatrouille, als sie in einem ärmeren Viertel eine Hausdurchsuchung vornahm und „den Bodenraum visitirte, [...] eine Masse Steine dort aufgehäuft und eine große Anzahl von Flaschen mit Vitriol gefüllt, jene abscheuliche und nichtswürdige Waffe zu einem Straßenkampf!"[32]

Exakt läßt sich nicht feststellen, wieviele Gewehre ihren Besitzer wechselten und „von alten kampfunfähigen Bürgern an junge kräftige Arbeiter übergeben" wurden.[33] Die tatsächliche Verlustquote wird aber weit höher gewesen sein, als das unter Erfolgsdruck stehende Militär offiziell zugeben wollte.[34] Intern gestand Hinckeldey dies in einem Bericht an den Innenminister vom 26. Februar des folgenden Jahres ein, wenn er lakonisch vermerkte, daß „von den Waffen, welche der Bürgerwehr aus fiscalischen Vorräthen geliefert waren, ein nicht unbeträchtlicher Teil [...] noch nicht zurückgeliefert worden" sei.[35] Die meisten der heimlich gehorteten Waffen befanden sich anscheinend in proletarischem Besitz. Der österreichische Gesandte Trauttmansdorff sprach seiner Regierung gegenüber von einer „Menge bewaffneter und nicht gut gesinnter Arbeiter" in den Randbezirken Berlins. Die ‚Augsburger Allgemeine Zeitung' vom 18. November behauptete gar, „daß alltäglich Waffen beiseite geschafft werden. Die Bewohner der Königstadt namentlich, unser Faubourg St. Antoine", die Hochburg der Aufständischen während der Pariser Junirevolution, „sind alle bewaffnet". Das war zweifellos übertrieben; zudem war die Entwaffnungsaktion des Militärs zu diesem Zeitpunkt noch nicht abgeschlossen. Die Militärpatrouillen, die in der dritten Novemberwoche auch in die proletarischen Stadtteile Berlins einrückten,

---

32 KrZ vom 11. und 17. Nov. 1848. Ende März 1849 schließlich, so notierte die VZ am 1. April 1849 in einer kurzen Meldung, nahm die Polizei „in der Wohnung eines Handwerksgesellen, welcher schon früher wegen politischer Umtriebe zur Strafe gezogen ist, eine Kiste mit Handgranaten, eine Form zur Anfertigung derselben, Pulver, Material zu Kugeln und Handgranaten und mehrere zu Königlichen Depots gehörige Waffen in Beschlag". Wahrscheinlich handelt es sich bei den bekanntgewordenen Fällen nur um die Spitze des Eisberges.

33 Streckfuß, Freies Preußen, II, S. 664.

34 Der Berliner Militärkommandant v. Thümen verkündete am 24. Nov. der Öffentlichkeit, daß man 22 933 Waffen eingesammelt habe, darunter 20 316 Schußwaffen. Nominell umfaßte die Bürgerwehr im Herbst knapp 30 000 Mitglieder; diese waren zu diesem Zeitpunkt, mit Ausnahme einzelner fliegender Corps, ziemlich vollständig mit Schußwaffen ausgestattet. D.h., daß man gut 75% aller ausgegebenen Waffen kassiert haben wollte. Angestrebt war eine Abgabequote von mindestens neunzig Prozent; vgl. KrZ vom 18. Nov. 1848.

35 In: GStA, Rep. 77, Tit. 501, Nr. 3, Beih. 3, Bl. 44 Rs. Das folgende Zitat: Bericht Trauttmansdorffs vom 13. Nov. 1848 (Anm. 29), Bl. 184 Rs.

um „unbefugte" Waffenbesitzer aufzuspüren, konnten in diesen Bezirken allerdings allem Anschein nach nur einen Bruchteil der hier verwahrten Waffen aufspüren. Vor allem in den Elendsvierteln geschah „die Ablieferung sehr unvollkommen, die Wagen fahren ziemlich leer wieder ab".[36] Mitte 1849 fehlten weiterhin (so das Polizeipräsidium in einem internen Bericht) „noch viele Waffen der Bürgerwehr, welche nicht der Eigennutz, sondern die Absicht der Auflehnung und Benutzung gegen die Staatsregierung bei den Inhabern zurückhält."[37] Noch im Frühjahr 1853, als im Zusammenhang mit der sog. Ladendorffschen oder Pulververschwörung in den Arbeiterhochburgen der Stadt Hausdurchsuchungen in großem Maßstab durchgeführt wurden, fanden sich „unglaublich große Mengen von königl. Dienstwaffen und von Munitionsstücken […] täglich auf der Straße ausgesetzt".[38]

Bemerkenswert ist in diesem Zusammenhang allerdings, daß die Kerngruppe des frühen Berliner Industrieproletariats, die *Maschinenbau-Arbeiter*, die Ende März eine zahlenmäßig starke bewaffnete Truppe gebildet hatten, die Entwaffnung widerspruchslos über sich ergehen ließ. Dies war entscheidend August Borsig zu verdanken. Der Besitzer des größten Berliner Maschinenbauunternehmens war seit den Märztagen 1848 bis zur Auflösung der Bürgerwehr am 11. November 1848 Kommandeur der als 17. Bürgerwehr-Bataillon firmierenden bewaffneten Maschinenbauer. Er sorgte mit einer Kombination aus ökonomischem Druck – der Drohung mit Entlassung – und unmittelbarer Repression dafür, daß die ihm unterstellten Arbeiter ihre Waffen schnell und vollständig abgaben.[39] Die demokratische Presse sprach mit Blick auf Borsig von massiven,

---

36 Varnhagen am 15. Nov. 1848, in: ders., Tagebücher, Bd. 5, S. 289 f. Die AAZ vom 20. Nov. 1848 bestätigte: „Sehr viele Waffen sollen zurückbehalten und verborgen und namentlich große Massen von Munition im stillen angefertigt worden seyn." Vgl. außerdem Streckfuß, Freies Preußen, II, S. 751.

37 In: GStA, Rep. 77, Tit. 501, Nr. 3, Beih. 3, Bl. 73 Rs. Vgl. außerdem Eintrag Varnhagens vom 4. Mai 1849, in: ders., Tagebücher, Bd. 6, S. 153, sowie VZ vom 21. Sept. 1849.

38 VZ vom 8. April 1853. Die Ladendorffsche Verschwörung, angeblich eine auf den Umsturz der Monarchie zielende, weitverzweigte Verschwörung von Demokraten und Mitgliedern der Arbeiterbewegung, reduzierte sich schließlich auf den Vorwurf, die Beschuldigten hätten von der Jahreswende 1850/51 bis Mitte 1852 einer demokratischen Geheimgesellschaft angehört. Gleichwohl war die angebliche Verschwörung ein willkommener Anlaß, die Berliner Arbeiterverbrüderung endgültig zu verbieten und einen Hochverratsprozeß gegen etwa vierzig Repräsentanten der zu diesem Zeitpunkt schon weitgehend illegalisierten Arbeiter- und demokratischen Bewegung anzustrengen, vgl. auch *S. 811, Anm. 80.*

39 Der Aufforderung des Berliner Militärkommandanten und Generalmajors v. Thümen vom 17. Nov. an „Borsig, dessen guter Name und dessen grades Wort bei all' den Männern, mit denen [er] in Geschäfts-Verbindung, einen weiten, hellen Klang findet", seinen „Einfluß auf alle Ihnen Nahestehenden geltend zu machen, irrige und böswillige Absichten zu berichtigen und so zur [sic!] friedlichen Waffenablieferung thätig mitzuwirken, um auf diese Weise den Segen des Vaterlandes zu verdienen", hätte es eigentlich gar nicht bedurft. (Nach: Borsig-Archiv, ZA 110; gekürzt auch in SZ vom 21. Nov. 1848.) Denn Borsig war bereits vor der ‚Mahnung' Thümens aktiv geworden. Schon am 15. Nov. hätten „die Borsigschen Maschinenarbeiter auf Ansuchen ih-

Unterredung des Generals v. Wrangel mit dem Kommandanten der Berliner Bürgerwehr Rimpler, 10. November 1848. Nach: „Illustrierte Zeitung", 1848.

„gegen seine Arbeiter gerichteten Einschüchterungsversuchen".[40] Borsig selbst war fein heraus: Ihm wurde auch fernerhin „echt vaterländische Gesinnung" attestiert, ein Ruf, den er geschickt zur weiteren Expansion seines Unternehmens zu nutzen wußte.[41]

---

res Fabrikherrn sich bereit erklärt, die Waffen abzuliefern." (KrZ vom 16. Nov. 1848.) Vgl. auch KrZ vom 18. Nov. 1848.

40 Vgl. TZ vom 2. Febr. 1849. Das bezog sich nicht nur auf die Entwaffnung. Darüber hinaus habe Borsig Ende Jan. 1849 einen Arbeiter entlassen, der lange Jahre bei ihm beschäftigt worden sei, „weil derselbe von der democratischen Partei als Wahlmann für die zweite Kammer gewählt worden war." Im Frühjahr 1850 entließ Borsig dann insgesamt 170 Arbeiter, die sich an Feierlichkeiten und Demonstrationen zum Jahrestag des 18. März beteiligt hatten; vgl. Vorsteher, Borsig, S. 72.

41 Vgl. im einzelnen ebd., S. 73 f.

Die „ruhesüchtigen Bürger" im „Freudentaumel", die Unterschichten „in düsterer Stimmung" – Symptome vertiefter politisch-sozialer Spaltung der Bevölkerung Berlins in der zweiten Novemberhälfte

Zumindest in Teilen der Unterschichten war die Enttäuschung über das wirkliche oder vermeintliche Versagen der demokratischen Führungsgruppen im November groß. Die bürgerlichen „Führer der Demokraten" hätten sich von ihrer sozialen Basis isoliert, als sie „darauf hinwirk[t]en, jeden offenen Widerstand zu verhindern. Die Herren trifft eine schwere und gerechte Rache. Das ,Volk', ihr Volk, in dessen Namen sie der Welt Gesetze geben wollten, beschimpft sie jetzt", wurde in einem Bericht der liberalen ,Augsburger Allgemeinen Zeitung' vom 16. November über die Lage in Berlin festgestellt. „Man wirft ihnen Schimpfwörter ins Gesicht, verlacht, verhöhnt sie als feige." Die häufig kaum zurückgestaute Wut über die angebliche Feigheit der bürgerlichen Demokratie erklärt sich nicht zuletzt aus den anderen politischen Aktions*räumen* der Unterschichten: Sie verfügten nicht wie das Bürgertum über eine Privatsphäre in geräumigen Wohnungen, in die man sich zurückziehen konnte und die auch von den neuen militärischen Machthabern weitgehend respektiert wurde. Die Enge der proletarischen Wohnquartiere, häufig nur für die Nacht gemietete Schlafstellen, zwang sie geradezu auf die Straße. Die ärmere Bevölkerung wurde deshalb vom Belagerungszustand viel stärker getroffen als die gehobenen Sozialschichten. Indem das Militär (gemeinsam mit den Konstablern) die Straßen und öffentlichen Plätze der Stadt besetzte, wurden den Unterschichten die Räume politisch-sozialer Artikulation und Aktion genommen – wurde ihre Bewegungsfreiheit sogar im Vergleich zum Vormärz weiter eingeengt.

In weiten Kreisen des Bürgertums, des wohlhabenderen Kleinbürgertums und der Aristokratie war die Stimmung dagegen eine ganz andere. Hier gaben viele ihrer Sympathie für die eingerückten Militärs unverblümt Ausdruck, zunächst freilich, solange die Gegenrevolution noch nicht definitiv etabliert schien, aus Angst vor der Rache des ,Pöbels' nur heimlich und eher verschämt innerhalb der eigenen vier Wände. Nicht wenige Militärs, die dem generalisierenden Negativmythos vom ,revolutionären Berlin' aufgesessen waren, waren von der positiven Resonanz überrascht, die sie in den gehobenen Bevölkerungsschichten fanden. Hohenlohe-Ingelfingen beispielsweise zeigte sich erstaunt darüber, wie sehr man in bürgerlichen und aristokratischen Kreisen die Ankunft der Truppen am 10. November begrüßte und mit welch „ausnehmendster Liebenswürdigkeit" er und andere Offiziere aufgenommen wurden, als sie am Abend des 10. November Quartier nahmen. „Eine ältre Dame, Wittwe, wie sie sagte, mit pechschwarzen falschen Haaren und Locken an den Schläfen, empfing mich, wies mir einen prächtig möblirten Salon und ein sehr schönes geräumiges Schlafzimmer an und wußte gar nicht genug zu fragen.“[42] Nachdem die Gegenrevolution sich stabilisiert hatte, scheuten sich „die Beamten, der Adel und die große Zahl ruhesüchtiger Bürger“ auch nicht mehr, offen ihre Gesinnung zu zeigen.

„Den Soldaten wird in vielen Häusern und in den Kasernen, in denen sie ohnehin an nichts Mangel leiden, das Leben noch besonders bequem gemacht. Man liefert ihnen wollene Decken, wollene Strümpfe, Suppen, Weißbrod, Bierkaltschaalen und Taback. Ein Vetter von mir, ein Füsilier, der in einer Kaserne einquartiert ist, erzählt mir, daß ein Konditor ihnen am letzten Sonntage [dem 12. November] ganze Eimer voll Chokolade geschickt habe.“ Mit den Soldaten kehrte „auch die Schönewelt [!] zurück. Die Damen fangen wieder an, mit ihren galonirten Dienern in die Boutiken zu gehen, Toilettenstücke zu kaufen und sich für die Salons zu rüsten, die man während der demokratischen Tage geschlossen hatte. Man stickt Chemisetts und Kragentücher mit den verschlungenen Namenszeichen des Prinzen, der Prinzessin von Preußen und des Generals Wrangel; man erfindet modische Toiletten in schwarz und weiß, und beneidet zweifelsohne das Zebra, das seine schwarz und weißen Streifen gleich von Gottes Gnaden auf die Haut bekommen hat. Selbst die Geheimräthe der vormärzlichen Ministerien, welche ganz unsichtbar geworden waren, kommen schon wieder unter den Linden zum Vorschein, wie Nachtvögel nach Sonnenuntergang. Sie sehen aus, als ob sie innerlich fortwährend ‚Heil Dir im Siegerkranz‘ singen.“[43]

Wie sehr die bürgerliche Welt über das Ende der Revolution erleichtert war, zeigten nicht zuletzt die Institutionen, die ‚Bildung‘ und ‚Kultur‘ zu repräsentieren für sich in Anspruch nahmen. Eine überwältigende Mehrheit der etablierten Hochschullehrer der *Universität* unterzeichnete Mitte November eine Zustimmungserklärung zur Vertagung der Preußischen Nationalversammlung. Die „unterwürfigste Adresse“ sei, empörte sich Varnhagen, „ein rechter Schandfleck für die Universität, deren Rektor und Senat noch vor kurzem jede Frei-

---

42 Hohenlohe-Ingelfingen, Aufzeichnungen, S. 101 f.; vgl. außerdem Niederschrift eines Majors Kirchfelder vom 15. März 1849, nach: Valentin, Geschichte, II, S. 270 bzw. 638. Auch die AAZ vom 16. Nov. 1848 notierte, viele Bürger seien über die Einquartierungen „sehr froh. Die Küchen dampfen vom Zukochen für die zugewiesenen militärischen Gäste.“

43 Lewald, Erinnerungen, II, S. 330 ff. (Notizen vom 18. Nov. 1848.) „Die Bürgerschaft erweiset sich gegen die Soldaten so freundlich entgegen kommend, daß viele Wirthe ihre frühere Einquartirung noch jetzt auf den Wachen mit Lebensmitteln unterstützen“, notierte die VZ am 21. Nov. Ähnlich äußerte sich auch die KrZ vom 19. Nov. 1848; vgl. außerdem die Schilderung des Grafen Schleinitz, in: Papiere der Familie v. Schleinitz, S. 337 f. Am 25. Nov. 1848 gründeten konservative Bürger dann ein ‚Comité zur Verabreichung von Erfrischungen an die Berliner Garnison‘, um (mit Erlaubnis der Behörden, versteht sich) den in der Hauptstadt stationierten Militäreinheiten „einige Erleichterungen und Begünstigungen an Kost und Verpflegung zuwenden zu dürfen“; vgl. Flugschrift „An unsere Mitbürger!“ vom 25. Nov. 1848 (Anm. 6) sowie Statut und Programm des Comités in: LAB StA, Rep. 200-01, Nr. 348, Bl. 11 f. Das war nichts als ein demonstrativer, materiell an sich überflüssiger Akt. Denn die Truppen wurden seit ihrem Einmarsch in Berlin nicht nur ausgezeichnet verpflegt, sondern hatten überdies noch eine Solderhöhung erhalten; so jedenfalls Varnhagen am 18. Nov. 1848, in: ders., Tagebücher, Bd. 5, S. 298.

heitsäußerung abgelehnt hatten, unter dem Vorwand, ihnen gebühre keine politische Einwirkung."[44] Die Mitglieder der *Akademie der Wissenschaften* hatten schon vor dem offenen Bruch zwischen Krone und Preußischer Nationalversammlung unzweideutig zu verstehen gegeben, daß ihnen die ‚Revolution von unten' zuwider war und sie, wenn überhaupt, auf ‚Reformen von oben' setzten.[45] Auch die *Schauspielhäuser,* die während der Revolutionsmonate aus dem öffentlichen Blickfeld verschwunden und in eine politisch-kulturelle wie wirtschaftliche Krise geraten waren, suchten sich den Siegern mit ‚angemessenen' Inszenierungen anzudienen. Nicht allein die öffentlichen Plätze, klagte jedenfalls Fanny Lewald im Dezember, seien so voller Soldaten, daß ganz Berlin den Charakter eines Feldlagers angenommen habe; auch „im Theater" sei inzwischen „das Civil ganz unsichtbar" geworden.[46] Das Gros der Selbständigen in Handwerk und Handel schließlich begrüßte die Rückkehr des Militärs, weil es sich von diesen einen Aufschwung ihrer Gewerbe versprachen; „sie sind unsere Retter, sie allein können uns vor gänzlicher Verarmung retten."[47]

Frankfurter Vermittlungsversuche

Ein erheblicher Teil, vermutlich die Mehrheit des Bürgertums und Kleinbürgertums begrüßte die Wiederherstellung von ‚Ruhe' und ‚Ordnung'. Liberal und demokratisch gesinnte Bürger trauerten dagegen den Märzerrungenschaften nach. Nicht wenige von ihnen setzten ihre Hoffnung auf friedliche Vermittlungsversuche – anfangs auch auf die ‚Missionen', die von der Deutschen Nationalversammlung und der Reichszentralgewalt ausgingen. Indessen können die von der Frankfurter Reichszentralgewalt und der Paulskirche während des Novembers unternommenen Aktivitäten nur sehr eingeschänkt als Versuche gewertet werden, der zum entscheidenden Schlag entschlossenen preußischen Gegenrevolution in den Arm zu fallen und die Stellung des Berliner Rumpfparlamentes zu stärken. Zum einen kamen die Frankfurter Initiativen zu spät. Zum anderen

---

44 Eintrag Varnhagens vom 26. Nov. 1848. Vgl. auch ders. vom 16. Nov. 1848, beides in: ebd., S. 292 bzw. 310; außerdem Lenz, Universität, Bd. 2. 2, S. 277; Thielbeer, Universität, S. 96 f., sowie *S. 362.*

45 Vgl. bes. die Hauptrede, die der Astronom Johann Franz Encke während des offiziellen Festaktes zur Feier des Geburtstages Friedrich Wilhelms IV. in seiner Funktion als vorsitzender Sekretär der Akademie am 19. Okt. 1848 hielt, im Wortlaut in: VZ vom 21. Okt. 1848 bzw. Harnack, Geschichte der Akademie, S. 946. Ausführlich zu den Bemühungen der Akademie, „die thörichten Forderungen des ‚Zeitgeistes' zu besiegen": ebd., S. 946 ff.

46 Lewald, Erinnerungen, II, S. 340 f. Zur Krise des Berliner Theaters im Revolutionsjahr vgl. Schneider, Aus meinem Leben, II, S. 17-30; Geneé, Zeiten und Menschen, S. 92-96; Caspary, Camphausens Leben, S. 267.

47 So die AAZ vom 16. Nov. 1848 zur Haltung der „Gewerbetreibenden".

wollten die einflußreichen Kräfte der Paulskirche es unter keinen Umständen mit Friedrich Wilhelm IV. verderben, strebte man doch auf längere Sicht ein kleindeutsches, preußisches Erbkaisertum an. Die meisten Mitglieder des Deutschen Parlaments waren sich entweder nicht bewußt, daß (in den Worten von Gneist:) bereits „die erste, scheinbar unbedeutende Verletzung des Vereinbarungsprincips" seitens der preußischen Krone gegenüber der Berliner Nationalversammlung ein entscheidender „Nagel zum Sarge der Frankfurter Versammlung" war[48], oder sie stellten derartige Skrupel zurück, aus Rücksicht auf die Kaiserwürde, die man dem Hohenzollern anzubieten gedachte. Hinzu kam, daß ‚die Frankfurter' sich eine selbstbewußte Preußische Nationalversammlung, deren ‚linke' Tendenzen in Frankfurt überschätzt wurden, nicht als politischen Ballast ans Bein binden wollten.

Am 4. November beschloß das Reichsministerium, den Unterstaatssekretär Bassermann nach Berlin zu senden, damit dieser sich „daselbst durch eigene Anschauung von dem Zustande der Dinge" unterrichte und im Konflikt zwischen Krone und Preußischer Nationalversammlung vermittelnd eingreife. Zu diesem Zweck wurde Bassermann „mit uneingeschränkter Vollmacht ausgestattet und alle Civil- und Militär-Behörden werden angewiesen, seinen Anordnungen unbedingte Folge zu leisten u. ihn in Durchführung derselben kräftigst zu unterstützen."[49] Von diesen freilich nur theoretischen Vollmachten machte Bassermann allerdings keinen Gebrauch. Entgegen den Weisungen des Reichsministeriums verzichtete er auf eine vermittelnde Tätigkeit und suchte statt dessen die Politik der preußischen Krone gegenüber ‚Frankfurt' zu legitimieren; das Berliner „Rumpfparlament" verwarf er als „ganz revolutionär".[50] Am 13. November prognostizierte er in völliger Verkennung der tatsächlichen politischen Verhältnisse: „Die jetzige Krisis wird für die Centralgewalt wie für das Einigungswerk überhaupt nur vortheilhaft sein. Nachdem die preußische Regierung mit der Berliner Versammlung gebrochen [hat], fühlt sie selbst, daß sie sich auf die Frankfurter stützen muß. Die borussischen Preußen werden gute Deutsche".[51] Einen Tag

---

48 Gneist, Berliner Zustände, S. 83.

49 Vollmacht des Reichsinnenministers Schmerling für Bassermann, ausgestellt am 6. Nov. 1848, in: BA FFM, DB 54/61II, Bl. 155 u. Rs. Ausgelöst wurden die hektischen Frankfurter Aktivitäten bereits vor Beginn des offenen Konflikts zwischen preußischer Krone und PrNV, durch den 2. Demokratenkongreß. Von diesem Kongreß erwartete ‚Frankfurt' zu Recht eine der DtNV und dem Reichsministerium feindliche Tätigkeit.

50 Bericht Bassermanns vom 12. Nov. 1848, in: ebd., Bl. 168. Bei der Lektüre der Berichte Bassermanns drängt sich der Eindruck auf, daß dem Frankfurter Unterstaatssekretär die Ausschaltung der PrNV als unliebsame und unbotmäßige Konkurrenz zur DtNV willkommen war. Am 10. Nov. (ebd., Bl. 161) erklärte er in einem Bericht, den er offenbar unmittelbar vor dem Einmarsch Wrangels verfaßte, er glaube, „so wie die Dinge erscheinen, daß die Sache hiermit abgethan ist."

51 In: ebd., Bl.172 Rs. Zur Mission Bassermanns sowie der Reichskommissare Simson und Hergenhahn vgl. vor allem die Berichte der drei Frankfurter Vermittler in: ebd., sowie außerdem Valentin, Geschichte, II, S. 277-282; Huber, Verfassungsgeschichte, Bd. 2, S. 756-760; Bot-

später verließ Bassermann Berlin. Faktisch festigte Bassermann durch seine Mission die Stellung der Krone. Den gleichen Effekt hatte ein Beschluß der Paulskirche vom 14. November, in dem die Mehrheit der Frankfurter Abgeordneten gegen den Widerstand der Linken der Politik des „passiven Widerstandes" seitens der Preußischen Nationalversammlung die Unterstützung verweigerte. Am 20. November erklärte das Deutsche Nationalparlament dann „den auf Suspension der Steuererhebung gerichteten, offenbar rechtswidrigen, die Staatengesellschaft gefährdenden" Steuerverweigerungsbeschluß des preußischen Rumpfparlaments ausdrücklich für „null und nichtig".[52] Im gleichen Sinne erließ Erzherzog Johann als Reichsverweser am 21. November ein Manifest an das deutsche Volk. Drei Tage zuvor waren der Vizepräsident der Paulskirche Eduard Simson sowie der Ministerpräsident des Herzogtums Nassau August Hergenhahn, beides Mitglieder der gemäßigt-rechten ‚Kasino-Partei' in der Frankfurter Nationalversammlung, als Reichskommissare nach Berlin geschickt worden. Auch ihre Mission, für eine friedliche Lösung des Konflikts zu wirken und (Ende November) einen Verfassungsoktroy durch die preußische Krone zu verhindern, mußte angesichts der tatsächlichen Machtverhältnisse erfolglos bleiben. Die Missionen Bassermanns und der beiden Reichskommissare, denen wenig später dann eine dritte ‚Mission', die Gagerns, parallel lief[53], die Beschlüsse des Frankfurter Parlamentes vom 14. und 20. November sowie schließlich der Aufruf des Reichsverwesers vom 21. November besiegelten außenpolitisch, und damit definitiv, das Ende der Berliner Revolution.

In der preußischen Hauptstadt wurde dies indessen weitgehend ignoriert. Die Mainmetropole lag überhaupt weit weg: „Es war schmerzlich zu sehen, wie wenig die Frankfurter Versammlung für das [Berliner] Volk ein reales Dasein hatte. Mit einer Beschwerde wegen Verfassungsverletzung sich nach Frankfurt zu wenden, fiel niemandem ein."[54] In der Tat: Weder Berlins Demokraten, die sich öffentlich freilich nicht mehr äußern konnten, noch die liberalen Strömungen in der preußischen Hauptstadt erwarteten von den Frankfurter Missionen

---

zenhart, Parlamentarismus, S. 556 ff., 562 ff. Ralf Heikaus, Die ersten Monate der provisorischen Zentralgewalt für Deutschland (Juli bis Dezember 1848), Frankfurt a.M. usw. 1997, S. 323-346.

52 Im Wortlaut in: Huber, Dokumente, Bd.1, S. 381 f. Ausführlich: Botzenhart, Parlamentarismus, S. 558-561.

53 Auch der ehem. Präsident der PrNV Grabow, zugleich einer der Wortführer des rechten Zentrums und überdies unter Konservativen hochgeachtet, versuchte Mitte Nov. vermittelnd zwischen Krone und dem preußischen Rumpfparlament, dem er politisch fernstand, einzugreifen – natürlich vergeblich; vgl. Erklärung Grabows vom 18. Nov. 1848, im Wortlaut in: Streckfuß, Freies Preußen, II, S. 791 f.

54 Gneist, Berliner Zustände, S. 83. Zur Geringschätzung der Paulskirche durch die Berliner Öffentlichkeit vgl. auch *S. 671 ff.*

einen nachhaltigen Erfolg.[55] Besonders Bassermann, in Berlin schon vor Bekanntwerden seiner November-‚Mission‘ als profilierter Gegner der demokratischen Linken bekannt, erntete heftige Kritik, zumal er aus seiner politischen Voreingenommenheit von Anfang an keinen Hehl machte.[56] Endgültig verdarb es der Frankfurter Unterstaatssekretär mit den Demokraten und Liberalen Berlins, als er am 18. November der Deutschen Nationalversammlung Bericht erstattete und die Ausrufung des Belagerungszustandes sowie eine dauerhafte Anwesenheit der Truppen rechtfertigte. Es sei „unumgänglich nothwendig“ gewesen, daß die Preußische Nationalversammlung nach Brandenburg verlegt und vertagt und zugleich „der beispiellose Zustand, welcher in der Hauptstadt Preußens herrschte, beendet“ worden sei. Die Zustände dort malte er in den grellsten Farben: „Spät kam ich an, durchwanderte aber noch die Straßen und muß gestehen, daß mich die Bevölkerung, welche ich auf denselben, namentlich in der Nähe des Sitzungslokales der Stände [sic!] erblickte, erschreckte; ich sah hier Gestalten die Straßen bevölkern, die ich nicht schildern will.“ Auch die „Presse, wie sie auf den Straßen vertheilt, die Flugblätter, wie sie die Kinder jedermann in die Hand stecken“, sei viel radikaler als das, „was wir, selbst in Süddeutschland, an einer freien Presse gewohnt sind“.

Mag sein, daß Bassermann mit solchen Horrorszenarien bei vielen schlecht informierten Abgeordneten in Frankfurt Glauben fand. In Berlin konnte er sich damit nur desavouieren. Die Linke der Preußischen Nationalversammlung, die auch nach dem 15. November geschlossen weiterhin in Berlin verblieben war, hatte für den Frankfurter Unterhändler und seinen Schrecken vor den Berliner „Gestalten“ nur Hohn und Spott übrig: „Wer so leicht erschrickt, sollte nicht in

---

55 Bezeichnend ist, daß die Ankunft Simsons und Hergenhahns, der überdies noch fälschlich als „Hagermann“ bezeichnet wurde, am 19. Nov. in Berlin in der in der Paulskirche an sich durchaus gewogenen VZ in der Nummer vom 21. Nov. erst auf Seite 3, nach zahlreichen belanglosen Lokalnachrichten, in einer unkommentierten Fünf-Zeilen-Meldung mitgeteilt wurde.

56 Die liberale NZ erinnerte am 12. Nov. ironisch-wehmütig an die Zeit, als „Herr Bassermann noch ein freisinniger Mann, der Liberale noch nicht in dem reaktionären Unterstaatssekretär untergegangen war.“ Varnhagen schimpfte am gleichen Tag: „Bassermann ein Schuft!“ (Tagebücher, Bd. 5, S. 277.) Sie gaben damit eine verbreitete Ansicht wieder. Bereits bei seiner Ankunft war der Frankfurter Altliberale zum Gegenstand zahlloser „Spöttereien und Witze“ geworden. (AAZ vom 15. Nov.) Gegen Ende seiner ‚Mission‘ reichte die Kritik an Bassermann bis in die Reihen des gemäßigten Berliner Bürgertums; vgl. z. B. VZ vom 21. Nov. 1848. Aufsehen erregte vor allem, daß und in welcher Weise Bassermann einen der Wortführer des linken Zentrums der PrNV, v. Kirchmann (KBA), durch üble Nachrede in Verruf zu bringen suchte. Die Denunziation wiederum wurde von den Konservativen begierig aufgegriffen und publizistisch ausgeschlachtet; vgl. KrZ vom 16. und 17. Nov. 1848, sowie ein in mehreren tausend Exemplaren aufgelegtes, vor allem unter Militärangehörigen verbreitetes Flugblatt, in: LAB, Rep. 240, Acc. 685, Nr. 619. Zum Inhalt der Denunziation sowie zum Dementi Kirchmanns vgl. Erklärung Unruhs vom 23. Nov. 1848, in: Streckfuß, Freies Preußen, II, S. 786-790, sowie VZ vom 21. Nov. 1848; ferner Botzenhart, Parlamentarismus, S. 557, Anm. 5.

fremde Länder reisen, am wenigsten als deutscher Reichskommissar.“[57] Während sich die Demokraten und mit Einschränkungen auch die Liberalen in ihren generellen Vorurteilen gegenüber ‚Frankfurt' bestätigt sahen, suchte die hochkonservative Publizistik sich die Ausführungen Bassermanns propagandistisch zunutze zu machen.[58] Die Tätigkeit der beiden anderen Frankfurter Reichskommissare, Hergenhahn und Simson, blieb demgegenüber weitgehend unbeachtet. Sie gaben intern immerhin zu, daß „nach dem, was wir mehrfach gehört haben, [die] größeren Theile der Bevölkerung mit den Maaßregeln der Regierung nicht einverstanden" seien.[59] War dieser Eindruck zutreffend, so täuschte sich jedenfalls Hergenhahn in anderer Hinsicht um so gründlicher. In seinem Bericht vom 22. November 1848 glaubte Hergenhahn dem Reichsminister des Innern „die Versicherung geben" zu können, daß die Absicht eines Verfassungsoktrois, „wenn sie bestanden haben sollte, aufgegeben worden ist. Ich habe in dieser Beziehungen die zuverlässigsten Zusicherungen erhalten." Er sollte bald eines Besseren belehrt werden.

---

57 Man solle (so die Linke der PrNV weiter) überdies nicht vergessen, daß Bassermann seinerseits mit seinem Erscheinen in Berlin „ohne Zweifel manchen Freund der gesetzlichen Freiheit erschreckt" habe. (Erklärung vom 21. Nov. 1848, als Flg. in: LAB, Rep. 240, Acc. 685, Nr. 614; im Wortlaut in: Streckfuß, Freies Preußen, II, S. 781-786.) Vgl. außerdem die Kritik des Bezirks-Central-Vereins, undatiert (ca. 21.-23. Nov.), sowie eine anonyme, dem moderaten Inhalt nach von liberaler Seite verfaßte Erklärung gegen Bassermann vom 22. Nov. 1848, als Flgbl. in: LAB, Rep. 240, Acc. 685, Nr. 615 bzw. 623.
58 Vgl. z. B. KrZ vom 17. Nov. 1848.
59 In: BA FFM, DB 54/61II, Bl. 200 Rs. Das folgende Zitat: ebd., Bl. 203.

Teil X
Nachmärz –
Berlin Ende der vierziger und
Anfang der fünfziger Jahre

Kapitel X.1

Vom Verfassungsoktroi zum Drei-Klassen-Wahlrecht

„Die Bombe ist geplatzt":[1] *der Verfassungsoktroi vom 5. Dezember 1848 und die Reaktion der Berliner*

Am 27. November sollte nach dem Willen des Monarchen und seines Ministeriums die Preußische Nationalversammlung zusammentreten und in die abschließenden Beratungen über eine Verfassung eintreten. Die ‚Vereinbarung' der Verfassung zwischen Krone und einem durch die Vorgänge zwischen dem 9. und 15. November gedemütigten und – wäre die Rechnung der Krone aufgegangen – wohl auch ziemlich willfährigen Parlament wäre politisch die eleganteste Lösung gewesen. Sie kam indessen nicht zustande. Am 27. November fanden sich lediglich 154 Abgeordnete im gut sechzig Kilometer von Berlin entfernten Brandenburg ein; auch in den folgenden Tagen kam keine beschlußfähige Mehrheit zustande.[2] Obgleich abzusehen war, daß die Zentren und auch die Linke nach anfänglichem Zögern doch zur weiteren Teilnahme an den Beratungen der Preußischen Nationalversammlung bereit waren, um einen Verfassungsoktroi zu vermeiden, entschied sich die Rechte, das Ministerium Brandenburg um die „Vorlage einer bildsamen Verfassung" zu bitten. Monarch und Ministerium griffen dieses Ersuchen dankbar auf.

Die zeitgleich mit dem Auflösungsdekret am 5. Dezember 1848 veröffentliche ‚Verfassungs-Urkunde für den preußischen Staat' sorgte für allgemeine Überraschung.[3] In ihrem Wortlaut orientierte sie sich mehr an dem Entwurf, den die zuständige Kommission der Preußischen Nationalversammlung vorgelegt hatte, etwas irreführend auch als ‚Charte Waldeck' bezeichnet, als an dem den gerade zusammengetretenen preußischen Abgeordneten im Mai 1848 präsentierten Regierungsentwurf. Die erste preußische Verfassung schrieb u.a. die Gleichheit

---

1 Eintragung Leopold v. Gerlachs vom 6. Dez. 1848, in: ders., Denkwürdigkeiten, I, S. 259.
2 Vgl. vor allem Botzenhart, Parlamentarismus, S. 549 f. Das folgen Zitat nach: ebd., S. 550.
3 Bereits Mitte Nov. 1848 wurde vom Ministerium Brandenburg die Oktroyierung einer „allerliberalsten Verfassung" ins Auge gefaßt. Zur Genesis der Dezember-Verfassung vgl. Friedrich Frahm, Entstehungs- und Entwicklungsgeschichte der preußischen Verfassung, in: FBPG Bd. 41/1928, S. 275-287 sowie (Frahm partiell korrigierend) Grünthal, König, Kabinett und Kamarilla, S. 119-174.

aller (unausgesprochen: männlichen) Preußen und die Aufhebung der Standesunterschiede, die Unverletzlichkeit der Wohnung, des Privat- und Grundeigentums, die Aufhebung aller Ausnahmegerichte, mit Ausnahme der Militärgerichte, die Einführung von Geschworenengerichten und die Abschaffung der Todesstrafe, die Freiheit des religiösen Bekenntnisses und der Bildung von Religionsgemeinschaften, die Einführung der Zivilehe, die Freiheit der Wissenschaft und der Lehre, das Recht auf allgemeine Schulbildung und die Unentgeltlichkeit des Unterrichts in den öffentlichen Volksschulen, die uneingeschränkte Preßfreiheit, das Versammlungs- und Vereinigungsrecht und die Unverletzlichkeit des Briefgeheimnisses fest. Bestätigt wurde außerdem die – für die Pazifizierung des flachen Landes enorm wichtige – entschädigungslose Aufhebung der bis 1848 noch bestehenden feudalen Pflichten und Abhängigkeiten. Gesetze waren nur gültig, wenn der König und beide parlamentarischen Kammern zugestimmt hatten.

Wenn der preußische ‚Urentwurf‘ vom Mai 1848 und, in ihren wesentlichen Inhalten, auch die oktroyierte Verfassung vom 5. Dezember 1848 am Vorbild der belgischen Verfassung von 1831 orientiert waren, dann war dies war kein Zufall. Unmittelbar nach der Pariser Februarrevolution und noch vor der Märzrevolution hatte der belgische König Leopold I. seinem preußischen Kollegen Friedrich Wilhelm IV. deren systemstabilisierende Funktion erläutert. „Unsere ultra-liberale Konstitution hat in solch einem Augenblick das Gute, daß es nicht an Mitteln fehlt, die Stimmung und die Wünsche des Landes zu konsultieren.“[4] Sie fungierte als eine Art politisches Frühwarnsystem. Wenn von diesem alarmierende Signale ausgingen, konnten Monarch und Regierung frühzeitig reagieren und gegebenenfalls Konzessionen zwecks „Erhaltung des monarchischen Prinzips“ (Leopold I.) machen. Diese Bemerkungen mußten nach der Märzrevolution, die ja nicht zuletzt wegen zu spät gewährter und lediglich halbherziger Zugeständnisse Friedrich Wilhelms IV. ausgebrochen war, erheblich an Überzeugungskraft gewinnen, zumal Belgien eines der wenigen größeren europäischen Länder war, die von der Revolution ‚verschont‘ blieben. Deshalb hatte selbst die Kamarilla die Oktroyierung einer liberalen Verfassung nach dem Muster der belgischen als unumgänglichen Preis für den ins Auge gefaßten Staatsstreich anerkannt[5], auch wenn ihr Ende 1848 die Formulierungen einer Reihe von Artikeln zunächst zu weit gingen. Die gleichen taktischen Erwägungen leiteten schließlich das Ministerium Brandenburg, als es die Dezember-Verfas-

---

4 Schreiben Leopolds I. an Friedrich Wilhelm IV. vom 28. Febr. 1848, in: Haenchen, Revolutionsbriefe, S. 25.
5 Vgl. Gerlach, Denkwürdigkeiten, I, S. 199; außerdem Hans Wegge, Die Stellung der Öffentlichkeit zur oktroyierten Verfassung und die preußische Parteibildung 1848/49, Berlin 1932, S. 51 sowie ausführlich Grünthal, König, Kabinett und Kamarilla, S. 127 ff., 149 f., 155; mit anderer Akzentsetzung: Kraus, Gerlach, I, S. 458-465.

sung ausarbeitete, und natürlich den König selbst. Friedrich Wilhelm IV. hatte zwar „ein wenig Bauch-Weh"[6] und wollte anfangs partout nicht unterschreiben. Indessen konnten Brandenburg und Leopold v. Gerlach ihn schließlich überzeugen, daß man keinen „so großen Werth auf solche papierne Verfassung legen" dürfe. Entscheidend sei die beruhigende Wirkung, die von ihr ausgehen werde.[7] Daß die Verfassung vom 5. Dezember in ihren Bestimmungen weiter gehen mußte als der ministerielle Entwurf vom Mai 1848 und die „ultra-liberale" belgische von 1831, damit sie ihre psychologische Funktion auch erfüllen konnte, verstand sich angesichts der allgemeinen Erwartungen, die durch die Entwicklungen des Revolutionsjahres Anfang Dezember 1848 natürlich höher gesteckt waren als *vor* der Märzrevolution, nach anfänglichem Widerstreben schließlich selbst für den König und seine Kamarilla.

Indessen enthielt die neue preußische Verfassung auch eine Reihe von Artikeln, die die großzügig formulierten Grundrechte erheblich relativierten. Wichtig ist zunächst, daß – im Unterschied zu dem Entwurf, den die Verfassungskommission der Preußischen Nationalversammlung ausgearbeitet hatte – ein Eid der Armee auf die Verfassung nicht vorgesehen war, wie überhaupt die meisten der Grundrechte für das Militär keine Gültigkeit besitzen sollten. Der König blieb uneingeschränkt Oberbefehlshaber des Heeres und hatte über Krieg und Frieden zu entscheiden, während der von Waldeck u.a. ausgearbeitete Verfassungsentwurf hier zumindest die nachträgliche Zustimmung des Parlamentes vorsah. Die Minister waren nach den Bestimmungen der Verfassung vom 5. Dezember ausschließlich dem Monarchen verantwortlich; er durfte die parlamentarischen Kammern auflösen oder vertagen. Neben der Zweiten Kammer, die im wesentlichen nach dem gleichen Wahlsystem wie die Preußische Nationalversammlung von 1848 gewählt werden sollte, sah die oktroyierte Verfassung die Einrichtung einer – der Zweiten gleichberechtigten – Ersten Kammer vor: Die Abgeordneten dieses ‚Herrenhauses' mußten das 40. Lebensjahr bereits vollendet haben und waren von den Provinzial-, Bezirks- und Kreisvertretern zu wählen. Da Anfang 1849 eine gültige Kreis-, Bezirks- und Provinzialordnung noch nicht vorlag, wurde für die erste Legislaturperiode des neuen Oberhauses ein scharfes Zen-

---

6 Vgl. Brief Friedrich Wilhelms IV. an Bunsen vom 13. Dez. 1848, in: Ranke, Briefwechsel, S. 235. Zu den taktischen Erwägungen des Staatsministeriums vgl. etwa das Schreiben des preußischen Unterstaatssekretärs des Äußeren Hans Graf v. Bülow an Camphausen vom 13. Nov. 1848, nach: Brandenburg, Untersuchungen, S. 277.

7 Gerlach, Denkwürdigkeiten, I, S. 248 ff. (Zitat: S. 249). Und weiter: Die eine Verfassung sei „so gut und schlecht als die andere, sie müssen sämmtlich bekriegt und überwunden werden, es fragt sich nur, ob es jetzt schon Zeit ist, diesen Krieg zu beginnen." Deutlicher ließ sich das taktische Verhältnis jeglicher Verfassung gegenüber kaum formulieren! Zur Genesis des Verfassungsoktrois und der Wahlgesetze inkl. eines Überblicks über die ältere Forschung vgl. Günther Grünthal, Parlamentarismus in Preußen 1848/49-1857/58, Düsseldorf 1982, bes. S. 27-31, 67 ff. Zum interimistischen Wahlgesetz vom 6. Dez. 1848 ausführlich: ebd., S. 44-50.

suswahlrecht formuliert. Die Funktion der neuen Ersten Kammer sollte offensichtlich darin bestehen, ein Gegengewicht gegen eine aufgrund des dort gültigen allgemeinen und gleichen Wahlrechts möglicherweise demokratisch und linksliberal bestimmte Zweite Kammer zu bilden und einer von dieser Seite durchgesetzten demokratischen Revision der Verfassung vorzubeugen. Im übrigen hatten die Abgeordneten beider Kammern nach den Bestimmungen des Grundgesetzes vom 5. Dezember 1848 nicht nur der Verfassung, sondern auch dem König „Treue und Gehorsam zu schwören", während umgekehrt der König nicht formell auf die Verfassung vereidigt wurde.

Besonders problematisch waren die Artikel 105, 108 und 110: Die beiden ersten sahen vor, daß im Falle der Auflösung oder Vertagung der parlamentarischen Kammern das Ministerium einseitig „Verordnungen mit Gesetzeskraft" erlassen und weiterhin Steuern erheben konnte. Das war eine Bestimmung, die im Zusammenspiel mit dem Recht des Monarchen, das Parlament aufzulösen oder zu vertagen, der Krone ein beträchtliches Übergewicht gegenüber den parlamentarischen Körperschaften sicherte, ein Vorteil, den diese Mitte 1849 dann auch nutzte. Der Artikel 110 beinhaltete, daß nicht nur im Kriegsfalle, sondern auch bei „Aufruhr" – ein sehr dehnbarer Begriff – alle wichtigen Grundrechte, nämlich das Versammlungs- und Vereinigungsrecht, das Recht auf persönliche Freiheit, Gleichbehandlung vor den Gerichten sowie Unverletzlichkeit der Wohnung, „zeit- und distriktsweise außer Kraft gesetzt" werden konnten. „In Zeiten hoher Gefahr übernimmt der König die Diktatur", hat Friedrich Wilhelm IV. den Sinn dieses Artikels präzise auf den Punkt gebracht.[8] In der ‚Charte Waldeck' war ein solches Ausnahmegesetz nicht enthalten gewesen. Entfallen war außerdem die von der Verfassungskommission der Preußischen Nationalversammlung anvisierte Abschaffung des Adels ebenso wie das dort vorgesehene Grundrecht eines jeden Preußen, Waffen zu tragen. Selbstredend firmierte Friedrich Wilhelm IV. in der Präambel der Dezember-Verfassung wieder als König „von Gottes Gnaden".

In den Reihen der Berliner wie der preußischen Konservativen stieß die neue Verfassung intern keineswegs auf ungeteilten Zuspruch. Vor dem Hintergrund der realen politischen Kräfteverhältnisse akzeptierte man hier jedoch schließlich selbst die freiheitlichen Artikel, allerdings mit erheblichen Vorbehalten und nur als Provisorium. Ihre Energie richteten die Konservativen in der Folgezeit darauf, eine Revision der Verfassung nach ihren Wünschen zu bewerkstelligen.[9] Auch

---

8 Nach: Frahm, Entstehungs- und Entwicklungsgeschichte, S. 282; vgl. außerdem die ausführliche zeitgenössische Kritik von Streckfuß, Freies Preußen, II, S. 844-850; Gneist, Berliner Zustände, S.105 f.; ferner Frahm, Entstehungs- und Entwicklungsgeschichte, S. 288-291; Grünthal, Parlamentarismus, S.39-64; Botzenhart, Parlamentarismus, S. 551-555.

9 Öffentlich geäußert wurde die Kritik freilich nur in Ausnahmefällen. Zur Kritik der Konservativen, die während des Wahlkampfes als eine Art Regierungspartei agierten, vgl. Wegge, Stellung

manchem Altliberalen ging die Verfassung zu weit.[10] Überwiegend jedoch stieß die Verfassung im Bürgertum und Kleinbürgertum auf freudige Zustimmung.[11] Die Börse, das Barometer für die Stimmung des Berliner Wirtschaftsbürgertums, reagierte mit einer Hausse. Magistrat und Stadtverordnete artikulierten gleichfalls „freudige Gefühle".[12]

Die Lektüre der faktisch zensierten Presse, namentlich der Vossischen, der Spenerschen sowie der Kreuzzeitung, die zudem nur Stimmungen und Ansichten im Bürgertum wiedergaben, sowie die zahlreichen zustimmenden, breit publizierten Adressen von einheimischen und auswärtigen Konservativen verdecken allerdings, daß die Berliner Bevölkerung keineswegs geschlossen hinter der Verfassung stand. Die Stadt war in dieser Frage vielmehr gespalten. Der oberflächliche Eindruck, „Berlin ist ruhig, man ist zufrieden"[13], täuschte. Während lautstarker Jubel erlaubt war, hätten lautstarke Mißfallensbekundungen unmittelbar die schärfsten Konsequenzen für die betroffenen Personen gehabt. Kritik durfte unter dem Belagerungszustand nur verhalten geäußert werden. Sie artikulierte sich nachdrücklicher erst, nachdem der anfängliche „unbesonnene Rausch

der Öffentlichkeit, S. 51-57; Schwentker, Konservative Vereine, S. 245 ff. Zur Position der KrZ vgl. Grünthal, König, Kabinett und Kamarilla, S. 121 f.

10 Hansemann z. B. hatte u. a. vorgeschlagen, Zensusbestimmungen auch für die Zweite Kammer einzuführen, um die in der Stadt überwiegend demokratischen, auf dem Land dagegen zu erheblichen Teilen konservativ orientierten Unterschichten auszuschließen; vgl. Manteuffel, Denkwürdigkeiten, S. 67 f.; Frahm, Entstehungs- und Entwicklungsgeschichte, S. 291 f.; Botzenhart, Parlamentarismus, S. 552. Er artikulierte damit Vorbehalte, wie sie in größeren Kreisen der Rechtsliberalen auch sonst anzutreffen waren; vgl. Wegge, Stellung der Öffentlichkeit, S. 87-90.

11 „Ihre Majestäten der König und die Königin" wurden „mit den besten Demonstrationen begrüßt", als sie sich am Tage des Verfassungsoktrois in der Nähe des Berliner Stadtschlosses der – vornehmlich bürgerlichen – Öffentlichkeit zeigten. (Bericht Lerchenfelds vom 6. Dez. 1848, in: HStA München, Nr. 2628, Bl. 326.) Die VZ und die SZ lobten in ausführlichen Kommentaren die neue Verfassung. Zur Reaktion der Börse vgl. etwa Bericht Lerchenfelds vom 6. Dez. 1848, ebd.; ferner Valentin, Geschichte, II, S. 294.

12 Adreßentwurf des Magistrats vom 15. Dez. 1848, in: LAB StA, Rep. 01, Nr. 2435, Bl. 248-249. Zur Adresse des Stadtparlaments und den ihr vorausgehenden Diskussionen vgl. LAB StA, Rep. 00, Nr. 128; Gneist, Berliner Zustände, S. 106-117; Clausewitz, Städteordnung, S. 227 f.; Adolf Streckfuß, 500 Jahre Berliner Geschichte. Vom Fischerdorf zur Weltstadt. Geschichte und Sage. In gekürzter Darstellung und bis in die neueste Zeit fortgeführt von Dr. Leo Fernbach, Berlin 1900, S. 718. (Im folgenden zit. als: Streckfuß/Fernbach, 500 Jahre). Bemerkenswert ist, daß die Adresse der Stadtverordneten, in der diese noch einmal scharf den Aufruf der PrNV zur Steuerverweigerung kritisierten, lediglich mit der äußerst knappen Mehrheit von 47 gegen 44 Stimmen beschlossen wurde. Drei Mitglieder schieden daraufhin unter Protest aus der Stadtverordnetenversammlung aus; mehr als vierzig formulierten einen schriftlichen Widerspruch gegen die Adresse, weil in ihr die Politik der Krone uneingeschränkt gerechtfertigt werde.

13 So die Notiz der Nichte Waldecks zum 5. Dez. 1848, in: Jacoby, Briefwechsel, S. 625. Ähnlich auch die beiden Frankfurter Reichskommissare Simson und Hergenhahn in ihren Berichten vom 7. und 9. Dez. 1848, in: BA FFM, DB 54/61 II, Zitat: Bl. 261 Rs.

der verblendeten Freude über den glänzenden Flitter der neuen Verfassung"[14], dem sich zu Beginn wohl auch manche gemäßigten Demokraten und Linksliberale nicht entziehen konnten, sich verflüchtigt hatte und der einsetzende Wahlkampf ein offeneres Wort erlaubte.[15] Grundsätzliche Vorbehalte äußerten nicht nur radikale Demokraten, die erst im Vorfeld der Wahlen vom 22. Januar 1849 der Berliner Öffentlichkeit ihre Einwände unverklausulierter mitteilen durften. Form und Inhalt der „als Gnadengeschenk bewilligten Verfassung" wurden auch von Organisationen und Strömungen abgelehnt, die nicht unmittelbar dem demokratischen Lager zuzuordnen waren, etwa dem nach eigenem Verständnis überparteilichen Bezirks-Central-Verein der preußischen Hauptstadt.[16] Während in der Hauptstadt die kritischen Stimmen nicht zu überhören waren, scheint die positive Resonanz in den Provinzen allerdings größer gewesen zu sein.[17] Hier wirkte sich offenbar aus, daß man den Verfassungskonflikt nur aus zweiter Hand miterlebt hatte, während umgekehrt ‚ganz Berlin' die einzelnen Phasen des Bruchs zwischen Preußischer Nationalversammlung und Krone gewissermaßen

---

14 BZH vom 12. Dez. 1848.

15 Die ‚Locomotive' übertrieb in ihrer Ausgabe vom 18. Dez. 1848 kaum, wenn sie feststellte: Der „günstige Eindruck", den die oktroyierte Verfassung zunächst hervorgebracht habe, sei „bei einem großen Theil der Bevölkerung", namentlich dem demokratischen, rasch geschwunden. Nach eingehenderer Lektüre des Textes habe man erkannt, „wie illusorisch die in der Verfassung enthaltenen Zugeständnisse sind, während sie beim ersten Anblick nach etwas aussehen." Kuhr (Denkwürdigkeiten, II, S. 210 f.) bestätigt dies indirekt. Der überwältigende Erfolg der Demokraten bei der Januarwahl 1849 ist ein weiteres gewichtiges Indiz, das auf die Ablehnung des Verfassungsoktrois in breiten Berliner Bevölkerungsschichten schließen läßt.

16 Vgl. vor allem die ausführliche, an kritischer Schärfe kaum zu überbietende Erklärung des Bezirks-Central-Vereins vom 16. Dez. 1848, in: LAB, Rep. 240, Acc. 685, Nr. 650; GStA, Rep. 192, NL Saegert, Nr. 12, unpag.; im Wortlaut auch in: Obermann, Flugblätter, S. 361-365. Ebenso grundsätzlich verwarf die auflagenstarke linksliberale NZ bereits am 7. Dez. 1848 den Verfassungsoktroi. Denn „da, wo Gesetze, wo sogar die wichtigsten Grundgesetze von der Krone einseitig aus alleiniger Machtvollkommenheit erlassen werden, besteht absolute Monarchie. [...] Der Absolutismus kann geben und nehmen; kann verleihen und verweigern – wie es ihm gefällt. [...] Der Wille des Volks im absoluten Staate wird nur angesehn wie der unreife Wille eines Unmündigen." Es trifft also jedenfalls für Berlin nicht zu, daß lediglich (wie Schwentker, Konservative Vereine, S. 237 ff., meint) „die radikale Linke und die äußerste Rechte" die oktroyierte Verfassung ablehnten.

17 Vgl. Streckfuß, Freies Preußen, II, S. 843; Wegge, Stellung der Öffentlichkeit, bes. S. 45 ff.; ferner Valentin, Geschichte, II, S. 291. Die Akzeptanz der neuen Verfassung ging, folgt man Paschen (Demokratische Vereine, S. 120), bis in die Reihen der Demokraten. Paschen überbewertet in dieser Hinsicht allerdings die an die vorgesetzte Berliner Behörde adressierten Berichte der Regierungspräsidenten. In der neueren Forschung ist meist die Ansicht Wegges (Stellung der Öffentlichkeit, S. 45) übernommen worden, daß „das preußische Volk in seiner Gesamtheit" dem Verfassungsoktroi „wenigstens in den ersten Tagen nach dem 5. Dez. freudig zugestimmt" habe; vgl. Schwentker, Konservative Vereine, S. 237 ff.; Grünthal, Parlamentarismus, S. 32 ff.; differenzierter dagegen Seyppel, Demokratische Gesellschaft, S. 251 f. Übersehen wird dabei, daß Wegge sich auf eine schmale und nicht repräsentative Quellenbasis stützt, außerdem die Presserestriktionen Wrangels nicht erwähnt und die Zeitungskommentare mit der Einstellung der Mehrheit der Berliner Bürger gleichgesetzt.

minutiös mit angehaltenem Atem verfolgt und mit dem Einmarsch der Truppen sowie der Ausrufung des Belagerungszustandes am eigenen Leibe die Folgen zu spüren bekommen hatte.

Auch außerhalb des Landes, unter den Liberalen der übrigen deutschen Staaten und vor allem der Paulskirche sowie der vorläufigen Reichszentralgewalt gegenüber, suchte die Krone mit den liberalen Bestimmungen in der oktroyierten Verfassung für ‚gut Wetter‘ zu sorgen. Dem Zweck, Paulskirche und Reichsministerium von einer Intervention in Berlin zugunsten des ‚Clubs Unruh‘ abzubringen, diente nicht zuletzt der Artikel 111, der für den Fall, daß die preußische und die künftige Reichsverfassung sich widersprachen, den König autorisierte, nach eigenem Gutdünken die notwendigen ‚Anpassungen‘ der Dezember-Verfassung an das Reichsgrundgesetz vorzunehmen. Tatsächlich gelang es dem ehemaligen Ministerpräsidenten Camphausen, seit Juni 1848 preußischer Bevollmächtigter bei der provisorischen Zentralgewalt in Frankfurt und in den Augen der Entscheidungsträger dort Garant dafür, daß Preußen der ‚deutschen Sache‘ weiter verbunden blieb, auch erfolgreich, eine ernsthafte Diskussion innerhalb des Reichsministeriums über die Umstände des preußischen Verfassungsoktrois zu unterlaufen.[18]

Politisches Vereinswesen, Wahlagitation und Ergebnisse der Wahlen vom Januar/Februar 1849

Ob und wie weit die in der Verfassungsurkunde garantierten Grundrechte tatsächlich Gültigkeit erlangen würden, war für die Berliner zunächst nur eine akademische Frage, da in der preußischen Hauptstadt bis zum 28. Juli 1849 der Belagerungszustand galt. Die Bestimmungen über den Belagerungszustand wurden freilich nicht immer sehr streng gehandhabt. Politisch genehme Bevölkerungsschichten wollte die Obrigkeit nicht unnötig verprellen. Sie durften darauf rechnen, daß Übertretungen der entsprechenden Bestimmungen von den Polizei- und Militärbehörden großzügig übersehen wurden. Besonders sichtbar

---

18 Vgl. Schreiben Camphausen an Schmerling vom 6. und 11. Dez. 1848, in denen Camphausen das Verhalten der preuß. Regierung gegenüber der PrNV rechtfertigte und versicherte, Preußen werde der ‚deutschen Sache‘ treu bleiben. Sie dürften ausschlaggebend dafür gewesen sein, daß es am 13. Dez., während der 64. Sitzung des Gesamt-Reichsministeriums, und anscheinend auch in der Folgezeit zu keiner weiteren Beratung des Verfassungsoktrois der preuß. Krone kam. Protokolle der Sitzungen und Schreiben Camphausens in: BA FFM, DB 52/4, Bl. 101, 112-115 bzw. DB 54/61 I, Bl. 110 u. Rs. sowie 115; vgl. ferner Grünthal, König, Kabinett und Kamarilla, S. 153-158. Unter den in Berlin akkreditierten auswärtigen Gesandten sorgten die liberalen Formulierungen der Verfassung und vor allem die Beibehaltung des allgemeinen und gleichen Wahlrechts dagegen zunächst für Irritationen; vgl. exemplarisch die Berichte des bayerischen Gesandten Lerchenfelds vom 6. und 7. Dez. 1848 (Anm. 11), Bl. 325 Rs.-330.

wurde dies im Zusammenhang mit den Öffnungszeiten für die unter den Berlinern so beliebten Cafés, Gasthäuser und Kneipen. An sich hätten alle diese Lokalitäten um 22 Uhr geschlossen werden müssen. Seine Behörde jedoch, so ließ Hinckeldey den Innenminister am 26. Februar wissen, habe den „Grundsatz" entwickelt, „nur diejenigen Wirthshäuser unter dieses Gebot zu stellen, welche sich bis dahin durch Duldung eines politisch gefährlichen und unsittlichen Treibens bemerkbar gemacht hatten." Nach Absprache mit Wrangel wurde „daher der Besuch der Wirthshäuser im Allgemeinen freigestellt und nur gewissen Gastwirthen die Beschränkung auferlegt."[19]

Lediglich loyales Verhalten sollte sich auszahlen. Das mußten nicht nur die „eigentlichen Organe der Demokratie" wie die ‚Berliner Zeitungshalle' erfahren, sondern auch „in gleichem Sinne schreibende Blätter und ebenso gewisse, durch schmutzige Verläumdungen sich auszeichnende, in unbestimmten Fristen erscheinende Schriften und Flugblätter", eine Umschreibung, die die satirischen Publikationen meinte.[20] Auch das am 12. November 1848 ausgesprochene Vereinsverbot hatte in erster Linie die demokratische Bewegung getroffen. Ihre Organisationen waren entweder aufgelöst oder hatten sich erfolgreich so ‚unsichtbar' gemacht, daß Spuren ihres Wirkens nicht nur gegenüber der mißtrauischen Polizeibehörde, sondern auch für den nachgeborenen Historiker verwischt wurden. Da die demokratische Bewegung in Berlin seit der Einführung des Belagerungszustandes – vom Wahlkampf, auf den noch einzugehen sein wird, abgesehen – jedenfalls öffentlich nicht mehr tätig werden durfte und durch eine Anfang Dezember in ganz Preußen einsetzende Verhaftungswelle zusätzlich geschwächt wurde, beschloß auch der Central-Ausschuß der Demokraten Deutschlands seinen Sitz zu verlegen. Seit Mitte Dezember 1848 residierte er im nicht-preußischen Köthen. Nicht verboten wurden von Wrangel dagegen die Bezirks-Vereine, obgleich sie in den Revolutionsmonaten wichtige Bündnisorganisationen der demokratischen Klubs gewesen waren. Sie gaben anscheinend den organisatorischen Rahmen ab für die von führenden Berliner Demokraten und Linksliberalen gegründeten Wahlvereine, die nach dem 5. Dezember ins Leben traten und aufgrund der Bestimmungen des Wahlgesetzes auch legal wirken konnten, sofern sie sich auf Wahlpropaganda beschränkten. Diese Vereine zu verbieten, besaß das Polizeipräsidium keine juristische Handhabe, und zwar auch nach den Wahlen vom 22. Januar 1849 nicht, wie Hinckeldey klagte.[21]

Auf Basis dieser Wahlvereine bildete sich Mitte Dezember in Berlin ein ‚Central-Comité für volksthümliche Wahlen im Preußischen Staate', das „sich die

---

19 In: GStA, Rep. 77, Tit. 501, Nr. 3, Beih. 3, Bl. 38 Rs. u. 39.
20 Ebd., Bl. 39 Rs.
21 Vgl. ebd., Bl. 54 Rs.; ferner Streckfuß, Organisation der Volkspartei, S. 7.

Aufgabe gestellt hat, die Wahlen für die zusammentretenden Kammern so zu bewirken, daß sie den Grundsätzen entsprechen, welche die Majorität der Nationalversammlung am 9. November, vertreten hat." Erklärtes Ziel war, eine „Zersplitterung der Stimmen" zu verhindern und die Wählerpotentiale beider politischen Lager zu bündeln.[22] Dieses Central-Comité und das wenig später gegründete Berliner Local-Comité gleichen Namens waren politische Zweckbündnisse, aus der gemeinsamen Gegnerschaft der Linksliberalen und Demokraten dem Ministerium Brandenburg gegenüber geboren.[23] Die Konservativen wiederum stellten sich in ihrer Wahlagitation nach außen hin ohne Wenn und Aber hinter das Ministerium Brandenburg, das „Gesetz und Ordnung wieder hergestellt" und zudem eine „überaus freisinnige Verfassung" gewährt habe. Trotz interner Vorbehalte gerierten sie sich als Regierungspartei. Der zur Schau gestellten Identifikation mit dem Ministerium Brandenburg korrespondierte die Verteufelung der Demokratie und des linken Liberalismus.[24] So wirkungsvoll die Wahlagitation der gut organisierten Konservativen in der Provinz, wo man über die Vorgänge in der Hauptstadt nur vom Hörensagen informiert war, vielleicht gewesen sein mag – in Berlin selbst ließen sich dadurch, trotz amtlicher Hilfestellung seitens der Behörden und eines organisatorischen Bündnisses mit prominenten Altliberalen[25], über die eingefleischten Konservativen hinaus keine Wählermassen mobilisieren.

---

22 Vgl. Demokratische Urwähler-Zeitung No. 2, vom 30. Dez. 1848. „Was die Parteistellung dieses Comités betrifft, so ist es ein aus Männern der äußersten Linken und des linken Centrums gemischtes." Im Central-Comité saßen prominente Demokraten und prominente Liberale einträchtig beisammen, u. a. J. Waldeck, R. Virchow, S. Stern und H. Runge (KBA).

23 Den vielfach inhaltsarmen Erklärungen des Comités war der Kompromißcharakter deutlich anzumerken; vgl. das offizielle Wahlprogramm des ‚Central-Comités für volksthümliche Wahlen' vom 17. Dez. 1848; außerdem die Erklärungen des Central-Comités I. bis X., des ‚Berliner Lokal-Comités für volksthümliche Wahlen', Nr. I bis V; ferner die vom ‚Central-Ausschuß der Demokaten Deutschlands' von Halle aus herausgegebene Zeitung ‚Der demokratische Urwähler', das ‚Wahlprogramm' mehrerer liberal-demokratischer Berliner Wahlmänner, von demokratisch-konstitutionellen Urwählern des 14. Bezirks vom 6. Jan. 1849, sowie den als Flugschriften veröffentlichten Wortlaut der Reden von B. Waldeck, J. Berends, B. Bauer, G. Jung (KBA) u.a., in: ZBSt, 1848 Flg., M. 24 und M. 25; GStA, Rep. 192, NL Saegert, Nr. 12; LAB, Rep. 240, Acc. 685, Nr. 674, 713, 734 bis 738, 753 bis 758, 763 bis 765, 769; SAPMO/ZPA, V DF/I/1Ü, Bl. 97-112 Rs. In Auszügen bzw. als Reprint auch in: Obermann, Flugblätter, S. 371-375.

24 Vgl. Enthüllungen Nr. I bis IV des ‚Vereins zur Wahrung der Interessen der Provinzen' vom Jan. 1849 sowie weitere anonyme Flugschriften der Rechten, z. B. erstes und zweites „Gespräch über die neue Verfassung ..." oder die „Ansprache an die Urwähler und Wähler" von einem „wahren Freund seines Vaterlandes", jeweils undat., in: LAB, Rep. 240, Acc. 685, Nr. 703, 704; GStA, Rep. 192, NL Saegert, Nr. 12; ZBSt, 1848 Flg., M. 25; LAB StA, Rep. 01, Nr. 2435, Bl. 254, 264 und 270; ebd., Nr. 2440, Bl. 115, 117-119.

25 Zur Wahlorganisation und -agitation der Konservativen und Rechtsliberalen vgl. Schwentker, Konservative Vereine, S. 250-254.

47.

Berlin im Belagerungszustande

Während bei den Wahlen vom Mai 1848 vor allem Persönlichkeiten gewählt worden waren, wurden Wahlkampf und Wahlentscheidungen im Januar 1849 viel stärker von den jeweiligen politischen Richtungen, den ‚Parteien‘, geprägt. Insofern konnte der ‚Central-Ausschuß der Demokraten Deutschlands‘ nach dem Bekanntwerden der ersten Wahlergebnisse zu Recht jubeln, „daß die Demokratie einen glänzenden Sieg errungen hat.“[26] Mit Blick auf die Hauptstadt war diese Freude berechtigt: Von den insgesamt etwa 1300 Wahlmännern waren ungefähr 700 dem eindeutig demokratischen Lager zuzuordnen, 270 dem mit diesem verbündeten linken Zentrum, nur 350 dagegen dem rechten Zentrum bzw. der Rechten.[27] Auch in den übrigen Städten Preußens fiel das Wahlergebnis meist positiv für die Demokraten aus. Die demokratischen Erfolge hier wurden durch die Wahlerfolge, die die Konservativen auf dem flachen Land erzielten, freilich wettgemacht.[28] Im Endergebnis, d.h. nach der Wahl der Abgeordneten durch die Wahlmänner, die am 5. Februar 1849 im ganzen Land stattfand, schälte sich ein Patt heraus.[29] Die Berliner Wahlmänner allerdings votierten ähnlich eindeutig wie zuvor die Urwähler: Alle Abgeordneten, die die Hauptstadt in die Zweite Kammer schickte, gehörten zum Bündnis der Linken und des linken Zentrums.[30]

Angesichts der Aufrechterhaltung des Belagerungszustandes mit all seinen konkreten Folgen: der faktisch aufgehobenen Pressefreiheit, dem restriktiven Vereinigungs- und Versammlungrecht und der einschüchternden Präsenz starker Truppenmassen, der „scheusslichen Gemeinheit[en] u. ungeheuren Mittel“ der Konservativen sowie der systematischen Behinderung oppositioneller Wahlpropaganda durch die staatlichen und kommunalen Behörden[31], ferner den gezielten

---

26 ‚Demokratischer Urwähler‘ vom 2. Febr. 1849.

27 NRhZ vom 26. Jan. 1849.

28 Vgl. die von Paschen, Demokratische Vereine, S. 126 f. bzw. in der VZ vom 31. März 1849 veröffentlichen Einzelergebnisse.

29 Die NRhZ vom 15. Febr. 1849 zählte 163 Abgeordnete zur Rechten, 152 zur Linken und 30 zum Zentrum. Bei der Wahl zum Parlamentspräsidenten am 26. Febr. 1849 setzte sich Grabow als Kandidat der gemäßigten Rechten gegen v. Unruh als den Kandidaten des linken Bündnisses knapp mit 171 gegen 158 Stimmen durch.

30 Es waren dies B. Waldeck, J. Berends, J. Jacoby, G. Jung, J. D. Temme (KBA) sowie J. K. Rodbertus, H. Simon, E. R. Philipps, Reuter und F. Ziegler. Obgleich das Bündnis der Rechten und des rechten Zentrums prominente Gegenkandidaten aufbot, u. a. L. Camphausen, Grabow und Beckerath, setzte sich in allen Wahlkreisen die Linke eindeutig durch. Die linken Kandidaten erhielten zum Teil zwei- bis viermal so viele Wahlmänner-Stimmen wie ihre rechten Gegenkandidaten. Bezeichnend ist außerdem, daß Rodbertus – 1848 ein führender Vertreter des linken Zentrums in der PrNV und kurzzeitig Minister – nach Feststellung der VZ vom 6. Febr. 1849 nicht wegen seiner (eher gemäßigten) politischen Ansichten gewählt wurde; dafür erntete er nur „wenig Sympathien“. Zum Abgeordneten bestimmt wurde er von den Berliner Wahlmännern vielmehr, weil er kurz zuvor aus Berlin ausgewiesen wurde, von Hinckeldey also unfreiwillig zu einem demokratischen Märtyrer gemacht worden war.

31 Zitat: Brief Virchows an seinen Vater vom 14. Jan. 1849, in: ders., Briefe, S. 164. Zu „allerlei Nachstellungen“, denen die demokratisch-liberalen Wahlvereine ausgesetzt waren, sowie sogar Verboten seitens des Polizeipräsidiums, demokratische „Partei- oder Fraktionsversammlungen

sozialökonomischen Konzessionen an bestimmte Wählergruppen war der überwältigende Erfolg der Demokraten in der preußischen Hauptstadt um so überraschender. Die Vossische Zeitung erschreckte sich am 6. Februar, in Berlin sei „die Wahl so radikal demokratisch [ausgefallen], als es nur gedacht werden kann." Des einen Leid war des anderen Freud. Varnhagen beobachtete am gleichen Tage auf den „sehr belebten Straßen [...] viele fröhliche Gesichter. An allen Bilderläden steht das Volk dicht gedrängt und freut sich der Bildnisse der linken Abgeordneten."[32] Der Wahlsieg der Linken in Berlin war allerdings nicht allein und nicht in erster Linie ein Verdienst der liberaldemokratischen Wahlkampagne. Die Wahl vom Januar 1849 war jedenfalls in Berlin auch eine Protestwahl, ein entschiedenes Mißtrauensvotum gegen die preußische Politik seit Ende Oktober 1848 sowie überhaupt gegen das Unvermögen der Krone, die sozialen Probleme zu lösen. Namentlich die Unterschichten, die zu dem überragenden Wahlerfolg der Demokraten in den Städten entscheidend beigetragen hatten[33], dürften von den Wahlkampagnen der Demokraten und Liberalen sowie des ‚Comités für volksthümliche Wahlen' nur wenig beeindruckt worden sein. Was ‚unten' besonders interessierte, war die ‚soziale Frage', waren Forderungen, wie sie 1848 namentlich vom ‚Central-Comité der Arbeiter' und von der Arbeiterverbrüderung formuliert wurden – und nicht weitschweifige Ausführungen zu staats- und verfassungsrechtlichen Problemen, die in den Erklärungen seitens des liberaldemokratischen Wahl-Comités dominiert hatten.

Nicht zuletzt der Wahlerfolg der Berliner Demokraten wird den Polizeipräsidenten bewogen haben, den Innenminister eindringlich davor zu warnen, den Belagerungszustand in der preußischen Hauptstadt aufzuheben.[34] Seine Einwendungen, am Tage des Zusammentritts des neuen Parlaments formuliert, dürften ausschlaggebend dafür gewesen sein, daß das Ausnahmerecht in Berlin über weitere vier Monate aufrecht erhalten wurde, obwohl Friedrich Wilhelm IV. Anfang Dezember 1848 die „Zuversicht" ausgesprochen hatte, „daß bis zum Zeitpunkte der Versammlung der Kammern die Herrschaft des Gesetzes in

---

abzuhalten", vgl. ebd., sowie NZ vom 2. Febr. 1849. Zu versuchten Manipulationen der Berliner Urwählerlisten durch den Magistrat vgl. NZ vom 7. Febr. 1849. Zu den Versuchen systematischer Wahlbeeinflussung durch die Regierungsorgane in ganz Preußen vgl. Paschen, Demokratische Vereine, S. 121 f.; zu den nicht zuletzt mit Blick auf die Januarwahlen gemachten Zugeständnissen namentlich an den gewerblichen Mittelstand vgl. *S. 820 f.*

32 Am 7. Febr. 1849 kolportierte Varnhagen, daß „der König über die Berliner Wahlen mit den Zähnen geknirscht, mit der Faust auf den Tisch geschlagen, auf die Behörden geschimpft [habe], die immer so weise und sicher wären und nachher, wenn es zur Sache käme, rathlos und dumm dastünden". (Tagebücher, Bd. 6, S. 46 bzw. 48.)

33 Auch in den kleineren, vor allem den partiell bereits industrialisierten Städten Preußens bildete „das numerische Übergewicht der arbeitenden und handwerktreibenden Klassen" den Garanten für den demokratischen Sieg. (Paschen, Demokratische Vereine, S. 128.)

34 Vgl. Bericht Hinckeldeys vom 26. Febr. 1849 (Anm. 19), Bl. 48 f., 53 ff., 57 Rs. f.

Unserer Haupt- und Residenzstadt [...] völlig wiederhergestellt sein und den freien Beratungen der Volksvertreter daselbst alsdann nichts im Wege stehen wird."[35] Zwar waren es in erster Linie nicht die Berliner Bürger im sozialen Sinne, sondern vor allem die Wähler aus den Unterschichten, die den Demokraten zu ihrem überwältigenden Erfolg verholfen hatten. Politische Skepsis schien dem Monarchen und seinem Ministerium jedoch auch gegenüber den ‚besseren‘ Bevölkerungsschichten Berlins angebracht. Diese Skepsis erklärt nicht zuletzt, warum die mit dem Auflösungsdekret vom 11. November 1848 in Aussicht gestellte und auch ernsthaft erwogene Reorganisation der sozial vom Kleinbürgertum dominierten Berliner Bürgerwehr dann doch nicht zustande kam.

„… da Berlin alsdann schon wieder mit einer vollständig organisierten Bürgerwehr versehen sein würde" – das Scheitern der Reorganisation der Kommunalmiliz im Februar 1849

Die oktroyierte Verfassung vom 5. Dezember hatte das Schicksal der Bürgerwehren bewußt offengelassen. Aufgaben und Aufbau der Bürgerwehr sollten durch ein gesondertes Gesetz geregelt werden. Das Mitte Oktober 1848 noch von der Preußischen Nationalversammlung gegen den Widerstand der hauptstädtischen Demokraten und großer Teile der Berliner Freiwilligenmiliz verabschiedete Bürgerwehrgesetz hatte im § 3 vorgesehen, daß, wenn die „Bürgerwehr einzelner Gemeinden" durch „königliche Verordnung" aufgelöst worden sei, die „Dienstenthebung nicht länger als sechs Monate dauern" dürfe und bereits „binnen drei Monaten" eine „Verordnung wegen der neuen Organisation der Bürgerwehr" erlassen werden müsse. Diese Frist lief am 11. Februar 1849 ab. Bis zu diesem Zeitpunkt mußte sich das Innenministerium als die zuständige Behörde entschieden haben – nach dem Wortlaut des Gesetzes nicht, ob die Berliner Bürgerwehr aufgelöst bleiben solle (das auch vom König gegengezeichnete Gesetz sah eine endgültige Aufhebung der in den meisten preußischen Städten weiter bestehenden Kommunalmilizen nicht vor), sondern in welcher Form sie reorganisiert werden sollte. Das Innenministerium sah sich bei seiner Entscheidungsfindung mit zwei unterschiedlichen Positionen konfrontiert: auf der einen Seite mit dem Magistrat, der sich mit der Bürgerwehr ein ihm ergebenes, quasi polizeiliches Institut erhalten wollte, und auf der anderen Seite mit dem General v. Wrangel, dem während des Belagerungszustandes wichtigsten staatlichen Funktionsträger in Berlin.

---

35 ‚Patent betr. die Zusammenberufung der Volksvertreter‘ vom 5. Dez. 1848.

Am 14. Dezember 1848 ließ der Innenminister beim Berliner Magistrat vertraulich anfragen, „wie weit die Vorbereitungen zur Reorganisation der hiesigen Bürgerwehr gediehen sind". Der Magistrat antwortete, er habe bereits Stammrollen für die Bürgerwehrpflichtigen angefertigt. Das Auslegen derselben müsse jedoch auf Intervention Wrangels unterbleiben.[36] Wrangel seinerseits lehnte die Reorganisation der Berliner Bürgerwehr kategorisch ab; sie sei mit dem Belagerungszustand unvereinbar. Das Innenministerium wiederum belehrte den General, daß eine Reorganisation der Bürgerwehr auch unter dem Belagerungszustand rein rechtlich durchaus möglich sei.[37] Am 31. Januar 1849 bat Manteuffel Friedrich Wilhelm IV. „alleruntertänigst, nunmehr die neue Organisation der hiesigen Bürgerwehr allergnädigst verordnen zu wollen."[38] Wrangel lehnte eine Reorganisation der Berliner Kommunalmiliz jedoch weiterhin ab. Denn (so seine Begründung) dies würde erneut „eine allgemeine Aufregung der Gemüther" nach sich ziehen, nachdem die Hauptstadt mit viel Mühe endlich beruhigt worden sei. Zudem sei „in der jetzigen Zeit" ein massives „Zuströmen von brotlosen und unbeschäftigten Leuten" in die Kommunalmiliz zu erwarten – eine Bemerkung, die wohl andeuten sollte, daß eine wiedererstandene Bürgerwehr politisch noch unkalkulierbarer sein würde als die des Jahres 1848. Überdies würden „Versammlungen von Tausenden von Menschen nicht zu vermeiden sein".[39] Hinzu traten technische Probleme: Da die ursprüngliche Stammliste wegen der vielen Wohnungswechsel bei Jahresende inaktuell geworden sei, könne an eine kurzfri-

---

36 Alle drei Schreiben in: GStA, Rep. 77, Tit. 440a, Nr. 1, Bd. 1, Bl. 172 bzw. 200. Auf dem gesamtpreußischen Bürgerwehrkongreß, der Mitte Dez. 1848 in Breslau stattfand, wurde die Frage der Auflösung und Neukonstituierung der Berliner Bürgermiliz allem Anschein nach intensiver nicht diskutiert; vgl. den undatierten Bericht der Delegierten aus Frankfurt a. d. O. über den Bürgerwehrkongreß, in: GStA, Rep. 94, IV. O. b., Nr. 6, Bl. 12-31.

37 Schreiben Wrangels an Manteuffel vom 17. Dez. und Antwort des Innenministeriums vom 20. Dez. 1848, in: GStA, Rep. 77, Tit. 440a, Nr. 1, Bd. 1, Bl. 198 bzw. 204 u. Rs. (Briefentwurf.)

38 In: ebd., Bl. 191. Tatsächlich setzte der König am 5. Febr. 1849 die ihm als Entwurf vom Innenministerium unterbreitete Verordnung in Kraft: „Unser Ministerium des Innern wird beauftragt, die Bekanntmachung und Ausführung dieser Verordnung zu veranlassen." (Entwurf und endgültiger Wortlaut der Verordnung: ebd., Bl. 191 Rs. bzw. 203.) Damit hatte das Innenministerium die Federführung beim Neuaufbau der Bürgerwehr erhalten.

39 Mit Blick auf den Jahrestag der Märzrevolution schließlich fürchtete der General, daß, wenn (wie vom Innenministerium wohl intendiert) mit der Reorganisation der Bürgerwehr Anfang oder Mitte Febr. begonnen würde, „Berlin alsdann während des bedenklichen Monats März schon wieder mit einer vollständig organisierten und bewaffneten *zahlreichen* Bürgerwehr versehen sein würde." (Stellungnahme Wrangels vom 7. Febr.) In einem weiteren Schreiben vom 8. Febr. 1849 drang Wrangel dann darauf, daß, wenn das Innenministerium schon nicht von seiner Absicht abrücke, die Bürgerwehr neu zu konstituieren, dies sich dann nur auf die Auslegung der Stammrollen beschränken dürfe. Solange der Belagerungszustand andauere, dürfe man die Bürgerwehrleute nicht mit Waffen versehen. Beide Schreiben in: GStA, Rep. 77, Tit. 501, Nr. 3, Beih. 3, Bl. 16-18 (H. i. O.). Auch dem Polizeipräsidenten gegenüber, der sich offensichtlich um einen Kompromiß zwischen den Kontrahenten bemühte, blieb Wrangel eisern; vgl. ebd., Bl. 19-21 Rs.

stige Reorganisation der Bürgerwehr nicht gedacht werden, behauptete keine drei Wochen später nun plötzlich auch der Magistrat gegenüber der brandenburgischen Provinzialregierung und damit dem Innenministerium.[40] Vorbehaltlich der Zustimmung des Innenministeriums beschloß der Magistrat Mitte April „in Uebereinstimmung mit der Stadtverordnetenversammlung, die Reorganisation der Bürgerwehr so lange auszusetzen, bis die Revision der Verfassung [durch die beiden Kammern des preußischen Parlaments] und die Vereidigung auf dieselbe erfolgt" seien.[41] Im Innenministerium selbst fand nach den Tumulten vom 18. März 1849 und den blutigen Konflikten vom 27. April 1849 sowie angesichts der auf dem Lande und in den Kleinstädten verbreiteten Ablehnung einer dauerhaften Etablierung des Bürgerwehrinstituts gleichfalls ein Sinneswandel statt. Mit dem ‚Gesetz wegen Aussetzung der Errichtung und Umformung der Bürgerwehr' vom 24. Oktober 1849 war das Problem schließlich auch formal ‚erledigt'.

Friedrich Wilhelm IV. verweigert sich der deutschen Krone aus „Dreck und Letten" sowie der Reichsverfassung

Im Bewußtsein der Öffentlichkeit an den Rand gedrängt wurde die Auseinandersetzung um die Reorganisation der Bürgerwehr durch ein Ereignis, das in ganz Deutschland einige Aufregung verursachte: die Annahme der Reichsverfassung durch das Deutsche Nationalparlament und, gleichfalls am 28. März 1849, die Wahl Friedrich Wilhelms IV. zum deutschen Kaiser.[42] Enthusiastische Kommentare nicht zuletzt der Berliner Presse brachten zum Ausdruck, wie kräftig der

---

40 Schreiben vom 27. Febr. 1849 an die Provinzialregierung Potsdam, in: BLHA, Rep. 2 I, Nr. 2498, Bl. 52-53 bzw. GStA, Rep. 77, Tit. 440a, Nr. 1, Bd. 1, Bl. 227-228. Der Magistrat wollte, statt wie vorgesehen in den ersten Februarwochen, erst in der zweiten Aprilhälfte die Stammlisten auslegen. Damit war auch das Problem des ersten Jahrestages der Märzrevolution elegant umgangen. Dem Schreiben des Magistrats vorausgegangen war die Bitte des Innenministeriums vom 20. Febr. 1849 an die Provinzialregierung als der Zwischeninstanz zwischen städtischer und staatlicher Obrigkeit, der Berliner Magistrat möge die Ausführung der Verordnung vom 5. Febr. verwirklichen helfen. (In: ebd., Bl. 229-230.) Mit seiner Wendung um 180 Grad gab der Magistrat auch massivem Druck aus den Reihen der konservativen Bürgerschaft nach; vgl. eine von etwa tausend Berliner Bürgern unterzeichnete Petition gegen die Wiedererrichtung der Bürgerwehr, in: GStA, Rep. 77, Tit. 440a, Nr. 1, Bd. 1, Bl. 216 u. Rs. Eine demokratische Gegenbewegung für die Reorganisation der Bürgerwehr, wie sie z. B. vom Bürgerwehr-Klub in einer öffentlichen Erklärung vom 12. März 1849 versucht wurde, blieb offenbar in ersten Ansätzen stecken.
41 Schreiben des Magistrats an das Innenministerium vom 28. April 1849, in: BLHA, Rep. 2 I, Nr. 2498, Bl. 94. Vgl. außerdem Schreiben der brandenburgischen Provinzialregierung an das Innenministerium vom 24. Juni 1849, in: ebd., Bl. 109.
42 Zur Genesis der Entscheidung vgl. den Überblick bei Siemann, Deutsche Revolution, S. 192-202.

Wunsch breiter bürgerlicher Schichten nach der Einheit Deutschlands war. In den Unterschichten und auch im demokratisch orientierten Bürgertum der preußischen Hauptstadt war von nationaler Euphorie dagegen kaum etwas zu spüren.[43] Für das Berliner „Volk", das bei den Januarwahlen 1849 eindrucksvoll unter Beweis gestellt hatte, daß es in seiner überwiegenden Mehrheit auf Seiten der politischen Linken stand, besaßen die Beibehaltung und der Ausbau demokratischer Rechte Priorität. Die deutsche Einheit war dem offensichtlich nachgeordnet; sie war „von Anfang an gedacht als die Erscheinungsform und die Gewähr der Freiheit."[44] Seit November 1848 sehe sich „das Volk", betonte die National-Zeitung am 31. März, jedoch „von seiner eigenen Sache wieder zurückgedrängt. Es fühlt, daß darauf ausgegangen wird, es wieder nur als die Masse zu betrachten, die die Regierungen handhaben und formen, wie es ihnen gefällt." Das erkläre die „scheinbare Gleichgültigkeit" der Berliner gegenüber der Wahl Friedrich Wilhelms IV. zum deutschen Kaiser; darum sei „das Volk so still." In Berlin unter dem Belagerungszustand war das Defizit an Demokratie stärker als anderswo zu spüren – und ebenso, wie wenig die nationale Einheit ohne substantielle Volksrechte wert war.

Obwohl auch in Frankfurt bekannt geworden war, daß der preußische König unter keinen Umständen gewillt war, aus den Händen der Deutschen Nationalversammlung die Kaiserkrone zu empfangen[45], verließ die ,Kaiserdeputation' der Paulskirche am 30. März 1849 zunächst guten Mutes die Mainmetropole. Am 2. April wurde sie in Berlin von einem zahlreichen, zumeist bürgerlichen Publikum „mit großem Jubel" (Vossische Zeitung) empfangen. Am nächsten Tag folgte die

---

43 „Denkt man zurück an die Begeisterung, an den Enthusiasmus", mit dem in den ersten Wochen nach der Märzrevolution 1848 in Berlin die deutsche Einheit gewünscht worden sei, „so muß man erstaunen darüber", daß der Beschluß der Paulskirche zur deutschen Einheit und die Wahl des „König[s] von Preußen zum erblichen Kaiser der Deutschen [vielfach] so ruhig hingenommen wird". (NZ am 31. März 1849.) Ähnlich auch z. B. Bernstein, Revolutions- und Reactions-Geschichte, S. 249.

44 „Die Einheit sollte, getragen von der eben errungenen Freiheit, selbst die Trägerin der Freiheit sein. Jetzt aber lastet schwerer Druck auf der Freiheit, überall ist sie in Frage gestellt. [...] Die Regierungen betrachten die Demokratie, die Gleichberechtigung und die Selbstbestimmung des Volkes als ihren Feind, dem sie möglichst den Garaus machen möchten. Weil die Demokratie, die nun einmal das belebende Prinzip ist, sich überall angegriffen, eine reactionäre Bewegung in Gang sieht, weil sie für die Freiheit, den gründlichen Fortschritt, das gleiche Recht überall zu fürchten und zu kämpfen hat – darum fehlt der erhebende, fördernde, freudige Aufschwung." (NZ vom 31. März 1849.)

45 Vgl. die Briefe Friedrich Wilhelms IV. an Friedrich Christoph Dahlmann vom 3. und 15. Mai, an Bunsen 13. Dez., an Radowitz vom 23. Dez., an den Großherzog von Mecklenburg-Strelitz vom Dez. 1848 (Abschrift) sowie eine als politische Leitlinie für seine Berater und Minister gedachte Denkschrift Friedrich Wilhelms IV., in: GStA, KHA Rep. 50, Nr. 511 bzw. 513; Ranke, Briefwechsel, S. 234; Möring, Radowitz, S. 67-70; Haenchen, Revolutionsbriefe, S. 272 ff. Mitte Dez. 1848 hatte der Bonner Abgeordnete Walter in Frankfurt öffentlich (in der Oberpostamtszeitung) bekannt gemacht, daß der Hohenzoller eine ihm von der DtNV angebotene Kaiserkrone in jedem Falle ablehnen würde; vgl. Valentin, Geschichte, II, S. 309.

Ernüchterung. Der Deputation der Paulskirche gegenüber brachte Friedrich Wilhelm IV. unmißverständlich und in schroffem Ton zum Ausdruck, daß das Deutsche Nationalparlament mit ihm nicht rechnen könne. Er wolle auf keinen Fall „Deutschlands Einheit" unter „Verletzung heiliger Rechte" und entgegen seinen „früheren ausdrücklichen und feierlichen Versicherungen ohne das freie Einverständnis der gekränkten Häupter, der Fürsten und freien Staaten Deutschlands" aufrichten.[46] „Definitiv" teilte das Minsterium Brandenburg dann am 28. April 1849 über Camphausen der Frankfurter Zentralgewalt mit, daß der König die ihm angetragene Kaiserwürde aufgrund „der in Frankfurt beschlossenen Verfassung" nicht annehme. Mit der deutschen Krone lehnte er also, wie zuvor (am 5. April 1849) schon die österreichische Regierung Schwarzenberg, auch die Reichsverfassung ab. Die Deutschlandpolitik Friedrich Wilhelms IV. fand damit allerdings keineswegs ein Ende; der Monarch suchte sie vielmehr unter den Prämissen neu zu beginnen, die für ihn zuvor ausschlaggebend gewesen waren, die von der Paulskirche angebotene Krone abzulehnen. Die am gleichen 28. April eingeleitete preußische ‚Unionspolitik', als Versuch einer Reichseinigung von oben, sollte schließlich Ende November 1850 scheitern. Die von Radowitz inaugurierte Unionspolitik[47] bewegte sich weitgehend im Rahmen traditioneller Kabinettspolitik; das preußische ‚Volk' wurde kaum einbezogen. Weitgehend ignoriert wurde jedenfalls in Berlin von Öffentlichkeit und ‚Straße' außerdem ein Passus der die Unionspolitik einleitenden Zirkular-Depesche vom 28. April, in dem die preußische Regierung erklärte, sie sei bereit, vor dem Hintergrund der „in manchen Ländern gefährlichen Krisen [...] den zerstörenden und revolutionären Bestrebungen nach allen Seiten hin mit Kraft und Energie entgegenzutreten"; sie werde „ihre Maßregeln treffen, daß sie den verbündeten Regierungen die etwa gewünschte und erforderliche Hülfe rechtzeitig leisten könne" – eine Formulierung, die die späteren Interventionen Preußens zur militärischen Niederschlagung der Reichsverfassungskampagne in Sachsen, Rheinpfalz und Baden im Frühjahr und Sommer 1849 diplomatisch vorbereitete.

---

46 Erklärung des Königs im Wortlaut in: Huber, Dokumente, Bd. 1, S. 329; definitive Ablehnung vom 28. April 1849, in: ebd., S. 337. Ausführlich berichtete auch die Berliner Tagespresse vom 4. und 5. April 1848.

47 Zur preußischen Unionspolitik vgl. den Überblick bei Siemann, Deutsche Revolution, S. 218-221; ders., Gesellschaft im Umbruch. Deutschland 1849-1871, Frankfurt a. M. 1990, S. 26-36; ferner Hachtmann, Radowitz, S. 258 ff.

Die Auflösung der Zweiten Kammer des Preußischen Parlaments und die blutigen Tumulte vom 27. April 1849

Von beträchtlicher Tragweite für die inneren Verhältnisse der preußischen Hauptstadt war dagegen, daß nach 28 deutschen Regierungen und zahlreichen Landesparlamenten auch die Zweite Kammer des preußischen Parlaments am 21. April die Reichsverfassung im Prinzip anerkannte. Sie verwarf außerdem die ‚deutsche Politik‘ Friedrich Wilhelms IV., wie sie am 3. April offenkundig geworden war.[48] Damit war die Auflösung des Abgeordnetenhauses, der „zweite preußische Staatsstreich" (M. Botzenhart), programmiert. Denn innenpolitisch wollten sich der Monarch und sein Kabinett eine Opposition gegen ihre Politik nicht leisten. Man brauchte nur noch einen Vorwand. Letzter Auslöser, der Zweiten Kammer des preußischen Parlaments das Ende zu bereiten, war ein Beschluß der Abgeordneten am 26. April, in dem die Fortdauer des Belagerungszustandes ohne Zustimmung der beiden Kammern des preußischen Parlaments als ungesetzlich bezeichnet und das Ministerium zur umgehenden Aufhebung des Belagerungszustandes aufgefordert wurde.

Auf die Börse der preußischen Hauptstadt machte das Dekret, mit dem Friedrich Wilhelm IV. am 27. April die Auflösung des Abgeordnetenhauses verfügte, „keinen nachtheiligen Eindruck", wie die Vossische Zeitung am 28. April 1849 lakonisch bemerkte. Ganz anders reagierte dagegen das ‚Volk‘, das mit der Aufhebung der Zweiten Kammer eine letzte demokratische Säule wegbrechen sah. Noch am gleichen Tag, unmittelbar nach Bekanntwerden der Auflösung der Zweiten Kammer, kam es zu blutigen Straßenschlachten, die insgesamt sieben Tote (alle auf Seiten der ‚Volksmassen‘ und sozial den Unterschichten zuzurechnen)[49] und mindestens 14 Verwundete forderten. In ihrem Ablauf erinnern die Vorgänge entfernt an den 18. März 1848. Im Unterschied zur Märzrevolution wurde das ‚Volk‘ von ‚den Bürgern‘ am 27. April 1849 jedoch alleingelassen. Außerdem gelang es dem Militär, durch ein von Anbeginn entschiedenes Eingreifen den Konflikt in Grenzen zu halten.

Die Nachricht von der erfolgten Auflösung hatte sich schnell in der ganzen Stadt verbreitet. „Natürlich machten sich in allen Theilen der Stadt bald politisierende Gruppen bemerkbar." Vor der ‚Conversations-Halle‘, einem größeren Lokal am Dönhoffsplatz, in dem sich „ein großer Theil der Mitglieder der [parlamentarischen] Linken" versammelt hatte, um das weitere Vorgehen zu beraten, fanden sich bereits am späten Vormittag zahlreiche Menschen zusammen. Die rasch wachsende „Menge" war zunächst, so die amtliche Version, „nicht bedenklicher Natur". Nach

---

48 Hierzu und zum folgenden ausführlich: Botzenhart, Parlamentarismus, S. 621-630.

49 Ebenso wie die Toten und Verletzten gehörten auch die an den drei Tagen insgesamt knapp hundert Verhafteten „überwiegend dem Arbeiter- und Handwerkerstande" an. Die meisten seien Unbeteiligte, „unschuldige Opfer" gewesen. (NZ vom 30. April und 1. Mai 1849.)

einiger Zeit „aber änderte sich die Scene, wahrscheinlich auf Grund böswilliger Einflüsse." Die „angesammelte Menge", darunter „viele Buben", war „widerspenstig" und ließ sich von den anrückenden zahlreichen Konstablern nicht „zum Verlassen des Platzes bewegen". Nachdem die Schutzleute „Ruhestörer zu verhaften sich anschickten", befreite man „die ergriffenen Tumultanten" wieder.[50] Zu ernsthafteren Auseinandersetzungen kam es erst (so ein Zeuge der Vorfälle in der Vossischen Zeitung), als „einige höhere Offiziere sich […] von der Krausenstraße aus über den Dönhoffsplatz" begeben hätten. „Als sie müßige Soldaten unter der Menge umherschlendern sahen, befahlen sie denselben, sich zu entfernen, und machten dabei gegen Nahestehende einige Bemerkungen, worin sie die Fortdauer des Belagerungszustandes" rechtfertigten. Namentlich „zwei dieser unserer liebenswürdigen Tyrannen wollten die Canaille [außerdem] belehren, daß die Kammer ganz mit Recht aufgelöst sei und erhielten demnächst einige reglementsmäßige Prügel als Honorar", ergänzte der Berliner Korrespondent der ‚Neuen Rheinischen Zeitung'. Daraufhin (so der Berichterstatter der Vossischen weiter) zogen die Offiziere „die Degen und hieben mit denselben um sich". Das „aufgeregte Volk" mißhandelte daraufhin „die Offiziere mit den ausgerissenen Stangen, entriß Einem den Degen und zerbrach denselben." Offenbar zeitgleich wurde „ein Militärposten von etwa zehn Mann vom Volke mit Latten und Brettern angegriffen". Das „Volk" bewarf das sich zurückziehende Militär „mit Steinen, und ein alter Sack, nebst einem rothen Streifen, dient als improvisirte Fahne".

Nach diesen Vorfällen wurden am frühen Abend „endlich Detachements vom Kaiser-Franz-Regiment" und damit Truppen, die auch an den Kämpfen vom 18. März 1848 beteiligt und deshalb namentlich in den Unterschichten besonders verhaßt waren, herangezogen, „vom Volke mit Pfeifen und Zischen empfangen". Soldaten stellten sich „an allen Ecken des Platzes" auf, besetzten „alle Ausgänge" und drängten „das Volk in einem Winkel zusammen". Nachdem das Militär so alle Fluchtmöglichkeiten versperrt und dreimal getrommelt hatte, folgte „wie der Donner auf den Blitz die Salve". Mehrere Personen wurden tödlich getroffen. „Die Mittheilung dieses Vorfalls verbreitete sich mit großer Schnelle durch die naheliegenden Stadttheile." Nach der Salve und dem Anrücken des Militärs „zerstob" das auf dem Dönhoffsplatz eingekesselte ‚Volk', vereinigte sich jedoch wenig später erneut mit offenbar größeren Menschenmassen, die von außen in die Stadtmitte strömten. „Um das Militär nachzulocken, wurden zwei Säcke mit Stroh vor die Spittelkirche geworfen und angezündet. Es flammte empor und das Militär suchte den Platz zu säubern." Die protestierende Menschenmenge „zog sich nach der Petrikirche zurück und baute mehrere Barrikaden." Als das Militär die erste Barrikade nehmen wollte, „wurde aus einem

---

50 Zitate: Undatierte Denkschrift des Innenministeriums (Ende Juli 1849), in: GStA, Rep. 77, Tit. 501, Nr. 3, Beih. 3, Bl. 98 Rs.-99 Rs. Die folgenden Zitate aus: VZ und NZ vom 29. April, NRhZ vom 1. und 2. Mai 1848. Vgl. außerdem vor allem Unruh, Erinnerungen, S. 130 f. Angeheizt wurde die Atmosphäre durch das, wie sich später herausstellte, falsche Gerücht, die in der ‚Conversations-Halle' versammelten Abgeordneten seien verhaftet worden. Die Berichterstattung über die Ereignisse unterschied sich im wesentlichen darin, daß die konservative und gemäßigte Presse den Auseinandersetzungen einen „politischen" Charakter abzusprechen suchte und dem Militär attestierte, „sich entschieden mit Mäßigung" benommen zu haben, während die liberalen und radikaldemokratischen Blätter das Vorgehen der Truppen in scharfen Worten geißelten.

Haus auf die Soldaten geschossen". Die Soldaten „erwiderte[n] mit einer vollen Salve." Weitere Truppen wurden herangeholt. „Das Volk zog sich überall zurück"; gegen 23 Uhr war schließlich „alles still".

Während der folgenden Tage erneuerten „sich ähnliche Szenen des Aufruhrs" rund um den Dönhoffsplatz. Wiederum wurden (so das Berliner Polizeipräsidium in einem Bericht an das Innenministerium) „in einigen Straßen Pflaster aufgerissen, es bildeten sich große Volkshaufen, deren Führer mit rothen Schärpen und Mützen bekleidet waren und unter Vortragung einer rothen Fahne, mit dem Rufe: ‚Es lebe die Republik' in mehreren Straßen umherzogen".

Auch wenn der Berichterstatter der Polizei vielleicht mehr rote Fahnen sah, als tatsächlich in diesen Tagen auf Berlins Straßen zu erblicken waren, so zeigen die internen Berichte wie die in den Zeitungen veröffentlichten Schilderungen doch, daß im Frühjahr 1849 sich offenbar durchgesetzt hatte, was als Tendenz seit Sommer 1848 sichtbar geworden war: Statt der schwarz-rot-goldenen Fahne wurde Rot zum bevorzugten Symbol, mit dem größere Teile der politisierten Unterschichten ihre Gesinnung zu demonstrieren suchten. Der Ruf ‚Republik' brachte zum Ausdruck, wie sehr die Monarchie sich in den Augen des einfachen ‚Volks' inzwischen diskreditiert hatte. Wenn sich der Konflikt an der Auflösung des Parlaments und damit mittelbar an der Ablehnung der Reichsverfassung durch den König entzündete, dann zeigt dies andererseits aber auch, daß sich ‚von unten' neue Bündniskonstellationen zu entwickeln begannen, wie sie im Kontext der ‚Reichsverfassungskampagne' auch in zahlreichen anderen deutschen Regionen entstanden. Indem Friedrich Wilhelm IV. den Grundrechtekatalog der Paulskirche, der ja ein Versuch war, die ‚Märzerrungenschaften' zu institutionalisieren, und ebenso die ihm angebotene Kaiserkrone mit schroffen Worten verwarf, verhalf er vermutlich unfreiwillig der demokratischen Variante der Einigungsbewegung zu neuer Attraktivität auch in den Unterschichten.[51] Zwar waren die „Excesse" offensichtlich durch ein unverhältnismäßiges Vorgehen der Soldaten und Konstabler provoziert. Die Reaktion der „Volksmassen" und der Barrikadenbau am 27., 28. und 29. April legen jedoch Zeugnis darüber ab, daß nicht nur die Gewaltbereitschaft (als ein Grundzug der ‚Kultur der Ar-

---

51 Dies kann freilich nur gemutmaßt werden. Aus der Tagespresse, die zudem nur in dem Rahmen berichten durfte, den die Zensur gestattete, erfährt man nur, daß, aber nicht was, auf der Straße gesprochen wurde. Berichte staatlicher Institutionen geben gleichfalls keinen Aufschluß über Stimmungen ‚im Volke', zumal sich die ‚einfachen Leute' mit offenen Äußerungen gegenüber fremden Personen aus Angst vor Repression in der Regel zurückhielten. In Memoiren und Autobiographien schließlich werden die Ereignisse vom 27. bis 29. April 1849 nur in Ausnahmefällen thematisiert. Aus den Aufzeichnungen Unruhs und Varnhagens, die als einzige die Ereignisse etwas ausführlicher ansprechen, ist über Motive und Ziele des beteiligten „hauptstädtischen Gesindels" (KrZ vom 29. April 1849) nichts zu erfahren.

mut'), sondern auch die Hoffnung auf eine zweite Revolution ‚unten' virulent blieb. Erst am 30. April ebbten die Auseinandersetzungen ab.[52]

Zwar lassen die Quellen keine präziseren Feststellungen zu, in welchem Umfang in den folgenden Wochen und Monaten die Reichsverfassungskampagne und die Aufstände in Sachsen, Baden und der Rheinpfalz auch in Berlin die Hoffnung auf erneute politische Umwälzungen sprießen ließen. Gelegentliche Bemerkungen von Zeitgenossen bringen immerhin zum Ausdruck, daß „trotz des Belagerungszustandes und der Konstabler sich Gruppen von Menschen" bildeten, die die „Ereigniss[e] besprachen". Offenbar identifizierte man sich „im Volke" mit den südwestdeutschen Revolutionären: Bei Erfolgen (so Varnhagen) „hörte ich Leute in lauten Jubel darüber ausbrechen". Niederlagen der Aufständischen machten „einen sichtbaren Eindruck auf das Volk" Berlins. Namentlich der Prinz von Preußen wurde „hier im Volk noch sehr gehaßt".[53] Mitte Mai 1849 wurde der ‚Kartätschenprinz', als er an der Spitze seiner ‚siegreichen' Truppen aus Dresden nach Berlin zurückkehrte, anscheinend sogar Objekt einer handgreiflichen Attacke „eines kühnen Mannes in einer Blouse".[54] Zumeist freilich wurde die Faust nur in der Tasche geballt.

Die Einführung des Drei-Klassen-Wahlrechts und die Zurücknahme weiterer Freiheiten

Dem Innenministerium dienten die Ereignisse vom 27. April als Begründung, den Belagerungszustand beizubehalten: „Wurde auch dem Militair kein erheblicher Widerstand entgegengesetzt und gehörten die Tumultanten fast durchgängig den untersten Volksklassen an, so gewährten diese Ereignisse doch von Neuem die Überzeugung, daß ohne ein kräftiges und sofortiges Einschreiten der vollziehenden Gewalt, wie der Belagerungszustand es gestattet, der Aufruhr

---

52 Vor allem an diesem Tag versetzte allerdings eine „große Anzahl junger Burschen" die Konstabler immer wieder durch eine neue Taktik in Unruhe: „[P]lötzlich hörte man verschiedene Notpfeifen der Schutzmänner schrillen." Eilten die Konstabler dorthin, „woher der Ton der Pfeife gekommen war, fanden [sie] keinen ihrer Kollegen vor." Sie waren Opfer eines Schabernacks geworden. Entweder befanden sich „die jungen Burschen im Besitze ähnlicher Pfeifen, wie sie die Schutzmänner haben, oder sie verstehen den Ton dieser Pfeife mit dem Munde nachzuahmen. Es entstand hieraus eine gegenseitige Jagd, ohne daß diese Vorfälle indeß nur irgendwie einen ernsteren Charakter angenommen hätten." (NZ vom 1. Mai 1848.)

53 Zitate: Eintragungen Varnhagens vom 4. Mai und 14. Juni 1849, in: ders., Tagebücher, Bd. 6, S. 153 bzw. 221. Die Bemerkungen beziehen sich auf den Dresdner Aufstand sowie die Nachricht, in Ingelheim (Baden) sei auf den Prinzen von Preußen geschossen worden.

54 Varnhagen am 17. Mai 1849, in: ebd., S. 173. Nach unterschiedlichen Versionen hatten einer oder mehrere Männer Steine auf den Prinzen geworfen.

einen viel bedenklicheren Charakter angenommen haben würde."[55] Außerdem kamen die blutigen Vorfälle dieses Tages gerade recht, um als Rechtfertigung für die Einführung eines (schon länger ins Auge gefaßten) Zensuswahlrechtes zu dienen, mit dem man die politisch mehrheitlich links stehenden Unterschichten von der Einflußnahme auf die Zusammensetzung der Abgeordneten der Zweiten Kammer weitgehend ausschließen konnte. Das neue Wahlgesetz vom 30. Mai 1849, vom Berliner Volksmund „Groschen-Gesetz" getauft[56], gliederte die Gesamtheit der Wahlberechtigten nach dem Steueraufkommen in drei Klassen auf, die jeweils ein Drittel der Abgeordneten für die Zweite Kammer zu bestimmen hatten. In Berlin gehörten lediglich 3,1% der insgesamt knapp 77 000 Urwähler der I. Klasse, 9,4% der II. Klasse an. Die Stimmen dieser 12,5% besaßen ein doppelt so großes Gewicht wie die der übrigen 87,5% wahlberechtigten Berliner, die der III. Klasse zugeordnet wurden.[57]

Die Wahlbeteiligung lag in Berlin bei durchschnittlich 45,8%; sie war wegen des größeren Gewichts der Stimmen in den oberen beiden Klassen mit 76% in der I. und 64% in der II. Klasse merklich höher als in der III. Klasse. Bemerkenswert ist dennoch, daß in der preußischen Hauptstadt insbesondere in der III. Klasse die Wahlbeteiligung mit 44% mehr als dreimal so hoch war wie in sämtlichen preußischen Städten mit einer Einwohnerzahl von mehr als 9000 Einwohnern.[58] Wenn in der Hauptstadt der vom demokratischen ‚Central-Comité zur Wahrung des verfassungsmäßigen allgemeinen Wahlrechts im Preußischen Staate' ausgerufene Wahlboykott[59] weniger befolgt wurde als im Landesdurchschnitt,

---

55 Undatierte Denkschrift des Innenministeriums (Anm. 50), Bl. 99 u. Rs.

56 Nach: Bernstein, Revolutions- und Reactionsgeschichte, S. 300.

57 Angaben nach: Paschen, Demokratische Vereine, S. 149; Christine Seckler, Wahlrechtliche Entwicklungen und die politische Ausgrenzung der Berliner Arbeiterschaft 1808-1871 [ms. Magisterarbeit], Berlin 1991, S. 126 (Tab. III. 1). Legt man die Zahlen von Bauer (Berlin-Chronik, S. 331) zugrunde, war die Verteilung auf die einzelnen Zensusklassen in der preußischen Hauptstadt noch ungerechter: Nach ihm gehörten 2,7% der I. und 9,6% der II. Klasse an. Wahlberechtigt waren 76 957 oder nicht einmal zwanzig Prozent aller Berliner Einwohner – deutlich weniger als Anfang Mai 1848. Die Verteilung der Wahlberechtigten auf die drei Zensusklassen war in der Hauptstadt, aufgrund der hier besonders scharfen Polarisierung in arm und reich, ungleichmäßiger als im gesamtpreußischen Durchschnitt: In ganz Preußen lag der Anteil der Wähler der I. Klasse bei 4,7%, der der II. Klasse bei 12,6% und der der III. Klasse bei 82,7% (jeweils in v. H. der Gesamtheit der Wahlberechtigten). Zur Genesis, zu den genauen Bestimmungen des Drei-Klassen-Wahlrechts sowie zu den politischen Fraktionen im neuen Abgeordnetenhaus ausführlich: Grünthal, Parlamentarismus, S. 66-125; Botzenhart, Parlamentarismus, S. 745-749.

58 Hier lag die Wahlbeteiligung der III. Klasse bei lediglich 14%; d.h., daß in den übrigen Städten in den einkommensschwachen Schichten der demokratische Aufruf zum Wahlboykott fast vollständig befolgt wurde. In ganz Preußen (inkl. flaches Land) lag die Wahlbeteiligung der III. Klasse bei 28,2%. Angaben nach: Paschen, Demokratische Vereine, S. 149. Bei allen Zahlen ist freilich zu berücksichtigen, daß (wie die VZ vom 19. Juli 1849 mit bemerkenswerter Offenheit feststellte) die Urwählerlisten zum Teil „außerordentlich falsch" gewesen seien.

59 Ausführlich zum Wahlboykott der Demokraten: Paschen, Demokratische Vereine, S. 147 ff.

dann lag dies in erster Linie daran, daß der gewerbliche Mittelstand in der Hauptstadt von den Folgen der drei ökonomischen Krisen (Agrarkrise 1846/47, gewerblich-konjunkturelle Krise seit Anfang 1848 und strukturelle Krise im Kontext der frühen Industrialisierung) stärker betroffen war als im Landesdurchschnitt. Überdurchschnittlich viele Berliner Handwerksmeister und Einzelhändler verarmten und ‚rutschten‘ in die dritte Wahlklasse.[60] Zumindest erhebliche Teile dieser zahlenmäßig starken Schicht konnte die Obrigkeit über die Einrichtung des ‚Handwerkerparlaments‘ und die Novellierung der Gewerbeordnung Anfang 1849 auf ihre Seite ziehen und zum Wählerpotential der Konservativen machen. Auch das Weitergelten des Belagerungszustandes mußte sich in der Wahlbeteiligung niederschlagen. Die liberal-demokratische ‚Volkspartei‘ war in ihrer Agitation für einen Wahlboykott in Berlin weit stärker behindert als in den anderen preußischen Städten. Schließlich erfolgte die Stimmabgabe im Gegensatz zu den beiden vorausgegangenen Wahlen nicht geheim. Viele Gesellen und Fabrikarbeiter werden sich angesichts der ‚Öffentlichkeit‘ der Wahl den ‚wohlwollenden‘ Ratschlägen ihrer Brotherrn, doch konservativ zu stimmen, kaum entzogen haben; sie konnten vor dem Hintergrund der in Berlin weiterhin hohen Erwerbslosigkeit froh sein, überhaupt Arbeit gefunden zu haben.[61]

Die Staatsregierung durfte mit der relativ starken Wahlbeteiligung und ebenso mit dem Ergebnis der Wahlen zufrieden sein. Sie brachten dem Konservativismus einen überwältigenden Wahlerfolg, auch und gerade in Berlin: Hier wurden bei den Urwahlen vier demokratische, sieben oder acht (wie die Vossische Zeitung formulierte:) „zweifelhafte“ und 1189 „liberal-konservative“ Wahlmänner gewählt.[62] Statt wie noch im Januar ausschließlich demokratische sandte Berlin im Juli 1849 nur konservative oder rechtsliberale Abgeordnete in die neue Zweite Kammer, unter ihnen den ehemaligen Ministerpräsidenten Camphausen sowie Otto v. Manteuffel, seit Dezember 1848 Innenminister und 1850 bis 1859 Ministerpräsident.

Es war das aus ihrer Sicht höchst positive Wahlergebnis, das – neben der Niederlage der demokratisch-republikanischen Bewegung in Sachsen und im Südwesten Deutschlands – der preußischen Staatsführung die Aufhebung des Belagerungszustandes erleichterte. Vorher war freilich dafür gesorgt worden, daß die Berliner nicht ‚übermütig‘ werden konnten. Der Einführung des Drei-Klas-

---

60 Vgl. *S. 81 ff.*; zu den politischen Einstellungen des Mittelstandes bes. *S. 394 ff.*; zur Mitte 1849 weiter andauernden wirtschaftlichen Depression im Handwerk *S. 816 ff.*

61 Im 258. und dem 259. Wahlbezirk, wo „hauptsächlich die Arbeiter der Wöhlert'schen Maschinenfabrik“ bzw. der königlichen Eisengießerei Moabit wohnten, lag die Wahlbeteiligung bezeichnenderweise weit über dem Berliner Durchschnitt; vgl. NZ vom 24. Juli 1848. Zum massiven Druck auf die Wähler vgl. außerdem *S. 828 f.*

62 Vgl. VZ vom 19. Juli 1849 sowie Bauer, Berlin-Chronik, S. 331. Den Ausdruck „liberal-konservativ“ prägte die NZ.

sen-Wahlrechts am 30. Mai hatte man am 29. und 30. Juni 1849 Verordnungen folgen lassen, durch die die systematische und kontinuierliche polizeiliche Kontrolle des preußischen Vereinswesen abgesichert, die Anmeldung aller Versammlungen bei der Polizeibehörde 24 Stunden vor Veranstaltungsbeginn und erneut die präventive Zensur eingeführt wurde. Am 28. Juli, also zeitgleich mit der Aufhebung des Belagerungszustandes, erschienen außerdem zwei Verordnungen Hinckeldeys. Nach der einen mußten sich alle Personen, die Berlin besuchten, an den Stadttoren bzw. auf den Eisenbahnhöfen ausweisen und, wenn sie länger als zwei Tage bleiben wollten, sog. Aufenthaltskarten, eine Art Visum, lösen.[63] Die zweite Verordnung verbot – ein deutliches Indiz, wen Staatsministerium und Polizeipräsident in erster Linie treffen wollten – das Tragen aller äußeren Verbindungs- oder Vereinigungszeichen von ausschließlich roter Farbe bzw. solcher Zeichen, in denen die rote Farbe vorherrschte.[64] Das dadurch geschaffene und durch weitere Gesetze im folgenden Jahr[65] ergänzte Gitterwerk an Restriktionen, dem der forcierte Ausbau des Berliner und preußischen Polizeiapparates unter Hinckeldey parallel lief[66], erlaubte am 27. Juli 1849 dann endlich die Aufhebung des Belagerungszustandes für Berlin – eine Maßnahme, die kein Einschnitt war, da mit den Junigesetzen (wie das Innenministerium befriedigt feststellte) „dem Unwesen der Presse und des Vereins- und Versammlungswesens vorgebeugt wurde".[67] Selbst die mittelalterliche Strafe des Prangerstehens, 1848/49 stillschweigend außer Kraft gesetzt, wurde Ende April 1850 wieder eingeführt. Seit 1849/50 durfte man nur noch wortlos ‚Dampf ablassen': Das Rauchen auf öffentlichen Plätzen blieb weiterhin erlaubt.

---

63 Gewährt wurden diese „Paßkarten" nicht jedem ‚Fremden'. Sie wurden, wie der Stadtverordnete Kochhann (Mitteilungen, IV, S. 15 f.) berichtete, „nur an bekannte, zuverlässig königlich gesinnte Leute verabfolgt". Heimkehrende Berliner wiederum „mußten sich [die] Prüfung ihrer Legitimationskarten durch ungebildete Schutzleute oder Gensdarmen gefallen lassen."

64 Vgl. Streckfuß/Fernbach, 500 Jahre, S. 722; allgemein ferner Funk, Polizei, S. 74-79. Wie sehr revolutionäre Symbole die Obrigkeit schreckten, machte Hinckeldey noch einmal deutlich, als er knapp vier Jahre später das Tragen von Calabreser- oder Hecker-Hüten verbieten ließ; vgl. Bericht Hinckeldeys an das Innenministerium vom 23. März 1853, in: BLHA, Rep. 94, Nr. 9795, Bl. 45 Rs.

65 Neben der neuen Gemeindeordnung vom 11. März 1850 (vgl. S. 813 f.) ist hier vor allem das Vereinsgesetz vom gleichen Tage wichtig, das Vereinen die gegenseitige Verbindung durch Komitees oder sonstige Zentralorgane sowie den Schriftwechsel zwecks Bildung überlokaler Verbände untersagte. Alle neugegründeten Vereine hatten Vereinsstatut, Mitgliederliste etc. binnen drei Tagen bei der zuständigen Polizeibehörde einzureichen. Aufgenommen wurden in dieses Gesetz, das bis 1908 in Kraft blieb, außerdem die vereins- und versammlungsrechtlichen Bestimmungen der Verordnung vom 29. Juni 1849.

66 Die Zahl der Berliner Konstabler wurde von 1328 im Herbst 1848 trotz Belagerungszustand auf 1544, darunter 104 Wachtmeister und 40 berittene Konstabler, im folgenden Jahr heraufgesetzt; vgl. Schmidt, 50 Jahre Schutzmannschaft, S. 30-41.

67 Undatierte Denkschrift des Innenministeriums (Anm.50), Bl. 99 Rs. f.; vgl. auch Richter, Revolution, S. 642 f.

Innenpolitisch geschmeidig zeigte sich die preußische Krone vor allem, indem sie die Ende 1848 erlassene Verfassung in der Folgezeit formaliter nicht außer Kraft setzte, während die schroff-reaktionäre K.u.K.-Monarchie die erst am 4. März 1849 oktroyierte Verfassung bereits 1851 wieder annullierte. Selbst die Mitglieder der hochkonservativen preußischen Kamarilla wollten den innerlich freilich ausgehöhlten Konstitutionalismus nicht vollständig abschaffen, sondern, wie Leopold v. Gerlach Mitte 1852 formuliert hat, „durch Unterbauen verdünnen, begründen und antirevolutionär machen".[68] Tatsächlich wurde der Rechtsstaat, wenn man will: der ‚Normenstaat‘, durch den von Manteuffel und Hinckeldey parallel aufgebauten, verfassungsrechtlich nicht abgesicherten ‚Maßnahmenstaat‘ Anfang der fünfziger Jahre zunehmend ausgehöhlt. Verfassungstheorie und -praxis klafften immer mehr auseinander. Die in der Verfassung vom 5. Dezember 1848 aufgeführten und nach der Revision vom 31. Januar 1850 schon erheblich ausgedünnten Grundrechte[69] waren in der Praxis das Papier nicht wert, auf dem sie standen. Das Briefgeheimnis beispielsweise war so wenig gehütet, „daß selbst der Vertreter Preußens am Bundestag manche seiner Briefe der Post nicht anzuvertrauen wagte."[70] Vor allem die unter Hinckeldey in der ersten Hälfte der fünfziger Jahre ausgebaute politische Polizei machte, mit den oben erwähnten restriktiven Verordnungen im Rücken, das Grundrecht der Versammlungs-, Vereins-, Meinungs- und Pressefreiheit zu Makulatur.[71] Ihm waren auch der Bruch des Briefgeheimnisses und das Verbot der 1849/50 als ‚Volkspartei‘ wieder erstarkten, gemäßigt-demokratischen Bewegung sowie der organisierten Arbeiterbewegung, einschließlich eines so traditionsreichen Bildungsvereins wie des großen Handwerkervereins, im Jahre 1850 ebenso zu danken wie die systematische Einschränkung der Meinungs- und Pressefreiheit. „Jetzt bei Preßfreiheit sind wir viel schlimmer dran als früher unter der Censur", charakterisierte ein preußischer Buchhändler im Frühjahr 1850 die Lage.[72] Gleichzeitig wurde, parallel zur Brechung ständischer Vorrechte, die zuvor einer

---

68 Gerlach, Denkwürdigkeiten, I, S. 628.

69 Für eine Reihe grundlegender Verfassungsbestimmungen waren nunmehr Ausnahmefälle vorgesehen, die durch Gesetz geregelt werden sollten; das Christentum wurde erneut Staatsreligion (Art. 14) u. a. m.; vgl. Frahm, Entstehungs- und Entwicklungsgeschichte, S. 297 ff. Zu den Beratungen der beiden Kammern über die Januar-Verfassung vgl. ausführlich Botzenhart, Parlamentarismus, S. 750-767; Grünthal, Parlamentarismus, S. 126 ff.

70 Alfred Stern, Geschichte Europas seit den Verträgen von 1815 bis zum Frankfurter Frieden 1871, Bd. VII, Stuttgart/Berlin 1916, S. 489. Grundlage für die Überwachung des Briefverkehrs war die oben erwähnte Verordnung vom 30. Juni 1849 bzw. das Pressegesetz vom 12. Mai 1851.

71 Vgl. Wolfram Siemann, „Deutschlands Ruhe, Sicherheit und Ordnung". Die Anfänge der politischen Polizei 1806-1866, Tübingen 1985, S. 344-399.

72 Nach: Siemann, Gesellschaft im Aufbruch, S. 65 f.; ausführlich zu den presserechtlichen Restriktionen: ebd., S. 65-77. Zur ‚Volkspartei‘, der Arbeiterverbrüderung und dem Handwerkerverein 1849/50 vgl. S. 833-836 und S. 844-848.

lückenlosen Überwachung zum Teil hinderlich im Wege gestanden hatten, die Repression ‚modernisiert' und bürokratisch effektiviert.

Nicht nur im engeren Polizeibereich wurden die Zügel straffer gezogen. Auch die Klage Hinckeldeys Anfang 1849 über eine zu große Unabhängigkeit der Gerichte, namentlich „die vielfachen Zurückweisungen von Anklagen und die häufigen Freisprechungen in Preßsachen"[73], verhallte nicht ungehört. Die „Rückwärtsrevision erstrittener Freiheiten" (D. Blasius) setzte auf drei miteinander verwobenen Ebenen an: (1.) bei der Disziplinierung demokratischer oder sonstwie unbotmäßiger Staatsanwälte, Richter etc. und ihrer Ersetzung durch willfährige Juristen sowie (2.) bei einer stärkeren Anbindung der Gerichte und Staatsanwaltschaften an politische Vorgaben. Hinzu kam (3.) die politische und ökonomische Repression im Vorfeld, die Gerichtsverfahren häufig überflüssig machte.

Hochrangige Staatsanwälte bzw. Richter mußten für demokratisches Engagement und richterliche Unabhängigkeit mit zumindest zeitweiliger Suspension, in Einzelfällen sogar mit dauerhaftem Berufsverbot, büßen. Junge Juristen, die im Revolutionsjahr als Demokraten hervorgetreten waren, konnten die gerade begonnene Karriere nicht fortsetzen.[74] Zu den politisch bedingten personellen Umschichtungen unter Richtern, Staatsanwälten und Advokaten, die in ihrem quantitativen Umfang nicht abzuschätzen sind, kam der Einschüchterungseffekt auf die Zurückgebliebenen und der sich nach dem Ende der Revolution 1848 verstärkende politische Druck. Während des Revolutionsjahres hatten Freisprüche in Preßprozessen, Verfahren wegen Majestätsbeleidigung u.ä.m. den Unmut der Obrigkeit erregt. Allerdings blieben ihr für politische Interventionen zunächst die Hände gefesselt. Das änderte sich nach dem Staatsstreich vom November 1848. Am 8. Dezember 1848 wies der neue preußische Justizminister v. Rintelen die Präsidenten der Oberlandesgerichte „mit besonders tiefem Bedauern" darauf hin, daß „einzelne Beamte der Justiz, uneingedenk ihrer besonderen Berufspflichten, theils sich haben hinreißen lassen, offenbar gesetzwidrige Handlungen zu begehen, theils nicht den Muth und die Unerschrockenheit gezeigt" hätten, die notwendig seien, „dem Terrorismus mit Erfolg entgegenzutreten". Rintelen beließ es nicht bei unverbindlichen Worten, sondern mahnte die Gerichtspräsidenten nachdrücklich, darauf hinzuwirken, daß die ihnen unterstellten „ehrenwerthen Preußischen Justiz-Beamten, bei aller beifallswürdigen Begeisterung für die wahre, sittliche und rechtliche Freiheit, das Ansehen der [Vormärz-]Gesetze

---

73 Bericht Hinckeldeys vom 26. Febr. 1849 (Anm. 19), Bl. 54.
74 Vgl. exemplarisch Kirchmann, J. D. H. Temme, B. Waldeck, R. Schramm oder G. Jung (KBA), außerdem z.B. die 1857 in der Zeitschrift ‚Jahrhundert' veröffentlichten Schicksale verfolgter Parlamentarier der Jahre 1848/49, nach: Hans Jessen (Hg.), Die deutsche Revolution 1848/49 in Augenzeugenberichten, Düsseldorf 1968, S. 369-396.

und die Ordnung über alles stellen".[75] Der sanfte oder auch härtere politische Druck zeigte Folgen: Während im Vormärz Gerichte ausdrücklich erklärten, „die Gesinnung, der Gedanke, ja selbst der Entschluß [zum Hochverrat] fallen nicht unter das Strafgesetz"[76], also einen behutsamen Umgang mit Recht und Gesetz an den Tag legten, und sich ihre Unabhängigkeit auch im Revolutionsjahr (trotz der drakonischen Strafen gegen G.A. Schlöffel, K. Siegerist und manchen anderen Demokraten) erhielten, fielen diese Hemmungen nach der Revolution 1848. Nicht nur die Zahl der Verfahren wegen Hochverrats und Preßvergehen schnellten infolgedessen in die Höhe;[77] auch Bagatelldelikte wurden scharf verfolgt. Varnhagen notierte am 27. Juni 1849: „Die Prozesse wegen Majestätsbeleidigung mehren sich in ärgerlicher Weise; jeder Handwerker, Knecht oder Bursche, der im Trunk oder Übermuth ein Schimpfwort ausstößt und angezeigt wird, bekommt ein- oder mehrjährige Strafarbeit." Bemerkenswert ist die soziale Selektivität, mit der die Gerichte urteilten. Während „bis jetzt nur Leute aus den untersten Klassen und ausnahmsweise ein paar Bürger vor Gericht gezogen" worden seien, würden „die Vornehmen" ausgespart, obgleich dort noch ganz „andre Dinge gegen den König" zu hören gewesen seien und mitunter „gradezu seine Absetzung verlangt" würde.[78] Was Varnhagen, dem viele dieser „Dinge" selbst zu Ohren gekommen sein dürften, nur andeutet: Die Stoßrichtung der Kritik der „Vornehmen" war eine andere als die ‚unten' geäußerten Schimpfreden; die „Vornehmen" und ebenso die meisten Bürger verwarfen nicht die Monarchie, sondern kritisierten nur die Person des ‚schwächlichen' Königs. Zudem vermieden sie die drastischen Worte der Unterschichten und befleißigten sich auch bei Majestätsbeleidigungen gepflegter Ausdrucksweise.

---

75 Dieser Mahnung fügte er den markigen Satz an: „Mit diesen Grundsätzen und mit Verachtung aller persönlichen Gefahren wollen wir voranschreiten, in der Zuversicht des Sieges über das Verbrechen und die Anarchie." (In: GStA, Rep. 84a, Nr. 8209, Bl. 127-129 bzw. 131-132.) Vgl. auch Hodenberg, Partei der Unparteiischen, S. 298 f.; Blasius, Geschichte der politischen Kriminalität, S. 44 f.

76 So ein Gutachten des Oberlandesgerichts Halberstadt aus dem Jahre 1836, nach: ebd., S. 36. Zum „Antiabsolutismus" der preußischen Richterschaft im Vormärz vgl. Hodenberg, Partei der Unparteiischen, bes. S. 169 ff.

77 Nach einem Hochverratsverfahren 1847 und immerhin zwanzig derartigen Anklagen im Revolutionsjahr erhöhte sich die Zahl der wegen Hochverrats eingeleiteten Prozesse 1849 auf 57, um 1850 mit 39 Verfahren nur allmählich wieder abzusinken. Ähnlich rasant stieg die Zahl der Prozesse wegen Preßvergehen; sie erhöhte sich von 62 im Jahre 1847 über 265 im Revolutionsjahr auf 552 im ersten Jahr der Ära Hinckeldey. (Nach: Blasius, Geschichte der politischen Kriminalität, S. 39, 41, 49 f.) Die Zahlen gelten für ganz Preußen, den Löwenanteil dürfte Berlin gestellt haben. Zu den prominenteren Fällen vgl. die ausführlicheren Berichte etc. in: ‚Publicist' vom 27. Dez. 1848 und 12. März 1849; VZ vom 16. Dez. 1848 und 9., 29. März und 3. April 1849, sowie NZ vom 31. März 1849; ferner Bernstein, Geschichte, S. 80; Wernicke, Geschichte, S. 217-238. Zu den politischen Prozessen während des Revolutionsjahres vgl. bes. Kapitel III.6.

78 Varnhagen, Tagebücher, Bd. 6, S. 241 f. Bekanntgewordene Einzelfälle stützen die generalisierende Aussage von Varnhagen; vgl. NZ vom 3. März; ‚Publicist' vom 29. März 1849.

Trotz der dramatischen Zunahme der politischen Verfahren bildeten die Jahre 1849/50 noch eine Art Übergangsstadium. Keineswegs jeder Prozeß endete mit einer Verurteilung. Insbesondere der Prozeß gegen die parlamentarischen Steuerverweigerer vom 15. November 1848, der im Februar 1850 stattfand und mit Freisprüchen endete, zeigt, daß sich manche Richter 1849/50 noch eine gewisse Unabhängigkeit zu bewahren wußten.[79] Die hier noch sichtbare richterliche Unabhängigkeit gegenüber ‚Wünschen‘ der Obrigkeit wurde seit 1850 jedoch zunehmend eingeengt.[80] Blasius hat darauf hingewiesen, daß die Kriminalisierung politisch oppositioneller Haltungen, wie sie für die Bismarckzeit – und darüber hinaus – typisch werden sollte, die *nachrevolutionäre* „Auszehrung jenes Fundus an juristischer Unabhängigkeit spiegelte, auf dem die preußische Vormärzjustiz trotz allem ruhte." Tatbestände wie Preßvergehen, Landes- und Hochverrat seien seit der Jahrhundertwende in wachsendem Maße juristisch-politischer Manipulation ausgesetzt gewesen.[81] Kurzum: Der Rechtsstaat war, trotz unbestreitbarer institutioneller Verbesserungen auf der anderen Seite[82], einer der Verlierer von 1848.

Darüber hinaus wurde bereits im Vorfeld gerichtlicher Prozesse, und übrigens schon Monate vor der Auflösung der Zweiten Kammer Ende April 1849 und der Einführung des Drei-Klassen-Wahlrechts, offenbar ziemlich systematisch eine Art Radikalenerlaß praktiziert. Massivem Druck waren vor allem demokratische

---

79 Von den insgesamt vierzig Angeklagten wurden 36 freigesprochen und vier zu mehrmonatigen Haftstrafen verurteilt; vgl. VZ vom 5. und 23. Febr. 1850. Im Unterschied zu den meisten anderen politischen Prozessen erregte das Verfahren gegen die prominenten Steuerverweigerer allerdings erhebliches Aufsehen in der Öffentlichkeit.

80 Die sog. Ladendorffsche Verschwörung beispielsweise führte 1853/54 zu langjährigen Haftstrafen für eine Reihe Berliner Demokraten, unter ihnen auch mehrere führende „Achtundvierziger" (wie A. Neo, A. Collmann, J. Berends, A. Streckfuß und J. Waldeck; vgl. KBA), obgleich die Anklage auf sehr dünnen Indizien basierte und zu Unrecht zum Versuch eines gewaltsamen, „hochverräterischen" Staatsumsturzes aufgebauscht wurde. Zum Prozeß vgl. GStA, Rep. 2. 2. 1, Nr. 15 058, Bl. 138-227 Rs.; ferner Bernstein, Geschichte, S. 76-79; Revolutionäre Berliner Arbeiterbewegung, Bd. 1, S. 97.

81 Blasius, Geschichte der politischen Kriminalität, S. 35.

82 Durch Verordnung vom 2. Jan. 1849 wurden Privatgerichtsbarkeit und „eximirte Gerichtsstände" (weitgehend) aufgehoben und ein für alle Bürger einheitlicher Gerichtsstand mit einem für alle gültigen Instanzenzug geschaffen. Mit der Verfassung vom 5. Dez. 1848 wurde die im Revolutionsjahr geübte Praxis, die Öffentlichkeit bei Gerichtsverhandlungen in Zivil- wie Strafsachen zuzulassen, auch gesetzlich festgeschrieben. Außerdem wurden für alle mit schweren Strafen bedrohten Verbrechen, für sämtliche politischen ‚Verbrechen‘ und für Preßvergehen Geschworenengerichte eingeführt. Theoretisch konnten ferner alle „öffentlichen Civil- und Militair-Beamten wegen der durch Ueberschreitung ihrer Amts-Befugnisse verübten Rechts-Verletzung gerichtlich" belangt werden (Art. 92, 93 und 95). In der Praxis standen letzterem freilich erhebliche Hindernisse entgegen.

Ärzte[83] und Lehrer ausgesetzt. Nach Artikel 19 der Verfassung vom 5. Dezember 1848 mußten die Lehrer den Staatsbehörden gegenüber ihre „sittliche, wissenschaftliche und technische Befähigung" nachweisen, wenn sie Unterricht erteilen wollten. Scharfe Disziplinarordnungen seit Juli 1849 erlaubten eine rigorose Reglementierung unbotmäßiger Beamter. Etwa fünfhundert der ungefähr 30 000 preußischen Lehrer wurden disziplinarisch belangt, die meisten vermutlich entlassen; ein großer Prozentsatz von ihnen (genaue Angaben liegen nicht vor) war in der Hauptstadt ansässig, die 1848 eine der wichtigsten preußischen Bastionen der Lehrerreformbewegung gewesen war. Die Furcht vor demselben Schicksal trieb die meisten anderen Aktiven in die politische Abstinenz. Vom großen Reformengagement des Frühjahrs und Frühsommers 1848 war spätestens Anfang 1849 nichts mehr zu spüren.[84] Auch die Universitätsangehörigen wurden von Restriktionen nicht verschont. Nicht nur der für sein Engagement in der Berliner demokratischen Bewegung in einer Reihe von Fällen besonders hart bestrafte Hochschullehrernachwuchs, auch Studenten mußten mit „ernstlichen Verweisen" oder Relegationen rechnen, sofern sie sich 1848 demokratisch exponiert hatten.[85]

Das Ministerium Brandenburg und „Papa Wrangel" gaben den Ton an, die Selbstverwaltungsorgane der preußischen Hauptstadt stimmten ein. Ihrer „würdelosen Unterwürfigkeit" der Obrigkeit gegenüber[86] setzten die städtischen Be-

---

83 Vgl. Brief Virchows an seinen Vater vom 8. März 1849, in dem er berichtet, daß das Kriegsministerium „zwei Charité-Chirurgen entfernt [habe], weil sie bei den [Januar-]Wahlen im Sinne der Opposition gewirkt haben", und ihm selbst „Suspension" drohe. (In: Briefe, S. 166 f.)

84 Bereits mit Runderlaß vom 30. Dez. 1848 hatte der Innenminister die Lehrer offenkundig erfolgreich verpflichten können, im anstehenden Wahlkampf die konservativen Kandidaten zu unterstützen und überhaupt unter ihren Schützlingen ‚Aufklärungsarbeit' im Sinne der Krone zu leisten; vgl. Pretzel, Geschichte, S. 37 f.; Meyer, Schule, S. 33 f.; Baumgart, Reform und Reaktion, bes. S. 189 f.; ders., Lehrer, S. 185; Folkerts, Schule der Untertanen, S. 32 ff.; Kuhlemann, Modernisierung, S. 324.

85 Zu den Disziplinarmaßnahmen gegen den Berliner Hochschullehrernachwuchs vgl. S. 363. Zur Relegation der Studenten, die sich im Nov. 1848 mit der PrNV gegen die Krone solidarisiert hatten, vgl. S. 748, Anm. 22. Danach scheint es nur noch in Ausnahmefällen zur Disziplinierung von Studenten aus politischen Gründen gekommen zu sein; vgl. AHU, Universitätsrat, Nr. 14 bzw. Nr. 18. Wie staatskonform die Universität zu Beginn der fünfziger Jahre schließlich geworden war, ist u.a. daran abzulesen, daß selbst der Versuch von jungen Historikern, einen rein fachwissenschaftlichen Verein zu gründen, nicht gestattet wurde; vgl. Lenz, Universität, Bd. 2. 2, S. 278; Thielbeer, Universität, S. 95. Mit Disziplinierung und Entlassung wurden ferner auch Pfarrer in die Schranken gewiesen, wenn sie sich im Konflikt zwischen Krone und PrNV auf die Seite der letzteren gestellt oder gar offene Sympathie für die demokratische Bewegung geäußert hatten. In Berlin selbst waren solche Disziplinierungen allerdings nicht ‚nötig'; vgl. (inkl. der Darstellung von Amtsenthebungen mehrerer freisinniger Geistlicher aus dem Berliner Umland) Hachtmann, „Gerechtes Gericht Gottes", S. 249, Anm. 159.

86 So der liberale Stadtverordnete Kochhann (Mitteilungen, IV, S. 17), der 1850 mit Gneist u.a. aus Protest gegen den devoten Kurs der Mehrheit aus dem städtischen Parlament ausschied. Beispiele „würdeloser Unterwürfigkeit" waren eine Adresse des Magistrats und der Stadtverordne-

hörden dann die Krone auf, als sie am 25. Oktober 1849 den Grafen Brandenburg, am 5. Februar 1850 Manteuffel und am 28. September 1850 schließlich
Wrangel zu Ehrenbürgern Berlins machten. Dem devoten Verhalten des Magistrats gegenüber der Krone entsprach die rigorose ‚Selbstreinigung' des Kommunalparlaments, die die Mehrheit der städtischen Abgeordneten Mitte 1850 gegenüber der liberalen Minderheit praktizierte: Sie schloß insgesamt 28 Stadtverordnete aus, nachdem diese aus Protest gegen die konservative Politik der
Mehrheit zweimal den Sitzungssaal verlassen hatten.[87] Am 5. November 1850
wurde der am 22. März 1848 abgesetzte und am 5. Juli 1848 auch formell zu-
rückgetretene Oberbürgermeister Krausnick erneut zum Stadtoberhaupt gewählt
– gerade so, als wolle man die Revolution ungeschehen machen.

Freiwillige Unterwerfung reichte indessen nicht. Zusätzlich wollten Monarch
und Ministerium institutionelle Sicherungen: Am 11. März 1850 erlangte eine
neue Gemeindeordnung für ganz Preußen Gültigkeit. Die wichtigste Änderung
war, daß für die in Gemeinderat umbenannte Stadtverordnetenversammlung ein
‚zeitgemäßes' Wahlrecht eingeführt wurde. Statt des Besitzes des Bürgerrechts
wurden die Entrichtung eines Mindeststeuersatzes bzw. der Nachweis eines
gewissen Jahreseinkommens und ein mindestens einjähriger Aufenthalt in der
Stadt zur Voraussetzung für das aktive und passive Wahlrecht. Zusätzlich galt
ähnlich wie auf Landesebene ein Drei-Klassen-Wahlrecht nach dem Zensusprinzip. Dadurch waren nur knapp 17% aller erwachsenen, männlichen Berliner
wahlberechtigt, ein Prozentsatz, der noch etwas unter dem bis dahin gültigen lag.
Die Verteilung dieser 17% wahlberechtigten Berliner auf die drei Zensus-Klassen
diskriminierte die ärmere männliche Bevölkerung in ähnlicher Weise wie auf
Landesebene.[88] Die Folge war, daß die im September 1850 gewählte neue Stadtverordnetenversammlung noch konservativer war als die alte. Diese Ge-

---

tenversammlung einige Tage nach der Aufhebung des Belagerungszustandes, in der diese
Wrangel, der inzwischen zum Militärgouverneur der Stadt Berlin ernannt worden war, ihren
„innigen und aufrichtigen Dank" für die „Milde und Schonung" aussprachen, die er der Berliner
Bevölkerung während des Belagerungszustandes hatte zukommen lassen, sowie eine Adresse
des Magistrats vom 17. Mai 1849, drei Tage, nachdem der König die preußischen Vertreter aus
der Paulskirche zurückberufen hatte, in der die lokale Obrigkeit die Politik der DtNV scharf verurteilte. Der König äußerte gnädig Worte des Wohlwollens, als am 9. Aug. eine städtische Deputation unter der Führung Naunyns Abbitte für ihre frühere schwankende Haltung getan und
ihre volle Übereinstimmung mit der Politik der Krone erklärt hatte. Hierzu und zum folgenden
vgl. ebd., S. 19 ff.; Clauswitz, Städteordnung, S. 228 f.; Streckfuß/Fernbach, 500 Jahre, S. 722.

87 Mit ihrem Auszug hatte sich die Minderheit der Verleihung der Ehrenbürgerwürde an O. v.
Manteuffel sowie der willkürlichen Einsetzung konservativer Beisitzer der Wahlkollegien durch
den Stadtverordnetenvorsteher, die dieser „wahrscheinlich in Fühlung mit dem Polizeipräsidenten dekretiert" habe, widersetzen wollen; vgl. Kochhann, Erinnerungen, IV, S. 19 f.; Streck-
fuß/Fernbach, 500 Jahre, S. 725; Clauswitz, Städteordnung, S. 242.

88 7,7% der 20 900 Wahlberechtigten gehörten der I., 25,8% der II. Klasse an. Angaben nach:
Bauer, Berlin-Chronik, S. 334; Boeckh, Bevölkerungsaufnahme, I, S. 27. Hierzu und zum folgenden: Clauswitz, Städteordnung, S. 240-248.

meindeordnung blieb nur gut drei Jahre in Kraft. Die mit Gesetz vom 30. Mai 1853 eingeführte Städteordnung schnitt die Selbstverwaltungskompetenzen der kommunalen Organe noch weiter zurück.[89] Die Städteordnung des Jahres 1808 habe, so hat der Chronist ihrer Geschichte, der Stadtarchivar und -historiker Paul Clauswitz festgestellt, den Gemeinden in der Zeit der (ersten) Restauration und des Vormärz „weit mehr Freiheit in der Selbstverwaltung" gelassen als die Gemeindeordnungen der Jahre 1850 und 1853. Diese Feststellung läßt sich verallgemeinern: Mit der massiven „Rückwärtsrevision" der im März 1848 erstrittenen Freiheiten fielen ‚Nachmärz' und ‚Ära der Reaktion' in vielen gesellschaftlichen Bereichen noch weit hinter die Zustände des Vormärz zurück.

---

89 Und zwar vor allem in dreierlei Hinsicht: Erstens wurde die bislang ungeklärte Stellung des Magistrats gegenüber der Stadtverordnetenversammlung, 1848 und die Jahre vorher eine Quelle häufiger Konflikte, nun eindeutig zugunsten der städtischen Exekutive gestärkt. Zweitens wurden die Möglichkeiten des Staates, unmittelbar in die städtischen Angelegenheiten einzugreifen, erheblich erweitert: Die Wahl der Magistratsmitglieder durch die städtischen Abgeordneten wurde rechtswirksam erst nach der Bestätigung durch das Staatsministerium. Sofern die Stadtverordneten „ihre Pflichten vernachlässigten", konnte die Regierung das Stadtparlament auflösen und Neuwahlen ansetzen. Die Genehmigung des städtischen Haushalts und Beschlußfassungen über Steuern durch das Kommunalparlament schließlich waren nur gültig, wenn dem auch das Staatsministerium zugestimmt hatte. Die alte Städteordnung von 1808 dagegen hatte „die Einmischung der Regierung so gut wie ausgeschlossen" (Clauswitz). Vermutlich angesichts zahlreicher kritischer allgemein-politischer Stellungnahmen der Stadtverordneten 1848/49 und in den Jahren vorher wurde drittens festgelegt, daß das Stadtparlament über andere als unmittelbare Kommunalangelegenheiten nicht einmal mehr beraten, geschweige denn Beschlüsse fassen durfte.

Kapitel X.2

Soziale Lagen, politische Mentalitäten und Organisationsverhalten der wichtigsten Bevölkerungsgruppen 1849/50

Der erhoffte Aufschwung läßt auf sich warten: Die wirtschaftliche Entwicklung im Jahr nach der Revolution

Das Ende der Revolution in Berlin im November 1848 markierte nicht den Beginn eines wirtschaftlichen Aufschwungs – wie die Konservativen versprochen und viele selbständige Gewerbetreibende gehofft hatten. Noch in ihrem ‚Bericht über den Handel und die Industrie von Berlin' für 1850/51 klagten die Ältesten der Korporation der Kaufmannschaft, daß „bei dem Umsatz der meisten Artikel […] die Höhe vor dem Jahre 1848 noch nicht wieder erreicht" sei.[1] Nicht nur die Unterschichten, auch die gehobenen Bevölkerungsschichten hatten mitunter beträchtliche Einkommenseinbußen zu verzeichnen[2] – und dürften deshalb 1849 zögerlicher als in den Jahren des Vormärz dem Luxus- und sonstigem Konsum gefrönt haben. Die weiterhin große Zahl an unvermieteten, überwiegend teuren Wohnungen und der deutliche Rückgang des männlichen wie vor allem des weiblichen Dienstpersonals[3] bringen darüber hinaus zum Ausdruck, daß die aristokratischen und bürgerlichen Familien, die im Revolutionsjahr die preußische Hauptstadt verlassen hatten, nur ganz allmählich zurückkehrten. Wie labil die Lage blieb, zeigten die Unruhen Ende April 1849 im Gefolge der Auflösung der Zweiten Kammer des preußischen Parlaments – und der erneute Massenexodus verängstigter Aristokraten und gutbetuchter Bürger.[4] Nachteilig

---

1 Bericht der KKB für 1850/51, S. 63, in: LAB StA, Rep. 16, Nr. 10 632.
2 Das läßt sich aus mehreren, freilich groben Indizien schließen: Trotz steigender Bevölkerungs- und Gebäudezahl hatten die an die Stadt Berlin entrichteten Haus- und Grundsteuern 1849 noch nicht wieder die Höhe von 1847 erreicht; vgl. Tab. 10. Außerdem blieb 1849 und 1850 die Zahl der Pfandgeschäfte hoch; vgl. Bergmann, Wirtschaftskrise, S. 44.
3 Vgl. Tab. 1. Absolut ging die Zahl der männlichen Dienstboten von 4782 auf 4474, die der Dienstmädchen von 19 093 auf 17 772 zurück. (Nach: Jb. preuß. Statistik, 1867, S. 235 bzw. 253.) Vgl. auch *S. 416.*
4 Zur Flucht von „mehr als hundert wohlhabenderen Familien" im Laufe des 27. April vgl. VZ vom 29. April 1849. In den folgenden Monaten schreckte dann vor allem die Cholera-Epedemie vor einer Heimkehr in die ungeliebte Vaterstadt ab; vgl. etwa Jahresbericht der Ersten höheren Töchterschule für die Zeit vom Okt. 1848 bis Okt. 1849, in: GStA, Rep. 76 VI, Sekt. 14, ee, Nr.

wirkte sich auf Gewerbe und Handel überdies aus, daß Friedrich Wilhelm IV. und mit ihm der größte Teil seines Hofstaates das unruhige Berlin auch nach 1848 mieden und Potsdam für längere Zeit nicht mehr verließen.[5] Mit besonderer Schärfe traf die weiter andauernde Krise die *Handwerks*meister. Die Zunahme des Prozentsatzes der Meister, die von der Gewerbesteuer befreit waren, von 77,3% im Revolutionsjahr auf 83,1% im folgenden Jahr ist ein untrügliches Indiz für die weitere Verarmung der Kleingewerbetreibenden. Die Maßnahmen, die der Staat 1849 in die Wege leitete, um dem gewerblichen Mittelstand wirtschaftlich aufzuhelfen und ihn politisch an sich zu binden, griffen nur allmählich.[6] Viele Altmeister führten „bitterliche Klagen über die Schwierigkeit, die kleinsten Beiträge zu den Kranken- und Sterbeversicherungen etc. beizutreiben".[7] Ähnlich schwierig war die Lage des Kleinhandels und des Gastgewerbes.[8] Handwerker und andere kleinere Selbständige stellten nicht zufällig das größte Kontingent an Auswanderern.

Auch die Berliner *Industrie* erholte sich nur allmählich. Zwar konnte mit Borsig Berlins größtes Maschinenbauunternehmen seit Ende 1848 seinen während des Revolutionsjahres nur kurzzeitig unterbrochenen Expansionskurs mit erneuerter Dynamik fortsetzen. Ansonsten jedoch hatten „die hiesigen Fabriken die Schäden des vorigen Jahres noch nicht überwunden", notierte der Berliner Polizeipräsident am 26. Februar 1849.[9] Die Trier'sche Zeitung berichtete am gleichen Tage von einem weitgehenden „Geschäftsstillstand" und Massenentlassungen

---

11, Bd. 1, bes. Bl. 98 (S. 35). 1849 forderte die Cholera in Berlin 3553 Tote, mehr als doppelt soviel wie 1848; vgl. Dettke, Hydra, bes. S. 213.

5 Die KKB setzte den letztgenannten Faktor für die wirtschaftliche Entwicklung Berlins hoch an, wenn sie meinte, der Handel und die Wirtschaftskraft Berlins lebten nicht zuletzt vom „wachsenden Luxus". Insbesondere „die Anwesenheit des Hofes, des hohen Adels, der reichen Leute hierselbst befördert [normalerweise] wohlthätig die Circulation des Geldes." (Bericht der KKB für 1850/51 [Anm. 1], S. 66.)

6 Wie tief die Krise im Handwerk ging, ist daran abzulesen, daß der Prozentsatz der von der Gewerbesteuer befreiten Meister 1850 bei 81,8% lag und damit zwar gegenüber dem Vorjahr geringfügig sank, jedoch immer noch deutlich über dem Niveau von 1848 lag. Nach: Bergmann, Berliner Handwerk, S. 203 bzw. ders., Wirtschaftskrise, S. 90 bzw. Baar, Industrie, S. 178. Ein weiteres Indiz für die anhaltende Krise des gewerblichen Mittelstandes war, daß noch 1852 in den meisten Gewerbezweigen die durchschnittlichen Betriebsgrößen der Jahre 1846 und 1843 nicht wieder erreicht wurden; vgl. Bergmann, Handwerk, S. 160.

7 TZ vom 26. Febr. 1848.

8 Nachhaltiger als das von Wrangel ausgesprochene Ausgehverbot für die Zeit nach 22 Uhr wirkten sich die systematischen Kontrollen aller Fremden durch die Polizei Hinckeldeys für das Hotel- und Gaststättengewerbe aus. „Fremde kommen so wenig nach Berlin, daß die meisten Gasthöfe, die früher blühende Geschäfte machten, beinahe ganz leer sind". (TZ vom 1. März 1848.) Zur angespannten Lage der Kleinhändler vgl. deren Petition an den Berliner Magistrat vom 17. Juli 1849, in: LAB StA, Rep. 01, Nr. 67, Bd. 5, Bl. 250.

9 Bericht Hinckeldeys vom 26. Febr. 1849, in: GStA, Rep. 77, Tit. 501, Nr. 3, Beih. 3, Bl. 50 Rs.

von Arbeitern.[10] Daß das Vertrauen in die preußische Wirtschaftspolitik seitens der Unternehmer zunächst gering blieb, läßt sich an mehreren Indikatoren ablesen: Die Kurse der an der Berliner *Börse* gehandelten Eisenbahn-Aktien sanken 1849 zum Teil deutlich unter das schon außerordentlich niedrige Niveau des Revolutionsjahres.[11] Anhaltende Rezession und zunächst mangelndes Vertrauen in die Handels- und Gewerbepolitik der Hohenzollernmonarchie, vielleicht auch die Furcht vor einer erneuten Revolution, spiegelten sich besonders in den Kursen der Staatspapiere wieder: Die an der Berliner Börse notierten Kurse der preußischen Staatsschuldscheine blieben bis Mai 1849 auf fast dem gleichen niedrigen Niveau, auf das sie im Spätsommer und Herbst 1848 gesunken waren. Der Kurs der preußischen Bankanteilsscheine stagnierte 1849 und 1850 gleichfalls knapp über dem sehr niedrigen Niveau von 1848. Das stärkste Indiz für die in Berlin auch 1849 weiter anhaltende Krise ist wohl, daß der Geschäftsumsatz der Preußischen Bank an dem „Bankplatz" Berlin 1849 gegenüber 1848 noch einmal (um 12,6%) sank. Im Vergleich zu 1847 war er 1849 sogar um 42,0% zurückgegangen.[12] Erst zu Beginn der fünfziger Jahre wendete sich das Blatt.

Infolge der anhaltenden wirtschaftlichen und finanziellen Flaute blieb auch die *Arbeitslosigkeit* hoch, zumal die städtischen Arbeitsbeschaffungsmaßnahmen bereits im Spätherbst 1848 beträchtlich reduziert und seit Mitte 1849 fast vollständig eingestellt wurden. Zahlen über die Höhe der Erwerbslosigkeit liegen zwar nicht vor. Wenn jedoch Hinckeldey, der in dieser Hinsicht gewiß nicht zu Übertreibungen neigte, im Februar von einer weiterhin „außerordentlich großen Zahl hiesiger brodloser Arbeiter und Gewerbegehülfen" sprach[13], dann sagt dies einiges. Von den Berliner Maurern und Zimmerern hätten (so klagten die Altgesellen beider Gewerke in einer Petition vom 3. Mai 1849, einem Zeitpunkt, an dem die saisonale Kurzarbeit und Erwerbslosigkeit bereits abgebaut war, dem

---

10 In erster Linie trafen das Ausbleiben eines raschen konjunkturellen Aufschwungs und das gleichzeitige Sinken der Massenkaufkraft das Textil- und Bekleidungsgewerbe. Hier überlappten sich zudem strukturelle und konjunkturelle Krise. Die zwischen 1846 und 1849 zum Teil dramatisch gesunkenen Beschäftigtenzahlen legen davon Zeugnis ab. In weiten Bereichen der Textilindustrie hielt die Stagnation in den fünfziger Jahren weiter an; vgl. Baar, Industrie, S. 48, 53, 68 f.

11 Sie sanken im Jahresdurchschnitt von 1848 auf 1849 um bis zu 21%, um dann 1850 zum Teil deutlich wieder anzuziehen; vgl. Jb. preuß. Statistik, 1867, S. 227 ff. Natürlich wurden die Kurse der Eisenbahn-AGs nicht nur durch die allgemeine Erwartung in die konjunkturelle Entwicklung, sondern noch durch eine Reihe weiterer Faktoren beeinflußt, auf die hier nicht eingegangen werden kann. Angaben zu den Staatsschuldscheinen und Bankanteilsscheinen nach: ebd., S. 216, 230.

12 Dies kontrastiert auffällig mit der Entwicklung einer Reihe anderer Bankplätze vor allem im Osten Preußens. Nur in Köln ging der Umsatz der preußischen Staatsbank noch stärker zurück als in Berlin. Angaben nach: ebd., S. 52.

13 Bericht Hinckeldeys vom 26. Febr. 1849 (Anm. 9), Bl. 50 Rs.

Handelsminister) „nur der vierte Theil Arbeit".[14] Noch dramatischer waren die Verhältnisse vor allem im Textil- und Bekleidungsgewerbe. Wie sehr die Arbeitslosigkeit drückte, zeigte sich in mehreren Demonstrationen von „nicht unbedeutender" Größe, mit denen die zahlreichen Erwerbslosen der Hauptstadt im Februar und Anfang März 1849 auf ihre elende Lage aufmerksam zu machen suchten.[15] Vor allem ihre Situation – sowie die der in Berlin weiterhin zahlreichen Obdachlosen – war es, die den Magistrat fürchten ließ, es werde in den Wintermonaten 1848/49 zu einer Hungersnot kommen[16], die dann dank verstärkter (kurzfristiger) sozialpolitischer Aktivitäten der Kommune allerdings vermieden werden konnte.

Wie in allen deutschen Ländern kam es auch in Berlin zu einem Anstieg der *Auswanderung*. Mit der 1849 weiter anhaltenden ökonomischen Depression scheine sich, so wurde in einem Bericht der Trier'schen Zeitung vom 20. Januar 1849 über Berlin festgestellt, „die dem Deutschen eigne Auswanderungslust wieder neu belebt zu haben". Wie in vielen anderen Städten kam es auch in der preußischen Hauptstadt nach der Revolution, und zwar bereits im Januar 1849, zur Gründung von mehreren Auswanderungs-Komités bzw. -Vereinen.[17] Hauptklientel der von der Obrigkeit beargwohnten Auswanderungsvereine und -agenturen waren vor allem die „hiesigen Handwerker", deren Lage „in neuerer

---

14 Die meisten von ihnen waren zudem auf öffentliche Kosten beim Kanalbau und anderen Großbaustellen angestellt. „Nicht der zwanzigste Theil von uns Gesellen" habe dagegen „durch Privat-Arbeiten Beschäftigung finden" können. (In: GStA, Rep. 120, B. V. 33, Nr. 4, Bd. 2, Bl. 192.)

15 Vgl. Tagespresse vom 2. Febr.; Eintrag Varnhagens vom 2. Febr. 1849, in: ders., Tagebücher, Bd. 6, S. 41; Bericht Hinckeldeys vom 26. Febr. 1849 (Anm. 9), Bl. 38; Bericht des Handelsministers vom 2. März 1849, in: BLHA, Rep. 30, Tit. 89, Nr. 7413, Bl. 72; ferner Wernicke, Geschichte, S. 229.

16 Schreiben des Magistrats an die Ältesten der KKB vom 20. November 1849, in: LAB StA, Rep. 200-01, Nr. 1096, Bl. 38. Die KKB wurde gebeten, die Verwaltung bei der Abwehr einer solchen, auch politisch gefährlichen Situation tatkräftig zu unterstützen.

17 Die NZ sprach am 24. Jan. 1849 davon, daß bis zu diesem Zeitpunkt die Zahl der Berliner Familien, die nach Amerika oder nach Australien auswandern wollten, auf 400 gestiegen sei – eine Zahl, die sich (wie die NZ vermutete) in den folgenden Wochen und Monaten „noch bedeutend steigern wird". Eigens zur Organisation der Auswanderung hätten sich „verschiedene Komités" gebildet. Am 22. Febr. 1849 erschien in Berlin ein öffentlicher „Aufruf an unsere Mitbürger und deutschen Arbeiter, die Unterstützung Auswanderungslustiger betreffend", vgl. NW Friedl. Samml., S. 193; ferner Siemann, Gesellschaft im Umbruch, S. 129. Dem preußischen Staat war die Auswanderungslust seiner Untertanen traditionell ein Dorn im Auge. Durch ein Gesetz vom 20. Jan. 1820 hatte er jedwede „Anstiftung" zur Auswanderung unter Strafe gestellt. Nach dem Ende der Revolution suchte die preußische Obrigkeit das „Auswanderungsfieber" indirekt, durch den im Mai 1849 gegründeten „Berliner Verein zur Centralisation deutscher Auswanderung und Colonisation", zu steuern und die befürchteten demographischen und ökonomischen Verluste einzudämmen. Entgegen seinem irreführenden Namen suchte der Verein von „übereiltem Entschlusse zum Auswandern" abzuraten; im einzelnen: Agnes Bretting, Hartmut Bickelmann, Auswanderungsagenturen und Auswanderungsvereine im 19. und 20. Jahrhundert, Stuttgart 1991, S. 157-168.

Zeit immer kritischer geworden" sei und die deshalb daran dächten, sich in „Amerika und Süd-Australien" eine neue Existenz aufzubauen.[18] Die große Masse der Auswanderer wurde zwar nicht unmittelbar politisch verfolgt. Aber auch bei ihnen mag zu der Hoffnung, in der Fremde das eigene Glück machen zu können, die Unzufriedenheit mit den politischen Verhältnissen in Berlin und Preußen gekommen sein.

„… nachgiebig, damit Sie uns nicht zu viele Demokraten schicken" – die Politik des preußischen Staates gegenüber Wirtschaftsbürgertum und gewerblichem Mittelstand

Während die preußische Obrigkeit die Bildungsbürger und die Angehörigen der freien Berufe, namentlich Lehrer, Ärzte und Juristen, stärker noch als vor 1848 an die politische Leine nahm, blieb das als Träger der ökonomischen Modernisierung unentbehrliche Wirtschaftsbürgertum von restriktiven Interventionen weitgehend verschont. Zu gravierenden institutionellen Änderungen innerhalb der wirtschaftsbürgerlichen Selbstverwaltung kam es weder 1848 noch 1849. Die Korporation der Kaufmannschaft konnte nach kurzer Krise 1849 ihr Monopol auf die wirtschaftspolitische Interessenvertretung der Unternehmer unangefochten aufrecht erhalten. Ihren Einfluß auf die entscheidenden staatlichen Instanzen scheint sie in dieser Zeit noch ausgebaut zu haben.[19] Die Wirtschaftsbürger der preußischen Hauptstadt hatten auch sonst keinen Grund zu resignieren. Die Umwälzungen des Jahres 1848 scheinen (nur auf den ersten Blick überraschend) innerhalb der Unternehmerschaft vielmehr Politisierungsprozesse in Gang gesetzt bzw. beschleunigt zu haben. Eine wachsende Zahl von ihnen ließ sich zu Mitgliedern des preußischen Parlaments und der Berliner Stadtverordnetenversammlung wählen. Der während der Revolution auch politisch sichtbar gewordene Klassenantagonismus trieb sie als erklärte Antirevolutionäre ins konservative Lager und zum Bündnis mit den traditionellen, vorbürgerlichen politischen Eliten.[20]

---

18 TZ vom 20. Jan. 1849. „Fast keiner der [Auswanderer] gehört dem eigentlichen Proletariat an." (NZ vom 24. Jan. 1849.) Zur Minderheit der im engeren Sinne politischen Flüchtlinge, die nach Übersee auswanderten, gehörten prominente Berliner Demokraten wie J. Berends, L. Bisky, ‚Linden-Müller', C. Wiß, E. Monecke und J. Brill (KBA).

19 Wenn sie erst 1870 der Aufsicht durch den Magistrat ledig wurde und Vertretungsrechte erhielt, wie die vor allem im Westen Preußens ansässigen Handelskammern sie schon seit 1848 besaßen, dann wurden damit „in der Praxis längst bestehende Zustände nur bestätigt" (so jedenfalls Kaelble, Kommunalverwaltung, S.378). Zur Krise der KKB im Revolutionsjahr und zur 1848 gegründeten Konkurrenzorganisation, dem ‚Handelsverein Teutonia', vgl. *S. 359.*

20 Bis 1848 waren Berliner Wirtschaftsbürger überregional politisch nicht sonderlich stark engagiert. 1849 bis 1852 finden sich dann gleich fünf von ihnen als Abgeordnete in der Zweiten

Anders als für die Berliner Unternehmerschaft, deren Betriebe sich, von den strukturellen Problemen einiger Teilbereiche der Textil- und Bekleidungsindustrie abgesehen, trotz des konjunkturellen Einbruchs von 1847/48 bis 1849/50 in einem steten Aufschwung befanden, blieb die wirtschaftliche Situation im Handwerk und im Kleinhandel gedrückt. Seit Dezember 1848 bemühte sich der Staat verstärkt, die von der Angst vor Verelendung beherrschten Mittelschichten unter seine Fittiche zu nehmen. Viele Forderungen des selbständigen Handwerks fanden in die novellierte Gewerbeordnung vom 9. Februar 1849 Eingang: Die zuvor uneingeschränkte Berechtigung jeder unbescholtenen Person, ein Handwerk selbständig auszuüben, wurde aufgehoben; die neue Ordnung machte die selbständige Ausübung eines Handwerks von einem Befähigungsnachweis abhängig, der nach einer Meisterprüfung von einer Kommission der zuständigen Innung ausgestellt wurde.[21] Wenn außerdem die Ausbildung der Lehrlinge und Gesellen wieder stärker reglementiert wurde, dann richtete sich dies weniger gegen die eigentliche Unternehmerschaft als vielmehr gegen die häufig als „Pfuscher" denunzierten armen, nicht-zünftigen Handwerksmeister. Unter ihnen befanden sich viele Gesellen, die sich angesichts anhaltender Erwerbslosigkeit formell selbständig gemacht hatten. Sie mußten bis 1856 der jeweiligen Innung beigetreten sein oder ihr Gewerbe aufgegeben haben. Auch innerhalb der Innungen verloren die Gesellen an Einfluß. Die Nachfolgeorganisationen der Zünfte hatten, so die Intention des Gesetzgebers, „die korporativen Elemente zu stärken und die Meisterautorität wiederherzustellen".[22] Sie entwickelten sich in der Folgezeit auch tatsächlich stärker als vordem zu einem „Zwangsinstrument der Meister".[23]

Wie sehr allgemein-politische Motive hinter den sozial- und wirtschaftpolitischen Konzessionen, vor allem hinter der neuen Gewerbeordnung vom Februar 1849, standen, macht schon der Zeitpunkt deutlich, zu dem der neue preußische

---

Kammer des preußischen Parlaments – und zwar auf der rechten Seite; vgl. Kaelble, Unternehmer, S. 229, 276. (Bei einem ist die Fraktionszugehörigkeit nicht eindeutig.) Berlin war kein Sonderfall, anderswo war allerdings das liberale Element stärker; vgl. z. B. Nipperdey, Bürgerwelt, S. 718 ff. Aus den Reihen der Unternehmer kamen außerdem zahlreiche Stadträte. Ihr Anteil unter den seit 1850 zunehmend konservativeren Stadtverordneten erhöhte sich im Vergleich zu den schon vor 1848 hohen Prozentsätzen sogar noch; vgl. Kaelble, Kommunalverwaltung, S. 394, 401 f.; ferner Pahlmann, Wahlverhalten, S. 210 ff.

21 Hierzu und zum folgenden ausführlich: Simon, Handwerk, S. 180 ff.; Bergmann, Handwerk, S. 73-90.

22 Verwaltungsbericht des Ministeriums für Handel etc. für 1849, nach: ebd., S. 128.

23 Ebd., S. 96. Auch der gleichfalls am 9. Febr. 1849 per Verordnung eingerichtete Gewerberat entwickelte sich de facto zu einer Interessenvertretung der Arbeitgeber, allerdings nicht nur der Meister, sondern ebenso der Unternehmer. Den Bestimmungen nach sollten in diesem Gremium zwar auch Gesellen und Industriearbeiter vertreten sein. Substantiellen Einfluß konnten sie jedoch nicht gewinnen; vgl. ausführlich Kaelble, Unternehmer, S. 218 ff., 269; Simon, Handwerk, S. 177 ff., 182.

Minister für Handel, Gewerbe etc., der westfälische Bankier August v. der Heydt, die gewerblich Selbständigen mit seinen Initiativen überraschte. Am 28. Dezember 1848 hatte eine Handwerkerdeputation den König aufgesucht, sich darüber beklagt, daß „man den Handwerkerstand vielseitig verdächtigt, verkannt und verfolgt habe, man lege ihm communistische und republikanische Tendenzen unter, zu denen sich aber der Stand nicht bekenne", und die Wiederherstellung „zeitgemäßer Innungen" gefordert.[24] Drei Wochen später, am 17. Januar 1849, fünf Tage vor den Urwahlen zu den beiden Kammern des preußischen Parlaments, berief Heydt dann ein ‚Handwerker-Parlament', das in seiner Zusammensetzung die preußische Handwerkerschaft allerdings nicht repräsentierte, nach Berlin ein, damit es der in groben Zügen bereits feststehenden Gewerbeordnung seinen pseudo-plebiszitären Segen gebe.[25] Nachdem Ende Januar 1849 der Entwurf der neuen Gewerbeordnung ausgearbeitet vorlag, erklärte der Handelsminister gegenüber den Mitgliedern des ‚Handwerker-Parlaments' unverblümt, daß die novellierte Gewerbeordnung nicht zuletzt als Wahlbonbon gedacht war: „Nun sehen Sie, wie nachgiebig wir gegen Sie waren, seien Sie nun auch dankbar und schicken Sie uns nicht zu viele Demokraten her."[26] Dieser Aufforderung hätte es vermutlich gar nicht bedurft. Die Mehrheit zumindest der Berliner Meister stand schon vorher mit beiden Beinen im konservativen Lager – so wie umgekehrt die Mehrheit der Berliner Gesellen ihre Sympathien für die demokratische ‚Partei' nicht verhehlte.

Die Obrigkeit und die proletarischen Schichten

In dem Maße, wie sich die Innungen als Interessenvertretungen der Meister entpuppten, rückten die Gesellen von ihnen ab. Selbst relativ traditionsgebundene Berufsgruppen wie die Zimmerergesellen wandten sich 1849 „gegen das hohle und schroffe Innungswesen hier".[27] Während die Meister vormoderne Verhältnisse herbeisehnten, propagierten die Berliner Arbeiterverbrüderung und mit ihr die Gesellen der meisten größeren Handwerkszweige Berlins die Wiederherstellung bzw. den Ausbau der Tarif- und Gewerbefreiheit[28] und damit zwei wesentliche, für die Entwicklung des Industriekapitalismus konstitutive Rahmen-

---

24 TZ vom 11. Jan. 1849.
25 Das ‚Handwerkerparlament' bestand aus 24 Mitgliedern, 16 Meistern und acht Gesellen, und war überwiegend konservativ, an zünftigen Konzepten orientiert; vgl. Erklärung Biskys vom 6. Febr. 1849, in: KöZ vom 18. Febr. 1849, nach: Bergmann, Wirtschaftskrise, S. 248 f. bzw. Paschen, Demokratische Vereine, S. 122. Bisky, Präsident der Berliner Arbeiterverbrüderung (KBA), stimmte als einziger gegen den Entwurf der neuen Gewerbeordnung.
26 Nach: NRhZ vom 4. Febr. 1849.
27 Nach: Bergmann, Handwerk, S. 95.
28 Vgl. Erklärung Biskys vom 6. Febr. 1849 (Anm. 25).

bedingungen. Die vehemente Ablehnung der ‚Rückschrittlichkeit‘ der Meister, die die Gesellen schon im Revolutionsjahr an die Seite der Fabrikarbeiter getrieben hatte, war eine Reaktion auf das „schroffe" Verhalten der Meister und Folge der im Vorjahr aufgebrochenen Entfremdungsprozesse zwischen beiden Seiten. Erneute Auseinandersetzungen um Löhne und Arbeitsbedingungen im Frühjahr 1849, die in einigen Fällen zu – erfolglosen – Streiks eskalierten, vertieften den Gegensatz zwischen Meistern bzw. Unternehmern sowie Gesellen und Arbeitern. Bei letzteren wuchs die Erbitterung. Denn die „Concessionen, welche den Fabrikarbeitern nach den Märzereignissen von Seiten der Fabrikherren gemacht werden mußten", hätten (so der Polizeipräsident Anfang 1849) die Arbeitgeber überwiegend bereits wieder zurückgenommen.[29] Auf Protestdemonstrationen der betroffenen Arbeiter und Gesellen sowie namentlich auf die (wenigen) Arbeitskämpfe reagierte die Obrigkeit zumeist mit dem rigorosen Einsatz bewaffneter Ordnungskräfte. Die ‚soziale Frage‘ wurde nicht politisch, sondern als Polizeiproblem angegangen, den Arbeitgebern für Lohnsenkungen und Arbeitszeitverlängerungen freie Hand gelassen.

Wie sehr die Obrigkeit in Kategorien kurzfristiger Machtsicherung dachte, zeigte sich schließlich bei den öffentlichen Arbeiten: Nachdem die Revolution vorüber war, sah man keine politische Notwendigkeit mehr, in ausreichendem Maße für Arbeitsbeschaffungsmaßnahmen zu sorgen. Im Februar 1849 wurde die Zahl der auf öffentliche Kosten beschäftigten Notstandsarbeiter auf 5200 verringert.[30] Mit Frühjahrsbeginn entließen die städtischen Behörden noch einmal mehrere hundert Erdarbeiter. Ende 1849 wurden die auf städtische Kosten finanzierten Notstandsarbeiten de facto eingestellt, am 1. Januar 1850 dann auch das städtische Arbeitsnachweisungsbüro geschlossen.[31]

---

29 Vgl. Bericht Hinckeldeys vom 26. Febr. 1849 (Anm. 9), Bl. 38, 51 ff.; zu den Streiks (unter denen der der Kattundrucker besonderes Aufsehen erregte) außerdem vor allem Tagespresse vom 3. März; NZ vom 6. März; TZ vom 9. und 10. März; VZ vom 7. Sept. 1849; Schriftwechsel Frühjahr 1849 zwischen v.d. Heydt, Hinckeldey u.a., in: BLHA, Rep. 30, Tit. 89, Nr. 7413, Bl. 51 ff., 64 ff. bzw. GStA, Rep. 120, B. V. 33, Nr. 4, Bd. 2, Bl. 182 f., 186 ff., 192 ff.; ferner Bernstein, Geschichte, S. 82; Quarck, Arbeiterbewegung, S. 215 ff.; Wernicke, Geschichte, S. 226-229.

30 Davon wurden nurmehr etwa tausend Personen auf städtische Kosten beschäftigt. 1500 Berliner Erwerbslose waren zur im Bau befindlichen Ostbahn geschickt worden. Die Arbeit dort blieb freilich, wie schon 1848, höchst unbeliebt. Weitere 2700 in der preußischen Hauptstadt wohnhafte Arbeiter wurden auf staatliche Kosten mit Wege- und Kanalarbeiten in der näheren Umgebung Berlins beschäftigt. Diese und die folgenden Angaben nach: Bericht Hinckeldeys vom 26. Febr. 1849 (Anm. 9), Bl. 52 Rs. Vgl. außerdem *S. 440 f., Anm. 9 und 12.*

31 Vgl. Manfred Gailus, Kanalbau und Revolution, in: Dampfergruppe der Berliner Geschichtswerkstatt (Hg.), Landgang in Berlin. Stadtgeschichte an Landwehrkanal und Spree, Berlin 1987, S. 66. Daß der Magistrat in den Arbeitsbeschaffungsaktivitäten vor allem eine Maßnahme sah, unmittelbar drohender politischer Gefahr von seiten der Erwerbslosen vorzubeugen, solange wirkungsvolle polizeiliche Mittel noch nicht vorhanden waren, zeigt außerdem der Blick in den Etat der Stadt Berlin: 1848, als die preußische Hauptstadt von Truppen entblößt war und soziale Konzessionen das einzige Mittel waren, dem Druck der Erwerbslosen vorzubeugen, hatten

Karikatur auf den Opportunismus nach dem Ende der Berliner Revolution.

Der sozialökonomischen Dreiteilung der Bevölkerung Berlins, die freilich zahlreiche Übergänge oder ‚Grauzonen‘ aufwies, in ‚Bürgertum‘, ‚Mittelschichten‘ und ‚proletarische Schichten‘ entsprach in gewisser Weise eine *politische* Dreiteilung der hauptstädtischen Bevölkerung. Mit dem Ende der Revolution und der Einführung des Drei-Klassen-Wahlrechts, die den (männlichen) Unterschichten die am 18. März erkämpfte gleichberechtigte politisch-parlamentarische Partizipation wieder nahm, vertiefte und verhärtete sich die Distanz zwischen Bürgern und Kleinbürgern einerseits und dem Gros der Unterschichten andererseits. Allerdings spiegelten die sozialökonomischen Differenzierungen sich in den politischen Strömungen nur gebrochen wider. Innerhalb der jeweiligen sozialen Großgruppen koexistierten höchst unterschiedliche, zum Teil einander diametral entgegengesetzte politische Richtungen. Wenn hier von ‚politischer Dreiteilung‘ gesprochen wird, dann sind für die *nachrevolutionäre* Ära damit folgende drei

---

die Stadtoberen 255 000 Taler für öffentliche Arbeiten vorgesehen. Während des ganzen Jahres 1849 gab die Kommune nur 41 100 Taler, also nicht einmal den sechsten Teil der für 1848 ausgewiesenen Summe, für Arbeitsbeschaffungsmaßnahmen aus – obgleich die Arbeitslosigkeit weiterhin hoch blieb. 1850 wurden für diesen Etatposten 1 600 Taler ausgewiesen; vgl. Tab. 10. Die vom preußischen Staat finanzierten Arbeitsbeschaffungsmaßnahmen liefen noch eine Zeit lang weiter und wurden erst nach Fertigstellung des Landwehrkanals 1850, des Luisenstädtischen Kanals 1852 und des Berlin-Spandauer Kanals 1859 eingestellt.

Grundströmungen gemeint: (1.) der politische Konservativismus einschließlich des in Berlin als Massenbewegung bedeutungslosen Rechtsliberalismus, (2.) die ‚Volkspartei‘, ein Bündnis von Linksliberalen und bürgerlichen Demokraten, und (3.) die organisierte Arbeiterbewegung.

Die Neuformierung des politischen Konservativismus: Zur Bedeutung des ‚Treubunds mit Gott für König und Vaterland‘

Zahlreiche Bürger und Kleinbürger waren aus innerer Überzeugung konservativ oder (häufig nicht klar unterscheidbar) rechtsliberal eingestellt. Andere drehten aus Geschäftstüchtigkeit ihr Fähnchen nach dem Wind: „In großer Hast bemühten sich Hoflieferanten, Lotterieeinnehmer etc. die von ihnen früher entfernten Schilder und Inschriften an den Häusern wieder anzubringen." Man überbot sich in Treuebekenntnissen zum Königshaus, konstatierte der liberale Stadtverordnete Kochhann. „Die Sucht nach Orden, Titeln und Stellungen erblühte wie nie zuvor." Varnhagen schimpfte angeekelt, „knechtische Niederträchtigkeit und freche Hoffahrt geben einander die Hand."[32] Konservative aus Überzeugung befanden sich seit Mitte November 1848 in einem „Freudentaumel". „Wir schwimmen in der Opulenz sicherer, friedlicher, althergebrachter Ruhe", konstatierte Fanny Lewald in einem Brief an Johann Jacoby vom 20. Januar 1849. Man sei „belagerungsgemütlich" geworden, kultiviere einen borussischen Konservativismus und demonstriere eine unbedingte Anhänglichkeit an die Hohenzollernmonarchie.[33] Die anhaltende Wirtschaftskrise und die für die politische Rechte deprimierenden Berliner Wahlergebnisse vom 22. Januar 1849 konnten die positive Grundstimmung in diesen Schichten des Bürgertums und Kleinbürgertums kaum trüben.

Wie weit die politische Pazifizierung des Mittelstandes gelang, zeigte sich auch daran, daß die seit 1849 gestärkten Innungen als Orte der Pflege nicht nur berufsständischer Traditionen, sondern auch konservativ-monarchistischer Gesinnung fungierten, etwa wenn es darum ging, die feierliche „Einholung" des Königs oder die würdige Ausgestaltung eines Schlachtengedenktages zu organi-

---

32 Kochhann, Mitteilungen, IV, S. 16 f., bzw. Eintrag Varnhagens vom 14. Dez. 1848, in: ders., Tagebücher, Bd. 6, S. 343.
33 In: Jacoby, Briefwechsel, S. 549 f. Bei einem Opernbesuch am 18. Jan., zufällig genau an dem Tag, an dem der König und seine Frau zum ersten Mal seit dem 18. März 1848 wieder ein Berliner Theater besuchten, habe sie (so Fanny Lewald weiter) erlebt, wie der Monarch „und die tränenreiche Königin […] mit beispiellosem Jubel empfangen [wurden]. Alle Damen stehend durch das ganze Haus, Schnupftücher wedelnd, Hände und Hüte schwenkend; Hurrah! Vivat! Heil Dir im Siegerkranz!"

sieren.[34] Daß sich in weiten Kreisen des Wirtschaftsbürgertums und des gewerblichen wie handeltreibenden Mittelstands die Sorge um ökonomische Prosperität und politischer Konservativismus komplikationslos miteinander verknüpfen ließen, brachten zahlreiche Berliner Bürger im Februar und März 1849 zum Ausdruck, als sie die Wiedererrichtung der Bürgerwehr und das Ableisten des zeitaufwendigen Dienstes in der Kommunalmiliz mit der Begründung ablehnten, dann könnten sie nicht mehr „ungestört unserem Geschäftsbetriebe" nachgehen. Überhaupt sei es „unserer ruhmreichen Armee und den hohen Behörden stets gelungen, die Ruhe und Ordnung im Land aufrecht zu erhalten und dem Gesetze Achtung zu verschaffen", eine Bürgerwehr also überflüssig.[35] Die tausend Unterschriften, die diese Petition fand, und ebenso namentlich gezeichnete Wahlaufrufe Berliner Bürger zugunsten rechter Kandidaten[36] zeigen, daß es sich beim politischen Konservativismus um eine recht kräftige Strömung innerhalb des Berliner Bürgertums und Kleinbürgertums handelte. In welchem Maße die Gegenrevolution in breiten Bevölkerungsschichten dauerhaft auf Resonanz stieß, läßt sich vor allem am Erfolg der wesentlich von staatlichen Funktionsträgern initiierten Neugruppierung und ‚Vermassung' des politischen Konservativismus seit Beginn 1849 ablesen.

In unmittelbarer Reaktion auf die für die Demokraten günstigen Wahlmännerwahlen vom 22. Januar wurde Ende Januar ein „Royalistenbund" gegründet.[37] Im März 1849 nahm die Organisation den Namen „Treubund für König und Vaterland" an; von 1850 an lautete die offizielle Bezeichnung „Treubund mit Gott für König und Vaterland". Dieser Bund sollte seit 1849 in der preußischen Hauptstadt und in Preußen überhaupt mit Abstand zur wichtigsten konservativen Massenorganisation werden. Anfang der fünfziger Jahre erreichte er den Zenit seines politischen Einflusses. In der ‚Neuen Ära' verlor er rasch an Bedeutung. 1864 löste sich der Treubund auf. Bedeutsam ist der Treubund in mehrfacher Hinsicht: (1.) Mit ihm gelang es dem politischen Konservativismus, auch organisatorisch in der preußischen Hauptstadt auf breiter Basis Fuß zu fassen. Der Treubund wies Mitgliederzahlen auf, die nicht nur die der bisherigen konservativen Vereinigungen weit übertrafen, sondern ebenso die der demokratischen Klubs der Revolutionszeit sowie der Anfang 1849 gegründeten liberaldemokratischen Berliner ‚Volkspartei' – die allerdings im Unterschied zum Treu-

---

34 Vgl. Bergmann, Handwerk, S. 89.
35 In: GStA, Rep. 77, Tit. 440a, Nr. 1, Bd. 1, Bl. 216 u. Rs.; vgl. auch *S. 798, Anm. 40.*
36 Vgl. z. B. einen Aufruf „an die Urwähler" vom 4. Jan. 1849. Von den 210 Unterzeichnern firmierten 90 (43%) als Kaufleute, 21 (10%) als Fabrikanten und 35 (17%) als Beamte. Nach: Hubertus Fischer, Der ‚Treubund mit Gott für König und Vaterland', in: JbGMO Bd. 24/1975, S. 68.
37 Vgl. VZ vom 24. und 28. Jan. 1849; Kuhr, Denkwürdigkeiten, II, S. 211 ff., 216. Zum folgenden vgl. vor allem Fischer, Treubund, S. 60-127; außerdem Schwentker, Konservative Vereine, S. 281-290.

bund in ihren Organisationsbemühungen massiv behindert wurde – in den Schatten stellten. Im Revolutionsjahr kamen nur die Bezirksvereine mit ihren gleichfalls etwa zehntausend Mitgliedern an die nominelle Größe des Treubundes heran. 1849 erreichten lediglich die Mitgliederzahlen der Arbeiterverbrüderung und des ihr assoziierten Gesundheitspflegevereins Größenordnungen, die sich (knapp) mit denen des Treubunds messen konnten. (2.) Über den Treubund gelang den Konservativen zumindest zeitweilig ein politischer Einbruch in größere Gruppen nicht nur des Kleinbürgertums, sondern auch der sozialen Unterschichten. (3.) In seinem organisatorischen Aufbau, der Erfassung neuer Mitglieder und ebenso im Hinblick auf Selbstinszenierung und Präsentation nach außen unterschied sich der Treubund grundsätzlich von den 1848 entstandenen konservativen Organisationen. (4.) Es gelang dem Treubund, die Hauptstadt atmosphärisch zumindest Anfang der fünfziger Jahre weit über den Kreis der von der Organisation unmittelbar erfaßten Menschen zu prägen. Im Zusammenspiel mit der politischen Repression, namentlich den von Hinckeldey rigide durchgesetzten Vereins-, Versammlungs- und Presserestriktionen, dürfte er wesentlich zu einer allgemeinen Entpolitisierung beigetragen und resignative Tendenzen unter den demokratischen ‚Achtundvierzigern' verstärkt haben. Die politischen Inhalte, die er nach außen hin vertrat, unterschieden sich dagegen nur graduell von denen der übrigen konservativen Organisationen.

Nach eigenen Angaben wie nach den Schätzungen seiner politischen Gegner zählte der Treubund um die Jahreswende 1849/50 allein in Berlin etwa neun- bis zehntausend Mitglieder, 1851/52 sogar 16 000 in seinen Reihen. Das waren um die sechs Prozent (1849/50) bzw. zehn bis elf Prozent (1851/52) der männlichen, erwachsenen Bevölkerung Berlins, einschließlich der in den Reihen des Treubunds relativ zahlreich organisierten Militärs.[38] Allerdings sind die nominellen Mitgliederzahlen des Treubunds mit Vorsicht zu betrachten. Man konnte nämlich in diese konservative Organisation nur eintreten, nicht jedoch austreten.[39] Zu vermuten steht deshalb, daß die Zahl der ‚Karteileichen' und als ‚Mitglieder' geführten Gelegenheitsbesucher von Veranstaltungen groß war. Der Bestand an Mitgliedern, die das Innenleben des Treubundes aktiv mitgestalteten, dürfte erheblich unter den offiziell ausgewiesenen Zahlen gelegen haben.

---

38 In Potsdam und Charlottenburg, wo der Treubund im Jan. 1850 1400 bzw. 500 Mitglieder zählte, gelang es sogar, einen noch etwas höheren Prozentsatz der ‚organisationsfähigen' Bevölkerung zu rekrutieren; vgl. Fischer, Treubund, S. 94 f. bzw. 108.

39 Das Mitte Sept. 1849 in Kraft gesetzte Aufnahmeritual schloß die lebenslängliche Mitgliedschaft des Bundesmitgliedes ein. Nur ausnahmsweise und über ein umständliches Verfahren war der förmliche Ausschluß aus dem Treubund möglich. Irgendwelche Maßnahmen oder gar drakonische Strafen im Falle des stillschweigenden Wegbleibens waren dagegen allem Anschein nach nicht vorgesehen.

Zahlen über die soziale Zusammensetzung der einfachen Treubund-Mitgliedschaft liegen zwar nicht vor. Nach übereinstimmenden Berichten kritischer wie sympathisierender Zeitgenossen stammte die Mehrheit der einfachen Mitglieder jedoch aus den mittelständischen und niederen Sozialschichten, und zwar erstens dem niederen Beamtenstand, der sich wiederum wesentlich aus ehemaligen, langgedienten Unteroffizieren rekrutierte. Dem unteren Beamtenstand zuzurechnen sind auch die Hofangestellten, eine weitere wichtige Schicht der Treubund-Mitglieder. Zweitens fanden sich zahlreiche selbständige Handwerker und kleinere Kaufleute ein, drittens gleichfalls in größerer Zahl aktive Soldaten und Unteroffiziere sowie ihr polizeiliches Pendant, die Konstabler. Viertens suchte man mit gewissem Erfolg Gesellen und Fabrikarbeiter zu gewinnen.[40] Fünftens schließlich bestand die Massenbasis des Treubunds (wie Demokraten und Liberale abfällig behaupteten) aus „den niedrigsten zusammengerafften und gekauften Bummlern von Gottes Gnaden".[41] Wenn man den mit moralisierender Abscheu gepaarten abfälligen Tonfall in diesen und ähnlichen Äußerungen abstreicht, dürfte es sich dabei um Langzeiterwerbslose und Gelegenheitsarbeiter gehandelt haben, die für den Treubund mobilisiert werden konnten. Das ‚milieu populaire' und namentlich das Subproletariat war konservativen Einflüssen gegenüber also keineswegs vollkommen resistent.

Viele einfache Mitglieder waren allerdings nicht aufgrund eigener politischer Überzeugungen beigetreten. Ein Teil wurde durch die materiellen „Unterstützungen" angelockt, die der Verein seinen „ärmsten Bundesbrüdern" angedeihen ließ.[42] Vor allem aber mußten zahlreiche kleine Gewerbetreibende dem Druck nachgeben, der vom Treubund ausging. Namentlich die selbständigen „Handwerker" würden (so ein liberaler Kritiker der Organisation) „denken, was sie wollen, gehen aber in den Verein, um ihre Kundschaft nicht zu verlieren." Sie seien dazu vielfach gezwungen, da sich die Treubund-Mitglieder verabredet hätten, „nur bei ‚guten' Handwerkern arbeiten zu lassen." Die als einfache Mit-

---

40 Namentlich Gesellen scheint der Treubund tatsächlich in größerem Maße mobilisiert zu haben. Einzelnen von ihnen gelang es sogar, in die Leitung der bezirklichen Organisationen aufzusteigen. Die Beitrittszeremonien waren bewußt auf 20 Uhr angesetzt, „damit auch die Arbeiter Gelegenheit hätten, nach Schluß ihres Tagewerks Zutritt zum Bunde zu haben." (Kuhr, Denkwürdigkeiten, II, S. 218.)

41 Magdeburger Volks-Blatt vom 3. Juni und 16. Dez. 1849. Ähnlich auch die ‚Enthüllungen über den Berliner Treu-Bund', Berlin o. J., S. 6. Der Treubund selbst behauptete gleichfalls, aus „größtenteils ärmeren Bundesbrüdern" zu bestehen. Alles nach: Fischer, Treubund, S. 89, 95 bzw. Schwentker, Konservative Vereine, S. 284 f. Vgl. ferner Eintrag Varnhagens vom 11. Mai 1849, in: ders., Tagebücher, Bd. 6, S. 164.

42 Allein im Okt. und im Nov. 1849 zahlte der Treubund an „Hilfsbedürftige" die beträchtliche Summe von 700 Talern an „Unterstützungen" aus. Von Jan. bis Dez. 1849 mußte jedes Mitglied mindestens einen Sgr. monatlich zahlen, im Vergleich z. B. zum Patriotischen Verein, der einen Taler verlangte, ein niedriger Satz. Seit Jan. 1850 gab es überhaupt keine festen Mindestbeiträge mehr. Unbemittelte brauchten offenbar nichts zu zahlen; vgl. Fischer, Treubund, S. 90.

glieder zahlreichen, niederen Beamten wiederum glaubten „zu avancieren, protegiert zu werden, wenn sie sich dem Vereine anschließen, und so vor den Augen ihrer hohen Vorgesetzten Beweise ihres gottgefälligen, royalistischen Sinnes ablegen."[43] Dies galt auch für noch aktive Unteroffiziere, die, um ihren Anspruch auf Zivilversorgung nicht zu verlieren, häufig zu bedingungsloser Loyalität gegenüber den Vorgesetzten tendierten. Nicht wenige Gesellen und Fabrikarbeiter, soweit sie in Lohn und Brot bei im Treubund organisierten Arbeitgebern standen, mag die Furcht vor dem Verlust des Arbeitsplatzes zum Eintritt in den Bund bewogen haben. Zahlreiche Erwerbslosen trieb umgekehrt die Hoffnung in den Treubund, über ‚gute Beziehungen' eine Arbeitsstelle erhalten zu können. Hier schließt sich auch der Kreis zu der für die Konservativen günstigen relativ hohen Wahlbeteiligung in Berlin bei den ersten Drei-Klassen-Wahlen vom Juli 1849. Nicht nur die Agitationstrupps des Treubunds, die in einigen Vierteln „von Haus zu Haus" gegangen sein sollen, um Wahlberechtigte unter Druck zu setzen, auch die Öffentlichkeit der Wahlen dürfte Gelegenheit zu politischer Kontrolle gegeben haben, zumal viele der Wahlvorstände von Treubund-Mitgliedern und sonstigen Konservativen dominiert waren.

Die vielfältigen Pressionen, über die der Treubund seinen Mitgliederbestand wie seinen politischen Einfluß erhöhte, dürfen allerdings nicht darüber hinwegtäuschen, daß viele Berliner aus echtem Interesse dem Bund beitraten. Erhöht wurde die Attraktivität der neukonservativen Organisation durch das Aufnahmeritual und die innere Struktur der Vereinigung, die sich von denen der übrigen konservativen Organisationen fundamental unterschied. Bereits der Name („Bund" statt „Verein") sollte dies deutlich machen. Dem neuen Mitglied wurde durch die bezeichnenderweise von einem Theaterdirektor inszenierte Aufnahmezeremonie suggeriert, er trete einem „Bund" von Auserwählten bei, ein Eindruck, der angesichts der großen Mitgliederzahlen auf Dauer allerdings verblassen mußte. Namentlich für kleinere Handwerker erhöhte außerdem der engere, nicht selten auch vertrauliche Umgang mit hochgestellten Persönlichkeiten, die im Klub den Ton angaben, den Reiz des „Bundes" beträchtlich. Während die übrigen konservativen Organisationen vereinsförmige, formaldemokratische Strukturen besaßen und damit die – ungewollte – Patenschaft der Revolution nicht verleugnen konnten, wiesen die Aufnahmeprozedur und vermutlich auch andere Rituale und Symbole wie überhaupt der formale Aufbau des Treubundes deutliche Parallelen zu den Logen der Freimaurer auf.[44]

---

43 Enthüllungen (Anm. 41), S. 5 f., nach: ebd., S. 96 f. Zum folgenden vgl. ebd., S. 67 f., 95 f. und die dort genannten Belege.

44 Zur Aufnahmezeremonie vgl. ebd., S. 110. Die Bezeichnung „Großmeister", wie der Vorsitzende des Treubundes tituliert wurde, bildet, ebenso wie die Existenz verschiedener „Grade", die „jedem Bundesgliede ungeachtet des Standes" zugänglich sein sollten, eine Analogie zu den Freimaurerlogen. Der seit Sept. 1849 amtierende „Großmeister" und andere führende Mitglieder

Die Führung des Treubundes rekrutierte sich aus ganz anderen Schichten als die einfache Mitgliedschaft. Zumindest die ersten amtierenden „Großmeister" waren Grafen. Der Zentralvorstand wie die Vorstände in anderen Städten bzw. in Berlin auf Bezirksebene zählten viele „hohe Staatsmänner von Civil und Militär" in ihren Reihen.[45] Unter den „Vertrauensmännern", die den Organisationen in den Berliner Stadtbezirken vorstanden, dominierten neben Beamten und Verwaltungsangestellten außerdem Fabrikanten und Kaufleute, „Militärangehörige", d.h. vermutlich Offiziere, ferner Lehrer und Professoren sowie eine größere Zahl Handwerker.[46] Der hohe Prozentsatz an Wirtschaftsbürgern und Handwerkern war zweifellos eine Folge der ausgeprägt gewerblichen Struktur Berlins. Das starke Gewicht der gehobenen Beamtenschaft im Zentralvorstand und in den lokalen Vorständen kann noch weniger überraschen: Ins Leben gerufen wurde der Treubund von Beamten und Angestellten, die personell und beruflich in engerer Beziehung zum Hof standen[47] und die, nachdem sich die ersten Erfolge einstellten, zahlreiche gehobene Beamte, höhere Offiziere und (sonstige) Adlige für die ‚Führungsetage' des Bundes gewinnen konnten.

Der Name „Treubund mit Gott für König und Vaterland" war Programm.[48] Die unbedingte Verpflichtung auf ein teils absolutistisch, teils altständisch geprägtes Ideal von Monarchie, schloß freilich Kritik bzw. Unbehagen an der Person des Königs[49] ebensowenig aus wie eine vehemente Unterstützung der Radowitzschen Unionspolitik, d.h. den Versuch einer Einigung Deutschlands von oben. Die Hegemonie Preußens stand dabei außer Frage – nach dem Motto: „von Preußen aus die [...] Vereinigung, das ist die rechte Einigung Deutschlands [...], das ist eine Reinigung des verunreinigten Deutschlands."[50] Wann immer später preußische Truppen siegreich von Kämpfen im Zusammenhang mit der

---

waren nicht zufällig langjährige und bedeutende Freimaurer; vgl. ebd., S. 77, 99. Hubertus Fischer, der die bisher umfänglichste Untersuchung über den Treubund vorgelegt hat, vermutet (S. 75 f., 110), daß der Prinz v. Preußen, zugleich Protektor sämtlicher preußischer Freimaurerlogen, über Mittelsmänner starken Einfluß auf den Bund ausübte. Bemerkungen Kuhrs (Denkwürdigkeiten, II, S. 215) weisen gleichfalls in diese Richtung.

45 Vgl. Kuhr, Denkwürdigkeiten, II, S. 228, 235 f. Zu den „Großmeistern" vgl. Fischer, Treubund, S. 88 f., 99. Im Zentralvorstand dominierten seit Herbst 1849 in zunehmendem Maße hohe Militärs; vgl. ebd., S. 97 f. sowie Schwentker, Konservative Vereine, S. 285.

46 Neben 16 Meistern immerhin 7 Gesellen; vgl. im einzelnen Schwentker, Konservative Vereine, S. 286, Tab. 10 und 11; ferner Siemann, Deutsche Revolution, S. 111 f.

47 Vgl. im einzelnen Fischer, Treubund, S.73 f. Zur auch finanziellen Unterstützung des Treubundes durch das Staatsministerium vgl. ebd., S. 90-94.

48 Zur politischen Programmatik des Treubundes vgl. im einzelnen Fischer, Treubund, bes. S. 85 f.; Schwentker, Konservative Vereine, S. 282 f. sowie die im März 1849 veröffentlichten „Grundzüge" und Statuten des Treubundes. (NW Friedl. Samml., S. 194.)

49 Fischer (S. 80-84) behauptet sogar, daß hinter dem Attentat auf Friedrich Wilhelm IV. vom 22. Mai 1850 eine Verschwörung des Treubundes gesteckt habe. Ähnlich bereits Marx und Engels; vgl. MEW 7, S. 314, 318 und 321.

50 Vgl. Fischer, Treubund, S. 118-126 (Zitat: S. 120).

Reichsverfassungskampagne nach Berlin zurückkehrten, organisierte der Treubund großartige Empfänge.[51]

Während die 1848 gegründeten konservativen Vereine formal Züge ihrer demokratischen und liberalen Konkurrenten aufwiesen, schlug der Treubund – der ja zu einem Zeitpunkt gegründet wurde, als in Berlin ein offen demokratisches Vereinswesen nicht mehr existieren durfte – einen ganz anderen Weg ein. Er verstand sich als Negation des revolutionären Parteienpluralismus und wollte „dahin wirken, daß er nicht mehr nöthig" war.[52] Das preußische Volk sollte unter dem Dach der Monarchie „brüderlich" in einem einzigen Bund aufgehen, allerdings ohne ständisch geprägte Hierarchien aufzuheben. Um die Idee eines umfassenden Bundes auch Realität werden zu lassen, mußte die an sich rein männerbündlerische Organisation auch die andere Hälfte des ‚preußischen Volks‘, die Frauen, zu erfassen suchen. Am 17. Juli 1849 wurde deshalb ein ‚Treubund für Frauen und Jungfrauen‘ gestiftet. Zweck dieses konservativen Frauenvereines waren neben dem obligaten Monarchismus und der Pflege des Hohenzollernkultes geschlechtsspezifische sozialpolitische Aktivitäten. Geplant war etwa die Errichtung eines „Musterhauses" zur „Erzielung wohlfeileren und sittlichen Lebens". Nach dem Vorbild der Freimaurerlogen und des Männer-Treubunds wurden die Mitglieder des Frauen-Treubunds in vier Grade unterschieden.[53] Darüber hinaus mußte der Treubund, wollte er seinen Totalitätsanspruch einlösen, auch Bedürfnisse nach ‚unpolitischer‘ Geselligkeit zu befriedigen suchen. Eine gewisse Entpolitisierung war zudem notwendig, um die sozialen Unterschiede innerhalb der Mitgliedschaft nicht zu politischen Gegensätzen aufbrechen zu lassen, die den Bund dann gesprengt hätten. Typisch für den Treubund wurden seit Mitte 1849 „patriotische Volksfeste", Konzerte und andere Formen der Geselligkeit, zu denen selbstredend auch Frauen und Kinder zugelassen

---

51 Vgl. z.B. NZ vom 27. Juli 1849; Varnhagen am 15. und 16. Juli 1849, in: ders., Tagebücher, Bd. 6, S. 268 f.

52 Albert Freiherr v. Seld, Sechzig Jahre oder: ein Leben an Bauern- und Fürstenhöfen, Leipzig 1865, S. 330, nach: Fischer, Treubund, S. 115. Folgerichtig versuchte der Treubund, die verschiedenen preußischen Zweigvereine des Patriotischen Vereins, des Preußenvereins und des ‚Vereins für König und Vaterland‘ zum Übertritt zu bewegen. Das gelang ihm jedoch nur in Ausnahmefällen; vgl. Schwentker, Konservative Vereine, S. 289.

53 Die Namen, die man wählte, sollten die Verehrung der Hohenzollern versinnbildlichen: 1. Henriettengrad (grün), 2. Sophiengrad (weiß), 3. Luisengrad (rosenrot) und 4. Elisabethgrad (himmelblau); vgl. ‚Gott mit uns!‘ No. 1, vom 15. Aug. 1849, zit. nach: Valentin, Geschichte, II, S. 473 f. Nach Kuhr (Denkwürdigkeiten, II, S. 276) war der Frauen-Treubund mit dem Männer-Treubund nicht enger verbunden. Über Größe und weiteres Schicksal des Frauen-Treubundes ist leider nichts bekannt. Die von Valentin erwähnte ‚Gesellschaft patriotischer Frauen‘ (ebd., S. 672, Anm. 47) war vermutlich die Frauenorganisation des ‚Patriotischen Vereins‘ der preußischen Hauptstadt.

waren.[54] Die Öffentlichkeit beeindruckte der Treubund durch massenwirksam inszenierte Großveranstaltungen. Am 15. Oktober 1849, anläßlich des Geburtstages von Friedrich Wilhelm IV., verstand es der Bund, eine eindrucksvolle Illumination Berlins zu organisieren. Keinen Monat später, am 10. November 1849, fand ein Fest zum Jahrestag der offiziellen Einsetzung des Ministeriums Brandenburg statt, zu dem der König, die Königin, sämtliche Hohenzollern-Prinzen und Prinzessinnen, das vollständige Staatsministerium, sonstige hohe Hofchargen und weitere Prominenz erschienen.[55] Wrangel, Manteuffel, Hinckeldey und andere versicherten den Treubund wiederholt ihres Wohlwollens.[56]

Kampfreden von Treubundagitatoren, die von bewaffneten Trupps ‚geschützt' bzw. erst durchgesetzt wurden, dienten häufig freilich weniger dem Zweck, publikumswirksam Eindruck zu schinden, als vielmehr der Einschüchterung des politischen und religiösen Gegners. Varnhagen nennt als Beispiel den Auftritt des protestantischen Predigers Krummacher, der bereits während der Revolutionszeit als Exponent der hochkonservativen Berliner Geistlichkeit hervorgetreten war.[57] Auch in anderen Fällen scheinen nach Hunderten zählende Treubund-Scharen zu ähnlichen Zwecken als Schlägertrupps eingesetzt worden zu sein.[58] Die milizartige Präsenz mit Schlagstöcken bewaffneter Treubund-Trupps bringt recht drastisch das seit Ende 1848 veränderte politische Kräfteverhältnis zum Ausdruck: Während der Revolution hielten konservative Bürger mit ihrer politischen Haltung meist hinter dem Berg, aus Furcht vor handgreiflicher Entgegnung von seiten der Unterschichten. Seit Anfang 1849 werden sich umgekehrt viele Demokraten und Liberale kaum getraut haben, ihre Ansichten offen zu äußern – aus Angst vor Treubund-Schlägern. Ergänzt wurden diese Me-

---

54 „Der Hauptzweck, im geselligen Verein, gemeinsam, ohne den Unterschied der bürgerlichen Stellung geltend zu machen, in edler Sitte und Frohsinn einen Tag zu verleben, wurde vollkommen erreicht", kommentierte die VZ vom 7. Sept 1849 (2. Beilage, nach: Fischer, Treubund, S. 112) den Ablauf einer solchen Veranstaltung. „Der Arbeiter mit seiner Familie im Sonntagsstaat, Bürger und Soldaten, Officiere und Beamte; – hier war keine gesuchte, künstliche Verbrüderung, das Gefühl der Treue und Liebe zum König und Vaterlande beseelte Alle". Vgl. auch Kuhr, Denkwürdigkeiten, II, S. 229, 266-271.

55 Vgl. Fischer, Treubund, S. 111 ff.

56 Vgl. VZ vom 23. Juni 1849; Kuhr, Denkwürdigkeiten, II, S. 221, 232 f., 267, 269 ff.

57 Eine mit Stöcken bewaffnete Treubund-Schar habe Krummacher (KBA) Anfang 1850 Einlaß in eine Versammlung der freireligiösen Gemeinde Berlins verschafft; die vermutlich ziemlich eingeschüchterten Gemeindemitglieder mußten dann eine der aggressiven Reden Krummachers über sich ergehen lassen. (Eintrag Varnhagens vom 17. Jan. 1850, in: ders., Tagebücher, Bd. 7, S. 25.)

58 Vgl. Fischer, Treubund, S. 114. Wohl mit Blick auf diese ‚Parteimiliz' bot der Vorstand des Berliner Treubundes dem Kriegsministerium im Konflikt Preußens mit Österreich und Rußland um die Unionspolitik „eine bewaffnete Schar treuer Bürger" als „Heimatschutz" für den Fall an, daß die zu diesem Zeitpunkt in Berlin stationierten Soldaten gegen einen äußeren Feind aus Berlin abrücken müßten. Der Kriegsminister lehnte freilich dankend ab; vgl. ebd., S. 124.

thoden offener Einschüchterung der politischen Gegner durch ein „organisirtes Spionirsystem", das der Treubund Anfang der fünfziger Jahre aufbaute.[59]

Obgleich in den Augen der Öffentlichkeit durch die Massenversammlungen und Bezirksaktivitäten des Treubunds – und daneben auch durch die Traditionsfeiern der wieder erstarkten Militär- und Veteranenvereine[60] – zunehmend an den Rand gedrängt, blieben die *älteren* konservativen Vereine weiterhin aktiv. Mit dem Treubund, der Doppelmitgliedschaften keineswegs ausschloß, waren sie jedenfalls in Berlin zudem durch zahlreiche personelle Querverbindungen verknüpft[61], ohne daß es allerdings zu einer förmlichen Koordinierung der gegenseitigen Aktivitäten kam. Der Patriotische und der Preußen-Verein lobten in öffentlichen Erklärungen weiterhin die Regierung.[62] Seit Sommer 1850 allerdings, nachdem die Reste demokratischer und liberaler Konkurrenzorganisationen beseitigt worden waren, degenerierten beide altkonservativen Vereine zu Orten „politischer Geselligkeit" (W. Schwentker), ein Trend, dem sich auf Dauer wohl auch der Treubund nicht entziehen konnte. Bis Ende der fünfziger Jahre war jedenfalls die Zahl seiner Mitglieder auf zweitausend geschrumpft.[63]

---

59 Die auf diese Weise gewonnenen Erkenntnisse bot er dem Berliner Polizeipräsidenten an. Hinckeldey lehnte allerdings ab. Er wollte den Treubund nicht zu einem ‚Staat im Staate' machen. Zugleich diente die ‚Spionage-Abteilung' der herrschenden Strömung des Treubundes offenbar dazu, opponierende Minderheiten und mißliebige Mitglieder auszumanövrieren; vgl. Siemann, „Deutschlands Ruhe", S. 358 ff.; ferner Fischer, Treubund, S. 97.

60 So veranstaltete der ‚Verein zur Einfriedung des Waldfriedhofs in der Hasenheide', einer der bedeutsamsten Berliner Veteranenvereine (vgl. *S. 614, Anm. 22)*, Anfang Sept. 1849 die alljährliche „Todtenfeier zum Andenken an die gebliebenen Waffengefährten aus den Jahren 1813–1815" unter einer im Vergleich zum Vorjahr „ungleich regeren sowohl offiziellen als [auch] privaten Theilnahme". (VZ vom 7. Sept. 1849.) Andernorts verstärkten die Kriegervereine nach der Revolution ebenfalls ihre Aktivitäten; vgl. Trox, Militärischer Konservativismus, S. 284 f.

61 Vgl. Beispiele bei Fischer, Treubund, S. 102, 105.

62 Vgl. etwa eine Erklärung des Preußenvereins vom 3. Juli 1849, nach: Schwentker, Konservative Vereine, S. 327 f. Der Preußenverein zählte zu diesem Zeitpunkt zwischen 400 und 500 Mitglieder; vgl. Kuhr, Denkwürdigkeiten, II, S. 219. Der Patriotische Verein suchte Mitte 1849 darüber hinaus durch eine „Revision" seiner Statuten die Rechtswendung der monarchischen Politik nachzuvollziehen. (In: BA FFM ZSg 8/92, Bl. 3.)

63 Vgl. Siemann, „Deutschlands Ruhe", S. 358, Anm. 208. Angekündigt hatte sich dieser Trend zur „politischen Geselligkeit" in Berlin schon vorher. Seit Frühjahr 1849 entstanden in verschiedenen Stadtbezirken mehrere „gesellige Vereine" der „monarchisch-constitutionellen" Richtung, eine Bezeichnung, hinter der sich der gemäßigte Konservativismus vermutlich des Patriotischen Vereins verbarg. Sie konkurrierten nicht nur mit den im Revolutionsjahr gegründeten, weiterhin starken demokratisch-liberalen Bezirks-Vereinen, sondern offenbar auch mit vergleichbaren Organisationen, die dem Treubund nahestanden; vgl. die Statuten des monarchisch-constitutionellen Vereins des 45. Stadtbezirks vom Aug. 1849 sowie die Erklärung eines „conservativ-constitutionellen Central-Ausschusses" gegen die Bildung weiterer Bezirksvereine vom 5. Dez. 1849, nach: NW Friedl. Samml., S. 197.

Die liberal-demokratische Volkspartei

Nicht nur die organisierten Konservativen, auch die Demokraten glaubten sich im Dezember 1848 und Januar 1849 zunächst im Aufwind. Reichte die Kritik sowohl an den einzelnen Bestimmungen der Dezember-Verfassung wie an den Modalitäten, unter denen sie Gültigkeit erhielt, nicht bis in die Reihen der Liberalen? Hatten die Demokraten mit Unterstützung der Linksliberalen im Januar 1849 nicht einen überwältigenden Wahlerfolg in die Scheuern gefahren? Tatsächlich bestand zu Optimismus von demokratischer Seite selbst in organisatorischer Hinsicht zunächst durchaus Anlaß. Obwohl von der Obrigkeit mißtrauisch beäugt, bewahrten namentlich die 1848 gegründeten Bezirksvereine in Berlin „eine Lebenskraft, welche selbst den Druck des Belagerungszustandes überdauerte"[64] und bis weit in die sechziger Jahre reichte.[65] Im Dezember 1848 und Januar 1849 bildeten die Bezirksvereine das Gefäß, aus dem die demokratisch-liberalen Wahlvereine hervorgingen. Hinter der Fassade dieser Wahlvereine wiederum entwickelte sich seit Februar 1849 ein kräftiges demokratisches Vereinswesen.

Trotz politisch-polizeilicher Restriktionen gelang es der von prominenten Demokraten und Linksliberalen gegründeten Berliner ‚Volkspartei', 1849/50 fünf- bis zehntausend Mitglieder in ihren Reihen zu organisieren.[66] Sie erreichte damit eine Größenordnung, die der des Treubunds nahekam. Allem Anschein nach zog die neue Massenorganisation der Berliner Linken in erster Linie Bürger und Kleinbürger an sich, kaum dagegen Angehörige der Unterschichten.[67] Mit

---

64 Stern, Geschichte des deutschen Volkes, S. 144. Vgl. Eintragungen Varnhagens vom 14. Dez. 1848, 11. und 16. Aug. oder 20. Sept. 1849, in: ders., Tagebücher, Bd. 5, S. 342 f.; Bd. 6, S. 312, 320, 367 f., sowie Reulecke, Sozialer Friede, S. 240-243.

65 In den fünfziger Jahren existierten eine ganze Reihe von Bezirksvereinen weiter, vornehmlich allerdings als sozialreformerische Vereinigungen. Im Revolutionsjahr hatten sozialpolitische Initiativen wie die Einrichtung von Kreditkassen nur einen Teilbereich der Aktivitäten der Bezirksvereine ausgemacht; vgl. *S. 638.* 1863 bestanden 93 Berliner „Bezirks-Darlehens- und ähnliche Kassen", darunter freilich eine ganze Reihe von Selbsthilfeeinrichtungen der Innungen; vgl. Bergmann, Handwerk, S. 84. Nach Anbruch der ‚neuen Ära' Anfang der sechziger Jahre wurden die Bezirksvereine dann zu Paten der liberal-demokratischen Wahlvereine auf Bezirksebene; vgl. im einzelnen Toni Offermann, Preußischer Liberalismus zwischen Revolution und Reichsgründung. Berliner und Kölner Fortschrittsliberalismus in der Konfliktzeit, in: Langewiesche (Hg.), Liberalismus im 19. Jahrhundert, S. 120 f.

66 Die Zahl 5000 bis 10 000 ist eine Schätzung. Ihr liegt die Mitteilung von Leopold Zunz (KBA) zugrunde, daß an der Wahl des Vorstandes der Berliner Volkspartei am 21. Febr. 1850 4836 Mitglieder teilnahmen; vgl. Zunz, Jude, Deutscher, Europäer, S. 276, Anm. 2.

67 Dieser Eindruck drängt sich in erster Linie nach der Lektüre von Streckfuß, Organisation der Volkspartei, S. 6 f. auf. Auch die Vorstände und Bezirksvertreter der neun Volksvereine waren, soweit mir Berufsangaben bekannt sind, bürgerlicher bzw. kleinbürgerlicher Herkunft. Unter den 1. bzw. 2. Vorsitzenden finden sich viele führende Demokraten sowie einzelne prominente Liberale des Jahres 1848, u. a. J. Berends, E. Meyen, H. Runge, A. Streckfuß, L. Zunz und J. Waldeck (KBA).

ihrem Namen formulierte die ‚Volkspartei' in sozialer Hinsicht also lediglich einen Anspruch, den sie tatsächlich nicht einlöste. Dennoch und trotz des kurzen Lebens, das ihr beschieden sein sollte, war die neue Organisation besonders in einer Hinsicht bemerkenswert, zumal demokratische Organisationen, die neben der ‚Volkspartei' weiter existierten oder neubegründet wurden, nicht zu größerer Bedeutung gelangten:[68] In der ‚Volkspartei' materialisierte sich ein wichtiger Lernprozeß der Berliner Linken, nämlich die Erfahrung, daß die demokratische Bewegung des Jahres 1848 nicht zuletzt deshalb so vernichtend geschlagen werden konnte, weil es ihr an organisatorischer und politischer Einheitlichkeit fehlte. Die ‚Volkspartei' des Jahres 1849 entwickelte sich dagegen zumindest in ihrem organisatorischen Aufbau zu einer Partei im heutigen Sinne: Sie bestand aus insgesamt neun Volksvereinen, von denen jeder mehrere städtische Bezirke umfaßte. Koordinationsinstanz der stadtteilbezogenen Volksvereine war ein demokratisch gewählter „Gesamtausschuß für Berlin", der von knapp zweihundert Delegierten der neun Volksvereine beschickt wurde. Dieser „Gesamtausschuß" sollte weitere Vereine aufnehmen können; er bestimmte seinerseits einen „Vollziehungsausschuß" als „oberste Geschäftsbehörde". Das sah jedenfalls der Entwurf eines Statuts vor, den das ‚Local-Comité für volksthümliche Wahlen' entwarf. Tatsächlich konnte dieses Konzept unter den Bedingungen des Belagerungszustandes nur begrenzt zum Tragen kommen. Bereits die Wahl der Vorstände der Bezirksvereine[69] und dann des ‚Gesamt-' sowie des ‚Vollziehungsausschusses' war mit erheblichen Schwierigkeiten verbunden.[70]

---

68 Die von Fr. W. Held (KBA) repräsentierte demokratisch-soziale Strömung, die sich der ‚Volkspartei' nicht anschloß, versuchte auf eigene Faust Volksversammlungen zu organisieren - offenbar vergeblich. In der ersten und noch einmal in der zweiten Maiwoche 1849 vereitelte die Polizei Versuche der Strömung um Held, Großveranstaltungen zu organisieren; vgl. Helds Erklärung vom 7. Mai 1849: „Enthüllungen über die vereitelte Volksversammlung hinter Zehlendorf außerhalb des Belagerungs-Rayons"; außerdem (über eine zweite Versammlung) Varnhagens Eintrag vom 13. Mai 1849, in: Tagebücher, Bd. 6, S. 167). Der ‚Demokratische Verein der Rheinländer und Westfalen', der Volksklub und der ‚Verein der Volksrechte' gaben Anfang bzw. im Frühsommer 1849 noch einmal Flugblätter heraus; vgl. ZBSt, 1848 Flg., M. 25 bzw. M. 26. Daß die älteren demokratischen Vereinigungen auch danach, bis mindestens Mitte 1850, als kleine Zirkel weiterbestanden, ist ferner Bemerkungen von Zunz zu entnehmen; vgl. Zunz, Jude, Deutscher, Europäer, S. 276, Anm. 2.

69 Unklar bleibt in der Darstellung von Streckfuß (Organisation der Volkspartei, S. 10 ff.), auf die ich mich hier stütze, ob es überhaupt zu regelrechten Bezirksversammlungen kam oder ob die Vorstände und Delegierten per Akklamation in den Wahlvereinen, die sich wiederum weitgehend aus den Bezirksvereinen und der ehem. Bürgerwehr rekrutierten, bzw. über heimliche Treffs in Wohnungen von Privatleuten ernannt wurden.

70 Das Vorhaben, einen vorläufigen Vorstand der ‚Volkspartei', dem u. a. J. Waldeck, J. Berends und H. Runge (KBA) angehörten, als „Vollziehungsausschuß" durch die zum „Gesamtausschuß" zusammengefaßten Delegierten der neun Volksvereine bestätigen zu lassen, gelang nur mit Mühe: Das Treffen der Delegierten am 21. Mai in der Wohnung Runges war der Polizei verraten worden; die Versammlung wurde „unmittelbar nach Beendigung der Wahl" aufgelöst. Ein erstes Treffen des Vorstandes der neuen Partei am folgenden Tage wurde von der Polizei

Die Einführung des Drei-Klassen-Wahlrechts am 30. Mai 1849, an sich ein herber Rückschlag für die demokratische Bewegung, führte infolge der breiten Kritik am Zensusprinzip in Berlin anfänglich zur Stabilisierung der ‚Volkspartei‘. Einen zweiten politischen Schwerpunkt bildete die „deutsche Frage". Eine Sympathieerklärung für die von der Frankfurter Paulskirche verabschiedete Reichsverfassung und gleichzeitig heftige Kritik am „Drei-Königs"-Verfassungsentwurf für ein von oben, unter preußischer Hegemonie vereinigtes Deutschland wurde ebenso als vieltausendfache Erklärung publiziert wie ein Aufruf zum Boykott der ersten Drei-Klassen-Wahl vom 17. Juli 1849.[71] Bedenkt man, daß das Comité der ‚Volkspartei‘ bis Ende Juli nicht offen auftreten konnte, wenn es sich nicht mutwillig der Verhaftung aussetzen wollte, und auch danach die Hinckeldeyschen Verordnungen sowie die restriktive Polizeipraxis sein Wirken erheblich erschwerten, waren diese Aktivitäten beachtlich.

Indessen folgte dem politischen Frühling, den die Berliner Demokratie im ersten Halbjahr 1849 zu erleben glaubte, kein Sommer, sondern (um im Bild zu bleiben) erneut ein bitterer Winter, diesmal länger und noch frostiger als Ende 1848. Die blutigen Übergriffe des Militärs und der Polizei vom 27. April 1849 anläßlich der Auflösung des preußischen Abgeordnetenhauses konnten ebensowenig wie der demokratische Wahlboykott vom Juli 1849 das Kabinett Brandenburg erschüttern. Daß die preußische wie die österreichische Reaktion fester im Sattel saßen, als die Demokraten und nicht wenige (Links-)Liberale dies wahrhaben wollten, zeigten das Scheitern der Reichsverfassungskampagne und das Ende des Frankfurter Rumpfparlaments. Die ‚deutsche Frage‘ ließ sich 1849/50 nicht einmal unter monarchischen Vorzeichen verwirklichen – geschweige denn unter konstitutionellen oder gar demokratischen. Alle diese Ent-

---

verhindert, zwei Tage später wurden die meisten Vorstandsmitglieder verhaftet. Anfang Juni 1849 wurden an die Stelle der Verhafteten neun andere Demokraten gewählt, u. a. E. Meyen und A. Streckfuß (KBA). Das neue geschäftsführende „Comité" wurde nicht verhaftet, wohl weil es ein Konzept illegaler Tätigkeit für die Zeit des Belagerungszustandes entwickelte, das sich vom politischen Aktionismus der demokratischen Bewegung 1848 wesentlich unterschied. Man gab sich nicht ganz unpolitisch; aber ‚Politik‘ wurde, jedenfalls der Obrigkeit und der Öffentlichkeit gegenüber, weitgehend auf Vortragsveranstaltungen reduziert, wie sie in den Bildungsvereinen des Vormärz üblich waren; vgl. Zunz, Jude, Deutscher, Europäer, S. 275 f., Anm. 2. Zunz selbst hielt – wie andere prominente Demokraten und Linksliberale auch – in den Bezirksorganisationen der ‚Volkspartei‘ zahlreiche Vorträge zu politischen und sozialökonomischen Themen. Ansonsten waren „Concerte und andere Vergnügungen die einzigen Mittel, die Partei zusammen zu bringen". (Streckfuß, Organisation der Volkspartei, S. 12.) Jeder Volksverein gründete zu diesem Zweck „gesellige Vereine", die „den Grundstein legen [sollten] zu den nach der Beendigung des Belagerungszustandes in‘s Leben tretenden politischen Parteien". (Ebd.)

71 Letztere Erklärung soll nach den Angaben von Streckfuß in einer Auflage von 25 000 Exemplaren gedruckt und verteilt worden sein; vgl. Streckfuß, Organisation der Volkspartei, S. 13. Daneben tat die ‚Volkspartei‘ einiges für die freilich erst im Dez. 1849 erfolgte Freilassung B. Waldecks (KBA); vgl. ebd.; NZ vom 31. Juli 1849; Briefe Zunz‘ an Ph. u. J. Ehrenberg vom 29. Juli 1849 und 7. Jan. 1850, in: ders., Jude, Deutscher, Europäer, S. 306, 313.

wicklungen und Ereignisse trugen wesentlich zum allmählichen Zerfall der bürgerlich-demokratischen ‚Volkspartei‘ in der zweiten Jahreshälfte 1849 bei. Unter dem Belagerungszustand und auch nach dessen Aufhebung blieb infolge der im Juni 1849 erlassenen neuen restriktiven Verordnungen den einzelnen Gliederungen der Berliner ‚Volkspartei‘ nur ein sehr enger Spielraum für politische Aktivitäten. Zwar versuchten die Vorsitzenden der neun Volksvereine unter der Federführung von Julius Berends und Leopold Zunz Mitte Oktober 1849 noch einmal, die Aktivitäten der demokratischen Bewegung Berlins über ein Central-Comité zu bündeln und mit den auswärtigen Vereinen und Anhängern den Kontakt wiederherzustellen.[72] Aber auch dieser Versuch wurde vereitelt.[73] Das neue preußische Versammlungs- und Vereinsgesetz vom 11. März 1850 und die zeitgleich mit dem Erlaß des Pressegesetzes vom 5. Juni 1850 durchgeführte Schließung der noch bestehenden demokratischen Vereine besiegelten das Ende der ‚Volkspartei‘.

Gneist hat mit Blick auf die demokratisch-linksliberale ‚Volkspartei‘ festgestellt, daß „eine eigentliche Parteibildung bei uns erst seit dem Dezember [1848] datirt“; die politischen Klubs der Revolutionsmonate bildeten „nur die theoretischen Anfänge dazu“. Auch für die Konservativen waren die im Dezember 1848 entstandenen Wahlkomités „ein wichtiges Sprungbrett auf dem Wege zur Parteibildung“, wie Schwentker mit Blick auf Gesamtpreußen dargelegt hat.[74] Der Treubund mit seinem totalitären Bewegungsanspruch stellte hier allerdings einen Schritt zurück dar. Tatsächlich handelte es sich 1849 eher um eine Art Strohfeuer der Parteibildung, das dann seit Beginn der fünfziger Jahre bei den Demokraten der zwangsweisen, bei den Konservativen der freiwilligen Rückbesinnung auf Geselligkeitsvereine wich. Indessen blieben, im Rückblick betrachtet, neben den Organisationserfahrungen von 1848 auch die der beiden Nachrevolutions-Jahre nicht vergeblich. Die Konstituierung parteiähnlicher Gebilde nach

---

72 Vgl. die Berichte Hinckeldeys vom 20. und 29. Okt. 1849, in: GStA, Rep. 77, Tit. 1072, Nr. 1, Bd. 1, Bl. 235-236 und 257-260; ferner Paschen, Demokratische Vereine, S. 150 f. Zunz (KBA) war Anfang Okt. 1849 zum Vorsitzenden des 9. Volksvereins, Ende Febr. 1850 dann mit großer Mehrheit zum Präsidenten der gesamten ‚Volkspartei‘ gewählt worden, eine Wahl, die er allerdings ablehnte; vgl. Zunz, Jude, Deutscher, Europäer, S. 275 f., Anm. 2.

73 Schon vorher war es für die Mitglieder der ‚Volkspartei‘ zur Gewohnheit geworden, daß ihre Versammlungen von der Polizei auseinandergetrieben wurden. Vgl. z. B. die Erklärung eines Friedrich Gerhard über „Die Auseinandertreibung des Zweiten Volks-Vereins am 9. Nov. 1849“, in der Zeugenaussagen über den Vorfall präsentiert wurden, in: LAB, Rep. 240, Acc. 685, Nr. 837; außerdem Eintragungen Varnhagens vom 24. und 30. Aug., 30. Okt., 10. und 15. Nov. 1849 u.ö., in: ders., Tagebücher, Bd. 6, S. 334, 341, 420, 434, 440. Zunz schrieb in einem Brief vom 28. Febr. 1850 an Ph. Ehrenberg, während der 28 Wochen, als er als Vorsitzender des 9. Volksvereins fungierte, habe er „mehr mit der Polizei zu tun [gehabt], als bisher in meinem ganzen Leben.“ (Zunz, Jude, Deutscher, Europäer, S. 315 f.)

74 Zitate: Gneist, Berliner Zustände, S. 118, bzw. Schwentker, Konservative Vereine, S. 249.

Beginn der ‚Neuen Ära' war nicht zuletzt deshalb innerhalb relativ kurzer Zeit möglich, weil man hier auf ältere Vorbilder zurückgreifen konnte.

Knüpften die Anfang der sechziger Jahre gegründeten politischen Vereinigungen offensichtlich an die 1848 bis 1850 gemachten Erfahrungen an, so hatten sich auf der anderen Seite die politischen Inhalte verändert, namentlich auf Seiten der bürgerlichen Demokratie. Der Revolutionspolitik folgte die Realpolitik. Die 1849 in zahlreichen Äußerungen ‚freisinnig' eingestellter Bürger noch durchscheinende Zukunftsgewißheit, der Glaube, daß sich dem politischen Fortschritt niemand entgegenstellen könne, verflog Anfang und Mitte der fünfziger Jahre. Die Lebensläufe prominenter Berliner Demokraten sind hier recht aufschlußreich. Viele von ihnen entwickelten sich seit Mitte der fünfziger und dann vor allem in den sechziger Jahren zu überzeugten Nationalliberalen; nicht wenige konvertierten Anfang der sechziger Jahre gar zum politischen Konservativismus.[75] Viele waren durch die langen Jahre des Exils und der politischen Erfolglosigkeit demoralisiert. Auf eine Reihe der 1848 wenig kompromißbereiten, radikalen und machtbewußten Demokraten, aber auch auf viele Liberale übten darüber hinaus die Erfolge des konservativen Realpolitikers und ‚Machtmenschen' Bismarck eine erhebliche Faszination aus. In ihren Augen begannen spätestens 1866, wie Droysen es formuliert hat, „die Wirklichkeiten über die Ideale, die Interessen über die Abstraktionen zu siegen." Ihr Blick „ernüchterte sich."

Das war freilich nur *ein* Entwicklungsstrang, den die bürgerliche Berliner Demokratie nach 1848 nahm. Eine zweite, nach meinem Eindruck in Berlin die stärkere Strömung floß in den fünfziger und sechziger Jahren mit den Restbeständen des 1848er Liberalismus zusammen. Dieser Strömung, die sich seit Beginn der ‚Neuen Ära' rasch verbreitete, war es zu verdanken, daß Berlin sich seit Beginn der sechziger Jahre zu einer Hochburg des Linksliberalismus entwickelte.[76] Trotz ausgeprägten personellen Kontinuitäten war der Berliner Links-

75 Auffällig ist, daß es vor allem Vertreter der sich besonders radikal gebärdenden Fraktion der demokratischen Bewegung Berlins waren, die den Weg nach rechts gingen. Sie wandten sich enttäuscht vom ‚Volk' ab, weil es nicht so sein wollte, wie ihre demokratisch-idealistischen Theorien dies vorsahen. Namen, die für diesen ‚Karrieretypus' stehen: H. B. Oppenheim, Edgar und Bruno Bauer, M. Schaßler, P. Boerner, R. Schramm, F. W. Held und G. Jung (KBA). Das folgende Zitat: Johann Gustav Droysen, Preußen und das System der Großmächte, in: ders., Politische Schriften, hg. von F. Gilbert, München/Berlin 1933, S. 222, nach: Baumgart, Verdrängte Revolution, S. 43.

76 Für diese Entwicklung stehen Namen von ‚1848ern' wie A. Streckfuß, R. Virchow, M. Löwinson, F. Duncker, B. Waldeck, S. Neumann, A. Diesterweg, R. v. Gneist, H. Ed. Kochhann, E. Meyen und A. Benary (KBA). Sie wirkten in den sechziger Jahren im städtischen oder im Landesparlament als Männer des ‚Fortschritts'. (Seit 1862 bestand in der Stadtverordnetenversammlung eine liberal-demokratische Mehrheit. Bei den Wahlen zum preußischen Abgeordnetenhaus im gleichen Jahr und ebenso im Okt. 1863 siegten in Berlin die Kandidaten der linksliberalen Fortschrittspartei. Selbst bei den Abgeordnetenhauswahlen vom Juli 1866 blieb Berlin

liberalismus der ‚Neuen Ära' nicht einfach die Fortsetzung der demokratischen Bewegung des Revolutionsjahres. In seinen politischen Zielen war der ‚Fortschritt' seit 1859/60 gemäßigter als der radikale Hauptstrom der Berliner Demokratie im Spätsommer und Frühherbst 1848. Die Linksliberalen waren die gezähmten Erben der revolutionär-demokratischen Bewegung. Zur Fortschrittspartei, den Nationalliberalen und Konservativen gab es noch eine weitere Alternative: Einige (wenige) prominente bürgerliche ‚1848er' blieben Radikaldemokraten oder schlossen sich später der Arbeiterbewegung an.[77]

Der Blick auf die namhaften Demokraten und Liberalen Berlins könnte den Eindruck erwecken, als sei der Politisierungsgrad des Bürgertums – und des Kleinbürgertums – 1849 und in den Folgejahren hoch geblieben, als habe er nur seine Richtung verändert und sich in neuen Formen differenziert. Dieser Eindruck täuscht. In breiten Kreisen des Bürgertums, des Mittelstandes und allem Anschein nach ebenso in Teilen der Unterschichten scheint sich nach dem Ende der Revolution eine Art politischer Erschöpfungszustand eingestellt zu haben. Im Frühjahr 1850 habe in Berlin eine geradezu „apathische Ruhe" geherrscht. „Alle Parteien" und von den Sozialschichten namentlich das „Bürgertum" seien „der politischen Bewegung müde" geworden, konstatierte ein demokratischer Zeitgenosse.[78] Die von Hinckeldey Mitte 1850 verschärften polizeilichen Restriktionen nahmen viele Berliner nur achselzuckend zur Kenntnis. Der bei den organisierten Konservativen seit 1849/50 beobachtbare Trend zur Geselligkeit bringt mittelbar zum Ausdruck, daß es allen Organisationserfolgen namentlich des Treubunds zum Trotz selbst ‚rechts' zu Entpolitisierungsprozessen kam.

Wie leicht sich bereits Anfang 1849 die Gemüter von der Politik auf obskure Ereignisse und ‚Erscheinungen' ablenken ließen, zeigt schlaglichtartig das Auftreten des elfjährigen „Wunderkindes" Luise Braun, das viele Berliner „wunderbarerweise fesselte" und seit Ende Februar 1849 zum „Hauptgegenstand" des allgemeinen Interesses wurde. Dieses Kind behauptete, „im geistigen Verkehr mit einem höheren Wesen [zu stehen], es ließ die Krüppel und die Lahmen, die Gebrechlichen und die Kranken zu sich kommen, ermahnte sie zum Vertrauen auf Gottes Hülfe und versprach ihnen dafür die Heilung ihrer Leiden. Tausende

---

eine Bastion der Linksliberalen, während in ganz Preußen die Konservativen auf Kosten des ‚Fortschritts' die Zahl ihrer Mandate fast verdoppeln konnten.)

77 Zu ihnen gehören etwa der früh verstorbene G. Julius, der ins Schweizer Exil abgewanderte K. Nauwerck oder J. Jacoby, der im hohen Alter für die Sozialdemokratie kandidierte. Ihnen ist mit Einschränkungen auch J. Berends zuzurechnen, der der von ihm mitbegründeten ‚Volkspartei' bald den Rücken kehrte und in die USA emigrierte (KBA).

78 Streckfuß/Fernbach, 500 Jahre, S. 723 f. Ein Symptom dieser Entwicklung – und darüber hinaus der scharfen polizeilichen Restriktionen – ist auch, daß das Interesse an politischer wie erbaulicher Literatur zurückging. Die Zahl der öffentlichen Berliner Leihbibliotheken verringerte sich von 60 im Jahr vor der Revolution auf 43 im Jahr 1849. 1852 hatten dann freilich wieder 53 Leihbüchereien ihre Türen geöffnet; vgl. Martino, Leihbibliothek, S. 315 sowie *S. 98, Anm. 24.*

und abertausende wanderten hinaus" zur Wohnung des Kindes, „nicht nur arme, ungebildete Leute", sondern ebenso „die Reichen und die sogenannten Gebildeten." Das „Interesse an der Politik" wurde „überwuchert von dem Interesse, welches das Wunderkind Luise Braun den abergläubischen Berlinern einflößte."[79]

„Das Jahr 1848 hat es zu schauerlicher Klarheit gebracht ... ": Das kirchliche Leben „in entsetzlichem Verfall"

Wie so oft in oder nach politischen Krisen – und Revolutionen, auch wenn man sie positiv bewertet, gehören dazu – hatten Aberglaube und andere Formen mystischen Trostes selbst „in der so intelligenten Stadt Berlin" Hochkultur, und zwar anscheinend in allen Schichten. Der Obrigkeit war die Abwendung breiterer Bevölkerungsschichten von der Politik willkommen. Bemerkenswert ist allerdings, daß die protestantische Kirche von dem Bedürfnis nach übersinnlichem Trost nur begrenzt profitierte. Kochhann spricht zwar in seinen Erinnerungen für 1849/50 von einer „Zeit der öffentlich zur Schau gestellten kirchlichen Frömmigkeit".[80] Das galt jedoch nur mit Blick auf die gehobenen Bevölkerungskreise, und auch hier lediglich für deren konservativen Teil. Unter liberalen und demokratischen Bürgern und Kleinbürgern wuchs die Entfremdung gegenüber dem offiziellen Protestantismus eher, zumal die Geistlichkeit aus ihrer Genugtuung über die weitgehende Beseitigung der Märzerrungenschaften und das Scheitern der Revolution keinen Hehl machte. Noch stärker als in den höheren Bevölkerungsschichten weitete sich die Distanz zur protestantischen Amtskirche in den Unterschichten. Daran konnte auch die Ende 1848 gegründete ‚Innere Mission' Wicherns trotz einiger Teilerfolge grundsätzlich nichts ändern. Der in Berlin schon während des Vormärz mit etwa zehn Prozent geringe Kirchenbesuch sank nach der Revolution auf durchschnittlich fünf bis sechs Prozent. Ende der sechziger Jahre gingen dann schließlich nicht einmal mehr zwei Prozent der eingeschriebenen Protestanten in ein Gotteshaus, um die sonntägliche Predigt zu hören. Die meisten Kirchenbesucher waren überdies weiblichen Geschlechts, wie konservative Geistliche verärgert feststellen mußten. Besonders schwach waren die Gottesdienste in den Kirchen besucht, die in proletarischen Vierteln lagen. Und wenn ein Gotteshaus besucht wurde, ließ man es an der gebotenen Ehrfurcht vermissen, stand während der Predigt geräuschvoll und ohne die „geringste Verlegenheit" auf oder ging „mit der Cigarre in der Hand zum Tauf-

---

79 Streckfuß/Fernbach, 500 Jahre, S. 719 f.; VZ vom 3. März 1849. Vgl. außerdem Varnhagen am 24. Febr. 1849, in: ders., Tagebücher, Bd. 6, S. 64; ferner Gailus, Straße und Brot, S. 136; Hachtmann, „Gerechtes Gericht Gottes", S. 253.
80 Kochhann, Mitteilungen, IV, S. 17.

stein". „Bei solchem Mangel an Pietät ist es nicht zu verwundern, wenn revolutionaire und socialistische Gelüste die Massen in erschreckender Weise durchdringen. Das Jahr 1848 hat es zu schauerlicher Klarheit gebracht, was Berlin und Preußen in Zeiten der Gefahr vom Voigtlande zu erwarten haben." Seit der Revolution sei „das kirchliche Leben in entsetzlichem Verfall."[81] Zwar war die ‚Entkirchlichung' ein allgemeiner Trend; zumindest unter geistlichen Amtsträgern der Stadt galt Berlin jedoch als „kirchlich verwahrlosteste Stadt" in ganz Deutschland. Besonders scharf war die Kritik an der protestantischen Neuorthodoxie und dem engen Bündnis von Kirche und weltlicher Obrigkeit in den Organisationen der Gesellen und Arbeiter.

Die nach der Revolution zu beobachtenden wachsende Resonanz der ‚Lichtfreunde' und der Deutsch-Katholiken in Preußen allgemein und auch in Berlin bringt zum Ausdruck[82], daß die Kritik an den politischen Verhältnissen, die ideologisch ja zudem durch Stahls Konzept des ‚christlichen Staates' untermauert wurden, zwar zur Abwendung von der protestantischen Amtskirche führte, zunächst jedoch noch nicht von der Religion allgemein. Bemerkenswert ist außerdem, daß wie im Vormärz auch im Nachmärz religiöse und politische Kritik weiterhin miteinander verquickt wurden und die Resonanz der Freireligiösen vor allem in den Unterschichten besonders groß war. Das weckte das Mißtrauen der Behörden, die vermuteten, daß „republikanisch-socialistische Grundsätze in die Form einer freien Religion gebracht" und die Demokraten versuchen würden, „unter dem Deckmantel der Religionsfreiheit ihre Organisation aus[zu]breiten".[83] Infolgedessen wurden die ‚Freien Gemeinden' staatlicherseits und durch militante Konservative in der Hauptstadt ähnlich oder möglicherweise sogar stärker als in den übrigen preußischen Städten massiv in ihren Aktivitäten behindert. Noch mehr hatten allerdings die eigentliche Arbeiterbewegung, die von ihr gegründeten Selbsthilfeorganisationen und der große Handwerkverein zu leiden.

---

81 Betrachtung über das ‚Voigtland', in: ‚Sonntagsblatt für die Innere Mission' 1862, nach: Geist/ Kürvers, Mietshaus, I, S. 386. Ähnliche Klagen führten auch andere; vgl. Boeckh, Predigt in Berlin, S. 319,. Ausführlich (auch zu den Schätzungen zum Kirchenbesuch): Hachtmann, „Gerechtes Gericht Gottes", S. 250-255.

82 Hierzu und zum folgenden: ebd., S. 251 f.; Paletschek, Frauen und Dissens, S. 191.

83 Schreiben des Ministers für die geistlichen etc. Angelegenheiten an den Innenminister vom 25. Dez. 1849, zit. nach: Brederlow, Lichtfreunde, S. 103. Zu den Repressionen gegenüber freireligiösen Predigern und Gemeinden vgl. (allgemein) Paletschek, Frauen und Dissens, S. 70 ff. Parallel zu den staatlichen Repressalien suchten Schlägertrupps des konservativen Treubunds im Verein mit militant-protestantischen Agitatoren Versammlungen der Berliner Freien Gemeinde zu stören; vgl. *S. 831.*

Arbeiterbewegung, ‚Kultur der Armut' und proletarischer Konservativismus

Vier von fünf Berlinern gehörten den proletarischen Bevölkerungsschichten im weiteren Sinne an. Ihre Haltung hatte bereits in der Revolution über die Stärke der politischen Hauptströmungen entschieden. Ohne proletarische Basis hätten die demokratischen Vereine 1848 kaum eine größere Bedeutung erlangt als der schmalbrüstige liberale Konstitutionelle Klub, dessen Mitglieder sich ausschließlich aus den gehobenen Sozialschichten rekrutierten.[84] Bei allen Vorbehalten gegenüber quantitativen Schätzungen wird man den Anteil der Demokraten, Sozialisten und ähnlicher Strömungen in den Unterschichten auf ungefähr 80% bis 90%, den der konservativ-monarchistischen Minorität auf 10% bis 20% veranschlagen dürfen. Diese Schätzung (zur groben Illustration der politischen Kräfteverhältnisse) kann sich allerdings nur auf die politisch aktiven oder zumindest interessierten Bevölkerungsgruppen beziehen. Wie hoch der Anteil der ‚Indifferenten' und ‚Unpolitischen' war, läßt sich plausibel nicht schätzen (bei den Frauen noch weniger als bei den Männern), zumal es sich dabei um eine Größe handelt, die je nach Ereignissen und politisch-sozialen Konjunkturen beträchtlich geschwankt haben dürfte. Außerdem sagen Begriffe wie ‚demokratisch', ‚sozialistisch', ‚liberal' oder ‚konservativ' über die dahinter stehenden politischen Inhalte nicht viel aus. Im folgenden soll deshalb ein kurzer Überblick über die freilich nur in groben Konturen erkennbaren politisch-sozialen Mentalitäten und (organisierten wie nicht-organisierten) ‚Bewegungen' der niederen Sozialschichten gegeben werden, wie sie in den zugegebenermaßen sehr bruchstückhaften, zudem mit selektiver Optik verfaßten Quellen zutage treten.

Auffallend ist zunächst der wachsende *Antimonarchismus* in den Reihen der Unterschichten. Seit Sommer 1848 stießen nicht mehr nur der schon vorher verhaßte Prinz v. Preußen, sondern auch der König und ebenso die Monarchie als Staatsform innerhalb der Unterschichten auf immer schärfere Ablehnung. Diese Entwicklung setzte sich nach dem Ende der Revolution verstärkt fort.

---

84 Präzise Angaben über die genaue Stärke der verschiedenen politischen Strömungen 1849/50 lassen sich zwar nicht machen; vor allem die Wahlergebnisse vom Jan. 1849 zeigen jedoch deutliche Trends auf. Bei den Januarwahlen 1849 stellten die Konservativen und Rechtsliberalen nur 27% der Wahlmänner, das Bündnis aus Demokraten und Linksliberalen (in dem in Berlin die Demokraten dominierten) dagegen die restlichen 73%; vgl. *S. 794*. Selbst wenn das Bürgertum und das Kleinbürgertum geschlossen demokratisch gewählt hätten, wäre der Einfluß der Demokraten in den Unterschichten nach diesem Wahlergebnis immer noch groß gewesen. Tatsächlich jedoch war die Mehrheit des Mittelstands, der Wirtschaftsbürger, der Beamten und auch ein Teil des Bildungsbürgertums, d.h. die große Mehrheit der beiden höheren sozialen Großgruppen, „liberalkonservativ" eingestellt. In erster Linie aus ihren Reihen dürften die Stimmen für die rechten und rechtsliberalen Wahlmänner gekommen sein.

Am 13. November, also unmittelbar nach der Ausrufung des Belagerungszustandes notierte Varnhagen folgende „furchtbare Reden", die er „an den Ecken", wo die Wrangelsche Bekanntmachung aushing, gehört habe. Gegen den König seien die folgenden Äußerungen gerichtet gewesen: „Der feige Bösewicht, der eitle Narr und schändliche Betrüger soll uns nicht mehr mit Redensarten berücken, stinkender Lug geht aus seinem Maul.' An einer anderen Stelle hieß es: ,Spart nur Euer Pulver und Blei bis zum rechten Augenblick, jetzt nichts gethan!' Und: ,Um Gotteswillen, Brüder, Geduld, jetzt Geduld, wir schlagen den Feind um so besser künftig, laßt ihn doch seine Krone vollends verspielen.', Natürlich wurden auch die Minister und Wrangel nicht ausgespart: „Von den Verrätern soll keiner seinen Geburtstag feiern, die sind gerichtet." Dazu Varnhagens rhetorische Frage: „Wie will der König fortregieren bei solcher Volksgesinnung? Und sie ist fast allgemein."[85]

Wie stark die antimonarchische Einstellung in den Unterschichten war, und daß sie bis in Kreise des demokratischen Bürgertums reichte, geht auch aus Polizeiberichten hervor.[86] Zudem hagelte es Anklagen wegen Majestätsbeleidigungen vornehmlich gegen „Leute aus der untersten Klasse".[87] Eigentlich muß dies erstaunen. Denn unter dem Belagerungszustand lernte der ‚Pöbel' zu schweigen, wenn sich ein Konstabler oder ein Soldat näherte. Die Ende 1848 einsetzende Prozeßwelle wegen Majestätsbeleidigungen deutet insofern auf noch ganz andere Dimensionen der Kritik am Monarchen wie an der Monarchie überhaupt hin. Die für Außenstehende stumme Erbitterung und unkalkulierbar-drohende Haltung der Unterschichten muß Leopold v. Gerlach gemeint haben, als er nach einem kurzen Besuch Berlins Anfang Dezember 1848 notierte, „die ganze Stimmung hat etwas Unheimliches". Berlin mache allgemein „einen betrübenden Eindruck. [...] Wie ist doch das Vertrauen und die Unbefangenheit aus diesen Verhältnissen verschwunden, und wiederkehren wird sie wohl nie."[88]

Soziale „Gährungsstoffe", angestaut durch die seit Ende 1848 vorgenommenen Lohnkürzungen und die weiterhin hohe Arbeitslosigkeit, kamen hinzu. Verstärkt wurde die Erbitterung auf Seiten der Unterschichten zusätzlich dadurch, daß „die Vornehmen und Beamten, herzlos und grausam," vor dem Hintergrund der Anfang März 1849 vorübergehend eskalierenden „Unruhen unter den Fabrikarbeitern und Handwerkern [...], mit Ingrimm [äußerten], es ginge

---

85 Varnhagen, Tagebücher, Bd. 5, S. 284.
86 „Die Schund-Literatur besteht immer noch. Es werden im Geheimen bluttriefende Lieder gedruckt und verbreitet, welche den Königsmord predigen." Im Vorfeld des ersten Jahrestages der Märzrevolution hatte „die sogenannte demokratische Partei" ein Bankett arrangiert, bei dem derartige Lieder gesungen wurden und man außerdem in offensichtlicher Anspielung auf die französische Revolution von 1789-1793 „unter Jubel" antimonarchistische Toasts ausbrachte. (Bericht des Polizeipräsidiums [i. A. Lüdemann] vom 31. Mai 1849, in: GStA, Rep. 77, Tit. 501, Nr. 3, Beih. 3, Bl. 72 Rs. und 73.) Vgl. außerdem *S. 884;* ferner einen, von Valentin (Geschichte, II, S. 335) zitierten Brief des Literaten Georg Fein vom 22. Nov. 1848 aus Berlin, in dem dieser sich u.a. über die politischen Entwicklungen im „Stand der besitzlosen Arbeiter" äußert.
87 Varnhagen am 25. Dez. 1848, in: ders., Tagebücher, Bd. 5, S. 359; vgl. auch *S. 810.*
88 Gerlach, Denkwürdigkeiten, I, S. 257.

den Leuten noch viel zu gut, das mache sie übermüthig."[89] Wenn 1848/49 und danach Gesellen und Fabrikarbeiter zusammenrückten und sich die im Revolutionsjahr ausgebildeten *Ansätze von Klassenbewußtsein* weiter verfestigten, dann waren dafür nicht zuletzt auch die Ressentiments vieler „Vornehmer" verantwortlich. Dieses Gemisch von sozialökonomisch begründeter Unzufriedenheit, die chronisch und damit fundamental zu werden drohte, und politischer Ablehnung der Nachmärz-Ordnung ließ es der Obrigkeit angeraten sein, im Februar 1849 die Aufhebung des Belagerungszustandes hinauszuschieben.[90] Die Furcht vor einer „erneuerten Erhebung" war nicht unbegründet. In breiteren proletarischen Schichten wurde offenbar mit erneuten Kämpfen in absehbarer Zukunft gerechnet.[91] Die *Gewaltbereitschaft* im ‚milieu populaire' bedurfte nur des Anlasses, um zu Straßenschlachten zu eskalieren.[92] Zwar wird die Spaltung der sozialen Unterschichten in Arbeiterbewegung, die trotz politischer Fundamentalopposition bürgerlich geprägt war, einerseits, und vorbürgerliche ‚Kultur der Armut', wie sie als charakteristisch insbesondere für den ‚Bodensatz' der proletarischen Schichten gekennzeichnet wurde, andererseits weiter bestehen geblieben sein und sich allmählich vertieft haben. Aber dieser Riß war noch kein unüberwindlicher Graben.[93] Ein typisches Kennzeichen des ‚milieu populaire' blieb die gemeinsame, geradezu instinktive *Ablehnung des Staates* und seiner Repräsentanten auf den Straßen, besonders der Konstabler.[94]

---

89 Varnhagen am 4. März 1849, in: ders., Tagebücher, Bd. 6, S. 72. Zu den sozialen Konflikten etc. 1849/50 vgl. *S. 789.*

90 Vgl. Bericht Hinckeldeys vom 26. Febr. 1849 [Anm. 9], bes. Bl. 53 f., 57. Der Polizeipräsident hatte zweifellos vor allem die Unterschichten im Auge, wenn er forderte: „Wo aber die Aussichten auf erneuerte Erhebungen, deren Folgen bei den gegenwärtigen politischen Verhältnissen blutiger und bedenklicher sein dürften, als im vorigen Jahre, so klar vor Augen liegen, ist es eine erhöhte Pflicht, sie gewaltsam zu verhüten."

91 Vgl. z. B. ein Gespräch, das ein Konstablerwachtmeister Schulz (vermutlich in Zivil, sonst wären die Beteiligten vorsichtiger gewesen) belauschte: Ein „Mann mit langem Haupthaar und starkem Bart" grüßte „einen Arbeiter" und legte „jenem die Frage vor: ‚ob es nicht bald wieder etwas zu schießen gäbe, wie lange dies noch dauere, er freue sich schon darauf, wieder einmal die blauen Bohnen pfeifen zu hören' – worauf der [angesprochene] Mann erwiderte, daß ihm sein Wunsch werde erfüllt werden. Indem nun der Wachtmeister Schulz die Identität dieser beiden Personen feststellen wollte, nahmen mehrere Arbeiter sofort eine drohende Stellung gegen ihn ein, so daß er, ohne seine Absicht zu erreichen, sich zu entfernen gezwungen sah." (Bericht des Konstablerhauptmanns Heitz vom 21. Dez. 1848, in: BLHA, Rep. 30, Tit. 89, Nr. 7413, Bl. 49 Rs.)

92 Vgl. S. *801 ff.* und S. *852 f.,* außerdem die illegale Aneignung von Gewehren und Munition durch Angehörige der Unterschichten im Zusammenhang mit der Auflösung der Bürgerwehr Mitte Nov. 1848: *S. 771 ff.*

93 Der von Born für die Mitglieder der Arbeiterorganisationen geforderte, am bürgerlichen Arbeits- und Leistungsethos orientierte zivilisatorische und kulturelle Standard blieb auch 1849 und danach zunächst mehr Verhaltensnorm als Verhaltensrealität; vgl. *S. 488 ff.*

94 „Vorübergehende Schutzmänner", so berichtet ein Hauptmann dieser Polizeitruppe über die Reaktion namentlich der Erdarbeiter auf die häufigen Konstablerpatrouillen, würden trotz Bela-

Eine größere ‚Gefahr' als spontane Handlungsweisen von Angehörigen der Unterschichten bildeten in den Augen der bürgerlichen Öffentlichkeit und vor allem der Obrigkeit die Gesellen- und Arbeiterorganisationen, namentlich die *Arbeiterverbrüderung.* Ende August in der Nachfolge des Berliner ‚Central-Comités der Arbeiter' als überregionale Organisation gegründet, besaß sie in Berlin ihren stärksten Stützpunkt. Genaue Zahlen über den Mitgliederbestand des Berliner Bezirks-Komités der Arbeiterverbrüderung sind nur schwer zu ermitteln. Das dürfte nicht allein an der schlechten Quellenlage liegen. Wichtig ist außerdem, daß das Bezirks-Komité wie zuvor bereits das ‚Central-Comité der Arbeiter' als eine Art „Arbeiterparlament" (Stephan Born) fungierte und sich die einzelnen angeschlossenen Organisationen eine beträchtliche Autonomie erhalten konnten. Die von der ‚Urwähler-Zeitung' vom 17. Mai 1849 für Berlin genannte Zahl von 12 000 Mitgliedern ist vermutlich übertrieben.[95] Ganz unwahrscheinlich ist diese Zahl aber auch nicht, wenn man bedenkt, daß seit Herbst 1848 neben den mehr als zwanzig Berliner Gesellen- und Arbeitervereinigungen, die im Berliner ‚Central-Comité der Arbeiter' vertreten waren, auch der Hedemannsche Handwerkerverein und die Vereinigten Maschinenbauer sich dem Bezirks-Comité angeschlossen hatten. Beide Organisationen zählten jeweils knapp zweitausend Mitglieder. Die meisten Schätzungen sprechen unbestimmt von mehreren tausend Mitgliedern. Die einzige genauere Angabe zur Größe der Berliner Arbeiterverbrüderung bezieht sich auf das erste Quartal 1850. Zu diesem Zeitpunkt, also kurz vor dem Verbot der Organisation, zählte man 6848 Mitglieder (anscheinend ohne den Handwerkerverein).[96] Gleichgültig, ob die Berliner Arbeiterverbrüderung knapp 7000 oder 12 000 Mitglieder zählte, ihre politische und soziale Bedeutung ging über den unmittelbaren Mitgliederkreis noch hinaus.

Die Bandbreite der politischen Aktivitäten der Berliner Arbeiterverbrüderung reichte von erfolglosen Initiativen, das ‚Recht auf Arbeit' in der Reichsverfassung zu verankern[97], und Protesten gegen den von den gemäßigt-rechten Fraktionen der Deutschen Nationalversammlung vorgesehenen Ausschluß aller Dienstboten,

---

gerungszustand etc. „sehr oft in der verletzendsten Weise beschimpft, indem man denselben nachruft, daß sie Bummler, Tagediebe pp. seien." (Bericht Heitz vom 19. Dez. 1848 [wie Anm. 91], Bl. 49 u. Rs.)

95 Oder bezieht sich, wie Bernstein (Geschichte, S. 84) und Quarck (Arbeiterbewegung, S. 208) annehmen, auf sämtliche Lokalvereine der ‚Arbeiterverbrüderung'.

96 Vgl. Horst Schlechte, Die Allgemeine Deutsche Arbeiterverbrüderung 1848-1850, Weimar 1979, S. 121, Anm. 4; Revolutionäre Berliner Arbeiterbewegung, Bd. 1, S. 88. Die von Balser (Sozial-Demokratie, Bd. 2, S. 614) genannte Zahl von 900 Mitgliedern ist mit Sicherheit zu niedrig gegriffen.

97 Der Antrag auf Aufnahme eines ‚Rechts auf Arbeit' in den Grundrechtekatalog der Reichsverfassung wurde am 9. Febr. 1849 mit 317 gegen 114 Stimmen verworfen, der schon vorher absehbare Mißerfolg der Initiativen der Arbeiterverbrüderung wie die Aktivitäten linker Paulskirchen-Abgeordneter, namentlich des Berliners K. Nauwerck (KBA), damit besiegelt.

Gesellen und Lohnarbeiter vom allgemeinen Wahlrecht[98] über die Agitation gegen die neue Gewerbeordnung vom Februar 1849 bis hin zur Gründung von *Produktions-* und *Konsum-Assoziationen*.[99] Ende 1849 oder Anfang 1850 wurde außerdem ein Kredit- und Sparverein gegründet, der den Grundstock bilden sollte für eine Art Sozialversicherung, die über gewöhnliche Unterstützungskassen hinausgehen, „ein Asyl gegen den größten Feind des Arbeiters, gegen unfreiwillige Arbeitslosigkeit", bilden sollte.[100] Der Größe eines solchen Vorhabens entsprach der Beschluß der Leipziger Generalversammlung der Arbeiterverbrüderung vom Februar 1850, alle Arbeiter eines Ortes zu einer sieben- bis zehnprozentigen Abgabe für die jeweils lokal zu schaffenden Assoziationsfonds heranzuziehen.[101] Besser als die Produktions- und Konsum-Assoziationen konnte sich der gleichfalls von der Arbeiterverbrüderung am 1. Mai 1849 ins Leben gerufene

---

98 Mit 256 zu 194 Stimmen beschloß die DtNV am 2. März 1849 in der Endabstimmung dann doch die Beibehaltung des allgemeinen, gleichen und geheimen Wahlrechts. In seinem Protest vom 17. Febr. 1849 gegen die auch von liberalen Abgeordneten getragene Zensusvorlage erklärte das Berliner Bezirks-Komité namens der „deutschen Arbeiter", daß die „Abgeordneten erst durch die Kraft unsres Armes und unsrer Wahl in Frankfurt tagen". Sie, die zur „Zertrümmerung politischer Verderbtheiten [...] mit ihrem Herzbluten und den Donnerworten der Revolution" beigetragen hätten, würden den Frankfurter Abgeordneten „nicht nur das Recht, sondern auch die Macht absprechen, jenen Entwurf zum Gesetz zu erheben"; als Reprint in: Wernicke, Geschichte, S. 223.

99 Zu ihnen gehörten u.a. eine bereits Ende Okt. 1848 gegründete ‚Berliner Arbeitergemeinschaft zur gemeinschaftlichen Beschaffung von Hemden', die sowohl schlesischen Webern als auch den in Berlin sehr zahlreichen, häufig arbeitslosen Näherinnen Arbeit verschaffen sollte. Nennenswerte Bedeutung hat diese Genossenschaft, die zugleich ein Konsumverein war, weil die Hemden zu festen Preisen für den Verkauf an eingeschriebene Mitglieder gefertigt werden sollten, anscheinend jedoch nicht erreicht. Sie ging offenbar auf in der am 10. Jan. 1849 gegründeten ‚Assoziation zur Beschaffung von Lebensbedürfnissen', der eine Schneider- und eine Schuhmacherwerkstatt sowie eine Seidenwirker-Assoziation angeschlossen waren. Der Produktionsumfang der drei Genossenschaften blieb relativ gering. Im April 1849, nach dem Ende des Kattundruckerstreiks (vgl. *S. 822, Anm. 29*), eröffnete die Berliner Arbeiterverbrüderung außerdem eine auf Genossenschaftsbasis betriebene Kattundruckerei, vermutlich in der Absicht, den entlassenen Druckern Arbeit zu verschaffen. Sie scheint schon nach wenigen Wochen ihre Pforten wieder geschlossen zu haben. Erfolgreicher war eine ‚Gesellschaft zur gemeinsamen Beschaffung von Brod', die am 10. Juli 1849 ins Leben gerufen wurde. Vgl. hierzu sowie zum Kredit- und Sparverein der Arbeiterverbrüderung (einschl. Zitate) Balser, Sozial-Demokratie, Bd. 2, S. 616-619; Quarck, Arbeiterbewegung, S. 206 ff.; Wernicke, Geschichte, S. 232 f.; Bernstein, Geschichte, S. 84 bzw. 91.

100 Die Errichtung der Arbeiter-Sparkasse bestätigt andererseits aber auch, wie sehr die Arbeiterverbrüderung bei aller politischen Kritik am konservativen und liberalen Bürgertum einem bürgerlichen Leistungs- und Wirtschaftsideal verpflichtet war. Als Zweck der Einrichtung wurde nämlich u.a. angegeben, „die Arbeiter" würden durch dieses „Sparsystem [...] den hohen Werth der Wirtschaftlichkeit kennen" lernen. Über die auf diese Weise kreditfinanzierten Assoziationen sollten außerdem Formen der Mitbestimmung eingeübt werden, indem die Berliner Gesellen- und Arbeiterschaft dadurch „Mitbesitzer und Verwalter von Unternehmungen" werde. Zitate: ‚Verbrüderung' vom 26. Febr. 1850, nach: Balser, Sozial-Demokratie, Bd. 1, S. 619.

101 Vgl. ebd., S. 96.

Gesundheitspflegeverein entfalten. Er bestand nach dem Verbot der Mutterorganisation und der übrigen Arbeiter- und Handwerkervereine im Juni 1850 noch knapp drei Jahre fort, bis zum April 1853. Bereits in den ersten Monaten seines Bestehens verzeichnete er ein rasantes Wachstum. Bis März 1853 sollen 20 000 Berliner Gesellen und Arbeiter dem Gesundheitspflegeverein beigetreten sein.[102] Auch wenn der Wunsch nach einer effektiven Versorgung im Krankheitsfalle für den Beitritt maßgeblich war, darf die große Zahl der Mitglieder, die der Gesundheitspflegeverein bereits binnen weniger Monate erreichte, als Indiz auch für die erhebliche Resonanz der Arbeiterverbrüderung in Teilen der Arbeiter- und Gesellenschaft genommen werden. Denn da die traditionellen, meist von den Innungen verwalteten Kranken- und Unterstützungskassen weiter bestanden, besaß jeder Geselle die Wahl zwischen zwei Alternativen.[103] Die Tätigkeit des ‚Gesundheitspflegevereins‘ war freilich wirkungsvoller im Sinne der Mitglieder und deshalb überzeugender als die der traditionellen Unterstützungskassen. Vor allem standen ‚Vereinsärzte‘ als Hausärzte den Mitgliedern während fester Sprechstunden präventiv, „zur Erhaltung ihrer Gesundheit", sowie im Krankheitsfalle bei. Der Verein zahlte nicht nur die Arztkosten, sondern auch ein Krankengeld in Höhe von durchschnittlich ungefähr 10 Silbergroschen pro Tag, außerdem Arzneimittel, Brillen, Bruchbänder usw. Seit 1850 begann der Gesundheitspflegeverein seine Tätigkeit auch auf Familienangehörige auszudehnen.[104]

---

102 So Bernstein, Geschichte, S. 86 (vermutlich einschließlich der in separaten Kassen organisierten Familienangehörigen); vgl. außerdem Reulecke, Sozialer Friede, S. 241. Schneider, Schuhmacher (also Träger des Gesellenradikalismus des Vormärz), Seidenwirker und Kattundrucker (durch ihre Streiks vom Okt. 1848 und März 1849 radikalisiert und an die Seite der Arbeiterverbrüderung getrieben) stellten die größten Berufsgruppen unter den Mitgliedern dieser frühen Krankenkasse; vgl. Bericht über den Gesundheitspflegeverein vom 1. Mai bis 30. Sept. 1849, in: 5. Lieferung der Mitteilungen des Centralvereins für das Wohl der arbeitenden Klassen, S. (617) ff.; ferner Balser, Sozial-Demokratie, Bd. 2, S. 627 f.

103 Wenn die Maschinenbau-Arbeiter dem Gesundheitspflegeverein nicht beitraten, dann lag dies daran, daß bei Borsig, der Maschinenbauanstalt und Eisengießerei der Preußischen Seehandlung in Moabit sowie wahrscheinlich auch den anderen größeren Unternehmen Kranken-, Sterbe- und Unterstützungskassen existierten. Diesen Kassen, über die sich gleichzeitig der genaue Krankenstand und die ‚Berechtigung‘ von krankheitsbedingtem Arbeitsausfall kontrollieren ließen, *mußte* jeder Arbeiter angehören; finanziert wurden sie durch einen obligatorischen Lohnabzug und die Geldeinnahmen aus Verstößen gegen die Fabrikordnung. Zu Leistungen und Beitragspflichten beider Kassen vgl. VZ vom 18. Jan. 1848; Aktennotiz vom 10. Okt., sowie Bekanntmachung Borsigs vom 7. Nov. 1849, in: Borsig-Archiv, ZA/131 bzw. Nr.130 006; Leipziger ‚Illustrierte Zeitung‘ vom 19. Febr. 1849; außerdem Vorsteher, Borsig, S. 64, sowie Werner Pöls (Hg.), Deutsche Sozialgeschichte 1815-1870. Ein Lesebuch, München 1973, S. 137 ff.

104 Ende 1852 waren in eigens dafür gegründeten Bezirks-Familienkrankenkassen fünf- bis sechstausend Personen erfaßt. Insgesamt wurden in den knapp vier Jahren, die der Gesundheitspflegeverein seine Tätigkeit ausüben konnte, 28 000 Personen auf Vereinskosten ärztlich behandelt. Außerdem wurden 60 000 Taler für insgesamt rund 250 000 Krankentage verausgabt. Zur Tätigkeit des Gesundheitspflegevereins der Arbeiterverbrüderung ausführlich Balser, Sozial-

Von der vollen Wucht staatlicher Repression wurde neben der Arbeiterverbrüderung und dem ‚Bund der Kommunisten‘, der seit Ende 1848 wieder stärker
aktiv geworden war[105], außerdem der große *Handwerkerverein* getroffen; Versammlungen des Vereins wurden lange vor seinem Verbot Anfang Juni 1850 des
öfteren polizeilich aufgelöst.[106] Spätestens seit dem Ende der Revolution unterschied sich der Handwerkerverein, der sich seit der Jahreswende 1848/49 zudem der Arbeiterverbrüderung als assoziiertes Mitglied angeschlossen hatte, aus
der Sicht der Obrigkeit in seiner politischen Grundtendenz nicht mehr von der
frühen Arbeiterbewegung im engeren Sinne. Im September 1849 bezeichnete der
preußische Innenminister den Handwerkerverein als „eine Eiterbeule der Gesellschaft“, die verboten werden müsse.[107] Auch sein langjähriger Vorsitzender,
der Stadtsyndikus Heinrich Hedemann, behauptete Anfang 1850, der Verein sei
„ein wildes Kind der Revolution geworden“ und bestehe „aus einem Haufen politisch fanatischer Gesinnungs-Genossen“.[108] Hinckeldey griff Hedemanns Forderung nach einem Verbot dankbar auf. Seit der Revolution gewähre der Handwerkerverein „das Bild einer Gesellschaft, die auf politische Änderungen wartet,
von der Nothwendigkeit derselben überzeugt ist“ und sich bei diesem Prozeß
„thätig betheiligen wird.“ Gefährlich sei die „social-demokratische Gesinnung“
der Mitglieder, namentlich „die durch Standesgleichheit und vermeintliches
sociales Standesbedürfnis herbeigeführte Vereinigung einer so großen Zahl besitzloser Menschen“. Wenn die anderen Organisationen der Arbeiterbewegung
verboten würden, dürfe der Handwerkerverein deshalb nicht als einziger weiterbestehen. Dann führte Hinckeldey ein Argument an, das über den Handwerkerverein hinaus Aufschluß über die politische Grundhaltung weiter Teile der Berliner Unterschichten 1849/50 gibt. Er behauptete nämlich, „daß die große arbeitende Bevölkerung hier, so weit sie sich dem demokratischen Vereinswesen

Demokratie, Bd. 1, S. 118-121; Karl-Heinz Karbe, Zur Geschichte des Berliner Gesundheitspflegevereins der deutschen Arbeiterverbrüderung, in: Deutsches Gesundheitswesen, 28. Jg./
1973 (H. 34), S. 1621-1625 bzw. (H. 46), S. 2204-2208; Eckehard Hansen, Michael Heisig, Stephan Leibfried, Florian Tennstedt, Seit über einem Jahrhundert …: Verschüttete Alternativen
in der Sozialpolitik, Köln 1981, S. 31-60.
105 Vgl. Bericht des Polizeipräsidiums vom 31. Mai 1849, in: GStA, Rep. 77, Tit. 501, Nr. 3, Beih. 3,
Bl. 72 Rs., sowie die diesbezüglich gründliche DDR-Forschung zusammenfassend: Der Bund
der Kommunisten. Dokumente und Materialien, Bd. 2: 1849-1851, Berlin 1982; Revolutionäre
Berliner Arbeiterbewegung, Bd. 1, S. 70-73.
106 Vgl. VZ vom 29. Sept. und 2. Okt. 1849; Varnhagen vom 1. Okt. 1849, in: ders., Tagebücher,
Bd. 6, S. 379.
107 Nach: VZ vom 21. Sept. 1849; vgl. auch die Stellungnahme des Handwerkervereins zu den
Vorwürfen in: VZ vom 28. Sept. 1849. Die internen Verhältnisse des Vereins – behauptet wurde u.a. „offenes Predigen der atheistischen Lehre“ – wurden überdies exemplarisch herangezogen, um eine Verschärfung des preußischen Vereins- und Versammlungsrechts zu begründen; vgl. VZ vom 22. und 30. Sept. 1849.
108 Denkschrift Hedemanns, undat. (Anfang 1850), in: GStA, Rep. 77, Tit. 1072, Nr. 3, Bd. 1, Bl.
392a.

angeschlossen hat, nur von dem einen Gedanken der Nothwendigkeit der socialen Umgestaltung erfüllt ist und dazu dieser Gedanke identifiziert wird mit der Auflehnung gegen die Regierung. Dieser Gedanke greift immer mehr und mehr um sich."[109]

Indessen wäre es verfehlt, den Gesellen und den qualifizierten Industriearbeitern in Gänze das Etikett ‚fortschrittlich' oder gar ‚sozialistisch' anzuheften. Der seit 1849 beobachtbare Entpolitisierungsprozeß machte auch vor den niederen Bevölkerungsschichten nicht halt. Darüber hinaus blieb eine starke Minderheit unter den Gesellen traditionalistisch ausgerichtet. Die Resonanz, die der ‚Treubund mit Gott für König und Vaterland' unter Kleinmeistern, Gesellen, Erwerbslosen und im Subproletariat fand, ist hierfür ein Indiz. Ein zweites Indiz sind Selbstverständnis und Mitgliederstärke des sog. Handwerkerbundes, der sich im Juli 1848 vom großen Handwerkerverein abgespalten hatte.

Während der Handwerkerverein an der Seite der demokratischen und Arbeiterbewegung stand, schlug sich der Handwerkerbund auf die Gegenseite.[110] Ende 1848 zählte der Handwerkerbund knapp tausend Mitglieder. Damit hatte er freilich seinen Zenit bereits überschritten. Anfang Oktober 1849 gehörten ihm nur noch gegen sechshundert Gesellen an, eine Größe, die er bis Mitte der fünfziger Jahre halten konnte.[111] Seine relative Stärke zog der Handwerkerbund aus dem Weiterbestehen zünftiger Traditionen in manchen Gesellengruppen. Die sich in den fünfziger Jahren forcierende Modernisierung von Wirtschaft und Gesellschaft machte an überkommenen Idealen orientierte Vereinigungen freilich zunehmend obsolet.[112] Ihr allmählicher Mitgliederrückgang und Bedeutungsver-

---

109 Hinckeldey in einem Bericht an den Innenminister Manteuffel vom 1. Mai 1850, in: ebd., Bl. 195-197 Rs.

110 Vgl. etwa die Adresse des Handwerkerbundes an den Magistrat vom 26. Nov. 1848. (In: LAB StA, Rep. 01, Nr. 7465, Bl. 244-245, in Auszügen auch in: SZ vom 3. Dez. 1848.) In dieser Adresse erklärte der Bund, er werde sich „jederzeit auf die Seite des Gesetzes" stellen, das die Mitglieder „mit allen uns zu Geboten stehenden Mitteln zu verteidigen" bereit seien, und „jederzeit mit ausdauerndem Muth unsere gesetzlichen Behörden unterstützen". Anlaß für die Abspaltung des Bundes vom Handwerkerverein war die Kontroverse, ob Lehrlinge in den Verein aufgenommen werden dürften (was die Mehrheit befürwortete) oder nicht. Dahinter stand der Grundkonflikt, inwieweit man zünftige Traditionen und Standesschranken bewahren sollte oder nicht – und ebenso aktuell-politische Differenzen.

111 Angaben nach: Adresse des Handwerkerbundes vom 26. Nov. 1848 (Anm.110); VZ vom 2. Okt. 1849, 1. Okt. 1850 und 11. Okt. 1853 sowie die Anlage zu einem Schreiben des Leiters des Handwerkerbundes (Dr. Wunschmann) an den Magistrat vom 14. März 1854, in: LAB StA, Rep. 16-02, Nr. 7465, unpag. Aus dieser Anlage, die die Mitglieder nach ihrer Berufszugehörigkeit auflistet, geht hervor, daß die soziale Mitgliederstruktur des Handwerkerbundes der des Handwerkervereins der Jahre 1845/46 ungefähr entsprach.

112 Maurer, Steinmetze, Zimmerer, Zeugmacher und Felgenmacher besaßen noch mindestens bis Mitte der fünfziger Jahre in ganz Norddeutschland und darüber hinaus Gesellenbruderschaften mit geheimer Gerichtsbarkeit und anderen, dem Ordnungsgefüge des „Alten Handwerks" entsprungenen Institutionen und Ritualen. Wie stark diese Organisationen in Berlin waren, ist allerdings unbekannt. Vermutlich waren sie eher klein: Die Bruderschaft der „geheimen Maurer-

lust können deshalb kaum überraschen. Der organisierten Arbeiterbewegung und den demokratischen und linksliberalen Vereinen wurde dagegen 1850 ein abruptes Ende bereitet. Wie stark trotzdem besonders in den sozialen Unterschichten die Erinnerung an das Jahr 1848 und hier namentlich an die Märzrevolution weiterwirkte, zeigte sich an den Tagen, an denen sich der 18. März jährte.

---

gesellen" zählte schon 1842 in Berlin nur 77 Mitglieder. Seit Mitte der fünfziger Jahre verlieren sich dann die Spuren der geheimen Gesellenverbindungen. Zugleich ‚modernisierten' sich die im Rahmen der gewerblichen Selbstverwaltungsorgane weiter bestehenden Gesellenvereinigungen. Beschlüsse, das offenbar weithin übliche „Wandern mit der Bahn" auch förmlich zu erlauben, markieren einen deutlichen Bruch mit zünftigen Traditionen. Ausführlich: Bergmann, Handwerk, bes. S. 112 ff., 116, 126.

Kapitel X.3

Revolutionäre und gegenrevolutionäre Traditionen

Wie umstritten die Bewertung der Revolution unter den Zeitgenossen war, zeigte sich zuerst im Konflikt um die Frage, ob den am 18. März 1848 gefallenen Barrikadenkämpfern ein Denkmal gesetzt werden sollte. Mit einem Monument für die Barrikadenkämpfer wäre nicht nur der Personen, sondern auch der Ideen gedacht worden, die sie personifizierten. Den Märzerrungenschaften, also den demokratischen Freiheiten, für die die Berliner am 18. März 1848 auf die Barrikaden gestiegen waren, ein Denkmal zu setzen – das mußte ein Unding bleiben unter pseudokonstitutionellen Verhältnissen, solange preußische Könige bzw. deutsche Hohenzollernkaiser herrschten und die politischen und militärischen Eliten gesellschaftlich den Ton angaben, denen das preußische Königshaus gerade 1848/49 allen verfassungsrechtlichen Änderungen zum Trotz den ziemlich uneingeschränkten Erhalt seiner Herrschaft verdankte. Unmittelbar nach der Märzrevolution bestand nach außen hin freilich Einigkeit darüber, daß für die gefallenen Barrikadenkämpfer ein Denkmal errichtet werden sollte. Am 21. März 1848 beschloß die Berliner Stadtverordnetenversammlung, die Märzgefallenen in dieser Weise zu ehren. Anfänglich wollte man „von seiten der Commune für die in den letzten Tagen Gebliebenen" sogar zwei „Monumente" schaffen, eines auf dem Friedrichshain, ein anderes in der Stadt.[1] Obgleich mehrere Pläne über das künftige Denkmal eingereicht wurden und demokratische Vereine den Magistrat mahnten, dessen Errichtung nicht zu verzögern[2], unterblieb während des Revolutionsjahres die Errichtung des Denkmals. Die Bemühungen rissen danach jedoch nicht ab. Ende Februar 1849 erklärte das neugewählte preußische, demokratisch geprägte Abgeordnetenhaus die Errichtung eines Denkmals für die Märzgefallenen durch Beschluß zur eigenen Sache. Ein eigens ins Leben gerufenes ‚Provisorisches Comité zur Errichtung eines Denkmals auf dem Friedrichshain‘, dem viel demokratische Prominenz angehörte, suchte in einem zweiten Anlauf dem Projekt zum Durchbruch zu verhelfen – vergeblich. Das Abgeordnetenhaus wurde aufgelöst, führende Demokraten in die Emigration ge-

---

1 Vgl. Protokoll der Stadtverordneten-Sitzung vom 21. März 1848, in: LAB StA, Rep. 00, Nr. 128. An Spenden für ein Denkmal kamen insgesamt etwa 2500 Taler zusammen, eine für damalige Verhältnisse recht beachtliche Summe; vgl. VZ vom 21. April 1854.
2 Vgl. etwa eine Aktennotiz betr. Antrag des Bezirksvereins für den Stadtbezirk Nr. 68 vom 3. Aug. 1848, in: ebd., Bl. 8. Zu den Plänen für das Denkmal vgl. LAB StA, Rep. 01, Nr. 2443, Bl. 15 bzw. 20.

zwungen, und auch die Idee eines Denkmals für die Märzgefallenen besaß keine Chancen auf Realisierung mehr.[3]

Als Gedenkstätte für die Märzgefallenen blieb der Friedrichshain jedoch ein Ärgernis. Anfang 1850 berichtete die Vossische Zeitung, daß der Begräbnisplatz auf dem Friedrichshain dem geplanten Ostbahnhof zum Opfer fallen sollte und die Leichen der Märzgefallenen auf die verschiedenen Bezirksfriedhöfe umgebettet werden müßten. Daß für diese Absicht weniger verkehrsplanerische, sondern vor allem politische Motive maßgeblich waren, wurde deutlich, als der Magistrat auch nach der Aufgabe der Pläne für die Errichtung des Ostbahnhofes auf dem Friedrichshain daran festhielt, „die im Friedrichshain liegenden Leichen der in der März-Revolution von 1848 Gebliebenen nach den betreffenden Parochial-Kirchenhöfen zu translociren". Als sich nach Bekanntwerden dieser Absichten ein Sturm der Empörung erhob und – von drei Ausnahmen abgesehen – sich niemand unter den Angehörigen der Märzgefallenen freiwillig bereitfand, die auf dem Friedrichshain bestatteten Leichen umzubetten, sah sich der Magistrat, an dessen Spitze inzwischen wieder der Oberbürgermeister Krausnick stand, Ende 1858 gezwungen nachzugeben.[4]

Konnte man das Ärgernis schon nicht aus der Welt schaffen, so sollte es doch nach Möglichkeit den Augen der Öffentlichkeit entzogen werden. Bereits Mitte 1852 wurden bis auf einen sämtliche nach der „Gruftstätte führende Wege auf Anordnung der Behörden planirt und zu Baumpflanzungen umgeschaffen, so daß nunmehr vom Friedrichshain kein Zugang zu dem Beerdigungsplatze mehr" existierte. Der letzte Weg zum Begräbnisplatz der Märzgefallenen wurde im Frühjahr des folgenden Jahres „umgepflügt und mit Kartoffeln bestellt", der Platz selbst mit einem Bretterzaun umgeben. Ende der fünfziger Jahre wurde der inzwischen verfallene Zaun durch eine stabile Bretterwand ersetzt und zusätzlich dichtes und dorniges Gestrüpp gepflanzt. Mit Beginn der ‚Neuen Ära' änderten sich auch hier die Verhältnisse, wurde „der Zutritt zu den Grabstätten dem Publikum wieder gestattet".[5] Gleichwohl verfielen die Gräber in der Folgezeit erneut. Sie (so hieß es in der Anfrage eines linksliberalen Stadtverordneten aus dem Jahre 1889) paßten „besser für eine Hundehütte als für einen Friedhof von dieser Bedeutung, kurz, der allgemeine Zustand ist ein ganz abscheulicher." 1897 beschloß die Berliner Stadtverordnetenversammlung, die Gräber auf dem Friedrichshain in einen Zustand zu versetzen, der dem normaler Friedhöfe entsprach, und zu diesem Zweck ein Eingangsportal mit einem schmiedeeisernen Tor zu

---

3 Hierzu und zu folgendem ausführlich: Hans Czihak, Kampf um die Ausgestaltung des Friedhofes der Märzgefallenen im Berliner Friedrichshain, in: Berliner Geschichte 9. Jg./1988, S. 24-34.

4 Vgl. SZ vom 4. Febr. 1854, 9. Nov. 1856 (Zitat), 5. und 8. Dez. 1857; VZ vom 8. Dez. 1857 und 18. Sept. 1858.

5 Zitate: VZ vom 5. Juni 1852, 17. April 1854 bzw. 15. Mai 1861; vgl. außerdem Czihak, Kampf, S. 26 f.

errichten. Der Polizeipräsident lehnte die Ausführung dieses Beschlusses mit der Begründung ab, mit dem Portal würde „ein dauerndes Erinnerungszeichen der Berliner Revolution" geschaffen; eine derartige „politische Demonstration zur Verherrlichung der Revolution [könne] aus allgemeinen ordnungspolizeilichen Gründen nicht gestattet werden" – und bekam vor Gericht in den anschließenden, langwierigen Prozessen letztendlich Recht. Erst nach der Revolution 1918/19 widerfuhr den Märzgefallenen von offizieller Seite Anerkennung; im November 1925 wurde das lange geplante Eingangsportal eingeweiht.

Die jahrzehntelange systematische Vernachlässigung der Grabstätten auf dem Friedrichshain, die in dem Versuch gipfelte, die Leichen der Märzgefallenen in alle Himmelsrichtungen auf die kommunalen Friedhöfe zu zerstreuen, und der Versuch einer rigorosen Absperrung der Gräber der Märzgefallenen war immer auch eine präventive Polizeimaßnahme gewesen. Man müsse (so ließ der Polizeipräsident Ende 1856 verlauten) für die Zukunft verhindern, „daß der Begräbnisplatz am Friedrichshayn [...] an bestimmten Tagen zu unliebsamen und zum Theil gefährlichen Demonstrationen Veranlassung giebt und [...] ein Gegenstand der Neugierde und Beachtung für einen großen Theil der hierher kommenden Fremden bildet".[6]

Die erste große Gedenkveranstaltung für die Märzgefallenen war der mehr als hunderttausend Teilnehmer zählende Zug zum Friedrichshain am 4. Juni 1848. Er bildete den Auftakt für zahllose Gedenkfeiern und -demonstrationen. Die Bedeutung der Toten des März 1848 wurde dabei politisch-mystisch überhöht. Sie personifizierten die 1848 nur unvollständig und lediglich zeitweise verwirklichten demokratisch-revolutionären Werte; zugleich galten die Märzgefallenen als „Garanten für eine bessere Zukunft" (M. Hettling).[7] Dies dokumentieren etwa die handschriftlichen Worte auf einem anonymen Zettel, der 1852 auf dem Friedrichshain gefunden und in den Polizeiakten abgeheftet wurde: „Zur Ehre für die im Kampfe für die Freiheit und [das] Recht gefallenen Helden, welche für Wahrheit und Recht ritterlich gefochten [haben] und für uns brüderlich gestorben sind." Unmißverständlich war die antimonarchische Stoßrichtung weiterer Parolen auf demselben Zettel, von anderer Hand geschrieben: „Der König ist ein Schweinehund"; Friedrich Wilhelm IV. sei „König Hundsfott".[8]

Zwar suchten Obrigkeit und Polizeibehörden in der ‚Ära der Reaktion' vor allem in Berlin jegliche Ehrung der Märzgefallenen mit erheblichem Aufwand systematisch zu unterbinden. Aber Erinnerungen und politische Sehnsüchte

---

6 Aus diesem Grund müsse der Platz „in zweckentsprechender Weise abgeschlossen werden". Schreiben des Polizeipräsidenten (i.V. Lüdemann) an den Magistrat vom 22. Okt. 1856, in: LAB StA, Rep. 01, Nr. 2442, Bl. 32 u. Rs.
7 Hettling, Bürger oder Soldaten?, S. 150. Zum Demonstrationszug vom 4. Juni 1848 vgl. S. 556-560.
8 In: GStA, Rep. 77, Tit. 501, Nr. 3, Beih. 3, Bl. 38.

ließen sich nicht auslöschen. So provozierten sie zwangsläufig tumultuarische und mitunter blutige Konflikte. Trotz massiver Präsenz von Konstablern und Militäreinheiten zogen in den Jahren 1849 bis 1852 am 18. März, „als kaum das Tageslicht dämmerte, unabsehbare Züge von Menschen nach dem Friedrichshain hinaus, und es wuchsen die Massen trotz der schneidend kalten und unfreundlichen Witterung mit jeder Stunde. Die Wallfahrenden gehörten meist dem Arbeiter- und Handwerkerstande und den jüngeren Generationen der Bevölkerung an." Sie verwandelten mit zahllosen Kränzen und Blumen den Friedhof in einen „lieblichen Garten". Gegen Abend kam es in den ersten Jahren nach der Märzrevolution ebenso regelmäßig zu „Zusammenstößen" zwischen „Volkshaufen" und den verhaßten Konstablern, die sich bis in die späte Nacht hinzogen.[9]

Seit 1853 wurde es am 18. März „im Vergleich zu früheren Jahren ruhiger". In der zweiten Hälfte der fünfziger Jahre beobachtete die Polizei am Jahrestag der Märzrevolution in der Nähe des Friedrichhains nicht mehr Menschen „als an anderen Wochentagen". Dies war freilich (so die Berliner Polizei lakonisch) „Resultat weniger einer beruhigten Zeit, als [vielmehr] der konsequenten und festen Ausübung der polizeilichen Maaßregeln". Seit 1862, nachdem die Begräbnisstätten Besuchern wieder zugänglich waren und sich das politische Klima allgemein ‚entspannt' hatte, registrierte die Polizei dann erneut an den Jahrestagen der Märzrevolution erhöhten Publikumsverkehr.[10] Erneut entwickelte sich der Kult um die Märzgefallenen zur Massenbewegung, als die Sozialdemokratie, nach eigenem Selbstverständnis legitime Erbin der revolutionären Bewegung von 1848, Ende der sechziger Jahre diese Tradition aufgriff.[11] Höhepunkte waren das 25- und das 50jährige Jubiläum der Märzrevolution. Am 18. März 1873 sollen allein am Nachmittag mehr als 10 000 Menschen an den Gräbern der Märzgefallenen versammelt gewesen sein. Sie gedachten freilich auch des Aufstandes der Pariser Kommune, deren Beginn sich an diesem Tage zum zweiten Male jährte. Am Abend dieses Tages kam es dann zu von der Polizei provozierten blutigen Auseinandersetzungen, die einen Toten und viele verwundete Kundgebungsteilnehmer forderten.[12] Friedlicher ging es 25 Jahre später zu: Seit dem

---

9 Zitate: VZ und NZ vom 20. März 1849. Auch anderswo bot das Gedenken an den 18. März 1848 Gelegenheit zur demokratischen Heerschau. Im Kölner Gürzenich beispielsweise wurde am 19. März 1849 ein Festbankett zur Erinnerung an die Berliner Barrikadenkämpfer veranstaltet. Mit um die fünftausend Menschen wurde es zur größten Kölner Revolutionsveranstaltung überhaupt; vgl. Seyppel, Demokratische Gesellschaft, S. 269; Sperber, Rhineland Radicals, S. 291.
10 Zitate: Polizeiberichte vom 18. März 1856 und 18. März 1862, in: BLHA, Rep. 30, Tit. 94, Nr. 9795, Bl. 48 und 58.
11 Vgl. z. B. Polizeibericht vom 11. März 1873, in: ebd., Bl. 73 u. Rs.
12 Vgl. ‚Special-Rapport' der Berliner Polizei für den preußischen Minister des Innern vom 20. März 1873, in: ebd., Bl. 86-87; außerdem Illustrierte Geschichte, S. 372.

Andere Zeiten — andere Sitten!

Am 22. März 1818.
Hut ab!

Am 26. Februar 1849.
Hüte ab!

frühen Morgen des 18. März 1898 strömten mehr als 15 000 Menschen zum Friedrichshain. An den von der Sozialdemokratie organisierten, abendlichen Gedenkfeiern dieses Tages in einer Reihe großer Säle nahmen noch mehr Menschen teil. Seitdem wurde die Begräbnisstätte der Märzgefallenen dann jährlich von zehntausend und mehr der Sozialdemokratie nahestehenden Menschen aufgesucht.[13]

Wenn seit den siebziger Jahren das Gedenken an die Märzrevolution fast ausschließlich Sache der Arbeiterbewegung wurde, dann resultierte dies auch aus der ambivalenten Haltung der Linksliberalen gegenüber den eigenen historischen Wurzeln. 1873 z. B. lehnte die Fortschrittspartei eine Beteiligung an den Feiern anläßlich des 18. März mit der Begründung ab, daß sie „nicht die Hände dazu bieten kann, das Prinzip der Revolution auf ihre Fahne zu schreiben".[14] Deutlicher konnte man kaum umschreiben, daß der Nachwelt der Barrikadenkampf des 18. und 19. März als die deutsche Revolution schlechthin galt. Von der Ar-

13 Vgl. Dieter Groh, Negative Integration und revolutionärer Attentismus. Die deutsche Sozialdemokratie am Vorabend des ersten Weltkrieges, Frankfurt a.M. usw. 1973, S. 154; Helmut Hartwig, Karl Riha, Politische Ästhetik und Öffentlichkeit. 1848 im Spaltungsprozeß des historischen Bewußtseins, Gießen 1974, bes. S. 23-32.
14 NZ vom 10. Febr. 1873. Aktuell-politischer Hintergrund der Entscheidung des Berliner ‚Fortschritts' war der sich in diesen Jahren zuspitzende Gegensatz zwischen bürgerlichen Liberalen und Sozialdemokratie.

beiterbewegung wurde dieses ‚Prinzip' positiv, von den bürgerlichen Strömungen und Parteien, bis hin zu den Linksliberalen, negativ besetzt.

Indessen waren nicht nur der Arbeiterbewegung und zumindest anfangs auch bürgerlich-demokratischen Strömungen bestimmte Ereignisse des Revolutionsjahres, unter denen der Berliner Barrikadenkampf vom 18. März eine alles überragende Stellung einnahm und schließlich zum Synonym für ‚die Revolution' von 1848 schlechthin wurde, Anlaß für öffentliches, politisch-ideologisch kalkuliertes Gedenken. ‚Traditionsbewußt' gab sich auch die Gegenseite. Was für die bürgerlich-demokratische Strömung und die Arbeiterbewegung die am 18. März getöteten Barrikadenkämpfer waren, das wurden die während des gesamten Revolutionszeitraumes gefallenen Soldaten für die Konservativen. Die politischen Verhältnisse erlaubten, daß Pläne zur Errichtung eines Monuments für die getöteten Militärs relativ bald verwirklicht werden konnten. Am 18. Oktober 1854, dem Jahrestag der Leipziger Völkerschlacht, wurde im Berliner Invalidenpark ein ‚National-Krieger-Denkmal' zum Gedenken nicht nur der am 18. und 19. März, sondern sämtlicher während der Revolution 1848/49 gefallenen preußischen Soldaten eingeweiht.[15] Dieses Denkmal ist eines von insgesamt drei Säulen, die im 19. Jahrhundert in Berlin zur Erinnerung an gefallene Soldaten errichtet wurden: neben der sog. Invalidensäule von 1854 die Friedenssäule für die Befreiungskriege (1843) und die Siegessäule für die ‚Einigungskriege' unter Bismarck (1873). Die drei Säulen bilden in gewisser Weise ein Ensemble. Ähnlicher Aufbau und vergleichbare Anordnung der drei Monumente sollten ausdrücken, daß der politische Gegner im Innern dem äußeren Feind gleichzustellen sei. Wenn auf der Spitze der Siegessäulen von 1843 und 1873 Victoriafiguren stehen, die Invalidensäule dagegen von einem preußischen Adler gekrönt wird, dann weist dies allerdings zugleich auf die besondere Dimension der Revolution 1848 hin: Das Militär sah sich als politischen Garanten des alten Preußen, als entscheidende Stütze der Hohenzollernmonarchie; nur ihm, so wird nicht ganz zu Unrecht signalisiert, habe es gelingen können, den Angriff des innenpolitischen Gegners erfolgreich zurückzuweisen. In diesem Sinne heißt es auch auf der Inschrift: „Die Armee rettete durch ihre Treue das Vaterland." Die militärischen Tugenden ‚Gehorsam', ‚Dienstpflicht', ‚Treue', ‚Vaterlandsliebe' und ‚Tapferkeit' werden ethisch überhöht und – das ist dann der zweite Schritt – auch der Zivilbevölkerung des ‚Vaterlandes' als positives Verhaltensmuster anempfohlen. Griesheim, 1848 ‚graue Eminenz' im preußischen Kriegsministerium, hatte dies bereits im Juli des Revolutionsjahres ins Auge gefaßt, als er in seiner Aufsehen erregenden Schrift über ‚Die deutsche Centralgewalt und die preußische Armee' zur Realität verklärte, was im Revolutionsjahr auch innerhalb Preußens nur Wunschdenken war, sich mit Blick auf die folgenden Jahrzehnte jedoch als fatale

---

15 Hierzu und zum folgenden ausführlich: Hettling, Bürger oder Soldaten?, S. 180-191.

Prophezeiung erwies: Das preußische „Volk" zeichne sich vor allen anderen durch seinen „kriegerischen Sinn", seinen „unerschütterlichen" und „stolzen" Glauben an die traditionsreiche Hohenzollernmonarchie aus; „das alte Preußen wird sich erheben, wenn sein König es ruft", und sich nicht durch „neue Gedanken" „durchwühlen und entmannen" lassen.[16]

16 Griesheim, Deutsche Centralgewalt, bes. S. 10.

Schlußbemerkungen

„Unfertig" und „halb" – zum Charakter der Berliner Revolution von 1848

„Unsere Zeit", so hat unter den Berliner Zeitgenossen der Schriftsetzer Stephan Born wohl am klarsten erkannt, „ist eine ganz und gar unfertige, unsere Zustände sind halbe." Dies habe seinen wesentlichen Grund darin, „daß es in unserem Vaterlande noch keineswegs zwei getrennte Volksklassen: Arbeiter und Kapitalisten giebt." Es existierten „zwar Arbeiter, Arme, Bedrückte und Belastete, aber noch keine arbeitende *Klasse*". „Unsere Revolution" könne angesichts dieser „unfertigen" Zustände „noch keine soziale Revolution" sein, „noch ist sie ganz und gar politischer Natur, sie kann nicht anders sein, denn die Bedingungen für eine gesellschaftliche Umwälzung sind noch nicht vorhanden."[1] Und auch die politische Revolution, so könnte man Born ergänzen, mußte 1848 eine „halbe" und „unfertige" bleiben, da die vielfältige und tiefgreifende soziale Heterogenität allein der städtischen Bevölkerung auch höchst unterschiedliche materielle und politisch-ideelle Interessen bedingte. Den Trägern der Revolution von 1848 fehlte, wie Viktor v. Unruh 1850 feststellte, infolgedessen das einheitstiftende, „positive Ziel".[2] Die Revolution läßt sich deshalb schwer auf einen sozialen oder auf einen politischen ‚Nenner' bringen.

Die Revolution von 1848 war keine ‚bürgerliche Revolution' – jedenfalls wenn man die *Sozialschicht* Bürgertum als Maßstab nimmt. Ebensowenig trifft freilich auch die Gegenposition, die in Abgrenzung und Umkehrung traditioneller Vorstellung getroffene Feststellung, daß „das, was 1848 revolutionär war, nicht bürgerlich [war], nicht von bürgerlichen Schichten getragen" wurde.[3] Auf den ersten Blick besitzt diese griffige Formel jedenfalls für Berlin einige Plausibilität. Denn namentlich die Wirtschaftsbourgeoisie, also die großen Kaufleute, die Bankiers und die Fabrikanten, konnten sich zu keinem Zeitpunkt mit der ‚Revolution' anfreunden – auch wenn sie dies zu Anfang nicht laut sagen mochten. Sie waren zumindest in ihrer übergroßen Mehrheit auch keine „Revolutionäre wider Wil-

---

1 Zitate aus: Born, Die Moralischen und die Unmoralischen, die Freien und die Despoten, in: ‚Volk' vom 3. Juni 1848, sowie aus dem von Born formulierten Programm des ‚Central-Comités der Arbeiter'; vgl. *S. 422.*

2 Unruh, Erfahrungen, S. 63.

3 Manfred Hettling, Bürgertum und Revolution – ein Widerspruch, S. 221; vgl. außerdem die Bemerkung Wehlers (Gesellschaftsgeschichte, II, S. 761), daß es tatsächlich nie eine „Chance einer Koalition von liberalem Bürgertum und aufbegehrenden Volksmassen" gegeben habe.

len" (Th. Nipperdey), da sie revolutionäre Umwälzungen entschieden ablehnten und, im Gegensatz zu einer Reihe stärker liberal geprägter westdeutscher Unternehmer, selbst moderaten politischen Reformen eher skeptisch gegenüberstanden. Die meisten gehobenen Beamten in den staatlichen und städtischen Behörden verhehlten gleichfalls nur schlecht, daß sie rasche und tiefgreifende Reformen, die auf eine substantielle Demokratisierung der Gesellschaft hinausliefen, ablehnten.

Die für beide bürgerliche Schichten typische Ablehnung *revolutionärer* Umwälzungen, eine Grundhaltung, die neben den eigentlich Konservativen auch größere Teile der *reform*freundlichen Liberalen einschloß, ließ sich auf mehreren Ebenen beobachten – zunächst in den Auseinandersetzungen um das Wahlrecht für die Deutsche und die Preußische Nationalversammlung. Zwar ließ sich das von vielen Liberalen favorisierte Wahlrecht – und damit der weitgehende Ausschluß der Unterschichten von politischer Mitwirkung – im April und Mai 1848 noch nicht durchsetzen. Aber es gelang, mit der Festlegung auf den indirekten Wahlmodus einen in Berlin, und ebenso anderen Städten und Regionen, wirksamen sozialen und politischen Filter in das Wahlrecht einzubauen.[4] Im deutschen wie im preußischen Abgeordnetenhaus dominierten gemäßigte Honoratioren. Daß dies wohl im Sinne vieler Berliner Bürger war, nicht jedoch im Sinne der männlichen Unterschichten als der Mehrheit des ‚Wahlvolks', zeigen etwa die Übergriffe auf den Berliner Abgeordneten der Preußischen Nationalversammlung Sydow Anfang Juni. Ihn hatte man wegen seiner „bewegenden Worte" über den Gräbern der Märzgefallenen am 22. März gewählt. Als er am 8. Juni der Märzrevolution dann explizit die „Anerkennung" verweigerte, war die Enttäuschung seiner unterbürgerlichen Wähler groß. Wie sehr die Möglichkeit gleichberechtigter Teilhabe der Unterschichten an politischen Entscheidungsprozessen den bürgerlichen und kleinbürgerlichen Schichten suspekt war, zeigten außerdem die Wahlen zur Stadtverordnetenversammlung Anfang Mai 1848. Bei diesen Wahlen insistierte die Mehrheit der städtischen Parlamentarier darauf, daß das 1809 eingeführte Prinzip Gültigkeit behalte, wonach nur derjenige wahlberechtigt war, der das Bürgerrecht besaß. Auch im Revolutionsjahr blieben damit das aktive und passive Wahlrecht für das Stadtparlament den männlichen

---

4 Daß ein direktes Wahlrecht den Demokraten Anfang Mai 1848 wahrscheinlich zu einem stärkeren Gewicht verholfen hätte, zeigt der Blick auf die Preußen benachbarten drei anhaltischen Kleinstaaten: Hier wurde bereits für die Wahlen zu den Landtagen Mai bis Juli 1848 das direkte Wahlverfahren eingeführt – mit dem Ergebnis, daß in allen anhaltinischen Landtagen die demokratische Bewegung überwältigende Mehrheiten besaß, die dann erst unter dem Druck des übermächtigen preußischen Nachbarn im Frühjahr 1849 ‚kapitulieren' mußten. Vgl. Hachtmann, Anhalt 1848/49, S. 13 f. Hätte außerdem im April und Mai 1848 ein bereits ausgebildetes ‚Parteiwesen' bestanden, wären – jedenfalls in der preußischen Hauptstadt – die Ergebnisse vermutlich ähnlich eindeutig demokratisch ausgefallen wie ein Dreivierteljahr später die Berliner Ergebnisse der Wahlen zum preußischen Abgeordnetenhaus im Jan. 1849.

Angehörigen des Bürgertums und Kleinbürgertums vorbehalten; die große Masse der Unterschichten blieb von diesen Wahlen ausgeschlossen. Berlin war in dieser Hinsicht kein Sonderfall. In Wien beispielsweise wurde der Kreis der Wahlberechtigten, die den dortigen „Gemeindeausschuß" wählen durften, noch enger gezogen als in der preußischen Hauptstadt.[5]

Nicht zufällig gaben bei der organisatorischen Formierung der konservativen Bewegung der Preußenmetropole seit Frühsommer 1848 gleichfalls gehobene Beamte und (in geringerem Maße) Wirtschaftsbürger den Ton an. Auch ihre Haltung zur Frage der ,Volksbewaffnung' und der polizeilich-militärischen Ordnungsfunktionen war von der Absicht bestimmt, die Revolution möglichst schnell zu beenden. Wirtschaftsbürgertum und Beamtenschaft wollten in ihrer überwiegenden Mehrheit unter allen Umständen vermeiden, den Unterschichten Machtmittel an die Hand zu geben, die es jenen erlaubt hätten, wirkungsvoller auf der Durchsetzung ihrer politischen und sozialen Forderungen zu bestehen. Die Bürgerwehr war von konservativen Berliner Honoratioren in den ersten Stunden nach dem ,Waffenstillstand' vom 19. März 1848 mit dem erklärten Ziel ins Leben gerufen worden, das Machtvakuum, das nach dem Abzug der Truppen namentlich in den innerstädtischen Bezirken entstanden war, selbst auszufüllen und nicht den schwer kalkulierbaren, überwiegend proletarischen Barrikadenkämpfern zu überlassen. Folgerichtig und erfolgreich suchten die Begründer der Berliner Bürgerwehr, die Aufnahme in die kommunale Freiwilligenmiliz vom Besitz des Bürgerrechts abhängig zu machen – ein Verfahren, das im Grundsatz (und vom Sonderfall Rom abgesehen) 1848 in ganz Europa üblich wurde. Zugleich unternahmen die städtischen und Polizeibehörden größte Anstrengungen, dem männlichen ,Pöbel', der der Revolution auf den Barrikaden des 18. März zum Sieg verholfen hatte, die ,illegal' erworbenen Waffen wieder zu nehmen. Der Zeughaussturm war eine Reaktion auf diese Politik des konservativen Bürgertums. Er stellt in erster Linie den spontanen Versuch der Unterschichten dar, die vom König auf äußeren Druck hin unmittelbar nach der Märzrevolution versprochene Volksbewaffnung Wirklichkeit werden zu lassen. Die seit Anfang Juni zu beobachtende Distanz wachsender Teile der Berliner Bürgerwehr zur traditionellen Obrigkeit und zum organisierten Konservativismus wiederum resultierte wesentlich aus sozialen Umschichtungen innerhalb der Bürgerwehr, dem Rückzug der tiefschwarzen Hoflieferanten und gehobenen Beamten. Infolgedessen erhielten das (politisch heterogene) proletaroide Kleinbürgertum und Teile des Bildungsbürgertums mehr Gewicht. Am Ende der Revolution saß die Bürgerwehr freilich zwischen allen Stühlen. Sie taugte weder

---

5 Vgl. Seliger/Ucakar, Wien, bes. S. 224 ff., 238 ff.; ferner etwa Hummel, München, S. 46 ff. oder Wettengel, Revolution, S. 101 f.

als gegenrevolutionärer Ordnungsfaktor, noch entwickelte sie sich eindeutig zu einer revolutionären Gegenmacht.

Wenn das Wirtschaftsbürgertum der Revolution distanziert gegenüberstand, dann lag dies nicht zuletzt daran, daß die von dieser Schicht gewünschten ‚Modernisierungen‘ in den Grundzügen schon lange vor 1848 verwirklicht waren. Meilensteine des wirtschaftlichen Modernisierungsprozesses in Preußen waren vor allem die Einführung der Gewerbefreiheit seit 1810/11 und die Gründung des Zollvereins 1834. So ‚reactionär‘ die Hohenzollernmonarchie in allgemein-politischer Hinsicht gewesen sein mag, wirtschaftspolitisch war Preußen schon lange ‚fortschrittlich‘. Und vor allem dieser Aspekt zählte für das Berliner Wirtschaftsbürgertum. Angesichts der wirtschaftspolitischen Modernität Preußens schienen weitergehende allgemein-politische Reformen der Berliner Wirtschaftsbourgeoisie, im Unterschied zur rheinischen, schon während des Vormärz nicht dringlich und während der Revolution mit Blick auf die in der preußischen Hauptstadt schärfer als anderswo ausgebildeten sozialen Gegensätze dann ausgesprochen gefährlich.

Die regionalen Facetten des Bürgertums, und hier vor allem der Wirtschaftsbourgeoisie, waren innerhalb Deutschlands und Preußens überhaupt kräftiger entwickelt, als häufig angenommen wird. Während das rheinische Wirtschaftsbürgertum die „Mentalität einer Aristokratie ‚an Adels statt‘" (R. Boch) ausbildete, war die (relative) politische Zurückhaltung der Unternehmer der preußischen Hauptstadt auch eine Spätfolge des Merkantilismus, der Berlin und die preußischen Kernlande stärker geprägt hatte als die Rheinprovinz. Weitgehend vorbehaltlose Akzeptanz der Sachkompetenz der staatlichen Bürokratie und Gewöhnung an obrigkeitliche Bevormundung kennzeichneten die Mentalität vieler hauptstädtischer Unternehmer. Wohl nicht zufällig waren die drei agilsten Berliner Unternehmer in den vierziger, fünfziger und sechziger Jahren, A. Borsig, F. A. Egells und W. v. Siemens, nicht in Berlin (sondern in Breslau, Rheine bzw. Lenthe bei Hannover) geboren. Ein weiterer Faktor, der den, im Vergleich zum Westen Preußens und auch zu Schlesien, ausgeprägteren Konservativismus des in Wirtschaft und Handel tätigen Berliner Bürgertums und Kleinbürgertums erklärt, waren die in der Hohenzollernresidenz traditionell engen wirtschaftlichen und sozialen Beziehungen zum königlichen Hof und – über die Korporation der Berliner Kaufmannschaft – ein unmittelbarer Draht zu den entscheidenden staatlichen Institutionen.

Wenn die Berliner Unternehmer schon wenige Wochen nach der Märzrevolution unmißverständlich auf die unbedingte Wiederherstellung von Ruhe und Ordnung drängten, dann natürlich außerdem aus handfestem Eigeninteresse: Die allgemeine wirtschaftliche Entwicklung wurde durch die politischen Erschütterungen des Jahres 1848 negativ tangiert. Überwunden wurde die ökonomische Krise erst 1849/50. Spezifische Traditionen und sozialökonomische Stellung prädestinierten das preußische und namentlich das Berliner Wirtschaftsbürgertum also für den rechten Liberalismus und stärker noch den politischen Konservativismus. Daß die Berliner Unternehmerschaft konservativer war als die Wirtschaftsbourgeoisie in anderen Teilen Preußens und Deutschlands, zeigte sich, als sich einige von ihnen nach 1848 auch überregional politisch zu betätigen begannen – und auf dem rechten Flügel des Preußischen Abgeordnetenhauses Platz nahmen. Die in der Hauptstadt besonders ausgeprägte Loyalität der preußischen Krone gegenüber resultierte aus der Erfahrung, daß die Hohenzollernmonarchie sich in den der Revolution vorausgegangenen Jahrzehnten ökonomisch als ausgesprochen ‚modernisierungsfreundlich‘ gezeigt hatte. Es stand kaum zu erwarten, daß dies in der Zukunft anders werden würde. Selbstvertrauen und Zukunftsgewißheit der frühen Unternehmer in Berlin wie überhaupt in Preußen-Deutschland, das Gefühl, daß adlige Privilegien und feudale Restbestände der eigenen starken ökonomischen und politischen Stellung nichts mehr anhaben könnten, erleichterten die Entscheidung gegen eine substantielle Demokratisierung der Gesellschaft. Die in erster Linie an das Bürgertum adressierte Verfassung vom 5. Dezember 1848 gab dieser Haltung zusätzlich Nahrung.

Behauptungen wie die, daß erst der ‚Aktionismus‘ der ‚anarchischen Elemente‘ im revolutionären Berlin, namentlich der „schlechten und unbildsamsten“ Erdarbeiter, „den Schwung des Bürgertums bremste und die Stimmung bei den gehobenen Schichten umschlagen ließ“, daß erst „in den Revolutionsjahren ein Teil des Bürgertums vorzeitig aus seiner eigenen politischen Emanzipationsbewegung ausscherte“,[6] übersehen die konservativen und schon während des Vormärz beobachtbaren gegenrevolutionären Prädispositionen breiter Schichten der gehobenen und einkommensstarken Bevölkerung. Nicht erst der ‚Pöbel‘ hat weite Teile des Bürgertums der „Contrerevolution“ in die Arme getrieben. Wirtschaftsbourgeoisie, gehobene Beamtenschaft und wohlhabender Mittelstand besaßen *von vornherein* kein Interesse an einem Bündnis mit den sozialen Unterschichten, um mit diesen gemeinsam ein demokratisch-‚bürgerliches‘ System durchzusetzen. Die Erdarbeiter, so wild ihr Äußeres und so befremdlich ihre Arbeitshaltung gewirkt haben mögen, waren – bei Lichte besehen – eine insgesamt recht harmlose Arbeitergruppe, die zwar ihre sozialen Interessen energisch zu vertreten suchte, jedoch zu keinem Zeitpunkt in der Lage war, an den politischen Grundfesten der Stadt oder gar der Monarchie zu rütteln (und dies auch gar nicht wollte). Zum revolutionären Popanz bauschten sie erst das vom ‚Gespenst des Kommunismus‘ verschreckte Bürgertum und die von Deklassierungsängsten geplagten Mittelschichten auf. Die diesen Ängsten zugrundeliegenden Ressentiments, die sich ähnlich auch in anderen Städten beobachten

---

6 Bergmann, Wirtschaftskrise, S. 144, bzw. Dieter Langewiesche, Republik, Monarchie und ‚soziale Frage‘, in: ders. (Hg.), Deutsche Revolution, S. 360 f.

lassen, nicht zuletzt den (neben Berlin) beiden anderen europäischen Revolutionsmetropolen Paris und Wien[7], waren viel früher angelegt. Sie wurden während der Revolution nur virulent. Bemühungen der frühen Arbeiterbewegung, in Berlin namentlich des ,Central-Comités der Arbeiter' und des Maschinenbau-Arbeiter-Vereins, zu einem strategischen Bündnis mit den Bürgern zu kommen, waren wegen der antiproletarischen und gegenrevolutionären Prädisposition weiter Kreise des Bürgertums und Kleinbürgertums im Grunde von Anbeginn zum Scheitern verurteilt.

Die Furcht, vom (zahlenmäßig ja tatsächlich riesigen) Proletariat sozial und politisch erdrückt zu werden, veranlaßte die Mehrheit der gehobenen Bevölkerungsschichten in Preußen und Berlin auch, für die ,Schließung' der Revolution im November einen Preis zu zahlen, der hoch erscheint – allerdings nur auf den ersten Blick: Das *Versammlungsverbot* traf in erster Linie die sozialen Unterschichten. Denn diese waren es vor allem, die auf der Straße zu spontanen Versammlungen zusammenkamen. Sie benötigten keine förmlichen Organisationen und keine ausformulierten Programme, keine Tagesordnung und keinen Vorstand, um Politik zu machen. Im Zentrum des bürgerlichen Politik- und Organisationsverständnisses stand dagegen der Verein. Politisch aktive Bürger, einschließlich der bürgerlichen Demokraten, bevorzugten geschlossene, übersichtliche Organisationen mit festen, berechenbaren Strukturen und überdachte Räumlichkeiten. Klubs mit festen Mitgliedschaften und einem formalisierten Vereinsgeschehen sowie Parlamente waren (immer idealtypisch betrachtet) die dem Bürger adäquaten Politikformen – dem männlichen Bürger, wie man ergänzen muß: Denn Politik war nach ihrem Verständnis Männersache. Frauen ,durften' sich öffentlich nur engagieren, sofern dies den geschlechtsspezifischen Rollenerwartungen entsprach, nämlich im sozialkaritativen Bereich tätig werden, Erziehungsfragen diskutieren und was sonst der Sphäre ,öffentlicher Mütterlichkeit' zugehörte. Oder sie fungierten als ,jungfräuliche Dekoration' ansonsten männerdominierter Demonstrationszüge und Festveranstaltungen. An diese Vorgaben hielten sich in Berlin – und ebenso in den meisten anderen Städten – auch die (bürgerlich-)demokratischen Frauenvereine, nicht dagegen die Unterschichten. Dort war die Trennung in eine Frauen- und eine Männerwelt nicht nur in sozialer, sondern auch in politischer Hinsicht noch kaum ausgeprägt. Frauen aus den Armenvierteln beteiligten sich am Barrikadenbau und Barrikadenkampf; sie nahmen in offenbar nicht geringer Zahl an Katzenmusiken und Massenversammlungen unter freiem Himmel teil. Wie groß die Welten waren, die auch 1848 Bürgertum und arme ,Volks'-Klassen trennten, zeigte sich nicht zuletzt daran, daß selbst den Demokraten die von den Unterschichten bevorzugten Handlungsformen nicht geheuer waren.

---

7 Vgl. Hachtmann, Berlin und Paris, S. 125 ff.; ders., Hauptstädte.

Die Heuler: 1.Heul: Ach Herr Jesses jetzt kann man nur noch hoffen, dafs der Windischgräz._ _

        2.Heul: Oder der Jellachich._ _. _

        3.Heul: Wenigstens doch der Wrangel _._ _. _

Karikatur auf die bürgerliche Sehnsucht nach Ruhe und Ordnung.

Die distanzierte Einstellung ziemlich aller Bürger und Kleinbürger, gleichgültig welcher politischen Couleur, gegenüber den in den Unterschichten verbreiteten Politikformen erklärt den relativ bereitwilligen Verzicht auf das im März erkämpfte *Versammlungs*verbot durch die bürgerlichen und mittelständischen Schichten Berlins, jedoch noch nicht die weitgehende Akzeptanz des *Vereinigungs*verbots. (Nur die bürgerlichen Demokraten und Linksliberalen, eine Minderheit innerhalb des gesamten Bürgertums und Kleinbürgertums, hielten uneingeschränkt am Prinzip demokratisch strukturierter Massenorganisationen fest.) Wenn eine starke Mehrheit der gehobenen Bevölkerungsschichten die im November 1848 ausgesprochenen Beschränkungen der Vereinigungsfreiheit ohne großen Widerspruch akzeptierte, dann vor allem aus zwei Gründen: (1.) Wrangel sprach keineswegs ein generelles Vereinsverbot aus, sonderen dosierte mit Bedacht. Von der Wucht der mit dem Belagerungszustand verhängten vereinsrechtlichen Restriktionen wurden in erster Linie Demokraten und Linksliberale getroffen, kaum dagegen rechtsliberal und konservativ eingestellte oder ‚unpolitische' Bürger. Und selbst für die gemäßigte Demokratie und die mit diesen verbündeten liberalen Strömungen ließen die Militärbehörden mit den

Bezirksvereinen, die nicht unter das Vereinsverbot fielen, und der Erlaubnis, Mitte Dezember 1848 Wahlvereine zu gründen, Ventile. (2.) Viele Liberale bevorzugten den Typus der Honoratiorenpartei; die Hochkonservativen standen echten politischen Parteien grundsätzlich ablehnend gegenüber. Rechtsliberalen wie Konservativen blieben Vereine, die die Gleichberechtigung eines jeden Mitglieds zu ihrer Grundlage machten, im Grunde immer suspekt. Denn Vereinigungen mit demokratischen Organisationsprinzipien erlaubten prinzipiell auch die gleichberechtigte Partizipation von Angehörigen der Unterschichten, für wohlhabende Berliner, die um ihr Eigentum fürchteten und das Gespenst des Kommunismus am Horizont sahen, eine erschreckende Vision. Der Schrecken wuchs, als sich im Sommer 1848 dann herausstellte, daß der Demokratische Klub als der radikalste Verein tatsächlich eine breite und stabile Basis unter den „Arbeitern" besaß. Neben den ‚Rehbergern' wurde der von jugendlichem Überschwang und Revolutionsenthusiasmus geprägte Demokratische Klub zum Inbegriff für Chaos, Republik und französische Zustände (stärker als die frühe Arbeiterbewegung, die sich hier zu dieser Zeit insgesamt weitgehend auf sozialpolitische Tätigkeitsfelder beschränkte). Vor allem deshalb wurde das Verbot der demokratischen und liberalen Vereine Mitte November 1848 und die Rückkehr zu tradierten Formen der Politik vom konservativen und zumindest vom rechtsliberalen Bürgertum und Kleinbürgertum überwiegend mit Erleichterung aufgenommen.

Die Konservativen hatten sich nur in der Stunde der Not auf die Gründung einer Partei eingelassen, um ein Gegengewicht zu den demokratischen und liberalen Vereinen zu besitzen, solange man der Revolution nicht den Garaus machen konnte. Am 31. August 1848 belehrte Ludwig v. Gerlach, spiritus rector der Konservativen, die Leser der Kreuzzeitung: „Je größer der verfassungsmäßige Antheil des Volkes an der Leitung der Regierungs-Angelegenheiten, desto nothwendiger ist die Gruppierung der Staatsbürger nach politischen Richtungen, mit anderen Worten die Organisation politischer Parteien."[8] Formuliert hatte diesen Satz der politische *Pragmatiker* Gerlach, der seine zunächst widerstrebenden konservativen Mitstreiter von der taktischen Notwendigkeit der Bildung eigenständiger Organisationen zu überzeugen suchte. Der *Ideologe* Gerlach suchte dagegen den großen „verfassungsmäßigen Antheil" breiter Bevölkerungsschichten an „der Leitung der Regierungs-Angelegenheiten", den sich das Volk im März 1848 erkämpft hatte, über lang oder kurz rückgängig zu machen – mit weitgehendem Erfolg. Damit sollte zugleich die Differenzierung der „Staatsbürger nach politischen Richtungen" und Parteien wieder zurückgenommen werden. Genau dies bezweckte auch der wenige Wochen nach dem Ende der

---

8 Verfaßt hatte Gerlach den Aufsatz ‚Angelegenheiten des Vereins für König und Vaterland' am 27. Aug. 1848; vgl. auch Botzenhart, Parlamentarismus, S. 392.

Berliner Revolution, Ende Januar 1849, ins Leben gerufene ‚Treubund mit Gott für König und Vaterland‘, die mit Abstand größte konservative Massenorganisation der vierziger und fünfziger Jahre: Dieser *Bund* – nomen est omen (und nicht zu verwechseln mit dem Anfang Juli 1848 gegründeten ‚Verein für König und Vaterland‘) – war im Unterschied zu den im Sommer 1848 entstandenen Vereinen *kein* (weiterer) Schritt in Richtung auf die Herausbildung moderner konservativer Parteien. Der Treubund war vielmehr umgekehrt der Versuch, die preußischen Staatsbürger an die Monarchie zurückzubinden und unabhängig von ihrer sozialen Stellung zu einer verschworenen (Volks-)Gemeinschaft aus Untertanen des Hohenzollern-Königs „von Gottes Gnaden" zu machen.

Angesichts einer stark konservativen bzw. (so ein zeitgenössischer Terminus:) „liberalkonservativen" Einstellung der großen Mehrheit der Bürger (als Sozialschicht) wird man jedenfalls für Berlin die Ansicht verwerfen müssen, das Bürgertum habe gemeinsame „Reformziele" zu einem „Knoten" geknüpft.[9] „Knotenpunkte", an denen die Interessen des „oppositionellen Bürgertums" mit denen der revoltierenden Unterschichten zusammenfielen, hat es – wenn überhaupt – nur wenige gegeben. Diese Gemeinsamkeiten waren überdies vorwiegend negativer Natur und wurden zudem rasch gelöst. Die ziemlich allgemeine Forderung in den Tagen vor dem 18. März nach Zurückziehung der Truppen, die die Märzrevolution ausgelöst hatte, war mit dem Abzug der letzen Truppen am 22. März hinfällig. Ihre Rückkehr und überhaupt die Militärfrage bildeten spätestens seit Ende März 1848, als die ersten Armeebataillone wieder in die Hauptstadt zurückkehrten, den Anlaß für politische Spaltungen und Differenzierungen. Die Mehrheit des Bürgertums mochte mit den ruhmreichen Traditionen des preußischen Militärs nicht grundsätzlich brechen. Demokraten und Linksliberale insistierten dagegen auf eine tiefgreifende Neuordnung des Militärs. Das Verlangen nach Meinungs-, Versammlungs- und Vereinigungsfreiheit bildete gleichfalls nur eingeschränkt einen gemeinsamen Knotenpunkt. Zwar waren sich breite Kreise der Berliner Bevölkerung im März 1848 einig in ihrem Verlangen nach Aufhebung der vereins-, versammlungs- und presserechtlichen Restriktionen. Wie diese Errungenschaften jedoch *positiv* ausgestaltet werden sollten, war dagegen höchst umstritten. Während die Freiheitsforderungen seitens der Unterschichten sozialpolitisch aufgeladen wurden, schreckte die überwiegende Mehrheit des Bürgertums vor den Konsequenzen der ursprünglich eigenen Reformwünsche zurück. Statt auf einem uneingeschränkten Versammlungs- und Vereinsrecht zu beharren, forderte es aus Angst vor demokratischer „Anarchie" und sozialen Revolten zunehmend nachdrücklicher Schranken gegen die vermeintlich „maßlosen Freiheiten".

---

9 Langewiesche, Wege zur Revolution, S. 437.

Allerdings waren die politischen Differenzen zunächst nicht sichtbar und Mißverständnisse programmiert. Alle oppositionellen Strömungen einschließlich der Demokraten, die im März 1848 noch nicht präzise von den Liberalen zu scheiden waren, wünschten einschneidende politische *Reformen*. Von ganz wenigen Ausnahmen abgesehen, wollte niemand eine *Revolution*. Die Märzrevolution entstand unabsichtlich (jedoch nicht zufällig oder gar als Resultat eines ‚Mißverständnisses‘). Aufgrund zahlreicher Übergriffe des Militärs, eines starrköpfigen Königs, der die Situation nicht überblickte und partout keine Zugeständnisse machen wollte, sowie einer in hohem Maße angespannten Atmosphäre eskalierten die Ereignisse ungesteuert zur Revolution. Die Wut über die Halsstarrigkeit der Obrigkeit und eine Brutalität der Soldaten, die vor niemandem Halt zu machen schien, hatte am 18. März auch Bürger auf die Barrikaden getrieben, die mit Revolution ‚eigentlich‘ überhaupt nichts im Sinn hatten. Die Konstellationen in der preußischen Hauptstadt unterschieden sich in dieser Hinsicht nicht grundlegend von Vorgeschichte und Ablauf der revolutionären Aufstände in Palermo, Neapel, Paris, Wien, Mailand und Venedig in den Tagen und Wochen zuvor. Die Berliner Barrikadenkämpfe vom 18. März erschienen den Beteiligten als ein Akt der Notwehr gegen das Militär und „schlechte Ratgeber" des Königs. Im Unterschied zu Paris, wo die Bürgermonarchie sang- und klanglos zusammenbrach und jedermann mit der Ausrufung der Republik rechnete, im Unterschied auch zu Mailand und Venedig, wo die österreichische Fremdherrschaft abgeschüttelt werden sollte und die Staatsform demgegenüber zweitrangig war, ganz ähnlich dagegen wie in Wien und den meisten anderen Städten und Regionen Europas waren in Berlin Monarch und Monarchie nach dem Märzaufstand allerdings keineswegs diskreditiert. In der preußischen Hauptstadt war Friedrich Wilhelm IV., nachdem er sich am 21. März an die Spitze der deutschen Bewegung gestellt und den vielstimmig vorgetragenen Reformwünschen endlich nachgegeben zu haben schien, nach der Märzrevolution zunächst sogar populärer als zuvor.

In den folgenden Wochen änderte sich an dem Tatbestand, daß die meisten Berliner sich als ‚Revolutionäre wider Willen‘ (und nicht ‚aus freien Stücken‘) verstanden, zunächst wenig. Sie wollten Veränderungen durch Reformen und nicht einen scharfen revolutionären Bruch mit dem Althergebrachten. Symptomatisch ist, daß das von den Altliberalen Camphausen und Hansemann geführte erste Märzkabinett selbst von radikalen Demokraten mit großem Vertrauensvorschuß bedacht wurde. Mitte April begann hier freilich ein Prozeß rascher Desillusionierung. Auf die Zeit zwischen Ende Mai und Mitte Juni datiert das definitive Auseinanderfallen der oppositionellen Bewegung in einen nichtrevolutionären Flügel und eine radikal-demokratische, zunehmend republikanische Bewegung. Der Gegensatz zwischen ‚Reform‘ und ‚Revolution‘ vertiefte sich im Gefolge der weiteren Ereignisse rasch. Abzulesen ist dies beispielsweise an der Vehemenz, mit der sich die organisierten Liberalen Berlins gegen die angebliche demokratische „Anarchie", wie sie Mitte 1848 in Berlin geherrscht habe, zur Wehr setzten.

Intern waren die Liberalen als Kern des bürgerlich-reformerischen Stranges der Märzbewegung freilich häufig uneins. Bereits im Frühjahr spalteten sich Teile des Konstitutionellen Klubs nach rechts und nach links ab. Die beiden neuen Vereinigungen, die an Mitgliederzahl und politischer Bedeutung der liberal-konstitutionellen ‚Mutter' schon bald kaum nachstanden, rechneten sich fortan dem konservativen bzw. demokratischen Lager zu. Wenn die organisierten Liberalen und mit ihnen die gemäßigte Variante der Märzbewegung in der preußischen Hauptstadt relativ rasch an Gewicht verloren, dann lag dies an der in Berlin im Vergleich zu allen anderen deutschen Städten (mit Ausnahme Kölns und Wiens) weit stärkeren politisch-sozialen Polarisierung, der die intern überdies zerstrittenen Liberal-Konstitutionellen kaum etwas entgegenzusetzen hatten. Zudem konnte der Typus der Honoratiorenpartei, den die Liberalen bevorzugten, nicht die gleiche Wirkungskraft entfalten wie der Typus der ‚Massenpartei', zu dem sich die größeren demokratischen Vereine im Revolutionsjahr zu entwickeln begannen. Trotzdem spielte der liberale Strang der Märzbewegung im Leben der Hauptstadt weiterhin eine gewichtige Rolle – als dominierende politische Strömung innerhalb der Preußischen Nationalversammlung. Neben der demokratischen Linken fungierten auch die liberalen Zentrumsfraktionen der preußischen Volksvertretung zeitweilig als eine Art Schutzschild für die außerparlamentarische städtische Märzbewegung gegenüber Krone und Militärpartei. Im November 1848 besaßen die Zentrumsfraktionen der Konstituante Preußens dann jedoch nicht den Mut, den gegenrevolutionären Aktionen des Königs und seines hochkonservativen Beraterkreises unter Einbeziehung der breiten, in Berlin vorwiegend demokratisch gesinnten *unter*bürgerlichen Schichten offensiv entgegenzutreten.

Politisch wurde die Gegenrevolution vom November 1848 zwar von der Krone, der Kamarilla sowie dem hohen Offizierskorps vollzogen. Tatsächlich jedoch hatten Berlin, Preußen und Deutschland nach 1848 in rechtlicher wie politischer Hinsicht nicht zufällig ein anderes, stärker bürgerliches Gesicht als vor 1848. Obgleich sich die preußische Krone weiterhin in erster Linie auf die alten, vorbürgerlichen Eliten stützte, sah sie sich zwecks Erweiterung und Stabilisierung ihrer sozialen Basis gezwungen, dem zunftorientierten gewerblichen Kleinbürgertum wie der Wirtschaftsbourgeoisie Konzessionen zu machen. Von besonderer Bedeutung waren hier die Gewerbeordnung vom 9. Februar 1849, die den Innungen zu neuem Gewicht verhalf, sowie die Auflösung der zum Teil gewerkschaftsähnlichen Organisationen der frühen Arbeiterbewegung, die den Arbeitgebern im Jahre 1848 ein unbequemer Widerpart gewesen waren. Vielleicht wichtiger noch als der reale Gehalt dieser und anderer nachrevolutionärer

Reformen war das politische Signal: Dem Bürgertum und den Mittelschichten wurde bedeutet, daß das neue ‚alte System' für bürgerliche und kleinbürgerliche Wünsche offen, eine tiefgreifende politische Umwälzung, die in diesen Schichten wegen der unkalkulierbaren sozialen Folgewirkungen spätestens nach 1848 sowieso nicht mehr in Erwägung gezogen wurde, schon deshalb überflüssig sei. Politische Mäßigung und Loyalität der Krone gegenüber, so wurde suggeriert, waren der einzig erfolgversprechende Weg zur Realisierung der eigenen Ziele. Die Verfassungen vom Dezember 1848 und Januar 1850 hatten dieselbe psychologische Funktion. Daß sie in erster Linie als Symbol für das neue Bündnis mit den bürgerlichen und kleinbürgerlichen Schichten gedacht waren und die Krone nicht ernsthaft plante, den Weg in eine konstitutionelle Monarchie, einen ‚bürgerlichen Verfassungsstaat', zu ebnen, zeigen die politischen und rechtlichen Restriktionen und Repressionen, die seit 1849/50 praktiziert wurden – und die den formal garantierten Grundrechten der preußischen Verfassung Hohn sprachen. Von der Mehrheit des Bürgertums und der Mittelschichten war hier ernsthafter Widerspruch kaum zu erwarten, richtete sich das ‚System Hinckeldey' doch in erster Linie gegen radikale Demokraten und die politisierten sozialen Unterschichten. Die Einführung des Zensuswahlrechts, anstelle sowohl der alten, ständischen Provinziallandtage als auch der nach allgemeinem und gleichen (Männer-)Wahlrecht gewählten Nationalversammlungen des Jahres 1848, war gleichfalls eine Konzession an eine breite Strömung innerhalb des Bürgertums. Es kam dem Wunsch nach „sozialer Abschließung der Bourgeoisgesellschaft" (U. Haltern) nach unten entgegen. Die drei Wählerklassen, die nach dem Steueraufkommen zusammengesetzt wurden, korrespondierten dem bürgerlichen Leistungsethos und erhöhten das Gewicht des in der zweiten Kammer überproportional vertretenen einkommensstarken Bürgertums.

Trotzdem ist die Formel, was bürgerlich war, sei nicht revolutionär, und was revolutionär war, das sei nicht bürgerlich gewesen, zu einfach – selbst wenn man nur die Sozialschichten in den Blick nimmt. Denn die, neben Wirtschaftsbürgertum und höherer Beamtenschaft, dritte größere Teilschicht der sozialen Großgruppe Bürgertum paßt nicht in dieses Raster. Das politische Verhalten des *Bildungsbürgertums*, einschließlich der ‚freien Berufe', war deutlich anders konturiert als das der beiden erstgenannten bürgerlichen Teilschichten: Zahlreiche Mitglieder des Bildungsbürgertums nahmen führende Positionen innerhalb der revolutionären Bewegung und in den demokratischen Vereinen ein. Wir finden sie als Wortführer auf Massenversammlungen und Großdemonstrationen. Die Basis der demokratisch-revolutionären Bewegung der preußischen Hauptstadt (und einiger anderer größerer Städte, namentlich Köln und Wien) war ‚proletarisch', die Führung ‚bürgerlich', genauer: bildungsbürgerlich. Und hier wiederum waren junge Bürger vom Typus brotloser Schriftsteller, ferner Journalisten sowie verwandte Berufsgruppen, eine Art ‚freischwebende Intelligenz', dominant.

Indessen war auch das Bildungsbürgertum keineswegs in Gänze dem demokratischen Lager zuzurechnen. Innerhalb dieser mit gut zwei Prozent der Berliner Erwerbsbevölkerung recht schmalen Sozialschicht existierte ein scharfer Generationskonflikt: Vor allem die Jüngeren, beeinflußt durch die religiösen Konflikte und Dissidentenbewegungen des Vormärz, zum Teil auch bereits durch frühsozialistische Ideen, konnten sich vielfach enthusiastisch für die ‚neue Zeit‘ begeistern. Die jüngeren Jahrgänge waren es auch, die in erster Linie die berufsständischen Reformbewegungen personell trugen und mit Blick auf das Schul- und Gesundheitswesen 1848 Forderungen artikulierten, die lange Zeit aktuell blieben und zum Teil erst im 20. Jahrhundert verwirklicht wurden. Die Älteren dagegen, beruflich etabliert und durch die Befreiungskriege 1813/15 sowie durch die ‚Schrecken‘ der älteren französischen Revolutionen, mindestens den (glimpflichen) Schock der Julirevolution 1830, politisch sozialisiert, blieben distanziert. Verunsichert zudem durch die konjunkturelle Talfahrt des Jahres 1848, sehnten letztere sich in ihrer großen Mehrheit nach ‚Ruhe‘ und ‚Ordnung‘ zurück. Blickt man auf das Bürgertum insgesamt, auf die soziale Großgruppe, war also nur eine kleine Minderheit, namentlich ein erheblicher Teil der jüngeren Bildungsbürger, ‚revolutionär‘ gesinnt.

Die Unterschichten wiederum waren in Berlin zwar überwiegend demokratisch eingestellt, wie die Januarwahlen 1849 für das preußische Abgeordnetenhaus eindrucksvoll bestätigten. Aber auch sie waren intern zerklüftet. Die innerproletarischen Differenzierungen drückten sich weniger in unterschiedlichen (partei-)politischen Präferenzen aus als vielmehr in deutlich voneinander abweichenden Mentalitäten. Diese Scheidelinien, unter denen die zwischen den gehobenen proletarischen Gruppen, den Gesellen und qualifizierten Fabrikarbeitern, die sich um das ‚Central-Komité der Arbeiter‘ und seit September dann um die Arbeiterverbrüderung formierten, einerseits und den ungelernten Arbeitskräften, zum Teil auch den proletaroiden Selbständigen sowie dem Subproletariat andererseits die wichtigste war, ließen sich nicht immer klar identifizieren. Denn die Quellen, die ja überwiegend aus bürgerlicher Feder stammen, differenzierten nur selten nach sozialer Schichtzugehörigkeit. Zudem wurden die Unterschiede zwischen den Teilgruppen des Proletariats im weiteren Sinne durch weiterbestehende vielfältige Gemeinsamkeiten, ein ‚milieu populaire‘, überdeckt. Zwar waren die Übergänge zwischen den in der vorliegenden Untersuchung mit den Begriffen ‚Arbeiterbewegung‘ und ‚Kultur der Armut‘ umschriebenen unterschiedlichen proletarischen Milieus fließend. Trotzdem erwies sich die Unterscheidung in die beiden Unterschichts-‚Kulturen‘ als sinnvoll, weil über sie die deutlich erkennbaren verschiedenartigen politischen und sozialen Strömungen in den ärmeren Bevölkerungsgruppen der preußischen Hauptstadt analytisch zu fassen und zu trennen waren. Die Existenz beider, tendenziell entgegengesetzter ‚Kulturen‘ verbietet es im übrigen, die Berliner Revolution von 1848 auch mit Blick auf die

Unterschichten pauschalisierend zu kategorisieren, etwa als „letzte große Rebellion breiter Volksschichten auf der Grundlage vorindustrieller Zielvorstellungen" (M. Gailus).[10] Gewiß war für große Teile der Unterschichten die Orientierung an Zunftidealen und an Konzepten einer ‚moral economy' kennzeichnend und handlungsleitend. Indessen schloß sich ein nicht unerheblicher Teil der unteren „Volksschichten" dem ‚Central-Comité der Arbeiter' an und übernahm die programmatischen Konzepte, die von diesem „Arbeiterparlament" entwickelt wurden. Das waren jedoch Forderungen, wie sie für die *spätere, moderne* Arbeiterbewegung charakteristisch werden sollten. Von „*vor*industriellen Zielsetzungen" wird man hier schwerlich sprechen können.[11] Zudem ließen sich während des Revolutionsjahres beträchtliche Wandlungen beobachten: Vorbürgerliche Formen der Interessenvertretung, wie sie für die meisten Gesellen- und Arbeitergruppen während des Frühjahres typisch waren, wichen modernen Formen der Interessenartikulation und -organisation. Symptomatisch ist, daß die frühe Arbeiterbewegung von vornherein vereinsmäßige Strukturen mit ausgeprägt demokratischen Akzenten ausbildete.

Die politischen Umwälzungen des Jahres 1848 waren keine ‚bürgerliche Revolution' – wenn man die *Sozialschicht* Bürgertum, den ‚Bourgeois', als Definitionskriterium zugrunde legt. Der Begriff Bürgertum ist jedoch vielschichtig. Er kann sich auch auf den *Staatsbürger*, den ‚Citoyen', beziehen. Legt man diese Bedeutungsebene zugrunde, dann war die Revolution von 1848 durchaus eine ‚bürgerliche Revolution' – genauer: eine staatsbürgerliche Revolution, die die Etablierung einer ‚bürgerlichen Gesellschaft' zum Inhalt hatte. 1848 stand (verkürzt formuliert) die Durchsetzung gleicher politischer Rechte für alle Männer, unabhängig von ihrer sozialen und ökonomischen Stellung, auf der Tagesordnung. Eine soziale Revolution, also ein Umsturz der Eigentumsverhältnisse oder zumindest gravierende Eingriffe in das sozialökonomische Gefüge, wurde 1848 in Deutschland (im Unterschied zu Frankreich) von so gut wie keiner Seite gefordert – als *Nah*ziel auch nicht von der frühen Arbeiterbewegung und der radikalen Demokratie. Allerdings gewannen in Berlin und einigen anderen deutschen Städten sozialistische Strömungen in dem Maße an Gewicht, wie sich herausstellte, daß die liberalen Märzkabinette den sozialen Forderungen der Unterschichten nicht entgegenkommen wollten – ohne der Revolution allerdings so kräftig wie in Paris ihren Stempel aufdrücken zu können. Andere Teilströmungen der revolutionären Bewegung verknüpften Antikapitalismus mit vorbürgerlichen Utopien, etwa dem Ideal einer geschlossenen Zunftgesellschaft. Die Ziele *aller*

---

10 Gailus, Straße und Brot, S. 516.
11 Das widerspricht nicht dem von Kocka u.a. vorgebrachten, berechtigten Einwand, daß für die Arbeiterbewegung 1848 eine Mischung von vorkapitalistisch-handwerklich geprägter und sozialistischer Kapitalismuskritik charakteristisch gewesen ist; vgl. Kocka, Traditionsbindung, S. 348 f. (und die dort genannte Literatur), 352, 363.

Revolutionsbeteiligten gingen also in dem Begriff ‚bürgerliche Gesellschaft' nicht auf.

Nationale Einigung und nationale Identität – kein kleinster gemeinsamer Nenner

Auch in der Frage, wie ein einiges Deutschland aussehen und unter welchen politisches Vorzeichen die nationale Einheit verwirklicht sollte, bestanden zwischen den politischen Hauptströmungen gravierende Differenzen. Bereits die Begriffe „Nation" und „deutsche Einheit" wurden mit unterschiedlichen Inhalten besetzt. Ansichten, wie sie der Schriftsteller und Abgeordnete Wilhelm Jordan während seiner Rede in der Frankfurter Paulskirche während der sog. Polendebatte am 24. Juli 1848 äußerte, daß es „hohe Zeit" sei, in Deutschland die „träumerische Selbstvergessenheit und Schwärmerei für alle möglichen Nationalitäten" abzulegen und einen „gesunden Volksegoismus" zu entwickeln, daß „die Übermacht des deutschen Stammes gegen die meisten slawischen Stämme" zu den „naturhistorischen Tatsachen" gehöre, waren weit verbreitet – nicht nur in der Deutschen Nationalversammlung, wo Jordan mit seiner Rede „andauernden stürmischen Beifall" erntete.[12] Sie wurden von einer breiten bürgerlichen Öffentlichkeit geteilt und fanden selbst bei Linksliberalen Resonanz. Daraus darf allerdings nicht geschlossen werden, daß sich alle Liberalen die Haßtiraden Jordans und das dahinter stehende aggressiv-nationalistische Konzept uneingeschränkt zu eigen machten. Die Krux des liberalen Begriffs von ‚Nation' war jedoch, daß er inhaltlich zumeist wenig präzise und damit breit ausdeutbar war. Für viele Liberale besaß der Nationalgedanke überdies die Funktion einer integrativen Klammer; das Streben nach nationaler Einigung sollte die verschiedenen politischen Positionen und Strömungen einigen und auch die deutschen Fürsten einbeziehen. Dieses Konzept war nicht gänzlich realitätsfern, da auch für einen Monarchen wie Friedrich Wilhelm IV. die deutsche Einheit ein hohes Ziel war. Aber der Preußenkönig verband mit ‚nationaler Einheit' andere Vorstellungen: Nur er und die anderen Fürsten sollten bestimmen dürfen, wie dieses geeinte Deutschland aussehen sollte und wem die deutsche Kaiserkrone zustand. Dies

---

12 Stenographischer Bericht über die Verhandlungen der deutschen constituierenden Nationalversammlung zu Frankfurt a.M., hg. von F. Wigard, Frankfurt a. M. 1848/49, Bd. 2, S. 1143, 1145 f.; vgl. außerdem Wollstein, Das „Großdeutschland" der Paulskirche, S. 146-149. Anlaß der Debatte war die von der preußischen Regierung Anfang Juni 1848 – nach dem Nationalitätenprinzip – vorgenommene Teilung der mehrheitlich von Polen bewohnten preußischen Provinz Posen, die von der DtNV im Anschluß an die Debatte vom 24. Juli dann mit deutlicher Mehrheit sanktioniert wurde. Zu W. Jordan vgl. KBA.

schloß eine substantielle Beteiligung der Liberalen an der Entscheidung über die staatsrechtliche Form der Einigung und die Person des Staatsoberhauptes aus.

Während die liberale Idee von nationaler Einigung prinzipiell auch für konservative, vorrevolutionäre Konzepte der deutschen Einheit offen war[13], verknüpften die Demokraten ihre Vorstellung von nationaler Einigung unmittelbar mit der Sicherung und dem Ausbau der politisch-gesellschaftlichen Ordnung, wie sie nach den Märzrevolutionen entstanden war. Für die Demokraten war ein auch nur partieller Verzicht auf die Märzerrungenschaften und weitere Reformkonzepte zugunsten der deutschen Einheit ausgeschlossen. Für sie und ebenso für die *Arbeiterbewegung* war es außerdem keine Frage, daß namentlich die Polen genauso wie die Deutschen ein Recht auf nationale und damit staatliche Eigenständigkeit besaßen. Die Arbeiterbewegung, namentlich die Berliner, war darüber hinaus (überspitzt formuliert) nicht national, sondern international orientiert. Angesichts des blutigen Endes der Pariser Junirevolution forderte Stephan Born, der als Präsident des Berliner ‚Central-Comités der Arbeiter‘ und später führender Kopf der ‚Arbeiterverbrüderung‘ eine breite Strömung unter den Gesellen und Arbeitern der preußischen Hauptstadt repräsentierte, daß „die Arbeiter kein Unterschied der Sprache, der Landesgrenze" trenne.[14] Die Forderung nach nationaler Einigung war diesem Internationalismus untergeordnet; sie galt Born und seinen Freunden lediglich als notwendiger Zwischenschritt.

Die zahlreiche, fast ausschließlich aus bürgerlicher Feder stammende Memoirenliteratur läßt ferner leicht übersehen, daß jedenfalls in der preußischen Hauptstadt ein Teil der Unterschichten selbst der nationalen Euphorie der Anfangstage mit gewisser Distanz gegenüberstand. Während das Bürgertum das Versprechen des Monarchen vom 21. März, Preußen werde fortan in Deutschland aufgehen, offenbar unisono bejubelte, stellten den ärmeren Bevölkerungsschichten angehörende Berliner von Anbeginn ihre sozialen Wünsche in den Vordergrund. Diese Konstellation änderte sich im Hochsommer vorübergehend, als die demokratische Bewegung, einschließlich ihrer proletarischen Basis, im Zusammenhang mit der Kontroverse um den Huldigungserlaß des Reichskriegsministers die ‚deutsche Einheit‘ zeitweilig zu einer Hauptforderung machte. Indessen war dies nur die Reaktion darauf, daß wachsende Kreise des Bürgertums unter den Einfluß konservativer, preußisch-partikularistischer Tendenzen geraten waren. Sobald sich die politische Kontroverse wieder auf andere Themen verlagerte, verlor die Forderung nach staatlicher Einigung der Deutschen erneut an Bedeutung. Welch untergeordneten Stellenwert vor allem die Berliner Unterschichten der ‚nationalen Frage‘ zumaßen, wurde besonders daran sichtbar, daß schwarz-rot-

---

13 Zur Ambivalenz und politischen Funktion des liberalen Einigungskonzepts vgl. vor allem Reinhard Rürup, Deutschland im 19. Jahrhundert 1815-1871, Göttingen 1984, S. 184 f.
14 Born bemerkte dies in einem Kommentar zur Bedeutung der Pariser Junischlacht; vgl. *S. 655.*

goldene Fahnen zwar anfangs dem Straßenbild ungewohnte Farbe gegeben hatten, seit Sommerbeginn jedoch immer seltener zu sehen waren. Die deutsche Trikolore bekam seit Sommer nicht nur schwarz-weiße, sondern auch rote Konkurrenz.

Überhaupt besaß die deutsche Frage für die revolutionäre Bewegung in den einzelnen deutschen Staaten ein unterschiedliches Gewicht. In Berlin und Preußen spielte die Forderung nach nationaler Einheit innerhalb der demokratischen Vereine zumeist keine die anderen Forderungen überragende Rolle. Hier war sie allem ein willkommenes Mittel im Tageskampf gegen einen stark borussisch geprägten Konservativismus.[15] Im Süden und Westen Deutschlands scheint die nationale Frage dagegen so etwas wie ein Kristallisationspunkt für die revolutionäre Bewegung, einschließlich der Liberalen, gewesen zu sein. Die Gründe für diesen Unterschied zwischen Preußen und namentlich den südwestdeutschen Mittelstaaten können hier nur angedeutet werden: Im Südwesten Deutschlands hatten sich bereits vor der Revolution (trotz ständischer Wurzeln) relativ moderne, quasi konstitutionelle Monarchien etabliert. Baden besaß seit 1818, Württemberg seit 1819 eine Verfassung. In beiden Staaten existierten liberale Wahlgesetze, die relativ breiten Bevölkerungsschichten die Wahlbeteiligung erlaubten. Für beide Länder und die dort beheimateten liberalen und demokratischen Bewegungen bildeten die bestehenden nationalen Institutionen, namentlich der von den Hegemonialmächten Österreich und Preußen beherrschte Deutsche Bund, spätestens seit den dreißiger Jahren den entscheidenden Hemmschuh für weiterreichende Reformen. Für die südwestdeutschen Demokraten und Liberalen stand deshalb das Verlangen nach nationaler Einheit im Vordergrund. Denn nur auf diesem Wege schien die Demokratisierung der politischen Strukturen im eigenen Lande weiter vorangetrieben werden zu können. Ganz anders war die Situation in Preußen: In der Hohenzollernmonarchie hemmten nicht in erster Linie äußere Faktoren die politische Entwicklung. Hier blockierte eine repressive Innenpolitik selbst zaghafte Ansätze gesellschaftlicher Demokratisierung. Zumindest für die preußischen Demokraten standen deshalb Fundamentalreformen im eigenen Lande im Vordergrund. In ihrer Perspektive konnte man erst danach daran denken, die Nation staatlich zu einigen. Pauschalisierende Feststellungen, die Schaffung eines deutschen Nationalstaates sei das einigende Band gewesen, das 1848 die unterschiedlichen Strömungen zusammengefaßt

---

15 Vgl. Seyppel, Demokratische Gesellschaft, S. 81, 206. Auch dort betrachtete zumindest „ein Teil der Demokraten die nationale Frage als zweitrangig". Die Kölner Demokraten waren zudem ähnlich wie ihre Berliner Gesinnungsfreunde verbittert „über die frömmelnde und mystisch aufgeputschte Nationalbegeisterung", wie sie viele Liberale inner- und außerhalb der Parlamente entwickelten.

hätte, „das Ziel, das allen vor Augen stand"[16], werden deshalb der ganzen Vielschichtigkeit der ,nationalen Frage', dem spannungsgeladenen Verhältnis zwischen den verschiedenen politischen Strömungen und ihren sehr unterschiedlichen Vorstellungen von ,deutscher Einheit', nicht gerecht.

Zu den Gründen für das Scheitern der Revolution

Die Heterogenität der sozialen Träger der Revolution und die Vielzahl der politischen Strömungen und Konfliktlinien erschweren nicht nur die Definition allgemeiner Züge der Berliner Revolution; sie bedingten zugleich das ,Schicksal' der Revolution. Der soziale und ökonomische Aufbruch, in dem sich die preußische Gesellschaft in den vierziger Jahren befand, hatte den Zeitgenossen neue politische Perspektiven geöffnet und damit die Revolution überhaupt erst möglich gemacht. Zugleich bildete die Situation des Umbruchs jedoch eine unüberwindbare Schranke: Weder das Bürgertum, das in seiner großen Mehrheit Revolutionen von vornherein distanziert gegenüberstand, noch das Proletariat im weiteren Sinne waren auch nur ansatzweise ein homogener sozialer Korpus. Namentlich das Proletariat zerfiel in eine Vielzahl unterschiedlichster Schichten. Zwar gelang es der frühen Arbeiterbewegung, einen Teil dieser heterogenen Elemente zu einen. Aber Gesellen und Arbeiter waren 1848 weit davon entfernt, zu einem sozial und politisch kompakten ,revolutionären Subjekt' zu werden, das, von gleichen Interessen getrieben, der Revolution nachhaltig seinen Stempel hätte aufdrücken können. Doch nicht nur daran und an dem unüberwindlichen Graben, der das in seiner großen Mehrheit revolutionsfeindlich eingestellte Bürgertum und die städtischen Mittelschichten von den Unterschichten trennte, scheiterte die Revolution in der Metropole der Hohenzollernmonarchie und anderen preußischen Städten. Die Märzbewegung in der preußischen Hauptstadt hatte außerdem an der weiteren Hypothek zu tragen, daß im Unterschied zum Südwesten Deutschlands den Berlinern bis 1848 die Möglichkeit versperrt gewesen war, sich innerhalb selbständiger Vereine oder auf der parlamentarischen Bühne obrigkeitskritisch zu artikulieren und ,partei'-politisch aktiv zu werden. (Weder Stadtverordnetenversammlung noch Provinzial- und Vereinigter Landtag bildeten einen gleichwertigen Ersatz.) Die fehlenden praktisch-politischen Vorerfahrungen erklären wesentlich die für die personellen Träger der Berliner Umwälzung des Jahres 1848 charakteristische Programm- und Konzeptionslosigkeit.

---

16 Dann, Nation und Nationalismus, S. 118; ähnlich auch z. B. Langewiesche, Revolution von oben?, S. 128.

„Eine Revolution aber, welche ohne bestimmtes Ziel, positives Ziel auftritt, sich damit begnügt, ein verhaßtes System nur zum Schweigen gebracht zu haben, ohne dessen Organismus zu zerstören, eine Revolution welche zwei Monate hindurch völlig still steht, und sich auf eine friedliche Vereinbarung zwischen seinen Vertretern [den Abgeordneten der Preußischen Nationalversammlung] und der absoluten Gewalt vertrösten läßt, eine solche Revolution hat bereits aufgehört, revolutionair zu sein, eben weil sie das Bestehende nicht umwälzt, sondern sich mit einem Ministerwechsel und dem *Versprechen* begnügt, daß es anders werden solle."[17]

Der am 19. März 1848 begonnene politische Umbruch (so resümierte Victor v. Unruh, der über die Analyse der allgemeinen Schwächen und Fehler der Berliner Revolution hinaus freilich immer auch die eigene Rolle am Ausgang der Revolution zu rechtfertigen suchte, weiter) sei oberflächlich geblieben. Die unzufriedenen Berliner hätten „mit einem mäßigen Stoße nicht das alte System, sondern nur dessen Auswüchse einstweilen beseitigt. Nicht allein die Behörden, auch die Personen, aus denen dieselben bestanden, blieben in voller Wirksamkeit, nur die Minister wechselten [...]; kein commandirender General, kein höherer Offizier verlor sein Commando." Die Illusion vom vollständigen Sieg der revolutionären Bewegung wurde überdies durch (im Nachhinein betrachtet) psychologisches Geschick der alten Obrigkeit geschürt. Die taktische Geschmeidigkeit, die die preußische Krone nach dem 19. März an den Tag legte, hätte ihr zuvor wohl kaum jemand zugetraut. „Die französische Februarrevolution von 1848 würde gar nicht zum Ausbruch gekommen oder im Entstehen unterdrückt worden sein, wenn sie ihr nächstes Ziel in den ersten 16 Stunden wie in Berlin erreicht hätte" (so Unruh). Monarch, Kamarilla und konservatives Bürgertum überschätzten freilich die Stärke der revolutionären Bewegung. Die Furcht, daß „ein zu schnelles Reagieren" eine „zweite Bewegung", eine soziale Revolution, hervorrufen könne, ließ sie weit mehr Zugeständnisse machen, als ihnen im Rückblick später notwendig erschien. Ein Effekt des anfänglich starken Zurückweichens der alten Gewalten war indes, daß die Konzeptionslosigkeit der die Revolution tragenden Strömungen nur um so deutlicher hervortrat.

Neben den vielschichtigen sozialökonomischen Verhältnissen, die die Herausbildung eines stabilen Revolutionsträgers nicht zuließen, hatten also außerdem politische Unerfahrenheit der Revolutionäre, ihr scheinbar überwältigender Anfangserfolg im März 1848 und die dadurch bedingte Oberflächlichkeit des politischen Strukturumbruchs den Mißerfolg der Revolution vorgezeichnet. In diesem Zusammenhang stellt sich die Frage nach den Kriterien für ,Erfolg' oder ,Mißerfolg'. Maßstab hierfür können eigentlich nur die Vorstellungen der Beteiligten, der sozialen und politischen Träger der revolutionären Bewegung sein (und nicht die Wünsche nachgeborener Historiker). Der Kern der revolutionären

---

17 Dieses und die folgenden Zitate: Unruh, Erfahrungen, S. 63 ff. (H.i.O.).

Bewegung Berlins, die bald nach den Märzkämpfen gegründeten demokratischen Vereine und die Arbeiterbewegung, konnte seine politischen Vorstellungen, wie sie sich im Laufe der Revolutionsmonate allmählich herauskristallisierten, dauerhaft nicht durchsetzen. Die demokratische Bewegung und die mit ihnen verbündeten Arbeiterorganisationen waren die eindeutigen politischen Verlierer. Anders dagegen die Liberalen. Obgleich sie in Berlin nur eine untergeordnete Rolle spielten und vor allem am Ende der Revolution gänzlich zwischen den Demokraten und Konservativen aufgerieben zu werden drohten, durften sie sich – oberflächlich betrachtet – zu den Gewinnern zählen: Der ersehnte Verfassungsstaat blieb, jedenfalls formal, von Dauer. Die Verfassung wurde zwischen Juli 1849 und Januar 1850 entsprechend den Vorstellungen der Liberalen zwischen Krone und Parlament, wie im April 1848 vorgesehen, vereinbart. (Allerdings nur der Form nach: Faktisch wurde der Verfassungs-Oktroi vom Dezember 1848 lediglich im Nachhinein legalisiert; mehr als kosmetische Änderungen wollte die Krone nicht akzeptieren.) Auch die partielle Außerkraftsetzung verfassungsmäßiger Grundrechte, wie sie in Berlin seit November 1848 praktiziert wurde, kollidierte nicht prinzipiell mit Selbstverständnis und Tagespolitik der Liberalen, zumal die liberale Mehrheitsströmung sich schon wenige Wochen nach der Märzrevolution immer stärker der Einschränkung ‚zu weit‘ gehender Freiheiten verschrieben hatte, um der angeblichen demokratischen Maßlosigkeit Einhalt zu gebieten. Mit dem Drei-Klassen-Wahlrecht und dem seit Mitte 1849 geltenden parlamentarischen System konnten die Liberalen gleichfalls gut leben. Dennoch waren auch die überdies in sich gespaltenen Liberalen keine hundertprozentigen Gewinner. Die nicht nur von den Demokraten, sondern in moderater Form auch von den Liberalen ins Auge gefaßte Reform der Armee kam nicht in Gang. Die Herrschaft der alten, vorbürgerlichen Eliten wurde nicht gebrochen. Zudem hatte man so scharfe politische und rechtliche Restriktionen, wie sie dann in den fünfziger Jahren praktiziert wurden, auch wieder nicht gewollt. Allerdings war man zumindest auf dem rechten Flügel der Liberalen bereit, all das hinzunehmen, als kleineres Übel im Vergleich zur vermeintlich drohenden sozialen Revolution.

Wenn die Niederlage der revolutionären Bewegung wesentlich strukturell bedingt und mithin kaum zu vermeiden war, dann heißt dies allerdings nicht, daß die Revolution genau so auslaufen mußte, wie sie im November 1848 bzw., nimmt man den ‚Nachmärz‘ hinzu, im Sommer 1850 dann tatsächlich endete. Denkbar wäre z.B. auch ein politisches System gewesen, in dem das konstitutionelle Element ein stärkeres Gewicht besessen hätte. Die politischen Freiheiten mußten nicht zwangsläufig so massiv eingeschnürt werden, wie sie in der Ära Hinckeldey und Manteuffel dann tatsächlich beschränkt wurden. Der konkrete Ausgang der Berliner Revolution, und mit ihr auch der preußischen, wurde über die bisher genannten Aspekte hinaus außerdem wesentlich durch das Verhalten

Haltung des Frackes in den letzten Jahren.

Anfangs März 1848.   Zur Zeit der Berliner Barrikade.   1850.

der Obrigkeit und des organisierten Konservativismus einerseits und die demokratische Bewegung Berlins andererseits bestimmt. (Der unter Auszehrung leidende Konstitutionelle Klub als die einzige liberale Vereinigung Berlins fiel seit Spätsommer 1848 als wirkungsmächtiger politischer Faktor aus.) „Nicht durch Reden und Majoritätsbeschlüsse werden die großen Fragen der Zeit entschieden – das ist der große Fehler von 1848 und 1849 gewesen – , sondern durch Eisen und Blut." Dieser berühmte Satz Bismarcks vom 30. September 1862, an die Budgetkommission des preußischen Abgeordnetenhauses adressiert, in der u.a. Rudolf Virchow, einer der herausragenden Berliner Demokraten des Jahres 1848, saß, bringt implizit eines der zentralen politischen Defizite der demokratischen Vereine der Stadt auf den Punkt: Mangels eines substantiellen Programms und mangels einer auf die eigene Kraft setzenden politischen Strategie banden sie sich in ihrem Handeln einseitig an die Beschlüsse der Preußischen Nationalversammlung. Mit der freiwilligen Bindung an die parlamentarische Linke ordneten sich die Demokraten – (wenn man von Paris absieht) in Berlin außerdem stärker als anderswo auf eine Vielzahl von Organisationen zersplittert – tatsächlich den Mehrheitsbeschlüssen der Nationalversammlung unter. Denn die demokratische Fraktion stellte die Gültigkeit mehrheitlich gefaßter Beschlüsse des preußischen Abgeordnetenhauses nicht grundsätzlich in Frage. Die Fixierung auf das Parlament hemmte insofern die demokratische Bewegung Berlins entscheidend bei der Ausbildung eigener politischer Konzepte und strategischer Initiativen.

Umgekehrt hätten die preußischen Abgeordneten, selbst wenn sie mehrheitlich entschieden demokratisch gesinnt gewesen wären, allein auf der parlamentarischen Bühne die Auseinandersetzungen mit der Krone nicht gewinnen können. Starke und selbständige außerparlamentarische Bewegungen hätten die Chance, die demokratischen Freiheiten zu sichern und der Gegenrevolution erfolgreich Widerstand zu leisten, wesentlich erhöht. Offen zutage trat diese Schwäche in den entscheidenden Tagen des November 1848. Die Mehrheit der Abgeordneten der preußischen Nationalversammlung ging nur widerwillig in den ihr von der monarchischen Gegenrevolution aufgezwungenen Entscheidungskampf. Der Aufruf der Preußischen Nationalversammlung zur ,Steuerverweigerung' war kaum mehr als ein resignierter Hilferuf, in den viele Abgeordnete lediglich halbherzig einstimmten und der die tatsächliche Ohnmacht des Parlaments gegenüber der Krone kaum kaschieren konnte. Er richtete sich zudem an die vermögenden bürgerlichen Schichten, die in Berlin und wohl auch den meisten anderen preußischen Städten überwiegend revolutionsunwillig waren und sich nach Ruhe und Ordnung sehnten – und nicht an die sozialen Unterschichten, von denen am ehesten Hilfe zu erwarten war. Zwar war das Proletariat der Hauptstadt des ziellosen, politischen Aktionismus und der Konzeptionslosigkeit der demokratischen Bewegung teilweise müde geworden. Die meisten Angehörigen der ärmeren Bevölkerungsschichten konnten sich überdies nicht mit der liberalen Grundhaltung der Mehrheit der Abgeordneten identifizieren, zumal diese auf bewußte Distanz zu den sozialen und politischen Emanzipationsbestrebungen der Unterschichten hielt. Aber daß die Masse der armen Bevölkerung Berlins weiterhin fest im (radikal-)demokratischen Lager stand, zeigten die höchst eindrucksvollen Wahlergebnisse der parlamentarischen Linken im Januar 1849 (und ebenso die Feiern und Demonstrationen der folgenden Jahre zum Gedenken der am 18. März gefallenen Barrikadenkämpfer). Für überlegte und druckvolle politische Aktivitäten von demokratischer Seite wären erhebliche Teile der Unterschichten auch im Spätherbst zu mobilisieren gewesen, nicht jedoch für einen passiven Widerstand, von dem sie den Eindruck haben mußten, daß er sie nichts anging. Die demokratischen Vereine Berlins taten ihrerseits nichts, dieses Versäumnis der parlamentarischen Gegenspieler der Krone auszugleichen. Wie fatal es war, daß sie ihr Schicksal mit dem der Preußischen Nationalversammlung verknüpft hatten, und wie hilflos auch sie waren, zeigte sich augenfällig in der zweiten Woche des November 1848. Noch bevor der parlamentarische „Club Unruh" vom Militär aufgelöst wurde, waren die Organisationen der Berliner Demokratie verschwunden – und zwar ziemlich spurlos. Erst Anfang 1849 feierten sie als ,Volkspartei' eine vorübergehende Wiederauferstehung.

Das Ende der zahlenmäßig zum Teil ja sehr großen demokratischen Vereine der preußischen Hauptstadt in der Schlußphase der Revolution macht sichtbar, was als politische Schwäche von Anbeginn angelegt war: Nicht nur die Berliner

Liberalen, auch die meisten Demokraten schauten in den ersten Tagen nach der Märzrevolution erwartungsvoll auf den König. Sie harrten der Initiativen, die von diesem kommen würden, statt ihrerseits die Krone durch eigene Schritte in Zugzwang zu bringen. „Constitutionelle Verfassung auf den breitesten Grundlagen" war, wie Bruno Bauer bemerkt hat, in den ersten Revolutionswochen „das lösende und befriedigende Wort".[18] Mit diesem unbestimmten Versprechen gaben sich zunächst auch die Demokraten zufrieden. Die Ösen und Haken, die im Anfang April verkündeten Vereinbarungs-Prinzip angelegt waren, übersah die Berliner Linke gleichfalls. Erst Mitte April, vor dem Hintergrund der Auseinandersetzungen um das Wahlrecht für die beiden Nationalversammlungen, gingen die Demokraten allmählich auf Distanz zur Krone, zunächst allerdings noch nicht zum Monarchen selber, sondern zu den Ministern der Regierung Camphausen-Hansemann. Der Konflikt um die Rückkehr des Prinzen von Preußen einen Monat später beschädigte dann innerhalb der demokratischen Bewegung und großer Teile der Unterschichten auch den Ruf Friedrich Wilhelms IV. gründlich, ein ‚volksfreundlicher Monarch‘ zu sein. Die politische Schwäche der Berliner Demokratie zeigte sich nicht zuletzt daran, daß sich ihre Kritik an der Krone an eher tagespolitischen Ereignissen entzündete und erst allmählich mit ‚Prinzipien‘ unterfüttert wurde.

Lange Zeit verkannte die demokratische Bewegung der preußischen Hauptstadt außerdem die Brisanz der Militärfrage. Die Rückkehr erster Truppenabteilungen in die preußische Hauptstadt bereits zehn Tage nach den blutigen Kämpfen des 18. März versinnbildlicht dies. Die Demokraten waren zu diesem Zeitpunkt mit Vereinsgründungen beschäftigt und versäumten es, dem Wiedereinzug der Soldaten entschlossenen Widerstand entgegenzusetzen. Gustav Julius, der in seiner ‚Berliner Zeitungshalle‘ vor einer Rückkehr der Truppen gewarnt hatte, bevor die Armee grundlegend reformiert sei, blieb einsamer Rufer in der Wüste und zog sich die Schelte nicht weniger Demokraten zu. Zwar wurde dann seit Sommer 1848 in den demokratischen Vereinen und auch im Konstitutionellen Klub das Verlangen nach einem Verfassungseid der Armee laut, anfangs jedoch eher beiläufig. Erst im September, als sich die alten Gewalten wieder weitgehend konsolidiert hatten, begann man dieser Frage mehr Aufmerksamkeit zu schenken und nachdrücklicher eine Demokratisierung der Armee zu fordern. Das war an sich noch nicht zu spät, wie die zeitweilig eindrucksvollen Ergebnisse der demokratischen Initiativen in Berlin und Potsdam zeigen, unter den gemeinen Soldaten und in den niederen Offiziersrängen Sympathisanten zu gewinnen. Die im Frühherbst auch von der Armeeführung mit Besorgnis registrierten Erfolge der demokratischen Agitation waren indes nicht von Dauer, nicht zuletzt

---

18 Bauer, Bürgerliche Revolution, S. 195.

weil die Demokraten sich von vornherein darauf festgelegt hatten, strikt ‚legal‘ zu operieren.

Zu erfolgreichen Revolutionen gehört die Bereitschaft zum Bruch herkömmlichen Rechts. Ohne Gesetzesüberschreitungen sind fundamentale politische oder soziale Umwälzungen unmöglich. Gemäßigte Demokratie und ebenso der in Berlin schwache Liberalismus wollten Reformen jedoch nur innerhalb des von der Krone in „Vereinbarung“ mit der Preußischen Nationalversammlung abgesteckten ‚gesetzlichen‘ Rahmens. Sie fürchteten, sicherlich zu Recht, ansonsten die Unterstützung des Bürgertums (vollends) zu verlieren. Mindestens ebenso fatal für den Ausgang der Revolution war jedoch der strikte Legalismus – gegenüber einem Monarchen und einer Kamarilla, die fest entschlossen waren, der „revolutionären Anarchie“ bei erstbester Gelegenheit den Garaus zu machen. Einer Politik des revolutionären Bruches mit dem überkommenen Recht wäre keineswegs in jedem Fall ein Erfolg beschieden gewesen; auch ein reformistisch-evolutionärer Weg hätte zum Ziel führen können – wenn auf dem Hohenzollernthron nicht ein altständischen Ideen verpflichteter Romantiker, sondern ein reformbereiter, der Demokratisierung des gesellschaftlichen Lebens aufgeschlossener Monarch gesessen und (zweite Bedingung) das Bürgertum geschlossen hinter der liberaldemokratischen Reformbewegung gestanden hätte. Beide Voraussetzungen waren 1848 in Preußen und Berlin (anders als z.B. in den Niederlanden und den skandinavischen Ländern)[19] jedoch nicht gegeben. Die radikale Strömung innerhalb der demokratischen Bewegung Berlins sah zwar dieses Dilemma und verwarf das Konzept eines strikten Legalismus, konnte jedoch keine überzeugende Alternative entwickeln.

Ein weiteres Dilemma der demokratischen Bewegung Berlins lag darin, daß sie stärkeren Druck nur von der ‚Straße‘ her entwickeln konnte, durch Massendemonstrationen und Volksversammlungen. Dieser Politikform standen die bürgerlichen Demokraten, die in den Vereinen den Ton angaben, letztlich jedoch ähnlich skeptisch gegenüber wie die bürgerlichen Konservativen und Liberalen. Das zeigte sich im Zusammenhang mit den Kundgebungen für ein direktes Wahlrecht zur preußischen und deutschen Volksvertretung, den großen Demonstrationen gegen die Rückkehr des Prinzen von Preußen, während des Zeughaussturms und bei den Ereignissen am 16. und 31. Oktober. Die bürgerlichen Demokraten hatten Angst, daß die ‚Bewegung‘ ihnen über den Kopf wachsen könnte. Sie bevorzugten ebenso wie die liberalen und konservativen Bürger geschlossene, ‚kontrollierbare‘ Räume. Volksversammlungen und Demonstrationen hatten in ihrer Perspektive die Funktion eines Ventils, das den Überdruck an Unzufriedenheit friedlich, und politisch letztlich wirkungslos, ableiten sollte. Der

---

19 Vgl. die Aufsätze von Lademacher, Frandsen, Seip und Nilsson in: Dowe/Haupt/Langewiesche (Hg.), Europa in den Revolutionen von 1848.

Skepsis der bürgerlich dominierten Vorstände der demokratischen Vereine gegenüber dem ‚Volk' und seiner Art, ‚Politik' zu machen, korrespondierte ein latentes, seit Mai/Juni wachsendes Mißtrauen der proletarischen Basis der demokratischen Bewegung Berlins gegenüber ‚ihrer Führung'. Dieses Mißtrauen gründet letztlich in einer tiefsitzenden kulturellen Distanz zwischen beiden sozialen Großgruppen. Die in diesem sozial-kulturellen Zwiespalt liegende Schwäche der demokratischen Bewegung ließ sich 1848 nicht lösen. Der Graben zwischen den bürgerlichen und proletarischen Schichten erwies sich als kaum überbrückbar; und die sozial höchst zersplitterten Unterschichten waren, wie das Schicksal z.B. des ‚Lindenklubs' zeigt, aus eigener Kraft nicht in der Lage, für längere Zeit als eigenständiger Faktor in das politische Kräftespiel einzutreten. Die frühe Berliner Arbeiterbewegung wiederum wollte und konnte diese Lücke nicht schließen. Das ‚Central-Comité der Arbeiter' und die Arbeiterverbrüderung – zumindest im Jahre 1848 – hatten sich, in realistischer Einschätzung ihrer Möglichkeiten, begrenztere Ziele gesetzt. Sie suchten den organisatorischen Rahmen einer sozialen, quasi gewerkschaftlichen Bewegung zu bilden. Stephan Born und seine Mitstreiter wollten 1848 die heterogenen proletarischen Schichten in erster Linie sozialpolitisch einen. Zwar war ihnen bewußt, daß zwecks Sicherung der revolutionären Errungenschaften ein Bündnis mit dem reformbereiten Bürgertum unabdingbar war. Die Tagespolitik überließen sie jedoch weitgehend den demokratischen Vereinen. Politisch abstinent war die Arbeiterbewegung auch im Revolutionsjahr deswegen freilich nicht. In politischen Krisensituationen bot sie den demokratischen Vereinen und der parlamentarischen Opposition ihre Unterstützung an. Und in ihren Kommentaren zur Pariser Junirevolution und anderen europäischen Zentralereignissen des Jahres 1848 machten Born und andere führende Vertreter der jungen Berliner Arbeiterbewegung keinen Hehl daraus, wo sie politisch standen. Die sich abzeichnende Niederlage der Revolution bewirkte bei der Arbeiterverbrüderung eine stärkere Politisierung, die es rechtfertigt, sie als eine Frühform der deutschen Sozialdemokratie zu bezeichnen.

Allen Niederlagen und der schließlich gewaltsamen Auflösung ihrer Organisationen zum Trotz zog die Arbeiterbewegung langfristig starke Lebenssäfte aus der Revolution. Das, was in der kurzen Zeitspanne zwischen März und November 1848 an Lernprozessen abgelaufen war, ließ sich selbst durch die scharfen Repressalien, denen die Arbeiterbewegung in der Ära der Reaktion ausgesetzt war, nicht mehr auslöschen: Die Märzrevolution hatte den Rahmen für eine intensive, nicht restringierte Kommunikation zwischen den Gesellen und Arbeitern geschaffen, und zwar nicht mehr nur zwischen den Angehörigen einer Berufsgruppe, sondern (für die Klassenbildung von besonderer Wichtigkeit) über die vormals recht scharfen beruflichen Scheidegrenzen hinweg. Dieser Prozeß ließ das Bewußtsein entstehen (oder verstärkte es), daß Erfahrungen, die der einzelne gemacht hatte, auch vielen anderen Lohnabhängigen gemein, also Klassenerfahrungen waren. Die Konflikte mit den Meistern wurden entpersönlicht, ihres scheinbar individuellen Charakters beraubt. Meinungsfreiheit und Koalitionsrecht sowie die bis Ende Mai faktisch kaum beschränkte Möglichkeit, den eigenen sozialen Forderungen durch Arbeitskämpfe Nachdruck zu verleihen, ließen die immer schon latenten Spannungen zwischen Gesellen, Gehilfen und Arbeitern einerseits und Meistern, Fabrikanten sowie Kaufleuten andererseits zu offenen und allgemeinen werden. Die zuvor häufig noch recht hohen Statusbarrieren zwischen den einzelnen Berufsgruppen verloren an Bedeutung zugunsten des Gegensatzes Arbeiter/Arbeitgeber, eines Gegensatzes, der zudem politisch aufgeladen wurde. Begünstigt wurde dieser Prozeß durch die Industrialisierung, die in Berlin Anfang der vierziger Jahre mit Macht eingesetzt hatte, und parallele Veränderungen im Handwerk (gewandelte Produktionsstrukturen und wachsende Abhängigkeiten von Großkaufleuten/Unternehmern). Die Hoffnung vieler Gesellen, einmal zum Meister aufzusteigen, entpuppte sich vor diesem Hintergrund immer deutlicher als Illusion. Sie wurden ganz ähnlichen Arbeitsbedingungen unterworfen wie die in der Industrie beschäftigten Lohnabhängigen. Ohne diese sozialökonomischen Prozesse, die in der Preußenmetropole stärker ausgeprägt waren als in den meisten anderen Städten, wäre die 1848, zum Teil schon vorher, zu beobachtende Entstehung eines (rudimentären) Klassenbewußtseins in den qualifizierten Schichten des Proletariats nicht denkbar gewesen. Der häufige Wechsel der Gesellen von handwerklichen auf industrielle Arbeitsplätze, und umgekehrt, stützte diesen Prozeß zusätzlich ab. Begünstigt wurde die Herausbildung eines frühen Klassenbewußtseins durch die in Berlin sehr frühzeitige Gründung ‚moderner‘ Arbeiterorganisationen in der preußischen Hauptstadt. Außerdem scheint das Berliner ‚Central-Comité der Arbeiter‘ unter den Gesellen und Arbeitern stärker als vergleichbare Organisationen in anderen Städten und frühen Industriezentren verankert gewesen zu sein; nur in Leipzig und Köln schlug die frühe Arbeiterbewegung ähnlich rasch und kräftig Wurzeln. Auch die zahlreichen Arbeitsniederlegungen, die überwiegend auf das Frühjahr 1848 datieren und zumeist mit einem Erfolg für die beteiligten Gesellen und Arbeiter endeten, kräftigten das Selbstbewußtsein. Im Vergleich zu anderen, auch wirtschaftlich weit entwickelten Städten war Berlin eine Streikhochburg. Selbst die Ende 1848 einsetzenden und dank der veränderten politischen Kräftekonstallation meist erfolgreichen Bemühungen, die Lohnzugeständnisse und Arbeitszeitverkürzungen wieder rückgängig zu machen, konnten den Arbeitern und Gesellen das in den erfolgreichen Arbeitskämpfen des Jahres 1848 gewonnene Bewußtsein über die eigene Stärke nicht vollständig nehmen.

Feindseligkeit gegenüber der Staatsgewalt war ein Grundzug der Unterschichten. Der Kleinkrieg gegen Gendarmen, Konstabler und Bürgerwehrleute, das ganze Revolutionsjahr mal mit größerer, mal mit geringerer Intensität geführt, spricht hier eine deutliche Sprache. „Der Staat hatte sich vom Volke gelöst, jetzt löste sich das Volk vom Staat. Die Freiheit erschien dem Volk als Befreiung vom Staat", notierte Rudolf v. Gneist 1849 im Rückblick auf die Berliner Revolution.[20] Hinckeldey, v.d. Heydt, Manteuffel und andere desavouierten mit ihrer arbeitgeber- und mittelstandsfreundlichen Politik sowie gleichzeitig scharfen Repressionen gegenüber den Arbeiter- und Gesellenorganisationen den preußischen Staat zusätzlich als eine Art Klassenstaat. Über das grundsätzliche Verhältnis der Unterschichten zum Staat als solchem ist mit dieser Feststellung freilich noch nicht viel ausgesagt. Denn die Ablehnung der ausführenden Organe der Staatsgewalt, namentlich solcher Institutionen wie der Gendarmen, der Soldaten und der Konstabler, geht nicht unbedingt mit grundsätzlicher Antistaatlichkeit einher. Charakteristisch für die marginalisierten, vom heraufkommenden Kapitalismus beiseite gedrängten unterständischen Schichten war vielfach die Sehnsucht nach der vermeintlich guten alten Zeit, nach einer Obrigkeit, die nach den Prinzipien der ‚moral economy' handelte. Diese Strömung spielte politisch 1848 in Berlin allerdings nurmehr eine periphere Rolle, am sichtbarsten während der Brotkrawalle Mitte April. Mit der Gründung des ‚Central-Comités der Arbeiter' erhielt innerhalb der Unterschichten eine neue, zweite Strömung das Übergewicht, die in ihrem Selbstverständnis bereits stark der späteren, sozialdemokratischen Arbeiterbewegung ähnelte und zu deren Frühgeschichte zu zählen ist. Auch die junge Berliner Arbeiterbewegung des Jahres 1848 war nicht antistaatlich. Denn trotz aller Kritik am bestehenden monarchischen System adressierten die Vertreter der frühen Arbeiterorganisationen ihre Forderungen an den Staat. Sie wollten den Staat nicht abschaffen, sondern einen anderen, einen modernen Sozialstaat bzw. (mit Blick auf die Produktions- und Konsumassoziationen und die damit verfolgten, langfristigen politischen Konzepte) eine Art ‚sozialistischen Volksstaat'.

Wenn nach 1848 Arbeiterbewegung und Arbeiterschaft für viele Jahrzehnte außerhalb der ‚bürgerlichen Gesellschaft' standen, dann resultierte dies nicht aus einer a priori antistaatlichen Grundeinstellung: Es war vielmehr die Obrigkeit, die die Chance ungenutzt verstreichen ließ, größere Teile der entstehenden Arbeiterschaft an das bestehende Gesellschaftssystem zu binden. Die staatlichen und städtischen Behörden kooperierten mit den neuen, berufsübergreifenden Organisationen der Gesellen und Arbeiter nur so lange, wie die ‚revolutionäre Gefahr' unmittelbar war und die Pazifizierung der ‚arbeitenden Classen' unabdingbar für den Erhalt des bestehenden, staatlichen Systems. Wie wenig dem Handeln der Behörden die Absicht zugrunde lag, dem sozialen Elend ernsthaft zu Leibe zu rücken, wie sehr die staatlichen und die kommunalen Organe die ‚Arbeiterfrage' unmittelbaren, *politischen* Nützlichkeitserwägungen unterordneten,

---

20 Gneist, Berliner Zustände, S. 88.

ließ sich an der Haltung der Obrigkeit bei Arbeitskonflikten 1848/49 und an den Arbeitsbeschaffungsmaßnahmen der Kommune und des Staates beobachten. Nachdem die unmittelbare revolutionäre Gefahr vorüber war, kürzte man im Spätherbst 1848 sowie erneut Anfang 1849 die dafür vorgesehenen finanziellen Mittel, entließ, ungeachtet der weiterbestehenden hohen Erwerbslosigkeit, die auf öffentliche Kosten beschäftigten Arbeitskräfte und setzte statt dessen auf polizeiliche Prävention. Die nach der Revolution intensivierten Bemühungen der bürgerlichen (und protestantischen) Sozialreform, die elende Lage vieler Mitglieder der Unterschichten zu lindern, machten das Defizit an staatlicher und kommunaler Sozialpolitik nicht wett. Sie waren außerdem wenig glaubwürdig, da diese Initiativen zu offensichtlich aus der Angst vor dem ‚Kommunismus‘ gespeist wurden und die bürgerlichen Sozialreformer, politisch vielfach mit dem Hochkonservativismus verbunden, die Selbstorganisation der Arbeiter und Gesellen strikt ablehnten. Die Erfahrung, daß große Teile des Bürgertums nicht nur das Verlangen nach politischer Gleichberechtigung, sondern auch sozialstaatliche Forderungen nach gesetzlicher Alters- und Arbeitslosenversorgung, nach Förderung von selbstorganisierten Konsum- und Produktionsgenossenschaften ablehnten, prägte die frühe Arbeiterbewegung und bereitete den Nährboden für revolutionär-sozialistische Theorien.

Antimonarchische, (wenn man so will) fundamentalistische Positionen fanden bereits in der zweiten Hälfte des Revolutionsjahres zunehmend Anklang. Sofern im Spätsommer und Herbst in der preußischen Hauptstadt bei Demonstrationen von ‚Volkshaufen‘ überhaupt noch Fahnen getragen wurden, dann waren dies in der Regel rote. Paris wirkte erneut beispielgebend. Auch in anderen preußischen Städten und im Oktober dann in Wien trat ‚Rot‘ immer stärker in den Vordergrund – als Symbol zugleich für ‚Republik‘ und für das Recht auf Arbeit. Wenn Hinckeldey in einer Verordnung vom 28. Juli 1849 für ganz Preußen untersagte, Abzeichen zu tragen, in denen Rot dominierte, dann unterstreicht dies unfreiwillig, welch hohen Symbolwert diese Farbe inzwischen erhalten hatte. Ähnlich wie im Westen Deutschlands paarte sich darüber hinaus Radikalität mit Revolutionsnostalgie, mit geradezu romantischer Verklärung der französischen Revolution von 1789 bis 1794, etwa als im Vorfeld des ersten Jahrestages der Berliner Märzrevolution „die sogenannte demokratische Partei" ein Bankett arrangierte. Man sang „bluttriefende Lieder" und brachte in offensichtlicher Anspielung auf die terroristische Phase der französischen Revolution „unter Jubel folgenden Toast aus: Wo Königreiche untergingen, sind sie durch die Schuld der Könige untergegangen. Es lebe Friedrich Wilhelm IV."[21] Radikaldemokraten wie

---

21 Bericht des Polizeipräsidiums vom 31. Mai 1849, in: GStA, Rep. 77, Tit. 501, Nr. 3, Bd. 3, Bl. 72 Rs. und 73. Zum Rekurs auf die Sprache der großen Französischen Revolution in der Pfalz und

Gustav Adolf Schlöffel hatten sich bereits im Frühjahr 1848 der Sprache der Jakobiner bedient. „Altehrwürdige Verkleidung" und die „Poesie der Vergangenheit" konnten freilich nur schlecht kaschieren, wie hilflos die „demokratische Partei" 1849 in Berlin und anderswo der gegenwärtigen Situation gegenüberstand.

Die Schwäche der demokratischen Bewegung des Jahres 1848 war die Stärke der Gegenrevolution. Daß die Schwäche der demokratischen Opposition wesentlich aus ihrer politischen und organisatorischen Zersplitterung resultierte, war der Krone und ihren konservativen Parteigängern allerdings nur bedingt bewußt. Sie faßten die demokratisch-revolutionäre Bewegung im allgemeinen als eine Art feindliches Heer auf, das von demokratischen Generälen befehligt wurde. Daß republikanische Drahtzieher und kommunistische Hintermänner die Fäden in der Hand hielten, war nicht nur eine an die Adresse verängstigter bürgerlicher und kleinbürgerlicher Schichten gerichtete Behauptung. Namentlich der König scheint an eine Verschwörung gigantischen Ausmaßes tatsächlich geglaubt zu haben. Daß die Unterstellung, die demokratischen ‚Generäle' verfügten über gehorsame Heerscharen, die nur auf ihren Einsatz warteten, eine Fiktion war, und nicht nur zwischen den Repräsentanten der demokratischen Bewegung, sondern auch zwischen bürgerlich-demokratischer Führung und proletarischer Basis beträchtliche Spannungen herrschten, wurde nur gelegentlich gesehen. Die Konservativen bei Hofe wie in den 1848 entstandenen Vereinen unterstellten die eigene politische Geschlossenheit zumeist auch der Gegenseite. Tatsächlich waren die zentralistischen Entscheidungsstrukturen der gegenrevolutionären Kräfte eine nicht zu unterschätzende Bedingung für deren Erfolg. Nicht nur formal, auch faktisch lag die Entscheidung über das Vorgehen in einer einzigen Hand, in der des Königs. Sobald es der Kamarilla gelungen war, den Monarchen grundsätzlich von ihrer Strategie zu überzeugen, und der günstige Zeitpunkt gewählt war, konnte das „Contre-Projekt" aufgrund der strikten Über- und Unterordnungsverhältnisse im Militär und im zivilstaatlichen Apparat wie am Schnürchen ablaufen.

Auch sonst hatten Kamarilla, Militärpartei und Monarch die Lektion gelernt, die ihnen am 18. März 1848 von der revolutionären Bewegung Berlins verpaßt worden war. Ihnen war sehr schnell aufgegangen, daß die großen innenpolitischen Fragen der Zeit nicht in erster Linie durch Reden und Majoritätsbeschlüsse gelöst wurden. Der berühmte, Mitte 1848 formulierte, auf die Berliner Verhältnisse gemünzte Satz des Obersten v. Griesheim: „Gegen Demokraten helfen nur Soldaten", stellt die Quintessenz dieser Überlegungen dar. Militärpartei und Kamarilla warteten seit Sommer 1848 auf eine politisch günstige Gele-

der Rheinprovinz vgl. Sperber, Rhineland Radicals, S. 289-293. Zu Schlöffel vgl. *S. 311.* Die folgenden Zitate aus: Karl Marx, Der 18. Brumaire des Louis Bonaparte, in: MEW 8, S. 115 ff.

genheit, ihr „Eisen", d.h. die preußische Armee, einzusetzen, um die Revolution zu beenden; und sie waren auch bereit, dafür Blut zu vergießen. Nachdem sich für den schon lange beabsichtigten militärischen Schlag gegen die Berliner Revolution seit Spätsommer die außenpolitischen Konstellationen günstig entwickelt hatten, die K.u.K.-Monarchie in Wien vorexerziert hatte, wie man mit Revolutionären fertig wird, der Zweite Demokraten-Kongreß und das Gegenparlament Zerstrittenheit und Schwäche der revolutionären Bewegung unübersehbar zum Ausdruck gebracht hatten und schließlich die demokratischen Vereine Berlins Anfang November die politische Initiative dem Preußischen Parlament überlassen hatten, war die Situation reif. Die demokratische Bewegung hatte sich selbst paralysiert; Wrangel konnte am 10. November in Berlin einmarschieren, ohne einen ernsthaften Kampf befürchten zu müssen.

Nicht allein das Offizierskorps, das sich unter dem Trauma des 18. und 19. März 1848 noch verbissener allen demokratischen und liberalen Anfechtungen verschloß, auch der zivile politische ‚Apparat' der Hohenzollernmonarchie hatte aus der Revolution gelernt. Vor 1848 hatte die Obrigkeit das ‚Volk' in der Regel nur als dumpfe, politisch amorphe Masse wahrgenommen. Während der Revolution begann sie, nach politischen ‚Parteien' zu differenzieren. Selbst die Kamarilla erkannte, wie wichtig es war, Massenstimmungen zu beeinflussen. Die Gründung der Kreuzzeitung durch die Gebrüder Gerlach war das wichtigste Ergebnis dieses Lernprozesses. Ebenso markieren die Entstehung eigenständiger politischer Organisationen wie des Preußenvereins oder des ‚Vereins für König und Vaterland', die mit ihren zahlreichen politischen Erklärungen die Stimmungen in den bürgerlichen Schichten erheblich beeinflußten, im Frühsommer 1848 einen wichtigen Schritt hin zum modernen Konservativismus. Wie sehr allerdings die konservativen Organisierungsbestrebungen ein Reflex auf revolutionsspezifische Entwicklungen waren, zeigte sich, als die revolutionäre ‚Gefahr' vorüber war. Die eindrucksvollen Organisationserfolge des Anfang 1849 gegründeten, nach dem Vorbild der Freimaurerlogen aufgebauten ‚Treubunds mit Gott für König und Vaterland' täuschen leicht darüber hinweg, daß es seit Anfang der fünfziger Jahren zu einer Entpolitisierung des Konservativismus kam. Konservative ‚Massen' wurden als *aktiver* Widerpart der revolutionären Bewegung nicht mehr benötigt. Meinungsmache und Massenbeeinflussung behielten dagegen ihren hohen Stellenwert. Nicht zufällig wurde gerade in der Phase schärfster Reaktion in Berlin und Preußen die staatliche Pressepolitik großgeschrieben.[22] Die Presse als damals modernstes meinungsbildendes Medium gewann freilich auch deshalb an

---

22 Wichtig war in dieser Hinsicht die ‚Königliche Zentralstelle für Preßangelegenheiten', die bezeichnenderweise unter Otto v. Manteuffel, der – seit Dez. 1848 Innenminister und 1850 dann Nachfolger des Grafen Brandenburg als Ministerpräsident – neben Hinckeldey die Reaktionsära personifizierte, errichtet wurde.

Bedeutung, weil traditionelle Formen konservativer Einflußnahme verlorengingen – namentlich die kaum verdeckten politischen Belehrungen von der Kanzel. Überhaupt wurde der Erfolg der Gegenrevolution durch die Vergeblichkeit der Bemühungen der protestantischen Kirche, in den Unterschichten wieder Fuß zu fassen, wesentlich geschmälert. Mehr noch als im Vormärz wurde Berlin in den Augen vieler Pastoren seit 1848 zur gottlosesten Stadt Deutschlands.

„… nicht als gescheitert zu betrachten"? – Zur Wertung der Revolution 1848 im Kontext der deutschen Geschichte des späten 19. und des frühen 20. Jahrhunderts

Die Konservativen hatten nicht auf der ganzen Linie gesiegt. Aber wenn sie das Rad der Geschichte nicht gänzlich wieder zurückdrehen konnten, sondern Konzessionen an den Zeitgeist machen mußten, ist deshalb die Revolution von 1848 „nicht als gescheitert zu betrachten"?[23] Gewiß: Was an feudalen Rechten und Fesseln im Agrarbereich noch bestand, wurde weitgehend beseitigt. Breite Bevölkerungsschichten wurden tiefgreifend politisiert. Ein großer Schritt in die Moderne war auch die Konstituierung der verschiedenen politischen Strömungen auf nationaler Ebene. Die Judenemanzipation wurde fortgeführt und vielfach wenigstens formell abgeschlossen. (Den theoretischen Rechten stand jedoch eine weiterhin häufig sehr restriktive Praxis gegenüber.)[24] Formell wurden überhaupt weite Teile Deutschlands und hier wiederum namentlich Preußen 1848 zum ‚Verfassungsstaat'. Nach Ansicht vieler Historiker war dies der größte Erfolg der Revolution.[25] Ich bin hier skeptischer. Denn was heißt ‚Verfassungs-staat'? Zweifelsohne ist bereits die bloße Existenz einer Verfassung wichtig. Bedeutsam war der Grundrechtekatalog der Paulskirche und der preußischen Verfassungen von 1848 bzw. 1850 außerdem als Vorbild für die Reichsverfassung 1866/71, die Weimarer Verfassung und das Grundgesetz der Bundesrepublik. Wichtiger jedoch ist die Verfassungs*wirklichkeit* und die konkrete Funktionsweise eines politischen Systems.

Ein Grundproblem der preußischen Verfassung vom Dezember 1848 und auch der novellierten (nur formell vereinbarten) Verfassung vom Januar 1850

---

23 Helga Grebing, Der ‚deutsche Sonderweg' in Europa 1806-1945, Stuttgart usw. 1986, S. 95.
24 Nicht nur mit Blick auf die Judenemanzipation klafften Theorie und Praxis weit auseinander. Daß auch den z. B. von Stadelmann (1848, S. 196) und Wehler (Gesellschaftsgeschichte, II, S. 777 f.) betonten, 1848 eingeleiteten Fortschritten der Rechtspflege zumindest mit Blick auf die politische Strafjustiz keine liberalere Rechtspraxis folgte, ist *auf S. 809 ff.* skizziert.
25 Vgl. Wehler, Gesellschaftsgeschichte, II, S. 778 f.; Rürup, Deutschland, S. 197; Grebing, Sonderweg, bes. S. 93 und 95; Stürmer, 1848, S. 229. Ähnlich, wenn auch im Tonfall etwas zurückhaltender, ältere Arbeiten, etwa Stadelmann, 1848, S. 196 f.

war, daß sie oktroyiert waren. Verfassungsoktroi, d.h. einseitiges, monarchisches Diktat, sowie die Möglichkeit des Königs, Grundrechte jederzeit einschränken oder gänzlich zurücknehmen zu können, und ‚Verfassungsstaat' schließen einander jedoch letztlich aus. Die Verfassungen verschafften der Krone von vornherein ein strukturelles Übergewicht. Der Oktroi der Verfassung vom 5. Dezember 1848 zeugt vor allem von psychologischem Geschick der maßgeblichen Kreise in Preußen. Selbst eines der Häupter der Kamarilla, Leopold v. Gerlach, wollte die Verfassung nicht abschaffen, sondern „durch Unterbauen verdünnen" und „antirevolutionär" machen.[26] Nur so ließ sich die soziale und politische Basis in das Bürgertum und die Mittelschichten hinein dauerhaft verbreitern. Die Hohenzollernmonarchie zeigte sich in dieser Hinsicht weit elastischer als die Habsburgermonarchie, die die am 4. März 1849 oktroyierte Verfassung bereits 1851 wieder zurücknahm und zu einem ungeschminkten monarchischen Absolutismus zurückkehrte.

Angesichts der von Gerlach unverblümt formulierten Absichten, die die maßgeblichen Kreise in Preußen mit dem Verfassungsoktroi verfolgten, kann es nicht verwundern, daß den weitgehenden Freiheitsrechten, die die Verfassung enthielt, keine entsprechende politische Praxis folgte. Die im preußischen Grundgesetz garantierten Grundrechte wurden in den fünfziger Jahren vielmehr systematisch durchlöchert. Nicht zufällig lief der Verfassungsoktroi mit der Ernennung Hinckeldeys zum Berliner Polizeipräsidenten und dessen Aufstieg zum informellen Polizeiminister in Preußen parallel. Der staatliche Kontroll- und Überwachungsapparat wurde ausgebaut; der Alltag weiter Teile der Bevölkerung war von scharfen politischen und rechtlichen Restriktionen gekennzeichnet. Die Phase 1850-1859 fiel zum Teil hinter die verfassungslose Zeit des Vormärz zurück. Der verfassungsstaatlichen *Fassade*, die sich die preußische Krone 1848/50 schuf, entsprach im übrigen ein Parlament, das der Krone gegenüber nur geringe substantielle Rechte besaß – wie nicht zuletzt der Verfassungskonflikt eineinhalb Jahrzehnte später zeigen sollte.

Überhaupt sind, im Rückblick betrachtet, die Schatten länger, die von 1848 auf die späteren Jahrzehnte fallen. Der „alte reaktionäre Geist" kehrte Ende 1848 zurück, allerdings, wie Otto Vossler resümierend festgestellt hat, wesentlich „verschärft, gewitzigt und gefestigt."[27] Die Niederlage der Revolution brachte nicht allein die demokratiefeindlichen alten Kräfte wieder an die Macht zurück; sie hat diese darüber hinaus nachhaltig gestärkt. Die Erfahrung, daß Revolutionen auch in Deutschland und Preußen möglich waren, zwang die traditionellen Eliten, sich aus einem Zustand politischer Starrheit zu lösen. Die Hochkonservativen lernten, das Instrumentarium moderner Massenbeeinflussung hervor-

---

26 Vgl. *S. 787 und S. 808.*
27 Vossler, Revolution, S. 148.

ragend zu beherrschen. Vor allem hat die Revolution die vorbürgerlichen Eliten gezwungen, soziale Bündnisse zu schließen, die ihnen eine Herrschaft von weit längerer Dauer ermöglichten, als dies der Fall gewesen wäre, wenn die Revolution sie nicht unter Druck gesetzt hätte. Die preußischen Verfassungen vom 5. Dezember 1848 und 31. Januar 1850 bildeten gewissermaßen das amtliche Siegel unter das Bündnis zwischen alten Eliten und bürgerlichen sowie kleinbürgerlichen Schichten.

Auf Seiten des Bürgertums und der Mittelschichten wiederum bestätigte und befestigte der Ausgang dieser Revolution in Deutschland eine ganz bestimmte politische Prägung.

- Der Niederlage der revolutionären Bewegung korrespondierte der Beginn einer Renaissance „blaublütiger Dünkelhaftigkeit". Das Bürgertum gab eigene Werte und kulturelle Leitlinien zwar nicht gänzlich auf; aber es setzte nur sehr eingeschränkt auf deren gesamtgesellschaftliche Durchsetzung. Zwar war Preußen-Deutschland auch in dieser Hinsicht im europäischen Kontext kein Sonderfall.[28] Dennoch bleibt wichtig, daß die führende Rolle der alten Eliten in soziokultureller und vor allem politischer Hinsicht unangefochten blieb und diese seit 1849 sogar noch an gesellschaftlicher Prägekraft gewannen. Die politisch beherrschende Stellung, die starke gesellschaftliche Dominanz des Adels, vor allem in den hohen Chargen der Politik und der Armee, und adliger Werte wäre gebrochen oder zumindest erheblich zurückgedrängt worden, wenn sich konstitutionelle Elemente im monarchischen System Preußens nach 1848 stärker durchgesetzt hätten.

- Mit Blick auf die spätere Geschichte Preußens und Deutschlands besonders fatal war, daß nach den ‚Erfolgen' der preußischen Armee 1848/49 in weiten Kreisen der Bevölkerung militärische ‚Tugenden' seitdem eine positivere Resonanz fanden. Zwar sind auch hier weiter zurückreichende Kontinuitätslinien unübersehbar, vor allem der Stolz auf den während des Siebenjährigen Krieges und der Befreiungskriege erworbenen Ruhm. Aber 1848 wurde die Chance vertan, mit dieser Tradition zu brechen. Die im Frühjahr und Sommer 1848 ins Auge gefaßte Demokratisierung des Militärs wurde nicht einmal in Ansätzen verwirklicht. Selbst die vom König versprochene Vereidigung der Armee auf die Verfassung blieb aus. Das Militär war seit 1849 glänzend für die Schmach vom 18. März rehabilitiert, sein gesellschaftlicher Stellenwert beträchtlich erhöht. Was dem reaktionären Offizierskorps und der Kamarilla bereits 1848 vorgeschwebt hatte, die Ausweitung und Überhöhung militärischer Tugenden zu allgemein-gesellschaftlichen Tugenden zwecks Immunisierung

---

28 Vgl. Kocka, Bürger und Bürgerlichkeit, S. 52; ders., Einleitung zu: ders. (Hg.), Bürgertum, S. 65-68; ferner Gall, Von der ständischen zur bürgerlichen Gesellschaft, bes. S. 36 f., der darauf hinweist, daß die „Feudalisierung" des Bürgertums begrenzt blieb.

der Bevölkerung gegen revolutionäre Ideen, wurde in der zweiten Hälfte des 19. Jahrhundert zumindest ein Stück weit Realität. Viele derjenigen, die 1848 aus ihrer Distanz dem preußischen Militär, seinen zutiefst undemokratischen Strukturen und seiner ‚glorreichen Vergangenheit' gegenüber keinen Hehl gemacht hatten, wandelten sich seit 1866 zu unkritischen, mitunter enthusiastischen Anhängern preußisch-militärischer Stärke.

– Die Niederlage der revolutionären Bewegung bestätigte in Berlin und Preußen eine tiefsitzende Haltung der Obrigkeit gegenüber, die ihre Wurzeln im ‚aufgeklärten Absolutismus' Friedrichs II. und vor allem in den von vielen Älteren noch selbst erlebten preußischen Reformen 1806 bis 1815 besaß: die Hoffnung auf die ‚Revolution von oben'. Wenn Friedrich Wilhelm IV. am 19. März 1848 seine Mütze vor den Leichen der Barrikadenkämpfer zog, dann hatte das den Respekt der großen Mehrheit der Bevölkerung vor der Hohenzollernmonarchie und der Person des Königs kaum gemindert. Zwar wandten sich vor allem erhebliche Teile der Unterschichten im Laufe der Revolution vom preußischen Königshaus ab. Das Scheitern der ‚Revolution von unten' am Ende des Jahres bestätigte dann allerdings, jedenfalls in breiten bürgerlichen und kleinbürgerlichen Kreisen, die Ansicht, nur eine ‚Revolution von oben' könne erfolgreich sein. Diese tiefsitzende Haltung wiederum machte die Bismarcksche ‚weiße Revolution' überhaupt erst möglich. 1848 wurde die Chance vertan, eine starke demokratisch-antiautoritäre Tradition, als Gegenpol zur Untertanenmentalität, zu begründen.

– Dem entsprachen durch Selbstzensur gezügelte Verhaltensweisen, wie sie nach 1848 besonders markant hervortraten. Die ‚Schere im Kopf' hatte allerdings selbst im Revolutionsjahr nur geruht; herausgerissen wurde sie nicht. Opportunismus und unterwürfiges Verhalten der Obrigkeit bzw. sozial höher gestellten Personen gegenüber ließen sich auch 1848 beobachten. Typisch für erfolgreiche Revolutionen ist der Bruch mit Konventionen, sind Unhöflichkeit und Respektlosigkeit, für erfolglose dagegen devoter Tonfall und anhaltender Respekt vor der Obrigkeit. Der Blick in die Petitionen hat gezeigt, wie wenig traditionelle Floskeln verschwunden waren.[29] Politische Prozesse gegen respektlose radikaldemokratische Gegner der Krone wie Gustav Adolf Schlöffel,

---

29 Vgl. Hachtmann, Vom Stand zur „Classe". Zwar brachen dann die Arbeiterbewegung und ebenso die demokratischen Vereine mit den überkommenen sprachlichen Traditionen. Wie wenig jedoch neue, demokratischere Anredeformen 1848 allgemein Eingang fanden, bringt fast symbolisch folgender Vorfall zum Ausdruck: Die Berliner Stadtverordneten beschlossen auf ihrer Sitzung vom 4. Juli 1848, auf die traditionellen „Prädicate ‚Hochwürden' usw." im Schriftverkehr mit dem Magistrat und den staatlichen Behörden zu verzichten. Nachdem der deswegen konsultierte Magistrat dieses Ansinnen jedoch abgelehnt hatte, verwarf das Kommunalparlament seinen ursprünglichen Beschluß und stimmte nun seinerseits gleichfalls dafür, „die Abschaffung der Prädicate im Geschäftsverkehr mit den Staatsbehörden der Zeit zu überlassen." (Nach: LAB StA, Rep. 00, Nr. 128.)

Karl Siegerist, Edmund Monecke und andere sowie die vielfältigen Restriktionen gegen die „maulfrechen" fliegenden Buchhändler schürten nicht allein die Angst vor polizeilicher und rechtlicher Pression. Sie verfestigten die überkommenen unterwürfigen Geisteshaltungen. Zu beobachten war dies bereits während der Revolutionsmonate. Die Niederlage der revolutionären Bewegung und die anschließende Verfolgung vieler Demokraten bestätigten dann die Auffassung, daß sich Aufmüpfigkeit nicht lohne, Anpassung dagegen auszahle.

– Das Streben nach nationaler Einheit verband sich zwar nicht generell, aber doch bei vielen 1848 mit einem Nationalismus, der anderen Nationen das Recht auf staatliche Selbständigkeit absprach. Eine auch nur partiell erfolgreiche demokratische Revolution hätte einem Patriotismus, der die Rechte anderer Völker achtete, ein weit größeres Gewicht gegenüber einem überheblichen, die Rechte anderer Völker mißachtenden Nationalismus gegeben.

Das Scheitern der Berliner und preußischen Revolution bestätigte fatale Grundhaltungen und vertiefte sie. Das ‚tolle Jahr' 1848 war nicht ‚positiv' traditionsbildend[30], wie dies die französischen Revolutionen für das westliche Nachbarvolk waren (nicht nur die ‚erfolgreiche' von 1789, sondern auch die gescheiterten von 1830, 1848 und 1871). Es war eher die *Niederlage* der deutschen ‚Revolution von unten' 1848/49, die sich im kollektiven Gedächtnis festsetzte und die schon vorher angelegte preußische Tradition der ‚Revolution von oben' nachhaltig bestätigte. Ohne das Erlebnis der Niederlage der Revolution wäre eine Lösung des Verfassungskonflikts 1866 im Sinne Bismarcks kaum möglich gewesen, wäre Wilhelm I. – wenn denn der ‚Kartätschenprinz' überhaupt als deutsches Oberhaupt zur Diskussion gestanden hätte – die Kaiserkrone nicht von den Fürsten, sondern von einer parlamentarischen Vertretung angetragen worden. Vor allem aber hätte das politische System des Deutschen Reiches markante demokratisch-konstitutionelle Züge getragen. Das Trauma der gescheiterten Revolution ‚von unten' dagegen ließ gerade auch viele Demokraten über lang oder kurz vor den Erfolgen eines Machtpolitikers kapitulieren. Es machte sie empfänglich für die Segnungen einer ‚Revolution von oben'.

Gewiß sollte man die negativen Ergebnisse der Revolution nicht überinterpretieren. Es führt kein gradliniger Weg von ‚1848' nach ‚1914' oder gar ‚1933'.

---

30 Eigentlich muß man genauer formulieren: ‚1848' war *bisher* nicht oder nur begrenzt im positiven Sinne traditionsbildend. Die anstehenden 150-Jahrfeiern der Revolution von 1848 bieten eine Gelegenheit, sich die im Revolutionsjahr überall sichtbar hervorgetretenen, in der Folgezeit – nimmt man die ‚vaterlandslosen Gesellen', die Sozialdemokraten, und wenige Linksliberale aus – jedoch verschütteten demokratischen Alternativen ins Gedächtnis zu rufen – und sich damit auch der weit zurückreichenden demokratischen Wurzeln der bundesdeutschen Gesellschaft bewußt zu werden. Aber das ist bereits ein *politischer Wunsch*, der in eine historisch-wissenschaftliche Darstellung eigentlich nicht hineingehört.

Dazwischen liegen weitere Entwicklungen und Ereignisse, die der deutschen Geschichte die Richtung gegeben haben, die sie dann tatsächlich genommen hat. Aber 1848 ist deshalb keineswegs belanglos. Resultat der Revolution von 1848 war eine semikonstitutionelle preußische Monarchie, die ihrerseits zum Kern und verfassungsrechtlichen sowie politischen Vorbild des kleindeutschen Reiches wurde. Zunächst ‚steckengeblieben' und dann gescheitert, machte die erste deutsche Revolution eine zweite politische Umwälzung notwendig. Diese zweite demokratische Revolution von 1918/19 scheiterte zugleich an ‚1848' – und zwar nicht zuletzt an den politischen Prägungen, die durch die erste Revolution entscheidend bestätigt worden waren. Die besondere (wenn man so will: spezifisch deutsche) Tragik beider Revolutionen liegt darin, daß ihr Scheitern, so läßt sich in Anlehnung an eine Feststellung Martin Broszats formulieren,[31] die „cäsaristische Attitüde" akzeptabler, „salonfähig" gemacht hat. Gut 14 Jahre nach der Märzrevolution von 1848 begann mit Otto v. Bismarck der erste, moderne deutsche „Cäsar" (im Sinne Broszats) die Geschicke der preußisch-deutschen Politik zu bestimmen. Gut 14 Jahre nach der Novemberrevolution von 1918 datiert die ‚Machtergreifung' eines viel furchtbareren „Cäsars", dessen Regime ganz Europa mit Krieg, Terror und Elend überziehen sollte.

---

31 Vgl. Martin Broszat, Der Zweite Weltkrieg: Ein Krieg der „alten" Eliten, der Nationalsozialisten oder der Krieg Hitlers? in: Ders., Klaus Schwabe (Hg.), Die deutschen Eliten und der Weg in den zweiten Weltkrieg, München 1989, S. 33 ff.

Abkürzungen

AAW	Archiv der Preußischen Akademie der Wissenschaften, Berlin
AAZ	Augsburger Allgemeine Zeitung
a.D.	außer Dienst
AfK	Archiv für Kulturgeschichte
AfS	Archiv für Sozialgeschichte
AHU	Archiv der Humboldt-Universität, Berlin
ALR	Allgemeines (Preußisches) Landrecht
BA	Bundesarchiv, Außenstellen Potsdam bzw. Frankfurt a.M. (FFM)
BLHA	Brandenburgisches Landeshauptarchiv, Potsdam
BZG	Beiträge zur Geschichte der Arbeiterbewegung
BZH	Berliner Zeitungshalle
DArZ	Deutsche Arbeiter-Zeitung
DtNV	Deutsche Nationalversammlung
EA	Erstausgabe
EvZA	Evangelisches Zentralarchiv, Berlin
FBPG	Forschungen zur Brandenburgischen und Preußischen Geschichte
Flg.	Flugblätter, -schriften, Plakatanschläge; Flugblattsammlungen
Fs.	Festschrift
GG	Geschichte und Gesellschaft
GGr	Geschichtliche Grundbegriffe
GStA	Geheimes Staatsarchiv Preußischer Kulturbesitz, Berlin
H.i.O.	Hervorhebung im Original
H.v.m.	Hervorhebung von mir (R.H.)
HStA	Hauptstaatsarchiv, München
HZ	Historische Zeitschrift
IWK	Internationale Korrespondenz zur Geschichte der Arbeiterbewegung
Jb., Jbb.	Jahrbuch, Jahrbücher
JbBBK	Jahrbuch für Berlin-Brandenburgische Kirchengeschichte
JbG	Jahrbuch für Geschichte
JbGMO	Jahrbuch für die Geschichte Mittel- und Ostdeutschlands

JbGO	Jahrbuch für die Geschichte Osteuropas
JbVGB	Jahrbuch des Vereins für die Geschichte Berlins
JbWG	Jahrbuch für Wirtschaftsgeschichte
JSH	Journal of Social History
KBA	Kurzbiographie(n) im Anhang
Kgl.	Königlich
KKB	Korporation der Kaufmannschaft Berlins
KöZ	Kölnische Zeitung
KrZ	Kreuzzeitung
LAB	Landesarchiv Berlin
LAB StA	Landesarchiv Berlin/Stadtarchiv, Außenstelle Breite Straße
MEW	Marx-Engels-Werke
Mitt.	Mitteilungen
MVGB	Mitteilungen des Vereins für die Geschichte Berlins
ND	Neudruck
NL	Nachlaß
NRhZ	Neue Rheinische Zeitung
NW Friedl. Samml.	Nachweis der Friedländischen Flugblattsammlung zu 1848
pag.	paginiert
Preuß. Jbb.	Preußische Jahrbücher
PrNV	Preußische Nationalversammlung
RC	Berliner Revolutionschronik (von Adolf Wolff)
Rep.	Repositur
Rtlr.	Reichstaler, Taler
SAPMO/ZPA	Stiftung Archiv der Parteien und Massenorganisationen der DDR im Bundesarchiv/Zentrales Partei-Archiv der SED
Sgr.	Silbergroschen
Sammlg.	Sammlung
SOWI	Sozialwissenschaftliche Informationen
StA	Haus-, Hof- und Staatsarchiv, Wien
SZ	Spenersche Zeitung
TAJB	Tel Aviver Jahrbuch für Deutsche Geschichte
Tit.	Titulatur
TZ	Trier'sche Zeitung
VZ	Vossische Zeitung
ZfG	Zeitschrift für Geschichtswissenschaft
zit.	zitiert

Tabellen

Tab. 1: Sozialstruktur der Berliner Bevölkerung nach der Statistik der Erwerbstätigen 1840 bis 1849 71

Tab. 2: Verteilung der Selbständigen und abhängig Beschäftigten auf die einzelnen Gewerbezweige 1840 bis 1849 77

Tab. 3: Sozialstruktur der Berliner Märzkämpfer (im März 1848 gefallene, verletzte und gefangene Barrikadenkämpfer 179

Tab. 4: In Industrie und Handwerk tätige Berliner Märzgefallene, -verletzte und -gefangene nach ihrer Gewerbe- und Berufszugehörigkeit 180

Tab. 5: Sozialstruktur und Durchschnittsalter der Vorstands- und Gründungsmitglieder der größten politischen Vereine Berlins von März bis Nov. 1848 277

Tab. 6: Soziale Zusammensetzung aller Mitglieder der Anfang Mai 1848 neugewählten Berliner Stadtverordnetenversammlung, der Preußischen und der Deutschen Nationalversammlung sowie des preußischen Abgeordnetenhauses vom Febr. bis April 1849 301

Tab.7: Soziale Zusammensetzung der Berliner Wahlmänner und *Berliner* Abgeordneten für die Preußische und für die Deutsche Nationalversammlung 307

Tab.8: Forderungen der Berliner Gesellen und Arbeiter nach Berufsgruppen von März bis Nov. 1848 398

Tab.9: Streiks in Berlin von März bis Nov. 1848 432

Tab.10: Einnahmen und Ausgaben der Stadt Berlin 1843 bis 1850 440

Tab.11: Soziale Zusammensetzung der Erdarbeiter in Berlin und Wien Mai bis Nov. 1848 442

Tab.12: Altersstruktur der Berliner Erdarbeiter Ende Mai 1848 444

Tab.13: Verhaftungen in Berlin nach Art des Vergehens von Jan. bis Sept. 1848 (Männer und Frauen) 466

Tab.14: Politische Orientierungen der Juden Berlins und sämtlicher deutscher Staaten 528

Tab.15: Sozialstruktur der Mitglieder des Preußenvereins (Mai bis Juli 1848) 611

Quellenverzeichnis

1. Archivakten

Geheimes Staatsarchiv, Preußischer Kulturbesitz (Berlin und ehem. Merseburg) (= GStA)

KHA Rep. 50 E 1 Beziehungen Preußens zum Ausland,
         E 2 Politica,
         E 3
KHA Rep. 50 F
KHA Rep. 50 J: Brandenburgisches Hausarchiv, Nachlaß Friedrich Wilhelm IV.,
Rep. 76 III: Ministerium für die geistlichen, Unterrichts- und Medizinal-Angelegenheiten –
        ev. Kirche,
    V: Ministerium für die geistlichen etc. Angelegenheiten – Universitäten,
   VI: Ministerium für die geistlichen etc. Angelegenheiten – höheres und Mittel-
        Schulwesen,
  VII: Ministerium für die geistlichen etc. Angelegenheiten – allgemeines und Armen-
        Schulwesen,
Rep. 77,   Tit. 245: Ministerium des Innern – Bürger- und Volksversammlungen,
        Tit. 343a: Ministerium des Innern – Polizeisachen, Generalia,
        Tit. 349a: Ministerium des Innern – Polizeistrafsachen,
        Tit. 440a: Ministerium des Innern – Bürgerwehr Berlin,
        Tit. 496a: Ministerium des Innern – Preußische Verfassung,
        Tit. 501 : Ministerium des Innern – Volksaufstände und Tumulte, Prov. Branden-
           burg,
        Tit. 509 : Ministerium des Innern – Volksaufstände und Tumulte im Ausland,
        Tit. 662 : Ministerium des Innern – Vereine, Generalia,
        Tit. 501 : Ministerium des Innern – Volksaufstände und Tumulte im Ausland,
        Tit. 509 : Ministerium des Innern – Volksaufstände und Tumulte, Prov. Branden-
           burg,
        Tit. 662 : Ministerium des Innern – Vereine, Generalia,
        Tit. 864 : Ministerium des Innern – Zeitungssachen,
        Tit. 874a: Ministerium des Innern – verschiedene Gegenstände und Personen,
        Tit.1072: Ministerium des Innern – Vereine, Stadt Berlin.
Rep. 84a: Justizministerium,
Rep. 90a,   Abt. A: Staatsministerium – Allgemeine Reichs- und Landesverfassungssachen,
        Abt. B: Staatsministerium – Reichs- und Staatsbehörden,
        Abt. Y: Staatsministerium – Militärische Sachen,
Rep. 92:   Nachlaß Rudolf v. Auerswald,
        Nachlaß Leopold v. Gerlach,
        Nachlaß Otto v. Manteuffel,
        Nachlaß Julius v. Minutoli,
        Nachlaß R. Stein (Flugblattsammlung),
        Nachlaß Benedikt Waldeck,
        Nachlaß Wilhelm I.
Rep. 94:   IV. O. a. und O. b.: „Kleine Erwerbungen".
Rep.120,   B.I.: Ministerium für Handel und Gewerbe – Gewerbeangelegenheiten.

Rep.169   B 4 Preußische Nationalversammlung 1848.
Rep.2.2.1.: Geh. Zivilkabinett,
Rep.2.5.1.: Justizministerium.
Rep.192:   Nachlaß Carl Wilh. Saegert,
XII. Hauptabteilung, IV. Flugblätter.

Brandenburgisches Landeshauptarchiv Potsdam (= BLHA)

Rep. 2a   (Reg. Potsdam I Pol.): Provinzial-Regierung Potsdam,
Rep. 30   (Berlin C), Tit. 9: Polizeipräsidium Berlin – Armensachen,
          Tit. 11: Polizeipräsidium Berlin – Aufsicht und Versammlungen,
          Tit. 74: Polizeipräsidium Berlin – Pfandleihen,
          Tit. 89: Polizeipräsidium Berlin – Polizei-, Sicherheits- und Strafsachen,
          Tit. 93: Polizeipräsidium Berlin – Personalia,
          Tit. 94: Polizeipräsidium Berlin – Personalia,
          Tit. 95: Polizeipräsidium Berlin – Vereine und Versammlungen,
Rep. 37: Herrschaft Boitzenburg; Nachlaß Adolf Heinrich v. Arnim.

Landesarchiv Berlin (= LAB)

Rep. 200, Acc. 2036: Nachlaß Dalchow,
          Acc. 2675: Nachlaß Krausnick,
Rep. 240, Acc. 99: Flugblattsammlung 1848/49,
          Acc. 685: Flugblattsammlung 1848/49.
          Acc. 1682: Zeitungen 1848/49.
          Acc. 1683: Zeitungen 1848/49.

Landesarchiv Berlin/Stadtarchiv (= LAB/StA)

Rep. 00:   Stadtverordneten-Versammlung,
Rep. 01:   Magistrat – Generalia,
Rep. 03:   Magistrat – Armendirektion,
Rep. 10-01: Magistrat – Gewerbedeputation,
Rep. 16:   Magistrat – Gewerbedeputation (einschl. Deputation zur Beratung über das Wohl
            der arbeitenden Klassen),
Rep. 20-01: Magistrat – Schuldeputation,
Rep.200-01: Korporation der Kaufmannschaft zu Berlin,
HS: Handschriften.

Staatsarchiv Wien (= StA Wien)

Staatskanzlei (StK) Preußen: Gesandtschaftsberichte und Weisungen der österr. Regierung.

Haupt-Staatsarchiv München (= HStA München)

Ministerium des Äußeren (MA), III (Preußen): Gesandtschaftsberichte und Weisungen der
bayer. Regierung.

Bundesarchiv, Außenstelle Potsdam (= BA Potsdam)

90 Bo 3: Nachlaß Richard Boeckh,
90 Du 3: Nachlaß Franz Duncker,
90 Ge 6: Nachlaß Leopold v. Gerlach,
90 Ve 1: Nachlaß Jacob Venedey.

Bundesarchiv, Außenstelle Frankfurt (= BA FFM)

DB 52: Gesamt-Reichsministerium,
DB 54: Reichsministerium des Innern,
ZSg : Flugblattsammlung zur Geschichte der deutschen Revolution 1848.

Stiftung Archiv der Parteien und Massenorganisationen der DDR im Bundesarchiv, Berlin/Zentrales Partei-Archiv (= SAPMO/ZPA)

BdK: Bund der Kommunisten,
VDF: Flugblattsammlungen.

Evangelisches Zentral-Archiv, Berlin (= EvZA)

Oberkirchenrat (OKR), Bestand 7: Generalia.
Oberkirchenrat, Personalia.

Archiv der Humboldt-Universität, Berlin (= AHU)

Universitäts-Gericht (Gericht)
Universitäts-Kurator (Kurator)
Universitäts-Rat (Rat)
Philosophische Fakultät (Phil. Fak.)
Medizinische Fakultät (Med. Fak.)
Charité-Direktion (Charité)

Archiv der Preußischen Akademie der Wissenschaften, Berlin (= AAdW)

II – V : Protokolle der Sitzungen der Gesamtakademie,
II – VI: Verhandlungen über allgemeine Gegenstände und der einzelnen Klassen,
Nachlaß Karl August Varnhagen v. Ense,
Nachlaß Rudolf Virchow.

Museum für Technik und Verkehr, Berlin

Archiv der Familie und Firma A. Borsig (= Borsig-Archiv)

Zentrum für Berlin-Studien (ZBSt)

Flugblattsammlung zur Revolution von 1848

2. Zeitungen

Augsburger Allgemeine Zeitung (AAZ)
Berliner Bürgerwehr-Zeitung
Berliner Zeitungshalle (BZH)
Die Bürger-Wache
Club-Blatt
Constitutionelle Club-Zeitung
Der Demokrat
Demokratische Urwähler-Zeitung
Demokratischer Urwähler
Deutsche Arbeiter-Zeitung (DArZ)
Evangelische Kirchen-Zeitung (EKZ)
Frauen-Zeitung (FZ)
Der Freischärler
Gutenberg
Kölnische Zeitung (KöZ)
Kreuzzeitung [„Neue Preußische Zeitung"] (KrZ)
Locomotive
Mitteilungen des Centralvereins für das Wohl der arbeitenden Klassen
National-Zeitung (NZ)
Neue Münchener Zeitung
Neue Rheinische Zeitung (NRhZ)
Neues Preußisches Sonntagsblatt
Der Publicist
Spenersche Zeitung [„Berlinische Nachrichten von Staats- und gelehrten Sachen"] (SZ)
Trier'sche Zeitung (TZ)
Urwähler-Zeitung
Vereinsblatt der Maschinenbau-Arbeiter zu Berlin
Das Volk
Der Volksfreund
Volksstimme
Vossische Zeitung [„Königlich privilegierte Berlinische Zeitung von Staats- und gelehrten Sachen"] (VZ)

3. Literatur

Abeken, Heinrich, Ein schlichtes Leben in bewegter Zeit, aus Briefen zusammengestellt, Berlin 1910[4].

Aegidi, Ludwig Karl, Gegen die signatura temporis. Von einem freimüthigen Widersacher der Revolution, Berlin 1849.

Andreas, Willy, Der Briefwechsel König Friedrich Wilhelms IV. und des Zaren Nikolaus von Rußland in den Jahren 1848 bis 1850, in: FBPG Bd. 43/1930, S. 129-139.

Andree, Christian, Rudolf Virchow, in: Berlinische Lebensbilder. Bd. 2, S. 175-190.

Angelow, Jürgen, Friedenskämpfe und Grabmal Friedrich Wilhelms IV. Monarch und Armee in der Revolution von 1848, in: Bernhard R. Kroener (Hg.), Potsdam. Stadt, Armee, Residenz in der preußisch-deutschen Militärgeschichte, i. A. des Militärgeschichtlichen Forschungsamtes, Frankfurt a. M. 1993, S. 377-391.

Angerstein, Wilhelm, Die Berliner März-Ereignisse im Jahre 1848. Nebst einem vollständigen Revolutions-Kalender, mit und nach Actenstücken sowie Berichten von Augenzeugen, Leipzig 1864.

Revolutionäre Berliner Arbeiterbewegung, hg. von der Kommission zur Erforschung der Geschichte der örtlichen Arbeiterbewegung/Bezirksleitung Berlin der SED, Bd.1: Von den Anfängen bis 1917, Berlin 1987.

Arnim, Bettina v., Dies Buch gehört dem König, Anhang: Erfahrungen eines jungen Schweizers im Voigtlande, in: dies., Werke und Briefe, Bd. 3, hg. von Gustav Konrad, Darmstadt 1963, S. 227-254.

Arnim, Maxe v., Tochter Bettinas/Gräfin v. Oriola 1818-1894. Ein Lebens- und Zeitbild, aus alten Quellen geschöpft, hg. und bearb. von Johannes Werner, Leipzig 1937.

Arnim-Boitzenburg, Adolf Heinrich v., Bemerkungen des Grafen Arnim-Boitzenburg zu der Schrift: Die Berliner Märztage, vom militairischen Standpunkt aus geschildert, Berlin 1850.

Baar, Lothar, Die Berliner Industrie in der industriellen Revolution, Berlin 1966.

Bailleu, Paul, Die Berliner Märztage nach der Schilderung des damaligen französischen Gesandten, in: MVGB 15. Jg./1898, Beil., S. 3 ff.

Ballhorn, Albert (Hg.), Die Polizeiverordnungen für Berlin, Berlin 1850.

Balser, Frolinde, Sozial-Demokratie 1848/49-1863. Die erste deutsche Arbeiterorganisation „Allgemeine Arbeiterverbrüderung" nach der Revolution, 2 Bde., Stuttgart 1962.

Bamberger, Ludwig, Erinnerungen, Berlin 1899.

Barclay, David E., Anarchie und guter Wille. Friedrich Wilhelm IV. und die preußische Monarchie, Berlin 1995.

Barkai, Avraham, The German Jews at the Start of Industrialisation – Structural Change and Mobility 1835-1860, in: Mosse u.a. (Hg.), Revolution and Evolution 1848, S.123-149.

Bartnik, Norbert/Bordon, Frieda, Die Rehberger. Subkultur der Berliner Erdarbeiter um 1830, in: Willi Bergmann u. a. (Hg.), Autonomie im Klassenkampf. Beiträge zum Kampf gegen die Fabrikgesellschaft, Hamburg/München 1978, S. 67-87.

Bauer, Bruno, Vollständige Geschichte der Parteikämpfe in Deutschland während der Jahre 1842-1846, Berlin 1847 (ND Aalen 1964).

Ders., Die bürgerliche Revolution in Deutschland seit dem Anfange der deutsch-katholischen Bewegung, Berlin 1849.

Bauer, Roland, Berlin. Illustrierte Chronik bis 1870, Berlin 1988. (Zitierweise: Bauer, Chronik.)

Baumgart, Franzjörg, Lehrer und Lehrervereine während der Revolution von 1848/49, in: Mentalitäten und Lebensverhältnisse. Beispiele aus der Sozialgeschichte der Neuzeit. Rudolf Vierhaus zum 60. Geburtstag, hg. von Mitarbeitern und Schülern, Göttingen 1982, S. 173-188.

Ders., Zwischen Reform und Reaktion. Preußische Schulpolitik 1806-1859, Darmstadt 1990.

Ders., Die verdrängte Revolution. Darstellung und Bewertung der Revolution von 1848 in der deutschen Geschichtsschreibung vor dem Ersten Weltkrieg, Düsseldorf 1976.

Bausinger, Hermann, Traditionelle Welten. Kontinuität und Wandel in der Volkskultur, in: HZ Bd. 241/1985, S. 265-286.

ders., Volkskultur und Sozialgeschichte, in: Schieder/Sellin (Hg.), Sozialgeschichte 3, S. 32-49.

Becker, Gerhard, Die Beschlüsse des preußischen Junkerparlaments von 1848, in: ZfG 24. Jg./1976, S. 889-918.

Ders., Die Beschlüsse des zweiten Demokratenkongresses 1848, in: ZfG 21. Jg./1973, S. 321-342.

Ders., Stephan Born als Korrespondent der ‚Neuen Rheinischen Zeitung‘, in: ZfG 21. Jg./1973, S. 548-583.

Ders., Die ‚soziale Frage‘ auf dem zweiten demokratischen Kongreß 1848. Zur Entstehung und zum Charakter des ‚Kommissionsgutachtens über die soziale Frage‘, in: ZfG 15. Jg./1967, S. 260-280.

Ders., Neues über die Gründung der Arbeiterverbrüderung 1848, in: ZfG 36. Jg./1988, S. 703-728.

Ders., Die demokratische Partei in der preußischen konstituierenden Versammlung 1848. Eine Selbstdarstellung des Wirkens der Fraktion der Linken in den Berichten an ihre Wähler, in: ZfG 38. Jg./1990, Teil I: S.513-541, Teil II: S. 709-738.

Ders., Das Protokoll des ersten Demokratenkongresses vom Juni 1848, (Dokumentation), in: JbG Bd. 8/1973, S. 379-405.

Ders./Hofmann, Jürgen, Proteste gegen die Rückberufung des Prinzen von Preußen, in: ZfG 23. Jg./1975, S. 795-820.

Begas, Clara, Erinnerungen aus den Berliner Märztagen. Aus dem Tagebuch von Oscar Begas, in: Zsr. des Vereins für die Geschichte Berlins 57. Jg./1940, S. 81-85.

Beier, Gerhard, Schwarze Kunst und Klassenkampf. Geschichte der Industriegewerkschaft Druck und Papier und ihrer Vorläufer seit dem Beginn der modernen Arbeiterbewegung, Bd.1: Vom Geheimbund zum königlich-preußischen Gewerkverein (1830-1890), Frankfurt a.M. 1966.

Benda, Ernst, In Berlin ist Revolution – Erinnerungen eines Berliners an 1848, in: Der Bär von Berlin 37. Jg./1988, S. 23-36.

Berding, Helmut, Moderner Antisemitismus in Deutschland, Frankfurt a. M. 1986.

Bergmann, Dieter, Die Berliner Arbeiterschaft in Vormärz und Revolution. Eine Trägerschicht der beginnenden Industrialisierung als neue Kraft in der Politik, in: Büsch (Hg.), Untersuchungen zur Geschichte der frühen Industrialisierung, S. 455-511.

Bergmann, Jürgen, Das Berliner Handwerk in den Phasen der Frühindustrialisierung, Berlin 1973.

Ders., Ökonomische Voraussetzungen der Revolution von 1848. Zur Krise von 1845 bis 1848 in Deutschland, in: Wehler (Hg.), 200 Jahre amerikanische Revolution, S. 254-287.

Ders., Die Revolution von 1848 als Modernisierungskrise, in: Hartmut Kaelble u. a. (Hg.), Probleme der Modernisierung in Deutschland, Opladen 1979[2], S. 13-35.

Ders., Wirtschaftskrise und Revolution. Handwerker und Arbeiter 1848/49, Stuttgart 1986.

Amtliche Berichte und Mitteilungen über die Berliner Barrikadenkämpfe am 18. und 19. März von Augenzeugen und Mitkämpfern aus dem Bürger- und Soldatenstande, Berlin 1848.

Berlin in der Bewegung von 1848, in: Die Gegenwart, Leipzig 1849, S.538-597.

Berlin und seine Eisenbahnen 1846-1896, hg. im Auftrage des Königl. Preuß. Ministers der öffentlichen Arbeiten, Bd. II, Berlin 1896.

Berlin zwischen 1789 und 1848. Facetten einer Epoche, Katalog zur Ausstellung der Akademie der Künste vom 30. Aug. bis 1. Nov. 1981, Berlin 1981.

Berner, Ernst (Hg.), Kaiser Wilhelms des Großen Briefe, Reden und Schriften, Bd.1: 1797-1860, Berlin 1906.

Bernhardi, Theodor v., Unter Nikolaus I. und Friedrich Wilhelm IV. Briefe und Tagebuchblätter aus den Jahren 1834-1857, Leipzig 1899[2].

Bernstein, Aaron, Revolutions- und Reactions-Geschichte Preußens und Deutschlands von den Märztagen bis zur neuesten Zeit, Bd.1: Die Märztage. – 1849 Kabinetts-Intriguen. – Bis nach Olmütz 1850; Bd.3: Die neue Aera. – Biographischer Anhang, Berlin 1882.

Bernstein, Eduard, Die Geschichte der Berliner Arbeiterbewegung. Ein Kapitel zur Geschichte der deutschen Sozialdemokratie, Bd.1, Berlin 1907.

Besier, Gerhard, Die Landeskirche und die Revolution von 1848/49. Die Reichsverfassung und die preußische Verfassungsfrage, in: J. F. Gerhard Goeters/Rudolf Mau (Hg.), Die Geschichte der evangelischen Kirche der Union, Bd. I: Die Anfänge der Union unter landesherrlichem Kirchenregiment (1817-1850), Leipzig 1992, S. 366-391.

Best, Heinrich, Die Männer von Besitz und Bildung. Struktur und Handeln parlamentarischer Führungsgruppen in Deutschland und Frankreich 1848/49, Düsseldorf 1990.

Ders./Weege, Wilhelm, Biographisches Handbuch der Abgeordneten der Frankfurter Nationalversammlung 1848/49, Düsseldorf 1996.

Beta (= Heinrich Bettziech), Berlin und Potsdam. Ihre Vergangenheit, Gegenwart und Zukunft, München o. J. (ca. 1847).

Beyme, Klaus v., Partei, Fraktion, in: Geschichtliche Grundbegriffe, Bd.4, S.677-733.

Biedermann, Karl, 1840-1870. Dreißig Jahre deutscher Geschichte, Bd.1, Breslau 1896.

Bismarck, Otto v., Gesammelte Werke, Bd.10: Reden 1847-1869; Bd.14: Briefe; Bd.15: Erinnerung und Gedanke, Berlin 1928-1932.

Blackbourn, David/Eley, Geoff, Mythen deutscher Geschichtsschreibung. Die gescheiterte bürgerliche Revolution von 1848, Frankfurt a.M. usw. 1980.

Blasius, Dirk, Ehescheidung im 19. und 20. Jahrhundert, Frankfurt a.M. 1992 (EA Göttingen 1987).

Ders., Friedrich Wilhelm IV.: 1795-1861. Psychopathologie und Geschichte, Göttingen 1992.

Ders., Geschichte der politischen Kriminalität in Deutschland 1800-1980, Frankfurt a. M. 1983.

Ders., Bürgerliche Gesellschaft und Kriminalität. Zur Sozialgeschichte Preußens im Vormärz, Göttingen 1976.

Ders., Kriminalität und Alltag. Zur Konfliktgeschichte des Alltagslebens im 19. Jahrhundert, Göttingen 1978.

Ders., Die Last der Ehe. Zur Sozialgeschichte der Frau im Vormärz, in: TAJB Bd. XXI/1992, S. 1-19.

Bleiber, Helmut, Zum Anteil der Landarbeiter an den Bewegungen der Dorfbevölkerung in der deutschen Revolution von 1848/49, in: JbW 1975/Teil IV, S. 65-81.

Blesson, Ludwig, Die Bürgerwehr in den Tagen vom 2. bis 15. Juni 1848, Berlin 1848.

Blos, Wilhelm, Die deutsche Revolution. Geschichte der deutschen Bewegung von 1848 und 1849, Stuttgart 1920 (EA Stuttgart 1893).

Boberach, Heinz, Die Posener Frage in der deutschen und in der preußischen Politik 1848-1849, in: Deutsche und Polen in der Revolution 1848-1849, S. 17-26.

Ders., Die Unterstützung der Polen durch deutsche Demokraten, in: Deutsche und Polen in der Revolution 1848-1849, S.45-49.

Boberg, Jochen/Fichter, Tilman/Gillen, Eckart (Hg.), Exerzierfeld der Moderne. Industriekultur in Berlin im 19. Jahrhundert, München 1984.

Bock, Helmut (Hg.), Unzeit des Biedermeier. Historische Miniaturen zum Deutschen Vormärz 1830 bis 1848, Köln 1986.

Boeckh, Jürgen, Predigt in Berlin. Das Beispiel der evangelischen Parochialkirche von 1830 bis 1900, in: Elm/Loock (Hg.), Seelsorge und Diakonie, S. 307-328.

Boeckh, Richard (Bearb.), Die Bevölkerungs-, Gewerbe- und Wohnungsaufnahme vom 1. December 1875 in der Stadt Berlin, Heft 1-4, Berlin 1878-1880.

Boehr, Susanne, Die Verfassungsarbeit der Preußischen Nationalversammlung 1848, Berlin/New York 1992.

Boerner, Paul, Erinnerungen eines Revolutionärs. Skizzen aus dem Jahre 1848, 2 Bde., Leipzig 1920.

Börner, Karl-Heinz, Prinz Wilhelm von Preußen. Kartätschenprinz und Exekutor der Konterrevolution, in: Obermann (Hg.), Männer der Revolution, Bd. 2, S. 183-225.

Ders., Kaiser Wilhelm I. 1797-1888. Deutscher Kaiser und König von Preußen. Eine Biographie, Köln 1984.

Böttger, Fritz (Hg.), Frauen im Aufbruch. Frauenbriefe aus dem Vormärz und der Revolution von 1848, Berlin 1977.

Boldt, Werner, Die Anfänge des deutschen Parteiwesens. Fraktionen, politische Vereine und Parteien in der Revolution von 1848. Darstellung und Dokumentation, Paderborn 1971.

Born, Stephan, Erinnerungen eines Achtundvierzigers, Leipzig 1898[3].

Borst, Otto (Hg.), Aufruhr und Entsagung. Vormärz 1815-1848 in Baden und Württemberg, Stuttgart 1992.

Botzenhart, Manfred, Deutscher Parlamentarismus in der Revolutionszeit 1848-1850, Düsseldorf 1977.

Brandenburg, Erich, Die deutsche Revolution 1848, Leipzig 1919[2].

Ders., Untersuchungen und Aktenstücke zur Geschichte der Reichsgründung, Leipzig 1916.

Ders. (Hg.), Friedrich Wilhelm IV. Briefwechsel mit Ludolf Camphausen 1848-1850, Berlin 1906.

Brandt, Hartwig, Ansätze einer Selbstorganisation der Gesellschaft in Deutschland im 19. Jahrhundert, in: Gesellschaftliche Strukturen als Verfassungsproblem, S. 51-67.

Braß, August, Berlins Barrikaden. Ihre Entstehung, ihre Vertheidigung und ihre Folgen. Eine Geschichte der März-Revolution, Berlin 1848.

Ders., Geschichte der Demokratie und Reaction in Berlin, von Beendigung der März-Revolution zur Contre-Revolution des Ministeriums Brandenburg und Octroyirung der Verfassung, Berlin 1849.

Brederlow, Jörn, ‚Lichtfreunde‘ und ‚Freie Gemeinden‘. Religiöser Protest und Freiheitsbewegung im Vormärz und in der Revolution von 1848/49, München usw. 1976.

Breitenborn, Konrad, Aus dem Briefwechsel zwischen Friedrich Wilhelm IV. von Preußen und Graf Anton Stolberg zu Wernigerode im Jahre 1848, in: ZfG 30. Jg./1982, S. 224-244.

Bretting, Agnes/Bickelmann, Hartmut, Auswanderungsagenturen und Auswanderungsvereine im 19. und 20. Jahrhundert, Stuttgart 1991.

Breuilly, John/Sachse, Wieland, Joachim Friedrich Mertens (1806-1877) und die Deutsche Arbeiterbewegung, Göttingen 1984.

Broszat, Martin, 200 Jahre deutsche Polenpolitik, München 1963.

Brunner, Otto/Conze, Werner/Koselleck, Reinhart (Hg.), Geschichtliche Grundbegriffe, 7 Bde., Darmstadt 1972-1992.

Büchsel, Karl, Erinnerungen aus dem Leben eines Landgeistlichen, Bd. 4: Erinnerungen aus meinem Berliner Amtsleben, Berlin 1886.

Büsch, Otto, Industrialisierung und Gewerbe im Raum Berlin-Brandenburg 1800-1850, Berlin 1971.

Ders. (Hg.), Untersuchungen zur Geschichte der frühen Industrialisierung vornehmlich im Wirtschaftsraum Berlin/Brandenburg, Berlin 1971.

Der Bund der Kommunisten. Dokumente und Materialien, Bd. 1: 1836 bis 1849, Berlin 1970; Bd. 2: 1849 bis 1851, Berlin 1982.

Bussmann, Walter, Zwischen Preußen und Deutschland. Friedrich Wilhelm IV. Eine Biographie, Berlin 1990.

Ders., Das Scheitern der Revolution in Preußen 1848, in: Karl Dietrich Erdmann u.a. (Hg.), Preußen. Seine Wirkung auf die deutsche Geschichte, Stuttgart 1985, S. 153-177.

Ders., Rudolf Virchow und der Staat, in: Helmut Berding u.a. (Hg.), Vom Staat des Ancien Regime zum modernen Parteienstaat. Fs. für Theodor Schieder, München/Wien 1978, S. 267-285.

Canis, Konrad, Der preußische Militarismus in der Revolution 1848, Rostock 1965.

Ders., Leopold v. Gerlach, in: Obermann (Hg.), Männer der Revolution, Bd. 1, S. 463-481.

Ders., Joseph Maria v. Radowitz. Konterrevolution und preußische Unionspolitik, in: Obermann (Hg.), Männer der Revolution, Bd. 2, S. 449-486.

Caspary, Anna, Ludolf Camphausens Leben, dargestellt nach seinem schriftlichen Nachlaß, Stuttgart/Berlin 1902.

Citovics, Tamara, Bräute der Revolution und ihre Helden. Zur politischen Funktion des Fahnenstickens, in: Lipp (Hg.), Schimpfende Weiber, S. 339-352.

Clauswitz, Paul, Die Städteordnung von 1808 und die Stadt Berlin, Berlin 1908 (ND Berlin 1986).

Conze, Werner, Arbeiter, in: Geschichtliche Grundbegriffe, Bd. 1, S. 216-242.

Ders., Vom ‚Pöbel‘ zu Proletariat. Sozialgeschichtliche Voraussetzungen für den Sozialismus in Deutschland, in: Wehler (Hg.), Moderne deutsche Sozialgeschichte, S. 111-136.

Ders., Proletariat, Pöbel, Pauperismus, in: Geschichtliche Grundbegriffe, Bd. 5, S. 27-68.

Ders./Engelhardt, Ulrich (Hg.), Arbeiterexistenz im 19. Jahrhundert. Lebensstandard und Lebensgestaltung deutscher Arbeiter und Handwerker, Stuttgart 1981.

Ders./Kocka, Jürgen (Hg.), Bildungsbürgertum im 19. Jahrhundert, Teil I: Bildungssystem und Professionalisierung im internationalen Vergleich, Stuttgart 1985.

Ders./Zorn, Wolfgang (Hg.), Moldenhauer, Rüdiger (Bearb.), Die Petitionen an den deutschen Handwerker- und Gesellenkongreß 1848, Boppard a. Rh. 1994.

Corvin, Otto v., Aus dem Leben eines Volkskämpfers, Bd.III, Amsterdam 1861.

Craig, Gordon A., Die preußisch-deutsche Armee 1640-1945. Staat im Staate, Düsseldorf 1960.

Curtius, Ernst, Ein Lebensbild in Briefen, hg. von Friedrich Curtius, Berlin 1903.

Czihak, Hans, Kampf um die Ausgestaltung des Friedhofes der Märzgefallenen im Berliner Friedrichshain, in: Berliner Geschichte 9/1988, S. 24-33.

Dallinger, Gernot, Karl von Canitz und Dallwitz. Ein preußischer Minister des Vormärz, Köln/Berlin 1969.

Dang, Katharina, Kirche in der Revolution – Berlin vor 140 Jahren, in: Zeichen der Zeit 43/1989, S. 34-39.

Daniel, Ute, „Kultur" und „Gesellschaft". Überlegungen zum Gegenstandsbereich der Sozialgeschichte, in: GG 19. Jg./1993, S. 69-99.

Dann, Otto, Nation und Nationalismus in Deutschland 1770-1990, Frankfurt a. M. 1993.

Ders. (Hg.), Vereinswesen und bürgerliche Gesellschaft in Deutschland (HZ Beiheft 9), München 1988.

Delbrück, Rudolf v., Lebenserinnerungen 1817-1867, Bd. 1, Leipzig 1905.

Delius, Walter, Die evangelische Kirche und die Revolution 1848, Berlin 1948.

Demeter, Karl, Das deutsche Offizierskorps in Gesellschaft und Staat 1650-1945, Frankfurt a. M. 1962.

Denkler, Horst, Flugblätter in ‚jüdischdeutschem' Dialekt aus dem revolutionären Berlin 1848/49, in: TAJB Bd. VI/1977, S. 215-257.

Ders., Politik und Geschäft. Beobachtungen bei der Durchsicht populärer Flugblattreihen aus der Berliner Revolution 1848/49, in: Internationales Archiv für Sozialgeschichte der Literatur 5. Jg./1980, S. 94-126.

Ders. (Hg.), Berliner Straßenecken-Literatur 1848/49. Humoristisch-satirische Flugschriften aus der Revolutionszeit, Stuttgart 1977.

D'Ester, Karl, Der Kampf der Demokratie und des Absolutismus in der preußischen konstituierenden Versammlung. Rechenschaftsbericht an seine Wähler, Leipzig 1849.

Dettke, Barbara, Die asiatische Hydra. Die Cholera von 1830/31 in Berlin und den preußischen Provinzen Posen, Preußen und Schlesien, Berlin 1995.

Deutsche und Polen in der Revolution 1848-1849. Dokumente aus deutschen und polnischen Archiven, hg. für das Bundesarchiv von Hans Booms und für die Generaldirektion der staatlichen Archive Polens von Marian Wojciechowski, Boppard a. Rh. 1991.

Diest, Gustav, Meine Erlebnisse im Jahre 1848 und die Stellung des Staatsministers v. Bodelschwingh vor und nach dem 18. März 1848, Berlin 1989.

Dieterici, Wilhelm, Die Bevölkerung des preußischen Staates nach der amtlichen Aufnahme des Jahres 1846, Berlin 1848.

Ders., Statistische Übersicht der Stadt Berlin, in: Berliner Kalender 1844, Berlin 1844, S. 161-260.

Dietrich, Stefan J., Christentum und Revolution. Die christlichen Kirchen in Württemberg 1848-1852, Paderborn usw. 1996.

Dittmer, Lothar, Beamtenkonservativismus und Modernisierung. Untersuchungen zur Vorgeschichte der konservativen Partei in Preußen 1810-1848/49, Stuttgart 1992.

Dowe, Dieter, Aktion und Organisation. Arbeiterbewegung, sozialistische und kommunistische Bewegung in der preußischen Rheinprovinz 1820-1852, Hannover 1970.

Ders./Haupt, Heinz-Gerhard/Langewiesche, Dieter (Hg.), Europa in den Revolutionen von 1848, erscheint Bonn 1998.

ders./Offermann, Toni (Hg.), Deutsche Handwerker- und Arbeiterkongresse 1848-1852, Bonn 1983.

Dreßen, Wolfgang, Maschinenbauer und Erdarbeiter 1848, in: Boberg u.a. (Hg.), Exerzierfeld der Moderne, S. 68-79.

Dronke, Ernst, Berlin, Frankfurt a.M. 1846 (ND Berlin 1987).

Elias, Norbert, Über den Prozeß der Zivilisation, 2 Bde., Frankfurt a. M. 1976.

Elm, Kaspar/Loock, Hans-Dietrich (Hg.), Seelsorge und Diakonie in Berlin. Beiträge zum Verhältnis von Kirche und Großstadt im 19. und beginnenden 20. Jahrhundert, Berlin/New York 1990.

Engelberg, Ernst, Bismarck. Bd. 1: Urpreuße und Reichsgründer, Berlin 1985.

Engelhardt, Ulrich, ‚Bildungsbürgertum'. Begriffs- und Dogmengeschichte eine Etiketts, Stuttgart 1986.

Ders. (Hg.), Handwerker in der Industrialisierung. Lage, Kultur und Politik vom späten 18. bis ins frühe 20. Jahrhundert, Stuttgart 1984.

Faulenbach, Bernd, Ideologie des deutschen Weges. Die deutsche Geschichte in der Historiographie zwischen Kaiserreich und Nationalsozialismus, München 1980.

Fenske, Hans (Hg.), Quellen zur deutschen Geschichte 1848-1849, Darmstadt 1996.

Finkenrath, Kurt, Die Medizinalreform. Die Geschichte der ersten deutschen ärztlichen Standesbewegung von 1800-1850, Leipzig 1929.

Fischer, Hubertus, Der ‚Treubund für König und Vaterland', in: JbGMO Bd. 24/1975, S. 60-126.

Fischer, Wolfram/Krengel, Hubertus/Wietog, Jutta, Sozialgeschichtliches Arbeitsbuch, Bd. I: Materialien zur Statistik des Deutschen Bundes 1815-1871, München 1982.

Fleck, Robert, Gleichheit auf den Barrikaden. Die Revolutionen von 1848 in Europa. Versuch über die Demokratie, Wien 1991.

Fontane, Theodor, Fontane im Revolutionsjahr. Sieben Briefe an Bernhard v. Lepel aus dem Jahre 1848, Berlin 1930.

Ders., Von Zwanzig bis Dreißig. Autobiographisches, Berlin 1898[3].

Foucault, Michel, Überwachen und Strafen. Die Geburt des Gefängnisses, Frankfurt a. M. 1977 (EA 1975).

Frahm, Friedrich, Entstehungs- und Entwicklungsgeschichte der preußischen Verfassung, in: FBPG Bd. 41/1928, S. 248-301.

Franke, Berthold, Die Kleinbürger. Begriff, Ideologie, Politik, Frankfurt/New York 1988.

Frenzel, Karl, Die Berliner Märztage und andere Erinnerungen, Leipzig 1912.

Freund, Ismar, Die Emanzipation der Juden in Preußen, unter besonderer Berücksichtigung des Gesetzes vom 12. März 1812, Bd.II, Berlin 1912.

Frevert, Ute, Frauen-Geschichte. Zwischen bürgerlicher Verbesserung und neuer Weiblichkeit, Frankfurt a. M. 1986.

Friedensburg, Wilhelm, Stephan Born und die Organisationsbestrebungen der Berliner Arbeiterschaft bis zum Berliner Arbeiterkongress (1840-Sept. 1848), Leipzig 1923 (ND Glashütten/Taunus 1973).

Friedländer, Verzeichnis der Friedländerschen Sammlung zur Geschichte der Bewegung von 1848. Magistrats-Bibliothek zu Berlin, Berlin 1897. (Zitierweise: NW Friedl. Samml.)

Fröbel, Julius, Ein Lebenslauf. Aufzeichnungen, Erinnerungen und Bekenntnisse, Bd.1, Stuttgart 1890.

Funk, Albrecht, Polizei und Rechtsstaat. Die Entwicklung des staatlichen Gewaltmonopols in Preußen 1848-1918, Frankfurt/New York 1986.

Gabriel, Hans-Jürgen, Im Namen des Evangeliums gegen den Fortschritt. Zur Rolle der ‚Evangelischen Kirchenzeitung' unter E. W. Hengstenberg von 1830 bis 1849, in: Wirth (Hg.), Beiträge zur Berliner Kirchengeschichte, S. 154-176.

Gailus, Manfred, Kanalbau und Revolution, in: Dampfergruppe der Berliner Geschichtswerkstatt (Hg.), Landgang in Berlin. Stadtgeschichte an Landwehrkanal und Spree, Berlin 1987, S. 53-66.

Ders., Pöbelexzesse und Volkstumulte im Berliner Vormärz, in: ders. (Hg.), Pöbelexzesse und Volkstumulte in Berlin, S. 1-41.

Ders., Soziale Protestbewegungen in Deutschland 1847-1849, in: Heinrich Volkmann/Jürgen Bergmann (Hg.), Sozialer Protest. Studien zur traditionellen Resistenz und kollektiver Gewalt in Deutschland vom Vormärz bis zur Reichsgründung, Opladen 1984, S. 76-106.

Ders., Rauchen in den Straßen und anderer Unfug. Kleine Straßenkonflikte (Polizeivergehen) in Berlin (1830-1850), in: Ribbe (Hg.), Berlin-Forschungen 3, S. 11-42.

Ders., Straße und Brot. Sozialer Protest in den deutschen Staaten unter besonderer Berücksichtigung Preußens, 1847-1849, Göttingen 1990.

Ders., Hungerunruhen in Preußen, in: ders./Volkmann (Hg.), Kampf ums tägliche Brot, S. 176-199.

Ders. (Hg.), Pöbelexzesse und Volkstumulte in Berlin. Zur Sozialgeschichte der Straße (1830-1980), Berlin 1984.

Ders./Volkmann, Heinrich (Hg.), Der Kampf ums tägliche Brot. Nahrungsmangel, Versorgungspolitik und Protest 1770-1990, Opladen 1994.

Gall, Lothar, Bismarck. Der weiße Revolutionär, Frankfurt a. M. usw. 1980.

Ders., Liberalismus und ‚bürgerliche Gesellschaft'. Zu Charakter und Entwicklung der liberalen Bewegung in Deutschland, in: HZ Bd. 220/1975, S. 324-356.

Ders., Stadt und Bürgertum im 19. Jahrhundert. Ein Problemaufriß, in: ders. (Hg.), Stadt und Bürgertum im 19. Jahrhundert, S. 1-18.

Ders. (Hg.), Stadt und Bürgertum im 19. Jahrhundert, München 1990.

Ders. (Hg.), Stadt und Bürgertum im Übergang von der traditionalen zur modernen Gesellschaft, München 1993.

Galm, Ulla, August Borsig, Berlin 1987.

Gebhardt, Hartwig, Revolution und liberale Bewegung. Die nationale Organisation der konstitutionellen Partei in Deutschland 1848/49, Bremen 1974.

Geertz, Clifford, Dichte Beschreibung. Beiträge zum Verstehen kultureller Systeme, Frankfurt a. M. 1983.

Die Geheimnisse von Berlin. Aus den Papieren eines (anonymen) Berliner Kriminalbeamten (1844), hg. von Paul Thiel, Berlin 1987.

Geiger, Ludwig, Die Geschichte der Juden in Berlin, Berlin 1871 (ND Leipzig 1988).

Geiger, Ruth-Esther, Zeitschriften 1848. Die Zeitschrift als Medium bürgerlicher Öffentlichkeit und ihr erweiterter Funktionszusammenhang in den Berliner Revolutionsmonaten von 1848, Berlin 1980.

Geist, Johann Friedrich/Kürvers, Klaus, Das Berliner Mietshaus. Bd. I: 1740-1862. Eine dokumentarische Geschichte der ‚von Wülknitzschen Familienhäuser' vor dem Hamburger Tor, der Proletarisierung des Berliner Nordens und der Stadt im Übergang von der Residenz zur Metropole, München 1980.

Genée, Rudolph, Zeiten und Menschen. Erlebnisse und Meinungen, Berlin 1899[2].

Gerhard, Ute, Über die Anfänge der deutschen Frauenbewegung um 1848. Frauenpresse, Frauenpolitik und Frauenvereine, in: Karin Hausen (Hg.), Frauen suchen ihre Geschichte, München 1983, S. 196-221.

Dies., Unerhört. Die Geschichte der deutschen Frauenbewegung, Reinbek 1990.

Dies., Verhältnisse und Verhinderungen. Frauenarbeit, Familie und Rechte der Frauen im 19. Jahrhundert, Frankfurt a.M. 1978.

Dies. u.a. (Hg.), ‚Dem Reich der Freiheit werb' ich Bürgerinnen'. Die Frauenzeitung von Louise Otto, Frankfurt a.M. 1979.

Gerlach, Ernst Ludwig v., Von der Revolution zum Norddeutschen Bund. Politik und Ideengut der preußischen Hochkonservativen 1848-1866. Aus dem Nachlaß von Ernst Ludwig v. Gerlach, hg. von Hellmut Diwald, Teil 1: Tagebuch 1848-1866, Teil 2: Briefe, Denkschriften, Aufzeichnungen, Göttingen 1970.

Gerlach, Leopold v., Denkwürdigkeiten aus dem Leben von Leopold v. Gerlach. Nach seinen Aufzeichnungen hg. von seiner Tochter, Bd. 1, Berlin 1891.

Gersdorff, Bernhard v., Ernst v. Pfuel. Freund Heinrich v. Kleists, General, preußischer Ministerpräsident, Berlin 1981.

Illustrierte Geschichte der deutschen Revolution 1848/49, von einem Autorenkollektiv unter der Leitung von Walter Schmidt, Berlin 1988[3].

Gilow, Bewaffnete Gymnasiasten in Berlin im Jahre 1848, in: MVGB 29. Jg./1912, S. 158 f.

Glaßbrenner, Adolf, Vorrede zu: Berlin wie es ist und – trinkt. 1. Heft: „Eckensteher" (1832), in: ders., Unterrichtung der Nation. Ausgewählte Werke und Briefe in drei Bänden, hg. von Horst Denkler u.a., Frankfurt a. M. 1981, S. 56-60.

Glossy, Karl (Hg.), Literarische Geheimberichte aus dem Vormärz, Wien 1912 (ND Hildesheim 1975).

Gneist, Rudolf, Berliner Zustände. Politische Skizzen aus der Zeit vom 18. März 1848 bis 18. März 1849, Berlin 1849.

Goebel, Klaus/Wichelhaus, Manfred, Aufstand der Bürger. Revolution 1849 im westdeutschen Industriezentrum, Wuppertal 1974.

Goldammer, Peter (Hg.), 1848. Augenzeugen der Revolution. Briefe, Tagebücher, Reden, Berichte, Berlin 1973.

Grab, Walter, Der deutsch-jüdische Freiheitskämpfer Johann Jacoby, in: ders./Schoeps (Hg.), Juden im Vormärz und in der Revolution, S. 352-374.

Ders./Schoeps, Julius H. (Hg.), Juden im Vormärz und in der Revolution von 1848, Stuttgart/Bonn 1983, S. 233-271.

Grabski, Andrzej F., Zwischen Liberalismus und Revolutionismus. Bemerkungen über die Einstellungen zur polnischen Frage in Deutschland zwischen 1830 und 1848, in: JbGMO Bd. 35/1986, S. 42-52.

Graf, Friedrich Wilhelm, Die Politisierung des religiösen Bewußtseins. Die bürgerlichen Religionsparteien im deutschen Vormärz: Das Beispiel des Deuschkatholizismus, Stuttgart/Bad Cannstatt 1978.

Grau, Conrad, Geist und Macht. Akademiestreit signalisiert die Krise, in: Bock (Hg.), Unzeit des Biedermeier, S. 277-283.

Grebing, Helga, Der „deutsche" Sonderweg in Europa 1806-1945, Stuttgart usw. 1986.

Greschat, Martin, Die Berliner Stadtmission, in: Elm/Loock (Hg.), Seelsorge und Diakonie, S. 451-474.

Ders., Das Zeitalter der Industriellen Revolution. Das Christentum vor der Moderne, Stuttgart usw. 1980.

Griesheim, Gustav v., Die deutsche Zentralgewalt und die preußische Armee, Berlin 1848.

Grießinger, Andreas, Das symbolische Kapital der Ehre. Streikbewegungen und kollektives Bewußtsein deutscher Handwerksgesellen im 18. Jahrhundert, Frankfurt a.M. usw. 1981.

Griewank, Karl, Friedrich Wilhelm Held und der vulgäre Liberalismus und Radikalismus in Leipzig und Berlin 1842-49, Rostock 1922.

Ders., Vulgärer Radikalismus und demokratische Bewegung in Berlin 1842-1848, in: FBPG Bd. 36/1924, S. 14-38.

Ders., Deutsche Studenten und Universitäten in der Revolution von 1848, Weimar 1849.

Ders., Der neuzeitliche Revolutionsbegriff. Entstehung und Entwicklung, aus dem Nachlaß hg. von Ingeborg Horn-Staiger, Frankfurt a.M. 1969[2].

Ders., Ursachen und Folgen des Scheiterns der deutschen Revolution von 1848, in: Langewiesche (Hg.), Deutsche Revolution, S. 59-90.

Grünthal, Günther, Bemerkungen zur Kamarilla Friedrich Wilhelms IV. im nachmärzlichen Preußen, in: JbGMO 36/1987, S. 39-47.

Ders., Das preußische Drei-Klassen-Wahlrecht. Ein Beitrag zur Genesis und Funktion des Wahlrechtsoktrois vom Mai 1849, in: HZ Bd. 226/1978, S. 17-66.

Ders. Zwischen König, Kabinett und Kamarilla. Der Verfassungsoktroi in Preußen vom 5. 12. 1848, in: JbGMO Bd. 32/1983, S. 119-174.

Ders., Parlamentarismus in Preußen 1848/49-1857/58, Düsseldorf 1982.

Grubitzsch, Helga/Cyrus, Hannelore/Haarbusch, Elke (Hg.), Grenzgängerinnen. Revolutionäre Frauen im 18. und 19. Jahrhundert, Düsseldorf 1985.

Grüttner, Michael, Die Kultur der Armut. Mobile Arbeiter während der Industrialisierung, in: Soziale Bewegungen. Geschichte und Theorie, Jahrbuch Bd. 3/1987: Armut und Ausgrenzung, S. 12-32.

Guenther, Horst (Hg.), Die französische Revolution. Berichte und Deutungen deutscher Schriftsteller und Historiker, Frankfurt a. M. 1989.

Gutzkow, Karl, Unter dem schwarzen Bären. Erlebtes 1811-1848, (1848) Berlin 1971.

Hachtmann, Rüdiger, „... die Autoritäten haben einen Knacks erhalten" – Anhalt in der Revolution von 1848, in: ders./Christian, Ziegler, Parlamentarismus in Anhalt I. Die anhaltischen Landtagsabgeordneten und die Abgeordneten zur Deutschen Nationalversammlung 1848-1851, Dessau 1996, S. 3-23.

Ders., Zwischen konservativer Beharrung und demokratisch-sozialistischer Utopie. Politische Einstellungen und Organisationsverhalten von Bürgertum, Mittelstand und Proletariat während der Berliner Revolution von 1848, in: Berlin in Geschichte und Gegenwart, 14. Jg./1995, S. 101-129.

Ders., Schauplatz Berlin, erscheint in: Christof Dipper/Ulrich Speck (Hg.), 1848. Revolution in Deutschland, München 1997.

Ders., „... mißverstandene politische Freiheit" – das Berliner Arbeitshaus im Jahre 1848, in: Berlin in Geschichte und Gegenwart, 11. Jg./1992, S. 63-82.

Ders., „... ein gerechtes Gericht Gottes" – Protestantismus und die Revolution von 1848: das Beispiel Berlin, in: AfS Bd.XXXVI/1996, S. 205-255.

Ders., „Rote Hauptstadt" und „schwarze Provinz": zum spannungsgeladenen Verhältnis zwischen dem demokratischen Berlin und seinen „Vororten" Charlottenburg, Spandau und Potsdam im Revolutionsjahr, erscheint in: Walter Schmidt (Hg.), Forschungen zum Vormärz und zur Revolution von 1848/49, Berlin 1998.

Ders., Die europäischen Hauptstädte in der Revolution von 1848, in: Dowe/Haupt/Langewiesche (Hg.), Europäische Revolutionen.

Ders., Berliner Juden und die Revolution von 1848, in: Reinhard Rürup (Hg.), Jüdische Geschichte in Berlin. Essays und Studien, Berlin 1995, S. 53-84.

Ders., Joseph Maria v. Radowitz (1797-1853) – ein in preußischem Boden verwurzelter deutscher Staatsmann, in: Sabine Freitag (Hg.), Die Achtundvierziger. Lebensbilder aus der deutschen Revolution 1848/49, München 1997, S. 250-261.

Ders., Vom Stand zur „Classe": Selbstverständnis und Sprachverhalten von Arbeitern und Gesellen, Unternehmern und Meistern in der Berliner Revolution von 1848, erscheint in: Christian Jansen/Thomas Mergel, Die Revolutionen von 1848/49 im Deutschen Bund. Heterogenität und Brüche in Revolutionsablauf und Revolutionserfahrung, Göttingen 1997.

Ders., Die sozialen Unterschichten in der großstädtischen Revolution von 1848. Berlin, Wien und Paris im Vergleich, in: Mieck/Voß/Möller (Hg.), Berlin und Paris, S. 107-136.

Haenchen, Karl, Aus den Briefen Nobilings an Prittwitz, in: FBPG Bd. 53/1941, S. 192-154.

Ders., Neue Briefe und Berichte aus den Berliner Märztagen 1848, in: FBPG Bd. 49/1937, S. 254-288.

Ders., Flucht und Rückkehr des Prinzen von Preußen im Jahre 1848, in: HZ Bd. 154/1936, S. 32-95.

Ders., Aus dem Nachlaß des Generals v. Prittwitz, in: FBPG Bd. 45/1933, S. 99-123.

Ders., Der Quellenwert der Nobilingschen Aufzeichnungen über die Berliner Märzrevolution, in: FBPG Bd. 52/1940, S. 321-339.

Ders., Zur revolutionären Unterwühlung Berlins vor den Märztagen 1848, in: FBPG Bd. 55/1944, S. 83-114.

Ders. (Hg.), Revolutionsbriefe 1848. Ungedrucktes aus dem Nachlaß König Friedrich Wilhelms IV. von Preußen, Leipzig 1930.

Häusler, Wolfgang, Demokratie und Emanzipation 1848, in: ders. (Hg.), Studia Judaica Austriaca, Bd.I, S. 92-111.

Ders., Von der Massenarmut zur Arbeiterbewegung. Demokratie und soziale Frage in der Wiener Revolution von 1848, München 1979.

Ders., Konfessionelle Probleme in der Wiener Revolution von 1848, in: ders. (Hg.), Studia Judaica Austriaca, Bd.I, S. 64-77.

Ders., Soziale Protestbewegungen in der bürgerlich-demokratischen Revolution der Habsburgermonarchie 1848, in: Reinalter (Hg.), Protestbewegungen, S. 327-359.

Ders. (Hg.), Studia Judaica Austriaca, Bd.I: Das Judentum im Revolutionsjahr 1848, Wien 1974.

Hahn, Hans-Hennig, Polen am Horizont preußischer und deutscher Politik im neunzehnten Jahrhundert, in: JbGMO Bd. 35/1986, S. 1-19.

Ders., Das europäische Staatensystem in der Revolution von 1848, in: Jaworski/Luft (Hg.), 1848/49. Revolutionen in Ostmitteleuropa, S. 331-342.

Haltern, Utz, Bürgerliche Gesellschaft. Sozialtheoretische und sozialhistorische Aspekte, Darmstadt 1985.

Hamburger, Ernest, Juden im öffentlichen Leben Deutschlands. Regierungsmitglieder, Beamte und Parlamentarier in der monarchischen Zeit 1848-1918, Tübingen 1968.

Hansen, Eckehard/Heisig, Michael/Leibfried, Stephan/Tennstedt, Florian, Seit über einem Jahrhundert ...: Verschüttete Alternativen in der Sozialpolitik, Köln 1981.

Hansen, Joseph (Hg.), Rheinische Briefe und Akten zur politischen Bewegung, Bd. 2. 2: April-Dezember 1848, bearb. von Heinz Boberach, Köln/Bonn 1976.

Hardtwig, Wolfgang, Nationalismus und Bürgerkultur in Deutschland 1500-1914. Ausgewählte Aufsätze, Göttingen 1994.

Ders., Die Revolution 1848/49 in Berlin im Vergleich, in: Wolfgang Ribbe/Jürgen Schmädikke (Hg.), Berlin im Europa der Neuzeit, Berlin/New York 1990, S. 85-97; überarbeitet und ergänzt in: ders., Nationalismus, S. 149-164.

Ders., Strukturmerkmale und Entwicklungstendenzen des Vereinswesens in Deutschland 1789-1848, in: Dann (Hg.), Vereinswesen, S. 11-50.

Ders., Vormärz. Der monarchische Staat und das Bürgertum, München 1985.

Ders./Brandt, Harm-Hinrich (Hg.), Deutschlands Weg in die Moderne. Politik, Gesellschaft und Kultur im 19. Jahrhundert, München 1993.

Harnack, Adolf v., Geschichte der Königlichen Preußischen Akademie zu Berlin, Bd.I. 2: Vom Tode Friedrich's des Großen bis zur Gegenwart, Berlin 1900 (ND 1970).

Harnisch, Hartmut, Aus den Papieren des Grafen Arnim-Boitzenburg. Zur Widerspiegelung der Revolution von 1848/49 im Briefnachlaß eines Junkers, in: ZfG 22. Jg./1974, S. 539-555.

Hartwig, Helmut/Riha, Karl, Politische Ästhetik und Öffentlichkeit. 1848 im Spaltungsprozeß des historischen Bewußtseins, Gießen 1974.

Hase, Karl v., Kirchengeschichte auf der Grundlage akademischer Vorlesungen, Teil III, 2. Abtheilung, Leipzig 1897[2].

Hassel, Paul, Joseph Maria v. Radowitz, Bd.1, Berlin 1905.

Hauch, Gabriella, Blumenkranz und Selbstbewaffnung. Frauenengagement in der Wiener Revolution 1848, in: Gubitzsch u.a. (Hg.), Grenzgängerinnen, S. 93-133.

Dies., Frau Biedermann auf den Barrikaden. Frauenleben in der Wiener Revolution 1848, Wien 1990.

Haunfelder, Bernd, Biographisches Handbuch für das preußische Abgeordnetenhaus 1849-1867, Düsseldorf 1994.

Hausen, Karin, Die Polarisierung der „Geschlechtscharaktere". Eine Spiegelung der Dissoziation von Erwerbs- und Familienleben, in: Heidi Rosenbaum (Hg.), Seminar: Familie und Gesellschaftsstruktur. Materialien zu den sozioökonomischen Bedingungen von Familienformen, Frankfurt a. M. 1978, S. 161-191.

Heer, Georg, Geschichte der deutschen Burschenschaft, Bd. 3: Die Zeit des Progresses von 1833 bis 1859, Heidelberg 1929.

Heine, Heinrich, Französische Zustände, in: ders., Werke in fünf Bänden, Bd. 4, hg. von Helmut Holtzhauer, Berlin/Weimar 1986[17], S. 5-185.

Heinrich, Gerd, Geschichte Preußens. Staat und Dynastie, Frankfurt a. M. usw. 1981.

Ders., Einleitung zu: Prittwitz, Berlin 1848.

Helbach, Hans-Peter, Berlin Unternehmer in Vormärz und Revolution 1847-1848. Eine Trägerschicht der Frühindustrialisierung als neue politische Kraft, in: Büsch (Hg.), Untersuchungen zur Geschichte der Industrialisierung, S. 416-454.

Held, Friedrich Wilhelm, Die Contre-Revolution oder die Auflösung der National-Versammlung, Berlin 1849.

Herrmann, Alfred, Berliner Demokraten. Ein Buch der Erinnerung an das Jahr 1848, Berlin 1948.

Herzfeld, Hans (Hg.), Berlin und die Provinz Brandenburg im 19. und 20. Jahrhundert, Berlin 1968.

Hettling, Manfred, 1848 – Illusion einer Revolution, in: ders. (Hg.), Revolution in Deutschland? 1789-1989, Göttingen 1991, S. 27-45.

Ders., Das Begräbnis der Märzgefallenen 1848 in Berlin, in: ders./Paul Nolte (Hg.), Bürgerliche Feste, Göttingen 1993, S. 95-123.

Ders., Bürger oder Soldaten? Kriegerdenkmäler 1848-1854, in: Reinhart Koselleck, Michael Jeismann (Hg.), Der politische Totenkult. Kriegerdenkmäler der Moderne, München 1994, S. 147-193.

Ders., Bürgertum und Revolution 1848 – ein Widerspruch, in: Puhle (Hg.), Bürger in der Gesellschaft der Neuzeit, S. 210-223.

Ders., Reform ohne Revolution. Bürokratie und kommunale Selbstverwaltung in Württemberg von 1800 bis 1850, Göttingen 1990.

Heuss, Theodor, 1848. Werk und Erbe, Stuttgart 1948.

Hintze, Otto, Die Epochen des evangelischen Kirchenregiments in Preußen, in: HZ Bd. 97/1906, S. 67-118.

Hippel, Wolfgang v., Der Mannheimer Gesellenverein und seine Auflösung (1844/47). Ein Beitrag zum Vereinswesen in der Zeit des Vormärz, in: Hans Fenske u. a. (Hg.), Historia integra. Fs. für Erich Hassinger zum 70. Geburtstag, Berlin 1977, S. 219-244.

Ders. (Hg.), Freiheit, Gleichheit, Brüderlichkeit? Die französische Revolution im deutschen Urteil, München 1989.

Hodenberg, Christina v., Die Partei der Unparteiischen. Der Liberalismus der preußischen Richterschaft 1815-1848/49, Göttingen 1995.

Hoetzsch, Otto (Hg.), Peter v. Meyendorff. Ein russischer Diplomat an den Höfen von Berlin und Wien. Politischer und privater Briefwechsel 1826-1863, Bd. II, Berlin/Leipzig 1923.

Hoffmann, C(arl) W(ilhelm), Die Wohnungen der Arbeiter und Armen, 1. Heft: Die Berliner Gemeinütige Bau-Gesellschaft, Berlin 1852.

Hofmann, Jürgen, Das Ministerium Camphausen-Hansemann. Zur Politik der preußischen Bourgeoisie in der Revolution 1848/49, Berlin 1981.

Ders., Ludolf Camphausen. Erster bürgerlicher Ministerpräsident in Preußen, in: Obermann (Hg.), Männer der Revolution, Bd. 2, S. 442-448.

Hofmann, Wolfgang, Preußische Stadtverordnetenversammlungen als Repräsentativ-Organe, in: Jürgen Reulecke (Hg.), Die deutsche Stadt im Industriezeitalter, Wuppertal 1980^2, S. 31-56.

Hohenlohe-Ingelfingen, Prinz Kraft zu, Aufzeichnungen aus meinem Leben. Bd.1: Vom Revolutionsjahr 1848 bis zum Ende des Kommandos in Wien, Berlin 1897.

Homburg, Heidrun, Kleingewerbe in den Hauptstädten Paris – Berlin. Wirtschaftliche Rahmenbedingungen und konjunkturelle Entwicklung im Vorfeld der Revolution von 1848 – eine Skizze, in: Mieck/Möller/Voß (Hg.), Berlin und Paris, S. 137-152.

Homrichhausen, Christian, Evangelische Pfarrer in Deutschland, in: Conze/Kocka (Hg.), Bildungsbürgertum im 19. Jahrhundert, I, S. 248-278.

Hoppe, Ruth/Kuczynski, Jürgen, Eine Berufs- bzw. auch Schichten- und Klassenanalyse der Märzgefallenen in Berlin, in: JbG Bd. 4/1964, S. 200-276.

Huber, Ernst Rudolf, Deutsche Verfassungsgeschichte, Bd. 2: Der Kampf um Einheit und Freiheit 1830 bis 1850, Stuttgart usw. 1975[2].

Ders. (Hg.), Dokumente zur deutschen Verfassungsgeschichte, Bd.1, Stuttgart usw. 1978[3].

Huber, Ernst Rudolf/Huber, Wolfgang (Hg.), Staat und Kirche im 19. und 20. Jahrhundert. Dokumente zur Geschichte des deutschen Staatskirchenrechts, Bd. 1: Staat und Kirche vom Ausgang des alten Reichs bis zum Vorabend der bürgerlichen Revolution, Berlin 1973.

Huerkamp, Claudia, Ärzte und Professionalisierung in Deutschland. Überlegungen zum Wandel des Ärzteberufs im 19. Jahrhundert, in: GG 6. Jg./1980, S. 349-360.

Dies., Der Aufstieg der Ärzte im 19. Jahrhundert. Vom gelehrten Stand zum professionellen Experten: Das Beispiel Preußens, Göttingen 1985.

Hummel, Karl-Joseph, München in der Revolution von 1848/49, Göttingen 1987.

Hummel-Haasis, Gerlinde (Hg.), ‚Schwestern, zerreißt eure Ketten‘. Zeugnisse zur Geschichte der Frauen in der Revolution von 1848/49, München 1982.

Husung, Hans-Gerd, Eisenbahnarbeiter im Vormärz, in: Langewiesche/Schönhoven (Hg.), Arbeiter in Deutschland, S. 209-220.

Instructions-Buch für die Schutzmannschaft von Berlin, hg. vom königl. Polizei-Präsidium zu Berlin, Berlin 1852.

Jacobsen, Jakob, Die Judenbürgerbücher der Stadt Berlin, Berlin 1962.

Jacoby, Johann, Briefwechsel 1816-1849, hg. von Edmund Silberner, Hannover 1978.

Jahn, Peter, Russophilie und Konservativismus. Die russische Literatur in der deutschen Öffentlichkeit 1831-1852, Stuttgart 1980.

Jahrbuch für die amtliche Statistik des preußischen Staats, hg. vom königlichen statistischen Bureau, Jg. I: Berlin 1863; Jg. II: Berlin 1867.

Jany, Curt, Die königlich preußische Armee und das deutsche Reichsheer 1807 bis 1914, Bd. 4, Berlin 1933.

Jarausch, Konrad, The Sources of German Student Unrest 1815-1848, in: Lawrence Stone (Hg.), The University in Society, Bd. II: Europe, Scotland, and the United States from the 16th to the 20th Century, Princeton 1974, S. 533-567.

Ders., Deutsche Studenten 1800-1970, Frankfurt a. M. 1984.

Jaworski, Rudolf/Luft, Robert (Hg.), 1848/49. Revolutionen in Ostmitteleuropa, München 1996.

Jeismann, Karl-Ernst/Lundgreen, Peter (Hg.), Handbuch der deutschen Bildungsgeschichte, Bd. III: 1800-1870, München 1987.

Jersch-Wenzel, Stefi, Jüdische Bürger und kommunale Selbstverwaltung in preußischen Städten 1808-1848, Berlin 1967.

Dies., Die Lage von Minderheiten, in: Wehler (Hg.), Sozialgeschichte heute, S. 365-387.

Jessen, Hans (Hg.), Die deutsche Revolution 1848/49 in Augenzeugenberichten, Düsseldorf 1968.

Jonas, F., Zur Erinnerung an den Prediger Ludwig Jonas, Berlin 1880.

Jordan, Erich, Die Entstehung der konservativen Partei und die preußischen Agrarverhältnisse von 1848, München/Leipzig 1914.

Jung, Georg, Die Reactionäre. Was sie wollen. Was für Leute dazu gehören. An welchen Redensarten man sie erkennt. Ein Handbuch für das Volk, Berlin 1849.

Kaeber, Ernst, Beiträge zur Berliner Geschichte. Ausgewählte Aufsätze, Berlin 1964.

Ders., Berlin 1848. Zur Hundertjahrfeier der Märzrevolution, Berlin 1948.

Ders., Bodelschwingh und die Berliner Märzrevolution, in: ders., Beiträge zur Berliner Geschichte, S. 160-180.

Ders., Zur Entstehung von Wolffs Berliner Revolutionschronik, in: FBPG Bd. 27/1914, S. 196-202.

Ders., Vormärzlicher Liberalismus in Berlin, in: ders., Beiträge zur Berliner Geschichte, S. 144-159.

Ders., Die Oberbürgermeister Berlins seit der Steinschen Städteordnung, in: JbVGB (= Der Bär von Berlin) 2. Jg./1952, S. 53-114.

Kaelble, Hartmut, Berliner Unternehmer während der frühen Industrialisierung, Berlin/New York 1972.

Ders., Kommunalverwaltung und Unternehmer in Berlin während der frühen Industrialisierung, in: Büsch (Hg.), Untersuchungen zur Geschichte der frühen Industrialisierung, S. 371-415.

Kaiser Friedrich III., Tagebücher 1848-1866, hg. von Otto Meisner, Leipzig 1929.

Karbe, Karl-Heinz, Zur Geschichte des Berliner Gesundheitspflegevereins der deutschen Arbeiterverbrüderung, in: Deutsches Gesundheitswesen, 28. Jg./1973 (H. 34), S. 1621-1625 bzw. (H. 46), S. 2204-2208.

Kaschuba, Wolfgang, Deutsche Bürgerlichkeit um 1800. Kultur als symbolische Praxis, in: Kocka (Hg.), Bürgertum im 19. Jahrhundert, Bd. 3, S. 9-44.

Ders., Vom Gesellenkampf zum sozialen Protest. Zur Erfahrungs- und Konfliktdisposition von Gesellen-Arbeitern in den Vormärz- und Revolutionsjahren, in: Engelhardt (Hg.), Handwerker in der Industrialisierung, S. 381-406.

Ders., Lebenswelt und Kultur der unterbürgerlichen Schichten im 19. und 20. Jahrhundert, München 1990.

Ders., Volkskultur zwischen feudaler und bürgerlicher Gesellschaft. Zur Geschichte eines Begriffs und seiner gesellschaftlichen Wirklichkeit, Frankfurt a. M./New York 1988.

Ders./Lipp, Carola, 1848 – Provinz und Revolution. Kultureller Wandel und soziale Bewegung im Königreich Württemberg, Tübingen 1979.

Dies., Revolutionskultur 1848. Einige (volkskundliche) Anmerkungen zu den Erfahrungsräumen und Aktionsformen antifeudaler Volksbewegung in Württemberg, in: Zeitschrift für württembergische Geschichte 39. Jg./1980, S. 141-164.

Keller, Mechthild, Es teilen sich die Geister. Pressestimmen von den Karlsbader Beschlüssen bis zur Reichsgründung, in: dies. (Hg.), Russen und Rußland aus deutscher Sicht, S. 751-767.

Dies. (Hg.), Russen und Rußland aus deutscher Sicht. 19. Jahrhundert: Von der Jahrhundertwende bis zur Reichsgründung (1800-1871), München 1992.

Kerchner, Brigitte, Beruf und Geschlecht. Frauenberufsverbände in Deutschland 1848-1908, Göttingen 1992.

Kettig, Konrad, Gemeinsinn und Mitverantwortung. Beiträge zur Geschichte der Berliner Stadtverordnetenversammlung, in: Der Bär von Berlin 12. Jg./1963, S. 7-27.

Kieniewicz, Stefan, 1848 in Polen, in: Stuke/Forstmann (Hg.), Europäische Revolutionen von 1848, S. 162-172.

Klein, Tim (Hg.), 1848. Der Vorkampf deutscher Einheit und Freiheit. Erinnerungen, Urkunden, Berichte, Briefe, Leipzig 1914.

Kliem, Manfred, Berliner Ereignisse vom März/April 1849 und die Vorgeschichte des Untergangs der ‚Neuen Rheinischen Zeitung', in: Berliner Geschichte 10/1989, S. 39-49.

Ders., Genesis der Führungskräfte der feudalmilitaristischen Konterrevolution 1848 in Preußen, Berlin 1960.

Ders., Die Rolle der feudaljunkerlichen Reaktion in der Revolution von 1848/49, in: ZfG 17. Jg./1969, S. 310-330.

Kober, Adolf, Jews in the Revolution of 1848 in Germany, in: Jewish Social Studies, Vol. X/1948, S. 135-164.

Kobylinski, Hanna, Die französische Revolution als Problem in Deutschland 1840-1848, Berlin 1933.

Koch, Rainer, Demokratie und Staat bei Julius Fröbel: 1805-1893. Liberales Denken zwischen Naturrecht und Sozialdarwinismus, Wiesbaden 1978.

Koch, Ursula E., La Presse et son public à Paris et à Berlin (1848/49). Une étude exploratoire, in: Mieck/Möller/Voß (Hg.), Berlin und Paris, S. 19-78.

Kochhann, Heinrich Eduard, Mitteilungen, Bd. III: Aus den Jahren 1839-1848, Bd. IV: Aus den Jahren 1848-1863, Berlin 1906.

Kocka, Jürgen, Arbeiterbewegung in der Bürgergesellschaft. Überlegungen zum deutschen Fall, in: GG 20. Jg./1994, S. 487-497.

Ders., Arbeitsverhältnisse und Arbeiterexistenzen. Grundlagen der Klassenbildung im 19. Jahrhundert, Bonn 1990.

Ders., Bürgertum und Bürgerlichkeit als Problem der deutschen Geschichte vom späten 18. Jahrhundert bis zum frühen 20. Jahrhundert, in: ders. (Hg.), Bürger und Bürgerlichkeit, S. 21-63.

Ders., Bürgertum und bürgerliche Gesellschaft im 19. Jahrhundert. Europäische Entwicklungen und deutsche Eigenarten, Einleitung zu: ders. (Hg.), Bürgertum im 19. Jahrhundert, S. 11-76.

Ders., Lohnarbeit und Klassenbildung. Arbeiter und Arbeiterbewegung in Deutschland 1800-1875, Berlin/Bonn 1983.

Ders., Obrigkeitsstaat und Bürgerlichkeit. Zur Geschichte des deutschen Bürgertums im 19. Jahrhundert, in: Hardtwig/Brandt (Hg.), Deutschlands Weg in die Moderne, S. 107-121.

Ders., Sozialgeschichte. Begriff, Entwicklung, Probleme, Göttingen 1986^2.

Ders., Stand – Klasse – Organisation. Strukturen sozialer Ungleichheit in Deutschland vom späten 18. bis zum frühen zwanzigsten Jahrhundert, in: Wehler (Hg.), Klassen in der europäischen Sozialgeschichte, S. 137-165.

Ders., Weder Stand noch Klasse. Unterschichten um 1800, Bonn 1990.

Ders., Traditionsbindung und Klassenbildung. Zum sozialhistorischen Ort der frühen deutschen Arbeiterbewegung, in: HZ Bd. 243/1986, S. 333-376.

Ders. (Hg.), Bürger und Bürgerlichkeit im 19. Jahrhundert, Göttingen 1987.

Ders. (Hg.), Bürgertum im 19. Jahrhundert. Deutschland im europäischen Vergleich, 3 Bde., München 1988.

König, Helmut (Hg.), Programme zur bürgerlichen Nationalerziehung in der Revolution von 1848/49, Berlin 1971.

Köpke, Rudolf, Kleine Schriften zur Geschichte, Politik und Literatur, hg. von F. G. Kiessling, Berlin 1872.

Koner, Wilhelm David, Gelehrtes Berlin im Jahre 1845. Verzeichniß im Jahre 1845 in Berlin lebender Schriftsteller und ihrer Werke, Berlin 1846 (ND Leipzig 1973).

Die Korporation der Kaufmannschaft von Berlin. Festschrift zum 100jährigen Bestehen am 2. III. 1920, Berlin 1920.

Koselleck, Reinhard, Preußen zwischen Reform und Revolution. Allgemeines Landrecht, Verwaltung und soziale Bewegung zwischen 1791 und 1848, München 1989 (EA 1967).

Ders., Revolution, Rebellion, Aufruhr, Bürgerkrieg, in: Geschichtliche Grundbegriffe, Bd. 5, S. 653-788.

Ders., Staat und Gesellschaft in Preußen 1815-1848, in: Conze (Hg.), Staat und Gesellschaft im deutschen Vormärz, S. 79-112.

Koser, Reinhold, Friedrich Wilhelm IV. am Vorabend der Märzrevolution, in: HZ Bd. 83/1899, S. 43-84.

Koszyk, Kurt, Deutsche Presse im 19. Jahrhundert, Berlin 1966.

Kotsch, Detlef, Potsdam. Die preußische Garnisonstadt, Braunschweig 1992.

Kramer, Wolfgang, Ernst Wilhelm Hengstenberg, die Evangelische Kirchenzeitung und der theologische Rationalismus, Erlangen/Nürnberg 1972.

Kraus, Hans Christof, Leopold v. Gerlach. Ein Rußlandanwalt, in: Keller (Hg.), Russen und Rußland aus deutscher Sicht. 19. Jahrhundert, S. 636-661.

Ders., Ernst Ludwig v. Gerlach, 2 Bde., Göttingen 1994.

Ders., Das preußische Königtum Friedrich Wilhelms IV. aus der Sicht Ernst Ludwig von Gerlachs, in: JbGMO Bd. 36/1987, S. 48-93.

Krauß, Erich, Ernst v. Bülow-Cummerow, ein konservativer Landwirt und Politiker des 19. Jahrhunderts, Berlin 1937.

Kroll, Frank-Lothar, Friedrich Wilhelm IV. und das Staatsdenken der deutschen Romantiker, Berlin 1990.

Ders., Politische Romantik und romantische Politik bei Friedrich Wilhelm IV., in: JbGMO Bd. 36/1987, S. 94-106.

Krummacher, Friedrich Wilhelm, Eine Selbstbiographie, Berlin 1869.

Kuczynski, Jürgen, Die Lage der Arbeiter in Deutschland, Bd. 1: 1789-1849, Berlin 1961.

Kügelgen, Wilhelm v., Lebenserinnerungen des alten Mannes in Briefen an seinen Bruder Gerhard 1840-1867, Leipzig 1925.

Kuhlemann, Frank-Michael, Modernisierung und Disziplinierung. Sozialgeschichte des preußischen Volksschulwesens 1794-1872, Göttingen 1992.

Kuhr, Julius, Denkwürdigkeiten aus dem Revolutionsjahr 1848 mit seinen Folgen bis 1874 nach den Tagebuchblättern eigener Erlebnisse wahrheitsgemäß zusammengestellt, 2 Bde, Berlin 1877.

Kupisch, Karl, Zwischen Idealismus und Massendemokratie. Eine Geschichte der evangelischen Kirche in Deutschland 1815-1945, Berlin 1948.

Kutzsch, Gerhard, Berlins Bürgermeister 1808-1933, in: Der Bär von Berlin 25. Jg./1976, S. 7-29.

Ders., Friedrich Wilhelm IV. und Carl Wilhelm Saegert, in: JbGMO Bd. 6/1957, S. 133-172.

Langer, William L., Das Muster der städtischen Revolution von 1848, in: Stuke/Volkmann (Hg.), Europäische Revolutionen, S.46-69.

Langewiesche, Dieter, Europa zwischen Restauration und Revolution 1815-1849, München 1985.

Ders., ,Fortschritt', Tradition' und ,Reaktion' nach der französischen Revolution bis zur Revolution von 1848, in: Jochen Schmidt (Hg.), Aufklärung und Gegenaufklärung in der europäischen Literatur, Philosophie und Politik. Von der Antike bis zur Gegenwart, Darmstadt 1989, S. 446-458.

Ders., Kommentar „Konstituierungsfaktoren des Bürgertums", in: Gall (Hg.), Stadt und Bürgertum, S. 229-236.

Ders., Liberalismus in Deutschland, Frankfurt a.M. 1988.

Ders., Republik, konstitutionelle Monarchie und ,Soziale Frage'. Grundprobleme der deutschen Revolution von 1848/49, in: ders. (Hg.), Deutsche Revolution, S. 341-361.

Ders., Die deutsche Revolution von 1848/49 und die vorrevolutionäre Gesellschaft: Forschungsstand und Forschungsperspektiven (Teil I), in: AfS Bd. XXI/1981, S. 458-498.

Ders., Die deutsche Revolution von 1848/49 und die vorrevolutionäre Gesellschaft: Forschungsstand und Forschungsperspektiven (Teil II), in: AfS Bd.XXXI/1991, S. 331-443.

Ders., „Revolution von oben"? Krieg und Nationalstaatsgründung in Deutschland, in: ders. (Hg.), Revolution und Krieg, S. 117-133.

Ders., Vereins- und Parteibildung in der Revolution von 1848/49. Ein Diskussionsbeitrag, in: Dann (Hg.), Vereinswesen, S. 51-53.

Ders., Wege zur Revolution, in: Borst (Hg.), Aufruhr und Entsagung, S. 428-443.

Ders./Schönhoven, Klaus (Hg.), Arbeiter in Deutschland. Studien zur Lebensweise der Arbeiterschaft im Zeitalter der Industrialisierung, Paderborn 1981.

Ders. (Hg.), Liberalismus im 19. Jahrhundert. Deutschland im europäischen Vergleich, Göttingen 1988.

Ders. (Hg.), Die deutsche Revolution von 1848/49, Darmstadt 1983.

Ders. (Hg.), Revolution und Krieg. Zur Dynamik historischen Wandels seit dem 18. Jahrhundert, Paderborn 1989.

LaVopa, Anthony J., Prussian Schoolteachers. Profession and Office 1763-1848, Chapel Hill 1980.

Berlinische Lebensbilder, hg. von Wolfgang Ribbe, Bd. 2: Mediziner, Berlin 1987; Bd. 5: Theologen, Berlin 1990; Bd. 6: Techniker, Berlin 1990; Bd. 7: Stadtoberhäupter. Biographien Berliner Bürgermeister im 19. und 20. Jahrhundert, Berlin 1992.

Lenger, Friedrich, Zwischen Kleinbürgertum und Proletariat. Studien zur Sozialgeschichte der Düsseldorfer Handwerker 1816-1878, Göttingen 1986.

Ders., Sozialgeschichte der deutschen Handwerker seit 1800, Frankfurt a. M. 1988.

Lenz, Max, Bismarcks Plan einer Gegenrevolution im März 1848, Berlin 1930.

Ders., Geschichte der Königlichen Friedrich-Wilhelms-Universität zu Berlin, Bd.2. 2: Auf dem Wege zur deutschen Einheit im Neuen Reich; Bd. 3: Wissenschaftliche Anstalten, Spruchkollegium, Statistik, Halle a. S. 1910/18.

Lepsius, M. Rainer, Das Bildungsbürgertum als ständische Vergesellschaftung, in: ders. (Hg.), Bildungsbürgertum im 19. Jahrhundert, III, S. 9-18.

Ders. (Hg.), Bildungsbürgertum im 19. Jahrhundert. Teil III: Lebensführung und ständische Vergesellschaftung, Stuttgart 1992.

Ders., Demokratie in Deutschland, Göttingen 1993.

Lerche, Otto, Die Berliner Synode von 1848/49, in: JBBKG 38. Jg./1963, S. 142-176.

Lewald, Fanny, Erinnerungen aus dem Jahre 1848, 2 Bde., Braunschweig 1850.

Lewis, Oscar, The Culture of Poverty, in: John T. LePaske/Sydney Nettleton Fisher (Hg.), Exposive Forces in Latin America, Ohio State 1964, S. 149-173.

Ders., Einleitung zu: ders., Die Kinder von Sanchez. Selbstporträt einer mexikanischen Familie, Düsseldorf/Wien 1963, S. 9-33.

Liebchen, Günter, Zu den Lebensbedingungen der unteren Schichten im Berlin des Vormärz. Eine Betrachtung an Hand von Mietpreisentwicklung und Wohnverhältnissen, in: Büsch (Hg.), Untersuchungen zur Geschichte der frühen Industrialisierung, S. 271-314.

Liebeschütz, Hans/Paucker, Arnold (Hg.), Das Judentum in der deutschen Umwelt 1800-1850. Studien zur Frühgeschichte der Emanzipation, Tübingen 1977.

Lipp, Carola, Bräute, Mütter, Gefährtinnen – Frauen und politische Öffentlichkeit in der Revolution 1848, in: Grubitzsch u.a. (Hg.), Grenzgängerinnen, S. 71-92.

Dies., Frauen und Öffentlichkeit. Möglichkeiten und Grenzen politischer Partizipation im Vormärz und in der Revolution 1848, in: dies. (Hg.), Schimpfende Weiber, S. 270-307.

Dies., Frauen auf der Straße. Strukturen weiblicher Öffentlichkeit im Unterschichtsmilieu, in: dies. (Hg.), Schimpfende Weiber, S. 16-24.

Dies., „Ein Hoch auf Schwabens Frauen." Württembergerinnen im Vormärz und in der Revolution von 1848, in: Borst (Hg.), Aufruhr und Entsagung, S. 188-219.

Dies., Katzenmusiken, Krawalle und ‚Weiberrevolution'. Frauen im politischen Protest der Revolutionsjahre, in: dies. (Hg.), Schimpfende Weiber, S. 112-130.

Dies., Liebe, Krieg und Revolution. Geschlechterbeziehung und Nationalismus, in: dies. (Hg.), Schimpfende Weiber, S. 353-384.

Dies., „Fleißige Weibsleut" und „liederliche Dirnen". Arbeits- und Lebensperspektiven von Unterschichtsfrauen, in: dies. (Hg.), Schimpfende Weiber, S. 25-55.

Dies. (Hg.), Schimpfende Weiber und patriotische Jungfrauen. Frauen im Vormärz und in der Revolution 1848/49, Bühl-Moos 1986.

Liszkowski, Uwe, Rußland und die Revolution von 1848/49. Prinzipien und Interessen, in: Jaworski/Luft (Hg.), 1848/49. Revolutionen in Ostmitteleuropa, S. 343-369.

Löhken, Wilfried, Die Revolution 1848. Berlinerinnen und Berliner auf den Barrikaden, Berlin 1991.

Lönnendonker, Siegward, Heldenschloß und Arbeitshaus. Die preußische Universität 1810-1848, in: Boberg u.a. (Hg.), Exerzierfeld der Moderne, S. 38-43.

Lüchow, Christian, Die Organisation der Arbeit und deren Ausführbarkeit, Berlin 1848.

Lüders, Gustav, Die demokratische Bewegung in Berlin im Oktober 1848, Berlin/Leipzig 1909.

Lüdtke, Alf, ‚Gemeinwohl', Polizei und ‚Festungspraxis'. Staatliche Gewaltsamkeit und innere Verwaltung in Preußen 1815-1850, Göttingen 1982.

Luettichau, Philipp Graf, Erinnerungen aus dem Straßenkampfe, den das Füsilierbataillon des 8. Infanterie-Regiments am 18. März in Berlin zu bestehen hatte, und die Vorgänge bis zum Abmarsch desselben am 19. vormittags 11 Uhr, Berlin 1849.

Lutz, Heinrich, Zwischen Habsburg und Preußen. Deutschland 1815 bis 1866; Berlin 1985.

Die Berliner Maerz-Revolution. Eine genaue und zusammenhängende Darstellung derselben von ihrem ersten Ursprung an, hg. von Mitkämpfern und Augenzeugen, Berlin 1848.

Makowski, Krsysztof, Das Großherzogtum Posen im Revolutionsjahr, in: Jaworski/Luft (Hg.), 1848/49. Revolutionen in Ostmitteleuropa, S. 149-172.

Mann, Bernhard (Bearb.), Biographisches Handbuch für das preußische Abgeordnetenhaus 1867-1918, Düsseldorf 1988.

Manteuffel, Otto v., Unter Friedrich Wilhelm IV. Denkwürdigkeiten des Freiherrn Otto v. Manteuffel, Bd. 1: 1848-1851, hg. von Heinrich v. Poschinger, Berlin 1901.

Marquardt, Frederick D., Sozialer Aufstieg, sozialer Abstieg und die Entstehung der Berliner Arbeiterklasse 1806-1848, in: GG 1. Jg./1975, S. 43-77.

Ders., A Working Class in Berlin in the 1840's?, in: Wehler (Hg.), Sozialgeschichte heute, S. 191-210.

Martino, Alberto, Die deutsche Leihbibliothek. Geschichte einer literarischen Institution (1756-1914), Wiesbaden 1990.

Marcks, Erich, Kaiser Wilhelm I., Leipzig 1897.

Marx, Karl/Engels, Friedrich, Werke, Bde.1, 3-8, 21, 42, Berlin 1969-1973.

Matthiesen, Donald J., Die Fraktionen der preußischen Nationalversammlung, in: Konrad H. Jarausch (Hg.), Quantifizierung in der Geschichtswissenschaft. Probleme und Möglichkeiten, Düsseldorf 1976, S. 149-167.

Mayer, Georg P., Revolutionstheorien heute. Ein kritischer Überblick in historischer Absicht, in: Wehler (Hg.), 200 Jahre amerikanische Revolution, S. 122-176.

Mehring, Franz, Gesammelte Schriften, Bd.1 (Geschichte der deutschen Sozialdemokratie, 1. Teil: Von der Julirevolution bis zum preußischen Verfassungsstreite 1830 bis 1863); Bd. 7 (Aufsätze zur deutschen Geschichte von der Revolution 1848/49 bis zum Ende des 19. Jahrhunderts), Berlin 1980[3] bzw.[5].

Meinecke, Friedrich, 1848 – eine Säkularbetrachtung, Berlin 1948.

Ders., Friedrich Wilhelm IV. und Deutschland, in: HZ Bd. 89/1902, S. 17-53.

Ders., Radowitz und die deutsche Revolution, Berlin 1913.

Messerschmidt, Manfred, Die preußische Armee, in: Militärgeschichtliches Forschungsamt (Hg.), Handbuch zur deutschen Militärgeschichte, Bd. 2, Abschnitt IV, Teil 2, Herrsching 1983, (EA München 1975) S. 10-225.

Ders., Die preußische Armee während der Revolution in Berlin 1848, in: ders., Militärgeschichtliche Aspekte der Entwicklung des deutschen Nationalstaates, Düsseldorf 1988, S. 47-63.

Ders., Die politische Geschichte der preußisch-deutschen Armee, in: Militärgeschichtliches Forschungsamt (Hg.), Militärgeschichtliches Handbuch, Bd. 2, Abschnitt IV, Teil 1, Herrsching 1983 (EA München 1975), S. 9-380.

Metternich-Winneburg, Fürst Richard (Hg.), Aus Metternichs nachgelassenen Papieren, Teil II, Bd. 5, Wien 1883.

Meyer, Dora, Das öffentliche Leben in Berlin im Jahr vor der Märzrevolution, Berlin 1912.

Meyer, Folkert, Schule der Untertanen. Lehrer und Politik in Preußen 1848-1900, Hamburg 1976.

Meyerinck, Hubert v., Die Straßenkämpfe in Berlin während der Berliner Märztage 1848, Berlin 1891.

Michael, Berthold/Schepp, Heinz-Hermann (Hg.), Politik und Schule von der Französischen Revolution bis zur Gegenwart. Eine Quellensammlung zum Verhältnis von Gesellschaft, Schule und Staat im 19. und 20. Jahrhundert, Bd. 1, Frankfurt a.M. 1973.

Michalsky, Oliver, Zur Geschichte der kleinbürgerlich-demokratischen Zeitung ‚Berliner Zeitungs-Halle' in Vormärz und Revolution, in: Theorie und Praxis des sozialistischen Journalismus, 16. Jg./1988, S. 273-278, 339-345.

Mieck, Ilja, Von der Reformzeit zur Revolution (1806-1847), in: Ribbe (Hg.), Geschichte Berlins, Bd. 1, S. 407-602.

Ders./Möller, Horst/Voß, Jürgen (Hg.), Revolution 1848 in Berlin und Paris, Sigmaringen 1995.

Möhrmann, Renate, Die andere Frau. Emanzipationsansätze deutscher Schriftstellerinnen im Vorfeld der Achtundvierziger-Revolution, Stuttgart 1977.

Dies. (Hg.), Frauenemanzipation im deutschen Vormärz. Texte und Dokumente, Stuttgart 1978.

Möring, Walter (Hg.), Radowitz, Josef Maria v., Nachgelassene Briefe und Aufzeichnungen zur Geschichte der Jahre 1848-1853, o. O. 1922 (ND Osnabrück 1967).

Mohrmann, Elli, David Hansemann, in: Obermann (Hg.), Männer der Revolution, Bd. 1, S. 417-439.

Moldenhauer, Rüdiger, Die Petitionen aus der Stadt Berlin an die deutschen Nationalversammlung 1848/49, in: Archiv für Frankfurts Geschichte und Kunst, Heft 54/1974, S. 209-235.

Mommsen, Wilhelm, Größe und Versagen des deutschen Bürgertums. Ein Beitrag zur Geschichte der Jahre 1848-1849, Stuttgart 1948.

Mommsen, Wolfgang J., Der deutsche Liberalismus zwischen ‚klassenloser Gesellschaft' und ‚organisiertem Kapitalismus, in: GG 4. Jg./1978, S. 77 ff.

Mosse, Werner/Paucker, Arnold/Rürup, Reinhard (Hg.), Revolution and Evolution. 1848 in German-Jewish History, Tübingen 1981.

Müller, Detlef K., Sozialstruktur und Schulsystem. Aspekte zum Strukturwandel des Schulwesens im 19. Jahrhundert, Göttingen 1977.

Müller, Harald, Friedrich Ernst Heinrich von Wrangel. General der Konterrevolution, in: Obermann (Hg.), Männer der Revolution, Bd. 2, S. 513-536.

Ders., Max Dortu und die Revolution, in: Sigrid Grabner/Knut Kiesant (Hg.), 1000 Jahre Potsdam. Das Buch zum Stadtjubiläum, Berlin 1992, S. 112-115.

Müller, Hans-Heinrich/Müller, Harald, Brandenburg als preußische Provinz. Das 19. Jahrhundert bis 1871, in: Ingo Materna/Wolfgang Ribbe (Hg.), Brandenburgische Geschichte, Berlin 1995, S. 395-502.

Müller, Walther R.H. (Hg.), Briefe eines Augenzeugen der Berliner Märztage, in: ZfG 2. Jg./1954, S. 315-320.

Mumm, Hans-Martin, Der Heidelberger Arbeiterverein 1848/49, Heidelberg 1988.

Ders., „Freiheit ist das, was wir – nicht haben." Jüdinnen und Juden in der Revolution von 1848, in: ders./Norbert Giovannini/Jo-Hannes Bauer (Hg.), Jüdisches Leben in Heidelberg, Heidelberg 1992, S. 61-105.

Nawrocki, Stanislaw, Die revolutionären Ereignisse im Großherzogtum Posen und Westpreußen in der Revolution 1848-1849, in: Deutsche und Polen 1848-1849, S. 27-44.

Neef, Helmut, Vier Tage rote Fahnen in den Straßen von Paris. Die Kämpfe des Pariser Proletariats 1848 in der deutschsprachigen Presse, Berlin 1983.

Nipperdey, Thomas, Deutsche Geschichte 1800-1866. Bürgerwelt und starker Staat, München 1983 (Zitierweise: Nipperdey, Bürgerwelt).

Ders., Gesellschaft, Kultur, Theorie. Gesammelte Aufsätze zur neueren Geschichte, Göttingen 1976.

Ders., Kritik oder Objektivität? Zur Beurteilung der Revolution von 1848, in: ders., Gesellschaft, Kultur, Theorie, S. 259-278.

Ders., Verein als soziale Struktur in Deutschland im späten 18. und frühen 19. Jahrhundert. Eine Fallstudie zur Modernisierung I, in: ders., Gesellschaft, Kultur, Theorie, S. 174-205.

Ders., Volksschule und Revolution im Vormärz. Eine Fallstudie zur Modernisierung II, in: ders., Gesellschaft, Kultur, Theorie, S. 206-227.

Nobiling, Carl Philipp, Die Berliner Bürgerwehr in den Tagen vom 19. März bis 7. April 1848. Ein unfreiwilliger Beitrag zur Geschichte der Märzereignisse, Berlin 1852.

Obenaus, Herbert, Anfänge des Parlamentarismus in Preußen bis 1848, Düsseldorf 1984.

Obermann, Karl, Die deutschen Arbeiter in der Revolution von 1848, Berlin 1953.

Ders., Wirtschafts- und sozialpolitische Aspekte der Krise von 1845-1847 in Deutschland, insbes. in Preußen, in: JbG 7. Jg./1972, S. 141-174.

Ders., Zur Klassenstruktur und sozialen Lage der Bevölkerung in Preußen 1846 bis 1849. Die Einkommensverhältnisse in Gewerbe und Industrie, in: JbW 1973/Teil II, S. 79-120.

Ders., Gustav Adolf Schlöffel, in: ders. (Hg.), Männer der Revolution, Bd. 1, S. 191-215.

Ders., Die Berliner Universität am Vorabend und während der Revolution von 1848, in: Willi Gröber/Friedrich Herneck (Hg.), Forschen und Wirken. Festschrift zur 150-Jahr-Feier der Humboldt-Universität zu Berlin 1810-1960, Bd. 1: Beiträge zur wissenschaftlichen und politischen Entwicklung der Universität, Berlin 1960, S. 165-201.

Ders., Die Wahlen zur Frankfurter Nationalversammlung im Frühjahr 1848. Die Wahlvorgänge in den Staaten des deutschen Bundes im Spiegel zeitgenössischer Quellen, Berlin 1987.

Ders. (Hg.), Einheit und Freiheit. Die deutsche Geschichte von 1815 bis 1849 in zeitgenössischen Dokumenten, Berlin 1950.

Ders. (Hg.), Flugblätter der Revolution. Eine Flugblattsammlung zur Geschichte der Revolution in Deutschland, Berlin 1970.

Ders. u.a. (Hg.), Männer der Revolution, 2 Bde., Berlin 1987.

Offermann, Toni, Preußischer Liberalismus zwischen Revolution und Reichsgründung im regionalen Vergleich. Berliner und Kölner Fortschrittsliberalismus in der Konfliktzeit, in: Langewiesche (Hg.), Liberalismus im 19. Jahrhundert, S.109-135.

Oncken, Hermann, Zur Genesis der preußischen Revolution von 1848, in: ders., Historisch-politische Aufsätze und Reden, Bd.2, München/Berlin 1914, S.1-34.

Orr, William J., König Friedrich Wilhelm IV. und der Sturz des Ministeriums Auerswald-Hansemann, in: JbMGO Bd. 25/1976, S. 124-144.

Ders., The Foundation of the Kreuzzeitungs Party in Prussia 1848-1850, Wisconsin 1971.

Oschilewski, Walther G., Die Märztage 1848 von Berlin, Berlin 1948.

Ders., An der Wiege der deutschen Arbeiterbewegung. Stephan Born in Berlin, in: JbVGB (= Der Bär von Berlin) 2. Jg./1952, S. 143-160.

Ders., Zeitungen in Berlin 1848/49. Geburt einer demokratischen Presse, in: Der Bär von Berlin 24. Jg./1975, S. 58-71.

Ders., Zeitungen in Berlin. Im Spiegel der Jahrhunderts, Berlin 1975.

Pahlmann, Manfred, Anfänge des städtischen Parlamentarismus in Deutschland. Die Wahlen zur Berliner Stadtverordnetenversammlung unter der preußischen Städteordnung von 1808, Berlin 1997.

Ders., Das Wahlverhalten der Berliner Bürger unter der preußischen Städteordnung vom 19. November 1808, in: Meier, Brigitte/Helga Schultz (Hg.), Die Wiederkehr des Stadtbürgers. Städtereformen im europäischen Vergleich 1750 bis 1850, Berlin 1994, S. 189-214.

Paletschek, Sylvia, Frauen und Dissens. Frauen im Deutschkatholizismus und in den freien Gemeinden 1841-1852, Göttingen 1990.

Dies., Religiöser Dissens um 1848: Das Zusammenspiel von Klasse, Geschlecht und anderen Differenzierungslinien, in: GG 18. Jg./1992, S. 161-178.

Paschen, Joachim, Demokratische Vereine und preußischer Staat. Entwicklung und Unterdrückung der demokratischen Bewegung während der Revolution von 1848/49, München 1977.

Pazi, Margarita, Fanny Lewald – das Echo der Revolution in ihren Schriften, in: Grab/Schoeps (Hg.), Juden im Vormärz und in der Revolution, S. 233-271.

Peikert, Ingrid, Zur Geschichte der Kindheit im 18. und 19. Jahrhundert. Einige Entwicklungstendenzen, in: Heinz Reif (Hg.), Die Familie in der Geschichte, Göttingen 1982, S. 114-136.

Personen und Zustände Berlins seit dem 18. März 1848. Ein Beitrag zur künftigen Geschichte Preußens, 1. Heft, Leipzig 1849.

Pfannstiel, Margot, Der Lokomotivkönig. Berliner Bilder aus der Zeit August Borsigs, Berlin 1987.

Pöls, Werner (Hg.), Deutsche Sozialgeschichte 1815-1870. Ein historisches Lesebuch, München 1973.

Pokiser, Arno, Zur Funktion der städtischen Armenfürsorge des Berliner Magistrats in der ersten Hälfte des 19. Jahrhunderts. Ein Beitrag zur Berliner Sozialgeschichte (Ms.), Berlin 1987.

Ders., Die Städtische Armendirektion der Berliner Magistrats in der ersten Hälfte des 19. Jahrhunderts, in: Berliner Geschichte 9/1988, S. 34-46.

(Autorenkollektiv unter der Leitung von Manfred Uhlemann und Otto Rückert), Potsdam, Berlin 1986.

Pretzel, Carl Louis Albert, Geschichte des Deutschen Lehrervereins in den ersten fünfzig Jahren seines Bestehens, Leipzig 1921.

Price, Roger, 1848. Kleine Geschichte der europäischen Revolutionen, Berlin 1992.

Ders., The French Second Republic. A Social History, London 1972.

Ders. (Hg.), Revolution and Reaction. 1848 and the Second French Republic, London 1975.

Der Prinz von Preußen und die Berliner Revolution, Berlin 1848.

Prittwitz, Karl Ludwig v., Berlin 1848. Das Erinnerungswerk des Generalleutnants Karl Ludwig v. Prittwitz und andere Quellen zur Berliner Märzrevolution und zur Geschichte Preußens um die Mitte des 19. Jahrhunderts, bearb. und hg. von Gerd Heinrich, Berlin 1985.

Proklamationen, Erlasse und Ordres Sr. Majestät des Königs Friedrich Wilhelm IV., Berlin 1851.

Puhle, Hans-Jürgen (Hg.), Bürger in der Gesellschaft der Neuzeit. Wirtschaft – Politik – Kultur, Göttingen 1991.

Quarck, Max, Die erste deutsche Arbeiterbewegung. Geschichte der Arbeiterverbrüderung 1848/49, Leipzig 1924 (ND Glashütten/Ts. 1970).

Rachel, Hugo, Das Berliner Wirtschaftsleben im Zeitalter des Frühkapitalismus, Berlin 1931.

Ders./Wallich Paul, Berliner Großkaufleute und Kapitalisten, 3 Bde., neu hg. von Johannes Schultze u. a., Berlin 1967.

Rachfahl, Felix, Deutschland, König Friedrich Wilhelm IV. und die Berliner Märzrevolution, Halle 1901.

Ders., König Friedrich Wilhelm IV. und die Berliner Märzrevolution im Lichte neuer Quellen, in: Preuß. Jb., Bd. 110/1902, S. 264-309, 413-462.

Ders., Zur Berliner Märzrevolution, in: FBPG Bd. 17/1904, S. 193-236.

Radowitz, Josef Maria v., Gesammelte Schriften, Bd. 4, Berlin 1853.

Radtke, Wolfgang, Armut in Berlin. Die sozialpolitischen Ansätze Christian v. Rothers und der Königlichen Seehandlung im vormärzlichen Preußen, Berlin 1993.

Ders., Preußische Seehandlung zwischen Staat und Wirtschaft in der Frühphase der Industrialisierung, Berlin 1981.

Ranke, Leopold v. (Hg.), Aus dem Briefwechsel Friedrich Wilhelms IV. mit Bunsen, Leipzig 1873.

Reinalter, Helmut (Hg.), Demokratische und soziale Protestbewegungen in Mitteleuropa 1815-1848/49, Frankfurt a. M. 1986.

Reiter, Herbert, Politisches Asyl im 19. Jahrhundert. Die deutschen politischen Flüchtlinge des Vormärz und der Revolution von 1848/49 in Europa und den USA, Berlin 1992.

Reith, Reinhold, Lohn- und Kostkonflikte im deutschen Handwerk des 18. Jahrhunderts, in: Gailus/Volkmann (Hg.), Kampf ums tägliche Brot, S. 85-106.

Rellstab, Ludwig, Zwei Gespräche mit S.M. dem Könige Friedrich Wilhelm IV., Berlin 1849.

Reulecke, Jürgen, Die Anfänge der organisierten Sozialreform in Deutschland, in: Bruch, Rüdiger v. (Hg.), Weder Kapitalismus noch Kommunismus. Bürgerliche Sozialreform in Deutschland vom Vormärz bis zur Ära Adenauer, München 1985, S. 21-59.

Ders., Stadtbürgertum und bürgerliche Sozialreform im 19. Jahrhundert in Preußen, in: Gall (Hg.), Stadt und Bürgertum, S. 171-197.

Ders., Sozialer Friede durch soziale Reform. Der Centralverein für das Wohl der arbeitenden Klassen in der Frühindustrialisierung, Wuppertal 1983.

Ribbe, Wolfgang (Hg.), Berlin-Forschungen 3, Berlin 1988.

Ders. (Hg.), Geschichte Berlins, 2 Bde., München 1987.

Richarz, Monika, Der Eintritt der Juden in die akademischen Berufe. Jüdische Studenten und Akademiker in Deutschland 1678-1848, Tübingen 1974.

Richter, Günther, Friedrich Wilhelm IV. und die Revolution von 1848, in: JbGMO Bd. 36/1987, S. 107-131.

Ders., Zwischen Revolution und Reichsgründung (1848-1870), in: Ribbe (Hg.), Geschichte Berlins, Bd. 2, S. 605-687.

Riedel, Manfred, Bürger, in: Geschichtliche Grundbegriffe, Bd. 1, S. 672-725.

Rimpler, Otto, Die Berliner Bürgerwehr im Jahre 1848, von ihrer Organisation am 19. März bis zu ihrer Auflösung am 11. November, bearb. von H. Schaffert, Brandenburg a. H. 1883.

Roerdansz, Albert, Gefangene Berliner auf dem Transport nach Spandau am Morgen des 19. März 1848. Protocollarische Aussagen und eigene Berichte von 91 Betheiligten als Beitrag zur Geschichte der Berliner Märzkämpfer, Berlin 1848.

Rogalla v. Bieberstein, Johannes, Die These von der Verschwörung 1776-1945. Philosophen, Freimaurer, Juden, Liberale und Sozialisten als Verschwörer gegen die Sozialordnung, Frankfurt a. M. usw. 1978.

Rogger, Franziska, „Wir helfen uns selbst!" Die kollektive Selbsthilfe der Arbeiterverbrüderung 1848/49 und die individuelle Selbsthilfe Stephan Borns – Borns Leben, Entwicklung und seine Rezeption der zeitgenössischen Lehren, Erlangen 1986.

Rohrbacher, Stefan, Gewalt im Biedermeier. Antijüdische Ausschreitungen in Vormärz und Revolution (1815-1848/49), Frankfurt a. M./New York 1993.

Roon, Waldemar Graf v., Denkwürdigkeiten aus dem Leben des Generalfeldmarschalls Kriegsministers Graf v. Roon. Sammlung von Briefen, Schriftstücken und Erinnerungen, Bd. 1, Breslau 1892[3].

Rosenberg, Hans, Theologischer Rationalismus und vormärzlicher Vulgärliberalismus, in: ders., Politische Denkströmungen im deutschen Vormärz, Göttingen 1972, S. 18-50.

Rosenplenter, Katharina, Eine Rotte von Bösewichtern, in: Ribbe (Hg.), Berlin-Forschungen 3, S. 43-51.

Rürup, Reinhard, Deutschland im 19. Jahrhundert 1815-1871, Göttingen 1984.

Ders., European Revolutions of 1848 and the Jewish Emancipation, in: Werner E. Mosse u.a. (Hg.), Revolution and Evolution 1848 in German-Jewish History, Tübingen 1982, S.1-53.

Ders., Emanzipation und Antisemitismus. Studien zur ‚Judenfrage' der bürgerlichen Gesellschaft, Frankfurt a. M. 1987 (EA 1975).

Ders., Die Emanzipation der Juden und die verzögerte Öffnung der juristischen Berufe, in: Helmut Heinrichs u. a. (Hg.), Deutsche Juristen jüdischer Herkunft, München 1993, S. 1-25.

Rumpel, Sabine, „Thäterinnen der Liebe". Frauen in Wohlthätigkeitsvereinen, in: Lipp (Hg.), Schimpfende Weiber, S. 206-231.

Sagave, Pierre Paul, Berlin und Frankreich 1685-1871, Berlin 1980.

Ders., 1848: Ateliers nationaux à Paris et travaux d'utilité publique à Berlin, in: Mieck/Möller/Voß (Hg.), Berlin und Paris, S. 153-160.

Saß, Friedrich, Berlin in seiner neuesten Zeit und Entwicklung, Leipzig 1846 (ND Berlin 1983).

Satlow, Bernt, Die Revolution von 1848. Die Kirche und die soziale Frage, in: Wirth (Hg.), Beiträge zur Berliner Kirchengeschichte, S. 177-196.

Savigny, Karl Friedrich v., Briefe, Akten, Aufzeichnungen aus dem Nachlaß eines preußischen Diplomaten der Reichsgründungszeit, Teil I, hg. von Willy Real, Boppard 1981.

Scarpa, Ludovica, Gemeinwohl und lokale Macht. Honoratioren und Armenwesen in der Berliner Luisenstadt im 19. Jahrhundert, Berlin 1995.

Schasler, Max, Über ein halbes Jahrhundert. Erinnerungsbilder aus dem Leben eines alten Burschenschaftlers, Jena 1895.

Schatten, Lore, Louis Schneider. Porträt eines Berliners, in: Der Bär von Berlin 8. Jg./1959, S. 116-141.

Scheiger, Brigitte, Juden in Berlin, in: Steffi Jersch-Wenzel/Barbara John (Hg.), Von Zuwanderern zu Einheimischen. Hugenotten, Juden, Böhmen, Polen in Berlin, Berlin 1990, S. 158-488.

Scheuner, Ulrich, Staatliche Verbandsbildung und Verbandsaufsicht in Deutschland im 19. Jahrundert, in: Gesellschaftliche Strukturen als Verfassungsproblem, S. 97-121.

Schieder, Theodor, Das Problem der Revolution im 19. Jahrhundert, in: HZ Bd. 170/1950, S. 233-271.

Schieder, Wolfgang, 1848/49: Die ungewollte Revolution, in: Carola Stern/Heinrich August Winkler (Hg.), Wendepunkte deutscher Geschichte 1848-1945, Frankfurt a. M. 1980, S. 13-35.

Ders., Die Rolle der deutschen Arbeiter in der Revolution von 1848/49, in: Langewiesche (Hg.), Deutsche Revolution, S. 322-340.

Schiffer, Eugen, Rudolf von Gneist, Berlin 1929.

Schivelbusch, Wolfgang, Geschichte der Eisenbahnreise. Zur Industrialisierung von Raum und Zeit im 19. Jahrhundert, Frankfurt a. M. 1979.

Schlechte, Horst (Hg.), Die Allgemeine Deutsche Arbeiterverbrüderung 1848-1850. Dokumente des Zentralkomitees für die deutschen Arbeiter in Leipzig, Weimar 1979.

Aus den Papieren der Familie v. Schleinitz, hg. von Fedor v. Zobelitz, Berlin 1905.

Schmidt, Paul, Die ersten 50 Jahre der Kgl. Schutzmannschaft zu Berlin, Berlin 1898.

Schmidt, Walter (Hg.), Der Auftakt der deutschen Arbeiterbewegung. Beiträge zur ersten Periode ihrer Geschichte 1836-1852, Berlin 1987.

Ders., Arbeiterverbrüderung, soziale Emanzipation und nationale Identität 1848/49, in: BZG 36. Jg./1994/2, S. 20-36.

Schnabel, Franz, Deutsche Geschichte im 19. Jahrhundert, Bd.4: Die religiösen Kräfte, Freiburg 1955³.

Schneider, Louis, Aus meinem Leben, Bd. 2, Berlin 1879.

Schoeps, Hans Joachim, Preußen. Geschichte eines Staates, Berlin 1966.

Ders., Das andere Preußen. Konservative Gestalten und Probleme im Zeitalter Friedrich Wilhelms IV., Stuttgart 1964³.

Ders., Der Weg ins deutsche Kaiserreich, Berlin 1970.

Schoeps, Julius H., Bürgerliche Aufklärung und Freiheitsdenken. A. Bernstein in seiner Zeit, Stuttgart/Bonn 1992.

Ders., Die Märzrevolution 1848 im Spiegel des Briefwechsels zwischen Moritz Steinschneider und Auguste Auerbach, in: TAJB Bd. XIV/1985, S. 333-347.

Schubert, Ernst, Die evangelische Predigt im Revolutionsjahr 1848. Ein Beitrag zur Geschichte der Predigt wie zum Problem der Zeitpredigt, Gießen 1913.

Schultz, Helga, Berlin 1650-1800. Sozialgeschichte einer Residenz, Berlin 1987.

Schultze, Johannes (Hg.), Kaiser Wilhelm I. Briefe an Politiker und Staatsmänner, Bd. 1: 1830-1853, Berlin 1930.

Ders. (Hg.), Kaiser Wilhelm I. Briefe an seine Schwester Alexandrine und deren Sohn Erzherzog Friedrich Franz II., Leipzig 1927.

Ders., Prinz Wilhelm im Sommer 1848. Briefe an den Ministerpräsidenten Rudolf v. Auerswald, in: FBPG Bd. 39/1927, S. 123-133.

(Schulz, Karl Gustav), Die Berliner Märztage. Vom militärischen Standpunkt aus geschildert, Berlin 1850².

Schwarz, Klaus, Die Verluste der preußischen Armee in der Berliner Märzrevolution 1848. Eine Bestandsaufnahme, in: Der Bär von Berlin 13. Jg./1964, S. 50-67.

Schweinitz, Hans Lothar v., Denkwürdigkeiten des Botschafters General v. Schweinitz, Bd. 1, Berlin 1927.

Schwentker, Wolfgang, Konservative Vereine und Revolution in Preußen 1848/49. Die Konstituierung des Konservativismus als Partei, Düsseldorf 1988.

Seliger, Maren/Ucakar, Karl, Wien. Politische Geschichte 1740-1934. Entwicklung und Bestimmung großstädtischer Politik, Teil I: 1740-1934, Wien/München 1985.

Seyppel, Marcel, Die demokratische Gesellschaft in Köln 1848/49. Städtische Gesellschaft und Parteientstehung während der bürgerlichen Revolution, Köln 1992.

Sheehan, James J., Der deutsche Liberalismus. Von den Anfängen im 18. Jahrhundert bis zum Ersten Weltkrieg 1770-1914, München 1983.

Ders., Partei, Volk, and State. Some Reflections on the Relationship between Liberal Thought an Action in Vormärz, in: Wehler (Hg.), Sozialgeschichte heute, S. 162-174.

Siebeneicker, Arnulf, Die Porzellanmanufaktur Schumann in Moabit (1834-1880) [ms. Magisterarbeit], Berlin 1992.

Siemann, Wolfram, „Deutschlands Ruhe, Sicherheit und Ordnung". Die Anfänge der politischen Polizei 1806-1866, Tübingen 1985.

Ders., Gesellschaft im Umbruch. Deutschland 1849-1871, Frankfurt a. M. 1990.

Ders., Ideenschmuggel. Probleme der Meinungskontrolle und das Los der deutschen Zensoren im 19. Jahrhundert, in: HZ Bd. 245/1987, S. 71-106.

Ders., Die evangelischen Kirchen und ihre Stellung zur Revolution von 1848/49, in: Die evangelischen Kirchen und die Revolution von 1848, Neustadt/Aisch 1993, S. 3-16.

Ders., Normenwandel auf dem Weg zur ‚modernen' Zensur. Zwischen „Aufklärungspolizei", Literaturkritik und politischer Repression (1789-1848), in: John A. McCarthy/Werner v.d. Ohe (Hg.), Zwischen Weimarer Klassik und Weimarer Republik, mit einem Ausblick bis heute, Tübingen 1995, S.63-86.

Ders., Soziale Protestbewegungen in der deutschen Revolution von 1848/49, in: Reinalter (Hg.), Protestbewegungen, S.305-326.

Ders., Die deutsche Revolution von 1848/49, Frankfurt a.M. 1985.

Ders., Vom Staatenbund zum Nationalstaat. Deutschland 1806-1871, München 1995.

Ders., Wandel der Politik – Wandel der Staatsgewalt. Der Deutsche Bund in der Spannung zwischen „Gesammt-Macht" und völkerrechtlichem Verein", in: Helmut Rumpler (Hg.), Deutscher Bund und deutsche Frage 1815-1866, München 1990, S. 59-73.

Ders. (Hg.), Der ‚Polizeiverein' deutscher Staaten. Eine Dokumentation zur Überwachung der Öffentlichkeit nach der Revolution 1848/49, Tübingen 1983.

Siemens, Werner v., Lebenserinnerungen, Berlin 1938[13].

Simon, Manfred, Handwerk in Krise und Umbruch. Wirtschaftliche Forderungen und sozialpolitische Vorstellungen der Handwerksmeister im Revolutionsjahr 1848/49, Köln usw. 1983.

Skopp, Douglas R., Auf der untersten Sprosse: Der Volksschullehrer als „Semi-Professional" im Deutschland des 19. Jahrhunderts, in: GG 6. Jg./1980, S. 383-402.

Spree, Reinhard, Die Wachstumszyklen der deutschen Wirtschaft von 1840 bis 1880, mit einem konjunkturstatistischen Anhang, Berlin 1977.

Ders./Bergmann, Jürgen, Die konjunkturelle Entwicklung der deutschen Wirtschaft 1840-1864, in: Wehler (Hg.), Sozialgeschichte heute, S. 289-325.

Sperber, Jonathan, The European Revolutions 1848-1851. New Approaches to European History, Cambridge 1994.

Ders., Rhineland Radicals. The Demokratic Movement and the Revolution of 1848-1849, Princeton 1991.

Springer, Robert, Berlins Straßen, Kneipen und Clubs im Jahre 1848, Berlin 1850 (ND Leipzig 1985).

Stadelmann, Rudolf, Soziale und politische Geschichte der Revolution von 1848, München 1948.

Ders., Soziale Ursachen der Revolution von 1848, in: Wehler (Hg.), Moderne deutsche Sozialgeschichte, S.137-155.

Stahr, Adolf, Die preußische Revolution, Oldenburg 1851[2].

Stephan, Heinrich, Geschichte der Preußischen Post von ihrem Ursprunge bis auf die Gegenwart, Berlin 1859.

Stern, Alfred, Geschichte Europas seit den Verträgen von 1815 bis zum Frankfurter Frieden 1871, Bd. VII, Stuttgart/Berlin 1916.

Stern, Sigismund, Die Geschichte des deutschen Volkes in den Jahren 1848 und 1849, Berlin 1850.

Stollberg-Wernigerode, Otto Graf zu, Anton Graf zu Stolberg-Wernigerode. Ein Freund und Ratgeber Friedrich Wilhelms IV., München/Berlin 1926.

Stolz, Gerd, Die schleswig-holsteinische Erhebung. Die nationale Auseinandersetzung in und um Schleswig-Holstein von 1848/51, Husum 1996.

Streckfuß, Adolph, Die Organisation der Volkspartei in Berlin, Berlin 1849.

Ders., 500 Jahre Berliner Geschichte. Vom Fischerdorf zur Weltstadt, Berlin 1879[2]. (Zitierweise: Streckfuß, 500 Jahre.)

Ders., 500 Jahre Berliner Geschichte. Vom Fischerdorf zur Weltstadt. Geschichte und Sage. In gekürzter Darstellung und bis in die neueste Zeit fortgeführt von Dr. Leo Fernbach, Berlin 1900. (Zitierweise: Streckfuß/Fernbach, 500 Jahre.)

Ders. (unter dem Pseudonym: Adolf Carl), Das freie Preußen. Geschichte des Berliner Freiheitskampfes vom 18. März 1848 und seine Folgen, Bd. 1: Vom 18. März bis 22. Mai, Bd. 2: Vom 22. Mai bis 5. Dezember, Berlin 1849.

Streiter, Karl Heink, Die nationalen Beziehungen im Großherzogtum Posen (1815-1848), Bern usw. 1985.

Gesellschaftliche Strukturen als Verfassungsproblem. Intermediäre Gewalten, Assoziationen, öffentliche Körperschaften im 18. und 19. Jahrhundert, Berlin 1978.

Stübig, Heinz, Das Militär als Bildungsfaktor, in: Jeismann/Lundgreen (Hg.), Handbuch der dt. Bildungsgeschichte, III, S. 362-377.

Stürmer, Michael, 1848 in der deutschen Geschichte, in: Wehler (Hg.), Sozialgeschichte heute, S. 228-242.

Stuke, Horst/Forstmann, Wilfried (Hg.), Die europäischen Revolutionen von 1848, Königstein/Ts. 1979.

Sybel, Heinrich v., Aus den Berliner Märztagen 1848, in: HZ Bd. 63/1889, S. 428-453.

Szarota, Tomasz, Berlin in den Augen der Polen (1789-1939). Ein Beitrag zum Stereotyp des Deutschen, in: Berlin in Geschichte und Gegenwart 13. Jg./1994, S. 7-40.

Temme, Jodocus Deodatus Hubertus, Augenzeugenberichte der deutschen Revolution 1848/49. Ein preußischer Richter als Vorkämpfer der Demokratie (Leipzig 1883), hg. von Michael Hettinger, Darmstadt 1996.

Tenfelde, Klaus/Volkmann, Heinrich (Hg.), Zur Geschichte des Arbeitskampfes in Deutschland während der Industrialisierung, München 1981.

Tenorth, Heinz-Elmar, Lehrerberuf und Lehrerbildung, in: Jeismann/Lundgreen (Hg.), Handbuch der dt. Bildungsgeschichte, III, S. 250-270.

Thamer, Hans-Ulrich, Emanzipation und Tradition. Zur Ideen- und Sozialgeschichte von Liberalismus und Handwerk in der ersten Hälfte des 19. Jahrhunderts, in: Wolfgang Schieder (Hg.), Liberalismus in der Gesellschaft des deutschen Vormärz, Göttingen 1983, S. 55-73.

Thielbeer, Heide, Universität und Politik in der deutschen Revolution von 1848, Bonn 1983.

Thimme, Friedrich, König Friedrich Wilhelm IV., General v. Prittwitz und die Berliner Märzrevolution, in: FBPG Bd. 16/1903, S. 545-582.

Thompson, Edward P., Die ‚moralische Ökonomie‘ der englischen Unterschichten im 18. Jahrhundert, in: ders., Plebejische Kultur und moralische Ökonomie. Aufsätze zur englischen Sozialgeschichte des 18. und 19. Jahrhunderts, hg. von Dieter Groh, Frankfurt a. M. usw. 1980, S. 67-130.

Tilly, Charles/Lees, Lynn H., The People of June, 1848, in: Price (Hg.), Revolution and Reaction, S. 170-209.

Todt, Elisabeth/Radandt, Hans, Zur Frühgeschichte der deutschen Gewerkschaftsbewegung 1800-1849, Berlin 1950.

Toury, Jacob, Der Eintritt der Juden ins deutsche Bürgertum, in: Liebeschütz/Paucker (Hg.), Judentum, S. 139-242.

Ders., Soziale und politische Geschichte der Juden in Deutschland 1847-1871, Düsseldorf 1977.

Ders., Die politischen Orientierungen der Juden in Deutschland. Von Jena bis Weimar, Tübingen 1966.

Ders., Die Revolution von 1848 als innerjüdischer Wendepunkt, in: Liebeschütz/Paucker (Hg.), Judentum, S. 139-242.

Townsend, Mary Lee, Humor als Hochverrat. Albert Hopf und die Revolution 1848, Berlin 1988.

Dies., Wer war Lucie Lenz? Schlag nach im Kirchenbuch!, in: Archiv-Berichte der evangelischen Kirche in Berlin-Brandenburg 1994, H. 3, S. 99 f.

Treitschke, Heinrich v., Deutsche Geschichte im 19. Jahrhundert, hg. und ausgewählt von Veit Valentin, Bd. II, Berlin o. J. (1927).

Trox, Eckhard, Militärischer Konservativismus. Kriegervereine und „Militärpartei" in Preußen zwischen 1815 und 1848/49, Stuttgart 1990.

Trzeciakowski, Lech, Preußische Polenpolitik im Zeitalter der Aufstände (1830-1864), in: JbGMO Bd. 30/1981, S. 96-120.

Turner, R. Steven, Universitäten, in: Jeismann/Lundgreen (Hg.), Handbuch der dt. Bildungsgeschichte, III, S. 221-249.

Unruh, Victor v., Erfahrungen aus den letzten drei Jahren. Ein Beitrag zur Kritik des politischen Mittelpartei, Magdeburg 1851.

Ders., Erinnerungen aus dem Leben von Hans Victor v. Unruh, hg. von Heinrich v. Poschinger, Stuttgart 1895.

Ders., Skizzen zu Preußens neuester Geschichte, Magdeburg 1849.

Valentin, Veit, Geschichte der deutschen Revolution 1848-49, 2 Bde., Berlin 1930/31.

Varchmin, Friedrich Wilhelm v., Mehr Licht. Beiträge zur Geschichte des Berliner Straßenkampfes am 18. März 1848, Köttritz 1889.

Varnhagen v. Ense, Karl August, Kommentare zum Zeitgeschehen, hg. von Werner Greiling, Leipzig 1984.

Ders., Tagebücher, Bde. 3 bis 7, hg. von Ludmilla Assing, Leipzig 1862/63[2].

Verhandlungen des Ersten Vereinigten Landtags, bearb. von Eduard Bleich, 4 Bde., Berlin 1847 (ND Vaduz/Lichtenstein 1977).

Verhandlungen der deutschen constituirenden Versammlung zu Frankfurt am Main. Stenographische Berichte, hg. von Franz Wigard, 9 Bde., Frankfurt a. M. 1848/49.

Verhandlungen der Versammlung zur Vereinbarung der Preußischen Staats-Verfassung (Stenographische Protokolle), 3 Bde., Berlin 1848 (ND Vaduz/Lichtenstein 1986).

Virchow, Rudolf, Briefe an seine Eltern 1839-1864, hg. von Marie Rabl, geb. Virchow, Leipzig 1906.

Das Volk braucht Licht. Frauen zur Zeit des Aufbruchs 1790-1848 in ihren Briefen, Darmstadt/Zürich 1970.

Vorsteher, Dieter, Borsig. Eisengießerei und Maschinenbauanstalt zu Berlin, Berlin 1983.

Vossler, Otto, Die Revolution von 1848 in Deutschland, Frankfurt a.M. 1967[2] (EA 1948).

Waldersee, Eduard Graf v., Aus den Berliner Märztagen. Aufzeichnungen des Grafen Eduard v. Waldersee, hg. von Hermann v. Caemmerer, Berlin 1909.

Wallé, P., Die Theilnahme der Bauakademiker an den Vorgängen des Jahres 1848, in: MVGB 15. Jg./1898, Beilage, S. 11 f.

Weber, Max, Wirtschaft und Gesellschaft. Grundriß der verstehenden Soziologie, Tübingen 1972[5].

Weber, Rolf, Johann Jacoby, Köln 1988.

Ders. (Hg.), Revolutionsbriefe 1848/49, Frankfurt a.M. 1973.

Ders., Die Revolution in Sachsen 1848/49. Entwicklung und Analyse ihrer Triebkräfte, Berlin 1972.

Wegge, Hans, Die Stellung der Öffentlichkeit zur oktroyierten Verfassung und die preußische Parteibildung 1848/49, Berlin 1932.

Wehler, Hans-Ulrich, Deutsche Gesellschaftsgeschichte, Bd. 2: Von der Reformära zur industriellen und politischen ‚Deutschen Doppelrevolution‘ 1815-1848/49, Bd. 3: Von der ‚Deutschen Doppelrevolution‘ bis zum Beginn des ersten Weltkrieges 1849 - 1914, München 1987 bzw. 1995.

Ders., Vorüberlegungen zur historischen Analyse sozialer Ungleichheit, in: ders. (Hg.), Klassen in der europäischen Sozialgeschichte, S. 9-32.

Ders., Die Geburtsstunde des deutschen Kleinbürgertums, in: Puhle (Hg.), Bürger in der Gesellschaft der Neuzeit, S.199-209.

Ders. (Hg.), Klassen in der europäischen Sozialgeschichte, Göttingen 1979.

Ders. (Hg.), Sozialgeschichte heute. Festschrift für Hans Rosenberg zum 70. Geburtstag, Göttingen 1974.

Ders. (Hg.), Moderne deutsche Sozialgeschichte, Köln/Berlin 1970.

Ders. (Hg.), 200 Jahre amerikanische Revolution und moderne Revolutionsforschung, Göttingen 1976.

Wehner, Gerd, Ludwig Karl Aegidi (1825-1901). Ein Lebensbild des ersten Pressesprechers im Deutschen Auswärtigen Amt, in: JbGMO Bd. 37/1988, S. 91-103.

Weichert, Friedrich, Die evangelische Kirchenpresse in Berlin. Ein Rückblick auf ihre Geschichte, in: Elm/Loock (Hg.), Seelsorge und Diakonie, S. 413-426.

Weigel, Sigrid, Flugschriftenliteratur 1848 in Berlin. Geschichte und Öffentlichkeit einer volkstümlichen Gattung, Hamburg 1977.

Weimann, Karin, Bevölkerungsentwicklung und Frühindustrialisierung in Berlin 1820-1850, in: Büsch (Hg.), Untersuchungen zur Geschichte der frühen Industrialisierung, S. 150-190.

Der Weißbierphilister und sein Begriff von der Freiheit. Ein burleskes Lebensbild, Berlin 1848.

Wendland, Walter, Siebenhundert Jahre Kirchengeschichte Berlins, Berlin/Leipzig 1930.

Wernicke, Kurt, Berliner Arbeiterpresse 1848. Periodika für Arbeiter und von Arbeitern im Berlin des Revolutionsjahres 1848, Berlin 1985.

Ders., Ludwig Bisky. Ein Berliner Arbeiterführer, in: Obermann (Hg.), Männer der Revolution, Bd. 2, S. 127-150.

Ders., Geschichte der revolutionären Berliner Arbeiterbewegung 1830-1849, Berlin 1978.

Ders., Kommunisten und politische Aktivisten in der Berliner Arbeiterbewegung vor, während und nach der Revolution von 1848/49, in: BZG 10. Jg./1968, S. 298-344.

Ders., Die ersten Berliner Kommunisten. Aus polizeilichen Ermittlungen, in: Bock (Hg.), Unzeit des Biedermeier, S. 266-276.

Ders., Tod auf der Barrikade. Die „Märzrevolution" in Berlin, in: ebd., S. 311-317.

Wettengel, Michael, Die Revolution von 1848/49 im Rhein-Main-Raum. Politische Vereine und Revolutionsalltag im Großherzogtum Hessen, Herzogtum Nassau und der freien Stadt Frankfurt, Wiesbaden 1989.

Wetzel, Jürgen, Julius Berends (1817-1891). Ein Kämpfer für Demokratie und soziale Gerechtigkeit, in: Der Bär von Berlin 27. Jg./1978, S. 41-49.

Ders., Heinrich Wilhelm Krausnick, in: Berlinische Lebensbilder, Bd. 7, S. 91-100.

Ders., Heinrich Wilhelm Krausnick und die Berliner Kommunalpolitik von 1834 bis 1862, in: Ders./Gerd Müller, „... taub für die Stimme der Zeit". Zwischen Königstreue und Bürgerinteressen. Berlins Oberbürgermeister H.W. Krausnick von 1834 bis 1862. Eine Ausstellung des Landesarchivs Berlin, Berlin 1985.

Ders., Franz Naunyn, in: Berlinische Lebensbilder, Bd. 7, S. 107-112.

Wilhelmy, Petra, Der Berliner Salon im 19. Jahrhundert (1780-1914), Berlin/New York 1989.

Wirsching, Andreas, Arbeiter und Arbeiterbewegung in Paris in vergleichender Perspektive, in: Mieck/Möller/Voß (Hg.), Berlin und Paris, S. 107-136.

Wirth, Günter (Hg.), Beiträge zur Berliner Kirchengeschichte, Berlin 1987.

Wiß, C., Der Magistrat von Berlin und der demokratische Klub. Ein Kampf auf offener Straße, aber ohne Piken, Berlin 1848.

Wittig, Gudrun, ‚Nicht nur im stillen Kreis des Hauses'. Frauenbewegung in Revolution und nachrevolutionärer Zeit 1848-1876, Hamburg 1986.

Wolff, Adolf, Berliner Revolutionschronik. Darstellung der Berliner Bewegungen im Jahre 1848 nach politischen, socialen und literarischen Beziehungen, 3 Bde., Berlin 1851-1854 (ND Leipzig 1979).

Wollstein Günther, Deutsche Geschichte 1848/49. Gescheiterte Revolution in Mitteleuropa, Stuttgart 1986.

Ders., Das „Großdeutschland" der Paulskirche. Nationale Ziele in der bürgerlichen Revolution 1848/49, Düsseldorf 1977.

Wunder, Bernd, Geschichte der Bürokratie in Deutschland, Frankfurt a.M. 1986.

Zernack, Klaus, Die Geschichte Preußens und das Problem der deutsch-polnischen Beziehungen, in: JbGO Bd. 83/1983, S. 28-49.

Zeller, Ursula, Die Frühzeit des politischen Bildplakats (1848-1918), Stuttgart 1987.

Zimmermann, Christian Wilhelm, Die Diebe von Berlin, Berlin 1847 (ND 1979).

Zobelitz, Fedor v. (Hg.), Aus den Papieren der Familie v. Schleinitz, Berlin 1905. (Zitierweise: Schleinitz, Papiere.)

Zuckermann, Mosche, Das Trauma des ‚Königsmordes'. Französische Revolution und deutsche Geschichtsschreibung im Vormärz, Frankfurt a. M. 1989.

Zunz, Leopold, Jude – Deutscher – Europäer. Ein jüdisches Gelehrtenschicksal im 19. Jahrhundert in Briefen an Freunde, hg. von Naham N. Glatzer, Tübingen 1964.

Zwahr, Hartmut, Zur Konstituierung des Proletariats als Klasse. Strukturuntersuchung über das Leipziger Proletariat während der industriellen Revolution, Berlin 1978.

Anhang

Kurzbiographien[1]

AEGIDI, LUDWIG (KARL JAMES); geb. am 10. April 1825 in Tilsit; gest. am 20. Nov. 1901 in Berlin. Sohn eines Arztes; Herbst 1842-1843 Studium der Rechte in Königsberg; 1843 wegen Teilnahme an einer Demonstration für Preßfreiheit der Universität verwiesen; 1843-1845 Fortsetzung des Studiums an der Universität Heidelberg; seit Sept. 1845 an der Universität Berlin; Burschenschaftler; schon als Student Mitarbeiter von Gervinus' ,Deutscher Zeitung'. *Seit Anfang 1848 einer der Repräsentanten der gemäßigt-konstitutionellen Strömung unter den Studenten der Berliner Friedrich-Wilhelm-Universität; trug am 21. März 1848 beim Umritt Friedrich Wilhelms IV. an der Spitze der Studenten die schwarz-rot-goldene Fahne; später aktives Mitglied im Konstitutionellen Klub Berlins; im Mai Repräsentant der gemäßigt konstitutionellen Strömung auf der studentischen Wartburgversammlung.* 23. März 1848 bis Dez. 1850 im Dienst des preuß. Innenministeriums; 1851 Prom. zum Dr. jur. in Göttingen; 1853 ebd. Habilitation; bis 1856 in Göttingen Privatdozent für Kirchen-, Staats- und Völkerrecht; 1857-1859 a. o. Prof. der Rechte in Erlangen; verfaßte seit 1859 im Auftrag der preuß. Regierung anti-österr. Schriften; 1859-1867 Prof., seit 1861 Rektor am Hamburger Akademischen Gymnasium; 1868-1871 o. Prof. in Bonn; Juni 1871-1877 Leiter des Presseamtes im Auswärtigen Amt; seit 1877 Honorar-Prof. für Staats-, Völker- und Kirchenrecht an der Universität Berlin; Mitbegründer des ,Dt. Nationalvereins' und der ,Freikonservativen Partei'; 1867/68 und 1873-1880 Mitglied des Preuß. Abgeordnetenhauses; 1867-1871 Mitglied des (Norddt.) Reichstags. Verfasser von ,Gegen die signatura temporis' (über die Revolution 1848 [1849]).

ASCHOFF, FRIEDRICH HEINRICH V.; geb. 1789; gest. 1854. Generalmajor der Landwehr. *Vom 6. April bis 30. Mai 1848 Kommandant der Berliner Bürgerwehr; Mitglied des Ende Mai 1848 geschaffenen ,Sicherheitsausschusses'; 11. April bis 14. Juli Stadtkommandant von Berlin; danach Inspekteur der Besatzungen der Bundesfestungen.*

---

1 Der folgende kurzbiographische Anhang umfaßt Personen aller sozialen Schichten und politischen Strömungen, die während des Revolutionsjahres in Berlin politisch besonders hervortraten. Nicht aufgenommen wurde die Mitglieder der königlichen Familie sowie die Mitglieder der Märzkabinette. (Ihre Biogrpahien lassen sich in den einschlägigen Handbüchern leicht recherchieren.) Die Konfessionszugehörigkeit wurde nur dann aufgenommen, wenn die betreffende Person *nicht* einer protestantischen Religionsgemeinschaft angehörte, also im Regelfall katholisch (kath.) oder jüdisch (jüd.) war.

ASTON, LOUISE; geb. 26. Nov. 1814 in Gröningen bei Halberstadt,; gest. 21. Dez. 1871 in Wangen/Allgäu. Tochter eines Pfarrers; verh. mit dem engl. Industriellen Samuel Aston; 1845 Scheidung (1850 erneut verh.); seit dem Vormärz Verfasserin verschiedener Romane und Schriften, in denen sie die Emanzipation der Frau forderte; im März 1846 aus Berlin ausgewiesen, Emigration nach Brüssel und in die Schweiz. *Seit März 1848 erneut in Berlin; nahm im April 1848 am deutsch-dänischen Krieg in Schleswig-Holstein teil; nach Verletzung Rückkehr nach Berlin; stand im Sommer 1848 politisch mit Friedrich Wilhelm Held in Verbindung; seit Okt. 1848 Hg. der Zeitschrift ‚Der Freischärler‘; deshalb Ende 1848 erneut aus Berlin ausgewiesen.* Seit 1850 in Rußland, Polen, Österreich-Ungarn; seit Anfang 1871 in Wangen/Allgäu.

AUGUST, ERNST FERDINAND; geb. 18. Febr. 1795 in Prenzlau; gest. 25. März 1870 in Berlin. Waise; in einer Handwerkerfamilie aufgewachsen; 1805-1814 Schüler des Gymnasiums ‚Zum grauen Kloster‘; 1815 Teilnahme am Befreiungskrieg (als Landwehr-Leutnant); 1815-1817 Studium der Philologie und Theologie; 1818-1821 Oberlehrer am Gymnasium ‚Zum grauen Kloster‘, 1821-1827 am Joachimsthaler Gymnasium; 1823 Prom. zum Dr. der Mathematik, Titular-Prof., Verfasser zahlreicher mathematischer Arbeiten; 1827-1870 Direktor des Köllnischen Gymnasiums. *Im April 1848 am Aufbau und an der Leitung des ‚fliegenden Corps der Gymnasiasten‘ beteiligt; Anfang Mai Wahlmann und vergebliche Kandidatur für die Preuß. Nationalversammlung; seit 10. Juni im Vorstand des Bezirks-Central-Vereins (Schriftführer).*

BARDELEBEN, MORITZ (Heinrich Albert) v.; geb. 17. Nov. 1814 in Zerbst; gest. 8. Jan. 1890 in Berlin. 1831-1836 Studium der Rechte in Bonn und Berlin; 1836 Auskultator am Kammergericht in Berlin; seit 1838 Regierungsreferendar in Merseburg, seit 1842 Regierungsassessor in Koblenz; 1846 bis Juni 1848 Landrat des Kreises Bernkastel (RB Trier). *27. Juni bis 18. Nov. 1848 Polizeipräsident von Berlin.* Ende Nov. 1848 bis Juni 1849 kommissarischer Regierungspräsident in Arnsberg; Sept. 1849 Versetzung in den einstweiligen Ruhestand; März 1850 vertretungsweise Regierungspräsident in Danzig; danach Vortragender Rat im preuß. Innenministerium; 1858-1866 Regierungspräsident in Minden, 1866-1872 in Aachen; 1872-1889 Oberpräsident der Rheinprovinz in Koblenz. 1854-1861 Mitglied des preuß. Abgeordnetenhauses; 1872-1890 Mitglied des preuß. Herrenhauses.

BAUER, BRUNO; geb. 6. Sept. 1809 in Eisenberg (Thür.); gest. 13. April 1882 in Berlin. (Bruder von Edgar B.) Sohn eines Porzellanmalers; seit 1814/15 in Berlin; Studium der Theologie in Berlin; 1834 Habilitation; 1834-1839 Privatdozent für Theologie an der Universität Berlin; Okt. 1839-1842 an der Universität Bonn;

wurde im März 1842 wegen seiner Religionskritik als Privatdozent amtsenthoben, seit Sommer 1842 wieder in Berlin; Mitarbeiter der ‚Hallischen Jahrbücher‘ und der ‚Rheinischen Zeitung‘; prominenter Berliner Linkshegelianer; seit 1843 führender Mitarbeiter der ‚Allgemeinen Literatur-Zeitung‘. *Führendes Mitglied des Demokratischen Klubs Charlottenburg; Anfang Mai 1848 Wahlmann und vergebliche Kandidatur als Mitglied für die Dt. und Preuß. Nationalversammlung, Wahl zum stellv. Mitglied für die Preuß. Nationalversammlung.* Seit 1849 als Privatgelehrter in Berlin; seit Ende der fünfziger Jahre Konservativer; seit den sechziger Jahren Verfasser antisemitischer Schriften; u.a. Mitarbeiter der ‚Kreuzzeitung‘.

BAUER, EDGAR; geb. 7. Okt. 1820 in Charlottenburg; gest. 22. Aug. 1886 in Hannover. (Bruder von Bruno B.) Sohn eines Porzellanmalers; Studium zunächst der Theologie, dann der Rechte; Schriftsteller, Mitarbeiter der ‚Hallischen Jahrbücher‘; wurde im April 1843 wegen seiner Schrift „Der Streit der Kritik mit Kirche und Staat“ (1842) zu vier Jahren Festungshaft verurteilt, Ende März 1846 begnadigt; wenig später nach der Erweiterung seiner Schrift „Bruno Bauer und seine Gegner“ erneut zu vier Jahren Festungshaft verurteilt, am 21. März 1848 vorzeitig freigelassen; führender Berliner Linkshegelianer. *Ende Juni bis Sept. 1848 Vizepräs. des Demokratischen Klubs Berlin; außerdem führendes Mitglied des Demokratischen Klubs Charlottenburg; im Sept. 1848 Verurteilung zu acht Jahren Festungshaft wegen Aufruhrs, daraufhin Flucht zunächst nach Altona, dann nach Hamburg.* 1849-1852 in Hamburg, dort Redakteur der demokratischen ‚Reform‘; 1852-1861 Emigration nach England (zunächst Hull, dann London); Anfang 1859-1860 in London Redakteur der ‚Neuen Zeit‘; Ende Jan. 1861 amnestiert, daraufhin im Mai 1861 Rückkehr nach Berlin; Mitte 1861 Veröffentlichung einer Flugschrift zum Gedenken Friedrich Wilhelms IV.; seit 1866 in Hamburg; 1871-1876 Redakteur der ‚Dt. Volkszeitung‘ in Hannover; danach stellv. Redakteur der konservativ-welfischen ‚Niedersächsischen Zeitung‘ und der kirchlichen Zeitschrift ‚Unter dem Kreuze‘.

BEER, WILHELM (bis 1818: Wolff Beer); geb. am 19. Dez. 1795 in Berlin; gest. am 27. März 1850 in Berlin. (Bruder des Komponisten Giacomo Meyerbeer) Jüd.; Bankier; 1813-1815 Teilnahme an den Befreiungskriegen (im Brandenburger Dragonerregiment, seit Scpt. 1814 mit Offizierspatent); seit 1820 Mitglied der KKB, 1836 bis zu seinem Tode Mitglied im Ältestenrat der KKB; erwarb 1823 das Berliner Bürgerrecht; Mitglied der Direktion der Potsdam-Magdeburger und der niederschlesisch-märkischen Eisenbahngesellschaft; seit 1846 im Central-Ausschuß der Preuß. Bank; Kommerzienrat und später Geh.Rat. *Seit 12. Juli 1848 unbesoldeter Stadtrat; Mitglied im ‚Patriotischen Verein‘; Jan. 1849 Wahlmann für die Zweite Kammer des Preuß. Parlaments.*

BENARY, AGATHON (Karl Albert); geb. 1807 in Kassel; gest. 1861. (Bruder von Ferdinand und Heinrich B.) Jüd.; 1824-1827 Studium der klassischen Philologie in Göttingen und Halle, Prom. zum Dr. phil.; 1833-1861 Lehrer am Köllnischen Gymnasium; 1839 Habilitation, danach neben seiner Lehrertätigkeit auch Privatdozent an der Universität Berlin. *Am 26. April 1848 Mitbegründer und bis zu dessen Verbot Präs. des demokratischen ‚Volksklubs‘; seit Ende März führendes Mitglied in der Reformbewegung der jungen Hochschullehrer an der Universität Berlin. Jan. 1849 Wahlmann für die Zweite Kammer des Preuß. Parlaments.* Anfang der sechziger Jahre Mitglied des preuß. ‚Vereins für Pressefreiheit‘.

BENARY, FERDINAND; geb. 22. März 1805 in Kassel; gest. 7. Febr. 1880 in Berlin. (Bruder von Agathon und Heinrich B.) Jüd., seit 1829 ev.; 1824-1828 Studium der Theologie und Orientalia in Halle; 1829 Habilitation, anschließend Privatdozent für orientalische Sprachen; 1830-1880 a.o. Prof. der Theologie an der Universität Berlin; geriet 1843/44 wegen geplanter Herausgabe einer kritischen Zeitschrift in Konflikt mit dem damaligen preuß. Minister für die geistlichen etc. Angelegenheiten. *Am 26. April 1848 Mitbegründer und seitdem führendes Mitglied des demokratischen ‚Volksklubs‘; seit Ende März führendes Mitglied in der Reformbewegung der jungen Hochschullehrer an der Universität Berlin.* In den sechziger Jahren führendes Berliner Mitglied der Dt. Fortschritts-Partei.

BENARY, HEINRICH; geb. 9 Febr. 1814 in Kassel; gest.(?). (Bruder von Agathon und Ferdinand B.) Jüd.; Instrumentenmacher, Besitzer einer Fortepianofabrik und Inhaber eines Instrumenten-Leih-Magazins. *Am 26. April 1848 Mitbegründer und seitdem führendes Mitglied des demokratischen ‚Volksklubs‘; 19. März bis 11. Nov. Offizier der Bürgerwehr; Anfang Mai Wahlmann und vergebliche Kandidatur für die Dt. Nationalversammlung; Juni bis Nov. 1848 Hg. der ‚Volksblätter‘.*

BENDA, DANIEL ALEXANDER; geb. 22. April 1786 in Berlin; gest. 1876 in Berlin. Jüd., seit 1833 ev.; Kaufmann in der Firma Gebr. Benda; Mitglied der KKB und der Börsenkorporation; 1835-April 1848 Stadtverordneter; 1844 Mitbegründer, 1844 und 1848/49 im Vorstand des ‚Centralvereins für das Wohl der arbeitenden Klassen‘; Mitte der vierziger Jahre Anhänger der protestanischen ‚Lichtfreunde‘; 1846 Referent im großen Berliner Handwerkerverein. *Seit Frühjahr 1848 erklärter Konservativer, Veröffentlichung diverser Artikel und ‚Eingesandts‘; 19. März bis Mitte Juni Major der Berliner Bürgerwehr; Anfang Mai Wahlmann und vergebliche Kandidatur für beide Nationalversammlungen. Jan. 1849 Wahlmann für die Zweite Kammer des Preuß. Parlaments.*

BENDA, SIGISMUND ALEXANDER; geb. 1794 in Berlin; gest. im Mai 1864 in Berlin. Jüd.; Kaufmann und Börsenmakler; 1813-1815 Teilnahme an den Befreiungskriegen. 1836 Stadtverordneten-Stellvertreter. *19. März 1848 bis Mitte Okt. 1848 Major der Berliner Bürgerwehr, in der ersten Junihälfte Stellv. des Bürgerwehr-Kommandanten.* Seit 1849 Vorstandsmitglied der ‚Gemeinnützigen Baugesellschaft‘ Berlins.

BERENDS, JULIUS; geb. am 30. April 1817 in Kyritz; gest. am 17. Juni 1891 in Frauenfeld (Schweiz). Sohn eines Bürgermeisters; Studium der Theologie und Philosophie in Berlin; wegen seiner Wahlpredigt über ‚Jesus bei den Zöllner und Sündern‘ von der Kirchenleitung kommunistischer Grundsätze beschuldigt, Verweigerung der Anstellungsfähigkeit; seit 1845 gemeinsam mit Ed. Krause Besitzer einer kleinen Buchdruckerei in Berlin; 1844-1846 Lehrer und Vorstandsmitglied des Berliner Handwerkervereins, auf Druck des brandenburgischen Oberpräs. 1846 ausgeschlossen; 1847-Mai 1848 Berliner Stadtverordneter. *Teilnehmer der Volksversammlung vom 9. März 1848 vor den ‚Zelten‘ im Tiergarten; am 13. März infolge von Übergriffen des Militärs verwundet; Teilnahme an den Barrikadenkämpfen vom 18. März; 10. bis 16. April 1848 Mitglied des Berliner Volks-Wahl-Comités; 26. April 1848 Mitbegründer und Mitglied des demokratischen ‚Volksklubs‘; Mai bis Nov. Mitglied der Preuß. Nationalversammlung (Linke, für Berlin), seit Mitte Juni Mitglied der Verfassungskommission; Febr. bis April 1849 Mitglied der Zweiten Kammer des Preuß. Parlaments (für Berlin); seit März 1849 erster Vorsitzender des 2. Volksvereins, später Mitglied des Vorstands der Berliner ‚Volkspartei‘; 1849 erneut führendes Mitglied des Berliner Handwerkervereins sowie außerdem des Maschinenbauarbeiter-Vereins.* Im Juni 1851 deshalb vom Berliner Stadtgericht zu einer Geldstrafe verurteilt; im März 1853 im Zusammenhang mit der sog. Ladendorffschen Verschwörung kurzzeitig verhaftet; daraufhin im April 1853 Auswanderung in die USA, Tätigkeit als Kaufmann in San Antonio (Texas), dort 1858 Gründung einer deutsch-englischen Schule; seit 1861 US-amerikanischer Staatsbürger; 1875 Rückkehr nach Preußen (Neuruppin); Mitte der achtziger Jahre erneute Auswanderung, diesmal (bis zu seinem Tode) in die Schweiz.

BISKY, LUDWIG; geb. am 18. Okt. 1817 in Genthin; gest. am 2. Mai 1863 bei Chancellorsville (USA). Sohn eines Gendarmerieleutnants; Goldschmied; seit 1845 Mitglied des Berliner Handwerkervereins, 1846/47 stellv. Mitglied der Generalversammlung des Handwerkervereins; 1846/47 Mitglied des ‚Bundes der Kommunisten‘. *Teilnahme an den Barrikadenkämpfen vom 18. März (verletzt); 10. bis 16. April 1848 Mitglied des Berliner Volks-Wahl-Comités; seit 8. April 1848 Mitglied des Redaktionskomités der ‚Deutschen Arbeiter-Zeitung‘; seit 11. April Mitglied des Berliner ‚Central-Comités der Arbeiter‘; am 26. April 1848 Mitbegründer und seitdem führendes Mitglied des demokratischen ‚Volksklubs‘; im April 1848 Deputierter beim provisorischen Comité des ‚Lokalvereins für das Wohl der arbeitenden Klassen‘; Anfang*

Mai Wahl zum stellv. Mitglied der Preuß. Nationalversammlung; Anfang Juni als Delegierter des Berliner Handwerkervereins Teilnehmer am Hamburger Handwerker-Kongreß; Sept. 1848 bis Anfang 1850 führendes Mitglied der ‚Arbeiterverbrüderung‘, 2. Sept. 1848 bis 7. Febr. 1850 Vorsitzender des Berliner Bezirks-Komites der ‚Arbeiterverbrüderung‘; am 16. Nov. 1848 nach Verhängung des Ausnahmezustandes kurzzeitige Verhaftung; Dez. 1848/Jan. 1849 Mitglied des sog. Berliner Handwerkerparlaments; Jan. 1849 Wahlmann für die Zweite Kammer des Preuß. Parlaments. Am 2. Febr. 1850 Ausweisung aus Berlin; danach Präs. der Leipziger Generalversammlung der ‚Arbeiterverbrüderung‘; Mitte 1850 Emigration in die USA; Teilnahme am amerikanischen Bürgerkrieg auf Seiten der Unionstruppen, gefallen am 2. Mai 1865 als Hauptmann in der Schlacht von Chancellorsville.

BLESSON, JOHANN LUDWIG URBAIN; geb. am 27. Mai 1790 in Berlin; gest. am 20. Jan. 1861 in Berlin. Kath., Sohn eines Küchenmeisters; seit 1813 Berufsoffizier; Teilnehmer an den Befreiungskriegen, Adjutant Blüchers; seit 1814 als Secondeleutnant in Berlin, seit 1818 als Captain; 1818-1829 Lehrer an der Allg. Kriegsschule in Berlin; in den dreißiger Jahren Direktor der Rentenversicherungsanstalt; Militärschriftsteller; 1820 Mitbegründer der ‚Militär-Literatur-Zeitung‘, Redakteur ders. bis zu seinem Tode; 1824 Mitbegründer der ‚Zeitschrift für Kunst, Wissenschaft und Geschichte des Krieges‘, 1830-1845 Stadtverordneter in Berlin. *20. März bis 30. Mai 1848 Major des 8. Bürgerwehr-Bataillons; 30. Mai bis 15. Juni 1848 Kommandant der Bürgerwehr; am 4. Mai 1848 Gründungsmitglied des ‚Patriotischen Vereins‘.*

BOERNER, PAUL; geb. am 25. Mai 1829 in Jacobshagen (Pommern); gest. am 30. Aug. 1885 in Berlin. Sohn eines Juristen; 1847-1850 Studium der Rechte in Berlin. *Seit dem 7. März 1848 Teilnahme an den Volksversammlungen vor den ‚Zelten‘ im Tiergarten und an den studentischen Versammlungen als Wortführer der radikalen Studenten; April/Mai 1848 als preuß. Freischärler in Schleswig-Holstein; seit dem 17. Mai 1848 im Vorstand des Demokratischen Klubs; am 4. Juni Redner auf der Gedenkveranstaltung für die Märzgefallenen auf dem Friedrichshain.* Ende Juli 1849 kurzzeitige Inhaftierung; 1850-1854 Studium der Medizin in Greifswald; 1854 Prom. zum Dr. med.; 1854-1863 praktischer Arzt in Königswalde und Landsberg a.d.W., seit 1863 erneut in Berlin; Mitbegründer des ‚Dt. Nationalvereins‘; 1870/71 Teilnahme am deutsch-französischen Krieg als leitender Arzt eines Lazarettzuges; 1875 Gründer der ‚Dt. Medizinischen Wochenschrift‘, Verfasser zahlreicher medizinischer Schriften sowie (1850) der Autobiographie: „Erinnerungen eines Revolutionärs. Skizzen aus dem Jahre 1848" (posthum 1920).

BORN, STEPHAN (bis 1842: Simon Buttermilch); geb. am 28. Dez. 1824 in Lissa (Polen); gest. am 4. Mai 1898 in Basel. Jüd., später ev.; Sohn eines Kaufmanns;

seit Sommer 1840 in Berlin; Herbst 1840 bis Sommer 1845 Buchdrucker- und Schriftsetzerlehre, daneben Besuch von Vorlesungen der Universität Berlin; Anfang der vierziger Jahre Veröffentlichung von Theaterkritiken; seit Sommer 1845 Mitglied des Hedemannschen Handwerkervereins, seit April 1846 stellv. Mitglied der Generalversammlung des Vereins; Dez. 1846 bis Juli 1847 in Paris; seitdem Mitglied des ‚Bundes der Gerechten‘, später des ‚Bundes der Kommunisten‘; danach bis März 1848 in Brüssel. *Seit Ende März 1848 wieder in Berlin; Anfang April bis Anfang Oktober Vorsitzender der Organisation der Berliner Buchdrucker; Ende April und im August Mitglied des Streikkomitees der Buchdrucker; 10. bis 16. April Mitglied des Berliner ‚Volks-Wahl-Komités‘; seit 11. April Vorsitzender des Berliner ‚Central-Comités der Arbeiter‘; 19. April bis 20. Mai Mitglied des Redaktions-Komités der ‚Deutschen Arbeiter-Zeitung‘; am 26. April Mitbegründer des Berliner ‚Volksklubs‘; am 3. Mai vergeblicher Versuch, Born aus Berlin auszuweisen; 25. Mai bis Ende Aug. Hg. der Zeitschrift ‚Das Volk‘; seit Juli Mitglied des Redaktionskomités des ‚Gutenberg‘ (Zeitschrift der deutschen Buchdrucker); Sept. 1848 bis Aug. 1849 im Zentral-Komité der ‚Arbeiterverbrüderung‘ und der Redaktion der ‚Verbrüderung‘ (beide mit Sitz in Leipzig); 10. Sept. Abreise nach Leipzig; seit Mitte Sept. 1848 in führenden Funktionen im Leipziger Demokratischen Verein sowie im Leipziger Sozialistischen Klub; 26. bis 30. Okt. Delegierter (für Leipzig) auf dem Zweiten Kongreß der Demokraten Deutschlands in Berlin; Anfang Febr. 1849 Anklage wegen Preßvergehens; 3. bis 9. Mai Teilnahme am Dresdener Aufstand; Anfang Aug. Flucht in die Schweiz.* Mitte Aug. 1849 bis Anfang Febr. 1850 in Bern; 1850-1852 Buchdruckereibesitzer und Schriftsteller in Murten (bei Freiburg/Schweiz); 1852-1856 in Zürich, danach in Küsnacht und Schaffhausen, zunächst als Buchdruckergeselle, seit Mitte der fünfziger Jahre als Lehrer; 1859 Distanzierung vom ‚Kommunismus‘; 1860 bis 1878 im ehem. preuß. Neuenburg; seit Febr. 1860 Prof. für deutsche Sprache und Literatur, Mitte August 1866 Ernennung zum o. Prof. an der Neuenburger Akademie, seit 1878 Honorar-Prof.; seit 1878 in Basel, Mitarbeiter der ‚Basler Nachrichten‘; Ende Okt. 1878 Ernennung zum Dr. h.c. sowie Erhalt der venia legendi für die Basler Universität, 1879 Ernennung zum a.o. Prof.; Sommer 1886 bis Sommer 1888 Präs. des 1883 gegr. ‚Vereins der Schweizer Presse‘; in den neunziger Jahren Verfasser einer Autobiographie („Erinnerungen einer Achtundvierzigers“).

BORSIG, AUGUST (Johann Karl Friedrich); geb. am 23. Juni 1804 in Breslau; gest. am 6. Juli 1854 in Berlin. Sohn eines Zimmerpoliers und Kürassiers; 1819 bis 1823 Lehre als Zimmerer, zugleich Besuch der Kunst- und Bauhandwerksschule in Breslau; 1823 bis 1825 Besuch des kgl. Gewerbeinstituts in Berlin (ohne Abschluß); Sept. 1825 bis Dez. 1836 Beschäftigung im Maschinenbauunternehmen von Franz Anton Egells, seit Juli 1827 als Werkmeister; im Jan. 1837 Gründung des eigenen Maschinenbauunternehmens; Anfang 1848 Reise durch die englischen Industriebezirke (Rückkehr unmittelbar nach der Märzrevolution). *22. März 1848 Teilnahme am Begräbnis der Märzgefallenen; seit Ende März Mitglied des ‚Comités der gemeinnützigen Baugesellschaft'; 4. April bis 12. Nov. Major des 17. Bataillons der Bürgerwehr; seit 6. April im ‚Comité der Beleihungs-Kasse für die (Berliner) Fabrik-Industrie'; Anfang Mai Wahlmann für die Dt. Nationalversammlung. Jan. 1849 Wahlmann und vergebliche Kandidatur als Abgeordneter für die Zweite Kammer der Preuß. Nationalversammlung.*

BRAß, AUGUST; geb. 1818; gest. (nach 1866). Feldwebel der Landwehr. *Seit Mai 1848 Führer der demokratischen Landwehrleute in Berlin; Hg. der Anfang Oktober 1848 gegründeten Wochenschrift ‚Die Republik'; von 26. bis 30. Okt. 1848 Delegierter auf dem Zweiten Kongreß der Demokraten Deutschlands in Berlin. Verfasser von ‚Berlins Barrikaden. Ihre Entstehung, ihre Verteidigung und ihre Folgen' (1848) und ‚Geschichte der Demokratie und Reaction in Berlin' (1849).* 1862 Gründer und Verleger der ‚Norddt. Allg. Zeitung' (von Bismarck später in offiziöses Organ der Regierung umgewandelt); seit den sechziger Jahren Anhänger Bismarcks.

BRILL, JULIUS; geb. 28. Aug. 1816 in Breslau; gest. 19. Okt. 1882 in Brooklyn (New York/USA). Jüd.; Schriftsetzer aus Breslau. *Führendes Mitglied des Breslauer Arbeiter- und demokratischen Vereins; Redner auf der großen Volksversammlung in Berlin vom 26. März 1848; Mai bis Nov. Mitglied der Preuß. Nationalversammlung (Linke, als einziger Arbeiter); 23. Aug. bis 3. Sept. Delegierter auf dem Ersten Arbeiter-Kongreß in Berlin; vom 26. bis 30. Okt. 1848 Delegierter auf dem Zweiten Kongreß der Demokraten Deutschlands in Berlin.* 1849 Emigration in die USA (New York), arbeitete dort als Photograph.

BÜCHSEL, KARL; geb. am 2. Mai 1803 in Schönfeld (Uckermark); gest. am 14. Aug. 1889 in Berlin. 1829-1839 Pfarrer in Schönfeld; 1839-1846 Superintendent des Kirchenkreises Prenzlau II (in Brüssow); 1846-1853 erster Prediger an der neuerrichteten Matthäuskirche in Berlin; Landessuperintendent der Landesdiözese Berlin-Kölln. *1848 einer der konservativen Wortführer innerhalb der protestantischen Kirche Berlins.* Seit 1850 Mitglied des Konsistoriums (als Konsistorialrat); 1853-1884 Generalsuperintendant der Neumarck und Niederlausitz; 1856-1889 Vorstand der Goßner'schen Missionsgesellschaft; (auf Anregung von Hengstenberg:) Verfasser von ‚Erinnerungen aus dem Leben eines Landgeistlichen'.

COLLMANN, JULIUS AUGUST; geb. 1810 in Hannover; gest. 1855. Jurastudium; 1834 Prom. zum Dr. jur.; 1837 Habilitation; 1837 bis zu seiner Verhaftung 1853 Privatdozent an der Universität Berlin. *Seit Ende März führendes Mitglied in der Reformbewegung der jungen Hochschullehrer an der Universität Berlin; Mitunterzeich-*

ner der Gründungserklärung des 'Republikanischen Klubs' vom 20. Juni 1848; seit Sommer 1848 im Vorstand des Friedrich-Wilhelmstädtischen Bezirksvereins sowie des Bezirks-Central-Vereins; 26. Bis 30. Okt. 1848 Delegierter für den Friedrich-Wilhelmstädtischen Bezirksverein auf dem Zweiten Konkreß der Demokraten Deutschlands in Berlin; Dez. 1848 bis Febr. 1849 Mitglied im 'Central-Comité für volksthümliche Wahlen im Preuß. Staate'. 1853 Verhaftung und im Okt. 1854 einer der Hauptangeklagten im Prozeß wegen der sog. Ladendorffschen Verschwörung, starb wahrscheinlich während der Haft.

CRELINGER, LUDWIG; geb. 1797; gest.(?). Bis 1833 Richter; seit 1835 Justizkommissar in Königsberg/Pr.; später Oberlandesgerichtsrat in Berlin; 1847 Verteidiger im Polenprozeß. *28. März bis 30. April 1848 Präs. des Konstitutionellen Klubs, danach dessen Vizepräs.; Anfang Mai Wahlmann für die Dt. Nationalversammlung. Jan. 1849 Wahlmann für die Zweite Kammer des Preuß. Parlaments.* 1853 Gründer und erster Direktor der Victoria-Versicherungs-Gesellschaft.

DEHNICKE, RUDOLF; geb. 1826; gest.(?). Student der Philosophie. *Seit Ende März 1848 Mitglied der 'Rotte Monecke' innerhalb des fliegenden Corps der Studenten; seit Ende März führendes Mitglied des Politischen Klubs, seit 17. Mai 1848 im Vorstand des Demokratischen Klubs; seit Okt. 1848 Redakteur der 'Bürgerwehr-Zeitung'; am 18. Nov. 1848 Relegation wegen Initiierung einer studentischen Versammlung und Abfassung einer Adresse zur Unterstützung der Mehrheit der Preuß. Nationalversammlung von der Universität Berlin, am 21. Nov. Ausweisung aus Berlin.*

D'ESTER, KARL (Ludwig Johann); geb. 4. Nov. 1813 in Vallendar (bei Koblenz); gest. 11. Juni 1859 in Châtel St. Denis (Kanton Freiburg/Schweiz). Sohn eines kleinen Lederfabrikanten; 1831-1835 Studium der Medizin in Bonn und Heidelberg; Burschenschaftler; 1835 Prom. zum Dr. med.; seit 1838 Wundarzt und Geburtshelfer in Köln; 1842/43 Mitarbeiter der 'Rheinischen Zeitung'; 1846-1848 Kölner Stadtverordneter; seit 1846 Mitglied im 'Bund der Kommunisten'. *Seit Anfang März 1848 führend in der demokratischen Bewegung Kölns; Ende März Mitglied des Vorparlaments; Mai bis Nov. Mitglied der Preuß. Nationalversammlung; 26. bis 30. Okt. Delegierter auf dem Zweiten Kongreß der Demokraten Deutschlands in Berlin, Wahl in den 'Central-Ausschuß der Demokraten Deutschlands'; Dez. 1848 bis Febr. 1849 Hg. der Zeitschrift 'Der demokratische Urwähler'; Febr.-April 1849 Mitglied der Zweiten Kammer des preuß. Parlaments; Sommer 1849 Beteiligung an den revolutionären Kämpfen in Baden.* Danach Emigration in die Schweiz, dort als Arzt tätig; 1849 in Preußen in Abwesenheit zum Tode verurteilt.

DEVARENNE, PIERRE (Siméon); geb. 23. April 1789 in Berlin; gest. 31. Aug. 1859 in Berlin. Juwelier; seit 1819 Besitzer einer Kunstgießerei in Berlin (verhalf gemeinsam mit Schinkel dem Zinkguß in Berlin zum Durchbruch); 1847 bis Mai 1848 Stadtverordneter (schlug bereits vor der Märzrevolution die Einrichtung von Konstablern nach englischem Vorbild vor). *Im Sommer 1848 führendes Mitglied und seit Okt. 1848 im Vorstand des Patriotischen Vereins.*

DIESTERWEG, ADOLPH (Friedrich Wilhelm); geb. 29. Okt. 1790 in Siegen; gest. 7. Juli 1866 in Berlin. Reformiert. (Vater von Julius D.) Studium der Naturwissenschaften, Mathematik, Philosophie und Geschichte, 1811-1813 Lehrer in Mannheim und Worms, 1813-1817 Lehrer in Frankfurt a.M., 1818-1820 in Elberfeld; 1820-1832 Leitung des Lehrerseminars in Moers; 1832 Übernahme der Leitung des 1831 gegründeten städtischen Lehrerseminars Berlin, 1847 suspendiert, 1850 zwangsweise pensioniert; 1844 Mitbegründer und Vorstandsmitglied des ‚Centralvereins für das Wohl der arbeitenden Klassen‘; Mitglied der 1846 gegründeten Berliner ‚Bürgergesellschaft‘; Verfasser zahlreicher pädagogischer Schriften. *Seit 1. April 1848 Mitglied des Verwaltungsrates der ‚National-Zeitung“; April 1848 Mitglied des provisorischen Komités des Berliner ‚Lokalvereins für das Wohl der arbeitenden Klassen‘; Anfang Mai Wahlmann für beide Nationalversammlungen und Wahl zum stellv. Mitglied für die Dt. Nationalversammlung (für Berlin). Jan. 1849 Wahlmann für die Zweite Kammer des Preuß. Parlaments.* 1859-1866 Mitglied des Preuß. Abgeordnetenhauses (Fortschritt).

DIESTERWEG, JULIUS (Ernst Ferdinand Ludwig); geb. 15. Dcz. 1821 in Moers; gest. (um 1868). (Sohn von Adolph D.) Studium der Medizin in Berlin; April 1847 Promotion; 1848 Approbation, praktischer Arzt und Geburtshelfer. *Seit April 1848 Vorsitzender eines refomerischen Vereins der „Studirenden der Medicin und der Doctores promoti“; im Juni 1848 Teilnahme am Eisenacher Studentenparlament.* 1849-1852 Assistenzarzt am klinischen Institut für Geburtshilfe; seit 1850 Arzt des Gesundheitspflegevereins der Berliner ‚Arbeiterverbrüderung‘.

DIETERICI, KARL FRIEDRICH WILHELM; geb. 23. Aug. 1790 in Berlin; gest. 30. Juli 1859 in Berlin. Trat 1812 in preuß. Staatsdienst; seit 1834 Prof. der Staatswissenschaften an der Universität Berlin (1841/42 und 1851/52 Rektor); seit 1844 Direktor des Statistischen Büros in Berlin; seit Jan. 1847 Mitglied der Preuß. Akademie der Wissenschaften in Berlin. *Anfang Mai 1848 Wahlmann für die Dt. Nationalversammlung; seit 10. Okt. 1848 erster Vorsitzender des Berliner Freihandelsvereins.* 1849-1850 Mitglied der Ersten Kammer des Preuß. Parlaments.

DUNCKER, CARL (Friedrich Wilhelm); geb. 25. März 1781 in Berlin; gest. 15. Juli 1869 in Berlin. (Vater von Franz, Hermann und Max D.) Sohn eines Buchhändlers; Besuch des Köllnischen Gymnasiums und der Handelsschule (ohne Abschluß); 1800-1805 Buchhändlerlehre in Leipzig; seit 1806 in Berlin Verleger und

Buchhändler (Duncker & Humblot); 1824-1866 im Vorstand, 1828-1831 Vorsitzender des Börsenvereins Deutscher Buchhändler; Kommerzienrath; 1834-1861 Berliner Stadtverordneter. *Anfang Mai 1848 Wahlmann für beide Nationalversammlungen; Mai bis Nov. 1848 Mitglied der Preuß. Nationalversammlung.* 1859-1861 Mitglied des Preuß. Abgeordnetenhauses.

DUNCKER, FRANZ (Günter); geb. 4. Juni 1822 in Berlin; gest. 18. Juni 1888 in Berlin. (Bruder von Hermann und Max D.); Sohn eines Buchhändlers (Carl D.); Anfang der vierziger Jahre Studium der Philosophie und Geschichte in Berlin, 1843 Kassierer eines im Herbst 1843 verbotenen studentischen Lesevereins; Mitglied der 1846 gegründeten Berliner ‚Bürgergesellschaft‘; Buchhändler. *Seit 1. April 1848 Mitglied des Verwaltungsrats der ‚National-Zeitung‘; März-Nov. 1848 Major der Bürgerwehr, zeitweilig im Stabe des Kommandeurs; Anfang Mai Wahlmann für beide Nationalversammlungen und vergebliche Kandidatur für die Dt. Nationalversammlung.* April 1849 Mitbegründer, seit 1853 Eigentümer der ‚Urwähler-Zeitung‘ (seit 1853: ‚Volkszeitung‘); 1859 Mitbegründer und Ausschuß-Mitglied des ‚Dt. Nationalvereins‘; 1861 Mitbegründer und Vorstandsmitglied der Dt. Fortschritts-Partei; seit 1865 Vorsitzender des Berliner Handwerkervereins; 1869 gemeinsam mit Schultze-Delitzsch und Hirsch Gründung der Hirsch-Dunckerschen Deutschen Gewerkvereine. 1862-1877 Mitglied des Preuß. Abgeordnetenhauses, 1867-1877 des Reichstages (jeweils Fortschritt).

DUNCKER, HERMANN; geb. 1817 in Berlin; gest. 13. Dez. 1892 in Berlin. (Bruder von Franz und Max D.) Sohn eines Buchhändlers (Carl D.); Studium der Rechte; danach als Assessor in der preuß. Verwaltung in Posen; 1845-1860 besoldeter Stadtrat in Berlin. *Hauptverfasser einer am 5. März 1848 dem Magistrat übergebenen Reformdenkschrift; seit 1. April Mitglied des Verwaltungsrats der ‚National-Zeitung‘; Mai bis Nov. Mitglied der Preuß. Nationalversammlung.* 1860-1872 Syndikus des Berliner Magistrats; 1872 bis Sept. 1890 Bürgermeister von Berlin.

DUNCKER, MAXIMILIAN (kurz: Max; Wolfgang); geb. 15. Okt. 1811 in Berlin; gest. 21. Juli 1886 in Ansbach (Mittelfranken). (Bruder von Franz und Hermann D.) Sohn eines Buchhändlers (Carl D.); 1830-1833 Studium der Geschichte und Philosophie in Berlin und Bonn, 1834 Promotion zum Dr. phil.; seit 1832 Mitarbeiter im Verlag seines Vaters, u.a. Rezensent der ebd. erscheinenden ‚Litterarischen Zeitung‘; 1834-1835 Mitarbeiter der Königlichen Bibliothek in Berlin; 1837 Verurteilung zu sechs Jahren Haft wegen Zugehörigkeit zu den Burschenschaften, außerdem Verbot der Übernahme öffentlicher Ämter, nach sechs Monaten (1838) Begnadigung; 1839 Habilitation und 1839-1842 Privatdozent in Halle, zugleich leitende Tätigkeit im Geschäft des Vaters; 1842-1857 a.o. Prof. für Geschichte in Halle, 1857-1859 o. Prof. der Politischen Geschichte, des Völkerrechts und der Theorie der Statistik in Tübingen; seit 1843 Redakteur der ‚Allgemeinen Litaratur-Zeitung' in Halle, in den vierziger Jahren Mitherausgeber der ‚Hallischen Zeitung'. *Ende März 1848 kurzzeitig Mitglied der Schloßwache in Berlin; 1848 führendes Mitglied des Konstitutionellen Klubs in Halle; Mai 1848 bis Mai 1849 Mitglied der Dt. Nationalversammlung.* 1849 Mitglied der Gothaer Versammlung, deren Zweiter Präsident; 1850 Mitglied des Erfurter Unionsparlaments; 1849-1852, 1860-1861 Mitglied des Preuß. Abgeordnetenhauses; 1867 Mitglied des Norddt. Reichstags. 1851 Strafverfahren wegen der Veröffentlichung seiner Schrift „Vier Monate auswärtiger Politik" (eingestellt). Seit 1859 Leiter der zentralen Pressestelle im preuß. Staatsministerium, zugleich seit 1859 Geh. Regierungsrat im Auswärtigen Amt, dem Ministerpräsidenten zugeordnet; 1861-1866 Vortragender Rat und politischer Berater des Kronprinzen Friedrich; Juni 1866 preuß. Zivilkommissar für das besetzte Kurhessen; 1867-1874 Direktor der preuß. Archive; seit 1858 Mitarbeiter der ‚Preußischen Jahrbücher', Verfasser zahlreicher historischer Werke; seit 1873 Mitglied der Preuß. Akademie der Wissenschaften in Berlin.

EGELLS, FRANZ ANTON JACOB; geb. 25. Aug. 1788 in Rheine; gest. 30. Aug. 1854 in Egellshütte bei Reinerz. Schlosserlehre in Rheine; danach in Berlin als Facharbeiter und Techniker in der Kgl. Eisengießerei; Studienreisen nach England und Frankreich; 1821 Gründung einer eigenen Eisengießerei und Maschinenbauanstalt in Berlin, 1838 einer Eisenhütte in Einsiedel. *15. bis 18. März 1848 Mitglied der ‚Schutz-Commissionen'; seit Ende März zunächst führendes Mitglied des Konstitutionellen Klubs; Anfang Mai Gründungsmitglied des Patriotischen Vereins.*

EICHLER, LUDWIG; geb. (um 1815); gest. 1870. Prom. zum Dr. phil. *Am 18. März 1848 führende Teilnahme an den Barrikadenkämpfen; führendes Mitglied des Politischen Klubs; 10. bis 19. April Mitglied des Berliner Volks-Wahl-Komités; seit dem 21. Aug. Mitglied des ‚Provisorischen Kreis-Ausschusses der demokratischen Vereine für die Mark Brandenburg'.*

FEENBURG (-Tugorski; auch: Feinberg), ROBERT OSKAR; geb. am 6. Aug. 1817 in Mitau; gest.(?). Jüd., seit 1844 ev.; Sohn eines Kaufmannes; russ. Staatsbürger; 1844-1848 Studium der Medizin in Berlin. *Am 18. März 1848 führende Teilnahme an den Barrikadenkämpfen; vom 17. April bis zum 8. Juni als Adjutant des Kommandanten des Ersten Berliner Freikorps in Schleswig-Holstein; galt als einer der Anstifter zum Zeughaussturm vom 14. Juni, wurde deshalb im Aug. 1848 zu einjähriger Festungshaft verurteilt, danach aus Preußen ausgewiesen (weiterer Verbleib unbekannt).*

FRÖBEL, JULIUS (Carl Ferdinand); geb. 16. Juli 1805 in Griesheim (Schwarzburg-Rudolstadt); gest. 6. Nov. 1893 in Zürich. Sohn eines Pfarrersubstituten; 1825/26

Studium der Geographie in Stuttgart, 1826-1828 der Naturwissenschaften in München, 1828-1832 der Philosophie in Jena; seit 1828 Mitglied der Burschenschaften; 1828-1832 Verlagsmitarbeiter und Schriftsteller in Weimar und Jena; 1832 Prom. zum Dr. phil.; 1832/33 in Berlin; 1833-1842 Oberlehrer für Geographie und Geschichte an der unteren Industrieschule, 1837-1842 auch Oberlehrer für Mineralogie und Geographie an der oberen Industrieschule in Zürich; 1833-1836 zugleich Privatdozent, 1836-1842 a. o. Prof. für Mineralogie an der Universität Zürich; 1840-1846 Inhaber einer Verlagsbuchhandlung in Zürich und Herausgabe in Deutschland verbotener, demokratischer Literatur; 1843 Verurteilung zu zwei Monaten Gefängnis wegen Religionsstörung (wegen der Publikation verschiedener Schriften in seinem Verlag); 1845 Rückkehr nach Preußen, nach Ausweisung dort als politischer Schriftsteller in Dresden; in den vierziger Jahren Herausgeber und Redakteur zahlreicher Zeitungen und Zeitschriften (u.a. 1844 ‚Vorwärts‘/Paris). *April 1848 Mitbegründer der Mannheimer ‚Demokratischen Volkszeitung‘; 14. bis 17. Juni Präsident auf dem Ersten Kongreß der Demokraten Deutschlands in Frankfurt a.M., dort am 16. Juni in den ‚Central-Ausschuß der deutschen Demokraten‘ gewählt, seit 29. Juni in dieser Funktion in Berlin; Aug.-Sept. 1848 in Wien; Okt. 1848 bis Juni 1849 Mitglied der Dt. Nationalversammlung (Fraktion Donnersberg); seit Ende Okt. 1848 gemeinsam mit Robert Blum als Kommissar der Dt. Nationalversammlung erneut in Wien, Hauptmann und Kompaniefüher im Corps d'elite, verhaftet, am 11. Nov. zum Tode verurteilt, jedoch begnadigt und nach Sachsen ausgewiesen; im Mai 1849 kurzzeitig badischer Vertreter bei der pfälzischen Revolutionsregierung, außerdem Präsident der einzigen Generalversammlung des Centralmärzvereins in Frankfurt a. M.* 1849 Emigration in den USA, u.a. Ende 1849 kurzzeitig Mitbesitzer einer Seifensiederei in New York, 1852-1854 Begleiter mehrer Handelstrecks nach Mexiko und Kalifornien, zahlreiche Reisen u.a. nach Nicaragua und Honduras, 1854-1855 Redakteur des ‚San Francisco Journals‘, 1855-1856 freier Schriftsteller in New York; 1857 Rückkehr nach Europa, zunächst in die Schweiz, später nach Stuttgart und Frankfurt a. M., seit 1859 u. a. als Publizist und Mitarbeiter mehrerer Zeitschriften für einen großdt.-föderalistischen Staat aktiv, 1862 Mitbegründer des ‚Deutschen Reformvereins‘; 1866-1867 Publizist im Dienste der württembergischen Regierung in Stuttgart, 1867-1873 Hg. der ‚Süddeutschen Presse‘ (bis 1868 offizielles Regierungsorgan); 1873-1876 Konsul des Deutschen Reiches in Smyrna, 1876-1888 in Algier (1888 Generalkonsul). Verfasser zahlreicher Schriften, u.a. einer Autobiographie (‚Ein Lebenslauf‘, 1890).

GEPPERT, JOHANN; geb. (?); gest. 1889 in Berlin. Justizkommissar und Rechtsanwalt in Berlin, später auch Notar; Geh. Justizrat. *Anfang Mai zum stellv. Abgeordneten der Preuß. Nationalversammlung gewählt; Mitte 1848 Vorsitzender des Patrioti-*

schen Vereins. 1849-1852 Mitglied des Preuß. Abgeordnetenhauses (Rechte), 1850-1852 dessen Vizepräsident.

GERLACH, (Ernst) LUDWIG V.; geb. 7. März 1795 in Berlin; gest. 18. Febr. 1877 in Berlin. (Bruder von Leopold v. G.) Sohn eines preuß. Kammerpräsidenten und Geh. Oberfinanzrates; 1810-1813 Studium der Rechte in Berlin, Göttingen und Heidelberg; 1813-1815 Teilnahme an den Befreiungskriegen (im Corps Yorks, zuletzt im Hauptquartier Blüchers); seit 1820 im Justizdienst; 1829-1834 Landesgerichtsdirektor in Halle; 1834-1842 Oberlandesgerichtspräsident in Frankfurt a.d.O.; 1842-1844 Mitglied des preuß. Staatsrates und der Savignyschen Gesetzgebungskommission; 1844-1874 Präs. des Oberlandes- und Appellationsgerichtes in Magdeburg. *1848 führendes Mitglied der Kamarilla um Friedrich Wilhelm IV.; Mitbegründer der ‚Kreuzzeitung‘.* 1849 Mitglied der Ersten Kammer des Preuß. Parlaments; 1849/50 Mitglied des Erfurter Unionsparlaments; 1852-1858, 1872-1877 Mitglied des Preuß. Abgeordnetenhauses; 1877 Mitglied des Reichstags.

GERLACH, LEOPOLD (Ludwig Friedrich) V.; geb. 17. Sept. 1790 in Berlin; gest. 10. Jan. 1861 in Potsdam. (Bruder von Ernst Ludwig v. G.) Sohn eines preuß. Kammerpräsidenten und Geh. Oberfinanzrates; 1803-1806 Offiziersausbildung; Teilnahme am Krieg 1806 (als Fähnrich); 1807-1811 Studium der Rechte in Göttingen, Heidelberg und Berlin; 1812 Referendar; 1813-1815 Teilnahme an den Befreiungskriegen (als Leutnant im Stabe Blüchers); danach Stabsoffizier im Großen Generalstab und in den Generalstäben verschiedener Armeekorps; 1842 Kommandeur einer Landwehrbrigade; 1844 Generalmajor. *1848 führendes Mitglied der Kamarilla um Friedrich Wilhelm IV.; Mitbegründer der ‚Kreuzzeitung‘.* In den fünfziger Jahren Generaladjutant Friedrich Wilhelms IV.; 1859 General der Infanterie.

GLADBACH, ANTON; geb. (um 1820); gest. 26. Nov. 1873. Lehrer in Odenthal (Krs. Mülheim/Rheinprov.); 1847 vom Schuldienst suspendiert; wurde danach zeitweilig von der Gräfin Hatzfeld unterstützt. *Mai bis Nov. 1848 Mitglied der Preuß. Nationalversammlung (Linke); seit Mitte Sept. Vizepräs., seit Anfang Okt. vorübergehend Präsident des Demokratischen Klubs. Febr. bis April 1849 Mitglied der Zweiten Kammer des Preuß. Parlaments (Linke).* Nach 1849 seines Amtes als Lehrer enthoben.

GNEIST, RUDOLF V.; geb. 13. Aug. 1816 in Berlin; gest. 22. Juli 1895 in Berlin. 1833-1836 Studium der Rechte in Berlin; seit 1839 Privatdozent, seit 1844 a. o., seit 1858 o. Prof. in Berlin. *19. März bis 11. Nov. 1848 einfaches Mitglied der Bürgerwehr und des fliegenden Corps der Studenten; Anfang Mai Wahlmann für beide Nationalversammlungen und vergebliche Kandidatur für die Dt. Nationalversammlung;*

Mai 1848 bis 1849 sowie 1858-1875 Berliner Stadtverordneter; Jan. 1849 Wahlmann für die Zweite Kammer des Preuß. Parlaments. 1859-1893 Mitglied des Preuß. Abgeordnetenhauses; 1867-1884 Mitglied des Reichstags (Nationalliberal); seit 1884 Berliner Stadtrat; 1851 Eintritt, seit April 1851 Mitglied im Berliner Ausschuß, seit Mai 1852 Mitglied im Vorstand, 1869-1895 Vorsitzender des ,Centralvereins für das Wohl der arbeitenden Klassen'; 1873-1874 Vorsitzender des ,Vereins für Socialpolitik'; 1890-1895 Vorsitzender des ,Vereins zur Abwehr des Antisemitismus'; zahlreiche Schriften zum Verwaltungs- und Staatsrecht; Verfasser der Schrift „Berliner Zustände. Politische Skizzen aus der Zeit vom 18. März 1848 bis 18. März 1849" (1849).

GRIESHEIM, KARL GUSTAV JULIUS V.; geb. 16. Juli 1798 in Berlin; gest. 1. Jan. 1854 in Koblenz. Sohn eines preuß. Offiziers; 1813-1815 Teilnahme an den Befreiungskriegen; seit 1815 Offizier, seit 1847 als Oberstleutnant Direktor des allgemeinen Kriegsdepartments im preuß. Kriegsministerium. *1848 Chefideologe der konservativen Militärs (,Gegen Demokraten helfen nur Soldaten'), maßgebliche Beteiligung an der Vorbereitung der Gegenrevolution in Preußen; Anfang Mai Wahlmann für beide Nationalversammlungen. Febr.- April 1849 Mitglied der Zweiten Kammer des Preuß. Parlaments.* Seit 1850 Kommandant der Festung Koblenz.

HEDEMANN, HEINRICH; geb. 16. Aug. 1800 in Pommern; gest. 24. März 1872 in Berlin. Studium der Rechte, Prom. zum Dr. jur.; Assessor am Landgericht Köslin; 1832-1860 besoldeter Stadtrat (in dieser Funktion u.a. zuständig für die ,Ausbildung der Handwerksgesellen'), seit 1834 außerdem Stadtsyndikus in Berlin; 1844 Mitbegründer des großen Handwerkervereins, bis 7. Nov. 1848 dessen Vorsitzender. *Anfang Mai 1848 Wahlmann für beide Nationalversammlungen; Mitglied des am 1. Juni gebildeten und am 15. Juni erneuerten (kommunalen) Sicherheitsausschusses.* 1860-1872 (Zweiter) Bürgermeister, Geh. Regierungsrat.

HEITZ, ERNST HERMANN OSWALD; geb. (um 1811); gest. 29. Jan. 1873 in Berlin. 1828-1844 bei der preuß. Armee, seit 1834 Offizier (Premier-Leutnant) der Artillerie; Sept. 1844 bis Okt. 1872 in Berlin Polizeioffizier, seit 1851 Hauptmann. *19. April bis 2. Aug. 1848 Major der Bürgerwehr; seit Juni/Juli Mitglied des ,Preußenvereins'; seit 2. Aug. 1848 Hauptmann der Berliner Schutzmannschaft, seit 28. August deren Kommandeur.*

HELD, FRIEDRICH WILHELM (Alexander); geb. Febr. 1813 in Neiße (Schlesien); gest. 25. März 1872 in Berlin. Sohn eines Kriegskommissariatsverwalters, nach dem Tod des Vaters (1830) im Großen Militär-Waisenhaus in Potsdam; 1830-1836 in der preuß. Armee, seit 1831 Leutnant; 1837-1842 Schauspieler; seit 1843

in Leipzig und bis zu deren Verbot (1844) Hg. der ,Locomotive', 1845 der Zeitschrift ,Helds Volksvertreter'; Juli 1843-März 1848 Haftstrafe auf der Festung
Magdeburg. *1. April 1848 bis 1849 Hg. der ,Locomotive'; seit 29. März 1848 Mitglied des Politischen Klubs, Mitte Mai Ausschluß; Redner auf verschiedenen Volksversammlungen; 10. bis 19. April Mitglied des Berliner Volks-Wahl-Komités; seit 1. Juni
im Beirat des ,Vereins der Maschinenbauer'; am 4. Juni einer der Redner auf der Gedenkveranstaltung für die Märzgefallenen auf dem Friedrichshain; seit Juli Begründer
und Vorsitzender des ,Vereins für Radikalreform' (seit Aug.: ,Sozialverein'); 2. Aug.
vergebliche Kandidatur für das Amt des Bürgerwehrkommandeurs; 26. bis 30. Okt.
Teilnehmer am Zweiten Kongreß der Demokraten Deutschlands in Berlin (Mandat
wurde nicht anerkannt); Mitte Okt. 1848 Eintritt in den großen Handwerkerverein.*
1850/51 kgl. Torfinspektor in Ryno bei Freienwalde; danach in Frankfurt a.M.
sowie in Hamburg; seit 1855 erneut in Berlin und u.a. Hg. der Zeitschrift
,Theatralia'; 1863-1872 Redakteur der Berliner ,Staatsbürger-Zeitung'; verfaßte
„1848-1850. Deutschlands Lehrjahre oder Deutschlands Revolutionsgeschichten"
(1859).

HENGSTENBERG, ERNST WILHELM V.; geb. 20. Okt. 1802 in Fröndenberg
(Grafschaft Mark); gest. 28. Mai 1868 in Berlin. Sohn eines Pfarrers; 1819-1822
Studium der Philosophie und Theologie, Burschenschaftler, 1823 Prom. zum Dr.
phil., 1824 Habilitation für Philosophie, danach Privatdozent, 1825 Prom. zum
Dr. theol.; seit 1828 o. Prof. der Theologie in Berlin; seit 1827 Hg. der
,Evangelischen Kirchenzeitung'. *1848 wichtiger konservativ-theologischer Stichwort-
geber mit engen Verbindungen zur Kamarilla am preuß. Hof.*

HERTZ, MARTIN JULIUS; geb. 7. April 1818 in Hamburg; gest. 22. Sept. 1895 in
Breslau. Jüd., Sohn eines Apothekers; seit 1828 in Berlin; seit 1831 Besuch des
Gymnasiums ,Zum grauen Kloster'; Studium der Philologie in Bonn und Berlin;
1842 Prom. zum Dr. phil; 1845 Habilitation; 1845 bis 1855 Privatdozent in Berlin. *Seit Ende März 1848 führend in der Reformbewegung der jungen Hochschullehrer
an der Universität Berlin; Mitglied des fliegenden Corps der Studenten; Anfang Mai
Wahlmann für die Dt. Nationalversammlung; seit Aug. im Vorstand des Berliner Bezirks-Central-Vereins; Mitte Nov. Verfasser einer Solidaritätserklärung für die Preuß.
Nationalversammlung (die allerdings an der Universität Berlin nur wenig Unterschriften fand).* 1851-1853 Mitglied der Direktion des Berliner Philologischen
Seminars; 1855-1862 o. Prof. in Greifswald, 1862 o. Prof. in Breslau; Verfasser
zahlreicher philologischer und literaturhistorischer Arbeiten.

HEXAMER, ADOLPH; geb. 1824; gest. 1859. Studium der Medizin, Prom. zum Dr.
med.; Arzt. *Seit 1. April 1848 Redakteur der ,Reform'; 10. bis 20. April Mitglied des
Berliner ,Volks-Wahl-Komités'; Anfang Mai Wahlmann für beide Nationalversamm-*

lungen; 14. bis 17. Juni als Delegierter des Demokratischen Klubs Berlin Delegierter auf dem Ersten Kongreß der Demokraten Deutschlands in Frankfurt a.M., dort in den ‚Central-Ausschuß der deutschen Demokraten‘ gewählt; 26. bis 30. Okt. Teilnehmer am Zweiten Kongreß der Demokraten Deutschlands in Berlin, am 29. Okt. erneut in den ‚Central-Ausschuß der Demokraten‘ gewählt.

HINCKELDEY, KARL LUDWIG FRIEDRICH V.; geb. 1. Sept. 1805 in Schloß Simmershausen bei Wasungen; gest. 10. März 1856 in Charlottenburg (im Duell). Sohn eines höheren Beamten; 1823-1826 Studium der Rechte in Berlin und Göttingen; seit 1826 im preuß. Verwaltungsdienst, 1834 Regierungsrat, 1842 Oberregierungsrat und Vorstand der Abt. Inneres der Bezirksreg. Merseburg. *Vom 18. Nov. 1848 bis zu seinem Tode Polizeipräs. von Berlin.* Seit 1853 Generalpolizeidirektor, seit 1855 Leiter der Abt. Polizei im preuß. Ministerium des Innern; Schöpfer der modernen preuß. Geheimpolizei.

JACOBI, KARL GUSTAV JACOB; geb. 10. Dez. 1804 in Potsdam; gest. 18. Febr. 1851 in Berlin. Jüd., später ev.; Sohn eines Kaufmanns; Studium der Mathematik, 1826 Habilitation; 1826-1830 Privatdozent, 1830-1837 a.o. Prof., 1837-1844 o. Prof. für Mathematik an der Universität Königsberg; seit 1842 Mitglied der preuß. Akademie der Wissenschaften; 1844 wegen Erkrankung Umzug nach Berlin. *Mitbegründer und seit 25. Mai 1848 Sprecher des ‚Vereins für Volksrechte‘, am 19. Juni wegen politischer Differenzen Austritt; Anfang Mai Wahlmann und vergebliche Kandidatur als Abgeordneter für die Dt. Nationalversammlung; Mitte Juni 1848 wegen seiner politischen Aktivitäten Ablehnung des Antrags, zum o. Prof. berufen zu werden, durch die Fakultät für Philosophie der Universität Berlin; Jan. 1849 Wahlmann für die Zweite Kammer des Preuß. Parlaments.*

JACOBY, JOHANN; geb. 1. Mai 1805 in Königsberg; gest. 6. März 1877 in Königsberg. Jüd.; Sohn eines Kaufmanns; 1823-1827 Studium der Medizin, Philosophie und Rechtswissenschaft in Königsberg, 1827 Prom. zum Dr. med.; seit 1828 prakt. Arzt, Wundarzt und Geburtshelfer in Königsberg; seit Anfang der dreißiger Jahre Mitarbeiter an verschiedenen medizinischen Zeitschriften; 1831 als Beauftragter des ostpreuß. Regierungspräsidenten mit der Erkundung der in Polen grassierenden Cholera beauftragt; 1840 Gründung einer politischen Gesellschaft (‚Siegel-Club‘, später ‚Donnerstags-Gesellschaft‘) in Königsberg; 1841 Veröffentlichung der Flugschrift ‚Vier Fragen, beantwortet von einem Ostpreußen‘, im anschließenden Prozeß wegen Hochverrats, Majestätsbeleidigung sowie wegen „frechen, unehrerbietigen Tadels und Verspottung der Landesgesetze“ zunächst zu zweieinhalb Jahren Festungshaft verurteilt, in der zweiten Instanz durch das Obertribunal Berlin freigesprochen; 1846 erneut Prozeß wegen Flugschriften demokratischen Inhalts, Verurteilung zu zweieinhalb Jahren Festungshaft, 1847 erneuter Freispruch in der zweiten Instanz durch das Obertribunal Berlin; 1842 Mitbegründer und seitdem Mitarbeiter der ‚Königsberger (Hartungschen) Zeitung', später weiterer Zeitungen und Zeitschriften (u.a. 1844 der ‚Deutsch-französischen Jahrbücher'); 1844 Mitbegründer und bis zur Auflösung 1845 Vorstandsmitglied der Königsberger ‚Bürgergesellschaft'. *März 1848 Mitglied des Vorparlaments und des Fünfziger-Ausschuß; Anfang Mai Wahl sowohl in die Dt. als auch die Preuß. Nationalversammlung, zunächst Annahme des Mandats für die Frankfurter Paulskirche, 6. Juni bis Nov. 1848 dann Mitglied der Preuß. Nationalversammlung (Linke, für Berlin); Aug. bis Nov. 1848 Mitglied des Redaktions-Komitees der demokratischen Tageszeitung ‚Reform'; 26. bis 30. Okt. Teilnehmer am Zweiten Kongreß der Demokraten Deutschlands in Berlin; 27. bis 29. Okt. 1848 Mitorganisator des Gegenparlaments in Berlin; Febr. bis April 1849 Mitglied der Zweiten Kammer des Preuß. Parlaments (für Berlin); April bis Mai 1849 Mitglied der Dt. Nationalversammlung (Deutscher Hof); Juni bis Okt. 1849 in Vernex bei Genf (Schweiz), danach Rückkehr nach Königsberg; im Dez. 1849 von der Anklage des Hochverrats wegen Teilnahme am Rumpfparlament vom Appellationsgericht in Königsberg freigesprochen.* In den fünfziger Jahren unter Polizeiaufsicht; 1859 führendes Mitglied des ‚Dt. Nationalvereins' (u. a. Ausschußmitglied); 1859 Mitbegründer und bis 1877 Vorstandsmitglied des Königsberger Handwerkervereins; 1861-1868 führendes Mitglied der Dt. Fortschritts-Partei, 1868 Verfasser des Parteiprogramms; 1863-1877 Königsberger Stadtverordneter; 1863-1865 Strafverfahren wegen einer 1863 vor seinen Wählern gehaltenen und später veröffentlichten regierungskritischen Rede, 1864 Verurteilung zu sechs Monaten Gefängnis durch das Kriminalgericht Berlin wegen Ehrfurchtverletzung gegenüber dem König, Aufforderung zum Ungehorsam gegen die Steuergesetze (zur Steuerverweigerung) und öffentlicher Beleidigung der Mitglieder des Staatsministeriums, 1865 Urteilsbestätigung durch das Berliner Kammergericht, 1865/66 sechs Monate Haft im Königsberger Stadtgefängnis; seit 1865 mehrfach weitere Geldstrafen und kurze Gefängnisstrafen wegen politischer Vergehen; 1863-1870 Mitglied des Preuß. Abgeordnetenhauses (bis 1868 Fortschritt); 1867-1871 Gründer und Hg. der Berliner Tageszeitung ‚Die Zukunft', Mitarbeiter zahlreicher weiterer Zeitungen und Zeitschriften; 1867 Mitbegründer der demokratischen südd. ‚Volkspartei'; 1870 fünfwöchige Internierung wegen seiner Kritik an der Annexion Elsaß-Lothringens; 1871 Mitbegründer des Demokratischen Vereins in Berlin; 1872 Eintritt in die Sozialdemokratische Arbeiterpartei; 1874 Wahl in den Reichstag, aber Ablehnung des Mandats.

JONAS, LUDWIG (J.); geb. 11. Dez. 1797 in Neustadt a.d. Dosse; gest. 19. Sept. 1859 in Berlin. Sohn eines ursprünglich jüd., später zum Protestantismus übergetretenen Kaufmanns; Gymnasium in Berlin; 1815 Teilnahme an den Befreiungskriegen; 1815-1819 Studium der Theologie in Berlin, 1822 Examen, 1850 Dr.

theol. h.c. (Marburg); 1817 Teilnahme am Wartburgfest; Anhänger und Hg. des Nachlasses Schleiermachers; 1818-1820 Erzieher im Kgl. Kadettenhaus in Berlin; 1820-1823 Lehrer im Potsdamer Militär-Waisenhaus; 1823-1833 Pfarrer in Schwerinsburg und Wusseken bei Anklam (Vorpommern); 1833-1859 Dritter Diakonus an der St. Nikolaikirche in Berlin; Mitbegründer des (liberal-)prote-stantischen Unionsvereins; 1843/44-1859 im Vorstand des Berliner und des Brandenburgischen Gustav-Adolf-Vereins; Mitte 1845 (gemeinsam mit Sydow) Gründer und Herausgeber der ‚Zeitschrift für die unirte evangelische Kirche‘ (als publizistisches Gegengewicht gegen Hengstenbergs EKZ); im Okt. 1844 Mitbe-gründer und bis 1846 stellv. Mitglied der Generalversammlung des großen Handwerkervereins. *Mai bis Nov. 1848 Mitglied der Preuß. Nationalversammlung (Rechte, für Berlin).* 1858/59 Mitglied des Preuß. Abgeordnetenhauses.

JORDAN, WILHELM (Carl Friedrich); geb. 8. Febr. 1819 in Insterburg (Ostpreußen); gest. 25. Juni 1904 in Frankfurt a. M. Studium der Theologie und Philosophie, 1842 Prom. zum Dr. phil.; Ende Nov. 1843 kurzzeitige Ausweisung aus Berlin wegen des Vortrags revolutionärer Gedichte; 1843-1846 belletristi-scher Schriftsteller zunächst in Leipzig; 1846 vier Wochen Haft und Ausweisung aus Sachsen wegen Verstoßes gegen die Zensurbestimmungen; 1846-1848 Schriftsteller und Lehrer in Bremen (Verfasser diverser Epen, Theaterstücke, populärwissenschaftlicher Aufsätze etc.). *Im Febr. 1848 als Korrespondent der ‚Bremer Zeitung‘ in Paris; Anfang bis Mitte April im Vorstand des Politischen Klubs Berlin; danach Übertritt in den Konstitutionellen Klub und seit 1. Mai ebd. im Vor-stand; 18. Mai 1848 bis 20. Mai 1849 Mitglied der Dt. Nationalversammlung (zunächst Linke, später rechtes Zentrum; für Niederbarnim); Nov. 1848 bis Nov. 1849 Ministerialrat in der Marineabteilung des Reichsministeriums für Handel; Juni 1849 Teilnehmer der Gothaer Versammlung.* Dez. 1849-1851, Hilfsreferent und Dezernent der Marineabteilung bei der Bundeszentralkommission in Frankfurt a. M., 1851-1853 Marinereferent bei der Bundesversammlung ebd., nach Versteigerung der deutsche Flotte 1854 Pensionierung; 1853-1904 Schriftsteller und Übersetzer in Frankfurt a. M.; seit den siebziger Jahren Auftritte als wandelnder Rezitator in allen größeren dt. Städten; aktiver Befürworter großdt.-imperialistischer Kon-zepte.

JULIUS, GUSTAV; geb. 1810; gest. Juli 1851 in London. Jüd., später ev.; 1829-1831 Studium der Theologie und Philosophie; danach Hauslehrer (u.a. der Kinder des Generals und, 1848, Gouverneurs von Berlin v. Thümen); 1840-1842 Studienrei-se durch Italien, dort historische und nationalökonom. Studien; Nov. 1842 bis Jan. 1843 Chefredakteur der ‚Leipziger Allgemeinen Zeitung‘, lebte 1843-1846 zurückgezogen (finanzierte sich durch Übersetzungen, u.a. von Schriften Rousse-aus). *Dez. 1846 bis März 1849 Hg. der ‚Berliner Zeitungshalle‘ und in dieser Funktion*

1848 einer der führenden Berliner Demokraten; 23. März Gründungsmitglied des Politischen Klubs; Jan. 1849 vergebliche Kandidatur als Abgeordneter für die Zweite Kammer des Preuß. Parlaments; 1849 mehrere Preßprozesse wegen seines entschieden demokratischen Journalismus. Daraufhin Emigration nach London, dort enge Kontakte zu demokratischen und kommunistischen Kreisen (u. a. Marx und Engels).

JUNG, GEORG (Gottlieb); geb. 2. Jan. 1814 in Rotterdam; gest. 8. Okt. 1886 in Berlin. Sohn eines deutschen Kaufmanns und einer Holländerin; 1834-1836 Studium der Rechte in Bonn und Berlin; dazwischen Dienst als Einjährig-Freiwilliger; 1836-1846 in Köln, seit 1841 Assessor am Kölner Landgericht, Mitarbeit an demokratischen Zeitungen (u.a. den ‚Hallischen Jahrbüchern‘, der ‚Rheinischen Zeitung‘ und den ‚Deutsch-französischen Jahrbüchern‘); seit 1846 in Berlin. *Hielt am 22. März sowie am 4. Juni 1848 Reden an den Gräbern der Märzgefallenen auf dem Friedrichshain; 23. März bis 21. Mai Vorsitzender des Politischen Klubs; 10. bis 19. April Mitglied des Berliner ‚Volks-Wahl-Komités‘; Mai-Nov. Mitglied der Preuß. Nationalversammlung (Linke, für Berlin); Febr. bis April 1849 Abgeordneter der Zweiten Kammer des Preuß. Parlaments (für Berlin).* 1849 als Advokat nicht zugelassen, lebte danach von seinem Privatvermögen; im Febr. 1850 im Steuerverweigerungsprozeß freigesprochen und aus Berlin ausgewiesen; 1863-1867 und 1869-1876 Mitglied des Preuß. Abgeordnetenhauses (zunächst Fortschritt, seit 1866 Nationalliberal).

KARBE, ADOLPH FRIEDRICH; geb. 1792 in Potsdam; gest.(?). Volksschullehrer, u.a. Erziehungs-Inspektor in der Anstalt für sittlich verwahrloste Kinder; später Konditor. *1848 Redner auf zahlreichen Volksversammlungen; Mai/Juni Vorsitzender des ‚Volksvereins unter den Zelten‘; seit Juli im Vorstand des ‚Sozialvereins‘; 26. bis 30. Okt. Teilnahme am Zweiten Kongreß der Demokraten Deutschlands in Berlin (Mandat wurde nicht anerkannt).*

KIRCHMANN, JULIUS (Hermann) V.; geb. 5. Nov. 1802 in Schafstädt bei Merseburg; gest. 20. Okt. 1884 in Berlin. Studium der Rechte in Leipzig und Halle; seit 1829 Assessor am Oberlandesgericht in Naumburg; 1833-1834 Richter in Halle; seit Dez. 1834 Direktor des Land- und Stadtgerichts Querfurt, seit Mai 1839 in Torgau; Okt. 1846 bis Anfang 1848 am Berliner Kriminalgericht, danach bis Juli 1848 Erster Staatsanwalt beim Berliner Kammergericht; seit Juli Vizepräs., seit Herbst 1848 Präs. des Oberlandesgerichts in Ratibor. *Mai bis Mitte Juli und Anfang Sept bis Nov. Mitglied der Preuß. Nationalversammlung (für Berlin bzw. Ostpreußen, linkes Zentrum). Febr. bis April 1849 für Berlin Mitglied der Zweiten Kammer des Preuß. Parlaments (Linke).* 1862-1870 und 1873-1876 Mitglied des Preuß. Abgeordnetenhauses (Fortschritt); 1867-1876 Mitglied des Reichstags (Fortschritt).

1850 wegen seines Verhaltens im Hochverratsprozeß gegen den Grafen Reichenberg (führender Repräsentant der Linken in der Preuß. Nationalversammlung) sowie seiner demokratischen Ansichten vorübergehend vom Dienst suspendiert; 1855 mit Gehalt beurlaubt; 1863 wieder eingesetzt, 1867 wegen eines Vortrags im Berliner Arbeiterverein erneut und endgültig entlassen (Verlust der Pension); danach Tätigkeit als Schriftsteller, Verfasser zahlreicher juristischer und philosophischer Schriften.

KÖPKE, RUDOLF (Anastasius); geb. 23. Aug. 1813 in Königsberg/Pr.; gest. 10. Juni 1870 in Berlin. Sohn eines Lehrers; seit 1832 Studium der Geschichte (u. a. bei Ranke); 1840-1842 Lehrer am Joachimsthaler Gymnasium in Berlin; 1842-1850 Mitarbeiter bei den ‚Monumenta Germaniae Historica'; 1846 Habilitation, danach Privatdozent. *Mitbegründer und seit 16. Mai 1848 Vorsitzender des Patriotischen Vereins; seit Sept. 1848 Mitglied des Lehrkörpers des konservativen ‚Handwerkerbundes'.* 1856-1870 a. o. Prof. für Geschichte an der Universität Berlin.

KORN, JULIUS; geb. 1821; gest.(?). Handlungsdiener, später Kaufmann. *März bis Mai 1848 führendes Mitglied des ‚Volksvereins unter den Zelten'; als angeblicher Mitinitiator des Zeughaussturms am 15. Juni verhaftet, am 15. Juli in 1. Instanz zu sieben, am 7. Okt. in 2. Instanz zu zwei Jahren Festungshaft verurteilt, am 21. Okt. 1848 (gemeinsam mit Siegerist) in die Festung Graudenz verlegt.*

KRAUSE, ERNST; geb. (um 1820); gest. (?). Schlosser; in den vierziger Jahren im Maschinenbauunternehmen Borsig beschäftigt; seit 1845 Mitglied und 1848 im Vorstand des großen Handwerkervereins. *10. bis 20. April 1848 Mitglied des Berliner ‚Volks-Wahl-Komités'; Anfang Mai Wahlmann für beide Nationalversammlungen und vergebliche Kandidatur als Abgeordneter für die Preuß. Nationalversammlung; Mitbegründer und im Vorstand, seit 17. Sept. 1848 bis zu dessen Auflösung im Sommer 1850 Vorsitzender des ‚Vereins der Maschinenbauer'; 13. Aug. bis 2. Sept. 1848 Delegierter auf dem Ersten Arbeiter-Kongreß in Berlin; im Febr. 1849 Delegierter auf dem Zweiten Kongreß der ‚Arbeiterverbrüderung' in Leipzig.*

KRAUSNICK, HEINRICH WILHELM; geb. 30. März 1797 in Potsdam; gest. 14. Dcz. 1882 in Berlin. Sohn eines Schneidermeisters; 1816-1818 Studium der Rechte in Berlin; 1818-1822 Referendar und Assessor in Potsdam und Berlin; 1822-1826 Justizrat am Berliner Stadtgericht, 1826-1830 am Breslauer Oberlandesgericht; 1830-1834 im preuß. Justizministerium, seit 1831 als Geh. Justizrat und Geh. Vortragender Rat; seit Mai 1834 Oberbürgermeister von Berlin. *Am 20. März 1848 Absetzung als Oberbürgermeister, am 29. Juli auch förmliche Abberufung durch Friedrich Wilhelm IV.; danach vorübergehend im Ruhestand.* Mai bis Okt. 1849 Direktoriumsmitglied der Preuß. Seehandlung; Nov. 1849 bis Dez. 1850 Vortragender Rat im preuß. Ministerium für Handel, Gewerbe und öffentliche Arbeiten; Jan. 1851 bis Dez. 1862 erneut Oberbürgermeister von Berlin; seit 1871 Berliner Ehrenbürger.

KRUMMACHER, FRIEDRICH WILHELM; geb. 28. Jan. 1796 in Moers; gest. 10. Dez. 1868 in Potsdam. Sohn eines Pfarrers; 1815-1818 Studium der Theologie in Halle und Jena, 1817 Teilnahme am Wartburgfest, 1818 Prom. zum Dr. phil.; 1818-1823 Hilfsgeistlicher in Frankfurt a. M.; 1823-1825 reformierter Pfarrer in Ruhrort, 1825-1834 in Barmen, 1834-1847 in Elberfeld, 1847-1853 an der Berliner Dreifaltigkeits-Kirche. *1848 konservativer Exponent der protestantischen Geistlichkeit Berlins. 1849/50 Redner des ,Treubunds mit Gott für König und Vaterland'.* Seit 1853 Oberhofprediger an der Königlichen Hof- und Garnisonskirche in Potsdam. Verfasser einer ,Selbstbiographie' (1869).

LANGERHANS, FRIEDRICH WILHELM; geb. 16. Okt. 1780 in Altlandsberg; gest. 16. April 1851 in Berlin. Bis Juli 1809 im preuß. Staatsbauwesen tätig; 1809-1849 Baustadtrat in Berlin. *1847 bis 1849 innerhalb des Magistrats verantwortlich für die Leitung der kommunalen Arbeitsbeschaffungsmaßnahmen; am 18. April 1848 Mitbegründer des Gesellenvereins in der Köpenickerstr. 27.*

LENZ, LUCIE (eigentlich: Luitgard Louise Elisabeth Lorenz); geb. 21. Okt. 1824 in Wittstock; gest. (nach 1863). Wahrscheinlich seit 1844 in Berlin, betrieb bis 1847 ein Putzmachergeschäft. *Am 18. März 1848 vermutlich Teilnahme an den Barrikadenkämpfen; im April Verfasserin eines Flugblatts zur Unterstützung der Lohnkämpfe der Männer; am 14. Juni Teilnahme am Zeughaussturm in ,Männerkleidung'; Mitbegründerin und Vorsitzende des am 12. Okt. vom ,Demokratischen Frauenklub' abgespaltenen Frauenvereins ,Germania'.* Emigrierte nach 1848 in die Schweiz, nach Frankreich und nach England (1855 Eheschließung in London); nach einer anderen Version bereits seit Okt. 1850 wieder in Berlin; zwei (möglicherweise uneheliche) Söhne. [Ich danke Sylvia Paletschek für ergänzende biographische Angaben.]

LETTE, WILHELM ADOLF; geb. 10. Mai 1799 in Kienitz bei Soldin (Brandenburg); gest. 3. Dez. 1868 in Berlin. Sohn eines Rittergutsbesitzers; 1816-1820 Studium der Rechte in Heidelberg, Göttingen und Berlin, Burschenschaftler, 1817 Teilnahme am Wartburgfest, deswegen mehrmonatige Gefängnisstrafe; 1821-1825 Auskultator und Referendar am Oberlandesgericht in Frankfurt a. d. O. und Landsberg a. d. W.; 1825-1834 Obergerichtsassessor und Hilfsarbeiter bei der Generalkommission für die Neumark und die Lausitz in Soldin; 1834-1835 Rat bei der Generalkommission für Pommern in Stargard;

1835-1839 Oberlandesgerichtsdirektor in Posen; 1839-1840 Direktor der Generalkommission für Pommern in Stargard; 1840-1843 Oberregierungsrat und Dirigent der volks- und landwirtschaftlichen Abteilung bei der Regierung in Frankfurt a. d. O., 1843-1845 Vortragender Rat für Landeskultursachen im preuß. Ministerium des Innern; 1844-1854 Mitglied des preuß. Staatsrates und des Landesökonomiekollegiums; 1845-1854 Präsident des preuß. Revisionskollegiums für Landeskultursachen in Berlin (höchstrichterliche Instanz in allen Streitfällen im Zusammenhang mit der Durchführung der Agrarreformen); 1844 Mitbegründer des ‚Centralvereins für das Wohl der arbeitenden Klassen‘, 1849-1868 dessen Vorsitzender; 1846/47 ehrenamtlicher Lehrer im großen Handwerkerverein. *Am 28. März 1848 Mitbegründer und bis 16. Mai im Vorstand des Konstitutionellen Klubs; am 11. April Teilnahme an der Gründungssitzung des ‚Central-Comités der Arbeiter‘; 16. Mai Gründungsmitglied des Patriotischen Vereins; Mai 1848 bis Mai 1849 Mitglied der Dt. Nationalversammlung (Casino), Mai 1848 außerdem Wahl zum stellv. Mitglied der Preuß. Nationalversammlung.* 1854 Disziplinarverfahren wegen seiner oppositionellen Haltung, Entlassung aus dem Staatsdient und Ausschluß aus dem preuß. Staatsrat; danach Privatmann in Berlin. 1850-1852 Mitglied der Ersten Kammer des Preuß. Parlaments, 1852-1868 des Preuß. Abgeordnetenhauses (Nationalliberal); 1858-1868 Vorsitzender der ständigen Deputation des ‚Kongresses der Volkswirte‘; 1866 Gründer des ‚Vereins zur Förderung des weiblichen Geschlechts‘ (seit 1872: ‚Lette-Verein‘); 1867-1868 Mitglied des Norddt. Reichstags.

LEUBUSCHER, RUDOLF L.; geb. 12. Dez. 1821 in Breslau; gest. 23. Okt. 1861 in Berlin. Studium der Medizin, Promotion; 1848 Habilitation an der Universität Berlin. *1848 führend in der Reformbewegung der Berliner Ärzte, seit Juli Mitherausgeber der ‚Medizinischen Reform‘; seit Aug. 1848 Mitglied im Vorstand des Bezirks-Central-Vereins.* Seit 1850 Oberarzt im Arbeitshaus; 1850/51 ärztliche Tätigkeit für den Gesundheitspflegeverein der Berliner ‚Arbeiterverbrüderung‘; 1856-1859 Prof. für Medizin an der Universität Jena; seit 1859 niedergelassener Arzt in Berlin.

LEWALD, FANNY; geb. 24. März 1811 in Königsberg; gest. 5. Aug. 1889 in Dresden. Jüd., seit 1828 ev.; Tochter eines Kaufmanns; seit 1844 in Berlin; Schriftstellerin (Verfasserin von Novellen). *Zum Zeitpunkt der Februarrevolution 1848 in Paris; Ende März Rückkehr nach Berlin (als revolutionsbegeisterte Demokratin), ohne hier jedoch politisch hervorzutreten; 1850 Veröffentlichung ihrer ‚Erinnerungen aus dem Jahre 1848‘.* Unterhielt seit Anfang der fünfziger Jahre in Berlin einen Salon; seit den siebziger Jahren Anhängerin Bismarcks.

LIEDKE, GOTTLIEB SAMUEL; geb. 1803; gest. 1852. Generalstaatskassen-Buchhalter; 1845 Gründer eines ‚Sparladens‘ für Arme in der Spandauer Vorstadt; Nov. 1847 Mitbegründer und seitdem im Vorstand der Berliner ‚Gemeinnützigen Baugesellschaft‘. *Im April 1848 Drahtzieher mehrerer versuchter Überfälle auf den Politischen Klub; Anfang Mai Wahlmann für beide Nationalversammlungen und vergebliche Kandidatur als Abgeordneter für die Dt. Nationalversammlung; seit Juni führendes Mitglied des Preußenvereins (Schriftführer).*

LÖVINSON (auch: Löwinson), LOUIS; geb. 3. Mai 1823 in Danzig; gest. 13. Juni 1896 in Berlin. Jüd.; Kaufmann, Inhaber eines Landesprodukten-, Wein-, Kommissions- und Speditionsgeschäfts. *1848 Redner auf verschiedenen Volksversammlungen; angeblich einer der Initiatoren des Zeughaussturms vom 14. Juni, im anschließenden Prozeß freigesprochen.*

LÖVINSON (auch: Löwinson), MORITZ (bis 1846: Meyer Lövinson); geb. 22. April 1820 in Danzig; gest. 17. Mai 1887 in Berlin. Jüd.; Studium der Medizin; im Sommer 1843 Sekretär eines wenig später verbotenen Lesevereins an der Universität Berlin; Prom. zum Dr. med.; Arzt; Besitzer einer Mineralbrunnentrinkanstalt. *Seit April 1848 führendes Mitglied des Politischen/Demokratischen Klubs; Jan. 1849 Wahlmann für die Zweite Kammer des Preuß. Parlaments; 1849 wegen politischer „Einwirkung auf Landwehrmänner" zu Militärarrest verurteilt.* Seit 1863 Berliner Stadtverordneter (Fortschritt).

LÖWENSTEIN, ADOLF (Adolph); geb. 23. Mai 1811 in Lissa; gest. 18 Jan. 1882 in Berlin. Jüd.; Medizinstudium, Prom. zum Dr. med. *Im April 1848 führendes Mitglied des Konstitutionellen Klubs; Anfang Mai Wahlmann für die Dt. Nationalversammlung; Juni-Aug. Vorsitzender, seit Aug. im Vorstand des Bezirks-Central-Vereins.* Später Geh. Sanitätsrat.

LÖWENSTEIN, RUDOLF; geb. 20. Febr. 1819 in Breslau; gest. 5. Jan. 1891 in Berlin. Jüd., später ev.; Studium der Philologie in Breslau und Berlin, Prom. zum Dr. phil.; danach Hauslehrer und Schriftsteller. *Am 18. März Teilnahme an den Barrikadenkämpfen (verwundet); 1848/49 Mitarbeiter des ‚Kladderadatsch‘; seit Juni 1848 im Vorstand des Bezirks-Central-Vereins.* 1849 vorübergehende Ausweisung aus Berlin; 1850-1887 erneut Redakteur des ‚Kladderadatsch‘.

LÜCHOW, CHRISTIAN (Johann); geb. 1818; gest. (?). Schneidergeselle; seit 1844/45 Mitglied des ‚Bundes der Gerechten‘ bzw. des ‚Bundes der Kommunisten‘; seit Sept. 1846 in Berlin, hier als Werkführer in einem Herrenkleidermagazin beschäftigt; Mitglied im großen Handwerkerverein. *Ende März 1848 Mitbegründer und führendes Mitglied des Komités der Berliner Schneidergesellen; seit 19.*

April im geschäftsführenden Ausschuß des ‚Central-Comités der Arbeiter'; Anfang Mai Veröffentlichung der Broschüre „Die Organisation der Arbeit und deren Ausführbarkeit", in der für Nationalwerkstätten etc. geworben wurde. 1849/50 in Hamburg, aktives Mitglied der ‚Arbeiterverbrüderung'.

MARX, ADOLPH BERNHARD; geb. 15. Mai 1795 in Halle a. d. S.; gest. 17. Mai 1866 in Berlin. Jüd., später ev.; Jurastudium; zunächst Referendar am Berliner Kammergericht; seit 1824 als Journalist, Komponist und Musiktheoretiker in Berlin tätig, u.a. 1824-1830 Gründer und Redakteur der ‚Allgemeinen Musikalischen Zeitung'; 1828 Prom. zum Dr. phil. in Marburg; seit 1830 a.o. Prof. für Musikwissenschaft und -geschichte in Berlin; seit 1832 auch Universitätsmusikdirektor. *Seit Ende März 1848 führend in der Reformbewegung der jungen Hochschullehrer an der Universität Berlin; seit Juli im Vorstand des Bezirks-Central-Vereins.* 1850 Mitbegründer und (bis 1857) in der Leitung der Berliner ‚Musikschule für Gesang, Klavier und Komposition' (späteres Sternsches Konservatorium).

MEYEN, EDUARD (Maximilian); geb. 5. März 1812 in Berlin; gest. 1870 in Berlin. Sohn eines preuß. Subalternoffiziers; Studium der Philosophie Berlin, Prom. zum Dr. phil.; Junghegelianer, Mitglied der ‚Berliner Freien'; seit 1839 Mitarbeiter bei div. Zeitschriften (u.a. den ‚Hallischen Jahrbüchern', dem ‚Berliner Athenäum', der ‚Rheinischen' und der Trier'schen Zeitung); 1847 wegen Majestätsbeleidigung zu zwei Jahren Festungshaft verurteilt, am 21. März 1848 aufgrund des Amnestiegesetzes entlassen. *Seit 1. April 1848 Redakteur der ‚Reform'; seit 14. April im Vorstand des Politischen bzw. seit 17. Mai des Demokratischen Klubs; seit April Präsident des Ende März gegründeten ‚Vereins jüngerer Juristen'; Anfang Mai Wahlmann für beide Nationalversammlungen; führendes Mitglied des Bürgerwehrklubs; seit 7. Juli im ‚Central-Ausschuß der deutschen Demokraten' (als einer der beiden Berliner Vertreter); 26. bis 30. Okt. Delegierter auf dem Zweiten Kongreß der Demokraten Deutschlands in Berlin; Jan. 1849 Wahlmann für die Zweite Kammer des Preuß. Parlaments; seit Frühjahr 1849 Zweiter Vorsitzender des 1. Volksvereins und im Vorstand der Berliner ‚Volkspartei'.* 1850 wegen Preßvergehens zu vier Monaten Gefängnis verurteilt; Juni 1850 bis 1859 in England; nach seiner Rückkehr zunächst in Hamburg als Redakteur der Zeitschrift ‚Freischütz', später Hg. der ‚Berliner Reform'; Anhänger der Dt. Fortschritts-Partei.

MIEROSLAWSKI, LUDWIG V.; geb. 17. Jan. 1814 in Nemours (Frankreich); gest. 23. Nov. 1878 in Paris. Kath.; lebte 1820-1831 in Polen; führende Beteiligung an den polnischen Erhebungen 1830/31; 1831 Emigration nach Frankreich; seit 1840 enge Kontakte zum Polnischen Demokratischen Verein; 1845/46 Mitinitiator eines geplanten gesamtpolnischen Aufstandes; 1846 deswegen verhaftet und im Berliner ‚Polenprozeß' Ende 1847 zum Tode verurteilt. *Am 20. März 1848 aus dem Moabiter Gefängnis entlassen und im Triumphzug durch Berlin geführt; verließ Ende März Berlin, um im April/Mai 1848 als militärischer Führer am Aufstand in Posen teilzunehmen; im Mai verhaftet und im Juli nach Frankreich ausgewiesen; führte März bis Mai 1849 die aufständischen Soldaten auf Sizilien; Juni 1849 Oberbefehlshaber der badisch-pfälzischen Revolutionsarmee; Emigration nach Frankreich.* In Paris als Privatlehrer tätig; erhielt 1860 von Garibaldi den Oberbefehl über die internationale Legion in Italien; 1861/62 Kommandant der polnischen Militärschule in Genua; 1863 während des polnischen Aufstandes zum Diktator der polnischen Nationalregierung ernannt; Flucht nach Krakau und erneute Emigration nach Paris, blieb danach ohne größeren politischen Einfluß.

MINUTOLI, JULIUS FREIHERR V.; geb. 30. Aug. 1805 in Berlin; gest. 5. Nov. 1860 in Khanéh Zenjáhn (Persien). Sohn eines preuß. Generalleutnants; Studium der Rechte und Kameralwissenschaften in Berlin und Heidelberg; seit 1830 im preuß. Verwaltungsdienst; seit 1832 Regierungsrat, 1839 Landrat, seit 1843 Polizeipräsident von Posen. *1. Juli 1847 bis 27. Juni 1848 Polizeipräsident in Berlin; 20. März bis 4. April 1848 Kommandeur der Bürgerwehr; Mitglied des am 1. Juni gegründeten Sicherheitsausschusses.* Danach vorübergehend im Ruhestand; seit 1853 preuß. Gesandter in Spanien, seit 1860 in Persien.

MONECKE, EDMUND; geb. 1827 in Saalfeld (Ostpr.); gest. 1871. Sohn eines Richters; 1845-1848 Studium der Philologie in Berlin. *Seit dem 20. März 1848 Führer einer nach ihm benannten ‚Rotte' innerhalb des fliegenden Corps der Studenten; 10. bis 20. April Mitglied des Berliner ‚Volks-Wahl-Komités'; seit Ende März führendes Mitglied des Politischen Klubs, seit dem 17. Mai im Vorstand des Demokratischen Klubs; nach der Verhaftung G.A. Schlöffels seit Ende April Redakteur des ‚Volksfreundes'; am 30. Juni wegen Preßvergehen zu zweieinhalb Jahren Festungshaft verurteilt.* Im Mai 1850 vorzeitige Entlassung aus der Haft; 1851 Emigration in die USA.

MÜLLER, GUSTAV; geb. (um 1805); gest. (nach 1865). Kaufmann. *1848 beliebter demokratischer Volksredner, als ‚Lindenmüller' Vorsitzender des ‚Lindenklubs'.* Im Jan. 1849 wegen versuchten Aufruhrs (Aushängung der Gittertore vor dem Stadtschloß am 14. Juni 1848) in erster Instanz zu sechs Wochen, im April 1850 in zweiter Instanz zu zwei Jahren Festungshaft verurteilt; 1852 Emigration in die USA; 1861-1865 Teilnahme am US-amerikanischen Bürgerkrieg auf seiten der Nordstaaten (als Hauptmann).

MUNDT, KLARA, GEB. MÜLLER; geb. 2. Jan. 1814 in Neubrandenburg (Mecklenburg); gest. 26. Sept. 1873 in Berlin. Tochter eines Oberbürgermeisters;

1839 Eheschließung mit Theodor Mundt (zwei Kinder); Romanschriftstellerin (unter dem Pseudonym Luise Mühlbach, insgesamt 290 Romane). *Am 20. März 1848 öffentlicher Aufruf an die Berliner Frauen, sich der Hinterbliebenen der am 18. März gefallenen Barrikadenkämpfer anzunehmen; unterhielt 1848 einen progressiven Salon; verließ im Sept. 1848 vorübergehend Berlin, nachdem ihr Mann an die Universität Breslau berufen worden war.* Nach dem Tod ihres Mannes 1870 zahlreiche Reisen.

NAUNYN, FRANZ CHRISTIAN; geb. 29. Sept. 1799 in Drengfurt (Ostpr.); gest. 30. April 1860 in Berlin. 1822-1825 Studium der Rechte in Königsberg; danach im Verwaltungsdienst, u. a. Justizrat und Syndikus der Generalkommission zur Regulierung der gutsherrlichen und bäuerlichen Verhältnisse in Königsberg und Gumbinnen; später Justitiar bei der niederschlesisch-märkischen und Direktor der anhaltischen Eisenbahn; 1844-1860 Bürgermeister von Berlin; 1844 Mitglied des Komités des Berliner ‚Lokalvereins für das Wohl der arbeitenden Klassen'; angeblich Mitglied der 1846 gegründeten Berliner ‚Bürgergesellschaft'; Geh. Regierungsrat. *Anfang Mai 1848 Wahlmann für die Preuß. Nationalversammlung; Mitglied des am 1. Juni gegründeten und am 15. Juni erneuerten (kommunalen) ‚Sicherheitsausschusses'; Jan. 1849 Wahlmann für die Zweite Kammer des Preuß. Parlaments.*

NAUWERCK, CARL (Ludwig Theodor); geb. 26. März 1810 in Salem (Herzogtum Lauenburg); gest. 7. Juli 1891 in Riesbach bei Zürich. Sohn eines Rats; 1828-1831 Studium der Theologie und Orientalischen Philologie in Berlin und Bonn, 1834 Prom. zum Dr. phil. in Halle, Nov. 1835 Habilitation in Berlin; Mitglied der ‚Berliner Freien'; 1836-1844 Privatdozent für arabische Literatur an der Universität Berlin, auf Betreiben des Innenministers Eichhorn von dieser Funktion entbunden; seit 1839 Mitarbeiter der ‚Hallischen Jahrbücher' und der ‚Rheinischen Zeitung'; 1844-1849 Mitglied des ‚Centralvereins für das Wohl der arbeitenden Klassen'; 1846 bis Mai 1848 Berliner Stadtverordneter; Verfasser zahlreicher wissenschaftlicher und politischer Schriften. *Ende März/Anfang April 1848 zunächst Mitglied im Konstitutionellen Klub; seit 1. April Mitglied des Verwaltungsrats der ‚National-Zeitung'; 10. bis 16. April Mitglied des Berliner ‚Volks-Wahl-Komités'; am 26. April Mitbegründer des ‚Reformklubs'; Mai 1848 bis Juni 1849 Mitglied der Deutschen Nationalversammlung (Deutscher Hof).* 1849 Emigration in die Schweiz, Zigarrenhändler und Besitzer einer Tabakhandlung in Zürich; im Juni 1851 in Abwesenheit zum Tode verurteilt (wegen Teilnahme am Ausschuß für die Reichsverfassung und am Fünfzehnerausschuß), im Jan. 1861 amnestiert; seit 1859 Mitglied des ‚Dt. Nationalvereins' und Anfang der sechziger Jahre Präsident der in Zürich bestehenden Zweigorganisation des ‚Nationalvereins'.

NEO, ALBERT (Franz Carl); geb. (um 1820); gest. (?). (Jüd.) Handlungsdiener bzw. Buchhalter; seit Okt. 1844 und auch noch 1848 im Vorstand des Handwerkervereins; in den vierziger Jahren führendes Mitglied des 1839 gegründeten ‚Vereins junger Kaufleute'. *Ende 1848 im Verwaltungsrat des Berliner Bezirks-Komités der ‚Arbeiterverbrüderung'.* Okt. 1853 einer der Hauptangeklagten im Prozeß wegen der sog. Ladendorffschen Verschwörung, Ende Okt. 1854 deshalb zu vier Jahren Zuchthaus verurteilt; 1857 Entlassung und Emigration.

NEUMANN, SALOMON; geb. 22. Okt. 1819 in Pyritz; gest. 20. Sept. 1908 in Berlin. Jüd.; 1838-1842 Studium der Medizin in Berlin und Halle, Prom. zum Dr. med.; 1842-1845 in Wien und Paris; seit 1845 niedergelassener Arzt in Berlin. *1848 führend in der Reformbewegung der Ärzte; Anfang Mai Wahlmann für die Preuß. Nationalversammlung; seit Aug. im Vorstand des Bezirks-Central-Vereins.* 1850/51 Arzt des Gesundheitspflegevereins der Berliner ‚Arbeiterverbrüderung', ab 1856 des Gewerkskrankenvereins; 1859-1905 Berliner Stadtverordneter.

NOBILING, KARL (Phillip); geb. 20. Juni 1799 in Berlin; gest. 1863 in Berlin. Besitzer einer Färberei; 1815 Teilnahme an den Befreiungskriegen; später Landwehroffizier (Hauptmann); seit März 1847 unbesoldeter Stadtrat; Geh. Rat. *15. März bis Ende April 1848 Verbindungsmann zwischen Berliner Magistrat und Armeeführung; 19. März bis Mitte April Chef des Stabes der Bürgerwehr (unter Minutoli und Aschoff); 1849 Wahlmann für die Zweite Kammer des Preuß. Parlaments.*

OPPENHEIM, HEINRICH BERNHARD; geb. 20. Juli 1819 in Frankfurt a. M.; gest. 29. März 1880 in Berlin. Jüd.; Studium der Rechte in Göttingen, Heidelberg und Berlin, Prom. zum Dr. jur., 1839 Habilitation an der Universität Heidelberg; 1840 Ablehnung seiner Zulassung als Privatdozent an der Universität Berlin; seit 1842 Privatdozent für Staatswissenschaften und Völkerrecht an der Universität Heidelberg. *Anfang und Mitte März 1848 Teilnehmer und Redner auf den Berliner Volksversammlungen im Tiergarten; führendes Mitglied des Politischen/Demokratischen Klubs; Redakteur und Mitherausgeber der ‚Reform'; 16. bis 20. April Mitglied des Berliner ‚Volks-Wahl-Komités'; 23. Juli Gründer des ‚Republikanischen Klubs'; 26. bis 30. Okt. Delegierter auf dem Zweiten Kongreß der Demokraten Deutschlands in Berlin; Anfang Dez. Ausweisung aus Berlin.* 1849 bis 1860 Emigration in die Schweiz, nach Frankreich und England; 1860 Rückkehr nach Deutschland; seit 1862 Hg. der ‚Dt. Jahrbücher'; Mitglied im ‚Dt. Nationalverein'; 1874 bis 1877 Mitglied des Reichstags (Nationalliberal).

OTTENSOS(S)ER, ROBERT (Michael); geb. (um 1822) in Breslau; gest. (?). Jüd.; Handlungsdiener, Buchhalter; 1844-1846 Mitglied des großen Handerwerkervereins. *Anfang März 1848 Teilnehmer und Redner auf den Berliner Volksver-*

sammlungen im Tiergarten; 18. März Teilnahme am Barrikadenkampf (Gefangennahme durch das Militär); seit Ende März führendes Mitglied des Politischen/Demokratischen Klubs sowie des demokratischen ,Volksklubs'; Redner auf verschiedenen Volksversammlungen; April bis Anfang Juni als Mitglied der Berliner Freischaren in Schleswig-Holstein; Ende Juni bis Ende Aug. 1848 in Haft; 1849 Teilnahme am badischen Aufstand.

PIETSCH, LUDWIG (Karl Adolf); geb. 25. Dez. 1824 in Danzig; gest. 27. Nov. 1911 in Berlin. Sohn eines Regierungssekretärs; 1841 bis Mitte der vierziger Jahre Studium an der Berliner Kunstakademie; danach als Zeichner für verschiedene Zeitungen tätig. *Am 18. März 1848 Teilnahme am Barrikadenkampf (Gefangennahme durch das Militär); seit dem 25. Mai 1848 Vorstandsmitglied des ,Vereins für Volksrechte'.* Nach 1848 weiterhin als Zeichner, seit den fünfziger Jahren auch als Porträtmaler tätig; seit 1864 Mitarbeiter der Feuilletonredaktion der ,Vossischen Zeitung'; 1870/71 als Zeichner und Berichterstatter im Hauptquartier des preuß. Kronprinzen.

PRITTWITZ, KARL LUDWIG V.; geb. 16. Okt. 1790 in Karisch (Krs. Strehlen/RB Breslau); gest. 8. Juni 1871 in Görlitz. 1806-1853 in der preuß. Armee, Teilnahme an der Schlacht bei Jena und Auerstedt (als Fähnrich) sowie 1813-1815 an den Befreiungskriegen, seit 1813 Major, seit 1829 Oberst, seit 1836 Generalmajor, seit 1844 Generalleutnant; 1818-1821 Adjutant des Prinzen Wilhelm; 1822-1828 Flügeladjutant von Friedrich Wilhelm III.; seit 1835 Kommandeur des Ersten Garde-Infanterie-Regiments, seit 1843 Kommandeur der Garde-Infanterie. *Am 18. März 1848 Oberbefehl über die in und um Berlin stationierten Truppen; seit 23. Mai Übernahme der Dienstgeschäfte des Generalkommandeurs der Gardecorps; 1848/49 Oberbefehl über das Reichsheer in Schleswig.*

PRUTZ, ROBERT (Eduard); geb. 1816; gest. 1872. Prom. zum Dr. phil.; Verfasser von Theaterstücken u. a., häufiger in Konflikt mit der Zensur. *Bis Ende März 1848 in Dresden, danach in Berlin; seit April führendes Mitglied, seit Anfang Mai Vorstandsmitglied, seit Juni Vorsitzender des Konstitutionellen Klubs; Anfang Mai Wahlmann und vergebliche Kandidatur als Abgeordneter für die Dt. Nationalversammlung; Redakteur der ,Constitutionellen Club-Zeitung'; 10. bis 16. April Mitglied im Berliner ,Volks-Wahl-Komité'.* April 1849 bis 1859 a. o. Prof. für Literaturgeschichte in Halle, seit 1859 in Stettin.

RADOWITZ, JOSEPH (Maria) V.; geb. 6. Febr. 1797 in Blankenburg (Harz); gest. 25. Dez. 1853 in Berlin. Seit 1810 kath.; Sohn eines braunschweigischen Titularrates, Enkel eines ungarischen Adligen; 1808-1811 Besuch der Militärschulen in Mainz, Charleroi und Straßburg sowie polytechnische Schule in Paris; Besitzer des Gut Rüthen bei Brilon; 1812 Eleve-Unterleutnant an der Artillerie- und Ingenieurschule in Kassel; 1812-1814 Secondelieutenant im 1. Artillerieregiment der kgl. westfälischen Armee (seit 1813 als Batterieführer), 1813 Teilnahme auf seiten der französischen Armee in Schlesien und Sachsen (mehrfach verwundet, nach der Schlacht bei Leipzig in Kriegsgefangenschaft); 1814-1817 Premierlieutenant in der kurhessischen Armee, seit 1817 Hauptmann; 1814/15 Teilnahme an den Befreiungskriegen; 1815-1823 Lehrer der mathematischen und militärischen Wissenschaften an der Militärschule in Kassel, seit 1821 auch Lehrer des hessischen Kurprinzen Friedrich Wilhelm; 1823 Entlassung aus der kurhessischen Armee, nach kurzzeitiger Festungshaft Ausweisung aus Kurhessen; Dez. 1823-1828 Hauptmann, 1828-1845 Major im großen Generalstab in Berlin, seit 1830 Chef des Generalstabes der Artillerie; gleichzeitig seit 1823 militärischer Lehrer des Prinzen Albrecht von Preußen; 1824 Bekanntschaft und seit 1826 persönlicher Berater des Kronprinzen und späteren König Friedrich Wilhelm IV.; 1826-1836 Mitglied des Direktoriums der Allgemeinen Kriegsschule in Berlin; 1830 Zeuge der Revolution in Brüssel; seit 1830 Chef des Generalstabes der Artillerie Preußens; 1831 Mitbegründer und bis 1835 Mitarbeiter des ständisch-monarchistischen ‚Berliner Politischen Wochenblattes‘; 1836-März 1848 preuß. Militärbevollmächtigter beim Deutschen Bund in Frankfurt, seit außerdem 1842 preuß. Gesandter in Baden, Hessen-Darmstadt und Nassau; 1845 Generalmajor. *5. bis 26. März 1848 als a. o. preuß. Gesandter in Wien, danach freiwilliger Austritt aus der Armee (Generalmajor a. D.); Ende März kurzzeitig in Berlin, Ende März bis Mitte Mai auf dem Gut seiner Schwiegermutter in Giewitz (Mecklenburg); Mai 1848 bis April 1849 Mitglied der Dt. Nationalversammlung (Café Milani); Juni bis Dez. 1848 Vorsitzender des katholischen Clubs in Frankfurt a. M.; anfänglich Mitarbeiter der Berliner ‚Kreuzzeitung‘; enger Vertrauter Friedrich Wilhelms IV. und reformkonservativer Kontrahent der Gebrüder Gerlach.* April 1849-1853 Generalleutnant in Berlin; Nov. 1849 bis März 1850 preuß. Kommissar bei der Bundeszentralkommission in Frankfurt a. M.; März-April 1850 Mitglied und Vertreter der preuß. Regierung im Erfurter Parlament, danach bis Sept. 1850 als Privatmann in Erfurt; Sept. bis Nov. 1850 preuß. Außenminister; danach bis Febr. 1851 als a. o. Sondergesandter in London (zur Beratung über die Herstellung eines preußisch-englischen Bündnisses); 1851/52 Privatmann in Erfurt; 1852/53 Generalinspekteur der preußischen Militärbildungs- und Erziehungsanstalten in Berlin; Verfasser zahlreicher militärwissenschaftlicher, politischer etc. Schriften.

RAUMER, FRIEDRICH (Ludwig, Georg) v.; geb. 14. Mai 1781 in Wörlitz (Anhalt); gest. 14. Juni 1873 in Berlin. Sohn eines fürstlichen Domänenpächters und Kammerdirektors; 1798-1801 Studium der Rechts- und Kameralwissenschaft sowie Philosophie, Geschichte und Naturwissenschaften in Halle und Göttingen; 1801-1803 Referendar bei der kurmärkischen Kriegs- und Domänenkammer und der

Kammerjustizdeputation in Berlin, 1803-1804 Assessor in Heiligenstadt, 1804-1806 bei der kurmärkischen Kriegs- und Domänenkammer und der Kammerjustizdeputation in Berlin, 1806-1809 kommissarischer Rat und Leiter eines Departements bei der Domänenkammer in Königswusterhausen, 1809-1810 Regierungsrat in Potsdam, 1810 im preuß. Finanzministerium, 1810/11 im Büro des preuß. Staatskanzlers v. Hardenbergs; 1811 Prom. zum Dr. phil. in Heidelberg; 1811-1819 o. Prof. der Staatswissenschaften und der Geschichte in Breslau, 1819-1859 in Berlin (1822/23 und 1842/43 Rektor); (1820)-1831 Mitglied des preuß. Ober-Zensur-Kollegium in Berlin; Juni 1827 bis März 1847 Mitglied der preuß. Akademie der Wissenschaften (ständiger Sekretär der philosophisch-historischen Klasse, Austritt aus Protest); 1830 während der Julirevolution in Paris; 1841 Gründer des ‚Wissenschaftlichen Vereins‘ (Vorträge akademischer Lehrer vor Laien); Mitarbeiter zahlreicher Zeitungen und Zeitschriften; 1847 bis Mai 1848 Berliner Stadtverordneter (im Mai 1848 erneut wiedergewählt, trat aber das Mandat wegen seiner Wahl in die Nationalversammlungen nicht an). *Mai 1848 sowohl zum Mitglied für die Preuß. als auch für die Dt. Nationalversammlung gewählt; Mai 1848 bis Mai 1849 Mitglied der Dt. Nationalversammlung (Casino); Aug. bis Dez. 1848 a. o. Reichsgesandter in Paris.* Hielt seit 1849 Vorlesungen für Frauen; 1850 Begründer der ersten vier Berliner Volksbüchereien; 1849 Mitglied der Gothaer Versammlung, der Ersten Kammer des preuß. Parlaments, seit 1853 des Preuß. Herrenhauses.

REMAK, ROBERT; geb. 26. Juli 1815 in Posen; gest. 29. Aug. 1865 in Kissingen. Jüd.; Anfang der dreißiger Jahre Studium der Medizin in Berlin; 1838 Prom. zum Dr. med. in Berlin; wurde 1837 in Wilna zur Habilitation vorgeschlagen, vom russ. Minister der Aufklärung v. Uwaroff aber wegen seiner jüd. Konfessionszugehörigkeit abgelehnt; 1843-1847 Assistenzarzt an der Berliner Charité; im Jan. 1843 Ablehnung der Habilitation auch durch den preuß. Minister für die geistlichen etc. Angelegenheiten, im Okt. 1847 in Berlin schließlich doch Habilitation, danach Privatdozent. *Seit April 1848 führendes Mitglied des Politischen/Demokratischen Klubs; führend in der Reformbewegung der jungen Hochschullehrer an der Universität Berlin.* Seit 1859 a. o. Prof.; Verfasser zahlreicher medizinischer Schriften.

RIMPLER, OTTO; geb. 30. April 1801 in Königsberg/Pr.; gest. 4. Mai 1882 in Naumburg a.S. Bis 1844 Major der Garde-Artillerie-Brigade. *Anfang Juni 1848 Wahlmann für die Dt. Nationalversammlung; 15. Juni bis 11. Nov. Kommandant der Bürgerwehr.* Ende der fünfziger Jahre Vorsteher eines Postamtes in Köslin, später Postdirektor in Naumburg a.S.

RUNGE, HEINRICH (August Ferdinand); geb. 15. Dez. 1817 in Zehdenick; gest. 26. Nov. 1886 in Berlin. Ursprünglich Holzhandelskaufmann; 1844-Mai 1848 und erneut seit 1862 Berliner Stadtverordneter; 1844/45 Mitglied der Generalversammlung des großen Handwerkervereins; 1846 Begründer und seitdem (informeller) Vorsitzender der im Vormärz polizeilich nicht genehmigten, 1848 weiter bestehenden ‚Bürgergesellschaft'. *Seit 1. April 1848 im Verwaltungsrat der ‚National-Zeitung'; seit April im Vorstand des Berliner ‚Vorschuß-Vereins' und des Berliner ‚Lokalvereins für das Wohl der arbeitenden Klassen'; am 10. April Wahl in das Berliner ‚Volks-Wahl-Komité', nahm Wahl jedoch nicht an; 18. April Mitbegründer des Gesellenvereins in der Köpenicker Str.27; 28. April Gründungsmitglied des demokratischen ‚Volksklubs'; 13. Juli bis 12. Nov. 1848 unbesoldeter Stadtrat (legte sein Amt aus Protest gegen die Politik des Magistrats nieder); Mitte Okt. bis 11. Nov. Mitglied des Stabes der Bürgerwehr; Mitglied der Schützengilde; Dez. 1848 bis Febr. 1849 Mitglied im ‚Central-Comité für volksthümliche Wahlen im Preußischen Staate'; Jan. 1849 Wahlmann für die Zweite Kammer des Preuß. Parlaments; seit Frühjahr 1849 Dritter Vorsitzender des 3. Volksvereins und im Vorstand der Berliner ‚Volkspartei'.* 1850-1852 Vorsitzender des (1853 verbotenen) Gesundheitspflegevereins der Berliner ‚Arbeiterverbrüderung'; danach Emigration in die Schweiz und bis 1862 Konservator des Antiquarischen Museums in Zürich; 1862 Rückkehr nach Berlin und 1862-1882 Mitglied des Preuß. Abgeordnetenhauses (Fortschritt), 1867-1874 auch des Reichstags; 1871-1886 Kämmerer der Stadt Berlin.

SACHS, MICHAEL (J.); geb. 3. Sept. 1808 in Groß-Glogau; gest. 25. Juni 1864 in Berlin. Jüd.; 1827-1835 Studium der Philosophie, orientalischen Sprachen und Philologie in Berlin; 1836-1844 Rabbiner in Prag, seit 1844/45 in Berlin; daneben Übersetzer und Verfasser philosophischer und theologischer Schriften. *Hielt am 22. März 1848 Trauerrede bei den Bestattungsfeierlichkeiten für die Märzgefallenen.*

SAEGERT, CARL WILHELM; geb. 29. Jan. 1809 in Baerwalde (Neumark); gest. 16. Sept. 1879 in Berlin. Sohn eines Dragoners und späteren Ratsdieners; in den dreißiger Jahren Taubstummenlehrer in Weißenfels und Magdeburg; 1836 Staatsexamen für das Direktorium eines Schullehrerseminars; seit 1840 Direktor der Berliner Taubstummenanstalt. *19. März bis 11. Nov. 1848 Hauptmann der Berliner Bürgerwehr; Anfang Mai Wahlmann und vergebliche Kandidatur als Abgeordneter für die Dt. Nationalversammlung; am 15. Aug. zum unbesoldeten Stadtrat gewählt; seit Sommer 1848 enger Vertrauter Friedrich Wilhelms IV.* 1849 Mitglied der Ersten Kammer des Preuß. Parlaments, 1849-1852 des Preuß. Abgeordnetenhauses; 1852 Ernennung zum Regierungs- und Schulrat sowie zum Mitglied des Kgl. Schulkollegiums der Prov. Brandenburg; seit 1853 Generalinspekteur des preuß. Taubstummenwesens; später vortragender Rat im preuß. Kultusministerium.

SALIS(-SEVIS), JOHANN GEORG (Gaudenz) V.; geb. 5. Dez. 1825 in Graubünden (Schweiz); gest. 27. März 1886 in Graubünden. 1845-Anfang 1847 Studium in Heidelberg, dort Mitglied der Burschenschaft ‚Helvetia', seit Anfang 1847 in Berlin, im Sommer 1847 Gründer eines Zirkels ‚progressistischer' Studenten. *Seit 20. März 1848 Führer einer Riege des fliegenden Corps der Studenten; seit Ende März führendes Mitglied des Politischen Klubs, seit 17. Mai im Vorstand des Demokratischen Klubs; 10. bis 19. April Mitglied im Berliner ‚Volks-Wahl-Komité'; am 4. Juni einer der Redner der Gedenkveranstaltung auf dem Friedrichshain; am 12. Juni Gründer der radikalen Burschenschaft ‚Teutonia'; am 8. Juni zum Präsidenten der Vorversammlung in Eisenach für das Wartburgfest in Eisenach gewählt, 13. bis 16. Juni dort Vizepräsident des Studentenparlamentes (kehrte danach nicht mehr nach Berlin zurück).* 1849 Rückkehr nach Graubünden; seit 1855 Großrat und Mitglied des Kantongerichtes, 1857-1860 Ständerat und 1860-1869 sowie 1875-1881 Nationalrat (für Graubünden).

SAß, FRIEDRICH; geb. 14. Juni 1819 in Travemünde; gest. 13. Nov. 1851 in Brüssel. Sohn eines Arztes; Studium der Medizin in Kiel und Rostock; seit 1838 als Journalist und Schriftsteller tätig; 1838-1842 in Lübeck, dazwischen 1841 mehrere Monate in Hamburg, 1842-1843 in Leipzig, wegen politischer Aktivitäten dort ausgewiesen, seit 1843 in Berlin; Mitglied der ‚Berliner Freien'; Verfasser der sozialkritischen Studie „Berlin in seiner neuesten Zeit und Entwicklung" (1846). *Seit Ende März 1848 führendes Mitglied des Politischen Klubs, seit 17. Mai im Vorstand des Demokratischen Klubs; 26. bis 30. Okt. Delegierter auf dem Zweiten Kongreß der Demokraten Deutschlands in Berlin.* Anfang März 1849 aus Berlin ausgewiesen, Emigration nach Paris, London und schließlich nach Brüssel, wo er bis zu seinem Tod in einem telegraphischen Korrespondenzbüro arbeitete.

SCHAS(S)LER, MAX (Alexander Friedrich); geb. 26. Aug. 1819 in Deutsch-Krone; gest. 1903 in Berlin. Sohn eines Bürgermeisters; 1841-1845 Studium der Philosophie in Königsberg und Berlin, Burschenschaftler; 1843-1845 zugleich Hauslehrer; 1845 Prom. zum Dr. phil., im Febr. 1847 Ablehnung seiner Habilitation durch die phil. Fakultät der Universität Berlin (sein Einspruch dagegen wurde Mitte Okt. 1848 endgültig abgewiesen). *Ende März bis Mitte Mai 1848 ‚Vorsitzender' des ‚Volksvereins unter den Zelten'; seit 6. April Redakteur der ‚Volksstimme'; 10. bis 16. April Mitglied des Berliner ‚Volks-Wahl-Komités'; seit 20. Mai führendes Mitglied des ‚Vereins für Volksrechte'; seit 11. Juli Vorsitzender des demokratischen ‚Reformklubs'.* Am 27. Aug. 1849 aus Berlin ausgewiesen, danach in Heidelberg; seit 1853 erneut in Berlin, seitdem u.a. ‚Kunstreferent' der Kreuz- und Vossischen Zeitung; Verfasser u.a. der Autobiographie „Über ein halbes Jahrhundert. Erinnerungsbilder aus dem Leben eines alten Burschenschaftlers" (1895).

SCHLÖFFEL, GUSTAV ADOLF; geb. Sommer 1828 in Landshut (Schlesien); gest. 21. Juni 1849 bei Waghäusel. Sohn eines Gutsbesitzers und Fabrikanten (des linken Mitglieds der Dt. Nationalversammlung Friedrich Wilhelm Sch.); 1846-Anfang 1848 Studium der Philosophie in Heidelberg, wegen radikaldemokratischer Aktivitäten von der Universität relegiert. *Seit Ende März 1848 in Berlin; bis Mitte April Wortführer der Erdarbeiter; 5. bis 19. April Hg. des ,Volksfreundes'; am 11. April Mitbegründer des ,Central-Comités der Arbeiter'; 10. bis 20. April Mitglied im Berliner ,Volks-Wahl-Komité'; am 21. April verhaftet und am 11. Mai zu sechs Monaten Festungshaft verurteilt; 22. Okt. Flucht aus der Festung Magdeburg, danach bis Anfang März 1849 in Ungarn; Mai/Juni 1849 auf Seiten der Revolutionsarmee Teilnahme an den badisch-pfälzischen Kämpfen, gefallen in der Schlacht bei Waghäusel.*

SCHNEIDER, LOUIS; geb. 19. April 1805 in Berlin; gest. 16. Dez. 1878 in Behlertsbrück (bei Potsdam). Sohn eines Musikers; 1827-1848 Mitglied des Kgl. Schauspielhauses; 1832 Verfasser eines Instruktionsbuches für die preuß. Armee; seit 1833 Hg. der Militärzeitschrift ,Soldatenfreund'. *Mitte Mai 1848 Repräsentant der konservativen Strömung innerhalb der Berliner Landwehr während der Auseinandersetzungen um die Rückkehr des Prinzen von Preußen; 24. Mai Flucht aus Berlin, nach kurzem Aufenthalt in Hamburg von Anfang bis Ende Juni ,Kriegsberichterstatter' bei den preuß. Truppen in Schleswig-Holstein; Ende Juni Gründung der ,Dt. Wehrzeitung'; seit Sommer offiziell bestallter Vorleser von Friedrich Wilhelm IV.* Verfasser der dreibändigen Autobiographie „Aus meinem Leben" (1879).

SCHRAMM, RUDOLF; geb. 8. Jan. 1813 in Elberfeld; gest. 5. Okt. 1882 in Baden-Baden. Studium der Rechte und Philosophie in Bonn und Berlin; danach Auscultator beim Landgericht in Saarbrücken und Referendar in Köln; seit 1844 in Berlin. *21. Mai bis Anfang Okt. 1848 im Vorstand des Demokratischen Klubs, zeitweilig auch führendes Mitglied des ,Reformklubs'; Mitte Aug. bis Dez. Mitglied der Preuß. Nationalversammlung (Linke, für Berlin); seit 21. Aug. 1848 Mitglied des demokratischen ,Kreis-Ausschusses für die Mark Brandenburg'; 26. bis 30. Okt. Delegierter auf dem Zweiten Kongreß der Demokraten Deutschlands in Berlin.* Am 11. Dez. 1848 aus Berlin ausgewiesen; 1849 als Steuerverweigerer zu sechs Monaten Festungshaft verurteilt, daraufhin Emigration nach London; 1859 Rückkehr nach Preußen, seit 1862 Anhänger Bismarcks.

SIEGERIST, KARL (Friedrich Wilhelm); geb. Mai/Juni 1813 in Braunschweig; gest. 11. Juni 1891 in Berlin. Schlosser; seit 1822 in Berlin; seit 1840 Schlossermeister; häufig arbeitslos, 1847/48 in einem Maschinenbauunternehmen beschäftigt. *Am 18. März 1848 führend an den Barrikadenkämpfen beteiligt; 26. März bis 20. April Mitglied im Berliner ,Comité der Maschinenbauer' (,für das Ganze'); 10. bis 20. April Mitglied im Berliner ,Volks-Wahl-Komité'; Anfang Mai Wahlmann für* beide Nationalversammlungen und vergebliche Kandidatur als Abgeordneter für die Preuß. Nationalversammlung; am 16. Juni als angeblicher Initiator des Zeughaussturmes verhaftet und am 15. Juli in erster Instanz zu sieben Jahren, am 7. Okt. in zweiter Instanz zu einem Jahr Festungshaft verurteilt, am 21. Okt. (gemeinsam mit Korn) zur Festung Graudenz abtransportiert. 1864 und erneut 1865 kurzzeitig aus Berlin ausgewiesen; seit den siebziger Jahren Sympathisant, möglicherweise auch Mitglied der Sozialdemokratischen Arbeiterpartei.

SIEGMUND, GUSTAV; geb. (um 1820); gest. (?). *23. Juli 1848 Mitbegründer des ‚Republikanischen Klubs‘; führend im Bezirks-Central-Verein; 26. bis 30. Okt. Delegierter auf dem Zweiten Kongreß der Demokraten Deutschlands in Berlin, am 29. Okt. in den ‚Central-Ausschuß der Demokraten‘ gewählt.*

SIMION, MOSÉ; geb. 20. Jan. 1814 in Halberstadt; gest. 1854 in Berlin. Jüd.; seit Jan. 1839 selbständiger (Verlags-)Buchhändler; führendes Mitglied der ‚Gesellschaft zur Reform des Judentums‘. *19. März bis 11. Nov. 1848 Mitglied der Bürgerwehr; 18. April bis Mitte Okt. Vorsitzender, danach stellv. Vorsitzender des ‚Bürgerwehrklubs‘; Anfang Mai Wahlmann und vergebliche Kandidatur als Abgeordneter für die Preuß. Nationalversammlung. Jan. 1849 Wahlmann für die Zweite Kammer des Preuß. Parlaments.*

SPRINGER, JULIUS; geb. 18. Mai 1817 in Berlin; gest. 17. April 1877 in Berlin. Jüd., seit 1832 ev.; 1842-1858 Buchhändler und Verleger, seit 1858 ausschließlich Verleger; seit 1846 Vorstandsmitglied der polizeilich nicht zugelassenen, 1848 weiter bestehenden ‚Bürgergesellschaft‘. *19. März bis 11. Nov. 1848 Mitglied der Bürgerwehr; 18. April Mitbegründer und seitdem im Vorstand des ‚Bürgerwehrklubs‘; seit April im Vorstand des Berliner ‚Vorschuß-Vereins‘; Anfang Mai Wahlmann für beide Nationalversammlungen; seit Mai 1848 Berliner Stadtverordneter; 1848 Mitbegründer und bis 1874 Vorsitzender der Korporation der Berliner Buchhändler. Jan. 1849 Wahlmann für die Zweite Kammer des Preuß. Parlaments.* 1867-1873 Vorstandsmitglied des Börsenvereins des Dt. Buchhandels.

SPRINGER, ROBERT (Gustav, Moritz); geb. 23. Nov. 1816 in Berlin; gest. 21. Okt. 1885 in Berlin. 1835-1838 Ausbildung am Berliner Stadtschullehrerseminar; 1839-1840 Lehrer an der Höheren Mädchenschule in Berlin; danach als Schriftsteller tätig; in den vierziger Jahren und zu Anfang der fünfziger Jahre Reisen nach Paris, Rom, Wien etc. *1848 stellv. Chefredakteur der demokratischen Zeitung ‚Die Locomotive‘.* Verfasser des Buches „Berlins Straßen, Kneipen und Clubs im Jahre 1848“ (1850) und weiterer Schriften über Berlin sowie diverser Romane und Erzählungen; seit 1853 dauerhaft in Berlin, freier Mitarbeiter verschiedener Zeitschriften und Zeitungen.

STEIN, JULIUS; geb. 12. Juli 1813 in Naumburg a. d. S.; gest. 1889. Lehrer, später Oberlehrer der höheren Bürgerschule in Breslau. *Mai bis Nov. 1848 Mitglied der Preuß. Nationalversammlung; seit Sommer im Vorstand des Demokratischen Klubs; seit Ende Juni 1848 Mitglied des ‚Provisorischen Kreis-Ausschuß' für die Mark Brandenburg; Febr. bis April 1849 Mitglied der Zweiten Kammer des Preuß. Parlaments. Ende Nov. 1848 kurzzeitig verhaftet.* 1849 als Lehrer vorübergehend suspendiert, 1854 endgültig; 1849 Anklage wegen Erregung öffentlichen Ärgernisses, Freispruch; seit 1849 ausschließlich jounalistisch tätig, u. a. Redakteur und später Mitinhaber der ‚Neuen Oder-Zeitung' in Breslau, seit 1860 Mitarbeiter und seit 1862 Chefredakteur der ‚Breslauer Zeitung'; 1862-1866 wiederholt wegen Beleidigung der Regierung zu Geldstrafen verurteilt; in den siebziger Jahren Übersiedlung nach Hirschberg i. Schl., dort Redakteur des ‚Boten aus dem Riesengebirge'.

STERN, SIGISMUND; geb. 2. Juli 1812 in Karge (Posen); gest. 9. Mai 1867 in Frankfurt a.M. Jüd.; 1831-1834 Studium der Philosophie in Berlin; Lehrer; 1835-1855 Leiter der (Jost'schen) ‚Höheren Schul- und Pensionsanstalt für Knaben' in Berlin; 1845 Mitbegründer der jüd. Reformgemeinde. *Seit 1. Mai 1848 im Vorstand und zeitweilig Vorsitzender des Konstitutionellen Klubs; Anfang Mai 1848 Wahlmann für beide Nationalversammlungen und vergebliche Kandidatur als Abgeordneter für die Dt. Nationalversammlung; Mitte Dez. 1848 bis Febr. 1849 Mitglied des ‚Central-Comités für volksthümliche Wahlen im Preußischen Staate'; Anfang Jan. 1849 Wahlmann für die Zweite Kammer des Preuß. Parlaments; 1849/50 führend in der Berliner ‚Volkspartei'.* 1855-1867 Leiter des ‚Philanthropin' in Frankfurt a.M.; u.a. Verfasser von „Die Geschichte des deutschen Volkes in den Jahren 1848 und 1849" (1850).

STRECKFUß, ADOLPH (Carl); geb. 10. Mai 1823 in Berlin; gest. 11. Okt. 1895 in Berlin. Sohn eines hohen preuß. Verwaltungsbeamten; 1845-1848 Studium an den landwirtschaftlichen Akademien in Möglin und Eldena. *Redner auf den Veranstaltungen Mitte März 1848 im Tiergarten; seit 25. Mai im Vorstand des demokratischen ‚Volksklubs'; 14. bis 17. Juni Delegierter auf dem Ersten Kongreß der Demokraten Deutschlands in Frankfurt a.M.; Ende Juni in den ‚Provisorischen Kreis-Ausschuß der demokratischen Vereine für die Mark Brandenburg' gewählt, seit 21. Aug. Mitglied des demokratischen ‚Kreis-Ausschusses für die Mark Brandenburg'; 23. Okt. Mitbegründer und seitdem Vorsitzender des ‚Militär-Reform-Vereins; 26. bis 30. Okt. Delegierter auf dem Zweiten Kongreß der Demokraten Deutschlands in Berlin. Zweiter Vorsitzender des im Frühjahr 1849 gegr. ‚2. (Friedrichstädtischen) Volksvereins und im Vorstand der Berliner ‚Volkspartei'.* Seit 1849 Besitzer eines Tabaksgeschäft (mit später vier Filialen); Ende Mai 1850 im Zusammenhang mit einem Attentat auf Friedrich Wilhelm IV. und erneut im Zusammenhang mit der sog. Ladendorffschen Verschwörung 1853 kurzzeitig verhaftet; begründete im Juli 1861 in Berlin den demokratisch-liberalen ‚Volkstümlichen Wahlverein' (seine Kandidatur, und damit ein sicheres Mandat, für das Preuß. Abgeordnetenhaus wurde vom rechten Flügel der Dt. Fortschritts-Partei erfolgreich verhindert); seit 1862 Berliner Stadtverordneter (Fortschritt), 1872-1878 Stadtrat; nach 1848 Verfasser diverser historischer Bücher, die ihm mehrere Prozesse wegen ‚Hochverrats' u. ä. einbrachten, u. a. (unter dem Pseudonym Adolph Carl) „Das freie Preußen. Geschichte des Berliner Freiheitskampfes vom 18. März 1848 und seiner Folgen" (Aug. 1849), „500 Jahre Berliner Geschichte. Vom Fischerdorf zur Weltstadt" (1879).

SYDOW, KARL (Leopold, Adolph); geb. 23. Nov. 1800 in Berlin; gest. 22. Okt. 1882 in Berlin. Studium der Theologie, Anhänger Schleiermachers; 1836-1842 Hofprediger in Potsdam; Mitte 1845 (gemeinsam mit Jonas) Gründer und Herausgeber der ‚Zeitschrift für die unirte evangelische Kirche' (als publizistisches Gegengewicht gegen Hengstenbergs EKZ); 1846-1876 Prediger an der ‚Neuen Kirche' in Berlin, 1873 wegen eines Vortrags über „die wunderbare Geburt Jesu" vom Konsistorium abgesetzt, vom Oberkirchenrat aber nur mit verschärftem Verweis bestraft. *Hielt am 22. März 1848 die Hauptpredigt an den Gräbern der Märzgefallenen auf dem Friedrichshain; Mai bis Dez. 1848 Mitglied der Preuß. Nationalversammlung (Rechte, für Berlin), als Abgeordneter Objekt handgreiflicher Auseinandersetzungen am 9. Juni.*

TEMME, JODOCUS (Donatus, Hubertus); geb. 22. Okt. 1798 in Lette bei Rheda (Westfalen); gest. 14. Nov. 1881 in Riesbach bei Zürich (Schweiz). Kath., Sohn eines Klosteramtsmannes; 1814-1817 Studium der Rechte in Münster und Göttingen; 1817-1819 Auskultator, 1819-1821 Referendar am Oberlandesgericht in Paderborn, 1821-1824 Assessor in Hohenlimburg; 1822-1824 zugleich (erneut) Studium der Rechts- und Kameralwissenschaften in Heidelberg, Bonn und Marburg; 1824-1832 Richter am Stadt- und Landgericht in Hohenlimburg; 1832-1833 Assessor am Hofgericht in Arnsberg; 1833-1836 Kreisjustizrat in Ragnit; 1836-1838 Direktor des Inquisitoriats in Stendal; 1838-39 Rat am Hofgericht in Greifswald; 1839-1842 Rat, 1842-1844 Zweiter Direktor des Kriminalgerichts in Berlin; 1844-April 1848 Direktor des Stadt- und Landgerichts in Tilsit; Mai bis Ende Juni 1848 Staatsanwalt am Berliner Kriminalgericht; Anfang Juli 1848 bis 1851 Zweiter Präsident am Oberlandesgericht in Münster (Vorsitzender des Kriminalsenats). *Mitglied des am 1. Juni gegründeten ‚Sicherheitsausschusses'; Mai bis Ende Juni und Aug. bis Dez. Mitglied der Preuß. Nationalversammlung; 27. bis 29. Okt. Mitglied des ‚Gegenparlaments' und 26. bis 30. Okt. Teilnahme am Zweiten Kongreß der Demokraten Deutschlands in Berlin; im Dez. 1848 kurzzeitige Verhaftung wegen Unterstützung des Steuerverweigerungsbeschlusses; Febr. bis April 1849 Mitglied der Zweiten Kammer des Preuß. Parlaments (Linke); April bis Juni 1849 Mitglied der Dt. Nationalversammlung (Westendhall).* Im Juli 1849 durch das Geh. Obertribunal seines Amtes enthoben sowie wegen Hochverrats verhaftet, neunmonatige Untersuchungshaft im Zuchthaus zu Münster, Anfang April 1850 freigesprochen; Nov. 1849 Nichtanerkennung seiner Wahl in die Erste Kammer des preuß. Landtags; im Febr. 1851 erneut vom Obertribunal amtsenthoben, Entlassung ohne Pensionsberechtigung; April 1851 bis Sept. 1852 Chefredakteur der Breslauer „Oder-Zeitung", Febr. 1852 Geldstrafe wegen Preßvergehens; danach kurzzeitig Rechtskonsulent in Breslau; Okt. 1852 Emigration in die Schweiz; 1853-1878 o. Prof. der Rechte in Zürich (1853-1861 unbesoldet); Okt. 1863 bis Jan. 1864 vorübergehende Rückkehr nach Berlin und Mitglied des Preuß. Abgeordnetenhauses (Fortschritt). In den dreißiger Jahren Sammlung und Veröffentlichung zahlreicher volkstümlicher Sagen und Märchen, seit den fünfziger Jahren Verfasser zahlreicher belletristischer und kriminalistischer Novellen und Romane (insgesamt 150 Bde.), Mitarbeiter zahlreicher Zeitschriften (u. a. 1859-1866 der ‚Gartenlaube'/Leipzig).

UNRUH, (Hans) VICTOR V.; geb. 28. März 1806 in Tilsit; gest. 4. Febr. 1886 in Dessau. Sohn eines preuß. Generalmajors; Lehre als Feldvermesser, danach Beschäftigung bei der Regulierung der gutsherrlichen und bäuerlichen Verhältnisse und Separationen in Schlesien; Ingenieurstudium an der Allg. Bauschule in Berlin; anschließend Wasserbauinspektor in Breslau; 1835-1838 Leiter der Vorarbeiten für den Bau der oberschlesischen Eisenbahn; seit 1839 Regierungs- und Baurat in Gumbinnen (Ostpr.), seit 1843 in Potsdam. 1844-1848 Leiter des Baues der Einbahnlinie Magdeburg-Potsdam und zugleich Vorstandsmitglied der Magedeburg-Wittenberger Eisenbahngesellschaft. *Mai bis Dez. 1848 Mitglied der Preuß. Nationalversammlung (linkes Zentrum), seit dem 26. Okt. deren Präs.; Febr. bis April 1849 Mitglied der Zweiten Kammer des Preuß. Parlaments.* 1851 Gründer der Kontinental-Gasgesellschaft in Dessau; seit 1856 Vorstandsmitglied und 1857-1874 Generaldirektor der Berliner Aktiengesellschaft für Fabrikation von Eisenbahnbedarf; 1861 Mitbegründer und 1861-1863 Vorsitzender des Zentralwahl-Komités der Dt. Fortschritts-Partei; seit 1867 im Vorstand, 1870-1881 Vorsitzender der Nationalliberalen Partei; 1863-1871 Mitglied des Preuß. Abgeordnetenhauses, 1867-1879 des Reichstags (Nationalliberal); Verfasser von „Skizzen aus Preußens neuester Geschichte" (1849), „Erfahrungen aus den letzten drei Jahren. Ein Beitrag zur Kritik der politischen Mittelparteien" (1851) und „Erinnerungen" (posthum: 1895).

URBAN, FRIEDRICH LUDWIG; geb. 2. Okt. 1806 in Silkerode (Krs. Worbis); gest. Anfang Dez. 1879 in Berlin. Diss.; 1824-1839 im preuß. Militär (Garde du Corps, als Invalide entlassen); seit 1839 in Berlin, Tierarzt 1. Klasse. *Am 18. März 1848 führende Teilnahme an den Barrikadenkämpfen; begleitete am 21. März Friedrich Wilhelm IV. auf dessen ‚nationalem Umritt'; Redner auf verschiedenen Volksver-*

sammlungen; am 15. Juni als einer der angeblichen Initiatoren des Zeughaussturms verhaftet, am 15. Juli deswegen zu einem Jahr Festungshaft verurteilt, jedoch bereits Anfang Aug. aus gesundheitlichen Gründen entlassen. Anfang der fünfziger Jahre in einer ,freien, urchristlichen Gemeinde' führend tätig; seit Anfang Aug. 1854 Kossäthenbesitzer in Friedersdorf; seit den sechziger Jahren erneut in Berlin, erregte 1868 mit einem offenen ,Brief an den Papst' Aufsehen.

VARNHAGEN V. ENSE, KARL AUGUST; geb. 21. Febr. 1785 in Düsseldorf; gest. 10. Okt. 1858 in Berlin. Sohn eines Arztes; 1800-1803 Studium der Medizin in Berlin, 1806-1807 in Halle, dazwischen Hauslehrer, 1808 Prom. zum Dr. med. in Erfurt; 1809-1813 beim österr. und russ. Militär; 1814-1816 Mitarbeiter Hardenbergs (u.a. auf dem Wiener Kongreß); 1816-1819 preuß. Gesandter in Baden; 1819 wegen liberaler Ansichten zunächst in den Wartestand, 1825 in den Ruhestand versetzt. *Begrüßte 1848 enthusiastisch die Revolution, ohne (aufgrund seiner gesundheitlichen Verfassung) noch politisch aktiv werden zu können.* Verfasser biographischer und autobiographischer Schriften, vor allem der „Denkwürdigkeiten des eigenen Lebens" sowie der „Tagebücher", die wegen ihres gesellschaftskritischen Inhalts in 14 Bänden erst nach seinem Tode (1861-1870), und auch dann noch verstümmelt, erscheinen durften.

VEIT, MORITZ; geb. 12. Sept. 1808 in Berlin; gest. 4. Febr. 1864 in Berlin. Jüd.; Sohn eines Kaufmannes; 1825-1833 Studium der Philosophie, Philologie, Geschichte und Geographie in Berlin, 1833 Prom. zum Dr. phil. in Jena; seit 1829 als freier Schriftsteller und Journalist in Berlin tätig, Mitarbeiter u. a. der ,Augsburger Allgemeinen Zeitung'; 1833-1858 selbständiger Buchhändler und Verleger (der Verlagsbuchhandlung ,Veit & Co.'); 1839-1848 Ältester, seit 1853 Vorsteher des Repräsentantenkollegiums der Jüd. Gemeinde Berlins; 1846-1848 und 1853-1864 Berliner Stadtverordneter, 1863-1864 stellv. Stadtverordnetenvorsteher. *19. bis 22. März 1848 Mitglied des ,Comités für die Bestattung unserer Todten'; 31. März bis 3. April Mitglied des Vorparlaments; Mai 1848 bis Mai 1849 Mitglied der Dt. Nationalversammlung (Casino), Dez. 1848 bis Mai 1849 Redaktion der ,Parlamentskorrespondenz der Zentren' in Frankfurt a. M.* 1849-1853 unbesoldeter Stadtrat; 1853-1861 Vorsitzender des Börsenvereins des Dt. Buchhandels; 1850-1852 und 1859-1861 Mitglied des Preuß. Abgeordnetenhauses; 1859-1864 Ausschußmitglied des ,Dt. Nationalvereins'.

VIRCHOW, RUDOLF; geb. 13. Okt. 1821 in Schivelbein (Pommern); gest. 5. Sept. 1902 in Berlin. Sohn eines Kämmerers und Landwirts; 1839-1843 Studium an der Pépinière (der Ausbildungsstätte für Militärärzte) in Berlin, 1843 Prom. zum Dr. med. und Ernennung zum Kompanie-Chirurgen; 1846 Prosektor an der Charité; 1847 Habilitation, danach bis Frühjahr 1849 Privatdozent. *Am 18. März 1848 an* den Barrikadenkämpfen beteiligt; *April bis Mai führendes Mitglied des Politischen/Demokratischen Klubs, seit Ende Mai führendes Mitglied des Friedrich-Wilhelmstädtischen Bezirksvereins, seit Mitte Juni stellvertr. Vorsitzender des Bezirks-Central-Vereins; Anfang Mai Wahlmann für beide Nationalversammlungen; führend in der Reformbewegung der Berliner Ärzteschaft und der jungen Hochschullehrer; seit Juli 1848 Mitherausgeber der ‚Medizinischen Reform'; Dez. 1848 bis Febr. 1849 Mitglied im ‚Central-Comité für volksthümliche Wahlen im Preußischen Staate'; Jan. 1849 Wahlmann für die Zweite Kammer des Preuß. Parlaments; seit Sommer 1849 im Vorstand der Berliner ‚Volkspartei'.* Im Frühjahr 1849 aus politischen Gründen entlassen; 1849-1856 o. Prof. in Würzburg, seit 1856 in Berlin, Begründer der Lehre der Zellularpathologie (1858); 1861 Mitbegründer der Deutschen Fortschrittspartei, seit 1862 entschiedener Gegner Bismarcks. 1859-1902 Berliner Stadtverordneter; 1862-1902 Mitglied des Preuß. Abgeordnetenhauses, 1880-1893 des Reichstags (Fortschritt).

WALDECK, (Franz bzw. Friedrich Leo) BENEDIKT; geb. 31. Juli 1802 in Münster (Westfalen); gest. 12. Mai 1870 in Berlin. Kath.; Sohn eines Prof. für Natur- und Kriminalrecht; 1819-1822 Studium der Rechte in Göttingen, 1822 Prom. zum Dr. jur.; seit 1822 im preuß. Verwaltungsdienst, seit 1828 Assessor in Halberstadt und Paderborn, seit 1832 Direktor des Land- und Stadtgerichts in Vlotho (Westfalen), seit 1836 Oberlandesgerichtsrat im Hamm, seit 1844 zunächst als Hilfsarbeiter, seit 1846 als Richter am Geh. Obertribunal in Berlin; 1836-1844 Stadtverordneter in Hamm. *Mai bis Nov. 1848 Mitglied der Preuß. Nationalversammlung (Linke), seit 26. Oktober deren Vizepräs., seit 15. Juni Vorsitzender des Verfassungsausschusses (‚Charte Waldeck'); 27. bis 29. Okt. Mitglied des demokratischen ‚Gegenparlaments'; am 13. Nov. Mitverfasser des Antrages auf Steuerverweigerung seitens der radikalen Linken in der Preuß. Nationalversammlung; Febr. bis April 1849 Mitglied der Zweiten Kammer des Preuß. Parlaments (für Berlin); seit Frühjahr 1849 Erster Vorsitzender des 5. Volksvereins und im Vorstand der Berliner ‚Volkspartei'.* Am 16. Mai 1849 verhaftet, am 4. Dez. 1849 von der Anklage des Hochverrats freigesprochen; danach wieder als Richter am Geh. Obertribunal in Berlin tätig; 1861-1869 Mitglied des Preuß. Abgeordnetenhauses, 1867-1870 des Reichstags (Fortschritt).

WALDECK, JULIUS; geb. 28. Sept. 1811 in Friedberg (Neumark); gest. 1857. (Vetter J. Jacobys) Studium der Medizin, 1834 Prom. zum Dr. med.; seit 1834 praktischer Arzt in Berlin; 1844 Mitbegründer des Berliner ‚Lokalvereins für das Wohl der arbeitenden Klassen'. *11. April Gründungsmitglied und seit 19. April 1848 im geschäftsführenden Vorstand des ‚Central-Comités der Arbeiter'; am 18. April Mitbegründer des Gesellenvereins in der Köpenickerstr. 27; Anfang Mai Wahlmann für die Preuß. Nationalversammlung; seit 1. Okt. 1848 Vorsitzender des Berliner*

‚Lokalvereins für das Wohl der arbeitenden Klassen'; 26. bis 30. Okt. Delegierter (für den Berliner Handwerkerverein/‚Arbeiter-Verein') auf dem Zweiten Kongreß der Demokraten Deutschlands; Dez. 1848 bis Febr. 1849 Mitglied des ‚Central-Comités für volksthümliche Wahlen im Preußischen Staate'; im Jan. 1849 Wahlmann für die Zweite Kammer des Preuß. Parlaments. Am 24. Mai 1849 wegen seiner politischen Aktivitäten verhaftet und von einem preuß. Kriegsgericht zu einer dreimonatigen Gefängnisstrafe verurteilt; 1853 im Zusammenhang mit der sog. Ladendorffschen Verschwörung kurzzeitig verhaftet.

WEYL, LEVIN KALLMANN; geb. 28. April 1815 in Berlin; gest. 1851 in Berlin. Jüd.; Studium der Philosophie, Prom. zum Dr. phil.; seit 1846 selbständiger Buchhändler und Verleger. *1848 Vorsitzender des ‚Vereins der Freimüthigen' und führendes Mitglied des Demokratischen Klubs; mit Samuel Löwenherz Verfasser der satirischen, jiddisch-deutschen Flugblätter, die unter dem Pseudonym „Isaac Moses Hersch" erschienen; Anfang Mai Wahlmann für die Dt. Nationalversammlung. Jan. 1849 Wahlmann für die Zweite Kammer des Preuß. Parlaments.*

WIß, C.; geb. (um 1824); gest. (nach 1860). Studium der Philosophie, Prom. zum Dr. phil. *Mitte März 1848 Redner auf den Volksversammlungen im Tiergarten; seit 23. März führendes Mitglied, seit 17. Mai Vorstandsmitglied des Politischen bzw. Demokratischen Klubs; April/Mai Mitherausgeber der Zeitschrift „Demokrat"; 10. bis 20. April Mitglied im Berliner ‚Volks-Wahl-Komité'.* 1849 Emigration in die USA (Ohio), dort Redakteur einer Turnerzeitung; kehrte Ende der fünfziger Jahre nach Deutschland zurück.

WOENIGER, AUGUST THEODOR; geb. 11. Juni 1815 in Waaren (Mecklenburg-Schwerin); gest. 28. Juni 1894 in Berlin. Studium der Rechte, Prom. zum Dr. jur.; Schriftsteller, im Sommer 1843 Gründung der Monatsschrift ‚Der Staat'; 1844/45 im Vorstand des Berliner ‚Lokalvereins für das Wohl der arbeitenden Klassen'; Mitglied der 1846 gegründeten Berliner ‚Bürgergesellschaft'. *Mitte März 1848 einer der (informellen) Führer der bürgerlich-konstitutionellen Oppositionsbewegung; 19. bis 22. März Mitglied des ‚Comités für die Bestattung unserer Todten'; 19. März bis 17. Juni Mitglied des Stabes, später Generaladjutant beim Kommando der Bürgerwehr; seit 19. April vorübergehend im geschäftsführenden Ausschuß des ‚Central-Comités der Arbeiter'; Anfang Mai Wahlmann für beide Nationalversammlungen und zum stellv. Mitglied der Preuß. Nationalversammlung, außerdem zum stellv. Berliner Stadtverordneten gewählt; Mitte Aug. 1848 bis 1850 unbesoldeter Stadtrat.* Ende der fünfziger Jahre Gründer und bis 1875 Direktor der Feuer-Versicherungs-Anstalt ‚Adler'; Gründer des ‚Haus- und Grundbesitzer-Vereins' Berlin, seit den achtziger Jahren Ehrenpräsident des ‚Zentralvereins der Haus- und städtischen Grundbesitzer-Vereine Deutschlands'.

WOLFF, ADOLF; geb. (um 1815); gest. (nach 1860). Studium der Philosophie, Prom. zum Dr. phil. *Seit mindestens April 1848 Redakteur, seit Anfang Okt. in Vertretung von Gustav Julius Chefredakteur der ,Berliner Zeitungshalle'; Okt. bis Nov. außerdem Redakteur des ,Berliner Omnibus'; Anfang Mai Wahlmann für die Dt. Nationalversammlung.* Verfasser der „Berliner Revolutionschronik" (1851-1854).

WRANGEL, FRIEDRICH HEINRICH ERNST GRAF V.; geb. 13. April 1784 in Stettin; gest. 1. Nov. 1877 in Berlin. Sohn eines Generalmajors; seit 1796 beim preuß. Militär, seit 1798 Leutnant, seit 1815 Oberst, seit 1823 Generalmajor, seit 1839 Generalleutnant; 1813-1815 Teilnahme an den Befreiungskriegen; 1831 Oberbefehl über die preuß. Truppen, die das zarist. Rußland bei der Niederwerfung der polnischen Freiheitsbewegung unterstützten; 1834 Divisionskommandeur in Münster; seit 1839 kommandierender General des I. preuß. Armeekorps in Königsberg, seit 1842 des II. preuß. Armeekorps in Stettin. *April 1848 Ernennung zum Oberfehlshaber der preuß. und Bundestruppen in Schleswig-Holstein; seit Mitte Sept. Oberfehlshaber in den Marken; Oberbefehlshaber der am 10. Nov. in Berlin einmarschierenden Truppen.* 1856 Generalfeldmarschall; 1864 Oberbefehlshaber der österr. und preuß. Truppen im Krieg gegen Dänemark.

ZUNZ, LEOPOLD; geb. 10. Aug. 1794 in Detmold; gest. 17. März 1886 in Berlin. Jüd.; 1815-1819 Studium der Philosophie und Philologie in Berlin, 1821 Prom. zum Dr. phil. in Halle; Begründer und führender Vertreter der (modernen) Wissenschaft des Judentums, zahlreiche Veröffentlichungen, Nov. 1819 Mitbegründer und führendes Mitglied des ,Vereins für die Wissenschaft und Cultur des Judenthums' (bis zur Auflösung Jan. 1824), seit 1821 Redakteur der ,Zeitschrift für die Wissenschaft des Judentums'; 1821-1822 Prediger an der neuen Synagoge in Berlin; 1823-1831 Redakteur der Spenerschen Zeitung; 1826-1829 Direktor der jüdischen Gemeindeschule in Berlin; 1840-1850 (Pensionierung) Direktor des jüd. Lehrerseminars in Berlin. *Anfang Mai 1848 Wahlmann für beide Nationalversammlungen und vergebliche Kandidatur für die Dt. Nationalversammlung; seit 22. Juli im Vorstand des ,Demokratischen Urwählervereins'. Jan. 1849 Wahlmann und vergebliche Kandidatur als Mitglied für die Zweite Kammer des Preuß. Parlaments; seit Aug. 1849 stellv. Vorsitzender, Okt. 1849 bis Febr. 1850 Vorsitzender des 8. Volksvereins, zugleich seit Okt. 1849 stellv. Vorsitzender der Berliner ,Volkspartei'.* Seit 1862 erneut in verschiedenen Bezirksvereinen aktiv.

Chronologie der wichtigsten Ereignisse

1847

April:

11.:   Beginn des Ersten Vereinigten Landtags (bis 26. Juni).
22.-24.: Berliner ‚Kartoffelrevolution'.

Juli:

23.:   *preußisches Gesetz über die Rechtsverhältnisse der Juden.*

September:

12.:   Offenburger Programm deutscher Demokraten.

November:

3.-23.:   Schweizer Sonderbundkrieg.

1848

Januar:

12.-27.: Aufstand in Palermo.
29.:   Verfassung für das Königreich Neapel.

Februar:

8.:   Beginn von Unruhen in München.
22.-24.: Revolution in Paris, Frankreich wird Republik.

März:

7.:   *Erste Volksversammlung im Berliner Tiergarten.*
9.:   *Gründung einer Arbeitsnachweisungs-Anstalt in Berlin; Beschluß der Stadt-*
          verordnetenversammlung über die Gründung einer ‚Deputation zur Berathung
          über das Wohl der arbeitenden Klassen'.
13.:   Revolution in Wien, Rücktritt und Flucht Metternichs.
13.-16.: *Blutige Zusammenstöße zwischen Militär und Zivilbevölkerung in Berlin.*

14.: *Patent über die Einberufung des Vereinigten Landtags.*
17.: *Gesetz über die Presse.*
18. *(Vormittags): Patent über die beschleunigte Einberufung des Vereinigten Landtags; Rücktritt des preußischen Ministeriums Bodelschwingh. (Seit ca. 14 Uhr): Barrikadenkämpfe (bis zum 19. März frühmorgens).*
18.-22.: Revolution in Mailand.
19.: *Bildung des preußischen Übergangsministeriums Arnim-Boitzenburg; Proklamation Friedrich Wilhelms IV. ‚An meine lieben Berliner'. Leichenzüge vor und im Berliner Stadtschloß; Friedrich Wilhelm IV. zieht seine Mütze vor den gefallenen Barrikadenkämpfern. Bekanntmachung über die Gründung der Berliner Bürgerwehr.*
20.: *Amnestie für alle politischen und Preßvergehen. Vorläufiger Rücktritt des Oberbürgermeisters Krausnick (am 5. Juli auch formell).*
20.: Abdankung des Königs von Bayern Ludwig I. zugunsten seines Sohnes Maximilian II.
21.: *Umritt des preußischen Königs mit den deutschen Farben durch Berlin; Proklamation ‚An mein Volk und die deutsche Nation' („Preußen geht in Deutschland auf").*
22.: *Beerdigung der Märzgefallenen. Proklamation Friedrich Wilhelms IV. über die Einführung einer konstitutionellen Verfassung.*
22.: Revolution in Venedig.
23.: *Gründung des demokratischen ‚Politischen Klubs', seit 21. Mai: ‚Demokratischer Klub'.*
24.: *Beerdigung der gefallenen Soldaten.*
28.: *Gründung des liberalen ‚Konstitutionellen Klubs'.*
29.: *Rücktritt des preußischen Ministeriums Arnim-Boitzenburg; Bildung des Ministeriums Camphausen-Hansemann.*
30.: *Rückkehr erster Truppenabteilungen nach Berlin. Gründung des demokratischen ‚Volksvereins'.*
31.: Vorparlament in Frankfurt a.M. (bis 3. April).

April:

2.-10.: *Zweiter Vereinigter Landtag.*
6.: *Verordnung über einige Grundlagen der künftigen preußischen Verfassung.*
9.: *Abschluß der Konvention von Jaroslawiec zwischen General v. Willisen namens des preußischen Staates und der polnischen Freiheitsbewegung.*
10.: Scheitern der Chartistendemonstration in London.
11.: *Gründung des Berliner ‚Central-Comités der Arbeiter'.*
12.-27.: Erster republikanischer Aufstand in Baden.

20.: *Kurzfristige Absage einer geplanten Großdemonstration für ein direktes Wahlrecht zu den Nationalversammlungen.*

21.: *Verhaftung des Radikaldemokraten Gustav Adolf Schlöffel; Beginn der Einschränkungen der Pressefreiheit in Berlin.*

23.: *Ungültigerklärung der Konvention von Jaroslawiec seitens des preußischen Generals v. Colomb; Beginn des Aufstandes der polnischen Freiheitsbewegung im Großherzogtum Posen unter der militärischen Führung Mieroslawskis (bis 9. Mai).*

28.: *Beginn des ersten Berliner Buchdrucker-Streiks (bis 2. Mai).*

Mai:

1.: *Urwahl für die Deutsche und Preußische Nationalversammlung.*

4.: *Gründung des (konservativen) ‚Patriotischen Vereins‘.*

12.-14.: *Volksversammlungen und Großdemonstrationen gegen die Rückkehr des Prinzen von Preußen nach Berlin.*

15.: Zweiter Aufstand in Wien.

15.-20.: *Wahlen zur Berliner Stadtverordnetenversammlung.*

18.: Zusammentritt der Deutschen Nationalversammlung in Frankfurt.

19.: *Gründung des (demokratischen) ‚Vereins für Volksrechte‘.*

22.: *Zusammentritt der Preußischen Nationalversammlung in Berlin.*

25.: *Gründung des Berliner ‚Preußenvereins‘.*

30.: *Rücktritt des Bürgerwehr-Kommandeurs Aschoff, an seine Stelle tritt Blesson.*

Juni:

1.: *Gründung des ‚Bezirks-Central-Vereins‘. Bekanntmachung über die Einrichtung eines sog. Sicherheitsausschusses zur Aufrechterhaltung von ‚Ruhe und Ordnung‘ in Berlin.*

4.: *Demonstrationszug zum Friedrichshain und Gedenkfeier für die Märzgefallenen.*

7.: *Rückkehr des Prinzen von Preußen (später Wilhelm I.) zunächst nach Potsdam.*

8.: *Rede des Prinzen von Preußen vor der Preußischen Nationalversammlung in Berlin.*

8./ 9.: *Debatte über die „Anerkennung der Revolution" in der Preußischen Nationalversammlung, Übergriffe auf einzelne Abgeordnete der Rechten.*

10.: *Konstituierung der Anfang Mai neugewählten Berliner Stadtverordnetenversammlung.*

12.-16: Revolution in Prag, von österreichischen Truppen niedergeschlagen.

14./15.: *Sturm auf das Berliner Zeughaus.*

14.-17.: Erster Kongreß der Demokratischen Vereine Deutschlands in Frankfurt a. M.; Wahl eines demokratischen Central-Ausschusses.

15.: *Rücktritt des Bürgerwehrkommandeurs Blessons, an seine Stelle tritt Rimpler (zunächst interimistisch, am 2. Aug. per Urwahl von der Bürgerwehr gewählt).*

20.: *Rücktritt des Ministeriums Camphausen-Hansemann, Bildung des Ministeriums Auerswald-Hansemann.*

22.-26.: Junirevolution in Paris.

23.: *Gründung des 'Republikanischen Klubs'.*

27.: *Rücktritt des Berliner Polizeipräsidenten Minutoli, an seine Stelle tritt Bardeleben.*

28.: Gesetz über die provisorische deutsche Zentralgewalt.

29.: *Einsetzung des 'Reichsverwesers' durch die Deutsche Nationalversammlung.*

29.: *Konstituierung des 'Central-Ausschusses der Demokraten Deutschlands' in Berlin.*

30.: *Arbeitslosendemonstration vor dem Ministerium für Handel etc.*

Juli:

3.: *Gründung des konservativen 'Vereins für König und Vaterland'.*

6.: *Gründung des demokratischen 'Vereins für die Radikalreform der Erwerbsverhältnisse', seit Anfang August: 'Sozial-Verein'.*

15.: Zusammentritt des Allgemeinen Handwerker- und Gewerbekongresses in Frankfurt a. M.

15.: Erstes deutsches Reichsministerium.

16.: Huldigungserlaß des Reichskriegsministers Peuker.

21.-23.: *Kongreß der liberal-konstitutionellen Vereine Deutschlands in Berlin; Bildung eines Central-Ausschusses der liberal-konstitutionellen Vereine mit Sitz in Berlin.*

22.: Eröffnung des österreichischen Reichstags in Wien.

22.: *Bekanntmachung über die Errichtung der Berliner 'Konstabler' (Polizei-Schutzmannschaft).*

24.: *Gründung des 'Vereins zum Schutze des Eigentums und zur Förderung des Wohlstandes aller Volksklassen'.*

31.: 'Katzenmusik' in Schweidnitz mit anschließenden blutigen Auseinandersetzungen (14 Tote), Auslöser für Debatte in der Preußischen Nationalversammlung über eine Reform des preußischen Militärs.

August:

6.: *Demokratische Demonstration zum Kreuzberg für die deutsche Einigung; konservative Gegendemonstration des 'Teltower Bauernvereins'.*

6.:	Besetzung Mailands durch österreichische Truppen.

6.: Besetzung Mailands durch österreichische Truppen.

8.: Gründung eines provisorischen Central-Comités für Arbeiterangelegenheiten in Wien.

8.: *Parade der Berliner Bürgerwehr zu Ehren des Reichsverwesers.*

18.-20.: *‚Generalversammlung des Vereins zur Wahrung der materiellen Interessen aller Klassen des preußischen Volkes' in Berlin (‚Junkerparlament').*

20.: *Überfall von Konservativen auf den Demokratischen Verein Charlottenburgs.*

20./21.: *Kongreß der Demokratischen Vereine der Mark Brandenburg in Berlin.*

21.: *Tumulte vor dem Sitz des Ministeriums aus Empörung über die Charlottenburger Ereignisse.*

23.: *Beginn des ersten allgemeinen deutschen Arbeiterkongresses in Berlin, Gründung der ‚Arbeiterverbrüderung' (bis 3. Sept.).*

26.: Waffenstillstand von Malmö zwischen Dänemark und Preußen (16. Sept.: Beschluß über Ratifikation durch die Deutsche Nationalversammlung).

September:

8.: *Rücktritt des Ministeriums Auerswald-Hansemann.*

12.: *Potsdamer Militärrevolte.*

15.: *Ernennung des Generals v. Wrangel zum Oberkommandierenden in den Marken.*

17./18.: Volksversammlung und Unruhen in Frankfurt a.M (Tod Gerlachs und Lichnowskys).

17.-26.: Zweiter republikanischer Aufstand in Baden.

20.: *Truppenparade und Rede Wrangels.*

21.: *Bildung des Ministeriums Pfuel.*

Oktober:

3.-5.: *Generalversammlung der konservativen und rechtsliberalen Vereine Preußens in Berlin; Wahl eines permanenten Central-Comités mit Sitz in Berlin.*

5.: *Demonstration in Berlin gegen das Bürgerwehrgesetz.*

6.-31.: Revolution in Wien; am 31. Okt./1. Nov. Sieg der österreichischen, gegenrevolutionären Truppen.

12.: *Zerstörung einer Dampfmaschine auf dem Köpenicker Feld.*

16.: *Blutige Tumulte in Berlin zwischen Arbeitern und Bürgerwehr (12 Tote). Ablehnung des ersten Rücktrittsgesuchs v. Pfuels.*

17.: *Verabschiedung des Bürgerwehrgesetzes durch die Preußische Nationalversammlung.*

20.: *Beerdigung der Toten vom 16. Okt.*

23.: *Gründung des Berliner Militär-Reform-Vereins.*

26.-30.: Zweiter Kongreß der demokratischen Vereine Deutschlands in Berlin, Wahl eines neuen demokratischen Central-Ausschusses.

27.-29.: Demokratisches ‚Gegenparlament' in Berlin.

31.: Blutige Tumulte vor dem Sitzungssaal der Preußischen Nationalversammlung in Berlin.

November:

2.: Offizieller Rücktritt des preußischen Ministeriums Pfuel; Bekanntwerden der Absicht der Krone, ein gegenrevolutionäres Ministerium Brandenburg zu bilden; Deputation der Preußischen Nationalversammlung beim König, um gegen diesen Schritt zu protestieren.

8.: Offizieller Amtsantritt des preußischen Ministeriums Brandenburg

9.: Erschießung Robert Blums in Wien.

9.: Bekanntmachung der Krone über die Verlegung der Preußischen Nationalversammlung nach Brandenburg. Eine Mehrheit der Abgeordneten widersetzt sich diesem Schritt und tagt weiterhin in Berlin. Solidaritätserklärungen der Bürgerwehr, der Stadtverordneten und zahlreicher Berliner Vereinigungen für die Preußische Nationalversammlung.

10. (gegen 15 Uhr): Etwa 12 000 Soldaten mit dem General v. Wrangel rücken in Berlin ein, ohne auf Widerstand zu treffen.

11.: Bekanntmachung über die Auflösung der Berliner Bürgerwehr

12.: Verhängung des Belagerungszustands über Berlin.

15.: Steuerverweigerungsbeschluß der Preußischen Nationalversammlung, unmittelbar bevor das Militär die letzte Sitzung schließt.

15.: Neue Revolutionswelle in Rom.

18.: Rücktritt des Polizeipräsidenten Bardeleben, an seine Stelle tritt Hinckeldey.

25.: Flucht des Papstes Pius IX. aus Rom.

Dezember:

2.: Abdankung des österreichischen Kaisers Ferdinand zugunsten seines Neffen Franz Joseph I.

5.: Verfassung-Oktroi der preußischen Krone und Auflösung der Preußischen Nationalversammlung.

10.: Wahl Louis Bonapartes (Napoleon III.) zum Präsidenten der französischen Republik.

28.: Publikation der von der Deutschen Nationalversammlung in Frankfurt beschlossenen Grundrechte.

1849

Januar:

28.:   *Gründung des ‚Royalistenbundes‘, später: ‚Treubund mit Gott für König und Vaterland‘.*

22.:   *Urwahlen für die Zweite Kammer des preußischen Parlaments.*

Februar:

2.:   *Zusammentritt der Zweiten Kammer des preußischen Parlaments.*

8.:   Ausrufung der Republik in der Toskana (bis April).

9.:   Ausrufung der Republik in Rom (bis 30. Juni).

9.:   *Erlaß einer neuen Gewerbeordnung.*

März:

1.:   *Beginn des Streiks der Berliner Kattundrucker (erste Betriebsbesetzung in Berlin).*

4.:   Auflösung des österreichischen Reichstags und Oktroyierung einer Verfassung.

18.:   *Anläßlich des ersten Jahrestages der Märzrevolution Auseinandersetzungen zwischen ‚Volk‘ und Konstablern bzw. Militär in Berlin.*

23.:   Sieg der österreichischen Truppen bei Novara; Rücktritt von König Karl Albert von Piemont zugunsten seines Sohnes Victor Emanuel II.

28.:   Verkündung der neuen Reichsverfassung (bis 14. April: Anerkennung der Reichsverfassung durch 28 Staaten, *am 21. April auch durch die Zweite Kammer des preußischen Parlaments*).

April:

14.:   Proklamation der Unabhängigkeit des Königreichs Ungarn von Österreich durch den ungarischen Reichstag.

27.:   *Auflösung der beiden Kammern des preußischen Parlaments; blutige Tumulte in Berlin (4 Tote).*

28.:   *Ablehnung der Kaiserwürde durch den preußischen König, Beginn der preußischen Unionspolitik (Versuch der Reichseinigung „von oben“).*

Mai:

1.:   *Auf Initiative der Berliner ‚Arbeiterverbrüderung‘ Gründung eines ‚Gesundheitspflegevereins‘.*

4.:   Beginn der Reichsverfassungskampagne in Deutschland (Schwerpunkt der Kämpfe in Sachsen, der Rheinpfalz und Baden).

21.:	*Wahl eines Vorstandes der demokratischen bzw. linksliberalen ‚Volkspartei‘, der die Aktivitäten der im Febr. gegründeten bezirklichen ‚Volksvereine‘ koordinieren soll.*
26.:	Dreikönigsbündnis zwischen Preußen, Sachsen und Hannover zur Errichtung eines deutschen Bundesstaates ohne Österreich.
28.:	Unionsverfassung.
30.:	*Einführung des Dreiklassenwahlrechts in Preußen.*

Juni:

6.-18.:	Rumpfparlament in Stuttgart.
29./30.:	*Verordnungen über die polizeiliche Kontrolle der Vereine und Versammlungen.*

Juli:

17.:	*Urwahlen für das Preußische Abgeordnetenhaus.*
23.:	Kapitulation badischer Revolutionäre in der Festung Rastatt vor den preußischen Truppen.
28.:	*Formelle Aufhebung des Belagerungszustandes für Berlin; Verordnungen über die polizeiliche Kontrolle aller derjenigen, die nach Berlin einzureisen beabsichtigten, sowie über das Verbot, äußere Verbindungs- und Erkennungszeichen zu tragen, in denen die Farbe Rot dominiert.*

August:

13.:	Kapitulation ungarischer Truppen bei Vilagos; Ende der ungarischen Revolution.
22.:	Kapitulation Venedigs; Ende der italienischen Revolution.

Oktober:

5.:	*Ernennung des Grafen Brandenburg zum Berliner Ehrenbürger.*

1850

Januar:

31.:	*Inkrafttreten der modifizierten preußischen Verfassung.*

Februar:

5.:	*Ernennung des Innenministers und späteren Ministerpräsidenten Otto v. Manteuffel zum Berliner Ehrenbürger.*

März:

11.:   *Neue Gemeindeordnung für Preußen.*
18.:   *Anläßlich des zweiten Jahrestages der Märzrevolution erneute Auseinander-*
           setzungen zwischen ‚Volk' und Konstablern in Berlin.

September:

1.:   Wiedereröffnung des Frankfurter Bundestages.
28.:   *Ernennung des Generals v. Wrangel zum Berliner Ehrenbürger.*

November

5.:   *Erneute Wahl Krausnicks zum Berliner Oberbürgermeister.*
6.:   *Tod des Grafen Brandenburg; Ernennung O. v. Manteuffels zum Minister-*
         präsidenten.
29.:   Vertrag von Olmütz (endgültiges Scheitern der preußischen Unionspoli-
         tik).

Register

a. Personenregister

Die Kurzbiographien im Anhang wurden (abgesehen vom Namensregister: KBA) in keines der Register aufgenommen. Kursive Seitenzahlen: Name etc. in den Anmerkungen.

Aegidi, Ludwig (Karl James) *KBA*
Ahlefeld, Elisa Gräfin v. *519*
Albert (siehe: Martin, Alexandre)
Albrecht, Prinz (jüngster Bruder Friedrich Wilhelms IV.) *198*
Anclam, L.F. *173*
Angerstein, Wilhelm 55, 155,
Arago, François Victor Emanuel *519*
Arndt, Johann Friedrich Wilhelm 548
Arnim, Bettina v. *518* f.
Arnim, Maxe v. *518*
Arnim(-Boitzenburg), Adolf Heinrich v. *24, 170,* 186, *198,* 208 f., *211,* 214, 215, 223, *237, 239, 264,* 289, *292* f., *244,* 322
Arnim(-Suckow), Heinrich Alexander *211,* 563 f., *572,* 574
Aschoff, Friedrich Heinrich v. 234, 238, 245, *251,* 259, *331* f., *469,* 588, *KBA*
Assing, Ludmilla *519*
Aston, Louise *41, 516,* 521, *KBA*
Auersperg, Karl Graf 732
Auerswald, Alfred v. 109, *244,* 270, *292,* 332, 565
Auerswald, Hans v. *613, 701*
Auerswald, Rudolf v. *24,* 47, *267, 407,* 599 f., 613, 706 f., 711, 713
August, Ernst Ferdinand *160, 182,* 254, *367, 639, KBA*
Augusta, Prinzessin (Gattin des Prinzen von Preußen) *252, 323*

Baader, Carl *319*
Bakunin, Michail *519*
Bardeleben, Moritz v. 25, 456, 459, 598, 600, *678, 761,* 766 ff., *770, KBA*
Bardua, Mine v. *518*
Barthelmy (Prediger) *221*
Bartz, August *319*
Bassermann, Friedrich Daniel 259, *748* f., *760,* 779-782
Bauer (Revisionsrat; PrNV) *306*

Bauer, Bruno *55,* 90, 91, *175, 290,* 363, 567, 745, *792, 837,* 879, *KBA*
Bauer, Edgar *113,* 600, *837, KBA*
Beckerath, Hermann v. 111, *794*
Beer, Doris *527*
Beer, Wilhelm *358, 511, 527, KBA*
Behr, Bernhard *527*
Benary, Agathon (Karl Albert) 90, *91, 280,* 363, *367, 526* f., *559, 544, 673, 726, 837, KBA*
Benary, Ferdinand *91, 280,* 363, *526, KBA*
Benary, Heinrich *250, 280, 526, KBA*
Benda, Daniel Alexander *214, 527* ff., *KBA*
Benda, Ernst 53
Benda, Sigismund Alexander *527, 582, 586, KBA*
Berends, Julius *95, 102,* 107, 144, 266, *280, 298, 303,* 306, 556, 561-565, 567, *639,* 723, 725 f., *737, 792, 794, 811, 819, 833* f., *836, 838, KBA*
Bergmann, Jürgen *397, 423, 437*
Bernadotte, Jean-Baptiste *616*
Bernstein, Aaron *527*
Bisky, Ludwig *19, 41, 103, 174, 279, 280, 298, 406,* 407, *420,* 422, 424 f., *428* f., *435, 494,* 498, *527, 623, 627, 726,* 753, *769, 819, 821, KBA*
Bismarck, Otto v. 40, *54, 104, 198, 260, 290, 612,* 740, *837,* 855
Blanc, Louis 408 f., *652*
Blasius, Dirk 206, *809,* 811
Blesson, Johann Ludwig Urbain *137, 251,* 286, *557,* 565, 568 f., *571,* 573, 575, *583,* 587 f., *KBA*
Blos, Wilhelm *171*
Blücher, Gebhard Leberecht Fürst v. 99
Boch, Rudolf 860
Bodelschwingh, Ernst v. 142, 148, 153 f., *170,* 188, *198*
Boeckh, August 68

Boerner, Paul 55, 118, 120, 128, 135, 138, 166, 176, *212*, 243, 252, *259*, *279*, 343, *378*, 559 f., *627*, *837*, *KBA*

Boganowski (Student) *176*

Bonin, Eduard Wilhelm v. *206*

Born, Stephan *19*, *33*, *39*, 41, 55, *279* f., *282*, *298*, *311*, 376, *404* f., 409 f., 420-425, 428 f., *433*, 435 f., 445, 488 ff., *494*, 498 f., 501, *526* f., 537, *559*, *564*, 567, 569, *587*, *623*, *627*, 634, 657, *673*, *675*, 727 f., 843 f., 857, 872, 881, *KBA*

Bornemann, Ferdinand Wilhelm Ludwig 223, 539

Borsig, August 78, 216, *231*, *239*, 255, 269, *350*, 359, *393*, *411*, 412, 480, 485, *490*, *511*, 767, 774 f., 816, *846*, 860, *KBA*

Botzenhart, Manfred 801

Brandenburg, Erich 296,

Brandenburg, Friedrich Wilhelm Graf v. *24*, 64, 550, *593*, 715, 740, 743, 745, 747 ff., 764, 784 ff., 792, 800, 812 f., 835

Braß, August *41*, *55*, 160, *166*, *196*, *226*, *335*, 702, *KBA*

Braun, Luise 838 f.

Breuilly, John 400

Brill, Julius *370*, *526*, *819*, *KBA*

Broszat, Martin 892

Buddelmeyer, Aujust (siehe: Adalbert Cohnfeldt)

Büchsel, Karl *54*, *147*, 166, *511*, 550, *552*, *KBA*

Bülow-Cummerow, Ernst v. 613

Bugeaud de la Piconnerie, Thomas Herzog von Isly 192

Buhl, Ludwig *232*

Bußmann, Walter 373

Camphausen, Ludolf *13*, *24*, 109, 111, 208, *213*, *262*, 270, 274 f., 289 f., 292 f., 295-298, 300, *306*, 309, 313, 315, 323, 326-333, 335-338, 340 f., 344, *407*, *468* f., 520, 555, *564*, 566, 569, 571 f., 599, 666, 689, 710 f., 790, *794*, 806, 866, 879

Camphausen, Otto 340, 555

Canitz und Dallwitz, Karl Freiherr v. *110*, 148, *211*

Carl, Prinz (jüngerer Bruder Friedrich Wilhelms IV.) *513*

Cauer, Marianne 531

Cavaignac, Louis-Eugène 349, 654, 661

Christine (schwedische Königin) 520

Clauswitz, Paul 235, 814

Cohnfeldt, Adalbert (Pseudonym: Aujust Buddelmeyer) 46, *590*,

Cohnheim, Max *319*

Collmann, Julius August 90, 363, 626, *811*, *KBA*

Colomb, Peter v. 664, 732

Conze, Werner *14*

Corvin, Otto v. *514*

Craig, Gordon A. 161

Crelinger, Ludwig 281 f., *KBA*

Curtius, Ernst *330*, *342*, *753*

Curtius, Julius *155*, 242

Dalchow, Gustav Johann *53*, 159, 200

Daumier, Honoré 123

Dehnicke, Rudolf *286*, *KBA*

D'Ester, Karl 649, *727*, 734, *737*, 742, *KBA*

Devarenne, Pierre *144*, 596, *KBA*

Diesterweg, Adolph *95*, 97, 363, 366 f., 371, *837*, *KBA*

Diesterweg, Julius 363, *378*, *KBA*

Dieterici, Karl Friedrich Wilhelm *KBA*

Ditfurth, Karl Freiherr v. *142*

Dönhoff, Sophic Gräfin 740

Dörbeck, Burchard 486

Dortu, Johann Luwig Maximilian *342*

Dronke, Ernst 88, 90,

Droysen, Johann Gustav 112, 837

Duncker (Polizeidirektor) *49*, 136, *154*

Duncker, Alexander *511*

Duncker, Carl *511*, *KBA*

Duncker, Franz 53, *93*, *95*, 734, *756*, *837*, *KBA*

Duncker, Hermann *306*, *764*, *KBA*

Duncker, Maximilian *KBA*

Egells, Franz Anton Jacob 78, 269, 286, 359, 860, *KBA*

Ehrenberg, Christian Gottfried *364*

Eichhorn, Karl Friedrich 91 f., *97*

Eichler, Ludwig *298*, 329, 331, 333 f., *494*, 600, *644*, *KBA*

Eichmann, Franz August *153*, 737

Eisenstein, Gotthold *160*

Elisabeth I. (englische Königin) 520

Encke, Johann Franz *778*

Engels, Friedrich 85, 90, 118, *232*, *423*, 728

Fähndrich, Carl *319* f.
Falkenberg, Carl Hermann *758*
Feenburg, Robert Oskar *312*, *378*, *526*, 575 f., *KBA*
Fein, Georg *842*
Fernbach, Immanuel 280, *319*
Feuerbach, Ludwig *364*
Fontane, Theodor *39*, *53*, 56, *211*, *677*
Foucault, Michel 472
Fournier, Friedrich Philipp *227*, *264*
Franklinsky, Joseph Alexander *530*
Frenzel, Karl 160
Friedrich I. (1888: Kaiser der Deutschen) *193*, *330*
Friedrich II. (König von Preußen) 92, 99, 890
Friedrich Wilhelm (Kurfürst von Brandenburg) *513*
Friedrich Wilhelm II. 740
Friedrich Wilhelm III. (König von Preußen) 105, *262*, *616*, *678*
Friedrich Wilhelm IV. (König von Preußen) 13, 22 f., 51 f., 63, 66, 68 f., 92, 104 f., 108-112, 114 f., 117, 120-124, 127-130, 135, 139 f., 142, 147 ff., 152 ff., 168, 170 f., 183-186, 194 f., 197, 199, 204-213, 216 ff., 223, 229 f., 236, 240, 242-245, 260-264, 268, 270 f., 273, 289-294, 298, *315*, 317, 321-326, 330, 332 f., 336, 339 ff., 343, 353, *364*, *413*, *469*, 483, 525, 530, 533, 546 f., 560 ff., 565-569, *571*, 582 f., *593*, 597 ff., *616*, 642, 649, 657 ff., 661, 663 f., 670 f., 675, 678, 680, 682 ff., 689, 698 f., 701 f., 710, 713 ff., 721, *725*, 739-743, 747, 752 f., 757-760, 768 ff., 778 f., 784-788, 796-801, 803, 810, 813, 816, 821, 824, 829, 831, 841 f., 852, 859, 866, 871, 879, 884 f., 890
Fröbel, Julius 55, *113*, *519*, 642, *645*, *KBA*

Gagern, Heinrich v. *780*
Gailus, Manfred 14, *279*, *448*, 467, 469, 694, 870
Gall, Lothar 29, 636
Genée, Rudolph *231*
Geppert, Johann *KBA*
Gerber (Dr.) *366* f.
Gerlach, (Ernst) Ludwig v. 23, 40, *99*, *104*, *260*, 324, 550, *567*, 648, 654, 656, 661, 699, 704, *715*, *740*, 864, 886, *KBA*
Gerlach, Leopold v. 13, 23, 40, *99*, *104*, 148, *153*, *162*, *171*, *198*, *263*, *298*, 324, 340,

551, *583*, 612, 648, 661, 698 f., 704, 739 f., 786, 808, 842, 886, 888, *KBA*
Gerlach, Otto v. *99*
Gladbach, Anton *KBA*
Glaser, Johann Carl *639*
Glasewaldt, Heinrich 190
Glaßbrenner, Adolf 479 f.
Gneist, Rudolf v. 53 f., 56, 242, 251, *285*, *303*, 363, 378, 579, *583*, 759, 779, *812*, 836 f., 883, *KBA*
Goldschmidt, Eduard *527*
Grabow, Wilhelm *306*, 723, *780*, *794*
Griesheim, Karl Gustav Julius v. 23, 289, 682 f., 855, 885, *KBA*
Grimm, Jakob *93*
Grimm, Wilhelm *93*
Gutzkow, Karl *39*, 56, *223*, *292*, 346, *666*

Halske, Johann Georg *79*
Haltern, Utz 868
Hamann, Wilhelm *96*, *280*
Hansemann, David *24*, 47, 109, *213*, 270, 275, 289, 290, 292 f., 296 f., 300, 309, 326, 335, 344, 358, *407*, *564*, 599 f., 613, 658 f., 689, 706 f., 711, 713, *788*, 866, 879
Harkort, Friedrich 258
Hedemann, Heinrich 100, *420*, 456, 847, *KBA*
Hegel, Georg Wilhelm Friedrich 91
Heilberg, Louis *526*
Heitz, Ernst Hermann Oswald *459*, *KBA*
Held, Friedrich Wilhelm (Alexander) 42, 45 f., 229 f., *279*, *298*, 329, 331, 333 ff., 413 f., *494*, *508*, *559*, 587, *594*, 603, 628-632, *737*, *834*, *837*, *KBA*
Helfft, Johann Jacob 724, 766
Hempel, Gustav *47*
Hengstenberg, Ernst Wilhelm v. 43, 541 f., 547 f., 551, *KBA*
Hergenhahn, August 779 f., 782, *788*
Herrmann, Alfred 110
Hertz, Martin Julius 90 *KBA*
Herzfeld, E. *644*
Hettling, Manfred *13*, 215, 852
Heuss, Theodor 338, 552
Hexamer, Adolph *298*, *378*, *627*, 642, 727 f., *KBA*
Heydt, August v.d. 821, 883
Hinckeldey, Karl Ludwig v. 23, 25, 351 f., 599, 768 ff., 773, 790, *794*, 807-810, 816 f.,

826, 831, 835, 838, 847, 876, 883 f., *886, 888, KBA*

Hintze, August Friedrich Wilhelm *160*

Hintze, Eduard 367

Hörschkamm (Schuhmacher) *339*

Hoffert, J.H. 376

Hohenlohe-Ingelfingen, Prinz Kraft zu *52, 125, 171, 258,* 771, 776

Holbein, Friedrich Wilhelm Julius 268

Holtzendorff, Hermann v. *160, 176*

Hopf, Albert (Pseudonym: Ullo Bohmhammel) 46, *319,* 492

Hoppe, Julius *373*

Hoppe, Ruth *173*

Huber, Ernst Rudolf 682

Huber, Victor Aimé *100*

Hummel, Johann Caspar 269

Husung, Hans-Gerd *443*

Jacobi, Karl Gustav Jacob *285* f., *362* f., *526* f., *KBA*

Jacoby, Johann 53, 105, *306,* 526, 533, 542, *627,* 740 ff., 744, *794,* 824, *838, KBA*

Jellačič, Josip Graf 731 f.

Johann (Erzherzog) 673 ff., 780

Jonas, Ludwig *306, 552, 564, KBA*

Jordan, Wilhelm *305, 666,* 871, *KBA*

Joseph II. (Kaiser von Österreich-Ungarn) 208

Julius, Gustav *31,* 39 f., *47,* 98, 128, 230 ff., 267, 272, 314, *524, 526,* 533, *578, 598, 616, 656, 666, 838,* 879, *KBA*

Jung, Georg 218, 273 ff., *279, 292, 298,* 300, 306, 338, *547, 549, 649, 792, 794, 809, 837, KBA*

Kaeber, Ernst *47,* 57

Kaiser (Konstabler-Oberst) *597,* 689, *692*

Karbe, Adolph Friedrich *279, 737, 754, KBA*

Katharina II. (Zarin) 520

Kaschuba, Wolfgang 468

Katte, Albert v. 630

Kirchmann, Julius v. 313, 315, *760, 780, KBA*

Kober, Adolf K. *552*

Kochhann, Heinrich 56, 121, *165, 181, 193, 807, 812,* 824, *837,* 839

Kocka, Jürgen 73, 491

Königsmarck, Adolf Graf v. *198*

Köpke, Rudolf *607, KBA*

Korn, Julius *494, 576, KBA*

Kramer, August *53*

Krause, Ernst *413, KBA*

Krausnick, Heinrich Wilhelm *127,* 139, *153, 196,* 205, 225 f., 236, *239,* 247, *264,* 440, 813, 851, *KBA*

Krebs, Carl Ludwig *639*

Kriege, Hermann *93,* 642, 727

Krüger, A. *413*

Krummacher, Friedrich Wilhelm *55,* 165, *212,* 548 ff., *552* f., 831, *KBA*

Kühlwetter, Friedrich Christian Hubert v. *601, 643*

Kugler, Clara *519*

Kuhr, Julius *54, 531*

Kuczynski, Jürgen *173*

Lachmann, Karl *362*

Ladenberg, Adalbert v. 362, *376, 750*

Ladendorff, August 774, *811*

Langerhans, Friedrich Wilhelm *193, 441, 444,* 446, 451, 453, *KBA*

Langewiesche, Dieter 19, 865

LeBlanc (Major) *185*

Lenné, Peter Joseph *440*

Lenz, Lucie (eigentlich: Luitgard Louise Elisabeth Lorenz) *181,* 508, 522, *KBA*

Lenz, Max *175*

Leo, Heinrich *198*

Leopold I. (belgischer König) 785

Lerchenfeld(-Köfering), Maximilian Josef Graf v. 187 f., 194 f., *255, 268, 566*

Lessing, M.B. (Dr.) *378*

Lette, Wilhelm Adolf 282, 286, *305, 423, 424, KBA*

Leubuscher, Rudolf L. 373, 376, *378, KBA*

Levi, Salomon *527*

Lewald, Fanny 55, 505, *513,* 752, *755,* 767, 778, 824, *KBA*

Lewis, Oscar 478 f., 484

Libelt, Carol 222

Lichnowsky, Felix Fürst *613, 701*

Liedke, Gottlieb Samuel 252, 276, *KBA*

Lövinson, Louis 259, *576, KBA*

Lövinson, Moritz *93, 248, 378, 526,* 532 f., 600, *837, KBA*

Löwenberg, Julius *527*

Löwenstein, Adolf *378, 527,* 635 f., *639, KBA*

Löwenstein, Rudolf *527, 639, KBA*

Louis XVI. (König von Frankreich) 112, 122, 205 ff.

Louis-Philippe (König von Frankreich) *122*, 131, 206 f., 337
Lüchow, Christian *19*, *33*, *279*, *403*, *405*, 409 f., *420*, 422, 425, *435*, *494*, 498, *KBA*
Lüdemann, Wilhelm Ernst *599*
Luettichau, Philipp Theodor Graf v. 200
Luther, Martin *104*, 547

Maerker, Friedrich August *643*, 694
Magnus, Berta *527*
Magnus, Meyer *527*
Mannheimer, Isak Noa *537*
Manteuffel, Edwin Freiherr v. *198*, 740 f.
Manteuffel, Otto Freiherr v. 289, 351, 740 f., *750*, 766 f., 770, 797, 806, 808, 813, 831, 876, 883, *886*
Marat, Jean-Paul 311
Marlborough, Sarah Jennings (Lady) 520
Martin, Alexandre (Albert) 135
Marx, Adolph Bernhard 363, *KBA*
Marx, Karl 40, *232*, 290, *410*, 422 f., *435*, 491, *499*, 585, 728
Masham (Lady) 520
Massaloup *412*
Medick, Hans *479*
Meding, August Friedrich Wilhelm Werner v. 114
Mehring, Franz 201, 730
Meinecke, Friedrich 66, 154
Melanchthon, Philipp 547
Mendelssohn, Alexander *511*, *527*
Mendelssohn, Joseph *511*, *527*
Mendelssohn, Marianne *527*
Mertens, Andreas Karl Wilhelm 144, *303*
Messerschmidt, Manfred 262
Metternich, Klemens Wenzel Lothar Fürst v. *110*, *115*, 147 f., 337, 659
Meyen, Eduard 272-275, *378*, 642, *833*, *835*, *837*, *KBA*
Meyer (Schauspieler) *595*
Meyerinck, Hubert v. *54*, 530
Michaelis, August *409*, 424 f.
Michelet, Karl Ludwig 92, *95*
Mieroslawski, Ludwig v. 222 f., *KBA*
Milde, Karl August 563
Minutoli, Julius Freiherr v. 25, *53*, 125, 128 f., 136, 141, *143*, *185*, 210, 215, 235-239, *244*, *250*, 259, 267 f., *282*, 310, 313, *315*, 319, *331*, 405, *443*, *469*, 480, 565, 568, *572* f., *583*, 587 f., 597 f., 600 f., 663, *KBA*

Mirabeau, Honoré-Gabriel Riqueti, Comte de 679
Möllendorf, Karl v. *166*
Monecke, Edmund *41*, 253, *298*, *312*, 318, *494*, *819*, 891, *KBA*
Müller, Gustav (,Lindenmüller') *279*, *574*, 594, 632 f., 702, *737*, *819*, *KBA*
Müller, Hermann *409*
Müller, Wilhelm *550*, 552
Mundt, Klara, geb. Müller 506 f., *519*, *KBA*

Napoleon I. *102* f., 115, 131, 200, 206, 615 f.
Natzmer, v. (Hauptmann) *579*
Naunyn, Franz Christian *95*, 152 f., *239*, *264*, 451 f., *511*, 758, *813*, *KBA*
Nauwerck, Karl 90 f., *95*, 107, 143 f., 266, *303*, 305 f., 363, 520, *838*, *845*, *KBA*
Neander, Daniel Amadeus 185, 551
Nees van Esenbeck, Christian Gottfried 702
Neo, Albert *811*, *KBA*
Nesselrode, Karl Robert Graf v. *659*
Nikolaus I. Pawlowitsch (Zar) *645*, *659*, *661*, 670
Neumann, August Wilhelm v. 209
Neumann, Salomon 376, *627*, *837*, *KBA*
Nipperdey, Thomas 14, 858
Nitzsch, Carl Immanuel 548
Nobiling, Karl 52, 139, 148, 162 ff., *175*, 181, *184*, 235, 237-240, 248, 252, 268 f., *531*, 659, *KBA*

Oppenheim, Heinrich Bernhard *292*, *298*, 363, *519*, *526*, 626, *728*, *837*, *KBA*
Oriola, Eduard Graf v. 209
Ottensos(s)er, Robert *526*, *623*, *673*, *KBA*
Otto, Louise 43

Pallas, Karl *168*
Parow, Karl Andreas Wilhelm *639*
Patow, Robert Freiherr v. *392*, 407, *443*, *445*, 453, 501
Peucker, Eduard v. 674
Pfuel, Ernst v. *24*, *47*, 117, *125*, 705 f., 715 f., *740*
Philipps, Eduard Rudolf *794*
Pietsch, Ludwig *286*, *559*, *KBA*
Pinto, Graf *358*
Preuß, v. (Major a.D.) 225
Prinz von Preußen (Wilhelm I.) 23, 51, 55, 59, 83, *106*, 122, 142, 148 f., 171 f., 184-

187, 197 f., 213, 226, 228, 234, 245, *252*, 274, 321-344, *413, 489, 549*, 556, 560 f., *566*, 568 f., *572*, 595, 614, *616*, 660, 689, 771, 804, 829, 841, 879 f., 891

Prittwitz, Karl Ludwig v. 23, 47 f., *53* f., *125*, 136, 149, 183, 185, 191-197, 199, 201, *239*, 260 ff., 333, 530, *699, KBA*

Prutz, Robert *298*, 508, *672, KBA*

Puttkamer, Eugen v. 96, *142*

Quarck, Max 413

Rachfahl, Felix 164, *198*

Radowitz, Joseph Maria v. 22, 122, 147 f., *168*, 197, 211, 800, 829, *KBA*

Radziwill, Fürst Wilhelm v. *172*

Ranke, Leopold v. *170*

Rau, Gottlieb 642

Rau(h) (Student) 416

Rauch, Friedrich Wilhelm v. *211*

Raumer, Friedrich v. 92, 197, *305* f., *KBA*

Reich (Student) *559*

Reichenbach, Eduard Graf 649, *727*

Reichensperger, Peter *716*

Remak, Robert 90, 363, *526, KBA*

Reuter (Landrat) *794*

Reyer, Karl Friedrich Wilhelm v. 289

Riess, Peter *378, 424*

Rieß, Peter *559*

Rimpler, Otto 44 f., 52, 237 f., 241, 458, *578*, 587 ff., 591 f., *601*, 680, *KBA*

Rintelen, Heinrich Wilhelm v. 809

Risch, Otto Theodor *100*

Robespierre, Maximilien de *728*

Rodbertus, Karl 735, *794*

Roerdansz, Albert *174*

Rohr, Ferdinand v. 209

Roon, Waldemar Graf v. *52, 266*

Rüdiger, C. 132, 269

Ruge, Arnold 115

Runge, Heinrich *95, 280, 303, 638*, 733, *758, 792, 833* ff., *KBA*

Saaling, Marianne *509*

Sachs, Michael (J.) 216, 529, 537, *KBA*

Saegert, Carl Wilhelm 23, 53, 242, *252, 413*, 531, *KBA*

Sagave, Pierre-Paul 122

Salis(-Sevis), Johann Georg v. *298, 312, 559, 673, KBA*

Saß, Friedrich *417, 521, KBA*

Schaper, Justus Wilhelm Eduard v. *385*

Schas(s)ler, Max 55, *279*, 285, *298*, 363, *837, KBA*

Schieder, Theodor 112

Schleiermacher, Friedrich Ernst Daniel 545, *552*

Schleinitz, Alexander Freiherr v. 200

Schlöffel, Friedrich Wilhelm *317*

Schlöffel, Gustav Adolf *39, 41, 298*, 309-318, 447 ff., *494*, 498, *547*, 630, 810, 885, 890, *KBA*

Schmerling, Anton Ritter v. *729*

Schmidt, Eduard *410, 420*

Schmückert (Generalpostamtsdirektor) *386*

Schneider, Johann Ludwig *319*

Schneider, Louis *54*, 120, 335 ff., *615, 669, KBA*

Schönemann, T. *644*

Schramm, Rudolf 184, 274 f., *279*, 600, *627, 644*, 809, *KBA*

Schulz, Karl Gustav *54, 175*, 530

Schulz (Konstabler-Wachtmeister) *843*

Schumann, Friedrich Adolph 132, 351

Schwarz, Max *187*

Schwarzenberg, Felix Fürst 800

Schweinitz, Hans Lothar v. *52, 261*

Schwentker, Wolfgang *39*, 648, 832

Schwerin-Putzar, Maximilian Graf v. 209, 223, *292*, 331, 362, *511, 553*

Seeger, Louis 226

Senfft-Pilsach, Ernst Freiherr v. *104*, 612

Sheehan, James J. 29

Siegerist, Karl *19, 255, 279, 298*, 396, 406, *413*, 576, *578, 639*, 810, 891, *KBA*

Siegmund, Gustav 626, *639, KBA*

Siemann, Wolfram 27

Siemens, Werner *79*, 860

Simion, Mosé *527, 590*, 702, *KBA*

Simon, Heinrich *794*

Simon, Manfred 392

Simson, Eduard 779 f., 782, *788*

Solmar, Henriette *519*

Sponnagel, Johann Georg *522*

Springer, Julius *95, 280, 527, 590, KBA*

Springer, Robert 13, 21, 39, 42, 90, 98, *232*, 256, 284, 314, 319, 447, 520 f., 607, 628 ff., 691, *KBA*

Stadelmann, Rudolf 86, 201

Stahl, Friedrich Julius 91, *528*, 546, 840

Stahr, Adolf 55, 280, 346, 765

Stavenhagen, Friedrich *306*
Stein, Julius 691, 696, 702, 707, *KBA*
Steinbrugg, W. Vigier v. *259*
Steinschneider, Moritz 524, 537
Stephan, Heinrich 386
Stern, Sigismund 46, 56, *168*, 216, 249, 283, 320, *527, 639, 645*, 655, *686, 792, KBA*
Stieber, Wilhelm *239*
Strauß, Gerhard Friedrich Abraham *198*, 548 ff.
Streckfuß, Adolph 48, *55*, 109, 129, 138, *212, 259, 286*, 570, 573, 623, *644* f., 688, 702, 705 f., *722*, 737, 749, *811, 833, 835, 837, KBA*
Strotha, Karl Adolf v. *750*
Stürmer, Michael *14*
Sydow, Karl 216 ff., *306, 552* f., 564, 572, 574, 858, *KBA*

Temme, Jodocus *56, 794, 809, KBA*
Teichert, Gottlob *306*
Tenfelde, Klaus 433
Thadden-Trieglaff, Adolf v. *104, 260*, 612
Thielbeer, Heide *210*
Thiele (Pseudonym: Leid-Brandt) *319*
Thile, Ludwig Gustav v. *200*
Thompson, Edward P. *470, 479*
Thone, Fritz *191*
Thümen, Georg v. 725, 771, *773* f.
Thümmel, Th. (Dr.) *378*
Tocqueville, Alexandre Clérel de 348
Toury, Jacob 527 ff.
Trauttmansdorff, Joseph Graf v. 205, 211 f., *224*, 231, *255, 570, 666, 683*, 688, 734 f., 739, 744, *760*, 773
Trendelenburg, Friedrich Adolf *364*

Unruh, Victor v. 56, 124, 249, 447, 734, 740, 742, 747, 749-752, 756, 759, 761-764, *794, 803*, 857, 874, *KBA*
Urban, Friedrich Ludwig 210, *264*, 268, *279, 494*, 572, *576, 578, 582, KBA*

Valentin, Veit *57*, 282, 671, *696*
Varnhagen v. Ense, Karl August 53, 68, 119, *185*, 199, *231*, 309, *519*, 777, *780*, 795, 803 f., 810, 831, 842, *KBA*
Varnhagen v. Ense, Antonie Frederike (Rahel), geb. Levin *519*

Veit, Moritz *306, 527, 538, KBA*
Vincke, Georg Freiherr v. 111, 293, 294
Virchow, Rudolf 53, 90, 124, 227, *295*, 323 f., 363, 373-378, 626, 639 f., *792, 837*, 877, *KBA*
Volkmann, Heinrich 433
Vossler, Otto 888

Wagener, Hermann 40
Waldeck, Benedikt 716, 724, 734, *792, 809, 835, 837, KBA*
Waldeck, Julius *378, 424, 811, 833* f., *KBA*
Waldersee, Eduard Graf v. *52, 125, 161, 263*
Wehler, Hans-Ulrich 396
Weigel, Sigrid 44
Weiß, Lewin *176*
Weitling, Wilhelm *41*
Wernicke (Handschuhmacher) 225
Weyl, Levin Kallmann (Pseudonym: Isaac Moses Hersch) 46, *526* f., *639, KBA*
Wichern, Johann Hinrich 553, 839
Wilhelmy, Petra 518 f.
Willisen, Wilhelm Freiherr v. 664
Windischgrätz, Alfred Fürst 731 f.
Wiß, C. *279, 298, 627, 673, 819, KBA*
Wöhlert, Johann Friedrich 269, *806*
Woeniger, August Theodor *95*, 141, 151 f., *239, 424, KBA*
Wolff, Adolf *39*, 46 ff., 123, 127 ff., *133*, 138 f., 144, 206, 459, 471, *526, KBA*
Wolff, Bernhard *527*
Wollheim (Assessor) *639*
Wrangel, Friedrich Heinrich Ernst Graf v. 19, 23, 64, 196, 550, *553, 608*, 668 f., 699 ff., 704, 732, 749 f., 753-756, 759-762, 768-771, 777, 789 f., 796 f., 812 f., *816*, 831, *KBA*
Wussow, Philipp v. *193*

Zacharias, F.A. (Kaufmann) *95*
Zernack, Klaus 663
Ziegler, Franz 794
Ziehe (Militärpfarrer) 221
Zimmermann, A. 333
Zimmermann, Carl Wilhelm 462
Zunz, Leopold 53, 109, *526* f., 529, 536, 539, 660, *833*, 836, *KBA*

b. Ortsregister

Berlin, Preußen und Deutschland wurden nicht aufgenommen.

Anhalt (Herzogtümer) 87, *729*, *858*
Auerstedt 200
Australien 818 f.

Baden 20, *315*, 342, 684, 712, *726*, 802, 804, 873
Bayern 57
Belgard *340*
Belgien 498 f., 785 f.
Böhmen 731
Brandenburg (Provinz, ‚Mark') 25, 176, *605*, *645*, *703*
Brandenburg (Stadt) *552*, *694*, 714, 746 f., 781, 784
Breslau 196, *246*, 264, 291 f., *294*, *469*, 534, *553*, 646 f., *710*, *797*, 860

Charlottenburg *64*, 162, *388*, *441*, 531, *533*, 602, 621, 691, 693 ff., *826*

Dänemark 188, *323*, 349, 512, 658, 668 ff.
Dresden *276*
Düsseldorf *99*, 644

Elba 131
England, Großbritannien 63, *144*, 187, 231, 240, 321 ff., 330, *333*, 340, 422, 498 f., 596, 598, 655, 670

Frankfurt a.M. 20, 24, 56, *246*, 287, 291, *303*, 305, 308, *323*, 330, *333*, 340, *513*, 642 f., 672 ff., *677*, 683, *701*, 727, 735, 778, 780, 790, 799, *845*
Frankfurt a.d.O. *99*, 196
Frankreich 15, *101*, 111, 114 f., 118, 122, 123, 125-128, 131, 138, 170, 175, 183, 201, 210, 231 f., 296, 314, 346, 348 f., 422, 498 f., 533, 540, *549*, 580 ff., *589*, 602, 611, 614 ff., 655, 658, *666*, 681, 712, *728*, 864, 870

Großbeeren 616

Halberstadt *810*
Hamburg 287, *419*
Hannover *246*
Heidelberg *312*, 315, *419*, 534

Hessen-Nassau *186*
Hirschberg 534

Italien 117 f., *121*, *611*

Jena 200

Kiel 668
Koblenz *99*
Köln *98*, 142, 197, *246*, *276*, 419, 427, *515*, 644, *672*, 699, *703*, 708, *817*, *853*, 867 f., *873*, 882
Königsberg i.Pr. 95
Köthen 791
Krakau *222*

Leipzig 419, 424, 429, *646*, 728, 855, 882
Lenthe (bei Hannover) 860
Lichtenberg (bei Berlin) *441*
Lichtenstein *683*
Liegnitz *99*, *291*, *294*
London *240*, *323*, 337, 596 ff.
Luckenwalde *195*

Magdeburg 87, *99*, 196, 318, *553*, *703*
Mailand 349, 866
Mainz *315*
Malmö 670
Mannheim *515*
Mexiko 484
Moabit 136, 175, 222, *350*, *806*, *846*
München *419*

Neapel 118, 866
Neuenburg (Neufchâtel) 117
Niederlande 880
Nürnberg *645*

Österreich, K.u.K.-Monarchie (siehe auch Ungarn) 28, 57, 87, *121*, 124, 147 f., 154, 222, *224*, 231, 291, *318*, *570*, 660, 663, *675*, 684, 731 ff., 735, 739 f., 800, 808, *831*, 873, 886
Olmütz 739
Oranienburg 158
Ostpreußen *176*, 454

Palermo 117, 866
Paris 20 ff., 26 f., 31, 45, 60, 63, 75, 78, 98, 102, 112 f., 117, 120 f., 123, 131, 136, 150, 159, 163 f., 192, 204, 206 f., 348 f., *364*, 408, *425*, 439, 449, 555, 561, 581, 602, 635, 643 f., 650, 652-657, 661, *681*, 731, 773, 862, 866, 870, 877
Pfalz, Rheinpfalz 342, 800, 804, *884*
Polen 56, 63, 136, 170, 175, 209, 222-225, 253 f., 657 f., 660 f., 663-668, 686, 732, 871 f.
Pommern *174, 176, 323*
Posen (Großherzogtum, Provinz) 222 ff., *254*, 323, 658, *661*, 665 f., *686*
Posen (Stadt) 223, 663 f.
Potsdam 64, 87, 155, *192*, 224, 261 ff., 267, 340, *342*, 346, 602, *654*, 694-699, *703, 707* f., 740, 742, *755, 826*, 879

Ratibor 534
Reinickendorf *441*
Rheine 860
Rheinprovinz *154, 176*, 197, 292, *259, 602*, 860, *885*
Rom 249, 349, 859
Rummelsburg (bei Berlin) 451
Rußland 63, 182, 222, *583*, 652, 657-661, 670, *831*

Sachsen (Königreich) 20, 87, 138, 419, 427, 800, 804, 806
Sachsen (Provinz) *176*, 292, *602*
Schlesien 176, 197, 291 f., *359*, 516, *602*, 706, 765, 860, *845*
Schleswig-Holstein 63, 188, *323, 325*, 668 ff., 699

Schöneberg 269
Schönhausen *260*
Schweidnitz 706
Schweiz *101*, 116 f., 499
Sizilien (Königreich der beiden S.; siehe auch: Neapel, Palermo) 121
Spandau 48, *64*, 162, *174*, 178, 181, 318, *441, 530, 533*, 694 f.
Stettin *162*, 196, *260*
Strausberg *694*

Tauroggen *262*
Teltow 602, *613, 648*, 680, *694*
Thüringen *645*
Treuenbrietzen *615*
Trier 708

Ungarn 20, *318*, 731
USA 296

Venedig 866

Wedding 133 f., 439, 445, 449
Westfalen 292, *359*
Westpreußen *176, 325*, 665
Wien 20 ff., 26, 31, 57, 60, 75, 78, 87, 98, 122, 131, 146 ff., 192, 207 f., 210, 231, 234, *255, 276, 318*, 349, 404, 419, 427, 438, 442, 449, 469, *504, 508*, 515 f., *534*, 537, 557, *570*, 572, 589, 591, *596, 623*, 652, 677, 708, 715, 730-735, 742, 744 f., 762, 859, 862, 866 ff., 886
Wilmersdorf 532
Wirsitz 323
Württemberg 684, 873

c. Zeitungsregister

Aufgeführt werden die Zeitungen und Zeitschriften nur, soweit sie als Sprachrohre spezifischer politischer Strömungen fungierten bzw. allgemeine Tendenzen zum Ausdruck brachten. Es interessieren neben Auflage, innerer Organisation etc. die politischen Meinungen 'der Zeitung' (bzw. ihrer Redakteure und Kommentatoren), nicht dagegen die in ihnen mitgeteilten Fakten (Quellenbelege).

Augsburger Allgemeine Zeitung 40, 85, 119, 130, 773
Allgemeine Preußische Zeitung *191*

Berliner Zeitungshalle (Tageszeitung) 39 f., 47, 230 ff., 267, 272, *276*, 292, *312, 327, 406, 562*, 584, 598 f., *656, 660* f., 666, 690, *696* f., *707*, 730, 755 f., *791*
(Berliner) Bürgerwehr-Zeitung *41*, 704

Club-Blatt *41, 273* ff.
Constitutionelle Club-Zeitung *41, 282*

(Der) Demokrat *41*, 181, *506*
Deutsche Arbeiter-Zeitung 41, 43, 283, *327, 334, 406*, 420, 447, 537 f., 568 f., *584*
Deutsche Wehr-Zeitung *43, 342, 615, 712*

Evangelische Kirchen-Zeitung 43, 61, *534*, 541 f., 548-552

Frauen-Zeitung *42*
(Der) Freischärler *41*

Gutenberg *42, 408*

Hamburger Börsen-Halle *274*
Hamburger Korrespondenz *84*

Kladderadatsch *42*
Kölnische Zeitung 40
(Berliner) Krakehler *42*, 371
Kreuzzeitung [„Neue Preußische Zeitung"] 17, 39 f., 43, *524*, 533 f., 541, 551, 605 f., 612, 656, *661*, 666, *670*, 673, 681, 730, 744, 788, 864

Locomotive 38, 42 f., 229 f., *276*, 293, 320, 520, 562, 569, 584, 594, *598*, 629, *666*, 689 f., 755 f., *789*

Mannheimer Abend-Zeitung 134
(Der) Mediziner *374*
Medizinische Reform 374 f.
Mitteilungen des Centralvereins für das Wohl der arbeitenden Klassen *41*

National-Zeitung 39, 274, 283 f., *301*, 303, *312, 327*, 332, *370, 406*, 421, *425*, 559, 584, 602, *614*, 628 f., 637, 666, *670*, 672 ff., 684, *690, 707, 744*, 756, *780, 789*, 799
Neue Rheinische Zeitung 41, 567, 584 f., 654, 802

(Der) Publicist 42, 157, *229, 301*, 389, 537, 594, *598*, 756

Reform *276, 526*, 698, 755
Republik *41*

Soldaten-Freund *43, 712*
Spenersche Zeitung [„Berlinische Nachrichten von Staats- und gelehrten Sachen"] 39, 107, 187, 333, 363, *370*, 537 f., *553*, 652, 665, *670*, 730, 756, 788

Trier'sche Zeitung 40, 201

Urwähler-Zeitung *756*

Vereinsblatt der Maschinenbau-Arbeiter zu Berlin 41, *300*, 381
(Das) Volk 41, 43, *280*, 410, *420, 426*, 562, *564*, 569, 584, 654 f.
Volksblätter *41*
(Der) Volksfreund *41*, 311, 313 ff., 318
Volksstimme *41*
Volkstribun *41*
Vossische Zeitung [„Königlich privilegierte Berlinische Zeitung von Staats- und gelehrten Sachen"] 38 f., 85, 107, *130*, 135 f., *171*, 187, *193*, 229, 324, 333, 349, *370*, 385, 425, 453 f., 456 f., 480, 491, *556*, 593, 602, 616, *660*, 665, 673, *756*, 788, 795, 799

d. Vereinsregister

Nur Berliner Vereine. Vereine anderer Orte: siehe Ortsregister.

Arbeiter-, Angestellten- und Gesellenorganisationen allg. (siehe auch Sachregister: organisierte Arbeiterbewegung, Arbeiterverbrüderung) 32 f., 44, 386, 417 ff., 429, 558, 641, 678 f., 725, 752, 840, 870, 882 f.
– Arbeiterklub *404*

– Erster Bauarbeiter-Verein *418, 448*, 452, *456*
– Subaltern-Beamten-Verein 383 f.
– Tagelöhner-Verein *418, 448*
– Verein der Eisenbahnbeamten 33, 384
– Verein der Kanzleibeamten *384*
– Verein junger Kaufleute 414 f., 418

– Verein deutscher Köche *416* f.
– Verein der Berliner Postbeamten 33, 386
– Vereinigte Maschinenbauer, Verein der Maschinenbauer 400, 411-414, 722, 736 f., 844, 862

Berliner Verein zur Centralisation deutscher Auswanderung und Colonisation *818*
Berufsorganisationen, bürgerliche allg. (siehe auch Sachregister: Korporation der Kaufmannschaft Berlins, ‚Handelsverein Teutonia‘) 33 f., 97
– Medicinischer Club 374
– General-Versammlung der Berliner Ärzte 374
– Geburtshilfliche Gesellschaft 374
– Pharmaceutische Gesellschaft 378
– Juristenverein *378*
– Jüngerer Künstlerverein *365*
– Wissenschaftlicher Kunstverein *365*
– Allgemeiner Berliner Lehrerverein *372*
– Jüngerer Lehrerverein *366*
– Geselliger Lehrerverein 97, *366* f.
– Tonkünstlerverein *365*
– Verein praktischer Ärzte und Wundärzte zur Förderung der Gesammtinteressen des Heilpersonals 374 f., *377*
– Verein promovierter Ärzte *374*
– Verein jüngerer Juristen 378
– Verein bildender Künstler *365*
– Verein der Mediziner und Medizin-Studenten 363, 374
– Verein der Schulvorsteher *366*
– Verein der Zahnärzte *374*
Bezirksvereine allg. (Die Bezirksklubs veränderten häufig ihren Namen im Laufe der Zeit: Aus dem ‚Bürgerverein des 81. Bezirks‘ wurde der 81. Bezirksklub usw.; sie firmieren hier unter einem Namen) 32, 270, *358*, 634-641, 675, *748*, 763, 791, 826, 832 f., 864
– Bezirks-Central-Verein 32, 590, 636-640, *675*, *782*, *789*
– Bezirksklub 66B *603*, *637* f., 640, *675*
– 71. Bezirksverein *639*
– Bezirksverein für den Stadtbezirk 68 *850*
– Bürgerverein des 81. Bezirks 258, *603*, *637* f.

– Friedrich-Wilhelm-Städtischer Bezirksverein *603*, *637* f., *641*
– Verein des 19. Bezirks *645*
– Verein des Bezirks 49A *645*
– Verein des 97. Bezirks *641*
– Verein des Stadtbezirks 68A, 68B, 69 *640*
– Verein des 29.-34. Stadtbezirks *638*
– Verein des 34.-41. Stadtbezirks *637*, *639*
– Verein des 3. größeren Wahlbezirks *733*
Bürgergesellschaft *95* f., 380
Bürgerwehrvereine allg. 628
– Bürgerwehr-Artillerie-Verein 246
– Bürgerwehrklub 31, 259, *327*, *527*, *587*, 590 ff., 594, 702, *704*
– Demokratischer Bürgerwehrverein 31, 591 f., 594, *704*, *732*, *762*, 798
Bund der Kommunisten *101*, 421 f., *435*, 847

demokratische Vereine allg. (siehe Sachregister: Demokratie)
– Anti-Reactions-Verein 626
– Clubb der politischen Ecke (siehe auch Sachregister: ‚politische Ecken‘) 679
– Demokratischer Frauenklub 514-517
– Demokratischer Klub/Verein (siehe Politischer Klub)
– Demokratischer Studentenverein *626*
– Demokratischer Urwähler-Verein *526*, 625 f., *630*, 703
– Demokratischer Verein der Königstadt/ Reformklub 281, 623 ff., *630*, 769
– (demokratischer Frauenverein) Germania *515*, 517
– Lindenklub (siehe auch Sachregister: ‚politische Ecken‘) 484, *601*, 623, 631 ff., 679, 691, 881
– Märzklub *285*
– Politischer/Demokratischer Klub/Verein *41*, 44, 184, *250*, *256*, 267, 272-279, 281 f., 286, 288, 290, 293, 296, 300, 304 ff., 310, 317 f., *321*, 332, 343, 405, 425, 455, 469, 471 f., 484, 507 f., 514, 526, 556, 558, *580*, 583, 600, 610, 621-626, *630*, 649, *660*, 667, 671, 675, 679, 702 f., 709, 722, 744, 754, 758, *762*, 864

- Reformklub (siehe Demokratischer Verein der Königstadt)
- Republikanischer Klub 363, *526*, 626 f.
- Sozialverein/Verein für Radikalreform der Erwerbsverhältnisse *508*, 514, 623, 628, 630 f.
- Verein deutscher Volksmänner *626*
- Verein für Volksrechte 29, 285 f., 344, *362*, *516*, *526*, *559*, 623 ff., 658, 679
- Volksklub 277, 280, 286, *559*, 610, 623 ff., *630*, 658, 672, 702, *762*
- Volkspartei (1849/50) *526*, 649, 763, 806, 808, 825, 833-836, 878
- Volksverein (unter den Zelten) *41*, 267, 278, 290, 295 ff., *314*, 317, 343, 471, *660*, 667

Finanz-Club *358*
Frauenvereine (siehe demokratische, sozialreformerische, konservative Vereine)
Frauenverein zur Erwerbung eines Kriegsfahrzeugs *31*, 511 ff.
Frauen- und Jungfrauenverein zum Dank für die Siege bei Großbeeren und Dennewitz *510*
Frauenbildungsverein *515*
Freihandelsverein *379* f.

Handwerkervereine allg. 99 f.
- großer oder Hedemannscher Handwerkerverein *33*, 41, *95*, 100-103, 135, *176*, 216, 253, *258*, 268, 280, *403*, 409 f., *414*, 420 f., 427, 538, 546, 558, 601, 808, 844, 847 f.
- Handwerkerbund 421, *502*, 848 f.
- übrige Handwerkervereine Berlins *100*, *421*

konservative Vereine (siehe auch Sachregister: Konservative)
- Treubund für Frauen und Jungfrauen *513*, 830
- Menschenclubb *612*
- Gesellschaft patriotischer Frauen *513*, *830*
- Monarchisch-konstitutioneller Verein des 45. Stadtbezirks *832*
- Patriotischer Verein 29, 277, 284, 286 ff., 326, 333, 344, 379, 557 f., 583 f., 599, 606 f., 609 f., 612, 616, 647 f., *656*, *675*, 682, *704*, *827*, *830*, 832
- Preußen-Verein für konstitutionelles Königthum 277, 286, 336, 379, 394, 558, 583, 607-612, 616, 647 f., *675*, 682, *736*, *830*, 832, 886
- Royalistenbund (siehe Treubund mit Gott für König und Vaterland)
- Treubund mit Gott für König und Vaterland 30, 164, 209, 379, *394*, *502*, *550*, 825-832, 836, 838, *840*, 848, 865, 887
- Verein für König und Vaterland 30, 286, 607, 612 f., *648*, *674*, 682, *736*, *830*, 865, 886
- Verein zur Wahrung der Interessen des Grundbesitzes und der Förderung des Wohlstandes aller Volksklassen 613 f.
- Verein zur Wahrung der Rechte und Interessen der Provinz *612*, *792*
Kriegervereine allg. (siehe auch Sachregister: ‚fliegende Corps‘/Veteranen-Jäger-Corps) *31*, 99, 255, *832*
- Trauer-Verein ehemaliger freiwilliger Jäger und Kampfgenossen aus den Jahren 1813, 14, 15 zum Behuf des militärischen Begräbnisses verstorbener Kameraden und zur Unterstützung hilfsbedürftiger Veteranen 99, 255, *614*
- Militär-Begräbniß-Verein *99*, *614*
- Verein zur Einfriedung des Waldfriedhofs in der Hasenheide *614*, *832*
- Verein der Zivilversorgungs- und Anstellungsberechtigten *614*

landsmannschaftliche Vereine allg. 604
- Demokratischer Verein der Rheinländer und Westfalen 627 f.
- Pommern-Verein für Wahrheit und Recht *628*
- Sachsen-Verein 627 f.
Landwehrverein, Demokratischer bzw. ‚Vereinigte Landwehrmänner Berlins‘ 31, *595*, *679*, *704*, *732*, *762*
liberale Vereine
- Konstitutioneller Klub 28 ff., *41*, 277, 281-288, 296 ff., *301*, 305 ff., 310, 326, 333, 344, 425, 508, 527, 557, 584, 603, 606 f., 616-620, 623, *625*, 640, 645-648, 666 f., *669*, 672, 674 f., *679*, *708*, *725*, 732, 748, *759*, 840, 867, 877, 879

Militär-Reform-Verein (demokratisch) 31, 628, 704 ff.

Physikalische Gesellschaft *364*
Polytechnische Gesellschaft 97, 380
protestantische Vereine
 – Gustav-Adolf-Verein *546*
 – Evangelischer Verein für kirchliche Zwecke *546*

sozialreformerische, sozial-karitative *Vereine* (siehe auch Sachregister: Kreditvereine/ Vorschußkassen)

 – Central-/Lokalverein für das Wohl der arbeitenden Klassen 32, *95* f., *100*, *287*, 380 f., *393*, *439*, *511*, 630, 636, *638*
 – Frauenverein zur Abhülfe der Noth unter den kleinen Fabrikanten und Gewerbetreibenden 510 f.
Studentischer Leseverein (1843) 93 f.

Verein der Freimüthigen 97
Verein der Hutfreunde 97
Verein für Wahrheit und Recht *551*

Wählervereine, Wahlmännervereine, Urwähler-Vereine (siehe auch Bezirksvereine)

e. Sachregister

Adel, Aristokratie 18, 72, 89, 165, 170, 200, 211, 224, 250 f., 256, 275, 278 f., 289, 307, *327*, 346 f., 351, 378, 381, 496, 512, *518*, 534, 602, *614*, 631, 765, 776 f., 815, 889
Ärzte (siehe auch Reformen/Reformbewegung) 71 f., 97, *287*, 302, 363, 372-379, 611, 812, 819, 846
Akademie der Wissenschaften 92, 364, 778
Akademie der Künste 364 f.
Akkord (siehe Lohn)
Aktien, Aktienkurse (siehe auch Börse, Eisenbahnen) 131 f., 324, 347 ff.,
Alkohol, Alkoholkonsum 447, 460, 698, 737
Allgemeines Landrecht 315 f., 318, *355*, 538
Angestellte, *Privatbeamte* allg. (siehe auch Vereinsregister) 71, 249, 378, 381 f., 385 f., 611, 829
 – Postbeamte 33, 385 ff.
 – Eisenbahnbeamte 33, 176, 384 f., 387
Apotheker *89*, 302, 378
Arbeiter (siehe auch Maschinenbau-Arbeiter, Gesellen, Gehilfen, Tagelöhner) 16, 44, 50, 59, *70*, 71, 80, 83, 132-138, 140, *165*, 167, *175*, 231 f., 248 f., *270*, 276 ff., 280, 283, 287, 300, 307, 312, 314, *369* f., 381 f., 389, 396 f., 399 f., 402-405, 408, 410, 417, 419, 422-426, 428, 430-436, 442-447, 449, 451, 456 ff., 460 f., 477, 480, 482, 485, 488, 497-501, 503, *506*, *530*, 538, 545, 565, 569, 580 f., 610, 622 f., 630 f., 636, 643, 655, 679, 684, 694, 697, 717-724, *734*, 751, 753,

758, 769, 817, 822, 840, *843*, 845, 857, 864, 874, 881 ff.
Arbeiterbewegung, organisierte (siehe auch Arbeiterverbrüderung, Handwerker-, Gesellen- und Arbeiterkongresse, Sozialismus; Vereinsregister) 13, 20, 32 f., 60, 85, 100, 178, *280*, *282*, 300, *314*, 369, 376, *378*, 404 ff., 410, 413 f., 427, 433, *435*, 482, 488-491, 494, 497 ff., 526 f., 630, 634, 655, 657, 670, 675, 680, 684, 717, 722, 727, 729, 748, 752, 763, 824, 841, 843, 847 ff., 854 f., 862, 864, 867, 870, 872, 874, 876, 881-884, *890*
 – Arbeiter(bewegungs)kultur 60, 478, 487 ff., *845*, 869
 – Central-Comité der Arbeiter 32, 41, *280*, *282*, 300, *314*, 369, 376, *378*, 404 ff., 409, 413 f., 419 f., 422-429, *435*, 484, 489, 497, *499*, 501 f., *559*, 679, 795, 844, 862, 869 f., 872, 881 f.
Arbeiterinnen, Frauenerwerbstätigkeit, -arbeit (siehe auch Dienstpersonal, Frauen) 71, 77, 80, 179, 393, *402*, 404, 424, 442, *475*, 503 f., 515, *845*
Arbeiterverbrüderung allg. (siehe auch organisierte Arbeiterbewegung, Sozialismus) 32, 414, 420, 427 ff., 484, 488 f., 497, 516, 725, 728, *748*, 752 f., 761, *769*, 795, 821, 826, 844-847, 869, 881
 – Berliner Arbeiterkongreß (Aug./Sept. 1848; siehe Handwerker-, Gesellen- und Arbeiterkongresse)

– Gesundheitspflegeverein 376, 826, 846 ff.
– Produktions- und Konsumgenossenschaften (siehe auch Nationalwerkstätten) 428, *435*, 488, *516*, 845 f., 883 f.
Arbeitsbeschaffungsmaßnahmen (siehe auch Arbeitsnachweisungsbureau, Erdarbeiter) 16, 133 f., *351*, 407, 437-441, 455, *463*, *474*, 480, 718 f., 822 f., 884
Arbeitshaus 25, 71, *75*, *80*, 134, 390, 393, 398 f., 401, 403, 465, 553
Arbeitslosigkeit, Arbeitslose, Entlassungen 16, 59, 80, 132 ff., *146*, *154*, *175*, *350*, 351, 407 f., 412, 426, 437-440, 442 f., 445 f., 450, 452 ff., 458 f., 461, 515, 534, 558, 652, *691*, 717, 719, 721, 724, *728*, 774, 806, 816 ff., *822* f., 827 f., 842, 848, 884
Arbeitsministerum, Arbeiterministerium 135, 154, *232*, 305, *314*, 398 f., 406 ff.
Arbeitsnachweisungsbureau, -anstalt *96*, 133 ff., *350*, 437 ff., 822
Arbeitszeiten 75, 250, *254*, 365, 375, 385 f., 398 f., 402, 406, 415 f., 430, 432, 434 f., *456*, 822
Armenfürsorge, kommunale 81, 295, 366, 440, 455, 461 f., 471 f.
Armut, Pauperismus 68 ff., 74, 79-82, *176*, 178, 224, *354*, 460, 462, *464*, 474 f., 816, 818
Assemblée Nationale (siehe: Nationalversammlung, französische)
Auswanderung, Emigration 816, 818 f., 850

Bäcker (siehe Gesellen bzw. Meister)
Bankiers (siehe auch Börse, Staatspapiere, Wirtschaftsbürgertum) 15, 70 f., *287*, 302, 347, 351, 355-358, 501, *518*, 524, 545, *728*, 857
Barrikaden, Barrikadenbau, Barrikadenkampf (siehe auch Revolution/Märzrevolution, Märzgefallene) 13, 48, 58, 68, 143, 146, 150 f., 153, 156-164, 166, 168 f., 173-178, 181 f., 186-189, 190-193, 195 f., 202, 205, 219, 229, 291, 465, 506, 525, 653, 694, 697, 718 ff., 756, 773, 802, 850, 859, 862
Bauakademie *90*, 253
Baugewerbe 80, 180, 400 f., 417, 432, 436, 442
Beamte (siehe auch Angestellte/Privatbeamte, Bürokratie) 15, 71 ff., 176 f., 179, 216,

247, 249 f., 259, 277, 281, *285*, *287*, 289, 302, 307, *327*, 336, 353, 355, 372-380, 382 ff., *386*, *504*, 512, *518*, *559*, 610 f., 689 f., 809, 811 f., 825, 827 ff., *831*, 841 f.
Befreiungskriege (1813/15), preußische Reformen 1807 bis 1815 115, 191, 217, 260, 265 f., 379, 611, 614 ff., 712, 869, 889 f.
Bekleidungsgewerbe 77, 79, 180, 350, 400 f., 403 f., 432, 438, 441 f., 504, 817 f., 820
Belagerungszustand 15, 19, 42, 64 f., *324*, 641, 754 f., 764, 769 f., 776, 790 f., 793-797, 799, 801, 804, 806 f., *812*, 824, 833, 836, 842, 863
Berufsverbote (siehe Prozesse, politische)
Betriebsgrößen 79, 400 f., 419, 432
Bettler, Bettelei *59*, 81, 84, *102*, 175, 382, 459, 461, 463, 466, 474
Bevölkerungsentwicklung (Berlins) 69 f.
Bibliotheken (siehe auch Lesekabinette) 98, 101, *838*
Bildungsbürgertum, ‚freie Berufe‘ (siehe auch Journalisten/Schriftsteller) 15, 17, 71 ff., *95*, 99, *175*, 177, 179, 277, 281 f., 302, 307, 355, 360, 379, 381, 442, *518*, 525, 545, 553, 610 f., 623, 819, 841, 859, 868 f.
‚Blauer Montag‘ 137, 446, 490
Börse, Börsianer 131, 132, 249, 347-350, *356*, 500, *654*, 685, 748, 788, 801, 817
Brottumulte (siehe auch Revolution/‚Kartoffelrevolution‘, Unterschichtenproteste) 82 f., 469 f., 472 f., 483, *505*, 883
Buchdrucker (siehe Gesellen)
Buchhandel, Buchhändler, Verleger (siehe auch ‚fliegender Buchhandel‘) 152, 277, 302, 319, 320, 689, 808
Bürger, Bürgertum (siehe auch Wirtschaftsbürgertum, Beamte, Bildungsbürgertum) (‚Bürger‘ als unspezifischer Begriff wurde aufgrund der vielfältigen Bedeutungsinhalte, die ihm unterlegt wurden, nicht aufgenommen.)
– Begriff 14-19, 33-36, 44, 59, 62, 70-75, 89, 99, 143, 155, 177, 179, 200, 231 f., 236, 259, 276 f., 281, 285, 314, 381, 412, 423, 581, 636, 722, 857-870, 889
– Bürgerlichkeit, bürgerliches Arbeits- und Leistungsethos, ‚Kultur des Bürgers‘ 60, 247, 475, 490-496, 545, 634, *845*

– Bürgerrecht 15, 26, 63, 73, *107*, 144 f., 247 f., 302, *355*, 636, 859

Bürgermeister, Oberbürgermeister (siehe Magistrat; Krausnick, Naunyn)

Bürgerwehr (siehe auch ‚Schutz-Kommissionen‘, Vereinsregister, ‚fliegende Corps‘ 26 f., 37, 44, 49, 52 f., 59, 63, 84, 142-146, 149 ff., *212*, 221, 227, 233-251, 254-259, 263 f., 268 ff., 273, 278, 300, 312 f., *327*, 329, 332, *339, 371, 413*, 440, 447, 449, 451, 458 f., 466 f., 469, 473, 483, 495, 507 f., *531*, 538, *550, 553*, 557 f., 563, 565, 568-580, 583, 586-597, *599*, 601, *608, 624*, 635, 639, 641, 678-681, 694, 701, 717-725, 735-738, 748, 750 f., 753, 755, 758-761, 763, 770-775, 796 ff., 813, 825, *843*, 859, 882
– berittene Bürgerwehr 246, 558
– bewaffnete Maschinenbauer [17. Bataillon der Bürgerwehr] (siehe auch ‚fliegende Corps‘/Maschinenbauer) 255, 400, *414*, 774
– Bewaffnung 237, 245 f., 597
– Bürgerwehrgesetz *238*, 592-595, 601, *639*, 721 f., 796
– ‚permanenter Vertrauensleute-Ausschuß‘ 591, *680, 704*
– soziale Zusammensetzung 247, 249 ff., 588

Bürokratie, Bürokratiekritik 207, 278, *359*, 385, *386, 408*, 689 f., 860

Burschenschaften, Burschenschaftler (siehe auch Studenten, Progreß, Wingolf) *115*

Central-Comité der Arbeiter (siehe Arbeiterbewegung, organisierte)

Central-Ausschuß der Demokraten (siehe Demokraten)

Chartisten 240, 596

Cholera 457, *815*

Demokratie, Demokraten, demokratische Bewegung allg. (siehe auch Vereinsregister) 13, 20 f., 27-33, 45, 55, 62, 64, 112, 117, 170, 174, 192, 210, 202, 206, 215, 218, 229 f., 241, 256, 259, *263*, 266, 272 f., 276 f., *282*, 284 f., 288, 290, 295, 300 f., 306, 309 ff., 313 f., 323, 332-335, 338, 343 f., 363, *367*, 377, 394 f., *413*, 427, 434, 467, 469, 472, 481, 492, 494 f., 509, 512, 514, 520 f., *524*, 526-529, 532 f., 543, 547, 551, 553, 556 ff., 560, 567 f., 572, 582 f., 587 ff., 591 f., 599, 601, 603, 605 f., 612, 615, 617, 621-630, 636, 639, 641, 648 ff., 655 ff., 660 f., 669 f., 673, 676, 679, 681, 683 ff., 689 f., *692*, 694, 696 f., 701-709, 713, 715, 722 f., 725, 727-730, 744 f., 748 f., 752, 754 f., 758 f., 762 f., 769, 776, 781 f., 789, 791 f., 794, 796, 806, 821, 824, 831-838, 840 f., 848 f., 862-868, 870, 872, 876-881, 885 f., 890 f.
– Central-Ausschuß der Demokraten 20, 642-645, 648 f., *667, 725*, 727 f., 791
– Kreis-Ausschuß der Demokraten der Mark Brandenburg 642, 644 f., 648, *706*, 725 f., *744*

Demokraten-Kongresse
– Erster nationaler Kongreß der Demokraten Deutschlands (in Frankfurt a.M.) 427, 642, *645*
– Zweiter nationaler Kongreß der Demokraten Deutschlands (in Berlin) *414*, 726-733, 737, *779*, 886
– Kreis-Kongreß der märkischen Demokraten 644 f.

Demonstrationen 35, 129, 152, 154, 209, 210 f., 298, 300 f., 309, 311, 317 f., 326-329, 333 f., 338, 433, 453 f., 464, 507 ff., 552, 556-560, 568, *584*, 594, 621, 677 ff., 684, *691*, 694, 720 f., 723, 744 f., 747, 752, *768*, 818, 822, 852, 862, 868, 878, 880

Denunziationen 40, 321, 474, *601, 608*, 754, *781*

Deutsche [schwarz-rot-goldene] Farben, Fahnen, Kokarden und sonstige Symbole *145*, 151, 163, 184, 204, 209 ff., 227, 244, 371, 447, 581 f., 671, 677, 681, 684, 803, 872 f.

‚Deutsche Frage‘, deutsche Einigung (siehe Nation, Nationalismus)

Deutsche Kaiserkrone, -würde (siehe Kaiserwürde)

Deutscher Bund 20, *122*, 124, *214*, 667 f., 684, 873

Deutsch-Katholiken (siehe religiöse Dissidentenbewegungen)

Dienstpersonal, Dienstboten, Dienstmädchen etc. 70 f., 77, 179, 182, 260, 296, 307, *402*, 404, 416, 419, 436, 442, *582*, 636, 815, 844

Dissidentenbewegung, religiöse *31*, 103 f., 107, 541, 543 f., 546 f., 611, *831*, 840, 869

Disziplinierungen (siehe Prozesse, politische)

Drei-Klassen-Wahlrecht (siehe Wahlrecht)

Eisenbahn, Eisenbahnbau, Eisenbahngesellschaften (siehe auch Aktien, Angestellte/
Eisenbahnbeamte) 87 f., *162*, 196, 347-
350, *356*, 384 f., 389, *448*, 461, 769, 807,
817
Entlassungen (siehe Arbeitslosigkeit)
Erdarbeiter, ,Rehberger' allg. (siehe auch Arbeitsbeschaffungsmaßnahmen, Arbeitslosigkeit) 16, 35, *50*, 59, 250, 268, *270*, *301*,
311 ff., 317 f., 397, 418, 431, 436 f., 439-
461, 463, 468 f., 472 f., 477, 479, 485, 488,
492, 496 f., 558, *580*, *583*, 652, 679, 717-
721, 723 f., *734*, 766 ff., 822, 861, 864
– Entlohnung 446-455
– als Mythos, Schreckensbild etc. (siehe
auch Revolutionsphobien) 445-449,
496, 767 f.
– Zusammensetzung nach beruflicher
Herkunft und Alter 441-446

Fabrikanten, ,Fabrikherren' (siehe auch Wirtschaftsbürgertum) 70 f., *95*, 180, 251, *287*,
302, 355-358, 411, 422 f., 429, 498, 500,
504, 510 f., 515, 544, 822, *825*, 857, 882
(Qualifizierte) Fabrikarbeiter (siehe auch Arbeiter, Maschinenbau-Arbeiter, Gesellen)
34, 71 f., 75 f., *79*, 174 f., 179, 312, *395*,
397, 400, 421, *445*, 461, 480, 485, 487,
498, 719, 767, 806, *820*, 822, 827 f., 842 f.,
848
Fabriken (siehe auch Maschinenbau) 70, 76,
79, 400, 418, 422, 433, 468, 498, 816
,fliegende Corps' allg. (siehe auch bewaffnete
Maschinenbauer) *242*, 251-256, 571, 580,
592 f., 601, *681*, 720, *744*, 761, *773*
– der Handlungsdiener 254, 255, 415,
– des Handwerkervereins 252, 254 f.,
579, 581, 601, *719*, 725
– des Gewerbe-Instituts 255, 269
– der Künstler 253 f., 269
– der Polen 253 f.
– der Primaner 254, *371*
– der Studenten *215*, 251-254, 268, 364,
570
– der Turner 255
– Veteranen-Jäger-Corps 255 f., *614*

,fliegender Buchhandel', ,fliegende Buchhändler' 46, 318 ff., 330, 371, 482, 601,
679, 689, 768 f., 891
Flugblätter, Flugschriften, Eckenanschläge,
Plakate allg. 43-46, 89, 154, *171*, 227, 319
f., 330, 482, 612, *626*, 631, 689, 698, *707*,
709, *712*, 756, 768, 791
Frauen allg. 36, 60 f., 81, 89, 155, 179, 181 f.,
204, 219, *387*, 390, *490*, 493, 503-522, 546,
558, 577, 692, 776 f., 839 f., 862
– Frauenerwerbstätigkeit, -arbeit (siehe
Arbeiterinnen)
– Frauenbewegung, Frauenvereine (siehe
auch Salons; Vereinsregister) 31, 43,
505 f., 510-518, 862
,freie Berufe' (siehe Bildungsbürgertum)
freie Gemeinden (siehe religiöse Dissenden-
tenbewegungen)
Freimaurer *545*, 828 ff.

Gastwirte, Gast- und Hotelgewerbe 71, 302,
307, 347, 382, 611, 754, *769*, 791, 816
Gefängnis, Zuchthaus (siehe auch Arbeitshaus) *75*, *80*, 82, *113*, 134, 136, 222, 318,
390, 393, 398 f., 401, 403, 593, *631*, 653,
692, *694*, 697
Gegenparlament 729 f., 886
Gegenrevolution, Reaktion (siehe auch Kamarilla, Konservativismus) 19 ff., *31*, 45,
65, 114, 280 f., 286, 304, 320, 329, 332,
342 f., *349*, *369*, 396, 433, 540, 566, 569,
572, *583*, 602, 624, 654, *656*, 659, 661,
699, 702, 713 ff., 722, 725, 732, 738 ff., 744
ff., 749, 753, 762 f., 766, 777, 861, 867, 878,
885
Geistliche, Geistlichkeit 72, *100*, 215 f., *287*,
302, *468*, 544-548, 560, 611, *812*, 831, 839
f., 887
– Proteste gegen Geistliche 552
– politische Einstellungen 61, 541, 547-
553
,Gemeinnützige Baugesellschaft' *439*
Gendarmen (siehe Polizei)
Generationen, Generationskonflikt 72, 276,
287 f., 288, 379, 496, 610 f., 623, 869
Gerichte (siehe auch politische Prozesse,
Presseprozesse, Justiz) 25, 218, 305, 373,
430, 440 f., *464*, *469*, 600, 785, 809 ff.
Gerüchte 40, 107, 122, *137*, 157, 167 f., *171*,
185-188, 256, 263, 568-572, *583*, *767*

Gesellen, Gehilfen allg. (siehe auch Petitionen, Arbeiter, Maschinenbauer) 16 f., 34, 36, 50, 59, 71, 75 f., 79 f., 100-103, *113*, 132, 134, 136 f., 174 f., 178-181, *232*, 248, 277, 280, 283, 287, 300, 307, 312, 379, 381, 389 f., 394, 396-411, 422, 424 ff., 429-436, 442, 445 f., 461, 468, 477, 480, 482, 485, 487-503, 544 f., 580, *582*, 610 f., 630 f., 636, 679, 685, 719, *773*, 806, 817, 820 ff., 827 ff., 840, 843, 845, 848

darunter (nur besonders häufig vorkommende Berufsgruppen):
- Bäcker 398, 400, *402, 430*, 432
- Brunnenmacher 398, 402, *430*
- Buchbinder 180, 398, *438, 504*
- Buchdrucker, Schriftsetzer 42, 79, 85, *101*, 178, 180, 398, 401, 418 f., 431-434, 499, *559*, 679, *691*
- Friseure, Barbiere 81, 338 f., 398
- Kattundrucker 180, 351, 398, 418, 431, 432 ff., *438*, 442, *822, 845* f.
- Korbmacher 81, 398, *438*
- Maurer 180, 398, 400, 432, 442, 817, *848* f.
- Schlosser 78, 175, 180, 398, 400, 432 f., 442, *582*
- Schmiede, Nagelschmiede etc. 78, 180, 398, 400, *403*, 432, *434, 438*, 446
- Schneider 70, 80 f., *101*, 178, 180, *395*, 398, 400, 402 f., 409 f., 418, 432 f., 442, 499, *534, 582, 845* f.
- Schuhmacher 180, 338, *339, 369*, 398, 400, 402, 432, 442, *845* f.
- Seidenwirker 69, 180, 396, 398, 442, 446, *503, 845* f.
- Steinmetze 398, *430, 848*
- Tischler *80*, 101 f., 117, 178, 180, *369, 376*, 398, 400, 402, 408 ff., 418, 432 f., *438*, 442, 499, *582*
- Töpfer 398, 430 f., 442, 446
- Weber, Raschmacher 81, *100*, 102, 180, 398, 432, *438*, 442
- Zimmerer 178, 180, 398, 400, 432, 442, 446, 817, 821, *848*

Gesellenherbergen 101 ff., 117, 405, 417 f., 433

Gewerbefreiheit 404, *417*, 546, 821, 860
- Forderungen nach Aufhebung der 387-392, 398 f., 403, 410

Gewerbeordnungen (1845 und 1849) 392 ff., 807, 820 f., 867

Gewerbeschule *90*, 127, 215, 253

Gewerbestruktur 77 f., 178, 180

*Gymnasien/*Gymnasiasten (siehe auch 'fliegendes Corps' der Primaner, Schulen, Lehrer) 89, *106, 145*, 221, 254, 367, *369*, 371, 493

Handel, Händler (siehe Kaufleute)

,Handelsverein Teutonia' (siehe auch Korporation der Kaufmannschaft) 359, *819*

Handlungsdiener (siehe auch fliegendes Corps der Handlungsdiener) 71, 175 f., 179, 254, 307, 382, 401, 414 ff., 434, *469*, 679

Handwerk (siehe Meister, Gesellen)

Handwerker-, Gesellen- und Arbeiterkongresse 389, *420*
- Berliner Arbeiterkongreß (Aug./Sept. 1848; siehe auch Arbeiterverbrüderung) 414, 418, 427

Hebammen *372*

Heimarbeit, Heimarbeiter 75, 77, *176*, 399, 401, *423*, 481, 503, 535

Herbergen (siehe Gesellenherbergen)

Hochschullehrer allg. (siehe auch Universität, Reformen) 72, 252, *285*, 287, 302, 360, 362 f., 379, 489, 559, 611, 777, 829
- Privatdozenten 73, 90, 92, 360, 362 f., 812
- außerordentliche Professoren 360, 362
- ordentliche Professoren/Ordinarien 68, 92, 360, 362

Hohenzollerndynastie (siehe Monarchie)

Holzdiebstahl 460, 472 ff., 484, *600*

Huldigung, Huldigungserlaß (siehe Reichszentralgewalt)

Hungerrevolten (siehe Brottumulte, ,Kartoffelrevolution')

Industrie allg., Industrialisierung (siehe auch Unternehmer, Fabrikanten) 85, 87, 351 f., 355, 394, 397, 423, 497 f., 535, 806, 815 f., 821, 882

Innungen (siehe auch Meister, Gesellen, Zunft) 25 f., *50*, 389, 391 ff., 398 f., 402, *423, 428, 430*, 820 f., 824, 867

Jesuiten, Jesuitismus' *102*, 117, 547, 551

Journalisten, Schriftsteller, ‚Literaten‘, ‚akademisches Proletariat‘ (siehe auch Bildungsbürgertum, Studenten) 71 f., 105 f., 117, 179, 230, 276 f., 281, 302, 307, 316, 379, *605*, 624, 746, 868

Juden
- Emanzipation 61, 107 ff., 522, 525, 531, 536-540, 542 f., 887
- Judenfeindschaft, Antijudaismus 61 f., 170, 387, 530-537, 541 f., *667*, 744
- jüdische Konfessionszugehörigkeit 100, 524 f., 529, 537, 539, 543
- Selbstbild der Juden 61, 523, 526-530

Junkerparlament 614

Justiz, Juristen, Advokaten, Richter, Staatsanwälte (siehe auch Gerichte, politische Prozesse, Vereinsregister) 72, *89*, 216, *250*, 302, 312, *319*, 378, 382, 434, 453, 539, *587*, 600, 809 ff., 819

Kaiserwürde, Kaiserkrone (deutsche) 108, 210 f., 519, 682, 779, 798 ff., 803, 851, 871, 891

Kamarilla, preußische 22, 23, 51, 64, 66, 322, 550, 648, 660 f., 699, 714 f., 726, 733, 737 f., 745 f., 752, *760*, 762, 786, 867, 875, 880, 885, 888 f.

Kammergericht (siehe Gerichte)

Katholizismus, katholische Kirche 61, 543

Kattundrucker (siehe Gesellen)

Katzenmusiken (siehe auch Unterschichten-Protest) 258, 337, *371*, 434 f., 460, 464, 467 ff., 484, *552*, 862

Kaufleute, Handel, Händler allg. *95*, *194*, 251, *287*, 302, 352, 382, *468*, 497, 778, 806, 815, 820, *825*
- ‚kleine‘, proletaroide Kaufleute, Viktualienhändler, Hausierer 17, 71, 74, 175 f., 179, 277, 279, 307, *356*, 382, 387, 392, 396, 442, 501, 536, 816, 827
- ‚große‘ Kaufleute, ‚Verleger‘ (siehe auch ‚Korporation der Kaufmannschaft‘) 15, 17, 70 ff., 74, 179, 250, 307, 355-358, 391, 401, 500, 524, 534 f., 545, 857, 882

Kellner *416*, *582*

Kirche (siehe Protestantismus)

Klasse, ‚Classe‘, Klassenbegriff, Klassenbewußtsein 17, 34, 60, 72 f., 231 f., *273*, 278, *282*, 395, 397, *410*, 420, 422 ff., 435, 443,

456, 460, 487-491, 496-502, 573, 623, 637, 653, 819, 843, 857, 881 ff.

Kleinbürger (siehe Mittelschichten)

Kokarden (siehe auch deutsche Farben, preußische Farben)

Kommunismus (siehe Sozialismus, organisierte Arbeiterbewegung; Vereinsregister: Bund der Kommunisten)

Konkurse 351, 357, 816

Konservative, Konservativismus allg. (siehe auch Vereinsregister) 20, 22 f., 27-32, 45, 54, 62, 88, 112, 130, 148, 229, 276, 284, 288 ff., *301*, 304, 330, 334 f., 338, 342 ff., 346, 356 f., 364, 394 ff., 464, 468 f., 495, 498, 521, 526, 532 f., 535, 556 f., *580*, 586, 593, 599, 602 f., 605-617, 622 f., *625*, 648, 652, 657, 660 f., 669, 673, 680-683, *692*, *694*, 698, 715, 730, 744, 748, 756, 781 f., 787, 792, 794, 806, 815, 821, 824-827, 832, 836, 838, 840 f., 855 f.

Konstabler, Schutzmannschaften 63, *145*, *240*, 259, 458 f., 466 f., 483, 495, 565, 586, 596 ff., 601, *624*, *631*, 632 f., 640, *678*, 689, 691 f., 718 f., 721 f., 724 f., 802 ff., *807*, 827, 842 f., 853

Konsumgenossenschaften (siehe Arbeiterverbrüderung)

Konterrevolution (siehe Gegenrevolution)

‚Korporation der Kaufmannschaft Berlins‘ (siehe auch ‚Handelsverein Teutonia‘) 26, 50, 70 f., *78*, 216, *232*, *254*, 264, *347*, 355-359, 379, 415, 501, *511*, 525, 560, *765* f., 815 f., 818 f., 860

Krankenkassen (siehe Reformen/Medizinalreformen, Arbeiterverbrüderung/Gesundheitspflegeverein)

Kreditvereine, Vorschußkassen (siehe auch Vereinsregister: Bezirksvereine, sozialreformerische Vereine) 357 f., 638, *838*

Kriminalität, Kriminelle, Kriminalisierung 16, 42, 46, *59*, 71, *75*, 81, 459, 460-467, 472, 474, 484

Krise
- Agrarkrise 81-85, 131, 346, 352, 462, *464*, 470, 806
- Finanzkrise 85, 131 f., 346, 349 f., 352, 357, 806, 817
- industrielle, gewerbliche (konjunkturelle) Krise 84, 85, 131, 249, 346, 349-

352, 357, 394, 462, 806, 815 ff., 824, 860, 869

Kultur (siehe Arbeiterbewegung/Arbeiterkultur, Bürgerlichkeit, Theater, Unterschichten/‚Kultur der Armut‘)

Kunstakademie 127

Landwehr 26, 245, *325*, 335 ff., 532, 558, *593*, 595, 614, 664, *713*, 767

Lehrer allg. (siehe auch Reformen/Bildungsreformen/Lehrerbewegung) 71, 72, 88 f., 97, 176, *251*, *287*, 302, 365-372, 379, *384*, 442, *468*, 539, 611, 812, 819, 829
– Lehrervereine des Vormärz (siehe Vereinsregister)

Lehrlinge *70*, 174, 178, *384*, 390, 398 f., 403 f., *421*, 426, *582*, 719, 820, *848*

Lesekabinette, Lesezirkel allg. 98 f., 106, 121, 494, 519
– Hamburger Börsenhalle 98
– Café Stollwerck (Köln) *98*
– Berliner Zeitungshalle (Lesekabinett) *40*, *47*, 98 f., 121, 127, 129, 151, *231*

Liberale, Liberalismus allg. (siehe auch Märzministerien sowie Vereinsregister: Konstitutioneller Klub; Zeitungsregister) 18, 20, 27-32, 45, 56, 63 f., 109, 111, 116, 202, 280-285, 288 ff., 294, 297, 300 f., 304, 306, 309, 323 f., 332, 344, 363, 394 f., 410, 427, 498, 512, 528, 533, 543, 549, 551, 553, 556, 586, 589, 593, 603, 605-608, 611, 615, 617-620, 622, 636, 639, 641, 645-648, 652, *667*, 669, 672 f., 681 f., 685 f., *690*, 692, 722 f., *736*, *744*, 748, 751, 759 f., 781 f., 788-792, 806, 824, 831 ff., 835, 837 f., 841, 843, 854 f., 858, 860, 863-867, 871, 873, 876, 880, *891*
– regionale, nationale Kongresse 514, 645 ff.

‚Lichtfreunde‘ (siehe religiöse Dissidentenbewegungen)

Löhne, Einkommen, Verdienste 68, 75 ff., 80 f., 84, 352, 365, 367, *370*, 373, 382-386, 398 ff., 402, *404*, 406, 411, *413*, 430, 432, 434, *438*, *445*, 456 f., 461 ff., 481 f., 515, 536, 708, 815, 822

Märzministerien, -kabinette (siehe auch Camphausen, Auerswald, Hansemann, Pfuel) 23 ff., 44, 50, 52, 208, 274 f., 289-

301, 307, 310 f., 321-336, 342 ff., 357, 362, 364, 376, *389*, 399, 407, 413, 423, 433, 435, 445, 539, 563 f., 567, 569, 576, 599 f., *606*, 649, 674, 680, 684, 689, 705 ff., 866, 870

Märzgefallene, Märzgefangene, Märzverletzte, Märzkämpfer (siehe auch Barrikaden, Revolution/Märzrevolution) 58, 160 ff., 172-181, 186, 188, 204 f., 214 ff., 218, 221, 236, 324, 509, 525, *530*, 537, 850 ff., 890
– Altersstruktur 173, 180 f.
– Bestattung der Märzgefallenen 59, 214-219, 221, 231, 272, 274, 293, 327, *356*, 440, 507, 529, 537, 547, 564, 858
– Gedenkfeiern, -demonstrationen für die Märzgefallenen 65, 507, 556-560, *775*, 842, 849-853, 878, 884
– Sozialstruktur 172-180

Märzrevolution (siehe Revolution)

Magistrat 25 f., 44 f., 50, 68 f., 104, 114, 126 f., 133, 139 f., 142, 152 f., *185*, 214 f., 224 ff., *232*, *239*, 248, *265*, *293*, *303*, 333, 355, 357, *366*, *369*, 383, *389*, 395, 399, 404, 407, 413, 425, *434*, 439, 441, 443 f., *446*, 449-452, 454-457, 459, 469, 471 f., 475, 479, 488, 514, *543*, 557, 564 f., 590, 595 ff., 603, 605, *624*, 639, 641, *643*, 718 f., 724 f., 757 f., 770, 788, 795-798, 812 ff., 818 f., *822*, 850 f.
– Gewerbe-Deputation 50
– ‚Deputation zur Beratung über das Wohl der arbeitenden Klassen‘ 134, 392 ff., *402*, 404, *410*, 415, *426*, 430
– Schul-Deputation (siehe Schule/Schüler, Gymnasium/Gymnasiasten)

Majestätsbeleidigung (siehe politische Prozesse, Pressevergehen)

Maschinenbau-Arbeiter (siehe auch Arbeiter) 41, 50, 76, 78, 86, 174 f., 180, 216, 221, 249, 255, 268, *301*, *376*, 398, 400, 411-414, 418 f., *429*, 431 f., 448, 480, 498, 536, 719, *734*, 736, 774, *806*, *846*

Maschinenbauindustrie, -unternehmen (siehe auch Borsig, Egells, Hummel, Rüdiger, Wöhlert) 76 ff., 132, *175*, 180, 350, *359*, *393*, 396, 400, 411

Maschinensturm 404, 454 f., 457 f., 717

Meister allg. 17, 34, 50, 70 f., 74, 76, 79 f., *95*, *100*, 137, 176, 178 ff., 249 ff., 277, 287, 302, 307, *352*, 355, *358*, *369*, *379*, 381 f.,

389-399, 402-405, 408 f., 422 f., 426, 428 ff., 446, 497, 500 ff., 778, 806, 816, 820 ff., 827, *829*, 882

- Allein-, Kleinmeister, proletaroide Meister, handwerkliche Kümmerexistenzen 16, 71, 74 f., 79 f., *250*, 259, 352, 390 f., 394 f., 399, 401, 433, *438*, 442, *445*, 461, 501, 503, 525, 535 f., *582*, 610 f., 820, 848, 869

darunter (nur besonders häufig vorkommende Berufsgruppen):

- Bäcker 83, 470 f.
- Buchbinder 180, 366
- Maurer 79, 180, *388*, 400
- Schlosser 78, *393*, 396
- Schmiede 78, 180, *393*
- Schneider 70, 74, *176*, 178, 180, 391, *395*, *403*, *503* f., 534 f.,
- Schuhmacher 74, 79, *176*, 180, *369*, 390
- Seidenwirker 180, 395, *503*
- Tischler 74, *176*, 178, 180
- Weber 74, 79, *176*, 180, 192, *430*
- Zimmerer 79, 180, *388*, 400

Mentalitäten (siehe Arbeiterbewegung, Bürgerlichkeit, Unterschichten/‚Kultur der Armut‘)

Metallverarbeitung, metallverarbeitende Gewerbe (siehe auch Maschinenbau) 76, 80, 180, *350*, 400, 403, 442

Mieten, Mieter 347, 353, *365*

Militär, Offiziere, Soldaten, militärische Mentalitäten 26, 44, 52, 54, 59, 64, 69 f., 83, *89*, *113*, 122, 125, 128, 134, 136-141, 143, 146, 148-162, *169*, 171, *174*, 177 f., 181-202, 204 f., 211, 214 f., 217 f., 221, 225, 227, 231, 235 f., 240 f., 243, 245, *251*, 256, 258-271, 273, 278, 281, 287 ff., 293, 302, 307, *325*, *327*, 336, 340, 344, 352 f., *387*, 440 f., 454, *467*, *471*, 483, 495, 512, 530-533, 536, 546, 551, *559*, 565, 568-572, 574 f., 577-580, 584, 586, 595 f., 607 f., *615*, *624*, *641*, *654*, 663 f., 669 f., *675*, 678, 682 f., 685, 691 f., 696-714, *719*, 722, 725, 730 f., 737, 745 f., 750, 754, 756, 758, 760 f., 769, 771-774, 776 ff., *781*, 802 f., 822, 826-829, *831*, 835, 859, 865 f., 868, 875, 878 f., 883, 886

- Eid auf die Verfassung 264, 266 f., *279*, *327*, *533*, *707*, 709 f., 786, 879

- Militärreformen (siehe Reformen, Volksbewaffnung; Vereinsregister: Militär-Reform-Verein)
- ‚Militärpartei‘ (siehe auch Kamarilla) 23, 52, 148, 165, 185 f., 321, 326, 344, 570, 682 f., 698, 740, 885
- Militärrevolten 696-699, 701 ff., 707 f.

Mittelschichten, Mittelstand, Kleinbürgertum allg. (siehe auch Meister, Kaufleute, Verkehrsgewerbe) 16 f., 19, 34, 36, 59 f., 62, 70-75, 84, 89, 98 f., 125, 176 f., 179, *219*, 249, 251, 282, 302 ff., 307 f., 352 ff., 379, 381 ff., 389, 392, 394, 396, 433, 447, 475, 481, 496, 501, 504 f., 519, 525, 535 f., 544, 546, 611, 722, 729, 765, 768, 776, 778, 796, 806, 815 f., 820, 823-827, 833, 838 f., 841, 858-864, 867 f., 888 f.

Monarch, König (siehe Friedrich Wilhelm IV.)

Monarchie, ‚Absolutismus‘, Hohenzollerndynastie 13, 22, 29 f., 64 f., 83, 85, 109 f., 112, *127*, 152, 183, 197, 200 f., 206 f., 210, 226, 229, 231, 245, 274, *290*, 304 f., *327*, 367, 483, 528, 542, 544, 553, 564 f., 581 f., *607*, 656, 659, 674, 685, 721, *744*, 751, *789*, 817, 829 f., 841, 850, 855 f., 860 f., 865 f., 868, 873 f., 886, 888 f.

‚Moral economy‘ 470, 472, 483, 536, 870, 883

Nahrungs- und Genußmittelgewerbe 77, 178, 180,

nationale Minderheiten (siehe auch Polen, Schleswig-Holstein) 63, 665 f., 686, 891

Nation, Nationalismus, ‚deutsche Frage‘, deutsche Einheit (siehe auch deutsche Farben) 16, 56, 63, 87 f., 145, 153, 208-213, 217 f., 508, 512, *516*, 529, 609, 640, 646 f., 662 f., 665, 669 f., 677 ff., 681-686, 799 f., 803, 825, 871-874, 891

Nationalgarde (siehe Bürgerwehr; Ortsregister: Paris, Rom, Wien)

Nationalversammlungen (siehe auch Österreichischer Reichstag)

- Deutsche 28, 59, 65, 92, 222, *285*, 288, 291, 295 f., 297, 300-308, *317*, 343, *359*, *362*, 375, 380, *389*, 423, 440, 528, 538, *549*, 606, 625, 635, *646*, 671 ff., 677, 681, 683 f., 727, 729, *733*, 764, 778-781, 790, 798 ff., 803, *813*, 835, 844 f., 871, 879, 887

- Französische 24, 348, 561
- Preußische 20, 24, 28, 48, 56, 59, 64, 217, 245, 275, 288, 291-297, 300-308, *317*, 343, *359*, *362*, 375, 380, *389*, 423, 440, 447, *504*, 515, 519, *526*, 528, 538, 542, *549*, *552*, 556 f., 559-567, *569*, 573 f., 576, *583*, 592-595, 597, 599, 606, 625-628, 635, 638 ff., 649, 671 f., *680* , 691 f., 694, 696, 705 ff., 709 f., 713-716, *719*, 721, 723, 725, 730, 733-753, 756-761, 763-766, 778-781, 784, 786 f., 789, *794*, 858, 867, 875, 877 ff.

Nationalwerkstätten, ‚Organisation der Arbeit' 63, 102, *165*, 230, *314*, *370*, 395, 398 f., 403, 408 ff., 449, 652

Obdachlose, Obdachlosigkeit *59, 75*, 81, 175, 353, *583*, 818
Österreichischer Reichstag 24, *521, 589*, 731, 735
Offiziere (siehe Militär)

Parlament (siehe Nationalversammlungen, Stadtverordnetenversammlung, preußisches Abgeordnetenhaus)
Parteien (siehe Demokraten, Liberale, Konservative, Vereinswesen allg.; Vereinsregister)
Pauperismus (siehe Armut)
Petitionen, Adressen 36, 44, 50, 75, 127-130, 135, 137, 143, 151 f., 154, 164, *179*, 223, 228 f., *232*, 263, 309, 326 f., *362*, 367 f., *370*, 374 ff., 378, 383, *385*, 387-391, 398 f., 401-406, 408 f., 417 f., 426, *438*, 458, 499, 503 f., 515, 535, *584*, 612, 617, 625, 672, 696 f., *719*, 723, 757, 816, 890
Pfänder, Pfandleihen *84*, 353 f., 535
‚Politische Ecken' (siehe auch Vereinsregister: Demokraten/Lindenklub) 484, 631-634, 691, 703
Polizei, Polizeipräsidium, Polizeipräsident, Gendarmen (siehe auch Konstabler, Bürgerwehr, ‚Schutz-Kommissionen'; Bardeleben, Hinckeldey, Minutoli) 24 ff., 37, 44, 49 f., 63, *70*, 83, 94 f., 101 f., *113*, 121, 125, 128 f., 136, 147, 151, 171, 218, 220, 228, 236-241, 243, 250 f., 256, 259, 266, *282*, 300 f., 310, 312, 315, 320, 325, 353, *371*, 382, 405, 416, 433 ff., 439 ff., 449, 456, 461, 464-467, 469, *471*, 473 ff., 480, 482 f.,

495, *526*, 532, 565, 568, 572 f., 583, 596-601, 616, 621 f., 632, 675, 678, 688 f., 691 f., 717 f., 724 f., 734, 750, 754 f., 766, 768 ff., 773 f., 790 ff., 803, *813*, *822*, 834 f., 852 f., 859, 882 f., 888
Porzellanindustrie *97*, 132, 351
Post 129, 385 f., *388*
Pranger, Prangerstehen 807
Preise (vor allem für Grundnahrungsmittel) 68, 82 ff., *352*, 387, 391, 470 f., 483,
Pressegesetze, -recht (siehe auch Zensur) 139, 148, 152 ff., 305, 310, 601, *605*
Pressevergehen, -prozesse (siehe politische Prozesse)
Pressewesen, Zeitungen allg. (siehe auch Zeitungsregister) 25, 37-42, 89, 98, 117, 482, 489, 494, 497, 499 f., 525, 537, 551, 886
Preußische [schwarz-weiße] Farben, Fahnen, Kokarden und sonstige Symbole 244, 581, 632 f., 677 f., 681, 685, 873
Preußische Reformen (siehe Befreiungskriege)
Preußische Seehandlung 138, *350*, 393
Preußischer ‚Patriotismus', Borussismus (siehe auch Konservative) 265, 306, 342, 512 f., 529, 533, 698 f., 612, 615 f., 640, 647, 663, 674 f., 677 f., 681 ff., 686, 872 f.
Preußisches Abgeordnetenhaus (siehe auch Nationalversammlung, Preußische)
- Februar-April 1849 64, 308, 794 f., 801, *812*, 835, 850, 869
- seit Juni 1849 805 f., 819, 861, 877
Produktions- und Konsumgenossenschaften (siehe Arbeiterverbrüderung, Nationalwerkstätten)
Progreß (siehe auch Studenten, Burschenschaften) *93*
Proletariat, Proletarisierung (siehe auch Arbeiter, Fabrikarbeiter, Unterschichten) 16 ff., 34, 36, 43, 50, 71 f., 75, 78, 99, 113 f., 131, 155, 164, 166 f., 174 f., 177 ff., *198*, 212, 256, *263*, 266, 287, 308, 312 f., 338, 353, 378, 381, 399, 406, 420, 422, 435 f., 448, 455, 460 ff., 477, 479-482, 485, 487-492, 495, 500 f., 519, 525, 537, 545 f., 553, 582, 610, 623, 629, 634, 649, 653, 685, 722, 727, 731, 737, 752, 766, 773, *819*, 823, 841, 843, 868 f., 872, 874, 878, 881, 885

Prostituierte, Prostitution, Prostitutionsverdacht 59, 459, 462-467, 475, 481, 692

Protest (siehe Unterschichten-Protest, Demonstrationen, Volksversammlungen, ‚Katzenmusiken‘, Brottumulte)

Protestantismus, protestantische Kirche (siehe auch Dissidentenbewegung, religiöse; Geistliche/Geistlichkeit) 61 f., 103-106, 367, 370, 483 ff., *513*, 541-555, 839 f., 887

‚Provinz‘, ‚flaches Land‘, Zwiespalt zwischen Hauptstadt und ‚Provinz‘ 324 ff., 335, 703

Provinzialverwaltung (Brandenburg) 25, *89*

Prozesse, politische, Berufsverbote, Disziplinierungen unterhalb der Gerichtsebene, Relegationen 59, 91 f., 102, 222, 309, 310, 315-319, *321, 339, 342*, 369, 373, 434, *576, 578, 580, 582, 595*, 601, 689, 711, 809-812, 842

Rauchen, Rauchverbot 151, 220, 227, 465, *522*, 807

Reaktion (siehe Gegenrevolution)

Rechtsstaat (siehe Verfassungen, Verfassungsstaat)

Reformen, Reformbewegungen (siehe auch Vereinsregister) allg. 23, 114 ff., 281, 289 f., 379, 858, 866, 869

- Bildungsreformen, Lehrerreformbewegung (siehe auch Lehrer) 33 f., 176, 366-370, 372, 398 f., *415*, 426, 490, 812, 869
- Hochschulreformen; Reformbewegungen des Hochschullehrernachwuchses und der Studenten (siehe auch Hochschullehrer, Studenten) 360, 362 ff.
- Medizinalreformen; Reformbewegung der Ärzte (siehe auch Ärzte) 33 f., 363 f., 372-378, 398 f., 426 f., 869
- Militärreformen (siehe auch Militär/ Eid auf die Verfassung, Volksbewaffnung; Vereinsregister: Militär-Reform-Verein) 262 f., 266 f., 271, 342, *533*, 625, 702-709, 711, *713*, 715 f., 876, 889
- Reform versus Revolution (siehe auch ‚Revolution von oben‘) 114 f., 217

Rehberger (siehe Erdarbeiter)

‚Reichsverfassungskampagne‘ 20, 65, 800, 804, 830

Reichszentralgewalt, Reichsverweser, Reichsministerium (siehe auch Erzherzog Johann) 342, 508, 549, 632, 640, 668, 670, 673 ff., 677 f., 680, 682 f., 727, 729, *733*, 735, 778-782, 790, 800

Rentiers, Pensionäre 70 f., 179, 277, *287*, 302, 307, 525, 611

Republik (siehe auch Demokratie sowie Vereinsregister) 29, 112, 120, 163 f., 168, *198*, 212, 230 f., *263*, 274, 298, 304, *319*, 448, *519*, 568, *578*, 580-583, 602, 625 ff., 656, 674, 685, 714, 720 f., 803, 864, 866, 884

Revolution (siehe auch Ortsregister)

- Begriff, Revolutionsverständnis der Zeitgenossen 13, 14 f., 18-21, 24, 60, 83, 86, 111-118, 124, 139, 141, 168, 178, 183, 228-232, 267, 290, 311, 314, 324, 344, *349*, 447, 561 ff., 567 ff., 656 f., 690, 712, 724, 850-855, 857, 866, 868, 870, 874
- Februarrevolution 1848, Paris 63, 90, 117, 120-123, 128, 132, 134, 136 f., 346 f., 439, 519, *549*, 584 f., 652, 875, 891
- Junirevolution 1848, Paris 45, 63, 348, 349, *489*, 498, 555, 615, 643 f., 650, 652-657, 661, 773, 872
- Julirevolution 1830, Paris 113 f., 120, 122 f., 131, 379, 611, 869, 891
- ‚Kartoffelrevolution‘ 1847, Berlin 82 ff., 86, *109*, 115 f., 139, 142, *462*, 471
- Märzrevolution 1848, Berlin (siehe auch Märzgefallene/Gedenkfeiern) 13, 19, 54, 58 f., 63, 68, 111, 131, 134, 143, *146, 149*, 151, 157-185, 188, 193 ff., 198, 207, 215 f., 219-223, 226 ff., 230, 232 f., 240, 246-251, 260, 262, 268, 273, 276, 281, 290, 291, 293, 304, 310, 321 f., 324, *332*, 343, 346 f., 351 f., 354, 360, *365*, 370, 379 f., 383, 386, *388*, 392, 414, 418, 421, 429, 431, 434, 436 f., 446, 464 f., 467, 474 f., 500, 505 f., 525 f., 530 f., 534, 537 f., 541, 546, 548 f., 556, 560-567, 569, 577, 607, 615, 631, 652, 657, 663, *666*, 689 f., 711, 713, 765, 767, 785, *797*, 801, 849 f.
- Märzrevolution 1848, Wien 122, 146 f., 537
- Oktoberrevolution 1848, Wien 349, *419*, 731 ff., 739, 762
- Pariser Kommune 1871 853, 891

– Revolution 1789 ff. *103*, 111-115, *140*, 183, 205, 311, *507*, 635, 640, 842, 884 f., 891
– Revolution 1918/19 852, 892
– ‚Revolution von oben‘ 114 f., 890 f.
– Revolutionsphobien, Verschwörungs-theorien 50, 59, 112-116, 122, 131 f., 165, 170 ff., 183, 202, 224, 266, 330, 349 f., 447 f., *469*, 530 f., 568, 583 f., 654, 657, 660, 694, 767 f., 774, 858, 861 f., 864, 884 f.
– ‚Schneiderrevolution‘ 1830, Berlin 113
Richter (siehe Justiz)
Rot, rote Fahnen, rote Symbole etc. 163 f., 276, 508, 558, 580-583, 643, 685, 679 f., 714, 720 f., 726, 731, 734, 803, 807, 873, 884

Salons 98, 381, 494, 505, 518 ff., 525
Schriftsteller (als Berufsgruppe, siehe Journa-listen)
Schulen, Schüler (siehe auch Gymnasien) 25, 34, 88 f., 370 f., 440, 482, 539
– Armen- und Elementarschulen 88 f., *251*, 365, 369 ff.
– Mittelschulen für Mädchen, ‚höhere Töchterschulen‘ 89, *346*
‚Schutz-Kommissionen‘ (siehe auch Bürger-wehr, Konstabler, Polizei) 84, 142-146, 150 f., 154
Schutzmannschaften (siehe Konstabler)
Sicherheits-Ausschuß 572, 595, 643, *719*
Soldaten (siehe Militär)
Sonderbundskrieg, Schweizer 116 f.
Sozialdemokratie 19, 427, *838*, 847, 853 f., 881, *891*
Sozialismus, Frühsozialismus, Sozialisten, Kom-munismus, Kommunisten (siehe auch organisierte Arbeiterbewegung, So-zialdemokratie, Rot; Vereinsregister: Bund der Kommunisten) 29, 33, 100 ff., *114*, 131, 163 f., 230, 232, *287*, 311 f., 314, 394 f., 397, 409 f., 425, 427, 432, 435, 481, 489, 495, 497 f., 528, 553, 568, 581, 611, 624, 630, 652, 655, *728*, 840 f., 870, 883
Sparen, Sparkasse(n) *347*, 456 f., 479, 488, 845
Staatsanwälte (siehe Justiz)

Staatspapiere, Staatsschuldscheine, Anteils-Scheine der Preußischen Bank 131 f., 348 f., 817
Staatsstreich (der Krone, November 1848) 726, 748, 759 f., 763, 809
Stadtverordnete, Stadtverordnetenversamm-lung 25 f., 44, 48, 51, *82*, 92, 107 f., 114, 126 f., 129 f., 132 f., 137, 139, 142-145, 152 ff., *185*, 214 f., *227*, 235, *239*, *252*, *256*, 258, 265 f., *293*, 297, 300, 302 ff., 333, *342*, *359*, 382 ff., *403*, 439, 443, 449, 470 f., *504*, 519, 525, 528, 557, 565, 586, 589 f., 595, 639, 641, 643, 724 f., 736, 757 ff., 788, *798*, 812 ff., 819, 850 f., 858, 874, *890*
Städteordnungen *25*, 274, *807*, 813 f., 858
Stand, Stände, ständische Gesellschaft (siehe auch Zünfte) 17, 73, 94, *100*, 210, 228, 278, *280*, 292, *327*, 352 f., 397, 401, 417, 461, 498 f., 569, 636 f.
Steuern 71, 74, 138, *295*, 305, *347*, 426, 440, *728*, 765, 815 f.
Steuerverweigerung, Steuerverweigerungsbe-schluß der Preußischen Nationalver-sammlung 757, 759 f., 764 f., 878
Streiks, Arbeitskämpfe 385, 405, 414, *418*, 429-435, 689, 736, 822, 882
Studenten (siehe auch Universität, ‚fliegendes Corps‘ der Studenten, Reformen/Hoch-schulreformen) 55, *62*, 71, 73, 90 f., 93 f., *106*, 120, 127, 144 f., 176 f., 179, 211, 221, *223*, 231, 251 f., 268, 277, 300, 326 f., 363 f., *378*, 557 ff., *572*, 611, *748*, 812
Subproletariat, ‚Lumpenproletariat‘ (siehe auch Bettler, Kriminalität, Prostituierte) 35, 59, 71, 75, 175, 179, 397, 459, 461 ff., 477, 479, 481, 484 f., 487, 491, 827, 848, 869

Tagelöhner, ‚Eckensteher‘, ungelernte Ar-beitskräfte, Gelegenheitsarbeiter 16, 34 f., *59*, *70*, 75 ff., *175*, 179, 398 f., 418, 441 f., 468, 478-481, 486, 827, 869
Textilgewerbe 76 f., 80, 178, 350, 400 f., 403 f., 418, 432, 438, 441 f., 817 f., 820
Theater, Oper *66*, 219, 580, *669*, 778, *824*
Tierärzte *372*, *374*

Unionspolitik (siehe auch Radowitz) 211, 519, 800, 829, *831*

Universität (siehe auch Hochschullehrer, Studenten, Reformen) 68, 72, 89-93, *185*, 209 ff., 222 f., 326, 360, 362 ff., 539, 559, 577, 631, *678, 680, 748*, 777, 812
- philosophische Fakultät, Philosophie 89 f., *362*, 364
- medizinische Fakultät, Medizin (siehe auch Ärzte, Reformen/Reformbewegung) 90, 363
- theologische Fakultät, Theologie 90, 364
- juristische Fakultät, Jura 90

Unternehmer (siehe Wirtschaftsbürgertum, Fabrikanten, Kaufleute, Bankiers, ‚Korporation der Kaufmannschaft Berlins‘)

Unterschichten, unterbürgerliche Schichten allg. (siehe auch Arbeiter, Gesellen, Proletariat, Subproletariat) 14 ff., 19, 30, 34 ff., 43 ff., *50*, 60, 64, 68, 70, 73 ff., 82 ff., 88 f., 105, 112, 134, 136, 151, 174-179, 181 f., 212, 215, *219*, 230, 235 f., 240, 247-250, 256, 258 f., 266, 268, 270 f., 276 ff., 282, 292 f., 304, 307 f., 310, 314, 317, 321, 331, 334, 337, 339, 353, 377, 382, 407, 426 f., 435, 447, 459 ff., 467-475, 477 f., 481-484, 488, 493 ff., 497, 515, 519, 534, 536, 545 f., 565, 567, 569 ff., 580 ff., 586, 611, 623 f., 630-634, 636, 649, 653, 678, 680, 684, 693, 751 f., 761, 765, 772 f., 776, 795 f., 803, 815, 823, 827, 833, 838-843, 847, 881-884, 890
- ‚Kultur der Armut‘ 35, 60, 314, 430, 478-491, 495 f., 545, 634, 803 f., 841, 843, 869
- Unterschichten-Protest allg., ‚Straßen-Excesse‘, ‚Tumulte‘ (siehe auch Brottumulte, Katzenmusiken, Demonstrationen, Volksversammlungen; Vereinsregister: Lindenklub) 34, 448, 460, 464, 468, 633

Utopien (siehe Sozialismus, Nationalwerkstätten, Zünfte)

Vereinbarung (zwischen Parlament und Krone), Vereinbarungsprinzip 294, 343, 526, *760*, 784, 879 f.

Vereine, Vereinswesen, ‚Parteien‘ allg. (siehe auch Vereinsregister; außerdem: Arbeiterbewegung, organisierte; Reformen/Reformbewegungen) 13, 25, 27 f., 30-34, 36, 44, 59, 93 f., 96, 272-288, 306, 309, 379, 494, 525, 629, 634, 714, 754, *858*, 862

Vereinigter Landtag (von 1847 und 1848) 108-111, 116, 124, 128, 139, 147 f., 152 ff., *169*, 229, 289, 290-296, *549*, 599, 715, 874

Verfassung(en), Verfassungsstaat, Rechtsstaat 30, 65, 108, 117, *149*, 228, 274, 284, 293, 629, 868, 873, 879, 887 f.
- Belgische Verfassung von 1831 785 f.
- Preußische Verfassung vom 5. Dez. 1848 65, 540, 784-790, 796, 808, 811 f., 833, 861, 868, 887 ff.
- Preußische Verfassung vom 31. Jan. 1850 65, 540, 808, 868, 887 ff.
- Reichsverfassung (1848/49) 65, 798, 801, 803, 844

Verfassungsoktroi 65, 780, 782, 784 ff., 876, 888

Verkehrsgewerbe, Fuhrherren 71, *347*, 382, 388 f.

Verleger (siehe Kaufleute, große, bzw. Buchhandel)

Versammlungs-, Vereinigungs- und Demonstrationsrecht 65, 96, 309 f., 573, 600, *621*, 632 f., 705, 714, 754, 785, 794, 807 f., 826, 836, *847*, 862 f., 865

Verschwörungstheorien (siehe Revolutionsphobien)

Volksbewaffnung, Volksheer (siehe auch Bürgerwehr, Reformen/Militärreformen, Zeughaussturm) 63, 128, 143 f., 236, *246*, 248, 267, 278, 305, 344, *533*, 569 f., 582, 584, 590, 592, *624*, 639, 683, 721, 729, 859

Volksversammlungen 35, 45 f., 125, 127-131, 138 f., 267, 274 f., 278 f., 285, 292 f., 297, 309 f., 317, *319*, 330-334, 343, 406, 551, 560, 570, 575 f., 592, 594, 600 f., 603, 621, *629, 669, 673*, 689, 702, 709, 711, 732, *754*, 862, 868, 880

Volks-Wahl-Komité 297-301, 310, *378*, 520

Wahlen, Wahlbeteiligung, Wahlergebnisse (siehe Nationalversammlungen, Stadtverordnetenversammlung, preußisches Abgeordnetenhaus)

Wahlrecht, ‚Wahlfrage‘ allg. 139, 151, 273 f., 287 f., 291-301, 307, 309, 426, 433, *489*, *516*, 520 f., 556, 560, 589, 635, 689, 729, 858, 868

- für die Deutsche Nationalversammlung 59, 295 f., 297, 844 f., 858, 880
- für die Preußische Nationalversammlung 59, 293-297, 649, *760*, 786, 858, 880
- für die Stadtverordnetenversammlungen (siehe auch Bürgerrecht) 25 f., *107*, 303, 813
- Drei-Klassen-Wahlrecht, Zensuswahlrecht 30, 65, 73, 287, *292*, 804-807, 811, 823, 828, *835*, 868, 876
- Forderung nach imperativem Mandat *296*, 729

Wingolf (siehe auch Studenten, Universität) 145, 252

Wirtschaftsbürgertum, Unternehmer, ‚Bourgeoisie' (siehe auch Bankiers, Börse, Kaufleute) 15, 17, 26, 50, 60, 70-73, 102, 131 f., 177, 179, 250, 275, 277, 282, 289, 302 f., 307, 346 f., 353, 355-359, 379, 381, 394, *408*, 422, 426, 430, 497, 500 f., 511, *518*, 524, 543, 545 f., 610 f., *765*, 788, 817, 819 f., 825, 841, 857-861, 867 f., 882

Wirtschaftskrise (siehe Krise)

Wohnungen, Wohnverhältnisse, Wohnungsnot 81, 352 f., *365*, *408*, *439*, 481, 493, 504, 578, 776, 815

Wohltätigkeitsvereine (siehe Vereinsregister)

Zahnärzte *372*, *374*, 611

Zeitungen, Zeitschriften allg. (siehe Pressewesen, Pressegesetze, Zensur sowie Zeitungsregister)

Zensur 98, 105 ff., 124, 148, 319, 689, 756, 768, *770*, *803*, 808

Zensuswahlrecht (siehe Wahlrecht)

Zeughaus 137, 253, 555, 569-572, 575, 578 ff., 595, 605

Zeughaussturm *44*, 59, 62 f., *238*, 320, 344, *413*, 434, 506, 522, 555, 560, 567, 574-586, 589, 592, 595, 599, 602 f., 605 ff., 615, 650, 652, 689, 737, 859, 880

Zuchthaus (siehe Gefängnis)

Zünfte, Zunftzwang, Zunftverfassung (siehe auch Innung) *100*, 389, 392, 395, *410*, 429, 820, 848, 870

Zwangssparen (siehe Sparen, Sparkasse)

Danksagung

Die vorliegende Arbeit ist die überarbeitete und gekürzte Fassung meiner Habilitationsschrift, die im Sommersemester 1995 vom Fachbereich Kommunikations- und Geschichtswissenschaften der Technischen Universität Berlin angenommen wurde. Viele haben mit tatkräftiger Unterstützung und Kritik zur Entstehung und Fertigstellung dieses Buches beigetragen. Danken möchte ich vor allem Reinhard Rürup – für entscheidende Anregungen, großzügige Arbeitsbedingungen und die Möglichkeit, immer dann, wenn sich Probleme auftaten oder offene Fragen unvoreingenommen zu diskutieren waren, zu ihm kommen zu können. Auch zahlreichen weiteren Mitgliedern des Instituts für Geschichtswissenschaft der Technischen Universität Berlin bin ich zu Dank verpflichtet. Sie und die mit ihnen geführten intensiven Gespräche haben an diesem Institut vor allem in den achtziger Jahren und Anfang der neunziger Jahre eine in hohem Maße produktive Arbeitsatmosphäre entstehen lassen. Volker Hunecke und Dieter Langewiesche haben als Gutachter das ursprüngliche Manuskript mit zahlreichen kritischen Anmerkungen und wichtigen Hinweisen versehen und mich zur Präzisierung vieler Gedankengänge gezwungen. Michael Grüttner, Manfred Hettling, Christoph Bernhard und Christian Jansen lasen nicht nur das gesamte Manuskript, sondern standen mir immer wieder mit freundschaftlichem Rat und hilfreichen Kommentaren zur Seite. Ralph Pröve, Ursula Baumann, Wolfgang Hofmann und Thomas Mergel haben Teile des Manuskripts gesichtet. Ihnen und weiteren Kollegen bin ich für die Klärung spezifischer Probleme zu Dank verpflichtet. Dem Institut für Sozialgeschichte e. V. Braunschweig-Bonn danke ich, daß sie die vorliegende Arbeit in ihre Reihe aufgenommen wurde. Dieter Dowe als der Herausgeber der Reihe hat dem Text den ‚letzten Schliff‘ gegeben und es durch seine angenehme Art der Betreuung möglich gemacht, daß auch die Überarbeitung des Manuskripts für die Drucklegung nicht zum Streß wurde. Dank gebührt außerdem den Archivaren der zahlreichen Einrichtungen, die ich während meiner Forschungen besucht habe. Sie waren stets geduldig bereit, auf meine vielen Anfragen und Wünsche einzugehen und mir den Weg durch die umfänglichen Quellenbestände zu ebnen. Namentlich nennen möchte ich hier nur Hans Czihak vom ehem. Ostberliner Stadtarchiv, an dessen große Hilfsbereitschaft ich gern zurückdenke. Regelmäßige Aufmunterung erfuhr ich durch meine Frau und meine Töchter. Vor allem die beiden jüngsten haben mir immer wieder bewußt gemacht, daß es außer ‚1848‘ noch anderes gibt. Sie verschafften die notwendige Distanz zum eigenen Produkt und haben mir den Kopf freigemacht, wenn sie mich mit sanfter Gewalt vom Schreibtisch und PC wegzogen. Ihnen verdanke ich den ‚langen Atem‘, der für die Produktion eines solchen Buches notwendig ist. Last but not least denke ich mit Dankbarkeit an die liebevolle Anteilnahme zurück, mit der meine Eltern die

Entstehung des Buches begleitet haben. Mein 1994 verstorbener Vater hat die – umfangreichere – ursprüngliche Fassung der vorliegenden Schrift akribisch gegengelesen. Ihm, dem ich überhaupt viel verdanke, möchte ich dieses Buch widmen.

Berlin, im Sommer 1997

Der Autor

Rüdiger Hachtmann, geboren 1953, Studium in Berlin, Dr. phil., Privatdozent, ist wissenschaftlicher Assistent am Institut für Geschichtswissenschaft der Technischen Universität Berlin.